D0551382

Le Pudlo France 2001

DU MÊME AUTEUR

Chez Michel Lafon

- *Le Pudlo Paris, 1999, 2000, 20001*
- *Le Pudlo Week-Ends, 2000*

Chez Mazarine/Fayard

- *Le Pudlo de Paris gourmand,1998, 1999.*

Chez Ramsay/Michel Lafon

- *Le Pudlo de Paris gourmand, 1995, 1996, 1997.*

Aux Editions de la Renaissance du Livre

- *Les Trésors gourmands de la France (photos de Maurice Rougemont), 1997.*

Chez Robert Laffont

- *Saveurs des Terroirs de France, avec les sœurs Scotto, 1991.*

Chez Plon

- *Les Chemins de la Douce France, récit, 1996.*

Chez Flammarion

- *Le Devoir de Français, récit, 1984.*
- *L'Amour du Pays, récit, 1986 (prix Maurice Genevoix, prix Jacques Chardonne).*
- *Le Voyage de Clémence, roman, 1987.*

Chez Albin Michel

- *52 week-ends autour de Paris, 1983, 1985, 1987, 1990, 1993.*
- *52 week-ends en France, en collaboration, 1986.*
- *La Jeune Cuisine d'Alsace, 1986.*
- *Le Guide Pudlowski de l'Alsace gourmande, 1988, 1989, 1992, 1995.*
- *Le Guide Pudlowski des Villes gourmandes, 1989 (Gutenberg du Livre Pratique).*
- *Le Guide Pudlowski de Paris gourmand, 1990, 1991.*
- *52 week-ends dans les Relais et Châteaux, 1991, 1994.*

Chez Argentoratum

- *Le Pudlo Alsace de l'an 2000, 1999*
- *Le Pudlo Luxembourg, 2000*

Chez Bueb et Reumaux

- *Le Guide de l'Alsace heureuse, 1985.*

Chez François Bourin

- *Je vous écris de Strasbourg, 1988.*

En Poche-DNA/Editions de la Nuée Bleue

- *Guide de Strasbourg gourmand, 1993.*
- *Winstubs d'Alsace, 1994, 1996.*
- *Paris für Feinschmecker, 1994 (en allemand).*
- *Lorraine gourmande, 1996.*

Chez Jean-Claude Lattès

- *Le Guide Pudlowski de Paris gourmand, 1992 (Prix la Mazille), 1993, 1994.*

Chez Seghers

- *L'Année poétique 77, anthologie, 1978.*

Chez Hologrammes

- *Paris, fête gourmande, 1990.*

Le Pudlo France 2001

Sommaire

Confession d'un voyageur en France

Il y a plus de vingt ans que l'auteur de ces lignes parcourt le bel hexagone en quête du bon, du vrai, du savoureux, vingt ans et des poussières qu'il mijote «son» guide de la France.

Le voici, enfin. Après un essai sur les villes gourmandes, il y a une décennie, un guide d'Alsace, un autre encore concernant Paris, depuis onze ans. Sans oublier les ouvrages consacrés à la France, ici et là, indiquant que votre serviteur ne s'avance pas sans munitions sur un terrain miné.

«Encore un guide!», diront certains. C'est que, sans doute, manque un «autre» guide. Qui soit comme une flânerie raisonnée au pays que nous aimons, un répertoire riche et abondant, avec ses hôtels, restaurants, produits, rendez-vous, au gré des villes d'affaires et de vacances, mais aussi un recueil de textes savoureux et «littéraires». On trouvera ici Lyon ou Biarritz, Toulouse ou Saint-Tropez, Mulhouse ou Roscoff racontés sur le même mode : celui du plaisir de vivre.

Il y a des oublis ? Sans doute. Mais ce guide-ci sera pointu sur l'Alsace et la Lorraine, le Pays basque, le Lubéron, la Côte-d'Azur et la Bretagne, sans omettre les autres provinces, traitées avec la même ferveur. Toutes les grandes tables comme les bonnes affaires sont au rendez-vous.

Nos enquêteurs ? Ils sont des fous du goût, des guetteurs de l'authentique, des fouineurs enthousiastes, qui ont pour eux la gourmandise chevillée au cœur, la volonté de partager et la foi de découvrir encore. Ils sont parfois journalistes, parfois directeur commercial, styliste, avocat, promoteur, professeur de philosophie, responsable de communication. Ils ont en commun cette chose devenue rare par les temps qui courent : la passion.

Autant dire que le signataire de ces lignes est, avant tout, un chef d'orchestre qui a pour mission de rassembler l'information, de brasser des expériences, de disséquer des portraits, de mettre à jour et aussi de classifier. Car, il n'est pas de vrai guide sans hiérarchie.

Les familiers du «Pudlo Paris» retrouveront ici les assiettes et marmites désignant les bonnes tables, les couverts pour le décor. Ils découvriront les maisons pour les hôtels, la fleur pour le calme. Ils seront peut-être choqués de trouver mal classées ou même omises les tables qu'ils aiment, les boutiques de produits dont ils raffolent.

Nous savons qu'un guide est un travail d'équipe. Ecrivez-nous. Et racontez-nous, à votre tour, votre voyage dans ce cher et vieux pays qui a toujours mille et une choses à nous apprendre.

Gilles Pudlowski

Users Guide

This guide is meant to be a promenade, but we have also followed a few rules to make it easier for you to read, and to help you find at a glance the establishment that you are looking for.

Organisation of the Guide

The establishments in this guide are listed by city. The cities are arranged alphabetically from A to Z, without taking articles or prepositions into account (example : Le Havre is listed under the letter « H »). Only the Corsican cities are listed together in a sub-group at the letter « C » under « Corse », and the cities in the Paris region are in a sub-group under « Environs de Paris », at the letter « P » just after Paris.

Within each city, we have listed hotels and restaurants in the order of our preferences based on their charm and comfort, then on the quality of their cuisine, and finally in alphabetical order. You will also find our favorite stores listed under the caption « Products », and sometimes a selection of entertainment under the caption « Rendez-vous », arranged by the type of establishment and then alphabetically.

Ratings

The names of hotels and restaurants are followed by pictograms that indicate our ratings, for which you will find a key below.

Maps

For main cities, we have included maps to help you situate yourself : the streets on which are located the selected restaurants and hotels appear in boldface.

On the map of France at the beginning of the guide, the cities are indicated where there are good to outstanding restaurants (◎, ◎◎, ◎◎◎), good quality/price ratio establishments (☺), hotels (⌂, ⌂) and hotels that are especially charming (red) or calm (❀).

Indexes

At the end of the guide, you will find an alphabetical list of all the establishments included, and a second list of towns by order of « département ».

Bon Voyage

CUISINE

◎ Very good restaurant

◎◎ Excellent restaurant, exceptional cuisine

◎◎◎ One of the best restaurants in France

☺ Good quality/price ratio

ATMOSPHERE AND SERVICE

🍴 simple

🍴🍴 comfortable

🍴🍴🍴 very comfortable

🍴🍴🍴🍴 luxury

🍴🍴🍴🍴🍴 very luxurious

COMFORT AND SERVICES

⌂ simple hotel

⌂ simple but confortable hotel

⌂ very comfortable hotel

⌂ luxury hotel

⌂ very luxurious hotel with high class service

❀ quiet or secluded hotel

Houses or forks in red indicate a particularly charming atmosphere

⌂ Historic setting

Mode d'emploi

Ce guide se veut une promenade, mais nous avons aussi suivi un certain nombre de règles pour vous en faciliter la lecture ou vous permettre d'y retrouver en un clin d'œil l'établissement que vous cherchez.

Les classements

Les établissements du guide sont classés par ville. Les villes sont classées par ordre alphabétique de A à Z sans tenir compte des articles ou des prépositions (ex : Le Havre est classé sous la lettre H). Seules les villes de Corse sont regroupées dans un sous-classement à la lettre C sous Corse et et les villes de la région parisienne dans un sous-classement à Environs de Paris, à la lettre P juste après Paris.

Dans chaque ville vous trouverez des hôtels et des restaurants, classés dans l'ordre de nos préférences selon leur charme et leur confort, puis selon la qualité de leur cuisine, puis par ordre alphabétique. Vous trouverez aussi nos échoppes préférées regroupées sous la rubrique «Produits» et parfois une sélection d'endroits de détente regroupés sous la rubrique «Rendez-vous», classés par genre d'établissement puis par ordre alphabétique.

Les honneurs

Les noms des hôtels et des restaurants sont suivis de pictogrammmes qui indiquent notre classement. Vous en trouverez la liste ci-dessous.

Les plans de villes

Pour les grandes villes, vous trouverez des plans qui vous aideront à vous repérer et sur lesquels le nom des rues qui abritent les restaurants et les hôtels cités sont en gras.

Sur la carte de France qui ouvre le guide, vous trouverez indiquées les villes hébergeant les bonnes et grandes tables (◎, ◎◎, ◎◎◎), notre sélection de bons rapports qualité/prix (☺), les hôtels (🏨, 🏨) et les hôtels au charme spécifique (en rouge) ou particulièrement tranquilles (❀).

Les index

Vous trouverez à la fin du guide la liste des établissements cités classés par ordre alphabétique et la liste des villes classées par ordre de département.

Bon voyage

LA CUISINE

- ◎ très bonne table
- ◎◎ grande table, cuisine de haut niveau
- ◎◎◎ une des meilleures tables de France
- ☺ bon rapport qualité-prix

LE CADRE ET LE SERVICE

- 🍴 simple
- 🍴🍴 bon confort
- 🍴🍴🍴 très confortable
- 🍴🍴🍴🍴 luxe
- 🍴🍴🍴🍴🍴 grand luxe

LE CONFORT ET LES SERVICES

- 🏠 hôtel simple
- 🏠 hôtel simple, mais de bon confort
- 🏨 hôtel de grand confort
- 🏨 hôtel de luxe
- 🏨 hôtels de grand luxe, service de classe
- ❀ hôtel au calme

La couleur rouge des maisons ou des fourchettes indique un cadre particulièrement agréable

 lieu de mémoire évoquant l'histoire de France

Les meilleures tables de France

Établissement	Localité	Page
Marc Veyrat	*L'Auberge de l'Eridan – Annecy (74)*	65
L'Arnsbourg	*Baerenthal (57)*	88
L'Oustau de Baumanière	*Les Baux-de-Provence (13)*	100
Maison de Bricourt	*Cancale (35)*	164
Lameloise	*Chagny (71)*	178
Les Prés d'Eugénie	*Eugénie-les-Bains (40)*	243
La Bastide Saint-Antoine	*Grasse (06)*	266
Auberge de l'Ill	*Illhauesern (68)*	290
La Côte Saint-Jacques	*Joigny (89)*	295
Michel Bras	*Laguiole (12)*	302
Paul Bocuse	*Lyon (à Collonges-au-mont-d'Or 69)*	336
Marc Veyrat	*La Ferme de mon père – Megève (74)*	358
Alain Chapel	*Mionnay (01)*	372
Le Louis XV	*Monaco*	377
Le Jardin des Sens	*Montpellier (34)*	385
Le Carré des Feuillants	*Paris (75)*	449
La Tour d'Argent	*Paris (75)*	462
L'Arpège	*Paris (75)*	472
Alain Ducasse	*Paris (75)*	480
Lucas Carton	*Paris (75)*	480
Taillevent	*Paris (75)*	480
Pierre Gagnaire	*Paris (75)*	483
Le Pré Catelan	*Paris (75)*	518
Guy Savoy	*Paris (75)*	524
Boyer «Les Crayères»	*Reims (51)*	578
Troisgros	*Roanne (42)*	592
L'Auberge Bretonne	*La Roche-Bernard (56)*	594
La Côte d'Or-Bernard Loiseau	*Saulieu (21)*	654
Le Crocodile	*Strasbourg (67)*	672
Le Buerehiesel	*Strasbourg (67)*	672
Pic	*Valence (26)*	720
A l'Espérance	*Vézelay (à Saint-Père-sous-Vézelay 89)*	731
Georges Blanc	*Vonnas (01)*	738

Établissement	Localité	Page
Clos de la Violette	*Aix-en-Provence (13)*	47
Jean-Paul Jeunet	*Arbois (39)*	69
La Mirande	*Avignon (84)*	81
La Réserve	*Beaulieu-sur-Mer (06)*	102
Mungo Park	*Besançon (25)*	111
Meurin	*Béthune (62)*	113
Auberge des Templiers	*Les Bézards (45)*	114
Jean-Marie Amat	*Bordeaux (à Bouliac 33)*	134
Ombremont et Bateau Ivre	*Le Bourget-du-Lac (73)*	141
La Bourride	*Caen (14)*	158
La Palme d'Or	*Cannes (06)*	167
La Villa des Lys	*Cannes (06)*	168
Hôtel de Carantec	*Carantec (29)*	174
Hameau Albert Ier	*Chamonix-Mont-Blanc (74)*	182
La Bonne Etape	*Château-Arnoux (04)*	185
Le Fer Rouge	*Colmar (68)*	198
Bateau Ivre	*Courchevel (73)*	215
Chabichou	*Courchevel (73)*	215
Le Pré aux Clercs	*Dijon (21)*	228
Jean-Pierre Thibert	*Dijon (21)*	228
Le Centenaire	*Les Eyzies-de-Tayac (24)*	247
Le Château de la Chèvre d'Or	*Eze-Village (06)*	248

Restaurant de l'année

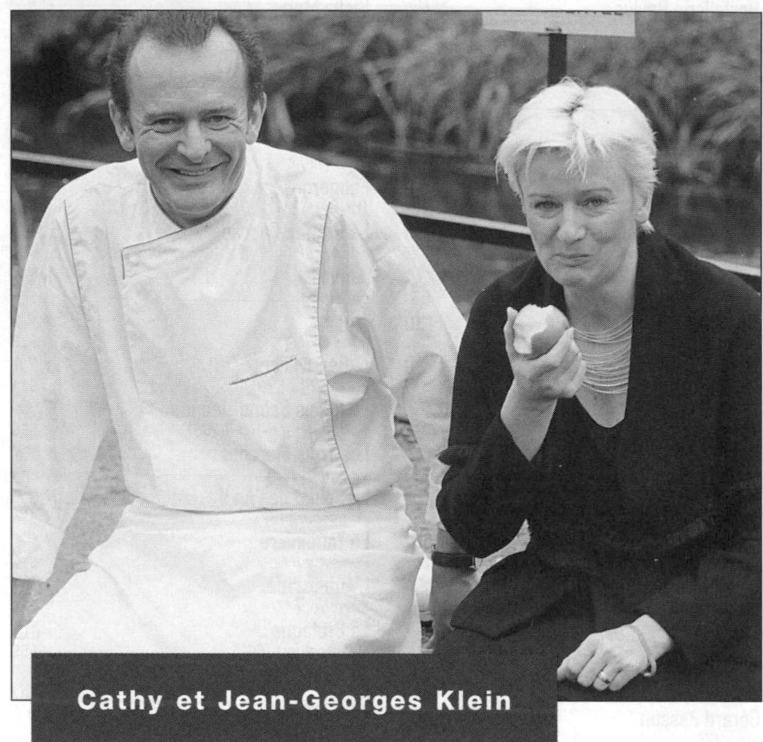

Cathy et Jean-Georges Klein

L'Arnsbourg, 57 Baerenthal

L'Europe des cuisines part en pèlerinage chez El Bulli à Rosas, alors que cette ancienne pension de famille du pays de Bitche, devenue une grande table créative, vaut tout autant l'éloge et le voyage. Cathy et Jean-Georges Klein, dans leur no man's land *forestier entre Alsace et Lorraine, un événement permanent. Voilà une grande adresse du temps présent.*

Chef de l'année

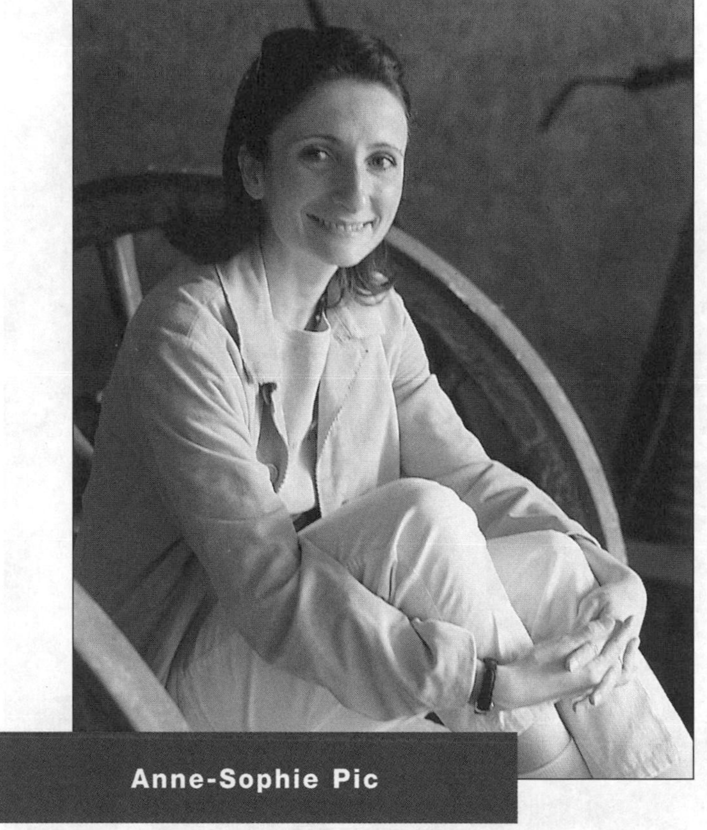

Anne-Sophie Pic

Pic, 26 Valence

Cette héritière au nom fameux a renoué avec l'esprit de son arrière-grand-mère qui tenait l'Auberge de la Côte-du-Pin à Saint-Péray et refait de la grande maison de Valence une très grande, à la fois fine, légère, drômoise et bien de son temps. La cuisine, sous sa houlette, retrouve les classiques anciens (comme le loup en caviar) tout en réinventant la daurade avec sa rondelle de cédrat. Cette petite chose fragile est une forte nature.

Révélation de l'année

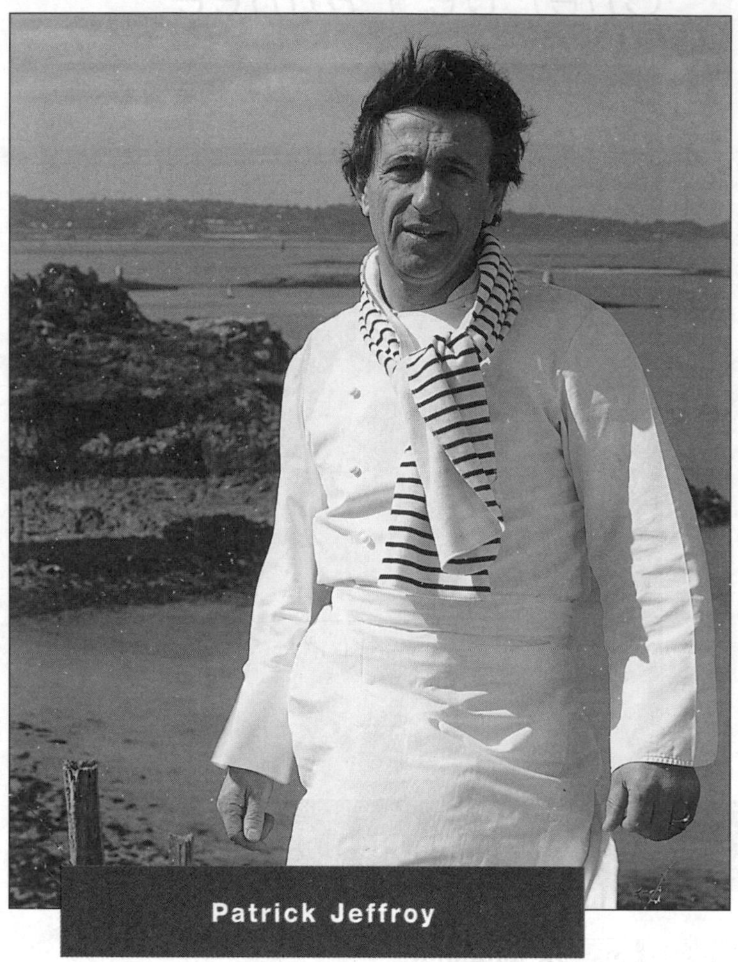

Patrick Jeffroy

Hôtel de Carantec, 29 Carantec

Cuisinier fou du produit, qui choisit ses mini-légumes avec art et ses poissons comme un orfèvre son or, il vient de s'installer dans un hôtel ancien revu façon contemporaine, proue lumineuse sur la baie de Morlaix. Ses huîtres au vinaigre balsamique de cidre, son bar cru à la roquette et liqueur d'orange anisée ou son rouget pané aux herbes servi avec pied et tête de veau, superbes, sont des odes à la Bretagne nouvelle vague.

Auberge de l'année

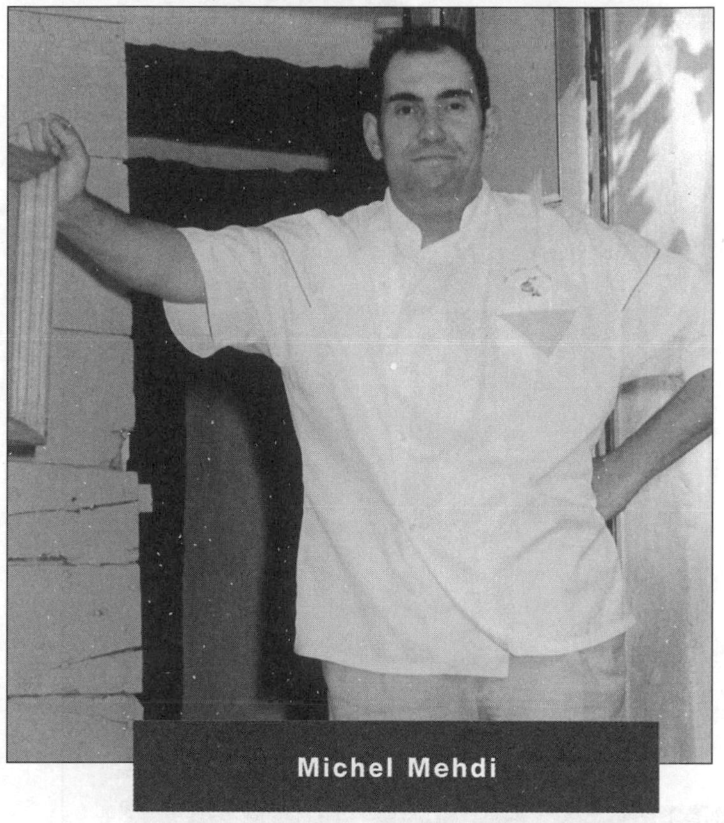

Michel Mehdi

Le Petite Maison, 84 Cucuron

Ce modeste qui tenait l'Auberge de la Tour d'Aigues a créé, avec l'aide de la mécène gourmande, Helen Hamlyn, une maison de grande qualité aux airs d'auberge provençale de toujours. Décor superbe de simplicité rouée et cuisine qui raconte le Lubéron et ses produits avec chaleur, sans omettre un service de choix et des vins de qualité. Voici une auberge idéale.

Sommelier de l'année

René Le Roux

Château Saint-Martin, 06 Vence

Ce Breton gagné au charme de la Côte-d'Azur connaît sur le bout des doigts les meilleurs domaines des vignobles du soleil. Il donne de la chaleur à la grande salle un peu imposante d'un domaine hôtelier justement fameux et rénové avec goût. Entre Var, coteaux d'Aix et vallée du Rhône, il raconte avec ferveur et se trouve être le meilleur témoin des grands progrès des vins de Provence.

Rapport qualité-prix de l'année

André Darraïdou

Euzkadi, 64 Espelette

Aubergiste exemplaire (sa maison porte le nom du pays en basque), il est le maire de sa commune et le défenseur des traditions locales. Ses plats accompagnés d'un lexique figurent à travers quatre menus (90 F, 135 F, 155 F, 170 F) qui permettent de découvrir l'un des plus beaux pays du monde par ses saveurs et son piment fameux sans se ruiner. Sa soupe de légumes («Elzekaria»), ses pimentos frits à l'huile et parfumés à l'ail ou son atxoa de veau sont des merveilles.

Hôtel de l'année

Jocelyne et Jean-Louis Sibuet

La Bastide de Marie, 84 Ménerbes

A la suite de Megève, où ils ont essaimé après le succès des Fermes de Marie, du Mont-Blanc et du Lodge Park, ces bâtisseurs ont créé la demeure de leur rêve en Provence. Des chambres magiques, une cuisine comme un théâtre, des vignes devant la montagne et un « bassin de nage » dans un parc paysager : bref une halte comme on en imagine en rêve. Elle existe à Ménerbes.

Pâtissier-chocolatier de l'année

Michel Belin

Pâtisserie Belin, 81 Albi

Le plus ardent des chocolatiers de France. Ce pâtissier d'exception mérite pour lui seul le voyage à Albi. Ses chocolats à la réglisse, sa ganache au riz soufflé, comme ses mélanges poivre de la Jamaïque, thé, caramel, chicorée sont en or. Et ses pâtisseries qui jouent sur le croquant ou le soufflé, fuyant le doux et le sirupeux : tarte chiboust, retour des îles noix de coco, gâteau aux noix, bichon feuilleté

Fromager de l'année

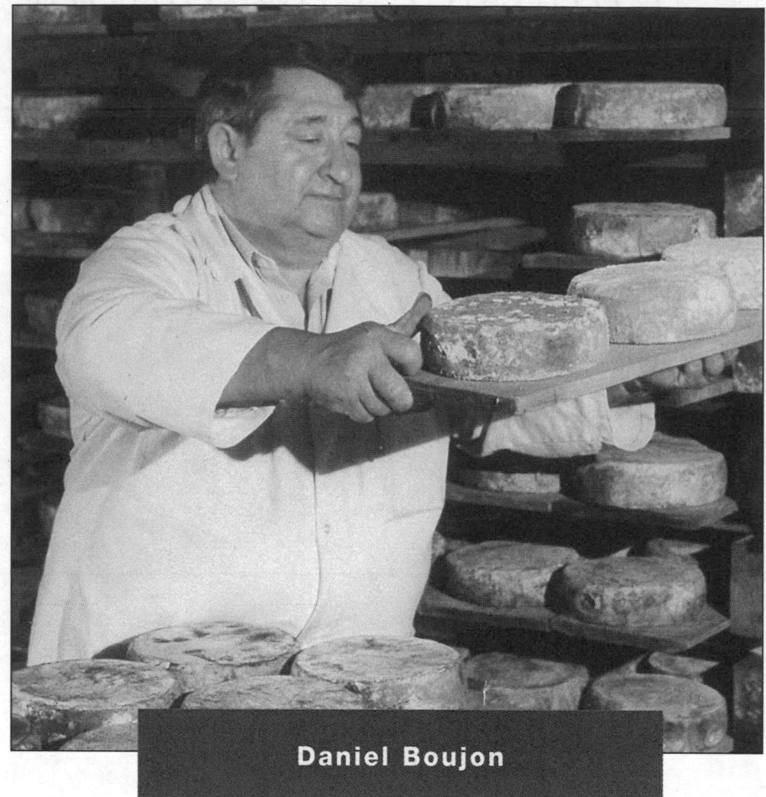

Daniel Boujon

Fromagerie Boujon
74 Thonon-les-Bains

Cet encyclopédiste de la belle pâte n'a pas son pareil pour expliquer la différence entre tomme des Bauges, du Faucigny ou du Chablais. Sans parler de l'Abondance dont il est le bon apôtre. Sa cave ? Une caverne aux trésors, où les fromages de montagne sont rois. Ses reblochon crémeux, bleu de Termignon persillé, chevrotin du Beaufortin et des Aravis chantent avec force parfums la gloire du pays savoyard.

Fromager de l'année

Bernard Antony

Sundgauer Käskaller, 68 Vieux-Ferrette

Il livre Ducasse, Passard ou Gagnaire, voyage dans le monde pour porter la bonne parole « froumagère », a trimé sur les marchés avant de devenir la star gourmande du Sundgau. La religion de la pâte au lait cru : voilà ce que prône ce lutin rieur. On vient de loin pour prendre place dans son salon de conversation. Sa fourme au gewurz « vt », sa tomme du Larzac et son munster à cœur sont au « top » du genre.

La France
des villes gourmandes

Hôtels et restaurants

Vous trouverez dans les pages suivantes la carte des villes accueillant un restaurant récompensé par ◎, ◎◎, ◎◎◎ ou ☺, un hôtel classé 🏨 ou 🏨 ou de charme quelle que soit sa catégorie, ou méritant une picto fleur pour sa tranquillité.

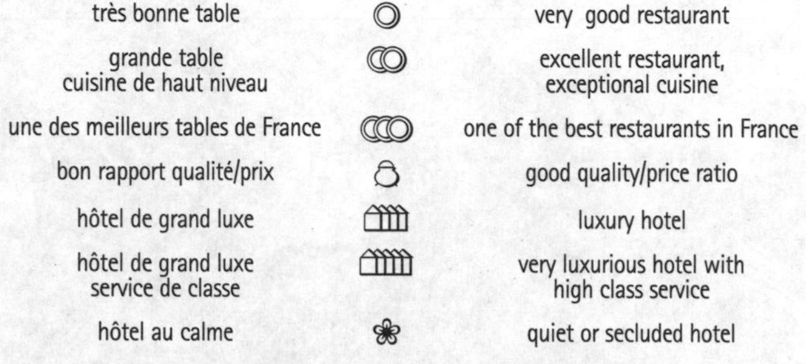

très bonne table	◎	very good restaurant
grande table cuisine de haut niveau	◎◎	excellent restaurant, exceptional cuisine
une des meilleurs tables de France	◎◎◎	one of the best restaurants in France
bon rapport qualité/prix	☺	good quality/price ratio
hôtel de grand luxe	🏨	luxury hotel
hôtel de grand luxe service de classe	🏨	very luxurious hotel with high class service
hôtel au calme	❀	quiet or secluded hotel

La couleur rouge indique un charme particulier
Red colour indicate a particularly charming atmosphere

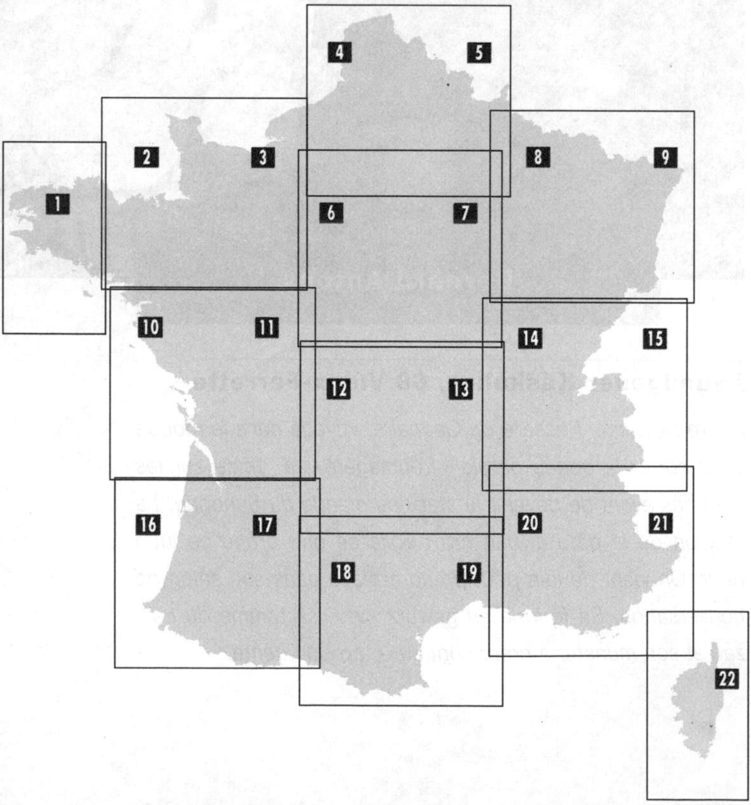

Roscoff
Trébeurden
LANNION
Carantec
Locquirec
Aber-Wrach
Lannilis
MORLAIX
N. 12
GUINGAMP
Saint-Thégonnec
N. 12
BREST
Le Conquet
N. 165
29 - FINISTÈRE
22 - CÔTES-D'ARMOR
N. 164
Plomodiern
CHATEAULIN
Mur-de-Bretagne
Sainte-Anne-la-Palud
Douarnenez
N. 165
Audierne
PONTIVY
QUIMPER
56 - MORBIHAN
N. 165
Concarneau
Trégunc
Bénodet
Pont-Aven
N. 165
Moëlan-sur-Mer
N. 24
Hennebont
LORIENT
N. 165
Auray
Baden
La Trinité-sur-Mer
Carnac
Arzon
Quiberon
Belle-Ile-en-Mer

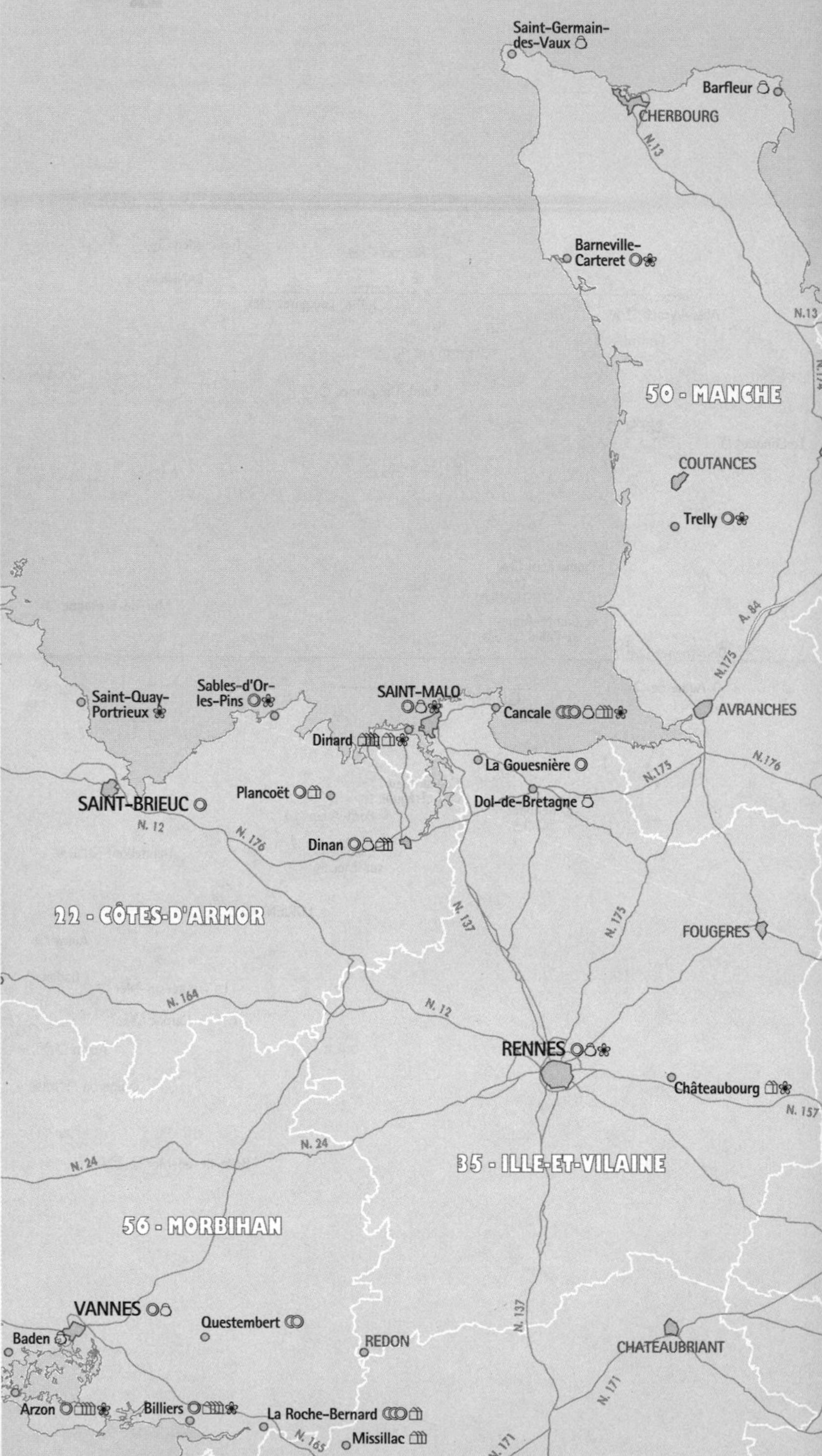
Saint-Germain-des-Vaux
Barfleur
CHERBOURG
N.13
Barneville-Carteret
N.13
50 - MANCHE
COUTANCES
Trelly
A. 84
N.175
AVRANCHES
N.176
Saint-Quay-Portrieux
Sables-d'Or-les-Pins
SAINT-MALO
Cancale
Dinard
La Gouesnière
N.175
Plancoët
Dol-de-Bretagne
SAINT-BRIEUC
N. 12
N. 176
Dinan
22 - CÔTES-D'ARMOR
N. 137
N. 175
FOUGERES
N. 164
N. 12
RENNES
Châteaubourg
N. 157
N. 24
N. 24
35 - ILLE-ET-VILAINE
56 - MORBIHAN
VANNES
Questembert
Baden
REDON
N. 137
CHATEAUBRIANT
N. 171
Arzon
Billiers
La Roche-Bernard
N. 165
Missillac
N. 171

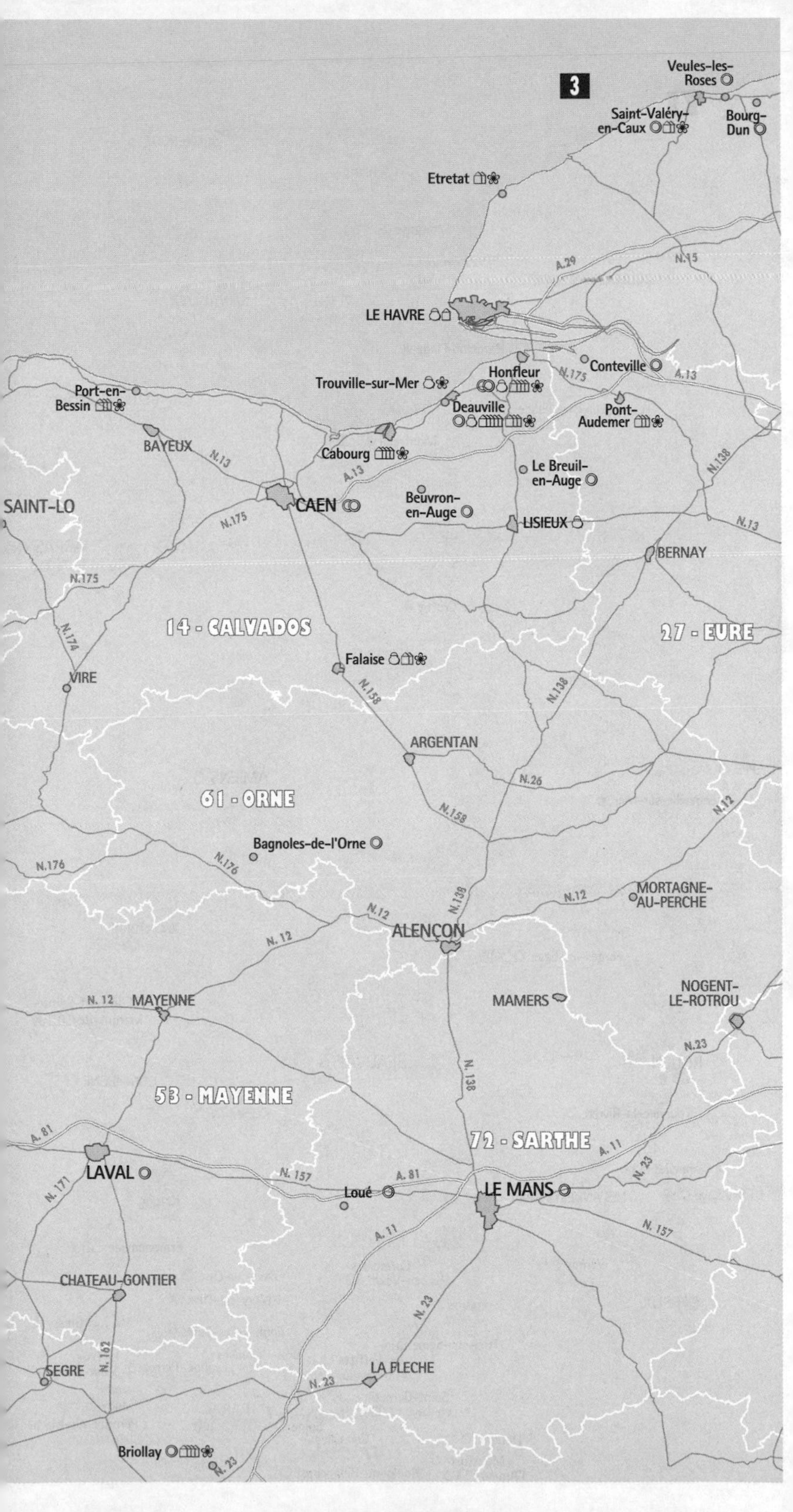
3
Veules-les-Roses
Saint-Valéry-en-Caux
Bourg-Dun
Etretat
A.29
N.15
LE HAVRE
Honfleur
Conteville
Trouville-sur-Mer
N.175
A.13
Port-en-Bessin
Deauville
Pont-Audemer
BAYEUX
Cabourg
N.13
A.13
Le Breuil-en-Auge
N.138
SAINT-LO
CAEN
Beuvron-en-Auge
LISIEUX
N.175
N.13
BERNAY
N.175
14 - CALVADOS
27 - EURE
N.174
Falaise
VIRE
N.158
N.138
ARGENTAN
N.26
61 - ORNE
N.158
N.12
Bagnoles-de-l'Orne
N.176
N.176
MORTAGNE-AU-PERCHE
N.12
N.12
N.138
ALENÇON
N. 12
N. 12
MAYENNE
MAMERS
NOGENT-LE-ROTROU
N.23
N. 138
53 - MAYENNE
A. 81
72 - SARTHE
A. 11
N. 23
LAVAL
N. 157
A. 81
Loué
LE MANS
N. 171
A. 11
N. 157
CHATEAU-GONTIER
N. 23
N. 162
SEGRE
LA FLECHE
N. 23
Briollay
N. 23

4
DUNKERQUE
CALAIS
Marquise
Wimereux
BOULOGNE-SUR-MER
SAINT-OMER
Hardelot-Plage
Le Touquet-Paris-Plage
BÉTHUNE
Montreuil
LENS
62 - PAS-DE-CALAIS
ARRAS
Le Crotoy
ABBEVILLE
DIEPPE
Varengeville-sur-Mer
80 - SOMME
AMIENS
76 - SEINE-MARITIME
Roye
MONTDIDIER
Forges-les-Eaux
60 - OISE
Elincourt-Sainte-Marguerite
ROUEN
BEAUVAIS
COMPIÈGNE
Tourville-la-Rivière
CLERMONT
Connelles
La Saussaye
LES ANDELYS
SENLIS
95 - VAL-D'OISE
Ermenonville
Vernon
Cormeilles-en-Véxin
Auvers-sur-Oise
Méry-sur-Oise
EVREUX
MANTES-LA-JOLIE
PONTOISE
Enghien-les-Bains
Gressy
Triel-sur-Seine
Maisons-Laffitte
Bois-Colombes
93
Le Pré-Saint-Gervais
27 - EURE
Asnières-sur-Seine
Levallois-Perret
BOBIGNY
NANTERRE
Saint-Germain-en-Laye
LE RAINCY
Gagny
PARIS
Neuilly-sur-Seine
Le Perreux-sur-Marne
Houdan
Versailles
NOGENT-SUR-MARNE
92
77
Montfort-l'Amaury
Boulogne-Billancourt
L'HAY-LES-ROSES
CRETEIL
MEAUX

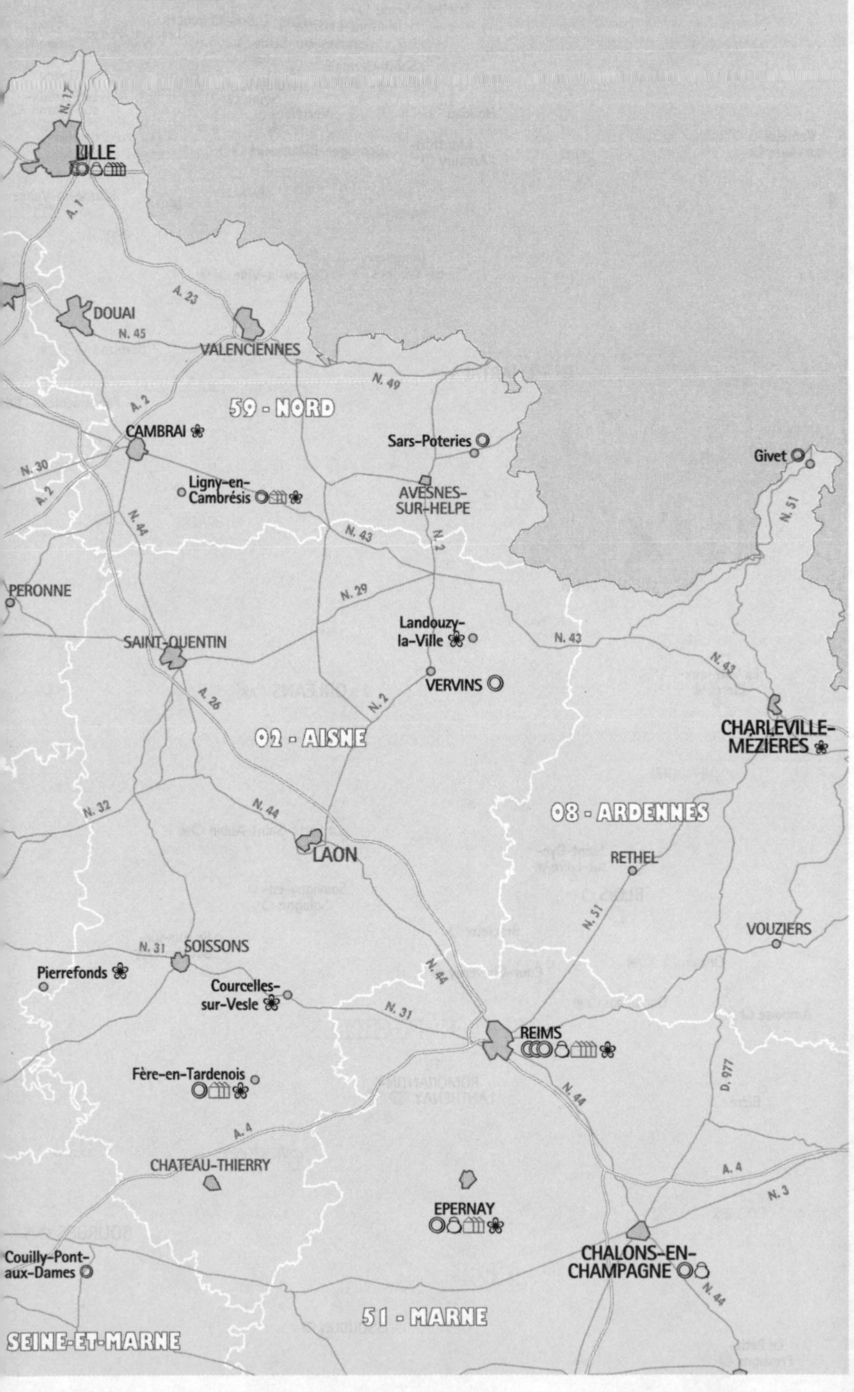

LILLE
A. 1
N. 17
A. 23
DOUAI
N. 45
VALENCIENNES
N. 49
A. 2
59 - NORD
CAMBRAI
Sars-Poteries
Givet
N. 30
A. 2
Ligny-en-Cambrésis
AVESNES-SUR-HELPE
N. 51
N. 44
N. 43
N. 2
PERONNE
N. 29
Landouzy-la-Ville
SAINT-QUENTIN
N. 43
N. 43
VERVINS
A. 26
N. 2
02 - AISNE
CHARLEVILLE-MEZIERES
N. 32
N. 44
08 - ARDENNES
LAON
RETHEL
N. 51
VOUZIERS
N. 31
SOISSONS
Pierrefonds
N. 44
Courcelles-sur-Vesle
N. 31
REIMS
Fère-en-Tardenois
N. 44
D. 977
A. 4
CHATEAU-THIERRY
A. 4
N. 3
EPERNAY
Couilly-Pont-aux-Dames
CHALONS-EN-CHAMPAGNE
N. 44
51 - MARNE
SEINE-ET-MARNE

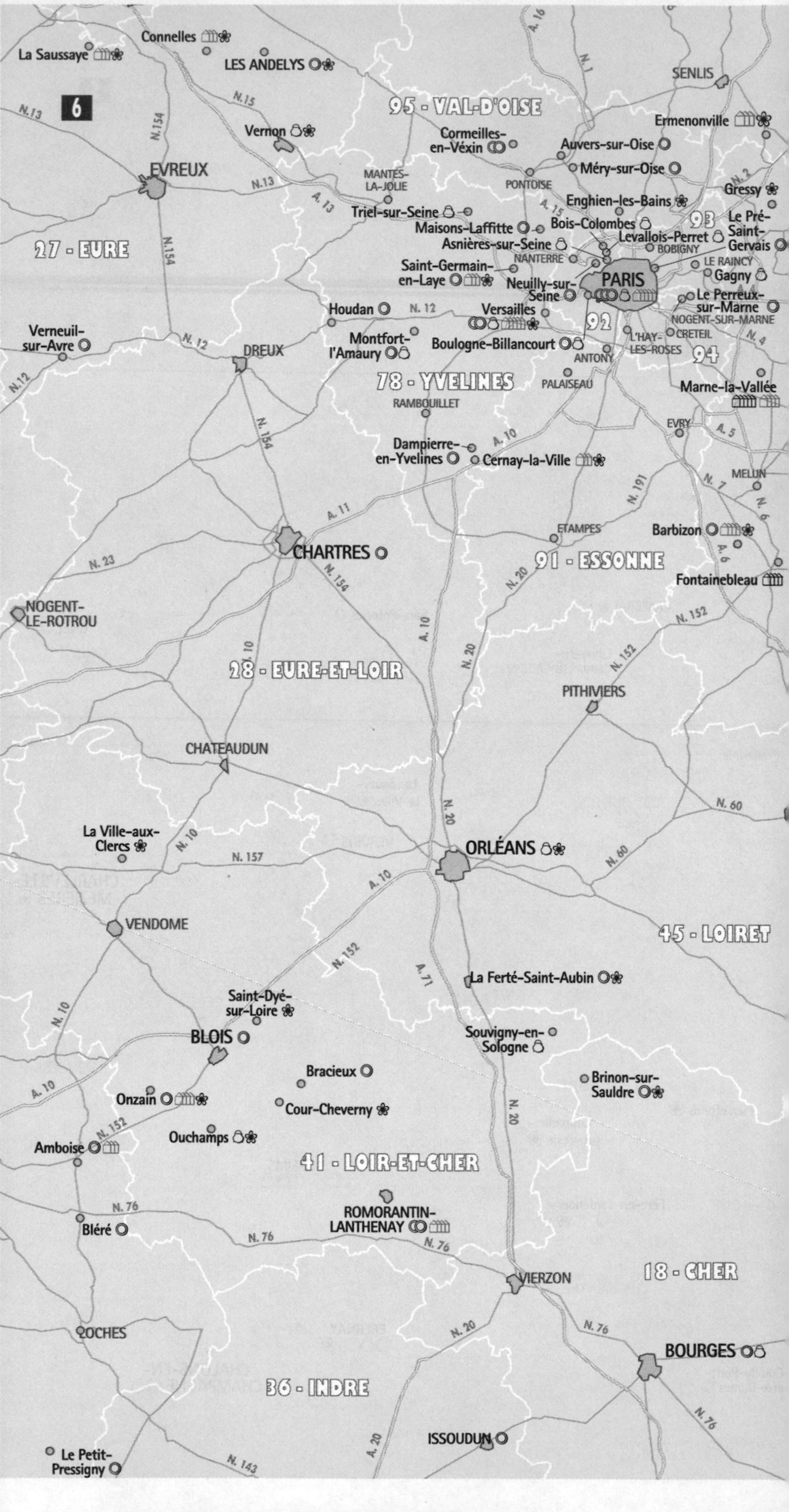
6
27 - EURE
95 - VAL-D'OISE
78 - YVELINES
92
93
94
91 - ESSONNE
28 - EURE-ET-LOIR
45 - LOIRET
41 - LOIR-ET-CHER
18 - CHER
36 - INDRE
La Saussaye
Connelles
LES ANDELYS
Vernon
EVREUX
Cormeilles-en-Véxin
MANTES-LA-JOLIE
PONTOISE
SENLIS
Ermenonville
Auvers-sur-Oise
Méry-sur-Oise
Gressy
Enghien-les-Bains
Triel-sur-Seine
Maisons-Laffitte
Bois-Colombes
Levallois-Perret
Le Pré-Saint-Gervais
Asnières-sur-Seine
BOBIGNY
NANTERRE
LE RAINCY
Gagny
Saint-Germain-en-Laye
Neuilly-sur-Seine
PARIS
Le Perreux-sur-Marne
NOGENT-SUR-MARNE
Houdan
Versailles
Verneuil-sur-Avre
DREUX
Montfort-l'Amaury
Boulogne-Billancourt
L'HAY-LES-ROSES
CRETEIL
ANTONY
PALAISEAU
Marne-la-Vallée
RAMBOUILLET
EVRY
Dampierre-en-Yvelines
Cernay-la-Ville
MELUN
ETAMPES
Barbizon
CHARTRES
Fontainebleau
NOGENT-LE-ROTROU
PITHIVIERS
CHATEAUDUN
La Ville-aux-Clercs
ORLÉANS
VENDOME
La Ferté-Saint-Aubin
Saint-Dyé-sur-Loire
BLOIS
Souvigny-en-Sologne
Bracieux
Brinon-sur-Sauldre
Onzain
Cour-Cheverny
Ouchamps
Amboise
ROMORANTIN-LANTHENAY
Bléré
VIERZON
LOCHES
BOURGES
ISSOUDUN
Le Petit-Pressigny
N.13
N.15
N.154
A.13
A.16
N.1
A.15
N.2
N.12
A.11
A.10
A.4
A.5
N.7
N.6
N.191
N.23
N.20
A.6
N.152
N.60
N.157
N.10
A.71
N.76
A.20
N.143

N. 31
REIMS
Fère-en-Tardenois
N. 2
N. 44
D. 977
7
A. 4
CHATEAU-THIERRY
A. 4
EPERNAY
N. 3
MEAUX
Couilly-Pont-aux-Dames
CHALONS-EN-CHAMPAGNE
N. 44
51 - MARNE
77 - SEINE-ET-MARNE
VITRY-LE-FRANÇOIS
N. 4
Fontenay-Tésigny
N. 4
N. 36
N. 77
N. 19
PROVINS
NOGENT-SUR-SEINE
A. 26
N. 19
N. 6
TROYES
N. 60
A. 5
N. 19
SENS
A. 5
10 - AUBE
A. 6
N. 60
N. 7
N. 6
MONTARGIS
Joigny
89 - YONNE
N. 7
Tonnerre
Chablis
Les Bézards
N. 7
AUXERRE
A. 6
MONTBARD
Mailly-le-Château
N. 6
N. 151
L'Isle-sur-Serein
Vézelay
AVALLON
A. 6
CLAMECY
COSNE-COURS-SUR-LOIRE
N. 151
Quarré-les-Tombes
N. 7
Sancerre
Saulieu
14
N. 6
58 - NIÈVRE
N. 151
N. 81
CHATEAU-CHINON
NEVERS
AUTUN
N. 80

CHARLEVILLE-MÉZIÈRES
SEDAN
8
Mouzon
N. 43
08 - ARDENNES
Longuyon
N. 52
VOUZIERS
D. 947
N. 18
Thionville
BRIEY
Amnéville
D. 977
N. 3
A. 31
METZ
SAINTE-MENEHOULD
VERDUN
A. 4
N. 3
A. 4
55 - MEUSE
N. 57
57 -
N. 3
N. 35
Pont-à-Mousson
N. 44
Revigny-sur-Ornain
N. 57
Belleville
A. 31
COMMERCY
N. 74
VITRY-LE-FRANÇOIS
BAR-LE-DUC
NANCY
N. 4
TOUL
N. 4
N. 4
N. 35
A. 33
SAINT-DIZIER
N. 74
54 - MEURTHE
N. 67
A. 31
N. 74
NEUFCHATEAU
N. 67
N. 19
BAR-SUR-AUBE
52 - HAUTE-MARNE
Vittel
N. 19
A. 5
CHAUMONT
88 - VOSGES
Bar-sur-Seine
N. 19
D. 417
LANGRES
N. 19
N. 57
A. 31
N. 19
VESOUL
70 - HAUTE-SAÔNE
N. 57
21 - CÔTE-D'OR
A. 36

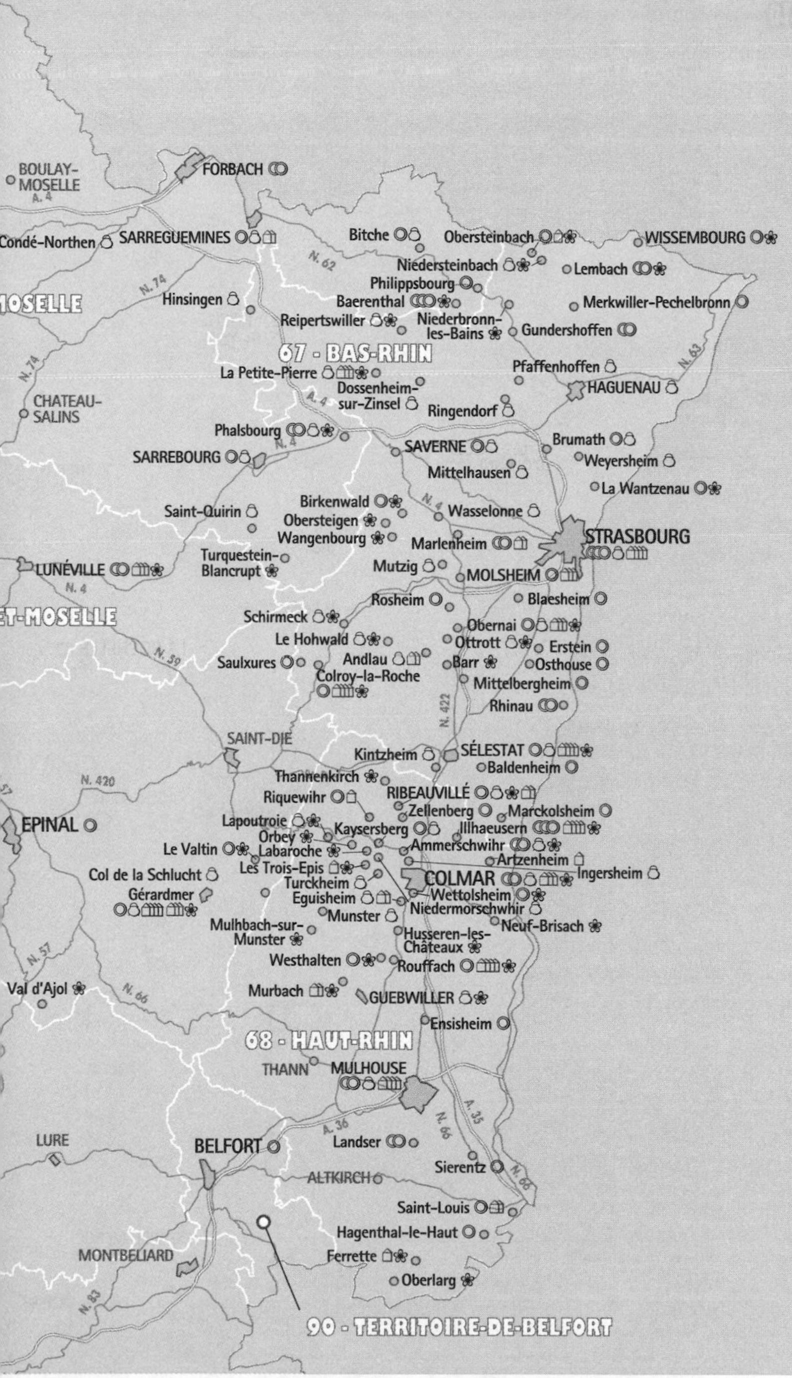
BOULAY-MOSELLE
A. 4
FORBACH
Condé-Northen
SARREGUEMINES
Bitche
Obersteinbach
WISSEMBOURG
N. 62
Niedersteinbach
Lembach
Philippsbourg
N. 74
MOSELLE
Hinsingen
Baerenthal
Merkwiller-Pechelbronn
Reipertswiller
Niederbronn-les-Bains
Gundershoffen
67 - BAS-RHIN
N. 63
N. 74
Pfaffenhoffen
La Petite-Pierre
Dossenheim-sur-Zinsel
HAGUENAU
CHATEAU-SALINS
A. 4
Ringendorf
Phalsbourg
Brumath
N. 4
SAVERNE
SARREBOURG
Weyersheim
Mittelhausen
La Wantzenau
Birkenwald
Saint-Quirin
N. 4
Wasselonne
Obersteigen
STRASBOURG
Wangenbourg
Marlenheim
Turquestein-Blancrupt
LUNÉVILLE
Mutzig
MOLSHEIM
N. 4
Rosheim
Blaesheim
ET-MOSELLE
Schirmeck
Obernai
Le Hohwald
Ottrott
Erstein
N. 59
Andlau
Saulxures
Barr
Osthouse
Colroy-la-Roche
Mittelbergheim
N. 422
Rhinau
SAINT-DIE
Kintzheim
SÉLESTAT
Baldenheim
N. 420
Thannenkirch
Riquewihr
RIBEAUVILLÉ
Zellenberg
Marckolsheim
EPINAL
Lapoutroie
Kaysersberg
Illhaeusern
Orbey
Le Valtin
Labaroche
Ammerschwihr
Artzenheim
Les Trois-Epis
Ingersheim
Col de la Schlucht
COLMAR
Turckheim
Gérardmer
Wettolsheim
Eguisheim
Niedermorschwihr
Munster
Neuf-Brisach
Mulhbach-sur-Munster
Husseren-les-Châteaux
N. 57
Westhalten
Rouffach
Val d'Ajol
N. 66
Murbach
GUEBWILLER
Ensisheim
68 - HAUT-RHIN
THANN
MULHOUSE
A. 36
N. 66
A. 35
LURE
BELFORT
Landser
Sierentz
N. 66
ALTKIRCH
Saint-Louis
Hagenthal-le-Haut
MONTBELIARD
Ferrette
N. 83
Oberlarg
90 - TERRITOIRE-DE-BELFORT

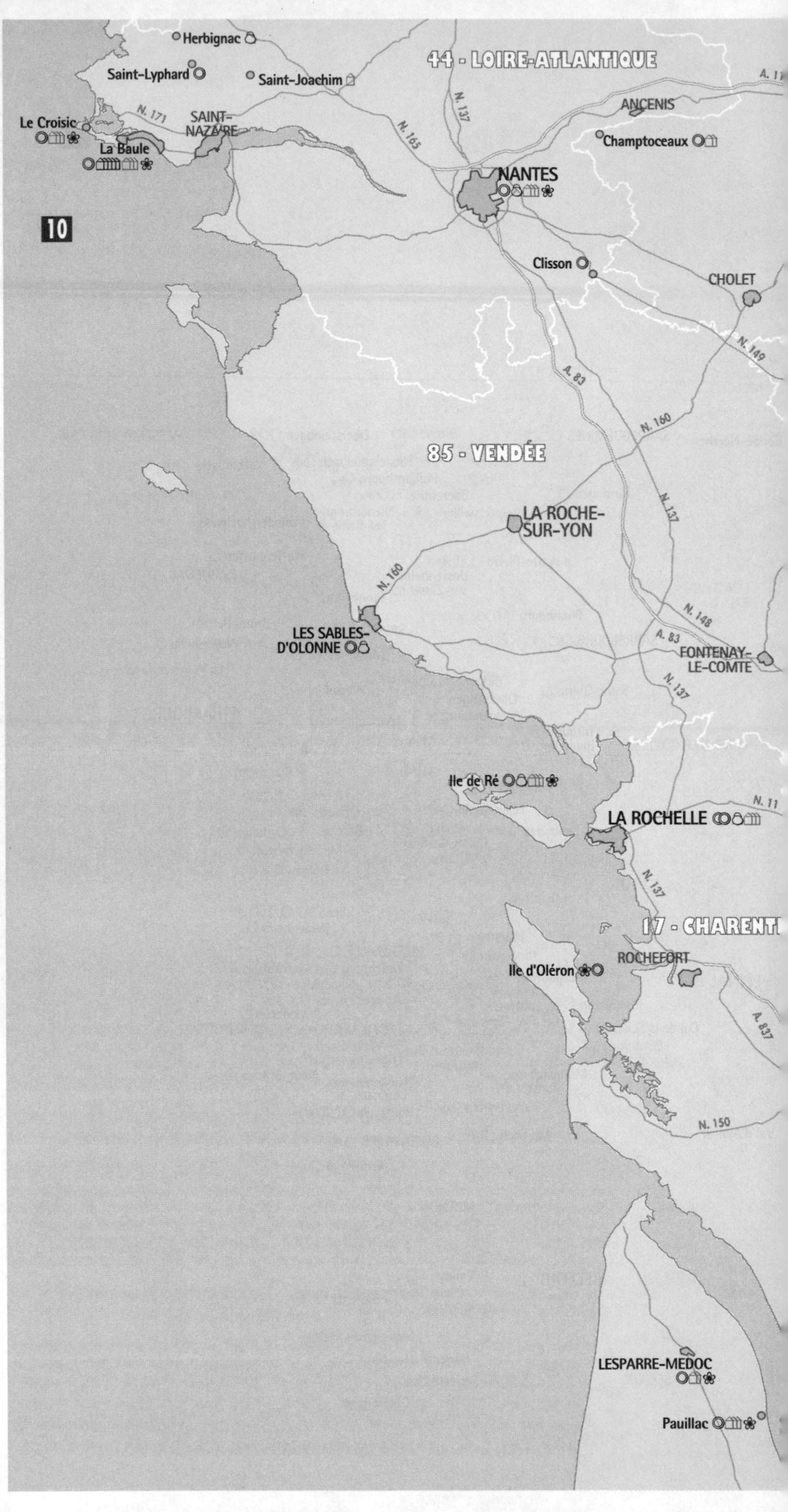

10
44 - LOIRE-ATLANTIQUE
Herbignac
Saint-Lyphard
Saint-Joachim
Le Croisic
La Baule
SAINT-NAZAIRE
N. 171
N. 165
N. 137
A. 11
ANCENIS
Champtoceaux
NANTES
Clisson
CHOLET
N. 149
A. 83
N. 160
85 - VENDÉE
LA ROCHE-SUR-YON
N. 160
LES SABLES-D'OLONNE
N. 137
N. 148
A. 83
FONTENAY-LE-COMTE
N. 137
Ile de Ré
N. 11
LA ROCHELLE
N. 137
17 - CHARENTI
ROCHEFORT
Ile d'Oléron
A. 837
N. 150
LESPARRE-MEDOC
Pauillac

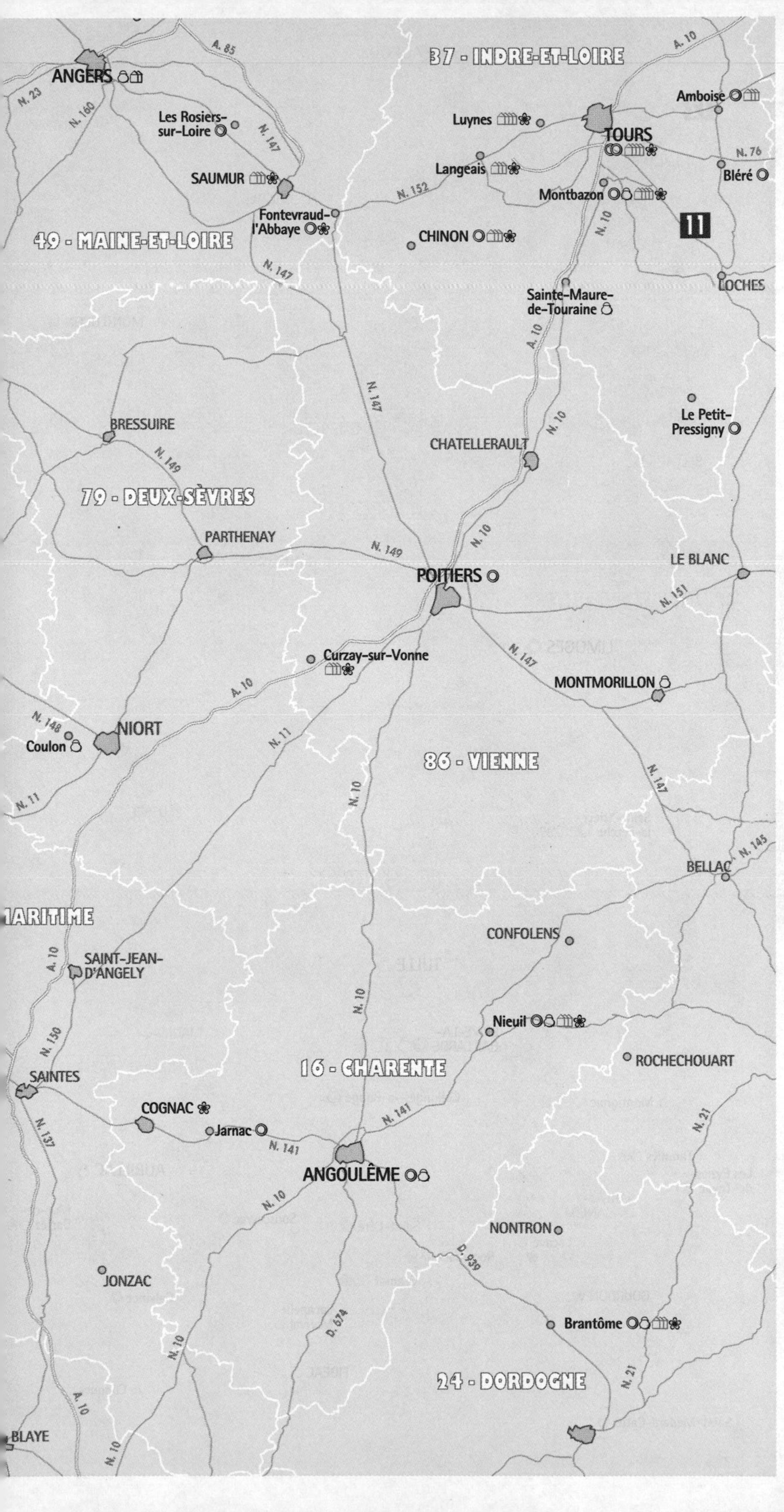
37 - INDRE-ET-LOIRE
49 - MAINE-ET-LOIRE
79 - DEUX-SÈVRES
86 - VIENNE
16 - CHARENTE
24 - DORDOGNE
MARITIME
ANGERS
Les Rosiers-sur-Loire
SAUMUR
Fontevraud-l'Abbaye
Luynes
TOURS
Amboise
Langeais
Bléré
Montbazon
CHINON
11
LOCHES
Sainte-Maure-de-Touraine
Le Petit-Pressigny
BRESSUIRE
CHATELLERAULT
PARTHENAY
POITIERS
LE BLANC
Curzay-sur-Vonne
MONTMORILLON
NIORT
Coulon
BELLAC
SAINT-JEAN-D'ANGELY
CONFOLENS
Nieuil
SAINTES
ROCHECHOUART
COGNAC
Jarnac
ANGOULÊME
NONTRON
JONZAC
Brantôme
BLAYE
A. 85
A. 10
N. 23
N. 160
N. 147
N. 152
N. 76
N. 10
N. 149
N. 151
N. 148
N. 11
N. 145
N. 150
N. 137
N. 141
N. 21
D. 939
D. 674

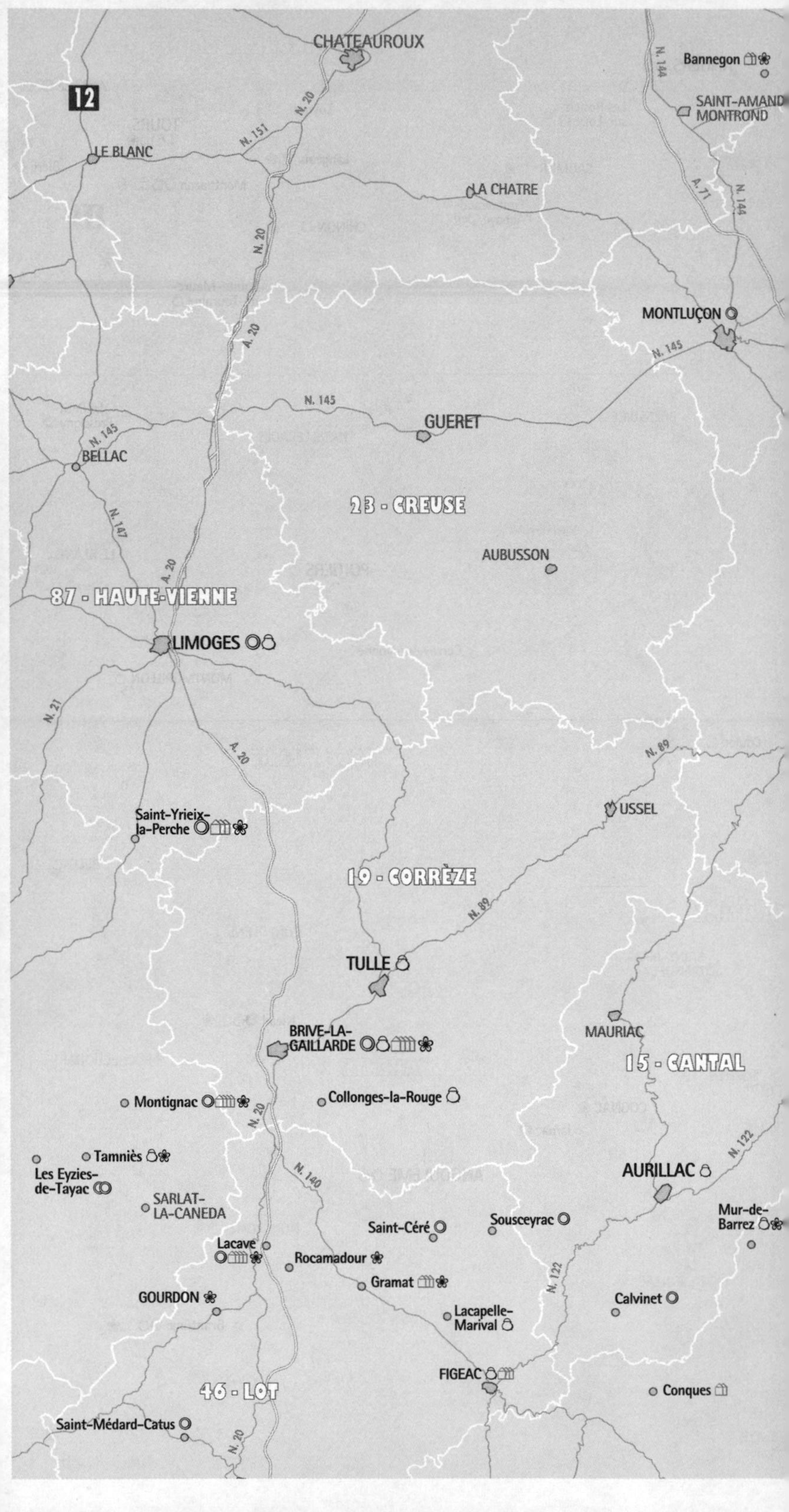

12
CHATEAUROUX
Bannegon
SAINT-AMAND MONTROND
LE BLANC
N. 151
N. 20
LA CHATRE
A. 71
N. 144
MONTLUÇON
N. 145
A. 20
GUERET
BELLAC
23 - CREUSE
N. 147
AUBUSSON
87 - HAUTE-VIENNE
LIMOGES
N. 21
N. 89
USSEL
Saint-Yrieix-la-Perche
19 - CORRÈZE
TULLE
BRIVE-LA-GAILLARDE
MAURIAC
15 - CANTAL
Montignac
Collonges-la-Rouge
Tamniès
Les Eyzies-de-Tayac
N. 140
N. 122
AURILLAC
SARLAT-LA-CANEDA
Saint-Céré
Sousceyrac
Mur-de-Barrez
Lacave
Rocamadour
Gramat
GOURDON
Lacapelle-Marival
Calvinet
FIGEAC
Conques
46 - LOT
Saint-Médard-Catus

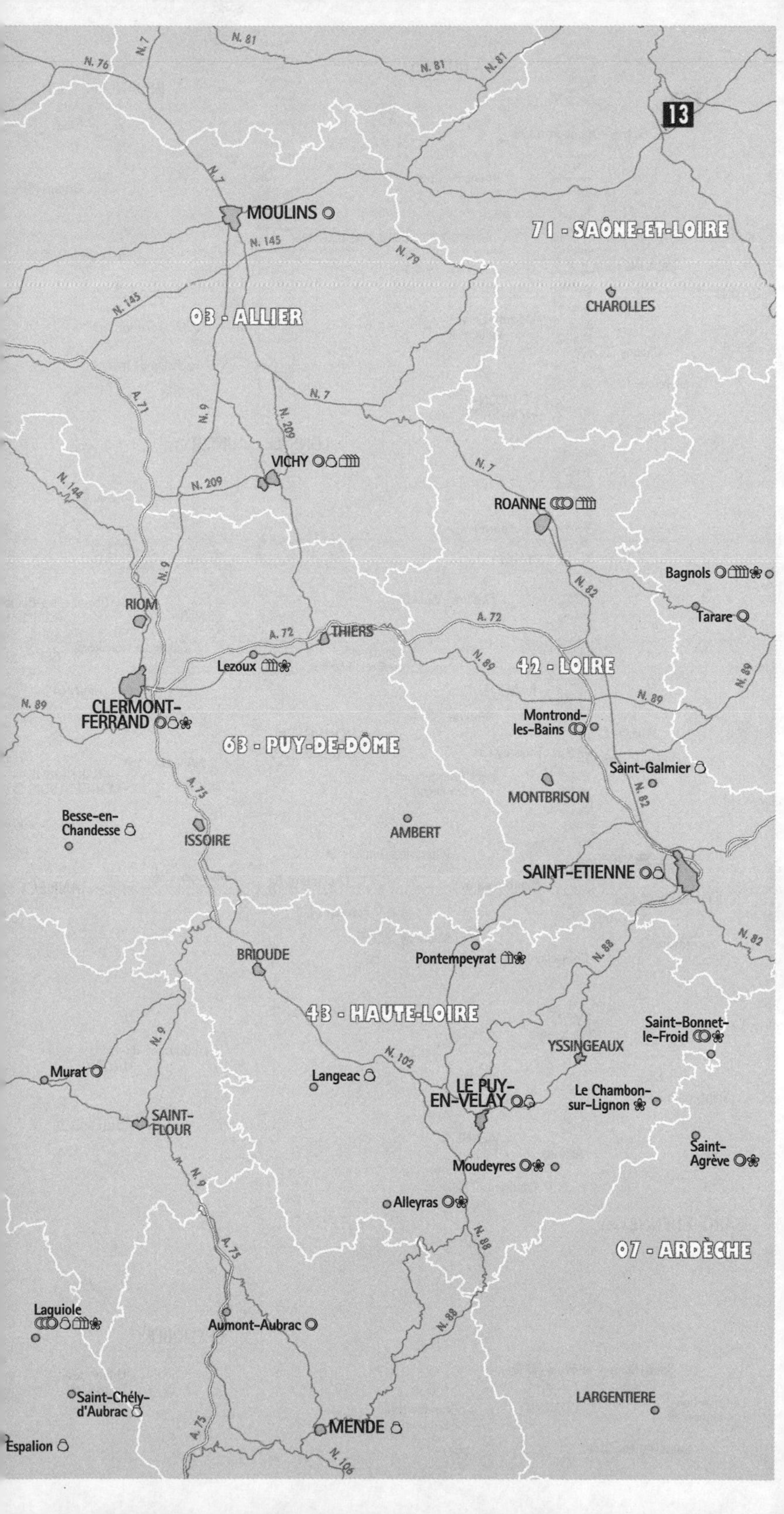

13
N. 7
N. 81
N. 76
MOULINS
71 - SAÔNE-ET-LOIRE
N. 145
N. 79
CHAROLLES
03 - ALLIER
A. 71
N. 9
N. 209
VICHY
N. 144
ROANNE
Bagnols
N. 82
RIOM
Tarare
A. 72
THIERS
Lezoux
42 - LOIRE
N. 89
CLERMONT-FERRAND
Montrond-les-Bains
63 - PUY-DE-DÔME
Saint-Galmier
A. 75
MONTBRISON
Besse-en-Chandesse
AMBERT
ISSOIRE
SAINT-ETIENNE
BRIOUDE
Pontempeyrat
N. 88
43 - HAUTE-LOIRE
Saint-Bonnet-le-Froid
YSSINGEAUX
Murat
N. 102
Langeac
LE PUY-EN-VELAY
Le Chambon-sur-Lignon
SAINT-FLOUR
Saint-Agrève
Moudeyres
Alleyras
07 - ARDÈCHE
Laguiole
Aumont-Aubrac
LARGENTIERE
Saint-Chély-d'Aubrac
MENDE
Espalion
N. 106

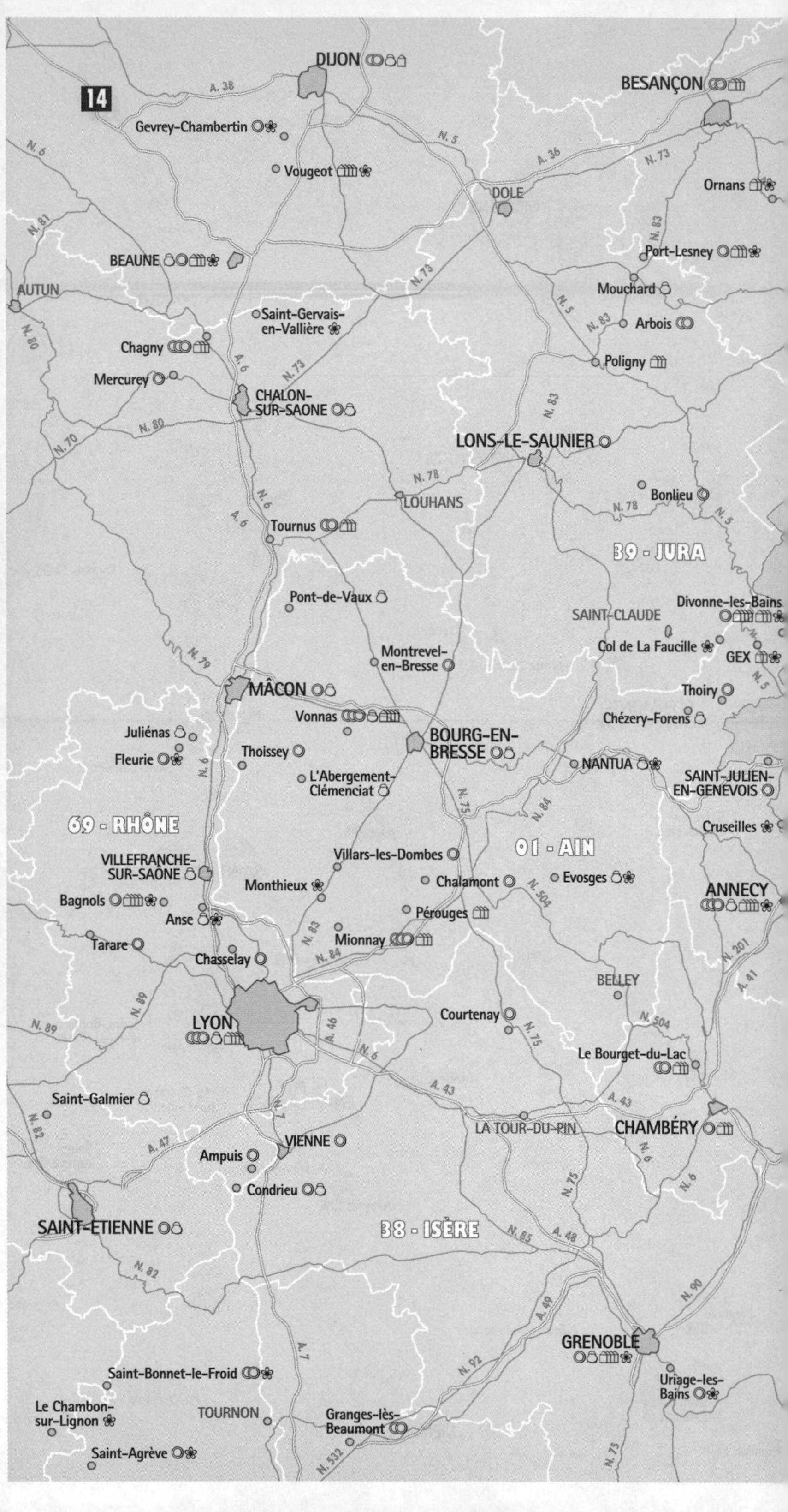
14
DIJON
BESANÇON
Gevrey-Chambertin
Vougeot
Ornans
DOLE
Port-Lesney
BEAUNE
AUTUN
Mouchard
Saint-Gervais-en-Vallière
Arbois
Chagny
Poligny
Mercurey
CHALON-SUR-SAONE
LONS-LE-SAUNIER
LOUHANS
Bonlieu
Tournus
39 - JURA
Pont-de-Vaux
SAINT-CLAUDE
Divonne-les-Bains
Col de La Faucille
Montrevel-en-Bresse
GEX
MÂCON
Thoiry
Vonnas
Chézery-Forens
Juliénas
BOURG-EN-BRESSE
Fleurie
Thoissey
NANTUA
L'Abergement-Clémenciat
SAINT-JULIEN-EN-GENEVOIS
69 - RHÔNE
Cruseilles
01 - AIN
Villars-les-Dombes
VILLEFRANCHE-SUR-SAÔNE
Chalamont
Evosges
Monthieux
ANNECY
Bagnols
Pérouges
Anse
Mionnay
Tarare
Chasselay
BELLEY
LYON
Courtenay
Le Bourget-du-Lac
Saint-Galmier
LA TOUR-DU-PIN
CHAMBÉRY
VIENNE
Ampuis
Condrieu
SAINT-ÉTIENNE
38 - ISÈRE
GRENOBLE
Uriage-les-Bains
Saint-Bonnet-le-Froid
Le Chambon-sur-Lignon
TOURNON
Granges-lès-Beaumont
Saint-Agrève
A. 38
N. 6
N. 5
A. 36
N. 73
N. 81
N. 83
N. 80
A. 6
N. 70
N. 78
N. 79
N. 75
N. 84
N. 504
N. 201
A. 41
N. 89
A. 46
A. 43
N. 7
A. 47
N. 82
N. 85
A. 48
N. 90
A. 49
A. 7
N. 92
N. 532

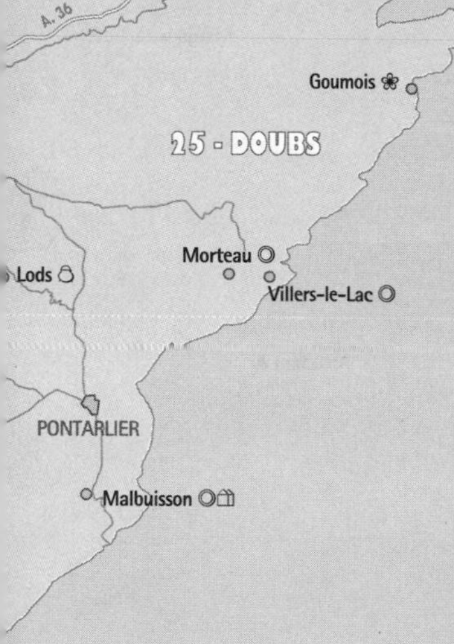

A. 36
Goumois
25 - DOUBS
Morteau
Lods
Villers-le-Lac
PONTARLIER
Malbuisson

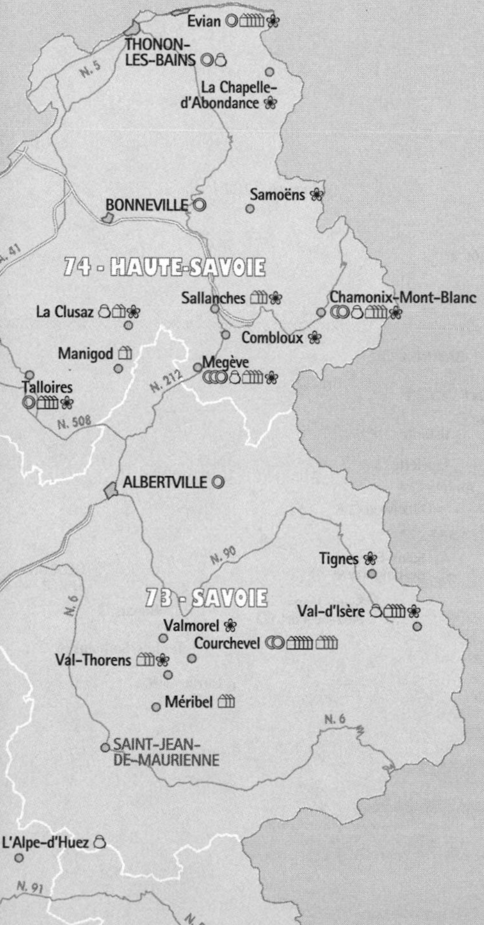

Evian
THONON-
LES-BAINS
N. 5
La Chapelle-
d'Abondance
BONNEVILLE
Samoëns
A. 41
74 - HAUTE-SAVOIE
Sallanches
Chamonix-Mont-Blanc
La Clusaz
Combloux
Manigod
Megève
Talloires
N. 212
N. 508
ALBERTVILLE
N. 90
Tignes
73 - SAVOIE
Val-d'Isère
N. 6
Valmorel
Courchevel
Val-Thorens
Méribel
N. 6
SAINT-JEAN-
DE-MAURIENNE
L'Alpe-d'Huez
N. 91
N. 91

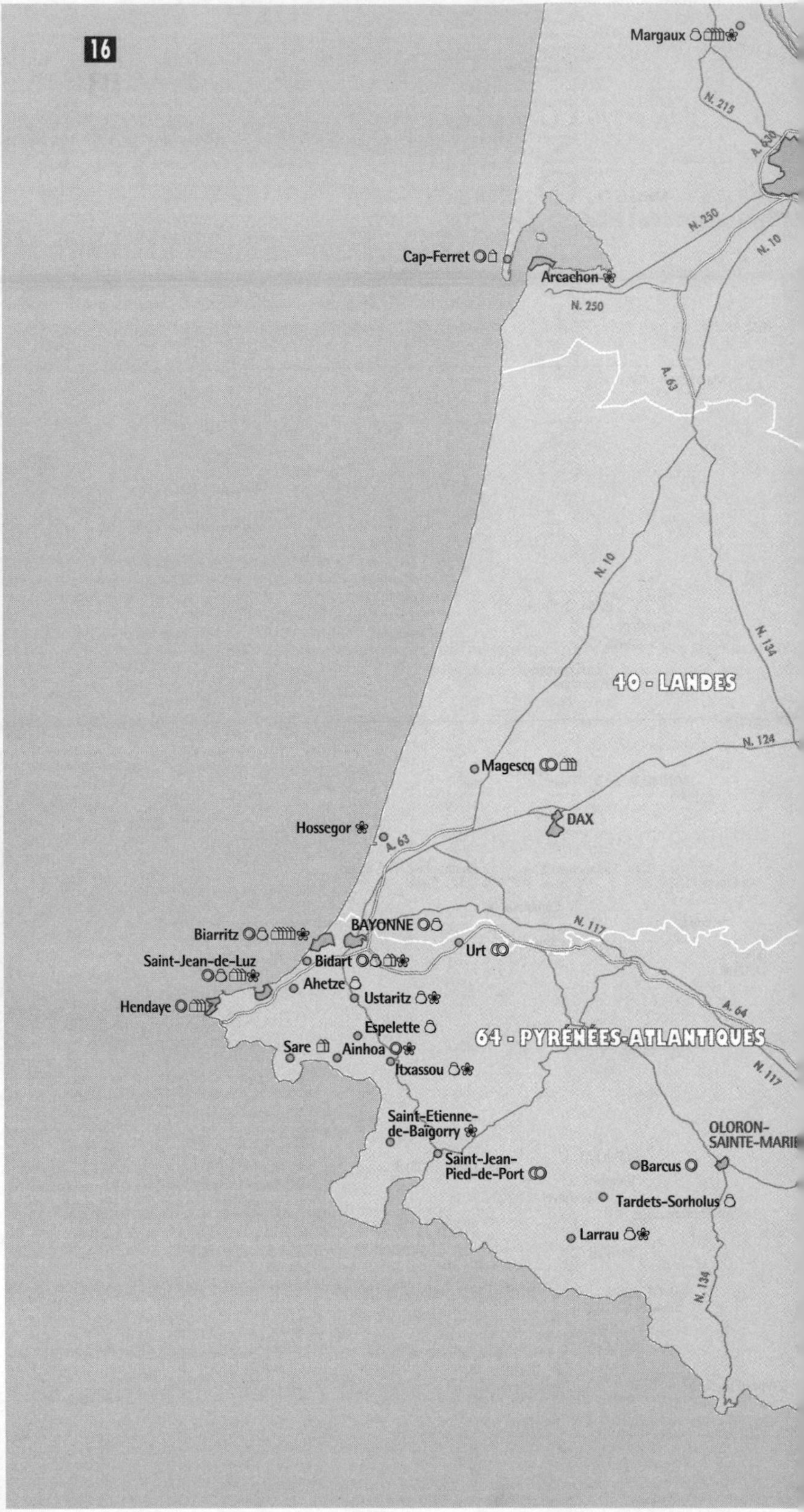

16

Margaux

N. 215

A. 630

N. 250

N. 10

Cap-Ferret

Arcachon

N. 250

A. 63

N. 10

N. 134

40 - LANDES

N. 124

Magescq

DAX

Hossegor

A. 63

BAYONNE

N. 117

Biarritz

Urt

Saint-Jean-de-Luz

Bidart

Ahetze

Ustaritz

Hendaye

A. 64

Espelette

64 - PYRÉNÉES-ATLANTIQUES

Sare

Ainhoa

Itxassou

N. 117

Saint-Etienne-de-Baïgorry

OLORON-SAINTE-MARIE

Saint-Jean-Pied-de-Port

Barcus

Tardets-Sorholus

Larrau

N. 134

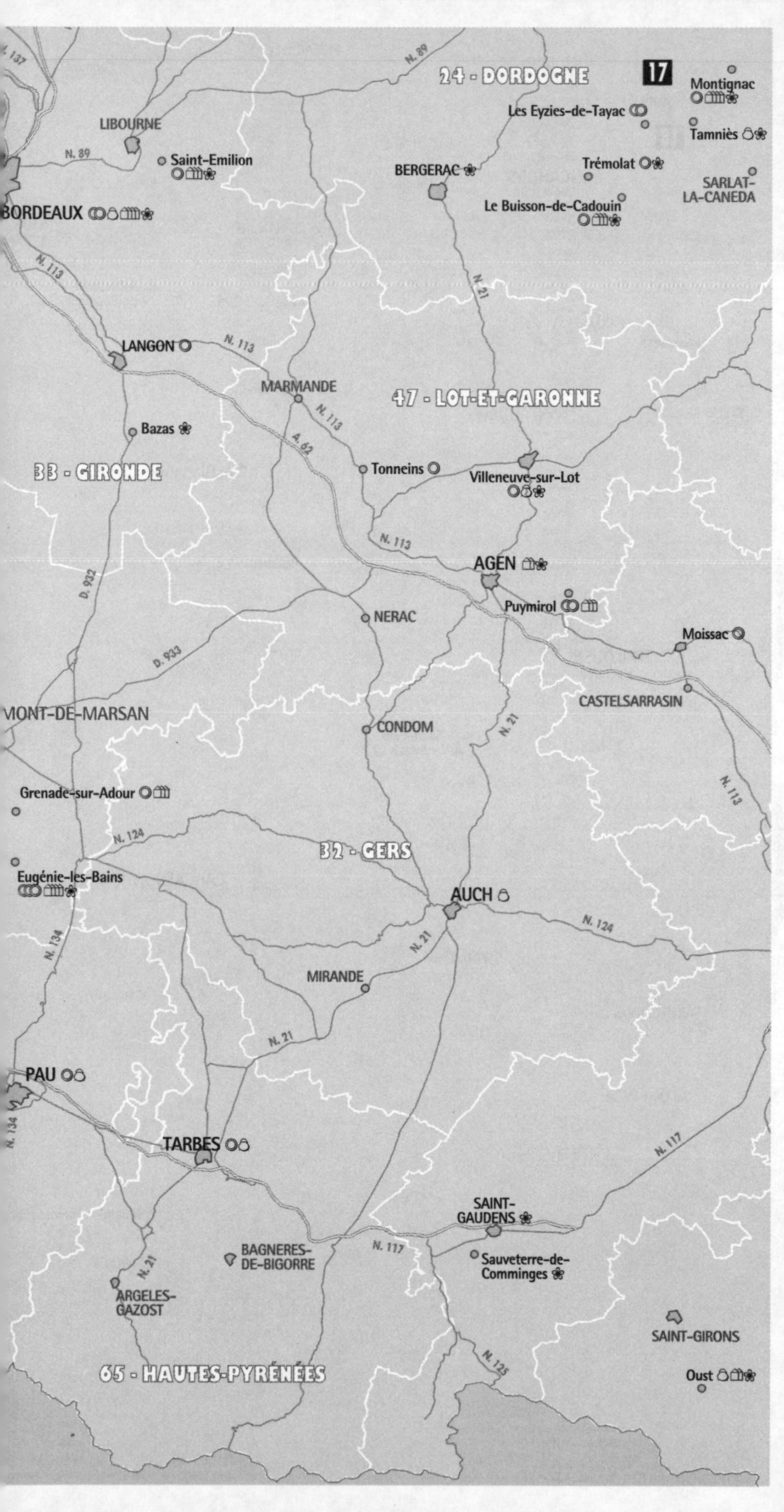

17
24 - DORDOGNE
Montignac
Les Eyzies-de-Tayac
Tamniès
Trémolat
SARLAT-LA-CANEDA
Le Buisson-de-Cadouin
BERGERAC
LIBOURNE
Saint-Emilion
BORDEAUX
N. 89
N. 113
N. 21
LANGON
MARMANDE
47 - LOT-ET-GARONNE
Bazas
A. 62
33 - GIRONDE
Tonneins
Villeneuve-sur-Lot
AGEN
Puymirol
NERAC
D. 932
D. 933
Moissac
CASTELSARRASIN
MONT-DE-MARSAN
CONDOM
Grenade-sur-Adour
N. 124
32 - GERS
Eugénie-les-Bains
AUCH
N. 134
MIRANDE
PAU
TARBES
N. 117
SAINT-GAUDENS
BAGNERES-DE-BIGORRE
Sauveterre-de-Comminges
ARGELES-GAZOST
SAINT-GIRONS
N. 125
65 - HAUTES-PYRÉNÉES
Oust

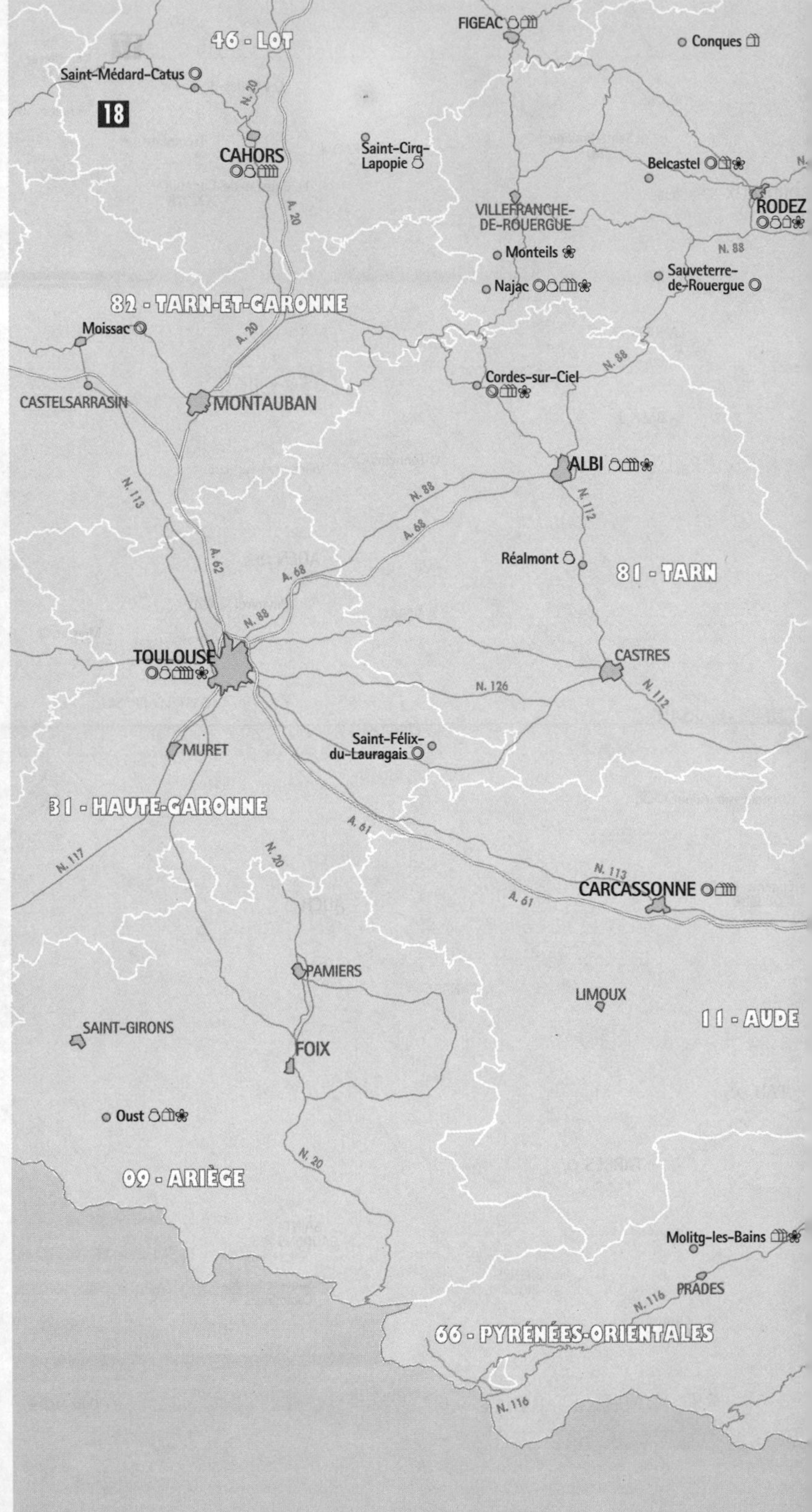

46 - LOT
18
Saint-Médard-Catus
CAHORS
FIGEAC
Conques
Saint-Cirq-Lapopie
Belcastel
RODEZ
VILLEFRANCHE-DE-ROUERGUE
Monteils
Najac
Sauveterre-de-Rouergue
82 - TARN-ET-GARONNE
Moissac
CASTELSARRASIN
MONTAUBAN
Cordes-sur-Ciel
ALBI
Réalmont
81 - TARN
TOULOUSE
CASTRES
Saint-Félix-du-Lauragais
MURET
31 - HAUTE-GARONNE
CARCASSONNE
PAMIERS
LIMOUX
11 - AUDE
SAINT-GIRONS
FOIX
Oust
09 - ARIÈGE
Molitg-les-Bains
PRADES
66 - PYRÉNÉES-ORIENTALES
N. 20
A. 20
N. 88
A. 68
N. 113
A. 62
N. 112
N. 126
N. 117
A. 61
N. 116

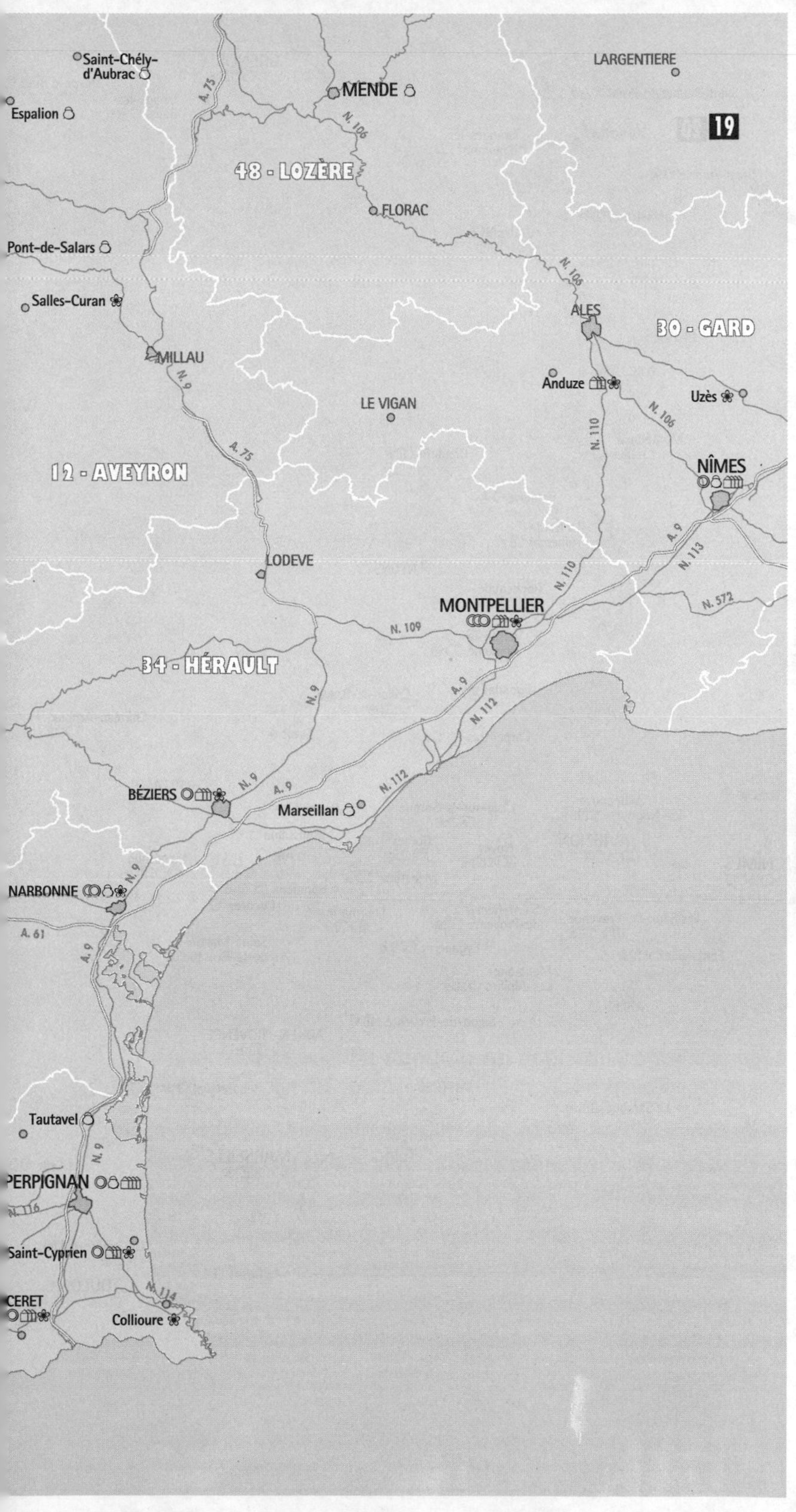
19
Saint-Chély-
d'Aubrac
Espalion
MENDE
LARGENTIERE
A. 75
N. 106
48 - LOZÈRE
FLORAC
Pont-de-Salars
Salles-Curan
N. 106
ALES
30 - GARD
MILLAU
N. 9
Anduze
Uzès
LE VIGAN
N. 110
N. 106
A. 75
12 - AVEYRON
NÎMES
A. 9
N. 113
LODEVE
N. 110
N. 572
MONTPELLIER
N. 109
34 - HÉRAULT
A. 9
N. 9
N. 112
BÉZIERS
N. 9
A. 9
N. 112
Marseillan
N. 9
NARBONNE
A. 61
A. 9
Tautavel
N. 9
PERPIGNAN
N. 116
Saint-Cyprien
N. 114
CERET
Collioure

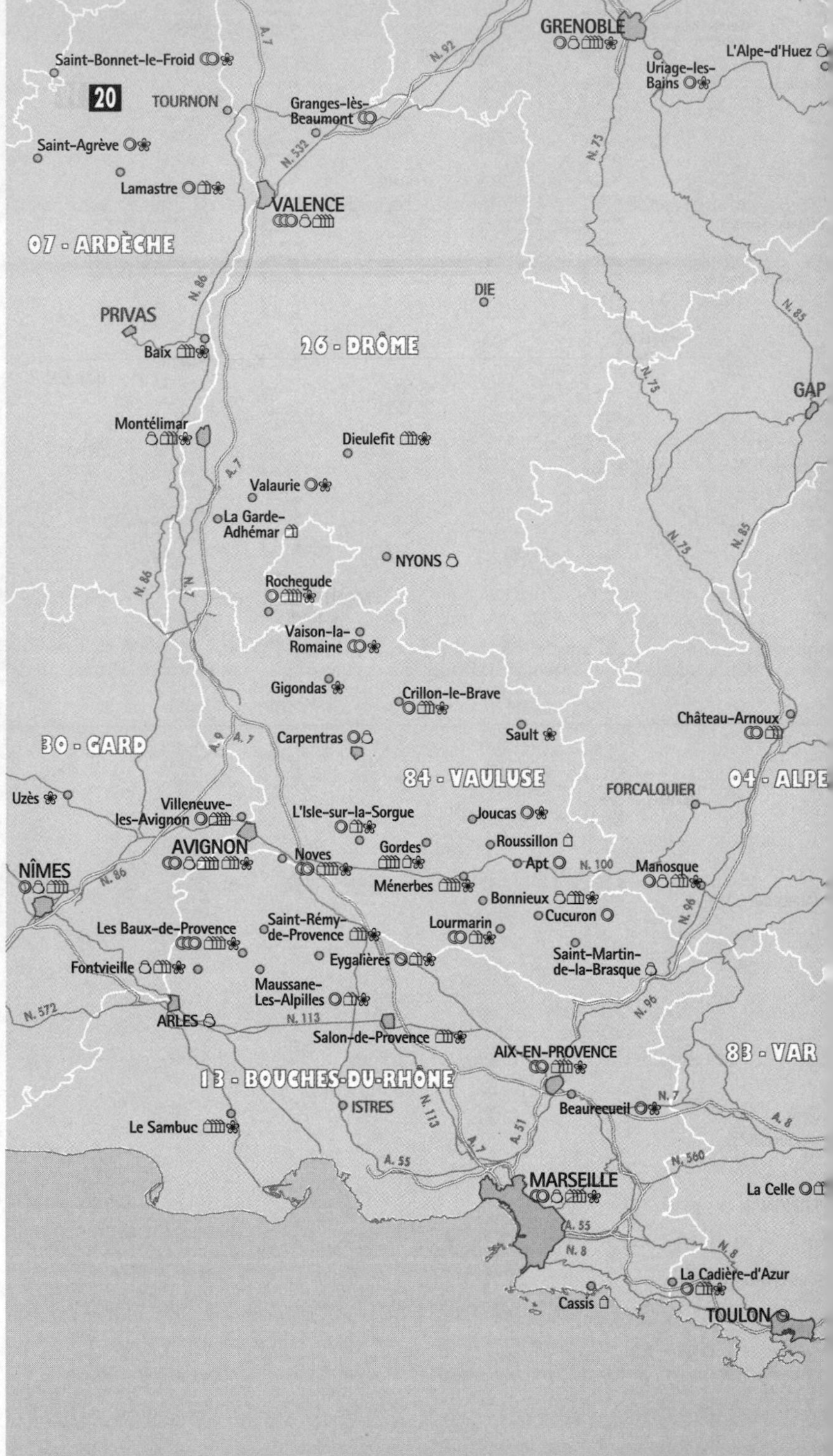

20
GRENOBLE
L'Alpe-d'Huez
Uriage-les-Bains
Saint-Bonnet-le-Froid
TOURNON
Granges-lès-Beaumont
Saint-Agrève
Lamastre
VALENCE
07 - ARDÈCHE
DIE
PRIVAS
Baix
26 - DRÔME
GAP
Montélimar
Dieulefit
Valaurie
La Garde-Adhémar
NYONS
Rochegude
Vaison-la-Romaine
Gigondas
Crillon-le-Brave
Château-Arnoux
Sault
30 - GARD
Carpentras
84 - VAULUSE
04 - ALPE
Uzès
FORCALQUIER
Villeneuve-les-Avignon
L'Isle-sur-la-Sorgue
Joucas
AVIGNON
Roussillon
Noves
Gordes
Apt
Manosque
NÎMES
Ménerbes
Bonnieux
Cucuron
Les Baux-de-Provence
Saint-Rémy-de-Provence
Lourmarin
Fontvieille
Eygalières
Saint-Martin-de-la-Brasque
Maussane-Les-Alpilles
ARLES
Salon-de-Provence
AIX-EN-PROVENCE
83 - VAR
13 - BOUCHES-DU-RHÔNE
ISTRES
Beaurecueil
Le Sambuc
MARSEILLE
La Celle
La Cadière-d'Azur
Cassis
TOULON
A. 7
N. 92
N. 532
N. 75
N. 86
N. 85
N. 7
A. 9
N. 100
N. 96
N. 572
N. 113
A. 51
A. 55
A. 8
N. 560
N. 8

N. 91
BRIANÇON
N. 94
05 - HAUTES-ALPES
N. 900
BARCELONNETTE
DIGNE-LES-BAINS
N. 85
06 - ALPES-MARITIMES
N. 202
DE-HAUTE-PROVENCE
Sospel
Coaraze
Saint-Martin-du-Var
Peillon
Moustiers-Sainte-Marie
CASTELLANE
La Turbie
Roquebrune-Cap-Martin
Eze-Village
Principauté de Monaco
Vence
Beaulieu-sur-Mer
Trigance
Saint-Paul-de-Vence
NICE
Saint-Jean-Cap-Ferrat
La Colle-sur-Loup
Valbonne
Cagnes-sur-Mer
GRASSE
Mougins
Biot
Auribeau-sur-Siagne
Antibes
Tourtour
Callas
Mandelieu-la-Napoule
Juan-les-Pins
Cannes
DRAGUIGNAN
N. 7
Lorgues
BRIGNOLES
Sainte-Maxime
N. 97
Grimaud
Saint-Tropez
A. 57
Ramatuelle
Le Rayol-Canadel
Cavalière
Le Lavandou
Ile de Port-Cros
Ile de Porquerolles

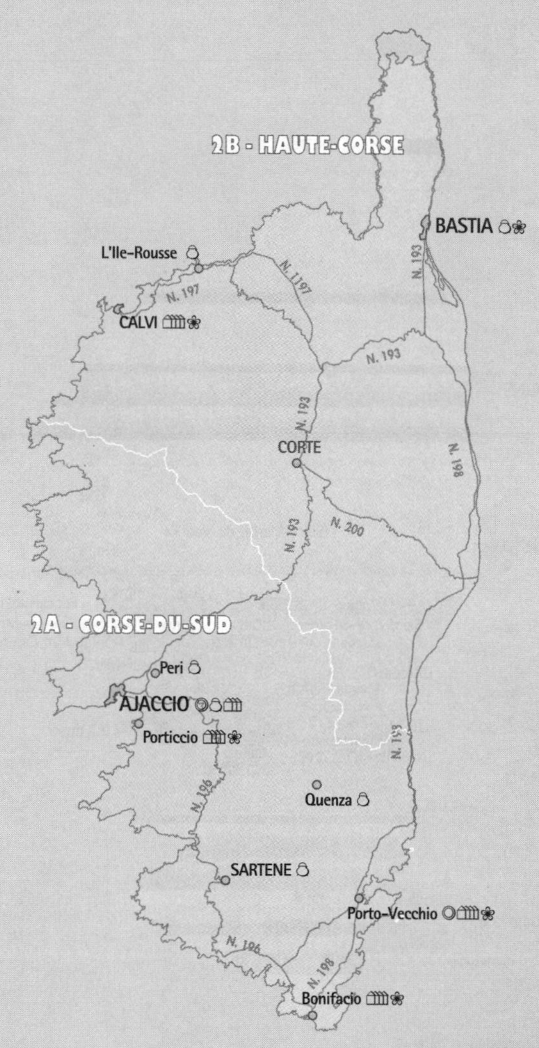
2B - HAUTE-CORSE
BASTIA
L'Ile-Rousse
N. 1197
N. 193
N. 197
CALVI
N. 193
N. 193
CORTE
N. 198
N. 200
N. 193
2A - CORSE-DU-SUD
Peri
AJACCIO
Porticcio
N. 193
N. 196
Quenza
SARTENE
Porto-Vecchio
N. 196
N. 198
Bonifacio

Abbeville

80100 Somme. Paris 186 – Amiens 51 – Boulogne-sur-Mer 80 – Rouen 106.

Office du Tourisme : 1, pl. Amiral-Courbet
Tél. : 03 22 24 27 92. Fax : 03 22 31 08 26

La cité picarde, meurtrie par les bombardements de 1940, cache, outre le cours de la Somme, splendide collégiale et vieilles demeures.

Hôtels–restaurants

Hôtel de France

19, pl. Pilori
Tél. : 03 22 24 00 42. Fax : 03 22 24 26 15
69 ch. 280-700 F. 1/2 pens. 280-330 F
Menus : 38 F (enf.), 70 F (déj.)-98 F

Agréablement située sur une place du cœur de la ville près du parc ornithologique, cette grande bâtisse tout de briques vêtue abrite des chambres coquettes et confortables. Le restaurant propose des mets soignés issus de la rôtissoire.

Relais Vauban

4, bd Vauban
Tél. : 03 22 25 38 00. Fax : 03 22 31 75 97
Fermé 20 déc.-10 janv.
22 ch. 250-290 F

Ce petit hôtel aux chambres douillettes de prix modérés, à deux pas de l'église Saint-Sépulcre, fait une surprise de charme.

Au Châteaubriant

1, pl. de l'Hôtel-de-Ville
Tél. : 03 22 24 08 23
Fax : 03 22 24 22 64
Fermé dim. soir, lundi
Menus : 45 F (enf.), 85-190 F. Carte : 250 F

Cette vaste salle classique et majestueuse, située au premier étage d'un bel immeuble avec entrée en marbre, ne manque pas d'allure. On y sert une cuisine sage et sans épate, que renouvellent les menus, au gré du marché.

L'Escale en Picardie

15, rue Teinturiers
Tél. : 03 22 24 21 51. Fax : 03 22 24 72 17
Fermé dim. soir, lundi, soirs fériés, vac. fév., 20 août-8 sept.
Menus : 125-285 F. Carte : 250 F

Cette table marine propose, en direct de la marée de Boulogne-sur-Mer, fruits de mer extra-frais, pot-au-feu de la mer, belle sole de ligne, petits bars, lotte à la soupe d'ail et tarte fine aux pommes de très bon ton.

Auberge de la Corne

32, chaussée du Bois
Tél. : 03 22 24 06 34. Fax : 03 22 24 03 65
Fermé sam., midi et dim.
Menus : 78 F (déj.). Carte : 180-250 F

Maryse et Yves Lematelot ont fait, depuis deux décennies, l'une des institutions de la ville, ce qui n'empêche pas la modestie. Le décor est simple, la cuisine du terroir soignée, à coup de ficelle picarde, harengs pommes à l'huile, petit salé aux lentilles, croustillant de pied de porc aux champignons, qui se délivrent sur l'ardoise.

L'Etoile du Jour

2, chaussée Marcadé
Tél. : 03 22 24 06 90. Fax : 03 22 20 55 06
Fermé : lundi soir
Menus : 90-250 F. Carte : 200-250 F

On peut dîner au coin du feu l'hiver avec les deux cheminées que possède cet établissement de quatre salles, ou en terrasse l'été, dans le patio fleuri. Au programme : accueil généreux et cuisine du terroir, saint-jacques au naturel en coque feuilletée, lotte au cidre en fricassée aux pommes rôties, filet de bœuf en croûte aux champignons sauvages. Egalement traiteur avec livraison à domicile. Une adresse sans ombre.

Produits

PÂTISSIER

Le Suprême

32, rue Saint-Vulfran. Tél. : 03 22 24 25 59

Michel Vast mitonne d'épatantes ganaches amères, un pavé de saint-vulpian, avec praliné et feuilles de nougatine au miel, enfin des tartes aux fruits qui sont la fraîcheur même.

L'Abergement–Clémenciat

01400 Ain. Paris 413 – Mâcon 23 – Bourg-en-Bresse 24 – Lyon 58.

Un recoin de la Dombes, la proximité des étangs, de la forêt et du joli bourg de Châtillon-sur-Chalaronne.

Restaurant

Le Saint-Lazare

Tél. : 04 74 24 00 23. Fax : 04 74 24 00 62
Fermé merc., jeudi, vac. fév., 25 juil.-9 août
Menus : 100 F (déj., vin c.), 130-350 F. Carte : 250 F

Sous une façade d'auberge ancienne, le décor est d'un modernisme standardisé.

Mais les prix sont doux, l'accueil adorable et Christian Bidart, qui travailla avec Bonin au Crillon et Willer au Martinez, joue une petite musique rustico-sophistiquée, un tantinet chantournée, qui n'est pas sans charme : terrine de lièvre aux marrons, parfait de foies blonds et cèpes, briochine de queues d'écrevisses et chair de grenouilles, filet d'esturgeon au lard et crème de châtaigne, lièvre en marinade au genièvre et émincé de poires confites au vin rouge. C'est comme une halte dans la promenade, une découverte sage et sereine, au beau pays gourmand des Dombes.

Aber-Wrach

29870 Finistère. Paris 607 – Brest 28 – Landerneau 37 – Quimper 93 – Morlaix 37.

Ce bout de Bretagne, face à la mer, sur l'un des plus jolis «fjords» de la région, est un «finis terrae» de qualité. On y entend battre l'océan en majesté.

Hôtels-restaurants

La Baie des Anges

Tél. : 02 98 04 90 04
Fax : 02 98 04 92 27
Fermé janv.-fév.
20 ch. 520-620 F

Le site est sauvage, l'accueil charmant, la maison cosy avec ses chambres claires et contemporaines, les salons d'accueil adorables. Pas de restaurant mais le volubile Jacques Briant qui connaît le pays comme sa poche vous guidera vers les meilleures tables. Petits déjeuners exquis.

Brennig

Tél. : 02 98 04 81 12
Fax : 02 98 04 93 21
Fermé mardi, 3-18 oct.
Menus : 45 F (enf.), 98-195 F (vin c.).
Carte : 250 F

Simple et sans chichis, ce restaurant providentiel dans son site panoramique permet de contempler l'océan en dégustant fruits de mer et poissons du jour (sole meunière, lotte en blanquette) d'une grande fraîcheur.

Captain Crêpes

16, rte de la Baie des Anges
Tél. : 02 98 04 82 03
Fermé lundi (hiver).
Menu : 89 F. Carte : 120 F

Cette jolie taverne avec vue propose galettes, moules-frites, salades, mais aussi plats du jour renouvelés. Belles huîtres et solide entrecôte requinquent les amoureux du grand air.

Abense-de-Haut : voir Tardets-Sorholus

Abreschviller

57560 Moselle. Paris 455 – Strasbourg 80 – Phalsbourg 23 – Saverne 17.

Le pays natal d'Alexandre Chatrian, père, avec Emile Erckmann, de L'Ami Fritz, *la poésie des Vosges mosellanes, pays de collines, de cristalleries et de forêts.*

Hôtels-restaurants

Les Cigognes 

74, rue Jordy
Tél. : 03 87 03 70 00
15 ch. 170-340 F
Menus : 70-180 F. Carte : 200 F

Cet hôtel familial est le repaire des chasseurs en saison et des promeneurs qui choisissent de faire leurs randonnées alentour. Cuisine familiale de Gilbert Baillet qui veille également sur le petit train touristique de ce vrai village au vert qui vit essentiellement du bois.

A Lettenbach, 0,5 km rte de Saint-Quirin

Auberge de la Forêt

Tél. : 03 87 03 71 78. Fax : 03 87 03 79 96
Fermé dim. soir, lundi (mi-oct.-mars), vac. Noël
Menus : 65 F (déj.), 125-210 F. Carte : 250 F

Proprette, gentillette, modernisée, ouverte sur les bois proches, cette auberge pimpette est dirigée avec allant par la dynamique Nicole Risch. Son frère réalise, aux fourneaux, une cuisine assez fraîche, quoique très «ancienne nouvelle cuisine», avec force brocolis et purée de légumes. Vous vous fierez avec sûreté aux spécialités régionales : jambon de marcassin, bouchée à la reine, filet de perche poêlé, biche bien cuite et mirabelles flambées.

Le Relais du Grand-Soldat

Grand-Soldat
Tél. : 03 87 03 79 92
Carte : 70-120 F

Jean-Marie Brua et son épouse tiennent avec gentillesse cette ferme-auberge-buvette ouverte au promeneur face à l'arrêt du petit train touristique et à deux pas de la maison natale de Chatrian. Le site forestier vaut à lui seul le détour. Des casse-croûte campagnards, de braves terrines, le frais croque-monsieur, une palette de porc avec des crudités suffisent à faire plaisir.

indique un établissement au bon rapport qualité-prix.

Produits

CHARCUTIER

Felden

102, rue Pierre-Marie. Tél. : 03 87 03 70 01

Saucisse à cuire, saucisson fumé, jambon à l'os, saucisse à tartiner et lard paysan dans une splendide boutique rénovée.

Agen

47000 Lot-et-Garonne. Paris 628 – Auch 74 – Bordeaux 141 – Pau 162 – Toulouse 119.

Office du Tourisme : 107, bd Carnot.
Tél. : 05 53 47 36 09. Fax : 05 53 47 29 98

La capitale mondiale du pruneau prend ses aises à fleur de Garonne. On vient visiter le musée des Beaux-Arts, l'église des Jacobins et se perdre dans la ville ancienne.

Hôtels–restaurants

Hostellerie des Jacobins

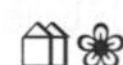

1 ter, pl. des Jacobins
Tél. : 05 53 47 03 31. Fax : 05 53 47 02 80
15 ch. 420-680 F

Face à la belle église du même nom, cette demeure de maître dans son parc ne manque pas de cachet, avec ses vieux meubles, ses chambres de taille inégale, ses salons surannés où l'on se sent vite chez soi.

Mariottat

25, rue L.-Vivent
Tél. : 05 53 77 99 77. Fax : 05 53 77 99 79
Fermé sam. midi, dim. soir, lundi, vac. fév.
Menus : 70 F (enf.), 105 F (déj.)-295 F
Carte : 300-400 F

Formé jadis chez Daguin, émigré à Paris chez Lajarrige, revenu au pays à Bon-Encontre, puis au cœur historique de la cité, Eric Mariottat a fait de ce bel hôtel particulier XIXe la bonne table de la ville. Les menus sont sages, les préparations soignées, le terroir mis à contribution et les salles ont de l'allure. Tarte chaude aux cèpes et à l'ail, ragoût d'escargots à la tomate, écrasée de pommes de terre aux morilles et saint-jacques, filet de blonde d'Aquitaine à la moelle et ronde des gibiers en saison assurent le bel ordinaire de la demeure. Accueil charmant de Christiane Mariottat.

Fleur de Sel

66, rue Camille-Desmoulins
Tél. : 05 53 66 63 70. Fax : 05 53 66 63 70
Fermé sam. midi, dim., 17-24 août
Menus : 110-210 F. Carte : 250-350 F

Plein centre, cette demeure sympathique, avec sa salle à manger de bon confort au rez-de-chaussée d'un immeuble bourgeois, abrite un bon cuisinier. Franck Mauriet, ancien de Trama et Bardet, qui œuvre selon le marché et les saisons, n'hésite pas à transgresser un tantinet les règles du terroir avec une touche un rien provençale. Carpaccio de canard, bar en farigoule, carré d'agneau au jus de thym, brochette de fruits frais caramélisés sont des mets malins qui se renouvellent au gré des saisons.

Washington

7, cours Washington
Tél. : 05 53 48 25 50. Fax : 05 53 48 25 55
Fermé dim. soir, lundi, 8-21 août
Menus : 99 F, 115 F (déj.), 180 F. Carte : 250 F

Patrick Pinard cuisine selon le marché (salade de saint-jacques, crêpes au beurre praliné) sans tricher avec la fraîcheur et la vérité. Ses trois petites salles à manger sont cosy à souhait.

A 47310 Laplume. 12 km. N21 rte d'Auch et D268

Château de Lassalle

A Brimont
Tél. : 05 53 95 10 58. Fax : 05 53 95 13 01
Fermé dim. soir, lundi (sept.-mai),
1er fév.-31 mars.
14 ch. 690-1 190 F. 1/2 pens. 690-890 F
Menus : 130 F (déj.), 155-350 F

Les Laurens reçoivent avec chaleur dans leur belle maison du XVIIIe. Le parc de 8 ha, les toits de tuiles rousses, les arbres ont du charme. On vient aussi pour le farniente ou les week-ends à thème (œnologie, champignons, cours de cuisine). Une maison du bien-vivre.

Produits

CAVISTE

Jacques Baesa

27, pl. Jean-Baptiste-Durand
Tél. : 05 53 66 12 76

La boutique de liquoriste à l'ancienne est pittoresque. On y trouve ici vieilles prunes, purs malts et grands bordeaux.

CONFISEUR

Boisson

20, rue Grande-Horloge. Tél. : 05 53 66 20 61
171, bd Carnot. Tél. : 05 53 66 18 46

Claude et Pierre Boisson assurent la tradition du pruneau local, fourré, avec ou sans armagnac, enrobé de chocolat. Leurs ganaches sont délicieuses.

PÂTISSIER

Mauferon

169, bd Carnot
Tél. : 05 53 66 37 65

Artistes pâtissiers de leur ville, les frères Raynal vendent ici fraîches brioches, tartes exquises et délicieux chocolats.

PRODUITS RÉGIONAUX

Maître Prunille

Pl. de la Cathédrale
Tél. : 05 53 66 00 42

Pruneaux séchés, en sachets, au chocolat, mais aussi terrines du pays et vins locaux (buzet ou duras) : voilà ce qui fait envie dans cette plaisante échoppe moderne.

Ahetze

64210 Pyrénées-Atlantiques. Paris 786 – Bayonne 19 – Biarritz 10 – Saint-Jean-de-Luz 12.

Ce bout de campagne labourdine, entre collines et mer, ménage des vues sur la Rhune, la montagne sainte des Basques. Et c'est déjà le cœur du pays.

Restaurants

La Ferme Ostalapia 

Chemin d'Ostalapia
Tél. : 05 59 54 73 79. Fax : 05 59 54 98 85
Fermé merc., déj. (juil.-août), 15 jrs oct
Carte : 200-250 F

Christian Duplaissy (la Tantina de Burgos à Biarritz) a créé là une sorte d'auberge idéale, perdue dans la campagne, avec son grand jardin lorgnant la Rhune. Des chambres d'hôtes sont prévues pour bientôt. Pour l'heure, la terrasse se remplit vite, comme la vaste salle rustique ou le coin-bar avec son comptoir Arts déco, ses casiers de bouteilles. En lorgnant les tablées heureuses, on comprend vite que c'est là la maison du bonheur. On se régale sans mal de mets sur l'ardoise : chipirons sautés, carpaccio de thon, petites truites de la Nive au jambon, axoa et sa purée, confit de canard et grosses frites à la graisse d'oie, tarte sucrée à la crème brûlée et aux pommes. On boit le rouge de Brana en remerciant tout le monde de l'aubaine.

L'Epicerie

Pl. du Fronton
Tél. : 05 59 41 94 95. Fax : 05 59 41 94 95
Fermé dim. soir, lundi, 10-20 juin, 10-20 oct.
Menus : 60 (enf.), 100 (déj., sem.), 140 F

Dans l'ancienne épicerie du village, une taverne avec ses tables en bois, son menu-carte, ses plats simples, son accueil adorable. On se régale ici sans chichis de pimento farci de merlu, garbure, poisson du jour, axoa, tourtière aux pommes d'une qualité suivie.

Aiguebelle : voir Lavandou

L'Aigle

61300 Orne. Paris 140 – Alençon 61 – Chartres 80 – Dreux 61 – Evreux 56.

Ce bourg de la Normandie profonde fait une étape de tradition sur l'ancienne route de Paris vers la Bretagne.

Hôtel-restaurant

Le Dauphin 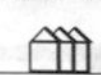

Pl. de la Halle
Tél. : 02 33 84 18 00. Fax : 02 33 34 09 28
30 ch. 359-523 F. 1/2 pens. 345-380 F
Menus : 55 F (enf.), 140-280 F. Carte : 300 F Brasserie, menus : 65-73 F

Ce relais de tradition, pourvu de belles chambres à l'ancienne, salle à manger bourgeoisement cossue, salon cosy et brasserie annexe de bon ton fait une étape de choix pour automobiliste désireux de reprendre des forces. Feuilleté d'œufs brouillés aux escargots, tripière normande et Tatin minute sont de belles invites.

Ainhoa

64250 Pyrénées-Atlantiques. Paris 796 – Biarritz 29 – Saint-Jean-de-Luz 24 – Pau 127.

Le village basque par excellence avec son alignement de demeures à colombages sur une grand-rue admirable. L'Espagne est à deux pas.

Hôtels-restaurants

Ithurria 

Tél. : 05 59 29 92 11. Fax : 05 59 29 81 28
Fermé mercr. (hs), nov.-Pâques
27 ch. 700 F. 1/2 pens. 580-620 F
Menus : 175-260 F. Carte : 300-350 F

Classique mais chic, la table de Maurice Isabal, dans sa belle auberge d'autrefois, est l'une des meilleures ambassades basques qui soient. Pas de chichis, mais de la cuisine juste, signée d'un artisan qui délivre son art avec minutie : un beau foie gras de canard avec sa merveilleuse gelée au consommé de volaille, une brochette de lotte au piment d'Espelette, un tournedos sauce périgourdine aux ravioles de cèpes, un émincé de magret à la bigarade de cerises, de vraies frites à la graisse de canard, la mamia (le fromage frais au miel), une parfaite glace à l'Izarra avec son coulis de cerises noires, le croquant au chocolat sauce caramel et sel de Salies-de-Béarn. Du travail net, qu'on accompagne de pacherenc et d'irouléguy, choisis comme il faut.

 *indique un hôtel au calme.*

Argi Eder

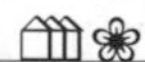

Tél. : 05 59 93 72 00. Fax : 05 59 93 72 13
Fermé dim. soir, mercr. (hs), mi-nov.-mi-avr.
30 ch : 660-870 F. 1/2 pens : 635 F
Menus : 70 F (enf.), 125 F (vin c., déj.)-230 F.
Carte : 250 -300 F

Sage, calme, tranquille, cette belle maison parfaite pour le séjour sans heurts offre son jardin, sa piscine, son tennis, ses chambres de très bon confort au charme suranné dans un paysage champêtre, comme suspendu au-dessus du village. Cuisine traditionnelle, avec tous les classiques locaux traités avec sérieux.

Oppoca

Tél. : 05 59 29 90 72. Fax : 05 59 29 81 03
Fermé (rest. : dim. soir, lundi) 15 nov.-15 déc.
12 ch. 285-320 F. 1/2 pens. 260-285 F
Menus : 50 F (déj.), 95-170 F

La simplicité de cette demeure proprette au cœur du bourg émeut. Tout est à l'avenant : la cuisine du cru, l'accueil débonnaire et la sagesse des prix. Repas en terrasse aux beaux jours.

Aix-en-Provence

13100 Bouches-du-Rhône. Paris 757 – Marseille 31 – Avignon 83 – Nice 177.

Office du Tourisme : 2 pl. du Général-de-Gaulle. Tél. : 04 42 16 11 61. Fax : 04 42 16 11 62

L'été finit toujours sous les tilleuls, à Aix. Sous les platanes aussi, du cours Mirabeau à la terrasse des Deux Garçons. Les hôtels anciens, leurs fraîches courettes, les clochers ouvragés, les placettes ombreuses : voilà qui donne une idée du grand charme de cette cité aristocratique aux airs de vrai village de Provence. La gourmandise y est de tradition : c'est le pays du calisson qui se mitonne toujours d'artisanale façon, avec les melons et les amandes du pays. Pour la promenade, la Sainte-Victoire est proche.

Hôtels

Villa Gallici

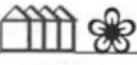

18 bis, av. Violette
Tél. : 04 42 23 29 23. Fax : 04 42 96 30 45
18 ch.1 350-2 650 F. 4 appart.
1/2 pens. 1 225-1 875 F
Menu (résidents slt) : 400 F

Une maison de décorateur aux airs de villa toscane, son parc, son aspect champêtre et raffiné, ses beaux tissus, ses meubles chinés : voilà un tantinet la maison idéale. La cuisine est simple, comme pour ne pas faire d'ombre au lieu. Relais & Châteaux.

Grand Hôtel Roi René

24, bd Roi-René
Tél. : 04 42 37 61 00. Fax : 04 42 37 61 11
131 ch. 865-1 300 F
Menus : 45 F (enf.), 195-295 F

L'ex-palace local a été entièrement revu façon hôtel moderne, avec ses chambres fonctionnelles, sans surprise. Situation centrale.

Le Pigonnet

5, av. du Pigonnet
Tél. : 04 42 59 02 90. Fax : 04 42 59 47 77
Fermé rest. lundi soir et déj. nov.-mars
52 ch. 800-1 600 F. 1/2 pens. 750-1 100 F
Menus : 280-350 F

Cette bastide provençale se découvre au bout d'une allée de marronniers, dans son parc fleuri. La décoration est choisie, avec de vieux meubles, une âme d'antan, et le calme assuré, avec la vue sur la Sainte-Victoire.

Mercure Paul Cézanne

40, av. Victor-Hugo
Tél. : 04 42 26 34 73. Fax : 04 42 27 20 95
55 ch. 540-665 F

Central, pratique pour explorer le vieux centre, cet hôtel de tradition a gardé son cachet et son mobilier ancien sur le mode provençal, tout en passant sous le pavillon Mercure.

Grand Hôtel Nègre Coste

33, cours Mirabeau
Tél. : 04 42 27 74 22. Fax : 04 42 26 80 93
37 ch. 412-700 F

Historique et on ne peut plus central, ce vieil hôtel de tradition du XVIIIe possède de grandes chambres pleines de charme ayant vue sous les ombrages.

Restaurants

Clos de la Violette

Tél. : 04 42 23 30 71. Fax : 04 42 21 93 03
Fermé dim., lundi (sf soir avr.- oct.),
vac. fév., 7-20 août, Toussaint
Menus : 300-600 F. Carte : 500 F

Classique formé chez Roucou à Lyon, Giraud aux Santons à Grimaud, Hiély à Avignon, Jean-Marc Banzo a fait de cette demeure de charme avec son jardin, en lisière du centre, la grande table de sa ville. Ce qu'il mitonne, au gré du temps et des saisons ? Des mets qui disent la Provence, respectent la tradition et la transcendent. Les petits farcis à la niçoise, les ravioles de fenouil à la barigoule d'artichaut, le pressé de tourteau avec sa salade de pistes et de pois chiches, les pommes Charlotte aux truffes et lard fumé, le dos de loup au poivre et aux fèves, le lapereau confit en pébrade, avec ail, oignon et thym, l'agneau de Sisteron en croûte d'herbes aux aromates :

voilà la partition fine, légère, savoureuse, aux couleurs du pays de Cézanne, dont il sait jouer avec brio. Le biscuit noisette à la brousse, la feuillantine d'orge perlé au vin d'épices, le pain perdu aux fraises sont quelques-uns des bons tours sucrés, ajoutés à sa palette diverse. Grande carte des vins, d'inspiration très provençale.

L'Aixquis

22, rue Leydet
Tél.: 04 42 27 76 16. Fax: 04 42 93 10 61
Fermé dim., 2-28 janv., 1er-23 août
Menus: 90 F (enf.), 97 F (déj.), 148-370 F
Carte: 250-400 F

On mange ici à tous les prix (le menu du milieu n'est pas mal) et la cuisine que vante avec chaleur Benoît Strohm ne manque pas de cœur. Aumônière de saumon aux radis noirs, loup grillé aux épices, pigeon rôti à l'ail en bécasse, tarte minute au chocolat noir donnent une idée de ses bons tours.

L'Amphitryon

2, rue Paul-Doumer
Tél.: 04 42 26 54 10. Fax: 04 42 38 36 15
Fermé dim., lundi midi, 15 août-1er sept.
Menus: 100 F (déj.), 175-285 F
Carte: 200-300 F

Le mille-feuille de chèvre frais aux poivrons, le carré d'agneau en croûte de tapenade ou la tarte sablée aux fruits avec sa crème de calisson glacé témoignent des bonnes idées de Bruno Ungaro dans ce restaurant qui joue le bon provençal sans chichis. La terrasse et l'arrière-cour, sur le cloître des Augustins, sont un havre aux beaux jours. Jolis vins de Provence, conseillés avec malice par Patrice Lesné.

Le Bistrot Latin

18, rue Couronne
Tél.: 04 42 38 22 88. Fax: 04 42 38 22 88
Fermé dim., lundi midi, 5-11 juin
Menus: 95 F (déj.), 125-185 F. Carte: 180 F

Petit, sympa, cosy, la maison ne désemplit guère. On comprend l'Aixois malin qui vient ici manger à bon prix une cuisine faite au gré du marché qui ne déçoit pas. Profiteroles d'escargots, rouget poêlé aux épices, crépinette d'agneau en tapenade ont bonne mine.

La Quincaillerie

14, av. Pasteur
Tél.: 04 42 21 71 76. Fax: 04 42 61 45 21
Fermé dim., lundi soir, août, Noël-Nvl An
Menus: 80-180 F. Carte: 150-200 F

Amusante comme tout, cette ancienne usine de taillanderie a été reconvertie en restaurant façon loft ou musée des arts popus. Jolies salades, andouillette, grillade, agneau au romarin font tranquillement l'affaire.

Yôji

7, av. Victor-Hugo
Tél.: 04 42 38 48 76. Fax: 04 42 28 83 29
Fermé lundi
Menus: 75 F (déj.), 125-205 F

Mi-japonais (exquis sushi, parfait suki-yaki), mi-coréen (délicieux plats au barbecue), ce restaurant fort sérieux joue son rôle d'ambassade asiate avec une rigueur non feinte. La terrasse est prise d'assaut les soirs d'été.

Produits

CHOCOLATIER

Puyricard

Quartier Beaufort, 420 rte du Puy-Sainte-Réparade
Tél.: 04 42 96 11 21. Fax: 04 42 21 47 10

D'exquis chocolats au lait, de brillantes ganaches amères, de parfaits calissons au goût de melon, dans une manufacture modèle.

CONFISEUR

Léonard Parli

5, av. Victor-Hugo
Tél.: 04 42 26 05 71. Fax: 04 42 26 42 76

La boutique reine du calisson d'Aix, avec sa splendide façade stylisée, son décor intérieur millésimé 1910, ses stucs, son haut plafond, ses moulures et ses miroirs, ses ateliers juste au-dessus de la confiserie et ses vingt employés qui ont, tous au cœur, l'amour du travail bien fait.

FROMAGER

Gérard Paul

9, rue des Marseillais
Tél.: 04 42 23 16 84

Chèvres de Banon, frais, mûris à point, dans leurs feuilles de châtaignier, mais pas seulement: c'est toute la France fermière qui tient ses assises, au lait cru, chez cet affineur hors pair.

Rendez-vous

CAFÉ-BRASSERIE

Les Deux Garçons

Cours Mirabeau
Tél.: 04 42 26 00 51

Cézanne y buvait son Rinquinquin. Raimu, Mistinguett, Mauriac s'y croisèrent. La jeunesse aixoise vient y prendre le frais en terrasse sous les tilleuls. Ce monument 1792 revu 1823 (c'était le Café Julien) trône comme une perle. Façade, toiture, devanture sont classés. Stucs, angelots, corbeilles de fruits, glaces rectangulaires et pilastres possèdent un air ineffable de petit palais princier.

Ajaccio: voir Corse
Albé: voir Villé

FLEUR DE CHAMPAGNE
DUVAL-LEROY
FLEUR DE CHAMPAGNE
FLEUR DE CHAMPAGNE
CHAMPAGNE
DUVAL LEROY

Albertville

73200 Savoie. Paris 584 - Annecy 45 - Chambéry 51 - Grenoble 81.

La route vers les pistes et le souvenir des J.O. d'hiver, avec de superbes installations sportives: voilà ce qu'on trouve sur ce grand carrefour routier.

Hôtel-restaurant

Million 

8, pl. de la Liberté
Tél.: 04 79 32 25 15. Fax: 04 79 32 25 36
Fermé (res.) dim. soir
26 ch. 450-800 F. 1/2 pens. 600 F
Menus: 160 F (déj.), 195-550 F.
Carte: 450-550 F

Un grand hôtel de tradition avec ses chambres partiellement rénovées, la personnalité de Philippe Million, grande figure gourmande de la région, un service *ad hoc* et une cave de choix: voilà ce qui attire ici, en sus de parties communes chaleureuses. Langoustines en salade d'herbes avec dentelle de parmesan, ballotin de chou au crabe, blanquette de grenouille aux morilles, féra grillée aux ravioles de céleri, pigeon au foie gras et pied de porc, gratin de griottes à la pistache montrent que l'inspiration se renouvelle aussi avec bonheur.

Albi

81000 Tarn. Paris 674 - Toulouse 75 - Béziers 149 - Clermont-Ferrand 295.

Office du Tourisme: palais de la Berbie, pl. Sainte-Cécile. Tél.: 05 63 49 48 80
Fax: 05 63 49 48 98

Une cathédrale de briques rouges (Sainte-Cécile), la demeure de Toulouse-Lautrec, le vieux quartier et ses ruelles, le Tarn qui coule à ses pieds donnent à la ville son charme et son prix.

Hôtels-restaurants

La Réserve 

Rte de Cordes
Tél.: 05 63 60 80 80. Fax: 05 63 47 63 30
Fermé nov.-fév.
20 ch. 550-1 310 F. 4 suites: 1 450-1 750 F
1/2 pens. 656-950 F
Menus: 59 F (enf.), 125 F (déj.), 164-300 F
Carte: 300-400 F

Ce délicieux Relais & Châteaux des bords du Tarn vaut pour son accueil de charme, celui de la gracieuse Hélène Rieux-Hijosa, ses chambres renouvelées (celles du fond du parc sont délicieuses), sa piscine, comme le calme garanti à 3 km de la ville. Côté cuisine, on fait avec aise dans le terroir rajeuni, à coup de ravioles d'artichaut, croustillant de pigeon et dos de lapin à l'ail doux.

Hostellerie Saint-Antoine 

17, rue Saint-Antoine
Tél.: 05 63 54 04 04. Fax: 05 63 47 10 47
Rest. fermé sam. midi, dim.
[illegible] ch. [illegible] F. 1/2 pens. [illegible] F
Menus: 98 F (déj.), 140-260 F

Ce grand hôtel de tradition au vertueux jardin intérieur en plein centre-ville propose des chambres rénovées qui ont gardé le cachet ancien et une cuisine sérieuse et sans chichis (cassolette d'escargots au roquefort, daube à l'albigeoise, tarte aux pommes glace aux noix). La demeure appartient également à la famille Rieux (la Réserve) qui a fait de l'accueil son cheval de bataille.

Mercure-Albi-Bastides 

41 bis, rue de Porta
Tél.: 05 63 47 66 66. Fax: 05 63 46 18 40
Fermé (res.) sam. midi, dim. midi,
21 déc.-2, janv.
56 ch. 400-530 F
Menus: 55 F (enf.), 100-180 F

Une situation imparable de l'autre côté du Tarn face à la cathédrale sur laquelle on ouvre ses fenêtres le matin, un accueil souriant, une cuisine régionale de qualité: voilà ce qu'on trouve dans cet hôtel de chaîne installé avec force modernisme dans une ancienne vermicellerie. Chambres fonctionnelles et sans apprêt.

Le Vieil Alby 

25, rue Toulouse-Lautrec
Tél.: 05 63 54 14 69. Fax: 05 63 54 69 75
Fermé dim. soir, lundi, 22 janv.-12 fév.,
26 juin-10 juil.
9 ch. 255-320 F. 1/2 pens. 290-320 F
Menus: 60 F (enf.), 98 F (déj.)-250 F

Proche de la cathédrale et à deux pas de la maison natale de Toulouse-Lautrec, cette demeure ancienne rénovée offre de bonnes petites chambres et une cuisine régionale de qualité.

Le Moulin de la Mothe

Rue de la Mothe
Tél.: 05 63 60 38 15. Fax: 05 63 45 55 42
Fermé dim. soir (sf été), merc., vac. fév.,
Toussaint
Menus: 70 F (enf.), 145-170 F. Carte: 250-400 F

La maison, perchée au bord du Tarn, est adorable, comme l'accueil des Pellaprat et la gentillesse du menu enfant. Ajoutez-y les spécialités locales accommodées avec générosité (croustillant de boudin aux pommes, jarret de veau braisé à l'ancienne et escalope de foie chaud, pigeon à l'ail rose) et vous comprendrez que cette table est digne du pays de cocagne.

L'Esprit du Vin

11, quai de Choiseul
Tél.: 05 63 54 60 44. Fax: 05 63 54 54 79
Fermé dim. soir, lundi, 10-28 fév.
Menus: 98 F (déj.), 185-300 F. Carte: 300 F

Beaucoup de richesse dans les assiettes – mais on nous dira que c'est signe de générosité –, et des idées à foison: voilà ce que propose le chef Patrick Maury, relayé, côté vins, par l'alerte patron Patrick Simar. Le meilleur de gaillac et environs accompagnent les écrevisses au velouté de haricots, la volaille Gauloise blanche pochée ou la jolie épaule d'agneau cuite cinq heures.

Jardin des Quatre Saisons

19, bd de Strasbourg
Tél.: 05 63 60 77 76. Fax: 05 63 60 77 76
Fermé dim. soir, lundi
Menus: 120-185 F. Carte: 200-250 F

Le décor de jardin croquignolet est plutôt chargé. Mais la cuisine de Georges Bermond, qui fait son marché avec soin, bichonne ses produits avec amour, offre le meilleur rapport qualité-prix de la région. Les truffes en saison, le pannequet de saumon fumé (au fumoir maison) et son tartare, toute l'année, l'agneau tendre et rosé, la paupiette de volaille farcie au foie gras, le délicieux veau rouge du Ségala, le biscuit chaud au chocolat sauce praslin sont du cousu main. Accueil adorable, cave aimable.

Produits

BISCUITIER

L'Oh Reine

18, rue Saint-Julien
Tél.: 05 63 54 29 11

Adorable boutique centrale, pour découvrir les «jeannots», biscuits secs aux graines d'anis de forme triangulaire, les échaudés, les navettes ou les gimblettes, aux extraits de citron et de cédrat, que l'on fabrique depuis le Moyen Age.

CHARCUTIER

André Saffon

10, av. Gambetta
Tél.: 05 63 54 05 31

Melsat (boudin blanc à base de mie pain, poitrine de porc et œufs), friton de canard, genre rillettes en terrine, langue en gelée sont les trésors salés de ce bel artisan.

Rappelez-vous qu'une bonne table commence par de bons produits.

CHOCOLATIER-PÂTISSIER DE L'ANNÉE

Michel Belin

4, rue du Dr-Camboulives.
Tél.: 05 63 54 18 46
12, av. Charles-de-Gaulle.
Tél.: 05 63 54 15 59

Le plus ardent des chocolatiers de France, pâtissier d'exception, figure des «Relais Desserts»: c'est le gars Michel qui mériterait pour lui seul le voyage à Albi. Ses chocolats à la réglisse, sa ganache au riz soufflé sur le mode du «Crunch» en version artisanale, comme ses mélanges poivre de la Jamaïque, thé, caramel, chicorée sont en or. Egalement des pâtisseries qui jouent sur le croquant ou le soufflé, fuyant le doux et le sirupeux: tarte chiboust, retour des îles à la noix de coco, gâteau aux noix, bichon feuilleté. Un maître, formé jadis chez Thuriès à Gaillac, à qui Michel Trama doit sa «larme chocolat-griottes».

CONSERVEUR

Albi-Foie gras

Rue de Lévizac, Larquipeyre
Tél.: 05 63 60 74 82 ou 05 63 60 76 99

Chez les Lascoux, depuis trois générations, on travaille la volaille et fabrique depuis 1960 de divines conserves. Foie gras d'oie ou de canard, magret fumé ou séché sont très recommandables.

Alençon

61000 Orne. Paris 194 - Chartres 118 - Le Mans 50 - Laval 90 - Rouen 148.

La capitale de l'Orne mérite le détour pour le charme ancien de ses venelles, son beau musée de la dentelle, son musée des Beaux-Arts et une église Notre-Dame aux porches et vitraux ciselés.

Restaurant

Petit Vatel

72, pl. Cdt-Desmeulles
Tél.: 02 33 26 23 78. Fax: 02 33 82 64 57
Fermé dim. soir, merc., vac. fév., août
Menus: 58 F (enf.), 128-318 F. Carte: 300 F

Cette vieille maison classique qui a pris rang d'institution ne démérite pas. Saint-jacques à la coque, médaillon de lotte aux échalotes grises, saint-pierre aux asperges, jambonnette de volaille forestière et splendides sorbets qui sont le morceau de bravoure de la demeure.

Alix

69380 Rhône. Paris 444 - Lyon 30 - Villefranche-sur-Saône 12.

Le Beaujolais commence avec le pays des pierres dorées...

Restaurant

Le Vieux Moulin

Tél.: 04 78 43 91 66. Fax: 04 78 47 98 46
Fermé lundi, mardi, mi-août-mi-sept.
Menus: 60 F (enf.), 120-280 F. Carte: 200 F

Ce vrai moulin de pierres dorées a été transformé en restaurant campagnard sans manières. Les salles en recoins comme la terrasse ont leur charme. La patronne, la bonne Annie, raconte son pays en mitonnant grenouilles sautées, saucisson chaud ou andouillette, plateau de fromage affiné et fondant au chocolat. Gentil, certes, mais surtout dépaysant tout plein.

Alleyras

43580 Haute-Loire. Paris 556 - Le Puy 32 - Brioude 71 - Langogne 43 - Saint-Chély-d'Apcher 59.

Le cœur du Velay, le grand air à plus de 700 m d'altitude, le pays des «Noisettes Sauvages» et des bonnes fringales vite rassasiées.

Hôtel-restaurant

Haut-Allier 

Au Pont d'Alleyras - 2 km N. par D40
Tél.: 04 71 57 57 63. Fax: 04 71 57 57 99
Fermé mars-15 nov., (res.) lundi (sf août), soir (juil.), dim. soir, mardi midi, mi-nov.-fév.
19 ch. 280-650 F. 1/2 pens. 320-425 F
Menus: 125 F (déj.)-380 F. Carte: 200-350 F

La providence du pays vellave, c'est cette auberge de famille où l'on traite le chaland avec chaleur, gentillesse, gourmandise, sans jamais le ruiner. Les chambres ont le confort discret, la vue sur le pont et la rivière est fort dépaysante. Les Brun ont le sourire amical et la cuisine est bonne, fine, sage, modérément créative sans céder aux modes du temps. Lingot de jarret au foie gras, queues d'écrevisses et «pomponettes» de blettes, sandre rôti aux épices, mourtayrol, le pot-au-feu des fêtes auvergnates, suprême de pintade poêlée aux «graines à roussir», délice glacé à la verveine et pain perdu au miel de sapin sont des mets chantants et dansants qui entonnent la sarabande des saveurs en l'honneur des produits d'ici.

Les Allues: voir Méribel

L'Alpe-d'Huez

38750 Isère. Paris 630 - Grenoble 62 - Le Bourg d'Oisans 13 - Briançon 72.
Office du Tourisme: pl. Paganon
Tél.: 04 76 11 44 44. Fax: 04 76 80 69 54

Cette station-vedette du massif de l'Oisans a su garder le charme d'avant sans omettre de flirter avec le goût du jour. Après un tour sur les pistes, une vue panoramique depuis le Pic du Lac Blanc, on se réchauffe vite dans une halte bonhomme.

Hôtels

Le Chamois d'Or 

Rond-Point des Pistes
Tél.: 04 76 80 31 32. Fax: 04 76 80 34 90
Fermé 20 avr.-20 déc.
45 ch. 890-1 580 F. 1/2 pens. 720-1 050 F

A quelques kilomètres de la station mais au pied des pistes, un élégant chalet, récemment rénové. Devenu une institution, cet hôtel confortable a su conquérir une clientèle fidèle, séduite par l'extrême courtoisie du service autant que par l'esprit de famille. Tout est prévu pour la détente: piscine, sauna, jacuzzi ou une séance de lecture au coin de la cheminée monumentale du salon. Quand le soleil pointe, le déjeuner sur la vaste terrasse ensoleillée est un moment privilégié. Voir ci-dessous restaurant.

Le Mariandre 

Pl. Joseph-Paganon
Tél.: 04 76 80 66 03. Fax: 04 76 80 31 50
Fermé 30 avr. - 1er juil., fin août-1er déc.
26 ch. 860 F. 1/2 pens. 620 F

Moins cher et plus discret que le Chamois d'Or, on apprécie dès l'entrée son décor «intégral bois». Une tanière de charme en plein cœur de la station. Les familles nombreuses trouvent leur bonheur grâce à des chambres-appartements modulables à souhait.

Restaurants

Le Chamois d'Or

Rond-Point des Pistes
Tél.: 04 76 80 31 32. Fax: 04 76 80 34 90
Fermé 20 avr.-20 déc.
Menus: 160 F (déj.), 220-280 F. Carte 300 F

Les gourmands de l'Alpe grimpent volontiers en haut de la station pour découvrir les spécialités de Philippe Seigle. La salle à manger, élégante et lumineuse, témoigne d'un confort bourgeois de bon ton. Les assiettes ne déçoivent pas: mets classiques bien maîtrisés, beaux produits (omble chevalier du lac d'Annecy, escargots de l'Oisans, foie gras maison) et de judicieuses fantaisies comme la terrine de foie de volaille accompagnée de rillettes d'olives noires. Une valeur sûre pour une soirée gastronomique. Belle carte des vins, assez chère tout de même.

Au P'tit Creux

Chemin des Bergers
Tél.: 04 76 80 62 80. Fax: 04 76 80 39 37
Fermé dim. soir (sept.-nov.), 2 mai-15 juin, 5-20 sept.
Menus: 60 F (déj.), 120-195 F
Carte: 200-250 F

C'est plus qu'un petit creux que vous comblerez dans ce décor raffiné, tout en bois blanc. Tajines malicieux, brochettes exquises, petit pot à la réglisse, difficile de ne pas être surpris par cette cuisine créative et consciencieuse. De l'avis général, une des adresses les plus sympathiques de la station.

L'Altibar

Altiport
Tél.: 04 76 80 41 15
Menus: 75 F, 98 F, 160 F. Carte: 200 F
Fermé mi-sept.-nov., mai-15 juin

On ne se lasse pas de venir déjeuner sur cette agréable terrasse adossée à l'altiport, où l'on profite autant de l'envol des avions de montagne que de la cuisine régionale traditionnelle. Spécialités de l'Oisans sur commande (crozets, farcis, caillettes...). Service chaleureux et efficace.

Produits

BOULANGER

Au Caprice des Neiges

Centre commercial Jour des Bergers
Tél.: 04 76 11 38 92

On vient de loin pour sa «craquante», une baguette croustillante, entièrement façonnée à la main. Dommage que sa préparation fastidieuse ne permette pas de la produire en hiver.

CHARCUTIER

Bossi

29, rue de Viennois, à Bourg-d'Oisans
Tél.: 04 76 11 01 24

Ce charcutier respectueux des produits et des traditions de la région est réputé pour sa coppa, ses viandes séchées mémorables, son jambon à l'os à fondre.

FROMAGER

François Chabert

à Villard-Reculas
Tél.: 04 76 80 62 82

L'été, François Chabert propose ses merveilleux fromages au marché de l'Alpe, mais l'hiver il faut oser le déplacement jusqu'à ce charmant village et goûter ses petits chèvres affinés comme vous le souhaitez, son reblochon au chèvre, sa tomme de Villard et son incroyable saint-marcellin.

PÂTISSIER

Janin

Galerie Altishop, av. des Jeux
Tél.: 04 76 80 61 85

Si la vitrine est étroite, il est difficile de ne pas se laisser happer par les spécialités qui s'y amoncellent. Grenoble n'est pas loin et la noix est à l'honneur: tartelettes aux fruits secs, gâteau de frangipane aux noix, rocailles au chocolat et les fameuses noix noires, mûries dans la liqueur, dont on avale même la coque. Très jolie réserve de liqueurs.

Rendez-vous

CAFÉ

Le Sporting

Av. des Jeux
Tél.: 04 76 80 33 45

Pour boire un grog ou un chocolat chaud dans la bonne humeur, on déchausse chez Jean-Noël. On voit défiler toute la station dans ce bar qui bouge et chauffe après 22 h, lorsque débutent les concerts *live*. Si la faim vous gagne après la fête, filez à La Crémaillère, où vous pourrez vous régaler de plats chauds jusqu'à 4 h du matin.

Altkirch

68130 Haut-Rhin. Paris 449 – Bâle 31 – Colmar 61 – Bâle 32 – Thann 26.

Le site perché et le musée des Traditions populaires rappellent que cette sous-préfecture somnolente fut la capitale du Sundgau. Elle veille sur les proches étangs, les vergers et la route de la carpe frite.

Hôtels-restaurants

Caveau du Tonneau d'Or

33, rue Gilardoni
Tél.: 03 89 40 69 79
Fermé sam. midi, dim. midi, lundi, 15-30 août, 24 déc.-2 janv.
Menu: 56 F (déj.), 110 F. Carte: 120-170 F

Marie-Anne Imbert mène avec alacrité cette winstub boisée et historique (la salle sur l'arrière est un ancien central téléphonique de la guerre de 14-18 creusé sous la colline de l'église). Côté cuisine, c'est une farandole des plats du cru: salade vigneronne, tarte à l'oignon, poêlée de knepfle à la choucroute et aux cèpes, jarret avec salade de pommes de terre et confit de pruneaux sont le sérieux même.

A 68560 Bettendorf. 9 km par D432 et D9b

Au Cheval Blanc

4, rue Hirsingue
Tél. : 03 89 40 50 58
Fermé mercr. soir, jeudi, 15 jrs fév., 15 jrs juil.
7 ch. 130-195 F
Menus : 58-135 F. Carte : 160 F

Simplette et sympathique, cette auberge rallie les amis du Sundgau autour de la carpe frite, ce qui n'exclut pas le saumon à la choucroute, la truite au riesling et le rognon de veau à l'alsacienne.

A Carspach. 3 km O. par D419

Auberge Sundgovienne

« Baerenhutte », rte de Belfort
Tél. : 03 89 40 97 18. Fax : 03 89 40 67 73
Fermé lundi, mardi midi, 23 déc.- 1er fév.
28 ch. 220-330 F
Menus : 68 F (sem.)- 230 F. Carte : 250-300 F

Jean-Bernard Hermann, ancien de Chapel et Haeberlin, a racheté ce « motel de tradition » dans la verdure sans en bouleverser le style. Les chambres, à la porte d'Altkirch, sont confortables et proprettes. Côté cuisine, éventail d'escargots au beurre d'ail doux, gambas en pâte de riz et salade à l'aigre-doux, parmentier de saumon au riesling et col-vert aux cèpes signent une renaissance.

A 68210 Dannemarie. 10 km E. par D419

Ritter

5, rue de la Gare
Tél. : 03 89 25 04 30. Fax : 03 89 08 02 34
Fermé lundi soir, mardi, jeudi soir, vac. fév.
Menus : 55 F (déj.), 130 F, 180 F. Carte : 140 F

L'auberge à l'ancienne, avec ses salles kitsch, sa stube genre musée du siècle passé, sa collection d'assiettes anciennes, face à la gare, figure l'un des emblèmes les plus sûrs de la gourmandise du Sundgau. La carpe frite est servie en deux versions (friture de semoule et bière) par un personnel féminin né avec le sourire.

A 68118 Hirtzbach. 4 km S. par D 432

Ottié

17, rue de Lattre-de-Tassigny
Tél. : 03 89 40 93 22. Fax : 03 89 08 85 19
Fermé lundi soir et mardi, 20 juin-10 juil., 20 déc.-6 janv.
Menus : 58 F (déj.), 88-280 F. Carte : 200-300 F

Cette auberge de tradition avec jardin, à l'angle de la D7, a été remise au goût du jour par un chef, savoyard d'origine, ayant travaillé chez Veyrat, Schilllinger et le Père Bise. Rouelles de lapereau anisées, joues de lotte au cassis, paillard de veau grillé aux poivrons et baklava aux figues possèdent un air sudiste sympathique.

A 68580 Ueberstrass. 11 km S. par D 17

Au Soleil

17, Grand-Rue
Tél. : 03 89 25 60 13
Fermé mardi soir, mercr. (l'été), sam., soir en sem. (hiver), 15 juin-6 juil., 23 déc.-5 janv.
Menus : 60 F (déj.)-160 F. Carte : 150-200 F

François Wadel est depuis des lustres le roi de la « vraie carpe frite » dans le Sundgau. Son auberge à l'ancienne près d'un étang d'élevage a le chic champêtre, sa fille sourit et la bonne humeur règne dans la maison. Les grenouilles, sandre aux nouilles, choucroute, kougelhopf glacé au kirsch complètent la panoplie maison et le pinot blanc « carpe d'or » se boit à la régalade.

Produits

BOUCHER-CHARCUTIER

Albert Firmann

8, rue Gilardoni
Tél. : 03 89 40 90 20

Les terrines de gibier, poitrine farcie, pâté en croûte, saucisse de foie, jambon fumé, lard paysan, en compagnie des viandes fermières : voilà ce qu'on trouve chez cet artisan à l'ancienne.

PÂTISSIERS

La Griotte

13, rue Charles-de-Gaulle
Tél. : 03 89 40 92 54

Elève de Gérard Bannwarth (Jacques à Mulhouse), Hubert Ueberschlag propose mousses de toutes les couleurs et de tous parfums. A commencer par « l'antartic », au chocolat noir et lait sur bavaroise à la menthe, et l'exquise poire-caramel. Délicieux kougelhopf et cake au chocolat et amandes complétant une gamme variée. Coin salon de thé.

François Herzog

36, rue Charles-de-Gaulle
Tél. : 03 89 40 98 86

François Herzog réussit tout ce qu'il touche : épatante feuilletine chocolat blanc et pralin, riche negrita au rhum, prince noir au chocolat amer. Les leckerli aux pains d'épice sont délicieux. Salon de thé.

René Muller

8, rue J.-J.-Henner
Tél. : 03 89 40 08 64

Les linzertorte, sachertorte, kougelhopf, streusel, sont à goûter dès potron-minet sous les lambris.

Sachez commander vos produits selon la saison.

Amboise

37400 Indre-et-Loire. Paris 223 – Tours 23 – Blois 36 – Loches 36 – Vierzon 91.

Office du Tourisme : quai du Général-de-Gaulle. Tél. : 02 47 57 09 28. Fax : 02 47 57 14 35

La route des châteaux royaux passe évidemment par cette cité qui s'étire avec nonchalance au bord du Val. La pagode de Chanteloup et le Clos-Lucé, aux abords, sont à ne pas louper.

Hôtels–restaurants

Domaine de Choiseul

36, quai Charles-Guinot
Tél. : 02 47 30 45 45. Fax : 02 47 30 46 10
Fermé 10 déc.-31 janv.
29 ch. 650-1 450 F. 1/2 pens. 785-1 185 F
Menus : 190 F (déj.), 290-500 F.
Carte : 400-600 F

Ce beau domaine, avec jardin, piscine, tennis, caves troglodytes dites des « greniers de César », chambres de grand confort, vaut aussi la halte pour sa table choisie. Les Guerlais ont fait de la demeure une étape gourmande de tradition dont le chef Pascal Bouvier, jadis formé chez Lorain à Joigny, possède les clés. Les saint-jacques piquées au bois de citronnelle, la soupe de melon aux langoustines, le sandre croustillant sur la peau et poché avec son parmentier de coques au tilleul, le carré d'agneau rôti à la moutarde de fruits rouges, le cochon de lait à la cuiller braisé aux épices et aux abricots indiquent que l'on aime ici le style riche et redondant. Les desserts (croustillant de reinettes, gelée au coing) jouent la fraîcheur avec aisance. La cave ligérienne contient des trésors.

Manoir des Minimes

34, quai Charles-Guinot
Tél. : 02 47 30 40 40. Fax : 02 47 30 40 47
13 ch. 590-820 F

Ce manoir XVIIIe en pierre blanche de tuffeau cache des chambres charmantes, toutes différentes et joliment meublées, ayant parfois vue sur la Loire. Pas de restaurant.

La Closerie

2, rue Paul-Louis-Courier
Tél. : 02 47 23 10 76. Fax : 02 47 57 66 77
Fermé sam. midi, dim. soir, lundi midi, 1er-15 oct.
Menus : 79 F (déj.), 129-179 F

Sympathique, rustique et conviviale, cette petite auberge nourrit le promeneur du Val en ayant soin de ne pas le ruiner (andouillette, sandre au beurre blanc, crèmes aux fruits de saison). Repas au jardin l'été.

Amiens

80000 Somme. Paris 143 – Lille 121 – Rouen 121 – Saint-Quentin 77 – Reims 174.

Office du Tourisme : 6 bis rue Dusevel Tél. : 03 22 71 60 50. Fax : 03 22 71 60 51

La Picardie bon enfant livre, en sa capitale, quelques trésors : une cathédrale gothique aux stalles étonnantes, un musée séducteur et des hortillonnages livrant, à fleur d'eau, les clés de la ville sous forme bucolique.

Hôtels–restaurants

Le Carlton

42, rue Noyon
Tél. : 03 22 97 72 22. Fax : 03 22 97 72 00
23 ch. 500-740 F 1/2 pens. 360-550 F
Menus : 42 F (enf.), 69 F (déj.)-105 F

L'hôtel classique de la ville, à la porte du centre, non loin de la cathédrale, et tout proche de la gare, fait figure d'institution sous sa façade XIXe adroitement reconstruite. Chambres de très bon ton, classiques, parfois même chaleureuses. Restaurant pratique et peu cher, selon une formule grill.

Relais Mercure

17, pl. au Feurre
Tél. : 03 22 22 00 20. Fax : 03 22 91 86 57
47 ch. 440-495 F

Sous une façade XVIIIe, ce bon hôtel moderne propose des chambres contemporaines aux normes fonctionnelles. Accueil souriant, situation centrale, face à l'église Saint-Germain.

Marissons

Pont Dodane
Tél. : 03 22 92 96 66. Fax : 03 22 91 50 50
Fermé sam. midi, dim., 24 déc.-5 janv.
Menus : 120-265 F. Carte : 300-350 F

Cet ancien atelier de bateau du XVe siècle, à fleur de Somme, fait une halte de charme. On goûte sous les poutres les mets locaux accommodés en finesse. Foie gras en boudin aux châtaignes, anguille au vert, agneau pré-salé de la baie de Somme juste rôti dans son jus sont de très bon ton.

La Couronne

64, rue Saint-Leu
Tél. : 03 22 91 88 57. Fax : 03 22 72 07 09
Fermé sam., dim. soir, 2-11 janv., mi-juil.-mi-août
Menus : 92 F (déj.)-170 F (vin c.). Carte : 200 F

Cette plaisante auberge, sise un peu l'écart dans le quartier de Saint-Leu et près du parc Saint-Pierre, joue le terroir avec gentillesse au fil de menus donnés.

Le Vivier

593, rte de Rouen
Tél.: 03 22 89 12 21. Fax: 03 22 45 27 36
Fermé dim., lundi, 10-17 août
Menus: 130-380 F. Carte: 250-300 F

La bonne table poissonnière de la ville, c'est cette salle conviviale avec son vivier où les coquillages, crustacés, huîtres et le plus frais de la marée sont traités avec doigté. Rillettes de homard et rouget aux poivrons sont de très bon ton.

Le Bouchon

10, rue Alexandre-Fatton
Tél.: 03 22 92 14 32. Fax: 03 22 91 12 58
Fermé dim.
Menus: 120-250 F. Carte: 180 F

Ce bouchon (presque) comme à Lyon propose, dans une atmosphère bonhomme, saucisson chaud, salade de lentilles, andouillette, canard aux olives arrosés de fringants beaujolais.

A 80480 Dury. 6 km S. par N1

L'Aubergade

78, rte Nationale
Tél.: 03 22 89 51 41. Fax: 03 22 95 44 05
Fermé dim. soir, lundi, vac. fév., 3-17 août
Menus: 115 F (déj.)-400 F. Carte: 300-500 F

Cette belle auberge, plaisante et cossue, propose, à fleur de nationale, le charme d'un cadre avenant avec, sous une belle façade de pierres, un cadre moderne aux couleurs douces, avec verrière. Régis Grandmougin, qui est le sérieux même, joue des produits les plus frais pour composer une cuisine picarde au gré du temps. Cela donne le saucisson aux légumes des hortillonnages, la raviole ouverte d'escargots à l'ail doux, le foie gras aux pommes et poires confites, le turbot à la brunoise de céleri truffée, le soufflé glacé à la fleur de bière qui chantent de fine façon les saveurs du Nord.

Produits

CHOCOLATIER-PÂTISSIER

Jean Trogneux

1, rue Delambre
Tél.: 03 22 71 17 17

Connu à Arras pour ses chocolats, fameux à Amiens pour ses macarons, cet artisan sucré et soigneux vaut aussi pour ses tuiles délectables.

FROMAGER

Daniel Quentin

Halles du Beffroi
Tél.: 03 22 91 96 22

Gris de Lille, maroilles, neufchâtel et autres délices fermiers sont proposés affinés au mieux de leur forme.

PÂTISSIER

Pâtisserie du Beffroi

11, rue de Metz
Tél.: 03 22 92 13 48

Gâteau «battu», riche en beurre et œufs, mais aussi mille-feuille et entremets légers font la réputation de Michel Boulard.

Ammerschwihr

68770 Haut-Rhin. Paris 438 – Colmar 8 – Sélestat 26 – Saint-Dié 48.

La tour des Sorcières, la porte fortifiée ouvrant sur le vignoble et le cadran solaire sont les balises de ce village, aux portes de Colmar, dont le côteau du Kaefferkopf fait la fierté.

Hôtels-restaurants

Les Armes de France

1, Grand-Rue
Tél.: 03 89 47 10 12. Fax: 03 89 47 38 12
Fermé merc., jeudi, 10-27 janv., 1er-9 mars
10 ch. 380-480 F
Menus: 100 F (enf.), 250 F (déj., sem.)-520 F
Carte: 400-600 F

La maison est fameuse, l'enseigne symbolique. Elève de Point, papa Gaertner était l'apôtre d'une grande cuisine classique de qualité. Philippe, son aîné, a soin de ne pas brader l'héritage, proposant, sur une carte qui évolue, foie gras, sole aux nouilles, gratin de homard, volaille au vinaigre. Mettant à jour le répertoire, il n'a jamais voulu oublier les plats de mémoire. L'accueil de son épouse Simone est adorable, le service au guéridon parfait. Le cadre boisé, relevé de teintes pastel bleu et rouge, les tables espacées: voilà qui a de l'allure. Mais la cuisine reste en vedette. On joue la tradition rajeunie comme l'air du temps, même si on voudrait ici ou là un rien de personnalité en sus. Ainsi, le foie gras chaud aux pommes paillasson jouxte les filets de perche et féra aux amandes, le gaspacho aux langoustines, la tranche de carré de veau avec son risotto aux truffes ou, en saison de gibier, le râble de lièvre avec sa purée de potiron aux épices. Les desserts indiquent que l'innovation est là aussi de mise, sur le mode de la recréation de la tradition: gâteau coulant au chocolat avec sorbet cacao, soupe de fruits frais à la verveine et son sorbet. Grande cave, richissime dans tous les vignobles.

«Ecrivez-nous» vos impressions, vos commentaires, relatez-nous vos expériences à **lepudlo@aol.com.**

A l'Arbre Vert

7, rue des Cigognes
Tél. : 03 89 47 12 23. Fax : 03 89 78 27 21
13 ch. 200-350 F
Fermé lundi soir, mardi, 15 fév.-23 mars, 12-13 nov.
Menus : 45 F (déj.), 80 F (déj.)-240 F
Carte : 200-250 F

La famille Gebel est aux commandes depuis belle lurette et la jeune génération a pris la relève. Gendre de la maison, Joël Tournier, formé au Waterside Inn en Angleterre, conduit la bonne marche des fourneaux. Et nul ne se plaint de ses idées classiques remises au goût du jour dans l'allégement, à travers presskopf, quiche aux oignons et lardons, cabillaud poché à la bière avec spätzle ou poulet au riesling, mousse glacée au kirsch d'une légèreté insigne ou le vacherin glacé aux fruits. Les grandes salles avec leurs tables bien mises, décorées avec netteté, sont chaleureuses.

Aux Trois Merles

Tél. : 03 89 78 24 35. Fax : 03 89 78 13 06
Fermé dim. soir, lundi, 1er-15 fév.
16 ch. 185-320 F. 1/2 pens. 280-350 F
Menus : 80-260 F. Carte : 250 F

Didier Louveau, Normand rallié à l'Alsace par amour, est un as du rapport qualité-prix. Le meilleur exemple ? Son menu retour du marché, qui offre le fin du fin pour moins de 100 F. Terrine aux foies de volaille, dos de cabillaud au coulis de tomates et risotto, crème brûlée à la vergeoise sont épatants. Et tout ce qui est servi ici est la fraîcheur même : tartare de saumon aux aromates, ravioles d'escargots, pièce de veau aux girolles, figues rôties glace au miel. Le décor joue le kitsch bon enfant, l'accueil est adorable.

Amnéville

57360 Moselle. Paris 318 – Metz 21 – Thionville 17 – Verdun 65.

Pas de nostalgie des villes d'eau d'avant, mais un casino et ses établissements de cure, sa forêt et sa bonne table.

Restaurant

La Forêt

Centre touristique et thermal
Tél. : 03 87 70 34 34. Fax : 03 87 70 34 25
Fermé dim. soir, lundi, 22 déc.-6 janv.
Menus 120 F (déj.)-250 F (vin c.). Carte 250 F

L'environnement est forestier, le cadre anodin et moderne, mais la découverte de choix. Deux frères, Denis et Jean-Jacques Stalter, l'un en salle, l'autre en cuisine, se relayent au service de la qualité. Le classique sérieux et la mode font bon ménage. Ainsi l'exquise terrine de lapereau marinée au vin blanc, la raviole d'escargots au pistou, la salade d'artichauts avec foie gras au vinaigre balsamique, l'empereur homardine, le pigeonneau désossé et rôti à la broche, la soupe de fruits frais au coulis de passion sont du bon travail exécuté sans lourdeur, à partir de produits de fraîcheur impeccable par un technicien sûr, formé au Cheval Blanc de Lembach.

Ampuis

69420 Rhône. Paris 495 – Lyon 37 – Vienne 8.

La vallée du Rhône coule au pied du bourg et la côte-rôtie assure sa notoriété vineuse.

Restaurant

La Côte Rôtie et le Bistrot de Serine

Pl. de l'Eglise
Tél. : 04 74 56 12 05. Fax : 04 74 56 00 20
Fermé dim. soir, lundi
Menus : 130 F (déj.), 198 F, 280 F (Bistrot de Serine : menu : 89 F). Carte : 350 F

Manuel Viron, autodidacte inspiré, a créé deux établissements notables dans ce bourg vigneron. L'un canaille (le Bistrot de Serine) est dédié aux vins au verre d'ici ou d'ailleurs (Rhône, mais aussi Loire et Languedoc) comme aux mets du marché. Tartelette à la crème prise aux pommes de terre et lardons, terrine de chèvre aux courgettes et poivrons, tacaud poêlé à l'huile d'olive, cuisse de lapin rôtie au thym et champignons persillés, clafoutis aux raisins donnent une idée de sa malice. A la Côte Rôtie, dans un cadre contemporain bleuté, un brin design, il raconte ses vagabondages gourmets plus raffinés, au gré des saisons, qu'il accompagne des meilleurs noms du vignoble. Crème glacée au fromage blanc et anchois marinés, tranche de saumon cuit à l'unilatéral et petits gris, bouillon à l'épeautre et oignons nouveaux, calmars et jambon de poulet au riz arborio, pêches rôties au jus de mûres sont d'un avant-gardiste qui domine son sujet.

Les Andelys

27700 Eure. Paris 104 – Rouen 39 – Evreux 38 – Mantes-la-Jolie 52.

Office du Tourisme (saison). Faïencerie
Tél. : 03 86 75 03 15

Les ruines du château Gaillard règnent sur un méandre de la Seine et ce vieux village.

Hôtel-restaurant

La Chaîne d'Or 

27, rue Grande
Tél.: 02 32 54 00 31. Fax: 02 32 54 05 68
Fermé dim. soir, lundi, mardi midi (hs), 24 déc.-1er fév.
10 ch. 420-760 F
Menus: 150-330 F. Carte: 350-450 F

Ce vieux relais de poste du XVIIIe a été plaisamment remis au goût du jour, avec de bonnes chambres claires, gardant ses poutres et son atmosphère. L'accueil de la famille Loquet est charmant, la cave fournie, mais ce qui draine ici la belle clientèle, notamment anglaise, c'est l'exquise cuisine mise au goût de l'époque qui n'oublie pas de garder les pieds dans le terroir. Le discret Francis Chevalliez signe des croustillant d'œuf mollet au ris de veau et champignons, feuilleté d'asperges aux huîtres, tartare de maquereau au gingembre, charlotte de rognon au vin rouge et tarte tiède aux pommes flambées au calva qui se mangent sans faim. Une belle étape pour un week-end au vert.

Andlau

67140 Bas-Rhin. Paris 526 – Sélestat 18 – Molsheim 25 – Strasbourg 39.

Le Hohwald à deux pas, la route des vins en ligne de mire et l'abbatiale de Sainte-Richarde: voilà un village modèle, avec ses murs de grès, sa place de l'hôtel de ville, ses vignerons sérieux.

Hôtels-restaurants

Zinckhôtel 

13, rue de la Marne
Tél.: 03 88 08 27 30. Fax: 03 88 08 42 50
Fermé 14-18 déc. et 10-15 fév.
14 ch. 325-600 F. Carte: 200-350 F

Un peu à l'écart du bourg (c'est l'ancien quartier des tanneurs), ce moulin transformé en hôtel de charme abrite des chambres toutes différentes, de style Arts déco, Orient-Express ou design.

Au Bœuf Rouge 

6, rue du Docteur-Stoltz
Tél.: 03 88 08 96 26. Fax: 03 88 08 99 29
Fermé mercr. soir, jeudi, 15-31 janv., 18 juin-11 juil.
Menus: 43 F (enf.), 98-178 F. Carte: 200-350 F

Pierre Kieffer a repris les fourneaux paternels après avoir travaillé chez Bareiss à Mitteltal, le Crocodile et Erbprinz à Ettlingen. De solides références indiquant que rien n'est laissé au hasard dans ce relais de poste à l'ancienne. L'accueil est adorable, la demeure cossue, le registre bien tenu: feuilleté d'escargots, foie d'oie poêlé aux pommes et raisins, carré d'agneau rôti au four, bettelmann aux cerises, cygne blanc au chocolat noir. Les quenelles de brochet «Anna Kieffer» demeurent fidèles au poste. Coin winstub pour les plats de terroir

Le Caveau du Val d'Eléon 

19, rue du Dr-Stoltz
Tél.: 03 88 08 93 23. Fax: 03 88 08 53 74
Fermé lundi (dim. soir hs), 23 janv.-7 fév.
Menus: 95-150 F. Carte: 200-250 F

La façade rouge, l'aspect pomponné de cette winstub contiguë d'une boucherie, plaisent aux gens de passage. Dominique Philippe, formé au Moulin de Mougins, propose presskopf, gibiers en saison, pied de porc farci, choucroute royale.

Le Relais de la Poste 

1, rue des Forgerons
Tél.: 03 88 08 95 91
Fermé lundi, mardi, 3 janv.-20 fév.
Menus: 98-125 F. Carte: 150-250 F

Pierre Zinck, élève du Chambard à Kaysersberg, renouvelle sa palette avec malice. Le terroir est mis en vedette à travers escargots, tarte à l'oignon, salade cervelas-gruyère, tourte vigneronne, baeckoffe, choucroute au canard, jambonneau braisé. Mais la cassolette de cèpes, le magret aux épices, le croustillant de pied de porc et la Tatin aux figues sont de malicieuses évasions. Salle à manger coquette et fringant sylvaner signé du beau-frère Emile Boeckel de Mittelbergheim.

Anduze

30140 Gard. Paris 720 – Alès 14 – Montpellier 60 – Nîmes 46.

Les Cévennes alentour, le mas Soubeyran, son musée du Désert et la bambouseraie de Prafrance mènent l'été la grande foule. Hors saison, c'est une oasis de calme et de sérénité.

Hôtels-restaurants

A Générargues. 5,5 km N.-O. par D129 et D50

Les Trois Barbus 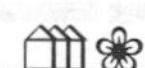

Rte de Mialet
Tél.: 04 66 61 72 12. Fax: 04 66 61 72 74
Fermé dim. soir, lundi (hs), nov.-24 mars
34 ch. 350-720 F. 1/2 pens. 440-575 F
Menus: 120 F (déj.), 180-320 F. Carte: 300 F

La vue sur la vallée des Camisards vaut à elle seule le détour dans ce bout de Cévennes. Mais l'accueil dans cette vaste demeure et la cuisine, simple, mais bonne, sonnent juste. Jean-François et Reine Marvie proposent des balades au vert et régalent sans mal le voyageur de tartelette de pélardon aux cèpes, truite au lard ou agneau aux gousses d'ail. Piscine, parc, terrasse font une maison heureuse.

A Tornac. 6 km S.-E. par D982

Les Demeures du Ranquet

Rte de Saint-Hippolyte-du-Fort : 2 km
Tél. : 04 66 77 51 63. Fax : 04 66 77 55 62
Fermé (rest. mardi soir, mercr. sf été), nov.-14 mars
10 ch. 660-950 F. 1/2 pens. 700-740 F
Menus : 100 F (enf.), 200 F (déj.)-380 F
Carte : 300 F

Ce gros mas au milieu des herbes, perché sur son rocher, avec ses chambres adorables, son calme et sa gourmandise couleur locale est comme une ode aux Cévennes dont elle est la balise de charme. Les Majourel accueillent avec cœur. Et l'on se régale de brandade en raviole, ratatouille à l'œuf poché, bourride de baudroie en songeant à l'excursion du lendemain.

Angers

49100 Maine-et-Loire. Paris 295 - Laval 79 - Le Mans 96 - Nantes 91 - Saumur 50.

Office du Tourisme : 13, promenade du Bout-du-Monde. Tél. : 02 41 23 51 11
Fax : 02 41 23 51 66

Douce et heureuse à fleur de Loire, avec ses vins de digestion paisible, ses tables accortes, quoique manquant souvent d'ambition, ses auberges alertes, ses artisans discrets, elle a soin de marquer son territoire sans forcer sur son accent. On la voudrait plus alerte, plus tonique. Mais ce qu'elle a à nous offrir, c'est précisément la modestie d'une région paisible. Les crus de savennières et du layon sont à sa porte – et tiennent salon annuellement avec l'ensemble des vins du val ligérien, sans omettre la « fabrique » Cointreau en lisière, et les bons jardins de maraîchers. Ils disent sa richesse et la source de ses plaisirs. Il ne lui manque qu'une star locale pour faire réellement parler d'elle de gourmande façon.

Hôtels

Hôtel d'Anjou

1, bd du Mal-Foch
Tél. : 02 41 88 24 82. Fax : 02 41 87 22 21
53 ch. 390-790 F

Idéalement située, à mi-chemin de la gare et de la place du Ralliement, cette demeure bourgeoise du siècle dernier se pare de beaux atours. Dès l'entrée, on se laisse surprendre par une décoration opulente : dorures, colonnades, plafonds à caissons. Un peu désuètes, les chambres sont rutilantes et bien insonorisées (celles du 3e étage viennent d'être rénovées). Visitez les anciens garages, devenus salles de réunions où l'on a découvert des mosaïques italiennes (voir restaurant « La Salamandre »).

Mercure-Centre

1, pl. Mendès-France
Tél. : 02 41 60 34 81. Fax : 02 41 60 57 84
Fermé (res.) 25 déc.-3 janv.
84 ch. 515-560 F
Menus : 48 F (enf.), 120 F

Fonctionnel, doté de tout le confort moderne, cet hôtel de chaîne se révèle attachant grâce à un accueil souriant et un service efficace. Les chambres sont claires et gaies : demandez la vue sur le jardin des plantes... en surplomb duquel le restaurant Les Saisons sert une cuisine légère et sans chichis. Une valeur sûre.

Hôtel du Mail

8-10, rue des Ursules
Tél. : 02 41 88 56 22. Fax : 02 41 86 91 20
26 ch. 245-360 F

Dans une rue calme, derrière l'hôtel de ville, cette maison XVIIe fait fi du temps qui passe. De la salle à manger pimpante aux chambres lumineuses, on oscille entre charme et caractère. Une préférence pour la 16, vaste et élégante, ainsi que la 25 et la 26, joliment mansardées. Servi sous les tilleuls, dans la cour-jardin, le petit déjeuner est l'occasion de se demander s'il est vraiment indispensable d'aller « en ville » ce matin.

Hôtel Saint-Julien

9, pl. du Ralliement
Tél. : 02 41 88 41 62. Fax : 02 41 20 95 19
34 ch. 235-330 F

La maison des Besnard est un agréable « comme chez soi ». Ici on ne joue pas grand style, mais l'on vous chouchoute en vous indiquant spontanément les bonnes adresses de la ville. Située sur la place centrale, cette halte sympathique est le point de départ idéal pour flâner, goûter, visiter. Chambres vastes dont certaines peuvent accueillir des familles. Au premier étage, accès à la terrasse, agréable aux beaux jours. Le reste de l'année, préférez celles qui donnent sur cour, aux étages supérieurs (la 332 est bien plaisante).

Restaurants

La Salamandre

à l'hôtel d'Anjou, 1, bd du Mal-Foch
Tél. : 02 41 88 99 55. Fax : 02 41 87 22 21
Fermé dim.
Menus : 145 F (déj.), 180 F, 240 F. Carte : 250-300 F

La salle à manger néo-gothique impressionne, sans doute davantage que la cuisine classique et raffinée de Daniel Louboutin. Pressé de cailles au foie gras (un peu trop pressé), confit de canard et délicieux croustillant de pommes de terre, pot-au-feu de foie gras à l'ancienne... N'oubliez pas les desserts, particulièrement maîtrisés. Voilà une table sûre, dont on peut louer la sagesse des prix. Carte de vins d'Anjou un peu courte.

Le Lucullus

5, rue Hoche
Tél.: 02 41 87 00 44. Fax: 02 41 87 00 44
Fermé dim. soir, lundi, vac. fév., 1er-22 août
Menus: 60 F (enf.), 85 F (déj. sem.)-270 F (vin c.).
Carte: 250 F

Une salle à manger semi-enterrée dont la décoration a été remaniée avec succès : pierre de taille aux tons chauds, lumière douce, une incontestable élégance. Jacques Chirac, client d'un soir, a fait de cette cave l'un des rendez-vous gastronomiques de la ville. Le chef se serait-il un peu endormi depuis sur ses lauriers? Cuisine sobre, produits de qualité mais les assiettes restent un peu «sèches» et les saveurs timides. Saluons pourtant l'heureuse idée d'indiquer à la fin de la carte l'origine des produits et le nom des fournisseurs. Jolie carte de vins d'Anjou.

Provence Caffé

9, pl. du Ralliement
Tél.: 02 41 87 44 15
Fermé dim., lundi midi, 3 sem. août, 2 sem. Noël
Menus: 98-149 F. Carte: 150-200 F

Une table souriante, devenue le rendez-vous obligé d'une ville qui bouge. Yves-Marie Derouet propose des spécialités provençales qui remportent tous les suffrages: crostini aux poivrons, bar grillé en marinade de pastis, tarte au chocolat. La salle, tout juste relookée, ouvre ses larges baies vitrées sur la place centrale. Cuisine fine, prix raisonnables, ambiance conviviale.

La Treille

12, rue Montault
Tél.: 02 41 88 45 51
Fermé dim., lundi, 2 sem. août
Menus: 58 F (sem.), 98-158 F. Carte: 150-200 F

Installée en centre-ville, cette petite table pas bêcheuse fait son plein d'habitués midi et soir. Le cadre chaleureux d'auberge proprette donne le ton d'une cuisine classique et généreuse. Sauces au vin légérissimes (pavé de sandre au côteaux-du-Layon), petites salades malignes. Le choix des plats est limité mais les déceptions aussi. Accueil souriant et service efficace (on peut y déjeuner sur le pouce).

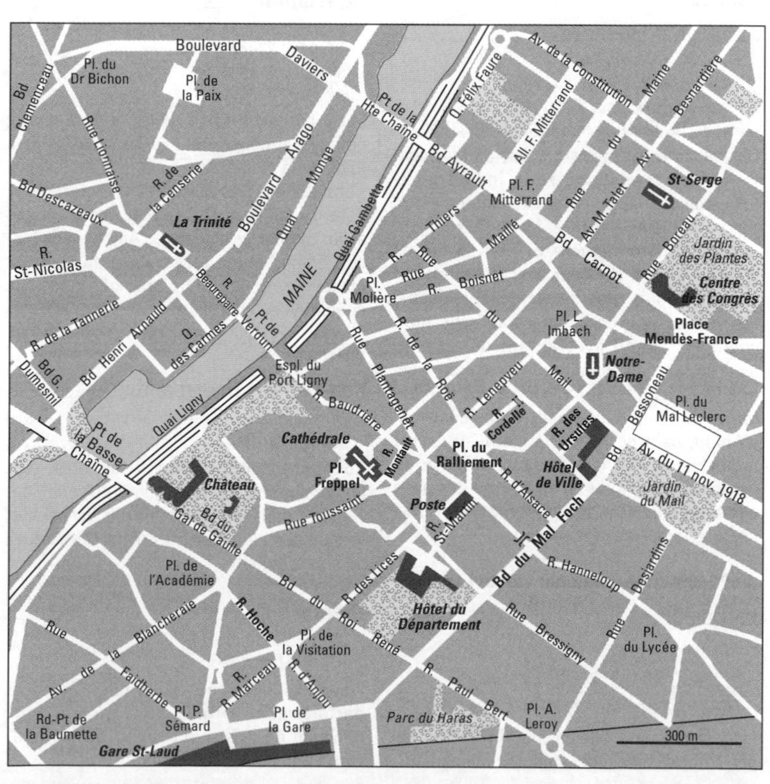

La Ferme

2, pl. Frepel
Tél.: 02 41 87 09 90
Fermé dim., mercr. Menus: 71 F (déj.), 91 F (sem.), 101 F, 136 F, 176 F. Carte: 200 F

L'Anjou n'ayant pas une identité culinaire très affirmée, cette table a choisi de servir des spécialités de volaille et lorgne du côté du Sud-Ouest. Salade de crêtes-de-coq au confit de canard, poule au pot, coq au vin, foie gras... Une cuisine de terroir sans détours, c'est plutôt rare à Angers. Cadre et service chaleureux.

Aux Six Régals

16, rue Cordelle
Tél.: 02 41 86 06 31
Fermé dim., lundi midi, 2 sem. janv.
Menus: 69 F (café c.), 99 F, 148 F. Carte: 170 F

Difficile de résister au charme de cette salle à manger lumineuse où les tables s'abritent sous un pied de vigne fleuri. La bonne humeur règne et tout le monde semble apprécier cette cuisine simple et copieuse: salade gourmande au canard, entrecôte au beurre d'échalote, gratin de poires au roquefort... Prix serrés et petits vins de la région bien choisis.

À 49480 Saint-Sylvain-d'Anjou, 6 km par N23

Auberge d'Eventard

Rond-Point du Bon-Puits
Tél.: 02 41 43 74 25. Fax: 02 41 34 89 20
Fermé dim. soir, lundi, 3 sem. août
Menus: 165 F (sem.), 275 F, 410 F. Carte: 300-350 F

Un îlot de raffinement qui fait de la résistance au cœur d'une zone industrielle hégémonique (le parc des expositions est à deux pas). Dès l'entrée de l'auberge, on oublie l'environnement et l'on se laisse charmer par la douceur de cette maison. Installé depuis plus de trente ans, Jean-Pierre Maussion parle de ses amis (le mot client est banni) avec autant de respect qu'il évoque les produits de sa région. Foie gras au naturel, saint-pierre vapeur au fumet de veau, mille-feuille de pigeonneau d'Anjou, pain perdu croustillant au Cointreau témoignent d'une cuisine créative et consciencieuse, mise en valeur par des préparations légères et des présentations raffinées. Le temps s'arrête un peu...

A 49240 Avrillé, 8 km par rte de Laval

Le Cavier

La Croix-Cadeau
Tél.: 02 41 42 30 45
Fermé dim., 19 déc.-2 janv.
Menus: 97, 142, 182 F. Carte: 150-200 F

Installé dans un ancien moulin-cavier, ce petit hôtel, bien que moderne et confortable, manque un peu d'âme. Le restaurant, lui, séduit sans mal. Divisé en cinq petites salles voûtées que l'on peut réserver pour deux personnes, il offre l'assurance d'un moment rare, d'autant que la cuisine se révèle presque inventive et assez fine: pétoncles farcis, salade de lentilles au haddock, colvert aux raisins frais, glace au miel d'Anjou et coulis d'airelles. Carte des vins malicieuse dont d'épatants savennières à découvrir.

Produits

CHOCOLATIER

La Petite Marquise

22, rue des Lices
Tél.: 02 41 87 43 01
Centre commercial Grand Maine
Tél.: 02 41 36 03 53

Cette boutique au charme désuet a l'accueil souriant et le dynamisme communicatif qui incite à goûter sa création exclusive: le «quernon d'ardoise», fin pavé de nougatine couvert de chocolat bleu. Les gâteaux ne sont pas mal non plus, comme le plantagenêt qui est un bavarois au Cointreau couvert d'une mousse légère au praliné.

PÂTISSIER

Le Trianon

7, rue Lenepveu
Tél.: 01 41 87 44 39
Centre commercial Les Halles
Tél.: 02 41 86 86 85

Cette pâtisserie-salon de thé tirée à quatre épingles propose salades ou croustades à midi, thé à cinq heures, autant de prétextes à s'attabler et rêver devant l'infinie variété de gâteaux maison. Difficile de repartir sans avoir croquer le bouchon d'Anjou, petit biscuit praliné fourré à la mousse au chocolat ou les Sarments d'Aubigné, bâtonnets de nougatine au chocolat noir.

ÉPICIERS

Les Treilles Gourmandes

14, rue Toussaint
Tél.: 02 41 20 05 87

Confitures, huiles, conserves, foie gras: tous les produits de cette élégante épicerie sont élaborés dans la région. Coffrets cadeaux et vins de la région à des prix attractifs. Accueil de bonne volonté.

Clémot

39, rue Saint-Julien
Tél.: 02 41 88 30 64

Fruits exotiques, thé, épices rares, fromages parfaitement affinés, ainsi qu'une belle sélection de vins se retrouvent au garde-à-vous chez le «Hédiard» angevin.

Rendez-vous

CAFÉS-BRASSERIES

Le Carnivore

7, pl. du Ralliement
Tél. : 02 41 24 15 15

Cette brasserie animée, plein centre, permet de se retrouver pour un café en terrasse ou un verre après le théâtre. Si vous avez un petit creux, foncez sur l'assiette du rôtisseur : de quoi combler les carnivores les plus voraces.

Le Glacier du Mail

Dans les Jardins du Mail
Tél. : 02 41 87 42 49

On a toutes les raisons de fréquenter ce pavillon de verre, installé au cœur du Mail. En hiver, c'est une brasserie chaleureuse où l'on déguste tartares et tartiflette. Dès le printemps, il fait bon s'installer en terrasse pour siroter un cocktail. Ne comptez pas sur les glaces maison : ce « glacier » n'en a que le nom.

Anglet : voir Biarritz

Angoulême

16000 Charente. Paris 449 – Bordeaux 120 – Limoges 103 – Niort 115 – Périgueux 85.

Office du Tourisme : 7 rue Chat
Tél. : 05 45 95 16 84. Fax : 05 45 95 91 76

Angoulême, la discrète, Angoulême la fière. En Charente, le touriste n'est pas roi, il est simplement le bienvenu, nuance. Point de mépris, pourtant, derrière cette réserve, seulement un instinct plus incliné vers le plaisir que le profit. Carrefour entre mer et campagne, première porte vers le Sud, la ville possède un charme palpable. Ses rues pavées bordées d'élégantes constructions XVII*e*, *la créativité débridée de ses festivaliers ou encore la douceur de son climat privilégié sont autant de bonnes raisons de s'y attarder. La table n'est pas un de ses moindres attraits. Puisant dans les paniers gascons ou dans les filets du littoral, elle nous offre huîtres, chou farci, cèpes, foie gras ou petits chèvres frais. Autant de bons prétextes pour se retrouver autour d'un verre de Pineau. Calme, lumière et volupté sont à 2 h, par le TGV, de la capitale. Allez-y avant que tout le monde y pense.*

> *Rappelez-vous qu'une bonne table commence par de bons produits.*

Hôtels

Mercure

1, pl. des Halles-Centrales
Tél. : 05 45 95 47 95. Fax : 05 45 92 02 70
Fermé (res.) sam. midi, dim. midi, déj. fériés
89 ch. 480-630 F
Menus : 69 F (enf.), 99 F (déj.), 169 F (vin c.)

Ne cherchez pas plus loin, voilà bien le seul hôtel « trois étoiles » de la ville. On ne s'en plaindra guère, car il est installé en plein centre, face au marché, dans les murs d'une ancienne maison noble en pierres du pays et possède tout le confort des hôtels de chaîne. N'hésitez pas à demander une chambre sur l'un des deux charmants jardins, où vous pourrez d'ailleurs siroter une boisson ou prendre votre repas.

Hôtel du Palais

4, pl. Francis-Louvel
Tél. : 05 45 92 54 11. Fax : 05 45 92 01 83
49 ch. 180-370 F

Derrière la façade en pierres de taille de cette maison XVIIIe, se cache un hôtel de caractère sur lequel le temps a renoncé à avoir prise. Des chambres spacieuses et lumineuses, le charme suranné d'une déco « à l'ancienne » dénuée d'ostentation et un accueil tout sourire. Au deuxième étage, nichée sous les combles, la 48 est la plus vaste et la plus amusante. Plus formelles, la 14 et la 26 ne manquent pas de style. Prix cléments.

Le Saint-Antoine

31, rue Saint-Antoine
Tél. : 05 45 68 38 21. Fax : 05 45 69 10 31
32 ch. 200 F (sans douche)-340 F

Entre ville et campagne, un hôtel moderne et néanmoins familial, situé en bord de Charente. L'accueil chaleureux et l'ambiance à l'identique en ont fait le point de ralliement des musiciens du festival de musiques ethniques. Il faut dire qu'il y en a pour toutes les bourses parmi ces chambres proprettes et confortables. Voir aussi restaurant.

Restaurants

La Ruelle

6, rue des Trois-Notre-Dame
Tél. : 05 45 95 15 19. Fax : 05 45 95 15 19
Fermé sam. midi, dim., 1er-14 janv., 17 fév-7 mars, 17-30 avril, 31 juil.-20 août
Menus : 120-150 F (déj), 180 F, 255, 340 F. Carte : 350 F

Une entrée discrète vous fait pénétrer dans cette maison un peu tordue, ancienne ruelle désormais coiffée d'un toit. On parle bas dans ces salles hautes, habillées de pierres brutes : côté fenêtre ou côté cheminée règne une sérénité presque monacale. C'est incontestablement le rendez-vous gastronomique de la région et le titre n'est pas usurpé. Véronique Dauphin, aux fourneaux depuis un quart de siècle, déclare humblement commencer à peine à se satisfaire de sa cuisine. Les Angoumois n'ont pas attendu si longtemps, qui viennent pour les belles occasions, goûter des plats toujours inventifs et précis : huîtres chaudes au foie gras d'une surprenante légèreté, médaillons de veau poêlés à la vanille – une belle idée où le goût du veau se trouve rehaussé –, foie gras poêlé à la vodka (délicat). Les goûts se mêlent sans se dominer et les produits sont d'une irréprochable qualité. Seuls les desserts manquent parfois d'allant (mais la galette soufflée aux pétales de rose n'est pas mal). Quand la province ne se satisfait pas de ces acquis et prend le temps de – très – bien faire...

Le Saint-Antoine

31, rue Saint-Antoine
Tél. : 05 45 68 38 21
Fermé sam. midi, dim. soir
Menus : 50 F (enf.), 80 F (sem.), 120 F
Carte : 200 F

Un peu à l'écart de la ville, cette salle à manger guillerette est le passage obligé de ceux qui veulent découvrir la cuisine charentaise traditionnelle. Langoustines flambées au cognac, chou farci « façon Mamie » (un peu gras), côtelettes de canard grillées au thym, remarquables cèpes en persillade : cette franchise est plébiscitée par les habitués autant que par les touristes. Le service, consciencieux, est aux petits soins et Joëlle Troplong, maîtresse des lieux, saura guider votre choix entre les grands et les petits bordeaux de sa carte.

La Chouc'

16, place du Palet
Tél. : 05 45 95 18 13. Fax : 05 45 95 18 13
Fermé sam. midi, dim., lundi, vac. scol.
Menus : 85 (déj.), 145 F (dîn.). Carte : 180 F

La première winstub installée dans le Sud-Ouest pourrait bien être « la » bonne affaire d'Angoulême. Après avoir fait ses classes à la Choucrouterie strasbourgeoise, Pascal Diouf a choisi d'investir cette salle-mouchoir de poche pour marier les terroirs et nous rappeler que truffes et foie gras font aussi la fierté des tables alsaciennes. Généreux et bon marché, ses menus changent chaque jour sans jamais décevoir. Le décor, chaleureux et sans fioritures, s'accorde avec la cuisine : terrine de foie gras, harengs à la crème et aux oignons, pâtes fraîches aux truffes ou confit de poule aux mojettes séduisent sans mal. Vins d'Alsace à prix doux (et au verre). Quand bonne chère rime avec bonne affaire !

Le Palma

4, rampe d'Aguessau
Tél. : 05 45 95 22 89. Fax : 05 45 94 26 66
Fermé sam. midi, dim., vac. Noël
Menus. 48 F (enf.)-160 F

Tout neuf et tout bronzé, le Palma vient se refaire une beauté. Menée bon train depuis 1917 par la famille Alemany, cette maison assume ses origines ibériques. Deux salles mitoyennes permettent de satisfaire tous les appétits : un bar à tapas enjoué pour buveurs et grignoteurs spontanés ou le restaurant traditionnel et ses spécialités allégées et appliquées. Huîtres et grillons, salade de langoustines safranées aux cèpes, mignon de porc au pineau et citron confit, charlotte aux fruits. Un petit coup de soleil aux spécialités charentaises.

La Tour des Valois

7, rue Massillon
Tél. : 05 45 95 23 64. Fax : 05 45 38 14 55
Fermé dim. soir, lundi midi, 20-27 fév., 15 août-6 sept.
Menus : 68 F (déj.), 98-208 F. Carte : 200 F

A quelques pavés du marché, cette petite salle basse, toute en poutres et pierres est la table de terroir la plus réputée du centre-ville. C'est avec le sourire qu'on vous proposera cassolette d'escargots à la charentaise, tournedos de saumon au lard fumé ou poulet aux cèpes persillés. Mais tout cela ne vaut d'être goûté que si vous connaissez déjà la pièce maîtresse du patron, le fameux jambonneau grillé aux mojettes – du grand art ! Menus variables selon l'humeur et l'appétit.

Produits

BISCUITIER

L'Olmède

10, place du Palet. Tél. : 05 45 95 05 09

La maison fournit en madeleines les écoles charentaises depuis 1889 et la boutique n'a pas changé depuis cette époque. La présentation est plutôt sommaire : tout droit sortis du four, les biscuits sont présentés sans apparat, sur une grande table de bois. Mais la maison est propre et gaie et l'on regrette de n'avoir pas son cartable sur le dos pour y mettre sablés, meringues et autres croquants. Prix anecdotiques.

BOULANGER

Troplong

72 bis, rue de la Corderie
Tél. : 05 45 95 20 87

Ceux pour qui le pain ne sert ni à « caler » ni à « pousser » savent que chez Troplong ils trouveront leur bonheur. Un pain traditionnel, longuement pétri, monté au levain, dont la croûte épaisse s'ouvre sur une mie dense et brune... Un plaisir authentique.

CHOCOLATIER

Duceau

18, pl. de l'Hôtel-de-Ville
Tél. : 05 45 95 06 42

On entre «pour voir» attiré pour les carrelages en mosaïques et les boiseries peintes et l'on se laisse appâter par les étalages ordonnés. Mais que le charme suranné de cette boutique raffinée ne vous trompe pas, cette chocolaterie, la plus ancienne d'Angoulême, joue la carte de la modernité et coiffe ses pâtisseries de décors sophistiqués. Chocolats tout aussi raffinés, proposés dans le coffret de votre choix.

ÉPICIER

Le Palais Gourmand

10-12, rue des Postes
Tél. : 05 45 37 55 04

Son faux air de Fauchon local fait de cette épicerie fine le rendez-vous des gourmets de la ville. Mais au-delà des produits sérieusement sélectionnés, Michel et Marie-Paule Lafaye proposent une viande de leur élevage digne des grandes tables (La Ruelle, le gastro de la ville, ne jure que par leur veau). Le choix de fromages et sans conteste le plus large de la ville, au même titre que celui des fruits et légumes.

FROMAGER

Chèvrerie Jousseaume

Logis de Goin, à Roullet-Saint-Estèphe
RN 10 entre Angoulême et Barbezieux
Tél. : 05 45 66 33 41

Pas vraiment aussi pratique que le rayon fromage du supermarché mais bien plus instructif. Cette chèvrerie traditionnelle, installée à quelques kilomètres d'Angoulême, propose de suivre le processus de fabrication de ses spécialités. Moulage, égouttage, salage, tout est fait main et l'on clôt la visite par une dégustation en règle. La Taupinière, aux arômes de noisettes, le grand'Mémé, dense et frais ou l'excellent tourteau fromager sont des pépites que l'on retrouve à prix forts chez les plus grands fromagers de la capitale. Profitez-en, ici c'est moitié prix !

Rendez-vous

CAFÉ

Chez Lucien

44, rue de Genève
Tél. : 05 45 95 17 17

Branché sans le vouloir, ce bar est, de loin, le plus décontracté d'Angoulême. Artistes et festivaliers s'y retrouvent pour casser une croûte, boire un café après le bureau ou finir la soirée par un verre de Bordeaux ou de Pineau.

SALON DE THÉ

Au Palet d'Or

1, pl. Francis-Louvel
Tél. : 05 45 95 00 73

Les macarons et le feuilleté praliné d'Eric Geslin se dégustent dans une ambiance douce, avec un thé choisi.

Annecy

74000 Haute-Savoie. Paris 540 – Aix-les-Bains 34 – Lyon 140 – Genève 45.

Office du Tourisme : clos Bonlieu, 1 rue Jean-Jaurès. Tél. : 04 50 45 00 33. Fax : 04 50 09 33 33

Ile verte face au lac, reine de Savoie, cité d'art et d'eau, Annecy brille de mille feux dans une sorte de lumière naturelle. L'éblouissement du site, l'enserrement de l'avenue d'Albigny qui semble déboucher sur les montagnes lui donnent une aura particulière. Elle est aussi, à une cinquantaine de kilomètres près, une ville-frontière qui respire au grand air. Le meilleur monde de Genève vient faire bombance dans l'une de ses grandes maisons aux abords. Marc Veyrat à l'Eridan a chipé l'aura de renommée gourmande qui entourait autrefois le père Bise. Mais de Veyrier à Talloires, il y a aujourd'hui un monde. L'esprit du temps est celui de la montagne qui se livre en majesté dans les assiettes. Herbes, légumes, fruits des alpages, poissons des lacs, belles fumaisons : la cuisine ici se vit ici enracinée et ses artisans ne sont pas indignes de son formidable talent naturel.

Hôtels

L'Auberge de l'Eridan

13, vieille rte des Pensières, à Veyrier-du-Lac
Tél. : 04 50 60 24 00. Fax : 04 50 60 23 63
Fermé lundi, 14 nov.-9 avril
11 ch. 1 550-3 950 F

Un rêve de demeure particulière, avec sa façade sur le lac. Chambres avec balcon, panorama et petits-déjeuners de royaux. Relais & Châteaux (voir restaurant «Marc Veyrat»).

Impérial Palace

32, av. d'Albigny
Tél. : 04 50 09 30 00. Fax : 04 50 09 33 33
91 ch. 1 100-1 500 F. 7 suites : 3 200 F. 1/2 pens. 850 F. Menus : 90 F (enf.), 150 F (déj.)-90 F

Ce palace retrouvé face au lac, avec son casino, son centre de balnéothérapie, le parc de la ville juste devant lui, a pour lui son site splendide et sa décoration contemporaine. Très belles chambres, sobres, avec des vues imprévues jusqu'aux abords de Talloires.

L'Abbaye

15, chemin de l'Abbaye, à Annecy-le-Vieux.
Tél.: 04 50 23 61 08. Fax: 04 50 27 77 65
Fermé (res.) dej., lundi, janv.
18 ch. 400-760 F. 1/2 pens. 390-570 F

Dans un environnement moderne, d'agréables chambres à l'ancienne dans une demeure du XVIe siècle, sise au calme.

Carlton

5, rue des Glières
Tél.: 04 50 10 09 09. Fax: 04 50 10 09 60
55 ch. 500-605 F

Ce rose immeuble début de siècle fait, au centre, non loin du lac, une honorable étape. Chambres d'excellent confort classiquement meublées.

Demeure de Chavoire

71, rte d'Annecy, à Chavoires
Tél.: 04 50 60 04 38. Fax: 04 50 60 05 36
Fermé 13-26 nov.
10 ch. 800-1 150 F. 3 suites.

Une demeure de charme face au lac et à la ville. Jolies chambres parfois petites, mais cosy avec leur mobilier de style.

Novotel-Atria

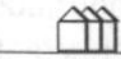

1, av. Berthollet
Tél.: 04 50 33 54 54. Fax: 04 50 45 50 68
95 ch. 520-620 F
Menus: 50 F (enf.), 95 F (déj.)-135 F

Cet hôtel fonctionnel, genre grand ensemble pas bêcheur, mais bien pratique, a l'avantage d'être à deux pas de la gare, non loin du centre.

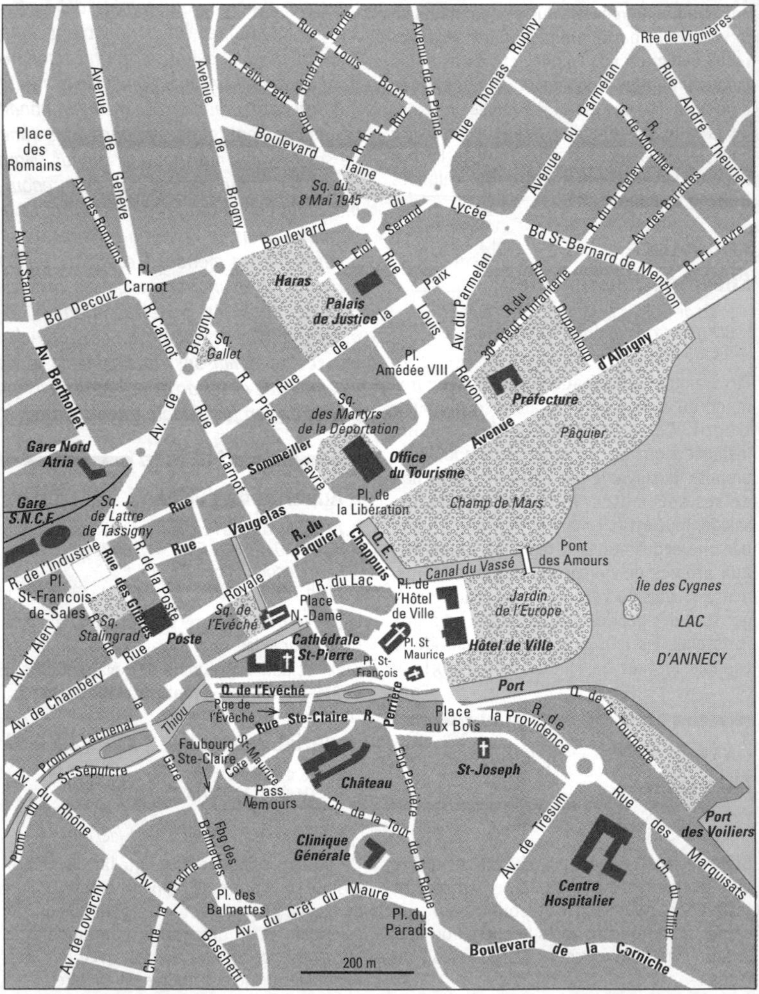

Splendid

4, quai E.-Chappuis
Tél. : 04 50 45 20 00. Fax : 04 50 45 52 23
50 ch. 520-665 F

La façade « bateau » face au lac a son charme. L'intérieur a été rénové, gardant son escalier années cinquante, mais se dotant de chambres fraîches, pimpantes, même, et de bon confort. Une bonne adresse, plein centre-ville.

Les Trésoms

3, bd de la Corniche
Tél. : 04 50 51 43 84. Fax : 04 50 45 56 49
Fermé nov.
46 ch. 370-695 F
Menus : 99-239 F

Une demeure au calme de la forêt de Semnoz, avec sa vue panoramique, ses chambres spacieuses, rénovées. Piscine, tennis.

Les Allobroges

11, rue Sommeiller
Tél. : 04 50 45 03 11. Fax : 04 50 51 88 32
52 ch. 550-650 F

Petite halte sympathique avec chambres de bon confort en centre-ville.

Le Flamboyant

52, rue des Mouettes à Annecy-le-Vieux
Tél. : 04 50 51 89 42. Fax : 04 50 51 89 42
30 ch. 375-695 F

Un motel au calme, entre lac et montagnes. Chambres confortables, bien meublées donnant sur la verdure. Bar néo-1900.

Palais de l'Isle

13, rue Perrière
Tél. : 04 50 45 86 87. Fax : 04 50 51 87 15
26 ch. 425-525 F

Des chambres d'une rigueur très contemporaine dans une demeure discrète du centre piétonnier.

Restaurants

Marc Veyrat

L'Auberge de l'Eridan

13, vieille rte des Pensières, à Veyrier-du-Lac
Tél. : 04 50 60 24 00. Fax : 50 60 23 63
Fermé lundi, mardi midi, mercr. midi, déc.-janv.
Menus : 395 F (déj.), 695 F, 995 F.
Carte : 900-1 350 F

L'hiver à Megève, le printemps et l'été puis l'automne à fleur de lac : Marc Ier, roi de Savoie est heureux dans son royaume. Aidé par une équipe enthousiaste, jeune, soudée comme un pack de rugby, il ne cesse de réinventer la cuisine de sa région, innovant sans renier la tradition, reniflant les herbes des hauteurs, en ramenant des saveurs rares. Pour une magnifique assiette de rattes de Rumigny écrasées aux truffes de Seyssel, avec sa farine brûlée – ah, ce mariage au goût de terre ! –, d'œufs de caille au sucre et sel avec ses feuilles d'oxalis aux airs d'oseille des montagnes, des ravioles de reblochon et de persillé des Aravis à la silène, au goût de roquette sauvage, du bar au lierre terrestre, des langoustines à la vapeur d'égopodes – le céleri des prés –, de la féra à la « benoîte rurale », jolie et bonne comme des champignons mâtinés de cardamome, du canard à l'écorce de sapin, une tasse de chocolat fort à la mousse glacée de genépi – un « after-eight » des Alpes – et une moulée de lait aigrelet à la réglisse, on est prêt à venir casser sa tirelire. Le décor a changé. Il est devenu chaleureux, à coup de bonnetières, lambris, vaisseliers, poteries qui font ressembler ce chic Relais & Châteaux de bord de lac à un chalet d'alpage. Veyrat en a fait son théâtre, parcourt la salle, chapeau de berger sur le crâne, explique sa cuisine et les éléments de son décor, récitant son histoire, comme le guide d'un musée d'art populaire, la foi au cœur.

L'Atelier Gourmand

2, rue Saint-Maurice
Tél. : 04 50 51 19 71. Fax : 04 50 51 36 48
Fermé dim. (sf midi juin-août, nov.-janv.), lundi, 21 août-5 sept., 21 fév.-7 mars
Menus : 195-450 F. Carte : 450-550 F

Ligismond Leloup, cuisinier artiste, joue du classique comme un peintre impressionniste qu'il est aussi à ses heures perdues. Sa trilogie de foie gras, sa féra aux poireaux et girolles, ses lasagnes de fruits de mer à l'encre, son filet d'omble aux fèves et jus de veau comme son onctueuse soupe au chocolat, précise de goût, pointue même, sans chichis inutiles, donnent une idée d'un talent à saisir. Belle cave, décor confortable et avenant dans une demeure sur deux étages proche de l'hôtel de ville.

Le Clos des Sens

13, rue Jean-Mermoz, à Annecy-le-Vieux
Tél. : 04 50 23 07 90. Fax : 04 50 66 56 54
Fermé sam. midi, dim. soir, lundi, 1er-15 janv.
Menus : 78 F (enf.), 135 F (déj.), 198- 430 F.
Carte : 300-450 F

C'était jadis la demeure classique des Salino, puis la maison sage de Didier Roque. C'est désormais le lieu de la cuisine inventive de Laurent Petit qui s'entête à renouveler le répertoire en mettant un peu d'air des montagnes dans son assiette. L'accueil de la gracieuse Martine est charmant, la salle et la terrasse ont leurs aises, la cave recèle de jolies trouvailles, les menus sont des cadeaux. Mais ce qui retient ici c'est la cuisine vive et pleine d'enthousiasme du doué Laurent qui se remet en cause sans oublier ses racines. Consommé de petits pois à l'œuf cassé et croustillant de lard, beignets de gigotin de grenouilles au bouillon aillé, cochon de lait des Bauges à la polenta crémeuse, assiette tout chocolat ou encore fenouil caramélisé avec glace estragon et chutney sont à fondre de plaisir.

L'Amandier

91, rte d'Annecy, à Chavoires
Tél.: 04 50 51 74 50. Fax:: 04 50 60 03 25
Fermé dim. (sf midi mars-sept.), vac. fév., nov.
Menus: 75 F (enf.), 175 F (déj.), 245-450 F. Carte: 350-500 F

Salle moderne, panorama sur le lac et cuisine régionale sophistiquée: voici la sainte trilogie de cet Amandier où Alain Cortési s'amuse à sophistiquer une cuisine naturelle, rustique et terrienne. Farcettes en ravioles, beignets de perche à la pulpe de pommes de terre, pot-au-feu de foie gras au gros sel, rissoles de poires aux fruits secs sont des réussites dans le genre mignard.

La Ciboulette

10, rue Vaugelas - cour du Pré-Carré
Tél.: 04 50 45 74 57. Fax: 04 50 45 76 75
Fermé dim., lundi sf fériés, vac. fév., 1er-21 juil.
Menus: 140-220 F Carte: 250-400 F

Georges Paccard, formé chez Bise et à Baumanière, excelle dans la cuisine simple des bons poissons de mer ou de montagne et les familles annécyennes se régalent chez lui, au fil de menus sages, de turbot aux herbes ou de bar en vapeur d'algues. Cadre cossu, service aimable.

Auberge de Savoie

1, pl. Saint-François-de-Sales
Tél.: 04 50 45 03 05. Fax: 04 50 51 18 28
Fermé mardi soir, merc., 1er-10 janv., 26 avr.-3 mai, 13-23 nov.
Menus: 140 -265 F. Carte: 250-350 F

Christel et Françoise Casset ont repris avec allant cette auberge à l'ancienne qui eut son heure de gloire sise à côté de la rustique église Saint-François-de-Sales. Elle donne aujourd'hui dans la cuisine de la mer (mais pas seulement) tarifée avec sagesse. Bouchée d'escargots à la crème d'herbes, terrine de pied de porc au foie gras, omble ou féra selon le marché font mouche.

Le Bilboquet

14, fg Sainte-Claire
Tél.: 04 50 45 21 68. Fax: 04 50 45 21 68
Fermé dim. soir, lundi (sf juil.-août), 1er-8 janv., 3-10 juil.
Menus: 60 F (enf.), 99-230 F. Carte: 250 F

Chez les Besson, tout est bon et sans chichis. La demeure du vieil Annecy a son charme cosy. Les menus jouent le classique sûr et sans manières: mousseline chaude de sandre au chou, blanc de mérou aux oignons caramélisés, aiguillette de bœuf mijoté six heures servie avec une fricassée de champignons, crème brûlée à la pistache font gentiment l'affaire.

Garcin

11, rue du Pâquier
Tél.: 04 50 45 20 94
Fermé dim. (sf été).
Menus: 90 F (déj.), 115 F. Carte: 200-250 F

Jean-Baptiste Meylan, autodidacte passionné, ex-notaire, imprimeur et libraire, a fait de cette vieille demeure en étage, perchée au-dessus de la zone piétonne, en prolongement de la rue Royale, «le» rapport qualité-prix de sa ville. On vient chez lui pour les plats de toujours traités avec doigté (poireaux vinaigrette, salade de queue de bœuf, coq au vin, quenelle de brochet, steak tartare), les belles viandes en direct des abattoirs comme les suggestions poissonnières au gré de la marée qu'il raconte avec verve et entrain. Les deux formules permettent de s'en tirer à très bon compte. Jolis vins choisis avec cœur.

Rôtisserie du Thiou

1, passage de l'Evêché
Tél.: 04 50 45 03 10
Fermé dim. soir (hiver), mardi soir, merc., 2 sem. juin, 2 sem. sept.

Cette petite demeure rustique excelle dans les plats «à la flamme». Lard rôti, jambonneau à la moutarde, mais aussi pic de saumon frais grillé au pistou et tartiflette se dégustent dans une atmosphère cosy.

Produits

BOUCHER

Antoine Veyrat

2, rue de l'Ile
Tél.: 04 50 45 01 73

Au cœur de la vieille ville, le roi du bon bœuf d'alpage et du porc nourri au grain.

BOULANGER

Neveu

6, rue du Pré-d'Avril
Quarter d'Albigny à Annecy-le-Vieux
Tél.: 04 50 23 25 03

Dans son cabanon rustique, la famille Neveu propose quelques-uns des meilleurs pains de France et des tartes salées splendides.

CAVISTE

Caves Carnot

73, rue Carnot
Tél.: 04 50 67 30 39

Le plus beau choix de vins de qualité, c'est dans cette échoppe un peu excentrée (quoique à deux pas de la gare TGV) que vous le trouverez. Excellents crus de Savoie, chignin, mondeuse et apremont.

CHOCOLATIER

La Marquise des Anges

Place Volland
Tél. : 04 50 45 31 35

Jean Collet, sosie de Coluche et meilleur ouvrier de France, propose des ganaches au café, roseaux du lac à la liqueur, et des cloches de toute beauté.

CONFISEUR

Aux Délices du Lac

6, rue du Lac
Tél. : 04 50 45 04 70

Cette demeure historique continue de mitonner « les Roseaux du lac d'Annecy » (chocolat, sucre et liqueur en juste équilibre), et maintient la réputation maison avec talent.

EPICIER

Barroulhet

« Aux quatre saisons »

14, rue Filaterie
Tél. : 04 50 45 02 66

Beaux primeurs, variétés de pommes savoyardes, condiments premiers choix, miels d'alpage dans une échoppe bien nette.

FROMAGER

Crémerie du Lac

3, rue du Lac
Tél. : 04 50 45 19 31

Raymond Michel est la vedette fromagère de la ville. Ses beauforts d'alpage, tamié, reblochon et tomme de Savoie sont d'exception.

PÂTISSIER

P. Fontaine

26, rue Royale
Tél. : 04 50 45 11 95

Strougoff (sablé aux amandes), chausson à la crème de citron et tartes caramélisées aux pommes et aux abricots sont le sommet du genre chez cet excellent boulanger. A déguster avant le départ – la gare du TGV est à deux pas.

Rendez-vous

CAFÉ-BRASSERIE

Brasserie de l'Hôtel de Ville

Pl. de l'Hôtel-de-Ville
Tél. : 04 50 45 00 81

Néo-Arts déco, cette « Coupole » annécyenne accueille à toute heure pour le « petit noir », le coup de blanc ou le plat sur le pouce.

SALON DE THÉ

Au Fidèle Berger

2, rue Royale. Tél. : 04 50 45 00 32

Le salon de thé n° 1 de la ville, avec ses cloches en chocolat et sa terrasse imprenable sur une rue piétonnière.

Annecy-le-Vieux : voir Annecy

Anse

69480 Rhône. Paris 437 – Lyon 28 – Villefranche-sur-Saône – Mâcon 49.

Le pays beaujolais, avec ses collines dodues, ses vignes avenantes, ses vignerons rubiconds, c'est ici même.

Hôtel-restaurant

Saint-Romain

Rte de Graves
Tél. : 04 74 60 24 46. Fax : 04 74 67 12 85
Fermé dim. soir (nov.-mai), 27 nov.-8 déc.
25 ch. 235-320 F. 1/2 pens. 257-270 F
Menus : 87 F (enf.), 100 F (déj.)-310 F. Carte : 200 F

Un petit hôtel au charme agreste sis dans une ancienne ferme : voilà ce qu'on trouve ici, en sus d'une table pleine de sérieux qui conjugue tous les classiques locaux. Bruno Levet pratique les grenouilles, escargots, saucisson chaud, quenelle, volaille rôtie, tout comme M. Jourdain la prose. Mais il n'hésite pas à renouveler le répertoire, à coup de saint-jacques à la crème de morilles, loup rôti aux zestes de confit et laurier, parmentier d'agneau, ris, épaule, au jus corsé. Service au jardin. Additions raisonnables.

Anthy-sur-Léman : voir Thonon-les-Bains

Antibes

06600 Alpes-Maritimes. Paris 913 – Cannes 10 – Nice 23 – Aix-en-Provence 160.

Office du Tourisme : 11 pl. Gal-de-Gaulle
Tél. : 04 92 90 53 00. Fax : 04 92 90 53 01

Les vieux murs et les venelles anciennes, des airs de jazz dans la nuit, comme une musique des années cinquante à fleur de Méditerranée...

Hôtel

Le Mas Djoliba

29, av. de Provence
Tél. : 04 93 34 02 48. Fax : 04 93 34 05 81
Fermé nov.-janv. 13 ch. 430-590 F

Cette exquise maison années vingt dans les fleurs a le chic champêtre au cœur de la ville. Chambres charmantes, à peine démodées, piscine providentielle l'été, grand calme presque bucolique et tarifs très raisonnables pour la Côte d'Azur.

Restaurants

La Bonne Auberge

N7 : 4 km, par rte de Nice
Tél. : 04 93 33 36 65. Fax : 04 93 33 48 45
Fermé dim. soir (oct.-mars), lundi (soir été), 20 nov.-10 déc.
Menu : 210 F

Philippe, le plus jeune Rostang, a fait de l'ex-maison familiale, qui eut jadis son heure de gloire, un temple du rapport qualité-prix. Celui-ci est bien tenu à travers un menu malin changé au gré de la saison et du marché. Le cadre d'hacienda provençale années cinquante possède aujourd'hui un cachet suranné et une patine. Porchetta de lapin aux asperges, béarnaise de thon mariné, mille-feuille d'agneau de sept heures sont des réussites.

Les Vieux Murs

Promenade Amiral-de-Grasse
Tél. : 04 93 34 06 73. Fax : 04 93 34 81 08
Fermé lundi (hs).
Menus : 220-400 F. Carte : 350-500 F

Le décor de maison de Provence en prise directe sur les remparts possède son charme. Franck Desormière, industriel gourmet qui a repris les rênes de l'établissement depuis peu, y a placé une équipe solide qui propose le classique de la Provence revu au goût du jour. Dorade rôtie, rascasse au citron confit et crème brûlée à la lavande sont dans le ton du lieu.

Oscar's

8, rue Dr-Rostan
Tél. : 04 93 34 90 14. Fax : 04 93 34 90 14
Fermé dim. soir, lundi, 1er-15 août, 20 déc.-5 janv.
Menu : 120 F. Carte : 200-300 F

Le lieu a son charme, avec ses niches ornées de paysages antiques. La cuisine, très italo-provençale, possède tonus et caractère. Frais antipasti, rouget à la citronnelle en lasagne, ravioli sauce muscat, tortellini aux gambas, mitonnés par Oscar Inacone, se mangent sans faim.

Taverne du Safranier

1, pl. du Safranier
Tél. : 04 93 34 80 50
Fermé lundi, mardi midi, 15 déc.-15 janv.
Menu : 60 F (déj.). Carte : 150 F

Simple et bonne, cette taverne accorte rameute ici le petit peuple des boulistes, les amis du pastis, les férus de soleil qui viennent se faire fête, sans manières, autour de légumes grillés en anchoïade, aïoli de moules et bœuf en daube.

A 06160 Cap d'Antibes

Le Bacon

Pointe du Bacon
Tél. : 04 93 61 50 02. Fax : 04 93 61 65 19
Fermé lundi, nov.-janv.
Menus : 280-450 F. Carte : 600 F

A ceux qui veulent trouver dépaysement et grands produits marins en s'éloignant un brin de la foule côtière, on glisse en catimini l'adresse du Bacon. Malgré les prix sur la crête de la vague, la terrasse en surplomb sur le cap d'Antibes est prise d'assaut en saison. Didi Sordello va chercher chaque matin au marché Forville à Cannes les poissons que son frère cuira au minimum. L'admirable sar cru mariné, la bouillabaisse limpide avec jus safrané si savoureux, saint-pierre, vive et galinette, admirables de finesse, le mille-feuille aérien que l'on arrose d'un blanc de Bandol de Bunan au Moulin des Costes valent le voyage.

Produits

BOULANGER

Jean Veziano

2, rue de la Pompe
Tél. : 04 93 34 05 46

Les fougasses, fougassettes, pains aux lardons et au seigle de ce bel artisan sont à croquer.

ÉPICIER

Crème d'Olive

29, rue James-Close
Tél. : 04 93 34 08 55

Belles huiles, olives, épices, condiments font merveille dans cette échoppe accorte.

PÂTISSIERS

Au Palais des Friandises

50, rue de la République
Tél. : 04 93 34 47 14

Ancien pâtissier de Chibois et Ducasse (excusez du peu...), Christian Lutzelschwab propose ici d'exquis entremets, glaces, chocolats, nougats, qui comptent parmi les meilleurs de la côte.

Cottard

49, rue la République
Tél. : 04 93 34 09 92

Cottard ou Lutzelschwab ? A vous de choisir... Antibes possède en tout cas deux pâtissiers fortiches, dont cet ancien du Louis XV dont les mille-feuilles, gâteau au chocolat et viennoiseries sont de première force.

Apt

84400 Vaucluse. Paris 730 – Aix-en-Provence 51 – Avignon 54 – Cavaillon 32.

Office du Tourisme : 2 av. Philippe-de-Girard Tél. : 04 90 74 03 18. Fax : 04 90 04 64 30

Fruits confits, faïence ancienne, ocres proches de la voisine Roussillon donnent son prix à cette sentinelle heureuse du grand Luberon qui s'anime les jours de marché.

Hôtels–restaurants

Auberge du Luberon

8, pl. du Fg-du-Ballet
Tél. : 04 90 74 12 50. Fax : 04 90 04 79 49
Fermé 23-27 déc., 2-15 janv. (res.), lundi soir, dim. soir (hs)
15 ch. 295-445 F
Menus : 155-420 F. Carte : 300-400 F

Serge Peuzin joue la carte régionale avec intelligence, proposant la variation saisonnière sur les fruits confits, l'agneau du pays en charlotte ou la morue en persillade. Chambres simples, mais plaisantes au cœur d'Apt.

Au Chêne. 4 km par N100

Bernard Mathys

Gargas
Tél. : 04 90 04 84 64. Fax : 04 90 74 69 78
Fermé mardi, merc., mi-janv.-mi-fév.
Menus : 160-450 F. Carte : 350-500 F

Un joli mas privé, sa décoration sobre, ses meubles Empire, ses miroirs avec lumière : on est vite sous le charme. Bernard Mathys, que l'on connut jadis aux Fusains à Montmartre, s'est installé là avec une jeune équipe qui concocte une cuisine carrée, bien dans son assiette. Jolie assiette de truffes à l'œuf au plat, ravioles de morilles à l'infusion d'aromates, langoustines rôties à la seconde avec épinards et blettes, morue à la vapeur avec chips de jambon serrano, superbe lapereau gratiné au beurre d'herbes avec couronne de carottes crémeuses et pâtes fraîches, divins desserts (mille-feuille de citron et gelée de gentiane, meringue légère au chocolat noir, gratin de pamplemousse au champagne, crème brûlée vanillée ou plombières aux fruits confits). Une symphonie alerte aux couleurs du pays.

Produits

ARTS DE LA TABLE

Faïencerie Jean Faucon

Atelier Bernard

12 av. de la Libération
Tél. : 04 90 74 15 31

Jean Faucon est le septième de sa famille à perpétuer le métier de faïencier d'art. Les assiettes, colorées à l'ocre de Roussillon, issues des terres proches de Gargas et de Loustel, sont fabriquées dans deux petits fours selon la méthode ancestrale, celle de l'aïeul Bernard, qui pratiquait déjà ce bel art au début du siècle.

CONFISEUR

Denis Ceccon/le Coulon

24, quai de la Liberté
Tél. : 04 90 74 21 90

Fruits confits d'Apt, melons, figues, clémentines, poires, pommes, abricots, ananas, pêches, travaillés dans des ateliers artisanaux, mais aussi nougats, pâtes de fruits et confiture d'orange amère par un expert du genre.

Arbois

39600 Jura. Paris 394 – Besançon 47 – Dole 35 – Lons-le-Saunier 39.

La ville de Pasteur est aussi la capitale du joyeux vin du Jura que l'on boit rouge, blanc ou jaune avec ses arômes de noix.

Hôtels–restaurants

Jean-Paul Jeunet

Rue de l'Hôtel-de-Ville
Tél. : 03 84 66 05 67. Fax : 03 84 66 24 60
Fermé mardi (oct.-juin), mercr. midi, déc., janv.
12 ch. 430-600 F. 1/2 pens. 680-700 F
Menus : 220 F (déj.)-600 F. Carte : 450-600 F

Ce grand gaillard moustachu, souriant, formé chez Troisgros, Chapel, la Marée, Coussau à Magescq, est revenu au pays il y a vingt ans avec la ferme idée d'alléger la cuisine comtoise, de diminuer les sauces à la crème de papa André. Le chic de Jean-Paul Jeunet ? Pratiquer en finesse et fraîcheur la poularde aux morilles comme la fricassée d'écrevisses. Cueillant les herbes des plateaux voisins, qu'on nomme ici des « reculées », il se range sous la bannière des Bras, Veyrat et Marcon, qui donnent un tour écolo à leur terroir. D'où ses foies gras pochés au caramel de macvin à la sauge, son embeurrée d'escargots dans une nage aux sucs de viande à la réglisse, ses queues d'écrevisses en capucino avec champignons, son flanc de pigeon rôti aux raves et mousserons, son jus de pois et crêpe de gaude au jésu de Morteau, son agneau à la mêlée de blettes, tomates séchées, pieds d'agneau au mélilot. Cette cuisine buissonnière et chantante se marie ici avec les meilleurs crus de la région : chardonnay de Berthet-Bondet, trousseau d'Aviet, vin de paille Puffeney au nez de coing pour les desserts, grandioses. On accomplirait seul le voyage à Arbois, en effet, pour le méli-mélo de fruits rouges avec glace et tuile à la réglisse ou la nage de rhubarbe à la gentiane avec glace au lait de brebis et épicées. Du grand art, digne de la comté Franche, de sa gourmandise nature, de ses traditions vivifiées.

La Finette

22, av. Pasteur
Tél. : 03 84 66 06 78
Menus : 45 F (enf.), 89-268 F. Carte : 150-200 F

Sous la houlette d'Henri Maire, dans une ambiance de cabane montagnarde se goûtent les petits plats locaux. Ainsi, le pot de rillettes, la truite fumée, les tripes en cassolette, le jésu de Morteau aux pommes vapeur et à la cancoillotte, la fondue des fromages au vin blanc et la glace au raisin s'accompagnent du blanc de Grange Grillard ou rouge du château de Montfort. Gourmande Arbois !

Produits

CHARCUTIER

Aux Délices du Palais

5, rue de l'Hôtel-de-Ville
Tél. : 03 84 66 04 25

Roi de la charcuterie locale, Jean-Claude Guyon pratique les fumaisons comtoises comme un bel art : brési, terrine, rillettes, saucisson sont à fondre.

PÂTISSIER

Hirsinger

38, grand-rue/pl. de la Liberté
Tél. : 03 84 66 06 97

Edouard H. propose d'exquises pâtisseries et chocolats qui sont l'honneur de sa maison. En vedette, l'arboisien, fine galette aux amandes qui se déguste royalement avec un verre de vin jaune. Mais la dacquoise aux noisettes grillées est également en or.

Arcachon

33120 Gironde. Paris 651 – Bordeaux 74 – Bayonne 184 – Royan 191 – Agen 196.

Office du Tourisme : esplanade G.-Pompidou Tél. : 05 57 52 97 97. Fax : 05 57 52 97 77

Un grand air de grandes vacances flotte sur le Bassin, la dune du Pyla, le banc d'Arguin et les pinasses qui dodelinent au gré du vent.

Hôtels-restaurants

Mercure

4, rue Prof.-Jolyet
Tél. : 05 56 83 99 91. Fax : 05 56 83 87 92
57 ch. 525-1 240 F

Situation idéale près de l'aquarium sur le front de mer, cet hôtel moderne offre confort sans surprise, chambres contemporaines, accueil souriant.

Aquamarina

82, bd de la Plage
Tél. : 05 56 83 67 70. Fax : 05 57 52 08 26
Fermé 22 déc.-2 janv.
33 ch. 422-595 F

Modernes et fonctionnelles, des chambres sans charme, mais bien équipées, à deux pas de la mer.

Sémiramis-Villa Térésa

4, allée Rebsomen
Tél. : 05 56 83 25 87. Fax : 05 57 52 22 41
20 ch. 660-750 F. 1/2 pens. 495-630 F
Menu (dîner) : 180 F

Ce monument fin de siècle aux salons charmants et aux chambres bonbonnières joue les sentinelles rétro au cœur de la ville d'hiver. Panorama imprenable depuis la suite junior du dernier étage.

Diego-l'Ecailler-Plage

12, bd Veyrier-Montagnières
Tél. : 05 56 83 84 46. Fax : 05 56 54 28 20
Menus : 94 F (déj.), 140-180 F. Carte : 250 F

Ce que l'on cherche ici ? Les huîtres, la vue, l'ambiance, dans une maison amicale et bon enfant face au cap Ferret et au point de débarquement du bateau-navette traversant le bassin. Calmars sautés, lotte Donosteria et sole meunière se dégustent sans chipoter.

Chez Yvette

59, bd Général-Leclerc
Tél. : 05 56 83 05 11. Fax : 05 56 22 51 62
Fermé mi-nov.-mi-déc.
Menus : 68 F (enf.)-98 F. Carte : 250 F

Depuis plus de trente ans, le Tout-Bordeaux vient se repaître d'une cuisine marine soignée (civet de lamproie), peu chère, dans une ambiance bon enfant.

Au Moulleau, 5 km S.-O.

Les Buissonnets

12, rue L.-Garros
Fermé oct.
Tél. : 05 56 54 00 83. Fax : 05 56 22 55 13
13 ch. 450 F

Une demeure au charme, avec son jardin fleuri, son accueil débonnaire dans le coin calme et chic de la station.

Arcins : voir Margaux

Si vous cherchez un établissement particulier, consultez l'index général en fin d'ouvrage.

Argent-sur-Sauldre

18410 Cher Paris 171 - Orléans 61 - Bourges 58 - Gien 21.

Les portes de la Sologne, le pays du Grand Meaulnes, bref, le Berry forestier et tranquille.

Hôtel-restaurant

Le Relais de la Poste

Tél.: 02 48 81 53 90. Fax: 02 48 73 30 62
Fermé (res.) lundi midi (hs)
10 ch. 220-330 F
Menus: 70 F (enf.), 80 F (déj.)-390 F (vin c.).
Carte: 200-300 F

Gérard Pinault tient avec sérieux cette belle maison fleurie aux chambres rustiques pimpantes, sise dans un ancien relais de poste du xve siècle. Poutres, briques, cheminée, dallage ancien jouent l'harmonie heureuse. On vient, ici, à l'automne, pour les plaisirs du gibier varié et des champignons des bois. Repas au jardin aux beaux jours.

Arles

13200 Bouches-du-Rhône. Paris 721 - Avignon 36 - Nîmes 32 - Marseille 95 - Aix-en-Provence 78.

Office du Tourisme: espl. Charles-de-Gaulle
Tél.: 04 90 18 41 20. Fax: 04 90 18 41 29

Une vraie ville de Provence, son folklore authentique, ses arènes, son théâtre antique, son jardin des Alyscamps où Paul-Jean Toulet chanta «Prends garde à la Douceur des Choses».

Hôtels-restaurants

Jules César

Bd des Lices
Tél.: 04 90 93 43 20. Fax: 04 90 93 33 47
Fermé mi-nov.-fin déc.
50 ch. 750-1250 F. 5 appart.
Menus: Lou Marquès: 150 F (déj.)-420 F, Le Cloître: 105-130 F

Ce Relais & Châteaux vieillissant a son charme, avec son cloître dans un ancien couvent converti il y a belle lurette en hôtel de luxe. On imagine le chic du lieu avec les rénovations nécessaires. Piscine, jardin. Intéressante cuisine provençale créative au Lou Marquès.

Hôtel d'Arlatan

26, rue du Sauvage
Tél.: 04 90 93 56 66. Fax: 04 90 93 56 66
41 ch. 500-850 F. 7 appart.

Cette demeure particulière du xve, avec ses vestiges, son mobilier ancien, près du forum, ne manque pas de cachet. Calme au cœur du centre.

Nord-Pinus

Pl. du Forum
Tél.: 04 90 93 44 44. Fax: 04 90 93 34 00
25 ch. 770-1 700 F. 1/2 pens. 682-1 112 F

Le rendez-vous des amoureux de la photo à Arles, pendant le festival qui lui est dédié, c'est cet hôtel-musée au chic Arts déco. Chaque chambre est différente, souvent vaste, avec des meubles chinés avec amour.

Brasserie du Nord-Pinus 

Pl. du Forum
Tél.: 04 90 93 02 32
Fermé mardi soir, mercr. (hs), fév.
Menu: 140 F (déj.)-180 F

La brasserie, comme l'hôtel, a le charme années trente. Les amateurs de bonne chère pas chère se donnent rendez-vous dans la gaieté pour déguster poivrons et aubergines grillés, barigoule d'artichauts à la coriandre, dorade à l'estragon, carré d'agneau à la provençale, clafoutis aux cerises, qu'on arrose de Romanin rosé. Le tout est signé de Jean-André Charial, grand voisin de Baumanière, qui a fait du lieu le rendez-vous gourmand dans la décontraction de la ville.

Le Jardin de Manon

14, av. des Alyscamps
Tél.: 04 90 93 38 88. Fax: 04 90 49 62 03
Fermé dim. soir (hs), merc., vac. fév., Toussaint
Menus: 70 F (enf.), 85 F (sem.), 98-200 F. Carte: 180 F

Pas chère et sympathique, cette table rustique, un peu excentrée, offre le calme de son jardin intérieur comme un havre. Tian d'aubergines, œufs cocotte à la poutargue, brandade et pintade aux olives font plaisir à tous.

Arnage: voir Mans

Arnay-le-Duc

21230 Côte-d'Or. Paris 285 - Beaune 36 - Dijon 59 - Saulieu 29.

Un musée des Arts de la table au cœur de la cité bourguignonne donne envie de s'attabler, en lisière du parc naturel du Morvan.

Hôtel-restaurant

Chez Camille 

1, pl. E-Herriot
Tél.: 03 80 90 01 38. Fax: 03 80 90 04 64
11 ch. 395 F. 1/2 pens. 448 F
Menus: 98 F (vin c.)-498 F

A la porte du parc du Morvan, et à quelques mètres de la maison-musée des Arts de la table, cette table sérieuse est tenue avec chaleur par Armand et Monique Poinsot. Rissoles d'escargots aux pâtes fraîches, jambon persillé à l'aligoté, saumon mariné avec sa purée en neige, crème de grenouilles, charolais en sautoir s'accompagnent de bourgognes choisis. Cadre d'auberge guillerette, avec cheminée, cuisine apparente et jardin d'hiver, jolies chambres, sur le mode champêtre.

Arpaillargues-et-Aureillac: voir Uzès

Arras

62000 Pas-de-Calais. Paris 179 – Lille 53 – Amiens 63 – Calais 111 – Charleville-Mézières 158.

Office du Tourisme: Hôtel de Ville
Tél.: 03 21 50 24 24. Fax: 03 21 71 07 34

Capitale de l'Artois, avec ses grands-places aux belles arcades, sa trentaine de kilomètres de souterrains, où se cacha, lors de la Grande Guerre, l'armée anglaise, son musée des Beaux-Arts dans l'abbaye de Saint-Vaast, Arras n'est plus qu'à 50 mn de Paris. Le TGV a mis la ville de Robespierre à la porte de la gare du Nord. C'est l'occasion de découvrir sa beauté authentique comme sa gourmandise naturelle.

Hôtels

Hôtel d'Angleterre

7, pl. Foch
Tél.: 03 21 51 51 16. Fax: 03 21 71 38 20
20 ch. 680-850 F
Carte: 150-250 F

Face à la gare, dans un immeuble années trente, cet hôtel récent de grand confort offre chambres modernes, suites et cuisine de brasserie sans ostentation.

Mercure-Atria

58, bd Carnot
Tél.: 03 21 23 88 88. Fax: 03 21 23 88 89
Fermé (res.) 24 déc.-3 janv.
80 ch. 475-580 F
Menus: 55 F (enf.), 98-120 F. Carte: 180 F

Sous verre et briques, ce grand ensemble moderne près de la gare fait un hôtel de chaîne offrant confort sans surprise et honnête restauration.

Univers

3, pl. de la Croix-Rouge
Tél.: 03 21 71 34 01. Fax: 03 21 71 41 42
Fermé (res.) dim. soir janv., fév.
37 ch. 370-620 F. 1/2 pens. 490 F
Menus: 120 F (déj.)-260 F

Cette ancienne demeure du XVIIIe qu'habitèrent des jésuites a été reconvertie en hôtel de grand confort, avec jolies chambres et salle pour séminaires.

Le Moderne

1, bd Faidherbe
Tél.: 03 21 23 39 57. Fax: 03 21 71 55 42
55 ch. 250-380 F
Carte: 150-200 F

Sous sa façade Belle Epoque, cet hôtel avec brasserie confortable, cache des chambres modernisées, d'honnête confort de prix sages.

Les 3 Luppars

49, Grand-Place
Tél.: 03 21 07 41 41. Fax: 03 21 24 24 80
42 ch. 210-300 F

Un hôtel à l'ancienne, vieillot, mais charmant, pour dormir pile sur la grand'place.

Restaurants

La Faisanderie

45, Grand-Place
Tél.: 03 21 48 20 76. Fax: 03 21 50 89 18
Fermé dim. soir, lundi, 4-10 janv., vac. fév., 1er-21 août
Menus: 70 F (enf.), 145 F (déj.)-315 F.
Carte: 300-500 F

Le fin du fin de la ville? C'est Jean-Pierre Dargent qui le propose, dans sa cave voûtée sur la grand-place. Beaucoup de finesse, de doigté, d'idées sur fond de régionalisme donnent envie de s'attabler chez ce Béarnais gagné avec ferveur aux vertus gourmandes de l'Artois et des Flandres. Les ravioles de crevettes grises et de poireaux, avec sa sauce à la bière, le pavé de morue au chou-fleur et chou craquant au cumin, le pigeon rôti aux macarons d'Amiens (comme une chapelure) et légumes primeurs caramélisés, le carré d'agneau au thym flanqué d'une exquise purée de pommes de terre au chèvre du pays (une sorte d'aligot local), le parfait glacé de speculoos au sabayon de bière, la croûte de macaron à la rhubarbe, la croûte briochée dorée avec sa compote aux fruits du temps: voilà qui met le cœur en fête, vous rassasiant l'estomac sans l'alourdir.

La Coupole d'Arras

26, bd de Strasbourg
Tél.: 03 21 71 88 44. Fax: 03 21 71 52 46
Fermé sam. midi, dim. soir
Menus: 119 F (déj.), 178 F. Carte: 200 F

Cette belle brasserie néo-1900 vaut pour son décor façon Maxim's popu, son banc de fruits de mer, ses poissons frais, sa sole meunière, sa brochette de lotte sauce tartare, son andouillette d'Arras grillée, son filet américain, sa simplicité rayonnante.

Restaurant de l'Abattoir

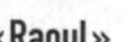
«Raoul»
29, av. Paul-Michonneau
Tél.: 03 21 55 39 20
Fermé dim. soir
Menus: 65-120 F. Carte: 120-200 F

Ce fut le site des abattoirs. Demeure la bâtisse années cinquante du Grand Hôtel Raoul et son intérieur de brasserie. Le comptoir en métal, le tirage à la pression, les banquettes rouges, les serveuses accortes donnent sa tonalité au lieu. On raffolera du pied de porc pané, de la fraise de veau au poivre, des amourettes au beurre aillé, de la tête de veau ravigote, de la queue de bœuf aux oignons, du rognon grillé, du ris de veau à la crème d'ail. Si les abats ne sont pas votre genre, le saumon grillé béarnaise, le filet américain, la côte à l'os, dispensés, à prix amicaux, dans une atmosphère bon enfant, démontrent la chaleur des gens du Nord.

Les Troubadours

43, bd Carnot
Tél.: 03 21 71 34 50
Fermé dim.
Carte: 150 F

Ce bistrot authentique et convivial offre, au gré des humeurs de la patronne et du marché, trois entrées au choix et trois plats du jour, simples et frais dans une salle à manger de grand-mère.

Produits

CHARCUTIER

Berchon

Rue des Trois-Filets
Tél.: 03 20 22 69 96

Andouilles et andouillettes d'Arras (à la fraise de veau) ont bien bonne mine chez ce sérieux artisan.

FROMAGER

Jean-Claude Leclerq

36, pl. des Héros
Tél.: 03 21 71 47 85

Les «cœurs d'Arras» ? Un fromage de vache à pâte molle et croûte lavée, façon maroilles, comme chez l'affineur-expert Leclerc, qui propose tomme d'Artois, boule de Lille ou vieille mimolette.

PÂTISSIERS-CHOCOLATIERS

Yannick Delestrez

50, pl. des Héros
Tél.: 03 21 71 53 20

Yannick Delestrez, élève de Constant et Lenôtre, fait revivre le cœur d'Arras en pain d'épice, selon une recette déposée en 1826, et crée les exquis petits rats au feuilleté praliné.

Jean Trogneux

32, rue Désiré
Tél.: 03 21 23 62 82

Cet excellent artisan vous fera découvrir la version sucrée des cœurs d'Arras en chocolat à l'orange.

Ars-en-Ré: voir Ré (île de)

Artzenheim

68320 Haut-Rhin. Paris 460 – Colmar 17 – Sélestat 20 – Mulhouse 49 – Strasbourg 74.

Le Ried, plaine d'alluvions du Rhin, prisée des chasseurs, un village aux maisons claires et puis le simple charme d'une auberge.

Hôtel-restaurant

Auberge d'Artzenheim

30, rue du Sponeck
Tél.: 03 89 71 60 51. Fax: 03 89 71 68 21
Fermé lundi soir, mardi soir, 15 fév.-15 mars
10 ch. 255-345 F
Menus: 120 F (déj., vin c.)-355 F. Carte: 250-400 F

Les chambres décorées avec goût, le jardin fleuri, l'accueil souriant d'Agnès Husser-Schmitt et la grande carte des vins: voilà les atouts de cette belle auberge. Il y aussi la cuisine d'Edgar qui pratique le classicisme allégé avec sérieux. Foie d'oie poêlé aux pommes, sandre aux écrevisses, rognon de veau, mousse au kirsch rassasient le chaland flâneur. Utiles menus pour oublier une carte un peu chère.

Arzon

56640 Morbihan. Paris 489 – Vannes 33 – Lorient 91 – Auray 51 – Quiberon 79.

Office du Tourisme: Rond-Point du Crouesty
Tél.: 02 97 53 81 63. Fax: 02 97 53 76 10

La presqu'île de Rhuys, sa douceur d'une Bretagne presque méditerranéenne, ses ports neufs et anciens, sa gourmandise diététique, son bon air...

Hôtels-restaurants

Au Port du Crouesty.

Miramar-Crouesty

Tél.: 02 97 67 68 00. Fax: 02 97 67 68 99
Fermé 28 nov.-26 déc.
120 ch. 1 750-2 100 F. 12 suites: 1 400-2 000 F
Menu: 195 F (déj.), 255-280 F.
1/2 pens. 995-1 363 F

Un «paquebot de la forme»? Imaginez un bateau fixé sur un étang face à la mer. Chambres et suites de très grand confort, service appliqué, piscines, pont-promenade, plage à proximité, ambiance anti-stress et cure au sous-sol dans l'établissement ultramoderne géré par Jean Bobet. Deux restaurants de qualité sous la houlette du chef Yves Toublanc. L'un diététique, avec des plats subtils, remplaçant le sel par les épices, le gras par les matières allégées, avec des desserts très réussis, l'autre gastronomique, donnant une grande place aux produits de la mer et poissons de la côte: saint-jacques crues, buisson de langoustines, sole entière avec navets en champvallon au jus de truffe, sablé breton aux pommes et glace vanille. Une belle étape de détente et de vacances.

Le Crouesty

Tél.: 02 97 43 87 91. Fax: 02 97 53 66 76
Fermé 15 nov.-8 fév.
26 ch. 350-450 F

Petit hôtel récent pour estivants ou curistes, près du village et du port. Chambres de bon confort, jardin.

Produits

BISCUITERIE

La Trinitaine

Sur le port du Crouesty
Tél.: 02 97 55 02 04

Biscuits bretons, palets au beurre salé dans de jolies boîtes typiques.

FUMAISONS

Patrick Chauchard

23, rue Centrale
Tél.: 02 97 53 80 18

Saumon fumé au hêtre vert et salé au sel de Guérande par un remarquable jeune artisan. Tarama de qualité et tartare de saumon d'exception.

A Port-Navalo

Hôtels-restaurants

Glann ar Mor

27, rue des Fontaines
Tél.: 02 97 53 88 30
10 ch. 200-260 F

A 100 mètres du port, un petit hôtel aux chambres simples, pas chères et sans histoire.

Le Grand Largue

Sur le port
Tél.: 02 97 53 71 58. Fax: 02 97 53 92 20
Fermé lundi (midi: été), mardi (hs), 15 nov.-20 déc., 3 janv.-3 fév.
Menus: 198-320 F. Carte: 300-450 F

Dans une demeure sur le port, avec terrasse sur la grande bleue, les Adam tiennent la table n° 1 de la presqu'île. L'accueil d'Hélène est le charme même: elle conseille un plat ou un vin, raconte la pêche du jour et évoque un dessert de printemps avec chaleur. Serge, ancien du Lion d'Or à Liffré au temps du grand Kéréver, pratique la cuisine de sa région avec une malice sans œillère. Les produits viennent du pays et se marient aux épices d'ailleurs: huîtres en bouillon avec verveine et citronnelle ou en gelée d'eau de mer, avec algues, ciboulette et caviar, bar rôti en peau avec vinaigre balsamique et huile d'olive, turbot en minestrone de morgate au parfum de colombo et lentilles blanches au jus de carottes, far tiède aux pommes et bergamote, gelée de fruits rouges et sorbet. Avec un vieux muscadet ou une coulée de serrant, c'est un moment de bonheur.

Le Boucanier

3, rue du Gal-de-Gaulle
Tél.: 02 97 53 89 22
Menus: 80-115 F

Ce bistrot d'arrière-port, avec ses clins d'œil aux amis irlandais et ses plats du jour selon arrivage est une aubaine. Prix tout doux, produits frais: huîtres, raie aux câpres, steak de lotte au cidre pour trois francs six sous.

Asnières-sur-Seine: voir Environs de Paris

Attignat

01340 Ain. Paris 402 – Mâcon 34 – Bourg-en-Bresse 12 – Tournus 42.

Rien d'autre qu'un bourg-relais du cœur de la Bresse gourmande et replète...

Hôtel-restaurant

Dominique Marcepoil

D 975
Tél.: 04 74 30 92 24. Fax: 04 74 25 93 48
Fermé dim. soir, lundi
10 ch. 230-380 F
Menus: 80 F (enf.), 115-370 F (vin c.).
Carte: 250-350 F

Dans une ferme rénovée ayant conservé le charme ancien et le caractère du pays, un cuisinier de caractère a mis son nom sur l'enseigne: c'est bon signe. Les menus sont le sérieux même, les chambres soignées, le jardin ratissé et le sourire règne à l'accueil. On vient pour les grenouilles sautées aux fines herbes, la salade au croustillant de bleu de Bresse, la pomme de ris de veau en croûte de vin jaune, le poulet demi-deuil et les vins malins tout pleins. Bien pratique pur une halte gourmande vers la Suisse ou les Alpes: le péage de l'A40 est à deux pas.

Auch

32000 Gers. Paris 733 – Toulouse 77 – Agen 74 – Bordeaux 206.

Office du Tourisme : 1, rue Dessoles
Tél. : 05 62 05 22 89. Fax : 05 62 05 92 04

La capitale du Gers, celle du bon-vivre, de la douceur bucolique, des mousquetaires et du foie gras.

Hôtels–restaurants

Hôtel de France

Pl. de la Libération
Tél. : 05 62 61 71 71. Fax : 05 62 61 71 81
31 ch. 315-900 F. 1/2 pens. 360-510 F
Menus : 166-506 F. Côté Jardin et Neuvième, menus : 79 F (déj.)-100 F.

Depuis la retraite (active) d'André Daguin, l'hôtel qui abrita sa gloire est revenu à plus de modestie, sous la houlette active de Roland Garreau. Reste des chambres au charme ancien, une halte jouant le vieux relais modernisé, une salle avec haut plafond où foie gras, magret, confit mais aussi matelote d'anguilles au madiran sont fêtés avec aise. Diverses formules moins chères à l'enseigne de Côté Jardin et du Neuvième.

Claude Laffite

38, rue Dessoles
Tél. : 05 62 05 04 18. Fax : 05 62 61 86 85
Fermé dim. soir, lundi
Menus : 75 F (déj.)-400 F. Carte : 300 F

La demeure dans la rue piétonnière a son cachet rustique, le patron de la gouaille. Tout cela va l'amble, pour une cuisine au goût du pays. Entre trilogie de foie gras, « tout à l'oie », salmis de palombes et cassoulet, à déguster sans chipoter.

Table d'Hôtes

7, rue Lamartine
Tél. : 05 62 05 55 62. Fax : 05 62 05 52 39
Fermé dim. soir, merc., vac. fév., Toussaint, Noël
Menus : 69 F (déj.), 95-160 F. Carte : 180 F

Jean-François Robinet, Breton venu de Savoie, a créé l'événement dans la modestie avec sa table de 25 couverts où il sert le menu du marché pour une clientèle ravie de l'aubaine. Elle vient se faire fête sans se ruiner au gré des propositions journalières changeantes : soupe crémeuse à la châtaigne, poitrine de poularde grillée à la moutarde, duo de crème brûlée et au pousse-rapière. Le « hambur-ger » gascon (magret grillé farci de foie gras poêlé) est le monument maison.

indique un bon rapport qualité-prix.

Produits

BOUCHER-CHARCUTIER

Roland Boiziot

25, rue Dessoles
Tél. : 05 62 05 01 31

Outre l'agneau du Tarn, du Rouergue et du Quercy, la spécialité du gars Roland est sa fameuse saucisse sèche au goût de porc et de canard mêlés. Ajoutez-y les pâtés de campagne et les saucisses à la mode de Toulouse de qualité.

BOULANGER

Le Fournil de Gascogne

Rte d'Agen

Sous marque Biovisa, les exquis pains à l'ancienne, fabriqués dans une zone « agroalimentaire », au seigle, aux noix, aux cinq céréales, sont à croquer vite fait ou à conserver sans mal.

PRODUITS RÉGIONAUX

Aux Produits Gascons

38, rue Dessoles
Tél. : 05 62 05 04 80

Claude Laffite vend ici foie gras, confits, magret séché, cous d'oie farcis mitonnés à demeure et mis en conserve par ses soins.

Audierne

29770 Finistère. Paris 601 – Quimper 37 – Douarnenez 21 – Pont-l'Abbé 33.

Office du Tourisme : 8 bd Victor-Hugo
Tél. : 02 98 70 12 20. Fax : 02 98 75 01 11

L'un des ports les plus occidentaux de France, le point d'embarquement pour Sein et le principal bourg-étape vers la pointe du Raz (à 15 km), la pointe du Van et la baie des Trépassés.

Hôtels–restaurants

Le Goyen

Sur le port
Tél. : 02 98 70 08 88. Fax : 02 98 70 18 77
Fermé mi-nov.-25 déc., 5 janv.- Pâques.
24 ch. 350-830 F. 1/2 pens. 595-775 F
Menus : 165 (déj.)-450 F. Carte : 400-600 F

Adolphe Bosser, sentinelle gourmande du Finistère, continue d'avoir bonne main, bon œil, avec des produits haut de gamme sélectionnés avec art, que l'on sert dans une salle avec vue sur le port. Excellent service, belle cave et des plats de mémoire comme la tarte Annaïk au homard, le canard aux épices et au sang, que complètent le frais tartare de poissons à la citronnelle et gingembre, les crevettes bouquets du Guilvinec, pêchés le matin même, la mousse de crabe à l'ananas, le carpaccio de pétoncles aux concombres et la mousse de fraises fraîches qui fit craquer de plaisir Joël Robuchon ici même. Chambres de grand confort avec vue plein cadre sur le port et la mer.

La Plage

Sur la plage
Tél.: 02 98 70 01 07. Fax: 02 98 75 04 69
Fermé oct.-Pâques.
26 ch. 260-420 F. 1/2 pens: 350-395 F
Menus: 165-240 F

Signé Bosser (le Goyen), ce petit hôtel moderne et charmant propose des chambres claires avec un mobilier gai. Vue sur la grande bleue et accueil gentil tout plein.

Le Roi Gradlon

Sur la plage
Tél.: 02 98 70 04 51. Fax: 02 98 70 14 73
Fermé 5 janv.-20 fév.
19 ch. 290-360 F. 1/2 pens. 390-410 F
Menus: 70 F (enf.), 130-250 F

On vient pour la cuisine classique dans un cadre soigné dans un hôtel de bord de mer (les chambres modernes sont sans gaieté) mais aussi pour la vue imprenable sur l'océan. Moules marinières, coulibiac de poisson, turbot poché au beurre blanc se mangent sans façon. Jolis salons.

L'Epi d'Or

6, quai Jean-Jaurès
Tél.: 02 98 70 29 41
Carte: 100 F

Marie-Annick et Pierre Le Treut reçoivent sans façon dans leur crêperie sur le port. Galettes au lard, à l'andouille, aux œufs et jambon sont de bonne compagnie.

La Pêcherie

15, rue Pasteur
Tél.: 02 98 75 04 26
Menu: 105 F. Carte: 180 F

Fruits de mer, poissons à l'ardoise, bons vins (que l'on vend dans la boutique contiguë) et petit menu à 105 F (avec soupe de poisson, sardines à la crème d'ail, tarte aux pommes) font les bons repas de ce gentil bistrot.

Produits

CHARCUTIER

Ferme du Gorré

Lieu-dit Gorré, à 29780 Plouhinec
Tél.: 02 98 91 32 60

Henri Peuziat et son épouse reçoivent avec gentillesse et font goûter sans mesure les purs produits issus de cochons fermiers, élevés selon les canons de l'agriculture «bio». Rillettes, lard, boudin, pâté sont délicieux.

POISSONNIER

Les Viviers d'Audierne

Sur le port
Tél.: 02 98 70 10 04

Visite tous les jours des grands viviers remplis de tourteaux, langoustes, homards et araignées, baignés par l'eau de mer. Achat sur place.

Aumont-Aubrac

48130 Lozère. Paris 556 – Aurillac 118 – Mende 40 – Espalion 57 – Marvejols 24.

Le cœur de la Lozère, la hautaine solitude de ses plateaux l'hiver, la beauté du Causse et les gorges de l'Aveyron.

Hôtel-restaurant

Grand Hôtel Prouhèze

Tél.: 04 66 42 80 07. Fax: 04 66 42 87 78
Fermé nov.-24 mars, (res.) dim. soir, lundi sf été
27 ch. 330-600 F. 1/2 pens. 500-600 F
Menus: 85 F, 180 F (déj.), 210-560 F. Le Compostelle, menus: 60 F (enf.), 85-125 F

Le phénix de ces parages lozériens, point si riches en bonnes tables, c'est celle de Guy Prouhèze qui se bat depuis des années pour mener la qualité sur le plateau. Gastronomie soignée, créative, recherchée au restaurant, plus rustique, avec des idées chipées à la tradition d'ici au bistrot dit le Compostelle, voilà ce que vous trouverez ici. Avec la gelée de queues d'écrevisses à la truffe, la compression de canard au foie gras, l'omble chevalier au ragoût de cébettes, le filet de bœuf à la réduction de saint-chinian, le crémeux au thé d'Aubrac que l'on accompagne de vins de l'Hérault et des Corbières. Chambres rénovées dans une demeure de caractère.

Auray

56400 Morbihan. Paris 478 – Vannes 19 – Lorient 41 – Quimper 100.

La promenade du Loch, le quartier de Saint-Goustan et le glorieux Pardon en saison: voilà le cœur de la vraie Bretagne.

Restaurant

La Closerie de Kerdrain

20, rue L.-Billet
Tél.: 02 97 56 61 27. Fax: 02 97 24 15 79
Fermé lundi, 28 fév.-20 mars, 15-30 nov.
Menus: 120 F (déj.), 180-380 F. Carte: 350-450 F

Fernand Corfmat, avec ses mimiques à la Bourvil, sa discrétion légendaire, fait partie, depuis deux décennies déjà, des méconnus de

Bretagne. Nous l'avions découvert, jadis, dans un bistrot sans charme de Vannes. Le voilà à l'aise dans une maison de maître où il cuisine comme l'oiseau chante. Les produits d'ici au mieux de leur forme : voilà sa marque, à travers langoustines en feuilletage, homard tiédi en rémoulade de céleri ou andouille avec gâteau au blé noir, sans omettre un bar au naturel relevé d'un jus de cresson ni un palet breton aux fraises qui montrent un bel esprit sous le souci de coller au terroir.

Auribeau–sur–Siagne

06810 Alpes-Maritimes. Paris 905 – Cannes 14 – Grasse 9 – Nice 43- Draguignan 63.

L'arrière-pays de Grasse, c'est déjà la Provence des hauteurs et des senteurs, bien loin de la rumeur de la côte.

Hôtel–restaurant

Auberge de la Vignette Haute

370, rte du Village
Tél. : 04 93 42 20 01. Fax : 04 93 42 31 16
15 ch. 730-1 440 F
Fermé (res.) lundi (hs), mardi midi, merc., midi, mi-nov.-mi-déc.
Menus : 80 F (enf.), 190 F (déj., vin c.), 390-520 F

Cette adresse de charme, sis dans un village haut perché sur son piton, offre détente dans de belles chambres et gourmandise un tantinet passe-partout dans une ambiance néo-médiévale qui n'est pas sans cachet. Jolie bergerie qui amuse les tout-petits.

Auberge de Nossi-Bé

Pl. du Portail
Tél. : 04 93 42 20 20. Fax : 04 93 42 33 08
Fermé lundi midi, mercr. midi (été), mardi soir, mercr. (hs), 15-31 janv., 15-30 nov.
6 ch. 290 F
Menus : 145 F (déj., vin c.)-195 F (vin c.).
Carte : 250-350 F

Pas trop chère, charmeuse, cette demeure dans le village avec ses quelques chambres, son cadre rustique, sa terrasse dominant la campagne. Tartelette aux olives, chèvre et poivrons, brick de loup au pistou séduisent sans mal.

Aurillac

15000 Cantal. Paris 560 – Brive 98 – Clermont-Ferrand 161 – Laguiole 78.

Office du Tourisme : pl. du Square
Tél. : 04 71 48 46 58. Fax : 04 71 48 99 39

La capitale du Cantal est une gourmande bonhomme. Des artisans de poids, des tables accortes, et une gentillesse somme toute naturelle font son sel. Ne loupez pas le musée des volcans dans le château Saint-Etienne.

Hôtels–restaurants

Grand Hôtel de Bordeaux

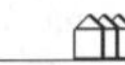

2, av. de la République
Tél. : 04 71 48 01 84. Fax : 04 71 48 49 93
Fermé 22 déc.-7 janv.
33 ch. 340-560 F

Ce bon hôtel classique a de l'allure sous sa belle façade bourgeoise qui a gardé son cachet Belle Epoque. Les chambres sont refaites avec joliesse, l'espace n'est pas chichement compté, le bar à l'anglaise est l'un des rendez-vous de la ville.

Grand Hôtel Saint-Pierre

16, cours Monthyon
Tél. : 04 71 48 00 24. Fax : 04 71 64 81 83
35 ch. 300-680 F. 1/2 pens. 335 F
Menus : 45 F (enf.), 88 F (sem.), 125-280 F

Cette grande maison de tradition, sous la houlette du chaleureux patron Jean Lavergne, avec ses bonnes chambres à l'ancienne, mais patiemment rénovées, son accueil adorable, sa belle salle de réception aux boiseries classées possède aussi une table de qualité, le Pommier d'Amour (04 71 48 37 60), que conduit avec allant le dynamique Alexandre Cayron. Celle-ci est à fréquenter sans manières ni crainte, car les mets y sont fort soignés, les produits de qualité (excellent filet de bœuf de Salers, tête de veau ravigote, râble de lapin en crépinette aux choux), le plateau de fromages un monument.

Les Quatre Saisons

10, rue Champeil
Tél. : 04 71 64 85 38
Fermé dim. soir, lundi
Menus : 80 F (sem.)-205 F. Carte : 200 F

Pierre Bordel a fait de sa bonne table revue façon Arts déco, au rez-de-chaussée d'une demeure ancienne, une des vraies bonnes tables de la ville. Sa recette ? Le marché, visité avec un sérieux imparable et un doigté sûr, qu'une modestie dans les tarifs et l'allure générale ne contredisent guère. Feuilleté de grenouilles à la crème d'estragon, médaillon de veau à la crème d'estragon, feuilleté au chocolat et coulis d'orange sont le sérieux même.

La Reine Margot

19, rue Georges-de-Veyre
Tél. : 04 71 48 26 46. Fax : 04 71 48 92 39
Fermé dim. soir, lundi, 15-28 fév.
Menus : 50 F (enf.), 115-220 F. Carte : 200 F

Cette belle table rustique, avec ses boiseries et ses fresques évoquant les péripéties de la reine Margot offre une anthologie maligne et fidèle des produits du cru. Tripous, tête de veau, pounti, pavé de turbot poêlé, filet de bœuf de Salers s'arrosent de saint-pourçain gouleyant et frais. Accueil et service pleins d'allant.

Le Bouchon Fromager

5, rue du Buis, pl. des Docks
Tél.: 04 71 48 07 80
Fermé dim.
Menu: 69 F. Carte: 120 F

Les Morin père et fils, fromagers de classe, qui ont fait du vieux quartier Saint-Géraud leur territoire, jouent sur du velours avec cette table fromagère où se proposent leurs meilleurs produits. Crus ou cuits, flanqués de vins ad hoc, cantal, salers, laguiole, saint-nectaire, fourme sont au mieux de leur forme. Saucisse du pays et tartiflette s'arrosent d'un fringant côtes-d'auvergne.

Le Terroir du Cantal

5, rue du Buis, pl. des Docks
Tél.: 04 71 64 31 26
Fermé dim., lundi
Menus: 70-140 F. Carte: 150 F

Un peu bouchon cantalou, un peu bistrot à vins, cette table accorte, que dirige d'un œil le fromager-vedette de la ville, l'excellent M. Morin, propose mets solides et vins au verre. Salade de cabécou au miel, chou farci, pavé de Salers à la truffade s'avalent gaiement.

Produits

BOUCHERS

Robert Fabre

24, av. de la République
Tél.: 04 71 48 02 67

Les meilleures viandes du Cantal, le bœuf de Salers, le veau élevé sous la mère: voilà les spécialités du gars Robert.

Meinier

5, av. des Volontaires
Tél.: 04 71 48 30 30

Si vous voulez en savoir plus sur la viande de Salers, demandez donc aux deux frères Meinier: ils sont incollables sur le sujet. Le poids des os, le choc de la bonne chair, les meilleurs morceaux, les temps de cuisson. Egalement, d'excellentes volailles label.

BOULANGER

Christian Vabret

Centre commercial de Marmiers
Tél.: 04 71 63 51 55

Ce MOF en boulangerie manie comme personne l'art du levain, pratique le pain paysan à l'ancienne comme une seconde nature et voyage de par le vaste monde pour contribuer à la formation des jeunes.

CAVISTE

Alain Desprat

10, av. Jean-Baptiste-Veyre
Tél.: 04 71 48 25 16

Cette «maison de vin» qui a l'œcuménisme bachique facile réalise une belle anthologie du cru auvergnat à travers boudes, corent, madargues, chanturgue ou châteaugay.

CHOCOLATIER-PÂTISSIER

Laurent Favre

11, rue des Carmes. Tél.: 04 71 48 06 50

Les folidou (caramel à la crème fraîche), éclats de lune (meringuette au café) et autres pépites d'or chocolatées valent le détour dans cette jolie boutique sucrée. La tarte aurore au lait cru caillé, selon une recette de mamie auvergnate, vaut également l'emplette.

FROMAGER

Morin père & fils

7, rue du Buis
Tél.: 04 71 48 22 72

Si vous ignorez que l'Auvergne est un plateau de fromages, rendez-vous chez les Morin, où l'on sélectionne les meilleures tommes, fourmes et meules que l'on affine avec soin. Leur saint-nectaire au goût de terre est une merveille, leur salers à pâte friande un trésor.

LIQUORISTE

Distillerie Couderc

14, rue Victor-Hugo
Tél.: 04 71 63 67 91

Caché derrière sa boutique balzacienne, Jean-Claude Monteau fabrique avec un art consommé une liqueur de châtaignier ou une gentiane digne de figurer dans un catalogue raisonné des meilleurs produits d'ici.

Rendez-vous

CAFÉS-BARS

Le Bistro

Angle av. Gambetta/rue Paul-Doumer
Tél.: 04 71 48 01 04

Jean-Louis Lasalle accueille ses ouailles avec art, sert l'entrecôte, le coup de blanc ou la gentiane. Et toute la ville vient ici refaire le monde, à toute heure, dans ce café-comptoir-brasserie sympa face à l'hôtel du département.

Bar London Pub

3, rue du Consulat. Tél.: 04 71 48 64 91

Bières, cocktails, whiskies pur malt s'avalent sans mal dans ce lieu feutré ou bruyant, selon l'heure.

Auvers-sur-Oise :
voir Environs de Paris

Auxerre

89000 Yonne. Paris 165 – Sens 60- Troyes 81 – Dijon 152 – Bourges 144.

Office du Tourisme : 1/2 quai de la République. Tél. : 03 86 52 06 19
Fax : 03 86 51 23 27

La situation à fleur de Yonne, les vieilles demeures, la cathédrale Saint-Etienne : il n'y a pas que le stade de l'Abbé-Deschamps à Auxerre.

Hôtel

Le Parc des Maréchaux

6, av. Foch
Tél. : 03 86 51 43 77. Fax : 03 86 51 31 72
25 ch. 410-590 F

Au cœur du centre (le musée d'Histoire naturelle est à deux pas), un havre de paix dans son parc, une décoration nette, un accueil chaleureux et des petits déjeuners délicieux : voilà l'adresse simple et sans ruine qu'on se souhaite dans chaque ville.

Restaurants

Barnabet

14, quai de la République
Tél. : 03 86 51 68 88. Fax : 03 86 52 96 85
Fermé dim. soir, lundi, 23 déc.-5 janv.
Menus : 95 F (enf.), 235-305 F. Carte : 300-550 F

Jean-Luc Barnabet, la table favorite des supporters de luxe de l'AJA les soirs d'après match, joue, dans le décor d'un relais du XVIIe refait, non sans chic, de façon claire, sobre, nette, sans chichis d'aucune sorte, le rôle de classique sûr de la ville. De fait, tout ce que mitonne ce bon pro révèle un joli coup de patte et du caractère. Ainsi, la terrine de béatilles de veau au lard, le baluchon de foie gras poêlé à la rhubarbe, le feuilleté de rouget tomaté, le filet de sandre au ratafia d'Irancy, le médaillon de lapin aux asperges, le ris de veau dans sa « camisole » de cœur d'artichaut ou encore la pomme rôtie avec crème glacée au lait d'amande. Les menus témoignent d'un judicieux rapport qualité-prix et la carte des vins offre un bel éventail des crus de l'Yonne choisis avec un nez aiguisé.

Le Jardin Gourmand

56, bd Vauban
Tél. : 03 86 51 53 32. Fax : 03 86 52 33 82
Fermé mardi, merc., 21 mars-5 avr., 29 août-20 sept.
Menus : 80 F (enf.), 150-280 F. Carte : 300-350 F

Cuisinier poète, que nous connûmes ici barbu à ses débuts, Didier Bussereau chante la légende des saisons et du marché sans se plier aux modes du temps. Fricassée de grenouilles au cresson, cabillaud fumé à la crème de lentilles au lard, clafoutis cerises et rhubarbe sont des moments de plaisir.

Le Maxime

5, quai de la Marine
Tél. : 03 86 52 04 41. Fax : 03 86 51 34 85
Fermé dim. (hs), 17 déc.-2 janv.
Menus : 75 F (enf.), 180-270 F. Carte : 300-400 F

Sur le quai de la Marine si joliment nommé, toute la Bourgogne de tradition (Bernard Loiseau en tête, les soirs d'après match à l'Abbé Deschamps) vient goûter le jambon persillé, les œufs en meurette, le filet de bœuf béarnaise dans la gaieté.

Le Bistrot du Palais

69, rue de Paris
Tél. : 03 86 51 47 02
Fermé dim., lundi
Carte : 140 F

Mi-parigot, mi-lyonnais, ce bouchon bourguignon, avec ses murs couverts d'affiches de pub et de photos de Doisneau, a le charme canaille. On s'y régale de saucisson chaud, salade de lentilles, andouillette ou blanquette qu'on arrose d'un irancy qui passe tout seul.

Produits

BOUCHER-CHARCUTIER

Robert Hattier

20, rue du 24-Août. Tél. : 03 86 52 02 24

Ce bel artisan propose de remarquables morceaux issus de bêtes fermières et réalise à demeure quelques délices charcutiers de première qualité, dont un jambon persillé en or. Remarquable boudin noir.

CHOCOLATIERS

Pascal Jarry

3, pl. Charles-Surugue
Tél. : 03 86 52 04 25

Palet or, java vanille-cannelle, miel Grand Marnier et autres belles ganaches font de Pascal Jarry un artiste de la belle fève. Goûtez, en outre, sa pâtisserie chocolatée : marquis, truffé ou royal chocolat, vous ne serez pas déçu, loin de là.

Claude Michèle

88, rue de Paris
Tél. : 03 86 52 11 64

Sous cette enseigne double, se cachent Michèle et Claude Guillet qui vendent avec le sourire et mitonnent avec soin griottes au gianduja, vignottes au raisin et ratafia, palet or café de grande qualité. Exquis gâteaux chocolatés, dont un pelleas caramel-noix à fondre.

PÂTISSIER

Jean-Pierre Bertrand

22, rue Draperie
Tél. : 03 86 52 08 59

Le financier, le macaron framboise, le vrai mille-feuille et la truffe auxerroise avec son praliné concassé sont du travail d'orfèvre sucré chez cet artisan de choix.

Rendez-vous

CAFÉ

Le Biarritz

15, pl. des Cordeliers
Tél. : 03 86 51 36 38

Rendez-vous des sportifs, des amateurs de ballon ovale (l'enseigne...) ou rond, ce café sert à toute heure l'aligoté dans la gaieté.

SALON DE THÉ

De Monte

35, rue du Temple.
Tél. : 03 86 52 04 12

Quel que soit le moment de la fournée, on fond ici pour une belle tarte aux fruits de saison ou un mille-feuille, à déguster avec un thé choisi.

Avallon

89200 Yonne. Paris 213 – Auxerre 53 – Beaune 107 – Vézelay16 – Chaumont 134.

Office du Tourisme : 6 rue Bocquillot
Tél. : 03 86 34 14 19. Fax : 03 86 34 28 29

Une borne autoroutière de tradition qui fut jadis une halte classique de la route Paris-Côte-d'Azur. Mais il y a les remparts, la ville ancienne et le Morvan proche.

Hôtels-restaurants

Hostellerie de la Poste

13, pl. Vauban
Tél. : 03 86 34 16 16. Fax : 03 86 34 19 19
Fermé dim. soir, lundi (hs), fév., mars
27 ch. 550-950 F. 1/2 pens. 540-665 F
Menus : 155-430 F. Carte : 300-400 F

Cet historique relais de poste du XVIIIe qui fut jadis fameux sous la houlette classique de M. Hure renaît lentement. Aux dernières nouvelles, Alain Gand, ancien de chez Guérard, lui redonnait quelque lustre gourmand. Les chambres, ordonnées autour de la belle cour intérieure fleurie, ont le charme suranné.

> *Rappelez-vous qu'une bonne table commence par de bons produits.*

Relais Fleuri

A 6 km par rte de Saulieu
Tél. : 03 86 34 02 85. Fax : 03 86 34 09 98
48 ch. 450-490 F. 1/2 pens. 400 F
Menus : 105-295 F vin c. Carte : 250-300 F

Daniel Schiever a choisi depuis trois décennies le créneau de la sagesse dans ce motel de charme, avec ses chambres nickel, sa salle à manger accueillante où se mitonne une brave cuisine aux couleurs du pays, sachant se faire légère au gré de l'air du temps. Ravioles d'escargots, jambon chaud du Morvan, lapereau au jus échaloté s'accompagnent de vins choisis avec art.

Dans la vallée du Cousin, Pontaubert et 6 km par D427

Moulin des Ruats

Tél. : 03 86 34 97 00. Fax : 03 86 31 65 47
Fermé lundi, mardi midi (hs), mi-nov.-mi-fév.
24 ch. 380-680 F
Menus : 155-235 F

Une adorable auberge avec sa terrasse côté rivière comme autrefois, sa cuisine d'un classicisme bien mené, ses chambres surannées, mais charmantes et de parfait confort.

Moulin des Templiers 

Tél. : 03 86 34 10 80
Fermé nov.-mi-mars
14 ch. 250-380 F

Des chambres simplettes dans un vieux moulin au bord de la rivière, avec son jardin. Pas de restaurant, mais un honnête petit déjeuner.

Avignon

84000 Vaucluse. Paris 685 – Aix-en-Provence 84 – Arles 36 – Nîmes 47 – Marseille 100.

Office du Tourisme : 41 cours Jean-Jaurès
Tél. : 04 90 85 93 93. Fax : 04 90 86 26 85

C'est hors saison qu'il faut visiter Avignon. Quand la place du palais des Papes est rendue à sa solitude, à son espace, à sa beauté théâtrale, que le pont Bénézet cligne de l'œil, solitaire et désœuvré, au-dessus du Rhône. Au début de printemps, comme en automne, les journées sont délicieuses, les venelles des havres de fraîcheur. Les musées, comme la méconnue fondation Angladon-Dubrujeaud ou l'hôtel Calvet, se visitent au pas du flâneur. La rue Joseph-Vernet offre ses élégantes vitrines. La gourmandise provençale règne ici et là avec bonhomie et le charme veille d'un hôtel l'autre. Entre Luberon et Alpilles, cette capitale du Comtat est à redécouvrir.

Hôtels

Hôtel d'Europe 

12, pl. Crillon
Tél.: 0490147676. Fax: 0490147671
Fermé (res.) 17-30 janv., 15-30 août, dim., lundi
44 ch. 690-2200 F
Menus: 180 F (déj., vin c.), 285, 400 F. Carte: 400-500 F

Ce très bel hôtel du XVIe siècle dans sa cour, avec son annexe pour séminaires, ses balcons et jardins, impressionne. Beau mobilier ancien avec beaucoup d'Empire, chambres de style, certaines vastes et panoramiques au dernier étage. Voir restaurant.

Hôtel de la Mirande 

Pl. de l'Amirande
Tél.: 0490859393. Fax: 0490862685
20 ch. 1850-2600 F

Ce superbe hôtel particulier XVIIIe, sis derrière le palais des Papes, est un bijou: décoration raffinée et différente d'une chambre l'autre – pas toujours grandes –, jolies salles de bains en marbre, beaux salons particuliers, jardins ombragés, jolis salons où l'on donne des concerts classiques et de jazz, cours de cuisine dans une belle salle voûtée. Voir restaurant.

Hôtel Cloître Saint-Louis 

20, rue du Portail-Boquier
Tél.: 0490275555. Fax: 0490822401
77 ch. 680-1100 F
Menus: 130 F (déj.)-210 F

Ce cloître du XVIIe siècle prolongé d'une aile moderne imaginée par Jean Nouvel n'est pas sans cachet. On sent qu'on a tenté de marier ici l'austérité d'un cadre monacal avec un minimalisme très contemporain. Les chambres nouvelles sont fort bien conçues, sur un mode fonctionnel, assez dépouillé. Restaurant sous les voûtes.

Mercure Cité des Papes 

1, rue J.-Vilar
Tél.: 0490859123. Fax: 0490853240
73 ch. 600 F

Proche du palais des Papes, cette drôle de construction années soixante en pierre de taille, mais d'un modernisme sans charme, a du mal à se fondre avec ce quartier historique. Les chambres sont fonctionnelles et la situation, sur la place de l'Horloge, idéale pour une visite du centre.

Mercure Palais des Papes

Quartier de la Balance, rue Ferruce
Tél.: 0490859123. Fax: 0490853240
87 ch. 605 F

En retrait de la cour du palais des Papes, cet hôtel moderne, sous façade neutre procure calme et confort aux visiteurs de la vieille ville venus ici pour les beautés des rues environnantes ou les séminaires à demeure.

Hôtel de Blauvac 

11, rue Bancasse
Tél.: 0490863411. Fax: 90862741
15 ch. 320-460 F

Ce petit hôtel central, sis dans l'hôtel particulier XVIIe du marquis de Blauvac, est pratique pour sillonner le quartier historique. L'intérieur de pierres apparentes a son cachet. Les chambres, avec têtes de lits à l'ancienne, meubles de bois, certaines en duplex, sont bien plaisantes.

Hôtel Garlande 

20, rue Galante
Tél.: 0490800885. Fax: 0490271658
12 ch. 380-450 F

Ce petit hôtel dans une maison particulière rénovée à l'ombre de l'église Saint-Didier, a bonne mine. Accueil adorable et chambres soignées.

L'Anastasy 

Ile de la Barthelasse
Tél.: 0490855594. Fax: 0490825940
5 ch. 350-450 F
Table d'hôte: 150 F

A quelques kilomètres du centre, sur la Barthelasse, la plus grande île fluviale de France, cette bastide avec son jardin fleuri planté de cyprès, sa piscine et sa terrasse, est accueillante. Olga Manguin propose d'adorables chambres d'hôtes, offre ses salons pour le repos, tout en dispensant des cours de cuisine.

A 84140 Montfavet, 7 km E.

Hôtellerie Les Frênes 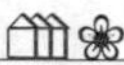

Av. des Vertes-Rives
Tél.: 0490311793. Fax: 0490239503
Fermé nov.-mars
20 ch. 880-1790 F. Menus: 200 F (déj.), 350-520 F

Cette belle maison bourgeoise dans un parc, avec ses chambres raffinées, son restaurant classieux, son service souriant, offre le confort à la campagne aux portes de la ville. Relais & Châteaux.

Restaurants

La Mirande 

Pl. de l'Amirande
Tél.: 0490859393. Fax: 0490862685
Fermé 4 janv.-2 fév., mar., mercr. (hs)
Menus: 240 F (déj.)-480 F. Carte: 500 F

Le jeune Daniel Hébet, Rochelais ouvert, qui fut jadis au Petit Bedon à Paris, après avoir été formé chez Ducasse, Epié et les Conticini, a fait de la salle à manger de ce bel hôtel sis en retrait du palais des Papes une grande table alerte sur le mode provençal chic. Le jeune service est plein d'enthousiasme, le cadre a le charme cosy, la carte des vins est d'une

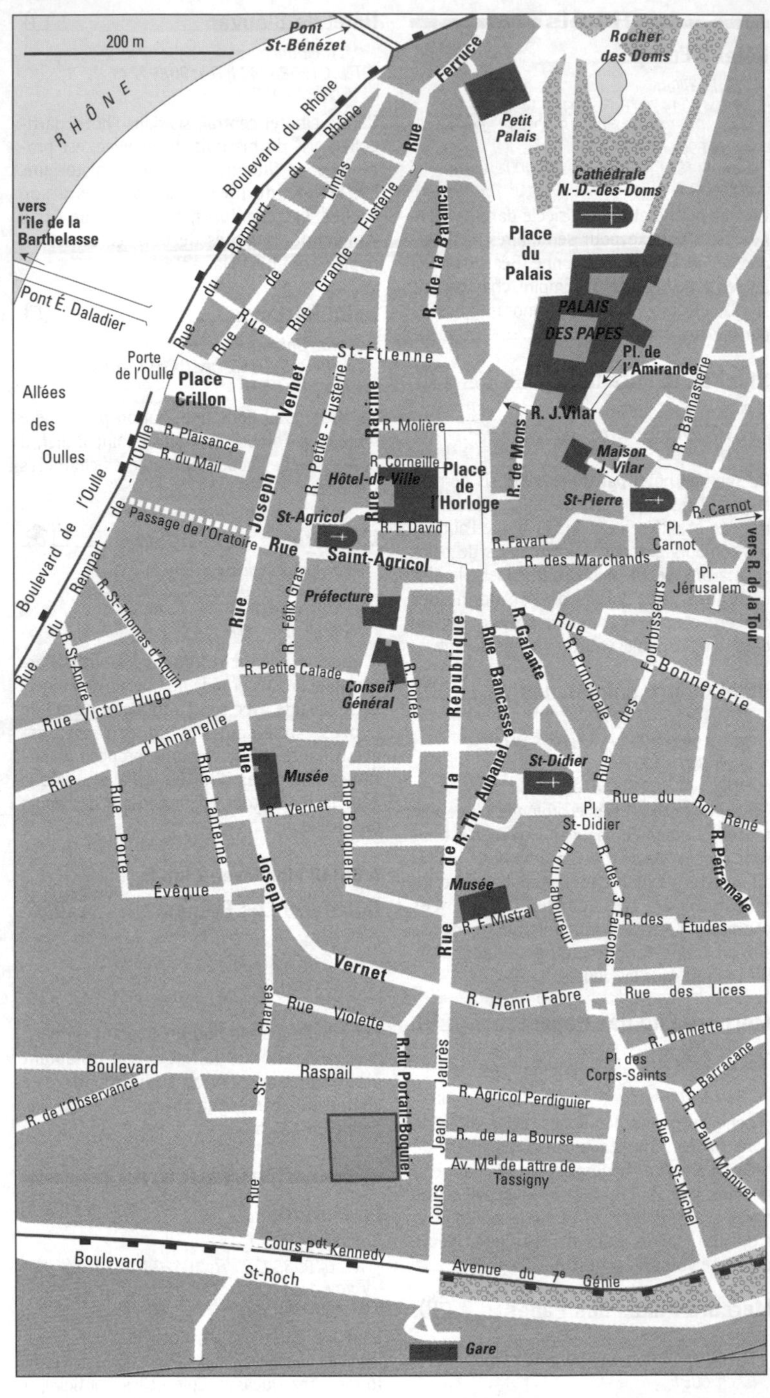
200 m
Pont St-Bénézet
RHÔNE
Rocher des Doms
Petit Palais
Cathédrale N.-D.-des-Doms
Place du Palais
PALAIS DES PAPES
Pl. de l'Amirande
R. J. Vilar
Maison J. Vilar
St-Pierre
R. Carnot
Pl. Carnot
vers R. de la Tour
Pl. Jérusalem
vers l'île de la Barthelasse
Pont É. Daladier
Porte de l'Oulle
Place Crillon
Allées des Oulles
Boulevard du Rhône
Rue du Rempart du Rhône
Rue de la Grande Fusterie
Rue de Limas
Rue Ferruce
R. de la Balance
Rue St-Étienne
Rue Joseph Vernet
R. Petite Fusterie
Rue Racine
R. Molière
R. Corneille
Hôtel-de-Ville
Place de l'Horloge
R. de Mons
St-Agricol
Passage de l'Oratoire
R. F. David
Rue Saint-Agricol
R. Favart
R. des Marchands
Préfecture
R. Plaisance
R. du Mail
Boulevard de l'Oulle
Rue du Rempart de l'Oulle
R. St-Thomas d'Aquin
R. St-André
R. Félix Gras
R. Petite Calade
Conseil Général
R. Dorée
Rue de la République
Rue Bancasse
R. Galante
R. Principale
Rue des Fourbisseurs
Rue Bonneterie
Rue Victor Hugo
Rue d'Annanelle
Rue Lanterne
Rue Porte Évêque
Musée
R. Vernet
Rue Bouquerie
R. Th. Aubanel
St-Didier
Pl. St-Didier
Rue du Roi René
R. Pétramale
R. du Laboureur
R. des 3 Faucons
R. des Études
R. F. Mistral
Rue Joseph Vernet
R. Henri Fabre
Rue des Lices
Rue Violette
R. Dammette
Pl. des Corps-Saints
R. Barracane
R. Paul Manivet
Rue St-Michel
Boulevard Raspail
R. de l'Observance
Rue St-Charles
R. du Portail-Boquier
R. Agricol Perdiguier
R. de la Bourse
Av. Mal de Lattre de Tassigny
Cours Jean Jaurès
Cours Pdt Kennedy
Boulevard St-Roch
Avenue du 7e Génie
Gare

richesse inaccoutumée. Mais ce qui retient ici, c'est bien les idées finaudes de ce surdoué à peine trentenaire qui pratique la cuisine créative comme d'autres revisiteraient Escoffier. Ses crèmes d'artichauts émulsionnées à l'huile de noisettes ou de topinambours parfumée à la truffe sont des chefs-d'œuvre du genre. Le foie gras chaud confit aux poires escalopé avec un jus de griottes acidulé ou à la patate douce acidulée au citron sont d'une digestibilité rare sur un thème connu et gras. Le filet de rouget à l'orientale avec jus de piquillo et blé concassé façon couscous, comme la tarte d'encornets légèrement épicés au jus de chorizo sont de la haute précision marine. Le pied de cochon farci à la purée de céleri truffée et sa noix de joue de cochon confite sont d'un raffinement rustique sans pareil. La soupe de fraises des bois aux épices et herbes fraîches avec son sorbet citron-basilic est une issue d'une grande fraîcheur. L'ensemble révèle une maison de haute volée et un chef à la maîtrise impressionnante. Retenez ce nom : Daniel Hébet, vous en entendrez parler.

Hôtel d'Europe

12, pl. Crillon
Tél. : 04 90 14 76 76. Fax : 04 90 14 76 71
Fermé 17-30 janv., 15-30 août, dim., lundi
Menus : 180 F (déj., vin c.), 285 F, 400 F. Carte : 400-500 F

Cette halte fameuse, que fréquentèrent Napoléon ou Salvador Dali est aussi une des tables de prestige de la ville. La vaste salle à manger est accueillante, le jeune sommelier connaît la Provence des vins sur le bout des doigts. Et, côté cuisine, un ancien de chez Chabran et Christian Etienne, Bruno d'Angelis a rajeuni le style provençal aguerri de la demeure. Malicieux sorbet à l'asperge verte et granité au viogner, exquises saint-jacques au beurre salé avec sablé aux olives vertes, épatantes langoustines avec galette de socca et tomate confite, divin bar cuit sur la peau et ravioles de peaux de courgettes dans un bouillon de bigorneaux, impeccable foie de canard poêlé avec sa mousseline de cocos et réduction d'orange, frais tartare de fraises avec crème glacée au yaourt et gourmand moelleux guanaia avec ses croustillants aux figues signent du travail d'artiste.

Christian Etienne

10, rue de Mons
Tél. : 04 90 86 16 50. Fax : 04 90 86 67 09
Fermé lundi (hs), dim. (sf juil.)
Menus : 180-500 F. Carte : 450 F

Dans son petit palais du XIVe, avec sa salle à manger ornée de fresques, sa belle terrasse avec vue, qui forme comme une annexe gourmande du palais des Papes, Christian Etienne a établi son royaume. Ce Provençal rieur et frondeur, qui a rédigé des livres de recettes où il exalte les produits de sa région, cuisine comme l'oiseau chante. Les saveurs des garrigues et de la mer, la truffe et la tomate, les légumes des meilleurs jardins et les saisons sublimées : voilà sa marque en légèreté. Ainsi, le flan de corail de saint-jacques aux truffes, le rouget aux olives pichoulines avec ses artichauts à la ventrèche, le tronçon de lotte piqué de chorizo au jus de bouillabaisse, le pigeon moelleux à la livèche, le fondant choco-truffes ou les fraises aux herbes avec leur sorbet au fenouil sont des moments de fraîcheur dans la promenade, des instants chipés à l'air du temps, revisitant la tradition.

Hiély-Lucullus

5, rue de la République
Tél. : 04 90 86 17 07. Fax : 04 90 86 32 38
Fermé mardi (hs), 15-23 janv., 19-26 juin
Menus : 170 F (vin c.)-220 F

La magie intacte, le bonheur total, la surprise divine : voilà ce qu'offre André Chaussy, 40 ans de maison, dans l'ex-demeure de Pierre Hiély. Le flan de foie gras au coulis de champignons, genre appareil à dariole, le marbré d'aubergines et de poivrons, le rouget grondin au jus de bouillabaisse, l'agneau de Provence juste grillé au thym : voilà ce qui vous attend, net et pur, dans un cadre des années cinquante, au premier étage, avec son parquet et ses belles chaises inchangées, son jeune service qui est le sérieux même, ses châteauneuf en carafe, son chariot de desserts, obsolète et délicieux, où le soufflé glacé au café voisine avec les petits babas et les glaces du jour. On boit le rouge de Mont-Redon en remerciant le ciel qu'une telle maison existe toujours, en dépit des modes du temps, avec sa générosité grande et ses menus donnés.

Brunel

46, rue de la Balance
Tél. : 04 90 85 24 83. Fax : 04 90 86 26 67
Fermé dim., lundi
Menus : 170 F (vin c.)-330 F. Carte : 200-250 F

Après avoir joué dans la cour des grands, Robert Brunel, ancien de Peyrot au Vivarois à Paris, a adopté une formule maligne qui plaît à tous : gastronomique sans roulement de tambour ici, cuisine du marché sans esbroufe là. Le décor moderne, minimaliste, sis au pied du palais des Papes, plaît sans faire la retape. L'annexe, dite du Mesclun, fait un peu crêperie défroquée. Mais vous n'aurez que du bien à dire du confit de tomates au basilic et anchois, des tartes de légumes, de la minestrone au pistou, du ragoût de petits gris à l'anis, des poissons joliment cuisinés selon la marée du jour (rascasse à l'huile d'olive, mille-feuille de saumon aux épinards), de l'agneau confit aux aubergines ou du poulet fermier en piperade avec son risotto crémeux. Vins ad hoc et service complice.

La Fourchette

17, rue Racine
Tél.: 04 90 85 20 93. Fax: 04 90 85 57 60
Fermé sam., dim., vac. fév. 8-22 août
Menus: 100 F, 120 F (déj.)-150 F

Un décor simple et soigné d'auberge croquignolette au cœur du centre, une cuisine provençale avec des plats du marché, de la gentillesse en toute chose et d'abord dans les prix: voilà qui fait un restaurant fréquenté par les Avignonnais malins. Philippe Hiély, neveu de Pierre, qui fut jadis la vedette de la ville au Hiély-Lucullus, a choisi la modestie sans manières. Parfait de foies de volaille au flan d'épinard, pilaf de crevettes, aile de raie aux herbes, daube de bœuf, pieds et paquets, meringue au praslin et baba au rhum se contentent d'être gentils tout pleins. Adorable accueil de Danièle Hiély.

Le Jardin de la Tour

9, rue de la Tour
Tél.: 04 90 85 66 50. Fax: 04 90 27 90 72
Fermé dim., lundi, 15-31 août
Menus: 85 F (enf.), 95 F, 135 F (déj.), 175-275 F.
Carte: 200-300 F

Jean-Marc Larrue part porter la bonne parole un peu partout, mais sa demeure discrète, à l'ombre des remparts, dans sa cour intérieure, dans un ancien atelier de ferronnerie, propose de la cuisine ouvragée. Lamelles d'artichauts et matignon de légumes à l'huile de noix, pannequets de saumon fumé, langue d'agneau à l'embeurrée de chou, saint-marcellin rôti au châteauneuf, servis dans un cadre de loft années quatre-vingt, sont soignés.

Le Bain Marie

5, rue Pétramale
Tél.: 04 90 85 21 37. Fax: 04 90 86 39 79
Fermé sam. midi, dim. (sf soir été)
Menus: 140 F, 165 F

Régine Viaud, ses enfants Stéphanie et Renaud, font régner la bonne humeur dans cet ancien hôtel particulier. La cour intérieure avec platanes accueille les dîneurs l'été. Le bar a le charme cosy. Et la cuisine provençale se renouvelle au gré du temps: tagine d'artichauts violets, champignons, fèves et moules, cannelloni de courgettes en gratin, caillettes en croûte, cassoulet de rouget, crumble de lapereau et mousse glacée aux framboises sont sans esbroufe.

La Cuisine de Reine

«Le Cloître des Arts»

83, rue Joseph-Vernet
Tél.: 04 90 85 99 04. Fax: 04 90 85 78 03
Fermé dim., lundi soir
Menus: 120 F (déj.), 185-250 F. Carte: 200 F

Alain Zéau, qui a laissé tomber les relations publiques pour la restauration relaxe, a fait de ce vestibule XIVe-XVIIIe un lieu convivial et gourmand. On lorgne la magnifique cour avec cloître derrière les fenêtres ou de visu l'été. Et l'on goûte à une cuisine inspirée par Reine Sammut de la Fénière à Lourmarin. Carpaccio de thon à la poutargue, risotto au vieux parmesan, superbe souris d'agneau avec son gratin de pommes de terre sont à se pourlécher. Buffet de desserts, jolis vins de Provence et de la vallée du Rhône, tarifés sans excès. La maison fait également salon de thé cosy, plus boutique avec cafés, huiles d'olives, vins, senteurs, livres, meubles, accessoires et prêt-à-porter féminin.

Les Domaines

28, pl. de l'Horloge
Tél.: 04 90 82 58 86. Fax: 04 90 86 26 31
Fermé dim. (hs), Noël-Nvel An
Menus: 88 F (déj.)-175 F (vin c.). Carte: 200-250 F

A deux pas du palais des Papes, ce «restaurant à vins» d'allure moderne est le rendez-vous des artistes en période de festival. Les frères Tassan accueillent avec le sourire, conseillent les vins selon leur cœur et proposent une cuisine gentiment passe-partout. Tapenade, gratinée à l'oignon, ravioli à la ricotta, loup grillé au fenouil, pot-au-feu avec os à moelle et tarte tropézienne s'accompagnent d'un choix de côtes-du-rhône frisant le gigantisme.

Entrée des Artistes

1, pl. des Carmes (hors plan)
Tél.: 04 90 82 46 90
Fermé sam., dim.
Menus: 93, 129 F

Ce bistrot à la parisienne, avec double salle et comptoir sur une place excentrée, est un des repaires gourmands de la ville (Elisabeth Guigou est une habituée). Tatin de boudin, lasagne de saumon et brochette de fromage sont bien faits, amusants, flanqués de vins malins.

Chez Floriane

«Le Petit Louvre»

23, rue Saint-Agricol
Tél.: 04 90 27 12 66
Fermé dim., lundi, fév.-mars, 15 jrs nov.
Carte: 150-200 F

Florence Chaviniet, gavroche autodidacte aux airs de Lulu provençale («l'Assiette» à Paris), a fait de son petit restaurant avec cour intérieure, situé dans un ancien bâtiment restauré, une tanière de charme. Une fresque murale sur le thème de l'arbre, des couleurs façon terre cuite, des tables de bois avec sets en raphia, de jolies chaises noires: voilà pour le cadre que fréquentent les festivaliers malins. Ajoutez-y des prix tendres et une cuisine du Sud mitonnée au plus frais du marché par cette ex-stagiaire de chez Paul Minchelli : tarte à la ricotta, courgettes grillées au pistou, thon confit au miel, blanquette de lotte safranée, tagine d'agneau, ananas rôti au sirop d'épices. Vous comprendrez le vif succès du lieu.

L'Isle Sonnante

7, rue Racine
Tél. : 04 90 82 56 01
Fermé dim., lundi, août, 25 déc.-3 janv.
Menus : 165 F (déj.)-285 F

On n'aurait sans doute que du bien à dire de ce restaurant chic et exigu, un brin gâté par le succès, si la formule du déjeuner comprenait au moins un hors-d'œuvre, si le menu « tout compris » était moins cher, si les amuse-gueules promis (une simple tapenade) étaient servis avec le repas. Jérôme Gradassi, qui a travaillé chez Rostang à Antibes, connaît la musique. Aussi les grosses asperges à la crème de lard, la gelée de poulette de Bresse au ris de veau à la sauge et le pressé de lotte aux aubergines sont-ils mitonnés avec art et mesure. Les poissons présentés sans l'arête emballent moins : mille-feuille de loup aux asperges avec leur jus longuet au basilic (on se demande ce que le feuilletage apporte à la chair fine du loup), rouget aux artichauts baignant dans l'huile d'olive. Le registre de desserts de grand-mère (mini-tarte au citron, fondant au chocolat) n'est pas mal, même si la glace vanille non turbinée est sans relief. Carte des vins très courte et très vallée du Rhône avec quelques trouvailles (mais pas un seul côtes-de-provence...). Service alerte de la vive Maria-Cristina qui mène son monde à la baguette.

Le Moutardier

15, pl. du Palais-des-Papes
Tél. : 04 90 85 34 76. Fax : 04 90 86 42 18
Menus : 95 F (déj.), 150 F. Carte : 200 F

Face au palais des Papes, ce rendez-vous XVIIIe, genre bar-salon-de-thé-bistrot propose une cuisine mi-provençale, mi-lyonnaise, servie avec le sourire. Soufflé au saucisson, gras-double, caviar d'aubergines ou poulet farci aux légumes sont gentils tout plein. Accueil adorable.

Chez Nani

29, rue Théodore-Aubanel
Tél. : 04 90 82 60 90
Fermé soir. sem., dim., sf été
Carte : 150 F

Ce bistrot coloré à deux pas de la rue de la République propose copieuses assiettes de salade, carpaccio de saumon, tartes chaudes, poissons du jour, andouillette lyonnaise et entrecôte avec des frites, dans une atmosphère joyeuse et sans complication.

Le Vernet

58, rue Joseph-Vernet
Tél. : 04 90 86 64 53. Fax : 04 90 85 98 14
Menu : 110 F. Carte : 200-250 F

Cette cour sous les arbres, face au musée Calvet, offre simplicité et fraîcheur, mais aussi plats mitonnés en douceur. Soupe de poissons, sashimi, mousseline de crustacés, pavé de thon grillé et vacherin glacé à la framboise sont quelques-unes des propositions d'une carte changeante. Service toute l'année dans une petite salle à manger étroite avec son plafond tendu d'une toile griffée par le peintre Vernet.

Produits

ARTS DE LA TABLE

Terre & Provence

26, rue de la République
Tél. : 04 90 85 56 45

Poteries provençales vernissées dans les tons d'ocre, vert ou bleu, assiettes, plats, pichets, pots : tout ici donne envie d'être emporté...

BOUCHER

Boucherie Saint-Didier

2, rue des Trois-Faucons
Tél. : 04 90 82 50 09

Veau fermier, bœuf Charolais, agneau du Luberon sont de qualité dans cette boutique proprette.

BOULANGER

Le Pain retrouvé

Cours Jean-Jaurès
Tél. : 04 90 85 80 62/04 90 88 98 24

La boutique à l'ancienne a du charme. Et tous les pains proposés (aux céréales, au lin, au tournesol, au fromage, parmentier, au pistou, noix, roquefort) ont le goût des bonnes choses.

Trouillas

14, pl. des Châtaignes
Tél. : 04 90 86 10 84

Le pain de campagne, mais aussi les jolies brioches dites fouaces et les fougasses nature, aux olives ou aux lardons font envie.

CAVISTES

La Cave du Bouffart

14, rue des Fourbisseurs
Tél. : 04 90 82 35 50

« On n'achète pas des produits à vendre, on achète l'âme du propriétaire », notent Pascale et Pascal Desnots qui se veulent « marchands de bonheur » dans leur mince échoppe au bois coloré façon terre de Sienne. Les meilleurs crus de châteauneuf voisinent avec les muscats de Beaumes-de-Venise, les cairanne et les rasteau.

La Coupe d'Or

3, pl. de Jérusalem
Tél.: 0490821831

Entre place Carnot et Pie, à deux pas des halles, cette belle échoppe est riche en beaux flacons de toutes sortes: armagnacs, whiskies de malt, vins de la vallée du Rhône et d'ailleurs, conseillés avec esprit.

CHOCOLATIER

Blanès

20, rue Saint-Agricol
Tél.: 0490823293

Le rocher des Doms (praliné aux amandes de Provence et abricot confit), la papaline d'Avignon (chardon au chocolat et liqueur d'origan du comtat), la molasse du palais des Papes (feuilleté praliné), le nougat au miel de lavande et le chardon blanc au marc de Châteauneuf sont du travail d'artisan soigneux.

FROMAGER

Bourgue

«la Maison du fromage»
Les Halles centrales
Place Pie
Tél.: 0490273739

Les plus beaux chèvres de la région, ceux de Banon en trois versions (frais, affinés, un poil sec), mais aussi les plus belles pâtes de partout, notamment un fameux saint-marcellin, digne de la mère Richard à Lyon, font de Michel Bourgue la vedette fromagère de sa ville.

OLIVES

Serge Olives

Les Halles centrales
Place Pie
Tél.: 0490273790

«Marchand d'olives», voilà le beau métier de Florian Borba Da Costa, qui vante ses quinze variétés (dont d'exquises pichoulines) avec talent. En prime, des huiles de Nyons et de la vallée des Baux à saisir.

PÂTISSIER

La Tropézienne

22, rue Saint-Agricol
Tél.: 0490862472

Tous les produits provençaux sur le mode sucré ont ici leur place: nougat de Sault, papaline d'Avignon ou fruits confits des Alpilles. Mais toutes les pâtisseries, les feuilletés, les confitures et, bien sûr, la tarte tropézienne valent l'emplette.

POISSONNIER

La Marée Provençale

Les Halles centrales, Place Pie
Tél.: 0490862470

Les plus beaux poissons de Méditerranée, sans omettre soles de Bretagne et huîtres de Marennes, alimentent ce bel étal où viennent se fournir les chefs de la région.

PRIMEURS

Le Fruitier

Rue Saint-Agricol
Tél.: 0490858382

Cette boutique de beaux fruits et légumes est alléchante, proposant, en sus des meilleurs primeurs, un choix épatant de produits du terroir et d'épicerie fine.

Le Panier des Halles

Les Halles centrales
Place Pie
Tél.: 0490273784

Les Chabert ont le sourire et les jolis légumes, artichauts, fruits exotiques ou rustiques vantés avec faconde par Madame sont des bijoux.

PRODUITS ÉTRANGERS

L'Epicerie de Marie

Les Halles centrales
Place Pie
Tél.: 04 90 86 04 69

Mozzarella de Campanie, pâtes artisanales de Toscane ou d'Emilie Romagne, vinaigre balsamique de Modène trônent sur ce petit stand en l'honneur de l'Italie gourmande.

Rendez-vous

BISTROT À VINS

Philippe Cler

41, rue des Teinturiers
Tél.: 0490860064

Philippe Cler propose dégustation au verre et vente de vins dans une atmosphère relaxe et conviviale.

CAFÉS

Le Café de la Comédie

15, pl. Crillon
Tél.: 0490857485

Joëlle et Georges Larrivé animent avec verve ce vrai-faux café de village sur l'une des plus jolies places de la ville. Les poètes se penchent sur leur guéridon de marbre et les jeunes filles prennent le frais à la terrasse, tandis que les habitués tapent le carton.

indique un lieu de mémoire.

La Civette

26, pl. de l'Horloge
Tél.: 0490865584

Le décor intérieur de bar-tabac est nul, mais la terrasse courue des artistes du Festival. Ces derniers ont fait de ce coin de rue un rendez-vous en vogue depuis un demi-siècle.

Le Crillon

15, pl. Crillon
Tél.: 0490271701

Terrasse et comptoir de ce beau café refait à l'ancienne (à côté du Café de la Comédie) sont pris d'assaut en saison. Atmosphère conviviale et relaxe.

Le Grand Café

4, escalier Sainte-Anne
Tél.: 0490868677

Cet ancien entrepôt XIXe à l'ambiance sympathique fait café, brasserie, restaurant, salon de thé dans une constante bonne humeur.

Le Rouge Gorge

Place de l'Amirande
Tél.: 0490140254

Juste derrière le palais des Papes, ce bar-restau quasi secret propose revues, concerts, soirées à thème dans une atmosphère de café-conc'provincial de bonne humeur.

SALONS DE THÉ

Festival des Glaces

2, rue de la République
Tél.: 0490860427

Toutes les pâtisseries maison (mille-feuille, tarte aux fruits de saison) et les glaces pure crème valent la dégustation au salon.

Simple Simon

26, rue Petite-Fusterie
Tél.: 0490866270

Ce salon de thé anglais proche de la place de l'Horloge est «le» rendez-vous de charme du vieil Avignon. Porcelaine british, affiches et panneaux anciens, crumble aux fruits, apple pie et autres délicatesses se goûtent en douceur, arrosés d'earl grey.

Avrillé: voir Angers

Les restaurants changent parfois de jour de fermeture sans prévenir. Réserver pour annoncer votre arrivée dans un établissement, c'est aussi la garantie de ne pas trouver porte close.

B

Baden

56870 Morbihan. Paris 475 – Vannes 15 – Lorient 53 – Quiberon 40 – Auray 10.

Un petit havre du côté d'« Arbro », la petite mer du Morbihan, ses ostréiculteurs, la porte vers les îles sous la douceur d'un ciel clément.

Hôtel-restaurant

Le Gavrinis

Toulbroch : 2 km par rte de Vannes
Tél. : 02 97 57 00 82. Fax. : 02 97 57 09 47
Fermé lundi (sf soir sais.), 1er oct.-30 avril, (rest.) 15 nov.-30 janv.
20 ch. 300-470 F. 1/2 pens : 388-425 F
Menus : 71 F (enf.), 95 F, 117 F (déj.)-375 F

La famille Justum reçoit avec gentillesse dans cet hôtel de la « petite mer » morbihannaise. Au programme, les huîtres produites par les artisans de Larmor-Baden, les poissons du golfe, quelques amusettes bretonnes (telle l'exquise galette de blé noir à l'andouille) et un kouign amann servi chaud avec une glace à se pâmer. Les chambres ont le confort charmeur, les menus sont angéliques, le jardin est là pour le repos et les sentiers côtiers à deux pas pour la digestion.

Baerenthal

57230 Moselle. Paris 448 – Strasbourg 64 – Bitche 16 – Niederbronn 11.

Le Bitcherland, ses forêts, ses ruisseaux, le parc des Vosges du Nord où la Moselle cousine avec l'Alsace : c'est ici même. Une auberge fameuse a beaucoup fait pour sa gloire...

Hôtels-restaurants

Le Kirchberg

Tél. : 03 87 98 97 70.
Fax : 03 87 98 97 91
12 ch. 240-410 F

Pratique et calme, pour rayonner dans la région, cette maison neuve au calme avec ses chambres modernes, ses studios avec cuisinette, son jardin pour le repos.

Rappelez-vous qu'une bonne table commence par de bons produits.

TABLE DE L'ANNÉE

L'Arnsbourg

Au lieu-dit Untermulthal (4 km S.-E. par D87)
Tél. : 03 87 06 50 85. Fax : 03 87 06 57 67
Fermé mardi, mercr., janv., 27 août-14 sept.
Menus : 215 F (déj.), 365 F, 475 F
Carte : 500-600 F

La meilleure table de France aujourd'hui ? Une inconnue, assurément, perdue en forêt, dans une région qui est une énigme. Nous sommes ici en Lorraine côté Moselle, dans ce pays de Bitche qui cousine avec l'Alsace et qu'ignorent les « Français de l'intérieur ». Il y a une auberge de simple allure avec sa façade paisible. A l'intérieur règne le luxe tranquille : la salle ouvre ses baies vitrées et ses boiseries blondes sur la clairière. Cathy Klein, hôtesse avisée, qui a l'œil (bleu) à tout, et son frère Jean-Georges, auquel la lie, en sus d'une ressemblance étonnante, une complicité parfaite, constituent l'un des plus brillants duos de la grande restauration d'aujourd'hui. Leur style ? La légèreté, la fraîcheur, un peu de Provence, un peu de Lorraine, un peu d'Alsace, beaucoup d'air du temps et surtout une idée de la cuisine qui n'est qu'à eux. Ces deux malins qui ont été partout dans la restauration contemporaine ont reproduit jadis des plats d'ici et de là. Ils ont désormais laissé tomber le pastiche pour aborder la création pure, avec herbes, condiments et fines huiles, sans oublier, deci de-là, des hommages, à leurs tables fétiches. On songe à ce « rouget Gaudi », du nom de l'architecte visionnaire de Barcelone, appellation carrément repiquée au fameux El Bulli, en Catalogne, non loin du port de Cadaquès, où Ferran Adria, le restaurant le plus fou d'Europe, fait des miracles. Mais le rouget ici est plus classiquement escalopé en filet avec sa bohémienne de légumes provençaux plus son émincé de sardine en escabèche. Ce que vous mangerez encore ? Un chaud-froid de jus de menthe à la crème de petits pois, une subtile mosaïque de foie gras cru mariné avec langoustines, artichauts et truffes. Puis, la sublime grillade de foie de canard au citron confit, avec ses épices à pain d'épice. Ajoutez-y le saint-pierre infusé au laurier en croûte de sel avec son huile d'olive de Ligurie, les « spaghetti de gelée » (faux spaghetti, vraie gelée), dits en « carbonara », car flanqués de lard et accompagnés d'huile truffe, ou encore cet admirable carré de porcelet (issu d'un cochon de lait de Volmunster dans le pays bitchois) cuit au foin dans son pot géant à baeckoffe avec du foin et vous vous dites qu'une grande table ne doit pas nier ses racines. Il y a ensuite les fromages de Bernard Antony à Vieux-Ferrette (ah, son comté de deux ans d'âge: quel fruité !), les desserts vrais ou faux, légers et frais, fort peu pâtissiers que sont les framboises dans leur crème fouettée au chocolat blanc et leur croquant aux noix, noisettes et amandes torréfiées, la gelée d'orange sanguine au campari, les grands vins d'Alsace et d'ailleurs, le jeune service plein d'enthousiaste, le public qui parle toutes les langues. Voilà bien une grande table européenne pour 2001 !

Bagnoles-de-l'Orne

61140 Orne. Paris 240 – Alençon 49 – Argentan 39 – Domfront 19 – Falaise 49.

Une ville d'eau avec ses thermes d'autrefois, son lac et son parc charmeurs, son allure de villégiature à l'ancienne, comme dans un remake de Villa Triste *de Modiano. Ajoutez-y la grande forêt alentour...*

Hôtel-restaurant

Manoir du Lys

Rte de Juvigny-sous-Andaine: 2 km N.-O.
Tél.: 02 33 37 80 69. Fax: 02 33 30 05 80
Fermé dim. soir, lundi, nov.-Pâques, 5 janv.-14 févr.
24 ch. 350-1 000 F. 1/2 pens: 430-755 F
Menus: 80 F (enf.), 150-360 F. Carte: 350-450 F

Toute la famille Quinton, Paul et Marie-France, leurs enfants Franck et Stéphanie, leurs conjoints, Laure et Yvon, reçoivent dans cette auberge de charme, à l'orée d'Ika, forêt d'Andaine. La saison reine est ici celle des champignons, prétextes à de belles balades dans les halliers comme d'exquises agapes. La tarte friande d'andouille au camembert, le ravioli de grenouille aux escargots, le sandre fumé au hêtre, le pigeon au citron et aux endives confites comme le streussel, son jus de pommes, son cône glacé aux noisettes font partie des joyeusetés qui vous attendent à la table joliment mise. Les chambres sont douillettes, parfaites pour un week-end d'amoureux en automne.

Si vous changez d'avis, même au dernier moment, n'oubliez pas d'annuler votre réservation. Le restaurateur vous en sera toujours reconnaissant.

Bagnols

69620 Rhône. Paris 488 – Lyon 36 – Villefranche-sur-Saône 15 – Tarare 19.

Dans la belle contrée des pierres dorées, une Anglaise richissime, Helen Hamlyn, a englouti une fortune dans la rénovation précise et enthousiaste du plus somptueux des châteaux médiévaux. Et c'est le village qu'on redécouvre...

Hôtel-restaurant

Château de Bagnols

Tél.: 04 74 71 40 00. Fax: 04 74 71 40 49
Fermé janv.- mars, rest. fermé dim. soir, mardi midi, lundi (hs)
16 ch. 2 600-3 000 F. 4 suites: 4 000-6 000 F
Menus: 150 F (enf.), 210 F (déj.), 300-510 F.
Carte: 450 F
Mâchon beaujolais (dim.): 190 F (vin c.)

L'hôtel, avec ses chambres ornées de meubles d'époque, tissus chamarrés, boiseries somptueuses, fresques murales, draps de lin, vaut le voyage. Mais la cuisine, servie dans un cadre somptueux, qu'orne la plus vaste cheminée gothique de France, n'est pas mal non plus. Un ancien lieutenant de chez Troisgros, propose une cuisine savante et ménagère aux couleurs d'ici: pressé de jarret de veau et poireaux tendres, poêlée de morilles à l'œuf cassé, vinaigrette d'asperges et galette de tourteau, fondant de lapin aux herbes du potager, gigot d'agneau à la broche frotté aux aromates, mille-feuille aux pommes et sorbet granny smith révèlent un doigté artiste. Le service en livrée est exemplaire. Le dimanche, on sert dans la salle des pressoirs le grand mâchon sur des tables de bois: ravigote de pommes de terre et pieds de cochon, bouillon crémeux de cardons épineux, crépinette de tête de veau, andouillette et sabodet, juste avant les fromages du pays et les desserts de grand-mère.

Bains-les-Bains

88240 Vosges. Paris 366 – Epinal 27 – Luxeuil 28 – Vittel 42.

Une station thermale du siècle dernier qui se réveille, telle la Belle au bois dormant.

Hôtel-restaurant

Hôtel de la Promenade

Tél.: 03 29 36 30 06. Fax: 03 29 30 44 28
Fermé nov.-20 mars
26 ch. 170-250 F
Menus: 58 F, 78 F (déj., sem.), 220 F

Ce petit monument années soixante est la modestie même, et la gentillesse personnifiée.

Bar pour le tout-venant, décor kitsch avec souvenirs des brasseries d'autrefois, chambres simplettes, mais aussi cuisine sage et bonne (quiche lorraine, estouffade de bœuf, meringue glacée) sont proposés à petits prix.

Baix

07210 Ardèche. Paris 592 – Montélimar 23 – Privas 17 – Valence 32.

Au pied des monts d'Ardèche, à fleur de Rhône, une admirable étape qui fait oublier l'époque.

Hôtel-restaurant

La Cardinale et sa Résidence

Tél.: 04 75 85 80 40. Fax: 04 75 85 82 07
Fermé lundi (hs), oct.-mars
15 ch. 950-2000 F
Menus: 195-450 F

Cette demeure ancienne, que visita Richelieu, fut le premier maillon des Relais & Châteaux, sous l'égide des Tilloy, aux temps héroïques de «la chaîne de l'amitié». Une demeure seigneuriale du XVIIe au bord du fleuve se double d'une résidence plus simple dans la campagne. Chambres au charme sobre, cuisine de qualité.

Baldenheim

67600 Bas-Rhin. Paris 440 – Colmar 28 – Strasbourg 52 – Sélestat 9.

A fleur de frontière, un village du Ried aux terres d'alluvions rhénanes, c'est l'Alsace des chasseurs. Gibiers d'eau, canards colvert, bécasses ou sarcelles, s'envolent à tire-d'aile.

Restaurants

La Couronne

45, rue de Sélestat
Tél.: 03 88 85 32 22. Fax: 03 88 85 36 27
Fermé dim. soir, lundi, 1re sem. janv., fin juil.-début août
Menus: 190-420 F. Carte: 350-450 F

Depuis trente ans Angèle Trébis est aux fourneaux. Depuis vingt-cinq ans, son gendre, Daniel Rubiné, la seconde. A quatre mains, ils composent une cuisine solide, légère, saucière, reflet du Ried. Les champignons, écrevisses, poissons de rivière, beaux gibiers, desserts malins, cuisinés avec délicatesse: voilà ce qu'on trouve sans détour. Le propos est simple, le geste exact, les cuissons justes. Nul ne trouve à redire à la tradition maintenue, d'autant que les touches créatives se font jour. Comme le décor, un café de village devenu une salle à manger cossue, la cuisine joue la demi-teinte. Crème de champignons, cassolette de trompettes, chanterelles, pleurotes et écrevisses au fumet relevé, fricassée d'escargots aux quenelles de moelle, matelote du Ried, avec sandre, brochet, anguille, tanche, dans une sauce riesling, rôti de chevreuil aux airelles avec exquis käseknepfle, mousse au kirsch sur génoise et streussel aux pommes glace cannelle: ce registre connu est d'une justesse de ton qui enchante.

Binni Stub

Rue Binni
Tél.: 03 88 85 32 22. Fax: 03 88 85 36 27
Fermé dim. soir, lundi, 1re sem. janv., fin juil.-début août
Carte: 150-250 F

Ni winstub, ni taverne, mais coin-annexe convivial où l'on propose les plats du marché à prix plus modestes: les Rubiné-Trébis ont ouvert une «stub» pour les gourmets désireux de manger bon sans se ruiner. Les fleischnacka, la truite fumée à la crème de raifort, la bouchée à la reine façon grand-mère, la tête de veau, l'escalope de veau à la Holstein, la matelote du Ried sont mitonnés dans le même labo qu'à la Couronne. Le sourire est à l'accueil et la qualité n'est pas oubliée.

Bannegon

18210 Cher. Paris 288 – Bourges 42 – Sancopins 19 – Moulins 71.

Ce petit coin du Berry est la douceur même, avec ce paysage de campagne verdoyante où vient se nicher un moulin étape digne d'un week-end.

Hôtel-restaurant

Le Moulin de Chameron

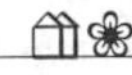

3 km par D76, rte secondaire
Tél.: 02 48 61 83 80. Fax: 02 48 61 84 92
Fermé lundi (hs), mi-nov.-févr.
12 ch. 375-515 F
Menus: 60 F (enf.), 130-195 F

Sur les franges de la route Jacques-Cœur, cet exquis hôtel imaginé dans un moulin du XVIIe, jadis par Annie et Jacques Candoré, promoteurs des moulin-étape, est devenu une étape de grand charme. Les chambres toutes délicieuses ont vue sur l'eau et la campagne et le gendre des Candoré, Jean Mérilleau, pratique avec délicatesse une cuisine berrichonne de bon ton: aumônière de queue de bœuf au vin de Menetou, sandre aux lentilles, tendre pigeonneau à la compote d'endives.

Banyuls

66650 Pyrénées-Orientales. Paris 898 – Cerbère 10 – Port-Vendres 7 – Perpignan 38.

Ce fameux village vigneron, avec ses caves multicentenaires et ses grands crus «mutés» qui vieillissent dans des tonneaux en plein air, possède aussi le charme balnéaire.

Hôtel–restaurant

Les Elmes et la Littorine 

Pl. des Elmes
Tél.: 04 68 88 03 12. Fax: 04 68 88 53 03
Fermé (rest.) 4-25 janv., 5-26 nov.
35 ch. 300-540 F. 1/2 pens. 290-430 F
Menus: 60 F (enf.), 125-490 F (vin c.)
Carte: 200-300 F

Ce bel ensemble face à la mer vaut la halte pour ses jolies chambres contemporaines dans les tons grisés, un brin minimalistes, sa vue sur la grande bleue, sa situation en bordure de plage. Sans omettre sa cuisine catalane, sous la houlette de Jean-Marie Patrouix qui travaille avec doigté les produits d'ici. Poivrons aux anchois, maquereaux aux sarments de vignes, soupe de porc (ollada), pyniata de lotte, esquichade de morue montée en mille-feuille de thon mariné, poisson du jour simplement grillé à la plancha s'arrosent des meilleurs crus locaux.

Barbezieux

16300 Charente. Paris 483 – Bordeaux 85 – Cognac 37 – Angoulême 36.

Ce bourg rendu célèbre par Jacques Boutelleau dit Chardonne, qui y trouva le «bonheur» dans les années trente demeure une étape tranquille avec son château sur la N10.

Hôtel–restaurant

La Boule d'Or 

9, bd Gambetta
Tél.: 05 45 78 64 13. Fax: 05 45 78 63 83
Fermé 22 déc.-4 janv.
20 ch. 250 F. 1/2 pens. 260 F
Menus: 75-200 F

Cette demeure centenaire a gardé son air de vieux relais, avec salons cosy et son jardin intérieur, en rénovant ses chambres. Escargots à la charentaise, civet de lotte, canard confit, servi dans une salle à manger lumineuse, sont la probité même.

 *indique une des meilleures tables de France*

Barbizon

77630 Seine-et-Marne. Paris 56 – Fontainebleau 11 – Etampes 40 – Melun 13.

L'Auberge du père Ganne, le souvenir des peintres, la figure de Théodore Rousseau figée dans la pierre, la forêt de Fontainebleau avec ses sables et ses sentiers et puis l'auberge où flambe un bon feu...

Hôtel–restaurant

Hôtellerie du Bas-Bréau 

22, rue Grande
Tél.: 01 60 66 40 05. Fax: 01 60 69 22 89
12 ch. 950-1 600 F. 8 suites: 1 700-3 000 F
Menus: 365 F (vin c., déj.)-400 F. Carte: 600 F

Auberge hors norme, cette belle demeure enclose dans le village avec ses airs de vieux relais caché par des pans de bois, les souvenirs de Stevenson qui vint y soigner ses bronches ou de l'empereur Hiro Hito, possède un charme unique. On vient déjeuner aux beaux jours sous les ombrages ou attendre l'automne pour découvrir les promenades en forêt, mais aussi la farandole des champignons et du gibier dans l'assiette. Bar au sel de Guérande, grouse d'Ecosse et sablés aux fruits s'accompagnent des meilleurs vins de Bourgogne ou d'Alsace, choisis par l'animateur expert Jean-Pierre Fava. Très belles chambres avec des meubles anciens, piscine, tennis et jardin fleuri.

Barcus

64130 Pyrénées-Atlantiques. Paris 815 – Pau 53 – Mauléon-Licharre 15 – St-Jean-Pied-de-Port 55.

Découvrez ici la Soule, la moins connue des provinces basques, la plus sauvage, le col d'Osquich, la chapelle Saint-Antoine de Musculdy, la colline de la Madeleine et son superbe panorama.

Hôtel–restaurant

Chilo 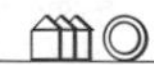

Tél.: 05 59 28 90 79. Fax: 05 59 28 93 10
Fermé dim. soir, lundi, mardi midi (hs), janv.
11 ch. 400-650 F. 1/2 pens. 370-450 F
Menus: 80 F (sem.), 120 F (déj.), 170-380 F.
Carte: 300-400 F

Pierre Chilo est le grand homme de sa région : cuisinier valeureux, leader gourmand, souletin discret. Sa belle auberge agrandie, avec chambres de charme, salle à manger claire, vaste parc et piscine, constitue une belle étape. La cuisine joue la légèreté, l'invention sage et sereine au fil du marché et des traditions. Le foie gras, le boudin d'agneau aux pommes, les huîtres aux langoustines chaudes, les lasagnes d'anchois aux poivrons et tomates, l'agneau aux ravioles de chèvre, la tête de cochon et son oreille panée à la purée de haricots blanc montée au foie de canard (une merveille), les gaufres, madeleines fourrées, glace vanille, écorces d'orange, le macaron à l'izarra sont irréfutables. Ajoutez-y les beaux vins (jurançon, irouléguy de propriétaires) choisis par sa souriante épouse Martine et vous comprendrez que si la Soule gourmande existe, elle se nomme Chilo.

Produits

CHARCUTIER

Fabien Lechardoy

Tél. : 05 59 28 90 67. Fax : 05 59 28 94 34

Conserves artisanales et admirable boudin au piment primé à la foire de Mortagne sont mitonnés par un artiste du genre.

PRODUITS RÉGIONAUX

Gérard et Marie-Laure Laxagueborde

Ferme Uharta
Tél. : 05 59 28 92 09

Foie gras, rillettes, confits, magrets et autres dérivés du canard vendus à prix doux dans une ferme ouverte à la visite.

Barembach : voir Schirmeck

Barfleur

50760 Manche. Paris 352 – Carentan 49 – Valognes 26 – Cherbourg 29.

Ce village-port avec son phare et ses maisons de granit fait une parfaite carte postale du Cotentin.

Hôtels-restaurants

Le Conquérant

Tél. : 02 33 54 00 82. Fax : 02 33 54 65 25
Fermé mi-nov.-mi-mars
13 ch. 200-400 F

Cette jolie maison du XVIIIe en pierre locale ferme l'hiver, mais accueille portes ouvertes, avec sa gentillesse un peu rude et ses chambres proprettes une clientèle vite complice. Pas de restaurant, mais l'on reçoit pour le thé.

indique un établissement au bon rapport qualité-prix.

Le Moderne

Tél. : 02 33 23 12 44. Fax : 02 33 23 91 58
Fermé mardi, mercr. (hs), 3 janv.-17 mars
Menus : 90 F (sem.), 140-245 F. Carte : 200-250 F

Notre ami et confrère Jean-Luc Petitrenaud, qui, auvergnat bon teint, s'est enraciné dans ce bout de Cotentin, s'est fait le zélateur lyrique d'Evrard Le Roulier et de sa chaleureuse demeure. Le chef-patron du Moderne joue, en artiste, des meilleurs produits locaux, frais pêchés à bonne source (le port est juste là), histoire de nourrir sagement son monde de maquereaux frétillants, belles huîtres de Saint-Vaast, langoustines juste sorties de l'onde, splendide sole au plat, pied de cochon grillé ou encore choucroute de poisson d'une probité sans faille. Le menetou-salon passe là-dessus comme un frère. Salles à manger cosy ornées des toiles du patron, belles tartes aux fruits renouvelées selon la saison.

Rendez-vous

CRÊPERIE

Chez Buck

1, rue Saint-Thomas
Tél. : 02 33 54 02 16

Dans une maison typique du pays, les Buck reçoivent en ami pour la symphonie des belles galettes à l'œuf, au jambon ou aux pommes. On arrose le tout d'un coup de cidre, on laisse trois francs six sous dans la soucoupe et l'on repart heureux comme un roi.

Bar-le-Duc

55000 Meuse. Paris 253 – Châlons-en-Champagne 71 – Nancy 85 – Verdun 57.

La ville haute vaut le détour pour ses beaux hôtels, l'admirable « transi » de Ligier Richier que cache l'église Saint-Etienne, ses artisans d'art, les vues sur les collines. Il y a aussi la confiture divine dont Hitchcock fit son miel...

Hôtels-restaurants

La Meuse Gourmande

1, rue François-de-Guise
Tél. : 03 29 79 28 40. Fax : 03 29 45 40 71
Fermé dim. soir, mercr., 10 jrs fin août, vac. févr.
Menus : 90 F (déj.), 155-300 F. Carte : 250-300 F

Franck Damien, formé à l'école de l'hôtellerie genevoise, et Frédérique, la fille des Imbach du Moulin-Haut, accueillent dans un ancien prieuré. Le cadre a été entièrement refait. Côté cuisine, les idées fusent. La terrine de raie en gelée, les ravioles d'escargots et champignons à la crème de pavot avec oignon confit, le râble de lièvre aux mendiants, le sabayon à la mirabelle en chaud-froid ou l'exquis baba au rhum avec crème de chocolat blanc sont du travail sérieux. La carte des vins, y compris côté lorrain, est bien tournée, avec l'Auxerrois de Pierson à Billy-sous-les-Côtes ou le rouge «barriques» de chez Laroppe à Bruley.

A Trémont-sur-Saulx, 9,5 km par D3

La Source

Tél.: 03 29 75 45 22. Fax: 03 29 75 48 55
Fermé dim. soir, lundi midi, 2-15 janv., 1er-21 août
26 ch. 330-510 F. 1/2 pens. 350-410 F
Menus: 75 F (enf.), 115-340 F. Carte: 250-300 F

Certes, le décor de motel années soixante-dix n'est pas folichon avec néon rouge et murs de crépi. Reste que les chambres sont nettes, propres, bien chauffées, l'accueil de Michèle Rondeau le sourire même. Son mari, Jacky, ancien du Coq Hardi à Verdun, fait merveille dans les plats de tradition: quenelle de brochet moelleuse, tendre chevreuil Grand Veneur, écrevisses fraîches flambées, gâteau glacé à la mirabelle. Dans le contexte de la bucolique vallée de Saulx, c'est une divine surprise.

Produits

CHOCOLATIER-PÂTISSIER

Au Palet d'Or

136, bd de La Rochelle
Tél.: 03 29 79 08 32. Fax: 03 29 79 20 70.

André Cordel, maestro sucré, mitonne de divins entremets (ambroisie, plaisiroy ou gipsy), des macarons au chocolat ou à la framboise sans omettre des ganaches de qualité. Pavé royal, bahia et pur caraïbe drainent les gourmands de sucré bien équilibré dans sa boutique soignée.

CONFISEUR

Dutriez

35, rue de l'Etoile
Tél.: 03 29 79 06 81. Fax: 03 29 77 19 74

La dernière adresse de confiture de groseille de Bar-le-Duc: celle du bon M. Dutriez. Alfred Hitchcock se faisait livrer à Londres ce «caviar de la confiture» confectionnée à base de groseilles blanches ou rouges épépinées à la plume d'oie. A goûter comme une délicatesse avec une boule de glace vanille.

Barneville-la-Bertran: voir Honfleur

Sachez commander vos produits selon la saison.

Barneville-Carteret

50270 Manche. Paris 349 - Cherbourg 39 - Saint-Lô 63 - Carentan 43 - Coutances 48.

Un port du Cotentin, sa plage du bout du monde, son auberge de bon de ton: que voilà une Normandie méconnue et accueillante!

Hôtel-restaurant

La Marine

A Carteret
Tél.: 02 33 53 83 31. Fax: 02 33 53 39 60
Fermé dim. soir (hs), lundi (sf soir en sem.), nov.-15 févr.
31 ch. 435-620 F. 1/2 pens. 450-550 F
Menus: 150 F (déj.)-400 F. Carte: 300-450 F

Les hivers sont longs dans ce pays venté et les Cesne ferment pour être d'aplomb à la bonne saison. La maison a le charme d'une demeure marine refaite au goût du jour, avec sa salle à manger de bon ton, ses chambres à l'aise. En cuisine, le Laurent, le fiston, formé chez Lorain à Joigny jadis, a pris une certaine envolée, que traduisent huîtres en nage glacée de cornichons, bar de ligne et poêlée de seiches, homard bleu d'ici assorti aux cèpes avec un pistou de persil plat, sole rôtie sur l'arête avec sa vinaigrette de pommes de terre. Du «cousu main» tranquille, issu de produits hors pair, dont les pensionnaires heureux font leur miel.

Barr

67140 Bas-Rhin. Paris 434 - Colmar 39 - Strasbourg 35.

Avec ses demeures anciennes, ses clos de vignes, sa place de l'Hôtel-de-Ville digne d'un théâtre, cette cité vigneronne charme sans mal.

Hôtels-restaurants

Château Landsberg

135, v allée de Saint-Ulrich, rte de Sainte-Odile: 2 km par D854
Tél.: 03 88 08 52 22. Fax: 03 88 08 52 22
Fermé 5-31 janv. (rest.: fermé mardi)
9 ch. 435-740 F
Menus: 88 F (déj.), 118-278 F

Neuf, dans une ruine ancienne, modernisée avec habileté, cet hôtel récent, avec piscine couverte, jardin, chambres confortables, proximité du mont Saint-Odile, fait une étape au calme, entre Vosges et route des vins. Restauration modeste quoique sérieuse.

Au Château d'Andlau

113, vallée de Saint-Ulrich,
rte de Sainte-Odile : 2 km par D854
Tél. : 03 88 08 96 78. Fax : 03 88 08 00 93
Fermé janv.-févr.
24 ch. 260-400 F

Sise en bordure de forêt et de rivière, cette demeure boisée est un havre de calme et de gentillesse : décoration surannée, atmosphère à l'alsacienne et accueil charmant. Chiens refusés. Pas de restaurant.

Domaine Saint-Ulrich

106, rue de la Vallée
Tél. : 03 88 08 54 40. Fax : 03 88 08 57 55
Fermé nov. et janv.-févr.
24 ch. 260-360 F

Face au château d'Andlau, cette bâtisse bleue genre motel propose des chambres de bois clair et de couleurs gaies, certaines avec d'amusantes mezzanines. Parc à l'arrière, piscine, bar.

Le Manoir

11, rue Saint-Marc
Tél. : 03 88 08 03 40. Fax : 03 88 08 53 71
Fermé janv.-févr.
18 ch. 250-350 F

Ce rouge manoir fin de siècle au cœur de la ville est paisible dans son petit parc. Chambres modestes, mais pratiques pour une halte sur la route des vins.

S'Barrerstubel

Place de l'Hôtel-de-Ville
Tél. : 03 88 08 57 44. Fax : 03 88 08 44 76
Fermé mardi (h.s.), mercr., févr.
Menus : 75-165 F.
Carte : 150-220 F

Sur la place Renaissance, cette demeure vaut pour ses plats de terroir, sa terrasse, son décor rustique. Cathy Schmitter sourit, tire les bières, sert les vins des vignerons du cru sans discrimination. La cuisine ? Pas mal tenue, même si elle pourrait être revue dans le sens de la finesse : salade de schniederspätle, galettes de pommes au saumon fumé ou munster, pied de porc farci, choucroute aux poissons. Tout cela est sagement tarifé.

Produits

CHARCUTIER

Pierre Baltzinger

6, rue des Boulangers
Tél. : 03 88 08 90 37.
Fax : 03 88 08 28 33

Cet artisan sérieux propose, en direct de ses ateliers sur l'arrière, presskopf, galantine pistachée, jambon fumé, choucroute, kassler, tourte à la fleur de bière.

PÂTISSIER

Jacky Oster

31, rue du Collège
Tél. : 03 88 08 92 49

Cette pâtisserie, avec son salon de dégustation, propose coupes glacées, streussel, tiramisu, linzertorte, ganache pralinée, jolis feuilletés.

PRODUITS DU TERROIR

Le Pot à Crinoline

30, rue des Cigognes
Tél. : 03 88 08 07 74

Face à l'hôtel de ville, Sylvie Lenz propose le meilleur de l'artisanat local : bouteilles gravées, nappes Beauvillé, pots de Soufflenheim ou grès de Betschdorf, vins fins et eaux-de-vie blanches.

A 67140 Gertwiller. 1 km E. par N422

Restaurant

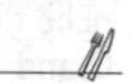

Auberge du Maennelstein

154a, rte de Strasbourg
Tél. : 03 88 08 09 80. Fax : 03 88 08 10 37
Fermé lundi, 1re sem. juil.
Menus : 44 F (enf.), 58-140 F. Carte : 150-200 F

Cette auberge de bord de route fait une adresse pour les familles. Tous les mets d'Eric Schoen (escargots, matelote, coq au riesling, feuilleté de munster) sont sans bavure. On peut choisir la salle cossue ou la winstub. La cuisine, bourgeoise ici, régionale là, est de soin identique.

Produits

BISCUITIERS

Fortwenger

144, rte de Strasbourg
Tél. : 03 88 08 96 06. Fax : 03 88 08 55 41

Vedette du pain d'épice, cette maison sur la route des vins, avec sa petite usine sur l'arrière, propose pains en tranches, décor fantaisie, feuilletés à la cannelle (leckerli), langues, florentins et macarons tous à demeure. Visite sur demande.

Lips

110, pl. de la Mairie
Tél. : 03 88 08 93 52

Artisanat conservé, cœurs décorés, lapins-gaufrettes et macarons épicés : voilà ce qu'on trouve chez le n° 2 des artisans du pain d'épice d'Alsace.

 *indique une des meilleures tables de France*

A 67140 Heiligenstein. 3 km O.

Hôtels–restaurants

Le Relais du Klevener

51, rue Principale
Tél. : 03 88 08 05 98. Fax : 03 88 08 40 83
Fermé janv., mercr., jeudi matin
32 ch. 180-250 F. 1/2 pens. 220-240 F
Menus : 90-180 F

Cette grande auberge moderne-rustique, face aux vignes, fait une halte paisible. Chambres avec mobilier en bois, salles d'eau correctes, prix doux.

Le Raisin d'Or

Rte du Vin
Tél. : 03 88 08 95 23. Fax : 03 88 08 26 81
Fermé mardi soir, mercr., 8-24 févr., 8-17 nov.
Menus : 45 F (enf.), 58 F, 99 F, 150 F. Carte : 160 F

Simple et sans façons au cœur du village, l'auberge boisée des Kinnbacher propose des plats du cru renouvelés au gré du marché : salade paysanne, truite sur choucroute, quenelles de veau aux morilles, entrecôte au munster. Pinot noir et klevener en carafe se boivent à l'aise.

Bar-sur-Seine

10110 Aube. Paris 197 – Troyes 33 – Bar-sur-Aube 39 – Tonnerre 49.

Office de Tourisme : 33, rue Gambetta
Tél. 03 25 29 94 43. Fax 03 25 29 16 80

L'autoroute a rapproché Paris de ce bout de campagne auboise, avec son vignoble champenois, ses vrais villages comme autrefois, ses bonnes auberges.

Restaurant

Le Parc de Villeneuve

N71
Tél. : 03 25 29 16 80. Fax : 03 25 29 16 80
Fermé dim. soir, lundi, mar., vac. févr., 23 oct-15 nov.
Menus : 185 F (sem.)-520 F. Carte : 500 F

Bruno Caironi, ex-lieutenant de Ducasse, enfant prodige du Grill de l'Hôtel de Paris à Monaco, a fait son retour au pays, à quelques pas du ruban de l'A5. Son exquise demeure XVIIe aux portes de Bar a été repeinte en jaune et vert, pourvue d'un mobilier contemporain, de teintes claires et pastel. Son allure de manoir à l'italienne pourrait choquer dans ces parages champenois. Elle va comme un gant à la cuisine inspirée par la Riviera que le petit Bruno pratique avec doigté. Son frère Christophe est à l'accueil, le personnel stylé aux petits soins, la carte des vins judicieuse et sagement tarifée. Côté mets, les petits farcis de légumes provençaux, les fines ravioles de foie gras aux truffes, le risotto primavera, exquis, quoique trop liquide, les fusilli de blé dur au jambon, la daurade croustillante avec fumet de bouillabaisse, ses courgettes frites et sa panisse, le pigeon à l'ancienne, la crème au citron du Mentonnais ou le pain perdu aux fraises avec sa belle glace vanille offrent le plus rafraîchissant clin d'œil sudiste en pays troyen. En prime, on goûte ici les merveilles méconnues du vignoble de l'Aube, comme ce brut boisé de chez Chorlien à Gyé qui est le «Krug» de ces parages discrets.

Les Bas Rupts : voir Gérardmer

Basse-Goulaine : voir Nantes

Bastia : voir Corse

La Baule

44500 Loire-Atlantique. Paris 450 – Rennes 124 – Vannes 70 – Nantes 80.

Office de Tourisme : 8, pl. de la Victoire
Tél. : 02 40 11 46 46. Fax : 02 40 11 46 45

Née à la fin XIXe siècle, lancée au début du XXe après les autres stations balnéaires de la côte (Pornichet ou Le Pouliguen), La Baule n'aura eu besoin que de quelques décennies pour rivaliser avec Biarritz ou Deauville. Les a-t-elle devancées ? La plus longue plage d'Europe s'étend sur 12 km de sable clair. Char à voile, équitation, centres nautiques, écoles de voile, tennis, golf, concerts et bien d'autres distractions attendent les visiteurs sans parler de l'exotisme bretonnant du Croisic, des marais salants ou de la collégiale de Guérande, du parc ornithologique de Ker Anas et des chemins d'eaux de la Grande Brière qui constituent ses vertueux abords. De quoi faire oublier sa vieille image de béton-sur-mer...

Hôtels

L'Hermitage

5, Esplanade Lucien-Barrière
Tél. : 02 40 11 46 46. Fax : 02 40 11 46 45
Fermé nov.-22 mars
220 ch. 1 250-2 750 F. 4 suites
Les Ambassadeurs : ouvert juil.-août
Menu : 95 F (enf.), 240 F

Cette grande demeure de type Arts déco balnéaire a des allures de monument. Sa situation quasiment sur la plage – la route a été détournée à son profit – est un atout de choix pour un séjour au calme. Grandes chambres de style patiemment rénovées, cuisine alerte dans les divers établissements (classique aux Ambassadeurs, plage chic à l'Eden Beach – voir à ce nom), piano-bar, service de classe.

Le Royal Thalasso

6, av. Pierre-Loti
Tél. : 02 40 11 48 48. Fax : 02 40 11 48 45
100 ch. 890 – 2 200 F. 1/2 pens. 1 005-1 420 F
La Rotonde, Menu : 120 F (enf.), 235 F
Le Royal-Diet, Menu : 120 F (enf.), 235 F

Ce palace 1900 a subi une cure de jeunesse en devenant l'annexe d'un centre de thalasso. Chambres de style classique rénovées gaiement par Jacques Garcia, vue sur la mer, toutes les formes de restaurations, y compris la diététique traitée avec un sérieux imparable (voir « le Ponton »). Grand parc, piscine.

Le Castel Marie-Louise

1, av. Andrieu
Tél. : 02 40 11 48 38. Fax : 02 40 11 48 35
Fermé début janv.-mi-févr.
31 ch. 890-2 500 F. 1/2 pens. 1 085-1 860 F

Le Relais & Châteaux de La Baule, c'est ce manoir exquis aux chambres cosy, parfois petites, toujours charmantes, avec vue sur mer, offrant calme et charme, déco de bon ton, dans un joli jardin à deux pas de la plage. Voir aussi « restaurants ».

Bellevue Plage

27, bd de l'Océan
Tél. : 02 40 60 28 55. Fax : 02 40 60 10 18
Fermé mi-nov. - mi-févr.
35 ch. 550-890 F. 1/2 pens. 500-670 F

Ce bel hôtel moderne qui offre une vue plongeante sur la mer, la plage et les pins, propose des chambres claires, gaies toutes différentes. Salon et terrasse sur le toit. Excellent service. Voir restaurant « la Véranda ».

Hôtel du Golf International

A Saint-André-des-Eaux : 7 km par N711
Tél. : 02 40 17 57 77. Fax : 02 40 17 57 58
Fermé 11 nov.-3 mars
78 appart. 1 500 F. 1/2 pens. 875-1 030 F
36 studios. 2 250 – 3 570 F
Menu : 170 F. Carte : 230-280 F

Ce grand ensemble avec 15 villas et 99 appartements dotés de cuisine américaine, un restaurant de style brasserie chic, le Green et un pool-house, genre snack en bordure de piscine, le tout à dix minutes de la plage est un havre pour fous de golf. Les 27 trous ont été dessinés par Jack Niklaus. Cosy bar, le Fairway.

Si vous cherchez un établissement particulier, consultez l'index général en fin d'ouvrage.

Le Majestic

Esplanade Lucien-Barrière
Tél. : 02 40 60 24 86. Fax : 02 40 42 03 13
Fermé 8 janv.-10 mars
66 ch. 720-980 F. 1/2 pens. 620-710 F
Menus : 75 F (enf.), 95 F (sem.)-245 F

Ce palace années tente a repris des couleurs sous l'effet d'une rénovation heureuse. Accueil adorable, prix raisonnables pour la station et situation en bordure de mer bien pratique. Le Ruban Bleu est une des tables sérieuses de la ville.

Alcyon

Pl. du Marché/19. av. des Pétrels
Tél. : 02 40 60 19 37. Fax : 02 40 42 71 33
Fermé mi-nov.-févr.
32 ch. 420-510 F

Central, face au marché, cet hôtel familial, dans un immeuble moderne des années soixante-dix, offre un des bons rapports qualité-prix de la ville. Chambres assez spacieuses, claires, lumineuses, avec balcon.

Le Christina

26, bd Hennecart
Tél. : 02 40 60 22 44. Fax : 02 40 11 04 31
36 ch. 390-590 F. 1/2 pens. 460-560 F
Menus : 99 F (sem.), 135-205 F

L'un des meilleurs emplacements de la ville est offert par cet hôtel-pension, sis plein centre, face à l'océan. Les chambres sont claires et lumineuses, les salles de bains en voie de rénovation, l'accueil adorable.

La Concorde

1 bis, av. de la Concorde
Tél. : 02 40 60 23 09. Fax : 02 40 42 72 14
Fermé 9 oct.-5 avril. 47 ch. 380-600 F

Cet hôtel qui fut moderne il y a quarante ans, offre le calme et le confort un peu en retrait, face à l'océan et à la plage. Bon accueil et jolies chambres claires.

Lutétia

13, av. des Evens
Tél. : 02 40 60 25 81. Fax : 02 40 42 73 52
Fermé 5-31 janv.
14 ch. 280 -500 F. 1/2 pens. 370-400 F

Cet hôtel calme et fleuri, situé à cinquante mètres de la plage, offre chambres bien tenues et accueil souriant. C'est l'une des bonnes affaires de la ville. Excellent restaurant à l'enseigne du Rossini (voir ce nom).

Le Saint-Christophe

Pl. Notre-Dame
Tél. : 02 40 60 35 35. Fax : 02 40 60 11 74
32 ch. 1/2 pens. 445-545 F
Menus : 70 F (enf.), 145-195 F

Ces trois villas couvertes de vigne vierge dans leur parc, près de la mer et du marché, proposent chambres de charme, salon cosy et ambiance de style «british». Restaurant soigné (foie gras au naturel, feuilleté de langoustines au beurre de bière, rognon au vadouvan), accueil souriant.

Hostellerie du Bois

65, av. Lajarrige
Tél.: 02 40 60 24 78. Fax: 02 40 42 05 88
Fermé nov.-mars, (res.) mercr. midi
15 ch. 420 F. 1/2 pens. 395 F
Menus: 95 F (sem.), 135-195 F

Ce petit hôtel de style balnéaire Arts déco vaut pour ses prix sages, son accueil familial et ses chambres bien tenues. Cuisine sans histoire avec la pêche locale.

Hôtel Marini

22, av. G.-Clemenceau
Tél.: 02 40 60 23 29. Fax: 02 40 11 16 98
33 ch. 340-398 F. 1/2 pens. 320-350 F
Menu: (dîn.) 110 F

Cette petite pension archi-centrale ne manque pas de cachet suranné, avec ses meubles anciens et ses salons cosy. Piscine couverte et solarium.

La Route de la Soie

19, av. Marie-Louise
Tél.: 02 40 60 23 17. Fax: 02 40 24 48 88
Fermé 1er janv.-15 févr.
13 ch. 420-560 F
Carte: 160 F. Buffet: 148 F

Ce petit hôtel-restaurant qui fait aussi salon de thé (voir «Rendez-vous») propose des chambres simples, mais adorables. Petite restauration le midi, buffet à volonté le soir.

Restaurants

Le Castel Marie-Louise

1, av. Andrieu
Tél.: 02 40 11 48 46. Fax: 02 40 11 48 35
Fermé déj. sem., mardi (hs.), début janv.-mi-févr.
Menus: 260-460 F. Carte: 400-500 F

Cosy et même chaleureuse, la salle de restaurant de ce manoir baulois est un havre de grâce dans la station. Eric Mignard, chef maison depuis quinze ans, réalise une cuisine d'inspiration régionale, savante et marine, très technicienne qui vaut par sa régularité et son sérieux. Carpaccio de tomates confites aux grosses langoustines, crème glacée de petits pois en cappuccino et lard frit, fritots de grenouilles au bouillon de lait aillé, homard rôti en cocotte lutée, saint-pierre rôti aux épices douces, bar en croûte de sel avec ses pommes grenailles, coucou de Rennes au citron confit sont du travail plein de grâce, peaufiné en douceur. Le mille-feuille craquant aux pommes fait une issue de choix.

La Véranda

Au Bellevue Plage
27, bd de l'Océan
Tél.: 02 40 60 57 77. Fax: 02 40 60 10 18
Fermé mercr. (sf été), déc., janv.
Menus: 135 F (déj.), 180-355 F. Carte: 300-400 F

Face à la mer, ouvrant ses grandes vitres sur la baie, le restaurant d'Olivier Androuin est l'une des adresses sérieuses de la ville. La cuisine suit le marché et ne renie pas les bases régionales. Foie gras chaud au cidre, bar aux épices, coucou de Rennes braisé au muscadet et sablé breton aux fraises jouent le terroir avec intelligence et netteté dans un cadre panoramique, clair, sobre, sans chichis.

Eden Beach

A l'Hermitage

5, esplanade Lucien-Barrière
Tél.: 02 40 11 46 46. Fax: 02 40 11 46 45
Fermé mardi (nov.), 15 nov.-25 déc., 3 janv.-15 mars
Menu: 165 F. Carte: 300 F

Cette brasserie chic de plage est la table du premier hôtel de la ville. On a fait ici dans la modestie bon enfant, à coup de plateaux de fruits de mer, poissons poêlés ou grillés, que l'on mange à l'intérieur, sous baie vitrée ou en terrasse, face à la mer. La dégustation de toutes les huîtres de la région, la fine paella de langoustines, moules et homard, le parfait glacé au citron vert font des dînettes heureuses.

Le Ponton

Esplanade Lucien-Barrière
Tél.: 02 40 60 52 05. Fax: 02 40 11 48 45
Fermé janv.
Menus: 65 F (enf.)-140 F. Carte: 200-250 F

Pratique, sympathique, familial, le restau de plage de l'Hôtel Royal vaut le détour pour la vue sur la grande bleue, l'ambiance chic quoique sans manières, les pizzas, les poissons grillés, les pâtes (tagliatelle carbonara ou bolognaise), les fruits de mer tout frais. Tout un registre de mets allégés permet de se nourrir sans souci et sans chichis.

Le Rossini

Au Lutétia
13, av. des Evens
Tél.: 02 40 60 25 81. Fax: 02 40 42 73 52
Fermé dim. soir, lundi hs, mardi midi, vac. scol., 5-31 janv.
Menus: 120 F (sem.), 165-245 F. Carte: 300-350 F

Michel Fornasero, compagnon du Tour de France et rochelais d'origine, tient avec sérieux cette table bourgeoise d'un hôtel des abords de la plage. Les produits sont d'une grande fraîcheur, les idées du marché sans fioriture, ce qui ne veut pas dire sans fantaisie. Les langoustines sautées avec leur chutney d'ananas, le filet de bar à la fleur de sel au beurre rouge, la noisette de ris de veau croustillante à la crème de poivrons doux comme le demi-pigeonneau de Mesquer à la goutte de sang sont du travail fin, solide, qui séduit sans mal. Epatants menus à prix de raison.

La Barbade

Bd René-Dubois
Tél.: 02 40 42 01 01. Fax: 02 40 42 09 83
Fermé mercr. (avril-15 juin), 15 nov.-15 mars
Menus: 79 F (déj., sem.), 125-185 F
Carte 250-350 F

Christian Cochet a fait de cette adresse de bord de plage l'une des adresses poissonnières les plus sérieuses de La Baule. Le service mène son monde avec efficacité, rapidité et gentillesse. Friture d'éperlans, fraîches langoustines, panaché de poissons au coulis de crustacés fort bien cuits sont sans faille.

Côte et Marée

Pl. du Marché/17, allée des Pétrels
Tél.: 02 40 60 00 00
Fermé dim. soir, lundi, janv., 1er-15 nov.
Carte: 160 F

Cette taverne marine, avec sa terrasse face au marché, propose, dans une ambiance bon enfant, fruits de mer, moules marinière, sole meunière, choucroute de la mer, cabillaud poêlé au jus de poulet et lard croquant, grillade du boucher, crêpe gourmande gratinée à l'orange dans la bonne humeur. La tête de veau du mercredi est justement réputée. Prix doux.

La Croisette

31, pl. du Mal-Leclerc
Tél.: 02 40 60 73 00. Fax: 02 40 60 73 10
Tljrs. Menu: 48 F (enf.). Carte: 150-200 F

Cette grande brasserie au décor marin, pleine de bruit, de vie et de monde, sert, jusque très tard, tous les jours et toute l'année, pizzas, fraîches salades, belles grillades, carpaccio tendre, poissons variés à prix angéliques. Vaste terrasse sur un immeuble moderne du centre construit en forme de bateau.

La Scala

2, pl. de l'Eglise, au Pouliguen
Tél.: 02 40 15 00 01
Fermé janv., mercr., jeudi (hiver)
Carte: 140 F

Tenue par un amoureux de l'Italie et des beaux produits, cette trattoria fait un endroit simple mais convivial. Ici on aime l'huile d'olive parfumée, les câpres en branche, la cuisine simple et familiale comme la fait la Mamma. C'est le QG du soir des petits budgets aimant la bonne cuisine. Calmars à l'encre, tagliatelle à l'ail et aux piments, osso buco et escalope au marsala.

La Table de Philippe

14, av. de Pavie
Tél.: 02 40 60 09 21. Fax: 02 40 60 28 99
Fermé lundi (hs)
Menus: 55 F (déj.), 150 F. Carte: 200 F

Philippe Azra, qui dirigea Marius et Janette sur les Champs-Elysées parisiens, connaît son Tout-La Baule par cœur, sert une cuisine traditionnelle méridionale et bretonne sans façons dans un cadre de bistrot soigné où l'on est vite chez soi. Ce vrai pro raconte les propositions du jour avec aise. La sole au beurre demi-sel et les fetuccini aux coquillages sont des réussites.

Produits

BISCUITIER

Biscuiterie de Saint-Guénolé

50, rue du Croisic, à Batz-sur-Mer
Tél.: 02 40 23 90 01

Maison fondée en 1920, spécialités au beurre, sablés, brioches, biscuits, le tout cuit devant vous dans un four installé lors de la création de l'entreprise

BOUCHER

Claude Brieux

30, av. des Ibis
Tél.: 02 40 60 31 51

Un vaste choix de viandes de qualité label fait des envieux chez cet amoureux du beau produit fermier: volaille de Challans, agneau des Deux-Sèvres, bœuf blonde d'Aquitaine et veau du Limousin.

BOULANGERS

Gouzer

241, av. de Lattre-de-Tassigny
Tél.: 02 40 60 22 43

Fougasse, pain polka, pain plié, pain de Lodève, pain plié, pain de Bernie et autres jolis pains faits avec amour: voilà ce qu'on trouve chez ce bel artisan.

Airaud

7, rue du Bois, au Pouliguen
Tél.: 02 40 42 31 56

Le pain de campagne au sel de Guérande, la baguette craquante ou le pain au seigle justifie l'étape dans cette belle échoppe décentrée.

CHARCUTIER

Charcuterie des Palmiers

43, av. Lajarrige
Tél.: 02 40 60 24 93

L'excellent M. Dréanic, maître artisan, mitonne belle andouille façon Guéméné, plats traiteur, mets cuisinés et issus de la rôtissoire qui tourne devant vous.

ÉCAILLER

Le Parc de l'Ile aux Moines

Pl. du Marché

Sous la halle de la Baule, les meilleurs huîtres iodées, coquillages, homards et crustacés de la région. Tous les bons chefs de la région se fournissent ici-même, c'est dire.

EPICIER

Saveurs de l'Aventure

1, av. du Marché
Tél. : 02 40 11 97 51

Rhum, thé, épices, produits fins et exotiques, apéritifs, tenu par un jeune homme, cuisinier de formation.

POISSONNIER

Thérèse & Jojo

«les Délices de l'Atlantique»

42, av. des Ibis
Tél. : 02 40 60 44 67

Belles huîtres, poissons de petite pêche, fins coquillages font de ce magasin avec viviers la référence de la région. Spécialité de poissons de petits bateaux du Croisic et de La Turballe.

PRODUITS ÉTRANGERS

La Tour de Pise

33, av. des Ibis
Tél. : 02 40 24 61 23

Panini, pizzas, charcuterie, épicerie, plats cuisinés, pâtes fraîches, apéritifs, vins, fromages, desserts et autres bons produits italiens à emporter.

TORRÉFACTEUR

Douchka

38-40, av. des Ibis
Tél. : 02 40 60 23 74

Torréfaction journalière des meilleurs cafés, large choix de thés, épicerie fine, produits Hédiard. Chocolats, confiserie.

Rendez-vous

BISTROT À VINS

Chez Le Gaulois

33, av. des Ibis
Tél. : 02 40 24 13 57

Jambons, saucissons, fromages et vins de Savoie : on emporte ou l'on déguste sur place sur des tonneaux. Avec son voisin l'Ecailleur, bar à huîtres, un des deux rendez-vous de la bourgeoisie bauloise les plus courus le dimanche matin en faisant le marché.

CAFÉ

Le Bidule

122, av. de Mazy, à Pornichet
Tél. : 02 40 61 03 54

Endroit branché par excellence depuis trente ans, c'est le RV des jeunes et des moins jeunes. On vient de La Baule, Pornichet et même de Nantes dans une cave pour y boire «un bidule», servi sur des tonneaux : soit du vin cuit additionné d'éléments tenus secrets depuis toujours. Les soirs d'été, il y a du monde jusque sur le trottoir. On y vient vers 19 h avant le dîner, puis à 21 h, comme une volée de moineaux, tout ce beau monde s'envole vers d'autres cieux.

CRÊPERIE

Ar Poul Gwen

2, quai Jules-Sandeau, au Pouliguen
Tél. : 02 40 42 17 60

Jean-Michel Tardy est un amoureux de son métier et un artiste de la communication. Son magasin est propre, les coiffes de cuisinier dont le personnel est couvert sont originales. On mange sur place ou l'on emporte crêpes et galettes faites dans la plus pure tradition.

SALONS DE THÉ

La Louisiade

5, bd Darlu
Pas de Tél.

Sur le front de mer, thés de Betjeman & Barton, scones, gâteaux, cake Henry, fondant au chocolat servi par deux charmantes jeunes femmes, avec une cheminée, une bibliothèque, des photos anciennes au mur, des fleurs sur les tables, cosy à souhait.

Le Pavillon du Thé

19, av. Marie-Louise
Tél. : 02 40 60 23 17

Le salon de l'hôtel de la Route de la Soie possède le raffinement d'une maison de thé chinoise. On y sert une exquise cuisine taiwanaise à prix tendres.

 *indique une des meilleures tables de France.*

Les Baux-de-Provence

13520 Bouches-du-Rhône. Paris 714 – Avignon 29 – Arles 18 – Marseille 87 – Nîmes 52.

Le soleil ne se couche jamais sur l'empire Baumanière. Comme il dure longtemps sur le beau village des Baux.

Hôtels-restaurants

L'Oustau de Baumanière

Le Val-d'Enfer.
Tél.: 04 90 54 33 07. Fax: 04 90 54 40 46
Fermé mercr. et jeudi midi, nov.-mars, janv.-mars
9 ch. et suites: 1 500-2 200 F
Menus: 500-750 F. Carte: 800 F

Jamais cette belle demeure reprise en main par Jean-André Charial, demeuré trente ans dans l'ombre tutélaire de son grand-père, n'a paru en meilleure forme. Des exemples? Une déco repensée dans un style Provence chic moderne avec l'aide de la parisienne Michèle Halard, qui a depuis donné un coup de pouce à Pierre Gagnaire, des chambres pleines d'un charme neuf, aussi bien à l'annexe de la Cabro d'Or qu'aux résidences de l'Oustau, le Manoir ou la Guigou. Désormais, au pied du village ruiné, un domaine en pleine santé s'est refait une jeunesse. Mais c'est en cuisine que Jean-André prouve que l'héritage de pépé Thuillier a été magnifié. La cuisine de l'Oustau avait déjà subi de multiples coups de jeune. Avec le renfort de Marc Tizon, jadis au Palais à Rennes, formé chez Kéréver à Liffré, la création est désormais au pouvoir. Si bien qu'à coup de bouillon de coquillages à la raviole de légumes, salade de supions à la poutargue, fleurs de courgettes farcies et frites, sublime loup au vin rouge et olives noires à la peau craquante, turbot aux fèves et jus d'étrilles, caneton de Challans aux aux confits, esquimau glacé «saveurs des isles», nectar de poires avec citron vert et madeleine tiède, tout va dans le ton des saveurs ensoleillées au service d'une Provence comme retrouvée. On y ajoutera les meilleurs châteauneuf, les magiques côteaux-des-baux (dont Jean-André par ailleurs propriétaire de Romanin, est le président) conseillé avec science par un sommelier doué d'humour, sans omettre l'un des plus vifs services de France, dans un décor de cave voûtée qui a le charme de la sobriété grande.

La Cabro d'Or

Le Val-d'Enfer.
Tél.: 04 90 54 33 21. Fax: 04 90 54 45 98
23 ch. 845-1 235 F
Menus: 280-440 F. Carte: 300-400 F

Baumanière, c'est aussi la Cabro d'Or qui trouve un rythme neuf avec l'arrivée d'Alain Lamaison, ex-le Miraville, dont la maestria s'exerce à travers un registre sudiste très sûr. Son joli menu sur le thème de l'huile d'olive (bœuf de Salers séché façon bresaola, légumes mitonnés aux olives noires et raisins secs, rouget saisi aux artichauts, juteux agneau cuit à la broche, gâteau basque aux fraises et glace au basilic) révèlent un travail minuté au petit point.

Bavent-Ranville: voir Cabourg

Baye: voir Quimperlé

Bayonne

64100 Pyrénées-Atlantiques. Paris 769 – Biarritz 9 – Bordeaux 192- St-Sébastien 57.

Office du Tourisme: pl. des Basques
Tél.: 05 59 46 01 46. Fax: 05 59 59 37 55

La vraie capitale du Pays basque? C'est elle, avec son marché, ses corridas, ses venelles anciennes, sa cathédrale Sainte-Marie, son précieux musée Bonnat, ses quais de la Nive, sa belle ambiance, ses artisans de choix et ses tables savoureuses.

Hôtels-restaurants

Grand Hôtel 

21, rue Thiers
Tél.: 05 59 59 14 61. Fax: 05 59 25 61 70
Rest. fermé sam., dim. (hs)
54 ch. 500-680 F. 1/2 pens. 450-480 F
Menus: 55 F (enf.), 95-140 F

Cette belle demeure de bourg, sérieuse et proprette, est une halte sereine, plein centre, avec l'Adour à deux pas. Parfaite pour explorer la ville. Chambres nettes, cuisine tranquillement classique.

Auberge du Cheval Blanc

68, rue Bourgneuf
Tél.: 05 59 59 01 33
Fermé dim. soir, lundi (sf été), 2-7 août
Menus: 128 F (sem.). Carte: 250-450 F

Avec Jean-Pierre Tellechea, on est au cœur du grand propos de la gourmandise basque. Les prix sont raisonnables et la modestie bonne conseillère. Mais les saveurs sont franches, la main sûre, l'idée précise et le geste net lorsqu'il s'agit de moderniser le vieux fond de la gourmandise d'ici. Jean-Pierre, qui a repris la maison de ses parents il y a dix ans, après des classes chez Troisgros, Lameloise et l'Amphyclès, a su se mettre au goût du jour sans perdre son accent. Le foie gras poché au jurançon, le moelleux jambon de Montauser, les saint-jacques rôties flanquées d'une divine piperade tiède sous tuile craquante, la daurade à l'ail doux et infusion de pourpier, les mini-calmars en cassolette bien relevée, le parmentier de xamango (le jambon frais) au jus de veau truffé, le croustillant et sablé de chocolat aux pommes et safran emballent sans mesure, flanqués d'un blanc de Brana, d'un irouléguy de derrière les fagots ou d'un prodigieux madiran du château Montus. Impossible, au terme d'un tel repas, de ne pas chanter la gloire du Pays basque, l'un des plus gourmands de France.

François Muira

24, rue Marengo
Tél.: 05 59 59 49 89
Fermé dim. soir, mars-juil., sept.-janv.
Menus: 115-190 F

Le bon rapport qualité-prix, c'est le souci permanent de François Muira. Ce qui ne veut pas dire que la créativité soit absente de sa démarche. Calmars farcis de pieds de porc, chipirons en salade de poivrons, queues de langoustines poêlées aux pois gourmands, lotte et morue sauce choron, moelleux de pamplemousse et panaché de fruit frais sont servis dans un décor rustico-moderne qui fait honneur au pays. Adorables menus.

El Asador

Pl. Montaut
Tél.: 05 59 59 08 57
Fermé dim. soir, lundi, Noël-Nvel An
Menu: 125 F. Carte: 200 F

Dans les hauts de la vieille ville, la croquignolette auberge de dame Maria Jesus Freitas est un peu la maison du bonheur. Le propos de cette belle Ibère dont la mère cuisine comme le faisait sa grand-mère? La générosité de plats aux accents du cru, l'abondance, la générosité, la fraîcheur. Le vrai jambon Jabugo, les anchois marinés à l'huile d'olive, les calmars frits, les «cogotes» (la tête) ou les «kokotxas» (les bas-joues) de merlu, les pimientos del piquillo, les haricots blancs aux palourdes, la morue grillée avec ses pommes à l'ail, les «chuletilas» d'agneau de lait de Castille servis avec des frites maison comme la glace au fromage blanc et coulis de framboises font simplement plaisir. On boit là-dessus le blanc txakoli pétillant ou le rouge séveux Conde de Valdemar en embrassant tout le monde à la sortie. Christian Parra, de la Galupe à Urt, est un habitué. C'est dire.

Au Clair de la Nive

28, quai Galuperie
Tél.: 05 59 25 59 21
Fermé dim., lundi midi, 10 jrs mars, 10 jrs nov.
Menu: 98 F. Carte: 160 F

Simple et bonne, cueillie au plus frais du marché, la table de Jacques Diharce, ancien du Crillon au temps de Bonin, de chez Rostang et de Coussau à Magescq, est l'une des plus séduisantes de la capitale si gourmande du Pays basque. On se régale chez lui, à fleur de Nive, dans son frais décor de bistrot ou en terrasse, de salade de chipirons, rouget rôti en croûte de sel, carré d'agneau et la gousse d'ail confite, fondant au chocolat amer ou déclinaison de fraises au coulis de framboise. C'est frais, net, sans bavure et l'addition est la douceur même.

Produits

CHARCUTIERS

Pierre d'Ibaialde

41, rue des Cordeliers
Tél.: 05 59 25 65 30. Fax: 05 59 25 61 54

Le vrai jambon de Bayonne, le boudin basque parfumé au piment, le jarret de porc dans son jus, les pâtés de campagne à l'ancienne: voilà le propos de ce bel artisan qui fait tout lui-même et expédie dans toute la France.

Montauzer

17, rue de la Salie
Tél.: 05 59 59 07 68

La belle collection de jambons (dont ceux fabriqués à demeure), le boudin, les saucissons et les pâtés: tout fait envie dans cette belle échoppe soignée.

CHOCOLATIERS

Atelier du Chocolat

2, rue des Carmes
Tél.: 05 59 25 72 95

Cette exquise demeure au service du bon chocolat amer a essaimé dans tout le Sud-Ouest. Mais c'est ici qu'il faut découvrir les trésors maison, ganaches aux divers parfums, truffes, tablettes, dans une boutique odorante et soignée.

Daranatz

15, arceaux du Port-Neuf
Tél.: 05 59 59 03 55

Les chocolats maison (ganaches amères et belles tablettes) sont justement fameux. Mais les tourons au joli goût d'amande valent également l'emplette.

MIEL

Loreztia

8, av. des Près
Tél.: 05 59 55 49 14

Les miels mille-fleurs, de bruyère ou de montagne de Jacques Salles sont célèbres. Mais sa confiture de cerise noire vaut également le déplacement.

PÂTISSIER

Dodin

7, rue Victor-Hugo
Tél.: 05 59 59 16 29

L'adresse bayonnaise du fameux pâtissier biarrot. Ses bérets basques (mousse chocolat et génoise), succès pistaché et belles glaces plombières ou coco sont à fondre.

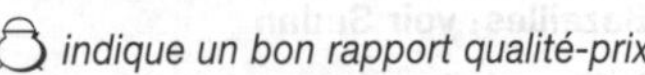

indique un bon rapport qualité-prix.

Toutenuit

55, rue Pannecau
Tél.: 05 59 59 01 74

Une pâtisserie classique de qualité, où en sus des mille-feuilles, macarons, cake et autres succès, on trouve un splendide gâteau basque à emporter.

Rendez-vous

CAFÉ

Bar du Marché

39, rue des Basques
Tél.: 05 59 59 22 66

Face au marché et devant les affiches de corrida, on trinque au coup de blanc, on sacrifie à la piperade, on sirote le café, juste en prenant le temps de respirer.

SALON DE THÉ

Cazenave

19, arceaux du Port-Neuf
Tél.: 05 59 59 03 16

Depuis 1854, on fabrique ici quelques-uns des meilleurs chocolats du Pays basque. La tradition continue, avec en sus les fameux tourons et les pâtisseries exquises que l'on consomme dans un joli salon de dégustation à l'ancienne, avec terrasse sur le trottoir.

Bazas

33430 Gironde. Paris 639 – Bordeaux 62 – Agen 86 – Mont-de-Marsan 70.

Office du Tourisme : route de Mont-de-Marsan. Tél. : 05 56 25 98 00. Fax : 05 56 25 16 25

La capitale du bœuf bazadais a le chic médiéval. Ses belles halles sont à visiter, comme sa cathédrale Saint-Jean et le vignoble des graves est la porte à côté.

Hôtel-restaurant

Domaine de Fompeyre

Rte de Mont-de-Marsan
Tél.: 05 56 25 98 00. Fax: 05 56 25 16 25
Fermé (rest.) dim. soir (hs)
47 ch. 370-700 F. 1/2 pens. 470-580 F
Menus: 70 F (enf.), 185-250 F

Ce bel ensemble moderne, avec piscine(s), jeux, parc, tennis, chambres de grand confort, a eu le souci de coller à l'esprit du pays. Belle étape d'un soir sur un itinéraire de vacances ou halte au calme pour visiter le Bordelais. Cuisine classique sur le mode gascon.

Batz-sur-Mer : voir La Baule

Bazeilles : voir Sedan

Le Beaucet : voir Carpentras

Beaujeu

69430 Rhône. Paris 431 – Mâcon 35 – Lyon 64 – Roanne 62 – Bourg-en-Bresse 57.

La plaisante capitale du Beaujolais, ses halles anciennes, sa foire aux vins...

Hôtel-restaurant

Anne de Beaujeu

28, rue de la République
Tél.: 04 74 04 87 58. Fax: 04 74 69 22 13
Fermé dim. soir, lundi, 20 déc.-20 janv., 1 sem. août
7 ch. 350-380 F. 1/2 pens. 330-380 F
Menus: 115-3 285 F. Carte: 200-300 F

Beaujeu, capitale historique du Beaujolais, se devait de posséder une bonne table dédiée au vin et au pays. La voici, dans une demeure du XIXe couverte de lierre, avec l'accueil des Cancela. Les escargots au brouilly pisse-vieille, la cuisse de volaille vigneronne, le poulet de Bresse au vin jaune et morilles sont le sérieux même. Chambres et accueil dans la tradition classique, service bon enfant. Grand parc charmeur, avec ses arbres centenaires. Dominique et Jany-Joël Cancella possèdent également un ensemble moderne de 45 chambres, proposant cuisine régionale à Villé-Morgon, le Villon (Tél. : 04 74 69 16 16).

Beaulieu-sur-Mer

06310 Alpes-Maritimes. Paris 940 – Nice 10 – Menton 25.

Office du Tourisme : pl. G.-Clemenceau
Tél. : 04 39 01 02 21. Fax : 04 93 01 44 04

Avec son casino Belle Epoque, sa villa grecque dite Kérylos, ses vues sur la grande bleue, son port de plaisance, ses palaces, cette sentinelle de la Riviera française face au cap Ferrat tient le choc des modes et du temps.

Hôtels-restaurants

La Réserve

Bd Mal-Leclerc
Tél.: 04 93 01 00 01. Fax: 04 93 01 28 99
Fermé début nov.-mi-mars (ouvert fin déc.-mi-janv.)
33 ch. 2 700-4 500 F. 1/2 pens. 2 505-2 830 F
Menus: 300 F (déj.), 570-830 F. Carte: 700 F

Cette adresse historique, reprise en main par les Delion de la Pinède à Saint-Tropez, est devenue l'une des grandes tables de la côte. Certes, on vient d'abord pour la situation de ce beau palace de bord de mer, avec sa terrasse en ligne de mire sur le cap Ferrat, les chambres exquises, la piscine. Mais tout ce que mitonne Christophe Cussac, qui fut sept ans durant chez Robuchon et exerça à l'abbaye de Tonnerre, est d'un brio sans pareil. Son style? Un classicisme rajeuni, pointu de goût, précis dans son énoncé, d'une netteté et d'une rigueur sans faille. Cette cuisine du soleil rajeunie s'éclaire des meilleurs produits d'ici et d'ailleurs traités au mieux de leur forme: mousseux de sardines aux asperges et citron de Menton confit, risotto au jus de cresson et cuisses de grenouilles safranées, bohémienne de rougets au doux-amer de Campari, pistes à l'encre et pomme de terre farcie de caviar, blanc de pigeon truffé rôti au cœur de laitue avec son crémeux au parmesan, croustillant de sésame aux agrumes et beurre d'orange au miel de Provence, pointu au chocolat-mangue et poivre de soja. C'est du travail d'orfèvre, minutieux au petit point, servi avec prestance par un personnel de grande maison aux aguets.

Le Métropole

Bd Mal-Leclerc
Tél.: 04 93 01 00 08. Fax: 04 93 01 18 51
Fermé 20 oct.-20 déc
35 ch. 1 300-3 200 F. 1/2 pens. 1 400-2 100 F
Menus: 300 F (déj., vin c.), 420-530 F. Carte: 500 F

Dans son parc au bord de la mer, ce palace a gardé cachet suranné, chambres de style, reposants salons, superbe piscine. Christian Métral, venu du Jarrier à Biot, a, mais à peine, modernisé la cuisine de ce palace d'un autre âge. Cassolette de supions aux févettes et huîtres, ratatouille niçoise aux beignets de fleurs de courgette, saint-pierre à l'étuvée avec compote de légumes à l'huile de basilic, fraises et fraises des bois avec sorbet (un peu dur) à la verveine fuient les goûts trop marqués, mais «assurent» pour un public de pensionnaires aisés ayant ses habitudes face à la mer.

Le Carlton 

Av. Edith-Cavell
Tél.: 04 93 01 14 70. Fax: 04 93 01 29 62
15 ch. 650-980 F

A ne pas confondre avec le palace cannois, cette maison gentillette offre confort, piscine, jardin, à deux pas du Casino.

Comté de Nice 

Bd Marinoni
Tél.: 04 93 01 19 70. Fax: 04 93 01 23 09
32 ch. 530-585 F

Moderne et sans luxe, ce petit hôtel au centre, dans une rue calme, offre des chambres avec balcons, à quelques pas du port.

Frisia

Bd Gauthier
Tél.: 04 93 01 01 04. Fax: 04 93 01 31 92
Fermé mi-nov.-mi-déc. 32 ch. 580-710 F

La rade de Beaulieu est là, juste de l'autre côté de la route. Cet hôtel moderne propose confort honnête, belle vue, prix sages.

Havre Bleu 

Bd Maréchal-Joffre
Tél.: 04 93 01 02 40. Fax: 04 93 01 29 92
Fermé janv. 22 ch. 320-380 F

Tout simple, cet hôtel familial aux volets bleus offre la gentillesse de son accueil et des prix qui font taire toute critique.

Le Marrakech

18, bd du Gal-Leclerc
Tél.: 04 93 01 48 59
Carte: 220 F

Pour le dépaysement absolu, cette belle table marocaine propose une cuisine sérieuse avec délicieux couscous et exquis tagines.

Les Beaumettes: voir Gordes

Beaumont-en-Auge

14950 Calavados. Paris 197 - Caen 41 - Le Havre 45 - Deauville 11.

Ce village normand, où est né le physicien Laplace, perché sur sa butte, vaut pour le panorama sur les haies du pays d'Auge et la halte paisible.

Restaurant

Auberge de l'Abbaye

2, rue de la Libération
Tél.: 02 31 64 82 31. Fax: 02 31 64 81 63
Fermé mardi, mercr. (sf été), 1er-15 févr., 2-12 oct.
Menus: 80 F (enf.), 160-290 F

Christian Girault, qui fut le chef du casino de Deauville, fait dans la modestie en tenant avec placidité cette belle auberge aux poutres cirées. La carte récite les classiques normands avec quelques innovations. Croustillant d'andouille et sole avec purée de pommes de terre écrasée à la fourchette et ciboulette sont l'un deux plats vedettes. Le service pourrait être plus relaxe.

Beaumont-en-Véron: voir Chinon

Beaune

21200 Côte-d'Or. Paris 312 - Auxerre 152 - Chalon-sur-Saône 30 - Dijon 45.

Office du Tourisme: rue de l'Hôtel-de-Ville
Tél.: 03 80 26 21 30. Fax: 03 80 26 21 39

L'Hôtel-Dieu et son toit coloré sont fameux dans le monde entier. Mais la ville, avec ses hôtels, ses remparts, ses venelles tortueuses et pavées, ses grandes maisons de négoce, a plus d'un tour (vineux) dans sa besace.

Hôtels-restaurants

Le Cep

27, rue Maufoux
Tél. : 03 80 22 35 48. Fax : 03 80 22 76 80
57 ch. 700-1 300 F

Cette demeure historique du XIVe, avec force poutres, pierres, bois vernis, meubles anciens, est la halte de grand charme néo-médiéval au cœur de la ville.

Hôtel de la Poste

5, bd G.-Clemenceau
Tél. : 03 80 22 08 11. Fax : 03 80 24 19 71
21 ch. 700-1 100 F. 1/2 pens. 580-780 F
Menus : 145-390 F (rest. fermé mercr.)

Nous y avons des souvenirs d'écrevisses à la nage et à la crème façon Nantua comme des souvenirs d'amour ! C'était au temps du bon M. Chevillot. La demeure est revenue à plus de modestie, conservant ce charme relais de poste du temps passé, revu années trente au cachet ineffable.

La Closerie

Rte Autun : par N74
Tél. : 03 80 22 15 07. Fax : 03 80 24 16 22
Fermé 24 déc.-15 janv.
47 ch. 420-580 F

Prisé des amateurs de vin désireux de sillonner le vignoble, cet hôtel au vert, à quelques pas du centre, possède chambres modernes, piscine et jardin.

Le Jardin des Remparts

10, rue de l'Hôtel-Dieu
Tél. : 03 80 24 79 41. Fax : 03 80 24 92 79
Fermé dim., lundi, 7 févr.-8 mars, 1er-7 août.
Menus : 160-420 F. Carte : 400 F

Roland Chanliaud, qui a appris la créativité chez Marc Meneau à Saint-Père-sous-Vézelay, raffole des mariages aigre-doux, des préparations épicées, osées, mais toujours soignées qui séduisent autant qu'elles surprennent. Son hôtel particulier avec vue sur les remparts de la cité a bien du charme. Et ses langoustines à la crème de lavande, foie gras poché en gelée d'hydromel, anguille au jus de pochouse, tartare de bœuf aux huîtres, gâteau au chocolat et glace vanille sont du travail de ciseleur. Jolis choix de vins d'ici, pas toujours les plus chers.

La Ciboulette

69, rue de Lorraine
Tél. : 03 80 24 70 72. Fax : 03 80 22 79 71
Fermé lundi, mardi, 7-28 févr., 7-22 août
Menus : 99 F, 134 F

La bonne affaire beaunoise à saisir, c'est cette petite demeure gourmande et authentique qui ferme quand la grande foule d'août débarque. Les vignerons du pays l'ont bien compris qui raffolent de la vinaigrette de queue de bœuf, du parmentier de canard, du poulet fermier à la moutarde et d'autres plats de paysan en bottes de cuir que proposent deux menus adorables.

Dame Tartine

3, rue Nicolas-Rolin
Tél. : 03 80 22 64 20. Fax : 03 80 22 32 87
Fermé 1er-15 déc.
Menus : 79-169 F. Carte : 180 F

Simplicissime et bon enfant, ce bistrot à vins propose, pour accompagner les verres pleins de franchise et de fruit, œufs en meurette, filet de bœuf marchand de vin, poire pochée et sorbet cassis, le tout dans une ambiance sans façons.

Ma Cuisine

Passage Sainte-Hélène
Tél. : 03 80 22 30 22. Fax : 03 80 24 99 79
Fermé sam., dim., vac. scol., août
Menu : 90 F. Carte : 200-250 F

Fabienne Escoffier reçoit avec grâce dans sa petite demeure confidentielle – une ancienne librairie bricolée avec charme. Le menu est une aubaine et nul ne se plaint des jambon persillé, volaille en fricassée, poire au vin, cuisinés au moment. Carte des vins à faire tourner la tête.

A 4 km N. par N74. rte de Dijon

L'Ermitage de Corton

Tél. : 03 80 22 05 28. Fax : 03 80 24 64 51
Fermé 1er-28 févr., 1er-10 août,
(rest.) dim. soir, lundi, mardi midi
Menus : 225 F (déj.), 760 F. Carte : 600 F

On connaît le mot de Stéphane Collaro sur la maison, même si on en a oublié l'origine : « C'est tellement laid que ça en devient beau. » De fait, la pompe façon para, c'est Versailles aux champs, Marie-Antoinette en pays vigneron. Le faste, avec drôlerie, au service d'une cuisine d'idées, de plats généreux, un service de vins divins et des desserts à l'unisson. Que conseiller ? S'en remettre à l'inspiration du moment et faire taire toute lamentation quant à l'issue (nous voulons dire l'addition). Mais vous ne serez pas déçu par le « méli-mélo des sauveurs », avec foie gras, ris de veau et sot-l'y-laisse en persillé et encore brochette de foie gras et sot-l'y-laisse avec tartine de truffes, canette en deux services, pied de porc farci à la graine de moutarde de chez Fallot, magnifique glace caramel avec (c'est l'idée d'un splendide contraste) coulis de mûres. En temps de minimalisme, un peu de folie fait du bien.

Rappelez-vous qu'une bonne table commence par de bons produits.

À 21200 Levernois. 5 km par rte de Verdun-sur-le-Doubs (D970 et D111)

Hostellerie de Levernois 

Rte de Combertault
Tél.: 03 80 24 73 58. Fax: 03 80 22 78 00
Fermé dim. soir, mardi (sf soir en saison), 1er-15 mars, 21-28 déc.
16 ch. 950-1 100 F. 1/2 pens. 1 150 F
Menus: 150 F (déj.), 390 F, 680 F. Carte: 600 F

Jean Crotet, ses fistons qui ont été à bonne école (notamment chez Girardet à Crissier), sa belle et tonique épouse à l'accueil comme au service des vins: voilà l'équipe de choc de cette grande demeure au vert, affiliée aux Relais & Châteaux. Les chambres sont de grand confort, les salles à manger pourraient crouler sous le nombre. Mais l'attention est de tous les instants avec une équipe de salle rodée et des mets qui jouent la créativité bien dosée. On ne sait trop quoi citer, sachant que le jour de votre visite l'inspiration familiale en mouvement aura fait avancer les choses. Sachez que les grands standards maison (escargots en cocotte lutée, suprême de bar, canon d'agneau et foie gras truffé, poulet de Bresse pommes purée) y sont traités avec un sérieux imparable. La rigueur, la régularité: voilà d'ailleurs, malgré les tablées géantes, les vertus cardinales de la maison.

À 21550 Ladoix-Serrigny. 7 km par N74

Les Coquines

Buisson, Tél.: 03 80 26 43 38. Fax: 03 80 26 49 59
Fermé mercr. soir, jeudi, 7-20 févr., 23 déc.-2 janv.
Menus: 165-245 F. Carte: 350 F

Les vignerons locaux ont depuis belle lurette repéré cette croquignolette adresse avec son patron souriant et moustachu qui a jadis délaissé la restauration parisienne pour les plaisirs de la gourmandise à la campagne. Œufs en meurette, sandre au crémant, coq au vin, tête de veau font partie des bons tours de la demeure que l'on accompagne de ladoix et de savigny choisis.

À 21190 Puligny-Montrachet. 12 km par N74

Le Montrachet 

Place des Marronniers.
Tél.: 03 80 21 30 06. Fax: 03 80 21 39 06
Fermé 1er déc.-10 janv., (rest.) mercr. midi
32 ch. 535-550 F. 1/2 pens. 645 F
Menus: 215-425 F. Carte: 350-400 F

Michel Bezout tient avec sérieux cette bonne maison de village. Quelques bonnes chambres permettent de séjourner dans la quiétude d'un confort petit-bourgeois. Les plats ne se haussent pas du col, mais sont d'un classicisme vertueux: jambon persillé, escargots en coquille, blanc de volaille au foie gras, tarte chaude aux pommes.

La Table d'Olivier 

Pl. du Monument
Tél.: 03 80 21 37 65. Fax: 03 80 21 33 94
Fermé dim., fin nov.-fin févr., soir
Menus: 200-280 F

Olivier Leflaive, négociant passionné, a ouvert une table d'hôte originale où il propose la dégustation de «villages» ou de «1ers crus» autour d'un menu unique. Aux charcuteries de Bourgogne succède une blanquette de volaille et riz, puis un copieux plateau de fromages de Bourgogne. Parmi les 1ers crus, les meursault 1998, pommard 1996 ou volnay 1996 indiquent que cet aubergiste d'occasion ne se moque pas du monde.

Produits

CHARCUTIER

Roger Batteault

Rue Monge. Tél.: 03 80 22 23 04

Orfèvre du jambon persillé, à l'aise dans le jambon blanc, le boudin noir et le pâté de campagne, Roger Batteault est un artiste de la «chair cuite».

MOUTARDIER

Edmond Fallot

31, rue du Faubourg-Bretonnière
Tél.: 03 80 22 10 02

Il existait jadis, au temps de la cour d'Avignon, une fonction de «moutardier du pape». Edmond Fallot, qui use encore de tonneaux de chêne pour fabriquer un délice artisanal, pourrait être le «moutardier des gourmets». Ses graines brun foncé macèrent dans le vinaigre de vin blanc, avec du sel et de l'eau, avant d'être réduites en pâte épaisse à l'aide de meules en silex. Le produit qui en résulte, une moutarde jaune pâle, forte, crémeuse, est digne des festins d'antan.

Beaurecueil

13100 Bouches-du-Rhône. Paris 783 – Avignon 90 – Marseille 37 – Aix-en-Provence 10.

Au pied de la Sainte-Victoire, un îlot de calme et un paysage intact, comme sur une toile de Cézanne.

Hôtel-restaurant

Relais de la Sainte-Victoire 

Avenue Sylvain-Gautier.
Tél.: 04 42 66 94 98. Fax: 04 45 26 85 96
Fermé vendr. midi., dim. soir, lundi, 1er-8 janv., vac. févr., 1er-15 mars, Toussaint
12 ch. 600-800 F. 1/2 pens. 600-900 F
Menus: 140 F (enf.), 160 F (sem.), 300-350 F
Carte: 450 F

Yves Jugy-Bergès a fait de son mas bricolé, au pied de la montagne chère à Cézanne, un havre de gourmandise. On goûte ici, sous la véranda, selon le marché et la marée, diverses propositions qui n'oublient jamais la Provence. Œuf poché à la crème de truffe, fricassée d'artichaut en barigoule, souris d'agneau confite, ananas flambé au rhum glacé sont du meilleur ton. Belle cave de vins d'ici. Jolies chambres aux couleurs du pays.

Le Bec-Hellouin

27800 Eure. Paris 151 – Rouen 41 – Evreux 48 – Pont-Audemer 24.

L'abbaye se visite en majesté, mais le joli village des bords de la Risle vaut, lui aussi, l'étape.

Hôtel-restaurant

Auberge de l'Abbaye

Pl. Guillaume-le-Conquérant.
Tél.: 02 32 44 86 02. Fax: 02 32 46 32 23
11 ch. 450-480 F. 1/2 pens. 500 F
Menus: 150 F (sem.), 200-290 F. Carte: 300 F

Presque aussi célèbre que l'abbaye sise à deux pas, cette auberge historique, normande jusqu'au bout des poutres, vaut pour son allure rustique, son accueil féminin charmant, ses repas plantureux du dimanche, mais aussi le soin porté à la conservation des traditions augeronnes. Le fils de Françoise Sergent, qui veille toujours au grain, exécute, comme à la parade, terrine de lapin à la gelée de cidre, soufflé de sole, blanc de turbot à la normande, civet de lapin au cidre, tarte aux pommes pochées qui, à elle seule, vaut le déplacement. Chambres rustiques, mais soignées.

Belcastel

12390 Aveyron. Paris 617 – Rodez 27 – Decazeville 31.

Un beau village perché au-dessus de la rivière, un vieux pont coudé et empierré, une auberge à ses pieds, l'hôtel, juste de l'autre côté...

Hôtel-restaurant

Le Vieux Pont

Tél.: 05 65 64 52 29. Fax: 05 65 64 44 32
Fermé dim. soir, lundi (hs), mardi midi, 1er janv.-10 mars
7 ch. 460-500 F. 1/2 pens. 470-510 F
Menus: 80 F (enf.), 145-370 F. Carte: 400 F

Voici le domaine des sœurs Fagegaltier, Nicole et Michèle. L'une cuisine comme l'oiseau chante, l'autre choisit à merveille les vins en vogue du moment. Un gaillac des «vignes oubliées» ou un «bois neuf» signé Rotier accompagnent la couenne de porc à la morue flanquée d'une gribiche légère, la tête de cèpes avec crème de navets aux truffes, le pannequet de lard et escargots avec cèpes hachés, le colin aux noix et galette de cèpes, les ris d'agneau aux châtaignes: voici, sur quelques produits cousins ou voisins, des plats de niveau. Les desserts sont de la même trempe: pompe à l'huile au lait caillé et marmelade de citron, figues avec crème fine et onctueuse glace vanille. Les quelques chambres blanches, d'allure monacale, face au pont et au village haut perché, n'oublient pas d'avoir du charme.

Belfort

90000 Territoire-de-Belfort. Paris 421 – Besançon 94 – Mulhouse 40 – Bâle 77.

Office du Tourisme: 2 bis, rue G.-Clemenceau
Tél.: 03 84 55 90 90. Fax: 03 84 50 90 99

Une citadelle défendant la frontière, son lion de bronze, son camp retranché, ses remparts et sa vieille ville: voilà l'occasion d'une leçon d'histoire.

Hôtels-restaurants

Novotel Atria 

Av. de l'Espérance
Tél.: 03 84 58 85 00. Fax: 03 84 58 85 00
79 ch. 485-505 F
Menus: 50 F (enf.), 95 F (déj.)-135 F

Ce bon hôtel moderne, situé dans le centre des congrès, avec vue sur les fortifications, proposant des chambres spacieuses et d'excellent confort sous une enveloppe contemporaine.

Le Sabot d'Annie

Rte d'Offémont, 1,5 km N. sur la D13
Tél.: 03 84 26 01 71. Fax: 03 84 26 83 79
Fermé sam. midi, dim. soir, lundi, vac. févr., août
Menus: 140-350 F. Carte: 300-400 F

Chez les Barbier, le sérieux est à l'ordre du jour. La décoration sage d'une maison rustique à l'orée de la ville, le soin de l'accueil, celui de la mise des tables mais aussi des mets choisis: tout ici va l'amble. Ajoutez-y les ravioles de grenouille, le soufflé de saint-pierre à l'oseille, l'éventail de langoustines sur son lit de courgettes, le feuilleté de ris de veau au Noilly, et l'on se dit que la vie a du bon, sur les bords champêtres d'Offémont.

« Ecrivez-nous » vos impressions, vos commentaires, relatez-nous vos expériences à **lepudlo@aol.com.**

A 90400 Danjoutin. 3 km S.

Le Pot d'Etain

Tél. : 03 84 28 31 95. Fax : 03 84 21 70 15
Fermé dim. soir, lundi, 15-31 août
Menus : 125 F (déj.), 230 F, 250 F. Carte : 350-400 F

Rustique avec chic, cette demeure bucolique propose le meilleur du marché, accommodé en finesse et justesse par un professionnel qui sait que son territoire se situe entre les Vosges et la Comté Franche. D'où cette andouillette fumée du Val d'Ajol présentée en fine terrine, ces ravioles d'escargots en nage de persil plat, cette belle poularde au vin jaune comme un hommage à la tradition d'ici, ce gâteau au chocolat coulant avec sa sauce légère au lait d'amandes. Accueil charmant et cave où abondent les meilleurs vins d'entre Arbois et Château-Chalon.

Bellegarde-sur-Valserine

01200 Ain. Paris 500 - Annecy 43 - Bourg-en-Bresse 73 - Genève 43.

Le Bugey, la Valserine, les monts du Jura qui s'éteignent tout près, vers le Léman et le Rhône : dans ce paysage presque sauvage, Bellegarde est comme une halte sereine.

Hôtel-restaurant

La Belle Epoque

10, pl. Gambetta
Tél. : 04 50 48 14 46. Fax : 04 50 56 01 71
Fermé dim., lundi (hs), 2-18 juil., 17 déc.-9 janv.
20 ch. 300-400 F. 1/2 pens. 350-400 F
Menus : 130 F (déj.)-270 F. Carte : 250-400 F

Ce sont les agapes de Brillat-Savarin et Lucien Tendret que perpétue avec rigueur Michel Sévin. Ravioli de foie gras, grenouilles comme en Dombes, c'est-à-dire sautées au beurre, turbot au savagnin, volaille de Bresse à la crème et aux morilles, tournedos Rossini constituent autant d'odes à la tradition, comme si cette demeure proche de la Suisse était d'abord l'ambassade d'une certaine idée de la gourmandise française. Chambres de bon confort, dans un hôtel de caractère.

À Ochiaz. 5 km N. par D101

Auberge de la Fontaine

Rte de Génissiat
Tél. : 04 50 56 57 23. Fax : 04 50 56 56 55
Fermé lundi, dim. soir, mardi soir (sf été), 8-30 janv., 20-28 juin
7 ch. 180-240 F. 1/2 pens. 240-280 F
Menus : 98 F (déj.) -300 F. Carte : 200-300 F

Rustique, avec aise, l'auberge de Claude Ripert prend ses aises entre terrasse et jardin (l'été, on sert au-dehors). Au programme : turbot au champagne façon Point, quenelle de brochet Nantua, volaille au vinaigre et soufflé glacé à l'orange. Rien que du bon, du sérieux et de l'appliqué. Chambres sans luxe, mais à tout petits prix.

Belle-Ile-en-Mer

56360 Morbihan

Office du Tourisme : quai Bonnelle, Le Palais
Tél. : 02 97 31 81 93. Fax : 02 97 31 56 17

A trois quarts d'heure de Quiberon par bateau, un petit paradis breton en forme de bout de monde.

Hôtels-restaurants

Castel Clara

Port-Goulphar
Tél. : 02 97 31 84 21. Fax : 02 97 31 51 69
Fermé mi-nov.-mi-févr.
36 ch. 1 290-3 490 F. 1/2 pens. 895-1 080 F
Menus : 185 F (déj.), 260-390 F

L'adresse de prestige de l'île, c'est la demeure des Goumy, classée « Relais & Châteaux », complétée d'un petit centre de thalasso, avec son restaurant de bon ton, ses chambres sobres et raffinées, son accueil adorable. Vue superbe sur les rochers de Goulphar.

La Désirade

Rte de Port-Goulphar, Bangor
Tél. : 02 97 31 70 70. Fax : 02 97 31 89 63
Fermé déc.-févr. (rest.) nov.-mars, déj.
24 ch. 600-700 F. 1/2 pens. 600 F
Menus : 220 F

Un domaine pour amoureux, avec ses demeures modernes, mais à l'ancienne, sa piscine, sa cuisine du pays façon table d'hôte, son accueil chaleureux, ses prix doux.

Café de la Cale

Quai Gerveur, Sauzon
Tél. : 02 97 31 65 74. Fax : 02 97 31 65 67
Fermé 5 janv.-15 févr., mars, 1er-25 oct., 15 nov.-25 déc.
Menus : 60 F (enf.), 95 F (sem.). Carte : 180-220 F

Ce bistrot de pêcheurs, tenu par un ancien du Castel Clara et son associé, n'a qu'un programme : la mer et tout ce qu'elle apporte. Faites comme les gens du pays qui ont compris que la vérité du produit n'avait pas de concurrent et faites confiance aux huîtres, coquillages, turbotin, saint-pierre, au gré de la pêche du jour. La cotriade et le crabe farci sont en vedette. Le tout est tarifé à prix d'ange.

❀ *indique un hôtel au calme.*

Belleville

54940 Meurthe-et-Moselle. Paris 356 – Nancy 18 – Metz 41- Pont-à-Mousson 13 – Toul 28.

Une simple étape gourmande sur la Moselle, près des merveilles abbatiales de Pont-à-Mousson.

Restaurant

Le Bistroquet

97, rte Nationale
Tél.: 03 83 24 90 12. Fax: 03 83 24 04 01
Menus: 190 F (déj.), 270 F, 400 F. Carte: 450 F

Depuis trois décennies, Marie-France Ponsard règne avec modestie sur la gourmandise de Pont-à-Mousson et ses abords. Son arme: la finesse. Son signe distinctif: l'art du bon produit et des jus vinaigrés, digestes et frais. On pourrait lui trouver un air de mère Brazier lorraine, la modestie en sus. Ses prix, du reste, n'ont guère bougé depuis belle lurette et son grand menu gourmand à 270 F offre, c'est le mot, foie gras, plus saint-jacques, plus filet de bœuf à la ficelle à la moutarde estragonée, avant le chèvre frais de Meuse et le magnifique soufflé chaud à la liqueur de mirabelle. Jean, son moustachu mari, qui œuvre en salle comme un avocat passionné défendant l'œuvre de son artiste d'épouse, mitonne les desserts, avec notamment le meilleur soufflé glacé au Grand Marnier du monde, avec ses écorces de citron confit et son «jus» au praliné.

Belleville

69220 Rhône. Paris 417 – Mâcon 24 – Lyon 50 – Bourg-en-Bresse 43.

Ce gros bourg accueillant est le carrefour du pays beaujolais...

Hôtels-restaurants

Le Beaujolais

40, rue du Mal-Foch
Tél.: 04 74 66 05 31
Fermé mardi soir, mercr., 3-23 août, 20-27 déc.
Menus: 50 F (enf.), 85 F (déj.)-245 F
Carte: 200 F

Beaujolaise, la maison, l'enseigne, le vin chéri en ses divers crus le disent assez. Ajoutons que l'accueil est adorable, les prix sages, les escargots de Bourgogne, la compote de lapin en gelée, les grenouilles aux fines herbes, l'andouillette, le coq au vin et le mate-faim bien dans le ton.

À 69220 Saint-Jean-d'Ardières. 5 km N.-O. par D18 et D69

Château de Pizay

Au Hameau de Pizay
Tél.: 04 74 66 51 41. Fax: 04 74 69 65 63
Fermé 24 déc.-4 janv.
62 ch. 585-1 275 F. 1/2 pens. 570-835 F
Menus: 120 F (enf.), 200-395 F

Château partiellement des XIVe et XVIIe siècles avec ses appendices modernes, cet hôtel sis dans un domaine vigneron propose des chambres de grand confort, certaines en duplex, idéales pour séjourner sans heurts et rayonner dans le vignoble. La table n'est pas maladroite, qui propose grenouilles aux fines herbes, gratin de homard et canard au morgon.

Belley

01300 Ain. Paris 506 – Aix-les-Bains 33 – Bourg-en-Bresse 76 – Lyon 98.

Office du Tourisme: 34, Grand-Rue
Tél.: 04 79 81 29 06. Fax: 04 79 81 08 80

C'est le pays de Brillat-Savarin et celui de Lucien Tendret qui donna son nom à un gâteau de foie blond et fit l'éloge de son prédécesseur gourmet au Parlement local. La cité ancienne cache des cours Renaissance de toute beauté.

Restaurants

La Fine Fourchette

N504: 3 km, rte de Chambéry
Tél.: 04 79 81 59 33. Fax.: 04 79 81 55 43
Fermé dim. soir, lundi soir, 23-31 déc.
Menus: 120-300 F. Carte: 350 F

En retrait de la route, cette auberge propose halte au vert et vue sur les crêtes voisines et le lac formé par le canal de Rhône. Guy Delouille joue la carte des poissons de rivière, tel l'omble chevalier meunière, marie foie gras et sot-l'y-laisse aux artichauts et le même foie gras, servi en toast, avec pigeon des gourmets. Quelques défauts, comme les surcuissons ou les présentations mignardes (notamment des desserts), peuvent se corriger. Les menus rattrapent les prix de la carte.

L'Alexandrin et Le Café Neuf

10, pl. des Terreaux
Tél.: 04 79 81 02 35. Fax: 04 79 81 45 67
Fermé dim. soir, lundi soir, 1er-12 avril, 10 sept.-5 oct.
Au restaurant, menus: 130 F, 158 F, 190 F
Carte: 150-250 F

Centrale et proprette, cette brasserie, avec son annexe restau cosy au cadre néo-1900, est tenue avec malice et faconde par Bernard Renoud. Celui-ci, qui fut jadis le maestro du Poêlon d'Or, un bouchon lyonnais vrai de vrai, n'a pas perdu la main. Dans ce cadre aimable et passe-partout, il joue autant la carte de la fraîcheur tous azimuts que la tradition du Bugey. Plateaux d'huîtres, mais aussi feuilletés d'escargots à la crème de persil, assiette de grenouilles en salade aux queues d'écrevisses, poulet fermier de l'Ain aux morilles, pain perdu du Valromey et glace aux pommes assurent dans la bonne humeur.

Le Manicle

2, bd du Mail
Tél. : 04 79 81 42 40. Fax : 04 79 81 07 88
Fermé dim. soir, lundi, mercr. soir, 16 août, 6 sept.
Menus : 63 F (déj.), 93-145 F. Carte : 160 F

En hommage à un cru local, cette auberge désuète au cadre années cinquante offre bon accueil, service assuré par de jeunes apprentis de l'école hôtelière, prix doux et mets de terroir. Rien à redire aux grenouilles sautées, filet de féra au blanc du Bugey, crépinette de volaille aux morilles, ris de veau aux girolles, soufflé glacé à la griotte, tarifés avec sagesse.

Benfeld

67230 Bas-Rhin. Strasbourg 29 – Colmar 40 – Obernai 14 – Sélestat 19.

Un bourg sur la grand-route, sa position au bord du Ried, son passé historique, son village des antiquaires…

Restaurant

Le Petit Rempart

1, rue du Petit-Rempart
Tél. : 03 88 74 42 26. Fax : 03 88 74 18 58
Fermé dim. soir, lundi soir, mardi soir, mercr., jeudi soir, 2 sem., juil.-août, 2 sem. févr.
Menus : 55 F (enf.), 140-340 F
(le Canon : 95-135 F). Carte : 250-300 F

Deux frères se complètent avec habileté, jouant, l'un en salle, l'autre en cuisine, une partition classico-moderne qui n'est pas sans charme, quoique un peu mignard : tartare de saumon et flan au poivron, ris de veau pané aux morilles, sandre à la crème de foie gras, soufflé glace au chocolat et marc de gewurz. Bel accueil dans une salle. Winstub-brasserie contiguë à l'enseigne du Canon.

Les restaurants changent parfois de jour de fermeture sans prévenir. Réserver pour annoncer votre arrivée dans un établissement, c'est aussi la garantie de ne pas trouver porte close.

Bénodet

29950 Finistère. Paris 565 – Quimper 18 – Concarneau 20 – Fouesnant 9 – Quimperlé 49.
Office du Tourisme : 29 av. de la Mer
Tél. 02 98 57 00 14. Fax 02 98 57 23 00

Le Finistère familial et balnéaire, à deux pas du pays bigouden, c'est ici même. Le pont de Cornouaille et les croisières sur l'Odet sont la porte à côté.

Hôtels–restaurants

Ker Moor

Corniche de la plage
Tél. : 02 98 57 04 48. Fax : 02 98 57 17 96
Fermé 16 déc.-2 janv.
61 ch. 400-650 F. 1/2 pens. 550-570 F
Menus : 50 F (enf.), 120-320 F

Balnéaire Arts déco, version bretonne, ce bon hôtel classique offre chambres de taille inégale, accueil souriant, jardin, piscine, tennis. La plage est à deux pas.

Kastel Moor 

Av. de la Plage
Tél. : 02 98 57 05 51
Fermé 10-17 déc.
23 ch. 525-700 F

Cette halte tranquille face à la plage offre des chambres confortables, avec vue sur la mer pour certaines.

Le Minaret 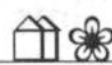

Corniche de l'Estuaire
Tél. : 02 98 57 03 13. Fax : 02 98 66 23 72
Fermé 15 oct.-mars, (rest.) mardi midi sf été
20 ch. 430-550 F. 1/2 pens. 330-435 F
Menus : 50 F (enf.), 90-235 F

Quand le Finistère se prend pour le Maroc ou presque, avec cet hôtel dans un minaret Arts déco, son jardin imité de l'Alhambra, sa chambre dédiée au bey de Marrakech. Accueil charmant et restauration régionale.

La Ferme du Letty

2 km S.-E. par D44
Tél. : 02 98 57 01 27. Fax : 02 98 57 25 59
Fermé mercr., jeudi midi (été), mardi (hs), 15 nov.-25 janv.
Menus : 75 F (enf.), 195-410 F. Carte : 350 F

Lionel Guilbaud a fait de cette ancienne ferme à l'écart du bourg une table bucolique pleine de cachet. Soucieux de tout ce qui vient de la mer, le petit Lionel porte aussi une attention rare aux produits de la terre et voilà ce qu'il propose. Ses variations sur le cochon (joue en cocotte, jarret fermier en crépinette, boudin, andouille, côte de porc fermier épaisse, lard avec saumon et bière de sarrasin), sur le homard (à la cheminée), la langoustine (aux choux), le cabillaud (au beurre demi-sel) convainquent sans mal de faire ici étape le temps d'un repas. Ses beaux menus sont pleins de tentations, la grande carte des vins donne le tournis et le décor a su garder un charme agreste.

À 29120 Ste-Marine, 5 km par le pont de Cornouaille

L'Agape

Rte de la Plage
Tél.: 02 98 56 32 70. Fax: 02 98 51 91 94
Fermé dim. soir (hs), 15 nov.-1er mars
Menus: 80 F (déj.), 170 F (déj.), 230-390 F
Carte: 300-500 F

Patrick Le Guen a fait de cette table bleutée et discrète, très Nouvelle Angleterre, une des adresses sûres de la région. Planté à la frontière du pays bigouden, ce bûcheur savant explore les saveurs de la mer et de la terre avec allant. Ravioles de thon rouge et blanc, feuilleté d'artichaut au homard, kouing amann de pommes de terre à l'andouille, turbot au lait ribot avec son émulsion de lait ribot et sa purée à la fourchette, glace aux pétales de rose et framboises fraîches, variation aux pommes façon Tatin avec compote glacée et feuilletage sont autant de réalisations d'une précision sans faille. Le choix de vins (pouilly-fumé grande cuvée de Pascal Jolivet, saint-estèphe château le Crock) témoignent du même souci de rigueur.

L'Hôtel Sainte-Marine

19, rue du Bac
Tél.: 02 98 56 34 79. Fax: 02 98 51 94 09
Fermé mercr. (hiver), 3 sem. nov.
10 ch. 310-420 F
Menus: 99 F, 150 F, 195 F. Carte: 180 F

Ce petit hôtel avec sa terrasse sur le pont, sa brasserie relaxe, son ambiance débonnaire a pour lui deux atouts: une déco marine tout charme, avec murs peints au pochoir, mobilier blanc, couleurs gaies, signée Marie-Hélène Kergoat, une artiste de Concarneau, et sa vue imprenable sur Bénodet, l'estuaire et le pont de Cornouaille qui fait la nique à la mer proche et à la pointe de Combrit.

La Crémaillère

59, rue de l'Odet
Tél.: 02 98 56 36 65
Fermé juil.-août. Carte: 100 F

La maison ferme en juillet-août («pour ne pas servir les touristes»), n'accepte pas de réservations, mais sert d'exquises galettes à l'œuf, à l'andouille et sucrées dans le décor soigné intime après avoir fait patienter le gourmand affamé au jardin. Marie-Antoinette Le Mut et sa sœur (qui rédige des nouvelles se déroulant dans la région) sont bien ici chez elles...

Bergerac

24100 Dordogne. Paris 538 – Périgueux 48 – Agen 91 – Bordeaux 94.

Office du Tourisme: 97 rue Neuve-d'Argenson. Tél.: 05 53 57 03 11. Fax: 05 53 61 04

Au pays de Cyrano, bons vins et vieilles pierres font ménage heureux. Ne loupez pas ici le musée du Tabac, ni celui de la Batellerie dans de belles demeures anciennes.

Hôtels-restaurants

La Flambée

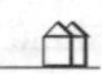

153, av. Pasteur
Tél.: 05 53 57 52 33. Fax: 05 53 61 07 57
Fermé janv. (rest. dim. soir, lundi)
20 ch. 280-470 F. 1/2 pens. 380 F
Menus: 98 F (déj.)-300 F

A 3 km du centre, sur la route de Périgueux, cette demeure ancienne s'est modernisée pour offrir des chambres de bon confort, une terrasse agréable, un jardin, sans omettre une cuisine aux couleurs du pays. Foie gras, caneton confit et sa cuisse confite, tourtière sont du travail bien probe.

Hôtel de Bordeaux

38, pl. Gambetta
Tél.: 05 53 57 12 83. Fax: 05 53 57 12 83
40 ch. 410-420 F. 1/2 pens. 360-410 F
Menus: 60 F (enf.), 110 F, 260 F

Cette maison de tradition en centre-ville a le charme des demeures du passé. Les bonnes chambres de type rustique, l'accueil aimable et les spécialités du pays un brin modernisées (rémoulade de céleri au jambon de canard, jarret de porc rôti aux figues, beignets de cabécou) vont l'amble.

Au Moulin de Malfourat, 8 km rte de Mont-de-Marsan

La Tour des Vents

Tél.: 05 53 58 30 10. Fax: 05 53 58 89 55
Fermé dim. soir, lundi (sf été), janv.
Menus: 58 F (enf.), 95 F (déj.)-290 F. Carte: 250 F

Ce moulin juché sur une colline offre une vue superbe sur Bergerac sans omettre de nourrir le chaland gourmand d'exquise façon. Foie gras, confit, magret, volaille au verjus, tourtière ont du caractère.

Les renseignements indiqués concernant les établissements cités ont été pris durant l'année en cours. N'hésitez jamais à la vérifier par un simple coup de fil.

A 24140 St-Julien-de-Crempse, 12 km N.-E. par N21 et D107

Manoir du Grand Vignoble

Tél. : 05 53 24 23 18. Fax : 05 53 24 20 89
Fermé mi-nov.-début mars
44 ch. 540-680 F. 1/2 pens. 471-534 F
Menus : 100 F (déj.), 150-290 F

Coquet et isolé dans son domaine, ce manoir du XVIIe offre de jolies chambres rustiques de taille inégale, mais offrant grand calme et vue sur la campagne. Cuisine régionale, tennis, piscine, jardin.

Bergères-les-Vertus : voir Vertus

Bergheim

68750 Haut-Rhin. Paris 450 – Sélestat 8 – Colmar 14 – Strasbourg 50.

Ruelles anciennes, portes hautes, beaux remparts : ce village vigneron semble ignoré malgré ses richesses.

Hôtels-restaurants

Chez Norbert

9, Grand-Rue
Tél. : 03 89 73 31 15. Fax : 03 89 73 60 65
Fermé mars, 15-30 nov. (rest.) lundi, mardi, déj. (sf dim.)
12 ch. 350-600 F
Menus : 250 F (sem.)-280 F. Carte : 250-350 F

Avec son air de grange sophistiquée, ses chambres de bon confort dans une demeure médiévale retapée, la maison séduit. Norbert Moeller a fait son apprentissage chez Schillinger, puis accompli son tour du monde. Il réalise une cuisine mi-canaille, mi-sophistiquée, un brin mignarde et saucière. Le presskopf de joue de porc, les quenelles de foie sur choucroute, le consommé d'escargots au chou frisé, la cuisse de canard façon baeckoffe et le kougelhopf glacé sont sympathiques.

La Winstub du Sommelier

51, Grand-Rue
Tél. : 03 89 73 69 99. Fax : 03 89 73 36 58
Fermé mardi soir, mercr., 15-31 janv.
Carte : 200 F

Créée par un « meilleur sommelier de France », qui fut celui de l'Auberge de l'Ill et du Crocodile et d'Alain Chapel, cette winstub continue son bonhomme de chemin sous la houlette d'un chef formé en Suisse, Patrick Schneider. La salle sobre, avec bois, banquettes, kachelofen, marqueterie de Spindler, comptoir, a le charme de la tradition. Salade de queue de bœuf, tarte à l'oignon, quenelle de saumon, sandre poché au pinot noir, choucroute garnie, moelleuse joue de bœuf braisée grand-mère, tarte aux fruits s'arrosent des meilleurs crus locaux.

Besançon

25000 Doubs. Paris 408 – Dijon 95 – Belfort 94 – Mulhouse 134.

Office du Tourisme : 2 pl. de la 1re- Armée-Française. Tél. : 03 81 80 92 55
Fax : 03 81 80 58 30

Elle vit naître Victor Hugo, a conservé sa citadelle, les façades de ses maisons XVIIe, la beauté de son site au bord du Doubs, ses tuiles brunes anciennes, son air de cité d'autrefois. A deux pas de la Suisse, côté Franche Montagne et de la vallée de la Loue que peignit Courbet, que voilà une ville charmante, aux beaux atours !

Hôtels-restaurants

Hôtel Castan 

6, square Castan
Tél. : 03 81 65 02 00. Fax : 03 81 83 01 02
10 ch. 580-980 F
Fermé 29 juil.-28 août, 23 déc.-2 janv.

Cet hôtel de charme est bien pratique pour résider en ville, près de la Porte Noire et de l'Horloge Astronomique. Ajoutez-y un accueil chaleureux, des chambres coquettes et des petits déjeuners délicieux et vous comprendrez que cette belle demeure XVIIe est une perle rare.

Relais Mercure Hôtel des Bains

4, av. Carnot
Tél. : 03 81 80 33 11. Fax : 03 81 88 11 14
67 ch. 325-460 F

Près de la promenade Micaud, à deux pas du Doubs, ce bel hôtel à l'ancienne battant pavillon de chaîne a gardé son charme d'autrefois, se dotant de chambres assez vastes et de très bon confort moderne.

Novotel

22 bis, rue Trey
Tél. : 03 81 50 14 66. Fax : 03 81 53 51 57
107 ch. 450-510 F
Menus : 50 F (enf.), 89 F (déj.). Carte : 180-250 F

Cet hôtel de charme, au calme, dans une zone résidentielle, offre des chambres fonctionnelles et sans surprise.

Mungo Park 

11, rue Jean-Petit
Tél. : 03 81 81 28 01. Fax : 03 81 83 36 97
Fermé dim., lundi midi, vac. févr., 1er-15 août, 1er-7 nov.
Menus : 150, 195 F (déj.), 240-490 F Carte : 450 F

La meilleure cuisinière comtoise ? Une quasi autodidacte, stagiaire jadis chez Domnique Le Stanc, sur la Côte d'Azur, qui s'est mise aux fourneaux avec ardeur, dans une maison moderne du centre de Besançon face au

cours du Doubs. Son style? La rusticité peaufinée avec adresse, le grand chic du produit local travaillé en finesse, en en rendant tous les sucs. Témoin le fin mille-feuille de pommes de terre confites à la saucisse de Morteau, la carpe à la sauge sur galette de comté, qui, avec le morbier rôti à la vinaigrette de betterave et le lait glacé avec poire pochée au macvin (un mélange de jus et de moût de raisin de savagnin au goût de noix), compose le culotté menu dit «temps qui passe». Jocelyne Lotz-Choquart raconte son pays d'adoption – elle, parisienne, mariée à un Belfortin — à travers des menus qui se nomment «sources», «pleine terre», «chemin gourmand» et puis «école buissonnière». Ses escargots à la crème de raifort avec leur soupe aux fanes de radis, son suprême de volaille au foie gras, vin jaune et morilles, avec une sauce raccourcie et malicieuse, sa galette de gourmeau (la tarte au sucre et à la crème locale), qu'accompagne un sorbet aux griottes sont d'une précision de goût qui enchantent.

Le Chaland

Promenade Micaud
Tél.: 03 81 80 61 61. Fax: 03 81 88 67 42
Fermé sam. midi
Menus: 95-395 F (vin c.). Carte: 250 F

Cette amusante péniche amarrée près du pont Brégille propose le meilleur de la marée de Bretagne, les poissons d'étangs, les volailles d'ici, bref une cuisine de saison et d'humeur qui a son charme, dans un cadre fort dépaysant.

Le Poker d'As

14, sq. Saint-Amour
Tél.: 03 81 81 42 49. Fax: 03 81 81 05 59
Fermé dim. soir, lundi, 16 juil.-7 août, Noël-Nvel An
Menus: 98-230 F. Carte: 250-300 F

Raymond Ferreux tient avec une sagesse bonhomme ce restaurant au décor très cuivre et bois jouant les granges citadines. On aime chez lui l'accueil affable, autant que les plats de tradition recomposés: salade à l'oreille de cochon, sandre au vin de Pupillin, ris de veau aux morilles, poularde au vin jaune, éminemment comtois.

À 25660 Montfaucon, 9 km par N54, D464, D146

La Cheminée

Rte du Belvédère
Tél.: 03 81 81 17 48. Fax: 03 81 82 86 45
Fermé dim. soir, mercr., 10 févr.-4 mars, 21 août-6 sept.
Menus: 125-260 F. Carte: 250-300 F

Payez-vous un grand bol d'air en montagne, à trois pas de Besançon. Sylvie et Philippe Gavazzi accueillent avec le sourire dans leur chalet avec haute cheminée. La terrasse donne sur les Alpes et la fricassée d'escargots, la cassolette de champignons et la truite au vin jaune se mangent de bel appétit.

Produits

CHOCOLATIER

Baud

2/4, Grande-Rue
Tél.: 03 81 81 20 12

Toutes sortes de chocolat au lait ou amer, ganaches parfumées avec délicatesse, tablettes fines donnent envie de faire ici emplette. Sans omettre une pâtisserie exquise.

Besse-en-Chandesse

63610 Puy-de-Dôme. Paris 467 – Issoire 31 – Le Mont-Dore 25 – Clermont-Ferrand 47.
Office du Tourisme: pl. Dr-Pipet
Tél.: 04 73 79 52 84

L'Auvergne «absolue», chère à Vialatte, c'est ici que vous la découvrirez, entre maisons de lave noire, lac Pavin et puy de Montchal.

Hôtels-restaurants

Les Mouflons 

Berthelage.
Tél.: 04 73 79 56 93. Fax: 04 73 79 51 18
Fermé 1er-15 avril, 15 oct.-15 déc.
50 ch. 305-365 F. 1/2 pens. 295-315 F
Menus: 95-240 F

Nous connûmes jadis Antoine Sachapt, grand chef du secteur, dans cet hôtel au modernisme années soixante-dix. La gloire gourmande est retombée, mais le lieu est demeuré comme une halte de bon confort pour les amoureux de la montagne et du ski de fond.

Hostellerie du Beffroy

26, rue de l'Abbé-Blot
Tél.: 04 73 79 50 08. Fax: 04 73 79 57 87
Fermé dim. soir, lundi (hs), 3-25 déc.
10 ch. 280-380 F. 1/2 pens. 380 F
Menus: 110 F (déj.)-300 F. Carte: 250 F

Cette jolie demeure du XVe siècle, qui fut l'ancien logis des gardes du beffroi, accueille avec gentillesse dans un cadre chaleureux et rustique. La galette d'escargots aux champignons, l'omble chevalier du lac Pavin au jambon de pays et la pièce de bœuf de Salers à la crème de morilles font des agapes de grand goût. Quelques chambres agréables pour le repos.

GEORGES
DUBŒUF
GEORGES DUBŒUF
BEAUJOLAIS-VILLAGES
APPELLATION BEAUJOLAIS-VILLAGES CONTROLÉE
MIS EN BOUTEILLES PAR
LES VINS GEORGES DUBŒUF
71570 ROMANÈCHE-THORINS
FRANCE
75 cl
A consommer avec modération. L'abus d'alcool est dangereux pour la santé

Béthune

62400 Pas-de-Calais. Paris 214 – Calais 83 – Lille 39 – Arras 35 – Amiens 93.

Office du Tourisme : le Beffroi, Grand-Place Tél. : 03 21 57 25 47 Fax : 03 21 57 01 60

La grand-place, le beffroi, les caves, le souvenir du bourreau immortalisé par Dumas et les maisons Arts déco de briques rouges : voilà qui devrait amener les gourmets dans ce bastion du Nord où exerce un chef de grand talent.

Hôtels-restaurants

Le Vieux Beffroi

48, Grand-Place
Tél. : 03 21 68 15 00. Fax : 03 21 56 66 32
35 ch. 230-310 F
Carte : 200-300 F

Pile poil sur la Grand-Place, cette demeure à l'ancienne offre ses chambres de bon confort, son accueil ad hoc, ses soirées étapes à petits prix (330-380 F pp). Cuisine à tonalité régionale, proposant potje'vleesch, pressé de volaille de Licques, langue Lucullus.

Meurin

15, pl. de la République
Tél. : 03 21 68 88 88. Fax : 03 21 68 88 89
Fermé dim. soir, lundi, 2-7 janv., 1er-20 août
7 ch. 550-850 F
Menus : 200 F (déj.), 280-500 F. Carte : 500 F

Le moins connu des grands chefs au nord de Paris, c'est Marc Meurin. Sa demeure de brique flamande, derrière la Grand-Place, a du charme et le jeune service est enthousiaste. La cuisine joue le terroir des Flandres et de l'Artois en majesté. Ce qui draine ici le meilleur monde de Paris et aussi du sud de Londres ? Les produits locaux et les recettes de tradition transmués avec grâce, finesse, tact, doigté, sans chichis inutiles. Ainsi la hollandaise d'asperges en amuse-gueule, le toast d'anguille sur lit de poireaux, les saint-jacques à la purée de rattes truffée, la galette de pied de porc aux langoustines, les ravioles de grenouilles aux haricots blancs, le pain perdu de rouget au caviar d'aubergines, le turbot au jus de laitue, l'agneau cuit au four avec sa galette de chevriers au beurre de persil plat, le beignet de maroilles avec salade d'endives. Comme les gens du Nord ont aussi le bec sucré, les desserts sont ici d'épatantes réussites : flan de réglisse chocolaté au sirop de thé vert, parfait glacé à la chicorée aux baies de genièvre candies. Les chambres mignonnettes permettent de faire halte au charme avant de reprendre la route. Voilà un phénomène à découvrir avant que les petits cochons de la mode ne le dévorent.

A 62199 Gosnay. 5 km S.-O. par N41 et D181

Chartreuse du Val Saint-Esprit

Tél. : 03 21 62 80 00. Fax : 03 21 62 42 50
65 ch. 430-900 F. 1/2 Pens. 470-555 F
Menus : 185 F (déj.)-365 F. Carte : 300-400 F

Cette belle et immense chartreuse du XVIIIe avec ses salons à l'ancienne, ses chambres refaites à neuf, avec leurs couleurs gaies et leur mobilier de style fait une étape au calme de qualité. Ajoutez la cuisine sérieuse et classique (sole périgourdine, côte de bœuf charolais, rissoles de ris de veau, crêpes aux fraises et framboises), une cave immense avec des bordeaux de choix, plus une distillerie attenante à la demeure convertie en brasserie new-look et vous comprendrez que cette demeure aux champs vaille le détour.

Produits

PÂTISSIER

Jacques

342, bd Poincaré. Tél. : 03 21 57 66 10
64, rue d'Arras. Tél. : 03 21 68 47 78

L'artiste des macarons aux amandes, des gaufres béthunoises, des pavés du beffroi (feuilleté praliné) et du picotin de l'âne de Buridan (chocolat parfumé au genièvre de Houlle).

Bettendorf : voir Altkirch

Beuvron-en-Auge

14430 Calvados. Paris 217 – Caen 30 – Cabourg 15 – Lisieux 27 – Pont-l'Evêque 32.

L'un des plus jolis villages de Normandie, avec sa place centrale, sa vieille halle, ses maisons anciennes, son manoir.

Restaurant

Le Pavé d'Auge

Tél. : 02 31 79 26 71. Fax : 02 31 39 04 45
Fermé lundi, mardi (hs), vac. févr., 28 nov.-28 déc.
Menus : 145 F (déj.)-245 F. Carte : 300-350 F

Jérôme Bansard, qui a repris il y a quelques années la demeure d'Odile Engel, partie au Beffroy de Rouen, en a fait un temple de la cuisine légère en Normandie, ce qui n'était pas une mince affaire. Sa charmante épouse anglaise reçoit avec le sourire. Les clients de la côte, venus de Deauville et de Cabourg, se mettent au vert pour le plaisir de goûter le turbot au vinaigre de cidre, le homard au beurre d'herbes, le parmentier de rognon de veau à l'andouille, la tarte aux pommes chaudes ou l'assiette aux cinq chocolats que l'on accompagne de vins choisis.

Beuzeville

27210 Eure. Paris 177 - Honfleur 15 - Le Havre 32 - Deauville 31 - Evreux 77.

La porte vers les plus belles plages de la côte normande, c'est ce gros bourg accueillant, avec sa grand-place et ses bonnes auberges.

Hôtels–restaurants

Le Petit Castel

Tél. : 02 32 57 76 08. Fax : 02 32 42 25 70
Fermé 15 déc.-15 janv.
16 ch. 260-340 F

Ce petit hôtel cossu offre des chambres gaies, peu chères, joliment décorées, avec leur mobilier ancien, accueil aimable, jardin.

Le Cochon d'Or

Tél. : 02 32 57 70 46. Fax : 02 32 42 25 70
Fermé dim. soir (hs), lundi, 15 déc. – 15 janv.
4 ch. 205-245 F
Menus : 82-245 F. Carte : 200-300 F

Cette belle auberge sur la grand-place, avec sa salle à manger coquette et ses tables bien dressées a bonne mine. L'accueil est empressé, le service diligent, les menus bien équilibrés et la tradition régionale respectée. Raie aux choux, sole meunière, tripes au calva, tarte normande sont de très bon ton.

Produits

CHARCUTIER

Philippe Desmarets

130, rue Constantin-Fouché
Tél. : 02 32 57 70 65

Terrine de campagne, rillettes, andouillettes, tripes sont ici du travail d'art.

Les Bézards

45290 Loiret. Paris 139 - Auxerre 79 - Orléans 74 - Joigny 57 - Montargis 23 - Gien 18.

Un point sur une nationale chantée par Trenet qui est aussi une halte de choix entre forêt d'Orléans et rive de Loire.

Hôtel–restaurant

Auberge des Templiers

N7
Tél. : 02 38 31 80 01. Fax : 02 38 31 84 51
Fermé févr. 22 ch. 600-1 380 F. 8 appart.
1/2 pens. 960-1 160 F
Menus : 320 F (déj.), 420-720 F. Carte : 800 F

Cette grande maison, à l'écart des modes, s'est rapprochée de Paris sans bouger d'un iota. L'autoroute A77, en sa sortie 19 l'a mis à 3 km d'une voie rapide. Autant dire qu'on vient de la capitale chez les Dépée, comme chez des cousins de province, bien élevés, si proches de nous, que toutes nos manies leur sont connues. D'où ces chambres exquises dans leur parc pour un beau week-end à la campagne – l'automne est ici la saison privilégiée, celle du gibier frais chassé et celle du brame des cerfs –, ce service au petit point, ce bar cosy, ce salon avec cheminée, ces salles à manger avec baie vitrée sur un jardin intérieur. Quel que soit le chef du moment, et l'on connut ici, de Christian Willer présentement au Martinez à Jacques Rolancy, qui fut chez Laurent à Paris, en passant par Jean-Claude Rigollet ou Grégoire Sein, on sait qu'on va se régaler. Une cave de grands bourgognes, de savoureux sancerres, de bordeaux impériaux accompagnent les plats du moment. Saumon fumé au bois fruitier, soupe de coquillages, chevreuil Grand Veneur, ris de veau braisé au miel du Gâtinais, tarte solognote et glace au miel sont ici, entre mille bonnes choses, des pièces d'anthologie. Relais & Châteaux.

Béziers

34500 Hérault. Paris 767 - Perpignan 92 - Marseille 234 - Montpellier 70.

La cathédrale Saint-Nazaire, le jardin Saint-Jacques, les rives de l'Orb et le canal du Midi sont les éléments en relief d'une ville en creux, au cœur de la douceur française.

Hôtels–restaurants

Hôtel du Champ de Mars

17, rue de Metz
Tél. : 04 67 28 35 53. Fax : 04 67 28 61 42
10 ch. 180-250 F

Aimable, modeste, peu cher, ce petit hôtel, près de la place du 14-Juillet, a le bon goût d'être discret. Pas de restaurant, mais des petits déjeuners soignés et un accueil charmant.

L'Ambassade

22, bd de Verdun
Tél. : 04 67 76 06 24. Fax : 04 67 76 74 05
Fermé dim., lundi soir
Menus : 145 F (déj.)-340 F. Carte : 250-300 F

Créateur enthousiaste et passionné, Patrick Olry est un chef qui cherche et trouve. Son cadre est simple, mais on y a ses aises. La carte, pleine de bonnes intentions, se renouvelle selon le marché. Cela donne, par exemple, la crème mousseuse d'asperges aux févettes, le mi-cuit de foie de canard à la farine de châtaigne, la côtelette de saumon avec son risotto de coquillages : autant de jolis tours, séducteurs, fins, frais, pleins de malice qui mettent le palais en fête sans jamais lasser. Ajoutez-y les desserts splendides sur des thèmes chocolatés et vous comprendrez que chaque jour quelque chose se passe dans cette ambassade du bon goût.

Le Framboisier

12, rue Boïeldieu
Tél.: 04 67 49 90 00. Fax: 04 67 28 06 73
Fermé dim., lundi, vac. févr., 15-28 août
Menus: 170-380 F. Carte: 300-350 F

Angel Yagues qui fut ici la vedette de la ville aux temps évanouis de la nouvelle cuisine est revenu se plonger dans ses casseroles avec sérieux, ténacité et modestie. Le service est enthousiaste, la cuisine le sérieux même, les produits extrafrais, sans être toujours les plus coûteux et l'on se régale sans mal d'huîtres chaudes au champagne, salade tiède caille aux lentilles, fricassée d'asperges avec œuf cassé à la truffe ou rognon de veau au vieux Banyuls, qui constituent de la cuisine limpide et sont d'une justesse de ton sans faille. Belle cave, pas forcément hors de prix.

La Potinière

15, rue Alfred-de-Musset
Tél.: 04 67 76 35 30. Fax: 04 67 76 38 45
Fermé sam. midi, dim. soir, lundi
(sf 1er-15 août), 15-25 févr. 19 au 19 juin
Menus: 80 F (enf.), 140-380 F. Carte: 250-350 F

La famille Lavaux au grand complet (le père Marc, formé chez les grands, Régis et Aurélia se partageant accueil, service et cave) se met en quatre pour votre plaisir. Les trois foies gras, les morilles farcies aux langoustines, le pigeon au saint-chinian sont du joli travail.

A 34370 Maraussan. 6 km par D14

Parfums de Garrigues

33, rue de la Poste
Tél.: 04 67 90 33 76. Fax: 04 67 90 33 76
Fermé mardi soir, mercr., vac. Toussaint, vac. févr.
Menus: 50 F (enf.), 90-350 F. Carte: 250-300 F

Jean-Luc Santuré a fait de cette demeure rustique avec jardin intérieur une des adresses de charme de la région. Sa cuisine joue les saveurs méditerranéennes et les produits frais sans discontinuer. Marbré de foie gras aux figues, dos de daurade à l'huile d'olive et mousseline de courgettes, gigotin d'agneau en crépine et nougat glacé au miel se au mangent au patio à la belle saison.

A 34490 Lignan-sur-Orb. 7 km N.-O. par D19

Château de Lignan

Tél.: 04 67 37 91 47. Fax: 04 67 37 99 25
49 ch. 700-800 F. 1/2 Pens. 800 F
Menus: 185-425 F. Carte: 500 F

Cette ancienne demeure seigneuriale, qui fut une résidence épiscopale, a connu maintes rénovations depuis le XIIIe siècle. Les chambres sont de grand confort, le parc de 6 ha est plein d'agrément, la salle à manger est charmeuse. Côté cuisine, lasagne de gambas et tomates aux moules, pigeon rôti en cocotte sauce salmis, moelleux au chocolat et poire safranée sont d'un sérieux sans faille.

Biarritz

64200 Pyrénées-Atlantiques. Paris 776 - Bayonne 9 - Bordeaux 199 - Pau 124 - St-Sébastien 50.

Office du Tourisme : square d'Ixelles
Tél. : 04 59 22 37 00. Fax : 04 59 24 14 19

La capitale mondaine, côtière, mais aussi gourmande du Pays basque demeure fidèle aux images du passé. La plage des rois, la reine des plages: c'est ici même. Avec, en sus, les surfeurs de la côte des Basques et les bars branchés où l'on boit cidre et jerez comme à Séville et Donostia. Le casino Bellevue rénové, la silhouette effilée face au grand océan, des promenades, qui vont jusqu'au milieu de la mer et une halle qui vous a un air de marché d'antan: est-ce assez pour raconter une ville qu'on réduit souvent à une halte pour amateurs de golf et de bronzing. Ni rustique (c'est Bayonne), ni frontalière (c'est Hendaye), Biarritz affiche une sorte de bon goût européen, avec des produits qui ne sont qu'à elles et à sa région. Cela s'appelle touron ou chocolat, merlu ou chipiron. La gourmandise ici a de l'accent et les chefs ont le vent en poupe.

Hôtels

Le Palais

1, av. de l'Impératrice
Tél.: 05 59 41 64 00. Fax: 05 59 41 67 99
Fermé 5-23 févr. 134 ch. 1 550-2 950 F.
22 suites: 3 250-6 250 F. 1/2 pens. 1 425-1 875 F
L'Hippocampe (fermé nov.-mars): 400 F
La Rotonde, menu: 290 F

Ce chef-d'œuvre Napoléon III élevé à la gloire d'Eugénie de Montijo vaut à lui seul le voyage à Biarritz. Grand hall, vue, piscine, gastronomie soignée (voir restaurant Villa Eugénie). Restaurant de piscine de qualité (l'Hippocampe) et la Rotonde dans une grande salle panoramique. Excellent service avec une équipe de concierges qui comptent parmi les meilleurs de leur profession.

Le Miramar

13, rue Louison-Bobet
Tél.: 05 59 41 30 00. Fax: 05 59 24 77 20
126 ch. 1 695-2 740 F. 1/2 pens. 1 290-1 675 F
Piballes: 290 F

Séjours thalasso dans un hôtel moderne de bord de mer. Grand confort, quoique chambres pas toujours grandes, panorama, cuisine diététique (Piballes) et gourmande (voir Relais Miramar).

Château du Clair de Lune

48, av. Alan-Seeger, rte d'Arbonne (hors plan)
Tél.: 05 59 41 53 20. Fax: 05 59 41 53 29
17 ch. 450-750 F

Ce grand manoir rêveur avec son annexe charmante de style néo-colonial propose le calme à la campagne, un jardin immense avec vue sur les Pyrénées et des chambres aux meubles chinés mêlant charme d'autrefois et confort d'aujourd'hui. Jolis salons.

Hôtel du Café de Paris

5, pl. Bellevue
Tel. 05 59 24 19 53. Fax: 05 59 24 18 20
18 ch. 600-1 150 F

Des chambres modernes, rénovées, en centre-ville, qui offrent, avec leurs grandes baies, des vues sur l'océan (voir aussi restaurant à ce nom).

Le Plaza

Av. Edouard-VII
Tél.: 05 59 24 74 00. Fax: 05 59 22 22 01
56 ch. 580-920 F. 1/2 pens. 590-670 F

Monument Arts Déco à peine rénové (jolies salles de bains), nostalgique et émouvant. Les chambres en façade bénéficient d'un coup d'œil sur l'océan.

Régina et Golf

52, av. de l'Impératrice
Tél.: 05 59 41 33 00. Fax: 05 59 41 33 99
Fermé début déc.-fin févr.
66 ch. 1 110-1 390 F. 1/2 pens. 835-935 F

Ce palace modernisé avec son hall à galeries, ses chambres sobres, sa vue sur le golf fait, non loin de la mer, une des meilleures haltes de la ville.

Altess

19, av. Reine-Victoria
Tél.: 05 59 22 04 80. Fax: 05 59 24 91 19
Fermé févr., nov.
40 ch. 860 F. 3 duplex

Cette demeure modernisée au cœur du centre offre des chambres plutôt petites, mais bien tenues, non loin de la plage. Accueil souriant.

Maison Garnier

29, rue Gambetta
Tél.: 05 59 01 60 70. Fax: 05 59 01 60 80
7 ch. 390-580 F

Cette adresse minuscule, dans une demeure soignée près des Halles, est notre coup de cœur à Biarritz. Des chambres claires, blanches, sobres, sans chichis ni chiqué, avec de jolies salles d'eau, des meubles chinés sur le mode Arts déco, des prix tout doux. De grâce : n'en parlez qu'à vos amis.

Tonic

58, av. Edouard-VII
Tél.: 05 59 24 58 58. Fax: 05 59 24 86 14
63 ch. 730-1 030 F. 1/2 pens. 535-705 F
Menus: 65 F (enf.), 149-295 F

Cet hôtel moderne joue le dynamisme et le confort moderne sans complexe. La grande plage et le casino sont à deux pas. Les chambres sont fonctionnelles, sans charme, bien équipées, avec des baignoires-jaccuzi. Restaurant la Maison Blanche.

Maïtagaria

34, av. Sadi-Carnot
Tél.: 05 59 24 26 65. Fax: 05 59 24 27 37
17 ch. 340-360 F

Cette petite maison basque avec son jardin, ses chambres gaies, claires, pourvues de quelques meubles Arts déco, offre un des meilleurs qualité-prix de la ville.

Le Petit Hôtel

Rue Gardères
Tél.: 05 59 24 87 00. Fax: 05 59 24 32 34
12 ch. 320-440 F

Ce petit hôtel moderne, plein centre, à deux pas de la grande plage et du casino propose de petites chambres modernes dans les tons bleus et un accueil sympathique.

Le Président

Place Georges-Clemenceau
Tél.: 05 59 24 66 40. Fax: 05 59 24 90 46
64 ch. 380-690 F

Cette grande tour moderne sise plein centre, genre années soixante-dix, avec chambres fonctionnelles un peu datées, joue, modestement, New York sur la côte basque.

Romance

6, allée des Acacias
Tél.: 05 59 41 25 65. Fax: 05 59 41 25 65
Fermé 15 janv.-1er mars
10 ch. 330-480 F

Dans un quartier résidentiel près de l'hippodrome, cette maison particulière cache dix chambres très propres à la déco un peu kitsch. Charmant accueil d'une hôtesse aux aguets.

Restaurants

Villa Eugénie

Au Palais, 1, av. de l'Impératrice
Tél.: 05 59 41 64 00. Fax: 05 59 41 67 99
Fermé 5-23 févr.
Menu dégust.: 400 F. Carte: 450-650 F

Jean-Marie Gautier, Berrichon sérieux et modeste, jadis formé aux Templiers des

Bézards et au Martinez à Cannes, s'est coulé avec aise dans le moule gourmand du Pays basque. Cet ouvrier de grande classe parvient à faire plaisir à tous dans ce palais créé jadis pour l'impératrice du Second Empire, dans la grande salle en rotonde comme la petite salle qui porte son nom. On accueille ici les plus chics banquets de la côte autant que les repas légers, frais, créatifs. Et l'on goûtera une cuisine pleine d'esprit et soucieuse de racines : fraîcheur de légumes à l'araignée de mer, langoustines glacées avec crémeux à l'avocat et caviar pressé, filets de rougets aux chipirons à l'encre servis avec un risotto crémeux, foie gras chaud à l'ananas, jolies fraises des bois, jus à l'orange et sorbet fromage blanc sont d'une justesse de ton sans faille. Grand service, cave à l'unisson.

Le Café de Paris

5, pl. Bellevue
Tél. : 05 59 24 19 53. Fax : 05 59 24 18 20
Fermé déj., 12 nov.-19 mars
Menus : 215-450 F. Carte : 400-500 F

Cette institution que jadis la famille Laporte rendit célèbre dans l'Europe des têtes couronnées a retrouvé son lustre, rénovée avec aise sous la férule de deux anciens de chez Guérard, Oury Duhr et Didier Oudill. Ceux-ci, qui se partagent entre Paris, où ils ont recréé un bistrot canaille, le Dauphin, sur le modèle de leur annexe biarrote, le Bistrot Bellevue, et ici même, composent à quatre mains une cuisine sophistiquée qui ne manque pas de nerf. Bouillon crémeux d'écrevisses au fenouil glacé avec les queues en beignets citronnés, délice de tomate et homard à

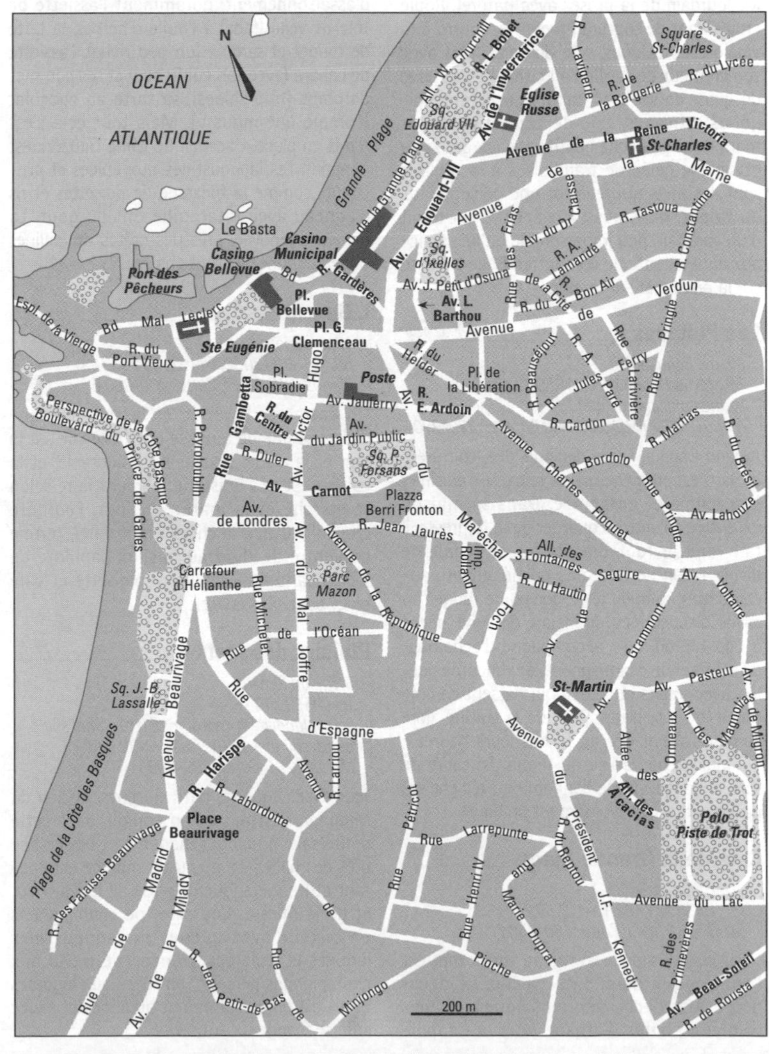

l'huile d'olive aux épices, salade potagère aux rouelles de bonites, vieux jambon et lardons de foie gras, paella de poissons fins et ailerons de volaille avec son riz pimenté, canard en cocotte au pourpier acidulé, gondole meringuée glacée au fromage blanc et cerises tièdes, soufflé au chocolat et caramel au beurre salé s'arrosent de jolis vins régionaux conseillés avec justesse.

Relais Miramar

13, rue Louison-Bobet
Tél. : 05 59 41 30 00. Fax : 05 59 24 77 20
Menus : 290 F. Carte : 350-500 F

Aussi à l'aise dans le diététique que dans le gastro tranquille, trempé aux couleurs régionales, le Vosgien Patrice Demangel, que l'on connut jadis au Grand Hôtel de Saint-Jean-de-Luz, fait de la cuisine basque comme M. Jourdain de la prose : avec naturel. Roulé croustillant de tourteau façon txangurro à la vinaigrette d'algues, sole dorée au plat avec son crémeux de sardine au citron séché, pavé de quasi de veau en capuccino de champignons sauvages, foie de canard chaud et marmitako de pêche confites, macaron Izarra et sa fine gelée de framboises à la réglisse sont des mets qui révèlent une personnalité, du talent, mais aussi un accent. En dépit d'un cadre un peu impersonnel, qu'un service aux aguets tente de réchauffer. Belle terrasse sur la piscine et sur la mer.

Les Platanes

32, av. Beau-Soleil
Tél. : 05 59 23 13 68. Fax : 05 59 23 13 68
Fermé lundi, mardi (été)
Menus : 160 F (déj.), 260-300 F. Carte : 270-380 F

Arnaud Daguin, allure dégingandée, coiffure à la Barthez, promène un air relaxe de cuisinier star calme et enracinée. Dans sa maison excentrée à l'orée du quartier de la Négresse, il fait venir le Tout-Biarritz qui se régale de divine façon de foie gras poché, chaud, aux courgettes, refroidi, juste poivré, de rouget au caviar d'aubergines, de maigre de ligne, pêché à Cap-Breton, qu'il accompagne d'échalotes, de confit et de champignons, de rhubarbe poêlée, avec fraises et sorbet, qui passent comme une lettre à la poste. C'est de la cuisine, libre comme l'air, glanée au fil des jours heureux, qui indique où va l'air du temps. Le cadre de salle à manger privée bonhomme avec chaises paillées et recoins d'ombre est un havre.

Café de la Grande Plage

1, av. Edouard-VII
Tél. : 05 59 22 77 88. Fax : 05 59 22 77 83
Menu : 55 F (enf.). Carte : 180-250 F

Cette gaie brasserie avec vue sur la mer est l'annexe gourmande du casino. Le décor genre Arts déco avec mosaïques, nappes colorées, photos d'artiste, joue la Coupole biarriote, le charme en sus. Et la cuisine propose, en fraîcheur et simplicité, fruits de mer, poissons et grillades dans l'esprit du pays. Tartare de saumon, gaspacho ou daurade à la plancha sont de belle composition.

Campagne et Gourmandise

52, av. Alan-Seeger, rte d'Arbonne (hors plan)
Tél. : 05 59 41 10 11. Fax : 05 59 43 96 16
Fermé dim. soir sf été, lundi midi, mercr., vac. févr., vac. Toussaint
Menu-carte : 200 F

André Gaüzère, Landais adopté par le pays, fut longtemps le créateur des menus diététiques du Miramar. Il s'est mis à son compte sans se prendre pour le roi de Prusse, plaçant sa cuisine sous la gouverne d'un habile menu-carte. Notre première expérience nous a fait gloser sur des approximations de dosage, de cuisson, d'assaisonnement, notamment l'assiette de tête de veau (fade) à l'huile d'herbes, la tarte de rouget et sardine (un peu riche), l'assiette de canard (avec son confit sec) et ses pommes darphins (trop salées), sa tarte au chocolat (comme une mousse). Mais tout cela s'est remis en place. L'accueil de Mme Gaüzère est pimpant. Les langoustines aux épices et artichauts comme la fricassée de noisettes et ris d'agneau avec ratatouille ont du goût. La demeure rénovée, près des crêtes de collines et de la Rhune, est tout charme.

L'Operne

17, av. Edouard-VII
Tél. : 05 59 24 30 30. Fax : 05 59 24 37 89
Menus : 148-188 F. Carte : 200-350 F

On entre par l'avenue et la salle ménage depuis sa grande terrasse une belle vue sur la mer et la plage. L'accueil est adorable, et la cuisine est très brasserie joliment faite selon le marché et la marée du jour. Feuilleté croustillant aux anchois, crabe farci, terrine de ventre de thon au basilic, papillote de merlu parfumé à l'huile de noisette et café glacé sont sans épate.

Plaisirs des Mets

5, rue du Centre
Tél. : 05 59 24 34 66
Fermé lundi midi, mardi midi (été), lundi soir, mardi soir (hs), 25-30 juin, 23-30 nov.
Menu : 125 F. Carte : 180-300 F

Jean-Noël Aguerre, natif du pays, ancien du Miramar, s'est mis à son compte dans cette petite salle à manger moderne et boisée sise près des halles. Le menu du marché est épatant et les mets jouent le jeu de la fraîcheur et de la finesse. Coussinet de champignons en duxelle avec queues de langoustines laquées et asperges, tronçon de merlu aux champignons persillés, bar doré aux légumes et jus d'aromates, fondant au chocolat sauce café se mangent tout seuls.

Chez Albert

Au port des Pêcheurs
Tél. : 05 59 24 43 84. Fax : 05 59 24 20 13
Fermé mercr. oct.-mars, 1er-15 déc., 8 janv.-12 févr.
Menus : 70 F (enf.), 175 F. Carte : 250 F

Cette institution bonhomme, sise entre barques de pêche et haut du port, vous reçoit avec le sourire pour déguster huîtres du bassin d'Arcachon, poissons du jour (anchois frits, sole meunière, petits rougets grillés au pistou) sans tapage, ni fioriture.

L'Auberge

22, rue Harispe
Tél. : 05 59 41 01 41
Fermé dîn. (sf dim., jrs fériés), 15-30 juin, 1er-15 nov.
Menu : 128 F

Jean Lasserre, Gascon bien né, est demeuré fidèle au terroir landais en créant cette bonne auberge, comme autrefois, dans une rue roulante de Biarritz en direction des plages. Il n'ouvre que le soir en semaine, mais a soin de régaler son monde de produits glanés chez les petits paysans ou au marché le matin même. Sa poêlée de ris d'agneau, ses filets de rouget au basilic, ses chipirons sautés, sa morue biscayenne, son chuletillas de canard ou son boudin grillé sont la sincérité même, délivrés, en sus, à travers un généreux menu-carte qui s'additionne de suppléments modiques dès qu'il s'agit de foie gras. La tarte grand-mère et la crème brûlée à la fleur d'oranger sont à retomber en enfance.

Le Bistrot Bellevue

5, pl. Bellevue
Tél. : 05 59 24 19 53. Fax : 05 59 24 18 20
Fermé 12 nov.-19 mars. Carte : 200 F

A côté de leur Café de Paris, chic et gastro, Didier Oudill et Gary Duhr ont fait de ce bistrot relaxe le temple des belles grillades de viandes et de poissons, cuites en parillades, sur la plancha. On vient chez eux pour la vue, les assiettes nettes, les tables de bois sympas, les vins francs du collier et les terrines en « cantines » de verre à partager pour deux (rillettes d'oie, légumes et confit, terrine paysanne), le gaspacho glacé, les anchois et piquillos, le cabillaud à la biskayenne, la belle assiette du boucher ou les légumes sautés, juste avant la crème moka cannelle caramélisée. A Paris, le duo a recréé le Dauphin sur le même modèle.

Le Clos Basque 

12, av. Louis-Barthou
Tél. : 05 59 24 24 96
Fermé dim. soir, lundi (hs), 26 juin-3 juil., 16-31 oct., 19 févr.-5 mars
Menu : 140 F

Béatrice Perraudin-Viateau est la fée gourmande de Biarritz. Son décor d'auberge croquignolette en ville avec patio est adorable. Son menu-carte ? Une aubaine qui permet de découvrir à peu de frais les ressources du marché local qu'elle cuisine avec brio et une petite touche provençale. Filets de sardines en marinade catalane avec croûtons de tapenade, légumes grillés en salade avec mozzarella, supions sautés et coco marinés à l'huile d'olive cuits ensemble au sautoir, darne de colin au lard paysan et pommes grenailles au coulis de pimentos, filet d'oie sauté aux olives vertes, pain perdu à l'armagnac et vacherin glacé au melon se dégustent sans chipoter.

La Goulue

3, rue E.-Ardouin
Tél. : 05 59 24 90 90. Fax : 05 59 24 65 40
Fermé dim. (hs), lundi, 3-13 janv., 3-11 mars
Menus : 80 F (déj.), 140 F

Ancien de chez Coussau à Magesq, Eric Lacouture mitonne des mets au gré du jour dans sa petite boîte de type néo-1900 hommage à Toulouse-Lautrec. Gaspacho de crevettes, fricassée de chipirons au piment d'Espelette, piquillos de Lodosa grillés au feu de bois, chulatas d'agneau grillé au thym ne font pas la retape.

La Plancha d'Ilbarritz 

Rte du Lac - plage d'Ilbarritz à Bidart (hors plan)
Tél. : 05 59 23 44 95. Fax : 05 59 23 44 95
Fermé lundi soir, mardi soir, nov.-avril
Carte : 160 F

Sur la plage, ce cabanon vitré propose des poissons tout frais, simplement cuits à la plancha, des chipirons sautés, du jambon basque, de la daurade à l'huile d'olive et le fromage de brebis que l'on arrose d'un petit rioja tout frais.

Le Saint-Amour

26, rue Gambetta
Tél. : 05 59 24 19 64. Fax : 05 59 24 58 57
Fermé dim. soir, lundi (hs), 15 jrs févr., 15 jrs juin, 15 jrs nov.
Menu (déj., vin c.) : 80 F. Carte : 160 F

Ce bouchon lyonnais près des halles propose des mets de toujours qui font plaisir sans manière, salade de lentilles, andouillette de Bobosse, côte de bœuf, et tous les mets de l'ardoise du jour, dans une ambiance fort conviviale.

La Tantina de Burgos

2, pl. Beaurivage
Tél. : 05 59 23 24 47
Fermé déj., dim., 15 jrs oct.

Une bodega ibérico-basque avec son décor simple, son ambiance chaude, ses tables de bois, ses plats inscrits sur l'ardoise (piballes, chipirons, merlu à la plancha, côte de bœuf) cuisinés avec allant.

Produits

ARTS DE LA TABLE

Edera

14, rue Mazagran
Tél. : 05 59 24 66 20

Cette belle échoppe vouée au linge basque propose nappes et torchons rayés aux jolies couleurs, fabriqués artisanalement dans le proche pays béarnais.

Helena

27, av. Edouard-VII. Tél. : 05 59 24 73 43
33, rue Mazagran. Tél. : 05 59 24 06 23

L'une des belles vitrines du linge basque, avec ses jolis tissus rayés de vert et rouge, de bleu et jaune, rouge et bleu. De quoi donner du tonus à vos tables.

BOULANGER

Loubère

11, rue Larralde. Tél. : 05 59 24 01 82
55, av. de Verdun. Tél. : 05 59 24 17 43

Tout ce que mitonne ce bel artisan (pains au son, céréales, farine complète) est digne d'intérêt. L'épatant petit pain au chorizo se mange comme du gâteau.

CAVISTES

Le Cellier des Halles

8, rue des Halles
Tél. : 05 59 24 21 64

Dans sa belle échoppe face aux halles, Christian Bedat raconte les vins du Sud-Ouest cher à son cœur. Ce Landais adopté par le pays basque glane ses trésors en Espagne ou du côté du Marmandais. De Bordeaux ou de Cahors, la vérité se livre ici en trois couleurs.

La Compagnie des Vins

16, rue Léon-Gambetta. Tél. : 05 59 22 55 40

Cette boutique très contemporaine près des halles propose de jolies bouteilles dans tous les vignobles avec des inclinaisons choisies entre irouléguy et madiran. Dégustation sur place.

CHARCUTIER

Montauzer

Halles Centrales. Tél. : 05 59 24 39 15

Le fabricant de jambon de Guiche, présent à Bayonne, a ouvert un stand au marché où il vend, en sus de son fameux Ibaiona moelleux, des conserves, foie gras, confit de qualité.

CHOCOLATIERS

Chocolats Design

1, av. Foch et 8, rue Pellot
Tél. : 05 59 24 14 03

Chocolats aux amandes, noisetines, nougatines au chocolat, « Biarritz noir » sont d'exquises choses produites par Alexandre Seynave, jeune Biarrot formé en Belgique.

Henriet

Pl. Georges-Clemenceau
Tél. : 05 59 24 24 15

Palet or, palet café et « baiser de l'impératrice au praliné », mais aussi gâteau basque en chocolat sont de l'ouvrage d'art chez Serge Couzigou, chocolatier vedette de sa ville qui vient d'ouvrir un musée du Chocolat dans son ancien atelier.

CONFISEUR

Pariès

27, pl. Georges-Clemenceau
Tél. : 05 59 22 07 52

Claudine Pariès tient avec le sourire cette boutique vouée au touron en pain coloré, mouchous basques (macarons à la pâte d'amande) et kanougas (caramels au chocolat).

ÉPICIER

Arostéguy

5, av. Victor-Hugo
Tél. : 05 59 24 00 52. Fax : 05 59 24 11 19

Gâteau basque, piment d'Espelette, poivrons Erdeki et sauce basquaise se retrouvent dans cette adorable échoppe sise dans une ancienne pharmacie. Beaux choix de thés, cafés, vins et alcools en prime.

FROMAGER

Les Mille et un fromages

8, av. Victor-Hugo
Tél. : 05 59 24 67 88

Pour une dégustation savante de fromages de brebis de Belloc, d'Iraty ou d'Ossau-Laruns.

PÂTISSIERS

Dodin

7, rue Léon-Gambetta et 9 bis, bd du Gal-de-Gaulle
Tél. : 05 59 24 16 37

Le Lenôtre biarrot s'appelle Garrigue. Ses « bérets basques » avec génoise, mousse et sauce au chocolat sont superbes. Mais le succès pistachés et les classiques (éclairs, mille-feuille, financier, amandine, roulé au citron) sont épatants. Glaces superbes

Mandion

3, av. de Bayonne, à Anglet
Tél. : 05 59 63 86 16

Ce pâtissier vedette (son cake au touron est une merveille, son baba au rhum est fameux, son gâteau basque aux cerises d'Ixtassou est de première force) produit des glaces hors pair. Son sorbet au fromage blanc a fait le tour de France.

POISSONNIER

Aragües

Halles Centrales. Tél. : 05 59 23 08 30

Ce poissonnier vedette des halles est de confiance pour les meilleurs thons, louvines, anchois, merlus des environs.

PRIMEURS

Le Palais du fruit

Halles centrales. Tél. : 05 59 24 44 77

Lysiane Eliçabe vend ici les meilleurs fruits et légumes du grand Sud-Ouest, glanés de Bilbao à Perpignan. Belles cerises, asperges, tomates luisantes de fraîcheur et champignons sauvages en saison.

PRODUITS RÉGIONAUX

Chailla

Halles centrales
Tél. : 05 59 24 21 08

Le fromage de brebis affiné en quatre versions, le jambon Ibaïona de la ferme d'Iratzia signé Sauveur Maïté, les condiments, foie gras et autres terrines du pays sont rois sur ce bel étal.

PRODUITS ÉTRANGERS

La Table de Don Quichotte

12, av. Victor-Hugo
Tél. : 05 59 22 29 66

Cette belle boutique d'angle propose le meilleur de l'Espagne, à travers vins, conserves, jambons et charcuteries choisies.

Rendez-vous

BAR À BIÈRES

Le Manneken Pis

Pl. du Casino Municipal
Tél. : 03 59 24 14 85

Cette taverne sise près de la Grande Plage (on dit «chez le Belge») sert cent cinquante bières dont cinq pressions fort bien tirées.

CAFÉS-BARS

Le Bar Jean

5, rue des Halles
Tél. : 05 59 24 80 38

Cette halte tapas incontournable avant, pendant ou après son marché aux halles fait une étape parfaite pour l'apéro entre amis.

El Bodegon

5, av. de la Gare
Tél. : 05 59 24 60 09

Ce bar à tapas, qui reçoit aussi bien pour le verre de xérès vite fait que pour grignoter des plats frais, est à la mode depuis belle lurette.

El Callejon

15, pl. Georges-Clemenceau
Tél. : 05 59 24 99 15

«The» bar à tapas qui fait ressembler Biarritz à Séville.

Pantaleon

36, av. Verdun
Tél. : 05 59 24 09 69

Une cidrerie à la mode basque espagnole.

Le Royalty

11, pl. Georges-Clemenceau
Tél. : 05 59 24 01 34

Ce bar américain hors mode – qui fut sur le dessus de la vague il y a deux décennies – vaut pour sa terrasse où il fait bon voir et être vu. La partie restaurant est nettement moins emballante.

SALONS DE THÉ

Mandion

7, rue Gardères
Tél. : 05 59 63 86 16

Le pâtissier vedette d'Anglet s'est installé dans ce petit salon-brasserie moderne qui propose quelques-uns de ses délices sucrés : formidables babas, macaron pistache ou chistera sucré, à déguster à l'intérieur ou en terrasse tout près du casino et de la grande plage.

Miremont

1 bis, place Georges-Clemenceau
Tél. : 05 59 24 01 38

Cet adorable salon de thé 1880, dirigé par Jean Garrigue de chez Dodin (établissement années cinquante presque vis-à-vis) dévoile ses fastes face à la mer. Splendides glaces (plombières, framboise, coco, vanille), béret basque en chocolat et succès praliné à fondre. Egalement une annexe d'été à l'enseigne de Dodin sur la grande plage.

Bidart

64210 Pyrénées-Atlantiques. Paris 783 – Biarritz 7 – Bayonne 16 – St-Jean-de-Luz 9- Pau 123.

Un village basque en balcon perché sur l'océan et sa belle table à l'intérieur des terres...

indique un établissement au bon rapport qualité-prix.

Hôtels-restaurants

Villa L'Arche

Chemin Camboénéa
Tél.: 05 59 51 65 95. Fax: 05 59 51 65 99
Fermé mi-nov.-mi-févr.
8 ch. 730-830 F

Derrière un portail blanc, peint à la chaux, cette demeure ouverte sur l'océan, avec sa vue superbe, sa situation au calme avec sa pelouse qui descend jusqu'à plage, ses meubles en teck, ses chambres pimpantes, fait une aubaine de charme.

Les Frères Ibarboure

Rte d'Ahètze, chemin de Ttalienia
Tél.: 05 59 54 81 64. Fax: 05 59 54 75 65
Fermé mercr. (sf été), dim. soir, 5-20 janv., 15 nov.-3 déc.
Menus: 200 F (déj.)-450 F. Carte: 350-450 F

Cette grande maison genre basque revue par Disneyland impressionne dans son domaine. Pourtant les Ibarboure et leur équipe sont la chaleur même, les dames en salle, Martin et Philippe, les deux frères aux fourneaux. Le service de salle est l'un des meilleurs de la région, les menus fort bien pondus et les plats respirent l'équilibre et la fraîcheur, même si certaines garnitures font un peu «traiteur». Chaud-froid de gaspacho et langoustines rôties, croquant d'araignée, superbe foie gras chaud avec son chutney de fruits épicés et son beignet de pommes, ventrèche de thon et gigot d'agneau piqué d'ail sont du travail ciselé, servi avec générosité et précision. Les riches desserts (moelleux au chocolat sauce porto, tourtière pommes et raisins à l'armagnac) sont pareillement soignés. Impressionnante carte des vins au juste prix. Des chambres sont en prévision.

La Cucaracha

Rue de l'Ubahia
Tél.: 05 59 54 92 89
Fermé mardi (hs), nov.
Menu: 40 F (enf.), 80 F (déj.). Carte: 200 F

Ce caboulot de bord de route ne paye pas de mine. Pourtant deux joyeux drilles, intraitables sur la qualité des produits, proposent une myriade de choses et bonnes sur des ardoises qui se renouvellent au fil du marché. Le décor intérieur de taverne avec tables en bois vert, la terrasse sur l'arrière et le comptoir donnent le ton. Les chipirons sautés, les moules farcies, le merlu et la daurade à la plancha, les brochettes de thon, la splendide côte de bœuf sur la braise avec les frites maison d'exception arrachent des larmes d'enthousiasme. Ajoutez le baba au rhum de chez Mandion à Anglet et le rouge irouléguy du domaine de Mignaberry et vous comprendrez les raisons d'être heureux ici même.

Produits

BOULANGER

Le Moulin de Bassilour

Tél.: 05 59 41 94 49

Le site est pittoresque, le moulin se visite. Les gâteaux basques à la cerise noire et la crème, le pain à l'ancienne, la brioche au maïs et à l'anis valent l'emplette.

Voir aussi: Biarritz

Billiers

56190 Morbihan. Paris 464 - Nantes 88 - Vannes 28 - La Baule 44 - La Roche-Bernard 17.

Le Morbihan, sentinelle vers l'Atlantique, et sa pointe de Pen Lan comme rempart ultime.

Hôtel-restaurant

Domaine de Rochevilaine

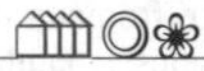

Pointe de Pen Lan-Sud: 2 km par D5
Tél.: 02 97 41 61 61. Fax: 02 97 41 44 85
33 ch. 900-1 500 F. Six appart.
1/2 pens. 820-1 180 F
Menus: 210 F (déj.), 270-500 F. Carte: 350-500 F

Ce beau domaine qui fait face à la mer avec ses chambres qui rendent hommage à ce dernier évoque un bateau arrimé à la terre. Ou un mini-paquebot version luxe. Le lieu a du charme, accueille avec chaleur, n'oublie pas de dispenser de doux plaisirs gourmets. Patrice Caillault, formé jadis chez Taillevent et demeuré fidèle à la demeure depuis l'ouverture, joue de tous les tons et produits de l'océan, poissons de la Turballe ou de Saint-Nazaire, homards bleus frétillants, huîtres, coquillages choisis et cuisinés en douceur. Cela donne les grosses langoustines dorées au safran d'agrumes, le turbot rôti à la cervoise, le homard tout simple rôti au four et nappé d'un léger beurre de corail, d'une brioche légère en pain perdu avec sa glace au lait qui donnent envie d'avoir ici son rond de serviette.

Biot

06410 Alpes-Maritimes. Paris 917 - Cannes 19 - Nice 23 - Antibes 6 - Cagnes 11 - Grasse 21.

Cet immédiat arrière-pays provençal cache un village de potiers, son musée dédié à Léger, son retable du rosaire dans l'église, ses auberges.

Hôtels-restaurants

Domaine du Jas

625, rte de la Mer
Tél.: 04 93 65 50 50. Fax: 04 93 65 02 01
Fermé déc.-févr.
15 ch. 1000-14 000 F

Ce beau domaine dans la nature, caché derrière la D4, abrite des villas provençales modernes et de grand confort. Le parc, la piscine, les balcons et terrasses qui lorgnent sur la campagne et le village ajoutent à l'agrément du lieu.

Les Terraillers

11, rte du Chemin-Neuf
Tél.: 04 93 65 01 59. Fax: 04 93 65 13 78
Fermé mercr., jeudi midi (juil.-août), nov.
Menus: 180 F (déj.), 250-380 F.
Carte: 400-500 F

Chantal et Pierre Fulci accueillent avec chaleur dans cette auberge du temps jadis avec sa treille si séduisante aux beaux jours. Côté cuisine, le chef Claude Jacques joue une partition sûre, classique, certes, mais tellement bien ajustée, qu'on se sent vite sous le charme. Goûtez le croustillant de langoustines, le loup entier en croûte de sel, l'agneau au lait dans son jus au thym, le gratin de citron aux framboises et coulis d'abricot en vous disant qu'un registre simple a du bon quand il est aussi bien tenu. Jolie cave et menus d'une sagesse sans faille.

Auberge du Jarrier

30, passage de la Bourgade
Tél.: 04 93 65 11 68. Fax: 04 93 65 50 03
Fermé lundi soir, mardi, mercr. (juil.-août), 15 janv.-31 mars
Menus: 90 F (enf.), 220 F (déj., vin c.), 250-350 F. Carte: 350-500 F

Le cadre d'auberge croquignolette, l'accueil sympathique, la cuisine surveillée de près par Brigitte Métral qui a repris les choses en mains après le départ de son mari pour la Réserve à Beaulieu, sont des atouts indéniables. La carte est, certes, un peu chère, mais le menu de midi, avec un vin de Provence et un poisson pêché au gré de la mer, est séducteur. Beignets de fleurs de courgettes, rougets grillés à l'huile d'olive, canette aux figues et vin rouge sont de jolies choses.

Chez Odile

Chemin des Bachettes
Tél.: 04 93 65 15 63
Fermé mercr. midi, jeudi (été), mercr. soir, jeudi (hs), déc.-janv.
Menus: 95 F (déj.)-160 F

Pour se prouver qu'il n'y pas que des adresses chères à Biot, le bistrot d'Odile, avec sa terrasse l'été, est une aubaine. Crudités, saucisson chaud, lapin farci, tarte aux fruits de saison se mangent sans façons.

Biriatou: voir Hendaye

Birkenwald

67440 Bas-Rhin. Paris 460 – Strasbourg 33 – Molsheim 22 – Saverne 11.

Un village penché vers les Vosges, au cœur de la «Petite Suisse alsacienne», à deux pas du rocher du Dabo.

Hôtel-restaurant

Au Chasseur

7, rue de l'Église
Tél.: 03 88 70 61 32. Fax: 03 88 70 66 02
Fermé lundi, mardi midi (rest.), janv., 26 juin- 3 juil.
26 ch. 330-500 F
Menus: 105 F, 130 F (déj.)-400 F.
Carte: 250-350 F

Ce petit hôtel au grand air a été rénové sans tapage, avec des chambres confortables et une piscine couverte. L'accueil est familial, les menus bien pondus. Le chef-patron, Roger Gass, qui a fait des stages chez les grands connaît tous les bons trucs de la cuisine moderne. Son style? Les mets au gré du marché, jouant le terroir mêlé à l'inspiration provençale. On peut manger pour trois francs six sous à la petite Jägerstubel, d'allure rustique, la tête de veau grillée à la mousseline de raifort, le filet de hareng matjes ou le jambon à l'os, comme dans l'une des deux salles plus élégantes avec leur plafond boisé où le risotto crémeux de légumes, la dorade sur ratatouille ou le carré d'agneau au thym font croire que la «petite Suisse» se trouve quelque part entre Menton et Grasse. Le propos est de qualité, mettant du soleil dans l'assiette, les produits superbes et tout ce qui est ici servi (presskopf, croustillant de cochon de lait, dampnudel caramélisé avec glace cannelle) est d'une finesse rare. Grande carte des vins, élaborée par le fils Stéphane, sommelier du trois étoiles allemand Traube Tonbach.

Bitche

57230 Bas-Rhin. Paris 436 – Strasbourg 74 – Saverne 51 – Sarreguemines 34.

La capitale du Bitcherland, ce pays germanophone caché entre Moselle, dont il fait partie, et Alsace, cache ses merveilles entre golf, citadelle, étangs, cristalleries et forêts.

Hôtels-restaurants

Relais des Châteaux Forts

6, quai E.-Branly
Tél. : 03 87 96 14 14. Fax : 03 87 96 07 36
Fermé jeudi (rest. oct. – mai), janv.
Menus : 55 F (enf.), 80 F (déj.), 100-210 F

Au pied de la citadelle, cet hôtel moderne aux chambres fonctionnelles et rénovées se révèle bien pratique. Cuisine régionale, terrasse.

Auberge de Strasbourg

24, rue du Colonel-Teyssier
Tél. : 03 87 96 00 44. Fax : 03 87 06 10 60
Fermé dim. soir, lundi, 15-28 janv., 4-18 sept.
8 ch. 220-300 F
Menus : 60 F (enf.), 125-380 F. Carte : 200-300 F

Lutz Janisch, formé à l'Auberge de l'Ill et à l'Arnsbourg à Baerenthal, est resté au pays, après avoir épousé une fille d'ici. Tous deux ont repris cette maison qui fut une étape simple, proposant une cuisine classique sur le mode brasserie du terroir retrouvé. Cynthia sourit, fait l'accueil, sillonne les tables en s'inquiétant du bonheur de chacun. Lutz s'active aux fourneaux, sert ses deux salles assez vastes, promeut une cuisine créative avec malice, enracinée aussi avec conviction entre ses deux régions d'adoption. Alsaco-lorraine, alsacienne réinventée, bitchoise raffinée : croustillant de crabe avec sa bisque au crabe vert, foie de canard poêlé avec sa compote de rhubarbe et de raisin au caramel de maury, sauté de tête de veau à la mousseline de céleri, filet d'agneau avec gnocchi au pistou, soupe de pêche au vin de framboise et onctueuse crème glacée à la vanille qui sont de belles invites.

Auberge de la Tour

3, rue de la Gare
Tél. : 03 87 96 29 25. Fax : 03 87 96 02 61
Fermé lundi soir, mardi, 1er-15 juil.
Menus : 45 F (enf.), 75 F (déj.), 120-300 F. Carte : 250-350 F

Au pied de la citadelle et à deux pas de la porte fortifiée, voilà le classique de la ville. Le cadre néo-1900 fleure l'auberge française de tradition. Adrien et Thérèse Steffanus tiennent la demeure près de deux décennies dans une relative discrétion. Les cuisses de grenouilles à la crème d'ail et parmentier aux fines herbes, le blanc de turbot à l'orientale avec sa semoule de blé concassé, le filet d'agneau aux girolles, le munster fumé au cumin ou le gratiné de poires et raisins aux amandes indiquent qu'on ne se repose ici nullement sur la tradition.

 *indique une très bonne table.*

A l'Etang de Hasselfurt, 2 km S.-E.

Auberge du Lac

Tél. : 03 87 96 27 27. Fax : 03 87 96 05 34
Fermé mardi (sf midi été), mercr., févr.
Menus : 65 F (enf.), 70 F, 115 F (déj. sem.)-295 F.
Carte : 250-300 F

Imaginez un chalet d'allure vosgienne, rustique d'apparence, sa mise de table soignée, son accueil sympathique, puis une carte qui intrigue le chaland gourmet. On est surpris par des amuse-bouche pleins de délicatesse : crème d'asperge aux foie gras, cassolette de crustacés. On a peur de l'addition « coup de massue ». Mais il y a le menu terroir à 115 F qui propose, en guise de bonheur simple, dodine de lapereau aux mirabelles, saucisse de pommes de terre avec salade, sorbet à la quetsche. A la carte, on hésitera entre lieu jaune poêlé sur la peau avec risotto de blé vert, superbes ravioles d'escargots aux cèpes et aux fines herbes. Ajoutez à cela un râble de lapereau aux ris de veau et morilles, des vins insolites et délicieux (rioja ou Collioure la Rectorie), des desserts « travaillés » avec sérieux (gaufre chaude et glace aux marrons, ananas rôti à la vanille avec crème au rhum), et l'on se dit que l'on tient là un futur « grand ». Michel Rundstadler, natif des parages, a fait des stages ici ou là, comme chez Ducasse au temps du Juana. Profitez-en, avant que la mode ne le dévore.

Blaesheim

67113 Bas-Rhin. Paris 491 – Molsheim 15 – Strasbourg 19 – Sélestat 34.

A deux pas de l'aéroport de Strasbourg-Entzheim, un village policé, au cœur des champs à choucroute.

Hôtels-restaurants

Le Bœuf

183, rue du Mal-Foch
Tél. : 03 88 68 68 99 (hôtel), 03 88 68 81 31 (rest.). Fax : 03 88 68 60 07
Fermé dim. soir, lundi. (sf fériés), 1er-23 janv., 14-27 août
22 ch. 390-850 F
Menus : 240-335 F. Carte : 350 F

Liliane Dierstein a racheté ce bel ensemble qui fit la gloire du village. Richard Voegtling, fils des ex-patrons, assure en cuisine la pérennité du classicisme : presskopf de lapin en gelée, matelote au riesling, entrecôte Café de Paris sont sans bavure. L'hôtel joue le grand confort moderne, propre et net, avec chambres en merisier, salles de bains soignées et accueil chaleureux à quelques pas de l'aéroport.

Schadt

«Chez Philippe»

8, pl. de l'Église
Tél. : 03 88 68 86 00. Fax : 03 88 68 89 83
Fermé jeudi, dim. soir
Menus : 175 F (déj.)-315 F. Carte : 300-350 F

Philippe Schadt est, au cœur du pays choucroutier, le créateur de la route du chou qui part d'ici pour aller jusqu'au Sundgau. Ce luron débonnaire, ami des artistes – Raymond-Emile Weydelich, qui a chez lui pignon sur table, Tomi Ungerer, qui illustre les couloirs de belles affiches –, rédige sa carte sur un tableau, reflétant les achats, le marché, les saisons, son humeur. Sous son plafond à fresques, on grappille entre ballottine de faisan, tripes marinées, foie gras en brioche à la strasbourgeoise, splendide porcelet vinaigrette, bisque de langoustines de goût pointu, choucroute de poissons cuits à la vapeur, poussin rôti, et l'exquise choucroute de tradition un brin douceâtre. Pour terminer, goûtez le sorbet aux pommes et le parfait glacé aux noix et soyez heureux.

Produits

BOUCHER-CHARCUTIER

Daniel Baur

55, rue du Mal-Foch
Tél. : 03 88 68 82 13

Boucher-charcutier de père en fils depuis 1800, Daniel Baur sélectionne ses viandes sur pied. Depuis Strasbourg, la grande Yvonne vient chercher ses knacks. Hure de porc, porcelet farci, jambon fumé, saucisse de viande font envie.

BOULANGER

Charles Schadt & Fils

2, rue des Prés
Tél. : 03 88 68 82 61

Les pains au levain, à la bière, aux noix (le vendredi), au son (le mardi) sont tous d'égale qualité. Le kougelhopf maison est une pièce rare, à rapporter, juste avant de prendre l'avion à Entzheim.

Blénod-lès-Pont-à-Mousson : voir Pont-à-Mousson

Bléré

37150 Indre-et Loire. Paris 233 – Tours 27 – Blois 46 – Montrichard 17.

Si vous avez lu Pour venger Pépère, *l'exquise Série noire tourangelle signée d'ADG, ce bourg coquet des bords du Cher vous sera familier.*

Hôtel-restaurant

Le Cheval Blanc

Pl. de l'Eglise
Tél. : 02 47 30 30 14. Fax : 02 47 23 52 80
Fermé dim. soir, sf été, lundi, (rest.), 2 janv.-15 févr.
12 ch. 330-450 F. 1/2 pens. 800-850 F
Menus : 98 F (déj.)-300 F. Carte : 300-350 F

Sage et confortable, cette pension de famille de province s'est agrandie, rénovée, sans se hausser du col, sinon en élevant son niveau de qualité. On joue ici la gentillesse tranquille, à l'image des rives du Cher qui coule aux abords. Chambres bien mises, accueil adorable, piscine, jardin, où l'on sert aux beaux jours une fine cuisine avec les produits du cru. Les menus sont bien proches, les prix à la carte pas bêcheurs et les vins locaux mis en valeur. Sandre au beurre blanc, ris de veau braisé aux champignons de couche, crêpes soufflées au Grand Marnier sont des classiques dont on ne se lasse guère.

Blienschwiller

67650 Bas-Rhin. Paris 505 – Strasbourg 43 – Sélestat 11 – Dambach 3.

Discret sur la route des vins, ce vrai village ne manque pas de charme avec ses caves accortes, son grand cru (le Winzenberg) et les Vosges proches.

Hôtels-restaurants

Hôtel Winzenberg

46, rte du Vin
Tél. : 03 88 92 62 77. Fax : 03 88 92 45 22
Fermé 5 janv.-20 févr.
13 ch. 245-300 F

Cet hôtel bien tenu, dans une ferme rénovée, propose des chambres de bon confort, un petit salon-télé, des petits déjeuners copieux et l'accueil d'Annie et Alexia Dresch. Ces dernières font visiter l'exploitation et déguster les vins de la famille.

Le Pressoir

38, rte du Vin
Tél. : 03 88 92 43 01
Fermé lundi
Menu : 98 F. Carte : 150-250 F

Claude et Marie-Paule Faullimel ont fait de cette winstub avec plafond à poutres la bonne adresse du village. La carte des vins fait la part belle aux vignerons du cru et les plats du terroir (presskopf de jarret de porc fermier, tarte à l'oignon, foie gras maison, quenelles de foie, filet de sandre au riesling) s'additionnent de propositions au gré du jour. Rognon de veau au pinot noir et parfait glacé au gewurz sont des réussites.

Blois

41000 Loir-et-Cher. Paris 184 – Orléans 61 – Tours 65 – Le Mans 111.

Office du Tourisme : 3, av. J.-Laigret
Tél. : 02 54 90 41 41. Fax : 02 54 90 41 49

Ville discrète en plaisirs de bouche, Blois n'oublie pas qu'elle est l'une des capitales du Val ligérien. On mange là des choses exquises après avoir rendu visite au château où jadis on vit occire le duc de Guise. Le nouveau seigneur de la ville se nomme Jack Lang, qui accueille les Goncourt lors de la remise de la bourse Goncourt de la nouvelle. C'est dire que culture, histoire et gourmandise font ici bon ménage.

Hôtels

Holiday Inn Garden Court

26, av. Maunoury
Tél. : 02 54 55 44 88. Fax : 02 54 74 57 97
Fermé (rest.) sam. midi, dim. midi.
78 ch. 560 F
Menus : 70 F (enf.), 95-140 F

Un peu loin du centre, près des jardins de l'archevêché, ce bon hôtel moderne propose des chambres de grand confort, spacieuses et reposantes qui permettent l'étape pratique sur la route des châteaux de la Loire. Réception aimable et restaurant honnête.

Mercure Centre

28, quai Saint-Jean
Tél. : 02 54 56 66 66. Fax : 02 54 56 67 00
84 ch. 490-615 F. 12 duplex
Menus : 50 F (enf.), 115-125 F (vin c.)

A fleur de Loire, comme un bateau, cet hôtel de chaîne a le charme contemporain. Chambres agréables, sobrement décorées, parfaitement équipées. Le restaurant ouvre largement sur le fleuve.

Hôtel Médicis

2, allée François-Ier
Tél. : 02 54 43 94 04. Fax : 02 54 42 04 05
Fermé 2 janv.-1er févr., dim. 1er oct.-15 mars
12 ch. 480-600 F. 1/2 pens. 450-550 F
Menus : 80 F (enf.), 120-420 F

Excentré, mais non sans charme, cet hôtel familial allie confort moderne et réception à l'ancienne. Cuisine classique de qualité.

Hôtel Anne de Bretagne

31, av. Jean-Laigret
Tél. : 02 54 78 05 38. Fax : 02 54 74 37 79
Fermé 9 janv.-6 févr.
28 ch. 295-380 F.

Charmant et propret, ce petit hôtel tenu par des dames charmantes et discrètes se trouve au centre de la veille ville, face à un square très agréable. Les chambres à la décoration feutrée sont impeccablement tenues.

Restaurants

L'Orangerie du château

1, av. Jean-Laigret
Tél. : 02 54 78 05 36. Fax : 02 54 78 22 78
Fermé dim. soir, mardi soir hs, mercr., 2 janv.-1er févr.
Menu : 80 F (enf.), 145-345 F. Carte 330-400 F

Dans une des dépendances du château de Blois, cette salle raffinée et lumineuse s'étend tout en longueur. De sa chaise, on assiste comme un roi aux ballets des maîtres d'hôtel réglés au millimètre par la gracieuse Karine. Cloches, assiettes et bouteilles circulent en bon ordre. Les convives, visiblement heureux d'être ici, devisent gaiement, échangent leurs assiettes et leurs impressions. Jean-Marc Molveaux, aux commandes, ne manque pas de talent. Le foie gras poêlé, caramélisé, aux navets confits à la truffe fraîche, le bar rôti aux asperges, les ris de veau panés à la noix torréfiée, le bar aux artichauts, aéré d'un beurre mousseux aux huîtres et noix de muscade, le homard breton mijoté en cocotte, servi avec du magret confit au bouillon de truffes jouent le jeu du bon goût, des vraies saveurs, le grand air de la cuisine juste.

L'Espérance

189, quai Ulysse-Besnard
Tél. : 02 54 78 09 01. Fax : 02 54 56 17 86
Fermé dim. soir, lundi, vac. févr., août
Menus : 130-345 F. Carte 200-350 F

Côté salle, les clients jouissent d'un joli spectacle : entre deux coups de fourchette et une gorgée de gamay, ils aperçoivent la Loire qui coule à leurs pieds. Côté cuisine, Raphaël Guillot travaille avec minutie des produits sans défauts : les ris de veau aux morilles sont fondants, croustillants et cuits à point, l'aile de raie farcie aux poireaux est un régal. Pour bien finir, choisissez le croquant aux pommes tièdes, sauce caramel, rafraîchi d'un sorbet du fruit.

Au Rendez-Vous des Pêcheurs

27, rue du Foix
Tél. : 02 54 74 67 48. Fax : 02 54 74 47 67
Fermé dim., lundi midi, 3 sem. août, vac. févr.
Menu : 150 F. Carte : 300-400 F

Christophe Cosme tient avec aise ce restaurant cosy aménagé dans une ancienne épicerie bar de quartier. La décoration est chaleureuse. Les tables et les chaises en bois façon bistrot, le bar en zinc et les photos de famille des anciens propriétaires se goûtent avec les yeux. Mais les saveurs sont aussi ceux du palais. Langoustines rôties et darioles de moules au persil sur une nage au corail d'oursins, parmentier de cabillaud au céleri parfumé de truffes noires fraîches et râpées, saint-jacques rôties à la fleur de sel, servies avec une délicieuse Tatin aux échalotes confites et aux olives (un peu forte en accompagnement des saint-jacques) valent le détour. Le service est souriant, jeune, sympathique, la carte des vins attrayante.

Au Bouchon Lyonnais

25, rue des Violettes
Tél.: 02 54 74 12 87
Fermé dim. (sf été), lundi, janv.
Menus: 118-165 F. Carte: 180 F

Ce bistrot à la lyonnaise propose, dans la gaieté, les classiques du genre. Saucisson, pied de veau rémoulade, salade de lentilles, tablier de sapeur, andouillette sauce moutarde et cervelle des canuts s'arrosent de beaujolais bien frais ou de gamay tourangeau.

Produits

BOUCHER

Lory

5, rue Porte-Chartraine
Tél.: 02 54 78 05 10

Bernard Lory est depuis plus de vingt ans le spécialiste du gibier à Blois. Aujourd'hui encore sur commande ou à la boutique, il approvisionne toute la ville de superbe gigues et noisettes de chevreuil, noix de biche, carré de marcassins. Pour le reste, la maison propose exclusivement de la «soie». Bœuf de Coutancie (les bêtes sont massées comme le bœuf de Kobe au Japon), veau de Fleurance, agneau de Bellac, porc et volaille de premier choix.

BOULANGER

Au Vieux Four

4, rue Gaston-d'Orléans
Tél.: 02 54 78 06 26

Equipée d'un ancien four à bois, cette boulangerie propose un pain au levain comme autrefois. Pains de ferme, polka, intégral, demi-complet, fouace de Rabelais, aux noix, pavot, olives, lardons et tartes campagnardes. Suivant les jours, on peut déguster du pain d'épeautre, de kamut, au cumin, seigle citron ou cinq céréales.

CONFISEUR-CHOCOLATIER

Max Vauche

50, rue du Commerce
Tél.: 02 54 78 23 55

La famille Vauche s'est installée en centre-ville, dans une confiserie construite au début de siècle. Pendant que madame prend les commandes de dragées et de poule en chocolat, monsieur se démène, à l'étroit dans son petit laboratoire. Les chocolats sont frais, fondants, moelleux et craquants. Pâtes de fruits, caramels mous, ganaches parfumées au thé (earl grey, bergamote), café à l'orange et aux fruits secs valent l'emplette.

PÂTISSIERS

Stéphane Buret

20, rue du Commerce
Tél.: 02 54 78 02 96

Ses entremets aux fruits de la passion ou chocolat au lait sont une des vedettes sucrées de la rue piétonne. Mais sa feuillantine au chocolat, comme son fraisier, témoigne d'un sens de la finesse et de la fraîcheur sans faille.

Jean-Paul Marchau

147 bis, av. Maunoury
Tél.: 02 54 78 27 78/02 54 74 68 23

«Demain, tu dois être meilleur qu'hier»: telle est la devise maison. La galette de pommes de terre façon Philippe et la Tatin boulangère pommes de terre et lard sont épatantes. Entremets et gâteaux sont imaginés par Mme Marchau elle-même. Caresse, Soufflé Royal, Alexandra, Douce Folie, Coup de Foudre, Noctambule, Nuit d'Ivresse, Aztèque aux poires et Confidence portent des noms délicieux qui ne déçoivent pas l'amateur.

Eric Saguez

74, rue Commerce
Tél.: 02 54 78 20 73

«Le Goût des Saveurs»: c'est le nom de l'enseigne. Ce bel artisan qui cherche sans cesse de nouvelles alliances propose des richelieu au chocolat et un François Ier, mêlant crème brûlée et abricot confit, de toute beauté. Egalement un excellent registre de viennoiseries traditionnelles.

Rendez-vous

CAFÉS

Les Arcades

10, pl. Louis-XII
Tél.: 02 54 78 14 86

La terrasse aux beaux jours et le comptoir en toute saison sont vite pris d'assaut par les amis de l'apéro, dans ce café à deux pas du château.

Le Terminus

8, av. Jean-Laigret
Tél.: 02 54 74 24 57

Brasserie, café, bistrot à vins, rendez-vous des amis, cette adresse bon enfant sert gentil les gentils vins de Touraine en trois couleurs.

Bluffy (col de)

74290 Haute-Savoie. Paris 551 – La Clusaz 24 – Albertville 38 – Megève 51 – Annecy 11.

Au pied de la montagne du même nom, de forme dentelée, un col et une auberge à elle dédiée.

Hôtel-restaurant

Auberge des Dents de Lanfon

Tél.: 04 50 02 82 51. Fax: 04 50 02 85 19
Fermé dim. soir (hs), lundi, 8-22 janv., 20 nov.-11 déc.
7 ch. 240-280 F. 1/2 pens. 245-265 F
Menus: 84 F (déj.), 100-206 F. Carte: 200 F

Au pied des Dents de Lanfon, l'auberge de Jean-Marc Durey est pleine de charme. On vient goûter le jambon de Régis Bozon, la tartiflette, le poulet à la moutarde et le fromage blanc à la crème, pour trois francs six sous, dans une salle naïve et boisée, comme dans l'temps. Chambres rustiques.

Bois-l'Abbesse: voir Liepvre

Bois-Colombes: voir Région Parisienne

Le Bois-Plage-en-Ré: voir Ré (Ile de)

Bonifacio: voir Corse

Bonlieu

39130 Jura. Paris 444 – Champagnole 23 – Morez 24 – Lons-le-Saunier 33.

Le Haut-Doubs, ses forêts, son bon air, ses pistes de ski de fond qui se transforment l'été en chemins de randonnée, sans omettre le belvédère de la Dame Blanche pour prendre la mesure du paysage.

Hôtel-restaurant

La Poutre

Tél.: 03 84 25 57 77. Fax: 03 84 25 51 61
Fermé dim. soir, lundi, mercr. soir, mi-nov.-mi-févr.
10 ch. 195-350 F. 1/2 pens. 300-350 F
Menus: 60 F (enf.), 120-320 F
Carte: 300-450 F

Dans ce rude et beau paysage de montagne, la demeure de Denis Moureaux est une aubaine. Il y a cette ambiance de vieux chalet avec sa vieille poutre longue de 17 mètres, qui donne son nom au lieu, dans un village à plus de 785 mètres d'altitude qui ferme une partie du rude hiver comtois. Mais aussi l'accueil chaleureux, la gentillesse des menus bien pondus (le premier est un cadeau à saisir) et les mets du terroir revisités avec ferveur. Cela se nomme soupe de courge à la julienne de Morteau, gratin d'écrevisses aux morilles, filet de sandre aux poireaux confits, palette de porc aux lentilles, crêpes pralinées avec leur sirop au marc d'Arbois que l'on accompagne des meilleurs crus de la Comté Franche.

Bonne-Fontaine: voir Phalsbourg

Bonneville

74130 Haute-Savoie. Paris 559 – Annecy 41 – Chamonix 55 – Thonon-les-Bains 45.

Un village carrefour de Savoie, entre le Léman et les plus belles stations des Alpes françaises.

Restaurant

Le Capucin Gourmand

A 74 130 Vougy: 5 km E. par N203
Tél.: 04 50 34 03 50. Fax: 04 50 34 57 57
Fermé sam. midi, dim. soir, lundi, 1er-8 janv., 6-28 août
Menus: 190-290 F (au bistrot: 100-130 F).
Carte: 300-450 F

Guy Barbin, formé chez Bise à Talloires, que nous avons vu démarrer jadis au Capucin Gourmand de Megève, est, depuis une décennie, la vie gourmande de ce bord de route entre les montagnes. L'accueil de sa charmante épouse Christine est la grâce même, une formule bistrot permet d'oublier les rigueurs de la carte. Mais tout ce que mitonne ce bon pro est digne d'intérêt, même si la sophistication est un de ses péchés mignons. Attriaux de poissons du lac, féra cuite vapeur aux pointes d'asperges avec sauce coriandre et citron, côte et filet d'agneau au thym avec pois mange-tout, mais aussi tarte fine aux fruits de saison sont l'exactitude même, servis dans un cadre de chalet douillet et cosy à souhait.

Bonnieux

84480 Vaucluse. Paris 724 – Aix-en-Provence 44. Apt 11 – Carpentras 44 – Cavaillon 26.

Un village perché au cœur du Luberon, son site, ses belles adresses, son calme hors saison…

Hôtels-restaurants

La Bastide de Capelongue

Rte de Lourmarin, les Claparèdes
Tél.: 04 90 75 89 78. Fax: 04 90 75 93 03
Fermé mi-mars-mi-nov.
17 ch. 1000-1 800 F. 1/2 pens. 950-1 200 F
Menus: 280-420 F (vin c.)

Le village de Bonnieux en ligne de mire, les champs de lavande, la ligne des montagnes forment l'écrin de ce récent Relais & Châteaux. Claude Loubet, hôtelière-décoratrice, s'est fait plaisir avec les noms en vogue (Koala, Mis en Demeure), les ocres de Roussillon sur les murs, les meubles blancs vieillis, le fer forgé, la tôle ouvragée et les herbiers qui composent un joli bouquet dédié à la Provence. La cuisine est à la fois régionale non sans finesse, même si le service peine parfois à assurer le mouvement. Pressé de foie gras aux artichauts violets, loup aux aubergines, carré d'agneau au romarin, carpaccio d'ananas se mangent avec plaisir.

Auberge de l'Aiguebrun

Domaine de la Tour
6 km S.-E.: D36 et D943,
Tél.: 04 90 04 47 00. Fax: 04 90 04 47 01
Fermé (rest.) mercr. midi, mardi
10 ch. 750-1 200 F. 1/2 pens. 640-890 F
Menus: 180 F (déj.)-250 F. Carte: 300 F

Cachée dans la montagne, cette demeure en bordure de rivière, a été rénovée avec goût par Sylvia Buzier, ex-restauratrice en Avignon, qui cuisine au plus près du marché d'Apt, change sa carte comme l'oiseau chante et reçoit avec une amabilité non feinte. Joli site, grand calme.

Hostellerie du Prieuré

Tél.: 04 90 75 80 78. Fax: 04 90 75 96 00
Fermé nov.-févr., rest. mardi midi, jeudi midi, mercr. (sf soir été), vendr. midi (été)
10 ch. 560-700 F. 1/2 pens. 485-555 F
Menus: 98 F (déj.)-220 F

Cette belle demeure historique et de caractère, au cœur du village, offre des chambres au charme ancien, cosy, parfois panoramiques. Ainsi qu'une modeste cuisine aux couleurs du pays.

Le Fournil

5, pl. Carnot
Tél.: 04 90 75 83 62. Fax: 04 90 75 96 19
Fermé mardi, sf soir en saison, sam. midi été, lundi
Menus: 65 F (enf.), 98 F (déj.), 130-188 F

Guy Malbec, le chef, Jean-Christophe Lèche, l'homme de salle, ont travaillé ensemble dans moult tables à étoiles (de la Tour à Rose à Chapel, en passant par le Chabichou ou Baumanière). Ils en ont eu assez de la sophistication tous azimuts et ont retapé ce vrai bistrot de village aux jolies dalles et aux murs empierrés façon grotte. Leurs menus racontent plaisamment le marché, la salade de crevettes aux légumes craquants à l'anchoïade, la galette de pied de porc au cumin, le merlan juste saisi avec sa pomme de terre écrasée aux olives, l'épaule d'agneau rôtie au thym, le parfait glacé au miel sauce chocolat. C'est délicieux et bien compté. En prime, les jolis vins du pays, de la Canorgue à l'Isolette.

Bonsecours: voir Rouen

Bordeaux

33000. Gironde. Paris 581 – Nantes 320 – Bayonne 183 – Pau 191 – Toulouse 248.

Office du Tourisme: 12 cours du 30-Juillet
Tél.: 05 56 00 66 00. Fax: 05 56 00 66 01;
à la gare Saint-Jean, Tél.: 05 56 91 64 70

Architecture altière, balcons de fer forgé, fenêtres à fleur de Garonne, grands vins aux portes mêmes, clientèle choisie, gourmandise bcbg et appliquée: Bordeaux n'est pas une ville – gourmande – comme les autres. Elle est discrète dans sa manière de prendre son plaisir, fait mine de n'aimer manger qu'en catimini. Alors que les tables de toutes sortes, gourmandes, enracinées, branchées, accortes, bonhommes ou mignardes, abondent. On l'aime pour sa beauté XVIII*e – Stendhal voyait en elle, avec raison, l'une des plus séduisantes cités d'Europe –, mais aussi pour ses bords d'eaux, quais des Chartrons, maisons nobles, ponts de pierre ou de fer, cabanes aussi qui regardent vers la somptueuse place de la Bourse. Bordeaux se donne le temps de vivre, d'aimer les petites choses de la vie, chocolats, fromages ou cannelés, et fait semblant de dénigrer ses stars toquées. Disons-le tout net: il est difficile de ne pas l'aimer.*

Hôtels

Le Burdigala

115, rue G.-Bonnac
Tél.: 05 56 90 16 16. Fax: 05 56 93 15 06
85 ch. et suites: 960-1 500 F
Menus: 160 F (déj.), 200-300 F

Aux abords du centre Mériadeck, ce bel immeuble façade XVIIIe, cache d'excellentes chambres modernes, en style Directoire, anglais ou canné. Excellent service, hall moderne.

Claret

Cité mondiale du Vin
18, parvis des Chartrons
Tél.: 05 56 01 79 79. Fax: 05 56 01 79 00
Fermé (rest.) sam., dim., 14 juil.-15 août, Noël
92 ch. 590-670 F
Menus: 100 F (déj.)-144 F

Un hôtel dédié au vin dans une cité à sa gloire: un rendez-vous moderne pour amoureux des grands crus, chambres de confort à l'appui.

✿ *indique un hôtel au calme.*

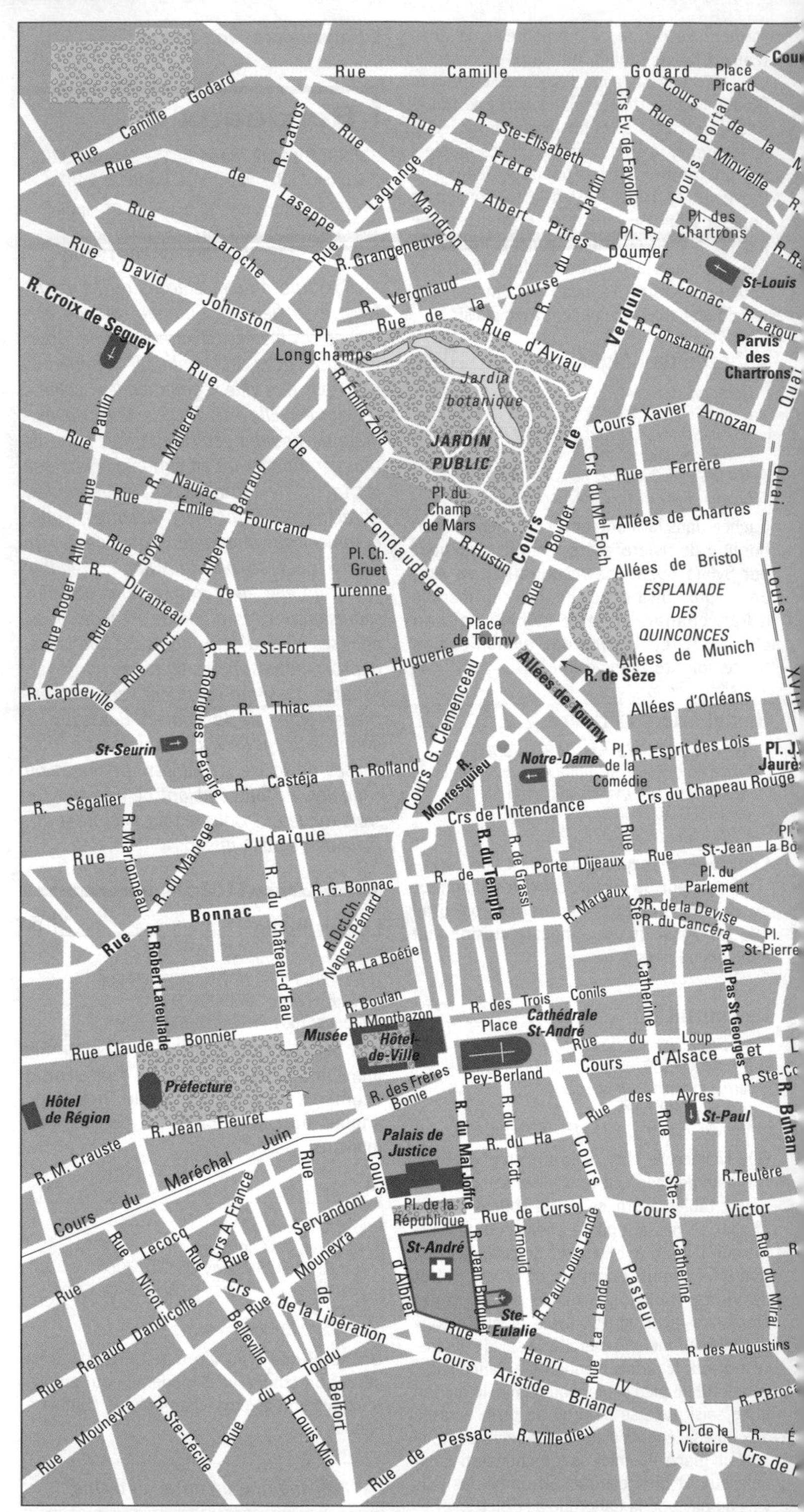

Rue Camille Godard
Place Picard
Cours Portal
Rue de la Minvielle
Crs Ev. de Fayolle
R. Ste-Élisabeth
Rue Frère
R. Albert Pitres
Rue du Jardin
Rue de Laseppe
R. Catros
Rue Lagrange
Rue Mandron
R. Grangeneuve
Rue Laroche
Rue David Johnston
R. Croix de Seguey
R. Vergniaud
Rue de la Course
Rue d'Aviau
Pl. Longchamps
Pl. P. Doumer
Pl. des Chartrons
St-Louis
R. Cornac
R. Latour
R. Constantin
Parvis des Chartrons
Cours de Verdun
Jardin botanique
JARDIN PUBLIC
R. Emile Zola
Rue de Fondaudège
Rue Paulin
R. Malleret
R. Naujac
Rue Émile Fourcand
Rue Barraud
Rue Allo
Rue Goya
R. Duranteau
R. Albert de Turenne
Rue Roger
Pl. du Champ de Mars
Pl. Ch. Gruet
R. Hustin
Cours Xavier Arnozan
Rue Ferrère
Allées de Chartres
Crs du Mal Foch
Rue Bouffard
Allées de Bristol
ESPLANADE DES QUINCONCES
Allées de Munich
Quai Louis XVIII
Place de Tourny
Allées de Tourny
R. de Sèze
Allées d'Orléans
R. St-Fort
R. Huguerie
Rue Dct.
R. Rodrigues Péreire
R. Capdeville
R. Thiac
St-Seurin
Cours G. Clemenceau
R. Montesquieu
Notre-Dame
Pl. de la Comédie
R. Esprit des Lois
Pl. J. Jaurès
R. Castéja
R. Rolland
R. Ségalier
Crs de l'Intendance
Crs du Chapeau Rouge
R. Marionneau
R. du Manège
Rue Judaïque
R. du Temple
R. de Grassi
Rue Ste-Catherine
Rue St-Jean
Pl. la Bo
R. de Porte Dijeaux
Pl. du Parlement
R. G. Bonnac
R. Margaux
R. de la Devise
R. du Cancéra
Pl. St-Pierre
Rue Bonnac
R. du Château-d'Eau
R. Dct Ch. Nancel-Pénard
R. La Boétie
R. Robert Lateulade
R. du Pas St Georges
R. Boulan
R. des Trois Conils
R. Montbazon
Cathédrale St-André
Musée
Hôtel-de-Ville
Place Pey-Berland
Rue Claude Bonnier
Rue du Loup
Cours d'Alsace et L
Préfecture
R. des Frères Bonie
R. Ste-C
R. Buhan
Hôtel de Région
Rue des Ayres
St-Paul
R. Jean Fleuret
Palais de Justice
R. du Mal Joffre
R. du Cdt. Arnould
R. du Ha
R. M. Crauste
Cours du Maréchal Juin
Rue Servandoni
Cours d'Albret
Cours Pasteur
R. Teulère
Pl. de la République
Rue de Cursol
Cours Victor
Rue Lecocq
Crs A. France
Rue Mouneyra
St-André
R. Jean Burguet
R. Paul-Louis Lande
Rue du Mirail
Rue Nicot
Rue Renaud Dandicolle
Crs de la Libération
Rue Belleville
Rue de Belfort
Ste-Eulalie
Rue Henri IV
Rue La Lande
R. des Augustins
Rue Tondu
Cours Aristide Briand
Rue du
R. Louis Mie
R. Ste-Cécile
R. P. Broca
Rue Mouneyra
Rue de Pessac
R. Villedieu
Pl. de la Victoire
Crs de l

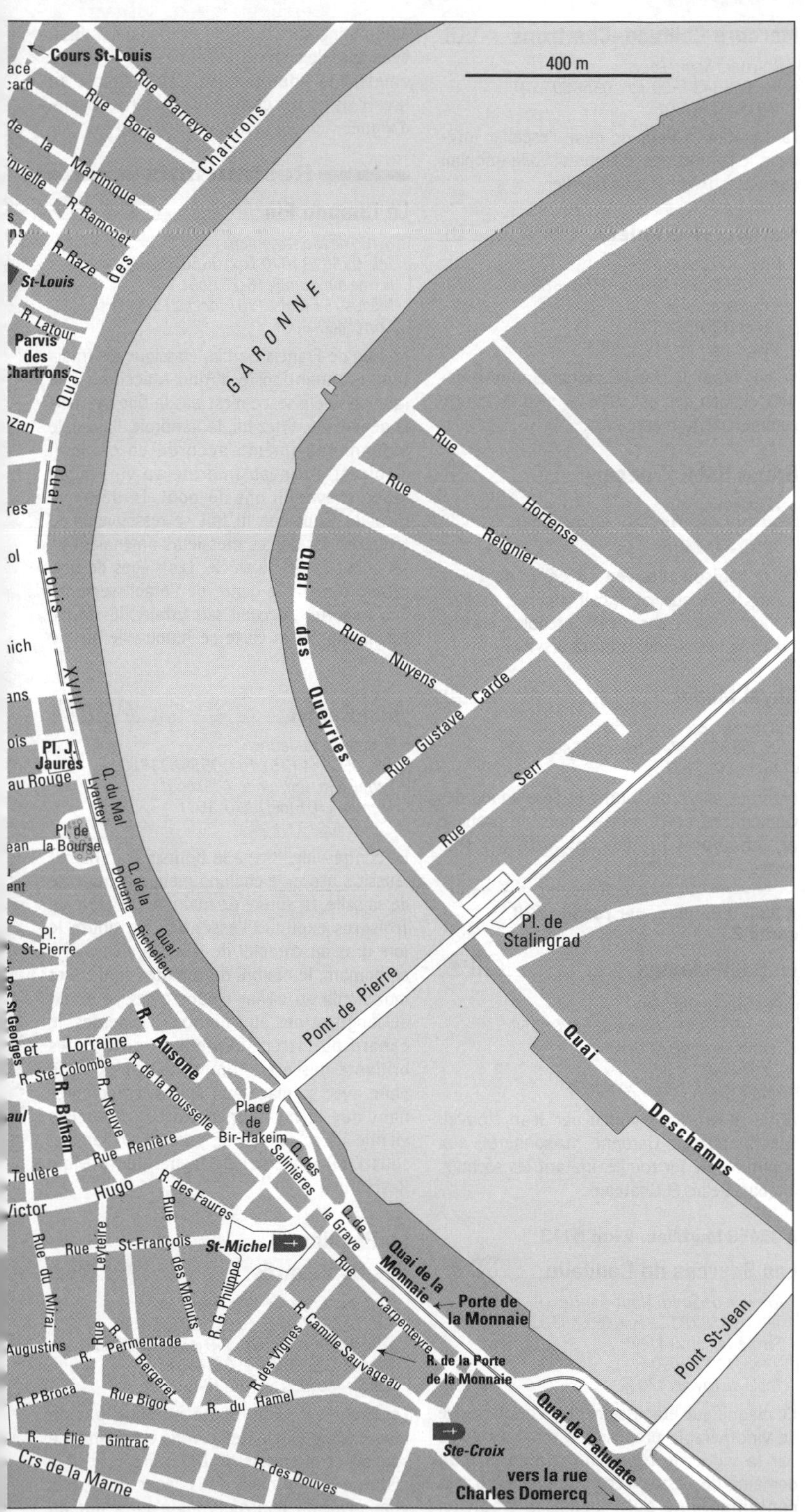

400 m
Cours St-Louis
Rue Barreyre
Rue Borie
de la Martinique
R. Ramonet
R. Raze
des Chartrons
St-Louis
R. Latour
Parvis des Chartrons
GARONNE
Quai Louis XVIII
Pl. J. Jaurès
Q. du Mal Lyautey
Pl. de la Bourse
Q. de la Douane
Quai Richelieu
Pl. St-Pierre
R. Ausone
Lorraine
R. Ste-Colombe
R. Buhan
R. Neuve
R. de la Rousselle
Place de Bir-Hakeim
Rue Renière
Hugo
R. des Faures
Q. des Salinières
Q. de la Grave
Rue St-François
St-Michel
Rue Leyteire
Rue du Mirail
Rue des Menuts
R. G. Philippe
Quai de la Monnaie
Porte de la Monnaie
Rue Carpenteyre
R. Camille Sauvageau
R. de la Porte de la Monnaie
R. des Vignes
R. Permentade
R. Bergeret
Augustins
R. P. Broca
Rue Bigot
R. du Hamel
R. Élie Gintrac
Crs de la Marne
R. des Douves
Ste-Croix
Quai de Paludate
vers la rue Charles Domercq
Pont de Pierre
Pl. de Stalingrad
Quai Deschamps
Pont St-Jean
Quai des Queyries
Rue Hortense
Rue Reignier
Rue Nuyens
Rue Gustave Carde
Rue Serr

Mercure Château-Chartrons

81, cours Saint-Louis
Tél.: 05 56 43 15 00. Fax: 05 56 69 15 21
144 ch. 555-760 F

La situation à fleur de quai, l'escalier intérieur, le confort des chambres: voilà qui plaît dans ce faux «château» hôtelier.

Mercure-Mériadeck

5, rue R.-Lateulade
Tél.: 05 56 56 43 43. Fax: 05 56 96 50 59
Fermé sam., dim.
194 ch. 520-650 F
Menus: 50 F (enf.), 85-105 F

Ce bon hôtel de chaîne, souriant, archi-fonctionnel, bien net, est situé au pied du centre commercial du même nom.

Grand Hôtel Français

12, rue du Temple
Tél.: 05 56 48 10 35. Fax: 05 56 81 76 18
35 ch. 400-680 F

Cette maison rénovée au cœur du vieux centre historique, avec hall superbe, escalier monumental et chambres agréables, constitue l'une des bonnes affaires de ville.

Royal Médoc

3, rue de Sèze
Tél.: 05 56 81 72 42. Fax: 05 56 48 98 00
45 ch. 240-295 F

Entre les allées de Tourny et l'esplanade des Quinconces, cette adresse paisible propose des chambres années soixante-dix très nettes.

A 33270 Bouliac, par rocade 630, sortie 23

Le Saint-James

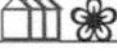

Pl. Camille-Hosteins
Tél.: 05 57 97 06 00. Fax: 05 56 20 92 58
Fermé: janv., déj. sf dim. hs.
18 ch. 800-1 550 F
Menu: 400 F. Carte: 200-300 F

Hôtel œuvre d'art conçu par Jean Nouvel. Panorama sur la Garonne, maisonnettes aux armatures de fer rouillé, imitant les séchoirs à tabac. Relais & Châteaux.

A 33650 Martillac, 9 km N113

Les Sources de Caudalie

Chemin de Smith Haut-Lafitte
Tél.: 05 57 83 83 83. Fax: 05 57 83 83 84
Fermé 1er janv.-4 févr.
23 ch. 1 100-2 090 F
Table du Lavoir: 170 F

Ce magnifique établissement avec son centre de vinothérapie propose les soins du corps par la vigne, le repos dans le cœur d'un domaine de Pessac-Léognan, une déco très contemporaine qui repense la tradition d'Aquitaine sur un mode néo-colonial. Bref, beaucoup de charme, le calme et la vue, sans omettre la gourmandise. Table simple au lavoir dans un chai. Voir aussi le Grand'Vigne.

Restaurants

Le Chapon Fin

5, rue de Montesquieu
Tél.: 05 56 79 10 10. Fax: 05 56 79 09 10
Fermé dim., lundi, 16-23 août
Menus 75 F (enf.), 170 F (déj.), 275-440 F
Carte: 400-600 F

Le truc de Francis Garcia, classique de tradition, étonnant sosie d'Aldo Maccione à la sauce bordelaise, ce n'est pas la finesse, mais la générosité. Chez lui, la lamproie, l'alose, le pigeonneau (même accordé en caramel d'épices), l'agneau (mariné au vin, façon sauce chevreuil) ont du goût. Le décor de rocailles Napoléon III fait se ressouvenir du temps où les doctes messieurs amenaient ici les cocottes fin de siècle. Les sièges de bois cérusé sont-ils le genre de l'établissement? Peu importe. L'accueil sait y faire, le service est prompt et la carte se renouvelle au gré du temps.

Jean Ramet

7-8, pl. Jean-Jaurès
Tél.: 05 56 44 12 51. Fax: 05 56 52 19 80
Fermé dim. soir, lundi, 7-20 août
Menus: 170 F (déj.), 270-350 F
Carte: 400-600 F

En centre-ville, face à la Bourse, Jean Ramet réussit à attirer le chaland malgré l'étroitesse de sa salle. La sûreté de main de cet élève de Troisgros explique l'essentiel. On goûte le foie gras au caramel de miel, la vichyssoise de homard, le marbré de tomates confites et mozzarella au caviar d'aubergines, le gratin de langoustines aux pointes d'asperges, le canard au citron joliment acidulé et les brillants desserts, comme la papillote de poire avec sa glace aux épices, en comprenant que le meilleur monde du Bordelais vienne ici se faire fête, comme en famille, sous l'œil maternel de la pétulante Mme Raymonde.

Le Pavillon des Boulevards

120, rue Croix-de-Seguey,
Tél.: 05 56 81 51 02. Fax: 05 56 51 14 58
Fermé sam. midi, dim., 2-9 janv., 12-28 août
Menus: 220 F (déj.), 290 F, 450 F.
Carte: 400-550 F

Le décor est chic, et ne manque pas de gaieté. L'accueil de Nelly Franc est pimpant à souhait et la cuisine de Denis Franc tient la distance sur un mode frais, léger, épicé, très «dans l'air du temps». Vous n'aurez que du bien à dire des liégeois de caviar avec son homard à la crème de châtaignes, de la salade du même homard au jus caramélisé avec sa tomate concassée au caillé de brebis, des «chinoiseries» de pigeonneau en deux services ou encore de la superbe côte de veau de Bazas qui indique que le régionalisme simple peut être la meilleure des choses. Voilà, depuis dix ans déjà à Bordeaux, la table qui monte. Jolis menus de saison.

Philippe chez Dubern

44, allée de Tourny
Tél.: 05 56 79 07 70. Fax: 05 56 51 60 38
Fermé dim.
Menus: 100 F (déj.)-180 F. Carte: 250-350 F

On connut Philippe Téchoire, roi du poisson au Cap-Ferret et place du Parlement. Le voilà chez lui à l'enseigne de Dubern, antique institution de la ville. Son propos? Toujours le top du poisson au gré de la marée dans un décor de charme. Les casserons à l'espagnole et le thon à l'ail sont sans défaut. Le menu du déjeuner à 100 F est imbattable.

Les Plaisirs d'Ausone

10, rue Ausone
Tél.: 05 56 79 30 30. Fax: 05 56 51 38 16
Fermé sam. midi, dim., lundi midi, 15-30 août, 2-10 janv.
Menus: 145 F (déj.)-420 F. Carte: 300-460 F

Philippe Gauffre, venu il y a onze ans du Comte de Gascogne à Boulogne, raconte à sa manière la cuisine de sa région. Celle-ci se perd en des chichis ancienne «nouvelle cuisine» (trilogie de foie gras, trois crevettes épicées dans une assiette couverte de salade, rouget bizarrement croûté aux arachides, oreille de cochon farcie surmontée de foie chaud). Les desserts assurent comme la gaufre sauce chocolat. Le jeune service traînaille, peine à débarrasser les assiettes.

Le Vieux Bordeaux

27, rue Buhan
Tél.: 05 56 52 94 36. Fax: 05 56 44 25 11
Fermé sam. midi, dim., 15 jrs févr., 3 sem. août
Menus: 160 F, 220 F, 260 F. Carte: 260-400 F

Pas de brio, mais de la sûreté: Michel Bordage, le plus discret des bons chefs d'ici, propose une cuisine d'idées, un brin rustique, faite au fil du marché. Le foie de canard poché au Lillet, la morue de Bègles à la crème d'ail, la poitrine de caille rôtie à la diable et la croustade aux cerises n'oublient pas d'avoir de l'accent. Charmant accueil de Nicole Bordage, née Amat, dans un charmant décor de vieilles pierres et prix raisonnables.

Sachez commander vos produits selon la saison.

Didier Gélineau

26, rue du Pas-Saint-Georges
Tél.: 05 56 52 84 25. Fax: 05 56 51 93 25
Fermé sam. midi, dim. 7-21 août
Menus: 130-300 F. Carte: 300-350 F

La maison a le chic ancien. Le service est amical. L'addition est d'une vraie sagesse et le tour de main de Didier Gélineau ne souffre guère de discussion. Pour redécouvrir le Sud-Ouest en fraîcheur et en finesse, goûtez le feuilleté de cagouilles, avec tomates et basilic, piquillos farcis de morue et poêlée de casserons, dos d'esturgeon clouté au chorizo, pigeonneau fermier à la fleur de châtaignier. Sur des thèmes connus, Gélineau tisse sa toile, incise sa trace. Tous ses mets sont joliment signés. La jolie composition de chocolat croustillant aux fruits rouges fait une belle issue.

Gravelier

114, cours de Verdun
Tel. 05 56 48 17 15. Fax: 05 56 51 96 07
Fermé sam. midi, dim., août
Menus: 110 F (déj.), 145 F, 195 F. Carte: 250 F

Au cœur de la ville, sur le roulant cours de Verdun, le décor joue le design sage, l'addition est sans surprise. La maison est tenue par Anne-Marie Gravelier, fille de Pierre Troisgros, en salle, et par son gendre, Yves, en cuisine. Rien de tapageur dans leur manière. Ni de prétentieux. On boit là une merveilleuse bouteille de château Thieuley, à 80 F le flacon, en taquinant l'exotisme bon enfant de la soupe de crevettes thaï, du brasero de rouget aux sarments, du mille-feuille de cabillaud aux piments doux, de la tortilla de porcelet confit sauce chili, du crumble pomme-poire, de la tarte pinacolada aux bananes flambées ou du «chocolat-show», sans omettre de proposer des grands crus à prix de raison.

La Tupina

6, rue de la Porte-de-la-Monnaie,
Tél.: 05 56 91 56 37. Fax: 05 56 31 92 11
Menus: 100 F (déj.), 280 F (dîn.)
Carte: 190-320 F

Le «chef» bordelais qui fait l'unanimité? Pas un cuisinier, mais un metteur en scène, qui joue le Sud-Ouest en cinéma permanent dans un cadre d'auberge. Jean-Pierre Xiradakis, lutin rieur, connaît le vignoble comme sa poche, anime des randonnées pédestres de Pessac à Libourne, jongle, chez lui, avec les beaux flacons, fait la pantomime agile devant sa cheminée, anime la plus délurée des auberges «authentiquement Sud-Ouest». C'est le label qu'il revendique dans son cadre de pierre et bois, où il raconte son pays, fait goûter les tricandilles (tripes d'ici), la sanguette (le boudin), le pâté d'alose, le foie de canard sous toutes ses formes, la volaille fermière cuite au gros sel, flanquée de frites léchées par les flammes du bel âtre. Un repas entre amis, juste derrière la médiévale porte de la Monnaie, ressemble à une fête conviviale, comme une ode sereine aux produits d'ici.

Le Bistrot du Sommelier

163, rue G.-Bonnac
Tél.: 05 56 96 71 78. Fax: 05 56 24 52 36
Fermé sam. midi, dim.
Menus: 90-130 F (déj.). Carte: 250 F

L'un des vrais succès du Bordeaux qui dure, c'est le bistrot d'Hervé Valverde dont les grands du Grand Médoc ont fait l'un de leurs rendez-vous privilégiés lorsqu'ils viennent s'encanailler en ville. Plats du jour de bonne humeur (terrine de queue de bœuf, pimentos à la morue, matelote d'anguille) et grands vins au verre font de jolis mariages.

Café du Port

1-2, quai Deschamps
Tél.: 05 56 77 81 18. Fax: 05 57 59 01 50
Menus: 68 F (déj.), 130 F (dîn.). Carte: 150 F

Cette grande cabane branchée avec vie sur la Garonne et la vieille ville, juste en face, constitue l'équivalent du parisien Quai Ouest, anguilles persillées et pavé de morue en sus (côte de bœuf pour deux, marquise au chocolat).

L'Estaquade

Quai de Queyries
Tél.: 05 57 54 02 50
Menus: 89 F (déj.)-200 F (vin c.). Carte: 150-200 F

Mode, branché, bondé, ce hangar sur pilotis, a le charme du Cap-Ferret. Même si sashimi, tartare de thon à luzienne, pavé de morue en aïoli y jouent l'exotisme discret.

L'Olivier du Clavel

44, rue Charles-Domercq
Tél.: 05 57 95 09 50. Fax: 05 56 92 15 28
Fermé lundi midi, sam. midi, dim., 31 juil.-3 sept.
Menus: 100 F (déj.)-150 F. Carte: 200 F

Francis Garcia, déménageant dans les beaux quartiers, à l'enseigne historique du Chapon Fin, ne savait trop quoi faire de la maison qui l'a fait connaître. Voici, face à la gare, un bistrot provençal aux couleurs fraîches et l'on ne se ruine pas. Salade au jambon, escargots et crevettes sautées à l'ail, mulet grillé à la feuille de laurier, chartreuse de veau aux aubergines signent l'une des bonnes affaires de la ville.

Chez le Père Ouvrard

12, rue du Mal-Joffre
Tél.: 05 56 44 11 58. Fax: 05 56 44 11 58
Fermé sam. midi, dim., août, sem. Noël
Menu: 120 F. Carte: 200 F

Stéphane Ouvrard a fait d'un bistrot de rien du tout une des bonnes petites popotes de Bordeaux. Mieux: certains chefs vedettes de la ville en ont fait leur table d'élection, venant manger ici la cuisine qu'ils n'osent pas faire chez eux. Les prix filent doux. L'atmosphère est détendue. Et, côté mets, le marché commande et l'humeur du moment dispose. Cassolette d'encornets aux aubergines, salade de ris de veau caramélisé aux amandes, onglet de veau, soupe de fruits rouges, pain perdu sont la franchise même.

Le Port de la Lune

59, quai de Paludate
Tél.: 05 56 49 15 55. Fax: 05 56 49 29 12
Menu: 106 F. Carte: 200 F

Additionnée d'un coin jazz, cette Coupole bordelaise qui accueille jusque très tard se donne des airs de brasserie années quarante. Huîtres de Marennes, merlu à l'espagnole, tête de veau gribiche font de la figuration sans prétention.

A 33270 Bouliac, par rocade 630, sortie 23

Jean-Marie Amat

«Le Saint-James»

3, pl. Camille-Hosteins
Tél.: 05 57 97 06 00. Fax: 05 56 20 92 58
Fermé janv.
Menus: 185 F, 255 F, 400 F. Carte: 320-450 F

Le maître de Bouliac domine Bordeaux depuis son balcon d'Haute-Rive. Avec hauteur? Non, avec réflexion. Jean-Marie Amat, créateur tranquille, qui semble apaisé, comme revenu de fructueux voyages, offre le fin du fin, dans ses beaux salons de château contemporain. On s'y régale, au gré du temps, avec le tartare de saumon au rare sevruga de la Gironde, l'exotique fondant d'aubergines au cumin très «retour du Maroc», le consommé de canard aux ravioles de foie gras en hommage au Sud-Ouest rajeuni, les piballes à l'ail et huile d'olive, la palombe rôtie aux raisins muscats, la truffe glacée au chocolat et pruneau, arrosés d'un plantey blanc d'Haut-Brion, d'un plantureux haut-bailly ou du rancio de Rivesaltes du copain David Moreno à l'abbaye de Fontfroide. Cette grande maison de bouche est aussi une halte de cœur.

Le Bistroy

Pl. Camille-Hosteins
Tél.: 05 57 97 06 06
Carte: 150-230 F
Fermé janv.

Chic et branchée, dans un cadre destroy, l'annexe de Jean-Marie Amat, avec plats ménagers et vins choisis. Au programme, selon le marché, salade de tricandilles (tripes d'agneau), daurade à l'huile pimentée, aoxa de tête de veau, rognon à la moutarde, blanquette d'agneau au raisin et glace pinacolada arrosés d'un entre-deux-mers château Bonnet ou d'un médoc de Castéra, sans parler d'un txacoli basque ou d'un cahors de Lagrezette qui sont ici de fondation. Le meilleur du vignoble est là, en représentation permanente.

L'Espérance

10, rue de l'Esplanade
Tél.: 05 56 20 52 16
Fermé dim., lundi, févr.-mi-mars
Carte: 150-250 F

Le vrai luxe? La simplicité souveraine, le bonheur campagnard, l'ombre d'une vieille église et une terrasse couverte comme une serre où se proposent, dans un café de village comme autrefois, grillades sur la braise, repas en table d'hôte près de la cheminée et mets à l'ardoise porc grillée, côte de bœuf ou poulet de ferme. Rien que du bon, du sûr, de l'éprouvé.

A 33650 Martillac. 9 km N113

Grand'Vigne

Les Sources de Caudalie
Chemin de Smith Haut-Lafitte
Tél.: 05 57 83 83 83. Fax: 05 57 83 83 84
Fermé lundi, mardi, 1er janv.-4 févr.
Menus: 300-600 F. Carte: 400-600 F

Exilés des Feuillants à Céret dans ce beau domaine vigneron des Graves, les Banyols ont emmené avec eux leurs bonnes idées, leurs précieux flacons, leur savoir-faire. Didier en cuisine, Marie-Louise au service des vins racontent à leur manière l'Aquitaine gourmande. Et cela donne les petits-gris à la crème d'ail et lentilles, les cannelloni de homard aux épices, le croustillant de pied et oreille de porc au jus de truffe, le savarin au chocolat que l'on accompagne toujours du cru adéquat. Beau décor, sobre, sans chichis, ambiance à la fois chic, relaxe et d'une élégance policée.

Produits

BOULANGER

Pain Maître

28, rue Camille-Sauvageau
Tél.: 05 56 92 28 64

Pain de seigle, de campagne, aux céréales, lard, baguette, flûte et autre tourte sont de qualité chez ce bel artisan soigneux.

CAVISTE

L'Intendant

2, allée de Tourny
Tél.: 05 56 48 01 29. Fax: 05 56 81 18 87

Les plus jolis crus bordelais au prix juste: voilà ce qu'offre cette tour de Babel créée par Jean-François Moueix.

CHARCUTIER

Dubernet

9, rue Michel-de-Montaigne
Tél.: 05 56 48 06 05

La boutique rutile de propreté. Les produits sont éclatants de fraîcheur: jambon de Bayonne, foie de canard sous vide, jolies terrines.

CHOCOLATIERS

Saunion

56, cours Georges.-Clemenceau
Tél.: 05 56 48 05 75. Fax: 05 56 48 22 15

Pour les «Marquis» noirs fourrés à la pâte de raisin et le «Gallien» nougat praliné, la visite de cette boutique ancienne avec marbre et miroirs vaut le détour.

Cadiot-Badie

26, allée de Tourny
Tél.: 05 56 44 24 22

La belle façade est millésimée 1826. Les glaces biseautées, les trumeaux ornés de fleurs dorées, les moulures valent le détour. Mais les «Marquis» à l'alcool de poire, pralines de Blaye, truffes bordelaises à la fine et palet de Tourny méritent l'emplette.

EPICIER

L'Epicerie de la Tupina

3, rue Porte-de-la-Monnaie
Tél.: 05 56 91 56 37

Rillettes des Landes, garbure, confit, haricots à la graisse d'oie et lamproie: voilà ce que propose le lutin gourmet Xiradakis.

FROMAGER

Jean d'Alos

4, rue de Montesquieu
Tél.: 05 56 44 29 66. Fax: 05 56 51 67 82

La boutique est belle comme une galerie d'art, l'affineur un artiste et la sélection des pâtes fermières présentées au sommet: brebis des Pyrénées, chèvres de l'Aveyron ou du Poitou, pâtes de montagne sont à leur meilleur niveau.

La Laitière de Bordeaux

5, cours Portal
Tél.: 05 56 51 04 08

La seconde adresse de Jean d'Alos qui a ajouté ici huile d'olive, charcuteries, vinaigres balsamiques, vins et fromages italiens de qualité.

PÂTISSIERS

Antoine

19, cours Portal
Tél.: 05 56 81 43 19

Pâtisseries classiques et de saison, entremets, glaces, chocolat: tout est de qualité chez le roi bordelais du plaisir sucré. Demandez le Sardane, sablé breton surmonté d'une compotée de fruits rouges au maury : un régal !

Baillardan

263, rue Judaïque. Tél. : 05 56 24 66 87
14, pl. des Martyrs. Tél. : 05 56 81 43 19

Le prince du cannelé bordelais, caramélisé avec un rien de parfum de rhum, qui expédie ses spécialités dans le monde entier.

TORRÉFACTEUR

Brûlerie Gamma

109-111, rue de la Porte-Dijeaux
Tél. : 05 56 48 15 17

Cette vaste boutique centrale offre un beau choix de cafés d'Amérique centrale, en sus d'un éventail de thé de qualité.

Rendez-vous

BARS À VINS

Bar des Grands Hommes

10, pl. des Grands-Hommes
Tél. : 05 56 81 18 26

Face au marché des Grands-Hommes, ce café avec pampres kitsch et public branché est la sentinelle de jadis.

Le Bistrot du Sommelier

163, rue G.-Bonnac
Tél. : 05 56 96 71 78

Le temple vineux d'Hervé Valverde est le rendez-vous des bonnes affaires. Grands vins au verre et assiettes sympas.

BRASSERIES

Le Noailles

12, allée de Tourny
Tél. : 05 56 81 94 45

Sur une avenue stratégique, le Deux Magots local, avec chaises paillées, intérieur années trente, terrasse chic, serveurs zélés et honnêtes plats du jour.

Le Régent

46, pl. Gambetta
Tél. : 05 56 44 16 20

L'une des terrasses les plus courues de la ville, à l'angle de la rue Judaïque et du cours Clemenceau. Une armada de sièges en rotin pour voir et être vu l'été.

SALON DE THÉ

Darricaud

7, pl. Gambetta
Tél. : 05 56 44 21 49

Depuis 1931, les dames de Bordeaux viennent prendre le thé, en compagnie d'un cannelé, au premier étage orné de stucs et fresques.

Borny : voir Metz

Bort-l'Etang : voir Lezoux

Bossey : voir Saint-Julien-en-Genevois

La Bouille

76530 Seine-Maritime. Paris 131 – Rouen 21 – Bernay 43 – Pont-Audemer 36.

Un beau village normand du bord de l'eau – sortie de l'A13 à Maison-Brûlée –, le souvenir d'Hector Malot né ici même et les auberges pour promeneurs gourmets.

Hôtel-restaurant

Le Saint-Pierre

Tél. : 02 35 18 01 01. Fax : 02 35 18 12 76
7 ch. 300-350 F
Menus : 90 F (enf.), 160-260 F
Carte : 300-400 F

La plus gourmande des auberges du village (les Gastronomes à deux pas ne sont pas mal et la Maison Blanche non loin joue le terroir avec sagesse) qui vaut la halte autant pour la vue sur le quai depuis la terrasse ou l'une des chambres décorées en néo-colonial avec meubles de bambou. Au fil du marché et des saisons, tartare de bar, huîtres chaudes au sabayon, lotte au cidre et tarte fine aux pommes sont de jolies choses.

Bouliac : voir Bordeaux

Bouligneux : voir Villars-les-Dombes

Boulogne-Billancourt : voir Région Parisienne

Boulogne-sur-Mer

62200 Pas-de-Calais. Paris 263 – Amiens 128 – Lille 118 – Le Touquet 30 – Calais 38.

Office du Tourisme : quai de la Poste
Tél. : 03 21 31 68 38. Fax : 03 21 33 81 09

Ce grand port, premier pour le hareng, avec sa ville haute, ses remparts, sa basilique et son musée de la mer vaut le détour au hasard de la Côte d'Opale.

Hôtels-restaurants

La Matelote

70, bd Sainte-Beuve
Tél. : 03 21 30 33 33. Fax : 03 21 30 87 40
20 ch. 560-660 F

Gaies pimpantes, aménagées à deux pas du restaurant du même nom (voir ci-dessous), les chambres des Lestienne lorgnent sur le port, depuis deux demeures de type Arts déco balnéaire qui ont le charme du pays.

La Matelote

80, bd Sainte-Beuve
Tél.: 03 21 30 17 97. Fax: 03 21 83 29 24
Fermé dim. soir, sf été, 24 déc.-20 janv.
Menus: 150 F (déj.)-255 F. Carte: 300-450 F

Tony Lestienne, leader des chefs de la Côte d'Opale, prêche le bon exemple dans sa demeure. Le décor est élégant et soigné, les menus généreux et de prix serrés, les produits impeccables, la fraîcheur parfaite et les préparations sans nulle esbroufe. Le gâteau de saumon fumé à la mousseline de hareng doux ou encore le fameux hareng de Boulogne mariné aux aromates, le fin cabillaud braisé aux oignons avec sa marinière de moules à la bière, les petites darnes de turbot rôties à l'arête avec leur beurre de thym, le délicieux caneton avec sa compote de poires aux épices cuisiné en aigre-doux, la glace à la vergeoise sont les vertueux témoins d'un style qui joue le régionalisme de caractère avec un sens de la légèreté appliqué et nuancé. On pourrait ajouter que les vins du gars Tony sont malins tout plein, que son service est précis autant qu'appliqué et que l'accueil de sa gente et souriante épouse fait chaud au cœur.

Le Nausicaa

Bd Ste-Beuve
Tél.: 03 21 33 24 24. Fax: 03 21 30 15 63
Menus: 45 F (enf.), 105 F (déj.)-172 F

Tony Lestienne, le maestro de la Matelote, a ouvert, face à sa demeure ou presque, une annexe pas chère, dans l'édifice moderne sis sur le port, qui offre un aquarium géant et un vrai musée de la mer. Avec ses copains de la Côte d'Opale gourmande, il a inventé une bouillabaisse locale: la «gainée boulonnaise» qui rassemble, en bouilliture fine les poissons d'ici. On peut la goûter ici, sans manière, dans une ambiance de bistrot moderne un tantinet standardisé.

A 62126 Wimille, 5 km N., rte de Calais

Relais de la Brocante

2, rue de Ledinghem
Tél.: 03 21 83 19 31. Fax: 03 21 87 29 71
Fermé dim. soir, lundi, 1er-10 janv., 1er-10 juil.
Menus: 150 F (déj.)-310 F. Carte: 300 F

Cet ex-presbytère mué en auberge de charme est la demeure de Jean-François Laurent. Cet autodidacte passionné, qui eut la révélation de la cuisine jadis chez Girardet, fut jadis le partisan des mariages à risques. Si sa manière d'aujourd'hui est plus sage et plus sereine, son potjevlesch de poissons fumés et de lapin avec rillettes de hareng aux lentilles et sa terrine de céteaux au foie gras en gouttière sont d'une hardiesse qui peut plaire ou agacer. Elle ne laisse pas indifférent. Sa variation sur le thème du hareng (en galette caramélisée au four avec oignons et jus de poule aux grains de café) ou son mignon de veau au jus de morilles et pommes de lard sont des mets de caractère.

A 62360 Pont-de-Briques, 5 km S. par N142

Hostellerie de la Rivière

17, rue de la Gare
Tél.: 03 21 32 22 81. Fax: 03 21 87 45 48
Fermé dim. soir, lundi, 16 août-5 sept.
8 ch. 300-340 F. 1/2 pens. 550-600 F
Menus: 160 F (déj.)-310 F. Carte: 300-400 F

Classiques, mais chics, les Martin fils et père chantent les vertus d'une riche cuisine, volontiers chantournée, en des plats qui flirtent avec le mets de concours. Mais ceux-ci cadrent bien avec leur opulente Hostellerie. Terrine de raie aux épices, médaillons de lotte pochés avec salade croquante au «zéphir» d'orange, rouget farci braisé en nage de légumes à la crème d'estragon ou encore volaille de Licques aux griottines avec céleri rave poché au jus de viande sont des mets séducteurs qui s'arrosent de vins choisis. Le sablé tiède à la rhubarbe avec parfait à la cassonade blonde fait une belle issue d'allure nordiste.

Produits

CONSERVEUR

Joël Corrue

24-28, rue du Docteur-Duchenne
Tél.: 03 21 31 55 71

Cet artisan du port de Boulogne mitonne des harengs fumés à l'ancienne, à la sciure de bois, au moelleux imparable.

FROMAGER

Philippe Olivier

43-45, rue Thiers
Tél.: 03 21 31 94 74

L'un des meilleurs fromagers de France, le roi du Nord, ayant essaimé à Lille, vendant à Londres, notamment chez les frères Roux, les meilleures pâtes françaises: tel est Philippe Olivier. On lui doit des gris de Lille, vieux Bergues, maroilles et autres boulettes d'Avesnes, valant l'étape. Mais tout ce qu'il propose, quel que soit le terroir, est au «top» de son métier.

Bourdeilles (24): voir Brantôme

Bourg-Charente: voir Jarnac

Bourg-d'Oisans: voir l'Alpe-d'Huez

Le Bourg-Dun

76740 Seine-Maritime. Paris 186 - Dieppe 20 - St-Valéry-en-Caux 15 - Rouen 56.

Sur le plateau crayeux du pays de Caux, un village rêvé par Maupassant et son auberge.

Restaurant

Auberge du Dun

Tél. : 02 35 83 05 84. Fax : 02 35 83 05 84
Fermé dim. soir, lundi, mercr. soir (hs), 2-15 janv., 1er-20 sept.
Menus : 160-350 F. Carte : 300-450 F

Pro aguerri qui connaît son métier et sa région, Pierre Chrétien, dans son auberge face à l'église, joue l'ode au terroir en légèreté. La soupière d'escargots de Brotonne, le foie gras caramélisé aux poires et pignons grillés, la galette d'andouille aux pommes de terre et épinards ou la rosace de saint-jacques à la vinaigrette de la même andouille, la longe de veau au cidre et les crêpes soufflées au calvados sont du travail d'artiste, sûr de sa partition. Service alerte, décor rustique, plein d'agrément.

Bourg-en-Bresse

01000 Ain. Paris 425 - Mâcon 37 - Annecy 113 - Lyon 68- Genève 112.

Office du Tourisme : 6 av. Alsace-Lorraine
Tél. : 04 74 22 49 40. Fax : 04 74 23 06 28

La capitale de la Bresse, avec son beau musée, ses gisants de Brou, ses tombeaux, a plusieurs titres de gloire à faire valoir. Dont sa gourmandise naturelle n'est pas le moindre.

Hôtels-restaurants

Hôtel de France

19, pl. Bernard
Tél. : 04 74 23 30 24. Fax : 04 74 23 69 90
46 ch. 350-520 F

Pratique, central et pas trop cher, avec ses chambres spacieuses, son charme suranné, ses vieux salons, son bel auvent 1900, ce noble hôtel du cœur de la ville — indépendant du restaurant «chez Blanc» sis en son rez-de-chaussée — porte beau, joue l'accueil aimable, bref, ne manque pas de caractère.

Mercure

10, av. de Bad-Kreuznach
Tél. : 04 74 22 44 88. Fax. 04 74 23 43 57
60 ch. 430-510 F
Menus : 57 F (enf.), 130 F. (déj.), 140-210 F

Fonctionnel, souriant, pourvu en outre d'un restaurant de qualité, cet hôtel de chaîne au confort sans surprise joue son rôle avec efficacité.

Logis de Brou

132, bd de Brou
Tél. : 04 74 22 11 55. Fax : 04 74 22 37 30
Fermé 27 déc. - 15 janv.
30 ch. 290-400 F

Près du centre de Bourg, cette demeure privée et soignée, joue le confort moderne et sans histoire dans un îlot fleuri. Terrasse, jardin et, à deux pas, la superbe église de Brou.

Le Mail

46, av. du Mail
Tél. : 04 74 21 00 26. Fax : 04 74 21 29 56
Fermé dim. soir, lundi, 24 déc.-10 janv., 16 juil.-3 août
9 ch. 220-300 F
Menus : 80 F (enf.), 110-320 F. Carte : 200-300 F

Proche de la gare, sous façade anodine, avec sa salle de café années soixante-dix, ornée d'une collection de porte-clés, cette auberge trompe son monde. Roger Charolles œuvre au service des traditions bressanes depuis 1962, mitonnant avec aise la mousse de sansonnet, les ravioles de queues d'écrevisses, les grenouilles aux fines herbes, la volaille au vinaigre, le ris de veau «Jean sans peur» (déglacé au marc de Bourgogne, avec crème et champignons). Sa salle sur l'arrière est cossue, ses chambres confortables et le service met vite à l'aise. Voilà une maison où l'on est bien.

Auberge Bressane

Face à l'église de Brou
Tél. : 04 74 22 22 68. Fax : 04 74 23 03 15
Menus : 98 F (déj.), 148-395 F. Carte : 300-450 F

L'adresse dit tout : nous sommes face à la belle église et à ses gisants flamboyants qui attirent le monde entier à Bourg-Brou. Et face au riche musée local. La maison, jadis glorieuse, est retournée à une certaine discrétion. Jean-Pierre Vullin continue de traiter avec sérieux la riche tradition régionale, à coup de gâteaux de foies blonds, grenouilles au beurre persillé, escargots, poularde de Bresse pochée à l'estragon. Le cadre d'auberge ancienne est charmant. Le service a de la ressource, comme d'ailleurs la carte des vins. Les menus ont su raison garder. La maison, elle, possède une âme.

La Reyssouze

20, rue Charles-Robin
Tél. : 04 74 23 11 50. Fax : 04 74 23 94 32
Fermé dim. soir, lundi, vac. févr., 23-31 juil.
Menus : 80 F (enf.), 115 F (déj. sem.)-330 F. Carte : 200-300 F

Alain Détain, qui fut, deux décennies durant, le lieutenant de Georges Blanc, prêche, à fort bon compte, au gré de menus bien équilibrés, la Bresse dans sa générosité et sa finesse. La divine soupe de grenouilles et d'escargots à la crème de cresson, le flan de foies avec sa sauce tomatée un peu vive, les rillettes de garenne, l'étuvée de homard avec son fumet de légumes à l'anis, la barbue sur l'arête au beurre rouge échaloté, la volaille aux morilles et au savagnin, les saint-jacques poêlées aux épices, le vacherin glacé à la vanille sauce chocolat, le mille-feuille aux pommes, la mousse au Grand Marnier sont d'un classique sachant évoluer avec malice. La carte des vins est bien pondue, les bourgognes tarifés avec sagesse et le service d'une promptitude à toute épreuve. Voilà une ambassade parfaite du savoir-vivre à la française.

Chez Blanc

19, pl. Bernard
Tél.: 04 74 45 29 11. Fax: 04 74 24 73 69
Fermé nov.
Menus: 65 F (enf.), 98 F (déj.), 150-250 F. Carte: 200-250 F

Georges Blanc a repris au débotté la table vedette de Bourg (c'était Jacques Guy) pour en faire un temple du bon rapport qualité-prix. Le cadre provincialissime a été rénové avec malice sur le mode du bistrot chic. Le service jeune est efficace autant qu'aimable et les menus tous bien pondus. Le jeune Vincent Lagrange mitonne avec talent le pied de porc ravigote, le gâteau de foies blonds grand-mère, la daurade rouge à l'épice, le foie de veau pommes persillées ou l'entrecôte Bercy avec ses gnocchi. La carte des vins joue le régionalisme avec aise et le pot de beaujolais passe tout seul.

Le Français

7 av. d'Alsace-Lorraine
Tél.: 04 74 22 55 14. Fax.: 04 74 22 47 02
Fermé sam. soir, dim., 7-29 août, 24 déc.-2 janv.
Menus: 135- 295 F. Carte: 200-300 F

Cette brasserie-monument – très 1900 – avec stucs, moulures, plafond classé, banquettes, fait sa pelote dans le plateau de fruits de mer, les hors-d'œuvre sages (crudités, museau), les belles viandes, sans délaisser le régionalisme bon enfant. La belle clientèle locale qui mange fait un sort au saucisson comme à Lyon, rosette, andouillette, poissons du jour, quenelle de brochet Nantua et poulet de Bresse rôti qui s'avalent sans rechigner. Le mâcon blanc maison se siffle à l'aise.

Demandez au sommelier de vous conseiller le vin qui accompagne au mieux les plats que vous aurez choisis.

Trichard

4, cours de Verdun
Tél.: 04 74 23 11 24
Fermé dim., lundi soir, 15 fév-1er mars, 3 dern. sem. juil.
Menus: 70-180 F. Carte: 220 F

Cette institution populaire bressane voit se retrouver, les jours de marché, les producteurs et éleveurs des environs pour de plantureuses agapes. Quenelle Nantua, andouillette, grenouilles meunières, bavette à l'échalote, poulet à la crème sont au programme. Belle terrasse face au théâtre et décor rustique propret.

Bourges

18000 Cher. Paris 246 – Châteauroux 66 – Nevers 69 – Orléans 123.
Office du Tourisme: 21 rue V.-Hugo
Tél.: 02 48 24 75 33. Fax: 02 48 23 02 69

Le cœur de la France? C'est, bien sûr, ici qu'il se trouve, dans la tranquillité bonhomme d'une ville de 75 000 âmes qui a su enrichir et préserver son patrimoine. Plein centre, le dédale des rues à gros pavés, avec jardins tranquilles, marais débonnaires, hôtels bourgeois, munificents ayant su conserver leur collections anciennes provoque le coup de cœur.

Hôtels-restaurants

Hôtel de Bourbon

Bd de la République
Tél.: 02 48 70 70 00. Fax: 02 48 70 21 22
57 ch. 450-750 F. 1/2 pens. 540 F

A la porte du centre médiéval, des chambres de grand confort moderne, un accueil tout sourire, un service de classe. Le tout dans une ancienne abbaye rénovée avec audace. Voir restaurant le Saint-Ambroix.

Christina

5, rue de la Halle
Tél.: 02 48 70 56 50. Fax: 02 48 70 58 13
71 ch. 249-340 F

Plein centre, cette adresse peu chère aux chambres bien équipées est la bonne affaire de la ville.

Hôtel d'Angleterre

Pl. des Quatre-Piliers
Tél.: 02 48 24 68 51. Fax: 02 48 65 21 41
31 ch. 395-450 F
Menus: 95-160 F. Carte: 200-250 F

A deux pas du palais Jacques-Cœur, bien pratique pour rayonner au cœur du vieux Bourges, un hôtel, propret, classique et sans chichis. Honnête restaurant le Windsor.

L'Abbaye Saint-Ambroix

Bd de la République
Tél. : 02 48 70 70 00
Menus : 150-390 F. Carte : 400-500 F

La salle à manger aux allures de réfectoire gothique ne manque pas d'allure. La cuisine finaude du jeune Pascal Auger, qui fit des stages parisiens à l'Arpège, ne déçoit pas, au contraire. On accompagne les saint-jacques au bois de réglisse et beurre salé, tourteau aux primeurs, grillade de foie gras, turbot au chou-fleur grillé, lotte meunière et fleur de sauge, carré d'agneau à la sarriette, pigeon au risotto d'épeautre et parmesan, feuille d'ananas caramélisée au sirop d'érable des meilleurs sancerre en valeureux millésimes, signés Alphonse Mellot, Bailly-Reverdy, Vacheron ou Millérioux. C'est, bien sûr, la meilleure halte gourmande pour découvrir la cité de Jacques Cœur qui garde plus d'un tour pour séduire le voyageur épris d'histoire et de gourmands plaisirs.

Philippe Larmat

62 bis, bd Gambetta
Tél. : 02 48 70 79 00. Fax : 02 48 69 88 87
Fermé dim. soir, lundi, 15 août-2 sept.
Menus : 60 F (enf.), 140-250 F (vin c.)
Carte : 300 F

L'accueil de la charmante Catherine est la grâce et la cuisine audacieuse et finaude de Philippe Larmat, ancien de chez Bardet, a tout pour plaire. Vous l'avez saisi : voilà la table dans le vent, prometteuse et légère, de la cité. On se régale ici d'asperges meunières à l'œuf de poule pochée, de salade d'oreilles de porc craquantes aux lentilles du Berry, de sandre finement accordé aux jus de pommes et de chevreau à l'ail confit, tous mets, qui, peu ou prou, chantent la finesse du terroir d'ici. Jolis desserts (pain perdu et glace pain d'épice), cave ligérienne fort bien défendue et tarifs sages pour tant de qualité.

Le Jardin Gourmand

15 bis, av. Ernest-Renan
Tél. : 02 48 21 35 91. Fax : 02 48 20 59 75
Fermé dim. soir, lundi, 20 déc-20 janv., 15 jrs juil.
Menus : 95-230 F. Carte : 250-350 F

Cette belle maison bourgeoise, plein centre, avec jardin a son chic. Au programme, les saveurs berrichonnes d'aujourd'hui traitées en finesse par Christian Chauveau. Les rillettes de canard, les œufs brouillés aux asperges, le boudin de carpe au gamay et le pigeonneau à l'embeurrée de choux sont des plats bien faits, bien vus, gentiment peaufinés.

 indique une des meilleures tables de France.

Le Jacques Cœur

3, pl. Jacques-Cœur
Tél. : 02 48 70 12 72. Fax : 02 48 65 25 72
Fermé sam., dim. soir, Noël-Nvl An, 24 juil.-24 août
Menus : 145-180 F. Carte : 250-300 F

Face au palais Jacques-Cœur, cette demeure de tradition propose une cuisine à l'unisson. Le cadre Renaissance pourrait servir à une reconstitution historique. Côté cuisine, on ne fait pas moins dans l'hommage à la tradition berrichonne à travers les terrines aux foies de volaille, darne de saumon béarnaise, lapereau fermier sauce moutarde et poulet en barbouille que mitonne François Bernard avec cœur.

Le Beauvoir

1, av. Marx-Dormoy
Tél. : 02 48 65 42 44. Fax : 02 48 24 80 44
Fermé dim. soir, 25 juil.-9 août
Menus : 95 F (déj.)-235 F. Carte : 250-300 F

La modestie sied à Didier Guyot. Ce cuisinier sérieux ne s'en laisse pas conter sur l'achat du bon produit qu'il accommode avec soin, sans chichi inutile. Terrine de queue de bœuf, pavé de saumon aux lentilles, tête de veau ravigote, fondante tarte Tatin sont quelques-uns de ses bons tours.

Le Bourbonnoux

44, rue Bourbonnoux
Tél. : 02 48 24 14 76. Fax : 02 48 24 77 67
Menus : 78-180 F. Carte : 220 F

Le rapport qualité-prix n° 1 de la ville : c'est le propos de Jean-Marie Huard qui suit le marché avec malice, proposant sans bavure les matelote de sandre au quincy, poulet fermier au jus de crustacés et gâteau Marie au chocolat noir à un public de connaisseurs venu ici se sustenter sans chercher la ruine.

Produits

CAVISTE

Le Nez du fin buveur

35, rue Bourbonnoux
Tél. : 02 48 24 82 83

Belle sélection de vins régionaux voisinent assez joliment avec du mobilier en pierre de taille.

CONFISEUR

Maison des Forestines

3, pl. Cujas
Tél. : 02 48 24 00 24

Découvrez les fameuses « forestines » (feuilleté praliné enveloppée dans une coques de couleur) sous le magnifique plafond en faïence de Gien de l'une des plus anciennes confiseries françaises. En sus, les amandines, richelieu, châtaignes et un accueil en or.

PÂTISSIER

La Tour de Beurre

98, rue Bourbonnoux
Tél. : 02 48 24 19 54

Pâtisseries exquises (mille-feuille, bavaroises, duguesclin, prince-du-berry et cœur-de-france) dans une échoppe où tout fait envie.

Le Bourget–du–Lac

73370 Savoie. Paris 533 – Annecy 44 – Aix-les-Bains 10 – Chambéry 13.
Office du Tourisme : pl. du Gal-Sevez
Tél. : 04 79 25 01 99. Fax : 04 79 25 25 99

« O temps, suspends ton vol », chantait ici Lamartine. Demeurent les rives du lac pour écouter le silence des heures et l'abbaye de Hautecombe pour prendre la mesure des lieux.

Hôtels–restaurants

Ombremont et Bateau Ivre

2 km N. par 504
Tél. : 04 79 25 00 23. Fax : 04 79 25 25 77
Fermé nov.-avril, (res.) mardi midi, mercr. midi sf juil.-août
12 ch. 800-1 400 F. 5 suites.
1/2 pens. 700-960 F
Menus : 100 F (enf.), 260-590 F. Carte : 500-650 F

Les Jacob qui émigrent l'hiver de Courchevel ont racheté ce manoir dominant le lac qui fait un « Relais & Châteaux » de très bon ton. On vient pour la cuisine de Jean-Pierre, formé jadis chez Vergé à Mougins et chez Lacombe à Cologny en Suisse, qui pratique le classicisme comme une seconde nature. Justes de ton, savants et fins, un poil modernes, mais sans nulles outrances, sont les mets qu'ils mitonnent sur le mode de la Savoie frottée à l'esprit de Provence. Ainsi ses cannelloni de lavaret fumé à la chair de crabe, les filets de perche à l'huile de poivrons rouges, carré d'agneau aux artichauts croquants et jus à la marjolaine, pêche caramélisée flanquée d'une crème glacée à l'amande amère. Tout cela est de haute volée, servie avec efficacité, sous l'œil chaleureux de la blonde Josie. Belle carte de vins de Savoie avec les apremont, roussette, mondeuse à découvrir en hâte.

Bourg-Ingouville : voir Saint-Valéry-en-Caux

indique un établissement au bon rapport qualité-prix.

Bouxwiller

67330 Bas-Rhin. Paris 447 – Saverne 15 – Bitche 34 – Strasbourg 42.

Autrefois les sorcières menaient leur sabbat sur la colline du Batsberg. Aujourd'hui, l'hôtel de ville sur la place du château prend des allures seigneuriales. En prime deux passionnants musées, dont l'un, consacré au judaïsme alsacien.

Hôtels–restaurants

Heintz

84, Grand-Rue
Tél. : 03 88 70 72 57
Fermé (rest.) dim. soir, vendr. soir, lundi, 7-30 nov.
16 ch. 240-300 F
Menus : 42 F (enf.), 85-162 F. Carte : 180 F

Chambres simples, tarte flambée en fin de semaine, sandre aux nouilles, gentil menu alsacien, jardin et piscine l'été : voilà ce qui vous attend dans ce petit hôtel familial.

Au Soleil

71, Grand-Rue
Tél. : 03 88 70 70 06
Menus : 45 F (déj.), 95 F, 130 F, 150 F
Carte : 180 F

Cette vaste maison d'angle a été reprise par l'actif Ibrahim Ben Yahia qui, aux choucroutes, entrecôte et plat du jour style jambon aux endives, ajoute couscous du vendredi, paella et poissons de Méditerranée.

A Imbsheim, 3 km S.-O. par D6

S'Batsberger Stulwel

25, rue Principale
Tél. : 03 88 70 73 85
Fermé lundi, mardi midi, 15 jrs juin
Carte : 100-150 F

Cette winstub façon grange a conservé inscriptions en dialecte avec proverbes amusants. A côté des tartes flambées, fines et croquantes, les galettes au munster, la bouchée à la reine, le presskopf maison, le bibelasskass séduisent sans mal. Anny Reixel, qui court à travers tables et étages, pourrait gagner le concours de la patronne la plus souriante d'Alsace.

Produits

CHARCUTIER

Lorch

39, Grand-Rue
Tél. : 03 88 71 35 26

Cette maison de tradition propose knacks, lard paysan, saucisse de foie à l'ancienne, saucisse à l'ail, jambonneau grillé à la moutarde et belles viandes de toutes sortes.

PÂTISSIER

Rodolphe Isenmann

28, Grand-Rue
Tél.: 03 88 70 70 50

Les vitrines pimpantes de Noël font toujours penser au palais de dame Tartine. Bredele, linzertorte, tarte au fromage, mille-feuille ou «charbon de Bouxwiller» (chocolat aux noisettes) demeurent les vedettes maison. La machine à torréfier millésimée 1924 est toujours en fonction.

Bracieux

41250 Loir-et-Cher. Paris 184 – Orléans 63 – Blois 19 – Romorantin 30.

Aux portes de la forêt de Chambord et de la Sologne, un bourg avec ses halles anciennes et le souvenir des Trois Mousquetaires...

Restaurant

Le Relais de Bracieux

Tél.: 02 54 46 41 22. Fax: 02 54 46 03 69
Fermé mardi soir, mercr. (sf été), janv.
Menus: 250 F (déj.)-600 F. Carte: 500-600 F

Cet ancien relais de poste rénové il y a quinze ans est une des tables vedettes du pays. La forêt de Chambord est au coin de la rue. Le service est aux petits soins, la cave pleine de ressources entre chinon, vouvray et romorantin. La cuisine de Bernard Robin se renouvelle au gré du temps: mousse blonde de foies de volaille au pineau, terrine de pommes de terreau foie gras et escargots aillés, gâteau de poireaux au caviar et huîtres, effeuillée de cabillaud mi-cuit à la crème légère citronnée, noisette de cochon fermier braisée au marc de Loire et sa sanguette aux échalotes, canard sauvage en aigre-doux aux cerises et cèpes sont de bon ton. Les desserts sont ici la partie forte, entre macaron aux fraises flanquées d'une glace à la confiture de lait, pêche blanche pochée au layon avec glace verveine et assiette «tout myrtilles».

Brantôme

24310 Dordogne. Paris 478 – Angoulême 59 – Périgueux 27 – Limoges 86 – Thiviers 26.

Un bourg exquis, avec son dédale de canaux (c'est la Venise modeste du Périgord vert), son abbaye, dont le père abbé fut jadis Pierre Bourdeille, l'auteur des Dames galantes, *ses blanches demeures anciennes, son tracé en rond.*

Hôtels–restaurants

Moulin de l'Abbaye

Av. P.-de-Bourdeilles
Tél.: 05 53 05 80 22. Fax: 05 53 05 75 27
Fermé nov.-25 avril, (rest). midi sf w.-e., et juil.-août (fermé lundi).
16 ch. 900-1 300 F. 3 suites.
1/2 pens. 860-1 060 F
Menus: 240-340 F. Carte: 400 F

Face à l'abbaye de Pierre de Bourdeilles, une demeure au charme exemplaire: quoi d'étonnant à cela puisqu'il s'agit de la maison du président des «Relais & Châteaux» dont elle constitue une sorte de rêve réalisé. Il y a le moulin avec sa terrasse, les petits appendices dédiés au meunier et à l'abbé, des chambres toutes ravissantes, aux couleurs fraîches et gaies. Ajoutez-y un accueil tout sourire, une carte des vins qui fait la part belle aux crus locaux, à prix d'anges, pécharmant ou montbazillac, la cuisine fine, périgourdine, certes, mais qui se fait câline et légère au fil du temps. On goûte ainsi la variation sur le thème du foie gras, comme ce lobe entier rôti au vin de noix, les jolis poissons de rivière telle l'anguille au vin rouge et ses girolles en cocotte, le bel aperçu des confits et magrets, avec ce tournedos de filet de canard plaisamment rôti au verjus. Sans omettre de délicats desserts jouant avec les fruits du temps, le mille-feuille craquant, la crème brûlée flanquée d'un sablée aux fraises. Le jardin des moines est là pour la promenade et la digestion.

Chabrol

57, rue Gambetta.
Tél.: 05 53 05 70 15. Fax: 05 53 05 71 85
Fermé dim. soir, lundi (oct.-juin), 15 nov.-15 déc.
21 ch. 260-400 F. 1/2 pens. 360-460 F
Menus: 165 F (déj.)-410 F. Carte: 350 F

Les frères Charbonnel sont toujours fidèles au poste dans ce qui constitue le bon hôtel classique du village. Chambres et l'ancienne et carte qui récite, au fil de gentils menus, la tradition périgourdine (foie gras en terrine, gratin de queues d'écrevisses, omelette aux truffes, canard confit): tout cela a bonne mine, comme la salle en longueur faisant terrasse sur la Dronne.

Au Fil de L'Eau

21, quai Bertin.
Tél.: 05 53 05 73 65. Fax: 05 53 05 73 65
Fermé lundi soir, mardi, sf juil.-août, janv., févr.
Menus: 110-140 F

Meunier malin, ayant essaimé dans diverses maisons du beau bourg, Régis Bulot a fait de cette jolie demeure face à l'abbaye et à son moulin, par-delà l'entrelacs des canaux, son annexe gentillette. Les plats à l'ardoise se renouvellent avec bonheur selon le marché du jour, proposant des entrées fraîches (croustillant de chèvre, petite friture), des salades malignes (foies de volaille), des poissons cuits simplement (filet de daurade au fenouil) et le meilleur de la tradition (confit de canard aux pommes sautées et choux braisés). Desserts de grand-mère (charlotte au chocolat). Le tout est servi avec le sourire dans un cadre décoré façon pêcheur du dimanche.

A 24530 Champagnac-de-Belair. 6 km N.-E. par D78 et D83

Moulin du Roc

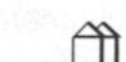

Tél.: 05 53 02 86 00. Fax: 05 53 54 21 31
Fermé 1er janv.-4 mars (rest.), mardi, mercr. midi.
12 ch. 620-800 F. 1/2 pens. 670-785 F
Menus: 170 F (déj.), 245-430 F.
Carte: 350-500 F

On parle moins des Gardillou depuis qu'ils firent croire, il y a quelques années, qu'ils avaient été conviés à préparer un repas pour le président des USA. C'est dommage. Leur maison, un ancien moulin à huile, avec leurs meubles de bois sombres genre haute époque espagnole, ne manque pas de chaleur. Et la cuisine de dame Solange, inspirée par les traditions de la région, revues en légèreté et en finesse, ne laissent pas de charmer. Le foie gras confit, le bar grillé au vin de Bergerac, la poitrine de canette émincée aux huiles parfumées et la symphonie d'oranges en gelée sont quelques-unes des délicatesses valant l'étape et le détour jusqu'à ce bout de campagne périgourdine.

A 24310 Bourdeilles. 10 km S.-O. par D78

Les Griffons

Tél.: 05 53 45 45 35. Fax: 05 53 45 45 20
Fermé lundi midi, mardi midi, 10 oct.-Pâques.
10 ch. 420-520 F. 1/2 Pens. 410-420 F
Menus: 70 F (enf.), 99 F (sem., déj.), 129-189 F

La demeure du XVIe forme, avec le château et la rivière juste en face, un délicieux tableau illustrant la douceur française. Les chambres sont rustiques, mais proprettes. La cuisine sage, mais simplette. Le jardin est un havre aux beaux jours.

Bréca: voir Saint-Lyphard

La Bresse

88250 Vosges. Paris 440 - Colmar 54 - Epinal 57 - Gérardmer 14.

Une station de montagne vosgienne, entre 900 et 1 350 mètres d'altitude, fameuse pour ses pistes de fond.

Hôtel-restaurant

Les Vallées

31, rue Paul-Claudel
Tél.: 03 29 25 41 39. Fax: 03 29 25 64 38
54 ch. 360-490, 60 F, studios. 1/2 pens. 375 F
Menus: 58 F (enf.), 93 F (déj.)-260 F Carte: 250 F

Les Remy, qui sont les activistes du tourisme hôtelier dans la région, ont bâti ici un gros chalet moderne où l'on est vite chez soi. Chambres spacieuses, fonctionnelles, studios pour familles, salles pour séminaires, parc, piscine couverte, tennis. Les pistes sont à deux pas. Soufflé de sandre et de saumon, selle d'agneau au thym et mousse à la mûre sont servis avec le sourire dans une vaste salle claire et aérée avec baie vitrée.

Le Slalom

Rte du Col-des-Feignes
Tél.: 03 29 25 41 71
Fermé mai-nov.
Menus: 85-170 F

Ce grand restaurant d'altitude, avec baies vitrées sur la montagne, se cache derrière un self-service. Mais on peut s'asseoir sans crainte pour la salade de rouget au concombre, la pintade aux fruits secs et le mille-feuille de poires au caramel glacé d'une surprenante qualité pour un établissement de type «sportif».

Bresson: voir Grenoble

Brest

29200 Finistère. Paris 596 - Lorient 134 - Quimper 71 - Rennes 245 - St Brieuc 144.

Office du Tourisme: pl. de la Liberté
Tél.: 02 98 44 24 96. Fax: 02 98 44 53 73

Il ne pleut pas toujours à Brest. D'ailleurs, le poète-voyageur Olivier de Kersauzon dit qu'ici le ciel verse parfois des «larmes d'émotion». Barbara ne se croise plus souvent rue de Siam. Et le port de commerce, devenu un quai à la mode, se doublant d'un port de plaisance, exhibe, avec Océanopolis, l'un des plus beaux aquariums du monde. Sinistrée après la Seconde Guerre mondiale, la cité de l'Arsenal, domaine de la marine nationale, a gardé le vieux quartier de Recouvrance, lorgne vers le château, flâne au long des allées aérées du centre. Sinon, belle, du moins agréable et gourmande: telle est la grand ville – méconnue – du Finistère. Une pléiade de jeunes chefs y traitent avec doigté les produits de la région. Les artisans de qualité sont timides, mais présents. Et le sourire est ici à toutes les portes.

Hôtels

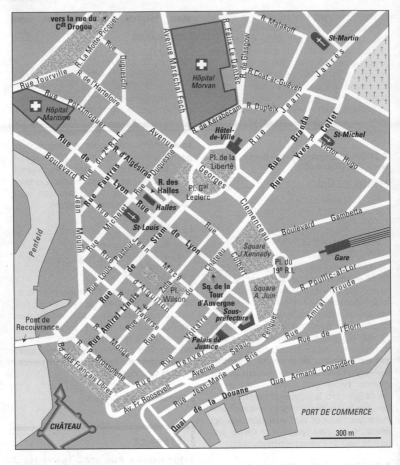

Mercure Continental

Sq. de la Tour-d'Auvergne
Tél.: 02 98 80 50 40. Fax: 02 98 43 17 47
73 ch. 590-830 F

Ce bel hôtel années cinquante avec son hall imposant, son mobilier néo-Arts déco, son bar, sa galerie au premier étage ne manque pas de chic. Les chambres ne sont pas très grandes. Mais elles ont été rénovées avec ardeur, se découvrent fonctionnelles et bien équipées. L'hôtel est situé, en outre, plein centre, près de la rue de Siam, face à un square verdoyant.

Holiday Inn Garden Court

41, rue Branda
Tél.: 02 98 80 84 00. Fax: 02 98 80 84 84
84 ch. 530-590 F

Cet excellent hôtel de chaîne, moderne, central, avec son hall aéré, son restaurant qui est l'un des bons rendez-vous locaux (voir à ce nom), est l'une des adresses sérieuses du centre. Ses chambres bureaux style suites junior sont très confortables. Accueil de charme.

Océania

82, rue de Siam
Tél.: 02 98 80 66 66. Fax: 02 98 80 65 50
Fermé (rest.) sam. midi, dim. soir
82 ch. 495-735 F

Plein centre, dans un immeuble de la reconstruction, cet hôtel chic et classique dans le registre «moderne fonctionnel» propose des chambres parfois vastes, claires, lumineuses, équipées d'un mobilier années quatre-vingt. Certaines salles de bains sont équipées de baignoire en marbre avec jacuzzi. Voir également «restaurants».

Relais Mercure

2, rue Y.-Collet
Tél.: 02 98 80 31 80. Fax: 02 98 46 52 98
40 ch. 385-555 F

Ce grand hôtel d'allure anonyme dans un immeuble de l'après-guerre cache des

chambres de bon confort, redécorées façon «îles lointaines» avec un mobilier moderne en bois exotique.

Hôtel de la Paix

32, rue d'Algésiras
Tél.: 02 98 80 12 97. Fax: 02 98 43 30 95
Fermé 23 déc.-1er janv.
25 ch. 260-320 F

Ce bon petit hôtel de centre-ville offre des chambres bien tenues, pourvues de mobilier rustique, un accueil souriant et l'un des meilleurs rapports qualité-prix de la ville.

Restaurants

Fleur de Sel

15 bis, rue de Lyon
Tél.: 02 98 44 38 65. Fax: 02 98 43 38 53
Fermé sam. midi, dim., 31 juil.-23 août, 1er-10 janv.
Menus: 50 F (enf.), 120 F (déj.), 148 F Carte: 300 F

Yann Plassard, jeune Brestois, formé chez Apicius, au Vivarois et chez Cagna à Paris, a créé l'événement dans sa ville en revenant au pays. Il a rénové avec chaleur, sur un mode clair et contemporain, l'ancien Frère Jacques, a élaboré une carte fine, de prix raisonnables, où entrent non seulement les produits mais aussi l'air du pays. Et tout ce que touche ce jeune homme timide mais doué est le sérieux même, frais, disert, appliqué. Velouté glacé d'artichauts avec son confit de radis roses et son jus de betteraves, chaud-froid de tourteaux et pommes de terre en vinaigrette aux herbes, ravioles d'araignées au jus corsé, filet de saint-pierre cuit à la vapeur d'algues en barigoule d'artichaut à l'infusion de basilic, ris de veau cuit entier au four au jus de truffes, tarte sablée au caramel et fruits secs avec glace caramel au beurre salé sont des mets fins, pleins d'esprit, qui joue sur l'acide, le vinaigre, le sapide, bref, ne pèsent ni l'estomac, ni sur le portefeuille. Cave pleine d'esprit, service jeune et alerte. C'en est assez pour voir là une maison d'avenir.

Le Nouveau Rossini

22, rue du Cdt-Drogou
Tél.: 02 98 47 90 00. Fax: 02 98 47 90 00
Fermé dim. soir, lundi, 1er-27 mars, 21 au 21 août
Menus: 140 F (sem.), 200-360 F. Carte: 350-400 F

Maurice Mevel, barbu rieur, sorte de capitaine Haddock de la cuisine d'ici aux airs de loup de mer aguerri, est un autodidacte passionné qui fit jadis des stages chez Chapel, Robuchon, Chibois. Après des années en ville, il a fait de cette demeure de charme dans son parc, en lisière du centre, une des très bonnes tables brestoises. Son style? De la netteté en toute chose qui laisse son goût au produit. Sa galette de crabe au beurre citronné, son rouget de roche à l'épice aux poivrons confits, suprême de pigeon rosé avec ses cuisses confites en chartreuse au chou et ses pommes de terre écrasées à la fourchette sont nets de ton, sans fioriture, ni anicroche. Les desserts sont bien honnêtes, quoiqu'un ton en dessous (soupe de pêche à la menthe fraîche). Belle cave, service complice.

Océania

82, rue de Siam
Tél.: 02 98 80 66 66. Fax: 02 98 80 65 50
Fermé sam. midi, dim. soir
Menus: 130 F (déj.), 150-230 F. Carte: 300 F

Le décor années soixante-dix de ce restaurant d'hôtel possède un côté jamesbondesque au modernisme daté: il n'est pas sans charme. Le service est aux aguets. La cuisine? Une divine surprise, sous la houlette du jeune Dominique Huguet, formé chez Blanc à Vonnas et la Bergerie au Luxembourg, qui traite le registre breton avec subtilité et légèreté. On est même tiré vers le Sud par les langoustines en minestrone de légumes ou la salade de homard et vinaigrette au miel. Le parmentier d'araignée au beurre noisette et ciboulette et le carpaccio de thon à l'andouille jouent l'interprétation des produits locaux avec malice. Le foie gras chaud au caramel de porto et lentilles ou le saint-pierre rôti en croûte d'amandes grillées et jus d'herbes sont des réussites. Le mille-feuille d'arlettes de fraises de Plougastel fait une issue malicieuse et fraîche.

L'Amirauté

A l'Holiday Inn Garden Court, 41, rue Branda
Tél.: 02 98 80 84 00. Fax: 02 98 80 84 84
Fermé sam., dim. Menus: 48 F (enf.), 75 F (sem.), 130-220 F. Carte: 200-300 F

Yvon Morvan, jeune Breton, formé chez Duquesnoy, Bocuse et Robuchon, puis passé à la Cour d'Alsace d'Obernai, a fait de cette adresse hôtelière moderne et anodine un des rendez-vous sûrs du centre. Emincé de pommes rattes, hareng et saumon marinés, raviole de tourteau à l'émulsion crémeuse de crustacés au cerfeuil, lieu jaune sur la peau aux asperges sautées, dos de bar avec sa croustille de pied de veau et queue de bœuf au parfum fumé, mitonnée de joue de porc avec ses petites pommes de terre rissolées, pyramide de sablé aux fraises avec sa crème allégée à la vanille sont pleins de promesse.

La Luciole

16, rue Amiral-Linois
Tél.: 02 98 33 24 25
Fermé dim., lundi midi
Menus: 94 F (déj.), 138-225 F. Carte: 250 F

La joviale Evelyne Goasguen et le discret Jacques Trépos ont créé cette petite table sage au centre-ville qui fait connaître aux Brestois une fine cuisine aux accents singuliers. Jacques, le chef, qui a travaillé au Mexique, mitonne en légèreté bavarois de maquereau avec crème de moutarde, compotée de lapin avec mousse d'asperges à la gelée de cidre, aile de raie cuite au bouillon de queue de bœuf, mignon de porc au pain d'épice et poires pochées. Tuile d'amandes au chocolat passion et mousse au vin et concassé de raisins font des issues digestes.

Maison de l'Océan

2, quai de la Douane
Tél.: 02 98 80 44 84. Fax: 02 98 46 61 29
Menus: 42 F (enf.), 89-149 F. Carte: 200 F

Cette gaie brasserie océane sur le port offre ce qu'on peut souhaiter ici, dans un décor marin, clair et propret. Soupe du pêcheur, moules marinière, hareng pommes vapeur, tartare de thon à l'indienne, merlan frit beurre au citron, sardines grillées, lieu jaune au beurre blanc et plateaux de fruits de mer sont l'honnêteté même.

Le Ruffé

1 bis, rue Y.-Collet
Tél.: 02 98 46 07 70. Fax: 02 98 44 31 46
Fermé dim. soir
Menus: 39 F (enf.), 69-169 F (vin c.) Carte: 250 F

Cuisine de brasserie et service de restaurant: telle est la formule relaxe et gourmande de ce lieu prisé de la bourgeoisie brestoise qui trouve ici ses moments de détente, avec salon pour les repas de groupes au premier. Le chef Jean-Michel Faljean, qui travailla jadis chez Pharamond et au Concorde-Lafayette à Paris, réussit bien à concilier médaillon de homard et pétoncles poêlés avec crème de langoustines, feuillantine de rouget et daurade et dos de saumon rôti à la fleur de sel. Grands plateaux de fruits de mer et accueil alerte du patron, Georges Garkouchevsky.

Vatel

23, rue Fautras
Tél.: 02 98 44 51 02. Fax: 02 98 43 33 72
Fermé dim. soir, lundi
Menus: 39 F (enf.), 70-299 F (vin c.)
Carte: 250-300 F

Le décor de salle à manger petite-bourgeoise avec ses chaises néo-Louis XVI a son charme suranné. Jean-Michel Roche, Limougeaud, marié à une Brestoise, en a fait une des adresses sérieuses de la ville à coup de menus bien pondus qui plaisent sans mal aux hommes d'affaires locaux. Marbré de foie gras aux chaudins de porc, saucisse de Molène aux algues, tartare de saumon frais, huîtres froides aux fruits de mer sauce mousseline, fagot du pêcheur, Tatin de lotte ou de homard, pannequet de moules et champignons jouent une petite musique maligne et chantournée.

Amour de Pomme de Terre

23, rue des Halles
Tél.: 02 98 43 48 51. Fax: 02 98 43 61 88
Carte: 120 F

Cette amusante taverne moderne derrière les halles propose des plats divers sur le thème de la pomme de terre: en gratin, farcie, à la saucisse fumée de Molène, en kig ha farz. C'est simple, pas cher. Et l'ambiance est assez joyeuse.

Ma Petite Folie

Port de plaisance (hors plan)
Tél.: 02 98 42 44 42. Fax: 02 98 41 43 68
Fermé dim.
Menu: 110 F. Carte: 200-350 F

Capitaine à bord, sur son langoustier de Mauritanie, échoué volontairement sur le port de plaisance, François Fer a créé une table marine, amusante, qui fait l'unanimité des Brestois. D'autant que sage menu qui propose un poisson du jour se renouvelle selon la marée. La carte est plus coûteuse. Mais, à travers panaché de crevettes et langoustines, dos de turbot braisé à l'émincé de poireaux, saint-pierre au beurre d'anis et cotriade au coulis d'étrilles, on fait ici des petites folies très raisonnables.

Produits

ARTS DE LA TABLE

L'Essentiel

3-10, rue Alain-Fournier
Tél.: 02 98 43 42 87

Cette jolie boutique de décoration très contemporaine vend, outre ses objets qui donneront de l'élégance à vos pièces, des thés Mariages, cafés Faguais et pain Poilâne.

BOULANGERS

Le Fournil de Siam

35, rue Taverse
Tél.: 02 98 44 37 63

Christian Picart mitonne pain au levain à l'ancienne, seigle, algue, pavot, flûte gana et diverses brioches qui mettent en appétit dans son jolie boutique au four apparent sur la rue. Egalement, kouign amann, far et brioches sucrées de qualité.

La Maison du Boulanger

3, rue des Marchands
Tél.: 02 98 80 03 71

Michel Izard, ex-cuisinier MOF, devenu boulanger de village à Lannilis, vend ici ses (superbe) boule de campagne, classique kouign amann, admirable gâteau breton aux pruneaux et pains variés dans cet étal des halles. La queue nombreuse indique la célébrité de cet artisan hors pair.

CAVISTE

La Cave de Bacchus

5, rue Boussingault
Tél. : 02 98 44 33 76

Patrick Simon a fait de sa belle échoppe sise plein centre le rendez-vous des amoureux des grands crus dans tous les vignobles. Grands bordeaux à prix de raison, châteaux languedociens en forme (rares cuvées de Sarda Malet) et bourgognes de qualité sont ici au garde-à-vous.

CHOCOLATIER

Histoire de Chocolat

60, rue de Siam
Tél. : 02 98 44 66 09. Fax : 02 98 80 30 20

Louis Dubois, fou de cacao, est l'un des meilleurs artisans de métier. Sa boutique plaisante, moderne, gaie, claire, est un modèle d'élégance sur la principale rue de la ville. Mais c'est à la qualité de ses ganaches (au citron, réglisse, criollo grand cru et autre feuilleté praliné) qu'on voit l'expert en vrai chocolat. Pas de sucre, rien que la fève, la meilleure couverture et des assemblages équilibrés. L'histoire que raconte le bon Dubois est tout bonnement celle du grand chocolat.

ÉPICIER

Kerjean

79, rue de Siam
Tél. : 02 98 44 36 71

Cette belle et sombre échoppe, ornée de piments de Cayenne et de boîtes de thé du monde entier, propose un grand voyage à coup d'épices, rhum, condiments, confiseries venus des rives lointaines.

FROMAGER

La Maison du Fromage

Halles Saint-Louis
Tél. : 02 98 43 47 58

Françoise Labous vend chèvres fermiers, brebis d'Ossau, brin d'amour et pâtes de montagne dans son bel étal du marché couvert.

PÂTISSIER-CHOCOLATIER

Lallemand

39, rue Traverse
Tél. : 02 98 44 27 12

Ce grand classique de la gourmandise brestoise en version sucrée propose entremets, chocolatiers, glaces et divers gâteaux de qualité.

« Ecrivez-nous » vos impressions, vos commentaires, relatez-nous vos enthousiasmes et vos déceptions à lepudlo@aol.com.

POISSONNIER

Capitaine de Concarneau

Halles Saint-Louis.
Tél. : 02 98 46 49 09
Halles du Pilier-Rouge
Tél. : 02 98 44 97 82

Ce bel étal, dans les deux marchés couverts de la ville, propose le fin du fin de la pêche de petits bateaux. Bars de ligne, rouget de roche, soles de sable, maquereau ou sardines à la peau luisante, mais aussi langoustines à la fraîcheur sans faille.

PRODUITS RÉGIONAUX

Roi de Bretagne

4, rue Blaveau,
au port de commerce
Tél. : 02 98 46 09 00

Des superbes confitures de fraises de Plougastel à la belle charcuterie à l'ancienne (andouille, terrines, pâtés), des sablés pur beurre salé au chouchen, de la bière Sainte-Colombe à la bisque de homard : c'est toute une Bretagne gourmande et artisane qui a été sélectionnée dans cette vaste boutique joliment attrape-tout. Catalogue sur demande.

Rendez-vous

CAFÉS-BARS

Aux Quatre Vents

18, quai de la Douane
Tél. : 02 98 44 42 84

Ce joli bar avec terrasse face au port possède un joli cadre intérieur en forme de coque de bateau. On y boit les bières du pays (Coreff blonde à la pression ou Britt rousse en bouteille), et on y grignote une salade à toute heure.

Tara Inn

Port de Commerce
Tél. : 02 98 80 36 07

Ce vrai-faux pub, mieux qu'en Irlande, avec atmosphère sombre et boisée, propose bières, petits plats et bonne ambiance dans un quartier qui devient à la mode.

Le Tour du Monde

Port du Moulin-Blanc
Tél. : 02 98 41 93 65

Ce café-brasserie-bar, avec ses bancs de bois style pub champêtre en terrasse et en ligne de mire sur le port de plaisance, est la propriété d'Olivier de Kersauzon qui veille à l'ambiance très populaire du lieu. De gentes demoiselles tirent la bière avec le sourire, servent moules, frites et sandwichs au crabe aux marins de fortune ravis de l'aubaine.

CRÊPERIES

Crêperie Moderne

34, rue Algésiras
Tél. : 02 98 44 44 36

Yves Boënnec a repris l'affaire créée par sa grand-mère en 1922. La décor avec billigs apparents, banquettes de skaï vert, luminaires années soixante et chaises en bois dépareillées témoignent d'un mauvais goût très sûr. Les galettes comptent parmi les meilleures qui se puissent goûter en Bretagne. Admirable crêpes de blé noir à l'andouille et de froment en cidre, dont le moelleux est imparable. Grand choix de cidres de qualité.

La Galetière

123, rue Jean-Jaurès
Tél. : 02 98 44 65 15

La façade est simplette, l'intérieur coquet, avec ses jolies chaises et son air d'auberge en ville. La jeune patronne dynamique et l'on se gave ici de galettes simplement faites et de gentils plats du jour.

SALONS DE THÉ

Librairie Dialogues

Forum Roull
Tél. : 02 98 44 32 01

Le petit salon de consommation de la grande librairie de Brest vaut pour son mobilier moderne, son atmosphère cosy, ses cake, gâteau au chocolat ou aux amandes.

Symphonies

21, rue de Lyon
Tél. : 02 98 46 36 28

Ce calme salon moderne permet de goûter les jolis gâteaux d'Hervé Floch qui mitonne des kouign avec mousse au chocolat et autres pâtisseries fraîches et fines.

Le Breuil-en-Auge

14130 Calvados. Paris 194 – Caen 54 – Lisieux 9 – Deauville 21.

Un bout de pays d'Auge, à deux pas des belles stations de la côte normande...

Restaurant

Le Dauphin

Tél. : 02 31 65 08 11. Fax : 02 31 65 12 08
Fermé dim. soir (sf août), lundi, 13 nov.-8 déc.
Menus : 195-245 F. Carte : 350-400 F

Formé jadis à Paris chez Beauvillers, ancré dans son terroir, Régis Lecomte use de finesse et légèreté pour renouveler le répertoire du pays d'Auge. Son bistrot à l'ancienne a le charme cosy, l'accueil de son épouse est souriant à souhait, les menus malins tout pleins, qui renouvellent les vieilles recettes du cru sur des thèmes canailles (boudin, andouille, tripes y sont souvent mis à contribution) ont de l'esprit. Ajoutez-y une carte de vins où les crus ligériens, vendus à tarifs sages, permettent de s'en tirer à bon compte et vous comprendrez que le tout-Deauville « squatte » la demeure le week-end. Venez donc le découvrir en semaine, dans cette campagne verdoyante de pommiers, et goûtez les huîtres d'Isigny aux petits lardons, le pressé de langoustines et d'andouille, le turbot au cidre et aux endives comme le jarret de veau laqué au même cidre de la région. Faites un sort aux jolis desserts (teurgoule traditionnelle, tarte aux pommes fines, pithiviers au chocolat) et dites-vous que le Calvados tient là un de ses beaux fleurons.

Brimont : voir Laplume

Brinon-sur-Sauldre

18410 Cher. Paris 191 – Orléans 57 – Bourges 65.

Un paisible village de Sologne, son église à caquetoire, la forêt en lisière et le cours de la Sauldre.

Hôtel-restaurant

La Solognote

Tél. : 02 48 58 50 29. Fax : 02 48 58 56 00
Fermé 15 févr.-20 mars, 10-24 mai, 12-21 sept., mardi, mercr. (sais.)
13 ch. 365-470 F. 1/2 pens. 450-525 F
Menus : 90 F (enf.), 170-350 F. Carte : 300 F

Installés depuis trente ans dans cette plaisante auberge d'un vrai village solognot, Alain et Dominique Girard ont fait de la gentillesse et de la modestie les vertus cardinales de leur demeure. Les chambres aux couleurs gaies sont pimpantes et de prix doux, cachées par un jardin. L'intérieur est rustique avec son beau dallage, sa cheminée où brûle un bon feu à la saison froide. En cuisine, Alain met tout soin aux choix des produits délicats qu'il traite avec un soin louable. Tatin de saint-jacques aux cèpes, sandre au touraine rouge et aux girolles, pot-au-feu de tendre pigeon de Sologne servi dans son bouillon aromatisé aux épices, parfait glacé aux amandes avec compote de rhubarbe, gratin de figues, raisins et poires qu'on arrose des vins du pays et environs (quincy de Mardon, menetou rouge de Pellé à Morogues).

Briollay

49125 Maine-et-Loire. Paris 288 – Angers 15 – Château-Gontier 41 – La Flèche 40.

Ce petit coin d'Anjou, doux, champêtre, idyllique, évoque le Val de Loire, à la manière de Ronsard.

Hôtel-restaurant

Château de Noirieux

Rte de Soucelles : 3 km par D109
Tél. : 02 41 42 50 05. Fax : 02 41 37 91 00
Fermé 8 févr.- 8 mars, nov. (rest.) dim. soir, lundi (mi-oct.-mi-avr.)
19 ch. 880-1 750 F. 1/2 pens. 765-1 150 F
Menus : 210 F (déj.), 275-495 F. Carte : 400 F

Gérard Cosme et son épouse Anja ont fait de cette exquise demeure – un manoir du XVe, un château du XVIIe, une exquise chapelle, son parc, sa piscine – une abbaye de Thélème. On y reçoit avec chaleur et sourire. Les chambres sont gaies, avec leurs tissus chaleureux, leurs décorations toutes différentes, très soignées, dans la gaieté. Côté cuisine, le gars Gérard peaufine une manière très angevine, donc digeste, légère et fine, de raconter sa région d'adoption. Goujonnettes de lotte panées, béarnaise de homard, lasagne d'araignée en soupe mousseuse d'écrevisses, poitrine de pigeon en cocotte, savarin aux fraises du pays caramélisées au vieux banyuls, clafoutis minute aux griottes et glace aux amandes sont d'une exactitude de ton qui enchante. Relais & Châteaux.

Brive-la-Gaillarde

19100 Corrèze. Paris 482 – Limoges 91 – Clermont-Ferrand 171 – Sarlat 52.

Office du Tourisme. : pl. 14-Juillet
Tél. : 05 55 24 08 80. Fax : 05 55 24 58 24

Elle est administrativement limousine, flirte avec le Quercy, cousine avec le Périgord. C'est dire qu'elle est une ville de transition, un carrefour au cœur de la Corrèze dont elle constitue la balise d'importance, côté Sud. Les viaducs qui barrent le paysage, les vertes collines, les fermes où l'on élève le veau de lait constituent ses abords. Fameuse pour ses foires grasses d'hiver, sa halle Georges-Brassens toute l'année, son Festival du livre de novembre, elle vit sa vie bonhomme en toute saison. Elle a donné naissance à une école littéraire qui, avec Claude Michelet, Denis Tillinac, Michel Peyramaure, Claude Signol, possède ses têtes d'affiche, ses lettres de noblesse, mais demeure amicale et buissonnière. Elle raffole du rugby, s'affirme gourmande avec faconde. Les bonnes tables ne lui manquent pas, les artisans de qualité, proposant moutarde violette, belles galettes et liqueurs de noix, non plus. Les conserveurs, princes du foie gras et de tous les confits, sont quasiment légion en ses parages. Il ne lui reste sans doute qu'à croire en elle-même pour devenir une capitale du goût au cœur de la France.

Hôtels

Mercure

Rte d'Objat
Tél. : 05 55 86 36 36. Fax : 05 55 87 04 40
57 ch. 410-470 F
Menus : 50 F (enf.)-150 F

A 6 km du centre, cette demeure au modernisme daté offre tout le confort dans la chaîne en des chambres parfaitement équipées, assez vastes, avec piscine, jardin, tennis, sans omettre une petite restauration sans prétention.

La Truffe Noire

22, bd A.-France
Tél. : 05 55 92 45 00. Fax : 05 55 92 45 13
27 ch. 450-650 F. 1/2 pens. 400-450 F
Menus : 95 F (sem.), 150-390 F

Ce bel hôtel-institution qui hésite entre le style balnéaire années vingt et le manoir anglo-normand a du chic en ville avec son jardin, son bar années cinquante et ses fauteuils à l'ancienne. Les chambres ont été joliment refaites de façon moderne, claire, nette et sans bavure. La cuisine joue le marché du jour avec pertinence (cannelloni de saumon aux truffes, pigeonneau au jus, baba au vieux rhum ambré).

Le Collonges

3, pl. Winston-Churchill
Tél. : 05 55 74 09 58. Fax : 05 55 74 11 25
24 ch. 280-330 F

Ce petit hôtel central, moderne, refait avec soin, propose des chambres pas très vastes mais au mobilier contemporain assez gai. Bar pour les amis.

Le Quercy

8 bis, quai Tourny
Tél. : 05 55 74 09 26. Fax : 05 55 74 06 24
Fermé 24 déc.-6 janv.
60 ch. 310-350 F

Une ligne de mire sur le marché, cette tour moderne années soixante a conservé style et mobilier d'époque. Chambres avec un ou plusieurs lits de style vieillot, mais bien tenues. Bar avec tables et comptoirs en formica.

A 19240 Varetz. 10 km par D901 et D152

Château de Castel Novel

Tél.: 05 55 85 00 01. Fax: 05 55 85 09 03
Fermé fin oct.-début mai
29 ch. 690-1 365 F. 5 appart. 3 duplex: 1 600-1 800 F

Ce beau castel qui appartint jadis à Colette et à son mari Henri de Jouvenel est devenu un Relais & Châteaux aimable sur lequel veille le rigoureux Albert Parveaux avec un professionnalisme sans faille. Beaux équipements, vaste parc, piscine, belles chambres à l'ancienne, refaites avec soin, certaines dans les tours avec des balcons dominant le paysage. Service souriant, efficace et charmant (voir restaurants).

A 19270 Ussac. 5 km N.-O. par D57

Le Petit Clos

Au Pouret
Tél.: 05 55 86 12 65. Fax: 05 55 86 94 32
Fermé vac. févr., 1er-15 oct.
7 ch. 380-500 F

En annexe d'une ancienne ferme devenue auberge (voir restaurants), cette maisonnette abrite des chambres proprettes d'excellent confort, certaines en rez-de-jardin ouvrant sur la piscine. Salles de bains confortables avec leurs lavabos bordés de marbre et leurs carreaux de faïence blanche. Calme garanti.

Restaurants

La Crémaillère

53, av. de Paris
Tél.: 05 55 74 32 47. Fax: 05 55 74 00 15
Fermé dim. soir, lundi, 2-10 juil., vac. févr.
9 ch. 250-260 F
Menus: 100 F (vin c.)-200 F. Carte: 280-350 F

Pascal Jacquinot, Vosgien de Neufchâteau, marié à une Briviste qu'il connut jadis à Castel-Novel, est revenu au pays. Ce technicien aux moustaches en guidon de vélo raconte sa région d'adoption avec cœur, joue le jeu fervent des produits du Limousin et de Corrèze travaillés en finesse, fraîcheur, netteté et légèreté. Formé jadis chez Bragard à Gérardmer, Schillinger à Colmar, chef sur l'étang de Bouzigues à la Côte Bleue puis à l'Hôtel Golf de Crans-sur-Sierre, il est devenu sans coup férir le numéro un de sa ville. Ce qu'il donne ici à voir, dans l'ex-maison de Charlou Reynal, qui fut la star locale: tout le bonheur d'une cuisine terrienne aux accents sûrs. Le foie gras confit en escalivade aux poivrons, la terrine de cèpes à la fois mousseuse, parfumée et fondante, le turbot au jus de volaille avec ses girolles, son ail, ses échalotes et son lard (bon sang vosgien ne saurait mentir), le lapin aux herbes avec son risotto crémeux et sa tuile au parmesan, les fromages d'Auvergne et du Quercy (ah, ce saint-nectaire et ce rocamadour!), les vins des régions proches du Sud-Ouest (épatant bergerac Tour des Gendres de la famille de Conti): tout ici est un régal. Y compris les desserts sur un chariot classique, mais traités avec un doigté sans pareil: mille-feuille craquant de fruits rouges, abricots pochés acidulés, onctueuse glace au miel. Voilà de la grande cuisine aux couleurs du pays, ou nous n'y connaissons rien, tarifée en sus à prix de raison. Epatant menu canaille à 100 F (vin c.) qui propose fromage de cochon et tripes fraîches gratinées aux vrais amateurs de franches lippées. Le service est timide, la salle à manger rustique n'a pas été transformée et les chambres sont de dépannage. Mais l'on mange l'été, au patio, sous un grand arbre et c'est comme un air de campagne en ville.

La Périgourdine

15, av. d'Alsace-Lorraine
Tél.: 05 55 24 26 55. Fax: 05 55 17 13 22
Fermé dim. soir
Menus: 135-300 F. Carte: 400 F

Christophe Champagnac et sa dynamique épouse ont repris cette institution gourmande du centre après des voyages sur la côte (le Bellerive à Juan-les-Pins) ou en Auvergne (le château de Codignat à Lezoux). Ils n'ont rien touché au décor qui dut être moderne il y a trente ans avec sa vilaine moquette et ses papiers démodés. Mais le patio est un bonheur l'été. Et la cuisine fine, un tantinet sudiste et même méditerranéenne, distribuée à travers des menus-carte malins (celui à 190 F à trois plats est parfait), se révèle pleine de tonus. Ravioli au bruccio (qui rappelle que Christophe a été également second à Cala Rossa en Corse) avec magret fumé et bouillon à l'os de jambon, petites tomates grappes à l'escargot au pistou, pavé de cabillaud en portefeuille avec ses pommes écrasées à la fourchette et souris d'agneau confite avec tian de légumes au jus à l'ail confit donnent un coup de soleil au ciel de Corrèze. La carte est chère, mais nul ne vous oblige à la prendre (pour 300 F pour vous y hasarder avec plaisir).

La Potinière

6, bd de Puyblanc
Tél.: 05 55 24 06 22
Fermé dim.
Menus: 100-195 F. Carte: 300-350 F

Patrick Pujol, natif d'Angoulême, formé chez Darroze à Villeneuve-de-Marsan et chez Thuries à Cordes, passé en Suisse à Morges, puis en Rouergue au Relais du Farrou, a repris cette belle demeure avec sa terrasse sous les frondaisons. Les menus habiles tournent avec doigté autour des produits du pays revisités avec sophistication. Croustillant d'escargots aux noix, minestrone de lotte et ail confit, côte de veau de lait poêlée au jus et blanc-manger aux fruits frais assurent sans mal.

L'Amphitryon

12, rue d'Alsace-Lorraine
Tél. : 05 55 84 87 04
Fermé dim. soir
Menus : 110-165 F

Le décor de salle à manger étriquée est simplet. La cour permet de manger au frais l'été. La cuisine d'Olivier Grelier, qu'on connut à l'Alambic et à la Truffe Noire, est nette de ton, sans manières et ses deux menus sont gentils tout pleins. Feuilleté d'œufs cassés, filet de porc confit à la graine de moutarde, cassoulet de tête de veau aux petites morilles noires, pain perdu brioché sauce caramel et lait de coco séduisent sans mal. Accueil timide.

Auberge de Chanlat

Rte de Noailles
Tél. : 05 55 24 02 03
Fermé lundi, mardi
Menus : 118-200 F. Carte : 200 F

Cette auberge avenante avec sa grande salle joyeuse, sa terrasse vitrée avec vue sur la campagne offre le bonheur simple d'un accueil à l'ancienne, des grillades impeccables, de belles viandes et des prix sages. Martine et Thierry Pittman vantent avec aise les escargots au beurre d'ail (50 F les douze : un cadeau), la belle côte de bœuf avec ses trois sauces (poivre gris, roquefort, Périgueux) et sa compote d'oignons à l'échalote. On hésite entre la crème brûlée et la mousse chocolat après avoir craqué sur le plateau de fromages qu'on arrose plaisamment d'un pécharmant de derrière les fagots. Voilà la maison du bonheur.

La Brasserie du Théâtre

1, av. du 14-Juillet
Tél. : 05 55 23 43 50
Fermé dim. (hiver)
Menus : 65 F (enf.), 115 F, 145 F. Carte : 180-250 F

Cette gaie brasserie moderne, sise à deux pas du marché Georges-Brassens, vaut pour sa situation centrale, sa terrasse, son ambiance relaxe, ses menus sympathiques, mais aussi les produits du pays traités avec sérieux par une cuisine alerte. Aux commandes de la maison, Claude Andrieux, qui fut le patron de la Potinière et joue là le rôle de major-dome plein de gaieté. Salade quercynoise aux gésiers confits, ris d'agneau persillé, croustillant de pieds de porc sauce Bergerac, brochette de poissons du jour au beurre blanc, andouillette grillée avec salade de lentilles, flognarde aux pommes sont de bien bon ton.

Chez Francis

61, av. de Paris
Tél. : 05 55 74 41 72. Fax : 05 55 17 20 54
Fermé dim., vac. févr., 5-21 août
Menus : 85-125 F. Carte : 180-250 F

Francis Teyssandier, qui joua jadis la haute gastronomie en solitaire à l'Orée des Bois de Lostanges, a créé, il y a près d'une décennie déjà, ce bistrot bon enfant au cœur de la ville. Le décor de vrai bistrot comme avant avec bibelots 1900 ou années vingt, sièges et banquettes, inscriptions murales des écrivains de la Foire de Brive et des nombreux amis illustres de la maison (dont Patrick Sébastien qui est un habitué) a bien du charme. Les deux menus sont épatants et tout ce qui sort des fourneaux du gars Francis, jadis formé à Paris chez Ledoyen et au Fouquet's, est amusant, séduisant, piquant sur le mode canaille et léger. Bottin d'asperges au lard, soupe glacée de tomates au thon boucané et aux papardelle, encornets à l'huile d'olive, morue au jus de bouillabaisse, pièce de bœuf du Limousin grillé à la braise aux échalotes confites. Les belles glaces maison sont épatantes (sureau, pain d'épices, cacao et tanaisie). Le service mené avec allant par Dominique Teyssandier est prompt autant qu'efficace et la syrah de Plageoles se boit toute seule.

La Toupine

11, rue Jean-Labrunie
Tél. : 05 55 23 71 58. Fax : 05 55 23 71 58
Fermé dim., mercr. soir (sf été), vac. févr., 7-20 août
Menus : 60 F (déj.), 98 F, 140 F. Carte : 180 F

Cette petite adresse sise dans une ruelle adjacente au quartier commerçante offre l'une des aubaines gourmandes de la ville. Pas de grande émotion, certes, mais des menus adorables, des mets mitonnés sans manières et des prix tout doux. Salade d'encornets farcis à la ratatouille, ballottine de volaille aux légumes, magret rôti à la moutarde violette et nougat glacé aux pistaches, mitonnés par le sérieux Olivier Maurin, se mangent sans faim dans un décor un neutre de salle à manger anodine.

A 19270 Ussac. 5 km N.-O. par D57

Le Petit Clos

Au Pouret
Tél. : 05 55 86 12 65. Fax : 05 55 86 94 32
Fermé dim. soir, lundi, vac. févr., 1er-15 oct.
Menus : 100-240 F. Carte : 300-350 F

Jean-Pierre Faucher, qui fut quinze ans durant le chef de Castel Novel, s'est installé dans la modestie sans perdre la main. Sa petite auberge avec grès rose et salle charmante, jardin sous les frondaisons aux beaux jours, menus accrocheurs et accueil avenant attirent les gourmets-gourmands du pays briviste. On mange ici à bon prix chez ce vrai pro qui traite le terroir avec un doigté sans faille et l'on boit remarquablement, à travers toute une théorie de grands crus de tous les vignobles, y compris cahors et bordeaux vendus à prix «cassés». Goûtez le savennières du clos Saint-Yves et l'Ermitage de Chasse-Spleen en faisant un sort à la crème froide de haricots cocos truffés, au sandre avec lard, girolles et jus de viande, tête de veau à la moutarde violette, souris d'agneau fondante, foie gras de canard chaud et pommes fruits, tarte sablée framboise et sorbet ou encore profiteroles au chocolat. C'est là de la grande cuisine simple, délivrée comme à la parade, comme autant d'actes d'humeur et d'amour offert avec cœur. Service vif, prompt, fort souriant. Vraiment la maison du bonheur.

A 19240 Varetz. 10 km par D901 et D152

Château de Castel Novel

Tél.: 05 55 85 00 01. Fax: 05 55 85 09 03
Fermé lundi midi, jeudi midi, fin oct.-début mai
Menus: 90 F (enf.), 230-450 F.

Ce beau château en grès rose du XVe a été pas mal rafistolé à travers les siècles, mais il conserve beaucoup de charme, y compris dans ses salles à manger aux tables bien mises (l'une d'entre elles possède des poutres peintes de belle allure). La cuisine, qui joue les traditions du pays revisitées, les cuissons à la graisse d'oie et fuit la mode de l'huile d'olive sans renier la légèreté d'aujourd'hui, constitue une bonne surprise. Deux jeunes chefs, l'un natif du Bourbonnais, Patrick Bouloton, l'autre Lorrain d'origine, Geoffroy Pautz, qui travaillent tous deux l'hiver à Courchevel, compose ses menus alléchants dédiés à Colette, qui fut la gourmande maîtresse du lieu. Et l'on se fait plaisir avec la fine cassolette d'escargots et pied de veau au vert de persil, les champignons sauvages persillés aux gousses d'aile et rillettes d'oie en fricassée, la piccata de lotte au lard à la crème de lentilles, le confit de canard en croustillant et son magret en tournedos dans sa sauce au poivre avec sa poêlée de pommes grenailles cuites avec la peau. Le plateau de fromages d'Auvergne et du Quercy, les desserts malins dans l'esprit du pays (parfait glacé à la liqueur de noix verte, le soufflé à l'armagnac et à l'orange), la cave riche en cahors et bergerac de qualité complètent la panoplie de cette belle demeure. Les jeunes filles qui servent avec efficacité ont le sourire.

« Ecrivez-nous » vos impressions, vos commentaires, relatez-nous vos expériences à **lepudlo@aol.com.**

Produits

BOULANGERS

Boulangerie de la Gare

45, av. Jean-Jaurès
Tél.: 05 55 24 38 18

Bernard Desclos mitonne un épatant pain de campagne à l'ancienne dans cette boutique d'angle au four apparent. Pain de Lodève à la belle croûte et la mie dense, tourte de campagne, au levain à l'ancienne odorant à souhait sont de belle qualité artisane.

Le Fournil Bio

7, av. d'Alsace-Lorraine
Tél.: 05 55 74 10 91

Michel Laurent qui possède plusieurs boulangeries en ville ne travaille ici que la farine bio. Craquantes baguettes et pains de campagne, aux céréales ou au lard valent l'emplette.

CAVISTE

La Maison du Vin

7, rue du Dr-Massénat
Tél.: 05 55 24 49 16

Cette épatante vinothèque en centre-ville propose un choix étourdissant d'alcools de toutes les régions, sans omettre la prune de Souillac, de beaux crus du Bordelais ou de Bergerac, des whiskies de malt et des flacons languedociens à bon prix.

CHARCUTIERS

Aux Délices Gaillards

10, rue Gambetta
Tél.: 05 55 24 12 98

Jean-Pierre Perrier et Jean-Luc Ménoire, qui ont racheté la boutique de leur ancien patron, M. Maze, en centre-ville, mitonnent à quatre mains les fameuses rillettes d'oie et de canard, terrines, pâtés, saucissons secs, cou d'oie, cèpes cuisinés et autres jambons farcis dont toute la cité se régale.

Jardel Fils

27 bis, av. Emile-Zola
Tél.: 05 55 24 18 03

Les belles terrines de campagne sont épatantes. Mais c'est le boudin aux châtaignes aux pommes qui rameute la foule des gourmets dans cette échoppe à l'ancienne.

CHOCOLATIER

André Vimbelle

18, rue Gambetta
Tél.: 05 55 23 13 44

Belles ganaches, gianduja, « pralinoix », mousse café et jolie bouchée à l'orange et Grand Marnier (Mongorange) font les délices des gourmandes de Brive dans cette belle échoppe du centre-ville.

CONSERVEURS

Bizac

Rue Georges-Claude
Z.I du Teinchurier
Tél. : 05 55 86 42 86

Ce gros conserveur, qui met foie gras, magret, confit d'oie et de canard en bocal et en alu dans son vaste domaine d'une zone industrielle à l'écart du centre, est l'une des gloires gourmandes de la ville.

La Combe de Job

11, bd Liautey
Tél. : 05 55 23 44 89

Tout à côté de la maison Denoix, cette belle échoppe centrale propose les produits de Jean-Marc Gilliocq qui fabrique, dans ses ateliers d'Objat, le foie de canard mi-cuit, en lingot, au torchon ou entier, le confit d'oie à l'ancienne, le cou de canard farci à la pistache, les rillettes d'oie et le pâté limousin aux gésiers à prix fort doux. Vins du pays en sus.

Lepetit

7, rue Toulzac
Tél. : 05 55 24 31 81

Foie gras, confits, rillettes, cous d'oie, magrets, terrines et autres joyeusetés du pays, confectionnés dans les proches ateliers d'Ussac, sont vendus dans cette petite boutique d'angle à l'orée de la zone piétonnière.

COUTELIER

Nickel-Chrome

8, rue Gambetta
Tél. : 05 55 17 92 54

Cette jolie boutique centrale propose, en sus du traditionnel laguiole en moult versions, les plus méconnus corrèze, roquefort ou coursinou, sans omettre de multiples articles pour chasse et pêche.

ÉPICIER

Frutilove

5, rue de Corrèze
Tél. : 05 55 74 15 76

Cette belle épicerie fine qui vend de jolis primeurs, belles cerises et jolis melons des meilleurs jardins, propose également les conserves, terrines et condiments du pays, sans omettre des huiles et vinaigres de qualité, ainsi que les champignons sauvages en saison.

FROMAGER

Hervé Miane

25, rue Gambetta
Tél. : 05 55 74 02 02

Les Brivistes n'ont pas encore compris qu'ils possédaient en Hervé Miane un fromager de première force. Stagiaire chez Jean d'Alos à Bordeaux, Xavier à Toulouse, Dubois à Paris, ce passionné de bonnes pâtes a créé une petite galerie d'art du beau produit laitier. Ses fourme d'Ambert, saint-nectaire, pont-l'évêque du domaine du Plessis, brique du Forez et autre morbier sont affinés en cave, présentés au mieux de la forme, vanté avec précision et sans emphase dans une boutique modèle.

LIQUORISTES

Bellet

3, av. du Mal-Bugeaud
Tél. : 05 55 24 18 07

Moins théâtral, bien sûr, que Denoix, cet artisan propose des liqueurs de châtaigne, apéritif à base de gentiane, limousine et tulloise (liqueurs de plantes), liqueur au thé d'Aubrac d'égale qualité.

Denoix

9, bd Lyautey
Tél. : 05 55 74 34 27

Cette très ancienne fabrique de liqueur, avec son beau décor de boutique ancienne, ses chais et installations datant du XIXe siècle, poursuit la tradition de l'eau-de-vie de noix (suprême Denoix, au sirop de sucre cuit au feu de bois, cognac et armagnac), de la liqueur d'Obazine, à la gentiane et à la menthe, de l'épatant apéritif dit Quinquinoix, sans omettre la fameuse moutarde de violette de Brive aromatisée au moût de raison. Egalement vente de vin à l'entrée.

PÂTISSIER

Karine Vimbelle

29, rue Gambetta
Tél. : 05 55 24 19 65

Tandis que papa vend les chocolats maison quelques numéros plus loin, la petite Karine Vimbelle, stagiaire à Yssingeaux, mitonne avec aise d'exquis gâteau chocolat, soleil, nougat aux noix, galette corrézienne (gâteau aux amandes et crème aux noix et châtaignes), « sablonoix » (exquis sablés aux noix) qui sont l'honneur de la pâtisserie briviste.

PRODUITS RÉGIONAUX

La Noix Gaillarde

Rue Georges-Claude
Z.I. du Teinchurier
Tél. : 05 55 86 03 85

Caprices de noix au cacao amer ou au gianduja, pâte de noix, noix salées et exquises noix au miel sont produites chez ce « transformateur » de noix de grande qualité. Expéditions sur demande.

TORRÉFACTEUR

Café Bogota

28, rue Gambetta
Tél. : 05 55 24 64 73

Cette jolie boutique-salon tenue par les Hugueny, torréfacteurs à Brive depuis les années trente, propose un choix varié et très convaincant d'arabica des meilleures provenances d'Afrique ou d'Amérique centrale. Le « grand cru dégustation », très long en bouche, est en vedette. Possibilité de dégustation sur place dans un cadre colonial de qualité. Grand choix de thés.

Rendez-vous

CAFÉS

Café Brune

13, av. de Paris
Tél. : 05 55 24 00 91

Face à la statue du maréchal Brune (d'où son nom énigmatique), ce beau café rénové sur le mode du café parisien en version propret, avec des reproductions de belles affiches anciennes, propose l'accueil tardif, les plats du jour du déjeuner ou du dîner sur l'ardoise, dans une atmosphère bon enfant.

Café de Paris

11, av. de Paris
Tél. : 05 55 24 29 57

Philippe Coste, qui est quasiment né dans son café, l'a modernisé sans lui faire perdre son âme de rendez-vous de la jeunesse briviste. Celle d'hier communie devant le maillot - encadré - de Titou Lamaison, les soirs de match de rugby. Celle d'aujourd'hui boit un verre au comptoir, en terrasse ou à l'intérieur, dans les tons grisés, face à l'écran géant qui diffuse les dynamiques images d'Eurosport.

Burbach : voir Sarre-Union

Brumath

67170 Bas-Rhin. Paris 470 - Haguenau 11 - Strasbourg 17 - Saverne 30.

La guerre de 1870 est passée par là, mais le bourg a su garder d'anciennes demeures, signes de son riche passé dont témoignent d'importantes fouilles gallo-romaines.

Les renseignements indiqués concernant les établissements cités ont été pris durant l'année en cours. N'hésitez jamais à les vérifier par un simple coup de fil

Hôtels-restaurants

L'Écrevisse

4, av. de Strasbourg
Tél. : 03 88 51 11 08. Fax : 03 88 51 89 02
Fermé lundi soir, mardi, 24 juil.-10 août
21 ch. 250-380 F
Menus : 160 F (déj.), 175-440 F. Carte : 350-500 F

Michel Orth, qui incarne la sixième génération de la même famille aux fourneaux, joue de la cuisine alsacienne créative comme d'un bel art, reprenant les standards du terroir pour les moderniser, non sans sophistication. Les riches lasagnes de queues d'écrevisses, comme les célébrissimes écrevisses à la fine champagne, la belle soupière de grenouilles et d'escargots au gingembre, les schniederspätle de sandre avec champignons et asperges, la caille farcie aux noix et raisins, les dampfnudle caramélisés au miel avec cerises à l'eau de vie indiquent que le classicisme revu et corrigé se porte à l'aise. Ajoutez à cela un choix de vins malin, que le sommelier maison, le rieur Fritzel, conseille avec art et vous comprendrez que cette maison cossue, rénovée dans la gaieté, vaille un large détour.

Krebs'tuebel

4, av. de Strasbourg
Tél. : 03 88 51 11 08. Fax : 03 88 51 89 02
Fermé lundi soir, mardi, 2 sem. fin juil.-début août
Menus : 55 F, 60 F (enf.), 70 F (déj.)-198 F (dim.).
Carte : 180-250 F

La bonne affaire de Brumath, c'est toujours la « taverne à bière » pomponnée des Orth. La porte donne sur l'Ecrevisse, mais les prix sont plus tendres, les bières de rigueur, les vieilles recettes alsaciennes remises au goût du jour avec aise. Salades d'escargots aux lardons, presskopf sur choucroute, bibeleskäs aux oignons et au lard, tripes de bœuf et pied au riesling, choucroute au saumon fumé, ravioles de viande au bouillon, poussin rôti et kougelhopf glacé font partie des succès maison.

A 67170 Mommenheim, 6 km N.-O. par D421

Manoir Saint-Georges

165, rte de Brumath
Tél. : 03 88 51 61 78. Fax : 03 88 51 59 96
Fermé dim. soir, lundi
7 ch. 220-320 F
Menus : 59 F (sem., déj.), 95-175 F
Carte : 200-300 F

Eric Brot, veillé par maman Marlène formé au Cygne de Gundershoffen et chez Mischler à Lembach, a repris ce manoir moderne de bord de route. L'accueil est adorable, le service prompt, les menus bien pondus. Certaines préparations sont un peu mignardes (salade de sot-l'y-laisse au vinaigre de framboise, pressé de foie gras et ris de veau au coulis de betteraves). Les produits sont de qualité. Sandre aux quenelles de moelle et côtelette d'agneau avec galette de polenta à la sauge ont un goût de revenez-y.

Chez Clément

1, rue de la Gare
Tél.: 03 88 51 61 17. Fax: 03 88 51 69 61
Fermé mardi soir, mercr. soir, 1re sem. juil., 1re sem. Noël
Menus: 45 F (enf.), 59 F (sem.)- 350 F Carte: 250 F

Clément Gilbert, Champenois d'origine, signe de jolis plats du jour dans une salle proprette face à la gare de Mommenheim. Les harengs bonne femme, les pieds de porc aux échalotes, la morue fraîche à l'ail et le feuilleté de munster à la crème de ciboulette s'avalent sans rechigner.

Produits

BOULANGER

Jérôme Herzog

77, rue du Général-du-Port
Tél.: 03 88 51 13 71

La boutique ne paye pas de mine, mais les kougelhopf aux amandes, pains spéciaux, brioches, «bredele», tarte à l'oignon méritent toujours l'emplette.

Le Buisson-de-Cadouin

24480 Dordogne. Paris 536 – Bergerac 38 – Sarlat 35 – Périgueux 53.

Pays de merveilles, le Périgord noir cache des bastides, de belles places aux arcades et le cloître de Cadouin avec ses voûtes d'un gothique très pur: une merveille à ne pas manquer.

Hôtel-restaurant

Manoir de Bellerive 

Rte de Siorac
Tél.: 05 53 22 16 16. Fax: 05 53 22 09 05
Fermé lundi, mardi midi (rest.), 3 janv.-28 févr.
24 ch. 500-1 000 F. 1/2 pens. 540-840 F
Menus: 75 F (enf.), 150 F (déj.), 180-425 F
Carte: 350 F

La demeure Napoléon III aurait été offerte par l'empereur à l'une ses favorites. Elle possède un vrai charme qu'entretient avec amour le patron Marcel Clévenot. Chambres à l'ancienne dans la maison principale, lus modernes dans l'Orangerie, bel escalier à double révolution, jolis salons, beau parc, piscine, tennis poussent au farniente ici même. Ajoutez-y la cuisine exquise d'Eric Barbé, qui a travaillé chez Robuchon à Paris et Parra à Urt. Fricassée de cèpes et grenouilles, sole de ligne au vin de Bergerac, joues de pieds de porc fort joliment braisés, tournedos de canard façon « Rossini » réutilisent de façon moderne et judicieuse les produits du pays. Ajoutez-y le chocolat noir en craquant ou en ravioles, la tarte minute aux fraises gariguettes et à la rhubarbe et vous comprendrez que la demeure mérite la halte.

Buschwiller

68220 Haut-Rhin. Paris 482 – Mulhouse 29 – Altkirch 26 – Colmar 64 – Saint-Louis 6.

Un bout de Sundgau, fleurs, vergers, campagne fraîche, à deux pas de Bâle et de Saint-Louis.

Restaurant

La Couronne 

6, rue du Soleil
Tél.: 03 89 69 12 62. Fax: 03 89 70 11 20
Fermé sam. midi, dim. soir, lundi, 24 juil.- 20 août
Menus: 92 F (déj.), 220-360 F.
Carte: 300-350 F

Philippe Lacour, Franc-Comtois, ancien de Puy-Robert à Montignac, réalise, dans une maison de village, une cuisine finaude pleine d'allant. Mousseline légère d'avocat et tomate, carpaccio de langoustines avec râpée de parmesan, rouelles de lotte au foie gras sont servis avec le sourire par sa charmante épouse anglaise qui a en charge les desserts (truffé chocolat-noix).

Si vous changez d'avis, même au dernier moment, n'oubliez pas d'annuler votre réservation. Le restaurateur vous en sera toujours reconnaissant.

C

Cabourg

14390 Calvados. Paris 218 – Caen 31 – Deauville 19 – Lisieux 35 – Pont-l'Evêque 33.

Office du Tourisme : jardins du casino
Tél. : 02 31 91 01 09. Fax : 02 31 24 14 49

Les nostalgies proustiennes se vivent ici, côté Balbec, entre la promenade du bord de mer, le Grand Hôtel et les jardins du casino.

Hôtels–restaurants

Grand Hôtel

Promenade Marcel-Proust
Tél. : 02 31 91 01 79. Fax : 02 31 24 03 20
Fermé (res.) lundi, mardi (hiver), janv.
70 ch. 1030-1 550 F
Menus : 80 F (enf.), 230 F (déj.)-290 F

Le grand hôtel (modernisé) d'*A l'ombre des jeunes des filles en fleurs,* c'est bien celui-ci, avec son buste de Marcel Proust à la réception, la chambre du « narrateur » reconstituée, « l'aquarium » qui abrite le restaurant avec sa vue sur la digue. Pour un grand bol d'air et de nostalgie. Le casino est contigu.

Mercure Hippodrome 

Av. Michel-d'Ornano
Tél. : 02 31 24 04 04. Fax : 02 31 91 03 99
Fermé (res.) 13 nov.-1er mars
79 ch. 620-670 F
Menus : 140-180 F

Deux édifices modernes, néo-normands, abritent des chambres confortables et fonctionnelles, avec vue imprenable sur le champ de courses.

Cabourg 

5, av. de la République
Tél. : 02 31 24 42 55. Fax : 02 31 24 48 93
9 ch. 450-600 F

Modeste, centrale, cette villa Second Empire, avec ses chambres mignonnettes, offre une alternative de charme aux diverses haltes qui fleurissent alentour.

A 14160 Dives-sur-Mer

Guillaume le Conquérant

2, rue d'Hastings
Tél. : 02 31 91 07 26
Fermé dim. soir, lundi (sf été), 22 nov.-25 déc.
Menus : 65 F (enf.), 98-320 F. Carte : 300 F

Tout le répertoire des plats normands servis dans ce joli manoir du XVIe qui fut un relais de poste. La cour pavée-terrasse est prise d'assaut l'été.

A 14860 Bavent-Ranville, par D5130, rte de Gonneville, 7 km

Hostellerie du Moulin du Pré

Tél. : 02 31 78 83 68. Fax : 02 31 78 21 05
Fermé dim. soir, lundi, début mars, juil.-août
10 ch. 235-360 F
Menus : 195-265 F. Carte : 250-350 F

Cette ancienne ferme du pays, devenue un hôtel aux quelques chambres charmantes, a le bon goût de fermer l'été pour se consacrer à ses hôtes du week-end ou de la semaine qui cherchent le repos aux champs. Ajoutez-y le plaisir d'une cuisine du marché, de grillades issues de la cheminée et une épatante andouillette artisanale et vous comprendrez le succès du lieu.

Le Royal 

37-39, av. de la Mer
Tél. : 02 31 91 81 39. Fax. 02 31 91 83 28.
Fermé mardi.
Carte : 200 F.

Cette brasserie centrale est sans nul doute la première bonne adresse de la station. Huîtres extra-fraîches et propositions au gré de la marée (bar grillé, pot au feu de la mer, choucroute de poissons) se renouvellent sans faiblesse. Joli choix de vins, prix sages.

Cabrières–d'Avignon

84220 Vaucluse. Paris 711 – Avignon 34 – Apt 24 – Cavaillon 13 – Carpentras 26.

La montagne du Luberon, ses collines, ses pinèdes, ses villages agrestes...

Restaurant

Le Bistrot à Michel 

Tél. : 04 90 76 82 08. Fax : 04 90 76 82 08
Fermé lundi (hs), mardi, janv.
Carte : 250 F

Tout le Luberon sympathique, débonnaire et pas encore mangé par la mode dans ce bistrot voué aux saveurs provençales. Yan Bosc, qui a renouvelé l'esprit maison initié par son père, joue une cuisine mitonnée de bon ton. Marmite d'escargots en croûte dorée, lapin confit à l'huile d'olive, caillette de tête de veau au marc assurent dans la bonne humeur.

indique un établissement au bon rapport qualité-prix.

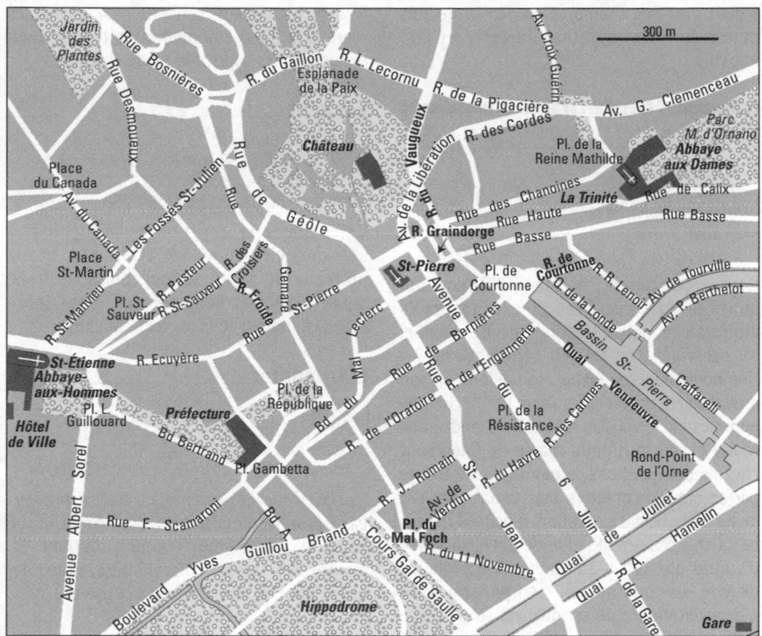

La Cadière–d'Azur

83740 Var. Paris 819 – Aix-en-Provence 64 – Marseille 44 – Toulon 22.

Un village avec ses vignes proches, le bord de mer en ligne et la Provence, tout autour, la vraie, en majesté.

Hôtel–restaurant

Hostellerie Bérard

Rue Gabriel-Péri
Tél.: 04 94 90 11 43. Fax: 04 94 90 11 94
Fermé lundi midi (rest.), 4 janv.-4 fév.
40 ch. 498-720 F. 4 appart.: 980 F
1/2 pens. 560-740 F.
Menus: 160 (sem.)-295F. Carte: 350 F

Les Bérard, qui sont des hôtes adorables, ont arrangé à leur manière, qui est celle du pays, quelques unes des maisons du village pour agrandir l'hostellerie d'origine. Cela fait quarante chambres, mais cela se voit à peine, sinon que la piscine, le jardin clos, la salle de remise en forme et le tennis font déjà un beau domaine. Côté cuisine, on joue la carte du terroir rajeuni. Et cela donne de bien beaux moments. Foie gras et figues violettes aux épices, barigoule d'artichauts aux langoustines, turbot sur la peau aux topinambours, canard confit à l'écorce de quinquina, pastilla de pigeon au miel, fruits du mendiant en crème au pralin s'arrosent des meilleurs bandols. Les vignerons voisins sont d'ailleurs des habitués. Accueil plein de chaleur.

Caen

14000 Calavados. Paris 233 – Cherbourg 124 – Le Havre 86 – Rennes 184 – Alençon 105.

Office du Tourisme: pl. Saint-Pierre
Tél.: 02 31 71 20 10. Fax: 02 31 27 14 18

Détruite en 1944, reconstruite, ayant conservé quelques trésors (abbayes aux Hommes et aux Dames, vieilles demeures de la rue Saint-Pierre), cette capitale normande est aussi un carrefour vers les plages du Débarquement. Ne loupez pas la visite du musée des Beaux-Arts, au sein même du château.

Hôtels–restaurants

Holiday Inn 

Pl. du Mal. Foch
Tél.: 02 31 27 57 57. Fax: 02 31 27 57 58
88 ch. 480-635 F
Menus: 110 F (déj.), 140-210 F

Sous une façade années cinquante, cet hôtel fonctionnel offre des chambres vastes et de grand confort à deux pas du centre et du parc de la Prairie.

Mercure 

1, rue de Courtonne
Tél.: 02 31 47 24 24. Fax: 02 31 47 43 88
114 ch. 490-550 F
Menus: 55 F (enf.), 80 F (déj.)-120 F

Entre le bassin Saint-Pierre, le château et l'abbaye aux Dames, un hôtel fonctionnel et récent avec ses chambres modernes de très bonconfort. Restauration modeste et bon marché.

Restaurants

La Bourride

15, rue du Vaugueux
Tél.: 02 31 93 50 76. Fax: 02 31 93 29 63
Fermé dim. lundi (sf fériés), 2-23 janv., 20 août-6 sept.
Menus: 250 F (déj.)-600 F. Carte: 500-600 F

Bourru, bonhomme, normand d'Evrecy, qui quitta la plaine de Caen pour connaître la gloire au manoir d'Hastings de Bénouville, Michel Bruneau est l'athlète complet de la cuisine normande, son héraut, son défenseur, son ambassadeur et son illustrateur. Crème, beurre, pommes, cidre, volaille, huîtres de Grandcamp-Maisy et poissons de la marée de Caen sont chez lui des questions de morale. On le trouve parfois brouillon et retors, mais jamais le talent ne lui manque ni l'inspiration. Ainsi, ses tripous de saint-jacques à la mode de Caen, sa soupe d'huîtres aux orties, sa florentine d'andouille de Vire, sa bourride aux cinq poissons, son pigeon en croûte de sel qu'il rehausse (!) de vanille, sa symphonie, sucrée, mais point trop, sur le thème de la pomme qui sont, comme des leçons de choses, autant d'hommages appuyés au terroir et aux traditions de sa région. Grand choix de cidres et de calvados, en sus d'une cave pleine de tonus.

Le Pressoir

2, av. H.-Chéron (hors plan)
Tél.: 02 31 73 32 71. Fax: 02 31 73 32 71
Fermé sam. midi, dim. soir, lundi, vac. fév.
Menus: 126 F (déj.)-295 F. Carte: 300-400 F

Formé chez Bruneau, Boyer et Le Divellec, Ivan Vautier connaît son métier. Ce jeune homme à la tête sur les épaules mitonne, non sans inspiration, une cuisine fort soignée dans un cadre qui ne l'est pas moins au cœur du Caen bourgeois. Sa maison ancienne restaurée a du charme. Mais c'est le brio de la cuisine qui convainc de faire le détour ici même. Risotto de coquillages, croustillant de langoustines au boudin noir, bar au pied de porc, carré d'agneau de pré-salé en cocotte joue le terroir rajeuni, revivifié, selon l'esprit du Sud. L'ensemble est frais, léger, sans faiblesse, avec quelques jolis tours sucrés (marbré de pommes et tomates confites, glace vanille à se pâmer). A l'évidence, une maison à suivre.

Alcide

1, pl. de Courtonne
Tél.: 02 31 44 18 06. Fax: 02 31 22 92 90
Fermé sam., 20-30 déc.
Menus: 84-138 F. Carte: 200-300 F

Cette maison de grande tradition est à la mode depuis des décennies. Les visiteurs d'un jour comme les vieux Normands aiment venir ici avec leur rond de serviette pour les moules marinières, la sole normande, la tête de veau ravigote et les tripes à la mode de Caen.

Carlotta

16, quai Vendeuvre
Tél.: 02 31 86 68 99. Fax: 02 31 38 92 31
Fermé dim., 8-23 août
Menus: 100-160 F. Carte: 180-250 F

Cette brasserie institutionnelle propose, à une clientèle gourmande et affairée, beaux plateaux de fruits de mer, poissons frais, steak tartare et belle côte de bœuf (normand) flanquée de frites bien fraîches.

L'Amandier

24, rue Froide
Tél.: 02 31 85 33 39
Fermé dim. soir, lundi.
Menus: 39 F (enf.), 75-99 F. Carte: 150-200 F

Sympathique et pas cher, ce bistrot provençal détonne dans le concert normand. Le cadre est chaleureux, l'accueil souriant. Et, au gré des saisons, pissaladière, bourride, aïoli, daube se mangent dans la gaieté.

Le Bouchon du Vaugueux 

12, rue du Graindorge
Tél.: 02 31 44 26 26
Fermé dim., lundi
Menus: 69 F. Carte: 140 F

Une des bonnes affaires gourmandes de Caen, c'est ce bouchon normand qui propose la cuisine à l'ardoise au gré du temps, sans oublier les produits de la région. Tripes au calva, salades copieuses, dont la normande, avec andouille et camembert (!), jarret de bœuf à la bière se mangent sans faire de manières.

Produits

CHARCUTIER

Poupinet

8, rue Saint-Jean
Tél.: 02 31 86 07 25

Cette belle échoppe est la numéro 1 de la ville pour les fameuses tripes à la mode de Caen. Mais le boudin noir, les belles terrines et l'andouillette valent également l'emplette.

CHOCOLATIERS

Hotot

13, rue Saint-Pierre
Tél.: 02 31 86 31 90

Yves Pomarede travaille avec minutie les plus fines couvertures de cacao dont il tire des ganaches superbes. Sa mousse pralinée (drakkar), sa pierre de Caen à la fine champagne, son saint-pierre au gianduja, sans omettre sa créole, une épatante ganache banane, indique que cet orfèvre du sucré a plus d'un tour dans son sac.

Témoins

69, rue Saint-Pierre
Tél.: 02 31 86 31 88

Depuis 120 ans, les Témoins sont les... témoins de la gourmandise caennaise. Philippe, 4e du nom, mitonne un palet or, un toucan praliné noisettes ou encore un Irish coffee parfumé au whisky ou encore une dame de Caen au calva qui sont des modèles d'équilibre sucré, mais point trop.

PÂTISSIER

Stiffler

72, rue Saint-Jean
Tél.: 02 31 86 08 94

Les charlottes toutes fraîches, le macaron avec mousse abricot (roussillon), la bagatelle à la crème de nougat, les viennoiseries fines, les glaces pure crème et les sorbets pur fruit indiquent le savoir-faire de Claude Delesque.

POISSONNIER

Au Grand Large

6, av. du 6-Juin-1944
Tél.: 02 31 86 20 72

Le meilleur de la marée de Caen, les huîtres de Courseulles, le saumon d'Irlande, la sole de sable et le bar de ligne ont droit de cité sur ce bel étal.

Rendez-Vous

CAFÉS

Le Bon'iau

8, quai Hamelin
Tél.: 02 31 82 26 55

Le bistrot à vins de Gérard Bagni est le petit bonheur des lève-tôt. Dès potron-minet, on sert ici le casse-dalle et le coup de blanc. Mais le café-tartines n'est pas mal non plus et l'on accueille le chaland avec le sourire à toute heure du jour.

Café Mancel

Au musée des Beaux Arts,
dans le Château
Tél.: 02 31 86 63 64

La vue sur les remparts de l'église Saint-Georges est une des attractions de ce café moderne. Vins au verre, fraîches assiettes, belles tartines sont là pour rassasier l'amateur d'art.

Kilbeggan's Pub

13, rue du Geole
Tél.: 02 31 86 75 73

Ce vrai pub, remonté de toutes pièces par un limonadier tombé amoureux de la Green Erin, sert chopes de bières et whiskeys à la belle jeunesse caennaise jusque très tard.

Cagnes-sur-Mer

06800 Alpes-Maritimes. Paris 919 - Nice 14 - Antibes 11 - Cannes 21 - Grasse 25 - Vence 11.
Office du Tourisme: 6, bd Mal-Juin
Tél.: 04 93 20 61 64. Fax: 04 93 20 52 63

Il y a Dr Haut-de-Cagnes et Mister Cagnes-sur-Mer: une station de bord de mer où l'on ne vient qu'en passant et un village provençal qui fait oublier la grande bleue si proche.

Hôtels-restaurants

Le Cagnard

Au Haut-de-Cagnes
45, rue Sous-Barri
Tél.: 04 93 20 73 21. Fax: 04 93 22 06 39
Fermé (res.) jeudi midi, 1er nov.-15 déc.
21 ch. 950-1 800 F. 4 suites. 1/2 pens. 1 350-2 200 F. Menus: 300 F (vin c., déj.), 330-540 F.
Carte: 500-800 F

Ce beau Relais & Châteaux installé dans une demeure du XIVe ne s'endort pas sur ses lauriers. On y loge les pèlerins modernes de la côte à prix d'or, dans de jolies chambres et suites ayant vue sur le vert de l'arrière-pays. Quant à la cuisine de Jean-Yves Johanny qui est ici de fondation, elle est juste de ton et sans épate, faite à partir des meilleurs produits d'ici. Raviolis ouverts de saint-jacques poêlées, chaud-froid de foie gras au porto, poêlon de loup aux cébettes, macaron coco-passion sont quelques-uns de ses bons tours. Superbe salle à manger avec son extraordinaire plafond à caissons colorés.

Josy-Jo 

4, pl. Planastel. Tél.: 04 93 20 68 76
Fermé sam. midi, dim., 1er-15 août
Carte: 320-350 F

Jolie et bonne, la demeure des Bandecchi est un cas à part dans la restauration azuréenne. Jo assure l'accueil avec un imparable sourire dans une demeure tout en pierre sise à l'orée du vieux village. Josy mitonne, sans se soucier des modes, une cuisine de grand-mère provençale ayant érigé la simplicité en règle de vie. Et les gourmets fortunés viennent ici faire des économies en cédant aux plaisirs des petits farcis, supions sautés à l'huile d'olive, viandes cuites sur la braise, mousse aux citrons du pays comme à Menton.

Table d'Yves 

85, montée de la Bourgade
Tél.: 04 93 20 33 33. Fax: 04 93 20 33 33
Fermé mar. midi, merc., jeudi midi,
vac. Toussaint, vac. fév.
Menus: 120-290 F. Carte: 200-250 F

Yves Merville, qui fut le chef du Royal Riviera à Saint-Jean-Cap-Ferrat, a laissé tomber les ors et lustres de la cuisine de palace pour s'installer dans la modestie d'une table campagnarde. Celle-ci, de fait, ne manque pas de chichi dans son décor de fermette provençale pomponné. Et la cuisine assure sans mal à coup d'asperges à la vinaigrette balsamique, ravioles de ricotta à la crème de basilic, pagre rôti, tian d'agneau et pain perdu. Menus adorables et vins provençaux parfaits.

A Cros-de-Cagnes, 2 km S.-E.

La Réserve

«Chez Loulou»
91, bd de la Plage
Tél.: 04 93 31 00 17. Fax: 04 93 31 00 17
Fermé sam. midi, dim., déj. mi-juil.-août
Menus: 225 F. Carte: 300-450 F

La vérité du produit, c'est le dada des frères Campo qui, comme les Sordello du Bacon au cap d'Antibes, ont fait de la mer leur empire et de la fraîcheur leur religion. Prenez place dans leur demeure simple de bord de mer, en ayant pris soin de réserver au préalable, et cédez aux plaisirs de la carte récitée avec art. Soupe de poissons de roche ou de favouilles, loup de ligne grillé sur la peau ou saint-jacques rôties aux artichauts et pignons, daurade royale, saint-pierre en papillote, rouget au grill, mais aussi, pour les amateurs de belles viandes cuisinées à point, contrefilet au sel et rognons juste grillés à la goutte de sang. Ajoutez-y un sorbet citron au coulis d'orange comme fraîche issue et un bandol blanc qui passe là-dessus comme du velours. Et vous comprendrez que la demeure est la réserve du bonheur.

Cahors

46000 Lot. Paris 582 - Agen 88 - Brive-la-Gaillarde 102 - Montauban 61.

Office du Tourisme: pl. F.-Mitterrand
Tél.: 05 65 53 20 65. Fax: 05 65 53 20 74

Ils sont fiers de leur pont (Valentré, bien plus beau que celui d'Avignon), fiers aussi de leur vieille ville aux pavés lisses, aux venelles torves, aux maisons à pans de bois. Mais ce qu'ils aiment aussi, les Cadurciens, c'est leur «Printemps» qui commence toujours en lisière de l'été et attire les photographes du monde entier sur les bords du Lot. Le vin et la photo? Ils font bon ménage, depuis belle lurette, à Cahors. L'espace Clément-Marot, le Beaubourg local, a baptisé ses salles diverses du nom des châteaux stars: le Cèdre, Haute-Serre, les Bouysses, Mercuès et, bien sûr, Lagrezette, ce dernier faisant figure de locomotive mondaine, vineuse et artistique. De là à affirmer que Cahors est une ville dans le vent, que le Quercy est à la mode, que ses crus sont en vogue, il y a un pas vite franchi.

Hôtels-restaurants

Terminus

5, av. Charles-de-Freycinet
Tél.: 05 65 53 32 00. Fax: 05 65 53 32 26
22 ch. 320-800 F

De belles chambres à l'ancienne dans une demeure de tradition, une tour fin de siècle un tantinet Art nouveau, de beaux vitraux et le restaurant «le Balandre» au rez-de-chaussée.

La Chartreuse

Fg Saint-Georges
Tél.: 05 65 35 17 37. Fax: 05 65 22 30 03
50 ch. 250-360 F. 1/2 pens. 285-315 F
Menus: 45 F (enf.), 87 F (déj.), 230 F

Cette construction moderne, avec ses murs boisés, face au Lot abrite des chambres confortables et un restaurant honnête. Piscine, panorama.

Le France

252, av. Jean-Jaurès
Tél.: 05 65 35 16 76. Fax: 05 65 22 01 78
Fermé 18 déc.-2 janv.
79 ch. 250-450 F

Pas cher, sympathique, au cœur des choses, près de la gare et du pont Valentré, cet hôtel un peu daté offre des chambres de bon confort, avec un mobilier hésitant entre le rustique et le moderne. Accueil charmant.

Le Balandre

5, av. Charles-de-Freycinet
Tél.: 05 65 55 32 00. Fax: 05 65 22 32 26
Fermé lundi (sf soir été), dim. soir (hs), 13-27 nov.
Menus: 175-450 F. Carte: 300-400 F

Cossue, replète, cette jolie salle manger avec ses vitraux 1900 a du charme. On ne vient pas seulement pour le confort du lieu, mais pour la cuisine vive, maligne, enlevée de Gilles Marre, un ancien de chez Haeberlin qui revisite les recettes du Sud-Ouest et la tradition quercynoise avec l'évidence du nature. Repas autour de la truffe avec la complicité des amis Pebeyre, foie chaud avec galette de maïs, classique mais chic œuf poché avec foie gras poché sauce truffe, manière de retrouver la périgourdine, filet d'agneau du Quercy au jus de genièvre et millas caramel-café sont de bien jolies choses, mitonnées avec rigueur. Service enlevé, sous la houlette de Mme Marre, carte des vins de Cahors digne d'anthologie.

Le Rendez-Vous

49, rue Clément-Marot
Tél.: 05 65 22 65 10. Fax: 05 65 35 11 05
Fermé (sf soir été), dim.
Menus: 45 F (enf.), 130-150 F. Carte: 200-250 F

Le «bon rapport qualité-prix» de la ville, dans un cadre clair et gai, c'est la demeure de David

Blanco, la terrasse sur la rue piétonnière, les murs colorés, le service plein de gaieté donne à sa demeure du XIIIe l'allure d'une maison d'amis. Ajoutez-y les mets concoctés au gré du marché, les associations savoureuses et fraîches (marbré de chèvre aux poivrons, Tatin de foie gras aux pommes, quasi de veau aux olives), le choix de cahors pas bêcheur et vous comprendrez que la maison fasse vite le plein. Réservez !

Le Bistro de Cahors

46, rue Daurade
Tél. : 05 65 53 10 55. Fax : 05 65 53 10 55
Fermé lundi soir (hs), mardi, oct.-mars
Menu : 98 F

Pour fêter les crus de Cahors dans tous leurs atours, un bistrot rustique, au charmant décor de pierre et bois. Casse-croûte de charme, foie gras, agneau du Causse et côte de veau au vin rouge se mangent sans faim.

Au Fil des Douceurs

90, quai de la Verrerie
Tél. : 05 65 22 13 04. Fax : 05 65 35 61 09
Fermé dim. soir, lundi
Menus : 75 F (déj.), 105 F, 270 F. Carte : 200-300 F

Cette péniche gourmande sur le Lot a son charme et son chic. Les menus sont des occases et les idées fusent au gré du marché. Velouté de crabe, stockfish, brochette de magret de canard au foie gras font des agapes tranquilles.

A 46090 Mercuès. 10 km O. rte de Villeneuve-sur-Lot

Château de Mercuès

Tél. : 05 65 20 00 01. Fax : 05 65 20 05 72
Fermé 1er nov.-Pâques. Rest. lundi, mardi midi sf juil.-août
24 ch. 950-1 500 F. 1/2 pens. 780-1 105 F
Menus : 280-450 F. Carte : 450-550 F

Cette belle demeure comme accrochée à la falaise face au Lot fut la résidence d'été des comtes-évêques de Cahors. Georges Vigouroux, l'homme de Haute-Serre, vigneron d'élite des coteaux-de-cahors, en a fait un de ses étendards. On produit du mercuès de toute beauté ici même que l'on vinifie et conserve dans les caves du château. Qui est aussi une halte de charme, affiliée aux Relais & Châteaux, et une table de choix où officie le jeune Philippe Combet. Ses langoustines et tête de veau en vinaigrette de truffes, pavé de sandre en aligot et pigeonneau et foie gras en croûte d'épices sont très séducteurs.

Demandez au sommelier de vous conseiller le vin qui accompagne au mieux les plats que vous aurez choisis.

A 46090 Espère. 10 km N.-O. par D 911 (rte de Villeneuve-sur-Lot)

Domaine de Labarthe

Tél. : 05 65 30 92 34. Fax : 05 65 20 06 87
3 ch. et 1 suite : 350-500 F

Aux portes de Cahors, cette magnifique gentilhommière du XVIIIe, avec pigeonnier et parc, propose accueil adorable et ravissantes chambres de plain-pied sur la verdure.

A 46800 Lascabanes. 19 km S. rte de Moissac

La Petite Auberge

Domaine de Saint-Géry
Fermé lundi, mardi (hs), avril-10 janv.
4 ch. 590-660 F
Menus : 60 F (enf.), 195-450 F. Carte : 200-300 F

Jambon, magret, foie gras, pâté de sanglier, boudin de cochon, mais aussi pain au levain, et confiture sont fabriqués à demeure. Les chambres sont délicieuses, les repas à la grande table d'hôte, près du feu de cheminée, une merveilleuse aubaine. L'accueil de la jolie Pascale Duler et de son mari Patrick joue la simplicité bon enfant, faisant connaître, au passage, les meilleurs vins d'ici. Nul ne s'étonnera que les Perrin, venus en voisins de Lagrezette, en aient fait la plus discrète de leurs tables d'évasion.

Produits

ARTS DE LA TABLE

Agnès Dubernet de Garros

75, rue Clément-Marot
Tél. : 05 65 23 93 10/53 93 39

A deux pas de la cathédrale, cette chineuse chic guette les plus jolis meubles d'époque ou régionaux, ainsi que de beaux bibelots.

BOULANGER

Lascazes

8, rue de Soubirous
Tél. : 05 65 22 21 51

Du pain naturel au levain et à l'ancienne, la coque du Lot, genre fouace parfumée au citron, des gâteaux aux noix et des meringues craquantes : voilà ce que proposent les Lascazes avec amour.

CAVISTE

L'Atrium

Rte de Toulouse
Tél. : 05 65 20 80 80

Haute-Serre et Mercuès, signés Vigouroux, bien sûr, sont ici vendus à bon prix, mais seulement dans cette cave ouverte où sont conviés tous les seigneurs de Cahors. En prime, une eau-de-vie de prune de grande qualité.

FROMAGER

Patrick Marty

La Halle
Tél. : 05 65 22 21 94

En sus du grand choix de pâtes affinées de toutes les régions, d'exceptionnels rocamadours et cabécous qui justifient l'emplette.

PRODUITS RÉGIONAUX

G.A. Besse

10, pl. Chapou
Tél. : 05 65 22 05 57

Face à la cathédrale, sur la petite place du marché, si animée les mercredis et samedis, le spécialiste des foies gras estampillé Sud-Ouest. Demandez-lui son magret fourré, ses fameuses saucisses apéritif, roulés au jambon, sans omettre le foie gras mi-cuit au torchon. Grand choix de vins de Cahors.

TRUFFICULTEUR

Pebeyre

66, rue Frédéric-Suisse
Tél. : 05 65 22 24 80

Les Pebeyre, Jacques le père, Pierre-Jean le fils, sont les orfèvres du *tuber melanosporum*, en l'occurence la fameuse truffe noire qui pousse ici, sur le Causse, mais surtout en Tricastin. Chez les Pebeyre, on guette le meilleur, qu'on vend frais ou en conserve, principalement aux restaurateurs.

Calais

62100 Pas-de-Calais. Paris 290 – Boulogne 38 – Dunkerque 45 – Ostende 96 – St-Omer 41.

Office du Tourisme : 12, bd Clemenceau
Tél. : 03 21 96 62 40. Fax : 03 21 96 01 92

« Dès Calais, je m'enivrais de bière anglaise », écrivait Stendhal. Aujourd'hui, les ferries lorgnent sur Douvres et l'on fabrique toujours la dentelle dans les ateliers.

Hôtels-restaurants

Holiday Inn Garden Court

Bd des Alliés
Tél. : 03 21 34 69 69. Fax : 03 21 97 09 15
65 ch. 650 F
Menus : 55 F (enf.), 130 F

Ce grand ensemble moderne offre des chambres de grand confort assez vastes avec vue sur le port et la mer.

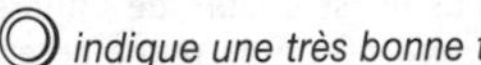

Le Channel

3 bd de la Résistance
Tél. : 03 21 34 42 30. Fax : 03 21 97 42 43
Fermé dim. soir, mardi, 25 juil.-8 août, 23 déc.-13 janv.
Menus : 98-160 F. Carte : 200-300 F

Ancré près du port, ce restaurant de tradition avec sa cuisine ouverte, séparée de la salle par une vitre, propose fruits de mer et poissons cuisinés sans esbroufe. Belles huîtres, turbot poché, saumon grillé hollandaise.

Au Côte d'Argent

1, digue G.-Berthe
Tél. : 03 21 34 68 07. Fax : 03 21 96 42 10
Fermé dim. soir, lundi, vac. fév., 4-18 sept.
Menus : 98-220 F. Carte : 200-300 F

Sérieuse et sans bavure, cette table marine avec vue sur la mer offre le meilleur de l'océan, la fraîcheur garantie. Soupe de moules, impeccables soles aux crevettes grises, mais aussi parmentier de bœuf aux endives braisées.

Produits

FROMAGER

La Maison du fromage

1, rue André-Gerschel
Tél. : 03 21 34 44 72

Les plus belles pâtes du Nord mais aussi de tout l'Hexagone font la joie de nos voisins britanniques qui reprennent le bateau vers l'Albion. Bergues, maroilles et vieux Lille sont particulièrement soignés chez le maître affineur Jacques Ghislain.

Cala Rossa : voir Porto-Vecchio (Corse)

Callas

83830 Var. Paris 875 – Castellane 52 – Grasse 46 – Draguignan 16.

Un bout du monde dans un canyon du Var : à découvrir pour le point de vue à couper le souffle.

Hôtel-restaurant

Les Gorges de Pennafort

Tél. : 04 94 76 66 51. Fax : 04 94 76 67 23
Fermé 15 janv.-15 mars. (res.) dim. soir, lundi (hs)
17 ch. 850-1 100 F. 1/2 pens. 800-900 F
Menus : 100 F (enf.), 190 F (déj.), 265-550 F

Courageux Philippe da Silva ! Nous qui avons connu ce chef zélé au Chiberta parisien au cœur des Champs-Elysées l'avons retrouvé avec plaisir, épanoui et heureux, dans son domaine perdu sis au bord d'un canyon varois. On ne vient pas seulement pour la beauté du site, la vue sur les gorges, les chambres pimpantes sur le mode provençal, mais sans ostentation, mais pour une cuisine sérieuse qui prend en compte terroir, marché, goût du temps. Dîner ici de fricassée de petits gris aux dés de pieds de porc, morue au four, poêlée de supions au riz sauvage et ciboulette, agneau rôti aux aubergines, petits babas à la mandarine, est un bonheur.

Caluire : voir Lyon

Calvi : voir Corse

Calvinet

15340 Cantal. Paris 592 – Aurillac 34 – Figeac 40 – Rodez 57 – Maurs 18.

Hôtel-restaurant

Beauséjour

Rte de Maurs
Tél. : 04 71 49 91 68. Fax : 04 71 49 98 63
Fermé mardi, mercr. (hs), lundi (sf soir été), dim. soir sept.-juin, 10 janv.-15 fév.
12 ch. 260-320 F. 1/2 pens. 350 F
Menus : 60 F (enf.), 95 F (sem.)-300 F
Carte : 250-300 F

Le cadre est simple, les chambres sans luxe aucun, l'accueil affable. Ce qui justifie le voyage ici même, outre la beauté d'un paysage verdoyant encore intact? La cuisine sincère, vive, franche de Louis-Bernard Puech qui œuvre dans le droit fil des traditions d'ici. Son coin de Cantal flirte déjà avec le Midi. Le Quercy n'est pas loin et l'Auvergne a déjà l'accent rocailleux du Sud avec les petits choux farcis de ris et rognon de veau, le sandre de Loire au ragoût de pied de porc, le saumon au lard et sa brandade, la pièce de Salers à la truffade, les exquis cornets de Murat à la crème fouettée, l'épatant sablé à la châtaigne que l'on arrose de saint-pourçain blanc ou de marcillac rouge un brin râpeux. L'ensemble fait une maison heureuse.

Cambrai

59400 Nord. Paris 179 – St Quentin 40 – Amiens 87 – Arras 37 – Lille 76.

Office du Tourisme : 48 rue de Noyon
Tél. : 03 27 78 36 15. Fax : 03 27 74 82 82

La patrie de la « bêtise » possède un joli patrimoine ancien. La mise au tombeau de Rubens dans l'église Saint-Géry vaut, notamment, le détour.

 *indique un hôtel au calme.*

Hôtels-restaurants

Château de la Motte-Fénelon 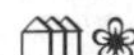

Square du château
Tél. : 03 27 83 61 38. Fax : 03 27 83 71 61
40 ch. 320-1 150 F. 1/2 pens. 330-660 F
Menus : 100 F (enf.), 145 F (déj.)-240 F

Ce beau château XIXe, bâti par Hirtoff (à qui on doit Ledoyen et l'église Saint-Vincent-de-Paul à Paris) possède charme et confort. Les chambres sont soignées. Quel dommage que la cuisine, servie sous les voûtes de briques en sous-sol, fasse « séminaires et banquets ».

L'Escargot

10, rue du Gal-de-Gaulle
Tél. : 03 27 81 24 54. Fax : 03 27 83 95 21
Fermé lundi, mercr. soir, 14 août-4 sept.
Menus : 120 F (vin c.)-220 F. Carte : 180-250 F

Cette table rustique et chaleureuse propose belles viandes grillées devant vous, flamiche, saint-jacques au beurre d'ail, andouillette de Cambrai et tarte au sucre mitonnés avec sérieux et servis avec gentillesse.

Produits

CONFISEURS

Afchain

Zone industrielle de Cantimpré
Tél. : 03 27 81 25 49. Fax : 03 27 81 20 40

Modernisés, agrandis, mais fidèles à la tradition, les établissements Afchain, rachetés par le catalan Chupa-Chups, ont conservé la bêtise traditionnelle et ajouté de nouveaux parfums : chocolat-menthe, citron, orange, framboise. Visite des ateliers fort bien organisée.

Despinoy

1519, rte Nationale à Fontaine-Notre-Dame
Tél. : 03 27 83 57 57. Fax : 03 27 83 03 73

François Campion, artisan confiseur qui insiste sur le goût de menthe, propose en sus des bonbons fameux, un sirop de bêtise, à consommer dilué dans l'eau, en guise de rafraîchissement variante nordiste du Pepermint Get...

Campigny : voir Pont-Audemer

Cancale

35260 Ille-et-Vilaine. Paris 394 – Saint-Malo 16 – Dinan 35 – Fougères 81 – Avranches 63.

Office du Tourisme : 44 rue du Port
Tél. : 02 99 89 63 72. Fax : 02 99 89 75 08

Les bateaux sont arrimés au port, comme la Bisquine du temps jadis, qui mène désormais vers Chausey et la baie en majesté.

Les ostréiculteurs surveillent leurs parcs. Les promeneurs flânent sur le quai de la Houlle, puis s'en vont vers Grouin, qui cache l'île des Landes et sa réserve d'oiseaux. Si le bonheur n'est pas à Cancale, on se demande où il se niche.

Hôtels-restaurants

Château Richeux

Rte du Mont-Saint-Michel
Tél.: 02 99 89 64 76. Fax: 02 99 89 88 47
Le Coquillage
(fermé jeudi, sf été, lundi, mardi midi)
Menus: 115-225 F
15 ch. 750-160 F. (les Rimains, 6 ch. 750-950 F)

Le Bricourt et sa salle de restaurant refermée sur un jardin, dans une malouinière, les Rimains comme une maison d'hôtes sur la baie, le Château Richeux, belle construction balnéaire années vingt qu'habita Mme Shaki, dame de cœur de Léon Blum, avec son restaurant simple et panoramique nommé le Coquillage: voici les trois lieux de vie d'Olivier Roellinger. On aimerait Richeux, pour ses chambres superbes sobres qui ouvrent grandes leurs fenêtres sur la mer et aussi pour son restaurant sage nommé le Coquillage. Du bois partout, de la faïence de Quimper sur une cheminée, des tableaux XIXe au mur et la baie du Mont-Saint-Michel en majesté: voilà pour le décor. Dans l'assiette? Tout ce qu'on aime, en simplicité et finesse: petite friture, huîtres de la baie, barbue grillée à la cheminée, mille-feuille craquant et tarte Tatin à retomber en enfance.

Le Chatellier

1 km sur D355
Tél.: 02 99 89 81 84. Fax: 02 99 89 61 69
13 ch. 300-350 F

Plus charmant que les hôtels – standardisés – du port, cette ancienne ferme un peu à l'écart offre des chambres coquettes, avec leur papier anglais et leurs meubles rustiques. Pas de restaurant, mais un copieux petit déjeuner.

Maison de Bricourt

1, rue Duguesclin
Tél.: 02 99 89 64 76. Fax: 02 99 89 88 47
Fermé janv.-fév. (res.) mardi, mercr. sf soir été
Menus: 250-650 F

Prince de Cancale, roi de l'océan, empereur de la baie (celle du Mont-Saint-Michel), le petit duc de la cuisine bretonne, qui est aussi le meilleur cuiseur de poissons de France, n'a pas seulement compris la leçon de la mer. Il a su revivifier les traditions du pays. Se rappelant que les corsaires de Saint-Malo fondèrent une compagnie des Mers du Sud et des Indes. Retrouvant une à une les épices qui ont fait leur richesse et leur gloire, cardamome ou galanga, cumin ou curcuma, il a inventé des alliances entre les produits d'ici et les saveurs d'ailleurs. Il a créé sans crainte de choquer, inventant sans faiblir. D'où ces saint-jacques sur la braise et vinaigrette au cidre, encornets au vinaigre shiso, bigorneaux au jus de persil, coques au curry, huîtres tièdes dans une crème mousseuse de cocos et cèpes au paprika doux qui racontent une alliance, un mariage et des voyages, rappelant que ces parages de l'Ille-et-Vilaine furent, il y a trois siècles, le comptoir vers l'ailleurs, le port d'embarquement en direction des mers lointaines et des saveurs neuves. Jouant du croquant, de l'acide, du moelleux et du gras, imaginant le mariage fou et savoureux de solettes, foie chaud, crevettes bouquets et d'une huître «pied-de-cheval» à la consistance de «steak marin» en un bouillon citronné, Roellinger démontre que la Bretagne gourmande c'est beaucoup plus que des recettes de tradition, autre chose que du beurre salé, du homard grillé et des galettes. Un bar de ligne aux moules et huiles parfumées, un homard parfumé au xérès flanqué de châtaignes, un turbot en cocotte aux pommes grenailles, mousseline aux épices et crevettes roses, une selle d'agneau de pré-salé à la broche au cumin et aux autres saveurs dites de «grande caravane» sont autant de mariages doucereux entre les produits de la baie et les condiments lointains. Ajoutez à cela des desserts qui donnent envie d'accomplir le voyage au Bricourt pour eux-mêmes – poire et figue sortant du four avec glace vanille au riz soufflé, mille-feuille ananas et banane avec sa glace au rhum de l'île de Marie-Galante, bâtons de cannelle, glace et croustillant au chocolat. Et vous comprendrez qu'un repas ici est divin, léger, follement créatif, excitant aussi, prouvant que la grande cuisine n'est pas seulement un jeu et une ascèse, mais une leçon de plaisir.

Le Cancalais

12, quai Gambetta
Tél.: 02 99 89 61 93
Fermé dim. soir, lundi sf vac. scol., 1er déc.-31 janv.
Menus: 90-250 F. Carte: 250 F

Jean-Claude Pierpaoli, qui fut le directeur de la Mère Poulard, a su attirer la clientèle locale autour de produits simples et de préparations classiques, mais légères, sans faiblesses (turbot grillé béarnaise, galette de crabe), avec un accueil de choix.

Le Saint-Cast

Rte de la Corniche
Tél.: 02 99 89 66 08. Fax: 02 99 89 89 20
Fermé dim. soir, mardi soir (hs),
vac. fév. 15 nov.-15 déc.
Menus: 65 F (enf.), 120-220 F

Avec son patron moustachu et son accueil tout charme, ce restaurant bon enfant offre non seulement les plaisirs simples d'un menu du marché à 120 F mais aussi une vue imparable sur le port qui est aussi l'un des vrais bonheurs de Cancale et de la baie. Huîtres de la baie, effeuillée de morue aux coques, tagine de homard et belle tarte aux pommes donnent envie d'avoir son rond de serviette.

Le Surcouf

7, quai Gambetta
Tél.: 02 99 89 61 75. Fax: 02 99 89 76 41
Fermé merc., jeudi sf été, 2 janv.-1er fév., 20 nov.-11 déc.
Menus: 98 F (déj.)-288 F. Carte: 250 F

La vedette du bon rapport qualité-prix à Cancale? Francis Marx, alsacien voyageur, formé chez Zimmer et Valentin-Sorg à Strasbourg, passé en Irlande à Newport, puis à Rennes, a repris cette maison claire et nette, où le premier étage offre une vue imprenable sur la baie. Sa cuisine? Fraîche, vive, alerte et sans chichi: crémeux de tourteau gratiné à l'œuf de poule, marinière de coquillages au basilic, saint-pierre aux amandes et jus de badiane, joli et canaille croustillant de turbot à l'andouille avec son beurre blanc, jarret de veau au four et poêlée aux girolles. Les desserts sont particulièrement réussis, dans le ton de la fraîcheur et du régionalisme allégé, notamment l'épatant kouign amann avec sa glace vanille ou le sabayon de fraises aux amandes. Une bien jolie maison.

A la pointe du Grouin. 4,5 km N. par D201

Pointe du Grouin

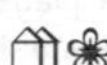

Tél.: 02 99 89 60 55. Fax: 02 99 89 92 22
Fermé fin-mars-début oct.
32 ch. 400-520 F. 1/2 pens. 405-465 F
Menus: 75 F (enf.), 120-315 F

Ce grand ensemble moderne, face à l'île des Landes, avec son annexe au calme, offre vue, confort, bol d'air, brise marine et honnête cuisine avec les produits du cru.

Produits

OSTRÉICULTEURS

Pichot-Louvet

parcs de Saint-Kerber
L'Aurore
Tél.: 02 99 89 65 29. Fax: 02 99 89 82 74

La vedette locale. Fait visiter ses viviers.

Daniel

37 quai John-Kennedy
Tél.: 02 99 89 90 88

Un petit qui n'a pas peur des gros. Ses plates au goût de noisettes et ses petites gravettes valent l'emplette.

Goudet père et fils

Lotissement du Vauhariot
Tél.: 02 99 89 89 60

Une entreprise familiale au service des plates et des creuses de la baie. Accueil adorable.

Cannes

06400 Alpes-Maritimes. Paris 903 – Aix 150 – Marseille 163 – Nice 34 – Toulon 125.

Office du Tourisme: SEM Palais des Festivals
Tél.: 04 93 39 24 53. Fax: 04 92 99 84 23
Gare SNCF, 1er étage. Tél.: 04 93 99 19 77
Cannes-la-Bocca Tél.: 04 93 47 04 12

Cette ville, jumelée avec Beverley Hills, est un spectacle. Les hôtels sont des monuments. Que l'on vient admirer sur la Croisette face à la mer. Cité des congrès, ville de festivals, Cannes est, à la fois, un port de la Côte d'Azur, via la marina, une cité provençale ancienne, côté Suquet, une petite ville de province, fière de ses voies piétonnières, rue d'Antibes ou rue Meynadier. Le marché de Forville est le rendez-vous des chefs de la Riviera. Et la gourmandise se vit ici en majesté d'un nom rêveur l'autre. Côté tables, cette ville de petite dimension surclasse ses rivales. Son âme, on la cherche en flânant au long d'une rue piétonnière, d'une venelle tortueuse qui domine le site de la côte avec ses palmiers dont la tête semble devoir être dévissée par le vent.

Hôtels

Carlton

58, bd de la Croisette
Tél.: 04 93 06 40 06. Fax: 04 93 06 40 25
338 ch. 1 680-4 090 F

Rococo, rénové, monumental, avec coupoles, façade en stuc, terrasse splendide, hall grandiloquent: voilà un mythe intact. Restaurant la Côte au rez-de-chaussée qui propose une carte méditerranéenne d'orientation italienne de mai au 15 septembre. (voir aussi la Belle Otéro et la Brasserie Carlton).

Majestic

14, bd de la Croisette
Tél.: 04 92 98 77 00. Fax: 04 93 38 97 90
Fermé 15 nov.-26 déc.
305 ch. 1 290-4 900 F

Coloré et charmant, ce grand vaisseau des années vingt tangue, tel une vague blanche, face à la mer, protégé par ses jardins. Situation centrale face au palais des festivals, piscine. Voir restaurant «Villa des Lys».

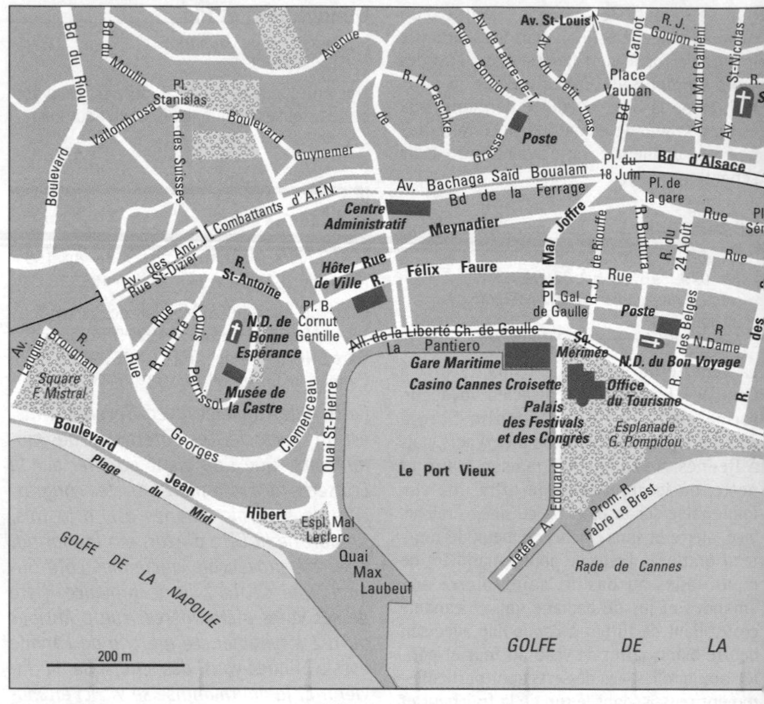

Martinez

73, bd de la Croisette
Tél.: 04 92 98 73 00. Fax: 04 93 39 67 82
393 ch. 1 300-4 800 F

Ce monument Arts déco réhabilité a fière allure face à la grande bleue, avec ses chambres neuves, salles de bains grand style, bar animé, piscine, plage, restaurants de qualité, dont le Relais Martinez et la Palme d'or, voir plus loin.

Noga-Hilton

50, bd de la Croisette
Tél.: 04 92 99 70 00. Fax: 04 92 99 70 11
229 ch. 2 977-3 377 F
Menu: 220 F

Le dernier-né des palaces, avec son kitch futuriste, voir son provocant tape-à-l'œil, ses suites immenses et son restaurant provençal La Scala (Tél.: 04 92 99 70 93).

Gray d'Albion

38, rue des Serbes
Tél.: 04 92 99 79 79. Fax: 04 93 99 26 10
188 ch. 920-2 520 F
Carte: 235-350 F

Blockhaus chic, avec marbre, verre et cuivre. Chambres modernes et fonctionnelles. Restaurant Le Royal Gray: 04 92 99 79 60.

indique un bon rapport qualité-prix.

Savoy

5, rue Einessy
Tél.: 04 92 99 72 00. Fax: 04 93 68 25 59
106 ch. 630-1 530 F. 1/2 pens. 810-975 F

Luxe, plage et confort avec colonnes antiques, ce fort bel hôtel sis à deux pas de la plage offre le luxe sans la ruine. Accueil souriant, piscine et terrasse sur le toit.

Sofitel Le Méditerranée

2, bd Jean-Hibert
Tél.: 04 92 99 73 00. Fax: 04 92 99 73 29
149 ch. 910-2 190 F
La Méditerranée – Tél.: 04 92 99 73 02
Menus: 190 F (déj.)-250 F
Chez Panisse – Tél.: 04 92 99 73 10 Menus: 80 F (enf.), 120 F (déj.), 150 F, 180 F

Hôtel de chaîne non sans charme, avec chambres néo-coloniales, bar et piscine en terrasse, avec vue panoramique. Restaurant gastronomique la Méditerranée, au 7e étage, et Chez Panisse au rez-de-chaussée.

Cristal

13-15, rond-point Duboys-d'Angers,
Tél.: 04 93 39 45 45. Fax: 04 93 38 64 66
Fermé 15 nov.-28 déc.
51 ch. 600-2 145 F. 1/2 pens. 680-1 075 F

Ce petit palace moderne derrière la Croisette, vaut par son charme sans tape à l'œil, ses chambres au luxe sobre, ses salles de bains de marbre, sa façade ancienne, ses prix sages pour sa catégorie.

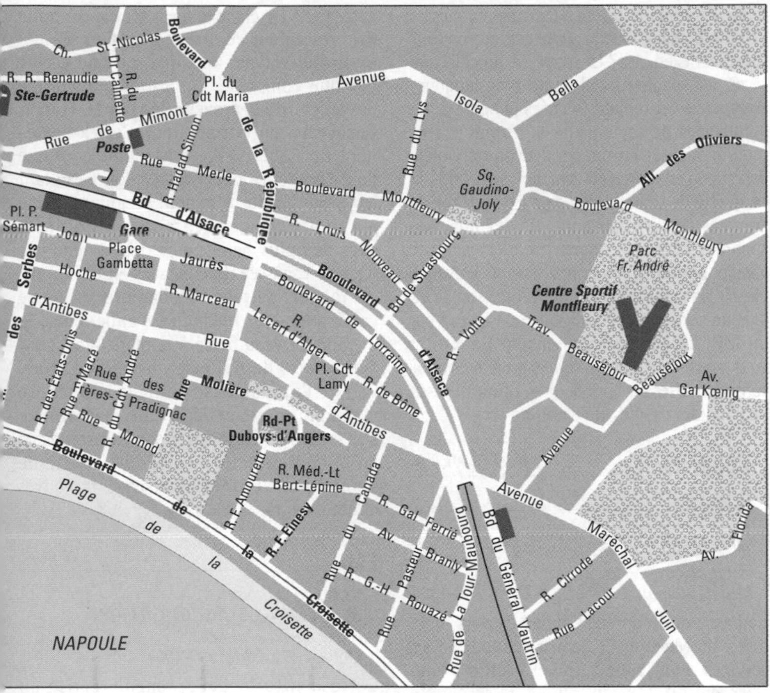

Splendid

4, rue F.-Faure
Tél. : 04 97 06 22 22. Fax : 04 93 99 55 02
Fermé 1er nov.-24 déc.
64 ch. 590-980 F

Ce vieux palace avec sa façade XIXe de style rococo face au port a conservé son allure Belle Epoque. Les chambres ont été rénovées, la situation est centrale, les tarifs plutôt sages.

Fouquet's

2, rond-point Duboys-d'Angers,
Tél. : 04 92 59 25 00. Fax : 04 92 98 03 39
Fermé 1er nov.-31 mars
10 ch. 450-1 400 F

Petit hôtel au cachet hétéroclite avec colonnes grecques, portes en fer forgé, mobilier moderne ou provençal.

Hôtel de Paris

34, bd d'Alsace
Tél. : 04 93 38 30 89. Fax : 04 93 39 04 61
Fermé 15 nov.-26 déc.
50 ch. 350-750 F

Derrière la voie rapide, caché par de grands arbres, une demeure nette, accueillante, chaleureuse.

Sachez commander vos produits selon la saison.

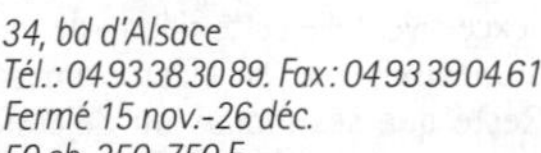

Provence

9, rue Molière
Tél. : 04 93 38 44 35. Fax : 04 93 39 63 14
30 ch. 280-550 F

Cet hôtel familial, juste derrière la Croisette, est entretenu par les mêmes patrons depuis vingt ans avec un soin constant. Vue sur jardin.

Villa Toboso

7, allée des Oliviers
Tél. : 04 93 38 20 05. Fax : 04 93 68 09 32
15 ch. 250 -700 F

Au sommet du quartier du MontFleury, parmi les palmiers, une maison accueillante avec piscine, panorama et chambres calmes autour d'une petite cour pavée.

Restaurants

La Palme d'Or

Au Martinez

73, bd de la Croisette
Tél. : 04 92 98 74 14. Fax : 04 93 39 67 82
Fermé lundi, mardi sauf soir mi-juin-mi-sept., mi-nov.-mi-déc.
Menus : 295 F (déj.), 350 F, 580 F.
Carte : 500-700 F

Le pape de la cuisine de la côte, le maestro de la cuisine de palace? Christian Willer. Ce natif de Rouffach (Haut-Rhin), qui fut jadis aux Evens à La Baule et aux Bézards demeure au «top» de la mode depuis quinze ans. Si le rouge décor de la Palme d'Or rutile, la cuisine de ce pro solide joue la simplicité en majesté. Quelques exemples? La soupe de brocolis aux fèves, les spaghettini al dente avec langoustines raidies et tomates séchées pimentées, les aiguillettes de saint-pierre au romarin avec huile d'olive et citron, les artichauts violets écrasés ou en morceaux, simplement truffés, la paupiette de veau à la sauge avec sa purée de pommes de terre fondante. Ajoutez quelques sublimes desserts, comme les arlettes, glace vanille, parfum d'alisier, des vins de Provence choisis par un sommelier au fait de son sujet, plus un service jeune et dynamique enlevé par un MOF de son registre, Vincent Rouart, et vous trouverez l'une des toutes premières maisons françaises de bord de mer, offrant en sus un panorama sur les îles de Lérins.

La Villa des Lys

Au Majestic

14, bd de la Croisette
Tél.: 04 92 98 77 41. Fax: 04 93 38 97 90
Fermé 18 nov.-27 déc.
Menus: 260 F (déj.), 350 F, 540 F. Carte: 430-630 F

L'adresse qui monte à Cannes c'est la table d'élite du Majestic. Ce dernier s'est adjoint les services d'un jeune surdoué breton Bruno Oger, qui fut, trois ans durant, le second de Georges Blanc à Vonnas. On pourrait reprocher à sa cuisine très classico-moderne, mi-bressane, mi-provençale, de tourner le dos au terroir de la Riviera et de la Méditerranée. Mais elle s'efforce avec brio de concilier fraîcheur maritime et richesse rustique sur un mode intemporel. Dans un amusant cadre néo-égyptien, digne de la MGM, on goûte les jolies saint-jacques d'Erquy truffées avec leur risotto potagère, le splendide foie gras grillé avec sa fricassée de légumes d'hiver, topinambours, pâtissons ou navets, le turbot pané à la truffe aux pointes d'asperges, le jarret de veau laqué aux épices comme le canard cuit entier aux carottes fondantes et olives vertes en se disant que voilà du travail d'artiste. Ces mets se complètent à merveille des desserts brillants et fins, point trop sucrés, telles que brioche perdue à l'orange, soufflé chaud au fromage blanc et zestes de citron, fondant tiède au chocolat grand cru et sorbet au banyuls. Grands vins d'ici et d'ailleurs, proposés par un jeune sommelier très au fait de son sujet.

La Belle Otéro

7e étage du Carlton

58, bd de la Croisette
Tél.: 04 92 99 51 10. Fax: 04 92 99 51 13
Fermé dim., lundi, mardi sf soir juil.-août, 4 juin-4 juil., 29 oct.-14 nov.
Menus: 290 F (déj.), 410 F, 620 F. Carte: 520-740 F

Partira-t-elle? Partira-t-elle de ce septième étage sans vue? On ne sait plus même si cette belle enseigne, qui est tout le contraire d'un restaurant de casino, a de fiers atouts: un grand service appliqué, un cadre chic quoique compassé. Et surtout une cuisine ouvragée, italo-provençale, signée Francis Chauveau, qui rattrape tout. Cet ex-lieutenant de Roger Vergé à Mougins continue pour l'heure de jouer de bons tours exaltant les produits de la région, se jouant d'une apparente complexité, faisant ressortir les sucs des plus beaux poissons et légumes d'ici. La fricassée de crustacés en léger aïoli, les rougets de roche en banette au jus de coco, avec leur milanaise d'aubergines, le mignon de veau poêlé à la marjolaine, servi avec risotto de truffes et ravioles de cèpes, valent l'applaudissement, le rappel. Le macaron en crème légère de mascarpone aux fraises de Carros avec son calisson glacé en biscuit pistaché indique que la fête ne s'arrête pas au salé. Grande cave, tarifs très «Côte d'Azur».

Félix

63, bd de la Croisette
Tél.: 04 93 94 00 61. Fax: 04 93 94 10 71
Fermé mi-nov.-mi-déc.
Menu: 220 F. Carte: 300-400 F

Cette institution, récemment reprise en main par les patrons de L'Ondine (voir ci-dessous), sert le Tout-Cannes qui vient rire, manger, converser dans la bonne humeur. Cuisine d'humeur et des saisons, de la mer et de toutes les époques, très brasserie mais pas seulement. Bons fruits de mer, tartare très honnête, bouillabaisse à l'identique. Terrasse courue en période de festival ou de congrès.

Neat

11, square Mérimée
Tél.: 04 92 99 29 19. Fax: 04 93 68 84 48
Fermé dim. (sf soir été), fériés
Menus: 140 F, 180 F (déj.), 220-590 F
Carte: 350-500 F

La dernière nouveauté gourmande de la Croisette, c'est ce restaurant au décor contemporain, grisé-bleuté, face au palais des festivals. Richard Neat, Anglais passé chez Robuchon, pratique une «fusion food» qui tombe dans la préciosité excessive, telle cette rillette de rouget aux pruneaux servie en bizarre amuse-bouche. Reste que ses menus du déjeuner sont des occases, que le tian de crabe et raie au velouté de concombre, les huîtres frites avec sauce hollandaise et vin rouge sont de bonnes surprises, que l'aile de raie à l'oseille, même compliquée d'œuf, n'est pas mal, comme le ris de veau au jambon de Parme et polenta ou la cuisse de lapin aux fèves et risotto. La Tatin d'ananas sauce caramel et son sorbet est une réussite. L'ensemble intrigue, irrite, séduit, bref: existe.

Brasserie Carlton

58, bd de la Croisette
Tél. : 04 93 06 40 21
Menus : 95 F (enf.), 145 F (buffet), 275 F, 350 F, 450 F

Au Carlton, les adresses ne manquent pas. Mais à côté des tables étoilées (la Côte au rez-de-chaussée, la Belle Otéro, au dernier étage, hélas fermé sur l'extérieur), on a envie de conseiller la visite de l'ex-Café Carlton rebaptisé en brasserie du même nom. Le grand buffet à 145 F, comme les agnolotti au basilic et le tartare préparé à la commande, dans la salle ornée de stucs ou sur la terrasse sous les palmes constitue une des affaires de la Croisette.

Côté Jardin

12, av. Saint-Louis
Tél. : 04 93 38 60 28. Fax : 04 93 38 60 28
Fermé dim., 1er fév.-7 mars, lundi sf soir, 1er juil.-15 sept.
Menus : 110 F, 195 F, 280 F. Carte : 250 F

Certes, le quartier non touristique est un peu excentré. Mais le cadre a fait des progrès et c'est pour la cuisine, les saveurs exactes et les produits frais, sous la houlette d'Alexandre Walger, un élève sage de Chapel et Chibois, qu'on vient ici se faire fête sans se ruiner. Les menus sont adorables. Quant aux carpaccio de poisson, raviolis de foie gras, poitrine de veau au miel d'épices, tian de selle d'agneau aux légumes provençaux, nougat glacé aux fruits secs, ils sont précis, fins, sans esbroufe

Le Mesclun

16, rue Saint-Antoine – « le Suquet »
Tél. : 04 93 99 45 19. Fax : 04 93 47 68 29
Fermé midi, merc., 15 nov.-15 déc.
Menu : 190 F. Carte : 350 F

Mathieu Cassin, ancien de Vié et Dutournier, nous propose, dans un cadre très bricolo antiquaire une cuisine de tradition renouvelée sans ostentation. Les saint-jacques rôties et le foie gras au parmesan, la cuisse de lapin confite, fèves et girolles, le feuilleté de pommes et sa glace à la lavande séducteurs sont servis avec le sourire.

Montagard

6, rue du Mal-Joffre
Tél. : 04 93 39 98 38. Fax : 04 93 39 97 34
Fermé dim., lundi
Menus : 95 F (déj.), 128-225 F. Carte : 200 F

Ce restaurant végétarien dans son cadre de bistrot provençal, jaune et frais, ne manque pas de chic. On s'y régale sans se ruiner de jolis légumes mitonnés en fraîcheur, mais aussi de poissons au gré de la marée par Jean Montagard, enseignant à l'école hôtelière de Nice. Croustade aux olives et champignons, cannelloni d'oignons et poireaux à la sauge, dos de bar sauce vierge et pudding de brocoli sont la légèreté même. La tulipe au chocolat et les crêpes chaudes fourrées de crème pâtissière à la mandarine font de belles issues.

Le Restaurant Arménien

82, la Croisette
Tél. : 04 93 94 00 58. Fax : 04 93 94 56 12
Fermé lundi, mercr. (hs). Menu : 250 F

Christine et Lucien Panossian ont fait de leur petit antre cosy une exquise ambassade de l'Arménie gourmande. Pour qui ignore les délices (pas toujours légers, quoique fort savoureux) des tourtes à la viande, berek au fromage, raviolis à la menthe, dolmas et autres baklawa, le lieu offre un dépaysement sans faille, à travers un menu-carte sans mauvaise surprise. Authenticité et gentillesse garanties.

Astoux et Brun

27, rue F. Faure
Tél. : 04 93 39 21 87
Carte : 100-200 F

Est-ce un vrai restaurant ? Davantage un comptoir heureux où l'on sert non stop les meilleurs fruits de mer de Cannes à une clientèle ravie de l'aubaine. Fermez les yeux sur les chaises en plastique et gardez votre attention pour les huîtres de Bouzigues ou d'Oléron, les praires et crevettes roses, mais aussi sole meunière et saint-jacques gratinées, d'une fraîcheur sans faille.

Aux Bons Enfants

89, rue Meynadier
Pas de Tél.
Fermé sam. soir (hs), dim., août, sem. Noël
Menu : 95 F

Pas de carte de crédit, ni de téléphone : la formule a fait florès à Nice avec la Merenda. Luc Giorsetti, qui a repris l'affaire créée il y a 65 ans par le grand-père, après des études de gestion et un stage à la Palme d'Or, a sans doute moins d'ambition que Dominique Le Stanc. Mais pour 95 F il donne du bonheur à tous. On se sert dans son étroit boyau, sis dans la rue piétonnière et l'on se régale, sans mal, de soupe de poissons, anchois grillés, rascasse meunière, lapin à la moutarde, beignets d'aubergines, servis sans manières et mitonnés avec cœur.

Lou Cantou d'Or

92, rue Meynadier
Tél. : 04 93 38 46 06
Fermé dim. (sf congrès)
Menus : 109 F, 160 F. Carte : 200-250 F

Colette et Henri Stéfanel qui ont gardé l'accent de Toulouse servent avec bonhomie dans leur « campagne », avec murs de crépi blanc, sise au cœur du quartier piétonnier. Leur « truc » c'est évidemment le Sud-Ouest, mais aussi la gentillesse et la modestie, que traduisent des menus qui sont des cadeaux véritables. Cou d'oie farci au foie gras, gésiers chauds sur salade, confit, magret, garbure et cassoulet se mangent dans la gaieté. Excellent côtes-de-buzet pour arroser le tout.

La Cave

9, bd de la République
Tél.: 04 93 99 79 87
Fermé sam. midi, dim.
Menu: 160 F. Carte: 200-300 F

Beignets de fleurs de courgette, lasagne au four, pieds et paquets, aubergines et poissons du jour avant le clafoutis aux fruits: tout fait envie chez les Berrut qui jouent le terroir et le marché comme d'autres du violon ou du saxo. Ils improvisent sur des thèmes connus et le bonheur simple est toujours au rendez-vous. Réservez: la maison joue souvent à guichets fermés.

Le Caveau 30

45, rue Félix-Faure
Tél.: 04 93 39 06 33. Fax:: 04 92 98 05 38
Menus: 99 F (déj.), 120 F, 169 F
Carte: 250 F

Cette brasserie néo-années trente propose d'honnêtes plats classiques et poissonniers au fil de la marée. Fruits de mer et bouillabaisse sont fort recommandables.

Le Comptoir des Vins

13, bd de la République
Tél.: 04 93 68 13 26

On fait volontiers une halte pour acheter du vin, choisi par le sommelier Jérôme Bitton et déguster sur le pouce les cochonnailles, fromages affinés, tartiflette et pâtes fraîches que nous propose Brigitte Gostoli.

La Mère Besson

13, rue des Frères-Pradignac,
Tél.: 04 93 39 59 24. Fax:: 04 92 18 03 58
Fermé dim., sam. midi, lundi midi
Menus: 100 F (déj.), 140-170 F. Carte: 250-300 F

La Mère Besson n'est plus de ce monde, mais la blanche demeure à son enseigne, qui fait pomponnée sur le mode du restau sage, offre un bon condensé de cuisine provençale. Sardines à l'escabèche, petits farcis, lapin aux herbes font toujours recette.

L'Ondine

Sur la plage
Tél.: 04 93 94 23 15. Fax: 04 93 94 10 71
Carte: 200-350 F. Fermé fin nov.-fin déc.

Le seul restaurant de plage qui en soit en, c'est bien sûr L'Ondine. Une marinade de poissons crus, une sole meunière, un carré d'agneau ou une simple (et large) salade mélangée y sont traités avec sérieux et doigté.

La Taverna Romana

10, rue Saint-Dizier
Tél.: 04 9 39 96 05. Fax: 04 93 68 54 38
Fermé fév. Carte: 150 F

Cette taverne comme à Rome ou presque, sise sur les hauts du Suquet, propose, dans un cadre bon enfant, des spécialités provençales et italiennes mêlées, des pâtes cuites al dente et un choix assez de bons vins italiens. Prix angéliques.

Produits

BOUCHER

Au Bon Charolais

38, rue Meynadier
Tél.: 04 93 39 09 93

Jean-Luc Olivari, qui a repris la succession de Georges Brugère, vend bœuf du Charolais, agneau de Sisteron et veau de Corrèze, choisis avec art, tranchés avec minutie.

CONFISEUR

Bruno

50, rue d'Antibes
Tél.: 04 93 39 26 63

A côté des fruits confits, marrons glacés, pâtes de fruit, mais aussi cristaux de Bohême, cette boutique belle comme une orfèvrerie vend de superbes ganaches amères.

CHOCOLATIERS

Maiffret

50, rue d'Antibes
Tél.: 04 93 39 08 29

Truffes amères, caramel liquide, ganaches de qualité, nougatine au praliné sont les trésors de cette boutique moderne au centre de la rue commerçante.

Schies

125, rue d'Antibes
Tél.: 04 93 39 01 03

Les ganaches au miel, au thé, aux noix de ce bon faiseur valent un large détour.

FROMAGER

La Ferme Savoyarde

22, rue Meynadier
Tél.: 04 93 39 63 68

Le roi des fromagers de la côte: c'est toujours Céneri, avec des pâtes fermières de grande qualité. Chèvres de Banon, brebis des Pyrénées, pâtes de montagne au mieux de leur forme, affinés dans les caves maison.

Rappelez-vous qu'une bonne table commence par de bons produits.

PÂTISSIERS

Rohr

63, rue d'Antibes
Tél.: 0493390401

La grande pâtisserie classique de la ville est à visiter, non seulement pour son salon, mais pour ses entremets, bavaroises, mille-feuilles, religieuses.

Alain Schwartz

75, bd de la République
Tél.: 0493995370

Ex-pâtissier du Gray d'Albion, ce Lorrain bosseur renouvelle avec légèreté les classiques du genre. Gâteau du prélat, feuille morte (mousse au chocolat au Grand Marnier) et ganaches amères de qualité.

POISSONNIERS

A la Marée

4, rue du Dr-Pierre-Gazagnaire
Tél.: 0493394572

Gros, demi-gros, détail: tous les poissons d'ici et d'ailleurs en fraîcheur sont vendus avec le sourire, face au marché Forville.

Cervera

40, av. Michel-Jourdan, la Bocca
Tél.: 0493470712

Le meilleur de la pêche de Méditerranée choisi par un spécialiste du genre. Coquillages, homards, crustacés, huîtres de première force.

La Pause Caviar

16, rue du Bivouac-Napoléon
Tél.: 0493683402

Saumon fumé, caviar, esturgeon de qualité. Commandes au siège, à Saint-Laurent-du-Var: Tél. 0493144716.

PRODUITS ÉTRANGERS

Aux Bons Ravioli

31, rue Meynadier
Tél.: 0493393663

Patrick Foppiani sélectionne les meilleurs vinaigres balsamiques de Modène, huiles d'olive de toutes les régions d'Italie (une vingtaine), charcuteries de qualité et propose d'exquis raviolis, panisse ou socca confectionnés à demeure.

TRAITEUR

Ernest

52, rue Meynadier
Tél.: 0493062304

Le Lenôtre cannois, expert aussi bien en charcuterie qu'en pâtisserie propose gâteaux exquis, plats traiteur, vins fins.

Rendez-vous

CAFÉ

Taverne Lucullus

Marché Forville
Tél.: 0493393274

Face au marché coloré, ce bistrot rieur sert, sur le comptoir en formica, les tapas avec l'apéro, le pastis aux habitués, sous les fanions d'équipes de foot venues rendre visite à la ville. Tous les vendredis, Colette et Henri proposent l'aïoli aux gourmets bâfreurs.

GLACIERS

L'Alaska

13, rue des Etats-Unis
Tél.: 0493396891

Ce glacier rétro avec balcon ouvragé de 1938 décoré selon le mode polaire ne manque pas de charme.

Vilfeu

19, rue des Etats-Unis
Tél.: 0493392687

Les belles glaces et les frais sorbets aux parfums originaux se dégustent dans un cadre cossu.

SALON DE THÉ

Rohr

63, rue d'Antibes
Tél.: 0493390401

Le rendez-vous permanent et sucré de la gent féminine cannoise.

Le Canon: Cap Ferret

Cap d'Antibes: voir Antibes

Cap-Ferret

33970 Gironde. Paris 654 – Bordeaux 71 – Arcachon 8 – Lacanau-Océan 60.

Office de Tourisme de Lège-Cap-Ferret
Rte du Cap-Ferret. Tél.: 0556608643
Fax: 0556609454.

Une presqu'île, un bout du monde, de mini hameaux qui s'accrochent au bassin d'Arcachon et le secret le mieux gardé de la Gironde.

Hôtels-restaurants

Le Crystal Hôtel 

15, rue des Goélands
Tél.: 0556039600. Fax: 0556037620
Appart. 295-595 F ou 1800-3400 F sem.

Pratique, cette résidence hôtelière dans son domaine, claire, moderne, fonctionnelle, avec ses appartements bien aménagés dans un ensemble de style néo-colonial balnéaire, est bien adaptée aux séjours en famille.

La Frégate

34 av. de l'Océan
Tél.: 05 56 60 41 62. Fax: 05 56 03 76 18
Fermé 5 nov.-10 déc.
31 ch. 270-670 F

Entre bassin et océan, à 300 mètres du débarcadère des bateaux d'Arcachon, la situation est on ne peut plus centrale. Chambres de bon confort, piscine, bon accueil.

Hôtel du Parc

Restaurant l'Arrimeur

58, av. de l'Océan
Tél.: 05 56 60 60 60. Fax: 05 56 60 46 26
10 ch. 210-260 F
Menus: 59 F (déj.), 80 F, 125 F. Carte: 200-250 F

Entre bassin et océan, chambres simples mais récemment rénovées, à prix raisonnables, dans une sorte d'hacienda basque au colombage bleuté. La cuisine est, comme le patron, Jean-Claude Dauger, d'obédience basque avec toro comme à Saint-Jean-de-Luz, encornets farcis de piperade, pimentos del piquillos au ris de veau, fromage de brebis à la confiture de cerises noires, caillé de brebis au miel.

Hôtel des Pins

23, rue des Fauvettes
Tél.: 05 56 60 60 11. Fax: 05 56 60 67 41
Fermé mi-nov.-mars
14 ch. 370-450 F 1/2 pens. 313-370 F
Menus: 65 F (déj.), 110-150 F

Cette halte coloniale, qui a su garder le cachet Arts déco, avec sa véranda, son bar ancien, ses couloirs blafards, ses chambres sobres, presque monacales, pourraient abriter les amours de Gabin et d'Edwige Feuillère. Restaurant en terrasse (soupe de poisson, carpaccio de thon, brochettes de magret, fromage blanc au miel).

Hôtel de la Plage

Chez Magne

L'Herbe
Tél.: 05 56 60 50 15
Fermé janv. (rest. lundi, hs)
6 ch. 180-220 F
Menus: 90-150 F

Chambres simplissimes dans une auberge de style colonial avec balcons et colonnes, dans un village de pêcheurs. Accueil bourru, cuisine ménagère faite au gré du marché.

❀ *indique un hôtel au calme.*

La Maison du Bassin

Le Bayonne

5, rue des Pionniers
Tél.: 05 56 60 60 63. Fax: 05 56 03 71 47
Fermé janv., fév.
7 ch. 550-700 F

Avec son bar dit le Tchanqué, ses murs en lattes de bois, son jardin clos avec ses fauteuils Adirondacks, cette miniauberge exotique a beaucoup de chic: sept chambres minuscules pour quelques privilégiés, un confort simple, des salles d'eaux exiguës, mais un mobilier indien de grand style, du bois brun et parfumé, une touche de classe. Jolie situation, près du phare. Voir aussi le restaurant Le Bistrot du Bassin.

Le Bistrot du Bassin

5, rue des Pionniers
Tél.: 05 56 03 72 46
Fermé janv., fév., mars (hs)
Menu-carte: 220 F

La meilleure nouvelle qui soit arrivée au Cap-Ferret: ce bistrot néo-colonial avec sa déco tout charme en lattes de pin. Une jeune équipe a mis de la vie dans la maison et du professionnalisme en toutes choses. Ancien de Bras, Veyrat, Rochedy, le jeune Cyril Jalbert propose le marché avec fraîcheur, des tapas en majesté et des plats du jour qui cognent juste sur les saveurs vraies. Ses huîtres en gelée d'eau de mer, son croustillant d'épinard et ricotta façon «brick», sa terrine de poireaux aux échalotes, sa fricassée d'aubergines avec serrano comme ses filets de gros anchois marinés au piment et tomate sont des hors-d'œuvre de haute volée. Mais ses moules au curry, sa daurade à l'huile de ciboulette, son gigot d'agneau au jus de romarin et oignon confit comme sa noix de veau à la crème de pleurotes sont de la même belle eau, sur un mode plaisant et frais. On croit que le festival — qui se délivre à travers un menu-carte — s'arrête là. Mais il y a d'époustouflants desserts, comme la tarte sablée aux fraises, les fruits compotés aux épices (ah, ces pêches de vignes, ces ananas au gingembre, ces poires pochées à la cardamome!), les petites madeleines croustillantes et la divine petite crème brûlée. Ajoutez-y une carte des vins pleine de trouvailles, imaginée par le frère jumeau du chef, où le bordelais bien né est soldé à prix d'ami et vous comprendrez que ce bistrot est une perle rare.

La Cabane

2 bis av. de l'Océan, le Piraillan
Tél.: 05 56 60 62 56
Fermé déc., janv. Carte: 200-250 F

Marie-Josette Lalande tient avec amour ce cabanon rustique dans son jardin extraordinaire. Fleurs à profusion, vue sur le port ostréicole du Piraillan, cuisine de la mer avec spécialités de saison : huîtres de sa propre production, moules à l'orange, bar grillé, calmars à l'armoricaine, bouillabaisse, tarte aux pommes s'arrosent de graves blanc.

L'Escale

2, av. de l'Océan. Jetée Bélisaire
Tél. : 05 56 60 68 17
Fermé oct.-mars. sem. et hors vac. scol., déc., janv.
Menus : 89-125 F. Carte : 150 F

Ce voisin du Pinasse Café voit ses tables prises d'assaut en saison. Il est vrai que la vue sur le bassin et la dune du Pyla valent le coup d'œil. Animation le soir, cuisine avec la pêche du jour. Crevettes poêlées, calmars à l'espagnole, morue à l'aïoli, tarte au citron assurent gentiment. La patronne sourit derrière sa caisse, si le service traîne un peu.

Chez Francis

24, av. du Bassin-d'Arcachon
Tél. : 05 56 03 74 82
Fermé nov.-mars
Carte : 180-250 F

Branché, chic, relaxe, ce restaurant très « Cap-Ferret » vaut pour son ambiance jeune, son jardin intérieur, mais aussi sa cuisine qui évolue au fil du marché et de la marée. Nicolas Zapata et Olivier Arnoux, deux jeunes anciens de Chez Hortense, ont choisi le registre simple mais juste : entrées franco-ibérico-transalpines (pain catalan, crevettes sautées, jabugo, aubergines marinées), viandes sur la braise (entrecôte, carré d'agneau, poulet épicé) et poissons à la plancha (saumon, merlu, maigre, morue à l'aïoli). Les desserts sont gentils tout pleins (carpaccio d'ananas, crumble, fondant au chocolat).

Chez Hortense

av. du Sémaphore
Tél. : 05 56 60 56 96
Fermé sept.-juin (hors w.-e.). Carte : 250-400 F

Une institution, fameuse pour les moules au jambon, mais aussi pour la vue sur le Pyla – la plus belle du Cap-Ferret depuis la terrasse – et l'ambiance, que le Tout-Bordeaux envahit en saison. Décor de cabane chic et rustique avec ses tables de bois cirés, huîtres et saucisses, bouquets sauce pimentée, sole, turbot grillé, pêche Melba sont proposés avec gentillesse par Michel Lescaret, petit-fils d'Hortense, qui assure la poursuite de la tradition.

Pinasse Café

2 bis av. de l'Océan
Tél. : 05 56 60 81 92
Fermé oct.-mars. sem. et hors vac. scol., déc., janv.
Menus : 45 F (enf.), 90 F, 125 F. Carte : 180-250 F

Face au bassin et à la dune du Pyla, ce grand café-restau de plein de air constitue l'une des vedettes panoramiques du Cap. Le décor 1900 refait Key West, avec terrasse, a du charme. La cuisine assure, malgré les à-coups du week-end. Crevettes poêlées aux oignons, huîtres du Bassin, daurade entière à l'huile d'olive, rouget à la tapenade et tranche de cabillaud sautée s'inscrivent sur l'ardoise du jour. On oublie quelques balourdises et surcuissons pour faire un sort aux desserts : soupe de fraises à la menthe, crème brûlée, mousse glacée noix de coco. Quelques jolis blancs (Thieuley, Coucheroy) montrent ici la proximité du Bordelais. Le service est complice et l'embarcadère vers Arcachon à quelques mètres.

Produits

CAVISTE

20/20

26, bd de la Plage
Tél. : 05 56 68 68 83

Crus bourgeois méconnus, grands crus à prix de raison, rosés frais à boire l'été et trouvailles dans tous les vignobles se trouvent, en fouinant, chez Bernard Giraud. Ce caviste hédoniste propose, en outre, une superbe collection de rhums.

OSTRÉICULTEURS

Bertrand Pedemay

Impasse du Grand-Coin, Petit Piquey
Tél. : 05 56 60 58 18

Les plus belles huîtres du banc d'Arguin.

Philippe Reveleau

190 bis, rte du Cap-Ferret, le Canon
Tél. : 05 56 60 53 99

Quelques-unes des meilleures creuses du bassin, notamment celles que propose le Pinasse Café, viennent de chez ce producteur irréprochable. Expédition sur commande.

Catherine Roux

6, Escoure de la Douane
Tél. : 05 56 60 67 97

De belles huîtres du bassin chez une ostréicultrice de charme. Dégustation sur place.

PÂTISSIER

Frédélian

33, bd de la plage
Tél. : 05 56 60 60 59

Eliane Michaud et son fils Jean-Philippe veillent sur cet exquis salon de thé aux guéridons de marbre qui produit d'exquis biscuits à la cuiller, éclairs mille-feuille et cannelle. Et, parmi leurs derniers-nés, le Tigré, biscuit, pâte d'amande et ganache au chocolat, et le Train du Plaisir, le même, mais à la pistache.

POISSONNIER

Boulan

Quartier ostréicole
Tél. : 05 56 60 67 51

Alain Boulan, ostréiculteur du Bassin, a ouvert cette belle poissonnerie moderne qui propose, outre les belles creuses « maison », la pêche de ligne du jour, des crustacés de toute beauté, des coquillages de qualité et compose vos plateaux de fruits de mer sur demande.

Carantec

29660 Finistère. Paris 554 - Brest 68 - lannion 54 - Morlaix 15.

Ce petit port qui lorgne sur la grande baie de Morlaix dans les parages du Léon vaut le détour pour son site, sa belle église, ses demeures fleuries et soignées.

Hôtels–Restaurants

RÉVÉLATION DE L'ANNÉE

Hôtel de Carantec 

Patrick Jeffroy

20, rue du Kelenn
Tél. : 02 98 67 00 47. Fax : 02 98 67 08 25
Fermé dim. soir, lundi (hs) et janv.
12 ch. 980-1 350 F. 1/2 pens. 877-949 F.
Menus : 150 F (déj., sem.), 250-340 F.
Carte : 450F.

La plus belle réalisation en Bretagne, côté Nord, cette année ? Sans nul doute cet hôtel contemporain aux chambres, minimalistes et lumineuses, qui lorgnent sur la baie de Morlaix. Les têtes de lit avec cuivre incrusté et les tissus rayés signés Garouste et Bonnetti font le coup du charme. Aux commandes du bateau, l'un des cuisiniers les plus fous d'ici, qui fut jadis chez Maximin et Senderens, à l'Europe à Morlaix, puis à Plounérin. Patrick Jeffroy, fou du bon produit, choisit ses mini-légumes avec art, ses poissons comme un orfèvre son or, transmue le moindre produit en étincelle délicieuse. Témoins ses huîtres tièdes au vinaigre balsamique de cidre, son bar cru à la roquette et à la liqueur d'orange anisée, son ris de veau juste cuit à plat et à sec flanqué d'exquis champignons sauvages, son rouget pané aux herbes servis avec pied et tête de veau, coulis de poivrons jaunes et rouges. Plus des arlettes de crêpes dentelles craquantes aux fruits rouges et crème légère qui font une issue de choix. On peut attendre ici la marée montante sur la falaise, lorgner à loisir le paysage marin avec la plage, le port et les îles depuis la grande baie vitrée, paresser en attendant le repas du soir, hésiter entre turbot au lait de cacao et curry, plus coriandre et artichauts, ou pigeon fermier rôti au sang avec choux au muscat en se disant que la Bretagne nouvelle et gourmande, bref la Bretagne de cœur, niche dans le cœur du pays, entre Léon et côte de granit rose, dans le recoin charmant de Carantec.

Le Cabestan et la Cambuse 

Au port
Tél. : 02 98 67 01 87. Fax : 02 98 67 90 49
Menus : 120-260 F.
Carte : 150 F (brasserie)-250 F

Cette double salle rustique et panoramique, l'une restaurant (c'est le Cabestan), l'autre brasserie (la Cambuse) lorgne sur le port et les bateaux. Huîtres, fruits de mer, poissons frais cuisinés au gré du jour font les délices des gens de passage dans les deux versions. Galette de lieu et d'araignée, chaudrée de pétoncles et blanc-manger aux poires sont sans épate.

La Table du Curé 

Place de la République
Tél. : 02 98 78 33 27. Fax : 02 98 78 33 28
Fermé merc., jeudi (hs), fév.
Menus : 95-165F. Carte : 200 F

Cette petite table croquignolette au centre du bourg propose, dans un cadre de salle à manger simple, personnelle et charmeuse, une cuisine du marché renouvelée avec aise. Rillettes de maquereaux aux salicornes, aile de raie rôtie au lard, bar au far de blé noir, sauté de volaille à la bière de Morlaix, palet breton aux fraises de Plougastel sont la probité même. La gentillesse du lieu et la modestie des prix en font la bonne affaire d'ici.

Produits

OSTRÉICULTEUR

La Maison de l'huître

Prat Ar Coum

Pointe de Pen-Al-Lann
Tél. : 02 98 78 30 68. Fax : 02 98 67 09 43

Alain Madec, prince de la belon de Prat Ar Coum vend ici ses belles plates, creuses, ses moules, coquillages et crustacés qui ont le goût de l'océan à l'état pur.

POISSONNIER

S.D.A.B.

Vallon Saint-Guénolé
Tél. : 02 98 67 00 46. Fax : 02 98 78 30 75

Le top des crustacés, coquillages, poissons de ligne issus des meilleurs ports de Bretagne est trié, sélectionné, envoyé aux plus grandes tables de France par la belle Elisabeth Paugam et son impressionnante équipe. Les entrepôts sont d'une propreté immaculée. Le particulier est, lui aussi, traité comme un roi.

Carcassonne

11000 Aude. Paris 790 - Perpignan 114 - Toulouse 92 - Albi 110 - Narbonne 61.

La ville ancienne, les remparts, la basilique Saint-Nazaire: voilà qui vaut le voyage dans ce rêve surgi du Moyen Age.

Hôtels-restaurants

Hôtel de la Cité

Pl. de l'Eglise
Tél.: 04 68 71 98 71. Fax: 04 68 71 50 15
55 ch. 1 200-2 050 F
La Barbacane, menus: 350-490 F
Chez Saskia, menus: 100-180 F

Le triomphe du néo-gothique façon Viollet-le-Duc, avec des souvenirs des grands de ce monde qui firent ici étape. Chambres de grand charme, mais de taille inégale. Jardin, piscine, vue sur les remparts. Beau bar et deux restaurants pour garder le pèlerin moderne à demeure. Dont le Saskia, charmant et modeste sur le mode régional, et puis la Barbacane, où Franck Putelat, formé chez Blanc à Vonnas et venu de la Bastide de Saint-Tropez s'en donne à cœur joie pour régaler le chaland ayant pris place dans la jolie salle blasonnée. Ses grosses langoustines au ragoût d'asperges, ravioles de légumes au bouillon d'ail doux, rouget au piment d'Espelette ou encore cassoulet de ris de veau sont de bien jolis tours, exécutés avec brio à partir de produits locaux ou cueillis aux abords. Jolis desserts, grande cave.

Auberge de Dame de Carcas

3, pl. du Château
Tél.: 04 68 71 23 23. Fax: 04 68 79 79 67
Fermé lundi, 15 janv.-15 fév.
Menus: 85-145 F

Au cœur de la vieille ville, cette belle auberge rustique et à l'ancienne est une affaire. Les menus sont d'excellentes invites et nul ne trouve à redire aux crépinettes de pied de porc, cochon de lait grillé au miel, cassoulet plantureux qu'on arrose de corbières choisis.

L'Ecurie

43, bd Barbès
Tél.: 04 68 72 04 04. Fax: 04 68 25 55 89
Fermé dim.
Menus: 135-220 F

Ces anciennes écuries du XVIIIe ont été transformées en restaurant avenant et bien probe. La cuisine est d'un sérieux sans faille sur le mode traditionnel (foie gras, confit, cassoulet), mais aussi selon le marché résistant héroïquement aux hordes touristiques qui déferlent en saison.

Carnac

56340 Morbihan. Paris 490 - Vannes 31 - Auray 13 - Lorient 36 - Quilberon 18.

Office du Tourisme: 74, av. des Druides
Tél.: 02 97 52 13 52. Fax: 02 97 52 86 10

«Ils ne le sauront pas les rocs que l'on parle d'eux», écrivait Guillevic. La voix du poète s'est tue, les rochers de granit sont toujours là, dans leur beauté énigmatique.

Hôtels-restaurants

Novotel 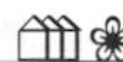

Av. de l'Atlantique
Tél.: 02 97 52 53 00. Fax: 02 97 52 53 55
Fermé 1er-14 janv. 109 ch. 755-970 F
Menus: 65 F (enf.), 120 F (déj.)-170 F

On vient ici pour la cure, le grand air, la thalasso, la diététique. L'hôtel est fonctionnel, les installations pratiques, la situation propice aux vacances. Piscine couverte, tennis et jardin.

La Côte

A Kermario
Tél.: 02 97 52 52 02 80. Fax: 02 97 52 02 80
Fermé dim. soir, lundi (hs), 4 janv.-5 fév.
Menus: 50 F (enf.), 120-250 F. Carte: 250-300 F

Près des alignements de Kermario, à 2 km du centre, cette ferme ancienne aménagée avec chaleur – et une jolie véranda – est la bonne étape pour se reprendre des forces sans s'alourdir. Pierre Michaud, qui a tout appris des bons trucs de la cuisine moderne, mitonne ici, comme chez le grand voisin Thorel de la Roche-Bernard, une symphonie bretonne mariant les produits de la terre et de la mer. D'où ces huîtres pochées aux asperges, crépinette d'araignée à la tomate, pavé de cabillaud à l'andouille, galette de blé noir au maquereau et à la tomate, pigeon de Sainte-Anne avec sa galette de pommes darphin, feuilleté aux pommes d'une vraie finesse avec fruits secs. Bref, une petite musique qui demeure de prix fort doux.

Caromb

84330 Vaucluse. Paris 680 - Nyons 35 - Avignon 36 - Carpentras 10.

Au pied du Ventoux, un village de Provence qui prend ses aises au long de ses ruelles anciennes.

Hôtel-restaurant

La Mirande

Tél.: 04 90 62 40 31. Fax: 04 90 62 34 48
Fermé déc., janv.
12 ch. 280-300 F. Menus: 80 F (déj.), 139-210 F

Colette et Alain Hugon tiennent avec sérieux et gentillesse cet hôtel de village aux chambres rénovées. Accueil adorable et cuisine fort sérieuse (tourte d'andouille au roquefort, faux-filet au jus d'olives, canard aux griottes).

Carpentras

84200 Vaucluse. Paris 682 - Avignon 28 - Digne-les-Bains 142 - Gap 147 - Marseille 105.

Office du Tourisme: 170, av. Jean-Jaurès
Tél.: 04 90 63 57 88. Fax: 04 90 60 41 02

La porte du Ventoux, la patrie du berlingot, le cœur du Comtat-Venaissin vaut le détour pour sa cathédrale Saint-Siffrein et sa synagogue ancienne.

Restaurants

A 84180 Monteux. 4,5 km O. par D942

Le Saule Pleureur

Tél.: 04 90 62 01 35. Fax: 04 90 62 10 90
Menus: 80 F (enf.), 165-340 F Carte: 350 F

Formé jadis à Antibes à la Bonne Auberge avec Jacques Maximin, Michel Philibert est l'un des bons chefs de la région qui a soin de renouveler avec sûreté son inspiration provençale. Sa discrète demeure avec baie vitrée sur la campagne est proche de Carpentras. Petit pan bagnat en amuse-gueule, vrai mille-feuille (en pâte feuilletée) d'asperges au beurre de menthe, tarte de lapin aux pignons de pin, exquise quenelle de brandade de morue à l'orange, rognon de veau au miel de lavande, sorbet au thym sont du travail sérieux autant que savoureux.

Au 84210 Beaucet. 4 S.-E. par D4, D39

Auberge du Beaucet

Tél.: 04 90 66 10 82. Fax: 04 90 66 00 72
Fermé dim. soir, lundi, déc., janv.
Menu-carte: 170 F

Une des perles de la région que la petite maison de Pierre Rouby et Brigitte Pizecco située dans un vieux village perché. A travers son unique menu-carte, Brigitte réalise des merveilles de simplicité, de goût, d'authenticité. Friture de supions et tomate pimentée, marguerite d'aubergine, riche tian de morue, admirable lapin aux morilles et polenta, fondant jarret de veau aux pâtes fraîches avec tomate et basilic. Les desserts (comme le plus que parfait au Grand Marnier, entre glace et soufflé, et le clafoutis genre pâte briochée aux myrtilles) sont de divines surprises. Jolis vins (rouge rasteau de Soumade, blanc de blanc du Ventoux) et prix doux.

Produits

CONFISEUR

Confiserie du Mont Ventoux

288, av. Notre-Dame-de-Santé
Tél.: 04 90 63 05 25

Dernier producteur de berlingots de Carpentras en plusieurs parfums (menthe, café, anis), le jeune Thierry Vial a repris avec ardeur l'ancienne confiserie Hardy. Dans sa boutique pittoresque, il propose également fruits confits, guimauve, nougat.

Carspach: voir Altkirch

Cassis

13260 Bouches-du-Rhône. Paris 804 - Marseille 30 - Aix-en-Provence 50 - La Ciotat 9 - Toulon 42.

Office du Tourisme: Pl. Baragnon
Tél.: 04 42 01 71 17. Fax: 04 42 01 28 31

Les calanques, le port, la promenade en mer mènent ici la grande foule aux beaux jours. Mais quand Cassis est désert...

Hôtel-restaurant

Le Jardin d'Emile

Fermé 4-20 janv., nov.
7 ch. 550-650 F
Menus: 70 F (enf.), 150 F (déj.), 195-295 F. Carte: 250-350 F

Dans une pinède, non loin du port, près de la mer, ce minuscule hôtel s'agrandit d'une véranda avec terrasse que les Marseillais malins «squattent» le week-end. Quand la cuisine n'est pas débordée (effeuillée de morue, gigot d'agneau au gingembre, nougat glacé), tout le monde est ravi de l'aubaine. Sept chambres simples mais mignonnettes pour amoureux.

Cavalière

83980 Var. Paris 886 - Fréjus 55 - Le Lavandou 9 - Saint-Tropez 31 - Toulon 51.

Un bord de mer sur une route rêveuse entre corniche des Maures et col du Canadel.

Hôtel-restaurant

Le Club 

Tél.: 04 94 05 80 14. Fax: 04 94 05 73 16
Fermé oct.-mai
Menus: 270-400 F
42 ch. 2 600-3 400 F. 1/2 pens. 2 600-3 400 F

Cette belle adresse jadis fameuse (Roger Vergé y prit son envol pour une gloire azuréenne) reprend du poil de la bête avec la fine cuisine de Marc Dach, qui exerce l'hiver à Méribel en compagnie des patrons de cette maison-ci. Jolies chambres claires, presque les pieds dans l'eau et sur la plage. Relais & Châteaux.

La Celle

83170 Var. Paris 811 – Marseille 66 – Aix-en-Provence 58 – Toulon 52.

Un village du Var, près de Brignoles, avec son abbatiale, son cloître, ses voûtes romanes et son déambulatoire.

Hôtel-restaurant

Hostellerie de l'Abbaye de la Celle 

Tél.: 04 98 05 14 14. Fax: 04 98 05 14 15
10 ch. 1 300-1 900 F
Menus: 215-280 F. Carte: 300-400 F

Clément Bruno et Alain Ducasse ont ouvert, à deux, cette demeure attenante à un beau cloître du XIIe. Il y a là quelques chambres aux belles tomettes, des meubles chinés avec amour, de larges fenêtres ouvrant sur le parc, comme la vaste pièce qui abrita jadis le général de Gaulle, et qui porte son nom. A l'évidence, la demeure fait le coup du charme. Comme il l'a déjà fait à Moustiers, Ducasse a « relooké » la maison, fermée dix ans, lui redonnant vie, la dotant d'une équipe jeune et motivée. La réception sourit, le service est aux aguets. Benoit Witz, ancien de la Bastide aux fourneaux, concocte une cuisine fine, fraîche, légère, très «Provence verte», avec la tourte aux herbes, le turbotin rôti à l'os et servi avec une purée de pommes écrasées, les farfalles à l'encre, le jarret de porc caramélisé avec pâtissons, topinambours et navets, le pudding des nonnettes, l'ananas rôti avec sa crème fouettée au kirsch et sa glace vanille turbinée minute. Bref, de la cuisine de l'instant, des saisons, et de l'humeur du jour.

« Ecrivez-nous » vos impressions, vos commentaires, relatez-nous vos enthousiasmes et vos déceptions à **lepudlo@aol.com.**

Céret

66400 Pyrénées-Orientales. Paris 884 – Perpignan 32 – Port-Vendres 38 – Gerone 80.

Office du Tourisme: 1, av. G.-Clemenceau
Tél.: 04 68 87 00 53. Fax: 04 68 87 00 56

Capitale pionnière du cubisme, seconde patrie de Picasso, qui y fut mené par le sculpteur Manolo, petite perle, d'apparence austère, du Roussillon, Céret est fameuse pour son musée autant que pour son bon air.

Hôtel-restaurant

La Terrasse au Soleil 

rte de Fonfrède
Tél.: 04 68 87 01 94. Fax: 04 68 87 39 24
14 ch. 1 265-1 435 F. 1/2 pens. 918 F
Menu-carte: 160 F (déj.), 240 F (dîn.)

Sur les hauts de Céret, cette terrasse porte parfaitement son nom. Sa situation face au Canigou enneigé, ses chambres pleines de couleur, de clarté, de gaieté, sa fraîche cuisine à prix mesuré, exécutée au fil du marché, n'occultent pas le «plus» de la demeure: le charme et le sourire de la brune et pimpante Brigitte Léveillé-Nizerolle, qui anime sa salle comme un théâtre. Le soufflé de foie gras aux artichauts violets, le croustillant de loup au fenouil, le rouget à l'unilatérale avec courgettes farcies de caviar d'aubergines et crème de muscat, la daurade royale au jus de thym, avant le nougat glacé au touron «Jijona» et le délice au gianduja, qu'on arrose d'un fabuleux banyuls rancio signé Parcé sont un enchantement. Charles Trénet, jadis, habita la propriété, au temps où elle n'accueillait que les hôtes privés. Assurons-le qu'elle n'a rien perdu de sa verve, ni de sa gaieté. Et c'est comme si tout Céret, la gourmande artiste, en était imprégné.

Cernay-la-Ville: voir Région parisienne

Cesson: voir Saint-Brieuc

Cesson-Sévigné: voir Rennes

Chablis

89800 Yonne. Paris 183 – Auxerre 21 – Avallon 39 – Tonnerre 19.

Le vin a fait beaucoup pour la renommée de ce vieux et beau village médiéval. Son nom est fameux dans le monde entier, mais tout le pays mérite une visite alerte.

Hôtel-restaurant

Hostellerie des Clos 

Tél. : 03 86 42 10 63. Fax : 03 86 42 17 11
26 ch. 285-550 F. 1/2 pens. 490-670 F
Menus : 200-450 F. Carte : 350-550 F

Michel Vignaud trône en chef-vedette dans une demeure de bonne compagnie. Certes, les prix à la carte ne font rire personne, alors que le décor évoque davantage un Novotel de campagne. Mais les menus sont bien tournés et le registre classique, tenu avec sérieux, permettant de se régaler avec une fricassée d'escargots à la crème d'ail, un sandre rôti au jus de volaille, un rognon cuit dans sa graisse ou un filet de bœuf aux morilles : tous plats qui ont le mérite de ne pas tricher avec la qualité de produits cueillis à bonne source. Bonnes chambres fonctionnelles.

Produits

CHARCUTIERS

La Maison de l'andouillette artisanale

3, bis pl. du Gal-de-Gaulle
Tél. : 03 86 42 12 82

Chez les Reynaud, on embosse fièrement l'andouillette à la main. Le chaudin de porc est ici porté à la hauteur d'un bel art.

Marc Colin

3, pl. du Gal-de-Gaulle
Tél. : 03 86 42 10 62

L'autre belle maison de la ville, à côté de la première, où andouillette, mais aussi jambon persillé, terrine de ris de veau au foie gras et ballottine au cassis sont très recommandables.

Chabrits : voir Mende

Chagny

71150 Saône-et-Loire. Paris 328 – Beaune 16 – Chalon 19 – Autun 45 – Mâcon 77.

La route de la côte chalonnaise, de Rully à Buxy, en passant par Mercurey, fait halte gourmande dans ce bourg sans apprêt.

Hôtel-restaurant

Lameloise 

Pl. d'Armes
Tél. : 03 85 87 65 65. Fax : 03 85 87 03 57
Fermé merc., jeudi midi, 20 déc.-25 janv.
16 ch. 750-1 600 F
Menus : 410-630 F. Carte : 500-750 F

Jacques Lameloise, quinquagénaire paisible, mais si espiègle qu'on serait prêt à lui donner dix ans de moins, fait peu parler de lui. Pourtant, rien à dire sur le bonhomme, sa maison, sa famille, ni son style, qui ne porte à l'éloge. Chez les Lameloise, il y avait déjà papa Jean, son jambon persillé, sa quenelle, ses escargots et sa bonne et unique étoile. Jacques, formé chez Lasserre et au Fouquet's, a mené sa révolution tranquille. Avec un programme simple : le terroir certes, mais réinventé dans l'allégement, et additionné des trouvailles du marché. Ainsi la terrine de foie gras avec sa gelée de prunelle, sa compote de figues et ses trompettes, ses escargots en beignets avec son fin coulis d'herbes, son rouget aux encornets rehaussé d'une nage d'agrumes, son pressé de saint-jacques à la façon du jambon persillé, avec une fine sauce safran, son blanc de turbot rôti sur sa peau avec son court-bouillon d'artichaut, sa compote de queue de bœuf à la purée de pommes de terre truffée, façon parmentier, plat galvaudé, mais qu'il traite avec une précision rare, chaque produit — truffe, queue de bœuf, purée — demeurant en étage, enfin le sucré pas trop sucré où il excelle, avec la tarte renversée aux pommes façon Tatin et la meringue glacée à la menthe fraîche et chocolat liquide qui ne sont rien d'autre que du classique redéfini avec adresse. Et c'est bien le signe de la méthode Lameloise : la retrouvaille des goûts anciens, des plats nets, simples, techniques cependant et sans bavure, servis dans un cadre de vieilles caves voûtées, comme un goût de la Bourgogne distillé avec sagesse. En prime ? Les vins de la côte chalonnaise qui cousinent aimablement avec les grands voisins des côtes-de-beaune et de-nuits : mercurey poivré, rully fruité, givry flatteur, montagny gouleyant qui accompagnent, avec le souci de demeurer discret, des mets où la légèreté reste le trait dominant. La marque Lameloise ? C'est précisément cette discrétion taiseuse, cette force de persuasion qui est celle de la vraie province, cette manière d'apposer sa marque avec le souci constant de ne pas se faire voir, comme la maison elle-même : grosse et haute demeure de village presque anodine, sur une place carrée qui passe presque inaperçue. On en oublierait de signaler que toutes les chambres ont été refaites, que les salles de bains jouent le marbre et le verre dans une sobriété du meilleur ton, et que les prix, au restaurant, sont, au menu comme à la carte, trente pour cent moins cher que les grands voisins. C'est cela aussi le charme de la province qui sait se venger des modes par la durée.

Chalamont

01320 Ain. Paris 449 – Lyon 47 – Bourg-en-Bresse 26 – Villefranche-sur-Saône 40.

La Dombes des étangs et des rivières, le pays de la gourmandise tranquille et des haltes sans heurts.

Restaurant

Clerc

Grande-Rue
Tél.: 04 74 61 70 30. Fax: 04 74 61 75 00
Fermé lundi, mardi, 3-12 juil., 13-30 nov., 2-12 janv.
Menus: 85 F (enf.), 145-320 F
Carte: 250-300 F

Bête à concours (il a gagné le dernier prix Taittinger), membre des Toques Blanches Lyonnaises, ancien de Blanc, Guérard, du Martinez à Cannes et Marchesi à Milan, Pierre-Franck Salamon a renouvelé l'esprit de cette maison ancienne. Papa gère la cave, conseille le vin de belle manière. Au fiston de montrer que les Dombistes sont des cuisiniers de tradition qui vivent aussi dans le présent. D'où ces carpes frites en goujonnettes et salade de haricots verts, ravioles de grenouilles au caviar d'aubergine, tournedos de lapin en croûte de sauge, canette au jus de griottes, qui savent se faire légers et séducteurs. La maison est chaleureuse et l'accueil met du baume au cœur.

Châlons-en-Champagne

51000 Marne. Paris 165 - Reims 48 - Dijon 257 - Metz 160 - Nancy 163 - Troyes 84.

Office du Tourisme: 3, quai des Arts
Tél.: 03 26 65 17 89. Fax: 03 26 65 35 65

L'oubliée de la Champagne, c'est elle. Avec ses riches vitraux, ses belles églises, ses étonnants musées, ses vieux hôtels, ses jardins — le joli «Jard» aux beaux arbres —, ses perspectives tranquilles, elle charme sans chercher l'épate.

Hôtels-restaurants

Hôtel d'Angleterre 

Restaurant Jacky Michel
19 pl. Monseigneur-Tessier
Tél.: 03 26 68 21 51. Fax: 03 26 70 51 67
18 ch. 450-750 F
Menus: 100 F (enf.), 180-470 F. Carte: 400 F

La belle étape, justifiant la halte à Châlons, est cet immeuble de la reconstruction d'après guerre qui a modernisé ses chambres avec goût et clarté, dans des tons lumineux, pimpants et printaniers, utilisant les services du décorateur troyen Dominique Honnet (auteur notamment des décors de la Côte Saint-Jacques à Joigny et du Lion d'Or à Romorantin). L'accueil féminin et le service y sont le sourire même. La cuisine, mitonnée par Jacky Michel, un normand de 45 ans qui a fait toutes ses classes dans la région, est d'une vraie finesse et les menus sont des propositions bien équilibrées. Portions généreuses, plats riches, quelque peu élaborés: vous goûterez les langoustines au cumin et pommes de terre en salade, le mesclun de pied de porc, les lisettes fumées au raifort et œuf coulant, le bouillon d'huîtres aux coques, bigorneaux et gingembre, le rognon de veau au bouzy et croquettes d'ail, le pigeon farci de ris de veau qui étonnent et font plaisir. Les desserts (délice café et sabayon de bière, magnifique soufflé au chocolat) annoncent le petit déjeuner du lendemain (avec une impériale crème brûlée et des viennoiseries à fondre), digne d'un Relais & Châteaux.

Le Pot d'Etain 

18, pl. de la République
Tél.: 03 26 68 09 09. Fax: 03 26 68 58 18
27 ch. 300-350 F

Central et joliment rénové, ce bon hôtel sous façade ancienne offre d'excellentes chambres à prix doux.

Le Pré Saint-Alpin 

2 bis, rue Abbé-Lambert
Tél.: 03 26 70 70 26. Fax: 03 26 68 52 20
Menus: 70 F (enf.), 130 F, 235 F

Jacky Michel a créé, dans une ancienne demeure 1900 du centre-ville, une annexe chic, qui fait très «Crayères populaires», en hommage à la grande maison rémoise de Gérard Boyer. Dans un cadre Art nouveau, avec verrière ouvragée, céramiques, plafonds moulurés, cheminées anciennes et vieille bibliothèque, il propose pied de porc pané aux champignons acidulés, blanquette de rascasse aux endives, cannelloni de brochet aux lentilles roses de Champagne, dans un cadre festif qui enchante.

Le Carillon Gourmand 

15, pl. Monseigneur-Teissier
Tél.: 03 26 64 45 07
Menus: 90 F (déj.), 130 F

Tout à côté de l'Hôtel d'Angleterre, ce bistrot malin propose une carte maligne et fine, très «canaille-chic» et un tantinet champenoise, avec des cuvées brut sans année à prix cadeaux. Dans un décor vert d'eau, très bonbonnière, frisée à l'œuf mollet, escargots en cassolette, pintade au ratafia, andouillette et crème brûlée signent le bonheur petits prix.

La Cuisine d'à côté 

1, ruelle Saint-Alpin
Tél.: 03 26 70 70 26
Menu: 99 F

L'idée finaude de Jacky Michel est d'avoir prolongé son «Pré» citadin d'un coin bistrot, entre poêle à l'ancienne et carreaux de faïence. Le Tout-Châlons vient s'encanailler en famille, avec formule imbattable à 99 F. Le buffet de hors-d'œuvre frais comme l'onde, le bourguignon aux pâtes fraîches et l'œuf en neige sont sans dommage pour le portefeuille comme pour l'estomac. Pour à peine plus cher que chez soi, on se fait croire que l'on reçoit comme à la maison, flûte de champagne local en main.

A 51460 L'Epine. 8,5 km E. par N3

Les Armes de Champagne

Tél.: 03 26 69 30 30. Fax: 03 26 69 30 26
37 ch. 530-850 F
Menus: 135 F (déj.), 240 -490 F. Carte: 400 F

Le cadre de vieux relais rénové face à un «Mont-Saint-Michel» en pleine terre a du charme. Les chambres, constamment réaménagées, sont séductrices, avec leur jardin et le court de tennis sur l'arrière. Aux fourneaux, Gilles Blandin, élève de Ducasse pur jus, a su, venu de la Côte d'Azur, s'adapter avec sagesse au terroir de cette Beauce champenoise qui semble d'un bloc s'interrompre face à la magnifique basilique locale. Le gourmet pèlerin fait un sort aux ragoûts d'escargots aux herbes, langoustines en pâte à brick, filet de bœuf à la ficelle, jarret de veau laqué quasiment ducassien, superbe rognon grillé, pot pourri de fruits d'automne, accompagnés de vins méconnus, choisis avec maestria par le patron, le roué M. Perardel : blanc de blanc de chez Milan à Oger ou surprenant ay rouge de Gâtinois, meilleur que le meilleur des bouzys.

Chalon-sur-Saône

71100 Saône-et-Loire. Paris 336 – Besançon 129 – Dijon 69- Lyon 128 – Mâcon 59.

Office du Tourisme : sq. Chabas, bd République
Tél.: 03 85 48 37 97. Fax: 03 85 48 63 55

Ce grand carrefour de la route des foires, au Moyen Age, garde de beaux vestiges de son riche passé. Nobles façades et bords de Saône d'une vraie noblesse.

Hôtels-restaurants

Le Saint-Georges

32, av. Jean-Jaurès
Tél.: 03 85 90 80 50. Fax: 03 85 90 80 55
Fermé (res.), sam. midi, 2-10 août
48 ch. 290-620 F
Menus: 75 F (enf.), 114-400 F. Carte: 300-400 F
Petit Comptoir d'A Côté (fermé sam. midi, dim.): 85-120 F

Cette belle maison bourgeoise, proche de la gare, vaut autant par son accueil exquis, ses chambres bourgeoisement meublées, que sa cuisine bourguignonne ayant su se mettre au goût du jour. On peut faire des économies au Petit Comptoir qui procure de doux plaisirs, mitonnés par Yves Choux et les siens, mais c'est dans la belle salle à manger à l'ancienne que l'on se fera une fête avec les vertueux escargots aux poireaux en pâte à brick, la salade de queue de bœuf, les langoustines grillées à l'estragon, la pièce de charolais marchand de vin ou le pigeon de la Bresse louhannaise en bécasse. Belle cave.

Rôtisserie Saint-Vincent

9, rue du Blé
Tél.: 03 85 48 83 52. Fax: 03 85 48 83 52
Fermé dim., lundi, 29 janv.-12 fév., 1er-16 juil.
Menus: 60 F (enf.), 100 F (déj.), 155-165 F. Carte: 200 F

La belle affaire de la ville, c'est cette rôtisserie de bonne compagnie qui la propose. A l'enseigne du patron des vignerons, on gave le chaland de passage de jolies choses sagement comptées. Œufs pochés en meurette, grenouilles sautées, fricassée de poulet de Bresse sont particulièrement soignés.

A Saint-Rémy. 4 km par N6 et N80

Le Moulin de Martorey

Tél.: 03 85 48 12 98. Fax: 03 85 48 73 67
Fermé dim. soir, lundi, mar. midi, 7-23 août
Menus: 140-440 F. Carte: 330-440 F

Discret et régulier, Jean-Pierre Gillot est une des fines lames de la cuisine bourguignonne qui ne manque guère de prétendants. Son truc à lui, dans un cadre d'ancien moulin charmeur ? La cuisine régionale réinventée avec amour, finesse, légèreté. Cela se nomme trilogie d'escargots au verjus, à l'émulsion de persil, aux fanes de céleri, mais aussi fricassée de grenouilles avec chips d'ail et jus d'ortie, sanguine de pigeon à la julienne d'artichauts, poulet de Bresse en trois cuissons, côte de veau en cocotte avec ses pommes au lard. Bref, une sorte de souveraine simplicité, jouant des produits d'ici, du terroir, de la tradition, portée à la hauteur d'un bel art. La cave avec toutes les côtes bourguignonnes propose le voyage dans de nombreux domaines à découvrir.

A Saint-Marcel. 3 km E. par D978

Jean Bouthenet

19, rue de la Villeneuve
Tél.: 03 85 96 56 16. Fax: 03 85 96 75 81
Fermé dim. soir, lundi, vac. fév., 16-30 août
Menus: 70 F (enf.), 82 F, 110-390 F. Carte: 300 F

Laurent le fils et Jean le père proposent une cuisine à quatre mains jouant le terroir avec sagesse. Pas d'éclats, certes, mais pas de fausses notes dans le vol-au-vent de grenouilles aux écrevisses, l'andouillette de pied de porc aux truffes, les filets et cuisses de pigeon avec leur salade au lard. Intérieur plaisant, rénové, sous une façade ancienne.

Chamalières : voir Clermont-Ferrand

Chambéry

73000 Savoie. Paris 564 – Grenoble 56 – Annecy 51 – Lyon 102 – Turin 206.

Office du Tourisme : 24, bd de la Colonne Tél. : 04 79 33 42 47. Fax : 04 79 85 71 39

La porte vers les stations de Savoie, c'est, via un grand carrefour de TGV, la nouvelle fonction de Chambéry dont nul n'oublie le rôle historique dans le duché de Savoie. Son château et ses demeures anciennes sont là pour le rappeler.

Hôtels-restaurants

Château de Candie

Rue du Bois-de-Candie, à Chambéry-le-Vieux
Tél. : 04 79 96 63 00. Fax : 04 79 96 63 10
Fermé (res.) dim. soir
15 ch. 600-1 200 F. 1/2 pens. 500-770 F
Menus : 160-380 F. Carte : 310-410 F

Cet exquis manoir savoyard du XIVe – une ancienne maison forte sur les bases d'une demeure de l'ordre des Templiers – a le charme des vieilles pierres sagement conservées. Les chambres sont coquettes et pimpantes, l'accueil de charme. La bonne surprise ? C'est une cuisine au goût du pays, qui récite quelques-uns des classiques locaux auxquelles s'additionnent les idées au gré du temps. Cela se nomme fricassée de champignons et écrevisses, œuf coque à la râpée de truffes et de céleri, omble chevalier meunière, filet de bœuf au poivre de Sichuan, canard aux navets braisés, poêlée tiède de fruits de saison et glace cannelle. Une bien belle étape.

Mercure

183, pl. de la Gare
Tél. : 04 79 62 10 11. Fax : 04 79 62 10 23
81 ch. 700 F

Tout le confort de la chaîne dans un établissement fonctionnel de verre et béton en ligne de mire sur la gare-TGV. Pratique, sans restaurant (mais l'Essentiel est sa quasi-annexe).

L'Essentiel

183, pl. de la Gare
Tél. : 04 79 96 97 27. Fax : 04 79 96 17 78
Fermé sam. midi, 30 juil.-15 août, dim. (fs midi en saison)
Menus : 128 F (déj.), 190-370 F. Carte : 300 F

Qui a connu Jean-Michel Bouvier au Pavillon Montsouris à Paris le retrouvera avec plaisir dans cet ensemble pyramidal en verre qui est celui du voisin Mercure. Ce chef formé à bonne école, notamment chez Senderens, au Lucas-Carton, n'a pas mis ses bonnes idées de côté, jouant de tous les tours, à tous les prix, il régale sans compter les gens d'ici comme les voyageurs en transit de la gare proche. Cela se nomme ravioles d'escargots à la crème de cèpes, lavaret meunière au lard paysan, suprême de pigeon avec sa polenta crémeuse aux olives, glace chartreuse avec composition autour du chocolat : il y a des manières plus sottes d'user de son terroir et de ses produits. Belle cave à prix de raison où la Savoie est conviée en vedette, à travers roussette et mondeuse.

Le Tonneau

2, rue Saint-Antoine
Tél. : 04 79 33 78 26. Fax : 04 79 85 49 69
Fermé dim. soir, lundi
Menus : 120-250 F. Carte : 200-250 F

Cette brasserie-bistrot à la parisienne ou à l'ancienne, comme on vous voudra, est la bonne adresse sage et pas chère de Chambéry. La carte ne fait pas la retape, le menu à 120 F est un cadeau. Et l'on fait un sort, entre boiseries, comptoir et banquettes, à la quenelle de brochet, aux filets de perche meunière, à la volaille braisée à l'ail doux.

Produits

FROMAGER

Denis Provent

2, pl. de Genève. Tél. : 04 79 33 77 17

Les meilleures tommes des Bauges, tamié, abondance, reblochon, persillé des Aravis et autre beaufort ont rendez-vous chez cet affineur hors pair qui fait mûrir ses belles pâtes dans les caves du château de la ville.

PÂTISSIERS

Georges Michaud

5, bd du Théâtre. Tél. : 04 79 33 17 62

Brioche de Saint-Genix, biscuit de Savoie, épatants entremets aux fruits et belles ganaches chocolatés drainent ici les gourmands de sucré.

Le Chambon-sur-Lignon

43400 Haute-Loire. Paris 579 – Le Puy-en-Velay 46 – Annonay 48 – Lamastre 33.

Office du Tourisme : rue des Quatre-Saisons Tél. : 04 71 59 71 56. Fax : 04 71 65 88 78

« Le Chambon village sauveur » : c'est le titre de gloire de ce bourg protestant qui sauva des enfants juifs pendant la guerre. Le bon air, à près de 1 000 mètres, et la vue sur le mont Gerbier-de-Jonc, y a souvent fait éclore colonies de vacances et homes plaisants.

Hôtels-restaurants

Bel Horizon

Chemin de Molle
Tél.: 04 71 59 74 39. Fax: 04 71 59 79 81
Fermé dim. soir, lundi, oct.-mars, janv.
20 ch. 300-450 F. 1/2 pens. 300-420 F
Menus: 64 F (enf.), 75 F (sem.)-198 F

L'une des bonnes étapes du village est ce bel hôtel refait façon contemporaine. Cuisine saine, sans complication, piscine, tennis, jardin et chambres lumineuses.

Clair Matin

Tél.: 04 71 59 73 03. Fax: 04 71 65 86 32
Fermé mercr. oct.-mars, 1er nov.-15 déc., janv.
29 ch. 300-520 F. 1/2 pens. 370-410 F
Menus: 60 F (enf.), 100 F (sem.)-220 F

Un vrai chalet à l'ancienne, au calme d'un chemin détourné près de la forêt. Cuisine familiale, chambres et accueil à l'unisson. Piscine, tennis, jardin.

Chamonix-Mont-Blanc

74400 Haute-Savoie. Paris 613 – Albertville 68 – Annecy 95 – Genève 82.

Office du Tourisme: 85 place du Triangle de l'Amitié. Tél.: 04 50 53 00 24. Fax: 04 50 53 58 90

La ville s'évase sous sa vedette. S'agenouille, s'efface, s'embrume. La seule star ici, ce n'est pas Edouard Balladur, dont le chalet moderne est caché, plein centre, par des sapins, au pied du Club Med. C'est le mont Blanc, montagne magique, magnifiée par les scientifiques – tel de Saussure qui possède sa statue –, sanctifiée par les amoureux de la montagne, avec ses voies ouvertes, disciplinées par les guides, unis en Compagnie depuis 1823, et dont le siège, juste symbole en ce pays catholique, jouxte l'église.

Hôtels-restaurants

Hameau Albert Ier

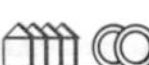

Tél.: 04 50 53 05 09. Fax: 04 50 55 95 48
Fermé 8-18 mai, 5 nov.-5 déc. (res.) merc., jeudi midi
27 ch. 790-1 700 F. 1/2 pens: 665-1 090 F
Menus: 195-420 F. Carte: 450-650 F

Avec l'architecte chamoniard Robert Ferrari, Pierre Carrier a eu l'idée de mêler tradition savoyarde et design italien. Son «Hameau» a été constitué avec le bois de fermes démontées alentour, d'Argentière à Morzine. Aux chambres vastes et design, s'ajoutent un complexe-piscine remise en forme, mais aussi un restaurant savoyard qui est un modèle du genre. Pierre Carrier a donné à sa cuisine un tour savoyard moderne dans l'esprit de celui de Marc Veyrat. Ses meilleures réussites? La salade d'endives et saint-jacques juste saisies au caramel de fenouil, la magnifique tuile au parmesan avec purée de pommes de terre aux truffes noires, le foie de canard poêlé sur une rémoulade de radis noir, la sole avec ses nouilles fraîches truffées, la féra panée aux herbes ou encore la cuisse de poule et homard en pot au feu aux légumes. Les desserts jouent le même haut niveau (comme ces blinis de chocolat et ce croustillant de noisettes et pommes à l'épice). Quant à la carte des vins, elle fait la part belle aux vignobles alpins au sens large: mondeuse savoyarde, chignin-bergeron de Montmélian, mais aussi arvine du tout proche val d'Aoste, cornalin et syrah du Valais.

Mont-Blanc

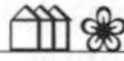

Tél.: 04 50 53 05 64. Fax: 04 50 55 89 44
34 ch. 750-1 300 F. 1/2 pens. 710-940 F
Menus: 150 F (déj.), 270-400 F

Ce palace suranné au charme années soixante-dix a gardé le goût de l'accueil à l'ancienne, des chambres de style, sans omettre une salle à manger de choix où l'on sert une cuisine soignée et un bar qui est l'un des rendez-vous de la ville, plein centre.

Auberge du Bois Prin

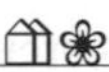

69, chemin de l'Hermine
Tél.: 04 50 53 33 51. Fax: 04 50 53 48 75
1/2 pens. 596-815 F

Ce chalet sous les fleurs refait en Relais & Châteaux cosy, quoique sans luxe, offre repos et calme, avec vue sur le mont Blanc. Bonnes chambres à l'ancienne, salles de bains modestes, cuisine fraîche et légère sous la houlette de Denis Carrier.

La Savoyarde

28, rte des Moussoux
Tél.: 04 50 53 00 77. Fax: 04 50 55 87 41
14 ch. 600-854 F. 1/2 pens. 390-555 F
Menus: 65 F (sem., déj.), 88-185 F

Cette bonne adresse, rustique, calme, sympathique, offre le charme d'une demeure savoyarde authentique au pied du téléphérique. Fondue, raclette, truite saumonée à la crème de persil sont de bonnes choses.

La Maison Carrier

Rte du Bouchet
Tél.: 04 50 53 00 03. Fax: 04 50 55 95 48
Fermé mardi midi, lundi (sf été), 13 nov.-13 déc.
Menus: 125 F (déj.), 145-240 F. Carte: 200 F

Pierre Carrier a créé un genre neuf: le «restaurant de pays», avec ses salles traditionnelles et boisées, dont «le pelle des guides» est la pièce maîtresse. Au programme: du bois, une superbe rôtissoire dérivant vers une haute cheminée, des portraits anciens style éco-musée. Et, côté cuisine, de superbes prestations rustico-raffinées comme l'onctueuse et parfumée fondue valdôtaine, le boudin aux pommes, l'agneau à la broche, le civet de marcassin, la tarte aux myrtilles et le riz au lait à l'écorce d'orange à retomber en enfance.

Aux Praz. 2,5 km N.

L'Eden

35, rte des Gaudemays
Tél. : 04 50 53 18 43. Fax : 04 50 53 51 50
10 ch. 350-450 F. 1/2 pens. 350-370 F
Menus : 135-360 F

Le charme rétro de la déco, la vue sur le massif du Mont-Blanc, la gentillesse de l'accueil, la netteté des chambres et la bonne cuisine poissonnière sont les atouts de cette maison ancienne.

Au Lavancher. 6 km par N506

Jeu de Paume 

705, rte du Chapeau
Fermé 5 mai-5 juil. 5 sept.-5 déc.
Tél. : 04 50 54 03 76. Fax : 04 50 54 10 75
22 ch. 960-1 500 F. 1/2 pens. 741-1 011 F

Calme, grand confort, piscine et jolis salons : voilà des raisons de séjourner ici dans le creux de la montagne. Les chambres sont joliment meublées, la vue sur le massif du Mont-Blanc est en prime.

Beausoleil 

Tél. : 04 50 54 00 78. Fax : 04 50 54 17 34
Fermé 20 sept.-20 déc. rés. midi janv.-fév., avr.-mai
15 ch. 470-580 F. 1/2 pens. 370-420 F
Menus : 55 F (enf.), 78 F (sem., déj.), -150 F

Ce petit chalet offre ses chambres modestes et charmantes aux amateurs de calme. Cuisine sage et petits prix.

Champagnac-de-Belair : voir Brantôme

Champillon-Bellevue : voir Epernay

Champtoceaux

49270 Maine-et-Loire. Paris 358 – Nantes 33 – Angers 64 – Cholet 50 – Ancenis 11.

Office du Tourisme : Le Champalud
Tél. : 02 40 83 57 49

Une île de la Loire, la promenade de Champalud, et toute la douceur du Val réunie en un village.

Hôtel-restaurant

Les Jardins de la Forge 

Pl. Piliers
Tél. : 02 40 83 83 56 23. Fax : 02 40 83 59 80
Fermé dim. soir, marc., merc., 29 fév.-15 mars, 3-18 oct.
7 ch. 480-890 F

La salle à manger avec verrière, les chambres douillettes, le petit parc et sa piscine, le tout aménagé dans l'ancienne forge de famille : la maison de Paul Pauvert raconte une histoire. Ce bon pro qui joue les classiques ligériens avec aise, cuit les poissons du fleuve en douceur, les accommode en finesse, nourrit sa cave de flacons rares sur les appellations angevines, tourangelles et nantaises, est un hôte de qualité. Ce dont témoignent les médaillons de homard à l'huile de noisette, rouget barbet au beurre de fenouil, dos de sandre au beurre blanc, joli dessert au chocolat.

Chancelade : voir Périgueux

La Chapelle-d'Abondance

74360 Haute-Savoie. Paris 603 – Evian 36 – Thonon 34 – Morzine 32 – Châtel 6 – Annecy 108.

Office du Tourisme : Tél. : 04 50 73 51 41
Fax : 04 50 73 56 04

Les pistes de ski, les champs de neige n'ont pas détruit l'âme de ce vieux village avec sa belle église, son site splendide, son ancrage au cœur de la Savoie de tradition.

Hôtels-restaurants

Les Cornettes 

Tél. : 04 50 73 50 24. Fax : 04 50 73 54 16
Fermé 20-30 avril, 21 oct.-19 déc.
43 ch. 430-520 F. 1/2 pens. 490 F
Menus : 110 F (déj.)-350 F

Dans l'arrière-pays montagnard des abords d'Evian, le chalet des frères Trincaz est la gentillesse même. Prix doux, chambres de grand confort, piscine, taverne, superbes jambons et généreuse cuisine de pension.

Les Gentianettes 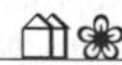

Tél. : 04 50 73 56 46. Fax : 04 50 73 56 39
Fermé 5 nov.-16 déc.
32 ch. 450 F. 1/2 pens. 390 F
Menus : 65 F (enf.), 105 F (déj.)-285 F

Des chambres modernes dans un grand chalet tout neuf. Cuisine simple dans l'esprit du pays.

Le Vieux Moulin 

Rte de Chevenne
Tél. : 04 50 73 52 52. Fax : 04 50 73 55 62
16 ch. 220-290 F. 1/2 pens. 340-360 F
Menus : 98 F (déj.)-300 F

Tout le bonheur du monde dans une simple auberge dont les fenêtres ouvrent sur la montagne.

Charleville-Mézières

08000 Ardennes. Paris 241 – Reims 89 – Sedan 24 – Luxembourg 129 – Liège 168.
Office du Tourisme : 4, pl. Ducale
Tél. : 03 24 32 44 80. Fax : 03 24 32 41 79

Arthur Rimbaud nommait « Charlestown » sa ville natale qui a gardé sa belle place à arcades, sosie de celle de la place des Vosges à Paris.

Hôtels-restaurants

Le Paris 

24 av. G.-Corneau
Tél. : 03 24 33 34 38. Fax : 03 24 59 11 21
Fermé 24 déc.-1er janv.
28 ch. 240-420 F

Pour dormir au centre-ville, près de la gare et non loin de la place ducale, une petite adresse accueillante dans trois demeures début de siècle. Accueil adorable et chambres au calme sur la cour intérieure.

La Côte à L'Os

11, cours A.-Briand
Tél. : 03 24 59 20 16. Fax : 03 24 59 48 30
Fermé dim. soir

Cette brasserie centrale, qui sert en terrasse fruits de mer, tartare, choucroute et belles grillades, propose, au premier étage, une cuisine alsacienne dans un cadre de taverne rustique assez soignée.

Amorini

46, pl. Ducale
Tél. : 03 24 37 48 80
Fermé dim., lundi
Carte : 150-200 F

Pile poil sur la belle place centrale, cette table italienne, joue le marché en fraîcheur, proposant légumes grillés, charcuteries soignées, pâtes bien cuites, dans une ambiance détendue.

 *indique une des meilleures tables de France.*

A 08090 Fagnon. 8 km par D139 et D39

L'Abbaye des Sept Fontaines 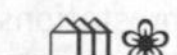

Tél. : 03 24 37 38 24. Fax : 03 24 37 58 75
23 ch. 460-850 F. 1/2 pens. 420-460 F
Menus : 50 F (déj.), 145 F (déj.)-350 F

Des chambres soignées dans un grand parc, un golf, une abbaye restaurée et une restauration soignée qui permettent la halte au vert et le repos.

Chartres

28000 Eure-et-Loir. Paris 89 – Orléans 77 – Evreux 78 – Le Mans 115 – Tours 142.
Office du Tourisme : pl. de la Cathédrale
Tél. : 02 37 21 50 00. Fax : 02 37 21 51 91

Chartres la vénérable, lieu de pèlerinage autant que de gourmandise a toujours eu le goût des nourritures solides et des saveurs subtiles. Sa gloire, outre son imposante cathédrale ? Celle d'un pâté de gibier, qui fut non de merle, mais de pluvier...

Restaurants

Le Grand Monarque 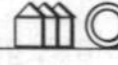

22, pl. des Epars
Tél. : 02 37 21 00 72. Fax : 02 37 36 34 18
48 ch. 485-740 F
Menus : 170-295 F. Carte : 280-400 F

Ce relais de poste du XVIe, constamment rénové, est le grand classique de la ville. Georges Jallerat, son directeur-animateur, organise, une fois l'an, la Paulée des vins de Loire, fêtant, avec les vignerons de chaque cru, les meilleurs anjous, saumurs, chinons et bourgueils issus de cépages droits et francs. Mais tous les jours, son fils veille sur la demeure où l'on n'omet pas de nourrir le chaland gourmet en quête de mets classiques, remis avec soin au goût du jour. Au gré du marché, le vrai pâté chatrain voisine avec la terrine de lieu jaune aux aromates, le consommé truffé de langoustines, la côtelette de saumon caramélisé à l'ail doux, le suprême de daurade royale étuvé aux petits pois ou le tournedos de morue au risotto à l'infusion de crabe qui sont de l'ouvrage ciselé. La cave est richement dotée. Le service suit. Le cadre cossu grand genre en impose. Et le bar, le salon et les chambres ont du charme. Voilà une institution qui dure.

La Vieille Maison

5, rue au Lait
Tél. : 02 37 34 10 67. Fax : 02 37 91 12 41
Fermé dim. soir, lundi.
Menus : 168-380 F. Carte : 300-400 F

La maison des Letartre est ce que peut nommer sans crainte une valeur sûre. Le décor de maison médiévale ne manque pas de cachet, à deux pas de la cathédrale. Quant aux pâté de Chartres, rouget à la moelle, filet de bœuf à l'armagnac, noisettes de biche au cassis, ils ont le bon goût de la tradition. Belle cave, service à l'avenant.

Le Saint-Hilaire

11, rue du Pont Saint-Hilaire
Tél.: 02 37 34 10 67. Fax: 02 37 91 12 41
Fermé sam. midi, dim., 31 juil.-13 août, 24 déc.-1er janv.
Menus: 50 (enf.), 98-245F. Carte: 300 F

Le pont sur l'Eure, l'église Saint-Pierre, le bas de la vieille ville: voilà pour l'environnement. Le cadre rustique soigné, quasi-provençal, est charmant. La cuisine de Théodore Gouin a le bon goût de jouer le terroir avec adresse. Pâté de Chartres, cassolette d'escargots à la crème d'ail et raviole de feuille de Dreux au jus de céleri font partie de ses bons tours comme le foie poêlé aux lentilles de la Beauce et le fondant de chocolat au miel. Une bien jolie maison qu'un accueil de charme ne gâte pas.

Le Buisson Ardent

10, rue au Lait
Tél.: 02 37 34 04 66. Fax: 02 37 91 15 82
Fermé dim. soir
Menus: 68 F (enf.), 128-228 F. Carte: 250 F

La bonne étape pas chère, sérieuse et sympathique, dans un cadre historique avec poutres, à deux pas de la cathédrale, c'est cette demeure plaisamment rustique où l'on mange en étage. Les menus sont bien pondus, les enfants accueillis avec gentillesse et nul ne saurait trouver à redire aux fricassées de petits-gris, salade de caille confite et œuf au plat, lapin à la crème de moutarde et craquant aux deux chocolats.

Produits

CHARCUTIER

Michel Darreau

Charcuterie des Epars

6, rue E.-Delacroix
Tél.: 02 37 27 21 03 05

Mainteneur de la tradition, Michel Darreau propose un pâté de Chartres avec pâte brisée recouvrant une farce maigre, du perdreau sauvage en saison, du canard hors saison, les abats fins de l'animal, du cognac, du sel, du poivre et de la noix de muscade. Et, sous terrine de porcelaine en forme de canard, une version fine où la gelée remplace la croûte. C'est un délice à découvrir.

Rappelez-vous qu'une bonne table commence par de bons produits.

Chasselay

69380 Rhône. Paris 444 – Lyon 21 – Villefranche-sur-Saône 16.

Les vergers d'ici sont fameux (ils donnent la poire de Chasselay), comme les Monts d'Or qui indiquent que les abords de la capitale des Gones possèdent déjà un goût d'aventure champêtre.

Restaurant

Guy Lassausaie

Tél.: 04 78 47 62 59. Fax: 04 78 47 06 19
Fermé mar. soir, merc., 12-22 fév., 7-31 août
Menus: 190-390 F. Carte: 300-400 F

L'une des meilleures tables lyonnaises, l'une des plus sincères et des plus chaleureuses se trouve à 20 km de la place Bellecour. Jeune président des Toques Blanches Lyonnaises, Meilleur ouvrier de France de la promotion 1993, Guy Lassausaie, jeune homme modeste et doué assure en beauté la remise à jour de la tradition, frottée à l'allégement nécessaire. Ses fricassées d'escargots au pied de porc et flan de foie gras, féra à la peau croustillante et autre pigeon au foin en cocotte lutée — un plat bourgeois à se pâmer — renouvellent à point le répertoire sans tourner aucunement le dos au terroir. Belle cave, accueil au petit point dans un cadre d'auberge du temps présent.

Chasseneuil-du-Poitou: voir Poitiers

Château-Arnoux

04160 Alpes-de-Haute-Provence. Paris 724 – Digne-les-Bains 25 – Forcalquier 30 – Manosque 41 – Sault 69.
Office du Tourisme: « La Ferme de Font-Robert ». Tél.: 04 92 64 02 64
Fax: 04 92 64 54 55

Hôtels-restaurants

La Bonne Etape

Chemin du Lac
Tél.: 04 92 64 00 09. Fax: 04 92 64 37 36
Fermé lundi (hs), 27 nov.-12 déc., 3 janv.-12 fév. Rés. mardi (hs),
11 ch. 600-1 300 F. 1/2 pens. 1 020-1 320 F
Menus: 225-595 F. Carte: 500 F

Les Gleize, Jany, le fils, Pierre, le père, se relayent avec aisance, talent, dextérité pour confier la bonne parole du pays aux visiteurs du pays de Giono. Celui-ci qui a choisi la « non-démesure » comme label égrène les bons produits du haut pays provençal, à commencer par la truffe, l'agneau et l'olive noire. On goûte le thon habillé d'anchois frais mariné, la soupe à l'épeautre, la baudroie à la poutargue, le caneton rôti en deux services et, bien sûr, le noble agneau de Sisteron poêlé au parfum des collines puis la crème glacée au miel de lavande en se disant qu'une douce musique se faufile entre les lignes de cette manière-là qui est juste et pure, sans manières, ni anicroche d'aucune sorte. Belle annexe à l'enseigne du Goût du Jour, où l'on propose du «Gleize au moindre coût», comme les légumes à l'anchoïade ou le lapin à la moutarde. Grande cave qui récite les grands crus de la vallée du Rhône, bel accueil, chambres de belle allure, digne des «Relais & Châteaux».

L'Oustaou de la Foun

1,5 km sur N85
Tél.: 0492626530. Fax: 0492626532
Fermé dim. soir, lundi, 2-8 janv.
Menus: 68 F (enf.), 95 F (sem., déj.), 120-288 F. Carte: 300-400 F

Colorée, vive, fraîche, provençale d'allure et d'esprit, mais bien de son temps, la cuisine de Gérard Jourdan a le souci de coller à l'époque. Ce jeune loup déjà expérimenté qui est allé se faire voir chez Ducasse et Reine Sammut connaît son *b a ba* par cœur. Les langoustines au lard paysan, le pavé de thon mi-cuit sur la braise, la côte de veau au sautoir et la pastilla de chocolat mi-cuit sont quelques-uns des bons tours qu'il mitonne avec dextérité et que sa gente épouse Nathalie sert avec le sourire dans un cadre de ferme cossue qui n'est pas sans charme. Vins bien choisis, menus pleins d'à-propos.

Châteaubourg

35220 Ille-et-Vilaine. Paris 328 – Rennes 23 – Angers 113 – Châteaubriant 52 – Fougères 43 – Laval 57.

Ce coin de campagne rennaise offre une étape classique de la route Paris-Bretagne.

Hôtels-restaurants

Ar Milin'

Tél.: 0299003091. Fax: 0299003756
Fermé 22 déc.-3 janv.
31 ch. 400-600 F. Menus: 66 F (enf.), 120-210 F

Faites halte dans ce moulin modernisé sans tapage. Les chambres nettes et la cuisine sage ne déçoivent pas. Bon accueil et prix doux. Détente et repos dans le parc que traverse la Vilaine.

« Ecrivez-nous » vos impressions, vos commentaires, relatez-nous vos enthousiasmes et vos déceptions à **lepudlo@aol.com.**

A Saint-Didier. 6 km E. par D105

Pen Roc

A la Pénière par D105
Tél.: 0299003302. Fax: 0299623089
Fermé 25 déc.-5 janv., vac. fév.
Rés. ven. soir, dim. soir, lundi
31 ch. 410-560 F. 1/2 pens. 410-455 F
Menus: 110 F (déj., sem.)-350 F. Carte: 300 F

Les chambres raffinées avec leur décoration asiatique séduisent sans mal dans cette belle halte campagnarde où l'on nourrit le chaland de passage avec beaucoup d'égards (galette d'huîtres tièdes aux poireaux, salade de boudin et far aux pommes). Le menu à 110 F est épatant.

Châteaubernard: voir Cognac

Châteaudouble

83300 Var. Paris 879 – Castellane 48 – Draguignan 13 – Fréjus 43 – Toulon 100.

Découvrez ce village médiéval à flanc de falaise, entre gorges de Châteaudouble et rivière de la Nartuby.

Restaurant

La Tour

Pl. Beausoleil
Tél.: 0494709308. Fax: 0494709308
Fermé mercr. (hs)
Menus: 95-160 F. Carte: 120-200 F

Sur la terrasse ombragée dominant la rivière, la vue magnifique vaut l'étape. On goûte la généreuse cuisine du terroir, sagement mitonnée par Philippe Obriot. Les champignons et gibiers de la région en saison, les sanguins à l'huile et au vinaigre, les saint-jacques à la crème de truffe, les médaillons de merlu au vin blanc et truffes, la daube de sanglier sont copieux et sans fausse note.

Châtel-Saint-Germain: voir Metz

Châtenois: voir Sélestat

Chaublanc: voir St-Gervais-en-Vallière

Chaumont-sur-Aire

55260. Paris 270 – Bar-le-Duc 21 – St-Mihiel 25 – Verdun 33.

Dans un recoin du paysage meusien, en lisière d'Argonne, un coin de campagne intacte et son étape.

Restaurant

Auberge du Moulin-Haut

1km E., rte de Saint-Mihiel
Tél.: 03 29 70 66 46. Fax: 03 29 70 60 75.
Fermé dim. soir, lundi, 15 janv.-15 fév.
Menus: 90 (déj.), 140-300 F. Carte: 250-300 F

Cet ancien moulin XVIIIe vaut l'étape paisible. La roue tourne toujours au fil de l'eau. Un bon feu de cheminée, un plafond bas, des tables bien mises: l'accueil ne trompe pas. Non plus que la bonne soupe chaude de légumes que l'on vous apporte en "amuse-gueule". Paul Imbach, originaire d'Alsace, qui travailla jadis chez Zimmer à la Wantzenau, est un classique à la main légère. Pas de gras ou à peine dans une cuisine qui épouse les produits locaux. Les écrevisses à la nage, la soupière d'escargots aux girolles, le salmigondis de pigeon au vin rouge façon civet avec sa peau moelleuse, le croustillant feuilleté de mirabelles avec l'eau de vie locale font de belles dînettes de coin du feu.

Chaumont-sur-Tharonne

41600 Loir-et-Cher. Paris 168 - Orléans 36 - Blois 53 - Romorantin 32 - Salbris 31.

Ce vrai village de Sologne avec sa placette centrale, son église, ses maisons anciennes, ses bois proches, vaut le coup d'œil.

Hôtel-restaurant

La Croix Blanche de Sologne

Tél.: 02 54 88 55 12. Fax: 02 54 88 60 40
15 ch. 290-580 F. 1/2 pens. 445-545 F
Menus: 70 F (enf.), 118 F (déj.), 145 F (sem.)-330 F. Carte: 300-350 F

Ce rusé renard de Michel-Pierre Goacolou, hôte bavard, barbu et habile, parvient à faire oublier que Gisèle Crouzier, qui fit la gloire de cette auberge vouée aux doubles traditions «Périgord-Sologne» n'est plus là pour régaler le chaland. De fait, tout ou presque continue comme avant: cadre rustique (on passe par les cuisines), salle cossue, chambres à l'ancienne et registre classique (mousseline des étangs, foie gras, lapin Albicocco aux abricots, en hommage au réalisateur du *Grand Meaulnes*)

Chaumousey: voir Epinal

Chavoires: voir Annecy

Le Chêne: voir Apt

Chênehutte-les-Tuffeaux: voir Saumur

Chenonceaux

37150 Indre-et-Loire. Paris 235 - Tours 31 - Amboise 12.

Office du Tourisme, (mai-sept.)
1, rue du Dr-Bretonneau. Tél.: 02 47 23 94 95

Le château (sans «x») se visite lentement. Le village mérite qu'on y fasse halte.

Hôtel-restaurant

Bon Laboureur 

Tél.: 02 47 23 90 02. Fax: 02 47 23 82 01
Fermé mercr. soir, jeudi, 1er nov.-Pâques, 12 nov.-15 déc., 3 janv.-5 fév. 22 ch. 400-700 F
Menus: 115 F (déj.), 170-330 F. Carte: 300 F

A deux pas du château royal, cette belle auberge couverte de lierre accueille avec aise. Les Jeudi ont peaufiné la demeure, augmenté les chambres, modernisé les anciennes qui dataient un peu, enjolivé leur salle cossue, très Val de Loire années cinquante, qui garde un peu du charme d'avant. Dans les assiettes, de la finesse et du terroir se marient à travers le feuilleté d'asperges sauce mousseline, le brochet au chinon, le cœur de filet de bœuf au bourgueil. En issue, la dacquoise praliné n'est pas mal.

Cherbourg

50100 Manche. Paris 355 - Brest 399 - Le Mans 278 - Rennes 208 - Caen 124.

Office du Tourisme: 2, quai Alexandre-III
Tél.: 02 33 93 52 02. Fax: 02 33 53 66 97

Hôtels-restaurants

Mercure 

Gare maritime
Tél.: 02 33 44 01 11. Fax: 02 33 44 51 00
84 ch. 470-580 F
Menus: 45 F (enf.), 80 F, 110-130 F

Solidement arrimé sur le port, face à l'arrivée des bateaux, ce grand vaisseau moderne années soixante-dix offre confort aimable pour une nuit ou plusieurs. Cuisine sans histoires. Chambres confortables et lumineuses.

Café de Paris

40, quai de Caligny
Tél.: 02 33 43 12 36. Fax: 02 33 43 97 37
Fermé dim. soir, lundi (hs), 1er-15 mars, 1er-15 nov.
Menus: 105-210 F. Carte: 200 F

Cette vaste brasserie moderne ancrée sur le port propose fruits de mer, huîtres de Saint-Vaast, sole meunière, grillades, mousse au chocolat dans une ambiance assez pimpante.

Produits

PÂTISSIER

Yvard

5, pl. de la Fontaine
Tél.: 02 33 53 04 14

Paris-brest à se pâmer, fin mille-feuille, cake au citron épatant attire les gourmands de sucré dans cette jolie boutique-salon.

Cherisey: voir Metz

Chézery-Forens

01410 Ain. Paris 507 – Bellegarde-sur-Valserine 17 – Bourg-en-Bresse 80 – Gex 40.

Le cœur du pays de Gex, sa montagne, ses fromageries à l'ancienne où l'on cultive l'usage du persillé comme un bel art...

Hôtel-restaurant

Le Commerce

«Chez Blanc»

Tél.: 04 50 56 90 67
Fermé mardi soir, mercr. (sf vac. scol.), 19 juin-1er juil., 18 sept.-8 oct., 1er-10 janv.
10 ch. 230 F
Menus: 70 F (déj.), 85 F (déj.)-220 F. Carte: 160 F

Ce vieil hôtel, sis au cœur d'un village historique, face à l'abbaye locale, perpétue la tradition des «mères» d'ici. Sur leur vieux four chauffé au bois, Mme Blanc et ses filles mitonnent saucisson chaud maison (fabriqué dans la boucherie mitoyenne), truite meunière, langue de veau ou filet de veau aux morilles, vacherin glacé. Carte de vins régionaux ou d'à côté (roussette de Seyssel, chardonnay du Bugey, saint-joseph et vacqueyras signés Chapoutier) et chambres rustiques mais entretenues avec un soin louable dans une demeure centenaire.

Chinon

37500 Indre-et-Loire. Paris 287 – Tours 47 – Poitiers 80 – Châtellerault 51 – Saumur 30.

Office du Tourisme: 12 rue Voltaire
Tél.: 02 47 93 17 95. Fax: 02 47 93 93 05

«Chinon, Chinon, petite ville, grand renom, assise sur pierre ancienne, en haut le bois, au pied la Vienne.» La devise possède toujours sa réalité grande. La forêt de verts feuillus, le château ruiné qu'habitèrent les rois de France, les «caves painctes» chères à Rabelais, le quartier médiéval: difficile de trouver ville plus «françoise» que celle-là.

Hôtels

Hôtel de France

47, pl. Gal-de-Gaulle
Tél.: 02 47 93 33 91. Fax: 02 47 98 37 03
Fermé dim. (hs), 16 fév.-6 mars, 15-30 nov.
28 ch. 340-500 F. Menus: 75 F (enf.), 115-295 F

Central et de tradition, cet hôtel plus que centenaire assure l'accueil à la française au centre du bourg. Bonnes chambres à l'ancienne, mais rénovées, salle à manger de bon ton avec cuisine italienne faite au plus près du marché.

Diderot

4 rue Buffon
Tél.: 02 47 93 18 87. Fax: 02 47 93 37 10
28 ch. 260-460 F

Modeste et confortable, cet hôtel discret cache des chambres soignées sous une façade XVIIIe.

Restaurants

Au Plaisir Gourmand

quai Charles VII
Tél.: 02 47 93 20 48. Fax: 02 47 93 05 66
Fermé dim soir, lundi, 10-31 janv.
Menus: 180-360 F. Carte: 250-400 F

Jean-Claude Rigollet, qui fut jadis le chef des Templiers aux Bézards et de la Tortinière à Montbazon, est devenu depuis belle lurette le petit roi gourmand de Chinon. Ce classique sûr et sage, aujourd'hui relayé par ses deux fistons, Jérôme en cuisine, Laurent en salle, peaufine une cuisine légère, technicienne, régionalisante, sans esbroufe, ni éclat d'aucune sorte. Les ravioles d'escargots à l'ail doux, feuilleté de pointes d'asperges à la ciboulette, lapereau en gelée, sandre au beurre blanc, beuchelle tourangelle, pigeonneau au foie gras et au choux, mille-feuille croquant à l'orange s'arrosent des meilleurs vins d'ici. Cadre intime dans une demeure cachée au pied du château.

L'Océanic

13 rue Rabelais
Tél.: 02 47 93 44 55
Fermé dim. soir, lundi
Menus: 60 F (enf.), 110-160 F. Carte: 250 F

Cette petite table sis en en centre-ville offre avec sérieux et régularité une fraîche cuisine marine (tartare de daurade, sole meunière, rascasse au jus de crustacés) ainsi que de bien honnêtes fruits de mer.

L'Orangerie

79, bis rue Haute-Sainte-Maurice
Tél.: 02 47 98 42 00. Fax: 02 47 93 92 50
Fermé mardi, dim. soir oct.-mars, 15-28 fév.
Menus: 60 F (enf.), 110-165 F. Carte: 250 F

Cette ancienne chapelle du XVe avec ses murs en tuffeau et ses beaux chapiteaux sculptés s'est transformée en restaurant contemporain. L'honnête cuisine mitonnée au gré du marché (nems de langoustines, caneton miel et citron) et les petits menus expliquent le succès maison.

A Marçay. 9 km D116

Château de Marçay 

Tél.: 02 47 93 03 47. Fax: 02 47 93 45 33
Fermé fin janv.-mi-mars. (res.) dim. (hs), lundi midi
30 ch. 660-1 380 F. 1/2 pens. 860-1 220 F
Menus: 165-450 F

Philippe Mollard, châtelain du Val (Les Hautes Roches, Noirieux, c'est lui) a fait de cette forteresse pour conte de Perrault un Relais & Châteaux de caractère. Belles chambres à l'ancienne, jolis salons, cuisine au goût du Val et cave très joliment axée sur la région.

A 37420 Beaumont-en-Véron. 5 km

Château de Danzay

Tél.: 02 47 58 46 86. Fax: 02 47 58 84 35
Fermé nov.-mi-mars. Rest. dîn. slt
10 ch. 800-1 500 F
Menus: 290-390 F

Ce château du XVe un peu bricolé offre charme et calme dans un domaine verdoyant à la campagne. Meubles anciens dignes d'antiquaire.

Ciboure: voir Saint-Jean-de-Luz

Cleden-Cap-Sizun

29770 Finistère. Paris 613 - Audierne 10 - Quimper 47 - Douardenez 28.

Son nom l'indique: c'est ici le bout des terres, entre Cap Sizun, sa baie riche d'oiseaux, les pointes du Raz et du Van, la baie des Trépassés.

Restaurants

L'Etrave

D7, rte de la pointe du Van
Tél.: 02 98 70 66 87
Fermé merc., oct.-mars
Menus: 40 F (enf.) 90-280 F. Carte: 250-300 F

Huguette Le Gall prépare hardiment toutes sortes de homard: en pot, grillé, à la crème, mais aussi le feuilleté de saint-jacques et les palourdes farcies. Le décor de maison moderne ne paye pas de mine, mais le cadre intérieur, avec son plafond en forme de coque de bateau, a vue sur la mer, non loin de la pointe du Raz. Jolis desserts, dont une superbe crème brûlée et une belle brochette de fruits frais.

Ar-Staon 

1, pl. de l'Eglise
Tél.: 02 98 70 69 55
Fermé lundi, mardi (hs)
Carte: 100 F

Ex-hôtesse sur Air France durant vingt ans, Claudine Lozac'hmeur a ouvert cette jolie crêperie dans les tons bleutés, où elle propose les galettes aux sardines, échalotes et citron, à l'andouille crème moutardée ou aux pommes avec beurre, sucre et lambig. Accueil et sourire à la mode d'aujourd'hui donnent la main à la tradition.

Cleebourg: voir Wissembourg

Clermont-en-Argonne

55120 Meuse. Paris 236 - Bar-le-Duc 47 - Ste-Menehould 15 - Verdun 29.

Cité carrefour, entre Champagne et Lorraine, veillant de sa hauteur sur le vert pays d'Argonne.

Hôtel-restaurant

Le Bellevue 

Rue de la Libération
Tél.: 03 29 87 41 02. Fax: 03 29 88 46 01
7 ch. 250-300 F. 1/2 pens. 270 F
Menus: 50 F (enf.), 85 F (déj.)-240 F

Françoise et Jean-Pierre Chodorge accueillent avec gentillesse dans leur Bellevue bien nommé. Dans leur salle à manger moderne, dans leur superbe salle Arts déco teintée de bleu autant que sur leur terrasse avec vue sur la campagne, la salade tiède de gésiers confits, les rognons de lapin, les écrevisses juste sautées avec une sauce fine au whisky, le jambon cru d'Argonne, la lotte au lard, le rognon de veau persillé, le lapin en fricassée à la bière des Trois-Monts, le brie de Meuse, la tarte aux quetsches ou le soufflé glacé à la bergamote permettent de faire bombance bucolique sans se ruiner. De bonnes chambres modernes permettent le séjour peu ruineux.

Clermont-Ferrand

63000 Puy-de-Dôme. Paris 424 - Grenoble 299 - Lyon 171 - Marseille 478 - St-Etienne 148.

Office du Tourisme: pl. de la Victoire
Tél.: 04 73 98 65 00. Fax: 04 73 90 04 11

Bonhomme et terrienne, noire de lave, avec sa belle cathédrale, ses rues tortueuses, ses placettes et ses venelles, Michelin-city vit à l'abri des volcans. On se souvient qu'elle fut

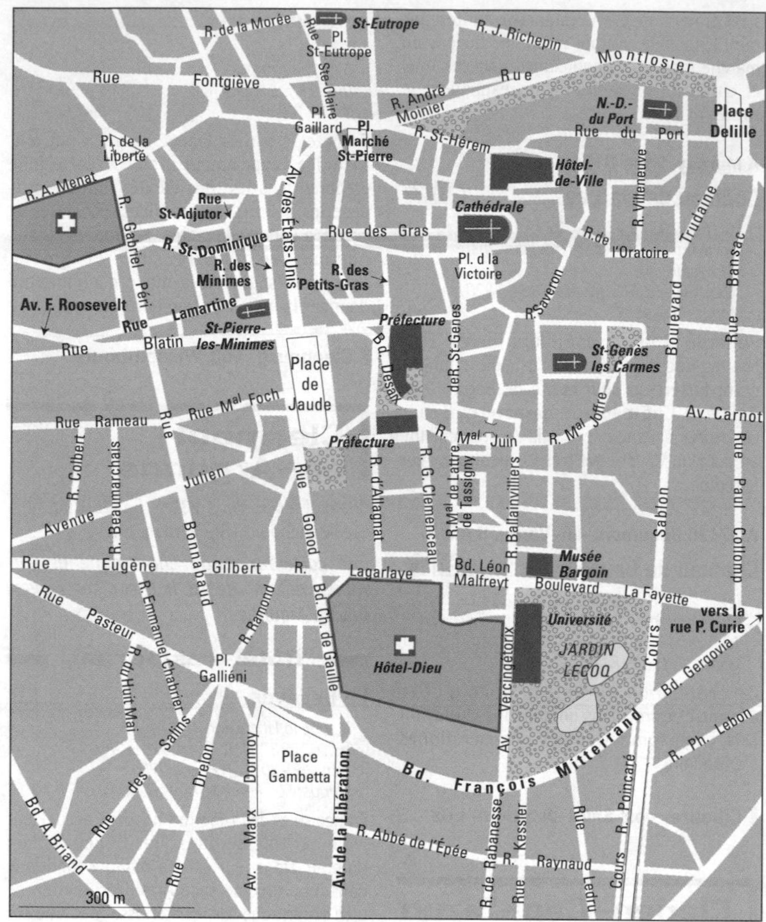

choisie jadis par Eric Rohmer pour y tourner Ma Nuit chez Maud. *Elle demeure fidèle à sa discrétion légendaire, protégée des regards comme des racontars, sachant se faire bruyante place de Jaude, gourmande et populaire place du Marché-Saint-Pierre, sans perdre de vue la ligne bleue des traditions. On l'aime pour sa fidélité aux bons frichtis d'antan que quelques gens rénovent, sans les bouleverser. Pour une potée, un aligot, même allégé, on est prêt à vite gagner ce bout de la France.*

Hôtels

Mercure-Gergovie

82, bd F.-Mitterrand
Tél.: 04 73 34 46 46. Fax: 04 73 34 46 36
124 ch. 550-590 F
Menus: 55 F (enf.), 120 F (déj.)-220 F

Central (la place de Jaude est juste derrière), avec des chambres vastes, un hall spacieux, un accueil souriant, cet hôtel de chaîne est très recommandable. Très honnête restaurant à l'enseigne de la Retirade.

Dav'Hôtel Jaude

10, rue des Minimes
Tél.: 04 73 93 31 49. Fax: 04 73 34 38 16
28 ch. 260-300 F

Ce bon hôtel de centre-ville propose des chambres modernes, charmantes, bien équipées, ornées de couleurs gaies et fort bien tenues. Excellent rapport qualité-prix.

Hôtel Arverne

Pl. Delille
Tél.: 04 73 91 92 06. Fax: 04 73 91 60 25
57 ch. 440-490 F

Cet ex-Mercure a gardé ses normes de bâtiment moderne, bien équipé, en centre-ville. Chambres sans fantaisie, mais sans histoires.

indique un lieu de mémoire.

Hôtel de Coubertin

25, av. de la Libération
Tél. : 04 73 93 22 22. Fax : 04 73 34 88 66
81 ch. 420-465 F. Menus : 92 F (déj.)-120 F

Moderne et de très bon confort, face au parc qui porte le nom du concepteur des JO, une halte qui offre des chambres nombreuses et toutes fonctionnelles.

Hôtel de Bordeaux

39, av. Franklin-Roosevelt
Tél. : 04 73 37 32 32. Fax : 04 73 31 40 56
32 ch. 150-290 F

Accueil gentil tout plein, chambres nettes, simples et sans luxe, situation un brin à l'écart du centre, quoique à deux pas de la place de Jaude, pour un des bons rapports qualité-prix de la ville.

A 63400 Chamalières

Hôtel Radio

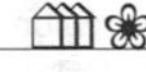

43, av. P.-Curie
Tél. : 04 73 30 87 83. Fax : 04 73 36 42 44
Fermé 2 janv.-3 fév.
25 ch. 250-750 F

Ce bel hôtel marqué par les Arts déco au temps où la radio et la fée électricité impressionnaient le chaland possède charme et confort. Les fenêtres des chambres claires s'ouvrent sur le grand air et les monts d'Auvergne (voir restaurants).

A 63170 Pérignat-lès-Sarliève. 8 km S. par D978

Hostellerie Saint-Martin

Tél. : 04 73 79 81 00. Fax : 04 73 79 81 01
Fermé (res.) dim. soir nov.-mars
34 ch. 420-850 F
Menus : 98 F (déj.)-110 F, 265 F

Cet ancien manoir qui appartint à la famille Michelin trône comme une perle rustique dans son parc au pied du plateau de Gergovie. Chambres spacieuses au confort bourgeois, tennis, piscine et balade dans les collines proches. Cuisine soignée à demeure.

Restaurants

Emmanuel Hodencq

Pl. du Marché-Saint-Pierre (1er étage),
Tél. : 04 73 31 23 23. Fax : 04 73 31 08 33
Fermé dim., lundi, vac. fév., 1re quinz. sept.
Menus : 160 F (déj.), 280-380 F. Carte : 340-450 F

Venu de Paris, via le Céladon au Westminster, formé au Duc d'Enghien, aux côtés d'Alain Passard, marié à une Auvergnate pur cru, Emmanuel Hodencq a réussi le pari de remplacer Jean-Yves Bath parti lui pour Paris. On retrouve avec plaisir les plats qui l'ont fait connaître mêlés à d'autres, reflétant l'air du temps : le foie gras chaud avec son cassoulet de haricots tarbais et sa crème de truffe blanche, les lasagnes de saumon cru à l'olive noire, le turbot au céleri rave et, plus rustique, la pièce de bœuf épaisse avec son chou farci de joue et de moelle. Les menus permettent de s'en tirer à bon compte. Et la maison, au-dessus du marché Saint-Pierre, a repris de l'entrain.

Clavé

10, rue Saint-Adjutor
Tél. : 04 73 36 46 30. Fax : 04 73 31 30 74
Menus : 90 F (enf.), 160 F (déj.), 210-430 F. Carte : 400-500 F

Alain Clavé, qui avait fait de son restaurant cossu une institution clermontoise, a vendu à son chef Jean-Claude Leclerc. Celui-ci, que le régionalisme allégé ne muselle pas, continue comme avant. Pied de cochon croustillant, saint-pierre aux mousserons, faux-filet de Salers avec une fine sauce Périgueux qu'escortent des pommes de terre fondantes au cantal donne l'idée d'une maison qui fait aimer l'Auvergne. Belle cave, pleine d'idées et d'allant. Prix à la carte sans tendresse.

Gérard Anglard

17, rue Lamartine
Tél. : 04 73 93 52 25. Fax : 04 73 93 29 25
Fermé sam. midi, dim., 13-21 août
Menus : 110 F (déj.), 170 F, 290 F. Carte : 300 F

Timide, Gérard Anglard, en bon élève de Loiseau qui n'a pas oublié les leçons apprises en matière de légèreté à Saulieu, a fait son nid dans une maison de maître au cœur de la ville, installée avec modestie. On est vite comme chez soi pour goûter boudin d'omble chevalier, canette aux petits pois, pigeon et chou farci.

Gérard Truchetet

Rd-point de La Pardieu (hors plan)
Tél. : 04 73 27 74 17. Fax : 04 73 27 74 17
Fermé sam. midi, dim., 13-20 août
Menus : 110 F (déj.), 290 F. Carte : 250 F

Nous avons connu ce vieux briscard, nivernais bon teint, comme chef affairé au château d'Isenbourg à Rouffach, puis de l'Altéa. Le gars Gérard, qui fait dans le régionalisme allégé avec allant, est à son aise dans ce décor moderne au cœur d'une zone commerciale. Noix de saint-jacques au chou et au lard, jambon chaud en croûte de pain assurent sans tapage.

Brasserie Danielle Bath

Pl. du Marché-Saint-Pierre
Tél. : 04 73 31 23 22. Fax : 04 73 31 08 33
Fermé dim., lundi, fériés, 1er-15 sept., vac. fév.
Menus : 79 F (déj.), 130 F. Carte : 180-250 F

Jean-Yves Bath s'en est allé à Paris, mais son équipe mise en place par lui, sous la houlette du chef Pascal Delayre, dans cette gaie brasserie contiguë du marché Saint-Pierre demeure dans le vif du sujet. Feuilleté de pied de porc, chou farci et plats du jour au gré de l'humeur du temps se mangent avec délectation dans le brouhaha et la gaieté.

Le Brézou

51, rue Saint-Dominique,
Tél.: 04 73 93 56 71
Fermé le dîn., sam., dim.
Menus: 80-120 F. Carte: 180 F

Marie-Anne Duchet, qui avait fait de cette petite table du déjeuner le rendez-vous des gros mangeurs, a cédé son affaire. Cuisine et accueil sont pareillement féminins, les plats solides (salade de gésiers, foie de veau épais comme l'avant-bras, bavette à l'échalote), les produits frais.

Le 5 Claire

5, rue Sainte-Claire
Tél./Fax: 04 73 37 10 31
Fermé dim. midi (juin-oct.), lundi, vac. fév., août
Menus: 110 F (déj.), 170 F, 250 F. Carte: 250 F

Ce n'est pas pour le décor bistrot de la petite salle en longueur que vous viendrez ici prendre place, mais pour découvrir les exquises «humeurs du marché» de Philippe Laurent, qui a fait son tour de France et d'Europe, avant de s'installer chez lui dans la bonne humeur. On vous cite le rouget au lard ou l'épaule d'agneau confite au citron. Mais ce fils naturel de Pierre Gagnaire ou d'Alain Passard, qui collectionne les stages à étoiles, a plus d'un (joli) tour dans son sac. Menus alertes, prix bon enfant.

Le Marché de Nathalie

4, rue des Petits-Gras
Tél.: 04 73 19 12 12
Fermé le soir, sam., dim.
Menu: 75 F

Un bistrot tout simple et sa cuisinière bonne fée, Nathalie Vigier, qui confectionne son menu quasiment donné au gré du marché du jour. Salade de boudin et d'andouillette, onglet de veau à la fourme et clafoutis font chaud au cœur.

A 63400 Chamalières

Hôtel Radio

43, av. P.-Curie
Tél.: 04 73 30 87 83. Fax: 04 73 36 42 44
25 ch. 250-750 F
Fermé sam. midi, dim., lundi midi, 2-31 janv.
Menus: 160 F (déj.)-460 F. Carte: 300-600 F

Caroline Mioche a repris l'affaire de ses parents et fait du grand classique de la ville un bastion de la cuisine légère et subtile dans son écrin Arts déco. Le chef Frédéric Coursol a quelques jolis tours à son actif. Langoustines royales, juste raidies, servies avec de la coppa et une fricassée d'artichaut à la coriandre possèdent un air sudiste fort bienvenu. Le saint-pierre aux épices et agrumes rôtis entier au four, comme le dessert sur le thème de chocolat (au lait praliné avec marmelade de poires au beurre salé ou encore en feuilles amères avec mousseline de pain d'épice) sont d'un modernisme très tonique.

A Durtol, rte de la Baraque

Bernard Andrieux

Tél.: 04 73 37 00 26. Fax: 04 73 19 25 04
Fermé sam. midi, dim. (sf midi oct.-juin), 1er-7 mai, 1er-20 août, vac. fév.
Menus: 180-420 F. Carte: 350-550 F

Jamais pris en défaut, dans son auberge de luxe aux portes de Clermont, Bernard Andrieux est un classique qui a su marquer la région de son empreinte. Sa maison policée était jadis l'Auberge des Touristes. Elle est tout à sa gloire, servie par un personnel de classe que conduit sa dynamique épouse avec allant. Sa cuisine? Ouvragée, riche en saveurs, se défiant de la nouveauté à tout prix. Quoique son escalope de foie chaud à la compotée de rhubarbe, son croustillant de crevettes aux cèpes au jus de vanille et son filet de bœuf de Salers avec queue de bœuf au vin de Madargues ne soient pas sans charme neuf, témoignant en outre d'un choix de produits de qualité grande.

Produits

BOULANGER

Christian Rivière

27, rue du Cheval-Blanc
Tél.: 04 73 37 38 20

Le pain paillasse au levain et les petits pains de seigle aux raisins se croquent comme des gâteaux dans cette petite boulangerie, la meilleure de la place.

CAVISTE

Caves Tissandier

10, bd Desaix,
Tél.: 04 73 35 39 97

Au pied de la préfecture, sous les arcades, vous découvrirez l'une des meilleures caves de France. Tous les vignobles sont présentés avec maestria. Même l'Auvergne...

CHARCUTIER

Lassalas

14, rue Saint-Barthélemy
Tél.: 04 73 36 82 81

Salés et séchés en altitude, les jambons de cette maison sont fabriqués dans l'atelier familial de Nébouzat.

CHOCOLATIER

Vieillard

31, rue Pascal
Tél.: 0473913135

Palets d'or, briquettes au café, marrons glacés et pâtes de fruits font la gloire de Claude Guichard, l'un des n° 1 de son registre.

COUTELIER

Saint-Pierre affûtage

Marché Saint-Pierre
Tél.: 0473312475

Ce petit temple de coutellerie propose un choix varié de tous les «vrais» Laguiole.

FROMAGER

François Vazeilles

Marché Saint-Pierre
Tél.: 0473361613

Le choix des saint-nectaire fermiers, salers, laguiole, cantal est impeccable.

PÂTISSIER-CONFISEUR

La Ruche Trianon

26, rue du 11-Novembre
Tél.: 0473373826

Classée monument historique, cette boutique début de siècle propose les fines créations de Gérard Brethé.

TORRÉFACTEUR

Le Volcan

8, rue des Trois-Raisins
Tél.: 0473910678

Alain Le Toudic propose une carte de cafés et de thés à se pâmer.

Rendez-vous

CAFÉS

Le Roméo

2, rue Boirot
Tél.: 0473902949

Les sandwichs les plus savoureux de la ville dans un café au pied de la cathédrale.

Le Suffren

48, pl. de Jaude
Tél.: 0473934097

La terrasse est mythique. Eric Rohmer y tourna *Ma nuit chez Maud.*

SALON DE THÉ

Les Goûters de Justine

11, bis rue Pascal
Tél.: 0473922653

Nicole Masquida, passionnée de thés et d'antiquités, prépare elle-même ses gâteaux, très appréciés par le Tout-Clermont.

Clichy: voir Environs de Paris

Climbach

67510 Bas-Rhin. Paris 474 – Strasbourg 63 – Bitche 38 – Haguenau 30 – Wissembourg 9.

Un bourg-carrefour aux portes du Palatinat, à la croisée des chemins qui mènent, par le village forestier de Wingen ou le col du Pigeonnier, aux sentes perdues des Vosges du Nord.

Hôtels-restaurants

Le Cheval Blanc 

2, rue de Bitche
Tél.: 0388944195. Fax: 0388942196
Fermé mardi soir, merc., 15 janv.-15 fév., 1er-10 juil.
12 ch. 265-315 F. 1/2 pens. 290-310 F
Menus: 55 F (enf.), 95-165 F

Quelques bonnes chambres claires et nettes, une salle à manger cossue, avec poêle en faïence, poutres apparentes et grille de fer forgé, mais aussi la cuisine classique d'un ancien de la Verniaz à Evian, de Feyel et de Marchal aux Trois Epis: voilà ce qui vous attend. Sérieux et appliqués sont le suprême de sandre au riesling, la mousseline crémeuse aux langoustines, le mignon de veau en crépine au beurre de sauge et le streussel pommes-raisins avec glace vanille.

L'Ange 

10, rue de Wissembourg
Tél.: 0388944372
Fermé mercr. soir, jeudi (res.), 5-20 août et 11 nov.-10 déc.
15 ch. 170-200 F
Menus: 95-150 F. Carte: 250 F

Pour une halte près des forêts, cette demeure de bord de route offre des chambres sans luxe, mais proprettes et calmes, donnant sur l'arrière. Les prix sont modérés, l'accueil familial, la cuisine simple et sans esbroufe (escargots à l'alsacienne, sandre aux nouilles, poulet au riesling).

Racontez votre expérience,
bonne ou mauvaise,
en écrivant au
« Guide Pudlo France »,
Editions Michel Lafon,
7-13, Bd Paul-Emile Victor
Neuilly-sur-Seine 92523 CEDEX.

Clisson

44190 Loire-Atlantique Paris 384 – Nantes 29 – Niort 129 – Poitiers 150 – La Roche-sur-Yon 54.

Office du Tourisme : rue du Mirage
Tél. : 02 40 54 02 95. Fax : 02 40 54 07 77

Le site avec son château et les bords de la Sèvre nantaise donnent une image sans ombre de la douceur française.

Restaurant

Bonne Auberge

1, rue de Clisson
Tél. : 02 40 54 01 90. Fax : 02 40 54 08 48
Fermé dim. soir, lundi, mardi midi, 15-28 fév. 10-31 août
Menus : 110 F (déj.), 180-450 F
Carte : 400-500 F

Dans sa gente auberge du siècle dernier qui se cache, avec son jardin, au cœur de la cité, non loin du château, Serge Poiron cuisine en finesse les produits du val ligérien. Chez lui, les choses ont le goût de ce qu'elles sont, comme disait M.-E. Saillant l'Angevin. Croustillant de tourteau, noix de lotte aux mousserons, filet de sandre sauce au saint-émilion, gâteau mi-cuit au chocolat, soufflé chaud au caramel sont des choses douces et légères qui s'arrosent de muscadet des meilleurs domaines. Service adorable.

Cluny

71250 Saône-et-Loire. Paris 384 – Mâcon 26 – Tournus 33.

Office du Tourisme : 6, rue Mercière
Tél. : 03 85 59 05 34. Fax : 03 85 59 06 95

La belle abbaye ancienne et le contigu haras national justifient ici toutes les visites.

Hôtel-restaurant

Hôtel de Bourgogne

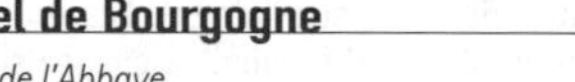

Pl. de l'Abbaye
Tél. : 03 85 59 00 58. Fax : 03 85 59 03 73
Fermé déc.-avril, (res.) mardi, mercr. midi
12 ch. 470-570 F
Menus : 130-220 F

Face à l'abbaye bénédictine, une auberge de tradition où l'on célèbre la cuisine bourguignonne. Jambon persillé, escargots, œufs en meurette, bœuf bourguignon sont le sérieux même. Bonnes chambres à l'ancienne, accueil affable.

 *indique un hôtel au calme.*

La Clusaz

74220 Haute-Savoie. Paris 568 – Annecy 33 – Chamonix 63 – Albertville 38.

Office du Tourisme. Tél. : 04 50 32 65 00
Fax : 04 50 32 65 01.

Cet exquis village de montagne à 1 000 mètres d'altitude propose les plaisirs du grand air en toute saison. Bonhomie et couleur locale sont les traits de la station.

Hôtels-restaurants

Les Chalets de la Serraz

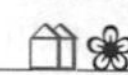

4 km par rte du col des Aravis
Tél. : 04 50 02 48 29. Fax : 04 50 02 64 12
Fermé mai, oct.
10 ch. 850 F. 1/2 pens. 650 F
Menus : 125-175 F

Des chambres de charme dans des chalets au vert qui étaient autrefois les éléments d'une bergerie : voilà ce qu'on trouve ici avec un accueil gracieux et une cuisine fine aux couleurs du pays.

L'Ourson

Tél. : 04 50 02 49 80. Fax : 04 50 32 33 95
Fermé dim. soir, lundi (hs), 25 avril-15 juin
Menus : 99 F (déj.), 125-280 F. Carte : 200-250 F

La bonne table de la station joue le régionalisme bien compris, la pela des Aravis en version moderne, l'exquise terrine de pommes de terre au jambon de Savoie, les poissons au gré du marché, les cuisses de grenouille à l'anis étoilé, l'émincé de volaille au citron confit comme les bonnes viandes cuites à point et joliment servies. Accueil adorable de Delphine et Vincent Lugrin.

Coaraze

06390 Alpes-Maritimes. Paris 953 – Nice 23 – Sospel 32.

« Un village au soleil » indique un panneau perdu dans une nuée d'oliviers. On ne loupera pas les cadrans solaires sur les vieux murs.

Hôtel-restaurant

Auberge du Soleil

Tél. : 04 93 79 08 11. Fax : 04 93 79 37 79
Fermé 15 nov.-15 mars
8 ch. 280-360. 1 appart. 510 F. 1/2 pens. 380 F
Menu : 50 F (enf.), 112-148 F. Carte : 180-250 F

Un bonheur d'adresse à n'offrir qu'à ses amis amoureux. Imaginez un vieux village ruiné de l'arrière-pays niçois, une maison dans la cité, des chambres gaies, petites mais pimpantes, un accueil affable, comme à la maison, des mets de grand-mère provençale signée d'Yvonne Jaquet, pourtant originaire de la Loire. Tourte aux herbes, œuf cocotte à la crème, lapin en gibelotte, tarte aux fruits se mangent l'été en terrasse au soleil.

Cognac

16100 Charente. Paris 480 – Angoulême 43 – Bordeaux 120 – Niort 82 – Saintes 26.

Office du Tourisme : 16 rue du 14-Juillet
Tél. : 05 45 82 10 71. Fax : 05 45 82 34 47

Les chais vénérables, le parc François Ier, le cours de la Charente, les venelles anciennes, la « part des anges », cette eau de vie qui s'évapore et noircit les maisons : voici qui suffit à composer un tableau évocateur d'une certaine douceur française.

Hôtels-restaurants

Domaine du Breuil

104 av. Daugas
Tél. : 05 45 35 32 06. Fax : 05 45 35 48 06
24 ch. 320-400 F. 1/2 pens. 310 F
Menus : 90 F (déj.), 120 F, 170 F

A l'écart du centre (prendre la rue Fichon, puis la direction Chaudron), cette belle demeure XIXe au calme fait un tantinet manoir, avec son parc, ses beaux arbres, ses salons cosy, sa claire salle à manger en rotonde. Chambres modernes, cuisine honnête à demeure.

Les Pigeons Blancs

110, rue J.-Brisson
Tél. : 05 45 82 16 36. Fax : 05 45 82 29 29
Fermé dim. soir, janv.
7 ch. 320-500 F
Menus : 85 F (enf.), 138-280 F. Carte : 300 F

Ce vieux relais de poste un peu excentré joue fort bien son rôle de table-institution de la ville dans un cadre bourgeois non sans élégance. Belles chambres soignées, jardin, terrasse, et plats inspirés par la région : huîtres gratinées au champagne, cassolette de cagouille au jambon, sole à l'embeurrée de chou.

À 16100 Châteaubernard par N141, D15, quartier l'Echassier

Château de l'Yeuse

Rue de Bellevue
Tél. : 05 45 35 01 09. Fax : 05 45 32 22 43
Fermé 1er-7 janv., vac. fév. (rest.) sam. midi, dim. soir, lundi (hs)
21 ch. 690-900 F. 1/2 pens. 575-750 F
Menus : 130-295 F

Cette gentilhommière du XIXe avec son aile moderne s'est dotée de chambres spacieuses, calmes, fonctionnelles. Joli mobilier ancien, terrasse sur la Charente.

La Colle-sur-Loup

06480 Alpes-Maritimes. Paris 924 – Nice 19 – Antibes 15 – Cannes 25 – Grasse 19 – Vence 8.

Office du Tourisme : 28, av. du Mal-Foch
Tél. : 04 93 32 68 36. Fax : 04 93 22 93 84

L'arrière-pays niçois, la route vers Vence et Saint-Paul, des demeures, pas toujours de charme, qui donnent forme neuve au paysage.

Hôtel-restaurant

Diamant Rose

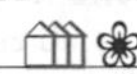

Rte de Saint-Paul
Tél. : 04 93 32 82 20. Fax : 04 93 32 69 98
Fermé (rest.) 20 nov.-20 déc.
10 ch. 950-3 600 F. 1/2 pens. 1 687 F
Menus : 240 F (déj.)-450 F. Carte : 350-500 F

Des chambres de luxe dans quelques villas blotties dans la verdure, une piscine, un jardin, la vue sur le rocher de Saint-Paul. Jacques Maximin lança la maison sur le terrain de la gourmandise. Elle demeure aujourd'hui plus discrète, mais, avec en ligne de mire, l'horizon de la qualité. Escabèche de rougets, T'bone de canard rôti, crème brûlée au caillé de chèvre, mitonnés sous la houlette de Patrick Giraux, sont séducteurs.

Collioure

66190 Pyrénées-Orientales. Paris 890 – Perpignan 30 – Céret 35 – Port-Vendres 2.

Office du Tourisme : pl. du 18-Juin
Tél. : 04 68 82 15 47. Fax : 04 68 82 46 29

Un Saint-Tropez catalan ? Alors en version modeste. Mais surtout un berceau de l'art, planté au bord de la grande bleue, un port authentique, que l'on dirait dessiné par Derain, rêvé par Matisse, imaginé par les Fauves.

Hôtels-restaurants

Casa Païral

Impasse des Palmiers
Tél. : 04 68 82 05 81. Fax : 04 68 82 52 10
Fermé nov.-mars
28 ch. 390-990 F

Pour un séjour au calme quoique en centre-ville, voici l'auberge rêvée. Le patio andalou, la piscine, les chambres fort bien tenues, avec leurs salons, recoins, teintes chaudes, douces, pastel charment sans mal. L'endroit, sis à fond de cour, est idéal pour fuir la foule qui se presse dans le centre, l'été venu.

Relais des Trois Mas et la Balette

Rte Port-Vendres
Tél.: 04 68 82 05 07. Fax: 04 68 82 38 08
Fermé 13 nov.-21 déc.
19 ch. 790-1 360 F. 4 suites
1/2 pens. 790-1 075 F
Menus: 195-395 F. Carte: 260-420 F

Moderne, sans vrai charme, mais en ligne de mire sur le port, avec sa vue imprenable et son restaurant chic et gourmand (canneloni de la mer, saint-jacques au gratin de courge), cette grande demeure étagée et fonctionnelle, bâtie contre la mer, avec chambres vastes et claires, ne manque pas d'avantages.

Les Templiers

12, quai de l'Amirauté
Tél.: 04 68 98 31 10. Fax: 04 68 98 01 24
Fermé mardi soir, mercr. (hs), 7 nov.-5 fév.
52 ch. 250-395 F

Avec son café de copains-artistes et son restaurant de plein air lorgnant sur la mer, voilà une Colombe d'Or en plus modeste. Ses tableaux à foison sur les murs des couloirs, ses chambres simples, proprettes, meublées en version kitsch, en haute époque espagnole conviennent à l'étape d'un soir.

Produits

CONSERVEURS

Anchois Desclaux

3, rte Nationale. Tél.: 04 68 82 05 25

Roque

17, rte d'Argelès. Tél.: 04 68 82 04 99

Les deux vedettes de l'anchois local continuent la tradition qui consiste à conserver le poisson après l'avoir étêté, éviscéré, salé main. Il est ensuite conditionné en bocal ou en boîte métallique, recouvert d'une saumure, lavé plusieurs fois, désarété, roulé autour d'une câpre. Il se déguste ainsi : conservé dans une huile, qui est son bain de jouvence.

Collonges-au-Mont-d'Or : voir Lyon

Collonges-la-Rouge

19500 Corrèze. Paris 510 – Brive-la-Gaillarde 23 – Cahors 98 – Figeac 81 – Tulle 37.

Le beau village de pierres rouges, l'église au joli clocher et au tympan ouvragé, les demeures anciennes donnent envie de musarder le nez au vent de Corrèze.

Restaurant

Auberge Le Cantou

Tél.: 05 55 25 41 05. Fax: 05 55 84 06 77
Fermé dim. soir, lundi, mardi sf saison, 24-30 juin, 11 déc.-25 janv.
Menus: 40 F (enf.), 88 F (déj.), 115-195 F
Carte: 200 F

L'auberge de grès est croquignolette, l'accueil adorable, la carte bon enfant, la déco joue la halte faussement naïve avec pierres, bois, jolis tissus. Les escargots en fricassée, l'agneau confit en cocotte, la tarte aux noix sont simplement délicieux. Prix angéliques.

Colmar

68000 Haut-Rhin. Paris 447 – Strasbourg 73- Bâle 68 – Fribourg 51 – Nancy 142

Office du Tourisme: 4, rue Unterlinden
Tél.: 03 89 20 68 92. Fax: 03 89 41 34 13

Une capitale gourmande? Sans nul doute. Avec ses grands chefs disséminés dans le vignoble alentour, ses belles tables dans la ville même, ses boutiques avenantes, son alléchant marché, Colmar offre un visage savoureux et souriant. La «plus alsacienne des cités d'Alsace», fière de ses illuminations nocturnes qui bougent au gré de la promenade, de son musée Unterlinden, des canaux de la Petite Venise, demeure, comme le veut sa réputation, fidèle aux cartes postales de son imagier natif de la ville. Visiter Colmar, c'est lever le nez en l'air et collectionner les enseignes d'Hansi, toujours dignes des gourmands livres d'image. Mais aussi s'attabler au Fer Rouge, au Rendez-Vous de Chasse, à l'Enospasta Bradi, chez Brenner ou à la Maison des Têtes.

Hôtels

Le Colombier

7, rue Turenne
Tél.: 03 89 23 96 00. Fax: 03 89 23 97 27
Fermé vac. Noël
24 ch. 450-1 200 F

Charme, confort, raffinement: cet hôtel contemporain dans une demeure d'époque Renaissance restaurée au cœur de la Petite Venise est l'une des vedettes hôtelières de la ville. Mobilier sobre, volontiers moderne, bar au rez-de-chaussée.

Grand Hôtel Bristol

7, pl. de la Gare
Tél.: 03 89 23 59 59. Fax: 03 89 23 92 26
60 ch. 460-560 F. 10 appart. 600-750 F

Face à la gare 1900, raillée par Hansi, cette institution hôtelière traverse les modes sans se soucier de coller à l'air du temps. Accueil professionnel, bon service, grand confort traditionnel et mobilier de style. Les deux restaurants (l'Auberge et le Rendez-Vous de Chasse) sont des rendez-vous de la ville.

La Maison des Têtes

19, rue des Têtes
Tél.: 03 89 24 43 43. Fax: 03 89 24 58 34
Fermé vac. fév.
18 ch. 595-1 300 F

Cette belle demeure Renaissance à la façade sculptée, surmontée de la statue de Bartholdi, s'est dotée de chambres toutes neuves, certaines assez vastes, décorées avec goût et chaleur, entourant la cour intérieure. Accueil adorable. Voir également «Restaurants».

Mercure-Champ-de-Mars

2, av. de la Marne
Tél.: 03 89 41 54 54. Fax: 03 89 23 93 76
75 ch. 540-640 F

Après une rénovation drastique, ce parallélépipède années soixante-dix, sis dans le vert parc du Champ-de-Mars, a été doté d'un certain charme. Hall clair, chambres pimpantes, avec leur air de bureau à la campagne.

L'Amiral

11a, bd du Champ-de-Mars
Tél.: 03 89 23 26 25. Fax: 03 89 23 83 64
44 ch. 390-510 F

Face à un parc verdoyant, en lisière du cœur historique de la ville, une ancienne malterie rénovée en hôtel coquet. Les chambres sont modernes, plutôt petites, quoique de bon confort. Pas de restaurant mais un bar juste en face.

Le Maréchal

4-6, pl. des Six-Montagnes-Noires
Tél.: 03 89 41 60 32. Fax: 03 89 24 59 40
28 ch. 550-1 200 F. 1/2 pens. 950-1 050 F
L'Échevin: Menus: 70 F (enf.), 140-420 F

Membre des «Romantik Hôtels», cette maison Renaissance avec vue sur la Petite Venise offre de nombreux recoins biscornus, des chambres au charme historique, certaines équipées de baignoires-jacuzzi. Sa décoration est assez kitsch et son accueil chaleureux. Table à l'enseigne de l'Echevin.

Mercure-Unterlinden

Rue Golbery
Tél.: 03 89 41 71 71. Fax: 03 89 23 82 71
Fermé (rest.) dim.
75 ch. 525-570 F
Menus: 40 F (enf.), 98-118 F

Plus petites que celles de son homologue du Champ-de-Mars, les chambres (pastel) de Mercure central sont confortables, plutôt gaies, situées près du musée Unterlinden et des artères piétonnières. Les suites-bureaux sont agréables. Restaurant et bar près du hall.

Novotel

49, rte de Strasbourg
Tél.: 03 89 41 49 14. Fax: 03 89 41 22 56
66 ch. 510-600 F
Menus: 70 F, 119-145 F

Fonctionnelles et proprettes, les chambres de ce motel sis près de l'aéroport d'Houssen sont confortables et sans effort d'imagination. Pratique pour les flâneurs de la foire au vin (le parc des expositions est à deux pas), la maison possède piscine, jardin et grill.

Le Saint-Martin 

38, Grand-Rue
Tél.: 03 89 24 11 51. Fax: 03 89 23 47 78
Fermé du 1er janv.-28 fév.
24 ch. 400-750 F

Mignonnes, colorées, chaleureuses, quoiqu'un peu petites, les chambres de cet hôtel central au cœur du Colmar historique sont de bon confort. Situation en or, à deux pas de l'ancienne Douane. Quelques vues sur les vieux toits, belle salle de petit déjeuner, accueil adorable.

Le Turenne 

10, rte de Bâle
Tél.: 03 89 41 12 26. Fax: 03 89 41 27 64
83 ch. 320-400 F

Sous une façade à colombages, cet hôtel pour voyageurs d'affaires offre de bonnes chambres-bureaux au mobilier fonctionnel. Bar pour les résidents.

A 68180 Horbourg-Wihr. 3 km E.

Europe 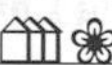

15, rte de Neuf-Brisach
Tél.: 03 89 20 54 00. Fax: 03 89 41 27 50
130 ch. 775 F. 8 appart. 700-985 F
1/2 pens. 615 F

Vaste et de grand confort, cet ensemble moderne, avec façade à colombages, piscine couverte, court de tennis, salles de réunions, accueille séminaires et membres de congrès. Le client individuel n'y est pas perdu, à la porte de Colmar. Deux formules de restauration : l'une simple, le Jardin d'hiver, l'autre plus ambitieuse, L'Eden des Gourmets.

indique une des meilleures tables de France.

A 68420 Sainte-Croix-en-Plaine, 10 km S.-E. par N422 et D1

Le Moulin

Rte d'Herrlisheim
Tél.: 03 89 49 31 20. Fax: 03 89 49 23 11
Fermé 2 nov.-1er avr.
17 ch. 240-510 F

Au calme de la campagne, ce moulin ancien, très rénové, avec ses chambres modernes, son grand jardin, sa collection d'objets anciens et son accueil féminin charmant propose le gîte à prix doux, à quelques pas de Colmar.

Restaurants

Le Fer Rouge

52, Grand-Rue
Tél.: 03 89 41 37 24. Fax: 03 89 23 82 24
Fermé dim., lundi, 29 juil.-8 août, 6-24 janv.
Menus: 295 F (déj.)-510 F. Carte: 420-650 F

La maison historique, avec sa façade à colombages, croquée par Hansi, est fameuse. Patrick Fulgraff figure, avec Antoine Westerman, au «top» des cuisiniers créatifs de la région. Au cœur d'un de ces menus-marathon dont il a le secret, une bonne kyrielle de plats en miniportions vous laisseront l'estomac intact et le palais net au sortir d'une expérience pleine de savoureuses surprises. Le petit crosti au haddock, le tournedos de pommes de terre avec œuf au plat à la truffe, la divine soupe au chou blanc avec son magret d'oie fumé, le gratin d'huîtres au bacon grillé et aux échalotes «ivres de vin rouge» et la juteuse poitrine de pigeon poêlé avec son chou à la paysanne. En dessert, la «pomponette», chausson caramélisé aux pommes et à la cannelle et le soufflé au Grand Marnier avec ses quartiers d'orange font bel effet.

Le Rendez-Vous de Chasse

Au Terminus-Bristol
7, pl. de la Gare
Tél.: 03 89 41 10 10. Fax: 03 89 23 92 26
Menus: 195-450 F. Carte: 300-500 F

Michel Burrus, ancien de la Cheneaudière à Colroy, joue une partition sérieuse, entre régionalisme allégé, mis au goût du jour avec malice, et mode tous azimuts. Ses exquis fleischnacka de tourteau ont l'allure séduisante de frais «rouleaux de printemps» à l'alsacienne. Son délicieux turbot poché au lait fumé, rôti et servi avec une compote d'oignons caramélisés au vin rouge et du céleri rave est délicieux. Comme l'exquis filet de bœuf cuit dans son bouillon, à la ficelle, au chou frisé et crème de raifort. Côté desserts, l'amusante mousse au kirsch «givrée» avec son glaçon aux griottes montre de quel bois se chauffe cette maison dirigée par un professionnel hors pair, Richard Rhiem.

La Maison des Têtes

19, rue des Têtes
Tél.: 03 89 24 43 43. Fax: 03 89 24 58 34
Fermé dim. soir, lundi, vac. fév.
Menus: 170-360 F. Carte: 260-400 F

Marc Rohfritsch, le chef-patron, joue une partition mi-traditionnelle, mi-sophistiquée, de très bon ton. Délicieux sont le velouté de champignons, le foie gras à la gelée de pommes, l'onctueuse mousse de brochet, l'impériale choucroute avec chou croquant et boudin à la cannelle, le sandre en viennoise au riesling et la queue de bœuf au foie gras en habit vert rustique mais chic. Les desserts (crème brûlée parfumée au kirsch, vacherin glacé) sont simplement honnêtes. Quant à l'accueil de la brune Carmen, il demeure l'un des plus souriants de la ville.

L'Arpège

24, rue des Marchands
Tél.: 03 89 23 37 89. Fax: 03 89 23 39 22
Fermé sam. midi, mardi soir, mercr.
Menus: 60 F (enf.), 135-280 F. Carte: 200-300 F

Patrice Kayser a repris l'ex-repaire d'Alberto Bradi, conservant l'aspect bonbonnière ouverte sur un jardin, jouant la fraîcheur, le marché et l'invention au gré de l'air du temps. Ses backeoffe froids en gelée au raifort, ravioles d'écrevisses au bouillon épicé, fricassée de champignons aux escargots, turbot avec choucroute à l'orange, ris de veau à l'endive et au citron confit sont de bonnes idées.

Bartholdi

2, rue des Boulangers
Tél.: 03 89 41 07 74
Fermé dim. soir, lundi, du 5 au 18 juin
Menus: 45 F (enf.), 118-210 F. Carte: 200-300 F

Rénovée avec joliesse sur un mode contemporain, cette brasserie centrale joue le classique bien tenu. Les grenouilles provençales, foie gras, truite aux amandes, choucroute demeurent de bons standards.

Garbo

15, rue Berthe-Molly
Tél./Fax: 03 89 24 48 55
Fermé sam. midi, dim., 1er-15 août
Menus: 138 F (déj.), 188 F («menu carte»), 280 F («carte blanche»)

Roger Bollecker a repris ce restaurant de nuit pour en faire une table gourmande à part entière. A travers un menu-carte ou une formule «carte blanche», il raconte le marché avec humeur. La terrine de choucroute aux escargots, le sandre à la lavande, le poulet fermier au foie gras et le sabayon froid à la bière avec sorbet à la fleur de bière sont ses réussites.

Meistermann

2a, avenue de la République
Tél.: 03 89 41 65 64. Fax: 03 89 41 37 50
Fermé dim. soir, lundi, vac. fév., 17-30 juil.
Menus: 88-275 F. Carte: 220 F

De tout à tous les prix: voilà ce qu'offre cette maison d'angle façon brasserie qui fait restaurant à Colmar depuis 1880. Le presskopf de canard au foie gras, la choucroute de poissons, la caille rôtie au four et le tartare de bœuf «minute» sont honnêtes. Gentils menus et carte des vins pleine de bonnes choses.

Aux Trois Poissons

15, quai de la Poissonnerie
Tél.: 03 89 41 25 21. Fax: 03 89 41 25 21
Fermé dim. soir, mardi soir, merc., 21-30 déc.
Menus: 130-225 F. Carte: 250-300 F

Avec son décor sobre et boisé, son plafond bas, ce bistrot marin sis sur un quai au nom prédestiné a bien du charme. Gilles Seiler, qui a travaillé à la londonienne Tante Claire n'a pas bouleversé le registre classique. Belles grenouilles provençales, salade du pêcheur, sole meunière, emblématique matelote, bouillabaisse et carpe frite font simplement plaisir.

L'Auberge

7, pl. de la Gare
Tél.: 03 89 23 59 59. Fax: 03 89 23 92 26
Menus: 65 F (déj.), 95 F, 140 F. Carte: 150-200 F

Face à la gare, cette brasserie, avec fresques montagnardes, boiseries, vieux poêle, ne manque pas de cachet. La cuisine est à l'unisson, reprenant les classiques du genre. Presskopf, harengs marinés, carpe frite, tête de veau vinaigrette, escalope panée, choucroute, vacherin glacé, venus des labos du «Rendez-Vous de Chasse» dont c'est ici l'annexe, sont traités avec sérieux et servis avec gentillesse. Braves vins locaux (chasselas, pinot noir) en carafe, bière bien tirée.

Enopasta Bradi

14, rue des Serruriers
Tél.: 03 89 23 58 01. Fax: 03 89 23 65 17
Fermé soir, dim., 1er-21 nov.
Carte: 150 F

Alberto Bradi, qui fut jadis la vedette transalpine d'Alsace rue des Marchands, a ouvert avec succès cette boutique-traiteur avec coin dégustation. On goûte d'admirables antipasti, un exquis carpaccio au parmesan, des pâtes cuisinées al dente (pagle e fieno à l'ail et huile d'olive, ravioli à l'encre, spaghetti câpres et anchois), accompagnant le tout de vins sardes, piémontais ou toscans de classe. Assez pour espérer pour le bonhomme s'installe à nouveau dans un restaurant digne de lui. Et de nous...

Wistub Brenner

1, rue Turenne
Tél.: 03 89 41 42 33. Fax: 03 89 41 37 99
Fermé mardi, merc., 19-29 juin, 15-29 nov, 13-20 fév.
Menu: 45 F (enf.). Carte: 135-250 F

Le rendez-vous n° 1 du vignoble est la taverne très authentique de Gilbert Brenner. Cet authentique pâtissier de métier (goûtez sa torche aux marrons) est non seulement un animateur hors pair, mais un gourmand sachant faire partager ses passions. Sa cuisine s'inscrit sur l'ardoise du jour et les mets de toujours (pâté en croûte, presskopf, choucroute, jambon chaud, choucroute, navets confits) rallient le meilleur monde du vignoble qui est de fondation. Décor sans apprêt, terrasse l'été.

Caveau Saint-Pierre

24, rue de la Herse
Tél.: 03 89 41 99 33. Fax: 03 89 23 94 33
Fermé dim. soir, lundi, 3-15 janv., 1 sem. mars et 28 juin-12 juil.
Menus: 46 F (enf.), 78 F. Carte: 160 F

Ce caveau folklo offre une vue imprenable sur la Petite Venise. Le décor, avec meubles polychromes et plafonds bas, joue le régionalisme bon enfant, comme les salade vosgienne, escargots, palette fumée, tarte au fromage blanc. Accueil gentil tout plein.

Au Cygne

«Schwanala»
15-17, rue Édouard-Richard
Tél.: 03 89 23 76 26. Fax: 03 89 24 39 31
Fermé sam., dim., 25 juil.-15 août, 22 déc.-2 janv., 1er-4 avril.
Menus: 60-250 F. Carte: 180 F

Cette maison rustique porte le régionalisme à la hauteur d'un bel art. Que reflètent fleischnacka, tripes au vin blanc, fromage blanc, munster. Mais aussi, selon le marché, boudin pommes sautées, jambon braisé à l'ancienne, tête de veau, pieds de porc pané à l'échalote. Le tout est sans esbroufe.

Chez Hansi

23, rue des Marchands
Tél.: 03 89 41 37 84
Fermé mercr. soir, jeudi, janv.
Menus: 98-260 F. Carte: 180 F

Face au Fer Rouge et près de l'ancienne douane, Marc Gautier tient avec sérieux cette table touristique de qualité. Les classiques alsaciens (tarte à l'oignon, salade mixte, choucroute, comme Marc l'apprit jadis chez Schillinger, poulet au riesling et tartes aux fruits) sont servis avec le sourire par des serveuses en costume.

Unterlinden

2, rue Unterlinden
Tél. : 03 89 41 18 73
Fermé dim. soir, mardi, janv.
Menu : 120 F. Carte : 100-150 F

Fidèle au poste depuis plus de trente ans, Mme Stockel accueille l'habitué comme le client de passage près du musée. Les vitraux, les chaises sculptées, les mets de terroir servis en continu (tarte flambée, harengs, tarte à l'oignon, jambon fumé, choucroute à la graisse d'oie) : tout cela va l'amble.

la Ville de Paris

« Pariser Stewwele »
4, pl. Jeanne-d'Arc
Tél. : 03 89 24 53 15
Fermé mardi
Carte : 150 F

L'active Claudine Bartholome accueille avec jovialité dans cette demeure de caractère que rendit célèbre Gilbert Brenner. Plats du cru (tarte à l'oignon, boudin aux pommes, quenelles de foie, tête de veau, choucroute) et mets à l'ardoise sont servis avec alacrité au gré du marché.

Produits

ARTS DE LA TABLE

Arts et Collections d'Alsace

1, rue des Tanneurs
Tél. : 03 89 24 09 78

Réédités selon des modèles retrouvés dans les musées, les nappes en kelsch, carafes gravées, chopes de bière, pots de lait ici proposés illustrent l'Alsace de toujours.

La Cotonnière d'Alsace

Paule Marrot
1, rue des Clefs
Tél. : 03 89 21 55 00. Fax : 03 89 21 55 04

Ce vaste magasin du centre-ville propose les tissus de la vedette locale – et internationale – du coton imprimé. Belles nappes, qui sont des reprises de modèles traditionnels ou des créations colorées.

BOUCHER

Herrscher

1, place des Six-Montagnes-Noires
Tél. : 03 89 41 27 80

Veau de Corrèze, bœuf de race montbéliarde, élevé dans le Ried, gibiers variés, notamment ceux des chasses du comte Jean de Beaumont en direct de Diebolsheim. Registre charcutier bien tenu.

BOULANGERS

Jean-Pierre Bechler

4 rue Charles-Marie Vidor
Tél. : 03 89 41 07 34

Copain des étoilés, ancien stagiaire à Paris chez Hermé, cet artisan soigneux propose des pains variés superbes : celui au lard est une merveille. Et le noix et fromage n'est pas mal non plus.

Léonard Helmstetter

11-13, rue des Serruriers
Tél. : 03 89 41 27 78

La boule au levain, le pain au sésame, pavot, méteil, noix, son, lard comme les bredele sont du travail d'orfèvre. La boutique à l'ancienne, avec salon de thé, est l'une des vedettes gourmandes du centre.

Maurice Koos

5, pl. Saint-Joseph
Tél. : 03 89 79 05 05

Secondé par sa fille, maître-boulangère de 25 ans, Maurice Koos connaît une nouvelle jeunesse. Ses pains complets, abricots et pruneaux, noisettes et raisins, bio ou pumpernickel, vendus dans une boutique campagnarde, valent le détour. En prime, un gâteau à la cannelle à se pâmer.

CAVISTES

Maison Pfister

11, rue des Marchands
Tél. : 03 89 41 33 61. Fax : 03 89 41 44 61

Outre ses propres vins et eaux-de-vie, le gérant Dominique Dauce propose le rare meursault de Coche-Dury, les champagnes de Jacques Sélosse ou Billecart-Salmon et le châteauneuf-du-pape de Château Rayas.

La Sommelière

Place de la Cathédrale
Tél. : 03 89 41 20 38

Anne-Marie Tempé a fait de sa boutique d'angle, jolie et boisée, le QG des amateurs de bons vins. Elle expose carafes splendides, verres à vins d'Alsace et d'ailleurs, grands crus d'ici, signés des meilleurs noms, le tout proposé dans une atmosphère intime.

CHARCUTIERS-TRAITEURS

Glasser

18, rue des Boulangers
Tél. : 03 89 41 23 69. Fax : 03 89 23 55 93

Olivier Glasser, a repris le flambeau familial avec rigueur. Lard paysan, foie gras, pâté en croûte, terrines, poissons fumés, kassler feuilleté, mettwurst, cochon de lait farci : tout se fait dans le strict respect de la tradition.

Tempé

25, rue des Clefs. Tél. : 03 89 24 50 41
51, Grand-Rue. Tél. : 03 89 41 30 83

Ce nouveau géant de la charcuterie d'Alsace est présent dans tous les domaines de la qualité : belles viandes (veau de lait, onglets juteux, entrecôtes rassises), kougelhopf salé, saucisse cocktail, pâté en croûte, jambon cru, knacks ou saucisse de bière.

EPICIERS

Alou

16, rue des Boulangers
Tél. : 03 89 41 27 57. Fax : 03 89 23 42 83

Le Fauchon colmarien s'appelle Alou. Qui excelle dans les beaux fruits frais, les légumes exotiques ou rares (pâtissons, artichauts violets, courgettes fleur). Prix sans tendresse particulière.

La Ferme

34, rue des Têtes
Tél. : 03 89 23 43 55. Fax : 03 89 41 50 46

L'épicerie, avec un rayon signé Hédiard et ses produits Petrossian, les beaux vins et les alcools demeurent au premier rang des spécialités maison. Egalement un beau rayon de pâtes fermières.

FROMAGER

Fromagerie Saint-Nicolas

18, rue Saint-Nicolas
Tél. : 03 89 24 90 45. Fax : 03 89 24 18 82

Jacky Quesnot est de ces fromagers fouineurs comme on les aime. Il choisit le meilleur dans les fermes des diverses régions de production. Ses trésors ? Les munster d'Orbey de Christine et Patrick Chaize à Basses-Huttes ou des Modion au Pré Vareth, la tomme de Runtzenbach et les chèvres de Bambois. Prix sages.

PÂTISSIERS-CHOCOLATIERS

Jean

6, pl. de l'École
Tél. : 03 89 41 24 63. Fax : 03 89 23 20 85

Michel Casenave et Christian Dosch mitonnent d'exquises ganaches, un splendide duo praliné-noisettes et amandes, des entremets type perle noire, maracuja, créole, soleil d'or, framboisine ou soleil d'or, et les gâteaux traditionnels tels que berawecke, pains d'épice, kougelhopf.

« Ecrivez-nous » vos impressions, vos commentaires, relatez-nous vos expériences à **lepudlo@aol.com.**

Richon

8, rue Stanislas
Tél. : 03 89 41 26 84. Fax : 03 89 41 73 40

Streussel aux pommes, langhopf, kougelhopf, mais aussi sévigné, saint-honoré, torche marron, blanc-manger ont bonne mine. Les chocolats (hansi, truffes, nougat crème) ne sont pas mal non plus.

Wolff

25, rue des Têtes
Tél. : 03 89 41 27 67

Annoncée par une enseigne d'Hansi, cette échoppe de tradition propose, à prix sages, kougelhopfs, pains aux raisins, streussel aux pommes, gâteau au chocolat de qualité.

POISSONNIER

Wertz

20, quai de la Poissonnerie
Tél. : 03 89 24 32 92

Cette poissonnerie, sur un quai prédestiné, propose le meilleur de la pêche d'eau douce (sandres, anguilles, carpes, brochets, tanches), poissons de l'Atlantique et banc d'huîtres à l'impeccable fraîcheur.

TORRÉFACTEUR

Au Bon Nègre

9, rue des Têtes
Tél. : 03 89 41 25 32. Fax : 03 89 24 97 60

Face au musée Unterlinden, cette boutique adorable propose une remarquable sélection de cafés (Kenya, Colombie, Blue Mountain de Jamaïque), des thés de Darjeeling ou de Ceylan, des infusions diverses, de délicieux chocolats et des pâtisseries à déguster sur place.

Rendez-vous

BAR À BIÈRES

La Krutenau

1, rue de la Poissonnerie
Quartier de la Petite Venise
Tél. : 03 89 41 18 80. Fax : 03 89 41 70 27

Vrai bar à bières, cette ex-winstub de la Petite Venise colmarienne joue le jeu de la convivialité nocturne. L'atmosphère de vieille taverne et la situation dans le quartier le plus pittoresque de la ville sont en prime.

CAFÉS

L'Auberge

7, place de la Gare
Tél. : 03 89 23 59 59

Hors des repas, face à la gare, on peut prendre une « Kro » bien tirée ou un pichet d'edel sur la terrasse, comme dans la salle de bois verni.

Aux Dominicains

1, rue Reiset
Tél. : 03 89 23 68 21

Stratégique et central, ce vaste troquet demeure au cœur de la vie colmarienne. Nombreuses bières (Adelscott, Bitburger, Guinness) au programme. Service ultra-rapide.

SALONS DE THÉ

Au Croissant Doré

28, rue des Marchands
Tél. : 03 89 23 70 81

Cette demeure Art nouveau vaut le détour. Tartes flambées, à l'oignon, aux fruits, tourtes, quiches, treize sortes de thés, chocolat chaud et pâtisseries correctes.

Colombey-les-Deux-Eglises

52330 Haute-Marne. Paris 248 – Chaumont 25 – Bar-sur-Aube 16 – Châtillon-sur-Seine – Neufchâteau 72.

Syndicat d'initiative : rue du Gal-de-Gaulle
Tél. : 03 25 01 52 33. Fax : 03 25 01 98 61

Le musée de la Boisserie et le mémorial au Général font de ce village de 660 âmes un lieu de pèlerinage gaullien qui ne manque pas de grandeur.

Hôtels-restaurants

Les Dhuit

Tél. : 03 25 01 50 10. Fax : 03 25 01 56 22
Fermé 20 déc.-5 janv.
42 ch. 250-380 F
Menus : 65 F (enf.), 85 F (sem.)-175 F

La construction genre motel années soixante-dix ne fait pas rêver. Mais la situation au bord de la N19 est pratique et l'adresse fait un tabac auprès des groupes venus se recueillir dans l'ombre du grand Charles. Chambres fonctionnelles et cuisine à l'unisson.

Auberge de la Montagne

Tél. : 03 25 01 51 69. Fax : 03 25 01 53 20
Fermé lundi soir, mardi, mi-janv.-mi-fév.
8 ch. 260-400 F
Menus : 125-400 F

Cette jolie demeure rustique dans le goût haut-marnais avec son jardin fait figure d'auberge de charme du village. La cuisine est soignée, les chambres peu nombreuses, vite prises d'assaut en saison. Réservez !

Colomiers : voir Toulouse

Colroy-la-Roche

67420 Bas-Rhin. Paris 407 – Sélestat 31 – Strasbourg 67 – Molsheim 38 – Lunéville 70.

A deux pas de l'industrieuse vallée de la Bruche et du Ban de la Roche, un village vosgien, cerné de forêts, nourri de halliers où l'on cherche les baies sauvages, où l'on chasse à l'automne. On s'attend à tout, sauf à y trouver une étape de grand luxe. Et pourtant...

Hôtel-restaurant

La Cheneaudière

Tél. : 03 88 97 61 64. Fax : 03 88 47 21 73
Les Pastoureaux, menu-carte : 290 F (vin c.)
Les Princes de Salm, menu : 585 F. Carte : 500 F
32 ch. 800-1 700 F. 1/2 pens. 775-1 300 F

Ce Relais & Châteaux de montagne est l'une des grandes étapes de la région. La famille François accueille avec une familiarité distinguée, les chambres frisent le grand genre, le complexe piscine-sauna séduit sans mal et la gastronomie en version rustico-chic impressionne. Toutes les sentes vosgiennes et la forêt sont à vos pieds pour digérer les beaux plats de chasse signés Jean-Paul Bossée. Le parfait de saumon aux pommes confites, le cabillaud au beurre d'herbes, le lapereau désossé au citron confit, le munster mariné au gewurz avec son coulis d'églantine, les foies gras au naturel, mariné au tokay, pané à la coriandre, gingembre et poivre, le turbot à la fondue de poireaux, le chevreuil roulé aux choux verts, le soufflé chaud à la mirabelle. La grande cave, qui privilégie les alsaces en millésimes anciens, impressionne. Le service, dirigé par Pascal Funaro, qu'on connut à la Kammerzell, qui donne ici un air d'élégance italienne à la grande salle claire, vitrée, avec tables espacées, a du style. Comme le reste.

Combloux

74920 Haute-Savoie. Paris 596 – Chamonix-Mont-Blanc 31 – Annecy 78 – Megève 6.

Office du Tourisme : 04 50 58 60 49
Fax : 04 50 93 33 55

Avec son beau clocher bulbé et sa vue sur le mont Blanc, cette station de montagne a une âme.

Rappelez-vous qu'une bonne table commence par de bons produits.

Hôtels

Aux Ducs de Savoie 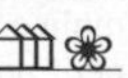

Au Bouchet
Tél. : 04 50 58 61 43. Fax : 04 50 58 67 43
Fermé 11 oct.-14 déc., 26 avril-31 mai
50 ch. 800 F. 1/2 pens. 610 F
Menus : 170-250 F

Ce grand chalet moderne face au mont Blanc offre le séjour au calme, de bonnes chambres confortables et bien équipées, une cuisine sagement régionale.

Au Cœur des Prés 

Tél. : 04 50 93 36 55. Fax : 04 50 58 69 14
Fermé Pâques-31 mai, 26 sept.-19 déc.
34 ch. 600 F. 1/2 pens. 450-500 F
Menus : 150-220 F

Ce chalet sans luxe, mais au grand calme, offre de bonnes chambres simples et proprettes, sans omettre la vue grand angle sur le massif du Mont-Blanc ainsi que des repas de pension sans épate. Belle vue sur les alpages proches.

Le Coin Savoyard

300, rte de la Cry
Tél. : 04 50 58 60 27. Fax : 04 50 58 64 44
Fermé 15 avr.-1er juin, 1er oct.-30 nov, lundi (hs)
10 ch. 420 F. 1/2 pens. 320-375 F

Pour les amoureux de la Savoie, ce chalet près du clocher du village propose les spécialités locales (pelas des Aravis, fondue) ainsi que des chambres petites mais bien tenues.

Combourg

35270 Ille-et-Vilaine. Paris 387 – Rennes 41 – Dinan 25 – Fougères 49 – St-Malo 37.

Office du Tourisme : pl. A.-Parent
Tél. : 02 99 73 13 93. Fax : 02 99 73 52 39

« Combourg, mon donjon », glissait Chateaubriand à qui une place est dédiée. Le château, lui, est toujours là et se visite.

Hôtels-restaurants

Hôtel du Château 

Pl. Chateaubriand
Tél. : 02 99 73 00 38. Fax : 02 99 73 25 79
Fermé dim. soir, 1er oct.-15 mai, lundi sf soir, été, 15 déc.-15 janv
35 ch. 340-540 F. 1/2 pens. 310-420 F
Menus : 78 F (sem.), 98-330 F

Cette maison ancienne avec ses annexes modernes près du château offre accueil sympathique et cuisine sage, avec les produits de la mer proche.

L'Ecrivain 

Pl. Saint-Gilduin
Tél. : 02 99 73 01 61. Fax : 02 99 73 01 61
Fermé dim. soir (hs), mercr. soir, jeudi, vac. fév., 1er-15 oct.
Menus : 55 F (enf.), 82-160 F. Carte : 200-250 F

Cette sage maison familiale face à l'église propose repas au jardin et cuisine du marché bien faite et sans anicroche. Huîtres, effeuillée de morue aux légumes, canette aux cerises, pannequet aux pommes.

Combreux

45530 Loiret. Paris 122 – Orléans 38 – Châteauneuf-sur-Loire 14 – Gien 51 – Montargis 35.

Ce joli village de la forêt d'Orléans est propice aux balades sages et sans heurts.

Restaurants

La Croix Blanche 

Tél. : 02 38 59 47 62. Fax : 02 38 59 41 35
Fermé 15 janv.-6 fév., 22 août-6 sept.
7 ch. 270-300 F. 1/2 pens. 310 F
Menus : 145-300 F

Cette auberge comme dans l'temps propose menus sages, poissons du jour et des étangs, jolis gibiers frais chassés en saison. Chambres rustiques et jardin sur l'arrière.

Compiègne

60200 Oise. Paris 81 – Amiens 82 – Beauvais 6 – St-Quentin 70 – Soissons 39.

Office du Tourisme : pl. de l'Hôtel-de-Ville
Tél. : 03 44 40 01 00. Fax : 03 44 40 23 28

Les souvenirs du Second Empire sont ici nombreux. On visite le château et son musée des Carrosses et de la voiture, son parc qui file en pente douce jusqu'à l'immense forêt. La promenade dans la vieille ville est comme une remontée lente vers le passé.

Hôtels-restaurants

Hostellerie Royal-Lieu 

9, rue de Senlis
Tél. : 03 44 20 10 24. Fax : 03 44 86 82 27
17 ch. 495 F. 3 suites. 1/2 pension 445 F
Menus : 160 F (sem.)-360 F. Carte : 300-400 F

Les chambres de style, le jardin sur l'arrière, lorgnant vers la forêt, donne sa touche de charme à cette auberge institution. On y nourrit le chaland avec égards. Asperges sauce maltaise, sandre au beurre rouge, pigeonneau à l'embeurrée de choux sont de très bon ton.

Hôtel des Beaux-Arts

33, cours Guynemer
Tél. : 03 44 92 26 26. Fax : 03 44 92 26 00
37 ch. 350-460 F. 13 suites

Cette demeure, qui fait face à l'Oise, abrite des chambres claires et de très bon confort, modernes, sans chichis. Pas de restaurant.

Nord

Pl. de la Gare
Tél. : 03 44 83 22 30. Fax : 03 44 90 11 87
Fermé sam. midi, dim. soir, 7-25 août
18 ch. 260-320 F
Menus : 145-220 F. Carte : 300-400 F

Connue et courue, face à la gare, cette belle maison s'est spécialisée dans les huîtres, poissons, coquillages et remplit fort bien son office.

Part des Anges

18, rue Bouvines
Tél. : 03 44 86 00 00. Fax : 03 44 86 09 00
Fermé sam. midi, dim. soir, lundi, août
Menus : 115-205 F. Carte : 200-300 F

L'accueil charmant, le décor rustico-moderne, la cuisine au gré du temps : voilà ce qui plaît chez les Moissinac. Huîtres tièdes en ravigote, escargots en galette de sarrasin, piccata de ris de veau au beurre citronné sont des mets très séducteurs.

Rive Gauche

13, cours Guynemer
Tél. : 03 44 40 29 99. Fax : 03 44 40 38 00
Fermé sam. midi, lundi, sf fériés
Menus : 135-165 F. Carte : 250-300 F

Avec l'Oise en contrepoint, cette table proche du centre joue fraîcheur et qualité en continu. On vient ici pour les mets du marché et les poissons cuisinés en finesse (queues de langoustines à l'huile de truffe, morue fraîche et pommes écrasées aux aromates), les jolis desserts (croustillant rhubarbe et réglisse) sans omettre une cave pleine de tentations à tous les prix.

Bistrot des Arts

35, cours Guynemer
Tél. : 03 44 20 10 10. Fax : 03 44 20 61 01
Fermé sam. midi, dim., fériés
Menus : 115-130 F. Carte : 180-220 F

Le bon rapport-qualité prix de la ville, c'est ce qu'offre Yves Méjean dans ce bistrot au cadre à l'ancienne. On vient ici pour l'ambiance mi-sophistiquée, mi-canaille, les vins bien choisis et tous ces mets de bon sens qui se nomment tête de porc en gelée persillée, tomates farcies en trois façons, joue de porc en cocotte, tarte minute renversée aux abricots. Les poissons et pas toujours les plus chers (pageot sur mousseline de petits pois et lardons) sont cuisinés avec malice. L'addition est douce, l'accueil au petit point.

A 60157 Rethondes, 10 km

Alain Blot

Tél. : 03 44 85 60 24. Fax : 03 44 85 92 35
Fermé sam. midi, dim. soir, lundi, fériés, 1er-15 janv., 4-18 sept.
Menus : 150 F, 210 F (sem.)-490 F
Carte : 350-600 F

Alain Blot a rebaptisé l'ancienne auberge du Pont de Rethondes à son enseigne. Signe qu'il est chez lui et chaque plat porte sa marque. De fait, ce Breton solide, vrai pro, technicien sûr, travaille des produits de première qualité, viande de qualité fermière, coquillages de premier ordre, poissons des côtes, gibiers en saison, qui ne souffrent guère de discussion. On vient ici pour la grande fête sans compter, d'autant que la vieille maison a été peaufinée avec soin et joliesse. Soupe crémeuse d'étrilles aux ravioles de crustacés, grosses langoustines rôties avec galette friande aux graines de sésame, tronçon de bar au four, volaille de Licques à l'ancienne au vin de voile et aux morilles, comme en Jura, belle assiette tout chocolat sont de bien belles choses. Grande cave, prix en rapport.

Concarneau

29900 Finistère. Paris 548 – Quimper 22 – Brest 93 – Lorient 51 – Vannes 103.

Office du Tourisme : quai d'Aiguillon
Tél. : 02 98 01 44. Fax : 02 98 50 88 81

Ce vrai port, qui fut jadis l'un des premiers de France, le souvenir des peintres et la beauté de la ville close, avec son musée de la Pêche, donnent envie de flâner sans trêve.

Restaurants

Chez Armande

15 bis, av. Dr-Nicolas
Tél. : 02 98 97 00 76. Fax : 02 98 97 00 76
Fermé merc., mardi sept.-juin, vac. fév., 1er-7 sept., vac. Noël
Menus : 102 F (déj.)-192 F. Carte : 220 F

Sympathique et avenante, cette table centrale, proche du marché, propose une cuisine bien faite et très fraîche. Fruits de mer, filet de barbe au beurre citronné, raie aux blancs de poireaux et cotriade sont le sérieux même.

 *indique une très bonne table.*

La Coquille

quai Moros
Tél.: 02 98 97 08 52. Fax: 02 98 50 69 13
Fermé dim. soir, lundi, 5-20 janv., 1er-15 mai
Menus: 120 F (déj.), 160-380 F. Carte: 300 F

Jean-François Lemaître a fait de cette maison de zone portuaire une adresse sérieuse quasi institutionnelle. Ses atouts: la fraîcheur imparable des poissons cueillis à la criée voisine et chez les copains pêcheurs. Thon décliné en carpaccio, rillettes, tartare, dos de moruette en croûte d'herbes, queue de lotte aux cocos de Paimpol, parfait au caramel d'orange font partie de ses bons tours, plus généreux que fins. Jolis tableaux bretons.

La Godille

20, av. Pierre-Guégen
Tél.: 02 98 97 40 32
Fermé dim. soir
Menus: 71 F (déj.), 89 F, 159 F

La providence de Concarneau, c'est cette adresse proprette avec terrasse, murs de pierre, service alerte, cuisine soignée, menus donnés où l'on offre salade buissonnière de coquillages, terrine de saint-jacques, belles huîtres creuses, panaché de poissons de ligne au beurre blanc, thon poêlé à la tomate, tarte aux pommes à l'ancienne et gratin de fruits frais qui sont la probité même.

Produits

CONSERVEUR

Gonidec

ZA de Keramporiel
Tél.: 02 98 50 55 10/02 98 97 07 09

Les sardines à l'huile, sous l'enseigne des Mouettes d'Arvor sont à ne pas manquer.

PRODUITS RÉGIONAUX

Ets Courtin

3, rue du Moros
Tél.: 02 98 97 01 80

Adorable boutique-capharnaüm, fameuse pour sa soupe de poissons conservée à demeure. Liqueurs, sardines et autres délicatesses bretonnes.

Rendez-vous

CRÊPERIE

Le Masson

1, rue de l'Alma
Tél.: 02 98 97 10 29

Cette adresse familiale fait avec aise dans les belles crêpes de blé noir et de froment. Les galettes aux pommes et pépites de chocolat valent le détour.

Condé-Northen

57220 Moselle. Paris 351 – Metz 20 – Thionville 48 – Pont-à-Mousson 52 – Sarrelouis 36.

Un bout de campagne mosellane. Il y a l'église, les fermes, les maisons modernes qui ont poussé comme par mégarde, cachées dans le recoin d'un buisson et puis une halte de bon ton.

Restaurant

Grange de Condé

Tél.: 03 87 79 30 50. Fax: 03 87 79 30 51
Fermé lundi
Menus: 45 F (enf.), 55 F (déj.), 75-250 F.
Carte: 200-250 F

Voilà une ancienne grange du pays, rutilante, refaite à neuf, avec son entrée ornée d'une rôtissoire géante, puis son dédale de salles diverses. La carte de Jean-Marie Visilit, ancien de l'Hôtel du Golf de Crans-sur-Sierre, offre tout ce que la campagne lorraine, ses bons produits, ses vertus rustiques, les traditions d'ici offrent de solide et de généreux: l'assiette parfumée de cochon de lait en gelée, les délicates grenouilles gratinées et décortiquées à la mode de Boulay, bien croustillantes, servies avec une fine crème au vin blanc, la fraîche tête de veau, les plats issus de la broche de haute taille que l'on admire à l'entrée – le jour de mon passage, c'est un poulet fermier que l'on propose avec la peau croustillante, puis, généreusement, un gratin dauphinois et des pommes sautées. Il y a encore le traditionnel vol-au-vent, les escargots au beurre persillé ou le friand lorrain, puis la truite aux amandes, l'andouillette au gris de Toul, le jarret à la bière sur son lit de choucroute, puis le sorbet aux mirabelles, comme une ode aux traditions d'avant.

Condrieu

69420 Rhône. Paris 500 – Lyon 41 – Annonay 34 – Rive-de-Gier 22 – Vienne 13.

Office du Tourisme: place du Séquoia N86
Tél.: 04 74 56 62 83. Fax: 04 74 56 62 83

Le nom du village à fleur du Rhône est célèbre: c'est celui d'un grand cru d'ici qui fleure bon la pêche et l'abricot.

Hôtels-restaurants

Hôtellerie du Beau Rivage

Tél.: 04 74 56 82 82. Fax: 04 74 59 59 36
25 ch. 680-850 F
Menus: 180 F (déj.)-620. Carte: 380-500 F

Cette ancienne maison de pêcheurs au bord du Rhône fut célèbre il y a vingt ans sous la houlette de Paulette Castaing. Reynald Donet, le chef, formé jadis chez Troisgros à Roanne, mais aussi Passédat à Marseille, et Pascal Humann, le gestionnaire, ont repris cette belle demeure qui charme sans mal, avec ses chambres cosy décorées de tissus de Pierre Frey, sa cuisine d'un classicisme mesuré, son service aux petits oignons, sa salle à manger panoramique, sa terrasse en ligne sur le fleuve. Carpaccio de thon, magnifique quenelle de brochet mousseuse au salpicon de crustacés, juteux suprêmes de pigeon au foie gras chaud et pêches de vigne, mille-feuille au parfait glacé de praliné sont d'une précision sans faille. Très belle cave, orientée bien sûr vers les meilleurs condrieu et côte-rôtie, présentés avec science.

La Reclusière

14, rte Nationale
Tél.: 04 74 56 67 27. Fax: 04 74 56 67 27
Fermé lundi soir, mardi
Menus: 140-250 F. Carte: 200-250 F

Martin Fleischmann, strasbourgeois bon teint, ancien du Buerehiesel et de l'Auberge de l'Ill, s'est installé dans un restaurant sis sur la grand-route avant Condrieu. Des menus adorables permettent à ce chef bûcheur de montrer son savoir-faire. Ballottine de lapin et filet de sandre au chou blanc et cumin, persillé de poisson au marsala, salmis de pigeon au vin rouge et clafoutis de mirabelles en saison sont de très bon ton. La cuisine, ici, prime le cadre.

Connelles

27430 Eure. Paris 107 - Rouen 38 - Les Andelys 13 - Vernon 35 - Evreux 33.

Dans un vallon pour Arsène Lupin, une Normandie d'autrefois, son paysage verdoyant, ses demeures d'un autre temps.

Hôtel-restaurant

Le Moulin de Connelles

D19
Tél.: 02 32 59 53 33. Fax: 02 32 59 21 83
Fermé dim. soir, lundi (oct.-avr.), nov., janv.- mars
7 ch. 550-850 F. 6 suites. 1 050 F.
1/2 pens. 560-725 F
Menus: 70 F (enf.), 140 F (déj.), 195-315 F

Ce manoir anglo-normand enjambe la rivière, s'y mire avec éclat, offre de jolies vues depuis le balcon de bois. Les chambres vastes et claires sont dotées de coins-salons, ainsi que de salles de bains aux carreaux modernes et lavabos montés sur bois en faïence vieux Rouen. De quoi donner envie de venir passer un week-end romantique. La cuisine joue la Normandie au goût du jour, avec foie gras au pommeau, canard au miel d'orange, tarte fine aux pommes.

Conques

12320 Aveyron. Paris 611 - Figeac 45 - Aurillac 53 - Rodez 37 - Espalion 51.

Une merveille que cette église Sainte-Foy, son tympan, son trésor et son village qu'on découvre au détour d'un vallon perdu du Rouergue.

Hôtel-restaurant

Hostellerie Sainte-Foy

Rue Principale
Tél.: 05 65 69 84 03. Fax: 05 65 72 81 03
17 ch. 490-990 F. 1/2 pens. 525-630 F
Menus: 100 F (déj.), 165-290 F

Cette simple maison du village est un trésor pour son allure XVIIe sans apprêt, ses vieux meubles, son accueil adorable, ses chambres coquettes, ses couloirs sobres, son atmosphère chaleureuse. Ajoutez-y une cuisine de pension et des menus qui chantent l'Aveyron profond et vous aurez vite le coup de cœur.

Le Conquet

29217 Finistère. Paris 617 - Brest 24 - Brigognan 56 - St Pol de Léon

Une manière de bout de monde: cette plage brestoise par excellence est l'avancée terrestre vers l'Ile d'Ouessant et Molène. L'abbaye, les phares, le port: tout ici vaut le voyage.

Hôtels-Restaurants

Le Relais du Vieux Port

1, quai du Drellac'h
Tél.: 02 98 89 15 91
Fermé janv.
7 ch. 210-320 F
Menu: 110 F. Carte: 150 F

Des chambres adorables, plutôt vastes, face au port, avec leurs murs peints au pochoir, les couleurs gaies, le décor de la salle à manger genre taverne charmante où l'on sert belles crêpes, assiette conquetoise avec pinces de crabe, pommes de terre et salade verte, fricassée de langoustines ou divers plats du jour, salades, soupe de poisson, plateaux de fruits de mer, escalope de veau à la crème dans une atmosphère conviviale à prix cadeau : voilà qui s'appelle une aubaine.

A la Pointe de St Mathieu : 4km S.

Hostellerie de la Pointe St-Mathieu

Tél. : 02 98 89 00 19. Fax : 02 98 89 15 68
Fermé mi-janv.-mi-fév. (res. dim. soir sf été).
21 ch. 280-650 F. 1/2 pens. 330-500 F.
Menus : 98 (déj.), 155-320 F. Carte : 350 F

Des chambres modernes, claires et lumineuses dans une auberge d'un autre temps à deux pas de la mer, un bar alerte et une salle cossue et empierrée : voilà ce qui vous attend dans ce presque bout du monde, en sus d'un accueil adorable et d'une table fort sérieuse. Philippe Corre mitonne des plats exquis : huîtres creuses et plates avec fricassée de légumes aigre-doux, langoustines cuites dans leur coquille parfumée aux mousserons, vol au vent de la mer, rouget en crépine avec galette de pomme de terre au crabe et au chou. Certes, le chariot de desserts est plus banal. Mais l'ensemble fait une maison de qualité.

A 29280 Locamaria-Plouzané : 7 km par rte de Brest

La Coromandière

Plage de Trégana
Tél. : 02 98 48 92 53
Carte : 100 F

Ouverte tous les jours, cette crêperie adorable sise dans une demeure ancienne face à l'océan offre un point de vue superbe la mer, mais aussi l'étape de choix dans un intérieur breton authentique. Mobilier en bois, chiné avec amour, vieilles pierres, terrasse : on est dans la carte postale. O miracle : les galettes (notamment la complète à l'andouille) sont exquises, l'accueil adorable et les prix doux. Réservez !

Conteville

27210 Eure. Paris 179 - Le Havre 31 - Evreux 81 - Honfleur 14 - Pont-Audemer 13.

L'un des jolis villages augerons se gagne, côté Val de Seine, en suivant la route des pommiers.

Restaurant

Auberge du Vieux Logis

Tél. : 02 32 57 60 16. Fax : 02 32 57 45 84
Fermé dim. soir, lundi oct.-mars, 16-24 fév., 19-23 juin, 13-23 nov.
Menus : 145 F (déj.), 198-350 F. Carte : 300-500 F

Sous sa façade ancienne, face à l'église, l'auberge d'antan a fait peau neuve (un incendie l'y a obligé). Guillaume Louet, passé chez Robuchon jadis au Nikko, a repris la demeure familiale, conservant, à côté d'un registre moderne un peu sudiste (turbot au risotto de champignons, saint-jacques antiboise), des mets de grande tradition. Le foie chaud aux pommes dans sa feuille d'épinard, la sole normande avec moules, saint-jacques, crevettes, le cabillaud à l'andouille, le fameux caneton François Rever découpé au guéridon avec toast au foie, sans omettre son baluchon de pommes avec sabayon au calva témoignent d'idées justes et d'un respect du terroir fort louable.

Produits

CHARCUTIER

J. Lukas

Tél. : 02 32 57 60 18

Ce remarquable artisan mitonne boudin, andouillette, tripes, pâté de tête avec un doigté d'orfèvre.

Contrexéville

88140 Vosges. Paris 337 - Epinal 48 - Langres 68 - Nancy 81 - Neufchâteau 28.

Office du Tourisme : rue du Shah-de-Perse
Tél. : 03 29 08 08 68. Fax : 03 29 08 25 40

Mise à la mode au XVIIIe par Stanislas, duc de Lorraine, suivi par toutes les cours d'Europe, cette station thermale possède encore bien du charme. Que reste-t-il des souvenirs du Shah, du grand duc Wladimir, du prince de Grèce, venus boire à la source du Pavillon qui fait miracle en urologie ?

Hôtels

Cosmos

Rue de Metz
Tél. : 03 29 07 61 61. Fax : 03 29 08 68 67
Fermé mi-oct.-mi-avril
75 ch. 465-520 F. 1/2 pens. 480 F
Menu : 210 F

Ce bel hôtel de cure domine la station sur une butte. Cachet d'autrefois, vastes chambres et salle à manger à l'ancienne sont au programme. Avec une cuisine fraîche, maligne. Poêlée de langoustines en coque de tomate, pavé de lieu aux herbes séchées et rouget au fenouil jouent plaisamment la carte diététique.

L'Etablissement

Parc thermal
Tél. : 03 29 08 17 30. Fax : 03 29 08 92 38
35 ch. 335-380 F. 1/2 pens. 453 F
Menu : 210 F

Coquet, central, charmeur, suranné, ce grand hôtel de ville d'eau avec vue sur les thermes n'a plus sa splendeur d'autrefois.

Certaines chambres ont été rénovées avec bonheur, la carte n'est pas maladroite et le menu minceur est une invite.

Cordes-sur-Ciel

81170 Tarn. Paris 665 - Toulouse 82 - Albi 26 - Rodez 87 - Villefranche-de-Rouergue 48.

Office du Tourisme : maison Fonpeyrouse
Tél. : 05 63 56 00 52. Fax : 05 63 56 19 52

«A Cordes où tout est beau, même le regret», écrivait Camus dans ce village que l'on suspendit au ciel sur sa butte. D'admirables demeures Renaissance sont là pour le plaisir du regard.

Hôtels

Grand Ecuyer

Tél. : 05 63 53 79 50. Fax : 05 63 53 79 51
Fermé 11 oct.-Pâques, (res.) lundi sf saison, déj. en sem.
13 ch. 600-850 F. 1/2 pens. 680
Menus : 170-470 F. Carte : 400-600 F

Un quart de siècle déjà qu'il s'est installé ici, Yves Thuriès, après avoir été maître-pâtissier à Gaillac, où il forma, entre autres, Michel Belin devenu l'un des meilleurs chocolatiers hexagonaux, à Albi. Compagnon du Tour de France, auteur d'un manuel de la pâtisserie qui fait référence, il a trouvé là son havre. Dans une maison gothique, ce sont des chambres de grand charme ayant vue sur la vallée, des salons quiets, des salles à manger qui jouent le grand genre, quoique sans ostentation, un service jeune et enthousiaste, un sommelier plein de compétence pour une carte des crus riche en grandes bouteilles de tous les vignobles vendues à prix de raison. Le style de la cuisine ? Esthétisant, conforme à celui d'un pâtissier ayant épousé la noble cause du salé. L'œil est flatté dès l'abord par les légumes, les herbes et les fruits, disposés comme pour un tableau. Mais le goût n'est pas oublié pour autant. Jouant le mariage aigre-doux, l'acidulé, le sucré-salé bien tempéré, Thuriès donne comme une leçon de vie. Le saumon à l'orange, le composé de jeunes asperges et lapereau avec crème battue aux pistils de safran et herbes cristallisées, le sandre rôti aux grains de poivre, le méli-mélo d'agneau frotté de piment d'Espelette, enfin le craquelin givré aux fruits exotiques avec nougatine et sauce créole : voilà une symphonie de bel équilibre, auquel on ajoutera les beaux vins de Gaillac, les fromages affinés du Tarn, un décor médiévalisant qui forme un écrin pour un repas de fête.

Hostellerie du Vieux Cordes

Tél. : 05 63 53 79 50. Fax : 05 63 56 02 47
Fermé (res. lundi hs), janv.-fin-fév.
29 ch. 280-390 F. 1/2 pens. 650 F
Menus : 55 F (enf.), 88 F

La seconde maison d'Yves Thuriès, sis dans les murs d'un ancien monastère, propose le bon gîte dans des chambres décorées avec sobriété, ainsi que quelques unes au calme dans une demeure dite de la Cité, à fond de cœur d'une demeure du XIIIe. Restauration fort bien faite sur un thème double : saumon et canard. Jolis desserts, beaux vins régionaux, repas au patio.

Cordon : voir Sallanches

Cormeilles-en-Vexin : voir Environs de Paris

Correns : voir Lorgues

Corse

Entre mer et montagne, l'île de Beauté offre villages accrochés aux collines, plages douces, ports ouverts, et surtout produits, vins, poissons dignes de sa gourmandise méditerranéenne.

Ajaccio

20000. Bastia 146 - Bonifacio 136 - Calvi 164 - Corte 77 - L'Ile-Rousse 140.

Office du Tourisme : bd du Roi-Jérôme
Tél. : 04 95 23 56 56. Fax : 04 95 51 53 01

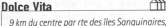

Hôtels-restaurants

Dolce Vita 

9 km du centre par rte des îles Sanguinaires,
Tél. : 04 95 52 42 42. Fax : 04 95 52 07 15
Fermé 20 janv.-20 mars
32 ch. 1/2 p. 950-1 100 F
Menus : 220-320 F. Carte : 350-450 F

La situation est paradisiaque, la vue sur le golfe et les îles superbe, les chambres sont charmeuses. Mais il y a aussi la cuisine inspirée par le pays qui est la sagesse même. Raviolis au bruccio, gâteau aux anchois, langoustines rôties en croûte de cheveux d'ange avec leur cannelloni d'aubergine, pavé de denti croustillant à l'émincé d'artichaut et daurade royale farcie à l'ancienne s'accompagnent des meilleurs vins de l'île. Accueil adorable.

La Funtana

9, rue Notre-Dame
Tél. : 04 95 21 78 04. Fax : 04 95 51 40 56
Fermé dim., lundi, 20 juin-20 juil.
Menus : 80 F (sem.), 150-290 F. Carte : 300 F

Emmanuel Fonteyne natif des Landes a fait de cette table, proche de la cathédrale, la table sérieuse de la ville. Le cadre est soigné, dans trois salles claires où l'on a plaisir à s'asseoir. Et ses escargots au jambon, poêlée de calmars aux poivrons, pigeon au xérès, gâteau de porcelet aux châtaignes sont très séducteurs.

A 20167 Plaine de Cuttoli, 15 km, par rte de Bastia, D1, rte de Bastelicaccia

U Licettu

Tél. : 04 95 25 61 57. Fax : 04 95 53 71 00
Fermé lundi sf juil.-août
Menu : 220 F

Le menu unique, les truites de torrent, la tarte ou le canellonni au brocciu, le chevreau rôti, les charcuteries maison, les figatelli : tout ici fait simplement plaisir. Y compris les repas au jardin dans une ambiance familière.

A Casetta

Tél. : 04 95 25 66 59. Fax : 04 95 25 87 67
Fermé dim. soir (hs), lundi
Menus : 100 F (déj.), 160-190 F. Carte : 200-250 F

La gentillesse des prix, l'accueil, les grillades, le jardin font de cette petite adresse un bonheur rustique.

Bastia

20200. Ajaccio 146 - Bonifacio 169 - Calvi 91 - Corte 70 - Porto 135.

Office du Tourisme : pl. Saint-Nicolas
Tél. : 04 95 55 96 96. Fax : 04 95 55 96 00

Hôtels-restaurants

Posta Vecchia 

Tél. : 04 95 32 32 38. Fax : 04 95 32 14 05
49 ch. 250-410 F

A qui veut dormir au cœur de la vieille ville, cette étape modeste offre une alternative de choix. Pas de restaurant, certes, mais un accueil aimable et des chambres petites, quoique de très bonne tenue.

La Citadelle 

6, rue du Dragon/rue Sainte-Croix
Tél. : 04 95 31 44 70. Fax : 04 95 32 77 53
Fermé sam. midi, dim.
Menu : 180 F. Carte : 250 F

Cet ancien moulin à huile, qui offre le spectacle de son pressoir et de sa meule, propose, à prix sages, le meilleur de la pêche du moment, accommodé sans inutile afféterie. On se fait plaisir avec les ravioles de saumon aux cèpes, le loup en croûte de sel, le mille-feuille de nougatine aux fruits rouges ou le feuilleté à l'orange.

A Casarella

6, rue Sainte-Croix. Tél. : 04 95 32 02 32
Fermé sam. midi, dim. nov.
Menu : 130 F (déj.) F. Carte : 150-250 F

Dans le quartier de la citadelle, ce bistrot avec vue nourrit son monde dans la gaieté. On profite de la véranda en terrasse pour goûter charcuteries corses et pêche du jour, sagement accommodées et gentiment tarifées.

Lavezzi

8, rue Saint-Jean. Tél. : 04 95 31 05 73
Fermé dim. (sf dîn. été), 15 fév.-15 mars
Menu : 130 F. Carte : 180 F

Depuis trois générations, on sert, au-dessus du port, chez les Lavezzi le meilleur et le plus frais de la pêche du jour. Les prix sont sages, l'atmosphère simple et conviviale, les footballeurs du Sporting Club de Bastia, leur «coach» Frédéric Antonietti en tête, sont des habitués. On goûte ici, dans la gaîté, loup farci au brocciu, chapon grillé, pageot au four, tarte aux figues.

A Palagaccio, 2,5 km par D80

L'Alivi

Tél.: 04 95 55 00 00. Fax: 04 95 31 03 95
Fermé 20 déc.-3 janv.
37 ch. 550-780 F

On découvre ce bel établissement avec vue sur la route du cap Corse. Les chambres bien équipées, modernes, fonctionnelles, la piscine, le panorama splendide sont des atouts de choix.

A Pietranera, 3 km par D80 et D131

Pietracap

Tél.: 04 95 31 64 63. Fax: 04 95 31 39 00
Fermé 1er déc.-31 mars
39 ch. 660-850 F

Cette grande maison moderne qui lorgne sur la mer offre le confort de ses bonnes chambres standardisées, sa piscine, son parc aux beaux arbres et aux parterres fleuris.

A San Martino di Lota, 13 km par D80 et D131

La Corniche

1, bd Castagneto
Tél.: 04 95 31 40 98. Fax: 04 95 32 37 69
Fermé janv, rest. dim. soir, lundi (hs)
18 ch. 320-490 F. 1/2 pens. 380-420 F
Menus: 95 F (sem.), 130-220 F. Carte: 300 F

Cette belle demeure aux chambres simples mais de bon ton offre sa vue sur la mer, son accueil soigné et souriant, sans omettre une cuisine largement marine de bon aloi, sous la houlette du très régulier Christophe Giraud. La soupe d'araignée, l'aile de raie en ravigote d'herbes, le denti grillé, mais aussi l'agneau de lait du pays en croûte d'olives, le cochon de lait braisé à la sauge, le moelleux à la farine de châtaignier et le pain d'épice au miel sont d'une franchise de goût sans faille. Belle terrasse au panorama superbe. Piscine, jardin.

Bonifacio

20169. Ajaccio 137 – Corte 149 – Sartène 53.

Office du Tourisme : 2, rue Fred-Scamaroni
Tél. : 04 95 73 11 88. Fax : 04 95 73 14 97

Hôtels-restaurants

Genovese

Ville haute
Tél.: 04 95 73 12 34. Fax: 04 95 73 09 03
Fermé déc.-fév. 14 ch. 1 300-1 500 F

Cette grande villa de style de Riviera propose ses chambres de luxe, modernes, spacieuses et lumineuses, parfaites pour un séjour au calme. Situation en retrait sur les falaises de la ville haute.

Trama

Rte Santa-Manza, E. 2 km
Tél.: 04 95 73 17 17. Fax: 04 95 73 17 79
Fermé 4-31 janv., (res.) déc., janv.
25 ch. 1 000 F. Menus: 135-175 F

Grand calme sans anicroche pour ce domaine sis dans un vaste parc nourri d'oliviers. Chambres spacieuses dans des bungalows, bonne cuisine avec les produits du pays.

Le Voilier

A La Marine
Tél.: 04 95 73 07 06. Fax: 04 95 73 14 27
Fermé dim. soir, lundi oct.-déc., janv., fév.
Menus: 50 F (enf.), 110-240 F. Carte: 300 F

La terrasse donne sur le quai, la salle à manger est raffinée, le service assez prompt et les poissons servis sont apportés par les pêcheurs locaux. Soupe de poissons de roche, loup, denti, pageot cuisinés simplement séduisent sans mal.

Calvi

20260. Bastia 91 – Corte 88 – L'Ile-Rousse 24 – Porto 71.

Office du Tourisme : port de Plaisance
Tél. : 04 95 65 16 67. Fax : 04 95 65 14 09

Hôtels-restaurants

La Villa

Chemin de Notre-Dame de la Serra
Tél.: 04 95 65 10 10. Fax: 04 95 65 10 50
Fermé 3 janv.-31 mars
42 ch. et 9 suites: 2 200-3 200 F. Carte: 550-700 F

Bien sûr, les tarifs ne font rire personne. Mais la situation de ce Relais & Châteaux, ancien monastère mais aussi villa romaine, sur les hauteurs de la ville, comme perché entre mer et montagne, est splendide. Les chambres sont luxueusement sobres, la cuisine fort soignée, aux couleurs du pays. Superbes terrasses, piscine, calme garanti.

Emile's

Quai Landry
Tél.: 04 95 65 09 60
Fermé mardi (hs), oct.-mi-mars
Menus: 110-250 F. Carte: 250-350 F

La qualité poissonnière de cette adresse de bord de port, comme le décor bien mis en font la belle. Huîtres fumées en gelée d'eau de mer, loup vanillé avec sa semoule se dégustent sur la terrasse panoramique.

Calellu

Quai Landry. Tél. : 04 95 65 22 18
Fermé lundi (hs), nov.-fév.
Menus : 120-140 F. Carte : 220 F

Sympathique, rustique, sans façons, cette petite maison sur le port propose, apprêtée avec franchise, la petite pêche rapportée par les pêcheurs en contrebas.

L'Ile-Rousse

20220. Bastia 67 - Calvi 24 - Corte 64.
Office du Tourisme : 7, pl. Paoli
Tél. : 04 95 60 24 74. Fax : 04 95 28 34 02

Hôtels-restaurants

Santa Maria

Rte du Port
Tél. : 04 95 63 05 05. Fax : 04 95 60 32 48
56 ch. 650-730 F

Juste avant le pont menant sur l'île de Pietra, ce bâtiment moderne à flan de mer offre chambres panoramiques pas toujours grandes, quoique bien équipées et clairest. Piscine.

A Monticello, 4,5 km par D63, S.-E.

Pasturella

Tél. : 04 95 60 05 65. Fax : 04 95 60 21 78
Fermé 1er nov.-15 déc. rest. dim. soir mi-déc.-mars
12 ch. 270-360 F. 1/2 pens. 365 F
Menus : 140 F (sem.)-200 F. Carte : 220 F

Le village perché sur la corniche Paoli est pittoresque. La demeure est accueillante avec ses chambres simples, mais bien tenues. Côté cuisine, les brigantines au brocciu, les poissons de la pêche du jour (pageot, denti), le saltimbocca de veau et le tiramisu se mangent tout seuls. Prix sages.

Peri

20167. Ajaccio 26 - Corte 68 - Propriano 83 - Sartène 95.

Restaurant

Chez Séraphin

Tél. : 04 95 25 68 94. Fax : 04 95 25 68 94
Fermé lundi, 1er juil.-30 sept., w.-e.
20 nov.-30 juin
Menu : 200 F (vin c.)

La terrasse sur la place du village, la charcuterie familiale, les figatelli, les beignets de courgettes, les truites poêlées, l'agneau simplement grillé aux herbes, le fromage de brebis et le vin frais en pichet : ce peut être simplement cela le bonheur.

Poët-Laval : voir Dieulefit

Pornichet : voir La Baule

Porticcio

20166. Ajaccio 19 - Sartène 68.

Hôtels-restaurants

Le Maquis

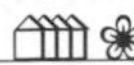

Tél. : 04 95 25 05 55. Fax : 04 95 25 11 70
Fermé 3 janv.-5 fév.
19 ch. 1 800-2 700 F. 1/2 pens. 1 170-1 620 F
Menus : 290 F (dîn. slt). Carte : 350-500 F

La demeure a le charme ancien, quoique les chambres aient été fort joliment refaites. Le site, celui du golfe d'Ajaccio, est splendide. Au restaurant dit « l'Arbousier », la cuisine, très poissonnière, a le goût du pays.

Sofitel

Tél. : 04 95 29 40 40. Fax : 04 95 25 00 63
98 ch. 1 520-2 570 F
Menus : 130 F (enf.), 200 F, 380 F

Ce blockhaus années soixante-dix - ce fut d'abord un Sheraton - a pris sa vitesse de croisière. On y vient pour des cures de remise en forme (le centre de thalassothérapie est contigu), le repos, la halte paisible.

Porto

20150. Ajaccio 84 - Corte 87 - Calvi 71 - Evisa 23.

Hôtels-restaurants

Belvédère

A la Marine
Tél. : 04 95 26 12 01. Fax : 04 95 26 11 97
21 ch. 500-600 F

A pied de la tour génoise qui veille sur le port et la rade, cet hôtel moderne propose des chambres fonctionnelles, sans charme certes, mais bien adaptées à un séjour sans heurt. Belle vue.

Bella Vista

Tél. : 04 95 26 11 08. Fax : 04 95 26 15 18
Fermé nov.-mars
18 ch. 400-450 F. 1/2 pens. 350-450 F
Menus : 100 F (déj.), 140-200 F. Carte : 220 F

La vue est belle sur le cap d'Orto, les chambres sans luxe, mais bien tenues. La cuisine est gentiment familiale, avec les charcuteries mitonnées à demeure et les poissons des pêcheurs amis.

A Ota, 4 km par D124, E.

Chez Felix

Tél. : 04 95 26 12 92. Fax : 04 95 26 12 92
Menu : 110 F

Le village perché est comme accroché à la montagne. L'auberge a le pittoresque authentique, proposant, outre un accueil chaleureux, charcuteries maison, omelette au brocciu, chevreau rôti, fiadone.

Porto-Vecchio

20137. Ajaccio 130 – Bonifacio 27 – Corte 121 – Sartène 61.

Office du Tourisme : rue du Dr-Camille-de-Rocca-Serra. Tél. : 04 95 70 09 58 Fax : 04 95 70 03 72

Hôtels-restaurants

Belvédère

Rte plage de Palombaggia
Tél. : 04 95 70 54 13. Fax : 04 95 70 42 63
Fermé 15 janv.-1er mars
16 ch. 1 900-2 400 F. 1/2 pens. 1 240-1 440 F
Marie Tarra : dîn. slt. Menus : 230-320 F

Nous avons connu Bernard Bach à Deauville (l'Augeval) : il arrivait de Toulouse. Le voilà dans ce bel hôtel avec plage, piscine, chambres soignées, bungalows dans les pins, jardin, restaurant en rotonde. La cuisine qu'il signe est pleine de fraîcheur et de délicatesse, non sans certaines touches rustiques. Crépinettes de cochon de lait aux herbes potagères, rouille de rouget aux pâtes fraîches, dos de loup au concassé de poivre, confit de lapereau à la polenta, fiadone à l'écorce de citron et sa glace au romarin sont pleins de saveurs séductrices.

L'Orée du Maquis

Trinité Nord
5 km, ch. de la Lézardière
Tél. : 04 95 70 22 21. Fax : 04 95 70 22 21
Fermé dim. soir, déj. sem., lundi (hs), sept., lundi-jeudi oct.-avril, nov., fév.
Menus : 280-330 F

Cette jolie villa avec terrasse délivre une cuisine pleine de fraîcheur. Langoustines au beurre d'orange, rougets à la moutarde violette, agneau au romarin, crème brûlée et fruits rouges en infusion de menthe sont servis avec grâce et gentillesse par Danielle et Gérard Carteaud.

A 20137 Cala Rossa. 10 km par N198 et D468

Grand Hôtel Cala Rossa

Tél. : 04 95 71 61 51. Fax : 04 95 71 60 11
Fermé janv.-mi-avril, rest. dim. soir, lundi, mardi midi (6 nov.-17 déc.)
49 ch. 1/2 pens. 1 550-2 100 F
Menus : 220 F (déj.), 500-550 F

Seigneur de l'hostellerie corse, Toussaint Canarelli a fait de sa belle demeure, agrandie et peaufinée au fil des ans sans perdre son âme, la référence corse en la matière. Il y a la beauté du site dans les pins, les plaisirs de la gourmandise sans ombre, une cave qui fait la part belle à tous les vins corses, un cadre digne de ce nom, avec faïence et teintes pastel couleur soleil. Bref, autant dire que Cala Rossa mérite à elle seule le voyage en Corse. Ajoutez-y les filets de sardines au confit d'aubergines, les cannelloni froids de seiches avec langoustines poêlées et beignets de courgettes, la galette de socca à l'araignée, le chapon de mer au jus de poisson de roche, le feuillet de tiramisu avec sa sauce au café torréfié ou encore les croustillants de poire au miel de châtaignier et vous comprendrez qu'on rêve ici de prendre pension.

Quenza

20122. Ajaccio 83 – Porto-Vecchio 47 – Sartène 38 – Bonifacio 75.

Hôtel-restaurant

Sole et Monti 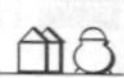

Tél. : 04 95 78 62 53. Fax : 04 95 78 63 88
Fermé mi-oct.-mi-avr.
20 ch. 400-800 F. 1/2 pens. 400-600 F
Menus : 65 F (enf.), 150 F (déj.)-250 F

Félicien Balesi a fait de cette auberge rustique, dédiée au soleil et à la montagne, un joyeux repaire de gueule. Le jambon séché à la maison, les meilleurs poissons du moment, les gibiers en saison, l'agneau, le chevreau, la volaille nourrie au grain, le porc aux châtaignes ont droit de cité sur sa carte changeante. Faites-lui confiance pour un repas de fête comme pour une agape entre amis sur le pouce, entre deux randonnées. C'est bien le diable si vous n'êtes pas séduit.

Sartène

20100. Ajaccio 85 – Bonifacio 53 – Corte 148.

Restaurant

Auberge Santa Barbara

Rte de Propriano
Tél. : 04 95 77 09 06. Fax : 04 95 77 09 09
Fermé lundi (hs), mi-mars-mi-oct.
Menu : 155F.

Dans la plus corse des villes corses, selon le mot de Mérimée, toutes les dames n'arborent pas la robe noire. Ainsi, Gisèle Louchi qui cuisine, fichu blanc sur la tête et tablier immaculé, les meilleurs produits des jardins corses, de la mer et de l'arrière-pays. Sa demeure soignée est posée comme une vigie gourmande, juste au pied de la vieille cité. Et l'on prend soin de réserver pour goûter ses tripettes, ses canneloni ou son omelette au bruccio, son divin carré d'agneau aux herbes, son pain perdu aux poires et au miel, sans omettre le poisson de la pêche du jour ou le joli gibier ramené par les chasseurs en saison. Le menu-carte est une bénédiction.

Le Coteau: voir Roanne

La Cotinière: voir Oléron

Coudekerque-Branche: voir Dunkerque

Couilly-Pont-aux-Dames

77860 Seine-et-Marne. Paris 45 – Coulommiers 21 – Lagny-sur-Marne 12 – Meaux 9 – Melun 47.

Au cœur de la Brie gourmande et fromagère, une halte juste pour le plaisir buissonnier.

Restaurant

Auberge de la Brie

Rte de Quincy
Tél.: 01 64 63 51 80. Fax: 01 64 63 51 80
Fermé dim. soir, lundi, mardi midi, vac. fév., 7-29 août
Menus: 80 F (enf.), 165 F (déj.), 230-395 F
Carte: 350-500 F

Formé chez Meneau à Vézelay et Tingaud à l'Auberge de Condé, Alain Pavard a fait de cette tranquille auberge briarde une table de bon aloi. Ce jeune loup bien dans son terroir est un classique qui sait jouer les produits nets et les alliances sûres. Pas de goûts brusques, ni de notes mal assaisonnées, mais du bon, du sûr, de l'éprouvé que révèlent le mille-feuille de homard aux tomates confites, le dos de bar aux huîtres, le filet de saint-pierre au foie gras poêlé, le soufflé glacé au Grand Marnier qui sont d'une perfection très grande bourgeoise. Charmant accueil de Céline Pavard.

Coulon

79510 Deux-Sèvres. Paris 420 – La Rochelle 63 – Fontenay-le-Comte 25 – Niort 11.

Office du Tourisme: pl. de l'Eglise
Tél.: 05 49 35 99 29. Fax: 05 49 35 84 31

La porte du marais Poitevin. De là, embarquez-vous pour une croisière paisible dans une cathédrale naturelle...

Hôtels-restaurants

Au Marais

46 quai Louis-Tardy
Tél.: 05 49 35 90 43. Fax: 05 49 35 81 98
Fermé 25 déc.-4 fév.
18 ch. 360-360 F

Installé dans une maison du pays, un petit hôtel face à la Sèvre niortaise, avec ses chambres gaies et claires, malgré des salles d'eau un peu sommaires et un accueil un peu court. De là, tout le pays vous tend les bras.

Central

Pl. de l'Eglise
Tél.: 05 49 35 90 20. Fax: 05 49 35 81 07
Fermé dim. soir, lundi, 4-21 fév., 2-19 oct.
Menus: 53 F (enf.), 99-205 F. Carte: 200 F

Anny Monnet est au marais Poitevin ce que la Mère Blanc fut à la Bresse et la Mère Brazier au Lyonnais: une codificatrice du bon goût et des usages locaux. Chez Dame Anny, pas de luxe, ni de malice superflue. Monsieur est en salle, dans un cadre d'auberge distinguée, mais qui reste une maison de village. Madame aux fourneaux, avec son beau tablier blanc, propose les escargots petits-gris farcis, la fricassée d'anguilles, toute simple et toute bonne, en persillade, la mouclade saintongeaise et les huîtres chaudes de Marennes aux pointes d'orties sauvages, en hommage aux petits «pays» voisins, comme le tendre canard de Challans aux choux et la crème brûlée à l'angélique de Niort.

Auberge de l'Ecluse

La Sotterie
Tél.: 05 49 35 90 42
Fermé dim. soir, lundi, janv.-fév.
Menus: 95-180 F. Carte: 200 F

Escargots, agneau aux mojettes, mais aussi anguilles terminées à l'ail et au persil, et puis farci poitevin et jambon chaud: c'est ce que l'on vous servira avec gentillesse dans une demeure rustique de bord de canal. Prix fort sages, beaucoup de gentillesse à l'accueil et une cuisine mitonnée avec patience et cœur.

Courcelles-sur-Vesle

02220 Aisne. Paris 122 – Reims 37 – Fère-en-Tardenois 19 – Laon – Soissons 21.

L'Aisne tranquille, avec le cours de la Vesle, semée d'églises, de vieux villages et de châteaux, comme celui-ci.

Hôtel-restaurant

Château de Courcelles 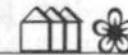

Tél.: 03 23 74 13 53. Fax: 03 23 74 06 41
15 ch. 800-1 650 F. 1/2 pens. 780-1 255 F
Menus: 90 F (enf.), 170 F (déj.), 240-450 F

Une allure de demeure particulière sous une façade de château XVIIIe: voilà ce que vous trouverez ici avec des chambres décorées genre Roche et Bobois (la 6 avec ses quatre fenêtres, son coin-salon, sa cheminée est superbe), une salle à manger de charme, une cuisine au petit point, un parc avec sa rivière.

Courchevel

73120 Savoie. Paris 660 – Albertville 52- Chambéry 99 – Moûtiers 25.

Office du Tourisme : La Croisette
Tél. : 04 79 00 98 00. Fax : 04 79 08 15 63

Courchevel n'est pas seulement la plus grande piste skiable d'Europe, les Trois-Vallées s'étendent sur 600 kilomètres, c'est aussi la seule station gastronomique avec deux tables reconnues depuis déjà quelques années : Chabichou et le Bateau ivre. Conçu avec intelligence, le village qui monte jusqu'à 2000 mètres a construit ses hôtels autour du bas des pistes, ce qui permet d'y accéder aisément.

Hôtels

Byblos des Neiges

Au jardin Alpin
Tél. : 04 79 00 98 00. Fax : 04 79 00 98 01
Fermé mi-avril-mi-déc.
66 ch. (1/2 pens. slt) 1 920-2 690 F
La Clairière
Menus : 100 F (enf.), 360 F (déj.), 400 F

Hôtel de luxe avec belle terrasse, ce palace aux allures de chalet savoyard offre tout le confort que l'on attend d'un tel établissement : piscine, sauna, salle de sport, institut de beauté. Deux belles tables dont une gastronomique, l'Ecailler (voir restaurants).

Les Airelles

Au jardin Alpin
Tél. : 04 79 09 38 38. Fax : 04 79 08 38 69
Fermé 16 avril-14 déc.
52 ch. 3 500-6 400 F. 1/2 pens. 2 050-3 500 F
Table du Jardin
Menus : 320 F, 390 F (déj.), 520-1 000 F
Coin Savoyard
Menus : (dîn. slt) 400 F

Ce petit palace de style autrichien, vielles pierres et tissus chaleureux, se décline du décor jusqu'au personnel, vêtu à la tyrolienne. Jolis balcons, chambres raffinées, façade peinte : on songe au Posthotel de Lech dans le Vorarlberg. Raymonde Fenestraz, Savoyarde amoureuse de sa montagne, a réalisé son rêve d'enfant. Piscine et jacuzzi sont de belles invites afin de se mettre en forme pour déguster l'exquise cuisine savoyarde ou celle plus créative.

Alpes Hôtel du Pralong

Rte Altiport
Tél. : 04 79 08 24 82. Fax : 04 79 08 36 41
Fermé mi-avril-mi-déc.
57 ch. (1/2 pens. slt) 1 150-1 900 F
Menus : 400-600 F

Planté au sommet des pistes, ce grand rectangle qui s'est réchauffé un tantinet offre un intérieur confortable et de grand standing. Piliers des Relais & Châteaux (ils tiennent, hors saison, le Castel Novel à Varetz), les Parveaux ont aménagé des chambres chaleureuses. L'accueil est convivial et la cuisine soignée.

Annapurna

Rte Altiport
Tél. : 04 79 08 04 60. Fax : 04 79 08 15 31
Fermé 23 avril-15 déc.
66 ch. 2 010-4 000 F. 1/2 pens. 1 500-1 880 F
Menus : 295 F (déj.), 350 F

De plain-pied sur les pistes, cet hôtel futuriste offre vue splendide et accès immédiat aux remontées mécaniques.

Bellecôte

Rue Bellecôte
Tél. : 04 79 08 10 19. Fax : 04 79 08 17 16
Fermé 16 avril-15 déc.
52 ch. (1/2 pens. slt) 1 450-1 840 F
Menus : 280-370 F

Ce bel hôtel a l'originalité d'offrir un décor entre le rustique chalet de montagne et le raffinement asiate. Les portes afghanes sont sculptées, les meubles viennent du Népal ou du Cambodge, et la cuisine est savoyarde et actuelle. Belles chambres et confort d'usage, piscine sauna et jacuzzi.

Carlina

Tél. : 04 79 08 00 30. Fax : 04 79 08 04 03
Fermé 17 avril-15 déc.
63 ch. (1/2 pens. slt) 1 590-2 100 F
Menus : 200 F (déj.), 270-370 F

Chalet colossal et luxueux, ce palace fonctionnel offre chambres de très confort, mais balnéothérapie avec piscine, sauna, jacuzzi, et massages. Table accueillante.

Hôtel des Neiges

Tél. : 04 79 08 03 77. Fax : 04 79 08 18 70
Fermé 16 avril-14 déc.
37 ch. (1/2 pens. slt) 1 320-1 990 F
Menus : 200 F (déj.), 355 F

Ce Relais & Châteaux luxueux et chaleureux propose des chambres claires, sobres, accueillantes et de bon ton. Situé idéalement entre le centre du village et le bord des pistes. Excellente cuisine de pension chic.

indique un lieu de mémoire.

Chabichou

Tél.: 04 79 08 08 33. Fax: 04 79 08 15 73
Fermé mai-juin, sept.-nov.
25 ch. (1/2 pens. slt) 980-2 090 F

Ouverte été comme hiver, la maison des Rochedy se partage en deux chalets avec d'agréables terrasses. Décoration sobre et minicentre de remise en forme en sous-sol, atmosphère chaleureuse et table fameuse (voir restaurants).

Mélézin

Rue Bellecôte
Tél.: 04 79 08 01 33. Fax: 04 79 08 08 96
Fermé 15 avril-16 déc.
31 ch. 2 800-4 100 F
Menus: (dîn. slt) 150 F (enf.), 240 F

Cet hôtel en bordure de pistes cache un décor contemporain et minimaliste atypique dans l'environnement savoyard – on se croirait dans un ashram. Il mérite le détour pour le plaisir de l'œil.

Sivolière

Nord-Ouest: 1 km
Tél.: 04 79 08 08 33. Fax: 04 79 08 15 73
Fermé 25 avril-3 déc.
32 ch. 890-3 000 F. 1/2 pens. 725-1 580 F

Les stars en mal de discrétion dans la station ont choisi depuis belle lurette ce beau chalet à l'accueil chaleureux. On peut se nicher au coin du feu ou jouer au billard ou au tennis de table. Belles cheminées dont certaines chambres sont équipées, cuisine régionale de qualité (voir restaurants).

Restaurants

Bateau Ivre

A l'hôtel Pomme de Pin
Fermé mi-avril-mi-déc.
Tél.: 04 79 08 36 88. Fax: 04 79 08 38 72
Menus: 270 F (déj.), 370-620 F. Carte: 460-630 F

Les Jacob sont des gens adorables qui savent se couper en deux et même en trois. Ils sont au Bourget-du-Lac l'été. Quoique leur vraie nature se retrouve aussi au dernier étage de l'hôtel Pomme de Pin de familiale allure. Jean-Pierre Jacob formé à l'école classique, notamment chez Vergé au Moulin de Mougins puis chez Jacques Lacombe à Cologny en Suisse, n'oublie pas le terroir et la tradition lorsqu'il innove au fil du temps. Témoins ses salades aux châtaignes, queues de langoustines dorées aux épices, noix de saint-jacques avec leur jus à la gentiane, ris de veau de lait clouté aux truffes, pigeon rôti en cocotte qui témoignent d'un doigté classique et d'un toucher d'une grande finesse. Les desserts sont tout particulièrement soignés (clémentines confites et sorbet à la liqueur de sapin) et le service dirigé par la souriante Josy donne une note de charme à la maison.

Chabichou

Tél.: 04 79 08 08 33. Fax: 04 79 08 15 73
Fermé mai-juin, sept.-nov.
Menus: 300 F (déj.), 360-720 F.
Carte: 450-620 F

Sur la terrasse au soleil, on peut s'offrir une cuisine honnête à petit prix, quoique le talent de Michel Rochedy se déguste vraiment à l'intérieur. Cet Ardéchois, cœur fidèle à la Savoie depuis trois décennies, a fait de sa table de pensionnaires relaxes l'un des rendez-vous d'élite des Alpes gourmandes. Tout chez lui fait envie. Les présentations sont riches, sans jouer le trop plein, car Rochedy, le montagnard enraciné, n'oublie pas que le ski et le grand air donnent faim, mais qu'il faut se remettre d'aplomb sur les pistes le lendemain. D'où ces mets malins qui jouent le terroir en l'allégeant. Ils se nomment bouchée d'écrevisses façon Nantua, velouté de courge aux raviolis de cèpes, tomates farcies aux escargots et à la gentiane, daurade poêlée sur paella de riz sauvage, tête de veau ravigote aux truffes, blanquette d'agneau aux mousserons, riz au lait mouillé aux fruits rouges. Rustiques avec raffinement, tous ces bons tours se renouvellent au gré des saisons. Carte des vins riche et variée dans tous les vignobles, mais qui n'oublie pas la Savoie.

Le Chalet de Pierres

Au jardin Alpin
Tél.: 04 79 08 18 61. Fax: 04 79 08 08 26
Fermé 1er mai-1er déc.
Carte: 200-300 F

Très vaste terrasse où Yvette Saxe – sous la houlette de Raymonde Fenestraz des Airelles — propose la «vraie» cuisine du cru. Les serveuses en habits savoyards servent avec générosité la tartiflette ou le gigot à la ficelle.

L'Ecailler

Au Byblos des Neiges
Au jardin Alpin
Tél.: 04 79 00 98 00. Fax: 04 79 00 98 01
Fermé mi-avril-17 déc.
Menu: (dîn. slt) 450 F. Carte: 450-700 F

Georges Pélissier, qui est à Saint-Tropez l'été, propose, ici, l'hiver, tous les produits de la mer, notamment un plateau de coquillages qui étonne à pareille altitude. Ajoutez-y les langoustines sur crème épaisse avec granité de jus d'huîtres et béluga, pavé de bar laqué au jus de canard, rougets rôtis sur ragoût de légumes et vous comprendrez que la demeure singulière fasse recette.

Saulire

Pl. du Rocher
Tél.: 04 79 08 07 52. Fax: 04 79 08 02 63
Fermé mai, juin, 10 sept.-10 oct.
Menus: 110 F, 150 F (déj.), 200-250 F.
Carte: 200-300 F

Ce sympathique restaurant au centre du village est l'endroit branché et animé de Courchevel. Dans un décor typiquement montagnard, on goûte fondues, raclettes, pot-au-feu ou, pour les raffinés, déclinaisons de truffes.

Sivolière

Nord-Ouest: 1 km
Tél.: 04 79 08 08 33. Fax: 04 79 08 15 73
Fermé 25 avril-3 déc.
32 ch. 890-3 000 F
Menus: 150 F (déj.), 180-280 F

Cuisine typiquement savoyarde où le fromage intervient au gré des plats, salade avec viande des Grisons et beaufort, suprême de sandre aux endives, fondue, raclette, gratin de crozets, magret rôti à la broche sur carcasse.

La Fromagerie

Rue des Tovets
Tél.: 04 79 08 27 47. Fax: 04 79 08 20 91
Fermé 1er juil.-31 août, 1er déc.-1er mai
Menus: 110 F (déj.), 140-195 F

Ce petit temple de la cuisine fromagère propose, à prix raisonnable, un éventail des meilleures spécialités de tommes et autres pâtes cuites, intégrées aux plats, ou simplement au couteau sur du pain frais et tendre. Décor montagnard sympathique.

Genépi

Rue Park City
Tél.: 04 79 08 08 63. Fax: 04 79 08 08 63
Fermé sam. soir, dim., (sauf déc.-avril), juil-août
Menus: 65 F (enf.), 115 F (déj.), 150-180 F. Carte: 200-250 F

Dans ce petit chalet confortable, Thierry Mugnier concocte des plats classiques de bon aloi. Terrine de lapin aux noisettes à la confiture d'oignons et pot-au-feu aux petits légumes se mangent sans faim.

Produits

PRODUITS RÉGIONAUX

Chez le Gaulois

Imm. Forum A,
Tél.: 04 79 08 03 99. Fax: 04 79 08 34 71
Courchevel 1650,
Tél.: 04 79 08 31 44

Un paradis du fromage savoyard, reblochons, beaufort, tomme de Savoie, jambon fumé à la cheminée.

Rendez-vous

PIANO-BAR

Le Grenier

Rue Park City
Tél.: 04 79 08 36 47

Ambiance feutrée et amicale pour boire un verre en musique.

SALON DE THÉ

Le Chocolathé

Rue Park City
Tél.: 04 79 01 08 66

Chocolats, thés, bonbons et sucreries d'un côté, de l'autre boutique de décoration et de cadeaux. On y vient volontiers faire halte après une journée d'efforts, et déguster une boisson chaude dans ce petit salon convivial.

Cour-Cheverny

41700 Loir-et-Cher. Paris 196 – Orléans 73 – Blois 14 – Châteauroux 87 – Romorantin-Lanthenay 28.

Office du Tourisme : 4 av. de Cheverny
Tél. : 02 54 79 95 63

Le beau château blanc inspira Moulinsart d'Hergé et du capitaine Haddock. Dédié à la chasse, il abrite de jolis meubles ainsi qu'une meute qui impressionne.

Hôtels-restaurants

Château du Breuil 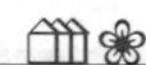

4 km S.-O. par D52
Tél.: 02 54 44 20 20. Fax: 02 54 44 30 40
Fermé dim., lundi (hs), mi-nov.-mi-mars
18 ch. 535-895 F

Cette délicieuse gentilhommière XVIIIe, avec son étang, au cœur de la forêt, abrite des chambres calmes, parfaites pour un week-end dans la Sologne des châteaux.

Hôtel des Trois Marchands 

Tél.: 02 54 79 96 44. Fax: 02 54 79 25 60
Fermé lundi, 5 fév.-17 mars
36 ch. 180-360 F. 1/2 pens. 210-320 F
Menus: 55 F (enf.), 130 F (sem.)-265 F
Carte: 250 F

Ce relais de tradition ne manque pas de cachet suranné. La carte récite les grands classiques du Val (asperges au vouvray, sandre aux girolles, gibiers en saison), la cave fait la part belle aux gamays, bourgueils, chinons.

Coursan: voir Narbonne
Courlans: voir Lons-le Saunier

Courtenay

45320 Loiret. Paris 119 - Auxerre 56 - Nemours 44 - Orléans 102 - Sens 26.

Office du Tourisme : pl. du Mail
Tél. : 02 38 97 00 60. Fax : 02 38 97 39 12

Ce bourg-carrefour fait la liaison entre Gâtinais et Bourgogne. Les bonnes auberges font référence aux deux régions.

Hôtels-restaurants

La Clé des Champs

Les Quatre-Croix : 1,5 km par rte de Joigny D32
Tél. : 02 38 97 42 68. Fax : 02 38 97 38 10
Fermé mar., merc., 16-31 oct., 8-31 janv.
7 ch. 450-630 F
Menus : 120 F, 140 F. Carte : 350-600 F

L'ancienne ferme devenue auberge est entourée d'un jardin fleuri à deux pas d'un héliport privé. L'ambiance est champêtre. L'été, les convives se pressent pour dîner ou déjeuner au milieu des fleurs et des blés. Marc Delion, le chef-patron, est un passionné de vraies saveurs et de goût juste. On vient de loin déguster son turbot cuit à la vapeur aux perles noires (œuf de harengs fumés), ou son pigeonneau de la Nièvre élevé aux grains, garni de foie gras, rôti désossé et servi avec un jus façon salmis, rehaussé de réglisse. Ou encore, le parfait de pigeon au foie gras en gelée de jus de pommes, sans omettre, pour le clin d'œil régional, la noisetine meringuée du duc de Praslin de Montargis. Le service tourne comme une montre suisse. La cave est un monument. Quelques chambres bien mises et pratiques sont là pour vous éviter de repartir.

A Ervauville. 9 km N.-O. par N60. D32. D34

Le Gamin

Le Bourg
Tél. : 02 38 87 22 02. Fax : 02 38 87 25 40
Fermé dim. soir, lundi, mardi, 19 juin-4 juil, 25 déc.-16 janv.
Menus : 220 F (sem.)-320 F. Carte : 400-550 F

La salle donne sur un jardin extérieur. Si la décoration est maniérée, l'atmosphère est plutôt conviviale. Le client est ici chez lui. En cuisine, Patrick Chauvet s'applique à la réalisation de plats savoureux et originaux. Son foie gras de canard cuit aux épices douces, où le fondant apprivoise le corsé avec amour et brio, le foie de veau taillé épais aux échalotes confites et jus acidulé prouve qu'il sait manier les grands classiques avec la cuisine moderne. Eventail d'avocat et ris de veau et homard à la vanille sont de même tonneau. Les prix de la carte sont un peu excessifs. En revanche le menu à 220 F est à la bonne pointure. Le service est attentionné et efficace. La maison possède une carte des vins sympathique.

Crestet : voir Vaison-la-Romaine

Crillon-le-Brave

84410 Vaucluse. Paris 694 - Avignon 40 - Carpentras 15 - Vaison-la-Romaine 26.

Un balcon sur le mont Ventoux et un village qui renaît après une belle histoire.

Hôtels-restaurants

Hostellerie de Crillon le Brave 

Pl. de l'Eglise
Tél. : 04 90 65 61 61. Fax : 04 90 65 62 86
Fermé 5 janv.-10 mars, rest. déj. sf w.-e.
19 ch. 850-1 900 F. 1/2 pens. 765-1 290 F
Menus : 160 F (déj.), 270-370 F

Un hôtel ? Plutôt un lieu hors du commun, comme un phare en pleine terre ou une sentinelle de pierres anciennes ouverte sur le Ventoux, créé par deux associés canadiens anglais, Craig Miller et Peter Chittick, dans quatre demeures du vieux village qui fut, jadis, presque abandonné, tout près de l'église. Les chambres sont comme une ode à la Provence derrière la fenêtre, en majesté. La cuisine, signée Philippe Monti, natif de Bédoin, formé chez Pic, Taillevent, Haeberlin, Meneau, se révèle soucieuse de ses racines, légère, pleine d'à-propos. Ainsi la fine terrine de légumes au chèvre frais à l'huile d'olive, l'araignée émiettée et l'oursin en coque mariés de façon insolite aux fruits de la passion, le fringant risotto d'épeautre du pays de Sault aux légumes de saison, les rouelles de lotte, cuites à «l'os», frottées de sarriette de la garrigue et flanquées de caviar d'aubergine serrée comme une tapenade, les juteuses côtes d'agneau de Sisteron à la tomate et à l'anis vert, le granité au beaumes-de-venise et crème démoulée au citron : c'est, accompagné des meilleurs de la région, servi par un personnel amical et complice, dans un décor sous voûtes de pierre, comme une chanson que l'on fredonne en l'honneur du beau pays du Ventoux.

Le Vieux Four

Tél. : 04 90 12 81 39
Fermé lundi, mardi midi, 15 nov.-15 janv.
Menu : 130 F. Carte : 200 F

Pas chère et fraîche, la cuisine de cette maison simplette attire sans mal le chaland flâneur. Soufflé glacé aux artichauts, aïoli de rascasse en terrine, sauté de veau au romarin, pudding aux abricots se mangent sans faim.

Le Croisic

44490 Loire-Atlantique. Paris 464 – Nantes 88 – La Baule 9 – Vannes 78.

Office du Tourisme : pl. du 18-Juin 1940
Tél. : 02 40 23 00 70. Fax : 02 40 62 96 60

Au bout de la presqu'île guérandaise et de la côte sauvage, un port et ses appendices côtiers qui évoquent la Bretagne d'avant.

Hôtels-restaurants

Fort de l'Océan

Pointe du Croisic
Tél. : 02 40 15 77 77. Fax : 02 40 15 77 80
Fermé (res.) lundi soir, mardi 15 sept.-15 juin, 4 janv.-3 fév., 15 nov.-12 déc.
9 ch. 800-1 200 F
Menus : 265-420 F

Les Louis, qui possédaient déjà, avec l'Océan, la meilleure table du Croisic, se sont donné les moyens de faire ici une folie raisonnable. Imaginez un ancien fort de Vauban en sentinelle sur la mer, avec les rochers pour témoins et trois blockhaus comme voisins. Ils ont rajouté un toit d'ardoise et laissé les mains libres à Catherine Painvin, de Tartine & Chocolat, pour réaliser la plus douce des demeures. Neuf chambres, des tissus signés Colefax et Fowler, des tables de chevet et des armoires de Mise en Demeure, des appelants, des cadres, des bergères de Flamant Home Interiors, plus des carrés blancs de salle de bain style métro, du granit pur ou poli, des accessoires de bain signés Côté Bastide : autant dire un répertoire de la déco moderne, version rustique chic, plus une vraie touche personnelle et stylisée, un rien de bon goût anglo-français, le sens exact pour appréhender l'air de l'époque, l'air de ne pas y toucher. On dîne au rez-de-chaussée. Des blockhaus classés cachent la vue sur la mer. Mais on a ici le nez dans son assiette. Histoire de goûter salade de pourpier et queue de cochon, bar poché aux palourdes, carpaccio de saint-jacques à l'huile de homard et poivrons que mitonne un ancien de chez Meneau au talent déjà très sûr. On paresse au salon, une ancienne pharmacie dont on a sauvé les boiseries. Et on attend le soir, que revienne, à fleur d'océan, le plus beau coucher de soleil de l'Atlantique.

Maris Stella

A Port Lin
Tél. : 02 40 23 21 45. Fax : 02 40 23 22 63
Fermé 2-31 janv., 15 nov.-25 déc. (res.) dim. soir, lundi, sf été
6 ch. 680-895 F
Menus : 130 F (sem.), 195-300 F

Face à mer, cette belle demeure de type années trente en granit a le charme cosy. Intérieur soigné, chambres de bon confort et cuisine marine avec la pêche locale.

Les Vikings

A Port Lin
Tél. : 02 40 62 90 03. Fax : 02 40 23 28 03
24 ch. 420-660 F

Cet hôtel appartenant aux Louis, propriétaires de l'Océan et du Fort de l'Océan, abrite des chambres de grand confort moderne, avec des vues sur la mer depuis les fenêtres étirées.

Castel Moor

Tél. : 02 40 23 24 18. Fax : 02 40 62 98 90
Fermé dim. soir, lundi hs, 5 janv.-5 fév.
19 ch. 350-430 F. 1/2 pens. 315-370 F
Menus : 95 F (déj.), 125-200 F

Sur la route de la Corniche, cette villa moderne propose des chambres claires, avec vue sur la mer, et la fraîche cuisine d'un jeune ancien de la Ferme Saint Siméon.

L'Océan

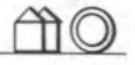

Port Lin
Tél. : 02 40 62 90 03. Fax : 02 40 23 28 03
14 ch. 490-850 F
Carte : 300-600 F

Cette demeure sobre est l'ambassadrice de la grande qualité bretonne au plus près du marché. Les chambres ont le confort sans histoire. Mais tout se joue en salle. Face aux rochers effilés de la Côte Sauvage, Gérard Louis découpe au guéridon la belle sole que faire cuire son gendre, proposant ou encore les huîtres de pleine mer, les crevettes bouquets pêchées le matin même et les saint-jacques à la nage, avant le baba au vieux rhum Trois Rivières. Une belle maison de bouche.

Le Bretagne

Sur le port
Tél. : 02 40 23 00 51. Fax : 02 40 23 18 32
Fermé dim. soir, lundi (sf été), 11 nov.-20 déc.
Menus : 60 F (enf.), 149 F (déj.)-295 F. Carte : 300 F

Le décor breton bretonnant, avec force bois et faïence ancienne, a le charme d'un port d'autrefois. Pierre Coïc y sert avec volubilité une cuisine faite au plus près de la marée. Huîtres, langoustines rôties, sole grillée ou meunière, bar en croûte de sel sont des monuments solides comme le granit.

La Bouillabaisse Bretonne

Sur le port
Tél. : 02 40 23 06 74. Fax : 02 40 15 71 43
Fermé dim. soir, lundi, mardi sf été, 2 janv.-15 mars
Menus : 88-220 F. Carte : 250 F

Fraîche cuisine marine et bon rapport qualité-prix : tel est le credo des Marcilly juste devant le port. Les produits sont évidemment la fraîcheur même. Mais la cave est soignée par papa, tandis que le fiston Alexandre mitonne turbotin à l'émulsion de persil, barbue au beurre blanc et pot-au-feu de la mer.

Le Cros-de-Cagnes: voir Cagnes-sur-Mer

Le Crotoy

80550 Somme. Paris 193 - Abbeville - Amiens 21.

La brume grise sur la baie de Somme, les ciels changeants, le proche parc du Marquenterre: voilà un joli lieu de week-end pour Parisiens en mal de dépaysement.

Hôtel-restaurant

Les Tourelles

2-4, rue Pierre-Guerlain
Tél.: 03 22 27 16 33. Fax: 03 22 27 11 45
23 ch. 185-330 F. 1/2 pens. 320-600 F
Menus: 50 F (enf.), 120-160 F

Calme, pas cher, sympathique, ce manoir en briques avec ses deux tourelles, son air bucolique, son allure de ne pas se prendre au sérieux, est une aubaine pour les amoureux et les familles, en vadrouille dans la baie de Somme. Les chambres sont croquignolettes et la carte fait place à un régionalisme bon enfant. Ficelle picarde, croquette de crevettes et matelote de poissons sont bien honnêtes.

Cruseilles

74350 Haute-Savoie. Paris 540 - Genève 27 - Bonneville 35 - Bellegarde 44 - Annecy 20.

La Savoie verdoyante, paisible et discrète à deux pas de la Suisse et du Léman.

Hôtel-restaurant

Parc des Dronières

Tél.: 04 50 44 28 98. Fax: 04 50 44 09 73
10 ch. 385-535 F. 1/2 pens. 450-490 F
Menus: 130 F (sem.)-375 F. Carte: 300 F

Ce grand chalet moderne au bord d'un lac offre calme et vue sur les montagnes alentour. De jolies chambres et une jolie cuisine au gré du temps, usant des produits de la région (exquises ravioles en gratin au sabayon de morilles, omble chevalier au beurre mousse) achèvent de séduire l'amateur de calme et de gourmandise vite gagné par la sérénité du lieu.

Cucuron

84160 Vaucluse. Paris 745 - Cavaillon 40- Aix-en-Provence 28 - Manosque 36 - Apt 25.

Un village provençal non retouché, son étang au centre du village, ses demeures sans apprêt, son ambiance de toujours.

Restaurant

DÉCOUVERTE DE L'ANNÉE

La Petite Maison

Pl. de l'Etang
Tél.: 04 90 77 18 60. Fax: 04 90 77 18 61
Fermé sam. midi
Menus: 145 F (déj.), 240 F. Carte: 350 F

La meilleure bonne surprise de Provence en l'an de grâce 2000, c'est cette demeure ancienne qui l'apporte. Imaginez un vieux café, sa façade de maison particulière, son intérieur soigné, ses boiseries au premier, sa terrasse sous les ombrages. Michel Mehdi, qui, par ailleurs, possède l'auberge de la Tour d'Aigues, a ouvert, avec le concours financier de Helen Hamlyn, la milliardaire mécène du château de Bagnols en Beaujolais, la plus exquise des auberges, la plus civilisée aussi, avec nappes en lin et seaux à glace dans des consoles anciennes adaptées. Le miracle est que la cuisine comme le service de salle suivent. La soupe de favouilles glacée au congre, la caillette avec sa concassée de tomates et ses cerises aigres, le rouget au fenouil compoté et basilic avec sa vinaigrette à la tapenade, les meilleurs pieds et paquets de la région (ah, cette farce au petit salé et aux herbes avec ses pommes rattes à la peau), la glace aux fraises gariguettes et le sorbet au lait de brebis s'accompagnent des meilleurs vins du Luberon, du Ventoux et du pays d'Orange, conseillés par un sommelier formé au Royal Evian qui connaît le vignoble comme sa poche. Cela s'appelle une révélation.

Produits

PRODUITS RÉGIONAUX

Moulin à Huile Dauphin

Tél.: 04 90 77 26 17

Au pied des remparts de Cucuron, le vieux moulin qui produit une huile superbe se visite. La boutique attenante propose huiles d'olive dans de jolis flacons, mais aussi savons et parfums.

Cuers

83390 Var. Paris 837 – Toulon 24 – Brignoles 25 – Marseille 84.

Voici le Var de la vigne et des collines. La mer n'est pas loin.

Restaurant

Le Lingousto

2 km, rte de Pierrefeu
Tél.: 04 94 28 69 10. Fax: 04 94 48 63 79
Fermé lundi (sf dîn., été), dim. soir, janv.-10 fév.
Menus: 90 F (enf.), 210-410 F. Carte: 400 F

Alain Ryon, qui a repris la demeure où jadis se retira le grand Garin, joue les épices avec art, tisse sa toile au gré de menus équilibrés. Un gâteau de rouget à la purée d'aubergines, de grosses langoustines bardées de lard avec une poêlée de girolles, une épaule d'agneau longuement cuite, traitée en tourte, avec pommes-fruits émincés, parfumée de curcuma et de cannelle, les chèvres du pays, les desserts en minidégustation d'un classicisme archéo, servis sur la belle terrasse ombragée au pied des Maures s'accompagnent des meilleurs crus des environs.

 *indique une très bonne table*

Curzay-sur-Vonne

86600 Vienne. Paris 371 – Poitiers 29 – Lusignan 13 – Niort 53 – Parthenay 36.

Juste à côté de Poitiers et de son Futuroscope, découvrez les douces rives de la Vonne, sa belle église aux pierres grises, son musée du Vitrail.

Hôtel-restaurant

Château de Curzay 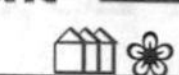

Rte Jazeneuil
Tél.: 05 49 36 17 00. Fax: 05 49 53 57 69
22 ch. 750-1 550 F. 1/2 pens. 745-1 145 F
Fermé (res.) midi sf dim., lundi (oct.-avril)
Menus: 120 F (enf.), 190-380 F

Brigitte de Gastines, fondatrice de SVP, et son mari Eric Cachart, qui fut présentateur de FR3, ont fait de cette noble demeure une halte de charme estampillée «Relais & Châteaux». Les chambres portent des noms de jeunes filles. Le parc avec ses 120 ha de gazon noble, de rivière noueuse et de forêt ombreuse est un lieu de promenade pédestre ou équestre. La double salle à manger boisée propose une cuisine légère faite au gré du temps par le jeune Eric Jan. Dos de cabillaud rôti aux truffes et asperges, noix de ris de veau avec salsifis au jus et truffe glacée au thym frais sont très séducteurs.

D

Dachstein

67120 Bas-Rhin. Paris 476 - Saverne 28 - Sélestat 41 - Strasbourg 23 - Molsheim 6.

Les remparts, le château, l'église: ce coquet village au bord de la Bruche vaut le détour.

Restaurant

Auberge de la Bruche

1, rue Principale
Tél.: 03 88 38 14 90. Fax: 03 88 48 81 12
Fermé sam. midi, dim. soir, mardi, 21 août-9 sept., 2-13 janv.
Menus: 150-250 F. Carte: 250-300 F

Le décor fleuri avec terrasse sur les remparts, boiseries et belle charpente charme sans mal. Les menus sont épatants. Hubert Raugel, ancien de la Kammerzell propose avec sérieux un menu à 150 F où trônent schniederspätle au foie gras, presskopf de saumon à l'anguille, carré de porcelet au cresson. Ajoutez-y la tarte fine aux pommes avec sa belle glace cannelle, sans omettre les jolis crus des vignerons voisins, et vous comprendrez le succès de cette discrète maison.

Dambach-la-Ville

67650 Bas-Rhin. Paris 426 - Obernai 19 - Sélestat 9 - Strasbourg 46 - Saverne 61.

Office du Tourisme: pl. de la Mairie
Tél.: 03 88 92 61 00. Fax: 03 88 92 60 09

La grand-place, avec sa fontaine de l'Ours et ses demeures Renaissance, forme un splendide ensemble. Pour lorgner les vieux toits, une promenade obligée: celle de la chapelle Saint-Sébastien au cœur des vignes, au pied des Vosges.

Hôtels-restaurants

Le Vignoble

1, rue de l'Eglise
Tél.: 03 88 92 43 75
Fermé dim. soir (hs), 25 juin-2 juil., 19 nov.-1er déc., 25 déc-16 mars
7 ch. 270-310 F

Au cœur d'un adorable village vigneron, des chambres simples, proprettes avec plafond à poutres et mobilier boisé, une salle chaleureuse pour les petits déjeuners. Tarifs doux.

Au Raisin d'Or

28 bis, rue G.-Clemenceau
Tél.: 03 88 92 48 66. Fax: 03 88 92 61 42
Fermé lundi, mardi midi, 25 déc.-15 janv.
8 ch. 270-290 F. 1/2 pens. 230 F
Menus: 48 F (sem., déj.), 95 F, 130 F. Carte: 180 F

L'hôtel est simple, le vignoble proche, les chambres confortables et l'accueil des Speitel gentil tout plein. La cuisine est traditionnelle, non sans souci de renouvellement: foie gras, ravioles d'escargots, nage de lotte et saint-jacques, plats du terroir tels tarte à l'oignon, choucroute ou baeckeoffe.

Caveau Nartz

12, pl. du Marché
Tél.: 03 88 92 41 11. Fax: 03 88 92 63 01
Fermé 1er déc.-30 mars
Menus: 80-88 F. Carte: 100-150 F

La demeure de poupée sur la place, avec son caveau, ses tables emprisonnées dans un tonneau, son ambiance débonnaire, a du charme. Gaby, Michel Nartz et leur fille cultivent 5 ha de vigne et mettent les petits plats dans les grands pour les visiteurs. Moules farcies au riesling, filet de truite fumée, escargots, tarte à l'oignon, tourte, jambonneau et salade de pommes de terre s'arrosent d'un vin maison vendu à prix doux.

Produits

PÂTISSIER

Kamm

Rue du Mal-Foch
Tél.: 03 88 92 40 65

Jean-Paul Kamm, également présent à Sélestat, régale son monde avec sa variété de pâtés chauds autant qu'avec de riches chocolats et de bons petits fours.

Dampierre-en-Yvelines: voir Environs de Paris

Danjoutin: voir Belfort

Dannemarie

68210 Haut-Rhin. Paris 447 - Mulhouse 25 - Basel 45 - Belfort 23 - Colmar 57.

Une halte de tradition sur la route sundgauvienne de la carpe frite.

Sachez commander vos produits selon la saison.

Restaurant

Ritter

5, rue de la Gare
Tél. : 03 89 25 04 30. Fax : 03 89 08 02 34
Fermé lundi soir, mardi, jeudi soir (hs), vac. fév., 20-31 déc.
Menus : 60 F (déj.), 130-190 F. Carte : 150 F

L'auberge à l'ancienne, avec ses salles kitsch, sa stube genre musée du siècle passé, sa collection d'assiettes anciennes, face à la gare, figure l'un des emblèmes les plus sûrs de la gourmandise du Sundgau. La carpe frite est servie en deux versions (friture de semoule et bière) par un personnel féminin né avec le sourire.

Voir aussi : Altkirsch

Deauville

14800 Calvados. Paris 199 – Caen 47 – Le Havre 41 – Evreux 101 – Lisieux 30 – Rouen 90.

Office du Tourisme : pl. de la Mairie
Tél. : 02 31 14 40 00. Fax : 02 31 88 78 88.

« A Deauville, disait Tristan Bernard, il y a aussi la mer. » Eh bien, il y a aussi la gourmandise, avec tables sages, brasseries alertes, boutiques aimables, artisans qui remettent au goût du jour les traditions normandes. Il y a aussi la nostalgie. Rien n'a changé depuis 1966, quand Lelouch y réalise Un Homme et une femme. *Cette histoire d'amour entre Jean-Louis Trintignant et Anouk Aimée se déroule à la gare si typiquement augeronne, au Normandy, sur les planches. Et a fait connaître la station au monde entier. Une Normandie d'hiver, de solitaires, faite de l'aube des petits matins et de la lumière qui change sur la plage. Hors saison, la station se vit au charme. « Chabadabada, encore une fois, tout recommence, la vie repart. » Il suffit d'être en terrasse chez Miocque ou d'écouter Martine, chez Marthe, qui raconte les histoires du moment...*

Hôtels

Le Normandy

38, rue Jean-Mermoz
Tél. : 02 31 98 66 22. Fax : 02 31 98 66 23
252 ch. 1 555-2 300 F. 31 suites : 2 460-10 700 F
Menus : 245-305 F

Ce grand chalet normand entre mer, bourg et jardin est le charme même, genre palace nostalgique. A servi de décor à *Un homme et une femme*. Les chambres sont de taille inégale. Demandez la suite « Anouk Aimée »... Le concierge, Gérard Feuillie, est incollable sur les nouveautés de la station.

Le Royal

Bd E.-Cornuché
Tél. : 02 31 98 66 33. Fax : 02 31 98 66 34
Fermé 19 mars-7 nov.
220 ch. 1 700-2 400 F.
31 suites : à partir de 2 500 F
Menus : 145 F (enf.), 295-395 F

« Le » palace de charme et de calme de la station, qui accueille les stars US, lors du festival de cinéma de septembre a bonne mine avec son grand restaurant monumental et son exquis gastro (voir l'Etrier). Hall impressionnant, piscine ouverte, chambres de style rénovées sous la houlette de Jacques Garcia.

Le Golf

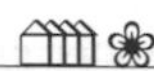

Au New-Golf : 3 km S. par D278, Le Mont Canisy
Tél. : 02 31 14 24 00. Fax : 02 31 14 24 01
Fermé nov.-mi-mars
180 ch. 880-2 500 F
La Pommeraie, menus : 180-300 F
Club House, menus : 145-180 F

Ce vaste chalet années trente avec colombages dans la verdure, près du golf avec piscine, fait une halte chic et raisonnable au vert et au calme.

Hostellerie de Tourgéville

A 6 km par D278 et D27
Tél. : 02 31 14 48 68. Fax : 02 31 14 48 69
Fermé 14 fév.-6 mars
6 ch. et 19 suites : 850-1 500 F
Menus : 180-290 F

Endroit « lelouchien » par excellence, c'est l'ex-Club 13 converti en hôtel de charme, avec son clos dans la verdure. Tout charme, feutré et cosy. Salle de cinéma, avec projection de films sur demande.

Libertel Yacht Club

2, rue Breney
Tél. : 02 31 87 30 00. Fax : 02 31 87 05 80
Fermé 2 janv.-5 fév.
53 ch. 780 F

Face au quai de la Marine, une halte moderne, fonctionnelle et sans histoire pour amoureux des bateaux, un peu à l'écart du centre.

Le Trophée

81, av. du Gal-Leclerc
Tél. : 02 31 88 45 86. Fax : 02 31 88 07 94
24 ch. 680 F. 1/2 pens. 440-510 F
Menus : 85 F (enf.), 140-295 F

Au cœur du centre, un hôtel qui cache son jeu, avec des chambres claires, modernes, simplettes. Et un honnête restaurant de grillades : la Flambée.

indique un bon rapport qualité-prix.

Restaurants

L'Etrier

Au Royal, bd Cornuché
Tél. : 02 31 98 66 33
Fermé lundi au jeudi. Dîn. slt
Carte : 145 F (enf.), 350 F-400 F

Il y a toujours du neuf à Deauville, quelle que soit la saison. Le dernier chef star s'appelle Eric Provost. Il vient de chez Ducasse, via Ledoyen, exerçait au Relais du Parc d'où il a amené une partie de son équipe au « gastro » du Royal. Son style ? Rustique chic, un brin sudiste, avec une crème de morilles à fondre, des ravioles de homard aux ailerons de volaille à se pâmer, un médaillon de lotte au citron confit sapide et fin, sans omettre une volaille gauloise blonde de Vendée juste rôtie, servie avec du foie chaud. Ajoutez-y des desserts exceptionnels (crumble aux framboises avec sa divine glace marbrée) et vous comprendrez que Deauville a les moyens de retrouver l'étoile jadis perdue par le Spinnaker. Ce dernier ne se porte d'ailleurs pas si mal et son décor s'est gentiment modernisé.

Le Ciro's

Bd de la Mer
Tél. : 02 31 88 18 10. Fax : 02 31 98 66 71
Menu : 190 F. Carte : 240-470 F

C'est « la » terrasse de Deauville, avec vue sur les planches, service prévenant, dirigé de main d'artiste par le fringant Joël. Le chef Patrick Durant, passé en stage chez Le Divellec, parvient à servir un grand nombre de couverts sans que la qualité en souffre. Témoins ses tartares de loup et saumon, turbot avec béarnaise de homard, bar en croûte de sel, apportés avec célérité, qui régalent le meilleur monde de la station.

Le Spinnaker

52, rue Mirabeau
Tél. : 02 31 88 24 40. Fax : 02 31 88 43 58
Fermé mardi, mercr. (sf août), 4-31 janv.
Menus : 170-250 F. Carte : 300 F

Ex-vedette discrète de la station, rendu à un certain anonymat, Pascal Angenard ne baisse pas les bras dans son décor rafraîchi près du marché. Il promet des mets savoureux, riches, élaborés, tels que fricassée d'andouille, huîtres au pommeau, turbot au beurre blanc, T'Bone d'agneau, belle tarte aux pommes.

Yearling

38, av. Hocquart-de-Turtot
Tél. : 02 31 88 33 37. Fax : 02 31 88 33 89
Fermé mar. soir, mercr. (sf août), 16 nov.-1er déc., 17 janv.-3 fév.
Menus : 135-360 F (vin c.). Carte : 250 F

Henri Morel, ex-chef de l'Etrier, formé chez son beau-père Gérard Boyer de Reims, est devenu le cuisinier fétiche du Tout-Deauville qui sait trouver la bonne adresse à l'écart, sans courir derrière les modes. Ce Belge sage qui n'oublie pas ses origines (exquis waterzoi de lotte, tarte namuroise au sucre) a choisi de pratiquer une cuisine du marché (quenelle de brochet, tête de veau normande) à prix ajustés dans un cadre feutré de fort bon goût, où l'on prend vite ses aises.

Bagdad Café

77, rue du Gal-Leclerc
Tél. : 02 31 98 25 45. Fax : 02 31 98 91 56
Fermé merc., jeudi
Carte : 200-300 F

Ce marocain vedette s'est déplacé de quelques mètres, repris par son ex-serveuse Annick et le bon chef marocain Abdeslam Tamsna qui mitonne avec doigté pastilla, tagine, couscous, épaule d'agneau à la vapeur. Ambiance débonnaire.

Le Drakkar

77, rue Eugène-Colas
Tél. : 02 31 88 71 24. Fax : 02 31 88 49 27
Carte : 200 F

Cette institution deauvillaise, dans le genre brasserie au décor cosy des pubs britanniques, vient d'être rachetée par Hervé Collen, le chaleureux propriétaire du Central (Trouville). Après la fricassée de crevettes grises, la carte propose d'excellentes viandes, dont le rôti de bœuf est déjà un classique.

Le Garage

118 bis, av. de la République
Tél. : 02 31 87 25 25. Fax : 02 31 87 38 37
Fermé dim. soir, lundi (hs), 12 nov. - 6 déc., 17 janv.-3 fév.
Menus : 100-166 F. Carte : 250 F

Modeste, régulière, cette brasserie populaire fait le plein sans forcer. Le cadre, avec ses photos de stars en noir et blanc, est amusant. Et le « grand » menu propose, comme un cadeau, douze huîtres creuses, sole meunière, pavé béarnaise, fromages du pays, fondante Tatin (en portion, il est vrai, un peu chiche).

Chez Marthe

1, quai de la Marine
Tél. : 02 31 88 92 51. Fax : 02 31 87 34 95
Fermé mardi soir, mercr. (sf soir vac. scol.)
Carte : 200-350 F

Martine Bazire (ex-les Vapeurs) et son associée Ariane Eté ont ouvert une maison d'amis qui fait face, de l'autre côté de la Touques, au quai de Trouville. Meubles chinés avec amour, cuisine du marché confectionnée avec un soin louable, accueil copain-copain : il n'en faut pas plus pour créer un événement deauvillais. La soupe de moules au curry, le pressé de raie à la tomate, le cabillaud au soja, le rognon entier, le poulet rôti, les glaces de la copine Martine Lambert font de plaisantes dînettes qu'on arrose d'un petit gamay de l'Ardèche.

Mély Mélo

29-31, rue Mirabeau
Tél. : 02 31 87 22 11
Carte : 220 F
Fermé lundi, mercr.

Petit nouveau à deux pas, le Mély Mélo mérite la halte. Franck Collot, revenu des Caraïbes, cuisine en douceur les poissons rapportés au gré de la marée par ses beaux-parents pêcheurs. La jolie Melinda accueille, et, suivant l'ardoise, turbotin, bar, solette, moruette font simplement plaisir.

Chez Miocque

81, rue Eugène-Colas
Tél. : 02 31 88 09 52
Fermé 5 janv.-4 fév.
Carte : 200-250 F

La vraie star locale ? Une enseigne discrète, son patron hâbleur, ses plats bêtes et bons. Tout-Paris en goguette se bat pour une place en «vitrine» chez Jacques Aviègne dit Miocque, grand râleur devant l'éternel. La recette ? Des produits de qualité simplement traités (salade d'épinards, cabillaud pommes purée, entrecôte grillée), des bordeaux à découvrir (comme ce pessac Léognan du Domaine de Chevalier) et la certitude qu'à tout instant il va se passer, chez lui, quelque chose.

Produits

(voir également nos bonnes adresses à Trouville)

BOULANGER

Bernard Picard

39, rue Victor-Hugo
Tél. : 02 31 88 24 93

Dans une rue discrète, ce remarquable artisan mitonne une variété de pains d'égale qualité : fougasse aux olives ou au thon, pain bio, bâtard se mangent comme des gâteaux.

CAVISTE

La Cave de Deauville

48, rue Mirabeau
Tél. : 02 31 87 35 36

Gérard Bled propose une quinzaine de beaux calvas comme le bon cidre de chez Daufresne à Ouilly-le-Vicomte.

CHARCUTIER

Au Jambon de Paris

72, rue de Verdun
Tél. : 02 31 88 37 64

Gérard Bled mitonne rustique boudin noir, fabuleux jambon blanc cuit au bouillon, fines rillettes à la graisse d'oie, andouille à la ficelle et tripes normandes de première force.

CHOCOLATIER

Au Duc de Morny

59, rue Désiré-le-Hoc
Tél. : 02 31 88 20 34

Palets café, kirsch, pistache et caramels de grande qualité vendus dans la discrétion d'une boutique jolie comme un cœur, avec sa façade d'ardoise.

FROMAGERS

La Ferme Normande

13, rue Breney/pl. du Marché
Tél. : 02 31 88 17 86

Michèle Dumerchat veille avec soin sur ses pâtes fermières : pavés d'Auge de Touzé, livarots de Thébaut à Boissey, camemberts du domaine Saint-Loup. Ses cidres, calva, jus de pomme et confitures sont fort recommandables.

Demars-Foucault

Sur le marché de Deauville, mardi, vend., sam. 7 h 30-13 h 30. Tljrs en été.

Madeleine Delacotte propose camembert du moulin de Carrel, mini-pavé d'Auge de la Ferme du Boquet et pont-l'évêque livré par un producteur du cru et affiné par ses soins.

GLACIERS

Martine Lambert

76 bis, rue Eugène-Colas
Tél. : 02 31 88 94 04

Cette fille de fromagers de Pont-l'Evêque est devenue la reine de la glace de qualité. Superbe melon, orange sanguine à fondre et cappuccino extra font partie de ses parfums en or.

PRIMEURS

Eliot-Vicens

7, rue Désiré-le-Hoc
Tél. : 02 31 88 48 47

Francis Eliot veille avec un sérieux imparable sur de splendides légumes : artichauts, tomates, poires des meilleures provenances.

TRAITEUR

Breton

1 pl. Morny
Tél. 02 31 88 22 90

Saumon fumé, jambon persillé, andouille Bovary en gelée au calva, quenelle de brochet et volaille farcie sauce suprême ont bonne mine chez ce charcutier-caviste-traiteur.

 *indique une grande table.*

Rendez-vous

BARS

Brok Café

14, av. du Gal-de-Gaulle
Tél. : 02 31 81 30 81

Ouvert de 18 h 30 à 2 h du matin, ce bar cubain, tenu par Philippe Ciavatta, ex-patron du Drakkar, met de la chaleur dans les nuits de la station.

Up & Down Café

90, rue Eugène-Colas
Tél. : 02 31 87 47 47

Deux jeunes pleins d'énergie ont réaménagé et redécoré ce bar de nuit dans le centre de Deauville. Deux salles à l'ambiance différente.

CAFÉS-BARS

Café de Paris

12, pl. Morny
Tél. 02 31 88 31 60.

De 8 h à 2 h du matin, tout le monde se donne rendez-vous dans ce café modernisé avec sobriété.

Bar de la Mer

Bd des Planches
Tél. 02 31 88 27 51
Bar du Soleil
Bd des Planches
Tél. 02 31 88 04 74

Le premier occupé par les joueurs de cartes, le second est davantage Auteuil-Passy. Plats de brasserie, boissons fraîches et panorama sur les Planches.

SALON DE THÉ

Hug

20, pl. Morny
Tél. 02 31 88 31 60

Le salon Louis XVI et la terrasse bon genre restent le rendez-vous obligé de l'heure du petit déj' à celle du five o'.

Delme

57590 Moselle. Paris 365 - Metz 33 - Nancy 31 - Château-Salins 12 - Pont-à-Mousson 29.

Un village de la campagne messine dont la synagogue ancienne a été transformée en musée.

Hôtel

A la Douzième Borne

Tél. : 03 87 01 30 18. Fax : 03 87 01 38 39
16 ch. 240-360 F. 1/2 pens. 390 F
Menus : 58 F (déj.), 98-250 F. Carte : 200-250 F

La bonne halte, ancienne, mais modernisée du village, sous la houlette de la famille François. Les quatre frères se relayent, qui en salle, qui en cuisine, pour le bonheur de tous. Fricassée de grenouilles, sandre au beurre blanc, magret aux mirabelles assurent gentiment. Cave intéressante et chambres simples, mais pratiques.

Dengolsheim : voir Sessenheim

Dieffenbach-au-Val : voir Villé

Diefmatten

68780 Haut-Rhin. Paris 536 - Mulhouse 21 - Colmar 49 - Belfort 23 - Thann 14.

Ici commence le Sundgau gourmand, dans un village simple et net qui a gardé son aspect d'autrefois.

Restaurant

Le Cheval Blanc

17, rue de Hecken
Tél. : 03 89 26 91 08. Fax : 03 89 26 92 28
Fermé lundi, mardi, vac. fév., 17 juil.-9 août
Menus : 60 F (enf.), 125 F (déj.), 165-390 F.
Carte : 350 F

Patrick Schlienger, formé chez quelques-uns des grands du monde culinaire (Bocuse, Schillinger, Jung, Lorain, Willer au Martinez) a repris l'affaire familiale qui se rénove, avec force boiseries, mais ne se dépare de son aura de classicisme solide. Foie gras et salade de lentilles, cuisses de grenouilles poêlées aux herbes, fines quenelles de brochet gratinées, cochonnailles grand-mère, boudin aux oignons frits, noisettes de chevreuil aux cèpes et gratin aux fruits de beerawecka sont d'un sérieux exemplaire. Les menus sont construits avec adresse et l'allure d'ancienne ferme devenue auberge a son charme.

Dieppe

76200 Seine-Maritime. Paris 195 - Abbeville 68 - Caen 172 - Le Havre 110 - Rouen 65.

Office du Tourisme : pont Jehan-Ango, quai du Carénage. Tél. : 02 35 84 11 77
Fax : 02 35 06 27 66

Les falaises de craie, le château-musée, le port des ferries qui filent vers l'Albion : voilà une ville ancrée sur la mer qui a le goût d'ailleurs.

Hôtels-restaurants

Aguado

30, bd de Verdun
Tél. : 02 35 84 27 00. Fax : 02 35 06 17 61
56 ch. 350-485 F

Entre le boulevard maritime et le port, une halte confortable et pratique. Chambres pas très grandes, mais fort bien tenues.

Hôtel de l'Europe

63, bd de Verdun
Tél. : 02 32 90 19 19. Fax : 02 32 90 19 00
60 ch. 350-450 F

Le modernisme des chambres lumineuses et assez gaies, avec leurs meubles en rotin, la façade couverte de bois, la situation imprenable entre mer et port sont les atouts de cet hôtel récent.

Hôtel de la Plage

20, bd de Verdun
Tél. : 02 35 84 18 28. Fax : 02 35 82 36 82
40 ch. 280-360 F

La plage est en face, de nombreuses chambres, simplettes, mais claires, jouissent d'une vue sur la mer et les prix filent doux.

Mélie

2, grande-rue du Pollet
Tél. : 02 35 84 21 19. Fax : 02 35 06 24 27
Fermé dim. soir, lundi, 1er-20 oct., 20 déc.-10 janv.
Menus : 180-230 F (vin c.). Carte : 280-350 F

Guy Brachais est le bon cuisinier d'ici. Ce Normand bon teint qui raconte sa région à coup de fruits de mer et poissons de ligne de première fraîcheur est un artisan rigoureux autant qu'un technicien soigneux. Difficile de lui en conter sur l'art de cuire la sole, le bar, la lotte et le saint-pierre. Ses huîtres de la Manche qu'il sert chaudes ou froides, selon l'humeur du jour, la sole dieppoise, la barbue bonne femme, le crêpou aux pommes sont autant de belles histoires normandes et gourmandes à se conter dans un décor soigné, mais sous une façade si discrète qu'on peut vite la louper.

Musardière

61, quai Henri-IV
Tél. : 02 35 82 94 14
Fermé lundi, dim. soir (sf été), 13 déc.-21 janv.
Menus : 38 F (enf.), 75-165 F. Carte : 200 F

La situation face au port et près de la tour aux Crabes est imparable. Les prix sont doux, l'atmosphère simple et relaxe, l'accueil gentil tout plein. Poissons tout frais au gré de la marée du jour se mangent dans la bonne humeur.

Produits

PRODUITS RÉGIONAUX

L'Epicier Olivier

16, rue Saint-Jacques
Tél. : 02 35 84 22 55

Claude Olivier a fait de sa belle échoppe l'ambassade du bon produit normand sous toutes ses facettes. Vieux calvas, cidres fermiers, fromages affinés, confitures et condiments variés sont sélectionnés avec un soin louable.

Dieue-sur-Meuse : voir Verdun

Dieulefit

26220 Drôme. Paris 627 – Valence 67 – Montélimar 28 – Nyons 30 – Orange 58.

Office du Tourisme : pl. Abbé-Magnet
Tél. : 04 75 46 42 49. Fax : 04 75 46 89 49

Entre Drôme provençale et Tricastin des merveilles, un petit coin de bonheur pour les amoureux du calme et de la lumière.

A 26160, Poët-Laval, 5 km O. par D540

Hôtel-restaurant

Les Hospitaliers

Tél. : 04 75 46 22 32. Fax : 04 75 46 49 99
Fermé 15 nov.-15 mars, (res.) lundi, mardi sf juil.-août
22 ch. 380-880 F. 1/2 pens. 400-650 F
Menus : 95 F (enf.), 118 F (sem.), 160 -340 F

Cette ancienne demeure de Templiers a le chic ancien : vieilles pierres et jolis tissus donnent le ton. Ajoutez-y la vue sur un pays de lavande et une cuisine aux couleurs de la Provence et vous aurez l'envie de séjourner ici sans heurts. Piscine, jardin.

Digne

04000 Alpes-de-Haute-Provence. Paris 748 – Aix-en-Provence 109 – Avignon 166 – Cannes 136 – Gap 89.

Office du Tourisme : pl. du Tampinet
Tél. : 04 92 36 62 62. Fax : 04 92 32 27 24

Cette capitale, modeste, du haut-pays provençal est un point-carrefour sur la route des Alpes.

Hôtel-restaurant

Grand Paris

19, bd Thiers
Tél. : 04 92 31 11 15. Fax : 04 92 32 32 82
Fermé 20 déc.-1er mars, (rest.) dim. soir, lundi, 15 oct.-15 mai
21 ch. 450-850 F. 4 appart. Pens. 590-650 F
Menus : 90 F (enf.), 195-440 F. Carte : 400 F

Cette maison sérieuse fait à la fois une bonne étape avec ses chambres aménagées avec un soin méticuleux, son mobilier ancien, son caractère provençal. C'est aussi une table de choix sous la houlette du très sérieux Jean-Jacques Ricaud. Sa fille veille à la réception de l'hôtel, lui se soucie du bonheur gourmand de ses hôtes proposant foie gras de canard et terrine de lentilles, cabillaud aux poivrons, râble de lapin farci à l'épeautre, bécasse. A bien des égards, du cousu main. Belle cave, service empressé et fort civil.

Dijon

21000 Côte-d'Or. Paris 311 – Auxerre 152 – Bâle 255 – Besançon 91 – Genève 190 – Lyon 194 – Strasbourg 333.

Office du Tourisme : pl. Darcy
Tél. : 03 80 44 11 44. Fax : 03 80 30 90 02

Heureuse ville ! Bourguignonne jusqu'au bout des ongles et française avec passion. Se hasarder rue de la Liberté et rue Musette, c'est retrouver un air de province qui n'a dû guère changer depuis le siècle passé. Mais aussi des halles splendides, en fer forgé, aux allures théâtrales lorsqu'elles s'animent, des fromagers hors pair, des boulangers de bon ton, des charcutiers prêts à se battre pour défendre « leur » jambon persillé, des chocolatiers qui ne baissent pas les bras. Le terroir bourguignon est ici magnifié. Et les traditions ne se perdent aucunement dans ces boutiques à l'ancienne, derrière ces façades rétros qui abritent non seulement des artisans passionnés, mais aussi des spécialités locales de réputation mondiale : la moutarde, le pain d'épice, le cassis et l'escargot. On en oublierait presque que le grand vignoble de la côte-de-nuits débute à sa porte.

Hôtels

Hostellerie du Chapeau Rouge

5, rue Michelet
Tél. : 03 80 30 28 10. Fax : 03 80 30 33 89
30 ch. 620-1020 F. Menus : 155 F, 205 F, 225 F, 400 F

Le grand classique de la ville a été heureusement rajeuni. L'adresse est centrale, les chambres ont fait une belle cure de jeunesse et la table traditionnelle vaut le détour. Salon en jardin d'hiver.

Mercure Château Bourgogne

22, bd de la Marne
Tél. : 03 80 72 31 13. Fax : 03 80 73 61 45
123 ch. 595-770 F. Menus : 60 F (enf.), 152 F, 250 F

Ce bel hôtel de chaîne joue son rôle, proposant des chambres modernes, classiques et de bon ton. Le restaurant fait une étape sérieuse et l'ensemble est bien pratique pour les visiteurs du parc des expositions.

Sofitel la Cloche

14, pl. Darcy
Tél. : 03 80 30 12 32. Fax : 03 80 30 04 15
64 ch. 780-1 200 F. 4 duplex : 1/2 pens. 700-770 F
Carte : 250 F

L'ex-palace de la ville transformé en hôtel de chaîne a gardé son noble faste sous sa belle façade début de siècle. Les chambres sont fonctionnelles, le service sourit, les duplex du dernier étage ont du charme.

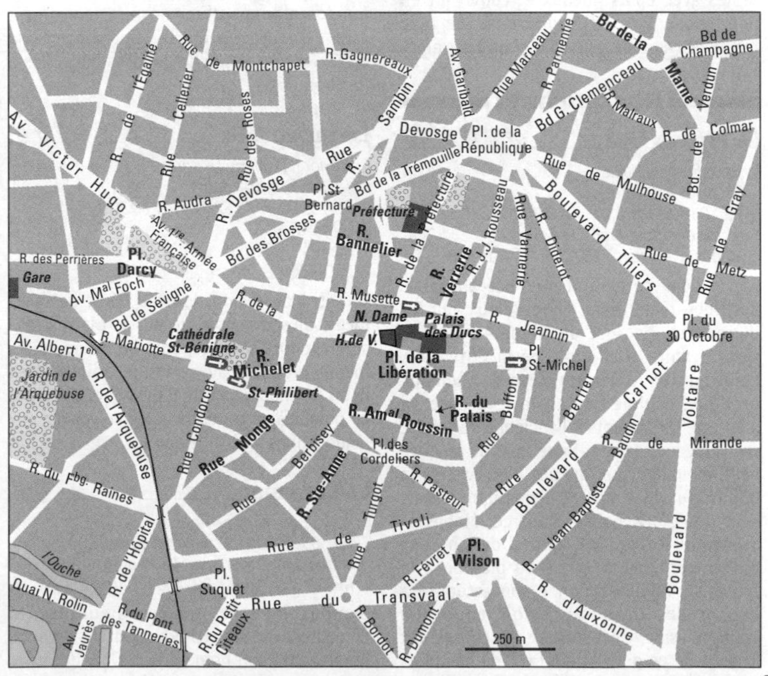

Le Jacquemart

32, rue Verrerie
Tél. : 03 80 60 09 60. Fax : 03 80 60 09 69
32 ch. 165-340 F

Prix sages et confort à l'ancienne : voilà ce que propose cette vieille demeure qui a su garder son cachet dans le cœur historique de la ville. Parfaite pour visiter boutiques d'antiquaires et musées.

Philippe Le Bon

18, rue Sainte-Anne
Tél. : 03 80 30 73 52. Fax : 03 80 30 95 51
29 ch. 360-480 F. 1/2 pens. 388 F

Des chambres modernes et de bon confort adjacentes au fort bel édifice gothique du restaurant La Toison d'Or (voir à ce nom).

Le Wilson

Pl. Wilson
Tél. : 03 80 66 82 50. Fax : 03 80 36 41 54
27 ch. 395-500 F

Ce relais de poste du XVIIe avec sa cour intérieure sur une place animée offre des chambres modernes bien aménagées. Le restaurant Thibert est juste à côté.

Hôtel du Palais

23, rue du Palais
Tél. : 03 80 67 16 26. Fax : 03 80 65 12 16
15 ch. 220-280 F

Au cœur de la vieille ville, dans une maison du XVIIIe, chambres cosy et charmeuses, certaines avec épais rideaux et couvre-lit en patchwork. Propreté rigoureuse. Le type même de l'adresse à ne donner qu'à ses amis.

Restaurants

Le Pré aux Clercs

Jean-Pierre Billoux
13, pl. de la Libération
Tél. : 03 80 38 05 05. Fax : 03 80 38 16 16
Fermé dim. soir, lundi, 15-25 août
Menus : 200 F (déj.), 260-500 F. Carte : 380-520 F

Sur le demi-cercle qui fait face au palais des Ducs, règne Jean-Pierre Billoux, qui fut la vedette discrète de Digoin, avant de s'exiler dans la capitale de la Côte d'Or. Celui qui fut le dernier élève de Dumaine pratique, comme on fait la révérence, la meurette d'escargots à l'ancienne, le sandre sur la peau à la moutarde comme la quenelle meunière aux queues d'écrevisses, le poulet au vin rouge. Un classique ? Mais avec un doigté majeur. Dans cet établissement, où le design épuré de chaises contemporaines se marie au plafond à la française, Billoux redonne son actualité à l'adage de Curnonsky, selon lequel « la bonne cuisine, c'est lorsque les choses ont le goût de ce qu'elles sont ». D'où ces plats qui donnent faim à leur seul énoncé : galantine de thon au fenouil à la grecque, terrine de pigeon à l'ail confit, crème poireaux-pommes de terre aux rognons d'agneau escalopés à la coriandre, homard à la diable au beurre de pistache, saumon mi-fumé poêlé avec compote d'oignons et pommes croquettes ou fabuleuse volaille de Bresse pochée au céleri, additionnée d'un beurre de truffe. Le registre des desserts (baba au vieux rhum et aux fruits secs, strudel aux bananes caramélisées, parfait glacé à l'ananas) joue la même partition heureuse.

Jean-Pierre Thibert

10, pl. Wilson
Tél. : 03 80 67 74 64. Fax : 03 80 63 87 72
Fermé dim., lundi midi, vac. de fév., 30 juil.-21 août
Menus : 140-450 F. Carte : 370-500 F

Heureuse ville qui possède deux grands chefs si différents. A Billoux le classique sage s'oppose Jean-Paul Thibert, rondouillard bressan et créatif tous azimuts. Même si l'un et l'autre cultivent le terroir, la tradition, la recréation, chacun a sa manière. Ici, sur la passante place Wilson, dans un clair décor moderne, nous gardons un souvenir ébloui d'huîtres dont l'iode était ravivée par un fringant jus de pommes. Mais il y a aussi les écrevisses de Saône au céleri boule et jus de persil, le sandre aux pommes de terre et au cidre, le quasi de veau au lait avec légumes au curry et jus à la verveine qui témoignent d'une inspiration jamais prise de court. Les menus sont pondérés, la carte des vins est riche de jolies bouteilles à fort bon prix.

La Toison d'Or

A l'Hôtel Philippe Le Bon
18, rue Sainte-Anne
Tél. : 03 80 30 73 52. Fax : 03 80 30 95 51
Fermé dim.
Menus : 160 F (vin c., déj.), 170-215 F Carte : 250-430 F

On vient aussi pour le beau décor de salles médiévales, dignes d'un musée. Mais la cuisine est fort soignée, comme d'ailleurs les menus proposés avec mesure. Foie gras en habit de choux, galette d'escargots en rosace de pommes de terre, fricassée de volaille aux langoustines valent l'étape.

Le Cézanne

40, rue de l'Amiral-Roussin
Tél. : 03 80 58 91 92. Fax : 03 80 49 86 80
Fermé dim., lundi midi, 15 jrs août, 1 sem. déc.
Menus : 85 F (enf.), 99-250 F. Carte : 250-300 F

Sympathique et même chaleureuse, la demeure, avec ses reproductions de Cézanne qui donnent son nom au lieu. On y découvre la cuisine finaude, très fraîche, proche du marché de David Ardoint (saumon à l'unilatérale, pigeon à l'hysope) qui fait modeste, mais sûr. Les menus sont des affaires.

Le Bistrot des Halles

10, rue Bannelier
Tél. : 03 80 49 94 15. Fax : 03 80 38 16 16
Fermé dim. soir
Menus : 98 F (déj.), 150 F

Signé Jean-Pierre Billoux, ce bistrot, face au marché, régale à peu de frais le commun des mortels à coup de jambon persillé, d'œufs en meurette et de poulet sauté. Belle ambiance, vins de cœur, de soif et de franchise, tarifs sages.

Le Chabrot

36, rue Monge
Tél. : 03 80 30 69 61. Fax : 03 80 30 59 29
Fermé dim., lundi midi, 15-30 août
Menus : 115 F, 169 F. Carte : 250 F

Le patron a du tonus, dans ce bon bistrot du centre où l'on a vite ses aises et la cuisine a des humeurs de bon aloi, entre escargots au jus de persil, presque comme chez Tonton Loiseau, et saumon en meurette. Règne, au service, la bonne humeur bourguignonne.

Produits

BOUCHER

René Alviset

2, rue de la Préfecture
Tél. : 03 80 30 56 60

Les meilleures provenances fermières se retrouvent chez cet expert en veau de lait et en belle viande de bœuf persillée.

BOULANGER

Au Pain d'Autrefois

47, rue du Bourg
Tél. : 03 80 30 47 92

Pains au feu de bois, tarte à la moutarde et petit pain aux noix dans une jolie boutique centrale.

CHARCUTIERS

Michel Collot

59, rue du Fg-Raines
Tél. : 03 80 41 34 07

Ah, le jambon persillé avec sa belle gelée savoureuse ! Elle vaut le large détour chez cet artisan rigoureux.

Mitanchey

Pl. du 1er-Mai
Tél. : 03 80 41 21 15

Pour le jambon persillé, mais aussi les terrines de canard au cassis, d'andouillette ou d'escargot.

CHOCOLATIER

Au Parrain Généreux

21, rue du Bourg
Tél. : 03 80 30 38 88

Escargots avec praliné, amande, noisettes et béguins du Bareuzai sont réalisés avec talent par Fabrice Gillott, star du cacao à Dijon.

ESCARGOTS

Escargots de Bourgogne

14, rue Bannelier
Tél. : 03 80 30 22 15

Face au marché, Mme Verdier propose escargots en conserve, nature ou préservé avec un fin hachis d'ail, beurre et persil.

FROMAGERS

Le Chalet Comtois

28, rue Musette
Tél. : 03 80 30 48 61

Patrice Rouaud propose de belles pâtes fermières dont les aisys cendrés et citeaux valent le déplacement.

Porcheret

18, rue Bannelier
Tél. : 03 80 30 21 05. Fax : 03 80 30 36 44

Les Gaugry, stars de l'époisses et de l'ami du Chambertin ont repris cette belle enseigne où ils proposent, en sus de leur production, le meilleur de la France fermière dont des brillat-savarin et grand-vatel à se pâmer.

MOUTARDE

Moutarde Maille

32, rue de la Liberté
Tél. : 03 80 30 41 02

Moutardes au vin, à l'échalote, à l'ancienne, aux trois herbes dans une boutique de 1747 avec collection de pots en faïence décorées.

PAIN D'ÉPICE

Mulot et Petitjean

13, pl. Bossuet
Tél. : 03 80 30 07 10. Fax : 03 80 30 18 03

Derrière une façade médiévale, des pains d'épice parfumés à l'anis et au citron qui sont l'orgueil de la ville.

Les restaurants changent parfois de jour de fermeture sans prévenir. Réserver pour annoncer votre arrivée dans un établissement, c'est aussi la garantie de ne pas trouver porte close.

Rendez-vous

BISTROT À VINS

Caveau de la Porte Guillaume

2, rue de la Liberté
Tél. : 03 80 30 58 58

Un caveau chaleureux, son lourd comptoir : on se croirait en plein vignoble. Vins au verre et belles assiettes.

BRASSERIE

La Concorde

2, pl. Darcy
Tél. : 03 80 30 69 43

Brasserie 1900 avec plafond ouvragé, pendule rococo, banquettes et rampe en cuivre jaune.

PUB

Le Brighton

33, rue Auguste-Comte
Tél. : 03 80 73 59 32

Pub anglais, avec ambiance musicale, 210 bières maison ou collection de whiskies pur malt.

Dinan

22100 Côtes-d'Armor. Paris 401 - St-Malo 32 - Rennes 55 - St-Brieuc 59 - Vannes 119.

Office du Tourisme : 6, rue de l'Horloge
Tél. : 02 96 39 75 40. Fax : 02 96 39 01 64

Adorable vieille cité, perchée au-dessus de la Rance, si bretonne d'allure, avec ses demeures anciennes, sa tour de l'Horloge, sa promenade de la duchesse Anne, son château.

Hôtels-restaurants

Avaugour

1, place du Champ
Tél. : 02 96 39 07 49. Fax : 02 96 85 43 04
Fermé 10 janv.-10 mars, 15 nov.-15 déc.

L'ex-grande maison gourmande de la ville se cantonne aujourd'hui dans son rôle de tradition. Ce qu'il fait d'ailleurs assez bien avec ses chambres joliment meublées, ses couloirs et ses salons chaleureux. Situation centrale, en ligne de mire sur les remparts.

Les Grands Fossés

2, pl. du Gal-Leclerc
Tél. : 02 96 39 21 50. Fax : 02 96 39 42 60
Fermé jeudi, 24-31 janv., 24-30 juin
Menus : 102 F (déj.), 178-308 F. Carte : 280-350 F

La demeure a du charme, sise au pied des remparts de la ville. L'accueil de Jacqueline Colas est un modèle de grâce et de sourire. La cuisine ? Sage et pondérée. Alain Colas ne se contente pas de réciter ses classiques bretons. Il innove avec cœur, raconte avec passion sa région et impose de nouveaux classiques qui ont nom palet breton au crabe, œufs de coucou de Rennes brouillés au homard, sole cuite sur l'arête avec beurre salé et échalotes, ris de veau à l'andouille et croustillant praliné aux gavottes. C'est bien vu, malicieux, raconté avec justesse avec des assiettes joliment dressées. Prix sages pour tant de qualité.

La Mère Pourcel

3, pl. des Merciers
Tél. : 02 96 39 03 80. Fax : 02 96 39 49 91
Fermé dim. soir, lundi (sf été), vac. fév.
Menus : 97 F (déj.), 168-395 F. Carte : 300-500 F

Ici, contrairement à l'adage de Curnonsky, on vient manger le décor. Celui-ci, une maison authentique du XVe avec bois et poutres, est breton avec joliesse. Le miracle est que la cuisine, sage et de tradition, chère sans doute à la carte – mais les menus sont de bon équilibre – suit. Homard grillé, coucou de Rennes, agneau rôti, kouign amann aux pommes chaudes sont sans défaut.

La Caravelle

14, pl. Duclos
Tél. : 02 96 39 00 11
Fermé dim. soir, mercr. (hs), 6-13 mars, 12 nov.-7 déc.
Menus : 135 F (sem.), 280-500 F. Carte : 350 F

Nous avons connu Jean-Claude Marmion discret, rebelle et solitaire dans cette demeure alors partagée entre deux : le restau-café-comptoir et la salle plus élégante. Depuis, le décor s'est embourgeoisé, les tableaux anciens se sont accumulés avec joliesse. La cuisine, jadis si créative, paraît être rentrée dans le rang. Elle a de beaux restes et montre de jolis feux, à travers les propositions du moment. Amusantes huîtres avec boudin au jus de pommes, saint-pierre aux oignons caramélisés ou rognon aux reinettes sont du travail de ciseleur. Epatant menu du marché à 135 F.

Fleur de Sel

7, rue Sainte-Claire
Tél. : 02 96 85 15 14. Fax : 02 96 85 16 66
Fermé mardi, merc., 21-29 juin, 1er-16 nov., 16-31 janv.
Menus : 120-180 F

Bonne étape chaleureuse, diserte, peu chère, cette fleur de sel a les atouts d'une halte heureuse. Décor cosy, accueil souriant, menus pondérés. Ajoutez-y d'exquis mets au fil du marché et des saisons (feuilleté d'escargots à l'andouille, piccata de lotte aux épices, suprême de pintade aux choux) mitonnés avec sérieux par Nicolas Boyère et vous comprendrez le succès du lieu.

Dinard

35800 Ille-et-Vilaine. Paris 421 - St-Malo 12 - Dinan 22 - Rennes 75 - Dol-de-Bretagne 29

Office du Tourisme : 2, bd Féart
Tél. : 02 99 46 94 12. Fax : 02 99 88 21 07

Les villas classées, le site sur la Rance et la pointe du Moulinet, la plage de l'Ecluse et la promenade du Clair de Lune font de cette vieille dame 1900 une station balnéaire toujours en vogue.

Hôtels-restaurants

Grand Hôtel

46, av. George-V
Tél. : 02 99 88 26 26. Fax : 02 99 88 26 27
Fermé nov.-28 déc., 3 janv.-fév. (rest.) déj.
90 ch. 1 270-1 680 F. 1/2 pens. 780-1 110 F
Menu : 190 F

Cette belle demeure 1880 sise sur la promenade du Clair de Lune a fait l'objet d'une splendide rénovation. Grand chic à l'ancienne, belles chambres spacieuses et panoramiques, hall splendide, piscine, remise en forme, cuisine sage.

Reine Hortense et Castel Eugénie

19, rue Malouine
Tél. : 02 99 46 54 31. Fax : 02 99 88 15 88
Fermé mi-nov.-25 déc., 3 janv.-25 mars
13 ch. 980-1 200 F

Deux villas en ligne de mire sur la plage de l'Ecluse avec leur histoire, leur charme Belle Epoque, leurs stucs d'un autre âge. Chambres de style, vue superbe.

La Salle à Manger

25, bd Féart
Tél. : 02 99 16 07 95
Fermé 15 nov.-4 fév.
Menus : 65 F (enf.), 95 F (déj., sem.)-340 F.
Carte : 250 F

L'épatant menu du déjeuner, la gentillesse de l'accueil, la fraîcheur des mets sont les trois atouts de la demeure de Jacques Gonthier. On ne fait pas ici dans la haute couture, mais l'honnêteté des langoustines mayonnaise, crevettes poêlées « Caraïbes », lotte aux épices de Louisiane, avec leur touche d'exotisme fort bienvenue ici même, sonnent juste. Décor pimpant en jaune et bleu.

Les renseignements indiqués concernant les établissements cités ont été pris durant l'année en cours. N'hésitez jamais à les vérifier par un simple coup de fil.

A 35730 La Jouvente, 7 km S.-E. par D114.

Manoir de la Rance

Tél. : 02 99 88 53 76. Fax : 02 99 88 63 03
Fermé 15 nov.-15 déc., 3 janv.-15 mars
9 ch. 450-800 F

Ce beau manoir qui se mire dans la Rance fait une étape au charme et au calme proposant, à prix de raison, le séjour dans des chambres coquettes, très soignées. Jolis meubles anciens, jardin fleuri.

Disneyland-Paris : voir Marne-la-Vallée

Dives-sur-Mer : voir Cabourg

Divonne-les-Bains

01220 Ain. Paris 491 - Gex 10 - Thonon 51 - Bourg 129 - Genève 18.

Cette paisible station thermale avec son casino fameux fait une des perles du pays de Gex, à deux pas de la Suisse.

Hôtels-restaurants

Grand Hôtel Domaine de Divonne

Av. des Thermes
Tél. : 04 50 40 34 34. Fax : 04 50 40 34 24
132 ch. 750-1 650 F. 8 suites : 2 500-7 000 F
La Terrasse, menu 280 F. Carte : 450-600 F
Brasserie du Léman (04 50 40 34 18),
menus : 134-180 F

Le Grand Hôtel rénové, le casino qui attire la clientèle du monde entier, le golf : c'est le « domaine ». Les chambres sobres, de grand confort, ont été modernisées, quoique sans effort d'imagination. Quelques suites ont vue sur la chaîne des Alpes au 4e étage. La cuisine, signée de Dominique Roué, un ancien du Sofitel-Paris, vaut le détour aussi bien à la Terrasse qu'aux Quatre Saisons, dans le cadre de brasserie chic du casino. Omble chevalier à l'étouffée, poitrine de volaille de Bresse poêlée au persil plat, mille-feuille au chocolat s'arrosent de vins régionaux de bon aloi qui résument la situation géographique du pays (blanc du Jura, chasselas suisse, friand gamay du Bugey, mondeuse savoyarde).

Château de Divonne

115, rue des Bains
Tél. : 04 50 20 00 32. Fax : 04 50 20 03 73
19 ch. 650-1 600 F. Suites : 1 000-1 650 F
Menus : 240 F (déj.)-380 F. Carte : 450 F

Administré par le groupe Traversac (« les Grandes Etapes Françaises »), ce monument

XIXe, avec sa noble façade stylisée, sa vaste terrasse, ses vues sur le mont Blanc et le Léman, ses chambres de style, ses salons cosy, est aussi une très bonne table. Matthieu Fontaine, ancien de Robuchon et de l'Amphyclès, joue du registre classique et régional avec un constant souci de renouvellement. Clins d'œil aux «parfums et saveurs du Duché de Savoie» donnent au style maison sa marque. Marbré de foie gras et céleri rave au parfum de truffes, tournedos de sandre rôti au poivre de Szechuan et compotée de chou, poitrine et cuisse de col-vert en salmis avec lentilles et oignons confits, douceur au rhum blanc et ses «tagliatelle» à la noix de coco sont d'une délicatesse sans faille. Ajoutez à cela une cave plantureuse qu'anime un jeune sommelier passionné par les vignobles alentour (arbois blanc, vin jaune d'Arlay, roussette et mondeuse de Grisard) et vous comprendrez que cette maison-monument joue ici le rôle de sentinelle de l'art de vivre.

Auberge du Vieux Bois

Rte de Gex
Tél. : 04 50 20 01 43. Fax : 04 50 20 17 74
Fermé dim. soir, lundi, 19 fév.-5 mars, 26 juin-3 juil., 2-9 oct.
Menus : 65 F, 95 F (déj.)-260 F. Carte : 200-250 F

Les repas au jardin, l'été, la bonhomie d'une auberge comme autrefois, le calme aussi, à un kilomètre du centre de la station thermale : voilà ce que l'on cherche dans ce «vieux bois». Marc Tritten joue avec la tradition, sans chercher à l'affadir. Tartare de truite, quenelle sauce Nantua, feuilleté de champignons à la crème et aux morilles, pigeonneau à la fine champagne et demi-coquelet au riz créole figurent parmi ses bons tours.

Le Vésenex 

1456, rue Guy-de-Maupassant
Tél. : 04 50 20 05 18. Fax : 04 50 20 36 49
Fermé mardi
Menus : 145-300 F. Carte : 250-300 F

A une portée d'arbalète de la frontière «verte» de la Suisse, une auberge d'un autre temps. Gérard Paris, jurassien bon teint, joue le terroir sans malice, mais avec légèreté. Mousse de saumon fumé, œufs en meurette franc-comtois, râble et cuisse de lapereau à la vigneronne «assurent» avec joliesse.

A 01170 Vesancy. 6 km N.O.

La Combette

Tél. : 04 50 41 64 17. Fax : 04 50 41 98 32
Fermé déj. (sf dim.)
Menus : 200 F, 250 F. Carte : 350 F

Dans son ancienne ferme typique du pays de Gex, transformée en restaurant confidentiel, Monique Decré, autodidacte passionnée, sert, le soir et le dimanche midi, une cuisine soignée, solide, mais fine, d'inclination jurassienne, exécutée à partir de produits sans faille pour une clientèle d'habitués fidèles. Pané de cèpes, croustillant de morilles à la crème, suprême de volaille au vin jaune de Château-Chalon font plaisir par leur accent, leur sincérité, leur franchise.

Dol-de-Bretagne

35120 Ille-et-Vilaine. Paris 372 – St-Malo 27 – Rennes 58 – Dinan 26 – Fougères 53.

Office du Tourisme : 3, Grande Rue des Stuarts. Tél. : 02 99 48 15 37
Fax : 02 99 48 14 13.

La proximité du mont Saint-Michel, la gare et le curieux Mon Dol attirent le grand tourisme dans ce bourg-carrefour. Ne loupez pas la cathédrale Saint-Samson.

Restaurant

Bresche Arthur 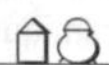

36, bd Deminiac
Tél. : 02 99 48 01 44. Fax : 02 99 48 16 32
Fermé dim., lundi, mardi, hs, vac. fév., Noël
24 ch. 240-280 F. 1/2 pens. 275 F
Menus : 60 F (enf.), 78-195 F

La salle à manger est élégante autant qu'accueillante, le jardin fleuri, les chambres simplettes, l'accueil empressé. La cuisine ? D'une franchise sans faille, à travers les belles creuses de la Baie, les poissons au gré de la marée, le lapin au cidre le parmentier de queue de bœuf et pied de veau et le fondant chocolat-caramel que délivrent des menus sages et sans opprobre.

Dolus-d'Oléron : voir Oléron

Domme

24250 Dordogne. Paris 542 – Cahors 52 – Sarlat-la-Canéda 12 – Fumel 52 – Périgueux 76.

Office du Tourisme : pl. de la Halle
Tél. : 03 53 31 71 00. Fax : 05 53 31 71 09

Un village fameux pour ses maisons anciennes perchées en balcon privilégié au-dessus du cours sinueux de la Dordogne.

Hôtel-restaurant

L'Esplanade 

Tél. : 05 53 28 31 41. Fax : 05 53 29 49 92
Fermé 30 oct.-11 fév., (res.) lundi sf soir saison
25 ch. 350-700 F. 1/2 pens. 445-620 F
Menus : 200-400 F. Carte : 250-450 F

Les chambres disséminés un peu partout sont de bon confort, l'hôtel et la salle à manger cossue offrent une vue panoramique sur la vallée de la Dordogne. Quant à la cuisine sage du bon M. Gillard, elle ne fait pas la retape, à travers foie gras chaud aux pommes, saucisson de canard, filet d'agneau sauce Périgueux en chaud-froid aux fraises.

Dossenheim-sur-Zinsel

67330 Bas-Rhin. Paris 452 - Strasbourg 53. Saverne 8 - La Petite-Pierre 16

C'est l'une des portes des Vosges du Nord, des châteaux ruinés et cachés comme le proche Hunebourg. La Petite-Pierre et sa forêt sont la porte à côté.

Restaurant

Chez Clauss

Tél.: 03 88 70 00 81
H.S.: w.-e. slt. Eté: dîn. sf lundi, mardi
Carte: 120-220 F

La façade ne paye pas de mine. A l'intérieur, l'enchantement commence avec les lambris, le plafond peint, les tableaux de Walch, le feu de bois. Robert Clauss fait rôtir les plats sur la braise, porte une double casquette: le week-end et les soirs l'été, joue les aubergistes respectant la tradition familiale. En semaine, il assure le chronométrage électronique des compétitions de tennis. Entre Wimbledon et Roland-Garros, «Roby» revient chez lui, met la veste blanche et, après les tartes flambées fines et craquantes, mitonne l'assiette du bûcheron, avec cervelas, lard grillé, œufs au plat, pommes sautées, le jambon à l'os au feu de bois, la pièce de bœuf pour deux ou le bibeleskäs pommes fondantes. On boit la Pils de Saverne, le rouge de Scherrer en pichet ou le cahors du clos de Triguedina en étant ravi que le tennis n'ait pas enlevé le gars Robert à son village.

Douains: voir Vernon

Douarnenez

29100 Finistère. Paris 588 - Quimper 24 - Brest 76 - Lorient 91 - Vannes 143.

Office du Tourisme: 2, rue du Dr-Mével
Tél.: 02 98 92 13 35. Fax: 02 98 92 70 47

Ce vrai port breton a le charme du pays breton. Georges Perros, le poète des Papiers Collés, *y évoquait en nostalgie les crachins brumeux sur la baie. Ne loupez pas le port-musée.*

indique un lieu de mémoire.

Hôtels-restaurants

Le Clos de Vallombreuse

7 rue d'Estienne-d'Orves
Tél.: 02 98 92 63 64. Fax: 02 98 92 84 98
20 ch. 450-495 F. 1/2 pens. 390-408 F
Menus: 60 F (enf.), 99-330 F

Deux sœurs tiennent ce ravissant manoir avec vue décorée de bric et broc. Chambres de bon confort, située au calme, près de la mer, cuisine signée du jeune Denis Lecuisinier au nom prédestiné, qui a été formé à la Tour d'Argent et au Sofitel Quiberon. Mousse d'artichauts à l'andouille croustillante, poissons fumés et marinés un peu passe-partout, excellent filet de plie au beurre d'épinard, intéressante crème brûlée au chocolat et frais sorbet en mille-feuille. Gentils menus et vins itou.

Ty-Mad

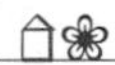

Plage Saint-Jean à Tréboul
Tél.: 02 98 74 00 53. Fax: 02 98 74 15 16
Fermé oct.-mars, (res.) déj.
23 ch. 250-340 F. 1/2 pens. 300-355 F
Menus: 50 F (enf.), 72-192 F

Dans une maison fleurie avec jardin, vue sur mer et une proche chapelle, un petit hôtel de charme, clair, souriant, pimpant: un vrai p'tit bonheur qui donne envie de séjourner à Douarnenez. Accueil féminin adorable. Chambres d'angle «avec vue», aux second et troisième étages. Sage dîner de pension.

Rendez-vous

CRÊPERIE

Tudal «Au Goûter Breton»

36, rue Jean-Jaurès
Tél.: 02 98 92 02 74

«La» crêperie de Douarnenez qui n'en manque pas. Les galettes sont savoureuses (galette de blé noir ou de froment au sucre et beurre, crêpe à la gelée de cidre et compote de rhubarbe moelleuses à souhait), l'ambiance relaxe, le cadre branché et l'accueil sympa. Excellent cidre fermier et lecture des journaux du jour proposée à demeure.

Produits

CONSERVEUR

Conserverie Wenceslas Chancerelle

Tél.: 02 98 92 42 44. Fax: 02 98 92 93 96

Il faut montrer patte blanche pour visiter les ateliers où les dames de Douarnenez équeutent et désarêtent les sardines, frites à l'huile, avant la mise en boîte. Six générations de Chancerelle (Eric est le dernier du nom) font de la conservation du poisson un bel art depuis 1840 sous le nom de «Connétable». Les sardines millésimées valent le détour.

PÂTISSIER

La Maison du Kouign Amann

5, rue Jean-Jaurès. Tél. : 02 98 92 01 40

Stéphane le Moing mitonne d'exquis chocolats amers au lait, au caramel et à la pistache. Mais son kouign amann, très beurré, très sucré, est évidemment la vedette du lieu.

Draguignan

83300 Var. Paris 896 – Fréjus 31 – Marseille 126 – Nice 90 – Toulon 82.

Office de Tourisme : 9, bd G.-Clemenceau Tél. : 04 94 68 63 30. Fax : 04 94 47 10 76

Le musée des Arts et Traditions populaires évoque le pays provençal dont c'est là l'un des carrefours.

Hôtels–restaurants

Lou Galoubet

23, bd Jean-Jaurès
Tél. : 04 94 68 08 50
Fermé dim. soir, lundi soir, 16 août-5 sept.
Menu : 110 F. Carte : 200-250 F

Le phénix gourmand de Draguignan c'est cette table genre brasserie provençale au décor en longueur sans façons avec ses banquettes de skaï rouge et ses plats de poissons mitonnés selon le marché et la marée. Huîtres, soupe de poissons, brandade, encornets farcis, mais aussi bonnes grillades délivrées sans faiblesse.

A 83780, Flayosc, 7 km par D557

La Vieille Bastide

Rte de Salernes
Tél. : 04 94 70 40 57. Fax : 04 94 84 61 23
7 ch. 360-480 F. 1/2 pens. 320-370 F
Menus : 70 F (enf.), 95 F (sem.), 125-285 F.
Carte : 250 F

Les chambres sont mignonnettes, jolies, simples, la terrasse ombragée, l'accueil adorable, la vue sur le village superbe. La cuisine ? Fidèle aux parfums d'ici, même si elle sait s'enhardir à travers les idées du moment. Quiche de grenouilles à l'épeautre et pigeon braisé aux artichauts font simplement plaisir. Piscine, jardin.

L'Oustaou

Tél. : 04 94 70 42 69
Fermé lundi, jeudi soir sf été, dim. sf déj. (hs), 8-15 mai, 13 nov.-12 déc.
Menus : 70 F (enf.), 125-280 F. Carte : 250-350 F

Dans un adorable village perché, cette table accorte a fait de la conservation des traditions provençales la plus saines des vertus. Goûtez, sans craindre la ruine (épatant menu à 125 F), les pieds paquets, le bœuf en daube, caillette, suprême de griotte au chocolat. Emouvant décor vieille Provence, avec photos et bibelots.

Dunkerque

59140 Nord. Paris 292 – Calais 46 – Amiens 154 – Lille 73 – Leper 54

Office du Tourisme Beffroi : rue de l'Amiral Romarc'h. Tél. : 3 28 63 67 87
Fax : 03 28 63 38 34

Détruite en 1945, relevée de ses ruines avec grandeur, elle est aujourd'hui un port ultra-moderne, avec ses usines sur l'eau, signe de son activisme. Son carnaval annuel dit sa gaieté.

Hôtels–restaurants

Europe Hôtel

13, rue Leughenaer
Tél. : 03 28 66 29 07. Fax : 03 28 63 67 87
116 ch. 370-420 F
Menus : 100 F (sem.)-130 F (l'Embarcadère).
Carte : 200 F (la Ferme)

Ce grand ensemble moderne avec chambres petites mais fonctionnelles est accueillant, à deux pas du bassin du Commerce, sur le port et non loin du musée d'art contemporain. Deux formules de restauration, rustique (la Ferme) ou marine (l'Embarcadère), bien pratiques, à demeure.

L'Estouffade

2, quai de la Citadelle
Tél. : 03 28 63 92 78. Fax : 03 28 63 92 78
Fermé dim. soir, lundi, 10 août-10 sept.
Menus : 115 F (sem.)-190 F. Carte : 250-300 F

Cette bonne table marine face au port propose poissons frais issus de la pêche du jour et service en terrasse aux beaux jours. Sole aux langoustines, estouffade de turbot, rouelle de barbue sont sans esbroufe.

Au Petit Pierre

4, rue de Dampierre
Tél. : 03 28 66 28 36. Fax : 03 28 66 28 49
Fermé sam. midi, dim., lundi soir
Menus : 45 F (enf.), 108-149 F. Carte : 180 F

Sympathique et de bon ton, cette table accorte, sise près de la gare, dans une demeure XVIIe, propose les spécialités du Nord avec gentillesse. Flamiche et potjevleesch figurent au programme.

indique un établissement au bon rapport qualité-prix.

A 59210 Coudekerque-Branche, 4 km S. sur D916

Soubise

49, rte Bergues
Tél.: 03 28 64 66 00. Fax: 03 28 25 12 19
Fermé sam. midi, dim. soir, 22 avril-3 mai, 28 juil.-23 août
Menus: 45 F (enf.), 95-218 F. Carte: 250 F

Ce beau relais du poste XVIIIe en briques flamandes lorgne le canal. On y accueille avec aise le chaland de hasard dans la salle meublée Louis XIII pour le plaisir des mets du marché traités avec application. Belles huîtres, turbot hollandaise, saumon à l'œuf poché, agneau de lait simplement rôti dans son jus, pigeon de Steenvorde mitonnés avec aise par Michel Hazebrouck font simplement plaisir. Service efficace, prix raisonnables.

A 59229 Teteghem, 6 km S.-E. par N1 et D204

La Meunerie

Au Galghouck: 2 km S.-E. par D4
Tél.: 03 28 26 14 30. Fax: 03 28 17 32
9 ch. 550-850 F. 1/2 pens. 600-850 F
Menus: 150-380 F. Carte: 350-450 F

Cette vieille demeure fameuse des gourmets du Nord a été rénovée par les Caudron qui ont repris la maison après y avoir travaillé il y a quelques années. Les chambres sont assez vastes et de bon confort, l'allure d'ancien moulin à vapeur ne manque pas de cachet et, côté cuisine, saint-pierre au raifort et concombre et carré d'agneau à la chicorée sont séducteurs.

Durtol: voir Clermont-Ferrand

Dury: voir Amiens

E

Les Echets

01700 Ain. Paris 455 - Lyon 19 - Bourg 47 - Villefranche 29.

A deux pas de Lyon, mais déjà un pied dans les Dombes, un village gourmand comme une promesse de régal sur la route champêtre.

Hôtel-restaurant

Jacques et Christophe Marguin

916, rte de Strasbourg
Tél. : 04 78 91 80 04. Fax : 04 78 91 06 83
Fermé dim. soir, 4-24 août, 24 déc.-1er janv.
8 ch. 240-310 F
Menus : 65 F (enf.), 100 F (déj.)-380 F
Carte : 300-350 F

Christophe, le fils, a pris la place du père Jacky, et le plus turbulent n'est pas celui qu'on pense. Le truculent papa à moustaches, président de l'association très informelle des disciples de Paul Bocuse, a fait sans doute davantage parler de lui que de son auberge. A Christophe donc, à son épouse Nicole, le soin de faire rimer Marguin non avec train-train, mais avec soin et probité. Gâteau de foies de volaille, poularde à la crème, œuf en neige au pralin sont ici le sérieux même. Chambres de bon confort ouvrant sur la campagne.

Echevenex : voir Gex

Eguisheim

68420 Haut-Rhin. Paris 445 - Rouffach10 - Mulhouse 39 - Colmar 7.

Le « berceau » du vignoble ? C'est ce qu'attestent des traces anciennes. Auxquelles s'ajoutent le site au pied des tours d'Husseren, le circuit à travers les demeures anciennes et l'activisme vigneron de qualité.

Hôtels-restaurants

Hostellerie du Château

2, rue du Château
Tél. : 03 89 23 72 00. Fax : 03 89 23 79 99
Fermé 3 janv.-12 fév.
12 ch. 410-780 F. 1/2 pens. 463-500 F

Les frères Nasti, qui tiennent le Caveau d'Eguisheim (voir ci-dessous) ont investi cette demeure contiguë du château local, face à leur belle table, et l'ont transformée en hôtel contemporain. Chambres de couleurs gaies, pourvues de jolies vues sur le village, salles de bains avec carreaux de faïence, grand hall avec tapisserie : voilà une halte de charme au cœur du vignoble.

L'Hostellerie du Pape

10, Grand-Rue
Tél. : 03 89 41 41 21. Fax : 03 89 41 41 31
Fermé (rest.) lundi, mardi midi, 4 janv.-7 févr.
33 ch. 395-495 F. 1/2 pens. 430 F
Menus : 60 F (enf.), 80 F (déj.), 110-290 F.
Carte : 150-250 F

Le confort moderne, avec chambres fonctionnelles, cour intérieure, salon cosy, salle à manger aux teintes jaunes : c'est la demeure des Huber. Maurice anime la salle, alors qu'Annie propose des mets de qualité qui s'évadent du régionalisme strict. On goûte avec plaisir saumon cru, tarte à l'oignon, truite farcie au crémant, caille fourrée aux champignons, soupe de quetsches aux épices ou kougelhopf glacé à la fleur de bière. C'est frais, léger comme l'onde, les vins sont bien choisis et les tarifs, notamment des menus, demeurent raisonnables pour tant de bonheur.

L'Auberge Alsacienne

12, Grand-Rue
Tél. : 03 89 41 50 20. Fax : 03 89 23 89 32
Fermé 15 jrs juin, 15 déc.-1er févr.
20 ch. 276-316 F
Menus : 69-190 F

La haute façade à colombages cache des chambres de style assez datées. Le confort est sans reproche et la cuisine maison joue le classique sans manière (feuilleté de chèvre, choucroute de poisson, poulet au riesling, munster flambé à l'alcool de cumin).

Le Caveau d'Eguisheim

3, pl. du Château
Tél. : 03 89 41 08 89. Fax : 03 89 23 79 99
Fermé mercr. (14 juil.-11 nov.), jeudi midi, 3 janv.-12 févr.
Menus : 145 F (déj.), 175-375 F. Carte : 350-400 F

Olivier Nasti et son frère Emmanuel qui avaient relancé ce beau caveau ont racheté le Chambard de Kaysersberg. A l'heure où nous rédigeons ces lignes, le devenir de la maison n'est pas fixé. Même si un chef de grande qualité doit reprendre la demeure. Sachez, quoi qu'il en soit, que le rez-de-chaussée, avec pressoirs, poêle vert, hauts murs, a le charme rustique. Quant au premier, il offre une belle vue sur la cité fleurie, son château, son église. Les vins de la cave vinicole et des autres vignerons locaux sont les compagnons naturels de la cuisine maison.

La Grangelière

59, rue du Rempart-Sud
Tél. : 03 89 23 00 30. Fax : 03 89 23 61 62
Fermé jeudi (hs), févr.
Menus : 135-390 F (vin c.). Carte : 300-350 F

Le décor, dans une demeure particulière, a été arrangé avec les moyens du bord. Alain Finkbeiner, formé jadis chez Chibois et au Martinez à Cannes, semble aujourd'hui d'ambition plus mesurée. Mais le carpaccio de saumon et langoustines à la crème de caviar, le bar grillé en aïoli de légumes, le sandre en velouté au riesling, comme la tarte Tatin avec crème battue à la cannelle sont bien honnêtes.

Au Vieux Porche

16 rue des Trois-Châteaux
Tél. : 03 89 24 01 90. Fax : 03 89 23 91 25
Fermé mardi, mercr. midi, 19-25 juin, 13-20 nov., 28 févr.-19 mars
Menus : 60 F (enf.), 95-350 F. Carte : 200-300 F

Tenu par l'ex-sommelier du Chambard à Kaysersberg et son épouse, fille de vigneron, ce «restau-caveau» balance entre cuisine «gastro» et mets du terroir. Les prix à la carte volent un peu haut. Mais vous n'aurez guère à médire du presskopf de queue de bœuf, de la bouchée à la reine, des tartines de munster fondu au jambon ni de l'exquise choucroute maison. Les crêpes Suzette et l'ananas caramélisé flambé au rhum, servi avec glace vanille, méritent un bon point sucré.

Pavillon Gourmand

101, rue du Rempart-Sud
Tél. : 03 89 24 36 88. Fax : 03 89 23 93 94
Fermé dim. soir (hs), mardi soir, mercr., vac. fév, 6-21 juil.
Menus : 57 F (enf.), 88 F (déj.), 140-370 F (vin c.). Carte : 250 F

Pascal Schubnel, ancien chef du Caveau, a travaillé chez les grands (Bocuse, Vergé, Haeberlin, Tantris à Munich). Il joue aujourd'hui du registre traditionnel et des prix sages. Sa tarte à l'oignon est un modèle de finesse. Comme le presskopf, l'emblématique choucroute, qui fit sa gloire, son sandre soufflé, façon quenelle, légère à souhait, et son mini-kougelhopf au rhum, indiquant que ce classique né n'a pas perdu la main, même en se rangeant au registre de la modestie. Le menu «terroir» est une grandissime affaire.

Produits

ARTS DE LA TABLE

Au Château Fleuri

5, pl. du Château
Tél./fax : 03 89 24 13 41

Les souvenirs de l'Alsace authentique, les poteries de Betschdorf et Soufflenheim, des nappes aux tons fleuris et un joli choix de verres : voilà ce qu'offre Marie-Paule Blintz dans une boutique adorable.

Aux Trois Cigognes

45, Grand-Rue
Tél. : 03 89 23 30 31

Assiettes et plats aux motifs peints, objets gourmands et décoratifs : un petit bazar pour rapporter une foule de cadeaux chez soi.

BOULANGER

Marx

39, Grand-Rue. Tél. : 03 89 41 32 56

Les meilleurs bretzels d'Alsace, c'est chez Roger Marx que vous les trouverez : le craquant salé éclate en bouche comme une friandise. Reste que viennoiserie ou tarte aux quetsches sont également de bon ton.

Elincourt-Sainte-Marguerite

60157 Oise. Paris 96 – Beauvais 63 – Compiègne 15 – Noyon 22.

Un bout de Picardie verdoyante et son château plein champ comme une fleur d'un autre temps.

Hôtel-restaurant

Château de Bellinglise

Tél. : 03 44 96 00 33. Fax : 03 44 96 03 00
35 ch. 1045-2085 F. 1/2 pens. 755-1 115 F
Menus : 195-395 F. Carte : 400 F

Depuis Paris, on prend l'A1 au-delà de Compiègne, on sort à Ressons-sur-Matz. On file plein est : c'est là, 1 km après le village. La demeure avec ses tours, son air Renaissance très XVIe mais revisitée avec soin dans sa brique picarde et sa hauteur, impressionne. Il y a les communs, la grande cour, la forêt. Rénovée drastiquement il y a quelques années, elle a gagné en luxe (et en prix !) ce qu'elle a perdu en atmosphère. Chambres de prestige, un tantinet standardisées, jolis salons, cuisine changeante selon la saison. On vous y racontera comment l'équipe de football du Nigeria y fut choyée lors du Mondial...

Engenthal-le-Bas : voir Wangenbourg

Enghien-les-Bains : voir Environs de Paris

indique un établissement au bon rapport qualité-prix.

Ensisheim

68190 Haut-Rhin. Paris 467 - Mulhouse 15 - Colmar 24 - Guebwiller 14.

Cette ancienne capitale du landgraviat autrichien, dévastée par la dernière guerre, est fière de son hôtel de ville aux voûtes à arcades ou de son église de jésuites, et un peu moins de sa prison tristement fameuse.

Hôtels-restaurants

La Couronne

47, rue de la 1re-Armée
Tél.: 03 89 81 03 72. Fax: 03 89 26 40 05
Fermé dim. soir, sam. midi, lundi, 15 jrs août
10 ch. 300-650 F
Menus: 230 F, 300 F, 420 F. Carte: 450-500 F

Cette demeure Renaissance face à la prison, avec sa belle enseigne, continue de conjuguer charme du décor et cuisine de qualité. Les mets à la carte sont, certes, onéreux, mais tout ce que propose Jean-Marc Kohler, allant dans sens de la finesse et celui de la légèreté, mérite l'éloge. A commencer par les variations sur le thème du foie gras (comme la trilogie avec julienne de poireaux frits), le chou farci aux langoustines, le mille-feuille de sandre aux écrevisses, le feuilleté de truffes aux abats nobles et le filet de col-vert aux coings qui sont du travail sérieux, escorté de jolis desserts (gratin de figues au miel, poire caramélisée et sorbet au chocolat amer) et de vins de classe choisis sur une carte immense. Ajoutez-y la cave à cigares pour les amateurs, les chambres au charme historique (dont celle de l'oriel) et l'accueil de la charmeuse Gabrielle Kohler et vous comprendrez que l'étape soit de celles qui laissent un fringant souvenir.

Le Thaler

47, rue de la 1re-Armée
Tél.: 03 89 26 43 26. Fax: 03 89 26 40 05
Fermé dim. Déj. slt
Menus: 58 F (déj.). Carte: 150-250 F

Dans son annexe, Jean-Marc Kohler régale le tout-venant à coup de harengs marinés pommes vapeur, pâté en croûte, tartes flambées, tripes au riesling gratinées, tête de veau, steak tartare et autres mets «canailles» qui ont pour but de faire plaisir sans prise de tête.

Entzheim: voir Strasbourg

«Ecrivez-nous» vos impressions, vos commentaires, relatez-nous vos expériences à **lepudlo@aol.com.**

Epernay

51200 Marne. Paris 142 - Reims 27 - Châlons-en-Champagne 34 - Château-Thierry 48.

Office du Tourisme: 7 av. de Champagne
Tél.: 03 26 53 33 00. Fax: 03 26 51 95 22

La deuxième ville du champagne ou la première? A vous de voir, en vous promenant au long de l'avenue qui porte le nom du vin blond.

Hôtels-restaurants

Les Berceaux

9, rue des Berceaux.
Tél.: 03 26 55 28 84
29 ch. 390-490 F
Fermé (rest.) dim. soir, lundi, mi-févr.-début mars, 15-31 août
29 ch. 390-490 F. 1/2 pens. 450 F
Menus: 150 F (déj.)- 450 F.
Carte: 350-450 F
Au Wine Bar (fermé sam. midi): Menus: 90-135 F

La vedette d'Epernay, jadis pauvrette en bonnes tables, c'est Patrick Michelon. Ce Mulhousien qui fit jadis florès au château de Fère-en-Tardenois et fut, il n'y a guère, aux Armes de Champagne à L'Epine, a voulu voler de ses propres ailes, investissant, avec les Berceaux, une auberge au charme suranné, avec ses chambres à l'ancienne, qui eut jadis son heure de gloire. Ce classique sûr, sachant innover avec grâce, mais sans chichi, mitonne, avec allant, des mets d'avant-hier et de demain, ressourcés au fonds du vieux terroir champenois. Ainsi, la tourte d'escargots à la bûchette d'ail, le tartare de thon au couteau, les saint-jacques en coquille au blanc de blanc d'ici, le saumon d'Ecosse sur la peau avec lentilles et jus de canard, croustillant de cochon de lait, bressole de lapin à la royale, florentin glacé aux céréales grillées, sablé aux fruits d'automne. Accompagné des meilleurs vins d'ici, c'est de la cuisine fine et solide, de goût affirmé, qui joue le haut niveau sans faiblesse. Une formule peu chère (le Wine Bar) permet de découvrir le tour de main du chef sur quelques plats bon enfant avec un joli choix de vins au verre.

Le Clos Raymi

3, rue Joseph-de-Venoge
Tél.: 03 26 51 00 58. Fax: 03 26 51 18 98
7 ch. 750-840 F

La petite halte de charme qui manquait à la cité sparnacienne, c'est cette demeure particulière dans le style du pays, avec ses chambres cosy, son accueil souriant et ses petits déjeuners soignés.

Le Théâtre

8 pl. Mendès-France
Tél. : 03 26 58 88 19. Fax : 03 26 58 88 38
Fermé mardi soir, mercr., 15 févr.-10 mars, 20 juil.-8 août
Menus : 95 F (sem.) 130-250 F. Carte : 250-300 F

Ex-chef de la Briqueterie à Vinay, l'Anversois Lieven Vercouteren a troqué la toque de maître queux pour la chemise d'homme de salle, relançant une vieille brasserie dont il a fait l'un des lieux en vogue de la seconde capitale du vin blond. Un foie gras mi-cuit, un carpaccio de saint-jacques, un lièvre avec pâtes fraîches et crème double, un pain perdu à l'ananas, une glace au café avec croustillant à l'anis jouent la carte du rapport qualité-prix. Que soutient une carte de bruts millésimés à tarif sage.

La Table Kobus

3, rue Dr-Rousseau
Tél. : 03 26 51 53 53. Fax : 03 26 58 42 68
Fermé dim. soir, lundi, 8-16 avr., 1er-22 août
Menus : 140 -240 F. Carte : 250 F

La maison porte le patronyme de l'Ami Fritz : il s'agit du nom de la grand-mère du patron, le Colmarien Serge Herrscher. Ce jeune ancien de chez Boyer, qui a travaillé en salle au Chabichou de Courchevel, est le dynamisme même. Son chef, comtois, ex du Relais de Nantilly à Gray et du Crillon à Paris, mitonne une cuisine rustico-chic qui plaît sans mal. Le meilleur monde du vignoble a d'ailleurs investi l'endroit comme une de ses cantines, adorant manger sous les moulures de ce bistrot 1880 aux malignes séparations vitrées. Superbe terrine de foie gras au jambon de Bayonne, viennoise de sandre aux pistaches, filet de daurade en écailles de pommes de terre, corne d'abondance aux fruits frais et sorbet au thé. Les menus sont bien agencés et les cuvées de champagne à prix cadeaux. Enfin, on accepte tout un chacun venant avec sa bouteille, sans l'obligation d'acquitter un « droit de bouchon ». On devine que les cadres des demeures proches sont des habitués du lieu.

A 51160 Champillon-Bellevue. 6 km N. par N51

Royal Champagne

Tél. : 03 26 52 87 11. Fax : 03 26 89 69
26 ch. 880-1350 F. 3 suites. 1/2 pens. 855-1 155 F
Menus : 145 F, 195 F (déj.) 300-500 F

Ce beau relais de poste à l'ancienne avec ses salons cosy, ses chambres de grand confort dans des bungalows perchés au-dessus de la vallée de la Marne est aussi une table de choix. Le jeune Christophe Dufossé qui a travaillé en Alsace et en Suisse y joue, sous la houlette du malicieux directeur Alain Guichaoua, un classicisme modernisé qui cadre assez bien avec le style de la demeure. La salle à manger avec son encorbellement de bois, le service policé, digne d'un Relais & Châteaux, chaîne à laquelle la demeure est affiliée, enfin une cave champenoise de toute beauté : voilà qui va l'amble. Lobe de foie gras mariné au bouzy, aiguillette de sole au céleri, gigot d'agneau de lait de sept heures, volaille de Bresse en croûte de sel et soufflé au chocolat sont d'une netteté sans faille.

A 51530 Vinay. 6 km S. par D951

La Briqueterie

4, rte de Sézanne
Tél. : 03 26 59 99 99. Fax : 03 26 59 92 10
Fermé 20-26 déc.
42 ch. 800-1 250 F
Menus : 140 F (déj.), 250-420 F. Carte : 400 F

Cette belle étape en lisière de la côte des Blancs a fait peau neuve. Les chambres ont été refaites sur le mode cosy. La cave fait évidemment la part belle aux voisins proches et autres. Côté cuisine, Christophe Bernar, lyonnais formé chez Orsi et Bocuse, passé chez Ducasse puis chez Bruno à Lorgues, a pris le bon tempo de la région. Témoins, les petits pots d'escargots champenois au beurre d'herbes, le foie gras de canard aux figues et ratafia, la rosace de pommes de terre aux oignons confits et crème de truffe, la daurade mi-fumée aux lentillons de Champagne, le blanc de turbot sauce champagne aux châtaignes, le canard croisé rôti à la gelée de coing, sans omettre l'archéo, mais superbe crêpe soufflée au marc qui sont autant d'hommages subtils aux produits locaux. Il faut être champenois d'adoption pour élever au terroir d'ici une aussi belle salve, gourmande, fidèle et, ô combien, légère.

Epinal

88000 Vosges. Paris 384 – Belfort 96 – Colmar 92 – Mulhouse 107 – Nancy 71.

Office de Tourisme : 13, rue de la Comédie
Tél. : 03 29 82 53 32. Fax : 03 29 35 26 16

Les belles images signées Pellerin, le musée d'art ancien et contemporain, la vieille ville, la basilique et le parc du château donnent envie de faire étape dans la capitale des Vosges.

Hôtels-restaurants

La Fayette

Parc économique le Saut le Cerf : 3 km du centre
Tél. : 03 29 81 15 15. Fax : 03 29 31 07 08
48 ch. 470-600 F. 1/2 pens. 360-400 F
Menus : 110-250 F

Face à un golf, dans une zone commerciale, cet ensemble de très bon confort propose chambres vastes et claires, restaurant de qualité probe et accueil de qualité.

Clarine

12, av. du Gal-de-Gaulle
Tél.: 03 29 82 10 74. Fax: 03 29 35 35 14
Fermé 23 déc.-2 janv.
48 ch. 320-480 F

Ce bon hôtel classique face à la gare vaut ses chambres souvent exiguës quoique joliment décorées, dans des tons gais et fort bien tenues. Pas de restaurant.

Mercure

13, pl. E.-Stein
Tél.: 03 29 29 12 91. Fax: 03 29 29 12 92
46 ch. 495-525 F
Menus: 50 F (enf.), 110 F (déj.), 150-250 F

Face au musée et à la Moselle, cet hôtel du siècle dernier remis à neuf sous le panneau Mercure offre des chambres pratiques, nettes, fonctionnelles et des équipements modernes. Restaurant simple, mais fort honnête.

Les Ducs de Lorraine

16, quai Colonel-Sérot
Tél.: 03 29 34 39 87. Fax: 03 29 34 27 61
Fermé dim. soir, lundi, 1er-6 mars, 10-26 août
Menus: 160 F, 185 F (déj.)-440 F.
Carte: 350-550 F

La vedette de la capitale vosgienne? Un quinqua aux allures sûres mais modestes. Claudy Obriot, qui travailla jadis chez Point, fut à Contrex et Vittel, a repris ce vieil établissement fin de siècle au charme suranné face à la Moselle. Sa cuisine, classique et sans esbroufe, est inventive avec malice, fine avec doigté, sans manie saucière, jouant la précision des cuissons, l'exaltation du beau produit, plongeant ses racines dans le terroir lorrain. Servis dans une salle à manger moulurée où l'on a vite ses aises, le très joli gâteau de grenouilles aux pommes dorées à l'ail nouveau, le sandre délicatement fumé à la sciure avec sa tombée d'ail et son léger beurre de bière, l'agneau vosgien en fine croûte avec son jus de thym comme le soufflé aux mirabelles d'une légèreté insigne sont de jolis moments de plaisir.

Le Petit Robinson

24, rue R.-Poincaré
Tél.: 03 29 34 39 87. Fax: 03 29 34 27 61
Fermé sam midi, dim. soir, 15 juil.-15 août, 25 déc.-2 janv.
Menus: 60 F (déj.), 102-200 F. Carte: 200-250 F

Sage, sérieuse, sans bavure, cette bonne table du centre fait florès dans l'accueil professionnel et la cuisine classique faite au plus près du marché. Les profiteroles aux escargots, le sandre au citron et le turbot aux morilles sont des classiques de bon ton.

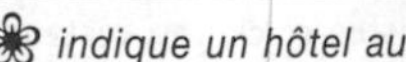
indique un hôtel au calme.

La Toupine

18, rue du Gal-Leclerc
Tél.: 03 29 34 60 11. Fax: 03 29 31 07 08
Fermé dim.
Menus: 35 F (enf.), 75 F, 110 F (déj.), 170 F.
Carte: 150-200 F

Ce bistrot «à la parisienne», supervisé par les propriétaires du voisin Calmosien, avec ses affiches anciennes a bonne mine, jouant la cuisine du jour à l'ardoise. Ce que vous trouverez ici? Une atmosphère relaxe, des plats sans manière et des additions sages. Carpaccio de saumon, croustade de grenouilles, canette au miel, andouille du Val d'Ajol se mangent sans faim.

À 88390 Chaumousey. 10 km O. Par D36 et D460

Le Calmosien

Tél.: 03 29 66 80 77. Fax: 03 29 66 89 41
Fermé dim. soir
Menus: 50 F (enf.), 115-290 F.
Carte: 250-300 F

Serge Ferraro à l'accueil et Jean-Marc Beati aux fourneaux ont fait de cette demeure début de siècle l'une des bonnes tables de ces parages vosgiens. Leur style? Les produits d'ici frottés aux techniques d'ailleurs, le lard et l'huile d'olive, l'est aux couleurs du sud, avec des rayons de soleil dans l'assiette. Escargots aux artichauts à la coriandre, raviole d'écrevisses au basilic, langoustines aux lentilles et pied de cochon, pain perdu à la cannelle et confiture de mirabelles ont bien bonne mine.

Produits

ARTS DE LA TABLE

Bragard

2, rue Christophe-Denis
Tél.: 03 29 82 22 28

Gilles Bragard fait connaître dans le monde entier le renom des Vosges et de son travail, à travers ses vestes de cuisinier ornées de noms au graphisme «école de Nancy».

PÂTISSIER

Daval

44, rue Léopold-Bourg. Tél.: 03 29 35 60 00

Belles pâtisseries classiques, entremets, glaces et chocolats soignés: tout ici fait envie.

Rendez-Vous

SALON DE THÉ

Pâtisserie du Musée

2, quai du Musée. Tél. 03 29 82 10 73

Après ou avant la visite du beau musée dans son écrin contemporain, on fait la halte ici pour goûter délice à la mirabelle oui " charbonnette " pralinée des Vosges.

L'Epine (51) : voir Châlons-en-Champagne

Ermenonville

60950 Oise. Paris 51 – Compiègne 42 – Beauvais 66 – Meaux 24 – Senlis 14.

Le village a l'allure châtelaine. Demeure ici le souvenir de Jean-Jacques Rousseau, avec son tombeau scellé dans le parc justement fameux. Proches, la mer de sable et l'abbaye de Chaalis.

Hôtel-restaurant

Château d'Ermenonville

Tél. : 03 44 54 00 26. Fax : 03 44 54 01 00
49 ch. 390-1 200 F
Menus : 195-450 F

Philippe Savry, qui de Nantes à Noirmoutier, en passant par Brécourt et Chissay, multiplie châteaux et belles demeures, a fait de celle-ci un hôtel moderne au cachet ancien. Il est d'ailleurs apparu en vedette américaine dans le film à succès *Les Visiteurs*. Hors son aspect décor de cinéma et la période noces, banquets, séminaires, le lieu fait une étape de charme, voire une belle halte gourmande.

Ernolsheim-les-Saverne : voir Saverne

Erstein

67150 Bas-Rhin. Paris 418 – Strasbourg 24 – Colmar 49 – Molsheim 27 – Sélestat 25.

C'est la patrie du sucre d'Alsace. Une borne de passage routière entre Ried et Vosges, avec une table à découvrir.

Hôtels-restaurants

Crystal Hôtel

41, av. de la Gare
Tél. : 03 88 64 81 00. Fax : 03 88 98 11 29
70 ch. 290-450 F
Menus : 39 F (enf.), 45 F, 95 F (déj.), 110-320 F

Cet hôtel moderne et fonctionnel, avec jardin, salles pour séminaires, offre de bonnes chambres aux couleurs claires et gaies. Accueil féminin souriant.

Jean-Victor Kalt

41, av. de la Gare
Tél. : 03 88 98 09 54. Fax : 03 88 98 83 01
Fermé dim. soir, lundi, 24 juil.-7 août
Menus : 110 F (sem.), 140-280 F. Carte : 350-400 F

Natif de Rhinau, formé chez Gagnaire à Saint-Etienne, Jean-Victor Kalt a quitté Barr et la Couronne pour ce restaurant moderne à son nom. Si l'environnement manque de charme, la cuisine vaut le détour et les menus sont bien pondus. Salade tiède de pigeonneau au foie gras et grenouilles, médaillon de foie de canard poêlé au pain d'épice, suprême de sandre, rognonnade de veau, tarte fine chaude aux pommes avec glace vanille et mille-feuille de chocolat avec sorbet à l'orange sont quelques-uns des bons tours joués par ce cuisinier au sérieux imparable qui brille davantage par la sûreté technique que par l'invention allusive. L'active Mme Kalt porte la bonne parole en salle avec le sourire. Le cadre manque de patine, mais les tables sont espacées et le confort assuré. Belle carte des vins avec tous les vignerons voisins, amis de la maison, fidèles au rendez-vous.

Ervauville : voir Courtenay

Espalion

12500 Aveyron. Paris 601 – Rodez 31 – Aurillac 70 – Millau 82.

Le site au bord du Lot, le château et les belles demeures anciennes valent la halte sur le chemin vers l'Aubrac et Conques.

Restaurant

Méjane

Rue Méjane
Tél. : 05 65 48 22 37
Fermé lundi (selon sais.), dim. soir (sf août), 1 sem. juin, vac. févr.
Menus : 65 F (enf.), 98 F (déj.), 130-285 F.
Carte : 250 F

Le décor ne fait pas la retape, jouant le néo-Arts déco propret. L'accueil de Régine Caralp est sans défaut et c'est pour la cuisine, les menus sages, les bons produits locaux mitonnés par son mari Philippe que l'on fait le détour. Tartine fine aux cèpes à la tomme, chou farci de truite, escargots à la purée de potirons et mousserons, filet de bœuf d'Aubrac aux échalotes et baba au rhum flanqué de bananes rôties jouent plaisamment le terroir rajeuni et élargi.

Espelette

64250 Pyrénées-Atlantiques. Paris 790 – Pau 119 – Cambo 6 – Bayonne 22.

Le village du fameux piment basque, avec ses légumes séchés devant les maisons au colombage rouge et vert qui dégringolent vers un affluent de la Nive, la haute église du XVIIe bâtie comme une forteresse, le cimetière aux stèles discoïdales. Le château, devenu hôtel de ville, raconte le riche passé du bourg.

Hôtel–restaurant

RAPPORT QUALITÉ–PRIX DE L'ANNÉE

Euzkadi

Tél. 05 59 93 91 88. Fax 05 59 93 90 19.
Fermé lundi, mardi (rest. hs), 1er nov.-20 déc.
32 ch. 280F.
Menus : 90-170F. Carte : 180F.

Une auberge idéale du Pays basque ? Celle-ci sans outrance, ni forfanterie. André Darraïdou, qui tient avec bonhomie cette gente demeure de village portant le nom du pays en langue basque, est à la fois le maire du bourg et l'ardent prophète des traditions d'ici. Soupe de légumes (« Elzekaria »), merlu, pimentos frits dans l'huile et parfumés à l'ail, piperade au jambon, atxoa (le hachis d'épaule de veau) délicieux, avec ses oignons émincés à la tomate, koka (la crème caramel) ou le gâteau basque sont servis ici et expliqués à travers un précieux lexique. L'hôtel est simple, les chambres rustiques, la cuisine bonne, le cadre accort, l'accueil délicieux, les prix tout doux, comme le paysage alentour, qui ouvre sur les contreforts des Pyrénées, les vergers d'Ixtassou, le site torrentueux du Pas-de-Roland, qui donne à ce pays sa sauvagerie domestiquée, comme fraternelle.

Produits

CHARCUTIERS

Pierre Accoceberry

Grand-Rue
Tél. : 05 59 93 86 49. Fax 05 59 93 90 87.

Cet excellent charcuter propose jambon, terrine, conserves diverses et, bien sûr, le fameux piment en flacon.

René Massonde

Grand-Rue. Tél. : 05 59 93 83 39.

Charcuteries, jambon, boudin (« tripotxa »), hachis d'épaule de veau (« axoa »), mais aussi piment en coulis vinaigré, purée aux épices, compote salée et sucrée, « saussaco », un « ketchup » artisanal et frais, ou encore sauce pour barbecue (« xipister »).

PRODUITS RÉGIONAUX

Maritxu Garacotche

Maison Mendicoaga. Tél. : 05 59 93 90 74.

La productrice artisanale vedette du piment d'ici fait sécher elle-même ses piments et fabrique sa poudre avec soin.

Espère : voir Cahors

Esquiule

64400 Pyrénées-Atlantiques. Paris 816 – Pau 49 – Mauléon-Licharre 19 – Oloron 15.

La dernière bourgade basque juste avant la « frontière » du Béarn.

Restaurant

Chez Château

Tél. : 05 59 39 23 03
Fermé lundi, 15 déc.-15 janv.
Menus : 80-160 F. Carte : 180 F

Onze fois champion de France de pelote basque, Jean-Bernard Hourçourigaray est un vrai cuisinier qui prend le temps, avant ou après l'entraînement au fronton, de mitonner le foie gras au torchon, le ttoro, le magret farci de foie gras, la sole aux cèpes, les ris de veau au foie chaud, le carré d'agneau de lait et son ris, le gâteau aux deux chocolats et la poire pochée pour une clientèle de supporters ravis. Impayable ambiance d'auberge rustique derrière une improbable façade de café dans le dernier village souletin avant le Béarn.

Etretat

76790 Seine-Maritime. Paris 205 – Le Havre 29 – Fécamp 17 – Rouen 87.

Office du Tourisme : pl. Maurice-Guillar
Tél. : 02 35 27 05 21. Fax : 02 35 28 87 20

Arsène Lupin chercha le trésor des rois de France dans l'aiguille fichée en mer et Maurice Leblanc, son créateur, s'enracina au Clos Lupin, que l'on peut visiter désormais en musée littéraire.

Hôtels–restaurants

Le Donjon 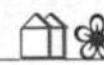

Chem. St-Clair
Tél. : 02 35 27 08 23
9 ch. 480-980 F. 2 suites : 980-1 180 F
Menus : 130-280 F. Carte : 260-350 F

Dans un donjon XIXe, des chambres kitsch en voie de rénovation mais qui n'oublient pas d'avoir du charme dans des registres divers. Piscine, vue panoramique. En cuisine, jouez la carte régionale (poulet au cidre, tarte Tatin).

Dormy House 

Tél. : 02 35 27 07 88. Fax : 02 35 29 86 19
49 ch. 330-750 F. 1/2 pens. 365-540 F
Menus : 92 F (enf.), 110 F (déj.), 190-255 F

Près du golf et en bordure de mer et de falaises, des chambres modernes ou plus anciennes, avec vue. Cuisine d'un chef corrézien ayant transité par les Relais & Châteaux.

Le Galion

Bld René-Coty
Tél.: 02 35 29 48 74. Fax: 02 35 29 74 48
Fermé mardi soir, mercr. sf vac. scol., 15 déc.-15 janv. Menus: 123-228 F. Carte: 250 F

Cette jolie maison ancienne avec son plafond poutré ancien propose le meilleur de la mer, accommodé en finesse au gré de la marée journalière. Huîtres, tartare de saumon, sole meunière ne font pas de vagues.

Produits

CAVISTE

La Maison du Calva

Sous la vieille halle. Pas de tél.

Cidre, calvas millésimés dans une échoppe bon enfant.

PÂTISSIER

Le Rayon Vert

47, rue Alphonse-Karr. Tél.: 02 35 27 02 54

Caramels et chocolats sont confectionnés avec cœur chez Gérard Lecœur.

Eugénie-les-Bains

40320 Landes. Paris 736 - Mont-de-Marsan 26 - Dax 78 - Pau 58.

Ce petit village des Landes est connu dans le monde entier pour ses cures minceur et son grand cuisinier.

Hôtels-restaurants

Les Prés d'Eugénie

Tél.: 05 58 05 06 07. Fax: 05 58 51 10 10
Fermé 3-23 janv, 4-21 déc. (rest.) mercr. soir, sf été
30 ch. 1 300-1 700 F. 15 appart.
Menus: 380 F (déj.), 600-820 F. Carte: 750 F

Né à Vétheuil (Val-d'Oise), ayant connu la gloire en banlieue à Asnières, Michel Guérard est une pièce rapportée dans les Landes. Il a constitué, avec sa reine Christine, un mini-empire: le grand hôtel façon colonial, l'exquis Couvent des Herbes, la «guest-house» nommée la Maison Rose, l'exquise auberge «historique» (la Ferme des Grives), à côté du restaurant fameux, de son vignoble (Bachen) et du centre de cure. S'y ajoute une ferme thermale, dans une demeure du XIXe imitant l'écomusée de Marquèze, vouée à la remise en forme. Mais Guérard, qui donne toujours l'impression de s'amuser en travaillant, ne se repose jamais, met la main à la pâte dans son labo à l'ancienne et crée sans discontinuer. La cuisine chez lui? Toujours les cures gourmandes, avec une cuisine dite «minceur active», qui fait maigrir sans donner faim. Et puis une sorte de jet créatif à feu continu où les saveurs de la terre et à la mer, les cuissons à l'ancienne, l'usage du bon feu de bois et des produits livrés nature donnent le tournis. On découvre ainsi la ventrèche de thon aux sarments de vigne, la salade baroque de crevettes grillées avec croquignoles d'araignée et son jus à la moutarde en grains, le rouget «ouvert au feu», façon merlan Colbert, parfumé au lard, tartiné d'herbes, le chapon au feu de bois et au foie gras avec ses cuisses aux petits oignons — qu'on nomme ici «ognasses» —, enfin quelques-uns des mirifiques desserts dont cet ex-apprenti-traiteur-pâtissier garde le secret. Ainsi, son «simple» soufflé aux pommes relevé de zestes de citron, neigeux et juteux à la fois — son truc: la peau de pomme incorporée à la cuisson — qui est bien le meilleur du monde. Ah, Guérard, que donnerait-on pour une cure de bonheur ici même!

La Maison Rose 

Tél.: 05 58 05 06 07. Fax: 05 58 51 10 10
Fermé 3 janv.-9 févr., 4-21 déc.
32 ch. 55-700 F. 1/2 pens. 550-700 F

La bonne idée pour découvrir la magie Guérard au moindre coût est cette maison d'hôte idéale, avec ses chambres au papier fleuri façon Liberty, son accueil adorable, ses salons cosy. Forfaits pour les cures minceur.

La Ferme aux Grives 

Tél.: 05 58 51 19 08. Fax: 05 58 51 10 10
Fermé lundi, soir, mardi (été), 3 janv.-9 févr.
4 ch. 2 000-2 300 F. Menu-carte: 195 F

La plus exquise des fermes gourmandes et la plus futée des cuisines canailles que paysan en bottes de cuir puisse imaginer: voilà ce qu'on trouve ici. Les poireaux grillés au jambon, la terrine moelleuse de tête de veau, la brochette de légumes au jus de poule, le cochon rôti comme en Castille avec sa peau craquante et laquée, le milla caramélisé au fer ou le «plus que parfait» au moka (une sublime meringue glacée) prouvent que la vérité est toujours, chez Guérard, au fond de l'assiette. Le décor de ferme de carte postale est à fondre, les toilettes se visitent, le service est adorable, les tonnelets au bar parfait pour les digestifs. Voilà qui démontre que la maison du bonheur se trouve toujours dans le village thermal d'Eugénie, Landes, cœur de la France.

Evian

74500 Haute-Savoie. Paris 580 - Thonon-les-Bains 10 - Annecy 84 - Chamonix-Mont-Blanc 109 - Genève 44.

Office du Tourisme: pl. d'Allinges
Tél.: 04 50 75 04 26. Fax: 04 50 75 61 08

Face au lac, elle est là, comme autrefois, légendaire et nostalgique, joyau des eaux, du golf et de bien-être au fil des prés: Evian-les-

Bains (c'est son nom véritable) ne contente pas d'être la borne frontière où accostent les voisins suisses amoureux des jeux depuis Lausanne. Elle possède son rythme propre, fait de douceur tendre, de gaieté douce, de clarté. Les eaux du Léman sont d'un bleu intense, où se fond la couleur du ciel. Le regard sur cette étendue plane, face aux montagnes enneigées, est un gage de paix intérieure. On ne dit pas ici la paix. Mais la «molle». «Avoir la molle du lac», c'est comprendre l'esprit d'Evian, que livre un microclimat en guise d'antistress. Pour l'attraper aussi, il suffit de peu de chose: une promenade au long des quais, près des jardins policés, une halte vers le golf, une douce virée en montagne, le plus plaisant des arrière-pays, une étape au casino qu'ont envahi les bandits manchots. Rassurez-vous: ils ne sont pas parvenus à modifier l'esprit des lieux.

Hôtels

Le Royal

Tél.: 04 50 26 85 00. Fax: 04 50 75 61 00
Fermé 3 déc.-2 févr.
125 ch. 1 770-3 280 F. 1/2 pens. 1 370-2 040 F
La Rotonde (diététique), menu: 340 F

Le Royal c'est beaucoup plus que le Royal: un castel bon enfant, surplombant la ville et le lac, un complexe de sports et de verdure, un centre de remise en forme (l'Institut Mieux Vivre), un grand parc avec ses daims, un bar, des restaurants et une ouverture sur le golf. Bref: un monument historique, chargé d'ombres illustres et cependant jeune face au Léman, un havre plein de charme, avec chambres splendides et cachet rétro. Voir aussi les restaurants Café Royal et Jardin des Lys.

L'Ermitage

Rte d'Abondance, Neuvecelle
Tél.: 04 50 26 85 00. Fax: 04 50 75 61 00
88 ch. 1 210-3 080 F. 1/2 pens. 1 090-1 770 F
Menus: 190, 340 F

Ce beau chalet montagnard est l'annexe du Royal. Les parties communes sont chaleureuses, avec dalles rousses, boiseries chaudes, canapés colorés et cheminée. Les chambres possèdent de jolies têtes de lit boisées et, hélas, des murs en crépi. Les salles de bains, hélas, sont exiguës. Forfaits en commun avec le Royal. Voir aussi restaurants.

La Verniaz

Rte d'Abondance, Neuvecelle
Tél.: 04 50 75 04 90. Fax: 04 50 70 78 92
Fermé fin nov.-début févr.
34 ch. 1 170-2 980 F. 1/2 pens. 770-995 F

Avec ses chalets disséminés dans un parc, ce «country club» avec rôtisserie, terrasse, jardin, piscine et tennis, mais aussi taverne anglaise, a beaucoup de charme. Drivé par l'efficace Jean Verdier, ce Relais & Châteaux de tradition fait honneur à sa chaîne. Voir aussi restaurants.

Les Prés Fleuris

Rte de Thollon
Tél.: 04 50 75 29 14. Fax: 04 50 70 77 75
Fermé début oct-fin avril
12 ch. 1 000-1 600 F. 1/2 pens. 1 300 F
Menus: 320 F, 450 F (voir restaurant)

Ce Relais & Châteaux à la décoration surannée offre une vue imprenable sur le lac depuis les hauteurs. Accueil adorable, grand calme garanti. Voir restaurants.

Le Littoral

Av. de Narvik
Tél.: 04 50 75 64 00. Fax: 04 50 75 30 04
Fermé 25 janv. - 8 févr., 1er-7 nov.
30 ch. 420-535 F

Récent et fonctionnel, cet hôtel face au lac est l'une des bonnes affaires de la station: chambres aux teintes pastel pimpantes. Au rez-de-chaussée: brasserie la Croisière.

Le France

59, rue Nationale
Tél.: 04 50 75 00 36. Fax: 04 50 75 48 40
Fermé 15 nov.-15 déc.
34 ch. 360-440 F

Moderne, sans charme, mais pratique et confortable, cet hôtel plein centre propose des tarifs avantageux.

Restaurants

Le Café Royal

Au Royal
Tél.: 04 50 26 85 00. Fax: 04 50 75 61 00
Fermé 5 déc.-déb. févr.
Menus: 340, 450 F

Le décor impérial, avec ses grâces d'un autre âge et ses hautes fresques signées Jaulmes, abrite une cuisine savoyarde en version chic, troussée de main de maître par l'homme-orchestre maison, Michel Lentz. Cet ancien second de Bonin au Crillon, sait admirablement jouer la douce symphonie des herbes et des alpages, à la façon du voisin Veyrat d'Annecy. Ses idées du moment? Elles se nomment morilles à l'ail des ours, écrevisses du Léman aux pommes rattes au goût beurré et feuilles de roquette, lotte du lac et son foie en quenelle, superbe chevreau en civet herbes avec polenta, strudel aux pommes et glace caramel, savarin à l'ananas, sorbets aux plantes aromatiques. Du grand art, né du grand air des cimes proches et du lac sis en contrebas.

indique un bon rapport qualité-prix.

La Verniaz

Neuvecelle
Tél. : 04 50 75 04 90. Fax : 04 50 70 78 92
Fermé fin nov.-déb. févr.
Menus : 200, 360 F. Carte : 300 F

Maison de tradition, sorte de Lasserre des Alpes, qui vit cependant sans étoile, la Verniaz propose le grand chic d'une demeure de tradition genre country club. Le service policé y pratique le guéridon comme un bel art, sous la houlette du patron-modèle, Jean Verdier. Et la salade de lentilles en vinaigrette au poison du lac fumé, la féra avec écrevisses et courgettes, l'omble chevalier beurre mousse, la volaille de Bresse signée Miéral à la broche, le soufflé chaud au kirsch et le parfait glacé au Grand Marnier avec ses dentelles d'ananas séchées indiquent que le registre du classicisme débonnaire est tenu ici à la perfection.

Les Prés Fleuris

Rte de Thollon
Tél. : 04 50 75 29 14. Fax : 04 50 70 77 75
Fermé début oct-fin avril
Menus : 320, 450 F. Carte : 370-560 F

Depuis trois décennies, Roger Frossard pratique le classicisme comme une seconde nature. A dire vrai, ce vieux copain d'Alain Chapel ne prétend qu'à l'essentiel : l'exaltation de beaux produits cuisinés au fil du marché : grenouilles au beurre d'ail, omble chevalier meunière, volaille rôtie à l'estragon, cèpes en persillade, remarquables soufflé au Grand Marnier et nougat glacé qui renouvellent le genre. Et que l'on sert avec précision, dans un chalet discret avec un panorama sur le lac à couper le souffle.

Le Gourmandin

A l'Ermitage, Neuvecelle
Tél. : 04 50 26 85 00. Fax : 04 50 75 61 00
Fermé 11 nov.-déb. févr.
Menus : 190-340 F. Carte : 350 F

Dans un décor de chalet suisse, une cuisine régionaliste rajeunie servie avec doigté. Volaille de Bresse ou canette caramélisée, féra du lac, mitonnés par Michel Mottet, à déguster sur la terrasse avec une splendide vue panoramique. La crème brûlée et gâteau de Savoie valent le détour.

Le Bourgogne

Pl. Charles-Cottet
Tél. : 04 50 75 01 05
Menus : 155 F, 235 F, 295 F. Carte : 300 F

Cette vieille institution modernisée, que tient avec sérieux la famille Riga, propose, dans un décor de style, une cuisine ouvragée : gelée d'artichaut à la périgourdine, filet de féra aux trompettes et romarin, râble de lapin au thym frais. Braves menus et accueil souriant.

La Véranda

Au Royal
Tél. : 04 50 26 85 00
Fermé 5 déc.-déb. févr.
Menu : 70 F (enf.). Carte : 200-300 F

Michel Lentz, qui a plusieurs cordes à son arc, s'est mis à jouer de la cuisine mode dans un décor de petite véranda face au lac. Cette rôtisserie chic tente de faire plaisir à tous. Côte de bœuf, volailles et autres belles viandes à la broche s'arrosent de vins choisis par le jeune sommelier au fait de son sujet, Franck Bernet. Le blanc de Germanier de Vétroz en Valais rappelant, à propos, que la douce Helvétie se trouve juste en face.

Le Pari's

Quai de Blonay
Tél. : 04 50 75 27 20
Menus : 135-170 F. Carte : 150 F

A fleur de lac, cette brasserie gentillette offre pizzas au feu de bois, grillades, tartare et poissons du lac cuisinés sans malice.

Produits

BOUCHERIE

Emile Mathian

13, pl. Charles-de-Gaulle,
Tél. : 04 50 75 13 95

Volailles de Bresse, bœufs persillés, veau sous la mère sont quelques-uns des chevaux de bataille de cet artisan méticuleux.

BOULANGER

La Croustillante

Route nationale, Maxilly (3 km d'Evian par la N5)
Tél. : 04 50 75 51 20. Fax : 04 50 75 51 40

Dans sa boutique de bord de route Paul Grepillat confectionne le pain fromage avec emmenthal «incrusté» dans la mie et sur la croûte. Une merveille.

CAVISTE

La Cave à Paul

37, rue Nationale
Tél. : 04 50 75 12 47

Cette boutique centrale, à l'accueil féminin charmant, n'oublie pas le vignoble savoyard. Ainsi le chardonnay de Vullien à Fréterive, le chignin-bergeron des fils René Quénard, l'arbin de Meyrien, le marin de Moille ou le marignan de Guyon : tous vins friands à boire frais.

Claude Delalex

A Marin
Tél. : 04 50 71 45 82

Dans un minuscule village vigneron des hauts d'Evian, un cru à découvrir. Le «marin», blanc, fruité, friand, gouleyant, à goûter dans sa jeunesse ou à laisser vieillir, issu du cépage chasselas.

CHARCUTIER

Hominal

53, rue Nationale
Tél. : 04 50 75 13 22

Jambon, «longeones» (à la couenne de porc), saucisses au chou ou attriaux (crépine aux abats) par deux frères, gardiens de la tradition charcutière.

Michel Massonnaz

3 av. de Narvik
Tél. : 04 50 75 39 29

Cette fraîche boutique proche du casino fait plaisir: saucisse aux choux ou boudin splendide, terrines et plats préparés, crus d'ici (crépy de Meuraz à Ballaison) ou d'ailleurs (sélection de Georges Blanc).

CONFISERIE

La Source

32 rue Nationale. Tél. : 04 50 75 03 04

«Rockirsch» aux amandes, «chardons» pralinés, «grêlons» chocolatés au kirsch, boule de neige, pâte d'amande raisins et rhum: voilà de l'ouvrage classique et savoureux, où le goût du chocolat n'est pas galvaudé

FROMAGER

Aux Produits de Savoie

27 rue Nationale. Pas de tél.

La Savoie gourmande, à travers charcuteries, fromages, miel de montagne, diverses confitures ou liqueurs de génépi.

PÂTISSIER

La Gavotte

Av. de Noailles. Tél. : 04 50 75 18 86

Cette boutique-salon de thé d'allure rétro propose mille-feuille, éclairs et opéras, traditionnels roseaux du lac ou biscuits de Savoie.

POISSONNIER

Claude Levray

A Lugrin. Tél. : 04 50 76 00 02

Pour trouver les poissons du lac Léman (féra, tanche, brochet, lotte du lac, truite saumonée, omble chevalier si rare ou perche si fine), quelle meilleure adresse que celle de Claude Levray? Et même des écrevisses du Léman par beau temps.

Rendez-vous

BRASSERIES

La Croisière

5, av. de Narvik
Tél. : 04 50 75 56 94. Fax : 04 50 75 64 03

Ce café-glacier-brasserie de style marin est le rendez-vous jeune de la ville.

Le Liberté

Au Casino Royal
Tél. : 04 50 26 87 50. Fax : 04 50 75 48 40

Ce salon de thé-brasserie à la mode propose quelques plats sur le pouce dans une ambiance relaxe.

Evosges

01230 Ain. Paris 483 – Belley 35 – Bourg 53 – Lyon 78 – Nantua 31.

Au cœur du Bugey, un coin calme sur la montagne et son auberge de carte postale.

Hôtels-restaurants

L'Auberge Campagnarde

Tél. : 04 74 38 55 55. Fax : 04 74 38 55 62
Fermé mardi soir, mercr. (hs), mi-nov.-mi- déc., janv.
15 ch. 180-390 F. 1/2 pens. 300-350 F
Menus. 60 F (enf.), 100 F (déj.)- 280 F
Carte : 200-250 F

Il y a les deux sœurs, Françoise Mano à la réception, Marie-Jeanne Merloz en cuisine, les quelques chambres simples et de gentil confort face au grand air. La rivière de l'Albarine est juste à côté pour la pêche à la truite, les sentiers pédestres se parcourent toute l'année (et en raquettes l'hiver), les grands bois, la piscine, le ciel pur, l'étang riche en carpes et en brochets, le village comme autrefois: on croit avoir rêvé. Point de luxe, mais de bonnes choses simples: la galette aux herbes et au fromage sur sa fine pâte sablée, le pain perdu aux champignons, la blanquette de volaille à la moutarde, les cuisses de grenouilles au beurre persillé, le filet de lieu en feuille croquante. La carte des vins qui égrène les crus d'ici: roussette, gamay, manicle, pinot noir, mondeuse. Marie-Jeanne a appris la cuisine avec sa mère et sa grand-mère. Françoise vous racontera l'histoire du pépé, maire du village, fusillé par les Allemands devant la maison, dont une plaque rappelle l'histoire glorieuse. Mais, ici, nul ne se vante. On se contente d'accomplir le train-train de chaque jour. C'est peut-être cela que l'on nomme le bonheur.

Evreux

27000 Eure. Paris 97 – Rouen 55 – Caen 134 – Chartres 78 – Alençon 119.

La capitale de l'Eure vaut le détour pour sa cathédrale Notre-Dame, ses remparts, son édifiant musée.

 *indique une très grande table.*

Hôtels-restaurants

Mercure

Bd de Normandie
60 ch. 460 F. Menus : 85 F (déj.)-110 F

Cette construction moderne, non loin du centre, abrite de bonnes chambres, bien équipées, sobres, nettes, fonctionnelles, aux couleurs gaies. Restauration honnête, dans une claire salle à manger.

Le Français

Pl. G.-Clemenceau
Tél. : 02 32 33 53 60. Fax : 02 32 38 60 17
Menus : 39 F (enf.), 69-159 F. Carte : 200 F

Pratique, centrale, conviviale, cette institution face au marché de la ville s'anime au gré de ce dernier. On cède en brasserie, terrasse ou côté gastro, aux plaisirs d'un répertoire régional de bon ton. Tête de veau, tripes, poulet vallée d'Auge se mangent sans faire de manière.

La Gazette

7, rue Saint-Sauveur
Tél. : 02 32 33 43 40. Fax : 02 32 33 43 40
Fermé sam. midi, dim., 8-15 janv., 31 juil.-20 août
Menus : 85 F (déj.), 105-235 F. Carte : 200 F

Ce bistrot sans façon près des remparts, qui n'a que le tort de fermer le dimanche, apporte de la bonne humeur en ville. Un chef formé à bonne école propose, sans se prendre pour un champion, un registre canaille de bonne tenue.

Eybens : voir Grenoble

Eygalières

13810 Bouches-du-Rhône. Paris 704 - Avignon 30 - St-Rémy 12 - Marseille 81.

Le pays des Alpilles, le souvenir de Prassinos et sa colline scintillante, c'est ici, dans ce beau village aux couleurs de la Provence.

Hôtels-restaurants

Mas de la Brune

Rte de Saint-Rémy : 1,5 km par D74a
Tél. : 04 90 95 90 77. Fax : 04 90 95 99 21
Fermé 15 déc.-15 janv. 10 ch. 1 200-1 400 F

Cette belle demeure Renaissance dans son domaine cache des chambres adorables, vastes et fraîches. L'atmosphère est celle d'une guesthouse à la provençale. Piscine, parc.

Mas du Pastre

Rte d'Orgon : 1,5 km par D24b
Tél. : 04 90 95 92 61. Fax : 04 90 90 61 75
12 ch. 560-750 F

Cette bergerie reconvertie en auberge de charme accueille avec cœur. Pas de restaurant, mais des petits déjeuners délicieux. Chambres sans luxe, mais pimpantes et colorées.

Le Bistrot d'Eygalières

Rue de la République
Tél. : 04 90 90 60 34. Fax : 04 90 90 60 37
Fermé dim. soir, mardi midi, févr.-15 mars, 6-9 août, 27 nov.-16 déc.
Carte : 350-400 F

Ce bistrot, très sophistiqué, aux tables bien mises, avec jolies assiettes, belle verrerie et mets à l'ardoise, propose de jolis moments de bonheur gourmand. Wouts Bru, élève de l'école hôtelière de Bruges, passé au T'Couvent à Ypres, au Mas des Herbes Blanches à Joucas, à la Cabro d'Or avant l'Oustau de Baumanière mitonne une cuisine savante et légère, très technique, tel ce chaud froid de foie gras aux raisins muscats qui est une étonnante réussite d'équilibriste sur le thème de l'aigre-doux, du sucré salé, de la légèreté dans le gras. Mais le gaspacho de supions, la morue fraîche sur fondue d'oignons blancs au beurre d'asperges, le rouleau de pigeon au foie gras en pâte à brick roulée avec échalotes confites sont de bien jolies choses. Les desserts, ici, sont à ne pas manquer : subtile feuillantine de mousse de chocolat glacé et caramel, très belle gaufre maison, mille-feuille mousse d'orange au chocolat et fraises des bois. L'accueil de la jolie Suzy Wouts, brugeoise souriante et mignonnette, est la grâce même.

Les Eyzies-de-Tayac

24620 Dordogne. Paris 517 - Périgueux 47 - Sarlat 21 - Brive 63.

La capitale mondiale de la préhistoire, c'est ici même. Grotte du Grand Roc, musée national et circuit de la Vézère sont à ne pas manquer.

Hôtels-restaurants

Le Centenaire

Tél. : 05 53 06 97 18. Fax : 05 53 06 92 41
Fermé nov.-mars, (rest.) mardi midi, mercr. midi
20 ch. 500-1 050 F. 5 suites. 1/2 pens. 700-1 000 F
Menus : 185 F (déj.), 325-650 F. Carte : 500-600 F

Le leader de la cuisine périgourdine ? Roland Mazère, au mieux de sa forme, dans son Centenaire rénové. Certes, l'hôtel a son charme, avec ses chambres cosy et son complexe piscine-salle de remise en forme, mais c'est la table de haut niveau et la carte des vins concoctée par le beau-frère de Roland, Alain Scholly, qui rallient ici le chœur des gourmets. Goûtez le bergerac blanc d'exception de Luc de Conti et le rouge et séveux madiran du domaine Capmartin avec la gelée d'écrevisse aux oignons et chou-fleur, l'oreiller d'escargots et grenouilles au cresson de fontaine, le crémeux risotto de truffes et langoustines, la grandissime assiette «tout cochon» à la purée de pois, la noix de ris de veau en capuccino de truffes et écrasée de pommes de terre, la cassatte au vieux marc et aux pruneaux, la tranche napolitaine à la pistache et mascarpone. Ce Périgord-là qui chante juste et flirte avec l'Italie mériterait d'être ouvert toute l'année. Pour le seul plaisir de la gourmandise.

Cro-Magnon

Tél.: 05 53 06 97 06. Fax: 05 53 06 95 45
Fermé mercr. midi, 10 oct.-10 mai
22 ch. 400-550 F. 1/2 pens. 395-505 F
Menus: 60 F (enf.), 140-280 F. Carte: 350 F

Ce bel hôtel, genre vieux relais contre la falaise (il «absorbe» d'ailleurs un bout de rocher), accueille avec gentillesse et chaleur, propose une cuisine classique, très périgourdine d'allure, avec la sainte trilogie foie gras-confit-magret, mais aussi des accents plus modernes, sans omettre des chambres cossues de très bon ton.

Le Moulin de la Beune

Tél.: 05 53 06 94 33. Fax: 05 53 06 98 06
Fermé déc.-mars, (rest.) mercr. midi, mardi
20 ch. 288-358 F. 1/2 pens. 348 F
Menus: 108-350 F. Carte: 250-350 F

Cet ancien moulin a été transformé en hôtel très contemporain avec des chambres sobres, une salle à manger élégante où se propose une cuisine au goût du jour, faite avec les produits locaux.

Eze-Village

06360 Alpes-Maritimes. Paris 943 - Nice 12 - Monaco 8 - Menton 20.

Un village perché en nid d'aigle, un jardin exotique, une falaise en à pic face au grand bleu, bref un lieu magique comme un belvédère sur la Méditerranée.

Hôtels-restaurants

Le Château de la Chèvre d'Or

Rue de Barri
Tél.: 04 92 10 66 66. Fax: 04 93 41 06 72
23 ch. 1 500-3 900 F
Menus: 320 F (déj.)-680 F. Carte: 800 F

Magique et mythique, en à pic sur la mer, cet hôtel comme un nid d'aigle constitue l'une des plus belles étapes de la côte dans un cadre de vieilles pierres. Les chambres sont superbes, les salles de bains d'un luxe éclatant, les terrasses offrent des vues superbes et la piscine a fait des petits d'une suite l'autre. Côté cuisine, Jean-Marc Delacourt, MOF, ex-du Ritz et du Domaine de Divonne, est venu donner un coup de baguette magique à ce restaurant haut perché, comme une Tour d'Argent au-dessus de la grande bleue. Ses mets savants et fins, croustillant de cochon de lait avec salade d'asperges à la truffe écrasée, queues de langoustines avec coriandre et raviole d'artichaut, filet de loup au fumet de cébettes et roquette fondue avec gnocchi roulé au parmesan, filet d'agneau farci de tomate et d'ail confits, avec ses tortelli de légumes liés à la riccota sont comme des odes offertes à la Provence en majesté. Fringants et frais desserts (glacé de rhubarbe orange et fraises des bois, duo de fraises aux herbes et sorbet fraise), choix superbes de tous les grands provences d'aujourd'hui présentés par un jeune sommelier très au fait de son sujet.

L'Oliveto

Pl. du Gal-de-Gaulle
Tél.: 04 92 41 50 40. Fax: 04 93 41 50 41
Fermé 2 janv.-15 févr., mardi midi, lundi
Menu: 190 F. Carte: 220 F

Face au village d'Eze, ce restaurant de bord de route offre dans un gai décor une cuisine italo-méditerranéenne à prix raisonnables. Risotto aux champignons, gnocchi au gorgonzola, saltimbocca romana sont du travail bien probe.

Produits

ARTS DE LA TABLE

Verrerie d'Art

Pl. du Gal-de-Gaulle. Tél.: 04 93 41 16 74

Les pièces uniques et collection de verrerie réalisées sous vos yeux valent le coup d'œil autant que l'emplette.

PRODUITS RÉGIONAUX

Galimard

Pl. du Gal-de-Gaulle
Tél.: 04 93 41 10 70

Tous les jolis parfums et savons provençaux réalisés dans les labos de Grasse sont vendus ici avec le sourire.

Les restaurants changent parfois de jour de fermeture sans prévenir. Réserver pour annoncer votre arrivée dans un établissement, c'est aussi la garantie de ne pas trouver porte close.

Fagnon : voir Charleville-Mézières

Falaise

14700 Calvados. Paris 221 – Caen 36 – Argentan 23 – Lisieux 46.

La Normandie des profondeurs, quittant l'Orne, devenant petit-Suisse, aux abords de la plaine de Caen. Ne loupez pas le château local !

Hôtels–restaurants

La Poste

38, rue G.-Clemenceau
Tél. : 02 31 90 13 14. Fax : 02 31 90 01 81
Fermé lundi (rest.), dim. soir, 15-23 oct., 20 déc.-18 janv.
20 ch. 200-390 F. 1/2 pens. 250-315 F
Menus : 58 F (enf.), 70-260 F. Carte : 200-250 F

Cette bonne étape de centre-ville est le sérieux même. Chambres nettes, proprettes, bien tenues, sans luxe aucun, accueil gentil tout plein et menus pleins de bonnes attentions. Ajoutez-y le terroir normand respecté et même révéré et vous aurez la clé du succès de la demeure, qui pratique des prix fort sages. Chartreuse d'andouille au cidre, turbot poché au beurre blanc et escalope de veau normande sont de jolies choses.

A Saint-Martin-de-Mieux. 5 km S.-O. par D509 et D44

Château du Tertre 

Tél. : 02 31 90 01 04. Fax : 02 31 90 33 16
Fermé dim., lundi, oct.-mars
9 ch. 720-970 F

Cette exquise demeure XVIIIe avec ses quelques chambres très soignées, quoique pas toujours grandes, fait une étape au charme et au calme dans un parc de près de 70 ha. Pas de restaurant, mais grand choix de calvas au salon.

La Faucille (col de)

01170 Ain. Paris 481 – Bourg 108- Genève 32 – Gex 12 – Nantua 60.

A près de 900 mètres, offrant une vue splendide sur le Léman, une étape classique de la route Alpes-Jura, en lisière du pays de Gex.

Hôtels–restaurants

La Mainaz 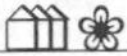

S. 1 km par N5
Tél. : 04 50 41 31 10. Fax : 04 50 41 31 77
Fermé 28 oct.-8 déc., (rest.) dim. soir, lundi (hs)
23 ch. 330-520 F. 1/2 pens. 495 F
Menus : 150-320 F

Ce grand chalet de charme, face au panorama immense sur le mont Blanc, Divonne, Genève et le Léman, est un hôtel d'excellent confort. Chambres assez vastes, cachet montagnard un peu suranné, restauration soignée avec clins d'œil régionaux (cassolette de morilles à la crème, sole au vin jaune, grenadin de veau aux morilles, râble de lapin à la moutarde) et quelques audaces un peu obsolètes (gambas décortiquées au whisky, langouste chaude à l'ananas). Accueil adorable de la famille Part.

La Petite Chaumière 

Tél. : 04 50 41 30 22. Fax : 04 50 41 30 22
Fermé oct.-mi-déc., avril
34 ch. 295-370 F. 1/2 pens. 367 F
Menus : 59 F (enf.), 105 F (déj.)-172 F

Cet hôtel familial est idéalement situé face aux pistes du col de la Faucille. Décoration un peu simplette. Calme, repas au jardin.

Fegersheim : voir Strasbourg

Fère-en-Tardenois

02130 Aisne. Paris 109 – Reims 50 – Château-Thierry 23 – Laon 56 – Soissons 27.

Un bout de campagne verdoyante entre collines herbeuses et vallée. Le bourg avec sa halle ancienne et le château avec ses ruines médiévales sont là pour le coup d'œil.

Hôtel–restaurant

Château de Fère 

3 km N. par D967
Tél. : 03 23 82 21 13. Fax : 03 23 82 37 81
Fermé 3 janv.-10 févr.
19 ch. 950-1250 F. 6 appart. 1/2 pens. 860-1010 F
Menus : 180 F (sem.)-480 F. Carte : 300-500 F

Cette belle hostellerie, sise dans un château du XVIe très Renaissance chic, à côté de ruines médiévales sur leur éperon, fait une halte au calme entre campagne et forêt. La demeure, avec ses salons, chambres à l'ancienne, excellent service, belle cave surtout champenoise, mais aussi bourguignonne avec classe, fait une étape de week-end privilégiée. La cuisine, sous la houlette de l'excellent Dominique

Quay, qui a fait ses armes avec le grand professeur de belles manières bretonnes qu'est Adolphe Bosser, est particulièrement soignée. Beaucoup de jolies compositions sur le thème de l'aigre-doux (foie gras avec son chutney, canard au miel et aux épices), des produits marins bien traités (biscuit de homard, raviole de langoustines au fumet d'algues) et de beaux desserts (soupe de lait d'amandes, pommes et raisins en croûte dorée) séduisent sans mal, au fil de menus renouvelés selon le marché et la saison.

Ferney-Voltaire

01210 Ain. Paris 502 - Thonon 44 - Bellegarde 37 - Genève 10 - Gex 11.

Le pays de Gex abrite le village de Voltaire, sire de Ferney, son château dans son parc, sa statue dans le centre piétonnier pour le souvenir.

Restaurant

Le Pirate

Av. de Genève
Tél. : 04 50 40 63 52. Fax : 04 50 40 64 50
Fermé dim., lundi, 2-24 juil., 24 déc.-8 janv.
Menus : 220 F (déj., vin c.), 260-350 F
Carte : 300-550 F

Alain Bechis, Marseillais bon teint, élève de l'école hôtelière de Thonon et compagnon de route de Georges Blanc, est la sentinelle poissonnière face à Genève. Sa formule à 220 F le midi fait un tabac légitime. Dans un décor années soixante-dix, un service aux aguets propose produits de la mer cuisinés non sans délicatesse (tartare de loup et de saumon, hure de poissons de roche et d'huîtres, tourteau farci de fruits de mer, turbot à la moutarde et graine de couscous safranée, rouget au fenouil) et jolis desserts (exquise tarte Tatin).

Ferrette

68480 Haut-Rhin. Paris 529 - Altkirch 19 - Colmar 79 - Mulhouse 37 - Bâle 27.

Charmeuse et rêveuse, c'est l'ancienne capitale du Sundgau, avec le château des comtes de Ferrette, ruelles dégringolant en cascade, vert persistant et végétation folâtre.

« Ecrivez-nous » vos impressions, vos commentaires, relatez-nous vos enthousiasmes et vos déceptions à **lepudlo@aol.com.**

Hôtels-restaurants

Au Cheval Blanc

1, rue Léon-Lehmann
Tél. : 03 89 40 41 30
Fermé lundi. Menus : 46-150 F. Carte : 120 F

Une vraie taverne-village, avec plats du cru (carpe frite, tarte flambée, choucroute, tête de veau), ambiance débonnaire et prix doux.

Le Jura

33, rue du Château
Tél. : 03 89 40 32 09
Fermé mardi soir, mercr.
Menus : 60 F (déj.), 90- 240 F. Carte : 180-250 F

Jean Dietlin, qui a traîné ses guêtres dans la grande hostellerie suisse, a repris la demeure familiale sans en bouleverser le registre. Le décor rustique a du charme et les plats sont mitonnés avec cœur. Terrine maison crudités, cuisses de grenouilles provençale, magret aux airelles, rognons de veau flambés au cognac sont d'un classicisme vertueux, jamais ennuyeux.

A Lutter, 8 km S.-E. par D23

Auberge Paysanne

24, rue Wolschwiller
Tél. : 03 89 40 71 67. Fax : 03 89 07 33 38
Fermé lundi, vac. févr., 3-12 juil.
16 ch. 230-440 F. 1/2 pens. 280-330 F
Menus : 60 F (enf.), 65 F (déj.), 135- 330 F.
Carte : 250 F

Simplette et adorable, cette adresse est double : il y a l'auberge de village et sa ferme du XVIIe siècle, reconstituée et transformée en hôtel. Les Litzler-Farine reçoivent avec gentillesse. Et les chambres simples et boisées, la façade fleurie, les petits déjeuners délicieux font simplement plaisir. Dans la salle façon taverne, on goûte une cuisine régionale mise au goût du jour : carpaccio de bœuf avec copeaux de parmesan, crêpe de saumon, steak de veau aux girolles.

A Moernach, 5 km O. par D473

Au Raisin

80, rue des Tilleuls
Tél. : 03 89 40 80 73. Fax : 03 89 08 11 33
Fermé lundi soir, mardi, 5-22 janv.
6 ch. 185-240 F
Menus : 45 F (enf.), 90 F (déj.), 138- 230 F.
Carte : 220 F

La salle à manger est cossue, les chambres bourgeoises et confortables, mais c'est la cuisine sans faiblesse qui attire ici. Foie gras, carrelet aux lentilles et genièvre, moruette à la crème d'ail, friture de carpe, caille farcie aux champignons sont proposés avec sérieux par Robert Schneider, ancien de Gaertner, qui incarne la troisième génération présente aux fourneaux. Accueil adorable.

Produits

FROMAGER DE L'ANNÉE

Bernard Antony

Sundgauer Käsekaller
17, rue de la Montagne, à Vieux-Ferrette (1 km N. par D432)
Tél. : 03 89 40 42 22. Fax : 03 89 40 31 03

Bernard Antony, qui livre Ducasse, Passard ou Gagnaire, voyage dans le monde entier, désormais pour porter la bonne parole «froumagère». Mais il a d'abord trimé sur les marchés de son pays (nous l'avons connu à Oltingue, dans sa camionnette, face au musée paysan !) avant de devenir la star gourmande du Sundgau. La religion de la pâte au lait cru de belle origine et au mieux de sa forme grâce à l'affinage précis : voilà ce que prône ce lutin rieur. On vient de loin prendre place dans son salon de conversation. Sa fourme au gewurz «vt», sa tomme du Larzac, son saint-félicien, son brie crémeux, son camembert à fondre, et son munster à cœur sont au «top» du genre. En fin de semaine, il organise dans sa «stub» des repas sur le thème de l'alliance des fromages et des vins.

La Ferté-Imbault

41300 Loir-et-Cher. Paris 195 - Bourges 68 - Orléans 70 - Romorantin 19.

Au cœur de la grande Sologne, un village épatant, fameux pour son église et son château (privé).

Hôtel-restaurant

La Tête de Lard

13, pl. des Tilleuls
Tél. : 02 54 96 22 32. Fax : 02 54 96 06 22
Fermé dim. soir, lundi, janv., 4-18 sept.
11 ch. 260-460 F
Menus : 95 F (déj.)-290 F

Jean-Marie Benni, petit roi des étangs d'ici, a fait de sa pittoresque auberge de village le domaine des repas à la bonne franquette. Terrine de poireaux aux cèpes, sandre, brochet ou carpe cuisinés suivant l'humeur de saison, ris de veau aux morilles et gibiers en folie vous attendent comme au coin de bois. Chambres rustiques.

Si vous cherchez un établissement particulier, consultez l'index général en fin d'ouvrage.

La Ferté-Saint-Aubin

45240 Loiret. Paris 156 - Orléans 23 - Blois 63 - Romorantin 45 - Salbris 34.

On peut visiter le château où Jean Renoir tourna La Règle du Jeu *et partir en chasse ou à pied dans les halliers de la grande Sologne.*

Hôtels-restaurants

Château les Muids 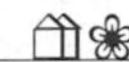

Sur la N20
Tél. : 02 38 64 65 14. Fax : 02 38 76 50 08
Fermé (rest.) févr.
21 ch. 390-730 F. 1 suite : 1 100 F
Menus : 140-290 F

Ce château caché de la nationale par son bosquet, avec son vaste parc sur l'arrière, mélange les styles avec application. Il est accueillant à souhait. Les chambres sont de bon confort, parfois grandes, parfois moins, le mobilier hétéroclite. Les couloirs ont été repeints de couleurs pimpantes.

L'Orée des Chênes 

La Petite Brosse, rte de Marcilly
Tél. : 02 38 64 84 00. Fax : 02 38 64 84 20
Fermé dim. soir, lundi, 29 janv.-18 févr.
23 ch. 490-600 F
Menus : 200-250 F

Ce grand ensemble moderne sur le mode régional, avec son étang, son parc, ses chambres au luxe sage et sobre, séduit sans mal les amateurs de séminaires comme les amoureux du week-end. Cuisine honnête, service appliqué.

Ferme de la Lande

Rte de Marcilly
Tél. : 02 38 76 64 37. Fax : 02 38 64 68 87
Fermé dim. soir, lundi, vac. févr., 15 août-4 sept.
Menus : 87 F (enf.), 157-228 F. Carte : 250-350 F

L'endroit est chaleureux, l'environnement forestier charmeur et le patron, Daniel Delhemme, un majordome stylé, qui a fait de cette ferme bien élevée l'une des belles tables de la région. La mise de table est soignée, briques et poutres apparentes indiquent qu'on est bien en Sologne. Côté mets, un chef formé aux Antiquaires à Orléans mitonne avec doigté, précision et finesse, la fraîche salade à la terrine de lapin de garenne, les délicats œufs brouillés aux morilles, le dos de silure sauce Périgueux, le joli lièvre compoté à la royale, la tarte aux poires renversée avec une belle glace façon Tatin au bon goût de pommes caramélisées. On accompagne le tout d'un splendide touraine rouge cuvée «racines» de Courtioux en se disant qu'il y a là, sous une apparente discrétion, une maison de grande qualité.

Les Brémailles

Rte de Marcilly
Tél.: 02 38 76 56 60. Fax: 02 38 64 68 04
Fermé lundi soir, mardi
Menus: 60 F (enf.), 110-250 F

Sage, fort respectable, cette grande demeure moderne dans les bois à fleur de nationale, vaut pour son cadre clair, son accueil féminin adorable (la patronne semblée née avec le sourire) et les mets sages, parfois un rien traiteur, de Jean-François Durand, fils de charcutier dont l'exquise terrine de rillettes de sangliers est le morceau de bravoure. Délectable foie gras aux figues et aux pruneaux, matelote d'anguilles, noisettes de biche, parfait au chocolat font mouche.

Produits

BOULANGER

Vincent

12, rue du Gal-Leclerc
Tél.: 02 38 76 56 39

Les pains au levain, la grosse miche à l'ancienne et la «pâtisserie, de boulanger» (flan, croissants, pain au chocolat) valent le détour.

Figeac

46100 Lot. Paris 572 – Rodez 66 – Aurillac 65 – Villefranche-de-Rouergue 36.
Office du Tourisme: pl. Vival
Tél.: 05 65 34 06 25. Fax 05 65 50 04 58

Cette petite capitale du Haut-Quercy règne sur le causse avec bonhomie. La ville est traversée par le GR et les randonneurs découvrent, éblouis, une ville du temps passé avec l'hôtel de la Monnaie, le musée Champollion au hasard de leur balade dans les venelles anciennes.

Hôtels-restaurants

Château du Viguier du Roy

Rue Emile-Zola
Tél.: 05 65 50 05 05. Fax: 05 65 50 06 06
Fermé nov.-mars, (rest.) dim.
21 ch. 680-1 250 F. 3 suites: 2 150-2 300 F
Menus: 140-360 F. Carte: 300-400 F

Ce bel ensemble médiéval au cœur de la vieille ville vous fait vite le coup du charme. Les demeures du XIIe au XVIIIe ont été rénovées avec grâce, les chambres dotées de meubles de prix, les jardins intérieurs en terrasse avec piscine sont là pour le repos. Ajoutez-y la cuisine moderne à tonalité régionale de la Dînée du Viguier (4, rue de Boutaric, juste en face du «Château». Tél.: 05 65 50 08 08) où ravioles de ris de veau aux truffes et agneau du Quercy au jus corsé, servi dans un cadre séducteur, sont à la hauteur.

Hostellerie de l'Europe

51, allée Victor-Hugo
Tél.: 05 65 34 10 16. Fax: 05 65 50 04 57
Fermé 5-20 janv., 10-20 nov., (rest.) sam., dim. (hs)
30 ch. 185-350 F
Menus: 98-180 F. Carte: 200 F

L'hôtel à l'ancienne offre des chambres au confort sans histoire. Mais ce qui fait la renommée de la demeure c'est la cuisine de mère quercynoise tenue avec fierté et rigueur par Marinette Baldy. On vient de loin, à la Table de Marinette, goûter la sainte trilogie des foie gras, confit, magret, traitée avec un sérieux imparable et servie avec gentillesse. L'escalope de foie gras poêlée au vinaigre de cidre, le cou d'oie farci à l'oseille, l'agnelet du Lot en trois cuissons s'accompagnent de madirans et cahors choisis avec dextérité par le mari de madame et sont servis avec beaucoup de gentillesse dans une salle à manger rénovée.

Hôtel Champollion 

3, pl. Champollion
Tél.: 05 65 34 04 37. Fax: 05 65 34 61 69
10 ch. 230-260 F

Chambres contemporaines, pas très grandes, certes, mais fort peu chères, dans une demeure ancienne, rénovée avec soin en centre-ville.

Cuisine du Marché

15, rue de Clermont
Tél.: 05 65 50 18 55. Fax: 05 65 50 18 55
Fermé dim.
Menus: 50 F (enf.), 70 F (sem.), 110 F (déj.), 135-230 F. Carte: 200 F

Rustique, avec poutres et cuisine ouverte aux visiteurs, cette maison bon enfant, sise dans une ancienne cave vineuse du cœur de la vieille ville, propose mets d'aujourd'hui et de toujours tarifés sans méchanceté. Foie gras, magret, veau fermier dans son jus sont de bon ton.

Flavigny-sur-Moselle: voir Nancy

Flayosc: voir Draguignan

Fleurie

69820 Rhône. Paris 413 – Mâcon 22 – Villefranche 28 – Bourg 46 – Lyon 62.

Une des bourgades-phares du pays beaujolais dont le nom est synonyme de vin solide et franc.

Hôtels-restaurants

Grands Vins

La Lie, D119
Tél. : 04 74 69 81 43. Fax : 04 74 69 86 10
Fermé 30-2 août, déc., janv.
20 ch. 370-430 F

La vue, le calme, les vignes au large, sans omettre un jardin et une piscine : voilà ce qu'offre ce petit hôtel à la campagne, sans luxe et sans histoire, mais parfait pour explorer les crus d'entre fleurie et morgon.

Auberge du Cep

Pl. de l'Eglise
Tél. : 04 74 04 10 77. Fax : 04 74 04 10 28
Fermé dim., lundi, mi-déc.-mi-janv., vac. févr.
Menus : 135-260 F. Carte : 200-300 F

Chantal Chagny a fait de sa demeure face à l'église le « top » de l'auberge de village en pays beaujolais. Tout ici, dans un registre simple et bon, frise la perfection. De l'amuse-gueule aux tuiles arachnéennes avec amandes et pralin. Les grenouilles au coulis d'écrevisses persillées sont un poème, le rognon de veau cuit rosé et tranché épais une merveille, la volaille fermière d'une tendreté parfaite, les glaces vanilles et cassis, mais aussi caramel vanillé, dignes de chez Chapel, le baba au rhum extra. Avec un cru local, chiroubles ou fleurie, de Dubœuf ou de chez Dezat, on fait là un repas en or.

Florent-en-Argonne : voir Sainte-Menehould

La Flotte : voir Ré (Ile de)

Fontainebleau

77300 Seine-et-Marne. Paris 65 - Melun 18 - Montargis 52 - Barbizon 11 - Orléans 89.

Le château royal, son grand escalier, son parc attirent ici la grande foule. N'oubliez pas le musée napoléonien, ni la grande forêt aux abords.

Hôtels-restaurants

L'Aigle Noir

27, pl. Napoléon
Tél. : 01 60 74 60 00. Fax : 01 60 74 60 01
49 ch. 990-1 380 F. 1/2 pens. 685-735 F
Menus : 80 F (enf.), 145 F (sem.), 195-450 F

Cette grande demeure face au château impressionne. Grand service, hall chic, chambres de style Louis XIII ou Empire, restaurant le Beauharnais de qualité. Piscine couverte, sauna, salle de remise en forme.

 *indique une très bonne table*

Grand Hôtel Mercure

41, rue Royale
Tél. : 01 64 69 34 34. Fax : 01 64 69 34 39
91 ch. 820 F
Menus : 50 F (enf.), 115 F, 145 F (sem.), 165 F (vin c.)

Tout le confort de la chaîne dans un établissement provincial l'ancienne qui a gardé le côté cosy.

Hôtel Napoléon

9, rue Grande
Tél. : 01 60 39 50 50. Fax : 01 64 22 20 87
58 ch. 680-860 F. 1/2 pens. 490-600 F
Menus : 80 F (enf.), 150-320 F

Cet ancien relais de poste avec sa cour, son bar la Rotonde, son restaurant soigné, la Table des Maréchaux, a le chic ancien, mais rénové avec soin. Chambres de style Empire, excellent service.

Croquembouche

43, rue de France
Tél. : 01 64 22 01 57. Fax : 01 60 72 08 73
Menus : 92 F (sem.), 130-210 F.
Carte : 200-250 F

Ce bon restaurant classique propose accueil de choix et cuisine au gré du marché. Panaché de poissons aux endives ou mignon de veau à l'oseille sont du travail sérieux.

Produits

FROMAGER

Barthélémy

92, rue Grande
Tél. : 01 64 22 21 64

La maison mère de la famille Barthélémy a été reprise avec allant par le neveu de Roland Barthélémy, présent rue de Grenelle à Paris. Camembert, brie de Meaux ou de Melun et fontainebleau à la crème sont de première force.

Fontaine-Notre-Dame : voir Cambrai

Fontenay-sur-Loing : voir Montargis

Fontenay-Trésigny

77610 Seine-et-Marne. Paris 51 - Coulommiers 23 - Meaux 31 - Melun 26 - Provins 42.

La Brie sans monotonie, avec ses grosses fermes, ses châteaux, ses champs riches, ses vallées entaillant son plateau de verdure.

Hôtel-restaurant

Le Manoir 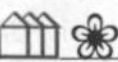

4 km E. par N4, D402, rte de Coulommiers
Tél. : 01 64 25 91 17. Fax : 01 64 25 95 49
17 ch. 850-950 F. 3 appart. 1 300 F
Menus : 190 F (vin c.)-390 F

Philippe Sourisseau tient avec bonhomie de ce manoir anglo-normand fort charmeur face à un mini-aéroport. On peut s'adonner aux joies du baptême de l'air, paresser au domaine (piscine, tennis, jardin), céder aux plaisirs classiques mais nets des langoustines aux asperges ou de la côte de bœuf bordelaise. La déco intérieure a le style « rendez-vous » années cinquante, assez charmeur, avec son bar « américain », ses chambres dédiées à Mimi Pinson et à Casanova. Une belle étape de week-end estampillée Relais & Châteaux.

Fontevraud-l'Abbaye

49590 Maine-et-Loire. Paris 308 - Chinon 21 - Loudun 23 - Saumur 15 - Angers 78.

L'abbaye locale, qui fut une prison fameuse, se visite avec intérêt. Les hautes cheminées en sont justement célèbres.

Hôtels-restaurants

Prieuré Saint-Lazare 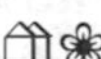

Rue Saint-Jean-de-l'Habit
Tél. : 02 41 51 73 16. Fax : 02 41 51 75 50
Fermé mi-nov.-mars
52 ch. 290-490 F. 1/2 pens. 490-780 F
Menus : 98 F (sem.), 155-195 F

Dans les jardins de l'abbaye, ce prieuré offre des chambres monacales qui ne sont pas sans charme. Restauration d'inspiration ligérienne dans une salle ordonnée autour du cloître. Calme garanti.

La Licorne

Allée Sainte-Catherine
Tél. : 02 41 51 72 49. Fax. 02 41 51 70 40
Fermé dim. soir, lundi (sf été), mercr. soir (hs), 8-16 oct., mi-déc.-mi-janv.
Menus : 135 F (sem.)-380 F. Carte : 300-400 F

Jean Criton dirige avec civilité cette belle demeure XVIIIe, additionnée d'un jardin de curé, où il propose une fine cuisine qui respecte les produits locaux. Ici, comme disait Cur l'Angevin, les choses ont le goût de ce qu'elles sont. Ravioli de langoustines sauce aux morilles, sandre rôti en peau à la coriandre, magret de canard aux épices douces, tarte gratinée à la rhubarbe s'accordent des meilleurs saumurs blancs et rouges de la région.

Fontjoncouse

11360 Aude. Paris 826 - Narbonne 32 - Perpignan 66 - Carcassonne 56.

On atteint le cœur du pays des Corbières, par une route biscornue qui zigzague dans la montagne.

Restaurant

Auberge du Vieux Puits

Tél. : 04 68 44 07 37. Fax : 04 68 44 08 31
Fermé dim. soir (sf juil.-août), lundi, 5 janv.-12 févr.
Menus : 70 F (enf.) 185- 370 F. Carte : 400 F

Au cœur des Corbières, voilà le domaine Gilles Goujon, MOF, passé au Moulin de Mougins, au Petit Nice à Marseille, au Réverbère à Narbonne. L'imagination ne lui fait pas défaut. Il en aurait même trop. Il additionne son araignée en gelée de chantilly aux herbes et de glace au céleri et pomme verte, le cannelloni de calamars de mousse de lait à la chlorophylle, le chevreau de purée de fèves. Mais le méli-mélo de fraises gariguettes est tout frais avec ses olives noires et, si l'ensemble est échevelé, la démarche demeure sympathique. C'est aussi l'occasion de découvrir la ronde des vins du Grand Midi qui ont fait de sacrés progrès.

Fontvieille

13990 Bouches-du-Rhône. Paris 715 - Avignon 30 - Marseille 90 - Saint-Rémy 18 - Arles 10.

Ce beau village des Alpilles abrite le moulin de Daudet qui y rédigea ses lettres.

Hôtels-restaurants

Regalido

Rue Frédéric-Mistral
Tél. : 04 90 54 60 22. Fax : 04 90 54 64 29
Fermé janv.-mi-févr., rest. lundi, mardi midi
15 ch. 1060-1690 F. 1/2 1550-2500 F
Menus : 135 F (enf.), 180 F (vin c.) 260-1 410 F. Carte : 330-500 F

L'affable Jean-Pierre Michel règne avec le sourire sur cet exquis moulin ancien devenu un Relais & Château sudiste à la déco contemporaine. Chambres claires et pimpantes, cuisine aux accents ensoleillés (papeton d'aubergines, gratin de moules aux épinards, agneau aux gousses d'ail confites), repas au jardin.

 *indique une des meilleures tables de France.*

La Table du Meunier

42, cours Hyacinthe-Bellon
Tél. : 04 90 54 61 05. Fax : 04 90 54 77 24
Fermé mardi soir, mercr. (sf dîn. été), vac. févr., Toussaint, 17-27 déc.
Menus : 115 F (sem.)-180 F

Cette adorable table rustique propose à travers un imbattable menu qui se décline en deux temps «le» rapport qualité-prix de ce village touristique. Petits farcis de légumes provençaux, caillette, poisson en aïoli, lapin au pistou, tarte au citron se renouvellent selon l'humeur du moment.

Forbach

57600 Moselle. Paris 385 - Metz 57 - Sarreguemines 21 - Sarrebrück 14.

C'était jadis le pays des houillères. C'est aujourd'hui la frontière verte vers la Sarre.

Restaurants

Le Schlossberg

13, rue du Parc
Tél. : 03 87 87 88 26. Fax : 03 87 87 83 86
Fermé mardi soir, mercr., vac. févr.
Menus : 80 F (enf.), 175-320 F. Carte : 300-350 F

La maison a de l'allure, plantée sur la butte boisée du Schlossberg, face au centre européen de congrès du Burghof dans son écrin néo-gothique et au jardin public. Gustave Reeb pratique une cuisine à l'ancienne qui a su s'alléger au fil du temps. Terrine de canard à l'armagnac, presskopf, sandre aux nouilles, volaille fermière aux champignons, charlotte au cointreau, mousse glacée au fromage blanc témoignent de recettes sûres et éprouvées, des produits de qualité, des sauces qui savent se faire légères au gré de menus pondérés évoluant selon le marché.

A Stiring-Wendel, 3 km N.-E. par N3

La Bonne Auberge

15, rue Nationale
Tél. : 03 87 87 52 78. Fax : 03 87 87 18 19
Fermé sam. midi, dim. soir, lundi, 21 août-6 sept., 27 déc.-2 janv.
Menus : 240 F (déj.), 285-450 F.
Carte : 350-500 F

La façade sans fenêtres intrigue, cachant une salle élégante avec puits de lumière et jardin-patio où l'on sert l'été. Lydia en cuisine, sa sœur Isabelle au service des vins forment un duo de choc qui unit Provence et Lorraine. Sans omettre la retrouvaille des recettes d'avant dont le sandre en «krumberkichl», c'est-à-dire en croûte de pommes de terre, est un splendide exemple. Les escargots du Saulnois en tarte fine avec barigoule de fenouil parfumée à la badiane se déclinent en bouillon au jus de bourrache avec girolles et tomates, la meunière de ris de veau est à la purée de choux-fleurs caramélisée avec son cannelloni au foie gras comme le rognon de veau est accompagné de son braisé d'endives au picon bière. Ces plats racontent une histoire d'amour : mets d'autrefois, devenus modernes, car revisités en légèreté et fraîcheur. Ajoutez-y des desserts d'exception qui sont la légèreté et la finesse mêmes : crème soufflée à l'irish coffee, gratinée à la bière blonde et sauce tango à la grenadine, petit sablé chaud aux fruits, sabayon brûlé et glacé aux épices, gratin de mirabelles soufflé en chaud-froid avec son beurre Suzette — bel hommage au fruit d'or de la région. Tout, y compris le décor moderne de bon ton, ferait passer l'ancien pays minier pour une oasis de verdure au milieu des collines de Provence. Voilà bien la première maison du Midi... à la porte de la Sarre et au détour de l'autoroute vers l'Alsace.

A Rosbruck, 6 km S.-O. par N3

Auberge Albert-Marie

1, rue Nationale
Fermé sam. midi, dim. soir, lundi
Menus : 150 F (vin c.)-360 F (déj.).
Carte : 300-450 F

Le cadre est cossu, le service stylé, la cave abondante, les menus du déjeuner fort bien vus. Presskopf de saumon crème d'aneth, filet de rouget à la choucroute, filet de lièvre rôti juste rosé, avec sa sauce poivrade, saucisson de lapereau aux herbes, petit vacherin aux framboises, figues à la cannelle, jouent sur le thème du classicisme allégé, sans tapage. Pierre Sternjacob, le chef est un vrai pro, son épouse tient la salle avec allant, tandis que son frère conseille les vins avec justesse.

Forges-les-Eaux

76440 Seine-Maritime. Paris 117 - Amiens 72 - Rouen 45 - Beauvais 52.

Les forges ont été remplacées par le casino et la verdure est alentour.

Hôtels-restaurants

La Folie du Bois des Fontaines

Rte de Dieppe
Tél. : 02 32 89 50 68. Fax : 02 32 89 50 67
10 ch. 800-1 500 F
Menus : 100 F (enf.), 250-420 F

Près de la route, certes, mais au charme, ce beau manoir anglo-normand a le chic bucolique. On y séjourne dans des chambres nettes et gaies, en paressant au salon coquet comme dans le parc nourri de beaux arbres. Cuisine néo-normande.

Auberge du Beau Lieu

Rte de Gournay
Tél. : 02 35 90 50 36. Fax : 02 35 90 35 98
Fermé mercr. midi (hs), mardi (sf soir été), lundi soir, 4-12 déc., 15 janv.-6 févr.
3 ch. 230-340 F
Menus : 99 F (sem.)-360 F. Carte : 300-350 F

Les trois petites chambres mignonnettes ouvrent sur le jardin à l'anglaise. La forêt est proche. Mais c'est d'abord pour la cuisine solide, terrienne, enracinée de Patrick Ramelet que l'on vient ici même. Rien de ce qui vient de son cher pays de Bray ne lui est étranger. Le foie gras cru mariné au pommeau, le gâteau d'andouille aux pommes, la lotte au cidre, le canard de Duclair à la rouennaise : tout ici, y compris la fine tarte aux pommes, est une ode raisonnée, très technicienne, aux produits de la région. Les prix sont raisonnables, la cave pleine de bonnes choses, et l'accueil de Marie-France est la grâce même.

La Paix

15, rue de Neufchâtel
Tél. : 02 35 90 51 22. Fax : 02 35 09 83 62
Fermé 20 déc.-10 janv., rest. dim. soir (hs), lundi midi
18 ch. 260-376 F. 1/2 pens. 246-301 F
Menus : 60 F (enf.), 78 F (sem.), 88 F, 192 F. Carte : 200 F

Les petits menus sont adorables, les chambres sans luxe mais proprettes, la demeure, sorte d'auberge-institution de tradition au cœur du bourg, ne fait pas la retape. Mais on y est bien. Soigné à coup de barbue au cidre, sole meunière, tripes à la mode de Caen, côte de veau à la crème et omelette aux pommes d'une rigoureuse probité.

Fouday

67130 Bas-Rhin. Paris 407 – Strasbourg 62 – Sélestat 37 – St-Dié 30.

La route de la vallée de la Bruche mène vers les Hautes-Vosges et prend son temps au bucolique Ban de la Roche.

Hôtel-restaurant

Chez Julien 

12, rue Nationale
Tél. : 03 88 97 30 09. Fax : 03 88 97 36 73
Fermé mardi, 3-15 janv.
36 ch. 300-440 F. 1/2 pens. 300-460 F
Menus : 60 F (déj.), 100-210 F.
Carte : 200-300 F

Sur la route des Hautes-Vosges, on découvre, embellie, la maison de Gérard Goetz. Sa charmante épouse accueille avec le sourire. Et le nouveau garage avec toit en cuivre n'a rien à envier aux maisons d'outre-Rhin. Non plus que les chambres luxueuses et boisées, mais qui ont su garder la simplicité d'une auberge à l'ancienne. Bouchée à la reine, pied de porc farci, carré d'agneau, mignon de veau aux morilles, fraîche tête de veau sont généreusement cuisinés. Les salles sont chaleureuses et l'on oublie vite que la nationale est à la porte.

La Fouillade : voir Najac

Freudeneck : voir Wangenbourg

Froeningen : voir Mulhouse

La Fuste : voir Manosque

Futeau : voir Sainte-Menehould

G

Gacé

61230 Orne. Paris 168 – Alençon 48 – Argentan 28 – Rouen 101.

Office du Tourisme: mairie. Tél.: 02 33 35 50 24. Fax: 02 33 36 92 82

Entre L'Aigle et Argentan, les vertes collines du Perche dévoilent manoirs et haras. Ce bourg ancien fait une bonne étape sur la N138 vers Alençon.

Hôtel-restaurant

Hostellerie les Champs

Rte d'Alençon
Tél.: 02 33 39 09 05. Fax: 02 33 36 81 26
Fermé dim. soir, lundi, 1er mars-15 nov.
13 ch. 190-380 F. 1/2 pens. 325-387 F
Menus: 55 F (enf.), 98 F (déj.), 130-230 F

Cette demeure de maître en briques avec son parc fait une étape de bon aloi au cœur du Perche. Honnête cuisine aux couleurs normandes et chambres de bon ton classique.

Gagny: voir Environs de Paris

Gaillan-en-Médoc: voir Lesparre-Médoc

La Garde-Adhémar

26700 Drôme. Paris 626 – Montélimar 21 – Nyons 40 – Pierrelatte 6.

Le Tricastin des merveilles se découvre au sud de la Drôme. Et c'est déjà un air de Provence en majesté.

Hôtel-restaurant

Logis de l'Escalin

1 km N. par D572
Tél.: 04 75 04 41 32. Fax: 04 75 04 40 05
Fermé (rest.) dim. soir, lundi
7 ch. 350 F. 1/2 pens. 345 F
Menus: 85 F (enf.), 120-305 F

Cette petite maison alerte, avec ses quelques chambres pimpantes et soignées, est le domaine de Serge Fricaud qui compose une cuisine au gré des saisons, où les produits du pays, les beaux légumes des marchés de Provence et l'huile d'olive ont leur part. Vous vous emballerez pour une escalope de foie chaud avec pommes cannelle, un panaché de poissons au jus de bouillabaisse, un chausson de pintadeau aux truffes d'ici sans omettre de jolis desserts qui ont la couleur du pays (belle glace à la lavande, nougat glacé au miel). L'ensemble a bien bonne mine.

Garons: voir Nîmes

Gassin: voir St-Tropez

Générargues: voir Anduze

Gérardmer

88400 Vosges. Paris 424 – Colmar 52 – Epinal 41 – St-Dié 28 – Thann 51.

Office du Tourisme: pl. des Déportés Tél.: 03 29 63 06 31. Fax 03 29 63 46 81

La «perle des Vosges» avec son lac, ses chutes du saut des Cuves et son écrin de montagne douce, est un havre au grand air. Les mondanités du Festival du film fantastique, chaque année l'hiver, ne lui ont pas fait perdre sa bonne nature rustique.

Hôtels-restaurants

Grand Hôtel

Pl. du Tilleul
Tél.: 03 29 63 06 31. Fax: 03 29 63 46 81
58 ch. 420-780 F. 4 appart. 1 100 F.
1/2 pens. 460-550 F
Le Grand Cerf, menus: 70 F (déj.), 130-380 F

Ce bel ensemble avec jardin cache, plein centre, sous une façade sévère, «le» palace des Vosges. Grandes chambres au mobilier chaleureux, tissus colorés, ambiance cosy, salon et bar à l'unisson, réception qui sourit: on se sent vite chez soi chez les Remy, d'autant que le Grand Cerf propose, dans une grande salle claire, une belle cuisine aux accents modernes, que l'hiver, on mène petits et grands en navette jusqu'au pied des pistes. On comprend que les vedettes de Fantastic'arts soient logées à demeure.

Beau Rivage

Esplanade du lac
Tél.: 03 29 63 22 28. Fax: 03 29 63 29 83
Fermé dim. soir, lundi, mi-oct.-mi-déc.
24 ch. 545-740 F. 1/2 pens. 455-565 F
Menus: 65 F (enf.), 135-250 F. Carte: 300-350 F

Ce bel établissement, avec sa façade années cinquante, face au lac, est le seul de la commune à offrir calme et grand confort les pieds dans l'eau. Les chambres lumineuses ont été refaites de façon sobre et lumineuse, avec atours de bois clair à l'autrichienne. L'accueil de la famille Feltz est adorable.

Côté cuisine, on a fait appel à Jean-Michel Costa, formé chez Schillinger à Colmar, qui fut jadis au Bouquet Garni à Metz, et qui pratique avec aise les saveurs du Sud. Crème printanière aux pois mange-tout, cuisses de grenouilles désossées avec son risotto aux pointes d'asperges, sole rôtie à l'arête au jus de langoustines et déclinaison de pigeon de Bresse avec crème au foie gras et pommes cocotte sont du cousu main. Jolis desserts (clafoutis aux poires et miel de châtaignier avec glace rhum raisins), cave de choix et service alerte dans une salle claire et gaie.

Manoir au Lac

1 km, sur rte d'Epinal
Tél. : 03 29 27 10 20. Fax : 03 29 27 10 27
15 ch. et suites : 750-1 800 F

Ce vrai-faux manoir à colombage digne d'Arsène Lupin, doublé d'un chalet, offre le confort d'une guest-house façon vosgienne. Claude Valentin, gentleman hôtelier et vendeur de beaux tissus s'en sert comme «show room» de luxe, accueille avec simplicité et chaleur. Les chambres et suites ont la taille variable, mais le charme identique, perchées au-dessus du lac.

L'Auberge

26, col de Martimpré : 2 km
Tél. : 03 29 63 06 84. Fax : 03 29 63 06 85
Fermé lundi, mardi midi, 1 sem. nov.
11 ch. 200-265 F
Menus : 45 F (enf.), 65 F (déj.), 98-145 F

Ce chalet de montagne, à 800 mètres d'altitude, juste en retrait de la route, offre le confort rustique de ses chambres simples, à l'ancienne, parfois vastes, son accueil adorable et la cuisine vosgienne en finesse du jeune Grégory Jacquot. Yves et Elisabeth Ragazzoli animent cette demeure boisée avec chaleur et servent gaillardement l'assiette du pays, avec croquillettes de munster, crème aux herbes, salade aux noix, pommes en robe des champs, les mignons de poulet bardés de lard et encore le feuilleté aux mirabelles tièdes tarifés avec sagesse.

Hôtel de Jamagne

2, bd de Jamagne
Tél. : 03 29 63 36 86. Fax : 03 29 60 05 87
Fermé 12-31 mars, 12 nov.-23 déc.
48 ch. 340-460 F. 1/2 pens. 360 F
Menus : 50 F (enf.), 80-210 F

Cet hôtel familial, excentré, pas très loin du lac, offre le confort de ses petites chambres de pension rénovées avec soin et netteté. Boiseries, couleurs gaies, salles de bains exiguës, entrée kitsch années cinquante, salle à manger cosy et espace remise en forme.

❀ indique un hôtel au calme.

L'assiette du Coq à l'Ane

Au Grand Hôtel
Pl. du Tilleul
Fermé mardi, mercr., sf vac. scol.
Tél. : 03 29 63 06 31
Menus : 50 F (enf.), 98 F. Carte : 150-200 F

Cette taverne rustique boisée avec son haut plafond, venu de fermes vosgiennes abandonnées, sa vaste cheminée, ses tables joliment mises, ses couleurs vertes et rouges, évoque une montagne chic et conviviale. Nous sommes dans l'arrière-cour, côté jardin, du Grand Hôtel dirigé par les Remy. Le menu à 98 F est la probité même qui propose terrine de chevreuil et salade de chou rouge, salade de chèvre chaud aux lardons, saumon mariné à l'aneth, émincé de sandre au beurre de poireaux, civet de sanglier avec spätzle avant la crème brûlée aux mirabelles ou le nougat glacé au coulis de framboises. C'est gentiment servi, raisonnablement tarifé, additionné de vins malins et, chaque jour, une proposition du chef permet de voyager gastronomiquement au gré du terroir et de l'air du temps.

Le Bistrot de la Perle

32, rue du Gal-de-Gaulle
Tél. : 03 29 60 86 24. Fax : 03 29 60 86 24
Fermé mercr. sf vac. scol.
Menus : 59 F (déj., sem.), 87-115 F. Carte : 150 F

On entre par une porte ancienne sous façade de boucherie-charcuterie et l'on découvre un bistrot d'aujourd'hui qui propose des menus du jour à petits prix, des mets canailles sachant composer avec le marché (comme une salade de cervelas ou une blanquette de volaille), mais aussi des plats de terroir sans afféterie : lard grillé sur salade, salade aux lardons, escalope cordon bleu, jambonneau rôti ou braisé, truite meunière. C'est sans prétention, gentiment mode. Et les vins proposés en pichet ne font guère monter la note. Un petit coup de chapeau au jeune service féminin, faisant face à l'affluence, qui semble né avec le sourire.

La Chaume

23 bis, bd Kelsch
Tél. : 03 29 63 27 55
Fermé lundi, mercr. soir (sf vac. scol.),
1re sem. Toussaint
Menus : 75-95 F. Carte : 180 F

Cette taverne rustique, tenue avec alacrité par Isabelle et Jean-François Marchal propose d'épatants plats montagnards qui a gardé l'accent du cru. Pâté en croûte, tourte lorraine, quiche, casserolette d'escargots, briochine de grenouilles, jambonneau sur choucroute ou tofailles sont de qualité sans faille.

A Liézey. 2 km par rte d'Epinal

Ferme-Auberge de Liézey

9, rte du Sancéfaing
Tél. : 03 29 63 09 51
5 ch. 1/2 pens. 210 F. Menu : 105 F

A deux pas du lac, cette ferme du XVIIIe est devenue auberge avenante, avec son jardin, sa vue panoramique, son menu régional où la salade vosgienne aux lardons chauds, le collet fumé avec les « tofailles » (pommes sautées à cru aux oignons), la tarte aux myrtilles contentent tout le monde. Chambres simples, rustiques, proprettes.

Aux Bas-Rupts. 4 km par S.-O. rte de la Bresse

Les Bas-Rupts et Chalet Fleuri

Tél. : 03 29 63 09 25. Fax : 03 29 63 00 40
27 ch. 450-950 F. 1/2 pens. 450-1 000 F
Menus : 160 F (déj.), 220-450 F.
Carte : 400-500 F

Ce chalet double, avec ses balcons fleuris en été, sa déco lumineuse l'hiver, a le charme des demeures de poupée. Les chambres, souvent petites, sont mignonnettes, avec leurs tissus sobres, leurs meubles de bois sculptés, clairs ou polychromes, les salles de bains ornées de faïence. Mais c'est d'abord pour la table que l'on vient ici. Cellc-ci sait sc faire rustique avec science (andouille tiède du Val d'Ajol, fin pâté en croûte aux sept viandes, moelleuses joues de porcelet en chevreuil, riches tripes au riesling, belle salade d'andouillette aux escargots avec leur jus de persil), mais surtout raffinée avec malice. Tout s'orchestre sous la houlette de Michel Philippe et d'une brigade de cuisine conduite par deux bûcheurs hardis, Jean-Denis Arnould et Noël Paradisi, qui semblent fuir le chichi et l'esbroufe comme la peste. Leurs bons tours ? La fine terrine de pommes de terre avec son foie chaud moelleux, le parmentier de tourteau, les saint-jacques rôties aux cèpes, la canette rôtie au jus de miel et d'épices avec knepfle à l'alsacienne et purée de coing pareillement séducteurs. Il y a encore la ronde des divers munsters (frais, fabriqué dans le bourg, au cumin, blanc), l'extraordinaire glace crémeuse aux truffes, sur le mode de la glace vanille truffée, la crème soufflée aux mirabelles moelleuse comme un rêve d'enfance qui s'accompagnent de bourgognes de charme et alsaces souvent méconnus. Le repos face aux arbres et aux cimes est une promesse de digestion paisible.

A la Belle Marée

Tél. : 03 29 63 06 83. Fax : 03 29 63 20 76
Fermé lundi, mardi (hs), 26 juin-8 juil.
Menus : 95-160 F. Carte : 200-250 F

Laurence Galli et ses enfants tiennent sur la route de la Bresse, presque face aux Bas Rupts, cette maison moderne qui propose huîtres, fruits de mer, mais aussi truites en « festival » et poissons d'eau douce comme de l'océan à bons prix. On avouera qu'au cœur des Vosges, à deux pas des Hautes-Chaumes, un tel programme est insolite à souhait. Mais au pays du pâté lorrain et du fumé, elle constitue un heureux événement. Il faut avouer qu'il est parfaitement tenu et que le bar au blanc, la sole meunière ou les méconnus, comme la plie ou le carrelet, constituent un plaisant dérivatif pour ceux qui rêvent de légèreté, de fraîcheur, d'iode, sans se ruiner. Voilà, en tout cas, pour le plus frais des après-ski, une table à retenir.

Produits

ARTS DE LA TABLE

Le Jacquard Français

35, rue du Gal-de-Gaulle
Tél. : 03 29 60 09 04

Nappes de table, linges et serviettes aux motifs traditionnels.

Linvosges

Pl. de la Gare. Tél. : 03 29 60 11 11

Nappage de table, vêtements divers (notamment de fameuses vestes de cuisinier) dans une boutique de tradition au cœur de Gérardmer.

BOULANGER

Didier Laurent

6, bd de Saint-Dié
Tél. : 03 29 63 03 48

Le pain à l'ancienne, les brioches, les biscuits, le cake, le succès ou le fraisier valent l'emplette chez cet artisan de tradition.

CHARCUTIER

Hervé Beaudoin

24, bd Kelsch
Tél. : 03 29 63 01 91

Jambon « travaillé » au feu de bois, lard paysan, fuseau lorrain, tourte, pâté, saucisses et saucisson valent le déplacement dans cette petite boutique excentrée où l'on sent le bon goût du cochon fumé.

CHOCOLATIER-PÂTISSIER

Jean-Emile Schmitt

3, rue de la Gare
Tél. : 03 26 63 31 98

Chocolatier et pâtissier de renom, J.-E. Schmitt propose d'exquises ganaches, truffes et spécialités à sa façon, où gianduja et belles couvertures en cacao entrent avec délice dans la savoureuse composition. Le grès vosgien aux amandes et chocolat fond avec délice, les pâtisseries jouent fraîcheur et finesse en beauté.

FROMAGER

La Cave au Géromé

77, rue du Gal-de-Gaulle
Tél.: 03 29 63 00 46

Bernard Guidat a fait de son échoppe le paradis du bon fromage fermier. Non seulement du munster-géromé, mais de toutes les pâtes de montagne (comté, reblochon, tomme) affinées à cœur. Avec, en sus, vins et charcuteries sélectionnées avec art.

PRODUITS RÉGIONAUX

Maison de la Montagne

Pl. du Vieux-Gérardmer
Tél.: 03 29 63 21 93

Cette adorable maison façon chalet vosgien, à deux pas de l'église ancienne, propose, sous le label «Vosges terroir», une anthologie des produits du pays: sirops, jus et eaux-de-vie de fruits, belles confitures artisanales, terrines, pâtés et autres délices choisis chez les meilleurs artisans de la région.

Rendez-vous

CAFÉ-BRASSERIE

Olac

8, av. du 19-Novembre
Tél.: 03 29 63 34 22

A deux pas du lac, l'enjoué Lionel Laug reçoit avec tonicité dans cette brasserie-café bonhomme qui fait bar à toute heure, cache une piste de danse, propose des mets aux couleurs d'Alsace et des Vosges, sans omettre les crêpes et gaufres de l'après-midi. Banc d'huîtres ou coquillages, banquets, soirées à thèmes et terrasse pour les amis.

Gertwiller: voir Barr

Gevrey-Chambertin

21220 Côte-d'Or. Paris 315 - Beaune 33 - Dijon 12 - Dôle 61.

Célèbre dans le monde entier pour son grand cru bourguignon, ce petit village des côtes-de-Nuits est aussi une fameuse halte gourmande.

Hôtels-restaurants

Grands Crus

Tél.: 03 80 34 34 15. Fax: 03 80 51 89 07
Fermé déc.-mars
24 ch. 380-470 F

Au calme de son jardin, cette petite demeure particulière offre de bonnes chambres rustiques et sans chichis ainsi qu'un accueil sympathique. Tarifs raisonnables.

Les Millésimes

25, rue de l'Eglise
Tél.: 03 80 51 84 24. Fax: 03 80 34 12 73
Fermé mercr. midi, mardi, 12 déc.-25 janv.
Menus: 250 F (vin c., déj.), 355-655 F. Carte: 500-800 F

Vedettes gourmandes de leur village, les Sangoy ont tout pour eux: une demeure de qualité, un esprit de famille soudé, un sens du travail sans égal et une cave fort à propos qui fête la Bourgogne dans ses grandes largeurs. Les trois fils, Laurent et Denis en cuisine, Didier, côté vins - et ce dernier veillé par maman qui a l'œil à tout - savent comme personne magnifier une région qui a fait de la gourmandise son étendard. Faites-leur confiance pour les escargots au confit d'échalotes, le poisson du jour - bar ou daurade - en coûte de sel avec sa sauce à la lie de gevrey-chambertin, la selle d'agneau en croûte de pain et la déclinaison sur le thème de la pomme qui sont autant de belles occasions de sacrifier aux grands vins d'ici. Attention aux tarifs sans tendresse!

Rôtisserie du Chambertin

Tél.: 03 80 34 33 20. Fax: 03 80 34 12 30
Fermé dim. soir, lundi, 31 juil.-14 août, 5-26 févr.
Menus: 80 F (enf.), 140 F (sem.), 210-330 F. Carte: 250-400 F
Bonbistrot, Tél.: 03 80 34 30 02. Carte: 120 F

Nous avons une tendresse particulière pour cette belle demeure bourguignonne en pierres d'ici, avec son charme ancien, ses vertus gourmandes exaltées à travers des menus pondérés et l'esprit de la grande Céline Menneveau, trop tôt disparue, qui fut «la» grande cuisinière d'ici aux doigts de fée. Pierre, son mari, continue l'œuvre entreprise, avec un chef habile, et reçoit avec des égards dans une demeure qui se double d'une formule bistrot bien adaptée aux temps présents.

La Sommellerie

7, rue Souvert
Tél.: 03 80 34 31 48. Fax: 03 80 58 52 20
Fermé lundi sf dîn. été, dim., 23 déc.-15 janv., 31 juil.-14 août
Menus: 97 F (déj.), 130-385 F. Carte: 350 F

Moins onéreuse que les grandes maisons ci-dessus, gourmande et de qualité aussi, la jolie demeure empierrée des Lachaux vaut par sa gentillesse, et notamment celle de ses premiers menus qui jouent le terroir avec fierté. On vient ici boire quelques jolis crus, pas les plus bêcheurs, en les accompagnant de jambon persillé, viennoise d'escargots frits à la purée de persil, sandre rôti sur la peau avec son ragoût de fèves au lard de bonne composition.

Gex

01170 Ain. Paris 492 - Genève 21 - Pontarlier 93 - St-Claude 43.

Office du Tourisme : sq. Jean-Clerc.
Tél. 04 50 41 53 85. Fax 04 50 41 81 00

La vieille capitale du pays de Gex lorgne sur le mont Blanc qui se laisse admirer juste derrière l'église de 1860. De vieilles maisons – que firent bâtir les titulaires d'offices royaux et les marchands attirés par les franchises fiscales – évoquent sa gloire passée.

Hôtel-restaurant

Auberge des Chasseurs

A Echevenex : 4 km S. par D984
Tél. : 04 50 41 54 07. Fax : 04 50 41 90 61
Fermé dim. soir (sf juil.-août), lundi, nov.-févr.
15 ch. 480-800 F. 1/2 pens. 530-700 F
Menus : 80 F (enf.), 100 F (déj.), 175-290 F

Le charme absolu et une certaine douceur de vivre : voilà ce qu'offre cette coquette demeure face aux sommets enneigés des Alpes, avec sa terrasse, sa piscine, son hall néo-Arts déco, ses salons décorés avec goût (boiseries peintes et teintes sobres) par une artiste suédoise, sa bonne table sans forfanterie. Les chambres, soignées et pimpantes, sont tapissées de tissus fleuris signés Laura Ashley. Le grand calme est au programme et la cuisine soignée est d'un classicisme revu au goût du jour : terrine de faisan et salade d'endives ou de canard aux cèpes, pintade au chou farci, pigeon en cocotte, vacherin praliné sauce vanille. Hélas, la saison y est courte. Sachez en profiter !

Produits

BOULANGER

Jean Jamet

25, rue Charles-Harant
Tél. : 04 50 41 50 98

Une boulangerie de tradition qui propose toute une série de pains paysans, la frissole aux poires et la « papette » locale (tarte briochée à la crème pâtissière).

CHARCUTIER

Charcuterie Louis

Tél. : 04 50 41 65 50

La poitrine fumée ou salée, le rouleau de porc, la saucisse de Morteau, le fromage de tête, la « longeole » (tête et jambonneau de porc embossés dans un boyau) et le « tato » (jambonneau, épaule de porc et couenne enfermés dans une baudruche épaisse) : voilà ce qu'on vient chercher chez Louis Sapaly, artisan qui perpétue la tradition.

PÂTISSIER

Reygrobellet

53, rue du Commerce
Tél. : 04 50 41 50 36

Le pâtissier vedette de la région, à l'aise dans le classique de bon ton (exquis gâteau au chocolat, succès aux noisettes) et le régionalisme bien compris (emblématique « papette »). Egalement pour les bonbons à base de feuilleté framboise (« l'oiseau de Gex »).

Gigondas

84190 Vaucluse. Paris 665 - Avignon 38 - Nyons 31 - Orange 19.

Ce village vigneron en sentinelle sur le Ventoux qui veille sur son cru fameux des côtes-du-Rhône.

Hôtels-restaurants

Les Florets

2 km E.
Tél. : 04 90 65 85 01. Fax : 04 90 65 83 80
Fermé janv.-févr., mardi soir, mercr. (rest.)
14 ch. 390-450 F. 1/2 pens. 395-450 F
Menus : 75 F (enf.), 140-190 F. Carte : 250 F

Simple et bonne, la cuisine est conçue ici au fil du temps, des saisons et du marché : risotto de moules, tourte de lapin, daube de joue de bœuf aux pâtes fraîches, dacquoise pralinée s'arrosent des vins du domaine. Repas au jardin, chambres au grand calme.

L'Oustalet

Pl. de la Mairie
Tél. : 04 90 65 85 30. Fax : 04 90 65 85 30
Fermé dim. midi (sf été), lundi, 15 nov.-28 déc.
Menus : 85 F, 138 F (déj.), 210 F. Carte : 250 F

Johannes Sailer pratique en finesse une cuisine du marché qui plaît par sa franchise, sa justesse de ton et sa fraîcheur. Paillon de sardines, œufs brouillés aux herbes, aïoli de lapin, mignon de porc à la menthe fraîche. Salon de thé l'après-midi et farniente en terrasse sur la place ombragée de platanes centenaires

Gilly-lès-Cîteaux : voir Vougeot

Gimbelhof : voir Lembach

Givet

08600 Ardennes. Paris 264 - Charleville-Mézières 56 - Rocroy 40- Fumay 23.

Ce bout de la France, en lisière de Meuse, joue avec la géographie en se dressant comme un doigt vers la Belgique. La centrale nucléaire de Chooz se visite.

Hôtels-restaurants

Les Reflets Jaunes

2, rue du Gal-de-Gaulle
Tél.: 03 24 42 85 85. Fax: 03 24 42 85 86
10 ch. 295-480 F

Moderne et toute neuve, cette belle demeure contemporaine vaut pour ses équipements modernes, ses chambres plutôt vastes, sa déco pimpante. Une bonne étape, sans restaurant, pour un week-end à la porte de la Belgique.

Le Méhul Gourmand

10, rue Flayelle
Tél.: 03 24 42 78 37. Fax: 03 24 42 78 37
Fermé dim. soir, lundi, mardi midi,
18 févr.-5 mars, 4 - 26 sept.
Menus: 140-225 F. Carte: 250-350 F

Fabrice Carlier, natif de Charleville, qui a accompli ses classes dans la marine nationale, puis fait un stage chez Vigato, tient avec fermeté cette demeure élégante dédiée à l'auteur du *Chant du départ*. La meilleure table du pays d'Ardenne? Sans doute, aussi, lui qui n'en est pas si friand. Ce technicien sage qui pratique le marché avec sagesse et choisit ses produits avec sûreté séduit sans mal au travers de propositions mêlant tradition de toujours et air du temps. Cela se traduit par les exquises ravioles d'escargots au persil plat, la pressée de saumon d'Ecosse flanquée d'une salade aux herbes, la gratinée d'asperges vertes aux morilles. La mer n'est pas oubliée au gré des propositions du moment (aile de raie poêlée à la julienne d'artichauts), les gibiers traités avec délicatesse à l'automne (chevreuil, perdreau, marcassin) et les fruits d'ici et d'ailleurs mis à contribution à travers de jolis desserts de saison (croquant de banane au rhum et sorbet Caraïbes, petits pots de crème aux trois parfums). Voilà une belle table à découvrir.

Givors

69700 Rhône. Paris 484 - Lyon 25 - Rive-de-Gier - Vienne 13.

Entre Rhône et Isère, l'approche du grand fleuve et du verdoyant Pilat.

A Loire-sur-Rhône, 5 km par N86, rte de Condrieu

Restaurant

Camérano

35, rte Nationale
Tél.: 04 78 07 96 36. Fax: 04 72 49 99 94
Fermé dim. soir, lundi soir, 6-21 août
Menus: 85 F (déj.), 130-285 F. Carte: 250-300 F

Fort pratique, pile poil sur la N86, cette bonne étape classique revisite la tradition avec sérieux. Bon choix de beaujolais et de vins de la vallée du Rhône, et plats du répertoire joliment retrouvés: saucisson chaud beaujolaise, matelote d'anguille, beaux gibiers en saison, soufflé glacé à l'orange, œufs en neige aux pralines.

Gordes

84220 Vaucluse. Paris 715 - Apt 21 - Avignon 38 - Carpentras 26 - Cavaillon 17.

Office du Tourisme: Pl. du Château
Tél.: 04 90 72 02 75. Fax: 04 90 72 02 26.

Porte ou cœur du Luberon mondain, mini-Saint-Trop' d'arrière-pays l'été ou village secret l'hiver: tout change selon le point de vue où l'on se place. Ce bourg perché, très courtisé (d'où un accueil parfois en deçà de la norme) a le charme de la Provence de toujours.

Hôtels-restaurants

Les Bories

Rte de l'abbaye de Sénanque
Tél.: 04 90 72 00 51. Fax: 04 90 72 01 22
Fermé nov.-mi-mars
36 ch. 860-1 780 F. 1/2 pens. 910-1 370 F
Menus: 195 F (déj.), 290-480 F. Carte: 500 F

«Chicos» et panoramique, au-dessus de Gordes, cet ensemble sous pierres sèches impressionne. Les chambres sont vastes, modernes, avec terrasses, grandes salles de bains, très «marbre et moquette». La cuisine, fort soignée, est servie dans une salle à manger apprêtée. Philippe Calendri y joue habilement les «parfums de garrigues», à travers crémeux de langoustines et d'encornets lié au pistou, carré d'agneau au thym, crumble aux cerises avec sa glace aux pommes. La demeure, qui a été «relookée» par le propriétaire du Vallon de Valrugues à Saint-Rémy, n'est pas sans charme. Elle s'est adjoint un institut de remise en forme, avec piscine attenante.

La Bastide de Gordes

Tél.: 04 90 72 12 12. Fax: 04 90 72 05 20
31 ch. 840-1 970 F
Fermé 27 nov.-3 mars. rest. fermé lundi midi, mardi, mercr. midi
31 ch. 840-1 970 F
Menus: 270-320 F

Bordant l'une des rues principales qui monte vers le haut de la ville, cette demeure a été modernisée sur un mode luxueux et standard. L'accueil est couci-couça, le panorama plongeant sur le Luberon. Quant à la cuisine au restaurant les Terrasses, signée de Thierry Château, qui a «fait» Ducasse, Passard, Guérard, elle constitue le «plus» de la maison. Légumes en cocotte au jus de pistou, poêlée d'escargots au risotto d'épeautre, daurade royale piquée au laurier et fenouil sec, carré d'agneau entier au miel des garrigues charment sans mal. Les desserts (telle la tomate confite, orange-citron, plus quenelle de glace vanille, très «hommage à l'Arpège») ont du répondant.

La Bastide des 5 Lys

Aux Beaumettes: 5 km par D15, D103 et N100
Tél.: 04 90 72 38 38. Fax: 04 90 72 29 90
Fermé janv., rest. dim. soir, lundi, mardi midi (hs)
18 ch. 850-1 450 F. 1/2 pens. 700-1 070 F
Menus: 180-290 F

Cette bastide du XVIIe, avec son accueil féminin souriant, son parc, ses chambres décorées à l'ancienne, avec son mobilier néo-médiéval, est un havre de paix. Cuisine soignée signée d'Eric Ballan, ancien de chez Veyrat, servie dans une salle châtelaine. Tourte d'herbes du Luberon, raviolis ouverts de tourteau, pagre rôti à l'unilatéral et lapereau confit à l'huile d'olive jouent le terroir revisité.

Domaine de l'Enclos

Rte de Senanque
Tél.: 04 90 72 71 00. Fax: 04 90 72 03 03
Fermé 15 nov.-15 déc.
13 ch. 480-1 080 F. 4 suites 980-2 100 F 1/2 pens. 238 F en sus

Ouvert presque tout l'hiver, rare dans les parages, ce domaine dans son parc clos de hauts murs de pierres sèches joue les guest-houses de luxe. L'accueil chaleureux et bon enfant de Serge et Nadia Lafitte, la cuisine sage de demi-pension, les chambres nettes et sobres, qui conviennent aux amoureux du calme comme aux familles en vacances, sont des atouts de choix.

La Ferme de la Huppe 

Rte de Goult: 5 km E. par D2
Tél.: 04 90 72 12 25. Fax: 04 90 72 01 83
Fermé 20 déc. - mars, rest. jeudi, déj. (sf dim.)
9 ch. 500-700 F. 1/2 pens. 345-520 F
Menus: 150-200 F

Si l'accueil n'était sautillant, on n'aurait que du plaisir à recommander cette ferme du XVIIIe au vert avec ses chambres rustiques, ses murs de pierre, son mobilier ancien, converti en étape de charme. Cuisine soignée, servie dans des salles champêtres ou au jardin.

Le Mas Tourteron

Rte des Imberts: 2 km S.-O. par D2
Tél.: 04 90 72 00 16. Fax: 04 90 72 09 81
Fermé lundi, mardi, mi-nov.-fin févr.
Menus: 170 F (déj.), 200-310 F. Carte: 350 F

Le décor de salle à manger bucolique et colorée est adorable, avec ses meubles de métiers et ses chaises provençales. Elisabeth Bourgeois délivre une cuisine de ménagère sophistiquée au mieux de sa forme avec les variations sur le poulet aux truffes, avec quenelles, façon «mère Fillioux», ou doré à l'huile d'olive avec sa purée. L'agneau de sept heures en cocotte lutée, le risotto d'épeautre aux asperges et les petites ravioles au basilic sont de jolis tours. Elisabeth est moins à l'aise dans la création oiseuse (lourdingues huîtres gratinées avec crépinettes de lapereau). Sa brousse fraîche aux fruits confits d'Apt est un amusant clin d'œil au pays.

L'Estellan

Rte de Cavaillon
Tél.: 04 90 72 04 90. Fax: 04 90 72 04 90
Fermé mercr., jeudi midi (sf été), janv., 1er-15 déc.
Menus: 95 F (déj., sem.), 115-210 F. Carte: 250 F

A un kilomètre au sud du centre, ce restaurant aux airs de maison privée offre l'un des rares bons rapports qualité-prix d'ici. Ravioles de saumon avec sa farce craquante d'herbes fraîches, filet de mérou au jus de rôti à la tapenade, gigotin d'agneau confit au vin de pêche se goûtent sur la terrasse avec vue sur les monts du Vaucluse.

Produits

BOULANGER-PÂTISSIER

La Mi Do Ré

Rue de l'Eglise
Tél.: 04 90 72 02 38

Le bon pain à l'ancienne, aux fibres, aux olives ou aux noix, fait la réputation de la demeure. Mais la linzer aux fruits du temps, les éclairs, cookies ou le «sacristain» (pâte feuilletée avec crème d'amandes, noix et raisins secs) valent pareillement l'emplette.

CHARCUTIER

Rambaud

Pl. du Château
Tél.: 04 90 72 02 88

Chez Jean-Claude et Christiane Rambaud tout ou presque est fait maison. Pâtés de sanglier, de caille et daube mis en conserve ici même, tripes, caillettes aux herbes et saucisson sec sont vendus dans une échoppe non retouchée.

ÉPICIER

L'Oustau de Nadine

Pl. du château
Tél.: 04 90 72 09 47

Chez Nadine, les beaux fruits et légumes, la sélection de vins, les condiments racontent la Provence dans un cadre d'épicerie de toujours qui fait «point de rencontre». On peut tailler une bavette et même regarder la télé.

 *indique un hôtel au calme.*

PRODUITS RÉGIONAUX

Olives

Pl. du Château
Tél. : 04 90 72 06 51

Les huiles du monde : c'est le programme de cette mini-échoppe vouée au fruit de l'olivier qu'il vienne de Provence, d'Italie, de Grèce ou d'Israël. Dégustation sur place.

Rendez-vous

CAFÉS

Cercle Républicain

Pl. du Château
Pas de Tél.

Moyennant un droit de cotisation vraiment minime, vous pouvez participer à la vie de la cité en buvant l'apéro avec les Gordiens républicains, membres de l'association gérant ce vrai café de village.

La Renaissance

Pl. du château
Tél. : 04 90 72 02 02

La demeure, adossée au château, fait hôtel et restaurant. Mais c'est surtout pour la terrasse au centre du bourg qu'on prendra place sous les ombrages.

Gosnay : voir Béthune

La Gouesnière

35350 Ille-et-Vilaine. Paris 385 - St-Malo 14 - Dinan 25 - Dol-de-Bretagne 13 - Rennes 65.

La gare bucolique de Saint-Malo fait une belle étape champêtre.

Hôtel-restaurant

Tirel-Guérin

Rte Cancale, 1,5 km D76
Tél. : 02 99 89 10 46. Fax : 02 99 89 12 62
Fermé (rest.) dim. soir, lundi 1er oct.-1er avr., mi-déc.-mi-janv.
55 ch. 320-750 F. 1/2 pens. 370-560 F
Menus : 88 F (enf.), 130 F (sem.)-450 F
Carte : 300-450 F

Face à la gare de La Gouesnière, tout une famille se ligue pour votre bonheur sans manières. Les chambres sont charmantes, la piscine couverte permet de rester à demeure si le temps est capricieux. Côté fourneaux, les deux beaux-frères Tirel-Guérin, qui ont travaillé chez les grands, notamment chez Chapel, racontent la cuisine de leur cœur, du marché et des saisons. Cela change, virevolte, se propose en des menus généreux et bien équilibrés. Les plats-vedettes de la demeure sont la salade de caille poêlée avec ses lames de truffes et de foie gras, le homard braisé en deux services, le saint-pierre rôti aux figues. Beau choix de desserts (soufflé à l'orange), grande cave à prix sagement comptés. Le menu à 130 F est une bénédiction.

Goumois

25470 Doubs. Paris 510 - Besançon 94 - biel 44 - Montbéliard 53 - Morteau 48.

La frontière suisse, c'est là, juste au bas de la rivière. Visitez la Comté Franche, dont la corniche de Goumois figure la proue.

Hôtel-restaurant

Taillard

Rte de la corniche, alt. 605 m
Tél. : 03 81 44 20 75. Fax : 03 81 44 26 15
Fermé mi-nov.-févr., (rest.) mercr. midi sf été, mercr. soir (mars, oct., nov.)
18 ch. 275-520 F. 1/2 pens. 410-600 F
Menus : 115 F, 130-360 F (vin c.). Carte : 350 F

Expert en vin, passionné de grands crus, Jean-François Taillard reçoit avec cœur dans ce beau chalet à l'ancienne sis à fleur de Doubs. On vient chez lui pour le repos, la promenade, la découverte sans trêve des franches montagnes de chaque côté de la frontière. Mais côté table, on ne perd pas son temps avec la nage de sandre à l'anis de Pontarlier, le mille-feuille tiède de saucisse de Morteau et pommes de terre et la volaille de Belvoir en croûte de morilles qui jouent le terroir avec habileté. Belles chambres de grand confort dans un bâtiment annexe.

Gourdon

46300 Lot. Paris 546 - Cahors 45 - Sarlat 26 - Bergerac 90 - Brive 66 - Figeac 64.

Dans ce cœur du Quercy hospitalier, la vieille rue du Majou, l'église des Cordeliers, sa cuve baptismale et la vue sur le Causse depuis l'esplanade sont des balises pour prendre son temps.

Hôtels-restaurants

Domaine du Berthiol

1 km E. par D704
Tél. : 05 65 41 33 33. Fax : 05 65 41 14 52
Fermé nov.-mars, rest. jeudi midi
27 ch. 400-450 F. 1/2 pens. 430 F
Menus : 100 F (déj.), 135-275 F

Michel Carrendier et Serge Cassagne accueillent avec cœur, dans ce joli domaine néo-quercynois qui, depuis quarante ans, prend de la patine. On vient ici pour le repos dans des chambres fonctionnelles, le farniente au jardin, mais aussi les plaisirs des foie gras, cèpes, confit de canard, magret et chabrol de pêche aux épices. Belle cave cadurcienne. Piscine, tennis, vue sur le Causse.

Hostellerie de la Bouriane

Pl. Foirail
Tél. : 05 65 41 16 37. Fax : 05 65 41 04 92
Fermé sam. midi, dim. soir hs, lundi sf soir été, 15 janv.-10 mars
20 ch. 310-480 F. 1/2 pens. 297-330 F
Menus : 60 F (enf.), 85-235 F. Carte : 250 F

Cette charmeuse demeure centenaire est le sanctuaire vivant des traditions du pays et offre, en sus de chambres à l'ancienne qui ne sont pas sans charme, la sainte Trinité des foie gras, magret, confit, en sus de salade de gésiers, de cabécou, tourtière ou pastis que l'on arrose d'un cahors choisi avec amour. Accueil adorable.

Gramat

46500 Lot. Paris 537 – Cahors 56 – Brive 57 – Figeac 35 – Gourdon 38 – St-Céré 22.

Office du Tourisme : Pl. de la République
Tél. : 05 65 38 73 60. Fax 05 65 33 46 38

La petite capitale du Haut-Quercy a bonne mine, perchée sur le Causse, avec sa grand-place aux demeures avenantes et la proximité du grand site de Rocamadour.

Hôtels-restaurants

Château de Roumégouse

4,5 km par N140 et rte secondaire
Tél. : 05 65 33 63 81. Fax : 05 65 33 71 18
Fermé 1er janv.-31 mars, 1er-19 déc., (rest.) mardi
16 ch. 600-1 150 F. 1/2 pens. 810-1 025 F
Menus : 105 F (déj.), 185-360 F (vin c.)

Jean-Louis et Luce Lainé ont fait de ce Relais & Châteaux adorable une maison de poupée où chacun est convié en amis. Les prix ont su rester sages – nous sommes en Quercy, pardi ! Les chambres ont été décorées avec joliesse – Luce a travaillé dans les boutiques de la *Maison de Marie-Claire*. Quant à la cuisine, elle joue les produits du terroir, en version sage et allégée, foie gras froid ou chaud, assorti de melon confit, confit pommes à l'ail, magret au jus de truffe ou encore dos de canard à l'os avec sa purée truffée, plus tourtière et pastis sont de bien jolis tours. Belle cave cadurcienne, grand parc pour la flânerie et le repos, piscine et bien jolie vue.

indique un lieu de mémoire.

Le Lion d'Or

Pl. de la République
Tél. : 05 65 38 73 18. Fax : 05 65 38 84 50
15 ch. 285-470 F. 1/2 pens. 390 F
Menus : 110 F (sem.)-320 F

Fidèle au poste depuis des lustres, René Mommejac est un briscard quercynois à qui l'on n'en remontrera guère sur les classiques du Causse. Il traite avec doigté la sainte Trinité des foie gras-magret-confit et n'en oublie pas pour autant de renouveler sa partition. Ecrevisses en rémoulade ou foie chaud au jus balsamique et galette de pommes croustillantes sont du beau travail. Excellentes chambres modernes sous une façade ancienne peaufinée qui trône sur la grand-place. Accueil très « pro » de Suzanne Mommejac.

Grand-Combe-Châteleu : voir Morteau

Granges-lès-Beaumont

26600 Drôme. Paris 560 – Valence 16 – Grenoble 85 – Vienne 70.

Entre Romans et Valence, au cœur de la Drôme vineuse, un village paisible et sa belle auberge.

Restaurant

Les Cèdres

Tél. : 04 75 71 50 67. Fax : 04 75 71 64 39
Fermé lundi, mardi, 21 août-8 sept., 24 déc.-4 janv. Menus : 175 F (déj.), 270-430 F

L'auberge surprend dans le paysage : une sorte d'îlot d'élégance et de raffinement. La petite salle à manger, les tables bien mises, la cheminée, les tomettes, plus ce service qui sait sourire, découper avec art, conseiller un vin. Pas de surprise totale : les frères Bertrand ont fait leurs classes chez Pic, l'un en salle, qui est allé se perfectionner chez Maxim's à Paris, l'autre chez Gleize à Château-Arnoux. D'où ce sérieux implacable, cette netteté qui règnent d'une table l'autre. Vous aimerez les saint-jacques en brochette bardées de lard, le rouget avec sa brandade et sa tapenade, le ris de veau pané aux câpres, façon cervelle grenobloise, le pigeon sauce salmis en bécasse avec sa rôtie. Voilà, assurément, de la haute couture, que ne trahissent point des desserts de grande classe : feuilleté aux fraises légérissime et son sorbet pur fuit, gâteau chocolat avec une belle glace chicorée, onctueuse à souhait. Ajoutez-y les meilleurs vins du Rhône côté nord, et pas les plus connus, de saint-péray de chez Grippa en Crozes, et vous vous direz que là réside une grande maison, fièrement ancrée dans sa région. Prix et formules fort sages pour tant de bonheur.

Granville

50400 Manche. Paris 336 - St-Lô 57 - St Malo 93 - Avranches 26.

La station balnéaire n°1 du Cotentin depuis le XIXe retrouve une vigueur neuve, entre la thalasso et le festival des écrivains de la mer. On vient ici pour le grand air, l'embarquement vers les îles Chausey ou la balade des remparts qui couronnent la ville haute.

Hôtels-restaurants

Le Grand Large

5, rue de la Falaise
Tél. 02 33 91 19 19. Fax 02 33 91 19 00
38 ch. 455-560 F. 9 duplex. 600-800 F
1/2 pens. 395-445 F
Menus: 45 (enf.), 120-150 F

Ce bel établissement moderne relié au complexe de thalasso vaut à la fois par ses chambres standardisées, claires et confortables, comme sa vue sur la grande bleue depuis les balcons. Cuisine de pension largement inspirée par la mer, servie dans une salle avec vue.

Hôtel des Bains

19, rue G. Clemenceau
Tél. 02 33 50 17 31. Fax 02 33 50 89 22.
47 ch. 420-600 F

Cet hôtel centenaire a été rénové sans perdre son âme. Certaines chambres ont gardé leurs dimensions d'antan. La vue sur la mer comme la situation en ligne de mire sur le centre-ville sont des " plus " indéniables.

Normandy Chaumière

20, rue Paul Poirier
Tél. 02 33 50 01 71. Fax 02 33 50 15 34
Fermé mardi soir, merc. (hs), 10 janv.-28 fév.
6 ch. 240-370 F. 1/2 pens. 290 F
Menus: 80 F (déj.), 99-240F.

Ce petit hôtel modeste fait également une table soignée avec son décor mi-moderne, mi rustique. Le millefeuille de pommes et d'andouille, le rouget en vinaigrette tiède, comme la pomme de ris de veau avec son parmentier de ratte au beurre demi-sel se mangent sans faim.

La Gentilhommière

152, rue Coutave
Tél. 02 33 50 17 99. Fax 02 33 50 17 99
Fermé dim. soir, lundi (sf été), 29 fév.-16 mars.
Menus: 98-220F. Carte: 250-350F.

Les Raimbault reçoivent avec gentillesse dans leur home rustique fort soigné. On goûte ici à une cuisine marine qui a su garder ses marques régionales en jouant la recréation au gré du marché. La feuillantine de langoustines au sésame, le tartare de Saint-jacques au citron vert, la nage d'huîtres au champagne et céleri, comme le homard de l'île Chausey aux huiles parfumées sont des mets bien vus, juste de ton, sans falbalas ni anicroche. Adorable petit menu et joli dessert sur le thème de la pomme (fondante avec beurre de cidre) qui est une des réussites de la demeure.

La Citadelle

34, rue du Port
Tél. 02 33 50 34 10. Fax 02 33 50 15 36
Fermé mardi (midi: hs), merc. (hs),
15 fév.-15 mars.
Menus: 60 (enf.), 79-190F. Carte: 200-300F.

La terrasse sur le port et le décor authentiquement marin sont à la fois de bonnes raisons de s'attabler ici-même et des signes de la fraîcheur des poissons qui garnissent l'assiette. Gâteau de crabe, sole normande, fricassée de Saint-Jacques et homard de l'île Chausey se dégustent dans la gaîté.

Produits

PÂTISSIER

Olivier François

20, rue G. Clemenceau
Tél. 02 33 50 07 87

Ce bel artisan sucré mitonne d'exquis délices chocolatés, belles ganaches, jolies mousses, sans omettre une tarte aux pommes justement renommée.

Grasse

06130 Alpes-Maritimes. Paris 911 - Cannes 17 - Nice 41 - Draguignan 57.

La ville des parfums est devenue celle de la gourmandise. Ne loupez pas les toiles de Rubens dans l'ancienne cathédrale Notre-Dame.

Hôtels-restaurants

La Bastide Saint-Antoine

48, av. Henri-Dunand
Tél.: 04 93 70 94 94. Fax: 04 93 70 94 95
11 ch. 860-1 440 F
Menus: 250 F (déj.), 550-700 F. Carte: 600 F

Il y a une demeure couverte de lierre, ses onze chambres avec leur mobilier sobre, les vues insoupçonnées sur les collines, les trois hectares d'oliviers, les nuées de vert, la brume le matin qui se lève. On a goûté les confitures, les fruits frais cueillis, le pain à la mie crémeuse, les croissants feuilletés au chocolat, en se remémorant avec émotion les plats de la veille. Des saint-jacques juste poêlées avec des rondelles d'artichauts crus, un soupçon d'huile d'olive. Des raviolis à la daube avec coquillages et pistes. Du boudin, rustique, avec des pommes rattes, des queues de langoustines. Une crème de champignons de Paris, légère, aérienne, futée, aux truffes, avec un soupçon de foie gras. Une truffe entière bardée de blanc de volaille et flanquée de riz à la truffe. Un râble de lièvre à la purée de haricots blancs, salsifis, potiron et sauce au foie. Et quoi encore? Des desserts qui, à eux seuls, justifient le voyage: pain perdu aux pommes avec sabayon mousseux et truffes, dont le goût se rehausse encore sur une note sucrée, puis le sorbet mandarine avec sa banane séchée en fins morceaux, son huile d'olive infusée à la vanille, ses olives noires confites: tout le pays, de Giono, de Pagnol, revit à travers ces assiettes neuves qui remettent à l'honneur des goûts anciens. Jacques Chibois réfute l'extase, détourne l'exégèse. Avec sa tête de Limougeaud sage, adopté par la Côte d'Azur il y a belle lurette, il trompe son monde. Bon ouvrier, second six ans chez Guérard, aux temps héroïques de la cuisine minceur, dont il aida le maître d'Eugénie à codifier les meilleurs morceaux, arpète chez Delaveyne, à Bougival, lieutenant fidèle chez Outhier et Vergé, il fut le premier chef-star de Cannes, au temps du Royal-Gray. Maître chez lui, il décourage l'amateur d'effets, le butineur d'échos. Son truc? Le travail de longue haleine, le marché, tôt le matin, vers quatre heures, au MIN de Nice. Lui qui fut jadis le premier levé à Fortville, sous la halle cannoise, continue. A se faire plaisir, en régalant le meilleur monde de la région, des stars du festival aux pompiers de la commune qui, chaque année, ici, fêtent, dans la joie, leur travail de fourmi au service des forêts du pays. La nouvelle star de la côte est un modeste né.

L'Amphitryon

16, bd Victor-Hugo
Tél.: 04 93 36 58 73. Fax: 04 93 36 58 73
Fermé dim., août, 23 déc.-4 janv.
Menus: 122-255 F. Carte: 300 F

Tandis que le gros de la saison touristique amène son lot de visiteurs, Michel André ferme. En août, il est aux abonnés absents. Mais tout le reste de l'année, ce gars du Sud-Ouest qui exerça jadis à Marmande continue de régaler son monde, en des menus sages, à coup de confit, foie gras, magrets, salade de cèpes que l'on accompagne de côtes-de-buzet ou de Duras que l'on goûte ici sans faiblesse. Sympathique décor rustique.

Produits

BOULANGER

La Floriette

40 bis, bd Victor-Hugo
Tél.: 04 93 36 68 30

Ancien meunier, Thierry Fauvet est le roi de la fermentation lente, de la belle fougasse à la volée, du pain aux olives friand comme un gâteau, de l'épeautre aussi et du six-céréales de belle qualité artisane.

FROMAGER

La Fromagerie

8, rue Dominique-Comte
Tél.: 04 93 36 61 23

Dans sa belle échoppe de centre-ville, Yvonne Morgante ne s'en laisse pas conter sur les chèvres frais et affinés, les tommes de montagne, comme les brousses issues de brebis de qualité grande.

PRODUITS RÉGIONAUX

Moulin du Rossignol

Chemin des Paroirs
Tél.: 04 93 70 16 74

Pas besoin d'aller à Maussane ou aux Mées quand on est à Grasse. Chez les Giorgis, on est à la quatrième génération de bons faiseurs, pressant l'huile de première force. Egalement une pâte d'olive, qui est une tapenade sans câpres, à déguster sur pain toasté comme du caviar.

Graufthal: voir La Petite-Pierre

Grendelbruch: voir Urmatt

Grenade-sur-Adour

40270 Landes. Paris 724 – Mont-de-Marsan 15 – Orthez 50 – St-Sever 14.

La grand-place avec ses arcades et le cours d'Adour à deux pas forment un charmant tableau landais.

Hôtel-restaurant

Pain, Adour et Fantaisie

14, pl. des Tilleuls
Tél.: 05 58 45 18 80. Fax: 05 58 45 16 57
Fermé dim. soir, lundi (sf été), vac. févr.
10 ch. 420-800 F. 1/2 pens. 440-865 F
Menus: 165 F (vin c.)-360 F. Carte: 300-450 F

Créée par Didier Oudill, parti depuis vers Biarritz et Paris, cette belle hostellerie, sise dans une maison du XVIIe, avec pans de bois, entre larges arcades et rivière poursuit sa vie gourmande et tranquille sous la houlette de son ancien second Philippe Garret. Ce dernier a su garder l'âme, l'esprit, la beauté de la demeure, taquinant avec sagesse et fantaisie les meilleurs produits de Chalosse et d'ailleurs. On dort face à l'Adour, on déjeune sur la terrasse ou dans la salle aux belles boiseries. Et l'on se trouve ravi des soupe crémeuse de céleri aux truffes, foie gras de canard confit au jurançon, merlu aux oignasses et cocos fondants, agneau de lait poêlé au jus de girolles et haricots tarbais, pannetone caramélisé et glace à la chicorée. Le premier menu est une aubaine.

Grenoble

38000 Isère. Paris 566 – Chambéry 56 – Genève 146 – Lyon 105 – St-Etienne 153 – Valence 94.

Office du Tourisme : 14 rue de la République
Tél. : 04 76 42 41 41. Fax : 04 76 51 28 69.

La ville de Stendhal ne se comprend qu'en lorgnant vers la montagne. Chaque citadin, le vendredi soir, n'a qu'une hâte : s'en aller vers les cimes. Sur le chemin d'Uriage, en Vercors, vers Chamrousse, chalets et remonte-pentes les attendent. Mais aussi une nature intacte qui donne ses fruits. Ainsi, cette eau des sources et des torrents qui coule dans les robinets grenoblois et qui a la réputation d'être la plus pure des « eaux de ville » de France. Est-ce pour cela que, délaissée en fin de semaine, elle apparaît un peu pauvrette ? Malgré un intermittent marché des produits régionaux place Hoche et des halles 1850 rénovées place Sainte-Claire, une palette de restaurants méritants et une tradition régionale vivace. « Nous sommes un cul-sac, quand Lyon est un carrefour et un garde-manger », assène Henri Ducret, hôtelier au Park et animateur touristique d'élite. Si tous les Grenoblois lui ressemblaient, on parlerait davantage de ses cardons délectables, de ce gratin dauphinois qui perdure, de ces ravioles, chartreuses et noix dont les communes environnantes lui chipent le leadership.

Hôtels

Park Hôtel

10, pl. Paul-Mistral
Tél. : 04 76 87 29 11. Fax : : 04 76 46 49 88
Fermé 31 juil.-22 août, 23 déc.-2 janv.
40 ch. 12 suites : 985-1 500 F

Abrité derrière une façade d'immeuble moderne, un hôtel de grand confort au charme sans cesse remis à jour. Chambres chaleureuses, suites délicieuses, très jolies salles de bains en marbre rose et service au petit point. Derrière ce qui est une réussite de l'hôtellerie en ville, un homme d'action, Henri Ducret, qui est le champion de la politique touristique en Rhône-Alpes.

 *indique un hôtel au calme.*

Holiday Inn

11, rue du Gal-Mangin
Tél. : 04 76 56 26 56. Fax : 04 76 56 26 82
105 ch. 640-1 000 F
Fermé sam. midi (1er juil. -3 sept.), dim. midi
Menus : 110 F, 148 F

Sous une façade moderne, proche de la gare, cette adresse sans surprise offre d'excellentes chambres décorées dans le style des années trente. Sauna, jaccuzzi, restauration fort correcte en jardin.

Mercure Centre

12, bd du Mal-Joffre
Tél. : 04 76 87 88 41. Fax : 04 76 47 58 52
88 ch. 570-620 F
Menus : 94 F, 114 F

Fonctionnel, à proximité immédiate du parc Paul-Mistral et du Palais des Sports, ce bon hôtel de chaîne est une des adresses sûres de la ville. Parfaitement équipé, en sus, de salles de conférence.

Novotel Artria 

A Europole, pl. Robert-Schuman (hors plan)
Tél. : 04 76 70 84 84. Fax : 04 76 70 24 93
118 ch. 570-690 F
Menus : 98 F, 150 F

Confort moderne, central et accessible, situé dans l'Europole, un hôtel parfait pour les conférences, séminaires et autres congrès. Avec le confort habituel de la chaîne.

Gambetta 

59, bd Gambetta
Tél. : 04 76 87 22 25. Fax : 04 76 87 40 94
44 ch : 195-320 F
Menus : 74 F, 110 F

Non loin du centre, un hôtel récent et de bon confort offrant un bon rapport qualité-prix.

Hôtel des Alpes 

45, av. F.-Viallet
Tél. : 04 76 87 00 71. Fax : 04 76 56 95 45
67 ch : 240-290 F

Proche de la gare, une halte de bon confort, propre, nette, peu chère.

A 38320 Eybens, 5 km

Château de la Commanderie

17, av. d'Echirolles
Tél. : 04 76 25 34 58. Fax : 04 76 90 94 48
25 ch. 436-720 F
Rest. fermé sam. midi, dim. soir, lundi,
24 déc.-8 janv.
Menus : 169 F (déj.), 205-310 F (vins cv.)

Cette belle demeure XVIIIe avec ses salons raffinés, ses chambres décorées à l'ancienne, son parc, sa piscine et son calme au grand air est également une table de choix, prisée des repas d'affaires.

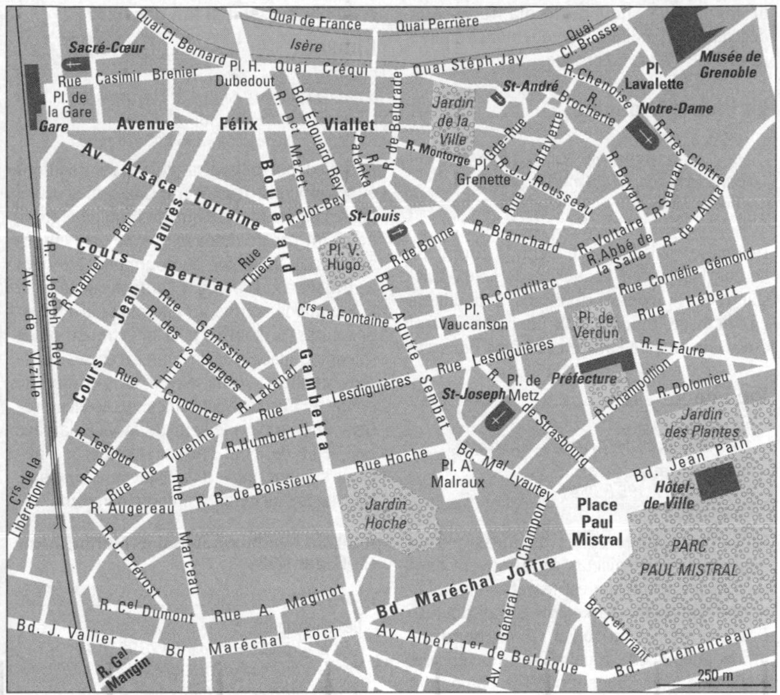

Restaurants

Auberge Napoléon

7, rue Montorge
Tél.: 04 76 87 53 64. Fax: 04 76 86 03 90
Fermé dim., lundi midi, 26 juil.-15 août
Menu: 189 F. Carte: 250-370 F

Anne Caby, belle-sœur de Michel Troisgros, accueille avec le sourire dans cette demeure soignée. Frédéric, son mari, veille sur la cave et prodigue ses conseils de sommelier aguerri. La cuisine sous la gouverne de la jeune Agnès Chotin joue le classicisme sophistiqué. Quenelles de brochet au beurre d'écrevisses, truite saumonée aux ravioles du Royans, foie gras de canard au chutney de fruits sont séducteurs et le parfait glacé à la chartreuse fait une bien jolie issue.

L'Escalier

6, pl. de Lavalette
Tél.: 04 76 54 66 16. Fax: 04 76 63 01 58
Fermé sam. midi, dim.
Menus: 140 F (déj.), 190 F, 340 F
Carte: 250-300 F

Dans son décor cosy, mais sans luxe, Alain Girod chante le grand air de la tradition avec une alacrité qui enchante. Ses morceaux de bravoure? Des classiques locaux ou d'ailleurs revisités en légèreté, depuis les œufs brouillés au caviar à la féra à la graine de moutarde. Le parmentier de queue de bœuf au foie gras et le gâteau croquant au chocolat sont des réussites.

A Ma Table

92, cours Jean-Jaurès
Tél.: 04 76 96 77 04. Fax: 04 76 96 77 04
Fermé sam. midi, dim., lundi
Carte: 200-300 F

Cette petite maison vite remplie doit son succès au sérieux de Michel Martin qui cuisine au fil du marché sans se soucier des modes. Réservation indispensable, donc, pour goûter les grenouilles fricassées en feuilletage ou les escargots qu'accompagne un fringant gâteau de persil. Dans le même registre de la tradition revisitée, les truites en soufflé aux queues d'écrevisses, le sandre au jus de veau avec croustillant d'oignons comme le filet de charolais sauce moutarde sont de l'ouvrage net et sans bavure.

Le Strasbourg

11, av. d'Alsace-Lorraine
Tél.: 04 76 46 18 03. Fax: 04 76 46 18 03
Fermé dim., lundi soir, 28 juil.-20 août
Menus: 99 F, 130 F, 168 F
Carte: 250 F

La sagesse des menus fait de la demeure de Bernard et Jacqueline Benoit-Jay une valeur sûre du rapport qualité-prix grenoblois. Pas de références appuyées au terroir alsacien, auquel l'enseigne fait songer, mais une révérence tirée vers le marché du jour. Charcuterie tiède dauphinoise, loup en croûte, magret de canard en galette de chou vert, avec tout de même une choucroute plantureuse et délicieuse qui indique bien que nous sommes ici avenue d'Alsace-Lorraine

Le Bistrot Lyonnais

168, cours Berriat
Tél. : 04 76 21 95 33. Fax : 04 76 21 95 33
Fermé sam., dim., 8-16 mai, 7-22 août, 24 déc.-3 janv.
Menus : 120 F, 150 F, 180 F

Lyonnaise, mais pas seulement, la cuisine de ce bon bistrot fait «bouchon de luxe». Cassolette de morilles au foie gras, andouillette en fricassée, fondant aux noix témoignent du savoir-faire de Patrice et Jérôme Rousset.

Ripaille

10 pl. Paul-Mistral
Tél. : 04 76 85 81 23. Fax : 04 76 46 49 88
Fermé dim. midi, fériés midi
Menus : 140 F, 195 F, 255 F
Carte : 200 F

Le Tout-Grenoble et les businessmen en goguette venus d'ailleurs se retrouvent dans ce plaisant bistrot qui est le petit coin gourmand, boisé, du Park-Hôtel. Ravioles du Royans, thon à la russe, vieux beaufort affiné, andouillette Ripaille, salade d'endives et filet de lapin sauce moutarde composent le plus fringant des mâchons grenoblois. Champagne d'élite à la coupe, côtes-du-rhône signé Bocuse et blanc de Savoie du Château de Ripaille.

A 38950 Saint-Martin-le-Vinoux. 2 km par A48 et N75

Pique-Pierre

1, rue C.-Kilian
Tél. : 04 76 46 12 88. Fax : 04 76 46 43 90
Fermé dim. soir, lundi sf fériés, 25 juil.-23 août
Menus : 150 F, 198 F, 250 F, 350 F.
Carte : 250-350 F

Jacques Douvier, binoclard et dynamique, a fait de sa maison de bord de ville la référence locale. Sa grande maison aux claires fenêtres, tables espacées, ne manque pas de charme. Laure, son épouse, est charmante et empressée. Le jeune sommelier donne des conseils pertinents sur une carte des crus passionnante, surtout en côtes-du-rhône du nord. Et la formule des quatre menus équilibrés est à la fois maligne et alléchante. La salade de langoustines à l'huile de noix, le blini de pommes de terre qui accompagne le saumon mariné est une merveille, le rouget doré aux tendres pousses, les grenouilles au velouté d'oursin sautées d'un goût pointu, le col-vert au vin de noix et à l'épine-vinette comme le pigeon poché au vin de noix épicé sont de subtiles variations régionales.

 *indique une très bonne table.*

A 38320 Bresson. 8 km par D269

Chavant

Rte Napoléon, Bresson
Tél. : 04 76 25 15 14. Fax : 04 76 62 06 55
Fermé sam. midi, lundi
Menus : 192 F, 250 F, 395 F. Carte : 400 F

Bon pied, bel œil sur sa région, ses traditions et ses produits, Jean-Pierre Chavant, sous ses allures de grand classique de l'agglomération, ne craint pas de renouveler avec bonheur les arcanes du Dauphiné du gourmand. Les fines écrevisses à la Nantua, le saumon sur sa peau aux oignons confits, le charolais au miel et groseilles, le soufflé à la chartreuse ou la splendide glace à la lavande avec ses calissons, donnent l'envie d'avoir ici son rond de serviette. L'accueil est amical, le service professionnel est le meilleur de la ville, la cave est pleine de jolies choses et le décor d'auberge suranné, au vert, presque en montagne, avec jardin, inciterait à prendre pension.

A 38330 Montbonnot-Saint-Martin. 7 km N.-E. par N90

Alain Pic

Les Mésanges
Tél. : 04 76 90 21 57. Fax : 04 76 90 94 48
Fermé sam. midi, dim. soir, lundi, 1re sem. janv., 8-24 août
Menus : 160-450 F. Carte : 400 F

Alain Pic : le retour. Le fils de la célèbre famille de la Drôme, s'est installé dans cette belle maison qu'il a parée de tout le savoir-faire acquis aux fourneaux de Valence. On retrouve ici avec plaisir son tour de main habile, sous une apparente timidité, le goût des apprêts riches, mais de leur traitement net et pur. Cela s'appelle strate d'artichaut homardine, tresse de sandre et saumon au poivron doux, bar sauce champagne, mille-feuille de bœuf au foie gras. Ajoutez-y un chariot de desserts dont le genre peut paraître obsolète, mais dont la gageure est fort bien tenue, un cadre cossu, une cave alerte, des menus bien dosés. Et vous comprendrez que cette arrivée en lisière de Grenoble est à saluer comme elle se doit.

Produits

CONFISEUR

A la Noix de Grenoble

17, pl. Grenette. Tél. : 04 76 44 12 77

Bonbons aux noix, à la chartreuse ou à la framboise d'Uriage font un tabac chez Pierre Baechler.

EPICIER

Jean-Pierre Bresson

2 rue Auguste-Gaché. Tél. : 04 76 44 42 08

Jean-Pierre Bresson cultive l'amour des belles huiles d'ici : de noix, plus douce que l'huile d'olive, parfumée, tendre, onctueuse, longue en bouche, aux noisettes, d'arôme plus ténu, mais d'une finesse rare. Ajoutez-y épices et sirops, et vous saisirez la gloire de cette boutique jolie comme un cœur.

FROMAGER

Laiterie Bayard

17, rue Bayard
Tél.: 04 76 44 36 25

Rigotte du Dauphiné et saint-marcellin de l'Etoile du Vercors sont la fierté de François Bret.

PÂTISSIERS

Paris-Délices

28, bd Edouard-Rey
Tél.: 04 76 46 57 32

Les biscuits et succès aux noix d'Alain Guinet, MOF glacier au physique artiste, sont un délice.

POISSONNIER

Lachenal poissonnerie

Centre Hoche
Tél.: 04 76 87 23 64

Poissons des lacs, des mers et des rivières.

Rendez-vous

CAFÉS-BRASSERIES

Le Cintra

8-10, pl. Grenette
Tél.: 04 76 44 00 40

Brasserie néo-Arts déco, zinc en marbre et ambiance d'aujourd'hui.

Le Sporting

12, pl. Grenette
Tél.: 04 76 44 22 58

Cent bières de la Guinness à l'Adelscott, dans un décor de pub new-look. Dans l'air du temps.

Gressy: voir Environs de Paris

Grimaud

83310 Var. Paris 865 – Fréjus 32 – St-Tropez 11 – Ste-Maxime 11 – Toulon 65.
Syndicat d'initiative: bd des Aliziers.
Tél. 04 94 43 26 98. Fax 04 94 43 32 40.

Ce joli village comme avant avec ses terrasses, son église, sa chapelle, son château ruiné, ses venelles, domine le golfe de St-Tropez. Miracle: il a su garder son âme.

indique un lieu de mémoire.

Hôtels-restaurants

Athénopolis

3 km N.O. par D558: rte de La Garde-Freinet
Tél.: 04 94 43 24 24. Fax: 04 94 43 37 05
Fermé nov.-mars, rest. déj., 15 sept.-15 mai
11 ch. 490-660 F. 1/2 pens. 463-528 F.
Menu: 120 F

Bâti il y a dix ans, ce domaine au vert, dans les collines des Maures, a, certes, un peu vieilli. Même si on peut aimer la déco de bois cérusé «moderne datée», les teintes «tapantes», mauve, jaune, vert. L'accueil est gentil tout plein, la restauration simple, le calme garanti.

La Boulangerie

Rte de Collobrières
2 km O. par D14
Tél.: 04 94 43 23 16. Fax: 04 94 43 38 27
Fermé 11 oct.-Pâques
11 ch. 760-820 F

Ce mas dans la verdure tire son nom de son quartier étiré qui a vue sur le massif des Maures. On peut y déjeuner simplement le midi si on y réside et dîner aux abords. Là, c'est la quiétude dans les pins et les micocouliers, avec une piscine en balcon sur la montagne, des chambres pas très grandes, mais charmantes et assez sobres.

Le Coteau Fleuri

Pl. Pénitents
Tél.: 04 94 43 20 17. Fax: 04 94 43 33 42
Fermé mardi (sf été), 5-20 janv., 10 nov.-15 déc.
14 ch. 350-550 F. 1/2 pens. 420-495 F
Menus: 150 F (déj.), 195 F, 250 F

Près de la chapelle des Pénitents, au bout du village, cette petite hostellerie simplette offre la fraîcheur de son jardin, sa cuisine provençale fraîche et bien faite (ravioli de chèvre, rougets aux légumes), sa salle à manger en terrasse avec vue, ses chambres d'une sobriété presque spartiate dont certaines ouvrent sur le beau spectacle des Maures.

Les Santons

Tél.: 04 94 43 21 02. Fax: 04 94 43 24 92
Fermé mercr. (sf soir été), jeudi midi (été), nov.-15 avr., vac. févr., Noël
Menus: 110 F (enf.), 215 F (vin c., déj.), 260-425 F. Carte: 400-550 F

Vieux renard qui ne s'en laisse guère conter sur le terrain de la cuisine classique, Claude Girard a fait de sa belle maison provençale, avec meubles anciens, tomettes, collection de santons, un des repères de la cuisine sage d'ici. Nul besoin de décodeur pour comprendre de quoi il s'agit ici, sinon de chanter de beaux produits, traités au mieux de leur fraîcheur. Le risotto de moules, la terrine de canard et de foie gras, la brandade, le loup avec son impeccable beurre blanc à la nantaise (Girard n'oublie pas qu'il est tourangeau), agneau d'ici en selle ou en blanquette témoignent d'un sens du bel achat et d'une rigueur sans faille. Les bonnes idées ne manquent guère, comme ce riz sauvage à la cantonaise accompagnant la pêche du jour. Et côté desserts c'est le bonheur avec une glace caramel au pralin, une glace à la vanille de Madagascar plus meringue et chocolat chaud ou un sablé aux fruits qu'apportent les dames Girard mère et fille avec un sourire gracieux.

La Bretonnière

Pl. des Pénitents
Tél.: 04 94 43 25 26. Fax: 04 94 54 19 43
Fermé dim. soir, lundi (sf été), 20-27 mars, 20 nov.-15 déc.
Menus: 155 F (déj.), 190-380 F.
Carte: 300-350 F

Cette petite demeure d'aspect champêtre, à deux pas de la chapelle des Pénitents, cache l'une des tables sûres du bourg. Marcel Mannoy sait faire son marché, crée des alliances de saveurs fuyant l'épate et offre, au gré de menus sages, de bonnes propositions du jour. Gambas aux épices, rougets au jus d'agrumes, sardines marinées, selle d'agneau au romarin et pastilla pralinée sauce au porto figurent parmi ses bons tours.

Le Jardin des Cabris

Carrefour D552-D14, 1 km S.
Tél.: 04 94 43 26 48. Fax: 04 94 43 39 41
Fermé lundi, nov.-janv.
Menus: 140 F (déj.), 185-350 F. Carte: 300 F

Au pied du village, cachée dans la verdure près du carrefour, cette auberge charme sans mal, avec son décor orné de vieux meubles, sa terrasse dressée sous les arbres, mais aussi sa gente cuisine de femme. Danièle Poulade, autodidacte passionnée, propose, avec gentillesse, le jambon serrano au melon du pays, les filets de sardines marinés aux poivrons, le poisson du jour, qui peut être une brochette d'espadon grillée, un lapin rôti à la moutarde et romarin, un chèvre mariné à l'huile d'olive ou un moelleux nougat glacé. Il y a sans doute trop d'herbes ici, de baies roses là. Mais la maison possède du caractère et du cœur.

Guebwiller

68500 Haut-Rhin. Paris 475 - Mulhouse 23 - Belfort 51 - Colmar 26 - Strasbourg 104.

Cité industrieuse, ville de vin, avec ses terrasses à petits rendements, son microclimat ensoleillé et ses quatre grands crus: voilà qui fait sa renommée, avec la dynastie Schlumberger et ses vignerons hardis à l'écart des axes.

Hôtels-restaurants

Château de la Prairie

Allée des Marronniers
Tél.: 03 89 74 28 57. Fax: 03 89 74 71 88
20 ch. 350-590 F

Cette belle demeure dans son parc abrite des chambres modernes de grand confort. Calme assuré.

L'Ange

4, rue de la Gare
Tél.: 03 89 76 22 11. Fax: 03 89 76 50 08
Fermé (rest.) dim. soir, lundi (hs)
36 ch. 225-285 F. 1/2 pens. 300 F
Menus: 60 F (déj.), 95-285 F. Carte: 250 F

Central et fonctionnel, cet hôtel offre des chambres bien équipées et un restaurant classique. La famille Riethmuller sert, avec le sourire, marbré de foie gras, sandre croustillant sur lit de choucroute et mousse glacée au marc de gewurz.

Le Lac

244, rue de la République
Tél.: 03 89 76 63 10. Fax: 03 89 74 24 84
Fermé lundi (rest.)
70 ch. 250-290 F
Menus: 50-170 F

Deux bâtiments, des chambres plus ou moins modernes et une pizzeria de l'autre côté du lac: la maison accueille gentiment hommes d'affaires et gourmets en visite chez Schlumberger.

La Taverne du Vigneron

7, pl. Saint-Léger
Tél.: 03 89 76 81 89
Fermé lundi
Menus: 45-140 F. Carte: 150 F

Cette vaste winstub centrale accueille tard au centre du bourg et sert, sans façon, terrine et crudités, foie gras, choucroute et jarret de porc braisé. Atmosphère sans chichis.

A 68360 Soultz, 3 km par D430

Metzgerstuwa

69, rue du Mal-de-Lattre-de-Tassigny
Tél.: 03 89 74 89 77. Fax: 03 89 76 14 63
Fermé sam., dim., Noël-Nvel An, 15 jrs fin juin-début juil.
Menus: 100 F, 110 F, 130 F. Carte: 120 F

Sympathique et sans façon, cette «salle du charcutier» est tenue par Gilbert Schluraff, artisan rabelaisien, avec sa fine moustache et son mini-chapeau. L'adresse est double avec la charcuterie d'un côté et la stube de l'autre. Sur deux étages étriqués, le service féminin est avenant, les spécialités charcutières (remarquable presskopf) délicieuses, le saumon fumé moelleux, le foie gras mi-cuit maison une délicatesse. Le reste est à l'ave-

nant : pied de porc farci, tourte, quenelles de foie grand-mère, cassolette d'escargots, cervelle de veau, steak tartare, kassler avec spätzle ou plantureux fleischnacka. Les sauces sont légères, les cuissons impeccables et les assaisonnements parfaits. On fait là un repas simple et bon, pantagruélique, angélique si l'on se contente d'un plat.

A Jungholtz, 6 km S.-E. par D51

Les Violettes

A Thierenbach
Tél. : 03 89 76 91 19. Fax : 03 89 74 29 12
Rest. fermé lundi soir et mardi
12 ch. 480-750 F
Menus : 170-400 F. Carte : 400 F

La vue sur l'église du pèlerinage N.-D. de Thierenbach et son clocher bulbé, sa façade de grès rose, sa terrasse, ses chambres de style, charmeuse à l'ancienne : voilà qui a bien du charme, faisant une étape au vert. La famille Munsch est fidèle au poste et le style maison demeure fidèle aux grands classiques : crème de homard, foie gras en brioche, cassolette de langouste et turbot aux morilles, filet de canard à l'orange, kougelhopf glacé. C'est rétro, fort dépaysant et la collection de voitures anciennes ajoute à l'insolite du lieu.

Biebler

2, rue du Rimbach
Tél. : 03 89 76 85 75. Fax : 03 89 74 91 45
Fermé mercr. (hs)
7 ch. 250-350 F. 1/2 pens. 290 F
Menus : 80-280 F. Carte : 250-300 F

Paul Biebler tient avec sérieux cette auberge pomponnée dans son parc à fleur de route. La cuisine est classique, mais sérieuse : parfait de foie gras, mousseline de brochet, panaché de poissons aux herbes, filet mignon aux girolles. Quelques bonnes chambres dans une annexe. Accueil gentil tout plein.

A Hartmannswiller, 7 km S.-E. Par D5

Meyer-L'Amphitryon

49, rte de Cernay
Tél. : 03 89 76 73 14. Fax : 03 89 76 79 57
Fermé vendr., sam. midi, 15-31 janv. et 15-30 juin
11 ch. 240-350 F
Menus : 70 F (sem.), 110-300 F. Carte : 250 F

Ancien du Fer Rouge à Colmar et des Abbesses à Remiremont, Jean Meyer est un timide qui fait peu parler de lui. Pourtant sa cuisine ne manque pas de caractère : festival de la truite, filet d'omble chevalier au beurre blanc à l'anis, agneau en deux façons (côtelettes frottées d'ail, cervelle frite, jus au miel d'acacia). Chambres simples, menus avantageux.

Produits

BOULANGER

Schmidt

4, place de la République, à Soultz
Tél. : 03 89 74 11 17

Pains au levain, kougelhopf, bâtons salés : voilà ce que propose Jean-Philippe Schmidt, boulanger de père en fils depuis 1786 à Merxheim et à Soultz depuis 1894. Ses miches de campagne, baguettes, pains au son, pavot ou céréales, comme ses biscuits à l'anis valent le détour.

CAVISTE

Cave des Grands Crus

15, rue de la République
Tél. : 03 89 76 59 31

Denis Engel, œnologue diplômé, propose mille crus de tous les vignobles dans son échoppe centrale : alsaces signés Schlumberger, Schoffit, Trimbach, monthélie de Suremain, château Troplong-Mondot et plusieurs millésimes de Pétrus.

CHARCUTIER

Gilbert Schluraff

69, rue du Mal-de-Lattre-de-Tassigny, à Soultz.
Tél. : 03 89 76 95 62

Pour faire emplette de presskopf, lewerwurst, blutwurst et autres saucisses en tous genres. Voir le restaurant : « Metzgerstuwa ».

PÂTISSIERS

Christmann

8, pl. de l'Hôtel-de-Ville
Tél. : 03 89 74 27 44

Ce pâtissier fameux propose tout un registre d'entremets tout de fraîcheur et légèreté. Manjari chocolat et noix de pécan, guanaja et arabica, fédora et framboise, biscuit sacher et opéra mais aussi irish coffee avec sablé café et mousse whisky de belle finesse valent le détour. Salon de thé pour la pause dégustation.

Husser

135, rue de la République
Tél. : 03 89 76 94 69

C'est l'autre belle adresse sucrée de la ville dont le succulent bartholdi café-chocolat, avec crème allégée, noix, fond de meringue, tient la vedette.

Guéthary : voir Saint-Jean-de-Luz

indique un bon rapport qualité-prix.

Guinguamp

22200 Côtes-d'Armor. Paris 483 - St-Brieuc 32 - Carhaix-Plouguer 48 - Lannion 31 - Morlaix.

Office du Tourisme : Pl. du Champ-au-Roy
Tél. : 02 96 43 73 89. Fax : 02 96 40 01 95

On connaît cette cité carrefour des Côtes-d'Armor pour son équipe de foot (l'en-Avant...), mais aussi sa basilique Notre-Dame de Bon-Secours et sa place centrale aux demeures de granit.

Hôtel-restaurant

Le Relais du Roy

Pl. Centre
Tél. : 02 96 43 76 62. Fax : 02 96 44 08 01
7 ch. 500-680 F. 1/2 pens. 650 F
Menus : 75 F (enf.), 130-300 F.
Carte : 300-450 F

Cette belle maison, style vieux relais d'allure cossue, possède quelques chambres d'excellent confort, mais une salle à manger de belle allure bourgeoise où l'on trouve vite ses aises. D'autant que les creuses de pleine mer, le bar cuit sur la peau, le homard grillé et la noix de porc au cidre sont des mets pleins de délicatesse. Cave avenante.

Gundershoffen

67110 Bas-Rhin. Paris 464 - Strasbourg 48 - Haguenau 16 - Sarreguemines 62.

La porte des Vosges du Nord, la banlieue de Niederbronn, un bourg de passage avec ses maisons à colombages et ses étapes gourmandes...

Restaurants

Au Cygne

35, Grande-Rue
Tél. : 03 88 72 96 43. Fax : 03 88 72 86 47
Fermé dim. soir, lundi, jeudi soir, vac. févr., 16 août-5 sept.
Menus : 195 F (sem.)-410 F. Carte : 350-450 F

Cette ancienne demeure à colombage a peaufiné son décor, avec fresques de Mahler, tableaux de Walch, beaux luminaires. François Paul travailla jadis chez les voisins Mischler de Lembach et chez Anton à Obersteinbach. Annie, son épouse, est le sourire et l'élégance même à l'accueil : elle a été condisciple de Marc Haeberlin, à l'école hôtelière d'Illkirch. Mais ces deux-là ne se prennent pas pour des vedettes. Voilà cependant une des maisons qui illustre le mieux l'Alsace gourmande d'aujourd'hui. Sérieux et générosité, terroir en ligne de mire, souci de légèreté : la carte du Cygne rend compte de tout cela. Et l'on se dit que la maison, qui grimpa modestement les échelons de la gloire, est en train de prendre une véritable ampleur. Témoins les canelloni de foie gras aux girolles, le capuccino de homard, les queues de langoustines panées aux épices, la variation sur le thème de l'agneau, dont celle en croûte d'herbes aux épices, le provençal dos de lapereau au basilic avec purée d'ortie et schniederspätle, le couscous de lotte avec ses légumes et son jus de homard qui sont des modèles de subtilité à partir de thèmes connus. Les desserts jouent pareillement clins d'œil au sud et références à la tradition : pêches pochées à l'infusion de bergamote avec glace pistache et petites meringues à la menthe, croustillant d'abricots avec sorbet du même fruit. La carte des vins, avec grands alsaces et seconds vins du Médoc à tous les prix, le service plein d'allant et les menus bien équilibrés : tout va l'amble. Voilà bien une maison au mieux de sa forme, à inscrire au palmarès des premières tables de la région.

Chez Gérard

13, rue de la Gare
Tél. : 03 88 72 91 20. Fax : 03 88 72 89 25
Fermé lundi soir, mardi, mercr. soir, vac. févr., fin juil.-début août
Menus : 50 F (enf.), 115-300 F. Carte : 150 F («Bahnstubel»)-300 F

La «Bahnstubel» pour les repas relaxes et la salle gastro pour les repas plus élaborés : voilà le double visage de cet «hôtel de gare». On joue des accents de la cuisine moderne sur des bases sophistiquées. Ainsi ravioles de crabe aux blancs de poireau, foie gras d'oie et de canard aux noix de pécan, poitrine de pigeon au sirop d'érable, jambonnette de pintade à la bière et beignets d'abricots crème anglaise qui témoignent d'idées audacieuses et se trouvent proposés sur des menus équilibrés.

Produits

PRODUITS DU TERROIR

Raifalsa

48, rue Principale à 67580 Mietesheim : 2 km S.
Tél. : 03 88 90 31 85. Fax. 03 88 90 16 24

Ernest Trautmann a repris, en la dynamisant, cette fabrique — la dernière d'Alsace — de raifort artisanal. A partir du légume et de sa racine, on cuit dans les cuves le condiment, vendu blanc ou rouge (additionné de betteraves), proposé nature, en rémoulade ou à la mayonnaise. Idéal pour assaisonner entrées ou viandes. Vente par correspondance.

indique un lieu de mémoire.

Hagenthal-le-Bas

68220 Haut-Rhin. 480 Paris - Mulhouse 40 - Altkirch 27 - Colmar 74 - Bâle 12.

Une des clés du Sundgau et une porte discrète vers la Suisse, dans la verdure et les vergers.

Hôtel-restaurant

Jenny

84, rue de Hegenheim, D12
Tél. : 03 89 68 50 09. Fax : 03 89 68 58 64
Fermé (rest.) 20 déc.-3 janv.
26 ch. 335-520 F
Menus : 55 F (enf.), 150-320 F. Carte : 300-400 F

Monique Koehl tient avec le sourire cette demeure familiale rénovée. Une construction récente abrite des chambres sobres dont les fenêtres donnent sur la Suisse. La piscine privée, le sauna, le jardin et le golf proche ajoutent aux agréments du séjour. Cuisine bourgeoise (crème de potiron, foie gras, croustillant de sandre au gewurz) et belle cave.

Produits

BOULANGER

Marchand

32, av. Souprosse
Tél. : 03 89 68 51 04

Pain au levain, boule de campagne, variétés au seigle, sésame ou pavot font de cet excellent artisan de village une référence de qualité.

Hagenthal-le-Haut

68220 Haut-Rhin. 481 Paris - Mulhouse 36 - Altkirch 27 - Colmar 73 - Bâle 12.

Toujours le verdoyant Sundgau et la porte champêtre de la Suisse...

Restaurant

A l'Ancienne Forge

52, rue Principale
Tél. : 03 89 68 56 10. Fax : 03 89 68 17 38
Fermé dim., lundi, 7-28 août, 23 déc.-8 janv.
Menus : 190 F (déj.) 290-390 F. Carte : 300-450 F

Emmanuel Lambelin, qui fut six ans chef de partie au Bueherehiesel, tient les fourneaux de cette forge de village transformée en restaurant coquet. Mme Baumann est à l'accueil et tout baigne dans une harmonie quiète. Le style culinaire maison, qui marie plats de tradition et technique neuve d'allégement, trouve son point d'équilibre. Témoins les cuisses de grenouilles poêlées avec leur risotto à la crème de cresson, le foie frais de canard avec sa gelée de pot-au-feu, ses grains de raisins marinés au marc d'Alsace, le filet de sandre aux écrevisses avec sa crème de champignons, le jarret de veau de lait fondant servi en cocotte. Les desserts jouent une partition pleine de belles idées glanées au gré du temps : strudel aux pommes confites avec confiture d'églantine et glace vanille, mousse glacée à la liqueur d'orange avec florentin au miel, streussel aux questches et crème cannelle. La cave est pleine de trouvailles. Les menus sont malins tout plein, notamment le riche « clin d'œil » au terroir.

Haguenau

67500 Bas-Rhin. Paris 480 - Strasbourg 33 - Baden-Baden 42 - Karlsruhe 61.

Un petit Strasbourg, avec ses bons commerçants, ses pâtissiers de talent, son centre animé, et puis, juste en lisière, la grande forêt du pays d'en haut.

Hôtels-restaurants

Europe 

15, av. du Pr.-René-Leriche
Tél. : 03 88 93 58 11. Fax : 03 88 06 05 43
Fermé (rest.) sam. midi
81 ch. 310-340 F
Menus : 55-150 F. Carte : 150 F

Tranquille, à l'écart du centre, cet hôtel un brin daté a rénové ses chambres. En sus, piscine couverte et découverte, jardin et salles de séminaires complètent le séjour. Restaurant avec cuisine d'inspiration régionale.

Le Kaiserhof 

119, Grand-Rue
Tél. : 03 88 73 43 43. Fax : 03 88 73 28 91
15 ch. 275-350 F. 1/2 pens. 270 F
Fermé dim. soir, lundi (rest.), vac. févr., 4-18 sept.
Menus : 65 F, 95 F (sem. déj.), 125 F, 145 F, 205 F. Carte : 250 F

Dans une partie calme de la grand-rue, cette maison propose des chambres aux couleurs pimpantes. L'été, on sert à fond de cour en terrasse. Les menus jouent le passe-partout un peu saucier quoique de bon ton. La carte des vins est pleine de trouvailles. Tartare de saumon, sandre au riesling, cuisse de canard confite, petit vacherin glacé assurent.

Barberousse

8, pl. Barberousse
Tél. : 03 88 73 31 09. Fax : 03 88 72 07 32
Fermé dim. soir, lundi, mardi soir, 20 juil.-15 août
Menus : 60 F (déj.)-260 F. Carte : 250-300 F

Gentille, sérieuse, cette maison est une institution locale. Les menus ont pour but de plaire à tout le monde et la terrasse aux airs d'ancienne grange, avec buffet de hors-d'œuvre, plats du jour et vin en pichet, est agréable. La carte plus onéreuse fait la part belle aux poissons cuisinés (lotte à l'américaine, bar grillé au fenouil), mais aussi aux presskopf, terrine de harengs aux pommes de terre, feuilleté de sandre et de saumon. Service adorable.

S'Buerehiesel

13, rue Meyer
Tél. : 03 88 93 30 90. Fax : 03 88 06 13 22
Fermé dim., lundi, dern. sem. mai, août, Noël-Nvel An.
Menu : 47 F (déj.). Carte : 150 F

Monique Baumann a remplacé Jean-Luc Minker dans cette winstub, face au théâtre. Et nul ne se plaint du changement. Presskopf, quenelles de foie, wädele, tourte au riesling, fromage chaud sur salade, tartes aux fruits s'avalent sans déplaisir. Joyeuse ambiance, avec des vins en pichet qui passent tout seuls.

Au Tigre

4, pl. d'Armes
Tél. : 03 88 93 93 79. Fax : 03 88 93 56 02
Menus : 59 F (enf.), 90 F, 129 F.
Carte : 150-200 F

Cette brasserie, avec ses boiseries Art nouveau, a le charme rococo. La terrasse est un plaisir aux beaux jours. Les serveuses ont le sourire. La carte est malicieuse, mélangeant classiques d'ici et d'ailleurs : tête de veau ravigote, palette à la bière, quenelle de foie pommes sautées, escalope viennoise, tourte vigneronne.

A 67500 Niederschaeffolsheim. 6 km S. par N63

Au Bœuf Rouge

39, rue du Gal-de-Gaulle
Tél. : 03 88 73 81 00. Fax : 03 88 73 89 71
Fermé dim. soir, lundi, vac. févr., 20 juil.-9 août. Jusqu'à 21 h
15 ch. 270-330 F
Menus : 78-195 F. Carte : 250-300 F

La famille Golla tient avec chaleur et bonhomie cette auberge cossue avec jardin. Les chambres sont confortables et la table mérite l'intérêt. La cuisine est faite à quatre mains, par papa Paul qui a fait ses classes à l'Aubette et le fiston François qui a fait les siennes chez Loiseau, Savoy et au Juana à Juan-les-Pins. Jolis menus en farandole (qui rattrapent la cherté de la carte) et beau choix de poissons au gré de la marée donnent le ton. Trilogie de foie gras, nages de queues d'écrevisses au beurre blanc, bar grillé au fenouil, faisan en cocotte farci au foie gras et à la choucroute donnent le ton du grand classicisme rajeuni. Impressionnante carte des vins.

A 67590 Schweighouse-sur-Moder. 4 km O. par D919

Auberge du Cheval Blanc

46, rue du Gal-de-Gaulle
Tél. : 03 88 72 76 96. Fax : 03 88 72 07 32
Fermé sam., dim. soir, 3 prem. sem. août, 26 déc.-5 janv.
10 ch. 130-220 F
Menus : 78 F (déj.)-200 F. Carte : 250-300 F

Les boiseries chaleureuses et chantournées, l'accueil de l'adorable Nicole Knecht-Lecot mettent dans l'ambiance : voilà une auberge ressuscitant les traditions d'avant. Le chef Bernard Stoll, ancien de la Kammerzell, présent ici depuis trente-deux ans, ne varie pas de ses bonnes bases classiques. Panaché de foies gras, presskopf, ris et rognon au madère, noisettes de chevreuil aux airelles et sorbet au pamplemousse rose et marc de gewurz font simplement plaisir.

La Cassolette

27, rue du Gal-de-Gaulle
Tél. : 03 88 72 61 12. Fax : 03 88 72 04 95
Fermé mardi soir, mercr., vac. févr., 2 sem. août
Menus : 38 F (enf.), 63 F (déj.), 135-225 F.
Carte : 100-250 F

Philippe Jégo, MOF cuvée 2000 et Breton de Riantec, fut second dix ans au Cerf de Marlenheim. Il a conservé maîtrise et « vista » du bon produit en s'installant dans une auberge simplette. A côté du presskopf de jarret et langue de porc, du baeckoffe d'escargots, des lasagnes de joue et de pied de porc aux truffes et du juteux filet de canette à la rhubarbe, on peut tomber, en plat du jour, sur un superbe couscous royal ! D'ailleurs, tout est l'avenant, tel le kougelhopf en « pain perdu » aux mirabelles avec sorbet à la fleur de bière digne des meilleures tables d'Alsace. Jolis vins en prime.

Produits

BOULANGER

Frédéric Bleichner

35, Grand-Rue
Tél. : 03 88 93 82 64

Boule de campagne, pain au levain et variés au pavot, sésame ou noix : voilà ce qu'offre cet artisan sérieux, sous façade anodine dans la grand-rue.

PÂTISSIERS

Daniel

70, Grand-Rue
Tél. : 03 88 93 80 39

Les tourtes, les bouchées à la reine, les quiches et les pâtés chauds sont, chez Daniel Gross, élève de Mischler à Lembach, Lenôtre à Paris et Riss à Strasbourg, du travail d'artiste. Mais la pâtisserie classique (opéra, forêt-noire) n'y est pas moins bien traitée.

Heitz

62-64, Grand-Rue
Tél. : 03 88 93 92 78

Guy Heitz représente la quatrième génération d'une famille œuvrant ici même depuis 1918. Le kougelhopf longue durée au levain, les sujets en chocolat pour Noël ou Pâques, comme le carré blanc, interdit aux moins de dix-huit ans (sujets érotiques en chocolat !), valent de nombreux amateurs.

Rendez-vous

BAR À BIÈRES

Duffy's Irish Pub

Au Kaiserhof
119, Grand-Rue
Tél. : 03 88 73 43 43

Trente bières dont six pressions assurent l'ambiance dans ce bar à la dublinoise. En prime, croque-monsieur au cheddar pour les petites faims.

Les Halles

69610 Rhône. Paris 481 – St-Etienne 53 – Montbrison 41.

Hôtel-restaurant

Charreton

Tél. : 04 74 26 63 05. Fax : 04 74 26 63 05
Fermé dim. soir, lundi
Ch. 250-300 F
Menus : 125-220 F. Carte : 200-250 F

Cette auberge de tradition, qui possède quelques chambres pour les gourmands repus, joue la tradition beaujolo-lyonnaise sans façons. Grenouilles sautées, quenelle de brochet et volaille rôtie figurent au rendez-vous.

Handschuheim

67117 Bas-Rhin. Paris 460 – Marlenheim 4 – Strasbourg 17 – Saverne 23.

Petite commune du Kochersberg, proche de Strasbourg par la Nationale 4 et très prisée des amateurs de tarte flambée.

Restaurant

À l'Espérance

5, rue Principale
Tél. : 03 88 69 00 52
Fermé lundi, mardi et janv. Le soir slt.
Carte : 120-150 F

Fameuse pour sa tarte flambée, l'auberge de la famille Schott propose les fameuses tartes dans tous leurs états (nature, gratinée, sucrée et flambée), cuites au feu de bois, dans un four réfractaire. En sus, des plats d'esprit winstub (presskopf, bibelaskäs, wädele), ainsi qu'une carte des vins sans cesse augmentée par le fils André qui fait la salle avec alacrité, assurent l'ambiance.

Hardelot-Plage

62152 Pas-de-Calais. Paris 257 – Calais 55 – Boulogne-sur-Mer 15 – Le Touquet 24.

Une plage de la côte d'Opale dédiée au golf et à nos amis anglais...

Hôtel-restaurant

Hôtel du Parc

111, av. François-Ier
Tél. : 03 21 33 22 11. Fax : 03 21 83 29 71
Fermé mi-déc.-mi-janv.
82 ch. 580-780 F. 1/2 pens. 512 F
Menus : 40 F (enf.), 140 F. Carte : 250 F

Caché dans une pinède, ce bel ensemble hôtelier, avec des chambres modernes aux couleurs fraîches de grand confort, propose une restauration soignée et légère qu'apprécient les golfeurs. Velouté d'huîtres, turbot poché sauce hollandaise, barbue aux morilles sont sans reproche.

Hartzviller : voir Sarrebourg

Les Hautes-Rivières

08800 Ardennes. Paris 263 – Charleville-Mézières 22 – Dinant 68 – Sedan 39.

Les Ardennes sont toujours « ce pays où l'on n'arrive jamais », dont parle André Dhôtel. On s'en rend compte dans ce presque bout du monde, près du joli vallon de Linchamps.

Restaurant

Les Saisons

Tél. : 03 24 53 40 94. Fax : 03 24 54 57 51
Fermé dim. soir, lundi, févr.
Menus : 90 F (déj.)-250 F. Carte : 200-250 F

Cette auberge providentielle des abords de la Semoy est la gentillesse même. Claude

Poirson, formé à bonne école (notamment chez Haeberlin en Alsace) joue la tradition mêlée aux saveurs du moment. Grenouilles rôties au jus aillé, quiche aux morilles, girolles au boudin blanc et sanglier aux pommes sont des mets qui ragaillardissent après une promenade dans les bois proches.

Hartmannswiller : voir Guebwiller

Le Havre

76600 Seine-Martime. Paris 198 - Amiens 182 - Caen 86 - Lille 292 - Nantes 374 - Rouen 88.

Office du Tourisme : 186, bd G.-Clemenceau
Tél. : 02 35 74 04 04. Fax : 02 35 42 38 39

Elle a subi le traumatisme des bombardements de 1944, puis celui du choc de la reconstruction en béton sous la férule d'Auguste Perret : son image a eu du mal à s'en relever. La ville de Dufy et de Braque, de Salacrou et de René Coty est une méconnue charmante sous sa carapace moderne. Un coin de plage à Sainte-Adresse, le bon air en zone portuaire, des tables qui ont bonne et sage mine autour de halles vertueuses et accortes : voilà qui suffirait, à l'évidence, à attirer ici le chaland. Ajoutons que les belles échoppes de toutes sortes sont nombreuses et que l'on trouve même une librairie fameuse qui tient salon de thé-café de qualité...

Hôtels

Le Mercure

Chaussée G.-Pompidou
Tél. : 02 35 19 50 50. Fax : 02 35 19 50 99
96 ch. 560-660 F
Menus : 49 F (enf.), 99 F (déj.)-159 F

Face au bassin du Commerce et devant le centre de conférences international, ce grand hôtel moderne à la façade mi-briques, mi-verre, s'est refait une beauté. Joli coin-bar et salon, ascenseur genre cabine de bateau et chambres, dites « exclusive » ou « élégance », gaies et fonctionnelles.

Hôtel de Bordeaux

147, rue Louis-Brindeau
Tél. : 02 35 22 69 44. Fax : 02 35 42 09 27
31 ch. 400-540 F

La vue, depuis le dernier étage, sur le « volcan » de Niemeyer et le bassin du Commerce vaut le coup d'œil. Le hall et le rez-de-chaussée ont été revus judicieusement sur un mode contemporain néo-Arts déco. Les chambres, elles, sont demeurées très années soixante-dix...

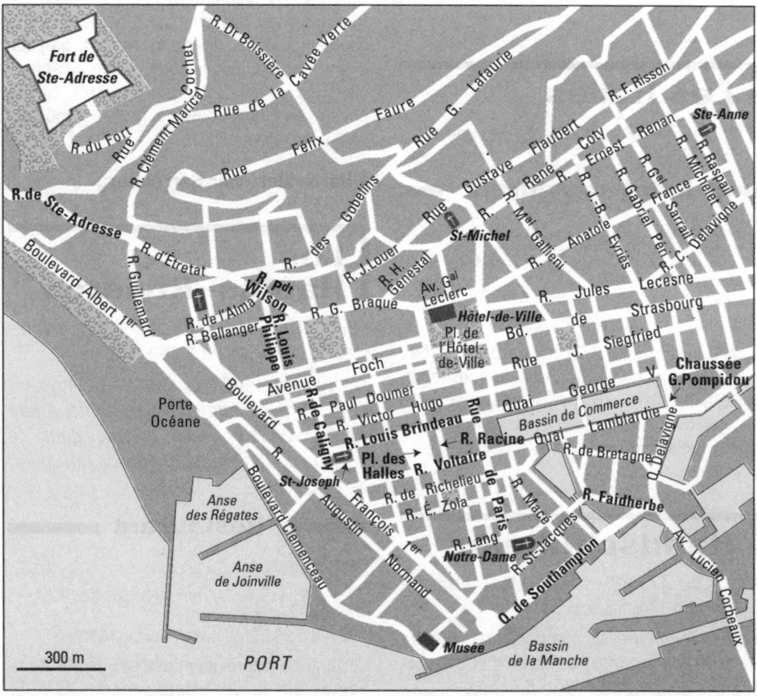

Hôtel de Marly

121, rue de Paris
Tél.: 02 35 41 72 48. Fax: 02 35 21 50 45
37 ch. 380-480 F

Ne faites ni attention à la réception étriquée, quoique souriante, ni à la salle de petit déjeuner aux rideaux roses. Les chambres ont été rénovées sur un mode clair, gai, fonctionnel, sous façade de béton, très Auguste Perret.

Hôtel des Bains

3, pl. Clemenceau, à Ste-Adresse
Tél.: 02 35 54 68 90. Fax: 02 35 54 68 91
10 ch. 520-670 F

La bonne surprise de Sainte-Adresse, c'est cette demeure petite mais fraîche, avec ses chambres de charme aux couleurs gaies et, pour certaines, des balcons avec vue sur mer. Restaurant style bistrot, la Petite Rade.

Hôtel Vent d'Ouest

4, rue de Caligny
Tél.: 02 35 42 50 69. Fax: 02 35 42 58 00
33 ch. 325-375 F

Guidé par les héritiers de la chaîne de meubles Interiors, cet hôtel traditionnel se rénove. Le hall est tout beau tout neuf sur un thème «marin rustique». Les chambres suivent peu à peu.

Restaurants

La Petite Auberge

32, rue de Sainte-Adresse
Tél.: 02 35 46 27 32. Fax: 02 35 48 26 15
Fermé dim. soir, lundi, 2 sem. févr., août
Menus: 120-230 F. Carte: 300-350 F

Les Douillet tiennent la jolie table de la ville, dans leur petite maison d'allure normande avec son plafond aux poutres peintes et ses luminaires doucereux. Menus épatants, tels les deux premiers, pour goûter des mets finauds, parfois un peu «traiteur» d'allure, quoique toujours réussis et jolis tout plein. Gourmandise de saumon fumé au foie gras ou mousse de saumon enrobé de feuille de saumon et sauce curry, cabillaud avec tomate et basilic, canard au miel et orange avec gratin de légumes, colombier glacé café-caramel et tarte aux pommes chaudes avec glace vanille sont de très bon ton.

Le Sorrento

77, quai de Southampton
Tél.: 02 35 22 55 84. Fax: 02 35 41 12 34
Fermé sam. midi, dim. soir, 1er-8 mai, 15 août-5 sept.
Menus: 120-160 F. Carte: 200-250 F

La vedette relaxe du Havre? C'est, face au port, la table transalpine de Giuseppe Mascolo, natif de Sorrente. Son propos? L'Italie heureuse, à coup d'antipasti variés, de légumes grillés à l'huile d'olive, salade de poulpes et calmars, mozzarella fumée, penne à la tomate, raviolis de chèvre et basilic (auquel on pourrait donner quelques secondes de cuisson en moins), frito misto, bar au sel, tiramisu, gâteau au chocolat que l'on arrose de rouge de Campanie, Toscane ou de Sicile. Prix sages pour une qualité sans faille.

Le Bistrot des Halles

7, pl. des Halles
Tél.: 02 35 22 50 52. Fax: 02 35 22 96 70
Fermé dim.
Menus: 79 F (déj.), 169 F. Carte: 180-220 F

Amusant comme tout, ce bistrot bon enfant face aux halles est l'une des affaires de la ville. Le cadre à l'ancienne, avec plaques rétros, est amusant tout plein. La cuisine à l'ardoise, proposant fraîches entrées, viandes exquises, classiques de toujours et crus à bons prix et autres salade de la Baltique, brick de camembert aux pommes, rouget poêlé à l'huile d'olive, tartare, côte de bœuf et crème brûlée à la cassonade ont bonne mine.

L'Entrecôte

23, rue Buffon (hors plan)
Tél.: 02 35 25 12 47. Fax: 02 35 26 59 84
Fermé dim., déj. (sf vendr.)
Menus: 52-73 F. Carte: 100-150 F

Face aux abattoirs et près du port, cette auberge à l'ancienne avec coin café-comptoir et tables en formica sert, dès 8 h du matin et sans discontinuer, tripes, abats et belles viandes aux dockers comme aux hommes d'affaires venus s'encanailler dans la joie. Fraise de veau, tête, pied, ris, foie, rognon, mais aussi tripes et divers morceaux de boucher se mangent sans faim.

Le Grignot

59, rue Racine
Tél.: 02 35 43 62 07
Fermé dim., jrs fériés. Carte: 180 F

Sur la grand-place, face au «volcan» de Niemeyer, ce bistrot trône comme une perle façon rétro, avec plaques anciennes, vieilles pubs, machines à café récupérées. Les luminaires Arts déco sont charmants et la sage cuisine de brasserie à l'avenant. Tartare de saumon, terrine de canard, harengs pommes à l'huile, filet de cabillaud à l'oseille, saumon au beurre blanc et travers de porc sauce barbecue sont servis de 12 h à 1 h du matin. Une aubaine.

L'Odyssée

41, rue du Gal-Faidherbe
Tél.: 02 35 21 32 42. Fax: 02 35 21 32 42
Fermé sam. midi, dim. soir, lundi, vac. févr. 16-31 août
Menus: 125 F (déj.)-195 F (vin c.). Carte: 250 F

Le décor, près de quelques bars de nuit destinés à accueillir les marins en goguette, ne fait pas rêver. La cuisine et les menus sont d'une scrupuleuse honnêteté. Parfait de foies de volaille façon foie gras, rillettes de lisettes, blanquette de poissons sont sans défaut.

Le Petit Bouchon

42-44, rue Louis-Philippe
Tél. : 02 35 43 22 43
Fermé dim., lundi soir, mardi soir, mercr. soir
Carte : 180 F

Arnaud Loiset, ex-boucher reconverti dans le bistrot à vin de qualité, sert le coup de merlot frais dans son rade croquignolet avec sa double salle, mi-crépi, mi-bois. L'ardoise du jour recense les morceaux de viande choisis, entre onglet, poire, entrecôte et contrefilet, que l'on accompagne de sauce roquefort, poivre, moelle, béarnaise, échalotes. Escargots à l'ail, anchois marinés, tartines de moelle font de jolies entrées. Le saint-amour se siffle à l'aise.

La Petite Brocante

75, rue Louis-Brindeau
Tél. : 02 35 21 42 20. Fax : 02 35 43 26 48
Fermé dim., 3 sem. août
Menu : 130 F. Carte : 200-300 F

La providence des hommes d'affaires en goguette dans la ville, c'est cette gaie brasserie face aux halles qui est au Havre ce qu'est Lipp à Paris ou les Vapeurs à Trouville : une institution modeste, mais réelle. On vient chercher sourire, cadre net et atmosphère guillerette. Le cadre ? Des banquettes de cuir vert et des murs nets. Ajoutez-y un service vif, des beaujolais en pot et une cuisine faite au plus près du marché avec des produits impeccables et vous saisirez le succès du lieu. Belles huîtres, saumon mariné, cocktail de crevettes à l'avocat, sole meunière, mousseline ou andouillette de poissons, filet de bœuf au poivre, profiteroles au chocolat et glace créole se mangent sans faire de manière.

La Strasbourgeoise

90, rue Voltaire
Tél. : 02 35 41 20 84
Fermé dim. soir, lundi, fin juil – mi-août
Menus : 35 F (déj.), 79-120 F. Carte : 150 F

Paul Mechel, Strasbourgeois bon teint, est venu d'Alsace apporter aux Normands, face au «volcan» de Niemeyer, les bienfaits de la cuisine de sa région. On se régale dans une atmosphère de bier- ou winstub décontractée de salade mixte, cervelas grillé avec salade de pommes de terre chaudes et persillées, jambonneau sur choucroute, fleischnecke, roulé fumé crème de moutarde en buvant les vins de Dolder à Mittelbergheim ou Rolly-Gassmann à Rorschwihr.

Wilson

98, rue du Pdt-Wilson
Tél. : 02 35 41 18 28
Fermé sam. midi, dim. soir, lundi, 13 août-5 sept.
Menus : 65 F (déj., vin c.), 95-155 F.
Carte : 200-250 F

Le décor, petit-bourgeois années cinquante, avec contreplaqué au mur et comptoir, possède un cachet suranné. Mais Florence et Luc Lefebvre tiennent leur maison avec amour. On se régale sans façons de feuilleté de petits coquillages et saint-jacques panés, trilogie de la mer au beurre blanc, sauté de rognons sauce moutarde, tarte normande qui sont le sérieux même.

Produits

BOULANGER

Adeline

21, rue Paul-Doumer
Tél. : 02 35 42 62 51

De la toute simple baguette qui provoque la queue, au pain de campagne, en passant par les gâteaux traditionnels (patate, succès), tout ici est recommandable.

CHARCUTIERS

Ambassade de Bretagne

Halles Centrales
Tél. : 02 35 41 77 81

Ne vous fiez pas à l'enseigne : c'est la chair cuite française et pas seulement bretonne qui est ici mise en valeur, avec une splendide andouillette en gelée qui à elle seule vaut le détour.

Jean-Luc Lebesne

40, rue Bernardin-de-Saint-Pierre
Tél. : 02 35 41 36 37

Jambons, saucissons secs, galantines de volailles, boudin blanc ou noir sont de qualité dans cette échoppe moderne face aux halles.

Saint-Vincent

5, pl. Saint-Vincent
Tél. : 02 35 42 57 81

Thierry Hamel est un charcutier aux doigts d'or dont la terrine de rillettes au bon goût de cochon, les boudins, les tripes et les terrines sont des régals rustiques.

ÉPICIER

Comptoir des Arômes

65, rue du Pdt-Wilson
Tél. : 02 35 43 19 88

Cette jolie échoppe en forme de cave gourmande avec ses voûtes vend thés, tisanes, aromates, condiments, gelées, confitures, miels ou moutardes choisis avec art.

FROMAGER

Volailler Quertier

Halles Centrales
Tél.: 02 35 21 16 44

Les volailles fermières, poulets label jaune et canard croisé, sont de première qualité. C'est surtout les fromages superbes qui méritent le détour: pont-l'évêque du domaine du Plessis, camembert des laiteries Jort à Bernières, saint-marcellin de l'Etoile du Vercors, affinés à point.

PÂTISSIER

Bruneau-Roche

43, av. René-Coty
Tél.: 02 35 42 37 26

Pâtisseries fines (mille-feuille, tartes aux fruits, entremets tout frais) et chocolats exquis valent l'emplette dans cette boutique soignée.

POISSONNIER

Michel Verel

43, rue de Paris
Tél.: 02 35 42 46 33

Plateau de fruits de mer, huîtres, crustacés, harengs fumés et toute la pêche de ligne se trouve sur ce bel étal, à deux pas de la zone portuaire.

PRIMEURS

Dechamps

Halles Centrales
Tél.: 02 35 41 35 57

Fruits exotiques ou bien français, petites tomates grappes ou asperges du Mexique, bref le meilleur de tous les jardins en beaux primeurs: voilà ce que propose la souriante Mme Dechamp dans son étal impeccablement tenu.

TORRÉFACTEUR

Duchossoy

39-41, parvis Saint-Michel
Tél.: 02 35 41 31 66

Le Havre, capitale française de l'importation de café, se devait de posséder un torréfacteur de qualité. Elle l'a trouvé avec Michel Duchossoy qui sélectionne les arabicas des meilleures provenances, avec ses mélanges rares (le spécial, élaboré pour le président Coty, est le n° 1 du genre) de Colombie, du Brésil ou du Kenya.

Rendez-vous

CAFÉS

La Galerne

148, rue Victor-Hugo
Tél.: 02 35 43 22 52

Sis à l'intérieur de la plus belle librairie de la région, ce café-salon-de-thé aux luminaires et chaises design propose la pause café. Cakes, cookies, crumble, salades variées, quiches ou tartes du jour sont servis, dans une atmosphère reposante et culturelle, de 10 h à 19 h.

Cafétéria du Musée André-Malraux

2, bd Georges-Clemenceau
Tél.: 02 35 19 62 62

Ce musée des Beaux-Arts à la structure moderne et aérée, avec ses collections de Dufy et de Boudin, vaut le voyage, Mais la cafétéria, ouverte sur la mer, mérite l'étape. Exquis crumble pommes-framboises et café pour la pause vers la lumière du large

Heiligenstein: voir Barr

Hendaye

64700 Pyrénées-Atlantiques. Paris 804 – Biarritz 31 – St-Jean-de-Luz 15 – St-Sébastien 20.

Office du Tourisme: 12, rue des Aubépines
Tél.: 05 59 20 00 34. Fax: 05 59 20 79 17

Ce bout du pays du Pays basque est une étape côtière et balnéaire avant l'Espagne.

Hôtels-restaurants

Hôtel Serge Blanco

Bd de la Mer
Tél.: 05 59 51 35 35. Fax: 05 59 51 36 00
Fermé 9-24 déc.
90 ch. 595-1 190 F. 1/2 pens. 700-830 F
Menus: 190-250 F

Entre la plage et le port de plaisance, Serge Blanco a transformé avec talent ce qui aurait pu n'être qu'un complexe moderne en hôtel de thalasso version charme. La gourmandise n'y est pas oubliée, prenant avec habileté, les couleurs du Pays basque. Chambres spacieuses et bien équipées.

A 64700 Biriatou. 4 km S.-E. par D258

Bakéa 

Tél.: 05 59 20 76 36. Fax: 05 59 20 58 21
Fermé dim. soir, lundi 15 nov.-15 avr., 29 janv.-6 mars
7 ch. 260-410 F. 1/2 pens. 395-425 F
Menus: 150 F (déj.)-215 F. Carte: 300 F

Cette belle auberge, dont la terrasse a vue sur les collines de l'autre côté de la frontière, forme, avec l'église et le fronton en contrepoint, une parfaite carte postale basque. Eric Duval, Normand passé au Connaught à Londres, à la Galupe, a repris l'adresse (on disait «chez François») avec succès. Sa cuisine est d'un classicisme frotté à l'aune du marché, de la fraîcheur et de la légèreté: mesclun de salades avec copeaux de foie gras, lasagne d'anchois, foie chaud façon Tatin, chipirons sautés aux tagliatelle, blanquette d'agneau à l'estragon, larmes de chocolat sauce Grand Marnier. C'est net, exécuté comme à la parade, à partir de produits impeccables. Charmant accueil féminin et quelques chambres simples pour rêver de franchir la Bidassoa.

Hennebont

56700 Morbihan. Paris 492 - Lorient 12 - Vannes 49 - Concarneau 57 - Quimperlé 27.

La tour-clocher de la basilique Notre-Dame-de-Paradis et la proche citadelle de Port-Louis sont les monuments à ne pas louper de ce petit bourg breton à fleur de Blavet.

Hôtel-restaurant

Château de Locguénolé

Rte de Port-Louis : 4 km S. par D781
Tél. : 02 97 76 76 76. Fax : 02 97 76 82 35
Fermé 2 janv.-11 févr., (rest.) lundi, sf soir mai-mi-sept., mardi midi, mercr. midi
18 ch. 820-1 560 F. 4 suites
1/2 pens. 885-1 255 F
Menus : 190 F (déj.)-520 F. Carte : 400-500 F

Belle maison, un peu rude d'allure, charmeuse dès la porte poussée, avec son parc immense, ses vues sur les arbres et la rivière : voilà bien un Relais & Châteaux breton exemplaire. Alyette de la Sablière en a fait une demeure gourmande de classe, doublant les chambres exquises d'une restauration de qualité. Les chefs passent, la qualité demeure. Tandis que le fiston Bruno est désormais aux commandes de la maison, on sert, dans une salle noble, qui se décompose en trois salons raffinés, une cuisine aux couleurs d'ici. Le mille-feuille d'araignée, le parmentier de lisette, les saint-jacques aux racines de panais, le homard grillé avec son cannelloni à la feuille de citron, les ravioles de pommes de terre au lard fermier à la truffe noire sont de la belle ouvrage que l'on accompagne de vins choisis sur une carte passionnante. Grand parc, piscine, tennis et toute la Bretagne à vos pieds.

Herbignac

44110 Loire-Atlantique. Paris 453 - Nantes 77 - La Baule 22 - Saint-Nazaire 29.

La Brière, ses canaux, ses demeures blanchies à la chaux, couvertes de chaume, la poésie de ce pays de terre et d'eau.

Restaurant

Auberge de l'Eau de Mer

Rte de Guérande
Tél. : 02 40 91 32 36
Fermé dim. soir, lundi, 24 déc.-14 janv.
Menus : 98 F (déj.), 126-240 F

Marc Lambert, ancien du Nikko et du Dauphin au Breuil-en-Auge, propose, dans une auberge sans façons, une cuisine soignée, faite à l'aune du marché et de prix étudiés. Langoustines en vinaigrette aux asperges, canard aux ravioles de chèvre et huîtres, mille-feuille chocolat-menthe assurent sans faiblir. Exquis vins de Loire (reuilly de Claude Laffond, bourgueil de Paul Gambier) à tarif sage.

Hésingue : voir Saint-Louis

Heudicourt-sous-les-Côtes : voir Saint-Mihiel

Hinsingen

67260 Bas-Rhin. Paris 406 - St-Avold 35 - Strasbourg 90.

En lisière de la Moselle, un village au visage encore incertain. L'Alsace bossue est proche. Mais aussi les paysages et les fermes simples du plateau lorrain.

Restaurant

La Grange du Paysan

8, rue Principale
Tél. : 03 88 00 91 83. Fax : 03 88 00 93 23
Fermé lundi. Menus : 65-265 F. Carte : 150 F

Cette ferme paysanne transformée en auberge, avec grande salle prolongée d'une baie vitrée, plafond sculpté, entrée en rondins a de l'allure. Le service a de l'entrain. Il propose, à côté des produits maison (charcuterie, boudin, saucisses, terrines, jambons) et d'autres glanés au marché, une tarte flambée exceptionnelle, avec crème aigre et lard paysan, servie à l'assiette, mais aussi des mets paysans de bonne compagnie. La salade tiède de cochonnailles, l'estomac de porc farci, le filet de perche meunière et les tripes à la façon du chef sont gentiment et généreusement servis. Le parfait glacé au whisky passe tout seul.

Hirtzbach : voir Altkirch

Hoerdt

67720 Bas-Rhin. Paris 484 - Strasbourg 17 - Haguenau 16 - Molsheim 44 - Saverne 46.

Le pays des asperges, c'est ici même, à fleur de Rhin et de Ried, sa plaine d'alluvions fertiles.

Restaurant

La Charrue

30, rte de la République
Tél.: 03 88 51 31 11. Fax: 03 88 51 32 55
Fermé lundi, 4-24 août, Noël-Nvel An, dîn. (sf sam. de juin à mars)
Menus: 65 F (déj), 145-260 F. Carte: 250 F

Fameuse pour ses dégustations d'asperges, la maison n'ouvrait que deux mois par an. Rachetée et rajeunie par Materne et Fabienne Haegel, ex-traiteurs à Lingolsheim, elle ouvre toute l'année, offre, en saison, des asperges cuites avec soin dans l'eau bouillante, pelées comme il faut, le «talon», qui pourrait être amer, coupé. Si bien que l'on mange tout, de la tête à la queue, avec trois sauces, vinaigrette, mayonnaise, mousseline, parfaites, sans omettre un jambon cru et fumé délicieux, un jambon blanc, moelleux. Ajoutez à cela des desserts parfaits dans leur genre (tarte ou sorbet rhubarbe, nougat ou kougelhopf glacé), des salles chaleureuses, et vous comprendrez que voici la maison du bonheur.

Le Hohwald

67140 Bas-Rhin. Paris 430 – Sélestat 26 – Molsheim 33 – Strasbourg 53.

Une station montagnarde au cœur des sapinières: on y pratique le ski de fond l'hiver et les cures d'air en toute saison.

Hôtels-restaurants

Le Clos Ermitage

Tél.: 03 88 08 31 31. Fax: 03 88 08 34 99
Fermé mardi, vac. févr., 15 mars-31 oct., 15 déc-2 janv.
5 ch. 400-470 F. 15 appart. 580 F
Carte: 180-250 F

Ce bel ensemble moderne au design contemporain, dans son domaine caché derrière les arbres, possède des chambres claires et pimpantes, des studios vastes, un hall accueillant, des salons à l'avenant, comme une salle de restaurant claire et un jardin pour le repos. Voilà qui fait une belle étape au vert.

Auberge de Lilsbach

2 km S.-E. par D425
Tél.: 03 88 08 31 47
9 ch. 230-280 F

A fleur de route, mais près des sapinières et de la rivière, ce chalet montagnard avec terrasse et jardin ne manque pas d'attrait. La décoration quasi savoyarde, l'ambiance cosy en font une étape rêvée pour marcheurs avides de solitude. Jardin.

Marchal

12, rue Wittertalhof
Tél.: 03 88 08 31 04. Fax: 03 99 08 34 05
Fermé dim. soir, lundi midi (sf juil.-août), 1er-20 nov., 5-25 janv.
15 ch. 300 F. Pens. 320 F
Menus: 50 F (enf.), 80 (vég.), 105-190 F

Ce petit hôtel familial, de plain-pied sur la verdure et les pistes, vaut par sa situation reposante, l'ambiance amicale, l'accueil de la souriante Mme Marchal comme les petits plats de son mari. On se régale de jambon de sanglier, croûte aux morilles, terrine Lucullus, médaillon de lotte, civet de biche. Chambres petites, mais agréables, donnant sur le grand air.

La Petite Auberge

6, rue Principale
Tél.: 03 88 08 33 05
Fermé mardi soir, mercr., 26 juin-7 sept., 1er janv.-5 févr.
Menus: 40 F (enf.), 85-155 F. Carte: 200-250 F

Le cadre rustique de caveau-taverne-auberge fait oublier la situation de bord de route. L'accueil charmant et la cuisine du modeste M. Hubrecht vont l'amble. Tout ce qui est servi ici est d'un classicisme mis à jour avec rigueur, franchise, netteté: poêlée de girolles relevée d'une vinaigrette aillée, loup en croûte, mousseline de truite fumée, foie gras d'oie avec sa gelée au kirsch, magret au miel à l'aspérule, onglet de veau à la crème, superbe choucroute garnie avec son chou acide et croquant: pas d'esbroufe, ni de chichis dans l'assiette présentée nette. Et les desserts (brochettes d'ananas frais flambées au rhum, mini-kougelhopf glacé au marc) sont de la même belle eau, à tarifs doux.

Hohwarth: voir Villé

Hohwiller: voir Wissembourg

Honfleur

14600 Calvados. Paris 185 – Caen 64 – Le Havre 24 – Lisieux 34 – Rouen 75.

Office du Tourisme: quai Lepaulmier Tél. 02 31 89 23 30. Fax 02 31 89 31 82.

Miracle intact: la cité d'Eugène Boudin et d'Alphonse Allais est demeurée dans son «jus», avec ses maisons à colombage, ardoise, jouant aussi de la brique. Les vieux toits de la ville ancienne, la Lieutenance sur le vieux port, l'église Sainte-Catherine avec son plafond en forme de coque de bateau renversé: tout cela charme, émeut, séduit. Mais il y a encore le site de la côte de Grâce, le Val de Seine qui se prolonge ici jusqu'à l'estuaire, les venelles tortueuses de la haute ville, les auberges adorables, les belles tables, les hôtels qui font le coup du charme. Vrai, à quelques pas de Paris par l'autoroute, Honfleur est mieux qu'une carte postale du temps passé. Une sorte d'image normande du temps retrouvé.

Hôtels

La Ferme Saint-Siméon 

Rue A.-Marais
Tél. : 02 31 81 78 00. Fax : 02 31 89 48 48
31 ch. 1 460-3 510 F. 3 suites.
1/2 pens. 1 430-3 400 F

Cette magnifique demeure fut, au début du siècle, le lieu de rendez-vous des impressionnistes. Monet vint y saisir la lumière de l'estuaire, puis Boudin y croqua ses marines. Le père Toutain tenait gente auberge. Les Boelen ont transformé la demeure en un luxueux Relais & Châteaux avec chambres pourvues de jolis tissus – celle de l'atelier de Corot vaut le détour –, piscine, centre de remise en forme, bar, salons, restaurant de classe (voir Restaurants).

L'Ecrin 

19, rue E.-Boudin
Tél. : 02 31 14 43 45. Fax : 02 31 89 24 41
26 ch. 450-900 F

Cette demeure XVIIIe sur les hauteurs, dans sa cour est une des belles adresses de Honfleur : chambres douillettes, salons chaleureux encombrés de bibelots de partout, meubles anciens, tableaux, avec stucs à l'unisson. Pas de restaurant.

Manoir du Butin 

Rue A.-Marais
Tél. : 02 31 81 63 00. Fax : 02 31 89 59 23
9 ch. 640-1 970 F. 1/2 pens. 570-1 235 F

Une maison estampillée Boelen, autant dire une annexe de (grand) charme signée des patrons de la Ferme Saint-Siméon à quelques pas de celle-ci sur les hauteurs. Rustique chic à tous les étages pour les chambres et le salon qui joue le côté cosy, à l'ombre de la belle cheminée écussonnée. (Voir restaurants.)

L'Absinthe 

1, rue de la Ville
Tél. : 02 31 89 23 23. Fax : 02 31 89 53 60
Fermé 15 nov.-15 déc.
7 ch. 750 F

Antoine Ceffrey a ouvert face à son restaurant très central (voir ci-dessous) une auberge à son enseigne dans un ex-presbytère XVIe. Les rares chambres ont été décorées avec goût sur un mode contemporain, sobres avec tableaux de maîtres et couleurs gaies.

Castel Albertine 

19, cours A.-Manuel
Tél. : 02 31 98 85 56. Fax : 02 31 98 83 18
26 ch. 400-600 F

Un peu éloignée du centre, cette demeure XIXe fut celle de l'historien Albert Sorel. Elle joue le confort douillet, propre et net de chambres bien tenues avec une déco sobre et pimpante. Charmant hall d'entrée assez moderne avec son armature de bois reliant une maison adjacente.

La Diligence 

53, rue de la République
Tél. : 02 31 14 47 47. Fax : 02 31 98 83 87
21 ch. 475-750 F

Un peu à l'écart du centre, mais non loin du Vieux Bassin, cette demeure mélange avec agrément style local et asiatique, avec éléments rapportés de Thaïlande. Charmante cour intérieure genre relais de poste.

Mercure 

Rue Vases
Tél. : 02 31 89 50 50. Fax : 02 31 89 58 77
56 ch. 585 F

Moderne, sous une façade d'ardoise qui imite le style normand de façon contemporaine, proche du port, ce maillon de chaîne offre des chambres pratiques, petites, quoique joliment meublées.

La Tour 

2, quai de la Tour
Tél. : 02 31 89 21 22. Fax : 02 31 89 53 51
Fermé mi-nov.-Noël
44 ch. 400-470 F. 4 duplex.

Sous façade d'ardoise et colombage moderne, un hôtel central avec ses chambres fonctionnelles à l'orée de la vieille ville face au grand parking.

Le Cheval Blanc 

2, quai des Passagers
Tél. : 02 31 81 65 00. Fax : 02 31 89 52 80
32 ch. 514-649 F. 1 suite : 1 100 F

La situation, face au port et à la Lieutenance, est on ne peut plus centrale. Le confort est réel, même si les salles de bain et la décoration datent. Vue imparable sur le va-et-vient des visiteurs.

Le Dauphin 

10, pl. Pierre-Berthelot
Tél. : 02 31 89 15 53. Fax : 02 31 89 92 06
34 ch. 350-650 F. 1 suite : 900 F

Près de la place Sainte-Catherine si pittoresque, cette petite adresse propose, dans deux maisons biscornues, des chambres pas très grandes, mais d'honnête confort, parfois coquettes et pas trop chères.

Hostellerie Lechat

Pl. Sainte-Catherine
Tél. : 02 31 14 49 49. Fax : 02 31 89 28 61
Fermé janv.-fév sf w.-e.
23 ch. 450-550 F. 1/2 pens. 380-605 F
Menus : 75 F (enf.), 110 F (enf.)-250 F

Cette émouvante auberge couverte de lierre vaut par sa situation au cœur du centre historique, face à l'église Sainte-Catherine. Les chambres sont rustiques, à l'ancienne, et la cuisine, sur le même ton, d'un classicisme sans opprobre.

A Vasouy, sur la rte de Trouville, 8 km O.

La Romantica

Chemin du Petit-Paris
Tél. : 02 31 81 14 00. Fax : 02 31 81 54 78
Fermé 3-22 déc., (rest.) jeudi midi, mercr. sf vac. scol.
24 ch. 340-850 F. 8 suites. 1/2 pens. 315-590 F
Menus : 135-260 F

La discrétion de cette vaste demeure moderne années quatre-vingt-dix lui vaut d'être prise d'assaut le week-end. La semaine, on est douillettement servi. Chambres soignées, meublées en faux rustique, accueil adorable, cuisine sage, un brin régionale. Jardin, piscines, l'une couverte, l'autre ouverte, jolie vue sur l'estuaire

La Chaumière

Rte du Littoral
Tél. : 02 31 81 63 20. Fax : 02 31 89 59 23
9 ch. 990-1 350 F. 1/2 pens. 945-1 125 F

L'annexe bon enfant de la Ferme Saint-Siméon a le charme rustique et la simplicité en sus. Chambres évidemment moins luxueuses (quoique...), salon comme à la maison et vue sur l'estuaire qui est quasiment ici à vos pieds. Relais & Châteaux.

A Barneville-la-Bertran, 5 km S.-O. par D62 et D279.

Auberge de la Source

Tél. : 02 31 89 25 02. Fax : 02 31 89 44 40
Fermé nov.-mi-févr.
16 ch. 1/2 pens. 320-430 F

Le village est adorable, quasi perdu dans son bocage. Et l'auberge a pareillement le charme rustique et simplet. Chambres à l'ancienne, sans chichis, cuisine avec les produits du pays. Accueil gentiment ronchon.

Restaurants

La Ferme Saint-Siméon

Rue A.-Marais
Tél. : 02 31 81 78 00. Fax : 02 31 89 48 48
Menus : 240 F (déj.), 420-590 F. Carte : 550-700 F

Luxe, charme, volupté ? Pas seulement. Les Boelen ont pensé aussi à la gourmandise avec cette salle normande immense, tout en longueur qui semble vouloir déborder sur l'estuaire et l'océan. La mise de table est fort soignée, le cadre agreste sur le mode chicissime, la cave abondante, les tarifs sans tendresse aucune : voilà assurément la plus belle maison de bouche de Normandie. Il lui manquait jusqu'ici de la constance. Voilà qu'un chef discret, Pascal Vuillemin, Vosgien formé chez Gérard Boyer, qui fut le second du précédent, et souhaite s'enraciner ici même, lui donne tonus et même panache. Goûtez ses marmites de légumes en soupière lutée, saint-jacques aux croustillants de cébettes avec jeunes poireaux, émulsion de truffes et jaune d'œuf, rouget en chapelure d'herbes à la crème de petits pois, lotte piquée d'anguille et tomate fumée, volaille en croûte de sel et sarrasin, sablé aux pommes confites, ananas Victoria et sa belle glace coco, qui sont du travail d'orfèvre servi avec délicatesse par un personnel aux petits soins. La cave est grandiose, la découpe des viandes au guéridon est un grand moment. Bref, un repas dans cette grande maison est un morceau de choix.

L'Assiette Gourmande

Quai des Passagers
Tél. : 02 31 89 24 88. Fax : 02 31 89 90 17
Fermé dim. soir, lundi, 15 janv.-15 févr.
Menus : 170-450 F. Carte : 400-500 F

Gérard Bonnefoy, qui débuta sa carrière à Carentan, a trouvé à Honfleur son terrain d'élection. Se rapprocher de Paris, pour ce natif du Contentin était une manière de s'ouvrir aux autres. De fait, ce classique chic est devenu la vedette du centre, dans son ancien relais à fleur de quai. Il mitonne une cuisine légère, fine, modérément régionale, qui a soin de ne pas tourner le dos aux produits locaux même si elle est souvent un brin sudiste. Crème de topinambour, gaspacho de homard, langoustines à la coriandre, saint-jacques fumées en aigre-doux, poitrine de pigeon rôti à l'arabica avec chou-fleur à l'orange, crémeuse de réglisse sauce café sont des mets vifs, précis, légers, mais se révèlent d'une maîtrise sans faille.

L'Absinthe

10, quai de la Quarantaine
Tél. : 02 31 89 39 00. Fax : 02 31 89 53 60
Fermé 15 nov.-15 déc.
Menus : 175-380 F. Carte : 400-500 F

Antoine Ceffrey fut jadis maître d'hôtel chez Troisgros. Mais depuis deux décennies, déjà, il est l'une des vigies gourmandes de la ville. Ses menus sont de bonnes affaires, les prix à la carte sont sans tendresse, mais le public revient, car il sait qu'ici même, il ne sera pas volé. La raison du succès ? Des produits bien traités, des mets sûrs, sur des idées connues et courues, un traitement adéquat sans chichis et un accueil digne d'un pro de la vieille école. Pressé d'andouille aux deux pommes, cabillaud rôti à la purée de haricots et chipirons, râble de lapin à la grémolata et millefeuille de caramel aux pommes façon Tatin et coulis d'agrumes sont de bien jolies choses, figurant à l'épatant menu à 175 F.

L'Ancrage

12, rue de Montpensier
Tél.: 02 31 89 00 70. Fax: 02 31 89 92 78
Fermé mardi soir (sf été), mercr., 20 nov.-7 déc., 17 janv. -5 févr.
Menus: 105-185 F. Carte: 250 F

Cette vieille adresse des familles est sans épate. Le succès de la maison va aux menus sages, aux produits frais et aux préparations simples, comme aux prix filant doux. Huîtres, soupe de poissons, moules normande, raie au beurre noisette ou à la crème assurent sans faiblesse.

Champlain

6, pl. Hamelin
Tél.: 02 31 89 14 91. Fax: 02 31 89 91 44
Fermé mercr. soir, jeudi, 3 janv.-15 févr.
Menus: 98-128 F

Formé jadis chez Blanc à Vonnas, Gleize à Château-Arnoux, Bourdin au Connaught londonien, Christophe Bouvachon propose le plus frais du marché à tarifs défiant toute concurrence dans un décor de marin d'eau douce qui n'est pas sans charme. Mousse de hareng à la concassée de tomate, moules normandes, raie à la moutarde, moruette à la crème d'ail, parfait au caramel sont délivrés à travers deux menus donnés. Jetez un œil à la plaque de la maison avant d'entrer: ici est né Alphonse Allais.

Manoir du Butin

Rue A.-Marais
Tél.: 02 31 81 63 00. Fax: 02 31 89 59 23
Fermé lundi, mardi midi
Menus: 128 F (déj.), 185-285 F. Carte: 300-400 F

Les Boelen ont confié cette annexe charmeuse de leur ferme (Saint-Siméon) à quelques pas de la maison mère. Joli jardin, vue sur l'estuaire, frais décor dans les tons jaunes. En cuisine, le jeune Yanick Bernouin, Bourguignon voyageur qui a notamment travaillé à Londres chez Novelli, fait des essais créatifs qui ne sont pas sans succès. Tartelette de saint-jacques et haddock au riz crémeux, marbré de foie gras au filet de caille, grosse sole sur l'arête au tabac de cuisine, petite raclette de cabillaud avec pommes rosevals sont amusants, parfois provocants. Les desserts (cornets de glace réglisse, brick de pomme, feuille à feuille chocolatine et glace cacahuète) séduisent sans mal. Gentil service féminin.

Au Vieux Honfleur

13, quai Saint-Etienne
Tél.: 02 31 89 15 31. Fax: 02 31 89 92 04
Fermé janv.
Menus: 170-295 F. Carte: 300-350 F

Cette belle demeure, avec sa double ancienne, face au musée marin vaut le coup d'œil et la visite. Le Vieux Bassin est en face. Mais on ne se moque pas du touriste qui passe la porte à l'improviste. L'accueil est charmant. Et nul ne saurait faire de reproche aux moules à la crème, soupe de poissons, civet de langouste et crème brûlée qui sont d'un classicisme sans ennui.

Ascot

76, quai Sainte-Catherine
Tél.: 02 31 98 87 91
Fermé mercr. soir, jeudi, sf juil.-août, mi-janv.-mi-févr.
Menus: 124-169 F

En ligne de mire sur le Vieux Bassin, ce petit bistrot avec comptoir joue la qualité franche et fraîche. Net, sans histoire, le registre exclusivement poissonnier est bien tenu avec moules, tourteau, coquillages divers, carrelet aux poireaux, aileron de raie aux câpres. L'île flottante fait une bonne issue.

Fleur de Sel 

17, rue Haute
Tél.: 02 31 89 01 92. Fax: 02 31 89 01 92
Fermé mardi soir, mercr.
Menus: 125-185 F

Vincent Guyon, qui a travaillé à la Ferme Saint-Siméon et chez Bonnefoy à l'Assiette Gourmande, a choisi le créneau du bon rapport qualité-prix. Ses menus-carte sont savoureux, son service adorable, son cadre simple avec boiseries bleues à mi-hauteur, bien propret (c'est l'ancien rendez-vous des pêcheurs). On se régale ici de rémoulade haddock, éventail de cabillaud et pommes fruits, canette aux galettes de maïs, espadon aux pommes de terre, bar avec tartelette croustillante de blé noir, soufflé à la pomme fraîche qui parlent le langage de la vérité.

La Grenouille 

16, quai de la Quarantaine
Tél.: 02 31 89 04 24. Fax: 02 31 89 53 60
Fermé lundi, mardi
Menus: 95 F, 140 F. Carte: 150 F

Cette annexe «non dite» de l'Absinthe est tenue avec gaieté par l'active Mme Ceffrey. On cède, dans un cadre de bistrot déluré et neuf, aux mets de l'ardoise du jour. Terrine de queue de bœuf à la confiture d'oignons, lieu jaune aux câpres, «jarreton» de porc braisé au cidre et teurgoule sont la gentillesse même.

L'Hippocampe

44-46, quai Sainte-Catherine
Tél. : 02 31 89 98 36
Fermé mardi soir, mercr. (hs). Carte : 200 F

Le Tout-Deauville vient manger en catimini dans ce bistrot marin dirigé d'une main ferme par le barbu Philippe Crochard. Les murs gais sont couverts de plaques de sapins repeintes de couleurs fraîches. Plateaux de fruits de mer, soupe de poissons, dorade grillée à la moutarde, saumon à l'oseille, raie avec crème et câpres se renouvellent au gré de la marée. Faux-filet grillé et café liégeois complètent un registre simple, mais sans reproche.

Au P'tit Mareyeur

4, rue Haute
Tél. : 02 31 98 84 23. Fax : 02 31 89 99 32
Fermé lundi soir, mardi, 4-31 janv.
Menu-carte : 120 F

L'une des bonnes petites adresses de la ville, c'est ce bistrot sans façons en jaune et bleu qui a l'accueil alerte et l'ambiance gaie. Christian Chaillou propose, au gré d'un menu-carte au prix angélique, des mets canailles et de bon ton qui se mangent sans faim et sans manières. Huîtres creuses juste frémies, à la façon des Normands du Canada, salade de tripes, aïoli de cabillaud demi-sel sur choucroute poêlée, poitrine de canard aux reinettes, baba avec sa crème au vieux rhum avec son lait glacé à la créole. On boit là-dessus un cidre fermier de bonne extraction en glissant trois francs six sous dans la soucoupe et en remerciant la compagnie.

La Terrasse de l'Assiette 

8, pl. Sainte-Catherine
Tél. : 02 31 89 31 33. Fax : 02 31 89 90 17
Fermé mardi, mercr. sf juil.-août, 3-25 nov., 3-18 janv.
Menu-carte : 139 F

Cette annexe de Gérard Bonnefoy a le bon goût de ne pas se prendre pour autre chose que ce qu'elle est : une adresse simple et bonne pour manger des choses fines selon le marché. Le menu-carte est une aubaine, et nul ne retrouve à redire aux lasagnes froides de saumon mariné, cabillaud demi-sel aux germes de soja, suprême de volaille à l'andouille de Vire, tartes fines aux poires, crème brûlée à l'anis que l'on propose, face à l'église Sainte Catherine, avec dynamisme. Attention, le dimanche, les places sont prises d'assaut !

A Vasouy, 3 km par rte de Trouville.

La Chaumière

Rte du Littoral
Tél. : 02 31 81 63 20. Fax : 02 31 89 59 23
Fermé mardi, mercr. midi
Menus : 190 F (déj.), 260-380 F. Carte : 350-450 F

Pour en finir avec le vocable d'annexe de charme de la Ferme Saint-Siméon, cette chaumière s'est donné les moyens de faire bien en cuisine, avec Nicolas Gouverneur, qui apprit jadis le métier à l'Abbaye de Tonnerre en compagnie de Christophe Cussac (aujourd'hui star de la côte à la Réserve de Beaulieu). La salle à manger est cosy, le service complice, les vins bien choisis, les menus pas bêcheurs (moins qu'un peu plus hauts). Goûtez les huîtres et escargots du pays d'Auge en velouté au cresson, le marbré de foie gras et queue de bœuf, le turbot avec son risotto crémeux, le pressé d'andouille, les ravioles de pied de cochon, l'agneau en blanquette et le sablé aux fraises ou la tarte fine et fondante aux pommes, qui chantent à leur manière moderne la Normandie d'aujourd'hui et de toujours. Et vous comprendrez qu'il se passe quelque chose dans cette ferme gourmande. Service féminin adorable.

A Pennedepie, 5 km par rte de Trouville

Le Moulin Saint-Georges 

Tél. : 02 31 81 48 48
Fermé mardi soir, mercr., mi-févr.-mi-mars
Menus : 40 F (enf.), 79-142 F. Carte : 200 F

Rigolo comme tout ce restaurant de bord d'océan auquel on accède en passant par un bar-tabac puis les fourneaux où exerce un sosie de Bobby Lapointe. La cuisine joue le marché, les prix sont doux, l'ambiance adorable et le décor rustique à souhait. Au programme, moules à la crème, poulet vallée d'Auge, tripes à la mode de Caen, tarte aux pommes assurent gentiment.

Produits

BOUCHER

Gerviande

5, rue Saint-Clair
Tél. : 02 31 14 61 61

Agneau de pré-salé, bœuf normand et volaille label chez cet artisan qui soigne ses provenances.

BOULANGER

Aux Blés d'Or

41, rue du Dauphin
Tél. : 02 31 89 28 66

Pains à la pomme, pain brié, pavé de Honfleur, bannette aux céréales, biscuits à l'anis vert dédiés à Alphonse Allais ont bonne mine, dans cette boutique à l'ancienne.

CAVISTE

La Feuille de Vigne

Rue du Dauphin
Tél. : 02 31 98 78 96

Hervé Lestage parle de ses vins en poète. Ce Bordelais vend avec cœur les calvas et confitures de la région, autant que les grands vins de partout. Bordeaux classés, alsaces d'Ostertag, bourgognes de bonne race se proposent dans une ambiance complice.

CHARCUTIER

Manchon

6, pl. Berthelot
Tél. : 02 31 89 18 35

Rillettes pur porc, boudin de bon ton, tripes faites dans les rites : voilà ce qu'on trouve chez cet artisan discret sis près de l'église Sainte-Catherine.

CHOCOLATIER

Les Marianik's

35, rue du Dauphin
Tél. : 02 31 89 98 00

L'atelier est à Touques, mais la boutique sympathique vend des chocolats de formes variées, des caramels au beurre salé et au miel, un « camembert » au chocolat et à l'anis, avec le sourire.

GLACIER

Pom'Cannelle

60, quai Sainte-Catherine
Tél. : 02 31 89 55 25

Aimé Stéphan, qui fut restaurateur à Pont-l'Evêque, mitonne des sorbets et glaces d'exceptionnelle qualité que l'on sert en cornet à gaufre sur le port dans cet étal sans façons. Les parfums jouent la précision des goûts à partir de produits de première qualité. Goûtez ses confitures de lait, réglisse, abricot, vanille bourbon pour comprendre qu'il y a là un artisan hors pair.

PÂTISSIER

J.-F. Le Gal

22, rue du Dauphin
Tél. : 02 31 89 14 23

La vitrine années cinquante est kitsch, l'accueil... normand, le style maison désuet (épatant flambé aux pommes). Mais les croissants du dimanche matin sont un rite et la qualité est au rendez-vous.

PRODUITS RÉGIONAUX

La Cave Normande

13, rue de la Ville. Tél. : 02 31 89 38 27
12, quai Sainte-Catherine. Tél. : 02 31 89 49 28

Calvados des meilleurs noms (Camut à la Lande-Saint-Léger, Morin à Ivry-la-Bataille, mais aussi Huet, Groult, Léon Desfrièches) se donnent rendez-vous dans ces adresses sœurs, en compagnie des pommeau, cidre, poiré de toute la Normandie.

indique un lieu de mémoire.

Aux Délices Normands

43, rue du Dauphin
Tél. : 02 31 88 37 30

Charmante et avenante, cette boutique récente propose le meilleur de la Normandie fermière : fromages, crème, saucisson, jambon fumé, confitures, choisis avec cœur.

Gribouille

16, rue de l'Homme-de-Bois
Tél. : 02 31 89 29 54

Philippe Griffoul dit Gribouille raconte le calva comme personne, fait goûter ses vieux crus, ses cidres pur jus, ses confitures et ses terrines paysannes à fondre.

Rendez-vous

CAFÉS

L'Albatros

32, quai Sainte-Catherine
Tél. : 02 31 89 25 30

Thé, cocktails, bières se dégustent sur la terrasse ou dans la salle gaie, face au Vieux Bassin dans une atmosphère détendue.

La Bisquine

54, quai Sainte-Catherine
Tél. : 02 31 89 37 15

Ce bistrot à l'ancienne avec terrasse sur le quai a du charme. La patronne, genre gavroche normand, accueille avec belle humeur.

Café des Artistes

Pl. Berthelot
Tél. : 02 31 89 95 90

Ce minuscule café avec comptoir et chaises en formica, objets suspendus au plafond, salle ayant vue sur le Vieux Bassin et porte près de la place Sainte-Catherine est le rendez-vous des peintres locaux.

Le Perroquet vert

52, quai Sainte-Catherine
Tél. : 02 31 89 14 19

Une centaine de bières du monde entier, cocktails, whiskies et autres boissons alimentent les conversations de ce bar-pub-café avec terrasse sur le Vieux Bassin. Joli décor de pierres et bois, prisé par la jeunesse locale.

CRÊPERIE

La Cidrerie

6 pl. Hamelin
Tél. : 02 31 89 59 85

Près de la Lieutenance, ce petit temple de la crêpe sert d'exquises galettes flanquées de cidre moussu dans un cadre de pierre et bois.

SALONS DE THÉ

La Petite Chine

14-16, rue du Dauphin
Tél. : 02 31 89 36 52

La boutique avec thés et confitures choisis a du chic, comme le salon cosy où l'on cède aux plaisirs du cake maison, gâteau au chocolat, crumble dans une atmosphère douillette.

Thé & Tradition

20, pl. Hamelin
Tél. : 02 31 89 17 42

La vue sur la Lieutenance, depuis la salle depuis le premier étage, l'ambiance cosy, les thés Mariage, les jolies tartes aux fruits et les plats chauds du midi font le prix de la jolie demeure de Patrice et Anne Cuny.

Horbourg-Wihr : voir Colmar

Hossegor

40150 Landes. Paris 756 – Biarritz 29 – Mont-de-Marsan 91 – Bordeaux 177 – Dax 38.

Office du Tourisme : pl. des Halles
Tél. : 05 58 41 79 00. Fax : 05 58 41 79 09

Station landaise par excellence avec son lac, sa plage ventée, son sable blond, ses pins, son visage de toujours, quelle que soit l'époque.

Hôtel-restaurant

Beauséjour

Tél. : 05 58 43 51 07. Fax : 05 58 43 70 13
Fermé 5 janv.-10 avr.
45 ch. 550-715 F. 1/2 pens. 590-760 F
Menus : 150 F (déj.), 190-400 F

Cette villa landaise proche du lac salé offre des chambres de bon confort, une vaste salle à manger claire, jardin, piscine que les enfants adorent en saison. Cuisine aux couleurs du pays.

Houdan

78550 Yvelines. Paris 61 – Chartres 45 – Dreux 20 – Mantes-la-Jolie 28 – Versailles 41.

Le pays de la volaille à tête noire et collerette blanche possède de bien jolies demeures en son sein qui méritent la visite.

Restaurant

La Poularde

24, av. de la République
Tél. : 01 30 59 60 50. Fax : 01 30 59 79 71
Fermé mardi soir, mercr., vac. févr., 14-20 août
Menus : 75 F (enf.), 150 F (déj.)-350 F.
Carte : 280-400 F

Sylvain Vandenameele, formé chez Delaveyne et Guérard, a repris l'affaire créée par papa il y a plus d'un demi-siècle, conciliant tradition et idées au gré du marché. Les beaux poissons au fil de la marée, les variations sur le thème de la volaille houdanaise (tourte, flan de foie blond, poulette rôtie, bouchée à la reine), les desserts travaillés (tarte mince acidulée aux pommes) sont de la haute couture, fine, précise, épurée, sans nulle épate, dans cette demeure soignée avec terrasse sur la N12.

Hunawihr : voir Ribeauvillé

Huningue : voir Saint-Louis

Husseren-les-Châteaux

68420 Haut-Rhin. Paris 482 – Colmar 9 – Eguisheim 3 – Guebwiller 22.

Le plus haut village du vignoble (380 m), la proximité des Vosges, des tours du château ruiné et du voisin Eguisheim. On allait oublier les enseignes vigneronnes à admirer et les domaines où la dégustation est source de découverte...

Hôtel-restaurant

Husseren-les-Châteaux 

Rue du Schlossberg
Tél. : 03 89 49 22 93. Fax : 03 89 49 24 84
38 ch. 575-960 F. 1/2 pens. 595 F
Menus : 120-335 F

Ce grand ensemble fonctionnel sur les hauteurs, à l'orée de la forêt, offre vastes chambres, certaines en duplex, salle de remise en forme, sauna, piscine couverte, terrasse panoramique, accueil adorable, restauration sage.

« Ecrivez-nous » vos impressions, vos commentaires, relatez-nous vos expériences à **lepudlo@aol.com.**

Ile-Rousse : voir Corse

Illhaeusern

68970 Haut-Rhin. Paris 439 - Sélestat 13 - Colmar 17 - Strasbourg 60.

Le plus fameux village d'Alsace ? Sur le terrain de la gourmandise assurément. Les maisons ont été reconstruites après guerre, comme le pont qui enjambe l'Ill. La haute église date de 1957 et la cigogne est revenue dans son nid.

Hôtels-restaurants

Hôtel des Berges

Tél. : 03 89 71 87 87. Fax : 03 89 71 87 88
11 ch. 1 550-1 800 F
Fermé févr.

C'est l'annexe hôtelière de l'Auberge de l'Ill. Le lieu fait « cabane au Canada » en version luxe : chambres et salons boisés, ambiance cosy à fleur d'eau, beaux parquets, tissus chaleureux, vieux poêles et salles de bains sobres et ultra-modernes. En prime, des petits déjeuners somptueux et le bar tenu avec chaleur par Marco Baumann, qui est partout, du jardin au garage sous la rivière.

La Clairière

3 km O., rte de Guémar
Tél. : 03 89 71 80 80. Fax : 03 89 71 86 22
Fermé janv.-févr.
26 ch. 470-1 180 F

En lisière de forêt et à deux pas de ses anciens patrons, Roger Loux, ex-maître d'hôtel de l'Auberge de l'Ill, accueille les clients de ladite auberge, mais aussi les visiteurs de la route des vins. Chambres calmes, douillettes, coquettes. Piscine de plein air, tennis. Pas de restaurant.

Les Hirondelles

Tél. : 03 89 71 83 76. Fax : 03 89 71 86 40
Fermé 1er févr.-10 mars
19 ch. 270-300 F. 1/2 pens. 295 F

Pour dormir au calme, à tarif sage, presque en face de l'Auberge de l'Ill, cette ancienne ferme villageoise offre des chambres calmes, simples et proprettes. Repas pour les résidents.

 indique une des meilleures tables de France.

Auberge de l'Ill

Rue de Collonges-au-Mont-d'Or
Tél. : 03 89 71 89 00. Fax : 03 89 71 82 83
Fermé lundi (sf le midi en été), mardi, févr.-5 mars
Menus : 550 F (déj.), 630- 760 F. Carte : 800 F

Tandis que d'autres tables glorieuses peinent à renouveler leur style, leur image, leur cadre et leur carte, les Haeberlin évoluent avec brio. La neuve façade, signée Mahler, avec son trompe-l'œil moyenâgeux est une réussite. La carte elle-même, due à Marc le fils prodigue, joue à merveille la retrouvaille de la tradition sous forme rajeunie, remise à jour. Quelques exemples de cette manière ? Une « simple » carpe frite que l'on mange avec les doigts en la trempant dans une revigorante sauce bordelaise. Et tout le reste de la maison va l'amble : la gelée de canard de Challans en bortsch froid au foie d'oie (autrement dit une hure de foie gras aux betteraves en gelée), un consommé d'écrevisses avec sa raviole aux herbes qui est la fraîcheur même, des noisettes de chevreuil aux champignons sauvages, compote de fruits secs et wasserstriwla à la farine de châtaignes, qui est un bel hommage à la tradition, sans omettre quelques-uns des meilleurs desserts du monde, dont le macaron fourré aux griottes avec blanc-manger aux amandes, sorbet aux griottes et glace au riz au lait vanillé est l'archétype. Ajoutez-y les meilleurs vins dans tous les vignobles, goûtés à point et choisis avec cœur par l'expert Serge Dubs, le service le plus précis qui soit sous la houlette de Michel Scheer, présent depuis deux décennies, et de tonton Jean-Pierre, enfin un cadre intérieur sobre et chic à la fois, plus une terrasse de rêve vers la rivière : voilà une de ces maisons qui font songer aux « gens de l'intérieur » que l'Alsace est le royaume absolu du charme gourmand.

Illzach-modenheim : voir Mulhouse

Imbsheim : voir Bouxwiller

Ingersheim

68040 Haut-Rhin. Paris 443 - Colmar 4 - Turckheim 3.

Ce faubourg colmarien qui possède des vignerons de qualité et des artisans gourmets est le lieu des départs vers les promenades vosgiennes.

Hôtels-restaurants

Kuehn

Quai de la Fecht
Tél. : 03 89 27 38 38. Fax : 03 89 27 00 77
Fermé dim. soir, lundi (nov.-juin), févr.
28 ch. 250-450 F
Menus : 150-400 F. Carte : 350-400 F

Campant solitaire dans son hôtel moderne au milieu des vignes et près de la nationale, Gérard Kuehn est un cuisinier de tempérament. Formé chez Delaveyne, Gaertner, Lameloise, ce pro habile fume son saumon, mitonne avec brio de jolis plats (foie gras, sole au jus de persil, côtelettes de marcassin, sorbets pêche de vigne) qui laissent de bons souvenirs. La demeure moderne manque de cachet. Mais le prix des chambres est sage et les menus bien équilibrés.

Taverne Alsacienne

99, rue de la République
Tél. : 03 89 27 08 41. Fax : 03 89 80 89 75
Fermé dim. soir, lundi, 24 juil.-14 août
Menus : 80 F (déj.), 100-160 F.
Carte : 200-250 F

L'as du bon rapport qualité-prix, dans le vignoble et près de Colmar, c'est Jean-Philippe Guggenbuhl qui régale tout un chacun sans le ruiner. L'accueil adorable est assuré par les deux sœurs, Béatrice et Joëlle, et Mme mère. Elève de Gaertner, Husser et Schillinger, le timide Jean-Philippe joue la tradition plus que la novation, et on goûte avec plaisir la salade de pommes de terre au saumon et crème de raifort, le ris de veau poêlé en salade, l'aiguillette de canard au bordeaux et compotes de pommes au safran, ainsi que l'exquise tarte « minute » renouvelée selon la saison et flanquée d'une belle glace vanille. Adorables menus et carte des vins impressionnante.

Produits

CHARCUTIER

Sigmann

44, rue de la République
Tél. : 03 89 27 01 75. Fax : 03 89 27 19 10

Si vous vous demandez à quoi ressemble la charcuterie alsacienne, rendez-vous dans cette boutique d'angle avec labo « nickel » sur l'arrière. Et goûtez les splendides fumaisons, knacks, foie gras d'oie que concocte Bernard Sigmann avec un sérieux imparable. Choucroute, cervelas, pâté en croûte, saucisson truffé, saucisse de foie, boudin noir sont de première qualité. Expéditions dans toute la France.

indique un hôtel au calme.

Ingwiller

67340 Bas-Rhin. Paris 469 – Haguenau 25 – Sarre-Union 39 – Saverne 23 – Strasbourg 45.

Ce bourg-carrefour des Vosges du Nord avec sa fameuse synagogue au dôme bulbé et ses maisons anciennes règne sur une belle région qu'on pourrait croire issue d'un rêve d'Hansi.

Hôtels-restaurants

Aux Comtes de Hanau 

139, rue du Gal-de-Gaulle
Tél. : 03 88 89 42 27. Fax : 03 88 89 51 18
11 ch. 240-330 F. 1 duplex : 450 F.
1/2 pens. 270 F
Menus : 49 F (enf.), 62-295 F. Carte : 220 F

La maison trône au centre du bourg. La façade fleurie, l'intérieur chaleureux, l'accueil de la famille Futterer : tout est de bon ton. Comme les chambres modernes d'excellent confort au mobilier boisé. Au restaurant, se mitonne une cuisine archi-classique, mais sérieuse. Tarte à l'oignon, poulet braisé à la bière, escalope viennoise, framboises sur glace vanille sont sans surprise.

Produits

CHARCUTIER

Lorch

91, rue du Gal-Goureau
Tél. : 03 88 89 48 15. Fax : 03 88 89 62 29

La même famille, installée ici depuis 1846, gère la boutique centrale, avec saucissons et jambons qui pendent, ses presskopf, hure de langue, saucisse de pomme de terre ou frais boudin noir, fabriqués selon la tradition.

PRODUITS RÉGIONAUX

Les Épices d'Ingwiller

Rue de la Brasserie
Tél. : 03 88 89 45 47

Épices pour choucroute, baies de genièvre, cumin dit carvi sont soigneusement mis ici en sachet, dans une maison fameuse dans toute la province.

Inxent : voir Montreuil

L'Isle-sur-Serein

89440 Yonne. Paris 210 – Auxerre 49 – Avallon 17 – Tonnerre 39 – Montbard 33.

Ce joli village de Bourgogne, à deux pas des merveilles de Noyers et de Montréal, vaut pour sa solitude agreste et sa belle auberge.

Hôtel-restaurant

Auberge du Pot d'Etain 

Tél.: 03 86 33 88 10. Fax: 03 86 33 90 93
Fermé dim. soir, lundi (oct.-mai), 16-23 oct.
7 ch. 280-390 F. 1/2 pens. 300-400 F
Menus: 55 F (enf.), 108-308 F. Carte: 300 F

Cette adorable auberge comme dans le temps, avec son accueil gracieux, sa mise de table soignée, ses attentions charmantes, ses prix encore sages pour une qualité qui se veut simple mais sans faille provoque le coup de foudre. Pas de folie, certes, mais des chambres rustiques, des mets jouant la Bourgogne sans lourdeur, à travers des classiques redéfinis avec ardeur. Escargots persillés au bouillon aillé, salade de jambon du Morvan à l'œuf frit, sandre rôti façon cocotte ou encore fricassée de ris d'agneau, avant le gâteau de crêpe à l'orange: voilà qui donne envie d'avoir son rond de serviette. Ajoutez-y une carte des vins qui épouse la Bourgogne côté chablisien et auxerrois dans ses grandes largeurs, et vous comprendrez que les Péchery qui reçoivent ici avec le sourire soient des gens heureux, sachant communiquer l'état de grâce à leurs hôtes.

L'Isle-sur-la-Sorgue

84800 Vaucluse. Paris 696 - Avignon 23 - Apt 34 - Carpentras 17 - Cavaillon 11.

«J'avais dix ans, la Sorgue m'enchâssait.» La petite ville du Vaucluse, dans l'entrelacs de ses canaux, vit toujours dans le souvenir de René Char, même si les antiquaires ont ravi une part de sa gloire locale au poète des Busclats.

Hôtels-restaurants

La Grangette

A 6 km par D938 N.
Tél.: 04 90 20 00 77. Fax: 04 90 20 07 06
Fermé 11 nov.-27 déc., 3-20 janv. (rest.) mardi soir, mercr. (hs)
16 ch. 630-1 360 F. 1/2 pens. 575-900 F.
Menus: 180-250 F

Cette exquise demeure, une ancienne ferme reconvertie en hôtellerie cosy, est à l'écart du bourg, mais c'est ce qui fait son charme. Chambres décorées sur le mode provençal, piscine, cuisine aux couleurs du pays

Mas de Cure-Bourse 

Carrefour de Velorgues
3 km par rte de Caumont sur D25
Tél.: 04 90 38 16 58. Fax: 04 90 38 52 31
13 ch. 450-650 F. 1/2 pens. 455-555 F
Menus: 98 F (enf.), 165-260 F

Ce mas du XVIIIe dans les vergers a le charme rustique. Les chambres sont simples et sobres. Le parc et la piscine sont bienvenus. La cuisine est une bonne surprise, proposant, selon le marché, artichauts barigoule, soupe de potimarron, parmentier de morue, blanquette d'agneau.

La Prévôté

4, rue J.-J. Rousseau
Tél.: 04 90 38 57 29. Fax: 04 90 38 57 29
Fermé dim. soir, lundi, vac. févr., nov.
Menus: 145 F (déj.), 250-350 F. Carte: 300 F

Juste derrière la collégiale, le restaurant des Mercier est d'une simplicité de bon aloi. Tout le souci est mis ici dans l'accueil, souriant et même chaleureux, et les assiettes où la Provence est conviée de garrigues en sentiers de Méditerranée. Ravioles d'asperges, cannelloni de saumon au chèvre, filet de loup à l'escabèche, canette laquée au miel de lavande, tarte fine aux figues sont d'une justesse de ton sans faille.

L'Oustau de l'Isle 

21, av. des Quatre-Otages
Tél.: 04 90 38 54 84. Fax: 04 90 38 54 84
Fermé mercr., jeudi (sf soir mai-sept.), janv.-févr.
Menus: 90 F (déj.), 130-190 F. Carte: 200 F

Ce bistrot provençal a bonne mine, avec son décor plein de fraîcheur et de couleurs. La cuisine n'oublie pas d'avoir l'accent du pays, proposant, à tarif sage, papeton d'aubergines, brandade, pieds paquets, lapin à la sarriette.

Issenheim

68500 Haut-Rhin. Paris 473 - Mulhouse 21 - Colmar 23 - Guebwiller 3- Strasbourg 101.

Le nom de la commune est fameux grâce à son retable, exposé au musée Unterlinden. Du couvent qui l'abritait ne restent que quelques vestiges. Mais de belles maisons anciennes disent la gloire passée du lieu.

Restaurant

Auberge Jean-Luc Wahl

58, rte de Rouffach
Tél.: 03 89 76 86 68. Tél.: 03 89 76 93 19.
Fermé dim. soir, lundi, 1er-15 août, 1er-10 janv.
Menus: 85 F (enf.), 120 F (déj.)-395 F. Carte: 350 F

Jean-Luc Wahl, ex-chef de la Mère Poulard au Mont Saint-Michel, ne manque ni d'idées ni d'audace. Dans sa belle auberge de 1613 à fleur d'eau, il propose des mets qui séduisent ou déroutent. Le cadre boisé ne manque pas de charme. L'accueil de la blondissime Mme Wahl est la grâce même. La cuisine innove dans le courant de l'air du temps. Le presskopf de tête de porc est flanqué de choucroute caramélisée, la salade d'artichauts s'accompagne de potiron émincé, le foie gras est en trilogie (poché à l'huile fumée, au vin rouge et façon «crème brûlée», avec cassonade caramélisée: un peu fou, mais exquis). Côté desserts, le streusel aux pommes avec abricot sec et sauce caramel, comme la Tatin avec glace cannelle et quenelle de crème double «assurent».

Issoudun

36100 Indre. Paris 247 - Bourges 37 - Châteauroux - Tours 131.

Le pays de la Rabouilleuse selon Balzac, c'est ici même. Rendez-vous à l'auberge pour un cours d'histoire gourmande à la berrichonne.

Hôtel-restaurant

La Cognette

Rue des Minimes (hôtel), bd Stalingrad (restaurant)
Tél. 02 54 21 21 83. Fax 02 54 03 13 03
Fermé dm. soir, lundi soir (hs), mardi midi, 3-31 janv.
11 ch. 420-650 F. 1/2 pens. 420-650 F
Menus: 140 (déj., sem.), 175-450 F
Carte: 300-500 F

Nous avons quelques amis chers (n'est-ce pas Jean Miot, gourmand collègue du *Figaro*) prêts à accomplir d'une traite le voyage Paris-Issoudun pour le bonheur de s'asseoir chez Nonnet-Daumy et faire un sort à la crème de lentilles aux truffes, aux œufs couilles d'âne, au filet de carpe de la Brenne farci à l'ancienne ou au poulet en barbouille. Alain Nonnet et son gendre Jean-Jacques Daumy assurent comme un conservatoire raisonné de la bonne cuisine de leur région, chantent les produits du Berry avec allant, unissant légèreté, finesse et esprit de création. Le sandre Dubarry flanquée d'îles flottantes au caviar, le foie de veau au miel et au citron, le millefeuille de chèvre chaud et les jolis gâteaux à la mode du pays sont quelques-uns des bons tours joués à quatre mains par de duo bien rodé. Le riche décor bourgeois XIXe de la salle à manger aux belles boiseries et jolis tissus, comme l'hôtel de grand confort dans une demeure annexe avec meubles de style et souvenirs littéraires composent un domaine harmonieux sur lequel veillent dames Nicole, la mère, et Isabelle, la fille, avec une attention rare.

Issy-les-Moulineaux: voir Région Parisienne

Ittenheim: voir Strasbourg

Itterswiller

67140 Bas-Rhin. Paris 429 - Sélestat 14 - Molsheim 24 - Strasbourg 40.

Le site entre vignes et Vosges est digne d'une carte postale. La grand-rue lorgne les coteaux chargés de grappes et son auberge-winstub a essaimé ses annexes à travers le bourg.

Hôtel-restaurant

Arnold

98, rte du Vin
Tél.: 03 88 85 50 58. Fax: 03 88 85 55 54
Rest.: fermé dim. soir, lundi nov.-mai, 1er-15 févr.
29 ch. 510-650 F. 1 suite: 800 F
1/2 pens. 460-540 F
Menus: 65 F (enf.), 130 F (déj.)-365 F
Carte: 250-350 F

Avec sa boutique rutilante, son annexe hôtelière, sa façade couverte de fleurs, son caveau historique, cette winstub de luxe impressionne. Escargots, jambon fumé, foie gras, sandre au riesling, choucroute royale, baeckeoffe jouent les vedettes. Accueil chaleureux, prix moins souriants. Chambres de bon confort, certaines avec baldaquins et vue sur les vignes.

Itxassou

64250 Pyrénées-Atlantiques. Paris 792 - Biarritz 24 - St-Jean-de-Luz 36 - Cambo 4.

Les cerisiers du village, accrochés aux collines, donnent un fruit noir fameux dont la confiture est l'accompagnement «naturel» du brebis basque.

Hôtels-restaurants

Le Chêne

Tél.: 05 59 29 75 01. Fax: 05 59 29 27 39
Fermé lundi, mardi (hs), janv., fév.
16 ch. 240 F. 1/2 pens. 260 F
Menus: 48 (enf.), 85-190 F. Carte: 200 F

Tout le bonheur du pays basque dans une seule auberge ! Il y a les repas, l'été, sous la glycine, juste derrière l'église du village, les fenêtres des chambres adorablement rustiques qui s'ouvrent sur le spectacle de la montagne, l'accueil de Geneviève Salaberry, qui a travaillé deux ans à la Tupina à Bordeaux où elle a appris l'art du savoir-recevoir. Et puis la cuisine juste de ton, nette, sans chichi. Jambon de truie, garbure, piperade, salade de pieds de porc, gaspacho au tartare de thon, terrine de campagne, chipirons au jus de ttoro, blanquette d'agneau, gras-double tomaté, fromage de brebis avec la confiture du village et gâteau basque se mangent avec délectation.

Le Fronton

Tél. : 05 59 29 75 10. Fax : 05 59 29 23 50
Fermé mercr., 1er janv.-15 févr.
25 ch. 267-309 F. 1/2 pens. 285-310 F
Menus : 45 F (enf.), 87 F (déj.)-220 F.
Carte : 200 F

Cette adorable auberge basque, adossée au fronton du village, offre des chambres proprettes, notamment à l'annexe de bon confort, un accueil chaleureux et une cuisine qui joue avec les produits du pays. Piment d'Espelette pour la piperade, cerises noires pour le fromage, sans omettre morue koskera, chipiron à l'encre, louvine au jurançon, poulet basquaise et gâteau basque chantent la gloire gourmande d'ici.

Produits

PRODUITS RÉGIONAUX

Mirentxu Elissalde

Ferme Antxondoa
Tél. : 05 59 29 76 34

Mythique, en voie de disparition : c'est la cerise noire de ce joli village. Petites de forme, riches de goût, puissantes d'arôme, de couleur noire, elles sont issues de variétés locales : peloa, xapata ou encore la recherchée beltxa. Dix-huit jeunes agriculteurs d'Ixtassou, sous la houlette de la bouillonnante Mirentxu, se sont regroupés pour replanter douze à treize hectares de cerisiers. La confiture que vous mangerez chez elle accompagne divinement le fromage de brebis que l'on nomme ardi gasna.

Ivry-la-Bataille

27540 Eure. Paris 77 – Anet 7 – Dreux 22 – Evreux 33 – Pacy-sur-Eure 18.

Le beau château d'Anet est à deux pas, ici commence la Normandie bocagère et sa gourmandise fêtée dans un moulin replet.

Restaurant

Le Moulin d'Ivry

Tél. : 02 32 36 40 51. Fax : 02 32 26 05 15
Fermé lundi soir, mardi, févr.
Menus : 165 F (déj.)-300 F. Carte : 300 F

Ce moulin adorable, avec sa terrasse au bord de la terrasse, voit le détour et l'étape pour sa situation au charme. Ajoutez-y des mets classiques mais fort bien traités, de la tête de veau à la tarte aux pommes, de la friture d'éperlans au canard au cidre et vous comprendrez que l'on s'assoit au jardin avec bonheur.

Jarnac

16200 Charente. Paris 457 - Barbezieux 31 - Bordeaux 115 - Cognac 15 - Angoulême 29.

Office du Tourisme : Pl. du Château
Tél. : 05 45 81 09 30. Fax : 05 45 36 52 45

Cette jolie capitale du cognac artisan abrite, en sus des beaux chais à visiter à fleur de Charente, le lieu de naissance de François Mitterrand.

Restaurants

Restaurant du Château

15, pl. du Château
Tél. : 05 45 81 07 17. Fax : 05 45 35 35 71
Fermé dim. soir, lundi, mercr. soir, 1er-15 mars, 1er-20 août
Menus : 100 F (déj.), 155-236 F. Carte : 200-300 F

Classique en centre-ville, cette table proche du « château Courvoisier » offre un accueil adorable, un cadre pimpant aux teintes rieuses et des mets au goût charentais. Terrine de volaille et foie gras au chou, anguille en persillade, braisé de ris de veau au pineau, petit soufflé glacé au cognac se mangent sans faire de manière.

A Bourg-Charente, 6 km O. par N141

Ribeaudière

Tél. : 05 45 81 30 54. Fax : 05 45 81 28 05
Fermé dim. soir, lundi, vac. févr., 15-31 oct.
Menus : 140-330 F. Carte : 300-450 F

Formé jadis chez Loiseau à Saulieu, établi ici depuis une décennie, Thierry Verrat a fait de sa gente auberge des bords de la Charente la bonne étape incontestée de ces parages cognaçais. On vient ici pour la terrasse au vert, le service qui sait sourire, les vins choisis avec mesure, les menus bien pondus et la cuisine faite au gré du temps. Soupe de cèpes et foie gras de canard poêlé, tarte fine de tomates et langoustines à l'émulsion de lait de chèvre, fricassée de blanc de seiche et piment farci de morue, poitrine de veau braisée, navarin de homard d'Oléron, croustade de framboises aux pralinés sont quelques-uns de ses bons tours.

Joigny

89300 Yonne. Paris 144 - Auxerre 28 - Montargis 60 - Sens 33 - Troyes 76.

Le clocher sur l'Yonne, les maisons dodelinantes rassemblées en troupeau, le site vineux de la côte Saint-Jacques, bref un portrait de la France tranquille non loin de la capitale.

Hôtels-restaurants

La Côte Saint-Jacques

14, Faubourg-de-Paris
Tél. : 03 86 62 09 70. Fax : 03 86 91 49 70
Fermé 3-25 janv.
21 ch. 740-1 890 F. 1/2 pens. 1 180-1 500 F
Menus : 380 F (vin c., déj.)-780 F.
Carte : 750-1 000 F

Il y eut le tunnel sous la route qui fit gloser « radio-marmite ». Il y eut les chambres au luxe hollywoodien qui demeurent, superbes, avec vue sur le fleuve, la piscine, les chambres cosy au-dessus du restaurant lui-même. Il y aura bientôt (en janvier prochain) toute la maisonnée transportée au-dessus de l'Yonne. Ce qui donne envie d'accomplir le voyage ici même ? La cuisine initiée par le père Michel, relayée par le fils Jean-Michel, formé chez Girardet, Troisgros, Taillevent, maintenant une sage continuité. Du père au fils : nulle rupture de ton, nulle querelle de génération. Elle représente, au contraire, un compromis parfait entre style ancien et contemporain. Les huîtres en terrine océane figurent parmi les classiques de la maison, flirtant avec le gaspacho de langoustines à la crème de courgette. Le bar légèrement fumé au caviar sevruga, le rouget à la moelle et oignons rouges ou encore le formidable dos de cochon de lait à l'orge perlé, plats canailles si raffinés, font assaut de saveurs intrépides. Ajoutez-y des desserts jouant le perfectionnisme, comme ce mille-feuille servi entier pour une personne, qui est un chef-d'œuvre de légèreté arachnéenne avec sa crème vanille comme un souffle. Le service prône la découpe au guéridon, les vins sont choisis par Maman Jacqueline pour qui les meilleurs chablis, pommards, volnays n'ont pas de secret. C'est dans cette harmonie que réside la clef de la réussite d'une maison sans heurt.

Rive Gauche 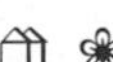

Rue du Port-aux-Bois
Tél. : 03 86 91 46 66. Fax : 03 86 91 46 93
42 ch. 260-660 F. 1/2 pens. 320-420 F
Menus : 60 F (enf.), 102-220 F

C'est l'annexe sage des Lorain, dans un bâtiment moderne, de l'autre côté du fleuve. Salle pour séminaires, chambres fonctionnelles, cuisine sage, bourguignonne (escargots, truite, boudin) et jardin avec tennis à demeure.

Josselin

56120 Morbihan. Paris 428 - Vannes 44 - Dinan 84 - Lorient 74 - Rennes 80.

Office du Tourisme : Pl. Congrégation
Tél. : 02 97 22 36 43. Fax : 02 97 22 20 44

Le château des Rohan avec ses allures de rude forteresse et la basilique Notre-Dame-du-Roncier sont deux monuments à ne pas louper.

Hôtel-restaurant

Hôtel du Château

1, rue du Gal-de-Gaulle
Tél. : 02 97 22 20 11. Fax : 02 97 22 34 09
Fermé févr., 24-31 déc.
36 ch. 245-340 F. 1/2 pens. 238-265 F
Menus : 50 F (enf.), 89-170 F

Cette bonne étape, sage, confortable, sans chichis, face à l'imposant château des Rohan, vaut la halte sur la route de la Bretagne des côtes. Bonne cuisine régionale, chambres simples, mais bien tenues.

Joucas

84220 Vaucluse. Paris 719 - Avignon 43 - Cavaillon 21 - Carpentras 32 - Apt 14.

Un joli village provençal au cœur de Saint-Luberon-des-Prés...

Hôtel-restaurant

Le Mas des Herbes Blanches

Rte de Murs
Tél. : 04 90 05 79 79. Fax : 05 90 05 71 96
Fermé janv.-mi-mars
16 ch. 900-1 950 F
Menus : 215-415 F. Carte : 400-500 F

Ce Relais & Châteaux avec splendide vue sur le paysage du Luberon joue la décoration traditionnelle années quatre-vingt un peu datée. La cuisine, sous la houlette du jeune Eric Sapet, ancien de Cagna, est complexe, mais souvent passionnante. Aigre-doux, infusions d'herbes, vanille aussi pour une tomate évidée avec ses légumes. Le «pain» de pommes de terre au foie gras, la barigoule d'artichauts aux escargots, le turbot meunière au beurre salé et le craquant de selle d'agneau sont des réussites. Bien jolis desserts (tarte sablée à la confiture de lait, gourmandise aux fruits et noix de coco, fraises marinées au tilleul et crumble, biscuit roulé aux fruits d'ici et gelée à l'orange sanguine). Vins du pays choisis à propos.

Joué-les-Tours : voir Tours

La Jouvente : voir Dinard

Juan-les-Pins

06160 Alpes-Maritimes. Paris 917 - Aix 162 - Nice 25 - Cannes 9.

Office du Tourisme : 51 bd Ch.-Guillaumont
Tél. 04 92 90 53 05

Plage, mer, Golfe-Juan à l'horizon... Tendre est la vie, aurait dit Scott Fitzgerald qui séjourna aux Belles Rives. Bien sûr, le désordre architectural et la profusion d'échoppes de toutes sortes donnent à Juan, côté mer, l'aspect d'un marché de plein air. Mais il y a aussi de belles façades Arts déco qui, si elles étaient repeintes de couleurs pastel feraient songer à Miami, côté Ocean Drive.

Hôtels-restaurants

Juana et la Terrasse

Av. G.-Gallice
Tél. : 04 93 61 08 70. Fax : 04 93 61 76 60
Fermé nov.-Pâques,
(rest.) lundi midi, jeudi midi (hs),
mercr. sf soir été
45 ch. 1 150-2 550 F. 1/2 pens. 1 115-1 795 F
Menus : 290 F (déj.), 490-660. Carte : 600-800 F

Un palace tranquille : telle est la demeure des frères Barrache, qui avec son jardin, sa piscine, en centre-ville, fait presque oublier la circulation incessante devant la belle façade années trente. Il y a les chambres de luxe aménagées avec soin, le personnel aux petits soins, la plage proche. Mais c'est surtout la belle cuisine très Riviera française de Christian Morisset qui fait la réputation de la demeure. Celui-ci, qui remplaça jadis au débotté Ducasse parti depuis pour la gloire, joue la précision, le doigté, la sagesse, avec des produits d'une qualité sans faille. Son menu «méditerranéen» (tarifé 590 F) donne un bel exemple de son talent. Scampi marinés à l'huile d'aromates avec tartelettes de légumes et corbeille croustillante aux herbes, cannelloni de supions et palourdes à l'encre au jus de coquillages et feuilles de basilic, rougets de roche rôtis, servis avec des gnocchis de blettes et un jus de daube, granité au muscat de beaumes-de-venise sont du travail net et précis. Il y a encore la selle d'agneau en croûte d'argile de Vallauris qui fournit l'occasion d'un bel exercice de découpe au guéridon et de numérotage de la coque, façon canard à la Tour d'Argent, les fromages cuisinés tel le chèvre rôti sur sa pomme avec salade aux pignons, enfin de frais desserts qui sont une partie forte de la demeure : fruits rouges au basilic et jus glacé, soufflé chaud vanille-orange, plus glace vanille turbinée. Ajoutez-y une carte des vins pleine d'à-propos et un service diligent, faisant face au succès, et vous comprendrez que cette Terrasse fasse partie du « top » de la côte.

Belles Rives

Bd E.-Baudoin
Tél. : 04 93 61 02 79. Fax : 04 93 67 43 51
Fermé nov.-mars
40 ch. 950-3 200 F
Menus : 90 F (enf.), 195 F (déj.), 330 F, 420 F (dîn.). Carte : 500 F

Ce bel hôtel pur Arts déco, avec sa façade en écailles, son ponton sur la grande bleue, les îles de Lérins, l'Estérel, restitue l'esprit de la Côte d'Azur d'avant, celle de Scott et Zelda Fitzgerald qui y découvrent les doux hivers des années vingt. C'était l'époque de la villa Saint-Louis. Agrandie en 1930, la demeure est demeurée dans les mains de la même famille, dirigée avec dynamisme par Marianne Estène-Chauvin qui a sauvegardé l'esprit du lieu. Le mobilier d'époque, les vues depuis les chambres sur la mer et la côte ont le charme du passé. On ajoutera l'entrée qui donne l'heure des destinations lointaines, le restaurant en terrasse et la salle aux lignes pures avec ses colonnades. Côté cuisine, Thierry Grattarola, qui travailla jadis à la Cardinale à Baix, mitonne des beignets de langoustines aux épices thaïs, cannelloni d'asperges gratinés aux morilles et rouget à la compote de joue de bœuf très séducteurs.

Bijou Plage

Bd Ch.-Guillaumont
Tél. : 04 93 61 39 07. Fax : 04 93 67 81 78
Menus : 110 F (sem., déj.), 165-280 F. Carte : 300 F

En bout de plage, à l'écart du centre, ce cabanon Arts déco offre la surprise d'une cuisine de qualité dans un décor soigné. Le cadre avec comptoir bleu, terrasse, tables bien mises, séduit sans mal, à fleur de plage, avec en ligne de mire les îles de Lérins. Le menu de midi à 110 F est un cadeau. Quant aux tian de sardines, mérou à la compotée de fenouil, carré d'agneau en persillade, ils sont sans reproche.

Juliénas

69840 Rhône. Paris 405 – Mâcon 14 – Bourg 50 – Villefranche 32 – Lyon 66.

Ce village vigneron est accueillant de cave en cave, sans omettre de nourrir le chaland avec grâce.

Restaurant

Le Coq au Vin 

Pl. du Marché
Tél. : 04 74 04 41 98. Fax : 04 74 04 41 44
Fermé mercr., mi-déc.-mi-févr.
Menus : 60 F (enf.), 98 F (déj.)-240 F. Carte : 200-250 F

Claude Clévenot, « RP » de grand talent, imprimeuse chic, reine des étiquettes de vin (son Clos du Moulin est fameux dans le monde entier), copine de Bocuse et sa bande, a fait de son auberge de carte postale le QG de campagne des grands chefs en goguette. Gâteau croustillant de pommes de terre aux grenouilles, lotte au lard, pigeon à l'ail et coq au vin sont du travail soigné. Qu'on arrose avec plaisir des meilleurs crus du secteur.

Jungholtz : voir Guebwiller

Jurançon : voir Pau

K

Kaysersberg

68240 Haut-Rhin. Paris 436 – Colmar 12 – Sélestat 26 – Guebwiller 35.

Qu'elle est belle la cité du docteur Schweitzer! Avec ses demeures au bord de la Weiss, son château découronné, ses pavés luisants, son grès flamboyant, ses auberges accortes et l'appel des Vosges flirtant avec les vignes.

Hôtels–restaurants

Le Chambard et sa Résidence

9-13, rue du Gal-de-Gaulle
Tél.: 03 89 47 10 17. Fax: 03 89 47 35 03
Fermé 1er-22 mars, (rest.) lundi, mardi midi.
20 ch. 450-750 F. 1/2 pens. 690-760 F
Menus: 250-450 F. Carte: 450-550 F

Olivier Nasti, formé chez Roellinger à Cancale et à l'Auberge de l'Ill, avait relancé avec éclat le Caveau d'Eguisheim. Avec son frère Emmanuel qui tient la salle, il a repris la maison de Pierre Irrmann dont il continue de porter haut le renom de qualité. Cet artisan soigneux, né en Corse mais heureux entre Vosges et Rhin, sait travailler la tradition alsacienne, comme les poissons au plus près de leur fraîcheur. Parmi ses bons tours, les beignets de langoustines et tomates, le cabillaud au bouillon épicé, la daurade farcie à l'antiboise, coques et sauce à l'huile d'olive sont des réussites sur le mode sudiste. Reste que la côte de veau cuite rosée avec son émiettée de fressure, le foie chaud en croûte de pommes de terre au miel, le sablé aux framboises avec glace fromage blanc sont des mets terriens de grand goût. La maison chic et cossue s'additionne de chambres de standing dans un manoir moderne contigu de la salle confortable. Voilà une belle étape maintenue au cœur du vignoble.

L'Arbre Vert

1, rue du Haut-Rempart
Tél.: 03 89 47 11 51. Fax: 03 89 78 13 40
Fermé lundi (rest.), janv.
36 ch. 280-400 F. 1/2 pens. 390 F
Menus: 58 F (enf.), 120 F (déj.)-250 F. Carte: 250-350 F

De bonnes chambres dans une annexe et une cuisine régionalisante (consommé aux quenelles, foie gras, truite au bleu, carpe fumée sur choucroute, côte de veau aux morilles): voilà ce qui vous attend chez les Kieny, la gentillesse en sus.

Hôtel Constantin

10, rue du Père-Kohlmann
Tél.: 03 89 47 19 90. Fax: 03 89 47 37 82
20 ch. 340-390 F

Denis et Christine Kohler, déjà propriétaires du Château ont ouvert cet hôtel de vingt chambres dans une maison ancienne remise à neuf. Bonnes salles d'eau, décoration alsacienne avec meubles polychromes, claire salle de petits déjeuners sont au programme.

Les Remparts

4, rue de la Flieh
Tél.: 03 89 47 12 12. Fax: 03 89 47 37 24
45 ch. 320-440 F

Cet hôtel moderne, sans restaurant, est bien pratique pour qui veut visiter librement les Vosges et le vignoble. Annexe de quinze chambres (les Terrasses) à flanc de colline. Confort, grand calme, garage, parking.

Le Château

38, rue du Gal-de-Gaulle
Tél.: 03 89 78 24 33. Fax: 03 89 47 37 82
Fermé mercr. soir (hs), jeudi, 1er-10 juil., 20 févr.-12 mars
8 ch. 140-310 F
Menus: 83-190 F. Carte: 180 F

Un accueil adorable, de sages menus régionaux et des chambres proprettes: voilà ce qu'on trouve ici sans prétention. Tarte à l'oignon, truite fumée au raifort, choucroute royale jouent les vedettes tranquilles dans cette historique demeure.

Le Bistrot du Chambard

9-13, rue du Gal-de-Gaulle
Tél.: 03 89 47 10 17. Fax: 03 89 47 35 03
Fermé lundi, mardi midi, 3-24 janv.
Menus: 60 F (enf.), 120 F. Carte: 150-200 F

Olivier Nasti en reprenant le Chambard a repris également son annexe qui demeure une taverne débonnaire, contiguë de leur belle table, avec boiseries en pin et miroirs. Et les plats simples mais savoureux sont concoctés dans les mêmes labos qu'à côté. Témoin, le fameux hareng rémoulade, les tripes au vin blanc, le pied de porc en crépine, la choucroute, avec la charcuterie du voisin Bruxer, le vacherin glacé. Autant de mets de sagesse tarifés à prix de raison qui font de la maison la bonne affaire du bourg.

Si vous cherchez un établissement particulier, consultez l'index général en fin d'ouvrage.

Au Lion d'Or

66, rue du Gal-de-Gaulle
Tél. : 03 89 47 11 16. Fax : 03 89 47 19 02
Fermé mardi soir (hs), mercr., 1er-25 janv.
Menus : 85-280 F. Carte : 200 F

Cette gente auberge est alsacienne jusqu'au bout des poutres. Foie gras, kougelhopf de brochet et choucroute royale forment la sainte Trinité maison. Service attentionné.

La Vieille Forge

1, rue des Écoles
Tél. : 03 89 47 17 51. Fax : 03 89 78 13 53
Fermé lundi, mardi, vac. févr., 6-26 juil.
Menus : 57 F (enf.), 119-290 F. Carte : 250-350 F

Rémy Gutleben tient la bonne table sage du bourg. Son décor de pierre et bois d'ancienne forge a du charme. L'ambiance est bon enfant et la cuisine suit le mouvement. Joli foie gras d'oie, grenouilles vraiment fraîches au riesling, dos de biche aux airelles, filet de bœuf en chemise sauce au poivre et pièce de veau au jus de truffes font plaisir. Le parfait aux coings est une belle issue.

Produits

BOULANGER-PÂTISSIER

Au Péché Mignon

67, rue du Gal-de-Gaulle
Tél. : 03 89 47 30 40

Pour le kougelhopf, le berawecka et les glaces, cette boutique-salon fait une étape obligée. On déguste tarte aux fruits et sorbet à l'aspérule sans se lasser au cœur du bourg.

CHARCUTIER

Jean-Louis Bruxer

107, rue du Gal-de-Gaulle
Tél. : 03 89 78 23 19

Vedette gourmande de la charcuterie alsacienne, Jean-Louis Bruxer mitonne filet mignon de fumé comme un bacon, saucisse paysanne parfumée à la fleur de bière, minigendarme aux raisins (ou « fagot du vigneron »), mais aussi jambon en croûte, kassler, lard paysan, choucroute garnie, jambon cru fumé à fondre. Tout chez lui est d'exceptionnelle qualité.

Kerbourg : voir Saint-Lyphard
Kermario : voir Carnac

Kientzheim

68240 Haut-Rhin. Paris 433 - Colmar 13 - Munster 28.

Au pied de la nécropole de Sigolsheim, ce village historique, dont le château abrite la confrérie Saint-Etienne et un musée du vin, mérite visite et dégustations.

Hôtels-restaurants

Hôtel de l'Abbaye d'Alspach

2/4, rue Foch
Tél. : 03 89 47 16 00. Fax : 03 89 78 29 73
Fermé 7 janv.-15 mars
29 ch. 350-450 F

Sympathique et même charmeur, cet hôtel aux chambres biscornues mais fonctionnelles se cache dans les ruines d'un ancien couvent du XIIIe siècle. Pas de restaurant.

Schwendi

2, pl. Schwendi
Tél. : 03 89 47 30 50. Fax : 03 89 49 04 49
Fermé mardi, mercr. midi, 23 déc.-15 mars
17 ch. 320-400 F
Menus : 95-300 F. Carte : 200-300 F

Les Schillé, qui possèdent des vignes alentour, ont aménagé avec soin une hôtellerie en ligne de mire sur la route des vins. Le fiston Fabien propose la mousse de poissons à la crème de raifort, le sandre au gratin d'herbes fraîches et le kougelhopf en pain perdu avec sa glace aux noix, parmi moult spécialités alléchantes. Accueil adorable dans une salle à manger rustique.

Kiffis

68480 Haut-Rhin. Paris 541 - Altkirch 31 - Colmar 90.

A la frontière suisse, un village en sentinelle sur la ligne des coteaux jurassiens en pente douce.

Hôtels-restaurants

Auberge du Jura

63, rue Principale
Fermé lundi
Tél. : 03 89 40 33 33. Fax : 03 89 40 47 81
8 ch. 300 F
Menus : 120-280 F

Rémy Frank tient avec dynamisme ce petit hôtel paisible avec vue sur le Jura suisse. La cuisine est familiale, avec quelques velléités au fil du temps (tarte à l'oignon, choucroute, tournedos aux chanterelles). Les chambres sont simples, mais proprettes.

Le Cheval Blanc

20, rue Principale
Tél. : 03 89 40 33 05
Fermé lundi, 3 sem. janv.
Menu 56 F (déj.). Carte : 180 F

La bonne petite table la plus sudiste d'Alsace est cette auberge boisée à l'ambiance chaleureuse et au menu sage. André Walther y mitonne l'omelette aux cuisses de grenouilles, la truite au vin blanc, le feuilleté de saumon, le steak de veau au munster. Les fleischnacka sont un plat robuste et sincère.

Kintzheim

67600 Bas-Rhin. Paris 432 – Sélestat 5 – Colmar 22.

Au pied du Haut-Koeningsbourg, de la montagne des singes, de la volerie des aigles, un fringant village vigneron qui accueille avec ardeur.

Restaurant

Auberge Saint-Martin

80, rue de la Liberté
Tél.: 03 88 82 04 78. Fax: 03 88 82 26 20
Fermé mardi, mercr., Noël-Nvel An, 8 jrs fin juin
Menus: 80-198 F. Carte: 180 F

Cette grande auberge de bord de route (des vins) doit beaucoup de sa célébrité aux Haeberlin qui en font leur cantine sympathique lors de leurs repas de détente. On vient ici pour l'accueil de Frédéric Toussaint, de sa femme et sa belle-sœur, mais aussi pour l'exceptionnelle tarte flambée, le baeckeoffe, le jambon à l'os au feu de bois, les quenelles de foie, le saumon sur choucroute, le t'bone steak qui justifient l'étape. La carte des vins est pleine de bonnes choses, l'ambiance bruyante, l'atmosphère chaleureuse.

Koenigshoffen : voir Strasbourg

Krautergersheim

67880 Bas-Rhin. Paris 492 – Strasbourg 25 – Obernai 9 – Molsheim 16.

Littéralement, le nom de la commune signifie « Chouville ». On comprendra que la choucroute soit le légume-star des champs environnants.

Restaurant

Le Chou'Heim

2, rue G.-Clemenceau
Tél. fax 03 88 48 18 10
Fermé lundi soir, mercr. soir, vac. févr.
Menus: 42 F (déj.)-200 F.
Carte: 100-150 F

Rémy Louis accueille avec bonhomie dans sa ferme du XVIIIe siècle qui trône, presque flambant neuf, au cœur de « Chouville ». Beaucoup de gentillesse, des prix doux, des boiseries chaleureuses, des poutres à foison, une aimable tarte flambée, un exquis gratin aux pommes caramélisé au four et une choucroute paysanne de bien honnête qualité font courir ici les amateurs.

Kutzenhausen : voir Merkwiller-Pechelbronn

L

Labaroche

68910 Haut-Rhin. Colmar 14 – Gérardmer 51 – Munster 25 – St-Dié 52

L'une des plus vastes communes de France, ses hameaux dans le paysage, son flirt avec les chaumes, ses sentiers se faufilant dans la forêt: à 750 mètres d'altitude, au cœur des Vosges.

Hôtels–restaurants

Le Tilleul

Tél. : 03 89 49 84 46. Fax : 03 89 78 91 88
Fermé janv.
32 ch. 280 F. 1/2 pens. 250 F
Menus : 120 F

Ce petit hôtel de vacances, calme, sympathique et peu cher, propose balades au grand air, cours de tennis à demeure, chambres proprettes et petits menus soignés.

La Rochette

Rte des Trois-Épis
Tél. : 03 89 49 80 40. Tél. : 03 89 78 94 82
Fermé mardi
8 ch. 245-350 F
Menus : 85-230 F. Carte : 200 F

Pascal Lanoix, qui dirigea le Couvent de Kaysersberg, a fait de cette chaumine ancienne une table de bonne compagnie. Sablé aux oignons, escargots en petit baeckoffe, sandre en matelote, pintade au riesling renouvellent le répertoire de tradition. Chambres, simples mais rénovées.

Les Bolles

Tél. : 03 89 49 85 74
Fermé déc.-mars
Menu : 60 F (sem.)-120 F. Carte : 120 F

Planchette paysanne, salade vigneronne, choucroute jambonneau et roïgebradeldi : voilà ce qu'offre cette auberge paysanne, vosgienne jusqu'au bout des poutres.

Rendez-vous

SALON DE THÉ

Blanche-Neige

Aux Évaux
Tél. : 03 89 49 83 35

Le panorama qu'offre ce chalet planté sur un sentier vaut l'étape. Tartes aux fruits et petits plats se mangent sans faim. Voilà une aubaine pour les marcheurs.

Lacapelle-Marival

46120 Lot. Paris 557 – Cahors 63 – Figeac 21 – Rocamadour 31 – Gramat 20.

Ce bout de campagne quercynoise sur le causse, à 375 mètres d'altitude, a des allures de bout du monde.

Hôtel–restaurant

La Terrasse 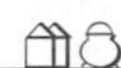

Tél. : 05 65 40 80 07. Fax : 05 65 40 84 15
Fermé dim. soir, lundi (sf été), 2 janv.-6 mars
13 ch. 235-300 F. 1/2 pens. 250-290 F
Menus : 75-200 F. Carte : 200 F

Un village sur la trace du GR, son auberge près du château, ses chambres rustiques, son accueil adorable, sa salle à l'ancienne avec la cheminée : bref, on est vite ici chez soi. Ajoutez-y les bonnes choses d'ici (foie gras, salade de gésiers, confit, magret, pot-au-feu avec sa mique, mais aussi les écrevisses pattes rouges et la tourtière) que cuisine avec sérieux Eric Bizat. Qu'on est bien au cœur du pays quercynois !

Lacave

46200 Lot. Paris 533 – Brive 52 – Sarlat 42 – Cahors 58 – Gourdon 26

Les rives de la Dordogne, la route des châteaux, le Quercy qui flirte avec le Périgord proche, une belle image de la France paisible.

Hôtel–restaurant

Château de la Treyne 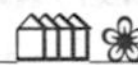

Tél. : 05 65 27 60 60. Fax : 05 65 27 60 70
Fermé mi-nov.-20 déc., janv.-mars (rest.) déj. mardi, mercr., jeudi
16 ch. 750-2 250 F. 1/2 pens. 755-1 375 F
Menus : 220 F (vin c., déj.), 320-450 F

Cette magnifique demeure historique, peaufinée, rénovée par Mme Gombert, administrée avec sérieux par son fils, vaut par sa situation en à-pic sur le fleuve, la beauté de ses chambres et salons, pourvus de jolis meubles et l'accueil (presque) comme à la maison. Cuisine moderne aux accents du pays (tournedos de ris de veau flambé à la vielle prune, tonneau glacé aux noix et pruneaux).

❀ *indique un hôtel au calme.*

Le Pont de l'Ouysse

Tél. : 05 63 37 87 04. Fax : 05 65 32 77 41
Fermé lundi (sf soir sais.), mardi midi, mi-nov.-févr.
14 ch. 750-800 F. 1/2 pens. 800-850 F
Menus : 180-600 F. Carte : 500 F

Nous avons connu la demeure de Daniel et Marinette Chambon lorsqu'elle était encore modeste sur le tracé du «GR» entre Souillac et Figeac. Vingt après, la voilà embellie, policée, pourvue de confort net, de luxe sage, non sans joliesse. Daniel, technicien solide et racé, qui tire ses recettes de son terroir en le rajeunissant, raconte le Quercy dans les assiettes à sa manière chantante. Le foie de canard «bonne maman» est un délice, la cassolette d'écrevisses au parfum de l'Ouysse une bénédiction. Ajoutez-y la délicate estouffade de légumes aux truffes et champignons, la rustique mais chic daube de pied de porc en papillote et encore le sablé aux framboises avec sa peau de lait, comme chez le cousin Michel Bras de Laguiole, grand modèle, et vous comprendrez que ce chef solide resté fidèle à son terroir est, avec Alexis Pélissou du Gindreau, à Saint-Médard-Catus, le meilleur ambassadeur gourmand de sa région.

Ladoix-Serrigny : voir Beaune

Laguiole

12210 Aveyron. Paris 579 – Aurillac 78 – Rodez 53 – Espalion 22.

A 1 000 mètres d'altitude sur le plateau de l'Aubrac, ce bourg est fameux pour le taureau de bronze de Pompon sur la place du foirail, le fromage et le couteau qui portent son nom et le grand cuisinier ayant fait son renom.

Hôtels-restaurants

Michel Bras

6 km par D15, rte de l'Aubrac
Tél. : 05 65 51 18 20. Fax : 05 65 48 47 02
Fermé lundi sf juil.-août, (rest.) mercr. midi, jeudi midi, nov.-début avr.
15 ch. 1 050-1 800 F
Menus : 110 F (enf.), 250 F (déj.), 440-740 F.
Carte : 450-800 F

Cet ovni sur le plateau, comme un temple voué au culte des herbes et des légumes, est une auberge contemporaine jouant l'épure, avec ses lignes claires. Il y a douze chambres sobres, utilisant pierre, bois, verre, avec leurs baies en miroir sur l'Aubrac. Le restaurant, en prolongement d'un salon sage, joue sur le même ton, fuyant l'épate. Le personnel est jeune, dévoué à la cause du maître. Michel Bras? Un autodidacte, qui a appris les bonnes manières avec maman (celle-ci touille toujours l'aligot en cuisine derrière les commis qui mitonnent les plats plus modernes) et fuit le mouvement du monde. Initiateur de l'école des herbes, il est, avant tout, un poète. Ses menus sont intitulés comme des messages. «Evasion & Terre» ou encore «Découverte & Nature». Les plats? Des odes à la gloire des produits vrais, des herbes chantantes, des légumes oubliés. Symbolique de sa démarche, sa tomate dite «steak», entière, émondée, tronçonnée sur le dessus avec ses basilics parfumés, de l'olive noire séchée au goût de réglisse sur des graines de chapelure prend des allures de manifeste. La simplicité, si difficile à tenir de bout en bout, est portée ici à la hauteur d'un bel art. A travers le fameux «gargouillou» de légumes, craquants et odorants, la terrine de porc avec museau, ou celle de pintade avec purée de potiron, la sole cuite au beurre, tronçonnée, avec sa feuille d'amarante de Chine, sa peau de lait, son pain-noisettes si parfumé, ou encore ses fondantes châtaignes. Un chef-d'œuvre récent de sa manière? La somptueuse soupe blanche et crémeuse de pommes de terre Beauvais, aux parfums de truffe noire, de lait d'amande, avec un soupçon d'huile d'olive. Mais le foie chaud à la compotée de coing ou le tendre agneau fermier aux aubergines orangées sont de la même belle eau. Ses desserts jouent pareillement l'innocence de l'enfance : biscuit — pâte brisée et meringue — tiède et craquant, s'ouvrant sur un flot de myrtilles, rhubarbe mariée à la peau de lait avec son confit de beurre de noix. Les vins, que conseille un maître d'hôtel argentin, aux airs de révérend irlandais, illustrent les nouvelles richesses du grand Midi. Un repas ici laisse rassasié, mais pas repu, prêt pour une marche sur le plateau où la brume s'évapore en douceur, où la lumière se fait changeante.

Grand Hôtel Auguy

Tél. : 05 65 44 31 11. Fax : 05 65 51 50 81
Fermé dim. soir, lundi midi (sf été), 20 nov.-20 mars
20 ch. 260-475 F. 1/2 pens. 280-385 F
Menus : 70 F (enf.), 140 F (sem.)-230 F
Carte : 200-250 F

Isabelle Muylaert tient avec ardeur la demeure fondée par sa grand-mère en 1921 puis mise en orbite par son père dans les années cinquante. Elle a pris bravement la relève il y a vingt ans après un stage à la Renaissance de Magny-Cours. Son mari, Angevin d'origine, est à la réception. Les chambres ont été plaisamment refaites et, pour certaines, agrandies. Tandis que le grand voisin du plateau de l'Aubrac hiberne, la petite Isabelle veille au centre du bourg. Son menu régional est une aubaine. Le marcillac se boit tout seul et les crépinettes de joues de porc à la compotée de lentilles, la truite vive au croustillant de lard, la galette de pied de cochon au jus de viande, le faux-filet d'Aubrac servi saignant avec l'aligot, les fromages fermiers, la soupe de pêche blanche au sauternes avec ses fruits rouges et son sorbet au thé jouent une jolie chanson, rustique, douce, tendre, appliquée, aux couleurs du pays.

Produits

CHARCUTIER

Conquet

Pl. de la Patte-d'Oie
Tél. : 05 65 44 31 93. Fax : 05 65 51 51 06

Artistes du saucisson (ils l'expédient dans le monde entier), André et Lucien Conquet fabriquent, en sus de leur sec, poivré, de leur fin cendré et de leur saucisse sèche comme un régal, un jambon de qualité extra. Le goût du cochon, c'est bien Conquet.

FROMAGER

Jeune Montagne

Rte de Saint-Flour
Tél. : 05 65 44 35 54. Fax : 05 65 48 47 76

Une coopérative au service du fromage de qualité. Exquis vieux laguiole mais aussi tomme fraîche pour l'aligot.

PÂTISSIER

La Fouace de Laguiole

12, rue Bardère
Tél. : 05 65 44 33 30. Fax : 05 65 51 55 55

Cette jolie brioche en couronne, dorée et fondante, vaut le détour. En sus, rissoles aux pruneaux et cake aux fruits sont proposés avec le sourire par Denise Roux.

Lamastre

07270 Ardèche. Paris 575 - Valence 39 - Privas 56 - Le Puy 73 - St-Etienne 92.

L'Ardèche des vacances, avec ses maisons hautes, ses gorges et ses forêts profondes, sans omettre ses auberges accortes et son petit train qui s'essouffle en gravissant les cimes.

Hôtels-restaurants

Hôtel du Midi

Pl. Seignobos
Tél. : 04 75 06 41 50. Fax : 04 75 06 49 75
Fermé vendr. soir, dim. soir, lundi, fin déc.-mi-févr.
12 ch. 350-525 F. 1/2 pens. 450-495 F
Menus : 195-450 F. Carte : 350 F

Dites «Barratero à Lamastre» et le visage du gourmet rhônalpin s'éclaire d'un sourire. Cette grande demeure de tradition qui a su garder le charme simple et la façade accorte est aujourd'hui tenue avec fermeté et rigueur par Bernard Perrier. La tradition se mêle ici sagement à la création, à travers la terrine de foie gras au jambon d'Ardèche, l'épatant pain d'écrevisses sauce Cardinal comme dans l'temps, la poularde de Bresse en vessie ou le soufflé glacé aux marrons d'ici. Beaux vins de la vallée du Rhône, chambres rustiques et soignées, accueil à l'unisson.

Château d'Urbilhac 

2 km par rte de Vernoux-en-Vivarais
Tél. : 04 75 06 42 11. Fax : 04 75 06 52 75
Fermé oct.-avr., (rest.) déj. sf w.-e.
12 ch. 550-750 F. 1/2 pens. 650-675 F
Menu : 250 F

Ce château du siècle dernier dominant la vallée offre une vue superbe sur les monts d'Ardèche, le calme d'un parc de 60 ha, des chambres et salons garnis de meubles anciens, bref le charme et la douceur paisible, avec une cuisine qui ne fait pas la retape.

Lambersart : voir Lille

Lamotte-Beuvron

41600 Loir-et-Cher. Paris 173 - Salbris 21 - Orléans 37 - Blois 60 - Romorantin 39.

Ce bourg de Sologne est fameux pour avoir abrité les sœurs Tatin, créatrices de la tarte aux pommes renversées.

Hôtel-restaurant

Hôtel Tatin

Rte nationale, face à la gare
Tél. : 02 54 88 00 03. Fax : 02 54 88 96 73
Fermé dim. soir, lundi, 5-15 janv., 15 févr.-6 mars
14 ch. 300-460 F
Menus : 140-290 F. Carte : 250 F

Dans l'historique maison des sœurs Tatin, Martial Caillé a bravement repris la tradition. On vient goûter la Tatin à toute heure, mirer le vieux fourneau des douces Caroline et Stéphanie, ou encore sacrifier aux propositions d'automne, entre salade de filet de garenne au cidre et civet de lièvre au bourgueil. Chambres d'honnête confort, et vue sur l'arrière d'un jardin oubliant la N12.

Produits

APICULTEUR

François Pinglot

47, rue des Michalons
Tél. : 02 55 88 22 09

Cet artisan apiculteur propose miel d'acacia, de bruyère, pain d'épice, «confit de miel» et pâte à tartiner aux noisettes et amandes grillées de qualité.

VOLAILLER-TRAITEUR

Gibiers de Sologne

70, av. de la République
Tél. : 02 54 88 06 60

Jean-Louis Chesneau, costaud au cœur tendre, est l'un des derniers volaillers de la région à vendre du gros gibier sur commande à des particuliers. Il se rend lui-même sur le lieu de chasse des propriétés les plus importantes pour choisir les bêtes selon la demande. Ce passionné de chasse et de champignons concocte en sus pour sa nombreuse clientèle (il y a la queue toute la journée) des plats traditionnels (civet de lièvre, sauté de sanglier, biche braisée). Sans omettre des terrines de lièvre, chevreuil, sanglier et lapin de garenne absolument délicieuses.

Landersheim

67700 Bas-Rhin. Paris 462 - Saverne 13 - Haguenau 34 - Molsheim 22 - Strasbourg 25.

Entre Strasbourg et Saverne, une campagne fertile: c'est le Kochersberg dont voici un village typique, son église blanche, ses demeures à pans de bois et son domaine gourmand.

Hôtels-restaurants

Auberge du Kochersberg

2, rte de Saessolsheim
Tél. : 03 88 87 82 82. Fax : 03 88 87 82 89
Fermé (rest.) dim. soir, lundi, mardi
18 ch. 400-700 F. 1/2 pens. 450-550 F
Menus : 250-430 F. Carte : 500 F

Ce fut jadis «la cantine Adidas». C'est désormais une honorable «boîte à banquets», avec ses salles alsaciennes boisées, sa grande cave, ses chambres confortables, ses salons cosys. La cuisine, qui fut jadis ambitieuse, se maintient à un honnête niveau de qualité. Saumon mariné et fumé aux épices, piccata de lotte au pinot noir, croustillant de lapereau au genièvre et pain d'épice s'accompagnent de crus choisis.

D'Landerstueb

2, route de Saessolsheim
Tél. : 03 88 87 82 82. Fax : 03 88 87 82 89
Menus : 60 F (enf.), 88-140 F. Carte : 150-200 F

Cette winstub de luxe, avec chaises alsaciennes, cheminée, boiseries est la bonne affaire du domaine. Les mets servis sont dignes de grand-mère. Ainsi, les soupes de pois cassés, escargots de Mittelhausen en coquille, terrine de harengs aux pommes de terre et pommes-fruits, coq à la bière, tripes au riesling, bouchée à la reine, civets de joues de porc avec spaetzle. Jolis vins en pichet.

Landouzy-la-Ville

02140 Aisne. Paris 188 - Charleville-Mézières 54 - Hirson 10 - Laon 47 - Vervins 12.

La Thiérache, c'est la Normandie du Nord. Voilà une halte au vert pour la découvrir.

Hôtel-restaurant

Domaine du Tilleul

2 km par D36
Tél. : 03 23 98 48 00. Fax : 03 23 98 46 46
26 ch. 450-650 F. 1/2 pens. 475-575 F
Menus : 95 F (déj.), 165-215 F

Ce manoir au vert dans le style picard avec ses dépendances, son parc, son golf, fait une belle étape de week-end dans une région discrète mais dont le circuit des églises fortifiées vaut assurément le voyage. Chambres fonctionnelles, cuisine sage.

Landser

68440 Haut-Rhin. Paris 475 - Mulhouse 11 - Bâle 32 - Colmar 54.

Ce petit bourg du Sundgau, à quelques pas de Mulhouse et de ses musées, est appelé à un grand avenir gourmand...

Restaurant

Hostellerie Paulus

4, pl. de la Paix
Tél.: 03 89 81 33 30 - Fax : 03 89 26 81 85
Fermé sam. midi, dim. soir, lundi,
30 juil.-15 août, 24 déc.-8 janv.
Menus: 200 F (déj. vin c.), 235- 365F. Carte: 350-450F.

Vous ne connaissez pas encore Hervé Paulus? Dépêchez-vous, la mode arrive... Il tardait à ce jeune homme, ancien du Rendez-Vous de Chasse et du Fer Rouge colmariens, puis de l'Ancienne Forge d'Hagenthal, d'en découdre avec la gloire. Avec sa blonde épouse Stéphanie, il a investi ses économies dans une demeure de 1737, imaginant de concilier style traditionnel et design à l'italienne. Cela donne des poutres blanches, des tables et chaises claires, des meubles neufs en poirier, d'autres anciens, des appliques stylisées. La cuisine est à l'unisson. Peu de jeunes chefs innovent avec un pareil bon sens, mêlant recettes de tradition et techniques avant-gardistes. On connaissait déjà, à Hagenthal, la terrine de saumon mariné au chèvre frais, joli jeu sur les consistances et les textures. On découvre avec ravissement ce morceau de bravoure qu'est le foie gras cuit à l'unilatérale avec poivre de Séchuan, sel de Guérande, moelleux et croustillant à la fois, selon le

LALIQUE

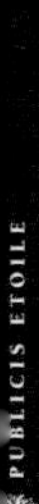
PUBLICIS ETOILE

côté, avec son accompagnement en aigre-doux de radis noir confits et d'un jus au Maggi. Ajoutez-y le parmentier d'escargots avec jus d'ail en chemise caramélisée, le rouget à la moelle avec oignons marinés au vin rouge, le pigeon avec potée de navets, girolles, chou craquant, chips de potimarron et vous comprendrez de quel bois ce garçon discret se chauffe. Les desserts sont exceptionnels: fabuleuse glace vanille, turbinée minute, crémeuse à souhait, « tranchée » d'une tuile craquante qui n'est autre que de la crème pâtissière durcie sur plaque au four, superbe tarte aux pommes fine façon streusel et sorbet au cidre. Ajoutez à cela des vins choisis avec éclat, des fromages signés Antony de Vieux-Ferrette et une carte d'eaux-de-vie à se pâmer, et vous comprendrez que cette auberge de Landser est l'une des meilleures surprises qui soient arrivées à l'Alsace gourmande ces temps-ci.

Langeac

43300 Haute-Loire. Paris 515 - Le Puy 44 - Brioude 30 - Mende 92 - Saint-Flour 53.

Ce bout de Velay au vert vaut le détour et le bol d'air.

Hôtel-restaurant

Val d'Allier 

A Rheilac: 3 km N. par D585
Tél.: 04 71 77 02 11. Fax: 04 71 77 19 20
Fermé mi-nov.-Pâques
22 ch. 300-350 F. 1/2 pens. 310 F
Menus: 65 F (déj.) -270 F

Cette demeure moderne sise dans au calme de la campagne vaut par ses équipements fonctionnels, ses chambres sobres et claires, ses plats à la fois légers et solides, fort soignés, dans l'esprit du pays.

Langeais

37130 Indre-et-Loire. Paris 262 - Saumur 41 - Tours 24 - Angers 96 - Chinon 28.

Le château bâti par Louis XI impressionne dans cette petite ville d'une autre époque.

Hôtels-restaurants

Errard Hosten 

2, rue Léon-Gambetta
Tél.: 02 47 96 82 12. Fax: 02 47 96 56 72
11 ch. 360-550 F
Menus: 85 F (enf.), 145-245 F (vin c.)

Cette demeure jadis si fameuse pour ses vertus gourmandes a gardé son air de vieux relais près du château, ses couloirs en labyrinthe, son salon cosy, son accueil charmant. Cuisine avec tous les produits du Val.

A Saint-Patrice: 10 km O. par route de Bourgueil

Château de Rochecotte 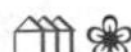

Tél.: 02 47 96 16 16. Fax: 02 47 96 90 59
35 ch. 600-1 040 F. 3 suites.
1/2 pens. 645-800 F
Menus: 100 F (enf.), 225-350 F

Cette exquise demeure qui appartint jadis à Talleyrand fait assurément l'une des haltes les plus charmeuses du Val. Vaste domaine fort bien tenu, avec piscine, jardin, chambres à l'ancienne, cuisine soignée sur le mode ligérien.

Langon

33210 Gironde. Paris 628 - Bordeaux 49 - Bergerac 82 - Libourne 55.

Le cœur des graves et la bonhomie des sauternes: voilà l'essence vineuse de ce pays-ci dont ce gros bourg est la capitale.

Hôtel-restaurant

Claude Darroze 

95, cours du Gal-Leclerc
Tél.: 05 56 63 00 48. Fax: 05 56 63 41 15
16 ch. 340-520 F. 1/2 pens. 550-650 F
Menus: 220-480 F. Carte: 300-500 F

Cette belle demeure ancienne a gardé le charme modeste d'un hôtel d'antan avec ses chambres simples, mais de bon confort, sa salle à manger cosy, au style non ostentatoire. Claude Darroze et sa gracieuse épouse accueillent ici pour une fête du palais et de l'amitié. On cède ici aux meilleurs crus de graves et aux rares sauternes, en goûtant le foie gras délicatement cuit au torchon ou poêlé en escalope avec ses pommes caramélisées, les huîtres chaudes avec leur farce fine, la lamproie aux blancs de poireaux, le filet de bœuf grillé sauce bordelaise, les admirables gibiers en saison, le gâteau moelleux au chocolat. Ajoutez-y une collection d'armagnac du cousin Francis à Villeneuve-de-Marsan et vous comprendrez que la tradition a du bon chez les Darroze.

Languimberg

57810 Moselle. Paris 413 - Nancy 60 - Lunéville 43 - Metz 80 - Sarrebourg 19 - Saverne 48.

La route des étangs de Moselle dans le parc naturel régional de Lorraine est vagabonde autant que rêveuse.

Restaurant

Chez Michèle

Tél. : 03 87 03 92 25. Fax : 03 87 03 93 47
Fermé mardi soir (oct.-mai), mercr., 22 déc.-7 janv.
Menus : 50 F (enf.), 120-350 F. Carte : 200-300 F

C'était une buvette à l'ancienne, où les chasseurs s'arrêtaient le temps d'un casse-croûte. C'est devenu une auberge pomponnée, presque sophistiquée. Serge et Michel Poiré reçoivent les amoureux de la nature qui viennent se promener au long des étangs de Moselle, les nourrissent de bien jolie façon. La terrine de marcassin, le jambon fumé maison, la terrine du tripier, les ravioles d'escargots aux champignons, les filets de perche de l'étang de Lindre, la mousseline de brochet, les noisettes de chevreuil aux cèpes sont des mets qui ragaillardissent après la découverte de ce beau pays champêtre.

Lannilis

29870 Finistère. Paris 602 – Brest 23 – Landerneau 32 – Morlaix 65.

Au pays des Abers, ces fjords bretons aux contours charmeurs, ce bourg gourmand attire touristes et gourmets qui sont parfois les mêmes.

Restaurant

Auberge des Abers

Pl. du Gal Leclerc.
Tél. 02 98 04 00 29.
Fermé déj., (sf dim.), lundi, 13-26 mars, 18 sept.-8 oct.
Menus : 195-420F.

Meilleur Ouvrier de France 2000, le singulier Jean-Luc L'Hourre au fait de ce premier étage d'un café anodin (où sa mère sert les repas de midi au déjeuner) le lieu de rendez-vous des gourmets de la région. Ce fort caractère qui adore son métier travaille quasi-seul, sert, le soir seulement, à travers des menus-cartes changeants des plats du jour imposés pleins de fraîcheur. L'escalope de foie d'oie chaud avec sa paille de pommes de terre au boudin noir, beurre de pommeau et suc de porto, les queues de langoustines rôties à la salamandre avec artichaut poivrade au lard, le soufflé de saint-jacques avec compotée de poireaux plus une sauce mousseuse à la réglisse, comme les ravioles de homard à la tomate confite avec son bouillon de carcasse au tandoori sont quelques uns de ses bons tours, joués avec sérieux sans faille, renouvelés au fil des saisons. Croustillant de café et crémeux au praliné comme petit Kouign Amann aux pommes avec crème glacée au chouchen indiquent que la fête ne s'arrête pas ici au salé. On ne s'ennuye pas chez Jean-Luc L'Hourre.

Produits

BOULANGER

La Maison du Boulanger

3, rue des Marchands
Tél. 02 98 04 48 05.

Michel Izard, cuisinier MOF, lauréat du prix Taittinger, qui travailla chez Robuchon, fut chef au château de Divonne puis au Dodin-Bouffant, a abandonn la grande cuisine et ses ors pour créer une boulangerie de village. Sa boule de campagne, style Poilane, son Kouign Amann, son gâteau breton aux pruneaux, son far, ses cakes, ses pains divers sont à fondre. Toute la région fait la queue dans sa jolie demeure rénovée au centre du bourg. Comme quoi qualité est synonyme de succès.

OSTRÉICULTEUR

Yvon Madec

Prat Ar Coum
Tél. 02 98 04 00 12.

L'aristocrate de l'huître plate, c'est Yvon Madec qui propose, en ligne sur l'Aber Benoît, les meilleures huîtres de sa région. Ses belles blanches au goût iodées, à l'attaque salée et à la finale noisetée, recèlent toute l'énergie des échanges terre-mer. Ses petites " boudeuses ", ses creuses fraîches, ses plates fines, soignées comme des bébés dans une eau vive et limpide, sont l'honneur de l'huître française.

Rendez-Vous

SALON DE THÉ

Labbé

3, pl. Gal-Leclerc
Tél. 02 98 04 18 16

Pâtissier à Lesneven et ici-même, G.Labbé propose les Paris-Brest, mille-feuille, abricotier, Kouign Amann, vacherin, tarte Tatin que l'on déguste en terrasse ou au salon discret, à l'intérieur.

Lannion

22300 Côtes-d'Armor. Paris 515 – St-Brieuc 63 – Brest 96 – Morlaix 39.

Ce bourg des Côtes-d'Armor vaut par ses maisons anciennes et son caractère breton affirmé, à quelques pas de la mer.

 *indique une très bonne table.*

Restaurant

La Ville Blanche

au lieu-dit la Ville Blanche,
5 km sur la D786 : route de Tréguier
Tél. : 02 96 37 04 28. Fax : 02 96 46 57 82
Menus : 130 F (sem.), 180-380 F. Carte : 250 F

Les frères Jagun jouent un registre sage. Leurs préparations plus généreuses que finaudes, sauces abondantes, cuissons appuyées peuvent faire tiquer. Mais leur maison fait une étape sage que familles et hommes d'affaires ont marqué en lettres d'or sur leur carnet. Le menu à 130 F est gentil tout plein. Pour 180 F, un menu dit «amical» propose huîtres tièdes au bouillon de poule et foie gras ou salade de saint-jacques au jus de persil, lotte au cidre et pommes de terre ou cabillaud à la confiture d'oignon, brie rôti à la rhubarbe, mille-feuille aux pommes caramélisées ou tarte fromage blanc et sorbet mélisse. Sous le regard de maman Jagun qui veille sur la demeure avec des airs attentionnés, on fait là une halte heureuse.

Laplume : voir Agen

Lapoutroie

68650 Haut-Rhin. Paris 457 - Colmar 20 - Sélestat 35 - St-Dié 36 - Munster 24.

Le bonheur des Vosges, le grand air, l'appel des chaumes, le travail des affineurs et l'alambic odorant: voilà ce que vous trouverez dans ce village artisan où règnent chaleur et saveurs des auberges.

Hôtels-restaurants

Les Alisiers

5, chemin du Faudé
Tél. : 03 89 47 52 82. Fax : 03 89 47 22 38
Fermé (rest.) lundi soir, mardi, (hôtel) janv.
15 ch. 280-450 F
Menus : 80-220 F. Carte : 200-250 F

Jacques et Ella Degouy tiennent avec chaleur cette auberge du haut des Vosges. On ne vient pas seulement pour la vue, dans cette ancienne ferme, avec sa terrasse sise dans une salle un peu «blockhaus». La cuisine joue le terroir avec finesse, la rusticité non sans légèreté. Témoins les foies de canard en bouillon de pot-au-feu, cassolette de girolles au foie poêlé, pigeonneau fermier rôti minute, sans omettre les salade de choucroute crue aux cervelas rôtis, truites au lard, au raifort et pommes de terre coiffées de munster fondu au lard qui ont fait la réputation de la demeure. Les desserts (tarte aux pommes fines façon streussel, poire aux noix caramélisés sauce aux noix), les vins bien choisis et les chambres cosy ajoutent au charme du lieu.

Le Faudé

28, rue du Gal-Dufieux
Tél. : 03 89 47 50 35. Fax : 03 89 47 24 82
Fermé 12-31 mars, 6 nov.-7 déc.
29 ch. 300-500 F. 1/2 pens. 345-450 F
Menus : 60 F (enf.) 90-260 F. Carte : 250 F

Dans le bas du village, le Faudé, avec ses constructions hétéroclites, s'est étendu en tous sens. On peine à trouver une unité architecturale à la maison, comme aux salles à manger. Mais celles-ci sont remplies de tablées heureuses et l'on se dit qu'il n'y a pas de mystère. Thierry Baldinger a appris le métier chez Gaertner, papa Jean-Marie est à l'accueil, la mignonne Chantal en salle vante en costume local les spécialités du lieu. Voilà l'ambassade radieuse du pays welsche. Charcuteries d'ici — «djalaïe» qui est le nom local du presskopf, magret fumé, pâté en croûte —, truite au bleu, cordon-bleu de cochon de lait élevé dans les parages en plein air au duo de munster, chèvres fermiers et munster affiné dans le village, soufflé au marc de gewurz donnent l'idée d'une maison qui défend son terroir avec finesse et authenticité.

Produits

CHARCUTIER

Georges Baradel

68-76, rue du Gal-Dufieux
Tél. : 03 89 47 50 06

Jambon cru, lard fumé, saucisson, magret, choucroute sous vide : voilà ce que vous trouverez chez cet artisan qui travaille à l'ancienne, fumure de résineux et salaisons de qualité.

DISTILLATEUR

Gilbert Miclo

La Gayire
Tél. : 03 89 47 50 16. Fax : 03 89 47 21 03

Roi des «cœurs de chauffe», concentrés de fruits, avec poire superbe et framboise légendairement parfumée, Gilbert Miclo produit aussi d'exquises quetsches et eaux-de-vie de baies sauvages (houx, sorbier, alisier) fort variées. Visite sur place enrichissante.

FROMAGER

Jacques Haxaire

18, rue du Gal-Dufieux. Tél. : 03 89 47 50 76
La Graine au Lait, 33A, la Croix-d'Orbey. Tél. : 03 89 47 55 50

Jacques Haxaire, bon apôtre du munster, joue portes ouvertes dans son atelier où les palets sont maturés avec soin, retournés et affinés avec tendresse, vendus comme des trésors dans des boîtes en sapin. Il a réalisé avec ses enfants, Virginie et Florent, sa galerie de démonstration baptisée la Graine au

Lait. A visiter pour se persuader que le bon fromage fermier naît d'un terroir, mais aussi de soins attentifs.

MUSÉE DES EAUX-DE-VIE

René de Miscault

85, rue du Gal-Dufieux
Tél. : 03 89 47 50 26. Fax : 03 89 47 22 24

Infatigable René de Miscault, qui, après avoir aménagé un ancien relais de poste en passionnant musée, a racheté la distillerie Gisselbrecht à Ribeauvillé (il possède Paul Devoille à Fougerolles). La qualité artisanale demeure son obsession, dont témoignent son exquise poire ambrée en fût de chêne, mais aussi l'ache odorante, la framboise, la mirabelle, le bouillon-blanc ou le marc de gewurz.

Larrau

64560 Pyrénées-Atlantiques. Paris 835 – St-Jean-Pied-de-Port 47 – Oloron 43 – Pau 77.

En lisière de la forêt d'Iraty, un bourg-étape sur le chemin de Saint-Jacques-de-Compostelle. L'automne, on y traque la palombe.

Hôtels-restaurants

Etchemaïté

Tél. : 05 59 28 61 45. Fax : 05 59 28 72 71
Fermé dim. soir (rest.), lundi (hs), 15-31 janv.
16 ch. 220-340 F. 1/2 pens. 225-280 F
Menus : 45 F (enf.), 95-250 F. Carte : 200 F

Les deux frères Etchemaïté, Pierre le cuisinier, Martin le maître d'hôtel, sont revenus au pays, agrandir et embellir la demeure familiale face aux cimes après avoir tourné chez les «grands». La crème de haricots blancs à la ventrèche, les exquises «truitelles» (petites truites de torrent) au beurre monté au vinaigre, les ris d'agneau au risotto et cèpes, la crème brûlée vanillée au lait de brebis sont de la belle ouvrage, accompagnée des meilleurs crus locaux. La grande salle à manger vitrée et panoramique est adorable, les chambres modernes sont confortables, les prix d'une grande sagesse.

Despouey

Tél. : 05 59 28 60 82. Fax : 05 59 28 60 82
Fermé 15 févr.-15 nov.
10 ch. 150-200 F. 1/2 pens. 180-200 F

Cuisine familiale, chambres simples, mais proprettes, accueil gentil tout plein et prix itou pour «l'autre» auberge de village montagnard

Sachez commander vos produits selon la saison.

Rendez-vous

CAFÉ

Carrikaburu

Tél. : 05 59 28 60 98

Julien Barneix tient café dans sa maison, une ancienne forge où sa grand-mère faisait jadis auberge. Il sert le «Patxarran», alcool de prunelle macérée, avec le jambon séché, tandis que la famille mange à la table près de la cheminée. Le passant va au bar, se sert, s'assoit pour deviser: c'est là pays d'hospitalité, comme au temps où le vin venait de Pampelune, où la maison (dont le nom signifie «la tête du village») était une dépendance de l'abbaye de Leyre.

Lascabanes : voir Cahors

Lattes : voir Montpellier

Lauris : voir Lourmarin

Lauterbourg

67630 Bas-Rhin. Paris 519 – Wissembourg 19 – Haguenau 41 – Strasbourg 63

Cette cité-frontière aux remparts démantelés, en bordure de Rhin, est la commune hexagonale la plus éloignée de la mer.

Hôtels-restaurants

La Poêle d'Or

35, rue du Gal-Mittelhauser
Tél. : 03 88 94 84 16. Fax : 03 88 54 62 30
Fermé mercr., jeudi, janv., dern. sem. juil.
Menus : 140 F (déj., sem.)-460 F. Carte : 450 F

François Gottar, formé jadis au Cerf à Marlenheim, qui fut chef de la Barrière à la Wantzenau, joue le classique modernisé dans une salle boisée et cossue. Magret et foie gras avec légumes à la grecque, cassolette de poisson tiède et artichauts en salade, sandre et quenelles au vin blanc, choucroute de la mer, grand chariot de desserts assurent sans faiblesse. Menus généreux, cave imposante, généreux accueil de l'adorable Mme Gottar.

A 67470 Munchhausen : 6 km S. par D248

A la Rose

35, rue du Rhin
Tél. : 03 88 86 51 86. Fax : 03 88 86 15 99
Fermé lundi, mardi, 5-21 juil., 8-24 déc.
Menus : 50 F (déj.), 98 F. Carte : 160 F

La demeure des Lehmann est accueillante, avec sa grande salle rustique. Les prix sont sages et bouchée à la reine, matelote à la crème, grenouilles sauce poulette, escalope cordon bleu font simplement plaisir.

Laval

53000 Mayenne. Paris 279 - Angers 78 - Le Mans 85 - Rennes 74.

Le site sur la Mayenne, les demeures anciennes, le vieux château et son donjon, les quais et le jardin de la Perrine donnent envie de faire ici étape.

Hôtels-restaurants

Grand Hôtel de Paris

22, rue de la Paix
Tél. : 02 43 53 76 20. Fax : 02 43 56 91 83
39 ch. 260-460 F

Cette grande bâtisse moderne à deux pas de la Mayenne et du centre-ville, qui est de l'autre côté du fleuve, avec le château, abrite des chambres pratiques et de bon confort. Pas de restaurant.

Bistro de Paris

67, rue Val-de-Mayenne
Tél. : 02 43 56 98 29. Fax : 02 43 56 52 85
Fermé sam. midi, dim. soir, lundi, 1er-21 août
Menus : 135 F (sem.)-250 F. Carte : 250-350 F

La sagesse des menus et des prix, la fraîcheur des produits et la finesse des mets font du bistrot chic, très néo-Art nouveau de Guy Lemercier la belle étape de la ville, justifiant à lui seul le détour par Laval. MOF de bonne école, ce chef savant sachant se mettre au goût du jour change sa carte au gré de l'humeur et des saisons. Sachez que son registre de «petites entrées gourmandes» est varié, que sa cuisson des poissons (blanc de turbot aux épices douces, bressolle de sandre aux pieds de porc et échalotes) est fort précise, que les desserts (soupe tiède de chocolat aux financiers) ne méritent que l'éloge.

Le Lavancher : voir Chamonix-Mont-Blanc

Le Lavandou

83980 Var. Paris 877 - Fréjus 64 - Cannes 102 - Toulon 42.

La plage et son quai, face aux îles d'Hyères, ont le charme de la Côte d'Azur d'avant.

Les renseignements indiqués concernant les établissements cités ont été pris durant l'année en cours. N'hésitez jamais à les vérifier par un simple coup de fil.

Hôtels-restaurants

Auberge de la Calanque

62, av. Gal-de-Gaulle
Tél. : 04 94 71 05 96. Fax : 04 94 71 20 12
Fermé déc.-mars, (rest.) mercr., jeudi midi (sf juil.-août)
32 ch. 600-1 200 F. 1/2 Pens. 550-700 F
Menus : 100 F (enf.), 200 F. Carte : 400 F

Cette vraie-fausse hacienda andalouse avec piscine, jardin, vue sur la mer fait une halte de choix. Cuisine provençale avec les poissons locaux à l'enseigne de l'Algue Bleue (Tél. 04 94 71 01 95).

A Aiguebelle : 4,5 km O. par D559

Les Roches

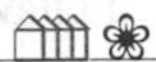

1, av. des Trois-Dauphins
Tél. : 04 94 71 05 07. Fax : 04 94 71 08 40
Fermé oct.-mars
35 ch. 1 600-2 700 F. 5 suites
Menus : 350-450 F

Cette oasis au luxe provençal et méditerranéen est étagée à flanc de mer. Belles chambres avec salles de bains en faïences de Salernes, table de choix, gril le midi sur la plage rocheuse, dîner panoramique et vue sur la grande bleue.

Le Sud

Av. des Trois-Dauphins
Tél. : 04 94 05 76 98
Fermé dim. soir, déj. sf w.e. en saison, lundi, mardi (hs), 5-25 janv.
Menus : 245-295 F

Christophe Petra, jeune disciple de Bocuse, ex-chef des Roches, a établi ses quartiers dans cette demeure sans façons, à fleur de route, non loin de la mer, où l'on mange sous les parasols. Le meilleur de la marée accommodé en finesse, fraîcheur et simplicité, tel est son credo. Si les poissons jouent la vedette (loup rôti en feuille de figuier), quelques mets terriens de qualité (lapin confit de quatre heures à la peau d'aubergine brûlée, cochon de lait à la broche) et des légumes exquis (tomates confites à l'huile d'olive flanquant une poêlée de pistes) évoquent l'immédiat arrière-pays. Le baba au vieux rhum et le craquelin aux fraises des bois avec glace mascarpone passent tout seuls.

Lembach

67510 Bas-Rhin. Paris 461 - Wissembourg 15 - Bitche 32 - Strasbourg 55.

Ce bourg forestier à la pointe de l'Alsace du Nord est une exquise étape sur la route des châteaux forts. Ne loupez pas la ruine du Fleckenstein.

Hôtels-restaurants

Le Relais du Heimbach

15, rue de Wissembourg
Tél. : 03 88 94 43 46. Fax : 03 88 94 20 85
18 ch. 285-395 F. 2 suites : 690 F

Cette gente auberge, face au Cheval Blanc, propose des chambres coquettes, avec couettes et mobilier boisé, un accueil adorable, deux suites de grand confort, ainsi qu'un copieux petit déjeuner (œufs coque, confiture maison, fromage, pain délicieux et charcuterie). Adorable accueil de Marie-Anne Zimmermann.

Le Cheval Blanc

4, rte de Wissembourg
Tél. : 03 88 94 41 86. Fax : 03 88 94 41 86
Fermé lundi, mardi, 29 janv.-23 févr., 3-21 juil.
Menus : 195-470 F. Carte : 350-500 F

Ce vaste relais de poste XVIIIe, avec ses salles boisées, ses hautes cheminées, ses plafonds à caissons, sa cuisine au petit point, est justement fameux. Fernand Mischler père est à l'accueil, Fernand Mischler fils est en cuisine. Ces dames veillent au grain. Le sourire est constant, la brigade de salle semble remontée à la clé pour offrir deux heures et plus de bonheur. Fernand, obsédé du produit frais, a toujours eu à cœur d'offrir le meilleur à ses clients. Ce que vous mangerez chez lui ? Cela dépend du marché, des saisons, des aléas du temps, de l'humeur du jour. Par exemple, la soupe d'escargots à l'orge perlé et aux herbes, les écrevisses en fricassée épicée, les petits pâtés chauds avec un foie poché avec sa réduction de pinot noir et fruits rouges, le bar aux fruits de mer, la farandole de gibiers (faisan farci et boudin, chevreuil sauté en aigre-doux, biche en poivrade), le dôme au pain d'épice parfumé à l'orange avec ses sorbets mandarine et ananas, enfin la soupe de fruits du mendiant. Le miracle est qu'on sorte d'un tel repas, en portions dosées il est vrai, l'estomac léger, même avec des vins somptueux. Côté service, c'est la perfection : sourire, rapidité, efficacité.

Au Gimbelhof : 10 km N. par D3 et route forestière

Ferme du Gimbelhof

Tél. : 03 88 94 43 59
Fermé lundi, mardi, 18 nov.-26 déc.
7 ch. 150-240 F
Menus : 35 F (enf.), 65 F (déj.)-120 F.
Carte : 130 F

Le cadre est idyllique, les chambres simples. Mais le grand air est là, avec la vue sur le château du Fleckenstein, l'environnement boisé et le site montagnard. Gentille cuisine de terroir et accueil sans façons.

Produits

BOULANGER

Gerlinger

19, rte de Wissembourg. Tél. : 03 88 94 43 51

Cette épicerie-bazar propose boule de campagne, baguette à l'ancienne et pains variés de qualité.

CHARCUTIER

Lucien Muller

1, rte de Wissembourg. Tél. : 03 88 94 41 11

Knacks, presskopf, lard, lewerwurst, jambon cru sont traités de façon artisanale dans cette échoppe soignée. Le fiston maison a travaillé chez Frick-Lutz et le registre général est celui de la finesse et de la légèreté.

PÂTISSIER

Georges Ehrstein

2, route de Woerth. Tél. : 03 88 94 40 70

Kougelhopf, chinois, nid d'abeille, tartes aux fruits, streussel fleurent le frais dans cette boutique de bonne compagnie.

Lesparre-Médoc

33340 Gironde. Paris 543 – Bordeaux 66 – Soulac-sur-Mer 30.

Un bout du Médoc, là où sur la presqu'île, c'est Lesparre et son port, déjà un autre monde.

Hôtel-restaurant

Château Layauga

A Gaillan-en-Médoc : 5 km N.-O. par N215
Tél. : 05 56 41 26 83. Fax : 05 56 41 19 52
Fermé févr.
7 ch. 650 F. 1/2 pens. 650 F
Menus : 195-450 F. Carte : 400-580 F

Philippe Jorand, qui a travaillé en Allemagne, à Brême et à Munster, est revenu au pays avec tact et discrétion. Tout ce qu'il mitonne avec doigté et que son épouse sert avec grâce et délicatesse, dans ce beau château XIXe, est la finesse même. Carpaccio à la crème de ciboulette, médaillon de foie gras à la fleur de sel, fricassée des pêcheurs selon le marché, filet de canette au jus avec ses pommes paysannes ou encore jambonnette de pintade à la purée d'aubergines sont des mets clairs et nets, sans nul souci d'épate, mais d'une précision totale. Le soufflé d'ananas dans sa croûte sauce créole fait une belle issue. Le rouge médocain château Layauga maison fait une bouteille de choix, tarifée avec gentillesse. Chambres de grand confort pour le repos et un parc et pièce d'eau, pour la flânerie songeuse et la digestion.

Lettenbach : voir Abreschviller

Leutaz : voir Megève

Levallois-Perret : voir Environs de Paris

Levernois : voir Beaune

Lezoux

63190 Puy-de-Dôme. Paris 436 - Clermont-Ferrand 30 - Issoire 43 - Riom 28 - Thiers 16 - Vichy 41.

Les monts du Livradois et les volcans de la chaîne des Puys sont les écrins de ce pays où s'aiguisent les belles lames.

Hôtel-restaurant

Château de Codignat

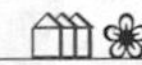

A Bort-l'Etang : 8 km S.-E. par D223 et D309
Tél. : 04 73 68 43 03. Fax : 04 73 68 93 54
Fermé 1er nov.-20 mars, (rest.) déj. sem.
19 ch. 750-1 350 F. 1/2 pens. 850-1 150 F
Menus : 295-480 F

Cette belle demeure médiévale, qui fait un charmant Relais & Châteaux aux champs, vaut par l'accueil adorable de Monique Barberan et de Guy Vidal, le cadre croquignolet de castel chantourné, ses chambres adorables, parfois kitsch, toujours charmeuse. La cuisine a su se mettre dans le droit fil de l'air du temps, sans oublier les racines de l'Auvergne et du Vivarois. Terrine de foie gras flanquée d'une exquise salade de lentilles du Puy, panaché d'agneau avec gnocchi de ricotta, pêche d'Auvergne en papillote ou délice aux deux chocolats sont de jolies choses.

Liepvre

68660 Haut-Rhin. Paris 422 - Colmar 34 - Ribeauvillé 20 - St-Dié 30 - Sélestat 15.

La forêt de Vancelle et le château de Frankenbourg marquent les échappées champêtres de ce bourg industrieux sur le chemin des Vosges lorraines.

Restaurant

La Vieille Forge

A Bois-l'Abbesse (3 km E.)
13, rte de Sainte-Marie-aux-Mines
Tél. : 03 89 58 92 54. Fax : 03 89 58 43 58
Fermé dim. soir, lundi, 15-23 févr., 4-22 juil.
Menus : 130-280 F. Carte : 300 F

La gentille forge de Marcel Woerth façon musée d'art populaire est toujours adorable. On vient ici pour l'étape sur une route verdoyante, l'accueil adorable, le cadre cosy. Mais aussi le poêlon d'escargots au beurre d'ail, le sandre au riesling et nouilles fraîches, la timbale d'œufs en neige et les vins fort bien choisis, tarifés sans méchanceté.

Liézey : voir Gérardmer

Lignan-sur-Orb : voir Béziers

Ligny-en-Cambrésis

59191 Nord. Paris 194 - St-Quentin 34 - Arras 52 - Cambrai 17 - Valenciennes 41.

Ce pays des champs de betteraves fut celui, de Matisse né au Cateau-Cambrésis. Découvrez ici l'envers, verdoyant, du Nord.

Hôtel-restaurant

Château de Ligny

Tél. : 03 27 85 25 84. Fax : 03 27 85 79 79
Fermé vac. févr.
13 ch. 650-1 500 F. 1/2 pens. 565-990 F

Raymond Brochard, aperçu jadis au Président à Saint-Quentin, Gérard Fillaire et François Le Quillec, réalisent à six mains une cuisine pleine d'allant, de saveurs contrastées, dans ce beau castel du Cambrésis. Imaginez, au centre du village rouge brique, un vrai château moyenâgeux, sa tour du XIIe, sa façade Renaissance, sa cour de conte de fées. Chaque chambre est différente, offre son charme, à découvrir au long de couloirs labyrinthiques. Côté mets, le Nord est à la fête avec des plats raffinés, subtils, sans afféterie. Soupe d'huîtres glacées à l'anis, ravioles de lapin aux senteurs de Toscane, langoustines grillées aux zestes d'orange, cochon de lait glacé au four et parfumé à la sauge, tourte de volaille de Licques au foie gras, soufflé chaud à la chicorée sont de bien jolies choses. Grande cave.

Lille

59000 Nord. Paris 223 - Bruxelles 119 - Luxembourg 310

Office du tourisme : Palais Rihour
Tél. : 03 20 21 94 21. Fax : 03 20 21 94 20

La capitale du Nord-Pas-de-Calais n'est qu'à une heure et des poussières de Paris via le TGV, qui débarque le voyageur à la gare Lille-Flandres bien nommée ou à Lille-Europe indiquant sa vocation d'avenir. Loin d'être une commune de banlieue, Lille offre l'exotisme le plus proche, ayant su garder son caractère bien trempé, rénovant ses belles façades, astiquant sa grand-place. La légendaire chaleur des gens du Nord ? C'est ici qu'on la découvrira. Avec son beffroi, sa vieille Bourse, ses ruelles passantes, ses demeures rénovées, sa gaie place Rihour et le grand marché populaire et cosmopolite de Wazemmes, Lille se donne des airs de kermesse flamande. Elle regorge de bonnes choses qui ne sont qu'à elle : sucrées, salées, moussues. La rue de Béthune, qui sent les moules, les frites, la bière, sans agressivité, fait hésiter d'une table l'autre, poussant à s'asseoir ici, converser là. On s'y sent lillois en un clin d'œil, vite d'adopté par les gens d'ici qui ont le « lever de coude » facile et la gourmandise chevillée au cœur.

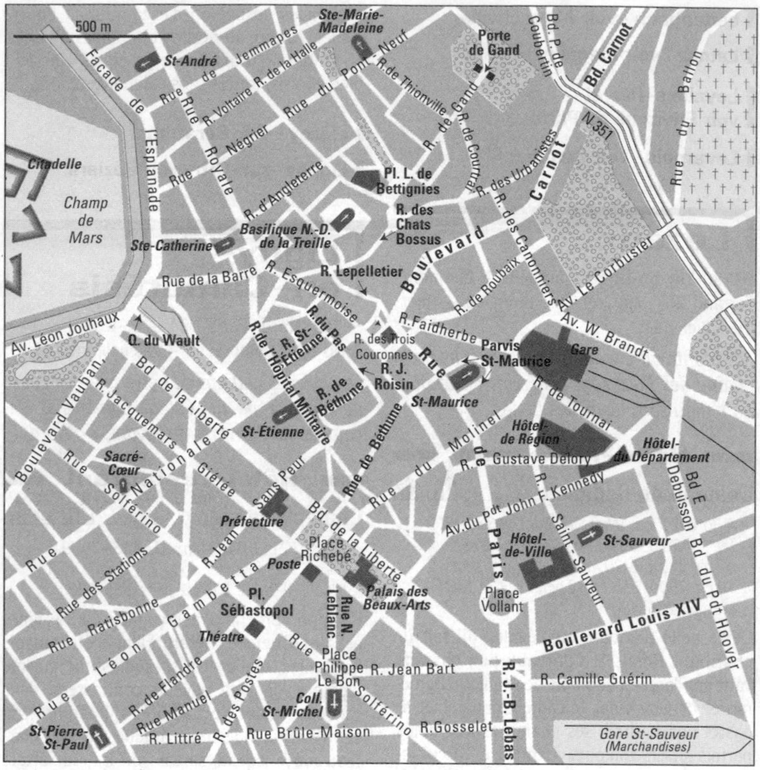

Hôtels

Alliance

17, quai du Wault
Tél. : 03 20 30 62 62. Fax : 03 20 42 94 25
Fermé (rest.) lundi 15 juil.-30 août
80 ch. 770-1 000 F
Menus : 45 F (enf.), 95-180 F

Cet ancien couvent du XVIIe a été refait en hôtel moderne (un peu trop ?) avec des chambres standardisées façon maillon de chaîne (Golden Tulip). L'accueil est souriant, le jardin intérieur, le cloître avec voûtes ogivales, la brique ont le charme local. En prime, un restaurant aux additions sages propose une cuisine de qualité.

Carlton

3, rue de Paris
Tél. : 03 20 13 33 13. Fax : 03 20 51 48 17
57 ch. 875-1 250 F

Les atouts de ce beau palace à l'ancienne ? Sa situation centrale à deux pas du beffroi et de la Grand-Place, les chambres spacieuses, meublées non sans recherche, pourvue de salles de bains en marbre, offrant des vues sur les belles façades proches. L'accueil et le service sont professionnels et les tarifs sont en rapport.

Mercure Le Royal

2, bd Carnot
Tél. : 03 20 14 71 47. Fax : 03 20 14 71 48
102 ch. 500-620 F

Ce qui fut jadis un grand hôtel de tradition, plein centre, derrière la vieille Bourse, la grande Poste et son beffroi, l'Opéra, est devenu un maillon de chaîne au hall chic, pourvu d'excellentes chambres modernes, confortables, parfois spacieuses et standardisées.

Novotel-Lille-Centre

116, rue de l'Hôpital-Militaire
Tél. : 03 28 38 53 53. Fax : 03 28 38 53 54
102 ch. 590-640 F
Menus : 50 F (enf.). Carte : 200 F

Moderne, fonctionnel, non sans charme, ce maillon de chaîne au hall contemporain et façade de briques se trouve à deux pas de la Grand-Place. C'est dire que la situation est on ne peut plus centrale. Bonnes chambres et suites junior au cinquième étage avec leur coin-salon fort pratique. Grill sympathique.

Le Breughel

5, parvis Saint-Maurice
Tél. : 03 20 06 06 69. Fax : 03 20 63 25 27
66 ch. 325-425 F

Cet hôtel calme, en plein centre sis sur le parvis Saint-Maurice, face à la belle église gothique du même nom, offre des chambres de bon confort en style «ancien rénové».

Grand Hôtel Bellevue

5, rue J.-Roisin
Tél. : 03 20 57 45 64. Fax : 03 20 40 07 93
61 ch. 790-1 000 F

Ce grand hôtel classique, qui a vu passer Mozart et Verdi, se rénove sans perdre son cachet. Il a conservé son hall chic, son auvent sculpté, ses salons dédiés aux musiciens qui hantèrent le lieu. Les chambres ont un charme suranné. Les fenêtres donnent parfois sur la Grand-Place. Les couloirs ne sont pas d'une grande gaieté.

Hôtel de la Treille

7, pl. Louise-de-Bettignies
Tél. : 03 20 55 45 46. Fax : 03 20 51 51 69
40 ch. 450-490 F

Au cœur du vieux Lille, ce petit hôtel offre un bon rapport qualité-prix. Chambres modernes, standardisées, souvent petites, avec des salles de bains en marbre, hall au parterre en mosaïques, colonnades en stuc, murs de verre. Accueil tout sourire. Petit déjeuner de qualité.

Restaurants

L'Huîtrière

3, rue des Chats-Bossus
Tél. : 03 20 55 43 41. Fax : 03 20 55 23 10
Fermé dim. soir, soirs fériés du 22 juil.-25 août
Menus : 260 F (déj), 450-600 F. Carte : 400-600 F

Ce grand restaurant cossu, boisé, caché derrière la plus belle poissonnerie de France de plus pur style Arts déco, avec service admirable, accueil plein de civilité, est le domaine de Jean Proye. Ce grand pro du Nord qui est le Jean-Claude Vrinat de sa région a fait de sa maison de famille un Taillevent du poisson aux couleurs des Flandres. Tout ici séduit sans mal. D'une part l'accueil à l'ancienne, le découpage au guéridon de plats de haute volée qui constituent comme une ode à la mer ou aux grands classiques de la cuisine française. De l'autre, une cuisine qui a su évoluer avec son temps. Ancienne et moderne à la fois, comme Lille dont elle domine de haut le paysage gourmand, cette demeure a le chic provincialissime qui donne envie de prendre le TGV juste pour elle. Ce que vous mangerez ici, au fil de la marée et des saisons? L'anguille au vert ou au croustillant de pommes de terre, les huîtres chaudes en fin sabayon, le baluchon de saint-jacques au chou vert et aux truffes, le vrai haddock d'Aberdeen avec ses pommes chaudes, le turbot aux chicons ou encore aux échalotes grises et vinaigre de bière d'une sophistication très régionale. Et, parce que le registre maison n'est pas uniquement marin, des gibiers à la belle saison qui donnent envie de courir les sous-bois, le foie gras poêlé aux girolles ou encore l'amusante lotte à l'andouille. Ajoutons des desserts qui usent des traditions locales (avec gaufre, bistrouille au café et à l'eau-de-vie de genièvre, glace cannelle aux speculoos façon pain perdu) et de toujours (ah, ces crêpes Suzette qui donnent lieu à une cérémonie impériale), plus une carte des vins d'anthologie ! Difficile de ne pas aimer cette grande maison...

Le Sébastopol

1, pl. Sébastopol
Tél. : 03 20 57 05 05. Fax : 03 20 40 11 31
Fermé sam. midi, dim. en juil-août, sem. 15 août
Menus : 85 F (enf.) 165-265 F. Carte : 300-400 F

Dans l'ex-restaurant où Ghislaine Arabian connut la gloire, une équipe active et motivée, formée à l'école de Robert Bardot qui fut jadis l'autre vedette de la ville au Flambard, a fait de cette demeure une adresse de qualité. Chef discret au doigté sûr, Jean-Luc Germond mitonne en finesse les saint-jacques aux poireaux, le blanc de barbue aux oignons et dés de pied de porc, les langoustines rôties aux asperges, le moelleux filet avec sa compotée de queue de bœuf de Coutancie à la purée truffée et d'autres jolis mets qui ont du caractère et possèdent le parfum du pays. Exquis parfait glacé à la chicorée et délicieux entremets à l'ananas Victoria en issue. Accueil sympathique. En cave, beaucoup de très belles choses, notamment côté Bourgogne et Alsace.

Baan Thaï

22, rue J.-B.-Lebas
Tél. : 03 20 86 06 01. Fax : 03 20 86 03 23
Fermé lundi
Menus : 148 F (déj.)-220 F. Carte : 250-300 F

La version familiale de la cuisine thaï, voilà ce qu'offre ce petit restaurant au décor frais et propre. La patronne thaïlandaise, fille de cuisinière, compose une cuisine aux parfums authentiques que son mari Bruno sert avec enthousiasme. Beignets de fruits de mer, canard au basilic et châtaigne d'eau à la crème de coco se mangent sans mal.

Bistrot Tourangeau

61, bd Louis-XIV
Tél. : 03 20 52 74 64. Fax : 03 20 85 06 39
Fermé sam. midi, dim.
Menu : 125-159 F

L'accueil convivial, la cuisine tourangelle en légèreté (œufs à la coque d'escargots en muscadette, galipettes farcies de rillettes, queue de bœuf en feuille de chou, anguille au lard fumé, crépinette de pied de porc) : voilà ce que mitonne avec un soin louable Hervé Hochart, tandis que son frère Hugues vante malignement de fort jolis crus de Loire sur une carte fort bien sélectionnée. Leur maison de qualité, qui fut celle jadis de Bernard Waterlot à l'enseigne de la Devinière, a le charme ancien : cadre boisé, tables bien nappées, bar Arts déco. Et le menu-carte est l'équilibre même. Voilà « le » rapport qualité-prix de la ville.

Brasserie André

71, rue de Béthune
Tél. : 03 20 54 75 51 Fax : 03 20 15 13 99
Carte 200-250 F

Dans un des derniers beaux décors flamands datant de 1920, cette brasserie de luxe sert une cuisine classique, régulière et de bon ton. Un service très professionnel accueille tard le soir avec le sourire. Excellent tartare arrosé d'une Fransiskaner à la pression.

Champlain

13, rue Nicolas-Leblanc
Tél. : 03 20 54 01 38. Fax : 03 20 40 07 28
Fermé sam. midi, dim. soir, 1er-21 août
Menus : 150 F (déj. vins c.), 170-360 F (vins c.).
Carte : 300 F

Situé tout près du musée des Beaux-Arts, ce restaurant avec terrasse et jardin pour les beaux jours fait dans l'accueil soigné et la cuisine au plus près du marché. Galette croustillante d'escargots, tarte d'endives au homard, volaille de Licques au jus de houblon sont de jolis tours à la mode des Flandres gourmandes. Menus-carte bien composés. Possibilité de plats à emporter.

Clément Marot

16, rue du Pas
Tél. : 03 20 57 01 10. Fax : 03 20 57 39 69
Fermé dim. soir
Menus : 98 F (déj.), 185-235 F (vin c.). Carte : 300 F

Cette belle demeure centrale de type flamand a du charme. La cuisine, sans sortir d'un classicisme de bon aloi, est d'une honnêteté constante et d'une probante régularité. Welsh de moules, chou farci aux escargots, aumônière de saint-jacques à la bière, turbot meunière, ris de veau braisé, crêpes Suzette sont du travail d'artisan soigné.

La Coquille

60, rue Saint-Etienne
Tél. : 03 20 54 29 82. Fax : 03 20 54 29 82
Fermé dim., vac. févr., 1er-27 août
Menus : 135 F (déj., vin c.), 165-239 F

Dany et Olivier Deleval tiennent avec passion cette table discrète et élégante du centre. Le décor de briques apparentes a son charme cosy, mais c'est pour la cuisine créative d'Olivier qui a bourlingué de l'autre côté de l'Atlantique qu'on vient ici se régaler. Foie gras aux poireaux, carpaccio de saint-jacques aux poireaux, turbot aux cinq épices et pommes grillées, ris de veau au foie gras et asperges sont des réussites d'équilibriste sûr de son art, prenant des risques avec justesse.

L'Ecume des Mers

10, rue du Pas
Tél. : 03 20 54 95 40. Fax : 03 20 54 96 66
Fermé dim. soir, 30 juil.-22 août
Menus : 98 F (déj.), 130 F. Carte : 250 F

Cette annexe, façon pub chic, de l'Huîtrière propose, sous la houlette de l'actif Antoine Proye, une cuisine marine à tonalité flamande de très bon ton et prix sages. Huîtres chaudes au champagne, terrine de raie sauce tartare, saumon mariné, fumé façon hareng ou en tartare, bar rôti aux dés de tomates, cabillaud en aïoli ou encore saint-pierre aux endives sont d'une probité sans faille, servis avec sérieux et sourire.

La Terrasse des Remparts

Logis de la Porte-de-Gand
Tél. : 03 20 06 74 74. Fax : 03 20 06 74 70
Menus : 98 F (déj.), 153 F

Logée dans la Porte de Gand, tour fortifiée de 1620, cette brasserie contemporaine, tenue avec sérieux par les Lecocq, qui sont également traiteurs à Roubaix, joue la restauration sage et soignée. On goûte aux mets revisitant la tradition en l'allégeant : pannequet de pied de veau frit avec crème au genièvre, saint-jacques et lasagne de polenta, waterzoi de pintade et raviole de fromage, poulet de Licques à la réglisse, avant les glace au speculoos et tarte aux myrtilles choisis sur le buffet de desserts.

Varbet

2, rue du Pas
Tél. : 03 20 54 81 40. Fax : 03 20 57 55 18
Fermé dim., lundi, 14 juil-15 août, Noël- Nvel An
Menus : 170 F (déj.) 256-485 F. Carte : 300-400 F

Cette demeure modeste ne varie pas sur ses bonnes bases. Gilles Vartanian pratique depuis belle lurette une cuisine bourgeoise de qualité, qui joue autant les frais poissons de la marée que les bons gibiers en saison. Le décor cossu petit-bourgeois a son charme. Les terrines de colvert à la cuiller, pintade de Licques aux cerises, perdreau au jus de mûre, filet de bœuf à l'ail fumé d'Arleux en chemise vous laisseront de bons souvenirs. Prévenant accueil de la souriante Mme Vartanian.

Le Bistrot de Caudalie

58, bd Carnot
Tél. : 03 20 13 08 88. Fax : 03 20 13 03 61
Fermé sam. midi, dim.
Carte : 160 F

Laurent Cusin, qui a travaillé en salle au Scholteshof d'Hasselt et chez Bocuse, a fait de ce bistrot avec comptoir en bois et verrière une des bonnes petites adresses gourmandes de la ville. Son choix de vins est malin, y compris en grands bordeaux vendus à prix d'ami. Côté cuisine, Thomas Miersman, croisé chez le grand Paul de Collonges, fait son marché avec soin et cuisine sans lourdeur sur le mode régional : asperges à la flamande, terrine de campagne à la vieille prune, croustade de lapin aux pruneaux et mousse au speculoos à la chicorée sont épatants.

Le Bistrot de Pierrot

6, pl. de Béthune
Tél. : 03 20 57 14 09. Fax : 03 20 30 93 13
Fermé dim., jrs fériés
Carte : 150-250 F

Au bout de la gourmande rue de Béthune, ce vrai bistrot espiègle mi-lillois, mi-lyonnais, vaut la halte pour l'accueil du truculent Pierrot. Ce restaurateur, comédien dans l'âme, qui fait les beaux jours et les bonnes recettes de France 3 Nord-Pas-de-Calais-Picardie, raconte comme personne le marché du jour et propose les mets mitonnés à demeure qui possèdent tonus, verve, caractère. Flamiche au maroilles, hareng fumé pommes à l'huile, terrine de pâté de tête, de foies de volaille, fameux museau, ramequin d'andouille sauce moutarde, compote d'oignon pointue de goût révèlent que ce Paganini de la tête de veau est un orfèvre du plat canaille. On arrose le tout d'un fringant brouilly de Dubœuf en remerciant le ciel que de telles maisons existent. Joli décor de bistrot recréé, avec banquettes de velours, long comptoir, carreaux de céramiques qui paraissent de toute éternité, même s'ils n'ont guère plus d'une décennie.

Les Compagnons de la Grappe

26, rue Lepelletier
Tél. : 03 20 21 02 79
Fermé dim. Carte : 140 F

Sympathique et peu cher, ce « bistrot à vins » caché au fond d'une cour du centre vaut pour sa situation insolite, ses tables simplement mises, son ambiance débonnaire, son choix de crus de toutes sortes (200 références). Soupe de courgettes, sauté d'agneau aux herbes, filet mignon Pierre Perret à la moutarde, duo de tarte au fromage et potjeveleesch assurent dans la gaieté.

Lino

1, rue des Trois-Couronnes
Tél. : 03 20 31 12 17
Fermé dim. Carte : 200 F

Le bon italien de Lille, c'est Lino l'enthousiaste qui ne s'en laisse pas compter sur le terrain de la « pasta » et réalise des prouesses à coup de raviolis, lasagnes, osso buco, linguini aux truffes à prix mesurés. Accueil adorable.

Aux Moules

34, rue de Béthune
Tél. : 03 20 57 12 46
Carte : 100 F

Ouvert 7 jours sur 7, assurant le service permanent de midi à minuit, ce café-brasserie bon enfant assure une mission saine : offrir le plus simple de la tradition du Nord à prix honnête. Moules marinières, filet américain (autrement dit : tartare mayonnaise), frites, crêpes ou gaufres se dégustent sans fin et sans faim, arrosé d'une pression légère.

A Lambersart N.-O. : 2 km

La Laiterie

138, av. de l'Hippodrome,
Tél. : 03 20 92 79 73. Fax : 03 20 22 16 19
Fermé lundi, mercr. soir, dim. soir,
15-31 août, vac. févr.
Menus : 99 F (enf.), 180-340 F. Carte 300-400 F

Lambersart, c'est le Neuilly de Lille et la Laiterie est une institution au calme, avec sa vue sur le dehors depuis une baie vitrée qui a gardé le charme de toujours avec la galanterie gourmande de ne pas mépriser les produits locaux. Ludovic Ventours s'amuse à composer de jolis tours, rappelant que cet ancien du Bistrot 121 et de Senderens a du métier. Langoustines en robe de poireaux et jus de viande, homard en nage à la bière façon moules marinières avec pommes Pont-Neuf, rognon aux échalotes confites et agneau aux abricots et aux épices, avant la tarte au sucre et à la crème avec glace au Carambar ou encore pain perdu avec glace chicorée sont de jolis tours.

A Wattignies 59139 : 5 km

Le Cheval Blanc

110, rue du Gal-de-Gaulle
Tél. : 03 20 97 34 62. Fax : 03 20 95 24 29
Fermé dim. soir, lundi midi, mardi soir, 15-30 août
Menus : 139 F, 185 F, 285 F

Christophe Scherperel, le jeune chef-patron a déjà bien bourlingué et n'a pas perdu son temps à la Tour d'argent, chez Loiseau ou à l'Elysée: la très belle présentation des plats, sans frime, fait montre d'un savoir-faire de grande école; et le goût n'est pas en reste: les cuissons sont précises et les saveurs bien équilibrées. Le foie gras poêlé aux pommes caramélisées ou le demi-homard aux lentilles braisées, le caneton en deux services et sa purée de topinambours (superbe), ou le ris et rognons de veau au romarin, suivis des beaux desserts tels que le mi-cuit au chocolat ou gratin de pamplemousse et sa madeleine tiède, laissent parfois pantois de ravissement. Du beau, du vrai, du bon à de tels prix, voilà qui ne passe pas inaperçu dans le Landernau lillois.

Produits

BOUCHERS

Deletres

202, rue de Solférino
Tél.: 03 20 57 3 213

Cochon fermier élevé au grain, veau de lait, volailles label et belles viandes rouges numérotées font la fierté du sérieux Luc Bénard.

Guy Parent

374-376, rue Léon-Gambetta
Tél.: 03 28 38 07 00

Chez le gars Guy, le foie gras est de fabrication maison, la langue Lucullus vaut le déplacement et le bœuf du Limousin est de première force.

BOULANGERS

Les Délices du Nord

19-21, rue de Tournai
Tél.: 03 20 74 47 24

Pour rapporter cramique (brioche du Nord), chaussons poire-chocolat et tarte au sucre, ce bel étal près de la gare a bonne mine. Offrant, en outre, un choix sérieux de pains artisanaux aux germes de blé, seigle et raisins.

Le Pain de nos ancêtres

26, rue des Bouchers
Tél.: 03 20 54 02 14. Tél.: 03 20 79 14 14

Chez les Bernard, le pain de campagne est cuit à l'ancienne, au feu de bois dans un four centenaire. Pains aux noix, aux lardons, aux oignons sont très recommandables.

Paul

«Notre-Dame de la Treille»

44, rue Lepelletier
Tél.: 03 20 55 03 60

Cette magnifique boulangerie rustique est l'une des succursales, la plus amusante, de la maison Paul — créée par la famille Holder, originaire de la Madeleine, un faubourg lillois, et depuis partie à la conquête de la France. Cramique, pain paysan, tarte au sucre sont jolis et bons.

CAVISTES

La Cave d'Annie-Paule

9, rue de l'Hôpital-Militaire
Tél.: 03 20 54 74 83

Cette cave éclectique, dans une boutique étriquée, propose les eaux-de-vie de Miclo, de jolis crus bourgeois de Bordeaux, la bière des Trois-Monts, comme le genièvre de Houlle, de Loos ou de Wambrechies.

Rohart Vinothèque

66, rue Faidherbe
Tél.: 03 20 06 29 92

Les genièvres de fabrication locale, les whiskies de malt, la verrerie valent le détour. Mais la Bourgogne, signée Faiveley, la Loire, vue du côté de Oisly et Thésée ou de Pellé à Morogues valent l'emplette. Plus de 500 variétés de bières, bons vins, crus anciens et rares.

CHARCUTIER

Au Chapon d'Or

7, rue Esquermoise
Tél.: 03 28 38 06 10

Cette alléchante boutique du centre près de la Grand-Place propose andouillette et poitrine de veau farcie, saucisson aux dés de jambon, terrine de foie à la flamande qui valent le déplacement.

FROMAGERS

Dekeukelaere

Au marché de Wazemmes
Pl. Nouvelle-Aventure
Tél.: 03 20 57 49 91

Un repaire de gourmets: ce bel étal propose, entre autres, mimolette craquante dite «vieux cassant», tomme d'Orchies, Bergues, Mont des Cats.

Les Bons Pâturages

54, rue Basse. Tél.: 03 20 55 60 28
345-347, rue Gambetta. Tél.: 03 20 40 23 05

Fabienne et Philippe Armand tiennent depuis une décennie cette belle enseigne avec double boutique. On vient chez eux pour des pâtes de qualité fermière, affinées au petit point. Plus de cinq à six variétés de tartes au fromage cuisinées chaque jour.

Philippe Olivier

3, rue du Curé-Saint-Etienne
Tél.: 03 20 74 96 99

L'annexe d'un fameux fromager de Boulogne-sur-Mer, maître affineur. On trouve ici l'essentiel des spécialités régionales, comme le crémet du cap Blanc-Nez, une pâte molle au lait cru.

PÂTISSIERS

Meert

25-27, rue Esquermoise
Tél. : 03 20 57 07 44

Les gaufres extrafines, fourrées de sucre, de beurre et de vanille sont connues dans le monde entier. Mais les diverses variétés de chocolat amer et de caramel à la crème fraîche valent le voyage. On peut déguster ces délices en y buvant une tasse de thé.

Yanka

75, rue Nationale
Tél. : 03 20 54 73 06. Fax : 03 20 63 97 23

Située dans la grand-rue, la pâtisserie est alléchante, notamment pour sa célèbre «fleur de Lys», une pâte de macaron recouverte d'une légérissime mousse au chocolat saupoudrée de cacao. Sans omettre la spécialité chocolatière locale au feuilletage praliné : le Rissel.

POISSONNIERS

L'Huîtrière

3, rue des Chats-Bossus
Tél. : 03 20 55 43 41. Fax : 03 20 55 23 10

Le grand restaurant de Jean Proye est d'abord une extraordinaire poissonnerie Arts déco, aussi éloquente sur le hareng fumé que les eaux-de-vie du Nord. Excellents coquillages et poissons frais de Boulogne. En sus de nombreux plats de la mer à emporter : gelée de homard au cerfeuil, marmite dieppoise.

Le Petit Mousse

237, rue Léon-Gambetta
Tél. : 03 20 54 55 06

A deux pas du marché de Wazemmes, cette poissonnerie propre comme un filet de pêcheur propose le meilleur de la marée de Boulogne : saumon sauvage en saison, bar de ligne, maquereau luisant de fraîcheur. Plateaux de fruits de mer à la commande.

PRODUITS ÉTRANGERS

Carlier

Au Marché couvert
Place de la Nouvelle-Aventure
Tél. : 03 20 75 59 26

La spécialité maison ? Le très beau choix de charcuteries et fromages italiens, espagnols, portugais : chorizos, jamón serrano, jabogo, San Daniele, manchego, ricotta, pancetta, bresaola...

La Bottega

8 bis, rue au Péterinck
Tél. : 03 20 21 16 85

Au cœur du vieux Lille, Gilberto d'Annunzio sélectionne les vins fins de toute la Botte, meilleures huiles d'olive de Toscane ou de Vénétie, pâtes artisanales des Abruzzes, vinaigres balsamiques traditionnels de Modène.

PRODUITS RÉGIONAUX

Au gré du vin

20, rue au Péterinck
Tél. : 03 20 55 42 51

Bizarre de faire son marché Sud-Ouest à Lille ? Mais Paul et Patricia Duchesne-Sirvent sont venus de Toulouse expliquer aux gens du Nord les vertus du gaillac et de l'iroulé-guy, du jambon basque et du saucisson landais. Tout est fameux, servi avec le sourire et l'assent, dans une boutique proprette.

TRAITEUR-PRIMEUR

Parent

374/376/370, rue Léon-Gambetta
Tél. : 02 28 38 07 00/03 20 30 79 73

Face au marché de Wazemme, les frères Parent dirigent deux boutiques : l'une vouée aux condiments, produits fins, plats traiteurs, l'autre aux meilleurs légumes et fruits issus de jardins choisis. Melons de Carpentras, oranges sanguines du Maroc, asperges blanches de Sologne, selon la saison, sont des trésors.

Rendez-vous

BAR À BIÈRES

Aux Brasseurs

22, pl. de la Gare
Tél. : 03 20 06 46 25

Face à la gare, une micro-brasserie dans son décor choisi. Près des cuves en cuivre, cerné de bois blond et de brique rouge, accoudé au comptoir, on se sent à la source, et, somme toute, assez privilégié. Exquises blonde, blanche et rousse.

BISTROTS À VINS

La Cloche

13, pl. du Théâtre
Tél. : 03 20 55 35 34. Fax : 03 20 13 89 44

André Duhaut possède la verve d'un pédagogue de la dive bouteille pour raconter un aligoté bouzeron signé de Villaine, un vin de pays des côtes de Thongue, un languedoc du Pic Saint-Loup. Petite restauration de qualité, en ligne de mire près de la grand-place.

(symbole) indique un bon rapport qualité-prix.

La Part des Anges

50, rue de la Monnaie. Tél. : 03 20 06 44 01

Le choix de cognacs donne son nom à l'enseigne. Mais la sélection de vins est digne d'un trois étoiles. Explication : le fringant patron, Anthony Chevalier, a été sommelier chez Bras à Laguiole et Loiseau à Saulieu. Sa cave épatante permet dégustation comparée, se doublant d'un bistrot au rez-de-chaussée et d'une salle en étage où l'on peut goûter escargots et coques à l'ail, timbale de pleurotes à la crème, travers de porc au miel.

ESTAMINETS

L'Estaminet de la Royale

37, rue Royale. Tél. : 03 20 42 10 11

Une ronde d'habitués donne le ton à ce petit endroit coquet et attentionné où l'on peut se restaurer de cuisine familiale au déjeuner. Epatant petit déjeuner à 25 F.

T'Rijsel

25, rue de Gand. Tél. : 03 20 15 01 59

Bières, limonades, jus de fruits, mais aussi plats du cru, sont flamands pur sucre dans ce cadre boisé digne d'un musée d'art popu.

SALON DE THÉ

Meert

25-27, rue Esquermoise. Tél. : 03 20 57 07 44

Fameux salon de thé au magnifique décoré fin de siècle. Deux salles claires et nettes où l'on vient déguster les gaufres vanillées et les pâtisseries du jour.

Limoges

87000 Haute-Vienne. Paris 394 – Angoulême 104 – Brive 92 – Châteauroux 125.

Office du Tourisme : bd Fleurus
Tél. : 05 55 34 46 87. Fax 05 55 34 19 12

La cathédrale, les vitraux, la kyrielle d'églises romanes, le musée d'émaux dans le palais épiscopal, les vieux ponts sur la Vienne : voilà qui enchante à Limoges la discrète, dont le charme gourmand commence aussi à naître.

Hôtels-restaurants

Le Richelieu

40, av. Baudin
Tél. : 05 55 34 22 82. Fax : 05 55 34 35 36
32 ch. 330-530 F

Près de la récente médiathèque, cette hôtel contemporain abrite des chambres à la décoration intéressante, lumineuses et fraîches. Excellent accueil.

Royal Limousin

1, pl. de la République
Tél. : 05 55 34 65 30. Fax : 05 55 34 55 21
72 ch. 440-680 F. 5 suites 800 F

Ce bon hôtel de centre-ville – non loin de l'église Saint-Pierre-du-Queyrou et du Palais du Présidial – permet de rayonner à pied au cœur des choses. Les chambres sont modernes et de grand confort, assez gaies dans les tons pastel, offrant espace et équipement fonctionnels.

Hôtel Jeanne d'Arc

17, av. du Gal-de-Gaulle
Tél. : 05 55 77 67 77. Fax : 05 55 79 86 75
Fermé 23 déc.-1er janv.
50 ch. 280-450 F

A deux pas de la gare et du jardin du Champ-de-Juillet, cette halte sage offre un excellent rapport qualité-prix. Chambres très bien tenues, décorées avec soin.

Luk Hôtel

29, pl. Jourdan
Tél. : 05 55 33 44 00. Fax : 05 55 34 33 57
57 ch. 255-360 F

La belle façade chantournée cache des chambres rustiques, simples, mais d'une grande netteté. Accueil charmant.

Restaurants

Philippe Redon

3, rue d'Aguesseau
Tél. : 05 55 34 66 22. Fax : 05 55 34 18 05
Fermé 1er-15 janv., 1er-15 août, sam. midi, dim., lundi
Menus : 190-260 F. Carte : 300 F

Vedette sage et gourmande de sa ville, Philippe Redon a tout pour lui : le savoir-faire, la modestie, la gentillesse. Tout ceci se reflète non seulement sur la carte et les prix, mais aussi à travers l'esprit d'une cuisine qui ne déforme pas le produit, ni ne l'assaille. D'excellents achats et un doigté sûr vont de pair à travers des mets se renouvelant selon les saisons. Les ravioles de sot-l'y-laisse avec crème gratinée et jus de veau réduit, le tronçon de barbue braisée au four, l'entrecôte de veau paysan avec ses légumes cuits en cocotte : voilà quelques-unes des réussites de cet élève de Jacques Chibois, un Limougeaud qui réussit à merveille sur la Côte d'Azur. Exquis desserts classiques (banane flambée au vieux rhum, crêpes Suzette) et cave intéressante dans tous les vignobles à prix cadeaux.

« Ecrivez-nous » vos impressions, vos commentaires, relatez-nous vos expériences à **lepudlo@aol.com.**

Amphitryon

26, rue de la Boucherie
Tél. : 05 55 33 36 39. Fax : 05 55 32 98 50
Fermé 13-31 août, sam. midi, dim., lundi midi
Menus : 130 F (déj.), 155-320 F
Carte : 250-300 F

Dans le joli quartier des Bouchers, cette demeure à pans de bois attire sans mal. La cuisine retient, elle, sans manières, à travers des menus bien fagotés et des ambitions mesurées, mais parfaitement tenues. Foie gras frais, rouget à la moelle au brouilly, ris de veau rôti aux pointes d'asperges, quasi veau de lait en cocotte, signés avec mesure par le précis Pascal Robert, assurent sans mal. Belle cave, accueil gracieux.

Chez Alphonse

5, pl. de la Motte
Tél. : 05 55 34 34 14. Fax : 05 55 34 34 14
Fermé dim., 1er-10 janv., 1er-15 août.
Menu : 79 F (vin c.). Carte : 180-250 F

Ce bistrot face aux Halles à l'atmosphère relaxe, au décor avenant de café-comptoir prolongé d'une salle où l'on a vite ses aises, séduit sans mal. Les plats bistrot (chèvre chaud, hareng pommes à l'huile, tête de veau) jouxtent les belles viandes grillées et les sages plats du jour selon le marché et la marée.

Le Trou Normand

1, rue François-Chenieux
Tél. : 05 55 77 53 24. Fax : 05 55 77 30 00
Fermé dim. soir, lundi
Menus : 68 F (sem., déj.), 105-195 F
Carte : 200-250 F

Les frères Bonnichon, Franck en salle, Marc en cuisine, venus de l'Auberge de l'Abbaye à Soloignac, ont repris avec allant cette table qui fut normande d'esprit et toujours bonhomme d'allure. Le cadre est simple sur le mode rustique. La cuisine sage, mitonnée selon un mode classique allégé, plaît sans mal. Gâteau de cèpes sauce Madère, brochettes de coquillages au lard, filet de truite de mer au jus de thym frais, macaron moelleux avec glace au yaourt et jus d'abricots sans omettre la vraie glace Plombières aux fruits confits sont à fondre.

Produits

BOUCHER

François Brun

Halles centrales
Tél. : 05 55 32 82 71

Vedette bouchère de sa ville, François Brun choisit veau de lait du Limousin, mais aussi porc fermier, volaille label et bœuf de qualité.

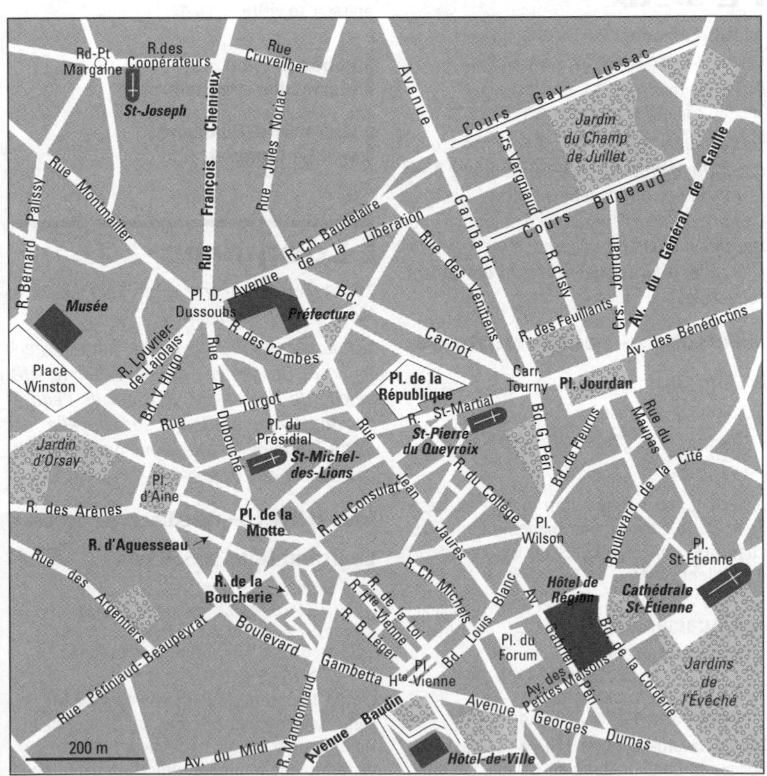

CAVISTE

La Vinothèque de Carnot

54, rue de Belfort. Tél. : 05 55 70 02 20

Belle comme une bibliothèque du vin, cette cave promeut quelques uns des meilleurs crus de la vallée du Rhône, de Bourgogne et d'ailleurs, sans omettre des vins de Loire à petits prix.

CHARCUTIER

Aux Délices de Saint-Antoine

17, rue Montmailler. Tél. : 05 55 77 29 54

Pâté de tête, boudin blanc et noir, saucisson sec et belles terrines : tout fait envie dans cette belle échoppe, où l'on est, comme saint Antoine, tout près de succomber à la tentation.

PÂTISSIER-CHOCOLATIER

Franck Piquet

17, pl. Denis-Dussoubs
Tél. : 05 55 77 53 89

Frais entremets, glaces exquises, ganaches en or (palet café ou feuilleté praliné) : on trouve tout cela chez ce maestro du sucré.

Lisieux

14100 Calvados. Paris 176 - Caen 63 - Evreux 73 - Le Havre 56 - Rouen 93.

Office du Tourisme : 11, rue d'Alençon
Tél. : 02 31 48 18 10. Fax : 02 31 62 35 22

La basilique, dont la beauté architecturale n'est guère prouvée (elle serait même pour le malicieux philosophe François Georges une preuve de « l'inexistence de Dieu ») attire des milliers de pèlerins. Mais la vieille ville et les abords augerons sont autrement séducteurs.

Hôtels-restaurants

Le Mercure

2,5 km, rte de Paris
Tél. : 02 31 61 17 17. Fax : 02 31 32 33 43
69 ch. 470-590 F
Menus : 58 F (enf.), 98-148 F

A l'écart, certes, mais non loin de la basilique, cette construction moderne abrite des chambres fonctionnelles de bel espace et d'excellent confort.

Les Acacias

13, rue de la Résistance
Tél. : 02 31 62 10 95. Fax : 02 31 32 91 36
Fermé dim. soir, lundi sf fériés
Menus : 55 F (enf.), 98-290 F. Carte : 250 F

Franck Savard-Lacourte a fait de son auberge policée la bonne affaire de Lisieux. On vient chez lui se régaler à bon prix (son premier menu est épatant), en sachant que le marché commande, que l'humeur dispose et que tout ce qu'il sert est digne d'intérêt. Galette de pied de porc, feuilleté d'andouille au camembert, choucroute de la mer et pithiviers aux pommes caramélisées sont des choses exquises, qui savent renouveler la forme et le fonds du terroir d'ici. Accueil gracieux.

La Ferme du Roy

D579, rte de Deauville
Tél. : 02 31 31 33 98
Fermé dim. soir, lundi
Menus : 110-320 F. Menu : 250 F

Cette ferme ancienne enjuponnée a gardé le chic gourmand à l'ancienne mode. Andouille rôtie aux pommes et confiture d'oignons, blanc de turbot aux huîtres, filet de bœuf au camembert poivré et aumônière de pommes au calva sont bien dans l'esprit du pays.

Produits

PRODUITS RÉGIONAUX

Léon Desfrièches

A Saint-Désir-de-Lisieux
Tél. : 02 31 61 14 57

A l'enseigne du Père Jules quelques-uns des meilleurs cidres et calvas locaux. Le vieux pressoir se visite.

Lobsann : voir Merkwiller-Pechelbronn

Locamaria-Plouzané : voir Le Conquet

Locquirec

29241 Finistère. Paris 535 - Lannion 22 - Morlaix 23 - Guingamp 52.

Les plages des Bruyères et de Saint-Michel-en-Grève, le château de Rosanbo, le site perché de Beg-en-Fry, le trésor de l'église de Saint-Jean-du-Doigt, la chapelle de Notre-Dame-de-la-Joie : voilà quelques-uns des trésors de Locquirec.

Hôtels-restaurants

Le Grand Hôtel des Bains 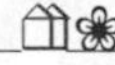

15 bis, rue de l'Eglise
Tél. : 02 98 67 41 02. Fax : 02 98 67 44 60
Fermé févr., (rest.) déj. sf dim. (hs)
36 ch. 650-1 050 F. 1/2 pens. 490-665 F
Menus : 150-230 F

C'était l'hôtel de la Plage du film de Michel Lang. Sur un coup de cœur, un éditeur belge, Dominique Van Lier, l'a remis à neuf, conservant la blanche façade années vingt, reconstruisant le tout dans un style «déco», inspiré des maisonnettes de Newport (Rhode Island). Remis à flot, comme un bateau face à la mer, dans son jardin propret, augmenté d'une piscine couverte qui semble prolonger la ligne de l'océan, cet hôtel amical joue les vedettes bonhommes. Le luxe est sage, les chambres pas toujours vastes, les salles de bains un tantinet spartiates, le service complice. Les menus de pension proposent langoustines du Guilvinec, huîtres de Prat-ar-Coum, carrelet cressonnière ou lotte à l'armoricaine, avant le croustillant au citron et le fondant aux pommes. Voilà un lieu de charme où l'on aimerait simplement rester à ne rien faire, les pieds dans l'herbe ou dans l'eau.

Le Saint-Quirec

Rte de Plestin : 1,5 km
Tél. : 02 98 67 41 07. Fax : 02 98 67 41 07
Fermé mardi soir, mercr. (sf été), mi-nov.-mi-déc.
Menus : 45 F (enf.), 85-185 F. carte : 200 F

Le décor est simplet, mais la route du bord de mer est là et les produits ne trichent pas. Huîtres, sole aux girolles, lotte aux choux s'avalent sans rechigner.

Rendez-vous

CAFÉ

Caplan & Co

A Poul Roudou : 2 km O.
Tél. : 02 98 67 58 98

Ce café-librairie-restaurant permet de relire Aragon ou de découvrir Peter Handke en buvant un coup de cidre, grignoter une salade et admirer un des plus couchers de soleil de l'Atlantique.

Lods

25930 Doubs. Paris 441 – Besançon 37 – Baume-les-Dames 52 – Pontarlier 23.

Paisible vallée de la Loue ! Elle fit rêver Courbet à Ornans et draine les amateurs de kirsch à Mouthier-Haute-Pierre. Le site, avec ses cascades, est superbe.

Hôtel-restaurant

La Truite d'Or

Tél. : 03 81 60 95 48. Fax : 03 81 60 95 73
Fermé 15 déc.-25 janv., dim. soir, lundi oct.-avril
Menus : 55 F (enf.), 98-260 F. Carte : 200-250 F

Cette maison simple, aux chambres proprettes, offre au bord de la Loue l'accueil gracieux, la cuisine sage et les prix doux. On se délecte ici de cassolette de morilles, salade de lentilles au brési comtois (la viande fumée d'ici), truite meunière, sandre au vin jaune, ris de veau avec sa fricassée de champignons des bois qu'on accompagne d'un côtes-du-jura issu de savagnin blanc au joli parfum de noix.

Loire-sur-Rhône : voir Givors

Longeville-les-Saint-Avold : voir Saint-Avold

Longuyon

54260 Meurthe-et-Moselle. Paris 315 – Metz 80 – Nancy 135 – Sedan 71 – Thionville 58 – Verdun 44.

Office du Tourisme : pl. S.-Allende
Tél. : 03 82 39 21 21. Fax : 03 82 26 44 37

La Belgique est toute proche. C'est ici le «pays haut» comme un bout du monde. Ce bout de Meurthe-et-Moselle, qui fit jadis partie de la Moselle, et qui échappa à l'annexion de 1870, cherche son identité. Les chemins de verdure ont remplacé les aciéries.

Hôtel-restaurant

Le Mas

Tél. : 03 82 26 50 07. Fax : 03 82 39 26 09
Fermé 8 janv.-2 févr., (rest.),
dim. soir, lundi sf soir (hs)
14 ch. 260-330 F. 1/2 pens. 320 F
Menus : 120-380 F. Carte : 300-450 F

La vérité des choses, le beau produit magnifié, la simplicité rayonnante : voilà ce que s'efforce de mettre en avant Gérard Tisserant depuis vingt ans. Ce quasi-autodidacte, formé à l'école hôtelière de Strasbourg, puis à celle de Bad Wiese en Allemagne, se destinait davantage à la gestion. Il eut la révélation de la cuisine chez Jean-Pierre Billoux alors à Digoin. Dans le cadre suranné de ce Mas, avec murs de crépi, nappes de dentelle, grosses cheminées, lampes kitsch, animé par un service jeune et distingué, drivé par la souriante Viviane, il joue le marché et les saveurs du Sud en majesté. Ce qui vous attend ici ? L'émotion que révèle un traitement inédit de produits connus. Ainsi cette salade de haricots verts frits servis en amuse-gueule, les asperges dans leur jus acidulé ou encore le flan d'asperges flanqué de fèves et de poivrons. Le mille-feuille de grenouilles aux jeunes épinards, le pot-au-feu de foie gras de canard à la purée d'ail doux, le croustillant de filet de sandre à la rhubarbe ou le râble de lapereau en petit salé aux grenouilles : voilà ce qui ici intrigue, requiert, séduit.

indique un lieu de mémoire.

Lons-le-Saunier

39000 Jura. Paris 412 - Bourg-en-Bresse 71 - Chalon-sur-Saône 63 - Besançon 84.

La Comté Franche triomphe dans cette jolie ville ancienne. La rue du commerce et ses belles demeures, le théâtre et la pharmacie de l'Hôtel-Dieu sont les perles de la promenade.

Hôtels-restaurants

Le Parc

9, av. J.-Moulin
Tél. : 03 84 86 10 20. Fax : 03 84 24 97 28
16 ch. 310-340 F. 1/2 pens. 258 F
Menus : 39 F (enf.), 83-165 F

Cette demeure centrale a le charme contemporain. Bonnes chambres modernes, accueil soigné et cuisine aux couleurs de la région.

A Courlans : 6 km. par N78 rte de Chalon

Auberge de Chavannes

Tél. : 03 84 47 05 52. Fax : 03 84 43 26 53
Fermé dim. soir, lundi, mardi midi, janv., 27 juin-5 juil.
Menus : 105-285 F. Carte : 350-450 F

Pierre Carpentier domine depuis des lustres le paysage gourmand de sa région. Ce classique qui a su évoluer avec maestria compose de jolis tours qui prennent pour base les produits locaux mais qui savent transgresser le terroir avec joliesse. La nage fine d'escargots aux herbes, les grosses langoustines aux girolles, le suprême de poularde en rouelles, les filets de pigeon rôti avec ses cuisses en caillettes avec sa pastilla d'abats, le mille-feuille aux fruits de saison avec son jus vanillé charment sans mal. Bel accueil de Monique Carpentier et cave pleine de ressources, rappelant, fort à propos, que le vignoble jurassien est la porte à côté.

Lorgues

83510 Var. Paris 845 - Fréjus 39 - Brignoles 33 - Draguignan 13 - Toulon 74.

Ce bout du Haut-Var, en pays de truffes et vins, abrite un Gargantua valant le détour.

Hôtel-restaurant

Bruno

Rte des Arcs
Tél. : 04 94 85 93 93. Fax : 04 95 85 93 99
Fermé dim. soir, lundi (hs)
4 ch. 750 F. Menu : 300 F

Dans le creux de sa campagne, Bruno veille. Ce géant rubicond qui reçoit le beau monde de la région adore être maître chez lui. Recevoir est un souverain plaisir pour cet hôte généreux qui offre, c'est le mot pour 300 F, un menu tout-truffes. On se fait fête, sous sa houlette avec toast aux truffes émiettées, gâteau fondant d'artichauts au foie gras et tuber melanosporum, fèves et tomates confites, pomme de terre de montagne fondante à la crème de truffes plus un rien de fleur de sel de Guérande et un filet d'huile d'olive. Ajoutez-y le choix entre trois plats (canette braisée avec son aile rôtie au jus truffé, pigeon désossé en feuilleté au foie gras, épaule d'agneau de lait confite au thym et romarin), la crème brûlée à l'ananas, le moelleux chocolat avec sa glace vanille aux truffes et vous vous direz que si le bonheur n'est pas dans le Var, chez Bruno, il n'est nulle part ailleurs.

A Correns : 27 km O. par D45

Auberge du Parc

Pl. du Gal-de-Gaulle
Tél. : 04 94 59 53 52
6 ch. et 1 suite 580-1 000 F
Menu : 190 F. Carte : 250-350 F

Ce diable de Bruno, qui ne fait rien comme tout le monde, a ouvert en catimini cette gente auberge du Haut-Var en compagnie de son lieutenant Bertrand Lherbette. La demeure a le charme d'une maison du XVIIIe auquel on a su conserver son âme, à coup de vieux meubles, fresques, boiseries. Ajoutez-y quelques jolies chambres, ainsi qu'une cuisine très Provence chic et champêtre à la fois (tarte à la tomate, mesclun à l'anchoïade, agneau grillé sous la braise) et vous comprendrez qu'à Correns se prolonge le bonheur de Lorgues.

Lorient

56100 Morbihan. Paris 503 - Quimper 68 - Vannes 58 - Hennebont 12.

Détruite en 1943, la ville présente un visage neuf. La marine nationale est pour beaucoup dans son avenir immédiat. On visite la base des sous-mains, les quartiers Art nouveau de Merville et cours Chazelles, les façades Arts déco de la rue Madame-de-Sévigné. Cette bretonne moderne est à redécouvrir.

Hôtels-restaurants

Mercure

Pl. J.-Ferry
Tél. : 02 97 21 35 73. Fax : 02 97 64 48 62
58 ch. 435-505 F

En centre-ville, jouxtant le palais des Congrès, cet hôtel moderne aux chambres claires et fonctionnelles permet de rayonner à pied, de longer les quais de Rohan et des Indes près du bassin à flot. Accueil souriant.

L'Amphitryon

127, rue du Colonel-Muller
3,5 km N.-O. par D765
Tél. : 02 97 83 34 04. Fax : 02 97 25 02
Fermé sam. midi, dim., 23-30 avril, 4-14 sept.
Menus : 80 F (enf.), 170 F (déj., sem.)-420 F.
Carte : 400 F

Landais gagné à la Bretagne par amour, Jean-Paul Abadie s'est si bien adapté à sa région d'adoption qu'il est devenu l'un des interprètes les plus sûrs de ses produits et de ses traditions. Certes, dans un décor pomponné sur le mode contemporain ou, si l'on préfère, revu en néo-Arts déco, non sans élégance, on ne va pas céder aux galettes et cotriade. Ce que le gars Jean-Paul, veillé par sa bouillonnante épouse Véronique qui défend la carte de son mari comme un avocat de cour d'assises la tête de son client, c'est l'alliance, très bretonne, mais aussi landaise en vérité, de la terre et de la mer. Cela se traduit par la bouchée d'artichaut au foie gras avec asperges vertes et radis noir, araignée décortiquée avec bouillon du crustacé safrané, saint-pierre raidi au beurre de baratte, homard rôti dans sa coque au jus court, d'une franchise de goût bouleversante, et encore pommes de terre au beurre de sardines avec œuf poulette au caviar, et encore cette splendide composition canaille et terrienne qu'est la compotée d'oreilles de cochon flanquée du ris de veau aux truffes. Ajoutez-y un choix de desserts emballant (comme le croustillant d'ananas confit à la vanille) et une cave affriolante et vous comprendrez que cet Amphitryon mérite pour lui seul le voyage à Lorient.

Le Jardin Gourmand

46, rue Jules-Simon
Tél. : 02 97 64 17 24. Fax : 02 97 64 15 75
Fermé 3-18 févr., 30 juil.-10 août, dim., lundi
Menus : 110-160 F. Carte : 200-250 F

L'un des meilleurs rapports qualité-prix de France ? Celui qu'offre Nathalie Beauvais dans sa mignonne demeure de centre-ville. Cette technicienne émérite fait son marché avec allant, cuisine avec précision, joue la carte des produits de la région et revisite avec talent les traditions, recettes et bons usages de son terroir. Ainsi l'épatante galette au lard et aux huîtres tièdes ou encore d'andouille et de pommes de terre, la lotte braisée au lard et au vin rouge, la cotriade, qui est la bouillabaisse des pêcheurs d'ici, proposée en version légère, plus une fricassée de poulet aux crevettes grises qui pourrait être l'interprétation bretonne d'une recette chérie des mères lyonnaises (la volaille aux écrevisses). Les desserts suivent le mouvement (exquises pommes caramélisées au beurre salé). Et les vins choisis fort à propos par Arnaud Beauvais ne font guère monter la note. Une maison en forme d'aubaine.

Pic

2, bd du Mal-Franchet-d'Espérey
Tél. : 02 97 21 18 29. Fax : 02 97 21 92 64
Fermé sam. midi, dim.
Menus : 70 F (enf.), 75 F (déj., sem.), 100-215 F.
Carte : 250 F

Pierre Le Bourhis est de ces restaurateurs philanthropes qu'on a envie d'embrasser sur les deux joues au sortir d'un repas chez lui. Pensez donc : le prix d'un de ses menus le midi est égal ou même inférieur au tarif des hors-d'œuvre de ses confrères en vogue. Certes, Lorient n'est pas Paris et la cave, pleine de tentations délicieuses, peut faire se hausser le montant de l'addition. Mais on n'a guère de chances de se ruiner en goûtant les tartares de poissons fins, morue en papillote, rougets poêlés aux légumes confits et encore baba au rhum avec crème fouettée que l'on distille avec le sourire dans une atmosphère de bistrot de bonne compagnie.

Loué

72540 Sarthe. Paris 230 – Laval 58 – Rennes 126 – Le Mans 29.

Voici le pays des belles volailles à plumage roux où François Reichenbach tourna jadis la France tranquille.

Hôtel-restaurant

Ricordeau

13, rue de la Libération
Tél. : 02 43 88 40 03. Fax : 02 43 88 62 08
15 ch. 340-650 F. 3 appart. 890 F
1/2 pens. 293-507 F
Menus : 75 F (enf.), 98 F (déj.), 128-348 F.
Carte : 200-300 F

Rénové avec allant, pourvu de beaux salons, de chambres de grand confort, cet ancien relais de poste du XIXe jadis fameux retrouve sa renommée gourmande sous la houlette de Jean-Yves Herman, issu de Franche-Comté, formé en Suisse à Genève et à La Rochette dans le Jura, mais aussi en Bourgogne, chez Crotet à Levernois. La volaille de Loué cuisinée dans tous ses états (au four avec son jus simple, en suprême avec foie gras poêlé), auxquels des mets de tradition, de l'air du temps et des saisons s'ajoutent avec joliesse : tartare de canard aux huîtres, turbot poêlé aux pommes grenailles nouvelles, tronçon de bar mijoté aux asperges. Jolis desserts (pastilla de galette de blé noir aux pommes caramélisées, crumble chocolat, clafoutis léger aux griottes et beurre salé). Juste en face, une auberge annexe dite le Coq Hardi offre, à prix doux, des plats de terroir où le poulet de Loué est mis en vedette.

Lourmarin

84160 Vaucluse. Paris 738 – Apt 19 – Aix 33 – Cavaillon 34 – Digne 112.

«Avec celui que nous aimons, nous avons cessé de parler et ce n'est pas le silence», écrivait Char dans L'Eternité à Lourmarin *à propos de son ami Camus. Ce dernier repose au village en compagnie d'Henri Bosco. On vient ici pour le calme du lieu, la joliesse du village, le château, la vue sur les monts du Luberon. Et la gourmandise!*

Hôtels–restaurants

La Fenière

Rte de Cadenet
Tél. : 04 90 68 11 79. Fax : 04 90 68 18 60
Fermé mardi midi (hs), lundi, 2 janv.-12 févr., 13-26 nov.
7 ch. 650-1 050 F. 1/2 pens. 750-950 F
Menus : 200-550 F. Carte : 500-600 F

Les Sammut ont réalisé leur rêve : bâtir une maison ouverte sur les champs de lavande, la ligne du Luberon, le pays proche. Quelques chambres, parfois petites, destinées aux artisans de la région, une terrasse, une salle sobre : c'est l'écrin de Reine, grande cuisinière d'ici. Guy, son mari, raconte avec une foi fervente les mets que cette timide rieuse native de Lorraine réalise avec brio, réinventant les saveurs de Provence, lançant des clins d'œil à l'Italie proche, à la Méditerranée, aux traditions de grand-mère rajeunies. Entre autres, sa bouillabaisse de légumes avec fèves ou de poissons safranés aux tomates confites, ses tortellini de ricotta à la cigale de mer au jus corsé, ses gnocchi d'épeautre avec loup et asperges, son assiette d'agneau avec carré, rognonnade, ris braisés, paquets truffés, la brousse truffée avec salade de roquette et d'endives. N'oubliez pas non plus les admirables desserts, comme le glacé aux truffes façon omelette norvégienne flambé à l'eau-de-vie, la superbe fougasse sucrée aux fruits ou le calisson d'Aix glacé qui s'accompagnent des meilleurs vins du Luberon et de la vallée du Rhône.

Le Moulin de Lourmarin

Rue du Temple
Tél. : 04 90 68 06 69. Fax : 04 90 68 31 76
Fermé 1er-12 déc., 7 janv.-11 févr.
20 ch. 800-1 600 F. 1/2 pens. 1 200-1 500 F
Menus : 200 F (déj.), 380-550 F. Carte : 550-750 F

Cet hôtel de charme au centre du bourg, face au château, au temple et aux monts du Luberon dans un ancien moulin à l'huile cache des chambres adorables, pas toujours grandes, décorées façon provençal moderne. Mais la maison est surtout une grande table, sous la houlette d'Edouard Loubet, jeune Savoyard, élève de Chapel et de Veyrat. Le goût des herbes et des chemins l'inspire, comme celui des légumes oubliés. D'où ces deux foies gras, l'un frais à la compote de tomate verte, l'autre poêlé au jus de ratafia d'arbouse, son ragoût de truffes et de topinambours, son roulé de maquereau aux noisettes, sa divine soupe de cardes aux haricots «du grenier», sa lotte grillée et étuvée à la fleur de coquelicot avec son jus glacé à l'angélique, son ris de veau à la réglisse et racines de panais qui sont des choses exquises. Jus corsés et bien acidulés sont d'une légèreté sans faille. En prime, de bien jolis desserts : variations sur la noix avec une glace turbinée à fondre sur un coulis de grain de café avec une Tatin noix-pommes, enfin un granité d'agrumes avec sa glace à l'eucalyptus : de quoi donner l'envie de gambader sur les libres chemins du Luberon.

Hôtel de Guilles

Rte de Vaugines
Tél. : 04 90 68 11 79. Fax : 04 90 68 37 41
Fermé nov.-févr.
28 ch. 400-680 F

Au milieu des vignes, cette demeure isolée, avec ses quelques chambres, sa piscine, au calme et au charme, est la petite étape paisible du lieu.

L'Antiquaire

9, Grand-Rue
Tél. : 04 90 68 06 69. Fax : 04 90 68 06 69
Fermé lundi, dim. soir (sf été), 15-31 janv., 13 nov.-5 déc.
Menus : 95, 130 (vin c.). Carte : 200 F

Poêlée d'encornets, pressée d'aubergines au chèvre frais et tomate confite, pagre rôti et ragoût de légumes, rosace de mignon de porc lardé et coulis de persil : voilà quelques-uns des jolis tours, fins, frais, légers, que joue, sans anicroche, le Gessois Daniel Duouchet dans l'ancienne Fénière. Le décor d'ancien atelier spartiate a été peaufiné. Les prix sont sages.

Maison Ollier

«le Michel Ange»

Pl. de la Fontaine
Tél. : 04 90 68 02 03
Fermé mardi soir, mercr. (hs), mi-nov.-mi-déc.
Menus : 115 F (sem.), 160-280 F. Carte : 250-300 F

La belle façade de l'autre siècle, le jardin sur l'arrière : tout cela perdure dans ce qui fut le vieil hôtel de la ville. La demeure fait aujourd'hui restaurant sage et même bon enfant. Pas de fioritures dans le décor, ni d'ailleurs dans les assiettes qui donnent ce qu'elles promettent, au gré de menus sages et bien comptés. Velouté d'asperges, carpaccio de saumon à l'huile d'olive de Nice, penne rigate aux chipolatas, petit aïoli de saumon sont nets et sans bavure. Le tagine d'agneau aux légumes nouveaux est digne d'un bon marocain.

Le Bistrot de Lourmarin

2, av. Ph.-de-Girard
Tél. : 04 90 68 29 74
Fermé mercr., jeudi (hs)
Menus : 88 F (sem.)-125 F. Carte : 180 F

L'été, en terrasse, face au château et à la montagne verte, trouver une place dans ce bistrot est un p'tit bonheur. Les deux menus sont des affaires. Le chef est lyonnais, ce que rappelle sa cervelle de canut, son andouillette à la moutarde, son gratin de macaroni à la crème. Mais la tartine grillée à la tomate au chèvre frais, le pavé de saumon à l'unilatérale et la fricassée de poulet fermier à l'orientale avec sa graine de couscous aux raisins penchent joliment côté Sud.

La Louche à Beurre

Tél. : 04 90 68 00 33
Fermé déj., 15 nov.-15 déc.
Carte : 180 F

Le soir seulement, ce bistrot-brasserie rigolo et joli, avec ses boiseries et sa terrasse en ligne de mire sur le château charme sans mal. Babeth et Henri reçoivent le Tout-Luberon à la bonne franquette autour de braves crêpes, belles viandes sur le gril (superbe côte de bœuf), entrées fraîches (tarte au saumon, salade du berger) et crème brûlée. N'oubliez pas de réserver : c'est toujours plein !

Produits

ARTS DE LA TABLE

Côté Bastide

3, rue du Grand-Pré. Tél. : 04 90 08 57 92

Linge de table et de bain, déco, produits pour la maison se trouvent dans le show-room de la fameuse maison aixoise. Cette vraie galerie provençale a le chic minimaliste.

BOULANGERS-PÂTISSIERS

La Chouquette

Rue du Temple
Tél. : 04 90 68 13 11

Les jolis biscuits locaux, comme le gibassier (sorte de fougasse plate et sucrée à l'huile d'olive), les navettes et les croquettes valent le détour dans cette échoppe centrale. La fougasse aux olives est également exquise.

Riquier

8, rue Henri-de-Savornin
Tél. : 04 90 68 00 94

Stéphane Riquier, boulanger artisan, mitonne, en sus de son pain de campagne à l'ancienne, un «gibassier» provençal, un peu sec, comme on l'aime ici même.

indique un lieu de mémoire.

CAVISTE

Tardieu-Laurent

Chemin de la Marquette à 84360 Lauris
Tél. : 04 90 08 32 07. Fax : 04 90 08 41 11

Dans ses caves de vieillissement, sises dans le château de Lourmarin, Michel Tardieu élève des vins de la vallée du Rhône avec soin et amour.

PRODUITS RÉGIONAUX

Le Jardin d'Ugo

Rue du Temple
Tél. : 04 90 68 21 62

Si vous avez un cadeau à ramener de Provence, cette boutique est faite pour vous. Les belles huiles d'olive, les apéritifs à l'ancienne, les vins choisis (y compris ceux des voisins du Luberon comme la Verrerie), les condiments, les tapenades et les confitures de l'Isle-sur-la-Sorgue : tout ici met en appétit.

Lucelle : voir à Oberlarg

Lugrin : voir Evian

Lunéville

54300 Meurthe-et-Moselle. Paris 341 - Nancy 36 - Epinal 64 - Metz 95 - Strasbourg 131.

Le «Versailles lorrain» – château et jardins – vaut le détour, mais la vieille ville aussi et la faïencerie proche.

Hôtel-restaurant

Château d'Adoménil

Rehainviller
Tél. : 03 83 74 04 81. Fax : 03 83 74 21 78
Fermé 2 janv.-10 févr., dim. lundi été, (rest.) lundi sf soir été, dim. soir, mardi midi
Menus : 100 F (enf.) 250 F (sem.), 355-475 F.
Carte : 400-550 F

Cette noble bâtisse blanche, avec sa cour, sa ferme, la rivière à ses pieds, ses bois, ses chambres sobres et de grand confort, est devenu un Relais & Châteaux exemplaire. Les Million pratiquent le savoir-recevoir avec grâce. Michel, rouquin malin, est en cuisine avec sa fille qui est revenue au bercail après avoir étudié chez les grands. Bernadette est le sourire même, à l'accueil et au service des vins. C'est à elle que l'on doit une carte riche en beaux crus d'Alsace, de Bourgogne et d'ailleurs. Le décor, avec tableaux, sol de céramiques, faïences, boiseries, tissus, a été rafraîchi. La cuisine joue le ton de l'évidence, trouvant sa grâce dans la rare alliance père-fille. Ainsi le rouget mariné minute à l'huile d'olive, la riche omelette aux grenouilles et beurre d'herbes, le tartare de saint-jacques que rehaussent, d'un trait d'iode, les grains de caviar, le régional sandre aux lardons et gris de Toul, le filet de pigeon aux épices avec sa brochette de foie, le pied de porc farci de ris de veau avec lentilles et sauce corsée à la moutarde, le râble de lièvre rôti sauce au raifort. Très «paysanne en bottes de cuir», cette cuisine aurait plu au gourmand Stanislas, comme d'ailleurs ces desserts qui jouent le régionalisme avec doigté (crêpes soufflées aux mirabelles), la tradition classique au goût du jour (parfait au Grand Marnier et éventail d'oranges) ou la mode avec malice (tiramisu aux pruneaux et coulis d'armagnac). Une grande table lorraine.

Lutter : voir Ferrette

Lutzelbourg

57820 Moselle. Paris 438 – Strasbourg 63 – Metz 110 – Sarrebourg 19 – Phalsbourg 5.

Un recoin des Vosges, entre canal de la Zorn et ruines romantiques. On est encore en Lorraine, mais l'Alsace est proche.

Hôtel-restaurant

Hôtel des Vosges

149, rue Ackermann
Tél. : 03 87 25 30 09. Fax : 03 87 25 42 22
Fermé vend. (h.s.), 15 janv.-10 fév., 13 nov.-9 déc.
13 ch. 190-300 F. 1/2 pens. 190-280 F
Menus : 50 F (enf.), 95-200 F. Carte : 200 F

La demeure a le charme désuet qui cadre avec cet ancien village bûcheron. Les épicéas, les ruines, le canal, les scieries : voilà pour l'environnement. Les chambres sont simples, agrestes, l'intérieur boisé, l'atmosphère douillette. La cuisine a été un brin modernisée par le gendre des Husser, Pierre Bouvier, Savoyard ayant travaillé au Royal Evian. Ballottine de caille, escargots farcis, truite au bleu, faisan aux mirabelles sont sans lourdeur et raisonnablement tarifés.

Luynes

37230 Indre-et-Loire. Paris 250 – Tours 12 – Chinon 42 – Langeais 14 – Saumur 57.

Le château de Luynes, cette forteresse sombre, ne se visite plus. Mais le pays alentour est aimable. Et il y a là un un beau domaine ancien-moderne où séjourner.

Si vous cherchez un établissement particulier, consultez l'index général en fin d'ouvrage.

Hôtel-restaurant

Domaine de Beauvois

Tél. : 02 47 55 50 11. Fax : 02 47 55 59 62
Fermé 30 janv.-15 mars
35 ch. 1 050-1 600 F
Menus : 100 F (enf.), 265-400 F

Ce grand manoir augmenté d'une aile moderne offre le grand confort de ses chambres à l'ancienne, de son parc verdoyant qui s'étend jusqu'aux bois proches. Sa grande salle à manger en impose et la cuisine joue la carte régionale allégée avec malice. Matelote d'anguille, géline en cocotte lutée au montlouis, pain perdu à l'ananas s'arrosent de beaux vins de Loire issus d'une carte immense.

Lyon

69000 Rhône. Paris 450 – Genève 152 – Grenoble 107 – Marseille 315 – St-Etienne 61 – Turin 310.

Office du Tourisme : place Bellecour (2e) et av. Adolphe-Max (5e)
Tél. : 04 72 77 69 69. Fax : 04 78 42 04 32

Une capitale de gueule ? Bien sûr, mais surtout un îlot de provincialisme bien compris. Lyon, qui se moque des modes, est la ville de la générosité gourmande, l'ennemie du chipotage, la reine du bon rapport qualité-prix. Elle est relativement avare de grandes tables, mais riches de belles auberges, de tables accortes, d'ambassades régionales où l'on cultive le savoir-faire à l'ancienne, le vin en carafe qui dessoiffe et le goûter solide genre franc mâchon. Carrefour entre tous les chemins, voie ouverte sur le Rhône, porte vers la Suisse, vieille cité gauloise aux influences italiennes, elle est la ville des soieries, mais surtout un formidable garde-manger. Les bons artisans sont légion et les produits sérieux itou : fruits de la vallée du Rhône, vins du Beaujolais, volailles de Bresse, poissons des lacs de Savoie et des étangs de la Dombes, fromages de la Drôme : voilà ce qu'on trouve à Lyon, sur le quai Saint-Antoine, comme aux halles modernes de la Part-Dieu. Une ville faite pour le gourmand gourmet.

Hôtels

La Cour des Loges

6, rue du Bœuf (5e) (plan du centre)
Tél. : 04 72 77 44 44. Fax : 04 72 77 44 44
53 ch. 1 200-1 900 F
Carte : 220-360 F

Les Sibuet des Fermes de Marie à Megève et de la Bastide de Marie à Ménerbes viennent de racheter ce bel ensemble très contemporain, sis dans d'anciennes cours Renaissance qui créa en son temps un événement. Celui-ci est appelé à se renouveler dans le sens de la chaleur et du caractère. Il permet de redécouvrir le dédale des venelles du vieux Saint-Jean et de Saint-Paul. Mobilier design et architecture médiévale font bon ménage. Cuisine «franco-internationale» dans un restaurant en devenir.

Château Perrache

12, cours de Verdun-Rambaud (2e) (plan du centre)
Tél.: 04 72 77 15 00. Fax: 04 78 37 06 56
117 ch. 580-940 F
Menus: 60 F (enf.), 95 F (déj.), 145-185 F

Ce grand hôtel de gare a conservé un brin de la grandeur d'un Terminus d'antan. Son chic? Les frises et fresques Art Nouveau, notamment dans la salle de restaurant et des petits déjeuners. Chambres d'excellent confort, certaines demeurant le témoin d'une époque.

Hilton

70, quai Ch.-de-Gaulle (6e) (hors plan)
Tél. 04 78 17 50 50. Fax 04 78 17 52 52.
196 ch. 1446-2012F.
Blue Elephant. Menus: 170 (déj.)-285F.
Brasserie Belge. Menus: 151F.

Cette belle réalisation au cœur de la cité internationale est en prise directe sur le Rhône, le proche musée d'art contemporain et le parc de la Tête d'Or. Chambres de très grand confort, beau bar et cuisine à double détente (thaï ou brasserie).

Méridien

129, rue Servient (3e)
Tél.: 04 78 63 55 00. Fax: 04 78 63 55 20
245 ch. 1 290-1 390 F
L'Arc en Ciel, menus: 95 F (enf.), 155 F (vin c., déj.), 175 F, 210 F. Bistrot de la Tour, menus: 60 F (enf.), 90 F (déj.), 110 F

Cet hôtel qui fut jadis futuriste fait désormais partie du paysage de Lyon. C'est le «crayon», avec ses chambres haut perchées dans un immeuble en pointe. Elles offrent un imprenable panorama sur la ville. Atrium digne d'*High Anxiety*. Deux restaurants, dont l'un, le Bistrot de la Tour, joue le bon rapport qualité-prix.

Sofitel

20, quai du Dr-Gailleton (2e) (plan du centre)
Tél.: 04 72 41 20 20. Fax: 04 72 40 05 50
137 ch. 1 345-2 495 F. 29 appart. 995-2 005 F

Cet hôtel de forme cubique, avec vue sur le Rhône, semble être la réplique franchouillarde du Mandarin de Hong-Kong. Rez-de-chaussée Arts déco, chambres spacieuses et fonctionnelles, luxe discret et service aux petits oignons: étonnez-vous si les décideurs de toutes sortes y croisent les amoureux du vieux Lyon. La place Bellecour est à côté. Cuisine simple au Sofishop (voir aussi restaurant les Trois Dômes).

La Villa Florentine

25, montée St-Barthélemy (5e) (plan du centre)
Tél.: 04 72 56 56 56. Fax: 04 72 40 90 56
16 ch. 1 300-2 100 F

Villa florentine ou lyonnaise, ancien couvent et Relais & Châteaux d'aujourd'hui: le domaine possède son charme un peu clinquant, avec des éclairages assez vifs. Quelques atouts évidents, dont un panorama sur les toits de Lyon et le vieux Saint-Jean, et un restaurant qui trône au chapitre des adresses de qualité (voir restaurant les Terrasses de Lyon).

Carlton 

4, rue Jussieu (2e) (plan du centre)
Tél.: 04 78 42 56 51. Fax: 04 78 42 10 71
83 ch. 535-910 F

La situation au cœur de Lyon est centrale. Et l'immeuble fin de siècle en rotonde possède un cachet d'un autre âge. Chambres de grand confort, certaines ouvrant sur la colline de Fourvière et la basilique, déco années cinquante avec des couleurs parfois audacieuses et accueil féminin charmant. Bar dédié à l'opéra.

Globe et Cécil 

21, rue Gasparin (2e).
Tél.: 04 78 42 58 95. Fax: 04 72 41 99 06
60 ch. 750 F

De style néo-Arts déco, cet hôtel au cœur des choses (la place Bellecour est proche) possède un accueil charmant, un hall amusant avec ses horloges, des chambres sobres et calmes, tarifées avec raison.

Grand Hôtel Concorde 

11, rue Grolée (2e) (plan du centre)
Tél.: 04 72 40 45 45. Fax: 04 78 37 52 55
143 ch. 780-1 475 F

Classique et sans manières, cet hôtel de grand confort dans une maison fin de siècle joue la tradition tranquille, face au Rhône et en sentinelle sur le centre-ville.

Grand Hôtel Mercure Saxe-Lafayette

29, rue de Bonnel (3e)
Tél. 04 72 61 90 90. Fax 04 72 61 17 54.
155 ch. 740-840F. 7 suites. 1500-2500F.

Entre le Rhône et le chemin de la gare TGV, mais aussi le marché de la Part-Dieu, ce grand hôtel très fonctionnel (c'est l'ancien Holiday Inn Crown Plaza) offre un 6e étage dévolu aux hommes d'affaires. Chambres vastes, fonctionnelles, complexe de remise en forme, jazz-bar.

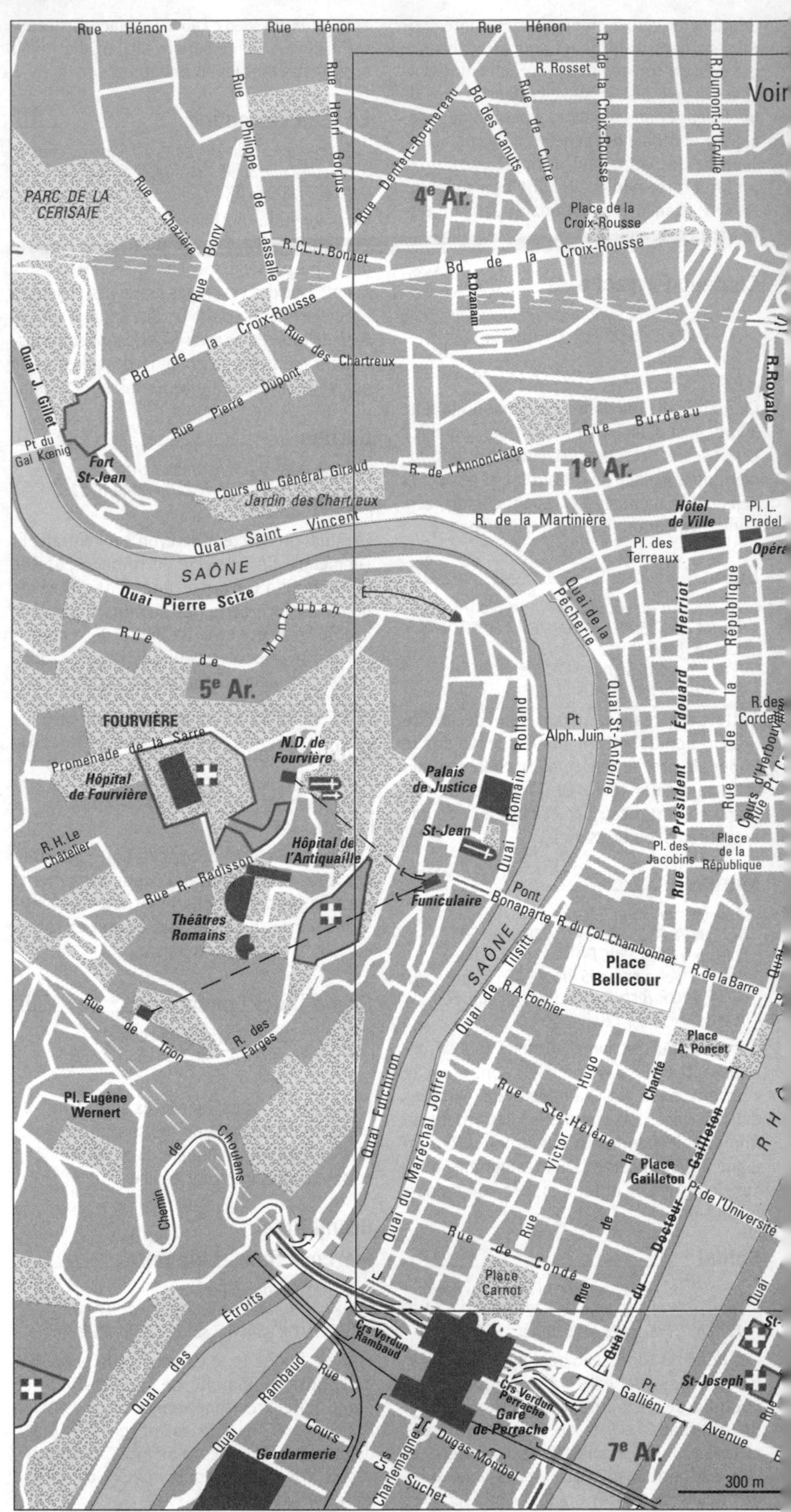
Rue Hénon
4e Ar.
1er Ar.
5e Ar.
7e Ar.
PARC DE LA CERISAIE
Fort St-Jean
Jardin des Chartreux
SAÔNE
Quai Pierre Scize
FOURVIÈRE
N.D. de Fourvière
Hôpital de Fourvière
Hôpital de l'Antiquaille
Théâtres Romains
Palais de Justice
St-Jean
Funiculaire
Place Bellecour
Place des Terreaux
Hôtel de Ville
Opéra
Place de la Croix-Rousse
Bd de la Croix-Rousse
Place A. Poncet
Place Gailleton
Place Carnot
Gare de Perrache
Gendarmerie
St-Joseph
Pl. Eugène Wernert
300 m

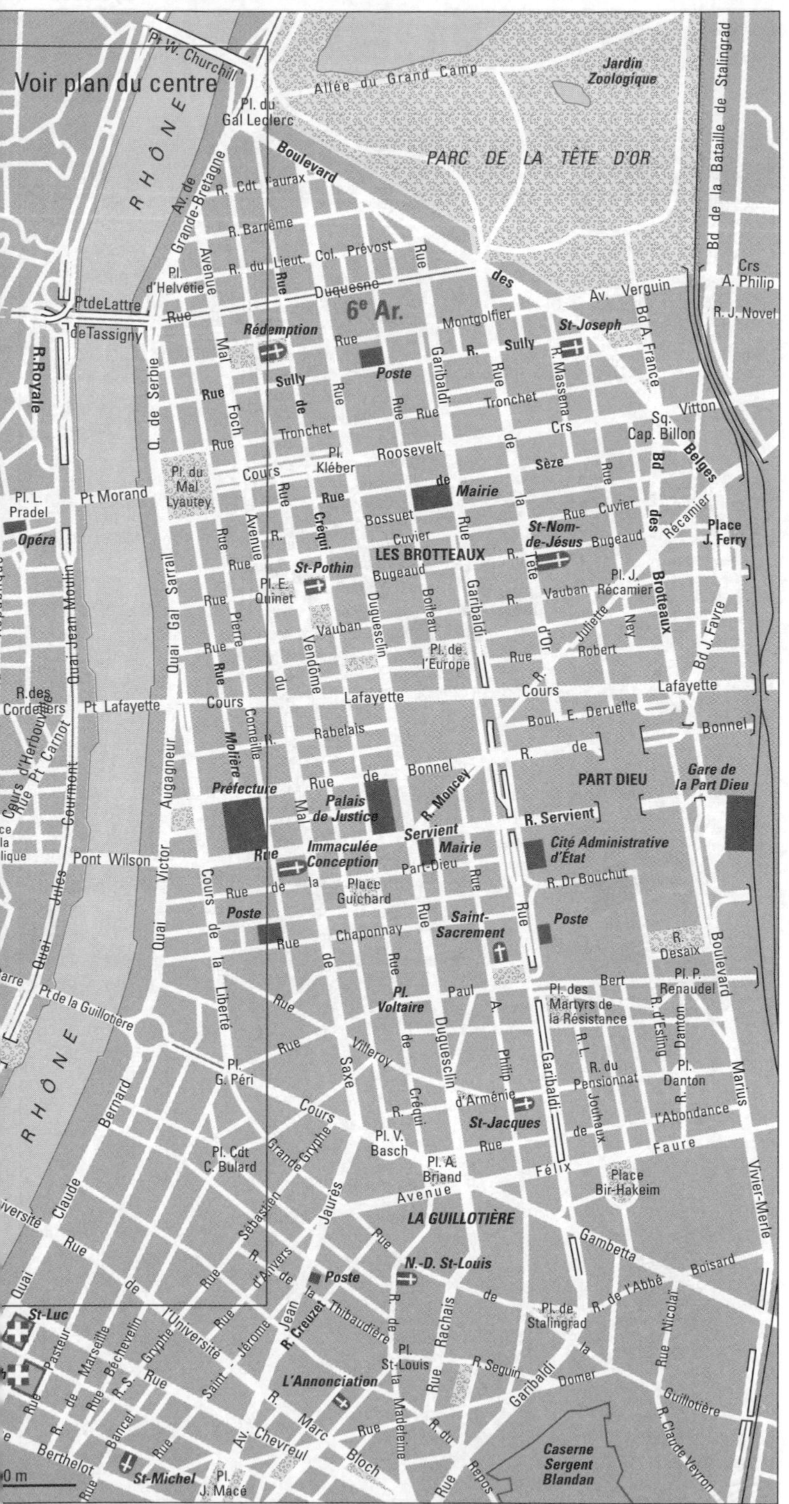
Voir plan du centre
PARC DE LA TÊTE D'OR
Jardin Zoologique
6e Ar.
LES BROTTEAUX
PART DIEU
LA GUILLOTIÈRE
RHÔNE
Gare de la Part Dieu
Cité Administrative d'État
Préfecture
Palais de Justice
Opéra
Caserne Sergent Blandan

Lyon centre

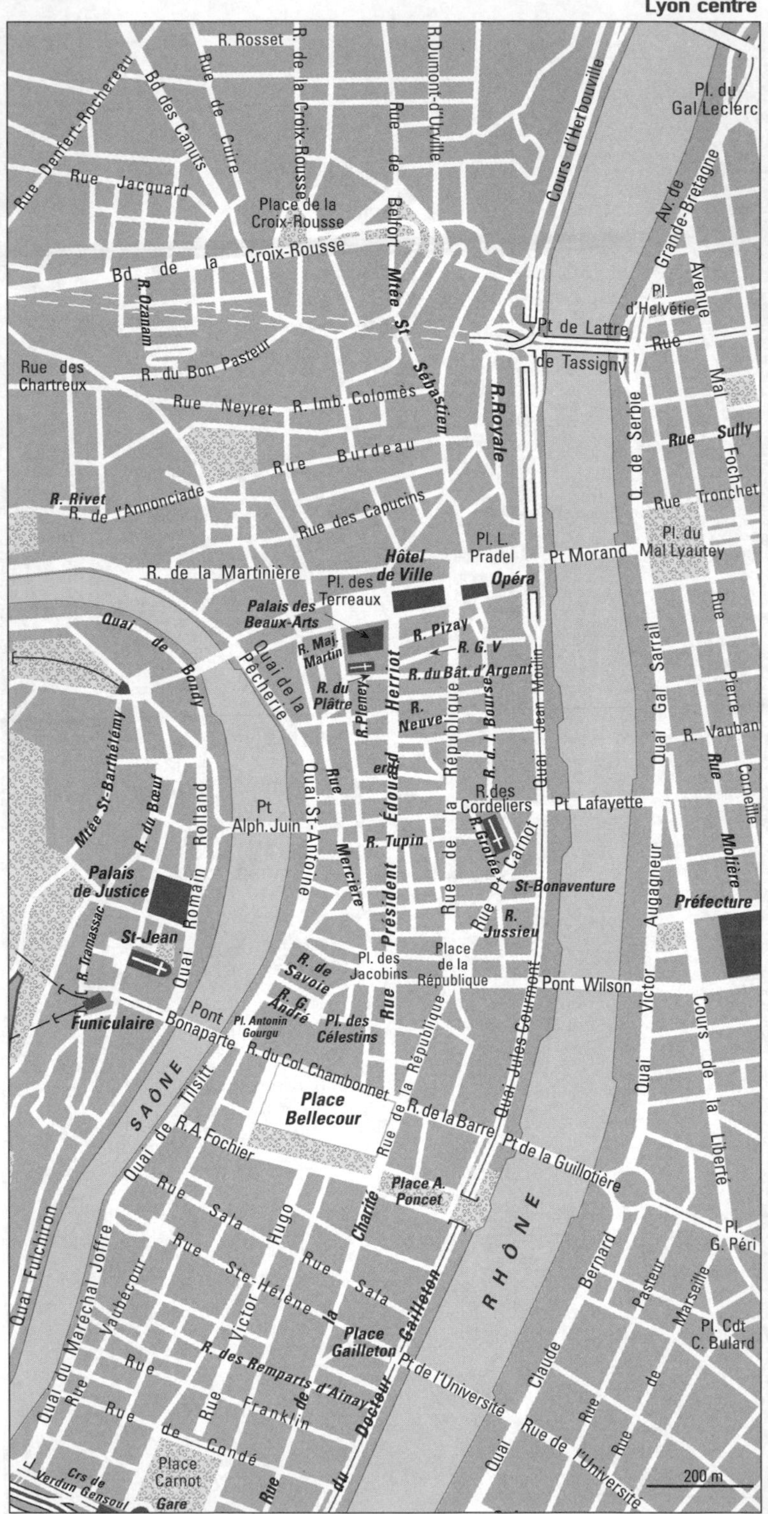

R. Rosset
R. de la Croix-Rousse
R.Dumont-d'Urville
Rue Denfert-Rochereau
Bd des Canuts
Rue de Cuire
Rue de Belfort
Cours d'Herbouville
Pl. du Gal Leclerc
Rue Jacquard
Place de la Croix-Rousse
Bd de la Croix-Rousse
R. Ozanam
Mtée St-Sébastien
Av. de Grande-Bretagne
Avenue
Pl. d'Helvétie
Pt de Lattre de Tassigny
Rue
Rue des Chartreux
R. du Bon Pasteur
Rue Neyret
R. Imb. Colomès
R.Royale
Mal Foch
Q. de Serbie
Rue Sully
Rue Burdeau
R. Rivet
R. de l'Annonciade
Rue des Capucins
Rue Tronchet
Pl. du Mal Lyautey
Pl. L. Pradel
Hôtel de Ville
Pt Morand
R. de la Martinière
Pl. des Terreaux
Opéra
Palais des Beaux-Arts
Quai de Bondy
Quai de la Pêcherie
R. Maj. Martin
R. Pizay
R. G. V
R. du Bât. d'Argent
R. du Plâtre
R. Pleney
R. Neuve
Rue Pierre Corneille
R. Vauban
Quai Gal Sarrail
Quai Jean Moulin
R. d. l. Bourse
Mtée St-Barthélémy
R. du Bœuf
Quai Romain Rolland
Pt Alph. Juin
Quai St-Antoine
Rue Mercière
Rue Président Édouard Herriot
Rue de la République
R.des Cordeliers
Pt Lafayette
R. Grolée
Rue Pt Carnot
R. Tupin
Rue Molière
Palais de Justice
St-Bonaventure
Préfecture
R. Jussieu
St-Jean
R. Tramassac
R. de Savoie
Pl. des Jacobins
Place de la République
Pont Wilson
Quai Victor Augagneur
Funiculaire
Pont Bonaparte
R. G. André
Pl. Antonin Gourgu
Pl. des Célestins
R. du Col. Chambonnet
Quai de Tilsitt
SAÔNE
Place Bellecour
R. de la Barre
Quai Jules Courmont
Pt de la Guillotière
Cours de la Liberté
R. A. Fochier
Place A. Poncet
Rue Sala
Rue de la Charité
RHÔNE
Pl. G. Péri
Quai Fulchiron
Quai du Maréchal Joffre
Rue Vaubecour
Rue Ste-Hélène
Rue Victor Hugo
Rue du Docteur Gailleton
Rue Claude Bernard
Rue Pasteur
Rue de Marseille
Pl. Cdt C. Bulard
Place Gailleton
R. des Remparts d'Ainay
Pt de l'Université
Rue Franklin
Rue de Condé
Quai Claude Bernard
Rue de l'Université
Crs de Verdun Gensoul
Place Carnot
Gare
200 m

Hôtel des Beaux Arts 

75, rue du Pdt-Herriot (2e). (plan du centre)
Tél. : 04 78 38 09 50. Fax : 04 78 42 19 19
75 ch. 550-690 F

Sur le mode années trente, plein centre, cet hôtel aux chambres bien équipées, dont quelques-unes justifient l'enseigne avec des fresques et des toiles, est idéalement placé, non loin de la place Bellecour.

Lyon-Métropole

85, quai J.-Gillet (4e)
Tél. 04 72 10 44 44. Fax 04 78 39 99 20
118 ch. 750-920F.
Menu : 159F. Carte : 250-350F.

Reposant, sportif, avec sa piscine olympique, ses courts de tennis, ses salles de squash et ses équipements modernes, cet ensemble contemporain joue le calme à quelques pas du centre et en lisière de la Saône. Cuisine soignée à la Brasserie Lyon-Plage.

Phénix 

7, quai Bondy (5e).
Tél. : 04 78 28 24 24 Fax : 04 78 28 62 86
36 ch. 760-1 080 F

Cette demeure ancienne à fleur de quai, proche du vieux Lyon, a fait de sa vue sur le fleuve un de ses atouts. Chambres rénovées, de taille inégale.

Le Royal 

20, pl. Bellecour (2e)
Tél. : 04 78 37 57 31. Fax : 04 78 42 19 19
80 ch. 710-1 700 F

La situation dit tout : en ligne de mire sur la place Bellecour. La déco sage, l'allure fin de siècle, les tons années cinquante revus au goût du jour : beaucoup de visiteurs officiels de la ville sont passés et ont aimé.

La Tour Rose 

22, rue du Bœuf (5e)
Tél. : 04 78 37 25 90. Fax : 04 78 42 26 02
6 ch. 1 200/1 650 F. 6 appart. 1 650/2 800 F et 4 duplex

Petit pendant apparent de la cour des Loges, l'hôtel de Philippe Chavant, rend hommage aux soyeux. Chaque chambre est décorée avec goût, élégance et raffinement, le tout dans une demeure Renaissance du vieux Saint-Jean (voir aussi restaurant la Tour Rose).

Holiday Inn Garden Court 

114, bd des Belges (6e)
Tél. : 04 78 24 44 68. Fax : 04 78 24 82 36
55 ch. 600 F

Cette bonne adresse classique face à la gare des Brotteaux offre d'excellentes chambres, toutes au même prix, décorées dans un style contemporain. Accueil aimable.

Hôtel des Artistes 

8, rue G.-André (2e) (plan du centre)
Tél. : 04 78 42 04 88. Fax : 04 78 42 93 76
45 ch. 390-510 F

Tranquille, proche du quai des Célestins, du marché Saint-Antoine et de la rue Mercière, cette adresse est l'une des préférées des comédiens en tournée dans la ville. Chambres sobres et proprettes.

Hôtel des Savoies 

80, rue de la Charité (2e) (plan du centre)
Tél. : 04 78 37 66 94. Fax : 04 72 40 27 84
46 ch. 240-280 F

L'une des petites adresses sages de Lyon, c'est cet hôtel décoré sur le thème de la Savoie, avec ses blasons, son escalier de fer forgé, ses chambres proprettes, son garage privé, à deux pas de Perrache.

Hôtel du Théâtre 

10, rue de Savoie (2e) (plan du centre)
Tél. : 04 78 42 33 32. Fax : 04 72 40 00 61
21 ch. 285-345 F

La réception est au second, l'escalier y mène : comme au théâtre. L'accueil est adorable, les chambres amusantes, certaines donnant sur le proche théâtre des Célestins. Prix doux.

Restaurants

Léon de Lyon

1, rue Pleney (1er) (plan du centre)
Tél. : 04 72 10 11 12. Fax : 04 72 10 11 13
Fermé dim., lundi, 30 juil.-21 août
Menus : 290 F (déj.), 590-750 F. Carte : 600 F

Jean-Paul Lacombe, fils à papa bûcheur, a su constituer un empire de bouche sur la base des traditions de la ville. L'adage selon lequel Léon c'est Lyon demeure plus que jamais valable à travers une formule éprouvée. Jean-Paul a magnifié l'héritage et embelli le décor de beaux objets, émouvants tableaux, gardant stucs et vitraux, liant, dans un vivant musée gourmand, la tradition à l'esprit du temps. Rien de plus pertinent que ses versions des lyonnaiseries, genre cochon fermier, foie gras et oignons confits en terrine rustique. Les amuse-bouche (cake au lard, pied de veau rémoulade, tarte de boudin) semblent dire : «bienvenue, vous êtes à Lyon !» Et le reste est à l'avenant, jouant tradition réinventée : quenelle de brochet moelleuse, bavaroise d'artichaut au foie gras, pavé de foie de veau aux petits farcis, joues de cochon fondantes avec couenne croustillante. Les desserts entonnent le refrain de la nostalgie, avec savarin aux fruits rouges ou dôme glacé citron et rhubarbe. La politesse lyonnaise consiste à ne pas ruiner le chaland, avec les vins du cru à prix de raison. Plus que de la restauration et un acte de piété filiale, c'est là un témoignage d'amour d'un homme envers sa ville.

Pierre Orsi

3, pl. Kléber (6e) (hors plan)
Tél. : 04 78 89 57 68. Fax : 04 72 44 93 34
Fermé dim. (sf fériés)
Menus : 240 F (déj.), 320-600 F. Carte : 450-700 F

L'une des grandes tables classiques de Lyon, c'est bien celle de Pierre Orsi, l'un des disciples les plus fameux de Bocuse qui fait dans la tradition comme Monsieur Jourdain pratiquait la prose. Décor riche et fleuri, très Marie-Antoinette en ville. Belle terrasse. Parmi les plats vedettes de la demeure : ravioles au foie gras et jus de porto, pigeonneau aux gousses d'ail confites, homard mère Orsi. Belle annexe voisine de l'ancienne du Cazenove (04 78 89 82 92).

Les Terrasses de Lyon

25-27, mtée St-Barthélemy (5e) (plan du centre)
Tél. : 04 72 56 56 56. Fax : 04 72 40 90 56
Menus : 170 F (déj.) 320 F, 650 F. Carte : 500-650 F

Cette table de grand charme, celle du seul Relais & Châteaux de la ville, vaut d'abord par sa vue panoramique sur les toits du vieux Lyon. Mais la cuisine mitonnée par le doué Stéphane Gaborieau, venu des Eaux-Vives, après un brillant parcours sur la Côte d'Azur, mérite un détour pour elle-même. Crémeux de potiron à l'huile de noisette, cromesquis d'huîtres panées, ravioli d'artichaut au pot-au-feu de caille des Dombes, raie bouclée aux cébettes ou encore couronne d'agneau cloutée aux anchois avec palets d'ail en impression sont du travail fin, ciselé, enlevé. Plus sudiste, assurément que lyonnais.

Christian Têtedoie

54, quai Pierre-Scize (5e)
Tél. : 04 78 29 40 10. Fax : 04 72 07 05 65
Fermé sam. midi, dim. sf fériés, 1er-24 août
Menus : 170 F (déj.)-360 F. Carte : 350-400 F

Le wonder-boy de la cuisine lyonnaise classico-moderne ? C'est cet élève de Bocuse, Vergé, Blanc, Outhier installé dans un clair décor avec vue sur la Saône qui a du chic. Sa jeune sommelière, qui connaît les meilleurs vins de la vallée du Rhône par cœur, a du répondant. Quant à sa cuisine qui joue l'apprêt rustique mitonné de façon fort raffinée, elle séduit sans façons : tranche de quenelle poêlée à l'épice avec tapenade et tomate fraîche, pomme de terre farcie de queue de bœuf et chanterelles, saint-jacques dorées au lard et endive, aile et cuisse de volaille au foie gras et gousses d'ail, ravioli de champignons au coulis d'œuf, chaud-froid de poires farcies à la crème d'amandes et onctueux soufflé chaud au Grand Marnier emballent sans mal. D'autant que les prix des menus sont la sagesse même.

indique un lieu de mémoire.

La Tour Rose

16, rue du Bœuf (5e) (plan du centre)
Tél. : 04 78 37 25 90. Fax : 04 78 42 26 02
Fermé dim.
Menus : 295-595 F. Carte : 480-650 F

Philippe Chavent joue au trouble-fête dans une ville qui aime la tradition. Ce disciple rebelle de Paul Bocuse anime le Comptoir du Bœuf comme le moderne restaurant de l'Opéra remis à neuf par Nouvel, à l'enseigne des Muses, sans oublier de remettre, chez lui, la tradition au goût du jour. Pommes de terre au caviar pressé ou saumon mi-cuit au fumoir sont ses classiques à lui. Mais ses délicats œufs pochés au sabayon d'huîtres et asperges croquantes ou encore pigeon avec roquette, menthe et petits pois renouvellent sa palette légère avec ardeur. Décor de charme dans une maison Renaissance.

Les Trois Dômes

Au Sofitel. 20, quai du Dr-Gailleton (2e)
(plan du centre)
Menus : 220-400 F. Carte : 350-400 F

Cette table de prestige, ouvrant de façon panoramique sur les clochers de la cité des Gaules, fait figure désormais de Tour d'Argent lyonnaise. Alain Desvilles, normand formé à demeure au moule de Marc Allix et de Guy Girerd, joue la mode en finesse (risotto de langoustines et fèves), sans omettre les références régionales, dans un sens créatif avec allant. Poêlée d'escargots et grenouilles aux artichauts avec fromage blanc aux herbes, pavé de sandre au jambon, fumet de vin rouge et polenta, volaille au vinaigre, pomme darphin et échalotes confites convainquent sans mal d'avoir ici son rond de serviette. Belle cave, desserts soignés.

La Mère Brazier

12, rue Royale (1er)
Tél. : 04 78 28 15 49. Fax : 04 78 28 63 63
Fermé sam. midi, dim., jrs fériés, 22 juil.-22 août
Menus : 185 F (déj.), 270-325 F. Carte : 300-450 F

Une institution d'ambiance lyonnaise que l'on ne peut ignorer. Fonds d'artichauts au foie gras, quenelle de brochet, foie de veau au vinaigre, volaille demi-deuil, fameux « chabraninof » flambé au rhum assurent la pérennité de la tradition locale, sous la houlette de Guy Labonde, un ancien de Chapel qui a laissé toute velléité de novation au vestiaire. Le cadre qui n'a plus d'âge sait avoir ses élégances. Accueil maternel et chic de Jacotte Brazier.

Auberge de l'Ile

Sur l'île Barbe (9e) (hors plan)
Tél. : 04 78 83 99 49. Fax : 04 78 47 80 46
Fermé dim. sf midi (hs), lundi sf fériés
Menus : 130 F (déj.), 220-390 F. Carte : 400-600 F

Cette vieille auberge familiale, sise dans une maison centenaire, sur une île de la Saône, vaut la visite pour sa situation insolite et champêtre, son décor croquignolet, mais aussi la cuisine du fiston Jean-Christophe Ansanay-Alex. Les prix font «boum boum» à la carte, mais les menus sont bien pondus et nul ne saurait trouver à redire à des mets dans l'air du temps. Gnocchi d'escargots au pistou, mille-feuille de saumon aux radis noirs, volaille au torchon avec son risotto au parmesan et truffes, glace réglisse, lait d'amande et pains d'épice renouvellent plaisamment le répertoire.

L'Alexandrin

83, rue Moncey (3e)
Tél. : 04 72 61 15 69. Fax : 04 78 62 75 57
Fermé vac. scol., fériés, (rest.) dim., lundi
Menus : 120 F (déj.), 160 F, 360 F. Carte : 300-400 F

Proche des Halles, Véronique, le verbe alerte, le sourire à l'accueil comme au service, et Alain Alexanian tiennent là un des beaux succès des années quatre-vingt-dix. Bouillon aux quenelles de moelle, quenelle de brochet sauce écrevisses, sole poêlée aux haricots cocos, quasi de veau aux carottes sont des mets d'une précision sans faille, tout en demeurant la légèreté même : une prouesse à Lyon.

La Fleur de Sel

3, rue des Remparts-d'Ainay (2e) (plan du centre)
Tél. : 04 78 37 40 37. Fax : 04 78 37 26 37
Menus : 128 F (déj.), 220 F, 280 F. Carte : 300 F

Des idées personnelles, des prix sages à la carte, des produits superbes et une maîtrise de cuisson sans faille : Cyril Nitard, ancien de Senderens, de Marchesi à Milan et de le Stanc à Monte-Carlo, imagine des plats d'esprit sudiste bien dominés. L'escalope de foie frais en aigre-doux avec céleri-rave, pommes fruits, vinaigre balsamique et jus de porto, le rouget à la feuille de basilic frite, le homard aux gnocchi, truffes et petits pois ne sont, certes, pas très lyonnais. Mais ils témoignent d'un bel esprit frondeur.

La Soupière

14, rue Molière (6e) (plan du centre)
Tél. : 04 78 52 75 34. Fax : 04 78 65 03 92
Fermé sam. midi, dim., août
Menus : 95-340 F. Carte : 250-300 F

Deux anciens de Gagnaire, Charles Bonnet et Olivier Paget, ont créé un événement lyonnais en ouvrant cette petite table aux pierres apparentes dédiée à la cuisine de création pure. La soupe d'asperges aux escargots et pistaches torréfiées, l'anguille fumée avec son pilaf de haricots tarbais, la rognonnade de lapereau à la marmelade d'artichauts poivrades sont quelques-unes de leurs trouvailles promptes à réveiller les sens du gourmet blasé. Une adresse pleine de promesses.

Le Grenier des Lyres

21, rue Creuset (7e)
Tél. : 04 78 72 81 77. Fax : 04 78 72 01 75
Fermé sam. midi, dim., 7-23 août
Menus : 110 F (déj., vin c.)-398 F. Carte : 300 F

Parmi les chefs en vogue de la cité des gones, Thierry Gache est le créatif de la bande. Cet ancien second de Vettard, doué d'idées multiples surprend avec des mets d'une apparente complexité aux saveurs nettes, «puncheuses», pointues. Ainsi, sa tarte de sardines aux épices et cardamome, ses lasagnes de morue au foie gras et son mille-feuille de bœuf au jus de carotte qui étonnent sans détonner. Le décor de grenier rustico-sophistiqué possède son charme singulier.

Le Caro de Lyon

25, rue du Bât-d'Argent (2e) (plan du centre)
Tél. : 04 78 39 58 58
Carte : 200-250 F

Sous une allure de restau-bibliothèque, avec rangées de livres, boiseries et lustres de Murano, Jean-Claude Caro, ex-associé de Jean-Paul Lacombe, a imaginé la plus rieuse des brasseries chics. La cuisine qu'on dirait italo-lyonnaise (carpaccio, papardelle, pizzas, quenelle de brochet et grenouilles, cervelas chaud aux lentilles, sandre en meurette, onglet à l'échalote) possède du tonus. Et l'ambiance est résolument branchée sur l'air du temps.

Le Gourmet de Sèze

129, rue de Sèze (6e)
Tél. : 04 78 24 33 42. Fax : 04 78 24 66 81
Fermé dim., lundi, 1er-5 juin, août
Menus : 130 F, 190-300 F. Carte : 250-300 F

Bernard Mariller, formé chez Troisgros et Robuchon, fut chef aux Templiers des Bézards, avant d'investir cette table modeste. Le décor, même renouvelé, est sans luxe. L'accueil gentil, un peu timide. La sûreté, le métier, la technique du chef transparaît dans les plats vifs et savants qui se renouvellent au gré de l'air du temps. Pieds d'agneau croustillants en barigoule, saumon grillé au lard et oignons frits, tourte d'huîtres aux épinards sont du travail de ciseleur.

Jean-Claude Péquet

59, pl. Voltaire (3e)
Tél. : 04 78 95 49 70. Fax : 04 78 62 85 26
Menus : 155-260 F. Carte : 300 F

Ce Meilleur Ouvrier de France discret pratique une cuisine de haut goût, pleine de franchise et de netteté à partir de produits superbes (ravioles de foies gras au jus de veau truffé, tête de veau panée, original carré de lapin à la moutarde) qui fait oublier un décor un peu «Prisu». Service et accueil adorable.

Chez Jean-François

2, pl. des Célestins (2e) (plan du centre)
Tél. : 04 78 42 08 26. Fax : 04 72 40 04 51
Fermé dim., 22 juil.-22 août.
Menus : 100-180F. Carte : 250F.

Cette sympathique adresse, tenue avec alacrité par Jean-François Courtois, propose à la clientèle de l'après-théâtre, comédiens et public mêlés, une cuisine généreuse, solide et très lyonnaise. Belles terrines, saucisson chaud aux lentilles, blanquette, poulet de Bresse à la crème et tarte aux fruits ont le bon goût de se renouveler au fil des saisons.

Le Nord

18, rue Neuve (2e) (plan du centre)
Tél. : 04 72 10 69 69. Fax : 04 72 10 69 68
Menus: 48 F (enf.), 115 F (déj.)-158 F. Carte: 200 F

Rénovée par Bocuse, quasi centenaire, cette belle brasserie confortable avec vitraux est revenue au faîte de la mode. Plats emblématiques: harengs pommes à l'huile, quenelle de brochet, foie de veau, choucroute, poulet à la broche. Service prompt, adroit, agile, faisant face au succès.

Les Oliviers

20, rue de Sully (plan du centre)
Tél. : 04 78 89 07 09. Fax : 04 78 89 89 94
Fermé sam. midi, dim., 1er-20 août, 1er-8 janv.
Menus: 110-180 F

Mathieu Viannay, talentueux et discret, a fait ses armes chez Vigato et Faugeron à Paris. Il dirige avec brio ce petit restaurant où les gones amateurs de bonne chère découvrent ses mets malins et ses prix doux. Le jeune service est efficace. Le foie gras cru au sel, l'œuf mollet à la coppa grillée servi avec une crème de pois cassés aux truffes, le paleron mijoté huit heures au foie gras et petits légumes, le craquant de rouget au miel et romarin, la brochette de sot-l'y-laisse aux amandes hachées, les saint-jacques aux citrons confits et poivre ou les madeleines tièdes au miel avec glace au fromage blanc et la feuillantine de pain d'épice sont des créations au jour le jour, précises autant que gourmandes.

Le Passage

8, rue du Plâtre (1er) (plan du centre)
Tél. : 04 78 28 11 16. Fax : 04 72 00 84 34
Fermé dim., lundi, jrs fériés.
Menus : 95 (déj.), 195-260F. Carte : 300F.

Vincent Carteron a fait de cette jolie table très " cinoche " (Bertrand Tavernier est un habitué lors de ses passages lyonnais) avec fresque en trompe-l'œil et fauteuils artistes un rendez-vous gourmand de la ville. Le ragoût de lentilles au homard rappellent le temps où Daniel Ancel faisait ici les beaux dîners de la ville. On est revenu à plus de modestie. Foie gras chaud au vinaigre balsamique, loup à la truffe noire et autres poissons selon la marée assurent avec malice.

La Romanée

19, rue Rivet (1er) (plan du centre)
Tél. : 04 72 00 80 87. Fax : 04 72 07 88 44
Fermé sam. midi, dim. soir, lundi,
1er-7 janv., août
Menus: 110-210 F

Au détour d'une rue pentue de la Croix-Rousse, Elizabeth Denis pratique la cuisine du Sud, légère et sans ornière. Tartare de crabe à la crème d'oursins où ris et rognons d'agneau aux asperges se mangent sans faim.

La Voûte

«Chez Léa»

11, pl. Antonin-Gourju (2e) (plan du centre)
Tél. : 04 78 42 01 33. Fax : 04 78 37 76 41.
Fermé dim.
Menus : 98 F (déj.), 140-188 F. Carte : 250 F.

Philippe Rabatel est un sage qui a choisi de conserver l'ambiance, sur deux étages, de ce que fut la demeure historique de Léa Bidault, l'une des mères lyonnaises. Et de perpétuer son esprit à travers la «qu'nelle», le saucisson chaud, le poulet aux écrevisses, le gratin de macaroni, le tablier de sapeur, juste comme avant. Prix fort mesurés.

Assiette et Marée

49-51, rue de la Bourse (2e) (plan du centre)
Tél. : 78 37 36 58. Fax : 04 78 37 98 52
Fermé dim.
Menu : 98 F (déj.), 118 F. Carte : 250 F
26, rue Servient (3e). Tél. : 04 78 62 89 94
Menu : 98 F (déj.), 118 F. Carte : 250 F
Fermé dim.

Patrick Méhu et Jean-Yves Carpentier, deux «ex» de chez Bocuse font avec succès dans la succursale poissonnière. Leurs deux adresses valent le détour. Fruits de mer, calmars sautés, thon aux aromates s'arrosent de petits blancs délurés.

Le Bistrot de Lyon

64, rue Mercière (2e) (plan du centre)
Tél. : 04 78 38 47 47. Fax : 04 78 38 47 48
Menu : 65 F (enf.), 115-215 F. Carte: 200-250 F

Ce vrai-faux bistrot début de siècle, bricolé par Jean-Paul Lacombe avec des objets, meubles, vitraux et fresques de « récup' » est la première de ses annexes. Elle draine, depuis deux décennies, les cols blancs comme les nuitards qui viennent goûter lyonnaiseries (quenelle, boudin, tablier de sapeur) et la cuisine du marché (rissoles d'agneau façon pâté de Pézenas) dans la bonne humeur.

Le Bistrot Pizay

4, G.-Verdi (1er) (plan du centre)
Tél. : 04 78 28 37 26
Fermé dim., lundi
Menu : 75 F (déj.), 98 F, 135 F

François Pipala, MOF côté salle, et Michel Barthelet, deux maîtres d'hôtel formés chez l'empereur Paul Ier de Collonges, animent ce bistrot déluré. Cuisine du marché et de toujours (terrine de caille, foie de veau et gratin de macaroni), gentillesse et petits prix sont au programme. Annexe juste en face à l'enseigne du Petit Pizay.

Brasserie Georges

30, cours de Verdun-Perrache (2e)
Tél. : 04 72 56 54 54. Fax : 04 78 42 51 65
Menus : 71-148 F. Carte : 200 F

Vieille comme Lyon, cette belle brasserie d'allure monumentale sur le mode Arts déco vaut pour son incroyable décor années 1925, ses plats sans manières (harengs Baltique, quenelle, tartare, choucroute), sa bière Rinck fort bien tirée et ses garçons habiles à faire tourner les tables.

Le Cirque

14, rue Grolée (2e)(plan du centre)
Tél. : 04 78 42 15 00
Menu : 130 F. Carte : 200-250 F

Fiorello Colatosti a imaginé un décor plein de verve sur le thème du cirque avec ses chromatismes joyeux. Les mets sont dans le ton, osant la cuisine « métisse » avec fraîcheur : tomme vieillie au vinaigre balsamique, mille-feuille d'aubergines, tomates et concombres, rouget grillé aux chutney de mangue sont séducteurs à souhait, peu chers et pleins de gaieté.

L'Est

14, pl. Jules-Ferry (6e)
Tél. : 04 37 24 25 26. Fax : 04 37 24 25 25
Menus : 48 F (enf.), 115 F (déj.)-158 F
Carte : 150-250 F

Au rez-de-chaussée de la gare des Brotteaux transformée en salle des antiquaires, cette brasserie signée Bocuse est aussi la plus imaginative du genre. On sert ici la « cuisine des voyages ». Autant le bortsch en croûte que la pizza au saumon fumé, les harengs Baltique, le jambon San Daniele, le tagine de morue au safran, le riz cantonais, la volaille à la broche, pour rester en Rhône-Alpes, les vins du copain Dubœuf, la bière pression de Karlsbrau à Saverne, les superbes soufflés passion ou Grand Marnier. C'est là, à prix tenus, dans un cadre ludique et design, avec petits trains tournants, imaginé par le styliste complice Vavro, lyonnais de Bratislava, une leçon de professionnalisme.

Francotte

8, pl. des Célestins (2e) (plan du centre)
Tél. : 04 78 37 38 64. Fax : 04 78 38 20 35
Fermé dim.
Menu : 98 F (vin c.). Carte : 180-250 F

En lieu et place de l'ex-Bourillot, cette table de choix conjugue présent et passé avec allant. La demeure a retrouvé l'enseigne d'origine : elle eut jadis trois étoiles, pas moins, dans les années trente. Patrick Méhu, qui a travaillé chez Paul Bocuse, à Collonges et a déjà créé deux « Assiette et Marée » au bon rapport qualité-prix, fait ici dans le bistrot-brasserie de bon ton. Clair décor à l'italienne, registre connu mais sûr, beau chapitre sur les fritures (morue frite et pommes en peau, friture mixte, encornets et oignons frits), plaisant confit de légumes froids pour les appétits légers et belle pièce de hampe aux échalotes pour les nostalgiques lyonnais.

Les Lyonnais

1, rue Tramassac (5e) (plan du centre)
Tél. : 04 78 37 64 82
Menu : 103 F
Fermé dim. soir, lundi

Dans l'esprit du bon rapport qualité-prix cher à Lyon (le gourmet de la cité d'Herriot a toujours été frileux côté portefeuille), voilà, au cœur du vieux Saint-Jean, une réussite narquoise. Régis Bétoule dirige avec faconde ce bouchon-brasserie que décore la « trombine » des Lyonnais célèbres. Au menu (donné), figurent tablier de sapeur, quenelle de brochet, andouillette beaujolaise, fromage à la crème, comme dans le temps, et, sinon mieux que dans le temps, plus jeune.

Maison Villemanzy

25, montée St-Sébastien (1er) (plan du centre)
Tél. : 04 78 39 37 00
Fermé dim., 23 déc.-8 janv.
Menus : 128 F

Petits prix, ambiance de maison bourgeoise avec joli mobilier 1900, cuisine maligne et vue vertigineuse depuis les hauts de la Croix-Rousse : voilà un bistrot-guinguette très séducteur signé Jean-Paul Lacombe. Le croustillant d'escargots au jus de persil, l'épaule d'agneau fondante cloutée à l'ail flanqué d'un bon gratin dauphinois et l'admirable cake aux pralines avec sa fondante mousse de chocolat blanc donnent l'idée d'un Lyon non seulement gourmand, mais modeste et philanthropique.

Chez Maurizio

1, pl. Eugène-Wernert (5e)
Tél. : 04 78 25 83 63
Fermé dim., lundi, 15 jrs août, 15 jrs déc.
Menu : 75 F (déj.). Carte : 150 F

L'italien préféré de Paul Bocuse c'est la trattoria du Romain Maurizio Bullano. Antipasti variés, risotto aux cèpes, piccata de veau au citron, suave tiramisu donnent des envies d'évasion du côté de la fontaine de Trevi et de La Trinité-des-Monts.

Le Petit Léon

3, rue Pléney (1er)
Tél. : 04 72 10 11 11. Fax : 04 72 10 11 13.
Fermé dîn., dim., lundi, 30 juil.-21 août.
Menus : 65 (enf.), 97F

Manger du Léon de Lyon pour pas cher ? Facile : il suffit de prendre place dans ce petit bistrot-annexe aux jolies tables de bois, juste sous la maison mère. Plats «bonne femme» (bourguignon, blanquette) et standards lyonnais (salade de lentilles, andouillette) font bon ménage. Le petit menu-carte est un cadeau.

Poivre d'Ane

29, rue Molière (6e) (plan du centre)
Tél. : 04 72 74 44 14
Fermé dîn. (sf vendr., jeudi.), sam., dim. août
Menus : 110 F (déj.), 130-170 F

Notre meilleure «affaire» lyonnaise? Ce restaurant de rien du tout, tenu par Jean-Michel Georges, un Vosgien qui a transformé une ancienne charcuterie en petit temple du bon goût au prix juste. Cet autodidacte, qui a appris le métier au buffet de la gare de Saint-Dié, est allé voir ses futurs collègues de prestige, tel Michel Bras, qui le visite lorsqu'il se rend à Lyon, pour comprendre l'émotion de la grande cuisine. C'est bien une sensibilité qu'il recrée à son tour, avec le pressé de chèvre aux poivrons, le foie gras aux figues et vinaigre balsamique, le pistou de pois chiche au homard breton, le mérou poché avec sa raviole au basilic et son beurre blanc, le tagine d'artichaut au lard de Carrare, sans omettre le pied de cochon désossé farci de foie gras digne des grands. La crème brûlée à la bergamote est une belle issue : bon sang lorrain ne saurait mentir !

Le Sud

11, pl. Antonin-Poncet (2e) (plan du centre)
Tél. : 04 72 77 91 38. Fax : 02 72 77 80 01
Menus : 48 F (enf.), 115 F (déj.)-158 F. Carte : 180 F

La cuisine de la Méditerranée revue en beauté par Bocuse et les siens. Pizzas variées, rouget à l'huile d'olive, tagine d'agneau à la semoule sont proposés à prix d'ange dans une ambiance joyeusement conviviale et un amusant décor de pierres grattées. Terrasse l'été.

A 69300 Caluire

La Terrasse Saint-Clair

2, grande rue Saint-Clair
Tél. : 04 72 27 37 37
Fermé dim., lundi soir, 2-18 janv.
Menu : 120 F

Roi des annexes pas chères, Jean-Paul Lacombe de Léon de Lyon a ouvert là un bistrot de marinier en pleine ville, genre ginguette des bords du Rhône. Le décor avec collection de «Fanny» et vieilles affiches est amusant. La cuisine sage est de prix imbattable, au gré d'un menu à 120 F avec de rares suppléments. On propose là une cuisine maligne, fraîche, bistrotière : tomate farcie et sardines marinées, belle friture d'ablettes, parfait glacé aux pêches blanches, fraises et meringue avec crème vanillée. On siffle le pot de beaujolais du copain Dubœuf et on se prend des envies de parties de pêche sur le quai proche.

A 69660 Collonges-au-Mont-d'Or : 12 km par bords de Saône

Paul Bocuse

Pont de Collonges Nord
Tél. : 04 72 42 90 90. Fax : 04 72 27 85 87
Menus : 110 F (enf.), 480 F (déj.)-780 F
Carte : 600-900 F

C'est un éternel jeune homme qui ne veut pas vieillir. Aux Halles de Lyon, son portrait figure en bonne place derrières les étals vedettes. Colette Sibillia, la reine des charcutières, s'affiche avec lui, ses saucissons secs en main brandis comme des trophées. Renée et Renée Richard, mère et fille, fromagères d'élite et grandes prêtresses du saint-marcellin, ont constitué une galerie de photos dédiées à Paul Ier, leur pape préféré. Au Val d'Isère, tôt le matin, face aux Halles, sous les portraits de Point, Bise ou Chapel, comme jadis Saint Louis sous son arbre, Bocuse, empereur des gones, rend sa justice. Pas un jeune qui ne s'installe, entre Saône et Rhône, sans demander conseil à «Monsieur Paul». Pourtant, ce dernier fuit sa propre image, rit de son mythe. On le croit conseillant un restaurant à New York ou à Tokyo, et le voilà chez lui, à Collonges, dans sa maison face au pont sur la Saône, qui brille comme un arbre de Noël, avec sa galerie de chefs commentée par Bernard Pivot, son équipe de salle réglée comme du papier à musique sous la houlette du chef de salle François Pipala. En cuisine, Roger Jaloux et Christian Bouvarel assurent la pérennité maison. Jean Fleury assure la liaison entre cuisine et salle, veillant au renouvellement de la carte, virevoltant d'une table l'autre, sans omettre de surveiller les annexes qui appartiennent beaucoup au grand Paul, un peu à ses adjoints. La belle clientèle locale qui aime manger, accepte, certes, la nouveauté, mais en catimini, cherchant ses repères, est heureuse de les retrouver chez lui. Le rouget aux gousses d'ail confites, le loup au basilic avec artichauts barigoule, la crème de grenouilles aux cocos, cresson et oseille, le pigeon de la Bresse rôti à la broche avec des pommes au beurre, les fromages de sainte-mère Richard, la crème brûlée en hommage à Siri du Cirque à New York, et les desserts qui ont su se mettre à jour sans perdre leur côté «gâteries de grand-mère»

Grand Marnier®
CORDON ROUGE
MARNIER-LAPOSTOLLE
www.grand-marnier.com

(œufs en neige, glace vanille, tarte sablée aux fruits), avec en prime les côtes-du-rhône malicieux choisis par le sommelier Yann Eon : voilà qui fait de ce conservatoire de la grande cuisine de toujours une sorte d'ambassade très actuelle du bon goût français. Seul mystère : on se demande bien quel élixir a pu avaler le père Bocuse pour grignoter les années comme à reculons. A soixante-dix ans, il en paraît soixante. Gageons, qu'à quatre-vingts, il en paraîtra cinquante. A ce rythme, on attend le Bocuse nouveau pour l'an 3000.

A 69140 Rillieux-la-Pape. 7 km par N83 et N84

Larivoire

Chemin des Iles
Tél. : 04 78 88 50 92. Fax : 04 78 88 35 22
Fermé lundi soir, mardi, 16-26 août
Menus : 180-440 F. Carte : 350-500 F

Bernard Larivoire est de ces classiques Lyonnais qui se dépêchent d'avancer lentement, sans se fatiguer pour rattraper la mode. Dans sa belle demeure ayant vue sur le Rhône, l'accueil de dame Chantal, la terrasse ombragée, le service prompt et efficace sont des atouts de choix. Mais la cuisine répond présent par son sérieux et sa régularité. Des exemples ? Les œufs en cocotte aux langoustines et morilles, la jolie quenelle de sandre aux nouilles, la féra avec sa crème de haricots tarbais à l'épeautre, la fricassée de volaille de Bresse au vinaigre de vin vieux et le canard des Dombes laqué poivre et miel qui indiquent que ce Lyonnais ayant voyagé sait marier modernisme et tradition. Belle cave, menus alléchants.

A 69890 La Tour-de-Salvagny. 11 km par N7

La Rotonde

Au Casino de Lyon-Vert, 200 av. du Casino
Tél. : 04 78 87 00 97. Fax : 04 78 87 81 39
Fermé dim. soir, lundi, mardi midi, août
Menus : 180 F (déj.)-540 F. Carte : 450 F

Le jeune Philippe Gauvreau, formé par Maximin à Nice, placé par lui au casino de Charbonnières, est, depuis six ans déjà, dans ce décor un peu clinquant au-dessus des salles de jeu. Sa manière habile consiste à mêler saveurs du grand Midi avec celles du terroir rhônalpin. Homard en tagine, paupiette de saint-pierre et araignée aux aubergines, marbré de foie gras au céleri, morille farcie de grenouilles à la crème aillée sont quelques-uns des bons tours joués ici avec sûreté. Parfois, un rien de surcharge vient gâter le plaisir d'un mets. Mais la simplicité d'une poulette en croûte de noisette et des desserts de haut vol (ah, les cannelloni de chocolat et glace à la crème brûlée !) emportent, avec de fort beaux vins (blanc du Jura de Berthet-Bondet, côte-rôtie de Gérin), aisément l'adhésion.

Bouchons

Ambiance locale, décor de bistrot à l'ancienne, vins joyeux et cuisine du terroir : ils sont l'âme de Lyon.

La Tassée

20, rue de la Charité (2e)
Tél. : 04 72 77 79 00. Fax : 04 72 40 05 91
Fermé sam. en juil.-août, dim.
Menus : 135-270 F

Grand bouchon ou vrai restau lyonnais institutionnel : la maison de Jean-Paul Borgeot vaut, en tout cas, pour son décor de fresques vigneronnes, son choix de beaujolais étonnant et sûr, mais aussi ses plats issus de la tradition locale : œufs en meurette, cochonnailles chaudes (avec les paquets de couenne !), gâteau de foies de volaille, que renouvellent les propositions du marché.

Le Vivarais

1, pl. du Dr-Gailleton (2e)
Tél. : 04 78 37 85 15. Fax : 04 78 31 59 49
Fermé dim., fin juil.-fin août, 24 déc.-1er janv.
Menus : 115 F (déj.)-170 F. Carte : 200 F

Le décor lambrissé sur une placette proche du Rhône a son charme. Comme le foie gras fort peu cuit, l'un des meilleurs de la cité des gones, les jolis plats de toutes sortes et les grands classiques locaux sont traités avec rigueur, vus et revus (belle tripière) par Roger Dussaud, un ancien de Chapel qui s'est pris au jeu de la modestie.

Le Café des Fédérations

8, rue du Major-Martin (1er)
Tél. : 04 78 28 26 00
Fermé sam., dim., août
Menu : 118 F (déj.)-148 F

L'âme de Lyon, c'est dans l'ex-maison de Raymond Fulchiron reprise par Yves Rivoirin que vous la trouverez. La tradition demeure ici bonne conseillère à travers rognon au madère, civet de joues de cochon, cochonnailles, boudin, tête de veau, de très bon ton. Le décor de vieux bistrot est émouvant.

Le Café du Jura

25, rue Tupin (2e)
Tél. : 04 78 42 20 57
Fermé dim., août lundi midi (hs), sam. été
Carte : 180 F

Ce bouchon historique dans un décor patiné, avec zinc, colonnes en staff, admirables boiseries, plafond bas, tables en marbre vaut à lui seul le voyage à Lyon. C'est bien la Rolls du genre. L'accueil d'Henri Josserand, belles moustaches en bataille, qui sert le coup de montagnieu au comptoir et permet la comparaison entre chenas et chiroubles, est dans le ton. La cuisine de caractère de dame Brigitte est soignée avec rigueur, finesse, doigté et respect de la tradition. Superbe foie de veau à la moutarde, pied de porc en crépinette, aile de raie meunière sont de la haute couture.

Chabert et fils

11, rue des Marronniers (2e)
Tél. : 04 78 37 01 94. Fax : 04 78 37 79 18
Menus : 80 F (déj.), 159 F. Carte : 160 F

Le gâteau d'andouillette aux choux, le gras-double sauté, la quenelle, la fricassée de volaille aux écrevisses autant que la ronde des saladiers font le bonheur de cet établissement de tradition lauréé par nos confrères lyonnais du prix Gnafron. Jolis vins en pots, belle ambiance. A noter que la maison ouvre tous les jours et sert tard (jusqu'à 23 h 30 le week-end).

Daniel et Denise 

156, rue Créqui (3e)
Tél. : 04 78 60 66 53. Fax : 04 78 60 66 53
Fermé sam., dim., août
Carte : 200-250 F

Ce vrai bouchon à l'ancienne, proche de la gare de la Part-Dieu (pratique pour un dernier «en-cas») est tenu par Daniel Leron. Ce MOF, jadis fameux à Dardilly, n'a pas perdu la main en revenant «en ville». Le décor est digne de Gnafron, l'accueil à fondre, les plats authentiques et frais. Merveilleux saucisson chaud aux lentilles échalotées, vraie quenelle Nantua, tablier de sapeur sauce tartare ou gras-double constituent une leçon de gourmandise à la lyonnaise. On boit là-dessus le pot de beaujolais-villages signé Dubœuf, frais comme l'onde, en remerciant le ciel qu'il se trouve des Leron pour indiquer le vrai sens des choses.

Le Garet 

7, rue du Garet (1er)
Tél. : 04 78 28 16 94. Fax : 04 72 00 06 84
Fermé sam., dim., 23 juil.-23 août
Menu : 98 F (déj.), 128 F. Carte : 180 F

Le décor de bouchon de cinéma, avec boiseries d'époque et vieux tableaux est impayable. Une table d'hôtes, dressée au centre, est réservée aux habitués et aux célibataires. Les plats du passé (quenelles de brochet, gras-double, andouillette, pieds de mouton, cervelle de veau meunière) sont sans histoire.

Chez Hugon

12, rue Pizay (1er)
Tél. : 04 78 28 10 94
Fermé sam., dim. août
Carte : 150-250 F

La maison existe depuis 1937. Le cadre est simple, simplet, même, de café-comptoir et les classiques du cru mitonnés dans une cuisine-placard chantent le grand air de la tradition. Tomates farcies selon saison, gâteau de foies de volaille, boudin aux pommes, blanquette à l'ancienne, mitonnés par dame Arlette, jouent les vedettes.

Chez Marcelle 

71, Cours Vitton (6e)
Tél. : 04 78 89 51 07
Fermé sam., dim., août
Menu : 150 F. Carte : 180 F

Ce rade de quartier années 50 ne paye pas de mine. Mais tout-Lyon adore s'encanailler chez «la Grande», qui prend les commandes, pose les " fillettes ", jongle avec les saladiers. Son mari Guy est cantonné à la logistique du bar. Dans la cuisine officie Lola depuis 20 ans. Salade de lentilles, pommes de terre à la morue, tripes, pieds d'agneau, saucisson chaud, foie de veau épais, juteux, poêlé à l'ail et persil, déglacé au vinaigre, avec pommes sautées et épinards frais, tablier de sapeur doré au beurre, poulet au champagne, tarte aux praslines régalent sans manière.

La Meunière

11, rue Neuve (1er)
Tél. : 04 78 28 62 91
Fermé dim., lundi, 14 juil.-15 août.
Menus : 99 F (déj.), 112-151 F. Carte : 160 F

Ce vieux bouchon qui fait florès depuis les années 20 vaut pour son cadre ancien non retouché, son ambiance comme avant, ses plats de tradition (table de hors-d'œuvre avec les saladiers, gâteau de foie de volaille, salade de lentilles, andouillette, tête de veau, cervelle de canut). Maurice Desbrosses veille sur la demeure en père protecteur.

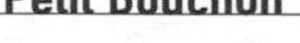

Au Petit Bouchon

«Chez Georges»

8, rue du Garet (1er)
Tél. : 04 78 28 30 46
Fermé sam., dim., août.
Menus : 89-120 F (déj.). Carte : 180 F

Les Deschamps se partagent la direction des 25 chaises de ce bouchon typique. Michel, tablier bleu autour du ventre, dressé derrière le comptoir, comme un monarque sur son trône, suit du regard le service des tables et prépare les pots de côtes-du-rhône. France, jeune mère, s'active devant les habitués à cuisiner pot au feu, poulet à l'ail, tripes gratinées ou tarte aux pommes avec cœur.

Chez Sylvain 

4, rue Tupin (2e)
Tél. : 04 78 42 11 98
Fermé sam., dim.
Carte : 180 F

Devant le superbe comptoir et le monte-plats d'époque, l'ambiance bat son plein lorsque défilent les lyonnaiseries en tout genre. Sylvain Roiret, qui a travaillé jadis chez Vettard, pratique ici l'esprit d'avant. Belles et diverses salades (dont l'impériale aux lentilles), quenelle, boudin, andouillette, veau au saint-marcellin s'arrosent de fringants vins de soif.

Produits

BOUCHERS

Boucherie des Monts d'Or

13, rue Montebello (3e)
Tél. : 04 78 60 20 54

Un boucher d'élite qui choisit ses viandes avec un sérieux imparable.

Maurice Trolliet

Halles de Lyon Part-Dieu
102, cours Lafayette (3e)
Tél. : 05 78 62 36 60

Ce maître boucher propose le veau de lait comme l'agneau des Préalpes, la volaille de Bresse comme le bœuf charolais.

BOULANGERS

Boulangerie de l'Ile Barbe

5, pl. Henri-Barbusse, à l'Ile Barbe (9e).
Tel. : 04 78 83 98 35

La nouvelle coqueluche du bon pain lyonnais, c'est Philippe Jocteur, artiste de la boulange qui propose fougasse, campagne, seigle et autre pain aux olives de qualité.

Boulangerie Pozzoli

18, rue Ferrandière (2e)
Tél. : 04 78 42 66 27

Fougasses, ficelles de campagne et nombreuses autres variétés de pains cuits au feu de bois.

CAVISTE

Malleval

11, rue Emile-Zola (2e)
Tél. 04 78 42 02 07

Cette belle cave qui lorgne sur la place Bellecour fait la part à tous les vignobles. En vedette, les stars de Bourgogne et de la vallée du Rhône ainsi qu'une fameuse collection de whiskies de malt.

CHARCUTIERS

Au Chapon Fin

26, av. du Mal-de-Saxe (6e)
Tél. : 04 78 52 29 14

Georges Delangle est le globe-trotter de la charcuterie française et lyonnaise. Ses quenelles et andouillettes sont de premier ordre.

Colette Sibilia

Halles de Lyon Part-Dieu
102, cours Lafayette (3e)
Tél. : 04 78 62 36 28

Sainte Colette règne sur les meilleurs saucissons secs de la planète Lyon. Quenelles, sabodet, cervelas et andouillettes sont à fondre.

Gast

Halles de Lyon-Part-Dieu,
102, cours Lafayette (3e)
Tél. : 04 78 62 32 25

Saucissons, jésus, lard et montbéliard sont de première force chez cet ex-représentant de la charcuterie alsacienne.

Reynon

13, rue des Archers (2e)
Tél. : 04 78 37 39 08

Georges et Michel Reynon sont les artistes du cervelas truffé, du sabodet et de la tête roulée.

CHOCOLATIER

Bernachon

42, cours Franklin-Roosevelt (6e)
Tél. : 04 78 28 24 37 98

Le roi du vrai chocolat, confectionné avec des fèves torréfiées à demeure.

ÉPICIERS

Bocuse & Bernachon

46, cours Franklin-Roosevelt (6e)
Tél. : 04 72 74 46 19

Vins, foies gras et tous les produits sélectionnés par les deux duettistes célèbres et vendus avec ferveur.

Rolle

Halles de Lyon Part-Dieu,
102, cours Lafayette (3e)
Tél. : 04 78 62 67 09

Un saumon fumé et mariné de grande classe. Egalement des foies gras mi-cuits des Landes et des caviars d'Iran de premier ordre.

FROMAGERS

Alain Martinet

Halles de Lyon Part-Dieu
102, cours Lafayette (3e)
Tél. : 04 78 95 44 20

Un «vieux petit jeune» qui fait son trou au milieu des grands du fromage. Galette du Mont d'Or ou comté sont toujours en grande forme.

Maréchal

Halles de Lyon Part-Dieu
102, cours Lafayette (3e)
Tél. : 04 78 62 36 77

Pas le meilleur accueil de la place, mais des pâtes affinées (notamment savoyardes et jurassiennes) qui ne souffrent guère de discussion. Superbes beauforts et comtés.

Renée Richard

Halles de Lyon Part-Dieu
102, cours Lafayette (3e)
Tél. : 04 78 62 30 78

Reines du saint-marcellin, Renée mère et Renée fille savent vanter les qualités de leurs fromages comme personne. Leur saint-nectaire est une merveille, leur reblochon à cœur.

GLACIER

Nardone

3, pl. Ennemont-Fousseret (5e)
Tél. 04 78 28 29 09

René Nardone est à Lyon ce que Berthillon est à Paris, Fenocchio à Nice, Laloue à Rennes : un artiste de la belle glace et du sorbet pur fruit. On se déplace de loin pour sa straciatella et son tiramisu à se pâmer.

PÂTISSIERS

La Minaudière

5, rue de Brest (2e)
Tél. 04 78 37 67 26

Jean Masson est un artiste. Mousse caramel et pommes, truffe en chocolat, tarte sablée à la lavande et vrai mille-feuille sont à fondre. Superbes ganaches chocolatées.

Pignol

8, place Bellecour (2e). Tél. : 04 78 37 39 61

« Ecossais » (pâte sablée avec crème d'amandes, citron et groseille) ou « Val d'Isère » (pâte d'amande aux noix, beurre et kirsch sur pâte sablée) font la gloire de ce pâtissier-traiteur vedette des grandes soirées de Lyon.

POISSONNIER

Pupier

Halles de Lyon Part-Dieu. 102, cours Lafayette (3e)
Tél. : 04 78 62 37 26

Poissons des mers ou des lacs : toute la famille Pupier contribue ici au meilleur banc de fruits de mer de la place.

VOLAILLER

Clugnet

Halles de Lyon Part-Dieu
102, cours Lafayette (3e)
Tél. : 04 78 62 31 37

Volailles de Bresse, canards et pigeons fermiers en direct de chez l'expert Miéral défendus avec verve par Pierre Bastin.

Rendez-vous

BARS

Le Bar du Bistrot

64, rue Mercière (2e). Tél. : 04 78 37 18 44

Entre céramiques, vitraux et gros fauteuils de cuir rouge, un bar d'atmosphère anglaise.

Le Cintra

43, rue de la Bourse (2e)
Tél. : 04 78 42 54 08

Un superbe bar américain fréquenté par le Tout-Lyon qui chuchote ici ses confidences.

CAFÉS

Le Grand Café des Négociants

1, pl. Francisque-Giraud (2e)
Tél. : 04 78 42 50 05

Sous le plafond avec moulures c'est le Deux Magots local.

Le Val d'Isère

64, rue Bonnel (3e)
Tél. : 04 78 71 09 39

Le rendez-vous des chefs aux halles de Lyon. Pour un café sur le zinc ou un mâchon.

Lyons-la-Forêt

27480 Eure. Paris 105 – Rouen 35 – Les Andelys 20 – Gisors 30 – Gournay 25.

Au cœur de la plus belle hêtraie de France, un village aux maisons nobles, comme celle où Ravel composa le Tombeau de Couperin. *Ne loupez pas l'abbaye de Mortemer à trois pas.*

Hôtel-restaurant

La Licorne

Tél. : 02 32 49 62 02. Fax : 02 32 49 29 79
Fermé dim. soir, lundi, mardi midi,
20 déc.-25 janv.
13 ch. 405-580 F. 1/2 pens. 420-600 F
Menus : 75-205 F. Carte : 250-300 F

Nous avons une vraie tendresse pour ce relais à l'ancienne aux chambres aimables, à la salle élégante, à la belle cour intérieure ouvrant vers la forêt, le tout sur la place du village avec sa vieille halle. L'accueil est adorable et les plats jouent la tradition fidèlement respectée. Terrine de canard, lotte au noilly, andouillette au cidre, volaille en fricassée et tarte aux pommes sont sans défaut.

Produits

CHARCUTIER

Patrick Duguet

32, pl. Benserade
Tél. : 02.32.49.60.68.

Ce finaliste au concours du meilleur ouvrier de France, champion du boudin, de l'andouillette et de la tripe normande, mitonne un pâté de campagne de qualité grande.

Mâcon

71000 Saône-et-Loire. Paris 392 – Bourg-en-Bresse 37 – Chalon-sur-Saône 59 – Lyon 74.

Office du Tourisme : 1, pl. Saint-Pierre
Tél. : 03 85 21 07 07. Fax : 03 85 40 96 00

La première ville qui annonce le Sud lorsqu'on prend la route vers le Midi, c'est elle, avec ses rues animées, ses places fleuries, ses quais de Saône et le vieux pont Saint-Laurent aux douze arches qui évoque une cité italienne langoureusement assoupie clignant de l'œil vers la Bresse prospère. Ne loupez pas le musée Lamartine et sachez que les vignobles du Beaujolais et de Pouilly-Fuissé sont la porte à côté de la gare TGV.

Hôtels-restaurants

Hôtel Bellevue

416, quai Lamartine
Tél. : 03 85 21 04 04
Rest. fermé dim. (sf soir hiver), mardi midi
24 ch. 480-700 F
Menus : 75 F (enf.), 140-295 F

En bordure de Saône, et de N6 (mais les chambres sont insonorisées), ce bel hôtel de tradition avec son intérieur soigné, sa salle à manger au mobilier Louis XIII, pratique l'accueil à l'ancienne et la cuisine sage et fort bien mise sur le mode régional.

Mercure bord de Saône

26, rue de Coubertin
Tél. : 03 85 21 93 93. Fax : 03 85 39 11 45
64 ch. 500-580 F
Menus : 50 F (enf.), 105-160 F

Au calme dans son parc, cet hôtel moderne qui accueille groupes, séminaires, visiteurs en quête des riches vignobles d'ici, n'oublie pas le voyageur individuel. Chambres standard d'excellent confort, honnête restauration à l'enseigne du Saint-Vincent.

Pierre

7, rue Dufour
Tél. : 03 85 38 14 23. Fax : 03 85 39 84 04
Fermé dim. soir, lundi, vac. févr., 19 juin-9 juil.
Menus : 75 F (enf.), 120 F (sem.)-340 F
Carte : 350 F

Isabelle et Christian Gaulin ont fait de cette belle demeure rustique de centre-ville la meilleure halte de leur cité. La gastronomie soignée, ce couple alerte la joue avec une modestie non feinte et une belle humeur communicatrice. Elle raconte avec aise la cuisine que celui-ci prépare avec une inclinaison régionale qui n'évacue aucunement l'inspiration du temps présent. On se régale ici de quenelle de brochet à l'ancienne, foie gras confit en terrine, goujonnettes de sandres aux escargots, tournedos de charolais, fricassée de volaille de Bresse aux gousses d'ail, galette fine de pommes et d'amandes caramélisées qui sont de belles illustrations de la tradition bourguignonne remise au goût du jour.

Rocher de Cancale

393, quai Jean-Jaurès
Tél. : 03 85 38 07 50. Fax : 03 85 38 70 47
Fermé dim. soir, lundi sf fériés
Menus : 65 F (enf.), 98-230 F. Carte : 250 F

La bonne affaire de Mâcon, c'est cette demeure en ligne de mire sur le vieux pont Saint-Laurent qui l'offre sans discontinuer. L'accueil est gracieux, les menus sages, l'inspiration régionale, le service prompt. On vient là pour les escargots au beurre d'ail, la sole meunière, la petite friture de Saône, le très classique mais savoureux poulet de Bresse à la crème et aux morilles, sans omettre la fraîche crème de pommes au coulis de framboises. Ajoutez-y une cave très mâconnaise, où beaujolais et bourgognes sont aux premières loges et vous comprendrez le succès de la maison. Réservez !

A 01750 Saint-Laurent-sur-Saône, rive gauche

Le Saint-Laurent

1, quai Bouchacourt
Tél. : 03 85 39 29 19. Fax : 03 85 38 29 77
Fermé 15 nov.-10 déc.
Menus : 80 F (enf.)-230 F. Carte : 200-250 F

Juste en face, c'est Mâcon et la Saône qui prennent, le soir, avec un peu d'imagination, un air de Florence sur l'Arno. L'été, on déjeune ou on dîne en terrasse. Et toute l'année, on sert, dans ce bistrot de mariniers reconstitué, corné d'affiches vineuses, une cuisine de bon aloi. Voilà, sous la houlette de Georges Blanc, une des meilleures affaires de toute la région Rhône-Alpes. Il y a l'environnement bucolique, le décor naïf, les vins malins, mais aussi les mets d'antan, revisités avec aise. Friture d'ablettes, escargots ou grenouilles sautées à l'ail et au persil, saucisson chaud, ravioles d'escargots, poulet à la crème, chèvres de maître Chèvenet à Hurigny, tarte grand-mère, œufs en neige aux pralines roses constituent de légères dînettes mi-citadines, mi-bucoliques.

Madelaine-sous-Montreuil : voir Montreuil

Magescq

40140 Landes. Paris 725 - Biarritz 54 - Mont-de-Marsan 67 - Dax 16.

La balise gourmande des Landes, c'est ce joli bourg qui joue le rôle de carrefour vers les plages et le proche Pays basque.

Hôtels-restaurants

Le Relais de la Poste

Tél. : 05 58 47 70 25. Fax : 05 58 47 76 17
Lundi soir, mardi sf été, 11 nov.-20 déc.
13 ch. 750-1 150 F. 1/2 pens. 770-980 F
Menus : 320-440 F. Carte : 350-550 F

Les frères Cousseau règnent avec amicale complicité sur la gourmandise landaise. Jean en cuisine, Jacques en salle ont fait de la demeure initiée par leur père, le grand Bernard, conduite sur les fonts baptismaux du terroir d'ici, une demeure joliment rénovée qui est devenue un membre à part entière des Relais & Châteaux sans renier son style ancien de relais de poste. Quant aux classiques de la maison et de la région, ils figurent toujours à la carte. On se régale, dans une belle salle soignée ouvrant sur un jardin, de brouillade aux truffes, écrevisses aux artichauts, foie gras de canard poêlé aux girolles, caviar d'Aquitaine aux blinis de maïs à la crème fleurette, sole aux cèpes, darne de saumon de l'Adour grillé, qui donne lieu à un bel exercice de service au guéridon, côte de bœuf de Chalosse rôtie à la moelle, beaux gibiers du pays en saison. La tourtière chaude aux pruneaux et le pastis landais sont, eux aussi, des desserts jouant la tradition. Malgré les portions larges et généreuses, on sort d'une fête gourmande chez les Cousseau léger comme une plume d'oie. Est-ce le doigté des maîtres queux ou l'effet du bon air d'ici ?

Cabanon

1 km N. sur l'ancienne N10
Tél. : 05 58 47 71 51. Fax : 05 58 47 75 19
Fermé dim. soir (sf été), lundi, 15 sept.-15 oct.
Menus : 140-210 F. La Grange au Canard : 260-325 F

Cette ferme ancienne doublée d'une grange sophistiquée est le domaine des gourmands barbus de la confrérie de Fatima. On vous sert une bonne cuisine landaise où foie gras, magret et confit jouent la sarabande, en n'omettant pas de distribuer in fine un chouia de littérature mystique. Sous l'appellation Auxil, la même confrérie vend des produits du monde entier, sélectionnés avec soin, très haut de gamme, whiskies de malt et vieux portos.

Magny-Cours : voir Nevers

Mailly-le-Château

89660 Yonne. Paris 196 - Auxerre 30 - Avallon 32 - Clamecy 21.

Ce curieux bourg doit son nom à une forteresse perchée au-dessus de l'Yonne et le canal du Nivernais. La place principale, avec ses maisons alignées et ses toits de tuiles rousses, semble avoir été peinte par Peynet.

Hôtel-restaurant

Le Castel

Pl. de l'Eglise
Tél. : 03 86 81 43 06. Fax : 03 86 81 49 26
Fermé mercr., 15 mars-15 nov.
12 ch. 240-350 F
Menus : 75-175 F. Carte : 250 F

Les Breerette qui dirigèrent jadis le Castel Marie-Louise de La Baule font ici dans la modestie bon enfant. Le style Empire règne dans leur adorable demeure bourgeoise qui fait une parfaite maison de week-end, avec leurs chambres bien tenues et leur cuisine sage, sans anicroche. Jambon persillé, escargots aux noisettes, truite à l'irancy, pavé de charolais à la moutarde et pâtisserie du jour rendent simplement heureux. On ouvre ses fenêtres sur les arbres et l'église en se disant que le bonheur est là, juste au bout du jardin.

Maisonsgoutte : voir Villé

Maisons-Laffitte : voir Région Parisienne

Malataverne : voir Montélimar

Malbuisson

25160 Doubs. Paris 457 - Besançon 74 - Pontarlier 16 - St-Claude 73.

Office du Tourisme : Tél. : 03 81 69 31 21
Fax : 03 81 69 71 94

Découvrez, comme un appel du lointain, le lac de Saint-Point, le troisième de France en version naturelle. Le bourg joue le ski de fond l'hiver, la randonnée l'été, la flânerie en toute saison. Avec un peu d'imagination, on se croit quelque part entre Laurentides et Vaarmland suédois.

Hôtels-restaurants

Le Lac

Tél. : 03 81 69 34 80. Fax : 03 81 69 35 44
Fermé 15 nov.-17 déc. sf w.-e.
53 ch. 230-400 F. 1/2 pens. 300 F.
Menus : 46 F (enf.), 105-120 F

Cette grande auberge familiale, avec son air de pension mi-balnéaire mi-montagnarde, sa salle à manger néo-Louis XVI, son bar marin, son salon cosy au charme années cinquante, sa terrasse avec vue, son restaurant à fromages imité de celui des Fermes de Marie à Megève, ses chambres désuètes parfois, mais d'excellent confort, tient la vedette. L'endroit rassure. Les Chauvin qui sont les cousins des fameux Berthillon de Paris – papa à la direction, maman à l'accueil, tantine à la réception, les filles en pâtisserie ou à la gestion, les gendres en cuisine — amusent : c'est la version comtoise et hôtelière de la famille Duraton.

Le Bon Accueil

Tél. : 03 81 69 30 58. Fax : 03 81 69 37 60
Fermé dim. soir (hs), lundi, mardi, 3-11 avr., 18 déc.-18 janv.
12 ch. 260-400 F. 1/2 pens. 290-360 F
Menus : 75 F (enf.), 165-280 F

Le coup de cœur du village ? On l'aura pour ce Bon Accueil si justement nommé. La souriante Cartherine Faivre fait tout pour justifier l'enseigne. Les chambres modernes sont la gaieté même, avec leurs luminaires malins, leurs meubles clairs, leurs placages en sapin. Quant à la cuisine de Marc Faivre, jeune ancien de Blanc, Lameloise et Gagnaire, elle est la malice même : bouillon d'escargots à l'ail doux, soupe de courge au comté et oreille de cochon grillée, selle et carré d'agneau rôti avec chou frisotté au lard. Sans doute, la demeure, à fleur de route, dans le village, n'est-elle pas au bord du lac. Mais les prix sont doux et le bonheur, c'est sûr, se niche à l'intérieur. On sent bien qu'on est ici au cœur du Haut-Doubs authentique, proche de ses savoureux trésors.

Jean-Michel Tannières 

Tél. : 03 81 69 30 89. Fax : 03 81 69 39 16
Fermé lundi, mardi, 1er-15 avr., 3 janv.-16 févr.
4 ch. 20-500 F. 1/2 pens. 500 F
Menus : 75 F (enf.), 135-420 F. Carte : 300-420 F

La halte gastronomique star de ce village gourmand est celle de Jean-Michel Tannières. On trouve ici cadre élégant, cuisine soignée, carte courte et discrètement régionale signée avec précision d'un ancien du Fouquet's, depuis belle lurette revenu au pays. Tout ce qui est ici servi est le sérieux même. A commencer par le foie gras en terrine au jambon fumé, le ragoût d'escargots au beurre de persil, la galette de pommes de terre à la truite, le chou farci à la saucisse de Morteau laqué de comté comme le léger gâteau glacé meringué à l'orange qui passent comme une lettre à la poste. Quatre petites chambres douillettes pour la halte d'un soir.

Les Terrasses 

Tél. : 03 81 46 33 33. 10 ch. 300-550 F
Menus : 98-250 F

Cet hôtel à l'ancienne, sous son allure de gros chalet, cache des chambres sans fantaisie, quoique nettes et proprettes, fournissant une modeste alternative aux autres demeures du village.

Malroy : voir Metz

Mandelieu-la-Napoule

06210 Alpes-Maritimes. Paris 896 – Cannes 9 – Fréjus 30 – Draguignan 54 – Nice 37.

Office du Tourisme : av. de Cannes
Tél. : 04 92 97 86 46. Fax : 04 92 97 67 79

Cette banlieue résidentielle de Cannes est fameuse pour son golf, son casino, ses adresses bon chic.

Hôtels-restaurants

Royal Hôtel Casino

605, av. du Gal-de-Gaulle
Tél. : 04 92 97 70 00. Fax : 04 93 49 51 50
204 ch. 1 250-2 250 F
Menus : 215-330 F

Ce grand complexe de bord de mer offre des forfaits de « basse saison » qui conviennent bien aux golfeurs. Situation centrale entre nationale 98 et bord de mer, chambres de grand confort, service adéquat.

Ermitage du Riou 

Av. H.-Clews
Tél. : 04 93 49 95 56. Fax : 04 92 97 69 05
41 ch. 1 150-2 250 F. 1/2 pens. 1 550-2 195 F
Menus : 85 F (enf.), 240 F (vin c.)-450 F

Le charme d'une demeure ancienne rénovée, une cuisine au goût du jour et fenêtres qui s'ouvrent grandes sur le golfe : voilà les atouts de cette hostellerie de fière allure.

Domaine d'Olival 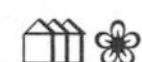

778, av. de la Mer
Tél. : 04 93 49 31 00. Fax : 04 92 97 69 28
Fermé nov.-mi-janv.
7 ch. 950 F. 11 suites 1 530-1 800 F

Cette grande demeure dans le style du pays a le charme de son jardin fleuri. Les chambres sont fonctionnelles, l'accueil aux petits soins, les minicroisières sur la Siagne avec les bateaux maison sont en prime.

L'Oasis

Rue J.-H.-Carle
Tél. : 04 93 49 95 52. Fax : 04 93 49 64 13
Menus : 230 F (déj.), 320-680 F. Carte : 550-700 F

Les trois frères Raimbault ont rénové l'ancienne demeure de Louis Outhier. Son atmosphère d'hacienda années soixante, avec patio, salles de style, service aux petits oignons, rafraîchies. La cuisine suit son cours, rappelant que le maestro Outhier fut le premier chef à mêler saveurs d'Orient et d'Occident au cœur de ses voyages en Thaïlande. Mais l'inspiration du leader Stéphane est davantage française, provençale avec finesse, classique en légèreté. Huîtres spéciales marinées au raifort, foie gras de canard chaud en verdure de blettes, poisson de pêche locale rôti en tian, langouste royale aux herbes thaï, beau et grand chariot de pâtisseries séduisent sans mal dans une atmosphère de maison bourgeoise, presque dépaysante sur la côte.

Manigod

74230 Haute-Savoie. Paris 561 – Annecy 26 – Chamonix 70 – Thônes 6.

Un balcon vers les Aravis et un village savoyard dont les habitants s'appellent tous Veyrat, ou presque.

Hôtel-restaurant

Chalet de la Croix-Fry

Rte du col de la Croix-Fry : 5,5 km
Tél. : 04 50 44 90 16. Fax : 04 50 44 94 87
7 ch. 950-2000 F. 4 duplex. 1/2 pens. 730-1000 F
Menus : 150-450 F

Savoyarde militante, comme son fameux frère qui hante les bords du lac d'Annecy, Marie-Ange Veyrat reçoit avec le sourire dans ce chalet de charme en montagne sise aux portes de la grand-ville et à deux pas cependant des pistes de La Clusaz et du Grand-Bornand. Décor rustiquement montagnard et cuisine régionale revue en légèreté.

Produits

BOULANGER

Simon

Tél. : 04 50 44 92 64

Les Simon ont repris la succession de P'tit Jean, alias J.-P. Veyrat, boulanger presque aussi célèbre que le cousin cuisinier, dont ils poursuivent la tradition du pain au levain, cuit au bois. La boule de campagne vaut le voyage.

FROMAGER

Simon Veyrat-Durebex

Eté : col de Merdassier. Tél. : 04 50 02 51 52
Hiver : le Picard. Tél. : 04 50 44 91 20

Simon Veyrat-Durebex, cousin, du grand Marc de Veyrier-du-Lac, produit, affine et vend des reblochons, tommes, persillés, chevrotins qui font grimper sur les hauteurs les amoureux des bonnes pâtes.

Manosque

04100 Alpes-de-Haute-Provence. Paris 761 – Digne 59 – Aix 57 – Avignon 92.

C'est le pays de Giono, du Chant du Monde, *des champs de lavande et des plateaux de Haute Provence. « Un pays de non-démesure », écrivait le poète.*

Hôtels-restaurants

Pré Saint-Michel

1, 5 km N. par bd M.-Bret et rte du Dauphin
Tél. : 04 92 72 14 27. Fax : 04 92 72 53 04
24 ch. 350-450 F

Cette demeure moderne bâtie dans l'esprit du pays propose des chambres claires, fonctionnelles, d'un bon standard, quoique sans luxe, pour séjourner au calme et au cœur du pays. Piscine, jardin.

Dominique Bucaille

43, bd des Tilleuls
Tél. : 04 92 72 32 28. Fax : 04 92 72 32 28
Fermé dim., mercr. soir, vac. févr., mi-juil.-mi-août
Menus : 50 F (enf.), 92-150 F. Carte : 250 F

Gendre des Jourdan de la Fuste, Dominique Bucaille a transformé, avec sa gente épouse, une filature du XVIe en restaurant aimable. La gentillesse de l'accueil, celle des prix vont l'amble. On joue ici la simplicité mesurée, à travers les produits de la région et les idées du marché savamment mêlées. La tarte friande de légumes à l'huile d'olive, le capuccino de pommes de terre aux truffes, le risotto de seiche au parmesan et l'agneau du pays à la broche rôtis aux herbes laissent de jolis souvenirs. La croûte au citron de Menton fait une issue de choix. Leur fermeture au plus fort de l'été indique qu'ils travaillent d'abord avec les gens du pays. Un signe de leur volonté de travailler sous le sceau de la qualité.

A 04210 La Fuste : 6,5 km par rte de Valensole

Hostellerie de la Fuste

Tél. : 04 92 72 05 95. Fax : 04 92 72 92 93
Fermé dim. soir, lundi (hs), 5 janv.-10 févr.
14 ch. 650-1 100 F. 1/2 pens. 700-900 F
Menus : 130 F (enf.), 260-460 F. Carte : 500 F

La belle maison des Jourdan, policée avec les ans, joue le confort familial sur le mode du luxe sage dans un beau jardin fleuri. La grand-ville est proche. Mais c'est déjà ici l'orée des champs de lavande. Dans les assiettes, maître Daniel, qui a toujours affectionné le style riche, raconte sans faiblesse les beaux produits du haut-pays baigné de lumière. Légumes du jardin cuisinés sagement en petits farcis provençaux, brouillade aux truffes de Valensole, agneau en gigotin à l'ail, ou en parmentier d'épaule, aromatisé aux herbes, canard rôti au feu de l'enfer, beaux gibiers en saison, financier aux fraises des bois. C'est bel et bon, juste de ton, sans nul chichi, même si la salle à manger cossue et de style flirte avec le grand genre. Grande cave, chambres confortables, piscine, parc, calme garanti.

Le Mans

72000 Sarthe. Paris 202 – Angers 97 – Nantes 186 – Rennes 153 – Tours 83.

Office du Tourisme : Hôtel des Ursulines
Rue de l'Etoile. Tél. : 02 43 28 17 22
Fax : 02 43 23 37 19

Le magnifique vieux Mans, qui fit jadis un décor de choix pour Eric Rohmer, la cathédrale Saint-Julien et la maison de la Reine Bérengère justifieraient à eux seuls le voyage dans la capitale de la Sarthe que le TGV a mis à la porte de Paris. La ville vaut davantage que ses vingt-quatre heures… N'oubliez pas de rapporter un pot de rillettes !

Hôtels-restaurants

Concorde

16, av. du Gal-Leclerc
Tél. : 02 43 24 12 30. Fax : 02 43 24 85 74
55 ch. 500-800 F
Menus : 70 F (enf.), 95-275 F

Ce bon hôtel de tradition, avec ses chambres rénovées, son mobilier ancien, son atmosphère de relais d'autrefois, a le confort rassurant. La cuisine n'est pas mal ficelée, entre régionalisme bien compris (rillettes, sandre au beurre blanc), belles viandes et cave de qualité.

Beaulieu

24, rue des Ponts-Neufs
Tél. : 02 43 87 78 37. Fax : 02 43 87 78 27
Fermé sam. midi, dim., 14-20 févr., 31 juil.-27 août
Menus : 115 F (déj., vin c.), 161-370 F
Carte : 300-400 F

Olivier Boussard, formé jadis aux Pyrénées à Saint-Jean-Pied-de-Port, a fait de cette table chic du centre-ville « le » rendez-vous gourmand de sa ville. Poutres, teintes pastel, tables bien mises donnent le ton à cette demeure du XVe. Ajoutez-y la carte alléchante, l'accueil charmant, les vins de Loire plein d'à propos, et vous comprendrez que la maison vaille l'étape. Dôme de foie gras poêlé aux asperges, tarte fine d'escargots à la tomate concassée, piquillos farcis de morue comme chez le maestro Arrambide et côte de veau de lait aux légumes sont séducteurs.

Chez Jean

9, rue Dorée
Tél. : 02 43 28 22 96. Fax : 02 43 28 22 96
Fermé dim. soir, lundi, mardi midi (mars-oct.), mercr. soir (oct.-févr.), 20 août-13 sept.
Menus : 98 F (sem., déj.), 152-210 F. Carte : 250 F

L'église Saint-Benoît est juste en face, le vieux Mans quasiment la porte à côté. Reste que la demeure charme sans mal avec son plafond à la française, ses murs de pierres et sa belle cheminée. L'inspiration gourmande se renouvelle ici selon le marché et les prix sont sages. Au gré du temps, on goûte quenelle de haddock, osso buco de lotte, gâteau au chocolat.

Ciboulette

14, rue Vieille-Porte
Tél. : 02 43 24 65 67. Fax : 02 43 87 51 18
Fermé sam. midi, dim., 30 juil.-21 août
Menus : 115-170 F

A l'orée du vieux Mans, cette table rustique avec sa belle façade à colombages charme sans mal. On y vient pour les dînettes charmantes, les menus-carte bien pondus, l'accueil gracieux et les plats au gré du marché. Fondant de foies de volaille, morue au four, onglet de bœuf et soupe de fraises font partie des mets vedettes de la maison.

A 72230 Arnage : 10 km par rte d'Angers

Auberge des Matfeux

D147. Tél. : 02 43 21 10 71. Fax : 02 43 21 25 23
Fermé dim. soir, lundi, 1er-20 janv., 30 juil.-25 août
Menus : 120-360 F. Carte : 300-500 F

La belle table mancelle ? Vous la trouverez hors la ville, en retrait de la route qui mène vers Angers et Saumur. Dans un pavillon moderne, une famille présente ici depuis belle lurette pour votre service accueille avec dynamisme. Alain, le père, Xavier, le fils, mais aussi les dames Souffront à l'accueil : tout le monde ici fait assaut de gentillesse et de professionnalisme. La cave incite à la dépense et le classique sied bien à la demeure. Faites-vous plaisir avec les ravioles de langoustines, le carpaccio de homard, le dos de cochon fumé aux asperges, la traditionnelle volaille de Loué cuisinée à la crème et aux morilles, l'agneau au jus d'ail doux, la tarte fine aux pommes avec sa poêlée de fruits sauce Suzette. Bref, des notes fines et sûres, qui, sur un air connu, savent jouer une partition moderne, légère, à la mode d'aujourd'hui.

Produits

CHARCUTIER

Boussard

Marché Saint-Julien, av. P.-Piffault
Tél. : 02 43 86 21 73

Les rillettes, le fromage de tête, l'andouillette, le boudin blanc ou le riche boudin noir sont à fondre chez ce bel artisan.

Wiest-Papin

17, pl. des Comtes-du-Maine
Tél. : 02 43 24 86 22

André Papin, qui a repris il y a près de quarante ans cette charcuterie alsacienne, continue de promouvoir au Mans la choucroute, la saucisse de foie et le lard fumé. Reste que ses rillettes et son boudin blanc ou noir sont de première qualité.

CHOCOLATIER

Béline

5, pl. Saint-Nicolas
Tél. : 02 43 28 00 43

La bugattise (feuilleté praliné), les pavés du vieux Mans (ganache café) et la rillettée (amusant chocolat en pot parfumé à l'orange) sont quelques-uns des bons tours d'Eugène Béline, le meilleur chocolatier de sa ville.

Maraussan : voir Béziers

Marçay : voir Chinon

Marcilly-en-Villette

45240 Loiret. Paris 156 - Orléans 19 - Blois 82 - Romorantin 55

Un village de l'Orléanais à l'orée de la grande forêt de Sologne...

Restaurant

Auberge de la Croix Blanche

118, pl. de l'Eglise
Tél. 02 38 76 10 14. Fax 02 38 76 10 67
Fermé vend., 1er-22 fév., 16-31 août
Menus : 54 F (enf.), 88 F (déj.)-180F. Carte : 160 F.

Cette pittoresque auberge avec sa croquignolette enseigne au-dessus de la cheminée («Taphalot perruquier sert la soupe et coupe les cheveux par-dessus !») est la gentillesse même. Terrine de gibier, œuf cocotte aux morilles, andouillette grillée au feu de bois se mangent sans faim.

Marckolsheim

67390 Bas-Rhin. Paris 451 - Strasbourg 69 - Colmar 21 - Sélestat 15.

A la frontière du Rhin, un village qui ouvre sur le Ried, la plaine d'alluvions aimée des chasseurs.

Hôtel-restaurant

Le Restaurant

28, rue du Mal-Foch
Tél. : 03 88 92 56 56. Fax : 03 88 92 77 99
Fermé merc., 1 sem. août, 25 déc.-6 janv.
12 ch. 160-250F.
Menus: 90 (déj.), 220- 270 F (vin c.)
Carte: 300-350F.

La demeure intrigue au centre du village. Cela s'appelait l'Aigle, aujourd'hui c'est «le Restaurant», tout simplement. Les boiseries à mi-hauteur, les murs sobres passés à la chaux, les beaux luminaires, les tables espacées et nappées, les chaises néo-médiévales, les verres soignés, les chambres rénovées mais qui demeurent encore un véritable aggiornamento : est-on en Alsace ou en Italie? Michel Magada, Alsacien dont le père est originaire de Varèse et la mère de Marckolsheim, a été formé au Lucas-Carton, puis est demeuré dix ans chez Gualterio Marchesi à Milan et à Erbusco. Le gars Michel a épousé Paola, la fille de son ex-patron, qu'il a ramenée au pays, et l'on se dit que si le gendre de Bocuse s'installait en Italie cela ferait sûrement du bruit. Son style est italo-français aux couleurs du marché. Ses morceaux de bravoure ? Le saumon mariné avec une sauce forte et douce aux poires, les pipe rigate (pâtes rayées coudées) aux carottes, blettes, pecorino qu'on additionne d'huile d'Ardoïno, la côte de veau fine cuite en cocotte avec girolles et pommes à la peau saupoudrée de gros sel (un régal). Ajoutez-y la gelatine de pêche, de melon et de fruits rouges ou la cassata sicilienne au chocolat et vous comprendrez que voilà une maison à découvrir en hâte avant que la mode ne s'en empare.

Margaux

33460 Gironde. Paris 604 - Bordeaux 31 - Lesparre-Médoc 42.

Au début de la presqu'île du Médoc, une appellation de grande classe avec les vins les plus «féminins». Le beau village qui porte son nom est accueillant.

Hôtels-restaurants

Relais de Margaux

Chemin de l'Ile-Vincent
Tél. : 05 57 88 38 30. Fax : 05 57 88 31 73
Fermé (rest.) sam. midi, dim. soir, lundi, nov.-mars sf fériés
84 ch. 950-1 290 F. Menus: 80 F (enf.), 190-420 F

Ce bel ensemble à fleur de Garonne, avec ses chambres modernes et soignées dans une demeure vigneronne remise à neuf, impressionne. Le luxe ici est sage. Côté cuisine, on a su faire régional en finesse. Terrine de lapereau au foie gras en salpicon, récital de cochon de lait, œuf en gelée de fruit et pain perdu à l'ancienne convainquent sans mal de faire ici étape.

Pavillon de Margaux

Tél. : 05 57 88 77 54. Fax : 05 57 88 77 73
14 ch. 480-660 F
Menus : 60 F (enf.), 140-180 F. Carte : 300 F

Ce beau et récent pavillon châtelain – c'était l'école communale du bourg – offre accueil chaleureux et chambres raffinées à prix sage. La fine cuisine récite, au fil de menus malins, autant les produits de la région (grenier médocain en croustille, agneau de Pauillac) que l'air du temps bien compris (bar croustillant aux graines de sésame).

Le Savoie

Tél.: 05 57 88 31 76. Fax: 05 57 88 31 76
Fermé dim., lundi soir (hs), vac. févr., 6-13 nov., jours fériés
Menus: 85-135 F. Carte: 200-250 F

La table sage du village, c'est celle d'Yves Fougeras qui reçoit avec modestie et gentillesse le tout-Médoc des châtelains ou leurs visiteurs venus s'encanailler un brin. Du reste, sa cuisine est rustique sans être rustaude. Témoins les gratinée d'huîtres de Marennes, pièce de chevreau cuite au four, canette confite en Parmentier et savarin aux cerises qui s'arrosent de bordeaux à petits prix, eh oui. Car, le saviez-vous, le châtelain médocain est plutôt économe. D'où le succès du lieu. Réservez!

A Arcins: 6 km N.-O. sur D2

Le Lion d'Or

Tél.: 05 56 58 96 79
Fermé dim., lundi, juil., Noël-Nvel An
Menus: 45 F (enf.), 68 F (déj.). Carte: 250 F

Révérée de notre ami Jean-Paul Kaufmann qui ne manque jamais une occasion d'y faire bombance conviviale lorsqu'il est en Médoc, cette petite table rustique, prisée des châtelains malins et économes est le royaume de Jean-Paul Barbier qui impose ses plats du marché avec une verve sans pareille, raconte comme personne l'alose ou la lamproie, l'agneau de Pauillac ou la tête de veau. Le menu de midi est une aubaine, la cave bordelaise très visible dans les casiers qui servent de décor. Superbe côte de bœuf cuite dans la cheminée.

Marin : voir Evian

Marlenheim

67520 Bas-Rhin. Paris 465 – Strasbourg 20 – Haguenau 35.

Pour découvrir l'âme joyeuse de la première commune de la route des Vins, accourez le 15 août à la fête de l'ami Fritz. Mais, toute l'année, les Husser du Cerf prouvent que l'Alsace gourmande est grande.

Hôtels-restaurants

Le Cerf

30, rue du Gal-de-Gaulle
Tél.: 03 88 87 73 73. Fax: 03 88 87 68 08
Fermé mardi, mercr.
15 ch. 285-850 F
Menus: 95 F (enf.), 250 F (déj.)-550 F. Carte: 600 F

L'une des plus belles demeures de l'Alsace gourmande, en version modeste? Assurément cette maison au colombage multiplié, en ligne de mire sur la route du vin, avec ses fleurs, sa cour pavée, qui continue de faire sa mue, rénove ses chambres, a remplacé le bar d'antan par un coin boisé avec air conditionné. Michel Husser, depuis la retraite de son père qui gagna à la maison sa jolie réputation, est de plus en plus maître de son style composé de rusticité allégée, mâtinée d'une touche sudiste. Les légumes et herbes du jardin paternel, l'huile d'olive, la fougasse complètent le répertoire traditionnel. Quelques-uns des plats maison (la fameuse terrine de hareng aux pommes de terre comme l'emblématique choucroute nouvelle au cochon de lait laqué) ont été recopiés dans toute la province, faisant fonction de «nouveaux classiques». Mais l'imagination demeure en éveil. Et les meilleurs vins du pays, pas toujours les plus connus, épousent à merveille les croustillants de matjes, anguille du vieux Rhin au caramel de vinaigre et soubise aux girolles, salade d'escargots au jus de choucroute, baeckoffe à l'agneau avec queue, jarret et cochon de lait, munster avec son amusante sauce à la bière de Scharrach, couronne meringuée aux framboises avec sorbet cassis. L'exaltation du souvenir d'enfance, le terroir retrouvé, la tradition en finesse et spontanéité: c'est l'Alsace de l'ami Fritz revue et corrigée pour la fin de siècle que donne à savourer Michel Husser.

Hostellerie Reeb

2, rue du Dr-Schweitzer
Tél.: 03 88 87 52 70. Fax: 03 88 87 69 73
Fermé dim. soir, lundi, 15 nov.-6 déc.
35 ch. 300 F. 1/2 pens. 290 F
Menus: 60 F (enf.), 105-290 F

La façade haute et fleurie à l'entrée du village, les chambres à prix raisonnables, assez spacieuses, la cuisine qui a les pieds sur terre (jambon de marcassin fumé à demeure, choucroute garnie, pièce de bœuf au rouge de Marlenheim, strudel flambé): voilà qui est sans état d'âme. On a ajouté une winstub moins chère nommée la Crémaillère. Accueil plein de gentillesse.

Winzerstuebel

80, rue du Gal-de-Gaulle
Tél.: 03 88 87 52 31
Fermé mardi soir, mercr., 2 sem. juil.
Menus: 38 F (déj.), 160 F. Carte: 180-250 F

Cet ancien relais de poste avec son caveau propose une cuisine qui joue le marché, mêlant terroir et air du temps: gratin de munster aux pommes de terre, filet de cabillaud au pinot noir, parfait glacé à l'anis révèlent un bon tour de main.

Marne-la-Vallée : voir Région Parisienne

Marquise

62250 Pas-de-Calais. Paris 274 – Calais 22 – Arras 116 – Boulogne 17 – St-Omer 51.

Ce bourg relais pointe vers le cap Gris-Nez, le tunnel sous la Manche et la voisine Albion.

Restaurant

Le Grand Cerf

34, av. Ferber
Tél. : 03 21 87 55 05. Fax : 03 21 33 61 09
Fermé dim. soir, lundi
Menus : 125 F, 160 F, 200 F, 320 F

Stéphane Pruvost, élève rigoureux des Lorain à Joigny, qui fut, un temps, le chef du Bellecour parisien et de chez Albert avenue du Maine, s'est installé avec ardeur dans ce relais de poste à l'ancienne mode dont il a rénové le cadre – des chambres sont prévues –, épousseté le style, démontrant, en sus, que la cuisine du Nord peut se concevoir, façon moderne, en légèreté grande. Simplicité de conception et richesse d'élaboration : tels sont ses maîtres mots. La galette de crabe à la fondue de poireaux, les médaillons de lotte au jus d'herbe, le turbot aux aromates, la joue de bœuf braisée à la bière et le soufflé glacé au genièvre de Houlle sont des mets qui font chanter les Flandres avec malice, subtilité, finesse.

Marseillan

34340 Hérault. Paris 760 – Montpellier 48 – Béziers 31 – Sète 24.

Un port de l'étang de Thau, le chevet de l'église Saint-Jean-Baptiste, les chais de Noilly-Prat (ils se visitent !), les vieilles halles de pierres noires. La plage est à deux pas.

Restaurant

Chez Philippe

20, rue de Suffren
Tél. : 04 67 01 70 62. Fax : 04 67 01 72 02.
Fermé dim. soir, lundi, mardi (hs), déj. (juil.-août)
Menu : 130 F

Philippe Marquet accueille avec cœur les visiteurs du grand Bassin qui viennent se régaler chez lui, sans chichis, ni manières, dans une jolie salle aux couleurs sudistes, d'huîtres en cassolette à la citronnelle, brandade de haddock au thon, gratin de moules au Noilly, parmentier de raie aux câpres, croustillant de pied de cochon et salade aux herbes. C'est vif, frais, généreusement servi, mitonné avec ferveur et compté avec sagesse. Ajoutez-y un petit blanc du Languedoc qui passe là-dessus comme du velours et vous aurez l'idée de l'une de nos adresses de cœur.

Marseille

13000 Bouches-du-Rhône. Paris 772 – Lyon 314 – Nice 191 – Toulon 64 – Aix-en-Provence 31.

Office du Tourisme et des Congrès : 4, la Canebière (1er). Tél. : 04 91 13 89 00. Fax : 04 91 13 89 20. Gare Saint-Charles (1er) Tél. : 04 91 50 59 18

La corniche du Pharo, l'anse de Maldormé, le boulevard Kennedy, la plage du Prado, le pittoresque quartier du Panier, la marina bondée du Vieux-Port, les allées et venues du cours d'Estienne-d'Orves : c'est Marseille-sur-charme, que l'on découvre, au fil des façades Art nouveau ou Arts déco, des villas grecques ou italiennes, se révélant une cité de la Riviera. Il suffit d'une promenade au vallon des Auffes, ou vers les cabanons de pêcheurs en dédale dans des ruelles au nom de poissons, de s'asseoir aux terrasses vers la petite rade, ou de lorgner le monument des héros d'Orient pour que vous gagne le sentiment de la fuite vers le large. Marseille ne donne pas seulement des envies d'évasion : elle les réalise. Chaque touriste joue Panisse. La gourmandise ici est naturelle. Comme Marseille, elle est fille de Provence, bâtarde de la Méditerranée.

Hôtels

Concorde Palm-Beach

2, promenade de la Plage
Tél. : 04 91 16 19 00. Fax : 04 91 16 19 39
145 ch. 620-1 680 F

Ce vaste complexe hôtelier les pieds dans l'eau offre, aux ras des rochers et en bordure de plage, calme et grand confort à deux pas du centre. Chambres vastes avec loggia.

Le Petit Nice

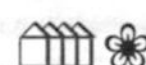

Anse de Maldormé
Tél. : 04 91 59 25 92. Fax : 04 91 59 28 08
Fermé 9-24 janv., vac. févr., 31 oct.-22 nov.
15 ch. 1 000-2 700 F

Cette villa méditerranéenne à flanc de mer, sa maison double, ses chambres contemporaines, sa vue panoramique possède bien le charme et l'accueil d'un Relais & Châteaux aux airs personnels. Voir Restaurants.

Sofitel Vieux Port

36, bd Charles-Livon
Tél. : 04 91 15 59 00. Fax : 04 91 15 59 50
127 ch. 990-1 500 F
Menu : 100 F (enf.), 205-345 F

Dans un hôtel de chaîne, adossé au promontoire rocheux du Pharo, des chambres vastes et modernes avec balcon offrant des vues sur le vieux port, piscine. Restaurant panoramique et de qualité, les Trois Forts (0491155956).

Mercure Beauvau Vieux Port

4, rue Beauvau
Tél. : 0491549100. Fax : 0491541576
71 ch. 570-780 F

Cet hôtel historique, qui connut, entre autres, George Sand et Chopin, a gardé son charme ancien face au vieux port. Beau bar, mobilier ancien, chambres parfois petites, souvent charmantes, avec vue.

New Hôtel Bompard

2, rue des Flots-Bleus
Tél. : 0491521093. Fax : 0491310214
46 ch. 480-500 F

Au cœur d'un parc, une villa splendide sur les hauteurs de la corniche offrant des chambres spacieuses à prix étudiés. Accueil charmant.

Novotel Vieux Port 

36, bd Charles-Livon
Tél. : 0496114211. Fax : 0496114220
90 ch. 620-720 F
Menus : 50 F (enf.), 160 F

Le confort sans surprise de la chaîne et une situation au cœur des choses, bien pratique pour le tourisme et les affaires.

Hermès 

2, rue Bonneterie
Tél. : 0491903451
29 ch. 260-470 F

Sur la houlette du dynamique Alain Paulin, cet hôtel situé dans une petite rue perpendiculaire au quai du Port offre un bon rapport qualité-prix pour une petite structure. Demandez les trois chambres avec terrasse, dont la chambre sur le toit de l'hôtel, qui offre un «solarium» de 60 m² et vue exceptionnelle sur le port et la ville.

Mascotte 

5, la Canebière
Tél. : 0491906161. Fax : 0491909561
45 ch. 405-535 F

Moderne et central, à deux pas du Vieux-Port, pratique pour visiter vieille ville et musée, cet hôtel offre des prix sages et des chambres sans histoire.

New Hôtel Vieux-Port 

3 bis, rue Reine-Elisabeth
Tél. : 0491905142. Fax : 0491907624
47 ch. 440-480 F

Avec le Vieux-Port, l'Hôtel de Ville et l'église Saint-Ferréol comme points d'attache, on comprend que la situation centrale soit un atout majeur. Ajoutez-y des chambres nettes, des prix sages, le tout dans une demeure XIXᵉ rénovée.

Résidence du Vieux-Port 

18, quai du Port
Tél. : 0491919122. Fax : 0491566088
42 ch. 580-1 250 F

Alain Paulin et son épouse ont rafraîchi cet hôtel de charme en le décorant à la provençale. La vue est imprenable sur le port et Notre-Dame-de-la-Garde. Toutes les chambres sont agrémentées d'une terrasse pour profiter du site. Accueil à la fois chaleureux et efficace.

Saint-Ferréol's 

19, rue Pisançon
Tél. : 0491331221. Fax : 0491542997
19 ch. 340-580 F

Moderne – toutes les salles de bains sont équipées de jacuzzi –, central, avec ses chambres dédiées aux peintres de la Provence, cette halte de bon ton, proche du Vieux-Port, joue le charme sans prétention. Bar sympathique, prix doux, teintes gaies.

Edmond Rostand 

31, rue du Dragon
Tél. : 0491377495. Fax : 0491571904
16 ch. 250-290 F. 1/2 pens. 205 F
Fermé (rest.) sam., dim.
Menu : 60 F (snack)

Dans un quartier reposant, ce petit hôtel familial et paisible offre un très bon rapport qualité-prix. Dîner, sous la véranda, pour résidents seulement.

Restaurants

Le Petit Nice

Anse de Maldormé
Tél. : 0491592592. Fax : 0491592808
Fermé dim., lundi hs., 9-24 janv., vac. févr., 31 oct.-22 nov.
Menus : 350 F (déj.), 480-850 F. Carte : 550-950 F

L'effeuillé d'oursins, avec son coulibiac de coquillages au citron, les filets de rougets à l'émulsion d'entrailles, les rares cigales de mer à l'huile de pistache, le feuilleté de sardines et sa compote d'oignons à la sauge, le consommé de caviar au turbot grillé, le tagine de langouste avec fèves et petits pois, les beignets d'anémones de mer au jus de violet : voilà la gourmandise marseillaise en version luxe. La cité de l'OM ne vise plus seulement l'élite du football, mais celle du paradis des gastronomes. Veillé par papa Jean-Paul à l'accueil, Gérald Passédat, fils prodigue, jeune homme bouillonnant, formé chez Guérard et Troisgros, joue sa propre musique, jouant l'union des meilleurs produits de la Méditerranée avec les épices d'Orient. Mais les tradi-

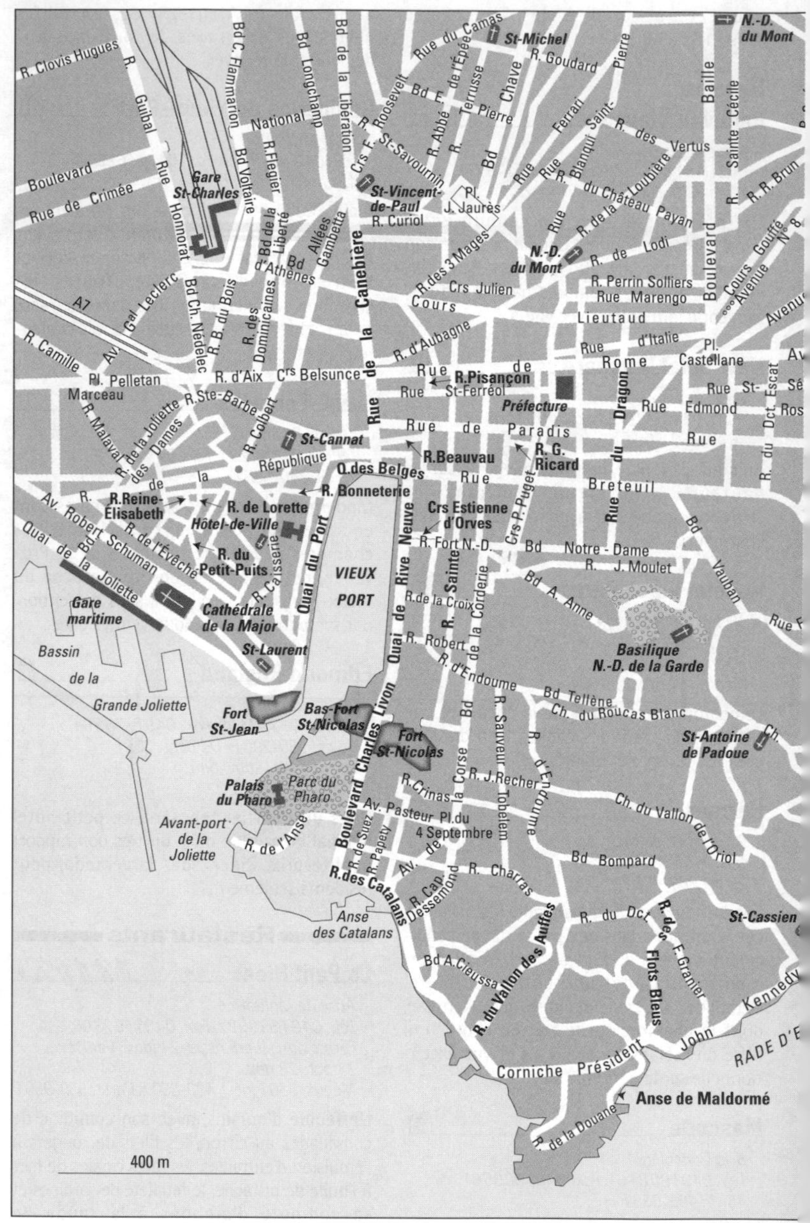

tions d'ici ajustées en finesse, avec des plats rustiques chics, comme le gâteau de grenouilles aillé au cochon de lait ou le denti au jus de porcelet et grattons de rascasse, sans omettre d'épatants desserts: fruits de la passion glacés en coque, fraises farcies de mangues, tarte sablée au praslin Son plat le plus juste de ton – le tronçon de loup, comme l'aimait sa grand-mère Lucie, avec son fumet de poissons à l'huile d'olive – a valeur d'emblème, dans cette villa de bord de mer qui fait prendre l'anse de Maldormé pour une annexe de la côte amalfitaine.

Miramar

12, quai du Port
Tél.: 04 91 91 10 40. Fax: 04 91 56 64 31
Fermé lundi midi sf fériés, dim., 3-18 janv., 1er-22 août. Carte: 350-500 F

Pile sur le Vieux-Port, le Miramar, sous la houlette des frères Minguella, incarne le classicisme marseillais rayonnant. Le service est

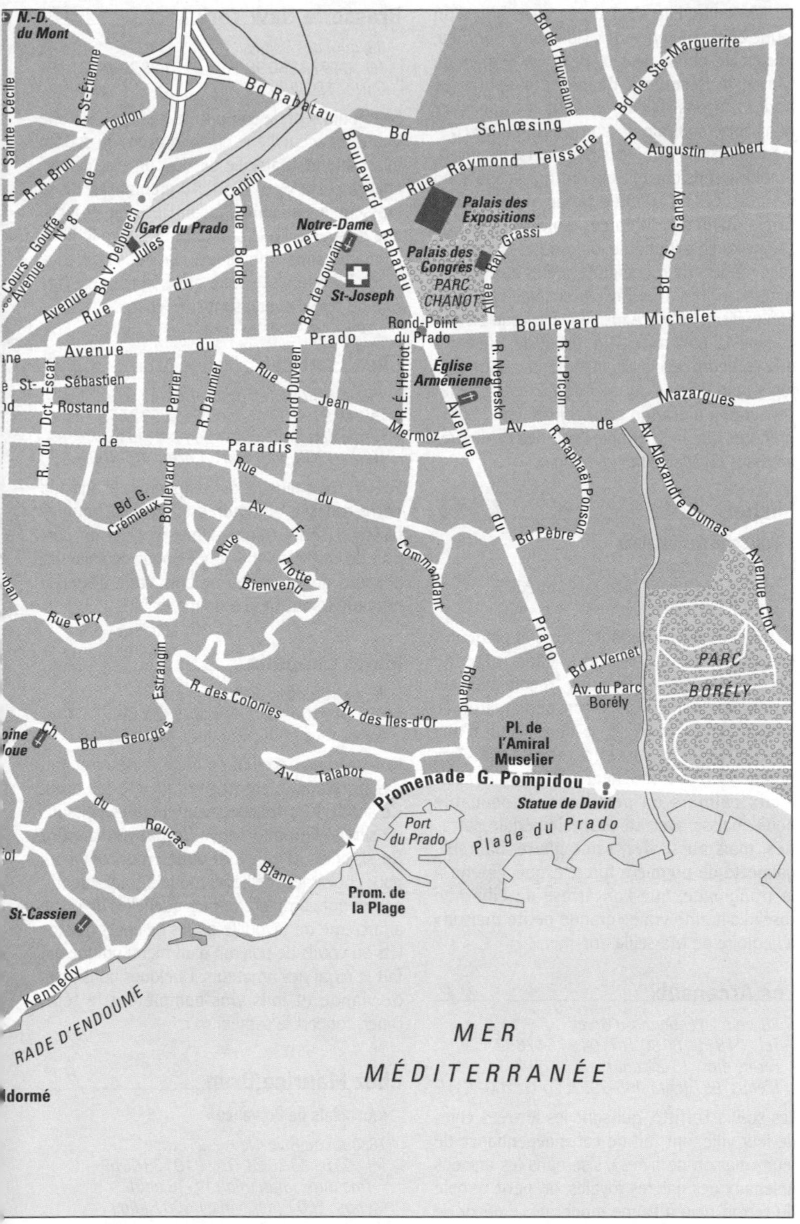

impeccable. Le décor a le charme années cinquante intact. La carte des vins est superbe, les poissons au mieux de leur forme et les spécialités rodées, comme le flan d'orties de mer au beurre rouge à la saveur d'oursin aiguisée, le loup au pissalat avec son jus aux olives noires, se renouvellent au gré du temps. La vedette maison? Une bouillabaisse impériale, avec de rares cigales de mer et un bouillon safrané à fondre. Les desserts sont un peu riches, mais la quenelle marseillaise à la crème pistache et le nougat glacé au Grand Marnier font de bonnes issues.

L'Epuisette

138, rue du Vallon des Auffes
Tél.: 04 91 52 17 82. Fax: 04 91 59 18 80
Fermé dim. soir, lundi, vac. févr., 21 août-4 sept.
Menu: 195-350 F. Carte: 300-400 F

Cette guinguette chic, genre balcon sur la grande bleue, avec vue sur le château d'If, juste au pied du petit port le plus pittoresque de Marseille. Elle s'est dotée avec brio d'un jeune chef qui «en veut». Guillaume Sourrieu, ancien de chez Loiseau, Bise, les Fermes de Marie, la Réserve à Beaulieu, a appris les bonnes leçons ailleurs et veut les appliquer dans cette capitale du bon poisson que redevient Marseille. D'où ces plats nets, fins, frais, limpides, sans chichis, qui ont nom capuccino de crustacés au pistil de safran, petit supions farcis au beurre d'épices, sole cuisinée en tagine avec artichauts barigoules à l'orientale, rougets de roche juste poêlés aux aubergines confites. Très Riviera ensoleillée, ou, si l'on préfère, Côte d'Azur nouvelle vague, cette cuisine-là enchante. Ajoutez-y des desserts aux couleurs de classe, mais sans tapage (trilogie pain d'épice au miel de l'arrière-pays et son coulis d'orange confite), et vous comprendrez que là se trouve l'une des meilleures adresses du Marseille qui bouge.

Michel

Brasserie des Catalans
6, rue des Catalans
Tél.: 04 91 52 30 63. Fax: 04 91 59 23 05
Carte: 280-450 F

Sur un boulevard roulant, face à la plage des Catalans, Paul Visciano, casquette de pêcheur vissée sur le crâne, reçoit avec un joyeux comparse vêtu façon petit marin. Le service est en smoking, le décor celui d'une gaie brasserie années cinquante. Les produits? D'une fraîcheur irréfragable. Délicieux calmars en persillade, impeccable bouillabaisse avec sa soupe impériale safranée, mais aussi vive, saint-pierre, daurade, galinette de première force, exquis gâteau à la frangipane, que l'on arrose de Pibarnon rosé: voilà une vraie «grande petite maison» à la gloire de Marseille-sur-mer.

Les Arcenaulx

25, cours d'Estienne-d'Orves
Tél.: 04 91 59 80 30. Fax: 04 91 54 76 33
Fermé dim., 15-30 août
Menus: 65 F (enf.), 145-295 F. Carte: 200-300 F

Les sœurs Laffitte, qui sont les lettrées chics de leur ville, ont fait de cette dépendance de leur «maison de livres», sise dans les anciens arsenaux des galères royales, un petit temple du terroir revu à l'aune moderne. Le décor de librairie ancienne est tout charme, jouant les salons privés — et l'on peut à loisir consulter des livres de cuisine provençale ou se plonger dans un bon roman avant d'aller déguster les spécialités du moment. Côté cuisine, deux jeunes chefs doués, Pascal Cicchela et Eric Cornilleau, mitonnent d'exquises pastilla de mulet au cumin, charlotte de bourride avec crème légère en aïoli, médaillon de lotte aux pistils de safran, daube de sanglier et artichauts barigoules qui font simplement plaisir. Joli choix de vins de toute la Provence.

Brasserie New York

33, quai des Belges
Tél.: 04 91 33 60 98. Fax: 04 91 33 29 46
Carte: 150-250 F

Sept jours sept, le soir jusque très tard, Simone Venturini accueille le chaland avec son sourire inlassable et Marseille lui doit un peu de son charme, côté Vieux-Port. Au programme de sa brasserie à l'ancienne, façon Lipp chic et local, une cuisine qui a le bon goût de suivre le fil de la marée sans oublier les classiques de toujours. Bouillabaisse, loup grillé, mais aussi tartare ou tête de veau sont sans épate.

Chez Fonfon

140, rue du Vallon des Auffes
Tél.: 04 91 52 14 16. Fax: 04 91 59 27 32
Fermé dim. soir, lundi midi, 2-21 janv.
Menu: 70 F (enf.), 190 F. Carte: 300-400 F

Fonfon n'est plus là, qui harponnait le chaland entre rudesse et tendresse. Mais la bouillabaisse et son «vallon» demeurent, tel un portrait de la ville selon Pagnol. Soupe de poissons, poissons grillés au feu de bois, carré d'agneau ratatouille sont très recommandables.

Maris Caupona

11, rue Gustave-Ricard
Tél.: 04 91 33 58 07. Fax: 04 91 33 58 07
Fermé sam. midi, dim., août. Menu: 250 F

La façade ne paye pas de mine, le décor ne fait pas la retape, bien qu'on y ait vite ses aises. L'essentiel? La fraîcheur extrême des poissons ici servis. Fernand Moya, le patron, Laurent Rossi, chef, se relayent avec cœur, ont l'œil pour choisir les meilleurs rougets, loups, dentis, pagres qui compléteront les quenelles de crabe à la crème de favouille ou les beignets de violets au coulis de poivron d'un menu unique qui fait le régal des amateurs. Quelques bons plats de viande et jolis vins complètent le tout. Dîner-concert le samedi soir.

Chez Maurice Brun

«Aux Mets de Provence»
18, quai de Rive-Neuve, 2e étage
Tél.: 04 91 33 35 38. Fax: 04 91 33 05 69
Fermé dim., lundi midi, 1er-15 août
Menus: 200 F (déj., vin c.), 300 F (dîn.)

Sur le port, Raoul Solamito a redonné au vieux restaurant de Maurice Brun une partie de son luxe d'antan. Le cadre a été nettoyé, éclairci, jouant plaisamment le conservatoire provençal, avec ses tissus et verres savamment dépareillés. Le menu du déjeuner à 200 F, concocté par un jeune chef passé à bonne école, propose la divine soupe de haricots blancs, avec saucisse et crustacés, le merlan en pan-bagnat, le lapin farci au pistou délicieux. Les desserts sont un peu en retrait. L'ensemble a du tonus.

Le Patalain

49, rue Sainte
Tél. : 04 91 55 02 78. Fax : 04 91 54 15 29
Fermé sam. midi, dim., août
Menus : 130-350 F. Carte : 280 – 300 F

Olivier Ballatore, ancien de l'Auberge de Noves, a pris la succession de Suzanne Quaglia qui fut la meilleure cuisinière de la ville dans cette maison cachée, près du Vieux-Port, dans une rue qui grimpe. Le style maison, classico-provençal, n'est pas abandonné à travers les aubergines et tomates en terrine, têtes de cèpes en saison, loup rôti sur la peau, pieds et paquets tomatés, allégés, agneau juteux, farci aux dattes avec des endives caramélisées. Suzanne, cuisinière du cœur, n'oubliait pas le régionalisme. Ses totènes (petits calmars) et favouilles (étrilles) farcies, bouillabaisse sur commande et daube étaient des plats de mémoire.

René Alloin

9, pl. de l'Amiral-Muselier
Tél. : 04 91 77 88 25. Fax : 04 91 71 82 46
Fermé sam. midi, dim. soir
Menus : 135 F (déj.), 205-280 F. Carte : 250-350 F

Nous l'avons découvert il y a belle lurette dans l'hôtellerie de chaîne, au temps des Pullman de qualité. L'homme n'a pas changé, fait la cuisine à sa façon, suivant le marché avec fidélité, le mouvement des saisons, les traditions de sa région, sans oublier de donner un tour personnel à l'ensemble. Oursinade, filet de rouget à l'orange, bar à la réglisse, pieds et paquets, mignon de veau aux morilles ont fière allure.

Une Table au Sud

2, quai du Port
Tél. : 04 91 90 63 53
Fermé dim., lundi midi
Menus : 135 F (déj.), 155-185 F. Carte : 200-250 F

Lionel Lévy, jeune chef de 28 ans plein de tonus, frais émoulu de chez Gérard Garrigues au Pastel toulousain et d'Alain Ducasse à Paris, s'est installé avec succès au premier étage du bar la Samaritaine. Sa salle panoramique pourvue d'une baie vitrée sur toute la longueur offre une vue imprenable sur le Vieux-Port et l'église Notre-Dame-de-la-Garde haut perchée. Le service est timide, mais efficace. La cuisine pleine de promesse et d'allant. On se régale d'une terrine de foie gras au chutney de granny smith et cumin, d'un splendide croustillant de tête de veau moutardé, d'une queue de lotte «têtard» au vieux jambon ou encore d'une fine brouillade d'oursins de Carry-le-Rouet, autant de plats qui font mouche et sont délivrés à prix d'ange.

indique un bon rapport qualité-prix.

Le Charles Livon

89, bd Charles-Livon
Tél. : 04 91 52 22 41
Fermé sam., dim.
Menus : 65 F (déj.), 125-155 F. Carte : 150-300 F

Loin du centre, près de la plage des Catalans, le bistrot de Jean-Pascal Crubilié, l'homme de salle, et Christian Ernst, le chef, joue la simplicité bon enfant le midi, doublé d'une carte plus gastro le soir – mais qui garde également ses propositions bon marché sur un côté du menu. On se régale sans façons de fraîches salades, seiches sautées ail et persil, poisson du jour au gré de la marée, comme le loup au fenouil et coulis de poivron, épatant foie gras, souris d'agneau aux tagliatelle. C'est malin comme tout et l'on y est entre soi et soi.

L'Escale

2, bd Alexandre-Delabre, Les Goudes (hors plan)
Tél. : 04 91 73 16 78
Carte : 200 F

En bout de plage, voilà un vaste cabanon tenu par un pêcheur-poissonnier reconverti avec malice. Le programme ici : tout ce qui vient de la mer est proposé avec une roborative générosité : loup en carpaccio, supions à l'ail, petits rougets entiers non vidés. C'est bête comme chou, sympa comme tout, plus généreux que fin. Et la vue sur la mer est à couper le souffle.

Etienne Cassaro

43, rue de Lorette (pas de Tél.)
Carte : 150-200 F

Au cœur du Panier, se niche la plus fameuse pizza de la ville, celle que mitonne l'équipe d'Etienne Cassaro. La recette : pâte fine et craquante, tomate fraîche, fondante mozarella. A moins de s'essayer au registre des viandes grillées. En sachant que la maison n'accepte pas la réservation, tarife ses additions (sages, au demeurant) à la tête du client et que «l'estranger» de passage y est souvent moins bien traité que l'autochtone habitué.

Le Panier des Arts

3, rue du Petit-Puits
Tél. : 04 91 56 02 32
Fermé le midi, dim., sept.
Menus : 98 F. Carte : 180 F

Le Panier, qui joue le rôle de Montmartre marseillais, cache cette petite adresse branchée. Le cadre est celui d'un bistrot de copains, l'ambiance, celle d'un club de vacances. La cuisine se contente d'être simple, fraîche, de tarif sage. Ravioles de champignons au basilic, gambas flambées au whisky, pastilla de lotte, saint-jacques à la provençale, suprême de pintade et soupe au chocolat «assurent», avec un bandol rosé du domaine de Terrebrune. La belle jeunesse de la ville en a fait son QG de prédilection.

Produits

BISCUITIERS

Le Four des Navettes

136, rue Sainte
Tél. : 04 91 33 32 12. Fax : 04 91 33 65 69

Depuis 1781, on fabrique ici des «navettes», gâteaux secs allongés évoquant les barques qui amenèrent Lazare sur les rives phocéennes.

José Orsini

7, bd Bottinelly
Tél. : 04 91 34 87 03

Les navettes à la fleur d'oranger, mais aussi les macarons, croquants, les canistrelli au chocolat et les ronds d'anis font la gloire de cet artisan de qualité.

BOULANGER

Georges Michel

33, rue Vacon
Tél. : 04 91 33 79 43

Un boulanger nostalgique du temps où l'on laissait le levain faire son travail. Pain aux noix et olives, fougasse, pompe à l'huile d'olive, navettes à la fleur d'oranger emballent sans façons.

CAVISTE

Le Sommelier

69, rue de la Palud
Tél. : 04 91 33 77 87

Meilleur sommelier de France amateur, M. Richard est un passionné qui déniche avec art le petit propriétaire inconnu.

CHOCOLATIER

Dupont

29, rue Fontange
Tél. : 04 91 42 55 33

Vingt-cinq «crus» impeccables, dont un palet or d'une amertume légère et une cerise au kirsch où l'alcool ne trahit pas le goût du cacao.

CONFISEUR

Dromel Aîné

6, rue de Rome
Tél. : 04 91 54 01 91

Chez les Corsiglia, le marron glacé est un morceau de roi. En sus, on trouve là des ganaches chocolatées de première qualité.

ÉPICIER

Arax

24 et 27, rue d'Aubagne
Tél. : 04 91 54 11 50

Arax offre le voyage dans le monde entier sans billet, avec riz, épices, poivre, semoule et fruits secs.

FROMAGER-TRAITEUR

Georges Bataille

16-18, rue Fontange
Tél. : 04 91 47 06 23

Le Fauchon marseillais est d'abord le numéro un local du fromage fermier et affiné comme il se doit (superbes chèvres de Banon dans leurs feuilles de châtaignier). Sans oublier d'être spécialiste du vin, des poissons fumés et de la charcuterie de qualité.

PÂTISSIERS

Amandine et Chocolat

69, bd Eugène-Pierre
Tél. : 04 91 47 00 83
6, av. de la Corse
Tél. : 04 91 54 32 92

Maurice Mistre, pâtissier hors pair et amoureux des arts, fabrique des gâteaux dédiés aux personnalités qu'il rencontre.

Meynaud-Duchamp

102, rue des Dames
Tél. : 04 91 90 41 65

Des pâtisseries, glaces, entremets de qualité, mais aussi des chocolats, ganaches, palets or qui valent le déplacement.

POISSONNIER

Poissonnerie des Halles

7, av. du Prado
Tél. : 04 91 78 89 53

Ici on ne vend que ce que les petits pêcheurs ont ramené dans leurs filets, d'où l'extrême fraîcheur de ce qui est proposé.

Rendez-vous

BRASSERIE

Brasserie Thiars

38 a, pl. Thiars. Tél. : 04 91 33 07 25

Terrasse ombragée, ambiance, apéritifs, tapas variés.

CAFÉS

Bar de la Marine

15, quai de Rive-Neuve. Tél. : 04 91 54 95 42

Face au ferry qui rallie un quai du Vieux-Port à l'autre, ce café mythique demeure intact. On boit le pastis en songeant à Pagnol qui y tourna *Marius* en 1931, *Fanny* en 1932, *César* en 1935. La photo de l'écrivain avec son fils figure en bonne place derrière le comptoir.

Le Café de la Mode

11, la Canebière. Tél. : 04 91 91 21 36

Signé Wilmotte, ce beau lieu minimaliste avec terrasse, chaises jardin en bleu et blanc, est «le» café du musée de la Mode.

Le Café Parisien

1, place Sadi-Carnot
Tél. : 04 91 90 05 77

Tout Marseille défile dans ce bar début de siècle pour le café, l'apéro ou les vernissages en début de soirée. Ne pas rater les généreux tapas du jeudi et vendredi soir, entre 18 h 30 et 21 heures pour 25 F seulement. Cours de tango une fois par mois.

JAZZ-CLUB

Le Pelle-Mêle

Pl. aux Huiles. Tél. : 04 91 54 85 26

Dans un décor de vieilles pierres, autour d'une bière en écoutant du jazz. Atmosphère relaxe assurée par Jean Pelle.

SALON DE THÉ

Les Arcenaulx

25, cours d'Estienne-d'Orves. Tél. : 04 91 54 39 37

Ambiance musicale, littéraire, le temps d'un thé, avec Simone et Jeanne Laffitte en guise de dames Récamier.

Martillac : voir Bordeaux

Masevaux

68290 Haut-Rhin. Paris 521 – Altkirch 30 – Colmar 57 – Mulhouse 29.

Aux portes du territoire de Belfort, ce bourg paisible indique l'une des frontières de la province. Le ballon d'Alsace n'est pas loin, ni le lac d'Asfeld, promesses de promenades dans les bois proches.

Hôtels-restaurants

Hostellerie Alsacienne

Rue du Mal-Foch
Tél. : 03 89 82 45 25
Fermé lundi hs, 15 oct.- 1er nov., 15-28 févr.
9 ch. 220-250 F. 1/2 pens. 220 F
Menus : 47 F (enf.), 60 F (déj.)-210 F. Carte : 180 F

La gloire de cette auberge est d'avoir vu le lancement sur orbite d'Émile Jung, parti, depuis, au Crocodile strasbourgeois. La maison a récemment changé de main, mais le décor demeure, avec boiseries anciennes, chaises à figurines, ambiance rétro. Les chambres sont modestes et la cuisine ne déroge pas de la tradition : tarte à l'oignon, tournedos aux morilles, choucroute. Coin brasserie pour les petites faims.

A 68290 Sewen 9 km O. par D466

Le Relais des Lacs

30, Grand-Rue
Tél. : 03 89 82 01 42. Fax : 03 89 82 09 29
Fermé mardi soir, mercr. (hs), 6 janv.-6 févr.
16 ch. 190-300 F. 1/2 pens. 240-310 F
Menus : 60 F (déj.), 125-220 F. Carte : 180-250 F

Benoît Fluhr, ancien de Ledoyen, Maxim's, la Tour d'Argent, n'a pas bouleversé le style de la demeure familiale dont le premier atout est la paix champêtre offerte au pied des Vosges. Le jardin, les chambres simplettes, la cuisine au gré du marché (la lotte au safran, la choucroute au confit, les œufs en neige) sont là pour égayer un séjour sans ombre.

Les Vosges

38, Grand-Rue
Tél. : 03 89 82 00 43. Fax : 03 89 82 08 38
Fermé dim. soir, jeudi (hs), 1 sem. févr., 1er- 25 déc., 10-20 janv.
20 ch. 240-290 F
Menus : 55 F (enf.), 60 F (déj.)-260 F. Carte : 250 F

Les chambres rénovées, le jardin, la terrasse justifient l'étape. Mais la cuisine de Jean-Michel Kieffer, élève de Bocuse et Jung, n'est pas mal non plus. Filets de truite et potée de chou frisé au foie gras, bar au fenouil rôti sur la peau, noisettes de ris de veau et langoustines au paprika sont quelques-uns des bons tours joués en la demeure.

Rendez-vous

SALON DE THÉ

Christian Blind

12, rue Foch. Tél. : 03 89 82 46 34

Revenus d'une balade au grand air du ballon d'Alsace, il fait bon s'attabler pour une pause sucrée, avec tartes aux fruits de saison, kougelhopf et « patates aux amandes » bien honnêtes.

Maussane-Les-Alpilles

13520 Bouches-du-Rhône. Paris 714 – Avignon 29 – Arles 19 – Marseille 82 – Martigues 44.

Le cœur vert des Alpilles, où l'on produit une huile d'olive fameuse dans le monde entier.

Hôtels-restaurants

Val Baussenc

Av. de la Vallée-des-Baux
Tél. : 04 90 54 38 90. Fax : 04 90 54 33 36
Fermé déj., mercr. (rest.), 1er janv.-1er mars
21 ch. 570-680 F. 1/2 pens. 480-520 F
Menus : 70 F (enf.), 190-230 F

Cette bonne étape au cœur des Alpilles offre calme et gentillesse au cœur de la cam-

« Ecrivez-nous » vos impressions, vos commentaires, relatez-nous vos expériences à lepudlo@aol.com.

pagne. Cuisine régionale servie le soir dans une salle à manger soignée.

Au Paradou, 2 km O., par D17

Du côté des Olivades

Tél. : 04 90 54 56 78. Fax : 04 90 54 56 79
Fermé dim. soir, lundi midi, 1er-15 nov., 10-30 janv.
10 ch. 790-1 050 F. Carte : 250-450 F

Des chambres raffinées dans un mas construit parmi les oliviers, le calme d'un beau parc : voilà une étape parfaite pour séjourner au cœur des Alpilles. Le patron, belge d'origine, qui a travaillé à Baumanière, accueille avec chaleur et veille sur une cuisine régionale fort bien mise.

La Petite France

55, av. de la Vallée-des-Baux
Tél. : 04 90 54 41 91. Fax : 04 90 54 52 50
Fermé mercr., jeudi midi, 2 janv.-1er févr., 13-30 nov.
Menus : 80 F (enf.), 175-390 F. Carte : 250-400 F

Thierry Maffre-Bogé est la petite vedette gourmande de sa vallée des oliviers. Seules les meilleures huiles ont droit de cité chez ce praticien de la cuisine sudiste au sens large. Ses ravioles d'olives vertes à la ricotte et à la sauge, sa salade de truffes fraîches, son rouget aux févettes, sa crépinette de pied de cochon aux morilles, comme son nougat glacé à la crème de pistache et son fondant chaud au chocolat avec crème vanille jouent le simple jeu de la vérité, mais en majesté, avec des produits de première qualité et un doigté sans faille. Belle cave, faisant la place aux meilleurs crus de Provence, décor soigné, accueil gracieux d'Isabelle qui semble née avec le sourire.

Ou Ravi Provençau

34, av. de la Vallée-des-Baux
Tél. : 04 90 54 31 11. Fax : 04 90 54 41 03
Fermé mardi, 15 nov.-15 déc., 2 sem. mars, 2 sem. juin
Carte : 200-300 F

Chez les Richard, pas de trêve dans la défense du patrimoine provençal. Aurore reçoit avec gentillesse et Jean-François raconte, au gré de la saison, la soupe au pistou, la tarte de sardine à la tomate, le lapin aux herbes, le croustillant aux pommes sur une sauce caramel, tous plats simples d'allure, juste de ton, qui s'accompagnent des vins du pays. D'ailleurs les Dürrbach, du domaine de Trévallon, qui sont les vignerons-stars de la région, sont aux premières loges des habitués.

Bistrot du Paradou

Tél. : 04 90 54 32 70. Fax : 04 90 54 32 70
Fermé dim., dîn. (oct.-juin), nov.
Menus : 190 F (vin c.), 220 F (vin c.)

Certains de nos amis parisiens adoptés par ce village gourmand ne jurent que par ce bistrot qui a le chic de n'offrir le couvert qu'à partir de deux jolis menus tout compris. Les brouillades de truffes en saison, les salades avec les beaux légumes de la région, les belles viandes cuites dans la cheminée promettent des agapes de choix dans un cadre bucolique fort soigné.

Produits

HUILERIES

Moulin Jean-Marie Cornille

Coopérative oléicole de la vallée des Baux
Rue Charloun-Rieu
Tél. : 04 90 54 32 37

Une huile superbe de fruit, ronde, douce, odorante, avec ce nez typique d'artichaut qui l'a fait adopter par de nombreux grands chefs. Issue de première pression à froid, elle est notamment l'huile de Baumanière et de Georges Blanc.

Moulin oléicole du Mas des Barres

Petite route de Mouriès
Tél. : 04 90 54 44 32

Moins connue que la précédente, la belle huile de ce moulin vaut le détour pour la surprise d'un produit joliment fruité. En sus, tapenades et divers produits régionaux.

Mazagran : voir Metz

Maxilly : voir Evian

Megève

74120 Haute-Savoie. Paris 602 – Chamonix-Mont-Blanc 36 – Albertville 31 – Annecy 61.

Office du Tourisme : Maison des frères
Tél. : 04 50 21 27 28. Fax : 04 50 93 03 09

Créée en 1912 sous l'impulsion de la baronne Maurice de Rothschild, la belle station des Alpes françaises a gardé son côté village. Une ferme au cœur du bourg, une place théâtrale, son prieuré, son musée du Val d'Arly, ses antiquaires : c'est assez pour composer un tableau. Ajoutez-y le coup de fouet administré par les Sibuet qui ont essaimé depuis le Fer à Cheval, avec le Coin du Feu, les Fermes de Marie, le Mont-Blanc ou le Parc des Loges, les belles étapes de charme. On venait à Megève pour le ski et les mondanités. On vient désormais pour le ski, le grand air et la beauté maintenue de l'esprit chalet. Ajoutez la gourmandise qui se développe ici tout schuss et vous comprendrez que cette grande dame des neiges soit au mieux de sa forme.

Hôtels

Fermes de Marie

Chemin de Riante Colline
Tél. : 04 50 93 03 10. Fax : 04 50 93 09 84
Fermé 11 sept.-17 déc., 11 avril-18 juin
63 ch., six appart. 3 duplex
(1/2 pens.) : 1190-2290F.
Rôtisserie : (dîner seul.) 260F.
Restaurant à fromages : (dîner seul.) 250F.

Ce hameau hôtelier imaginé, comme en Autriche, à partir d'une collection de fermes abandonnées est l'œuvre de Jean-Louis Sibuet et de Jocelyne, sa bonne muse. Voilà aujourd'hui un magnifique hôtel de montagne qui fait référence, avec ses chambres confortables et douillettes, ses parties communes chaleureuses, ses murs ornés de fresques, sa ferme de beauté. En sus, trois tables, "gastro", "fromages" et "rôtisserie" (voir Restaurant).

Chalet du Mont d'Arbois

447, chemin de la Rocaille
Tél. : 04 50 21 25 03. Fax : 04 50 21 24 79
Fermé 1er avr.-15 juin, 1er oct.-15 déc.
23 ch. 1 950-5 250 F. 1/2 pens. 1 575-2 540 F

Atmosphère intime chez la baronne Nadine de Rothschild qui a aménagé avec goût ce chalet douillet. Chambres pas toujours vastes, mais douillettes, grand salon où règne une atmosphère intime, piscine et centre de remise en forme. Relais & Châteaux. (Voir Restaurants.)

Chalet Saint-Georges

159, rue Mrg-Conseil
Tél. : 04 50 93 07 15. Fax : 04 50 21 51 18
Fermé 24 avr.-24 juin, 21 sept.-14 déc.
Table du pêcheur : Fermé 1er sept.-15 déc., 1er avr.-1er juil.
Menus : 75 F (enf.), 120 F. Carte : 200-250 F
Table du trappeur : Fermé lundi, mardi, mercr., nov.-mi-déc., 1er-30 oct., 15 avr.-25 juin
Menus : 75 F (enf.), 120 F. Carte : 250-300 F
19 ch. 800-1 550 F

Ce chalet récent, tout de bois vêtu, possède des chambres douillettes, dotées de mobilier rustique. Accueil à la fois amical et professionnel. Deux tables à thème, « trappeur » ou « pêcheur », avec prix malins pour tous les goûts.

Fer à Cheval

Tél. : 04 50 21 30 39. Fax : 04 50 93 07 60
Fermé mi-avr.-mi-juin, mi-sept.-mi-déc.
38 ch. 950-1 560 F. 9 suites.
1/2 pens. 800-1 030 F
Carte : 350-450 F

Marc Sibuet, frère de Jean-Louis des Fermes de Marie, et son épouse Isabelle, ont transformé le vieil hôtel familial en auberge de charme muée en musée des Arts et Traditions populaires. Jolies chambres boisées avec de beaux tissus, étonnants couloirs avec leur collection de coffres. Excellente pension offrant l'un des meilleurs rapports qualité-prix de la station.

Grange d'Arly

10, rue des Allobroges
Tél. : 04 50 58 77 88. Fax : 04 50 93 07 13
Fermé mi-avr.-fin-juin, fin-oct.-mi-déc.
22 ch. 950-1 580 F. 1/2 pens. 630-715 F
Menu : (dîner seul.) 150 F

Ce ravissant chalet, avec son petit jardin qui borde la rivière, est sobrement décoré et fort correctement équipé. Jolies chambres, salons agréables. Restaurant honnête de cuisine régionale.

Lodge Park

100, rue d'Arly
Tél. : 04 50 93 05 03. Fax : 04 50 93 09 52
Fermé 6 avr.-19 juin, 16 sept.-14 déc, (rest.) midi, sf w.-e.
39 ch. 1 330-1 870 F. 1/2 pens. 1 575-2 540 F
Carte : 250-350 F

Savoyards de souche, les Sibuet, Jean-Louis le bâtisseur, Jocelyne la décoratrice, ont imaginé un lieu de retraite pour bûcherons chics façon chasse ou pêche, comme il s'en trouve dans les Adirondaks, au nord de l'Etat de New York. Chambres avec meubles tissés ornés de motifs alpins, murs en rondins, très déco, très chic. Au restaurant : rôtisserie et cuisine du monde.

Le Mont-Blanc

Pl. de l'Eglise
Tél. : 04 50 21 20 02. Fax : 04 50 21 45 28
Fermé 1er mai-10 juin
40 ch. et suites : 1 330-3 320 F

Le vieux palace de Cocteau a subi un lifting de charme. L'ambiance est savoyarde mais avec un chic urbain. Sur les murs des salons, où l'on reconnaît, en noir et blanc, Bécaud, Sagan, Henri Vidal ou Jean Marais, passe l'air des années cinquante. Tissus chaleureux, meubles de bois clair, façade de théâtre au centre du bourg ont du cachet. La chambre 305 dédiée aux *Enfants terribles*, avec gravures, boiseries, fresque murale, est exemplaire de cette rénovation à l'ancienne.

La Chaumine

36, chemin des Bouleaux
Fermé 16 avr.-29 juin, 5 sept.-14 déc.
Tél. : 04 50 21 37 05. Fax : 04 50 21 37 21
13 ch. 480-550 F

Niché à quelques centaines de mètres au-dessus du village, dans un chemin en forte montée, ce chalet à la netteté helvète offre accueil de charme, tarif doux, calme, vue sur les alpages.

Au Vieux Moulin

188, rue A.-Martin
Tél. : 04 50 21 22 29. Fax : 04 50 93 07 91
38 ch. 980-1 480 F. 1/2 pens. 765-900 F
Menu : 60 F (enf.), 160-200 F

Au centre de la station, le chalet avec son jardin et sa piscine, l'été, ont du charme. Chambres rénovées avec sobriété.

Au Coin du Feu

252, rte de Rochebrune
Tél. : 04 50 21 04 94. Fax : 04 50 21 20 15
Fermé 5 avr.-21 juil., 1er sept.-16 déc.
23 ch. 990-1 620 F. 1/2 pens. 760-790 F
Menus : 230-300 F

Ce chalet sympathique est le premier hôtel des Sibuet, avant le succès des Fermes de Marie. Au programme : simplicité, charme, confort et un restaurant bon enfant, le Saint-Nicolas.

Ferme Hôtel Duvillard

3048, rte du Mont-d'Arbois
Tél. : 04 50 21 14 62. Fax : 04 50 21 42 82
Fermé 20 sept.-20 juin, 15 av.-20 déc.
19 ch. 764-1 341 F. 1/2 pens. 687-845 F
Menus : 155 F (déj.)-172 F

Pas banal d'être accueilli par un champion de ski français et une championne autrichienne ! Voilà ce qui arrive tous les jours chez les Duvillard, face au téléphérique du mont d'Arbois. Chambres simples et rustiques, cuisine régionale et familiale, ambiance sans chichis.

Restaurants

Marc Veyrat

La Ferme de mon père
Chemin du Crêt
Tél. : 04 50 21 01 01
Fermé 16 avr.-31 mai, 16 oct.-14 déc.
Menus : 795 F, 995 F. Carte : 1 500 F

Sur un chemin de traverse, au détour de la route du mont d'Arbois, Marc Veyrat a reconstitué sa ferme d'enfance. Il y a des vaches et des moutons, une cave à fromage, et même une « bourne », la cheminée où fument saucissons et jambons. Le décor est celui d'une grange sophistiquée et la salle à manger une scène de théâtre. La pièce que joue ce metteur en scène roué est, bien sûr, celle des saveurs et parfums de la Savoie, avec des airs d'enchanteur ébloui par ses propres tours. Marco des alpages sert le fnu, l'acha, le pimpiolet, prend le public à témoin, le régale, des yeux et du palais, est ravi comme un gosse qui a retrouvé son territoire d'enfance. La soupe de potimarron à l'écume de lard fumé est un de ces petits chefs-d'œuvre qui vous mettent le palais en fête à l'orée du spectacle. Et le festival continue avec le turbot aux chénopodes (l'épinard sauvage), pistaches et pignons, les légumes oubliés dans une pomme acide farcie au petit-lait de truffe ou encore le cappuccino de rattes avec ses truffes noires comme une merveille de saveurs nettes. Quand Veyrat s'évade du terroir, avec les poissons de mer et crustacés, cela donne le bar croustillant aux palourdes et coques ou les saint-jacques à l'amande verte et son soufflé de chou à l'érable, qui enchantent de légèreté grande. Il y a encore le caneton aux grains de café, l'agneau dans sa cocotte au serpolet. Puis les desserts de sa fille Carine, cinq crèmes brûlées au lait battu avec ses parfums au fil des saisons, qui peuvent être de réglisse, chicorée, verveine mêlée de gentiane, lavande ou acacia, la tasse de sabayon de genépi au chocolat noir comme un After Eight des Alpes, la mousse de banane avec son sorbet lychee, la formidable assiette tout chocolat. On allait oublier les pains cuits à la cheminée, l'admirable « ercheu » de bois garni de fromages savoyards (tomme, beaufort, reblochon, tamié, persillé, abondance), enfin la ronde des vins d'ici qui ont fait de sacrés progrès, se nomment frangy ou mondeuse, et cousinent avec les meilleurs crus de la vallée du Rhône. Seul hic : la représentation a son prix.

Chalet du Mont d'Arbois

447, chemin de la Rocaille
Tél. : 04 50 21 25 03. Fax : 04 50 21 24 79
Fermé 1er avr.-15 juin, 1er oct.-15 déc.
Menus : 120 F (enf.), 280 F (déj.), 350-700 F

Sur le plateau du mont d'Arbois, le groupe de la baronne de Rothschild a confié ses destinées gourmandes à Alexandre Faix. Cet ancien chef du Fouquet's Europe s'est mué en manager gastro avec éclat. Il a su hausser le niveau de cuisine du Chalet du Mont d'Arbois comme de la table d'altitude, l'Idéal, en changeant de registre, mais sans varier sur la qualité. Dans la salle cosy, en demi-lune, du chalet, il propose des plats mijotés, classiques, savants, allégés, remis au goût du jour. Parmi ses réussites, le velouté de poule au pot aux truffes, le cœur de saumon moelleux comme le turbot à la broche, avant l'épatant mille-feuille caramélisé sont de bien jolies choses que l'on arrose de vins choisis sur une carte immense. Cadre sobre et chic, de grand charme.

Les Fermes de Marie

Chemin de Riante
Tél. : 04 50 93 03 10. Fax : 04 50 93 09 84
Fermé 11 sept.-17 déc., 11 avr.-18 juin
Carte : 350-450 F

Les Fermes de Marie, ce n'est pas seulement un hôtel de grand charme, mais aussi une table aux multiples fonctions. Son magicien ? Ou plutôt son *deus ex machina* ? Le jeune Nicolas Le Bec, natif du Morbihan, formé chez Apicius, qui s'est coulé dans le moule savoyard avec aise. Il supervise la cuisine du Lodge Park (qui fait rôtisserie et cuisine du monde), comme celle des divers restaurants des Fermes de Marie (gastronomique, pensionnaires, rôtisserie, salle à fromages). Au «gastro» des dites fermes, faisant face au grand nombre de couverts, il joue la créativité sans faille. Et ses risottos de beaufort aux champignons, écrevisses aux truffes et ravioles de raves, daurade royale rôtie au laurier et coquillages, jeunes poireaux cuits au sautoir, longe de veau fermier «comme» à la broche, jarret d'agneau mijoté au genièvre avec échalotes meunière et polenta au thym, glace arabica et arlettes caramélisées font mouche. Cette Savoie nouvelle manière a bien du charme.

Michel Gaudin

Carrefour d'Arly
Tél.: 04 50 21 02 18. Fax: 04 50 21 02 18
Fermé lundi, mardi (hs)
Menus: 118-395 F. Carte: 300-350 F

Chef glorieux, jadis, au château de Locguénolé à Hennebont, Breton à tête forte, Michel Gaudin le solitaire fait dans la modestie grand genre. Et nul ne se plaint des menus «terroir» ou «de la mer», des galettes de sarrasin au crabe, du fin ragoût fin d'escargots et d'écrevisses sautés aux herbes, de la divine polenta megévanne au saucisson chaud, de la fricassée de poulet aux cèpes en persillade et à l'estragon, comme du poulet en tagine aux citrons confits de ce vrai pro, formé à la dure école, jadis de Kéréver, qui ne s'en laisse pas compter sur le terrain de la finesse et de la légèreté même en version rustique. Son gratin de poires caramélisé avec sorbet du même fruit est à retomber en enfance.

Flocons de Sel

75, rue Saint-François
Tél.: 04 50 21 49 99. Fax: 04 50 21 68 22
Fermé lundi midi été, mare., mercr. hs, 1er-21 mai, 6 nov.-3 déc.
Menus: 110 F (déj.), 190 F. Carte: 250 F

Emmanuel Renaut, ancien second de Marc Veyrat, qui a investi une mini-maison du centre-village, façon Hansel et Gretel, la transformant en auberge de bonne compagnie. Son menu du jour est bénédiction, sur le plan du rapport qualité-prix. Et tous les mets qu'il mitonne sont alléchants en diable: boudin aux girolles et chutney aux pommes, salade de topinambours et beaufort croustillant, féra juste saisie aux choux dorés, aile de volaille farcie de lard et jus au genièvre, financier à l'écorce d'orange et citron vert et chili en sorbet. Voilà des mets jolis, appétissants et tout frais, comme une divine surprise.

indique une grande table.

Il Mirtillo

130, rue Edmond-de-Rothschild
Tél.: 04 50 21 69 33
Fermé 1er mai- 15 juin, 1er oct.-15 nov.
Carte: 250-300 F

Cette jolie table italienne dans un cadre de chalet chic propose un accueil ensoleillé et une cuisine très authentique signé d'un jeune chef venu de Gênes apporter aux Megévans sa science du produit frais et mitonné. Son soufflé de brocoli à la fonduta, ses raviolis aux cèpes et son semi freddo au chocolat sont d'exquises surprises.

La Sauvageonne

Chez Nano

Rte du Bouchet, à Leutaz
Tél.: 04 50 91 90 81. Fax: 04 50 58 75 44
Fermé 15 sept.-20 oct., 5 nov.-15 déc., 1er mai-1er juil.
Menu: 170 F (déj.). Carte: 280-350 F

Jean-Marc Fanara, alias Nano, qui fit les beaux soirs de Saint-Tropez et du centre de la station, a retapé cette ancienne ferme pour en faire une auberge sophistiquée. Le terroir est mis en valeur avec la salade de pot-au-feu, les fondues, raclettes, pela, souris de gigot d'agneau au thym et polenta au beaufort. On est vite séduit par les desserts, trio de crèmes brûlées au lait de chèvre, gâteau tiède aux pommes confites, raisins et noix, beignets de truffes au chocolat.

La Taverne du Mont d'Arbois

2811, rte du Mont-d'Arbois. Tél.: 04 50 21 03 53
Fermé lundi, mardi, mercr. avr.- mi-juin, oct.-nov., 15 nov.-15 déc., mai
Menus: 110 F (déj.), 150-350 F. Carte: 350-450 F

L'ex-Taverne de Clarke est devenue la Taverne du Mont d'Arbois, et sa table, une vraie bonne adresse sous la houlette d'un jeune ancien de Robuchon, Thierry Schwartz. Rigoureux et ardent, ce dernier propose les plats de la broche, les mets canailles, comme la vinaigrette de poireaux au lard ou le jarret de porc caramélisé au four avec une magnifique purée de pommes de terre truffée, enfin de bien jolis desserts (onctueuse glace au cacao et noix de pécan). Chic service vêtu à l'autrichienne. Prix à la carte sans tendresse.

L'Idéal

Au sommet du mont d'Arbois
Tél.: 04 50 21 31 26
Fermé 16 avr.-14 déc.
Menu: (déj. seul.) 160 F

Cette halte perchée en altitude propose, outre les mets de la rôtisserie, une vue imprenable sur le mont Blanc. Jolis plats du jour (blanquette, poularde au riz sauce suprême), les viandes grillées délicieuses, le service dynamique.

L'Auberge du Grenand

1775, rte Leutaz-Very
Tél. : 04 50 21 30 30. Fax : 04 50 21 51 96
Fermé 25 sept-1er déc., 15 juin-30 avr.
Menus : 92 F (déj.), 102 F, 190 F, 254 F

Ce chalet rustique propose une bonne cuisine de montagne avec gentillesse et générosité. La fondue aux cèpes, la brasérade aux trois viandes, le pavé d'autruche, le pavé de bison, entre de copieux plateaux de charcuteries et de fromages savoyards, régalent le chaland. Grand choix de sorbets avec alcool, citron, vodka, pomme et calvados, orange sanguine et Grand Marnier.

Phnom-Penh

1424, rte Nationale
Tél. : 04 50 21 12 49
Fermé mercr., fin mars-mi-juil.
Menus : 95 F (déj.), 125 F, 160 F

Ce gentil cambodgien à petits prix propose service adorable et cuisine raffinée. Le filet de canard aux cinq parfums, la brochette de gigot d'agneau grillé à la citronnelle et aux épices, le panaché de crustacés au curry avec lait de coco, le potage pékinois ou aux ailerons de requin dépaysent sans mal.

La Côte 2000

Rte du Mont-d'Arbois
Tél. : 04 50 21 31 84. Fax : 04 50 21 59 30
Fermé sept.-déc., 30 avr.-juin
Menus : 160-250 F. Carte : 300 F

Ce cabanon de charme dans un site bucolique très séducteur plaît aux skieurs, aux randonneurs et aux gourmets flâneurs qui hésitent entre un menu du jour se renouvelant avec art (salade paysanne, curry d'agneau, agneau au genépi glace au miel) et d'autres plats classiques plus élaborés.

Chalet du Radaz

Rte de la Côte 2000
Tél. : 04 50 59 94 44
Fermé sept.-déc., 30 avr.-juin.
Menu : 90 F. Carte : 150 F

Brigitte Blanchet sert ses fameuses « criques » (galettes de pommes de terre râpées aux herbes), avec jambon et saucisson de montagne, reblochon, tarte aux myrtilles, apremont, une clientèle qui aime manger bon, sans complication.

Les Drets

2803, rte de la Côte 2000
Tél. : 04 50 21 31 78
Fermé sept.-déc., 30 avr.-juin.
Menu : 96 F. Carte : 160 F

Lucienne accueille avec le sourire skieurs et randonneurs, tandis que Serge mitonne les plats du marché qui changent selon l'ardoise du jour. Lapin à la moutarde ou blanquette se mangent avec le sourire.

Ferme du Sciozier

Chez Thérèse
Rte de Praz
Tél. : 04 79 31 75 19
Fermé 15 sept.-15 juin
Carte : 150 F

Collations montagnardes, avec notamment la pela des Aravis, dans une ambiance détendue.

Produits

ARTS DE LA TABLE

A. Allard

148, pl. de l'Eglise. Tél. : 04 50 21 03 85
37, quai du Prieuré. Tél. : 04 50 21 03 85

Jean-Paul Allard n'est pas seulement le propagateur du fuseau, créé ici même dans les années trente, mais propose, outre de jolis vêtements et sacs alpins dignes de sa réputation d'Hermès des neiges, des parures de tables de qualité.

CHARCUTIER

Le Jambon de Savoie

32, av. C.-Feige. Tél. : 04 51 21 21 25

Jambon artisanal de montagne, saucisses sèches et fumées, terrines et autres joyeusetés savoyardes dans une boutique proposant en sus les vins du cru.

CHOCOLATIER

Gérard

73, rue d'Arly
Tél. : 04 50 21 49 19

Ganaches amères, au thé ou au lait, épatants pralinés valent l'emplette chez cet artisan soigneux.

FROMAGER

Fromagerie Megévanne Gaiddon

79, rue Ambroise-Martin
Tél. : 04 50 21 22 31

Tous les produits laitiers sont faits maison, tels le beurre, yaourts, tommes de qualité fermière.

PÂTISSIERS

L'Arboisier

170, pl. de l'Eglise. Tél. : 04 50 21 20 28

L'ex-pâtissier des Fermes de Marie propose ici gâteaux légers, chocolats jouant l'amer, glaces en été.

Le Glaçon de Megève

16, quai Prieuré. Tél. : 04 50 21 67 51

Didier Socquet-Clerc a repris cette institution sucrée, sans abandonner la tradition des glaçons de Megève (chocolat praliné meringué), mont-joly ou rochebrune.

Rendez-vous

BARS

Palo-Alto

Au Casino
199, av. C.-Feige
Tél. : 04 50 93 01 83

Ce piano-bar discothèque est un endroit parfait pour l'apéritif en centre-ville.

Les 5 Rues

Derrière la place de l'Eglise
Tél. : 04 50 21 24 36

Bar où l'on écoute du jazz pendant la première partie de la soirée et où l'on danse après minuit.

CRÊPERIE

Les Marronniers « Chez Maria »

Près de la télécabine du Chamois
Tél. : 04 50 21 22 01

Avec sa collection de cafetières, son ambiance cosy et boisée, ses petits plats, genre raclette et ses crêpes, voici l'un des rendez-vous de charme de la station.

SALONS DE THÉ

L'Arboisier

170, pl. de l'Eglise
Tél. : 04 50 21 20 28

Fréquentée par le Tout-Megève, cette pâtisserie récente est au sommet de la qualité locale.

Le Glaçon

16, quai Prieuré
Tél. : 04 50 21 67 51

La terrasse avec vue sur la place de l'Hôtel-de-Ville est inratable. Atmosphère chalet chic à l'intérieur et mont-joly ou rochebrune à déguster sur place.

Mende

48000 Lozère. Paris 592 – Alès 103 – Aurillac 154 – Issoire 139.

Office du Tourisme : bd Henri-Bourrillon
Tél. : 04 66 65 02 69. Fax : 04 66 65 02 69

La petite capitale du département le plus rural de France a le charme bucolique, entre monts de la Margeride et Causses. Les gorges du Tarn sont à sa porte, la cathédrale Notre-Dame-et-Saint-Privat, la place du Griffon et ses demeures anciennes, le pont Notre-Dame et ses arches enjambant le Lot valent largement la découverte.

Hôtels-restaurants

Lion d'Or 

12, bd Britexte
Tél. : 04 66 49 16 46. Fax : 04 66 49 23 31
Fermé (rest.) dim. hs.
39 ch. 294-490 F. 1/2 pens. 330-400 F
Menus : 75 F (enf.), 110 F (sem.)-190 F

A côté de l'hôtel de ville XVIIIe, cette étape de tradition propose des chambres d'excellent confort, fort classiquement meublées. La cuisine y est solide, généreuse, régionale, non sans légèreté (tête de veau roulée aux tomates confites, osso buco de lotte aux girolles). Accueil très professionnel de la famille Sapède.

Le Maze

25, rue du Collège
Tél. : 04 66 65 05 33. Fax : 04 66 65 05 33
Fermé lundi soir, mardi, 23 févr.-13 mars, 21-30 nov.
Menus : 60 F (déj.), 80-140 F. Carte : 160 F

Cette bonne petite adresse de centre-ville a l'accueil généreux et le menu agile. On vient ici goûter tripous, omelette aux truffes en saison, pied de cochon grillé, magret de canard aux champignons et tarte aux fruits que sert Jean-Paul Brun dans la bonne humeur.

A Chabrits, 5 km N.-O. par D42

La Safranière 

Tél. : 04 66 49 31 54
Fermé dim. soir, lundi, 28 févr.-25 mars, 11-18 sept.
Menus : 110 F (sem.)-270 F. Carte : 200 F

L'endroit a le charme sauvage du Gévaudan dont cette ferme retapée cerne les premières hauteurs. On vient ici pour l'accueil charmant, l'environnement qui est comme un appel d'air, mais surtout la cuisine fine, sérieuse, soignée, créative et même inspirée, de Sébastien Navecth qui joue la tradition en légèreté. On ne sait trop quoi citer de ses bons tours, qui ont nom salpicon de pied de porc au saint-chinian, raviole d'escargots d'Aurillac à la crème de poireaux, cabillaud au caramel d'épices, filet grillé à l'orange ou encore giboulée de fruits de saison au muscat. L'ensemble se tient, permet de faire bombance légère sans aucunement se ruiner et de repartir du bon pied pour une marche sur le plateau.

Produits

PRODUITS DU TERROIR

Paysans de Lozère

4, rue de l'Ange
Tél. : 04 66 65 01 57

Cette belle échoppe joue le rôle de vitrine des bons produits rustiques de la région. Miel, pâtés, saucisson, confitures, fromages et liqueurs relèvent du bel artisanat français.

Ménerbes

84560 Vaucluse. Paris 717 – Avignon 40 – Aix 55 – Apt 23 – Carpentras 36.

Ce village perché du Luberon où vécut Nicolas de Staël et que rendit célèbre Peter Mayle demeure une carte postale provençale à peine retouchée. Ne loupez pas le musée du Tire-Bouchon.

Hôtels–restaurants

HÔTEL DE L'ANNÉE

La Bastide de Marie

Rte de Bonnieux, quartier de la Verrerie
Tél. : 04 90 72 30 20. Fax : 04 90 72 54 20
Fermé oct.-mars.
12 ch. 2 200-2 600 F (1/2 pens. pour 2).
4 suites. 3 500 F
Menus : 280 F (déj., vin c.)-350 F (dîn., vin c.)

Notre hôtel «coup de cœur» de l'année? C'est cette maison d'hôtes d'un genre neuf, sise au cœur du Luberon, imaginée comme une bastide de rêve par Jocelyne et Jean-Louis Sibuet, les bâtisseurs des Fermes de Marie à Megève. Rien n'échappe à ces hôteliers nés : ni la déco soignée jusqu'à la quasi-perfection, de chambres sobres, au mobilier chiné avec amour, ni le vaste salon où l'on est vite chez soi, piscine traitée en bassin de nage, grand parc ouvrant sur les vignes du domaine. Voilà une carte postale qui vit et vibre grâce à un accueil complice et une cuisine alerte. Nicolas Le Bec, Breton formé chez Vigato, travaille à fenêtre ouverte dans une sorte de labo musée contemporain. On goûte, en terrasse sous les frondaisons ou dans la salle élégante, les fleurs de courgettes en vinaigrette aux aubergines confites, les sardines farcies aux poivrons, le saint-pierre cuit à l'arête aux figues, l'artichaut rôti au foie gras en infusion d'herbes au bouillon de poule, l'encornet rôti aux tellines, le turbot braisé en feuille de vigne et les pieds paquets et langues d'agneau mitonnés aux légumes du moment qui avec sa tarte amandine aux cerises, sa glace aux herbes, constituent de bien jolis tours, vifs, frais, légers. Voilà la maison du bonheur.

Hostellerie Le Roy Soleil 

Tél. : 04 90 72 25 61. Fax : 04 90 72 36 55
Fermé 1er déc.-15 mars, (rest.) 1er nov.-15 mars
19 ch. 680-1 200 F. 1/2 pens. 690-950 F
Menus : 160 F (déj.), 195-320 F

Le sourire n'est pas toujours présent à l'accueil, le style des chambres a un peu vieilli, quoiqu'elles soient de grand confort sur un mode clair et fonctionnel. Reste que ce domaine au calme, et au pied du village, fait une étape honorable. Côté cuisine, soupe au pistou, brandade de morue, lapereau à la tapenade, crème caramélisée aux cerises et citron vert revisitent assez judicieusement les classiques du pays.

Produits

BOUCHER-CHARCUTIER

Mammessier

Tél. : 04 90 72 23 05

Boucher-philosophe, Louis Mamessier disserte de l'air du temps, de l'alimentation «bio» et du goût juste en faisant goûter son (admirable) saucisson sec au poivre, son jambon de pays, sa caillette aux herbes, son pâté provençal, tout en débitant bœuf de Charolais et gibiers en saison.

Rendez-vous

CAFÉ

Café du Progrès

Tél. : 04 90 72 22 09

C'était le Café de l'Avenir d'*Une année en Provence*. Le patron, jadis raillé avec tendresse par Peter Mayle, a passé la main. Le nouveau sourit, sert le pastis au comptoir, sur la terrasse panoramique ou au jardin. On évoque les derniers potins du jour et on achète son journal.

Mercuès : voir Cahors

Mercurey

71640 Saône-et-Loire. Paris 345 – Beaune 28 – Chalon 13 – Autun 40 – Chagny 12.

La «capitale» de la côte chalonnaise, ramassée au pied de son château vaut pour ses belles maisons anciennes, comme son cru au nez poivré, plaisant et frais.

Hôtel–restaurant

Hostellerie du Val d'Or 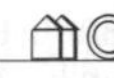

140, Grande-Rue
Tél. : 03 85 45 13 70. Fax : 03 85 45 18 45
Fermé dim. soir nov.-mars, mardi sf soir avr.-nov., 3-7 juil., 26 nov.-15 janv.
13 ch. 350-450 F
Menus : 130 F (vin c., déj.), 180-420 F

Jean-Claude Cogny tient depuis des lustres ou presque cette belle auberge de province qui séduit par son côté suranné. Ne cherchez pas le luxe où il n'est pas, ni dans les chambres à l'ancienne, parfois petites, avec leur mobilier rustique et leur confort parfait pour une nuit. Ni dans l'ordonnancement d'une auberge de toujours qui a su demeurer fidèle à elle-même. Goûtez la soupière de petits escargots, les œufs en meurette, qui sont une leçon de choses, la pièce de bœuf charolais comme la volaille fermière au mercurey. N'omettez pas le bon moment des desserts, entre île flottante à la nougatine et harmonie de chocolats. Et sacrifiez à la connaissance des vins de ce coin de la Bourgogne Sud, entre givry, rully et montagny.

Méré : voir Montfort-l'Amaury

Méribel

73550 Savoie. Paris 653 – Albertville 43 – Annecy 87 – Chambéry 91 – Moûtiers 16.

Office du Tourisme : Tél. : 04 79 08 60 01
Fax : 04 79 00 59 61

Au centre des Trois Vallées, qui constitue le plus vaste domaine skiable du monde, s'étage ce beau village fait de chalets modernes, bâtis à l'ancienne. Les Anglais ont été les pionniers de la station qui a soigneusement préservé son village d'avant.

Hôtels-restaurants

Allodis

Au Belvédère
Tél. : 04 79 00 56 00. Fax : 04 79 00 59 28
Fermé fin-avr.-1er juil., sept.-15 déc.
37 ch. 1 420-2 050 F. 1/2 pens. 1 290-1 540 F
Menus : 180 F (déj.) 220-380 F

Comme le précédent, avec en sus une vue imprenable sur les montagnes, ce beau chalet contemporain, créé par un couple offre sa version chaleureuse et raffinée du charme savoyard. Chambres vastes, piscine couverte.

Grand Cœur

Tél. : 04 79 08 60 03. Fax : 04 79 08 58 38
Fermé 15 avr.-15 déc.
37 ch. 1 300-300 F. 1/2 pens. 1 225-1 600 F

Ce Relais & Châteaux montagnard avec sa déco de chalet chic, ses boiseries, ses tissus aux couleurs gaies a quelques atouts pour lui. Dont la fine cuisine de Marc Dach qui exerce l'été au Club à Cavalière (même direction) et retrouve ici les vieilles recettes de l'ancien duché de Savoie. Chambres parfois petites, quelques jolies suites, parties communes chaleureuses avec de beaux meubles anciens.

Yéti

Rond-point des Pistes
Tél. : 04 79 00 51 15. Fax : 04 79 00 51 73
1er juil.-28 août, 15 déc.-26 avr.
25 ch. 990-1 260 F. 1/2 pens. 1 050 F
Menus : 120 F (enf.), 125 F (déj.), 175-260 F

Boisé, clair, ce bel hôtel créé par un moniteur-investisseur, avec ses splendides salons d'accueil, ce chalet moderne joue le charme chic en version relaxe.

Aux Allues : 7 km N. par D915a

La Croix Jean-Claude

Tél. : 04 79 08 61 05. Fax : 04 79 00 32 72
Fermé 5 mai-25 juin, 20 sept.- 28 oct.
16 ch. 350-550 F. 1/2 pens. 400-550 F

L'hôtel est rustique, non sans une certaine propension à l'esthétisme rustique. Mado Gacon accueille selon son humeur dans une salle à manger pleine de chaleur. Et chante, entre potée, civet de lapin et volaille aux chanterelles, un petit air de cuisine bourgeoise bien plaisant.

Merkwiller-Pechelbronn

67250 Bas-Rhin. Paris 467 – Strasbourg 48 – Haguenau 16 – Wissembourg 22.

Ce ful la capitale du pétrole en Alsace : c'est devenu une ville-musée. Et, tout récemment, un carrefour de gourmandise.

Hôtels-restaurants

Auberge du Baechel-Brunn

5, rte de Soultz
Tél. : 03 88 80 78 61. Fax : 03 88 80 75 20
Fermé dim. soir (sf fériés), lundi soir, mardi, 18 août-8 sept., 15-30 janv.
Menus : 60 F (enf.), 80 F (déj.), 200 F, 260 F
Carte : 250-350 F

La patronne a du caractère. Le décor rustico-moderne, établi dans une ancienne grange n'en manque pas, avec ses tables bien dressées, sa cave ad hoc, sans omettre la cuisine sérieuse et précise de Jean-Paul Limmacher. Cet ancien apprenti du Cheval Blanc de Lembach fait montre de savoir-faire à travers des mets pleins de tonus qui ne perdent pas le sens de la tradition : chartreuse de caille au foie gras, grand ravioli d'escargots aux champignons, déjà classique galette de pommes de terre en robe de saumon, l'un des plats vedettes d'ici avec le joli dos de sandre en écaille parmentier. La piccata de mignon de porc fermier et le carpaccio de figues noires au balsamico indiquent que le gars Jean-Paul sait se renouveler par petites touches sudistes. Les prix demeurent fort raisonnables pour la qualité suivie.

Si vous cherchez un établissement particulier, consultez l'index général en fin d'ouvrage.

A Kutzenhausen : 1 km N.

Auberge de la Ferme des Fleckenstein

26, rte de Soultz
Tél. : (rest.) 03 88 80 69 10, (hôtel) 03 88 80 69 00. Fax : 03 88 80 69 09
Fermé lundi, mardi midi, 5-20 janv.
7 ch. 250-350 F
Menus : 60 F (enf.), 120-180 F. Carte : 200-300 F

Insolite, cette ferme du XVIe siècle, avec belle cour, façade à pans de bois, fleurs, tables au-dehors, offre la surprise d'une cuisine fraîche, douée d'idées. La cassolette d'escargots aux pointes d'orties, l'exquis foie gras en portion dégustation, la lotte au jus de poule à l'encre et galette de maïs, le tendre canon de lapereau en croûte de sésame, l'amusant saltimbocca de mignon de porc à la sauge, la mousse au nougat sont de jolies choses. Quelques chambres de bon confort permettent de séjourner ici au calme sans se ruiner.

Auberge du Puits VI

20, rte de Lobsann
Tél. : 03 88 80 76 58
Fermé lundi, mardi, janv.
Menus : 155-330 F. Carte : 200-250 F

Cet ancien café avec jeu de boules qui fut fréquenté par les mineurs de potasse du dernier puits d'Alsace est tenu avec gentillesse par Marie et Norbert Koehler, autodidactes un brin artistes. Leur nouveau chef Jacques Becker ne s'évade guère de la tradition. Mais nul ne se plaint des terrines de caille, de canard ou de saumon, du feuilleté d'escargots et des belles grillades au feu de bois. Les suggestions bougent au gré du marché et l'ensemble est servi dans une ambiance champêtre assez raffinée.

Produits

ARTS DE LA TABLE

Vincent Pirard

23, rte de Lobsann
Tél. : 03 88 80 79 91. Fax : 03 88 80 90 08

Sans doute, l'accueil est ronchon. Mais cet Ardennais râleur et passionné produit les plus authentiques poteries colorées façon Soufflenheim à l'ancienne. Pots à crinoline, vases fleuris, terrines grisées, poêles en céramiques, reproduits d'après de vieux modèles ou réinventés, possèdent le charme du produit personnalisé.

DISTILLATEUR

Jean-Claude Hoeffler

11, rue de Lampertsloch, à Lobsann à 4,5 km N. par D314
Tél. : 03 88 80 45 79. Fax : 03 88 80 59 14

Jean-Claude Hoeffler pratique la double distillation, ne conservant que le cœur de chauffe de la seconde et soigne le choix de ses fruits. Sa superbe eau-de-vie de poire donne le sentiment de croquer le grain. Ses prunelles sauvages, kirsch, merise (cerise sauvage), quetsche et mirabelle valent le déplacement.

Méry-sur-Oise : voir Région Parisienne

Metz

57000 Moselle. Paris 332 – Nancy 57 – Reims 190 – Strasbourg 163 – Luxembourg 62.

Office du Tourisme : Pl. d'Armes
Tél. : 03 87 55 53 76. Fax : 03 87 36 59 43

« Une ville pour l'âme », écrivait Barrès qui évoquait, dans Colette Baudoche, *avant* Le Silence de la mer *de Vercors, l'amour impossible d'une jeune Messine pour un officier prussien dans Metz occupée. Et il ajoutait « pour la vieille âme militaire du peuple français ». Depuis un siècle et demi, la ville a changé non pas d'âme, mais de situation géographique. Elle n'est plus cette ville de garnison, sentinelle vigilante sur les marches de l'Est, mais une cité active du cœur de l'Europe, à deux pas de la Sarre et du Luxembourg, comme de la Belgique. Carrefour vivant, fortiche en informatique, solide en culture comme en football, elle est aussi gourmande de sucré que de salé. Les petites tables et les brasseries sont ses spécialités. Mais les bonnes tables sont plus nombreuses ici qu'on ne croit, au centre mais aussi dans sa campagne verdoyante. Et les bons produits de toutes sortes y sont légion.*

Hôtels

Mercure

Centre Saint-Thiébault
29, pl. Saint-Thiébault
Tél. : 03 87 38 50 50. Fax : 03 87 75 48 18
112 ch. 560-610 F
Menus : 50 F (enf.), 105 F (déj.), 210 F

De vrai confort, sans surprise, avec ses chambres fonctionnelles, sa situation paisible sur une place tranquille, proche de la gare et à deux pas du centre, cet établissement qui fut moderne il y a vingt ans demeure une des pièces maîtresses de l'hôtellerie locale. Pratique pour déambuler en centre-ville, à partir de la belle église Saint-Martin. Cuisine sage et accueil adorable.

Novotel-Centre

Pl. des Paraiges
Tél. : 03 87 37 38 39. Fax : 03 87 36 10 00
120 ch. 560-595 F
Menus : 50 F (enf.), 79 F (déj.), 160-210 F. Carte : 180 F

Ce bon ensemble moderne dans un centre commercial et en angle de la médiévale place Saint-Louis, vaut pour ses chambres assez vastes, très fonctionnelles et ses facilités diverses (parking, piscine, repas de brasserie avec jardin).

Royal Bleu Marine

23, av. Foch
Tél. : 03 87 66 81 11. Fax : 03 87 56 13 16
55 ch. 380-480 F
Menus : 49 F (enf.), 95-145 F
Caveau (menus : 70-90 F)

Cet hôtel historique dans l'ancien quartier allemand de la ville avec son architecture Jugendstil vaut non seulement pour son imposante façade néo-gothique façon château fort, mais aussi par ses beaux aménagements intérieurs. Chambres de bon confort et 6 appartements, certains avec vue sur la pointe de la cathédrale.

Hôtel du Théâtre

3, rue du Pont Saint-Marcel
Tél. 03 87 31 10 10. Fax 03 87 30 04 66
36 ch. 395-590F.

Au bord de la Moselle et ouvrant sur une marina, cet hôtel moderne propose des chambres fonctionnelles, certaines vastes et duplex, avec trois suites dans une demeure XVIIe. Piscine, hammam, sauna.

Hôtel de la Cathédrale

25, pl. de Chambre
Tél. : 03 87 75 00 02. Fax : 03 87 75 40 75
20 ch. 360-490 F

Au-dessus d'une institution du bon couscous local (la Baraka), cette demeure XVIIe, avec ses meubles anciens, d'autres vieilles, ses tissus à carreaux, ses vues sur la cathédrale proche et les demeures anciennes près de la Moselle, est la halte de charme de la ville. Chambres adorables, parfois biscornues, prix raisonnables.

Hôtel Cécil

14, rue Pasteur
Tél. : 03 87 66 66 13. Fax : 03 87 56 96 02
Fermé 26 déc.-3 janv.
39 ch. 280-330 F

Prix doux et proximité immédiate sont les atouts de ce petit hôtel discret, sis à l'abri d'une maison bourgeoise.

A 57640 Rugy : 12 km N. par D1

La Bergerie

Tél. : 03 87 77 82 27. Fax : 03 87 77 87 07
48 ch. 390-450 F. 1/2 pens. 420-570 F
Menus : 125 F (sem.)-280 F

Cette ancienne ferme de Metz-campagne constitue une belle étape au calme sur la route de Paris vers le Grand-Duché ou l'Allemagne, à deux pas de l'autoroute et du parc Walibi-Schtroumpf. Bonnes chambres rustiques, excellent accueil et cuisine aux inclinaisons régionales fort soignée.

Restaurants

Au Pampre d'Or

31, pl. de Chambre. Carte : 450 F

Jean-Claude Lamaze, jadis dans un environnement ingrat, s'est installé au cœur du centre sans abdiquer ses ambitions. Le meilleur monde du conseil général proche a investi ses deux étages décorés avec sobriété, beau parquet, atmosphère lumineuse, fauteuils contemporains. Les produits parfaits, la technique impérieuse, la haine du chichi : voilà ce qui anime ce Vosgien de caractère, formé en Alsace chez Gaertner et Schillinger. Ajoutez à cela un accueil de l'adorable Mme Lamaze et vous comprendrez qu'on est là dans le domaine du sûr, du juste, de l'éprouvé. Parmi ses réussites, l'assiette de dégustation des foies gras, les ravioles de cèpes parfumés, les fines côtelettes de saumon d'Ecosse à la ciboulette, mais aussi le superbe croustillant de pied de porc désossé prouvent que, dans un cadre sophistiqué, on sait jouer la mode canaille chic avec éclat. Desserts de bon ton (croustille à la fraise et rhubarbe, feuilleté léger aux poires), situation en or, au pied de la cathédrale et des quais de la Moselle.

Restaurant des Roches

29, rue des Roches
Tél. : 03 87 74 06 51. Fax : 03 87 75 40 04
Fermé dim. soir, lundi soir
Menus : 160-350 F. Carte : 300-350 F

Le coin est rêveur : les bords de la Moselle, les parages proches de la cathédrale. Le cadre est romantique, à fleur de quai, avec plafond bas et poutré. Le service est policé. La cuisine ? Classique, traditionnelle même, avec un évident souci d'allégement. Il n'y a que du bien à dire de la fine bisque d'écrevisses, du feuilleté d'escargots au jus d'ail et persil, du rouget poêlé au basilic, du filet de bœuf aux cèpes. Quant aux desserts (gratin de mangue à l'ananas avec sorbet mangue, soufflé glacé à la mirabelle), comme le reste, ils sont de très bon ton.

Yves Maire

1, rue du Pont-des-Morts
Tél. : 03 87 32 43 12. Fax : 03 87 31 16 75
Fermé mardi, mercr. midi
Menus : 150 F (sem), 260-380 F. Carte : 300-400 F

Yves Maire trône joliment au bord de la Moselle. C'était jadis le Retour du Pêcheur et l'on en a gardé comme une sorte de propension à la pêche du jour. Le cadre est de charme. La marine s'empêtre dans les chichis très nouvelle cuisine d'il y a dix ans. Sauciers, compliqués à l'envi, quoique jamais sans qualité, sont le gâteau de crabe à la crème de blé

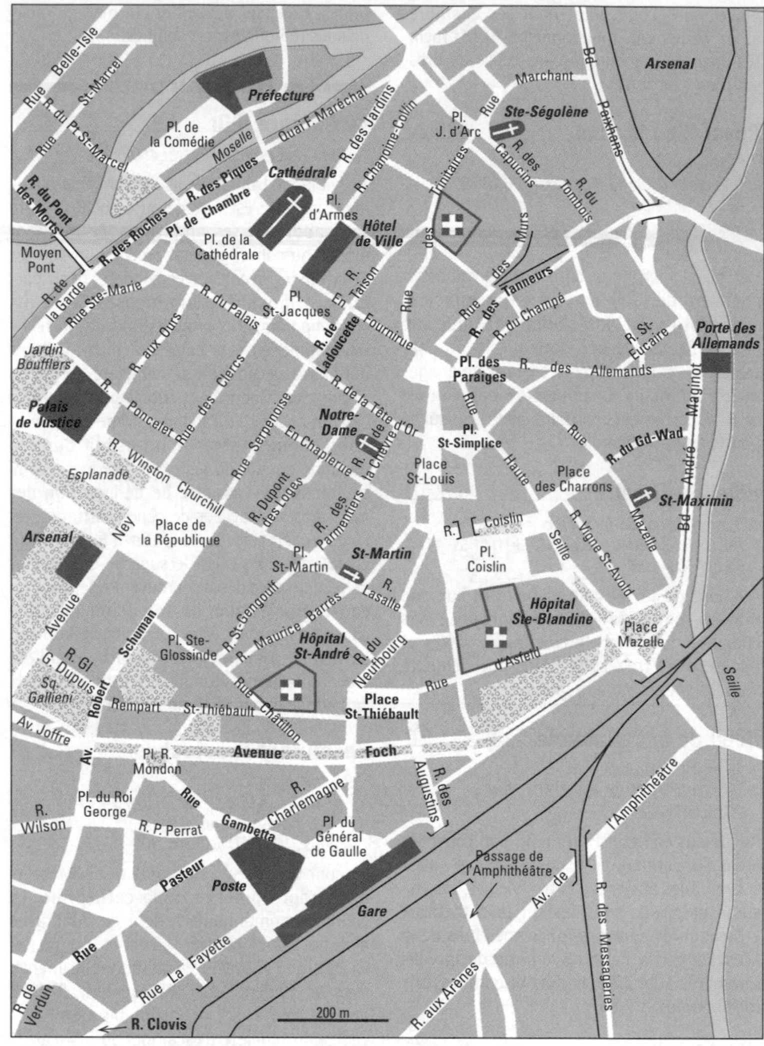

dur et crème de favouilles, les beignets de langoustines au cumin sur concassée de tomates, le bar poêlé à la vauclusienne, avec huile d'olive, la matelote de sandre un peu riche et un peu fade ou encore l'aumônière de saint-jacques aux morilles et «perles» de légumes. Les desserts ne sont pas mal venus (soufflé glacé à la mirabelle, Tatin de mangues), les vins de bonnes trouvailles.

Le Chat Noir

30, rue Pasteur
Tél.: 03 87 56 99 19. Fax: 03 87 66 67 64
Fermé dim., 24 juil.-7 août
Menus: 100 F (déj., sem.), 118-250 F
Carte: 300-400 F

Le cadre néo-années trente, le service souriant, le banc de fruits de mer et la cuisine de Philippe de Cuyper formé dans la belle restauration alsacienne attire ici une clientèle fidèle. L'atout numéro un: un remarquable menu à 118 F qui offre, à ce niveau, c'est le mot, frais presskopf de saumon mariné aux herbes et à la rémoulade d'endives, épatant croustillant de tête de veau sauce gribiche, consommé de bœuf avec escargots et ravioles de chèvre, brandade de morue gratinée et œuf au plat, carpaccio à l'huile d'olive et parmesan, tournedos de cabillaud échaloté avec purée de pommes de terre, le tout fort généreusement servi. On y ajoutera des desserts remarquables, comme le parfait glacé à la mirabelle, le moelleux baba au rhum avec salade de fruits frais, le tiramisu et l'on comprendra le succès de la maison. Les prix à la carte sont moins souriants.

L'Ecluse

45, pl. de Chambre
Tél.: 03 87 75 42 38. Fax: 03 87 37 30 11
Fermé dim. soir, lundi, 9-26 août
Menus: 90 F (déj.), 165 F (vin c.). Carte: 200 F

Eric Maire, qui a accompli des stages chez Loiseau à Saulieu, a fait de ce restaurant d'allure design, au décor clair, ouvrant sur la Moselle, un événement. Murs blancs, joli parquet, gravures sur des thèmes marins, larges baies vitrées donnent l'illusion d'être en mer. La cuisine, fine, fraîche, primesautière, séduit sans mal. A coup de tartiffle de saumon et pommes de terre, ravioles de saumon aux épinards avec crème d'échalote, sandre à la crème de raifort, onglet de veau à la graine de moutarde, crème brûlée au fenouil caramélisée ou encore tarte au chocolat fondant sauce pralinée pistachée. C'est net, bien fait, très «canaille chic», tout à fait dans l'air du temps.

L'Etude

11, av. Robert Schuman
Tél.: 03 87 36 35 32
Menus: 78 F (déj.), 98 F, 120 F

Cosy, cette brasserie genre salon-bibliothèque, avec luminaires diffusant une ambiance douce, meubles d'atelier récupérés, fauteuils au milieu de la salle, verre cathédrale laissant apercevoir les fourneaux, donnent l'idée d'un rendez-vous d'amis. Le décorateur Yves Bauler avec Philippe Rigault, le propriétaire, ont créé un endroit insolite et neuf, avec ses airs de salon de discussion, ouvrant à l'heure du thé. Côté cuisine, on est dans le raisonnable, servi avec gentillesse. Foie gras, minute de saumon au persil, bar à l'indienne, tartare, noix d'entrecôte grillée au poivre, crème brûlée aux pépites de chocolat assurent en légèreté. Soirées à thème, gentils menus et atmosphère intime.

Flo

2 bis, rue Léon-Gambetta
Tél.: 03 87 55 94 95. Fax: 03 87 38 09 26
Menus: 98-169 F. Carte: 150-250 F

La maison a fière allure, avec ses boiseries, son plafond mouluré (c'est l'ancien Café des Arts d'allure fin de siècle sous façade de grès rouge néo-gothique), ses luminaires à l'ancienne. Le service, jeune, jadis étourdi, semble en progrès. Les prestations sont la probité même: huîtres, tartare, terrine de pommes de terre au lard et munster, belle entrecôte aux rouelles d'oignons frits, superbe choucroute dite «royale du Val de Metz», riesling en carafe de Bennwhir, fruité morgon côtes-de-py. Vous comprendrez qu'on peut ici se régaler en famille ou entre amis sans se ruiner ni déchoir.

La Gargouille

29, pl. de Chambre
Tél.: 03 87 36 65 77
Fermé dim. soir, lundi, 1re quinz. juil.
Menus: 115 F (déj., vins c.), 135 F-195 F
Carte: 250 F

Pierre Wetzel a fait de ce gentil bistrot néo-1900 au pied de la cathédrale, une table de bon aloi. L'atmosphère est intime et conviviale. Les assiettes? Bien mises, avec sérieux et rigueur, jouant le régionalisme avec bon sens et légèreté. Des plats comme les joues de porcelet braisées à la graine de moutarde ancienne, salade vosgienne, avec croûtons et lardons, tourte à la viande marinée, poêlon d'escargots de Laxquenexy, sandre à la choucroute ou ce parfait glacé à la mirabelle pourraient figurer dans les anthologies de la cuisine lorraine d'aujourd'hui.

La Goulue

24, pl. Saint-Simplice
Tél.: 03 87 75 10 69. Fax: 03 87 36 94 05
Fermé dim., lundi
Menus: 190 260 F. Carte: 300 400 F

Le numéro un du poisson à Metz c'est Yves François qui tient depuis belle lurette ce petit antre néo-1900 où l'on sert le meilleur de la mer au prix juste. Homard de Bretagne, poissons en direct de l'Atlantique sont cuisinés ici sans fioriture ni chichi inutile. Saumon en carpaccio ou en tartare, rouget cuit sur la plaque, homard rôti au four parmi mille bons tours renouvelés au gré des saisons. Service complice et pratiques menus pour éviter la cherté de la carte.

La Ville de Lyon

7, rue des Piques
Tél.: 03 87 36 07 01. Fax. 03 87 74 47 17
Fermé dim. soir, lundi, 26 juil.-23 août
Menus: 45 F (enf.), 120-300 F. Carte: 300-350 F

Cette institution gourmande est un monument: Barrès écrivit, au premier étage, les pages émues de *Colette Baudoche*. Sa chapelle gothique est devenue une salle intime. Michel Vaur, cuisinier de caractère, assure dans un registre classique, net et sans bavure. Presskopf de brochet, parmentier d'escargots sauce armoricaine, lotte et grenouilles en nage parfumée à la citronnelle, rognon grillé cuit à la goutte de sang, servi avec une compote d'échalotes. Petite faiblesse: des desserts sucrés à l'envi, mais le parfait soufflé glacé à la mirabelle et l'imposante carte des vins font tout oublier.

Restaurant du Pont St-Marcel

1, rue du Pont Saint-Marcel
Tél. 03 87 30 12 29
Menus : 98-168F. Carte : 200F.

Ce restaurant, avec terrasse sur la Moselle, s'orne, à l'intérieur, d'une fresque évoquant une fête ancienne. En cuisine, on s'affaire à retrouver les vieilles recettes lorraines : tourte, cochon de lait en gelée, grenouilles à la mode de Bouley, carpe farcie, quenelle de brochet, potée, soufflé glacé aux mirabelles. Le tout s'arrose d'une carte de vins lorrains unique en son genre.

Le Bistrot des Sommeliers

10, rue Pasteur
Tél. : 03 87 63 40 20. Fax : 03 87 63 54 46
Fermé sam. midi, dim.
Menu : 75 F. Carte : 150-200 F

Christophe Bastien, ex-sommelier à la Goulue a fait de cette vraie-fausse brasserie aux tons rouges, avec bar, banquettes, recoins, un repaire du bon rapport qualité-prix. Jolis vins au verre bien choisis et cuisine sur le mode bistrot très soignée. Un chasselas de Robert Schoffit à Colmar, un chardonnay de l'Hortus, frais et perlant en Languedoc, un saint-joseph de Perret au fruit parfait, qui accompagnent avec allant la salade de ravioles d'épinards au saumon fumé, le merlan sauce lentilles, l'amusante andouillette de pied de porc aillée, la quenelle de banane aux fruits rouges ou encore le parfait glacé au pain d'épice de très bon ton.

Le Bouchon

8, rue de Ladoucette
Tél. : 03 87 36 79 88
Menus : 80-180 F. Carte : 150-250 F

Le décor néo-1900 a ses aises, la carte est alléchante et Franck Mongiat, ex-sommelier chez Maire, propose des vins au verre avec sûreté. En cuisine, Jérôme Masson, ancien des Roches et de la Grignotière, réalise de jolis mets au gré du marché : le tartare d'aubergine avec sa poêlée de pétoncles, l'estouffade d'escargots et de pied de veau sur un mode canaille chic assez réussi, le couscous de bar à l'huile d'olive ou encore le rognon de veau poêlé déglacé au cidre. La carte, certes, est sautillante, quant aux tarifs. Mais le menu dit la « vigne » à 80 F est carrément donné (terrine de lapereau, porcelet, parfait glacé à la mirabelle).

Les Jardins du Marais

1, rue du Grand-Wad
Tél. : 03 87 75 60 76
Fermé sam. midi, dim., lundi midi
Carte : 200 F

Au cœur du vieux Metz, cet estaminet charmant décoré par Yves Bauler, le malicieux concepteur de l'Etude, autour d'un harmonium qui sert de bar, a le charme séducteur. Eve Bodard accueille avec chaleur. Le chef Laurent Montoriol, qui a fait des stages au Crillon, ne manque pas de doigté. Le pressé de volaille et de foie gras en vinaigre de betteraves, le biscuit de sardines fraîches et sa fondue de tomate au basilic et pommes rattes, le pot-au-feu de canard avec son foie chaud à la badiane sont de bonnes idées en finesse et légèreté. Les desserts sont joliment vus sur le mode clair, net et digeste : poire cuite dans un caramel d'aubépine et ses « jésuites » à la crème brûlée, feuillantine au chocolat praliné et sa crème de café.

Chez l'Oncle Ernest 

2 bis, rue des Tanneurs
Tél. : 03 87 75 49 09
Fermé dim.
Menus : 98-190 F. Carte : 200 F

C'est un bistrot qui donne l'illusion d'avoir toujours été là. Voyez cette inscription au mur à demi effacée, ces tables de bois, ces luminaires pastichant l'Art nouveau : on se croirait dans un estaminet début de siècle. La belle hôtesse, Dina Maire, accueille avec le sourire. L'ardoise indique les plats du jour. Les menus sont de doux appels. Le lieu a-t-il une histoire ? Juste celle qu'a voulu lui donner le décorateur en vogue du Tout-Metz gourmand : Yves Bauler a réussi à créer une atmosphère, avec des riens bien choisis. On se coule vite dans le moule. De fait, la cuisine bistrotière, mais légère, ne déçoit pas au fil des salade de pétoncles, feuilleté d'escargots en soupière lutée, suprême de volaille farci aux poireaux confits, onglet ou tartare de belle provenance bouchère. Côté desserts, crème brûlée, tiramisu, clafoutis ou mousse au chocolat se mangent sans faim.

La Popote 

30, rue Clovis
Tél. : 03 87 55 98 99
Fermé dim., lundi soir
Menus : 65 F, 90 F. Carte : 180 F

Gérard Combe des Chaumes a conçu un restau de copains qui rend hommage aux bouchons lyonnais, signé de l'omniprésent Yves Bauler. Près de l'église Sainte-Thérèse et son bâton du pèlerin en béton, ce bistrot à l'ancienne joue le début de siècle. La cuisine ? Régionale et sans ostentation : exquis jambon braisé au foin, plantureuse tête de veau, entrecôte au poivre, onglet à l'échalote flanqué de craquantes pommes sautées. La formule dite « menu lorrain » raconte d'ailleurs les recettes de tradition à sa façon. Ajoutez-y un accueil sympathique et des vins malins (comme l'épatant côtes-du-rhône de Corinne Couturier) et vous comprendrez que voilà une popote simple et bonne, juste à découvrir pour le plaisir d'agapes entre amis.

« Ecrivez-nous » vos impressions, vos commentaires, relatez-nous vos expériences à **lepudlo@aol.com.**

A 57070 Borny: 3 km par rte de Strasbourg

Le Jardin de Bellevue

58, rue Claude-Bernard
Tél.: 03 87 37 10 27. Fax: 03 87 37 15 45
Fermé dim. soir, lundi, mardi soir, 1er-6 mars, 1er-17 août
Menus: 155 F (déj. sem.)-245 F. Carte: 350 F

La maison, fondée en 1904, s'apprête à fêter son centenaire un peu en avance. Le décor, très années cinquante, a conservé son air à l'ancienne. La carte joue la révérence au passé. Thierry Krompholtz, le fiston maison aux commandes depuis deux décennies, sert la cuisine d'hier avec la technique actuelle et selon le goût d'aujourd'hui. Quelques exemples? Une jolie soupe tomatée que relèvent poivrons et cardamome, des nems farcis de petits-gris du pays lorrain avec son court-bouillon à la ciboulette du jardin, son jus de persil à la gousse d'ail. Son foie gras de canard en terrine, bien cuite, comme en Alsace, avec sa gelée en céleri, son rognon entier servi rosé avec graine de moutarde, gratin de charlotte et un rien de polenta au jus de viande, son sandre à la choucroute craquante comme la «véritable» bouchée à la reine, les profiteroles «minutes» aux mirabelles, participent de ce bel effort.

A 57050 Plappeville: 7 km N.-O., rte de Ban Saint-Martin

La Grignotière

50, rue du Gal-de-Gaulle
Tél.: 03 87 30 36 68. Fax: 03 87 30 79 01
Fermé sam. midi, mercr.
Menus: 65 F (déj.), 150 F (déj.), 225-320 F. Carte: 300-400 F

François Adam, formé chez Meneau à Vézelay, à la Bergerie au Luxembourg, à Bruxelles, à la Cravache d'Or, a repris la table champêtre de son village natal. Le bonheur? Un repas en terrasse sur l'arrière où il fait bon laisser le temps s'arrêter sous les parasols. Sa cuisine cultive précision et raffinement, empruntant quelques idées à l'air du temps, jouant des produits les plus frais de la mer comme de la terre: salade de langoustines présentées dans leur coffre et servies dans un beurre léger, foie gras cru au fumoir, viennoise de cabillaud à la tomate, rouget escalopé avec son jus de bouillabaisse, pigeon juteux d'une ferme voisine, de Pugney-aux-Aulx. Nette de goût, précise en saveurs, fraîche, légère et aérienne: voilà une cuisine de haute volée qui ne trahit jamais les beaux produits qu'elle utilise. Les desserts sont pareillement bien tournés, avec le parfait glacé au moka et amandes grillées, le mille-feuille tiède aux pommes sauce caramel et l'ananas rôti au beurre infusé à la vanille flanqué d'un moelleux sorbet coco. La carte des vins est riche de belles trouvailles.

A 57640 Malroy: 8 km N. par D1

Aux Trois Capitaines

43, rue Principale
Tél.: 03 87 77 77 07. Fax: 03 87 77 89 78
Fermé lundi, 1er-15 août
Menus: 85-165 F. Carte: 150-200 F

Emouvante est la façade du siècle dernier, au cœur d'un vieux village des bords de la Moselle dont certains portails possèdent des linteaux sculptés. Il y a surtout l'ambiance débonnaire, les mets pas bégueules, l'allure d'auberge avec fresques murales, tables de bois, banquettes. La carte chante les recettes du cru. Le rouge de Vic, issu de gamay et de pinot noir, se boit à la régalade. Les cochonnailles, le jambon à l'os, la fricassée de champignons aux escargots, les grenouilles persillées, les pommes sautées aux œufs cassés, les travers de porc grillés au jus, le soufflé glacé à la mirabelle vous attendent, sans façon. Cette Lorraine gourmande et gaie, vertueuse et modeste, fait plaisir à voir.

A 57160 Châtel-Saint-Germain: 14 km par rte de Scy-Chazelles

Le Relais de Montvaux

Au lieu-dit Montvaux
Tél.: 03 87 60 00 33
Fermé dim.
Menus: 120 F (déj.)-220 F

Une auberge de campagne qui est un bistrot à vins de luxe: c'est le domaine de Jacky Moser, rondouillard, moustachu, nez pointu de gourmet œnophile, rondeur de moine gobichonneur, qui vante avec aise l'huile d'olive de Maussane de la vallée des Baux, qui parsème avec aise le carpaccio aux truffes, la daurade en filet au basilic avec son riz basmati, la cassolette de moules juste aillées et échalotées dans sa crème légère à la ciboulette, la poularde au vin jaune et aux morilles, la tarte au chocolat amer avec sa glace aux marrons, la crème caramel à l'ancienne, puis la gamme des grands vins que l'on découvre comme des trésors. Jacky, sommelier autodidacte, tablier bleu en guise de costume de salle, vante avec la foi du charbonnier le côtes-de-bourg Roc de Cambes de Mitjavile, comme le blanc de Bergerac vinifié en bois neuf de la famille de Conti du Moulin des Dames, autant de trésors rares à partager entre amis. Ce relais est la maison du bonheur.

A 57530 Mazagran: 13 km sur D954 (rte de Boulay)

Auberge de Mazagran

Rte de Boulay
Tél.: 03 87 76 62 47. Fax: 03 87 76 62 47
Fermé mardi soir, mercr.
Menus: 75-380 F. Carte: 250-350 F

Dominique Decreton en son domaine bucolique de Mazagran joue l'aubergiste tranquille. Ce classique expérimenté, formé à la Tour d'Argent, qui fut le chef personnel de Pierre Messmer, au ministère des Armées, pratique lapin en gelée d'estragon aux mirabelles, sandre, carpe et quenelle de brochet façon matelote, tête de veau à l'œuf poché en vinaigrette, noix et cuissot de cochon de lait ou grenouilles sautées et croustillantes à la mode de Boulay. Autant dire une anthologie du bon mets lorrain d'hier à aujourd'hui.

A 57420 Cherisey : 15 km par ancienne rte de Strasbourg

Le Restaurant du Château

Tél. : 03 87 52 45 05. Fax : 03 87 52 45 05
Fermé lundi soir (mars-oct.), mardi (nov.-avr.)
Menu : 45 F (enf.), 80 F (déj., sem.), 125 F
Carte : 200 F

L'une des bonnes affaires de la campagne messine, c'est celle qu'offre Jean-Marie Westerlink, dans le club house du château-golf de Cherisey. Ce bon technicien, qui ne s'en laisse pas conter sur le terrain de la fraîcheur, mitonne sardines rôties au jus de citron, cuisses de grenouilles persillées, belle tête de veau et bavette d'aloyau de charolais de bon aloi. Une aubaine aux beaux jours, avec en prime la superbe terrasse sur les greens et fairway.

A 57140 Norroy-le-Veneur : 16 km par rte de Scy-Chazelles

Chez Yvette

41, Grand-Rue
Tél. : 03 87 51 34 60
Fermé lundi, mardi soir, 14 juil.-15 août
Menus : 55 F (déj.), 90 F (déj.), 140, 160 F
Carte : 250-300 F

Imaginez une auberge du temps jadis, son hôte affable, son jardin pour les agapes du dimanche en famille, le cadre propret, ringardo-kitsch, avec comptoir de formica, plafond en isorel, que l'on atteint en passant par les cuisines «nickel». La carte est à l'avenant, avec son fromage de tête délectable, ses grenouilles fraîches sautées, sa bouchée à la reine, ses belles asperges aux deux sauces, mousseline et vinaigrette, son sandre aux lentilles, sa truite farcie au crabe, à la présentation un peu ouvragée, son duo de rognon et de morilles, sa crème brûlée, son chaud-froid de pêche, ses crêpes glacées aux mirabelles. Dame Yvette est là, la toque fixée sur le crâne, quasi au garde-à-vous. On l'embrasse sur les deux joues, après avoir dépensé trois francs six sous.

Produits

BOUCHER-CHARCUTIER

Humbert

8, rue du Grand-Cerf
Tél. : 03 87 75 09 38

Cet artiste de la belle charcuterie, qui a refait sa boutique façon échoppe à l'ancienne, ne propose que le «top» du genre. Saucisse de foie, boudin noir et blanc, fromage de tête à se damner, cochon de lait en gelée, lard fumé, fuseau lorrain, boudin noir et blanc, andouillette et jambon à l'os sont à leur meilleur. Sa viande rouge de qualité artisane vient de chez Lhulier à Contrexéville, élevage en espace protégé.

CAVISTE

Les Caves Saint-Clément

6, rue Gambetta
Tél. : 03 87 63 92 92

Tenus par des passionnés qui savent de quoi ils parlent, cette belle cave présentée comme une bibliothèque à vins propose le meilleur de tous les vignobles. Grands crus de bordeaux, whiskies de malt et mirabelle d'artisan font ici bon ménage.

CHOCOLATIER

Pierre Koenig

11, rue Pasteur
Tél. : 03 87 66 71 48

Les belles ganaches, et autre palet or, café, caramel, tilleul, ont la réputation de Pierre le grand. Mais la pâtisserie maison, entremets fruits de la passion, framboisier et mille-feuille, sont également de première force. Prix en rapport.

PÂTISSIERS

Bourguignon

31, rue de la Tête-d'Or
Tél. : 03 87 75 23 52

Chiboust mirabelle, macaron moelleux à cœur, sachers, kougelhopfs et chinois, tarte au sucre et visitandines sont ici de l'art sucré.

Fresson

7, rue du Grand-Cerf
Tél. : 03 87 36 28 17

Pâtissiers-chocolatiers à Jarny depuis 1922, les Fresson, installés depuis quelques années à Metz, sont des artisans sucrés d'élite. Témoins leurs «Ganaja», biscuit ganaja sans farine, mousse de ganaja, «Baux de Provence», parfait praliné sur fond de streussel, compote d'abricot à la vanille tous superbes. Discret salon à l'étage.

Lemoy

4, pl. de la Gare.
Tél. : 03 87 66 30 17

Jean-Charles Lemoy, qui a repris avec brio l'ancienne maison Moisson, est le petit prince de la légèreté pâtissière. Mille-feuille à l'ancienne, opéra praliné et chiboust chocolat valent l'étape.

Pierre Maas

6, rue Harelle
Tél. : 03 87 36 45 11

Certains de nos bons amis ne jurent que par les dacquois, mille-feuille, succès, tartes aux fruits de cet artisan discret. Tarifs sages.

TRAITEUR

Carcano

32, rue de la Tête-d'Or à Metz
Tél. : 03 87 75 30 60

Anne-Elisabeth Carcano, dite Zaza, cuisinière de la quatrième génération dans une famille italienne, est la première femme à avoir été élue à l'académie culinaire de France. Elève de M. Primaut, chef de cuisine chez Fauchon, elle dirige son entreprise avec sérieux. Plats tout prêts exquis, réceptions sur mesure et produits labellisés Fauchon.

TORRÉFACTEUR

Cafés Leuner

17, rue de la Tête-d'Or
Tél. : 03 87 75 17 29

Torréfacteurs depuis 1952, les Leuner ont racheté Au Vieux Nègre, ils perpétuent la grande tradition du café. On y trouve aussi une grande variété de thés, ainsi que les cafetières, théières, et autre éléments indispensables aux amateurs de ces breuvages.

Rendez-vous

BAR À BIÈRE

La Pierre qui Mousse

24, rue du Palais
Tél. 03 87 75 25 52

Toutes sortes de bières blanches, blondes, brunes ou russes à la pression (dont une belle ukrainienne) donne le ton à cet antre forestier curieux qui est le bar à bière n°1 de la ville.

CAFÉ

Le Café du Lancieu

4 bis, rue du Lancieu
Tél. : 03 87 75 28 77

En retrait de la centrale rue Serpenoise, un bar avec verrière, fresques champêtres et expresso pur arabica.

Le Jehanne d'Arc

Pl. Jeanne d'Arc
Tél. 03 87 37 39 94

La terrasse sur la place, les vieilles pierres et les concerts de jazz l'été mènent la jeunesse estudiantine dans cet antre fort sympathique.

indique un lieu de mémoire.

SALONS DE THÉ

Cali

17, rue Pasteur
Tél. : 03 87 66 87 50

Ce salon de thé années cinquante (c'était jadis la maison Huffschmitt) permet de déguster, près de la fenêtre ornée de fer forgé, une épatante gamme classique dont les « patates » en pâte d'amande. Chinois, kougelhopf doré au beurre, streussel à la crème pâtissière, proposés à la vente à emporter, font d'exquis en cas au petit déjeuner.

La Dame de Thé

5, rue des Roches
Tél. : 03 87 36 71 21

Vue sur la Moselle et la place de la Comédie, gâteau au chocolat, crumble et tartes aux fruits de saison faites par une mamie lorraine.

Jean

Pl. d'Armes
Tél. : 03 87 75 39 30

Voisin de la mairie, proche de la cathédrale, ce salon de thé soigné fait, avec ses viennoiseries fines et ses tables discrètes, un rendez-vous pratique et intime.

Meximieux

01800 Ain. Paris 460 – Lyon 36 – Bourg 37 – Genève 119.

La Dombes des étangs et le joli bourg de Pérouges sont la porte à côté de cette petite ville-carrefour.

Hôtels-restaurants

La Mère Jacquet

Sur la N84, au Pont de Chazey-Villieu
Tél. : 04 74 61 94 80. Fax : 04 74 61 92 07
Fermé dim. soir, lundi, 20-26 déc.
19 ch. 300-440 F. 1/2 pens. 375 F
Menus : 135 F (déj.)-380 F. Carte : 300-350 F

Cette maison de bord de route, qui ressuscite la gloire d'une mère aujourd'hui oubliée, possède du chic et même une certaine classe. Le décor avec son mobilier de style, ses belles nappes, le service alerte et l'accueil avenant, comme l'épatant premier menu ravissent sans mal. Voilà bien la belle étape comme avant, sur le chemin de Lyon ou de la montagne, c'est selon. Tout le répertoire rhône-alpin traditionnel (gâteau de foies blond, mousse de brochet, grenouilles, escargots, volaille rôtie) est traité avec un sérieux imparable, à défaut d'originalité qui n'est certes pas le genre de la maison.

Claude Lutz

17, rte de Lyon
Tél. : 04 74 61 06 78. Fax : 04 74 34 75 23
Fermé 17-24 juil., 16 oct.-8 nov., vac. févr. (rest.) dim. soir, lundi
14 ch. 200-370 F
Menus : 70 F (enf.), 160-220 F. Carte : 350 F

Bon professionnel, sérieux à l'envi, Claude Lutz renouvelle le genre dombiste, non sans se perdre parfois dans quelques fioritures. Cet élève de Bocuse, originaire de Kaysersberg en Alsace, manie la cassolette d'escargots à la crêpe d'ail comme les salades mélangées au gré du temps, du marché et des saisons, le turbot en civet au gamay du Bugey, la volaille du pays aux morilles et à la crème comme le bœuf en daube. Intéressants menus, quelques chambres d'honnête confort.

Mietesheim : voir Gundershoffen

Millau

12100 Aveyron. Paris 644 – Mende 97 – Rodez 66 – Albi 108 – Montpellier 115.

Office du Tourisme : 1, av. A.- Merle
Tél. : 05 65 60 02 42. Fax : 05 65 61 36 08

Ici, sur son belvédère, cette ville des tanneries, au sud l'Aveyron, cousine déjà avec le Languedoc. Les gorges du Tarn sont à quelques pas et le GR mène à travers le Rouergue des merveilles.

Hôtels–restaurants

International Hôtel

1, pl. Tine
Tél. : 05 65 59 29 00. Fax : 05 65 59 29 01
Fermé (rest.) sam. midi, dim. soir, lundi midi
100 ch. 420-470 F. 1/2 pens. 428 F
Menus : 50 F (enf.), 145-345 F

Ce grand hôtel qui fut moderne il y a trente ans a conservé son aspect de bloc un peu hautain. Les chambres sont claires, spacieuses, ouvrant de leurs baies vitrées sur la ville et le Causse proche. Dans la vaste salle à manger, les Pomarède veillent avec professionnalisme sur votre bonheur. Foie gras, pot-au-feu de la mer au safran, mille-feuille de pommes de terre à l'agneau au jus de haricots, délice de l'écureuil aux noisettes sont le sérieux même. Belle cave.

Château de Creissels

2 km par rte de Saint-Affrique
Tél. : 05 65 60 16 59. Fax : 05 65 61 24 63
Fermé dim., 15 nov.-30 mars, 26 déc.-14 févr., (rest.) dim. soir, lundi midi (hs)
30 ch. 295-430 F. 1/2 pens. 295-390 F
Menus : 60 F (enf.), 121-225 F

Ce fier castel du XIIe, modernisé et agrandi dans son parc, joue le confort en version ancienne et moderne à la fois. L'accueil est gentil tout plein, la cuisine sage (coufidou d'escargots, ris d'agneau persillé), le calme garanti.

Terrasse

15, rue Saint-Martin. Tél. : 05 65 60 74 89
Fermé dim. soir, lundi, 1er-16 oct.
Menus : 50 F (enf.), 78 F (déj.), 100-200 F
Carte : 200 F

Cette maison ancienne du centre-ville, avec sa salle à manger contemporaine et sa terrasse, est accueillante. Les prix sont sages, les menus bien pondus, et nul ne trouve à redire aux feuilleté de noix et roquefort, assiette de canard gras, ris d'agneau à la rouergate, tarte aux fruits.

Capion

3, rue J.-F.-Alméras
Tél. : 05 65 60 00 91. Fax : 05 65 60 42 13
Fermé mercr., sf juil.-août
Menus : 40 F (enf.), 68 F (vin c., déj.), 92-185 F.
Carte : 200 F

Cette institution qui eut son heure de gloire, proche de la gare, demeure une des plus sûres adresses de la ville, jouant la tradition rouergate en finesse et générosité mêlées. Foie gras, confit, tripous, magret, confit sont ici des actes de foi.

Mionnay

01390 Ain. Paris 458 – Lyon 22 – Bourg 44 – Meximieux 25.

La porte de la Dombes abrite la fameuse auberge de Croquembouche recréée par Fanny Deschamps.

Hôtel–restaurant

Alain Chapel

Tél. : 04 78 91 82 02. Fax : 04 78 91 82 37
Fermé lundi midi, mardi (sf fériés), janv.
13 ch. 650-850 F
Menus : 320 F (déj.), 595-800 F. Carte : 550-700 F

Alain Chapel s'en est allé au paradis des cuisiniers. Suzanne, son épouse, bonne fée, a continué l'œuvre pieuse. Aux commandes des fourneaux, Philippe Jousse, l'élève du maître, natif du Loiret, parti travailler sous son nom au Japon, est revenu au pays. Hervé Duronzier, le maître d'hôtel facétieux, présent depuis deux décennies, continue de réciter la carte comme un (admirable) comédien du Français. Si bien que le bonheur de Mionnay se prolonge. Celui des beaux produits traités au sommet de leur fraîcheur, d'une cuisine savante, grande-bourgeoise, mais en perpétuel renouveau. Avec, en toile de fond, de splendides meubles anciens, vieilles tomettes, chambres petites, mais mignonnettes, beau garage dans les écuries, boutique qui vend les flacons et les bocaux fétiches de la maison. En cuisine, Philippe Jousse fait du Chapel sans Chapel, comme Van Meegeren faisait du Vermeer sans Vermeer, à ceci près qu'il y a là non du copiste, ni du faussaire, mais une sorte de filiation spontanée, comme un miracle. Aux «classiques» maison (bouillon de champignons comme un cappuccino, foie gras chaud aux navets confits) se sont ajoutées de nouvelles «images de Mionnay» : huîtres chaudes et mousserons sur polenta grillée avec échalote confite et vinaigrette tiède à l'huile de noisette au goût puissant et iodé, consommé corsé de gibiers aux haricots soissons et gros macaronis farcis avec ses rôties, saint-jacques en chapelure de truffes de Bourgogne sur risotto et crème de palourde mousseuse, petits rougets «vendangeurs» et mini-encornets aux petits choux farcis, magnifique lièvre en deux services, comme un morceau de bravoure, avec ses filets rôtis au citron mariné aux épices, sa béarnaise et ses cuisses aux figues en aigre-doux. A dire vrai, on ne sait plus ce qui est de Chapel ou de Jousse, son fils spirituel, son disciple, son héritier. Mais ce que l'on ressent, dans cette chapelle du goût, c'est que l'esprit de Mionnay demeure.

Missillac

44780 Loire-Atlantique. Paris 438 – Nantes 63 – Redon 25 – St-Nazaire 37 – Vannes 54.

En lisière du parc naturel de Brière, un beau parc, son golf, son château de conte de fées, son village avec, dans l'église, un bien beau retable.

Hôtel-restaurant

La Bretesche

Rte de La Baule
Tél.: 02 51 76 86 96. Fax: 02 40 66 99 47
Fermé 5-16 nov., 14 janv.-8 mars, dim. soir (rest.), lundi (hs)
29 ch. 580-1 500 F. 1/2 pens. 545-825 F
Menus: 160 F (déj.), 220-420 F

Les golfeurs, mais pas seulement, apprécient cette belle étape au vert qui se fait gourmande, charmeuse et de grand confort. On loge face au château néo-Renaissance, dans des dépendances joliment aménagées. Et l'on goûte, au gré du marché, aux foie gras cru au sel de Guérande, bar en croûte de sel, saint-jacques demi-sel au beurre d'étrilles.

Mittelbergheim

67140 Bas-Rhin. Paris 432 – Sélestat 17 – Strasbourg 37 – Sélestat 20.

Exquis village Renaissance sur sa butte, avec ses deux clochers, ses coteaux vignerons dont le guilleret Zotzenberg qui donne un sylvaner fameux. Filez au long des ruelles et frappez aux portes des caves.

Hôtels-restaurants

Winstub Gilg

1, rte du Vin
Tél.: 03 88 08 91 37. Fax: 03 88 08 45 17
Fermé mardi soir, mercr., 31 janv., 26 juin- 12 juil.
15 ch. 240-420 F
Menus: 105-380 F. Carte: 300-400 F

Fausse winstub, délicieux endroit qui eut belle réputation, la maison trône comme une reine à l'entrée du village, avec sa belle cour, sa salle à l'ancienne, ses chambres augmentées et rendues très confortables. Georges Gilg est toujours là, fringant, relayé par un gendre, Vincent Reuschlé, qui a fait ses classes au Parc d'Obernai et chez les Haeberlin. Le cadre de taverne embellie et sobre a été agrandi, le style maison peaufiné, sans faire la retape. On se trouve fort bien d'un accueil soigné, d'une carte d'apparence classique qui révèle des mets d'une grande finesse et d'une fraîcheur générale qui se satisfait aussi d'additions sages. Le minestrone de homard frais, les cuisses de grenouilles au riesling, la belle côte de veau tendre juste rôtie avec sa sauce à la coriandre, le «Cyrano» glacé croquant sauce caramel – qui est une sorte de «mystère» en version artisanale, fort délicieux au demeurant, la crème brûlée aux pruneaux ou la mousse de citron vert: voilà qui est clair et net, parfait et sans bavure, servi dans un cadre vieille Alsace, s'arrosant des meilleurs noms locaux.

Am Lindeplatzel

71, rue Principale
Tél.: 03 88 08 10 69. Fax: 03 88 08 45 08
Fermé mercr. soir, jeudi, vac. févr., 21-31 août
Menus: 60 F (enf.)-280 F. Carte: 270 F

Dans cette charmeuse maison bourgeoise, Patrick Durot pratique une cuisine d'humeur qui rappelle d'assez loin ses origines bourguignonnes. Soufflé de brochet, choucroute de poissons, filet de bœuf à la moelle au pinot noir sont de bonne composition.

Mittelhausbergen : voir Strasbourg

Mittelhausen

67170 Bas-Rhin. Paris 475 – Strasbourg 20 – Saverne 22 – Haguenau 18.

Le Kochersberg, ses grosses fermes, ses champs fertiles et un village aux demeures anciennes, avec ses inscriptions peintes sur la façade.

Hôtel-restaurant

A l'Étoile

12, rue de la Hey
Tél.: 03 88 51 28 44. Fax: 03 88 51 24 79
Fermé (rest.) dim. soir, lundi, 1er-12 janv. et 11 juil.-4 août
23 ch. 200-290 F. 1/2 pens. 250-260 F
Menus: 60 F (déj.)-230 F. Carte: 200-250 F

La maison est la discrétion même, comme le village. Les salles, petites ou grandes, boisées, cosy, discrètes, sans tapage : on s'y sent bien. Papa Bruckmann accueille avec une bonhomie affable. En cuisine, le fils Jacques formé au Cheval Blanc à Lembach joue de tous les tours : plats du marché, recettes de tradition, mets au goût du jour. Autant dire qu'il y en a pour tous les goûts. Le menu à 90 F proposant salade de chèvre chaud, cuisse de canard confite sur choucroute, mousse au kirsch est un exemple de probité grande. Et le reste est à l'avenant. L'ambition, parfois, perce d'un plat l'autre : poêlée de gambas sur salade croquante, presskopf de saumon, ragoût de lotte et sa brunoise, croustillant de sandre aux légumes. Le registre des viandes est bien tenu — faux-filet aux échalotes confites, rognon de veau sauce moutarde, escalope de veau aux morilles — et la carte des vins fait la part belle aux vignerons bas-rhinois. Bref, voilà une belle étape, sans tapage.

Moëlan-sur-Mer

29350 Finistère. Paris 523 - Quimper 46 - Concarneau 28 - Lorient 24 - Quimperlé 10.

Sur la route des peintres en Cornouaille, voilà le beau pays des huîtres sur la ria de Merrien.

Hôtels-restaurants

Les Moulins du Duc

2 km N.-O.
Tél.: 02 98 96 52 52. Fax: 02 98 96 52 53
Fermé janv.
21 ch. 480-780 F. 1/2 pens. 335-480 F
Menus: 135 F, 185 F, 245 F, 360 F. Carte: 300 F

Thierry Quilfen et une jeune équipe motivée s'affairent à rénover ce qui fut une des plus belles étapes de la région. Grand parc de 7 ha, maisonnettes fleuries et verdure ont de l'allure. Les chambres sont en voie de rénovation et la cuisine suit le même chemin sur un mode séducteur, quoique chantourné : foie gras à la compote de figues, chausson de langoustine façon pastilla, bar cuit au galet et jus au thym, croustillant de fraises sont prometteurs malgré une présentation un peu traiteur.

Manoir de Kertlag 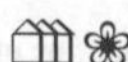

Rte de Riec-sur-Belon
Tél.: 02 98 39 77 77. Fax: 02 98 39 72 07
Fermé 6 nov.-22 avr. 9 ch. 550-1 100 F

Chic et kitsch, ce castel dans son parc avec sa belle demeure du XVe en vis-à-vis, ses chambres au mobilier et déco années soixante style Caroline Chérie peut plaire aux amateurs de curiosités précieuses.

Le Puits Gourmand

13 rue du Pont-ar-Laer
Tél.: 02 98 39 65 70
Menus: 52 F (déj.), 78-185 F. Carte: 200 F

Les Péron accueillent avec gentillesse dans leur restaurant de bourg. Les menus sont la gentillesse même, et les soupe de poisson, salade de raie, feuilleté d'andouille, volaille de cidre, flan à l'avoine font bel effet.

Produits

OSTRÉICULTEUR

Elisabeth Morvan

Rivière de Merrien
Tél.: 02 98 39 60 37

Une ostréicultrice dynamique qui produit des huîtres au goût salé et iodé, élevées et affinées dans la ria de Merrien, proche de la mer.

Moernach : voir Ferrette

Moissac

82200 Tarn-et-Garonne. Paris 645 – Agen 42 – Cahors 63 – Toulouse 74.

Les bords du Tarn, le raisin le plus savoureux de France et le plus vieux cloître du monde mènent ici gourmands et voyageurs de partout.

Hôtels-restaurants

Le Pont Napoléon

2, allée Montebello
Tél.: 05 63 04 01 55. Fax: 05 63 04 34 44
Fermé mercr. (rest.), 5-20 janv.
12 ch. 180-350 F. 1/2 pens. 295-370 F
Menus: 139 F (déj.)-310 F. Carte: 300 F
34 bistrot: menus: 79-89 F

Michel Dussau, ancien de Ducasse et du château de Mercuès, a fait de cette vieille demeure au bord du fleuve une halte de qualité. Les chambres anciennes se rénovent, à coup de vieux meubles et de jolies teintes bleues. Côté cuisine, le terroir donne la main à la création, à travers les ravioles de foie chaud en bouillon de poule, le tournedos de morue au lard, le foie gras aux fruits du pays, le jarret de porc fermier avec ses penne à la paysanne, la tourtière poires et pommes. Les

indique un lieu de mémoire.

jolis vins de la région jouent la sarabande autour d'une table qui se cherche mais qui commence à trouver ses marques.

Le Chapon Fin

Pl. des Récollets
Tél. : 05 63 04 04 22. Fax : 05 63 04 58 44
Fermé 15-30 nov.
27 ch. 260-320 F. 1/2 pens. 215-295 F
Menus : 105-180 F

Sur la place du marché, la façade années 1950 de ce vieil hôtel ne paye pas de mine. La bonne surprise est à l'intérieur : hall clair, salle à manger modernisée, chambres de très honnête confort.

Le Bistrot du Cloître

Pl. Durand-de-Bredon
Tél. : 05 63 04 01 55. Fax : 05 63 04 34 44
Menus : 39 F (enf.), 69 F (déj.), 149 F. Carte : 150 F

Face à l'abbaye de Moissac, Véronique et Michel Dussau ont créé un bistrot charmeur en pierres rousses aux couleurs du pays. Salade de cabécou aux noix, brochette de canard grillée, garbure, confit, croustade et pruneaux au vin blanc sont d'une simplicité qui enchante.

Molitg-les-Bains

66500 Pyrénées-Orientales. Paris 907- Perpignan 51 - Prades 8 - Quillan 55.

Un bloc, des éboulis, le lac émeraude, le vert de la montagne de Paracolis, une tour baroque et ses appendices, et puis, au bas de la colline, un centre thermal avec son cachet intact.

Hôtels-restaurants

Château de Riell

Tél. : 04 68 05 04 40. Fax : 04 68 05 04 37
Fermé 1er nov.-1er avr.
19 ch. 995-1 400 F. 1/2 pens. 1 230-1 525 F
Menus : 200-450 F

Dans ce château romantique, belle ruine retapée avec joliesse, nichée sur une hauteur, les chambres sont de grand charme, avec leurs anciens meubles et leurs tissus colorés. L'accueil, lui, est choisi, digne d'un Relais & Châteaux, et la cuisine, supervisée de loin par le beau-frère de Biche Barthélemy, qui se nomme Michel Guérard. Grosses crevettes en friture, rougets ouverts tartinés au feu, jarret de veau en braisade de sept heures et parfait glacé aux cerises se renouvellent au gré des saisons.

Sachez commander vos produits selon la saison.

Grand Hôtel Thermal

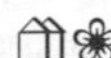

Tél. : 04 68 05 00 50. Fax : 04 68 05 02 91
58 ch. 315-625 F. 8 suites. 1/2 pens. 355-670 F
Menus : 73 F (enf.), 145-220 F

Le fameux carillon de Pablo Casals, qui fit ici sa cure et créa jadis à Prades un festival de musique, sonne l'arrivée dans le parc thermal. Chambres proprettes dans un bel ensemble ayant conservé le cachet années cinquante.

Mollkirch

67190 Bas-Rhin. Paris 483 - Strasbourg 41 - Molsheim 12 - Saverne 35.

Hôtel-restaurant

Fischhutte

30, rte de Grendelbruch
Tél. : 03 88 97 42 03. Fax : 03 88 97 51 85
Fermé lundi soir, mardi, 5 févr.-7 mars, 26 juin-7 juil.
18 ch. 230-350 F. 1/2 pens. 275-350 F
Menus : 55 F (enf.), 72 F (déj.), 200-300 F

Ce chalet sur la vallée de la Magel, sis sur les premiers contreforts des Vosges, fait une étape reposante, mais aussi une halte pour séminaire, avec ses chambres modernes, son parc et sa cuisine soignée par Bernard Schahl. Presskopf de saumon fumé et hareng, filet de sandre aux morilles, canette au miel de montagne et moelleux au chocolat sont de qualité.

Molsheim

67120 Bas-Rhin. Paris 475 - Strasbourg 28 - Sélestat 34.

Les voitures (Bugatti, c'est ici), le vin (le grand cru Bruderthal) et la joliesse de ses monuments (la Metzig comme la haute église des jésuites) : voilà qui donne à cette ronde cité son âme et son cachet.

Hôtels-restaurants

Diana

14, rue Sainte-Odile
Tél. : 03 88 38 51 59. Fax : 03 88 38 87 11
Fermé 24 déc.-1er janv.
58 ch., 2 appart. 420-460 F. 1/2 pens. 400 F
Menus : 170-325 F. Taverne : 80-155 F

Ne vous fiez pas à la façade de l'hôtel genre « motel de luxe ». La maison a du caractère, sous la houlette du patron Michel Baly, qui est au four et au moulin : chambres de grand confort, belle piscine couverte, carte des vins immense (le château Coutet à Barsac appartient à sa famille et la cave est son « dada »). Voilà qui donne à la demeure l'allure d'une grande. Le cadre boisé années soixante-dix n'est pas sans charme rétro. Le service a ses élégances et la souriante Mme Baly a l'œil à tout. Côté cuisine, rien à redire au (magnifique) strudel de pied de cochon désossé, rôti craquant, entre crépine et pâte à brick, flanqué d'une jolie salade amère, au dos de sandre soufflé à l'embeurrée de choux, au porcelet au jus de truffe cuit comme un baeckoffe, ni à la Tatin aux pêches: c'est du travail, net et sans bavure, souvent brillant, toujours bien tenu et que de généreux menus mettent souvent en relief. Egalement un coin «taverne» pour les repas relaxes.

Le Bugatti

Rue de la Commanderie
Tél.: 03 88 49 89 00. Fax: 03 88 38 36 00
Fermé 24-31 déc.
45 ch. 265-295 F

Dans l'environnement semi-industriel des ateliers Messier-Bugatti, cet hôtel moderne, un brin colonial, est l'annexe à prix doux des Baly du Diana. Pas de restaurant, mais une salle de séminaire.

Burewinstubel

15, rue de la Monnaie
Tél.: 03 88 38 14 84
Carte: 90 F

La famille Kumpf s'affaire, dans un double caveau sans apprêt, à servir de délicieuses tartes flambées et à faire goûter les riesling et pinot noir maison. Tout Molsheim est là, tôt, le week-end, à se faire fête, dans la simplicité, à coup de grandes tablées joyeuses.

La Metzig

1, pl. de l'Hôtel-de-Ville
Tél.: 03 88 38 26 24
Fermé mercr.
Carte: 150 F

Cette brasserie-caveau, sise dans les voûtes gothiques de cette maison historique, dispense une cuisine rustique, mais sans esbroufe. Joue de bœuf pochée à la crème de raifort, tête de veau vinaigrette, jarret de porc braisé à la bière blonde s'avalent sans mal.

Produits

CAVISTE

Vinifera

13, pl. de la Liberté
Tél.: 03 88 38 60 98. Fax: 03 88 49 32 47

Cette belle cave, qui propose tous les bons vins de France, est le repaire choisi du vigneron Robert Klingenfus qui fait partager avec amour ses découvertes au fil de nos vignobles.

◎ *indique une très bonne table.*

CHARCUTIER

Jean-Claude Eichenberger

9, rue de Strasbourg
Tél.: 03 88 38 11 00

Cette boutique ornée de carreaux blancs propose une charcuterie très authentique. Saucisses de bière et de foie, jambon cru et fumé, pâtés en croûte, knacks et lard paysan valent l'emplette.

PÂTISSIERS

Schaditzki

3, rue de Strasbourg
Tél.: 03 88 38 11 42
Fax: 03 88 48 86 87

Le «succès Schaditzki», fameux depuis 1911, mais aussi le napolitain au chocolat (une belle mousse meringuée) et le pâté en croûte font la gloire de cette pâtisserie de tradition.

Serge Schillinger

21, place de l'Hôtel-de-Ville
Tél.: 03 88 38 89 30

Les kougelhopf au lard, feuilletés salés, comme la mousse «casino» au kirsch avec morceaux de fruits, les pièces montées, biscuits garnis et autres saint-honoré mettent en vedette cette pâtisserie centrale.

Mommenheim : voir Brumath

Monaco (Principauté de)

98000 Alpes-Maritimes. Paris 951 – Menton 10 – Nice 20 – San Remo 41.

Office du Tourisme: 2a, bd des Moulins
Tél.: (00 377) 92 16 38 50
Fax: (00-377) 92 16 60 00

Le Rocher, roi du casino et des jeux, est aussi celui des courses, du football, du tennis et de la gourmandise. Ses belles tables, Ducasse en tête, en témoignent.

Hôtels-restaurants

Hôtel de Paris

Pl. du Casino
Tél.: (00 377) 92 16 30 00
Fax: (00 377) 92 16 38 50
154 ch. 3 710 F

Ce palace mythique, avec ses coupoles, son hall monumental, ses beaux salons, ses restaurants tous différents (Louis XV, voir ci-après, Côté Jardin, Grill et salle Empire), son centre de remise en forme, ses chambres splendides, tient haut son rang, face au casino et près de la mer.

Hôtel Hermitage

Square Beaumarchais
Tél.: (00 377) 92 16 40 00
Fax: (00 377) 92 16 38 52
209 ch. 2 730-3 120 F

Ce beau palace fin de siècle, avec sa façade rococo, sa salle aux nobles plafonds, son restaurant gastronomique (voir le Vistamar), ses chambres au bon ton classique, son hall discret, son service parfait, fait, assurément l'une des meilleures haltes et les plus discrètes de la côte. Superbe vue sur la mer et le port depuis l'arrière.

Métropole Palace

4, av. de la Madone
Tél.: (00 377) 93 15 15 15
Fax: (00 377) 93 25 24 44
146 ch. 1 550-2 050 F. 1/2 pens. 1 350-1 425 F
Menus: 150 F (enf.), 225 F (déj.) 325-375 F

Avec moins de charme que ses glorieux rivaux de la Société des Bains de Mer ce palace centenaire rénové donne dans le luxe standard, fonctionnel. Son restaurant (voir la Coupole) fait partie des bonnes tables d'ici. Le hall Belle Epoque et le Jardin, qui propose une cuisine franco-libanaise, complète l'ensemble.

Louis XV

A l'Hôtel de Paris, Pl. du Casino
Tél.: (00 377) 92 16 30 01
Fax: (00 377) 92 16 69 21
Fermé mardi, mercr. sf soir été,
28 nov.-27 déc., 20 févr.-7 mars
Menus: 500 F (vin c., déj.) 860-980 F.
Carte 800-1 200 F

La salle de style XVIIIe, les couverts en vermeil, le grand service: rien de tout cela n'a déteint sur une cuisine qui propose la simplicité au superlatif. Alain Ducasse a peaufiné ici un style et s'il s'est envolé depuis pour une gloire planétaire, c'est que le système créé en sa base monégasque a été porté à une hauteur proche de la perfection. Il y peut y avoir un coup de sel en trop ici, un peu trop de sucre dans les desserts, une sauce un peu corsée, l'ensemble se tient si bien qu'il sert d'exemple à ce qui se fait de mieux dans l'air du temps aujourd'hui. Vous goûterez, sous la houlette de Franck Cerutti, jadis formé à l'Enoteca Pinchiorri à Florence, les cèpes juste poêlés aux amandes fraîches avec salade de roquette et copeaux de parmesan, le sublime risotto aux fleurs de courgettes et primeurs simplement saucés d'un jus de rôti, le loup de Méditerranée en filet frais poêlé sur sa peau avec son condiment de haricots cocos vinaigré, ses amandes, girolles et citron, relevés, et c'est l'idée grande, acide et digeste, de petites câpres en beignets croustillants, la canette frottée d'épices puis dorée à la broche avec ses fruits et légumes en sauce aigre-douce, les fraises des bois de l'arrière-pays dans leur jus tiède avec un moelleux sorbet au mascarpone, sans omettre des chocolats à fondre. La carte des vins est l'une des plus complètes qui soient en grandes bouteilles de millésimes rares de tous les terroirs.

Grill de l'Hôtel de Paris

Pl. du Casino
Tél.: (00 377) 92 16 29 66
Fax: (00 377) 92 16 38 40
Fermé 10-25 janv., midi été
Carte: 600-800 F

Le plus chic «snack» du monde? C'est ce beau restaurant panoramique, haut perché, telle une vague année quarante au-dessus du palace chic du rocher. Le service est hautain, juste ce qu'il faut, mais avec une touche transalpine qui fait tout pardonner. On se délecte ici de filet de chapon poêlé aux copeaux de fenouil, carré d'agneau de Sisteron rôti à la sarriette, soufflé à la framboise qu'on arrose des meilleurs vins de Provence. Addition ruineuse. Mais nul ne vient à Monaco pour faire des économies.

La Coupole

Hôtel Mirabeau, 1, av. Princesse-Grace
Tél.: (00 377) 92 16 65 65
Fax: (00 377) 93 50 84 85
Fermé le midi juil.-août
Menus: 320-470 F. Carte: 430-700 F

Le décor de ce paquebot de luxe est de grand confort, quoiqu'il ne nous ferait pas lever la nuit. La cuisine de Michel de Mattéis, ancien du Château de Divonne, est, elle, au-dessus de tout reproche, fuyant l'ennui, cherchant à retrouver l'esprit Riviera et arrière-pays mêlé. Ses réussites? Un joli risotto aux légumes primeurs dignes d'un grand d'Italie, un fameux croquant de farine aux pois chiches accompagnant de parfaits rougets cuits sur le gril, un ravioli de jarret de veau cuisiné à la provençale, enfin une amandine tiède au cacao parfait pour amateur de chocolat. Service au diapason qui tente de donner de la chaleur à un cadre qui en manque à l'évidence.

Vistamar

Hôtel Hermitage
Pl. Beaumarchais
Tél.: (00 377) 92 16 11 00
Fermé 30 déc.-2 janv.
Menu: 350 F. Carte: 400-550 F

Le moins cher des très bons restaurants de Monaco – et l'un des meilleurs – c'est celui, sorte de snack chic, marin, panoramique avec vue sur le port et le rocher, que l'on découvre presque par mégarde au bout d'un couloir de l'Hermitage. La terrasse est superbe, les tables boisées recouvertes d'un set blanc, le service a du métier. Mais c'est la cuisine qui retient, signée d'un vrai pro du genre, Joël Garault, qui fut le second, jadis, de Christian Willer à Cannes au Martinez, avant d'exercer à Beaulieu à la Réserve, puis au Métropole monégasque. Son style? La simplicité rayonnante qui s'exerce dans un registre poissonnier absolument parfait. Salade de courgettes ricotta aux langoustines à la sauge, parfait de thon grillé au coulis d'oignons blancs, saint-pierre au jus de volaille infusé à la badiane et daurade en croûte de sel au romarin sont d'une justesse de ton totale. Jolis desserts (dunette meringuée aux griottines, tarte sablée aux fraises gariguettes) et cave à l'unisson.

Bar et Bœuf

Av. Princesse Grace
Sporting d'été
Tél.: (00377) 92 16 60 60
Fax: (00377) 92 16 60 61
Fermé déj., lundi (sf juil.-août), oct.-mai
Carte: 450-650 F

Le cadre est design, le mobilier signé Starck, la terrasse ouvre sur un jardin japonais, coloré le soir par le jeu de lumière de la boîte de nuit, sise juste en dessous (le Jimm'ys): bref, voilà un cadre mode à souhait, avec une carte à l'identique. Bar cru (en lamelles: exquis), grillé, poêlé, en terrine (avec poivrons, un peu sec), bœuf de grande qualité, en carpaccio, poêlé, grillé, coupe de cerises, glace pistache: on ne prétend pas faire ici dans la haute gastronomie, mais on parvient à faire passer un bien joli moment sur un thème peu usité. Carte des vins éclectique, chère, mais amusante, basée sur le chardonnay en blanc et la syrah en rouge.

Polpetta

2, rue de Paradis
Tél.: (00377) 93 50 67 84
Fermé sam. midi, mardi
Menu: 150 F. Carte: 250 F

Manger pas cher à Monaco? C'est possible, dans cette trattoria rustique, nichée dans une rue tranquille. Frais antipasti, tagliatelle, lasagne, capelletti parfaitement cuits, osso buco milanaise s'arrosent d'un valpolicella gentil tout plein.

Monswiller : voir Saverne

Montargis

45200 Loiret. Paris 112 – Auxerre 81 – Bourges 117 – Orléans 73 – Sens 51.

Office du Tourisme: pl. du 18-Juin
Tél.: 02 38 98 00 87. Fax: 02 38 98 82 01.

La «Venise du Gâtinais» qui est aussi la capitale de la «prasline» a plus d'un charme à exhiber. N'hésitez pas à faire le détour de la N7 pour découvrir ses 127 ponts et ses canaux.

Hôtels–restaurants

Hôtel de la Gloire

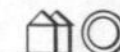

74, av. du Gal-de-Gaulle
Tél.: 02 38 85 04 69. Fax: 02 38 98 52 32
Fermé mardi, mercr., 15-30 août,
18 févr.-6 mars
12 ch. 250-350 F
Menus: 170-265 F. Carte: 350-450 F

Il faut oublier la nationale 7, se garer et rentrer rapidement dans la salle bourgeoise et coquette de ce restaurant institutionnel. Jean-Claude Martin est un vrai pro qui sait jouer la simplicité en majesté. Un accident peut toujours arriver (l'autre jour, une salade de homard insipide). Mais les menus sont généreux, le panaché de poissons grillés d'une précision sans faille, comme le suprême de volaille et sa salade fraîcheur, le bel éventail de filet d'agneau avec son jus au basilic frais. Le formidable chariot de pâtisseries, avec en particulier un épatant nougat glacé aux praslines Mazet, est à ne pas manquer. Le service est charmant, souriant, autant que compétent, la cave attrayante en beaux vins de Loire et de Bourgogne.

Le Coche de Briare

72, pl. de la République
Tél.: 02 38 85 30 75. Fax: 02 38 93 44 68
Fermé dim. soir, lundi sf fériés,
18 févr.-6 mars, 30 juil.-22 août
10 ch. 170-260 F
Menus: 75 F (enf.) 100-270 F (vin c.). Carte 250 F

Cette halte années cinquante, avec nappes roses, rideaux à nœud plissé en tartan, fausses poutres peintes de vert pomme, fauteuils en tapisserie façon Bayeux a le charme kitsch. La cuisine de Bernard Daux est, elle, sans chichis. La tête de veau sauce ravigote, le foie gras de canard avec une gelée à la prune, le médaillon de lotte cuit à la vapeur accompagné de haricots cocos au basilic, le plateau de fromages avec quelques chèvres de la région, plus un remarquable ananas poêlé, juteux et croustillant et d'excellentes profiteroles au chocolat chaud font des repas de charme.

Hôtel Ibis et Brasserie de la Poste

2, pl. Victor-Hugo
Tél.: 02 38 98 00 68. Fax: 02 38 98 00 87
49 ch. 310-350 F
Menus: 65 F (enf.), 70-152 F

Refait moderne, ce vieil hôtel centenaire abrite une brasserie à l'ancienne, ainsi que des chambres standard et d'autres pour les familles au dernier étage.

indique un bon rapport qualité-prix.

L'Escale

18, rue du Four-Dieu
Fermé dim., lundi, 1 sem. août, Noël-Nvel An
Menus: 55-175 F. Carte 180 F

Jérôme Belleguic, autodidacte, passionné de vin et de bonne croûte, a ouvert en plein centre de Montargis ce petit restaurant au rapport qualité-prix remarquable. Escalope de foie gras cru à l'huile de noisettes, brochettes de gambas flambées, lasagne aux morilles, souris d'agneau mijoté dans un jus au romarin, filet de bœuf au poivre «à l'ancienne» s'il vous plaît! avec du poivre en grains et de la crème fraîche. La hampe de bœuf grillée à point, aux herbes et au sel de Guérande est un délice, servi avec de véritables pommes Pont-Neuf maison. La terrine de jarret de porc au foie gras, les filets de rouget barbet à l'huile vierge, le moelleux au chocolat, la tarte Tatin au beurre salé sont d'autres plats tout aussi bien travaillés et délicieux. La carte des vins est digne d'un grand caviste. Faites-vous conseiller par le patron, il est caractériel, mais vrai connaisseur.

Chez Pierre

22, rue Jean-Jaurès
Tél.: 02 38 85 22 65
Fermé dim. soir, lundi, 25 juil.-16 août, 1er-15 janv.
Menus: 95-175 F

La cuisine de ce petit restaurant, façon bistro de quartier, est bonne et copieuse. Le ris de veau cuit au bouillon, fini à la vapeur et servi avec une crème à la morille fraîche, le filet de bœuf à la moelle et ses endives caramélisées, un superbe foie gras au torchon et une crème brûlée aux pralines Mazet un vrai bonheur.

A 45210 Fontenay-sur-Loing. rte de Ferrière par la N7

Domaine de Vaugouard

Tél.: 02 38 89 79 00. Fax: 02 38 89 79 01
Fermé (rest.) dim. soir nov.-mars
20 ch. 550-1 390 F. 1/2 pens. 490-840 F

Ce beau château du XVIIIe refait moderne a été aménagé en hôtel chic avec son restaurant façon club house et ses salons british. Le clou du lieu est évidemment le golf de 18 trous et le centre d'équitation. Les chambres, construites en appendices au château, ont le charme standard.

Produits

CONFISEUR

Au Duc de Praslin

Pl. Mirabeau
Tél.: 02 38 98 00 29. Fax. 02 38 98 25 59

Cette boutique-musée, ornée d'oripeaux médiévaux façon Viollet-le-Duc, avec voûtes ogivales et dorures face à l'église, vaut le détour. On y vend ici la prasline Mazet fabriquée selon la recette d'origine. L'amande est grillée, mélangée avec un sucre, qui, à la cuisson, se transforme en caramel. En sus, on rajoute de la vanille naturelle. Les amandas (nougatine aux amandes enrobée de couverture Guayaquil), mirabos (noisette et orange roulées dans le chocolat au lait), grêlons et givrettes, truffes et marrons glacés complètent la riche gamme maison.

Montauban

82000 Tarn-et-Garonne. Paris 643 – Toulouse 55 – Agen 74 – Albi 72 – Cahors 61.

Office du Tourisme: pl. Prax
Tél.: 05 63 63 60 60. Fax: 05 63 63 65 12

Sur son éperon que découpe un méandre du Tarn, la ville d'Ingres se prélasse langoureusement. Le centre historique, les demeures néo-classiques de la place Franklin-Roosevelt, la cathédrale Notre-Dame, les musées, les quais depuis le Pont Vieux: tout cela réclame une visite sans hâte.

Hôtels-restaurants

Mercure 

12, rue Notre-Dame
Tél.: 05 63 63 17 23. Fax: 05 63 66 43 66
44 ch. 460-530 F
Menus: 45 F (enf.), 85-210 F

Cet hôtel de chaîne a pris belle place dans un bel hôtel particulier XVIIIe. Charme d'hier et confort d'aujourd'hui font bon ménage. Belle salle à manger de style Louis XVI.

Hôtel Orsay et Cuisine d'Alain

Pl. de la Gare
Tél.: 05 63 66 06 66. Fax: 05 63 66 19 39
Fermé dim., lundi midi, fériés, 24 déc.-4 janv., 6-20 août
20 ch. 290-340 F
Menus: 70 F (enf.), 130-320 F. Carte: 300-450 F

Face à la gare, un bel hôtel d'autrefois, ses chambres de bon confort, sans accueil attentif, sa salle à manger de très bon ton mais surtout la cuisine vive, fraîche, classique, quoique allégée au gré de l'époque par Alain Blanc: voilà ce qu'on trouve ici et constitue assurément une des bonnes adresses de la ville. Lotte en navarin aux blettes, lasagne de la mer, tripes à l'armagnac, poule au pot farcie à la quercynoise figurent parmi ses bons tours.

Si vous cherchez un établissement particulier, consultez l'index général en fin d'ouvrage.

Au Fil de l'Eau

14, quai Dr-Lafforgue
Tél. : 05 63 66 11 85. Fax : 05 63 66 11 85
Fermé dim. soir, lundi, 7-21 août
Menus : 89 F (déj., vin c.), 130 F, 320 F Carte : 200-250 F

Non loin du cours du Tarn, l'auberge rustique de Jean-François Pech accueille avec chaleur. On sert ici sous les poutres une cuisine aux couleurs du pays : mesclun de pigeonneau, cabillaud en croûte d'herbes, chartreuse de canard et pied de porc au cassis, riches en saveurs.

Aux Mille Saveurs

6, rue Saint-Jean
Tél. : 05 63 66 37 51
Fermé dim. soir, lundi, 7-15 janv., 30 juil.-23 août
Menu : 65 F (déj.), 105-195 F. Carte : 200-250 F

Christophe Cappi a fait de cette salle champêtre la petite table qui monte dans Montauban. Le menu du marché est une affaire à saisir. Et le foie gras poêlé aux navets caramélisés comme le crémeux risotto aux saint-jacques et champignons sont des réussites.

Produits

CHARCUTIER

Montamat

4, rue de Tauge, à Saint-Etienne-de-Tulmont
Tél. : 05 63 64 51 34

Pâtés de campagne, ventrèche, belles terrines, saucisses sèches, issus des meilleurs porcs fermiers de la région, se travaillent à l'ancienne dans les labos nets de cet artisan soigneux.

CHOCOLATIER

Jacques Blandino

15, pl. Franklin-Roosevelt. Tél. : 05 63 63 06 08

Sur la plus belle place de la ville, ce bel artisan mitonne des chocolats de première force : truffe à l'armagnac dite olympe ou encore ganaches au citron, au thé, à la réglisse. Pâtisseries et glaces du même haut niveau.

FROMAGER

La Tomme du Ramier

Rte de Saint-Etienne-de-Tulmont
Tél. : 05 63 20 32 80

Une vraie ferme en lisière de la ville où l'on mitonne des tommes au lait de vache à fondre. Le travail se fait devant vous et les Maraval accueillent avec chaleur.

PÂTISSIER

Robert & Olivier Marty

70 bis, rue Léon-Cladel. Tél. : 05 63 03 46 52
10, rue de la Résistance. Tél. : 05 63 63 03 72

Robert, le père, et Olivier le fils, mitonnent à quatre mains d'exquis entremets, glaces, chocolats (montauriol à l'armagnac, palet café) de première qualité. Forêt-noire, caraïbes, sully, soleil d'or, croustade rustique aux pommes, noix et raisins valent l'emplette et la dégustation.

Montauroux

83440 Var. Paris 895 – Cannes 33 – Draguignan 42 – Fréjus 29 – Grasse 21.

Les parages du Haut-Var qui cernent l'arrière-pays cannois et le grand lac de Saint-Cassien font découvrir ce village avec sa place de théâtre.

Restaurant

Auberge des Fontaines d'Aragon

Rte de Grasse : 3 km S.-E.
Tél. : 04 94 47 71 65. Fax : 04 94 47 71 65
Fermé mercr., 10-20 janv., 1er-15 nov.
Menus : 215-380 F. Carte : 300-350 F

Ancien de la Bonne Auberge à Antibes et du Palais à Biarritz, Eric Maio a fait de cette halte discrète, à l'orée du bourg, un repaire gourmand de bon ton. Sa jolie épouse accueille avec timidité, le décor de salle à manger provençale pastellisée a du charme, avec ses pierres de récupération traitées en ogives. Mais c'est dans l'assiette que les vrais plaisirs commencent. Ravioli de chapon, artichauts violets barigoule, pomme de terre en robe des champs à la crème de truffes blanches, dos de cabillaud rôti avec son jus mousseux aux écrevisses, poitrine de canard de la bastide Carnoulaise et carottes fondantes à l'olive verte, moelleux au chocolat noir caramel laitier sont de jolies choses.

Montbazon

37250 Indre-et-Loire. Paris 250 – Tours 16 – Châtellerault 58 – Chinon 41 – Loches 33.

C'est ici une grande halte carrefour sur la route des châteaux royaux. La vallée de l'Indre offre comme un havre.

Hôtels-restaurants

Château d'Artigny

2 km, S.-O., par D17
Tél. : 02 47 34 30 30. Fax : 02 47 34 30 39
Fermé 3 déc.-13 janv.
43 ch. 900-1 800 F. 1/2 pens. 910-1 360 F
Menus : 240-480 F. Carte : 450 F

Dans cet ancien palais Grand Siècle, rêvé en 1920 par le parfumeur François Coty, on aurait pu croire que la cuisine sommeillait sur sa gloire. C'est tout le contraire. Le chef Francis

Maignaut, présent ici depuis plus d'une décennie, semble connaître une nouvelle jeunesse. La légèreté, la finesse, les douces saveurs du pays de Rabelais (auquel le premier menu est dédié) se parent ici de jolis atours modernistes. Ainsi son foie de canard fumé aux petits pois à la française, ses langoustines et poireaux en rouleaux de printemps, ses grenouilles et rillons aux pommes nouvelles, sa sole grillée au caviar d'aubergines, son culotté — et savoureux — bar en peau au curry thaï flanqué d'un tandoori de tomates aux mangues, sa géline au beurre vénitien comme sa canette sarthoise au vinaigre de cidre sont la délicatesse même. Le saint-honoré aux fruits du temps autant que les nèfles rôties avec sirop d'orgeat et feuillantine caramélisée marquent encore un net regain de forme. Les chambres sont de taille inégale, mais offrent des vues sur le parc et l'Indre. La cave est impressionnante et le service de grande classe.

Domaine de la Tortinière

2 km par N10 et D287
Tél. : 02 47 34 35 00. Fax : 02 47 65 95 70
Fermé 21 déc.-1er mars, (rest.) dim. soir (hs)
15 ch. 680-1 150 F. 1/2 pens. 620-1 050 F
Menus : 110 F (enf.), 230-420 F. Carte : 400 F

La belle demeure Second Empire, peaufinée au gré des ans, a son charme bucolique. Elle eut son histoire, car c'est d'ici, sous la houlette de Jo Olivereau, qu'est partie la fusion des Relais & Châteaux. Dame Denise Capron est à l'accueil, le fiston Olivereau dirige, et l'ensemble a bien bonne mine avec un parc chatoyant, des chambres style maison de poupée délicieuses. Quant à la cuisine, sous la houlette du rigoureux Edouard Wehrlin, elle est le sérieux même. Bouillon de saint-jacques à la citronnelle, poitrine de pigeon au foie gras et tarte au chocolat à la fève Tonka sont de bien jolies choses.

La Chancelière et Jeu de Cartes

1, pl. des Marronniers
Tél. : 02 47 26 00 67. Fax : 02 47 73 14 82
Fermé sam. midi, dim. soir, lundi, 10 févr.-5 mars, 24-31 juil.
Menus : 130 F (sem.), 165-230 F

Jean-Luc Hatet et Jacques de Pous, deux duettistes de la salle, formés chez les grands, notamment au château voisin, jouent, dans leur belle chaumière aménagée avec un goût précieux d'antiquaire, la carte du bon rapport qualité-prix. Leurs œufs coque aux morilles, leur Tatin de grenouilles, leurs ravioles d'huîtres, leur dos de saumon à l'unilatérale et leur pigeon au four avec petits pois à la française sont des cadeaux à s'offrir, à travers des menus d'une délicatesse insigne. Belle carte des vins ligériens commentée avec humour par de Pous, qui fut jadis amphitryon chez Meneau à Vézelay.

Montbonnot-Saint-Martin : voir Grenoble

Montboucher-sur-Jabron : voir Montélimar

Montchenot : voir Reims

Monteils

12200 Aveyron. Paris 619 – Rodez 68 – Albi 69 – Villefranche-de-Rouergue 11.

Au pays des bastides, un beau village au vert, qui fut celui de Mgr Marty, avec son conserveur poète, sa belle auberge, son environnement bucolique.

Hôtel-restaurant

Le Clos Gourmand

Tél. : 05 65 29 63 15. Fax : 05 65 29 64 98
Fermé nov.-févr.
4 ch. 280 F. 1/2 Pens : 280 F
Menus : 45 F (enf.), 70-180 F

Dans sa belle maison de notaire face à l'église, la jeune Annie Lavergne propose une solide cuisine aux couleurs du pays. Avec foie gras, salade de magret fumé, magret aux morilles, glace aux pruneaux. Chambres d'excellent confort.

Produits

CONSERVEUR

Jacky Carles

Tél. : 05 65 29 62 39/05 65 29 64 26

Foie gras, saucisses, confit, « terrine pour les amis », soupe paysanne et autres joyeux produits sont vendus dans une demeure rénovée avec sa cuisine exemplaire aux vastes chaudrons de cuivre. On visite et on goûte sur place. Expéditions, repas à la ferme.

Montélimar

26200 Drôme. Paris 605 – Valence 46 – Avignon 85 – Nîmes 111.

Office du Tourisme : allées Provençales
Tél. : 04 75 01 00 20. Fax : 04 75 52 33 69

Montélimar ? Un vaste nougat étalé sur plusieurs kilomètres. L'image est fausse, bien sûr, comme les bouchons de la N7 qui ont sauté avec l'apparition de l'autoroute. En centre-ville, les neuves allées Provençales ont, un tantinet, fait oublier que la nationale 7, il n'y a guère, écartelait la cité. Les enseignes « à nougat » abondent.

indique une grande table.

Hôtels-restaurants

Le Sphinx

19, bd Desmarais
Tél. : 04 75 01 86 64. Fax : 04 75 52 34 21
Fermé 23 déc.-5 janv.
24 ch. 250 -325 F

Cet hôtel particulier du XVIIe en centre-ville a le charme de l'ancien rénové. Belle cour et chambres soignées avec mobilier d'époque. Prix raisonnables.

Francis

2 km sur rte de Marseille
Tél. : 04 75 01 43 82
Fermé dim. soir, mardi soir, mercr., 16 juil.-21 août, 24-28 déc.
Menus : 63 F (enf.), 98-158 F. Carte : 200 F

Francis c'est Francis Gil Belchil, Drômois voyageur qui a travaillé à Paris chez Jamin aux glorieux robuchoniens, au Nova Park, en compagnie de Jacky Fréon, chez les frères Roux en Angleterre, avant de partir pour l'Australie et de revenir au pays. Son talent? Proposer ses belles humeurs du moment à travers des produits frais glanés au marché, tarifés à prix de raison. On est tout heureux de s'arrêter chez lui, au bord de la N7, pour les vertueux plaisirs de la salade d'escargots au magret de canard fumé que relève un léger beurre d'ail, la terrine de saint-jacques à la crème de persil, la fricassée de crustacés aux ravioles du Royans, le filet de veau dans sa petite crêpe Soubise aux champignons. Sans omettre de sacrifier aux belles issues sucrées : soufflé glacé au Grand Marnier et noix, gâteau chocolat noir, clafoutis aux fruits, crème caramel et glace nougat.

A 26740 Montboucher-sur-Jabron : 4 km S.-E. par D940

Château du Monard

Au golf de la Valdaine
Tél. : 04 75 01 86 66. Fax : 04 75 00 71 31
Rest. fermé dim. soir (hs)
34 ch. 770-1 285 F. 1/2 pens. 640-978 F
Menus : 158 F (déj., sem.), 185-430 F. Carte : 400 F
Brasserie du Monard, menus : 60 F (enf.), 85 F (déj., sem.), 120 F

Ce domaine châtelain près d'un golf offre grand confort de chambres modernes et cuisine au goût du pays mettant la truffe à l'honneur en saison : divine brouillade aux truffes, ravioles de foie gras sauce porto à la julienne de céleri et jus de truffes ou encore le filet de bœuf en «Rossini» truffé avec ses crêpes vonassiennes sont mitonnés avec soin par Gilles Boué, un ancien d'Orsi à Lyon, escorté par de fringants côtes-du-rhône. Epatant nougat glacé de Montélimar en issue.

indique un bon rapport qualité-prix.

A 26780 Malataverne. 9 km. par N7 ET D844. rte de Donzère

Domaine du Colombier

Tél. : 04 75 90 86 86. Fax : 04 75 90 79 40
22 ch. 480-880 F. 1/2 pens. 500-910 F
Menus : 150 F (déj., vin c.), 190-230 F

Le grand parc, les chambres gaies et même pimpantes, les belles salles voûtées, l'accueil gracieux et la cuisine au goût du jour font de cette ancienne bastide modernisée une belle étape au vert. Filet de rouget à l'huile d'olive, carré d'agneau au romarin et nougat glacé sont d'un classicisme fort bien tenu.

Produits

CONFISEURS

Escobar

2, pl. du Chapeau-Rouge
Tél. : 04 75 01 25 53. Fax : 04 75 46 04 06

Sur une placette qu'on dirait baignée de soleil, se cache la boutique d'Albert Escobar. Chez ce Meilleur Ouvrier de France, n'entre que la qualité à son plus haut niveau : miel choisi des champs de lavande de la région, amandes de Provence, pistaches d'Espagne. Epatant nougat au chocolat.

Chabert et Guillot

9, rue Charles-Chabert
Tél. : 04 75 00 82 00. Fax : 04 75 51 09 61

Face à la gare TGV, la façade à l'ancienne cache la fabrique et le point de vue de cette maison fameuse. On trouve là d'épatants nougats tendres, blancs et noirs, au bon goût du miel. Une institution qui dure dans la qualité.

Le Rucher de Provence

35, bd Marie-Desmarais
Tél. : 04 75 52 01 59. Fax : 04 75 01 94 80

Pierre Bonnieu réalise artisanalement un splendide nougat noir bien croquant qui s'obtient en caramélisant le miel.

Montenach : voir Sierck

Monteux : voir Carpentras

Montfaucon : voir Besançon

Montfavet : voir Avignon

Montfort-l'Amaury

78490 Yvelines. Paris 47 – Houdan 16 – Rambouillet 20 – Versailles 27.

Ce joli bourg d'Ile-de-France, avec sa grand-place, sa belle église, son cimetière aux dalles anciennes, ses demeures coquettes, son site perché, les ruines du château, servit de décor à H.-G. Clouzot pour Le Corbeau. *Ravel y eut sa résidence.*

Restaurants

Auberge de l'Arrivée

D76, à Méré
Tél. : 01 34 86 00 28. Fax : 01 34 86 84 94
Fermé lundi, mardi, 20 févr.-10 mars, 14 août-15 sept.
Menus : 250-390 F. Carte : 350-550 F

La bonne table d'ici, qui vaut autant pour le décor chaleureux d'auberge à l'ancienne mode que la cuisine sérieuse, finement élaborée, sur le mode classique allégé par Jean-Jacques Habans. Celui-ci travaille hardiment de beaux et riches produits tels le foie gras en gelée au sauternes, la cassolette de homard breton, les beaux poissons de ligne selon la pêche du jour, le ris de veau en cocotte qui frôlent la perfection tranquille. Belle cave, accueil affable.

Chez Nous

22, rue de Paris
Tél. : 01 34 86 01 62. Fax : 01 34 86 84 87
Fermé dim. soir, lundi sf fériés, vac. Toussaint
Menus : 140-180 F. Carte : 250 F

Les deux menus sont impeccables. L'auberge, au cœur du bourg, a des airs de demeure de toujours. Et la carte propose à tarif sage des mets de qualité mitonnés sans manières. Feuilleté de moules au safran, panaché de poissons à la crème de cerfeuil, le cœur de filet au poivre et la belle tarte Tatin font simplement plaisir.

Monthieux

01390 Ain. Paris 440 – Lyon 30 – Bourg 39 – Meximieux 25.

La Dombes des étangs, des golfs et des forêts...

Hôtel-restaurant

Hôtel-Golf le Gouverneur 

Le Château du Breuil et la Table d'Antigny
Rte d'Ambérieux-en-Dombes
Tél. : 04 72 26 42 00. Fax : 04 72 26 42 20
Fermé 22 déc.-2 janv. (rest.) dim. midi
53 ch. 540-900 F. 1/2 pens. 540-590 F
Menus : 105 F (déj.), 145-360 F. Carte : 350 F

L'ancienne demeure des gouverneurs des Dombes est devenue un hôtel moderne et de grand confort, avec ses chambres ouvrant sur le parc, dans des dépendances de belle allure. Piscine, jardin à l'anglaise, deux parcours de 18 trous, stages et cours pour débutants. Restaurant classique de très bon ton.

Monticello : voir Corse (L'Ile-Rousse)

 *indique un hôtel au calme.*

Montignac

24290 Dordogne. Paris 494 – Brive-la-Gaillarde 38 – Périgueux 48 – Limoges 102.

La grotte de Lascaux en version originale et en réplique se trouve aux abords de ce bourg périgourdin en lisière de Corrèze.

Hôtel-restaurant

Château de Puy Robert

1,5 km S.-O. par D 65
Tél. : 05 53 51 92 13. Fax : 05 53 51 80 11
Fermé mi-oct.-fin avr.
36 ch. 710-1 440 F. 1/2 pens. 820-1 390 F
Menus : 95 F (enf.), 215 F (sem.), 445 F. Carte : 450 F

Cette belle demeure aux champs avec ses chambres modernes qui constituent les appendices d'un castel du XIXe fait un Relais & Châteaux au luxe sage. Les Parveaux, qui possèdent le Pralong 2000 à Courchevel et le Castel Novel à Varetz, ont réussi là une sorte de condensé idéal de l'étape contemporaine de caractère sans falbalas. Côté cuisine, une équipe cultive le régionalisme allégé avec malice. Cela donne les variations sur le thème du foie gras chaud ou froid, la fricassée de jambonnettes de grenouilles aux artichauts braisés aux cèpes, l'original carré de lapin aux pleurotes, le pigeon de grain rôti aux petits pois et la tourtière à l'armagnac que l'on arrose de vins locaux à découvrir, pécharmant ou montbazillac de qualité franche.

Montluçon

03100 Allier. Paris 331 – Moulins 80 – Bourges 97 – Clermont-Ferrand 111.

Finies les forges ! La capitale économique du Bourbonnais est une ville verte qui exhibe son vieux quartier avec fierté et permet la promenade sans heurt et la découverte aux abords de la colline de Sainte-Agathe et de la forêt de Tronçais.

Hôtels-restaurants

Domaine du Château Saint-Jean 

Par Saint-Jean
Tél. : 04 70 05 04 65. Fax : 04 70 05 97 75
15 ch. 420-610 F. 1/2 pens. 560-760 F
Menus : 130 F (déj.), 195-320 F. Carte : 300-400 F

Près de l'hippodrome, ce château au vert date du XVe. La chapelle attenante, qui fait salle à manger, est du XIIe. Mais les aménagements intérieurs sont plus récents. Les chambres ont de l'allure. La cuisine fait dans la sophistication charmeuse : bouillon d'escargots aux cèpes, foie gras de canard poêlé au jus de truffes et saumon mi-cuit aux lentilles vertes du Puy, soufflé chaud aux griottes sont dans le ton du lieu.

Le Grenier à Sel

Pl. des Toiles
Tél. : 04 70 05 53 79. Fax : 04 70 05 87 91
Fermé dim. soir, lundi (sf été), vac. févr.
5 ch. 350-600 F
Menus : 120-390 F. Carte : 400 F

Ce bel hôtel particulier du vieux Montluçon est tenu avec dynamisme par Jacky Morlon. Vrai pro de la cuisine qui a bourlingué avant de revenir au pays travaille avec une fermeté très convaincante le répertoire bourbonnais qu'il allège et affine. Il raconte à sa manière le pâté de tartoufles (nom local des pommes de terre) à la crème, les quenelles de brochet et de homard, la canette à la Duchambais, le parmentier de queue de bœuf ou la pièce de charolais. Tout ce que touche ce technicien expert se transforme en or. Cinq chambres seulement, mais ravissantes, permettent l'étape au cœur des choses.

Produits

FROMAGER

Labre

4, rue Porte-Bretonnie
Tél. : 04 70 05 01 85

Les chèvres du Bourbonnais, le saint-nectaire au goût de terre, le laguiole ou le cantal, pareillement friables, le fromage blanc et la crème fraîche de qualité fermière : voilà ce que promeut Henri Labre avec une ferveur communicative.

Montmerle-sur-Saône

01090 Ain. Paris 422 – Bourg 45 – Lyon 46 – Mâcon 28.

Les bords de la Saône donnent son charme à ce bourg frontière de la Dombes.

Hôtel-restaurant

Le Rivage

Au pont
Tél. : 04 74 69 33 92. Fax : 04 74 69 49 21
Fermé lundi (sf soir de juin à sept.), dim. oct.-mai, nov.
21 ch. 280-380 F
Menus : 70 F (enf.), 110 F (déj.), 300 F

Cette belle maison de famille est tenue depuis des générations par les Job. Emile, dernier du nom en titre aux fourneaux, régale son monde à coup de grenouilles sautées, friture de la Saône, féra meunière, anguille en matelote, volaille rôtie à la crème et aux morilles. L'accueil est adorable, la cave plantureuse, le site plaisant, les chambres avenantes.

Montmorillon

86500 Vienne. Paris 359 – Poitiers 51 – Bellac 43 – Châtellerault 56 – Limoges 83.

Les bords de la Gartempe, les remparts, l'église Notre-Dame, la chapelle Saint-Laurent, l'Octogone dans l'ancien cimetière de la Maison-Dieu donnent une idée de la France tranquille.

Hôtel-restaurant

Hôtel de France

Tél. : 05 49 84 09 09. Fax : 05 49 84 58 68
Fermé (rest.) dim. soir, lundi
10 ch. 230-350 F. 1/2 pens. 255-295 F
Lucullus : menus : 70 F (enf.), 115-260 F
Carte : 250 F
Bistrot de Lucullus : fermé sam., dim. sf soir été. Menus : 50 F (enf.), 85 F (vin c.).
Carte : 150 F

Des chambres à l'ancienne dans une demeure d'un autre temps : ce serait déjà assez pour garder le voyageur. Mais il y a aussi la cuisine de Gérard Alloyeau, fine et légère aussi bien au Lucullus qu'en son bistrot. Goûtez les ravioles d'escargots avec le farci poitevin, le bar en croûte de sel et le mille-feuille de foie gras qui sont tarifés à prix d'ange. Belle cave où le Val de Loire se taille une part de prestige.

Montpellier

34000 Hérault. Paris 758 – Marseille 171 – Nice 328 – Nîmes 52 – Toulouse 242.

Office du Tourisme : 30, allée Jean-de-Lattre-de-Tassigny. Tél. : 04 67 60 60 60 Fax : 04 67 60 60 61.

Curieuse capitale ! Le Languedoc-Roussillon ne lui suffit pas. Elle se veut « Eurocité », regarde vers Madrid et Barcelone. Grâce à Bofill, Montpellier est à inscrire au rang du patrimoine artistique contemporain. Elle n'a plus seulement sa vieille ville, ses promenades, ses tours, ses charmants hôtels ou sa belle place de la Comédie, illuminée le soir, à offrir au flâneur. Elle oublie de revendiquer ses traditions, alors que son environnement clame sa richesse. Sète, Bouzigues, les vignes du Languedoc comme les monts cévenols constituent son arrière-pays. Les plages de Palavas et de la Grande-Motte, le bassin de Thau, la Camargue proche, le Gard sont ses abords. Montpellier est un carrefour qui oublie parfois de regarder à sa porte à force de se gorger d'ambition. Sa richesse est d'être un carrefour. La réussite du Jardin des sens indique que tout lui est possible.

Hôtels

Astron Grand Hôtel

45, av. du Pirée
Tél.: 04 67 20 57 57. Fax: 04 67 20 58 58.
23 ch. 660-730 F. 115 suites: 660-730 F

Cet hôtel moderne, muni de plus d'une centaine de suites spacieuses et confortables, est parfait pour les hommes d'affaires avec ses appartements «VIP» à prix raisonnables.

Holiday Inn-Métropole

3, rue du Clos-René
Tél.: 04 67 12 32 32. Fax: 04 67 92 13 02
80 ch. 700-880 F

Cet hôtel fin de siècle a été rénové avec bonheur gardant sa façade ancienne, son bel escalier intérieur, son hall somptueux, ses salons pleins de charme. Chambres parfois vastes, salles de bains en marbre. Bar et restaurant (voir la Closerie) sont des «étapes» de la ville.

Le Jardin des Sens

11, av. Saint-Lazare
Tél.: 04 99 58 38 38. Fax: 04 99 58 38 39
Fermé 2-30 janv.
14 ch. 750-1 300 F

Les frères Pourcel, en sus de leur restaurant grand style, propose des chambres colorées et design, conçues par un partenaire de Starck qui a réalisé des îlots de lumière, pas toujours vastes, mais de vrai confort. En projet, pour la fin de l'année, un agrandissement dans une demeure voisine. Piscine, jardin.

Sofitel-Antigone

1, rue des Pertuisanes
Tél.: 04 67 99 72 72. Fax: 04 67 65 17 50
89 ch. 870-970 F

Hôtel très moderne et de grand confort refait à neuf façon cube de verre futuriste, avec piscine sur le toit. Réception très souriante.

La Maison Blanche

1796, av. de la Pompignane
Tél.: 04 99 58 20 70. Fax: 04 67 79 53 39
36 ch. 360-520 F. 1/2 pens. 410 F
Fermé (rest.) sam. midi, dim., 24 déc.-2 janv.
Menus: 120-150 F

Insolite, aux portes de la ville, cette demeure coloniale blanche, d'allure louisianaise, avec jardin. Le hall est un peu froid, les chambres d'excellent confort.

Le Guilhem

18, rue J.-J. Rousseau
Tél.: 04 67 52 90 90. Fax: 04 67 60 67 67
33 ch. 380-700 F

Le calme en ville: voilà ce qu'offre cette demeure ouverte sur un jardin dans une rue discrète, non loin du Jardin des Plantes et de la cathédrale Saint-Pierre. Chambres refaites, certaines assez grandes.

Hôtel du Palais

3, rue du Palais des Guilhem
Tél.: 04 67 60 47 38. Fax: 04 67 60 40 23
26 ch. 310-420 F

Cette halte charmeuse, à proximité de la promenade du Peyrou et du Jardin des Plantes, est d'une simplicité qui n'exclut pas le confort. Jolis tissus, mobilier à l'ancienne. Prix sages.

Hôtel du Parc

8, rue Achille-Bège
Tél.: 04 67 41 16 49. Fax: 04 67 54 10 05
19 ch. 210-360 F

Les prix filent doux, l'accueil est sympathique, les chambres sont dédiées à des peintres et, sous son allure de demeure particulière XVIIIe près du Jardin des Plantes, ce petit hôtel excentré constitue la bonne affaire de la ville.

Restaurants

Le Jardin des Sens

11, av. Saint-Lazare
Tél.: 04 99 58 38 38. Fax: 04 99 58 38 39
Fermé dim., lundi midi, mercr. midi, 2-30 janv.
Menus: 290 F (déj.), 495-715 F. Carte: 600-750 F

Les Pourcel ont tout pour eux: la gentillesse rieuse, la modestie des bons élèves heureux, étonnés, surtout, d'être au rang où on les a placés, comme malgré eux. Pensez donc, les deux frères cuisiniers, 35 ans, qui ont «fait» Chapel, Meneau, Gagnaire, Trama, Bras sont presque gênés d'avoir gravi les échelons eux-mêmes. Les chercheurs de l'or du temps? Ce sont eux, bien sûr. Leur avantage sur leurs concurrents, maîtres, pairs et amis: ils sont jeunes, gais, primesautiers même. Leur salle en amphithéâtre ouvre sur un double jardin intérieur. Leur service a le pimpant de la jeunesse, la compétence aussi et le professionnalisme requis au sommet de leur corporation. La carte, domaine d'Olivier Château, est une ode aux nouvelles flaveurs du Languedoc-Roussillon, et l'on pourrait commencer par vanter les crus savants et séducteurs que sont le blanc issu de marsanne et de roussane, au nez de fleurs blanches, du Mas Bruguière, le rouge étonnant violacé, issu de syrah, carignan et mourvèdre, de la Grange des Pères. Leurs plats? En situation et en accord, jouant le caramélisé, le sucré-salé, le vinaigre, l'acide, le tonique, bref: le digeste. Et c'est bien là où les Pourcel excellent: ils donnent une idée de la cuisine festive jouant le jamais vu, sans jamais lasser le palais, ni l'estomac. On citera quelques-unes de leurs plus belles réussites: magnifique bouillon de volaille truffé sur une purée de potimarron avec un soupçon d'huile

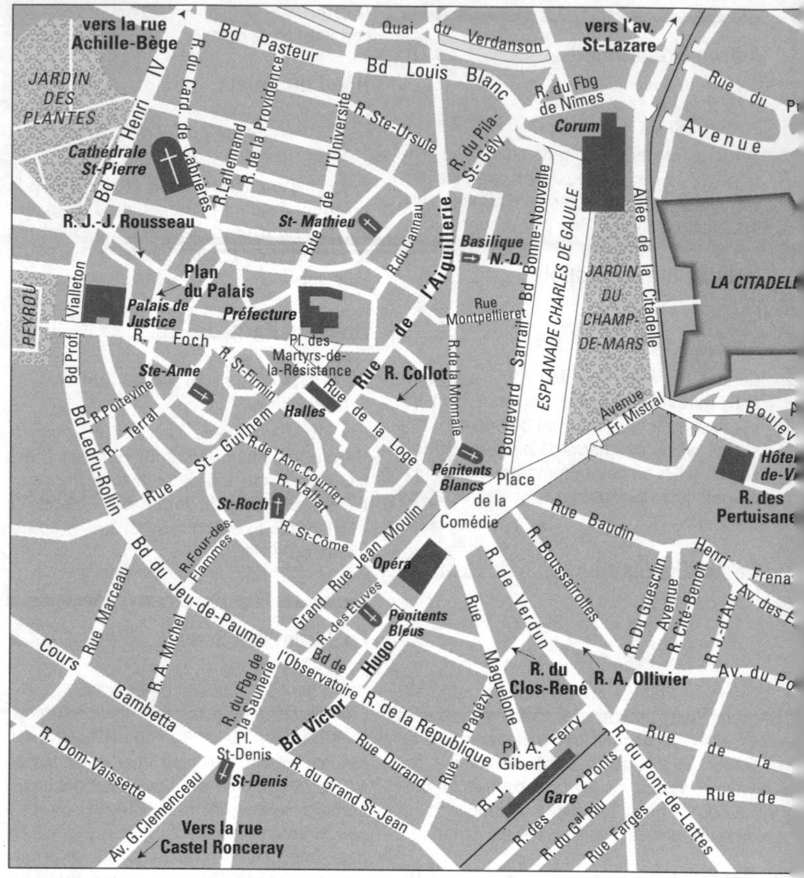

d'olive, insolite et délicieux carpaccio de pied de porc à la vinaigrette de tomates et févettes, «bonbon» de foie gras avec son croustillant de pommes de terre et son aigre-doux de poire vanillé à l'huile de colza grillé, saint-jacques poêlées et pâtes à l'encre aux amandes, juteux pigeon avec mini-pastilla d'abats au curry, poires poêlées, soupçon de cacao amer, enfin tout frais granité d'ananas à la gelée de lait de coco, raviole d'ananas aux fraises des bois, beignets de chocolat et compote d'abricots. Cela chante, croustille, se trouve être dosé au centième de seconde près. De la haute couture? Evidemment. Et une surprise à feu continu.

Le Chandelier

267, rue Léon-Blum
Tél.: 04 67 15 34 38. Fax: 04 67 15 34 33
Fermé dim., lundi midi
Menus: 155 F (déj.), 220 F, 400 F. Carte: 350-450 F

Panoramique, sous une coupole dans l'Antigone, ce Chandelier a remplacé celui que tenaient jadis Jean-Marc Forest et Gilbert Furlan dans un cadre kitsch et pompéien. Le service précis du premier, la cuisine esthétisante du second vont l'amble. Et font le prix de l'institution sage de la ville. Crème glacée de choux-fleurs caramélisés, daube de baudroie en gelée de vin rouge, tartare de légumes avec escargots de mer et chantilly au persil, poêlée de calmars persillés, ragoût de homard aux herbes en lasagnes, filet de pageot en croûte de sarriette, pintade fermière laquée et miel au curry sont quelques-uns de leurs bons tours. La vue sur l'univers Bofill vaut le détour.

La Closerie

A l'Holiday Inn Métropole
3, rue du Clos-René
Tél.: 04 67 12 32 32. Fax: 04 67 92 13 02
Fermé sam., dim.
Menus: 50 F (enf.), 130-200 F. Carte: 250 F

Dans une splendide salle Empire avec boiseries et verrière, la cuisine de Pierre Couronne, fine et légère, est d'une modestie qui enchante. Un service jeune et policé vante avec aise pissaladière d'aubergines, lotte en bourride à la sétoise, poire rôtie et glace au toffee de très bon ton.

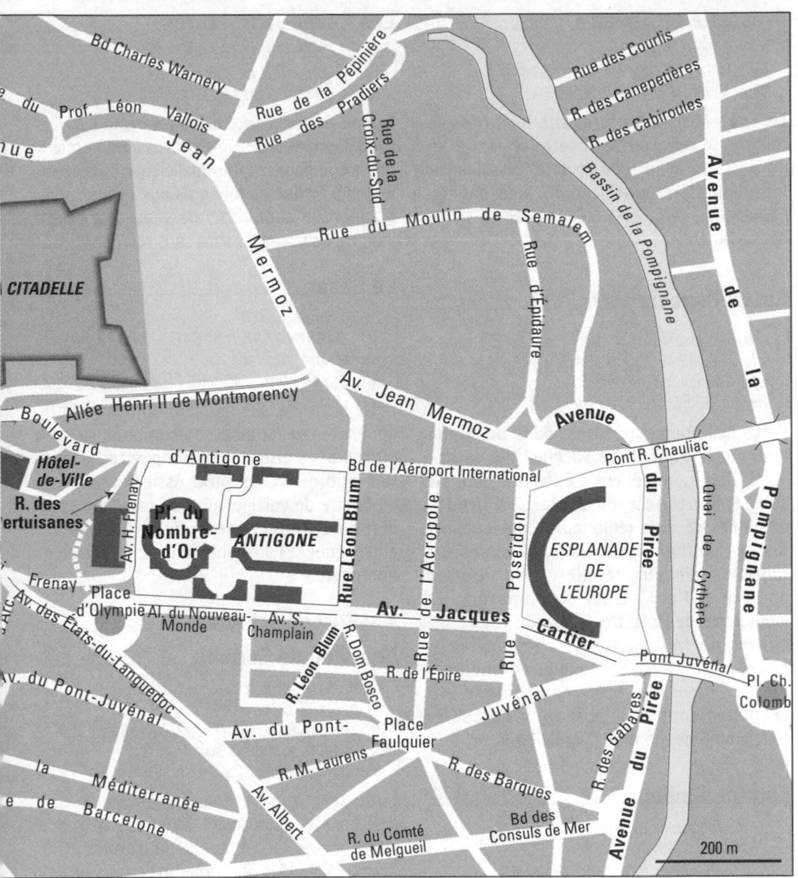

La Maison de la Lozère

27, rue de l'Aiguillerie
Tél. : 04 67 66 46 36. Fax : 04 67 60 33 22
Fermé dim., lundi midi, 1er-15 janv., 1er-15 août
Menus : 135 F (déj.), 195-300 F (vins c.).
Carte : 300 F

Eric Cellier, en cuisine, ancien de chez Bras et du Jardin des Sens, et Pierre Morel, qui maîtrise sa salle avec allant, ont fait de cette jolie maison avec salles voûtées du XIIIe un des petits temples gourmands de la ville. Le marché commande, l'esprit de terroir vagabonde en liberté et l'humeur du jour suit. Ainsi, la tête de veau en carpaccio comme chez les frères Pourcel – on ne copie que ceux qu'on aime –, la pressée de tourteau au rave et laguiole, comme chez le grand Michel de l'Aubrac, le filet de sandre au jus d'anchois et concombre, le pavé de veau aux morilles avec les asperges vertes de pays. Ajoutez-y l'aligot, servi généreusement à tous les convives, le soufflé tiède au chocolat avec sa glace au lait à l'huile vanille, une carte des vins de choix et une ambiance comme chez soi et vous comprendrez que la demeure laisse de doux souvenirs.

L'Olivier

12, rue Aristide-Ollivier
Tél. : 04 67 92 86 28
Fermé dim., lundi, jrs fériés, 25 juil.- 1er sept.
Menus : 198-218 F. Carte : 300-350 F

Ne vous fiez pas au décor genre « nouveau riche années soixante-dix » de cette mini-demeure au cœur du centre piétonnier. La petite maison de Michel Breton est le temple du classicisme bien compris. Ce chef sérieux, discret, qui ne quitte guère ses fourneaux, mais veille au bonheur de sa vingtaine de convives a le sens du produit net apprêté de manière probe. Pas de chichis, ni d'épate, mais le mets au mieux de sa fraîcheur et le classique redéfini à l'aune de la légèreté : voilà sa marque. Que traduiront une belle crème d'asperges, un épatant loup aux artichauts, langoustines, tomates et huile d'olive, un pigeon en bécasse avec sa rôtie, un mille-feuille aux fraises dont on entend le croustillement. Bref, le sérieux même. Que sert son épouse, et une assistante aux petits soins, avec les meilleurs vins d'ici.

Brasserie du Théâtre

22, bd Victor-Hugo
Tél. : 04 67 58 88 80. Fax : 04 67 58 64 74
Menus : 79-98 F. Carte : 180-250 F

Le Tout-Montpellier, avant ou après le théâtre, se retrouve dans cette brasserie fin de siècle au beau fond sculpté. Coquillages, huîtres (de Bretagne), moules (d'Espagne), choucroute, tartare et crêpes Suzette flambées assurent.

Castel Ronceray

130, rue Castel-Ronceray
Tél. : 04 67 42 46 30. Fax : 04 67 27 41 96
Fermé dim., lundi, 3 sem. août
Menus : 60 F (enf.), 130 F (déj.), 185-245 F

Cette belle demeure située dans un grand jardin vaut d'abord par l'accueil de Nathalie Guiltat, sommelière d'élite qui connaît sur le bout des lèvres les meilleurs domaines de vins régionaux. Côté cuisine, rillettes de thon maison avec asperges sur taboulé fraîcheur, feuilleté de foie gras poêlé à la fleur de sel de Camargue et vinaigrette de noisettes, daurade royale au beurre de Montpellier, râble de lapin désossé farci avec sa duxelle de champignons, pavé de bœuf au poivre de Séchouan sont fins, sérieux, sans épate. L'ensemble ne manque pas d'allant.

Fabrice Guilleux

36, av. Jacques-Cartier
Tél. : 04 67 22 26 20
Fermé sam. midi, dim., vac. févr., août
Menus : 70 F (enf.), 132 F (déj.), 170-240 F. Carte : 250-300 F

Dans un immeuble moderne anodin, à deux pas du centre Antigone, cette adresse sérieuse propose une cuisine au goût du jour, faite avec les produits locaux et distillés au gré de menus bien équilibrés. Cannelloni de légumes au Noilly, brandade de morue sur une effeuillée de cabillaud, tartare de loup à l'aneth, daurade farcie à la tapenade ne font pas de vagues. Jolis desserts (melon en gelée avec ses petits parfaits de muscat meringué). Service alerte.

Verdi

10, rue Aristide-Ollivier
Tél. : 04 67 58 68 55
Fermé dim.
Menus : 75 F (déj.), 148 F. Carte : 180 F

Mimmo Cortese, Sicilien au grand cœur, a fait de cette table nette et sobre le bel italien de la ville. On vient pour les antipasti tout frais, les spaghetti au vongole, les pâtes à l'ail, le risotto aux légumes ou le turbot aux artichauts mitonnés avec cœur, servis avec un vin de la Botte.

Les Caves Jean Jaurès

3, rue Collot. Tél. : 04 67 60 27 33
Fermé dim. midi, mi-juil.-mi-août
Menu : 90 F. Carte : 150-200 F

Sympa et convivial, ce bistrot-restau à vins vend à emporter les vins choisis à bon escient qui accompagnent une malicieuse cuisine du marché. Terrine de foie gras aux cèpes, bourguignon de canard, ris de veau aux cèpes, assiette de fromages sont sans reproche.

Le César

Pl. du Nombre-d'Or
Tél. : 04 67 64 87 87. Fax : 04 67 22 20 39
Fermé sam., dim. soir
Menus : 48 F (enf.), 95-195 F. Carte : 150-250 F

Cette brasserie, sise au cœur du centre Antigone, avec sa terrasse, son comptoir, sa salle où l'on a ses aises sur les banquettes, joue le fan-club de Marie Sara. Assiette landaise, croquette de volaille, aïoli de cabillaud, gardiane de toro, crème brûlée à la lavande entretiennent l'atmosphère avec franchise et honnêteté.

A 34970 Lattes : 5 km.

Domaine de Soriech

Chemin de Soriech, ZAC de Soriech, rd-pt D189, D21
Tél. : 04 67 15 19 15. Fax : 04 67 15 58 21
Fermé dim. soir, lundi soir, vac. févr.
Menus : 180 F (déj.), 250-420 F. Carte : 350-450 F

Cette salle à manger accueillante et pleine de charme, lumineuse avec ses grandes vitres, donne sur un parc plein d'arbres et de fleurs. Michel Loustau joue avec les saveurs, selon les saisons, daurade royale poêlée beurre de basilic pistou de palourdes et févettes, pigeon frotté au thym des garrigues et huile d'olive, noisettes de lièvre aux châtaignes, soupière de fruits frais à l'infusion de menthe et tuiles au romarin.

Mazerand

Rte Fréjorgues. Mas de Causse, CD 172
Tél. : 04 67 64 82 10. Fax : 04 67 20 10 73
Menus : 120 F (déj.), 165-320 F. Carte : 300-400 F

Très beau mas sur la plaine, dans lequel les frères Mazerand assurent l'accueil adorable et la cuisine inventive et savoureuse, tarte feuilletée au pélardon des Cévennes, nems de homard et queue sautée à l'huile d'olive, galinette façon bouillabaisse sur lit de pommes, assiette tout-chocolat.

Produits

BOULANGER

Au Pain d'Autrefois

5, av. de Lodève. Tél. : 04 67 58 69 08

Délicieux pain préparé traditionnellement et spécialités régionales.

CAVISTES

Caves Gambetta

16, cours Gambetta
Tél. : 04 67 92 56 66

Le meilleur du Languedoc, les pionniers de la renaissance du pays vigneron sont dignement représentés (chardonnay de l'Hérault, sauvignon de Cazals-Viel, viognier du Mas Jullien) en compagnie de grands crus de tous les vignobles, défendus avec ferveur.

Caves Notre-Dame

41, rue de l'Aiguillerie
Tél. : 04 67 60 56 76

Cette cave de charme dans une jolie salle avec voûte de pierre propose les meilleurs des vins du Grand Midi en insistant sur le bon rapport qualité-prix.

L'Enoteca du Verdi

11 bis, rue Aristide-Ollivier
Tél. : 04 67 06 99 79

Vins de France et d'Italie (Guado al Tasso, Peppoli, Solaia signés Antinori, Barbaresco de Gaja) font bon ménage dans cette cave sobre.

Maison Régionale des Vins et des Produits du Terroir

34, rue Saint-Guilhem
Tél. : 04 67 60 40 41. Fax : 04 67 60 20 62

Cet hôtel particulier du XIXe propose à la vente et à la dégustation la variété des crus de la région. Cours d'initiation à l'œnologie avec un sommelier expert et pédago.

CONFISEUR

Réglisse Deleuze

39, av. de Toulouse
Tél. : 04 67 42 50 68

Boutique antédiluvienne, boîtes rétros, tradition intacte de la réglisse au miel des Cévennes et guimauves au citron.

EPICIER

Pinto

14, rue de l'Argenterie
Tél. : 04 67 60 57 65. Fax : 04 67 60 37 58

Epices, confitures, pâtes d'amandes, vins de Géorgie, thés russes, chinois, indiens, mais aussi «vrai» pâté de Pézenas.

POISSONNIER

Huître Rieuse

2, bd Victor-Hugo
Tél. : 04 67 92 13 82

Moules et huîtres des étangs de Bouzigues.

 *indique une très bonne table.*

Rendez-vous

BARS

Les Bains

6, rue Richelieu
Tél. : 04 67 60 70 87

Les anciens bains publics du centre-ville ont été fort joliment transformés en bar de charme, un tantinet resto et salon de thé, avec fauteuils cosy et tables autour d'un patio.

CAFÉS

Café Joseph

3, pl. Jean-Jaurès
Tél. : 04 67 66 31 95

Le décor baroque, la terrasse courue, le bar qui attire les jolies filles, l'ambiance musicale : voilà «the» café de la place.

Le Café du Théâtre

3, pl. de la Comédie
Tél. : 04 67 66 06 55

Nicole Indignoux divulgue les derniers potins de la ville en tirant excellemment quatre bières pression derrière son malicieux comptoir.

Le Grand Café Riche

8, pl. de la Comédie
Tél. : 04 67 54 71 44

Café historique (hélas) refait design et grande terrasse incontournable sur la place de la Comédie.

GLACIER

Le Jardin des Glaces

25, bd Sarrail
Tél. : 04 67 66 01 07

Aux beaux jours seulement, la grande terrasse sur l'esplanade et le jardin d'hiver, près du beau musée Fabre, attire les amateurs de parfums délicats. Réglisse, vanille, cannelle, thé, caramel sont des délices.

SALON DE THÉ

Aux Gourmets

2, rue du Clos-René
Tél. : 04 67 58 57 04

Salon de thé avec exquis gâteaux classiques et confiseries au chocolat.

Montracol

01310 Ain. Paris 430 – Bourg 9 – Mâcon 22 – Lyon 60.

La Bresse paisible des fermes replètes, des volailles à plumes blanches et des auberges accortes.

Restaurant

Le Frometon

Tél. : 04 74 24 28 90
Fermé dim. soir, lundi, 15 jrs juil., sem. Toussaint
Menus : 65 F (déj), 85-165 F. Carte : 160 F

Signe que la France gourmande est celle des bonnes auberges simplettes : celle-ci, dans un village tranquille, illustre la Bresse des « ventres jaunes » avec modestie touchante. L'accueil féminin est maternel, les menus francs comme l'or, les prix doux. Salade paysanne, grenouilles meunières, friture de carpe en meurette, volaille à la crème nourrissent le chaland avec une gentillesse touchante.

Montreuil

62170 Pas-de-Calais. Paris 232 – Calais 72 – Abbeville 49 – Arras 80 – Lille 116.

Montreuil n'est plus en mer. Cette exquise cité ancienne, avec ses remparts, ses venelles montueuses, ses demeures de briques repeintes à la chaux, chère au Victor Hugo des Misérables *(ici se situe l'épisode de « la tempête dans un crâne », Jean Valjean se demandant s'il va se dénoncer pour innocenter un faux coupable), est demeurée fidèle à son image du passé.*

Hôtels-restaurants

Château de Montreuil

Chaussée des Capucins
Tél. : 03 21 81 53 04. Fax : 03 21 81 36 43
Fermé lundi hs, jeudi midi, 17 déc.-3 févr.
14 ch. 860-1 110 F. 1/2 pens. 875-925 F
Menus : 130 F (enf.), 200 F (déj.), 300-400 F
Carte : 450 F

Cette belle auberge, sise au sommet de la vieille ville, dans les remparts face à la citadelle, a le charme british. La clientèle est anglaise, le décor de vieux relais l'est aussi. Comme la jolie patronne Lindsay, à l'accent délicieux et aux yeux couleur d'océan. Christian Germain, son cuisinier de mari, a appris les bonnes manières culinaires de l'autre côté de la Manche, chez les frères Roux. Mais ce gars du Nord, sérieux et déluré à la fois, choisit ses poissons avec rigueur, chez les pêcheurs d'Etaples, cuisine à la bière en finesse, remet en valeur les traditions des Flandres avec le souci d'alléger la cuisine locale. Goûtez son tartare de concombres aux huîtres creuses, sa pêche de petits bateaux rôtie au sel de Guérande et flanquée de pommes rattes du Touquet au goût beurré, sa grouse d'Ecosse à la fondue d'échalotes, comme sa belle tarte au sucre. C'est là une cuisine de caractère. Fort jolies chambres et bon accueil pour une belle étape de weekend au cœur de la côte d'Opale.

A La Madelaine-sous-Montreuil : O. D139, rte secondaire

Auberge de la Grenouillère

Tél. : 03 21 06 07 22. Fax : 03 21 86 36 36
Fermé mardi, mercr. sf été, janv.
4 ch. 400-600 F
Menus : 160 F (déj.), 200-400 F. Carte : 350-500 F

Le plus méconnu des grands cuisiniers du Nord ? C'est Roland Gauthier, ce Franc-Comtois formé en Alsace, chez Emile Jung au Crocodile strasbourgeois et chez Michel Husser, au Cerf de Marlenheim, qui a tout appris des bons trucs de la cuisine moderne. Soucieux de moderniser son terroir d'adoption avec allant, il use des produits locaux (bière, cassonade, agneau de pré-salé de la baie de Somme, volaille de Licques, ail fumé d'Arleux) dont il tire de jolies saveurs toniques. Faites-lui confiance, dans sa gente auberge ornée d'une cheminée ancienne et de fresques sur le thème des grenouilles (d'où son nom) pour une fête gourmande qui chante le grand air du Nord. Goûtez ses huîtres chaudes au beurre salé et bière, sa galette croustillante à l'endive et confite, avec hareng doux et mimolette, son merlan aux petits oignons étuvés à la bière ou encore sa souris d'agneau en coque de pomme de terre, sa crème brûlée à la bière ou sa glace à la bière flanquée d'une gaufre pour comprendre que le régionalisme bien compris peut donner des merveilles de légèreté grande. Accueil adorable, service prompt, quatre chambres simples et mignonnettes avec leurs murs à colombages, dans une demeure du pays au bord de la Canche.

A Inxent : 9 km N. par D127

Auberge d'Inxent

Tél. : 03 21 90 71 19. Fax : 03 21 86 31 67
Fermé mardi soir, mercr. (sf juil.-août)
6 ch. 255-370 F. 1/2 pens. 285-310 F
Menus : 40 F (enf.), 85-225 F. Carte : 200 F

Cette étonnante auberge anglaise, dans un recoin de la vallée de la Course, vaut pour ses chambres pimpantes, gaies, soignées, avec leurs murs bleutés et son intérieur à l'ancienne. Cuisine rustique, dans le ton du pays, accueil adorable, prix doux.

Montrevel-en-Bresse

01340 Ain. Paris 397 – Mâcon 24 – St-Amour 25 – Tournus 36.

Le cœur de la Bresse des ventres jaunes, des volailles blanches et des joyeux concours fermiers qu'on nomme ici les « glorieuses ».

Restaurant

Chez Léa

10 rue d'Etrez
Tél. : 04 74 30 80 84. Fax : 04 74 30 85 66
Fermé dim. soir, mercr., 22 juin-5 juil., 21 déc.-11 janv.
Menus. 150-300 F. Carte. 300-450 F

Cette exquise maison de tradition a été remise en vogue par Marie-Claude et Louis Monnier, tous deux anciens de chez la Mère Brazier du temps du Col de la Luère. Léa, mère bressane légendaire, était la mère de Marie-Claude qui anime avec un sourire imparable et inlassable une salle pleine de gaieté. La cuisine de Louis est classique, fine et légère, malgré l'usage «obligatoire» de la crème. Le menu dit «terroir bressan» est exemplaire, proposant aérien gâteau de foies blonds au (léger) coulis de tomates, cuisses de grenouilles, poulet de Bresse à la crème et aux morilles flanqué de riz sauvage, chèvres affinés, superbe gâteau glacé aux pralines ou soufflé glacé au café. Le jour de la «glorieuse» de la volaille, tous les grands chefs tiennent un mémorable mâchon chez Léa, sur le coup de huit heures du matin. Un grand moment de convivialité heureuse !

Le Comptoir

9, Grand-Rue
Tél. : 04 74 25 45 53
Fermé mardi soir, mercr., 22 juin-5 juil., 21 déc.-11 janv.
Menu. 78 F (déj.)-130 F

L'annexe sympa et délurée de chez Léa est tenue avec sérieux par les fistons Monnier qui s'efforcent de faire aussi bien – et pour moins cher – que papa-maman. On s'y régale, sans façons, de terrine fermière, escargots de Bourgogne, saucisson chaud façon lyonnaise, tripes à la mode, poulet à la crème et fromage blanc, arrosés de mâcon et de beaujolais. C'est tout simple, tout bête, tout bon, servi dans un vrai bistrot de village comme avant.

Montrond-les-Bains

42210 Loire. Paris 445 - St-Etienne 31 - Lyon 61 - Montbrison 15 - Roanne 49.

Petite ville d'eau de 4 000 âmes, avec son casino (Las Vegas-les-Bains !), les monts du Forez comme écrin, la Bastie d'Urfé, comme perle touristique, Montrond s'enorgueillit d'une grande table.

indique un bon rapport qualité-prix.

Hôtel-restaurant

Hostellerie La Poularde

Tél. : 04 77 54 40 06. Fax : 04 77 54 53 14
Fermé dim. soir hs, lundi, mardi midi, mercr., 2-15 janv.
10 ch. 490-590 F. Menus : 255-610 F. Carte : 520-960 F

Gilles Etéocle a repris il y a quinze ans la succession du beau-père Johannès Randoing et la maison baigne dans une lumineuse tranquillité. A un angle de route, avec ses chambres de style au cachet suranné, ses appartements sobres dans le goût japonais, son service aux aguets, ses salles confortables, sa carte de vins immense, ses plats alléchants, ce Relais & Châteaux à l'ancienne fait figure d'une ambassade du bon goût à la française. Pâtissier de formation, ayant jadis été se faire voir chez les voisins Troisgros, formé à demeure, Etéocle cultive un balancement respectueux entre modernisme et tradition qui lui va bien. Les deux lobes de foie gras froids, l'un poché à la lie de vin avec gelée miroir au cabernet, l'autre au consommé avec confiture de sauvignon et langue de chat au pavot sont le naturel même. Le homard rôti à vif, avec pince pochée en gaspacho et fondant de chou-fleur, comme le rouget au four, désarêté puis «remonté» d'une bisque au corail d'oursin jouent le modernisme sage et tentateur. Le cuissot de porcelet au gingembre et gousses d'ail est d'une rusticité qui enchante. Ajoutez un plateau de fromages qui fait honneur à ce trait d'union qu'est le Forez entre Lyonnais et Auvergne (ah, la fourme de Montbrison et la tomme affinée au marc !), des desserts légers et frais (mille-feuille d'ananas, sorbet abricot, coulis de pistache), et vous comprendrez que la maison, même absente de la chronique mondaine, fasse le plein sans discontinuer.

Moret-sur-Loing

77250 Seine-et-Marne. Paris 74 - Fontainebleau 10 - Melun 27 - Nemours 17 - Sens 44.

Office du Tourisme : 4 bis, pl. Samois
Tél. : 01 60 70 41 66. Fax : 01 60 70 82 52

Le vieux pont sur le Loing, le site, la ville ancienne : tout attire l'œil dans ce beau village aimé des peintres qui fut un fief des impressionnistes.

Hôtel-restaurant

Hostellerie du Cheval Noir et les Impressionnistes

47, av. Jean-Jaurès
Tél. : 01 60 70 32 91. Fax : 01 60 70 80 21
Fermé (rest.) lundi soir, vac. févr.
15 ch. 270-450 F
Menus : 150 F (déj.), 280 F. Carte : 300-400 F

Ce relais de poste du XVIIIe siècle, avec chambres et appartements spacieux, grands salons pour accueillir des séminaires, belle terrasse au vert, a su garder le cachet ancien. La salle à manger, avec ses couleurs pimpantes et ses beaux tableaux, ne manque pas d'allure. Aux fourneaux, Gilles de Crick ne manque pas d'équipes jouant sur les mariages aigre-doux, les épices, reliant tradition et mode, non sans réussite. Ses soupe d'écrevisses et jambonnettes de grenouilles, bar grillé à l'émulsion de lait d'amandes, lapereau au sirop de fleurs de sureau, millefeuille de roquefort et chutney de pruneaux, crème mi-cuite aux châtaignes, pyramide chocolat et orange séduisent sans mal.

Produits

CONFISEUR

Maison Rousseau

5, rue du Puits-du-Four
Tél. : 01 60 70 35 63

Cette belle échoppe d'esprit provincial vend diverses douceurs, mais promeut surtout la tradition exquise du sucre d'orge des religieuses de Moret.

Morlaix

29600 Finistère. Paris 538 – Brest 59 – St-Brieuc 87 – Quimper 77.

Cette jolie ville du Finistère-Nord avec son viaduc, ses demeures anciennes, sa baie et son port, ne manque pas d'atouts. D'autant que le TGV l'a mise à quatre heures de Paris.

Hôtels-restaurants

Hôtel de l'Europe

1, rue de l'Aiguillon
Tél. : 02 98 62 11 99. Fax : 02 98 88 83 38
60 ch. 195-360 F. 1/2 pens. 280-380 F
Rest. Le Lof (02 98 88 81). Menus : 85-165 F.
Carte : 180 F

Ce bel hôtel centenaire au cœur de la ville abrite des chambres de bon confort, partiellement rénovées. Le hall, avec ses boiseries sculptées, a du chic. Et la restauration, sous forme de brasserie relaxe, qui offre huîtres, fruits de mer, sole meunière et autres poissons cuisinés au gré du temps, offre une bonne étape sans histoire.

Les Bains Douches

45, allée du Paon-Ben
Tél. : 02 98 63 83 83
Fermé sam. midi, dim.
Menus : 42 F (enf.), 65 F (déj.) – 135 F. Carte : 160 F

Rigolo, pas cher et bon : c'est ce restaurant sis dans les anciens bains-douches de la ville. Un jeune ancien de chez Jeffroy (voir Carentec) officie en cuisine, régalant le Tout-Morlaix qui s'y encanaille dans la bonne humeur à coup d'huîtres, anchois frais marinés, lapin au cidre et poissons du jour cuisinés au plus frais du marché. Joli gratin de poires noix de coco en issue.

Produits

CAVISTE

La Maison des Vins

1, rue A de Guernisac
Tél. : 02 98 88 72 43

Cette jolie cave, sise dans une ancienne demeure à lanterne, cache un choix de vins de qualité, en sus de belles eaux-de-vie de cidre, vieux calvas et whiskies de malt.

Mornant

69440 Rhône. Paris 479 – Lyon 25 – St-Etienne 37 – Givors 12 – Vienne 24.

Au cœur du Pilat rhodanien, au sud des monts du Lyonnais, une étape tranquille.

Hôtel-restaurant

La Poste

Tél. : 04 78 44 00 40. Fax : 04 78 44 19 07
Fermé dim. soir
14 ch. 180-300 F. 1/2 pens. 280 F
Menus : 60 F (enf.), 75 F (déj.)-240 F
Carte : 200-250 F

Sympathique et accorte, sur la route de Givors et Rive-de-Gier, cette auberge de village sert au jardin l'été, proposant les plats du cru, genre friture, quenelle, volaille, cuisinés sans malice avec une fringante probité. Accueil sympathique et quatorze chambres bien tenues.

Mortagne-au-Perche

61400 Orne. Paris 157 – Alençon 39 – Chartres 80 – Lisieux 88 – Le Mans 73.

Le Perche des collines et des haras devient celui de la Normandie bonhomme, souriante et conviviale dans ce joli bourg réputé pour sa foire au boudin.

Hôtel-restaurant

Hôtel du Tribunal 

4, pl. du Palais
Tél. : 02 33 25 04 77. Fax : 02 33 83 60 83
Fermé 20 déc.-6 janv.
14 ch. 260-320 F. 1/2 pens. 280-300 F
Menus : 55 F (enf.), 70-190 F

Ce vieux relais de poste, avec ses parties du XIIIe et du XVIIIe, offre ses salons chaleureux, ses belles chambres à l'ancienne et sa salle à manger élégante où l'on traite le chaland de passage avec bienveillance. Jolie cuisine normande revisitée. Le boudin de Mortagne est, bien sûr, mis en valeur. Croquant de confit de canard au cidre et aumônière aux pommes se mangent sans mal.

Produits

CHARCUTIER

Guillochon

50, pl. du Gal-de-Gaulle
Tél. : 02 33 25 16 43

Pour faire provision de riche boudin noir, allez donc goûter celui de Claude Guillochon, qui réussit fort bien pâté de tête, andouillette et terrine de campagne.

Morteau

25500 Doubs. Paris 469 – Besançon 64 – Pontarlier 32 – Neuchâtel 39.

Ce gros bourg du Haut-Doubs, à deux pas des Franches Montagnes suisses, est le pays des saucissons fumés dans les fermes à hautes cheminées. Allez visiter le village voisin de Grand-Combe-Châteleu.

Restaurant

Auberge de la Roche

Pont de la Roche, 3 km, S.-O., par D437
Tél. : 03 81 68 80 05. Fax : 03 81 68 87 64
Fermé dim. soir, lundi, 15-31 janv., 3-12 juil., 18-25 sept.
Menus : 140-420 F. Carte : 300-450 F

Philippe Feuvrier œuvre en solitaire dans un splendide paysage de montagnes, qui cousine avec la Suisse et lorgne sur les fermes à tuyés où on fume les salaisons locales. Ce cuisinier bouillonnant joue autant le terroir modernisé (fricassée de champignons à la crème, filet de féra à la ciboulette, jésu de Morteau en brioche, méli-mélo de cailles désossées) que l'air du temps cueilli selon le marché (rouget à l'huile d'olive, mousseline de pétoncles au safran doux). Les vins d'ici sont bien présents (blanc savagnin au goût de noix, rouge trousseau, rosé poulsard) pour accompagner des repas de fête avec éclat. Accueil adorable dans une auberge pleine de fraîcheur.

Produits

CHARCUTIERS

Pierre Faivre

A 25570 Grand-Combe-Châteleu
par 5 km S.-O. par D437 et D47
Tél. : 03 81 68 80 03

Pierre Faivre, le maître artisan de son beau village riche en vieilles fermes à tuyés, est aussi le meilleur ambassadeur du produit et le président de l'appellation. Son jésu et ses saucissons, rangés comme des horse guards dans sa cheminée aérée, sont fumés en douceur.

Adrien Bouheret

26, rue Fauche
Tél. : 03 81 67 10 39

L'artisan discret sur les hauts de Morteau, mais encore au centre du bourg vous fera comprendre que la saucisse de Morteau n'est rien d'autre que du maigre de porc haché gros, embossé avec soin, fumé lentement en montagne dans les tuyés.

Claude Droz

26, Grand-Rue
Tél. : 03 81 67 06 39

Jésu et saucisse de Morteau, mais aussi brési, qui est de la viande séchée et fumée, cousine de celle des Grisons, noix de jambon ou saucisson au poivre chez un artisan de qualité.

Morzine

74110 Haute-Savoie. Paris 593 – Thonon-les-Bains 33 – Annecy 79 – Genève 62.

Cette jolie station à 960 mètres d'altitude a gardé son aspect de vieux bourg savoyard. On accède à la pointe de Nyon (à plus de 2000 mètres) par le téléphérique du Pléney.

Hôtel-restaurant

Dahu 

Tél. : 04 50 75 92 92. Fax : 04 50 75 92 50
Fermé 11 avr.-19 juin, 7 sept.-19 déc.
40 ch. 570-1 125 F 1/2 pens. 675-912 F
Menus : 155-275 F

Ce bel établissement au calme, avec ses chambres sobres, sa salle à manger affectionnant richement le style « hacienda » savoyarde, son accueil chaleureux et ses deux piscines, couvertes et découvertes, est le meilleur de la station. Ajoutez une cuisine pour pensionnaires gourmets fort bien faite, jouant la région revisitée à coup de dariole de truite Nantua et lapin aux crozets.

Mouchard

39330 Jura. Paris 395 – Besançon 39 – Arbois 10 – Dole 36.

Ce bourg est fameux pour sa gare TGV, à quelques pas du vignoble d'Arbois.

indique un lieu de mémoire.

Hôtel-restaurant

Chalet Bel'Air

Tél.: 03 84 37 80 34. Fax: 03 84 73 81 18
Fermé dim. soir, mercr., 21-28 juin, 22 nov.-13 déc.
10 ch. 250-450 F. 1/2 pens. 265-365 F
Menus: 80 F (déj.), 130 F (sem.)-285 F
Carte: 200-250 F
Rôtisserie: 80 F (enf.), 130 F

Guy Gatto a fait de son chalet moderne la bonne étape pas chère de sa région carrefour. Sans chercher à concurrencer Jeunet (Arbois) et Germigney (Port-Lesney), il a trouvé un moyen terme entre cuisine bourgeoise chic au restaurant et rôtisserie relaxe dans un cadre de bistrot bucolique. Dans les deux cas, nul ne trouve à redire à sa bonne soupe de grenouilles, sa saucissonnade de lapereau aux champignons, sa volaille à la crème et morilles que l'on arrose des meilleurs arbois blancs ou rouges de la région.

Moudeyres

43150 Haute-Loire. Paris 572 – Le Puy-en-Velay 26 – Aubenas 64 – Langogne 59.

A deux pas du mont Gerbier-de-Jonc, au cœur du Velay, un village adorable qui a su garder son profil d'antan et ses bonnes manières au grand air.

Hôtel-restaurant

Pré Bossu 

Tél.: 04 71 05 10 70. Fax: 04 71 05 10 21
Fermé déj. sf w.e., 1er nov.-Pâques
10 ch. 395-495 F. 1/2 pens. 525-575 F
Menus: 175-365 F. Carte: 300 F

L'auberge couverte de chaume avec ses grosses pierres du pays est adorable. Les chambres sont simplettes, les parties communes chaleureuses d'autant que les Grootaert sont des hôtes affables. Carlos, Anversois bon teint, qui n'a pas perdu l'accent belge, cuisine en français les produits du pays, auxquels il n'hésite pas à faire rendre un son personnel. Le saumon de fontaine en chabrot, le sandre et écrevisses au vin de Boudes, le petit salé de cochon confit aux lentilles vertes du Puy, le pigeonneau à la livèche sont quelques-uns de ses tours délicieux, fins, légers savoureux qui sont tarifés avec angélisme. Les desserts jouent l'exotisme de bon ton (pastilla aux fruits rouges, ananas rôti au miel flanqué d'une belle glace coco, mazagran de café liégeois à l'infusion de chicorée). Pour la digestion, tout le pays, riche en sentiers balisés, est là qui vous tend les bras.

Mougins

06250 Alpes-Maritimes. Paris 908 – Cannes 8 – Antibes 13 – Grasse 11 – Nice 32.

Ce joli village gourmand de l'arrière-pays cannois connaît la renommée touristique depuis belle lurette. On vient ici pour se faire fête au vert.

Hôtels-restaurants

Manoir de l'Etang

Bois de Font-Merle, allée du Manoir, 2 km
Tél.: 04 93 90 01 07. Fax: 04 92 92 20 70
Fermé nov.-mi-févr.
20 ch. 600-1 000 F. 1/2 pens. 555-755 F
Menus: 150 F (déj.)-250 F. Carte: 300 F

Sur la route d'Antibes, cette bastide tranquille joue le calme et le repos dans des chambres soignées à la manière provençale. Pas de luxe, mais un bel étang, un vaste parc et une cuisine aux couleurs du pays sans prétention.

Moulin de Mougins

A Notre-Dame-de-Vie
Tél.: 04 93 75 78 24. Fax: 04 93 90 18 55
Fermé 29 janv.-7 mars
3 ch. 850-950 F
Menus: 250 F (déj.)-740 F. Carte: 550-800 F

Sage à cheveux blancs et à belles moustaches de la cuisine de la côte, Roger Vergé est un peu le père protecteur des grands chefs d'ici. Alain Ducasse, Jacques Chibois, Jacques Maximin, Bruno Cirino sont tous, peu ou prou, sortis de ses cuisines. On allait dire de son école. Le mouvement aujourd'hui continue. Comme Bocuse à Lyon, Vergé joue le rôle de conservateur de la cuisine locale, mais revue à l'aune de ce que furent ses mets de prédilection il y a trois décennies, déjà. Le poupeton de truffes à la duxelle de courgettes, qui est l'ancêtre de la courgette-fleur, lancée par Maximin au Negresco, demeure au mieux de sa forme. Et le reste est à l'avenant qui se renouvelle au gré du temps: saint-pierre à la plaque avec sa fondue truffée au curry de Jamaïque, barigoule d'artichauts en poivrade et pointes d'asperges, grosses langoustines et palourdes au jus d'herbes, daurade poêlée sur la peau avec sa belle purée d'olives noires, noisettes d'agneau rôties au serpolet avec son épigramme à la moutarde douce et sa galette d'aubergines à la menthe. Il y a, certes, plus léger, plus minimaliste, plus novateur aujourd'hui, ici ou là. Mais dites-nous quelle maison sur la côte possède autant d'âme qui se transmette ainsi de l'assiette à la table. La première a du caractère, la seconde de la chaleur. Lorsqu'on voit, un soir de printemps, les convives heureux, sacrifier ensemble au bonheur du dacquois d'abricots au miel avec sa croûte meringuée et sa glace à la sarriette, en buvant l'une des belles bouteilles provençales ou rhônalpines d'une cave immense, veillés par un service qui sait recevoir, sourire, expliquer, comprendre, on se dit qu'il y a là une grande maison ayant su, sans se forcer, passer les modes avec élégance.

Ferme de Mougins

A Saint-Basile, rte de Valbonne
Tél. : 04 93 90 03 74. Fax : 04 92 92 21 48
Fermé dim. soir, lundi hs, nov.
Menus : 195 F (déj.), 275-375 F. Carte : 500 F

La belle demeure, fausse ferme, véritable auberge, d'Henri Sauvanet, a vu passer les chefs de talent. Nous avons vu ici Jean-Louis Vosgien, Marc Dach ou Patrick Henriroux. La maison a sans doute moins d'ambition que par le passé. Mais elle n'en continue pas moins de faire plaisir à travers un registre provençal jouant simplement et joliment le marché. Terrine de légumes en gelée, tronçon de lotte rôti aux olives et artichauts, agneau et thym et aubergines sont bien honnêtes.

L'Amandier de Mougins

Tél. : 04 93 90 00 91. Fax : 04 92 92 89 95
Menus : 65 F (enf.), 155-190 F. Carte : 200-300 F

Jadis vouée à la gastronomie chic, la deuxième maison de Roger Vergé – un ancien pressoir du XIVe aux portes du village – fait dans la modestie bon enfant. Ce qui ne veut pas dire qu'on y traite le chaland par-dessus la jambe. Au contraire, les ravioles de homard, les gambas aux gnocchis et la canette à la broche au miel et citron y sont du meilleur ton, dispensés à travers deux menus d'une évangélique sagesse.

Moulins

03000 Allier. Paris 299 – Bourges 101 – Clermont-Ferrand 104 – Nevers 55 – Roanne 99.

Etape fameuse de la N7, la capitale du Bourbonnais est un carrefour pour la visite des villes d'eaux et des châteaux de la région, mais aussi la bucolique vallée de la Besbre, chère à René Fallet, qui serpente à deux pas.

Hôtels-restaurants

Hôtel de Paris

Jacquemart
21, rue de Paris
Tél. : 04 70 44 00 58. Fax : 04 70 34 05 39
Fermé 7-29 janv., 16-31 juil., dim. soir (rest.)
27 ch. 350-650 F. 1/2 pens. 435-600 F
Menus : 150 F (vin c.)-450 F. Carte : 350 F

Ce qui fut jadis une des grandes étapes de la route mythique Paris-Côte d'Azur est revenu à plus de modestie. Il en reste une allure de vieux relais charmant avec sa belle réception, sa cour intérieure, ses chambres souvent vastes. Côté direction, après les Laustriat et les Rauberty, qui avaient modernisé un tantinet la demeure et ajouté une piscine, place à Anne et Pascal Chaupitre. Ces deux jeunes anciens de chez Loiseau à Saulieu, que nous avions croisés au Petit Comptoir d'Epernay, ont embelli la cave, donné de la chaleur à la demeure, conservé un air régionalisant à la carte sans augmenter les prix. Si bien qu'on se trouve tout heureux de redécouvrir la maison, à travers le parmentier de petits-gris et pied de cochon aux cèpes, le croustillant de jarret de veau, la déclinaison d'agneau du Bourbonnais, le pot-au-feu de charolais glacé au vin rouge et le pain perdu brioché à l'ananas et au rhum.

Restaurant des Cours

36, cours Jean-Jaurès
Tél. : 04 70 44 25 66. Fax : 04 70 20 58 45
Fermé mercr., 1er-15 juil.
Menus : 50 F (enf.), 98-320 F. Carte : 220-400 F

Pierre Bourhy en salle, Hervé Chandioux en cuisine ont fait de cette belle demeure couverte de vigne vierge, avec deux salles élégamment rustiques «l'autre» bonne table de la ville. On joue ici la tradition bourbonnaise rénovée et rajeunie avec chartreuse de volaille, canard à la Duchambais en aigre-doux, pièce de bœuf charolais et fondant au chocolat de très bon ton. Belle cave.

Produits

CHOCOLATIER

Les Palets d'Or

11, rue de Paris
Tél. : 04 70 44 02 11

Jean Jarriges a repris la tradition du palet d'or, créé ici par Bernard Serardy à la fin du siècle dernier. On continue la ganache chocolatée, décorée à la paillette d'or. Mais les nougats au chocolat, feuillantines, griottes et arlequins valent également le détour.

PÂTISSIER

Le Moulin de la Galette

7, pl. de la Liberté
Tél. : 04 70 44 18 60

Pâtissier vedette de sa région, André Mathevon ne s'en laisse pas conter sur le terrain de la finesse, de l'invention et de la fraîcheur. Ses guérande (biscuit crème au chocolat et caramel à la fleur de sel) ou stéphanie (chou caramélisé avec crème pâtissière aromatisée sur fond de nougatine) sont de bien jolies choses.

Le Moulleau : voir Arcachon

Le Mourillon : voir Toulon

Moustiers-Sainte-Marie

04360 Alpes-de-Haute-Provence. Paris 775 - Digne 49 - Aix 92 - Draguignan 62 - Manosque 51.

Office du Tourisme : Hôtel-Dieu
Tél. : 04 92 74 67 84. Fax : 04 92 74 60 65

La belle faïence, les senteurs de lavande, l'approche des gorges du Verdon : on trouve tout cela, dans ce beau village aux venelles tortueuses et aux demeures anciennes, qui figure comme une perle touristique de Haute-Provence.

Hôtels-restaurants

Bastide de Moustiers

Tél. : 04 92 70 47 47. Fax : 04 92 70 47 48
Fermé (rest.) 4 janv.-28 févr.
12 ch. 1 000-1 520 F
Menu : 225 F, 295 F (vin c.). Carte : 400 F

Businessman des fourneaux et « gobe-trotter », Alain Ducasse a fait de son ex-résidence personnelle le domaine de cœur de son mini-empire, à cette réserve (importante) près : cette maison-ci est la seule à lui appartenir en propre. On vient chez lui pour le grand air, le repos au vert, la joliesse de chambres toutes différentes, décorées avec un goût exquis, les petits déjeuners divins, l'accueil adorable, l'ambiance chic et relaxe à la fois. Sans omettre, bien sûr, une cuisine qui est exactement celle que l'on rêve de trouver dans une auberge de Provence. La petite cocotte de légumes arrosés d'huile d'olive et mijotés au lard, les ravioles d'asperges à l'œuf de caille, le rouget poêlé avec son jus au thym-citron, l'agneau de Sisteron rôti à la cheminée, les gaufres tièdes aux pommes, la glace à la confiture de lait. Ajoutez-y quelques-uns des meilleurs vins de Provence aujourd'hui, et vous comprendrez le simple bonheur d'être ici.

Les Santons

Pl. de l'Eglise
Tél. : 04 92 74 66 48. Fax : 04 92 74 63 67
Fermé mardi, lundi soir (hs), 5 janv.-5 févr., 15 nov.-15 déc.
Menus : 230-320 F. Carte : 300-450 F

Claude Fichot en salle et André Abert aux fourneaux forment depuis des lustres le duo expérimenté de la restauration « en ville » d'ici. La demeure avec ses pierres croulant sous le lierre et les fleurs est tout charme. L'été, c'est un bonheur de manger en terrasse à ciel ouvert. Et tout ce qui se mijote ici respire la Provence avec justesse et modestie. Nouilles au foie gras et aux truffes, poulet au miel et aux épices, agneau de Sisteron, nougat glacé au miel sont simplement parfaits.

Mouthier-Haute-Pierre

25920 Doubs. Paris 443 - Besançon 39 - Pontarlier 21 - Salins-les-Bains 42.

Paisible et fraîche vallée de Loue : Courbet l'a peinte. Elle continue de produire des cerises de toute beauté.

Hôtel-restaurant

Cascade

Tél. : 03 81 60 95 30. Fax : 03 81 60 94 55
Fermé mi-nov.-mi-févr.
19 ch. 290-370 F. 1/2 pens. 320-360 F
Menus : 110 F (sem.)-280 F. Carte : 300 F

Cette bâtisse, qui fut moderne il y a belle lurette, tourne ses fenêtres vers la vallée de la Loue, lorgne des cascades, propose des chambres nettes et sans histoire, ainsi qu'une cuisine mitonnée avec les produits locaux : truite, vin jaune, volaille et champignons des bois. Attention, la salle à manger est interdite aux fumeurs.

Mouzon

08210 Ardennes. Paris 245 - Charleville-Mézières 40 - Sedan 18 - Verdun 63.

L'Ardenne flirte ici avec la Meuse, lorgne vers les belles forêts giboyeuses riches en sangliers. Ne loupez pas le parc de vision de Bel-Val.

Restaurant

Les Echevins

33, rue du Gal-de-Gaulle
Tél. : 03 24 26 10 90. Fax : 03 24 29 05 95
Fermé dim. soir, lundi sf fériés, 9-25 janv., 1er-24 août
Menus : 100-195 F. Carte : 250 F

L'Ardenne gourmande n'est point si prolifique qu'il faille négliger la table rustique et cependant chic de Pascal Odea. On se laisse séduire par cette demeure à colombages du XVIIe comme par les tables bien nappées. Côté cuisine, le marché commande, et l'on goûte la lotte grillée au lard sauce vigneronne, le veau farci de foie gras et le parfait glacé à la bière (le musée de Stenay n'est pas loin), où passe un brin de l'air du pays.

 *indique un hôtel au calme.*

Muhlbach-sur-Munster

68380 Haut-Rhin. Paris 461 – Colmar 24 – Gérardmer 38 – Munster 6.

La vallée de Munster, ses fermes parfois devenues auberges, qui mitonnent encore le fromage à l'ancienne mode, ses sentes bucoliques, son grand air.

Hôtel-restaurant

Perle des Vosges

Tél. : 03 89 77 61 34. Fax : 03 89 77 74 40
Fermé 4 janv.-2 févr., 15 nov.-1er déc.
40 ch. 220-350 F. 1/2 pens. 225-375 F
Menus : 80-225 F. Carte : 250-300 F

Le jeune Ernest-André Benz, qui a appris son métier chez Chapel, au Crocodile et au Louis XV, a renouvelé la cuisine de ce gros chalet avec vue, même si les menus ne renient pas les bases du terroir. Le panorama sur la vallée est intact, les chambres de bonne tenue et les flans de cresson aux grenouilles, pied de porc désossé au blanc de volaille, kougelhopf glacé au kirsch sont de jolies choses.

Produits

FROMAGERS

Jean Meyer

2, chemin de Sendenbach. Tél. : 03 89 77 63 53

Ce jeune marcaire élève 20 laitières pour la fabrication de la tomme de montagne et du munster fermier. Les portes sont grandes ouvertes aux visiteurs.

Martin Sengelé

Tél. : 03 89 77 61 64. Fax : 03 89 77 68 36

Maire du village, ce négociant-affineur produit munsters fermiers ou laitiers, au cumin ou sans, qu'il expédie dans le monde entier. Leur nom est irrésistible : « la vache favorite ».

Mulhouse

68100 Haut-Rhin. Paris 464 – Strasbourg 117 – Bâle 35 – Colmar 43 – Belfort 42.

Office du Tourisme : 9, av. du Mal-Foch
Tél. : 03 89 35 48 48. Fax : 03 89 45 68 16

Elle en a sans doute assez de son image vieillie, vieillotte, de « Manchester alsacien ». Pas alsacienne, Mulhouse ? Allons donc, il y a les winstubs ou « wistuwa », (presque) comme à Strasbourg, les brasseries débonnaires, les tavernes où l'on propose fleischnacka, vins en pichet et atmosphère délurée. Mais aussi les vedettes des métiers de bouche, les boutiques-stars, dignes de la région, qu'ils se nomment Jacques ou le Bouton d'Or. Surtout, ses musées suffiraient à légitimer un voyage ici même. De belles tables en beaux hôtels (le Parc et son visage Arts déco), la grande ville du Sud ouvre grandes ses portes au gourmet de passage.

Hôtels

Le Parc

26, rue de la Sinne
Tél. : 03 89 66 12 22. Fax : 03 89 66 42 44
76 ch. 700-950 F et 7 suites : 1 300-2 900 F

Star de l'hôtellerie mulhousienne, cette ex-demeure où les frères Schlumpf, jadis, logeaient leurs invités, est devenue un petit temple Arts déco, joli et frais, havre de luxe et de sobriété, face au parc de la Sinne et au cœur du centre. Le service est aimable, les concierges savent sourire. La décoration fait dans la sobriété : teintes pastel, mobilier néo-années trente, suites assez vastes, chambres plus petites, couloirs, hall et bar d'une gaieté pimpante. La directrice, Claude Longhi, confère un charme féminin à la maison. Bar le Charlie's et un restaurant de qualité : le Steinbach.

La Bourse

14, rue de la Bourse
Tél. : 03 89 56 18 44. Fax : 03 89 56 60 51
Fermé 20 déc.-10 janv.
50 ch. 340-480 F

Central, près de la place de la Bourse d'époque Charles X et à quelques pas de la gare, ce bel établissement rajeuni sous façade anodine offre d'excellentes chambres de style modernisées. Couleurs gaies, salles de bains pimpantes, bons petits déjeuners, avec d'exquis croissants. Le directeur-patron Philippe Rohmer tient fort bien sa maison.

Bristol

18, av. de Colmar
Tél. : 03 89 42 12 31. Fax : 03 89 42 50 57
70 ch. 320-650 F

Un bon classique, au pied de la Tour de l'Europe, que cet hôtel de tradition rénové. Les chambres sont claires, avec de belles salles de bains et un mobilier boisé. Les tarifs demeurent raisonnables et l'accueil est adorable.

Mercure-Centre

4, pl. du Gal-de-Gaulle
Tél. : 03 89 36 29 39. Fax : 03 89 36 29 49
96 ch. 695-520 F
Menus : 50 F (enf.), 78-145 F

Face à la gare, ce maillon de chaîne offre chambres fonctionnelles, assez vastes à tarif sage. L'accueil est tout sourire. La situation, à deux pas du centre, est idéale. Bar le Torpédo et restaurant le Cabriolet.

Salvator

29, passage Central/7, rue Pasteur
Tél. : 03 89 45 28 32. Fax : 03 89 56 49 59
39 ch. 200-330 F

Entièrement rénové, pourvu d'un ascenseur « bulle », ce petit hôtel familial offre des chambres coquettes et bien aménagées, près des rues piétonnières. Buffet petit déjeuner, parking privé, plateau TV à toute heure, accueil adorable.

Tulip Inn

15, rue Lambert
Cour et place des Maréchaux
Tél. 03 89 66 44 77. Fax 03 89 46 30 66
60 ch. 360-460 F

Moderne et entièrement rénové dans un quartier piétonnier du centre, cet hôtel fonctionnel proposent des chambres-bureaux d'honnête confort. Espace-forme (sauna, hammam), parking sous l'hôtel.

A 68720 Froeningen : 7 km S.-O. par D8

Auberge de Froeningen

2, rte d'Illfurth
Tél. : 03 89 25 48 48. Fax : 03 89 25 57 33
Fermé dim. soir et lundi, 7-29 janvier, 14-28 août
7 ch. 325-400 F
Menus : 65 F (enf.) 80 F (déj.), 135-360 F.
Carte : 300 F

Cette table raffinée, offre, à la porte du Sundgau, sept chambres minuscules, mais coquettes. La famille Renner accueille comme à la maison, et les petits déjeuners (dont le kougelhopf) sont délicieux.

A 68390 Sausheim : 6 km N.-E. par N422A

Mercure-Ile Napoléon

Tél. : 03 89 61 87 87. Fax : 03 89 61 88 40
100 ch. 495-595 F
Menus : 58 F (enf.), 119-150 F

Au cœur d'une zone économique stratégique, un blockhaus fonctionnel avec piscine et tennis. Les chambres sont vastes, l'accueil souriant, l'environnement pas folichon, mais calme.

Restaurants

La Poste/Kieny

7, rue du Gal-de-Gaulle, à 68400 Riedisheim : 2 km (hors plan)
Tél. : 03 89 44 07 71. Fax : 03 89 64 32 79
Fermé dim. soir, lundi, mardi midi, vac. févr. et 31 juil.-22 août.
Menus: 135 (déj.)-420F. Carte: 450F.

Le plus brillant des chefs mulhousiens ? Jean-Marc Kieny, bien sûr, dans le proche faubourg de Riedisheim qui a donné un tour neuf à une maison dont il représente la sixième génération aux fourneaux. Ce rigoureux élève de Lameloise et Stucki mêle savamment terroir et épices, légumes au fil des saisons avec les meilleurs produits d'ici et d'ailleurs. On goûtera la tarte friande de foie d'oie chaud avec son caramel « décuit » au gewurz, les escargots de légumes (version à lui des fleischnecke) aux écrevisses, le turbot juste cuit à l'embeurrée de girolles avec sa brochette d'abats, le sandre braisé au beurre de genièvre avec son nem à la choucroute, la goujonette de sole vapeur avec sa polentina au chorizo grillé et sa crème réduite au parmesan, le mignon de veau du Limousin aux pointes d'asperges avec leur jus à la badiane qui possèdent une touche sudiste fraîche, vive, jouant les prouesses agiles sur le mode de la mise à jour des recettes anciennes, le tout demeurant d'une finesse sans faille. Un repas ici en mini-portions dégustations atteint au sublime avec des desserts qui ne pèsent pas : planchette de chocolat où mousse et cacao s'en donnent à cœur joie, soufflé de fromage blanc sur un bouillon glacé aux pêches jaunes. Ajoutez y un service précis, prompt, sous la houlette de la jeune et jolie Madame Kieny, un choix de vins en rapport dans une discrète maison boisée qui a su garder son caractère et vous aurez le portrait d'une demeure de tradition bien de son temps.

Auberge de la Tonnelle

61, rue du Mal-Joffre à 68400 Riedisheim : 2 km
Tél. : 03 89 54 25 77. Fax : 03 89 64 29 85
Fermé mardi soir, mercr.
Menus : 130 F (déj.), 185-235 F. Carte : 300 F

Depuis que Jean-Marie Hirtzlin s'est mis à faire du bistrot de luxe, cet élève de Bocuse et Vergé, fait un tabac à feu continu. On se bat pour une table dans la plaisante auberge de ce sundgauvien pur jus, qui joue la décontraction heureuse, le service amical, l'accueil au petit point. La cuisine demeure rivée sur la ligne bleue de la qualité : friture de carpe du Sundgau, florentine de brochet – légère et fraîche, comme la plus exquise des quenelles –, crémeuse soupe de moules, dos de sandre en croûte de pommes de terre et vin rouge, fricassée de volaille à la crème et au riesling, figues fraîches rôties à la cannelle et parfaite crème brûlée à la cassonade. Belle carte des vins, accueil adorable de la souriante Mme Hirtzlin.

Le Steinbach

A l'Hôtel du Parc
26, rue de la Sinne
Tél. : 03 89 66 12 22. Fax : 03 89 66 42 44
Fermé sam. midi, dim. soir, lundi, 21 août-10 sept.
Menus: 180 (déj., vin c.), 290-380F.
Carte: 350-500F.

La salle genre brasserie Art déco revisitée sur le mode du charme, la jeune maîtresse d'hôtel qui a réponse à tout et demeure incollable sur les produits de la région, la carte qui épouse les saisons : voilà ce qui plaît dans le restaurant du plus bel hôtel de la ville. Terrine de foie gras de canard mi-cuit aux poires épicées, crèmes d'orties et grenouilles aux herbes, lotte en médaillon sur son risotto d'orge perlé au parmesan, cuisse de lapin au jus de baeckofe et petit chou de farci de girolles et foie gras, que mitonne avec un soin louable le jeune vosgien Stéphane Mongeolle.

Le Belvédère

80, av. de la 1re-D.-B. (entrée supérieure du zoo)
Tél. : 03 89 44 18 79
Fermé dim. soir, lundi soir, mardi, fin août-début sept.
Menus : 165-240 F. Carte : 220-300 F

A l'entrée du jardin zoologique, à deux pas de la forêt de Tannenwald, cette demeure bourgeoise permet un dépaysement de bon aloi. Les tables sont bien mises, la cuisine de Manfred Harréus d'un classicisme bien tenu.

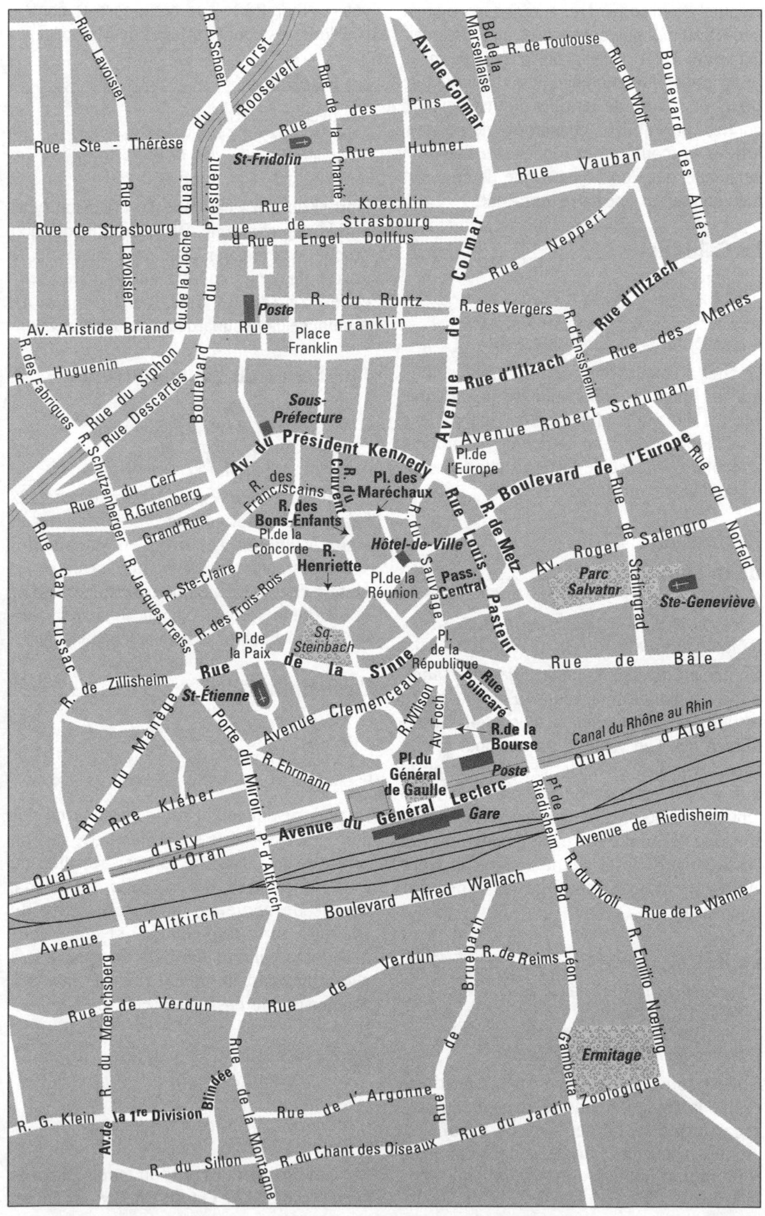

Les cuisses de grenouilles au riesling, le sauté de sandre dijonnaise, le faux-filet aux échalotes et au raifort font des agapes honorables. Service l'été en terrasse ombragée sous les marronniers.

Le Bistrot Poincaré

11, rue R.-Poincaré
Tél.: 03 89 46 00 24. Fax: 03 89 66 07 33
Fermé sam., dim., 3 sem. août
Carte: 200-300 F

Renaud Chabrier, autodidacte inspiré par la cuisine de grand-mère, a repris ce bistrot néo-1900 aux quelques tables bien dressées. On se délecte ici sans façons d'œufs en meurette, cailles façon grenouilles, «bavarde» de bœuf et salade de lentilles, joues de porc confites puis grillées, choucroute de poisson, lotte à la moutarde et rognons de lapin en persillade, que l'on accompagne de crus fort bien choisis sur une carte tentatrice.

Le Cabriolet

Au Mercure-Centre
4, pl. du Gal-de-Gaulle
Tél.: 03 89 36 29 39. Fax: 03 89 36 29 49
Menus: 74-145 F. Carte: 200-250 F

Le chef a changé dans ce restaurant d'hôtel qui fait dans le rapport qualité-prix soigné. Mais, à dire vrai, nul ne s'en est aperçu. Foie gras de canard maison, terrine de canard aux abricots, cassoulet de lotte au chorizo sont d'une probité sans faille.

Restaurant de la Tour de l'Europe

3, bd de l'Europe
Tél.: 03 89 45 12 14. Fax: 03 89 56 18 28
Menus: 98 F (déj.), 130-250 F. Carte: 200-250 F

Un ancien de chez Gagnaire, Gérard Walter, a mis un peu de tonus dans la cuisine de ce restaurant panoramique sous gestion suisse. Si bien que l'on vient ici autant pour la vue depuis les baies vitrées (et la salle tournante) que pour le tartare de saumon confit, le croustillant de pied de porc au vinaigre balsamique, le sandre sur lit de choucroute ou l'osso buco de lotte que la vue sur la Forêt Noire, les Vosges et même les Alpes par temps clair.

Le Rétro

Buffet de la gare
14, av. du Gal-Leclerc
Tél.: 03 89 56 16 45. Fax: 03 89 46 54 15
Menus: 75-100 F. Carte: 200-250 F

Ouvert tous les jours, ce buffet pratique exalte la tradition sans se hausser du col: escargots à la sauge, filet de bœuf aux morilles, choucroute royale, kougelhopf glacé font preuve d'un professionnalisme sans faille.

La Tour de Jade

Centre Europe, 3 rue de Metz
Tél.: 03 89 66 10 18. Fax: 03 89 66 00 79
Fermé lundi
Menus: 55 F (déj.), 95 F, 228 F (pour 2). Carte: 140 F

Ok Sim Nang propose les raviolis vapeur sur le mode cantonais, les nems indochinois, les soupes thaïlandaises aux fruits de mer avec un soin égal. Les calmars en beignets, travers de porc laqués, poulet au basilic sur plat chauffant et vermicelles au curry sont d'une vraie délicatesse. Ajoutez-y les prix sages et vous comprendrez que cette adresse constitue l'une des bonnes affaires de Mulhouse.

La Bûcherie

2, avenue Kennedy
Tél.: 03 89 42 12 51. Fax: 03 89 43 07 47
Fermé sam. midi, dim., févr., 1er-15 juil.
Menus: 99-145 F. Carte: 200-250 F

Pierre Kubler n'a pas varié d'un iota son sympathique programme. De belles grillades à la broche jouxtent des plats sans façons (pâté en croûte, œufs cocotte aux morilles, sardines au feu de bois, confit maison). Ambiance campagnarde au cœur de la ville.

Aux Caves du Vieux Couvent

23, rue du Couvent
Tél.: 03 89 46 28 79. Fax: 03 89 66 47 87
Fermé dim. soir, lundi
Menus: 57 F (déj.)-150 F (vin c.). Carte: 150 F

Ce caveau à fresques, qui sert en terrasse aux beaux jours, donne une idée plaisante du vieux Mulhouse. Les salles en enfilade, les serveuses accortes, l'ambiance locale et les plats à l'unisson jouent le régionalisme strict et bien tenu. Tarte à l'oignon, sürlawerla, fleischnacka, choucroute se mangent sans faim.

Zum Mehlala

7, rue d'Illzach
Tél.: 03 89 59 41 32
Fermé lundi, 1er-15 janv.
Menu (déj.): 59 F. Carte: 120 F

La plus rustiquement mulhousienne de nos adresses, c'est cette salle champêtre où l'on sert avec gentillesse les solides spécialités du cru: fleischnacka, lawerknepfla, sürlawerla, salade de cervelas, choucroute dite du «voyou», tarte aux pommes et glace cannelle, sans parler d'une tarte flambée, qui, à elle seule, vaut la halte. L'edel de Rabold à Ammerschwihr passe tout seul.

Le Petit Zinc

15, rue des Bons-Enfants
Tél.: 03 89 46 36 78
Fermé dim., 1er-22 août, 24 déc.-3 janv.
Carte: 150-200 F

Myriam Weil sert des plats du terroir mitonnés avec précision par Claude Gresser, un ancien de feu le Moulin du Kaegy. Le potage de pois cassé à la saucisse de Montbéliard, la salade de choucroute aux cervelas grillés, le pickelfleisch — poitrine de bœuf salée à la juive — les harengs à la crème, le pâté en croûte, le suprême de volaille au riesling et la tarte au fromage blanc sont d'une qualité constante, malgré l'affluence et les horaires tardifs. Carte des vins où l'on trouve son bonheur à bon prix.

Winstub Henriette

9, rue Henriette
Tél. : 03 89 46 27 83. Fax : 03 89 42 81 25
Fermé dim.
Menus : 60 F (déj.), 90 F. Carte : 150-200 F

Marie-Christine Musslin veille avec soin sur la salle en longueur assez chaleureuse avec son bar, ses boiseries et ses banquettes. Les mets de terroir sont d'une franchise de goût irréprochable : tarte à l'oignon, fleischnacka, tête de veau, quenelles de foie, sürlawerla, palette, strudel et nougat glacé, mais aussi grillades et poissons selon l'ardoise du jour. Les petits vins en pichet comme les grands crus conseillés avec discrétion attirent le meilleur monde de la ville.

A 68110 Illzach-Modenheim : à 5 km N. par D422

La Closerie

Ile Napoléon, 6, rue Henry-de-Crousaz
Tél. : 03 89 61 88 00. Fax : 03 89 61 95 49
Fermé sam. midi., dim., lundi soir, 13 juil-2 août, Noël-Nvel An
Menus : 235-335 F. Carte : 300-400 F

Cette maison de maître, perdue dans une zone industrielle, ne manque pas de charme. L'accueil est adorable, l'atmosphère cosy. Quant à la cuisine d'Hubert Beyrath, formé jadis au Fouquet's et chez Lucas Carton à l'école classique, elle est séductrice juste ce qu'il faut. Poêlée de champignons, croustillant de langoustines, gigot de lotte en bouillon crémeux, volaille de Bresse avec son jus à l'estragon, délice aux framboises et glace Plombières dénotent un joli savoir-faire.

A 68170 Rixheim : 6 km S.-E. par D66

Le Manoir

65, av. du Gal-de-Gaulle
Tél. : 03 89 31 88 88. Fax : 03 89 31 88 89
Fermé dim., lundi, 13-29 févr., 23 juil-15 août
Menus : 200 F (déj.), 290-510 F. Carte : 450-600 F

Cette maison blanche 1900 dans son parc est la dernière belle adresse de la banlieue mulhousienne. Le décor sobre dans les tons jaune, blanc et noir, est d'une grande élégance. Le foie chaud aux pommes et chou blanc, les langoustines panées aux graines de sésame, l'agneau rôti au fenouil confit, le rognon de veau sur un risotto (superbe) sont très prometteurs. Voilà, à l'évidence, un talent à suivre.

Produits

ARTS DE LA TABLE

La Boutique du Musée de l'Impression sur Étoffes

6, passage de l'Hôtel-de-Ville
Tél. : 03 89 46 61 77. Fax : 03 89 66 35 32

Juste derrière la place de la Réunion, cette ambassade du beau tissu d'ici propose nappes, napperons, « carré Hansi », reproduits d'après les modèles conservés au musée.

Muller-Ott

10, rue Henriette
Tél. : 03 89 45 30 93. Fax : 03 89 45 41 74

Les carafes d'Hartzwiller, de Baccarat ou de Sèvres, les assiettes de Bernardaud et couverts de Christofle se retrouvent à prix raisonnables dans cette boutique du centre.

BOUCHER

Habegger

151, rue de Bâle.
Tél. : 03 89 44 41 38

Cette vaste échoppe moderne offre le meilleur des pâturages français : veau fermier du Limousin, côte de bœuf de Charolais. Lard fumé maison, palette et saucisses sortis des labos familiaux sont également recommandables.

BOULANGERS

Diebold

18, pl. de la Réunion.
9, rue de Provence
Tél. : 03 89 44 52 45. Fax : 03 89 44 71 32

Mathieu Diebold mitonne avec art pain au sésame, pavot, noix et raisins, seigle et bière de qualité grande. Linzer et compote de pommes, kougelhopf et streussel complètent sa gamme.

Wilson

10, rue Wilson.
Tél. : 03 89 45 49 68

Les croissants divins, aux amandes, à la noix de coco, aux noisettes, à la framboise, font la réputation justifiée de la demeure. Pain aux noix ou vigneron (raisin, noisette, amandes), mini-streusel aux pommes, strudel, tartelette aux noix, succulente tarte au citron sont de première force.

BRETZELS

Au Bretzel Chaud

176, rue de Belfort. Tél. : 03 89 42 39 24 04
41, rue du Sauvage. Tél. : 03 89 46 65 22

Empereur du bretzel mulhousien, Paul Poulaillon les sert frais et ses moricettes en pâte à bretzel, au saumon, jambon cru ou gruyère, sont les sandwichs les plus délicieux du monde.

CHARCUTIERS

CCA La Charcuterie Alsacienne

13, rue du Marché/cour des Maréchaux
Tél. : 03 89 66 57 50

Rachetée par Tempé, cette maison mulhousienne propose, dans une jolie déco polychrome, cervelas, bierwurst, knacks dodus, choucroute et plats chauds à emporter.

Maurer frères

42, rue du Sauvage. Tél. : 03 89 45 15 36
24, rue du Sauvage. Tél. : 03 89 45 82 54

Les pâtés en croûte, jambon fumé, saucisse, foie gras et kassler font plaisir chez Maurer, qui offre un bon rapport qualité-prix.

Tempé

16, rue de l'Ile-Napoléon. Tél. : 03 89 44 45 68
Bd des Nations. Tél. : 03 89 42 74 91

Géant de la charcuterie mulhousienne (il a racheté CCA et se développe à Paris à l'enseigne de Schmid), il propose jambon fumé, knacks, viennoises, lard paysan, saucisse de foie, galantine pistachée et cervelas de qualité suivie. Côté viandes, veau de Corrèze, côte de bœuf charolais, volaille de Bresse et agneau du Poitou sont ici chez eux.

EPICIER

Herboristerie Egloff

19, rue Henriette
Tél. : 03 89 46 53 35

Cette échoppe propose cent herbes rares : feuilles de ronce, barbe de maïs, pensée sauvage, anis, oranger, fenouil ou cumin. Les bocaux de verre avec paprika et graine de moutarde, curry, aneth, poivre blanc font de jolis accessoires de cuisine.

FROMAGER

Au Bouton d'Or

5, place de la Réunion
Tél. : 03 89 45 50 17. Fax : 03 89 45 34 99

Jean-Marie Heine est le numéro un de sa profession en Alsace avec Bernard Antony, son voisin de Vieux-Ferrette. Vieux gruyère, beaufort incomparable, comté fruité du Haut-Jura, admirable saint-marcellin sont quelques-unes de ses passions, avec quatre-vingts sortes de fromages fermiers, un livarot à se pâmer ou un munster crémeux à cœur.

PÂTISSIERS

Carlos

26, rue Engel-Dollfus
Tél. : 03 89 42 16 06. Fax : 03 89 43 30 26

Les chocolats mi-amers, pâtes d'amande artisanales, tartes aux fruits et entremets de qualité font la réputation de la maison. Exquis gâteau aux trois chocolats et tartelettes aux pralines.

Claude Helfter

27, passage Central
Tél. : 03 89 56 00 88. Fax : 03 89 56 00 88

Les pâtisseries classiques (opéra, guanaja, arlequin, fedora au fromage blanc), confitures, pâtes d'amandes, articles touristiques (roues de Mulhouse, tour du Bollwerk) font bon ménage avec les créations du jour. Feuilletine praliné-vanille et mille-feuille chocolat sont des réussites. Le panettone, pain aux fruits confits à l'italienne, fait un tabac à Noël.

Jacques

50-52, av. d'Altkirch
Tél. : 03 89 44 27 32. Fax : 03 89 44 86 84
1, place de la Réunion
Tél. : 03 89 66 45 46

Pape des « relais-desserts », roi de la ganache, Lenôtre mulhousien, Gérard Bannwarth est l'une des vedettes gourmandes de la région. Chocolats, truffes, pralinés, pâtes d'amandes, saint-honoré, ambre, acapulco, cardinal ou écureuil, royal au chocolat et à l'orange, caraïbe meringué aux noisettes ou « prince » aux amandes chocolatées prouvent son savoir-faire.

Laurent Kieny

3, rue du Gal-de-Gaulle, à Riedisheim
Tél. : 03 89 54 04 99

Élève de Peltier et frère de Jean-Marc, maestro de la Poste, Laurent Kieny a fait de cette pâtisserie rutilante un petit temple de la qualité sucrée : riches ganaches (chocolat-réglisse, riz soufflé, pain d'épice et pâte de fruit), tarte suédoise aux pommes, rituel kougelhopf, gâteau au chocolat noir, délices aux pralines sont du travail d'orfèvre.

POISSONNIER

Lang

12, rue Mercière
Tél. : 03 89 45 79 00. Fax : 03 89 45 54 02

Serge Veidig se voue ici au meilleur de la mer. Crustacés vivants, huîtres de pleine mer, arrivage journalier de l'Atlantique et de la mer du Nord sont au programme. Le service traiteur (soufflé de brochet, paella, lotte à l'américaine, bouillabaisse) a belle allure.

PRIMEURS

Les Petites Halles

22, rue du Sauvage
Tél. : 03 89 56 50 82

Plein centre, les étals remplis de fruits et légumes d'une fraîcheur exquise font plaisir à voir. On trouve là une fière sélection de fruits exotiques et d'herbes diverses. Sympathique rayon crémerie. L'accueil est aussi souriant que professionnel.

PRODUITS ÉTRANGERS

Au Village Italien

34, rue Henriette
Tél. : 03 89 56 27 72. Fax : 03 89 61 79 44

Pâtes fraîches maison, raviolis au basilic, jambon, fruits de mer, foie gras sont mitonnés par Catherine Gredy et Franka Bestito qui reçoivent dans une ambiance méridionale. La charcuterie italienne et la sélection de chianti, brunello ou valpolicella font prendre ce bout du centre mulhousien pour un coin de l'Ombrie.

A la Ville de Trieste

58, av. du Pdt-Kennedy
Tél. : 03 89 59 52 55. Fax : 03 89 42 10 91

Riche sélection de jambons (San Daniele de 18 mois, Parme non pressé), vins de la Botte, pâtes de De Cecco, raviolis maison, cannelloni à la ricotta et mousse de basilic, lasagne aux fruits de mer, belles huiles d'olive, vieux parmesan de deux ans, vinaigre de Modène valent le déplacement.

TORRÉFACTEUR

Au Bon Nègre

22, rue du Sauvage
Tél. : 03 89 45 15 13/03 89 41 25 32

Cafés, thés, confitures, jolies boîtes sont proposés avec gentillesse dans cette échoppe aux distributeurs en cuivre dignes d'antiquaire. Dégustation sur place.

TRAITEUR

Le Lutèce

11-13, passage Central. Tél. : 03 89 56 44 66

Pascal Rietsch, qui a fait ses classes chez Haeberlin, Bocuse, Guérard, Boyer, renouvelle la tradition avec art. Velouté de cuisses de grenouilles, soufflé de saint-jacques et écrevisses, canard farci aux cèpes et foie gras sont quelques-uns de ses bons tours.

Rendez-vous

BARS

Le Charlie's Bar

A l'Hôtel du Parc, 26, rue de la Sinne
Tél. : 03 89 66 12 22

Ce bar Arts déco est le rendez-vous le plus chic de la ville, face au théâtre. Le Tout-Mulhouse et les voyageurs cosmopolites refont le monde devant une coupe de champagne, tandis le pianiste se laisse emporter par son piano.

BARS À BIÈRES

Gambrinus

5, rue des Franciscains
Tél. : 03 89 66 18 65. Fax : 03 87 66 42 10

Le numéro un des bars à bières d'Alsace, c'est cette taverne avec façade fleurie, enseigne de fer forgé, batterie de tireuses d'où sortent trente pressions. La carte des bières en bouteille annonce le chiffre de 1 001 unités.

O'Brian

5, pl. des Victoires/angle rue du Sauvage
Tél./fax : 03 89 56 25 58

Le cadre boisé, le bar avec ses six pressions correctement tirées, le service en étage et les petits plats sur le pouce font les petits plaisirs de la jeunesse mulhousienne.

CAFÉS

Le Guillaume-Tell

Place de la Réunion. Tél. : 03 89 66 32 22

Café expresso, bières pression et plats vite faits dans un cadre rénové : voilà ce que propose cette maison historique, juste derrière l'hôtel de ville.

Le Moll

6, place de la République. Tél. : 03 89 66 25 62

L'été, la terrasse avec vue sur la place aux colonnades Charles X est un bonheur. Café serré ou bière peuvent se prendre au comptoir en grignotant une moricette.

SALONS DE THÉ

Café Viennois

7, rue Henriette
Tél. : 03 89 66 07 54

Apfelstrudel, linzertorte et sachertorte se dégustent dans ce salon de bois polychrome. De petits plats (tarte flambée, fleischnacka) complètent la gamme à l'heure du déjeuner. Accueil gentil tout plein.

Claude Helfter

27, passage Central
Tél./fax : 03 89 56 00 88

Odile reçoit avec le sourire et ses serveuses proposent avec application les créations de Claude Helfter. Entremets glacés, gâteaux au chocolat et viennoiseries sont à fondre.

Le Lutèce

11-13, passage Central
Tél. : 03 89 56 44 66

Ce traiteur chic fait salon de thé dans le style viennois. Les serveuses ont le sourire, le streussel aux pommes, le succès au chocolat et les leckerli maison sont délicieux. Les petits plats du midi (pâté chaud feuilleté, cassolette de ris de veau, baeckoffe de homard), se mangent avec délices.

Munchhausen : voir Lauterbourg

 *indique un hôtel au calme.*

Munster

68140 Haut-Rhin. Paris 443 – Colmar 19 – Mulhouse 57 – Strasbourg 89 – St-Dié 53.

La grande ville protestante s'est relevée de la guerre sans perdre son cachet austère. Voilà l'ouverture sur les sentes proches, la vallée, les pâturages et les forêts.

Hôtels–restaurants

Hôtel Verte Vallée

10, rue Alfred-Hartmann
Tél.: 03 89 77 15 15. Fax: 03 89 77 17 40
Fermé 5-25 janv.
107 ch. 460-630 F. 1/2 pens. 395 F
Menus: 70 F (enf.) 95-270 F. Carte: 200-250 F

Moderne et de grand confort, ce complexe avec chambres claires, piscine, hammam, bain bouillonnant, sauna, joue la remise en forme sans oublier la gourmandise. Yvon Gauthier, qui fut sommelier à Monaco chez son beau-frère Dominique Le Stanc (aujourd'hui à la Meranda niçoise), a bâti une carte des vins qui est un monument et fait voyager dans tous les vignobles sans causer la ruine. Les menus, sous la houlette du chef Patrick Kempf, sont malins tout pleins: velouté de lentilles aux saint-jacques poêlées, lotte rôtie au lard et parmesan, grenadin de veau aux champignons, pavé d'ananas rôti avec glace au kirsch sont quelques-uns des bons tours qui se mijotent ici. Grand parc pour le repos.

La Cigogne

4, pl. du Marché
Tél.: 03 89 77 32 27. Fax: 03 89 77 54 50
Fermé (rest.) dim.
17 ch. 290-350 F. 3 appart. 450-600 F
Menus: 95-165 F. Carte: 150-250 F

L'actif M. Hoffmann a donné un nouveau souffle à cette demeure sise face à l'hôtel de ville. Les chambres ont été partiellement rénovées et la cuisine joue la tradition rajeunie: escargots à la crème de persil, terrine de gibier, presskopf, saumon croustillant sur lit de choucroute sont servis dans une ambiance de brasserie traditionnelle.

A l'Alsacienne

1, rue du Dôme
Tél.: 03 89 77 43 49. Fax: 03 89 77 58 52
Fermé mardi soir, mercr. (hs), 10 jrs juin, 10 jrs nov.
Menus: 45 F (déj.)-180 F. Carte: 160 F

La maison est débonnaire, sert tard, offre une ambiance de brasserie décontractée et Etienne Claudepierre, ancien du Bas-Bréau à Barbizon, mitonne une cuisine gentiment canaille. Terrine de coq au foie gras, filet de sandre et poireaux aux morilles, pied de porc farci, gibier en saison sont tarifés avec gentillesse.

La Schlitte

7, rue de la République
Tél.: 03 89 77 50 35. Fax: 03 89 77 19 35
Fermé lundi, mardi soir, 15 jrs juin, 1re sem. janv.
Menus: 90-125 F. Carte: 120-200 F

Cette maison d'angle décorée sur le thème des traîneaux et du travail du bois a été reprise par Delmina et Bruno Savary qui accueillent avec gentillesse et servent avec le sourire tourte de la vallée, veau aux girolles, palette au raifort et plats du marché avec alacrité.

A 68230 Wihr-au-Val: 6 km sur D417 E.

La Nouvelle Auberge

9, rte Nationale
Tél.: 03 89 71 07 70. Fax: 03 89 71 0897
Fermé lundi, mardi, vac. Toussaint, févr.
Menus: 38 F (enf.), 50 F (déj.), 98- 265 F
Carte: 200 F

Bernard Leray, formé chez Loiseau à Saulieu, qui fut le lieutenant de Bohrer à Rouffach et chef du Mas des Sources à Malataverne, a fait d'un relais routier une halte de bonne compagnie, à la décoration soignée. L'accueil est gentil tout plein, les vins bien choisis. La cuisine? Pas une surprise, lorsqu'on a suivi l'itinéraire de ce Breton obstiné qui ne transige pas avec le produit. Fait venir, de chez son père, chevillard, les meilleurs quartiers de bœuf et soigne ses préparations avec art. Les cervelas de brochet avec salade de pommes de terre, soupe d'escargots au jus de persil aillé, saumon fumé avec galette de maïs, propositions de poissons (matelote d'anguille à la bière, cabillaud meunière, saumon poêlé à la vinaigrette de lentilles) originales et légères, coquelet au riesling, mignon de porc fumé aux lentilles et pois cassés, les desserts d'enfance (mousse au chocolat noir avec granité à l'orange, nougat glacé): voilà ce qui se distille à travers des menus angéliques, faisant une adresse providentielle.

Produits

BOUCHERS

Daniel Jacquat

44, Grand-Rue. Tél.: 03 89 77 19 36

Tourtes de la vallée, «Malkerbangel» (canne du marcaire) et charcuterie traditionnelle sont mitonnées avec soin dans les ateliers maison. Les meilleures bêtes des provenances de choix (veau limousin, bœuf charolais, porc de Bretagne) sont ici chez elles.

PÂTISSIER–SALON DE THÉ

Gilg

11, Grand-Rue. Tél.: 03 89 77 37 56

La façade en trompe-l'œil et le salon de thé accueillant ont bonne mine. L'essentiel, chez Jean-Paul Gilg, reste la qualité servie, le souci du renouvellement en sus. Les entremets («corail» qui est une macaronade avec crème brûlée et framboises, «mikado» au lait d'amandes, «fraise-rhubarbe» au mascarpone), comme les classiques kougelhopf, vacherin aux mûres sauvages, délice du marcaire aux noix et amandes, vosgien glacé à la myrtille, petit munster chocolatier sont de qualité grande.

Murat

15300 Cantal. Paris 525 – Aurillac 52 – Brioude 59 – St-Flour 24.

Le site de ce bourg perché à 930 mètres, au cœur des monts du Cantal et des volcans d'Auvergne, vaut à lui seul le détour.

Restaurant

Jarousset

4 km par N122, rte de Clermont-Ferrand
Tél.: 04 71 20 10 69. Fax: 04 71 20 15 26
Fermé lundi soir, mercr. sf été, janv.
Menus: 135 F (déj.)-360 F. Carte: 250-350 F

Eliane Andrieu a fait de cette belle auberge au vert, bucolique et coquette, le temple du savoir-recevoir. On prend le temps d'écouter la chanson du pays, en paressant au jardin et l'on choisit, sur une carte alléchante que ce beau pays inspire, entre les propositions au gré du temps et les recettes de toujours réactualisées. Formé chez Régis Marcon, au Cimes de Saint-Bonnet-le-Froid, Stéphane Dubois, un jeune chef au fait de son sujet, pratique ici la symphonie buissonnière des herbes et des chemins. Cela donne la fricassée d'écrevisses avec tomates et basilic, la poignée de cèpes en persillade, le chou farci de langoustines avec son bouillon au pistou, le croustillant de pieds de porc aux lentilles vertes du Puy, le lièvre à la royale à la belle saison du gibier d'automne, enfin de frais desserts glacés fort digestes, qui usent de gentiane ou de verveine du proche Velay.

Murbach

68530 Haut-Rhin. Paris 470 – Strasbourg 103 – Colmar 28 – Mulhouse 26 – Guebwiller 5.

Chemins secrets dans la forêt des Vosges: les sentes flâneuses, l'abbaye romane en grès rose et l'étape gourmande...

Hôtels-restaurants

Saint-Barnabé

Tél.: 03 89 76 92 15. Fax: 03 89 76 67 80
Fermé lundi midi, dim. soir (hs), mercr. midi, 14 janv.-15 mars, 23-26 déc.
24 ch. 450-1 100 F. 1/2 pens. 535-860 F
Menus: 159-398 F (vin c.). carte: 350-400 F

La maison a du charme, avec la proche abbaye dans la forêt, les chambres rénovées et son chalet-annexe. Eric Orban, qui fut jadis le chef d'Isenbourg à Rouffach, connaît la musique. Ses plats sont esthétisants, très vieille-nouvelle cuisine: timbale de saumon fumé avec mousse de grenouilles, foie gras sous toutes ses formes, cabillaud à la vapeur sur mousseline de pommes de terre, turbot à la moelle et crête de coq, mignon de veau en mille-feuille avec sa sauce à la mûre, gigotin de lapereau en pot-au-feu, parfait vanille et coulis de fruits rouges. Les sentiers des Vosges sont là pour la balade qui fait oublier toute velléité critique.

Domaine Langmatt 

A 3 km par rte fléchée
Tél.: 03 89 76 21 12. Fax: 03 89 74 88 77
Fermé (rest.) lundi midi, 6-11 mars
28 ch., 2 appart. 480-720 F
Menus: 120-276 F. Carte: 250-300 F

Au cœur du parc national des Ballons, ce grand chalet avec piscine chauffée, sauna et solarium est une étape au calme. La cuisine joue le régionalisme de bon aloi: truite aux amandes, saumon homardine, civet de lièvre.

Mur-de-Barrez

12600 Aveyron. Paris 575 – Aurillac 39 – Rodez 76 – St-Flour 57.

Le nord de l'Aveyron flirte ici avec le Cantal dans ce bourg aux belles maisons de pierres grises.

Hôtel-restaurant

Auberge du Barrez 

Tél.: 05 65 66 00 76. Fax: 05 65 66 07 98
Fermé janv., dim. (rest.), lundi (hs)
18 ch. 200-490 F. 1/2 pens. 265-345 F
Menus: 50 F (enf.), 67-198 F. Carte: 200 F

Pour rayonner d'Aubrac en Lozère, cette belle auberge au calme de son jardin offre des chambres sobres, modernes, contemporaines, ainsi qu'une fine cuisine qui a le souci d'alléger les traditions du pays. Tarte renversée aux pommes de terre et foie gras, «opus» de chèvre aux poireaux, repris de chez Troisgros, charcuteries du pays, truite au lard, tripous et aligot, lapin farci aux herbes.

Mur-de-Bretagne

22530 Côtes-d'Armor. Paris 458 – St-Brieuc 43 – Guingamp 46 – Pontivy 17.

C'est la Bretagne de l'intérieur, sur la route buissonnière qui mène de Rennes à Quimper. Allez vous mirer dans le lac de Guerlédan.

Hôtel-restaurant

Auberge Grand'Maison

Tél. : 02 96 28 51 10. Fax : 02 96 28 52 30
Fermé dim. soir, lundi, 1er-15 mars, 1er-23 oct.
9 ch. 360-650 F. 1/2 pens. 490-650 F
Menus : 170 F (déj.), 210-450 F. Carte : 350-550 F

Ce vieux relais de la N164 est tenu depuis belle lurette par un vieux « loup de terre », vrai pro des fourneaux, technicien classique, solide et disert, copain des grains, qui raconte comme personne la Bretagne de l'intérieur. Les profiteroles farcies de foie gras sont un de ces bons tours, peaufinés ici depuis quinze ans, mais que l'on goûte comme en reconnaissance, car Jean Guillo, grand voyageur et ambassadeur de sa propre cuisine, l'a fait connaître à toutes les régions. Faites-lui confiance pour un de ces menus dégustation où il brodera sur des thèmes chers : crustacés de Cornouaille, saint-jacques d'Erquy, galette de pommes de terre au maquereau fumé, langoustines au chou et aux oursins, jarret de veau au cidre, fraises de Plougastel en blanc-manger. Raconter Guillo, c'est raconter une part de la Bretagne secrète. Son tournedos de pied de porc joue le côté rustique avec un raffinement de seigneur. Quelques jolies chambres parfaites pour la halte d'un soir, cadre de salle à manger cossue avec jolis bibelots et vieux tableaux.

Mutzig

67190 Bas-Rhin. Paris 478 - Obernai 12 - Strasbourg 28 - Saverne 31.

Une porte fortifiée, la proximité des Vosges et du vin, mais plus, hélas, de la bière dont seule l'enseigne demeure.

Hôtels-restaurants

L'Ours de Mutzig

Pl. de la Fontaine
Tél. 03 88 47 85 56. Fax 03 88 47 85 56
32 ch. 250 F. Carte : 150-250 F

Cette ancienne brasserie devenu hôtel combine des chambres au modernisme standardisé, mais avec piscine, sans omettre un intérieur décoré sur le thème de l'Ours. Une équipe jeune, dynamique et pleine d'idées a su redonner une âme à une maison d'autrefois. Le maître d'hôtel moustachu, que l'on vit au Diana à Moslheim a de l'allant, la carte est alléchante, mitonnée par un chef, Jacques Becker, qui a notamment travaillé chez Ricordeau à Loué et au Puits VI de Kutzenhausen. Tout ici a bonne mine, jouant le rapport qualité-prix fort soigné. Le jambon persillé, la salade mixte, le foie gras frais, les superbes harengs marinés avec pommes tièdes et rémoulade aux herbes, le dos de cabillaud à la ratatouille et son risotto, l'entrecôte grillée sauce Choron, le parfait glacé à la framboise sont alertes. On accompagne le tout d'une Pils de Météor bien amertumée ou d'un pinot noir en pichet, qui sont frais comme l'onde, guillerets comme la demeure.

Hostellerie de la Poste 

4, pl. de la Fontaine
Tél. : 03 88 38 38 38. Fax : 03 88 49 82 05
Fermé (rest.) lundi
19 ch. 210-320 F. 1/2 pens. 280-330 F
Menus : 50 F (déj.), 140-290 F

Avec sa façade fleurie en saison, la maison a de l'allure. Les chambres sont petites, proprettes, la cuisine traditionnelle (saumon à l'oseille, magret de canard aux grains de cassis), sans mauvaise surprise.

Au Nid de Cigogne 

25, rue du 18-Novembre
Tél. : 03 88 38 11 97
Fermé mardi soir, mercr.
Menus : 55 F (déj.), 135-235 F. Carte : 200-300 F

Patrick Esslinger, qui a fait un sérieux apprentissage (Bel Air à Echternach, Moulin de Mougins), a repris la maison paternelle avec allant. Le cadre « vieille Alsace » face à l'ex-brasserie a du charme, avec poêle en faïence, banquettes de bois, ferronneries sur le thème de la vigne. On boit la Mutzig à la pression et l'on cède au plat du jour, à moins de glisser vers la carte élaborée. Parfait de truite à la crème de raifort, presskopf au genièvre, harengs marinés à la crème, mignon de veau pané aux amandes, « nid de cigogne » avec glace aux noisettes, meringue, sauce chocolat, sont quelques-uns des bons standards maison.

Produits

PÂTISSIERS

Keller

33, rue du Mal Foch
Tél. 03 88 38 13 90

Toute la litanie des belles pâtisseries d'Alsace, mitonnés sur le mode classique par un maestro du genre : voilà ce qu'on trouve ici. Streussel, " patate " aux amandes et tartes aux fruits de qualité.

Jean-Pierre Oppé

29, rue du Mal Foch
Tél. 03 88 38 13 21

Le moderne du bon duo pâtissier de Mutzig, c'est le gars Jean-Pierre, fortiche sur les entremets, les mousses chocolat caramélisé (" frou-frou "), fruits rouges ou noisettes (hérisson), sur les glaces et sorbets (sa noix de coco est irrésistible, son parfait plombières avec glace caramel est superbe) comme sur les classiques remis au goût du jour.

N

Najac

12270 Aveyron. Paris 627 – Rodez 76 – Albi 50 – Cahors 86 – Gaillac 49.

Le bonheur d'un village perché au cœur de l'Aveyron des bastides, son château, ses auberges...

Hôtels–restaurants

Domaine de Longcol

A la Fouillade : 8 km N.-E. par D39, D339, D638
Tél. : 05 65 29 63 36. Fax : 05 65 29 64 28
Fermé mi-nov.-mi-févr.
19 ch. 700-900 F
Menus : 210-295 F. Carte : 300-450 F

L'art du cuisinier, chez Francis Cardaillac, s'apparente à celui du conteur et du torero. D'abord parce qu'il raconte son menu du jour d'une voix chantante, ensuite parce qu'il s'empoigne avec le produit pour lui faire rendre un son autre. Le voilà donc, après la Bastide de Saint-Tropez, au Longcol, un ensemble de demeures reconstituées au-dessus d'une boucle de l'Aveyron. C'est un retour au pays. Lui, dont les parents tinrent le Relais de Farro, qui connut la gloire au Tilbury de Marsac-sur-Tarn, est revenu à ses sources. L'Aveyron, c'est son bercail, le pays de Villefranche, son domaine, Longcol, aujourd'hui, le tremplin pour un bel avenir. Relais & Châteaux tendance rustique, le domaine se compose de maisonnettes au toit d'ardoise et de pierre grise, décorées par une antiquaire passionnée par l'Extrême-Orient. Les chambres ne sont pas très vastes, mais pleines de charme. La cour-patio, la piscine, la terrasse s'inscrivent dans le paysage. On goûte à la piperade au lard paysan avec ses calmars et pois gourmands, au marbré de foie de canard et pigeon confit, au croustillant de pied de porc aux champignons, au sandre rôti aux poireaux et tétragone, au filet de veau à la broche avec pommes purée à l'huile d'olive, au carré d'agneau avec galette d'aubergines, au feuilleté caramélisé à la rhubarbe et jus de cerises, au pain perdu à l'ananas et coulis de kiwi, laissant simplement le temps filer, la vie se faire douce, les heures suaves.

L'Oustal del Barry

Tél. : 05 65 29 74 32. Fax : 05 65 29 75 32
Fermé mi-nov.-mi-mars, (rest.) lundi été, mardi midi
20 ch. 280-400 F. 1/2 pens. 360-385 F
Menus : 70 F (enf.), 100 F (déj.), 130-260 F

Catherine Miquel, bonne fée, veille sur cette demeure de caractère aux chambres simples, à la table soignée, près du château. La jeune équipe de cuisine, que forma jadis feu son mari Jean-Pierre, joue une partition proche de celle d'un Bras à Laguiole ou encore des sœurs Fagegaltier à Belcastel. La tarte aux cèpes, la persillade de pieds de porc, le feuilleté à la crème de roquefort, la pintade fermière en coque de chou, l'astet najacois (le filet de porc fermier farci d'ail et persil) qu'escorte l'aligot, la feuillantine aux fraises parfumées, le parfait glacé à la pulpe de figues sèchées racontent la saga paisible des traditions et des chemins du pays. Ils s'accompagnent de vins choisis avec grâce : gaillac de Rotier, cuvée Passion de la cave de Técou, syrah du sorcier Plageoles. Le menu à 130 F est un cadeau. La maison une aubaine, qui ouvre grandes les portes de l'Aveyron, de ses sentiers profonds, de ses ruines haut perchées comme de nobles balises dans le paysage.

Nancy

54000 Meurthe-et-Moselle. Paris 307 – Chaumont 118 – Dijon 217 – Metz 57 – Reims 194 – Strasbourg 151.

Office du Tourisme : 14, pl. Stanislas
Tél. : 03 83 35 22 41. Fax : 03 83 35 90 10

Nancy la ducale est une gourmande bonhomme. Il fait bon se hasarder sous sa halle où les étals de volailler, fromager, maraîcher, charcutier, indiquent un petit Lyon. La ville sait se faire grandiose, autour de la place Stanislas aux grilles d'or, bourgeoise aux abords des maisons Art nouveau, et vertueusement conviviale dans les bistrots en lisière de Saint-Epvre. La rue des Maréchaux est dite « rue gourmande », car elle est tout entière dédiée aux commerces de bouche. Ses jeunes chefs renouvellent l'art lorrain de la bonne chère, sans omettre les traditions qui se nomment bergamote ou quenelle, fumaisons ou grenouilles. Le gourmet Stanislas Leczinski serait heureux s'il revenait aujourd'hui dans sa ville.

Hôtels

Grand Hôtel de la Reine

2, pl. Stanislas
Tél. : 03 83 35 03 01. Fax : 03 83 32 86 04
48 ch. 830-1 600 F

Sur l'une des plus belles places de France, dans l'ancien palais de Stanislas duc de Lorraine, cette halte de charme aux airs d'ancien palace vaut par les vues depuis les chambres du dernier étage, fort joliment meublées et rénovées, les salons nobles et l'escalier majestueux. Bar nocturne près du théâtre et restaurant Stanislas de qualité (Voir restaurant «Stanislas» ci-dessous.)

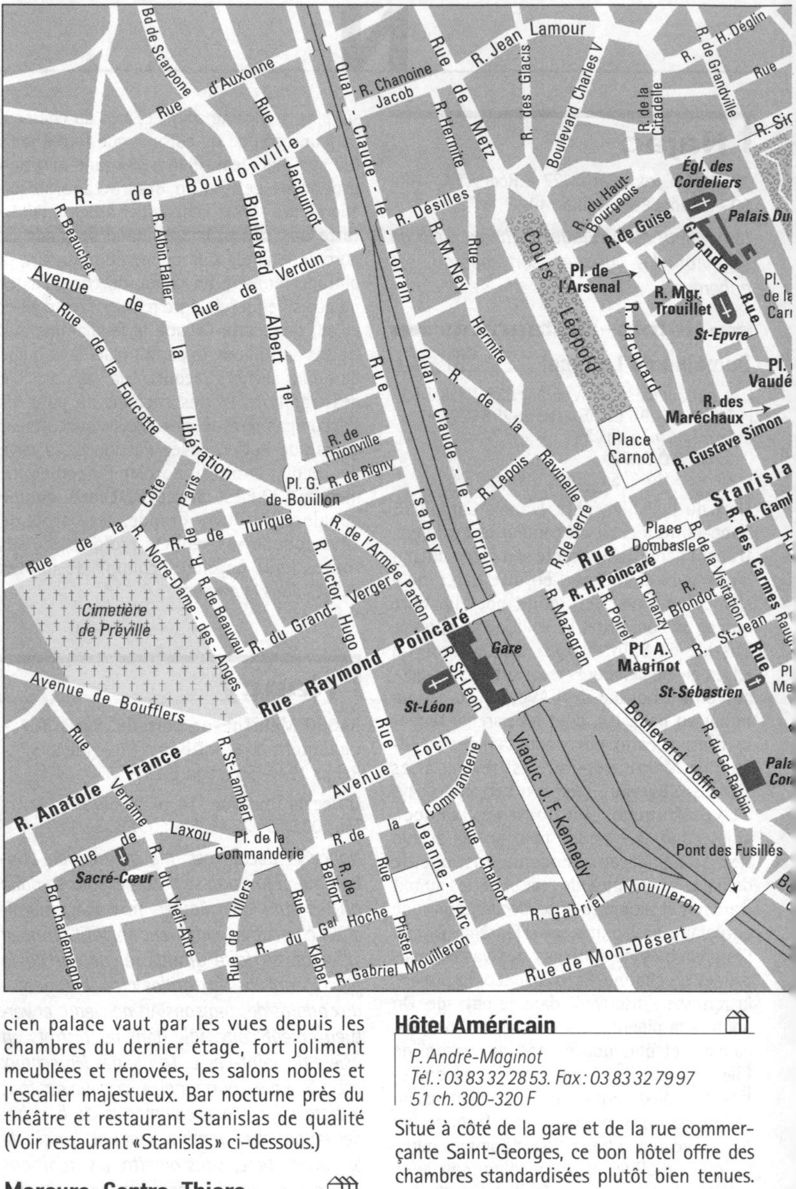

Mercure-Centre-Thiers

11, rue Raymond-Poincaré
Tél.: 03 83 39 75 75. Fax: 03 83 32 78 17
192 ch. 455-655 F
Le Rendez-vous, menus: 60 F (enf.), 92 F (déj.)-127 F
La Toison d'Or, fermé sam. midi, dim. soir, 14 juil.-28 août
Menu: 160 F. Carte: 300-400 F

Moderne et de très bon confort, cet hôtel dans une tour face à la gare propose un hall de réception vaste et clair, des chambres fonctionnelles, ainsi qu'une gastronomie soignée sous deux formules différentes.

Hôtel Américain

P. André-Maginot
Tél.: 03 83 32 28 53. Fax: 03 83 32 79 97
51 ch. 300-320 F

Situé à côté de la gare et de la rue commerçante Saint-Georges, ce bon hôtel offre des chambres standardisées plutôt bien tenues. Les salles de bains sont étriquées, mais l'ensemble a bonne mine. Le petit déjeuner façon buffet est servi dans une belle cave voûtée.

Mercure Centre Stanislas

5, rue des Carmes
Tél.: 03 83 30 92 60. Fax: 03 83 30 92 92
80 ch. 480-510 F

Comme son nom l'indique, la place Stanislas est à deux pas, mais aussi les rues commerçantes et la gare. On comprendra donc l'avantage du lieu: dans le centre du centre.

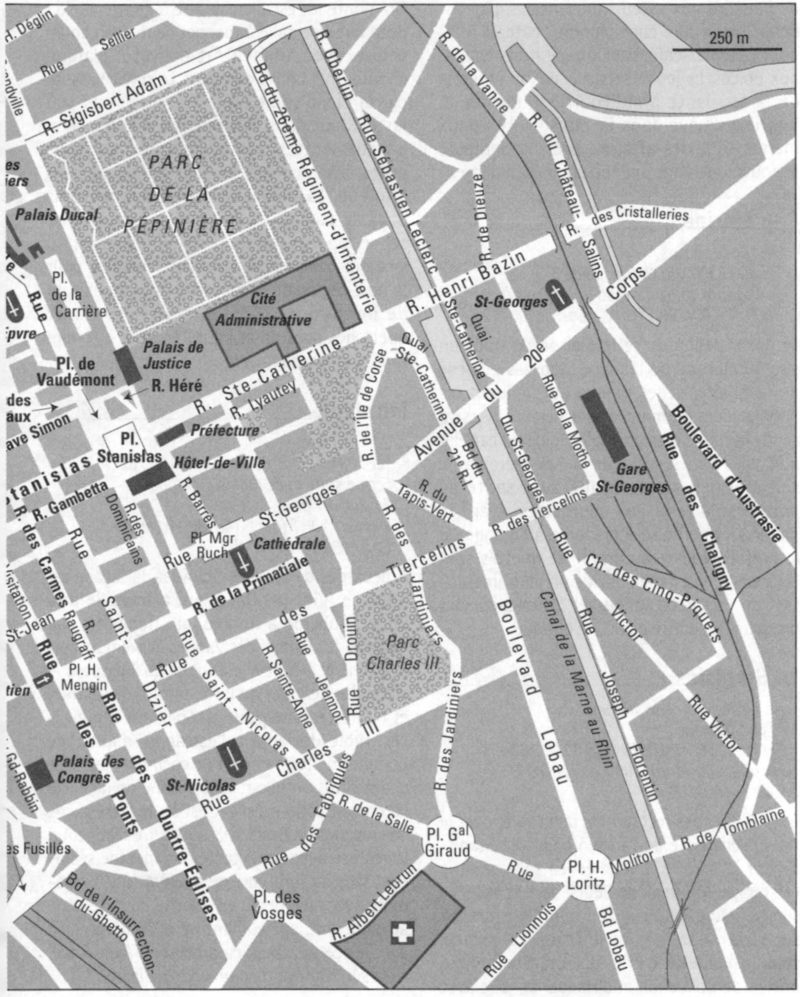

Chambres modernes, pas très grandes, mais tenues avec sérieux et très confortables.

Hôtel de Guise

18, rue de Guise
Tél. : 03 83 32 24 68. Fax : 03 83 35 75 75
12 ch. 125-265 F

Petits prix et charme près du musée lorrain : voilà ce qui vous attend dans cet hôtel bucolique, ancienne demeure aristocratique de la vieille ville. L'escalier monumental du xviiie impressionne, mais les chambres sont parfois simplettes, quoique nettes.

Portes d'Or

21, rue Stanislas
Tél. : 03 83 35 42 34. Fax : 03 83 32 51 41
20 ch. 260-320 F

Hôtel familial, situé dans un quartier historique et gastronomique, ce petit hôtel vaut par ses prix doux et sa tenue nette. La gare est à dix minutes, au bout de la rue. Bon accueil assuré.

Restaurants

Le Capucin Gourmand

31, rue Gambetta
Tél. : 03 83 35 26 98. Fax : 03 83 35 75 32
Fermé dim. soir et lundi
Menus : 150 F (déj.), 220-340 F. Carte : 400 F

Hervé Fourrière, élève de Boyer à Reims, ancien du Véfour, a racheté la maison où il fut apprenti. Son premier atout ? Un décor moderne jouant les chromatismes joyeux mariés aux moulures et stucs. Les meubles design, lustres et lampes soufflées bouche donnent une image dynamique au nouveau Capucin. Côté cuisine, bons produits et traitement net vont l'amble. Et l'on se régale de saint-jacques crues aux truffes, exceptionnel foie chaud aux pommes acidulées, papillote de poissons aux saveurs provençales, pigeonneau juteux aux champignons, gâteau Arlequin chocolat-café, papillote de fruits chauds aux épices. Le jeune service, sous la houlette de la souriante Mme Fourrière, met de la bonne humeur dans la maison. Les deux menus sont des affaires. Bref, la demeure retrouve une âme, une foi, une raison d'être.

Cap Marine

60, rue Stanislas
Tél. : 03 83 37 05 03. Fax : 03 83 37 01 32
Fermé sam. midi, dim., 30 juil.-20 août et fériés
Menus : 140-225 F (vin c.). Carte : 300-420 F

Le décor design de cette maison de tradition sise à deux pas de la place Stanislas possède de la gaieté, et les menus qui incluent les bonnes idées du marché sont des «occases» à saisir. Friture d'éperlans, ratatouille de carrelet aux pois chiches, gratin de filet de mérou avec son chutney, rouget grillé avec sauté de pommes de terre aux courgettes, avant le pannequet de fraise à la crème à l'orange ou le parfait réglisse au gratin de griottes sont bien vus. L'ensemble possède un air primesautier, un tantinet exotique et la fraîcheur des produits ne souffre d'aucune critique.

Le Stanislas

Au Grand Hôtel de la Reine
2, pl. Stanislas
Tél. : 03 83 35 03 01. Fax : 03 83 32 86 04
Menus : 90 F (enf.), 180 F (déj.)-370 F
Carte : 400-500 F

Le plus chic des restaurants de la ville, c'est le rez-de-chaussée de l'ancien palais de Stanislas sur la place à lui dédiée. La salle aristo a été égayée en deux couleurs, vert et rose. Le service jeune est plein d'entrain. L'été, on sert sur la terrasse près du théâtre. La cuisine, sous la houlette d'Eric Cizeron, Stéphanois, ancien de Robuchon et d'Haeberlin, joue avec les meilleurs produits d'ici et d'ailleurs, la finesse et la netteté, même si elle cherche encore ses racines. Epatant foie gras à la vanille, plus banal mille-feuille de saumon mariné en croustillant de pommes de terre, impeccable sole à la purée d'artichaut et d'olives, jolie déclinaison autour de l'agneau. Les desserts lorrains pur cru (soufflé mirabelle, petits babas et mirabelles en plusieurs versions) emballent sans mesure. Belle cave.

Le Grenier à Sel

28, rue Gustave-Simon
Tél. : 03 83 32 31 98. Fax : 03 83 35 32 88
Fermé dim., lundi, 24 juil.-15 août
Menus : 96 F (déj.), 150-280 F. Carte : 300 F

Patrick Fréchin exerçait ses talents en Suisse, au Lausanne-Palace au Cerf à Cossonay, au Beau Rivage à Genève, avant de reprendre un hôtel de charme à deux pas de la monumentale place Carnot. La demeure a du cachet. On monte les escaliers quatre à quatre, et l'on découvre une salle à manger de maison bourgeoise, avec armoire Art nouveau, plafond chantourné, tables espacées. Le service assuré par la blondissime Mme Fréchin est un peu juste. Mais, dans l'assiette, c'est le bonheur. Saveurs nettes, sauces réduites, cuissons justes, avec, en sus, un soin esthétique sans afféterie. La salade de rouget aux poivrons doux, le pannequet de saumon à la fleur de sel, le lapin moelleux dans un jus réduit au vinaigre balsamique avec des fèves, et, pour la note régionale, le macaron royal au parfum de bergamote flanqué d'un sorbet aux quetsches sont de la haute couture culinaire tarifée à prix de raison.

Mirabelle

24, rue Héré
Tél. : 03 83 30 49 69. Fax : 03 83 32 78 93
Fermé sam. midi, dim. soir, lundi,
31 juil.-21 août, 3-9 janv.
Menus : 105 F (déj.), 145-330 F (vin c.)
Carte : 300-400 F

A deux pas de la place Stanislas, la façade est anodine. Vincent Dallé, qui a travaillé à la Bonne Auberge à Antibes, aux Templiers aux Bézards, fut le chef des Vannes à Liverdun, puis d'Adoménil à Lunéville. Tout ce qu'il propose — viennoise de joues de lotte, tartare de saumon et huîtres, sandre poêlé aux oignons caramélisés, râble de lapin à l'estragon, galette de pommes de terre et pied de cochon — est alléchant sur un mode rustico-raffiné dominé. Où ce garçon doué excelle, c'est au registre sucré. Ses ravioles de fruits secs au beurre d'abricot à la réglisse avec son granité à la menthe séduisent sans mesure, comme sa crème à la bergamote avec pain perdu en brioche, sa tarte tiède au chocolat, sa feuillantine au pain d'épice avec glace aux noix caramélisées. Avec Dallé, c'est sûr, Nancy prend un coup de jeune.

Les Agaves

2, rue des Carmes
Tél. : 03 83 32 14 14. Fax : 03 83 37 13 31
Fermé dim. lundi soir, 14-20 août, vac. févr.
Menus : 170-280 F. Carte : 200-250 F

L'Italie en version lorraine, voilà ce que propose Gilles Durand, dans ses Agaves côté Sud. La place Stanislas est à deux pas. Mais avec des antipasti variés et frais, des spaghetti aux vongole, des penne aux girolles et un osso buco à la gremolata, on se dirait à Vérone ou Milan. Clair décor où l'on a vite ses aises.

L'Amandier

24, pl. de l'Arsenal
Tél. : 03 83 32 11 11. Fax : 03 83 32 11 01
Fermé dim., sam. midi, 1er-18 août, 24 déc.-3 janv.
Menus : 149-189 F (vin c.). Carte : 250-300 F

Au cœur de la vieille ville, ce restaurant moderne a bonne mine. L'accueil est chaleureux et la cuisine d'une vivacité non feinte, proposant poêlée de langoustines aux pointes d'asperges, ravioles d'escargots en nage ou cailles désossées à la bière de qualité.

La Chine

31, rue des Ponts
Tél. : 03 83 30 13 89
Fermé dim. soir, lundi, 8-28 août
Menus : 145-185 F. Carte : 200-300 F

Nancéien depuis belle lurette, ce chinois de qualité promeut avec régularité les plaisirs de l'Asie à prix dosés. Dans un cadre exotique soigné, on goûte le potage de crevettes à la citronnelle, le travers de porc caramélisé, le turbot sauce aux huîtres et le vrai canard laqué. Service souriant à l'envi.

L'Excelsior Flo

50, rue H.-Poincaré
Tél. : 03 83 35 24 57. Fax : 03 83 35 18 48
Menus : 48 F (enf.), 119-159 F (vin c.). Carte : 200-250 F

Le décor de ce maillon de chaîne du groupe Flo, face à la gare vaut le voyage. Voilà, peut-être, la plus belle brasserie – 1900 – de France. Plafond haut, stucs, moulures, patères sont superbes. Et le hareng de la Baltique, les huîtres, le tartare, la sole meunière et la choucroute se mangent sans manières.

Les Feuillants

27, rue Gambetta
Tél. : 03 83 35 81 33
Fermé sam. midi, dim. soir, lundi, 1er-15 août
Menus : 120 F, 165 F, 220 F. Carte : 250 F

Ce petit restaurant clair sis à deux pas de la place Stanislas et contigu du Capucin Gourmand joue le rapport qualité-prix sans dommage à travers trois menus bien pondus. Jean-Marc Guyot, autodidacte passionné, joue avec aisance une petite musique sophistiquée, mais sans outrance : rosace de langoustines poêlées et savarin de coquillages au jus d'agrumes, dos de sandre fumé cuisiné au pomerol sur lit de choucroute, rognons de veau flambés au cognac flanqués d'un flan de céleri, tarte renversée pommes-raisins au rhum rafraîchie à la vanille de très bon ton. Accueil adorable.

Mignardise

28, rue Stanislas
Tél. : 03 83 32 20 22. Fax : 03 83 32 19 20
Fermé dim. soir, lundi, mercr. soir, 17-31 juil., vac. Toussaint
Menus : 85 F (déj.), 135-255 F. Carte : 200-300 F

La place Stanislas est toute proche. On se gave ici de cuisine mi-nouvelle, mi-bourgeoise, savoureuse et légère. Ainsi l'osso buco de lotte aux asperges ou l'andouillette de sandre fourrée aux grenouilles qui sont d'amusantes réussites.

Pavillon Anatole

62, av. Anatole-France
Tél. : 03 83 40 63 30. Fax : 03 83 40 63 30
Fermé dim. soir, lundi, sam. midi, 12-19 avr., 2-23 août
Menus : 155-350 F. Carte : 300 F

Ce bon classique nancéien propose une cuisine traditionnelle sérieuse et sans bavure. Les menus sont bien dosés, le cadre soigné. Et les terrines maison, chausson de sandre aux grenouilles, caneton croisé à l'aigre douce, Rossini d'agneau, croquant de mirabelles glace bergamote sont sans épate.

La Toque Blanche

1, rue Mgr-Trouillet
Tél. : 03 83 30 17 20. Fax : 03 83 32 60 24
Fermé dim. soir, lundi, 23 juil.-9 août, 2-7 janv., vac. févr.
Menus : 100-320 F (vin c.). Carte : 300-400 F

Cette maison discrète, sise dans le cœur historique a été reprise par le jeune Bertrand Heckmann, ancien de Senderens et de Boyer. Le décor a été rafraîchi, sur un mode austère et propret, avec salle à l'étage et œuvres d'un peintre local, Nicolas Wiebkehamm. Ainsi les croustillants d'escargots au persil plat et à l'anis vert, feuillantine de saint-jacques aux graines de sésame, marbré de foie gras et céleri, salade de mâche, le sandre au raifort avec chips de betteraves rouges et la pastilla de pieds de porc aux poireaux témoignent d'idées pleines de tonus. Amusant menu-dégustation proposant la palette des idées du moment.

Le Bouchon Lyonnais

15, rue des Maréchaux
Tél. : 03 83 37 55 77. Fax : 03 83 35 28 71
Fermé sam. midi., dim.
Menus : 50 F (enf.), 80-97 F. Carte : 200 F

Comme à Lyon, dans la rue gourmande de la ville, cette demeure modeste propose les classiques du genre, le museau, le saucisson chaud, le tablier de sapeur, l'andouillette beaujolaise, arrosés d'un brouilly frais comme l'onde.

La Cave aux Fromages

17, rue des Quatre-Eglises
Tél. : 03 83 30 05 87
Menus : 59-159 F. Carte : 150 F
Fermé dim., lundi, mi-juil.-mi-août

Le fromager Marchand a fait de ce bistrot, à côté des Halles, le temple de la dégustation des pâtes fermières. Il y propose rocamadour chaud en salade, raclette ou fondue, pommes de terre farcies de munster ou fromage blanc sucré ou salé aux herbes. On peut prendre les fromages au plateau, et même les choisir en cave – juste en dessous. Avec un côtes-du-jura blanc, on vit ici un p'tit moment de bonheur.

Le Gastrolâtre

1, pl. de Vaudémont
Tél.: 03 83 35 51 94. Fax: 03 83 32 96 79
Fermé dim., lundi, vac. Pâques, 13-31 août, sem. Noël. Menus: 96-220 F. Carte: 200-250 F

Patrick Tanésy est un restaurateur comme on l'aime, qui vit avec son produit, fait corps avec sa maison. Celle-ci, genre bistrot rustique de ville avec tonnelle-véranda, coin-comptoir, à l'orée de la rue gourmande, a bonne mine. Et on se damne pour sa tête de veau en terrine chaude, son vol-au-vent à l'ancienne, son baeckoeffe de foie gras ou son parfait glacé à la bergamote qui sont de chouettes idées comme chipées au terroir et renouvelées en les frottant à l'air du temps.

Les Pissenlits

25 bis, rue des Ponts
Tél.: 03 83 37 43 97. Fax: 03 83 35 72 43
Fermé dim., lundi, 1er-15 août
Menus: 820-148 F (vin et café c.). Carte: 150-200 F

Les Mengin, Danièle, la sommelière, Jean-Luc, le mari-cuisinier, tenaient le Goéland, restaurant de poissons vedette de la ville. Ils ont créé une annexe et y ont intégré leur ex-grande table. D'où ce petit temple du bon rapport qualité prix, dans un cadre bistrot avec vaste salle et tables de marbre façon guéridon où trône une armoire Art nouveau. Au programme: les plats de grand-mère revisités. Le feuilleté de quenelles de brochet au coulis de homard, la bouchée à la reine, la tête de veau, le lapin en gibelotte, les côtes d'agneau rôties au thym avant la charlotte aux poires sont la providence du gourmet économe.

Les Nouveaux Abattoirs

4, bd d'Austrasie
Tél.: 03 83 35 46 25. Fax: 03 83 35 13 64
Fermé sam., dim., 1er-22 août
Menus: 96-270 F (vin c.). Carte: 250 F

Ce restaurant qui porte bien son nom propose le plus frais des abattoirs voisins (tripes, andouillette, tête ou fraise de veau, belles viandes rouges), en compagnie des quiche lorraine, quenelles de brochet, choucroute de tradition.

Le P'tit Cuny

97-99 Grande-Rue. Tél.: 03 83 32 85 94
Fermé dim., lundi, 15 jrs juil., 15 jrs vac. Noël
Carte: 125-180 F

Winstub ou taverne lorraine? Les deux, sans doute. La devise maison est «D'Nancy, pour la gueule, j'en suis». On sert ici, dans une atmosphère conviviale, la plus fine tarte flambée qui soit et l'on prend plaisir à s'asseoir dans la salle rustique ornée de chopes et de bretzels, avec nappes à carreaux et chaises hautes. Lard poêlé à la crème, porcelet à la broche, munster flambé à l'eau-de-vie de cumin comme la salade vosgienne, l'omelette paysanne ou le fromage blanc aux herbes se mangent sans faim, face au musée lorrain.

Les Petits Gobelins

18, rue de la Primatiale
Tél.: 03 83 35 49 03. Fax: 03 83 37 41 49
Fermé dim., lundi, 1er-15 août
Menus: 60 F (enf.), 108-350 F. Carte: 250 F

Accueil, menus et prix sont sympathiques. Et l'on se régale sans façons de carpaccio de foie gras à la croque au sel ou poêlée de saint-jacques flanquée d'un joli mille-feuille de pommes de terre ou encore de la côte de veau sur lit de choucroute, enlevés par le discret Patrice Grosse.

Le Wagon

57, rue des Chaligny
Tél.: 03 83 32 32 16. Fax: 03 83 35 68 36
Fermé sam., dim., lundi soir, 7 juil-1er août, vac. févr.
Menus: 50 F (enf.), 85-200 F

Le cadre – celui d'un ancien wagon SNCF – est amusant tout plein. La cuisine traditionnelle est sans élan créatif, ni manières. Et les sages menus font l'affaire. Asperges aux deux sauces ou en feuilleté aux morilles, sandre à l'estragon, cassoulet ne font pas de vagues.

A 54630 Flavigny-sur-Moselle: 16 km par A330

Le Prieuré

Tél.: 03 83 26 70 45. Fax: 03 83 26 75 51
Fermé dim. soir, lundi, 16-31 août, Toussaint, vac. févr.
4 ch. 700 F
Menus: 200 F (déj.), 300 F, 450 F. Carte: 450-650 F

Joël Roy, né à Chaumont en Haute-Marne, est installé depuis plus de dix dans un bourg champêtre des abords de la colline de Sion, chère à Barrès. Ce Meilleur Ouvrier de France, qui travailla jadis avec Jacques Maximin au Négresco à Nice, a conservé son solide bagage technique, sa maîtrise, ses bonnes idées. Lorsqu'il crée, c'est du sûr, de l'appliqué, du peaufiné. Le carpaccio de foie gras, le bar à l'huile de hareng et rattes rôties sont le sérieux même. Ajoutez-y l'ananas rôti au poivre rose ou une assiette dédiée à la mirabelle (aumônière, tarte, glace) et vous comprendrez que cette maison de charme vaut le détour. Tables espacées, cave fournie plus quatre chambres de grand confort, claires et chics, dans une sorte de cloître moderne pour faire étape.

Produits

ARTS DE LA TABLE

Baccarat

2, rue des Dominicains
Tél.: 03 83 30 55 11

Cette exquise boutique, face à la place Stanislas, propose les verres, carafes et autres objets d'art issus des cristalleries de Baccarat (Meurthe-et-Moselle) restées fidèles aux formes de la tradition.

Daum

22, rue Héré. Tél. : 03 83 32 21 65

De l'Art nouveau à aujourd'hui, ce maître du cristal sculpté et de la pâte de verre continue la tradition.

CHARCUTIERS

Dominique Bruneau

Marché couvert, pl. Henri-Mengin
Tél. : 03 83 35 18 81 et 03 83 51 65 76

Le splendide jambon à l'os, très légèrement fumé, mérite à lui seul le voyage à Nancy.

Clément

18, rue Raymond-Poincaré
Tél. : 03 83 40 37 61

Fuseau lorrain (saucisson sec fumé), tourte lorraine et pâté lorrain font les spécialités de cet artisan de qualité.

CHOCOLATIERS-CONFISEURS

Jean Lalonde

59, rue Saint-Dizier. Tél. : 03 83 35 31 57

Fin chocolatier, ardent confiseur, Fernand Bader est le roi des palets d'or, stanislas (poire cacao) et autre régent (chocolat caraque-caramel feuilleté). Ses bergamotes valent également le détour.

Roger Lalonde

32, rue Saint-Jean
Tél. : 03 83 32 36 43

Petite reine de la bergamote de Nancy, Nathalie Lalonde a repris les rênes de la demeure mise en orbite par papa Roger. Une équipe sérieuse, sous sa houlette, pratique, outre les plaques dorées et translucides au citron de Sicile, d'exquises mokatines, craquelines et autres charlestines.

FROMAGER

Michel Marchand

Marché couvert, pl. Henri Mengin
Tél. : 03 83 35 25 01

Le meilleur fromager de la région – qui est aussi le spécialiste des gibiers en saison – propose le meilleur des pâtes affinées françaises. Langres, munsters et chèvres fermiers sont au rendez-vous au mieux de leur forme.

PÂTISSIER

La Maison des Sœurs Macarons

21, rue Gambetta
Tél. : 03 83 32 24 25

Depuis 1793, on fabrique à Nancy d'exquis macarons, plats, craquants et néanmoins moelleux. Jean-Marie Genot poursuit la tradition en diversifiant la production de maison. Cake, bras de vénus et gâteau au chocolat sont de qualité grande.

POISSONNIER

Schaller

Marché couvert, pl. Henri-Mengin
Tél. : 03 83 32 11 24

Le plus étal marin de la région propose un beau banc d'huîtres, le plus grand choix de poissons de l'Atlantique, mais aussi des truites venant d'un étang local, l'anguille de Meuse et le brochet élevés en eau pure au sud de Nancy.

PRODUITS RÉGIONAUX

Comptoir des Produits Lorrains

Marché couvert, pl. Henri-Mengin
Tél. : 03 83 32 11 24

Mirabelles, bergamotes et autres douceurs aux couleurs du pays : Nathalie Lalonde a fait de ce bel étal l'anthologie du produit régional.

VOLAILLER

La Ferme de la Basse Prairie

Marché couvert, pl. Henri-Mengin
Tél. : 03 83 35 52 96

Marie-Paule Wolff a fait du marché son théâtre. Cette reine de la volaille de qualité se sert aussi bien en Bresse que dans les Vosges. Ses splendides foies gras valent l'emplette. Et son bagou est sans égal.

Rendez-vous

CAFÉS-BRASSERIES

Le Café de Foy

1, pl. Stanislas
Tél. : 03 83 32 15 97

Banquettes vertes, moulures, frises et patères : voilà le plus beau café de la place, avec terrasse.

L'Excelsior

50, rue H.-Poincaré
Tél. : 03 83 35 24 57

Ce café 1900, conservé dans son jus, trône comme une perle face à la gare.

Jean Lamour

Pl. Stanislas
Tél. : 03 83 32 53 53

Ce café moderne, fréquenté par la jeunesse de la ville, sur sa grand-place, passe les modes avec aises.

indique un bon rapport qualité-prix.

Nantes

44000 Loire-Atlantique. Paris 384 – Angers 91 – Quimper 234 – Rennes 100 – Bordeaux 320.

Office du tourisme : pl. du Commerce
Tél. : 02 40 20 60 00. Fax : 02 40 89 11 99

Il ne pleut pas sur Nantes. Il vente. Une sorte de mistral sec, qui paraît venir du grand ouest. On croit percevoir des mouettes mais ce n'est qu'un rêve. Le port, jadis glorieux, n'est qu'une suite de hangars vides qu'on domine depuis la terrasse qui jouxte le musée Jules Verne, face à la statue de sainte Anne, protectrice des travailleurs de la mer. La ville est là, fidèle à elle-même et solitaire. On la croit maritime ou terrienne, alors qu'elle est insulaire. Tournée au nord vers la Bretagne dont elle fut jadis la capitale, lovée près des Charentes. La Loire figure la ligne de partage. Pays de campagnards enracinés, arrière-pays de marins qui lorgnent vers l'Amérique, elle est elle-même une suite d'îles. Demeure le charme des hauts murs, des balcons ouvragés, des mascarons, des cours nobles, de la place Graslin, de la rue Crébillon aux boutiques alléchantes. Difficile de ne pas aimer cette ville grise dont André Breton disait: «Nantes, la seule ville de France avec Paris où j'ai l'impression que peut m'arriver quelque chose qui en vaut la peine».

Hôtels

Grand Hôtel Mercure

4, rue de Couëdic
Tél. : 02 51 82 10 00. Fax : 02 51 82 10 10
134 ch. 650-720 F
Menus : 40 F (enf.), 105-135 F

Près de la place Graslin et de la place Royale, au cœur historique de la ville, ce bon hôtel de chaîne se cache sous une façade classée. Intérieur rénové, sobre, très fonctionnel.

La Pérouse

3, allée Duquesne
Tél. : 02 40 89 75 00. Fax : 02 40 89 76 00
47 ch. 440-580 F

Esthète, propriétaire du starckien mais modeste Jules Verne, Jean-Michel Lemonnier a confié le soin à un couple d'architectes locaux, Clotilde et Bernard Barto, d'imaginer un lieu contemporain, hommage à la vocation de Nantes, ville de découvreurs. L'immeuble linéaire, avec ses hublots triangulaires, donne le sentiment de s'enfoncer dans le sol. Sept niveaux, des parquets de bois, des dessus-de-lit qui reproduisent la façade de la demeure, de la pierre, du verre, des appliques et des vasques : voilà qui joue le grand jeu de la sobriété. A Nantes, où est né l'auteur du *Voyage au Centre de la Terre*, on a toujours aimé la novation. La voici à prix sages pour une audace maîtrisée.

Mercure Beaulieu

Ile de Beaulieu - 15, bd A. Millerand (hors plan)
Tél. : 02 40 95 95 95. Fax : 02 40 48 23 83
100 ch. 575-625 F. Menus : 49 F (enf.) 89-223 F

Ce vaste bloc de béton aux chambres spacieuses, ouvrant parfois sur la Loire, bénéficie de tous les standards modernes. Tennis, bar, piscine et calme.

L'Amiral

26 bis, rue Scribe
Tél. : 02 40 69 20 21. Fax : 02 40 73 98 13
49 ch. 319-339 F

Au centre-ville, à une minute de la place Graslin, cet hôtel sobre offre des chambres modernes et de bon confort, malgré des salles de bains exiguës.

Jules Verne

3, rue de Couëdic
Tél. : 02 40 35 74 50. Fax : 02 40 20 09 35
65 ch. 3 420-550 F

Plein centre, sous la gouverne du même propriétaire que le La Pérouse, dans une tour dominant les place Royale et du Commerce, des chambres modernes, étriquées, datant des débuts du design, non sans charme austère, calmes et silencieuses.

A 44700 Orvault: 4 km par rte de Rennes

Domaine d'Orvault

Chemin des Marais-du-Cens
Tél. : 02 40 76 84 02. Fax : 02 40 76 04 21
Fermé (rest.) sam. midi
30 ch. 430-680 F. 1/2 pens. 390-760 F
Menus : 130 F (déj.), 165-300 F

Thierry Bouhier a repris cette petite oasis de charme dans un îlot de calme environné de verdure. Ce fut «le» Relais & Châteaux de la ville. On continue ici à œuvrer dans l'accueil souriant et la modestie, avec des chambres aux couleurs fraîches ouvrant sur la verdure. Belle cuisine de saison.

Restaurants

L'Atlantide

Centre des Salorges
15, quai E.-Renaud (hors plan)
Tél. : 02 40 73 23 23. Fax : 02 40 73 76 46
Fermé sam. midi, dim., 29 juil.-21 août
Menus : 144 F (déj.), 200-350 F. Carte : 300-400 F

Jean-Yves Guého, ex-lieutenant d'Haeberlin, a créé un événement en reprenant ce cadre moderne, avec vue sur la Loire, dessiné par Jean-Michel Wilmotte, dans la Chambre de Commerce locale. De fait, ce garçon sérieux, qui travailla en Extrême-Orient et en Louisiane, avant de devenir le peu le chef zélé et fêté du Montparnasse 25 à Paris, domine de

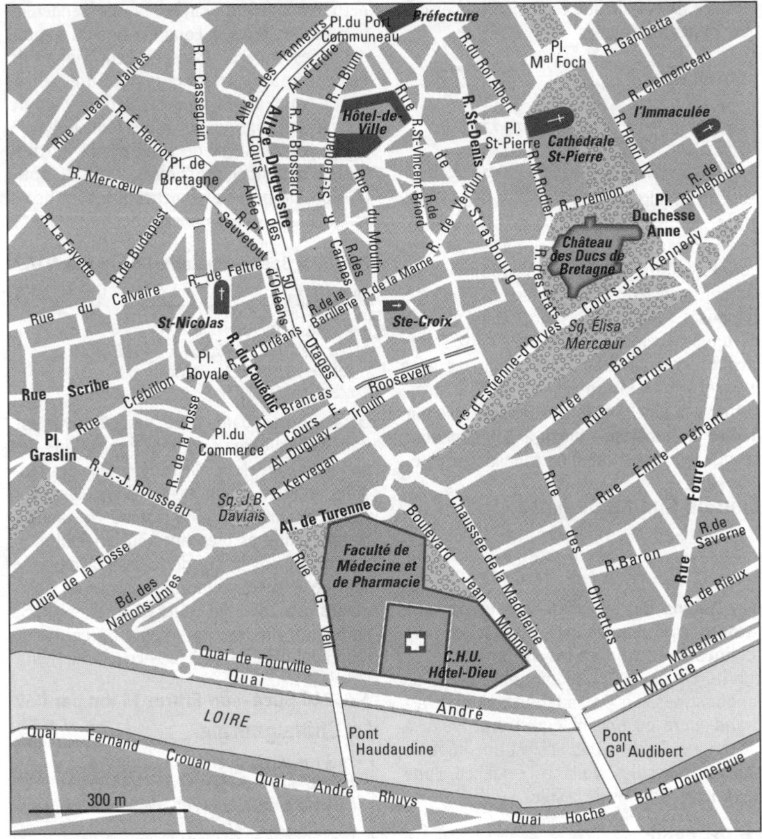

haut le paysage gourmand de la ville. Sa cuisine joue finement le jeu du marché, les fringants légumes des maraîchers voisins, de la belle marée des côtes environnantes, tout en nuance et légèreté, sans omettre d'user avec parcimonie des épices lointaine savamment dosées. Ses crevettes bouquets du Croisic juste poêlées nature, son turbot de la Turballe en cocotte avec oignons et jus de bœuf corsé, son très bourgeois mais si léger vol-au-vent d'asperges et béatilles, comme sa rustique mais aristocratique épaule d'agneau caramélisée en cocotte dans son étuvée de primeurs sont du beau travail. Ajoutez-y des desserts de choix (ananas rôti au blé noir, beignet de poire à la soupe de chocolat), ainsi qu'une carte d'admirables et méconnus vins de Loire, qui font simplement merveille, jouant le jeu de la simplicité rayonnante et de la vérité.

Auberge du Château

5, pl. de la Duchesse-Anne
Tél. : 02 40 74 31 85. Fax : 02 40 37 97 57
Fermé dim. lundi, 31 juil.-23 août, 24 déc.-2 janv.
Menus : 135-232 F. Carte : 250 F

Bernard Bourhis, présent depuis deux décennies face au château de la duchesse Anne, joue la gentillesse à point nommé dans un cadre cosy qui ne s'ouvre que pour 25 couverts. Terrine de choux au foie gras et poires, tartare de saumon mi-cuit, magret au muscadet sont quelques-uns de ses bons tours tirés du menu à 134 F. Mais tout ce que sert ce bon «pro» dans sa petite maison bien tenue est à l'avenant. Soupe de coquillages aux petits légumes et herbes du jardin, blanc de bar sauce champagne, magret de canard au muscadet, gratin de langoustines sur lit de charlottes parfumé au foie gras ont bonne mine.

La Cigale

4, pl. Graslin
Tél. : 02 51 84 94 94. Fax : 02 51 84 94 95
Menus : 39 F (enf.), 75-150 F. Carte : 200 F

Cette brasserie classée monument historique, au somptueux décor Art nouveau, trône comme une perle sur la place Graslin. Boiseries, céramiques, mosaïques possèdent un charme immuable. C'est le rendez-vous des amoureux de la ville qui pensent voir Anouk Aimée débarquer en tenue de Lola comme dans le film de Jacques Demy. Fruits de mer, carpaccio de thon aux aromates juste tiédis, maquereaux en rillettes, brandade de morue, navarin d'agneau, fricassée de volaille aux champignons persillés ne sont pas mal tournés.

Esquinade

7, rue Saint-Denis
Tél. : 02 40 48 17 22. Fax : 02 40 48 17 22
Fermé dim., lundi, 20 juil.-20 août
Menus : 65 F (enf.), 85 F (déj.), 98-210 F Carte : 200 F

Natif des Yvelines, ancien de chez Guy Savoy et de ses Bistrots de l'Etoile à Paris, Vincent Berthomeau a fait de l'Esquinade l'une des bonnes affaires d'ici, à coup de menus du marché malicieux et de mets sans faiblesse, composés comme on pianote au gré de l'air du temps. Crème de chanterelles aux saint-jacques, craquante salade de roquette avec magret, mini-langoustines et foie gras, sandre à la moelle et fondue de poireaux, que délivre un imbattable menu à 135 F, changé chaque jour, constituent un cadeau véritable.

Coin du Champ de Mars

11, rue Fouré. Tél. : 02 40 47 01 18
Fermé sam., dim., 1er-19 août, 23 déc.-7 janv.
Menu : 142 F (déj.). Carte : 200-250 F.

Guy Durand fait son marché avec passion, raconte les beaux légumes du jour, cuit ses terrines avec soin et les accompagne de confiture d'oignons, imagine un feuilleté de langoustines, un pot-au-feu comme chez grand-mère ou une blanquette de veau à l'identique. Sa carte des vins est une mine de bonnes trouvailles. Voilà, à l'évidence, l'une des bonnes affaires de la ville.

Le Pressoir

11, allée de Turenne. Tél. : 02 40 35 31 10
Fermé sam. midi, dim., lundi soir, 20 juil.-20 août
Carte : 180-250 F

A la fois bourgeois et canaille, l'exquis mini-bistrot à vins de Michel Bachelet est, lui, devenu, au fil des ans (quinze, déjà !), une bonne table à part entière. Cassolette de petits-gris à la bourguignonne, terrine de haddock à l'estragon, saint-jacques au pied de cochon, perche grillé au vinaigre balsamique : voilà des plats, glissés sur l'ardoise du jour que son épouse Catherine commente avec verve, dans un cadre de pierre gratté, et que l'on accompagne de crus malicieux, tel le château-des-jonqueyres, côtes-de-blaye rubicond et charmeur.

Par D178 et rte de la Chanterie : 11 km

Le Manoir de la Régate

155 rue du Gachet
Tél. : 02 40 18 02 97. Fax : 02 40 25 23 36
Fermé dim. soir, lundi, vac. févr.
Menus : 85 F (enf.), 99-385 F

Pour une découverte au vert, sans quitter la ville, on ira, sur les bords de l'Erdre, face à un joli château Renaissance, faire connaissance avec les frères Pérou. Loïc et Pascal, tous deux émoulus de grandes tables (Senderens à Paris, les Roux à Londres) ont du bagou, des idées et de la ressource. Leur Manoir de la Régate a du charme, malgré une apparente froideur. Et leur carte donne envie d'avoir son rond de serviette, témoignant, à coup de paupiette de sandre aux huîtres, lotte à la chapelure d'herbes, Tatin de potimarron, de belles et fraîches idées en hommage au doux pays nantais.

A 44115 Basse-Goulaine : 8 km par N149

Mon Rêve

Rte des bords de Loire
Tél. : 02 40 03 55 50. Fax : 02 40 06 05 41
Fermé vac. scol. 2 sem. nov.
Menus : 115-160 F. Carte : 215-298 F

Gérard Ryngel, barbu poète un peu rêveur, est, dans son auberge au charme bucolique des bords de Loire, le meilleur défenseur des produits, recettes et vins locaux. Grenouilles sauvages, anguilles du pays, canard challandais, tartare d'huîtres bretonnes au gingembre et aux langoustines, cul de lapin à la nantaise sont de vertueux autant que savoureux hommages à la Loire qui coule ici en douceur. Sa carte des vins est anthologie de ce que le muscadet offre de meilleur. Accueil charmant.

A 44240 Sucé-sur-Erdre : 16 km par D69

La Châtaigneraie

156, rue de Carquefou
Tél. : 02 40 77 90 95. Fax : 02 40 77 90 08
Fermé dim. soir, lundi, mardi midi, 3-23 janv., 24 juil.-2 août
Menus : 105 F (déj.), 175 F (déj.)-440 F Carte : 350-500 F

Les Delphin qui ont toujours su donner dans le riche, le beau, le chargé, le raffiné, ont trouvé leur rythme de croisière dans cette belle demeure du XIXe, sise dans un parc au bord de l'Erdre. Jean-Louis, le fiston, qui a notamment travaillé chez Robuchon, a du métier, et ses langoustines poêlées au velouté et à la gelée de crustacés, le classique et impeccable sandre au beurre blanc, le bar rôti à la citronnelle, la jolie tarte minute aux oranges, pochée dans un sirop au muscadet sont du travail de haute précision, servi avec beaucoup d'égard et de gentillesse dans un cadre raffiné. Belle cave, pas seulement régionale.

A 44230 Saint-Sébastien-sur-Loire : 4 km S.-E.

La Manoir de la Comète

21, av. de la Libération
Tél. : 02 40 34 15 93. Fax : 02 40 34 46 23
Fermé sam. midi, dim., 1er-10 mars, 30 juil.-21 août
Menus : 170-330 F. Carte : 300-450 F

Le cadre contemporain de ce manoir a du charme, l'accueil de la rousse Elisabeth Thomas-Trophime a du charme, et sa compétence en matière de vins est sans défaut apparent. Mais c'est pour les bons tours de son mari Christian, le Jean-Pierre Vigato local que l'on vient ici se faire fête. Comme le maître d'Apicius à Paris, on aime ici les préparations légères et finaudes, avec des produits du marché qui sont souvent la recréation de recettes anciennes. Pressé de homard, ravioles de coquillages au bouillon d'étrilles, rouget à la tapenade, civet de lamproie, saint-jacques poêlées à la nage sont autant de jolies gammes sont des thèmes marins et fluviaux.

Produits

BOULANGER

Gabillet

23, rue des Carmes
Tél. : 02 40 47 68 32. Fax : 02 40 47 04 28

Michel et Sophie Gabillet proposent avec le sourire une gamme variée de pains de campagne, sans omettre de jolies variations sur les gâteaux de la région : far breton, gâteau nantais, week-end moelleux au citron ou à l'orange.

CAVISTE

Le Fief de Vigne

16, rue Marceau
Tél. : 02 40 47 58 75

Jean-François Dubreuil a un nez en or. Avec une équipe jeune et motivée, ce caviste d'exception propose le méconnu fief vendéen, le fringant rouge de Retz comme les plus jolis muscadets, dans un cadre de loft fin de siècle.

CHOCOLATIERS

Castelanne

11, rue de Budapest
Tél. : 02 40 35 57 08

L'amer à la puissance dix ou les ganaches riches et lactées : voilà ce que propose Philippe Salle, Breton entreprenant qui n'a pas peur d'effaroucher l'amateur de sucré.

Gautier

9, rue de la Fosse. Tél. : 02 40 48 23 19

La boutique millésimée 1823 possède un charme fou, avec ses meubles en acajou de Cuba, ses lustres de Baccarat et ses balances en cuivre. Mais fins chocolats et exquis fruits confits valent également l'emplette.

CONFISEUR

La Gourmandine

18, rue de Verdun
Tél. : 02 40 48 00 39

Pour découvrir les « rigolettes » nantaises, fabriquées depuis 1902, à base de marmelade de fruits dans une coque de sucre cuit.

FROMAGER

Fromagerie centrale

8, rue de la Contrescarpe
Tél. : 02 40 12 02 70

Belles pâtes au lait cru de partout et surtout fromages à la crème d'ici (comme le machecoulais, le crémet ou le curé nantais) ont bonne mine dans cette nette échoppe.

PÂTISSIER

Debotté

15, rue Crébillon
Tél. : 02 40 69 03 33. Fax : 02 51 88 93 84

Propriétaire de la maison « Gautier », ce pâtissier-chocolatier sérieux propose ici le meilleur de sa production raffinée. On se bouscule pour ses charlottes aux framboises, mousses chocolat-orange, pâtes à choux, mascarons (praliné croquant) et raisins au muscadet (conservés dans l'alcool et enrobés de chocolat). Epatants macarons au chocolat, café, citron.

Rendez-vous

BARS-CAFÉS

Pickwick's Tavern

3, rue Rameau
Tél. : 02 40 73 25 07

Un vrai pub anglais, où la belle jeunesse de la ville se presse le soir autour d'une pinte de Bass ou d'un cocktail.

Le Marlowe

1, pl. Saint-Vincent
Tél. : 02 40 48 47 65

Ce hangar chic avec terrasses-galeries, dédié à Humphrey Bogart, propose glaces l'après-midi et cocktails jusqu'à l'aube.

Nantua

01130 Ain. Paris 478 – Annecy 67 – Bourg 51 – Aix-les-Bains 79 – Genève 66 – Lyon 91.

Le Bugey, les montagnes jurassiennes, le pays des lacs, des écrevisses et de la sauce Nantua.

Hôtels-restaurants

L'Embarcadère

Av. du Lac
Tél. : 04 74 75 22 88. Fax : 04 74 75 22 25
Fermé 20 déc.-20 janv., 30 avr.-9 mai, (rest.) lundi, mardi midi
50 ch. 180-325 F. 1/2 pens. 290-325 F
Menus : 65 F (enf.), 105 F (déj.)-295 F

La vue sur le lac, les chambres de bon confort, modernes, fonctionnelles, quoique sans charme excessif, l'honnête cuisine qui a le bon goût de ne pas trop se faire voir, mais se décline dans le sens du terroir, l'accueil assez pimpant et les prix plutôt sages eu égard aux prestations proposées : voilà les atouts de ce bel hôtel de séjour, qui ne tient pas plus que ce qu'il promet. Et vice-versa. Joli panorama agreste.

Hôtel de France

44, rue du Dr-Mercier
Tél. : 04 74 75 00 55. Fax : 04 74 75 26 22
Fermé mardi sf soir août, 1er nov.-20 déc.
17 ch. 260-405 F
Menus : 135-198 F. Carte : 250 F

Avant que l'autoroute ne raccourcisse le chemin entre la N6 (ou l'A6) et la route des Alpes vers Genève et Chamonix, tous les voyageurs gourmands se sont arrêtés dans cette maison fameuse pour y goûter la célébrissime quenelle de brochet façon Nantua, c'est-à-dire sauce bisque crémée, les gratins de queues d'écrevisses sur le même mode et la volaille à la crème et aux morilles. Les Pauchard, avec leur chef Michel Froidevaux, continuent la tradition sans se soucier des modes du temps. Et la demeure a bonne mine, avec sa salle cossue, ses chambres alertes, son allure de relais de poste d'une autre époque où l'on fait toujours étape pour le plaisir.

Narbonne

11100 Aude. Paris 796 – Béziers 28 – Carcassonne 61 – Montpellier 95 – Perpignan 65.

Office du Tourisme : pl. R.-Salengro
Tél. : 04 68 65 15 60. Fax : 04 68 65 59 12

« Narbonne, mon amie », chantait Trenet, natif d'ici. Charmeuse, avec ses monuments gothiques, dont la basilique Saint-Paul et la cathédrale Saint-Juste, cette capitale de la Gaule narbonnaise, qui fut cité archiépiscopale, est aussi une minimétropole du vin, un port et une avancée balnéaire entre Corbières et Méditerranée.

Hôtels-restaurants

Domaine de l'Hospitalet

A 10 km par D168, rte de Narbonne-plage
Tél. : 04 68 45 28 50. Fax : 04 68 45 28 78
Fermé dim. soir (hs), lundi sf soir été, 1er-29 oct.
15 ch. 405-720 F. 7 duplex. 1/2 pens. 425-530 F
Menus : 89 F (déj.), 135-180 F (vin c.). Carte : 180 F

Ce bel ensemble, genre village languedocien reconstitué, fait une étape idéale pour séjourner au vert. Les chambres assez vastes sont pleines de gaieté, avec leurs teintes pastel dans les tons jaunes, leur motif au pochoir. Les duplex sont pratiques pour les familles. Les vignes et la montagne sont à vos pieds. Ajoutez-y une table simple (l'Auberge des Vignes) qui propose sous la houlette de David Moreno des mets simples et francs (escabèche de moules, daurade en aligot, tournedos de canard) et vous comprendrez que l'on a envie de passer quelques jours ici sans heurts. Boutiques dans une courette centrale, piscine.

La Résidence

6, rue du Ier-Mai
Tél. : 04 68 32 19 41. Fax : 04 68 65 51 82
25 ch. 359-457 F

Calme, central, au cœur du quartier historique, cette demeure familiale avec ses chambres pimpantes, juste à côté du palais des archevêques, et de la cathédrale Saint-Just, est idéale pour qui veut résider au cœur des choses.

La Table Saint-Crescent

Au Palais du Vin
Rte de Perpignan
Tél. : 04 68 41 37 37. Fax : 04 68 41 01 22
Fermé dim. soir, lundi
Menus : 100 F (vin c., déj.), 158-258 F. Carte : 250-300 F

On a connu Claude Giraud tout feu tout flamme au voisin Réverbère. Et on le retrouve assagi, toujours débordant d'idées, certes, mais les exerçant sur des produits plus simples, dans une maison dédiée aux vins d'ici, dont il est le serviteur zélé. La cuisine est une ode aux saveurs locales, sans embrouillaminis inutiles. La carte des vins ? Une sorte d'anthologie de tout ce que le Languedoc-Roussillon et les voisins Midi-Pyrénées ont su produire de plus juste depuis quelques années. Fricassée de supions aux pâtes noires, galette à l'effeuillée de morue, croustillant de pommes de terre et petits-gris, croque monsieur de foie gras au pain d'épice, canette laquée avec sa sauce réduite au banyuls qu'il mit au point jadis pour le regretté Docteur Parcé, enfin soupe de pruneaux aux vins avec glace aux épices sont autant d'invites à découvrir les saveurs d'ici.

L'Estagnol

5, cours Mirabeau
Tél. : 04 68 65 09 27. Fax : 04 68 32 23 38
Fermé dim., lundi soir (hs), 4-12 févr., 19-27 nov.
Menus : 40 F (enf.), 60 F (déj.), 100-130 F. Carte : 180 F

La bonne petite table pas chère du centre-ville, c'est cette brasserie-bistrot sympathique qui délivre une cuisine du marché sans esbroufe dans une ambiance bon enfant. Fruits de mer, morue en aïoli, escalivade de rouget, parillade de bœuf et tripes narbonnaises sont des mets colorés.

 *indique un hôtel au calme.*

A Coursan : 7 km N. par N113 rte de Béziers

L'Os à Moelle

88, rue Jean-Jaurès, Rte des Salles-d'Aude
Tél. : 04 68 33 35 72. Fax : 04 68 33 35 39
Fermé dim. soir (hs), lundi, vac. févr., 11-24 sept.
Menus : 50 F (enf.), 118 F (déj.)-248 F. Carte : 200-250 F

Rustique et sans façons, ce restaurant plein de ferveur a l'accueil chaleureux, la cuisine généreuse, les mets frais et simples, cuisinés selon l'envie du moment. On se régale de foie gras en terrine à la figue confite, persillade d'escargots et grenouilles aux champignons, filet de turbot au beurre citronné, magret au miel, blanc-manger sur compotée de framboises au gré de menus bien dosés.

A l'Abbaye de Fontfroide : 14 km O. par N113, D613

David Moreno

Tél. : 04 68 41 86 00. Fax : 04 68 41 86 05
Fermé déj., lundi, mi-oc.-mi-avr.
Menus : 55 F (enf.), 190-380 F. Carte : 350-500 F

On croyait l'avoir perdu quelque part entre Fontjoncouse et Durban-Corbières, et voilà que ce phénix du grand Midi resurgit de ses cendres dans le cadre magique d'une abbaye comme en Toscane. La grand-ville n'est pas loin. Le cloître voisin se visite avec grâce. Mais ce diablotin de Moreno, autodidacte racé, inspiré par son pays, ne cuisine ici que le soir, gérant, le midi, entre Montpellier et L'Hospitalet huit bistrots sous l'enseigne des cuisiniers-vignerons proposant des mets canailles. C'est bien ici qu'il faut le découvrir, dans cette salle belle et sobre en longueur avec ses pierres claires, son plafond haut en bois repeint de blanc. Un service policé propose les mets nets et purs que le maître, poète à ses heures, glissant dans le menu ses sentences, édicte comme on prêche aux pèlerins avides de la vraie foi. Ses préceptes se nomment tartine à la brandade et à la truffe, fricassée de pleurotes à l'œuf cassé et au cumin, filet de maquereau avec céleri boule et cette incroyable arête d'anchois grillée au sel que l'on croque comme une friandise, brochettes de sardines avec moules et palourdes, plus concassée de tomates, steak de thon œuf à cheval et pommes Pont-Neuf, queue de lotte au lard et haricots mange tout, fèves en concassée aux truffes poêlées à sec, filet de veau juteux à la cardamome avec sa fine purée de pommes de terre et son cappuccino de champignons, plus des fromages du pays et d'ailleurs, affinés comme il se doit et un chariot de desserts d'un fringant classicisme (grand mille-feuille craquant à la crème, baba au rhum, succès au chocolat, paris-brest, sorbet à la fraise écrasées, glace vanille). Ajoutez-y la ronde des nouveaux grands vins d'ici pour achever la messe. Vous l'avez compris : il faut vite découvrir le maestro Moreno dans sa belle abbaye.

Les Cuisiniers Vignerons

Tél. : 04 68 41 86 00. Fax : 04 68 41 86 05
Fermé dîn., lundi, déc.-févr.
Menus : 45 F (enf.), 84-148 F. Carte : 180 F

Quand Moreno n'est pas là, au déjeuner, son équipe zélée sert, sous ses directives, des plats francs comme l'or, dans une salle relaxe accolée à l'abbaye ou au jardin. Caille fermière aux spaghetti de poivrons ou dos de morue sur une ratatouille au cumin s'arrose de jolis crus régionaux. Ambiance relaxe.

Produits

CHOCOLATIER

Chocolaterie des Corbières

42, bd du Pont-des-Marchands
Tél. : 04 68 32 06 93

Belles ganaches, tablettes et friandises chocolatées dans une boutique bien fournie.

FROMAGER

Gandolf

Halles centrales
Tél. : 04 68 65 09 77

Le bel artisan fromager des halles a l'étal riche, généreux et diversifié. Belles pâtes de partout, avec un beau choix de brebis et chèvres d'ici.

POISSONNIER

Armand Blot

Bd de la Méditerranée
Tél. : 04 68 49 90 98

Tous les coquillages, maquereaux, anchois et autres des côtes d'ici, mais aussi une belle soupe de poissons à emporter.

Natzwiller : voir Schirmeck

Naucelle : voir Sauveterre-de-Rouergue

Neuf-Brisach

68600 Haut-Rhin. Paris 464 – Colmar 16 – Sélestat 31 – Mulhouse 39 – Bâle 62.

Les remparts créés par Vauban sont restés intacts. Mais la ville est neuve. Reste la frontière, proche.

Rappelez-vous qu'une bonne table commence par de bons produits.

Hôtels-restaurants

La Petite Palette

16, rue de Bâle
Tél. : 03 89 72 73 50. Fax : 03 89 72 61 93
Fermé dim. soir, lundi, mardi soir, 1er-12 août
Menus : 68 F (déj.), 155-490 F (vin c.). Carte : 250-300 F

Henri Gagneux, savoyard formé chez Jacob au Bourget-du-Lac, continue son bonhomme de chemin dans ce décor artiste. L'invention est son domaine et les idées fusent en tout sens sur une carte changeante. Sa cassolette d'escargots aux moules et cèpes sur consommé d'ortie, son émincé de saint-jacques au curry de légumes, son parmentier de confit d'oie et ris de veau aux épices, comme sa belle tarte Tatin demeurent de belles idées, même si l'on attend plus encore de ce jeune homme doué.

A Vogelgrün : 3 km E. par N415

L'Européen

Ile du Rhin
Tél. : 03 89 72 51 57. Fax : 03 89 72 74 54
Fermé mi-janv-mi-févr.
46 ch. 370-670 F. 1/2 pens. 500-710 F
Menus : 130 F (déj.)-480 F (vin c.)

Ce grand motel donnant sur le Rhin, le pont marquant la frontière, l'altière Vieux-Brisach et son château, a été agrandi et modernisé. La cuisine est sage, sérieuse, bien faite (matelote aux cinq poissons, blanquette de ris de veau aux champignons sauvages). Quant à l'accueil de la famille Daegelé, il est adorable. Piscine, solarium, hammam, salle de musculation. Un lieu de repos.

Le Caballin 

Ile du Rhin
Tél. : 03 89 72 56 56. Fax : 03 89 72 95 00
Fermé mardi, 1er -30 sept.
24 ch. 290-430 F

Des chambres sobres et de grand confort dans un domaine hippique au calme : voilà ce qui vous attend ici, avec vue sur un étang voisin.

Neuf-Marché

76220 Seine-Maritime. Paris 90 – Rouen 53 – Les Andelys – Beauvais 32 – Gisors 18.

On apprenait jadis la « boutonnière du pays de Bray » dans les manuels de géographie. Ce pays bocager est intact.

Restaurant

André de Lyon

D915
Tél. : 02 35 90 10 01
Fermé soir (sf ven., sam.), mercr., 8-26 févr., 26 juil.-12 août
Menus : 79 F (déj.)-105 F. Carte : 150-200 F

Insolite, ce bouchon lyonnais en terre normande. On mâchonne ici depuis les années trente en buvant des pots de beaujolais servis frais. Saucisson chaud, tablier de sapeur, quenelle, andouillette sont dignes de la cité des gones. Décor intérieur bon enfant.

Neuilly-sur-Seine : voir Région Parisienne

Neuvecelle : voir Evian

Nevers

58000 Nièvre. Paris 241 – Orléans 167 – Moulins 55 – Bourges 69.

On vient ici pour connaître les secrets non de la « Botte », chère à Lagardère, mais du négus de Nevers, dans cette glorieuse cité gourmande de sucré.

Hôtels-restaurants

Hôtel de la Loire 

Quai Médine
Tél. : 03 86 61 50 92. Fax : 03 86 59 43 29
Fermé (rest.) sam., 14 déc.-15 janv.
58 ch. 365-480 F. 1/2 pens. 395-450 F
Menus : 90-185 F

Ce bon hôtel en bordure de Loire, face à la maison de la Culture, fait la meilleure halte locale. Les chambres sont sobres et reposantes, la salle à manger accueillante, la cuisine classique, discrètement régionale.

Les Jardins de la Porte du Croux

17, rue de la Porte-du-Croux
Tél. : 03 86 57 12 71. Fax : 03 86 36 08 80
Fermé dim. soir, lundi (hs), vac. févr., 31 oct.-6 nov.
Menus : 125-260 F. Carte : 200-350 F

Annick Deslot accueille avec le sourire dans ce qui constitue l'institution de la ville. On aime les tables espacées, bien mises, le décor chaleureux, la cuisine soignée, nivernaise d'allure, mais sans lourdeur de Jean-Michel Deslot qui décline avec aise la poêlée d'escargots aux pieds de porc, l'andouille morvandelle avec sa salade de pommes tièdes, la queue de bœuf à la nivernaise, le saupiquet de langue de veau traités avec doigté et même délicatesse. Belle cave, avec de beaux crus bourguignons tarifés avec sagesse.

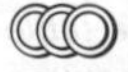 *indique une des meilleures tables de France.*

Jean-Michel Couron

21, rue Saint-Etienne
Tél.: 03 86 61 19 28. Fax: 03 86 36 02 96
Fermé dim. soir, lundi sf fériés, 2-15 janv., 17 juil.-7 août
Menus: 115 F (déj., sem.)-240 F. Carte: 250-350 F

Bonne, sympathique, pas chère, surtout au regard des plaisirs qu'elle dispense, la cuisine de Jean-Michel Couron se déguste avec plaisir dans ses trois salles à manger intimes, dont l'une, voûtée, se trouve dans une ancienne chapelle de l'église Saint-Etienne. Ses bons tours, tels la tarte de tomate au chèvre frais et pomme granny, saumon grillé et bouillon de moules à la ciboulette, pièce de bœuf charolais rôtie avec sa fondue de tomate au gingembre et fricassée d'artichaut au jambon cru, soupe tiède de chocolat aux épices chaudes et petits palmiers sont dignes d'un élève de Michel Bras chez qui ce bon pro aux audaces de créateur zélé a fait ses classes. Sympathique accueil de Marie-Hélène Couron qui semble née avec le sourire.

Cour Saint-Etienne

33, rue Saint-Etienne
Tél.: 03 86 36 74 57. Fax: 03 86 61 14 95
Fermé dim., lundi, 2-16 janv., 30 juil.-22 août
Menus: 85 F (déj.), 109-150 F

Le bon rapport qualité-prix de la ville, c'est celui qu'offre Dominique Girard dans sa petite boîte rustique jouxtant l'église Saint-Etienne. Ce natif de Belley, au pays de Brillat-Savarin, qui fit jadis ses classes chez Chabert avant de rallier le Berry via Philippe Larmat à Bourges est à l'ouvrage depuis sept ans déjà à Nevers. Ses belles idées au gré du jour sont distillées à travers trois menus à tiroirs, généreux et pleins d'attraits. Il charme sans mal, avec ses pressé de foie gras de canard aux lentilles et au chou, omble chevalier rôti sur la peau parfumé à la badiane, agneau du Bourbonnais en deux cuissons et épatant nougat glacé maison.

A 58470 Magny-Cours: 12 km S. par N7

La Renaissance

Tél.: 03 86 58 10 40. Fax: 03 86 21 22 60
Fermé dim. soir, lundi, 12 févr.-20 mars, 31 juil.-14 août
9 ch. 450-900 F
Menus: 250-400 F. Carte: 400-600 F

La demeure, aux allures d'auberge cossue et intime, a son charme. Formé de classique façon, Jean-Claude Dray, le chef-patron a toujours su mêler plaisamment les styles. Traditionnels, avec quelques touches modernes, en tout cas beaucoup de légèreté et un vrai doigté, sont les cuisses de grenouilles sautées au beurre d'échalote, les coffres de langoustines rôties à la marmelade de fruits et pistil de safran, la divine soupe de moules crémées genre «billi-bi», le foie gras de canard poêlé en ravigote sur compote de rhubarbe, la merveilleuse pièce de charolais fondante servie avec crème, morilles et cette tapinaude morvandelle qui est la version locale, aillée, du gratin dauphinois. Les grands desserts du chariot, le blanc de Pouilly-sur-Loire, perlant, issu de cépage chasselas, les beaux bourgognes incitent sans doute plus à la sieste qu'à reprendre la route. C'est là, il est vrai, le propre d'une belle maison française. C'est là, sans nul doute, une étape heureuse.

Produits

CONFISEUR

Au Négus «Confiserie Lyron»

96, rue François-Mitterrand
Tél.: 03 86 61 06 85. Fax: 03 86 61 59 24

Cette confiserie néo-mauresque abrite un secret valant le voyage: le négus de Nevers. Autrement dit un bonbon de sucre dur en caramel enrobant un caramel au chocolat de consistance plus molle. Son cousin est l'abyssin où le caramel souple est parfumé au café. Mme Lyron et son fils, Alain Hiriart, n'ont pas touché un iota de la recette originale de 1909. En sus de l'exquis négus, on trouve les lolottes, pâtes de fruits entourées de sucre transparent, des chocolats ou encore le délicieux praliné au beurre enveloppé d'une glace royale dit Skobeleff, dédié au général russe blanc du même nom, décédé dans une orgie.

PÂTISSIER-CHOCOLATIER

Edé

75, rue du Commerce
Tél.: 03 86 61 02 97

Thierry Edé mitonne des pâtisseries fines et fraîches, d'exquises caraques en chocolat, des tuiles morvandelles et des roseaux de la Nièvre, sans omettre une nougatine de Nevers, qui est un bonbon de sucre caramélisé avec des amandes enrobées de glace royale. Un délice proche de la forestine de Bourges.

Nice

06000 Alpes-Maritimes. Paris 930 – Cannes 33 – Marseille 190 – Gênes 199 – Lyon 472.

Office de Tourisme: 5, prom. des Anglais
Tél.: 04 92 14 48 00. Fax: 04 93 72 08 27

Nice, en ses stucs et ses palais, a su conserver le charme d'une ville de la Belle-Epoque. On s'attendrit sur son passé de cité italienne en longeant les ruelles qui mènent au cours Saleya. Le marché aux fleurs, chaque matin, donne à cette esplanade, non loin de la mer, sa vivacité et ses couleurs. On croque la socca toute chaude à l'étal de la bavarde et tonitruante Theresa, on lorgne les frais légumes et les poissons ramenés de la pêche du jour. Rue Droite, rue Sainte-Réparate, où les boutiques ont l'allure séductrice autant que rétro, les façades des maisons sont rouges comme dans la proche Ligurie. Le palais Lascaris, de style génois, avec ses plafonds peints, ses escaliers post-Renaissance, sa façade à balcons de marbre sur consoles à masque grimaçants, est l'un de ses meilleurs symboles. Française, Nice ? En tout cas, exotique. Et savoureuse. Ses bonnes tables, chics, faussement relaxes, comme ses trattorias de bon ton ont gardé «l'assent» du pays.

Hôtels

Négresco

37, prom. des Anglais
Tél. : 04 93 16 64 00. Fax : 04 93 88 35 68
122 ch. 1 750-2 750 F. 18 appart.

Palace Belle Epoque, signé Ed. Niermans et millésimé 1912, avec coupole de verre d'Eiffel, rotonde rococo, service en habit, toilettes napoléoniennes et restaurant fameux. Voir le Chantecler.

Beau Rivage

24, rue Saint-François-de-Paule
Tél. : 04 93 80 80 70. Fax : 04 93 80 55 77
118 ch. 950-1 950 F. 1/2 pens. 745-1 220 F
Menu : 90 F (enf.), 115 F (déj.). Carte : 250 F

Ce vestige années trente de la Belle Epoque niçoise avec sa plage de galets, la proximité de la cité ancienne et du cours Saleya s'est refait une image moderne de grand confort. Sympathique et pratique à la fois.

Elysée Palace

2, rue H.-Sauvan
Tél. : 04 93 86 06 06. Fax : 04 93 44 50 40
143 ch. 900-1 350 F. 1/2 pens. 700-800 F
Menus : 130-200 F

Moderne et fonctionnel avec les sculptures de Sosno, la piscine sur le toit, la plage proche : une belle illustration du «nouveau Nice».

Le Méridien 

1, prom. des Anglais
Tél. : 04 93 82 82 25. Fax : 04 93 16 08 90
305 ch. 1 300 F
Colonial Café : fermé dim., lundi été, menu : 110 F (enf.), 200-280 F
Terrasse du Colonial : fermé 1er nov.-30 avril, carte : 250-350 F

Ce vaste hôtel usinaire de bord de mer et très central à la fois a fait peau neuve. Chambres décorées de teintes claires et gaies, très «Côte d'Azur», piscine et restaurant panoramique sur le toit.

Palais Maeterlinck

6 km par corniche inférieure (hors plan)
Tél. : 04 92 00 72 00. Fax : 04 92 04 18 10
Fermé 4 janv.-5 mars
17 ch. 2 500-3 600 F
Menus : 150 F (déj.), 200 F (déj. vin c.), 240-550 F

En à-pic au-dessus de la mer, avec une vue imprenable sur le littoral, l'ancienne maison de Maurice Maeterlinck muée en hôtel de prestige avec forces stucs et trompe-l'œil.

Atlantic

12, bd Victor-Hugo
Tél. : 04 93 88 40 15. Fax : 04 93 88 68 60
123 ch. 750-1 050 F. 1/2 pens. 1 464-1 664 F

Grand charme d'autrefois, hall Belle Epoque, chambres rénovées, pour une adresse délicieusement mythologique : c'est là que François Truffaut a tourné *La Nuit américaine.*

Château des Ollières 

39, av. des Baumettes (hors plan)
Tél. : 04 92 15 77 99. Fax : 04 92 15 77 98
12 ch. 950-2 500 F
Menu : 220 F (déj.), 250 F. Carte : 350 F

A deux pas du musée Jules-Chéret, ce palais baroque, qui appartint jadis à un prince russe, propose de belles chambres ornementales et des salons au charme kitsch.

West End 

31, prom. des Anglais
Tél. : 04 92 14 44 00. Fax : 04 93 88 85 07
126 ch. 900-1 500 F. 1/2 pens. 715-960 F
Menus : 125-250 F

La façade Riviera et la situation sur la promenade disent tout. Mais à côté de la nostalgie d'autrefois, le confort moderne est là. Chambres rénovées avec éclat.

Grimaldi 

15 rue Grimaldi
Tél. : 04 93 16 00 24. Fax : 04 93 87 00 24
23 ch. 630-1400 F

Les Zedde, qui tenaient le Grand Cœur à Méribel et le Saint-Paul à Saint-Paul-de-Vence, ont fait de cette petite adresse l'une des adresses de charme de la ville. Tissus griffés Souleïado et atmosphère intime.

Windsor 

11, rue Dalpozzo
Tél. : 04 93 88 59 35. Fax : 04 93 88 94 57
Fermé (rest.) sam. midi, dim.
57 ch. 525-750 F. Carte : 200 F

Jardin, piscine, mais aussi déco des chambres réalisée par des artistes locaux, non sans prise de risque. Le résultat est amusant.

indique un lieu de mémoire.

Restaurants

Le Chantecler

Au Négresco
37, prom. des Anglais
Tél.: 04 93 16 64 00. Fax: 04 93 88 35 68
Fermé mi-nov.-mi-déc.
Menus: 300 F (déj.), 430-620 F. Carte: 550-900 F

Le jeune Alain Llorca a gardé son prestige à la grande table niçoise. Le Négresco gourmand, avec ses boiseries et son service souriant, a bien bonne mine quand on goûte le velouté de tomates coupées au couteau, les pommes nouvelles aux anchois frais, roquette, brochette de supions et tomate confite, les langoustines rôties enrobées de courgettes, la couenne de porcelet farcie aux morilles avec ses grenouilles en ragoût au beurre d'herbes, culottée Tatin de tomate avec sa glace à l'olive noire, le gratin de fruits rouges parfumés au vin cuit, le délice café-citron sauce chocolat. C'est très «canaille chic», servi sous le regard complice du sommelier Patrick Millereau qui connaît par cœur les meilleurs crus de la côte.

L'Ane Rouge

7, quai des Deux-Emmanuel
Tél.: 04 93 89 49 63. Fax: 04 93 89 49 63
Fermé mercr., vac. févr., 10-26 juil.
Menus: 158 F (déj.), 208-340 F. Carte: 300-500 F

Michel Devillers, picard d'origine, tient avec beaucoup de sérieux cette classique maison du bord de port. Les menus sont bien dosés et la cuisine pareillement équilibrée dans le sens de la finesse et de la légèreté: salade de rougets en lasagne de tomate confite à la pistouillade, pageot rôti avec son fin jus de cuisson anisé, daurade braisée avec son joli mélange de légumes à la grecque, légère marmelade de fruits niçois avec son sabayon au Grand Marnier.

Le Don Camillo

5, rue des Ponchettes
Tél.: 04 93 85 67 95. Fax: 04 93 13 97 43
Fermé dim., lundi midi
Menus: 125-185 F. Carte: 300-380 F

Le jeune Stéphane Viano a repris avec brio la discrète maison de Franck Cerutti, aujourd'hui chef de Ducasse au Louis XV, conservant l'inspiration italo-niçoise au gré du marché. Ce natif de la baie des Anges est revenu au pays après quelques étapes dans les grandes maisons de la côte. Et ses lapins en pochetta avec salade de fenouil, petits raviolis farcis de blettes et d'herbes avec sauce en daube à manger à genoux, pressée de rouget à l'escabèche avec caviar d'aubergines et tomates confites, brandade gratinée, risotto aux cèpes ou aux légumes, selon saison, sont très séducteurs, servis dans un décor années cinquante, renouvelé dans les tons roses, non loin du cours Saleya et de la mer.

L'Univers

54, bd Jean-Jaurès
Tél.: 04 93 62 32 22. Fax: 04 93 62 55 69
Fermé sam. midi, dim.
Menus: 110-350 F. Carte: 400 F

Reconversion réussie pour Christian Plumail, qui fut jadis l'un des jeunes espoirs de la côte, à Juan-les-Pins et à La Colle-sur-Loup. Ce Niçois pur cru a su faire d'une ex-brasserie d'un quartier passant une table d'élite jouant le marché niçois avec fraîcheur, précision, doigté, sagacité. Témoins, ses bûchettes de rougets aux asperges en fine pâte à brick, bouillon de petits-gris et pistes à l'ail nouveau, langoustines fèves et petits pois, loup fort bien peu cuit avec sauce façon stockfish et pâtes imprimées aux herbes, soupe de fraises et biscuit grillagé, figue rôtie et pain perdu avec glace, pains d'épice qui ont soin de se renouveler au fil du marché et des saisons.

L'Allegro

6, pl. Guynemer
Tél.: 04 93 56 62 06. Fax: 04 93 56 38 28
Fermé sam. midi, dim.
Menus: 120-200 F. Carte: 250-350 F

La salle avec ses fresques reproduisant les personnages de la Commedia Dell'Arte est chaleureuse autant qu'amusante. Mais la cuisine italienne vaut également l'étape: raviolis à la ricotta et aux épinards, polenta à la fondue de gorgonzola, involtini de veau, tiramisu.

Auberge des Arts

9, rue Pairolière
Tél.: 04 93 85 63 53. Fax: 03 93 80 10 41
Fermé dim. soir, lundi
Menus: 138 F (déj.)-325 F. Carte: 340 F

Le pétulant Yves Botasso en salle et le jeune David Faure aux fourneaux tiennent cette petite maison du vieux Nice qui présente les classiques locaux de façon primesautière, avec une touche esthétisante: primeurs en bagna cauda avec filets de bogue et râpée de poutargue, pissala tomaté de rougets et pourpier, saint-pierre au four et artichauts croquants, caille farcie, fèves et pois gourmands. Le vrai stockfish à la niçoise est un grand moment. Et la glace au fenouil avec sa compote de cerises une belle issue.

Coco Beach

2 av. Jean-Lorrain (hors plan)
Tél.: 04 93 89 39 26. Fax: 04 92 04 02 39
Fermé dim., lundi midi, mi-janv.-mi-févr.
Menu: 220 F (déj.). Carte: 250-400 F

Le site de ce cabanon de bord de mer en forme de bateau est magique, la vue sur Nice époustouflante, l'accueil de la famille Quirino-Cauvin adorable et les produits fraîcheur sans faille. Jolie soupe de poissons safranée, panier de légumes, moules coco, chapon, loup ou daurade simplement rôtis, servis avec salade de roquette et huile d'olive, mousse au

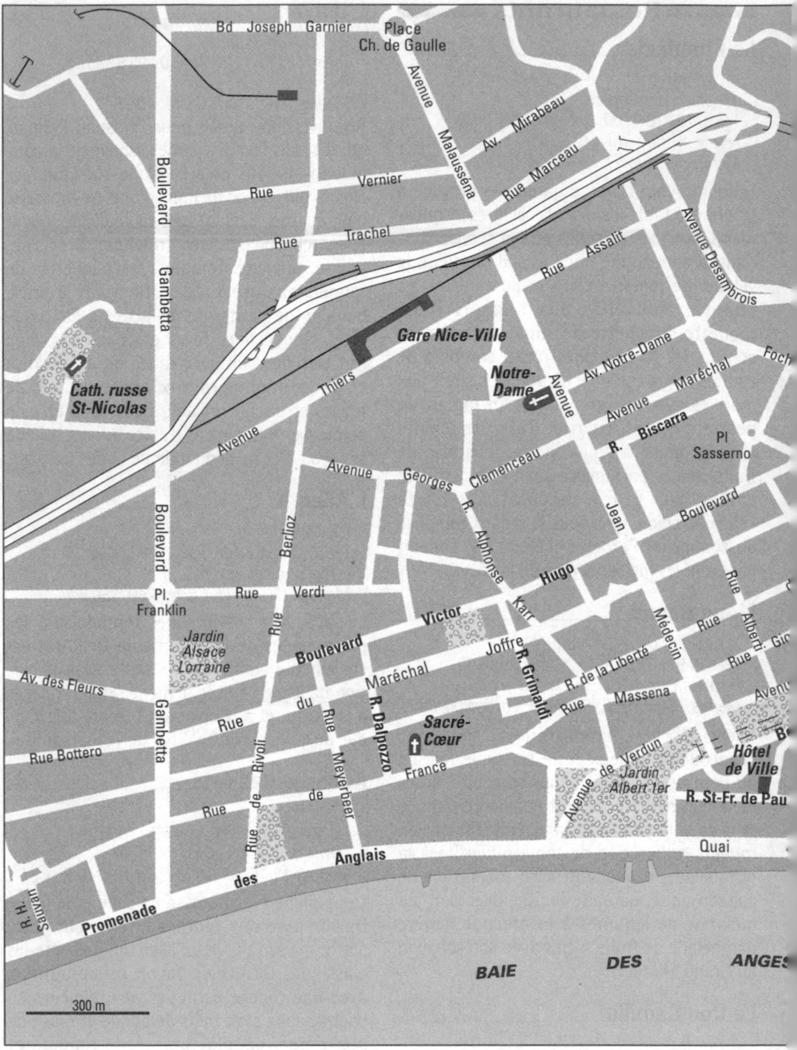

Grand Marnier, ganache au chocolat. On accompagne le tout de château Rasque blan- cou rosé et l'on embrasse tout le monde à la sortie en se disant que cette maison hors du temps a bien du charme.

La Petite Maison

11, rue Saint-François-de-Paule
Tél.: 04 93 92 59 59. Fax: 04 93 92 28 51
Fermé dim.. Carte: 250-400 F

Table d'habitués, fréquentée par le Tout-Nice, cette «petite maison» est fameuse pour l'accueil de Nicole Ruby qui peut avoir ses hauts, ses bas, mais surtout ses têtes. Bref, l'ambiance est unique et la cuisine authentique. Antipasti tout frais, calmars sautés, loup grillé à l'huile d'olive, risotto de truffes de qualité s'accompagnent de vins choisis.

La Merenda

4, rue de la Terrasse. Sans Tél.
Fermé sam., dim., jrs fériés, 31 juil.-20 août, vac. scol.
Carte: 160-230 F

Le meilleur restaurant de France et le plus surprenant? C'est peut-être ce minuscule bouchon niçois, avec sa «porte» en collier de perles de bois, ses 24 places sur tabourets, son coin-cuisine où s'affaire Louis, le plongeur, originaire du Bénin, Dominique Le Stanc, formé chez Senderens, Haeberlin, Lenôtre, Chapel, Fabrice, le maître d'hôtel aux airs destroy, tous trois ex-le Chantecler au Négresco, qui ont laissé tomber les fastes de la restauration de palace pour les plaisirs d'une trattoria sans téléphone, chèque ou carte de crédit. On vient goûter la tarte de

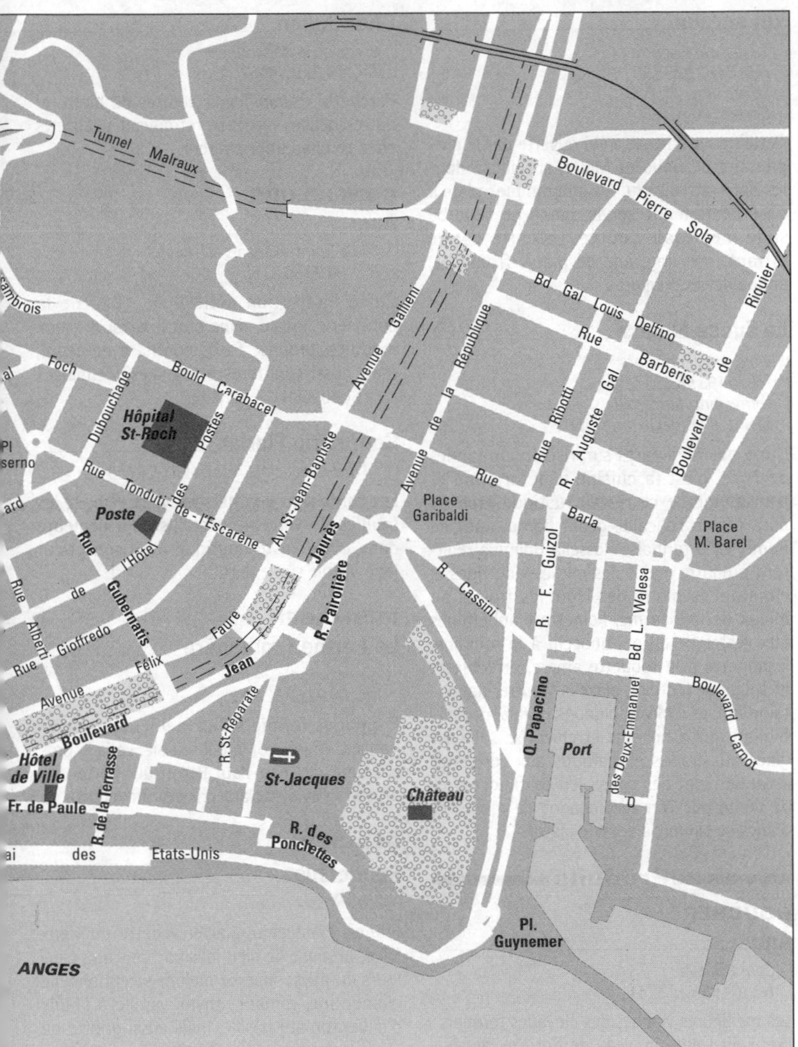

Menton (pissaladière sans anchois), la petite pizza craquante, les beignets de courgettes, les merveilleuses sardines farcies, les pâtes au pistou, les tripes légèrement gratinées au parmesan, la tête de veau avec sa gribiche aux herbes, le bœuf en daube, les fraises dans leur jus à la vanille et à l'orange, dans une ambiance sans équivalent ailleurs sur la côte et dans tout l'Hexagone.

Nissa-Socca

5, rue Sainte-Réparate
Tél. : 04 93 80 18 35
Carte : 120 F

Pissaladière, socca, pâtes fraîches : pour un en-cas niçois, au cœur de la vieille cité, cette table ancienne et sans façons est le lieu idéal.

La Part des Anges

17, rue Gubernatis
Tél. : 04 93 62 69 80
Fermé dim., jrs fériés, 1er-15 août
Carte : 100 F

Ce bar à vins offre des crus de petits propriétaires et d'autres plus prestigieux. On y déjeune en dégustant un verre, autour d'une assiette de fromages ou d'un plat au gré du marché.

Lou Pistou

4, rue de la Terrasse
Tél. : 04 93 62 21 82
Fermé sam., dim.
Carte : 200-250 F

Ce petit bouchon niçois propose les plats du pays (stockfish, pâtes au pistou). Bien pratique quand la Merenda, juste à côté, est complet.

Vin sur Vin

18 bis, rue Biscarra
Tél. : 04 93 92 93 20
Fermé dim.
Carte : 100-120 F

Cette neuve adresse a été ouverte par le propriétaire de Baud et Millet, spécialisé dans les pâtes au lait cru. Au programme : plats à base de fromage servis dans une superbe salle médiévale voûtée. La carte variée offrant une vingtaine de plats : fromages, andouillettes, foie gras.

La Zucca Magica

4 bis, quai Papacino
Tél. : 04 93 56 25 27
Fermé dim., lundi midi
Menu : 80 F (déj.). Carte : 150 F

L'une des meilleures surprises gourmandes de Nice, c'est la cuisine végétarienne et transalpine de ce restau rustique face au port. Marco Folicaldi, géant barbu, natif de Rome, et la turinoise Rossella Bolmida réalisent à quatre mains des miracles de finesse, chantant la gloire des légumes traités au mieux de leur forme. Polpetta d'aubergines aux zestes de citron, gnocchi à la romaine, lasagnette à la roquette amère, orrechiette et soupe de lentilles, piazella (tourte) napolitaine farcies d'olives, pignons et raisins, maltagliati aux artichauts et chicorée, sabayon glacé aux fraises et clafoutis aux cerises et amandes sont des plats bien de fraîcheur et de vérité que l'on accompagne de rouges et blancs de Ligurie, à boire le plaisir.

Produits

BOUCHER

Agu

Cours Saleya
Tél. : 04 93 62 32 74

Les meilleures viandes des élevages fermiers : bœuf du Limousin, veau de Corrèze, agneau de Sisteron, volaille « label ».

BOULANGER

Le Four à Bois

35, rue Droite. Tél. : 04 93 80 50 67

Chez les Espuno, on est boulanger-artisan de père en fils. Jean-Serge continue la tradition des belles fougasses, du pain à l'épeautre et de la pompe provençale à l'orange.

CHARCUTIERS

Charcuterie Saint-François

4, rue Saint-François. Tél. : 04 93 85 51 25

Dans sa charcuterie du cœur du vieux Nice, Patrick Géré continue la tradition de la vraie porchetta : ce porcelet farci et rôti avec ses abats parfumés à l'ail, fenouil et poivre, présenté entier, est un régal.

Chez Julien

8, rue de la Poissonnerie
Tél. : 04 93 85 70 52

Porchetta, estocaficada, tourtes de blette et autres délices niçois se retrouvent peaufinés chez ce charcutier-traiteur.

CONFISEURS

Auer

7, rue Saint-François-de-Paule
Tél. : 04 93 85 77 98

Cette institution millésimée 1820 de la confiserie locale, avec stucs, vitraux, vieux meubles, propose fruits confits à demeure, mais aussi confitures artisanales, viennoiserie et chocolats de qualité.

Confiserie Florian

14 quai Papacino. Tél. : 04 93 55 43 50

Les fruits sont confits sous vous yeux et les feuilles de verveine cristallisées à demeure dans cette vaste boutique avec son grand labo visible sur le port.

FROMAGER

La Ferme Fromagère

7, rue Lépante
Tél. : 04 93 62 52 34

Fromages fermiers des meilleures provenances, affinés comme il se doit : voilà le programme de Jean-Paul Perrin qui porte une attention évidente aux chèvres provençaux.

GLACIER

Fenocchio

2, pl. Rosseti

Francis Fenocchio, glacier vedette du vieux Nice, propose de bien jolis parfums aux couleurs du pays : superbe melon, exceptionnelle clémentine, romarin, thym, vanille à l'huile d'olive, tomate-basilic, mais aussi griotte ou réglisse, toutes de qualité grande.

PÂTES ET SOCCA

Barale

7, rue Sainte-Réparate
Tél. : 04 93 39 36 63

Gnocchi, panisses, polenta, ravioli de qualité dans ce petit temple des pâtes sis dans le vieux Nice. Egalement, juste en face, et dans le même registre : Tosello, avec sa façade années cinquante.

Cappa

7, pl. Garibaldi
Tél.: 04 93 62 30 83

Toutes les pâtisseries de cette plaisante demeure sucrée sont de qualité. Mais on vient d'abord ici pour la fameuse tourte aux blettes, avec pignons et raisins secs.

Theresa

Cours Saleya tous les matins, 28 rue Droite.
Tél. : 04 93 85 00 04

La reine de la socca (galette à la farine de pois chiche) servie chaude dont la verve intarissable anime le cours Saleya.

PRODUITS ÉTRANGERS

Gusti Italiani

46, bd Jean-Jaurès
Tél. : 04 93 92 07 49

Pour se rappeler que l'Italie débute à deux pas : huile d'olive de Ligurie, jambon de San Daniele, fromages et vins de Toscane, vieux parmesan.

Ardoïno

4, rue de la Terrasse. Tél. : 04 93 62 20 72.

C'est l'huile d'olive d'Imperia (Ligurie) qui parfume la salade de roquette et ricotta de la toute voisine Merenda. Une référence. En prime, pâtes, riz, vinaigres d'Italie.

PRODUITS RÉGIONAUX

Moulin à Huile Alziari

14, rue Saint-François-de-Paule
Tél. : 04 93 85 76 92. Fax : 04 93 44 45 12

Les beaux bidons colorés et les précieux flacons chantent la gloire de l'huile d'olive confectionnée au moulin maison. En prime, belles olives cailletiers, savons parfumés et autres senteurs du pays niçois.

Huilerie des Caracoles

5, rue Saint-François-de-Paule
Tél. : 04 93 62 65 30

Les produits provençaux vendus par Jean-Pierre Lopez valent l'emplette, à commencer par la belle huile du moulin de la Brague à Opio.

VINS

Château de Bellet

44, ch. de Saquier
Saint-Romain-de-Bellet
Tél. : 04 93 37 81 57. Fax : 04 93 37 93 83

Ghislain de Charnacé produit un blanc superbe, au fruité net, ainsi qu'une cuvée boisée et de caractère dite « baron G », un rouge de garde, ainsi qu'un rosé de caractère. Visite et dégustation au château.

Rendez-vous

CAFÉS-BRASSERIES

La Civette du cours

1, cours Saleya
Tél. : 04 93 80 80 59

Le pastis est de rigueur dans ce bar-café avec terrasse, au cœur du vieux Nice, très prisé par les Niçois pour le rituel « apéro ».

Grand Café de Turin

Angle bd Jean-Jaurès, place Garibaldi
Tél. : 04 93 62 29 52

Grand café populaire où l'on propose une dégustation de fruits de mer à toute heure : moules de Bouzigues, huîtres de Marennes, oursins de la Méditerranée, que l'on arrose d'un sylvaner bien frais. Prix angéliques et service très prompt.

René Socca

2, rue Miralhetti. Tél. : 04 93 62 37 81

La petite rue Miralhetti doit son animation à René Socca. Les tables et les tabourets sont placés en vrac dans la rue piétonne. Deux boutiques se font face. La première est tenue par Jacky, le neveu de René, on fait la queue au comptoir pour une pissaladière, une part de pizza, des beignets de fleur de courgettes ou une portion brûlante de socca (purée de pois chiches cuite à la poêle sous forme de crêpe). La deuxième, par le fils de René, qui apporte aux tables le rosé frais. Les pigeons finissent les assiettes et les vrais Niçois se donnent rendez-vous ici pour manger avec leurs doigts.

SALON DE THÉ

The Scotch Tea House

4, av. de Suède
Tél. : 04 93 87 75 62

Une grande variété de thé est proposée dans ce salon « cosy ». Ambiance très scottish tant pour ses dégustations que pour la décoration.

Niderviller : voir Strasbourg

Niederbronn-les-Bains

67110 Bas-Rhin. Paris 451 – Saverne 39 – Strasbourg 54 – Haguenau 22.

Les thermes, les sources d'eau pure et le grand air des Vosges du Nord, voilà ce qu'offre « le Marienbad alsacien ». La bonhomie, les fleurs, le frais cours du Steinbach sont l'écrin d'une halte reposante.

Hôtels-restaurants

Grand Hôtel

16, av. Foch
Tél. : 03 88 09 02 60. Fax : 03 88 80 38 75
52 ch., 5 appart. 315-610 F

Si vous avez la nostalgie des années cinquante, cet hôtel de cure est pour vous. On se croirait dans un roman de Modiano, mais sans jouer *Villa Triste*. Les chambres sont nettes, les appartements, hall, bar, salons ont du cachet : ils évoquent davantage Karlsbad que Bagnoles-de-l'Orne.

Bristol

4, pl. de l'Hôtel-de-Ville
Tél. : 03 88 09 61 44. Fax : 03 88 09 01 20
Fermé (rest.) mercr. janv.
Menus : 75-340 F. Carte : 250 F
27 ch. 250-310 F. 1/2 pens. 310-350 F

La famille Le Stanc est toujours fidèle au poste. Comme le chef, Charles Schnepp, proposant une cuisine sans esbroufe : presskopf, sandre au riesling, feuilleté de pommes aux quetsches. Chambres bien tenues, salle à manger soignée.

Cully

35, rue de la République
Tél. : 03 88 09 01 42. Fax : 03 88 09 05 80
Fermé mardi soir, mercr., févr.
40 ch. 2 appart. : 250-340 F. 1/2 pens : 260-310 F
Menus : 120-250 F. Carte : 250 F

Des chambres rustiques, une cuisine scrupuleuse sous la houlette du sérieux Daniel Cully : voilà ce qui vous attend ici. Vous n'aurez que du bien à dire des classiques truite au bleu, jambon fumé, château béarnaise et vacherin glacé.

Restaurant du Parc

Pl. des Thermes
Tél. : 03 88 80 84 88. Fax : 03 88 80 84 80
Fermé jeudi sf été, févr.
Menus : 60 F (déj.), 140-330 F. Carte : 250-350 F

Le cadre colonial de ce restaurant de casino est dépaysant à souhait. On y propose les dîners-concerts sur le thème des « souvenirs d'Afrique et d'Asie » et des mets à l'exotisme sage. Salade de crabe, thon rouge grillé au gingembre, aileron de porc caramélisé et ananas rôti à la vanille sont gentiment mode.

Les Acacias

35, rue des Acacias
Tél. : 03 88 09 00 47. Fax : 03 88 80 83 33
Fermé vendr., sam. midi, 22 janv.-11 févr., 1 sem. sept.
Menus : 55 F (enf.), 68 F (déj.), 98-280 F Carte : 250-300 F

Noël Dontenville, que relaye son épouse Claire à l'accueil, renouvelle sa palette dans sa maison fleurie en lisière de forêt. Terrine de harengs à l'ancienne, matelote au riesling, sandre sur choucroute et faisan rôti aux coings sont du travail bien probe Le nougat glacé maison est délicieux.

Produits

BOULANGER

Marcel Vandhammer

32, rue de la République
Tél. : 03 88 09 02 73

Les pâtes sont maison. Mais c'est pour les pains chaque jour différents que l'on vient ici même : tournesol, soja, seigle, son, noix, sans omettre l'épatant pumpernickel.

PÂTISSIER

Pascal Mary

31, rue du Gal-de-Gaulle
Tél. : 03 88 09 74 68

Chez les Mary, on est pâtissier de père en fils depuis 1896. Forêt-noire, chocolats, entremets (passy d'Amboise, royal fraise, poiramel) comme bûches et desserts glacés succulents valent l'emplette.

Niederhaslach

67190 Bas-Rhin. Paris 479 – Saverne 32 – Strasbourg 39.

Une église gothique avec sa belle flèche de 42 mètres, le Grand Ringelsberg coiffant le bourg voisin, les ruines du Nideck qui inspirèrent Chamisso : les découvertes sont au bout de la rue.

Hôtel-restaurant

La Pomme d'Or

36, rue Principale
Tél. : 03 88 50 90 21. Fax : 03 88 50 95 17
Fermé dim. soir, lundi, 20 juin-1er juil.
20 ch. 180-250 F. 1/2 pens. 250 F
Menus : 61 F (déj.), 100-160 F. Carte : 200 F

Cette haute maison, face à l'église, avec sa façade fleurie au cœur du bourg, offre des chambres simples et sans histoire, ainsi qu'une bien honnête cuisine du cru, avec les gibiers de rigueur en saison.

Produits

BOULANGER

Le Nideck

1, rue de la Rivière
Tél. : 03 88 50 90 06. Fax : 03 88 50 98 42

Cette étroite échoppe propose une amusante collection de pains variés : céréales, sésame, pavot, sans omettre un kougelhopf à fondre.

CHARCUTIER

Richard Eberling

2, rue de la Rivière
Tél. : 03 88 50 90 24

Cet artisan amoureux de son métier défend avec ferveur les traditions de la charcuterie artisanale. Ses hure de langue, jambon cru, presskopf, pâté de campagne, jambon à l'os, cervelas, lard paysan, salami local, saucisse à tartiner, à cuire, au kilomètre ou aux épices sont traités avec sérieux. En prime, des viandes pleines de saveurs : porc nourri au grain, agneau baronnet, veau de lait du Limousin.

Niedermorschwihr

68230 Haut-Rhin. Paris 444 – Colmar 7 – Les Trois-Epis 5.

Perché au-dessus des vignes, s'agrippant aux Vosges, ce village vigneron fameux pour ses maisons à oriel l'est aussi pour ses tavernes.

Hôtels-restaurants

L'Ange

125, rue des Trois-Epis
Tél. : 03 89 27 72 31. Fax : 03 89 27 72 39
Fermé (hôtel) 15 nov.-31 mars, (rest.) mercr., jeudi midi, 4 janv.-12 févr.
15 ch. 280-360 F
Menus : 50 F (déj.), 90-150 F

Presskopf, tête de veau, clafoutis aux griottes : la cuisine de Joël Jamm réserve de bonnes surprises. Et au milieu de ce village en pente, cette demeure à pans de bois avec sa cour intérieure et ses chambres de bon confort est une aubaine. Tous les alsaces proposés sont ceux de la famille Boxler.

Le Caveau Morakopf

7, rue des Trois-Epis
Tél. : 03 89 27 05 10. Fax : 03 89 27 08 63
Fermé déj. (hs), 15-30 mars, 26 juin-7 juil., 3e sem. nov.
Carte : 170 F

La « star » de la winstub vigneronne, c'est ce caveau en ligne de mire sur les vignes et la rue montante. Les banquettes, recoins, vitraux avec la tête de maure qui donne son nom au lieu : cela perdure malgré l'agrandissement du lieu. Ajoutez-y d'excellents produits cuisinés avec doigté, de la fraîcheur en toute chose, des vins de soif en pichet, des tarifs sages. Le boudin noir feuilleté en amuse-gueule est révélateur du doigté d'Anne Guidat pour cuisiner finement les mets rustiques. Vous aimerez la salade de choucroute aux harengs, comme ladite choucroute avec chou frais, digeste, et l'exquise charcuterie de Siegmann à Ingersheim, la tendre langue de porc salée avec pommes sautées croustillantes, les fleischnacks dans un odorant bouillon de légumes, le gâteau au chocolat délectable. La chaleur du lieu, le bon sourire du patron, Jean-Michel Guidat, le service aimable, sont en sus.

Le Caveau des Chevaliers de Malte

127, rue des Trois-Epis
Tél. : 03 89 27 09 78
Fermé déj., mardi
Carte : 140 F

L'accueil est timide, l'ambiance sympathique, le décor avec tables et tabourets issus d'anciens fûts amusants. Les aimables vins en pichet accompagnent hareng mariné, pâté en croûte, quenelles de foie et palette moelleuse.

Produits

PÂTISSIER-CONFISEUR

Christine Ferber

18, rue des Trois-Epis
Tél. : 03 89 27 05 69. Fax : 03 89 27 48 03

Impératrice de la confiture artisanale, Christine Ferber a fait connaître le nom de la maison familiale au monde entier. Ses beaux fruits cuits en bassines de cuivre, ses parfums divins (superbe quetsche, magnifique framboise-violette, exquise orange amère, jolie « épices de Noël ») valent le détour, l'emplette, l'expédition. Et le reste est à l'avenant : kougelhopf, forêt noire, tourtes, mais aussi chocolats à la rose, framboise et manjari font de riches entremets à fondre de plaisir. Ah, sa bûche aux marrons glacés !

Niederschaeffolsheim : voir Haguenau

Niedersteinbach

67510 Bas-Rhin. Paris 453 – Bitche 24 – Strasbourg 64.

Les châteaux forts de l'Alsace du Nord, le cours du Steinbach, la douce solitude des sapinières et rien d'autres.

Hôtel-restaurant

Le Cheval Blanc 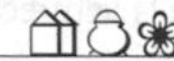

11, rue Principale
Tél. : 03 88 09 25 31. Fax : 03 88 09 50 24
Fermé jeudi, 1er-10 déc., 1er févr.-7 mars, 20-30 juin
29 ch. 280-350 F. 1/2 pens. 280-320 F
Menus : 65 F (enf.), 98-300 F. Carte : 250 F

Michel Zinck, le fils de la maison, a travaillé chez Blanc, Lameloise, Bocuse, Robuchon. On comprend donc que la cuisine finement régionale se ressente de cette filiation. Les menus sont équilibrés, la terrine de lapereau à la moutarde d'une vraie finesse, comme celle de hareng au raifort, la quenelle de brochet d'une rigoureuse légèreté et tout le reste d'un répertoire bien dominé (jolis desserts sur le mode classique). Accueil aimable dans une auberge à l'ancienne proche de la forêt, chambres confortables, salles à manger nombreuses qu'un service appliqué arpente avec ardeur.

indique un lieu de mémoire.

Nieuil

16270 Charente. Paris 440 – Angoulême 40 – Confolens 26 – Limoges 65.

Un bout des Charentes si douces, de collines en forêts, de parcs en castel.

Hôtels–restaurants

Château de Nieuil

Tel. 05 45 71 36 38. Fax : 05 45 71 46 45
Fermé 2 nov.-20 avr., (rest.) dim. soir, lundi sf été
14 ch. 675-1 600 F. 1/2 pens. 790-1 125 F
Menus : 200 (déj., vin c.), 260-350 F

Ancien relais de chasse de François Ier, cet élégant château dresse ses tours à l'orée d'un bois tristement clairsemé par la tempête. Pas de quoi ébranler l'enthousiasme de Luce et Jean-Michel Bodinaud ! Ils vous accueillent avec une chaleur et une simplicité distinguée qui reste l'apanage des maisons particulières. L'inspiration de Luce souffle sur les fourneaux comme sur les chambres, chacune empreinte d'un style différent. Osez les extrêmes : un appartement de 100 m² avec lustres et boiseries d'époque, où la plus petite chambre du château, perchée au deuxième étage, dont la fraîcheur en fait aussi la plus séduisante. Piscine et tennis pour ceux qui ne saurait se satisfaire d'une promenade dans le jardin à la française. Le bonheur, c'est, bien sûr aussi la cuisine de Luce, femme-chef de caractère, qui défend son terroir avec art, pratiquant autant le farci poitevin que l'« œuf » au crabe, la chaudrée rochelaise ou la mouclade que le maigre à la vapeur d'algues, l'émincé de filet de veau à la ventrèche fumée

La Grange aux Oies

au Château de Nieuil
Tel. 01 45 71 36 38
Fermé dim soir, lundi, mardi soir, 15 avril-15 déc.
Carte-menu : 190 F (apér., vin et café c.)

C'est pour éviter que le personnel de cuisine ne se « fasse la malle » pendant la fermeture du château que Luce et Jean-Michel Bodinaud ont improvisé un restaurant campagnard dans l'une des granges du château. Hommes d'affaires, familles et couples licites viennent s'attabler sous les poutres de cette généreuse maison. Du service, décontracté et déférent, aux assiettes, authentiques et précises, le terroir trouve sa meilleure expression. Farci poitevin, morue fraîche à la ventrèche, confit de canette aux rutabagas... Pascal Pressac conjugue finesse et simplicité. Tout est compris, jusqu'à ce fromage blanc de campagne servi à la louche avant le dessert. La campagne comme on la voit dans les livres d'images. Dommage que tout cela ne dure qu'une saison.

Nîmes

30000 Gard. Paris 711 – Montpellier 56 – Aix-en-Provence 108 – Avignon 47 – Marseille 124.

Office du Tourisme : 6, rue Auguste
Tél. : 04 66 67 29 11. Fax : 04 66 21 81 04
Gare SNCF : 04 66 84 18 13

Etrange ville : verte et paisible, elle semble dormir dans une douce torpeur, ne se réveiller que sept jours dans l'année. C'est alors la féria, en septembre. Et la ville devient folle, mondaine, animée jusqu'au vertige. Le problème est que Nîmes vit toute l'année dans l'attente, la préparation, les prémices. Certes, on a bien créé une nouvelle féria en février. Mais le cœur y est-il ? Rome française, riche en bâtiments gallo-romains, Nîmes vaut plus qu'une visite une semaine l'an. D'abord pour son marché riche en beaux produits d'une région qui fait le joint entre Provence et Languedoc. Cévennes et Camargue sont la porte à côté. La gourmandise ici a de l'accent, à défaut d'avoir toujours du tonus. Mais olives pichoulines, brandade, chèvre de Pélardon, agneaux et poissons, sans omettre croquants et côtières de Nîmes ont du caractère.

Hôtels

Imperator Concorde

Quai de la Fontaine
Tél. : 04 66 21 90 30. Fax : 04 66 67 70 25
63 ch. 650-1 000 F. 1/2 pens. 550 F

Cette institution rénovée, qui constitue l'un des rendez-vous chic de la ville en période de féria. Joli cadre avec jardin fleuri, au sein d'une maison du début du siècle au cœur du centre, salles de conférence. Bar Hemingway et restaurant l'Enclos de la Fontaine (voir Restaurants ci-dessous).

Novotel Atria

5, bd de Prague
Tél. : 04 66 76 56 56
112 ch. 530-580 F
Menus : 50 F (enf.), 80-170 F. Carte : 180 F

Très pratique, central (les Arènes sont à 100 mètres), cet hôtel de chaîne est sans chichis. Chambres fonctionnelles, modernes, bien tenues. Accueil impersonnel.

L'Orangerie

755, rue de la Tour-de-l'Evêque
Tél. : 04 66 84 50 57. Fax : 04 66 29 44 55
Fermé 24-28 déc.
Menus : 75 F (enf.), 110 F (déj.), 155-195 F
32 ch. 390-570 F. 1/2 pens. 375 F

Dans un immeuble XVIIIe rénové, un hôtel moderne, avec jardin, terrasse, piscine, salle de séminaires.

New Hôtel La Baume

21, rue Nationale
Tél.: 04 66 76 28 42. Fax: 04 66 76 28 45
Fermé sam., dim.
33 ch. 450-510 F. 1/2 pens. 622 F
Menus: 75 F (enf.), 110 F (déj.), 155-195 F (vin c.)

A deux pas des Halles et de la Maison Carrée, des chambres de charme, rénovées, dans un hôtel particulier et classé: voilà une des meilleures étapes pour rayonner dans le vieux Nîmes.

Restaurants

L'Enclos de la Fontaine

A l'Imperator Concorde
Quai de la Fontaine
Tél.: 04 66 21 90 30
Menu: 155-360 F. Carte: 300-400 F

Jean-Michel Nigon, installé dans ce chic restaurant d'hôtel depuis une décennie, s'efforce de remettre à neuf les traditions régionales. Repas au patio ou au jardin. Croustillant de brandade au caviar d'aubergines, soupe au pistou, langoustines grillées, rouget de roche clouté aux anchois, chariot de desserts sont du meilleur ton.

Magister

5, rue Nationale
Tél.: 04 66 76 11 00. Fax: 04 66 67 21 05
Fermé sam. midi, dim., août
Menus: 70 F (enf.), 130 F (déj.), 185-220 F
Carte: 300 F

Martial Hocquart cuisine avec simplicité de bons produits au gré des saisons. Chez lui, la galantine d'anguille à la pistache, la brandade de morue, la truite saumonée des Cévennes aux pommes de terre et lardons, le taureau à la saint-gilloise ou la macaronade de poires farcies aux figues ont simplement du goût. Voilà une table gourmande et authentique où se bouscule le Tout-Nîmes. Belle cave, entretenue et conseillée par la dynamique Marie-Claire Hocquart

Jardin d'Hadrien

11, rue Enclos-Rey
Tél.: 04 66 21 86 65. Fax: 04 66 21 54 42
Fermé dim. sf midi (hs), mercr. sf soir été, vac. févr. Toussaint, 20-31 août
Menus: 65 F (enf.), 95-150 F. Carte: 200-250 F

La cuisine légère, les mets renouvelés selon les saisons qui changent et l'air du temps: voilà les «trucs» d'Alain Vinouze. Un feuilleté

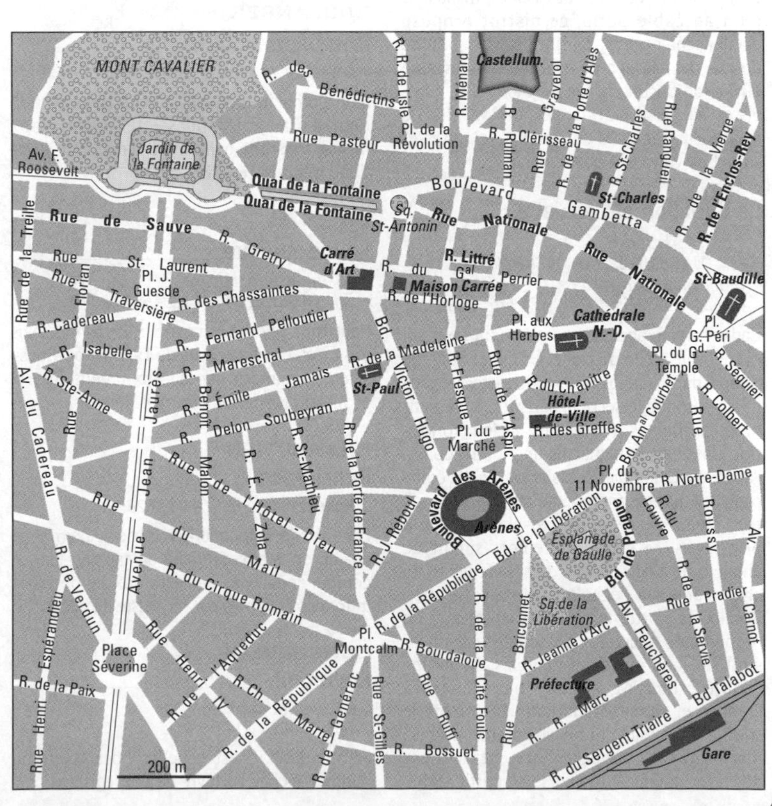

d'asperges à la crème de mousserons ou un pavé de morue à l'huile d'olive suffisent pour enchanter le chaland dans la simplicité. Jolis desserts à thème (parfait glacé au Zan et crème de menthe) et vins choisis qui sont une ode aux nouveaux crus d'ici. Le jardin ombragé est un havre aux beaux jours.

Le Lisita

2, bd des Arènes
Tél. : 04 66 67 29 15. Fax : 04 66 67 25 32
Fermé dim. soir, lundi
Menus : 75 F (enf.), 105 F (déj.), 145-245 F
Carte : 250 F

Un décor sur le thème de la corrida, la proximité des arènes, la cuisine simple, bonne et fraîche : voilà qui fait le succès de ce bistrot où le Tout-Nîmes vient se faire fête dans la bonne humeur. Ajoutez des plats sérieux (exquis rognons braisés), des poissons au plus près de la mer, des menus bien peignés et vous comprendrez la popularité du lieu.

Aux Plaisirs des Halles 

4, rue Littré
Tél. : 04 66 36 01 02. Fax : 04 66 36 08 00
Fermé dim. soir, lundi, 8-14 janv., 14-20 août
Menus : 70 F (enf.), 88 F (déj.), 140-250 F
Carte : 180 F

Situé dans le quartier des Halles, disposant d'un agréable patio, ce bistrot propose accueil chaleureux, cuisine fraîche, proche du marché. Rosace de courgette et rascasse au jus de bacon, salade de moules et écrevisses au persil plat, onglet aux ravioles de ratatouille, fricassée de pommes reinettes et sorbet au calva ont bonne mine.

Le Bouchon et l'Assiette 

5 bis, rue de Sauve
Tél. : 04 66 62 02 93. Fax : 04 66 62 03 57
Fermé mardi soir, mercr.
Menus : 95 F (déj.), 125-175 F. Carte : 250 F

Cadre soigné, accueil amical, prix justes : tel est le triple credo de Lionel Geiger et Philippe Straub dans leur bistrot moderniste. Le premier, cuisinier, le second, pâtissier, ne renient ni leurs origines alsaciennes, ni leur formation classique, l'un chez Rolling à Strasbourg, l'autre au Colombier à Malataverne. Ils composent à quatre mains une cuisine juste de ton, pleine de sens, rustico-chic, tarifée à prix sages. La caille aux épices sur lit de choucroute tiède au foie gras, le feuilleté de champignons à l'échalote, le steak de thon Rossini au porto, le râble de lapin farci en rognonnade avec son jus simple aux olives sont de jolis morceaux choisis. Le mille-feuille croquant, avec mousse légère à l'orange et crème Grand Marnier, comme le soufflé glacé miel et noix au caramel avec sa madeleine tiède, rappellent que chez les gens de l'Est le sucré est toujours une partie forte.

A 30128 Garons : 9 km par D42 et 442

Alexandre

Rte de l'aéroport
Tél. : 04 66 70 08 99. Fax : 04 66 70 01 75
Fermé lundi, vac. févr., mercr. soir (hs), dim. sf midi, sept. (hs)
Menus : 195- 450 F. Carte : 400-500 F

Aux portes de l'aéroport de Nîmes-Garons, Michel Kayser, Lorrain de Forbach gagné aux vertus de la cuisine provençale, a fait de sa demeure de charme sous les ombrages la belle institution gourmande de la région. Ce technicien sûr fuit le chichi et l'esbroufe, cuisine avec cœur, parfois même brio, témoins ces interprétations finaudes du terroir d'ici. Sur le thème de la brandade, il joue sur du velours. Mais goûtez ces nouveaux classiques qui ont nom île flottante aux truffes sur velouté de cèpes, calisson de pieds, langues et ris d'agneau, avec aligot à ma façon, saint-jacques saisies au beurre sur une crème de topinambour relevé d'un coulis de langue d'oursins et soufflé d'oursins ou encore crème brûlée à la poutargue pour comprendre les belles idées d'un Mosellan au soleil. Service très chaleureux et efficace de la gracieuse Monique Kayser qui propose une cave régulièrement en progrès.

Produits

BOULANGER

Croquants Villaret

13, rue de la Madeleine. Tél. : 04 66 67 41 79

Pain complet, croquant, coque (brioche à la fleur d'oranger), fougassette, minerve aux raisins secs ont belle mine dans cette boutique millésimée 1775.

CAVISTE

La Vinothèque

18, rue Jean-Reboul
Tél. : 04 66 67 20 44. Fax : 04 66 21 39 70

Pour tout savoir des costières de Nîmes mais aussi des meilleurs crus du Languedoc-Roussillon, demandez conseil aux érudits Robert et Joëlle Teyssier et à Patrick Thibaut.

CHARCUTIER

Henri Bosc

Halle centrale. Tél. : 04 66 21 29 76

Pâté de Nîmes (pâte brisée farcie de poitrine et épaule de veau), gardiane au taureau (daube couleur locale) et caillette aux herbes sont mitonnés et vantés par un artiste du genre.

CONSERVEUR

Raymond

34, rue Nationale
Tél. : 04 66 67 20 47

La brandade ici est reine, en bocal, boîte ou barquette chez l'orfèvre de son registre.

EPICIER

Olives Daniel

Les Cyprès Bleus, rte de Beaucaire.
Tél. : 04 66 26 68 08
Halle centrale. Tél. : 04 66 02 94 50

Les chefs-d'œuvre maison : 16 variétés d'olives dont la nîmoise dite pichouline et la tapenade (purée d'olive, anchois et câpres).

FROMAGER

Vergne

128, rue des Halles
Tél. : 04 66 67 44 88

Le meilleur des pâtes fermières se retrouve aligné comme à la parade chez le gars Stéphane.

PÂTISSIER

Montet

14, rue Jean-Reboul
Tél. : 04 66 67 59 41

Pâtisseries, glaces, ganaches chocolatées, entremets : tout fait envie chez René Montet.

Gerard Moyne-Bressand

20, bd Victor-Hugo
Tél. : 04 66 67 35 12

Pâtisseries, entremets, glaces et les fameuses «armoiries de Nîmes» en chocolat valent le détour.

Rendez-vous

PUB

O'Flaherty's

2, bd Courbet
Tél. : 04 66 67 22 63

Ce pub irish attire la belle jeunesse nîmoise avec ses soirées musicales organisées régulièrement, et, bien sûr, le grand choix de bières de qualité proposé à demeure.

SALON DE THÉ

Moyne-Bressand

20, bd Victor-Hugo
Tél. : 04 66 67 35 12

On se bouscule dans ce petit salon pour les thés, cafés, pâtisseries et les gâteaux en chocolat.

Niort

79000 Deux-Sèvres. Paris 410 – La Rochelle 66 – Nantes 141 – Poitiers 76.

Office du Tourisme : pl. de la Poste
Tél. : 05 49 24 18 79. Fax : 05 49 24 98 90

La capitale des Deux-Sèvres, mise à la porte de Paris ou presque par le TGV, veille sur une vieille ville pleine de caractère, le proche Marais Poitevin et les belles laiteries qui font la richesse du Poitou. Et Echiré et son beurre sont à deux pas.

Hôtels-restaurants

Mercure 

17, rue Bellune
Tél. : 05 49 24 29 29. Fax : 05 49 24 98 90
60 ch. 495-790 F
Menus : 55 F (enf.), 110 F, 160 F

Cette grande demeure plutôt située au calme à la porte du centre propose des chambres vastes et modernes, qui font une étape tranquille. Au restaurant, cuisine au goût du jour avec une carte des vins intéressante.

Hôtel du Moulin

27, rue Espingle
Tél. : 05 49 09 07 07. Fax : 05 49 09 19 40
34 ch. 260-290 F

Au bord ou presque de la Sèvre niortaise, cet hôtel proche du centre historique offre un accueil souriant, des chambres petites mais soignées et très nettes, ainsi qu'un rapport qualité-prix impeccable.

La Belle Etoile

115, quai M.-Métayer
Tél. : 05 49 73 31 29. Fax : 05 49 09 05 59
Fermé dim. soir, lundi, 7-21 août
Menus : 75 F (enf.) 100 F (déj., vin c.), 155-430 F (vin c.). Carte : 300-400 F

La meilleure table de Niort, et de loin ? Celle Claude Guignard, sérieux cuisinier, qui en bordure de rivière et à deux kilomètres du centre, propose, dans un cadre cossu, à côté de mets mode, jouant l'air du temps, un épatant menu régional à 155 F qui est un petit bonheur poitevin. La salade de grillons charentais à la maraîchine, le gratin d'anguille au vert ou la fricassée de poulet fermier à la poitevine, enfin le fromage blanc au coulis d'angélique y composent une symphonie délicieuse. Là, dans le bonheur des traditions conservées, le marais conserve sa malice heureuse.

Produits

CONFISEURS

Thonnard

Av. de Sevreau
Tél. : 05 49 73 47 42

Est-ce un fruit, une plante, une confiserie ? C'est d'abord une racine, à l'origine mystérieuse. Importée au XIIe siècle des pays scandinaves, l'angélique est cultivée en lisière de la Sèvre, pousse à l'ombre des peupliers. Son pouvoir ? Elle guérirait les fièvres. Au Moyen Age, elle aurait contribué à chasser la peste de Niort. Un «ginseng» charentais? Pierre Thonnard la vend confite, en crème, en liqueur, en confiture et en coulis.

Angéli-Cado

6 bis, rue Sainte-Marthe
Tél.: 05 49 24 10 23

Bernard Albert, artiste confiseur, sculpteur d'angélique, travaille le fruit comme une œuvre d'art. Il propose les formes les plus diverses, à partir de l'angélique confite: en roseaux, en noisettes du marais, en chardon, en pierres de donjon, mais aussi en grenouilles, en tortues, en canards, en artichauts, en bouquets de violette, ou, tout bonnement, en tiges quasi natures.

Norroy-le-Veneur : voir Metz

Nouan-le-Fuzelier

41600 Loir-et-Cher. Paris 179 - Orléans 55 - Blois 59 - Lamotte-Beuvron 8.

Le cœur de la Sologne, celle des étangs, des grandes chasses, des châteaux et des halliers

Restaurants

Le Dahu

14, rue H.-Chapron
Tél.: 02 54 88 72 88. Fax: 02 54 88 21 28
Fermé mardi (sf été), mercr., 15 févr.-18 mars
Menus. 98 F, 128 F (déj.)-250 F. Carte: 300 F

Jean-Luc, ex-matheux gagné par l'amour des bons mets, et Marie-Thérèse Germain accueillent, comme à la maison, dans cette ferme de coeur de bourg cachée par un jardin. La salle est d'un rustique pimpant, l'accueil adorable. La cuisine joue le marché avec finesse. Velouté de potirons aux cèpes et amandes, bouillon tomaté de langoustines à l'œuf poché, basilic et coriandre, sandre aux pommes nouvelles, moules et échalotes confites, filet de biche en poivre aux coings et poires pochées au miel, graines de fenouil et cumin glace pistachée (non turbinée, hélas), révèlent un vrai tour de main. Jolis vins régionaux, pas toujours les plus connus.

Raboliot

Av. de la Mairie
Tél.: 02 54 94 40 00. Fax: 02 54 94 40 04
Fermé lundi soir (sf été), mardi soir (hs), mercr., 15 janv.-21 févr.
Menus: 60 F (enf.), 95 F (déj), 135-220 F
Carte: 250 F

Ce café de village s'est prolongé, sous la houlette de l'actif Philippe Henry, de deux salles embourgeoisées. La sagesse, le sérieux, la fraîcheur et même la finesse sont au rendez-vous des pressé de volaille au gingembre, saint-jacques aux cèpes, chevreuil en poivrade, joli soufflé glacé au Grand Marnier (en oubliant au passage un foie chaud aux fraises qui n'est peut-être pas le genre de la demeure). Une jeune sommelière très à son affaire vous fera découvrir le menetou de Clément, le coteau-de-l'aubance de Lebreton et le (vieux) chinon de Raffault.

Noves

13550 Bouches-du-Rhône. Paris 690 - Avignon 13 - Arles 36 - Carpentras 26 - Marseille 91.

Un petit paradis provençal dans la verdure aux portes d'Avignon.

Hôtel-restaurant

Auberge de Noves

Rte de Châteaurenard
Tél.: 04 90 94 19 21. Fax: 04 90 24 28 00
Fermé lundi midi, mardi midi (hs), mi-nov.-mi-déc.
19 ch. 1 195-1 695 F
Menus: 140 F (enf.), 230 F (déj.), 285-535 F
Carte: 600 F

Formé chez Pic, Chapel, Troisgros, tête bien faite et bien pleine, de l'or dans les mains, Robert Lalleman est inconnu au bataillon des «grands». Sa maison, jadis fameuse dans les années cinquante, est toujours l'une des grandes étapes de France, avec son service de classe, son charme à l'ancienne, ses vues sur le paysage de la Provence et sa situation au vert, à deux pas d'Avignon. Le duo formé par le père André, truculent autant qu'extraverti, et le fils Robert, timide, certes, mais aussi à l'aise dans le sucré que le salé, est tonique à souhait. Tête bien faite et bien pleine, Robert Lalleman dévoile des sommets de finesse aux fourneaux. Les petits-gris de Provence, en rouleaux de printemps à l'ail doux, fleurs de courgettes et piments doux farcis de tourteaux, rougets grillés avec frites de poutargue, agneau de lait en pot-au-feu, chevreau avec son «casse-croûte» d'herbes sont du travail en or. Les desserts? Dignes des treize desserts provençaux de Noël: lait de brebis glacé aux cerises, fraises meringuées au citron, cacao soufflé et mouillettes aux agrumes, biscuit tiède aux amandes et compotée de baies rouges. Du travail de ciseleur. Chambres de grand confort, digne d'un Relais & Châteaux institutionnel.

Noyal-sur-Vilaine : voir Rennes

Noyant de tourraine : voir Sainte-Maure-de-Touraine

Nyons

26110 Drôme. Paris 656 - Orange 42 - Valence 96 - Sisteron 99.

Office de Tourisme : pl. de la Libération
Tél. : 04 75 26 10 35. Fax : 04 75 26 01 57

Ville douce, mini-capitale de la lavande, elle a donné son patronyme à une olive noire et s'est vu récompensée par une AOC distinguant son huile fine qui parfume les bons plats d'ici.

Hôtels–restaurants

Le Colombet

53 pl. de la Libération
Tél. : 04 75 26 03 66. Fax : 04 75 26 42 37
Fermé 20 nov.-12 janv.
25 ch. 340-550 F
Menus : 68 F (enf.), 95 F (déj.)-210 F

Campé solidement sur la grand-place, voilà le type de l'hôtel-institution de province qui se rénove en douceur. Le hall, en rouge et bleu, a pris des couleurs. Les chambres du troisième étage, avec tomettes, ont vue sur les pins tournoyants. La cuisine, faite au plus près des arrivages du jour par le Breton Patrick Geoffray, est provençale avec malice : rougets tout frais, marinés en escabèche, selle d'agneau (un peu saucière) avec un épatant risotto de petit épeautre du pays de Sault, parfait glacé au basilic flanqué d'un sorbet truffé au chocolat amer. Voilà qui est plein de tonus et de bon sens. L'ensemble fait une halte au cœur des choses.

Le Petit Caveau

9, rue Victor-Hugo
Tél. : 04 75 26 20 21. Fax : 04 75 26 20 21
Fermé dim. soir, lundi, sf fériés, mi-nov.-mi-déc.
Menus : 120-250 F. Carte : 250 F

Dans une ancienne écurie aux murs voûtés et aux fresques peintes au pochoir, Christian Cormont, qui a fait partie de l'équipe Robuchon aux temps héroïques du Concorde-Lafayette, mitonne des mets plaisant, vifs de ton, doués d'idées glanées au gré du marché. Son épouse Muriel joue les hôtesses accortes et les sommelières expertes, choisissant les meilleurs vins du cru — cairanne de Richaud, rastaud de Romero — qui accompagnent à merveille son carpaccio de canard à la tapenade, sa morue en fine brandade au coulis de tomate et basilic, son râble de lapin aux pommes croustillantes, gousses d'ail et foie chaud émincé, sa marquise au chocolat bitter ou sa compotée de figues aux raisins et pruneaux.

La Charrette Bleue

7 km E. par rte de Gap
Tél. : 04 75 27 72 33. Fax : 04 75 27 76 14
Fermé mardi soir dim. soir (hs), mercr., 2-31 janv., 30 oct.-8 nov.
Menus : 48 F (enf.), 98-182 F

Dans un ancien relais à la campagne, en lisière de Nyons et sur la route des Baronnies profondes, Denis Jadon, formé chez Banzo à Aix, Passédat à Marseille, Chibois à Cannes, joue la modestie, le bon produit travaillé en finesse, l'assiette généreuse et le prix juste. Les vins locaux ne dépassent presque jamais la barre des 100 F (Cairanne de Corinne Couturier, charpenté en 1996), les jolis menus font mouche et on se régale d'un moelleux flan de morilles à la crème de champignons ou d'une salade de caille confite au vinaigre de framboise, de saumon frais et fumé avec fraîche sauce antiboise ou d'un splendide carré d'agneau juteux rôti au thym et flanqué d'un épatant gratin dauphinois, de tous les fromages du pays et d'un nougat glacé au coulis de griotte à retomber en enfance.

Produits

HUILERIES

Jean-Pierre Autrand

Tél. : 04 75 26 11 00

Huile d'olive artisanale qui se dédouble en musée de l'huile que l'on visite avec ferveur dans une savonnerie du XVIIIe sise au pied des remparts.

Jacques Ramade

Tél. : 04 75 26 08 18

L'olive de Nyons, son huile, ses dérivés, racontés avec amour. Visite du moulin dans la vieille ville.

O

Oberhaslach

67280 Bas-Rhin. Paris 426 – Strasbourg 40 – Molsheim 18 – Saverne 31.

Le Nideck que chanta Chamisso, ses cascades et ses ruines, la grande forêt des Vosges, les sources vives et une chapelle du XVIIIe: voilà les richesses de ce village paisible.

Hôtels-restaurants

Saint-Florent

28, rue du Nideck
Tél.: 03 88 50 94 10. Fax: 03 88 87 99 61
Fermé dim. soir, lundi, 1er-31 janv.
25 ch. 250-350 F. 1/2 pens. 280 F
Fermé lundi, dim. soir et janv.
Menus: 90 F, 135 F (dim.)-160 F. Carte: 250 F

Ce petit hôtel près de la route, mais aussi de la forêt, avec ses chambres confortables et peu chères, est une aubaine. Francis Reeb joue la cuisine régionale sans ennui: jambon fumé de cerf, paupiette de sandre à la choucroute, quenelles de foie et strudel aux pommes.

Ruines du Niedeck

2, rue de Molsheim
Tél.: 03 88 50 90 14. Fax: 03 88 50 93 58
Fermé mardi soir, mercr., 2-23 janv., 14-23 nov.
Menus: 55-200 F

Cette auberge boisée, sise près de la ruine qui lui a donné son nom, propose une cuisine sage et robuste, providence des marcheurs des parages boisés.

Oberlarg

68480 Haut-Rhin. Paris 470 – Mulhouse 49 – Colmar 90.

La rivière de la Largue proche fait zigzaguer le paysage ponctué de collines vertes et boisées. Les ruines de l'abbaye de Lucelle et la Suisse frontalière sont d'excellents buts pédestres.

Hôtel-restaurant

A la Source de la Largue

Tél.: 03 89 40 85 10
Fermé mardi, mercr.
Menu: 45 F (déj.). Carte: 150 F

Papa et maman Hirtzlin, dont le fiston tient la Tonnelle à Mulhouse-Riedisheim, sont des aubergistes modestes, mais fort sérieux. On vient ici pour le bonheur du filet de truite, de la tête de veau, des bouchées à la reine et des tartes maison.

A Lucelle: 3 km E.

Le Petit Kohlberg

Tél.: 03 89 40 85 30. Fax: 03 89 40 89 40
Fermé lundi et mardi (hiver), vac. Toussaint, vac. févr.
35 ch. 250-305 F
Menus: 85-195 F

Ce petit hôtel perché sur les lisières du Jura suisse offre des chambres fonctionnelles et une cuisine simple et sans manières: sandre au riz, cuisses de grenouilles au riesling, jarret de porc aux champignons. Le tout fait une étape au vert aimable.

Obermodern

67330 Bas-Rhin. Paris 456 – Haguenau 19 – Ingwiller 7 – Pfaffenhofen 4.

Les parages du pays de Hanau, les vergers, les maisons hautes au colombage soigné, la route des Vosges du Nord : c'est presque un pays secret.

Hôtel-restaurant

Ernenwein

11, rue de la Gare
Tél.: 03 88 90 80 08. Fax: 03 88 90 86 62
10 ch. 200-260 F. Fermé 1er-15 sept.
Menus: 40 F (déj.), 120 F, 130 F. Carte: 230 F

Insolite, cet hôtel de gare modernisé, ses éclairages futuristes, ses chaises design. Le chef-patron, ex-surveillant de cantines professionnelles, ne s'en laisse pas conter sur la qualité du produit et propose des préparations soignées: grenouille provençale, fromage de chèvre gratiné sur salade, côtes d'agneau grillées au jus aillé, mignon de veau à la crème de curry. L'ensemble, servi avec gentillesse, vaut le détour.

Obernai

67210 Bas-Rhin. Paris 485 – Sélestat 23 – Strasbourg 30 – Colmar 45.

C'est l'Alsace en résumé. Il y a l'ombre de Sainte-Odile, la place du marché, le beffroi, l'hôtel de ville à oriel, le puits à Six Seaux: voilà un bourg exemplaire, témoin que l'imagerie de l'Alsace, coquette et gourmande, n'est pas une chimère.

Hôtels–restaurants

La Cour d'Alsace

3, rue de Gail
Tél. : 03 88 95 07 00. Fax : 03 88 95 19 21
Fermé 23 déc.-22 janv., (rest.) sam. midi, dim. soir, lundi
44 ch. 780-830 F. 1/2 pens. 645-695 F
Menus : 85 F (enf.), 228-450 F. Carte : 300 F
Menus : 85 F (enf.), 190-350 F (Caveau de Gail, fermé jeudi soir, dim. soir)

Ce luxueux hôtel aux chambres sobres un brin minimalistes, à fond de cour dimière, offre le calme en pleine ville, près des remparts. Les pavés roses, les salles en dédale, les couloirs feutrés, le verre et le bois font un ensemble de charme. La cuisine y est fine, maligne, dans l'air du temps. La tradition se joue en version allégée. Témoins la terrine de foie d'oie poêlée flanquée de sa rillette de céleri et de truffes, les sandre et anguille avec käseknäpfla et sauce réduite au riesling façon matelote moderne, le feuilleté de pigeonneau cuit rosé, ses exquises quenelles de semoule à la mirabelle ou encore ses griottes au kirsch et chocolat en croquettes qui donnent envie d'avoir ici son rond de serviette. Le chef Gérard Eckert suit une partition régulière, sans faire de tapage. Le service est d'une efficacité sans faille, la cave pleine de trouvailles. Restaurant plus simple, quoique non sans sophistication au Caveau de Gail.

Le Parc

169, rue du Gal-Gouraud
Tél. : 03 88 95 50 08. Fax : 03 88 95 37 29
Fermé 5 déc.-15 janv., 3-10 juil., (rest.) dim. soir, lundi
44 ch. et 6 appart. 690-1 200 F. 1/2 pens. 600-900 F
Menus : 165 F (déj.), 190 F, 350 F. Carte : 350-450 F

Vedette bonhomme de sa ville, le Parc ne cesse de s'agrandir, avec des chambres de luxe, des suites boisées, des couloirs ornés de beaux tableaux. La collection de marqueteries de Spindler, dans la salle de petits déjeuners, se visite. Mais, côté cuisine, la qualité suit. L'entreprenant Marc Wucher accomplit son marché avec les Jung, Westermann ou Mischler. Cest dire qu'on ne badine pas ici avec le haut de gamme. Le chef Roland Schaeffer, qui fut stagiaire chez Lenôtre, joue l'esthétisme et le goût juste mêlés. Les lasagnes de saumon, la petite soupe d'escargots, le foie chaud aux pommes compotées, les sot-l'y-laisse aux ravioles de fromage, la lotte en croûte de pommes charlottes, le ris de veau en baeckoeffe, le tout simple mais tout bon coquelet à la bière brune sont du travail sérieux, fin, savoureux. Et les beignets de mirabelles mi-confites, flanqués d'un sorbet yaourt et d'un coulis d'églantines, comme la chiboust aux fraises avec glace vanille achèvent opportunément le repas. A la carte, les prix vont fort, mais les deux premiers menus sont de douces invites.

Le Colombier

Rue Dietrich
Tél. : 03 88 95 51 28. Fax : 03 88 95 50 93
40 ch. 420-475 F

L'ex-Grand Hôtel a fait peau neuve sous la houlette des Baly de Molsheim (le Diana, c'est eux). Chambres pas toujours grandes, mais décorées de façon gaie et contemporaine, accueil adorable de la gérante, Hélène Wernert, et situation en or, en retrait de la Grand-Place. Belle vue sur la vie depuis le quatrième étage.

La Diligence Résidence Bel Air

23, pl. de la Mairie
Tél. : 03 88 95 55 69. Fax : 03 88 95 42 46
40 ch. 265-430 F

Les chambres sont un peu datées. Quoique certaines ont été rénovées, plein centre, avec vue sur l'une des plus jolies places d'Alsace, d'autres au calme.

Duc d'Alsace

6, pl. de la Gare
Tél. : 03 88 95 55 34. Fax : 03 88 95 00 92
19 ch. 330-490 F

Des chambres de style sobre mais chaleureux, avec salles de bains fonctionnelles, cour fleurie : voilà ce que vous trouverez ici. Pour la restauration, voir dans la même demeure, la Fourchette des Ducs.

L'Agneau d'Or

99, rue du Gal-Gouraud
Tél./fax : 03 88 95 28 22
Fermé lundi
Menus : 45 F (enf.), 60 F (déj.), 135-200 F
Carte : 150-250 F

Cette « vraie » winstub, la seule de ce type en ville, vaut la halte pour son accueil adorable et son cadre chaleureux, avec caricatures au mur et boiseries polychromes. Mais la cuisine fraîche, maligne, qui évolue au gré du temps, sous la houlette des dynamiques patrons, Mija et Christian Stephanus, constitue une bonne surprise. Presskopf de joue de bœuf, duo de pied de porc, pithiviers d'escargots à la crème de ciboulette, tête et langue de veau sauce gribiche, carré de cochon lait grillé avec jus aux herbes, feuilleté de munster, mitonnés avec sérieux par le chef Olivier Lachman, sont d'une probité sans faille.

La Cour des Tanneurs

Ruelle du canal de l'Ehn
Tél. : 03 88 95 15 70. Fax : 03 88 95 43 84
Fermé mardi soir, mercr., 22 déc.-3 janv.
Menus : 65 F (déj.), 125-185 F. Carte : 200-250 F

Roland Vonville, ancien du Parc et de la Cour d'Alsace, a choisi la voie de la modestie bien comprise, des menus sans bavure, des plats simples et bons au fil du marché. Quenelle de fromage blanc aux escargots, presskopf de lapereau, escalope de saumon à la bière, sandre au chou, pot-au-feu en gelée à la vinaigrette au raifort, joue de porc confite sur choucroute, tous cuisinés en finesse, rythmés de goûts pointus, de saveurs bien marquées, sont des plats qui jouent, crânement, le jeu de l'Alsace renouvelée. Les desserts (crème brûlée à l'orange, truffé chocolat extra-bitter, mousse noix de coco) sont du travail d'artiste.

La Halle aux Blés

Place du Marché
Tél. : 03 88 95 56 09. Fax : 03 88 95 27 70
Fermé 24-25 déc.
Carte : 150-200 F

Cette halle aux grains de 1550, qui fut partiellement détruite par un incendie, mais a été reconstruite, propose une bonne cuisine devenue de brasserie. Où tarte flambée, tartiflette, sandre au riesling, choucroute, tarte aux fruits jouent les vedettes dans une ambiance joyeuse.

La Stub du Parc

169, rte d'Ottrott
Tél. : 03 88 95 50 08
Fermé dîn., dim., lundi. Carte : 200 F

Marc Wucher a fait d'une salle de son hôtel, avec boiseries retrouvées dans une ferme du Ried, parquet de chêne et de pin, vieilles gravures, chopes de cristal ou de grès, marqueteries de Spindler, chaises « bretzel », une taverne de rêve. Non seulement le décor et l'ambiance sont pleins de chaleur, mais la cuisine est à l'unisson : rustique, canaille, savoureuse, bref, parfaite dans son registre. Le tartare de harengs matjes, le croustillant de tête de veau, le superbe travers de porc « gitan » aux épices. Tout le reste est à l'avenant : poussin en cocotte, joues de porc confites, meringue glacée, pain perdu en brioche avec glace vanille, bettelman au coulis d'églantine. Les vins au verre, qui font voyager d'Obernai à Barr en passant par Nothalten, sont choisis avec malice. Un seul regret : la maison ferme le soir...

Produits

CAVISTE

Anne Barabos

1a, rue des Pèlerins
Tél. : 03 88 95 22 37. Fax : 03 88 95 27 91

Des vieux rhums (depuis le millésime 1900), des armagnacs vénérables, mais aussi des crus d'ici à bon prix : voilà ce qu'offre cette passionnée qui commente ses rayons avec amour, conseille une eau-de-vie de sureau, chante la gloire d'un gewurz avec une volupté gourmande.

CHARCUTIERS

Pierre Baltzinger

20, rue Saint-Odile
Tél. : 03 88 95 51 67

Cet excellent faiseur tient boutique pimpante où se propose le meilleur de la tradition d'Alsace : lard, cervelas, galantine pistachée, jambon de sanglier, sans omettre un boudin noir de premier ordre.

Pierre Cebrowski et fils

1, rue Dietrich
Tél. : 03 88 95 55 36

Chez les Cebrowski, tout se fabrique en famille : saucisse de bière, de foie, de jambon, mais aussi knacks superbes et aimable presskopf. Excellent rapport qualité-prix.

PÂTISSIERS-CHOCOLATIERS

Gross

66, rue du Gal-Gouraud
Tél. : 03 88 95 51 13

Michel Gross a fait de sa boutique pimpante le temple de la pâtisserie classique et moderne, à la fois. Chocolats au marc de gewurz, alexandra glacé, cerises au kirsch entremets, style « marrakech » orange-chocolat ou « citron » façon chiboust, pain de gênes ou opéra, kougelhopf, bredele, bretzel, tourte, brioche aux escargots justifient sa réputation.

Schaeffer

92, rue du Gal-Gouraud
Tél. : 03 88 95 23 53

Patrick Schaeffer réussit aussi bien entremets que pâté en croûte, montélimar au nougat que « pierres du puits » en chocolat. Ses glaces, ganaches ou « obernoix » valent l'emplette.

Urban

82, rue du Gal-Gouraud
Tél. : 03 88 95 58 90

Eddy Urban et son fils proposent, sur le mode du classique frais et fin, kougelhopf, streussel, tarte aux pommes, forêt-noire, viennoiseries, chinois, tartes aux quetsches, tuiles à l'orange qui sont du bel art sucré. Le salon de thé aux boiseries polychromes a du charme.

Obersteigen

67710 Bas-Rhin. Paris 463 – Molsheim 26 – Strasbourg 66 – Saverne 16.

Un village aéré au cœur de la petite Suisse alsacienne, à deux pas du rocher de Dabo et de la frontière mosellane : Vosges, sentiers et pèlerinages.

Hôtels-restaurants

Belle-Vue 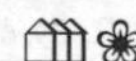

16, rte de Dabo
Tél.: 03 88 87 32 39. Fax: 03 88 87 37 77
Fermé 5 janv.-31 mars, (rest.) lundi (hs)
30 ch. 300-390 F. 8 suites: 450-590 F

Le grand confort des chambres, la bonne tenue de cette demeure altière montre que les Urbaniak sont toujours fidèles au poste. La salle à manger rustique a fière allure et la cuisine demeure d'un classicisme éprouvé. Le foie gras chaud aux pommes, la terrine d'omble chevalier aux poireaux, le croustillant de caille aux raisins, la tartelette de pommes tièdes et son coulis indiquent que le renouvellement du répertoire est en marche. Piscine, tennis, promenades.

Obersteinbach

67510 Bas-Rhin. Paris 451 – Bitche 22 – Wissembourg – 25 – Strasbourg 66.

A deux pas du Palatinat, ce village qui tient en une seule rue s'étale au pied d'une ligne frontière de châteaux forts en ruine. Au cœur du parc naturel des Vosges, les promenades sont infinies.

Hôtel-restaurant

Anthon 

40, rue Principale
Tél.: 03 88 09 55 01. Fax: 03 88 09 50 52
Fermé mardi, mercr., janv.
9 ch. 350 F. 1/2 pens. 470 F
Menus: 80 F (enf.), 155-380 F
Carte: 300-400 F

Le cadre romantique, au pied des Vosges du Nord et d'une couronne de châteaux forts, la belle salle en rotonde, les chambres mignonnettes, certaines avec alcôves, le service précis, amical, distingué, régulier, avec un sommelier malicieux qui veille sur une carte des vins enrichie de belles bouteilles tarifées sans excès, une cuisine classique qui se sait faire fraîche et légère, épousant son temps: on trouve tout cela chez Anthon que sa patronne, la douce Danielle Flaig, bichonne avec sûreté. La magnifique marmite d'écrevisses à la nage, les belles saint-jacques en cassolette aux pennes et basilic, les noisettes de chevreuil juteuses avec sauce Grand Veneur, spätzle, airelles, le beau plateau de fromages, la soupe de fruits rouges épicés avec sorbet au fromage blanc ou encore la soupe de pêches au tilleul avec sorbet pêche s'arrosent de crus choisis avec art. Voilà une maison de classe.

 *indique un hôtel au calme.*

Produits

PRODUITS DE TERROIR

Aux Produits du Terroir

14, rue Principale. Tél.: 03 88 09 55 52

Richard Constans propose une collection de produits qui couvre toute la gamme des traditions d'Alsace: lard fumé, kassler, kougelhopf, pains paysans, vins de Cleebourg et paniers.

Ochiaz : voir Bellegarde-sous-Valserine

Odenas

69460 Rhône. Paris 428 – Lyon 49 – Villefranche 15 – Mâcon 32 – Bourg 54.

Le Beaujolais, ses vignes dodelinantes, ses rondes collines, son image de la France tranquille.

Restaurant

Christian Mabeau 

Tél.: 04 74 03 41 79. Fax: 04 74 03 49 30
Fermé 3-17 janv., 1er-15 sept., dim. soir, lundi
Menus: 77 F (enf.), 120-350 F. Carte: 250 F

Au bourg d'Odenas, en lisière des vignes, on découvrira avec plaisir la table toute simple de Christian Mabeau, qui travailla jadis à la Grille Montorgueil, à Paris, au temps du père Lenoble. L'accueil féminin est tout sourire, les menus bien pondus, les produits choisis à bonne source et les préparations, sans faire la retape, le bonheur même dans un style classique et sans manières: grenouilles sautées comme en Dombes, saint-jacques au Noilly, filet de bœuf au poivre vert, foie de veau échaloté, tarte au praslin et son sorbet.

Oléron (Ile d')

17 Charente-Maritime. Paris 520 – La Rochelle 81 – Marennes 22 – Rochefort 43 – Saintes 62.

La plus grande île de l'Atlantique offre ses plages nacrées, sa mer au bleu intense, son accueil hospitalier. On fête les huîtres toute l'année et le mimosa en mars à Saint-Trojan.

Hôtels

Le Grand Large 

Baie de la Rémigeasse, 17550 Dolus-d'Oléron
Tél.: 05 46 75 37 89. 05 46 75 49 15
Fermé début oct.-fin avril, (rest.) midi sf w.-e., fériés
L'Amiral: 190-390 F. Carte: 300-400 F
21 ch. 1 870 F. 1/2 pens. 1 445 F

La plus belle halte de l'île, c'est cette construction de forme cubique léguée par les années soixante. Si l'époque marque l'architecture, sans omettre de doter la maison de confortables chambres avec vue sur l'océan, la cuisine, elle, soigne ses clients selon le goût de l'époque. La maraîchère de coquillages au beurre demi-sel, la chaudrée de céteaux, le jambonneau de porcelet à la bière locale, la daube de banane au vin cuit, mitonné par un chef présent ici depuis près d'un quart de siècle, sont des plaisirs dont on ne se lasse guère et qui se renouvellent au gré des saisons. Accueil adorable de la famille Moreau-Lemoine.

L'Ecailler

65, rue du Port, à 17310 La Cotinière
Tél.: 05 46 47 10 31. Fax: 05 46 47 10 23
Fermé 15 nov.-15 févr.
8 ch. 360-450 F
Menus: 109 F (déj.), 133-165 F. Carte: 250 F

En ligne de mire sur le port de La Cotinière, ce petit hôtel charmeur propose ses chambres soignées, pas très grandes, mais avec vue. La cuisine ne se pose pas de questions, jouant le grand jeu des produits marins: homard, coquillages, huîtres, sole, poisson du jour en croûte de sel, au plus près de leur fraîcheur.

Hôtel de France

11, rue du Mal-Foch, à 17480 Le Ch^eau d'Oléron
Tél.: 05 46 47 60 07. Fax: 05 46 75 21 55
Fermé déc., rest. dim. soir, lundi (sf été)
11 ch. 280-330 F
Menus: 70-200 F. Carte: 160 F

Ce petit hôtel centenaire qui ne ferme qu'un mois l'hiver offre ses chambres simplettes et proprettes au cœur des choses faisant une étape sans tralala pour visiter l'île sans hâte. La cuisine est une exquise surprise à tout petit prix. Huîtres toutes fraîches ou servies chaudes avec un sabayon, soupe de moules, raie aux câpres sont sans épate.

Auberge de la Campagne

D 734, à 17310 Saint-Pierre d'Oléron
Tél.: 05 46 47 25 42. Fax: 05 46 75 16 04
Fermé dim. soir (hs), lundi, 1er janv.-15 mars
Menus: 85 F (déj.), 155-285 F. Carte: 300 F

Cette ancienne ferme modernisée, agrandie, pomponnée est devenue l'une des bonnes haltes gourmandes de l'île. On vient ici pour les plaisirs du lieu, de l'accueil et du service au jardin l'été. Reste que tout ce qui vient de la mer est ici traité avec doigté: huîtres chaudes ou froides, en ravioles ou tout simplement au naturel, soupe de crabe vert et godaille du pêcheur se mangent sans faim.

Sachez commander vos produits selon la saison.

Moulin du Coivre

D 734, à 17310 Saint-Pierre-d'Oléron
Tél.: 05 46 47 44 23. Fax: 05 46 47 33 57
Fermé dim. soir, lundi (sf dîn., été), mardi soir (hs)
Menus: 50 F (déj.), 130 F (déj.), 165-198 F
Carte: 250 F

La gentillesse du lieu, celle de l'accueil et des prix vont l'amble dans cet ancien moulin à grain rénové avec fraîcheur. Christiane Gasse est une hôtesse gracieuse et Patrice, son mari, travaille avec délicatesse les produits locaux. Huîtres gratinées à la duxelle de champignons, bouillabaisse de coquillages, cabillaud au jus de viande laissent d'exquis souvenirs.

Olivet : voir Orléans

Onet-le-Château : voir Rodez

Onzain

41150 Loir-et-Cher. Paris 203 – Tours 45 – Amboise 22 – Blois 18 – Montrichard 22.

De l'autre côté de Chaumont-sur-Loire et de son beau château, cette bourgade au vert, à l'écart de la route royale, est aussi une terre de vins aimables.

Hôtel-restaurant

Domaine des Hauts de Loire

N.-O. 3 km par D1
Tél.: 02 54 20 72 57. Fax: 02 54 20 77 32
Fermé 1er déc.-20 févr., (rest.) lundi, mardi midi: mars, nov.
25 ch. 700-1 500 F. 1/2 pens. 1 300 F
Menus: 320 F (déj.), 450-700 F. Carte: 450-550 F

Ce beau manoir du temps jadis dans son domaine, avec ses dépendances d'époques diverses, joue les vedettes bonhommes. On aime le plaisant manoir central couvert de lierre, son accueil de Relais & Châteaux débonnaire sous la houlette de la famille Bonnigal, active, dynamique et chaleureuse, son service parfait, ses vins ad hoc qui jouent, avec ardeur, la carte locale. La cuisine, mitonnée par l'expérimenté Rémy Giraud, est fine, précise, juste de ton, ouvragée, mais sans faiblesse. Ainsi la salade d'anguilles à la vinaigrette d'échalote, le risotto d'épeautre aux morilles, le saumon fumé tiède à la crème d'oseille, le saint-pierre aux quenelles de moelle et huîtres frémies, le filet de bœuf poché au Montlouis présenté en noisettes roulées et ouvragées, le pigeon du Vendômois avec son jus de presse au serpolet. Voilà qui sait garder saveur et légèreté. Les desserts sont, à l'évidence, la partie forte de la maison, comme ce soufflé au citron vert ou le sablé demi-sel aux pommes reinettes et nougatine au romarin qui laissent de doux souvenirs. Les chambres dans le parc, face à l'étang, ont beaucoup de charme.

Orbec

14290 Calvados. Paris 169 – l'Aigle 39 – Alençon 80 – Bernay 17 – Lisieux 22.

A la pointe sud du pays d'Auge, un bourg comme autrefois, qu'on dirait surgi d'un conte de Maupassant.

Restaurant

Le Caneton

32, rue Grande
Tél.: 02 31 32 73 32. Fax: 02 31 64 48 91
Fermé dim. soir, lundi, 3-18 janv., 1er-8 sept.
Menus: 102 F (déj.)-360 F. Carte: 300 F

Cette exquise auberge, normande jusqu'au bout des poutres, reçut jadis la reine d'Angleterre. Sa renommée est plus discrète, mais le cadre est toujours séducteur dans son cocon à l'ancienne et la cuisine (foie gras, caneton vallée d'Auge, tarte aux pommes) a de quoi séduire.

Orbey

68370 Haut-Rhin. Paris 427 – Colmar 20 – Munster 25 – Gérardmer 41.

Au cœur du pays du munster, une commune étendue entre ses trente-huit hameaux. Le paysage est pastoral, les promenades, à pied ou à ski, innombrables.

Hôtels-restaurants

Au Bois le Sire

20, rue du Gal-de-Gaulle
Tél.: 03 89 71 25 25. Fax: 03 89 71 30 75
Fermé lundi sf juil.-août, 1er janv-3 févr., 15-19 nov.
34 ch. 250-370 F. 1/2 pens. 310-355 F
Menus: 50 F (sem., déj.), 95-300 F. Carte: 250-300 F

La demeure et son motel, la terrasse, la piscine, le sauna, les chambres de bon confort, mais aussi l'accueil des Florence et la cuisine soignée, un tantinet sudiste, qui ne manque pas de doigté: voilà ce qui attire le flâneur des Vosges. Foie gras, feuilleté d'escargots à la crème d'ail, rouleau de sandre et de saumon à la choucroute, filet d'agneau au basilic, profiteroles au chocolat sont de travail précis et fin.

La Croix d'Or

13, rue de l'Eglise
Tél.: 03 89 71 20 51. Fax: 03 89 71 35 60
Fermé mardi., janv.-mars, 16 nov.-18 déc.
18 ch. 270-300 F
Menus: 80-200 F. Carte: 200-250 F

Les Thomann ont fait de cette pension de famille un hôtel moderne, accueillant et confortable. Pas de luxe, certes, mais un accueil bon enfant, des chambres simples au centre de ce bourg vosgien et une cuisine qui sait se faire légère sans sortir de ses bases traditionnelles: classique coq au pinot noir, amusant filet d'autruche, baeckeoffe comme dans l'temps et vacherin glacé maison.

Le Saut de la Truite 

391, Remomont (à 1 km N.-O.)
Tél.: 03 89 71 20 04. Fax: 03 88 71 31 52
Fermé déc., janv., mercr. (rest.) sf juil.-août
22 ch. 210-315 F
Menus: 85-215 F

Les chambres années soixante-dix dans leur bâtisse moderne ont fini par attraper le ticket de rétro. Mais le calme et le panorama sur les pâturages sont imprenables. La cuisine simple, régionale, joue son rôle: escargots en cassolette à l'alisier, truite aux amandes, magret de canard aux griottes. L'ensemble est sympathique.

Wetterer 

206, Basses-Huttes (4 km par D48)
Tél.: 03 89 71 20 28. Fax: 03 89 71 36 50
Fermé mercr., 6 nov.-16 déc.
16 ch. 200-295 F
Menus: 45 F (enf.), 85-190 F

Cette grosse demeure vosgienne, au calme sur une petite route, s'est modernisée sans tapage. Les chambres simplettes, mais fonctionnelles, le sauna, la salle à manger cossue et la cuisine régionale (truite au bleu, choucroute, gigot de chevreuil) ont leurs supporters. Accueil adorable.

Produits

PISCICULTEUR

Jean-Paul et François Guidat

Orbey. Tél.: 03 89 71 21 03
Orbey-Pairis. Tél.: 03 89 71 28 37
Fax: 03 89 71 22 40

As de la pêche en étang et de l'élevage aquatique, les frères Guidat soignent leurs diverses truites (saumonée, fario, arc-en-ciel) et autres salmonidés. Le rare omble chevalier a été acclimaté chez eux toute l'année.

Orléans

45000 Loiret. Paris 132 – Le Mans 142 – Tours 116 – Blois 61 – Caen 273.

Office du Tourisme: Pl. Albert-Ier
Tél.: 02 38 24 05 05. Fax: 02 38 54 49 84

Trop près ou trop loin de Paris? On l'oublie. Pourtant la belle de Loire ne manque pas d'atouts. Des tables accortes, pas toujours celles que l'on croit, et des artisans gourmands qui se donnent du mal pour faire bien: de quoi redécouvrir Orléans, sa cathédrale, son musée des Beaux-Arts, ses bords de Loire.

Hôtels

Mercure

44, quai Barentin
Tél. : 02 38 62 17 39. Fax : 02 38 53 95 34
109 ch. 560-640 F
Menus : 50 F (enf.), 100 F (déj.), 125-140 F

Des chambres spacieuses et confortables situées au bord de la Loire dans un bâtiment moderne avec piscine. Restaurant sur deux étages, carte à prix doux.

Hôtel d'Arc

37, rue de la République
Tél. : 02 38 53 10 94. Fax : 02 38 81 77 47
35 ch. 330-360 F

Cet hôtel, bien tenu avec sa décoration classique, est situé dans un des plus beaux immeubles de la ville. Les 35 chambres sont simples, agréables, sans prétention.

Hôtel des Cèdres 

17, rue du Mal-Foch
Tél. : 02 38 62 22 92. Fax : 02 38 68 76 46
34 ch. 310-390 F
Fermé 24 déc.-2 janv.

Petit hôtel en brique avec ses chambres simples pas toujours vastes, mais de bon confort dans un quartier calme.

A 45160 Olivet : 5 km S. par av. du Loiret et bords du Loiret

Le Rivage 

635, rue de la Reine-Blanche
Tél. : 02 38 66 02 93. Fax : 02 38 56 31 11
Fermé 26 déc.-22 janv., (rest.) sam. midi, dim. soir (hs)
17 ch. 390-480 F. 1/2 pens. 600 F
Menus : 155-330 F. Carte : 280-450 F

Pour dormir au calme, près d'Orléans, à fleur d'eau et dans les arbres, cette construction moderne avec ses chambres claires, bien tenues, sa terrasse, son jardin, est tout indiquée. Bonne table classique avec jolie vue.

Restaurants

Les Antiquaires

2, rue du Lin
Tél. : 02 38 53 52 35. Fax : 02 38 62 06 95
Fermé dim. (soir sept.-juin), lundi
Menus : 200 F (déj., vin c.)-320 F. Carte : 300-400 F

Les meubles anciens, la moquette épaisse, la lumière tamisée, les toiles de maîtres, l'ambiance feutrée : rien n'a changé depuis l'arrivée de Philippe Bardau (formé chez Maximin au Négresco, venu de la Cantine des Gourmets à Paris) dans cette institution orléanaise. Pourtant, lors de notre dernier passage, tous les plats manquaient de sel, étaient en deçà de la fadeur. Compressé de lentilles, pied de cochon et foie gras, sans poivre et glacé, thon mariné au jus de citron vert, quasi de veau en croûte moutardée, accompagné d'asperges meunières manquaient tous d'un rien d'assaisonnement. Le carré et noisette d'agneau, en fine croûte d'olive, est une bonne idée. Les desserts sauvent la mise : crémet d'Isigny meringué aux fruits de saison, moelleux au chocolat coulant au lait d'amande, savarin au vieux rhum, crème glacée à la coriandre fraîche, chantilly à la cannelle, mille-feuille d'ananas et bananes rôties servi avec un sabayon d'agrumes, nougatine fondante aux amandes, ganache chocolat et gingembre, les ravioles de pruneaux, sorbet au confit de vin et pain perdu, sont des réussites. Le service est souriant, discret, attentif. La cave est attrayante, les prix plutôt salés.

La Chancellerie

Pl. du Martroi
Tél. : 02 38 53 57 54. Fax : 02 38 81 11 22
Fermé dim.
Menus : 48 F (enf.), 150-175 F. Carte : 220 F
Brasserie, menu : 60 F (déj.) ; carte : 160 F

C'est le plus ancien des restaurants d'Orléans, manger ou boire un verre dans cet endroit fait partie des choses obligées lorsqu'on veut s'imprégner d'une ville. Carte classique à la brasserie et au restaurant. Carré d'agneau (découpé en salle) aux haricots verts, cuisson parfaite servie avec un excellent jus de cuisson et des gousses d'ail confites. La salade de chèvre chaud avec des crottins de Chavignol est un régal. On vient pour la vue sur la place Martroi et la statue de Jeanne d'Arc. La cuisine est savoureuse, classique, sans surprise. L'affable M. Herta, ex-sommelier de renom, possède une des meilleur cave la ville. Son menu « harmonie mets et vins » vaut le détour.

L'Epicurien

54, rue Turcies
Tél. : 02 38 68 01 10. Fax : 02 38 68 19 02
Fermé dim., lundi, 31 juil.-20 août
Menus : 130 F (sem.)-280 F. Carte : 250 F

Cette table sympathique, située dans une vieille maison sur les quais de la Loire, aux meubles et à la décoration rustique est chaleureuse. La spécialité, c'est le homard breton. La bête est cuisinée avec de la tomate et du basilic puis grillé au four. Pour l'occasion, les maîtres d'hôtel vous habillent d'une serviette spéciale homard. Le jeune Guillaume Philippot concocte une cuisine bourgeoise, évolutive avec du tempérament, comme ce velouté de potiron accompagné de bonbons croquants à la chair de tourteau, la charlotte de homard breton en direct du vivier du restaurant, les huîtres à la vapeur d'algues, la matelote d'anguille marinée au vieux chinon servi avec un ragoût de légumes, une poêlée de rognon de veau sauce au safran ou un pigeonneau à l'étouffée dans sa coque de foin, purée de pomme de terre, une aumônière de ris de veau braisée aux queues d'écrevisses. Les desserts sont à la hauteur (épatant soufflé à la mandarine impériale).

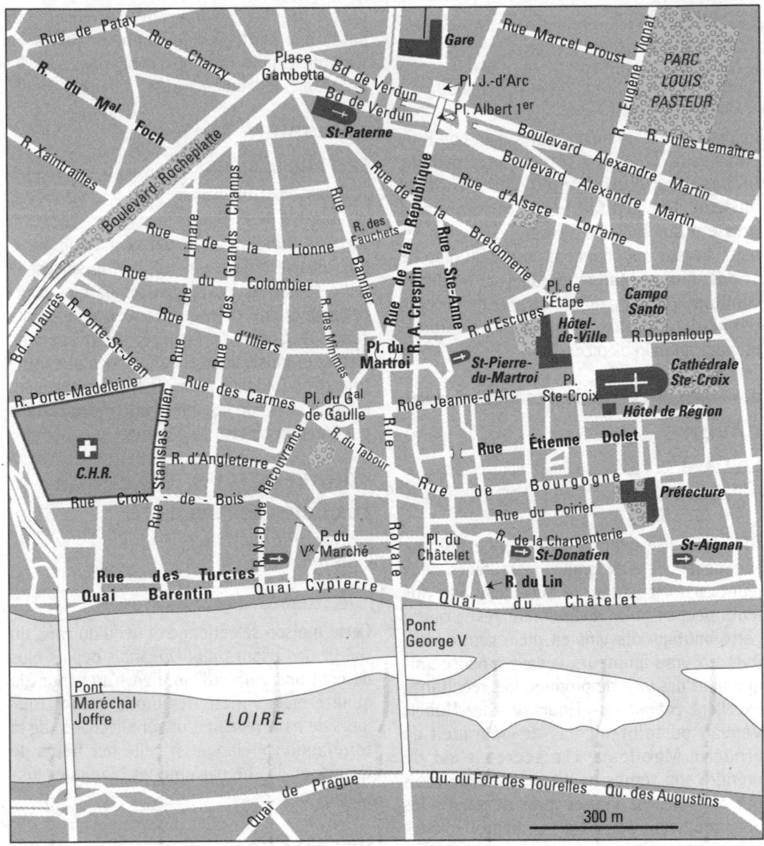

Eugène

24, rue Sainte-Anne
Tél. : 02 38 53 82 64. Fax : 02 38 54 31 89
Fermé sam. midi, dim., lundi midi,
24 déc.-2 janv., 30 juil.-21 août
Menus : 85 F (enf.), 125-190 F (vin c.). Carte : 250 F

Alain Gérard, le chef, et Laurent George, l'homme de salle, animent avec allant cette table sage qui œuvre dans la qualité suivie sans tapage. Andouillette de Jargeau en charlotte aux navets, agneau en coque d'herbes potagères, polenta de canard sauvage, pithiviers plus classique en issue revisitent le terroir en s'amusant. Le décor de bistrot chic aux abords de la cathédrale fait un repaire de charme en centre-ville.

La Promenade

1, rue A.-Crespin/pl. du Martroi
Tél. : 02 38 81 12 12. Fax : 02 38 81 12 22
Fermé dim., lundi, 8-22 août
Menus : 50 F (enf.), 90 F (déj.), 120-160 F
Carte : 200 F

La bonne affaire de la ville, c'est ce restaurant décontracté, chaleureux, où les saveurs s'aiguisent au gré du marché sans que l'addition ne monte trop haut. Quelques idées de notre expérience ici même ? L'aile de raie étuvée aux légumes servis avec une gribiche, la poitrine de veau juteuse, laquée au miel de gingembre, le mille-feuille gourmand au foie gras, blanc de poularde, crème d'avocat, tomates confites en terrine, moulé avec une gelée au porto : un régal. Ajoutez-y une salade de langoustine et homard ultrafraîche servie avec une fleurette aux herbes, un pot-au-feu de foie gras et joues de bœuf, des délicieux rognons de veau en cocotte et des desserts de grand-mère. Voilà le programme des festivités de cet endroit qui monte. Le service souriant, attentionné crée une ambiance sympathique entre les convives. Les notables, heureux de s'encanailler à bon compte, s'y retrouvent le midi pour leurs repas d'affaires et le soir en famille. Cave intéressante, abordable, riche en excellents vins de Loire.

indique un établissement au bon rapport qualité-prix.

La Dariole

25, rue Etienne-Dolet
Tél. : 02 38 77 26 67. Fax : 02 38 77 26 67
Fermé sam. midi, dim., 2-9 avril, 6-28 août
Menus : 110-150 F. Carte : 200 F

Ce restaurant à la mode, jeune, d'un bon rapport qualité prix, sis à côté de la cathédrale, propose une cuisine intelligente, fraîche, moderne. Lorsqu'il fait beau, les convives se pressent sur la terrasse pour déguster les mets du jour qui changent au gré du marché et des saisons. Marbré de lapin au basilic et confiture d'oignon, mijoté de joue de cochon, terrine de pruneaux, pommes sauce caramel et glace au pain d'épice.

Produits

CAVISTE

La Cave

7, pl. du Châtelet
Tél. : 02 38 62 94 11

Riches d'une grande expérience comme sommeliers dans de grands restaurants, deux jeunes associés, Marc et Sébastien, ont vidé leurs poches pour réaliser leur rêve : ouvrir cette boutique de vins en plein centre-ville. Avis aux vrais amateurs, la cave propose uniquement des vins de propriétaires récoltants. Excellent coteau-du-giénois de chez Hubert Veneau ou saint-nicolas-de-bourgueil de Frédéric Mabileau. « Le secret, c'est de prendre son temps et de passer deux mois par an dans les vignes pour découvrir les bons produits », nous explique Sébastien avec fougue et passion.

CONFISEUR

Chocolaterie Royale

51, rue Royale
Tél. : 03 38 53 93 43

Du coing, de l'eau, du sucre : c'est la recette secrète du fameux cotignac qui donne une gelée un peu ferme et que Louis Chavanette fabrique toujours ici selon les règles. En sus, d'exquises bouchées de chocolat, la truffe au kirsch, les fruits confits, les cotrets de Sologne - qui sont des allumettes de nougatines enrobées de chocolat -, les roses d'Orléans, fourrées de pralines et chocolat, les dragées ou les duchesses. La tradition sucrée ici a la vie dure.

FROMAGER

Gratien

Halles Châtelet
Tél. : 02 38 62 69 68

Jean-Luc et Elisabeth Gratien respectent rigoureusement les saisons pour choisir et vendre leurs produits. Conscient de leur rôle de préparateur et d'affineur, ils accompagnent les fromages à maturation comme un prêtre prépare au mariage. Sérieusement, passionnément, fier du bonheur qui va en résulter. Quelle chance d'avoir dans sa ville un couple de fromager aussi sérieux.

PÂTISSIER

Les Musardises

38, rue de la République
Tél. : 02 38 53 30 98

Jacques Dubois est un pâtissier traditionnel qui réalise fort bien les viennoiseries, le mille-feuille et les religieuses garnies d'excellente crème café. Le Beaubourg, le Saint-Jean, le Cœur de France, les macarons pistache, fraise, vanille, café, chocolat et surtout d'inoubliables pâtes de fruits moelleuses au goût corsé de banane, fraise et fruits de la passion complètent sa gamme.

TORRÉFACTEUR

Les Cafés Jeanne d'Arc

7, rue de la République
16, rue Royale
13 bis, fg Saint-Jean
Tél. : 02 38 53 23 83

Cette maison sélectionne et vend du café, du thé et des tisanes aux Orléanais depuis plus de cent ans. Aujourd'hui, rien n'a changé : la qualité et la variété des produits sont toujours de haut niveau. L'odeur alléchante de la torréfaction mélangée à celle des fleurs de tisanes et du thé parfume les boutiques jusqu'au trottoir.

VOLAILLER

Philippe Prévot

3, rue Péreira
Tél. : 02 38 53 97 63

Oie, canard, caille des Dombes, chapon, pintade, poulet et poularde de Bresse élevés au grain, foie gras frais de grande qualité toute l'année, rôti de magrets à cuire simplement, cuisses de lapins : voilà ce que propose Philipe Prévot dans sa vitrine bien garnie. En sus, truffes noires du Périgord, rillettes d'oie extra, baron d'agneau de Pauillac, tous les gibiers en saison complètent sa panoplie. Avec calme et gentillesse, il conseille, explique, donne un temps de cuisson ou une idée de garniture. Les clients prennent leur temps et l'écoutent l'eau à la bouche.

Rendez-vous

SALONS DE THÉ

Chocolaterie Royale

51, rue Royale
Tél. : 03 38 53 93 43

Le beau salon à l'ancienne des Chavanette propose pâtisserie fine et exquis chocolats, en sus d'un choix de thés impeccables.

Les Musardises

38, rue de la République
Tél. : 02 38 53 30 98

Toute la ville raffole du chocolat chaud au lait entier, aromatisé à la vanille et à la cannelle, des croissants au beurre croustillant, du mille-feuille aéré et des religieuses qu'on déguste dans ce salon XVIIIe.

Ornans

25290 Doubs. Paris 429 – Besançon 25 – Morteau 53 – Pontarlier 35.

Le pays de Courbet et de la vallée de la Loue a gardé le charme agreste des tableaux du siècle passé.

Hôtels–restaurants

Hôtel de France

Rue P.-Vernier
Tél. : 03 81 62 24 44. Fax : 03 81 62 12 03
Fermé dim. soir, lundi, 1er déc.-15 févr.
31 ch. 160-450 F. 1/2 pens. 400-450 F
Menus : 110 F (déj.)-310 F

Ce vieux relais à l'ancienne a gardé le charme d'avant en rénovant ses chambres. Cuisine comtoise de tradition, accueil aimable.

Moulin du Prieuré

Rte de Bonneveaux-le-Prieuré : 8 km N.-O. par D67 et D280
Tél. : 03 81 59 21 47. Fax : 03 81 59 28 79
Fermé 10 janv.-10 févr., (rest.) mardi, mercr. midi (hs)
12 ch. 420-750 F. 1/2 pens. 420-520 F
Menus : 195-365 F

Cet exquis moulin à eau avec son décor rustique chic et ses annexes de charme contenant des chambres fait une belle étape de séjour dans un cadre agreste. Cuisine soignée, proche du marché, accueil personnalisé.

Orvault : voir Nantes

Ostheim

68150 Haut-Rhin. Paris 435 – Colmar 11 – Sélestat 13.

Que reste-t-il d'Ostheim, sinon un pan de mur et son nid de cigogne pour se souvenir de la belle grand-place d'avant-guerre ?

Rappelez-vous qu'une bonne table commence par de bons produits.

Hôtel–restaurant

Au Nid de Cigogne

2, rte de Colmar
Tél. : 03 89 47 91 44.
Fax : 03 89 47 99 88
Fermé dim. soir, lundi, 15 févr.-26 mars
49 ch. 250-400 F
Menus : 78-250 F. Carte : 200 F

Sous une façade moderne, un intérieur boisé, plus typiquement alsacien que nature, l'accueil des Utzmann, des chambres simples, modernisées et une cuisine dans le ton. Faites confiance aux jambon de marcassin, sandre au riesling, choucroute garnie, quenelles de foie, fleischnacka et sorbet au marc de gewurz sans reproche.

Osthouse

67150 Bas-Rhin. Paris 501 – Strasbourg 29 – Obernai 18 – Sélestat 23 – Erstein 4.

Un simple village du Ried et sa belle auberge.

Restaurant

L'Aigle d'Or

14, rue de Gerstheim
Tél. : 03 88 98 06 82
Fax : 03 88 98 81 75
Fermé lundi soir, mardi, 3 sem. août, vac. févr.
Menus : 170 F (déj.)-360 F. Carte : 300-350 F

Ne vous y trompez pas : derrière sa façade d'auberge de village, qui sert tartes flambées pour les familles et plats du jour pour gens pressés, cet Aigle fait feu de tout bois sur l'arrière. Les salles avec boiseries, signées de l'artiste gourmet R.-E. Weydelich, cachent le talent du fiston maison. Jean-Philippe Hellmann, formé au Cerf à Marlenheim, à l'Auberge de l'Ill et à la Tour d'Argent, fait preuve d'une superbe maîtrise technique associée à de belles idées, glanées chez ses maîtres, pour revivifier la tradition. Parmi ses mets vedettes, la divine mousseline d'écrevisses au beurre de crustacés, le saumon soufflé « façon Paul Haeberlin », aussi bon qu'à l'Auberge de l'Ill, les lasagnes de homard avec jus de cuisson lié au beurre, le suprême de pigeonneau en habit vert et le croustillant choco-poire avec glace caramel valent l'étape et le détour ! Ajoutez-y un choix de vins dignes du solide et des idées changées chaque jour selon le marché et vous comprendrez que l'Alsace gourmande tient là une valeur sûre.

Ostwald : voir Strasbourg

Ota : voir Corse (Porto)

Ottrott

67530 Bas-Rhin. Paris 489 – Strasbourg 20 – Colmar 45.

Le village coquet, la vigne à ses pieds, les Vosges comme panorama, les beaux hôtels et le tourisme qui bat son plein: Ottrott, c'est Saint-Paul-de-Vence, avec, en sus, les plaisirs gourmands et le rouge narquois.

Hôtels-restaurants

Hostellerie des Châteaux

11, rue des Châteaux
Tél.: 03 88 48 14 14. Fax: 03 88 95 95 20
Fermé dim. soir, lundi (hs), févr.
60 ch. et suites: 680-1 000 F. 1/2 pens. 600-750 F
Menus: 90 F (enf.), 160-450 F. Carte: 350-400 F

Cossue et plantureuse, sur le modèle des hôtels de Forêt Noire, la maison des Schaetzel s'est dotée de chambres de grand confort, auxquelles s'ajoutent piscine couverte, fitness, salons, sans omettre la salle à manger aux vitraux à l'ancienne. Sabine et Ernest sont des hôtes actifs, qui accueillent avec le sourire et servent salade de lapereau aux herbes potagères, saumon au jus de betteraves, pintadeau au vinaigre, craquant de fruits rouges.

A l'Ami Fritz

8, rue des Châteaux
Tél.: 03 88 95 80 81. Fax: 03 88 95 84 85
Fermé 8-22 janv., (rest.) mercr., 28 juin-12 juil.
22 ch. 370-530 F. 1/2 pens. 375-450 F
Menus: 55 F (enf.), 125-355 F. Carte: 200-250 F

Une winstub de luxe ou un grand restaurant simple, avec de belles chambres modernes: voilà le domaine de Patrick Fritz qui mêle avec bonheur créativité et terroir. Sa maison rustique a du chic. Et l'on se damne pour ses presskopf de saumon et anguille en gelée aux lentilles, strudel de boudin au raifort, maquereau gratiné au beurre d'herbes, sandre aux quenelles de semoule et chou frisé, onctueuse quenelle de brochet et cuisses de grenouilles persillées, médaillon de biche avec sa compote de figue et ses kaseknäpfle, malicieux munster mariné à la bière et ciboulette, poire confite au pain d'épice et son sorbet raisin cannelle. Cette petite grande maison fait honneur à l'Alsace bon enfant.

Beau Site

Place de l'Eglise
Tél.: 03 88 95 80 61. Fax: 03 88 95 86 41
Fermé févr. (rest.) mardi, mercr. midi
18 appart. 420-900 F. 1/2 pens. 410-650 F
Menus: 60 F (rest.), 90-250 F. Carte: 250 F (winstub: 150 F)

Les Schaetzel des Châteaux ont racheté cette jolie demeure avec chambres douillettes, annexe winstub, salle ornée de marqueteries. En cuisine, on mitonne avec doigté saumon fumé sur choucroute, sandre en habit vert et pain perdu à la cannelle.

Le Clos des Délices

17, rte de Klingenthal
Tél.: 03 88 95 81 00. Fax: 03 88 95 97 71
Fermé dim. soir et mercr. (rest.)
22 ch. 480-680 F. 1/2 pens. 430-520 F
Menus: 120 F (déj.)-380 F

Le luxe de cet hôtel de bord de route est un peu impersonnel, le service manque parfois à l'appel, mais le confort est là, indéniable, et la cuisine suit le mouvement, malgré le récent changement de chef (carpaccio de sandre, foie chaud de canard aux blinis de châtaignes). Piscine, parc, sauna, en lisière de forêt.

Le Moulin

32, rte de Klingenthal
Tél.: 03 88 95 87 33. Fax: 03 88 95 98 03
Fermé 20 déc.-15 janv., (rest.) sam. midi, dim. soir
17 ch. 300-440 F. 3 duplex: 750-950 F.
1/2 pens. 400-420 F
Menus: 55 F (enf.), 145-260 F

Modeste, caché près de la route par son bosquet d'arbres, cet ex-moulin propose de bonnes chambres boisées au calme, ainsi qu'une restauration de style winstub.

Ouchamps

41120 Loir-et-Cher. Paris 200 – Tours 56- Blois 19 – Montrichard 18 – Romorantin 39.

Sur la frange de la belle Sologne boisée, à fleur de Val, sur la route des châteaux royaux, une étape champêtre.

Hôtel-restaurant

Le Relais des Landes

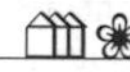

N. 1,5 km
Tél.: 02 54 44 40 40. Fax: 02 54 44 03 89
Fermé déc.-mars
28 ch. 495-785 F. 1/2 pens. 548-692 F
Menus: 65 F (enf.), 180-295 F

Au cœur des landes solognotes, à deux pas de la grande forêt de Chambord, les Badenier reçoivent avec cœur dans leur manoir au calme. Chambres coquettes, salons douillets, piscine, parc, cuisine sans prétention.

Oust

09140 Ariège. Paris 814 – Foix 60 – St-Girons 17.

Au cœur de l'Ariège, pays rugueux et fier, une cité de caractère à quelque 500 mètres d'altitude et son étape heureuse.

Hôtel-restaurant

Hostellerie de la Poste 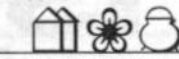

Rue Principale
Tél.: 05 61 66 86 33. Fax: 05 61 66 86 33
Fermé lundi, mardi midi, nov.-Pâques
25 ch. 165-340 F. 1/2 pens. 260-350 F
Menus: 50 F (enf.), 115-210 F

Les Andrieu tiennent une de ces étapes familiales qui sentent bon la France. L'endroit est cosy, avec terrasse fleurie, vieux meubles, pierres et bois, l'accueil chaleureux. La cuisine? Rien que du bon, du simple et du vrai, délivré à prix d'ange. Tatin de foie gras et navets, fondant de pied de porc, pigeon farci à l'ancienne, fondant au chocolat, tarte fine aux pommes sauce caramel. Jolie cave offrant des découvertes dans tous les vignobles.

Oyonnax

01100 Ain. Paris 490 – Bourg-en-Bresse 63 – Nantua 21 – Bellegarde 32.

Le Bugey, ses montagnes vertes, ses lacs, sa gourmandise naturelle.

Restaurant

La Toque Blanche

11, pl. de l'Eglise-Saint-Léger
Tél.: 04 74 73 42 63. Fax: 04 74 73 76 48
Fermé sam. midi, dim. soir, 1er-20 août, 1er-7 janv.
Menus: 65 F (enf.), 90 F, 130 F (déj.)-340 F.
Carte: 200-300 F

L'auberge a du charme, avec son allure ancienne, ses boiseries astiquées, le soin appliqué à toute chose. Mais c'est pour la belle cuisine de Richard Soibinet, ancien de Point, Blanc et Lacombe (excusez du peu), que l'on vient ici s'attabler. Ses variations sur les produits du terroir bressan et les traditions du Bugey sont d'une audace très dominée. Ravioles de grenouilles et ris de veau aux truffes, cassolette d'écrevisses à la tétragone, gâteau de lapereau aux écrevisses, fricassée de volaille au vin jaune et coussinet de morilles, blanc-manger aux fruits comptent parmi les réussites maison.

indique un établissement au bon rapport qualité-prix.

Paris

75000. Office de Tourisme : 127, av. des Champs-Elysées. Tél. : 08 36 68 31 12. Fax : 01 49 52 53 20

Et si l'on rêvait à Paris ? Quoi qu'on fasse, cette charmeuse demeure la plus belle capitale du globe, la plus gourmande et la plus variée dans ses choix. Le monde entier (même New York, Londres ou Sidney qui ont connu, à leur tour, leur big-bang gastronomique) nous envie nos bons bistrots à prix menus autant que nos grandes tables à succès.

Nous avons voulu ici faire simple. Chaque année, nous publions un « Pudlo Paris », riche de 1 700 adresses, restaurants, boutiques, rendez-vous inclus. Il n'était pas question de tout reprendre. Mais de donner ici le la de la capitale. Avec une sélection des meilleures tables (celles couronnées d'assiettes), des bons rapports qualité-prix (celles ornées d'une marmite), des belles échoppes, cafés, bars à bière, bars à vin, salons de thé, auxquels nous avons ajouté une petite sélection d'hôtels de grande capacité et d'auberges de charme.

Voilà donc le meilleur de la capitale dans tous ses compartiments. Pour une vue plus étendue, plus globale, plus approfondie, reportez-vous au « Pudlo Paris 2001 ».

1er

Hôtels

Meurice

228, rue de Rivoli
Tél. : 01 44 58 10 10. Fax : 01 44 58 10 15
125 ch. 3 500-4 100 F

Fraîchement rénové, ce grand hôtel de style possède de belles chambres Louis XVI avec vue sur le jardin des tuileries, des suites majestueuses, des salons et salles de réception, un centre fitness avec jacuzzi, sauna, massages.

Vendôme

1, pl. Vendôme
Tél. : 01 55 04 55 00. Fax : 01 49 27 97 89
22 ch. 2 300-3 200 F, 7 appart.

Depuis 1998, cet hôtel particulier a été transformé en palace, élégamment décoré et luxueusement équipé. Les chambres spacieuses, de style rutilant, sont confortables. Trois tables dont le très mode Café de Vendôme.

Novotel les Halles

8, pl. de Navarre
Tél. : 01 42 21 31 31. Fax : 01 40 26 05 79
271 ch. 1 130-1 235 F

Hôtel moderne avec terrasse, situé stratégiquement au cœur de Paris, valeur sûre de la chaîne, qui propose confort et accueil efficace, sous une façade moderne de verre et métal très réussie.

Place du Louvre 

21, rue des Prêtres-Saint-Germain-L'Auxerrois
Tél. : 01 42 33 78 68. Fax : 01 42 33 09 95
20 ch. 540-880 F

Dans un très vieil immeuble parisien, charmant petit hôtel bourgeois avec de jolies petites chambres douillettes. Dans la salle à manger, on peut voir une voûte entretenue du XIVe siècle.

Restaurants

L'Espadon

au Ritz
15, pl. Vendôme
Tél. : 01 43 16 30 80. Fax : 01 43 16 33 67
Tljrs. Jusqu'à 23 h
Menus : 400 F (déj.), 850 F (déj.). Carte : 1 000 F

Maurice Guillouët a pris sans coup férir la succession de Guy Legay. Ce lieutenant de Joël Robuchon, qui arrive droit du Japon – il officiait au restaurant Taillevent-le Château à Tokyo – est un pro rigoureux. Fidèle à ses origines bretonnes, il sélectionne avec finesse des poissons de petite pêche. Propose aiguillettes de homard tièdes à l'émincé de chou, bouillon de poule au foie gras mijoté, gros filet de sole cuit sur l'arête aux truffes, filet de canard cuit sur l'os qui ne déçoivent guère, même si on leur voudrait un brin de personnalité en sus. Le décor à stucs et froufrous a son chic. Et la terrasse son charme aux beaux jours. Bananes fressinettes et fraîcheur de fruits exotiques clôturent un repas arrosé d'un grand bordeaux tarifé sans tendresse.

Le Meurice

à l'hôtel Meurice
228, rue de Rivoli
Tél. : 01 44 58 10 55. Fax : 01 44 58 10 15
Tljrs. Jusqu'à 23 h
Menus : 360 F (déj.), 600 F (dîn.). Carte : 500-600 F

Ayant achevé sa toilette au début de l'été dernier, ce fastueux palace retrouve sa salle à manger Grand Siècle au luxe intact. Côté cuisine, il n'y a que du bien à dire du chef Marc Marchand, qui propose avec habileté et talent des mets fins, vifs, précis, sans éclat ni tapage. Ses saint-jacques dorées au beurre salé, noisette d'agneau aux fruits secs, moelleux de pied de cochon truffé aux pommes charlottes sont du travail de ciseleur. Les desserts, qui ont toujours été la partie forte de la demeure, continuent de jouer dans la cour des grands (notamment avec un épatant biscuit noix de coco flanqué d'un sorbet du même fruit). Antoine Zochetto, maestro sommelier, veille sur une carte des vins (plus de 800 références) qui ne cesse de s'enrichir.

Le Carré des Feuillants

14, rue de Castiglione
Tél. : 01 42 86 82 82. Fax : 01 42 86 07 71
Fermé sam. midi, dim., 3 prem. sem. août
Jusqu'à 22 h
Menus : 340 F (déj.), 880 F. Carte : 700-800 F

Comment vanter une fois de plus les mérites d'Alain Dutournier, sinon en louangeant le caractère authentiquement Sud-Ouest de ce cuisinier au cœur pur. Le cadre de son grand bistrot chic, à deux pas de la place Vendôme, lui va à ravir. Pas de chichis, guère d'ostentation, mais un bel emplacement à fond de cour, des tables espacées mais point trop, une ambiance rare, à Paris, de mangeurs ravis d'être ensemble. C'est que le fond de l'assiette est ici primordial. Les produits viennent de Chalosse, de Bazas, de Pauillac, du Pays basque. Le piment d'Espelette se marie aux saint-jacques. La truffe est compagne du foie gras dans un gâteau de topinambours mémorable. Ajoutez-y les langoustines avec leur nougatine d'ail doux, le rouget au plat avec épeautre et petits pois en risotto, le filet de bœuf de Chalosse grillé au jus d'huîtres – un chef-d'œuvre du genre simple mais où le jus d'huître décuple le goût de la viande –, enfin ce russe pistaché – dacquoise meringuée et glace – qui reste notre gâterie préférée et vous aurez l'idée d'une cuisine droite, juste de ton, en accord avec elle-même, comme la signature d'une manière d'être. On y ajoutera le choix de grands bordeaux le moins cher de Paris à son niveau de qualité, le service efficace et complice. Difficile de ne pas aimer Dutournier.

Gérard Besson

5, rue du Coq-Héron
Tél. : 01 42 33 14 74. Fax : 01 42 33 85 71
Fermé sam. midi, dim. Jusqu'à 22 h 30
Menus : 240 F (déj.), 300 F, 580 F. Carte : 600-700 F

Il y a des maisons qui choquent, secouent, remuent. D'autres qui rassurent. Nul doute que Gérard Besson appartienne à la seconde catégorie. Ce MOF traditionaliste se moque des modes comme d'une guigne. Ce spécialiste de la truffe, du gibier, de la volaille de Bresse, bref, de la qualité française, raconte sa carte comme personne, joue des hommages à ses maîtres et amis (Garin, Chapel, Delaveyne), tisse sa toile. On le trouvait jadis neutre, discret, impersonnel. Voilà que, dès que nous nous interrogeons sur le sens du goût à Paris, nous songeons à lui. Il est vrai que ce classique sait alléger avec justesse, cuire avec minutie, choisir les meilleurs produits, jouer le respect de la tradition au service du goût de toujours. Faites-lui confiance, en automne ou en hiver, pour un de ces menus à thème dont il a le secret. De la truffe, en bouillon de pot-au-feu, avec queue de bœuf et racines, aux artichauts avec huile d'olive, aux œufs, brouillon, avec des saint-jacques relevées de gingembre ou un médaillon de veau de lait d'Auvergne, ce magicien tire des accents de vérité. Sa volaille à la serviette est un chef-d'œuvre d'un genre achevé. Ses desserts à l'ancienne (saint-honoré, mille-feuille à la crème pâtissière, glace vanille à la verveine) et ses vins choisis avec nez dans tous les vignobles sonnent juste. A l'évidence, ce Besson est un tout bon.

Le Grand Véfour

17, rue de Beaujolais
Tél. : 01 42 96 56 27. Fax : 01 42 86 80 71
Fermé sam, dim., août. Jusqu'à 22 h 15
Menus : 390 F (déj.), 960 F. Carte : 1 000 F

Nous avons été sincèrement heureux pour Guy Martin lorsque nous avons appris que ce quadra à la tête bien faite et bien pleine gagnait enfin ses galons de général au guide rouge. Nous, qui avions placé au sommet de nos trois assiettes ce chef habile, bien dans l'époque, il y a six saisons, n'avons pas changé de religion pour autant. Le caractère régionaliste de sa cuisine jadis qui lui donnait sinon de l'esprit du moins une personnalité (comme les Landes d'Alain Dutournier ou le Nord de Miss Arabian dont nous attendons le retour) nous semble avoir disparu. Nos trois assiettes sont redevenues deux. Et assurément Guy Martin, natif de Bonneville, que nous connûmes jadis au château de Coudrée à Sciez-Bonnatraît, puis à Divonne, nous paraît l'un des meilleurs du 2e rayon. Le service est l'un des plus brillants de Paris, le décor, historique et Directoire, l'un des plus séducteurs, avec ses banquettes de velours, ses fixés-sous-verre. Ses plats sont fins, subtils, avec des clins d'œil vers l'aigre-doux ou les épices, dans un registre qui fait plaisir à tous. Œufs de caille en coque d'oursins au caviar, comme chez Rostang, cuisses de grenouilles dorées à la purée de fenouil, comme un hommage à celles que Loiseau mitonne au persil, dos de cabillaud exotiquement poêlé au massala et lait de coco, qu'on accompagne, pour faire riche, de dés de foie gras, triple côte d'agneau avec son jus café-chocolat sont des plats qui flattent l'œil autant que le palais. Les desserts (friable au curcuma, banane, fromage frais et persil arabe plus sorbet gingembre) sont du même haut niveau. En revanche, la carte des vins nous a paru un peu mince côté grands crus bordelais. Mais tout cela pourrait s'améliorer sous peu.

Chez Vong

10, rue de la Grande-Truanderie
Tél. : 01 40 39 99 89/01 40 26 09 36.
Fax : 01 42 33 38 15
Tljrs. Jusqu'à 0 h 30
Menu : 150 F (déj.). Carte : 300-400 F.

Doué d'ubiquité, Vong Vai Lam, patron du Passy-Mandarin dans le 2e, veille sans faille et avec le sourire sur ses deux demeures. Désormais ouvert tous les jours, ce grand chinois au décor exotique propose avec constance une cuisine d'une vraie finesse. Le chef Tew Waï Ming mijote avec habileté et raffinement des plats du sud de la Chine, n'hésitant pas à varier les plaisirs en proposant des plats classiques plus diversifiés. Salade de méduses, bouchées au bœuf et crevettes cuites à la vapeur, turbot en vivier, bœuf joyeux, sorbet en beignet et fruits exotiques de saison sont de bien belles choses qui méritent des brassées d'éloges.

Aristippe

8, rue Jean-Jacques-Rousseau
Tél. : 01 42 60 08 80. Fax : 01 42 60 11 13
Fermé sam. midi, dim., 10-20 août. Jusqu'à 22 h
Menus : 179 F (déj.), 235 F. Carte : 300-400 F.

Gilles Le Gallès, breton bûcheur, sérieux, «taiseux», élève de Loiseau et ancien de la Barrière de Clichy, continue de faire florès dans sa maisonnette au charme sobre. La fraîcheur et la précision de sa cuisine essentiellement poissonnière séduisent. Les menus ont augmenté de 10 F, mais la qualité suit. Cassolette de coquillages en son jus de mer, langoustines rôties dans leur coquille, selon une recette du Bernardin où jadis Le Gallès fit ses premières armes, noisettes d'agneau au jus d'ail, nage de merlan, lotte au basilic, tarte légère aux pommes et feuillantine au caramel et noisettes sont d'une justesse de ton sans faille.

Il Cortile

à l'Hôtel Castille

37, rue Cambon
Tél. : 01 44 58 45 67. Fax : 01 44 58 45 69
Fermé sam., dim. Jusqu'à 22 h 30
Menu : 290 F (vin c.) (déj.). Carte : 300-400 F

Le meilleur italien de Paris actuellement ? Sans nul doute cette table supervisée par l'omniprésent Alain Ducasse, qui a su faire de ce patio néo-vénitien une réussite. Nicolas Vernier, fin comme un spaghetti, propose une cuisine remarquable, de sérieux, de netteté, de fraîcheur. Saveurs, couleurs, authenticité sont au rendez-vous avec le carpaccio de saint-jacques, le risotto aux courgettes et son jus de rôti, les raviolis de ricotta parfumés à la sauge, le pavé de bar à la plancha, le filet de bœuf au marsala et truffes. Les desserts (tiramusu, panna cotta, douceur au marron de Cuneo) sont des réussites. Il ne faudrait pas grand-chose pour que la cuisine égale celles des grands de la Botte. Carte des vins superbe, qui chante le Haut-Adige, le Frioul, le Piémont et la Toscane.

Chez Pauline

5, rue Villedo
Tél. : 01 42 96 20 70. Fax : 01 49 27 99 89
Fermé sam. midi, dim. Jusqu'à 22 h 30
Menus : 170 F (vin c.) (déj.), 220 F (vin c.) (déj.), 250 F. Carte : 350-550 F.

Créée il y a cinquante ans, cette maison n'a rien perdu de son caractère. L'accueil demeure courtois et charmant. La cuisine est à la hauteur et André Génin, qui a décidé de se ranger une fois pour toutes sous la bannière de la grande tradition, œuvre dans la délicatesse. Compote de lapin en gelée, tête de veau ravigote, queues de langoustines rôties sur purée de pommes de terre, gratin de légumes primeurs à la coriandre sont du travail d'orfèvre dans un registre bistrot de luxe bien de son temps. En saison de truffe, le diamant noir se propose en salade ou dans la poularde demi-deuil. La carte des vins est variée et les desserts (fraises écrasées au vin rouge, quatre petites crèmes brûlées) des folies douces.

Pierre au Palais-Royal

10, rue de Richelieu
Tél. : 01 42 96 09 17. Fax : 01 42 96 09 62
Fermé dim., 24 déc.-3 janv. Jusqu'à minuit
Carte : 300-400 F.

«Le seul restaurant fleuriste au monde !» nous précise Jean-Paul Arabian. Vous ne pouvez pas la louper, la boutique précède le restaurant... Pas de surprise cette année encore, la tradition se joue ici dans le droit fil de la qualité et l'accueil du déluré Jean-Paul demeure irréprochable. Poireaux tièdes vinaigrette, cervelle de veau à la grenobloise, cabillaud de côte et ses gros légumes, rouget superbe, bien cuit sur sa peau, canard croisé aux navets et petits oignons, filet de bœuf ficelle à la ménagère et babas bouchons de Michou (un habitué, quasiment présent chaque jour ici le midi) sont servis avec efficacité jusque très tard.

L'Atelier Berger

49, rue Berger
Tél. : 01 40 28 00 00. Fax : 01 40 28 10 65
Fermé sam. midi, dim. Jusqu'à 22 h 30
Menu : 186 F. Carte : 200-250 F

La maman Sigrun Christiansen à la réception, son fils (avec un beau pedigree : Michel Rostang et Gérard Vié) aux fourneaux et Franck Riclot en salle sont les bons génies de ce restaurant de charme. Au rez-de-chaussée, un bar rococo et un fumoir avec des canapés et des bergères Louis XV et Louis XVI dans les nuances crème et marron donnent le ton. A l'étage, une surprise vous attend : une belle salle avec un éclairage réussi et des sièges confortables en tissu brossé caramel. Côté cuisine la crème de légumes du moment, parfumée et onctueuse, le lapin de garenne aux châtaignes, le pâté chaud de faisan au foie gras et les pruneaux farcis au riz infusé s'arrosent avec délicatesse d'un côtes-de-provence Domaine la Bastide Neuve. Une adresse à marquer d'une pierre blanche.

Hôtel Costes

239, rue Saint-Honoré
Tél. : 01 42 44 50 25. Fax : 01 42 44 50 01
Tljrs. Serv. continu : 12 h-1 h
Carte : 400-550 F

Ne vous y trompez pas : on ne vient ici ni pour l'originalité de la carte, ni pour la chaleur de l'accueil, mais plutôt pour le lieu lui-même, son ambiance mondaine, ses salons cosy, son public chic qui, lui, a du talent. Les frères Costes ont fait de l'ex-France et Choiseul un club où le Tout-Paris et sa banlieue peuvent voir et être vu. Le décor, signé de l'ineffable Garcia, est une réussite. Thon cru en croûte de sésame, filets de daurade Tom Yam, nems au chocolat font de la figuration intelligente.

Café Marly

Palais du Louvre
93, rue de Rivoli
Tél. : 01 49 26 06 60. Fax : 01 49 26 07 06
Tljrs. Jusqu'à 1 h du matin
Menu : 350 F. Carte : 200-300 F

A l'orée du musée du Louvre, cette brasserie signée Costes possède un air de monument XVIIIe revu à l'aune du temps présent. Même si on n'y prétend que « nourrir » simplement le chaland, le gâteau de tomate et chèvre, les lasagnes de coppa aux épinards, le cabillaud vapeur et le macaron aux framboises sont d'un raffinement non feint.

L'Argenteuil

9, rue d'Argenteuil
Tél. : 01 42 60 56 22
Fermé sam. midi, dim. midi, lundi. Jusqu'à 22 h 30
Carte : 250-350 F

Bruno Schaeffer, lorrain de Lunéville, formé en Angleterre dans la grande restauration, n'a pas varié sa recette : un accueil simple et franc, une cuisine actuelle, personnelle, résolument fine, rustique avec malice, qui enthousiasme sans mal. Son décor minimaliste n'est pas la gaîté même. Mais tout ce que propose ce « pro » solide est plein de tonus, flirtant avec nos deux assiettes. Soupe de cuisses de grenouilles désossées, légère et persillée, aumônière de camembert aux noix délicieusement canaille, risotto de blé aux calmars au coulis de crustacés, côte de bœuf de Salers fondante flanquée d'une épatante purée de pommes de terre écrasées à la fourchette, soupe de melon rafraîchissante ou poêlée de figues au coulis de fruits sont du travail de ciseleur, auquel ne manque qu'un cadre à la hauteur.

L'Ardoise

28, rue du Mont-Thabor
Tél. : 01 42 96 28 18
Fermé sam. midi, lundi, 24 déc.-2 janv., 1 sem. mai, août Jusqu'à 23 h 15
Menu : 175 F

Pierre Jay, ancien de la Maison du Danemark, de la Tour d'Argent et de Chez Jean, continue de promouvoir une cuisine fine, fraîche et délicieuse, sans ruiner le chaland. A deux pas de la Cour des Comptes, dans un décor sans chichis, le menu est inscrit sur ardoise, à la craie, comme à l'école. Anchois marinés en terrine, macédoine de langoustine, entrecôte de veau et sa purée de ratte, cuisses de lapin en cocotte au romarin, galette de pommes confites sont des choses délicieuses, sagement comptées à travers un menu-carte épatant et s'accompagnent de vins du Mâconnais, du Beaujolais ou de la vallée du Rhône.

Le Dauphin

167, rue Saint-Honoré
Tél. : 01 42 60 40 11
Tljrs. Jusqu'à 22 h 45
Menu : 140 F (déj.). Carte : 250 F

Didier Oudill et Gary Duhr, deux ex-lieutenants de Guérard, qui officient à la belle saison au Café de Paris de Biarritz, ont fait de ce vieux bistrot avec vitraux et banquettes, l'une des très bonnes affaires du quartier de la Comédie-Française et de Paris. Leur « cantine » de thon à manger à la table, bocal ouvert, la salade coleslaw, les saint-jacques à l'anguille fumée, le cassoulet, la parillade landaise, la belle côte de bœuf, tendre et bien rassise, tranchée sur la plaque en bois sont des mets justes de ton, sans complication, délicieux, exécutés comme à la parade, avec des produits de première qualité. Voilà, à l'évidence, une démonstration de simplicité rayonnante par deux garçons doués qui ont voulu jouer ici dans la division « en dessous » avec le talent et la rigueur qui leur son propres.

Produits

ARTS DE LA TABLE

Dehillerin

18 et 20, rue Coquillière
Tél. : 01 42 36 53 13. Fax : 01 42 36 54 80
8 h-18 h. Fermé dim., jrs. fériés, lundi : 12 h 30-14 h

Matériel de cuisine, ustensiles divers : moules en cuivre, casseroles en laiton ou inox, couteaux sont proposés à bons prix. Dehillerin reste le numéro 1 du rapport qualité – prix.

BOUCHERS

Barone

6, rue du Marché-Saint-Honoré
Tél. : 01 42 61 01 77
8 h-13h. 16 h-19 h 30. Fermé lundi

Gilles Barone vous prodiguera ses bons conseils pour cuisiner au mieux ses beaux labels : bœuf de Coutancie, veau de Corrèze, agneau du Quercy, volailles des Landes ou de Bresse, d'Ardèche et de Bretagne qui peuvent être également commandées sur le web : coutanci@club-internet.fr.

BOULANGER

Julien

75, rue Saint-Honoré
Tél. : 01 42 36 24 83. Fax : 01 45 08 87 11
6 h 30-20 h. Fermé dim

Lauréat de la meilleure baguette de Paris en 1995, 2e en 1997, Jean-Noël Julien reste l'un des meilleurs artisans de la boulange. Les bons bistrots du quartier se fournissent chez lui en baguette à croûte craquante et mie crémeuse. Le campagne, le pain des champs à l'abricot et noisettes, le boulé à la cannelle et les sandwichs tradition sont également de la belle ouvrage.

CHOCOLATIERS

La Fontaine au Chocolat

201, rue Saint-Honoré
Tél. : 01 42 44 11 66. Fax : 01 42 44 11 70
10 h-19 h. Fermé dim.

Dans son usine de l'Eure, Michel Cluizel confectionne de superbes ganaches, pralinés amandes, noisette « Saint-Roche », éclats de fève torréfiée, tablettes à 60 % de chocolat et palets de crus (Java, Equateur, Ghana) présentés dans son beau magasin au décor en pierre et cuivre rouge où coule une fontaine au chocolat. Egalement sur le web : « Paris@fontaineauchocolat.com ».

Jean-Paul Hévin

231, rue Saint-Honoré
Tél. : 01 55 35 35 96
10 h-19 h. Fermé dim., jrs fériés

Proposés par Jean-Paul Hévin dans une boutique-dégustation claire et sobre, les délicieux éclairs au chocolat de ce fameux artisan, les sorbets cacao amer, les ganaches variées et les superbes macarons valent le détour.

POISSONNIER

Queyroy

14, rue Montmartre
Tél. : 01 42 33 44 51. Fax : 01 42 33 50 78
8 h-12 h. Fermé dim., lundi

Dans cette maison créée en 1917 au cœur des anciennes Halles, Patrick et Gérard Queyroy proposent des bars de ligne, soles de sable, turbots, rougets de roche d'excellente qualité et de première fraîcheur.

PRODUITS ÉTRANGERS

Le Mille Pâtes

5, rue des Petits-Champs
Tél. : 01 42 96 03 04. Fax : 01 49 27 94 06
9 h 30-15 h 17 h-19 h 30. Fermé dim., août

La charmante boutique de Roberto Pronzato est le modèle du genre pour les vins d'Italie, jambon de Parme, huiles d'olive non filtrée dont une « Colline Lucchese » de Toscane, pâtes, vinaigres, mozzarella de bufflonne de Campanie, vieux parmesan, riz rond piémontais (Il Faro) idéal pour le risotto, truffes en novembre.

TORRÉFACTEUR

Verlet

256, rue Saint-Honoré
Tél. : 01 42 60 67 39. Fax : 01 42 60 05 55
9 h-19 h. Fermé dim. oct.-mai, sam., dim. de mai (oct.-août)

Eric Duchossoy, neveu de Pierre Verlet, dirige cette institution fondée en 1880, restée intacte avec ses boiseries, ses pots anciens, sa porcelaine fine. Ses 25 sortes de cafés en provenance du Panama, Guatemala, Mexique, Colombie, Ethiopie et Haïti, ses 80 thés dont quelques thés rares chinois et ses compotes de fruits secs sont remarquables.

VOLAILLERS

Le Coq Saint-Honoré

3, rue Gomboust
Tél. : 01 42 61 52 04. Fax : 01 42 61 44 64
8 h-13 h. 16 h-19 h. Fermé sam. a.-m., dim.

Volaille de Loué, des Landes, de Bresse, canard et pintade de Challans, poule gauloise blanche à crête pâle, lapin Rex, gélines de Touraine sont les stars fermières bichonnées par Jan-Dominique Fröding. Celui-ci défend, avec son équipe experte, la tradition de la belle viande française. Agneau de lait du pays d'Oc, charcuterie de Laguiole et bœuf du Bourbonnais y sont tout aussi à l'aise.

La Poularde Saint-Honoré

9, rue du Marché-Saint-Honoré.
Tél. : 01 42 61 00 30. Fax : 01 42 60 39 71
5 h-13 h. 16 h-19 h 30. Fermé dim. a.-m., lundi

Joël Louis, volailler artisan, défend, sous sa belle façade, le meilleur des productions fermières, telles que volaille des Landes de Saint-Sever, de Bresse signée Miéral, caneton de Challans, lapin du gâtinais. Sans oublier l'agneau des Pyrénées et les gibiers en saison.

 *indique un bon rapport qualité-prix.*

Rendez-vous

BISTROTS À VINS

Taverne Henri IV

13, pl. du Pont-Neuf. Tél. : 01 43 54 27 90
Fermé dim., août. Jusqu'à 21 h (sam : 16 h)

« *Propono quod amo* », souligne la carte... Comprenez « Je propose ce que j'aime ». Robert Cointepas règne ici depuis 1951 et n'a rien changé à sa formule magique : vins sélectionnés avec cœur, assiettes régionales savamment choisies. Croustilles d'escargots de Bourgogne, jarnicoton (camembert cuit aux herbes et vin blanc), tartines sur pain bio, fromages affinés sont un bonheur.

CAFÉS

Le Cochon à l'Oreille

15, rue Montmartre
Tél. : 01 42 36 07 56
7 h-18 h. Fermé dim., jrs fériés

Intact avec ses fresques, ses banquettes du métro et ses céramiques du temps des Halles, ce vrai café popu joue la nostalgie avec cœur.

SALONS DE THÉ

Angelina

226, rue de Rivoli
Tél. : 01 42 60 82 00. Fax : 01 42 86 98 97
9 h-19 h (w.-e. : 19 h 30)

Rien ne change, ni le lieu de vieux café façon viennois (c'était la maison Rumpelmayer), ni le fameux chocolat chaud, ni les pâtisseries (comme le mont blanc aux marrons et le victoria au chocolat). Voilà une institution qui dure et perdure.

Le Fumoir

6, rue de l'Amiral-Coligny
Tél. : 01 42 92 00 24. Fax : 01 42 92 05 05
Serv. continu : 11 h-23 h 30. Tljrs

Voisin de Saint-Germain-l'Auxerrois, face au Louvre, ce rendez-vous contemporain a le chic de son décor avec parquet en sapin, canapé cuir, coin bibliothèque. On peut grignoter à toute heure (crevettes marinées au citron vert, suprême de pintade, risotto aux fruits de mer), boire un darjeeling en goûtant une tarte moelleuse aux pistaches. L'ensemble est bien plaisant.

Toraya

10, rue Saint-Florentin
Tél. : 01 42 60 13 00. Fax : 01 42 61 59 53
10 h-19 h. Fermé dim., jrs fériés

Le salon de thé raffiné au plafond de bois foncé façon coque de bateau, permet de découvrir les spécialités pâtissières de l'empire du soleil levant. Yokan aux pommes, chou à la crème de sésame, gaufrette japonaise, kuzukiri à la confiture de vin blanc, nagamashi frais de saison pourront être dégustés dans une ambiance feutrée.

2e

Hôtels

Westminster

13, rue de la Paix
Tél. : 01 42 61 57 46. Fax : 01 42 60 30 66
84 ch. 2 400-2 950 F, 18 appart.

Très belles chambres mais surtout magnifiques suites dans cet hôtel de luxe. Cheminées de marbre, lustres et une collection de pendules. Piano-bar agréable, restaurant Le Céladon (voir restaurants).

Favart

5, rue Marivaux
Tél. : 01 42 97 59 83. Fax : 01 40 15 95 58
37 ch. 510-625 F

Ce petit hôtel tranquille abrita le peintre Goya qui à l'époque, désargenté, troquait sa chambre contre des estampes. Situé face à l'Opéra-Comique, quartier central et animé.

Vivienne

40, rue Vivienne
Tél. : 01 42 33 13 26. Fax : 01 40 41 98 19
44 ch. 375-525 F

A proximité du musée Grévin sur les Grands Boulevards, des multiples cinémas et cafés, ce petit hôtel propose des chambres bien isolées avec double vitrage et quelques-unes avec balcon.

Restaurants

Drouant

place Gaillon
Tél. : 01 42 65 15 16. Fax : 01 49 24 02 15
Fermé sam., dim. Jusqu'à 22 h 30
Menus : 290 F (déj.), 650 F. Carte : 700-800 F

Incroyable, mais vrai : on mange divinement chez Drouant. Chef-directeur de la demeure, Louis Grondard, MOF 1979, a changé l'image de marque de la maison qui fut piteuse jadis. Toute l'Académie Goncourt s'y régale en cœur, entre terrine de foie gras à la gelée de porto, mille-feuille de tourteau, saint-jacques à la coque au beurre demi-sel, rouget grillé sauce choron. Les exquises sur les viandes label (volaille de Bresse ou de Loué, pièce de bœuf de Salers, épaule d'agneau des Pyrénées confite) emballent sans mal. Et l'on comprend que la demeure joue bien son rôle d'ambassadrice de la qualité française. Les desserts sont splendides (mille-feuille minute au pralin et chocolat noir, tarte fine à la mangue et cassonade), la cave superbe, y compris en des vignobles peu courus, comme le Languedoc-

Roussillon qui, ces temps-ci, fait une sacrée percée à Paris. Le décor années trente a du chic avec son escalier en fer forgé. Et le jeune service est très à son affaire.

Le Céladon

à l'hôtel Westminster
15, rue Daunou
Tél. : 01 47 03 40 42. Fax : 01 42 61 63 78
Fermé sam., dim., août. Jusqu'à 22 h
Menus : 280 F (vin c.), 320 F. Carte : 400-500 F

Ambiance Régence et décor classique signé Pierre-Yves Rochon, en camaïeu de vert : on fait ici dans le charme bon genre. Ancien du Meurice et du Martinez, Christophe Moisand assure sans mal dans un registre traditionnel de qualité. Les Chenets, le bar de l'hôtel, ne désemplit pas. Au programme : déjeuners sur le pouce, chics et bon marché. Au restaurant lui-même, servis de main de maître par un service jeune, plein d'assurance, les huîtres frites au gingembre, le saumon d'Ecosse farci d'échalotes confites et crème à la sauge, le saint-pierre rôti et ses endives braisées à l'orange, le quasi de veau de lait rôti et sa blanquette de petits légumes, la fricassée d'agneau avec pommes fondantes sont des choses fraîches, fines, justes de ton, sans faiblesse. Terrine d'agrumes granités au Beaumes-de-Venise et pommes clochardes façon Tatin sont de belles issues.

Passy Mandarin

6, rue d'Antin
Tél. : 01 42 61 25 52/01 42 61 25 50.
Fax : 01 42 60 33 92
Tljrs. Jusqu'à 23 h 15
Menus : 98 F (déj.), 105 F (déj.), 480 F, 520 F.
Carte : 250-400 F

Avec tout le professionnalisme qu'on lui connaît, Vong Vai Kuan de Chez Vong dans le 1er, a repris de main de maître ce restaurant asiatique. Qualité, sérieux et rigueur sont les atouts maison et la demeure est rapidement devenue une des meilleures tables étrangères de la capitale. Cadre raffiné en bois laqué, produits frais, cuisine fine et authentique, service irréprochable assurent la renommée de cette demeure du quartier façon palais cantonais des abords de l'Opéra. Soupe maison à base de soja, légumes et fruits de mer, exceptionnels dim-sum, crevettes au nid de bonheur (crevettes sautées, légumes et nid en pomme de terre), turbot au gingembre, canard laqué à la pékinoise, glaces en beignet et salade de fruits exotiques sont cuisinés avec minutie et finesse, servis avec componction.

Rappelez-vous qu'une bonne table commence par de bons produits.

Café Runtz

16, rue Favart
Tél. : 01 42 96 69 86. Fax : 01 40 20 92 95
Fermé sam. (midi : oct.-avril), dim., 1 sem. mai, 3 sem. août. Jusqu'à 23 h 30
Menus : 90 F, 129 F (vin c.). Carte : 180-250 F

La gloire mondiale et littéraire est survenue cette année pour cette winstub à la parisienne : Patricia Cornwell, la reine du thriller psychologique, y a situé un épisode romantique de son dernier best-seller *Cadavre X*. Nul doute qu'à la suite de Kay Scarpetta, toute l'Amérique et sa banlieue vont découvrir ce décor rajeuni par Jacques Garcia, ce cadre convivial, sa cuisine alsacienne authentique. Odette Leport accueille avec grâce, tandis qu'Hubert mitonne comme un natif de Strasbourg (il est breton...) presskopf de queue de bœuf, choucroute paysanne, boudin noir, munster coiffé de pommes de terre et jambon fumé, gâteau forêt-noire... Laissez-vous aller un instant et, avec un peu d'imagination, vous vous réveillerez à Strasbourg !

Le Grand Colbert

2, rue Vivienne
Tél. : 01 42 86 87 88. Fax : 01 42 86 82 65
Tljrs. Jusqu'à 1 h du matin
Menu : 160 F (café c.). Carte : 250-350 F

Face à la BN (Bibliothèque nationale), Joël Fleury, ex-du groupe Flo, s'est installé au cœur de l'ancienne usine BN (Biscuits Nantais) ! Il a su faire de cette brasserie 1880 un repaire convivial où il fait bon passer un moment. La cuisine classique est d'une honnêteté sans faille. Terrine de raie et vinaigrette tiède aux câpres, choucroute paysanne, foie de veau aux petits oignons et île flottante s'arrosent d'un saint-estèphe 1996 qui coule en bouche comme du velours.

Vaudeville

29, rue Vivienne
Tél. : 01 40 20 04 62. Fax : 01 49 27 08 78
Tljrs. Jusqu'à 2 h du matin
Menus : 138 F (déj.), 189 F, 198 F. Carte : 200-350 F

À midi ou le soir, l'agitation règne dans cette brasserie qui fait face au palais Brongniart. La maison accueille tard une clientèle hétéroclite dans un authentique décor Arts déco. Fruits de mer, tranche de morue grillée et purée de pommes de terre au jus de truffes, escalope de foie gras chaud aux raisins et crème brûlée déçoivent en bien, comme on dit à Lausanne.

Le Caprice

1, rue Chérubini
Tél. : 01 42 96 85 73. Fax : 01 42 96 85 73
Fermé sam., dim., mi-juil.-mi-août. Déj. slt (soir sur réserv.). Carte : 200-250 F

En semaine et le midi seulement, Rafaël « Fanfan » Messas accueille avec sourire et gentillesse. Plaisirs assurés pour les amoureux de la cuisine marocaine. Le décor est sans chichis et l'ambiance conviviale. Couscous à la graine légère accompagné de frais légumes et tendres viandes, délicieux tagines et dattes fourrées... comme si vous y étiez !

Produits

ARTS DE LA TABLE

Simon

48 et 52 rue Montmartre
Tél. : 01 42 33 71 65. Fax : 01 42 33 68 25
Fermé dim., lundi matin

Depuis 1884, au cœur des Halles, cette boutique offre un choix considérable de matériel de table et de cuisine aux professionnels de l'hôtellerie et de la restauration mais également aux particuliers, le tout au meilleur rapport qualité – prix.

BOUCHER

Alain Tribolet

«Au Bœuf du Cantal»
54, rue Montorgueil
Tél. : 01 42 33 04 06
8 h-13 h. 16 h-19 h 30. Fermé dim. a.-m., lundi.

Alain Tribolet, troisième du nom, perpétue la qualité bouchère dans cette maison justement réputée. Bœuf de Salers, veau et agneau du Limousin, porc fermier, volailles de Challans et de Bresse, charcuterie d'Auvergne et de Corse jouent les vedettes dans cette boutique fondée en 1927 par l'ancêtre Camille Tribolet.

BOULANGER

Au Panetier

10, pl. des Petits-Pères
Tél. : 01 42 60 90 23. Fax : 01 40 15 04 72
8 h-19 h 15. Fermé sam., dim. juil.

Dans sa jolie boutique du début de siècle ornée de céramiques Art nouveau, Bernard Lebon propose pains variés au seigle, noix, figues, raisins, baguette croustillante, pain rustique dit «Saint Fiacre», pavé des Petits Pères, flans cuits au feu de bois, superbes viennoiseries.

CAVISTE

Legrand Filles & Fils

1, rue de la Banque
Tél. : 01 42 60 07 12. Fax : 01 42 61 25 51
9 h-19 h 30. Fermé dim., lundi

La charmante boutique fin xixe style haussmannienne abrite les trésors que Francine Legrand déniche avec sagacité. Les meilleurs alsace, les rares bordeaux dont le roc-decambes ou le-terte-rotebeuf difficiles à trouver ailleurs, le champagne de Jacques Selosse côtoient les Négus de Nevers et autres confiseries à l'ancienne issues de diverses régions de France. Articles de cave, verres de chez Riedel complètent la gamme.

CHOCOLATIER

Debeauve & Gallais

33, rue Vivienne
Tél. : 01 40 39 05 50
9 h 30-18 h 30. Fermé dim

La boutique fin de siècle (jadis «Au Duc de Praslin») possède beaucoup de charme. Dans l'Eure, Michel Cluizel use de tout son savoir-faire pour fabriquer des chocolats jouant l'amer avec subtilité. Tablette aux fèves broyées, bottes de sarments, grains d'arabica sont exquis.

CONFISEUR

Tétrel

44, rue des Petits-Champs
Tél. : 01 42 96 59 58
9 h-20 h. Fermé dim.

Toutes les confiseries françaises sont au rendez-vous : bêtises de Cambrai, calissons d'Aix, bergamotes de Nancy, négus de Nevers, forestines de Bourges. Un tel choix parvient à faire oublier l'accueil polaire.

COUTELIER

Kindal

33, av. de l'Opéra
Tél. : 01 42 61 70 78
10 h (sam. : 11 h)-18 h 30. Fermé dim.

Sur l'avenue, la vitrine de cette institution du beau couteau laisse admirer pièces rares, couteaux de collection, ustensiles de poche, de chasse, de pêche sans oublier les belles lames de Corse, Auvergne, Suède.

PÂTISSIER

Stohrer

51, rue Montorgueil
Tél. : 01 42 33 38 20. Fax : 01 40 26 41 64
Fermé 2-15 août. 7 h 30-20 h 30.

Classée monument historique, la superbe boutique fondée en 1725 a gardé son décor de 1864, ses peintures sous verre de Baudry. C'est là que François Duthu et Pierre Liénard mitonnent avec l'amour du travail bien fait, puits d'amour, tartelettes aux fraises des bois, baba au rhum, tarte Bourdaloue, cake, religieuse au café, viennoiseries exquises. Glaces, sorbets aux fruits, confitures artisanales sont également de qualité grande.

POISSONNIER

Soguisa

72, rue Montorgueil
14 rue des Petits-Carreaux
Tél. : 01 42 33 05 16/01 42 36 75 59
14, rue des Petits-Carreaux. 8 h-13 h. 16 h-19 h 30. Fermé dim. a.-m., lundi.

Dans sa boutique au décor recherché, agrémenté d'un gros bassin, Isabelle Lecocq-Gardet propose le meilleur de la marée : homard bleu, sole de sable, rougets de roche, bar de ligne, beaux fruits de mer en tous genres.

Rendez-vous

BARS

Harry's New York Bar

5, rue Daunou
Tél. : 01 42 61 71 14. Fax : 01 42 61 58 99
10 h 30-4 h du matin. Tljrs.

Cette institution parisienne incontournable a ses hauts et ses bas : accueil pète-sec, ambiance bondée, bière couci-couça, cocktails fameux, whiskies de malt sans reproche.

BARS À BIÈRE

Horse's Mouth

120, rue Montmartre
Tél. : 01 40 39 93 66. Fax : 01 42 54 18 88
10 h-2 h du matin. Fermé dim., 2e sem. août.

Bière à gogo jusqu'à très tard (2 h du matin), pause déjeuner sympathique, avec menus abordables et assiette de foie gras, jambon de Parme et saumon. Et ambiance comme sur les docks de Londres.

Kitty O'Sheas

10, rue des Capucines
Tél. : 01 12 36 35 49. Fax : 0142 56 49 54
12 h-1 h 30 du matin. Fermé sem. Noël.

Vous l'aurez compris, la Guinness est la reine du comptoir. La cuisine est, pour sa part, simple et sans chichis. Et nul ne s'en plaint. Seafood cocktail (moules, crevettes), faux-filet sauce whisky, cheese cake permettent la pause entre deux pintes.

BISTROT À VINS

La Côte

77, rue de Richelieu
Tél. : 01 42 97 40 68
Fermé sam., dim. 7 h 30-20 h.

Rien à redire de ce bistrot d'angle qui a résolument la cote. Cuisine simple et bons vins, que demander de plus ? Salade auvergnate (cantal et jambon cru), steak d'agneau grillé et son gratin dauphinois, charlotte au chocolat s'arrosent aisément d'un beaujolais choisi avec art par Marc Favre.

SALONS DE THÉ

Ventilo

27 bis, rue du Louvre
Tél. : 01 42 33 18 67
12 h-18 h 30. Fermé dim.

Avec sa vaste baie vitrée, ce salon de thé chic est l'un des plus cosys de Paris : ambiance féminine et tartes de toutes sortes pour se reposer après un shopping aux étages.

3e

Hôtels

Pavillon de la Reine

28, pl. des Vosges
Tél. : 01 40 29 19 19. Fax : 01 40 29 19 20
31 ch. 1 900-2 350 F, 14 appart., 10 duplex

Dans un magnifique immeuble sur la place des Vosges, entouré d'un jardin fleuri, cet hôtel de charme offre des chambres meublées de style, avec beaux tableaux et tomettes. Le tout fait très home châtelain pour hobereau citadin.

Villa Beaumarchais

5, rue des Arquebusiers
Tél. : 01 40 29 14 00. Fax : 01 40 29 14 01
45 ch. 1 680-2 200 F

Au milieu du quartier historique du Marais, cet hôtel agréable, avec jardin intérieur et chambres joliment décorées, est également équipé, pour la détente, d'un sauna et d'un jacuzzi.

Le Vieux Saule

6, rue de Picardie
Tél. : 01 42 72 01 14. Fax : 01 40 27 88 21
31 ch. 490-790 F

Bordant le Carreau du Temple à la limite du Marais, cette jolie façade blanche où les géraniums fleurissent à chaque fenêtre cache de petites chambres douillettes.

Restaurants

L'Ambassade d'Auvergne

22, rue du Grenier-Saint-Lazare
Tél. : 01 42 72 31 22. Fax : 01 42 78 85 47
Fermé 1er-15 août. Jusqu'à 23 h
Menu : 170 F. Carte : 250-300 F

Fidèle aux traditions, Françoise Petrucci assume sans mal son rôle d'hôtesse en mission perpétuelle. Charcuterie, viandes, vins et autres produits viennent en direct du pays. Le décor est rustique, la cuisine authentique, l'ambiance chaleureuse. Salade tiède de lentilles vertes du Puy, noix de veau du Limousin rôtie et petit jus court, potée de porc fermier aux choux braisés, pièce de bœuf de Salers au vin rouge sont cuisinés dans la pure tradition. L'aligot est ici un pieux exercice de style. Et comme l'Auvergne est un immense plateau de fromages, ne passez pas à côté du saint-nectaire, de la fourme d'Ambert ou du laguiole qui s'arrosent de saint-pourçain, châteaugay ou autre chanturgue. Le fromage blanc au miel et brisure de pain d'épice permet de finir en douceur un repas régénérant.

Le Pamphlet

38, rue Debelleyme
Tél. : 01 42 72 39 24
Fermé midi, dim., 1er-11 janv. 8-23 août
Jusqu'à 23 h 30. Menu : 160 F

Notre révélation de l'année passée ne déçoit pas (un lecteur, tout de même, pour se plaindre de la cuisine, du décor et du service... c'est la rançon du succès). Premier constat : le prix de l'incroyable menu-carte est demeuré identique. À 160 F, pour des mets vifs, fins, pleins d'envolée, d'inspiration sudiste, exécutés à partir de produits de première qualité, on est dans le domaine de la philantropie. Ex-compagnon de route du montalbanais Constant et ancien chef de la Table de Pierre dans le xviie, le palois Alain Carrère a fait de cette auberge rustique du cœur du Marais un repaire de choix. Saumon mariné façon hareng, ravioles de tourteaux à la crème de pois frais, superbe risotto à l'encre, sole meunière aux asperges, parmentier de pied de cochon, beignets de pomme et sa glace réglisse continuent d'enchanter sans trêve.

Chez Jenny

39, bd du Temple
Tél. : 01 42 74 75 75. Fax : 01 42 74 38 69
Fermé 15 juil.-15 août. Jusqu'à 1 h du matin
Menus : 49 F (enfant), 149 F, 179 F
Carte : 200-250 F

Les frères Blanc ont repris cette brasserie-musée vouée à l'Alsace de toujours. La collection de marqueteries de Spindler, le service costumé, l'Alsacienne en bois sculpté : tout cela demeure en place. Côté cuisine, emblématique choucroute, tarte à l'oignon, médaillon de veau et pâtes fraîches aux olives noires, vie en rose (sorbet à base de fraises), servis jusque très tard, continuent de faire plaisir sans manières.

Au Bascou

38, rue Réaumur
Tél. : 01 42 72 69 25. Fax : idem
Fermé sam. midi, dim, août, sem. Noël.
Carte : 220-250 F

Longtemps bras droit d'Alain Dutournier au Trou Gascon puis au Carré des Feuillants, Jean-Guy Loustau fait partie des orfèvres du savoir-recevoir à Paris. Ce natif de Saint-Jean-Pied-de-Port joue avec charme les ambassadeurs de son cher Pays basque. La cuisine est authentique, l'accueil digne de ce nom. Piperade, chipirons sautés, mille-feuille d'anchois de Ciboure, ttoro du Labourd, saumon grillé et sa garbure, boudin de pays, confit de canard, magnifique épaule d'agneau de lait des Pyrénées et duo de gâteaux basques sont servis dans une ambiance conviviale. La collection d'irouléguys d'Abotia, d'Arretxea et de Brana mérite qu'on lui porte une attention soutenue.

Chez Nénesse

17, rue de Saintonge
angle rue de Poitou
Tél. : 01 42 78 46 49. Fax : 01 42 78 46 49
Fermé sam., dim., sem. Noël, août
Jusqu'à 22 h 30. Carte : 150-250 F

Roger Leplu a su faire de ce vieux bistrot typique avec carrelage et poêle antique un des authentiques repaires gourmets du quartier. Formé chez Prunier et au Véfour, cet ancien chef de Pierre au Palais-Royal œuvre de main de maître dans le classique sans chichis. Sa demeure joue le double jeu : à midi, spécialités ménagères et le soir, ambiance raffinée, avec nappe et chandelles. La terrine de sandre tiède sauce ciboulette, la lotte en papillote et ses tomates fraîches, les rognons de veau rôtis à l'échalote confite et le mille-feuille vanille sont du travail de perfectionniste. Les vins, qui ne sont pas de reste, sont choisis avec malice.

Produits

ARTS DE LA TABLE

Dot

47, rue de Saintonge
Tél. : 01 40 29 90 34. Fax : 01 42 74 76 22
9 h-18 h. Fermé sam., dim., 8-20 août.

Au rez-de-chaussée d'un vieil hôtel du Marais, la boutique ancienne de Marie-Ange Bon abrite un beau choix d'objets oubliés et réédités : manche à gigot, cuillère à moelle, porte-couteau, pince à asperges, à escargots. Le sous-sol regorge de trésors à prix très doux.

BOUCHER

Boucherie de la Mairie

41, rue de Bretagne
Tél. : 01 48 87 90 12
7 h-13 h. 15 h 30-19 h 30. Fermé dim. a.-m., lundi.

Richard et Frédéric Simonneau, père et fils, défendent avec ardeur la belle viande de qualité française. Volaille gauloise à crête blonde, canard de Challans, bœuf de Parthenay, veau de Corrèze, agneau du Limousin ou de Pauillac sont sélectionnés avec soin.

BOULANGER

Au Levain du Marais

32, rue de Turenne
Tél. : 01 42 78 07 31
7 h-20 h. Fermé dim.

La baguette craquante à mie crémeuse, le pain au levain (de campagne, complet, issu de farines bio, seigle, noix raisins), les viennoiseries au bon goût de beurre frais font accourir les gourmets dans la jolie boutique au plafond xixe de Thierry Rabineau qui reste l'une des valeurs sûres du Marais.

CAVISTE

Le Nectar des Bourbons

37, rue de Turenne
Tél. : 01 40 27 99 12
10 h 30-21 h. Fermé août.

Dans son ex-galerie reconvertie en boutique des arts vineux, Alain Dechy, maître œnologue, organise plusieurs fois par mois des manifestations artistiques, des concerts, des dégustations de vins tels que bourgogne Epineuil, médocs, hautes-côtes-de nuits, vacqueyras.

POISSONNIER

Lacroix

30, rue Rambuteau
Tél. : 01 42 72 84 07. Fax : 01 42 77 43 45
8 h 30-13 h. 16 h-20 h. Fermé dim. a.-m.
Autres adresses : 44, rue Oberkampf, 11e
Tél. : 01 47 00 93 13. 54, rue Buzenval, 20e
Tél. : 01 43 73 21 64.

Les arrivages quotidiens, de Noirmoutier, du Guilvinec, de Saint-Guénolé, de poissons de ligne et petits bateaux font bel effet. Bars, soles, joues de lotte, turbots, langoustines royales, homards bleus de Bretagne, saint-jacques de Normandie, huîtres luisent bellement à l'étalage de Guy Lacroix.

TORRÉFACTEURS

Caïfathé-Lapeyronie

3, rue Brantôme
Quartier de l'Horloge/Beaubourg
Tél. : 01 40 27 97 57. Fax : idem.
8 h 30-19 h 30. Fermé dim

Soixante thés et vingt et une sortes de cafés : Moka d'Ethiopie, kenya blond, papouasie sigri, maragogype du Mexique, costa-rica SHB, mélange italien, superbe choix des hauts plateaux avec des fèves d'Amérique centrale sont sélectionnés par Stéphane Martin, fou de café qui fait goûter le top de sa torréfaction lente. Un choix considérable, des horaires élargis : tout ici est conçu pour le bonheur des amateurs.

Rendez-vous

BISTROTS À VINS

Le Baromètre

17, rue Charlot
Tél. : 01 48 87 04 54
7 h-21 h. Fermé sam., dim., août.

Baromètre au beau fixe chez Bernard Haltebourg. L'ambiance est chaleureuse et bon enfant dans la demeure de cet amoureux des vins. Dès potron-minet, il fait miroiter ses dernières découvertes vineuses. Et à l'heure du repas, autour d'un verre de bordeaux, beaujolais ou riesling, on déguste à l'aise harengs aux pommes chaudes, cuisse de canard confite, canette en civet, tarte aux quetsches, gratin de fruits rouges.

Bistrot de la Gaîté

7, rue Papin
Tél. : 01 42 72 79 45
7 h 30-18 h. Fermé sam., dim., août.

Le « café à vins » de James Constant trône avec sa terrasse sur un square tranquille. Beaujolais et vins de Loire embouteillés à demeure accompagnent charcuteries, assiettes garnies et salades diverses.

SALONS DE THÉ

Brocco

180, rue du Temple
Tél. : 01 42 72 19 81
6 h 30-19 h 30. Fermé lundi.

Ce joli salon de thé fondé en 1889, avec plafond classé et fresque représentant la déesse des moissons, vaut la pause sucrée. Les « royal » (feuilletine et chocolat demi-amer), « negresco », « brésilien » au café et baba au rhum font classiquement plaisir.

Marais Plus

20, rue des Francs-Bourgeois
Angle rue Payenne
Tél. : 01 48 87 01 40
10 h-19 h 30. Tljrs.

Face au musée Carnavalet, ce salon doublé d'une boutique, genre caverne d'Ali Baba, fort pratique pour les cadeaux amusants, est amusant tout plein. Le gâteau au chocolat est délicieux, le crumble friand, les thés honnêtes.

4e

Hôtels

Le Jeu de Paume

54, rue Saint-Louis-en-l'Ile
Tél. : 01 43 26 14 18. Fax : 01 40 46 02 76
30 ch. 950-1 625 F

Cet hôtel de charme surclasse ses petits rivaux de l'île. La décoration est d'un classicisme reposant, dans les tons grisés, avec mobilier sobre, salles de bains en marbre, sol parfois surélevé. Le hall, avec sa haute armature de bois, provenant d'une ancienne salle de jeu de paume, ne manque pas d'allure. La situation en retrait de la rue lui confère un calme certain.

Lutèce

65, rue Saint-Louis-en-l'Ile
Tél. : 01 43 26 23 52. Fax : 01 43 29 60 25
23 ch. 890 F

Des chambres-couloirs avec vue sur la cour, d'autres plus spacieuses et plus agréables donnant sur la rue, un mobilier en rotin, des plafonds à la française et un accueil un peu neutre : voilà ce qu'on trouve dans ce petit hôtel de charme.

Beaubourg

11, rue Simon-Lefranc
Tél.: 01 42 74 34 24. Fax: 01 42 78 68 11
28 ch. 630-700 F

A proximité du Centre Pompidou refait à neuf et ouvert depuis le début de l'année, cet hôtel discret propose des chambres agréablement décorées et un service efficace.

Les Deux Iles

59, rue Saint-Louis-en-l'Ile
Tél.: 01 43 26 13 35. Fax: 01 43 29 60 25
17 ch. 760-890 F

Un joli hall façon jardin exotique avec de fauteuils aux tissus fleuris, des chambres agréables, quoique petites, avec meubles de bambou et salles de bains carrelées de bleu: c'est le plus séduisant des petits hôtels de l'île.

Rivoli-Notre-Dame

19, rue du Bourg-Tibourg
Tél.: 01 42 78 47 39. Fax: 01 40 29 07 00
31 ch. 550-760 F

A mi-chemin entre la rue des Rosiers et l'Hôtel de Ville, cette petite halte offre jolies chambres et accueil sympathique.

Saint-Merry

78, rue de la Verrerie
Tél.: 01 42 78 14 15. Fax: 01 40 29 06 82
11 ch. 480-1 400 F 1 suite: 2 200 F

Niché dans l'église Saint-Merri, ce petit hôtel de charme au décor moyenâgeux, bois sculpté, poutres, mansardes, offre un accueil chaleureux, plein de gentillesse.

Restaurants

L'Ambroisie

9, pl. des Vosges
Tél.: 01 42 78 51 45
Fermé dim., lundi, vac. fév., 3 sem. août.
Jusqu'à 22 h. Carte: 1 200 F

Du neuf cette année à l'Ambroisie: oh, rassurez-vous, pas une révolution, mais quelques ajouts au gré de l'air du temps indiquant que, quoi qu'on en pense, Bernard Pacaud n'est pas un conservateur effréné. Voici donc un épatant bortsch de pigeon à l'aigre doux, avec ses pirojki à la russe, sa crème fraîche, son émincé de betteraves, ensuite un composé d'agneau au cumin, à la marocaine, avec une galette de socca, à la farine de pois chiches, aux dattes, enfin une tartelette caramélisée au fromage blanc avec son coulis de citron. Délicieux, épatant, piquant, en vérité, que l'on peut accompagner d'un vin de ces vins épicés de la vallée du Rhône, dont la maison et le malicieux sommelier Pierre le Mouliac ont le secret. De la «fusion food», comme il s'en pratique un peu partout dans le monde? De la cuisine métissée? Il y a de ça, sans nul doute. Même si Pacaud est sans doute plus proche de la fameuse Mère Brazier du temps du col de la Luère, chez qui il fit ses premières armes, que de Thomas Keller (French Laundry à Yountville, Californie, qui serait lui du genre créateur azimuté) ou de Ferran Adria (le génial «auteur» d'El Bulli) en Catalogne. Mais, rassurez-vous, on peut fort classiquement retrouver ici le marbré de foie de canard au céleri et truffe en gelée, la poularde demi-deuil en hommage à la sainte mère lyonnaise ou le miroir au chocolat et marrons glacés. Très belles salles en enfilade dans un recoin de charme de la place des Vosges et accueil toujours piquant de l'émoustillante Danièle Pacaud.

Benoît

20, rue Saint-Martin
Tél.: 01 42 72 25 76
Fermé août. Jusqu'à 22 h
Menu: 200 F (déj.). Carte: 550-700 F

À première vue, on se dit que le menu à 200 F n'est pas si ruineux que ça... Mais, dès que l'on jette un coup d'œil sur la carte, ce n'est plus la même histoire... Reste que lorsqu'on vient chez Michel Petit, on n'oublie pas son porte-monnaie (à défaut de sa carte de crédit: seule l'Amex est acceptée). Et on se laisse séduire par le cadre typique de ce bistrot début du siècle, sa cuisine traditionnelle de qualité, le service de première classe. Saumon mariné façon hareng, langue de veau Lucullus au foie gras, poulet en croûte de sel, rognon entier dans sa graisse, vacherin glacé, soufflé glacé au Grand Marnier sont des classiques dont on ne se lasse guère. La carte des vins peut faire monter la note, mais le brouilly de Dessales est une opportunité de choix.

Le Bistrot du Dôme

2, rue de la Bastille
Tél.: 01 48 04 88 44. Fax: 01 48 04 00 59
Tljrs. Jusqu'à 23 h 30
Carte: 200-250 F

Annexe du Dôme, à Montparnasse, cette brasserie du quartier Bastille est une aubaine pour les amoureux du poisson. Spécialiste des produits de la mer à prix doux, elle propose des produits frais cuisinés en toute simplicité. Anciennement dédiée au caviar, la maison s'est refait une beauté avec l'aide du décorateur Slavik. Soupe de poissons, encornets à la plancha, daurade en croûte de sel, turbotin grillé et sa ratatouille composent l'ardoise du jour. Les desserts (croustillant de poires et gratin de fraises) concluent l'affaire en beauté.

Le Bistrot de la Place

2, pl. du Marché-Sainte-Catherine
Tél.: 01 42 78 21 32. Fax: 01 42 78 32 36
Tljrs. Jusqu'à 23 h
Menu: 138 F. (dîn.). Carte: 200-250 F

La place du Marché-Sainte-Catherine est un petit coin de paradis, Dominique Péladeau l'a compris depuis longtemps. Au cœur du Marais, à deux pas de la bruyante rue de Rivoli, il y règne une atmosphère provençale, comme sur le cours Saleya niçois. Installé dans l'ancien couvent Sainte-Catherine, ce bistrot ne manque pas de charme. Toute l'année, la cuisine a l'accent du Sud, et en été, la terrasse «déborde». Terrine d'artichauts vinaigrette aux herbes, sauté de veau Marengo, civet de lapin aux pruneaux et tiramisu réchauffent les cœurs, sans vider le portefeuille.

Bofinger

5 et 7, rue de la Bastille
Tél.: 01 42 72 87 82. Fax: 01 42 72 97 68
Tljrs. Jusqu'à 1 h du matin
Menus: 119 F (vin c.) (déj.), 189 F (vin c.) (déj.).
Carte: 220-350 F

Ce monument parisien créé en 1864 vaut pour son décor: magnifique verrière, marqueteries, boiseries et peintures d'Hansi à l'étage vous replongent dans l'univers de la Belle Epoque, avec une touche alsacienne en sus. Typiquement «brasserie», la cuisine ne souffre guère de reproche. Foie gras de canard, plateau de fruits de mer, choucroute de la mer, pot-au-feu ménagère au sel de Guérande, croustillant praliné au chocolat mi-amer sont sans épate. En semaine, la formule déjeuner à 119 F est une affaire.

Au Gourmet de l'Isle

42, rue Saint-Louis-en-l'Ile
Tél.: 01 43 26 79 27. Fax: idem
Fermé lundi, mardi, août. Jusqu'à 22 h 30
Menus: 100 F (déj.), 148 F, 185 F (vin c.)
Carte: 200-250 F

Jadis tenue par le père Bourdeau, cette cave voûtée du XVIIe avec poutres semble être née avec l'île. Reprise par Jean-Michel Mestivier, la maison a su garder ses traditions en proposant une cuisine bourgeoise éternelle. Le menu «sans surprise» à 185 F (café et vin compris), le confirme: pourquoi changer une formule qui gagne? Tête de veau sauce gribiche, boudin de campagne compote de pommes, faux filet de bœuf sauce poivre, saucisse confite auvergnate, pintadeau aux lentilles vertes, poires dijonnaises et profiteroles maison accompagnés de madiran rosé régalent les p'tits gourmets de l'île Saint-Louis.

Le Grizzli

7, rue Saint-Martin
Tél.: 01 48 87 77 56
Fermé dim., Noël, Nvel An. Jusqu'à 23 h
Menus: 120 F (déj.), 160 F. Carte: 200-250 F

Les montreurs d'ours sont repartis dans leurs montagnes. Mais ce bistrot de Châtelet, présent depuis 1902, n'a rien perdu de son charme, ni de sa simplicité bon enfant. Monte-charge et zinc sont intacts, et la déco, dédiée à l'ours brun, rappelle le bon vieux temps. Sans prétention et avec gentillesse, Bernard Arény, que nous avons connu à l'Ambassade d'Auvergne, dédie sa cuisine à son Sud-Ouest natal. Assiette de cochonnailles, calmars à l'encre, saumon à l'ardoise, pintade rôtie aux choux braisés, confit de canard pommes sautées à l'ail, andouillette de l'AAAAA, nougat glacé à la pistache sont cuisinés façon basque, avec générosité. Les crus de Madiran, Cahors et Corbières aident à faire passer le tout.

Produits

BOUCHERS

Jean-Paul Gardil

44, rue Saint-Louis-en-l'Ile
Tél.: 01 43 54 97 15
8 h-12 h 45. 16 h-19 h 45.
Fermé dim. a.-m., lundi.

Bœuf de concours glané sur les foires, d'origine normande, de Maine-Anjou ou de Corrèze, porc fermier de la Sarthe, agneau de Lozère, volailles de Bresse, lapin Rex du Poitou, canette de Challans ou de Bresse, jambons de Jabugo, charcuteries sèches signés Laborie dans le Cantal, andouillette de Duval jouent les vedettes chez Jean-Paul Gardil, maître boucher de l'Ile.

Jean Gillot

«Boucherie de la place des Vosges»
3, rue du Pas-de-la-Mule
Tél.: 01 42 78 25 44
6 h-20 h. Fermé dim.

Jean Gillot approvisionne quelques-unes des grandes tables de Paris (comme la Tour d'Argent), et sert la même viande, mûrie à point, à ses clients dans sa boutique près des arcades de la place des Vosges. Veau de lait du Rouergue, agneau de Lozère, magret des Landes, bœuf de Salers, porc de Bretagne, rillettes d'oie sarthoises et savoureux boudin aux oignons sont de qualité grande.

BOULANGERS

Florence Finkelsztajn

24, rue des Ecouffes
Tél.: 01 48 87 92 85. Fax: 01 48 87 12 20
10 h-13 h. 15 h-19 h 30. Fermé merc., août.

Dans sa boutique, classée monument historique, aux céramiques anciennes, Florence F. vous attend en compagnie du meilleur de la gastronomie yiddish: pain au cumin et pavot, apfel strudel caramélisé aux noix, gâteau au fromage blanc, pavés noisettes et bananes, aux figues, aux pruneaux. Carpe farcie, tarama, caviar d'aubergines, de poivrons, hareng haché à la polonaise complètent la gamme.

Malineau

18, rue Vieille-du-Temple
Tél. : 01 42 76 94 54
8 h-22 h. Fermé mardi.

Ex-directeur de la recherche de qualité dans la grande industrie, Hervé Malineau, assisté d'une jeune équipe dynamique, s'est reconverti dans l'artisanat de qualité. Le résultat : pain poulette, baguette à l'ancienne, pavé Saint-Paul, fougasse aux olives, miniseigle aux raisins et noix, pain aux sept céréales, cannelés, tarte aux fruits et macaron de belle tenue.

CAVISTES

Cave Estève

10, rue de la Cerisaie
Tél. : 01 42 72 33 05. Fax : 01 42 72 47 04
10 h-20 h. Fermé dim., lundi.

Depuis 1980, Jean-Christophe Estève recherche les grands crus de Bordeaux et de Bourgogne. Crus du Languedoc, du Beaujolais, porto Osmann font également partie de son Club Amical du Vin dont le rapport qualité-prix est la sainte règle.

EPICIERS

Izraël

30, rue François-Miron
Tél. : 01 42 72 66 23. Fax : 01 42 72 88 32
9 h 30-13 h. 14 h 30-19 h. Fermé dim., lundi, août.

En entrant chez Françoise Izraël-Solski, on s'embarque pour un voyage à travers toutes les régions du globe. Dans cette « épicerie du monde », curry des Indes, halva, cannelle, cumin, macis, résiné, mais aussi moutarde de Brive et haricots tarbais participent au dépaysement.

GLACIERS

Berthillon

31, rue Saint-Louis-en-l'Ile
Tél. : 01 43 54 31 61
10 h-20 h. Fermé lundi, mardi, vac. scol. sf Noël.

Bernard Chauvin, le leader des glaciers parisiens, ferme en juillet-août, fait passer un examen aux postulants à la revente et ne laisse entrer dans ses labos que le top du top de la belle crème et des beaux fruits. De ce fait, ses glaces au marron glacé, vanille, pain d'épice, réglisse, praliné aux pignons, noix de coco, gianduja orange ou noisettes, cappucino, agenaise, thym-citron, figue, fraises des bois, mûre de framboisier restent du grand art.

PÂTISSIERS

Calixte

64, rue Saint-Louis-en-l'Ile
Tél. : 01 43 26 42 28. Fax : 01 46 33 65 92
8 h-14 h. 16 h-20 h. Fermé jeudi, août.

Dans sa mini-échoppe de l'île Saint-Louis, Bernard Gonon propose une pâtisserie classique fine, fraîche et de qualité : truffé au chocolat, mille-feuille caramélisé, gâteau noix caramel, succès praliné, florentin, pavé à l'orange et amandes, croissant au beurre valent le détour.

THÉS

Mariage Frères

30, rue du Bourg-Tibourg
Tél. : 01 42 72 28 11. Fax : 01 42 74 51 68
10 h 30-19 h 30. Fermé 1er mai.

Ambiance coloniale pour cette belle ambassade. Ccinq cents thés rares, mélanges maison, sablé, chocolat, gelée et bonbons au thé : voilà le thé dans tous ses états, sans oublier les rééditions de théières. Lunch-tea, savoureuses pâtisseries et petits plats à déguster au salon.

Rendez-vous

BISTROTS À VIN

Ma Bourgogne

19, pl. des Vosges
Tél. : 01 42 78 44 64
8 h-1 h 30 du matin. Fermé 1er févr.-7 mars.

Ce bar à vins de la place des Vosges sert tard et en continu saumon cru, saucisson chaud et tarte Tatin. Aimé Cougoureux, l'habile patron, choisit des beaujolais francs du collier. Campé sous les arcades, le lieu est magique et les prix trinquent.

La Tartine

24, rue de Rivoli
Tél. : 01 42 72 76 85
9 h 30-22 h. Fermé mardi, mercr. matin, 2 sem. août.

Ce bar fin de siècle, avec zinc, plafond mouluré, terrasse, possède un vrai charme à l'ancienne. Les gentils vins de papy Bouscarel, dont le brave bourgueil, se laissent boire.

CAFÉS

Brasserie Louis Philippe

66, quai de l'Hôtel-de-Ville
Tél. : 01 42 72 29 42
8 h-23 h. Tljrs.

Avec ses vitres gravées à l'acide, vieilles banquettes, zinc antique, escalier de métal, ce café d'angle d'allure 1880 est le charme même, face au pont Louis-Philippe.

Café Beaubourg

100, rue Saint-Martin
Tél. : 01 48 87 63 96. Fax : 01 48 87 81 25
8 h-1 h du matin

Face à Beaubourg, ce café post-moderne de l'empire Costes se visite à toute heure. Mobilier design, déco signée Portzamparc, ambiance branchée donnent le ton. Aubergines et mozzarella fondue, brochette d'agneau tandoori, tarte au chocolat séduisent leur monde.

Caffé Martini

«Roncola»

71, rue Pas-de-la-Mule
Tél.: 01 42 77 05 04
8 h-20 h. Tljrs.

Le plus italien des cafés de Paris, c'est ce rade à deux pas de la place des Vosges. Idéal, pour se requinquer après une balade, avec une glace et un ristreto.

SALONS DE THÉ

Le Loir dans la Théière

3, rue des Rosiers
Tél.: 01 42 72 90 61. 12 h-19 h

Le décor de brocante avec fauteuils enveloppants et tables de tout style permet de lire, badiner et grignoter tartes salées, fondant au chocolat, gâteau à l'orange et crumbles aux fruits à retomber en enfance.

Mariage Frères

30-32, rue du Bourg-Tibourg
Tél.: 01 42 72 28 11. 10 h-19 h

Ce bel endroit néo-colonial abrite un salon un peu guindé, avec ses plantes, son étage, son service policé, ses tartes aux fruits nappées de crème et son immense choix de feuilles infusées à point.

5e

Hôtels

Le Colbert

7, rue de l'Hôtel-Colbert
Tél.: 01 43 25 85 65. Fax: 01 43 25 80 19
39 ch. 1 390-2 800 F

Cette maison XVIIe, sise entre Maubert et la Seine, se cache, mais à peine, derrière un minuscule jardin clos par une grille. Les chambres sont confortables, décorées à l'identique, avec murs saumon, beaux couvre-lits et salles de bains fonctionnelles. La vue sur les tours de Notre-Dame est en prime. L'appartement sous les combles a bien du charme avec ses poutres et le chevet de la cathédrale pour voisin.

Jardin de Cluny

9, rue Sommerard
Tél.: 01 43 54 22 66. Fax: 01 40 51 03 36
40 ch. 750-1 100 F

Coquet, tranquille, derrière Maubert, cet hôtel s'ouvre sur une entrée de verre et bois noir. L'accueil est adorable et les petits déjeuners servis dans des caves voûtées. Les chambres sont claires, pourvues de matériaux de qualité: têtes de lit en rotin noir, couvre-lits aux motifs japonais et doubles rideaux assortis, impeccables salles de bains aux carrelages à motif.

Le Jardin des Plantes

5, rue Linné
Tél.: 01 47 07 06 20. Fax: 01 47 07 62 74
33 ch. 600-900 F

A 10 mètres du jardin des Plantes, cet îlot de charme a dédié chacune de ses chambres à une fleur. Le cinquième étage a vue sur les frondaisons proches. Le petit déjeuner est servi sur la terrasse aux beaux jours. La cave voûtée est dévolue aux concerts ou aux rendez-vous intimes. Les salles de bains sont petites, mais bien équipées. Un sauna complète la panoplie de cette halte accueillante et soignée.

Esmeralda

4, rue Saint-Julien-le-Pauvre
Tél.: 01 43 54 19 20. Fax: 01 40 51 00 68
19 ch. 350-520 F

C'est l'un des plus anciens hôtels de Paris – il date de 1640 – et sans doute l'un des plus charmeurs. Certes, les chambres auraient besoin d'une rénovation, mais les prix doux, les pierres apparentes, l'escalier bien ciré et la vue sur Notre-Dame font tout pardonner.

Restaurants

La Tour d'Argent

15-17, quai de la Tournelle
Tél.: 01 43 54 23 31. Fax: 01 44 07 12 04
Fermé lundi. Jusqu'à 22 h
Menus: 350 F (déj.), 1200 F (vin c.), 1 300 F (vin c.). 1 400 F (vin c.). Carte: 1 200-1 500 F

Présente depuis 1582 sur les quais de Seine, la demeure méritait bien un petit lifting. Opération réussie: la façade a été si habilement rénovée qu'on le remarque à peine, et le décor rafraîchi. Du coup, ce restaurant historique passe le cap de l'an 2000 sans le moindre bug à l'horizon. L'inusable, l'infatigable, l'éternel Claude Terrail n'a lui, non plus, pris aucune ride. Cet amoureux des plats anciens et de leur mise au goût du jour qui possède la voix de Louis Jouvet cultive avec allant l'art du savoir-recevoir. En cuisine, l'arrivée de Jean-François Sigallac, sage élève de Robuchon, fait partie des changements du nouveau siècle. Ce technicien sans état d'âme pratique l'ancien et le nouveau avec le même talent. Ainsi la quenelle de brochet André Terrail, la meilleure du monde, le caneton rôti à l'orange et sa flambée de pêche à l'esprit de framboises ou encore l'admirable poire «vie parisienne», avec sa crème à la williamine et son caramel dur, qui constituent des plaisirs éternels. On n'omettra pas non plus la volaille Albuféra, dans sa fine sauce au foie gras, la sole Cardinal avec son immuable riz pilaf, les noisettes d'agneau des Tournelles et le fondant au chocolat amer qui se jouent de la modernité comme d'une vieille lune. La cave, dirigée par le talentueux David Ridgway, reste l'une des meilleures au monde. A midi, le temps d'un déjeuner, la Tour propose un menu à 350F qui la ramène au niveau d'un très bon bistrot.

Mavrommatis

42, rue Daubenton
Tél.: 01 43 31 17 17. Fax: 01 43 31 13 08
Fermé lundi. Jusqu'à 23 h
Menus: 120F (déj.), 160F. Carte: 250-350F

Grâce aux frères Mavrommatis, les Parisiens ont compris qu'il existait une gastronomie grecque digne de ce nom. Ces deux Chypriotes, Evagoras en salle, et Andreas en cuisine, ont fait de leur demeure la meilleure table hellène de la capitale, même d'Europe et peut-être du monde. Ambassadeurs fervents de leur île, promoteurs des produits de toute la Grèce, ils vantent avec succès les vins, traditions, recettes de chez eux, usant de légumes de première qualité, poissons frais et belles huiles au service d'une cuisine fraîche, légère, riche en saveurs. Leur cadre de maison des Cyclades est raffiné et les murs, ornés de photos noir et blanc du Péloponnèse et du vieux Limassol, ont du charme. Friture d'aubergines au fromage de brebis «kasseri», boulette de viande de bœuf, espadon à la fondue d'aubergine et aux poivrons confits, mignon de porc poêlé au vin rouge de Metsovo et coriandre, tuile pistachée au miel d'Attique sont mijotés avec subtilité par une équipe rodée. Le choix des vins est à l'avenant et l'on découvre avec étonnement que le rouge montenero de Céphalonie ou le rosé kourtaki de Crète rivalisent sans mal avec les vins de la vallée du Rhône côté sud.

Le Pactole

44, bd Saint-Germain
Tél.: 01 46 33 31 31. Fax: 01 46 33 07 60
Fermé sam. midi, dim., 6-21 août
Jusqu'à minuit
Menus: 98F (déj.), 149F, 146F. Carte: 250F

Dans la joie et la bonne humeur, Nedra Gara a repris l'ancienne demeure de Jacques Manière. Elle amuse la galerie avec son tartare flambé en salle avec cognac ou vodka, mais elle a d'autres tours dans son sac. Le décor, relooké avec ses jolis luminaires, est joyeux, l'accueil tonique, la cuisine fraîche. A midi, le «marché du jour» à 98F (entrée, plat, dessert et verre de vin) est une affaire. Velouté de champignons des bois et morilles, petites gambas marinées au marsala cuites en beignet, navarin de homard aux fines herbes poêlé minute, carré d'agneau pané et poêlé aux épices, mitonnés par l'excellent Stéphane Durant, jeune ancien de chez Constant au Violon d'Ingres, font mouche. Soufflé au chocolat et noisette ou crème glacée aux mirabelles sont de belles issues. Ce n'est pas le pactole, mais ça y ressemble!

Tao

248, rue Saint-Jacques
Tél.: 01 43 26 75 92. Fax: 01 43 25 68 69
Fermé dim., mardi soir, août, 1 sem. hiver
Carte: 150-220F

L'ambiance est «zen» dans la demeure des sœurs Nguyen. D'origine vietnamienne, Hang Thuy et Kim Thinh honorent, avec le sourire, la cuisine de leur pays. Authenticité, fraîcheur et petits prix sont la loi de la demeure, et la réservation est vivement recommandée. Salade au bœuf confit et basilic, croustillants de crabe et choux au parfum frais de coriandre, fondant de porc au caramel de jus de coco, émincés de bœuf sur lit de choux chinois à la vapeur, crème au lait de coco et pâte de soja sont d'une finesse rare, concoctés mieux qu'à Hanoï.

Campagne et Provence

25, quai de la Tournelle
Tél.: 01 43 54 05 17. Fax: 01 43 29 74 93
Fermé sam. midi, dim., lundi midi
Jusqu'à 23 h et 1 h le week-end
Menus: 120F (déj.), 230F. Carte: 250-300F

Courageux et tête dure comme un Breton, menant ses affaires sur un double front, Patrick Jeffroy converti à Paris à la cuisine provençale s'est installé juste avant l'été à Carantec, face à la baie de Morlaix. Il prend le temps de surveiller, à deux pas de Notre-Dame, les plats du Sud qui sont ici à l'honneur sous la houlette d'une équipe vive et motivée. L'aïoli de tourteau et pommes de terre écrasées, la pissaladière de sardines, la selle d'agneau au jus d'ail, le filet de rascasse en anchoïade, la nougatine d'abricot au chocolat noir et le mille-feuille de pain d'épice sont traités avec fraîcheur et doigté. La carte des vins est pertinente: Ferry Lacombe, Réal Martin, Castel Roubine et la Bernarde se boivent avec joliesse. Avec un peu d'imagination, même si le décor de salle à manger est étriqué, on pourrait se croire sur une terrasse ensoleillée du sud de la France.

Fogon Saint-Julien

10, rue Saint-Julien-le-Pauvre
Tél.: 01 43 54 31 33. Fax: 01 43 54 07 00
Fermé déj. (sf w.-e.). Jusqu'à 1 h du matin
Menus: 190F, 240F. Carte: 250-300F

Ce décor chantourné, avec ses colonnades stylisées (c'était les Colonies imaginé, jadis, par le voisin François-Joseph Graf), vieillit un peu. Reste qu'il a son charme et, surtout, qu'il ne désemplit pas. Explication simple: Alberto Herraïz, cuisinier ibère au physique de conquistador à la Barthez, en a fait la meilleure table espagnole de la capitale. L'étonnant choix de riz de grande qualité, les tapas imaginés au jour le jour (superbe petit agneau au miel, composition de bulots et palourdes aux pommes de terre et huile d'olive, mini-gaspacho), le jambon de cochon noir, le chorizo: tout cela plaît, se trouve juste de ton, sonne vrai. Il y a aussi et surtout les six paellas différentes (aux légumes, à l'encre de calmar, au poulet, aux poissons, du jour et des saisons), au riz exceptionnel, non collé, qu'on recouvre d'un linge en le servant pour le laisser reposer, plus la glace de turon et de tapas sucrées pour se convaincre que quelque chose se passe dans cette «petite boîte» sans tralala. La carte des vins de la Péninsule ibérique et courte mais très pertinente, à tous les prix. Le service est plus relaxe que vraiment «pro». Tant pis: voilà notre première «assiette» décernée à un restaurant espagnol, juste pour voir.

Au Buisson Ardent

25, rue Jussieu
Tél.: 01 43 54 93 02. Fax: 01 46 33 34 77
Fermé sam., dim., août. Jusqu'à 22 h 30
Menus: 90 F (déj.), 160 F (déj.), 160 F

La maison est une affaire de famille. Les frères Duclos, Stéphane, en salle, et Philippe, en cuisine (ex-Cagna et Senderens), gèrent avec entrain ce vieux relais de poste devenu une des affaires gourmandes du quartier. La formule à 160 F est pondue habilement, sur le mode classique chic, avec un zeste de rusticité raffinée. Cassolette d'encornets à la provençale, roulé de jambon de Parme à la feta et caviar d'aubergines, filet de bar poêlé au cumin, pièce de cochon de lait rôti, filet de bœuf poêlé au poivre de Séchouan, tourtière de pommes au miel et crumble aux poires se succèdent au gré du marché. L'ambiance est joyeuse et le décor authentique avec ses fresques murales de 1925.

Chantairelle 

17, rue Laplace
Tél.: 01 46 33 18 59. Fax: 01 46 33 18 59
Fermé dim., 3e sem. août. Jusqu'à 22 h 30
Menus: 80 F (déj.), 110 F (déj.), 150 F. Carte: 180-220 F

Authentique avec un grand «A», cette étape gourmande l'est assurément. Enfant du pays, Frédéric Bethe l'assure, ses produits proviennent tous, exclusivement, de fermes situées dans le parc naturel du Livradois-Forez. Eaux de Parot, Charrier et Châteldon, vins de Saint-Pourçain, Boudes et côtes du Forez honorent, eux aussi, de gourmande façon l'Auvergne. Belle assiette de salaisons du pays d'Ambert, œufs pochés à la fourme, truffade, coq au vin, potée de Haute-Loire, millard aux myrtilles et petits fruits confits du Massif Central sont, de même, 100 % bougnats. La framboise du Velay et le marc d'Auvergne font passer le tout en douceur.

Les Délices d'Aphrodite 

4, rue de Candolle
Tél.: 01 43 31 40 39. Fax: 01 43 36 13 08
Fermé dim. Jusqu'à 23 h 30
Menu: 92 F (déj.). Carte: 200 F

Les frères Mavrommatis, qui mènent parallèlement leur grande maison avec ardeur, ont fait de cette sympathique taverne grecque, sise presque en face, une des bonnes affaires du quartier du bas de la Mouffe. La cuisine hellénique y est d'une fraîcheur et d'une qualité étonnantes pour des prix tout à fait modiques. L'ambiance relaxe est tout charme, et il n'y a nulle raison de refuser la marmite du bon goût au tarif sage aux houmous, tarama, feta et halloumi grillés en salade, calmar farci à l'étuvée de légumes, juteuses brochettes de gigot d'agneau rôti, halva et baklawa, de qualité sans faille. Le rouge néméa du Péloponnèse, qui résiste fort bien aux épices, se boit là-dessus avec aise.

L'Intermède 

4, bd de Port-Royal
Tél.: 01 47 07 08 99
Fermé dim. soir, lundi, août. Jusqu'à 22 h 30
Menus: 80 F (déj.), 110 F (déj.), 165 F
Carte: 180-250 F

Pas d'intermède chez Michel Goulange. Cet ancien de Taillevent a repris avec professionnalisme et sérieux ce bistrot des Gobelins. Aidé de Guy Lassaigne aux fourneaux (formé chez Meneau à Vézelay), il propose une cuisine fraîche, classique et raffinée. Au déjeuner, les menus à 80 F et 110 F sont d'une honnêteté sans faille. Marbré de jarret de porc confit au foie gras, filet de sandre aux noisettes grillées, magret d'oie rôti aux senteurs des sous-bois et opéra praliné café s'arrosent d'un délicieux côtes-roannaises de Montroussier, léger et très fruité. Le cadre est plaisant, les tables espacées, l'ambiance champêtre.

El Palenque 

5, rue de la Montagne-Sainte-Geneviève
Tél.: 01 43 54 08 99
Fermé dim. Jusqu'à 23 h 30
Carte: 180-230 F

Au pied de la montagne Sainte-Geneviève, ce restaurant argentin ne manque pas de cachet. Le décor genre ranch dans la Pampa est typique, avec bancs de bois, selles, peaux de mouton. Et la cuisine d'une authenticité rigoureuse. La viande, de race Angus, les empanadas farcis de viande, la parrillada (bœuf et ris de veau mix grill), le flan con dulce de leche (confiture de lait) accompagné d'une glace vanille, whisky et amandes effilées sont du travail sérieux et authentique, digne du pays des gauchos.

Rôtisserie du Beaujolais

19, quai de la Tournelle
Tél. : 01 43 54 17 47. Fax : 01 56 24 43 71
Fermé lundi. Jusqu'à 23 h
Carte : 250 F

Claude Terrail jette toujours un œil attentif à son bouchon de luxe, géré avec sérieux par son fidèle lieutenant Alain Robert. Les spécialités lyonnaises sont au rendez-vous, tout comme les beaujolais rouges servis bien frais. La carte conseille : « Il faut laisser le temps au temps et au chef aussi. » Du coup, on fait confiance à Patrick Rayer (ex-Fouquet's et Bouclard) qui œuvre avec art, dans un style cuisine à l'ancienne de bon ton. Gâteau de foie de volailles, pied de cochon farci au saint-pourçain, côte de bœuf de Salers à la moelle, coq au vin du Beaujolais et mille-feuille au pralin sont du meilleur ton.

Produits

ARTS DE LA TABLE

La Tuile à Loup

35, rue Daubenton
Tél. : 01 47 07 28 90. Fax : 01 43 36 40 95
10 h 30-19 h 30. Fermé dim., lundi matin.

Poteries, verres, couteaux, assiettes, très beau linge de table de chez Turpault et ouvrages dédicacés aux traditions artistico--gourmandes glanés du côté du Sud-Est (Provence, Dauphiné, Savoie) sont, ici, mis en valeur par Marie-France et Michel Joblin, passionnés par l'artisanat des provinces de France.

BOULANGERS

Kayser

8 et 14, rue Monge
Tél. : 01 44 07 31 61/01 44 07 01 42
7 h-20. Fermé mardi.

Dans ses deux boutiques de la rue Monge, l'une pour la boulangerie, l'autre pour les viennoiseries, Eric Kayser, boulanger depuis trois générations, réussit quelques-uns des meilleurs pains bio de Paris, une savoureuse baguette pré-fermentée au levain liquide, ainsi que des « spéciaux » de grande qualité : farine de froment, sarrasin, épeautre, figues, lard, sésame, pruneaux ou châtaignes. Rien que du frais, du sain, du bon.

CAVISTES

Caves du Panthéon

174, rue Saint-Jacques
Tél. : 01 46 33 90 35. Fax : 01 43 26 76 49
9 h 30-13 h 30. 15 h 30-20 h 15. Fermé dim., lundi matin.

La maison de Jean-Paul Baclet date de 1921, les cuvées qu'il a choisies sont entreposées dans des casiers en bois d'époque. Six cent-cinquante références de qualité : le naturel, le « bio », le goût du terroir font la fierté de ce passionné des bons millésimes.

De Vinis Illustribus

48, rue de la Montagne-Sainte-Geneviève
Tél. : 01 43 36 12 12. Fax : 01 43 36 20 30
Sur r.-v. Fermé dim.

Uniquement sur rendez-vous, Lionel Michelin explique, raconte, commente les vins les plus rares. Vous avez une grosse envie de haut-brion, rieussec, yquem ou romanée-conti en millésime ancien, cet antiquaire du vin mettra tout en œuvre pour vous satisfaire. Tarifs en rapport.

GLACIERS

Damman's

20, rue du Cardinal-Lemoine
Tél. : 01 46 33 61 30. Fax : 01 46 33 33 00
11 h 30-19 h. Fermé dim., 1er nov.-15 déc., 1er janv.-15 mars.

Thomas Damman élabore ses glaces et sorbets dans son labo, donne rendez-vous aux amateurs de la rive gauche dans son petit salon de thé, mais également au point de vente Damann dans les jardins du Carrousel du Louvre (d'avril à novembre). Yaourt bulgare, pain d'épice, gianduja, tiramisu, caramel au beurre salé, straciatella sont ses parfums vedettes.

Octave

138, rue Mouffetard
Tél. : 01 45 35 20 56. Fax : 01 45 35 03 07
10 h-19 h 30. Fermé lundi.

Conseillé par Lucien Vanel, ce glacier toulousain propose dans sa boutique parisienne ses glaces aux noms originaux : « seins de glace », illustrés par Wolinski, un cœur caramel de banane aux épices enrobé de crème glacée chocolat et de sorbet banane. « C'est une Garonne », parrainé par Claude Nougaro, est un nougat glacé praliné accompagné de biscuit moelleux aux amandes nappé de chocolat chaud. Les parfums simples mais savoureux, tels marrons (en décembre), citron vert, framboise, vanille, orange sanguine, miel nougat, fraise sont superbes.

PÂTISSIER

Gérard Beaufort

6, rue Linné
Tél. : 01 47 07 10 94. Fax : 01 47 07 10 94
7 h 30-20 h. Fermé sam., dim., août.

Ibiza chocolat noisette, praliné-pistache, mousse caramel poire, chausson aux pommes noix raisins, superbes viennoiseries font partie des plaisirs sucrés concoctés par Gérard Beaufort et vendus avec le sourire dans sa belle échoppe.

POISSONNIER

Jean Quoniam

107, rue Mouffetard
Tél. : 01 43 36 02 83
8 h 30-13 h. 16 h-19 h 30. Fermé dim. a.-m., lundi, août. Même maison : Poissonnerie Saint Médard, Ve. 135, rue Mouffetard
Tél. : 01 47 07 35 84.

Depuis 1936, de père en fils, les Quoniam pourvoient aux besoins de la Mouffe en langoustines du Guilvinnec, huîtres de Marennes, poissons de petites pêches, saumon fumé. Le meilleur de la mer sélectionné avec le plus grand soin.

PRODUITS RÉGIONAUX

Aux Vrais Produits d'Auvergne

48, rue Daubenton
Tél. : 01 43 31 52 92. Fax : 01 43 36 13 33
8 h 30-12 h 30. 16 h-19 h 30
Fermé dim. a.-m., lundi, août.

Fondée en 1930, c'est la première boutique, à cette enseigne, de la capitale qui en possède une dans presque tous ses quartiers. Saucisses sèches, fritons, gratons, boudins, pâtés d'Aveyron, tripous, jambon au sel sec, cantal, tomme pour aligot, salers, saint-nectaire, fouace, croquants, miels sans oublier, pour les arroser, châteaugay, marcillac ou saint-pourçain : tout y respire la bonne tradition auvergnate.

TORRÉFACTEUR

La Brûlerie des Gobelins

2, av. des Gobelins
Tél. : 01 43 31 90 13. Fax : 01 45 35 83 00
9 h-19 h. Fermé dim., lundi, août.

Avec son joli décor, cette brûlerie artisanale, créée avant guerre, propose depuis trois générations les mélanges (San Remo, des cinq continents, moka, créoles, maragogype) que Jean-Paul Logereau torréfie avec l'amour du travail bien fait. Joli choix de confitures savoyardes, de thés, de miels frais artisanaux.

TRAITEUR

Guillemard

241, rue Saint-Jacques
Tél. : 01 43 26 97 17
8 h-19 h. Fermé août.

L'équipe de Maryvonne Seiler se met en quatre pour vos réceptions, le service, la déco, l'ambiance, le choix du lieu (cent châteaux en catalogue). Plats cuisinés, canapés, pâtisseries (frivolités et bras de Vénus) demeurent soignés et perpétuent la tradition de cette institution septuagénaire.

 *indique une très bonne table.*

Rendez-vous

BARS À BIÈRES

L'Académie de la Bière

88, bd de Port-Royal
Tél. : 01 43 54 66 65. Fax : 01 46 34 18 94
11 h-2 h du matin (vend., sam. : 3 h du matin).

La chaude ambiance estudiantine, le choix large de bières belges ou anglo-françaises (150 au total), les moules crème et autre weiss wurst avec choucroute font de cette académie peu académique un lieu parfait pour amateurs de boisson gambrinale. Terrasse courue l'été.

BISTROT À VIN

Au Soleil d'Austerlitz

18, bd de l'Hôpital
Tél. : 01 43 31 22 38. Fax : 01 43 31 73 55
6 h-21 h 30. Fermé sam. soir, dim., août.

André Clavet choisit à bonne source les meilleurs beaujolais et autres crus de la vallée du Rhône ou de la Loire qui arrosent dignement ses sandwichs sérieux comme l'avant-bras et autres doctes plats du jour mitonnés (blanquette, bourguignon, aligot avec saucisse) avec cœur, dans ce café qui ne paye guère de mine face à la gare d'Austerlitz.

CAFÉ

Café de la Nouvelle Mairie

19-21, rue des Fossés-Saint-Jacques
Tél. : 01 44 07 04 41
9 h-20 h (mar., jeudi : minuit). Fermé sam., dim.

Nicolas Carmarans anime avec rigueur ce bar propre et net qui trône sur une place champêtre. Morgon et coteaux du Languedoc accompagnent assiette auvergnate ou plats de grand-mère.

SALONS DE THÉ

Café de la Mosquée

39, rue Geoffroy-Saint-Hilaire
Tél. : 01 43 31 18 14. 9 h-23 h 30

Ce beau monument années trente offert au souvenir de l'empire colonial français est devenu l'un des rendez-vous des amoureux du thé à la menthe. Cuisine du Maghreb, mais surtout les traditionnels loukoum, kadaïf, corne de gazelle comme pousse-thé.

The Tea Caddy

14, rue Saint-Julien-le-Pauvre
Tél. : 01 43 54 15 56. 12 h-19 h. Fermé mardi.

Ce vieux salon de thé british qui régale avec chaleur une clientèle d'habitués non blasés constitue l'archétype du genre avec ses boiseries et ses abat-jour en carton bouilli. Au programme multitude d'eggs, gratins de légumes et de réussis pie, cake et tartes aux fruits accompagnés de délectables thés.

Thé des Brumes

340, rue Saint-Jacques
Tél. : 01 43 26 35 07
9 h 30 (sam. : 11 h)-18 h. Fermé dim.

Le décor fait un peu brocante. Les salades, gratins de légumes, flans salés, pâtisseries et desserts renouvelés (crumble, flan coco, gâteau au chocolat amer) sont de qualité. Et les thés (assam, earl grey, sencha) sont à l'avenant. C'est le domaine de Sylvie Hamaïde, ex-docteur en physique, reconvertie dans le salon affable.

6e

Hôtels

L'Abbaye

10, rue Cassette
Tél. : 01 45 44 38 11. Fax : 01 45 48 07 86
42 ch. 1 160-1 700 F

Hervé Bazin, Jules Roy, Bernard Clavel et bien d'autres se sont croisés dans cet hôtel guère éloigné des maisons d'édition. Cette abbaye serait-elle propice à l'inspiration littéraire ? Voilà, en tout cas, un lieu calme et reposant dans un quartier animé. Les chambres sont de taille irrégulière, mais toutes charmeuses, certaines en rez-de-jardin.

Angleterre

44, rue Jacob
Tél. : 01 42 60 34 72. Fax : 01 42 60 16 93
32 ch. 750-1 250 F. 4 appart

Des chambres hautes, de dimensions inégales qui lorgnent sur un patio fleuri pour le petit déjeuner, des salles de bains bien équipées et une réception aimable : voilà une étape apaisante au cœur du vieux village de Saint-Germain-des-Prés.

Lutétia

45, bd Raspail
Tél. : 01 49 54 46 46. Fax : 01 49 54 46 00
220 ch. 1 900-2 500 F

Une façade 1900 éclairée *a giorno*, une entrée qui a de l'allure, des chambres dans le goût des années trente, avec un mobilier Arts déco et des salles de bains en marbre, luxe et confort sont les atouts de ce palace bien rénové, sis entre le jardin du Luxembourg et le musée d'Orsay. Bar pratique pour les rendez-vous intimes.

Relais Christine

3, rue Christine
Tél. : 01 40 51 60 80. Fax : 01 40 51 60 81
35 ch. 1 950-2 350 F

En retrait sur la cour, un très bel hôtel installé dans un ancien cloître gothique. Toutes les chambres sont chaleureuses, colorées et de bon goût, utilisant la toile de jute murale, des moquettes épaisses et de lourds rideaux. Quelques duplex et appartements coûteux sous les combles.

Relais Saint-Germain

9, carrefour de l'Odéon
Tél. : 01 43 29 12 05. Fax : 01 46 33 45 30
18 ch. 1 290-1 850 F

Un tout petit hôtel par le nombre de chambres, mais grand par son charme. La décoration est délicieuse, les meubles d'un grand raffinement, les salles de bains exquises, la situation pratique pour les flâneurs de Paris. Halte idéale pour amoureux.

La Villa

29, rue Jacob
Tél. : 01 43 26 60 00. Fax : 01 46 34 63 63
32 ch. 900-2 000 F

La décoration contemporaine, les chambres bien équipées, décorées avec goût, les soirées jazz au club-discothèque font de cette halte bien placée, sous façade XIXe, au cœur de Saint-Germain-des-Prés un établissement au très chic actuel

Danemark

21, rue Vavin
Tél. : 01 43 26 93 78. Fax : 01 46 34 66 06
15 ch. 670-890 F

Le jardin du Luxembourg est à une minute, le boulevard Montparnasse un peu moins, selon votre pas. Les chambres sont d'un modernisme soigné, les salles de bains fraîchement rénovées, l'accueil de très bon ton. Jolis matériaux à tous les étages.

Saints-Pères

65, rue des Saints-Pères
Tél. : 01 45 44 50 00. Fax : 01 45 44 90 83
35 ch. 850-1 250 F. 4 appart.

Cet hôtel particulier a conservé le charme d'autrefois en se dotant d'équipements modernes. Les éditions Grasset et Fayard sont à quelques portes, d'où la fréquentation littéraire du lieu. Belle cour intérieure.

Les Marronniers

21, rue Jacob
Tél. : 01 43 25 30 60. Fax : 01 40 46 83 56
37 ch. 600-1 100 F

Caché dans une cour pavée, entre deux immeubles des éditions du Seuil, ce petit hôtel à la fois littéraire et champêtre est la bonne affaire du quartier. Prix raisonnables, chambres petites, mais bien tenues.

indique un lieu de mémoire.

Welcome

66, rue de Seine
Tél. : 01 46 34 24 80. Fax : 01 40 46 81 59
30 ch. 415-695 F

L'adresse à conseiller à vos amis pas bien fortunés qui veulent à Paris être au cœur des choses. Les chambres sont petites mais propres. Et tout Saint-Germain est à vos pieds pour un tarif quasi provincial.

Restaurants

Le Relais Louis XIII

8, rue des Grands-Augustins
Tél. : 01 43 26 75 96. Fax : 01 44 07 07 80
Fermé dim., lundi midi, août. Jusqu'à 22 h 30
Menus : 220 F (déj.), 350 F. Carte : 450-500 F

En moins de deux, Manuel Martinez a fait de cet ancien relais de poste Louis XIII, la grande table du quartier. Ancien de la Tour d'Argent, son répertoire jongle entre classicisme et innovation. Soufflé de poularde au ris de veau et écrevisses, léger comme l'air, raviolis de homard au foie gras crème de cèpes, savoureux à souhait, darne de gros turbot marinade de vin rouge, double côte de veau de lait à l'estragon font désormais partie des standards de ce rusé renard qui joue avec la délicatesse de sauces fluides, présentes, certes, mais toujours sans lourdeur. Les desserts sont des exemples du genre classique remis au goût du jour : mille-feuille tiède à la vanille, dégustation chocolat-caramel, minestrone de fruits exotiques. La carte des vins, pertinente et variée, semble inépuisable. Le service est sérieux, charmant, efficace. Même les prix ont su raison garder, malgré le succès.

Jacques Cagna

14, rue des Grands-Augustins
Tél. : 01 43 26 49 39. Fax : 01 43 54 54 48
Fermé sam. midi, dim., lundi midi, 3 sem. août. Jusqu'à 22 h 30
Menus : 260 F (déj.), 490 F. Carte : 700 F

Luxe, calme et volupté chez Jacques Cagna. Poutres apparentes, boiseries de chêne blond et peintures hollandaises du XVIIIe assurent le charme de cet ancien hôtel particulier du Vieux Paris. La cuisine est à la hauteur du cadre, classique, raffinée, basée sur des produits de source sûre. Les escargots petits gris et la poularde de Houdan sont les stars de la maison. Sans oublier les velouté de topinambours et ses ravioles de homard, cassolette de fruits de mer et crustacés gratinée au champagne, homard breton en galette de pommes de terre, agneau de lait des Pyrénées rôti et gnocchis au fromage de brebis qui sont du travail de ciseleur. En issue, on succombe, sans résistance, à l'émincé de pommes chaudes caramélisées et au fondant glacé au praliné. L'accueil d'Anny Logereau est toujours aussi adorable.

Hélène Darroze

4, rue d'Assas
Tél. : 01 42 22 00 11. Fax : 01 42 22 25 40
Fermé dim., lundi, 22 juil. -22 août.
Jusqu'à 22 h 30
Menus : 240 F, 580 F. Carte : 350-500 F

Hélène Darroze, petite princesse de Villeneuve-de-Marsan, troisième d'une dynastie de cuisiniers qui firent florès à Toulouse et Langon, a créé, à la fin de l'année passée, un événement qui dure. Son restaurant chic en étage joue la déco un brin design dans les tons rouge et noir, avec parquet ciré, service attentif, vins malins, carte orientée sud-ouest. De l'ambition et du talent ? La petite Hélène, ex-Sup Deco, formé chez Ducasse, en a à revendre. Ce que prouvent le foie gras aux épices (même s'il y en a un peu trop...), la crème de haricots de maïs avec brandade à la fourchette et son piment, le bar croustillant aux artichauts violets, le poulet jaune des Landes fourré de champignons sous la peau, les figues au porto avec sa glace au miel de montagne, le gâteau au chocolat avec sa crème glacée vanille à fondre. Ajoutez-y la collection d'armagnacs de papa Francis et quelques crus peu connus (sauvignon la Désirante du Poitou ou épatant Fronton de Cahuzac) et vous comprendrez que, dans un registre voisin de celui d'Alain Dutournier au Carré des Feuillants, la mignonne Hélène puisse faire un succès durable.

Le Maxence

9 bis, bd du Montparnasse
Tél. : 01 45 67 24 88. Fax : 01 45 67 10 22
Fermé sam. midi, dim., lundi midi. 1er-15 août, sem. Noël. Jusqu'à 23 h
Menus : 190 F (déj.), 340 F. Carte : 350-500 F

Une année s'est écoulée depuis que David Van Laer s'est installé sur le boulevard. Après avoir fait ses preuves à l'Huîtrière lilloise, chez Vigato et au Bamboche, il a trouvé ici son rythme de croisière. D'origine flamande, il ne renie pas ses origines et mijote habilement ses plats dans la tradition nordiste. La carte est tentante, contemporaine, au gré du marché. Les bases sont classiques, mais intelligemment mises au goût du jour. Fricassée de homard bleu et pied de cochon aux lentilles, carré d'agneau de Lozère et tomates romarin en compote, chicons confits à la vergeoise, glace aux spéculoos sont pleins de finesse, de légèreté, sans faille apparente. Les vins sont habilement proposés par un maître d'hôtel à l'aise dans ses choix. Le tout se déroule dans un cadre design mais sobre, au doux dégradé de tons pastel.

 *indique une grande table.*

Le Paris

au Lutétia
23, rue de Sèvres
Tél. : 01 49 54 46 90/01 49 54 46 46
Fax : 01 49 54 46 00
Fermé sam., dim., fin juil.-fin août. Jusqu'à 22 h
Menus : 275 F (déj.), 375 F, 525 F. Carte : 600 F

Vous n'êtes pas sur le *Normandie*, mais ça y ressemble. Le cadre Arts déco, style salon de paquebot, signé Slavik et revu par Sonia Rykiel est intact. Quant aux prix, ils ont été revus à la baisse cette année. En cuisine, Philippe Renard joue la constance, jonglant habilement entre cuisine moderne sophistiquée et plats de toujours qui firent la renommée de l'endroit. On se régale sans mal de calamars poêlés aux oignons, cannelloni de foie gras à la truffe noire du Périgord, turbot cuit dans le sel de Guérande, dos de sandre rôti, jarret de veau cuit en cocotte. Le choix des vins est subtil, les desserts, « tout chocolat » ou ananas Victoria rôti entier, ne manquent pas de chic. La demeure, est, vous l'aurez compris, est une des stars de la Rive Gauche.

Dominique

19, rue Bréa
Tél. : 01 43 27 08 80
Fermé déj. (sf « Russian Bar » : serv. continu : 12 h-1 h), dim., lundi midi., mi-juil. mi-août
Jusqu'à 1 h du matin
Menus : 175 F, 300 F (« Russian Bar », carte : 150 F). Carte : 250-400 F

Fondé au début des années vingt, ce célèbre restaurant russe du quartier Montparnasse a retrouvé une seconde jeunesse. Ex-mannequin de chez Chanel, Françoise Dépée l'a repris de main de maître, lui redonnant son charme d'antan. Le décor a été rafraîchi, mais on a gardé précieusement les tableaux d'Ivan Billiben, les stucs colorés et une pendule carrée années quarante. Le cadre idéal pour une escapade gourmande en Russie. A midi, seul le bar est ouvert et propose différents zakouskis : légumes, tradition, moscovite. Le soir, on s'installe au restaurant pour déguster d'exquis koulibiac de saumon frais, gourouli de poulet mariné, filet de bœuf à la strogonoff, strudel aux pommes et à la cannelle. Tout cela est mitonné avec ferveur, authentique, russe avec délice et les kissels aux fruits sont à se pâmer.

Yugaraj

14, rue Dauphine
Tél. : 01 43 26 44 91. Fax : 01 46 33 50 77
Fermé lundi. Jusqu'à 23 h
Menus : 160 F (vin c.) (déj.), 230 F, 290 F
Carte : 300-350 F

Après quelques menus travaux pour rafraîchir sa demeure, l'honorable Kulendran Meyappen a rouvert sa demeure vouée avec raffinement à la cuisine d'Inde du Nord. Le service aux petits soins, la cuisine adroite, les produits de première qualité et les recettes éprouvées : voilà, ici, le secret de la qualité. Goûtez ainsi, dans un cadre, certes, confiné, mais où l'on a ses aises, les crevettes marinées, grillées au tandoor, les cailles mijotées aux herbes, l'agneau parfumé aux feuilles de fenugrec, le poulet au curry, l'impeccable galette au fromage (« paneer nan »), le fin riz basmati, la glace moelleuse pistache-cardamone. Sans omettre, chose rare, l'une des rares cartes de vins digne de ce nom pour un restaurant exotique à Paris. Voilà une maison de cœur.

Lipp

151, bd Saint-Germain
Tél. : 01 45 48 53 91. Fax : 01 45 44 33 20
Tljrs. Serv. continu : 10 h-2 h du matin
Menu : 196 F. Carte : 250-300 F

Cette glorieuse brasserie parisienne demeure le rendez-vous du Tout-Paris politique, artistique et littéraire, où il fait bon être voir, être vu, surtout côté « omnibus », près du comptoir. Le cadre 1900 avec ses céramiques de Fargue reste magique. La cuisine est sans opprobre. Tous les jours, toute l'année, on y propose avec constance filets d'anchois, cervelas rémoulade, hareng Bismarck, gigot rôti, pied de porc pané, pavé de rumsteck grillé et baba au rhum.

Les Bookinistes

53, quai des Grands-Augustins
Tél. : 01 43 25 45 94. Fax : 01 43 25 23 07
Fermé sam. midi, dim. midi. 23 h
Menus : 140 F (déj.), 160 F (déj.), 250 F (vin c.). (180 F dîn.). Carte : 200-250 F

Face aux bouquinistes des quais de Seine, l'annexe de Guy Savoy joue le best-seller gourmet. Le décor moderne signé Daniel Humair, la cuisine originale et habile de William Ledeuil, l'ambiance relaxe et les prix sages vont l'amble, faisant de cette demeure une des bonnes affaires du quartier. Fricassée d'escargots, langoustines au cresson et mange-tout, minestrone de volaille et légumes printaniers, jarret de veau mijoté aux olives de Lucques et sauge, saint-jacques rôties à la plancha et cappucino aux poires, sorbet fromage blanc et miel sont des choses fraîches et disertes qui se succèdent joliment au gré du marché.

Casa Corsa

25, rue Mazarine
Tél. : 01 44 07 38 98. Fax : 01 43 54 14 79
Fermé dim., lundi midi, août. Jusqu'à 23 h 30
Menu : 90 F (déj.). Carte : 220 F

Cette maison corse est l'un des rayons de soleil du quartier Odéon. Les serveurs ont l'accent du maquis et le sourire bien accroché aux lèvres, le décor est gorgé de soleil et l'ambiance chaleureuse. Les produits de l'île de Beauté sont à l'honneur à travers la tarte castagnigna aux rougets et tomates confites, le lapin à l'istrettu et raviolis au brocciu et le fiadone aux zestes de citron confits. La formule du déjeuner à 90 F (entrée ou dessert + plat + verre de vin corse) est une affaire.

L'Epi Dupin

11, rue Dupin
Tél. : 01 42 22 64 56. Fax : 01 42 22 30 42
Fermé sam, dim. Jusqu'à 23 h
Menus : 115 F (déj.), 175 F

François Pasteau continue d'épater son monde. A deux pas du Bon Marché, sa maison ne désemplit pas. Il faut dire que ce technicien émérite a trouvé le bon filon avec une cuisine de qualité à prix doux. Le décor de vieux bistrot rustique a son charme, même si ce qui va avec en a moins : tables serrées, bruit ambiant, service longuet. Reste qu'on ne peut pas tout avoir. Et qu'il n'y a guère de raison de se plaindre des Tatin aux endives et chèvre caramélisé, pavé de saumon écossais aux agrumes, déroulé d'entrecôte et pied de veau aux herbes, compotée de rhubarbe et poire rôtie, mijotés avec malice, fraîcheur, légèreté et raffinement.

Marmite et Cassolette

157, bd du Montparnasse
Tél. : 01 43 26 26 53. Fax : 01 43 26 43 40
Fermé sam., dim., 1 sem. fév., août. Jusqu'à 23 h
Menus : 80 F, 100 F

Franck Paquier a réinvesti les lieux de son O à la Bouche (ce dernier est passé de l'autre côté du boulevard) pour en faire un bistrot de bon ton ou qualité rime avec bon marché. Ancien de Savoy et Troisgros, cet ingénieux a plus d'un tour dans sa marmite. La cuisine est bonne, simple, élaborée au gré du marché. Ravioles du Royans à la fourme d'Ambert, tartare de saumon, dorade rôtie à la provençale, blanquette de veau à l'ancienne et clafoutis aux pruneaux composent des doux menus à prix d'ami. Tout le monde est content et l'on comprend aisément pourquoi.

La Table d'Hélène

4, rue d'Assas
Tél. : 01 42 22 00 11. Fax : 01 42 22 25 40
Fermé dim., lundi, 22 juil. -22 août. Jusqu'à 22h15
Carte: 200-250 F

La bonne idée, chez Hélène Darroze, petite princesse des landes fraîchement installée à Paris, c'est le rez-de-chaussée de son restaurant où l'on joue gaiement le coude à coude pour goûter de fraîches entrées, tels le boudin aux pommes, les piquillos farcis de morue, les moules à la basquaise et la divine crème de haricots cocos, (à 45F), un plat du pays, genre garbure, pavé de saumon à l'unilatérale flanquées d'exquis haricots blancs, civet de chevreuil (à 98F), ainsi qu'un joli dessert, comme une torutière landaise (à 30F). On ne ruine, on discute le bout de gras avec son voisin et le frais madiran coule en bouche comme du velours.

Wajda

10, rue de la Grande-Chaumière
Tél. : 01 46 33 02 02
Fermé dim., lundi midi, août. Jusqu'à 23 h
Menu : 89 F. Carte : 200-250 F

Cet antique bistrot années trente, relancé avec dynamisme et charme par la vive Denise Legay a bonne mine. Celle-ci accueille comme une seconde mère ses hôtes avec gentillesse et discrétion. Les artistes de l'ancien Montparno ne sont plus là, mais l'ambiance demeure. Aux fourneaux, Didier Panisset, qui ne manque pas de ressources, concocte une cuisine moderne malicieuse, qui a intégré tous les bons trucs de l'époque. Galettes aux poireaux et tranche de lard grillé, rougets rôtis au four, gigot de sept heures et sa côte rosée sont, sur un registre simple, du travail d'artiste. Pour finir en douceur sur le mode exotique, le bavarois de noix de coco et son coulis de lychees au curaçao est une réussite.

Produits

BOUCHER

Bajon

29, rue de l'Abbé Grégoire
Tél. : 01 42 22 58 41. Fax : 01 45 44 98 79
7 h-13 h. 16 h-20. Fermé dim. a.-m., lundi, août.

Jean-Pierre Bajon sélectionne le meilleur de la belle viande française : veau de lait de Corrèze, bœuf de Salers, agneau des Préalpes, volailles des Landes, Challans ou Bresse valent un détour vers cette boucherie à l'ancienne, avec façade rouge, marbre et sciure au sol.

BOULANGER

Poilâne

8, rue du Cherche-Midi
Tél. : 01 45 48 42 59. Fax : 01 45 44 99 80
7 h-20 h 15. Fermé dim.

Dans sa manufacture de Bièvre, décalquée sur le modèle de Ledoux, Lionel Poilâne a su retrouver le bon goût de levain d'antan et continue d'incarner, dans le monde entier, la boulangerie parisienne avec son célèbre et magnifique pain qui peut se conserver durant toute une semaine. Tartes et chaussons aux pommes, sablés au beurre dits «punition» sont également proposés dans sa belle échoppe pour le plus grand plaisir des amateurs.

CAVISTE

La Dernière Goutte

6, rue Bourbon-le-Château
Tél. : 01 43 29 11 62. Fax : 01 40 46 84 47
9 h 30-13 h 30. 16 h-21 h. Sam. : 9 h 30-21 h.
Dim. : 10 h 30-14 h. 15 h-19 h.

Sélectionnés par Juan Sanchez, natif de Miami : vacqueyras des Amouriers, bandol rouge du château Sainte-Anne, meursault des Comtes Laffon, côtes-de-provence Château Roquefort, Languedoc-Roussillon, parmi bien d'autres, représentent quelques-uns des meilleurs des crus de propriété. Des dégustations avec les vignerons sont organisées chaque samedi. Tout près de sa petite cave, il a également ouvert un restaurant voué à la cuisine méditerranéenne.

CHARCUTIERS

Coesnon

30, rue Dauphine
Tél. : 01 43 54 35 80. Fax : 01 43 26 56 39
9 h-19 h 30. Fermé dim.

A coup de boudin blanc ou noir, foie gras de canard, saucisson sec, jambon cru, andouillette à la ficelle, choucroute, Bernard Marchaudon continue dans la saine tradition de la «chair cuite» française. En sus, plats du jour soignés, excellents sandwichs, tartes salées ou sucrées et bon choix de vins fins.

Gilles Vérot

3, rue Notre-Dame-des-Champs
Tél. : 01 45 48 83 32. Fax : 01 45 49 37 33
8 h-19 h 30. Fermé dim., lundi, Pâques, août.

Gilles Vérot, stéphanois, formé chez Reynon à Lyon, qui fut notre artisan de l'année 2000, réussit tout ce qu'il touche. Champion du fromage de tête, roi de la terrine de campagne, de l'andouille de Vire, de l'andouillette à la ficelle, il excelle dans le pâté grand-mère, le boudin noir et le jambon à l'os. Terrine de foies de volaille, saumon fumé, foie gras de canard et aussi millefeuille de foie gras, sans oublier saucisson pistaché dans la tradition lyonnaise sont autant de pièces maîtresses de son registre servies, avec le sourire et le bon conseil, par la charmante Catherine dans un cadre rénové.

PÂTISSIER

Gérard Mulot

76, rue de Seine
Tél. : 01 43 26 85 77. Fax : 01 40 46 99 34
7 h-20 h. Fermé merc., 10 juil.-10 août.

Formé chez Lenôtre, Gérard Mulot n'a rien oublié des leçons du maître. Macarons pistache, chocolat ou noisettes, tarte citron meringuée, tarte à l'orange confite, millefeuille vanille ou de Montélimar, paris-brest, tartes normandes, «amaryllis» (macaron aux amandes avec crème aux fruits du moment), «feuille d'automne», «jour et nuit», «magie noire» (entremets chocolatés), chocolats palets d'or, sans oublier les plats traiteurs, le placent parmi les meilleurs de Paris et du quartier.

indique un lieu de mémoire.

PRODUITS RÉGIONAUX

Huilerie Jean Leblanc

6, rue Jacob
Tél. : 01 46 34 61 55. Fax : idem
11 h-19 h 30. Fermé lundi matin, 15 jrs août.

Des huiles de noix, noisettes, pépins de raisins, colza, arachide, amande, pistache, pignons de pin et olive issues d'une huilerie artisanale établie en Saône-et-Loire, à Iguérande, ainsi qu'une belle sélection de vinaigre balsamique et de Jerez sont les trésors de cette petite échoppe face à la place Furstenberg.

Rendez-vous

BARS

Le Montana

28, rue Saint-Benoît
Tél. : 01 45 48 93 08
10 h-5 h du matin. Fermé dim., lundi midi.

Ce bar mythique de Saint-Germain était le lieu de rendez-vous préféré de Boris Vian. Xavier Fernandez, ancien de Laperouse et de la Casa Habano, a voulu en faire un lieu de copains à « l'esprit cigare » et fans de musique jazzy et latino. Un orchestre joue en fin de semaine. Une série de tableaux aux murs reproduit des textes qui constituent un vrai récit de voyage. L'on peut aussi s'y régaler d'une assiette de serrano, de chorizo ou de cecina, bœuf fumé séché, suivis de superbes cerises et figues confites à l'eau-de-vie. Le tout s'arrose de rioja bien choisi.

CAFÉS

Les Deux Magots

6, place Saint-Germain-des-Prés
Tél. : 01 45 48 55 25. Fax : 01 45 49 31 29
7 h 30-1 h 30 du matin. Fermé 4 jrs fin janvier.

Fréquenté dès 1885 par l'élite littéraire, ce prestigieux café a gardé son charme, même si le tout-venant a remplacé Rimbaud, Verlaine, Sartre et Beauvoir. Les prix se sont envolés, mais le cadre est intact : banquettes en moleskine, tables d'acajou, vieux poêle, les deux magots chinois... L'odeur du chocolat chaud à l'ancienne plane toujours sur la demeure. Aux beaux jours, la terrasse jardin face à l'église Saint-Germain est un havre où l'on grignote tartines Poilâne et salades fraîches.

Le Flore

172, bd Saint-Germain
Tél. : 01 45 48 55 26. Fax : 01 45 44 33 39
7 h-1 h 30 du matin. Tljrs.

Ce café Arts déco pur jus demeure un haut lieu littéraire. Sartre, Prévert, Camus se sont assis sur les banquettes rouges. Désormais, on a des chances de croiser BHL ou Philippe Sollers. Les temps changent, mais l'ambiance reste identique. La terrasse est un repaire à touristes, l'intérieur plus intime. Tomates mozzarella, club sandwich, croque-monsieur et tarte au citron font de jolis en-cas.

SALONS DE THÉ

A la Cour de Rohan

Cour du Commerce-Saint-André
59-61, rue Saint-André-des-Arts
Tél.: 01 43 25 79 67.
12 h-19 h. Tljrs.

Le rez-de-chaussée cosy, l'étage campagnard raffiné, la musique douce: on se croirait loin de Paris. Ajoutez les gentilles collations servies dans la vaisselle anglaise, les pâtisseries avec la pie aux fruits rouges et le crumble pommes-noisettes comme les thés parfumés. Et vous comprendrez que cette demeure à fond de cour fasse une maison de cœur.

Forêt Noire

9, rue de l'Eperon
Tél.: 01 44 41 00 09
12 h (dîme: 11 h)-19 h. Fermé lundi.

Denise Siegel a fait de l'ex-Maroussia le repaire des amoureux de la pâtisserie Mitteluropa. Le cadre rustique, les gâteaux crémeux, la Linzertorte et, évidemment, la Forêt Noire s'arrosent de Yunnan, Ceylan ou Assam.

7e

Hôtels

Duc de Saint-Simon

14, rue Saint-Simon
Tél.: 01 44 39 20 20. Fax: 01 42 82 71 00
29 ch. 1 400-1 525 F

Chambres de charme et d'atmosphère, avec recoins, beaux meubles et confort bourgeois, qui ne faillit pas d'une année sur l'autre.

Montalembert

3, rue Montalembert
Tél.: 04 45 49 68 68. Fax: 01 45 49 69 49
48 ch. 1 750-2 300 F. 8 appart
Carte: 300-400 F

Prisé des éditeurs (Gallimard et la Table Ronde sont à côté), ce bel hôtel revu design est tout charme. Chambres parfois petites, mais exquises, avec leurs tissus rayés bleu et blanc, hall vivant avec restaurant-bar-salon de thé.

Pont Royal

7, rue Montalembert
Tél.: 01 42 84 70 00. Fax: 01 42 84 71 00
Fermé (res.) sam., dim., août
75 ch. 2 000-3 280 F
Menus: (déj. seul.), 145 F, 195 F

Refait à l'ancienne, cet hôtel qui eut du cachet garde un hall ayant de l'allure, des chambres souvent spacieuses, fort bien aménagées, l'accueil de bon ton. Et l'ensemble possède une allure «palace rive gauche» rassurant.

Lenox Saint-Germain

9, rue de l'Université
Tél.: 01 42 96 10 95. Fax: 01 42 61 52 83
34 ch. 680-1 500 F

Des chambres adorables sur plusieurs niveaux, une clientèle de photographes de mode, d'artistes internationaux et d'hommes politiques européens ravis des prix pratiqués, une décoration soignée, un brin «branchée», un bar attenant et avenant à la new-yorkaise, des places à retenir très longtemps à l'avance: vous l'avez compris, vous êtes bien dans l'un des hôtels de charme du Paris qui compte.

Varenne

44, rue de Bourgogne
Tél.: 01 45 51 45 55. Fax: 01 45 51 86 63
24 ch. 620-750 F

Rustique et sympathique, cet hôtel discret près du musée Rodin et dans le quartier des ministères ne manque pas d'atouts de séduction. Les chambres sont bien aménagées, quoique pas très grandes. L'entrée-jardin est presque bucolique. En ouvrant ses fenêtres sur la petite rue de Bourgogne, on se croirait ramené aux temps du Paris-village d'autrefois.

Restaurants

Le Divellec

107, rue de l'Université
Tél.: 01 45 51 91 96. Fax: 01 45 51 31 75
Fermé dim., jrs fériés, 1 sem. Noël-Nvel An
Jusqu'à 22 h
Menus: 290 F (déj.), 390 F (déj.). Carte: 700-800 F

Solide comme le granit breton, Jacques Le Divellec joue le produit de qualité en majesté, l'authentique, le sérieux, le fin et le frais, important directement ses produits de La Rochelle ou en étant le premier aux halles de Rungis côté mer. Sa table est une des tables océanes incontournables de la capitale, valant pour la qualité de sa cuisine, ses belles idées, main légère, le traitement riche parfois, sérieux toujours. Les huîtres frémies à la laitue, le homard à la presse et son corail, le blanc de turbot braisé aux truffes, le tagine de lotte au cumin et safran, le dos de cabillaud cuit sur la peau servi avec des œufs de hareng sont de nouveaux classiques, pleins de finesse, de goût et de fraîcheur. Le mille-feuille de mousse au chocolat sorbet fraise permet de clore le tout en douceur. Sis derrière le ministère des affaires étrangères et le Palais-Bourbon, la table du grand Jacques a vu passer du beau monde. Chirac, Balladur, Seguin, mais pas seulement, demeurent fidèles à la demeure. Le service est à la hauteur, efficace et compétent, même si le sourire est parfois aux abonnés absents.

Le Jules Verne

Tour Eiffel
Champ-de-Mars
Tél.: 01 45 55 61 44. Fax: 01 47 05 29 41
Tljrs. Jusqu'à 21 h 45
Menus: 290 F (déj.), 680 F. Carte: 650-800 F

On pourrait penser que la renommée de ce restaurant panoramique est basée sur sa position stratégique et unique, au deuxième étage de la tour Eiffel. Ce serait une vision réductrice. Si la maison ne désemplit pas, c'est que la cuisine proposée est à la hauteur du cadre. Le décor tout noir, de Loup et Slavik, le service efficace, un sommelier averti, voilà qui complète le tableau. En cuisine, Alain Reix n'a pas le vertige. Formé aux produits de la mer chez Le Divellec, il est allé compléter son répertoire «terroir» en Alsace. Au final, il propose une cuisine terre et mer, alliant finesse et simplicité, penchant à la fois vers le moderne et le classique, jonglant habilement avec les épices. Pressé de foie gras de canard aux poireaux et truffes, petit pain soufflé aux gros tourteaux, omelette de homard et langoustines, tagine de saint-pierre jus aux épices douces, entrecôte de veau de lait, poulet de Bresse rôti et sa cuisse en baeckoffe truffé sont d'honnêtes réalisations. Les desserts ne sont pas à la traîne: soufflé chaud au citron compote d'agrumes et chocolat caraïbes et caramel à la fleur de sel. Vous comprendrez que le lieu mérite l'éloge.

L'Arpège

84, rue de Varenne
Tél.: 01 45 51 47 33. Fax: 01 44 18 98 39
Fermé sam., dim. Jusqu'à 22 h 30
Menus: 490 F (déj.), 1 400 F. Carte: 1 200-1 500 F

Alain Passard ou le sixième sens. L'intuition semble innée chez ce technicien hors pair qui réussit tout ce qu'il touche, joue avec légumes, crustacés, volailles, pour leur tirer un son autre. «Le» chef de la cuisine contemporaine? C'est lui, sans nul doute, en compagnie de ses copains Roellinger de Cancale, Gagnaire ou Bras de Laguiole. Avec habileté et imagination, il joue avec les saveurs actuelles, sans renier les bases classiques. Côté décor, les panneaux en bois précieux de poirier incrustés de figurines Lalique allient sobriété, élégance mais aussi froideur. C'est que l'important ici est dans l'assiette. Damier de saint-jacques aux truffes, velouté de champignons aux cacahuètes, endives braisées au potiron, légumes glacés au beurre salé, homard des îles Chausey au miel et vinaigre de Xérès, saint-pierre de l'Atlantique aux feuilles de laurier, grillade de ris de veau et poire au bois de réglisse, coucou de Malines et écrevisses du lac Leman à l'estragon sont d'une précision de goût stupéfiante. Ajoutez-y des desserts de grande classe (tomate confite farcie aux douze saveurs, pommes gaufrettes en fine tarte au caramel lacté), de grands crus ruineux et irrésistibles, le service efficace et disert et vous comprendrez que voilà ici une ambassade du goût actuel. Les prix, eux, sont terrifiants. Mais comme la maison ne désemplit pas, qui faut-il plaindre?

Le Bourdonnais

«la Cantine des Gourmets»
113, av. de la Bourdonnais
Tél.: 01 47 05 47 96/01 47 05 16 54.
Fax: 01 45 51 09 29
Fermé 1er janv., 1er mai, 24 et 25 déc.
Jusqu'à 22 h 30
Menus: 240 F (vin c., déj.), 380 F, 480 F
Carte: 400-600 F

Micheline Coat et Jean-François Rouquette forment un duo hors pair. La Cantine des Gourmets est celle des politiques, journalistes et hommes d'affaire du quartier qui aiment manger bon et apprécient l'intimité du lieu. Le décor, avec banquettes et recoins, a du charme. Elle, en salle, assure un accueil digne de ce nom. Lui, en cuisine, mitonne des plats élégants, légers, inventifs et fins. Ancien sous-chef de Constant au Crillon, ce bon élève qui cuisine à l'égal du maître ne lésine ni sur la qualité des produits, ni sur le mélange équilibré des saveurs. Pressé de volaille au foie gras et tartare de tomate acidulé, asperges vertes rôties au beurre d'oseille, langoustines en beignets et blanc-manger de sole en escabèche, rouget barbet et coquillages, tournedos de lapin farci au romarin, selle d'agneau dans une cocotte en fonte, cuite à sec, avec ses légumes tout frais, filet de bœuf de Salers à la moelle sont nets de ton, francs de goût, superbes dans la réalisation comme dans l'énoncé. Quant aux desserts (parfait glacé au citron vert, nougatine sablée aux fraises et crème onctueuse aux fruits de la passion, pêche et melon rafraîchis à la verveine), ils sont de vrais délices.

Le Violon d'Ingres

135, rue Saint-Dominique
Tél.: 01 45 55 15 05. Fax: 01 45 55 48 42
Fermé dim., lundi, 1er-15 août.
Jusqu'à 22 h 30
Menus: 240 F, 490 F. Carte: 480 F

Christian Constant n'est pas du genre à s'endormir sur ses lauriers. Après avoir fait briller de mille feux les cuisines du Crillon et formé ses petits protégés, il leur a rendu leur liberté et les voilà essaimant dans le Tout-Paris. Formés par le maître, Camdeborde (La Régalade), Fréchon (le Bristol), Faucher (l'Os à Moelle), Breton (Chez Michel), Pitrois (le Clos des Gourmets) et Rouquette (La Cantine des Gourmets) lui doivent une part de leur style. Christian, lui, assure avec constance dans sa demeure du 7e. Sa technique? Il est le spécialiste du «rustique chic», une façon personnelle de concevoir la cuisine moderne. De régaler le chaland des plats de toujours, remis au goût du jour d'une façon raffinée, légère et artiste. Papillote de langoustines au basilic et sauce tartare, salade de coquilles saint-jacques contisées à la truffe et copeaux de parmesan, suprême de bar croustillant aux amandes et ravigote acidulée aux câpres, Tatin de pied de porc caramélisée et moelleux de pommes ratte, pigeon à la plancha confit d'échalotes et foie gras sont des réussites qui signent un style, révèlent une manière. Les desserts, russe aux pralin avec marrons glacés et omelette norvégienne comme autrefois sont des délices.

Le Bellecour

22, rue Surcouf
Tél. : 01 45 55 68 38/01 45 51 46 93.
Fax : 01 45 50 30 11
Fermé sam. midi, dim., août. Jusqu'à 22 h 30
Menus : 160 F (déj.), 220 F

Denis Croset, parti créer chez Baptiste dans le 17e, a été remplacé au pied levé par Olivier Limousin, formé ici même, puis chez Groult et Taillevent, enfin revenu au bercail. Si bien que tout continue selon la même règle. Gérard Goutagny, le patron, impose les plats de sa région, en bon Lyonnais qui se respecte, proposant une carte mi-rhônalpine, mi-parisienne, tranquillement de qualité. On peut se régaler ici de saucisson chaud, volaille au vinaigre, mais aussi, à travers un épatant menu-carte à 220 F, de carpaccio de saint-jacques, bar poêlé, filet de canette et ananas rôti. Ajoutez à cela un décor cossu, plutôt discret, des vins exquis de la vallée du Rhône, un service à la hauteur et vous comprendrez que cette table de quartier emballe sans mal. Menus : 160 F (déj.), 220 F.

Les Olivades

41, avenue de Ségur
Tél. : 01 47 83 70 09
Fermé sam. midi, dim., lundi midi, 3 sem. août. Jusqu'à 23 h
Menus : 135 F (déj.), 189 F. Carte : 250-300 F

Un peu de douceur et de féminité à deux pas de l'Ecole militaire. Flora Mikula, qui aime la Provence et le fait savoir, a dédiée sa table aux saveurs du sud. Cette ancienne de Passard œuvre seule, avec talent et persévérance. Sa cuisine est pleine de tonus, parfumée, épicée à souhait, préparée dans le pur respect des recettes méridionales. Le décor a été rafraîchi, ensoleillé à l'aide des couleurs du Midi. Caille confite dans l'huile d'olive croquant de pommes d'oignons, soupe de poissons de roche croûtons d'aïoli, agneau de lait aux gousses d'ail, bar grillé barigoule d'artichauts citron confit et soupe d'agrumes à la fleur d'oranger sont du travail de chef, de belles réussites pleines de promesses. La carte des vins honore comme il se doit la Provence. Vous l'aurez compris, la maison de Flora est un véritable rayon de soleil, une pause Provence avant l'été.

Le Récamier

4, rue Récamier
Tél. : 01 42 22 51 75/01 45 48 86 58.
Fax : 01 42 22 84 76
Fermé dim., lundi. Jusqu'à 22 h 30
Carte : 400-500 F

Nous pensions qu'il était éternel. Voilà qu'il s'apprête à passer la main. En janvier 2001, ce sera chose faite. Qui le remplacera ? Mystère et boule de gomme. Martin Cantegrit avait constitué en trente ans une des plus belle clientèle d'habitués de Paris. Éditeurs, écrivains, hommes politiques, illustres inconnus qui avaient fait de la salle ou de la terrasse dans la rue en impasse leur salon privilégié. Ils appréciaient ici le charme bourgeois du lieu et la verve du fougueux Martin qui a toujours su choisir avec talent ses produits, parcourant terroirs et vignobles, à la recherche du meilleur, du plus frais, qu'il proposait avec raffinement et simplicité. Une assiette donc, jusqu'en janvier, pour les œufs en meurette, assiette de poissons crus, bœuf bourguignon, mousse de brochet, foie de veau à l'auvergnate qui n'ont pas perdu une miette de leur classique actualité.

Tan Dinh

60, rue de Verneuil
Tél. : 01 45 44 04 84. Fax : 01 45 44 36 93
Fermé dim., août. Jusqu'à 23 h
Carte : 300-400 F

Dans leur charmante demeure de Saint-Germain-des-Prés, les frères Vifian ont trouvé un créneau unique en son genre : cuisine vietnamienne au goût du jour que l'on arrose de vins français. Le décor est sobre et raffiné, avec murs laqués et fauteuils hauts, l'accueil particulièrement chaleureux. La cuisine vietnamienne est, sans nul doute, l'une des meilleures de la capitale. Les mélanges des saveurs sont étonnants comme le prouvent la salade de bok choy au poulet, le rouget à la citronnelle, les raviolis vietnamiens, le veau à la cardamome, la daurade au gingembre ou encore le croustillant de mangue. Très belle cave de vins ésotériques rares, particulièrement des bordeaux et des bourgognes.

Tante Marguerite

5, rue de Bourgogne
Tél. : 01 45 51 79 42/01 47 05 96 19.
Fax : 01 47 53 79 56
Fermé sam., dim., août. Jusqu'à 22 h 30
Menus : 195 F, 230 F. Carte : 350-400 F

A deux pas de l'Assemblée Nationale, Bernard Loiseau régale les parlementaires dans sa deuxième annexe parisienne (après Tante Louise). Depuis son ouverture il y a un an, la maison ne désemplit pas. Le cadre élégant et raffiné plaît aussi bien aux politiques voisins, qu'à la clientèle chic du quartier. Ajoutez à cela une bonne vieille cuisine ménagère revue au goût du jour et un menu déjeuner à 195 F. Cœur d'artichaut en salade et gâteau de crabe, jambon persillé du Morvan, fricassée d'anguilles à la bourguignonne, pavé de cabillaud rôti et gratin de cardons au parmesan, côte de bœuf de Salers poêlée, haricots verts et carottes fondantes et vacherin à l'orange sanguine sont des plaisirs éternels modernisés avec talent. Qualité et prix doux font là un mariage heureux.

Thiou

3, rue Surcouf
Tél. : 01 40 62 96 50
Fermé sam. midi, dim. Jusqu'à 23 h
Menus: 135 F (déj.), 155 F (déj.). Carte: 250-350 F

Alléluïa, une grande chef thaï est née, discrète, peu sûre d'elle, guettant le compliment d'un coin de l'œil, exerçant son art dans un restaurant très mode, aux lignes contemporaines épurées où, déjà, le Tout-Paris se presse. Ouvert au début de l'été, sous la houlette des frères Richard qui possèdent des bistrots et brasseries de qualité variée (Francis, le Bar au Sel, mais aussi Marius et Janette), son restaurant a vite fait le plein. Il faut dire qu'elle exerçait jusqu'ici aux Bains-Douches et que les acteurs et gens de show-biz, qui l'ont découverte alors, ont suivi. Cette autodidacte, qui a appris la cuisine avec sa mère, est venue à Paris pour devenir pianiste. C'est d'un autre piano qu'elle joue aujourd'hui avec brio, usant du basilic et du curry thaï, de la citronnelle, du lait de coco et des meilleurs produits du marché de Rungis. Ses petites brochettes de crevettes qu'on trempe dans une sauce aigre-douce à peine pimentée, sa divine soupe de poulet, sa salade de bœuf, comme son bœuf sauté aux pâtes de riz, ses calmars farcis aux riz, son poulet au curry vert sont autant de divines surprises. Ajoutez-y d'épatants desserts qui jouent la fraîcheur et la digestibilité (melon au lait de coco et glace pilée, sorbet gingembre) et que vous comprendez que la maison est à découvrir séance tenante. Phénomène de mode ou non? L'avenir le dira. En attendant, seule la carte des vins inégale est à revoir.

Vin sur Vin

20, rue de Monttessuy
Tél. : 01 47 05 14 20
Fermé sam. midi, dim., lundi midi.,
1er-20 août, 23 déc.-3 janv. Jusqu'à 22 h
Carte: 400 F

« Nous attaquons la 17e année, la cave est pleine, le cœur est chaud... », nous précise Patrice Vidal, poète à ses heures perdues. Et on lui fait confiance: sa demeure est un petit coin de paradis, un endroit où l'on se sent comme chez soi. Ce sommelier de cœur accueille ses hôtes à bras ouverts. Amateur des vins français du terroir (la cave en dénombre plus de 500), il prend un malin plaisir à conseiller, orienter, tenter son monde. Aux fourneaux, Pascal Toulza ne se laisse pas surprendre. Tourte fromagère aux artichauts et huile d'olive, carpaccio de bar sauvage au thym citron, rognon de veau grand-mère et gros morceau de cabillaud en croûte d'arachides, nougat tendre aux fruits frais et soufflé chaud au chocolat: tout ici régale sans mal.

L'Affriolé

17, rue Malar
Tél. : 01 44 18 31 33. Fax: 01 44 18 91 12
Fermé sam. midi, dim. Jusqu'à 23 h
Menus: 120 F (vin c., déj.), 190 F
Carte: 250-300 F

Thierry Verola a repris la maison créée par Alain Attibard. Ancien de Cagna, Senderens et Duquesnoy, il a le CV riche. Sa cuisine est créative, pleine d'idées, mitonnées au gré du marché. Du coup, la demeure a retrouvé un second souffle et même une seconde jeunesse. Le menu à 180 F est un cadeau à s'offrir. Le cadre, style bistrot rustique mais chic, a été conservé. Les cannellonis de saumon marinés à l'aneth, tartare de légumes, la poitrine de canette aux épices torréfiées, cuisse en pastilla et champignons et les pets de nonne mi-gelée d'agrumes sont du travail d'artiste, singulier, frais, riche en saveurs.

Le Clos des Gourmets

16, av. Rapp
Tél. : 01 45 51 75 61. Fax: 01 45 51 75 61
Fermé dim., lundi, 1er-20 août. Jusqu'à 22 h
Menus: 135 F (déj.), 175 F. Carte: 250 F

C'est le printemps chez le couple Pitrois. Les murs jaune paille, les banquettes bleues ont redonné un peu de vie à cette salle à manger Louis XVI. Ancien de Savoy et Constant et de Fréchon (dans le 19e), Arnaud a emmené avec lui une cuisine inventive, fraîche comme de l'eau de rose, légère comme une plume. En salle, sa femme Christel assure l'accueil avec gentillesse et attention. Salade tiède de saint-jacques et ailerons de volailles, pressé de coq au vin et foie gras, tête de cochon croustillante et pommes rattes écrasées, pavé d'espadon poêlé au lard croustillant emballent les fins gourmets. Pour terminer en douceur: financier tiède aux poires et son coulis à la badiane, feuille de chocolat craquante et crème légère au whisky. Au déjeuner ou au dîner, le menu-carte à 175 F est une aubaine.

L'Esplanade

52, rue Fabert
Tél. : 01 47 05 38 80
Tljrs. Jusqu'à minuit
Carte: 200-400 F

Le petit dernier des frères Costes lorgne sur les Invalides, livre un cadre en hommage à ce dernier signé Garcia (boulets, bombardes, camp militaire version luxe), ainsi qu'une cuisine bien dans leur manière et leurs usages qui consiste à donner à manger en fraîcheur, malice et légèreté à un public qui n'a pas faim. Gaspacho, fouetté d'avocat et crabe frais, penne rigate tomate basilic épicé, cabillaud vapeur pommes purée et escalope milanaise se goûtent sans faire de manière. Les desserts (tarte chiboust au citron, macaron aux framboises) sont épatants.

Nabuchodonosor

6, av. Bosquet
Tél. : 01 45 56 97 26. Fax : 01 45 56 98 44
Fermé sam., dim., 5-29 août, 19 déc.-4 janv.
Jusqu'à 23 h
Menu : 120 F (vin c., déj.). Carte : 200-250 F

Eric Rousseau, en salle, et Thierry Garnier, en cuisine, ont repris avec allant l'ex-Duquesnoy devenu un temps le 6 Bosquet. Ces deux jeunes anciens de Guy Savoy ont dédié à un roi de Babylone qui vivait avant notre ère leur demeure. Mais la cuisine n'a rien de mésopotamien. Elle se veut résolument moderne, avec de belles idées chipées à l'air du temps. Le menu du déjeuner est une aubaine. Et les ravioles du Royans, la daurade au chorizo sur parmentier de légumes, l'effilochée de bœuf en aumônière de chou, la poitrine de veau confite au romarin, le moelleux au chocolat, le crumble aux pommes et le tiramisu assurent dans la gentillesse et la bonne humeur.

Vin et Marée

71, avenue de Suffren
Tél. : 01 47 83 27 12
Tljrs. Jusqu'à 22 h 30
Carte : 300 F

Après avoir ouvert avec succès ses bistrots marins du 11e, 14e et 16e arrondissement, Jean-Pierre Durand s'installe cette année dans le 7e en prenant la place du sino-thaï Foc Ly. Pendant que Paris s'endort tout doucement, cet amoureux des poissons frais part à la pêche à Rungis, afin de ramener le meilleur de la marée. Caviar de hareng œuf poché et turbotin de Honfleur grillé au feu de bois sont cuisinés simplement, sans esbroufe. Le vrai baba de Zanzibar (pour deux) vaut le coup de cuiller.

Au Bon Accueil

14, rue de Montessuy
Tél. : 01 47 05 46 11
Fermé sam., dim. Jusqu'à 22 h 30
Menus : 135 F (déj.), 155 F. Carte : 250-400 F

Jacques Lacipière, homme de salle émérite, indique que son bistrot chic porte bien son nom. Au pied de la tour Eiffel, l'accueil souriant est de mise. Mais c'est la cuisine, fraîche, inventive, malicieuse, basée sur des produits de qualité, qui draine ici une clientèle de fidèles aguerris. Si les menus ont augmenté de 10 F, ils offrent toujours de belles occasions de découvrir carpaccio de saint-jacques aux agrumes, gauloise du Cros de la Geline, crêtes et rognons de coq en fricassée aux champignons, belle tarte Tatin aux poires et son sorbet. La carte des vins est une mine de bonnes surprises. La terrasse est prise d'assaut l'été par les habitués du quartier. Il est vrai que ses plaisirs simples réchauffent les cœurs.

Clémentine

62, av. Bosquet
Tél. : 01 45 51 41 16. Fax : 01 45 55 75 79
Fermé sam. midi, dim., 15-31 août.
Jusqu'à 22 h 30
Menu : 115 F. Carte : 200-250 F

Bernard Przybyl n'est pas né de la dernière pluie. Sa formule magique : un menu à tiroirs, des mets à l'ardoise et une cuisine classique parfaitement ciselée et dosée. Pas de mauvaises surprises avec l'addition (les hors-d'œuvre à 49 F, les plats à 89 F), ni avec les mets habilement troussés. Le bon plan est connu dans le quartier et attire une clientèle d'habitués qui vient déguster, sans manières, jambon de pays grillé aux échalotes, thon braisé aux pruneaux et madiran, petit salé de canard, clafoutis aux poires caramélisées. La carte des vins affiche un certain penchant pour le Sud-Ouest, vif, solide, fruité. Authenticité et fraîcheur ont fait de ce bistrot rétro de l'Ecole militaire une des affaires du quartier.

Michel Courtalhac

47, rue de Bourgogne
Tél. : 01 45 55 15 35
Fermé sam. midi, dim., lundi midi, 1 sem. Noël, août. Jusqu'à 22 h 30
Carte : 250 F

Notre meilleur bistrot de Paris ? Le plus discret ? Celui de Michel Courtalhac. Ce roué modeste qui tient table à son enseigne, dans un cadre de rade de quartier, avec murs de pierres grattées, tables joliment nappées. L'homme se cache au fond de son placard-cuisine étroit et modeste, fait son marché, achète les meilleures salades de roquette ou mâche (qu'il présente fraîche, additionne de choux rouges et de lardons chauds: une merveille !), les poissons du jour – tel le délicieux cabillaud cuit vapeur servi avec les légumes du pot –, les tendres volailles fermières (son poulet au curry au jus de viande est divin). Bref, il bichonne ses clients chics venus s'encanailler à bon compte au gré d'une carte brève, changée chaque jour. Le service est adorable entre son épouse affable et une jolie serveuse née avec le sourire.

indique un bon rapport qualité-prix.

Le P'tit Troquet 

28, rue de l'Exposition
Tél. : 01 47 05 80 39. Fax : 01 47 05 80 39
Fermé dim., lundi midi, 23 déc.-2 janv., août.
Jusqu'à 22 h 30
Menu : 165 F. Carte : 180-220 F

Il règne une atmosphère de bien-être chez les Vessière. Leur bistrot années vingt a le cachet. L'accueil est chaleureux. La carte s'affine au gré du marché, avec des prix gentillets (le menu a augmenté de six petits francs) et une cuisine en pleine forme concoctée par Patrick. Vous l'avez compris : l'endroit est une des belles affaires du quartier. Mille-feuille au munster et cumin, filet de canette Vendée miel et framboise, apple crumble aux pommes vertes et glace crémeuse à la vanille sont des instants de bonheur.

Produits

BOUCHER

Les Viandes du Champ-de-Mars

122, rue Saint-Dominique.
Tél. : 01 47 05 53 52. Fax : 01 45 56 98 50
8 h-13 h. 16 h-19 h 30. Fermé dim. a.-m., lundi, août

Depuis 1972, Philippe Husset défend la belle viande, régale sa clientèle d'amateurs et approvisionne quelques grands restaurateurs de la capitale de côte de bœuf persillée de Normandie ou Bavière, agneau et veau de lait du Limousin et de Lozère, volailles des Landes, d'Ardèche ou de Bresse.

BOULANGERS

Gisquet

64, rue Saint-Dominique
Tél. : 01 45 51 70 46
7 h-21 h (sam. : 19 h 30). Fermé dim., août.

La boutique est inscrite à l'inventaire des monuments historiques, le pain et la pâtisserie sont au goût du jour. Baguette parfumée, petits pains, boules de campagne, croissants aux amandes, mille-feuille, cheese cake, macarons, tarte chocolat, forêt-noire et paris-brest font le bonheur des amateurs.

Poujauran

20, rue Jean-Nicot
Tél. : 01 47 05 80 88
8 h 30-20 h 30. Fermé dim., lundi, août.

Acharné à son pétrin, Jean-Luc Poujauran, qui livre une bonne part de la grande restauration parisienne, continue de mitonner baguettes au levain, boules de campagne, flûtes, bâtards splendides. Mais, c'est aussi pour ses cannelés, cakes au chocolat, gâteaux basques et tourtières que l'amateur se rend dans sa jolie boutique fin de siècle qui a le charme des tableaux de Peynet.

CHARCUTIER

Charles

135, rue Saint-Dominique
Tél. : 47 05 53 66
8 h-20 h (sam. 8 h-13 h 30. 16 h-20 h). Fermé dim.

Nicole Charles fait de sa charcuterie de marbre un second point de vente des porduits phares de son mari et de son fils (voir «Paris 6e/produits») : boudins médaillés, andouillettes d'exception, fameuses terrines et rillettes, et organise vos buffets campagnards.

CHOCOLATIERS

Michel Chaudun

149, rue de l'Université
Tél. : 01 47 53 74 40. Fax : 01 47 53 74 40.
9 h 45-19 h 30. Fermé dim., lundi, août.

Michel Chaudun, champion du cacao sous toutes ses formes et l'un des premiers en France de sa catégorie, continue d'innover. Après la ganache au poivre aux saveurs explosives, la tablette aux fèves craquantes, les ganaches praliné, caramel, café ou citron, les pavés de la rue de l'Université (pâte de truffe), le Colomb (chocolat aux éclats de fèves de cacao), l'Esmeralada (pâte de truffe amère), le Sarawak (pâte de truffe aux cinq poivres), le Campeche (praliné pistache), le San-Yago (pâte de truffe au basilic), voici le Merida (pâte de truffe à la fleur d'oranger). Toujours du très grand art dans cette boutique «chêne, laiton, cuir» couleur chocolat.

Debeauve et Gallais 

30, rue des Saints-Pères
Tél. : 01 45 48 54 67. Fax : 01 45 48 21 78
9 h-19 h. Fermé dim.

Michel Cluizel, actuel patron de cette demeure à la façade 1800 classée, fabrique dans son laboratoire de Damville dans l'Eure, les chocolats «maison» vantés par la fort diserte Paule Cuvelier : «boules d'Aubin», praliné «Debeauve et Gallais», «incroyable» ganache amère enrobée de nougatine.

Jean-Paul Hévin

«Le Petit Boulé»
16, av. de la Motte-Picquet
Tél. : 01 45 51 77 48
10 h-13 h 30. 14 h 30-19 h. Fermé dim., lundi, août.

Les belles ganaches natures ou parfumées, le mendiant exotique, le macaron chocolat à l'ancienne et le sorbet cacao à fondre sont toujours les références premières de ce sanctuaire du chocolat, première boutique au cadre à l'ancienne ouverte par Jean-Paul Hévin.

indique un lieu de mémoire.

Richart

258, bd Saint-Germain
Tél. : 01 45 55 66 00
10 h (sam. : 11 h)-19 h. Fermé dim.

A goûter, pour s'étonner, les variations sur le thème de l'abricot des frères Richart. Tout aussi étonnants leurs chocolats aux épices, aux herbes ou aux noisettes du Piémont. Sans omettre les boîtes design avec ganaches et minipalets qui ont fait la gloire de ces chocolatiers célèbres à travers le monde entier, originaires de Lyon.

EPICERIE FINE

La Grande Epicerie de Paris

Au Bon Marché
38, rue de Sèvres
Tél. : 45 39 81 00. Fax : 45 44 60 52
8 h 30-21 h. Fermé dim.

Le rayon Italie (vieux parmesan, belles huiles d'olive), le lyonnais (jésu, quenelles, sabodet) et la grande cave font de cette épicerie haut de gamme, sise dans un grand magasin, une étape de choix. Livraisons à Paris et en banlieue.

FROMAGERS

Barthélémy

51, rue de Grenelle
Tél. : 01 45 48 56 75. Fax : 01 45 49 25 16
7 h-13 h. 15 h 30-19 h 30.
Fermé dim., lundi.

Le plus discret des grands fromagers de Paris? Roland Barthélémy. Ce natif de Saint-Flour, rallié à la Seine-et-Marne, incollable sur les bonnes pâtes de partout, est bien le roi du camembert dont il propose trois versions à fondre (celui en provenance du Bessin est même à se pâmer), le prince du fontainebleau crémeux, le grand-prêtre du saint-marcellin, le héraut du brie de Ville-Saint-Jacques, le zélateur intarissable du vacherin du Mont d'Or, du saint-nectaire au goût de terre, de l'etivaz du pays d'en haut au cœur de la Gruyère vaudoise. Son morbier, ses chèvres, son lait issu de la traite de la veille, son beurre de baratte extra frais sont des odes au bon produit fermier. Tant qu'il y aura des Barthélémy pour défendre le fromage, la France demeurera ce royaume du bon goût non pasteurisé.

Marie-Anne Cantin

12, rue du Champ-de-Mars
Tél. : 01 45 50 43 94. Fax : 01 44 18 09 56
8 h 30-19 h 30. Fermé dim. a.-m.

L'art de la belle pâte, de l'affinage n'a pas de secret pour cette Jeanne d'Arc du bon fromage et du lait cru. Elle met tout son savoir-faire à choisir les roquefort réserve, beaufort d'alpage, reblochon fermier, comté millésimé, saint-marcellin crémeux, crottin de chavignol, saint-nectaire terreux que l'on retrouve souvent sur les plus beaux plateaux de la restauration parisienne. Sa boutique, tenue par Antoine, son souriant mari, recèle de vrais trésors.

Quatrehomme

62, rue de Sèvres
Tél. : 01 47 34 33 45. Fax : 01 43 06 06 96
8 h 45-19 h 45. Fermé dim., lundi.

Les petits chéris de cet amoureux de la belle pâte affinée à point? Beaufort noiseté, fontainebleu crémeux, saint-marcellin, fourme de Montbrison, tomme de l'Aveyron, brie de Meaux double : ces trésors fermiers se retrouvent sur les plateaux de quelques grandes tables parisiennes. Les caves d'affinage, situées sous la boutique, peuvent être visitées sur demande.

PÂTISSIERS

Millet

103, rue Saint-Dominique
Tél. : 01 45 51 49 80
9 h-19 h. Fermé dim. a.-m., 15 jrs août.

Dans la discrète boutique de cette rue commerçante, l'équipe de Jean Millet, patron des pâtissiers de Paris, propose fine tarte paysanne, exquis saint-marc, saint-honoré, mille-feuille, éclair, sully (mousseline au sauternes et fruits), viennoiseries de qualité grande.

Peltier

66, rue de Sèvres
Tél. : 01 47 34 06 62/01 47 83 66 12
9 h 30-19 h 30 (dim. : 9 h 30-18 h 15). Tljrs.
Autre adresse : 6, rue Saint-Dominique, 7e
Tél. : 01 47 05 50 02. 8 h-19 h 15. Tljrs.

Mafao Okamoto, qui dirige les labos maison, mitonne d'exemplaires mille-feuille rhum vanille, princesse (meringue aux amandes avec crème vanille et nougatine), dacquoise au chocolat « robe noire » (guanaja avec fond biscuit et mousse aux deux chocolats) ou roussillon qui sont du grand art.

Rollet-Pradier

6, rue de Bourgogne
Tél. : 45 51 78 36/45 51 72 37
8 h-20 h. (dim. : 19 h.). Tljrs.

Jean-Michel Desfontaines, ancien patron de Ladurée, a repris cette maison fameuse. Il propose ici, outre les macarons qui ont fait sa réputation, des marquis au chocolat amer, bourgogne praliné, soufflé glacé aux fruits rouges, ganaches subtiles et dacquoises de qualité.

PRODUITS ÉTRANGERS

Petrossian

18, bd de Latour-Maubourg
Tél. : 01 44 11 32 22. Fax : 01 44 11 32 25
9 h-20 h. Fermé dim.

Le « must » du caviar russe et iranien, saumon fumé sauvage de la Baltique, vodka de qualité mais aussi foie gras truffé sont toujours les stars de cette belle boutique bleue années vingt.

Rendez-vous

BISTROTS À VIN

Le Sancerre

22, av. Rapp
Tél. : 01 45 51 75 91
8 h-22 h. Fermé sam. soir, dim., 7-31 août.

Alphonse Mellot est venu de Sancerre pour créer jadis ce bar à vins. La maison continue sans lui, mais avec ses vins. Et le temps semble s'être arrêté dans ce décor de bar années cinquante où l'on sert avec constance salade de champignons et céleri (44 F), omelette pommes de terre, jambon fumé et fromage (51 F), tarte aux pommes (35 F). Plats de toujours et verres de vins sont d'éternels plaisirs.

Au Sauvignon

80, rue des Saints-Pères, angle rue de Sèvres
Tél. : 01 45 48 49 02. Fax : 01 45 49 41 00
8 h-22 h 30. Fermé dim., août.

En 1957, Henri Vergne créait ce bar à vins, à deux pas du Bon Marché. Depuis, la maison a été reprise dans le même esprit par sa fille, Marie-Françoise Vergne-Boussuge et son mari Michel qui sert les en-cas et les petits crus faciles à boire. On vient, au comptoir ou en terrasse, faire un sort aux tartines de pain Poilâne (rillettes, saucisse d'Auvergne, rillons de Touraine, terrine du chef, foie gras accompagné d'un verre de Loupiac). Et l'on boit sans soif sancerre, buzet, chinon et bourgueil choisis avec nez.

CAFÉS

Le Rouquet

188, bd Saint-Germain
angle rue des Saints-Pères
Tél. : 45 48 06 93.
7 h-20 h 30. Fermé dim., août.

Le décor néo-années cinquante est entretenu pour faire «vieux bistrot», avec zinc et formica d'époque. Les touristes semblent en raffoler, d'autant que la terrasse est stratégiquement située sur le boulevard.

SALONS DE THÉ

Les Deux Abeilles

198, rue de l'Université
Tél. : 01 45 55 64 04
9 h-19 h. Fermé dim., août.

Ce salon rétro en forme de jardin d'hiver est le lieu idéal pour faire causette intime en goûtant parfait de saumon au concombre, crumble aux fruits rouges, tarte soufflée aux framboises, arrosés de thé au jasmin ou de citronnade au gingembre.

La Nuit des Thés

22, rue de Beaune
Tél. : 01 47 03 92 07
11 h 30-19 h. Fermé août.

Jacqueline Cédelle et sa fille reçoivent avec bonne humeur dans leur salon charmant aux nappes damassées et tons saumonés. Chicken pie, tarte au fromage, macaron au pralin, crumble aux noix et pommes, tarte au citron, quatre-quarts à l'orange jouent les vedettes.

8e

Hôtels

Bristol 

112, rue du Fbg-Saint-Honoré
Tél. : 01 53 43 43 00. Fax : 01 53 43 43 01
154 ch. 3 150-4 200 F

Les vastes chambres et leurs salles de bains en marbre de Carrare, la salle à manger aux tapisseries flamandes, le jardin à la française et la piscine bateau font de ce palace un des hôtels les plus réputés de la capitale.

Crillon 

10, pl. de la Concorde
Tél. : 01 44 71 15 00. Fax : 01 44 71 15 02
117 ch. 3 450-4 400 F

Le dernier palace français de la capitale est devenu l'un des plus beaux hôtels du monde. Les suites sont royales. L'une d'entre elles, moderne d'allure, donne, depuis sa terrasse, sur les Champs-Elysées et la Concorde. Le hall en marbre, le grand service, le restaurant les Ambassadeurs complètent cet empire distingué et de très bon goût.

Four Seasons George V 

31, av. George-V
Tél. : 01 49 52 70 00. Fax : 01 49 52 70 10
185 ch. 3 017-4 264 F. 60 appart.

Le grand aggiornamento de l'année. Salons, bars, chambres, réception, patio, tout a été refait à neuf, mais tout est à l'ancienne. Sous l'égide d'un pro de l'hôtellerie française, revenu de New York, Didier Le Calvez, qui lie ici charme et efficacité.

Plaza Athénée

25, av. Montaigne
Tél. : 01 53 67 66 65. Fax : 01 53 67 66 66
143 ch. 3 000-4 800 F

Ce luxueux palace fréquenté par une clientèle chic possède un magnifique patio orné de lierre et de très belles tapisseries des Gobelins. Les chambres et les suites sont spacieuses et élégamment décorées.

Royal Monceau

37, av. Hoche
Tél. : 01 42 99 88 00. Fax : 01 42 99 89 90
142 ch. 3 200-3 850 F

La façade Belle Epoque a du panache. Le club de santé est réputé. On y trouve une piscine, un sauna, un jacuzzi, un hammam et des soins de remise en forme. Le hall en stucco antico est plein de gaieté. Le bar est un rendez-vous de choix. (Voir restaurants le Jardin et Il Carpaccio.)

Concorde Saint-Lazare

108, rue Saint-Lazare
Tél. : 01 40 08 44 44. Fax : 01 42 93 01 20
258 ch. 1 400-2 800 F

Un hall 1850 somptueux, la proximité de la gare Saint-Lazare que l'on oublie vite, sitôt pénétré dans les chambres entièrement redécorées et d'un classicisme rassurant. Idéal pour aller faire ses courses.

San Régis

12, rue Goujon
Tél. : 01 44 95 16 16. Fax : 01 45 61 05 48
33 ch. 1 800-3 200 F

Faites comme les stars hollywoodiennes en goguette dans Paris, louez l'une des suites de ce havre de paix à l'ombre des Champs. Discrétion et professionnalisme du service de rigueur.

La Trémoille

14, rue de la Trémoille
Tél. : 01 47 23 34 20. Fax : 01 40 70 01 08
107 ch. 2 290-3 370 F

Petit palace de charme et de calme, dans le style maison bourgeoise, au cœur des Champs-Elysées. Les chambres d'un classicisme un peu désuet se marient bien avec la façade fin de siècle.

Restaurants

Alain Ducasse

au Plaza-Athénée

25, av. Montaigne
Tél. : 01 53 67 65 00. Fax : 01 53 67 65 12
Fermé déj. (sf jeudi, vendr.), sam., dim., 23 déc.-3 janv., 21 juil.-21 août. Jusqu'à 22 h 30
Menus : 290 F (déj.), 350 F (déj.), 410 F, 565 F.
Carte : 600-800 F

Plus fort qu'Alain Ducasse, impossible ! Sait-il lui-même combien de restaurants il dirige ? A l'heure où nous rédigeons ces lignes, il a ouvert un Spoon à Tokyo, un restaurant de luxe dans l'Essex House à New York et s'apprête à lancer un grand projet à Carthage. Entre le Bar et le Bœuf de Monaco, sorte de restau-gadget de luxe à prix d'or, et celui de l'Abbaye de la Celle, une auberge aux allures de castel, charmeuse et bon enfant dans le Var, il y a le trait d'union de la rigueur en toute chose. L'événement parisien de fin 2000, c'est, en tout cas, sa mainmise sur la cuisine du Plaza. L'ancien Régence devient son bastion parisien. Et c'est là qu'on retrouvera, pour sept services par semaine seulement, son adjoint Jean-François Piège et les beaux plats qui ont triomphé avenue Raymond-Poincaré. Ses coquilles saint-jacques aux truffes blanches et crème de laitue, écrevisses pattes rouges en velouté de champignons, langouste royale rôtie en carapace avec sa sauce condimentée cèpes et poivre, agneau de lait au citron confit et miettes de fruits secs n'auront pas, soyons sûrs, un faux pli dans ce nouveau cadre. Les desserts (caillé de brebis caramel-poivre avec miel d'arbousier digne de Chapel ou baba au rhum de légende) seront du même niveau. Comme le service aux petits soins et les vins que veillera Gérard Margeon, sommelier sérieux à l'envi, c'est-à-dire ducassien par excellence.

Lucas Carton

9, pl. de la Madeleine
Tél. : 01 42 65 22 90. Fax : 01 42 65 06 23
Fermé sam midi, dim., lundi midi, 1er-21 août. Jusqu'à 22 h 30
Menus : 395 F (déj.), 1 530 F, 1 620 F
Carte : 1 000-1 500 F

Alain Senderens est comme les grands crus, il se bonifie avec le temps : 60 ans passés et toujours la grande forme. Depuis plusieurs années, il se passionne pour le mariage des mets et des vins et ce marieur de saveurs se révèle un goûteur d'exception à la recherche de la meilleure alliance « solide-liquide ». Homard de Bretagne et sa polenta crémeuse au corail arrosé d'un verre de Condrieu Coteau de Vernon, rouget de barbet en croûte de sel et ses glaçons d'Iliada Kalamata et son verre de bandol de Pibarnon, rognon de veau de lait confit aux deux pois et à la ciboule accompagné d'un chinon 1995 frisent la perfection. Ajoutons-y cette année des variations sur les asperges frites, cuites ou crues en sales (divines !) et une somptueuse retrouvaille de la quenelle à la lyonnaise qui indiquent que le grand Senderens ne s'endort pas sur ses lauriers dorés. Les desserts sont des leçons de pâtisseries : variation autour du café rehaussé par un Rivesaltes 1975 et délectable chocol'art avec un pineau-des-charentes François Ier. Le décor Majorelle 1900 aux boiseries Art nouveau ajoute une note de charme à ce moment de bonheur.

Taillevent

15, rue Lamennais
Tél. : 01 44 95 15 01. Fax : 01 42 25 95 18
Fermé sam., dim., 20 juil.-20 août. Jusqu'à 22 h 30
Menus : 750 F, 1 200 F. Carte : 850-1 000 F

Michel Del Burgo, mis sur orbite par le roué patron Jean-Claude Vrinat, est venu donner un sang neuf à cette institution. Non qu'elle en avait besoin, mais à dire vrai, un peu d'air du temps dans un monde compassé ne nuit guère à la plus belle clientèle du monde. Voici donc l'ex-chef de la Barbacane à Carcassonne et du Bristol, formé jadis chez Ducasse, instillant une touche de modernité à une carte au néo-classicisme immuable. On a redécouvert le «club» Taillevent, avec sa double salle aux banquettes de velours bleus, ses boiseries, son grand service, à travers les légumes du moment rissolés à la minute, le boudin de homard au fenouil, le pavé de bar cuit sur la peau, les saint-jacques poêlées en aïoli, la pièce de bœuf grillé au vin de Minervois ou l'épaule d'agneau braisé aux aromates qui jouent les mets d'anthologie rajeunis avec délicatesse et fantaisie. Les desserts sont de la même belle eau. Moelleux au chocolat et au thym et mille-feuille aux fruits exotiques sont des purs délices. J.-C. Vrinat a toujours su se démarquer de ses collègues par à ses additions raisonnables, à son niveau, s'entend, sa modestie sans faille, sa sérénité de bon ton, sa régularité sans faille, bref, sa sûreté. Tout cela continue. Y compris la découpe au guéridon et l'une des plus belles cartes de vins au monde qui complètent la panoplie de cette maison raffinée sise dans un hôtel Second Empire millésimé 1853.

Les Ambassadeurs

Hôtel Crillon
10, pl. de la Concorde
Tél.: 01 44 71 16 16. Fax: 01 47 71 15 02
Tljrs. Jusqu'à 22 h 30
Menus: 380 F (déj.), 780 F, 900 F. Carte: 800-1 200 F

Cette ancienne salle de bal des ducs de Crillon au décor de marbre noir et blanc et d'or est assurément l'une des plus chics de Paris. Mais la cuisine de Dominique Bouchet est à l'unisson. Tout ce que propose ce technicien expert est synonyme de finesse, légèreté, délicatesse. Ce disciple de Robuchon, exilé un temps en Charente, au Moulin de Mosnac, et à Tokyo où il a ouvert La Tour d'Argent, est un spécialiste des classiques remis au goût du jour. Cet amoureux du beau produit mijote, dans le respect de leurs saveurs justes, foie gras chaud de canard pané de pain d'épices, crème de homard aux bigorneaux, moelleux de pomme ratte et homard breton, fleurette de caviar, parmentier de canard gratiné à la brioche, salade roquette au parmesan, sans fioriture et sans tapage, mais non sans brio. Les desserts de Christophe Felder, natif de Schirmeck, sont de première classe: vacherin meringué à l'alsacienne, mousse au chocolat brûlée, poires Williams cuites façon Tatin, nougatine aux amandes. La cave, tenue par Frédéric Lebel, passionné des armagnacs et champagnes de belle origine, est tentatrice. Voilà bien l'une des grandes maisons de Paris.

Le Bristol

Hôtel Bristol
112, rue du Faubourg-Saint-Honoré
Tél.: 01 53 43 43 00. Fax: 01 53 43 43 01
Tljrs. Jusqu'à 22 h 30
Menus: 360 F (déj.), 680 F. Carte: 800 F

On n'a jamais aussi bien mangé dans ce beau palace parisien. La faute à qui? Eric Fréchon, bien sûr. Revenu à ses premiers amours, ce Normand sage démarra ici même en tant que commis. Les années ont passé, et, après avoir travaillé Taillevent, la Tour d'Argent, le Crillon, sous l'aile de Christian Constant, puis l'ouverture de son propre restaurant dans le 19e, le voilà revenu à la tête de la brigade. Il a rapidement imposé un style fin, frais, riche en saveurs, nourri d'épices et d'herbes fraîches, raffiné à l'extrême, précis et net, toujours savoureux. Ainsi la tête de veau poêlée aux anchois salés, les cuisses de grenouilles en persillade, la daurade royale braisée à la citronnelle, le tronçon de turbot meunière, le ris de veau braisés aux huîtres ou le canard au sang rôti aux épices. Côté desserts, Gilles Marchal, ancien du Plaza Athénée, mitonne avec talent biscuit mi-cuit au chocolat grand cru et feuilleton de pomme et de poire tièdes caramélisées de haute volée. Le cadre est à la hauteur avec boiseries en chêne massif et un jardin intérieur qui se transforme en havre de paix l'été. Le «plus» de la maison: une sommelière de charme, la belle Vinny Mazzara, native de Sicile, élevée à Trieste, qui a travaillé au Cortile, avant d'insuffler un brin de sa fougue transalpine à la brigade de salle très policée. Elle a le sens du conseil juste, sur une gamme de vins notamment languedociens souvent méconnus, pour accompagner la fine cuisine maison. Toutes les stagiaires chargées de la cave sont d'ailleurs ici des femmes. Et nul ne s'en plaint, sur une carte qui s'ouvre à ce qui fait de mieux dans l'hexagone des crus.

Le Cinq

Hôtel Four Seasons George-V
31, av. George-V
Tél.: 01 47 23 54 00. Fax: 01 47 20 40 00
Tljrs. Jusqu'à 22 h 30
Carte: 600-800 F

L'aggiornamento de luxe de l'année? Celui du George-V qui a rouvert ses portes à l'aube du nouveau millénaire. Les somptueux décors, avec stucs et colonnades, sont dus à Pierre-Yves Rochon, qui a conservé tapisseries et meubles d'origine en concevant une salle à manger royale. Aux commandes de la maison que du beau monde: Didier Le Calvez, venu du Pierre à New York tient les rênes, Eric Beaumard, talentueux sommelier issu de la Poularde à Montrond-les-Bains, assure la direction de salle et, côté cuisine, Philippe Legendre, qui fut chef du Taillevent durant neuf ans, n'a pas perdu une miette de son talent. C'est dire que, si tout ici est de grande classe, la cuisine, d'un classicisme très raffiné, joue le «top» niveau dès l'entrée. Crème de cresson de fontaine au caviar, langoustines bretonnes à la coriandre, lasagnes au vieux parmesan, poulette de Bresse en cocotte lutée et chaud-froid de fruits exotiques sont du travail d'orfèvre. Ajoutez, sur un mode précis, fin, très naturel, une terrine de foie gras avec sa fine gelée aux légumes, des ravioles de chèvre au boudin de homard sauce poulette, une grandissime côte de veau juteuse, cuite rosée, avec sa vinaigrette aux câpres formidablement sapide, enfin tartelette soufflée aux pruneaux et glace turbinée sont des leçons de chose. A l'évidence, une grande maison est née.

Lasserre

17, av. Franklin-Roosevelt
Tél.: 01 43 59 53 43/01 43 59 67 45.
Fax: 01 45 63 72 23
Fermé dim., lundi midi, août. Jusqu'à 22 h
Menus: 340 F (déj.), 800 F. Carte: 600-1 200 F

Quelle idée ingénieuse d'avoir fait venir Michel Roth en cuisine! Voilà que ce temple de la gastronomie parisienne qui croulait sous le kitsch et la pompe retrouve une seconde jeunesse. Lauréat du Bocuse d'Or, venu du Ritz, ce technicien sûr a su donner un nouvel élan à la carte, sans renier les classiques maison. Quelques incontournables sont toujours présents, d'autres ont été mis au goût du jour. Le résultat est surprenant et la noble demeure revit. Le menu du déjeuner à 340 F est une affaire, proprement incroyable pour les vieux habitués qui venaient là se ruiner entre mesclagne landais et vieux bordeaux. Bisque de homard relevée à la fine champagne, foie gras de canard au vieux porto, daurade grillée au sel d'algues, bar laqué au miel épicé, mignonnettes d'agneau en écrin de truffes noires, pigeon André Malraux et sablé de pommes fondantes sont des plats de tradition magnifiés avec doigté et maîtrise. N'oublions pas le décor: tentures, ascenseur années cinquante, toit ouvrant de Touchagues revu par Corbassière sont plein de charme. Le service est irréprochable, sous l'œil attentif de Louis Canfaïla qui continue de jouer le rôle de Monsieur Loyal de sa vieille maison.

Laurent

41, av. Gabriel
Tél.: 01 42 25 00 39. Fax: 01 45 62 45 21
Fermé sam. midi, dim. midi (soir: janv. -mai, oct. -déc.). Jusqu'à 22 h 30
Menus: 390 F, 750 F. Carte: 800-1 000 F

Le menu du déjeuner et du dîner à 390 F en dit long sur les intentions de la maison. La grande gastronomie n'est plus réservée à une élite, tout le monde a le droit au luxe. Par rapport à ses collègues, Ducasse, Senderens, Passard et les autres, la demeure d'Edmond Ehrlich place la barre au-dessous. Ce qui ne veut pas dire que Laurent tombe dans la «fast-food»... Sous la tutelle de Joël Robuchon, Philippe Braun mitonne une cuisine certes classique, mais réinventée et mise habilement au goût du jour. Formé au Crocodile à Strasbourg, au Connaught à Londres, ce technicien de haut vol travaille au petit point des produits de qualité qui ne sont pas toujours les plus nobles. Poulette de Bresse et foie gras en gelée au vin d'Arbois, magnifiques ravioles de jarret de veau aux girolles et artichauts, filets de rougets aux saveurs méridionales, splendide ventrèche de thon aux aromates et le foie chaud aux haricots noirs pimentés sont du travail rigoureux. Les fraises compotées, sorbet au fromage blanc acidulé glissent toutes seules et le macaron au citron et fraises des bois sont du grand art. Ajoutons à tout cela le cadre charmeur du pavillon Belle Epoque qui se noie dans les Jardins des Champs-Élysées. Le service, sous la houlette de Philippe Bourguignon, est de grande classe, et les conseils vineux de Patrick Lair (qui vous fera découvrir le riesling de Deiss et le provence rouge de la Grange des Pères) contribuent à la renommée de la maison.

Ledoyen

Carré des Champs-Elysées
1, av. Dutuit
Tél.: 01 53 05 10 01/01 53 05 10 01.
Fax: 01 47 42 55 01
Fermé sam, dim., août. Jusqu'à 22 h 30
Menus: 320 F (déj.), 620 F. Carte: 800-1 000 F

Voilà une autre institution gourmande de la capitale, lieu de restauration depuis 1792, qui demeure au faîte de l'actualité. Christian Le Squer, Breton tête dure, est venu apporter un peu de calme après la tempête Arabian. Cet ancien du Restaurant Opéra, formé entre autres au Ritz et chez Senderens, a la main sûre, le geste droit, les idées nettes. Son style évite l'emphase, joue le produit net, déclinant d'ailleurs ceux-ci en les énumérant, comme chez Gagnaire et Ducasse. Vous avouerez qu'il y a de plus mauvaises références... Quenelle de blanc-manger aux amandes avec crème froide de petits pois, poêlée de cuisses de grenouilles au persil plat avec tarte friable à la purée de fenouil au foie gras, viennoise de sole de petit bateau en filets aux girolles, rouget aux girolles à l'ail confit, poêlée de cochon de lait à la sauge et graine de Noirmoutier au lard font partie de ses jolis tours. Le vacherin glacé au café torréfié est une belle issue. Les vins choisis avec science par le malicieux Alain Loiseau complètent la panoplie maison.

Maxim's

3, rue Royale
Tél. : 01 42 65 27 94. Fax : 01 42 65 30 26
Fermé dim. (lundi : juil. -août). Jusqu'à 22 h 30
Carte : 800-1 500 F

Pour le bonheur des humbles habitués du Maxim's Business Club, Bruno Stril est revenu à ses premiers amours. Du temps de Michel Menant, le chef faisait partie de l'équipe. Après avoir travaillé chez Laporte à Biarritz, la Galupe à Urt, au Chantaco à Saint-Jean-de-Luz, il a ouvert la Table de Pierre à Paris. Le voici à nouveau dans le restaurant mythique de la rue Royale. Maxim's avait tendance à s'endormir sur ses lauriers, cet artiste discret et modeste est venu donner un peu de fraîcheur à la carte maison. Pour les nostalgiques, les classiques sont toujours là, comme la sole au vermouth ou les noisettes d'agneau Edouard VII. Mais les œufs pochés, sauce aux truffes avec brioche toastée, bar aux pousses d'épinard, ravioli aux palourdes, jarret de veau braisé en manteau de laitue, gnocchis à la truffe et mousse praliné au caramel coulant font partie de la nouvelle ère Stril. Comme par magie, la demeure de Pierre Cardin se réveille avec le nouveau millénaire. Le service est intact, comme jadis, et la carte des vins réserve de belles surprises.

Pierre Gagnaire

6, rue Balzac
Tél. : 01 44 35 18 25/ 01 44 35 18 36.
Fax : 01 44 35 18 37
Fermé sam., dim. midi, 14 juil.-15 août
Jusqu'à 22 h 30
Menus : 520 F (déj.), 960 F. Carte : 800-1 200 F

Dans la catégorie « chef de l'an 2000 », la nomination est décernée à... Pierre Gagnaire. Hors du commun, inclassable, imprévisible, cet artiste demeure en quête de nouvelles alliances, de saveurs neuves. Survolant les modes pour y puiser le meilleur, il a placé sa cuisine à part. Il n'appartient à aucune école (on murmure même qu'il s'est fâché avec la fameuse bande des 7 ou des 9, où Marc Veyrat joue le rôle de philosophe au grand air). Résultat des courses : sa carte est en évolution permanente, au fil des saisons et des humeurs. Impossible à suivre, pas facile à résumer, et difficile à classer. Que dire des grosses langoustines badigeonnées d'un beurre de noix et cuites à l'étouffée, que l'on accompagne d'une royale de foie gras, des encornets farcis de noisette et de citron arrosés d'un jus de cidre fermier émulsionné, du pavé de turbot poêlé à l'arête flanqué d'une fondue de poireaux, de ses noix épaisses de cochon fermier en papillote avec son boudin noir maison ? Gagnaire, notre Pierre Soulages, notre Nicolas de Stael, notre Yves Klein, notre Mondrian, est d'abord un créateur singulier. Son style fait référence. Les plats de cet abstrait lyrique hésite entre l'épure et le baroque. Ses amuse-gueules constituent des repas à eux seuls. Sa symphonie de desserts prouve à qui en douterait qu'il ne laisse rien au hasard : biscuit soufflé au chocolat, ganache moelleuse et cacahuètes au muscovado, grande assiette aux fruits de saison sont de haute volée. Les murs laqués revus bleutés, le jeune service stylé doué d'humour, la cave courte mais pleine d'audace vont l'amble. Rien d'étonnant si la maison ne désemplit pas.

L'Astor

à l'Hôtel Astor
11, rue d'Astorg
Tél. : 01 53 05 05 20. Fax : 01 53 05 05 30
Fermé sam., dim., août. Jusqu'à 22 h
Menus : 298 F (vin c., déj.), 495 F
Carte : 600-800 F

Supervisé directement par Joël Robuchon, ce restaurant d'hôtel conduit par le bon élève Eric Lecerf reste sans conteste le plus fidèle à l'esprit du maître. La carte est un habile compromis entre les spécialités de toujours qui firent la gloire du Jamin (de la crème de chou-fleur au caviar à la galette de truffe aux oignons en passant par la tête de cochon avec sa purée destinée à faire école) et les spécialités au gré du marché. Le menu tout compris au déjeuner à 298 F est une affaire à ne pas louper. La fort subtile araignée de mer en gelée anisée à la crème de fenouil, l'onctueuse épaule d'agneau de trois heures aux fines épices et le savoureux blanc de bar cuit en peau sauce verjutée sont des plats de ciseleurs. Les desserts ne sont pas à la traîne comme le démontrent les exquises frivolités croustillantes de pommes et d'ananas à la cannelle. En salle, Antoine Hernandez, ex-sommelier chez Jamin, est fidèle au poste. Le décor de la salle Cocteau années cinquante est plein de charme.

Les Elysées du Vernet

à l'hôtel Vernet
25, rue Vernet
Tél. : 01 44 31 98 98. Fax : 01 44 31 85 69
Fermé sam., dim., 23 juil.-24 août, 17-30 déc.
Jusqu'à 21 h 30
Menus : 350 F (déj.), 420 F (déj.), 520 F, 650 F, 840 F. Carte : 800-1000 F

La meilleure table provençale de Paris ? Ce beau restaurant style palace Riviera, avec sa verrière Art nouveau signée Champigneulles et Eiffel, ses tables espacées. Au déjeuner, le menu d'affaires à 420 F limite les dégâts. Les prix à la carte sont terrifiants. Une des raisons à cela ? Les exceptionnels produits choisis par le surdoué Alain Soliveres. Cassolette de pibales au piment d'Espelette (280 F), bar de ligne doré, brandade à la fourchette, pistes et palourdes (320 F), ris de veau de lait doré, mousseline de panais (310 F), feuilleté au chocolat amer (120F)... Faites l'addition. Reste que cet élève de Ducasse et Maximin ne cesse de nous épater. Ravioli de blettes et épinards, poêlée de rougets barbets à la tapenade, foie de veau de lait cuit en casserole sont du sur-mesure. Les desserts frisent la perfection : ananas victoria infusé au fenouil, gaufre aux pommes confites au cidre fermier. En salle, le service d'Alain Moser est classieux quoique pas rapide-rapide. La carte des vins de Provence et du Sud-Ouest est exceptionnelle. Voilà un des plus jolis rayons de soleil de la capitale.

La Marée

1, rue Daru
Tél. : 01 43 80 20 00. Fax : 01 48 88 04 04
Fermé sam. midi, dim., août. Jusqu'à 22 h 30
Carte : 600-800 F

Marée haute dans la demeure d'Eric Trompier... Ses trois atouts ? Un service de classe, très grande maison, des poissons et des fruits de mer magnifiques, et, pour arroser le tout, une carte des vins somptueuse. Sans oublier un décor au charme discret avec tableaux flamands et vitraux. Formé chez Senderens, Bernard Pinaud œuvre aussi bien dans le classique que dans des plats mis au goût du jour. Sa cuisine est sérieuse, régulière, fraîche. Les produits de la mer sont ici traités simplement, sans défaut. Belons au champagne, ravioles d'huîtres au foie gras de canard et bar Marie-Do font partie des spécialités de la maison, ainsi que les langoustines carotte et turbotin à la tomate sauce moutarde. Les desserts, comme l'incontournable farandole gourmande de pâtisseries sont du même niveau, classique mais délicieux. La carte des vins recèle des trésors puisés dans toutes les régions. Contre vents et marées, alliant traditionalisme et innovation, cette grande maison marine passe le cap de l'an 2000, à l'aise.

Il Carpaccio

à l'hôtel Royal-Monceau
37, av. Hoche
Tél. : 01 42 99 98 90. Fax : 01 42 99 89 94
Fermé août. Jusqu'à 22 h 30
Carte : 400-600 F

En quelques années, la luxueuse table italienne du Royal-Monceau est devenue une des meilleures adresses transalpines de la capitale. La clé de sa réussite ? L'authenticité. Tout et tous ici viennent de la Botte : le maestro de salle, Giampalo Gasparini, les vins choisis par le rubicond Bruno Malara, le décor élégant, aéré, avec lustres de Murano et tissus vénitiens. La cuisine, de Davide Bisetto, est fine, fraîche, changeant au fil des saisons et de l'humeur du jour. Carpaccio de bœuf comme à Venise, légumes sautés avec mozzarella de buffle, spaghetti au homard, risotto aux truffes blanches, bar au fenouil et olives noires, foie de veau vénitienne et polenta sont d'une rigueur sans faille. Ajoutons-y des desserts de classe telles la tarte à la ricotta et citron et la glace au nougat de Sienne et vous comprendrez que la maison mérite l'éloge. Seuls les prix qui ne sont pas libellés en lires peuvent arracher quelques sarcasmes.

Chiberta

3, rue Arsène-Houssaye
Tél. : 01 53 53 42 00. Fax : 01 45 62 85 08
Fermé sam. midi, dim., août. Jusqu'à 22 h 30
Menus : 320 F, 480 F. Carte : 600 F

La nouveauté cette année de ce restaurant de l'Etoile : l'arrivée d'un nouveau maître des lieux, Frédéric Pedrono, ancien du Télégraphe et de Stella Maris. En cuisine, toujours le même chef, le sérieux Eric Choisel, joue avec constance une petite musique moderne, pleine de fraîcheur et de légèreté. Langoustines rôties au piquillos, avocat au poivre de Séchouan, homard breton rôti en cocotte et petits légumes, noix de ris de veau au bâton de réglisse et asperges meunières sont des plats mis au goût du jour. En dessert, on se régale avec la variation sur le cacao, autour des pâtisseries, glaces, soupes et tuiles. Le décor moderne des années soixante-dix-quatre-vingt a bien vieilli. Le service est digne d'une grande table et la carte des vins à la hauteur.

La Maison Blanche

« 15 Montaigne »
15, av. Montaigne
Tél. : 01 47 23 55 99. Fax : 01 47 20 09 56
Fermé sam. midi, dim., lundi midi, 1 sem. janv., août. Jusqu'à 23 h
Carte : 500-800 F

La situation ? Exceptionnelle, sur le toit du Théâtre des Champs-Élysées. Le décor ? Contemporain, sobre, dans les camaïeux de gris. La cuisine de José Martinez ? Nette, juste, à point, sans excès inutile. Voilà pour l'état des lieux de cette snob demeure de l'avenue Montaigne. Vous l'aurez compris, la vue sur Paris est imprenable, superbe, surtout à la nuit tombée. L'été, à l'heure du déjeuner, le joli patio ombragé est appréciable. Le cadre plaît, emballe une clientèle plutôt « jet-set », tout comme la cuisine de bon ton, qui a trouvé ses marques. Terrine de foie gras de canard à la vanille, langoustines et asperges vertes poêlées au jus de viande, carré d'agneau au four, piquillos farcis, moelleux au chocolat composent des agapes chics et bonnes. La carte des vins, qui ne fait pas de cadeaux, propose de jolis crus comme le côtes-du-rhône Gramenon. Mais après tout, on est quand même à la Maison-Blanche, non ?

Stella Maris

4 rue Arsène-Houssaye
Tél.: 01 42 89 16 22. Fax: 01 42 89 16 01
Fermé sam. midi, dim., 10 jrs en août
Jusqu'à 22 h 30
Menus: 175 F, 320 F, 460 F. Carte: 450-600 F

Tateru Yoshimo est un homme heureux. Ce Nippon de 45 ans a réalisé son rêve en ouvrant à Paris, voilà trois ans, un restaurant pour faire «la cuisine qu'il aime», celle de la mer. Formé chez Troisgros, Senderens et Robuchon, cet apôtre a le CV riche et l'enthousiasme chevillé au cœur. Depuis sa reprise de l'ex-Vancouver, le succès afflue. Il faut dire que nous connaissons peu de virtuose du produit net aussi à l'aise dans la maîtrise des produits de qualité, d'une fraîcheur sans faille, issus du meilleur de Rungis et de l'agriculture biologique. Avec constance, Yoshino épate ses hôtes avec ses tours légers et frais. Mille-feuille de navets aux truffes, risotto d'huîtres à la crème de cresson, fricassée de langoustines et capuccino de petits pois, homard breton rôti aux épices et son parmentier, pavé de bar grillé et artichaut à la barigoule, filet de saint-pierre cuit en peau sont de la haute couture. Le tout s'arrose de vins, tarifés sans tendresse, choisis avec art, conseillés avec malice par Marc Ragaine, jeune ancien de La Tour d'Argent. Pour finir en douceur, faites confiance à Christian Olivier, pâtissier formé chez Gagnaire et au Grand Véfour, dont l'ananas parfumé à la sauge, le sorbet de fromage blanc et le fondant au chocolat sur fine feuille accompagné d'une crème brûlée sont des tours de virtuose. En salle, Michiko Yoshino veille à l'accueil bienveillant de son personnel stylé. Voilà une adresse marine qui monte en grade à deux pas des Champs.

Clovis

Hôtel Sofitel Paris Arc de triomphe

2, avenue Bertie-Albrecht
Tél.: 01 53 89 50 53. Fax: 01 53 89 50 51
Fermé sam., dim., août, sem. Noël. Jusqu'à 22 h
Menus: 310 F, 480 F, 520 F. Carte: 450-550 F

Anciennement au Relais de Sèvres, Bruno Turbot œuvre désormais à deux pas de l'Etoile, au sein du luxueux restaurant de l'hôtel Sofitel. Le cadre est élégant, dans des tons bleu et ivoire, avec mobilier Directoire. Le service est efficace, attentionné, digne d'un grand hôtel. La cuisine? Fine, sérieuse, sans fausse note. Son créneau? Les produits frais, mitonnés sans fioritures, mais avec précision et raffinement. Les pressé de queue de bœuf acidulé au banyuls, filet de sandre grillé, miel et jus d'orange court, grosses langoustines rôties et fouillis de pâtes, carré d'agneau rôti en tout aubergines sont des mets de ciseleur. Les desserts sont au diapason (petit marron et crème de châtaignes légère). Quant au sommelier Arnaud Fatôme, qui connaît sa partition, il enrichit sa carte des crus au fil des saisons.

Le Copenhague

142, av. des Champs-Elysées
Tél.: 01 44 13 86 26. Fax: 01 42 25 83 10
Fermé sam midi, dim., août. Jusqu'à 22 h 30
Menus: 270 F (vin c.), 295 F. Carte: 300-600 F

Depuis 1955, on peut manger scandinave à Paris, dans ce premier étage de la maison du Danemark au décor sobre et intemporel qui ravit les amateurs du style nordique. La cuisine est à l'unisson. En vedette: le saumon à l'unilatéral, dont on dit qu'il fut créé ici en 1974. Mais on peut se laisser tenter par le saumon mariné à l'aneth, fumé, froid ou chaud, et le hareng: au naturel, à l'orange ou au curry. De l'authentique, voilà ce que propose le chef Bruno Deligne, ancien du Trente Fauchon, et que sert un personnel stylé. L'assiette gourmande (saumon mariné, œufs d'ablette, saumon et anguille fumés), le pot-au-feu de la mer du Nord, la noisette de renne et la crêpe aux mûres jaunes, glace vanillée contribuent au dépaysement. N'oubliez pas, au passage, de jeter, depuis le premier étage, un œil sur la «plus belle avenue du monde»...

Le Jardin

à l'hôtel Royal-Monceau

37, av. Hoche
Tél.: 01 42 99 98 70. Fax: 01 42 99 89 94
Fermé sam., dim. Jusqu'à 22 h 30
Menus: 320 F, 370 F (déj.), 460 F. Carte: 600 F

Au cœur du jardin de l'hôtel Royal Monceau, cette coupole de verre joue toujours la cuisine du sud, sous la houlette de Bruno Cirino. Certes, ce dernier est parti créer sa maison à la Turbie. Mais ce technicien hors pair vient chaque semaine donner le *la* d'une des plus fines cuisines méditerranéennes de la capitale qui continue de faire la renommée du lieu. Petits artichauts violets mitonnés en cocotte comme en Provence, bar de la pêche bretonne rôti et acidulé aux citrons de Menton, carré d'agneau grillé aux pignons de pin et petits farcis niçois ne souffrent d'aucune critique. Les desserts (arlettes aux fraises des bois, glace à la vanille de Tahiti) sont légers comme l'air. Orientée plein cœur vers la Provence, la carte des vins n'en oublie pas pour autant les autres régions françaises.

El Mansour

7, rue de la Trémoille
Tél.: 01 47 23 88 18
Fermé dim., lundi midi, 6-18 août. Jusqu'à 23 h
Carte: 250-400 F

Dans un quartier riche en bonnes tables exotiques, ce marocain de bon ton est la cerise sur le gâteau. Ses atouts? Un décor chic avec boiseries, rehaussé de quelques notes orientales, des tables espacées, un service plié en quatre (voir en huit), et des plats d'une sincère authenticité. Les vins du pays, rosé de Guerrouane et rouge Riadjamil, arrosent pastilla aux fruits de mer, sardines farcies, cigares au poisson, poulet à la mode de Fez, agneau aux pruneaux et graines de sésame, pigeonneau aux oignons et raisins, très fin couscous méchoui aux légumes variés, pastilla au lait, pâtisseries fassies et thé à la menthe de Meknès. Mieux qu'à Fez ou à Rabat, en tout cas aussi bien.

W

à l'Hôtel Warwick

5, rue de Berri
Tél. : 01 45 61 82 08. Fax : 01 45 63 75 81
Fermé sam., dim., août. Jusqu'à 22 h 30
Menus : 250 F (déj.), 350 F. Carte : 450-600 F

Exit Jérôme Coustillas, place à Hervé Galidie. Cet ex-second d'Alain Soliveres des Elysées du Vernet a élevé le niveau de ce restaurant d'hôtel moderne au cadre minimaliste manquant un brin de chaleur. Reste que le service est en net progrès et la cuisine très méditerranéenne de bon ton d'une précision sans faille. Les superbes langoustines bretonnes à la plancha assaisonnées de condiments piquants, la poêlée d'encornets sauvages aux piments d'Espelette, le saint-pierre rôti entier avec sa mousseline d'artichauts, le bar de ligne cuit à l'étouffée avec ses légumes primeurs au curry sont d'une justesse de ton qui enchante. Ajoutez-y la juteuse pièce d'agnelet avec les navets à la coriandre, l'aiguillette très rustique chic de bœuf Maine-Anjou au jus de daube relevée de banyuls et vous comprendrez que la maison aille de l'avant. Les desserts sont de belles surprises. Fin palet de chocolat équatorial et glace café ou spoom d'ananas et gingembre sont des réalisations, fines, stylées, soignées, orientées plein Sud.

Bath's

9, rue de la Trémoille
Tél. : 01 40 70 01 09. Fax : 01 40 70 01 22
Fermé sam., dim., août. Jusqu'à 22 h 30
Menu : 190 F. Carte : 300-400 F

L'une des bonnes surprises de l'année – elles ne furent pas si nombreuses – aura été l'arrivée à Paris de Jean-Yves Bath. L'ex-wonder boy de Sarpoil (la Bergerie), puis de Clermont-Ferrand qui régalait le Tout-Auvergne au-dessus du marché Saint-Pierre, est venu se frotter avec succès au tout-Paris qui s'est, grâce à lui, senti des racines neuves. On peut aimer ou non son décor moderne province, avec ses œuvres d'art, dont certaines signées du rugbyman Jean-Pierre Rives. Mais ses plats de caractère, délivrés par un service complice, emballent sans mal. Ses ravioles de cantal aux herbes et jus de viande sont à se pâmer. Son chou farci en version allégée, son sandre aux lentilles, sa hure de joue de bœuf, son pressé d'artichauts aux betteraves râpées, sa côte de veau limousin, sa galette feuilletée chaude aux cerises noires et sa terrine de pomelos sont tout bonnement de la vraie cuisine, juste comme on l'aime. Bath, c'est vraiment bath, d'autant que les vins du pays, boudes, chanturgue, châteaugay, se boivent sans soif, à la régalade.

L'Etoile Marocaine

56, rue de Galilée
Tél. : 01 47 20 44 43/01 47 20 54 45.
Fax : 01 47 20 69 85
Tljrs. Jusqu'à 23 h
Carte : 250-350 F

Le meilleur couscous classique de Paris ? Celui de cette ambassade marocaine des Champs qui est exactement comme on l'aime : bouillon parfumé et dégraissé, légumes odorants, brochettes, merguez, agneau, boulettes fines et épicées. Le décor, authentique à souhait avec zelliges, fontaines et stucs, n'est pas mal non plus. Quant au service, il est la gentillesse marocaine même. Qualité et régularité sont les maîtres mots maison. Et l'on se régale avec les pastilla au pigeon et amandes, brick aux crevettes, salade de laitue à l'orange, tagine d'agneau aux légumes, tagine de poulet aux pruneaux et amandes, pâtisseries marocaines et thé à la menthe.

Le Grenadin

44-46, rue de Naples
Tél. : 01 45 63 28 92. Fax : 01 45 61 24 76
Fermé sam. midi, dim., lundi soir, sem. 14 juil., sem. 15 août. Jusqu'à 22 h 30
Menus : 130 F (vin c., déj.), 198 F, 200 F, 298 F, 330 F. Carte : 300-450 F

Patrick Cirotte est un artiste, nous ne nous lassons pas de le répéter. Formé au Taillevent et chez Savoy, ce joyeux luron n'est jamais en manque d'inspiration. N'hésitant pas à marier les saveurs sans fausse note, ajoutant des herbes rares par-ci et des légumes d'antan par-là, penchant à la fois pour le salé et le sucré, le croquant et le moelleux, l'acide et le doux. Ses réalisations séduisent à coup sûr : salade de pleurotes, écrevisses et vinaigre framboise, filet de dorade, haricots verts sauce balsamique, carré d'agneau sur croûte de pain d'épice. Petite mention particulière pour le délicieux mille-feuille minute, spécialité du chef. Certains trouveront le mélange des saveurs abusif. Sa maison – et ses menus – demeure une des affaires du quartier.

Kinugawa

4, rue Saint-Philippe-du-Roule
Tél. : 01 45 63 08 07
Fermé dim., Noël-Nvel An. Jusqu'à 22 h
Menus : 155 F (déj.), 510 F, 560 F, 580 F, 700 F.
Carte : 400-500 F

Le meilleur japonais de Paris ? Celui de Kiyoshi Kinugawa, qui a donné son nom à la demeure. Ce spécialiste de la cuisine Kaiseki de Kyoto œuvre avec précision et finesse, dans la pure tradition nippone. Les assortiments de sushi, l'émincé de bœuf au gingembre, le saumon teryaki et le rouget au sel sont du sérieux, du travail d'artiste. La fraîcheur des produits, la finesse de la préparation et la carte qui évolue au gré du marché, voilà ce que vous réserve ce chef surdoué. Dans un élégant décor boisé, le service attentionné et très au fait du sujet vous conseillera dans vos choix. Fins tempuras, suimono (potage et plats d'œufs, comme la crème brûlée de fruits de mer), sunomo (salade aux algues) et bœuf teryaki ne souffre d'aucune critique. S'il n'y avait qu'une adresse nippone à retenir à Paris, ça serait celle-ci.

Marius et Janette

4, av. George-V
Tél. : 01 47 23 41 88/01 47 23 07 19
Fax : 01 47 23 07 19
Tljrs. Jusqu'à 23 h 30
Menu : 300 F (vin c.). Carte : 450-600 F

Les prix à la carte ont tendance à prendre le large, mais le menu à 300 F rattrape le tout. Il faut dire que la clientèle d'affaires et des palaces voisins s'en moque un peu. La table marine des frères Richard est une des belles adresses du quartier, où poissons et produits de la mer sont traités avec habileté par un chef fidèle, modeste, mais très sûr. Laurent Audiot, présent ici depuis dix ans maintenant, régale ses hôtes à coup de tourteau frais en vinaigrette, ravioles de langoustines au persil plat, merlan frit sauce tartare, saint-pierre meunière, barbue à l'oseille, haddock poché à l'anglaise et crumble aux poires. Le décor de bateau parisien imaginé par Slavik passe les modes avec grâce.

Shozan

11, rue de la Trémoille
Tél. : 01 47 23 37 32. Fax : 01 47 23 67 30
Fermé sam. midi, dim., 7-22 août. Jusqu'à 22 h 30
Menus : 230 F (déj.), 400 F. Carte : 300-450 F

Gérard Mallet (ancien du Pré Catelan, du Pavillon Elysée et du George V), celui qui a su redonner vie à la salle de cette demeure est parti vers d'autres horizons. Mais son bref passage a suffi à donner un coup de pouce à ce restaurant franco-nippon de très bon ton. Le chef, Frithjof Wimmer, d'origine allemande, est fidèle aux fourneaux. Formé au Clos Longchamp avec Jean-Marie Meulien, puis au Japon, ce ciseleur rigoureux mélange, avec subtilité, saveurs françaises et japonaises. Si le concept est plutôt déroutant, le résultat est excellent. Et l'on se laisse facilement surprendre par le sushi de foie gras, les trois saveurs en coffre (tempura d'escargots, saumon mi-cuit et sushi de thon), la selle d'agneau en croûte de miso, infusion d'algues, le yaourt fermenté maison et le macaron de thé vert. Tout de bois noir vêtu, le joli décor de Christian Liaigre donne à la salle une ambiance intime, propice aux repas en tête-à-tête. Vous l'aurez compris, raffinement et originalité sont au programme de cette ambassade nippone.

Stresa

7, rue Chambiges
Tél. : 01 47 23 51 62
Fermé sam., dim., août, 20 déc.-4 janv.
Jusqu'à 22 h 30
Carte : 370-500 F

Voici un des lieux de rendez-vous gourmands de la jet-set parisienne. Politiques, acteurs, artistes et gens de la mode se retrouvent au coude à coude, à deux pas de l'avenue Montaigne, chez les frères Faïola. Comme pour tout endroit *in* qui se respecte, les critiques vont bon train. Cette trattoria de luxe semble pratiquer le numerus clausus et les prix élevés. La carte ne change guère et la promiscuité règne en salle. Reste que cette demeure de charme des années cinquante, avec boiseries et banquettes en velours, ne désemplit pas. Il est même difficile d'avoir un coin de table. C'est que la cuisine transalpine authentique surfe avec brio sur la vague de la mode. Avec constance, on sert là des antipasti frais comme l'onde, un foie de veau balsamique, une légère pizza en pâte feuilletée, un joli filet César (en souvenir du maître disparu qui a laissé quelques œuvres), un loup grillé arrosé d'un filet d'huile d'olive, une nougatine et un incontournable tiramisu.

Tante Louise

41, rue Boissy-d'Anglas
Tél. : 01 42 65 06 85. Fax : 01 42 65 28 19
Fermé sam., dim., 14 juil.-14 août.
Jusqu'à 22 h 30
Menus : 195 F (déj.), 230 F. Carte : 300-400 F

Bernard Loiseau n'est que rarement là, trop occupé à Saulieu par sa Côte d'Or. Mais il garde un œil attentif sur son bistrot années vingt du quartier de la Madeleine. A son ouverture, ses détracteurs misaient bien peu sur l'installation du provincial à Paris. Deux ans plus tard, la maison affiche complet midi et soir. Du coup, le grand Bernard a ouvert une Tante Marguerite dans le 7e, histoire de faire taire les mauvaises langues, puis Tante Jeanne dans le 17e qui a fait un tabac dès l'ouverture. Aux fourneaux de cette Tante-ci, l'un de ses bons élèves mitonne une cuisine sage, fine, finaude, bourgeoise, certes, mais cependant légère, en tout cas habilement mise au goût du jour. Escalope de foie gras poêlé aux raisins, filet de sole aux champignons, pommes vapeur, rognons de veau au lait, purée de rattes, gâteau coulant au chocolat et sorbet fromage blanc sont sans faille. Les menus sont de divines surprises.

Brasserie Lorraine

272, rue du Faubourg-Saint-Honoré
Tél.: 01 42 27 80 04. Fax: 01 44 40 00 08
Tljrs. Serv. continu: 11 h 30-1 h. du matin
Carte: 250-350 F

Le décor est pour le moment intact dans cette mythique brasserie parisienne. Mais on connaît les frères Blanc qui ont repris cette brasserie il y a peu... Alors profitons encore un peu du vieux cadre années cinquante, du personnel souriant et de la cuisine de brasserie sage. Saumon mariné à l'huile d'olive, sole meunière au beurre blanc, côte de bœuf, soufflé au Grand Marnier ne déçoivent pas. Ce qui n'est déjà pas mal.

Le Cap Vernet

82, av. Marceau
Tél.: 01 47 20 20 40. Fax: 01 47 20 95 36
Fermé Noël. Jusqu'à 23 h 30
Menu: 215 F (vin c., déj.). Carte: 240-280 F

Les amateurs de poissons et crustacés sont chez eux dans ce bateau amarré près des Champs sous la houlette d'un capitaine au long cours nommé Guy Savoy. Face à l'Arc de triomphe, ce bistrot marin au gai décor boisé et vitré propose poissons superbes et prix doux. Le choix d'huîtres est épatant et, côté cuisine, Stéphane Perraud mitonne, en légèreté, fraîcheur et délicatesse, émincé de thon mi-cuit aux graines de sésame, cabillaud demi-sel cuit à la vapeur, endives braisées, daurade royale rôtie entière, parmentier aux herbes et cappucino de mandarine. Au verre, en pot ou en bouteille, le choix de vins est appréciable.

Le Bec Rouge 

33, rue de Constantinople/1, rue Larribe
Tél.: 01 45 22 15 02
Fermé sam., dim. Jusqu'à minuit
Menus: 120 F (vin c.), 148 F (vin c.)
Carte: 150-250 F

La maison ferme plus tôt le soir, mais les menus n'ont pas pris 1 F cette année chez Maurice Bitsch. Formé dans la grande restauration, à l'Espérance de Vézelay et aux Trois Marches à Versailles, ce chef au CV riche s'est reconverti en faisant de cette table de coin de rue un lieu convivial, dans un quartier plutôt chic. Le décor n'est pas authentique (faux colombages et feuilles de vigne), mais la cuisine, artisanale à souhait, l'est assurément. Marbré de poireaux au foie gras, travers de porc au miel de sapin, choucroute et bouchon de chocolat régalent sans faiblir les habitués de la maison. Il faut dire que les portions sont honnêtes et les vins et bières d'Alsace coulent de source.

indique une des meilleures tables de France.

Berry's

46, rue de Naples
Tél.: 01 40 75 01 56. Fax: 01 45 61 24 76
Fermé sam. midi, dim., lundi soir, sem. 14 juil., sem. 15 août. Jusqu'à minuit
Menu: 100 F. Carte: 150-250 F

Tenue par le vaillant Patrick Cirotte, cette sympathique annexe du Grenadin est un des bons plans du quartier Villiers. Son nom a des consonances anglophones, mais ne nous y trompons pas, la cuisine est ici bien française, dédiée pour une grande part aux spécialités berrichonnes. La recette fait mouche: des produits de qualité préparés avec simplicité. L'ambiance est plutôt joyeuse dans ce bistrot dédié au rugby, même si le décor, plus tout jeune, laisse un peu à désirer. La formule à 100 F ravit les habitués de la maison. Salade de gésiers aux lentilles, pâté aux patates, entrecôte «Hereford», poulet rôti aux olives et clafoutis du jour sont des bonheurs simples que l'on arrose des vins de Loire (sancerre et reuilly).

Le Boucoléon 

10, rue de Constantinople
Tél.: 01 42 93 73 33. Fax: 01 42 93 17 44
Fermé sam., dim., 3 sem. août. Jusqu'à 23 h 30
Carte: 180-220 F

Ce petit bistrot de quartier, pour lequel nous eûmes de multiples coups de cœur, ne déçoit pas ni ne désemplit. Il est vrai, le nombre de tables est limité. Mais les raisons du succès sont autres. Aux commandes de la demeure, un duo de choc: Jérémy Claval, formé chez Chabanel (15e) et chez Guy Savoy, et Philippe Abraham, ancien de Goumard. Le premier se partage entre sa salle minuscule et sa petite terrasse, le deuxième mitonne une cuisine fraîche, légère, riche en saveurs, nettes de ton, concoctée avec malice au gré du marché. Tartare de saumon au couteau, assiette d'asperges, pavé de thon aux pousses d'épinards, gigot braisé purée maison, financier au chocolat chaud honore une cuisine bien troussée, qui arrive à faire oublier un décor inexistant.

Chez Germain 

19, rue Jean-Mermoz
Tél.: 01 43 59 29 24
Fermé sam., dim., août. Jusqu'à 22 h 45
Menus: 118 F, 168 F. Carte: 200-250 F

Frédéric Gauthier a été formé à bonne école. Cet ancien de Passard, Kéréver, Rostang, Olympe et Gérard Cagna (excusez du peu) a repris de main de maître ce bistrot situé à deux pas des Champs. Les références? Il n'en manque pas. Son style? Plutôt dans l'air du temps. Son rythme? En fonction du marché. La formule à 168 F est l'affaire du quartier offrant ravioles du Royans velouté aux langoustines, filet de dorade poêlé, purée à l'huile vierge et basilic, escalope de veau façon normande, petit pot de crème au chocolat et ses madeleines tièdes. Tout cela est du joli travail. Sans oublier une carte des vins maligne (beaumes-de-venise servi au pichet). Voilà une adresse à retenir.

Le Rocher Gourmand

89, rue du Rocher
Tél.: 01 40 08 00 36. Fax: 01 40 08 05 29
Fermé sam. midi, dim., août. Jusqu'à 22 h
Menus: 145 F (déj.), 180 F, 230 F (dégust., dîn.).
Carte: 200-250 F

Le décor cosy ne paie pas de mine, mais on vient surtout ici pour les qualités culinaires du chef, Sébastien Gilles. Cet ancien élève de Gérard Faucher assure à l'aise dans le genre cuisine du marché, maligne et personnelle. La finesse et la fraîcheur de ses plats ont fait de sa demeure une des bonnes adresses du quartier. Le menu est passé à 180 F, mais reste un des cadeaux de la maison. Raie aux câpres et courgettes marinées, filet de daurade au pain d'épices et pommes ratte écrasées, pavé de noix de veau de lait et endives braisées, tartelette chocolat blanc et clémentines, feuillantine de bananes frécinettes rôties au safran sont plein de promesses.

Version Sud

3, rue Berryer
(angle 4, av. Friedland)
Tél.: 01 40 76 01 40. Fax: 01 40 76 03 96
Fermé sam. midi, dim. Jusqu'à 23 h
Carte: 200-300 F

Version méditerranéenne pour Guy Savoy qui a créé ici l'une de ses annexes les plus dépaysantes. Alain Pras, qui parvient à être la fois ici et à la Butte Chaillot (16e), gère de main de maître ce bistrot chic et de prix sage. Cuisine du Sud assortie d'un décor ensoleillé à trois thèmes: intérieur mauresque, patio provençal sous verrière et bodega andalouse. L'empreinte Savoy est bien présente à travers cuisine sérieuse, saveurs fraîches mêlant acidité et légèreté. Selle d'agneau croustillante à la tapenade et tian de légumes provençaux, poêlée de foie gras aux pousses d'épinards et jus au pain d'épice, espadon grillé avec salade roquette et tomate confite sont des plats malins tout plein, gais, plein de tonus. Belle carte des vins avec notamment des crus de l'île de Beauté.

Produits

ARTS DE LA TABLE

Baccarat

11, pl. de la Madeleine
Tél.: 01 42 65 36 26. Fax: 01 42 65 06 64
10 h-19 h. Fermé dim.

Cette boutique boisée en étage, sise à l'angle du boulevard Malesherbes, est entièrement dédiée aux arts de la table: cristal de Lorraine, porcelaine Haviland de Limoges, couverts de classe, verres de Bohême, belles aiguières.

Cristallerie de Saint-Louis

13, rue Royale
Tél.: 01 40 17 01 74
10 h-18 h 30. Fermé dim.

Les belles carafes et les verres finement taillés, fabriqués, depuis 1767, à Saint-Louis-les-Bitche (Moselle), continuent d'épater le monde entier. Hermès, qui a racheté murs et fonds, continue de promouvoir la qualité cristal de bel artisan.

Lalique

11, rue Royale
Tél.: 01 53 05 12 12. Fax: 01 53 05 12 13
9 h 30-18 h 30 (sam.: 19 h). Fermé dim.

Les œuvres en cristal, taillées dans les ateliers alsaciens de Wingen-sur-Moder, côtoient assiettes de Coquet, seaux à glace, vases, cendriers Arts déco, plat «Côte d'Or» signé Marc Lalique. Egalement au rendez-vous: sacs en cuir, flacons, cœurs ou bracelets sculptés à offrir à l'élue de votre cœur.

Puyforcat

2, av. Matignon
Tél.: 01 45 63 10 10
10 h-18 h 30. Fermé dim. Autre adresse:
22, rue François-Ier, 8e. Tél.: 01 47 20 74 27.

La fameuse fourchette à trois dents demeure une vedette de ce temple de la belle argenterie. Et les objets, qui pour beaucoup, furent conçus dans les années trente, demeurent des modèles de bon goût.

BOUCHERS

Boucheries Nivernaises

99, rue du Faubourg-Saint-Honoré
Tél.: 01 43 59 11 02. Fax: 01 42 25 92 32
7 h 30-13 h 15 h 30-19 h. Fermé dim. a.-m., lundi.

Dans ses labos à la pointe du progrès, Bernard Bissonnet est à l'aise pour découper ce qui se fait de mieux en matière d'agneau de Lozère, bœuf de Simmenthal ou de Normandie, veau de Corrèze, volailles de Bresse, de Challans ou des Landes. Tandis que Guy, directeur avisé, suggère l'achat du moment: flanchet de veau, onglet, paleron et couronne d'agneau sans oublier le bon conseil de cuisson.

BOULANGER

René Saint-Ouen

«Au Pain Bien Cuit»
111, bd Haussmann
Tél.: 01 42 65 06 25
7 h 30-19 h 30. Fermé dim., août, jrs fériés.

Depuis 1952, René Saint-Ouen fait les délices de l'amateur de bon pain avec baguette présidentielle primée, fougasse, pains sarthois au levain, pain au lard, pain de seigle, raisins et noix de grande qualité.

CAVISTES

Caves Augé

116, bd Haussmann
Tél. : 01 45 22 16 97. Fax : 01 44 70 08 80
9 h-19 h 30. Fermé dim., lundi.

Marc Sibard s'informe, s'instruit, voyage et ramène le meilleur dans son antre, la plus vieille cave de Paris fondée en 1850. Une importante sélection de vins étrangers parmi lesquels le Vega Sicilia (Espagne), Sassicaia (Italie). Mais également des vins jeunes fruités, naturels, sans omettre des grands bordeaux et bourgognes de collection. Ses petits chéris ? Le côtes-du-rhône de Gramenon, le vosne-romanée Prieuré Roch ou le morgon de Lapierre. On est certain de trouver ce qu'on cherche chez ce nez fureteur.

Caves Taillevent

199, rue du Faubourg-Saint-Honoré
Tél. : 01 45 61 14 09. Fax : 01 45 61 19 68
9 h-20 h (sam. : 19 h 30). Fermé dim., lundi matin, 15 jrs août.

Le catalogue Taillevent répertorie les 50 000 bouteilles qui constituent le trésor de la cave maison. Parcourez-le, vous y trouverez forcément votre bonheur. Jean-Claude et Valérie Vrinat, se relayent de vignoble en vignoble pour dénicher la dernière bouteille du moment : château-les-moines côtes de Blaye, vin de pays des côtes de Thongue, issu de merlot, château Falfas côtes-de-bourg, reuilly Clos des Messieurs Claude Lafond, coteaux-du-Languedoc Terroir Taillevent ou Lastours-corbières que côtoient des Petrus et des Latour. Des dégustations amicales sont organisées chaque samedi.

Verger de la Madeleine

4, bd Malesherbes
Tél. : 01 42 65 51 99. Fax : 01 49 24 05 22
10 h-20 h (lundi : fermé 12 h-15 h 30)
Fermé dim.

Rares jerez, vieux portos, madères, armagnacs, cognacs, calavados, saint-émilion Château Cheval Blanc 1994 (3 100 F), Romanée-Conti, champagnes sont sélectionnés par Jean-Pierre Legras pour arroser dignement vos fêtes.

CHARCUTIER

Vignon

14, rue Marbeuf
Tél. : 01 47 20 24 26
8 h 30-20 h. Sam. 9 h-19 h 30. Fermé dim

Jambon blanc à l'os, fumaisons variées, boudin blanc de Noël, foie gras et saumon fumé sont à leur aise dans l'échoppe de Philippe Vignon, le roi du cervelas truffé. Beaux vins et primeurs de qualité sont également proposés dans ses boutiques annexes.

CHOCOLATIERS

La Maison du Chocolat

225, rue du Faubourg-Saint-Honoré
Tél. : 01 42 27 39 44. Fax : 01 47 64 03 75
10 h-19 h 30 (nov.-avril) et 10 h-19 h (mai.-oct.) Fermé dim. Autres adresses :
52, rue François-Ier, 8e Tél. : 01 47 23 38 25.
8, bd de la Madeleine. 9e, Tél. : 01 47 42 86 52
89, rue R.-Poincaré. 16e. Tél. : 01 40 67 77 73

Maestro des mélanges rares, maître de l'équilibre cacaotier, Robert Linxe, sorcier de la ganache demeure un artisan soigneux. Garrigue au fenouil, andalousie au citron, sylvia au lait, rigoletto, roméo, habanera pêche mirabelle, lingot à la saveur corsée évoquent le bon goût du chocolat cher à ce Basque surdoué qui se trouve, aujourd'hui, à la tête de plusieurs boutiques à Paris et aux USA.

CONFISEURS

Fouquet

22, rue François-Ier
Tél. : 01 47 23 30 36. Fax : 01 47 23 30 56
9 h 30-19 h 30. Fermé dim.

Sous la houlette de Christophe Chambeau, Fouquet perpétue la tradition de qualité dans ce temple de la gourmandise, fondé en 1852. Gingembre cristallisé, oranginette, caramel mou au beurre salé, fondant à la fleur d'oranger, fruits fourrés de pâte d'amande, confitures artisanales, eaux-de-vie, miels, pâtes de fruits, ganaches au chocolat, fruits à la russe (confits et roulés dans le sucre glace) auxquels vient s'ajouter une gamme de moutardes aux baies roses, à l'armagnac et au piment de Jamaïque.

Aux Miels de France

« Maison Daire »
71, rue du Rocher
Tél. : 01 45 22 23 13
9 h 30-14 h (sam. : 13 h). 14 h 30-19 h
Fermé dim., août.

Miels, pain d'épice artisanal de l'Yonne, exquises confitures (dont une à l'orange amère), proposés dans cette maison datant de 1953, sont de tout premier ordre.

EPICIERS

Faguais

30, rue de la Trémoille
Tél. : 01 47 20 80 91. Fax : 01 47 10 14 85
9 h 30-19 h. Fermé dim.

A deux pas des Champs, cette boutique au décor en bois de chêne demeure, depuis 1912, l'étape obligée des gourmets. Thés des plus grands jardins, cafés arabicas du monde entier, torréfiés chaque jour, biscuits, confitures, miels, vanille, cacao, vieux vinaigres, moutardes douces ou fortes sont servis avec le sourire.

La Maison de la Truffe

19, pl. de la Madeleine
Tél. : 01 42 65 53 22
9 h-21 h. Fermé dim.

Truffes blanches ou noires, fraîches en saison, en boîte ou en bocal toute l'année, mais aussi saumon, caviar, épices et foies gras en tout genre : tout fait envie dans cette belle ambassade gourmande qui vient d'ouvrir avec succès une salle de dégustation (pâtes, omelette, carpaccio aux truffes).

Albert Ménès

41, bd Malesherbes
Tél. : 01 42 66 95 63. Fax : 01 40 06 00 61
10 h-19 h. Fermé dim., lundi matin, 15 juil.-15 août.

Depuis 1921, à cette adresse, biscuits de nos provinces (gâteaux à la poudre d'amandes de Visan, de noisettes dits ducats de la Mayenne, Traou Mad, palets solognots, lauzes d'Auvergne), confitures (mûres, abricots, rhubarbe), miels (d'acacia, de lavande, de romarin), poissons en conserve, légumes condimentaires, thés, cafés, chocolats, épices sont sélectionnés avec soin et valent l'emplette.

FROMAGER

La Ferme Saint-Hubert

21, rue Vignon
Tél. : 01 47 42 79 20. Fax : 01 47 42 46 97
8 h 30-19 h 15. Fermé dim.
Rest. : 11 h 45-16 h. 18 h 45-23 h

La maison créée par Henry Voy s'est dotée d'un restaurant où l'on peut apprécier de superbes tartiflettes et soufflés au roquefort et déguster les pâtes fermières vendues en boutique : livarot, maroilles itou, vieux beaufort, camembert, saint-marcellin crémeux à cœur, crottins secs qui sont affinés à point.

PÂTISSIERS

Boulangerie Saint-Philippe

73, av. Franklin-Roosevelt
Tél. : 01 43 59 78 76/01 42 56 19 81
Fax : 01 45 63 02 44
6 h 30-20 h. Fermé sam. (août : sam., dim.).

Les Julien, Jacques le père et Gontran le fils, sont d'excellents boulangers. Mais leur pâtisserie est de premier ordre. Gâteaux à la bergamote ou au calvados et pommes, éclair au chocolat, religieuse, mille-feuille, saint-honoré, magnifique Tatin, feuilletés aux pommes caramélisées, cakes et brioches mettent en appétit, et il est bien difficile de faire son choix. Les mini-sandwichs sont d'égale qualité.

Ladurée

16, rue Royale
Tél. : 01 42 60 21 79
8 h 30 (dim : 10 h)-19 h. Tljrs.

Ce joli salon de consommation à l'ancienne avec historique plafond peint est le royaume des gourmets. Philippe Andrieu, ancien de Michel Bras, dirige cette institution Second Empire qui continue de promouvoir la qualité. On se régale de mille-feuille praliné, vanille rhum ou framboises, sublimes macarons pistache ou chocolat, baba au rhum et tartelette aux fruits de saison.

PRODUITS ÉTRANGERS

Caviar Kaspia

17, pl. de la Madeleine
Tél. : 01 42 65 33 52
10 h-1 h. Fermé dim.

Dans son nouveau style design, cette boutique continue de proposer caviar (dont le pressé, star de la maison), esturgeon, saumon, truite, anguille fumés. Vodka, aquavit et genièvre de qualité complètent la gamme.

Maison du Caviar

1, rue Vernet
Tél. : 01 40 70 06 39
10 h 30-20 h. Fermé dim. Rest. :
21, rue Quentin-Bauchart. Tél. : 01 47 23 53 43.

Importatrice de caviar depuis 1924, cette belle boutique offre beluga, oscietre, sevruga iraniens extras, mais aussi saumon de Norvège et d'Ecosse, fumés maison, sans oublier zakouskis, pirojkis et autres vodkas russes ou polonaises. Restaurant dégustation à deux pas.

PRODUITS RÉGIONAUX

La Cigogne

61, rue de l'Arcade
Tél. : 01 43 87 39 16
8 h-19 h (sam. : 18 h 30). Fermé dim., 1er-15 août.

Située à deux pas de la gare Saint-Lazare, fondée en 1892, cette boutique continue de proposer tarte à l'oignon, kougelhopf, bretzels, pain de fruit dit « berawecka », tarte au fromage, choucroute, pâté lorrain et quiche itou qui nous indiquent que la maison reste ostensiblement tournée vers l'Est.

THÉS

Betjeman et Barton

23, bd Malesherbes
Tél. : 01 42 65 86 17. Fax : 01 42 65 19 71
9 h 30-19 h. Fermé dim., 1er-15 août.

Cette institution du bon thé fondée en 1919 propose chaque jour un thé différent, en dégustation, à sa fidèle clientèle qui vient s'approvisionner en thé Pouchkine, Eden rose, earl grey, lapsang souchong, thés verts ou parfumés à la bergamote, darjeeling.

Théières en forme de chat et confitures à base de thé font d'agréables cadeaux.

TRAITEURS

Dalloyau

101, rue du Faubourg-Saint-Honoré
Tél. : 01 42 99 90 00. Fax : 01 45 63 82 92
8 h-21 h. Tljrs.

Boutique, table, comptoir gourmand et cave, tout le prestige et le savoir faire Dalloyau mis à la disposition du gourmet venu déguster en toute quiétude, manger sur le pouce ou préférant emporter une de ses créations sucrées ou salées. Le décor a du chic, la qualité des pâtisseries maison, chocolats mi-amers, superbes macarons, petits sandwichs ou plats préparés reste de première force.

Fauchon

26, pl. de la Madeleine
Tél. : 01 47 42 60 11. Fax : 01 47 42 83 75
9 h 40-19 h. Fermé dim.

Fauchon occupe tout un coin de la place de la Madeleine. Le salon de thé, dernier né de la maison, est le lieu idéal pour déguster, dans une ambiance cosy, la pâtisserie de haute tenue du jeune Sébastien Gaudard. Le rayon traiteur, les épices, les fruits superbes, les plus beaux produits régionaux (rillettes de Vouvray d'Hardouin, confiture de groseilles de Bar-le-Duc), les grands vins restent, ici, de toute première qualité. Les tarifs sont en conséquence.

Hédiard

21, pl. de la Madeleine
Tél. : 01 43 12 88 88. Fax : 01 42 66 31 97
9 h-20 h. Fermé dim.

Vins, cafés, thés, confitures, condiments, épices en tout genre sont de grande qualité chez Hédiard, seconde maison de la place. Le style colonial qu'elle s'est redonné lui convient bien.

Rendez-vous

BARS À BIÈRE

The Cricketer Pub

41, rue des Mathurins
Tél. : 01 40 07 01 45
11 h-2 h du matin. Fermé sam., dim.

Pour une bière, et plus si affinités, ou pour un déjeuner sur le pouce, ce vrai-faux pub londonien propose bowl (avocat, thon, œuf dur), carré d'agneau, poulet Séchouan et tarte aux pommes qu'accompagne, comme il se doit, la bière Adams.

 *indique une des meilleures tables de France.*

BISTROTS À VINS

Le Griffonnier

8, rue des Saussaies
Tél. : 01 42 65 17 17
9 h-18 h. Fermé sam., dim.

Robert Savoye est plutôt bien entouré. Ses gardes du corps se nomment Palais de l'Elysée, ministère de l'Intérieur et Renseignements Généraux, pas mal. Mais il n'a pas besoin de ça pour épater son monde. Son bar à vins auvergnat met une note de fantaisie et de bonne humeur à ce quartier très officiel. Frais beaujolais, gentilles tartines, traditionnelle terrine de queue de bœuf, solide tête de veau et classique crème brûlée se mangent sans faim.

SALONS DE THÉ

Bernardaud

11, rue Royale
Tél. : 01 42 66 22 55. Fax : 01 47 42 60 06.
8 h-19 h. Fermé dim.

Le célèbre porcelainier français a fait de ce salon de thé un endroit chic et agréable : assiettes du fabricant et joli décor d'Olivier Gagnaire. En cuisine, le jeune Walter Deshayes concocte des mets légers, simples et sans chichis comme la tartine de saumon fumé sauvage, la salade roquette et copeaux de parmesan, les penne rigate aux petits légumes et le sandre rôti aux épinards. Belles pâtisseries : tarte au citron et streussel d'abricots. Le service est en progrès, mais il ne faut pas trop lui en demander vers le rush de 13 h 30.

Ladurée

75, Champs-Elysées
Tél. : 01 40 75 08 75. Fax : 01 40 75 06 75.
8 h-1 h du matin. Tljrs.

En ouvrant sa boulangerie-pâtisserie en 1862, rue Royale, Louis Ernest Ladurée était sûrement loin de penser que 150 ans plus tard sa maison serait toujours présente dans la capitale. Petit déjeuner, en-cas chic (omelette tomates et herbes), déjeuner (filet de canard à l'arabica, filet de daurade) ou délicieuses pâtisseries (macarons maison) élaborées par Philippe Andrieu, font le bonheur de tous.

9e

Hôtels

Grand Hôtel Intercontinental

2, rue Scribe
Tél. : 01 40 07 32 32. Fax : 01 40 07 33 86
514 ch. 1950-4000 F

Une magnifique cour d'honneur coiffée par une verrière, de belles chambres lumineuses, et une situation idéale près de l'Opéra et de la Concorde.

Ambassador

16, bd Haussmann
Tél. : 01 44 83 40 40. Fax : 01 42 46 20 83
282 ch. 1 900-2 300 F

Situé entre Drouot et les grands magasins, ce bel hôtel haussmannien au mobilier ancien, lustres de cristal, colonnes de marbre rose et tapisseries d'Aubusson, possède de grandes chambres douillettes de style Arts déco.

Les Trois Poussins

15, rue Clauzel
Tél. : 01 53 32 81 81. Fax : 01 53 32 81 82
40 ch. 680-980 F

Au pied de la butte Montmartre, ce joli petit hôtel offre au dernier étage une superbe vue sur les toits de Paris. Les chambres sont accueillantes et le petit déjeuner servi dans une jolie salle voûtée.

Restaurants

La Table d'Anvers

2, pl. d'Anvers.
Tél. : 01 48 78 35 21. Fax : 01 45 26 66 67.
Fermé sam. midi., dim. Jusqu'à 23 h 30.
Menus : 250 F (déj.), 320 F. Carte : 500-700 F

Malgré le départ de son frère Philippe, pâtissier de grand talent, Christian Conticini continue d'assurer seul dans leur demeure du bas de Montmartre. Formé au Martinez de Cannes par Christian Willer, le maître Conticini a fait du mélange des saveurs son domaine de prédilection. Ce maestro imprévisible est en permanence à la recherche de nouveaux mélanges. Sa table ? Un laboratoire de saveurs, une ambassade de la cuisine du futur. Le sashimi de thon sauce gingembre, tombée tomate-raifort, le velouté de châtaignes à la cardamome, foie gras rôti à la fleur de sel, le dos de cabillaud en mouclade, pois chiches et curcuma, la noix de ris de veau aux épinards muscadés, jus de céleri et pied de veau raconte la cuisine en version « SF ». Même si le terroir relevé de saveurs épicées est convoqué aux premières loges. Les desserts ont toujours été une partie forte de la maison. Ils le demeurent à travers poire en gaufre avec chantilly et légumes séchés croquants, praliné en sablé chocolat au lait, caramel au beurre salé et glace cacahuètes et chamallow. Bienvenue chez le « savant fou » Conticini, ce Dr Folamour des fourneaux que nul n'effraye !

16 Haussmann

à l'hôtel Ambassador
16, bd Haussmann
Tél. : 01 44 83 40 58. Fax : 01 48 00 06 38.
Fermé sam. midi, dim. Jusqu'à 22 h 30.
Menus : 165 F, 200 F. Carte : 250-350 F

Le décor a été rajeuni dans un style « conranien » aux tons bleus, le mobilier est de Starck, les lustres viennent de Murano. Le tout est élégant, quoique sans ostentation. En cuisine, Michel Hache a su mettre sa touche personnelle : une cuisine aux accents du sud, épicée à souhait, fraîche et délicate. Velouté de cresson, émincé d'anguille fumée, œufs coques à la crème d'épices au caramel de Xérès, filets de rougets, risotto aux olives et tartine de beurre d'anchois, caille désossée et farcie, filet de bœuf poêlé à la fleur de sel et poivre sont des plats légers, plein de malice. Et pour clore le tout en beauté : pain perdu à l'ancienne glace verveine, clafoutis aux griottes sorbet framboise et moelleux au chocolat Caraïbes. La formule à moins de 200 F une des raie aubaines du quartier.

Les Muses

à l'hôtel Scribe
1, rue Scribe
Tél. : 01 44 71 24 26. Fax : 01 44 71 24 64.
Fermé sam., dim., jrs fériés, août. Jusqu'à 22 h 30
Menus : 250 F, 320 F. Carte : 350-400 F

La bonne surprise des nouveaux palaces gourmands est à dénicher au sous-sol du Scribe, dans un cadre luxueux quoique confiné. Les prix sages des deux menus sont des aubaines et les bonnes idées de Yannick Alleno, jeune homme doué, discret, récent Bocuse d'Argent, ex-lieutenant de Louis Grondard chez Drouant, emballent sans mal. Ses salade de pied de cochon farci, pressé de légumes en vinaigrette safranée, oeufs brouillés et grenouilles au cresson, asperges au lard et morilles, dos de Saint-Pierre rôti aux écorces d'agrumes, joli sandre laqué, noix de ris de veau au vin jaune, feuilleté minute aux amandes et le superbe gâteau vanillé chocolat en crème brûlée glacée jouent une petite musique rustico-moderne, très raffinée, flirtant avec le haut niveau. Ils font pardonner un service plus enthousiaste que précis et une carte des vins en gestation.

Chez Jean

8, rue Saint-Lazare
Tél. : 01 48 78 62 73. Fax : 01 48 78 35 30.
Fermé sam. midi, dim. Jusqu'à 23 h
Menu : 195 F

Ce qui est intact chaque année chez Didier Gaugain, c'est le décor années cinquante avec comptoir, porte-tambour, banquettes, cuivre et patères, ainsi que le menu-carte, compté désormais 195 F. Côté fourneaux, le joyeux Didier a ses petites habitudes, il change de chef tous les ans. Le dernier en date se nomme Christophe Cavallero, a été formé à l'Ambroisie, chez Hiély-Lucullus à Avignon, à l'Orangerie de Los Angeles. Il nous a bluffé cette année avec des mets d'une subtilité totale. Fraîcheur, tonus, finesse : voilà ce que révèlent le foie gras cuit au torchon au sel de Guérande, la tarte friande aux poireaux, lard et truffes, le filet de daurade au risotto à l'encre, le magret de canard rôti au miel, pommes fruits et dattes au carvi, la tarte Tatin aux coings et zestes d'agrumes. Pour accompagner le tout, on ferme les yeux et on se laisse guider par le patron, amateur de bons petits vins du terroir.

Wally le Saharien

36, rue Rodier
Tél. : 01 42 85 51 90. Fax : 01 45 86 08 35.
Fermé dim., lundi midi. Jusqu'à 22 h 30.
Menus : 300 F (déj.), 250 F. Carte : 200-300 F

Avec le même amour des choses bien faites, Wally Chouaki, dit « le Saharien », régale ses hôtes depuis plus de vingt-cinq ans, se partageant entre son « Village Berbère » dans le 18e et son oasis de charme de la rue Rodier. Au déjeuner comme au dîner, le menu dégustation donne l'occasion de découvrir une authentique cuisine du désert, à la fois sérieuse et exotique. Pastilla, oignons confits aux raisins, harira (potage de légumes), couscous saharien, tagine de collier d'agneau ou de poulet, kefta en sauce, salade d'orange et thé à la menthe font partie du dépaysement culinaire proposé par Wally. La salle aux allures de tente berbère (bibelots, cuivres, lampes) a son charme. Boutique attenante : traiteur et plats à emporter.

I Golosi

6 rue de la Grange-Batelière
Tél. : 01 48 24 18 63. Fax : 01 45 23 18 96.
Fermé sam. soir, dim., 3 sem. août.
Jusqu'à minuit.
Carte : 160-250 F

Un des meilleurs rapports qualité-prix italiens de Paris, c'est ce bar design mis en valeur et en verve par le bavard Marco Tonazzo. Ce fier Toscan propose une cuisine transalpine riche en saveurs que mijote Marino Liborio, ex-seconde de la maison, devenu chef, avec allant. Petits artichauts violets mijotés à la romaine, pâtes courtes à la viande de veau, perdrix entière au four avec purée de pommes de terre, baba con panna assurent avec constance. Avec plus de 500 références, la carte des vins est pleine de surprises. Et pour ceux qui auraient encore une petite faim, la boutique du rez-de-chaussée est là pour ça.

Casa Olympe

48, rue Saint-Georges
Tél. : 01 42 85 26 01. Fax : 01 45 26 49 33.
Fermé sam., dim., Noël- Nvel An, 1er-10 mai, 1er-26 août. Jusqu'à 23 h.
Menu : 195 F

Ancienne star des nuits parisiennes, Dominique dite « Olympe » Versini s'est reconvertie en reine de la cuisine ménagère. Il règne une ambiance conviviale dans son bistrot du quartier Saint-Georges aux murs patinés ocre et rouge. Certes, les tables rapprochées ne favorisent pas l'intimité, ni le bruit ambiant d'ailleurs. Mais l'essentiel ici est dans l'assiette. Avec le même talent et un enthousiasme intact, elle propose une cuisine de bon ton, nette et précise. Le menu-carte, habilement pondu, fait le bonheur de tous. La galette de farine de châtaigne à l'œuf poché, les raviolis de poutargue au fenouil et le thon aux lards et aux oignons sont du bel ouvrage. Les vacherin maison et Paris-Brest demeurent honnêtes. Les portables, eux, sont prohibés. Qu'on se le dise.

Il Sardo

46, bis rue de Clichy
Tél. : 01 48 78 25 38.
Fermé sam. midi, dim., sem. Noël, août.
Jusqu'à 22 h 30
Carte : 200-250 F

Notre « meilleure table étrangère » de l'an passé continue son bonhomme de chemin, proposant une cuisine transalpine de première classe. Les deux compères – Giambatista Saliu en salle (ex-Trenta Quattro) et Fabio Tenti en cuisine (ancien du Cortile d'Alain Ducasse) – n'ont pas pris la grosse tête malgré le succès. Derrière les stores de leur bistrot d'angle moderne sans charme, se cache la meilleure trattoria sarde de Paris. La cuisine authentique et sérieuse y fait rapidement oublier le cadre étriqué et les nappes en papier. Des antipasti à en perdre la tête, la belle charcuterie de la Botte, les pâtes fraîches (spaghettis plats aux palourdes, petits gnocchis sardes de blé dur avec tomates, gambas et épinards), le médaillon de veau avec jambon de Parme au vin blanc et sauge, les fines tranches de bœuf grillées avec légumes mixtes, les gambas au vin blanc de Sardaigne et l'irrésistible panna cotta vanillé font partie des réjouissances. On arrose le tout de vins sardes de qualité grande comme le splendide Araja en chantant les vertus de l'Italie heureuse. Viva Italia !

Les Bacchantes

21, rue Caumartin
Tél. : 01 42 65 25 35. Fax : 01 47 42 65 87
Fermé dim., sem. du 15 août
Serv. continu : 11 h 30-0 h 30
Carte : 150-250 F

Raymond Pocous le clame haut et fort : « Le seul bistrot à vins à Paris qui ne sert que du vin et rien que du vin ». Raymond n 'est que très rarement là, mais il veille d'un œil attentif sur sa demeure. À midi ou à minuit, au verre ou à la bouteille, blancs, rosés et rouges se boivent à la régalade dans ce bistrot typique parigot. Pour accompagner ces crus, des mets du terroir, simples, bons et « efficaces » : boudin landais au piment, feuilleté chaud au cabécou, pièce du boucher accompagnée de frites fraîches, steak tartare et tarte aux pommes. Une sieste digestive sera la bienvenue.

Le Bistro de Gala

45, rue du Faubourg-Montmartre
Tél. : 01 40 22 90 50. Fax : 01 40 22 98 30.
Fermé sam. midi, dim., 5 sem. août.
Jusqu'à 24 h
Menus : 170 F, 195 F

Cette année, la demeure de Thierry Jack-Roch ferme ses portes un peu plus tôt. À part ça, rien n'a changé chez cet ancien de chez Jean, formé au Dodin-Bouffant. Son bistrot dédié au cinéma est un des meilleurs rapports qualité-prix du quartier, et dieu sait que la concurrence est rude dans les environs. Le petit plus par rapport aux autres, c 'est cette cuisine fraîche, mitonnée avec soin, au gré du marché. Bavarois de homard et ses chips de persil, cocotte de ris et rognons de veau, filet de bar en croûte d'herbe avec ses petits pois au jus, poêlée de cerises au Porto, glace vanille composent les joyeuses agapes de ce bistro sympa, sis à deux pas des grands boulevards.

Chez Catherine

65, rue de Provence
Tél. : 01 45 26 72 88. Fax : 01 42 80 96 88.
Fermé sam., dim., lundi soir, 1re sem. janv. et août. Jusqu'à 22 h
Carte : 250 F

Ce bistrot années cinquante avec néons, bar et banquettes, anciennement le Poitou, repris de main de maître par Catherine Guerraz et son mari, ne désemplit pas (il est même impossible de trouver une table certains soirs, réservation obligatoire). Elle, charmante et vive, propose une cuisine à l'ardoise au gré du marché, lui, ex-fils de pub des vins, choisit judicieusement ses crus. Truffes de brocciu à l'huile de truffe blanche, pintade aux morilles, croustillant de barbecue sauce champagne et millefeuille et mousse de pommes au miel s'arrosent d'un joli côte-de-Bourg Château-Macay ou d'un somptueux côte-de-Brouilly domaine Lafond. Cuisine inventive et vins de tous les terroirs font bon ménage à deux pas des grands magasins.

Fuji-Yaki

20, rue Henri-Monnier
Tél. : 01 42 81 54 25.
Fermé dim. midi. Jusqu'à minuit.
Menus : 48 F (déj.), 66 F, 130 F. Carte : 150 F

Remarquable et très authentique, ce restaurant nippon aux allures de snack anodin ne déparerait pas à Tokyo. Non loin de Pigalle et du quartier des théâtres, il se contente de servir jusque très tard, avec un imparable sourire, des tablées joyeuses, simplement ravies de l'aubaine. Les menus yakitoris (brochettes grillées au feu de bois), sushis, makis, qui proposent, en sus, les fraîches salades, la soupe miso, les boulettes de poulet et les sashimis de thon, saumon, daurade d'une fraîcheur sans faille, sont des aubaines. Rien de plus net que ces mets sans chichis, ni foriture d'aucune sorte restituant simplement aux produits leur goût. Ajoutez-y la bière japonaise et le service adorable et vous comprendrez que, malgré son décor inodore, la demeure vaut le détour.

La Petite Sirène de Copenhague

47, rue N-D de Lorette
Tél. : 01 45 26 66 66.
Fermé dim., lundi, 3 sem. août.
Jusqu'à minuit.
Menus : 120 F, 160 F. Carte : 180-250 F

Peter Thulstrup continue de réaliser des prouesses dans son bistrot chic devenu l'ambassade gourmande de son pays natal. Ce Danois, formé au Kong Hans de Copenhague par le strasbourgeois Daniel Letz, et qui a accompli ses classes au Crillon et à la Tour d'Argent, fait son marché à Rungis, tout en gardant un œil sur la tradition scandinave. Les menus à 120 F et 160 F permettent de s'en tirer sans dommage. Le saumon fumé impérial, les harengs aigres doux, le turbot poché à la cardamome, la quenelle au chocolat, voilà ce que propose ce technicien chevronné. L'aquavit et les bières pressions font partie de la fête. Le décor de bar chic est joli tout plein et les toilettes avec tomettes à fond de cour méritent un détour.

Sinago

17, rue de Maubeuge
Tél. : 01 48 78 11 14.
Fermé dim., août. Jusqu'à 22 h 30
Menu : 57 F (déj.). Carte : 150 F

Depuis l'an passé, le menu n'a pas pris un riel. Avec constance et gentillesse, l'adorable Mme Mensoum accueille comme une mère aimante dans sa minuscule table cambodgienne. Tout ici est fait avec le cœur : le service et la cuisine. Au gré du marché, on peut goûter aux soupe wan-tan, rouleaux de printemps, crêpe à la viande et légumes, bo-bun, crevettes sauce piquante, carry de poulet et tarte maison. Le menu est une affaire et on est loin de la ruine avec la carte.

Velly

52, rue Lamartine
Tél. : 01 48 78 60 05. Fax : 01 48 78 60 05.
Fermé sam., dim., 3 sem. août, 24 déc. - 2 janv. Jusqu'à 23 h.
Menus : 145 F (déj.), 170 F

Les années passent et le succès ne quitte pas la demeure d'Alain Brigant (formé au Manoir de Paris, au Bristol et chez Fauchon). Anciennement Jean l'Auvergnat, ce bistrot années trente a été habilement transformé en bistrot moderne avec banquettes et luminaires Arts Déco. Un service jeune et alerte, des menus gentils, une cuisine inventive au gré du marché et des vins malins, voilà ce qui fait la renommée de ce repaire gourmand comme on les aime. Parmentier aux huîtres, rognon de veau confit dans sa graisse, filet de maquereaux aux trois moutardes, palet au chocolat et soupe de mangues sont de bien jolies choses.

Produits

BOUCHERS

Boucherie Chaptal

53, rue Blanche
Tél. : 01 45 26 36 33.
7 h-13 h. 16 h-19 h 30. Fermé dim., lundi

Jean Normand propose spécialités bouchères comme le gigot au beurre d'escargot, mille-feuille de veau au fromage et noix des Ardennes, poulet au citron et le veau provençal aux poivrons et sélectionne bœuf des Deux-Sèvres, agneau des Préalpes, veau de Corrèze, volailles de Bresse qui sont le meilleur des viandes fermières françaises.

Paul Sadaune

48, rue Pigalle
Tél. : 01 48 74 60 59.
7 h 30-13 h 15 h 30-20 heures Fermé dim a-m, lundi, 15 juil.-15 août

Outre la blonde d'Aquitaine, Paul Sadaune continue de défendre les beaux produits fermiers, proposant bœuf du Limousin, veau du Périgord, volaille des Landes et charcuterie bretonne choisis avec soin.

BOULANGER

Boulangerie des Martyrs

10, rue des Martyrs
Tél. : 01 48 78 20 17. Fax : 01 48 85 42 22.
6 h 45-20 h 30. Fermé mardi, fermé fin-juin-fin-juil.

Pain aux cinq céréales, flûte paysanne, baguette, bannette, boule au levain, pain de campagne, mais également les viennoiseries de Serge Hermier font l'unanimité auprès des amateurs de bon pain du quartier.

CAVISTE

Pinot Noir & Chardonnay

32, rue Pigalle
Tél. : 01 44 53 93 22. Fax : 01 44 53 94 37.
10h-13h. 15h-20h. Fermé dim.

François de Nicolay, amoureux passionné du vin, parle avec tendresse des grands crus de bourgogne et d'ailleurs. On trouve plus de 300 références de vignobles français, de 70 à 400 F, du Calvados Dupont, à l'armagnac Ravignan en passant par les eaux-de vie d'Alsace de chez Metté.

 *indique une très bonne table.*

CHARCUTIER

Charcuterie Lyonnaise

58, rue des Martyrs
Tél. : 01 48 78 96 45.
8 h 30-13 h 30. 16 h-19 h 30
Fermé dim. a.-m., lundi

Quenelle de brochet, rosette, hure, jambon persillé, saucisson de Lyon, terrine maison sont servis avec le sourire dans cette jolie ambassade du bon produit lyonnais.

CONFISEURS

La Bonbonnière de la Trinité

4, pl. d'Estienne-d'Orves.
Tél. : 01 48 74 23 38. Fax : 01 48 74 23 38.
9 h 30-19 h. Fermé dim. Autre adresse : 28, rue de Miromesnil (8e), Tél. : 01 42 65 02 39

Dans cette jolie boutique gourmande, tenue par la même famille depuis 1925, grosses bouchées chocolatées, pralines aux noisette et amandes, truffes au chocolat bitter, spécialités régionales (négus, calissons, speculoos), brindilles à l'orange, au gingembre, chamonix au marron glacé et vingt-cinq variétés de tablettes font les délices des amateurs de douceurs sucrées. Superbes confitures artisanales en prime.

A l'Etoile d'Or

30, rue Fontaine
Tél. : 01 48 74 59 55.
10 h 30-20 h. Fermé dim., lundi matin, août

Denise Acabo régale les gourmands de caramels au beurre salé de Leroux à Quiberon, mandarin de Grenoble, tablettes au chocolat vendus, entre autres, dans cette belle échoppe ancienne.

A la Mère de Famille 

35, rue du Faubourg-Montmartre
1, rue de Provence
Tél. : 01 47 70 83 69.
8 h 30-13 h 30. 15h-19h. Fermé dim., lundi, août

Jolie façade, intérieur balzacien : la plus belle confiserie de Paris est dirigée avec maestria, depuis 1761, par la famille Neveu qui nous régale de négus de Nevers, cotignac d'Orléans, anis de Flavigny, pralines de Montargis que la fille, Nadège, découvre aux quatre coins de France.

FROMAGER

La Maison du Fromage

« Molard »
48, rue des Martyrs
Tél. : 01 45 26 84 88
9h-13h. 16h-19h30. Fermé dim. a.-m., lundi, août

Jean Molard affine avec soin les fromages qu'il affectionne : camembert au vin blanc, roblochon fermier, beaufort fruité, vieux fribourg, pérail aveyronnais, saint-marcellin crémeux, chèvre raisins et rhum, tandis que ses fistons les proposent avec dynamisme sur les marchés parisiens.

PÂTISSIER

Rousseau et Seurre

22, rue des Martyrs
Tél. : 01 42 81 29 89. Fax : 01 44 53 03 31.
8 h 30-19 h 30. Fermé dim. a.-m., lundi

Le moins connu des grands pâtissiers de Paris ? Gérard Seurre, formé chez Millet, rue Saint Dominique, et dont la boutique familiale (les Rousseau étaient ses grands parents) est présente dans la rue depuis 1909. Tout ce que mitonne cet artisan soigneux, qui est pâtissier « pur », et qui ne fait ni pain, ni chocolat (ceux qu'il vend viennent de chez Millet...), est d'une finesse sans faille. Les classiques de la pâtisserie contemporaine (opéra, framboisier, saint-honoré) en compagnie de fort belles glaces sont ici au mieux de leur forme. Mais les créations, mitonnées avec son chef de fabrication, le jeune Hubert Doutreluigne, qui a l'esprit d'invention chevillé au cœur, sont d'une subtilité sans faille. Nous avons une passion pour son « summus », dacquoise avec crème au beurre pistaché ou café. Mais la tarte « profiteroles », le « boléro » (chocolat caramel), l'« élodie » aux trois chocolats, autant que les nougat glacé au coulis de fruits rouges, mille-feuille aérien et belles tartes aux fruits justifient la réputation de cette boutique proprette et lumineuse. Cette dernière semble d'ailleurs perdue dans une rue gourmande dont elle constitue la perle rare.

PRODUITS ÉTRANGERS

Heratchian

6, rue Lamartine
Tél. : 01 45 26 11 54/01 48 78 43 19
Fax : 01 42 82 14 04
8 h 30-19 h 30. Fermé dim., lundi matin

Cette épicerie exotique vous offre un périple autour de la Méditerranée à travers cumin, épices, curcuma, paprika, caviar d'aubergine, tarama maison, quarante variétés de légumes et légumes secs, feuilles de vigne farcies, tzukizi, feuilleté au fromage, pastrami, ouzo, raki et miel de Kalymnos.

Massis Bleue

27, rue Bleue
Tél. : 01 48 24 93 86
7 h 30-19 h 30. Fermé dim., lundi matin

Servis avec l'accent chantant, fruits secs, vins, épices, condiments, ouzo, olives, feta, tarama, épices en provenance de Grèce, de Turquie, de Roumanie font rêver de voyages ensoleillés.

[symbole] indique un lieu de mémoire.

Le Spaghetti Distingué

15, rue Hippolyte-Lebas
Tél. : 01 49 70 04 72
9h-13h. 16h-19h30. Fermé dim. a.-m, lundi, août

Le meilleur de l'Italie est au rendez-vous dans cette boutique aux airs de salon de quartier. Fins ravioli maison, spaghetti à la semoule de blé dur, coppa, jambon d'exception, mortadelle, bresaola, huiles d'olive, vins du Piémont et de Toscane, vinaigre de Modène, mozzarella de bufflesse sont vantés avec ferveur et passion par la charmante Iole Esposito, diplômée des Beaux-Arts de Pompéi.

Rendez-vous

BAR À BIÈRE

Le Général Lafayette

52, rue Lafayette
Tél. : 01 47 70 59 08.
10h-4h du matin. Tljrs.

La carte des bières à la pression (9 variétés) et les horaires tardifs attirent ici la grande foule des joyeux soiffards à toute heure. Rosette de l'Aveyron, pavé d'aloyau grillé et mousse au chocolat se grignotent à l'aise dans un joli cadre 1900 avec trompe-l'œil.

BISTROTS À VIN

La Cave Drouot

8, rue Drouot
Tél. : 01 47 70 83 38
7h-21h. Fermé dim.

Avant ou après avoir chiné à la salle des ventes Drouot, on vient prendre un verre au comptoir ou s'attabler chez les Cachau. L'atmosphère conviviale, les crus malins, la cuisine familiale, voilà qui plaît aux antiquaires en herbe du quartier. Salade d'asperges, raie pochée et gaspacho de pêches sont sans reproche. Epatants beaujolais au verre.

La Clairière

43, rue Saint-Lazare
Tél. : 01 48 74 32 94
7 h-20 h (jeudi : 22 h). Fermé sam., dim., août

Bondé au déjeuner, ce café d'angle sert la litanie des crus du beaujolais et les planchettes de cochonnailles aux employés de bureau voisins. Savoureux plats du jour dont un épatant bourguignon.

GLACIER

Baggi

33, rue Chaptal/angle rue Blanche
Tél. : 01 48 74 01 39
10 h 30-19 h 15. Fermé dim.

Ce café d'angle aux allures de glacier – c'est l'inverse, en fait –, sert, à deux pas du musée de la Vie Romantique, des glaces et sorbets de qualité. On vient se pencher, en pensant à

George Sand et à Renan, sur les bacs alléchants. Les parfums changent. Mais confiture de lait, mascarpone, fromage de chèvre, cannelle, café, chocolat valent la dégustation.

10e

Hôtels

Holiday Inn Opéra

38, rue de l'Echiquier
Tél. : 01 42 46 92 75. Fax : 01 42 47 03 97
Fermé (rest.) sam. midi, dim.
92 ch. 1 290-1 550 F
Menus : 95-190 F

Situé entre les boulevards, le musée Grévin et le quartier du Sentier, cet hôtel chaleureux offre de confortables chambres Art nouveau et une salle à manger avec des boiseries. Petit déjeuner copieux.

Terminus Nord

12, bd Denain
Tél. : 01 42 80 20 00. Fax : 01 42 80 63 89
236 ch. 1 000-1 100 F

Hôtel ancien situé face à la gare du Nord, rénové à l'anglaise avec, dans les chambres, de lourdes étoffes à fleurs. Une belle verrière éclaire le hall.

Restaurants

Chez Michel

10, rue de Belzunce
Tél. : 01 44 53 06 20. Fax : 01 44 53 61 31.
Fermé dim., lundi, fin juil. - mi-août.
Jusqu'à minuit.
Menu : 180 F

Les années passent, les prix demeurent identiques et la qualité intacte chez Thierry Breton. Formé au Ritz, au Crillon et à la Tour d'Argent, ce jeune chef au CV détonnant a fait de sa petite boîte rustique l'ambassade de sa région natale. Grâce à ce Breton pure souche, cette émouvante auberge, présente depuis 1939 derrière l'église Saint-Vincent de Paul, retrouve son âme. Son credo? Une cuisine régionale, à la fois rustique, inventive et raffinée, basée sur des produits de première qualité. Effiloché de raie et tartare de tomates aux aromates, aïoli de bulot et pommes rattes, kig ha farz, le pot-au-feu breton servi pour deux, noix de veau rôtie avec pomme Macaire jus corsé, sablé rennais, poire rôtie et sorbet d'amande douce, kouing amann tiède font partie des tours de magie du petit Thierry. De ce répertoire qui se renouvelle on ne se lasse guère. Non plus que des vins choisis avec attention, du poiré fermier du père Jules et de l'ambiance joyeuse.

Brasserie Flo

7, cour des Petites-Ecuries
Tél. : 01 47 70 13 59. Fax : 01 42 47 00 80.
Tljrs. Jusqu'à 1 h 30 du matin.
Menus : 132 F (vin c.) (déj.), 179 F, 132 F (après 22 h). Carte : 200-350 F

La première des brasseries du groupe Flo vaut d'abord pour son beau décor 1880 et son souci du rapport qualité-prix. Certes, la cuisine classique de type brasserie n'a rien de génial et ne prétend pas l'être. Mais, à voir le monde qui s'y presse chaque soir et jusqu'à très tard, on comprend que quelque chose s'y passe. Pressé de foies de volailles et marmelade de fruits secs, plateau de fruits de mer, sole meunière, côte de bœuf de Salers sauce béarnaise, emblématique choucroute, riz au lait grand-mère, madeleine à la fleur d'oranger font simplement plaisir, lors d'un déjeuner plus paisible que le dîner. Le voiturier cette année est le bienvenu.

Julien

16, rue du Faubourg-Saint-Denis
Tél. : 01 47 70 12 06. Fax : 01 42 47 00 65.
Tljrs. Jusqu'à 1 h 30 du matin.
Menus : 179 F, 189 F (après 22 h), 183 F
Carte : 200-350 F

Pas de déception, cette année, dans ce beau bouillon Art nouveau aux fresques en pâtes de verre de Trézel et comptoir Majorelle. Foie gras d'oie et crème de Porto, sole à la planche sauce béarnaise bien mousseuse, profiteroles au chocolat constituent même d'heureuses surprises. Le service est souriant et le grand choix de vins de toutes régions contribue à l'ambiance.

Casimir

6, rue du Belzunce
Tél. : 01 48 78 28 80.
Fermé sam. midi, dim., 1er-15 août.
Menu : 150 F (vin c.). Carte : 150 F

Cette annexe de l'excellent «Chez Michel», situé à deux pas, ne désemplit pas. Il faut dire que Thierry Breton a trouvé le bon filon en proposant ici une très bonne cuisine ménagère à prix d'amis. Les plats à l'ardoise, les vins malins, les tables sans nappes, l'ambiance amicale : que demander de plus? Les habitués en redemandent et on les comprend. Sans chichis et à la bonne franquette, on vient ici faire un sort aux anchois marinés et tartare de tomates, épaule d'agneau croûte d'herbes, carottes confites ail et persil, pain perdu et poires caramélisées. L'accueil tardif est compris dans le prix.

Marines

70-72, rue du Fbg-Poissonnière
Tél. : 01 42 46 22 29. Fax : 01 48 01 02 57.
Fermé sam. midi, dim. Jusqu'à 23 h
Menus : 145 F, 185 F. Carte : 250 F

La nouveauté cette année? Olivier Benoît, formé chez Maxim's est arrivé en cuisine. A part ça, rien n'a changé dans ce bon bistrot de la mer spécialiste du rapport qualité-prix. Des produits frais proposés dans un menu à 145F avec lequel on ne risque pas la ruine: soupe de poissons et sa rouille, cannelloni de saumon fumé maison, brandade de morue, ravioles de crabe au jus de persil, larme de chocolat mousse Gianduja et bûchette glacé à la cannelle sont du travail sérieux. Une gamme de vins pour toutes les bourses permet de s'en tirer avec les honneurs.

La Vigne Saint-Laurent

2, rue Saint-Laurent
Tél.: 01 42 05 98 20.
Fermé sam., dim., 3 sem. août, sem. Noël-Nvel An. Jusqu'à 22 h 30
Menu: 75 F (vin c.). Carte: 160 F

Les inséparables Bidal et Cochet, qui sont les Dupond et Dupont du bon bouchon, continuent de tenir avec entrain ce bistrot convivial situé à deux pas de la gare de l'Est. Pour accompagner les jolis crus servis au verre, en pichet ou à la bouteille, des mets lyonnais bien sûr, mais aussi de Savoie, d'Aveyron, de Provence et même du Sud-Ouest. On ne fait qu'une bouchée des grelots de Savoie aux noix, cuisse de lapin rôtie à la tapenade maison, confit de canard en cassoulet et crème au chocolat amer et caramel.

Produits

CONFISEUR

Alain Furet

«Le Lys Rouge»
63, rue de Chabrol
Tél.: 01 47 70 48 34. Fax: 01 42 46 34 41.
8h-20h. Fermé dim., sem. 15 août.

Alain Furet propose toujours à sa clientèle de gourmets de délicieuses confitures artisanales. Les «classiques» pomme vanille, fraise, cerise, mais aussi la confiture de chocolat dite «cahua» du nom originel du cacao, celle à l'orange et chocolat au lait, banane ou poire font bon ménage avec une sélection étourdissante de thés et des éclairs au chocolat à se damner.

PÂTISSIER

Tholoniat

47, rue du Château d'Eau
Tél.: 01 42 39 93 12. Fax: 01 47 70 05 21.
8h-19h30 (dim: 8 h 30-18 h). Fermé lundi, 20 juil.-25 août.

Royal noisette, malagache chocolat, tarte bouchard au sirop d'érable, ardéchois aux marrons, ganaches, sucre filé, confitures pur fruit, sont des réussites dans cette maison de tradition. Le semi freddo, avec biscuit crème glacée, nougatine pilée, couverture caramélisé au fer, reste le produit phare de Christian Tholoniat, qui a su remettre à jour les classiques de sa maison cinquantenaire.

PRODUITS RÉGIONAUX

Schmid

76, bd de Strasbourg
Tél.: 01 46 07 99 02. Fax: 01 46 07 83 92.
9h-19h. Fermé dim.

Face à la gare de l'Est, depuis 1904, le meilleur de la gastronomie alsacienne. Vins d'épices, pain d'épices de Gertwiller, charcuteries et choucroutes fabriquées à Mulhouse, chez Tempé, munster, épices d'Ingwiller, kougelhopf font le bonheur des amateurs.

TRAITEUR

Mauduit

12, bd Denain
Tél.: 01 48 78 05 30.
7h-20h. Tljrs. Autre adresse: 54, rue du Fg-St-Denis. Tél.: 42 46 43 64. Fermé dim-a. m.

Jacques Arnoux, traitêur pâtissier passionné, propose glaces, pâtisseries et chocolats à fondre, sans omettre plats traiteur de qualité soignée. Réceptions et repas privés sont organisés à prix raisonnables.

Rendez-vous

BISTROTS À VIN

L'Enchotte

11, rue de Chabrol
Tél.: 01 48 00 05 25.
8h-22h30. Fermé sam., dim., 3 sem. août.

Le cadre de bistrot à l'ancienne, avec zinc et monte-charge, est adorable. On vient à toute heure, face au marché Saint-Quentin, déguster les crus malins servis au verre. Salade de magret et foie gras, confit, sauté de veau, bourguignon et gâteau noix de coco se mangent sans façon.

Le Rallye

267, rue du Faubourg Saint-Martin
Tél.: 01 46 07 22 83.
6 h 30-20 h 30. Fermé dim.

Ce grand café face au canal a changé de tête, mais non de style. On sert toujours les beaujolais choisis au comptoir et, si le nouveau chef est portugais, la cuisine toujours de stricte obédience auvergnate. Chou farci, truffade, morue à l'auvergnate, aligot, chou farci et petit salé sont digne d'un authentique bougnat.

Le Réveil du Xe

35, rue du Château-d'Eau
Tél.: 01 42 41 77 59. Fax: idem.
7h-30-21h (mardi: minuit). Sam.: 10h-16h. Fermé dim., 2 sem. août.

Catherine et Daniel Vidalenc, originaires, lui, du Cantal, elle, du Puy de Dôme, ont fait de leur bar à vins face au marché le temple des amoureux des bons crus régionaux. Beaujolais et vallée de Loire, mais aussi Bordeaux et

Bourgogne arrosent les mets simples et solides que constituent terrine maison, saucisse aligot, pounti, tripoux et flognarde aux pommes. Dîner seulement le mardi soir.

CAFÉ

Le Petit Château d'Eau

67, rue du Château-d'Eau
Tél. : 47 70 11 00.
8h-21h. Fermé dim.

Charmeur, ce café parisien, avec comptoir de marbre, carreaux de céramique verte et clientèle de vieux buveurs, mérite le coup de chapeau pour son cachet non trafiqué.

11e

Hôtels

Holiday Inn

10, pl. de la République
Tél. : 01 43 55 44 34. Fax : 01 47 00 32 34
318 ch. 2 000-3 000 F
Menus : 135 F. Carte : 195-330 F

Dans un bel immeuble du XIXe classé monument historique, doté d'une cour intérieure de style Napoléon III, hôtel aux chambres modernes et spacieuses. (Restaurant : le 10 de la République.)

Nord et Est

49, rue de Malte
Tél. : 01 47 00 71 70. Fax : 01 43 57 51 16
Fermé août, 24 déc.-2 janv.
45 ch. 320-360 F

Petit hôtel de quartier tout proche de la place de la République et de la fameuse rue Oberkampf, accueil adorable et familial. Chambres cosy et petits prix.

Restaurants

A Sousceyrac

35, rue Faidherbe
Tél. : 01 43 71 65 30. Fax : 01 40 09 79 75.
Fermé sam. midi, dim., août. Jusqu'à 22 h 15.
Menu : 185 F. Carte : 300-400 F

Depuis des lustres (1923 exactement), la famille Asfaux fait honneur à la cuisine du Sud-Ouest. Comme à Sousceyrac (Lot), on goûte ici à une cuisine du terroir solide et authentique, mitonnée par Régis Brégère qui a pris la succession de papa Asfaux, aux fourneaux durant un demi-siècle. Terrine de foie gras au naturel, pied de porc grillé Saint-Antoine, lièvre à la royale en saison, pannequet de bœuf et de canard au gratin dauphinois, volaille désossée avec farce fine, ris de veau aux morilles et tourtière chaude à l'armagnac régalent les amateurs de cuisine roborative. En salle, Luc Asfaux mène la danse avec entrain, conseillant vins de Bordeaux, de Bourgogne et autres crus, histoire de faire passer le tout en douceur. Les petits appétits n'ont qu'à bien se tenir...

Mansouria

11, rue Faidherbe
Tél. : 01 43 71 00 16. Fax : 01 40 24 21 97.
Fermé dim., lundi midi. Jusqu'à 23 h 15.
Menus : 182 F, 280 F. Carte : 200-300 F

Fatema Hal, ethnologue de formation, écrivain à ses heures (*Les Saveurs et les Gestes*, consacré à la cuisine de son pays), cuisinière au grand cœur, règne depuis quinze ans sur cette demeure marocaine entre Bastille et Nation. Prenant soin de renouveler son répertoire, elle attache une importance non feinte aux anciennes recettes de son pays. La bastella (pastilla de pigeon), les huit petites assiettes d'entrée pour deux personnes (dépaysement culinaire garanti), le tajine d'agneau aux pruneaux et amandes qui se déguste sans semoule mais avec du pain (la patronne y tient), le couscous aux quatre viandes (poulet, brochettes, merguez et boulettes) et la salade d'oranges à la fleur d'oranger sont préparés comme à Casa ou plutôt à Oujda, sa ville natale de la belle Fatema.

Les Amognes

243, rue du Faubourg-Saint-Antoine
Tél. : 01 43 72 73 05. Fax : 01 43 28 77 23.
Fermé sam. midi, dim., lundi midi,
3 sem. août. Jusqu'à 23 h. Menu : 180 F

Thierry Coué, qui fut le second de l'Archestrate au temps où les commis se nommaient Passard, Le Stanc, Husser, a révisé son créneau, baissé ses prix. D'où la marmite qui remplace désormais à bon droit l'assiette dans l'échelle de nos symboles. Demeure chez lui, chevillé au cœur, l'amour des choses bien faites. Certes, son décor d'auberge simplette avec poutres et crépi aurait besoin d'être rénové. Mais modestie et simplicité sont les règles dans ce petit bout du Nivernais recréé en hommage à ses origines. Ses mets demeurent pleins de malice et fraîcheur : tarte fine aux sardines marinées, rougets en bécasse, saint-jacques poêlées et tomates confites, côte de veau cuite sur le sel, hachis parmentier au jus au persil, crêpe fourrée de compote d'aubergines à la cardamome. Certes, le service est un peu trop relaxe. Mais à ce niveau de prix et pour cette qualité-là...

Dame Jeanne

60, rue de Charonne
Tél. : 01 47 00 37 40. Fax : 01 47 00 37 45.
Fermé dim., lundi, 3 sem. août
Jusqu'à 23 h (vend., sam. : 23 h 30).
Menus : 120 F, 148 F, 178 F

Ouvert il y a deux ans, ce bistrot moderne du quartier Bastille a trouvé son rythme de croisière sous la houlette de Gérard Bellouard en salle et Francis Lévèque en cuisine. Ce dernier, trois ans par Lorain, puis dix ans chez Vigato, œuvre avec constance dans un style traditionnel inventif. Les menus-carte sont adroits et permettent de s'en tirer sans fracas, d'autant plus que les vins « découvertes » au compteur à 90 F constituent de belles surprises. Le cadre chaleureux et l'accueil attentionné sont compris dans le prix. Bonne effeuillée de raie au vinaigre balsamique et chou croquant, haddock frais grillé sur lit de salade, dorade sur miettes de pommes de terre, épatant tronçon de carrelet grillé avec pommes écrasées à l'huile d'olive, tournedos de lapin, madeleine sauce chocolat et marmelade de poires, soupe poire et pruneaux emballent sans mal.

Le Repaire de Cartouche

8, bd des Filles-du-Calvaire
99, rue Amelot
Tél. : 01 47 00 25 86. Fax : 01 43 38 85 91.
Fermé dim., lundi, 15 juil.-15 août.
Jusqu'à 23 h.
Carte : 200-250 F

Le bandit Cartouche en avait fait son repaire, les gourmands du quartier en ont fait leur QG. Le maître des lieux, Rodolphe Paquin, propose cuisine simple et sans chichis, toujours de bon ton. Formé à l'Agora de Lausanne par Jean Bardet, il fut ensuite chef au Saint-Amarante dans le 12e. Son cheval de bataille ? Le rapport qualité-prix. Une cuisine au gré du marché, personnalisée par le chef normand, voilà ce que l'on trouve avec bonheur dans cette demeure au charme provincial. Ravioles de langoustines à la crème et au parmesan, filet de turbot aux échalotes, cuisse de poulet fermier farcie, légumes printaniers et tiramisu aux framboises sont pleins de malice.

Le C'Amelot

50, rue Amelot
Tél. : 01 43 55 54 04. Fax : 01 43 14 14 77 05.
Fermé dim., lundi, août. Jusqu'à minuit
Menus : 140 F (déj.), 160 F

Entre Bastille et République, voilà un bistrot de quartier comme on les aime avec son cadre banal, ses tables rapprochées, son atmosphère bon enfant et son rapport qualité-prix indiscutable. Il faut dire que Didier Varnier se démène pour plaire à sa clientèle d'habitués et à ses hôtes de passage dans le quartier. Cet ancien de Constant au Crillon a trouvé le bon filon : un menu unique, midi et soir, renouvelé tous les jours. Boudin sur pommes parmentier avec fond de veau, œuf au plat et pointes d'asperges, tartare de daurade avec rémoulade de fenouil, pot au chocolat avec granité au café et riz soufflé font l'affaire. Une formule qui dure, sans s'user.

indique un établissement au bon rapport qualité-prix.

Le Clown Bar

114, rue Amelot
Tél. : 01 43 55 87 35.
Fermé dim. midi, sem. 15 août. Jusqu'à 23 h 30.
Carte : 170-220 F

A ceux qui trouvent l'endroit étriqué, la carte limite et l'accueil versatile, les habitués de la maison leur répondent qu'ils trouvent le décor Art Nouveau charmeur, les plats de Joe Vitte malins et la carte des vins riche et variée. A deux pas du Cirque d'hiver, ce bar à vins dédié au cirque avec ses fresques, son zinc de Nectoux et ses chaises à l'ancienne vaut pour son ambiance conviviale et ses mets bourgeois joliment arrosés (minervois de Villerambert Julien et coteaux du Tricastin de Cornillon). Pour prendre un verre et une assiette au bar ou pour déguster velouté de légumes, assiette de noix de jambon fumé, onglet de bœuf, pavé de morue à l'huile vierge, croustillant de pommes et coulant chocolat, pas besoin de nez rouge, juste un peu de bonne humeur.

La Galoche d'Aurillac

41, rue de Lappe
Tél. : 01 47 00 77 15.
Fermé dim., lundi, août. Jusqu'à 23 h 30
Menu : 150 F. Carte : 200-250 F

Au milieu des bars et restos branchés de la rue de Lappe, cette institution auvergnate passe les années sans prendre une ride. Depuis trente ans déjà, Nicole Bonnet fait honneur à sa région natale. A coup de chou farci, tripous du Cantal, potée, saucisse d'Auvergne avec aligot, pounti, pavé de bœuf de Salers, elle régale les amateurs de plats solides et enracinés. En salle, sous les paires de sabots accrochés au plafond, son mari se charge du reste. Vantant la bonne cuisine de sa femme, il propose galoches, couteaux de Laguiole, fouace, fourme d'Ambert, roquefort, saint-nectaire, friton de Carlat, confit, foie gras et charcuteries du Cantal. Les vins du pays et les cahors de Rigal font partie de la fête.

Les Jumeaux

73, rue Amelot
Tél. : 01 43 14 27 00.
Fermé, dim., lundi, août. Jusqu'à 22 h 30
Menus : 140 F (déj.), 175 F

Complices et complémentaires, les jumeaux Erik et Karl Vandevelde continuent d'épater leur monde. Le premier en salle, le deuxième en cuisine tiennent cette gente affaire de famille. Ancien de Faugeron et Dutournier, Karl mitonne une cuisine fine et fraîche, au gré du marché. Le menu-carte n'a pas augmenté d'un centime et demeure une affaire à saisir. La crème de lentilles au reblochon et à l'estragon, la terrine de lapin au persil et crème moutarde, le cabillaud rôti sur peau et sa purée de pommes de terre, le paleron de bœuf braisé aux épices, la soupe froide de raisins au vin doux et la tarte au citron et amandes grillées devraient facilement vous convaincre de venir faire un tour du côté du Cirque d'hiver.

Paris Main d'Or

133, rue du Faubourg-Saint-Antoine
Tél.: 01 44 68 04 68.
Fermé dim. Jusqu'à 23 h
Menu: 69 F (déj.). Carte: 180-220 F

Un des bistrots corses les plus authentiques de la capitale? Sans hésitation la demeure de Jean-Jacques Raffiani. Pas bêcheuse pour un sou, cette table de l'île de Beauté propose, en toute convivialité, des assiettes généreuses, franches, sincères. Dans une ambiance familiale, on déguste fressure de cabri en salade, aubergines façon Bonifacio, cannelloni farcis au broccio, gambas poêlées à l'ail, tripes façon de Corte et crème brûlée au cédrat. Le tout s'arrose de vins représentatifs de toutes les régions corses. Fermez les yeux... le maquis n'est plus si loin.

Le Villaret

13, rue Ternaux
Tél.: 01 43 57 75 56/43 57 89 76.
Fermé sam. midi, dim., 10 jrs mai, 10 jrs Noël, août. Jusqu'à 1 h du matin.
Menus: 120 F (déj.), 150 F (déj.). Carte: 200-250 F

Sous ses airs de ne pas y toucher, cette petite demeure sombre et intimiste a tout d'une grande. Les habitués de la maison et gens du quartier en ont fait leur cantine, midi et soir. La recette de cette réussite? Des jolis produits traités simplement, un menu qui évolue au gré du marché, des prix de raison, une ambiance joyeuse et l'efficace duo formé par Joël Homel en salle, et Olivier Gaslain aux fourneaux. La maison ne désemplit pas, la réservation est obligatoire. Tarte de chou au caviar d'aubergines, crémeux de cèpes au foie gras, filets de rougets à la purée de céleri avec crème d'épinard à l'oseille, blanquette de poulet fermier aux trompettes de la mort et le pain perdu aux clémentines font leur effet. Voilà une des bonnes adresses de l'Est parisien.

Produits

BOUCHER

Chez Robert et Renée

13, rue du Faubourg-du-Temple
Tél.: 01 42 08 22 84.
8 h 30-13 h. 15 h 15-19 h. Fermé dim., lundi.

Cette grande boucherie propose belle côte de bœuf rassise à point issue de Hollande ou de Bavière, agneau français, veau de lait, volailles labellisées.

BOULANGERS

L'Autre Boulange 

43, rue de Montreuil
Tél.: 01 43 72 86 04.
7 h 30-13 h 30. 16 h-19 h 30.
Fermé samedi a.-m., dim., août.

Dans sa boutique d'époque, Michel Cousin boulange, devant ses clients, baguette dense au four à bois, fougasse au lard, ficelle savoyarde, pavé parisien, viennoise aux fruits secs, seigle aux figues, épeautre bio, «long» de campagne, «ciabatta» à l'huile d'olive. Sans oublier les pâtisseries de tradition: belle Tatin, clafoutis du Limousin, far aux pruneaux, tarte alsacienne aux fruits, tarte normande aux pommes, beynac du Périgord qui sont également remarquables.

Au Levain du Marais 

28, bd Beaumarchais
Tél.: 01 48 05 17 14.
7 h-20 h. Fermé mercr. Même enseigne: 142, av. Parmentier. Tél.: 01 43 57 36 91. Fermé dim.

Céramiques, fresques 1880, jolis stucs se laissent admirer dans cette boutique à l'ancienne reprise par Thierry Rabineau. Mais c'est principalement pour les pains de seigle, complet, campagne, fougasse aux olives, les viennoiseries pur beurre et la bonne pâtisserie que l'on fera un détour du côté de la Bastille.

EPICIER

Andraud 

12, rue de la Roquette
Tél.: 01 47 00 59 07.
10 h-19 h. Fermé lundi, 14 juil.-31 août.

Confiseries, chocolats fins, pralines de Mazet, confitures et miel d'artisan, whiskies de malt, eaux-de-vie, cognacs, alcools et vins choisis contribuent à la renommée de cette échoppe qui sera centenaire en 2003.

PRODUITS ÉTRANGERS

Allô Couscous

70, rue Alexandre-Dumas
Tél.: 01 43 70 82 83. Fax: 01 43 70 53 82.
11 h-22 h. Fermé lundi matin (sf fériés).

Prix raisonnables et livraison à Paris et banlieue pour un couscous à graine fine, avec bouillon dégraissé, fins légumes et belles viandes grillées, cuisiné par maman Halimi, pris en commande par Lucien et livré à domicile par les fils. Une belle affaire de famille.

Ceppo

«Idea Vino»
88, av. Parmentier.
Tél.: 01 43 55 26 56. Fax: 01 43 57 10 73.
10 h 30-13 h 30. 14 h 30-19 h 30.
Fermé dim., lundi, août.

Carlo Dossi choisit avec talent les derniers bons vins de Toscane, huiles d'olive de Ligurie, vinaigre de Modène, pâtes sèches artisanales, moutarde de Crémone.

PRODUITS RÉGIONAUX

Chez Teil

«Aux Produits d'Auvergne»
6, rue de Lappe
Tél.: 01 47 00 41 28.
9 h-13 h. 15 h-20 h. Fermé dim., lundi, août.

Jambon, boudin, jésus, saucisses sèches, saucisson à cuire, confits expédiés par Patrick Teil, charcutier à Cayrols dans le Cantal, sont les trésors de cette boutique début de siècle aux glaces, marbre et boiseries d'époque. Confiseries, liqueurs et fromages complètent la gamme.

Rendez-vous

BARS

Boca Chica

58, rue de Charonne
Tél.: 01 43 57 93 13. Fax: 01 43 57 04 08.
10 h 30-2 h du matin. Tljrs.

Les nombreux cocktails, la sangria qui coule à flots, les prix d'ami et les tapas attirent jusque très tard les amateurs de calmars à la plancha, tortilla, beignets de crevettes, paella, chili con carne et glace au fromage blanc et miel. Pour les lève-tard du weekend, le brunch dominical s'impose (95 F).

Le Réservoir

16, rue de la Forge-Royale
Tél.: 01 43 56 39 60. Fax: 01 43 56 31 73.
18 h-minuit. Fermé août.

On ne vient pas ici pour dîner en tête à tête... Cet ancien entrepôt textile reconverti en club-restaurant est un des endroits branchés comme le quartier de Ledru-Rollin en raffole. Décor baroque, vastes espaces, écrans géants, concerts d'après-dîner, la clientèle plutôt «in» adore. L'un des trois propriétaires, Mouss Diouf, invite parfois ses amis comédiens à goûter à la cuisine *ad hoc* proposée ici. Tempura de gambas, cocotte de légumes et profiteroles ne font pas de vagues.

BISTROT À VINS

Le Café du Passage

12, rue de Charonne
Tél.: 01 49 29 97 64. Fax: 01 47 00 14 00.
18 h-2 h du matin. Fermé Noël, 1er mai.

Cette annexe du Passage a la déco cosy, genre bar d'hôtel sans hôtel. Les crus malins mettent en vedette la vallée du Rhône et les plats de toujours comme les mets mode sont dans le droit fil de l'air du temps. Salade de roquette au parmesan, foie gras mi-cuit pomme au four, risotto au parmesan, andouillette d'Hardouin à Vouvray, steak tartare sont bien vus et sans manières.

CAFÉ

Le Bistrot du Peintre

116, av. Ledru-Rollin.
Tél.: 01 47 00 34 39.
7 h-2 h du matin. Dim.: 10 h-20 h.

Superbe, avec ses fresques, son comptoir, ses miroirs et sa terrasse, ce bistrot Art nouveau sert toute la journée, boissons et sandwichs sans discontinuer et, juste que très tard, des mets malins dans une ambiance chaleureuse. Pas besoin d'être un artiste pour venir simplement boire un verre ou goûter à la morue au coulis de tomate, aux cannelloni à la ricotta, au suprême de barbue au coulis de cresson et à la charlotte aux framboises que l'on arrose d'un coteau du Luberon.

12e

Hôtels

Sofitel Paris Bercy

1, av. des Terroirs-de-France
Tél.: 01 44 67 34 00. Fax: 01 44 67 34 01
376 ch. 1 380-1 750 F
Menu: 220 F

Dans ce quartier en plein essor, intelligemment rénové et équipé en espaces verts, cinémas, commerces et restaurants, la chaîne Sofitel a installé un bel édifice moderne avec une façade en verre.

Novotel Bercy

85, rue de Bercy
Tél.: 01 43 42 30 00. Fax: 01 43 45 30 60
129 ch. 820-860 F
Menus: 99 F, 138 F

Entre la gare de Lyon et le palais Omnisports, hôtel à la situation très fonctionnelle en bordure de Seine. On bénéficie d'une belle vue sur le parc depuis la salle à manger du restaurant.

Restaurants

L'Oulette

15, pl. Lachambeaudie.
Tél.: 01 40 02 02 12. Fax: 01 40 02 04 77.
Fermé sam. midi, dim. Jusqu'à 22 h 15.
Menus: 165 F, 260 F (vin c.). Carte: 350-450 F

Sous la houlette de Marcel Baudis, cette table confortable du nouveau Bercy est devenue l'adresse vedette du quartier. Voilà dix ans que cet élève de Dutournier propose une cuisine inventive aux saveurs du Sud-Ouest. Le décor moderne où l'on se sent presque chez soi et la terrasse à l'ombre de l'église Notre-Dame font un repaire de charme comme à la campagne version an 2000. Le menu a augmenté de cinq petits francs cette année. Mais il reste une affaire. Le velouté de topinambours, la morue fraîche avec son risotto à la crème d'ail et la tarte fine aux poires caramélisées demeurent de belles occases. Côté carte, l'escabèche de calmars aux pommes tièdes, la queue de bœuf braisée au chou vert et foie gras, la croustade de sandre et légumes braisés au gingembre et la crème mousseuse mascarpone et noix caramélisées valent le détour. Une carte des vins sans cesse enrichie permet de découvrir les appellations peu connues du grand Midi.

Au Pressoir

257, av. Daumesnil.
Tél.: 01 43 44 38 21. Fax: 01 43 43 81 77.
Fermé sam., dim., août. Jusqu'à 22 h 30.
Menu: 420 F (dégust.). Carte: 500-600 F

Un conseil: ne venez pas ici si vous avez décidé de faire des économies. Depuis plus de trente ans, Henri Séguin ne fait guère de cadeaux et ses additions demeurent sans tendresse. Mais la réputation de ce Bourguignon n'est plus à faire dans le quartier. Le décor bourgeois avec boiseries blondes de chêne massif, le service adorable de Mme Séguin et la cave extraordinaire justifient en partie les prix. Ce disciple d'André Guillot mitonne une cuisine certes classique mais réalisée avec finesse et doigté. Le mille-feuille de champignons aux truffes (220 F), l'assiette de fruits de mer tièdes (194 F), le pot-au-feu de homard (325 F), le cœur de filet de bœuf au coulis de truffes (290 F), la côte de veau aux artichauts (230 F) et la meringue aux marrons (72 F) font partie des belles surprises du gars Henri. La carte ne se renouvelle guère, mais la qualité demeure. Le menu dégustation à 420 F permet de limiter les dégâts.

Le Train Bleu

Gare de Lyon
Place Louis-Armand
Tél.: 01 43 43 09 06. Fax: 01 43 43 97 96.
Tljrs. Jusqu'à 23 h
Menu: 255 F (vin c.). Carte: 350-400 F

On ne vient plus uniquement ici pour le somptueux décor rococo, mais aussi pour la bonne et sûre cuisine d'André Signoret. Cet ancien du Crillon et du Véfour a remis sur les rails cette brasserie ferroviaire classée monument historique. Tout en contemplant les fresques évoquant les paysages entre Lyon et la Méditerranée, on déguste foie gras de canard des «Treilles» confit, cabillaud doré à la plancha et ratatouille au parfum de cumin, coq en civet cuit en cocotte et clafoutis grand-mère aux abricots. Des classiques du genre qui permettent de reprendre des forces avant ou après son train.

indique un lieu de mémoire.

Au Trou Gascon

40, rue Taine
Tél.: 01 43 44 34 26. Fax: 01 43 07 80 55.
Fermé sam midi., dim., août, Noël-Nvel An
Jusqu'à 22 h
Menu: 200 F (déj.). Carte: 350-400 F

«Si la tradition est ma première source d'inspiration, la simple idée de vous apporter du bonheur en est certainement la seconde», glisse Alain Dutournier qui aime son métier en amoureux transi. Œuvrant désormais au Carré des Feuillants près de la place Vendôme, il a délégué ici sa délicieuse épouse Nicole qui gère de main de maître ce bistrot 1900 dédié aux plaisirs gourmands du Sud-Ouest. L'un des meilleurs jambons du monde (venu de Chalosse), le gâteau landais à la truffe fraîche, le foie gras de canard au poivre noir, les noix de saint-jacques en fine croûte persillée, le somptueux cassoulet aux haricots tarbais, le confit de canard «maison» avec ses cannelloni aux cèpes, la poire en crumble tiède et le parfait glacé aux noisettes s'arrosent de vins fort bien sélectionnés d'entre bordeaux et madiran. Le tout fait prendre la place Daumesnil pour une banlieue de Mimizan ou de Magescq.

La Sologne

164, av. Daumesnil.
Tél.: 01 43 07 68 97. Fax: 01 43 44 66 23.
Fermé sam. midi, dim., 15 jrs août.
Jusqu'à 22 h 30 (w.-e.: 23 h 30)
Menu: 165 F

La demeure de Didier Maillet est sans conteste l'un des meilleurs rapports qualité-prix du quartier Daumesnil. La marmite revient encore une fois à son menu-carte à 165 F qui n'a pas pris un centime cette année. Attention cependant aux plats hors menu, surtout pendant la saison des truffes et du gibier. Velouté de homard et ses petites ravioles fromagères, gourmandise de lapereau parfumée à l'estragon, dos de morue aux cocos, jus de viande corsé, filet de daurade et sa barigoule de fenouil au pesto, rognons de veau et sa fricassée de champignons, clafoutis aux coings confits et son sorbet thym-citron font partie du répertoire du grand Didier. Une cuisine fine et inventive que l'on arrose de gentils crus tel le saumur Goudron (135 F).

L'Ebauchoir

43-45, rue de Citeaux
Tél.: 01 43 42 49 31
Fermé dim. Jusqu'à 23 h.
Menus: 68 F (vin c., déj.), 85 F (déj.), 150 F.
Carte: 150-220 F

Thomas Dufour, ancien de Baumanière, l'Arpège et Laurent, a fait de ce bistrot créé jadis par Yvon Levaslot (depuis parti à la Folie Milon), une des bonnes adresses du quartier. Son créneau? Simple comme bonjour: une cuisine familiale sérieuse à des prix défiants toute concurrence. Au déjeuner, les deux menus à moins de 100 F attirent les artisans du faubourg Saint-Antoine qui en ont fait leur cantine. Le soir, pas de menus mais une carte plus bourgeoise. Sardines fraîches farcies, foie de veau sauce miel et coriandre, soupe de fraises et sa glace au pain d'épice s'arrosent de vins malins de toutes les régions, servis au compteur.

Jean-Pierre Frelet

25, rue Montgallet
Tél.: 01 43 43 76 65.
Fermé sam. midi, dim., août. Jusqu'à 22 h 30.
Menus: 105 F (déj.), 150 F. Carte: 220-250 F

Cachée au fin fond du 12e près de Nation, la gentille table de Jean-Pierre Frelet est une des bonnes adresses de l'arrondissement. Cet ancien de chez Delavayne à Bougival et Michel Olivier au Bistrot de Paris mitonne une cuisine classique, légère, quoiqu'un peu timide qui se renouvelle au fil des saisons. Tomate aux rillettes de saumon, trop froides (sorties du frigo), bon gaspacho (malgré les mini-glaçons), excellent canard à la polenta avec d'inutiles pistaches, épaisse tranche de foie de veau au bacon, parfait sabayon de fraises minute, savoureux nougat glacé maison s'arrosent d'un chinon, qu'on a juste le tort de servir glacé.

Le Saint-Amarante

4, rue Biscornet
Tél.: 01 43 43 00 08.
Fermé sam. midi, dim., lundi, août.
Jusqu'à 22 h 30. Carte: 200-220 F

Les années passent et la qualité est intacte chez les Avrillaud, un peu comme si le Génie de la Bastille, situé à deux pas, veillait sur la demeure. L'accueil souriant de Christiane, l'ambiance de bistrot parigot (et son bruit ambiant), la cuisine au fil du marché, voilà ce que l'on retrouve avec constance dans ce sympathique rade de quartier. En cuisine, Thomas Rebeyrotte compose une cuisine savoureuse, jonglant avec aise entre traditions et nouveautés. Les bons produits, les réalisations simples et légères, voilà qui plaît aux habitués de la maison. Pas de menu, mais une ardoise qui se renouvelle chaque jour: salade de bœuf à la lyonnaise, marmite de pintade farcie au foie gras et moelleux au chocolat amer reviennent régulièrement à l'affiche. Elaboré par un caviste voisin, le choix de vins est plein de surprises.

Sardegna a Tavola

1, rue de Cotte
Tél.: 01 44 75 03 28.
Fermé dim. Jusqu'à 23 h
Menu: 75 F (déj.). Carte: 200-250 F

Le rondouillard et rubicond Antonio Simbula, qui fut longtemps le VRP des bons produits de la Botte, a fait de cette demeure simplette, décorée d'affiches du pays, une exquise petite ambassade sarde. En homme orchestre doué de chaleur et de raison, il propose les meilleurs produits de sa belle île italienne. Antipasti avec frais légumes grillés à l'huile d'olive, charcuterie de première force, poutargue, malloredu (petites pâtes rondes) à la saucisse et à la sauce ragoût, fine escalope de veau aux câpres et olives sont d'une authenticité toute charmeuse. On boit là-dessus un Araja issu de carignan et l'on dit merci à la compagnie en quittant la salle sur un air de sardane.

Les Zygomates

7, rue de Capri
Tél.: 01 40 19 93 04. Fax: 01 44 73 46 63.
Fermé sam. midi, dim., lundi midi, août.
Jusqu'à 22 h 45
Menus: 80 F (déj.), 140 F. Carte: 200-250 F

Cette ex-charcuterie 1900 n'a rien perdu de son cachet de jadis. Marbre, vitres gravées, plafond sur soie en guise de décor charment sans mal. En cuisine, Patrick Fray joue une musique simple et sans ornière. Formé chez Lucas Carton et Jacques Cagna, ce bel artisan œuvre dans le plat ménager revu au goût du jour, les alliances justes, les sauces légères. Le menu du déjeuner est passé à 80 F, une affaire à saisir avec son velouté de champignons, civet de joue de porcelet, pruneaux au vin rouge et café. La mousseline de ris de veau aux légumes, le saumon rôti à l'orange et à la badiane, l'entrecôte à la moelle et le blanc-manger aux fruits rouges redonnent à coup sûr le sourire. La carte des vins, riche et variée, privilégie les bourgognes à prix cadeau.

Produits

ARTS DE LA TABLE

Constance Maupin

11, rue du Dr-Goujon
Tél.: 01 43 07 01 28.
10 h-13 h. 14 h 30-19 h 30. Fermé dim., lundi, août-1re sem. sept.

Assiettes de porcelaine et de faïence, verres stylisés fin XIXe début XXe, belle argenterie, carafes de cristal, nappes anciennes brodées, les trésors de Constance Maupin s'offrent au regard derrière les vitrines de verre bombé et fumé années vingt.

BOUCHER

Boucherie de l'Avenir

51, rue du Rendez-Vous
Tél.: 01 43 43 72 80.
8 h 15-12 h 45. 16 h-19 h 45
Fermé dim. a.-m., lundi, août.

Boucher artisan depuis un demi-siècle, Raymond Pailleau vante les belles viandes de nos provinces: bœuf de Chalosse, veau de lait de la Corrèze, agneau du Limousin, volaille de Bresse, pintadeau de la Drôme et prépare sur commande agneau farci de rognons et girolles, travers de veau à la parisienne au beurre maître d'hôtel, rôti de veau suprême (avec foie gras, raisin et pommes), rosbif au foie gras truffé.

BOULANGER

Moisan

5, pl. d'Aligre.
Tél. : 01 43 45 46 60.
7 h 30-13 h 30. 15 h-20 h (sam. 8 h-20 h)
Fermé dim. a.-m., lundi.

Restaurateur à l'enseigne «Vieux Métiers de France» dans le 13e, ici, près du marché d'Aligre, le gars Michel fait une seconde carrière en star de la boulange, reconnue par ses pairs et les fous du «bio». Ses pains naturels, complets, bis, à la farine de meule, baguette, flûte à l'ancienne, boule de campagne lui valent un succès mérité.

CAVISTE

Caves Michel Renaud

12, pl. de la Nation.
Tél. : 01 43 07 98 93. Fax : 01 40 02 06 16.
9 h 30-13 h. 14 h-20 h 30.
Fermé dim. a.-m., lundi matin.

Propriétaire récoltant du Clos Joliette à Jurançon et du domaine Tauzia en bas Armagnac, Michel Renaud réunit dans sa cave les vins qu'il préfère : grands bourgognes, malagas, jerez, tokaj aszu, vieux portos sans oublier un petit rouge d'Armaganc ni filtré, ni collé qui est son petit chouchou. Carafes, verres signés Riedel et tire-bouchons Laguiole sont de belles idées de cadeaux.

CHARCUTIER

Rigault

4, rue Marsoulan
Tél. : 01 43 43 89 57.
8 h-13 h. 16 h-19 h 30
Fermé dim. a.-m., mercr., août.

Le tout-Paris des gourmets se précipite chez Gilles Rigault pour s'approvisionner en fromage de tête, jambon à l'os, campagne et paysan, saucisses et saucissons secs, terrines, quenelles, saumon fumé norvégien sans oublier sa superbe choucroute garnie.

FROMAGER

La Ferme d'Olivia

4, rue Taine
Tél. : 01 43 07 40 43. Fax : 01 43 07 40 43.
Jusqu'à 19 h 30. Fermé lundi, août.

Cette jolie crèmerie-fromagerie en chêne massif est le domaine de Martine Béranger qui sait affiner à point livarots, camemberts, cantals, tomme de Savoie, brebis des Pyrénées, beaufort d'Alpage. Charcuteries d'Auvergne, miels et pain d'épice du Morvan, confitures artisanales «Potager sucré» ou «La Trinquelinette» (dont la fameuse orange sanguine), yaourts fermiers (marrons glacés, noix de coco, prune cannelle) sont également servis avec le sourire.

PÂTISSIER

Saffers

24, pl. de la Nation.
Tél. : 01 43 43 77 36.
8 h 30-13 h 30. 15 h-20 h. Fermé lundi, août.

Philippe Saffers joue, dans sa belle échoppe, la création en cuisson légère et fraîche à travers une gamme pâtissière qui n'oublie pas les classiques. Les épatants champenois (mousse champagne cocktail de fruits), charlotte chocolat-griottines, omelette au citron, brésilien et tarte aux fraises des bois valent l'emplette.

POISSONNIER

Les Pêcheries Côtières

231, rue de Charenton
Tél. : 01 46 28 41 37. Fax : 01 44 74 94 24.
6 h-12 h 30. 16 h-19 h 15 (dim. 8 h-12 h 30).
Fermé dim. a.-m., lundi.

En direct de Bretagne ou de Normandie arrivent turbots, saint-pierre, soles, fruits de mer, huîtres, crustacés mis en valeur de l'étal aux viviers. Daniel Huché fournit aussi bien la grande restauration que les gourmets qui savent trouver chez lui le meilleur de la pêche de ligne.

Rendez-vous

BISTROTS À VINS

Le Baron Rouge

1, rue Théophile-Roussel
Tél. : 01 43 43 14 32.
10 h-22 h. Fermé lundi, sem. 15 août.

Débordé par le succès, Daniel Gauliard voudrait qu'on l'oublie. Car son petit bar institution face au marché d'Aligre n'a pas «droit de terrasse». Venez donc ici aux heures creuses, à l'ouverture par exemple, goûter le joli touraine rouge, les braves tartines, l'assiette de charcuterie corse, les fromages affinés, les huîtres iodées du Cap-Ferret.

Lolo et les Lauréats

68 bis, rue de Reuilly
Tél. : 01 40 02 07 12. Fax : 01 42 60 09 66.
7 h 30-19 h 30. Fermé sam., dim.

Ce gentil bistrot à l'humeur provinciale a changé de tête, mais demeure le rendez-vous sage des amateurs de petits plats sans histoire et de crus régionaux choisis. Salade de chèvre chaud au jambon cru, saumon frais grillé au beurre blanc et crumble aux fruits rouges font d'honnêtes plats du jour. Assiettes de charcuterie et sandwichs toute la journée.

13e

Hôtels

Holiday Inn Tolbiac

21, rue de Tolbiac
Tél. : 01 45 84 61 61. Fax : 01 45 84 43 38
71 ch. 1 300-1 400 F

Grand hôtel moderne, tout près de la nouvelle Bibliothèque nationale. A mi-chemin entre la gare de Lyon et le quartier chinois où l'on découvre sans cesse de nouvelles petites tables à prix modiques.

Mercure Blanqui

25, bd Blanqui
Tél. : 01 45 80 82 23. Fax : 01 45 81 45 84
50 ch. 730-1 000 F

Entre le quartier Mouffetard et la Butte-aux-Cailles, cet hôtel de chaîne moderne et fonctionnel propose des chambres confortables.

Restaurants

Le Petit Marguery

9, bd de Port-Royal
Tél. : 01 43 31 58 59.
Fermé dim., lundi, août, 23 déc.-2 janv.
Jusqu'à 22 h 15
Menus : 165 F (déj.), 215 F. Carte : 250-350 F

Le chic des frères Cousin ? Une cuisine riche, authentique, généreuse, qui se rit des modes, joue le gras contre le régime, fait fi des calories et se défie des cuistres. Le décor de bistrot est chaleureux à souhait. Formés à bonne école chez Girard au Galant Verre et chez Allard à la grande époque, Michel, Jacques et Alain s'affairent à régaler leur monde avec des mets certes déjà vus, mais dont on ne se lasse guère. Ces traditionalistes ont l'amour du bon produit chevillé au cœur. En période de chasse, poule faisane, perdreau rôti, noisettes de biche et râble de lièvre sont leurs mets de prédilection. Dans l'intersaison, ravioles de pétoncles aux mousserons, raie rôtie à la graine de moutarde, saumon au brouilly et pâtes fraîches, pavé de rumsteak à l'échalote ou belle rosette d'agneau sont de grands classiques réalisés avec brio. Les desserts fleurent le retour d'enfance à travers crème brûlée à la cassonade et île flottante crème anglaise. Les menus-carte permettent de s'en tirer avec les honneurs. Tout le monde est ravi et la maison ne désemplit guère.

L'Anacréon

53, bd Saint-Marcel
Tél. : 01 43 31 71 18. Fax : 01 43 31 94 94.
Fermé dim., lundi, août. Jusqu'à 23 h.
Menus : 120 F (déj.), 190 F

André Le Letty a augmenté son menu-carte de 10 F. Ce qui, à 190 F fait un peu « limite » pour notre marmite, à moins de boire de l'eau... Reste que sa table, dédiée au poète grec Anacréon, demeure une des bonnes affaires du quartier. Formé à la Tour d'Argent, ce Breton sérieux mitonne une cuisine traditionnelle raffinée, élaborée au gré du marché. La fricassée d'escargot aux légumes, le dos de cabillaud à la bière et oignons frits, l'échine de porc en cocotte au curry et la mousse de fromage blanc nougatine aux noix sont plein de malice. Le bourgueil du domaine des Blottières à 85 F aide à faire oublier un décor sans charme particulier.

L'Avant-Goût

26, rue Bobillot
Tél. : 01 53 80 24 00. Fax : 01 53 80 00 77.
Fermé dim., lundi. Jusqu'à 23 h
Menus : 63 F (déj.), 150 F, 190 F (dégust.)

Il fut meilleur « rapport qualité-prix » il y a quatre ans, un de nos Coups de cœur, celui de l'an passé, on se demande ce qu'on va bien pouvoir décerner à Christophe Beaufront pour ce nouveau millénaire ? Au déjeuner, le menu à 63 F (entrée, plat, café, verre de vin) fait un malheur et la formule à 150 F, midi et soir, permet de s'en tirer avec les honneurs. Vous l'aurez compris, cet élève de Guérard, qui fut chez Savoy au Bistrot de l'Etoile, demeure un de nos chouchous. La carte renouvelée régulièrement, une cuisine ménagère remise habilement au goût du jour, des vins malins... un bel avant-goût de ce que vous trouverez dans ce bistrot voisin de la place d'Italie. Ravioles de thon et de morue, velouté de poivron à l'huile d'olive, tian de légumes et de sardines en tagine, cocotte d'agneau et ses pieds aux artichauts, pot-au-feu de cochon aux épices font partie du registre du chef. Les desserts sont à la hauteur : crème brûlée à la réglisse et poire pochée au thé vous laissent bouche bée.

Chez Paul

22, rue de la Butte-aux-Cailles
Tél. : 01 45 89 22 11. Fax : 01 45 80 26 53.
Fermé 24-25-31 déc., 1er janv.
Jusqu'à 23 h 30.
Carte : 180-250 F

Voilà une des adresses incontournables de la Butte-aux-Cailles. Dans son bistrot parigot, au décor sobre et moderne, Paul Desaivre accueille, jusque parfois très tard, les habitués du quartier, amateurs de bonne bouffe. Une cuisine d'inspiration régionale, où se côtoient spécialités lyonnaises et plats ménagers de bon aloi. Dans la joie et la bonne humeur, on déguste os à la moelle, bulots à la badiane, pot-au-feu, jarret de porc aux lentilles et tarte Tatin. Gentils crus en pot, tels gamay (50 F) et brouilly (70 F).

Virgule

9, rue Véronèse
Tél. : 01 43 37 01 14.
Fermé dim. midi, lundi midi, 10-20 août.
Jusqu'à 23 h.
Menus : 64 F (déj.), 105 F, 145 F. Carte : 220 F

Une de nos lectrices a été déçue l'an passé par ce qui fut l'un de nos coups de cœur. Il faut dire que le quartier n'est pas vraiment riche en grandes tables et que le décor de la demeure n'est pas le charme même. Reste que tout ce que mitonne Heng Dao, formé chez Lenôtre, au Jules Verne et aux Amognes, nous paraît digne d'intérêt. D'autant que les menus à moins de 150 F sont des cadeaux véritables. Avec son compère Denis Legroux (ex-Tour d'Argent et François Clerc), ce franco-cambodgien qui a la main sûre mitonne poêlée de pétoncles, rémoulade de céleri sauce aux huîtres, porcelet braisé aux épices douces, sandre gratiné, fondue de poireaux au basilic et gratin de pommes glacées au pain d'épice de belle allure. Certes l'ambiance est un peu terne et le service réservé, mais cette demeure reste néanmoins une des bonnes adresses du quartier, si ce n'est la meilleure. Notons qu'elle ouvre ses portes le dimanche soir, une aubaine avant de réattaquer la semaine.

Produits

BOULANGER

Soulabaille

112, av. d'Italie.
Tél. : 01 45 89 70 40. Fax : 01 53 62 16 00.
7 h 15-20 h. Fermé dim. a.-m., lundi, août.

Flûte Gana, préfermentée sur poolish, à la mie crémeuse et croûte craquante, pain rond de campagne, pain aux céréales du vendredi et seigle, voilà ce que propose Paul Soulabaille, artisan talentueux.

CAVISTES

Cave des Gobelins

56, av. des Gobelins.
Tél. : 01 43 31 66 79. Fax : 01 43 31 66 79.
9 h-13 h. 15 h-20 h. Fermé dim., lundi.

Pineau cuvée François Ier, rhum Trois-Rivières en différents millésimes, beaux whiskies de malt, vieux calvados, grands millésimes de vins anciens sont soigneusement rangés dans les casiers de cette cave début de siècle animée par Bernard Merlet. Des dégustations sont organisées le samedi après-midi.

Tous à la cave

119, rue Léon-Maurice-Nordmann
Tél. : 01 45 35 39 34. Fax : 01 45 35 40 55.
10 h-13 h. 16 h-20 h 15. Fermé dim. a.-m., lundi, 3 sem. août.

Cette jolie cave en bois des années trente abrite des vins choisis : minervois l'Amourier, saint-émilion Château Gueyrosse ou saint-chinian du Château Coujan. Portos, armagnacs, eaux-de-vie, whiskies, rhums, calvas font partie des quelque quatre cents références sélectionnées par Benoist Magen. Tous les quinze jours, dégustation en présence d'un vigneron.

CHARCUTIER

Meurdesoif

8, rue Albert-Bayet
Tél. : 01 42 16 81 83.
8 h-13 h. 16 h-20 h. Fermé dim., août.

Joël Meurdesoif, 33 ans d'expérience, prépare dans ses labos pâtés de foie, rillons, boudin blanc au foie gras, foie gras de canard ou d'oie, andouillette façon Troyes à la ficelle, jambon à l'os, saucisse sèche qui font qu'il reste l'un de nos charcutiers de cœur.

CONFISEUR

Aux Délices de Montsouris

242, rue de Tolbiac
Tél. : 01 45 89 61 14. Fax : 01 45 81 16 36.
9 h-19 h 30. Fermé dim. a.-m., lundi, août.

Dans leur décor orné de bois de Chine, Josiane et Antoine Najjar nous proposent un tour de France des bonbons. Bergamotes de Nancy, négus de Nevers, cotignac d'Orléans, bêtises de Cambrai font bon ménage avec chocolats, confitures de qualité, thé et café.

PÂTISSIER

Chamarre

90, bd Auguste-Blanqui
Tél. : 01 43 31 72 00.
8 h-19 h 30. Fermé dim. a.-m., lundi, août.

Mousse d'abricots, normandie pomme-cannelle, sablé fruits rouges, entremets mousse-caramel et marbré aux pommes de qualité sont quelques-uns des gâteaux allégés dont Jacques Chamarre s'est fait une spécialité. Macaron vanille et millefeuille fruits rouges sont de grande qualité.

PRODUITS ÉTRANGERS

Cipolli

81, rue Bobillot
Tél. : 01 45 88 26 06.
7 h-13 h. 15 h 30-19 h 30 (sam. : 7 h-19 h 30).
Fermé dim., lundi, août.

Toute l'Italie règne sur cette chic boutique Arts déco. Les étagères en bois accueillent huiles d'olive, vinaigres balsamiques, coppa, jambons de Parme, pâtes fraîches ou sèches, vieux parmesan, vins sélectionnés par Olivier Cipolli.

14e

Hôtels

Méridien Montparnasse

19, rue du Cdt-Mouchotte
Tél.: 01 44 36 44 36. Fax: 01 44 36 49 00
913 ch. 2 000-2 300 F
Menus: 200-300 F

Un des plus gros hôtels de Paris avec ses 1 000 chambres rénovées depuis peu. Spacieux, moderne et accueillant malgré l'ampleur, il offre si l'on est en hauteur, une très belle vue sur Paris.

Sofitel Forum Rive Gauche 

17, bd Saint-Jacques
Tél.: 01 40 78 79 80. Fax: 01 45 88 43 93
766 ch. 1 400-2 000 F
La Table et la Forme: fermé 24 juil.-21 août, 65 F (enf.), 175 F
Patio: 139 F (déj.). Carte: 140-230 F

Chambres au décor de boiseries, claires et confortables. Deux restaurants, un centre sportif, un salon de coiffure, des salles de séminaires et un cyber-espace font de cet hôtel moderne une halte pratique.

Lenox Montparnasse 

15, rue Delambre
Tél.: 01 43 35 34 50. Fax: 01 43 20 46 64
52 ch. 590-730 F

Des chambres gaies, pimpantes, dans des tons modernes, avec de belles salles de bains claires, une entrée sobre au cœur d'un quartier animé: c'est l'adresse chic et cependant sans excessive agitation des amoureux de Montparnasse. La Tour est à deux pas, le boulevard à dix mètres et le Rosebud tout près.

Restaurants

Montparnasse 25

au Méridien-Montparnasse
19, rue du Commandant-Mouchotte
Tél.: 01 44 36 44 25. Fax: 01 44 36 49 03.
Fermé sam., dim., 22 juil.-22 août.
Jusqu'à 22 h 30.
Menus: 250 F (déj.), 320 F, 390 F (dégust.).
Carte: 450-550 F

Sobre, raffiné, élégant avec son décor style années trente, quoiqu'un peu labyrinthique, ce discret restaurant d'hôtel demeure une table de classe. Ancien de Greuze, Ledoyen, du Ritz et de Maxim's, Christian Moine mitonne une cuisine fine, habile, qui tient, ces temps-ci la forme olympique. Son credo? Le produit et lui seul, mis en avant sur sa carte, à la façon de Gagnaire et Ducasse. Le thon rouge: juste cuit, accompagné d'une chair d'araignée à l'huile de basilic. Le foie gras de canard: au naturel, avec sa tartine de pain au levain grillée et son chutney de betteraves. Le bar: préparé sur le gril côté peau, servi avec tétragone au macis et sauce vierge aux bigorneaux. Le saint-pierre: rôti aux aubergines violettes, ail et herbes fraîches de Provence. Pas besoin d'en dire plus pour comprendre que ce chef a le geste sûr, le talent vrai, le cerveau jamais à court d'idées. Les fromages, à travers un exceptionnel plateau et un metteur en scène expert, Gérard Poulard, sont un grand moment. Les desserts n'échappent pas à l'enchantement: crumble rhubarbe et cannelle, glace au chocolat blanc, petits pots de vanille de Tahiti, de chocolat Guanaja et financier tiède font de belles issues. Ajoutons l'épatant menu d'affaires à 250 F, le personnel stylé, le sommelier à la hauteur, Tony Moinnereau, et vous aurez le portrait d'une demeure au top de son arrondissement.

Le Dôme

108, bd du Montparnasse
Tél.: 01 43 35 25 81. Fax: 01 42 79 01 19.
Tljrs. Jusqu'à 0 h 30.
Carte: 400-500 F

Régularité et constance sont les maîtres mots de cette belle brasserie marine. Les produits viennent en direct des côtes bretonnes et vendéennes. L'addition est à la hauteur, mais le jeu en vaut la chandelle. En fonction des arrivages, mais avec le même doigté, Franck Grault mitonne bouquets bretons beurre demi-sel, friture de céteaux sauce tartare, civelles sautées à l'huile d'olive, risotto de coquilles saint-jacques aux truffes, médaillons de lotte braisée au persil racine, sole de l'île d'Yeu meunière et langoustines rôties aux pâtes fraîches et pistou tomaté d'une finesse rare. Les desserts sont de jolis moments: mille-feuille parfumé au rhum et à la vanille, éventail de tuiles craquantes à l'ananas et coco. Service digne d'une grande maison.

Le Duc

243, bd Raspail
Tél.: 01 43 20 96 30/01 43 22 59 59
Fax: 01 43 20 46 73.
Fermé sam. midi, dim., lundi., 3 sem. août, 2 sem. Noël, Nvl An. Jusqu'à 22 h 30.
Menu: 280 F (déj.). Carte: 400-700 F

Les reproches concernant la maison, nous les connaissons mieux que personne. A commencer par les tarifs élevés. Or, la qualité a son prix. Et les poissons crus ou grillés, les coquillages et crustacés sont d'une qualité et d'une fraîcheur qui ne permettent guère le reproche. Contrairement à d'autres décors années soixante-dix, celui de Slavik, façon intérieur de bateau, se patine avec les ans. Au déjeuner, le menu à 280 F permet de s'initier en douceur aux plaisirs de la mer: escalopes de saumon aux deux poivres, sardines crues, assortiment de poissons fumés tièdes, palourdes sautées au thym, salade de crabe frais, bar et turbotin grillés, rougets poêlés à l'huile d'olive, pavé de turbot à la vapeur et fricassée de lotte à la provençale. Les desserts sont classiques et sans grande surprise : entremets, pâtisseries maison et glaces Berthillon. L'ensemble est d'une légèreté grande.

La Maison Courtine

157, av. du Maine.
Tél.: 01 45 43 08 04. Fax: 01 45 45 91 35.
Fermé sam. midi, dim., lundi midi, août.
Jusqu'à 23 h.
Menu: 175 F-250 F

Yves Charles, ancien du Gambetta à Houilles, a repris avec allant le Lous Landès d'Hervé Rumen, rénovant la demeure dans les tons jaunes, reprenant son héritage Sud-Ouest, l'élargissant vers le Sud tout court, baissant un tantinet les prix, jouant la carte du marché, des produits frais, des saisons changeantes à travers un menu-carte qui emballe, malgré ses quelques suppléments. Huîtres en gelée à l'eau de mer, saumon cru mariné aux épices, ravioles de langoustines à la fondue de poireaux, magret cuit sur sa peau au sel de Guérande, agneau des Pyrénées rôti au thym, crêpe de banane et clémentine flambée assurent sans faiblesse. Le menu cassoulet à 250 F (avec foie gras et dessert au choix) permet de dépasser la norme ici fort raisonnable.

Le Moniage Guillaume

88, rue de la Tombe-Issoire
Tél.: 01 43 22 96 15/01 43 27 09 88.
Fax: 01 43 27 11 79.
Fermé dim., 10-20 août. Jusqu'à 22 h 15.
Menus: 185 F, 245 F. Carte: 400-450 F

Depuis quinze ans et sans faiblir, Nelly et Michel Garanger régalent les amateurs de poissons et crustacés. Les années passent et se ressemblent dans leur demeure rustique avec cheminée, terrasse et verrière. En salle, Nelly assure l'accueil avec gentillesse. Aux fourneaux, Michel mitonne, au gré du marché, une cuisine nette et précise, juste de ton. Gelée de cailles et foie gras au vin de Muscat, figues fraîches et jambon Serrano, dos de loup en deux cuissons jus au vin rouge, soupière de la mer en crème de crustacés et dorade grise grillée à l'huile épicée font bel effet. Les desserts sont du même acabit: quenelles moelleuses de chocolat et coulis d'abricot, crème brûlée à la pistache, délice de framboises à la liqueur. Voilà une des bonnes adresses gourmandes du quartier.

La Régalade

49, av. Jean-Moulin.
Tél.: 01 45 45 68 58. Fax: 01 45 40 96 74.
Fermé sam. midi, dim., lundi,
mi-juil.-mi août. Jusqu'à minuit.
Menu: 195 F

Rançon de la gloire: la réservation est devenue obligatoire, souvent des semaines à l'avance le soir chez Yves Camdeborde qui ne vous épargnera ni l'attente, ni la proximité des tables, ni le bruit ambiant – l'un de nos collaborateurs a même fait chez lui un repas approximatif. Mettons cette dernière expérience entre parenthèses et soulignons que toutes les autres ont été des moments de bonheur. Il est vrai que l'on pardonne tout à ce Béarnais de cœur, ex-second de Constant au Crillon, qui fut le précurseur de la formule à succès «cuisine chic pour petit budget». Son menu-carte magique a augmenté de vingt francs, mais personne ici ne semble lui en vouloir. Pomme Macaire au boudin noir béarnais, saint-jacques rôties aux olives noires et ventrêche, gigot d'agneau de lait des Pyrénées, viennoise de rognon de veau aux amandes et croustillant de citron jaune au lait de noix de coco régalent leur monde sans discontinuer.

L'Amuse-Bouche

186, rue du Château
Tél.: 01 43 35 31 61. Fax: 01 45 38 96 60.
Fermé dim., lundi midi, août. Jusqu'à 22 h 30
Menus: 145 F, 178 F

La demeure de Gilles Lambert est du genre discret. Certes, le décor de cette ancienne boucherie est plutôt simple, mais là n'est pas l'essentiel. Cet ancien de Jacques Cagna mise avant tout sur une cuisine honnête et fraîche, suivant le marché avec aise. L'accueil adorable assuré par Mme Lambert et les menus-carte habilement pondus font de cette maison de quartier un repaire gourmet. Rémoulade de tourteau et céleri aux avocats, noix de saint-jacques rôties, endives caramélisées à l'orange, croustillant de canette aux cinq épices, craquants à la mousse de citron, coulis de framboises sont de bien jolis amuse-bouches.

Au Bretzel

1, rue Léopold-Robert
Tél.: 01 40 47 82 37.
Fermé dim., 2 sem. août. Jusqu'à 22 h 30.
Menus: 78 F-120 F. Carte: 150-200 F

Voilà une winstub comme on les aime : sérieuse et authentique. Il faut dire que la patronne connaît son métier. Native de Guebwiller, Renée Kaelbel est une cuisinière de première classe. Son pays, elle l'aime et lui rend hommage chaque jour dans sa demeure d'angle. Alsacienne à coup sûr, sa cuisine est exécutée avec amour. Salade vigneronne, impeccable tarte flambée, cervelas gruyère bien assaisonnée, épatante choucroute strasbourgeoise, palette fumée et vacherin glacé sont mitonnés dans les règles de la tradition. Les prix gentils ne sont pas pour nous déplaire. Menus : 78 F, 120 F. Carte : 150-200 F.

Les Caves Solignac

9, rue Decrès
Tél. : 01 45 45 58 59.
Fermé sam., dim., 1 sem. mai, mi-juil.-mi- août, Noël-Nvel An. Jusqu'à 22 h (vendr. : 22 h 30)
Menus : 111 F (déj.), 167 F. Carte : 200-250 F.

Jean-François Baneat le glisse sans rire : « J'ai attrapé le virus de la cuisine il y a vingt ans, maintenant je suis un condamné incurable. » Et nul ne s'en plaint. Ses produits jouent le « fait maison » (saumurage, fumage, pâtés, glace et confits) avec une remarquable constance. L'on se régale sans mal, dans son bistrot début de siècle au décor de bois patiné, d'une cuisine du marché nette, vive et prestement servie. Assiette périgourdine (salade, magret fumé maison, gésiers de canard gras confits maison, noix et huile de noix du Périgord), andouillette rôtie pommes sarladaises, feuilleté chaud aux fraises et gingembre ne souffrent d'aucune critique. Vins et alcools (armagnac et cognacs) sont sélectionnés, chez le producteur.

Les Petites Sorcières

12, rue Liancourt
Tél. : 01 43 21 95 68. Fax : 01 42 79 99 03.
Fermé sam. midi, dim., août. Jusqu'à 22 h 30.
Menu : 120 F (déj.). Carte : 180-220 F

La modestie, voilà le maître mot de Christian Teule. Et ce discret élève de Robuchon, qui fut l'un de nos coups de cœur de l'an 2000, ne déçoit guère ses hôtes dans son bistrot de quartier dédié aux dames sorcières. Sa cuisine fine, sage, sûre, réalisée avec doigté et servie dans une ambiance détendue plaît sans mal dans le quartier. Tartare de maquereaux, côte de veau rôtie aux légumes, filet de daurade poêlé et croustillant à la crème de citron et framboises n'ont pour leur part rien d'effrayant, bien au contraire.

Le Restaurant Bleu 

46, rue Didot
Tél. : 01 45 43 70 56. Fax : 01 45 43 70 56.
Fermé dim., lundi, août. Jusqu'à 22 h 15
Menu : 90 F, 165 F

Les bons petits plats auvergnats à prix doux, voilà ce que propose Christian Simon dans son restaurant bleuté de la rue Didot. La soupe de potiron au bleu d'Auvergne, la salade de morue fraîche en beignets, l'estouffade de gigot d'agneau aux cocos frais, les noix de saint-jacques en fricassée aux poireaux et la charlotte au café, crème au rhum sont certes roboratifs, mais finement préparés. Le menu-carte à 165 F demeure un des cadeaux maison.

Produits

BOULANGERS

Le Moulin de la Vierge

105, rue Vercingétorix
82, rue Daguerre
Tél. : 01 45 43 09 84/01 43 22 50 55.
7 h 30-20 h. Fermé dim. Autres adresses :
166, av. de Suffren, 15e. Tél. : 01 47 83 45 55
35, rue Violet, 15e. Tél. : 01 45 75 85 85.
19, rue de l'Etoile, 17e. Tél. : 01 40 09 99 90.

Pain au levain, complet, seigle, boule de campagne au goût de fumée à bois, six céréales, baguette, galette charentaise attendent l'amateur chez Basile Kamir. Macaron coco ou framboise et craquant mille-feuille valent aussi le détour dans ses différentes boutiques refaites à l'ancienne.

Thual 

2, rue Georges-Saché
Tél. : 01 45 43 16 66.
7 h-13 h 30. 15 h 30-19 h 30. Fermé mardi, juil.

Baguette à l'ancienne, boule de campagne, pains variés aux noix et au lard, pâté en croûte, quiche, tarte Tatin, délice au chocolat méritent l'emplette dans la jolie boutique aux fixés-sous-verre 1880 de Bruno et Catherine Thual.

CAVISTE

La Cave Valéry Namur

197, av. du Maine.
Tél. : 01 45 40 58 18. Fax : 01 45 41 59 58.
10 h-13 h. 16 h (sam. : 15 h)-20 h.
Fermé dim. a.-m., lundi.

Valéry Namur organise des dégustations chaque samedi, des dîners dégustation à thème, défend les vins qu'il aime : vin de pays d'Oc du Domaine d'Antugnac, Fitou, côtes-de-bourg Château Rousselle, qu'il propose de stocker, pour vous, aux conditions idéales de température et d'hydrométrie.

CONFISEUR

La Maison des Bonbons

14, rue Mouton-Duvernet
Tél. : 01 45 41 25 55.
11 h-20 h. Fermé dim., lundi matin, août.

C'est le tour de France des douceurs que propose cette échoppe. A coup de négus de Nevers, cotignac d'Orléans, réglisses de Montpellier, bergamotes de Nancy, macarons d'Amiens, violettes de Toulouse, caramel de Quiberon, praslines de Montargis. Dix sortes de réglisses et de délicieux et amusants objets sucrés sur le thème du chat complètent la gamme.

indique un bon rapport qualité-prix.

EPICIER

Au Domaine du Luc

17/19, rue Boulard
Tél.: 01 43 27 30 31. Fax: 01 43 27 40 00.
10 h-14 h. 15 h 30-20 h. Fermé lundi, août.

Confit d'oignons de l'Aude, praslines de Mazet, café bleu du Brésil, farine de châtaignes d'Ardèche, eau-de-noix de Brive, sel aux algues de l'île de Ré, verjus du Périgord, rillettes de thon, confitures, chutney d'Ecosse et épices du monde entier sont proposés dans cette jolie épicerie créée par Marie-Pierre Simon et Olivia Brunel.

FROMAGERS

Fromagerie Boursault

71, av. du Général-Leclerc.
Tél.: 01 43 27 93 30. Fax: 01 45 38 59 56.
8 h-12 h 30. 16 h 15-19 h 15.
Fermé dim. a.-m., lundi.

Brie de Melun, chèvre fermier, brebis des Pyrénées, pérail des Causses et camembert crémeux sont de premier ordre et présents sur les plus beaux plateaux de pâtes fermières. Mais c'est par les pâtes de montagne que Jacques Vernier est passionné. Il déniche les beaufort d'alpage, rare bleu de Termignon, persillé des Aravis, abondance qu'il affine avec talent dans ses caves situées sous sa fromagerie.

Fil « O » Fromage

4, rue Poirier-de-Narcay
Tél.: 01 40 44 86 75. Fax: 01 40 44 86 75.
8 h 30-13 h 30. 15 h 30-20 h
(sam.: 8 h 30-20 h). Fermé dim., lundi, août.

Sylvie et Chérif Boubrit ont à cœur de défendre les belles pâtes fermières. Proposés dans leur boutique années trente, camembert crémeux, brebis de Laruns, poivre d'âne fermier, gaperon à l'ail, pélardon, bleu de Gex, abondance, reblochon à cœur, saint-marcellin onctueux, brocciu frais fermier sont les témoins du beau travail soigneux des meilleurs fabricants français.

PÂTISSIER

Le Palais d'Or

71, rue de la Tombe-Issoire
Tél.: 01 43 27 66 26.
8 h-13h. 15 h 30-19 h 30. Fermé lundi, mardi, dim. a.-m., juil.-août.

Les fins croissants de Michel Gerstenmeyer demeurent les meilleurs de Paris. Ses bourgeois au café, saint-honoré, mille-feuille vanille, tarte aux fraises, galette des rois, macarons fondants et mousse au chocolat sont également au « top ». Dommage que les horaires d'ouverture ne soient pas plus étendus.

 *indique une grande table.*

POISSONNIER

Poissonnerie du Dôme

4, rue Delambre
Tél.: 01 43 35 23 95. Fax: 01 43 27 82 50.
8 h-13 h. 16 h-19 h 30
Fermé dim. a.-m., lundi, août.

Dans sa boutique signée Slavik, Jean-Pierre Lopez sélectionne le « must » de la marée française. Bar d'Audierne, thon de Royan, sole de l'île d'Yeu, daurade de Saint-Gilles-Croix-de-Vie, saumon de Loire, omble chevalier du lac Pavin et d'Annecy, oursins verts d'Erquy, langoustines impériales, bouquets vivants, saint-jacques de la rade de Brest sont les références du genre et font de ce capitaine de la mer, le spécialiste des poissons nobles de petits bateaux.

Rendez-vous

BISTROTS À VINS

Le Rallye

6, rue Daguerre
Tél.: 01 43 22 57 05.
9 h-23 h 30. Tljrs.

Tous les jours et jusqu'à point d'heure, on vient chez les Perret ne faire qu'une bouchée des escargots, tripoux, saucisson chaud lyonnais, jarret de porc, tiramisu aux fraises. Le saint-amour coule à flots. Des produits frais, de jolis crus, des prix d'amis: l'on comprend que la maison affiche rapidement complet.

Le Vin des Rues

21, rue Boulard
Tél.: 01 43 22 19 78.
10 h-minuit. Fermé dim., lundi, août.
(dîn.: mercr., vendr., sam.).

« Nous conservons au mieux l'esprit et la qualité de Jean Chanrion. » Niky et Didier Gaillard ont pris la succession de ce pilier des bistrots parisiens, mais l'esprit demeure. Les assiettes solides inspirées par la cuisine lyonnaise, le beaujolais bien frais et les prix doux ont été pieusement conservés. Et l'on se régale de belles tartines, comme, aux heures des repas, de queue de bœuf, tête de veau et soupe anglaise, au gré du temps.

CAFÉ

Le Café de la Place

23, rue d'Odessa
Tél.: 01 42 18 01 55. Fax: 01 43 35 19 75.
7 h 30-2 h du matin (dim.: 22 h). Tljrs.

« Ici, comme à la maison » affirme la carte de ce bistrot néo-1900 qui appartient aux patrons de la Rotonde. On grignote ici, toute la journée, salade landaise, entrecôte de Salers, croque-madame, crème brûlée, simples et honnêtes. Accueil tardif et terrasse bondée l'été.

15e

Hôtels

Hilton

18, av. de Suffren
Tél.: 01 44 38 56 00. Fax: 01 44 38 56 10
453 ch. 1 900-2 500 F
Menus: 138 F, 182 F, 325 F

Au pied de la tour Eiffel, on peut choisir sa chambre avec vue sur le palais de Chaillot et la Seine ou sur la tour de métal. Elles sont toutes modernes et bien équipées. Le récent restaurant Pacific Eiffel sert une cuisine californienne.

Nikko

61, quai de Grenelle
Tél.: 01 40 58 20 00. Fax: 01 40 58 24 44
758 ch. 2 000-2 550 F

Faisant face à la statue de la Liberté sur la Seine, la tour de l'Hôtel Nikko se dresse du haut de ses 31 étages et de ses nombreuses chambres, spacieuses et claires. Fameux restaurants et brasserie sage (Pont Mirabeau, Benkay et Célébrités: voir restaurants).

Pasteur

33, rue du Dr-Roux
Tél.: 01 47 83 53 17. Fax: 01 45 66 62 39
19 ch. 395-650 F

Ce petit hôtel aux prix doux possède une cour intérieure où l'on prend le petit déjeuner aux beaux jours. Chambres coquettes.

Restaurants

Les Célébrités

au Nikko
61, quai de Grenelle
Tél.: 01 40 58 21 29. Fax: 01 40 58 21 50.
Fermé août. Jusqu'à 22 h.
Menus: 250 F, 320 F, 420 F. Carte: 500-600 F

Malgré un CV en or, Jacques Sénéchal est du genre modeste. Après avoir officié treize ans à la Tour d'Argent, il remplaça Joël Robuchon ici même en 1981. Son style est à son image: classique et sans ornières. Les beaux produits sont à l'honneur, traités au mieux de leur forme dans un cadre chic et spacieux où la Seine joue la guest star. Le menu permet de s'en tirer avec les honneurs. Crabe frais et pamplemousse en salade, filet de daurade grise à la grenobloise, pavé de thon aux olives de Nice, foie de veau de lait en persillade et épaule d'agneau de Lozère confite aux oignons font bel effet. Le chariot des desserts réserve de belles surprises, comme le dartois aux abricots. Cave riche avec bouteilles pour tous les portefeuilles. Cadre cosy avec fauteuils confortables et vue plein cadre sur la Maison de la Radio.

Chen

«Le Soleil d'Est»
15, rue du Théâtre
Tél.: 01 45 79 34 34. Fax: 01 45 79 07 53.
Fermé dim. Jusqu'à 22 h 30.
Menus: 250 F (déj.), 490 F. Carte: 400-500 F

Louangée par nous, puis par les autres, la demeure de Fung Ching Chen ne désemplit pas. Rançon de la gloire: il faut réserver pour le dîner plusieurs semaines à l'avance. Il faut dire que ce natif de Shanghaï a fait de sa table sophistiquée le meilleur chinois de la vieille Europe. Sa recette? Des produits frais de première qualité, travaillés avec art par un grand chef bûcheur, anxieux et discret. Les prix sont à la hauteur de l'assiette, mais le menu «affaires», au déjeuner, permet de limiter les dégâts. Dentelles de langoustines à la Wen Zhou, grillé de raviolis aux fines herbes chinoises, mijotée d'ailerons de requin entier à la mandarine, «caché» d'aubergines aux perles d'océan, turbot aux saveurs «extrêmes» et son «squelette» frit – son morceau de bravoure –, poularde de Bresse sur le cressonnier de Shanghaï, morceaux de bœuf montagnard, fondant de poire au vin de litchi et nage de sorbets aux fruits exotiques font partie des mets de haute volée et sont dignes d'un maître de l'époque. Insolite, cachée sous les immeubles du front de Seine, cette grande table exotique a le chic discret.

Le Grand Venise

171, rue de la Convention
Tél.: 01 45 32 49 71.
Fermé dim., lundi, Noël, août. Jusqu'à 22 h 30.
Carte: 500 F

Cela fait des lustres que cette belle table italienne défie les modes avec aise. Anne Piprel accueille avec charme dans sa demeure au décor pompéien, parle de sa carte avec amour, évoque ses proportions généreuses avec chaleur et ravit sa clientèle de gros mangeurs épanouis. La cuisine transalpine est ici remarquable, fraîche, copieuse. Les prix? Au diapason, car avec le jeu du «goûtez-moi ceci et cela», l'addition est rarement inférieure à 500 F. Aux fourneaux, le fiston n'est pas maladroit non plus, mitonnant avec art antipasti à l'italienne (jambon de Parme, champignons, moules), aubergines dites chinchinettes, lasagnes aux fruits de mer, glace caramel en motte, pruneaux au vin et fraises des bois. Une maison de cœur quand on n'a pas à compter ses sous et ses calories.

Le Gastroquet

10, rue Desnouettes
Tél.: 01 48 28 60 91. Fax: 01 45 33 23 70.
Fermé sam., dim. Jusqu'à 23 h
Menus: 125 F (déj.), 155 F. Carte: 250-300 F

Dix ans déjà que les Bulot tiennent avec gentillesse cette demeure proche de la porte de Versailles. En cuisine, Dany, qui officia pendant seize ans chez Benoît, et en salle, la charmante Madeleine, qui vous accueille avec grâce. Les deux menus sont constants dans leur prix et dans leur qualité et permettent de découvrir la cuisine classique mitonnée avec amour par le chef normand. Gâteau de boudin noir aux pommes, tête et fraise de veau ravigote, filet de rouget sur tartine de tapenade, thon frais tomate et poivron à la parmesane, navarin d'agneau à la menthe fraîche et chou farci de canard au lard régalent une clientèle d'habitués gourmets. Les desserts (soupe de poire à l'orange, ganache au chocolat, farandole de mini-desserts) réservent de belles surprises, tout comme la carte des vins et ses jolis crus à prix mini.

L'Antre Amis

9, rue Bouchut
Tél.: 01 45 67 15 65. Fax: 01 43 06 34 08.
Fermé sam., dim., 3 sem. août.
Jusqu'à 22 h 30.
Menus: 140 F (vin c., déj.), 180 F (vin c.).

Exit le Bouchut: voici devenu l'Antre Amis, table de quartier cosy, avec son plafond de verre peint et ses tables soignées. Stéphane Pion, ancien du Lutétia qui dirige la salle, et Michel Galichon, que l'on connut au Chat Grippé dans le 6e, aux fourneaux, en font une adresse savoureuse, sympathique, en forme de bonne affaire. On vient ici, entre amis, goûter une cuisine classico-créative qui sait demeurer sage en évitant l'afféterie. Les deux menus font aisément l'affaire. La marinade de lotte à l'huile d'olive vanillée, la fricassée de légumes d'été à la crème de chou-fleur, le saumon caramélisé au soja escorté d'une belle purée de persil, le rognon entier aux figues sèches, moelleux au chocolat fondant et abricots rôtis à la vanille sont des aubaines à saisir.

Blacherne

73, rue Brancion
Tél.: 01 48 28 24 08.
Fermé dim. soir, lundi, 2 sem. août.
Jusqu'à 23 h 30.
Menu: 74 F (déj.). Brunch: 95 F. Carte: 200-250 F

Franck Bonin, qui fut en salle au Lucas Carton, et Philippe Abraham, ancien chef du Boucoléon, ont créé ce bistrot gourmand face au parc Georges-Brassens, en lieu et place de l'antique Trois Horloges. Le décor a son charme avec ses plinthes de sapin clair, ses murs orangés, ses tables en chêne et ses couverts en argent. La formule du midi à 74 F fait mouche. Les prix à la carte sont raisonnables et le brunch du dimanche midi est fort sympathique. Marinade de gambas au pamplemousse et mousse d'avocats, poêlée de pleurites, beignet de chèvre, haut de gigot braisé, magret de canard rôti aux cerises, crumble pommes-pignons et financier chaud au chocolat font gentiment plaisir.

Le Clos Morillons

50, rue des Morillons
Tél.: 01 48 28 04 37. Fax: 01 48 28 70 77.
Fermé sam. midi, dim., lundi midi.
Jusqu'à 22 h 30
Menus: 150 F, 175 F, 230 F («route des épices»)

Nouveauté chez Philippe Delacourcelle: cet ancien de Loiseau et Fauchon a décidé de jouer le bon rapport qualité-prix à travers un menu-carte habilement pondu qui permet faire le tour de ses bonnes idées pour 175 F. Cet amoureux des épices fait découvrir sa passion à travers de jolis tours variant selon le marché. Raviole d'escargots au chou-fleur et cumin, petites pommes de terre farcies à la matelote d'huîtres, dos de daurade à la citronnelle, rognon de veau rôti aux échalotes confites et gingembre, sans omettre chocolat fondant à la crème réglisse et tranche d'ananas à la coque avec sa vinaigrette à l'huile d'amandes assurent un délicieux dépaysement. La déco néo-coloniale de son bistrot cosy est à l'image de cette cuisine d'ailleurs.

La Dînée

85, rue Leblanc
Tél.: 01 45 54 20 49. Fax: 01 40 60 73 76.
Fermé sam., dim., 1er-15 août.
Jusqu'à 22 h 30.
Menus: 140 F, 170 F

Nouvelle donne pour Christophe Chabanel, qui abandonne la sphère de la haute gastronomie, les services d'un voiturier et les prix forts, pour le côté bistrot chic au prix juste. Cet ancien de Gagnaire et Apicius, qui était devenu la vedette gourmande du bout de la rue Balard, joue la sagesse avec un style qui est désormais plus ménager, presque canaille. Les encornets aux poivrons à l'huile de piment, la terrine parmentière de canard tiède, les filets de rascasse aux pommes de terre et jus de bouillabaisse, comme le rognon de veau à la moutarde et épinards sont délicieux, justes de ton, quoique sans épate. Le chou Chantilly et la mousse au chocolat crème pistache font de bonnes issues.

Les Frères Gaudet

19, rue Duranton
Tél.: 01 45 58 43 17. Fax: 01 45 58 42 65.
Fermé sam. midi, dim. Jusqu'à 22 h
Menu: 170 F

Dans le cadre réchauffé de l'ancien Vedel, les murs égayés couleur saumon, avec des banquettes en moleskine, des tables joliment dressées, les frères Gaudet créent un événement véritable. Jean-Yves, le cuisinier, a appris auprès de Senderens, Barrier, Peyrot, Meneau et Pacaud. Son frère Hugues, pâtissier, a abandonné sa boutique pour faire ici des issues de qualité. Cette fratrie aujourd'hui réunie propose ses bonnes idées autour d'un menu-carte à 170 F qui flirte avec la grande cuisine. Un amuse-bouche comme la hure de foie gras aux artichauts et céleri évoque les temps bénis du Vivarois. Les huîtres marinées préparées en escabèche, la salade fraîcheur aux crustacés (gambas, moules et crevettes) ou le « brick » de crabe sont des entrées savoureuses qui sortent des sentiers battus. Ajoutez la bourride de lotte façon Vedel au beurre d'ail, le pavé de thon à la crème d'olives, la tête de veau à la moutarde, l'épaule d'agneau gratinée farcie d'aubergines et vous comprendrez de quoi le premier Gaudet se chauffe. Hugues, quant à lui, mitonne des pain perdu aux fraises, sablé croquant au crémeux chocolat, tourtière aux poires, fine tarte Tatin ou crêpes à l'orange qui sont des jolis délices sucrés. Ajoutez-y des bourgognes côté nord – épineuil ou irancy – qui viennent de l'Yonne et regardez le montant de la note et vous disant que cette adresse séduisante est l'une des trouvailles de l'année.

Le Mazagan

136, av. Félix Faure.
Tél. : 01 40 60 13 45. Fax : 01 40 60 05 42.
Fermé sam. midi, dim., mi-juil.-mi août.
Jusqu'à 22 h 30.
Carte : 200-300 F

Ne vous fiez pas aux apparences. Le cadre de cette table marocaine est à l'image de sa façade : banale et anonyme. L'essentiel, vous le comprendrez rapidement, se trouve dans l'assiette. Le patron, Ahmed Termidi, natif de Casa, a été formé à bonne école : élève de Robuchon au temps du Nikko et complice de Maria Seguin chez Oum El Banine (dans le 16e), il connaît la musique. En cuisine, sa femme 100 % française, mais marocaine de cœur, travaille avec amour la pâte à warka et la chermoula. Il n'y a plus de menu cette année, mais les prix à la carte n'ont pas bougé. Zaâlouk d'aubergines au cumin, salade fassia, sardines farcies, couscous à la graine fine au blé ou à l'orge, tajines divins à l'agneau ou au poulet et pastilla à la crème d'amandes pour deux sont à se rouler par terre. Le médéa rouge se boit tout seul.

L'Agape

281, rue Lecourbe
Tél. : 01 45 58 19 29.
Fermé sam. midi, dim., août. Jusqu'à 22 h 15
Menus : 95 F, 120 F

Les prix n'ont pas bougé cette année dans la demeure d'Olivier Calba. Cet ancien du Bristol et du Moulin de la Galette mitonne une cuisine vive, inventive, suivant de près le marché. Et tout cela, pour 120 F seulement, à travers un menu-carte épatant. Crème de haricots blancs et gésiers, champignons poêlés et œuf poché sur toast aillé, viennoise de bar aux tomates, émincé de rognons, sablé au chocolat et oranges, poire confite aux airelles font partie du répertoire tonique du chef. Décor minimaliste et gentils crus complètent la panoplie.

Arti

173, rue Lecourbe
Tél. : 01 48 28 66 68. Fax : 01 45 54 50 15.
Tljrs. Jusqu'à 23 h 30.
Menus : 59 F (déj.), 75 F (déj.), 129 F. Carte : 160 F

L'ouverture tardive, et ce, tous les jours que Shiva fait, les petits prix, la cuisine authentico-indienne, l'accueil adorable : voilà qui fait de la maison d'Arun Sachdeva l'une des bonnes aubaines du quartier. Ce natif de New-Delhi a fait d'une petite maison de quartier, revue façon exotique, un antre chaleureux et gourmet. On se régale sans se ruiner d'exquis poulet tikka, de parfumé kebab, de subtiles gambas massala, d'un fondant agneau sauté karkai, avec oignons, tomates et herbes, d'un rigoureux kulfi (glace indienne, crémeuse, à la pistache) enfin de halva d'une franche délicatesse. L'ensemble fait une maison de cœur.

Le Bec Rouge

46, bd du Montparnasse/1, rue d'Alençon
Tél. : 01 42 22 45 54. Fax : 01 45 72 35 02.
Tljrs. Jusqu'à minuit.
Menus : 98 F (vin c., déj.), 120 F, 148 F

L'ouverture tardive tous les jours, les boiseries des Vosges, la cuisine alsacienne authentique, le menu-carte à 148 F : voilà qui attire ici même. Nous ne sommes pas dans une winstub strasbourgeoise, mais l'on s'y croirait. Voilà plus d'un an que Jean-Luc Maurice, ancien de Meneau, Rostang et du Connaught à Londres, a ouvert ce second Bec Rouge (le premier est dans le 8e), où le rapport qualité-prix est à l'honneur. Fleischnacka poêlé (bœuf de pot-au-feu en pâte à nouille façon crêpe aux herbes), foie mi-cuit et sa gelée au marc de gewurz (sans supplément !), flammekueche, choucroute de la mer, volaille fermière au jus tranché, pièce de bœuf au pinot noir, gigot d'agneau, kougelhopf glacé et bouchon chocolat coulant font simplement plaisir.

Casa Alcalde

117, bd de Grenelle
Tél. : 01 47 83 39 71.
Tljrs. Jusqu'à 22 h 30.
Menu : 158 F. Carte : 200-250 F

Odette et Philippe Pilmis font partie des précurseurs de la cuisine latino-ibérique à Paris. Une clientèle d'habitués ravis se presse ici tous les jours sans exception et on les comprend. Le sourire imparable des patrons, le cadre style bodega espagnole, le menu à 158 F midi et soir, la cuisine fraîche et authentique, voilà qui plaît sans mal sur le boulevard. Beignets de morue, soupe de poissons, calmars frits, tortilla, piperade, assiette de paella, gambas poêlées à l'ail, zarzuela et gâteau basque sont la probité même. Le Sierra Cantabria et le Vall del Calas font partie de la fête.

Les Côteaux

26, bd Garibaldi
Tél.: 01 47 34 83 48.
Fermé sam., dim., lundi soir, août.
Jusqu'à 21 h
Menu: 140 F. Carte: 180-220 F

«Les Coteaux, bistrot à vins, bouchon lyonnais, établissement où l'on boit plus que l'on ne mange», vous voilà prévenu. Bernard Olry, caviste d'élite et restaurateur de talent, affiche la couleur avec ce bistrot où l'on se sent comme chez soi. L'ambiance bon enfant, l'accueil attentionné, les mets solides issus du terroir, les jolis crus servis bien frais, le zinc, le menu-carte: voilà qui fait une maison de cœur. Les incontournables (cervelle de canut, andouillette au mâcon villages et à la moutarde de Charroux, tête de veau gribiche), mais aussi les plats que l'on découvre au fil des saisons (lapin en gibelotte, poule vigneronne, tendron de veau aux morilles) s'arrosent de beaujolais de Chaffanjon ou de juliénas d'Audras. A boire à la régalade.

Erawan

76, rue de la Fédération
Tél.: 01 47 83 55 67. Fax: 01 47 34 85 98.
Fermé dim., 1er-15 août. Jusqu'à 22 h 30.
Menus: 79 F (déj.), 116 F, 142 F, 152 F, 175 F.
Carte: 200-250 F

Cette année encore, les prix des menus n'ont pas augmenté dans ce resto thaï qui assure qualité et authenticité avec constance. Le décor est raffiné, l'atmosphère relaxante et l'accueil gentil tout plein. Soupe de poulet à la citronnelle, panier de beignets de crevettes, salade de riz frit au porc et aux herbes, brochette de lotte aux cinq parfums, crevettes sautées à la sauce aigre douce, ailes de poulet farcies, bœuf haché sauté au basilic sont d'une grande finesse. La glace au lait de coco et autres desserts ne sont pas compris dans les menus, conçus pour deux personnes minimum.

Stéphane Martin

67, rue des Entrepreneurs
Tél.: 01 45 79 03 31. Fax: 01 45 79 44 69.
Fermé dim., lundi, sem. 15 août.
Jusqu'à 23 h.
Menu: 185 F

Stéphane Martin, ancien élève de Christian Constant et d'Alain Dutournier, a repris l'ancienne demeure de Georges Outhier (l'Armoise), l'a rebaptisée à son nom, redonnant un coup de pinceau au décor dans les tons de bordeaux et crème. Sa formule? Une cuisine inventive, savante, précise et fraîche, suivant le marché avec aise que l'on découvre à travers un menu-carte établi avec soin, renouvelé deux fois par semaine. Fricassée d'asperges au parmesan et lard paysan, raviole de queue de bœuf en bouillon, filet de saint-pierre et polenta aux chanterelles grises, jarret de porc braisé au miel d'épice et embeurrée de choux rouge, craquant de crème de marron au coulis de pruneaux et jolie Tatin d'ananas sont de très bon ton.

Le Troquet

21, rue François-Bonvin
Tél.: 01 45 66 89 00. Fax: 01 45 66 89 83.
Fermé dim., lundi, août, Noël.
Jusqu'à 23 h 30.
Menus: 130 F, 160 F. Carte: 150-200 F

Notre «rapport qualité-prix» de l'an passé continue son bonhomme de chemin vers la gloire en version modeste. Aux commandes de ce troquet parigot, Christian Etchebest, formé au Grand Hôtel à Saint-Jean-de-Luz, au Miramar à Biarritz, chez les frères Ibarboure à Bidart, puis au Martinez de Cannes et au Crillon. Il n'a pas fini d'épater son monde avec la formule choc d'un menu unique renouvelé chaque jour au retour du marché. Dans le genre rapport qualité-prix, difficile de trouver mieux: le menu du déjeuner a même baissé de cinq francs, la qualité restant identique. Modestie et gentillesse, cuisine basco-béarnaise maligne et inventive, prix doux et jolis crus sont au rendez-vous. Bouillon aux chanterelles, poêlée de chipirons, magret au fenouil, daurade piquée d'olives noires, train de côte de bœuf pommes au lard, financier aux poires et macarons à l'ananas régalent sans causer la ruine.

Produits

BOUCHERS

Boucherie Jardin

178, rue de la Convention
Tél.: 01 45 32 71 05.
8 h-13 h. 15 h 30-20 h
Fermé dim. a.-m., lundi, août.

Agneau du Limousin, de Pauillac, de pré-salé, du mont Saint-Michel, bœuf d'Aubrac ou de Salers, porc fermier de la Vienne, veau élevé sous la mère, gibier en saison ont un défenseur acharné en Jean-François Jardin, spécialiste du beau produit français. Rôti de veau piqué au roquefort, canette aux poires, aux pommes ou aux cèpes, côte de bœuf à la moelle préparés avec soin, sont également proposés dans cette jolie boutique datant de 1907.

indique un lieu de mémoire.

Boucherie Nouvelle Convention

209, rue de la Convention
Tél. : 01 42 50 59 37.
8 h-12 h45. 15 h 30-19 h 45
Fermé mercr. a.-m., dim. a.-m., lundi, juil.

Dans son avenante boutique, Thierry Michaud, MOF de la promotion 1996, propose veau de lait fermier du Limousin, agneau de lait ou de pré-salé, blonde d'Aquitaine, côte de bœuf du Limousin, triperie fraîche. Et prépare à la commande : filet de bœuf sarladaise aux truffes et foie gras, rôti de veau corrézien farci avec chair de veau et jambon cru, couronne et gigot d'agneau en prêt-à-cuire.

BOULANGERS

Lionel Poilâne

49, bd de Grenelle
Tél. : 01 45 79 11 49.
7 h 15-20 h 15. Fermé lundi.

Sur le thème des semailles, de la fabrication et de la cuisson, les neuf grès d'Eugène Canseliès ornent la seconde boutique de Lionel Poilâne. Miche au levain, sachet de pain aux noix, tarte aux pommes, galette au beurre de qualité artisane sont proposés y compris le dimanche.

Max Poilâne

87, rue Brancion
Tél. : 01 48 28 45 90.
7 h 30-20 h (dim. : 10 h-14 h. 15 h-19 h). Tljrs.
Autres boutiques : 29, rue de l'Ouest. 14e
Tél. : 01 43 27 24 91. 42, pl. du Marché-Saint-Honoré. 1er. Tél. : 01 42 61 10 53.

Proche du square Georges-Brassens, la boutique années trente, ornée de fixés-sous-verre de Max, frère de L., propose boule de campagne, noix et raisins, tartelettes aux pommes et sucre de canne de belle qualité artisane.

CHARCUTIER

Jaouen

79, rue Lecourbe
Tél. : 01 47 34 94 76. Fax : 01 47 34 91 92.
8 h-13 h. 15 h 30-19 h 30. Fermé dim. a.-m., lundi.

Christophe Jaouen, 3e du nom, a fait de cette boutique créée en 1933 le temple de la « chair cuite ». Terrines, pâtés, saucisson à cuire, jambon cru ou cuit, boudin blanc truffé, foie gras de canard et d'oie, spécialités russes et polonaises, choucroute au riesling valent de l'or.

CHOCOLATIER

Francis Boucher

202, rue de la Convention
Tél. : 01 45 31 44 02. Fax : 01 45 31 44 02.
9 h 30-13 h. 14 h 15-19 h 30.
Fermé dim. a.-m., lundi.

Exquises tablettes aux crus de cacao, de Trinidad ou de Madagascar fabriquées par Francis Boucher qui maîtrise bien l'amer et le chocolat sous toutes ses formes. Ses pom-pom-pom (aux pommes), palet or, florentin, duchesse, truffe et convendises (praliné café nougatine) sont de toute première qualité.

ESCARGOTS

La Maison de l'Escargot

79, rue Fondary
Tél. : 01 45 75 31 09. Fax : 01 45 75 33 11.
9 h 30-19 h 30. Fermé lundi, 14 juil.-31 août.

Depuis 1894, la maison propose le meilleur des gros et petits gris de Bourgogne recoquillés et farcis au beurre d'Isigny. Plats, pinces, fourchettes, vins appropriés (chablis, sancerre, muscadet) et champagne sont à la vente. Dégustation à demeure.

FROMAGER

Laurent Dubois

2, rue de Lourmel
Tél. : 01 45 78 70 58. Fax : 01 45 75 10 00.
9 h-13 h. 16 h-19 h 45. Fermé lundi, août.

Les meilleurs saint-nectaire, camembert, livarot fermier, rocamadour, comté, beaufort d'alpage, chèvres, pélardon fermier, saint-blaise (brebis provençal), maroilles et un délicieux beurre à la motte, voilà ce que propose Laurent, neveu d'Alain Dubois, maître-fromager de la rue de Tocqueville.

PÂTISSIER

Hellegouarch

185, rue de Vaugirard
Tél. : 01 47 83 29 72.
8 h 30-19 h 30 (dim. : 8 h 30-15 h).
Fermé lundi, août.

Formé chez Dalloyau, Patrick Guedon, poursuit la tradition de qualité de cette belle enseigne avec macaron, baba, religieuse, mille-feuille et galette des rois en saison qui font le bonheur des becs sucrés.

VOLAILLERS

Queulvée

« Rôtisserie Cambronne »
90, rue Cambronne
Tél. : 01 47 34 36 55.
8 h-13 h. 15 h 30-20 h
Fermé dim. a.-m., lundi.

Poulet de Bresse, lapin du Gâtinais, canard de Challans jouent les vedettes chez André Queulvée qui s'est aussi fait une spécialité du gibier frais en automne, de l'agneau de lait de Pauillac ou des Pyrénées, du cochon de lait et du chevreau. Les volailles farcies et rôties à la demande, et les pintades aux morilles, canards à l'orange et cailles aux pruneaux, vendus en prêt-à-cuire, complètent sa gamme.

Rendez-vous

CAFÉS

Au Roi du Café

59, rue Lecourbe
Tél.: 01 47 34 48 50.
7 h-2 h du matin. Tljrs.

Cette brasserie-café début du siècle, avec enseignes gravées et atmosphère bruyante, possède un vrai charme parisien. On y sert même de joyeux plats ménagers qui se grignotent sans peine (harengs pommes à l'huile, œuf mayo, pied de porc désossé, bavette à l'échalote) et s'arrosent de gamay fruité. Terrasse prise d'assaut l'été par les couche-tard.

16e

Hôtels

Le Baltimore

88 bis, av. Kleber
Tél.: 01 44 34 54 54. Fax: 01 44 34 54 44
105 ch. 2 300-2 700 F

L'hôtel comme le restaurant sont d'inspiration anglaise. Les tissus chatoyants, le «cosy» des chambres et des salons jusqu'aux photos de la famille royale qui ornent les murs, tout nous transporte dans le royaume outre-Manche. (Voir restaurant anglais le Bertie's.)

Le Parc

55, av. R.-Poincaré
Tél.: 01 44 05 66 66. Fax: 01 44 05 66 00
116 ch. 2 165-2 825 F

Cette très élégante maison a été redécorée avec beaucoup de goût par Nina Campbell. Les chambres sont luxueuses et colorées, le salon et la bibliothèque, un ravissement de confort. Le jardin est entretenu avec soin et le restaurant est l'un des meilleurs de la capitale.

Raphaël

17, av. Kléber
Tél.: 01 53 64 32 00. Fax: 01 53 64 32 01
75 ch. 2 400-2 900 F
Jardins Plein Ciel: fermé hs, 295 F

Cet hôtel est un lieu avec sa part de rêve: façade rococo, concierges policés, bar cosy et boisé, chambres de charme. L'ambiance de palace suranné lui donne un ton, marquant le mouvement d'une époque. (Voir restaurant la Salle à manger.)

Saint-James Paris

43, av. Bugeaud
Tél.: 01 44 05 81 81. Fax: 01 44 05 81 82
20 ch. 1 900-2 300 F
Menus: 290 F

Cet hôtel particulier centenaire se dresse au milieu d'un élégant jardin à l'anglaise. Des chambres distinguées et lumineuses, chacune décorée avec un thème différent, dont quelques-unes qui bénéficient d'un jardin privatif.

Square 

3, rue de Boulainvilliers
Tél.: 01 44 14 91 90. Fax: 01 44 14 91 99
22 ch. 1 400-2 600 F
(voir rest. Zebra Square)

Petit hôtel de charme au bord de la Seine et de la Maison de la radio. Au milieu du fleuve, surplombée par la statue de la Liberté, la très agréable «allée des Cygnes» nous promène entre le 15e et le 16e.

Les Jardins du Trocadéro

35, rue Franklin
Tél.: 01 53 70 17 70. Fax: 01 53 70 17 80
18 ch. 1 250-1 450 F

Hôtel moderne mais dont les décorations originales lui conservent une allure d'époque. Jolis meubles et tissus colorés dans les chambres.

Restaurants

Le Pré Catelan

Rte de Suresnes
Bois de Boulogne
Tél.: 01 44 14 41 14. Fax: 01 45 24 43 25.
Fermé dim. soir, lundi, vac. févr.
Jusqu'à 22 h 30.
Menus: 295 F (déj.), 550 F, 690 F. Carte: 800-900 F

Robuchon, un formateur de génie (s)? Assurément. Tous ceux qui sont passés entre ses mains font désormais la gloire de la gastronomie parisienne. Lecerf à l'Astor dans le 8e, Guichard au Jamin dans le 16e, Groult à l'Amphyclès dans le 17e et surtout Frédéric Anton ici même au Pré Catelan. Il fut notre «cuisinier de l'année» l'an passé et demeure un créateur brillantissime jamais à court d'idées. Comme ses compères formés chez Robuchon, il a hérité de la régularité et de la rigueur du maître. Mais ce Vosgien bûcheur ne s'en laisse pas conter sur le terrain du caractère, mettant un point d'honneur à l'esthétisme de ses réalisations. N'en faisant jamais trop, ne rajoutant nul chichi inutile. Ses sauces sont *a minima*, ses alliances justes. Ce styliste gourmand est un artiste de l'assiette. Son «chef-d'œuvre» : les deux os à moelle, l'un parfumé au poivre et grillé en coque, l'autre farci de truffes. Mais il y a aussi le bar cuit meunière et sa fine marmelade de citron confit, accompagné de poireaux et dattes glacés dans un beurre au thym citron. Le reste n'est pas mal non plus. Jugez vous-même: le foie gras de canard aux épices, béatilles et rémoulade de céleri rave, le saint-pierre poêlé et ses fins pétales de brocoli, le foie de veau cuit en croûte de sel, piqué de jambon fumé et feuilles de sauge. Les desserts font partie des point forts de la maison, Lenôtre oblige. La tarte fondante de cacao amer, avec griotte déguisée d'une ganache aux épices et la mandarine confite entière, le fin mille-feuille caramélisé, sont des moments de bonheur. Le service, attentionné et efficace, est digne d'une grande maison et la carte des vins révèle de jolis crus, habilement conseillés. N'omettez pas, dans ce pavillon fin de siècle d'admirer les fresques de Caran d'Ache, avant de contempler puis de dévorer les réalisations du maestro Anton.

Faugeron

52, rue de Longchamp
Tél. : 01 47 04 24 53. Fax : 01 47 55 62 90.
Fermé sam., dim., août, 23 déc.-3 janv
Jusqu'à 22 h.
Menus : 340 F (déj.), 600 F (vin c.). 850 F (dég.), 1 000 F (« truffes »). Carte : 650-750 F

Henri Faugeron se bonifie avec l'âge, comme les grands crus. D'ailleurs, les siens sont choisis avec art par un des meilleurs sommeliers au monde, Jean-Claude Jambon. Mais revenons à nos cuisines et au doigté du discret Henri qui a fêté ses trente ans de maison cette année, passant les modes avec adresse. Les repas sont chez lui de grande classe (16e oblige), le cadre est élégant et feutré avec boiseries généreusement fleuries, et les tables dressées avec raffinement. Parmi les grands classiques de la maison, on retrouve avec plaisir œufs coque à la purée de truffes, saumon fumé maison (il fut l'un des premiers à le proposer à Paris), raviolis de cèpes, andouille et travers de porc aux lentilles vertes du Puy et flognarde aux pommes. Mais l'artichaut effeuillé garni en salade, la poulette de Challans sauce suprême, le baluchon croustillant de ris de veau aux champignons, la crème de châtaigne du Limousin, sans omettre son dessert représentant la pyramide du Louvre, constituent de belles surprises. Luxe, calme, volupté et... Gerlindé, la belle hôtesse : voilà ce qu'on trouve chez Faugeron.

La Grande Cascade

Allée de Longchamp
Bois de Boulogne
Tél. : 01 45 27 33 51. Fax : 01 42 88 99 06.
Fermé 24 janv.-24 févr. Jusqu'à 22 h 30.
Menus : 355 F, 790 F. Carte : 650-800 F

Le temps d'un repas, le temps semble s'arrêter dans cet élégant pavillon 1900, tel un havre, aux abords de Paris, niché au pied de la grande cascade, en plein cœur du bois de Boulogne. Jean-Louis Nomicos, élève de Ducasse, y mitonne une cuisine intelligente, savamment tournée vers le Sud, sans jamais tomber dans le piège de l'afféterie. Le service est à la hauteur, attentionné, précis, digne d'une grande table. Les oursins et chair d'araignée de mer en gelée safranée sur crème de corail et caviar, le dos de saint-pierre aux citrons confits et palourdes accompagné de haricots cocos mijotés aux piments doux, les filets de rougets condimentés de tomates et aubergines et leurs raviolis de pommes de terre à la marjolaine et le porcelet et lard paysan en deux cuissons, crépinette et jus corsé sont des mets de grande classe. Les desserts assurent en douceur avec le mille-feuille caramélisé au citron, meringue tendre aux marrons et crème légère, arrosée d'un chocolat chaud. Voilà une maison discrète et raffinée, qui joue avec aise dans la cour des grands.

Maison Prunier

16, av. Victor-Hugo.
Tél. : 01 44 17 35 85. Fax : 01 44 17 90 10.
Fermé dim., lundi, 24 juil.-22 août. Jusqu'à 23 h.
Carte : 600 F

Depuis qu'elle a été relancée par Jean-Claude Vrinat du Taillevent, cette célèbre demeure marine assure avec constance. Gilles Trouillot, bon élève du maestro Vrinat, préside désormais aux destinées de la demeure, veillant avec soin sur les hôtes. Côté cuisine, Bernard Leprince, ex-chef au Fouquet's, jongle avec habileté entre tradition et nouveauté. On retrouve avec plaisir les classiques tels filet de bœuf Boston (aux huîtres), loup flambé au Ricard et crêpes flambées au Grand Marnier. Mais le carpaccio de daurade au caviar d'Aquitaine, le bar au galet avec beignets de légumes et le baba au vieux rhum nouvelle vague constituent de belles alternatives. Dîner de luxe au premier étage dans un cadre feutré ou dînette sage au rez-de-chaussée dans un cadre Arts déco authentique font mouche.

Jamin

32, rue de Longchamp
Tél. : 01 45 53 00 07. Fax : 01 45 53 00 15.
Fermé sam., dim., 1er-25 août. Jusqu'à 22 h.
Menus : 300 F (déj.), 480 F. Carte : 400-600 F

Ce fut « la » table de Joël Robuchon, où le tout-Paris se pressait pour goûter aux délices du grand manitou de la cuisine moderne. C'est désormais la demeure d'un de ses anciens élèves, bûcheur discret, Benoît Guichard. Avec brio, ce Mayennais a repris les rênes de cette glorieuse maison, sans se faire mousser. Rigoureux, sérieux, précis, des traits de caractère que l'on retrouve dans sa cuisine. Et pour preuve, la crème onctueuse de chou-fleur aux langoustines, la poêlée de grenouilles avec une royale d'oignons nouveaux au cresson, le blanc de saint-pierre étuvé aux aromates, les goujonnettes de sole aux amandes dorées et asperges vertes et les pièces d'agneau aux artichauts poivrades et cresson, sucs de cuisson sont du travail d'orfèvre. Avec des produits d'une fraîcheur sans faille, travaillés au mieux de leur forme. Le chariot de desserts avec tartes et glaces à l'ancienne demeure les petits chefs-d'œuvre d'un genre achevé. Quoique la tartelette gratinée aux oranges sanguines et son granité ne soit pas mal non plus en « préparé au moment ». Au déjeuner, le menu Club à 280 F met cette table de renommée à la hauteur d'un bistrot mode. Une petite folie à s'offrir pour se rendre compte que l'élève a (presque) rattrapé le maître.

Conti

72, rue Lauriston
Tél. : 01 47 27 74 67. Fax : 01 47 27 37 66.
Fermé sam., dim., 6-26 août, 24 déc.-2 janv.
Jusqu'à 22 h 30.
Menu : 198 F (déj.). Carte : 400-500 F

Ces derniers temps, la concurrence devient de plus en plus rude entre toutes les bonnes tables italiennes qui fleurissent ici et là dans Paris. Mais la table de Michel Ranvier demeure l'une des meilleures. Le décor rouge et noir, style vénitien, rappelle que cet ancien de Troisgros et Jamin a fait ses classes dans l'Orient-Express entre Paris et Venise. Au déjeuner, le menu à 198 F nous laisse entrevoir de bien jolis tours du chef tels la salade lombarde au gorgonzola, la côte d'agneau parmesane et le feuilleté à l'orange sanguine. Et le carpaccio de bœuf au basilic, les spaghettis à la poutargue, le filet de bar poché sauce verte, l'osso buco à la milanaise et le sabayon au marsala demeurent des mets de première classe.

Le Relais d'Auteuil

31, bd Murat
Tél. : 01 46 51 09 54. Fax : 01 40 71 05 03.
Fermé sam. midi, dim. lundi midi, août
Jusqu'à 22 h 30.
Menu : 270 F (déj.). Carte : 500-600 F

Patrick Pignol ne s'endort pas sur ses lauriers : il les peaufine. Cet élève des frères Roux est un conservateur de charme. Et son relais continue d'attirer une clientèle qui a ses aises dans ce lieu cosy, où le service est de classe, la cuisine classique, bien maîtrisée, assise sur des produits sûrs et les prix en conséquence. Les grosses langoustines croustillantes au citron vert et romarin, l'étuvée de légumes à la coriandre et gros sel, les cannelloni de homard et aromates, la grillade de foie de canard aux girolles, la noix de ris de veau doré à la casserole et la madeleine au miel de bruyère tiennent aisément la route. Pas de surprise certes, mais du travail d'artisan soigneux.

Tang

125, rue de la Tour
Tél. : 01 45 04 35 35. Fax : 01 45 04 58 19.
Fermé dim., août, Noël, Nvel An. Jusqu'à 23 h.
Menus : 200 F (déj.), 250 F, 420 F. Carte : 300-400 F

Voilà bientôt quinze ans que David Laxu, d'origine cantonaise, pratique ici une cuisine raffinée et créative, mettant au goût du jour les traditions sino-viêt-thaï. En salle, le patron Charly Tang accueille avec délicatesse et respect le tout NAP (Neuilly-Auteuil-Passy). Le décor luxueux, la carte des vins riche et variée, voilà qui plaît dans le quartier. Raviolis aux champignons noirs, potage au tamarin et citronnelle, dim-sum vapeur, marinade de gambas aux épices thaï, nage de petit homard au jus de gingembre et ciboulette, filet de bœuf pimenté à l'impérial et salade exotique de fruits frais sont sans faille, et les prix suivent bien évidemment.

Marius

82, bd Murat
Tél. : 01 46 51 67 80.
Fermé sam. midi, dim., 1er-21 août
Jusqu'à 22 h 30.
Carte : 250-350 F

La table de François Grandjean demeure une des valeurs sûres de cette extrémité de Paris (le Parc des Princes est à deux pas). On vient ici déguster les excellents produits de la mer proposés au gré de la marée. Modestie, sérieux et constance sont les atouts chocs de la demeure. Le cadre années cinquante, la terrasse et le voiturier

très bonne table
grande table
une des meilleures tables de France
bon rapport qualité-prix
hôtel simple
hôtel simple, mais de bon confort
hôtel de grand confort
hôtel de luxe
hôtels de grand luxe, service de classe

hôtel au calme

lieu de mémoire évoquant l'histoire de France

sont eux aussi appréciables. Il est vrai que A & M le Bistrot, un peu plus loin sur le boulevard, ouvert avec le beau-frère Jean-Pierre Vigato, nous a un peu déçu cette année. Mais cela n'enlève rien à la qualité des prestations proposées ici. Tourteau en salade aux herbes, daurade au sel, calmars à la provençale, langoustines poêlées au basilic, cabillaud au beurre de brioche et soufflé glacé au Grand Marnier sont éclatants de fraîcheur.

Les Ormes

8, rue Chapu
Tél. : 01 46 47 83 98. Fax : 01 46 47 83 98.
Fermé dim., lundi, 29 juil.-23 août. Jusqu'à 22 h.
Menus : 125 F (déj.), 160 F (déj.), 190 F. Carte : 250-350 F

Stéphane Molé fait partie de la nouvelle trempe des jeunes chefs talentueux. Cet ancien élève de Robuchon est une des belles révélations du nouveau millénaire. Après avoir fait la fermeture de Jamin et l'ouverture de l'avenue Raymond-Poincaré, il est venu s'installer dans cette petite rue tranquille au fin fond du 16e. Et il fait là des merveilles, mitonnant une cuisine nette et sans bavure, au gré du marché. En salle, son épouse veille au service avec charme. Le foie gras confit dans sa graisse enrobé d'épices, le jarret de veau braisé à la cuiller et sa poêlée de gnocchis et le gâteau tiède au chocolat guanaja accompagné de sa glace vanille sont simplement délicieux. Belle carte des vins qui s'enrichit chaque année et décor cosy, rafraîchi cette année avec un tout nouvel éclairage.

Oum El Banine

16 bis, rue Dufrenoy
Tél. : 01 45 04 91 22. Fax : 01 45 03 46 26.
Fermé dim., lundi, 1 sem. août. Jusqu'à 22 h 30.
Carte : 250-350 F

Voilà sûrement l'une des meilleures adresses marocaines de la capitale. Aux commandes de cette demeure d'angle, Maria Seguin, native de Fez, qui est aussi la conseillère culinaire du Zyriab au denier étage de l'IMA. Mais c'est ici qu'elle fait part de tous ses talents. La porte sculptée vaut le coup d'œil et le « décor marocain sans folklore » a son charme. Quant à l'assiette, elle est fine, fraîche et authentique. Et l'on ne sort pas déçu après avoir dégusté sardines farcies, salade de tomates confites, zaalouk d'aubergines, méchouia à la tomate et aux poivrons, tagine de jarret de veau aux amandes, couscous au poisson, méchoui longuement cuit, fin couscous fassi, merguez épicées, pastilla au lait qui sont parmi les plus subtils qui se puissent manger dans la capitale. Les vins du Maghreb, choisis avec attention, font partie des réjouissances.

A la Grande Armée

3, av. de la Grande-Armée.
Tél. : 01 45 00 24 77. Fax : 01 45 00 95 50.
Tljrs. Serv. continu : 7 h-1 h du matin.
Carte : 200-300 F

Cette brasserie moderne, revue et corrigée par les frères Costes et leur incontournable décorateur Jacques Garcia, propose carpaccio de loup, salade de papaye verte et gambas grillées, cheeseburger et assiette de pommes en sorbet de très bon ton. Le tout à grignoter dans un décor genre armée napoléonienne.

La Butte Chaillot

110 bis, av. Kléber.
Tél. : 01 47 27 88 88. Fax : 01 47 04 85 70.
Tljrs. Jusqu'à minuit.
Menus : 150 F, 195 F. Carte : 200-250 F

Et voilà un autre des succès de Guy Savoy que ce bistrot contemporain perché sur la butte Chaillot. Le décor moderne sur deux étages a son charme, le service est attentionné et la cuisine maligne et séduisante. Alain Pras, qui se partage habilement entre cette demeure-ci et Version Sud dans le 8e, garde un œil attentif sur le service plein d'allant, mais aussi sur l'élaboration des mets et leur changement régulier sur l'ardoise miroir. La formule à 195 F et son velouté de châtaignes, émincé de volaille, sa selle d'agneau rôtie, gratin d'artichaut à la moutarde et son nougat glacé sauce caramel est la probité même. Le poulet à la broche avec sa légendaire purée demeure un grand moment.

Rosimar

26, rue Poussin
Tél. : 01 45 27 74 91. Fax : 01 45 20 75 05.
Fermé sam. midi, dim., Noël-Nvel An, août Jusqu'à 22 h.
Menus : 130 F (déj.), 175 F. Carte : 220-250 F

Cette auberge espagnole demeure un des bons plans du quartier d'Auteuil. Le rapport qualité-prix, voilà le créneau maison. Ajoutons à cela les menus habilement pondus, l'accueil gentil tout plein, le décor tout miroir, la cuisine authentico-catalane et les prix sages. Sardines en escabèche, paella, poissons en croûte de sel, morue aux oignons confits, ragoût d'agneau maison et crème glacée au touron se mangent sans faire de grimaces. Les vins de la péninsule font partie de la fête : rioja Alberdi del Duero et jerez d'Andalousie se boivent sans soif.

Le Vinci

23, rue Paul-Valéry
Tél. : 01 45 01 68 18. Fax : 01 45 01 60 37.
Fermé sam., dim., 3 sem. août. Jusqu'à 22 h 45.
Menu : 180 F

Le menu-carte a augmenté de quinze francs cette année, passant à 180 F, mais demeure une des bonnes affaires du quartier. Aux commandes de cette table transalpine, Nicolas Le Drogou, ancien des Templiers aux Bézards et de Roellinger à Cancale, associé à Jean-Pascal Fayet du Sormani, fait de la cuisine italienne comme M. Jourdain de la prose : avec naturel. Le carpaccio de bœuf au basilic et copeaux de parmesan, les rognons de veau à la vénitienne, pomme purée et le tiramisu aux marrons glacés et caramel, tous séducteurs, s'arrosent d'un rouge de Vénétie servi en carafe.

Le Bistrot de l'Etoile

19, rue Lauriston
Tél. : 01 40 67 11 16. Fax : 01 45 00 99 87.
Fermé sam. midi, dim. Jusqu'à minuit.
Menus : 135 F (déj.), 165 F (déj.). Carte : 230-250 F

L'une des bonnes affaires du quartier de l'Etoile, c'est sans conteste ce bistrot contemporain créé par William Ledeuil et Guy Savoy. La cuisine fraîche, inventive, nette de réalisation à prix bistrot, c'est la formule maison. Les menus du déjeuner en sont de beaux exemples avec les gnocchis farcis à l'agneau et noisettes, purée d'aubergines, dos de cabillaud rôti sur la peau, fricassée de légumes aux épices, rognon de veau rôti en croûte de moutarde et brioche poêlée façon pain perdu au cacao. Le service est assez vif, l'ambiance gaie.

Tampopo

66, rue Lauriston
Tél. : 01 47 27 74 52.
Fermé sam. midi, dim., août. Jusqu'à 23 h
Menus : 90 F (déj.), 125 F (déj.), 155 F
Carte : 200-250 F

Dix ans d'expérience au Japon, douze à Paris, Tran Van Truan n'est pas un nouveau venu dans la profession. Sa demeure de bois clair avec objets anciens est un véritable temple gourmand dédié à la cuisine nippone. Comme à Tokyo, on peut venir dîner sur une table avec tatami, authentique, ou bien de façon plus traditionnelle. Et tout ce que l'on sert ici est la fraîcheur même. Flan de poisson et fruits de mer, consommé de daurade au saké, sashimi, sushi, tempura, poulet à la crème de soja, saumon grillé au sel et glace au thé vert révèlent le goût du beau produit traité au mieux de sa forme. L'addition reste raisonnable et l'accueil des plus charmants. Une des bonnes affaires du quartier.

Produits

BOUCHERS

Boucherie Jean-Jacques

35, rue d'Auteuil
Tél. : 01 42 88 00 27.
8 h-13 h. 16 h-19 h 30. Fermé dim. a.-m., lundi.

Côte de bœuf persillée de Bavière, veau de lait fermier, agneau du Limousin, volailles des Landes, de Loué, de Bresse sont à l'étal de l'annexe de Philippe Husset, maître boucher des Viandes du Champ-de-Mars.

Boucherie Lamartine

172, av. Victor-Hugo.
Tél. : 01 47 27 82 29.
6 h-13 h. 15 h 30-19 h 30
Fermé dim., lundi, août.

Dans leur boutique à l'ancienne, les Prosper sélectionnent les meilleurs labels. Porc fermier de Bretagne, bœuf du Limousin, agneau des Préalpes, volailles de Bresse signées Miéral de première qualité méritent l'emplette tout comme la charcuterie maison et les pieds de porc farcis.

CHOCOLATIER

Régis

89, rue de Passy
Tél. : 01 45 27 70 00. Fax : 01 45 27 81 44.
10 h-19 h 15. Fermé dim. a.-m., lundi matin.

Ganaches mi-amères, lactées, noires, pralinés amers, feuilletines, caramels, pâtes de fruits, viennois, cannelés, cookies et gâteau d'Halloween sont les trésors de ce temple du chocolat qu'est la boutique cinquantenaire de Gilles Daumoinx. Email : www.regis-chocolats.net.

CONFISEURS

Au Duc de Praslin

116, av. Victor-Hugo.
Tél. : 01 44 05 18 08.
10 h-13 h. 14 h-19 h. Fermé dim., lundi matin.

Les fameuses praslines Mazet, fabriquées à Montargis depuis plus d'un siècle, présentées dans leurs boîtes jaunes, sont les stars de cette boutique de bois cérusé. Guayaquil, amandes au chocolat, ganaches à la vanille, lyettes aux noisettes, grêlons méritent également l'emplette.

FROMAGERS

Ferme Sainte-Suzanne

17, rue Le Marois
Tél. : 01 48 83 28 65. Fax : 01 48 83 28 65.
8 h-13 h. 16 h-19 h 30. Fermé lundi.

Dans cette boutique ancienne, Jean-Marc Europe et Patrick Rissel, défenseurs des belles pâtes au lait cru, proposent vacherin fribourgeois, livarot au cidre, langres au marc de champagne, brie de Melun, tomme d'Abondance, reblochon fermier, fromages de Hollande, chèvres en saison, banon de Provence, fontainebleau et tiramisu au meilleur de leur forme.

Sachez commander vos produits selon la saison.

GLACIERS

Pascal le Glacier

17, rue Bois-le-Vent
Tél. : 01 45 27 61 84. Fax : 01 45 27 61 84.
10 h 30-19 h. Fermé dim., lundi, août.

Pascal Combette prépare ses sorbets à l'eau d'Evian et n'utilise que des fruits au naturel. Ses parfums fleur d'oranger, saké, rhubarbe, caramel brûlé à la chicorée, pain d'épice, cacao amer, café expresso, vanille, sans omettre le fameux ti-punch avec morceaux d'ananas et rhum valent le déplacement.

PÂTISSIER

Yamazaki

6, chaussée de la Muette
Tél. : 01 40 50 19 19. Fax : 01 40 50 19 19.
8 h-19 h 30. Fermé Nvl An.

Pâtisserie bien française dans cette maison japonaise dirigée par Laurent Guérin, formé chez Fauchon. Alizé chocolat praliné, carioca crémeux au café, dacquoise noisette, tarte griottes amandes, matsuri fraise chantilly, choux et granité sont du travail d'artiste. En sus, une quinzaine de variétés de thé.

POISSONNIER

Herrier

39, rue des Belles-Feuilles
Tél. : 01 47 27 39 60.
7 h-19 h 15. Fermé dim. a.-m., lundi.

Remarquable saumon fumé à demeure, sole de sable, bar de ligne, saumon de l'Adour, maquereaux de la côte catalane, saint-jacques d'Erquy, sardines de Royan : le meilleur de la pêche française proposé par Philippe Planchon qui fait de la qualité son cheval de bataille.

PRODUITS RÉGIONAUX

Labeyrie

11, rue d'Auteuil
Tél. : 01 42 24 17 62. Fax : 01 42 24 65 75.
10 h-19 h. Fermé dim., lundi, 3 sem. août.

On vient ici pour le foie gras cuit ou mi-cuit en boîte ou en terrine, fabriqué à Saint-Geours-de-Marenne et vendu à prix raisonnables. Mais le saumon fumé est également de qualité grande. Champagne, jurançon, armagnac complètent la gamme.

TORRÉFACTEUR

Comptoir des Thés et des Cafés

15, rue Le Marois.
Tél. : 01 42 88 62 79.
8 h 30-13 h, 15 h 30-19 h 30
Fermé dim. a.-m., lundi.

Les fous de café se régalent des mélanges italiens, moka du Harrar, kenya corsé, colombie suave torréfiés avec art par Jacques Pit. En sus, sa très belle sélection de thés fait le bonheur des amateurs de ce doux breuvage.

TRAITEURS

Lenôtre

44, rue d'Auteuil
Tél. : 01 45 24 52 52. Fax : 01 42 30 79 45.
9 h-21 h. Tljrs. Autres boutiques :
48, av. Victor-Hugo. 16e. Tél. : 01 45 02 21 21
15, bd de Courcelles. 8e. Tél. : 01 45 63 87 63
61, rue Lecourbe. 15e. 01 42 73 20 97
121, av. de Wagram. 17e. 01 47 63 70 30.

Dans la plus ancienne – et la plus belle – des boutiques de l'enseigne, sont proposés mille-feuille vanille, vacherin, superbes glaces, belles ganaches, indémodable chaud-froid de poulet, épatant foie gras qui font affirmer que la maison reste au « top » de l'art gourmand.

Potel et Chabot

3, rue de Chaillot
Tél. : 01 53 23 15 15. Fax : 01 53 23 16 00.
8 h 30-19 h (vac. : 9 h-18 h). Fermé dim., mi juil.-mi août.

A Paris, New York, Saint-Pétersbourg, la maison organise vos réceptions, banquets et cocktails. Jean-Pierre Biffi, formé au Crillon, cuisine, avec son équipe, bar en écaille, céleri de saumon à la coriandre, tourte de pintade et sablés aux pistaches qui raviront vos invités.

TRIPIER

Triperie Mussard

35, rue de l'Annonciation
Tél. : 01 42 88 71 31.
8 h 30-13 h, 15 h 30-19 h 30. Fermé sam. a.-m., dim., août.

Didier Mussard vend les plus frais rognons, ris, langue, foie, tête, issus de veaux de lait. Il propose également agneaux du Limousin, onglet de bœuf et de veau de première qualité.

VOLAILLER

Le Poulet de Bresse

30, rue des Belles-Feuilles
Tél. : 01 47 27 88 31/01 47 27 45 52.
5 h 30-19 h 20. Fermé dim. a.-m. et lundi.

Les grands de la restauration parisienne s'approvisionnent chez lui, mais Paul Desjardin n'en oublie pas pour autant sa clientèle de quartier. Lapin du Gâtinais, volailles des Landes, de Bresse, du Gers, canard de Challans, agneaux de Pauillac ou des Pyrénées sont de qualité première.

BISTROT À VIN

Les Caves Angevines

2, pl. Léon-Deubel.
Tél. : 01 42 88 88 93.
7 h 30-21 h. Fermé sam., dim.

Un bar à vins comme on les aime, sur une place d'allure provinciale, avec ses jolis crus, ses mets malins et son patron qui sert le tout avec entrain. Crus du Beaujolais et du Val de

Loire font glisser l'assiette de charcuteries du Cantal, le coq au vin, le fromage de Salers et le bleu d'Auvergne. C'est beau comme un roman de René Fallet.

CAFÉ

La Rotonde de la Muette

12, chaussée de la Muette
Tél.: 01 45 24 45 45. Fax: 01 45 24 44 99.
12 h-23 h. Tljrs.

Jacques Garcia est passé par là et a relooké comme il se doit cette rotonde néo-1930 où l'on peut venir prendre un verre à toute heure. La cuisine n'est pas mal tournée (gâteau de tomates au chèvre, tagine de poulet, petits pots de crème), le service efficace, la terrasse agréable.

SALONS DE THÉ

Carette

4, pl. du Trocadéro.
Tél.: 01 47 27 88 56.
7 h 30-minuit. Tljrs.

Le petit déjeuner, avec croissants au beurre fondant, le five o'clock thé et palmier, le déjeuner vite fait avec croque-monsieur crémeux donnent le ton. Macarons, mille-feuille et éclairs sont délicieux. La jeunesse dorée du quartier et les vieilles dames BCBG qui choisissent la terrasse sur la place du «Troc» n'ont pas tort.

17e

Hôtels

Concorde Lafayette

3, pl. du Gal-Koening
Tél.: 01 40 68 50 68. Fax: 01 40 68 50 43
L'Arc-en-Ciel (01 40 68 51 25), 198 F
Les Saisons (01 40 68 51 19), 130 F, 159 F
968 ch. 1 850-2 350 F

Situé entre le bois de Boulogne, la défense et les Champs-Elysées, cette tour possède 1 000 chambres modernes et équipées. Nombreuses salles pour séminaires.

Meridien Etoile

81, bd Gouvion-Saint-Cyr
Tél.: 01 40 68 34 34. Fax: 01 40 68 31 31
1 008 ch. 2 000-2 500 F
Café Arlequin: (01 40 68 30 85), 65 F (enf.), 175 F
Yamato: (01 40 68 30 41), 135 F (déj.), 180 F

La très grande capacité et la situation en bordure de Paris sont les atouts de ce grand hôtel moderne qui propose des chambres et un service de grande qualité. Les restaurants et le club de jazz Lionel-Hampton sont des lieux réputés.

Regent's Garden

6, rue P.-Demours
Tél.: 01 45 74 07 30. Fax: 01 40 55 01 42
39 ch. 730-1 400 F

Ce bel hôtel particulier propose, outre son jardin, des chambres spacieuses et meublées avec raffinement.

Restaurants

Guy Savoy

18, rue Troyon
Tél.: 01 43 80 40 61. Fax: 01 46 22 43 09.
Fermé sam. midi, dim., 10-17 mai, 25 juil. -16 août. Jusqu'à 22 h 30.
Menu: 980 F. Carte: 900-1 200 F

Guy Savoy et ses annexes: une longue histoire. Les Bistrots de l'Etoile, la Butte Chaillot, le Cap Vernet, les Bookinistes, Version Sud,... une présence un peu partout à Paris. Mais c'est ici qu'il se sent chez lui, dans sa demeure au décor moderne, luxueux, lumineux, avec ses toiles de Bram Van Velde et de Daniel Humair, que les grands travaux de l'été dernier, signés Willmotte, ont rendu plus séduisant encore. Savoy, barbu rieur, formé à l'école Troisgros puis chez Outhier, garde son sérieux quand il le faut. Ce créateur jamais à court d'idées est un modeste qui a soin de mettre toujours le produit en avant. Celui-ci est d'ailleurs présenté et préparé au mieux de sa forme, avec mariages subtils et maîtrise classique revue au goût du jour en contre-point. Sa cuisine? Brillante, intelligente, sans bavure, moderne et ancienne à la fois, avec des créations personnelles qui ont tendance à devenir de grands «classiques» largement recopiés ailleurs. Foie gras cru au sel, huîtres en nage glacée, soupe d'artichaut aux truffes, gelée de gibiers aux navets fondants, crème légère de lentilles et langoustines, bar en écailles grillé aux épices douces, côte de veau rôtie et sa purée de pommes de terre truffée, craquant moelleux aux fraises «minute» (que nous avons mangé à Londres chez son élève Gordon Ramsay) ou encore fondant chocolat au pralin feuilleté sont du travail de ciseleur aguerri. La description serait incomplète si l'on omettait de parler de la cave «vivante», gérée par le lyrique Eric Mancio, qui excelle dans l'alliance vins-mets la plus juste. Bref, voilà une grande maison qui prend le tournant de 2001 au mieux de sa forme.

Michel Rostang

20 rue Rennequin
(angle rue Gustave Flaubert)
Tél.: 01 47 63 40 77. Fax: 01 47 63 82 75.
Fermé sam. midi., dim., lundi midi, 1re quinz. août. Jusqu'à 23 h.
Menus: 365 F (déj.), 660 F, 860 F. Carte: 1 000 F

Requis par ses obligations diverses, le conseil en tout genre et la gestion de son petit empire (les Bistrots d'à Côté, le récent Rue Balzac, Dessirier, l'Absinthe, Bistrot côté mer), Michel Rostang a-t-il encore le temps de créer? Nous en doutons un peu. Bien sûr, demeure sa grande maison aux salles chics, ornées de cristal Lalique, faïences de Robj, panneaux boisés, comme son service plus que parfait, sa cave immense et l'accueil de caractère de la pétulante Marie-Claude. Mais la cuisine, faut-il le dire, n'étonne plus. Elle est bonne, plus que grande. Ainsi l'araignée de mer avec son tartare de daurade pas meilleure que chez Dessirier, les rattes en salade (un peu dures) avec émincé de homard mi-cru mi-cuit un peu caoutchouteux, l'agneau des Préalpes du Sud en rouelles (un peu cuites) avec purée d'ail confit, la fort belle volaille à l'estragon flanquée de riz basmati grillé. Les desserts déçoivent carrément, avec une tarte chaude au chocolat amer qui est en fait un gâteau « coulant » au chocolat comme un gros macaron fondant. Rien, bien sûr, de répréhensible. Mais rien non plus en rapport avec la réputation de la maison, celle du grand Michel, ni, bien sûr, les prix.

Apicius

122, av. de Villiers.
Tél. : 01 43 80 19 66. Fax : 01 44 40 09 57.
Fermé sam., dim., août. Jusqu'à 22 h.
Menu : 600 F (dégust.). Carte : 650-700 F

Dans le genre grand chef qui adore créer des annexes, on a Guy Savoy qui excelle en la matière, mais Jean-Pierre Vigato n'est pas loin derrière avec sa Manufacture à Issy-les-Moulineaux et les A & M Bistrot. Mais c'est dans sa demeure de l'avenue de Villiers, au décor sobre et net, que le beau Jean-Pierre fait des merveilles. Sa ligne de conduite ? Allier le meilleur des produits les plus frais, les mitonner au mieux de leur forme, en simplicité mais non sans art, retrouver les recettes d'antan en les remettant, fort joliment, au goût du jour. L'on ne se lasse pas, ainsi, de retrouver les grands classiques tels foie gras de canard froid mais rôti, tourte de canard façon grande cuisine bourgeoise ou encore les abats « ravigotés », comme des plaisirs éternels. Reste que le talent de Vigato reste bien ancré dans son époque. La fine gelée de crabe tourteau en chaud-froid de fenouil, les grosses langoustines bretonnes façon tempura, le consommé de bœuf au fumet de homard et d'herbes thaï, le panaché de cinq poissons au sel gris, le homard bleu sauté au beurre salé et le pied de cochon en galette croustillante sont des recréations de caractère. De la simplicité dans la préparation, de la finesse dans l'exécution, un mélange subtil des saveurs, des jus réduits : Vigato c'est tout ça. Ajoutez-y des desserts qui sont des moments exquis (feuille à feuille choco-passion, croustillant de fruits de saison au caramel laitier), et vous aurez là la palette d'une cuisine moderne ed'un igne bougrement séductrice. Elle aura marqué la fin de siècle et ne va sûrement pas s'arrêter là.

Amphyclès

78, av. des Ternes.
Tél. : 01 40 68 01 01. Fax : 01 40 68 91 88.
Fermé sam. midi, dim. Jusqu'à 22 h 30.
Menus : 295 F (déj.), 680 F. Carte : 600 F

On le sentait partir vers d'autres horizons, l'année dernière. Mais non, Philippe Groult est toujours là. Pour combien de temps encore, on ne le sait pas. Cet ancien de Robuchon chez Jamin se sent toujours chez lui dans sa bonbonnière au décor vénitien bourgeois, mitonnant une cuisine raffinée sans faille. La soupe onctueuse de morilles au chou nouveau, le foie gras frais de canard aux poires en terrine, la sole de Saint-Guénolé étuvée au meursault et le cochon de lait cuisiné en casserole aux dragées éclatées demeurent du cousu main. Pour finir en douceur, les desserts du chariot s'imposent avec l'évidence du naturel. La carte des vins fait la part belle aux vins du Languedoc et de la vallée du Rhône. Jeune équipe de salle pas toujours à la hauteur de la maison.

Augusta

98, rue de Tocqueville
Tél. : 01 47 63 39 97. Fax : 01 47 63 39 97.
Fermé sam, dim., 6-27 août. Jusqu'à 22 h.
Carte : 550-700 F

C'est bien connu, on n'a rien sans rien. Et les prix, il est vrai, sont à la hauteur de la qualité du poisson servi dans ce restaurant bourgeois de Villiers. Comme on nous le souligne gentiment ici, « le poisson a vu la mer », Méditerranée ou Atlantique. Des produits de première classe donc, traités au mieux de leur forme. Les gambas flambées au cognac servies dans un jus, la soupière de petits poissons de roche et sa rouille, le loup au fenouil braisé, la grosse sole au citron vert et le moelleux de turbot rôti sont plein de légèreté et de finesse. Et les desserts, crème brûlée au miel de safran et entremets chocolat et orange, sont du même acabit. La bouillabaisse, à 460 F pour deux, est une affaire.

Faucher

123, av. de Wagram.
Tél. : 01 42 27 61 50. Fax : 01 46 22 25 72.
Fermé sam., dim. Jusqu'à 22 h.
Menu : 500 F. Carte : 400-600 F

Le spécialiste de la cuisine saisonnière à Paris ? C'est lui, Gérard Faucher, ex-président des jeunes restaurateurs de France. Le marché n'a plus de secret pour lui et c'est là qu'il puise toute son inspiration. Et quelle inspiration, jugez plutôt : huîtres et oseille au velouté de camembert, œuf au plat avec foie gras chaud et coppa grillée, langoustines en beignets, rouget mariné aux légumes nouveaux et beurre à la citronnelle, bar rôti à l'huile d'olive émulsionnée, «vrai» filet de bœuf au poivre et spoom de marrons glacés à la crème de whisky. Ce style canaille chic, fort bien mené, plait sans mal, avec son allure relaxe, du côté de l'avenue de Wagram. Sobre et classe, le cadre tout blanc a son charme. L'accueil de Nicole en salle, tout sourire, est un plaisir.

Petrus

12, place du Maréchal-Juin
Tél.: 01 43 80 15 95. Fax: 01 47 86 49 86.
Fermé 1er-15 août. Jusqu'à 23 h.
Menus: 250 F. Carte: 400-600 F

A la recherche constante des meilleurs produits de la mer, Jean-Pierre Barrié guette avec attention les arrivages de l'Atlantique et fait son marché tous les matins à Rungis. Dans sa demeure de bois de chêne cérusé, ce natif de Savoie fou de bons poissons propose les plus beaux produits de la marée, cuisinés sans ornières ni sauce inutile. Le menu demeure une aubaine, la carte restant onéreuse. Tartare de daurade, cabillaud au naturel aux herbes aromatiques, filet de rascasse aux saveurs de Provence et tournedos de thon façon Rossini sont mitonnés avec beaucoup de soin et pas mal de doigté. En dessert, le gratin de fruits rouges, sabayon à la vanille s'accompagnant d'un verre de muscat de Beaumes-de-Venise fait une issue de choix.

Sormani

4, rue du Général Lanrezac
Tél.: 01 43 80 13 91/01 47 66 86 00.
Fax: 01 40 55 07 87.
Fermé sam., dim., jrs fériés, 1er-23 août.
Jusqu'à 22 h 30.
Menu: 250 F. Carte: 400-500 F

Jean-Pascal Fayet a fait de sa table italienne, sise entre l'avenue Carnot et l'avenue MacMahon, un repaire de joie de vivre. Son accueil, souriant et gracieux, et le décor relooké sur le mode de la sobriété (mais nous aimions bien le trompe-l'oeil) avec ouverture sur jardin y sont certes pour quelque chose. Mais le service, vif, souriant et efficace, ajoute un charme supplémentaire à la demeure. Côté cuisine, on ne s'ennuie pas non plus. Jugez plutôt. Le carpaccio chaud à la truffe noire, les ravioles de homard, le risotto aux girolles et le moelleux au chocolat sont du joli travail, net, malicieux, savoureux. Le Santa Cristina, vin de Toscane, se boit à la régalade. Le sérieux et la bonne humeur font ici bon ménage. Les prix sont à la hauteur de la réputation.

Il Bacello

33, rue Cardinet
Tél.: 01 43 80 63 60. Fax: 01 43 80 63 65.
Fermé dim., lundi. 3 sem. août.
Jusqu'à 22 h 30
Menus: 98 F (déj.), 195 F. Carte: 300-350 F

Une des maisons italiennes que nous ne sommes pas peu fiers d'avoir fait découvrir, c'est celle de Raphaël Bembaron. Ce jeune chef à la tête bien faite et bien pleine a le CV plutôt élogieux, jugez-en par vous-même. Ancien de l'Enoteca Pinchiorri, la grande table de Florence, de la Principessa Elisa, le Relais et Châteaux de Lucca, de Joïa, le «gastro végétarien» de Milan, sans omettre la formation première chez Senderens à Paris. Qui dit mieux? Tout son savoir-faire, on le retrouve ici, dans sa demeure sobre et chic, très minimaliste, de la rue Cardinet. Le menu-carte à 195 F est l'occasion de découvrir la crème froide de tomate et gnocchi, la grande raviole de cabillaud, les trofie au pistou ligure, le thon grillé sur son lit de caponata, le risotto au barolo, les médaillons de veau et leur gâteau de légumes, ainsi que la panna cotta à la pistache, du travail d'artiste, sérieux et raffiné. La maison ne désemplit pas depuis son ouverture l'an passé, et, chose rare, nos confrères qui l'ont découverte sur le tard, disent du bien d'elle... .

Les Béatilles

11 bis, rue Villebois-Mareuil
Tél.: 01 45 74 43 80. Fax: 01 45 74 43 81.
Fermé sam., dim., sem. Noël, 3 sem. août
Jusqu'à 22 h.
Menus: 210 F, 380 F. (380 F: 6 plats, menu découverte). Carte: 300-400 F

Sacré par nous, puis par un confrère rouge encore de son audace, Christian Bochaton, ce bon élève de Jacques Manière, ne s'est pas endormi sur ses lauriers. Il mitonne toujours avec constance, et même une certaine grâce, une cuisine fine, finaude, sérieuse, fraîchr, inventive. Certes, son premier menu est passé au-dessus de la barre des deux cents francs – rançon de la gloire! –, mais demeure raisonnable. On se régale, chez lui, avec le tartare de saint-jacques aux truffes avec sa crème froide de céleri et poires, le médaillon de bar rôti au petit sauté de supions aux olives et citrons confits, la pastilla de pigeon et foie gras aux épices, la tarte fine sablée au chocolat et la terrine d'oranges à la citronnelle: du travail de technicien sûr qui cisèle tout ce qu'il touche. De bons vins à tous les prix sont conseillés par l'accueillante Mme Bochaton.

 *indique une des meilleures tables de France.*

Epicure 108

108, rue Cardinet
Tél.: 01 47 63 50 91.
Fermé sam. midi, dim., lundi soir, 3 sem. août. Jusqu'à 22 h
Menus: 175 F, 265 F

Le métissage fait la richesse. Tetsu Goya, d'origine japonaise, a été formé en Alsace avant de s'installer dans sa demeure de la rue Cardinet. Formé au Crocodile à Strasbourg, au château de Fère à Mulhouse avec Michelon, à l'Auberge de l'Ill, chez Kieny à Murbach, cet artiste mitonne une cuisine alsaco-nippone unique, revisitant les plats traditionnels alsaciens à sa manière. Les dés de thon cru mariné aux lamelles de concombre, terrine de lapin au sylvaner, galette de daurade et de crevettes aux poireaux, canard croisé en choucroute, rognons de veau au pinot noir et spaetzlès maison sont plein de malice. Tout comme l'île flottante aux amandes et le moelleux au chocolat tiède. Le décor a été rénové l'an passé avec plafond tendu et spots, parquet et nouvel éclairage.

Grain d'Orge

15, rue de l'Arc-de-Triomphe
Tél.: 01 47 54 00 28. Fax: 01 47 54 00 28.
Fermé sam. midi, dim. Jusqu'à 23 h.
Menus: 138 F (déj.), 168 F (déj.), 195 F, 250 F
Carte: 270-320 F

Son restaurant, Bernard Broux l'a dédié à ses Flandres natales. Et quelle judicieuse idée. Dans un cadre années trente Arts déco, cet ancien élève d'Alain Dutournier mitonne une cuisine authentique et fine, respectant les traditions régionales tout en les allégeant. Escalopes de foie gras chaud à la Kriek, soupe crémeuse à la bière, waterzooï de noix de saint-jacques aux crevettes grises, lasagne de biche aux céleri et châtaignes et soupe d'agrumes à la Gueuze framboisée sont plein de bonnes idées inspirées du terroir mais bien ancrées dans l'air du temps. Les bières coulent à flot: Ch'ti, 3 Monts, Chimay, Gueuze Lambic, Kriek, Faro,... À vous de choisir. Accueil charmant de Mme Broux.

Paolo Petrini

6, rue du Débarcadère
Tél.: 01 45 74 25 95. Fax: 01 45 74 12 95.
Fermé sam. midi, dim. midi, 3 sem. août.
Jusqu'à 23 h
Menus: 130 F (déj.), 155 F (vin c.) (déj.), 190 F.
Carte: 300-400 F

La meilleure table italienne de Paris? La concurrence est rude. Ce qui est sûr c'est que Paolo Petrini est l'un des chefs les plus talentueux du genre, aux aficionados fidèles et passionnés, qui honore les meilleurs huiles, pâtes et vins de la Botte. Nous l'avons connu au Il Retrovo, rue de la Tour-des-Dames, puis rue d'Argenteuil. Mais c'est enfin ici qu'il est chez lui. Le décor de bois décapé genre vieux bistrot, avec lampes stylisées, bar et recoins a été réchauffé. Les menus du déjeuner sont des affaires. Et les artichauts à la romaine, risotto aux fruits de mer, raviolis aux courgettes et ricotta, grillade de bœuf toscan aux feuilles de roquette, tiramisu au café sont fort joliment soignés. Les vins sont en rapport et le chianti Castellare se boit tout seul.

Le Petit Colombier

42, rue des Acacias
Tél.: 01 43 80 28 54. Fax: 01 44 40 04 29.
Fermé sam. midi, dim., 1er-20 août.
Jusqu'à 22 h 30
Menus: 200 F (déj.), 360 F. Carte: 450-550 F

«Ce sont les plats de nos régions qui ont fait de Paris la capitale gastronomique du monde»... Il n'a pas tort, Bernard Fournier. Cet aveyronnais pur et dur, trente-cinq ans de métier, vice-président des maîtres cuisiniers et des Eurotoques, sait de quoi il parle. La cuisine du terroir, il en a fait son créneau, proposant avec constance agneau du Rouergue, truffe du Tricastin et champignons de Sologne. Son auberge style provincial, à la fois rustique et chic a bien du charme, ses tables sont joliment dressées, son personnel est souriant et la carte des vins ne cesse de s'enrichir. Terrine de bar tiède aux pointes d'asperges, sole panée à la chapelure de seigle, jambonnette de volaille fermière du Gers et soufflé chaud au chocolat amer sont de première classe.

Taïra

«la cuisine de la mer»

10, rue des Acacias
Tél.: 01 47 66 74 14. Fax: 01 47 66 74 14.
Fermé sam. midi, dim., 15 jrs août.
Jusqu'à 22 h.
Menus: 190 F, 330 F (dégust.). Carte: 300-400 F

Taïra Kurihara, Nippon tout bon, formé chez Prunier-Duphot à l'âge classique, à la Tour d'Argent, chez Jamin, Besson, Cagna, excelle dans la maîtrise du bon produit marin. La rigueur naturelle, la curiosité sans frontières avec un faible pour la mode italienne, l'amour du beau produit, la cuisson *a minima*, les épices justement dosées et les jus courts: voilà qui séduit chez lui, comme le menu à 190 F qui est une belle occase pour s'initier à sa manière. Avec la salade de moules bouchots à la coriandre, la fricassée d'encornets au basilic et aux oignons nouveaux et la soupe de rhubarbe aux fruits rouges. N'oublions pas les émincés de bar cuit à la vinaigrette piquante, les nems de langoustines, le saint-pierre au caramel de langoustines, les raviolis de turbot aux huîtres de Marennes et bouillon de citronnelle ou la bouillabaisse à la façon du chef, qui dévoilent des saveurs légères, nettes et fraîches. Ni les desserts (figues rôties et glace vanille et émincé de pommes caramélisées), légers comme l'air. Voilà, sans doute, le meilleur de nos «une assiette».

Tante Jeanne

116, bd Pereire
Tél.: 01 43 80 88 68. Fax: 01 47 66 53 02.
Fermé sam., dim., 28 juil.-28 août.
Jusqu'à 22 h
Menus: 195 F (déj.), 230 F. Carte: 300-350 F

C'était la Table de Pierre, mais Bernard Loiseau est passé par là. Après Tante Louise dans le 8e et Tante Marguerite dans le 7e: combien de tantes a donc le médiatique Bernard Loiseau? La dernière en date rend hommage à l'épouse d'Alexandre Dumaine, le cuisinier qui fit la gloire de la Côte d'Or à Saulieu, des années trente à soixante. Le maître ne surveille que d'un œil cette annexe parisienne. Mais le chef Thierry Chevalier, déjà présent à la Table de Pierre, mitonne une cuisine traditionnelle de qualité qui fait le bonheur de la clientèle du quartier et draîne celle d'ailleurs. Au déjeuner, le menu à 195 F est une affaire et le carpaccio de thon aux copeaux de parmesan, le filet de bar rôti aux petits légumes, la côte de bœuf de Salers et le moelleux au chocolat, marmelade d'orange sont du travail d'artiste. Le foie gras, le rognon de veau entier ou la glace vanille turbinée sont dignes de la Côte d'Or à Saulieu, c'est dire. Le service qui avait du mal à trouver ses marques a enfin pris sa vitesse de croisière.

A & M le Bistrot

105, rue de Prony
Tél.: 01 44 40 05 88.
Fermé sam. midi, dim., 15 jrs août.
Jusqu'à 22 h 30
Menu: 170 F. Carte: 200-250 F

Un nouveau chef cette année dans le bistrot des compères Grandjean (Marius) et Vigato (Apicius). Romuald Boufty est parti pour laisser la place à Benoît Chany. Mais la cuisine demeure la même, classique et nette de réalisation. Le menu-carte à 170 F, le voiturier, le décor doux, mauve et blanc avec arrière-salle en forme de dôme qui laisse entrer le jour, font de ce bistrot moderne un des bons plans de la plaine Monceau. L'addition n'a rien d'effrayant et la fine tranche de foie gras rôti, le thon mi-cuit et sa sauce thaï à la coriandre fraîche, l'entremets chaud au chocolat amer accompagné d'une boule de glace pistache sont sans faute.

Demandez au sommelier de vous conseiller le vin qui accompagne au mieux les plats que vous aurez choisis.

Baptiste

51, rue Jouffroy-d'Abbans
Tél.: 01 42 27 20 18.
Fermé sam. midi, dim., août. Jusqu'à 23 h.
Menus: 148 F, 180 F. Carte: 200-250 F

Denis Croset, qui fut le chef du Bellecour rue Surcouf, s'est installé à son compte dans cejoli cadre néo-30. Le jeune service a parfois du mal à se mettre en train, mais il n'y a que du bien à dire du menu-carte à 180 F comme de la cuisine fine, finaude, faite au plus près du marché par un technicien sûr de sa manière qui n'a pas oublié ses belles idées en route. Ainsi les tartare d'huîtres à la crème beaufort, morue fraîche au chutney de fruits, lièvre à la cuiller en saison de chasse, chaud-froid de poires et glace pistache assurent-ils avec talent dans le bon rapport qualité-prix. Quelques vins jolis accompagnent le tout avec joliesse.

Cinnamon Café

15, rue des Batignolles
Tél.: 01 43 87 64 51. Fax: 01 43 87 21 70.
Fermé dim. soir. Jusqu'à 22 h 30.
Menus: 94 F, 145 F (vin c.).

Voilà un des bons plans du quartier des Batignolles avec sa terrasse à l'abri des platanes, l'accueil tout sourire de Kathy Renault et Christian Basset, l'ambiance décontracte et le menu-carte qui se renouvelle régulièrement au gré du marché (celui des Batignolles est à deux pas). Les crus malins servis en pot comme le gamay de Touraine se boivent sans soif et le caviar d'aubergines, œuf poché et son coulis de tomate, le râble de lapin farci aux épinards, jus balsamique, le saumon au sel de Guérande à la menthe fraîche et le gâteau moelleux à l'orange et son coulis sont des mets sérieux et séducteurs. L'apéritif maison est inclus dans la formule à 145 F.

L'Ampère

1, rue Ampère
Tél.: 01 47 63 72 05. Fax: 01 47 63 37 33.
Fermé sam. midi, dim. Jusqu'à 22 h 30.
Menu: 99 F (déj.). Carte: 200-250 F

Ce bistrot moderne et sympa, lancé par Albert Corre du Pergolèse et revendu à une jeune équipe demeure une des bonnes affaires du quartier Wagram. La formule du déjeuner demeure sous la barre des cent francs et permet de goûter, dans un cadre relax avec affiches et ardoise, à la cuisine de David Schiebold. Cet ancien second de David Van Lear au Bamboche dans le 7e, formé à la Bourride à Caen, mitonne une cuisine savoureuse au gré du marché. Salade d'encornets aux poivrons, dos de sandre aux artichauts violets, tartare de bœuf, crème brûlée à la pistache, soufflé au chocolat sont vifs de ton, simplement bons.

Le Bistrot de l'Etoile « Niel »

75, av. Niel.
Tél. : 01 42 27 88 44. Fax : 01 42 27 32 12.
Tljrs. Jusqu'à minuit.
Fermé sam. midi et dimanche.
Menus : 135 F, 165 F. Carte : 220-250 F

Guy Savoy a revendu à son acolyte Bruno Gendarmes le bistrot à succès qu'ils créèrent ensemble. L'autre nouvelle de l'année, c'est la fermeture le week-end. Ce fut l'un de nos « Coup de cœur » de l'an passé et il demeure parmi nos préférés dans le genre bistrot moderne dont tout Paris raffole. Le décor néo-colonial joue son numéro de charme et la terrasse est prise d'assaut l'été. Mais ce qui emballe avant tout, c'est la cuisine fraîche, amusante, vive où l'on reconnaît l'esprit Savoy. La crème de topinambours à l'huile de truffes et gésiers confits, le filet de sandre grillé à la plancha, le pot au feu de volaille fermière aux petits légumes et le mille-feuille pur chocolat amer donnent un bel aperçu de ce que l'on peut trouver un peu plus loin, rue Troyon, chez le grand Guy, version luxe.

Produits

ARTS DE LA TABLE

L'Esprit et le Vin

81, av. des Ternes.
Tél. : 01 45 74 80 99. Fax : 01 45 72 03 32.
10 h-13 heures. 14 h-19 h. Fermé dim., lundi matin, 3 premières sem. août.

Livres de caves, belles carafes, verres, entonoirs, tire-bouchons sont proposés dans cette boutique pour amateurs de bons crus.

BOULANGERS

Bernard Maeder

158, bd Berthier.
Tél. : 01 46 22 50 73.
7 h-14 h, 16 h-20 h. Fermé lundi.

Sa baguette croustillante, à la mie crémeuse, a valu à Bernard Maeder de remporter le Grand Prix de la baguette de la Ville de Paris. Cet ancien de Lenôtre, Alsacien de Lüttenbach, n'oublie pas les spécialités de sa région. Il propose suwka (petits pains blancs), linzer torte, nattes aux raisins et kouglopfs (parfois salés avec lardons, oignons et noix) à goûter absolument. En décembre, il perpétue la tradition en confectionnant saint-nicolas en pain d'épice, gâteaux secs à la cannelle, bredala, mennele. A Pâques, ce sont de délicieux agneaux réalisés à partir de biscuits au miel, citron et beurre qui ravissent les amateurs.

indique un établissement au bon rapport qualité-prix.

CHARCUTIERS

Leautey

83 av. de St-Ouen.
Tél. : 01 46 27 34 20. Fax : 01 46 27 70 50.
8 h 30-13 h et 16 h-20 h.
Fermé dim. a.-m. et lundi.

Ancien de chez Perot (MOF), et de Dalloyau, Christophe Leautey est un orfèvre de la chair cuite comme des plats travaillés. Terrine de saint-jacques, fromage de tête, saucisson à l'ail, tous médaillés, valent un large détour. A la commande, préparation de cocktails.

FROMAGERS

Alléosse

13, rue Poncelet
Tél. : 01 46 22 50 45. Fax : 01 40 53 90 19.
9 h-13 heures 16 h-19 h 15.
Fermé dim. a.-m., lundi.

Une des références du bon fromage parisien ? Roger Alléosse. Ce Breton de caractère, que relaye aujourd'hui son fils avec dynamisme, affine à point d'excellentes pâtes au lait cru dans ses différentes caves. Epoisses lavé au marc, cantal à la texture friable, saint-nectaire terreux, camembert au calva, reblochon de Bouvard sont de première force. Le rare beurre de Pamplie dans les Deux-Sèvres est une des stars de la boutique.

Alain Dubois

80, rue de Tocqueville
Tél. : 01 42 27 11 38. Fax : 01 42 27 35 26.
7 h 30-13 heures 15 h 45-19 h 45
Fermé lundi et août. Autre adresse :
79, rue de Courcelles. 17e. Tél. : 01 43 80 36 42.

Soixante-dix chèvres, trois crus de camembert, époisses de Berthault, saint-marcellin crémeux digne de la mère Richard à Lyon, brie aux noix, reblochon à fondre, superbe comté, fribourg noiseté sont quelques-unes des pièces maîtresses que propose Alain Dubois, lui aussi, un des premiers fromagers de son arrondissement. Quelques « grands » de la restauration parisienne s'approvisionnent également dans sa boutique champêtre.

PÂTISSIERS

La Fleur d'Oranger

13, rue Lebon
Tél. : 01 45 74 29 17.
7 h-13 h 30. 15 h 30-20 h.
Fermé dim. a-m, lundi, juil.

La baguette traditionnelle dite « croquise », les pain bio, pain solognot sésame et tournesol, miche au levain sont de première force. Côté pâtisserie, macaron aux figues, le millenium (chocolat framboises), le créole (cassonade caramélisée citron vert), le succulent (macaron noisette, chocolat blanc, gianduja, chocolat noir), caprice aux poires, mogador, agenaise aux pruneaux sont les trésors sucrés du talentueux Christophe Damas.

PRODUITS ÉTRANGERS

Stübli Delikatessen

11, rue Poncelet
Tél. : 01 42 27 81 86. Fax : 01 42 67 61 19.
8 h 30-19 h 30. Fermé dim. a.-m. et lundi.
3 prem. semaines d'août.

Hareng, choucroute, jambon forêt noire, goulash, koulibiac, tarte berlinoise au fromage, lard paysan, sachertorte, strudel, roulé au pavot, bière Weizen bavaroise ou Pilsen Urquell, vins du Rhin ou de Moselle de qualité sont proposés dans cette ambassade gourmande de la Mitteleuropa.

Rendez-vous

BAR À BIÈRE

James Joyce

71, bd Gouvion-Saint-Cyr
Tél. : 01 44 09 70 32.
Tljrs. Jusqu'à 22 h.

Saumon fumé sauce concombre, croque irlandais et apple crumble se grignotent derrière deux bars en bois massif. Guinness crémeuse, Kilkenny fraîche et ambrée sont des boissons de rigueur.

BISTROTS À VIN

Le Chavignol

135, av. de Villiers.
Tél. : 01 43 80 40 65.
7 h-21 h. (Sf vendr. : jusqu'à 22 h 30).

Ce bistrot d'apparence anodine est l'une des providences du quartier. Régis Le Bars, fort caractère que nous connûmes jadis au Crétois dans le 8e, y sert de bons vins à toute heure (sancerre signé Bourgeois, morgon de Foillard, fleurie de Metras, cairanne de Richaud), de belles tartines avec foie gras maison, jambon à l'os, charcuterie de Conquet à Laguiole, sans omettre de belles viandes d'Aubrac ou de Chalosse dont les grands chefs viennent faire leur miel, après le coup de feu chez eux. On croise là les Vigato, Faucher ou même Westermann qui trouvent le temps de discuter le bout de gras en dévorant une entrecôte « comme ça ».

CAFÉS

Royal Villiers

4, pl. de la Porte-de-Champerret.
Tél. : 01 43 80 85 14.
11 h-minuit. Tljrs.

L'ambiance chic années cinquante, le service continu, la cuisine sérieuse attirent, dans la brasserie de Guy Maysounave, amateurs de rugby et gourmands de passage. On vient à toute heure grignoter charlotte de cabillaud et caviar d'aubergines ou noisette d'agneau et sorbet pina colada, boire un coup de chinon, grignoter une tartine, refaire le monde en évoquant Quillan et son club, chers au coeur du patron.

SALONS DE THÉ

Aux Délices de Scott

39, av. de Villiers.
Tél. : 01 47 63 71 36. Fax : 01 44 15 90 06.
8 h 30-18 h (sam. : 10 h-18 h 30). Fermé dim.

Fondée en 1904 et fréquenté jadis par Clemenceau et Sarah Bernhardt, ce salon quiet propose éclairs au chocolat, mignon café, malgache, tarte caramélisée, gâteau Marjolaine au praliné qui sont au « top » du genre.

Le Stübli

11, rue Poncelet
Tél. : 01 42 27 81 86. Fax : 01 42 67 61 69.
8 h 30-19 h 30. Fermé lundi.

On vient chez Gerhard Weber pour ses pâtisseries viennoises. L'apfelstrudel, le trüffli, la vraie forêt-noire sont à se rouler par terre. Mais le petit déjeuner, le wiener brunch et les petits repas de midi valent l'étape. Crêpe au jambon fumé, koulibiac de saumon et choucroute douce font l'affaire. Le premier étage « gemütlich » avec boiseries peintes vaut le coup d'œil.

18e

Hôtels

Terrass'Hôtel

12, rue J.-de-Maistre
Tél. : 01 46 06 72 85. Fax : 01 42 52 29 11
88 ch. 920-1 540 F
Menus : 130-168 F

Au pied de la butte Montmartre et dominant Paris depuis la terrasse du restaurant, cette halte de charme située entre les Abbesses et le quartier de la place du Tertre offre de jolies chambres pleines de charme.

Mercure Montmartre

3, rue Caulaincourt
Tél. : 01 44 69 70 70. Fax : 01 44 69 70 71
308 ch. 1 000-1 070 F

Juché sur les hauteurs de la Butte, cet hôtel de chaîne moderne et bien équipé est situé tout près du Moulin Rouge.

« Ecrivez-nous » vos impressions, vos commentaires, relatez-nous vos enthousiasmes et vos déceptions à **lepudlo@aol.com.**

Restaurants

A. Beauvilliers

52, rue Lamarck
Tél.: 01 42 54 54 42. Fax: 01 42 62 70 30.
Fermé dim., lundi midi, 1er mai.
Jusqu'à 22 h 45.
Menus: 185 F (déj.), 285 F (vin c., déj.), 400 F (vin c., dîn.). Carte: 500-600 F

Beauvilliers? La dernière grande table de la butte Montmartre. Edouard Carlier, gastronome gourmet de classe et d'expérience est aux commandes de ce restaurant raffiné de la rue Lamarck. Le décor Second Empire revu Pompadour fait plus vrai que nature. Les stucs, les fixés-sous-verre, le comptoir, les nombreux bouquets de fleur, la terrasse ombragée, les sculptures, les tableaux, la salle des couronnes de mariée donne à la demeure son charme indéfinissable. Ajoutons à cela un service attentionné, efficace, élégant, digne des plus grands, ainsi qu'une carte des vins maligne, riche, avec de jolis crus de la vallée du Rhône. La cuisine est d'un classique revigorant, sans ignorer pour autant les tendances actuelles. Ravioles de fromage, terrine de pigeonneau, croustillant d'effeuillade de raie en mille-feuille, homard et légumes potagers, cervelles d'agneau en paupiette de champignons, canard en aiguillette aux figues, plateau de pâtisseries sont de haut niveau. Les menus du déjeuner mettent cette table de grande classe à la portée de toutes les bourses. Montmartre, le vieux Paris, l'ouverture estivale, le décor froufroutant font de cette demeure d'Edouard Carlier, une des tables de charme de la capitale.

Le Village Kabyle

4, rue Aimé-Lavy
angle rue du Mont-Cenis
Tél.: 01 42 55 03 34. Fax: 01 45 86 08 35.
Fermé dim., lundi midi. Jusqu'à 22 h 30.
Menu: 160 F. Carte: 200-250 F

Voilà vingt-cinq ans que Wally Chouaki, fier Berbère, joue l'ambassadeur de la cuisine kabyle dans la capitale. Le Saharien du 9e, c'est lui. Mais c'est dans cette demeure de Montmartre que tout commença. Cet ex-chamelier de la compagnie du père de Foucauld propose un des meilleurs couscous que l'on puisse déguster à Paris – fin, neigeux, sans bouillon avec des fèves fraîches et des cosses de petits pois: un miracle de légèreté – ainsi qu'une cuisine kabyle riche et savoureuse, au mieux de sa forme. Les tomates aux oignons doux, les haricots en sauce, la salade de carottes aux aromates, le rognon blanc, la panse de brebis farcie, le poulet fermier longuement mijoté, le plus classique couscous au bœuf et légumes ou le superbe couscous L'Kvaiel (avec agneau, loubia et viande salée), les pâtisseries maison et le gâteau aux fruits secs s'arrosent de jolis rouges d'Algérie ou de gris de Boulaouane. Le menu à 160 F est une belle invitation au voyage culinaire.

Per... Bacco

10, rue Lambert
Tél.: 01 42 52 22 40.
Fermé sam. midi, dim., août. Jusqu'à 22 h 30
Menus: 100 F (déj.), 160 F. Carte: 180-250 F

«L'important pour nous, c'est le choix des produits de saison», et il n'a pas tort Domenico Romano. Sa trattoria au cadre sobre et cosy, il en a fait une des bonnes adresses italiennes de la Butte, si ce n'est la meilleure. Ce napolitain propose une cuisine transalpine authentique, pleine de saveurs, vive et gourmande. La carte des vins réserve de belles surprises et les sardines à la palermitaine et oranges confites, linguine aux palourdes et rondelles de courgettes, fricassée d'agneau toscane aux légumes, blanc de bar dans sa feuille de poireaux et mille-feuille à la ricotta sont tout simplement délicieux.

Le Bouclard

1, rue Cavalotti
Tél.: 01 45 22 60 01. Fax: 01 45 22 60 01.
Fermé sam. midi, dim., lundi midi, août.
Jusqu'à 23 h 30.
Menu: 130 F (déj.). Carte: 180-250 F

Amateurs de mets solides et de jolis crus se retrouvent, jusque parfois très tard, dans le bistrot typique parigot de Michel Bonnemort. Ce franc gaillard propose en effet les bons produits traités simplement, pour en tirer le meilleur, et les vins malins servis au compteur, le tout dans une ambiance conviviale. Le menu du déjeuner à 130 F vin compris est une affaire à saisir. Et le carpaccio de filet d'espadon légèrement fumé, les pleurotes sautés à la provençale, la bisque d'étrilles maison, les filets de rougets grillés au beurre d'herbes et citron et le gratin dauphinois et jambon blanc braisé au torchon en rassasient plus d'un.

L'Oriental

76, rue des Martyrs
Tél.: 01 42 64 39 80. Fax: 01 42 64 39 80.
Fermé dim., du 22 juil.-22 août. Jusqu'à 23 h
Menus: 89 F (déj.), 220 F. Carte: 200-250 F.

Cette ambassade d'Afrique du Nord de Pigalle vaut pour son décor marocain avec banquettes sculptées et mosaïques, son petit salon privatif, l'accueil tout sourire de Serge Kaci et sa cuisine authentique et sérieuse. Brick aux légumes, chalda felfel, pastilla de poulet, gambas grillées, tagine de poissons, tagine d'agneau aux pois chiches, couscous merguez, loucoum et pastilla aux figues assurent exotisme et dépaysement culinaire. Le Riad Jamil vieilli en fût de chêne se boit sans soif.

Produits

BOULANGERS

Le Fournil du Village

9, rue Norvins
Tél. : 01 46 06 90 51.
8 h-20 h. Fermé lundi.

A l'ombre du Sacré-Cœur, la boutique vaut le coup d'œil. Mais c'est la baguette à la croûte craquante, cuite dans un four en pierre du XIXe, qui provoque des queues quatre fois par jour, sans omettre les pains à l'ancienne, viennoiseries au beurre, cakes et biscuit marron, chocolat, pistache réalisés avec art par Laurent Chevalier.

Jacques Laurent

63, rue Caulaincourt
Tél. : 01 42 64 56 11.
7 h 30-20 h 30. Fermé jeudi, vendr.

Depuis son fournil en façade sur rue, Jacques Laurent communique son amour du bon pain. Ses secrets : farine de meule, pétrissage lent, travail sur poolish. Sa «villageoise», à la croûte croustillante, fait le régal des Montmartrois avec son mélange de farines de seigle parfumées au sel de Guérande. Difficile de ne pas croquer la baguette au sortir de la boulangerie.

FROMAGERS

Fromagerie Lepic

20, rue Lepic
Tél. : 01 46 06 90 97.
8 h 30-12 h 30, 15 h 30-20 h. Sam. : 9 h-19 h 30. Fermé dim. a.-m., lundi.

Vieux comté de 17 mois, beaufort d'alpage, brebis et chèvre sélectionnés avec attention, époisses de Berthault lavée au marc, et l'hiver, vacherin Mont-d'Or ont fière allure dans cette boutique gourmande.

GLACIER

La Butte Glacée

14, rue Norvins
Tél. : 01 42 23 91 58.
10 h 30-minuit. Lundi : 10 h 30-19 h.
Fermé mi-nov.-fin déc., 6 janv.-début févr.

Gilles Aubril et sa jeune équipe confectionnent d'exquises glaces que sa grand-mère, qui fut jadis glacière à l'île d'Elbe, n'aurait pas reniées. Ses zuppas inglese, réglisse, vanille, stracciatella, expresso, fraises des bois continuent la bonne tradition familiale.

Les renseignements indiqués concernant les établissements cités ont été pris durant l'année en cours. N'hésitez jamais à les vérifier par un simple coup de fil.

PÂTISSIER

Le Péché Mignon

12, rue du Ruisseau
Tél. : 01 42 54 06 41.
8 h-13 h 30. 15 h 30-19 h 30.
Fermé dim., 14 juil.-31 août.

Ancien de chez Peltier et Fauchon, Arnaud Lahrer mitonne avec aise, sous sa façade discrète, le montecristo chocolat-framboise, le suprême, biscuit chocolat mousse mûre et crème brûlée au thé, l'extrême au nectar de cacao et glaçage chocolat noir, comme le mille-feuille caramélisé, le saint-honoré au caramel et beurre salé ou le paris-brest. Jolies tartes aux fruits, alertes macarons pistache, chocolat, vanille et superbe kouign amann sont en prime.

VOLAILLER

La Poularde

10, rue Lepic
Tél. : 01 46 06 61 85.
7 h-13 h. 16 h-20 h. Fermé dim. a.-m., lundi.

Au bas de la rue Lepic, Marcel Chaigneau propose des volailles de qualité : poulets de Bresse, canards de Challans, cailles des Dombes. Beaux gibiers en saison et agneaux des Pyrénées ou de Pauillac viennent compléter sa gamme.

Rendez-vous

BARS

Chào Bà Café

22, bd de Clichy
Tél. : 01 46 06 72 90. Fax : 01 42 51 81 02.
7 h-5 h du matin. Fermé dim. soir.

C'était une brasserie années cinquante classée, sous le nom du Pigalle. On a caché les fresques de Lecoq, les céramiques de Jouve et les luminaires de Gridaine sous une déco coloniale avec claustras de bois et rotin. Côté cuisine, un registre plutôt franco-français assure jusque très tôt le matin. Bonnes tartines toute la journée. Happy hours et joyeux cocktails de 18 h à 20 h 30.

BISTROTS À VINS

Le Moulin à Vins

6, rue Burq
Tél. : 01 42 52 81 27. Fax : 01 42 52 81 27.
11 h-16 h. 18 h-2 h du matin. Fermé dim., lundi, 3 sem. août.

On vient dans ce bistrot du bas de la Butte jusque très tard pour déguster belles tartines et jolis crus choisis par Dany Bertin-Denis. Qui a bien fait de quitter le droit et la banque pour se reconvertir en bistrotière de charme. Pas de chichis ici, mais des valeurs sûres telles charcuterie, tripes, daube et quenelles au chocolat.

Aux Négociants

27, rue Lambert
Tél. : 01 46 06 15 11.
12 h-14 h 30. 18 h-20 h 30 (mardi, mercr., jeudi : 22 h 30). Fermé sam., dim., août.

Ce vrai bistrot montmartrois avec moulures et comptoir bleu en forme de fer à cheval, ambiance canaille et verres bien remplis par le patron, est l'une des providences de Montmartre. Jean Navier mitonne fromage de tête, rillettes, boudin maison, terrine de foie de volailles, bleu d'Auvergne et mousse au chocolat et verse des crus de Jasnières, haut-poitou et saint-chignian vinifiés avec cœur.

Le Sancerre

35, rue des Abesses.
Tél. : 01 42 58 08 20.-01 42 58 47 05.
7 h-1 h 30 du matin. Fermé 25 déc.

Pour une agape sans façons entre amis, ce café, avec vaste terrasse branchée, est plein de gentillesse. La belle jeunesse du quartier vient aux beaux jours grignoter une tartine de pain de campagne avec charcuterie, mais aussi d'honnêtes plats du jour (blanquette, bourguignon) ainsi qu'une plaisante Tatin, arrosés de crus choisis.

19e

Hôtel

Holiday Inn

216, av. J.-Jaurès
Tél. : 01 44 84 18 18. Fax : 01 44 84 18 20
176 ch. 1 650-2 050 F
Menus : 45 F (enf.), 88 F, 180 F

Ce grand hôtel borde la Cité des Sciences, la Cité de la Musique, la Géode, le zénith et la grande halle de la Villette. Grandes chambres modernes et insonorisées.

Restaurant

La Cave Gourmande

10, rue du Général-Brunet
Tél. : 01 40 40 03 30. Fax : 01 40 40 03 30.
Fermé sam., dim., août. Jusqu'à 22 h.
Menu : 170 F

Eric Fréchon est parti pour le Bristol, mais garde un œil attentif sur les fourneaux de son bon bistrot des Buttes-Chaumont, confiés à son second. Ce dernier a gardé la formule qui a attiré ici le Tout-Paris gourmand : une cuisine du marché adroite et bien faite que l'on découvre à travers un menu-carte unique changé tous les jours. Certes, il a augmenté de dix francs, mais demeure une affaire. Coquille saint-jacques rôtie au beurre demi-sel, pot-au-feu de paleron de bœuf au raifort et aumônière de pommes au caramel salé font de bonnes surprises. Tout comme la carte des vins à prix coûtant qui permet de s'en tirer avec les honneurs. En salle, Mme Fréchon est fidèle au poste souriante comme une marguerite de printemps.

Produits

CAVISTE

Ma Cave

105, rue de Belleville
Tél. : 01 42 08 62 95. Fax : 01 42 02 38 06.
9 h-13 h. 16 h-19 h 30.
Fermé dim. a.-m., lundi, 3 sem. août.

Coteaux du giennois, vouvray, lalande-de-pomerol, château Pavillon-Bel-Air ont rendez-vous avec les amateurs de bons crus, d'entre Belleville et Ménilmuche, chez Philippe Ansot qui a fait de sa cave le lieu incontournable.

PÂTISSIERS

Pierre Couderc

102, rue de Flandres
Tél. : 01 40 36 36 24.
7 h 30-19 h 30 (dim. : 7 h-19 h).

Mille-feuille vanille, rhum ou fruits de saison, venezuela (mousse au chocolat noir et au lait entouré de macarons), zezou (meringue et chantilly au caramel), haley (crème brûlée, sabayon chocolat et biscuit coco sans farine), macaron fraise-pistache, guanaja avec mousse cacao à 70 % font courir tout Paris chez Pierre Couderc, ancien élève de Peltier. Ses viennoiseries, « fax » en chocolat garnis de truffes pour Noël, poissons de coraux pour Pâques et bonbonnières en mendiant pour les fêtes sont également du grand art.

Rendez-vous

CAFÉS

Café de la Musique

Cité de la Musique
213, av. Jean-Jaurès.
Tél. : 01 48 03 15 91. Fax : 01 48 03 15 18.
8 h-2 h du matin. Tljrs.

Ex-collaborateur des frères Costes, Alain Boudou a repris cette brasserie branchée sise à l'extrémité du parc de la Villette. Dans un décor moderne minimaliste de Christian de Portzamparc ou en terrasse l'été, on vient ici boire un verre, discuter dans un fauteuil design et grignoter carpaccio au parmesan, tartare, mille-feuille ou moelleux au chocolat.

Demandez au sommelier de vous conseiller le vin qui accompagne au mieux les plats que vous aurez choisis.

20e

Hôtels

Palma

77, av. Léon-Gambetta
Tél.: 01 46 36 13 65. Fax: 01 46 36 03 27
32 ch. 340-425 F

Petit hôtel de quartier, à proximité du cimetière du Père-Lachaise. Prix doux et accueil charmant.

Restaurants

Le Zéphyr

1, rue du Jourdain
Tél.: 01 46 36 65 81. Fax: 01 43 58 00 06.
Fermé sam. midi, dim., 15 jrs août,
10 jrs déc. Jusqu'à 23 h.
Menus: 72 F (déj.), 160 F. Carte: 200-250 F

Le décor Arts déco avec comptoir, chaises, banquettes et luminaires années trente, la terrasse ombragée, les menus malins et la cuisine inventive de Stéphane Baron, voilà pour les atouts de charme de ce bistrot de Ménilmuche. L'irancy de Simonet-Febvre et le saint-amour de Teissedre, servis en pot, font gentiment l'affaire. Et le «capuccino» de haricots rouges et chorizo aux huîtres, la salade de ris de veau aux artichauts et moelle au gingembre confit, le pavé de biche en poivrade à l'orange, le dos de cabillaud et sa galette d'aneth et fenouil, la mousse de mandarine aux noisettes et la crème brûlée à la noix de Brive font partie des jolies idées qui se renouvellent selon le marché.

Le Bistrot de Couze 

52, bd de Charonne
Tél.: 01 43 73 60 96.
Fermé sam., dim., août. Jusqu'à 22 h.
Menus: 102 F, 154 F. Carte: 200-250 F

Modestie et discrétion, voilà les maîtres mots de Guy Duval. Son credo? Le rapport qualité-prix à travers des menus gentils tout plein, doucement tarifés, proposant une cuisine orientée Sud-Ouest de très bon ton. Frisée aux lardons, terrine du chef, faux-filet grillé, crêpe de saumon au basilic, cassoulet toulousain, confit de canard façon Périgord, poire au vin et nougat glacé font passer d'agréables moments. Le saint-émilion château Cantelaube à 142 F le flacon se boit à la régalade.

Produits

BOULANGERS

Boulangerie Pierre

150, rue de Ménilmontant
Tél.: 01 46 36 13 82.
7 h 30-20 h. Fermé dim. a.-m., lundi,
mardi matin.

L'ex-maison de Bernard Ganachaud, reprise un temps par les Jeudon, a changé d'enseigne et de tête mais n'a pas pour autant perdu son bel esprit artisan. Les flûtes Gana, tordu du Gers, campagnard, tougnole des Pyrénées et viennoiseries continuent de mériter l'emplette.

FROMAGERS

François Priet

214, rue des Pyrénées
Tél.: 01 46 36 88 90. Fax: 01 46 36 10 25.
8 h-13 h. 15 h 30-20 h (sam.: 8 h-20 h).
Fermé dim a.-m., lundi.

François Priet est fier de ses chèvres à cœur, salers de buron, vieux comté, roquefort artisanal, munster d'Haxaire à Lapoutroie qu'il affine avec la plus grande précision.

PÂTISSIERS

Stéphane Secco

112, rue de Belleville
Tél.: 01 47 97 18 75.
7 h-13 h 30, 15 h 30-20 h (mercr., sam.
7 h-20 h, dim.: 7 h-13 h 30). Fermé lundi.

Formé chez Constant et Stohrer, ce technicien travaille depuis quatre ans pour les frères Costes pour lesquels il mitonne une pâtisserie fine, esthétisante comme ce «doré», gâteau aux pommes confites sur lit de crumble, macaron aux framboises, glaces et sorbets de première force. Dans sa boutique de Belleville, il met toute sa maîtrise du sucré peu sucré au service d'une clientèle qui se régale de saint-honoré, chiboust, tartelettes aux fruits rouges, religieuses et éclairs à retomber en enfance. A côté de toutes ces merveilles, d'excellents pains (baguette au levain croustillante, pains fantaisie aux lardons, figues ou olives) font également belle figure.

Le Triomphe

95, rue d'Avron.
Tél.: 01 43 73 24 50. Fax: 01 43 73 23 50.
7 h 30-19 h 30. Fermé lundi, 15 juil.-15 août.

Anciens de Dalloyau, Alain Clouet et Jean-Pierre Thuillier ont fait de cette maison du bout de Paris le rendez-vous des amateurs de plaisirs sucrés. Jolies ganaches, entremets et glaces savoureuses triomphent sans peine. Ardéchois aux marrons, «éclat de printemps» (macaron coco et crème brûlée vanille), «soufflé pêche», «mikado» (biscuit chocolat, punché orange, suprême chocolat avec zestes d'oranges, mousse d'orange), «montélimar» (glace nougat avec morceaux de nougatine pilée), mille-feuille, saint-honoré, royal chocolat sont quelques-uns de leurs bons tours.

 *indique une grande table.*

PRODUITS ÉTRANGERS

Jean et Brassac

«Spécialités Antillaises»
16, bd de Belleville
Tél.: 01 43 58 31 30. Fax: 01 43 58 31 82.
10 h-19 h (vendr., sam. 9 h-19 h, dim. 9 h-12 h). Fermé lundi.

Depuis plus de trente ans, Max Aratus propose le meilleur de la gastronomie antillaise. Boudin créole, crabe farci, cari de poulet, acra de morue, lambis, chatrou, glaces exotiques artisanales (coco, goyave, corossol). Coin dégustation de 11 h 30 à 15 h.

TRIPIERS

Alain Combes

43, rue d'Avron
Tél.: 01 43 73 34 50.
7 h-13 h. 15 h 30-19 h 30.
Fermé dim. a.-m., lundi, août.

Depuis 1937 à la même adresse, les Combes proposent cœur, ris, foie, tête de veau roulée, joue et queue de bœuf. Alain, troisième du nom, qui voit le quartier se vider de ses artisans de qualité, a complété la gamme avec poulets de Bresse, canard de Challans, canette des Dombes, agneaux du Limousin. Rien que le «top» de la qualité. Rôtis de volailles farcis maison en prêt-à-cuire sont vendus en sus avec le sourire.

Rendez-vous

BISTROTS À VINS

Le Baratin

3, rue Jouye-Rouve
Tél.: 01 43 49 39 70.
12 h (sam.: 18 h)-minuit. Fermé sam. midi, lundi, 1 sem. janv., 2 sem. août.

Sans vouloir faire de baratin, le bistrot à vins d'Olivier Camus est un des bons plans du quartier de Belleville. Les 250 références servies au verre, en carafe ou à la bouteille, la cuisine du marché inscrite sur ardoise, que mitonne avec aise l'exquise Raquel, le menu du déjeuner à 73 F attirent ici la foule des amateurs de bons mets et belle assiettes. On goûte thon cru mariné au piment, joues de bœuf à l'orange, pâte de coings sur pain d'épices et l'on refait le monde toute la journée au comptoir en comparant un pinot blanc d'Alsace et un sauvignon de Loire.

Bistrot-Cave des Envierges

11, rue des Envierges
Tél.: 01 46 36 47 84.
11 h-2 h du matin. Fermé lundi, 15-30 août.

François Pataléo, ancien du Vieux Belleville à deux pas, a repris le bistrot à vins de François Morel, caché derrière le parc de Belleville. Son pari de réunir à toute heure les amoureux du vin est tenu. En terrasse l'été, au comptoir l'hiver, on vient faire un sort, sans se prendre la tête, aux tartines, salade auvergnate, blanquette, tarte aux pommes. Le crozes de l'Hermitage et le cairanne de Richaud font partie de la fête.

Le Saint-Amour

2, av. Gambetta.
angle 32, bd Ménilmontant
Tél.: 01 47 97 20 15. Fax: 01 47 97 31 26.
11 h-22 h 30. Tljrs.

Quand un Aveyronnais et une Auvergnate se rencontrent, ils se marient... Jean-Louis et Nathalie Rouchet, qui tiennent ce bar à vins sis à l'angle du Père Lachaise, sont des enfants du pays. Les produits viennent de là-bas. Le décor est passe-partout, l'équipe complice, les mets sont sages, les tartines savoureuses. Pâté, friton et fricandeau d'Auvergne, fromage de tête, bavette, entrecôte de Salers, saint-nectaire et tarte Bourdaloue, saint-amour, morgon, juliénas, chiroubles et moulin à vent passent tout seul.

CAFÉS

Lou Pascalou

14, rue des Panoyaux
01 46 36 78 10
9 h-2 h du matin. Tljrs.

Ce mignon café à l'ancienne a gardé son comptoir et son charme d'antan. Tartines choisies, vins ad hoc et petits verres divers entretiennent l'atmosphère conviviale et relaxe digne du Belleville d'avant.

Le Piston Pélican

15, rue de Bagnolet
Tél.: 01 43 70 35 00.
8 h-2 h du matin.
Fermé mardi, fin juil.-début sept.

Millésimé 1910, ce café aux énormes cuves à vins d'origine et grand zinc qui godille, fait un tabac de jour comme de nuit. Les branchés ont vite repéré ce lieu de mémoire où bières et alcools coulent sans manières.

SALON DE THÉ

Le Damier

29, rue Saint-Blaise
Tél.: 01 43 72 16 95.
9 h 30-19 h 30. Fermé dim., 15-30 août.

Ce gentil salon de thé fait le plein au déjeuner avec sa formule à 62 F. Et les salades composées, quiche, onglet à l'échalote et gâteau meringué aux fruits rouges se mangent sans mal. Toute la journée, la terrasse sur la rue piétonnière a son charme, tout comme le décor frais avec ses nappes à damiers.

Environs de Paris

Asnières-sur-Seine

92600 Hauts-de-Seine. Paris 10 – Argenteuil 8 – Nanterre 8 – Pontoise 27 - Saint-Denis 7.

Restaurant

La Petite Auberge

118, rue Colombes
Tél.: 01 47 93 33 94
Fermé dim. soir et lundi, 8-15 mai, 14-21 août.
Menu : 150 F

La providence d'Asnières, c'est la bonne auberge de Raymond Bégom qui propose, dans une ambiance conviviale, des mets d'un classicisme très provincial qui ont ici et là l'accent bourguignon. Feuilleté d'andouillette au chablis, gougère d'escargots à la crème d'ail, filet de moruette au basilic, tête de veau sauce ravigote, ris d'agneau grand-mère, croustillant aux fraises et coulis, mille-feuille maison font simplement plaisir.

Auvers-sur-Oise

95430 Val-d'Oise. Paris 34 – Pontoise 7 – L'Isle-Adam 8.

Restaurants

Hostellerie du Nord

Rue du Gal-de-Gaulle
Tél. : 01 30 36 70 74. Fax : 01 30 36 72 75
Fermé sam. midi, dim. soir, lundi, 4-14 avr., 15 août-4 sept.
Menus : 250 (vin c., déj.), 270-370 F

Cette belle auberge à l'ancienne – un relais de poste du XVIIe – a été reprise par un bon pro connu de la restauration parisienne, Joël Boilleaut, qui fut au Duc d'Enghien avec Alain Passard, puis chef au Céladon. Il a gardé l'esprit d'une maison de toujours en réalisant une cuisine qui compose avec le temps présent. Huîtres frémies aux endives, tartare de thon en escabèche, saint-jacques bardées de lard fumé et côte de veau au citron vert et samosa sont des mets de haute volée. Jolie cave, menus pleins d'esprit qui permettent de faire le tour de la question et accueil charmant.

Auberge Ravoux

Pl. de la Mairie
Tél. : 01 30 36 60 60. Fax : 01 30 36 60 61
Fermé dim. soir, lundi, mardi soir, mercr. soir (hs).
Menus : 155 (sem., déj.), 190 F

Une reconstitution réussie en hommage à Van Gogh qui habita jadis la demeure, peignit la belle église et les champs proches. Le comptoir en zinc, la jolie salle rustique, les chaises prêtes pour la pose : on se croirait chez Vincent... ou chez Cézanne. La terrine campagnarde, la pressée de lapereau aux lentilles, la blanquette de veau et la mousse au chocolat font de jolies surprises.

Bois-Colombes

92270 Hauts-de-Seine. Paris 12 – Nanterre 8 – Saint-Denis 9 – St-Germain-en-Laye 19.

Restaurant

Le Bouquet Garni

7, rue Charles-Chefson
Tél. : 01 47 80 55 51. Fax : 01 47 60 15 55.
Fermé sam., dim.
Menus : 165-243 F

Le décor est reposant, avec ses teintes douces, ses tables bien mises et espacées. Le quartier est résidentiel et Vincent Ossart mitonne avec aise une cuisine bourgeoise qui plaît avec son bel accent sudiste. Lasagnes d'aubergines et sardines au coulis de tomates, calmars farcis à la tapenade, canette aux figues et crème onctueuse à l'amande brûlée à la cassonade sont de jolies choses.

Chefson

17, rue Charles-Chefson
Tél. : 01 42 42 12 05. Fax : 01 42 42 12 05
Fermé sam. dim., vac. fév., août.
Menus : 70 (déj.), 125-165 F. Carte : 180-250 F

Ce bistrot sympathique et accueillant a vite connu un succès mérité. Les raisons ? Une ambiance relaxe, des prix qui filent doux, des mets malins d'une qualité constante. Excellent gâteau de rascasse aux langoustines caramélisées, noix de saint-jacques aux pistils de safran et tomates confites, crépinettes de ris de veau aux morilles, soupe de fraises et oranges à la menthe fraîche sont francs de goût et justes de ton.

Racontez votre expérience,
bonne ou mauvaise,
en écrivant au
« Guide Pudlo France »,
Editions Michel Lafon,
7-13, Bd Paul-Emile Victor
Neuilly-sur-Seine 92523 CEDEX.

Boulogne-Billancourt

92100 Hauts-de-Seine. Paris 10 - Nanterre 14 - Versailles 12.

Restaurant

Au Comte de Gascogne

89, av. J-B. Clément.
Tél. : 01 46 03 47 27. Fax : 01 46 04 55 70.
Fermé sam. midi, dim., 7-13 août.
Menus : 260-460 F. Carte : 450-600 F

Syndicaliste de choc de la restauration, patron d'Eurotoques, Henri Charvet, que nous connûmes jadis à Aix, puis à Fort-de-France au Lafayette, a fait de cette demeure avec patio le bastion des saveurs provençales. Sa déclinaison de foies gras en carpaccio, mi-cuit au madiran ou au sauternes, fumé ou encore au miel et aux amandes, ses petits farcis de légumes, son joli cannelloni de saumon fumé, sa poêlée de queues d'écrevisses au velouté de caviar de béluga, sa brochette de langoustines aux raisins de Smyrne ou encore son pigeon au foie gras et fèves sont du travail d'orfèvre. Desserts ouvragés, belle cave et épatant menu d'ouverture à 260F.

La Ferme de Boulogne

1, rue Billancourt
Tél. : 01 46 03 61 69. Fax : 01 46 04 55 70.
Fermé sam. midi, dim., 1er -21 août.
Menus : 140 F(déj., sem.)-175 F. Carte : 250 F

La seconde maison des Charvet, tenue avec le sourire par Jackie, la femme d'Henri, se porte comme un charme sur le mode rustique chic. Le menu à tiroirs plaît sans mal qui permet de goûter des mets canailles joliment tournés. Ragoût d'artichauts façon barigoule, ravioli de foie gras, carpaccio d'espadon, filet de rouget et purée de pommes de terre à l'huile d'olive, confit de canard pommes sautées, tête de veau ou pieds paquets, terrine de chocolat à l'orange, crème brûlée à l'anis sont des aubaines.

Cap Seguin

36, quai Le Gallo
Tél. : 01 46 05 06 07
Fermé sam. midi, dim.
Carte : 250 F

Ce cabanon colonial face à la Seine attire les branchés de Neuilly-Boulogne - ce sont parfois les mêmes - autour de nourritures fort honnêtes. Mille-feuille de saint-marcellin aux tomates confites, noisettes de lotte panée au sésame et délice au chocolat noir font gentiment l'affaire. Le voiturier est bien pratique.

Cernay-la-Ville

78720 Yvelines. Paris 46 - Versailles 24 - Chartres 52 - Rambouillet 12.

Hôtel-restaurant

Abbaye des Vaux de Cernay

2,5 km O. par D24
Tél. : 01 34 85 23 00. Fax : 01 34 85 20 95
117 ch. 410-1900 F. 3 appart.
1/2 pens. 700-800 F
Menus : 90 (enf.), 265-415 F. Carte : 400 F

Cette ancienne abbaye cistercienne du XIIe revue au XIXe par les Rothschild et plus récemment par Philippe Savry joue l'étape de charme au calme des grands bois. Quelques très beaux appartements à l'ancienne, jolis salons garnis de meubles contemporains et cuisine fort soignée de Philippe Husser, élève d'Alain Chapel, qui suit le marché avec talent. Oreiller de volaille au velouté d'asperge et morilles ou rissoles de tête de veau aux noisettes sont des exemples de son talent.

Clichy

92110 Hauts-de-Seine. Paris 10 - Argenteuil 8 - Nanterre 9 - Pontoise 27.

Office du Tourisme. 61, rue Martre
Tél. : 01 47 15 31 61. Fax : 01 47 30 05 80

Restaurant

La Romantica

73, bd Jean-Jaurès
Tél. : 01 47 37 29 71. Fax : 01 47 37 76 32.
Fermé sam. midi, dim.
Menus : 215 (déj.)-395 F. Carte : 300-400 F

Discrètement niché au fond d'une cour, Claudio Puglia, autodidacte malin, séduit le chaland par son enthousiasme et son talent. Il raconte la pasta avec art, le rigatoni aux aubergines, fromage fumé et pignons, les pappardelle aux saint-jacques et brocolis ou less taglioni flambés en roue de parmesan. Les filets de rouget aux olives noires sur une confiture d'haricots blancs, l'osso bucco et son risotto au safran, le gratin de fruits au sabayon parfumé à l'amaretto peuvent faire d'un repas ici une fête. Mais attention, lorsque le maestro n'est pas aux abonnés absents - ce qui lui arrive -, service et cuisine vont à vau l'eau.

Si vous cherchez un établissement particulier, consultez l'index général en fin d'ouvrage.

Cormeilles-en-Véxin

95830 Val-d'oise. Paris 35 - Pontoise 10 - Beauvais 45.

Restaurants

Le Relais Sainte-Jeanne

D 915
Tél. : 01 34 66 61 56. Fax : 01 34 66 40 31
Fermé dim. soir, mardi soir, lundi, 28 juil.-26 sept., 23-27 déc.
Menus : 450 (déj.)- 650 F. Carte : 600 F

L'hiver au coin du feu ou l'été dans le jardin, Gérard Cagna reçoit avec gentillesse dans ce petit coin de paradis sis non loin de la vallée de la Viosne. Ce passionné d'histoire médiévale est aussi un fou du bon produit cueilli à bonne source, cuisiné sans anicroche ni chichi d'aucune sorte. Quelques idées de son talent qui est grand. D'épatantes aiguillettes de pigeon de Bretagne aux navets confits avec leurs griottes à la Montmorency, un impeccable saumon d'Ecosse poêlé au poivre noir et gros sel d'un moelleux imparable, une fricassée de fonds d'artichaut aux petits légumes qui est une leçon de simplicité franche, enfin un carré d'agneau du Périgord au jus à l'estragon précis et net. Jolie meringue à l'italienne avec crème pistache et framboises en issue. Belle cave.

Dampierre-en-Yvelines

78720 Yvelines. Paris 44 - Chartres 58 - Rambouillet 16 - Versailles 19.

Hôtel-restaurant

Auberge du Château 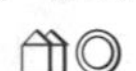

«La Table des Blot»
1, Grande-Rue
Tél. : 01 30 47 56 56. Fax : 01 30 47 51 75.
Fermé dim. soir, lundi, mardi midi, 20 août-2 sept., 18-29 déc., vac. fév.
14 ch. 400-600 F
Menus : 180-250 F. Carte : 250-350 F

De cette ancienne auberge XVIIe face au beau château et son étang où l'on pêche, eh oui, Christophe Blot a fait une table de choix. Il faut dire que ce fils d'une famille d'hôteliers fameux de l'Aisne, formé chez les grands de l'époque (Wynants à Bruxelles, Girardet à Crissier, Troisgros à Roanne) connaît la technique et la musique par cœur. D'où cette cuisine mi-traditionnelle mi-inventive qui est sa marque, mariant produits parfois riches, parfois simples, mais toujours de qualité grande. Ainsi sa tête de veau pressée servie tiède, parfumée au gingembre et flanquée d'une belle sauce ravigote, ses escalopines de rognons de veau aux pommes «chatouillard» et jus de viande dissocié, son savarin tiède au chocolat, avec glace vanille turbinée et fruits de saison qui emballent sans mal. Accueil adorable de Sylvie Blot. Quelques chambres rustiques très modernisées.

Enghien-les-Bains

95880 Val-d'Oise. Paris 20 - Argenteuil 5 - Saint-Germain-en-Laye 25.

Office du Tourisme : pl. du Mar.-Foch
Tél. : 01 34 12 41 15. Fax : 01 39 34 05 76

Hôtel

Grand Hôtel 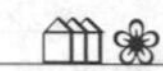

85, rue du Gén.-de-Gaulle
Tél. : 01 39 34 10 00. Fax : 01 39 34 10 01
44 ch. 890-990 F
Menus : 185-250 F

Pour une idée de week-end peu éloigné de Paris, ce bel établissement nostalgique des années 50, face au lac d'Enghien, offre, comme dans un rêve de Modiano, grand confort, calme et jolie vue. Toutes les chambres ont été refaites. Déjeuner sur la terrasse dans le jardin aux beaux jours.

Gagny

93220 Seine-Saint-Denis. Paris 16 - Bobigny 9 - Raincy 3 - Saint-Denis 17.

Restaurant

Vilgacy

45, av. Henri Barbusse
Tél. : 01 43 81 23 33. Fax : 01 43 81 23 33.
Fermé dim. soir, lundi, 15 août-1er sept.
Menus : 120 (déj., sem.), 148-186 F
Carte : 250 F

Bordé par un joli jardin fleuri, ce charmant restaurant aux deux salles à manger modernes et accueillantes, propose une cuisine d'un surprenant raffinement. Effeuillée de haddock et saumon fumé maison aux pommes, pavé de rascasse rôti à la graine de sésame, pigeonneau aux épices rôti à l'os au bourgueil, nonnette aux pommes en chaud et froid au rhum sont de jolies choses. Les menus sont des cadeaux.

Demandez au sommelier de vous conseiller le vin qui accompagne au mieux les plats que vous aurez choisis.

Gressy

77410 Seine-et-Marne. Paris 32 – Meaux 19 – Melun 58 – Senlis 34.

Hôtel

Manoir de Gressy

Tél. : 01 60 26 68 00. Fax : 01 60 26 45 46
Fermé 22 déc.-1er janv.
86 ch. 1050-1400 F
Menus : 195 F

Ce beau manoir du XVIIe siècle offre des chambres confortables, spacieuses et modernes, et un jardin intérieur avec terrasse et piscine. Salles de séminaires et proximité immédiate de l'aéroport de Roissy.

Issy-les-Moulineaux

92130 Hauts-de-Seine. Paris 8 – Boulogne-Billancourt 3 – Clamart 4 – Versailles 15.

Office du Tourisme : espl. de l'Hôtel-de-Ville
Tél. : 01 40 95 65 43. Fax : 01 40 95 67 33

Restaurants

L'île

Parc de l'île Saint-Germain
170, quai de Stalingrad
Tél. : 01 41 09 99 99. Fax : 01 41 09 99 19.
Fermé dim. soir (hiver)
Menu : 110 F (déj.). Carte : 200-300 F

Ce vaste restaurant de style colonial, ouvert par l'équipe de Quai Ouest avec la complicité de l'ancien rugbyman Jean-Pierre Rives, ne manque pas de tonus. Le cadre avec terrasse et verrière est spectaculaire. La cuisine, surveillée de loin par Jean-Yves Guichard, n'est pas mal pour un lieu mode et bruyant : cannelloni de courgette et ricotta, ravioles du Royan au parmesan, daurade à la provençale et moelleux au chocolat ne font pas de mal à une mouche.

River Café

146, quai de Stalingrad
Tél. : 01 40 93 50 20. Fax : 01 41 46 19 45
Fermé sam. midi
Menu : 180 F. Carte : 200-250 F

Une bonne idée pour les sorties de copains ou de famille : ce bateau-barge amarré à quai. Les menus sont sages, l'atmosphère dépaysante, la cuisine gentille et sans défaut : poêlée d'endive, haricots verts et bleu d'Auvergne, gnocchi à la crème de parmesan et viande des Grisons, cassolette de haddock poché poivre vert sont des mets qui font mouche.

La Manufacture

20, esplanade de la Manufacture
Tél. : 01 40 93 08 98. Fax : 01 40 93 57 22
Fermé sam. midi, dim., 2 sem. août.
Menus : 155-180 F. Carte : 250-300 F.

Jean-Pierre Vigato a ouvert ici il y a plus d'une décennie déjà sa première annexe dans une ancienne manufacture de tabac. Le lieu continue dans la gaieté et Jean-Christophe Lebascle, l'un de ses bons disciples, a repris les fourneaux avec allant, propose à tarifs sages, des mets malicieux jouant avec l'air du temps. Quelques exemples ? Une jolie soupe froide au melon et menthe fraîche, un croustillant de légumes et salade roquette, une daurade rôtie à la pimentade et huile d'olive aux herbes, un tendron de veau braisé et tombée d'épinards et un feuilleté caramélisé ganache choco-framboise : voilà qui fait l'affaire sans manière.

Issy-Guinguette 

113bis, av. de Verdun
Tél. : 01 46 62 04 27. Fax : 01 46 38 89 57
Fermé sam. Midi, dim. lundi soir, Noël-Nvel an
Carte : 200-250 F

Champêtre et insolite, cette guinguette perchée au-dessus des vignes en terrasse d'Issy-les-Moulineaux propose les bons vins choisis par Yves Legrand, et les mets de Damien Allard, ancien de l'Apicius. Salade maraîchère au haddock, roulé d'agneau aux herbes, ananas confit au vin rouge et gingembre s'arrosent du frais morgon de chez Passot.

Levallois-Perret

92300 Hauts-de-Seine. Paris 9 – Argenteuil 10 – Nanterre 9 – Pontoise 29.

Restaurant

La Rôtisserie

24, rue Anatole-France
Tél. : 01 47 48 13 82
Fermé sam. midi, dim.
Menu-carte : 160 F.

L'une des meilleures bonnes affaires de banlieue ? Celle qu'offre Daniel Ballester, formé jadis chez Delaveyne, dans ce décor de loft malicieux, sis à trois pas de la porte de Champerret. L'unique menu est un cadeau véritable. Et pour le prix d'un hors-d'œuvre dans un grand hôtel parisien, une équipe rodé concocte, avec enthousiasme et rigueur, raviolis de langoustines, maquereaux marinés, tartare de saumon, pintade ou poulet pareillement rôtis avec une belle purée de pommes de terre à l'huile d'olive, canette au poivre vert, rognon à la moutarde, râble de lapin au basilic, plus un vacherin aux fraises ou le rituel soufflé au Grand-Marnier. Bref, toutes bonnes choses qui constituent, ni plus ni moins, de la philanthropie pure.

Maisons-Laffitte

78600 Yvelines. Paris 22 - Pontoise 21 - Saint-Germain-en-Laye 8 - Versailles 24.

Office du Tourisme : 41, av. de Longueil
Tél. : 01 39 62 63 64. Fax : 01 39 12 02 89

Restaurant

Le Tastevin

9, av. Eglé
Tél. : 01 39 62 11 67. Fax : 01 39 62 73 09.
Fermé lundi soir, mardi, 10 août-3 sept., vac. fév.
Menus : 240 F. Carte : 350-550 F

Michel Blanchet est, depuis belle lurette, l'un des chefs les plus sûrs de la banlieue chic de Paris. Ce technicien sûr manie des produits haut de gamme sans jamais en travestir le goût. Faites-lui confiance, à l'occasion d'une fête de famille ou d'un anniversaire, pour un de ces menus de fête qui lui donnent le loisir de démontrer son savoir-faire. Foie gras chaud au vinaigre de cidre, fricassée de sole aux artichauts, darne de turbot au jus de veau, filet de canard de Challans aux épices, gratin de fruits frais et sabayon à l'orange et sanciaux aux pommes. Belle maison de maître plantée dans l'ancien parc du château. Charmant accueil de la douce Amalia.

Marne-la-Vallée

77200 Seine-et-Marne. Paris 28 - Meaux 28 - Melun 41.
Maison du Tourisme d'Ile-de-France Disney Village. Tél. : 01 60 43 33 33. Fax : 01 60 43 36 91

A 77206. Disneyland-Paris

Hôtel-restaurant

Disneyland Hôtel

Tél. : 01 60 45 65 00. Fax : 01 60 45 65 33
California Grill : (dîn. seul.) 275 F
Inventions : 180 F (déj.), 250 F
478 ch. 2450-3700 F

Situé à l'entrée du parc de Walt Disney, cet hôtel aménagé aux couleurs de l'enfance, rose crémeux et décoration féerique, offre de nombreuses chambres modernes et équipées, une piscine couverte, un centre de remise en forme et un jardin. Cuisine de belle qualité artisan au California Grill qui joue avec aise des saveurs du monde.

indique un établissement au bon rapport qualité-prix.

New York

Tél. : 01 60 45 73 00. Fax : 01 60 45 73 33
536 ch. 1550-1850 F. 27 appart.
Manhattan Restaurant : 55 F (enf.), 195 F
Parkside Diner : 55 F (enf.), 115 F

Avec son air de building doublé d'ailes en parallélépipède rouge brique, sa décoration intérieure années 30 et son design Art-déco, voilà sans doute « la » réussite hôtelière du Parc. Les chambres, avec leur mobilier reproduisant une pomme valent le voyage. Le restaurant Parkside paraît sortir d'une toile d'Edward Hopper.

Newport Bay Club

Tél. : 01 60 45 55 00. Fax : 01 60 45 55 33.
1082 ch. 1300-1700 F. 11 appart.
Cape Cod : 55 F (enf.), 115 F
Yacht Club : 55 F (enf.), 195-235 F

Cette délicieuse reconstitution d'une villégiature balnéaire de la Nouvelle-Angleterre, face à un lac avec son phare a le chic Westport (Connecticut) ou Newport (Rhode Island). Bonne cuisine marine au Cape Cod.

Séquoia Lodge

Tél. : 01 60 45 51 00. Fax : 01 60 45 51 33.
1001 ch. 1195-1395 F. 10 appart.
Hunter's Grill : 55 (enf.), 150 F
Beaver Creek Tavern : 55 F (enf.), 115 F

Si les chambres sont parfois d'une sobriété spartiate, ce bel endroit fait très *summer camp* perdu dans un parc naturel des Rocheuses ou retraite pour trappeur chic des Adirondacks. Jolis salons feutrés, murs de pierre et bois, parc avec séquoias rapportés d'Amérique.

Le Cheyenne

Tél. : 01 60 45 62 00. Fax : 01 60 45 62 33.
1000 ch. 990 F
Chuck Wagon Café : 40 F (enf.). Carte : 100-150 F

Le plus familial avec son allure de village de l'Ouest, parfait cadre pour un western et ses chambres fonctionnelles conçues pour quatre personnes. Le brunch se prend au saloon, que les enfants adorent. Pour la cuisine, ne cherchez pas l'émoi.

Méry-sur-Oise

95540 Val-d'Oise. Paris 36 - Pontoise 7 - L'Isle Adam 6 - Auvers 2.

Restaurant

Chiquito

Rte de Pontoise : 1, 5 km par D922
Tél. : 01 30 36 40 23. Fax : 01 30 36 42 22
Fermé sam. midi, dim. soir, lundi, 2-9 janv.
Menus : 300-380 F. Carte : 330-370 F

Dans sa belle maison champêtre de la douce vallée de l'Oise, Dominique Mihura sert une cuisine traditionnelle généreuse, riche, séveuse, qui ne perd jamais le sens des beaux produits qu'elle utilise. Ainsi le homard aux navets tièdes vinaigrette au miel d'acacia, les escargots et grenouilles au beurre d'herbes, le tronçon de turbot rôti, le ris de veau braisé aux légumes confits et le râble de lapin rex du Poitou joliment flanqué de raviolis de persil. Le gâteau basque qu'escorte une glace à l'izarra verte rappelle les origines du maître de maison.

Neuilly-sur-Seine

92200 hauts-de-Seine. Paris 8 - Pontoise 31 - Saint-Germain-en-Laye 18 - Versailles 16.

Restaurants

San Valero

209 ter, av. Charles-de-Gaulle
Tél. : 01 46 24 07 87. Fax : 01 47 47 83 17
Fermé dim., 23 déc.-7 janv.
Menus : 200 F. Carte : 240-350 F

Faustino et Xavier Valero, père et fils, proposent dans ce décor hispanique charmant, une cuisine ibérique de qualité. Les produits, en tout cas, ne trichent pas, même si, parfois, une surcuisson peut gâter le plaisir d'un met. Jambon de Patanegra, morue grillée à l'huile d'olive et queues de langoustines, agneau de lait rôti, churros de Valencia s'arrosent plaisant d'un ribera del duero ou d'un rioja.

Truffe Noire

2, pl. Parmentier
Tél. : 01 46 24 94 14. Fax : 01 46 24 94 60.
Fermé août
Menu : 195 F. Carte : 300-400 F

Jenny Jacquet l'Angevin officie depuis une quinzaine d'années dans ce restaurant entièrement rénové que son enseigne semble dédier au Périgord. L'accueil est adorable et la cuisine offre des spécialités saisonnières qui se renouvellent avec le marché et l'air du temps : les champignons, les truffes et le gibier en automne, les poissons et crustacés au printemps. Médaillons de lotte à la chlorophylle, bouquet de salade printanière, coulis de tomate, poêlée de ris d'agneau, jus de truffes, asperges vertes, terrine de chocolat noir, marrons, noisettes et pistaches sont de bien belles choses.

Foc Ly

79, av. Ch.-de-Gaulle
Tél. : 01 46 24 43 36. Fax : 01 46 24 48 46
Menus : 75 F (enf.), 99-109F. Carte : 200-300 F

Beaucoup de raffinement préside à l'ordonnance des mets de ce restaurant d'obédience sino-thaï. Dim sum, crevettes sautées, poulet au gingembre, canard au lait de coco, mangue en beignet et glace sont ici servis avec gentillesse et délicatesse.

Jarrasse - L'écailler de Paris

Tél. : 01 46 24 07 56. Fax : 01 40 88 35 60
Fermé 1er-20 août
Menu : 215 F. Carte : 300-400 F

Plateaux de fruits de mer, sole meunière, bar de ligne flambé au fenouil, soufflé au Grand-Marnier font les repas sans vagues ni anicroche de ce beau restaurant marin aux airs de brasserie chic. Additions parfois houleuses, mais justifiées par la qualité constante des produits.

Le Café de la Jatte

Ile de la Jatte
60, bd Vital-Bouhot
Tél. : 01 47 45 04 20. Fax : 01 47 45 19 32
Carte : 250-400 F

Michel Tirel tient avec sérieux les fourneaux de ce café bucolique de la belle île de la Jatte. Si bien qu'on vient ici autant pour les très honnêtes salade de crabe à l'avocat et crevettes, l'espadon grillé graine de moutarde, le curry d'agneau pimenté au riz indien que pour l'ambiance relaxe. Délicieux gâteau mi-cuit au chocolat et exquis macaron aux amandes glace vanille qui font la joie des gourmands de sucré.

Les Feuilles Libres

34, rue Perronet
Tél. : 01 46 24 41 41. Fax : 01 46 40 77 61
Fermé sam. midi, dim., 8-22 août
Menus : 150 F (déj.)-220 F. Carte : 200-300 F

Emmanuel Laporte, jeune chef formé à bonne école, au Trianon Palace et chez Vigato, a repris cette demeure qui eut sa petite heure de gloire. Foie gras confit au miel et vin doux, galette de pied de porc et sa petite salade, cabillaud vapeur aux herbes, carrelet aux carottes fondantes et bonbon au chocolat sont de jolies choses, pleines de promesses.

La Guinguette de Neuilly

12, bd Georges-Seurat
Tél. : 01 46 24 25 04. Fax : 01 47 22 03 36.
Fermé 24-25 déc
Carte : 200-250 F

Le cadre de guinguette champêtre séduit sans mal. Comme la généreuse cuisine de bistrot proposée sans manière. Ainsi le copieux panier de cochonnaille, le boudin ou l'andouillette signée Duval flanquée d'une épatante purée de pommes de terre, ainsi que la bonne vieille charlotte aux framboises, sans nulle fausse note.

Si vous cherchez un établissement particulier, consultez l'index général en fin d'ouvrage.

Les Pieds dans l'eau

39, bd du Parc
Tél. : 01 47 47 64 07. Fax : 01 47 22 09 55.
Fermé sam., dim., du 1er mai au 30 sept.
Menus : 130 F (déj., sem.,) 140 F, 180 F
Carte : 250-350 F

La demeure, avec son jardin quasiment les pieds dans l'eau et ses objets dédiés à la batellerie, a le charme bucolique. Olivier Brossolette y propose une cuisine raffinée que les menus délivrent à prix doux. Rien à redire aux fraîches salade de homard ou rosace de daurade royale, comme à l'épatant mille-feuille craquant chocolat et menthe.

Livio

6, rue de Longchamp
Tél. : 01 46 24 81 32. Fax : 01 47 38 20 72.
Fermé sam., dim. en août
Menu : 130 F. Carte : 180 F

Notre confrère Maurice Beaudoin, du *Fig' Mag'*, est un inconditionnel de cette bonne vieille pizzeria sise sur un boulevard roulant. Ce qu'il y trouve, outre un carpaccio de qualité, des scampi fritti fort convenables et des pizzas craquantes, c'est une ambiance adorable et une bonne humeur perpétuelle. Toutes choses qui, à dire vrai, se perdent aux abords de la capitale.

Le Perreux-sur-Marne

94170 Val-de-Marne. Paris 15 - Créteil 11 - Villemonble 7 - Vincennes 6.

Restaurant

Les Magnolias

48, av. de Bry
Tél. : 01 48 72 47 43. Fax : 01 48 72 22 28
Fermé sam. midi, dim., 7-27 août
Menus : 165 (déj., sem.)-210 F

Un vrai talent à découvrir en banlieue : celui de Jean Chauvel qui présente un CV en béton, avec des passages chez Bernard Loiseau, chez Taillevent, à la Tour d'Argent et à la Table d'Anvers mais joue ici le grand jeu de la création tout azimut à travers des plats malins, frais, tirés du marché. Sa gente épouse Nelly accueille avec aise dans un décor bourgeois qui sent bon la province. Les deux menus permettent de varier les plaisirs sans risquer la ruine. Et la terrine de foie gras de canard frais au chutney d'abricots secs, le pavé de sandre en croustillant à l'embeurrée de chou vert, le canard légèrement laqué aux épices avec sa mitonnée de légumes de printemps, l'entrecôte épaisse en fine croûte de moelle, le tiramisu à l'armagnac et l'ananas rôti aux « parfums d'aventure » sont quelques-uns des bons tours de ce maître du piano. Le plateau de fromages a bonne mine et la carte des vins est impressionnante pour une aussi jeune maison à prix, en outre, très attractifs. Le côtes-du-rhône château-saint-maurice 1996 à 130 F est un cadeau.

Poissy

78300 Yvelines. Paris 33 - St Germain-en-Laye 6 - Pontoise 20.

Restaurant

L'Esturgeon

6, cours 14-Juillet
Tél. : 01 39 65 00 04. Fax : 01 39 79 19 94
Fermé dim. soir, jeudi, août
Menu : 200 F. Carte : 300-400 F

Les bords de Seine comme au temps des impressionnistes, une guinguette de belle allure qui semble encore attendre Monet et Corot : c'est là, comme une aubaine, après la visite de la belle collégiale restaurée par Viollet-le-Duc. Le service est maternel, l'atmosphère doucement nostalgique. On y goûte le foie gras de canard frais, la soupe de moule safranée, le bar braisé au beurre blanc et le caneton aux cerises avant les crêpes flambées au noyau de Poissy.

Produits

DISTILLATEUR

Distillerie de Poissy

105, rue du Gal-de-Gaulle
Tél. : 01 39 65 20 59

Si vous ne connaissez pas le Noyau de Poissy, découvrez-le sur son lieu de fabrication. Cette jolie liqueur est obtenue après macération de noyaux d'abricots dans du cognac durant trois à quatre jours, puis ajout de sirop, alcool pur, extraits de plantes et écorces d'orange: un délice artisanal.

Le Pré-Saint-Gervais

93310 seine-Saint-Denis. Paris 9 - Bobigny 6 - Lagny 29 - Meaux 37.

Restaurant

Le Pouilly-Reuilly

68, rue André-Joineau
Tél. : 01 48 45 14 59
Fermé sam. midi, dim., août
Carte : 250-350 F

Christian Millet, fils du grand pâtissier de la rue Saint-Dominique et directeur de Mora, spécialiste des équipements de cuisine de la grande restauration, a repris ce bistrot de la proche banlieue sans toucher un iota à l'impeccable décor à la Carné, qu'on croirait issu des *Portes de la Nuit*. Rétro et kitsch est le cadre avec zinc et néon, comme l'escalier en colimaçon. L'équipe que gérait jadis le nivernais Jean Thibault demeure fidèle au poste. Et nul ne se plaint de la tradition maintenue d'impeccable façon à travers les œufs en meurette, les escargots au beurre persillé, la salade de joues de bœuf, la terrine de canard, le boudin pommes en l'air, le poulet aux écrevisses, le rognon entier aux échalotes, le foie de veau rosé, les éclairs géants au chocolat, le mille-feuille façon Jean Millet ou le baba au rhum, qu'on arrose de blanc Reuilly de Malbête ou du Juliénas clos de Haute-Combe.

Saint-Cloud

92 Hauts-de-Seine. Paris 13 - Nanterre 8 - Rueil-Malmaison 6 - Versailles 11.

Restaurant

Quai Ouest

1200, quai Marcel-Dassault
Tél. : 01 46 02 35 54. Fax : 01 46 02 33 02
Fermé Noël, 1er janv
Menu : 110 F(déj.). Carte : 170-300 F

Sympa, pas cher, drôle, ce grand loft à fleur de Seine est une des réussites de l'époque. La carte est variée et amusante, signée Jean-Yves Guichard, un ancien de François Clerc, Faugeron et Passard, qui joue de tous les styles avec art. Thon cru à l'huile de sésame, céviche de pétoncles, mille-feuille de chèvre et courgette au pistou, cabillaud avec rouille et purée à l'huile d'olive, noisette de porc en colombo, Tatin à la mangue, glace vanille s'arrosent de vins malins dont le cabardès de Pennautier est l'archétype.

Saint-Germain-en-laye

78100 Yvelines. Paris 24 - Dreux 68 - Versailles 14.

Office du Tourisme : 38, rue au Pain
Tél. : 01 34 51 05 12. Fax : 01 34 51 36 01

Hôtels-restaurants

La Forestière

1, av. du Prés.-Kennedy
Tél. : 01 39 10 38 38. 01 39 73 73 88
25 ch. 850-1100 F.

Au bord de la forêt de Saint-Germain-en-Laye, ce Relais & Châteaux joue calme et tranquillité à deux pas du camp des Loges. Chambres spacieuses, avec petits salons, aménagées avec goût. Restaurant voir ci-dessous.

Cazaudehore

1, av. du Prés.-Kennedy
Tél. : 01 30 61 64 64. Fax : 01 39 73 73 88
Fermé lundi sauf fériés
Menus : 190, 290 (déj.), 390 F. Carte : 280-400 F

Cette annexe gourmande de La Forestière est le bastion des Cazaudehore qui traitent une clientèle venue se faire fête en famille pour le week-end, le temps d'une halte intime en semaine ou pour un repas d'affaires. On goûte, dans l'une des jolies salles ayant vue sur le parc, une cuisine généreuse, sérieuse et modérement inventive. Le tartare de bar et saumon avec le petit farci de chèvre frais, la choucroute de sandre au genièvre et beurre d'agrumes, la selle d'agneau en tandoori et sa poêlée de topinambours et crème de cocos comme le parfait glacé au noyau de Poissy pour la note régionale assurent dans la gaieté.

Saint-Ouen

93400 Seine-Saint-Denis Paris 9 - Bobigny 11 - St Denis 3 - Pontoise 26.

Restaurants

Le Coq de la Maison Blanche

37, bd J.-Jaurès
Tél. : 01 40 11 01 23. Fax : 01 40 11 67 68
Fermé dim
Menu : 180 F. Carte : 250-350 F

Cette belle maison au charme provincial assure la permanence de la tradition à la porte de Paris, côté nord. Jambon persillé, escargots, bar en croûte de sel, entrecôte cuite à la cheminée et coq au vin y sont traités avec rigueur. Belle carte des crus de tous les vignobles.

Chez Serge

7, bd Jean-Jaurès
Tél. : 01 40 11 06 42
Fermé dim.
Carte : 200-250 F

Beaucoup de grands chefs parisiens (Guy Savoy en tête) viennent se faire fête chez Serge Cancé qui sait choisir ses vins et composer une carte au fil du marché. L'atmosphère de vieux bistrot est comme dans le temps. Et les belles terrines, la volaille sautée, l'onglet à l'échalote et le clafoutis aux fruits sont épatants.

Les renseignements indiqués concernant les établissements cités ont été pris durant l'année en cours. N'hésitez jamais à les vérifier par un simple coup de fil.

Suresnes

92150 Hauts-de-Seine. Paris 12 – Nanterre 5 –St Germain-en Laye-14 – Versailles 13.

Restaurant

Les Jardins de Camille

70, av. Franklin-Roosevelt
Tél. : 01 45 06 22 66. Fax : 01 47 72 42 25
Menu-carte : 175 F

Les Poinsot, qui tiennent Chez Camille à Arnay-le-Duc, ont amené leur sagesse bourguignonne dans ce restaurant parisien des abords du mont Valérien. La vue sur Paris est superbe et l'on mange, dans une atmosphère de guinguette pomponnée, une série de plats malins et fort bien faits. Jambon persillé, esturgeon mariné, terrine de canard au magret et foie gras, lapin en gelée, filet de volaille émincé au jerez et pièce de charolais qu'on arrose d'un irancy rieur passent tout seul.

Triel-sur-Seine

78150 Yvelines. Paris 39 – Rambouillet 55 – Saint-Germain-en-Laye 12.

Restaurant

Le Saint-Martin

2, rue Galande
Tél. : 01 39 70 32 00. Fax : 01 39 74 30 34.
Fermé dim. soir, lundi soir, merc., 1er-26 août.
Menus : 55 F (enf.), 109-165 F

Le village est connu pour sa belle église qui semble enjamber la Seine. Mais cette auberge joue également les vedettes tranquilles, avec sa cuisine juste de ton, simple d'allure, fort honnêtement tarifée au gré de menus malins. Gnocchis à la parisienne, fricassée de champignons sauvages, lapin en cocotte au romarin, tarte amandine et poire au vin blanc sont joliment faits.

Versailles

78000 Yvelines. Paris 21 – Beauvais 95 – Dreux 60 – Melun 64.

Office du Tourisme : 2 bis av. de Paris
Tél. : 01 39 24 88 88. Fax : 01 39 50 68 07
Ilot des manèges, 6, av. du Gal de Gaulle
Tél. : 01 39 53 31 63.

Hôtels-restaurants

Trianon Palace

1, bd de la Reine
Tél. : 01 30 84 38 00. Fax : 01 39 49 00 77
163 ch. 2200-2900 F
Café Trianon (01 30 84 38 80), menus : 155-380 F

Ce grand palace «comme à la campagne» donne sur le parc du château, avec des chambres à l'ancienne et une splendide piscine new-look façon «années 40». La salle où fut signé le traité de Versailles est toujours là. (voir restaurant Les Trois Marches)

Sofitel Château de Versailles

2 bis, av. de Paris
Tél. : 01 39 07 46 46. Fax : 01 39 02 37 85
Fermé (res.) 29 juil.-20 août, 23-30 déc.
146 ch. 1400-1600 F
Menus : 175, 290 F

Ce bel établissement se distingue des hôtels de la chaîne par son aspect de maison versaillaise en pierre de taille. Il se trouve, en effet, en lieu et place des anciens manèges du château. On peut admirer le portail d'époque.

Les Trois Marches

Au Trianon Palace
1, bd de la Reine
Tél. : 01 39 50 13 21. Fax : 01 30 21 01 25
Fermé 1er août-1er sept
Menus : 320 F (déj.), 750-850 F

La grande table de Versailles, sise à quelques pas du château, nichée dans le palace de charme de la ville : c'est le repaire de Gérard Vié. Grand service, beau décor, splendides tables, magnifique cave et cuisine grande-bourgeoise aux saveurs mesurées : voilà ce que propose ce natif de Couïza dans l'Aude, jadis formé chez André Guillot au Vieux Marly, et qui n'a pas son pareil pour retrouver le plat ancien et le met canaille pour le remodeler au gré de l'air du temps. Les filets de hareng à la compote de fruits marinés au curry ou les filets de lisette caramélisés au sel de Guérande sont quelques exemples de sa manière. Mais le simple et somptueux saumon fumé au bois fruitier, la côte de veau épaisse cuite en cocotte avec son vrai jus, le ris de veau rôti en marinière ou le pigeon fermier à l'étouffée sont des plats de grande classe. Jolis desserts (crème glacée à la pistache et chantilly au chocolat, ananas rôti au daïquiri frappé), très belle cave et repas dans la cour royale, sous la tente, aux beaux jours.

Le Potager du Roy

1, rue du Mal-Joffre
Tél. : 01 39 50 35 34. Fax : 01 30 21 69 30.
Fermé sam. midi, dim. soir, lundi.
Menus : 130, 175-280 F

Ce qui était jadis une simple «annexe» de Gérard Vié est devenu un excellent restaurant versaillais à part entière. Philippe Letourneur, qui a pris le parti de mettre en valeur les légumes frais, proximité du potager royal oblige, soigne avec aise ses provenances journalières. On se régale ici de polenta et bisque de langoustines, aile de raie à la poêle pommes de terre écrasée, poêlée d'artichauts et tendrons de veau braisés, mais aussi de frais sorbets aux fruits du temps.

Valmont

20, rue au Pain
Tél. : 01 39 51 39 00. Fax : 01 30 83 90 99.
Fermé dim. soir, lundi.
Menus : 118 (déj.), 160 F. Carte : 200-250 F

Ce rustique décor aux couleurs chaudes abrite l'un des bons cuisiniers sérieux de la ville. René Grassin pratique, avec le souci de ne pas ruiner le chaland, une cuisine à la traditionnelle, mais sans ornière, simple, non sans raffinement. Gâteau de tourteau aux courgettes, salade de langoustines et cuisses de pigeons confites à l'huile d'ananas, noix de ris veau braisée aux morilles, filet de turbot clouté d'anchois à la vapeur de safran, nougatine glacée au caramel font partie de ses bons tours.

La Marée de Versailles

22, rue au Pain
Tél. : 01 30 21 73 73. Fax : 01 39 50 55 87.
Fermé dim., lundi, vac. fév., 3-18 août, 22-25 déc.
Menu : 290 F. Carte : 250-320 F

Cette demeure décorée en hommage à la mer change de chef mais continue d'être « la » table poissonnière de la ville. La hure de lotte safranée, le carpaccio de saint-jacques, l'aile de raie sauce gribiche ou le pavé de cabillaud à la vapeur sont quelques-uns des ses mets vedettes. La tarte fine au chocolat se mange toute seule.

L'Annexe

20, rue au Pain
Tél. : 01 39 50 33 00. Fax : 01 39 50 55 87.
Fermé dim., lundi midi.
Menus : 118 (déj. sem.)-148F

Les deux menus épatants, l'ambiance de bistrot raffiné où l'on a vite ses aises et le doigté de Thierry Cuitot sont les raisons du succès de la demeure. La carte marine est jouée avec malice à travers belles huîtres, galette de sardines à la piperade, cannelloni de saumon fumé, cabillaud frais poêlé à l'andouille de Guéméné, merlan sauce tartare. Macaron noisette-pistache et blanc-manger à la vanille sont délectables.

La Brasserie du Théâtre

15, rue des Réservoirs
Tél. : 01 39 50 03 21. Fax : 01 39 50 74 32
Carte : 200 F

Ce Lipp versaillais est capable du meilleur comme du pire. Pour le premier, un cadre années 30 conservé dans son jus, avec banquettes de moleskine et garçons au diapason. Pour le second, une cuisine qui a ses hauts et ses bas et une propreté parfois douteuse. Les bons soirs, de belles huîtres, un tartare frites ou une escalope de veau viennoise, avant des profiteroles, suffisent à vous rendre heureux.

La Cuisine Bourgeoise

10, bd du Roi
Tél. : 01 39 53 11 39. Fax : 01 39 53 25 26.
Fermé sam. midi, dim., lundi, 5-28 août.
Menus : 120 F (déj. sem.), 175 F (déj.), 250-310 F. Carte : 300-400 F

Le bistrot à l'ancienne de Dominique Dubray joue de tous les registres de la cuisine moderne, sur un mode sophistiqué qui n'est pas sans séduction. Jolie crème de grenouilles, salade de homard au caviar d'aubergines, lotte rôtie au lard fumé, sole farcie à la duxelle de champignons, agneau au romarin et petits légumes au curry sont des mets de bon niveau. Amusante tarte Tatin aux bananes flanquée de glace à la vanille bourbon.

Quai N°1

1, av. de Saint-Cloud
Tél. : 01 39 50 42 26. Fax : 01 39 51 67 88.
Fermé dim. soir, lundi.
Menus : 98 F (déj.), 140 F. Carte : 200-250 F

Ce cabanon chic, sis dans une contre-allée menant au château, joue le « bcbgisme » sage. L'accueil est sympathique, le service prompt et, côté cuisine, les bonnes surprises sont au rendez-vous. Il faut dire que Gérard Vié des Trois Marches est l'inspirateur de la maison qui se voue d'abord au poisson mais pas seulement. Mille-feuille de crabe au céleri, raie au beurre d'orange, cœur d'aloyau poêlé, tulipe de mousse au chocolat caramel laitier sont sans esbroufe.

Produits

BOULANGER

Boulangerie Lachaussée

22, rue Hoche
Tél. : 01 39 51 18 42.

Cuits au four à bois, le pain de seigle et noix ou seigle et raisins comme la baguette à l'ancienne se croquent comme du gâteau. Le goût de la vraie farine de meule, le parfum de fumée, le nez du pain d'autrefois se découvrent comme un trésor.

CAVISTE

Aux Caves Royales

6, rue Royale
Tél. : 01 39 50 14 10

Les choix d'Hervé Guillot emballent dans cette belle cave soignée où l'on est reçu en complice. Un petit cru du Languedoc qui fait merveille ou un grand bordeaux d'un millésime rare voisinent ici dans la bonne humeur.

 *indique une des meilleures tables de France.*

CHARCUTIER

Charcuterie des 2 portes

17, rue des 2 Portes
Tél. : 01 39 50 30 25

Claude Séphaire, qui a repris les rênes de la maison fondée par son beau-père, Francis Cosson, est l'as du boudin, de l'andouillette, du pied de porc et de la terrine de campagne à l'ancienne.

CHOCOLATIER

Aux Colonnes

14, rue Hoche
Tél. : 01 39 50 30 74

Pierre Mérienne mitonne des merveilles chocolatées dans son labo propret. Les ganaches amères juste ce qu'il faut, les truffes fourrées au rhum, les «Favorites du Roy», les tablettes cassées au marteau nature ou avec pistaches et amandes sont à fondre.

FROMAGER

Fromagerie Le Gall

15, rue Ducis (pl. du Marché)
Tél. : 01 39 50 01 28

Cette belle échoppe propose des fromages affinés avec un soin parfait : fribourg fruité, pont-l'évêque fermier, camembert à cœur, reblochon crémeux, vertueux gorgonzola voisinent avec un beurre marin à l'ancienne. Accueil tout sourire et prix d'une évangélique douceur.

PRIMEURS

Le Potager du Roy

Ancienne école d'horticulture
4, rue Hardy
Tél. : 01 39 24 62 00

Les manants d'aujourd'hui peuvent se fournir au potager royal en beaux légumes et fruits cultivés façon «bio».

PÂTISSIER

Franck Daubos

35, rue Royale
Tél. : 01 39 50 54 97

L'ex-chef pâtissier de Gérard Vié aux Trois Marches est aussi à l'aise dans le saint-honoré et le mille-feuille que dans le macaron fourré aux fruits et la mousse aux poires caramel. Bien jolis ganaches au chocolat amer.

Rendez-Vous

SALON DE THÉ

Gaulupeau

44, rue de la Paroisse
Tél. : 01 39 50 01 63.

La splendide façade 1880 a le chic rétro. Mais tout ce que propose la demeure en guise de pâtisserie (tarte feuilletée aux fruit, jolis entremets) est la délicatesse même. Les belles Versaillaises gourmandes adorent le chocolat chaud Adélaïde, parfumé au café.

Paradou: voir Maussane-Les-Alpilles

Palagaccio: voir Corse (Bastia)

Pau

64000 Pyrénées-Atlantiques. Paris 779 – Bayonne 113 – Bordeaux 200 – Toulouse 198.

Office du Tourisme: pl. Royale
Tél.: 05 59 27 27 08. Fax: 05 59 27 03 21

Le château du bon roi Henri, le site montagneux depuis le boulevard des Pyrénées si bien nommé, le musée des Beaux-Arts sont quelques-uns des atouts de cette cité paisible, qui lorgne, plein sud, vers l'Espagne proche.

Hôtels-restaurants

Clarine

80, rue E.-Garet
Tél.: 05 59 82 58 00. Fax: 05 59 27 30 20
41 ch. 360-395 F

Cette bonne halte de centre-ville avec ses chambres pas très vastes, mais proprettes joue le bon rapport qualité-prix sans histoire.

Hôtel de Gramont

3, pl. Gramont
Tél.: 05 59 27 84 04. Fax: 05 59 27 62 23
37 ch. 280-495 F

Non loin du musée des Beaux-Arts, du parc Beaumont et du Palais des Pyrénées, cet hôtel très central a fait quelques efforts décoratifs bienvenus. Amusantes chambres mansardées, d'autres plus classiques.

Hôtel de Roncevaux

25, rue L.-Barthou
Tél.: 05 59 27 08 44. Fax: 05 59 27 08 01
39 ch. 325-450 F

Au pied du château, cette belle demeure XIXe abrite des chambres boisées, de style varié et de taille inégale. Accueil charmant.

Chez Pierre

16, rue Barthou
Tél.: 05 59 27 76 86. Fax: 05 59 27 08 14
Fermé sam., dim. sf fériés, 2-9 janv.
Menu: 200 F. Carte: 300-500 F

Les modes passent, Raymond Casau demeure. Ce chef solide, qui connaît sa partition, copine avec les grands du Sud-Ouest, sait demeurer chez lui pour peaufiner sa manière. Le décor de club anglais a le bon chic cossu province. Le service est alerte, la cave profuse, les produits de qualité. On goûte ici, selon l'esprit du temps, le terroir allégé, modernisé, sans perte d'âme. Le foie gras poêlé aux poivrons ou en terrine, les langoustines au curry de Madras, la morue à la biscayenne, en hommage au voisin Pays basque, la sole au jurançon et aux morilles, la poule au pot, le cassoulet et le gâteau au chocolat sont des bonnes choses dont on ne se lasse guère. Il peut y avoir une surcuisson ici, un poil de fadeur là. Mais l'ensemble se tient et la maison possède une chose rare par les temps qui courent: une âme.

Le Majestic

9, pl. Royale
Tél.: 05 59 27 56 83
Fermé dim. soir, lundi midi
Menus: 108 F (sem.), 138-190 F
Carte: 250-300 F

Solide, régionale, bien assise sur ses bases, la maison de Jean-Marie Larrere a le ton juste. On vient ici pour le brin de causette sur l'air du temps, la salade croustillante au pied de cochon, l'étouffé de queue de bœuf désossée au foie gras de canard poêlé, la tarte tiède aux pommes glace vanille, le choix de jurançon et les menus variés, pondus au juste prix, les tables bien dressées.

La Table d'Hôte

1, rue Hédas
Tél.: 05 59 27 56 06. Fax: 05 59 27 56 06
Fermé dim., lundi, vac. Toussaint, Pâques
Menus: 45 F (enf.), 118 F, 149 F. Carte: 200 F

Dans une rue tortueuse, sise au pied du château, la maison de Pierre Brunetea. Le style maison est solide, la cadre rustique chaleureux, l'accueil adorable et les prix angéliques. De quoi trouver là «la» bonne affaire de la ville. A coup de fricassée de langoustines aux lardons de foie gras, poêlée de ris d'agneau au piment d'Espelette, croquant pommes chaudes sauce caramel, on fait là des repas alertes et sans manière.

A 64110 Jurançon: 2 km S.-O.

Chez Ruffet

3, av. Charles-Touzet
Tél.: 05 59 06 25 13. Fax: 05 59 06 52 18
Fermé dim. soir, lundi
Menus: 80 F (enf.), 100 F (vin c., déj.), 160-185 F. Carte: 300-400 F

Cossue, charmante, champêtre, cette belle adresse des abords de Pau, sise dans une demeure XVIIIe, a conservé son aspect bucolique, avec pierres et poutres, tout en se dotant d'un confort bien de notre temps. Le service est alerte. Le sage Stéphane Carrade qui a racheté la demeure il y a deux saisons lui a redonné une seconde jeunesse. On se régale chez lui de fines lamelles de magret cru ébouillantées d'une fricassée de champignons des bois, foie gras salé aux grasserons de canard, grosses langoustines au jambon Ibaiona ou daube de joue de bœuf avec macaroni à la tomate. Ajoutez-y un festival sur le thème des asperges en saison, ainsi que de beaux produits d'occasion (piballes ou saumon de l'Adour) traités au miel de leur forme, ainsi que des desserts de choix (pain d'épice perdu rôti au lait, glace caramel aux pruneaux) et vous comprendrez que quelque chose bouge dans cette ancienne ferme muée en petit temple gourmand.

Produits

CAVISTE

Cave du Petit-Prince

68, rue du 14-Juillet
Tél.: 05 59 06 07 13

Les jolis vins du Sud-Ouest au sens large, d'Irouléguy à Jurançon, de Bordeaux à Montbazillac, ont droit de cité chez Loulou Médan qui parle de ses chers flacons comme de ses enfants.

CHARCUTIER

Camdeborde

2, rue Gachet
Tél.: 05 59 27 41 02

Tandis que le frère fait florès à Paris (la Régalade), on continue ici de préparer des saucisses sèches, de la ventrèche (le nom local du lard), le merveilleux jambon dont toute la région se régale.

FROMAGER

Gabriel Bachelet

24, rue du Mal-Joffre
Tél.: 05 59 27 79 60

Ce fromager de première qualité affine les meilleurs brebis des Pyrénées, des chèvres à fondre et des tommes de vache de toute beauté.

PÂTISSIER

Patisserie des Pyrénées

Palais des Pyrénées
Tél.: 05 59 27 50 19

Dacquois, russe comme à Oloron (un gâteau genre pâte à succès avec crème au beurre pistaché qui, grâce à Alain Dutournier et Christian Parra, a fait le tour des popotes), mille-feuille, babas sont de toute beauté dans cette bonne échoppe.

Pauillac

33250 Gironde. Paris 560 – Bordeaux 53 – Blaye 16 – Lesparre-Médoc 23.

Un bourg du Médoc, son port, ses châteaux fameux, son appellation prestigieuse, ses vagues de vignes et ses promenades sans heurt.

Hôtel-restaurant

Château Cordeillan-Bages 

Rte des Châteaux
Tél.: 05 56 59 24 24. Fax. 05 56 59 01 89
Fermé 15 déc.-31 janv. (rest.) sam. midi, lundi
25 ch. 950-1 350 F. 1/2 pens. 820-1 145 F
Menus: 165 F (déj., sem.), 195-390 F
Carte: 400-600 F

Jean-Michel Cazes, propriétaire de Lynch-Bages, a revitalisé Cordeillan, propriété jadis en sommeil dont il a fait à la fois une école de dégustation, un domaine médocain de bon ton et un Relais & Châteaux unique sur la presqu'île du vin. C'était jadis le château Bellevue-Cordeillan-Bages, qui produisait, au début du siècle, soixante tonneaux de vin. On a remis les vignes en état, construit des chambres autour de la double tour centrale, imaginé une école. Aidé de l'ex-sommelier Pierre Paillardon qui a pris en main la partie technique et d'Alain Rabier, qui fut le directeur du château d'Artigny en Touraine, il a donné une âme neuve à ce domaine. Des chambres de grand confort en rez-de-jardin, des toits de tuiles rondes, à proximité les grands châteaux où l'on vous guide en ami le temps d'un week-end de félicité vineuse: voilà ce qu'on trouve ici en sus d'une table de bon aloi. Le chef Thierry Marx joue le classicisme revisité au fil du marché. Cela se nomme foie de canard chaud poêlé sur des pêches de vignes confites au porto, flan d'huîtres de Marennes avec jus battu au cresson, rouget barbet mariné aux aromates, avec jus aux olives, agneau de Pauillac sur lit de tomates séchées et pointes d'artichauts au romarin, crème de fromage à la rhubarbe, banane caramélisée et gaufre au vieux rhum: presque de l'insolite, avec çà et là de l'exotisme, qui se marie si bien avec un jeune pauillac ou un moulis alerte. Pour la promenade digestive, les vignes sont à vos pieds.

Peillon

06440 Alpes-Maritimes. Paris 952 – Monaco 28 – Contes 13 – Menton 37 – Nice 21.

Cet adorable village perché de l'arrière-pays niçois vaut le voyage pour son site, ses demeures anciennes, son église et ses fresques dans la chapelle des Pénitents-Blancs.

Hôtel-restaurant

Auberge de la Madone

Tél.: 04 93 79 91 17. Fax: 04 93 79 99 36
Fermé mercr., 7-31 janv., 20 oct.-20 déc.
20 ch. 580-1 030 F. 1/2 pens. 720-870 F
Menus: 160 F, 230 F (vin c., déj.)-320 F
Carte: 250-350 F

Cette auberge rustique fait une étape idéale pour séjourner au calme. Christian Millo, qui a toujours subi les jeux de lots gourmands avec humour, mitonne une cuisine provençale et allègre. Cabillaud en brandade et lapin au pèbre d'ail font simplement plaisir. Chambres rustiques, plus simples, mais chaleureuses et soignées, dans l'annexe du Lou Pourtail.

Pennedepie: voir Honfleur

Peri: voir Corse

Pérignat-lès-Sarliève: voir Clermont-Ferrand

Le Perreux-sur-Marne: voir Environs de Paris

Périgueux

24000 Dordogne. Paris 486 – Agen 139 – Bordeaux 123 – Limoges 94 – Poitiers 197.

Office du Tourisme: rd-pt de la Tour-Mataguerre. Tél.: 05 53 53 10 63. Fax: 05 53 09 02 50

La ville qui accueille tous les deux ans un Festival du livre gourmand a du mal à assurer, même avec modestie, son rôle de capitale du Périgord. Débonnaire, elle l'est sûrement, avec chaleur et une certaine discrétion. Ne manquez pas les bords de l'Isle, la cathédrale et le vieux quartier du Puy-Saint-Front.

Hôtels-restaurants

Bristol

37, av. A.-Gadaud
Tél.: 05 53 08 75 90. Fax: 05 53 07 00 49
Fermé Noël-Nvel An
29 ch. 295-395 F

Le meilleur hôtel du centre (le seul?), c'est cette demeure à la fois confortable et chaleureuse, où l'accueil a le sourire et les chambres sont nettes, proprettes, sans histoire.

Le Rocher de l'Arsault

15, rue de l'Arsault
Tél.: 05 53 53 54 06. Fax: 05 53 08 32 32
Fermé dim. sf fériés, 17 juil.-6 août
Menus: 65 F (enf.), 155 F (déj. sem.)-450 F

En ligne de mire sur les rives de l'Isle, ce restaurant adossé au rocher de l'Arsault est le domaine de Marie Leymarie qui mitonne, en mère périgourdine aguerrie, le foie gras, la truffe, le canard. Sa Tatin de foie gras au Lillet, son magret sauce Périgueux, sa tourte chaude aux pommes sont des plats mitonnés avec cœur.

Le Roi Bleu

2, rue Montaigne
Tél.: 05 53 09 43 77. Fax: 05 53 09 43 77
Fermé sam. midi, dim., 1er-7 janv.
Menus: 110 F (déj.), 165-250 F (vin c.). Carte: 250 F

Le décor a du charme, Pierre Marty de la personnalité. Ce Périgourdin revenu au pays, après un long détour vers Paris, travaille les produits de son cœur: le terroir mais pas seulement. Attendez-le au tournant pour un foie gras mi-cuit au vin de pêche, un osso buco de lotte, une soupière de homard lutée, un turbot au velouté de truffes, une poire rôtie au miel et aux épices. Tout ce qu'il mitonne est digne d'intérêt.

Le 8

8, rue Clarté
Tél.: 05 53 35 15 15. Fax: 05 53 35 15 15
Fermé dim., lundi, 1er-15 juil., 24 déc.-1er janv.
Menus: 165-400 F. Carte: 250-300 F

Francis Delpey est un «caractère». Dans sa demeure rustique avec sa salle petite, ses quelques tables, il évoque les produits de la région, joue avec les recettes d'avant. On le voudrait complexe, riche, seigneurial. Il est surtout le héraut alerte du terroir d'ici. Pâté en croûte, assiette aux deux foies gras, brandade de perche, brouillade aux truffes, croustillant d'agneau sont des plats de caractère. On fait confiance au chef. On est tranquillement heureux, sans regarder la note, qui peut monter selon les produits de saison (jolie balade sur le thème de la truffe).

A 24650 Chancelade: 5,5 km N.-O. par D 710 et D 1

Château des Reynats et l'Oison

Tél.: 05 53 03 53 59. Fax: 05 53 03 44 84
Fermé janv.-févr., (rest.) sam. midi., lundi midi, dim. soir, lundi (hs)
32 ch. 500-690 F. 5 appart. 1/2 pens. 480-755 F
Menu: 140 F (déj.), 190-350 F. Carte: 400 F

Le parc avec ses beaux arbres, le château du XIXe avec ses chambres spacieuses font sans mal le coup du charme. La cerise sur le gâteau? Le restaurant de Régis Chiorozas que nous connûmes jadis en ville et qui semble s'épanouir aux champs. Ses millefeuille de foie gras chaud, capuccino de cèpes, omelette aux truffes et aux asperges, mixed grill de poissons, canard de Challans aux épices sont d'une netteté de ton sans faille. Belle cave où le meilleur des montbazillac et bergerac est joliment mis en valeur.

Pernes-les-Fontaines

84210 Vaucluse. Paris 688 – Avignon 23 – Carpentras 6 – Cavaillon 20.

Un joli bourg au pied du Ventoux, son centre ancien, ses fontaines.

Hôtels-restaurants

Mas la Bonoty

4 km N.-E. par D1
Tél. : 04 90 61 61 09. Fax : 04 90 61 35 14
Fermé 14 janv.-12 févr., 12 nov.-8 déc., (rest.) dim. soir, lundi (hs), mardi midi
8 ch. 300-350 F. 1/2 pens : 360 F
Menus : 120 F (déj.), 170-230 F

Cette ferme du XVIIe siècle reconvertie en demeure d'hôtes (huit chambres en tout) propose le confort en simplicité, l'étape au calme, avec piscine et jardin et la cuisine avec l'accent du pays.

Au Fil du Temps

Pl. Giraud
Tél. : 04 90 66 48 61. Fax : 04 90 66 48 61
Fermé mardi soir, mercr., vac. févr., Toussaint
Menus : 105 F (déj.), 195-295 F. Carte : 300-350 F

Frédéric Robert, formé chez Pic à Valence et au Martinez à Cannes, étoilé fraîchement, suit une ligne passe-partout pas maladroite dans une jolie maison de village. La salle à manger toute en longueur avec ses murs chaulés de frais, ses chaises provençales, est confortable. Quant aux saumon mariné à la badiane, canard au miel de Provence, avec galette de pommes darphin et caviar d'aubergines et parfait aux fraises, ils sont sans défaut, quoique sans éclat.

Produits

CONFISEUR

Sylvain nougatier-paysan

Rte de Pernes à Saint-Didier
Tél. : 04 90 66 09 57. Fax : 04 90 66 12 91

Producteurs d'amandes et de miel, fabricants de nougat noir (une merveille !) et blanc, conteurs de leur région, les frères Sylvain sont les sentinelles sucrées du Ventoux.

Pérouges

01800 Ain. Paris 462 – Lyon 36 – Bourg-en-Bresse 39 – Villefranche-sur-Saône 58.

Ce chef-d'œuvre de village médiéval, en sentinelle du pays dombiste, a servi de décor à de nombreux films historiques comme les Trois Mousquetaires, première manière.

Hôtel-restaurant

Ostellerie du Vieux Pérouges

Tél. : 04 74 61 00 88. Fax : 04 74 34 77 90
15 ch. 750-1 100 F
Menus : 100 F (enf.), 200-500 F. Carte : 350 F

Cette belle demeure historique, au centre d'un bourg restauré (on y a tourné maints films de cape et d'épée dont *Les Trois Mousquetaires*) est une des perles architecturales du village. La salle façon taverne, les chambres (y compris celles, panoramiques, du pavillon-annexe) avec leurs vieux meubles, astiqués et entretenus avec un soin de conservateur maniaque par la famille Thibaut, les serveuses en costume régional : tout cela possède, au plus haut point, le charme du temps passé. En prime, on a su conserver les saines traditions gourmandes d'antan qui, outre mousseline de brochet sauce bisque, grenouilles sautées et volaille bressane, se nomment divine galette pérougienne, à la pâte fine comme un aérien feuilletage. Voilà un lieu parfait pour une dînette d'amoureux ou encore un séjour destiné à méditer sur l'éternité durable.

Perpignan

66000 Pyrénées-Orientales. Paris 855 – Béziers 93 – Montpellier 157 – Toulouse 204.

Office du Tourisme : palais des Congrès, pl. A.-Lanoux. Tél. : 04 68 66 30 30. Fax : 04 68 66 30 26

Place de la Loge, sous le soleil, à la terrasse du grand Café de la Bourse, le Sud est là, plein cadre. On parle catalan dans les vieux quartiers et les artisans ont le sourire « avé l'assent ». Leurs produits ont la couleur, la saveur, les riches parfums du Roussillon et de la Méditerranée proche. Les traditions perdurent, se trouvent revivifiées, mises en exergue au fil des tables et des étals. Partout vous verrez glorifiés l'anchois de Collioure, le touron (la pâte aux amandes grillées), la cargolade (le pique-nique catalan avec escargots, viandes et légumes sur le gril), le boudin, les pains d'anis.

Hôtels

Villa Duflot

109, av. V. Dalbiez
A 3 km, sortie dir. Le Boulou, Barcelone
Tél. : 04 68 56 67 67. Fax : 04 68 56 54 05
25 ch. 640-840 F. 1/2 pens. 560-660 F

Une splendide villa moderne dans son parc, une décoration contemporaine inspirée des années trente, de superbes salles de bains, le tout au grand calme et au vert, à deux pas d'une zone industrielle. Le luxe sage, sérieux, raisonné. Beau bar et jardin de repos sous les arbres. Voir aussi restaurants.

Mas des Arcades

840, av. d'Espagne, 2 km sur N9
Tél. : 04 68 85 11 11. Fax : 04 68 85 21 41
140 ch. 396-516 F. 1/2 pens. 296-356 F
Menus : 68 F (enf.), 98 F (déj. sem.), 160-180 F

Cette bonne halte du sud de la ville offre de bons équipements de détente : piscine, tennis, jardin. Restaurant Jacques Ier, bar.

Mercure Centre

5 bis, cours Palmarole
Tél. : 04 68 35 67 66. Fax : 04 68 35 58 13
55 ch. 430-490 F. 5 duplex

Confortable, central, ce bon hôtel de chaîne offre des chambres fonctionnelles et d'impeccables salles de réunion.

Park Hôtel

18 bd J.-Bourrat
Tél. : 04 68 35 14 14. Fax : 04 68 35 48 48
67 ch. 250-480 F

Le meilleur accueil de la ville (et l'un des meilleurs de France, tous registres confondus) : voilà ce qu'offre une famille pleine d'enthousiasme représentée par trois générations. La maison est d'allure moderne avec des chambres de taille inégale, certaines en Haute Epoque espagnole années soixante. Obsolète, certes, mais tenu à la perfection, avec le sourire à tous les étages. A deux pas du centre. (Voir restaurant le Chapon Fin.)

Windsor

8, bd Wilson
Tél. : 04 68 51 18 65. Fax : 04 68 51 01 00
Fermé (rest.) sam. midi, dim.
45 ch. 350-650 F. 1/2 pens. 310-360 F
Menus : 65 F (enf.) 85 F (déj., vin c.)-125 F (vin c.)

Très bon rapport qualité-prix pour ce charmant hôtel situé en plein centre-ville. Table de bon ton et de prix sages.

Restaurants

Côté Théâtre

7, rue du Théâtre
Tél. : 04 68 34 60 00. Fax : 04 68 34 60 00
Fermé dim., lundi, 31 déc.-8 janv.
fin juil.-début août
Menus : 148 F (déj.) 280 F (vin c.) -340 F
Carte : 300 F

Marseillais, ancien de chez Toulousy à Toulouse et de Troisgros à Roanne, Michel Portos a fait des produits régionaux catalans ses gourmands emblèmes qu'il traite avec une netteté qui émeut. Dans une belle salle lumineuse au cachet ancien, égayé de jolies tentures locales, on goûte sa salade d'encornets au jambon en copeaux, son joli parmentier aux huîtres, son cabillaud en brandade truffé de sa fraîche galinette aux anchois, ses langoustines en court-bouillon pimenté, son lieu jaune au chorizo, son foie de veau épais comme l'avant-bras au beurre persillé : autant de mets qui sonnent juste, possèdent du cœur et de l'accent. La cave, très catalane, est à la hauteur.

Villa Duflot

109, av. Victor-Dalbiez
Tél. : 04 68 56 67 67. Fax : 04 68 56 54 05
Carte : 200-300 F

Dans sa belle villa, sise près d'une zone industrielle, mais enclose dans la verdure, André Duflot, qui eut jadis son heure de gloire mondaine en ville, à la brasserie Vauban, laisse place à sa manie du bon produit : rouget en écaille de pomme de terre aussi bon que chez Bocuse (fine pomme craquante sur poisson juteux, quasi gigotant et sans sauce), léger pied de cochon en pâte à brick aux morilles, agneau de lait rôti à cœur avec son gratin d'aubergines, gratin de fraises glace au miel. Mine de rien, tout ici emporte l'adhésion, y compris les additions douces pour tant de qualité.

Chapon Fin

18 bd J.-Bourrat
Tél. : 04 68 35 14 14. Fax : 04 68 35 48 18
Fermé dim., 1er-15 janv.
Menus : 70 F (enf.), 130 F (déj.)-300 F. Carte : 125-340 F

Joël Robuchon et André Parcé veillèrent un temps sur les destinées gourmandes du Park Hôtel qui a choisi la voie d'une brasserie chic et de bon ton où ne manquent pas les clins d'œil au terroir catalan. Le cadre cossu, la clientèle huppée, les menus sages et la grande cave donnent l'exemple d'une maison heureuse sur laquelle veille, amical, le fiston Fernandez, la moustache gourmande.

Mas Vermeil

Traverse de Cabestany
Tél. : 04 68 66 95 96. Fax : 04 68 66 89 13
Menus : 100 F (enf.), 95 F (déj.), 220-300 F.
Carte : 330-450 F

A 5 km du centre, dans la campagne, cette ancienne exploitation agricole transformée en restaurant de luxe propose une cuisine bien mise à coup de produits de qualité. Terrine de foie gras, loup en croûte de sel, petits légumes, filet de bœuf au banyuls, rosace de pommes de terre, fondant mi-cuit au chocolat sont de bonnes surprises.

indique un établissement au bon rapport qualité-prix.

Les Antiquaires

Pl. Desprès
Tél. : 04 68 34 06 58. Fax : 04 68 35 04 47
Fermé dim. soir, lundi, 3-24 juil.
Menus : 130-220 F. Carte : 220-300 F

Cette table discrète ancrée dans la vieille ville depuis des années vaut par la qualité des produits choisis et la sagesse des préparations qui laissent tout leur goût à ceux-ci. En vedette, pigeon rôti à l'ail farci, turbot aux morilles, panaché de poissons au safran, gâteau au miel et aux deux chocolats donnent le ton.

Clos des Lys

Chemin de la Fauceille : N114 dir. Argelès.
Tél. : 04 68 54 97 60. Fax : 04 68 54 60 60
Fermé dim. soir, lundi
Menus : 60 F (enf.), 79 F, 99 F (déj.)-340 F (vin c.). Carte : 300 F

Jean-Claude Vila, truculent personnage, et son gendre Franck ont de fait de cette demeure à l'écart une des tables-institutions de la ville. Les petites formules du midi, les idées catalanes remises en vogue, les belles grillades à la cheminée et les superbes vins locaux choisis avec du nez font une adresse de caractère.

Casa Sansa

4, rue Fabrique-Couverte
Tél. : 04 68 34 21 84. Fax : 04 68 35 19 65
Fermé dim., lundi midi
Menus : 49 F (déj.)-140 F. Carte : 200 F

Il y a Lipp à Paris, les Vapeurs à Trouville, le Grand Café de l'Opéra à Toulouse et la Casa Sansa à Perpignan. Jean-Marie Pujade bondit de la cuisine en apache de choc, serviette nouée sur le front. Il impose ses calmars à l'aïoli, ses anchois aux poivrons (les meilleurs de la ville), sa parillade de lotte et de morue, sa merveilleuse joue de porc aux poires, sa crème catalane impériale et ses jolis vins du cru (rosé des Clos de Paulilles, blancs du domaine de Graves, rouge de Sarda Malet). Le public chic suit le mouvement, se soumet, sourit. Les tables serrées, dans un cadre de bric-à-brac montmartrois, discutaillent sous les toiles de maîtres inconnus, les affiches anciennes, les maquettes de bateaux. Les verres se bousculent au bar. On se bisoute et on laisse moins de 200 F dans la soucoupe pour un moment de bonheur.

Le Sud

Angle rues Louis-Bausil/François Rabelais
Tél. : 04 68 34 55 71. Fax : 04 68 34 55 71
Fermé nov.-avril
Carte : 120-220 F

Une taverne crétoise, un patron rouquin et barbu né à Sétif, un patio comme à Sidi Bou Saïd et des plats exotiques que l'on sert autour de la cheminée sur des tables sans nappes : gaspacho andalou, calmars à la plancha, beef queso au chèvre, irish coffee. Rigolo et sympa comme tout.

A 66370 Pézilla-la-Rivière : 7 km O.

L'Aramon

127, av. du Canigou
Tél. : 04 68 92 43 59. Fax : 04 68 92 39 88
Fermé mercr., 10 jrs janv., 10 jrs sept.
Menus : 65 F (enf.), 128 - 195 F. Carte : 250 F

On l'a connu aux Loges de Megève, dans les bistrots de Lacombe à Lyon, et voilà qu'on retrouve au pays le modeste mais sûr François Galabert. Installé dans la modestie, travaillant des produits frais avec application, il offre du bonheur à petits prix. Tarte au boudin noir et au chèvre, daurade à la coriandre, saint-jacques avec son embeurrée de choux, carré d'agneau rôti au thym et tarte chaude crémeuse de chocolat noir avec crème au café sont de jolies choses. Accueil gracieux de Rachelle Galabert.

Produits

BOUCHER

Maison Parent

Marché République
Tél. : 04 68 35 58 90

Formidable artisan qu'Elie Parent. Boucher depuis trois générations, il raconte, avec sa voix du stentor qui fait vibrer son étal des Halles, le veau du Lauragais, le chevreau du pays, mais aussi l'agnelet gardé à cheval par un berger d'Argelès, le bœuf garonnais ou limousin. Il vante les escargots frais qui servent à la cargolade, comme la costelle, cette petite côte d'agneau qu'on fait griller à cœur pour les fêtes catalanes.

Olivé

16, pl. Puig
Tél. : 04 68 35 20 61

Dans sa boutique, au cœur du quartier gitan de la ville, Christophe Olivé vend l'agneau de lait de race Lacaune abattu à deux mois et demi, le veau de Lavaur, le bœuf de Parthenay, le boudin catalan et toute la charcuterie de la région. A prix très doux.

BOULANGER

Le Meunier Catalan

4, pl. Jean-Payra
Tél. : 04 68 34 50 00

La boutique est pittoresque, vouée aux traditions catalanes rigolotes et le pain – fabriqué dans un atelier artisanal du Parc Ducup – excellent : tordu de campagne, fougasse, bâtard, complet « bio », banette aux trois céréales (blé, orge, seigle).

CHARCUTIERS

François et Mado Vila

Marché République
Tél. : 04 68 35 58 93

L'artiste de la charcuterie catalane, c'est François Vila, qui fait goûter son boudin catalan et un jambon de montagne d'une franche saveur. Un maestro du genre.

Bernardette et Delphin Vidal

Marché République
Tél. : 04 68 34 26 64

Delphin Vidal prépare avec dextérité boudin catalan, sec fouet, soubressade à tartiner et longanisse, pimentée juste ce qu'il faut.

EPICIER

Aux Bonnes Olives

2 bis, rue Paratilla
Tél. : 04 68 34 62 08

Légumes et fruits secs, confiture de lait du Mexique, vins grecs, riz d'Inde, lentilles du Puy, haricots cocos, lingots de Vendée, olives escarbones, vertes au citron, picholines piquantes : voilà ce qu'on trouve chez Marie-Hélène et Marcel Cardonne, autant dire une poésie de tous les continents et de tous les instants.

PÂTISSIER

Begrem

13 av. du Gal-de-Gaulle
Tél. : 04 68 34 89 69

Pain de Modane, opéra, flan aux pommes, grec aux amandes et Grand Marnier : tout inspire confiance. Le « catalan », à base de meringue, crème caramel, biscuit rhum, nougatine, est d'une fraîcheur rare.

Rendez-vous

CAFÉS-BRASSERIES

La Cafetière

17, rue de l'Ange
Tél. : 04 68 51 82 65

C'est le Café du Commerce ! Le matin, tous les notables de la ville viennent refaire le monde et la région autour d'une tasse de café serré.

Grand Café de la Bourse

2-3, pl. de la Loge
Tél. : 04 68 34 25 05

« La » terrasse de la ville, face à la Loge, où la belle jeunesse de la ville prend le soleil. Service prompt et gentils plats de brasserie.

Bodega

13, rue Fabrique-Couverte
Tél. : 04 68 34 88 98

Bar à tapas, cave catalane, bar branché sur l'air de la région, ce petit restau à vins ne manque pas d'ambiance.

GLACIER

La Turonnerie/Espi

43, quai Vauban
Tél. : 04 68 35 19 91

Le rendez-vous de toutes les dames de la ville devant une coupe « jijona » au touron, vanille et chantilly, dans une vaste salle au cadre printanier.

La Petite-Pierre

67290 Bas-Rhin. Paris 433 – Haguenau 40 – Saverne 22 – Strasbourg 60

La forêt alentour est toujours l'une des plus belles de France et le village, sur un socle de grès, est devenu une station climatique réputée. Le château rénové abrite le siège du parc naturel des Vosges du Nord. Les randonnées pédestres sont reines du lieu.

Hôtels-restaurants

La Clairière

63, rte d'Ingwiller : à 1,5 km par D7
Tél. : 03 88 71 75 00. Fax : 03 88 71 75 00
50 ch. 400-650 F. 1/2 pens. : 430-553 F
Menus : 68 F (enf.), 142-335 F. Carte : 250-400 F

Proche du village, face au parc animalier, la maison genre préfabriqué années soixante-dix manque de charme à l'extérieur. Mais les chambres de grand confort et la décoration soignée en imposent. La cuisine est joliment créative sous la houlette d'un ancien du Cerf, Stéphane Schramm : salade de rougets avec légumes à la grecque, mille-feuille de saumon et pommes de terre avec crème au raifort, filet de canette au miel avec knepfle aux herbes. On ajoutera un superbe parfait glacé au melon et une jolie crème brûlée aux griottes, en se disant que, hormis quelques excès décoratifs, la table n'est guère loin du haut niveau.

Les Trois Roses

19, rue Principale
Tél. : 03 88 89 89 00. Fax : 03 88 70 41 28
Fermé (rest.) dim. soir, lundi soir
43 ch. 300-590 F. 1/2 pens. 350-470 F
Menus : 98-265 F. Carte : 250 F

Ce « Romantik Hotel » mérite son label, avec sa façade de grès, ses balcons de fer forgé, son salon à colombage pour le thé. On ne saurait oublier la piscine couverte, les chambres, certaines avec coins salons, et les salles à manger spacieuses et panoramiques. Philippe et Marie-Hélène Geyer accueillent avec gentillesse, donnant, à coup de sourires, une âme à la maison. La cuisine demeure sagement classique avec des terrine de sanglier, canard confit sur choucroute, entrecôte double béarnaise, lapereau dijonnaise et mousse glacée au kirsch sans épate.

Les Vosges

30, rue Principale
Tél.: 03 88 70 45 05. Fax: 03 88 70 41 13
Fermé fin juil.-mi-août, févr. Rest. mardi
30 ch. 295-490 F. 3 appart. 650-950 F
1/2 pens. 315-470 F
Menus: 100 F (sem.), 160-300 F. Carte: 250 F

Le décor boisé, les salons et les chambres sur un mode montagnard, certaines avec balcon: tout cela possède une chaleur inaccoutumée. Mais il y a aussi la cuisine offrant un bon rapport qualité-prix sans déroger de ses bases. Eric, formé chez Käfer Schanke, le Fauchon munichois, représente le troisième Wehrung aux fourneaux depuis 1924. Papa Jean veille derrière, mais tout ce que mitonne son fiston est plein de saveur, précis, de goût net. Dans un registre classique «ultra», on ne saurait médire des écrevisses à la nage, galantine de volaille au foie gras et de son plateau de crudités – un modèle du genre –, joli poulet au riesling, steak de veau aux champignons d'une tendreté parfaite, délicat petit vacherin glacé aux fruits, ananas frais au rhum blanc. La carte des vins, d'anthologie, dans tous les vignobles et à tous les prix, est un monument. L'accueil est adorable.

Auberge d'Imsthal

A l'étang d'Imsthal: 3,5 km S. par D178
Tél.: 03 88 01 49 00. Fax: 03 88 70 40 26
23 ch. 290-680 F. 1/2 pens.: 320-480 F
Jusqu'à 21 h
Menus: 85 F (sem.), 130 F, 160 F, 180 F, 235 F.
Carte: 150-250 F

Au pied du bourg, face à un étang, c'est l'Auberge d'Hans Michaely, maire du village. Son fils, François, dirige les cuisines et cet ex-stagiaire de Robuchon fait dans la modestie classique. On goûte, sur la terrasse ou dans la salle boisée, des mets de tradition: escargots, tête de veau vinaigrette, choucroute garnie ou poussin au four. Desserts moins emballants, service gentil tout plein, carte des vins recelant de belles surprises.

Le Lion d'Or

15, rue Principale
Tél.: 03 88 70 45 06. Fax: 03 88 70 45 56
Fermé janv., fin juin-début juil.
40 ch. 300-450 F. 1/2 pens. 370-400 F
Menus: 65 F (enf.), 120 F (sem.)-290 F
Carte: 200-350 F

La grande salle un peu usinaire sur la vallée nous plaît moins que la petite stube dite «S'Löwestuewel». Reste que les Velten accueillent avec chaleur. Les chambres sont confortables dans le genre rustique ou moderne des années quatre-vingt. La cuisine hésite entre repas de pension et idées du petit Philippe, passé au Gourmet de Munich et aux Croco strasbourgeois: sandre aux épices et chou rouge, variation de gibiers au céleri, strudel aux pommes. Piscine, sauna, jardin, tennis.

A 67320 Graufthal: 11 km S par D 178 et D 122

Le Cheval Blanc

Tél.: 03 88 70 17 11. Fax 03 88 70 12 37
Fermé lundi soir, mardi, 2-23 janv.
Menus: 60 (déj., sem.), 115-155 F
Carte: 150-200 F.

Face aux rochers troglodytes de ce beau village vosgien, cette maison anodine repris par les Stutzmann est devenue pimpante. Brigitte accueille avec le sourire tandis que Gilles mitonne avec soin la salade de saumon, l'aile de raie aux câpres, les knepfle farcis, la blanquette de volaille, la soupe de rhubarbe ou la crème brûlée qui sont de bien jolies choses. Le petit menu du jour fait figure de divine surprise.

Produits

ARTS DE LA TABLE

Bruno Bernhardt

46, rue Principale
Tél.: 03 88 01 53 82. Fax: 03 88 01 50 94

Cette boutique de cadeaux genre maison d'Hansel et Gretel propose poteries de Soufflenheim, carafes, éléments de déco de toutes sortes, à prix étudiés.

Le Petit-Pressigny

37350 Indre-et-Loire. Paris 288 – Poitiers 74 – Le Blanc 39 – Châtellerault 36 – Tours 62.

Ce petit village méconnu d'Indre-et-Loire, à l'écart de la route des châteaux royaux, vaut surtout le détour pour sa belle auberge.

Restaurant

La Promenade

Tél.: 02 47 94 93 52. Fax: 02 47 91 06 03
Fermé dim. soir, lundi, mardi midi, 2-24 janv., 25 sept.-11 oct.
Menus: 140 F (sem.)-400 F. Carte: 300-450 F

Jacky Dallais est depuis quelques années le savant Cosinus de la cuisine tourangelle. Ce maestro qui œuvre en solitaire a fait d'un café de bourg revu en élégante adresse contemporaine l'adresse phare de sa région. Son fiston Fabrice, revenu de ses classes chez Gagnaire, épaule son père, si bien qu'aujourd'hui, entre tradition et création, tout baigne simplement dans l'harmonie heureuse. Maman Danielle est à l'accueil et nulle querelle de génération ne pointe à l'horizon. Témoins le fin bouillon de carottes aux fèves, à la sarriette et au lard, le délicat savarin d'araignée aux aromates, la plus classique, mais légère géline de Touraine rôtie au citron et beurre d'écrevisses comme la canette persillée aux pommes fondantes et foie gras. La Tatin aux coings, le fondant chocolat et réglisse sont du joli travail. On songe, dans le même esprit d'un père autodidacte dans un village un peu perdu, relayé par un fiston savant, aux Albrecht du Vieux Couvent à Rhinau. C'est dire qu'ici la deuxième assiette n'est pas loin.

Pézilla-la-Rivière : voir Perpignan

Pfaffenhoffen

67350 Bas-Rhin. Paris 458 – Haguenau 15 – Saverne 26 – Strasbourg 36.

Porte du pays de Hanau, cette commune de l'Alsace du Nord est à visiter pour son petit musée de l'Imagerie peinte et populaire alsacienne.

Hôtels-restaurants

L'Agneau

3, rue de Saverne
Tél. : 03 88 07 72 38. Fax : 03 88 72 20 24
Fermé dim. soir, lundi (hs), 15 août-5 sept.
15 ch. 250-450 F. 1/2 pens. 380 F
Menus : 70 F (déj.), 160-350 F. Carte : 250 F

La façade fleurie attire l'œil. Le décor, avec son mur en crépi, ses lampes à l'ancienne, son comptoir, sa collection de marqueteries, semble ne pas avoir changé depuis les années cinquante. Pourtant la cuisine a pris du nerf dans le sens de la finesse, sans omettre le terroir, la tradition et les racines. L'explication ? Anne Erwein, la fille de la maison, a accompli des stages chez Loiseau à Saulieu et Blanc à Vonnas. D'où la belle galantine de volaille, le pressé de saumon et de sandre au mesclun de salade si joliment « ravigoté », les goujonnettes de sandre au chou rouge, la tendre viennoise d'agneau, le splendide pot-au-feu de joues de porc, moelleuses et même fondantes. Ajoutez-y des desserts très mamy alsacienne (confiture de vieux garçon et glace cannelle, vacherin aux fruits) et vous comprendrez que la demeure vaille la peine d'être mise en exergue. Chambres simples, tartes flambées en fin de semaine et parfait menu « terroir », à 140 F, jouant le régionalisme modernisé.

indique un bon rapport qualité-prix.

A l'Étoile d'Or 

14, rue de la Gare
Tél. : 03 88 07 70 64
Fermé lundi soir, mercr., 3 sem. août
Menu : 48 F (déj.) - 180 F (dim.). Carte : 120-200 F

Sous sa belle façade peinte par le voisin Mahler, cette simple auberge est la bonne surprise du village. Si vous tombez sur le couscous en plat du jour, vous vous régalerez d'une graine fine, d'un bouillon dégraissé, de légumes parfumés, de viandes de qualité (merguez épicée, tendre poulet, bœuf, brochette). A la carte, Gilles Metz mitonne galette de pommes de terre au munster, tartiflette, crêpes aux myrtilles, sans omettre un plantureux menu du dimanche qui ne vole pas son monde.

Produits

DISTILLATEUR

Bertrand

A Uberach : 3, rue du Mal-Leclerc
Tél. : 03 88 07 70 83. Fax : 03 88 72 22 05

Wolfberger a repris les rênes de cette maison présente depuis 1874. Les fruits du pays de Hanau – kirsch, quetsche, mirabelle – mais aussi sureau, sorbier, poire Williams, églantier, coing, alisier ou cassis sont restitués dans leur pureté. On stocke les jus en cuve, en bonbonne de verre, voire en fût de chêne pour la vieille prune. Le fruit reste omniprésent et l'alcool se fait discret.

Pfulgriesheim : voir Strasbourg

Phalsbourg

57370 Moselle. Paris 434 – Strasbourg 57 – Saverne 11 – Metz 109.

Voici la porte de France d'où partirent les deux enfants de G. Bruno pour accomplir le tour du pays. Voici la porte (lorraine) de l'Alsace, la cité où naquit Chatrian, le musée consacré au fameux duo, deux restaurants qui leur doivent leur nom et une campagne adossée à la forêt des Vosges.

Hôtels-restaurants

Le Soldat de l'An II

1, rte de Saverne
Tél. : 03 87 24 16 16. Fax : 03 87 24 18 18
Fermé dim. soir, lundi, 3 prem. sem. janv., 29 oct.-10 nov.
Menus : 85 F (enf.), 185 F (déj., sem.), 350-540 F. Carte : 500 F

Georges Schmitt, homme-orchestre, riche d'idées, a fait de sa belle demeure, une ancienne grange très sophistiquée, l'une des grandes tables de la région. Jouant le régionalisme avec légèreté, recréant les vieux classiques de tradition (foie gras en habit d'or, amourette d'escargots et jambonnettes de grenouilles), cet herboriste, qui fut antiquaire, avant de devenir chef-patron à part entière, s'affirme provençal, avec des accents transalpins et exotiques quand vient l'été. Ainsi ses rougets au thym citron, risotto au pistou, agneau au combava (ce citron vert de l'île de la Réunion) qui donnent envie de voyager hors des frontières. Son jardin, avec vue son toit de tuiles vernissées, fait oublier que la route est proche. Le service, sous la houlette du malicieux Bruno Dubois, a de l'allant, du chic et même du brio, comme à l'intérieur, dans la belle salle rustique chic aux tables espacées. La carte des vins est royale, avec des inclinations aussi bien bourguignonnes (superbe meursault de Mestre-Michelot) que bordelaises (avec le chouchou maison, le château Haut-Marbuzet, saint-estèphe très « Margaux » d'Henri Dubosc, le sorcier du Médoc). Les desserts? Un feu d'artifice classico-moderne: surprise au chocolat caraïbe, cannelé aux fruits et glace fromage blanc, soufflé glacé à la pêche blanche. On allait l'oublier: la mise de table, avec ses assiettes changeantes au fil du service, est soignée comme rarement ailleurs. L'ensemble fait une demeure de grand charme où les plaisirs de l'œil sont flattés autant que ceux du palais.

Erckmann-Chatrian

14, pl. d'Armes
Tél.: 03 87 24 31 33. Fax: 03 87 24 27 81
18 ch. 200-290 F
Fermé (rest.) lundi, mardi midi
Menus: 68 F (dej.)-255 F. Carte: 250 F

Campée sur la majestueuse place d'Armes, cette demeure fait figure d'institution. Tout dans le riche décor, l'apparat des tables, l'argenterie, les seaux à glace et même les clients visiblement heureux d'être là, indique la maison de tradition. La brune et gracieuse Letty virevolte d'une table l'autre (le dimanche, elles sont nombreuses!). Son mari, Roland, formé à l'école classique a su évoluer avec prudence, changeant la carte du jour au gré du marché. Il a soin de proposer des menus à petit prix. Le bon produit (comme l'exquis agneau de lait issu d'une bergerie des Pyrénées et simplement rôti) est ici magnifié avec simplicité. Dans un classicisme, rigoureux mais jamais ennuyeux, la maison excelle avec, par exemple, le foie poêlé aux pommes, le loup au beurre d'herbes, le sot-l'y-laisse à la périgourdine. Les desserts jouant l'alliance fruits glaces ou bavaroises allégées sur une partition parallèle. Et, face au musée Erckmann-Chatrian, sis dans l'hôtel de ville, avec son beau toit en forte pente, la maison ronronne de bonheur, comme dans une scène de *L'Ami Fritz*. Très belles chambres modernes, récemment refaites.

A Bonne-Fontaine: 4 km par N4

Hostellerie Notre-Dame

Tél.: 03 87 24 34 33. Fax: 03 87 24 18 18
Fermé 12-31 janv., 19-26 févr.
34 ch. 265-450 F. 1/2 pens. 295-360 F
Menus: 56 F (enf.), 87-270 F. Carte: 150-250 F

Le site est connu: celui du pèlerinage de Notre-Dame de Bonne-Fontaine. La famille Knopf est aux commandes, avec une bonhomie familière. La salle à manger débonnaire, années cinquante revue années soixante-dix, le buffet de crudités, la fondante quiche lorraine, la terrine de gibier, le civet de marcassin, le canard aux mirabelles, le moelleux poulet à la bière, l'escalope à la crème: c'est rétro, plaisant, peu cher, sans prétention. Et les desserts (soufflé glacé au cointreau, mousse glacée aux framboises) constituent d'heureuses surprises. Comme le choix de vins à petits prix et le pinot noir de Vic de chez Gauthier, rond, rouge, fruité.

Produits

BOULANGER-PÂTISSIER

Au Pain Doré

10, rue Émile-Erckmann
Tél.: 03 87 24 20 03

Bernard Heringer produit pains spéciaux de qualité, croissants croustillants, ainsi qu'une belle gamme de pâtisseries classiques: tartes aux fruits, mille-feuille, jalousie aux framboises. Annie Heringer, à l'accueil, est le sourire même.

Rendez-Vous

CAFÉ

Café de la Marne

31, pl. d'Armes
Tél. 03 87 24 48 06

Ce vieux café, face au Musée Erckmann-Chatrian et à l'hôtel de ville, a été rafraîchi, rénové, revivifié par le maire de Phalsbourg, le comédien Dany Kocher. Celui-ci sert, derrière le comptoir, verres de vins choisis et bière pression. La presse du jour est à la disposition du chaland. Certains soirs, l'arrière-salle, avec ses plinthes peintes au pochoir, se transforme en café-concert.

Philippsbourg

57230 Moselle. Paris 451 – Strasbourg 60 – Haguenau 29 – Wissembourg 46.

Là débute le pays de Bitche. Eglise au clocher bulbé, demeures rustiques vosgiennes entre grès rouge et colombage: c'est une liaison lorraine vers l'Alsace.

Restaurant

Tilleul

Tél. : 03 87 06 50 10. Fax : 03 87 06 58 89
Fermé lundi soir, mardi, mercr., 1er oct.-15 janv.
Menus : 50 F (enf.), 65 F (déj.), 98-300 F

Didier Issler a repris les commandes de cette maison familiale, changeant le style de la demeure. Formé chez Mischler à Lembach, il travaille seul en cuisine pour un nombre de couverts limité. Et tout ce que mitonne ce vrai pro sérieux et doué emballe sans mesure. Ainsi la fine terrine «enveloppée» de queue de bœuf et foie gras, le roulé de truite et langoustines au poireau, les joues de lotte en capuccino de langoustines à la vanille, le veau en pâte à brick qui donne un croustillant de pied et jarret de toute beauté. Voilà des mets d'un grand raffinement, dans une demeure simple, rustique, de bon aloi. Ajoutez-y la panoplie les vins adéquats, les desserts frais et diserts, tout à fait en rapport avec le reste, comme l'émincé de fraises au vin épicé avec sa compote de rhubarbe et son sorbet fraise ou encore sa palette tout chocolat, (feuilleté praliné, chocolat café, mousse et glaçon au chocolat noir, glace chocolat-miel). Et voilà qu'on a envie de conseiller au lecteur d'aller y voir de près avant que la mode ne se charge d'en changer l'esprit.

Pierrefitte-en-Auge

14130 Calvados Paris 193 - Caen 46 - Deauville 20 - Lisieux 15.

Un paysage normand de carte postale : voilà ce qu'offre ce village coquet des abords de la vallée de la Touques. Ne loupez pas le proche prieuré de Saint-Hymer.

Restaurant

Auberge des Deux Tonneaux

Tél. : 02 31 64 09 31. Fax : 02 31 64 69 69
Fermé dim. soir, lundi sf vac. scol., 15 nov.-15 févr.
Menus : 55 F (enf.), 140-280 F. Carte : 200 F

Ventrée de crêpes, tripes normandes, poulet fermier, cidre au tonneau : voilà ce que vous trouverez dans cette adorable auberge au toit de chaume avec jardin. Pour la digestion, un bref sentier balisé permet de randonner dans le village.

Les renseignements indiqués concernant les établissements cités ont été pris durant l'année en cours. N'hésitez jamais à les vérifier par un simple coup de fil.

Pierrefonds

60350 Oise. Paris 90 - Compiègne 15 - Soissons 32 - Villers-Cotterêts 18.

Office du Tourisme : Pl. de l'Hôtel-de-Ville
Tél. : 03 44 42 81 44. Fax : 03 44 42 37 73

L'admirable château gothique revu par Viollet-le-Duc justifie à lui seul le voyage dans ce joli bourg comme autrefois, en lisière de la forêt de Compiègne. Profitez-en pour musarder au long de la vallée de l'automne.

Hôtel-restaurant

A Saint-Jean-aux-Bois, 6 km par D85

Auberge à la Bonne Idée

3, rue des Meuniers
Tél. : 03 44 42 84 09. Fax : 03 44 42 80 45
Fermé mi-janv.-mi-févr.
7 ch. 280-480 F. 1/2 pens. 480 F
Menus : 130-380 F. Carte : 250-450 F

Les Royer ont fait de cette auberge de bonne compagnie une table qualité. Après l'avoir laissé en gérance, ils ont repris les rênes et on vient et revient ici avec plaisir. Pour le calme au village, dans un bourg qui a su garder son côté bûcheron, avec ses maisons anciennes et fortifiées dans la forêt de Compiègne, les chambres petites mais coquettes, la salle à manger cossue. L'accueil est charmant, la cave pleine de promesse, la cuisine riche, élaborée, entre foie gras, poissons nobles, salade de homard, beaux gibiers en saison. Les promenades en forêt commencent au bout de la rue.

Pietranera : voir Bastia

Piney : voir Troyes

La Pironière : voir Les Sables-d'Olonne

Plaine de Cuttoli : voir Corse (Ajaccio)

Plancoët

22130 Côtes-d'Armor. Paris 418 - St-Malo 27 - Dinan 17 - Dinard 22 - St-Brieuc 45.

Le nom du village est fameux : il désigne la belle eau du pays breton qui prend sa source dans les parages proches.

Hôtel-restaurant

Jean-Pierre Crouzil 

Tél. : 02 96 84 10 24. Fax : 02 96 84 01 93
Fermé dim. soir, lundi hs, 5-30 janv.,
(rest.) sam. midi, dim. soir sf été, lundi
8 ch. 680-980 F. 1/2 pens. 600-875 F
Menus : 220 F (déj.), 320-600 F. Carte : 450-600 F

Cette belle auberge rustique sous une façade sans apprêt cache non seulement des chambres séductrices, avec de belles salles de bains en marbre mais aussi un cuisinier de caractère qui monte en puissance après des gammes modestes. Nous l'avons connu au temps où il mitonnait le saumon mariné escorté d'une fraise. Le voilà désormais travaillant avec ardeur, sérieux, non sans richesse, les produits du pays, de la terre comme de la mer. Les huîtres chaudes au sabayon de vouvray, le homard breton au lambic, le blanc de turbot farci à l'araignée sont ses nouveaux classiques. Auxquels s'ajoute la canette en deux cuissons, notamment la cuisse en civet de chou et de lard. Ajoutez-y de jolis desserts (crumble tiède ananas et glace antillaise, banane confite aux fruits de la passion, froissé chocolat, glace fromage blanc) et une cave de choix, pour comprendre que la maison vaut l'étape.

Plappeville : voir Metz

Plérin-sous-la-Tour : voir Saint-Brieuc

Plogoff

29770 Finistère. Paris 316 – Quimper 47 – Audierne 10 – Douarnenez 30 – Pont-l'Abbé 42.

Au pays de la pointe du Raz, un bout du monde hospitalier

Hôtel-restaurant

Hôtel de la Baie des Trépassés

Tél. : 02 98 70 61 34. Fax : 02 98 70 35 20
27 ch. 186-402 F. 1/2 pens. 287-384 F
Menus : 50 F (enf.), 105-300 F

Comme sa sœur hôtelière, sise juste au-dessus, cet hôtel moderne propose des chambres sans charme, mais pratiques, dans un site superbe.

Ker-Moor

Rte d'Audierne
Tél. : 02 98 70 62 06. Fax : 02 98 70 32 69
18 ch. 180-420 F. 1/2 pens. 276-376 F
Menus : 50 F (enf.), 82-330 F

Près de la plage, cet hôtel au site providentiel offre des chambres sans charme particulier qui ont vue sur l'océan et la côte dentelée. La plupart ont été rénovées.

Produits

BISCUITERIE

Biscuiterie de la Pointe-du-Raz

Tél. : 02 98 70 37 48. Fax : 02 98 70 69 41

A deux pas de la pointe du Raz, cette biscuiterie aux vitres transparentes propose galettes, madeleines et palets dans de jolies boîtes, préparés au beurre de baratte frais, dans des machines anciennes qu'on peut admirer sur place. Egalement un kouign amann à se damner, mais qui ne se garde, hélas, que trois jours. Les biscuits, eux, se gardent six mois.

Plomodiern

29550 Finistère. Paris 562 – Quimper 28 – Brest 61 – Châteaulin 14 – Crozon 25.

Le Menez-Hom, les monts d'Arrée, la Bretagne magique de l'intérieur, c'est déjà ici, en lisière de la mer.

Hôtels-restaurants

Porz-Morvan 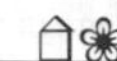

3 km E.
Tél. : 02 98 81 53 23. Fax : 02 98 81 28 61
Fermé 1er oct.-31 mars, w.-e., vac. scol.
12 ch. 300-320 F

Cette ferme ancienne comporte des chambres tranquilles dans un hôtel au cadre simple, modeste et propret à la campagne. Crêperie dans la grange attenante.

Auberge des Glaziks

Tél. : 02 98 81 52 32. Fax : 02 98 81 52 32
Fermé lundi, mardi sf soir été, 28 févr.-7 mars, 2-31 oct.
Menus : 70 F (enf.), 130-450 F. Carte : 300 F

Elève de Joël Robuchon et de Jacques Thorel, passé chez Coussau à Magesq, Olivier Bellin, fringant trentenaire, est revenu au pays, a repris l'auberge de maman (les Glaziks sont les habitants du Porzay), propose des menus malins rappelant ses expériences passées. Sa bavaroise d'araignée au coulis de tomate acidulée, sa brochette de langoustine au céleri truffé et parmesan, ses langoustines avec bouillon de champignons au cerfeuil, ses rouelles de homard sautées aux gnocchis, sa sole en fricassée aux oignons et pommes au beurre, son épaule d'agneau fondante avec purée de pommes de terre robuchonienne et haricots cocos constituent une divine surprise. Jolis desserts (fraises chaudes crème glacée, dentelles du Porzay, gratin de framboises citronnées) jouant la simplicité étudiée. Superbes petits fours et carte des vins amicale, pleine de promesses. Comme la maison.

Poët-Lava : voir Dieulefit

la Pointe de St Mathieu : voir Le Conquet

Plouhinec : voir Audierne

Pluguffan : voir Quimper

La pointe du Grouin: voir Cancale

Poissy: voir Environs de Paris

Poitiers

86000 Vienne. Paris 338 – Limoges 121 – Niort 75 – Tours 103.

Office du Tourisme: 8, rue des Grandes-Ecoles
Tél.: 05 49 41 21 24. Fax: 05 49 88 65 84

Le Futuroscope a bouleversé l'équilibre touristique de cette antique cité. Même le TGV y fait directement arrêt. Ne loupez pas, cependant, le quartier ancien, son dédale de ruelles silencieuses, son chapelet de belles églises, dont Saint-Hilaire-le-Grand, Saint-Pierre, Sainte-Radegonde, et surtout Notre-Dame-la-Grande dont la façade ouvragée impressionne. Le musée Sainte-Croix, dans une ancienne abbaye, recèle des trésors dédiés à l'archéologie et aux Beaux-Arts.

Hôtels–restaurants

L'Europe

39, rue Carnot
Tél.: 05 49 88 12 00. Fax: 05 49 88 97 30
88 ch. 300-480 F

Ce bon hôtel central, tout près des rues piétonnières et de Saint-Hilaire-le-Grand, propose, en sus d'un accueil charmant, dans trois demeures autour d'une belle cour intérieure, des chambres de style divers, confortables et de bonne taille.

Le Grand Hôtel

28, rue Carnot
Tél.: 05 49 60 90 60. Fax: 05 49 62 81 89
41 ch. 399-499 F. 6 appart. 520 F

Rénové avec soin et une touche néo-Arts déco assez contemporaine, cet hôtel centenaire et central, proche du quartier piétonnier, s'est mis au goût du jour. Le bar est l'un des rendez-vous de la ville.

Continental

2, bd de Solferino
Tél.: 05 49 37 93 93. Fax: 05 49 53 01 16
39 ch. 260-320 F

Face à la gare et donc pratique pour le voyage pressé, cet hôtel accueillant, modeste et propret sous une façade ancienne, offre un bon rapport qualité-prix.

Les renseignements indiqués concernant les établissements cités ont été pris durant l'année en cours. N'hésitez jamais à les vérifier par un simple coup de fil.

Le France

215, rte de Paris
Tél.: 05 49 01 74 74. Fax: 05 49 01 74 73
58 ch. 410-550 F
Menus: 50 F (enf.), 95-220 F

Situé entre le centre-ville et le Futuroscope, cet hôtel qui fut moderne il y a trente ans a rénové ses chambres avec bonheur. Très honnête restaurant d'inspiration régionale.

Le Maxime

4, rue Saint-Nicolas
Tél.: 05 49 41 09 55. Fax: 05 49 41 09 55
Fermé sam. sf midi (hs), dim., 14 juil.-15 août
Menus: 100-260 F. Carte: 300-420 F

L'institution sûre de la ville, c'est la demeure de Christian Rougier. Ce solide technicien qui maîtrise aussi bien le terroir poitevin, les grands classiques du répertoire, que les mets issus de l'air du temps et du marché, séduit sans mal la bourgeoisie poitevine à travers un registre noble qui sait se renouveler avec art. Quelques-uns de ses bons tours? Les ravioles d'huîtres chaudes avec leur beurre aux herbes, le turbot braisé en suprême avec son velouté de champignons et de coquillages, le pigeon au caramel d'épices et encore un soufflé chaud à l'orange digne de Taillevent à Paris. Ajoutez un accueil précis et une salle à manger à la double salle, élégamment meublée et vous comprendrez que cette demeure heureuse fasse aisément le plein.

Les Trois Piliers

37, rue Sadi-Carnot
Tél.: 05 49 55 07 03. Fax: 05 49 50 16 03
Fermé dim. soir, lundi (sf fériés)
Menus: 140 F (déj.), 180-260 F
Carte: 300-450 F

Jean-Yves Massonnet est revenu au pays, avec sa jolie femme chinoise et des idées plein la tête. De fait, si le service balbutie, on retrouve chez ce jeune homme rigoureux, qui a travaillé au Vivarois à Paris, une maîtrise réelle dans le choix des produits comme dans leur traitement sans faille. C'est bien là la «méthode Peyrot», faite de simplicité apparente sous la technique sûre et pure. Les ravioles de langoustines au basilic, la salade de mesclun, rouget et vinaigrette d'agrumes, le blanc de turbot aux huîtres, la viennoise de rognon à la moutarde de Meaux, la noix de ris de veau braisée aux cèpes, comme la queue de bœuf au rouge, en hommage au maître, avant le fondant meringué au chocolat crème café sont très séducteurs. Tout Poitiers s'en est d'ailleurs rendu compte, qui vient ici, dans un cadre charmant de claire salle à manger bourgeoise, partiellement surélevée, connaître le bonheur gourmand au fil de menus dosés.

Le Saint-Hilaire

65, rte Théophraste-Renaudot
Tél. : 05 49 41 15 45. Fax : 05 49 60 20 32
Fermé (sf midi été), dim., 1er-15 janv.
Menus : 90 F (enf.), 99 F (sem.)-290 F
Carte : 250-300 F

Aménagé dans l'ancienne chantrerie de l'église Saint-Hilaire, cette salle à manger avec ses colonnes du XIIe a le charme de son décor. Côté cuisine, André Point mitonne, avec un sens précis du régionalisme modernisé et allégé, le feuilleté d'asperges, la fricassée d'escargots, la matelote d'anguille et le chevreau à l'ail vert. Accueil gracieux de son épouse qui conseille les vins avec doigté.

Le Pavé de la Villette

21, rue Sadi-Carnot
Tél. : 05 49 60 49 49. Fax : 05 49 50 63 41
Fermé sam. midi, dim.
Menus : 50 F (enf.), 100-130 F. Carte : 180 F

Ce bon bistrot du centre-ville est l'adresse pas chère et cependant sérieuse où s'encanailler sans déchoir. Tout un registre de plats robustes et francs (tête de veau, belles viandes rouges, onglet, entrecôte, poire, côte de bœuf) se mangent gaiement et s'arrosent de crus aimables.

Au Futuroscope : 86360 Chasseneuil-du-Poitou, 12 km N. par N10

Novotel Futuroscope

Tél. : 05 49 49 91 91. Fax : 05 49 49 91 90
110 ch. 590-710 F. 18 studios
Menus : 70 F (enf.), 90 F (déj.)-130 F

Tout le confort de la chaîne, ses chambres standard et sans surprise, ses studios pour les familles, sa restauration inspirée par la région dans un immeuble contemporain de verre et d'acier.

Park Plaza

Téléport 1
Tél. : 05 49 49 07 07. Fax. 05 49 49 55 49
279 ch. 790-1 170 F. 1/2 pens. 1 060-2 220 F
Menus : 118 F (déj. sem.), 142-215 F.

Pas un hôtel romantique, non, mais la plus luxueuse des réalisations modernes qui permet aux familles comme aux séminaires de se donner rendez-vous au cœur du Futuroscope. Chambres vastes, lumineuses, bien équipées, vaste hall décoré sur le thème du chemin de fer, piscine couverte et salle de gymnastique. Restaurant de style contemporain aux propositions honnêtes.

Aquatis

Tél. : 05 49 49 55 00. Fax : 05 49 49 05 01
84 ch. 330-395 F
Menus : 49 F (déj.), 86 F (déj.), 99-120 F

Prix sages, restauration honnête et construction contemporaine non sans charme font de ce bon relais moderne l'une des affaires à saisir du Futuroscope. Parfait pour les familles économes.

Clarine

Tél. : 05 49 49 01 01. Fax : 05 49 49 01 01
75 ch. 390 F
Menus : 45 F (enf.), 65-110 F

La douceur des prix explique le succès de cet ensemble modeste aux chambres petites mais fonctionnelles et pratiques. Piscine, jardin.

Holiday Inn Express

Téléport 3
Tél. : 05 49 49 10 49. Fax : 05 49 49 10 48
194 ch. 430 F

Comme son nom l'indique, cet hôtel de chaîne rénové est fait pour les courts séjours. Chambres très modernes, mais bien équipées. Accueil un peu court et service minimum.

Météor

Tél. : 05 49 49 55 00. Fax : 05 49 49 09 11
300 ch. 340-500 F
Carte : 180 F

Ce grand ensemble moderne en forme de pyramide à degrés en lisière du Futuroscope offre des chambres pas très grandes, mais bien équipées et de prix raisonnables. Piscine, jardin, restauration un peu usinaire.

Produits

BISCUITIER

Rannou-Métivier

30, rue des Cordeliers
Tél. : 05 49 30 30 10

Les chardons du Poitou, les délicieuses nougatines de Poitiers, le macaron de Montmorillon, le gâteau Bonne Mémé font la renommée de cette belle échoppe de tradition.

CHARCUTIER

Hénaud

Marché Notre-Dame, pl. du Gal-de-Gaulle
Tél. : 05 49 52 28 32

Chez Yves Hénaud, farci poitevin, mais aussi boudin, andouillette, pâté aux herbes, terrine de campagne, saucisson sec sont des actes de foi dans le bon goût d'autrefois.

EPICIER

Amandine

Marché Notre-Dame, pl. du Gal-de-Gaulle
Tél. : 05 49 41 16 55

Légumes secs, fruits confits, condiments, épices proches ou lointaines, vins de qualité font la richesse de cet étal soigneux tenu avec le sourire.

PÂTISSIER

Bajard

8, rue Sadi-Carnot
Tél.: 05 49 41 22 49

Entremets tout frais et variés, glaces onctueuses, gâteaux classiques (parfait millefeuille, joli éclair au café, superbe tarte au citron) et chocolats de qualité grande font envie sans manières dans la boutique rutilante de ce Meilleur Ouvrier de France.

POISSONNIER

La Pêche de Royan

Marché Notre-Dame, pl. du Gal-de-Gaulle
Tél.: 05 49 88 01 91

Sardines de Royan, bar de ligne, rougets de roches, saumon bien rougets et crustacés de première qualité sont de première fraîcheur chez Philippe Le Guirinec.

Rendez-vous

CAFÉ

Brasserie du Marché

16, pl. du Gal-de-Gaulle
Tél.: 05 49 41 01 14

En sentinelle face au marché Notre-Dame, ce grand café-brasserie tient lieu de point de rencontre. On refait le monde, en buvant un verre de sauvignon ou de gamay du Haut-Poitou au comptoir, après avoir posé ses bottes de poireaux. Petits plats du jour bien honnêtes.

Poligny

39800 Jura. Paris 397 - Besançon 58 - Dole 37 - Lons-le-Saunier 30 - Pontarlier 64.

Le Jura des fruitières, des roues de comté, du vin blanc et des plateaux que l'érosion a creusés en «reculées», c'est ici même.

Hôtel-restaurant

Hostellerie des Monts de Vaux

4,5 km S.-E. par rte de Genève
Tél.: 03 84 37 12 50. Fax: 03 84 37 09 70
Fermé mardi sf soir été, mercr. (hs), début nov.-27 déc.
10 ch. 600-950 F. 1/2 pens. 750-900 F
Menus: 180 F (déj.)-400 F

Sur la première reculée des monts du Jura, ce relais de poste d'autrefois joue le rôle de sentinelle de charme. On aime la chaleur intérieure du lieu, les belles chambres à l'ancienne, la cuisine aux couleurs du pays, faite avec soin par le fiston maison, Xavier Carrion, sans omettre la cave qui fait la part belle aux côtes-du-Jura. Soufflé au comté, ris de veau florentine, volaille à la crème et aux morilles sont de bien jolies choses.

Pont-à-Mousson

54700 Meurthe-et-Moselle. Paris 327 - Metz 31 - Nancy 29 - Toul 48 - Verdun 66.

Deux motifs de gloire pour les Mussipontains: la belle abbaye des Prémontrés et la place Duroc, l'une des rares places triangulaires de France.

Hôtels-restaurants

Bagatelle

47, rue Léon-Gambetta
Tél.: 03 83 81 03 64. Fax: 03 83 81 12 63
Fermé 24 déc.-2 janv.
18 ch. 275-365 F

A côté de la belle abbaye des Prémontrés, cette petite halte avec jardin est d'une modestie sans faille. Chambres petites mais bien tenues.

Pierre Bonaventure

18, pl. Duroc
Tél.: 03 83 81 23 54
Fermé lundi soir, mardi soir
Carte: 150-200 F

Pierre Bonaventure, fils de boucher, tient avec alacrité ce restaurant voué à la viande, relooké avec charme par le décorateur messin Yves Bauler. On vient pour la devanture amusante où pendent, sur une corde à linge, des tabliers de boucher, au-dessus de paniers de légumes de saison. Le bar de six mètres présenté comme un billot de boucherie et, sur l'arrière, l'énorme four à pain où le gars Pierre cuit tout, donnent le ton. On se régale d'onglet à l'échalote, bavette, poire, avec sauce poivrée, arrosés d'un côte-de-blaye corsé.

A Blénod-lès-Pont-à-Mousson, 2 km, par N57

Auberge des Thomas

100, av. V.-Claude
Tél.: 03 83 81 07 72 ou 03 83 82 34 94
Fermé dim. soir, lundi, mercr. soir, vac. févr., 1er-26 août
Menus: 105-250 F. Carte: 200-250 F

Imaginez une maison de bord de route couverte de feuillages, avec sa salle à manger ringardo-kitsch, ses plats à barbe au mur, ses bouquets sur les tables. Solange et Michel Thomas virevoltent avec le sourire d'une table l'autre pour vanter une suggestion du jour, s'enquérir de vos désirs, suggérer un vin. La fricassée de girolles, les harengs à la crème avec ses admirables pommes rosevals chaudes, le rognon entier cuit à la goutte de sang servi avec des rostis au lard, le boudin servi avec une robuchonienne purée, la tarte aux pommes tièdes caramélisée et sa glace cannelle. On se lèche les babines, on échange les assiettes. Michel, avec sa barbe grise et son air de Rabelais lorrain vous fait la démonstration, vieilles bouteilles à l'appui, que les côtes-de-toul résistent à l'épreuve du temps. La gentillesse ambiante donne le sentiment d'être en visite chez des amis.

Produits

PÂTISSIER

Daniel Gaudard

5, pl. Duroc
Tél.: 03 83 81 05 89. Fax: 03 83 84 02 64

Cet artisan de grand talent qui a formé d'excellents pâtissiers et chocolatiers (à commencer par son fils Sébastien qui dirige les labos de Fauchon, côté sucré), mitonne entremets, glaces ou ganaches de qualité grande.

Pont-Audemer

27500 Eure. Paris 161 – Le Havre 41 – Rouen 51 – Caen 74 – Evreux 68 – Lisieux 36.

Cette belle ville ancienne avec ses maisons à colombages, son église gothique et le cours de la Risle, constitue une carte postale normande. C'est là que démarra un traiteur nommé Gaston Lenôtre.

Hôtels-restaurants

Auberge du Vieux Puits

6, rue Notre-Dame-du-Pré
Tél.: 02 32 41 01 48. Fax: 02 32 42 37 28
Fermé lundi, mardi sf été, 17 déc.-26 janv.
12 ch. 320-450 F
Menus: 170 F (déj.), 240-330 F. Carte: 300 F

Cette adorable auberge comme autrefois, avec ses pans de bois, ses cuivres, son atmosphère d'avant, propose depuis belle lurette des plats de mémoire. Truite Bovary, canard aux cerises et tarte aux pommes forment une sainte trilogie à la gloire de la tradition. Chambres adorables, accueil à l'identique.

A Campigny : 6 km N.-E. par N175 et D29

Le Petit Coq aux Champs

Tél.: 02 32 41 04 19. Fax: 02 32 56 06 25
Fermé 2-24 janv.
12 ch. 590-865 F. 1/2 pens. 700-740 F
Menus: 80 F (enf.), 125 F (déj. sem.) 190-390 F.
Carte: 300-500 F

Jean-Marie Huard, qui fut jadis le chef du Clos Longchamp au Méridien de Paris, a repris cette auberge dont les Pommier, au nom prédestiné, firent la gloire. Tout ici joue charme au calme de la campagne. De jolies chambres cosy, parfaite pour une nuit ou un week-end en amoureux, une salle à manger adorable et une cuisine qui sonne juste sur des accents modernes. Saint-jacques grillées au beurre de cèpes, turbot rôti sur un galet, crépinette de pintade aux écrevisses, tartelette au chocolat séduisent sans mal. Même si les prix à la carte vont un peu fort.

Pont-Aven

29930 Finistère. Paris 534 – Quimper 34 – Concarneau 16 – Quimperlé 18.

Office du Tourisme: 5, pl. de l'Hôtel-de-Ville
Tél.: 02 98 06 04 70. Fax: 02 98 06 17 25

Les saules, les ajoncs, le bleu du ciel et l'ardoise des maisons, les blanches façades tranchant sur le vert des arbres, les sortilèges enchantés du bois d'Amour et la haute chapelle de Trémalo qui inspira le christ jaune, sans omettre les chaos rocheux près des quais: le miracle de la petite cité reste intact.

Hôtels-restaurants

Moulin de Rosmadec

Tél.: 02 98 06 00 22. Fax: 02 98 06 18 00
Fermé févr., 15-30 nov., dim. soir (hs), mercr.
4 ch. 480 F
Menus: 170-300 F. Carte: 350-450 F

Quatre chambres seulement, mais une situation pleine de charme au cœur du bourg et la cuisine délicate des frères Sebilleau, Frédéric et Franck, anciens du Taillevent, veillés par papa-maman, qui racontent la cuisine de leur région à leur manière sensible: voilà ce qui vous attend ici. Avec les sardines en marinière aux jeunes poireaux avec une fine vinaigrette de condiments à l'huile d'olive, le mille-feuille de pommes de terre avec ses langoustines au chou, le risotto de coquillages au rouget et thym citronné, la belle assiette d'agneau avec ris, cervelle et côte, parfaitement peu cuits, un jus léger à l'estragon, enfin, une glace au lait d'amande dans sa tuile au chocolat et sa poêlée de fruits rouges: c'est léger comme l'air, malin et savant à la fois. Et la maison, avec cheminée, vieux meubles et tableaux anciens, possède un charme fou.

La Taupinière

Rte de Concarneau
Tél.: 02 98 06 03 12. Fax: 02 98 06 16 46
Fermé lundi soir sf juil.-août, mardi,
24 sept.-18 oct.
Menus: 265- 465 F. Carte: 350-500 F

Grand chef discret de sa région, Guy Guilloux travaille à fourneaux ouverts dans une demeure fleurie et bleutée, sise à l'écart du fameux bourg aimé des peintres. Cet autodidacte, qui tient la distance depuis un quart de siècle, domine son sujet avec éclat.

La mer, en beauté, avec malice, ruse et science : voilà sa partie jouée avec un talent sans faille. Le tartare de maquereau de ligne, les simples crevettes bouquet, les crêpinettes de tourteau à l'araignée, le magnifique potage d'huîtres au persil, si fort en goût, avec ses cèpes craquants, son duo de rouget et daurade grise aux cocos de Paimpol, son crumble à la rhubarbe aux fraises sont du travail de ciseleur. Superbe choix de vins (vouvray vignes blanches de Bredif, saint-joseph clos de l'Arbalestrier du domaine Florentin) et service aux petits oignons.

Les Ajoncs d'Or

1, pl. de l'Hôtel-de-Ville
Tél. : 02 98 06 02 06
20 ch. 320-420 F
Menus : 50 F (enf.), 85-160 F. Carte : 200-250 F

Simple et chaleureux, au cœur du bourg, une auberge d'autrefois, avec ses chambres simples, sa cuisine de toujours revue au goût du jour (bar grillé à l'andouille, magret au chouchen, pomme au pommeau), son site en or.

Produits

ARTS DE LA TABLE

Jacques Michel

8, rue du Gal-de-Gaulle
Tél. : 06 62 12 00 93

Ce brocanteur plein de verve propose, entre autres, mobilier en bois et assiettes en vieux Quimper.

BISCUITIERS

Délices de Pont-Aven

Quai-Théodore-Botrel, ZI de Kergazuel.
Tél. : 02 98 06 05 87. Fax : 02 98 06 05 87

La petite fabrique locale qui a conservé les machines anciennes et l'usage du beurre de baratte pour la fabrication des galettes fines ou épaisses.

Traou Mad

10, pl. Gauguin, ZI de Kergazuel, 28, rue du Port
Tél. : 02 98 06 01 03

Grande fabrique locale réputée pour ses belles boîtes ornées par les peintres locaux, ses palets au beurre et ses fines galettes.

PRODUITS RÉGIONAUX

La Boutique de Pont-Aven

Pl. Paul-Gauguin
Tél. : 02 98 06 07 65

Adorable boutique de décoration qui propose, au centre du bourg, outre les galettes maison, les chocolats et caramels au beurre salé de Leroux à Quiberon.

Rendez-vous

CAFÉ-BRASSERIE

Café des Arts

1, rue du Gal-de-Gaulle
Tél. : 02 98 06 07 12

Cette brasserie du cœur du bourg ouvre jusque très tard, accueille sans façon dans une atmosphère mi-mode, mi-artiste et sert le soir des plats branchés un brin exotiques : fajitas, poulet thaï, chili con carne. Sympathique et dépaysant.

CRÊPERIE

Le Talisman

4, rue Paul-Sérurier
Tél. : 02 98 06 02 58
Carte : 100 F

Pas évidente à trouver (la trésorerie principale est en face !), cette crêperie vouée aux artistes, tenue de belle-mère en belle-fille depuis 1920, a son charme. Jolis tableaux et sages crêpes font bon ménage sous la houlette de Marie-Françoise Madic.

Pont de Collonges : voir Lyon

Pont-de-l'Isère : voir Valence

Pont-de-Briques : boulogne-sur-mer

Pont-de-Salars

12290 Aveyron. Paris 654 - Rodez 25 - Albi 88 - Millau 47 - St-Affrique 56.

Le cœur de l'Aveyron, celui qui, sur le tracé du GR, relie Millau à Conques en passant par le riant Lévézou.

Hôtel-restaurant

Les Voyageurs

Tél. : 05 65 46 82 08. Fax : 05 65 46 89 99
Fermé dim. soir, lundi hs, 1er fév.-1er mars
27 ch. 220-310 F. 1/2 pens. 230-270 F
Menus : 60 F (déj. sem.), 78 F (vin c.)-195 F.
Carte : 200 F

Simple et même simplette, cette auberge d'un autre temps abrite des chambres de dimension moyenne, meublées sans recherche, quoique d'honnête confort. Mais c'est la table qui retient pour sa générosité, sa sincérité, sa franchise, au travers de menus proprement adorables. La planche de charcuterie du pays, le jambon, les tripous, le sandre au beurre blanc, les écrevisses en marmite, le ris d'agneau aux champignons et le pied de porc flanqué d'un bel aligot font joliment plaisir.

 *indique une très bonne table.*

Pont-de-Vaux

01190 Ain. Paris 382 - Mâcon 23 - Bourg-en-Bresse 39 - Lons-le-Saunier 69.

Ville de marché, carrefour bressan, ce bourg à l'ancienne vaut pour son hospitalité et sa gourmandise légendaires.

Hôtel-restaurant

Le Raisin

Tél. : 03 85 30 30 97. Fax : 03 85 30 67 89
Fermé lundi, dim. soir hs, 5 janv.-5 févr.
18 ch. 300-370 F
Menus : 75 F (enf.), 125-350 F. Carte : 250 F

Phénix d'un village gourmand, cette auberge de tradition avec son cadre bressan, sa rusticité bon teint, son allure débonnaire, fait découvrir la cuisine sage mais fine de Gilles Chazot. Celui-ci mitonne avec doigté grenouilles maître d'hôtel, lapin en gelée mariné au vin du Mâconnais, crêpes parmentier, tournedos de thon au fumet de beaujolais ou encore poulet de Bresse à la crème. Adorable accueil de la mignonne Mme Chazot qui cultive le sourire comme monsieur Jourdain la prose. Chambres simples, rustiques, proprettes.

Pontempeyrat

42550 Loire. Paris 530 - Le-Puy-en-Velay 45 - Ambert 41 - St-Etienne 54.

Le cœur du Velay, de l'Auvergne verte et tendre, le pays des lentilles et des rivières, c'est ici même.

Hôtel-restaurant

Le Mistou

Tél. : 04 77 50 62 46. Fax : 04 77 50 66 70
Fermé déj. (sf w.-e., jrs fériés), fin oct.-fin avril
14 ch. 480-660 F. 1/2 pens. 495-595 F
Menus : 80 F (enf.), 170-320 F

La demeure, un ancien moulin du XVIIIe, fait aisément le coup du charme avec ses chambres adorables et rustiques, sa situation bucolique, son jardin, la rivière à ses pieds. On en oublierait presque de vanter la cuisine de Bernard Roux qui joue des produits locaux mariés aux herbes des chemins et aux épices lointaines. Cela donne une petite musique sophistiquée qui n'est pas sans charme. Carpe à l'unilatérale au chou et à la ventrèche, pain de ris de veau aux pistaches, carré de veau à la vanille, fraises à l'anis en soufflé glacé sont pleins de séduction.

❀ *indique un hôtel au calme.*

Pont-l'Evêque

14130 Calvados. Paris 188 - Caen 48 - Le Havre 40 - Rouen 79 - Trouville 11.

Le cœur du pays d'Auge, c'est ce bourg normand au nom fameux. Cidre, calva, fromage sont évidemment au rendez-vous. Mais n'omettez pas de visiter la route des manoirs.

Restaurants

Auberge de l'Aigle d'Or

68, rue Vaucelles
Tél. : 02 31 65 05 25. Fax : 02 31 65 12 03
Fermé dim. soir (hs), mardi soir, mercr., vac. févr., 24-30 juin
Menus : 140 F (déj.), 195-400 F carte : 300 F

Ce vieux relais de poste du XVIe avec sa belle cour et son intérieur vieux normand attire l'œil. Mais la cuisine retient volontiers le voyageur. Nage d'escargots au beurre d'oseille, turbot aux asperges, poulet vallée d'Auge et tarte chaude aux pommes sont des plats pleins de verve.

Auberge de la Touques

Pl. de l'Eglise
Tél. : 02 31 64 01 69. Fax : 02 31 64 89 40
Fermé lundi soir, mardi, 8 janv.-1er févr., 4-22 déc.
Menus : 50 F (enf.), 88 F (déj. sem.)-185 F
Carte : 300 F

Cette belle auberge normande tenue par la même famille depuis trois générations conserve avec cœur le bon goût de la tradition. Feuilleté de saint-jacques, barbue aux pommes, sole normande, tripes à la mode de Caen, parfait aux pommes et bon cidre fermier coulent de source.

Produits

CHARCUTIER

Coudray

18, rue Saint-Michel
Tél. : 02 31 64 02 20

Faites ici emplette de boudin blanc et noir, andouillette, tripes à la normande, terrine de campagne et pâté mitonné à l'ancienne.

CONSERVEUR

Saveur d'Auge

Rte de Lisieux
Tél. : 02 31 64 93 00

L'épatant M. Bérurier mitonne avec art foie gras de canard et d'oie à partir de gentils volatiles engraissés ici même et élevés dans les herbages. Ses terrines de foie gras sont expédiées sur commande à prix raisonnables.

Pontlevoy

41400 Loir-et-Cher. Paris 211 - Tours 52 - Amboise 25 - Blois 27 - Montrichard 8.

Le petit village du Loir-et-Cher est dominé par son bâtiment conventuel de fière allure. On y fait halte pour la gourmandise.

Hôtel-restaurant

Hôtel de l'Ecole

Tél.: 02 43 03 19. Fax: 02 54 32 33 58
Fermé mardi, 1er fév.-7 mars
11 ch. 285-400 F. 1/2 pens. 335 F
Menus: 66 F (enf.), 102-260 F. Carte: 250 F

Ce petit hôtel ancien qui a su garder le charme d'autrefois proposant des chambres rustiques, simplettes, charmantes et la cuisine aux couleurs du pays, à travers des menus très bon ton. Sandre ou brochet au beurre blanc, gibiers à l'automne, asperges en saison jouent la tradition avec sagesse.

Porquerolles (Ile de)

83400 Var.

Une île? Un paradis à deux pas de Giens, d'où l'on embarque depuis le bout de la presqu'île. Les plages intactes, les vignes, les demeures néo-coloniales, le temps doux, qu'un bienfaisant microclimat garantit toute l'année, voilà qui attire les amoureux du calme.

Hôtel-restaurant

Mas du Langoustier

O., 3,5 km du port
Tél.: 04 94 58 30 09. Fax: 04 94 58 36 02
Fermé début oct.-fin avril
44 ch. 1/2 pens. (seult) 1 078-1 357 F. 5 appart.
Menus: 340 F (vin c.)-520 F. Carte: 330-550 F

Cet hôtel paradisiaque, avec son parc, ses chambres en rez-de-jardin, sa piscine, ses courts de tennis, sa salle de billard, fait une parfaite étape de week-end ou de vacances. Le «bonus» du lieu est la cuisine de Joël Guillet qui fut le second de Dominique le Stanc à Nice au temps du Négresco, puis le chef du Vallon de Valrugues à Saint-Rémy-de-Provence. Ce technicien doué et discret raconte la Provence à sa manière fine et sans tapage et fait face au succès maison, c'est-à-dire aux tablées nombreuses l'été. Pas de chichis dans les assiettes, pas d'esbroufe, mais de beaux produits traités au mieux de leur forme et des recettes éprouvées. Mille-feuille de brandade en chips de pommes de terre et supions sautés en persillade, filet de dorade grillée avec sa fondue de tomates à l'anchois et son beignet de fleur de courgette, carré d'agneau en croûte de pain au romarin avec légumes sautés et tapenade sont du travail de ciseleur. Les framboises en infusion de verveine et brioche aux pignons de pins avec leur glace aux calissons font une issue de choix, fraîche, délicate, comme il se doit.

Port-Cros (Ile de)

83400 Var.

La petite sœur de Porquerolles, la solitude accrue et la mer toujours en ligne de mire magique au large du Lavandou et de la plage d'Hyères.

Hôtel-restaurant

Le Manoir

Tél.: 04 94 05 90 52. Fax: 04 94 05 90 89
Fermé 5 oct.-14 avril, (rest.) 5 oct.-28 avril
19 ch. 1/2 pens. (seult) 870-1 050 F
4 duplex. 3 000 F
Menus: 160 F (enf.), 265-320 F

Trente-cinq minutes de bateau depuis le Lavandou et l'on découvre ce presque bout du monde. L'hôtel, dans une demeure de maître du XIXe, a su garder le charme d'autrefois tout en se dotant d'équipements modernes. Piscine, jardin, chambres nettes avec tomettes pour amateurs de tranquillité au soleil. Aimable cuisine de pension très «Provence de carte postale» signée avec précision par Sylvain Chaduteau (salade de rougets à la tapenade, bourride, carré d'agneau aux herbes).

Port-en-Bessin

14520 Calvados. Paris 269 - Caen 38 - St-Lô 45 - Bayeux 9 - Cherbourg 93.

Tout près des plages du débarquement, ce port réputé pour la pêche de la coquille saint-jacques donne le sentiment du grand large.

Hôtel-restaurant

La Chenevière

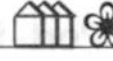

S., 1,5 km par D6
Tél.: 02 31 51 25 25. Fax: 02 31 51 25 20
Fermé 2 janv.-8 févr.
18 ch. 995-1 490 F. 1/2 pens. 885-985 F
Menus: 85 F (enf.), 150 F (déj.), 250-420 F

Ce bel endroit - un manoir du XIXe restauré avec goût et doté de chambres aux couleurs gaies - fait une halte au charme. Le port est à deux pas. Le calme est garanti par le parc. Cuisine soignée, mettant en valeur les produits de la mer.

Les Portes-en-Ré : voir Ré (île de)

Porticcio : voir Corse

Port-Lesney

39600 Jura. Paris 399 - Besançon 37 - Arbois 13 - Dole 40 - Lons-le-Saunier 50.

La rivière ? Elle fit rêver Courbet : c'est la Loue sinueuse et paisible. Le bourg modeste fut fameux du temps où son maire se nommait Edgar Faure. Son buste, souriant, trône aujourd'hui devant la mairie.

Hôtel-restaurant

Château de Germigney

Tél. : 03 84 73 85 85. Fax : 03 84 73 88 88
Fermé mardi sf été, début janv.-mi-févr. (rest.) mardi hs, déj. sf dim., fériés
14 ch. 700-1 200 F. 1/2 pens. 710-1 010 F
Menus : 180-395 F. Carte : 350-450 F

Cette demeure du XVIIIe a été rénovée et revivifiée par un architecte d'intérieur zurichois, Roland Schoën. Celui-ci a pris un malin plaisir à mélanger les styles, le mobilier moderne et ancien, jouant du bois gratté, imaginant une douzaine de chambres accueillantes, douces et reposantes, comme dans une maison d'amis. Le parc, la belle salle de restaurant avec verrière, les salons sont la gaieté même, sans excès, ni surcharge. Et comme un bonheur n'arrive jamais seul, la table a été confiée à un jeune surdoué, Pierre Basso-Moro. Ce Strasbourgeois d'origine, ayant fait ses classes au Bueherehiesel strasbourgeois, mais aussi sur la côte, au Négresco, au Juana et chez Outhier, réconcilie ici l'Est et le Sud. Il mitonne une cuisine savante, fine, légère, sachant se faire rustique sans nulle lourdeur, jouant les saveurs provençales en les mariant au terroir comtois. Ses morceaux de bravoure ? Ils se nomment hure de foie gras persillée, tête de cochon en carpaccio, sandre avec sa galette de gaude, caneton avec sa polenta aux épices, streussel à la rhubarbe et fruits rouges pour marquer comme un retour aux origines.

Port-Navalo : voir Arzon

Porto : voir Corse

Porto-Vecchio : voir Corse

Le Pouliguen : voir La Baule

Poul Roudou : voir Locquirec

Le Pré-Saint-Gervais : voir Environs de Paris

Les Praz : voir Chamonix-Mont-Blanc

Priay

01160 Ain. Paris 456 - Lyon 57 - Bourg 29 - Nantua 39.

Comme la Bresse tendre, la Dombes des étangs fut aussi le pays des mères.

Restaurant

La Mère Bourgeois

Rue Principale
Tél. : 04 74 33 61 81. Fax : 04 74 35 43 49.
Fermé mercr., jeudi sf été, déc.
Menus : 65 F (enf.), 125 F (déj.)-340 F. Carte : 250-350 F

Bresse, Dombes et Bugey furent le pays des « mères », ces dames de labeur derrière les fourneaux. Hervé Rodriguez, qui a repris cette demeure jadis fameuse, vient de Stenay en Meuse. Mais sa connaissance du terroir bressan et dombiste est sans faille. Le pâté chaud « Bourgeois » aux truffes et les cuisses de grenouilles comme en Dombes s'additionnent de saumon au raifort et de rognon de veau au banyuls qui possèdent un accent autre. Jolis desserts (sorbet cacao et coulis à la fève tonka, trio de crèmes brûlées et sablé au caramel). Menus intéressants.

Pujols : voir Villeneuve-sur-Lot

Puligny-Montrachet (21) : voir Beaune

Pusignan

69330 Rhône. Paris 476 - Lyon 26 - Montluel 14 - Meyzieu 5.

A deux pas de Meyzieu et de l'aéroport de Satolas, un havre gourmand.

Restaurant

La Closerie

4, pl. de la Gaieté
Tél. : 04 78 04 40 50. Fax : 04 78 04 44 05
Fermé dim. soir, lundi, 15-31 août
Menus : 135 F (déj.), 185-290 F. Carte : 250-400 F

Gilles Troump, ancien de Bocuse et de Troisgros, saisi par la grâce de la modestie, peaufine de généreux menus où la tradition lyonnaise donne la main à l'air du temps. Risotto d'escargots au jus de bouillabaisse, cassolette de grenouilles aux herbes du jardin, volaille de la Dombes au vieux vinaigre avec son gratin sont des standards de très bon aloi. Joli cadre de maison à la campagne, avec ses tables en terrasse quand le temps est au beau.

 *indique une grande table.*

Le Puy-en-Velay

43000 Haute-Loire. Paris 545 - Clermont-Ferrand 130 - Mende 89 - St-Etienne 76.

Office du Tourisme : pl. du Breuil
Tél. : 04 71 09 38 41. Fax : 04 71 05 22 62

Le site splendide, les chefs-d'œuvre d'art religieux de cette ancienne cité épiscopale, telle la cathédrale Notre-Dame, fameuse pour son cloître et son trésor, ou encore la ville ancienne et ses venelles d'un autre âge donnent l'illusion d'une remontée dans le pays. N'oubliez pas de goûter la verveine fabriquée par la maison Pagès ici même !

Hôtels-restaurants

Le Régina

34, bd du Mal-Fayolle
Tél. : 04 71 09 14 71. Fax : 04 71 09 18 57
Fermé (rest.) dim. soir, lundi (hs)
27 ch. 270-385 F. 1/2 pens. 335 F
Menus : 145-240 F. Carte : 250 F

Ce bel immeuble début de siècle a rénové ses chambres sans augmenter ses prix. L'accueil est professionnel, l'ensemble d'une grande netteté et la restauration à demeure est l'une des bonnes surprises de la ville. Sandre aux lentilles vertes du Puy, suprême de pigeonneau au foie gras, soufflé glacé à la verveine sont de très bon ton.

Le Parc

4, av. C.-Charbonnier
Tél. : 04 71 02 40 40. Fax : 04 71 02 18 72
Fermé 28 déc.-2 janv.
22 ch. 330-380 F

A deux pas du jardin Vinay et du musée Crozatier, cette halte qui dut être moderne il y a trente ans propose des chambres d'honnête confort, et bien équipées, un salon de bon ton, un accueil charmant, le tout à tarifs sages.

Tournayre

12, rue Chênebouterie
Tél. : 04 71 09 58 94. Fax : 04 71 09 22 96
Fermé dim. soir, lundi, janv.
Menus : 115-350 F. Carte : 250-350 F

Dans leur belle maison de centre-ville, riche d'histoire, avec sa crypte gothique, ses fresques et ses boiseries, les frères Tournayre constituent les vedettes de leur ville. Respecteux des traditions, qu'ils accommodent avec modernisme, un peu dans l'esprit de l'aîné de Saint-Bonnet, Régis Marcon, ils mitonnent avec sûreté la truite fario, le champignon sauvage, la lentille verte avec un vrai talent. Quelques-uns de leurs bons tours ? La salade de pissenlit aux oreilles de cochon grillé, le foie chaud escalopé aux cèpes, la lotte à l'ail et aux lardons, la queue de bœuf mitonnée aux mousserons, l'étouffée de ris de veau aux morilles et langoustines. Ajoutez-y de jolis desserts dans l'esprit d'ici (mousse glacée à la verveine, pain perdu aux pommes reinettes et raisins macérés au marc d'Auvergne), un accueil féminin charmant, une cave alerte et des prix tout doux pour tant de bonheur et vous comprendrez que la maison vaut l'étape au Puy pour elle-même.

Le Bateau Ivre

5, rue Portail-d'Avignon
Tél. : 04 71 09 67 20. Fax : 04 71 09 67 20
Fermé dim., lundi, 20-27 juin, 1er-14 nov.
Menus : 60 F (enf.), 110-185 F. Carte : 250 F

La cassolette d'escargots à l'ail et aux mousserons, l'omble chevalier à la crème de lentilles, l'andouillette de brochet et de truite à la moutarde comme le porcelet farci aux champignons sont quelques-uns des bons tours que joue Michel Datessen dans sa demeure proprette et soignée, non loin du cœur historique de la ville. On vient chez lui pour la gentillesse des menus, les prix sages, l'accueil fringant, le décor frais avec ses tables en chêne bien dressées. Le fondant aux pommes et aux raisins se mange tout seul.

Olympe

8, rue du Collège
Tél. : 04 71 05 90 59. Fax : 04 71 05 90 59
Fermé lundi (sf août), dim. soir, 20 mars-3 avr., 20 nov.-4 déc.
Menus : 100-310 F. Carte : 300 F

Pierre Fauritte est le jeune qui monte en ville. Après des classes faites chez les grands, il est revenu au pays, pratiquant une cuisine vive, tonique, pleine d'esprit. Cervelas de brochet et gambas, praline de foie gras au seigle, truffade et crème de cèpes, pounti aux béatilles qui revisitent le terroir auvergnat avec malice font partie de ses bons tours. Accueil gracieux de la souriante Christine Fauritte.

Lapierre

6, rue Capucins
Tél. : 04 71 09 08 44
Fermé dim. soir (hs), mardi, 5-18 févr., nov.
Menus : 100-195 F

Sage et régionale, cette table discrète sise en bordure du centre historique récite avec cœur les classiques régionaux, cultivant l'art de la lentille et de la pomme de terre, de la belle viande Salers et de la verveine du Velay avec cœur. Accueil et prix adorables.

« Ecrivez-nous » vos impressions, vos commentaires, relatez-nous vos expériences à **lepudlo@aol.com.**

Produits

LIQUORISTE

Pagès - Distillerie du Velay

2, fg Saint-Jean
Tél. : 04 71 03 04 11. Fax : 04 71 03 53 54

Depuis 140 ans, on fabrique ici la fameuse verveine du Velay que l'on propose en trois versions. La jaune est toute finesse et douceur, la verte toute puissance et fraîcheur, l'extra, avec 5 % d'apport supplémentaire en cognac et un vieillissement prolongé en fût de chêne, est toute maturité et rondeur. On les vend, en compagnie d'autres liqueurs choisies, comme celle de mandarine, crème de mûre ou de myrtilles, sirops de fruits, sans omettre cognac ou pineau des Charentes, mais aussi tisanes de qualité, dans le bel immeuble 1850 classé de la Tour Pannessac.

Puymirol

47270 Lot-et-Garonne. Paris 649 - Agen 17 - Moissac 34 - Villeneuve-sur-Lot 30.

Une jolie bastide de Lot-et-Garonne perdue en pays agenais, ses maisons anciennes, sa grande table...

 *indique un hôtel au calme.*

Hôtel-restaurant

L'Aubergade 

52, rue Royale
Tél. : 05 53 95 31 46. Fax : 05 53 95 33 80
Fermé dim. soir (hs), lundi sf soir en saison, vac. févr.
11 ch. 880-1 410 F. 1/2 pens. 1 200 F
Menus : 200 F (déj.) 295-680 F. Carte : 530-750 F

Présent à Puymirol, près d'Agen, depuis vingt ans, Michel Trama fait salle vide quand le froid se fait vif aux portes de l'Aubergade. Pourtant son imagination n'est jamais en repos, s'exerçant avec un talent rare au service des produits d'ici. Le capuccino de céleri à la râpée de truffes, les tacos de pommes de terre au caviar, la langoustine avec noix de coco et beurre d'orange, le mille-feuille de saint-jacques à la truffe et son sushi (une truffe émiettée sur une boule de riz), évoquant des souvenirs de voyage, font s'éblouir le palais. Comme les recréations classiques que sont lentilles au pied de cochon truffé, pot-au-feu de canard ou steak de l'an 2000 qui découvre sa sauce au poivre quand on le coupe. Les desserts superbes (gelée de miel de thym vanillée aux fruits rouges, larme de chocolat aux griottines comme chez le copain Belin d'Albi, crème glacée aux amandes fort peu sucrée) achèvent de convaincre que cette grande table d'aujourd'hui mérite la redécouverte. Fort jolies chambres modernes et dynamique accueil de la pétulante Maryse Trama.

Q

Quarré-les-Tombes

89630 Yonne. Paris 232 – Auxerre 72 – Avallon 19 – Château-Chinon 49.

Le cœur du Morvan, ce Grand Nord à deux pas de Paris, qui fut le dernier petit pays de France à connaître les loups. Visitez Saint-Léger et la maison de Vauban...

Hôtels-restaurants

Auberge de l'Atre

Aux Lavaults: 5 km S.-E. par D10
Tél.: 03 86 32 20 79. Fax: 03 86 32 28 25
Fermé févr., 2 sem. fin juil.-début août
7 ch. 450-600 F
Menus: 70 F (enf.), 145-295 F. Carte: 300-400 F

Cette maisonnette morvandelle refaite en auberge de charme est l'une des haltes gourmandes les plus sérieuses de la région. Accueil gentil tout plein et bonne cuisine, légère, fraîche, vive, de Francis Salamolard qui exalte les produits de sa région, et les herbes: œufs en meurette, saint-jacques au chablis et feuilleté de langoustines, mais aussi charolais aux champignons de saison, canard moutardé au jus de romarin, donnent envie d'avoir son rond de serviette.

Auberge des Brizards 

Aux Brizards: 8 km par D55 et D355
Tél.: 03 86 32 20 12. Fax: 03 86 32 27 40
Fermé 5 janv.-10 févr.
Menus: 100 F (déj.), 160-300 F. Carte: 300 F
16 ch. 280-550 F. 4 duplex
1/2 pens. 340-520 F

Le terrain de retraite bucolique de l'A.J. Auxerre, c'est la demeure bucolique des Bensacenot qui vous reçoivent «comme à la maison», avec le boudin de ferme, le jambon chaud, la truite au bleu, dans une demeure bricolée aux champs. Les dépendances ont poussé comme des champignons sans altérer le charme bucolique du lieu.

Le Morvan 

Tél.: 03 86 32 29 29. Fax: 03 86 32 29 28
Fermé 3 janv.-2 mars, (rest.) dim. soir, lundi (hs)
8 ch. 255-430 F. 1/2 pens. 295-360 F
Menus: 60 F (enf.), 105-250 F. Carte: 200 F

Les chambres sont simples, l'auberge modeste, l'accueil sincère et la cuisine régionale, sans ornières. Goûtez crapiaud morvandiau, fricassée de grenouilles et volaille sautée avant la tarte aux pommes en faisant confiance aux propositions du jour.

Produits

CONFISEUR

La Trinquelinette

Tél.: 03 86 32 20 97. Fax: 03 86 32 27 19

Bernard Berilley mitonne des confitures artisanales aux fruits absolument délicieuses. Pommes, mirabelles, fraises, orange amère sont quelques-unes de ses réussites. On trouve ses pots en vente chez Poujauran à Paris. Expéditions sur demande.

Les Quelles: voir Schirmeck

Quenza: voir Corse

Questembert

56230 Morbihan. Paris 447 – Vannes 28 – La Roche-Bernard 22 – Rennes 99 – Redon 34.

C'est un bourg du Morbihan secret, ses halles aux piliers sombres, son hôtel de ville en pierre de taille, son auberge couverte de feuillage dense, son cuisinier de caractère.

Hôtel-restaurant

Le Bretagne 

Tél.: 02 97 26 11 12. Fax: 02 97 26 12 37
Fermé lundi soir, mardi midi (été),
1er-21 janv., 4-10 déc.
9 ch. 980-1 400 F. 1/2 pens. 850 F
Menus: 210 F (déj.), 295-520 F. Carte: 550-700 F

Georges Paineau est, depuis plus de trente ans, le plus insolite des grands de Bretagne. Son décor intrigue: temple du kitsch, avec son mobilier jouant l'Art nouveau, le carreau de faïence, la tradition thaï davantage que le genre bas-breton. Sa demeure ne ressemble à nulle autre, avec ses deux salles où l'on est placé comme au théâtre: la première, avec ses chaleureuses boiseries, la seconde, avec ses chromatismes évoquant les îles. Certains de ses plats — huîtres en paquets, dans une feuille d'épinard, turbot au jus de viande, flan de céleri aux truffes — ont fait le tour du monde. Paineau ne s'est jamais pris pour une star. Peintre, étudiant aux Beaux-Arts de Nantes, il a exposé maintes fois. A rédigé des livres de recettes comme des leçons de choses. N'en a pas pour autant délaissé les fourneaux, même si son gendre et disciple, Claude Courlouër le relaye. Sa cuisine? Grande bourgeoise et moderne, avec des idées chipées à l'air du temps, à l'exotisme et aux voyages. Une idée de menu chez lui? Emincé de thon poêlé, flanqué d'une compote de rhubarbe et d'une vinaigrette au jus de palourdes, grosses langoustines aux épices avec brunoise aux aromates, sole au caviar, cuite au plat en glacis de mer, pomme de ris de veau rôtie, caramélisée avec citron confit et galette de pommes de terre. Complexe? Mais si raffiné, si excitant au palais, si léger sur l'estomac. Les desserts jouent dans la même cour: cristalline de crêpes dentelle à la compote d'orange et fruits secs, sablé à la compote de fruits rouges et glace vanille au miel turbinée. Du grand art, net, clair, précis, qui ne laisse place qu'aux applaudissements, la représentation terminée.

Quiberon

56170 Morbihan. Paris 504 - Vannes 46 - Auray 28 - Concarneau 98 - Lorient 47.

La presqu'île, la côte sauvage, les cures diététiques, l'exquis caramel salé : c'est une Bretagne en résumé.

Hôtel-restaurant

Sofitel Diététique

Pointe de Goulvars
Tél.: 02 97 50 20 00. Fax: 02 97 30 46 32
76 ch. 1/2 pens. 1 435 F
Menu: 250 F

Comme son voisin, ce grand rectangle de béton joue le charme moderne. Les équipements intérieurs retiennent à coup de piscine, tennis, jardin. Chambres spacieuses, cuisine diététique de qualité.

Sofitel Thalassa

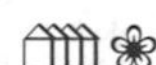

Pointe de Goulvars
Tél.: 02 97 50 20 00. Fax: 02 97 30 46 32
133 ch. 850-1935 F. 1/2 pens. 860-1 308 F
Menu: 250 F

Moderne et fonctionnel, luxueux et de grand confort, ce grand hôtel de chaîne ne ménage pas ses efforts pour retenir le chaland à demeure, y compris avec une fine cuisine marine qui change au gré de la mer. Grandes chambres lumineuses face à l'océan.

La Petite Sirène

15, bd R.-Cassin
Tél.: 02 97 50 17 34. Fax: 02 97 50 03 73
Fermé mi-oct.-mars, (rest.) mercr. juil.-août
14 ch. 344-410 F. 15 studios 700-830 F
Menus: 100-340 F. Carte: 250-300 F

Cette petite unité fait une halte familiale en bordure de mer avec son accueil de charme, ses chambres bien équipées, ses mets du jour soignés au fil du marché et de la marée.

indique un bon rapport qualité-prix.

Ancienne Forge

20, rue Verdun
Tél.: 02 97 50 18 64
Fermé dim., lundi sf été, janv.
Menus: 51 F (enf.), 82-250 F. Carte: 250 F

Au centre-ville, dans une galerie marchande, cette table sérieuse fait la part belle aux mets régionaux, aux poissons du jour (bar au gros sel, tartare du pêcheur, pot-au-feu de la mer) aux huîtres creuses de Larmor-Baden. Sages menus et accueil sympathique.

Relax

27, bd Castero, pl. de Kermorvan
Tél.: 02 97 30 55 55. Fax: 02 97 50 12 84
Fermé dim. soir (hs), lundi sf été, début janv.-mi-févr.
Menus: 52 F (enf.), 78-190 F. Carte: 250-300 F

La vue sur la mer, le banc d'huîtres, les poissons frais pêchés (bar grillé sur la peau, sole meunière) attire les amoureux de l'océan dans ce restaurant relaxe et tranquille.

La Chaumine

Au Manéneur
Tél.: 02 97 50 17 67. Fax: 02 97 50 17 67
Fermé dim. soir (hs), lundi sf soir été, 1er-8 mars, 12 nov.-22 déc.
Menus: 55 F (enf.), 82 F (déj.), 142-275 F. Carte: 200 F

Pas chère, sympathique, très authentique, cette chaumière du pays draine le chaland gourmet dans le quartier des pêcheurs du Manémeur. Les belles huîtres iodées, crues ou cuisinées, la sole de ligne, les petits bars sont cuisinés en finesse par Cyril Graff, à côté des classiques moules marinière, soupe de poissons ou langoustines mayonnaise. Accueil adorable.

Produits

CHOCOLATIER-CONFISEUR

Henri Le Roux

18, rue de Port-Maria
Tél.: 02 97 50 06 83. Fax: 02 97 30 57 94

Ses caramels au beurre salé l'ont rendu célèbre dans le bel Hexagone, mais ses chocolats (au gingembre confit, au caramel tendre, au poivre de Séchouan) sont également admirables.

CONFISEUR

Les Niniches

5, bd Chanard
Tél.: 02 97 50 09 96. Fax: 02 97 50 36 24

Alain Audebert mitonne 46 parfums différents de sucettes longues - que l'on nomme niniches. Faites-lui confiance aussi pour les «salidous», caramels au beurre salé de qualité grande.

CONSERVEURS

La Quiberonnaise

30, rue du Port-de-Pêche
Tél. : 02 97 50 12 54. Fax : 02 97 50 27 19

Les sardines en boîtes, haut de gamme, sont l'une des grandes spécialités de Quiberon. On les trouve, soigneusement préparées à la main à la Belle Iloise et à la Quiberonnaise. Le principe : prendre un poisson tout frais de première qualité, le nettoyer, l'étêter, l'éviscérer, le faire cuire dans une friture avant d'être mise en boîte où elles sont marinées — et ainsi conservées à l'huile d'olive, d'arachide, à la tomate, aux achards ou aux aromates. Les sardines ont, en outre, la réputation de se bonifier, comme le bon vin, après conservation de plusieurs millésimes en boîtes. De vrais délices à manger juste, comme ça, sur du pain grillé couvert de beurre demi-sel.

PÂTISSIER

Riguidel

38, rue de Port-Maria
Tél. : 02 97 50 07 41. Fax : 02 97 30 35 18

Si vous aimez les kouign amann d'Yves Carzon, vous pouvez les lui commander et il vous les expédiera, pur beurre, pur sucre, juste à réchauffer pour le plaisir. Quatre-quarts, galettes et brioche rhum-raisins (dite « pain doux ») de qualité.

Quimper

29000 Finistère. Paris 564 – Brest 71 – Lorient 68 – Rennes 217 – St-Brieuc 128.

Office du Tourisme : pl. de la Résistance
Tél. : 02 98 53 04 05. Fax 02 98 53 31 33

Poétique avant tout, et belle, dans ses atours bretons, la capitale de la Cornouaille demeure fidèle à son passé. Nulle cité en Bretagne — ni Rennes, ni Nantes, ni Brest la populaire, ni Lorient la moderne — ne peut se vanter de posséder autant de belles demeures à pans de bois, façades couvertes d'ardoise, pavés faisant le dos rond, convergeant vers la cathédrale Saint-Corentin aux deux flèches. « Kemper », en breton, signifie confluent. Ici se rejoignent Steïr et Odet. Des bateaux de croisière, suivant cette dernière rivière, mènent en deux heures à la mer. La cité se découvre à pied, au fond d'une verdoyante vallée, dominée par le mont Frugy. Les quais de l'Odet coupés de « passerelles » et les rues touristiques confèrent à la cité son air de musée de plein air. Il suffit de flâner là le nez au vent, de jeter un œil aux vitrines soignées, de dénombrer les antiquaires, de converger vers les halles modernes, de prendre un verre place au Beurre, sur une terrasse, ou de frapper à la porte d'un musée, pour comprendre que Quimper mérite une halte appliquée.

Hôtels

Novotel 

Rte de Benodet
Tél. : 02 98 90 46 26. Fax : 02 98 53 01 96
92 ch. 470-510 F
Menus : 55 F (enf.), 75-155 F

Moderne et fonctionnel, avec son toit ardoise « à la bretonne », ce grand hôtel de chaîne fait, à l'entrée de la ville, une halte sans histoire. Restaurant très honnête.

Le Gradlon 

30, rue de Brest
Tél. : 02 98 95 04 39. Fax : 02 98 95 60 25
Fermé 20 déc.-15 janv.
22 ch. 410-575 F

A deux pas de la cathédrale, cet hôtel familial à l'accueil chaleureux et au service charmant est tout sourire. Les chambres sont exiguës mais proprettes, réparties autour d'une cour fleurie de roses. Une suite charmante avec bain-jacuzzi.

Mascotte 

6, rue Théodore-Le-Hars
Tél. : 02 98 53 37 37. Fax : 02 98 90 31 51
Fermé (rest.) sam., dim. (hs.)
63 ch. 355-445 F
Menus : 75-150 F

Aux portes du centre-ville, près des quais de l'Odet et contigu d'un parking, cet hôtel récent, moderne et accueillant, possède un restaurant de qualité.

La Tour d'Auvergne 

13, rue Réguaires
Tél. : 02 98 95 08 70. Fax : 02 98 95 17 31
Fermé dim. (hs), sam. midi
38 ch. 440-590 F. 1/2 pens. 475-490 F
Menus : 73 F (enf.), 138-290 F

Traditionnel, un peu vieillot, non sans charme et de bon accueil, à quelques pas de la cathédrale et de la vieille ville, cet hôtel de charme avec son patio, son salon et son bar de style british.

Notre sélection d'adresses parisiennes est volontairement restreinte. Pour un aperçu gourmand plus complet sur la capitale, reportez vous au Pudlo Paris 2001 (éd. Michel Laffon).

Restaurants

L'Ambroisie

48, rue E.-Fréron
Tél.: 02 98 95 00 02. Fax: 02 98 95 88 06
Fermé dim. soir (hs), lundi sf soir été, vac. févr., 26 juin-10 juil., Toussaint
Menus: 120 F (sem.)-340 F. Carte: 300-400 F

Le décor moderne, volontiers design, avec fresques et lampes incrustées, a du charme. Le service pourrait témoigner de plus de nerf. En revanche, la cuisine de Gilbert Guyon, riche de belles idées, témoigne d'une rare finesse. Au tableau d'honneur, des hors-d'œuvre de toute beauté: cannelloni de blé noir à la chair de crabe, homard au jus de crustacés et fondue d'artichauts, cassolette de langoustines aux champignons. Mais aussi des desserts splendides, tels le croustillant fraise avec crème vanille et son coulis, superbe gâteau «grand-mère aux pommes» avec coulis de caramel, crème fleurette et glace vanille. Les vins, avec de jolis fonds de casier, réservent de belles trouvailles dans tous les vignobles (exquis mâcon fuissé, remarquable bourgueil de Lamé-Delisle-Boucard). Les menus sont bien pondus. Voilà, à l'évidence, une maison d'avenir.

Les Acacias

88, bd Creac'h-Gwen
Tél.: 02 98 52 15 20. Fax: 02 98 10 11 48
Fermé sam. midi, dim. soir, lundi soir, 6-29 août
Menus: 105-250 F. Carte: 250-350 F

Dans une zone commerciale, un cadre moderne et récent avec son accueil gentil tout plein: Philippe Hatté y propose une cuisine fine, précise, soignée, à laquelle ne manque qu'un soupçon de caractère. Ravioli de homard, ballottine d'araignée en feuille d'épinard, frivolités de langoustines aux salades amères, rougets acidulés, lamelles de lotte aux tomates confites et gâteaux aux amandes et fruits rouges sont sans grand défaut, quoique parfois guettés par la préciosité et le chichi.

Le Capucin Gourmand

29, rue des Reguaires
Tél.: 02 98 95 43 12. Fax: 02 98 95 13 34
Fermé dim., lundi midi, 1er-20 févr.
Menus: 100-360 F. Carte: 300-400 F

Le classique de la ville, c'est Christian Conchon qui pratique une cuisine au fil des saisons, tenant compte, mais à peine (dans un accompagnement avec petits légumes et brocolis) des modes du temps. Les ravioles de coque au gingembre, le simple saumon mariné à l'aneth avec son blini de blé noir, la galette de blé à l'andouille, le homard au pommeau et riz basmati donnent le ton d'une cuisine «bretonne mise au goût du jour». Des approximations de cuisson (lotte sèche avec coques et herbes vinaigrées), des accompagnements et herbes en surnombre (avec la petite pêche du jour, comme le bar sur sa peau), un choix de vins restreint (malgré quelques découvertes, comme l'exquis saumur Saint-Vincent de Patrick Vadé) peuvent gâcher le plaisir. Mais les desserts réservent de bonnes surprises (croustillant banane-coco et crème brûlée au sucre roux), le décor tendu de tissu bleuté est intime et le service féminin souriant autant que charmant.

La Fleur de Sel

1, quai Neuf/Cap-Horn
Tél.: 02 98 55 04 71. Fax: 02 98 55 04 71
Fermé sam. midi, dim., 23 déc.-5 janv.
Menus: 90 F (déj., sem.), 118-210 F
Carte: 200-250 F

Un gai décor pastel, bleu et briques blanches, à fleur d'Odet, une série de menus malins tout plein, la cuisine fraîche et vive d'Alain le Gall, l'accueil pimpant de son épouse: voilà ce qui vous attend dans ce qui est sans doute la bonne affaire gourmande de la ville. La viennoise de joues de raie en salade, la salade d'huîtres et de tomates confites, le filet de bar rôti au beurre fumé et le colin au beurre de tomate composent une assez jolie symphonie marine, faite d'idées bien pensées et de saveurs dosées avec minutie.

Le Clos de la Tourbie

43, rue E.-Fréron
Tél.: 02 98 95 45 03. Fax: 02 98 95 45 03
Fermé mercr., sam. midi
Menus: 50 F (déj.), 95-180 F. Carte: 250 F

Didier le Madec, ancien du Dodin-Bouffant, de chez Cagna et Gavroche à Londres, a choisi le parti pris de la modestie dans un décor chaleureux et cosy des abords de la vieille ville. La compote de lapereau, le feuilleté de petits-gris, la raie en vinaigrette à l'huile de noix et le gâteau du prélat s'égrènent au fil d'un menu du marché fort bien pondu.

A 29700 Pluguffan 5 km S.-O. par bd Poulguinan

La Roseraie de Bel Air

Ancienne rte de Pont-l'Abbé
Tél.: 02 98 53 50 80. Fax: 03 98 53 50 80
Fermé dim. soir, lundi
Menus: 140-250 F. Carte: 300 F

Sur la route de l'aéroport, une maison bretonne du XIXe dans son jardin et la cuisine sophistiquée de Louis Cornec, qui marie apprêts modernes, épices et produits de Bretagne, dans une approche un peu mignarde. Croustillants dits «petits choux farcis» de ratatouille, chou-fleur et langoustines, osso buco de lotte sauce curry et pommes au gingembre, darne de turbot en cocotte à la fricassée de jeunes légumes donnent le ton de mets en vogue. Accueil timide, petits fours secs et choix de vins un peu court.

Produits

ARTS DE LA TABLE

Faïence de Quimper-HB Henriot

Rue Haute
Tél. : 02 98 90 09 36

L'une des rares faïenceries à peindre encore à la main, perpétuant une tradition de trois siècles. Objets de tous les jours, pièces de collection, assiettes de décoration : chaque pièce est signée par l'artiste. Catalogue de vente par correspondance et superbe boutique refaite avec goût.

François Le Villec

4, rue du Roi-Gradlon
Tél. : 02 98 95 31 54

Tissus, nappes, faïences par un créateur-éditeur qui met son talent au service des traditions de sa région et de leur renouvellement. Catalogue de vente par correspondance.

Philippe Henry

20, rue E.-Fréron
Tél. : 02 98 95 43 43

Brocante et antiquités autour des années cinquante à soixante-dix. Faïences anciennes, cristallerie et bibelots divers.

BISCUITIER

Biscuiterie Alizé

ZA de Penhoat'Braz, BP 9, Quimper-Plomelin
Tél. : 02 98 52 91 92

Une usine moderne avec ses traditionnelles crêpes dentelles en boîtes pittoresques et son intéressant musée de la Crêpe attenant.

CHOCOLATIER

Beauverger

39, rue Kéréon
Tél. : 02 98 95 07 73

Les ganaches de qualité d'un maître-artisan qui pratique l'amer avec doigté.

CIDRIER

Manoir de Quinquis

Ergué-Armel
Tél. : 02 98 90 20 57

Cidre de Cornouaille du « cru de Fouesnant », pommeau breton de qualité et eau-de-vie de cidre dite « Fine de Bretagne », produits artisanalement par la famille Seznec dans un manoir au vert. Dégustation, visite et vente tous les jours.

PÂTISSIERS

Boule de Neige

14, rue des Boucheries
Tél. : 02 98 95 88 22

Pour découvrir les « torchettes » — des galettes aux amandes et raisins — créées par Georges Larnicol, meilleur ouvrier de France 1994 en pâtisserie.

Rolland-Padou

13, rue Kéréon
Tél. : 02 98 95 21 40

L'un des pâtissiers émérites de la ville, produisant notamment un kouign amann à se damner ou toutes sortes de spécialités au fil des saisons. Salon de dégustation.

Rendez-vous

CRÊPERIES

Au Vieux Quimper

20, rue Verdelet
Tél. : 02 98 95 31 34

Au cœur du centre et à deux pas la cathédrale Saint-Florentin, ce vieux décor breton, avec granit au mur, mobilier ancien et lit clos propose un accueil féminin charmant et toutes sortes d'exquises galettes, comme la savoureuse « complète » à l'andouille.

SALON DE THÉ

Le Moal

32, pl. Saint-Corentin
Tél. : 02 98 95 56 06

Très centrale, à deux pas de la cathédrale, une pâtisserie-salon réputée pour ses gâteaux pur beurre et son kouign amann.

Quimperlé

29300 Finistère. Paris 519 - Quimper 48 - Concarneau 31 - Pont-Aven 18 — Rennes 171.

La basse ville, l'église Sainte-Croix, les vieilles halles de 1880, les maisons anciennes de la rue Brémond-d'Ars, la maison des Archers et le musée des Traditions bretonnes : voilà qui vaut la halte.

Hôtel-restaurant

Novalis

Rte de Concarneau
Tél. : 02 98 39 24 00. Fax : 02 98 39 12 10
Fermé (rest.) sam. midi, dim.
25 ch. 246-267 F. 1/2 pens. 244 F
Menus : 65 F (sem.)-85 F

Cet hôtel moderne et sans histoire offre calme et petit confort, sans luxe aucun, à 2 km du centre.

Le Bistrot de la Tour

2, rue Dom-Morice
Tél. : 02 98 32 29 58. Fax : 02 98 39 21 77
Fermé sam. midi, dim. soir sf été
Menus : 80 F (déj.)-360 F (vin c.). Carte : 250-350 F

Face aux halles et proche de l'église abbatiale, cette bonne table est l'adresse sûre de la petite cité historique. Déco soignée dans le goût de l'école de Nancy, accueil souriant et plats mitonnés avec un soin louable, dont les poêlée de langoustines, cassoulet à l'andouille, escabèche de sardines, poivron farci de morue et tournedos de thon sont les réussites. Belle carte des vins, grands choix d'alcools de toute provenance sélectionnés par le maître de maison, le barbu Bernard Cariou.

indique un bon rapport qualité-prix.

Produits

CHARCUTIER

Daniélou

A Baye : 4 km O. par D783
Tél. : 02 98 96 80 13

Faire l'andouille est, pour les Danielou, est un bel art. Philippe, qui constitue la troisième génération depuis 1920, la mitonne, embossée façon Vire et fumée au bois de hêtre. Un délice. En sus, pâté de jambon et andouille au lard.

PRODUITS RÉGIONAUX

Lozac'hmeur

A Baye : 4 km O. par D783
Tél. : 02 98 96 80 20

Miel et chouchen dans la tradition du pays breton.

R

Ramatuelle

83350 Var. Paris 876 – St-Tropez 10 – Ste-Maxime 16 – Le Lavandou 37.

Le souvenir de Gérard Philipe, qui dort au cimetière du village, et d'Anne qui y écrivit Les Rendez-vous sur la colline *plane sur ce joli site perché.*

Hôtel-restaurant

Le Baou

Av. Gustave-Etienne
Tél.: 04 94 79 20 48. Fax: 04 94 79 28 36
Fermé 16 oct.-7 avr.
33 ch. 800-1 950 F. 8 duplex. 1/2 pens. 670-1 245 F
Menus: 190-360 F. Carte: 350 F

Cette jolie terrasse avec vue sur la plage de Pampelonne et le vieux village perché de Ramatuelle révèle le joli coup de patte de Sylvain Humbert, fidèle à cette demeure moderne avec chambres (le mobilier et la déco très années quatre-vingt genre cannelage et bambou sont en passe d'être changés). On y cède ici aux doux plaisirs de la soupe glacée d'asperges truffée aux pointes d'asperges et queues de langoustines, loup rôti aux artichauts violets cuits et crus à la pâte d'olive, splendide gigotin d'agneau aux senteurs de garrigue, pain perdu de brioche aux fruits rôtis des îles avec sorbet coco et coulis passion. Ces plats sonnent justes et fins, s'accommodant des plus jolis crus de la Provence en vogue.

Voir aussi Saint-Tropez

Le Rayol-Canadel

83820 Var. Paris 887- Bormes-les-Mimosas 9 – Cavalaire 11 – Le Lavandou 13.

Un tout petit coin de bout de route fleurie sur la côte varoise...

Restaurant

Le Maurin des Maures 

N559
Tél.: 04 94 05 69 82/04 94 05 60 11
Fax: 04 94 05 69 70
Fermé dîn. (hs)
Menus: 79 F (déj., sem.), 118 F, 139 F
Carte: 200-250 F

Des bistrots comme celui-ci, c'est comme un rayon de soleil sur la route. Dédé Delmonte reçoit son monde avec chaleur, trinque au pastis, exhibe la pêche du jour avec fierté. On hésite entre terrine et anchoïade, ratatouille et petite friture. Le lapin aux herbes est cuisiné comme chez grand-mère. La bouillabaisse est un morceau de roi que l'on dispense à prix manants. Le rosé du pays se boit frais. La bourride ou les rougets de croche sont une bénédiction. On achève le repas sur un chèvre frais ou un nougat glacé, en remerciant la maisonnée sur la pointe des pieds.

Ré (île de)

17 Charente-Maritime. Paris 490 – La Rochelle 17 – Fontenay-le-Comte 66 – Luçon 54.

Mais non « les fats ne sont pas las sur l'île de Ré », comme le disait la chanson. Cette étendue plate qu'un pont relie au continent via La Rochelle charme sans mal. Les blanches demeures, les marais salants, le microclimat d'une grande douceur ont attiré une colonie intellectuelle qui goûte là une discrétion légendaire.

Hôtels-restaurants

Le Richelieu 

Av. de la Plage, 17630 La Flotte
Tél.: 05 46 09 60 70. Fax: 05 46 09 50 59
Fermé (rest.) 5 janv.-5 févr.
39 ch. 800-2 000 F. 5 appart. 2 500 F
1/2 pens. 800-2 500 F
Menus: 300-400 F. Carte: 400-500 F

Le « top » de l'île, c'est ce bel hôtel face à l'océan qui l'apporte avec ses chambres de charme, son complexe de thalassothérapie, sa terrasse sur le port de La Flotte. N'oubliez pas dans ce tableau idyllique une cuisine soignée qui tire le meilleur du marché et le plus délicat de la pêche locale. A coup de cappuccino de saint-jacques, homard grillé au beurre de corail, médaillon de lotte aux pétales de tomates confites, bar rôti au beurre de thym, panna cotta de fruits frais. Belle carte des vins, service de choix.

Atalante 

A 17740 Sainte-Marie-de-Ré
Tél.: 05 46 60 22 44. Fax: 05 46 30 13 49
Fermé 7 janv.-4 févr.
65 ch. 485-1 160 F. 1/2 pens. 440-680 F.
Menus: 140-240 F

Le grand calme face à l'océan: voilà ce que propose cet hôtel qui fut moderne il y a trente ans mais a su rénover depuis ses équipements. Piscine, tennis, accès direct au proche centre de thalasso et bonne cuisine au plus près de la marée (soupière de palourdes, sole farcie, bar braisé aux asperges) donnent le ton.

L'Océan

172, rue St Martin, 17580 Le-Bois-Plage-en-Ré
Tél. 05 46 09 23 07. Fax 05 46 09 05 40
Fermé 5 janv.- 10 fév, res. merc (sf vac.).
24 ch. 400-550 F 1/2 pens. 365-430 F.
Menus: 50 (enf.), 130-180 F.

La simplicité comme un bel art: c'est ce que proposent Martine et Noël Bourdet qui reçoivent leurs hôtes en amis dans ce vieil hôtel transformé en maison de charme comme par un coup de baguette magique. Lattes de bois repeintes en blanc, meubles chinés, couleurs douces séduisent. Et le jardin, les repas frais, les petits déjeuners délicieux emballent. Une maison de cœur.

Auberge de la Rivière

La Rivière, 17880 Les Portes-en-Ré
Tél.: 05 46 29 54 55. Fax: 05 46 29 40 32
Fermé mardi, mercr., sf été, janv.-mi-févr., 15 nov.-20 déc.
Menus: 55 F (enf.), 130-370 F. Carte: 250-350 F

Cette belle chaumière du pays offre, en bordure de route, le charme de sa salle à manger rustique, ainsi qu'un accueil sérieux, sans omettre une cuisine sage, faite au plus près du marché. Mouclade charentaise, palourdes farcies, morue sauce vierge, homard grillé avec son beurre de corail, bar à la fleur de sel, moelleux au chocolat et glace vanille, mitonnés par Rémi Massé, sont de très bon ton.

La Cabane du Fier

Le Martray, 17590 Ars-en Ré: 3 km E. par D735
Tél.: 05 46 29 64 84
Fermé mardi soir, mercr. (sf juil.-août), déc.-févr.
Carte: 180-250 F

Simple et adorable, cette cabane d'ostréiculteur est devenue une auberge alerte où l'on propose, outre les huîtres, le poisson du jour à la fleur de sel, le feuilleté de julienne à la crème de moutarde et le fondant au chocolat dans une ambiance relaxe.

Le Chasse-Marée

1, rue Jules-David, 17880 Les Portes-en-Ré
Tél.: 05 46 29 52 03. Fax: 05 46 29 62 10
Fermé sam., dim. (hs), mi-nov.-mars
Menus: 130 F (sem.), 165-250 F. Carte: 250 F

Cette auberge de charme dans un village adorable vaut d'abord le détour et la halte pour son décor soigné avec ses murs ornés de toiles de peintres amis sur le thème du chasse-marée. L'accueil est adorable et, côté cuisine, moules froides sauce ciboulette, feuilleté de coques aux asperges, blanquette de lotte, bar aux palourdes, bœuf aux huîtres constituent une belle surprise. D'autant que les prix sont restés tout doux malgré le succès. Adorable accueil de Bernadette Frigière.

Réalmont

81120 Tarn. Paris 707 - Toulouse 79 - Albi 20 - Castres 25 - Lacaune 57.

Ce bourg d'étape au cœur du Tarn, pays-passion, a toujours une réputation gourmande.

Hôtel-restaurant

Noël

Rue de l'Hôtel-de-Ville
Tél. 05 63 55 52 80. Fax 05 63 55 69 91
Fermé dim. soir, lundi, vac. févr.
8 ch. 195-320 F. 1/2 pens. 220-260 F
Menus: 65 F (enf.), 75-250 F. Carte: 250-300 F

Certes, les chambres sont simples, mais proprettes. La salle à manger, avec bibelots, cuivres et tableaux, a le charme des demeures du passé. Noël Galinier, jadis, lui avait tissé quelques lauriers. La voilà aujourd'hui qui reprend des couleurs avec Jean-Paul Granier. Les terrine de foie gras, briochettes grillées, fricassée de girolles, salade de pigeon à la ventrèche, carré d'agneau aux gousses d'ail rose de Lautrec sont d'une séduction très convaincante. Belle terrasse sous les ombrages.

Les Secrets Gourmands

72, av. du Gal-de-Gaulle
Tél.: 05 63 79 07 67. Fax: 05 63 79 07 69
Fermé dim. soir, mardi, 15 janv.-10 févr.
Menus: 105-290 F. Carte: 200-250 F

Cette auberge rustique, en ligne de mire sur le N113, vaut pour son accueil de choix dans trois petites salles à manger fort soignées. Ajoutez-y la sagesse des menus et des prix, ainsi que la cuisine de Franck Augé qui joue avec aise de la tradition régionale rajeunie. Ballottine de pigeonneau et foie gras avec sa gelée à la sauge, sandre doré aux pointes d'asperges, cassoulet au confit sans lourdeur, carré d'agneau rôti au jus d'aillet, rognon de veau rôti au jambon de Lacaune et croustillant de millas aux graines d'anis font de belles surprises.

Reilhac: voir Langeac

« Ecrivez-nous » vos impressions, vos commentaires, relatez-nous vos enthousiasmes et vos déceptions à **lepudlo@aol.com.**

Reims

51100 Marne. Paris 144 – Bruxelles 233 – Châlons-en-Champagne 48 – Lille 206 – Luxembourg 212.

Office du Tourisme : 2, rue du Gal-de-Machault
Tél. : 03 26 77 25 45. Fax : 03 26 77 45 27

On parle volontiers du champagne, jamais ou presque de « la » Champagne. La ville est pourtant charmeuse, autour de sa cathédrale, et la gourmandise lui est naturelle. Non seulement le vin blond élaboré dans les crayères de la butte Saint-Nicaise. Avec un peu de curiosité, on découvre ici une moutarde qui pique d'agréable façon, une charcuterie d'élite avec un jambon de Reims qui mérite sa gloire, autant que celui de Dijon, pourtant plus fameux, des pâtisseries méconnues mais d'exception, des biscuits à l'ancienne, des chocolats qui taquinent l'alcool bien dominé. Frappez aux portes, dérivez de place du Forum au marché du Boulingrin et étonnez-vous : la ville est plantureuse, diablement gourmande, même si elle a tendance à l'ignorer encore.

Hôtels

Boyer « Les Crayères »

64, bd Henry-Vasnier
Tél. : 03 26 82 80 80. Fax : 03 26 82 65 52
Fermé 23 déc.-12 janv.
16 ch. 1 480-2 180 F. 3 appart.

L'ancien château Pommery est devenu, grâce aux Boyer, non seulement un Relais & Châteaux de grand charme dans son parc, mais un des plus beaux hôtels de France. Chambres raffinées, salles de bains exemplaire, petits déjeuners somptueux. Voir restaurant.

Les Templiers

22, rue des Templiers
Tél. : 03 26 88 55 08. Fax : 03 26 47 80 60
17 ch. 950-1 400 F

Un manoir bien pratique quand les Boyer affichent complet. Chambres de grand confort dans une demeure privée bien au calme.

 *indique un hôtel au calme.*

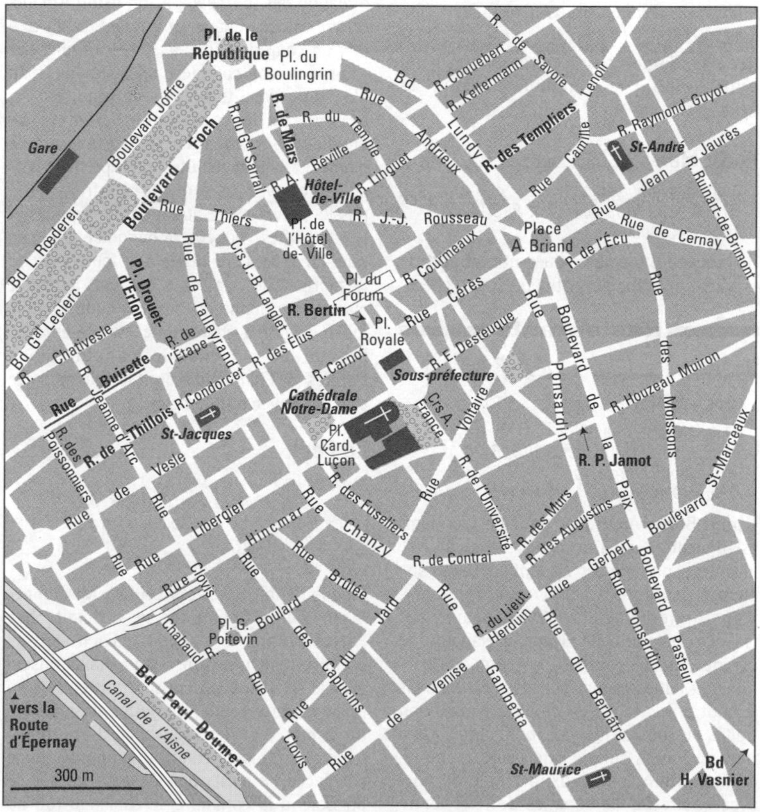

L'Assiette Champenoise

40, av. Paul-Vaillant-Couturier, à Tinqueux
Tél.: 03 26 04 15 56. Fax: 03 26 04 15 69
60 ch. 525-970 F. 1/2 pens. 725-925 F

Les Lallement tiennent un manoir néo-gothique version 1900 de qualité. Chambres modernes de bon standing. Voir restaurants.

Holiday Inn Garden Court

46, rue Buirette
Tél.: 03 26 47 56 00. Fax: 03 26 47 45 75
Fermé (rest.) sam. midi, dim.
82 ch. 580 F
Menus: 47 F (enf.), 86-98 F

Hôtel moderne, central, avec son restaurant aux prix très raisonnables.

Mercure-Cathédrale

31, bd Paul-Doumer
Tél.: 03 26 84 49 49. Fax: 03 26 84 49 84
Fermé sam. midi, dim. midi
Menus: 50 F (enf.), 140-185 F
120 ch. 500-555 F

Fonctionnel et clair, un hôtel accueillant entre autoroute et centre-ville. Salle de gym.

New Hotel Europe

29, rue Buirette
Tél.: 03 26 47 39 39. Fax: 03 26 40 14 37
54 ch. 430-480 F

Pas cher, discret, plein centre, un bon hôtel pratique pour le marcheur du cœur de Reims.

Porte Mars

2, pl. de la République
Tél.: 03 26 40 28 35. Fax: 03 26 88 92 12
24 ch. 340-395 F

De bon confort, à l'orée du centre et près de la gare, une étape sympathique et peu chère.

Restaurants

Boyer

«Les Crayères»

64, bd Henry-Vasnier
Tél.: 03 26 82 80 80. Fax: 03 26 82 65 52
Fermé lundi, mardi midi
Menus: 990 F (vin c.)-1 090 F. Carte: 650-850 F

Gérard Boyer, Auvergnat natif de Clermont, est devenu, depuis deux décennies, le n°1 incontesté de sa région d'adoption. Dans l'ancienne demeure de la famille Pommery, transformée en Relais & Châteaux, sur laquelle veille la belle Elyane, il élabore une cuisine classique, sérieuse, séveuse, aux parfums du temps, jouant non pas l'épate, mais le goût précis et sûr de produits d'exception traités au sommet de leur forme. Mais est-il rien de moins simple que ce foie chaud, croûté, juteux, onctueux, à l'huile de noix avec gaufrettes de pommes de terre, cette pastilla de pied de porc aux truffes, ce ragoût d'escargots aux cèpes et crépinette de laitue, ce turbot au lard et échalotes confites ou encore cette morue fraîche sauce au bouzy qui jouent, comme le grenadin de veau en chapelures d'herbes, le rognon entier avec gaufrettes de cèpes au foie gras ou la monumentale tête de cochon au croustillant d'oreille, le mets canaille poussé dans ses retranchements les plus sophistiqués. Au chapitre des desserts, le croustillant de pommes avec marmelade d'orange et sorbet citron ou encore la variation légère vanille ananas noix de coco jouent l'équilibrisme de haute volée. Le tout est servi avec doigté sous la houlette du maître d'hôtel Werner Heil, le plus rigoureux de nos grands hommes de salle hexagonaux. Immense carte des vins, avec une anthologie des meilleurs champagnes de toutes marques et de tous styles.

L'Assiette Champenoise

40, av. Paul-Vaillant-Couturier, à Tinqueux
Tél.: 03 26 04 15 56. Fax: 03 26 04 15 69
Menus: 295-495 F (vin c.)

Jean-Pierre Lallement, qui travailla chez Boyer au temps de la Chaumière, a cédé la direction des fourneaux à son fiston Arnaud, retour de chez Chapel et Guérard. La carte a pris un coup de jeune, avec ses intitulés sur le produit que complète un avant-goût du plat: foie gras, turbot, ris de veau, etc. La cuisine, s'allégeant à point nommé, se découvre une vocation sudiste avec huile d'olive et sauces réduites, qu'expriment langoustines avec jus exotique aux fruits de la passion, saint-pierre au ragoût de légumes et jus de truffes, rouget à la barigoule. L'aile de raie flanquée d'une purée à la fourchette ou le suprême de volaille au foie gras jouent le classicisme maintenu, mais rajeuni. Chaque mois, un grand champagne est présenté en promotion — comme le blanc de blanc Comtes de Champagne dont la finesse racée s'accorde avec tout le repas.

Le Foch

37, bd Foch
Tél.: 03 26 47 48 22. Fax: 03 26 88 78 22
Fermé sam. midi, dim. soir, lundi, vac. févr., 31 juil.-20 août
Menus: 175-230 F. Carte: 300-450 F

Proche de la gare, Jacky Louazé, Mayennais, marié à une Champenoise, officiait chez Pétrus à Paris. Il a repris le Foch sans se prendre pour une super-star, mais conservant le sens du beau poisson frais cuisiné au millième de seconde. On goûte ainsi, au gré de la marée et des saisons, la divine brandade aux tomates confites comme la soupe de glacée de petits pois, le frais tartare de poissons à la coriandre, le cabillaud rôti au jus de persil et ses pommes de terre écrasées, sans omettre un bar en croûte d'argile qui est son morceau de bravoure. Côté desserts, la fraîche salade de fraises en gaspacho et sorbet fromage blanc fait une issue parfaite. Le jeune service met un brin de décontraction dans une salle un peu froide.

Le Chardonnay

184, av. d'Epernay (hors plan)
Tél.: 03 26 06 08 60. Fax: 03 26 05 81 56
Fermé sam. midi, dim. soir, 30 juil.-6 août
Menus: 150-420 F. Carte: 230-430 F

Dans ce qui fut jadis la Chaumière où Gérard Boyer connut ses premiers temps de gloire, Jean-Jacques Lange promeut une cuisine de qualité ainsi qu'un service pondéré. Poêlée d'escargots aux girolles et saint-pierre aux cèpes chantent la symphonie des saveurs d'automne. Papillote de foie gras et queue de bœuf font une belle idée rustique. La cave recèle quelques trésors.

Le Millénaire

4-6, rue Bertin
Tél.: 03 26 08 26 62. Fax: 03 26 84 24 13
Fermé sam. midi, dim.
Menus: 155-400 F. Carte: 350-500 F

Laurent Laplaige, jadis fameux en périphérie, à la Garenne, est venu dans la discrétion en centre-ville. Son clair décor néo-Arts déco avec escalier monumental a du charme et tout ce que propose ce bon «pro» sérieux et sans fantaisie outrancière est la rigueur même. La terrine de foie gras avec sa marmelade de figues, la meunière de grenouilles avec ses petits calmars et une mousseline de poireaux, le bar au beurre blanc poivré, l'aile de raie rôtie à l'ail avec sa purée de pommes de terre safranée ne manquent que d'un doigt de personnalité.

Flo

96, pl. Drouet-d'Erlon
Tél.: 03 26 91 40 50. Fax. 03 26 91 40 50
Menus: 48 F (enf.), 108-169 F (vin c.)
Carte: 150-250 F

Dans ce qui fut, jadis, un mess des officiers, une brasserie qui ne manque pas d'allure. Les tables sont plutôt espacées, les plafonds hauts, les luminaires de style Arts déco ont du chic. Le menu à 169 F (boisson incluse) offre, c'est le bon mot à ce tarif, foie gras, saumon cuit à la plancha, avec pommes de terre écrasées à l'huile d'olive, baba au rhum avec une demi coteau-d'aix. Le tartare est assaisonné à point, les frites taillées larges style Pont-Neuf et la carte des vins une mine de trouvailles.

indique un bon rapport qualité-prix.

La Vigneraie

14, rue de Thillois
Tél.: 03 26 88 67 27. Fax: 03 26 40 26 67
Fermé dim. soir, lundi, 31 juil.- 24 août
Menus: 95 F (déj.), 140-280 F. Carte: 250 F

Hervé Badier, formé par Gérard Boyer, tient avec sa gente épouse, Marie-Agnès, qui «fait» la salle cette petite salle à manger étriquée. On s'y régale sans manières de poêlée d'escargots au jus de persil, filet de rouget à l'huile de homard, tomates séchées, magret de canard poêlé sauce au poivre de Séchouan et marmelade de topinambours. Le sérieux est imparable.

Le Vigneron

Pl. P.-Jamot
Tél.: 03 26 79 86 86. Fax: 03 26 79 86 87
Fermé sam., dim. fériés, 1er-20 août,
23 déc.-2 janv.
Menus: 180-360 F. Carte: 250 F

Le régional de l'étape, c'est Hervé Liégent, qui prône un terroir revu à sa manière tonique. Imaginez une cave, née d'un ancien garage, transformée en taverne, avec affiches anciennes, enseignes malicieuses, recoin-comptoir pour les amis. On goûte un Bollinger 1976, introuvable ailleurs, sans omettre de sacrifier aux vertus vraies de la gourmandise régionale: feuilleté de jambon de Reims, pied de porc de Sainte-Menehould en crépine, sandre à l'ambonnay, escalope de saumon au pommery millésime 43, filet de bœuf à la crème de maroilles, chaource gratiné au rosé des Riceys ou encore merveilleux gâteau aux biscuits roses rémois. Ce n'est plus seulement du régionalisme, mais une œuvre pieuse, en forme d'archéologie gourmette.

Le Boulingrin

48, rue de Mars
Tél.: 03 26 40 96 22. Fax: 03 26 40 03 92
Fermé dim.
Menus: 100-150 F. Carte: 150-230 F

Bernard Victor-Pujebet a fait de cette vraie brasserie années 25, avec comptoir ciselé, banquettes, patères et luminaires Arts déco, un monument ravivé. Des huîtres, un hareng pommes à l'huile, un frais tartare, un navarin printanier ou une belle entrecôte avec de vraies frites permettent de croire que Reims est une ville bon marché, qui sait pratiquer le coude à coude en toute convivialité. Quarante références de champagnes à prix amicaux.

Le Petit Comptoir

17, rue de Mars
Tél.: 03 26 40 58 58. Fax: 03 26 47 26 19
Fermé sam. midi, dim., 23 déc.-13 janv.
Menus: 59 F (enf.), 130 F (déj.), 169 F. Carte: 200-250 F

Fabrice Maillot a agrandi l'ex-annexe de Gérard Boyer sans lui faire perdre son charme bistrotier. La carte des vins est époustouflante autant que raisonnable. Côté mets, la brioche mousseline farcie aux escargots, le fromage de tête, le dos de cabillaud en écailles de pommes de terre, les travers de porc laqué au miel et le pain perdu comme les bananes flambées au rhum font de divines surprises à prix tendres. Ajoutez-y un choix malin de glaces et sorbets maison, des idées qui se renouvellent selon le marché, un menu le midi vraiment donné et vous comprendrez que les cadres du vignoble roi aient ici leur rond de serviette.

A 51500 Montchenot: 11 km par N51

Le Grand Cerf

Tél.: 03 26 97 60 07. Fax: 03 26 97 64 24
Fermé dim. soir, mercr., 8-31 août, vac. févr.
Menus: 185 F (déj.), 285-470 F. Carte: 400-550 F

Sur un bord de route de la montagne de Reims, le Grand Cerf fait le clin d'œil avec son air de relais d'un autre temps. Aux commandes, l'excellent Dominique Girafeau, élève de Boyer ayant repris la maison que fit connaître Alain Guichetier aujourd'hui à Champion. L'aspect de demeure sans façons sur le chemin des vignes demeure. Le décor a subi un coup de jeune et la cuisine de Dominique fait preuve de sérieux, sagesse et un sens de l'évolution dans le droit fil de la légèreté: homard à la vinaigrette de poires, saint-jacques au verjus, chevreuil aux graines de sésame, ananas confit rôti aux fruits de la passion, sur lesquels un Mumm brut rosé sans année, frais comme l'onde, vigoureux et vineux, fait merveille, en témoignent avec art.

Produits

BISCUITIER

Fossier

11, rue Périn
Tél.: 03 26 40 67 67

Charles de Fougeroux, biscuitier de métier, a racheté les deux dernières biscuiteries rémoises et les a réunies sous le premier label, dans le même site de production, avec ses vieux moules comme autrefois. Le biscuit rose est toujours cuit deux fois, à faible température, dévoilant sa savante texture mi-dure, mi-friable qui se marie divinement avec un demi-sec. Goûtez aussi le nouveau «salé de Reims», parfait à l'apéritif.

CAVISTES

Le Petit Cellier

5, cours Anatole-France
Tél.: 03 26 47 16 31

Cinquante marques, 130 références, 48 cuvées: voilà ce qu'on trouve ici en matière de champagnes de grandes et petites marques. La rare côte aux enfants de Bollinger ou un vintage de Krug, à côté d'une liqueur de ratafia...

Le Vintage

1, cours Anatole-France
Tél.: 03 26 40 40 82

Cette belle échoppe propose le choix de vins le plus important de Reims, grands crus, vieux alcools de collection, whiskies de malt en prime.

CHARCUTIER

Charcuterie du Forum

18, pl. du Forum
Tél.: 0326 47 42 07

Le jambon de Reims? Le cousin du jambon persillé. Composé de palette et épaule, cuit dans un bouillon aromatisé. Celui que confectionne Daniel Fauchart est ferme, tendre, savoureux, révélant un bon goût de cochon parfumé d'une fine gelée d'aromates. Ses boudins blancs, pâté de lapin, «mousson» de canard et rillettes sont également superbes.

CHOCOLATIER

Deleans

20, rue Ceres
Tél.: 03 26 47 56 35

Dans leur boutique au plafond mouluré Francesca et Vincent Frodefond vendent Nélusko, l'ancêtre du Mon Chéri, ou praliné-noisette «nougamandine» comme des bijoux.

FROMAGER

La Cave aux Fromages

12, pl. du Forum
Tél.: 03 26 47 83 05

Marie-Madeleine et Alain Charlet proposent, avec le sourire, chaource à croûte fleurie, langres crémeux, maroilles de l'Avesnois et beurre d'Ardenne.

PÂTISSIERS

Baumann

59, rue de Cernay
Tél.: 03 26 47 38 48

Le roi du Wladimir, pâte à macaron farcie de crème au beurre au beurre parfumée, soit au praliné, soit à la pistache concassée, c'est Alain Baumann qui mitonne en outre belles cramiques ou classiques biscuits roses.

La Bonbonnière

15 rue de l'Arbalète
Tél.: 03 26 47 65 52

Thierry Champion mitonne l'exquis «bostock», tranche de brioche parfumée au kirsch et fleur d'oranger, avec sucre et des amandes, caramélisé au four. Un délice que les gourmandes rémoises viennent goûter dans son salon de thé bonbonnière, en compagnie d'une «conversation» à la frangipane, d'une tarte feuilletée aux fruits à la crème chiboust ou d'un marcellin, pâte sablée exquisément fourrée de confiture de framboise.

PRODUITS ÉTRANGERS

Fossati

4, pl. Jules-Ferry
Tél.: 03 26 47 73 60

Caroline et Pascal Foucher sélectionnent les produits de la Botte et produisent à demeure l'épatant plat traditionnel. Salades de pâtes et pizzas, carpaccio, lasagnes et pâtes fraîches, ravioli, osso buco et fameux tiramisu donnent un aperçu de la variété de la gourmandise italienne.

PRODUITS RÉGIONAUX

Délices Champenoises

2, rue Rockfeller, face à la cathédrale
Tél.: 03 26 47 35 25

Vinaigre et moutardes Clovis, belles sélections des meilleures cuvées champenoises: voilà ce qu'on trouve dans cette échoppe aux allures de cave à trésors.

VINAIGRIER

Charbonneaux-Brabant

5, rue de Valmy
Tél.: 03 26 88 45 50

Charbonneaux-Brabant, sous la marque Clovis, propose un vinaigre haut de gamme, issu du vin de dégorgement, vieilli en barriques de chêne. On mitonne aussi une moutarde de grand goût issu de graine de moutarde mélangée au verjus, écrasée à la meule, pleine de saveur piquante, qui s'adoucit en vieillissant sans perdre de sa saveur.

Rendez-vous

CAFÉ-BRASSERIE

Café du Palais

14, pl. Myron-Herrick
Tél.: 03 26 47 52 54

Sous la houlette du malicieux Jean-Louis Vogt, ce «Lipp» rémois, avec banquettes, verrière, comptoir, terrasse, est «le» rendez-vous de la ville. On y goûte le «pain chic», une baguette croustillante, avec de la mousse de foie canard, de l'emmenthal, du jambon d'Ardennes...

 *indique une très bonne table.*

Reipertswiller

67340 Bas-Rhin. Strasbourg 56 - Bitche 21 - Saverne 35 - Haguenau 34.

Un bourg enclos dans la forêt au cœur des Vosges du Nord, une halte pour les promeneurs, les sportifs comme les chasseurs.

Hôtel-restaurant

La Couronne

13, rue de Wimmenau
Tél.: 03 88 89 96 21. Fax: 03 88 89 98 22
Fermé févr., 15-30 nov., (rest.) dim. soir (hs), lundi, mardi
16 ch. 295-360 F. 1/2 pens. 310-340 F
Menus: 95 F (déj.), 150-210 F

La maison est connue des amateurs de ballon rond: c'est là que le Racing Club de Strasbourg a choisi de mettre ses joueurs au vert. On s'imagine que les Martins, Vencel and co ne s'ennuient pas en sacrifiant au péché de gourmandise après leur entraînement au stade local. Les menus sont épatants, le sourire de la jolie Mme Kuhm éclatant et la cuisine de son mari Bernard va de l'avant dans le sens de la finesse, de la fraîcheur, de la précision et de la légèreté. Le jour de notre passage, le menu à 150 F offrait — c'est le mot — une superbe salade de foies de volaille et foie de canard fumé, un filet de sandre aux nouilles et riesling, un parfait glacé à la rhubarbe. Et tout ici (croustillant de saumon à l'unilatérale ou agneau à la crème d'ail) est de la même belle eau. Ajoutez-y les vins choisis tarifés au juste prix, la vue sur la forêt, le cadre clair et gai, comme les chambres fonctionnelles et séduisantes, et vous comprendrez que la maison fasse le plein alors qu'elle paraît être au bout du monde.

Remomont: voir Orbey

Rennes

35000 Ille-et-Vilaine. Paris 349 - Angers 128 - Brest 245 — Caen 182 - Le Mans 154 - Nantes 109.

Office du Tourisme: 11, rue Saint-Yves
Tél.: 02 99 67 11 11. Fax: 02 99 67 11 10

Dire que Rennes est bretonne, est-ce énoncer un truisme? Au contraire, la ville, qui abrite l'ancien Parlement du duché de Bretagne règne de loin sur une région dont elle ne parle plus à langue, sinon à l'université. Bretonne, elle l'est pourtant dans son identité partout affirmée, sur la façade de ses maisons de granit ou de bois, sur les poutres, le colombage, les ruelles torves de la vieille, à la devanture de ses vitrines gourmandes ou encore sous les voûtes de sa halle ancienne. La mer est, bien sûr, ailleurs, mais pas si loin. Rennes s'en souvient, ayant à cœur de proposer le meilleur des pêches de Saint-Malo sur ses tables accortes. Le kouing amann et les crêpes dentelles ont aussi, ici, leur mot savoureux à dire.

Hôtels

Le Coq-Gadby

156, rue d'Antrain
Tél. : 02 99 38 05 55. Fax : 02 99 38 53 40
Fermé (rest.) 6-12 août, dim. soir
11 ch. 580-790 F. 1/2 pens. 580-670 F
Menus : 135-185 F. Carte : 250 F

Sis dans une des plus vieilles maisons rennaises, ce bel hôtel a accueilli les réunions des dreyfusards, a vu naître la ligue des droits de l'homme, et reçoit régulièrement les chefs d'Etat. Décor chic aux parquets cirés, armoires de merisier, toiles de Jouy et tapis d'Orient. Les chambres à thèmes sont vastes et confortables, certaines avec balcon sur le jardin. Cuisine marine et terroir breton.

Mercure-Colombier

1, rue du Capitaine-Maignan
Tél. : 02 99 29 73 73. Fax : 02 99 30 06 30
140 ch. 5 200-570 F
Menus : 45 F (enf.), 95 F (déj.), 125 F
Carte : 150-200 F

Des chambres spacieuses, des salles de bains refaites à neuf dans un centre commercial très proche du vieux centre : voilà ce qu'offre cet hôtel de chaîne en sus d'un accueil souriant. Restaurant très honnête à l'enseigne de la Table Ronde.

Mercure Pré Botté

Rue Paul-Louis-Courier
Tél. : 02 99 78 82 20. Fax : 02 99 78 82 21
106 ch. 550-775 F

Sous la façade de briques classique de l'ex-imprimerie du journal *Ouest-France*, cet hôtel moderne et central a bonne mine, offrant des chambres standard aux tons pastel.

Novotel

Av. du Canada
Tél. : 02 99 86 14 14. Fax : 02 99 86 14 15
99 ch. 510-570 F
Menus : 50 F (enf.), 180 F

Un peu loin du centre, mais près du centre commercial Alma et de l'éco-musée, ce bon hôtel de chaîne offre des chambres agréables, modernes. Jardin, piscine, salles séminaire.

 *indique une grande table.*

Anne de Bretagne

12, rue Tronjolly
Tél. : 02 99 31 49 49. Fax : 02 99 30 53 48
43 ch. 470-585 F

Ne vous fiez pas à l'aspect extérieur genre bloc de béton. La chaleur d'un bel accueil règne à l'intérieur, avec, en sus, des chambres de bon confort assez modernes et plutôt vastes, des salles de bains bien agencées et un aspect propret.

Nemours

5, rue de Nemours
Tél. : 02 99 78 26 26. Fax : 02 99 78 25 40
26 ch. 240-315 F

La bonne affaire du centre, c'est ce petit hôtel accueillant, avec son accueil tout sourire, son cachet marin, ses chambres claires, simples et fonctionnelles.

Relais Mercure

6, rue Lanjuinais
Tél. : 02 99 12 36. Fax : 02 99 79 65 76
48 ch. 390-490 F

L'ex-Central Hôtel a conservé son hall ancien avec fresques murales et son salon avec lit clos, droit sorti d'un roman de Jakez-Hélias tout en ralliant le pavillon de la chaîne Mercure. Chambres vastes donnant sur les arbres de la rue. Bon accueil assuré.

A 35510 Cesson-Sévigné : 6 km E. par D177

Germinal

9, cours de la Vilaine
Tél. : 02 99 83 11 01. Fax : 02 99 83 45 16
20 ch. 350-450 F. 1/2 pens. 330-375 F

Jolies chambres, confortables, dans cet ancien moulin rénové. Voir restaurants.

Restaurants

L'Escu de Runfao

11, rue du Chapitre
Tél. : 02 99 79 13 10. Fax : 02 99 79 43 80
Fermé sam. midi, dim. soir, 29 juil.-17 août, vac. févr.
Menus : 145 F (déj.) 290-445 F. Carte : 350-450 F

Cette émouvante demeure à colombages du XVIIe raconte une partie de l'histoire de la ville. On vient pour sa belle façade à colombages et son intérieur poutré. Mais pas seulement. Alain Duhoux, Solognot aux gestes sûrs, formé à l'Abbaye de Talloires, use des meilleurs légumes des maraîchers voisins, poissons des côtes proches choisis avec l'œil du maître pour mitonner une cuisine au goût du jour. Ses bons tours se nomment croustillant de rouget barbet, crustacés et foie gras poêlé dans un jus de poule, bar farci d'huîtres tièdes, ris de veau au homard et crème de sauternes, pigeonneau aux prunes sur le mode aigre-doux et encore sablé rhubarbe-fraises qui fait une belle issue. Accueil

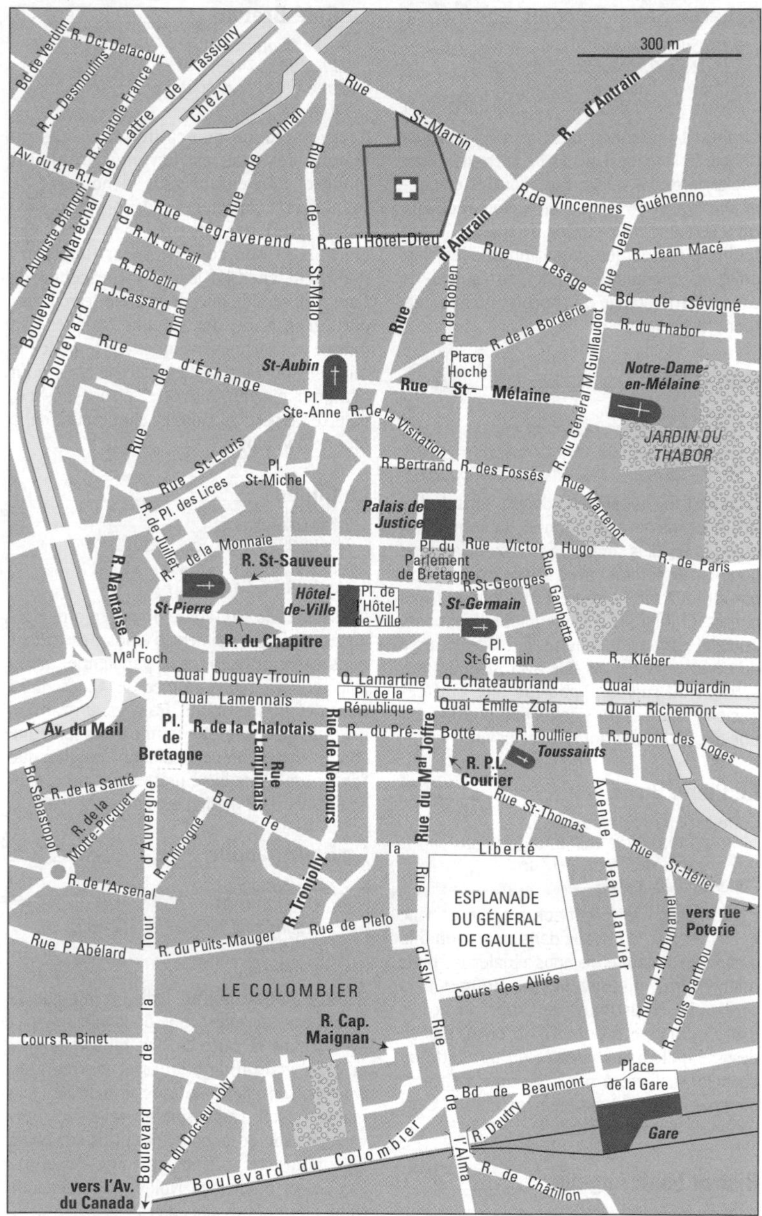

de charme de Nathalie Duhoux et carte des vins riches en bons petits crus à prix sages.

La Fontaine aux Perles

96, rue de la Poterie (hors plan)
Tél. : 02 99 53 90 90. Fax : 02 99 53 47 77
Fermé dim. soir, lundi, 6-22 août
Menus : 100 F (déj.), 140-400 F. Carte : 350-420 F

Certes, le quartier de la Poterie est un peu excentré, mais la demeure de Rachel Gesbert ouvrant sur un parc d'une large baie vitrée vaut le détour bucolique. Ce bon pro solide décline les produits régionaux avec beaucoup d'aisance et même un sens aiguisé de la créativité mesuré. Témoins ces galettes de blanc de barbue à l'andouille, civet de homard au layon, mimosa de ris de veau et foie gras chaud aux langoustines rôties, croustillant de camembert aux pommes qui ont le bon goût de se renouveler au fil des saisons. Accueil enlevé par la charmante Christine Gesbert.

Auberge Saint-Sauveur

6, rue Saint-Sauveur
Tél. : 02 99 79 32 56. Fax : 02 99 78 27 93
Fermé dim., lundi midi., sam. midi
Menus : 79 F (enf.), 109-165 F. Carte : 200-300 F

Chantal Lamagnère, dont le mari tient la Chope, le Lipp local, a fait de cette demeure ancienne de XVe siècle, avec poutres et cheminée, un petit temple du savoir-recevoir. On y sert une belle cuisine de tradition dont feuilleté d'asperges sauce mousseline, bar grillé, ris de veau aux morilles, pot-au-feu de canard, tarte orange ou chocolat noir constituent les fleurons.

Four à Ban

4, rue Saint-Mélaine
Tél. : 02 99 38 72 85. Fax : 02 99 38 72 85
Fermé sam. midi, dim., 14 juil.-7 août, 15-22 févr.
Menus : 98 F (déj.), 130-220 F. Carte : 200-250 F

Jacques Faby qui possède doigté, sens du bel achat et savoir-faire, donne du tonus aux produits les plus simples. Ses croustillants de boudin aux pommes avec salade, comme son bar rôti aux salsifis et crevettes sont de jolies choses. Et il lui suffit d'une daube de joue de porcelet carrément exquise ou d'une mousse de caramel au beurre salé avec ses pommes sautées au calvados pour se dire que cet ancien four du XVIIe siècle avec poutres est une des meilleures adresses de la ville.

Le Piano Blanc

Rte de Sainte-Foix (hors plan)
Tél. : 02 99 31 20 21. Fax : 02 99 31 87 58.
Fermé sam. midi, dim., 3-17 déc.
Menus : 120-190 F.

L'actif Pascal Piette fait son marché en ville et se met aux fourneaux dans sa maison à la campagne, histoire de nous régaler de plats mi-bretons, mi-provençaux. Rouget à la tapenade, croustillant de crabe au coulis d'étrilles, grosse raviole d'osso buco, pigeon désossé grillé à la cheminée ou tartelette au chocolat, délivrés à partir de deux épatants menus-carte, font simplement plaisir. Cave pleine de bonnes surprises.

Bistrot Marc Angelle

38, av. du Mail
Tél. : 02 99 54 30 12
Fermé dim. soir, 1er-15 août
Menus : 75-155 F

Il fut le wonder-boy de Rennes jadis au Piré, avant de s'envoler au château de Locguénolé à Hennebont. Le voilà revenu au bercail dans la modestie et la sagesse, dans un bistrot où il propose le marché du jour apprêté en finesse, au fil de deux menus qui sont des cadeaux. Foie gras au xérès, turbot rôti, tête de veau, carré d'agneau, blanquette de veau et marinade de fraises font simplement merveille.

Le Café Breton

14, rue Nantaise
Tél. : 02 99 30 74 95
Fermé dim., 1er-20 août
Carte : 100-150 F

Cette ancienne quincaillerie, en bas du marché des Lices est devenue un bistrot mode et bon enfant sous la houlette de Jean-Yves Pennetier. Ce décorateur, saisi par le goût des saveurs, bénéficie des conseils de son copain Olivier Roellinger (qui vient chez lui lorsqu'il « descend » de Cancale), sert de jolis de vins de terroir, des plats d'enfance, des salades fraîches. On mange des tartines malignes sur le pouce le midi et l'on met sa serviette, le soir, pour attaquer merlan, blanquette, pot-au-feu, palette de porc au cidre et choucroute de la mer de bon aloi.

La Chope

3, rue La Chalotais
Tél. : 02 99 79 34 54. Fax : 02 99 79 42 20
Fermé dim.
Menu : 106 F. Carte : 140 F

L'Alsace et la Bretagne, deux régions éloignées, mais qui s'aiment d'amour, se mêlent dans cette brasserie à la parisienne, genre Lipp rennais, depuis l'année 36. On vient ici pour des huîtres toutes fraîches, un tartare, une sole meunière, une terrine de canard, une choucroute ou un petit salé aux lentilles, que l'on arrose d'une bière prestement tirée, d'un beaujolais, d'un riesling ou d'un muscadet.

Le Gourmandin

4, pl. de Bretagne
Tél. : 02 99 30 42 01
Fermé sam. midi, dim., 29 juil.-22 août, 26 févr.-6 mars
Menus 84-160 F

Bernard Anfray, qui fut jadis l'animateur du Palais, ex-star gourmande de la ville, joue ici avec malice la carte du bon rapport qualité prix. Sa maison de briques et pierres a du charme, son chef joue avec le marché et la marée et son dynamisme en salle fait merveille. Salade de langoustines et ris de veau à la vinaigrette truffée, gratinée de saint-jacques et moules au Noilly, aiguillettes de saint-pierre rôties aux épices.

Racontez votre expérience,
bonne ou mauvaise,
en écrivant au
« Guide Pudlo France »,
Editions Michel Lafon,
7-13, Bd Paul-Emile Victor
Neuilly-sur-Seine 92523 CEDEX.

Léon le Cochon 

1, rue du Mal-Joffre
Tél. : 02 99 79 37 54. Fax : 02 99 55 17 49
Fermé dim. été
Carte : 130-210 F

On est vite à l'aise dans ce cadre guilleret qui célèbre le cochon dans tous ses états, mais pas seulement. Dorloté dès l'entrée, on se régale de tarte aux poireaux et à l'andouille, tartelette de chèvre à l'huile d'olive, galette de morue aux poireaux, andouillette à la ficelle, chou farci de sa cuisse de canard, petits boudins, saucisse de Morteau, poulet de ferme en cocotte, pain perdu grand-mère et pot de crème vanille, concocté par Yannick Paigier, ancien de chez Passard à Paris, qui a choisi le registre de la modestie. On laisse trois francs six sous dans la soucoupe, en remerciant le ciel qu'il existe de telles maisons.

A 35510 Cesson-Sévigné : 6 km E. Par D177

Germinal

9, cours de la Vilaine
Tél. : 02 99 83 11 01. Fax : 02 99 83 45 16
Fermé dim. soir, lundi (été)
Menus : 45 F (enf.), 105-300 F

Ce moulin, sis dans une presqu'île sur la Vilaine, avec une belle terrasse donnant sur les berges, possède un vrai charme champêtre. Mais Soizic Maréchal sait y faire demeurer le chaland avec ses bons tours, fins, frais, légers, composés au gré de l'air du temps. Pressé d'araignée aux tomates, filet de canette mi-sauvage au miel de sarrasin, beignets de chocolat passent tout seul.

A 35530 Noyal-sur-Vilaine : 12 km E. par N157

Auberge du Pont d'Acigné

Rte d'Acigné : 3 km
Tél. : 02 99 62 52 55. Fax : 02 99 62 21 70
Fermé sam. midi, dim. soir, lundi, 9-25 août
Menus : 95 F (déj.), 165-350 F. Carte : 300-400 F

Sylvain Guillemot, qui a fait ses classes sous la houlette d'Alain Passard à l'Arpège, a appris l'amour du produit pur et net, de son traitement juste sans inutiles fioritures, au mieux de sa fraîcheur. D'où le sentiment que chaque plat, sous la patte de cet artisan hors pair, fait figure d'événement. On se sent presque peiné de citer telle raviole de foie gras au consommé de céleri, tel bar à la vinaigrette de coques, tel cochon de lait rôti à la broche, sans omettre les asperges vertes à la vinaigrette de truffes, le rouget entier poêlé à l'orientale, le pigeon rôti à l'infusion de poivre, en sachant que notre jeune loup des fourneaux aura tôt fait de renouveler son inspiration. Les desserts (tarte à la clémentine confite, blanc-manger au fromage de brebis, soufflé au caramel et réglisse) sont du travail d'orfèvre. Voilà une maison à visiter en priorité lors d'un voyage à Rennes, en dépit de son éloignement (volontaire ?) du centre.

Produits

BOULANGERS

Thierry Bouvier

21, rue de la Motte-Picquet
Tél. : 02 99 67 23 60

On n'hésite pas à faire la queue pour acheter le pain « Bouvier » ou le « Rennais », les deux plus fameuses spécialités de la boutique.

Hoche

17, rue Hoche
Tél. : 02 99 63 61 01

Proche du Parlement et en face des Beaux-Arts, cette boulangerie propose différentes sortes de pains biologiques, des viennoiseries, des pâtisseries irlandaises, anglaises et régionales

Laigre

28, rue de Nemours
Tél. : 02 99 79 06 63

Les petits pains aux raisins aux oignons vendus tièdes et croustillants valent le détour.

CAVISTES

La Cave du Sommelier

32, rue de la Visitation
Tél. : 02 99 63 14 68. Fax : 02 99 63 20 43

A côté des Beaux-Arts, vous trouverez un grand choix de vins de grandes propriétés, de vins purs et biologiques. Eric Macé va régulièrement visiter les domaines pour proposer, à point nommé, ses dernières trouvailles.

Le Cellier Saint-Germain

3, rue du Vau-Saint-Germain
Tél. : 02 99 79 36 82

Dans sa riche boutique, à l'ombre d'une belle église, Jean-Pierre Lecluze bichonne ses crus comme des enfants. Grands bordeaux, savants chinons et délicieux bourgognes voisinent avec d'exquis calvados, eau-de-vie de cidre de Bretagne et autre liqueur de cassis dans une atmosphère de « bibliothèque de vin » où l'on a plaisir à se recueillir pieusement.

CHARCUTIER

Du Gros Chêne

Centre commercial du Groschêne
Tél. : 02 99 63 12 90

Charcuterie artisanale avec ses pâtés de campagne, de foie, ses boudins blancs et ses plats préparés tels saumon à l'oseille, balluchon de saumon à la coquille saint-jacques ou cuisse de canard à l'orange mitonnée à l'ancienne.

CHOCOLATIER

Kergoff

12, place du Haut-des-Lices
Tél. : 02 99 78 17 12

Proche de la cathédrale, cette chocolaterie est pleine de délicieux appâts. On se laisse griser par les «tuilettes», petites feuilles de chocolat aux différents parfums.

GLACIER

Laloue

24, rue de Nemours
Tél. : 02 99 79 02 48

Orfèvre de la glace pure crème et du sorbet pur fruit, Serge Laloue est assurément un des meilleurs artisans de France de son registre. Sa glace vanille fabriquée avec de vraies gousses et sans extrait, sa glace au nougat, celle au café ou le craquant aux châtaignes à l'automne laissent un merveilleux souvenir.

PÂTISSIER

Baba

7, rue d'Orléans
Tél. : 02 99 79 40 95

L'anthologie du bon gâteau breton : voilà ce que propose cette bonne maison avec de vrais quatre-quarts, galettes bretonnes, cakes, fars et impeccable kouign amann.

POISSONNIER

La Mouette

24, rue du Manoir-de-Sévigné
Tél. : 02 99 33 37 77

Grand choix de poissons et coquillages, banc de fruits de mer superbes avec les «bleus de Bretagne», fort bien conseillés par les vendeurs.

Rendez-vous

BRASSERIES-CAFÉS

Cactus

35, rue Pontgirard
Tél. : 02 99 79 23 90

Ce rendez-vous de la jeunesse estudiantine des Beaux-Arts est accueillant toute la journée.

Picadilly

15, galerie du Théâtre
Tél. : 02 99 78 17 17

Cette brasserie institutionnelle avec sa terrasse fleurie l'été est une Coupole rennaise à l'éternelle jeunesse. Serveurs jonglant avec les plateaux, beaux plateaux de fruits de mer et bières pression assurent toute la sainte journée.

Le Saint-Charles

24, rue Vasselot
Tél. : 02 99 79 27 83

Tous les jours de 9 heures à une heure du matin, Jean-Claude Jacob accueille ses fidèles dans un cadre de pub anglais qui n'a pas changé depuis vingt ans, avec fauteuils, tables rondes et miroirs. Frais sandwichs et croque-monsieur pour les petites faims.

Le Tivoli

19, rue Saint-Georges
Tél. : 02 99 63 08 88

Toujours en effervescence, ce bar accueille la plus variée des clientèles rennaises et les bières circulent jusque tard dans la soirée.

CRÊPERIE

Crêperie Sainte-Anne

5, pl. Sainte-Anne
Tél. : 02 99 79 22 72

Rennes ne serait pas Rennes si elle n'abondait en crêperies de toutes sortes. Celle-ci, nous paraît, depuis une décennie, comme une des plus honnêtes du genre, dans un cadre ancien sous façade à colombages. On mange en cave ou à l'étage «complète», «paysanne» ou «tartiflette» de qualité.

Rethondes : voir Compiègne

Revigny-sur-Ornain

55800 Meuse. Paris 237 - Bar-le-Duc 17 - St-Dizier 29 - Vitry-le-François 34.

En lisière d'Argonne, une ville de Meuse qui a vu naître André Maginot. Le seul monument local est sa statue. Et une belle maison fortifiée...

Hôtel-restaurant

Les Agapes et la Maison Forte

6 pl. Henriot-du-Coudray
Tél. : 03 29 70 56 00. Fax. 03 29 70 59 30
Fermé dim. soir, lundi midi, soirs fériés, 14-21 févr., 28 juil.-17 août
7 ch. 300-700 F
Menus : 65 F (enf.), 165-320 F. Carte : 300-350 F

Jean-Marc Joblot, élève de Dutournier et de Ghislaine Arabian, est revenu dans son village natal, où il avait acquis un café. Timide, mais bûcheur, modeste et tenace, comme on l'est en Meuse, est devenu châtelain, rachetant une «maison forte» avec douves, murs ciselés, pierres poncées, créant des chambres sobres et peu chères, imaginant un restaurant dans une salle à manger qui semble naître de la pierre. Tout ici respire le naturel, et la mégalomanie n'est guère le genre de la demeure. Côté cuisine, on se régale de foie de canard aux épices à l'artichaut crémé, omble chevalier aux parfums de mélisse, chevreau en persillade, toast de brie avec pissenlits au lard, nougat glacé au moelleux imparable. Certains plats cuisinés à la bière locale (crépinette de lapin aux oignons, terrine de lapereau) donnent envie de trinquer, chope en main, à la jeune gloire du châtelain de Meuse.

Rheilac : voir Langeac

Rhinau

67860 Bas-Rhin. Paris 458 – Obernai 26 – Strasbourg 33.

Face à l'Allemagne et à son fringant Europark, ce village des bords du Rhin semble attendre le bac de toute éternité. Son auberge débonnaire fait le lien entre deux frontières.

Hôtels–restaurants

Aux Bords du Rhin

10, rue du Rhin
Tél. : 03 88 74 60 36. Fax : 03 88 74 65 77
Fermé lundi soir, mardi, 23 janv.-22 févr., 3-12 juil.
21 ch. 220-250 F. Menus : 40-180 F

Calme et d'honnête confort, cet hôtel permet de dormir sans se ruiner près d'Europa-Park (de l'autre côté du Rhin, par le bac). Pierre Berna y soigne poissons de rivière, matelote au riesling et gibiers en saison.

Au Vieux Couvent

6, rue des Chanoines
Tél. : 03 88 74 61 15. Fax : 03 88 74 89 19
Fermé mardi, mercr., 23-31 oct.

L'un des grands du moment, dans l'Alsace du jour, qui sait faire simple à partir de données complexes, c'est Jean Albrecht. Tout ce que traite ce singulier personnage est exactement dans le ton de la grande cuisine d'aujourd'hui : les herbes comme chez Veyrat, l'Italie heureuse, avec une huile de Ligurie à fondre et du vinaigre balsamique dosé au petit point, des légumes et salades du jardin avec une légèreté à la Guérard, des idées chipées au terroir et refaites façon air du temps. Ce que vous trouverez dans votre assiette ? Les saisons changent. Pour une symphonie d'été, ce sera la fraîche essence de tomate au basilic, le carpaccio d'espadon au vinaigre balsamique avec ses feuilles de bourrache, le saumon fumé avec ses blinis au lierre terrestre et ses boutons de pissenlits à l'aigre-doux, genre câpres, son croustillant de barbot du Rhin, son gardon farci aux blettes et sa salade de pourpier au melfor. N'en jetez plus, direz-vous ? Mais il y a le rognon de veau à l'ail des ours confit à l'aigre doux, le nem, genre « ficelle » à la choucroute, le filet et ragoût de chevreuil avec son sauté de pêche aux amandes, ses käseknepfla au basilic. Ajoutez-y des desserts de classe (soupe de pêche au vin de framboise et glace au fromage blanc, succès au kirsch et mendiant aux mirabelles avec sorbet pêche à la compote d'abricot à la cardamome, crème brûlée au chocolat et à l'aspérule) et vous vous direz que si l'imagination n'est pas chez Albrecht, eh bien elle n'existe nulle part ailleurs.

Ribeauvillé

68150 Haut-Rhin. Paris 427 – Colmar 15 – Mulhouse 59 – Sélestat 15.

Le premier dimanche de septembre, lors du « Pfifferdaj », tout le vignoble s'y donne rendez-vous pour une fête joyeuse et médiévale. Mais chaque jour, Ribeauvillé mène la danse gourmande, avec ses fiers artisans, ses grands crus, ses distillateurs d'élite et ses tables débonnaires.

Hôtels–restaurants

Le Clos Saint-Vincent

Rte de Bergheim
Tél. : 03 89 73 67 65. Fax : 03 89 73 32 20
Fermé 15 nov.-15 mars., (rest.) mardi, mercr.
12 ch. 775-1 050 F. 3 appart. 1
/2 pens. 700-780 F
Menus : 185-270 F

La famille Chapotin demeure fidèle au poste pour accueillir à la belle saison dans son domaine panoramique au-dessus des vignes. Les chambres de grand confort et la cuisine classique (foie gras, saumon à l'oseille, rognon au pinot noir) font bon ménage. Terrasse, piscine, jardin.

Le Ménestrel 

27, av. du Gal-de-Gaulle
Fermé 15 févr.-15 mars
Tél. : 03 89 73 80 52. Fax : 03 89 73 32 39
29 ch. 410-500 F

Pratique, cet hôtel moderne, en sentinelle sur la route des vins, propose des chambres fonctionnelles. Au petit déjeuner, les pâtisseries de John, le propriétaire, sont au programme. Sauna, hammam, fitness, ping-pong.

Les Seigneurs de Ribeaupierre

11, rue du Château
Tél. : 03 89 73 70 31. Fax : 03 89 73 71 21
Fermé 5 janv.-5 mars
6 ch. 480-780 F. 4 appart.

Marie-Madeleine et Marie-Cécile Barth veillent avec amour sur leur hôtel de charme au cœur du bourg. Les chambres boisées, meubles rustiques, gros édredons, lits de grand-mère, profusion de poutres et piliers ont bien du caractère.

Les Vosges

2, Grand-Rue
Tél. : 03 89 73 61 39. Fax : 03 89 73 34 21
Fermé 5 janv.-15 mars
20 ch. 250-395 F

Plus de restaurant, mais un hôtel aux chambres de style et de bon confort que tient avec sérieux Marguerite Schneeberger, en sentinelle à l'entrée du bourg.

La Tour

1, rue de la Mairie
Tél. : 03 89 73 72 73. Fax : 03 89 73 38 74
Fermé 1er janv.-15 mars
35 ch. 325-445 F

Françoise Alt-Kientzler, dont le frère André est une des vedettes vigneronnes d'ici, tient dans la modestie cette demeure centrale transformée en hôtel moderne. Les chambres sont petites, mais bien tenues. Sauna, hammam, jacuzzi.

Le Haut-Ribeaupierre

1, rte de Bergheim
Tél. : 03 89 73 87 63. Fax : 03 89 73 88 15
Fermé mardi soir, merc., janv.
Menus : 55 F (déj.), 150-240 F. Carte : 250-350 F.

Patrick Frénot, qui fut le chef de la Toque Royale au Casino d'Evian a repris cette demeure d'angle, qui a conservé ses trois salles, l'une, rustique, genre taverne avec murs de grès et comptoir, l'autre néo-1900, la dernière, la plus charmeuse, sans doute, genre jardin d'hiver. La cuisine à double détente : plat du jour simple pour les habitués dans la salle rustique, cuisine de haut niveau pour les curieux plus argentés. Dans l'un ou l'autre cas, la qualité est au rendez-vous. La salade de choucroute marinée au foie d'oie poêlé, le foie chaud sauté sauce bigarade et pistaches fraîches (épatant mariage aigre-doux), la féra avec pâtes brunes et lard paysan, le canard laqué au citron avec sa choucroute de rave, les fraises d'Ostheim avec belle glace au fromage blanc ou un savarin aux griottes avec glace au kirsch à se rouler par terre indiquent que Frénot a tout compris de l'Alsace nouvelle vague. Gracieux accueil de la blonde Mme Frénot, qui semble née avec le sourire.

Le Cheval Noir

2, av. du Gal-de-Gaulle
Tél. : 03 89 73 37 83
Fermé lundi, mardi
Menu : 110 F. Carte : 100-150 F

Supervisée de près par Joseph Leiser (son Zahnacker est la porte à côté), cette brasserie récente, avec fresques kitsch de Charly Barat, fait plaisir à tous : tarte flambée à l'oignon fondu, tête de veau, tripes au riesling et autre plat du jour sont servis avec le sourire et confectionnés avec honnêteté.

A l'Étoile

46, Grand-Rue
Tél. : 03 89 73 36 46. Fax : 03 89 73 67 23
Fermé lundi soir, mardi, 15 nov.-15 déc.
Menus : 80-230 F. Carte : 200-300 F

Enjouée et plutôt moderne, l'auberge de Jean-Marie Henry propose une cuisine liant terroir et air du temps. Le cadre est passe-partout sous son enveloppe ancienne (la maison daterait du XVIIe) mais tout ce qui est servi est la probité même : presskopf, terrine de carpe, saumon sur choucroute, médaillons de biche grand veneur.

Le Pfifferhüs

14, Grand-rue
Tél. 03 89 73 62 28. Fax 03 89 73 80 34
Fermé merc., jeudi, 7 fév.-8 mars., 3-13 juil.
Carte : 180-250 F.

Cette vraie winstub vaut pour son cadre néo-médiéval chaleureux, son accueil sympathique, sa cuisine pleine de sérieux et de malice, ses vins choisis à bon escient. La salade Ganzalies'l, avec choucroute, gésiers, oie fumée, le délicieux presskopf avec ses fraîches crudités, le feuilleté de boudin, le kassler en croûte et la queue de bœuf braisée, cochés d'un astérisque sur la carte, sont tous à choisir en priorité.

S'Rappschwirer Stebala

6, pl. de l'Ancien-Hôpital
Tél. : 03 89 73 64 04. Fax : 03 89 73 67 28
Fermé mardi soir, mercr., 15 janv.-15 févr.
Menu : 65 F. Carte : 130 F

Rigolote, cette taverne au nom imprononçable est l'annexe rieuse de l'Etoile. Le cadre rustique avec pierres apparentes abrite les amateurs de tarte flambée qui viennent aussi pour la palette, le jambonneau, la tarte au fromage blanc et la faisselle au kirsch.

Le Zahnacker

8, av. du Gal-de-Gaulle
Tél. : 03 89 73 60 77
Fermé 15 janv.-15 févr.
Menus : 59 F (déj.), 110 F. Carte : 150-250 F

Ne vous fiez pas à la façade anodine et entrez sans crainte. Joseph Leiser, qui apprit son métier chez Gaertner, tient avec soin cette winstub de bord de route qui constitue le rendez-vous malin des gens du cru. La terrine de hareng à la crème est légendaire. Mais la salade au munster, la tête de veau ou le plantureux baeckoffe sont également de premier ordre. Mais tout ce que sert ce vrai pro au gré du marché vaut la halte heureuse: carpaccio de saint-jacques au cumin grillé, salade de ris de veau tiède à l'huile de noisette, sole avec paysanne de légumes et orge perlé, grenouilles à la tomate, biche à la confiture de fruits d'hiver, pêche de vigne au vin rouge et glace au miel. Les vins de l'excellente cave locale accompagnent le tout avec probité.

A 68150, rte de Sainte-Marie-aux-Mines, 4 km, D416

Au Valet de cœur et Hostel de la Pépinière

Tél.: 03 89 73 64 14. Fax: 03 89 73 88 78
Fermé lundi, mardi midi
21 ch. 270-400 F. 1/2 pens. 400-450 F
Menus: 190-420 F. Carte: 350-480 F

Jean-Pierre Egert, ancien de salle du Taillevent à Paris et du Fer Rouge à Colmar, a déménagé d'une jolie maison de gare du Val de Villé dans ce vieil hôtel de bord de route. Le lieu manque sans doute de fraîcheur, mais il est environné par la forêt. Quant à la cuisine de Christophe Cavelier, qui est passé à l'Ermitage à Zurich et à la Cheneaudière à Colroy, elle joue avec talent la sophistication allusive tempérée par un brin de régionalisme. Vous ne trouverez que du bien à dire du foie gras confit poivre et sel aux asperges, du pressé de ris de veau et homard aux poireaux, de l'omble chevalier aux girolles et oignons nouveaux en compotée avec sa galette de pommes de terre, comme du pigeonneau fermier en croûte de sel avec ses petits artichauts barigoule. Les desserts jouent habilement la séduction en deux temps: petit kougelhopf tiède aux cerises glace pistache, tartelette aux framboises et crème glacée au citron vert. L'ensemble ne manque pas de séduction.

A 68150 Hunawihr, 2 km S. par rte du Vin

Auberge du Tonnelier

1, rte de Ribeauvillé
Tél.: 03 89 73 32 72
Fermé mercr. soir, jeudi
Menu: 68 F (déj.), 110 F, 140 F. Carte: 150-250 F

Jacques Bégel, qui tint jadis à Colmar le Caveau Saint-Jean, a repris cette auberge au cadre moderne, sans charme particulier. La cuisine rallie son monde à coup de presskopf, rognons en fricassée, filet mignon à la moutarde de Meaux, choucroute, jambonneau moutardé.

Produits

ARTS DE LA TABLE

Beauvillé

19, rte de Sainte-Marie-aux-Mines
Tél.: 03 89 73 74 74. Fax: 03 89 73 32 17

Numéro un de l'impression sur étoffes, haut de gamme du linge de table et du tissu d'ameublement, cet établissement joue les nappes nouvelles comme les motifs anciens. Agnès Comar, Etamine, Dîners en Ville, Hermès ou Pierre Frey viennent ici chercher leurs modèles. Boutique ouverte au public.

CHARCUTIERS

Gérard Feltzinger

D'Baecka Ofa Stuba
32, Grand-Rue
Tél.: 03 89 73 60 53

Toute la charcuterie artisanale locale est mitonnée ici avec sérieux: jambon, galantine, terrines, cervelas, lard, saucisses. Salle contiguë où l'on sert tartes flambées, choucroute et baeckoffe.

Hubert Siedel

78, Grand-Rue
Tél.: 03 89 73 60 23

La boutique a belle allure, qui offre belles viandes, fumaisons, terrines, jambons. Mais aussi vins, eaux-de-vie et autres produits gourmands au goût d'Alsace.

DISTILLATEURS

Jean-Paul Gisselbrecht

32, Grand-Rue
Tél.: 03 89 73 30 51. Fax: 03 89 73 77 89

Rachetée par René de Miscault, propriétaire du musée des eaux-de-vie de Lapoutroie, cette enseigne sérieuse propose toujours kirsch, marc de gewurz, quetsche, bouillon blanc, aspérule de qualité.

Gilbert Holl

Rte de Sainte-Marie-aux-Mines
Tél.: 03 89 73 70 34. Fax: 03 89 73 34 57

A 5 km du bourg, à l'orée de la forêt, le gars Gilbert distille les meilleurs fruits des vergers environnants, plus quelques baies rares. On aime sa poire, son kirsch, sa framboise, son marc de gewurz, sa gentiane, son alisier et son sureau.

Jean-Paul Metté

9, rue des Tanneurs
Tél.: 03 89 73 65 88. Fax: 03 89 73 30 11

Philippe Traber, héritier du savoir-faire de l'orfèvre Metté, continue le beau travail d'artisan de son parrain Jean-Paul. Fameuses dans le monde entier, ses eaux-de-vie (76 variétés, plus 19 liqueurs) reflètent le fruit et rien d'autre. Avec ses parfums de poire flatteuse, framboise extrafine, marc de gewurz «vt», alisier blanc au nez d'amande, rare prunelle, mirabelle longue en bouche, splendide sorbier des oiseaux, merise issue de cerisier sauvage, le nom Metté continue de briller avec fierté.

Windholtz

31, av. du Gal-de-Gaulle
Tél.: 03 89 73 66 64. Fax: 03 89 73 37 82

As de la vieille mirabelle parfumée à l'envi, orfèvre du kirsch, expert en marc de gewurz, spécialiste du coing, de l'alisier et du sorbier des oiseaux, Michel Windholtz accueille avec amabilité dans sa demeure moderne du bord de la route du vin. Son truc? Le fruit et son goût pur, les arômes précis, nets sans fausse note. Framboise sauvage, prunelle, marc de riesling très fin en finale, valent le déplacement. Et leur prix.

EAUX MINÉRALES

Carola

48, rte de Bergheim
Tél.: 03 89 73 24 24

Plate (bleue), façon Vittel ou gazéifiée (rouge), de type Perrier avec grosses bulles, l'eau de Carola est puisée à grande profondeur. La verte est fine, légère, digeste, façon «Badoit» d'Alsace.

PÂTISSIER

John

58, Grand-Rue
Tél.: 03 89 73 64 41. Fax: 03 89 73 35 34

Yvan John mitonne avec doigté kougelhopf fondant, langhopf, pâté en croûte, tarte aux griottes, brie au kirsch, tatiana au cointreau, sans omettre streussel, linzertorte et forêt-noire de qualité.

Riec-sur-Belon

29340 Finistère. Paris 530 – Quimper 39 – Concarneau 21 – Quimperlé 13.

Au pays de l'huître, des rives charmantes dans une ria riante et fière, dont la lumière inspira les peintres.

Hôtels-restaurants

Le Châtel

Tél.: 02 98 06 00 04
4 ch. 280 F

Quatre chambres d'hôtes rustiques et proprettes dans une propriété à la campagne. Petit parc, accueil charmant, salon douillet. Copieux petit déjeuner inclus dans le prix (modeste).

Chez Jacky

Au Port de Belon
Tél.: 02 98 06 90 32. Fax: 02 98 06 49 72
Fermé lundi, oct.-mars
Menus: 45 F (enf.), 190-450 F. Carte: 300 F

Ce chic bistrot d'ostréiculteur/trice tenu d'une main ferme par Sylviane Noblet fait plaisir par son cadre simple et boisé, ses baies vitrées panoramiques sur la rive du Belon et la mer au loin, les parcs et les arbres. Dans les assiettes, huîtres creuses ou plates, sole meunière, turbot au beurre blanc, homard grillé, gambas gratinées, profiteroles au chocolat, kouing amann avec glace à l'amande sont sans esbroufe. Attention à l'addition qui peut être salée!

Chez Angèle

Rte de Rosbras
Tél.: 02 98 06 92 07
Carte: 100 F

Cette crêperie à l'ancienne fait figure de musée breton avec son mobilier d'époque, ses tables épaisses, ses bancs, ses armoires en bois cirés. Marie-Renée Offrette, qui a repris la succession de sa mère, la bonne Angèle, pratique les crêpes complètes (dites «emplâtres» selon une plaisanterie de carabin) et la galette de blé noir aux saucisses avec talent.

Produits

BOULANGER

La Boulangerie des Chaumières

Lannéguy
Tél.: 02 98 06 48 09

Catherine et Dominique Chedanne produisent un pain bio de qualité cuit dans un four à bois. Deux fournées par semaine seulement, les lundi et jeudi.

CIDRIER

Marinette Goalabré

Au Pressoir du Belon, la Ville Neuve
Tél.: 03 98 06 53 45

Ancienne militante du tourisme social, Marinette s'est convertie avec bonheur dans l'art du bon cidre fermier, obtenant une médaille d'or méritée avec son épatant demi-sec.

OSTRÉICULTEURS

Jacques Cadoret

Tél.: 02 98 06 91 22. Fax: 02 98 06 49 90

Le roi de la belon fine qui livre ses belles plates à toute la grande restauration parisienne.

Laurent Publier

Kerdruc-Névez
Tél.: 02 98 06 62 60. Fax: 02 98 06 60 46

Un jeune éleveur d'huîtres de qualité dans la tradition des belons d'avant. Dégustation à demeure dans un site de toute beauté.

Riedisheim: voir Mulhouse

Rillieux-la-Pape: voir Lyon

Ringendorf

67350 Bas-Rhin. Paris 463 – Strasbourg 32 – Pfaffenhoffen 6 – Kirrwiller 2.

Le pays de Hanau, l'Alsace des vergers et des belles demeures à colombage, c'est ici même.

Restaurant

La Ferme de Suzel

15, rue des Vergers
Tél. 03 88 03 30 80.
Fermé déj. (sf dim.), lundi, mardi.
Carte : 200-250 F.

L'une des plus jolies réalisations récentes de l'Alsace gourmande ? Cette ferme idéale. Odette Jung, qui tient le salon de thé vedette à son surnom de Suzel dans la Petite France, joue, le soir Marie-Antoinette aux champs. Et l'on vient pour l'ambiance chaleureuse, les salles ornées d'un beau kachelofen, de meubles polychromes chinés avec amour, de vieux tableaux. Ajoutons que le vieux parquet, le plafond, les piliers, les corps de ferme font très " déco ". Comme un bonheur vient rarement seul, les mets changent, se renouvellent, jouant le marché, la tradition, les recettes tirées de vieux grimoires. On goûtera le saumon fumé chaud avec sa salade de pommes de terre, le presskopf à l'ancienne, la bouchée à la reine à retomber en enfance, la poêlée de champignons, le pâté en croûte, les escargots au beurre d'ail, l'épatant boudin aux pommes reinettes ou encore, réussite du genre champêtre, la poulette servie dans sa cocotte en fonte, avec sa farce fine aux foies de volaille, enfin la tarte au citron meringuée, à retomber en enfance.

Riquewihr

68340 Haut-Rhin. Paris 437 – Ribeauvillé 5 – Sélestat 19 – Colmar 13.

La « perle du vignoble » est sortie du Moyen Age intacte ou presque. Sa porte du Dolder a fêté ses 700 ans, et ses vignerons sont fiers de leurs coteaux fameux. Voilà qu'elle se découvre une vocation touristique et gourmande.

Hôtels–restaurants

La Couronne

5, rue de la Couronne
Tél. : 03 89 49 03 03. Fax : 03 89 49 01 01
36 ch. 290-390 F. 4 appart.

Cet hôtel au cœur du bourg offre bon confort et bel accueil, chambres aux murs peints avec salles d'eau fonctionnelles. Prix raisonnables.

Hôtel du Schœnenbourg

Rue du Schœnenbourg
Tél. : 03 89 49 01 11. Fax : 03 89 47 95 88
45 ch. 370-560 F

Les chambres, décorées de bois à la scandinave, offrent calme et confort moderne au pied de la colline fameuse du Schœnenbourg.

Le Riquewihr

3, rte de Ribeauvillé
Tél. : 03 89 47 83 13. Fax : 03 89 47 99 76
Fermé janv.-févr.
50 ch. 310-420 F

Cette maison de style néo-alsacien, à fleur de la route, offre chambres d'honnête confort au mobilier rustique.

A l'Oriel

3, rue des Ecuries-Seigneuriales
Tél. : 03 89 49 03 13. Fax : 03 89 47 92 87
19 ch. 370-510 F

Agrandie, au cœur de la cité, cette jolie demeure aux chambres boisées, rustiquement meublées, offre le service minimum, mais avec le sourire. La chambre sise dans l'oriel est un nid d'amour.

Le Sarment d'Or

4, rue du Cerf
Tél. : 03 89 47 92 85. Fax : 03 89 47 99 23
Fermé 1er janv.-8 févr., (rest.) dim. soir, lundi, jeudi midi
8 ch. 320-395 F. et 2 appart.
Menus : 120-320 F. Carte : 280 F

Gilbert Merkling, hôte affable, continue de mener avec modestie cette demeure du XVIIe, à deux pas du Dolder, avec quelques chambres de charme et des meubles de bois peint. La table navigue entre croustillant de langoustines, éventail de foie gras et carré d'agneau à l'ail confit, sans omettre les classiques d'usage. Belle carte des vins et menus sages.

La Table du Gourmet

5, rue de la 1re-Armée
Tél. : 03 89 49 09 09. Fax : 03 89 47 04 56
Fermé mardi, 10 janv.-1er mars
Menus : 198-355 F. Carte : 400 F

Jean-Luc Brendel, Strasbourgeois « émigré », réécrit la cuisine alsacienne de la campagne à sa manière. Relayé par sa sœur en salle, qui conduit avec humour et efficacité le service des vins, il est devenu la vedette de son village. Son antre, avec ses plafonds bas, poutres, couleur rouge, prend des airs de maison d'Hansel et Gretel. Comme chez Bras ou Veyrat, on est ici dans le registre de l'école des herbes et des chemins. Notre Riquewhirois d'adoption va choisir ses plantes sur les sentiers buissonniers. Et sa cuisine s'inspire de cette quête. Ainsi sa cassolette de moules au parfum d'anis, sa raviole ouverte de foie gras aux truffes, sa presse de cochon de lait à la nigelle aromatique, son jarret de veau cuit dans l'argile et caramélisé flanqué d'un baeckoffe de pommes charlottes aux truffes. Rassurez-vous : ce n'est pas là de la cuisine de laboratoire, mais de petits bijoux savoureux présentés dans des assiettes décorées comme à la parade. Le terroir est transfiguré, allégé, sans sauce, sinon des jus. Les idées se renouvellent au fil des saisons. Ainsi, pour un dessert d'hiver, un léger beerawecka en tranche fine, flanqué d'une glace à la cardamome. Voilà, à l'évidence, du travail d'artiste.

Le Schœnenbourg

2, rue de la Piscine
Tél. : 03 89 47 92 28. Fax : 03 89 47 89 84
Fermé déj. été, mercr. soir (hs), 7 janv.-10 févr.
Menus : 190-420 F. Carte : 350-500 F

Le décor est sobre, pour ne pas dire froid, ouvrant, par des baies panoramiques, sur les remparts du village. Le service timide est conduit par la gracieuse Mme Kiener. La cuisine demeure de belle facture. Même si l'on attend davantage de François Kiener, élève de Bise et Haeberlin, qui pratique un registre court, quoique fin, léger, un brin mignard. Les escargots en raviole à la graine de pavot, crème de potiron parfumée aux truffes, carpaccio de foie gras de canard (malgré ses baies roses), queue de lotte sauce Colombo, tournedos de charolais en croûte ont leurs supporters. Les desserts sont la partie forte de la maison : streussel aux pommes et sorbet pomme verte, mille-feuille craquant de bananes, « puits » gratiné à l'ananas. La carte des vins a le souci louable de ne pas se limiter aux ténors de Riquewihr.

La Maison Dissler

6, rue de la Couronne
Tél. : 03 89 47 87 31
Fermé soir l'hiver, lundi, févr.
Carte : 150-220 F

Christian Glohr, qui fit jadis les beaux soirs de Colmar, fait de cette maison Renaissance un gentil repaire régionalisant. Escargots au beurre aillé, choucroute et poulet au riesling sont simplement honnêtes.

Au Tire-Bouchon

29, rue du Gal-de-Gaulle
Tél. : 03 89 47 91 61. Fax : 03 89 47 99 39
Menus : 92-140 F. Carte : 160 F

Ancienne grange, la winstub des Zimmer accueille les groupes comme les gourmands venus en solitaires goûter une tarte à l'oignon, une choucroute ou un kougelhopf glacé. On boit, en pichet, les vins maison vinifiés par la cave de Turckheim.

Wistub Cric

50, rue du Gal-de-Gaulle
Tél. : 03 89 47 92 24
Fermé lundi, janv.
Carte : 120-160 F

Christine Finance — « Cric » pour les amis — reçoit avec gentillesse dans sa winstub boisée. Les vignerons du lieu aiment l'atmosphère sombre, quasi secrète, comme les petits plats mitonnés avec amour : salade au munster, boudin aux pommes, baeckoffe, quenelles de fromage blanc panées, tarte flambée, choucroute riquewhirienne au beurre d'herbes ne ruinent guère leur monde.

Rixheim : voir Mulhouse

Roanne

42300 Loire. Paris 398 – Clermont-Ferrand 106 – Lyon 88 – St-Etienne 87.

Lorsque le canal de Briare est creusé en 1605, Roanne est promue tête de navigation pour les coches d'eau qui transitent vers Paris et Nantes. La ville s'enrichit, son quartier des mariniers voit se multiplier auberges et entrepôts. L'industrie du textile, le tissu de Vichy, la maille à l'endroit et à l'envers donnent sa gloire au bourg, Mais, la ville demeure d'abord un carrefour, à fleur de Loire, entre Rhône et Beaujolais, cousin d'Auvergne. Si la vogue du textile, après la crise des années soixante, est un peu passée, celle de réputation de bon gîte de la ville demeure plus que jamais.

Hôtels-restaurants

Troisgros

Pl. de la Gare
Tél. : 04 77 71 66 97. Fax : 04 77 70 39 77
13 ch. 900-1 400 F
Menus : 200 F (enf.), 690-830 F. Carte : 500-900 F

Juste en face de l'hôtel, la gare a été repeinte, couleur de saumon à l'oseille. Non comme une farce, mais une offrande de la SNCF reconnaissante à l'institution gourmande génératrice de tant de bienfaits médiatiques pour son modeste vis-à-vis. Dans les salles à manger diverses, les clients tombent volontiers la veste. Il faut venir ici le dimanche, lorsque cette vieille auberge de gare retrouve son sens de pension de famille... malgré les prix. On s'attarde, on fume le cigare au bar avec un verre de vieux cognac. On est simplement bien chez les cousins Troisgros. Les raisons ? Evidemment, la grande cuisine, la cave immense, le beau service et tutti quanti. Mais d'abord l'esprit maison qui met tout le monde à l'aise. Voici une demeure qui bouge à peine et même guère en apparence. Même si le décor a été refait sur le mode contemporain, si les chambres jouent le design avec chic, si les salles de bains qui usent de la lave sont d'un modernisme surprenant. Pierre, le patriarche moustachu et bonhomme, a laissé le flambeau à Michel, qui a conservé les classiques ayant fait la réputation du lieu : mousse de pigeon hommage à Fernand Point, saumon à l'oseille qui a prouvé au monde que l'exquis poisson rose pouvait n'être ni sec comme du buvard, ni simplement garni de pommes vapeur, homard breton au beurre cancalais, côte de bœuf Saint-Christophe au gratin forézien, «château» au fleurie et à la moelle. Mais sa manière à lui est plus dans l'air du temps, et une grand-mère italienne lui a donné une touche transalpine qui est sa marque propre. On vient ici, en famille, pour une fête longuement attendue, un menu-dégustation savamment minuté, des plats divins, légers et frais qui provoquent constamment l'émotion sans oublier de taquiner — par l'acidité du citron glissé en ami, c'est le bon «truc» Troisgros — le palais du gourmet. Salade de câpres et truffes à l'huile d'olive, fritot de tomates aux escargots, court-bouillon d'écrevisses aux jeunes légumes aigre-doux, lasagne de grenouilles et mousserons, homard aux épices, pavé de fenouil, tomate et langues d'oursins, ris de veau croustillant au jus «nerveux», tripes de veau *al dente* à la truffe noire, meringue légère au fruit de la passion, tarte amandine aux fraises et glace vanille, ali baba à la verveine, tourte au chocolat et sésame blanc. C'est un hymne aux saveurs aiguisées, aux consistances bien tempérées, une ode aux meilleurs produits de partout dont cette grande demeure reste le formidable ambassadeur.

Le Central

20, cours de la République
Tél. : 04 77 67 72 72. Fax : 04 77 72 57 67
Fermé dim., lundi, 1er-21 août
Menus : 150 F

Ce «café-épicerie» sur un mode design très charmeur est l'annexe bonhomme et pas chère des Troisgros. Petits plats à déguster, produits à emporter dans un cadre contemporain sont comme un clin d'œil aux échoppes du passé. On mange ici, entre mets canailles et air du temps, ravioles maison aux épinards, vitello tonnato (le veau «thoné» à l'italienne), la daurade sicilienne, la fricassée de pintade rémoulade, le boudin paysan, la dariole au chocolat et la crêpe d'orange surveillés de près (il est juste en face) par Michel Troisgros qui vient, en fin de service, discuter le bout de gras avec les clients.

 *indique une grande table.*

Au 42120 Le Coteau : rive droite de la Loire

Auberge Costelloise

2, av. de la Libération
Tél. : 04 77 68 12 71. Fax : 04 77 72 26 78
Fermé dim., lundi, 5 août-4 sept., 26 déc.-2 janv.
Menus : 90 F (sem.), 130-370 F. Carte : 400 F

De l'autre côté de la Loire, rive droite, Daniel Alex a fait de sa belle demeure redécorée façon Arts déco avec baies vitrées, le bon classique du lieu. Son style ? Les mets de toujours savamment et fort légèrement remis au goût du jour. On goûte avec plaisir le joli gâteau de foies de volaille à l'ancienne ou la fricassée de volaille fermière à la crème et aux mousserons, comme les plus modernes langoustines à la bergamote et lait de coco, le risotto de ris de veau, langoustine et poulet au jus de homard à l'italienne, le pain perdu au miel d'acacia et aux pommes. Jolis menus, belle cave.

Produits

BOULANGER

Dubois

98, rue Mulsant
Tél. : 04 77 71 47 51

Prisé des Troisgros, c'est dire, ce boulanger d'élite réussit fort bien boule de campagne, pains variés au seigle, céréales, noix ou lard.

CHOCOLATIER

François Pralus

8, rue Gal-de-Gaulle
Tél. : 04 77 71 24 10

Ce chocolatier fort sérieux excelle dans les palets or, café, thé, mais aussi orangettes et feuilletés pralinés. Egalement d'exquises brioches beurrées aux amandes à déguster sur place.

FROMAGER

Mons «L'Auvergnat»

Halles de Roanne. Tél. : 04 77 70 08 18
A Saint-Haon-le-Châtel. Tél. : 04 77 64 44 04

Dans ses caves de Saint-Haon-le-Châtel, aux portes de la ville, Hubert Mons, auvergnat de Chamalières, qui tient boutique aux Halles, affine quelques-uns des meilleurs fromages du monde : géant saint-nectaire au goût de terre, chèvre du Charolais qui se détache grain à grain, saint-marcellin de l'Etoile du Vercors coulant mais pas trop, comté si fruité, beaufort au goût d'alpage, crémeux reblochon de la vallée de Thônes, moelleux vacherin du Haut-Doubs. On goûte, on regoûte, on compare, dans des modernes caves où les belles pâtes mûrissent avant d'être expédiées dans les grandes tables d'un peu partout.

Rocamadour

46500 Lot. Paris 535 - Cahors 64 - Brive-la-Gaillarde 55 - Figeac 46.

Le site de ce village très touristique sis à flanc de roc est légendaire. On y vient pour l'étape d'un soir, le détour pédestre par un sentier baliser ou le séjour sans heurt.

Hôtels-restaurants

Beau Site et Jehan de Valon

Tél.: 05 65 33 63 08. Fax: 05 65 33 65 23
Fermé mi-nov.-début févr.
43 ch. 385-495 F
Menus: 55 F (enf.), 115-320 F. Bistrot: 62-89 F

Ce bel hôtel au cœur du bourg joue le style médiéval «rococoamadourien». Très sérieuse cuisine régionale allégée au restaurant (carpaccio de magret et roquette, foie de canard poêlé aux asperges, mille-feuille de framboise) et plus sage au bistrot. Chambres fort bien aménagées dans la maison mère et dans une annexe avec vue sur la vallée.

Hôtel du Château

Rte du Château
Tél.: 05 65 33 62 22. Fax: 05 65 33 69 00
Fermé 6 nov.-24 mars, (rest.) lundi midi sf été
59 ch. 380-480 F. 1/2 pens. 380-440 F
Menus: 50 F (enf.), 80 F (sem.), 98-220 F

La demeure est moderne, les chambres confortables et fonctionnelles et les jolis menus assurent sur le thème de la sainte trinité locale (foie gras, salade de gésiers, confit), sans omettre l'agneau du Quercy et le chèvre du pays. Accueil chaleureux, belle cave.

Les Vieilles Tours

Rte de Payrac, 4 km par D673
Tél.: 05 65 33 68 01. Fax: 05 65 33 68 59
Fermé mi nov.- mars
17 ch. 300-480 F. 1/2 pens. 350-440 F
Menus: 56 F (enf.), 125-200 F

Cette adresse au calme vaut le détour à la fois pour ses bonnes chambres à prix raisonnables, sises dans une ancienne ferme additionnée d'un fauconnier du XIIIe. Foie gras, côte de veau aux cèpes et gratin de fraises font des «collations» de grand charme.

La Roche-l'Abeille: voir Saint-Yrieix

Si vous changez d'avis, même au dernier moment, n'oubliez pas d'annuler votre réservation. Le restaurateur vous en sera toujours reconnaissant.

La Roche-Bernard

56130 Morbihan. Paris 447 - Nantes 71 - Vannes 41 - Redon 27 - St-Nazaire 37.

Le site perché au-dessus de la Vilaine, le pont du Morbihan, le petit port, la ville charmante: voilà qui vaut le détour. La grande auberge justifie, elle, le voyage.

Hôtel-restaurant

L'Auberge Bretonne

2, pl. Duguesclin
Tél.: 02 99 90 60 28. Fax: 02 99 90 85 00
Fermé (rest.) lundi midi, jeudi, vendr. midi, 4-24 janv., 13 nov.-2 déc.
8 ch. 900-1 500 F. 1/2 pens. 900-1 400 F
Menus: 150 F (déj.), 210-630 F. Carte: 700 F

Rude gaillard, renfrogné d'allure, râleur, pas bêcheur, mais Breton, ça oui, fier de l'être, et Briéron des marais, sûr de son territoire: c'est Thorel, Jacques, un cœur gros comme ça, sous une mine de grognard moustachu et bravache. Ce natif de Saint-Nazaire, fils de gens de Grande Brière attachés à leur terre, s'est installé il y a quinze ans dans une auberge naïve du premier village morbihanais vers le pays breton profond. Le nom de sa maison est un emblème. Celle-ci s'est agrandie de deux maisons mitoyennes, enrichie de jolies tomettes, de beaux tableaux, d'une salle entourée, comme un puits de lumière, d'un jardin d'herbes. Sept petites chambres complètent l'ensemble qui possède un vrai charme. Une mini-placette en demi-cercle couronne l'ensemble. Autant dire qu'on vient désormais chez Thorel à la Roche-Bernard comme chez Troisgros à Roanne, Guérard à Eugénie, Haeberlin à Illhaeusern ou Bocuse à Collonges: la renommée du bonhomme a dépassé le lieu de sa bonne fortune. Une star, Thorel? Il n'en a pourtant pas l'air. Lui qui prouve à l'envi, le temps de ses deux services journaliers, que la vedette c'est le produit. Il part courir les meilleurs vignobles du monde entier pour enrichir sa cave, la plus belle de Bretagne et environs. Mais lorsqu'il est chez lui, il est le plus teigneux des acheteurs à domicile, au marché comme aux ports proches. Il sélectionne les meilleurs poissons de La Turballe et du Croisic, confectionne le plus moelleux lard du monde à partir d'un exceptionnel porc fermier, compose sa carte comme un poème dédié au marché de saison comme le faisait jadis son idole Chapel à Mionnay. Formé à l'école classique, chez Ricordeau à Loué, stagiaire chez Robuchon et Taillevent, Thorel est resté un bûcheur qui remet son métier sur l'ouvrage. La truffe lui inspire d'admirables variations dont le point d'orgue sera un bouillon crémé d'asperges avec sa truffe de saint-jacques crue en surprise (ah, ce mariage du jardin, de l'iode et du sous-bois !). D'exquises crevettes bouquets se mangent simplement chaudes avec les doigts. De grosses langoustines de casier, à la chair plus fine que celle du homard, se cuisent au naturel, dans leur coquille, juste grillées, citronnées au parfum aigu de bergamote. Une feuille d'épinard enveloppera la raie du jour, tandis que le bar s'accompagnera d'endives confites avec safran et raisins secs. Côté desserts, c'est le feu d'artifice que produisent de succulentes crêpes beurrées au citron, comme un hommage à la région, un ananas à la broche et glace nougat, sans omettre un baba aux mirabelles avec glace turbinée à retomber en enfance. S'il fallait ranger Thorel dans une école, on serait bien embêté. Ni disciple de l'école des herbes, ni créateur échevelé, ni classique modernisé, ni conservateur éclairé : ce Breton tête dure et tête forte est surtout l'homme de son pays. Avec son camarade Roellinger, au nord de la région, à Cancale, il est sans nul doute celui qui incarne le mieux le gourmand pays des binious.

Rochecorbon : voir Tours

Rochegude

26790 Drôme. Paris 645 – Avignon 47 – Bollène 8 – Carpentras 16.

C'est ici le Tricastin de la truffe, du vin, de l'agneau et des oliviers : une Provence qui débute en Drôme et se voue à la gourmandise.

Hôtel-restaurant

Château de Rochegude

Tél. : 04 75 97 21 10
Ch : 700-1 850 F
Menus : 200 F, 350 F, 650 F

Ce somptueux château du XIIe siècle – il appartint au marquis du même nom – domine le village avec son allure de forteresse adoucie à la Renaissance. André Chabert, moustachu et truculent directeur de ce « R & C » à l'ancienne, rénove les chambres avec adresse, tandis que l'excellent chef Pascal Alonso met le diamant noir local dans l'assiette en choisissant la voie de la sagesse. Offrir un « menu truffes » à 650 F dans un cadre de castel Grand Siècle tient du bel art, d'autant que la salade de saint-jacques aux truffes, les ravioles de Romans en consommé de volaille émulsionné à la crème truffée (une merveille), les papillotes de truffes aux pommes de terre et lard fumé, culottée de rusticité sophistiquée, la soupe de volaille en croûte à la truffe ou le suprême de daurade aux truffes avec purée de céleri, qui se renouvellent selon l'inspiration du moment, avant le grand dessert à la truffe (ah, le mariage du chocolat et du diamant noir !) peuvent s'accompagner d'un superbe viogner de Vernay au nez de pêche et d'abricot ou d'un formidable cornas de Clape vendus à prix de raison. En prime, et pour la digestion, la détente et le repos, un parc de 10 ha, une piscine et un court de tennis.

La Rochelle

17000 Charente-Maritime. Paris 475 – Angoulême 145 – Bordeaux 186 – Nantes 135 – Niort 66.

Office du Tourisme : pl. de la Petite-Sirène – Le Gabut. Tél. : 05 46 41 14 68
Fax. : 05 46 41 99 85

La Rochelle, ville ouverte. Ouverte aux échanges et au commerce jadis, au tourisme et à la musique aujourd'hui. « On ne fait que passer à La Rochelle », se lamentent les hôteliers, qui voient partir les vacanciers dans l'île (de Ré). Oui, mais on y revient, séduit par la lumière de cette ville portuaire habillée de pierres blanches, amusé par le contraste entre colombages moyenâgeux et hôtels d'armateurs XVIIIe, étonné par l'enfilade des rues à arcades. Ouvertement dévouée à la mer, la ville exprime le meilleur de ce thème inépuisable. Maigre, langoustines et anguilles se partagent les ardoises des bistrots du port. Rien de bouleversant mais la fraîcheur et la générosité sont toujours à l'honneur. Les Coutanceau tiennent le haut du pavé avec leurs trois adresses où l'on ne craint pas de bousculer les classiques. Cognac, pineau ou fleur de sel, les emplettes se font au marché et alentours où les bons commerces abondent, à moins que vous ne décidiez de traverser l'estuaire pour flâner du côté du quartier Saint-Nicolas, ancien repaire de marins où les bars canailles côtoient les brocanteurs. Dans tous les cas, ne passez pas le pont les yeux fermés.

Hôtels

Les Brises

Rue Philippe-Vincent,
Chemin de la digue Richelieu

Un peu à l'écart du centre-ville, ce bâtiment moderne et sobre s'avance sur l'océan pour offrir une vue sans pareil sur le port des Minimes. Chambres pomponnées mais un peu vieillottes (demandez à être au 5e étage, récemment rénové). Accueil charmant et service disponible. La sérénité au grand large.

Hôtel Mercure Yachtman

23, quai Valin
Tél. : 05 46 41 20 68. Fax. 05 46 41 81 24
44 ch. 500-900 F

Fort bien situé, sur les quais du vieux port, cet hôtel de chaîne est une des références hôtelières de la ville. Le décor de bois sombre façon yacht s'harmonise avec les chambres, élégantes et fonctionnelles, toutes dotées de salle de bains en marbre. Un très bon point de chute en étant sûr d'éviter les mauvaises surprises. Voir restaurant le Midship.

Hôtel de la Monnaie

3, rue de la Monnaie
Tél. : 05 46 50 65 65. Fax : 05 46 50 63 19
31 ch. 480-630 F. 4 suites

Centrale, à l'entrée du port ancien, cette demeure historique, sise dans un ancien hôtel particulier du XVIIe, joue le classique sans histoire au fil de chambres aux espaces agréables avec un mobilier et un confort d'aujourd'hui. Pratique pour rayonner près de la Tour de la Lanterne et celle de la Chaîne.

Hôtel du Nouveau Monde

Résidence de France

43, rue du Minage
Tél. : 05 46 28 06 00. Fax. 05 46 28 06 03
47 appart. 450-1 050 F

Installé depuis quatre ans à deux pas du marché, cet hôtel-résidence s'affirme d'emblée comme l'un des plus raffinés de la ville. Vastes parties communes, chambres claires, modernes, élégantes. Le décor est à l'épure sans sacrifier au confort. Accueil retenu et tranquillité garantie.

France Angleterre et Champlain

20, rue Rambaud
Tél. : 05 46 41 23 99. Fax. 05 46 41 15 19
36 ch. 320-580 F. 4 appart. 700 F

Sans conteste, le grand classique du lieu. On apprécie d'abord l'allure de cette maison XVIIIe, puis on découvre les salons moulurés aux plafonds hauts, avant de se réjouir de la présence d'un jardin intérieur ombragé. Très proprettes, les chambres sont bien sûr, exquisément désuètes.

François Ier

13-15, rue Bazoges
Tél. : 05 46 41 28 46. Fax : 05 46 41 35 01
39 ch. 395-600 F

Discrète et paisible, une demeure historique sise au cœur de la vieille ville. On est séduit par l'atmosphère intimiste d'une maison dont on se croirait l'hôte, même si l'on regrette un peu l'exiguïté des chambres.

Hôtel Saint Nicolas

13, rue Sardinerie
Tél. : 05 46 41 71 55. Fax. 05 46 41 70 46
79 ch. 370-440 F

Un hôtel moderne niché au cœur du quartier «branché» de Saint Nicolas que les marins ont abandonnés aux bouquinistes et aux bistrots bon enfant. L'hôtel ne fait pas de vague : accueil simplement poli, chambres sans reproche et parties communes modernisantes. Une halte raisonnable et pratique.

Relais Mercure Océanide

Quai Louis-Prunier
Tél. : 05 46 50 61 50. Fax : 05 46 41 24 31
123 ch. 460-560 F
Menus : 46 F (enf.), 75 F (déj.)-100 F

Ce grand hôtel pour groupes, séminaires et congrès, avec ses chambres petites et amusantes, façon cabine de bateau, est bien pratique, face au port de plaisance. Bar et restaurant sur le mode marin.

Restaurants

Richard Coutanceau

Plage de la Concurrence
Tél. : 05 46 41 48 19. Fax : 05 46 41 99 45
Fermé dim.
Menus : 235-450 F. Carte : 400-450 F

La vedette rochelaise, sans nul conteste ? Richard Coutanceau. Ce jeune quinqua, enfant du pays, stagiaire chez Lenôtre (il y rencontra un certain Alain Ducasse), puis Guérard et Senderens, est, depuis quinze ans, la vigie gourmande de sa ville. De son blockhaus de charme, ce modeste filiforme, qui n'a pas dû prendre un gramme depuis ses débuts, défie la mer en majesté. Le cadre : de grandes baies vitrées, des tables espacées, rien de trop. Et, une cuisine au petit point qui joue le jeu de la vérité. Son tartare de langoustines avec sa gelée claire à l'eau de mer et ses spéciales de la Tremblade forme un concentré d'iode. Ses langoustines aux cocos de Vendée, parfumées au citron confit, plus un beurre au suc de crustacés vinaigré, sont un clin d'œil tonique au plus subtil des légumes locaux. Les lasagnes imprimées aux herbes, avec palourdes, seiche, homard en dés, leur jus lié à la truffe écrasée, sont un exquis tribut payé à l'air du temps via la mode italienne. Le tronçon de sole au beurre d'huîtres avec girolles et pommes fondantes à la ventrèche marque la sainte union de la terre et de la mer. Le pigeonneau rôti à la broche, flanqué de grosses frites à l'ancienne, d'un jus aux truffes et de champignons, indique que les viandes sont également traitées chez lui avec un soin louable. Ajoutez-y des desserts de haute volée (nectarines farcies de fruits confits avec une légère crème d'amande, un jus de passion, plus une glace caramel turbinée), le service alerte sous la houlette de la dynamique et blonde Mme Coutanceau, une carte des vins prodigue dans tous les vignobles, sans omettre des prix, qui, à ce niveau de qualité, figurent parmi les plus bas de France et vous comprendrez que cette maison justifie à elle seule le voyage à La Rochelle.

Les Flots

1, rue de la Chaîne
Tél.: 05 46 41 32 51. Fax: 05 46 41 90 80
Fermé dim. soir et lundi (hs)
Menus: 135 F (déj.), 195-360 F («homard»).
Carte: 200-300 F

Il a été à bonne école, Grégory. D'abord dans les tabliers de papa, puis quelques années chez Ducasse à Monaco, avant de s'installer sur le port au pied de la tour de la Chaîne. Un emplacement de choix pour une cuisine qui ne manque ni d'idées, ni de précision. Aussi à l'aise dans le registre du cru que dans celui de la cuisson à la plancha, il se renouvelle sans cesse autour de produits d'une infaillible qualité. On garde un beau souvenir de la seiche sautée aux artichauts et vieux parmesan, du savoureux ragoût de lotte aux grenailles de l'île de Ré et au jambon Serrano ou de cet amusant citron confit et son sorbet au basilic. Saveurs tranchées, jolies assiettes (un peu précieuses parfois) et des associations de saveurs, qui, sans être innovantes, sont toujours de bon aloi. Le papa se dit satisfait, nous aussi.

L'Entracte

22, rue Saint-Jean-du-Pérot
Tél.:: 05 46 50 62 60. Fax: 05 46 41 99 45
Fermé dim.
Menus-carte: 110 F (déj.), 130-160 F

Difficile de ne pas être séduit par cette décoration habile et distinguée, qui pour une fois, décline les beiges plutôt que les marines. Des tables espacées, un accueil très attentif... On pressent déjà que le moment va être privilégié. Les plats arrivent en confirmation. Carpaccio de lotte légèrement fumée, ragoût de casserons aux deux poivrons et à l'œuf poché, solettes de petit bateau aux amandes et pistaches, poêlée de cerises au riz au lait et armagnac. Tout cela fourmille d'idées, présente bien et ne souffre d'aucune défaillance de fraîcheur. D'aucuns pourraient reprocher aux plats d'être un peu trop «cuisinés», mais après avoir écumé les bistrots du port, on apprécie cette recherche. La carte-menu s'affiche à un prix plus qu'honnête, de même que la jolie sélection de vins occitans.

 *indique une très bonne table.*

Grill-le Midship

Au Mercure-Yachtman, 23, quai Valin
Tél.: 05 46 41 20 68. Fax: 05 46 41 81 24
Menus: 110-130 F. Carte: 180 F
Fermé dim. soir et lundi

Ce bistrot chic propose des grillades variées (saumon, homard ou côte de bœuf) et des petites assiettes locales bien troussées (tartare de thon et mulet, moules grillées aux aiguilles de pin...). Le décor élégant, entre bleu et bois sombre, en fait une halte agréable. Les tables sont un peu au touche-touche, mais aux beaux jours elles se poussent jusqu'à la piscine. Sachant que le propriétaire des lieux n'est autre que Jacques Le Divellec, ex-Rochelais star devenu parisien, vous comprendrez que simplicité rime ici avec qualité.

André

6, pl. de la Chaîne/5, rue Saint-Jean-du-Pérot
Tél.: 05 46 41 28 24. Fax: 05 46 41 64 22
Menus: 48 F (enf.), 122 F (déj.) -156 F
Carte 180-250 F

Cette institution marine s'étale fièrement d'une rue à l'autre: voilà le restaurant «sûr» de la ville, où les maîtresses de maison rochelaises se réjouissent de mettre les pieds sous la table. Des salles récréatives, toutes différemment décorées, promettent une agréable intimité. Si les couleurs des murs changent, la qualité des fruits de mer est identique. La cuisine ne fait pas de façons, proposant des petits plats tout à fait honnêtes qui évitent de bousculer les valeurs sûres. Qu'ils soient grillés, pochés ou frits, les poissons sont du jour et certains, comme le maigre ou le cabillaud fumé, ne sont pas monnaie courante. Si vous êtes adeptes du mi-cuit, signalez-le, ici c'est un peu «vieille école» et les cuissons sont parfois un peu appuyées.

Le Bout en Train

2, rue des Cloutiers. Tél.: 05 46 41 73 74
Menus: 130 F. Carte: 150 F
Fermé dim.

Cette petite cantine canaille, face au marché, propose tartes, salades ainsi qu'une ardoise qui conjugue les classiques au temps présent: terrine de langoustines au caviar d'aubergines, palourdes à la crème de thym, fricassée de seiches aux poivrons, terrine de framboises et tartes maison, servi avec diligence et allégresse. Certains viennent de loin pour les quelques spécialités carnées (rares dans la ville), dont une honorable tête de veau vinaigrette.

A côté de chez Fred

30-32, rue Saint-Nicolas
Tél.: 05 46 41 65 76. Fax. 05 46 34 59 25
Fermé dim., lundi (hs), 25 oct.-15 nov.
Carte: 150-250 F

Une poissonnerie devenue bistrot (de poissons) : original et sympathique, en vérité.

Nappes à carreaux, filets de pêche en guise de tentures murales et quelques tables en terrasse dans une rue piétonnière pleine de vie. Fraîcheur assurée et apprêts simples.

Le Mistral

10, pl. des Coureauleurs
Tél. : 05 46 41 24 42. Fax. 05 46 41 76 14
Fermé dim. soir, lundi soir, mardi soir (sf été), févr.
Menus : 55 F (déj. sem.), 64 F (déj.)-150 F.
Carte : 150 F

Suspendue au cœur du récent quartier du Gabut, cette vaste salle tout en clarté n'est pas facile à dénicher. Mais, une fois attablé, les bonnes surprises vous attendent. La vue «plein ciel» sur le port des grands yachts, des menus gentiment facturés et des assiettes souriantes. Très copieuse salade de fruits de mer à l'huile de noisette, escargots aux lardons et au vinaigre balsamique, anguille en persillade, langoustines grillées... Sachez rester classique et vous ne serez pas déçus. Attention, le restaurant fait souvent le plein à midi et le service peut être un peu long. Pour le soir, réservez, car les fermetures sont aussi imprévisibles que le mistral.

Le Saint-Sauveur

24, rue Saint-Sauveur
Tél. : 05 46 41 18 16
Fermé dim. soir (hs).
Menus : 69-149 F. Carte : 160 F

Un peu en retrait du port, cette petite adresse affiche une bonne santé constante. Dans les assiettes, les associations sonnent justes — langoustines flambées au whisky, espadon ou bar grillé au fenouil - et l'ambiance mêle courtoisie et jovialité.

Produits

BISCUITIER-CONFISEUR

Croquandises

Marché couvert central
Tél. : 05 03 22 14 91

Spécialités sucrées à prix cadeaux. Dès l'entrée du marché, on est happé par cet étalage de galettes moelleuses, fourrées aux fruits ou aux amandes et ces petits sachets de sablés parfaits en cas de fringales itinérantes.

BOUCHER-CHARCUTIER

La Boucherie des Arcades

25, rue des Merciers
Tél. : 05 46 41 31 04

Dans cette réjouissante boucherie tout fait envie. Pas vraiment de spécialités locales mais beaucoup de choix, de l'andouillette aux paupiettes, en passant par de belles brochettes.

BOULANGER

Dohomet

17, rue Saint-Nicolas
Tél. : 05 46 41 03 80

Dans cette rue piétonnière animée à toute heure, la queue s'allonge pour les baguettes rustiques, bâtards et pains du pêcheur. Et que mangent les marins ? Un pain plus fort en goût, plus croustillant, plus corsé, évidemment !

CAVISTE

Jean-Marie Floirat

2 bis, rue Thiers
Tél. : 05 46 41 09 07. Fax. 05 46 41 95 07

Aux portes du marché, maître Floirat voit défiler toute la ville dans sa lumineuse boutique d'angle qui affiche plus de mille références. Qu'on lui soumette le menu du soir ou qu'on l'interroge sur les bordeaux, les pineaux, les cognacs ou les eaux-de-vie, il a réponse à tout et conseille rarement les bouteilles les plus chères.

CHARCUTIER

Christian Lacaud

27, rue du Temple
Tél. : 05 46 41 19 16

Le farci (épinard et porc confit au four) et le grillon charentais (grosses rillettes confites) jouent les vedettes de cette échoppe. Mais les belles terrines de pâté rustique, l'andouillette artisanale, le boudin blanc truffé et le noir aux châtaignes valent également le détour. Accueil adorable.

ÉPICIER

Grains de sel

Marché couvert central
Tél. : 05 46 41 56 80. Fax : 05 46 41 56 80

Cette petite échoppe propose la fleur de la fleur de sel, récoltée à la main dans l'île de Ré. Nature, aux algues, aux herbes, au poivre, au fenouil, de quoi raffiner vos assiettes à loisir. En sus, d'épatants caramels salés au pineau.

FROMAGER

La Ferme Saint-Yon

46, rue Saint-Yon
Tél. : 05 46 41 01 28

Daniel Fouray parle avec passion de ses pâtes fermières, chèvres du Poitou, brebis des Pyrénées, mais aussi vaches de montagne, qu'il affine dans ses caves avec amour. Idéal pour démarrer au crottin dès 8 heures du matin.

 *indique un bon rapport qualité-prix.*

GLACIER

Olivier Glacier

21, rue Saint Jean du Pérot
Tél. : 05 46 41 47 14

Les jours de grosse chaleur, il y a ceux qui passent le pont pour la fraîcheur de la houle, et les autres, qui filent chez Olivier pour la douceur des boules...

Rendez-vous

BISTROT À VINS

Cave de la Guinguette

8, rue Saint-Nicolas
Tél. : 05 46 41 05 75

Des tonneaux renversés en guise de tables, des petits crus qui poussent les coudes et un décor resté dans son jus années cinquante. Cet ancien bistrot de marin pêcheur est, aujourd'hui, une cave maligne autant qu'un rendez-vous désinvolte.

CAFÉS

Café de la Paix

54, rue Chaudrier
Tél. : 05 46 41 39 79

Moulures, plafonds peints et lustres monumentaux. Il paraît que ce n'est pas l'endroit le plus « in » de la ville. Tant mieux ! On peut s'installer confortablement sur les banquettes, face au bar centenaire, et oublier que l'on n'est pas à Venise, au café Florian.

Le Grand'rive

24, quai Duperré
Tél. : 05 46 41 44 53

La voilà l'adresse qu'il faut avoir en poche si vous débarquez en touriste. C'est « le » café où il faut être vu et ça tombe bien car c'est l'une des plus belles terrasses du port. Les autochtones peuvent venir tous les jours de l'année, en étant sûrs de siroter chaque fois un cocktail différent.

Rodez

12000 Aveyron. Paris 632 – Albi 81 – Aurillac 88 – Clermont-Ferrand 216.

Office du Tourisme : Pl. Foch
Tél. : 05 65 68 02 27. Fax : 05 65 68 78 15

Le cœur de l'Aveyron en sa capitale est une étape entre pays des bastides et Aubrac, vers Conques et le Lévezou. C'est ici terre de randonnées flâneuses et de gourmandise solide et sûre. N'oubliez pas de visiter la cathédrale Notre-Dame et de flâner dans les vieux quartiers.

Hôtels-restaurants

Hostellerie de Fontanges

A Onet-le-Château : 3 km N. par D901, rte de Conques
Tél. : 05 65 77 76 00. Fax : 05 65 42 82 29
Fermé (rest.) sam. midi, dim. soir (hs)
42 ch. 320-420 F. 4 appart. 450-700 F
1/2 pens. 300-395 F
Menus : 55 F (enf.), 98 F (sem.)-230 F

Majestueux château du XVIe siècle planté au milieu d'un beau parc. Une annexe a été rénovée dans laquelle les chambres sont spacieuses et confortables. Honnête cuisine moderne faite aux couleurs du pays.

La Tour Maje 

Bd Gally
Tél. : 05 65 34 68. Fax : 05 65 68 27 56
41 ch. 320-480 F. 3 appart. 700 F

En ville, ce bâtiment moderne au pied d'une tour du XIVe fait une étape sérieuse. Bonnes chambres confortables, proprettes et sans histoire.

Goûts et Couleurs

38, bd Bonald
Tél. : 05 65 42 75 10. Fax : 05 65 42 75 10
Fermé dim., lundi, 8 janv.-3 févr., 4-22 sept.
Menus : 50 F (enf.), 100 F (déj.), 140-360 F.
Carte : 300 F

Sur la route gastronomique de Laguiole, n'oubliez pas l'indispensable halte chez Jean-Luc Fau, pour que le parcours soit complet. Cet artiste au sens double, qui peint, expose ses tableaux et crée sans discontinuer à travers le marché de chaque jour, joue avec les marchés de l'Aveyron et le bon air de Rodez. On ne sait trop quoi citer chez lui sachant que le jour de votre venue tout ou presque aura changé. Mais si le ventre de thon à la crème de poivrons et courgettes à l'anis vert, la soupe de châtaignes aux mousserons, le foie gras poêlé et coulis d'abricots aux épices, l'omble chevalier à la crème de lard grillé, le pigeon laqué au miel ou les cerises pochées à la purée d'aubergines sont à la carte le jour de votre passage, ne les loupez pas. Charmant accueil d'Emmanuelle Fau, cave pleine de séduction.

Les Jardins d'Acropolis

Rue d'Athènes-Bourran : 1,5 km N.-O. par rte de Decazeville
Tél. : 05 65 68 40 07. Fax : 05 65 68 40 67
Fermé dim. soir, lundi, vac. févr., 1er-12 août
Menus : 80 F (déj.), 100-250 F. Carte : 200-250 F

Installé avec joliesse dans un quartier du nord-ouest de la ville, Dominique Panis a fait de sa jolie salle double un des rendez-vous gourmands sérieux d'ici. Sa cuisine joue le terroir aveyronnais revu en version légère. Il propose, selon la saison, le foie poêlé aux oignons, les grillons de lard vinaigré avec feuilles de pourpier et dos d'omble chevalier, la tourte de pommes de terre et morue à l'huile de persil, la ballottine de poulet fermier farcie au foie frais, la crème brassée de cannelle et sorbet de pommes vertes, juste de ton, rieurs et pleins d'esprit, tarifés en outre à prix angéliques.

Le Saint-Amans

12, rue de la Madeleine
Tél.: 05 65 68 03 18
Fermé dim. soir, lundi, 15 févr.-15 mars
Menus: 100 F (sem.), 140-280 F. Carte: 250 F

Jacky Amat est devenu sans crier gare le grand ancien de la cuisine d'ici. Le décor de charme de son Saint-Amans, avec laque et miroir, vieillit bien. Les mets se suivent selon la saison. Les prix ont su garder raison. Et nul ne se plaint des terrine de pommes de terre aux gésiers confits et jus d'herbes, parmentier d'escargots à la ventrèche, coquillages au bouillon de légumes truffé, saint-jacques et ris d'agneau en deux cuissons, sabayon glacé à la réglisse qui sont légers et frais, dans le droit fil de l'air du temps.

Le Kiosque

Av. Victor-Hugo
Tél.: 05 65 68 56 21
Fermé dim. soir (sept.-avr.)
Menus: 90-219 F. Carte: 180 F

Face au kiosque à musique, ce pavillon avec véranda qui trône dans le jardin public de la ville propose, en sus d'un solide banc de fruits de mer, tout un registre de plats débonnaires, entre foie gras chaud, confit, belles viandes rouges, à consommer sans manières. Prix sages.

Produits

CHARCUTIER

René Alicot

53, rue Béteille
Tél.: 05 65 68 19 16

Ce boucher sérieux, très inspiré par l'agriculture biologique, est incollable sur l'agneau du Lévezou et de l'Aubrac, le bœuf du Limousin, le porc fermier nourri au grain.

Rendez-vous

CAFÉ

Le Grand Café

19, pl. de la Cité
Tél.: 05 65 68 00 95

Mais non tous les limonadiers aveyronnais ne sont partis chercher à conquérir Paris. La preuve? Michelle et Gille Hugonenc sont restés au pays, servent le coup de marcillac au comptoir, la saucisse aligot à l'heure du repas, relatent les nouvelles du jour et racontent le pays dans ses grandes largeurs. On ne s'ennuie pas au Grand Café.

Romanswiller: voir Wasselonne

Romorantin-Lanthenay

41200 Loir-et-Cher. Paris 204 – Blois 42 – Orléans 67 – Tours 93 – Vierzon 34.

Office du Tourisme: 32, pl. de la Paix
Tél.: 02 54 76 43 89. Fax 02 54 76 96 24

Les bords de la Sauldre, le site du vieux moulin, le musée de l'Automobile et aussi le beau musée de la Sologne à fleur d'eau dans un cadre ancien, les quartiers anciens et l'église de Lanthenay expliquent le charme de Romo, sentinelle de Sologne, ville éternelle.

Hôtels-restaurants

Le Lion d'Or

69, rue G.-Clemenceau
Tél.: 02 54 94 15 15. Fax: 02 54 88 24 87
Fermé mardi midi (hs), mi-févr.-mi-mars
13 ch. 700-1 900 F. 3 appart. 1 500-2 200 F
Menus: 450-650 F. Carte: 550-800 F

La grande table du pays, sa belle étape, sa halte de grand charme, c'est ce relais de poste, au cœur de la ville, devenu Relais & Châteaux, à force d'efforts d'embellissement. Les chambres, qui jouent pierre et bois, balcons et miroirs, sont de petits bijoux. La table, signée Didier Clément, formé notamment au Taillevent, est d'une précision millimétrée, réalisant des prouesses à travers les meilleurs produits du pays, quelques autres « importés » avec science, des herbes et légumes de première fraîcheur et de qualité grande. Le boudin blanc maison dans son bouillon de primeurs, le feuilleté de champignons des bois (mousserons, girolles, cèpes, trompettes), le consommé de lièvre avec sa raviole fine à la farine de châtaigne, les petites anguilles au tamarin laquées de vin rouge à la chinoise, les huîtres spéciales en croûte de seigle au muscat, les saint-jacques grillées au tourteau à l'huile de minudales, le turbot piqué d'estragon avec son lait mousseux de pommes de terre, l'aile de perdreau gris juteuse avec sa fondue d'endives, la ronde des desserts ici exceptionnels (crème glacée de coings en limonade d'agrumes) mara des bois comme en confiture avec sa glace au lait, figue rôtie au confit de dattes, sirop noir glacé au sirop d'orchata s'accompagnent de quelques-uns des meilleurs vins du pays de Loire (cheverny de Gendrier ou de Quenioux, romorantin provinage de Marionnet, saumur-champigny marginale de Germain). Une bonne fée se cache derrière Didier, c'est Marie-Christine, qui rédige avec lui des livres à la gourmandise tendre et nostalgique. Voilà une maison heureuse.

Le Lanthenay

Pl. de l'Eglise à Lanthenay
Tél. : 02 54 76 09 19. Fax : 02 54 76 72 91
Fermé dim. soir, lundi, 15-31 juil., 24 déc.-15 janv.
10 ch. 260-320 F. 1/2 pens. 260-290 F
Menus : 108 F (déj.), 135-300 F

Philippe Valin, qui travailla vingt ans durant au Dodin-Bouffant sous la férule de Jacques Manière a fait de cette petite maison moderne, avec ses quelques chambres genre motel, près de la vieille église de Lanthenay, une table sage et sans excessive prétention. Les menus disent la sagesse de l'ambition maison, le service féminin s'agite entre les tablées joyeuses. Côté mets, le savoir-faire du gars Valin se retrouve à travers la classique terrine de colvert, les pieds de cochon sauce poulette, les travers de porc aux lentilles du Berry. On pardonne une surcuisson sur un saumon à l'oseille, flanqué d'exquises crêpes parmentier, un rien de fadeur dans un faisan aux choux. La meringue glacée au chocolat sous forme d'amusants « cèpes solognots » passe toute seule.

Produits

ARTS DE LA TABLE

Porcelaine de Sologne

98, av. de Vierzon
Tél. : 02 54 95 61 00. Fax : 02 54 95 61 01

Sous la houlette de François Deshoulières, cette maison fondée en 1850 continue la tradition d'artisanat d'art avec allant. Jolis services Orsay, Versailles, Florence ou Jardins de Villandry.

EPICIER

Jean-Michel Lacote

64, rue G.-Clemenceau
Tél. : 02 54 96 18 15

Artiste de la belle épicerie fine, caviste et fromager, Jean-Michel Lacote vend, en saison évidemment, les gibiers chassés aux environs et sur ses terres. Un homme de confiance...

PÂTISSIER

Léchaudé

38, rue G.-Clemenceau
Tél. : 02 54 76 12 37

Quiches diverses, croquet solognot, pâté au jambon et fromage, tartes aux pommes et autres délicatesses sucrées ou salées, traités avec doigté par le bon pâtissier local.

PISCICULTEUR

Jean-François Doyon

117, av. de Salbris
Tél. : 02 54 76 01 19

Carpes, gardons, tanches, brochets, sandre : voilà ce que propose le gars Jean-François dans sa quinzaine d'étangs, qu'il loue aux particuliers comme aux sociétés de pêche.

Roquebrune-Cap-Martin

06190 Alpes-Maritimes. Paris 958 - Monaco 9 - Menton 3 - Monte-Carlo 8 - Nice 27.

Office du Tourisme : 20, av. P.-Doumer
Tél. : 04 93 35 62 87. Fax : 04 93 28 57 00

Un balcon sur la Méditerranée en lisière du rocher de Monaco...

Hôtels-restaurants

Vista Palace

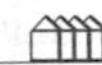

Grande Corniche, rte de La Turbie, D2564
Tél. : 04 92 10 40 00. Fax : 04 93 35 18 94
Fermé 1er févr.-15 mars
50 ch. 1 600-2 300 F. 18 appart. 1/2 pens. 1 400-1 550 F

Ce grand hôtel moderne qui domine la côte, plonge sur le Rocher, offre une vue vertigineuse sur la Riviera et Monaco. On peut y venir pour paresser à la piscine panoramique et au parc, sans omettre de sacrifier à la belle cuisine provençale revisitée et rajeunie en fraîcheur.

Victoria

7, promenade de Cap-Martin
Tél. : 04 93 35 65 90. Fax : 04 93 28 27 02
Fermé 8 janv.-8 févr.
32 ch. 450-560 F

La vue sur la mer, les chambres confortables, bien équipées et point ruineuses, l'accueil gentil tout plein font une étape sage dans un coin plutôt déraisonnable de la côte.

Le Roquebrune

100, av. Jean-Jaurès
Par N98, rte de Monaco, basse corniche
Tél. : 04 93 35 00 16. Fax : 04 93 28 88 50
Fermé déj. été sf sam., dim., 4 nov.-5 déc.
Menus : 230 F (déj.), 360 F. Carte : 400-700 F

Rien ne semble avoir bougé depuis au moins trente ans dans cette auberge de bord de route qui joue la déco kitsch à l'ancienne, l'accueil prévenant et la cuisine de tradition sans lourdeur. Les sœurs Marinovich veillent de près sur la cuisine de leur chef Daniel Tessier qui ne badine pas avec les produits de qualité. Terrine de foie de poularde, légumes du jour en bagna cauda, bouillabaisse, loup du pays en croûte de sel, côte de veau cuite sur la braise sont d'une rayonnante simplicité. Alain Ducasse, soi-même, y vient en habitué.

Rosbruck : voir Forbach

Roscoff

29680 Finistère. Paris 564 – Brest 65 – St Pol-de-Léon 5 – Morlaix 27 – Quimper 100.

Office de Tourisme : 46, rue Gambetta
Tél. : 02 98 61 12 13. Fax : 02 98 69 75 75

La première thalasso en Bretagne et même en France, les ferries vers et de Plymouth, l'île de Batz, juste en face, le bon air du Léon et de la fin des terres, le port et le bourg, la gourmandise et la flânerie : il y a toutes sortes de bonnes raisons de venir à Roscoff et de n'en pas repartir.

Hôtels-restaurants

Brittany 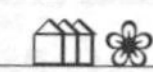

Bd Sainte-Barbe
Tél. : 02 98 69 70 78. Fax : 02 98 61 13 29
Fermé 22 mars-15 oct.
25 ch. 620-890 F. 1/2 pens. 590-690 F

Cette demeure charmante ancienne, reconstituée — ce fut jadis un manoir du Faouet —, vaut pour sa patronne alerte, son bar à l'anglaise, son restaurant fameux (voir le Yachtman), ses chambres charmantes et décorées avec recherche, quoique d'hétéroclite façon à travers un mobilier largement chiné. Bref, on est comme en visite chez des amis aisés. Vue sur la mer, jardin, piscine couverte.

Armen Le Triton 

Rue du Dr-Bagot
Tél. : 02 98 61 24 44. Fax : 02 98 69 77 97
Fermé 15 nov.-15 févr.
45 ch. 265-350 F

Dans le quartier résidentiel, à deux pas du centre de thalassothérapie, un hôtel moderne années soixante-dix de bon confort. Chambres pas très grandes, mais bien équipées. Sans restaurant, mais avec jardin et tennis privé.

Gulf Stream 

Rue Marquise-de-Kergariou
Tél. : 02 98 69 73 19. Fax : 02 98 61 11 89
Fermé 15 oct.-20 mars, (rest.) dim. soir
32 ch. 400-540 F. 440-550 F
Menus : 130-300 F

On projette de rénover cet hôtel, sis dans une zone résidentielle, qui date des années soixante-dix et entretient son style. Le centre de thalasso n'est pas loin, l'accueil est adorable. La cuisine de Jacques Créach est très séductrice, à coup de vinaigrette de poireaux et rouget à l'huile et tomate confite, gourmandise de coquillages et crustacés aux morilles, bar au beurre blanc et tarte aux pommes chaudes.

 *indique un hôtel au calme.*

Talabardon 

Pl. de l'Eglise
Tél. : 02 98 61 24 95. Fax : 02 98 61 10 54
39 ch. 330-660 F. 1/2 pens. 325-480 F
Menus : 60 F (enf.), 100 F (sem.), 130-280 F

Central et avec vue sur mer, ce vieil hôtel s'est rénové sans cesse depuis 1890. Chambres proprettes, bien tenues, au modernisme un peu daté. Excellent accueil et cuisine pensionnaire de qualité servie dans une salle à manger panoramique. Poêlée de gambas au gingembre, choucroute de la mer, raie à la crème de poivrons, crumble de blé à l'ananas caramélisé sont au rendez-vous.

Le Temps de Vivre

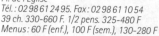

Pl. de l'Eglise
Tél. : 02 98 61 27 28. Fax : 02 98 61 19 46
Fermé dim. soir (hs), mardi midi été, lundi, vac. févr., 1er-23 oct.
Menus : 180-395 F. Carte : 300-400 F

Glissera-t-il ou non de quelques mètres ? Jean-Yves Crenn, grand chef d'ici, timide, modeste, réservé, est sans doute un peu à l'étroit et point trop à son aise dans ce cadre moderne au rez-de-chaussée d'un hôtel Ibis. Une demeure en pierres du pays l'attend tout à côté. Même si, pour l'heure, on est à l'aise dans sa salle aérée qui lorgne de ses grandes fenêtres sur l'île de Batz. Le chic de ce chef au doigté sûr : le traitement précis, net, épuré de splendides produits de la baie d'ici, allié à la mer, aux épices, dosées au millimètre. On voudrait d'ailleurs prolonger sans fin le plaisir d'être ici, de redécouvrir les huîtres tièdes à la crème de pommes de terre et tartelette à l'échalote au jus d'herbes, les petites brochettes de pétoncles avec pommes grenailles aux algues, sa vinaigrette au beurre noisette et cidre réduit, le fameux chou farci de tourteau, le saint-pierre aux artichauts et jus de poissons au bouillon de poule et vouvray, le canard mi-sauvage aux oignons et pruneaux avec son jus de canard aux épices. Ses desserts révèlent, en outre, une belle maîtrise, comme la malicieuse tartelette où des fraises farcies de mascarpone reposent sur une pâte feuilletée nue, sans omettre la soupe de fraises aux fruits rouges et le sablé breton aux mêmes fruits de Plougastel. Ajoutez-y de jolis vins peu connus du Languedoc conseillés par une sommelière de charme et un service complice et vous comprendrez que voilà une maison d'élite à mettre en exergue.

Le Yachtman

Au Brittany, Bd Sainte-Barbe
Tél. : 02 98 69 70 78. Fax : 02 98 61 13 29
Fermé 22 mars-15 oct., sam. midi, dim. midi, lundi sf soir été
Menus : 135-310 F. Carte : 400 F

Ancien de chez Jeffroy, Gagnaire, Senderens et Savoy, le jeune Loïc Le Bail a donné le ton, depuis une décennie déjà, à cette belle adresse. Ce Breton de Quimperlé qui travaille l'andouille de Baye et les artichauts du Léon, raconte à merveille sa région riche, profuse, à travers des mets légers, à la fois simples et savants. Sa fine rémoulade de chou-fleur aux aromates, ses crêpes croustillantes au lard et oignons doux flanquées d'un tartare de pétoncle à l'huile vierge, ses rillettes d'araignées avec ses crêpes de blé noir farcie de tête de veau croustillante au sésame sont du travail de ciseleur qui excelle à faire rendre une allure autre, plus fine, plus subtile, à des produits et des recettes déjà usités. Son émincé d'ormeaux aux artichauts à la fleur de sel, comme l'assiette de cochon de lait avec sa galette de pommes de terre et ses oignons roses de Roscoff sont pareillement de belles odes au terroir. Service plein d'entrain dans une élégante et sobre salle à manger de manoir.

Le Bellevue

Bd Sainte-Barbe
Tél.: 02 98 61 15 67. Fax: 02 98 61 26 52
Fermé lundi, 3 janv.-1er févr.
Menus: 105-250 F. Carte: 250 F

Franc-comtois, rallié au Léon, via le Gulf Stream de Jacques Creach, Fabrice Refiolo travaille avec sérieux les produits de la région. Dans son cadre néo-pub 1900, avec vue sur le port et la baie, on goûte à la soupe crémeuse aux queues de langoustines, à la cassolette d'encornets à la provençale, à la montgolfière de pétoncles et de lieu à la crème de volaille ou encore à la volaille en habit vert qui ne pèsent ni sur le portefeuille, ni sur l'estomac. Le fondant au chocolat crème anglaise passe tout seul.

L'Ecume des Jours

Quai d'Auxerre
Tél.: 02 98 61 22 83. Fax: 02 98 61 26 52
Fermé mar., mercr. sf été, 1er déc.-1er févr.
Menus: 45 F (enf.), 88-240 F. Carte: 250 F

Universitaire saisi par le démon de la cuisine, Michel Quéré a fait de cette gente auberge de pierres anciennes, prolongée sur le devant d'une petite salle de bistrot marin aux lambris bleus le rendez-vous de ceux qui veulent manger bon sans se ruiner. Les petits menus ne font pas la retape. Et nul ne se plaint des émietté de poisson sauce fraîcheur au basilic, saumon fumé tiède en purée de pommes de terre et coquillages, mijoté de porc au poivre de Madagascar, onglet de veau sauce crémeuse à la graine de moutarde.

Les Korrigans

31, rue de l'Amiral-Courbet
Tél.: 02 98 61 22 15
Fermé mercr., 15 nov.-janv.
Menus: 40 F (enf.), 74-130 F. Carte: 100 F

Face au port de plaisance, cette crêperie-restau avec sa grande baie vitrée et sa terrasse sert des galettes de bonne compagnie et des plats du jour cueillis au plus frais du marché. Tourteau mayonnaise, brochettes de saint-jacques au beurre blanc et crêpe aux pommes caramélisées se dégustent dans la bonne humeur.

Le Surcouf

Rue de l'Amiral-Réveillère
Tél.: 02 98 69 71 89
Fermé janv.
Menus: 42 F (enf.), 92 F. Carte: 150 F

Plein centre, face à l'église, cette brasserie reprise par une jeune couple fait dans les fruits de mer tout frais, la soupe de poisson, les moules à la crème, la sole meunière et le far breton de qualité. Atmosphère bon enfant et cadre de taverne assez neutre.

Produits

PÂTISSIERS

Guyader

2, rue de l'Amiral-Réveillère
Tél.: 02 98 69 71 93

Depuis 1933, les Guyader mitonnent des galettes Roscovites au beurre salé qui font la renommée de cette demeure du centre-ville. Chocolats, gâteaux classiques (éclair, mille-feuille, forêt-noire), entremets sont également de qualité. Salon de thé.

La Maison du Kouign Amann

18, rue Armand-Rousseau
Tél.: 02 98 69 71 61

Plein centre et derrière l'église, la petite échoppe de Régis Abgrall vend gâteaux divers à la gloire de la Bretagne gourmande. Le kouign amann pur beurre est évidemment le roi du lieu.

Rendez-vous

CAFÉ

Chez Janie

5, rue Gambetta
Tél.: 02 98 61 24 25

Terrasse sur le port et café pour les amis: c'est le bar de l'hôtel du Centre. On prend l'apéro et on assiste aux soirées-concerts.

CRÊPERIE

Ty Saozon

30, rue Gambetta
Tél.: 02 98 69 70 89

Les Combot reçoivent avec chaleur dans leur petite salle coquette. Les galettes complètes aux œufs et jambon ou à l'andouille et aux oignons sont délicieuses. La sucrée à la compote de pommes s'arrose d'un fringant cidre fermier.

Rosheim

67560 Bas-Rhin. Paris 482 – Strasbourg 31 – Molsheim 7 – Obernai 6.

La longue rue aux monuments anciens, son église de grès jaune, sa maison païenne, la plus ancienne de la province, mais aussi Rosenwiller, annexe quasi montagnarde, avec ses vignerons nature et le cimetière juif voilé par la forêt valent le détour.

Hôtels–restaurants

Hostellerie du Rosenmeer

45, av. de la Gare
Tél. : 03 88 50 43 29. Fax : 03 88 49 20 57
Fermé dim. soir (hs), lundi, 15 févr.- 15 mars
20 ch. 290-540 F. 1/2 pens. 440-540 F
Menus : 120-348 F. Carte : 300-400 F (à la winstub carte : 150 F)

Partenaire de notre consœur Simone Morgenthaler sur France 3 Alsace, Hubert Maetz mitonne avec doigté le plat choisi par l'invité du jour, en alsacien dans le texte. Chez lui, cet ex-second de Westermann ayant repris la demeure familiale depuis une décennie, joue de tous les tours avec habileté. Sa maison moderne s'additionne d'une winstub et, si l'environnement n'est pas folichon, l'hôtel a été rénové avec chaleur : boiseries, marbre, mise de table soignée. Le service suit. Le grand Hubert crée sans discontinuer. Faites-lui confiance pour une de ces menues dînettes dont il a le secret. L'assiette des quatre harengs (avec pommes fruits, pommes de terre et fumé, raifort, munster), la fraîche terrine de brochet, le homard compoté aux haricots rouges, le somptueux foie gras entier au four, le baeckoffe de gibier, avec marcassin, chevreuil, lièvre, faisan, perdreau, l'assiette « tout coing » avec tarte amandine façon Bourdaloue : tout emballe sans mesure. Pas de sauce ou à peine, des produits superbes au mieux de leur forme, cuisinés au plus près de leur fraîcheur, bref la vérité des choses sans que la créativité n'en souffre : voilà ce qu'offre ce garçon studieux qui ne cesse de grimper dans son art et d'innover.

La Petite Auberge

41, rue du Gal-de-Gaulle
Tél. : 03 88 50 40 60. Fax : 03 88 50 40 60
Fermé 24 janv.-13 févr., (rest.) mardi soir (hs), mercr.
9 appart. 280-550 F. 1/2 pens. 280 F
Menus : 100-300 F. Carte : 250 F

Simple, mais honnête, la maison de Richard Vasconi, formé jadis au Ritz et au Savoy, prône, non sans savoir-faire, le classique de bon ton. Nul ne trouve à redire aux poêlées de grenouilles et escargots, filet de sole au crémant, magret au miel, mille-feuille chocolaté à l'orange.

Auberge du Cerf

120, rue du Gal-de-Gaulle
Tél. : 03 88 50 40 14. Fax : 03 88 50 40 14
Fermé dim. soir, lundi et 25 juin-3 juil.
Menus : 60 F (déj.), 85-195 F. Carte : 250 F

Le presskopf, le filet de sandre Tante Alice, la choucroute et le vacherin glacé, mitonnés avec sérieux par Pierre Eber, continuent de faire bel effet dans cette maison du XVIe siècle. Décor et mise de table fort soignés.

Produits

FROMAGER

Siffert Frères

35, rte de Rosenwiller
Tél. : 03 88 50 20 13. Fax : 03 88 49 25 12

Les Siffert, rois du munster fermier, achètent le meilleur de la production des fabricants vosgiens et affinent en cave leur « Hansi », au marc de gewurz, comme le (très pratique) mini-pavé de 30 gr.

Les Rosiers–sur–Loire

49350 Maine-et-Loire. Paris 304 – Angers 32 – Baugé 27 – La Flèche 45 – Saumur 18.

Les bords de Loire, le cœur de l'Anjou, des vins, des châteaux, de la gourmandise : voilà ce qu'on vient chercher ici.

Hôtel–restaurant

Jeanne de Laval et Ducs d'Anjou

Rte Nationale
Tél. : 02 41 51 80 17. Fax : 02 41 38 04 18
Fermé lundi sf soir été, 15 nov.-18 déc.
11 ch. 380-600 F. 1/2 pens. 630-660 F
Menus : 190-440 F. Carte : 300-450 F

Papa André Augereau avait fait de la maison l'emblème gourmand du val angevin. Bravement, solidement, sereinement le fiston Michel a continué dans la même lignée. Il a à peine modernisé les chambres vieillottes mais charmantes de ce vieux relais à l'ancienne avec son annexe, genre rustique, dit des Ducs d'Anjou. On a vite ses aises dans la belle salle cossue. Les deux sœurettes sont là pour apporter le sourire à l'accueil. Et l'on est tout heureux de retrouver ces classiques imparables qui ont nom foie gras en gelée d'aspic, rillons de Loire, belles asperges blanches du pays sauce mousseline, saumon au beurre blanc, anguille en bouilliture au vin rouge ou en persillade, canard vigneronne, pigeon au jus de truffes et vacherin aux fruits rouges. Autant de mets d'anthologie ligérienne qui parlent au cœur comme à l'âme et vous font rudement plaisir au palais. Quelques-uns des meilleurs saumurs blancs et champignys rouges escortent des mets d'une grande délicatesse.

Rouen

76000 Seine-Maritime. Paris 131 – Amiens 121 – Caen 123 – Le Havre 88 – Lille 230 Tours 275.

Office du Tourisme : 25, pl. de la Cathédrale
Tél. : 02 32 08 32 40. Fax : 02 32 08 32 44

*Rouen a-t-elle changé depuis le temps des ermitages de Flaubert à Croisset ? Ah, oui, Paris est désormais à une heure et quelque par le « turbo » qui file de la gare de Paris-Saint-Lazare. On découvre alors avec émotion les vieilles ruelles autour de la cathédrale immortalisée par Monet, la place du Vieux-Marché où brûla Jeanne d'Arc, ses belles halles, la rue du Gros Horloge, ses boutiques avenantes, mais aussi l'extraordinaire aître Saint-Maclou, qui accueillit les pestiférés et dont le décor paraît droit sorti du Moyen Age. On oublierait presque de louer les bonnes tables nombreuses et les décors avec pans de bois qui paraissent issus d'*Un cœur simple.

Hôtels

Mercure Champ de Mars

Av. A.-Briand
Tél. : 02 35 52 42 32. Fax : 02 35 08 15 06
139 ch. 470-580 F
Menus : 100 F (déj.), 135-175 F

Un peu loin du centre, mais non de la Seine, ni de l'esplanade du Champ-de-Mars, cet hôtel de chaîne a pour lui son modernisme sans complexe, son restaurant sage, ses salles de réunion.

Mercure Rouen-Centre

7, rue Croix-de-Fer
Tél. : 02 35 52 69 52. Fax : 02 32 89 41 46
125 ch. 560-590 F

La meilleure halte en centre-ville ? C'est ce bel hôtel de chaîne dont la façade a été savamment couverte d'ardoises. La cathédrale est, là, en voisine, le hall est feutré, les chambres d'excellent confort, le cœur historique tout autour comme une invite.

Le Dandy

93, rue Cauchoise
Tél. : 02 35 07 32 00. Fax : 02 35 15 48 82
Fermé Noël-Nvel An. 18 ch. 400-470 F

Situé dans une rue piétonnière vivante et animée, ce petit hôtel bourgeois offre de jolies chambres style Louis XV.

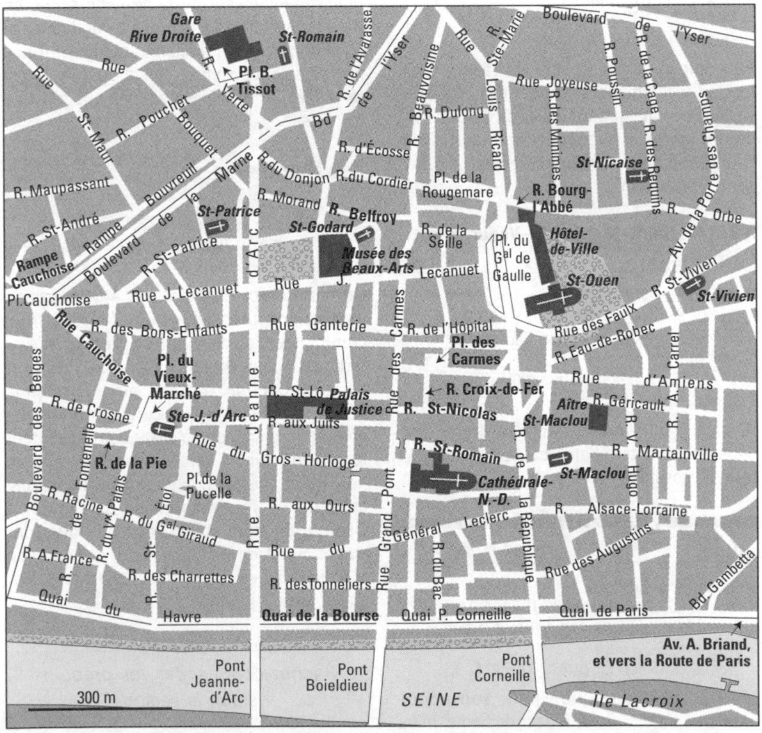

Hôtel de Dieppe

Pl. Bernard-Tissot
Tél. : 02 35 71 96 00. Fax : 02 35 89 65 21
41 ch. 350-630 F. 1/2 pens. 385 F
Menus : 138-218 F. Carte : 300 F

Face à la gare, ce classique hôtel millésimé 1880 a peaufiné son style au fil des années. Le cachet vieille France est immuable. A la bonne table classique de la maison, les Quatre Saisons, on pratique toujours un rite, la cérémonie du canard au sang.

Tulip Inn

15 rue de la Pie
Tél. : 02 35 71 00 88. Fax : 02 35 70 75 94
48 ch. 440-510 F

Hôtel moderne et bien entretenu, chambres confortables et bien équipées.

Hôtel des Carmes

33, pl. des Carmes
Tél. : 02 35 71 92 31. Fax : 02 35 71 76 96
15 ch. 250-330 F

Ce petit hôtel quasi champêtre est une affaire à saisir au cœur du quartier historique. La cathédrale est à deux pas, la gare proche. Les chambres sont de bon confort, la décoration bucolique, l'accueil aimable et le petit déjeuner honnête.

Hôtel de la Cathédrale

12, rue Saint-Romain
Tél. : 02 35 71 57 95. Fax : 02 35 70 15 54
25 ch. 270-355 F

Au cœur du vieux Rouen, au calme, cette maison à colombages propose des chambres vieillottes, mais proprettes. Les couloirs sont de guingois, les planchers craquent. Bref, l'atmosphère ne manque pas et les prix sont gentils tout plein.

A 76160. Saint-Martin-du-Vivier. 8 km

La Bertelière

Rue du Mesnil-Gremichon
Tél. : 02 35 60 44 00. Fax : 02 35 61 56 63
Fermé (rest.) sam. midi, dim. midi (été), dim. soir (hs)
44 ch. 430-710 F. 1/2 pens. 490 F
Menus : 129-179 F

Au milieu d'un grand jardin se dresse une bâtisse aux vastes chambres. Accueil chaleureux, atmosphère quiète.

Restaurants

Gill

9, quai de la Bourse
Tél. : 02 35 71 16 14. Fax : 02 35 71 96 91
Fermé lundi, dim. sauf midi (hs), 2-9 janv., 9-19 avr., 6-29 août
Menus : 230-600 F. Carte : 350-500 F

Mérite le voyage. Non pour son décor moderne, un peu froid, à fleur de Seine, mais pour sa cuisine d'une limpidité bouleversante et d'une netteté sans faille aucune. Premier dans sa ville, Gilles Tournadre, formé jadis au Taillevent parisien, est bien le « n° 1 » de la cuisine normande dont il démontre qu'elle peut être ni lourde, ni ennuyeuse. Tatin d'endives demi-glacée au porto, salade de queues de langoustines en chutney de tomates et poivrons rouges, morue fraîche rôtie, pigeon à la rouennaise, mille-feuille vanille ou chocolat sont des mets de haute précision et de grand goût exécutés comme à la parade par un magicien des saveurs, mué en technicien de haute volée. Belle carte des vins de toutes les régions. Accueil gracieux de la jolie Sylvie Tournadre née Crochet (papa est le propriétaire du fameux Chêne Marchand à Sancerre).

L'Ecaille

26, rampe Cauchoise
Tél. : 02 35 70 95 52. Fax : 02 35 70 83 49
Fermé dim. soir, lundi
Menus : 160 F (déj.)-410 F. Carte : 400-500 F

La précision des cuissons et la fraîcheur des poissons en direct de Saint-Valéry-en-Caux : voilà les soucis quotidiens de Marc Tellier. Et ses raisons aussi de gagner toujours de nouveaux supporters. On vient dans sa plaisante demeure pour les dernières nouvelles de la marée du jour. Et cela donne d'assez brillantes galettes de saint-jacques au tourteau, bouillabaisse de la Manche servie en filets, cassolette de homard à l'andouille et au gingembre, une alliance rustico-raffinée fort réussie. Le soufflé chaud au calva avec sa poêlée de pommes caramélisées fait une belle issue.

Les Nymphéas

9, rue de la Pie
Tél. : 02 35 89 26 69. Fax : 02 35 70 98 81
Fermé dim. soir, lundi, 27 août-11 sept.
Menus : 165 F (déj.)-260 F. Carte : 300-450 F

La maison a bien du charme, à deux pas de l'historique place du Vieux-Marché. Aux commandes, le chef patron, Patrice Kukurudz, que nous connûmes jadis au Président de Saint-Quentin, puis au Saint-Pierre de la Bouille à fleur de Seine. Ce vrai pro exécute comme à la parade de plats qui réinventent le terroir sans l'affadir : vinaigrette de homard et ailes de raie en salade aux herbes, escalope de foie gras chaud de canard et vinaigre de cidre, minestrone de fruits frais sorbet au citron vert. Cuisine et présentation sont identiquement soignées. Agréable cour pavée, exquis jardin fleuri.

Sachez commander vos produits selon la saison.

Les P'tits Parapluies

Angle rue du Bourg-l'Abbé/Pl. de la Rougemare
Tél.: 02 35 88 55 26. Fax: 02 35 70 24 31
Fermé sam. midi, dim. soir, lundi, 6-21 août, vac. févr.
Menus: 150-258 F. Carte: 300-450 F

Sage, sûre et régulière, la cuisine de Marc Andrieu draine une clientèle fidèle sous les poutres épaisses de sa demeure ancienne. La chaleur de l'accueil, la rigueur du service et les plats bien dressés emportent sans mal l'adhésion. Entre fin feuilleté de champignons des bois, tarte fine de saint-jacques au cidre, tendre canette de Duclair cuite aux épices douces, crumble de pommes au pommeau. Ambiance de charme, menus pleins d'à-propos. Et le service est à l'unisson.

La Couronne

31, pl. du Vieux-Marché
Tél.: 02 35 71 40 90. Fax: 02 35 71 05 78
Menus: 118 F (déj.), 150-245 F. Carte: 350-400 F

La plus vieille auberge de France? C'est ce monument vieux normand qui trône comme une perle, depuis six siècles, sur la place du Vieux-Marché. On est presque étonné de ne trouver que les foies gras aux épices, canard à la rouennaise, aumônière aux pommes qui sont de qualité suivie.

Le Beffroy

15, rue Beffroy
Tél.: 02 35 71 55 27. Fax: 02 35 89 66 12
Fermé dim. soir, mardi
Menus: 100 F (déj. sem.), 200-275 F. Carte: 300-400 F

Odile Engel, mère normande d'origine alsacienne – nous la connûmes au Pavé d'Auge à Beuvron, mais elle démarra en mitonnant des choucroutes à Obernai – tient avec rigueur la maison la plus charmeuse de la ville. Le cadre du XVIe siècle avec force pierres et poutres, cheminée et plafond bas, possède bien du charme. Mais tout ce que mitonne cette cuisinière d'expérience a du goût et même du bagou. Ainsi, la timbale de homard et langoustines, le turbot au vinaigre de cidre, l'impeccable canard à la rouennaise, la belle Tatin. Le service est parfois un peu longuet. Les vins sont fort bien choisis et conseillés par le déluré Marcel.

Dufour

67, rue Saint-Nicolas
Tél.: 02 35 71 90 62. Fax: 02 35 89 70 34
Fermé dim. soir, lundi
Menus: 89 F (déj. sem.), 120 F (déj.)-230 F. Carte: 250-300 F

Le décor est plus «vieux Normand» que nature, jusqu'au bout de ses poutres. L'environnement – la cathédrale à trois pas – cadre parfaitement avec la cuisine, régionaliste et même traditionaliste, qui affecte, non sans talent, de se moquer des modes. Foie gras et saumon fumé maison, sole belle normande, turbot grillé béarnaise, caneton rouennaise et soufflé au calvados sont autant de pieux et rigoureux hommages rendus au terroir de Flaubert et Maupassant.

Le Bistrot du Chef en Gare

Buffet de la gare (1er étage) (hors plan)
Tél.: 02 35 71 41 15. Fax: 02 35 15 14 43
Fermé sam. midi, dim. lundi soir, août
Menu: 110 F

Ce bistrot de la gare new-look est signé Gilles Tournadre (Gill). On se doute donc que la qualité règne pour le choix des produits, comme pour leur traitement. Bien sûr, la modicité des prix et l'allure pressée des convives expliquent la relative simplicité de ce qui est ici proposé. A travers andouille de Vire aux pommes tièdes, salade de lentilles et saucisson chaud, morue à la lyonnaise, tête de veau sauce gribiche et tarte normande.

A 76240 Bonsecours: 3,5 km S.-E.

Auberge de la Butte

69, rte de Paris
Tél.: 02 35 80 43 11. Fax: 02 35 80 69 74
Fermé dim., lundi, 1er-22 août
Menus: 150-340 F. Carte: 300-500 F

Ce vieux relais des environs de Rouen perché sur sa butte a son charme ancien. Mais la riche cuisine du très sérieux Pierre Hervé justifie l'étape. Gâteau de lapin en gelée de cidre, bouquet de salade de homard au beurre de truffe, filet de saint-pierre aux senteurs des îles, canardeau à la rouennaise s'arrosent de vins choisis avec malice. Superbe décor d'auberge normande comme autrefois.

Produits

ARTS DE LA TABLE

Carpentier

26, rue Saint-Romain
Tél.: 02 35 88 77 47

M. Augy peint ses faïences sur émail cru, tel qu'Abasquesne l'enseigna au XVIe siècle. Motifs floraux, thèmes champêtres, tons bleutés pour un style inimitable.

BOULANGER

Jean-Marie Viard

23, allée Eugène-Delacroix
Tél.: 02 35 98 28 58

Cet artiste du pain au levain, aux abricots et raisins, au sésame ou pavot draine ici les amateurs dès la sortie de sa fournée du matin.

CAVISTE

Caves Jeanne d'Arc

31, rue Jeanne-d'Arc
Tél. : 03 35 71 28 92

Près de 400 000 bouteilles en cave : tel est le trésor de Michel Blaiset, à l'aise dans tous les vignobles, aussi fortiche pour un grand bordeaux que pour un vieux calva.

CHARCUTIER

Hardy

22, pl. du Vieux-Marché
Tél. : 02 35 71 81 55. Fax : 02 35 71 67 64

Andouille de Vire, boudin, pieds de mouton, tripes à la mode de Caen cuites au calva et cidre : voilà ce que proposent les Hardy dans leur belle et centrale échoppe.

CONFISEUR

Heloin

98, rue des Carmes
Tél. : 02 35 71 02 94

Maison fondée en 1832, comptoirs en bois. Spécialités de sucres de pommes, dragées, chocolats, pain d'épice maison aux cerises, à l'écorce d'orange et à la cannelle, pâtes de fruits aux pommes.

FROMAGER

Jollit

Halles du Vieux-Marché, pl. du Vieux-Marché
Tél. : 02 35 88 72 13

Pont-l'évêque, camemberts affinés à cœur, livarots au lait cru et cœur de Neufchâtel sont proposés avec le sourire sous la halle.

PÂTISSIER

Roland

78, rue des Carmes
Tél. : 02 35 71 12 92

Ancien de chez Chapel et Lenôtre, Patrick Roland mitonne mille-feuille craquant, moelleux diplomate et miroir aux fruits qu'on peut consommer sur place dans le salon de thé du premier étage.

Rendez-vous

BAR À VINS

Le P'tit Zinc

20, pl. du Vieux-Marché
Tél. : 02 35 89 39 69

Créé jadis sur le modèle de l'Ecluse à Paris (c'était alors le Bouchon de Rouen), un bistrot à vins sur « la » place de la ville a bonne mine.

indique un bon rapport qualité-prix.

BRASSERIE

Big Ben Pub

95 bis, rue du Gros-Horloge
Tél. : 02 35 88 44 50

Pratique pour se donner rendez-vous au cœur du vieux Rouen dans le brouhaha et la gaieté. Bon choix de bières.

CAFÉ-BAR

Le Bistrot Saint-Maclou

246, rue Martainville
Tél. : 02 35 71 76 70

Ce sympathique bistrot attire les noctambules mais aussi les flâneurs qui aiment profiter de la terrasse aux beaux jours.

Rouffach

68250 Haut-Rhin. Paris 458 – Colmar 15 – Mulhouse 28 – Bâle 60.

L'ancienne patrie du maréchal Lefèvre cache quelques trésors, dont une place théâtrale aux belles maisons à oriel et redans et une grande église qui vit éclore la légendaire révolte des femmes. Les vignes sont alentour.

Hôtels-restaurants

Château d'Isenbourg

Tél. : 03 89 78 58 50. Fax : 03 89 78 53 70
Fermé 16 janv.-10 mars
40 ch. 900-1 600 F. 1/2 pens. 910-1 260 F
Menus : 280-700 F. Carte : 400-500 F

La situation entre Vosges et vignes de ce beau château bricolé, le luxe de chambres de style assez spacieuses et le restaurant grand genre attirent une clientèle en quête de luxe et de calme sur la route des vins d'Alsace. Didier Lefeuvre, ancien des Templiers des Bézards et de Bruneau à Bruxelles, mitonne avec aise foie chaud aux raisins, langoustines marinées au caviar, croustillant de pigeon et mille-feuille de choux, grappe de raisin au chocolat noir et blanc qui s'accompagnent de vins tirés d'une carte immense. Deux piscines (ouverte et couverte), sauna, parc, terrasse.

Philippe Bohrer

« A la Ville de Lyon »

1, rue Poincaré
Tél. : 03 88 49 62 49 (rest.) 03 89 49 65 51 (hôtel)
Fax : 03 89 49 76 67
Fermé 20-28 déc.
43 ch. 280-610 F. 1/2 pens. 415-625 F
Menus : 90 F (enf.), 140-400 F. Carte : 350-450 F

Le décor de la salle à manger double s'est peaufiné, la maison s'est additionnée d'une brasserie – Julien – où peuvent prendre place les groupes. Elève de Loiseau, Lameloise,

Gaertner, Bocuse et ancien «soldat» au «mess» de l'Elysée, le petit Bohrer témoigne d'ambition et de talent. Les idées sont là, les produits bien choisis, l'exécution technique sans faille. Son défaut? Trop en faire, assurément. Le presskopf de homard et de foie gras est amusant, quoique guetté par la fadeur. La vinaigrette d'asperges aux huîtres, finement iodée, flanquée d'une brandade aux truffes, peut se passer de son croûton (deux féculents, c'est un de trop.). Mais les gros macaronis farcis de crabe à l'anis ou la poularde du Ried avec sa peau craquante, ses côtes de blettes, ses lasagnettes aux herbes sont fins, savoureux, vifs, digestes, témoignant d'une cuisine de marché et de raison. Quand il fait simple, le petit Bohrer fait grand. Les desserts glissent avec aise dans la retrouvaille d'enfance: fondant glacé à la chicorée, poires au vin à la cannelle, feuillantine chocolat et coulis d'oranges confites. Les vins, proposés par une sommelière-maître d'hôtel malicieuse, sont de bonnes surprises. Ce qui manque à Bohrer? A l'évidence, le goût de la simplicité. Reste que son mérite est de ne pas se reposer sur ses lauriers et de créer sans discontinuer. Chambres confortables dans une demeure annexe.

Au Vieux Pressoir 

Hôtel Bollenberg
Domaine du Bollenberg
(à 6 km par N83 et rte secondaire)
Tél.: 03 89 49 60 04. Fax: 03 89 49 77 66
Fermé 20-27 déc.
45 ch. 280-380 F
Menus: 95-395 F. Carte: 250-350 F

Une auberge de tradition, avec son annexe moderne: d'un côté des chambres fonctionnelles, de l'autre, des salles boisées, avec cuivres, poêles, boiseries, collection d'armes. Les trois frères Meyer sont à l'accueil, en cuisine et au service des vins. Tandis que leur sœur s'occupe de l'hôtel. Escargots mijotés aux noix, foie chaud au gewurz «vt», magret de la ferme au pinot noir, choucroute royale, mousse au kirsch font bel effet.

Winstub de la Poterne

7, rue de la Poterne
Tél.: 03 89 78 53 29
Fermé lundi soir, mardi, 15-30 juin, 15-30 févr.
Menus: 52 F (déj.), 88-160 F. Carte: 160-220 F

Juste derrière la grand-place, sous façade avenante avec enseigne sur le thème de la serrure, Jacques Wipff, ex-barman au château d'Isenbourg a ouvert cette taverne en l'honneur des «mets et vins des terroirs français». De fait, salade lyonnaise avec œuf poché et lardons, presskopf de chez Muller et plats de terroir — «saüpfaffer», fleishnacka — sont le charme même. Le soufflé glacé au Grand Marnier et le strudel aux pommes font de gentilles issues.

Produits

CHARCUTIER

Muller

8, rue du Marché
Tél.: 03 89 49 61 58

Franz Muller, Falstaff rouffachois débonnaire et enthousiaste, et son frère Lucien vantent avec ferveur jambon fumé au bois et à la sciure de hêtre, hure de jarret, presskopf, lard à se damner, saucisses d'exception (bierwurst, lewerwurst), choucroute que l'on expédie sous 24 heures par camion frigorifique. En prime, un boudin noir remarquable primé à la foire de Mortagne.

PÂTISSIER

Urweiller

2, rue du Marché
Tél.: 03 89 49 61 04. Fax: 03 89 49 61 04

Cette maison XIXe offre tous les classiques de la pâtisserie d'Alsace: berawecka, bredele, kougelhopfs, pains d'épice, mais aussi «pavés de Rouffach» en chocolat et un parfait à l'orange dit «Lefebvre», en l'honneur du maréchal napoléonien né à deux pas.

PRODUITS DU TERROIR

A l'Eléphant

4, rue de la Poterne
Tél.: 03 89 78 50 20

Marylen Michel-Muller, sœur des charcutiers locaux, propose le meilleur du terroir dans sa boutique avenante: grands crus du Clos Saint-Landelin, eaux-de-vie d'Isenbourg, charcuterie familiale, confitures signées Christine Ferber, ouvrages d'Hansi et jolis pots.

Roullet-Saint-Estèphe: voir Angoulême

Les Rousses

39220 Jura. Paris 462 – Genève 42 – Gex 30 – Nyon 22 – St-Claude 31.

Cette belle station du Jura français est reine du ski de fond et des randonnées pédestres. Sa plus belle spécialiste, outre vacherin et morbier? Le bon air.

Hôtel-restaurant

Hôtel de France 

Tél.: 03 84 60 01 45. Fax: 03 84 60 04 63
Fermé 24 avr.-12 mai, 20 nov.-15 déc.
33 ch. 430-720 F. 1/2 pens. 395-550 F
Menus: 60 F (enf.), 140-435 F

Ce bon hôtel de montagne, genre chalet agrandi, est non seulement une halte de très bon ton pour des vacances de neige ou d'été, offrant des chambres parfois vastes, parfois moins, mais bien équipées et bien meubles. C'est aussi une fort belle table, qui use sans parcimonie des riches produits du pays. Ravioles de champignons, rillettes de truite au jésus de Morteau, sole au savagnin, volaille à la crème et aux morilles y sont le sérieux même. Belle cave et solides menus de pension.

Roussillon

84220 Vaucluse. Paris 727 – Apt 11 – Avignon 51 – Bonnieux 10 – Carpentras 37.

Les ocres qui cernent ce beau village provençal font une attraction de choix. Vous êtes ici dans le parc naturel du Luberon.

Hôtel–restaurant

Résidence des Remparts

Place Pignotte
Tél.: 04 90 05 61 15
Fermé nov.-mars
12 ch. 400-870 F

Insolite et charmant: Lilly Weiser tient avec prestance ce gîte de charme avec terrasse panoramique, suite provençale et chambre à la cheminée, dans une atmosphère «gemütich», avec portraits du Kaiser Guillaume Ier et meubles Art nouveau. Petit déjeuner copieux et tables accueillante pour prouver que nos voisins germains peuvent devenir hôtes d'élite en Luberon.

Le Bistrot de Roussillon

Pl. de la Mairie
Fermé mi-nov.-mi-mars
Tél.: 04 90 05 74 45
Carte: 150 F

Pas cher, sympa, dans un admirable village avec sa terrasse panoramique, ce bistrot suit le marché sans forfanterie ni tapage. Accueil et ambiance relaxe.

Roye

80700 Somme. Paris 113 – Amiens 46 – Compiègne 42 – Arras 75.

La belle place Arts déco avec son hôtel de ville a déjà le charme picard des villes du Nord.

Restaurant

La Flamiche

Pl. de l'Hôtel-de-Ville
Tél.: 03 22 87 00 56. Fax: 03 22 78 46 77
Menus: 150 F (déj.),-595 F. Carte: 550 F

Marie-Christine Klopp, autodidacte passionnée, est demeurée fidèle à son terroir picard. On la découvre, sur une place, une maison vieille France, avec son ambiance feutrée, ses placages de bois, son service policé, sa carte des vins tentatrice (Gérard, son mari, est un fouineur de vignobles). Côtés mets, le Nord est convié à la grande fête des saveurs, avec une magnifique flamiche aux poireaux, feuilletée façon pithiviers, les saint-jacques aux endives relevées d'un malicieux chutney de mangue au gingembre, le canard sauvage au laurier, betteraves rouges, oignons et pruneaux ou encore splendide tête de veau à la bière Colvert que rehausse une bouleversante purée de pomme de terre au pain d'épice. On achève sur une truffe glacée au maragogype, un soufflé chaud au genièvre de Houlle ou un tian d'orange au poivre, en louangeant le beau et fort caractère des gens du Nord

Rugy: voir Metz

« Ecrivez-nous » vos impressions, vos commentaires, relatez-nous vos enthousiasmes et vos déceptions à **lepudlo@aol.com.**

S

Les Sables–d'Olonne

85100 Vendée. Paris 457 – Nantes 104 – Niort 113 - La Roche-sur-Yon 38 – Cholet 107.

Office du Tourisme : centre de Congrès les Atlantes, av. du Mal-Leclerc
Tél. 02 51 96 85 85. Fax 02 51 96 85 71.

Cette belle dame 1900 a pris quelques mauvais coups, assénés par les promoteurs assoiffés de béton, dans les années 1960. Reste que la plage de sable fin, les demeures qui gardent le charme d'avant à côté d'autres moins séductrices, le bon air, le micro-climat ensoleillé, mais aussi le quartier des pêcheurs de la Chaume et la belle promenade du bord de mer, que l'on nomme le Remblai, séduisent sans mal le voyageur en quête d'exotisme mesuré.

Hôtels–Restaurants

Atlantic Hôtel

5, promenade Godet
Tél. 02 51 95 37 71. Fax 02 51 95 37 70
Fermé (rest.), vend., dim. (hs), déc.
Menus : 59 (déj.), 99-250 F.

Cet hôtel qui fut moderne il y a trente ans vaut pour sa situation face à la mer, sa cuisine marine soignée, à l'enseigne du Sloop, ses chambres claires, proprettes et son accueil chaleureux. Piscine couverte.

Mercure-Thalassa

Au lac de Tranchet : 2,5 km par rte de la Corniche
Tél. 02 51 21 77 77. Fax 02 51 21 77 80
Fermé 7-21 janv.
100 ch. 720-800F
Menus : 60 (enf.), 150-175 F

Ce grand hôtel de verre très contemporain est tout entier dédié aux soins de thalassothérapie, à la cure d'algues et au repos. Cuisine diététique, chambres de bon confort standard, service, en revanche, qui demande quelques efforts.

Les Roches Noires

12, promenade G.-Clemenceau
Tél. 02 51 32 01 71. Fax 02 51 21 61 00
37 ch. 390-670F.

Cette demeure en bout de plage, près des rochers, vaut pour ses bonnes chambres tenues avec netteté, leur balcon avec vue sur la grande bleue, l'accueil soigné.

Les Embruns

33, rue du Lieutenant-Anger
Tél. 02 51 95 25 99. Fax 02 51 21 37 95.
Fermé dim. (hs).
21 ch. 250-300F

Tout près du port, ce petit hôtel ancien a été rénové avec goût. Les chambres sont fraîches, nettes et pimpantes, offrant le meilleur rapport qualité-prix de la station. Accueil gentil tout plein.

Le Beau Rivage

1, bd de Lattre-de-Tassigny
Tél. 02 51 32 03 01. Fax 02 51 32 46 48
Fermé dim. soir, lundi (hs), 13-27 nov., 8-22 janv.
Menus : 125 (enf.), 260-510F. Carte : 450-600F

Joseph Drapeau est, sans jeu de mot, le porte-drapeau de la cuisine des Sables. Formé ici même, il a travaillé chez Barrier à Tours et au Beau Rivage de Lausanne avant de racheter la maison où il fit ses premières armes. Son bon truc ? La mer sans cesse recommencée, dans ses meilleurs atours, avec des produits de fraîcheur irréfragable et un doigté sans faille pour des plats de haute volée technique. Mille-feuille de langouste aux pommes de terre et beurre de mousserons, bar mariné à l'huile d'olive, rouget à la purée d'artichauts et à la lie de vin, salade de langoustines à la tomate confite, « côtes » de turbot aux légumes sont de la haute couture. Et ses desserts (gratin d'abricot avec sa glace au noyau de Poissy ou tarte fine aux figues à la frangipane avec sorbet mûre) sont paillement séducteurs. Grande cave, parfaitement conseillée et beau décor clair, net, moderne, panoramique au premier étage d'une demeure années 50 qui lorgne la mer en majesté.

Loulou

Rte Bleue, la Chaume : 4 km
Tél. 02 51 21 32 32. Fax 02 51 21 32 32
Fermé dim. soir (hs), lundi, 5 nov. -5 déc.
Menus : 120-350F. Carte : 250 F

Sympa et bon enfant, ce restaurant loin du centre propose l'échappée au large, sur la route de la côte sauvage, et le point de vue imparable sur la grande bleue. Dans les assiettes, rien que du frais, en provenance de la marée (fruits de mer, coquillages, turbot, homard), joliment et simplement cuisiné. Accueil adorable.

indique un établissement au bon rapport qualité-prix.

La Mytillade

1, bd de Lattre-de-Tassigny
Tél. 02 51 95 47 47. Fax 02 51 32 46 48
Fermé dim. soir, lundi (hs), 13-27 nov., 8-22 janv.
Menus : 130 (déj., sem.)-150F. Carte : 200-250 F

La belle affaire des Sables, c'est le rez-de-chaussée du Beau Rivage. Une jeune équipe, drivée par Joseph Drapeau, joue la mer et la terre avec sagesse et modestie. On ne se ruine guère en goûtant les rillettes de thon, les poissons au gré du jour (belle solette, raie aux câpres, croustillant de thon), l'agneau de sept heures et les beignets soufflés à la mode vendéenne qui font des agapes de qualité sans fard.

Le Navarin

18, pl. Navarin
Tél. 02 51 21 11 61. Fax 02 51 96 91 02
Fermé dim. soir, lundi (sf été), 15-30 nov.
Menus : 105 (déj., sem.)-250 F. Carte : 250 F

Cette ancienne brasserie Arts déco, qui fut un temps cercle de jazz dans les années 50, a gardé de sa gaieté d'antan. Moules, huîtres, gratin de morue à la tomate, belles viandes et tête de veau se mangent sans faim. La vue sur le Remblai est en prime.

La Pêcherie

4, quai des Boucaniers, la Chaume
Tél. 02 51 95 18 27. Fax 02 51 95 18 27
Fermé lundi (été), mardi, merc. (hs), 19-24 juin, 15-30 oct.
Menus : 130-230 F. Carte : 250 F

Le décor marin new look est plein de charme et de gaieté. La cuisine mise sur la mer. L'accueil a le chic jeune. Bref, voilà une maison sans prétention qui va de l'avant, entre jolis fruits de mer, moules marinière, calamars sautés, bar grillé, cabillaud aux épices, crème brûlée que l'on arrose d'un muscadet bien frais. Jolie vue sur le va-et-vient des bateaux.

Le Bistrot du Port

7, quai Garnier
Tél. 02 51 21 55 45.
Fermé déc.
Carte : 200 F

Cette brasserie bon enfant qui lorgne sur les bateaux est d'une gaieté perpétuelle. On mange là huîtres, moules-frites, steak de thon, steak tartare et belle entrecôte frites sans aucunement se ruiner.

A la Pironnière : 4 km S-E par rte de la Corniche

Le Robinson

51, rue du Puits-d'Enfer
Tél. 02 51 23 92 65. Fax 02 51 21 28 60
Fermé dim. soir (hs), lundi, 1er-21 déc.
Menus : 95 (déj.), 150-230 F. Carte : 250 F

Cette auberge est fort soignée, avec beaux meubles rustiques et jolis bibelots. Thierry Drapeau y mitonne plaisamment grosses gambas rôties en salade croquante, rouget à la brandade, blanc de barbue aux graines de sésame, rognon entier au beurre d'herbes pour un parterre d'aficionados vite conquis. L'été, on sert d'exquises viandes ou de beaux poissons au barbecue sur la terre. Le mille-feuille est une réussite. Prix sages.

A l'anse de Cayola : 7 km S-E par rte de la Corniche

Cayola

76, promenade de Cayola
Tél. 02 51 22 01 01. Fax 02 51 22 08 28
Fermé dim. soir, lundi (sf été), janv.
Menus : 75 (enf.), 145-495F. Carte : 250-500F

Cette belle demeure moderne avec vue sur la mer évoque un bout du monde. Franck Labbé y joue une cuisine inventive, alliant épices lointaines, poissons d'ici. Huîtres chaudes, langoustines rôties ou en nage avec crème de banane, turbot aux mousserons séduisent sans mal.

Sables-d'Or-les-Pins

22240 Côtes-d'Armor. Paris 458 – Lamballe 27 - St-Brieuc 39 – St-Malo 45 – Dinan 46.

Cette station balnéaire familiale eut son heure de gloire dans les années 50 entre sable d'or fin et bois de pins. Elle renaît aujourd'hui dans une sorte de modestie bienheureuse.

Hôtels-Restaurants

Manoir Saint-Michel 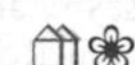

A la Carquois : 1,5 km E. par D34.
Tél. 02 96 41 48 87. Fax 02 96 41 41 55.
Fermé nov.-mars
17 ch. 330-650F. 3 duplex : 920F

Ce beau manoir XVIe dans son parc avec plan d'eau domine la plage avec superbe. Jolies chambres à l'ancienne fort coquettement rénovées et arrangées.

La Voile d'Or-La Lagune 

Allée des Acacias
Tél. 02 96 41 42 49. Fax 02 96 41 55 45
Fermé lundi midi, mardi midi (rest.), déc.-15 mars
23 ch. 450-780F. 1/2 pens. 450-650 F.
Menus : 100 (enf.), 160 (sem.)-400 F. Carte : 400 F

Michel Hellio qui fit florès à Plérin-sous-la-Tour, aux portes de Saint-Brieuc, s'est installé ici avec sagesse dans une demeure des années 50 en bordure de mer. Son hôtel est à prendre en deux temps : un bâtiment principal avec des chambres à rénover, d'autres, plus modernes et charmeuses dans une annexe. Côté cuisine, les huîtres chaudes au sabayon de cidre et pommes concassées, la vinaigrette de langoustines aux asperges, le homard rôti au beurre salé, le craquant au chocolat amer ou encore le gâteau breton avec son joli pot de fruits pommes et rhubarbe indiquent que le bon Hellio n'a pas perdu la main.

Saint-Agrève

07320 Ardèche. Paris 580 - Aubenas 73 - Lamastre 21 – Le Puy 52.

La Haute-Ardèche des rocailles et des forêts : une promesse de grand air et de randonnées fugueuses au hasard du mont Chiniac.

Hôtels-restaurants

Domaine de Rilhac 

2 km S.-E. par D120
Tél. : 04 75 30 20 20. Fax : 04 75 30 20 00
Fermé mardi soir, mercr., janv., févr.
7 ch. 400-500 F. 1/2 pens. 460-520 F
Menus : 80 F (enf.), 135 F (déj.), 175-430 F. Carte : 300-400 F

Cette ancienne ferme rénovée avec cœur par la famille Sinz accueille chaleureusement pour l'étape d'une nuit, le déjeuner alerte, le séjour gourmand et buissonnier. On vient là se mettre au vert, loin de tout, redécouvrir la nature brute, la simplicité sans apprêt. Les chambres sont sans luxe, pas très grandes, quoique fort convenablement équipées. La surprise, c'est la cuisine fine, haute en couleur, plein d'envolée, du fiston Ludovic qui a « fait » Robuchon, Loiseau, Ducasse, pas moins, puis s'en est retourné travailler au pays. La salade de truite fario marinée, le velouté de châtaignes grillées à la truffe, le carpaccio de bœuf de Salers au vin de Cornas, la lotte bardée de lard, la queue de bœuf farcie avec sa purée de pommes de terre truffée comme le nougat glacé aux marrons confits chantent avec talent la chanson du pays.

Saint-André-des-Eaux : voir La Baule

Saint-Avé : voir Vannes

Saint-Avold

57500 Moselle. Paris 371 - Metz 44 - Sarrebruck 31 - Sarreguemines 29.

Un bourg-carrefour de Moselle actif vers la Sarre, en ligne sur l'A4.

Hôtels-restaurants

L'Europe 

7, rue Altmayer
Tél. : : 03 87 92 00 33. Fax : 03 87 92 01 23
Fermé (rest.) sam. midi, dim. soir, 1er-15 août
34 ch. 330-370 F. 1/2 pens. 280 F
Menus : 150-390 F. Carte : 350 F

A un carrefour de routes, près de l'A4, une zone industrielle, un immeuble fonctionnel des années soixante-dix : c'est là. L'hôtel au cachet impersonnel a changé de style et d'apparence. On a réchauffé le décor, embelli la mise de table. Le sourire féminin est omniprésent à l'accueil. Eugène Zirn, classique sage saisi par le démon de la modernité, mitonne des mets dans l'air du temps. Le carpaccio à l'huile d'olive et parmesan en copeaux, la cotriade de poissons, le splendide rouget grillé à la crème de choux-fleurs ou le pigeon en deux cuissons à la purée et les framboises fraîches en léger sabayon sont du travail sérieux, sans faille. Belle cave, bonnes chambres modernes.

A 57740. Longeville-les-Saint-Avold. N.-O., 5 km par D 72

Le Moulin d'Ambach

Tél. : 03 87 92 18 40. Fax : 03 87 29 08 68
Fermé dim. soir, lundi, vac. févr., 10-28 juil.
Menus : 70 F (enf.), 130-360 F. Carte : 300-350 F

Ancien de chez Vergé au Moulin de Mougins, revenu au pays dans cette grande demeure rustique de bord de route, Walter Backès mitonne des mets sérieux, solides, un brin méditerranéens. Raviolis de langoustines aux grenouilles, sandre aux asperges, mais aussi belle assiette lorraine avec son croustillant de tête de veau aux lentilles sont gentils tout plein. On fait là de repas de communions, de famille, d'affaires ou plus intimes d'une rigueur imparable.

Saint-Bonnet-le-Froid

43290 Haute-Loire. Paris 560 - Le Puy-en-Velay 58 - Valence 68 - St-Etienne 52.

Un simple village du Velay en ligne de mire vers les Cévennes et l'Ardèche, sa pierre rude, ses jolies boutiques, leurs mignonnes enseignes, leur accueil chaleureux.

Hôtels-restaurants

Auberge des Cimes

Tél. : 04 71 59 93 72. Fax : 04 71 59 93 40
Fermé lundi soir, mardi, 15 nov.-15 avr.
12 ch. 800-1 200 F
Menus : 200 F (déj.), 290-590 F. Carte : 380-600 F

Régis Marcon fait partie, comme M. Jourdain faisait de la prose, de l'école des herbes et des chemins. On l'a connu modeste, discret, effacé, il y a quinze ans. Il y avait une kyrielle de menus à moins de cent francs, des chambres modestes, dans un village un peu austère. Des plats francs comme l'or, de la tarte à la lavande et des gâteaux de mousserons. Le voilà, franchissant l'an 2000 en superstar des fourneaux. Il a, peu à peu, gravi tous les échelons : une étoile, puis deux, les concours et les prix glorieux, comme le Taittinger à Paris, et, bien sûr, le Bocuse d'Or à Lyon. Il ferme l'hiver, trop venté, trop rude, ouvrant en catimini pour des ateliers de dessins ou des cours de cuisine. A-t-il changé ? Il est resté, comme dirait Colette, fidèle à son village, mais aussi à ses traditions, à ses racines. La lentille verte du Puy, l'ail sauvage des montagnes, les recettes imaginées ou recrées d'après celle de la bonne Margaridou, cuisinière du temps jadis qui ravivait le terroir d'entre Cévennes et Haute-Loire. On l'a compris : Régis Marcon est bien le reflet de son pays. Et celui-ci est son miroir. Comme sa cuisine qui est à son image : née des chemins d'ici. Le croustillant de foie gras s'orne de cèpes pinicola, de boulgour, de lentilles vertes et de radis roses. Les pommes fondantes glacées aux langoustines s'accompagnent de girolles de Rochepaule, de beurre de champignons et de carottes. L'omble chevalier est étuvé aux légumes mijotés avec son beurre mousseux, ses herbes sauvages. La roulade d'agneau est à la fleur de serpolet, avec son pâtisson farci, ses légumes au jus. Le plateau de fromages, avec ses chèvres, ses vaches affinés, chantent l'Auvergne et l'Ardèche conjuguées. La carte des vins vante, de saint-joseph en hermitage, la proche vallée du Rhône. Les desserts font assaut d'invention, comme la farandole des glaces : sorbet verveine, fruits rouges et yaourt, glace beurre noisette, avec une jolie assiette de mûres sauvages, simplement compotées dans leur sirop. La maison, d'un luxe sage, s'est adjoint un ensemble de chambres douillettes dans un appendice formant clos. La pierre, le schiste, le basalte, mais aussi le bois, le tissu, et puis la baie vitrée ouvrant sur le paysage donnent le ton. A l'évidence, si la cuisine de Régis Marcon est naturelle, c'est que son pays l'est encore.

Le Fort du Pré 

Tél. : 04 71 59 91 83. Fax : 04 71 59 91 84
Fermé dim. soir, lundi sf été, déc.-janv.
34 ch. 295-380 F. 1/2 pens. 280-300 F
Menus : 60 F (enf.), 98-250 F

Ce vrai-faux manoir néo-gothique avec vue offre des chambres sans charme mais fonctionnelles, pratiques pour les randonneurs comme les familles, ainsi qu'une honnête cuisine de pension aux couleurs du pays vellave.

PRODUITS RÉGIONAUX

La Maison de l'Ail

Grand-Rue

Cette jolie boutique, emblématique du pays et de ses produits, propose un éventail des trésors gourmands du Velay : belles liqueurs en d'élégants flacons (verveine, gentianes), lentilles vertes et, bien sûr, gousses d'ail.

Saint-Brieuc

22000 Côtes-d'Armor. Paris 451 – Brest 144 – Quimper 128 – St Malo 72 – Rennes 100.

Office du Tourisme : 7 rue Saint-Gouéno
Tél. 02 96 33 32 50. Fax 02 96 61 42 16.

La capitale des Côtes-d'Armor a la gourmandise bonhomme. La mer fournit ici ses meilleurs fruits, notamment les saint-jacques renommées de la proche baie et du port d'Erquy. On visite le musée d'histoire et la cathédrale St-Etienne, sans omettre de rendre visite à l'actif port de pêche qui a donné son essor à la ville.

Hôtels-restaurants

Hôtel de Clisson 

36, rue Gouët
Tél. 02 96 62 19 29 Fax 02 96 61 06 95
Fermé 18 déc.-2 janv.
24 ch. 270-430 F.

Cette jolie maison blanche dans son jardin, à la porte de la vieille ville, propose des chambres de bon confort, des salles de bain modernes ainsi qu'une salle agréable pour les petits déjeuners.

Quai des Etoiles 

51, rue de la Gare
Tél. 02 96 78 69 96
Fermé 20 déc.-5 janv.
41 ch. 255-315 F.

Cet immeuble récent proche de la gare propose des chambres fonctionnelles peintes de couleurs gaies. Bon accueil.

Ker Izel 

20, rue Gouët
Tél. 02 96 33 46 29. Fax 02 96 61 28 12
22 ch. 225-310 F.

Cette petite maison bretonne, proche de la cathédrale Saint-Etienne, a le charme personnalisé et régional. Chambres simples, mais proprettes.

Aux Pesked

59, rue du Légué
Tél. 02 96 33 34 65. Fax 02 96 33 65 38.
Fermé sam. midi, dim. soir, lundi, 23 déc. -15 janv.
Menus : 115 (déj., sem.)-380 F. Carte : 300-350 F

Thierry et Brigitte Martin ont fait de cet établissement moderne décoré avec gaieté, la belle table de la ville. Les « pesked » (poissons, en langue bretonne) sont évidemment au rendez-vous, choisis au mieux de leur fraîcheur, accommodés avec finesse et précision par leur chef Yvon Brajeul, un ancien de chez Guérard et Vergé qui fut chez Jean Banchet au Français de Chicago. La marinade de bar aux artichauts, le délice d'araignée en croustillant de blé noir, la barbue à l'arête relevée de vanille, citron et gingembre, le bar à l'andouille avec sa purée sauce chinon sont quelques-uns des jolis tours, qui se mijotent ici avec cœur. Les desserts (crêpes avec caramel à la pomme, feuilles de sarrasin aux poires et glace réglisse) sont séducteurs. Accueil sympathique, jolie cave et prix point trop bêcheurs.

Amadeus

22, rue Gouët
Tél. 02 96 33 92 44. Fax 02 96 61 42 05
Fermé dim., lundi midi, vac. fév., 15-31 août
Menus : 98 (dîn.), 120 (vins c.)-280F. Carte : 300F

Le petit menu du soir est une aubaine, la demeure, avec son plafond poutré a du charme et Thierry Malotaux a le geste sûr pour laisser aux produits de la mer leur vrai goût. Croustillant de homard et galette de sarrasin, saint-pierre à l'andouille, gratin de pomme golden à la frangipane se dégustent sur fond de Mozart en sourdine.

A Cesson : 3 km E. par N12

La Croix Blanche

61, rue de Genève
Tél. 02 96 33 16 97. Fax 02 96 62 03 50
Fermé dim. soir, lundi, 19 fév.-6 mars, 1er-21 août
Menus : 106-360 F. Carte : 250-350 F

Les trois salles bien décorées, le puits de lumière, l'accueil de Martine Mahé donnent le ton. On oublie vite le quartier résidentiel de Cesson pour se consacrer sur les bonnes choses que le sérieux Michel mijote en douceur. Millefeuille de truite fumée au citron vert, cabillaud au jus de volaille, râble de lapin au cidre et kouign amann chaud aux pommes séduisent sans mal.

« Ecrivez-nous » vos impressions, vos commentaires, relatez-nous vos enthousiasmes et vos déceptions à **lepudlo@aol.com.**

A 22190 Plérin-sous-la-Tour : 3 km N-E par Port-Légué et D24

La Vieille Tour

75, rue de la Tour
Tél. 02 96 33 10 30. Fax 02 96 33 38 76
Fermé sam. midi, dim. soir, lundi, vac. fév., 16-31 août
Menus : 100 (enf.), 120 (déj., sem.)-390 F. Carte : 350 F

Nicolas Adam, qui travailla ici-même avec Michel Hellio, a repris la maison de son ex-mentor parti depuis pour Sables-d'Or-les-Pins. La demeure est intacte, face à la tour en ruine qui lui donne son nom. La salle à manger moderne est intime, avec toiles contemporaines. La cuisine, juste de ton, fidèle aux produits régionaux, très technicienne, est d'une finesse de ton sans faille. Fraîcheur de tourteau à la mangue et pressé d'aubergines, charlotte de homard à la rémoulade de légumes, aile de raie aux girolles et pommes de terre écrasées à la fourchette au lait ribot, bar à la peau aux tagliatelle de céleri et aux noix de pécan, médaillon de veau de lait à la pancetta avec cannelloni de légumes jouent le mariage de la tradition bretonne et des saveurs d'ailleurs. Les desserts (soufflé au Cointreau à l'abricot et son sorbet, croustillant de crêpes à la rhubarbe, clafoutis aux cerises et crème au sirop d'orgeat) emballent sans mal. Voilà, à coup sûr, une Vieille Tour qui vaut le détour. Accueil adorable de Solange Adam.

Produits

BOUCHER-CHARCUTIER

Jean-Pierre Philippe

4, rue de Moncontour, à Trégueux
Tél. 02 96 71 26 81

Belles viandes de qualité fermières, mais aussi saucissons, pâtés, andouille, lard, rillettes et abats soignés méritent le détour chez ce bel artisan amoureux de son métier.

CAVISTE

L'Art et le Vin

4, rue Michelet
Tél. 02 96 33 94 29

Cette belle cave propose avec la même ferveur un chinon de belle lignée qu'un vertueux bourgogne ou un bordeaux de grand millésime. Prix raisonnables et beau choix de crus de Loire.

FROMAGERS

Fromagerie de la Poste

27, rue Jouallam
Tél. 02 96 33 07 96

Quelques uns des meilleurs restaurateurs viennent chercher leur plateau chez Nathalie et Olivier Samson qui se fournissent aux meilleures sources et affinent leurs pâtes (normandes, savoyardes, ligériennes ou franc-comtoise) avec beaucoup de doigté.

Fromagerie Saint-Gouéno

24, rue Saint-Gouéno
Tél. 02 96 33 45 28.

Paul et Brigitte Serre tiennent avec sérieux l'une des deux belles adresses fromagères de la ville. Belles pâtes de montagne, chèvres fermiers et beurre de baratte voisinent chez eux avec sûreté.

PÂTISSIER

Serge Quinton

7, rue Glais-Bizoin
Tél. 02 96 33 32 63

Ce salon de thé qui fait un des jolis rendez-vous de la ville est l'antre sucré d'un orfèvre de la belle ganache (café, caramel, citron), de l'entremet tout frais (épatant « côtes d'Armor », qui est une mousse au chocolat avec crème brûlée), de la glace pure crème et du sorbet pur fruit.

Saint-Céré

46400 Lot. Paris 537 - Brive-la-Gaillarde 54 - Aurillac 63 - Cahors 78.

Ce cœur du Quercy joliment posé sur le Causse fait mirer son vieux centre, ses tapisseries de Lurçat au casino, sans omettre l'atelier-musée de l'artiste.

Hôtel-restaurant

Les Trois Soleils de Montal

2 km par rte de Gramat
Fermé (rest.) lundi soir (sf soir été), dim. soir, mardi (hs), janv.
28 ch. 580 F. 1/2 pens. 560 F
Menus : 145-380 F. Carte : 300-380 F
Les Prés de Montal : (05 65 38 28 41), fermé vend. (sf été); 1er févr.-15 mars, 23 oct.-31 déc.
Menus : 55 F (enf.), 105-160 F

Cette villa qui jouxte le château de Montal offre son calme, ses chambres confortables et soignées, son accueil chaleureux, sans omettre une cuisine faite au plus du marché qui n'oublie pas les références à la région. Frédéric Bizat réalise de jolis mets qui ont à la fois du goût et du sens : foie gras cuit au torchon aux figues et aux noix, saint-jacques rôties aux topinambours, lobe de foie gras rôti en cocotte aux poires et aux épices douces, agneau de lait cuit sur l'os jouent le jeu des saveurs justes et vraies. Le sablé grand-mère aux pruneaux fait une belle issue. Belle carte des vins très Sud-Ouest avec les meilleurs cahors en ligne de mire.

Saint-Chély-d'Aubrac

12470 Aveyron. Paris 595 - Rodez 51 - Espalion 20 - Mende 74 - St-Flour 72.

L'Aubrac des plateaux, le moment où le Rouergue rejoint l'Auvergne, c'est là, dans le cœur du pays.

Hôtel-restaurant

Hôtel des Voyageurs

Rte d'Espalion
Tél. : 05 65 44 27 05. Fax : 05 65 44 21 67
Fermé 1er oct.-31 mars, (rest.) sam. midi (sf été), jrs fériés
14 ch. 265-300 F. 1/2 pens. 270-290 F
Menus : 65 F (enf.), 95-185 F

L'aligot et la truffade accompagnent, dans ce petit hôtel aux chambres rénovées la saucisse et les tripous fabriqués dans la conserverie maison. En sus, omelette aux cèpes, truite meunière au jus de lard et millas se mangent avec appétit après une grande marche au long des drailles.

Produits

CONSERVEUR

Conserverie de l'Aubrac

Rte d'Espalion
Tél. : 05 65 44 29 63

Terrines, confit, tripous sont mitonnés et mis en bocaux et conserves à demeure et vendus par correspondance.

Saint-Cirq-Lapopie

46330 Lot. Paris 589 - Cahors 25 - Figeac 45 - Villefranche-de-Rouergue 38.

Ce splendide village perché au-dessus de la vallée du Lot vaut pour son site et ses belles maisons, dont celle qu'habita le poète André Breton.

Hôtel-restaurant

Auberge du Sombral

Tél. : 05 65 31 26 08. Fax : 05 65 30 26 37
Fermé mardi soir, mercr. (hs), 15 nov.-1er avr.
8 ch. 350-400 F
Menus : 75 F (sem. déj.), 110-220 F

Cette demeure au cœur du village abrite des chambres rustiques, adorables et mansardées. Au restaurant, dans une salle adorable, on sert la salade de magret fumé et de foie gras, le gratin de poireaux aux truffes, le confit, le ragoût de fèves aux gésiers confits, les champignons en persillade, la truite au vin d'ici, le gigot du causse, qu'on accompagne d'un cahors bien choisi. Les figues rôties avec leur glace au miel et leur sauce caramel font une belle issue.

Saint-Cyprien

66750 Pyrénées-Orientales. Paris 876 - Perpignan 15 - Céret 32 - Port-Vendres 20.

Office du Tourisme : Parking nord du Port
Tél. : 04 68 21 01 33. Fax : 04 68 66 21 98 33

Un port artificiel au large de Perpignan. Mais le charme est au rendez-vous...

Hôtels-restaurants

L'île de la Lagune

Saint-Cyprien Sud
Tél. : 04 68 21 01 02. Fax : 04 68 21 06 28
Fermé 22 févr.-7 mars, 1er-16 nov., (rest.) lundi, mardi (hs)
Menus : 80 F (enf.), 210-395 F. Carte : 350-500 F
18 ch. 780-1 050 F. 1/2 pens. 400-425 F

Jean-Paul Hartmann, ancien de chez Haeberlin et Lenôtre, fait s'envoler vers la gloire (locale) ce bel hôtel balnéaire sis sur une île et décoré avec beaucoup d'élégance, façon «design toulousain», par l'architecte de l'Impérial à Annecy. Les cannelloni de saumon fumé au raifort, les escalivadas de gambas poêlées à l'ail confit, les calmars farcis aux morilles façon tapenade, le pigeon au foie gras, flanqué de magnifiques petits pois, le kougelhopf glacé au thé et la tarte aux figues glace cannelle sont nets, joliment présentés, toujours bien faits, souvent savoureux. Ils font encore bon élève, premier de la classe. Mais ils emportent l'adhésion. Très beaux vins de partout, prix plutôt modérés.

Mas d'Huston

Saint-Cyprien-Plage
Tél. : 04 68 37 63 63. Fax : 04 68 37 64 64
Fermé janv.
Le Mas : 75 F (enf.), 160-270 F
Les Parasols : (déj. slt) 75 F (enf.), 145 F
50 ch. 535-770 F. 1/2 pens. 520 F

Ce bel hôtel tranquille et moderne propose calme avec piscine, tennis, salles de réunion. Honnête restauration régionale en deux formules sur bon tempo.

Lagune

Tél. : 04 68 21 24 24. Fax : 04 68 37 00 00
Fermé 1er oct.- 30 avr.
Menus : 65 F (enf.), 135-155 F
36 ch. 370-490 F. 1/2 pens. 400-425 F

Cet hôtel qui est l'élément d'un ensemble résidentiel propose des chambres sans charme, mais fonctionnelles en bordure de plage, avec piscine, jardin, tennis, Repas servis en saison uniquement dans le jardin. Piscine, plage aménagée.

Saint-Désir-de-Lisieux : voir Lisieux

Saint-Didier (35) : voir Châteaubourg

Saint-Didier (84) : voir Pernes-les-Fontaines

Saint-Dyé-sur-Loire

41500 Loir-et-Cher. Paris 174 - Orléans 51 - Beaugency 20 - Blois 17 - Romorantin 43.

Les bords de Loire, la proximité de la grande Sologne et du parc de Chambord font de ce bourg-carrefour une sentinelle de charme.

Hôtel-restaurant

Le Manoir de Bel-Air 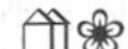

Tél. : 02 54 81 60 10. Fax : 02 54 81 65 34
Fermé 15 janv.-15 févr.
43 ch. 280-480 F. 1/2 pens. 400 F
Menus : 128-248 F

Ce manoir agrandi en bordure de Loire offre des chambres de taille variée, certaines assez grandes, entre parc et fleuve. Restaurant aux couleurs de la région dans une salle avec vue.

Produits

PRODUITS RÉGIONAUX

La Bourriche aux Appétits

Chemin creux de l'Ecuelle
Tél. : 02 54 81 65 25. Fax : 02 54 81 64 65

Gilles Quesneau, mordu de pêche en Loire, raconte tout sur l'objet de sa passion dans sa boutique prolongée d'une salle de dégustation. Délice de sandre à la ciboulette, terrine de brochet au cerfeuil, civet de lamproie, matelote d'anguilles au chinon et écrevisses en terrine aux pâtes fraîches rappellent la richesse du fleuve «sauvage», frontalier de la grande Sologne.

Saint-Emilion

33330 Gironde. Paris 587 - Bordeaux 41 - Bergerac 58 - Langon 50 - Libourne 8.

Office du Tourisme : pl. des Crenaux
Tél. : 05 57 55 58 28. Fax : 05 57 55 28 29

Il y a, bien sûr, les vignes glorieuses. Mais surtout le bourg ancien, ses toits de tuiles romaines, ses glorieux vestiges, son église gothique, sa tour haute, ses venelles tortueuses, ses demeures qui défient le temps. Voilà une île de beauté que ni le tourisme, ni la mode n'ont gâtée.

Hôtels-restaurants

Hostellerie de Plaisance

Pl. du Clocher
Tél. : 05 57 55 07 55. Fax : 05 57 74 41 11
Fermé janv.
12 ch. 500-1 100 F. 4 appart. 1 800 F
Menus : 150 F (déj.)-280 F

Cette belle demeure classique au cœur du centre propose chambres de charme, cuisine de tradition et vue sur les toits de la ville. Service de classe.

Château Grand Barrail 

Tél. : 05 57 55 37 00. Fax : 05 57 55 37 49
Fermé vac. fév., dim. soir (rest.), lundi (hs)
28 ch. 1 150-1 700 F. 1/2 pens. 985-1 210 F
Menus : 180 F (déj., vin c.), 260-380 F

Ce château néo-gothique très rénové avec ses chambres souvent vastes et agréables, son parc, à l'orée de la ville, est sans nul doute d'un luxe clinquant. Reste que la belle salle à manger néo-mauresque a le charme rétro. Philippe Etchebest, Basque solide comme un pilier de rugby, formé dans la grande hôtellerie parisienne, notamment au Clos Longchamp avec Jean-Marie Meulien, fait des prouesses qui déchaînent l'enthousiasme. Tout ce que propose ce technicien solide s'affirme net, pur, sans faiblesse. Lasagne de foie gras à l'émulsion de truffe, tarte feuilletée aux cèpes, saint-jacques bien ferme avec ventrèche et bouillon de vin jaune, agneau de Pauillac tranché en salle avec légumes du pot, desserts sur le thème de l'orange avec un remarquable soufflé au Grand Marnier sont des mets de grande classe que l'on accompagne évidemment de grands crus saint-émilion dans les meilleurs millésimes.

Château Franc-Mayne 

Rte de Libourne
Tél. :: 05 57 24 62 61. Fax :: 05 57 24 68 25
9 ch. 900-1 300 F

Georgy Fourcroy, magnat belge de la Mandarine Impériale, a aménagé des chambres d'hôtes de luxe dans sa propriété viticole du XVIe siècle. On séjourne ici au charme et au calme dans des chambres adorables pourvues de mobilier ancien. On peut visiter en sus les carrières de calcaire reconverties en un musée qui rassemble les vieux outils de la vigne.

La Commanderie 

Rue des Cordeliers
Tél. : 05 57 24 70 19. Fax : 05 57 74 44 53
Fermé janv., févr.
17 ch. 320-550 F

Situé dans une ancienne commanderie du XVIIe dans le centre du bourg, ce petit hôtel propret avec ses chambres sages offre un bon rapport qualité-prix.

Logis des Remparts 

Rue Guadet
Tél. : 05 57 24 70 43. Fax : 05 57 74 47 44
Fermé 15 déc.-15 févr.
17 ch. 450-750 F

Ce petit hôtel rénové sous sa façade ancienne du XVIIe, offre piscine, jardin, au cœur même de la ville.

Francis Goullée

Rue Guadet
Tél. : 05 57 24 70 49. Fax : 05 57 74 47 96
Fermé dîme. soir, lundi, 2-18 déc.
Menus : 60 F (enf.), 130-240 F

Le bon classique de la ville, c'est Francis Goullée qui, dans sa jolie demeure rustique du centre, offre des menus de tradition, ainsi que des plats frais et légers qui n'ont pas oublié leurs racines. Foie gras au sel de Guérande, œufs en meurette au saint-émilion, escargots rôtis au lard et crème de persil, poêlon de brandade et morue aux cèpes, sandre rôti aux pommes de terre et jambon Serrano, colvert ou lièvre à la royale sont d'un sérieux sans faille. Tarte aux citrons, cake à la poire et crème anglaise au café, macaron au chocolat et griottes sauce pralinée sont de belles issues. Accueil et service alerte de Mme Goullée qui explique la carte du jour avec ferveur.

L'Envers du décor 

11, rue du Clocher
Tél. : 05 57 74 38 31. Fax : 05 57 24 68 90
Fermé dim. soir
Carte : 180 F

Le bon bistrot de Saint-Em', c'est cette maison aux pièces diverses où l'on joue la convivialité de tables serrées, simplement dressées. Marc Decker, Alsacien qui fut jadis à la Maison Blanche de Mittelwihr, travaille les produits d'ici et d'ailleurs avec doigté, use de préparations simples au ton juste. Crème de potiron, terrine de lapereau, anchois aux poivrons, thon sur la braise, entrecôte aux sarments de vigne, crème brûlée de château Soutard servi au verre (le propriétaire du domaine l'est aussi de la demeure).

Produits

PÂTISSIER

Mme Blanchez

Rue Guadet
Tél. : 05 57 24 72 33

L'épatante Mme Blanchez fabrique les épatants macarons locaux, fins et friands, selon la recette des anciennes religieuses de Saint-Emilion, datant de 1620. Posés sur leurs feuilles de papier blanc, puis enfermés dans leurs boîtes en carton à l'ancienne, ils sont de petits trésors, simplement délicieux.

Saint-Etienne

42000 Loire. Paris 520 - Clermont-Ferrand 147 - Lyon 61 - Valence 122.

Office du Tourisme : 16, av. de la Libération
Tél. : 04 77 49 39 00. Fax : 04 77 49 39 03

Depuis le départ de Pierre Gagnaire, on la dit orpheline en gourmandise. Même si modestie est sa nature, les bons artisans sont là, au rendez-vous.

Hôtels-restaurants

Mercure Parc de l'Europe

Rue de Wuppertal
Tél. : 04 77 42 81 81. Fax : 04 77 42 81 89
Fermé sam. dim. soir (rest.), 31 juil.-20 août, 23-31 déc.
120 ch. 520-700 F
La Ribandière : menus : 80 F (enf.), 160-230 F

Ce bon hôtel moderne qui fait son âge (trente ans, pas moins) offre des chambres bien équipées, claires, fonctionnelles. La Ribandière offre, en sus, une cuisine bien honnête.

André Barcet

19 bis, cours Victor-Hugo
Tél. : 04 77 32 43 63. Fax : 04 77 32 23 93
Fermé dim. soir, 9-30 juil.
Menus : 150-390 F. Carte : 280-500 F

La modestie sied à André Barcet. Ce MOF de la promotion 1986 est assurément la valeur sûre de sa ville. Le classique en version allégée, le mets au petit point et le produit de qualité au mieux de sa fraîcheur : voilà ce qu'il propose ici, avec une équipe de salle rodée, dans un cadre bourgeois cossu. Foie gras poêlé aux poires et salsifis, barbue à la compotée de céleri, paleron de bœuf braisé en mironton sont des plats qui n'arrachent pas la moindre critique, d'autant que les cuissons sont millimétrées et l'aigre-doux traité avec parcimonie. Jetez un œil à la cave qui recèle de belles choses et sachez que les desserts (sablé framboise et sorbet estragon, tartelette aux pommes confites et glace au lait d'amandes) sont traités ici avec un sérieux imparable.

Nouvelle

30, rue Saint-Jean
Tél. : 04 77 32 32 60. Fax : 04 77 41 77 00
Fermé dim. soir, lundi, 1er-8 janv., 1er-21 août.
Menus : 60 F (déj.), 110 F (déj.), 150-350 F.
Carte : 300-350 F

La preuve que l'esprit de la cuisine d'inventive n'a pas disparu de Saint-Etienne, c'est Stéphane Laurier qui l'apporte. A coup de menus pleins de malice, de grenouilles étuvées au jus de crosnes, minestrone de cabillaud au pistou, de noix de veau aux mousserons et de lapin fermier aux pruneaux. La Tatin aux pêches et coulis d'abricots fait une belle issue. Joli décor moderne dans les tons grisés.

Corne d'Aurochs

18, rue Michel-Servet
Tél. : 04 77 32 27 27. Fax : 04 77 32 72 56
Fermé dim., lundi midi, 14 juil.-1er sept.
Menus : 72 F (sem., déj.), 95 F (déj.), 108-195 F.
Carte : 200 F

Ce gentil bouchon façon lyonnaise offre l'un des bons rapports qualité-prix de la ville. Les salades de cervelas ou de lentille, les grenouilles persillées, l'andouillette, le tablier de sapeur et la poire pochée se mangent sans faim. Amusant décor de bistrot à l'ancienne, avec sa collection de fouets à pâtisserie et ses lithos évoquant la foire du livre.

Produits

BOULANGER

Au Gruau Lorrain

20, rue Denis-Escoffier
Tél. : 04 77 32 78 95

Jean-Luc Rey, spécialiste des bugnes lyonnaises, de la brioche aux pralines et du pain de seigle aux pruneaux, ne déçoit pas dans son traitement du levain comme autrefois.

EPICIER

Epicerie Fine Cornand

5, rue Pointe-Cadet
Tél. : 04 77 33 62 84

Deux dames de cœur qui ont le sens de l'accueil exquis régalent les yeux autant que le palais, avec leurs produits fins comme des trésors.

FROMAGERS

Crémerie Vanel

40, rue des Martyrs-de-Vingré
Tél. : 04 77 33 31 24

Robert Vanel déniche dans les fermes alentour les meilleurs fromages du terroir, petits chèvres, briques et fourmes de qualité artisane.

Grangier

3, rue Pierre-Bérard
Tél. : 04 77 32 23 97

Chèvres, charolais, picodons, saint-marcellin, galette du Mont d'Or, sans omettre les fromages d'Auvergne et la brique du Forez sont vendus avec le sourire après avoir été affinés sur place.

indique un établissement au bon rapport qualité-prix.

Saint-Etienne-de-Baïgorry

64430 Pyrénées-Atlantiques. Paris 819 - Biarritz 51 - Cambo-les-Bains 31 - Pau 112.

Le Pays basque de l'intérieur, là où se produit le jambon des Aldudes et le vin d'Irouléguy, se découvre à fleur de Nive.

Hôtel-restaurant

Arcé 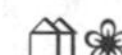

Rte col d'Ispéguy
Tél.: 05 59 37 40 14. Fax: 05 59 37 40 27
Fermé mi-nov.-1er avr., lundi midi (hs) (rest.)
23 ch. 460-750 F. 1/2 pens. 440-590 F
Menus: 70 F (enf.), 110-215 F

Cette bonne auberge comme au temps jadis offre l'accueil familial, les chambres confortables et proprettes, la vue sur les Pyrénées ainsi qu'une cuisine de pension sage qui n'oublie pas les classiques du pays: pipérade, pimentos farcis, merlu koskera, morue à la biscayenne, truite du torrent, confit et gâteau basque.

Produits

CHARCUTIER

Pierre Oteiza

Vallée des Aldudes
Tél.: 05 59 37 56 11

La gloire de ce collectionneur hardi de jambons confectionnés avec les cochons noirs du pays est partie d'ici même. Terrines, foie gras, confit fabriqués à demeure avec grand soin.

Saint-Etienne-de-Tulmont: voir Montauban

Saint-Félix-du-Lauragais

31540 Haute-Garonne. Paris 739 - Toulouse 44 - Carcassonne 58 - Gaillac 65.

Juchée sur son promontoire, avec sa collégiale et son château, son moulin à vent qui ne tourne plus, ses venelles pentues, sa place de halle avec ses armatures à colombages, sa commanderie et son beffroi, cette ancienne bastide de 1245 n'a guère perdu de sa nature farouche. Du chemin de ronde près du château, on lorgne la proche montagne Noire et toute la contrée en majesté. Avec ses verts champs dodelinant et ses cyprès, elle fait volontiers figure de Toscane haute-garonnaise.

Hôtel-restaurant

Auberge du Poids Public 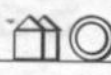

Tél.: 05 61 83 00 20. Fax: 05 61 83 86 21
Fermé dim. soir (hs), janv.
13 ch. 285-350 F. 1/2 pens. 315-440 F
Menus: 135-440 F. Carte: 300 F

Le poids public, utilisé pour la pesée des bestiaux, jour de marché, est intact devant la sobre demeure. Les planchers craquent, le mobilier antique est rustique, les chambres ne font pas la retape qui — ayant rénové leurs salles de bains — ont gardé des prix comme dans l'temps. Claude Tafarello, passé chez Maximin et Vergé, a mis son grain de sel ici ou là, continuant une collection de poids et mesures anciennes dans une des vitrines de la salle à manger. Le grand feu brûle. La cuisine va son train. Elle se fait câline, avec doigté et légèreté, la terrine de foie gras s'agrémente de poireaux, le filet d'oie est en carpaccio avec une râpée de vieux cantal, le sandre est en matelote aux endives poêlées et le quasi de veau, servi avec une pomme fondante comme le misto d'agneau de lait avec son jus aux cébettes sont cuits juste ce qu'il faut. Les desserts sont un délice (millas au beurre d'orange, «mesturet» de potiron et sirop de citron). Les petits vins du Midi pyrénéen, de Faugères ou Gaillac, préludent aux digestions paisibles.

Saint-Florent-le-Vieil

49410 Maine-et-Loire. Paris 334 - Angers 41 - Ancenis 16 - Cholet 39.

Ce beau village des bords de Loire, qui est celui de Julien Gracq, mire les façades de ses vieilles demeures regroupées en troupeau dans l'eau du fleuve royal.

Hôtel-restaurant

Hostellerie de la Gabelle 

Tél.: 02 41 72 50 19. Fax: 02 41 72 62 95.
Fermé dim. soir, lundi, 23 déc.-1er janv.
18 ch. 190-265 F
Menus: 45 F (enf.), 70 F (déj., sem), 85 F (sem.)-250 F

Simple, rustique et accueillante, cette gente auberge du pays propose des chambres adorables, sans luxe, mais proprettes, et des plats qui ont la couleur de la Loire avec les beaux vins d'Anjou.

«Ecrivez-nous» vos impressions, vos commentaires, relatez-nous vos expériences à **lepudlo@aol.com.**

Saint-Galmier

42330 Loire. Paris 501 – St-Etienne 26 – Lyon 58 – Roanne 59.

C'est un pays de belle eau (l'usine Badoit est ici même), de fromages (Montbrison et sa tomme sont à deux pays), de verdure et de grand air.

Restaurant

Le Bougainvillier

Av. de la Gare
Tél. : 04 77 54 03 31. Fax : 04 77 94 95 93
Fermé dim. soir, lundi, vac. févr., 7-31 août
Menus : 130-305 F. Carte : 250-350 F

Terre d'eau peut être source de bonne chère. Ainsi, à deux pas du domaine Badoit, Gérard Charbonnier, élève de Gagnaire, mitonne des mets fins, frais, doués d'idées. Soupe de poisson et cake aux olives, salade de moules et coques aux herbes, mille-feuille de foie gras au sirop de grenade, gâteau de rascasse au beurre d'épices, omble chevalier sur une julienne de céleri avec plat de côtes de porc et jus de romarin, cuisse de coquelet farcie d'une mousse de champignons font bel effet. La partie forte de la maison ? Des desserts exceptionnels, comme le cône glacé au miel de lavande, le milk-shake au fruit de la passion, la mousse de fraise à la confiture de mûres ou la jolie assiette tout chocolat. Le service est aux petits soins, les menus adorables permettent de faire bombance sans se ruiner.

Saint-Gaudens

31800 Haute-Garonne. Paris 788 – Bagnères-de-Luchon 46 – Tarbes 65 – Toulouse 94.

Les portes du Comminges, le pays du veau blanc, les Pyrénées comme décor et écrin.

Hôtel-restaurant

Hostellerie des Cèdres 

A Villeneuve-la-Rivière : 5 km par N117
Tél. : 05 61 89 36 00. Fax : 05 61 88 31 04
Fermé dim. soir, lundi (hs), 15 nov.-15 déc.
24 ch. 350-500 F. 1/2 pens. 375-450 F
Menus : 130-220 F

Ce manoir du XVIIe dans son parc offre le charme de ses chambres d'autrefois, son parc, sa salle à manger à l'ancienne et une cuisine qui n'est pas maladroite dans l'esprit du pays. Foie gras, Tatin de maquereaux, cassolette d'escargots à la crème de persil, gigotin d'agneau des Pyrénées, tarte au chocolat ou pain perdu avec glace réglisse révèlent un vrai tour de main. Excellent accueil de Patrick Jaffré qui conseille les vins avec doigté.

Saint-Germain-des-Vaux

50440 Manche. Paris 381 – Cherbourg 29 – Barneville-Carteret 48 – St-Lô 105.

Ce presque bout du monde, au fin fond de la presqu'île du Cotentin et à deux pas du Nez-de-Jobourg, révèle l'un des plus jolis ports de la Manche.

Restaurant

Moulin à Vent

1,5 km, E. D 45
Tél. : 02 33 52 75 20. Fax : 02 33 52 22 57
Fermé dim. soir, 15 mars-30 oct., soir, sam. (hs)
Menus : 45 F (enf.), 98-170 F. Carte : 250 F

Cette belle auberge de granit – un ancien moulin – est aussi une très bonne table, modeste mais sûre. Michel Briens, qui travaille avec aise les produits de sa région, raconte à sa manière chantante les huîtres de Saint-Vaast, la mouclade, le saumon cru, le civet de pied de cochon, la tête de veau, la tarte aux pommes, toutes choses délicieusement simples, glanées au marché et traitées par lui sans fioritures.

Saint-Germain-en-Laye : voir Environs de Paris

Saint-Gervais-en-Vallière

71350 Saône-et-Loire. Paris 325 – Chalon-sur-Saône 24 – Beaune 18 – Chagny 18.

La Bourgogne des amoureux de la campagne, à l'écart de la route des vins buissonnière, si proche pourtant.

Hôtel-restaurant

Moulin d'Hauterive 

A Chaublanc, N.-O., 3 km par D95 et D183
Tél. : 03 85 91 55 56. Fax : 03 85 91 89 65
Fermé lundi soir (sf été), dim. soir (hs), janv., fév., (rest.) déj. (sf fériés, été)
5 ch. 650-750 F. 9 appart., 5 duplex. 950 F
Menus : 90 F (enf.), 240-400 F. Carte : 300 F

Ce délicieux moulin à l'huile fait une étape alerte et bucolique. Les chambres sont délicieuses, le calme garanti par la rivière. Aux fourneaux, Christiane Moille traite délicieusement les produits bourguignons. Grenouilles, escargots, sandre au verjus et volaille à la crème sont de qualité suivie.

 *indique un hôtel au calme.*

Saint-Girons

09200 Ariège. Paris 797 - Foix 44 - Auch 111 - St-Gaudens 43 - Toulouse 102.

L'Ariège ou le pays rugueux: en voilà sentinelle altière et modeste à la fois.

Hôtel-restaurant

Eychenne

8, av. P.-Laffont
Tél.: 05 61 04 04 50. Fax: 05 61 96 07 20
Fermé dim. soir, lundi (hs, sf fériés), 1er déc.-31 janv.
41 ch. 400-600 F. 1/2 pens. 380-455 F
Menus: 140-325 F

Cette demeure de tradition offre un accueil impeccable, le charme d'un relais de poste à l'ancienne, d'une ambiance familiale et d'une cuisine qui a su garder le privilège des traditions d'ici. Foie gras aux raisins, écrevisses à la nage, sole aux cèpes, pigeonneau au fitou, croustade du Couserans sont des mets qui n'ont pas d'âge. Fort belle cave et jolies chambres où l'on est vite chez soi.

Saint-Haon-le-Châtel: voir Roanne

Saint-Hippolyte

68590 Haut-Rhin. Paris 434 - Colmar 20 - Ribeauvillé 7 - St-Dié 42 - Sélestat 10.

Face au Haut-Koenigsbourg et à sa silhouette massive, ce village encombré en saison est en bonne place et posture sur la route des Vins.

Hôtels-restaurants

Munsch

«Aux Ducs de Lorraine»

16, rte du Vin
Tél.: 03 89 73 00 09. Fax: 03 89 73 05 46
Fermé 8 janv.-13 févr., 15-30 nov., (rest.) dim. (hs), vend. midi, lundi
42 ch. 400-750 F. 1/2 pens. 490-630 F
Menus: 95 F (déj.), 135-330 F. Carte: 300-350 F

Christophe Meyer a rénové la cuisine de cette demeure de tradition offrant panorama sur les Vosges et le Haut-Koenigsbourg. Cet ancien stagiaire chez Lameloise et Loiseau est à l'aise dans la tradition rajeunie et ses foies d'oie poêlés au marc de gewurz, turbot à la vinaigrette de betterave, poitrine de pigeon en salade à l'huile de noix, saouvraoff de ris de veau et croustillant de griottines sur une soupe de fruits de rouges sont des mets pleins de promesses, joliment pensés, hauts en saveurs. Grande carte des vins avec tous les vignobles en ligne de mire.

Le Parc

6, rue du Parc
Tél.: 03 89 73 00 06. Fax: 03 89 73 04 30
Fermé 10 janv.-10 févr., (rest.), lundi midi
25 ch. 400-750 F. 1/2 pens. 420-600 F. 6 duplex
Menus: 65 F (enf.), 125 F. Carte: 250-300 F (winstub: 150 F)

Ce grand ensemble moderne offre des chambres de grand confort, un accueil adorable, la piscine couverte, le fitness et le jardin. Sans omettre la cuisine soignée sous la houlette de Joseph Kientzel, tant au restaurant gastronomique qu'à la winstub (délicieux feuilleté de boudin aux pommes, bouchée à la reine, blanquette de cuisses de grenouilles).

Saint-Jean-d'Ardières: voir Belleville

Saint-Jean-aux-Bois: voir Pierrefonds

Saint-Jean-Cap-Ferrat

06230 Alpes-Maritimes. Paris 939 - Nice 9 - Menton 32.

Office du Tourisme: av. Denis-Semeria
Tél.: 04 93 76 08 90. Fax: 04 93 76 16 67

Une presqu'île de rêve sur une mer bleue immaculée, un port de plaisance qui mène sa vie paisible: cette Côte-d'Azur qui mérite son nom n'a pas changé depuis les années cinquante. Luxe, calme, mais aussi simplicité règnent entre la pointe de Passable et la baie des Fourmis.

Hôtels-restaurants

Grand-Hôtel du Cap-Ferrat

Bd du Gal-de-Gaulle
Tél.: 04 93 76 50 50. Fax: 04 93 76 04 52
Fermé 3 janv.-1er mars
44 ch. et 9 suites 3 300-7 100 F
Menus: 480-550 F. Carte: 700 F

Ce beau palace des années vingt jouit d'un bel isolement dans son parc de 7 ha, avec sa pinède, ses vues à l'infini sur la grande bleue, sa plage où l'on accède en funiculaire. C'est l'étape de prestige du Cap. En prime, la cuisine fine, légère, classique, quoique sans ennui, de Jean-Claude Guillon qui tient la barre des fourneaux maison depuis un quart de siècle, rallie ici les gourmets raffinés. Son risotto de supions et grosses crevettes au jus de veau et vinaigre balsamique, sa salade de homard aux langoustines, son pavé de loup grillé, son soufflé chaud au fenouil avec glace à l'anis étoilé sont de très bon ton sur un mode provençal chic. Chambres sobres, grand service, hall spectaculaire et même théâtral.

Le Royal-Riviera

3 av. Jean-Monnet
Tél. : 04 93 73 31 00. Fax : 04 93 01 23 07
Fermé mi-nov.-29 déc.
77 ch. 1 400-5 200 F. 1/2 pens. 1 020-2 095 F
Menus : 140 F (enf.), 240-320 F. Carte : 400-500 F

Relancé par un grand professionnel de l'hôtellerie, Michel-André Potier, ce palace proche de la mer, en ligne de mire sur les villas Ephrussi et Kérylos, a été relancé avec succès. On a entamé la rénovation de la maison avec un beau bar de style anglais, un hall sur le mode grec, attirant les amateurs de calme avec une piscine spectaculaire, une plage privée avec vue sur Beaulieu et une cuisine au déjeuner (la Pergola) séductrice. La restauration, sous la houlette du chef Bruno Le Bolch et du pâtissier Patrick Mesiano, est l'une des plus séductrices de ces parages gourmets. Foie gras à la compotée d'abricots secs, mesclun de rougets et pointes d'asperges à la plancha, dos de loup au grill avec poêlée de supions et poivrons confits plus chips d'artichauts, suprême de volaille farci au pistou font mouche. Les desserts (pyramide à l'eau-de-vie blanche et sorbet framboise, parfait glacé au citron et crémeux chocolat) sont de la même belle eau. Le tout est mis en exergue par un grand pro de la salle, Charles Madeira, ex-directeur du Fouquet's à Paris, qui fut jadis formé aux Célébrités du temps de Robuchon.

La Voile d'Or

Au port de plaisance
Tél. : 04 93 01 13 13. Fax : 04 93 76 11 17
Fermé nov.-mars
45 ch. 1 980-4 000 F
Menus : 330 F (déj.), 400-600 F

La situation la plus spectaculaire de Saint-Jean, c'est assurément celle de cette grande villa années quarante face aux voiliers, aux montagnes, à Beaulieu, et dont Hitchcock fit jadis le décor de *La Main au Collet*, avec Cary Grant, Grace Kelly et Charles Vanel. Les chambres ont le cachet suranné. L'ensemble a gardé le côté Riviera ancienne mode. La restauration en terrasse séduit sans mal, d'autant que le chef Denis Labonne connaît son métier et traite la pêche du jour avec doigté. Soupe de langoustines au pistou, daurade aux supions, saint-pierre à la pulpe de citron confit font partie de ses bons tours. Deux piscines, la vue sur les bateaux du port et la côte en majesté complètent le cachet de la demeure.

Rappelez-vous qu'une bonne table commence par de bons produits.

Brise Marine

Av. Jean-Mermoz
Tél. : 04 93 76 04 36. Fax : 04 93 76 11 49
Fermé nov.-janv.
17 ch. 730-790 F

L'accueil adorable, les prix doux, la vue sur le Cap, le jardin font de cette villa sans restaurant, mais aux chambres nettes et sobres, une adresse en or. Voilà, à coup sûr, « le » rapport qualité-prix du port.

Clair Logis

Av. Centrale
Tél. : 04 93 76 04 57. Fax : 04 93 76 11 85
Fermé nov.-20 déc.
18 ch. 340-740 F

Modeste et champêtre, cette villa vaut pour ses prix doux et son calme. Le général de Gaulle vint se reposer en 1952 à l'hôtel Clair Logis, ouvrant ses fenêtres sur un jardin à la végétation tropicale.

La Frégate

11, av. Denis-Séméria
Tél. : 04 93 76 04 51. Fax : 04 93 76 14 93
Fermé 20 déc.-5 janv., (rest.) 15 nov.-1er févr.
10 ch. 230-400 F. 1/2 pens. 240-300 F
Menu : 110-135 F. Carte : 180 F

Toute simple, cette auberge de bord de port pourrait se situer en Bretagne, avec son décor de pension famille, ses chambres simplettes, ses prix doux. La cuisine est simple et fraîche, proposant, selon le marché, salade de mesclun au chèvre chaud, daurade grillée aux herbes, tarte aux fruits de saison.

Le Provençal

2 av. Denis-Sémeria
Tél. : 04 93 76 03 97. Fax : 04 93 76 05 39
Fermé mardi, mercr. midi (hs)
Menus : 250-350 F. Carte : 400-600 F

Ex-star de la Butte Montmartre ayant abandonné les feux de la capitale pour la douceur de la côte, Jean-Jacques Jouteux joue aujourd'hui les retraités de luxe. Il surveille d'un œil qu'il voudrait distrait son restaurant avec terrasse imprenable sur la baie des Fourmis. Sa sœur Mimi est à l'accueil. Aux fourneaux, Dominique Calcerano, formé chez Gagnaire, qui fut il y a peu à l'Entracte à Marseille, joue sa propre partition fine, précise, sans bavure, exécutée à partir de produits de première qualité. Les artichauts violets à la fricassée de seiches, les langoustines poêlées avec leur « risotto » de pâtes, le loup cuit en feuille de figuier, flanqué d'une figue à la moelle et d'une pomme Ana, comme la série de mini-desserts classiques (crème brûlée, mousse au chocolat, sorbet fromage blanc et fraises) sont exécutés comme à la parade, se révélant d'une légèreté insigne.

Capitaine Cook

Av. J.-Mermoz
Tél. : 04 93 76 02 66
Fermé mercr., jeudi midi, 15 nov.-26 déc.
Menus : 125-155 F. Carte : 250 F

Cette demeure toute simple, sise à côté de la Voile d'Or, propose sur la terrasse donnant sur la rue, dans la salle rustique ou le mini-patio une cuisine classique honnête, fraîche, sans esbroufe. Huîtres, bisquebouille Saint-Jeannoise, mix-gril de poissons, tarte Tatin.

Le Sloop

Au port de plaisance
Tél. : 04 93 01 48 63
Fermé mardi soir, mercr. (hs, déj. été)
Menu : 160 F. Carte : 250-300 F

Parmi les terrasses nombreuses alignées, en cabanons simples face aux bateaux, la maison d'Alain Therlicoq est sans doute la plus honnête de son registre. Le rapport qualité-prix est tenu par le menu à 160 F qui se renouvelle selon le marché. Rougets, soles, daurades, pêchés au large, composent les menus, en compagnie des tartares de saumon, magret de canard et croustillant de fruits de bonne compagnie.

Produits

EPICIER

Marie-Thé

6, av. Claude-Vignon. Tél. : 04 93 76 04 70

On trouve tout chez Marie-Thé, dans son épicerie de village, sise près du port : l'huile d'olive de première pression à froid depuis le bidon, les beaux primeurs, mais aussi les poissons frais du jour pêchés par son mari, Patrick.

Rendez-vous

CAFÉ

Bar-Restaurant du Port

Av. Jean-Mermoz
Tél. : 04 93 76 04 46

Le décor est tranquillement nul, la terrasse sublime, avec sa vue sur la baie des Fourmis. On vient là discuter des derniers potins du jour, boire le pastis, bavasser avec Richard et Jean-Marie et céder, entre daurade et saint-pierre du jour, aux plaisirs ramenés par les pêcheurs.

Saint-Jean-de-Luz

64500 Pyrénées-Atlantiques. Paris 790 - Biarritz 18 - Bayonne 24 - Saint-Sébastien 34.

Office du Tourisme : pl. du Mal-Foch
Tél. : 05 59 26 03 16. Fax : 05 59 26 21 47

Ne demandez pas au piéton de Saint-Jean s'il est basque, il vous rirait au nez. Il est basque, comme est vif l'air d'ici, comme est verte l'herbe des collines avoisinantes, comme est bleue la mer qui serpente sur la baie. Les jeunes fréquentent les trinquets, où l'on joue à la pelote. Les fêtes nocturnes prennent leur essor avec le toro de fuego courant autour de la grand-place. La chorale évoque, sous le kiosque à musique, les antiques chants d'avant. La ville ne se moque ni ne nie son folklore : elle le vit et le vend. Avec fierté et talent. Basque ? Elle ne le fut jamais tant qu'aujourd'hui. Chaque vitrine, sur la passante rue Gambetta, vante un ou plusieurs produits d'ici, promeut les tourons, le kanouga, les mouchous, les macarons, les gâteaux basques farcis de crème pâtissière ou de confiture de cerise noire, le linge rayé aux couleurs d'ici. La gourmandise du Pays basque ? Elle n'est jamais aussi riche qu'à Saint-Jean, sa belle vitrine.

Hôtels-restaurants

Chantaco

Face au golf, rte d'Ascain
Tél. : 05 59 26 14 76. Fax : 05 59 26 35 97
Fermé 1er nov.-1er mai (rest.) déj.
23 ch. 1 100-1 800 F. 1/2 pens. 1 540-2 390 F
Menus : 250-380 F

Ce vieil hôtel au charme hispano-Arts déco face à un golf a le cachet du Pays basque des années folles. Chambres soignées, hall de caractère et table justement fameuse.

Hélianthal

Pl. Maurice-Ravel
Tél. : 05 59 51 51 51. Fax : 05 59 51 51 54
Fermé 26 nov.-17 déc.
100 ch. 890-1 560 F. 1/2 pens. 720-1 000 F
Menu : 215 F

Ce grand hôtel moderne, sis en annexe d'un ancien immeuble années vingt bâti par Mallet-Stevens (la Pergola) est fameux pour ses activités de thalassothérapie. Chambres rénovées dans le goût Arts déco. Restaurant à l'enseigne de l'Atlantique.

Parc Victoria

5, rue Cépé
Tél. : 05 59 26 78 78. Fax : 05 59 26 78 08
Fermé 15 nov.-15 mars, (rest.) mardi (hs), 1er nov.-1er avr.
8 ch. 1 100-1 450 F. 1/2 pens. 800-975 F. 4 appart
Les Lierres : 165 F (sem., déj.), 230-380 F

Relais & Châteaux dans son domaine fleuri et boisé, avec ses chambres de style cultivant l'Art nouveau dans une maison blanche de caractère.

La Devinière

5, rue Loquin
Tél. : 05 59 26 05 51. Fax : 05 59 51 26 38
Fermé 15-30 nov. 8 ch. 650-850 F

Petite demeure de caractère au centre-ville où un patron érudit vous reçoit comme à la maison. Chambres et atmosphère de charme.

Grand Hôtel de la Poste

83, rue Léon-Gambetta
Tél. : 05 59 26 04 53. Fax : 05 59 26 42 14
32 ch. 190-450 F

Cette maison basque authentique en centre-ville offre parties communes sympathiques et de caractère, accueil familial, confort sans histoire.

Marisa

16, rue Sopite
Tél. : 05 59 26 95 46. Fax : 05 59 51 17 06
Fermé 1er-15 mars, 15-30 nov.
15 ch. 520-640 F

Cossu petit-bourgeois, très « bois et moquette », à deux pas de la mer, ce petit hôtel propose chambres proprettes et accueil parfait.

Ohartzia

28, rue Garat
Tél. : 05 59 26 00 26 Fax : 05 59 26 74 75
17 ch. 280-450 F

Charmant et tranquille, entre plage et centre-ville avec son grand patio jardin, l'un des bons rapports qualité-prix de la ville.

Hôtel de la Plage

33, rue Garat
Tél. : 05 59 51 03 44. Fax : 05 59 51 03 48
Fermé 15 nov.–31 mars
27 ch. 410-510 F. 1/2 pens. 335-395 F
Carte : 39 F (enf.), 95-150 F

L'un des rares hôtels de Saint-Jean avec vue sur la plage, comme son nom l'indique. Simple, en voie de rénovation, avec son hall chaleureux, son bel escalier de bois et ses chambres avec balcons. Restaurant-bar-brasserie branché contigu : le Brouillarta.

Maria Christina

13, rue Paul-Gelos
Tél. : 05 59 26 81 70. Fax : 05 59 26 36 04
Fermé nov.-févr. 11 ch. 370-510 F

Au calme, non loin de la mer, une petite demeure particulière avec ses chambres mignonnettes, à la déco sobre et nette (jolis parquets naturels), son accueil sympathique.

Trinquet Maïtena

Rue du Midi.
Tél. : 05 59 26 05 13. Fax : 05 59 26 09 90
15 ch. 200-320 F

Pour dormir au calme, dans le centre, près du port et de la place Louis-XIV, dans un lieu authentiquement basque, ce petit hôtel avec son trinquet couvert et bar attenant ne manque pas d'ambiance. Mobilier basque dans les chambres.

A Ciboure : 1 km S.

Lehen Tokia

Chemin Achotarreta
Tél. : 05 59 47 18 16. Fax : 05 59 47 38 04
6 ch. 500-1 400 F

Cette villa Arts déco classée signée Hiriart, avec sa verrière de Gruber, sa piscine panoramique avec vue sur la baie, le port de Saint-Jean-de-Luz et le fort de Socoa a été transformée en maisons d'hôtes de luxe. Six chambres adorables avec petit déjeuner et accueil comme chez soi.

Restaurants

L'Atlantique

A l'Hélianthal, pl. Maurice-Ravel
Tél. : 05 59 51 51 51. Fax : 05 59 51 51 54
Fermé 3 sem. fin nov.-mi-déc.
Menu : 215 F

Au-dessus du complexe de thalasso, dans un édifice Arts déco signé Mallet-Stevens, Scott Serrato, ex du Palais à Biarritz s'essaye à faire plaisir aux curistes comme aux gourmets de passage. Ce bûcheur réussit bien avec le carpaccio de thon à la vinaigrette de piment doux, le rouget en croûte de tapenade, le carré d'agneau en viennoise d'olives avec son roulé d'agneau en croûte de pommes de terre, cèpes confits et petits farcis. La galette briochée à la cerise d'Itxassoun est un régal.

Le Kaïku

17, rue de la République
Tél. : 05 59 26 13 20
Fermé mercr. (été), lundi midi, 12 nov.-20 déc.
Menus : 145-220 F. Carte : 250-300 F

Ce restaurant vedette d'une rue gourmande survit à sa gloire. On vient pour l'atmosphère bruyante sous voûtes de pierres anciennes, l'accueil professionnel, malgré l'affluence et la cuisine sans histoire. Velouté de poissons, croustillant de chèvre, aiguillette de saumon sauce vierge, merlu sauce verte ou cannelloni de canard et pied de porc, tarte aux pommes ne font pas de vagues.

Le Patio

10, rue de l'Abbé-Onaindia
Tél. : 05 59 26 99 11. Fax : 05 59 26 99 11
Fermé lundi, mardi midi (hs)
Menus : 135-185 F. Carte : 250 F

Cette mini-demeure au cœur du centre est tenue par Olivier Bouzerand, ancien de Willer au Martinez, bourguignon d'origine. La soupe de poissons façon ttoro, brandade froide en écailles de pommes de terre, thon fumé au moment, cabillaud rôti et purée de haricots cocos aux chipirons, tournedos de morue aux poireaux et lie de vin rouge, steak de thon tiède à la marmelade de fenouil et soupe de cerises noires au vin d'Irouléguy avec sorbet banane et poivre de Séchouan sont du boulot de pro sont autant de propositions fraîches et alléchantes comme des témoignages d'amour inspiré par le pays de Ramuntcho.

La Taverne Basque

5, rue de la République
Tél. : 05 59 26 01 26
Fermé lundi, mardi (hs), janv., mars
Menus : 110-160 F. Carte : 200-250 F

Dans une rue gourmande où les tavernes de toutes sortes abondent, cette table soignée frappe par son cadre net, ses doux luminaires, ses murs patinés et l'accueil de Gracie Sarthou. Aux fourneaux, son fils Benoît, passé à Paris à la Table de Pierre, mitonne le cake aux anchois et piments, le confit de canard avec ses pommes confites à l'ancienne, le thon aux olives avec ses frites à la farine de pois chiche, les nems de rouget, le merlu en croûte de sel et chipiron à l'encre et le risotto de tourteau. Il y a de la vivacité et de la personnalité sous l'apparent respect des traditions, un peu dans la manière de ce que réalise à Paris Yves Camdeborde de la Régalade. Jolis desserts (touron aux fruits de saison et sorbet framboise, soupe glacée de pêches blanches au Patxarran), menus en or.

Grillerie de Sardines

Quai Gal-Leclerc
Tél. : 05 59 51 18 29
Fermé mi-sept.-mi-juin
Carte : 100 F

Généreuse et adorée des familles nombreuses, cette adresse du port propose thon piperade, sardines grillées, omelette basquaise et gâteau idem pour trois francs six sous dans une atmosphère usinaire et bon enfant.

Olatua

30 bis, bd Thiers
Tél. : 05 59 51 05 22. Fax : 05 59 51 32 99
Fermé jeudi (hs), janv.
Menus : 90 F (déj., sem.), 110-200 F
Carte : 200-250 F

Ce bistrot moderne et récent ouvert par deux voyageurs revenus au pays a bonne mine. On mange ici dans la gaieté les plats du marché que vante avec verve Ramuntxo Berria et que cuisine avec talent Olivier Lataste, qui fut, jadis à New York, chez Daniel Boulud. Terrine de saumon au chèvre frais, filet de lieu à la ventrèche, rascasse à la plancha et lentilles à la moutarde, thon pané au sésame ou rognon de veau rôti sauce miroir avec sa purée aux herbes sont des plats frais, malins tout plein. Les desserts (mamia à la confiture de cerises, tourtière aux pommes, tarte au chocolat) sont des réussites.

Chez Pablo

5, rue Mademoiselle-Etcheto
Tél. : 05 59 26 37 81
Fermé mercr., juin, oct.
Carte : 150-200 F

A deux pas du marché, cette ancienne taverne, créée jadis par un réfugié républicain espagnol, a gardé son charme années cinquante : tables simplement nappées, long bar, salades, poissons du jour (merlu ou thon) sans histoire, pibales en saison. Accueil pas toujours au beau fixe.

Petit Grill Basque

chez Maya

2, rue Saint-Jacques
Tél. : 05 59 26 80 76
Fermé mercr., 20 déc.-20 janv.
Carte : 105-145 F

Cette petite table pittoresque avec sa collection d'assiettes du pays et ses tables serrées vaut pour son atmosphère locale authentique, mais aussi sa cuisine aux couleurs du pays : ttoro, pimentos del piquillo, sans oublier les poissons amenés par la marée du jour : thon, sole, merlu.

A Ciboure : 1 km S.

Chez Dominique

15 quai Maurice-Ravel
Tél. : 05 59 47 29 16. Fax : 05 59 47 29 16
Fermé dim. soir, lundi (sf été), févr.
Menu : 150 F (déj.). Carte : 350 F

Cette classique adresse sur le quai face à Saint-Jean, avec salle cosy et terrasse aux chaises paillées, est tenue avec sûreté par le Breton Georges Piron. Cet ancien du Ritz, du Bristol, de Ledoyen travaille avec régularité de beaux produits traités sans anicroche : mini-dariole de langoustines et ravioli al dente du même crustacé, tarte fine à l'anchois aux oignons et citrons confits, merlu sauce verte et palourdes ou piquée d'ail, superbe rouget gratiné à l'émulsion d'huile d'olive et basilic aux tomates confites, vacherin glacé pêche-verveine et caramel d'abricot. C'est du cousu main sans faiblesse, qu'accompagnent des vins du Béarn tarifés avec indulgence.

Pantxua

Au port de Socoa
Tél. : 05 59 47 13 73. Fax : 05 59 47 01 54
Fermé lundi (hs), mardi, 15 nov.-15 févr.
Carte : 300 F

Chic et authentique, près du fameux fort et de la plage, cette belle adresse fameuse pour son cadre fait valoir d'abord sa collection de tableaux du pays, représenté par des artistes.

Ce qui est servi (beignet de crabe, moules farcies, piment à la morue, anchois en salade, thon, chipirons, merlu de ligne à la plancha et à l'ail) est également digne d'intérêt. Accueil adorable.

Arrantzaleak

Av. Jean-Poulou, chemin de halage
Tél. : 05 59 47 10 75
Fermé dim. soir (hs), lundi, 15 déc.-20 janv.
Carte : 200-250 F

Ce bistrot à poissons à fleur de Nivelle vaut pour son pittoresque. On mange sur des tabourets en bois, des tables sans nappes, une cuisine à base des produits de la marée du jour racontée par Jeanot Courdé. Crevettes grises, roses, bouquets, anchois frais, soles avec des frites, turbot entier, langoustines cuites au beurre, se dégustent joyeusement avec un rosé de Navarre, avant le parfait glacé au Grand Marnier ou le gâteau basque. Pour un moment de convivialité.

Chez Mattin

51, rue Evariste-Baignol
Tél. : 05 59 47 19 52
Fermé lundi, janv.-févr.
Carte : 200-300 F

Le ttoro de cette taverne basque sise dans le haut du village est fameux. Mais les belles grillades, les tripes basquaises, la poêlée de cèpes et les poissons du jour sont également de qualité, servis dans une ambiance bon enfant.

A 64210 Guéthary : 6 km N.

Cenitz

Plage de Cenitz : 2 km, par rte du bord de mer
Tél. : 05 59 26 59 16
Fermé dîn. (hs), oct.-avr.
Carte : 150 F

Magique, le site à flanc de mer sur une côte dentelée. Simplicissime, ce cabanon avec ses quelques tables. Surprenante, la carte qui ne triche pas avec les produits et divine, la surprise des mets simples et bons : anchois délicieux, chipirons, sardines grillées, ttoro, moules frites, crumble et fondant chocolat. Thierry Listre et Charles Lafitte accueillent avec une confondante gentillesse. On boit un bordeaux blanc ou un rosé espagnol à 60 F en croyant avoir rêvé. La vue du coucher de soleil sur la grande bleue est gratis.

Produits

ARTS DE LA TABLE

Charles Larre

4 pl. Louis-XIV
Tél. : 05 59 26 02 13

L'enseigne avec le vacher et sa bête la toile rayée dit l'origine du linge basque, de cuisine et de table, que l'on retrouve ici, et vend avec le sourire. Diverses variétés de toiles à rayures.

Hélène Aguer

16, bd Thiers
Tél. : 05 59 51 07 73

Meubles anciens, tableaux et objets divers choisis et chinés par une experte en arts populaires et raffinés de toutes les époques.

Jean-Vier

Ferme Berrain, N10, BP 147
Tél. : 05 59 51 06 06

Le renouveau de la mode du linge basque avec ses fines rayures en jaune et bleu. A visiter dans un éco-musée. Boutique annexe en centre ville dans la commerçante rue Gambetta.

Muriel S

1, rue Arnaud-Massy, à Ciboure
Tél. : 05 59 47 03 18. Fax : 05 59 47 61 90

Serviettes de tables, nappes, torchons et autre linge de maison conçus par Muriel Sorin sur le thème du lin noble, retrouvé comme autrefois, à travers des motifs très personnels, au rez-de-chaussée d'une demeure moderne à fleur de Nivelle.

CHARCUTIER

Pierre Oteiza

10, rue de la République
Tél. : 05 59 51 94 55. Fax : 05 59 51 94 55

Le charcutier-vedette des Aldudes vend ici ses fameux jambons, foie gras, pâtés, confits, mais aussi tous les produits artisanaux de la région : tomme de brebis, cerises noires, izarra et eaux-de-vie signées Brana.

CHOCOLATIER-CONFISEUR

Pariès

9, rue Léon-Gambetta
Tél. : 05 59 26 01 46

Françoise Pariès continue la tradition avec brio : chocolats exquis, tourons multicolores, superbes kanougas (caramels en chocolat), mouchous et autres délices sucrés sont proposés dans cette boutique-monument près du port. Service gracieux.

EPICIER

Maison Thurin

32, rue Gambetta
Tél. : 05 59 26 05 07

Cette minuscule boutique sur la rue commerçante « raconte » le pays à coup de jambon de Bayonne que tranche avec prestance le fiston Christian, chipirons préparés par la maman, foie gras maison, confitures de cerises noires, fromage de brebis, piment d'Espelette en pots de faïence.

PÂTISSIERS

Adam

6 pl. Louis-XIV
Tél. : 05 59 26 03 54

Jean-Pierre Telleria poursuit avec allant la tradition de cette «maison du macaron». Ce jeune pâtissier brillant est aussi un expert ès gâteau basque, sans oublier de proposer d'exquis gâteaux classiques ou plus novateurs (Goxoa choco-vanille et Beltza chocolat noir-pistache), fins, frais, légers, au goût du jour. Mignonne boutique annexe au 49 rue Gambetta.

Etchebaster

42, rue Gambetta
Tél. : 05 59 26 00 80

Les frères Etchebaster ont rénové la demeure familiale avec malice, qui demeure au top de la qualité pâtissière. A découvrir pour le gâteau basque avec sa confiture de cerises noires, sa crème pâtissière au rhum, mais aussi le saint-honoré, le gâteau des rois et le croquant au chocolat. Délicieux mini-salon de thé.

POISSONNIER

Joakin

18 bd Victor-Hugo
Tél. : 05 59 26 84 05

Face au marché (où règnent sept beaux étals de poissonniers), cette belle échoppe avec fresque marine est vouée au meilleur de la pêche locale.

PRODUITS RÉGIONAUX

Cidre Txopinondo Sagarnoak

17, Aguerria à 64122 Urrugne
Tél. :/fax : 05 59 54 62 34

Le vrai cidre artisanal du Pays basque dans une ferme vraie de vraie qui propose la dégustation au tonneau et l'achat sur place.

Iban

26, rue de la République
Tél. : 05 59 85 10 12

Une vitrine des produits locaux : jambon de Bayonne, foie gras, confits, piments d'Espelette, linge de table, vins de Brana.

TORRÉFACTEUR

Cafés Deuza

10, rue Garat
Tél. : 05 59 26 04 36

Choix de cafés torréfiés à demeure et thés variés dans une boutique au charme ancien.

indique un lieu de mémoire.

Rendez-vous

CAFÉS-BARS

Le Bar Basque

22, bd Thiers
Tél. : 05 59 26 04 49

Même s'il n'a plus son aura mondaine de jadis, ce beau bar américain qui vit passer Georges Carpentier, «Papa» Hemingway, Michel Simon et Deborah Kerr est entré dans la légende. La belle déco années vingt est intacte et la terrasse courue en août.

Le Brouillarta

Promenade J.-Thibaud/33, rue Garat
Tél. : 05 59 51 03 44

Le restaurant des familles de l'hôtel de la Plage se transforme, la nuit tombée, en bar branché prisé des jeunes de la ville.

Chez Kako «Bar des Halles»

18, rue Harispé
Tél. : 05 59 85 10 70

Gentil restau-bar avec musique et ambiance locale.

Pub du Corsaire

16, rue de la République
Tél. : 05 59 26 10 74

Ambiance pour noctambules de tout âge dans un établissement ouvert toute l'année.

SALON DE THÉ

Dodin

80 rue Gambetta
Tél. : 05 59 26 38 04

Le fameux pâtissier biarrot a fait de ce salon de thé années cinquante la vitrine de ses produits. Chocolats, bérets basques, succès pistache et autres douceurs de qualité sont au garde-à-vous.

Saint-Jean-en-Val

63490 Puy-de-Dôme. Paris 460 – Clermont-Ferrand 38 – Issoire 10 – Thiers 60.

Ce cœur vert de l'Auvergne et du pays des puys a gardé le charme d'avant.

Restaurant

La Bergerie

Sarpoil
Tél. : 04 73 71 02 54. Fax : 04 73 71 02 54
Fermé dim. soir, lundi (sf été), 2-15 janv., vac. Toussaint
Menus : 130-350 F. Carte : 300-450 F

Nous connûmes là, dans ce domaine de campagne au pied du pays des puys, jadis

Jean-Yves Bath, parti depuis pour Clermont puis Paris. Eric Moutard et Laurent Jury, deux autodidactes passionnés, l'un berrichon, l'autre auvergnat pur cru, qui ont repris l'affaire, ont été saisis par la grâce, ou, comme dirait Vialatte, par l'esprit du pays. D'où ces mets simples et savants à la fois, formidablement raffinés sous leur allure parfois paysanne qui emballent sans mesure et délivrent du bonheur sans alourdir l'estomac du gourmet flâneur. Salade de queues de langoustines flambées à la verveine verte, bouquet de cresson et pommes fruits caramélisées, tarte fine aux coquilles saint-jacques et truffes, chou et lard, turbot rôti au jus de viande flanquées de lasagnes aux cèpes, pièce de bœuf d'Aubrac au jus et purée de pommes de terre aux truffes, charlotte coco et pain d'épice, salade de fruits exotiques et gelée de menthe au rhum. C'est vif, frais, légers, et les menus sont des cadeaux.

Saint-Jean-Pied-de-Port

64220 Pyrénées-Atlantiques. Paris 823 - Biarritz 55 - Bayonne 53 - Pau 100.

Office du Tourisme : pl. Charles-de-Gaulle
Tél. : 05 59 37 03 57. Fax : 05 59 37 34 91

Avec ses remparts tracés par Vauban sur le chemin de Saint-Jacques-de-Compostelle, ce « port » de montagne vaut la belle halte au vert. Allez voir les Brana qui ont replanté des vignes d'Irouléguy et produisent des eaux-de-vie de poire et de prune de grande qualité.

Hôtel-restaurant

L'Auberge des Pyrénées 

Tél. : 05 59 37 01 01. Fax : 05 59 37 18 97
Fermé lundi soir, mardi (hs), 5-28 janv., 20 nov.-22 déc.
20 ch. 580-950 F. 1/2 pens. 700-800 F
Menus : 250-550 F. Carte : 500 F

Si on a connu la demeure il y a quinze ans et que l'on revient aujourd'hui, on reconnaît, certes, la façade, et un tantinet le restaurant panoramique. Mais les chambres, jadis patibulaires, ont laissé place à d'autres, vastes, claires et modernes. Un jardin avec piscine et garage sur l'arrière montre que cette ex-étape d'un soir est devenue une halte de charme à part entière. Pour explorer la vallée des Aldudes où règnent les palombières, le vignoble d'Irouléguy qui a fait tant de progrès depuis dix ans, toute la province de Basse-Navarre, ses villages avec fronton, trinquet et demeures de tuiles rouges à double pente, colombages et jardinets bien ratissés, il n'est sans doute pas de meilleure étape. Mais c'est pour la table, d'abord, qu'on vient aux Pyrénées si bien nommées. Formé chez papa Coussau au Relais de la Poste de Magesq dans les Landes, Arrambide est davantage un synthétiseur qu'un créateur, un rassembleur et un montreur de produit qu'un innovateur à tous crins. La mode le laisse froid, tandis que son terroir l'anime. Chez lui, les piments farcis à la morue, comme les ris d'agneau poêlés aux poivrons et cèpes, le gâteau tendre et croustillant au chocolat avec sa glace à l'Izarra verte font partie du patrimoine. La carte est comme une esquisse faite pour durer : la garbure aux choux y figure à côté de la soupe aux écrevisses, la salade de langoustines en gaspacho près de la terrine chaude aux cèpes, le pigeonneau à l'ail doux avant les crêpes à l'orange. Pour une expérience mémorable, ici même, laissez parler l'inspiration du jour qui ne sera pas moins basque, mais révélera, en même temps que toute la richesse du pays, la palette en éventail du chef-patron : moelleuse terrine de thon, croustillante crépinette de pied de cochon, sublime saumon grillé de l'Adour, sauvage, bien rouge, juste relevé d'une béarnaise légère en accompagnement, onctueuse lasagne de foie gras, truffes et crème, épatante tarte craquante, avec sa pâte sablée, à la rhubarbe. Ajoutez-y une carte des vins, où le blanc du voisin Brana voisine avec le rouge irouléguy de Mignaberry, d'Ilaria ou d'Arretxea, et vous comprendrez que voilà une grande maison visant la ligne bleue du juste milieu et représentant parfaitement son pays.

Produits

CHARCUTIER

Pierre Oteiza

31, rue d'Espagne
Tél. : 05 59 37 23 26

Jambon, foie gras et autres salaisons artisanales vendues chez le maestro des Aldudes.

DISTILLATEUR

Etienne Brana

3 bis, av. Jaï-Alaï et à Ispoure
Tél. : 05 59 37 00 44

En sus d'un vignoble replanté de superbe manière en Irouléguy, les Brana produisent des eaux-de-vie de poire, framboise et prune qui comptent parmi les meilleures de France.

PÂTISSIER

Artizarra

12, av. Renaud. Tél. : 05 59 37 22 42
17, rue d'Espagne. Tél. : 05 59 37 03 34

L'un des gâteaux basques des plus renommés du pays, avec confiture de cerises noires ou crème pâtissière au rhum.

Saint-Jean-Saverne : voir Saverne

Saint-Joachim

44720 Loire-Atlantique. Paris 440 – Nantes 64 – Redon 41 – St-Nazaire 17 – Vannes 63.

Le cœur du parc naturel de Brière, ce pays de terre et d'eau, c'est bien ce bourg-repère avec ses maisons à la chaux couvertes de toits de chaume. Visitez la maison de la coutume et celle de la mariée.

Hôtels-restaurants

Auberge du Parc

Tél. : 02 40 88 53 01. Fax : 02 40 91 67 44
Fermé dim. soir, lundi (sf été), mars
4 ch. 400 F. 1/2 pens. 450 F
Menus : 150-380 F. Carte : 300-350 F

Eric Guérin, qui a travaillé jadis au Taillevent, à la Tour d'Argent, au Jules Verne, a rénové avec joliesse cette coquette auberge sur le thème du canard. Si ses plats tombent parfois dans le domaine de la sophistication à outrance, on pourra se régaler de croquant de grenouilles au gingembre, marinade de langoustines aux noisettes, bar en infusion de coquillages au cumin, tarte mangue-banane avec glace au fromage blanc. Quatre chambres adorables avec de bien jolis meubles.

La Hutte Briéronne

Tél. : 02 40 88 43 05
Fermé dim. soir, lundi
Menus : 90-180 F

Sur l'île de Fédrun, cette rustique auberge accueille sans faiblesse le chaland venu découvrir le pays. On se régale sans façons de crêpes diverses préparées par Guillaume Guérin, mais aussi, plus subtilement, de terrine de canard sauvage ou «judelle», anguille en matelote aux pruneaux, «marmite briéronne» mélangeant oie et grenouilles, avant la tarte aux pommes digne de grand-mère.

hôtel simple
hôtel simple, mais de bon confort
hôtel de grand confort
hôtel de luxe
hôtels de grand luxe, service de classe
hôtel au calme
lieu de mémoire

Saint-Julien-en-Genevois

74160 Haute-Savoie. Paris 528 – Annecy 36 – Thonon 47 – Genève 11 – Nantua 55.

Ce bourg frontalier qui bénéficie de franchises douanières est la dernière étape du pays de Gex avant la Suisse.

Restaurant

La Ferme de l'Hospital

A Bossey, 5 km par N 206
Tél. : 04 50 43 61 43. Fax : 04 50 95 31 53
Fermé dim. soir, lundi, mardi midi, 1er-15 févr., 1er-16 août
Menus : 145 (déj. sem.), 190-340 F
Carte : 350-500 F

Cette jolie ferme du XVIIe refaite en restaurant moderne et d'excellent confort a conservé son charme rustique. Le registre maison est celui du classicisme réactualisé avec malice sous la houlette de l'excellent M. Noguier qui traite les poissons du lac, les écrevisses, les champignons sauvages avec beaucoup de doigté. Goûtez les gros raviolis des bois, avec morilles et foie gras, la chartreuse de féra et langoustines, le filet de bœuf en croûte de moelle et sauge ou encore le parfait glacé au génépi pour vous persuader qu'il y a là un talent à saisir.

Saint-Julien-de-Crempse : voir bergerac

Saint-Laurent-sur-Saône : voir Mâcon

Saint-Louis

68300 Haut-Rhin. Paris 549 – Ferrette 24 – Mulhouse 31 – Colmar 66.

C'est à la fois la porte de la Suisse et le chemin vers le sinueux Sundgau. Dans tous les cas, une cité frontière au décor neutre qui accueille un festival du livre. La gourmandise est proche.

Hôtels-restaurants

L'Europe

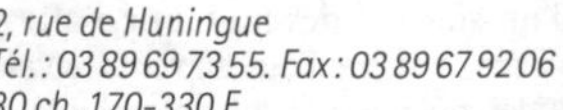

2, rue de Huningue
Tél. : 03 89 69 73 55. Fax : 03 89 67 92 06
30 ch. 170-330 F

Anne et Eric Paroutaud ont fait d'un vieil hôtel début de siècle du cœur de la ville avec sa tour néo-gothique une halte de charme. Les chambres mêlant teintes sobres et chromatismes joyeux et les salons aux objets précieux sont la gaieté même.

A 68220 Hésingue 4 km O par D 419

Au Bœuf Noir

Tél.: 03 89 69 76 40. Fax: 03 89 67 77 29
Fermé sam. midi, dim., vac. fév., 2 sem. août
Menus: 190 F (déj., sem.), 280-360 F. Carte: 400 F

A la porte de l'aéroport Mulhouse-Bâle, cette maison sérieuse démontre des qualités de finesse et de sérénité. On a rénové le cadre, et la pimpante Josiane, qui tient la maison avec gaité, a pris en charge la partie vins avec maîtrise. Jean-Pierre Giugiolla fait montre d'un vrai talent dans la recherche des meilleurs produits, leur traitement en finesse, leur maniement au gré des saisons. Ainsi, les ravioles champignons, le presskopf de foie gras aux artichauts violets, la dorade à l'huile d'olive citronnée avec son risotto crémeux ou l'entrecôte de veau de lait aux pâtes fraîches qui font prendre ces proches parages du Sundgau pour les abords de la Méditerranée. Riches desserts, grande cave.

A 68330 Huningue : 2 km E par D 469

Tivoli

15, rue de Bâle
Tél.: 03 89 69 73 05. Fax: 03 89 67 82 44
Fermé (res.) sam. midi, dim. 26 juil.-16 août, 24 déc.-6 janv.
44 ch. 420-450 F
Menus: 145-385 F. Carte: 300 F

Philippe Schneider qui a fait ses armes chez Haeberlin et au Crocodile soigne les assiettes de ce bon hôtel de bord de route en voie de rénovation. Les chambres sont fonctionnelles, mais on peut venir aussi pour les joues de sandre à l'unilatérale et le poussin au four, d'un très bon ton classique. Accueil charmant.

Produits

BOUCHERS

Eckert

13-15, av. de Bâle
Tél.: 03 89 69 42 19. Fax: 03 89 69 45 84
68a, av. de Bâle. Tél.: 03 89 69 75 80
Fax: 03 89 69 28 06

Christophe Eckert a repris la succession de papa René au labo, et l'on continue chez ce charcutier aux huit générations. Le secret chez les Eckert? «On sale moins longtemps, mais on fume plus longtemps.» Saucisse «hiri», genre Montbéliard, presskopf avec museau, jarret et farce fine, lard paysan, jambon aux herbes ou sundgauvien cuit à la vapeur: voilà une charcuterie de campagne que l'on découvre dans une des boutiques immaculées.

PÂTISSIER

Christian Bauer

74, rue de Mulhouse
Tél.: 03 89 67 29 94. Fax: 03 89 69 34 69

«Stéphanie» à la mousse chocolat-banane, «exotic» (biscuit noisettes et mousse mangue-passion), vacherin surprise, langhopf, «trois lys» avec caramel au marc de gewurz sont quelques-uns des bons tours sucrés joués par Christian Bauer. Mais ses palets au fondant noir ont également des partisans de l'autre côté de la frontière (suisse). C'est dire!

Saint-Lyphard

44410 Loire-Atlantique. Paris 450 – St-Nazaire 22 – Nantes 75 – La Baule 17.

Parc naturel régional depuis 1970, couvrant 40 000 ha et dix-huit communes, la Brière est le second marais de France, après la Camargue. Le plus beau? Sur les rives proches, le pays se raconte: richesse des chaumes, vols de vannaux, de busards, de hérons, de fauvettes, de mésanges, de colverts, de bécassines ou de sarcelles, glissements sourds d'hermines, de visons, de loutres ou de fouines, pêche furtive à travers les chaumes et les roseaux.

Hôtels-restaurants

Les Chaumières du Lac et Auberge des Thyphas

Rte d'Herbignac
Tél.: 02 40 91 32 32. Fax: 02 40 91 30 33
Fermé nov.-4 mars, (rest.) lundi midi, mardi sf soir (été), 25 janv.-5 mars, 2-23 nov.
20 ch. 390-580 F. 1/2 pens. 400-470 F
Menus: 110 F (déj., sem.)-270 F. Carte: 300 F

Dans un petit domaine de bord de route près d'un lac, d'agréables chambres modernes qu'on pourrait trouver un tantinet datées, mais aménagées avec simplicité et gentillesse. A l'hôtel, tenu par deux sœurs adorables, beaucoup de savoir-vivre et d'exquis petits déjeuners. Au restaurant, une cuisine imaginative, esthétisante, gardant ses goûts, malgré ses excès décoratifs sous la houlette d'Hervé Michel: foie gras frais à la galette de pommes-fruits, charlotte de pointes d'asperges aux œufs de saumon, gigolette de cuisses de grenouilles au sabayon de fèves, bar aux oreilles de cochon frites, pigeonneau au chinon, fraises à l'infusion de cidre, rhum et épices.

Auberge le Nézil

Rte de Saint-Nazaire
Tél.: 02 40 91 41 41. Fax: 02 40 91 45 39
Fermé dim. soir (sf été), lundi, 21 févr.-6 mars, 20 nov.-4 déc.
Menus: 50 F (enf.), 118-250 F. Carte: 300 F

Dans une auberge briéronne de bord de route, Armelle accueille avec gentillesse. Aux menus: cuisses de grenouilles au beurre blanc et sel de Guérande, fricassée d'anguilles au chinon, sandre aux aromates, pigeonneau aux épices, ravioles de crêpes à l'orange. Hervé Hascoët, élève de Charles Barrier, à Tours, revenu au pays, jadis, à l'Auberge du Parc, n'a pas perdu la main.

A Bréca: 6 km S. par D47

Auberge de Bréca

Tél.: 02 40 91 41 42. Fax: 02 40 91 37 41
Fermé dim. soir, jeudi (sf juil.-août), 20 déc.-15 janv.
Menus: 60 F (enf.), 125-250 F
Carte: 250-300 F

Dans leur vieille demeure briéronne plaisamment rénovée, Françoise et Christian Deniaud accueillent avec le sourire, proposant une cuisine à l'image du pays qui n'ignore ni l'anguille, ni les grenouilles, en exquis duo persillé à la tomate, ni le canard sauvage, rituels ici. Délicieuses terrines du jour, bons desserts (kouign amann et glace rhum-raisin, aumônière au sabayon de fruits), sandre aux morilles et choux frisés. Délicieux décor champêtre avec tables bien mises et cheminée face au grand port du pays des marais.

A Kerbourg: 6 km par D51

Auberge de Kerbourg

Rte de Guérande
Tél.: 02 40 61 95 15. Fax: 02 40 61 98 64
Fermé dim. soir (hs), lundi (sf soir été), mardi midi, 25 déc.-10 févr.
Menus: 150 F (déj.), 200-300 F. Carte: 350 F

Fraîche, finaude, maligne? Certes. Mais, davantage encore, comme une vraie surprise, douée de verve créative, éblouissante souvent avec ses traits de génie, au gré de la retrouvaille des produits du pays, la cuisine de Bernard Jeanson s'impose d'emblée audessus du niveau de ses voisines immédiates. Elle conte à sa manière sophistiquée la gourmandise briéronne dans un cadre de chaumine charmeuse et soignée. L'accueil est adorable, le décor plein de charme. Les plats? Une série d'assiettes d'une rigueur sans faille: huîtres de Gillardeau à l'anguille fumée et caviar d'aubergine, vichyssoise de petits pois à la menthe, langue de cabillaud (dite joliment «part du pêcheur») en viennoise de persil plat, pince de homard dans un jus bouleversant au pigeon et foie blond, formidable alose de Loire à l'unilatérale, pruneaux au chocolat au coulis d'orange confite avec sa glace à la fève Tonka, glace à la mousse de lait et pommes au romarin. Tout ce que propose cet autodidacte, formé au droit, qui tint dix ans durant un restaurant français à Calgary, en Alberta, est d'une imagination sans cesse tenue en laisse par la mesure et la technique la plus savante. Belle carte des vins, charmant service féminin.

Saint-Malo

35400 Ille-et-Vilaine. Paris 418 – Avranches 67 – Dinan 32 – Rennes 72 – St-Brieuc 72.
Office du Tourisme: esplanade Saint-Vincent, 35400 Saint-Malo. Tél.: 02 99 56 64 48
Fax: 02 99 40 93 13

Les remparts comme avant, l'île du Grand Bé, la tour Solidor, les souvenirs de Surcouf, de Jacques Cartier et de Chateaubriand, le site à fleur d'océan et les bateaux qui lèchent l'horizon: c'est Saint-Malo, port breton, magie intacte.

Hôtels-restaurants

Grand Hôtel des Thermes

100, bd Hébert
Tél.: 02 99 40 75 75. Fax: 02 99 40 76 00
Fermé 6-27 janv.
181 ch. 640-3 090 F. 1/2 pens. 765-1 250 F
7 appart.
Cap Horn: 85 F (enf.), 150-350 F
Verrière: 85 F (enf.), 170 F

Luxe, vue sur la mer, thalasso à demeure: voilà ce que propose ce bel hôtel de bord de mer. Les chambres ne sont pas toutes grandes, mais l'accueil est professionnel et la gastronomie fort soignée. Amusant parcours «iso-tonique» que peuvent emprunter les non-curistes dans la piscine de remise en forme.

Le Valmarin

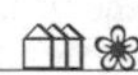

7, rue Jean-XXIII, à Saint-Servan
Tél.: 02 99 81 94 76. Fax: 02 99 81 30 03
Fermé 7 janv.-vac. févr., 15 nov.-25 déc.
12 ch. 550-750 F

Cette maison du XVIIIe a gardé le caractère d'une ancienne malouinière, avec sa façade en granit, son intérieur chaleureux, son mobilier ancien et son beau parc.

La Korrigane

39, rue Le Pomellec, à Saint-Servan
Tél.: 02 99 81 65 85. Fax: 02 99 82 23 89
12 ch. 600-950 F

Cette jolie maison d'autrefois abrite douze chambres décorées de manière différente, avec un mobilier ancien.

La Rance

15 quai Sébastopol, à Saint-Servan
Tél.: 02 99 81 78 63. Fax: 02 99 81 44 80
11 ch. 425-525 F

Confort moderne et meubles anciens font bon ménage dans chambres soignées qui offrent de jolies vues sur le port Solidor.

❀ *indique un hôtel au calme.*

Clos du Chanoine

La Mettrie au Chanoine : 6 km sur D355, rte de Cancale
Tél. : 02 99 82 84 57. Fax : 02 99 82 08 67
Fermé lundi (janv.), mercr., jeudi midi, 19-30 juin, 13-30 nov.
Menus : 70 F (enf.), 130-450 F. Carte : 280-450 F

La maison dans son parc a le charme breton. Isabelle Langrée reçoit avec grâce, tandis que Christophe mitonne des mets qui puisent leur sel du terroir local entre terre et mer. Ormeaux rôtis au beurre salé, croustillant de pied de porc aux truffes, bar aux palourdes et petits pois, saint-pierre au gingembre, gratin de poire à la cannelle et glace réglisse ou tarte fine aux pommes chaudes sont du travail de pro soigné.

Le Chalut

8, rue de la Corne-de-Cerf
Tél. : 02 99 56 71 58. Fax : 02 99 56 71 58
Fermé dim. soir, lundi, mardi midi (été)
Menus : 100 F (sem. déj.)-350 F. Carte : 300-400 F

Philippe Foucat soigne ses achats à la marée, ses mets créatifs et l'excellence de son rapport qualité-prix. On vient ici pour la marée du jour traitée en simplicité au mieux de sa fraîcheur, la soupière de crustacés au gingembre, l'étuvée de saint-pierre aux champignons sauvages, les saint-jacques en vinaigrette au jus de truffe, la raie en cressonnette aux bigorneaux, la brandade de morue fumée et le moelleux au chocolat avec sa belle glace réglisse qui passent comme une lettre à la poste. Cadre sympathique et chaleureux sous une belle façade ancienne.

Delaunay

Rue Sainte-Barbe
Tél. : 02 99 40 92 46. Fax : 02 99 56 88 91
Fermé dim., lundi (hs), 15 janv.-15 févr., 15 nov.-15 déc.
Menus : 98 F, 128 F (déj.), 180-240 F. Carte : 300 F

Brigitte et Didier Delaunay reçoivent avec gentillesse dans la ville ancienne reconstituée. Leur maison ne manque pas de chaleur et tout ce que mitonne Didier est digne d'intérêt, sur un mode breton finement réactualisé. Le «faux» mille-feuille de sarrasin aux huîtres, le turbot rôt sur l'arête et lait d'asperges, le kouign amann tiède avec sa glace au lait ribot sont quelques-uns de ses bons tours.

La Duchesse Anne

5 pl. Guy-la-Chambre
Tél. : 02 99 40 85 33. Fax : 02 99 40 00 28
Fermé dim. soir, lundi midi (hs), mercr., déc., janv.
Carte : 300-350 F

Le grand classique local, dans son décor à l'ancienne, à l'orée de la vieille ville dans ses remparts, offre son beau décor d'auberge cossue et les classiques foie gras, homard grillé, belle pièce de bœuf et tarte Tatin, que réalise ici le chef Thirouard avec régularité depuis l'aube des temps.

Gilles

2, rue Pie-qui-Boit
Tél. : 02 99 40 97 25
Fermé mercr. (sf été), jeudi (hs), vac. févr., 22 nov.-14 déc.
Menus : 62 F (enf.), 75 F (sem. déj.), 92-182 F. Carte : 200 F

Le bon rapport qualité-prix en ville, c'est ce bistrot simple, mais propret, qui se cache dans le cœur historique de la vieille ville reconstituée. La maison se dévoile dans une ruelle cachée et la dénicher et un bonheur pour les plats simples, fort soignés (huîtres de Cancale, pot-au-feu de poisson aux algues, coucou de Rennes au cidre), l'accueil adorable et les menus gentils tout plein.

Produits

CHARCUTIER

Jean Lepage

39, rue de Beaulieu
Tél. : 02 99 56 00 38

Andouille fumée, terrine de campagne, pâté breton et saucissons secs sont de qualité chez ce bel artisan.

EPICIER

Le Comptoir

5, rue des Merciers
Tél. : 02 99 40 98 25

Cette belle échoppe vouée aux épices lointaines jadis rapportées par les corsaires des Antilles a été inspirée par le voisin de Cancale Olivier Roellinger. Condiments, huiles et vinaigre de qualité.

FROMAGER

Jean-Yves Bordier

9, rue de l'Orme
Tél. : 02 99 40 88 79

Ce fromager hors pair, qui ravitaille en belles pâtes au lait cru les grandes tables de la région, est à l'aise dans tous les terroirs. Son beurre de baratte demi-sel est un régal.

PÂTISSIER

Jacques Cheptel

1, rue Ponçon-de-la-Barbinais
Tél. : 02 99 40 90 95

La pâtisserie classique mais aussi le kouign amann et le far aux pruneaux sont chez eux, sous la patte de ce bel artisan sucré.

 *indique une très bonne table.*

Rendez-vous

CAFÉ

Le Cunningham's bar

2, rue des Hauts-Sablons
Tél. : 02 99 81 48 08. Fax : 02 99 81 16 92

Ce pub marin est un lieu idéal, dans un décor et atmosphère maritime, pour évoquer une croisière au long cours véridique ou imaginaire.

CRÊPERIE

Le Petit Crêpier

6, rue Sainte-Barbe
Tél. : 02 99 40 93 19

La meilleure crêperie de Saint-Malo qui n'est pas avare du genre, c'est cette salle rustique et discrète où l'on propose galette sucrée ou salée, à la gelée de pommes et à l'andouille, mais aussi aux poissons avec algues.

Saint-Marcel : voir Chalon-sur-Saône

Saint-Martin-de-la-Brasque

84760 Vaucluse. Paris 760 - Aix-en-Provence 34 - Apt 40 - Avignon 79.

A deux pas du beau château d'Ansouis, sur les contreforts du Luberon, un petit village provençal très tranquille...

Restaurant

La Fontaine

Tél. : 04 90 07 72 16
Fermé dim. soir, lundi (hs), mardi, mercr. (sf dîn. été), vac. Noël, févr.
Menu : 150 F

Tout simple sur la place du village, avec sa terrasse bonhomme, ses chaises en plastique, ses tomettes modernes : ce restaurant ne paye pas de mine. C'est l'adresse préférée de Peter Mayle qui y vient en voisin, comme les gens de la région, pour les plaisirs dispensés par l'unique menu-carte. Martine Girand accueille avec le sourire, tandis que son mari Michel, autodidacte passionné, mitonne la daube d'agneau en gelée, le feuilleté d'escargots à la crème d'ail, la courgette fleur à la mousseline de pétoncles, la morue en bouillabaisse ou l'agneau en deux cuissons (les côtes grillées, l'épaule sautée aux amandes) flanqué d'un gâteau d'aubergines. C'est simple et bon. Les desserts se renouvellent au gré du jour, l'assiette de fromages est comprise dans la formule qui constitue l'une des meilleures affaires de la région.

indique un lieu de mémoire.

Saint-Martin-de-Mieux : voir Falaise

Saint-Martin-du-Touch : voir Toulouse

Saint-Martin-du-Var

06670 Alpes-Maritimes. Paris 943 – Antibes 34 - Nice 28 - Cannes 44 - Vence 22.

La route de Nice à Grenoble longe la rivière et s'insère dans le creux de la montagne.

Restaurant

Jean-François Issautier

3 km S. N202, rte de Nice
Tél. : 04 93 08 10 65. Fax : 04 93 29 19 73
Fermé lundi, mardi, janv., 9-18 oct.
Menu : 270 F (vin c., déj.)-540 F
Carte : 450-600 F

Une halte d'autrefois qui a gardé le style provençal à l'ancienne, juste en retrait de la nationale, (c'était l'Auberge de la Belle Route) : on s'y arrête le temps d'un repas juste de ton, élégant d'allure. C'est la maison des Issautier. Jean-François, qui porte la cinquantaine sportive, dirige sa maison avec une fermeté exemplaire. Ce solitaire, qui copine avec les grands chefs de sa région, va, les jours de fermeture, se ressourcer dans les monts boisés du Mercantour. Mais, la semaine, les meilleurs poissons de Méditerranée, les beaux légumes de l'arrière-pays niçois, les viandes des fermes environnantes ont, seuls, droit de cité chez lui. Sa maison de bouche est une sorte d'ambassade sûre de la cuisine locale. Que raconte son épatant menu du marché à 270 F, qui offre, vin compris, c'est le mot à ce niveau de qualité, les sardines fraîches marinées au basilic, la fricassée de caille dans son jus de sauge, son capoun d'aubergine, sa mousse de citron du pays à la marmelade citronné au miel et à la badiane. Il y a aussi les grosses asperges violettes avec leur samosa de légumes, le denti rôti sur la peau, flanqué d'une polenta crémeuse au parmesan, d'un jambon cru croustillant, enfin les bigarreaux au jus de kirsch avec sa glace moelleuse à la pistache. Bref, on reçoit ici, une leçon sinon de classicisme, du moins de cuisine «vraie», démontrée par un maestro qui connaît sa partition par cœur, aidé d'un service de salle au petit point, dans une salle aux airs de musée années 1950 au charme ineffable.

Saint-Martin-du-Vivier : voir Rouen

Saint-Martin-le-Vinoux : voir Grenoble

Saint-Médard-Catus

46150 Lot. Paris 575 - Cahors 20 - Gourdon 30 - Villeneuve-sur-Lot 59.

A quelques pas de Cahors la grand-ville, ce beau village du Quercy vaut la halte pour le repos et la gourmandise malicieuse.

Restaurant

Gindreau

Tél.: 05 65 36 22 27. Fax: 05 65 36 24 54
Fermé lundi, mardi (hs), 1er-14 mars, 23 oct.-29 nov.
Menus: 75 F (enf.), 175-400 F. Carte: 300-500 F

Mais non, vous ne vous trompez pas, il s'agit bien de l'ancienne école du village. Alexis Pelissou, autodidacte rieur, passionné, plein de verve et de talent, vous contera l'histoire de sa vocation avec chaleur. Ce personnage aux moustaches en guidon de vélo a créé un style à lui, mêlant rusticité et élégance. Le terroir est chez lui, magnifié, traité en finesse, et il n'est pas de meilleur interprète du patrimoine quercynois que cet amateur de charme, sinon son compère du nord du Lot, Daniel Chambon à Lacave. Truffes en salade sur un lit de pommes de terre, magret de canard mariné «façon carpaccio», cuisses de grenouilles rissolées cressonnière avec son millas frit à la crème d'ail doux, souris d'agneau fermier du Quercy juste rôtie à l'os, ananas confit ou fritot de chocolat s'accompagnent des meilleurs cahors conseillés avec science et servis avec chaleur par un joyeux sommelier aux airs de bourreau médiéval. Alain-Dominique Perrin, grand voisin de Lagrezette, est un habitué. C'est dire.

Saint-Mihiel

55300 Meuse. Paris 287 - Bar-le-Duc 35 - Nancy 73 - Toul 49 - Verdun 36.

Le parc naturel de Lorraine, la route des côtes, la vigne qui renaît et le lac de Madine, vaste plan d'eau où l'on pratique les sports de voile: voilà ce qu'on découvre près de la jolie ville ancienne de Saint-Mihiel, cité du sculpteur Ligier Richier. Ne loupez pas le sépulcre de l'église Saint-Etienne.

Hôtel-restaurant

A Heudicourt-sous-les-Côtes, N.-E., 15 km par D901, D133

Auberge du Lac de Madine

Tél.: 03 29 89 34 80. Fax: 03 29 89 39 20
Fermé dim. soir, lundi (hs), 2-31 janv.
48 ch. 270-330 F. 1/2 pens. 265-295 F
Menus: 55 F (enf.), 80 F (déj.)-270 F. Carte: 200 F

Avec sa kyrielle de menus à bons prix, ses chambres modestes pour l'étape, ses salles de banquets pour les repas de famille, son aspect rustique, l'accueil chaleureux de la famille Drapier, le service féminin charmant: cette auberge est une aubaine. Côté cuisine, on n'est guère déçu avec la riche salade de gésiers, magret et ris de veau, les escargots aux noisettes, le sandre aux girolles, l'amusant feuilleté de médaillons de porc aux mirabelles. Chaud-froid de fruits glace pistache et soufflé glacé aux mirabelles font de belles issues.

Produits

PÂTISSIER

Gérard Morin

4, rue du Gal-Pershing
Tél.: 03 29 89 01 44

Vedette gourmande de sa ville, le gars Gérard qui mitonne d'exquis gâteaux classiques est intarissable sur son épatant croquant de Saint-Mihiel, délicieux sablé aux amandes préparé ici depuis des lustres.

Saint-Ouen: voir Environs de Paris

Saint-Paul-de-Vence

06570 Alpes-Maritimes. Paris 926 - Nice 21 - Antibes 18 - Cannes 28 - Grasse 22.

Office du Tourisme: maison de la Tour, rue Grande. Tél.: 93 32 86 95. Fax: 93 32 64 58

Les joueurs de boules sont toujours sur la place. Le café abrite les parlotes du village. Le bourg, lui-même, sous les hauts remparts, avec ses ruelles aux pavés glissants, ses mille boutiques, garde sa magie intacte. Ne loupez pas la fondation Maeght, temple à ciel ouvert de l'art contemporain.

Hôtels-restaurants

Le Saint-Paul

86, rue Grande
Tél.: 04 93 32 65 25. Fax: 04 93 32 52 94
Fermé (rest.) mardi (janv.-mars), mercr. midi
15 ch. 1 300-1 700 F. 1/2 pens. 1 040-1 235 F
3 appart.
Menus: 250 F (déj.), 290-560 F. Carte: 350-540 F

Cette maison de village du XVIe siècle a été transformée en hôtel avec un goût exquis. Jean Dives, créateur de la galerie Maison et Jardins, avait donné le ton. Olivier Borloo, ex-directeur des Relais & Châteaux et propriétaire depuis 1991, a continué dans la voie tracée. Les tissus estampillés Souleïado, la salle voûtée et empierrée avec son trompe-l'œil signé Jacques Margerin, le salon comme le bar cosy, la bibliothèque et sa collection d'assiettes anciennes en Barbotines: tout cela séduit et enchante. A cela s'ajoute la cuisine fine, légère, fraîche, bref provençale, d'un ancien de chez

Guy Martin, au Véfour, le bourguignon Frédéric Buzet, qui mitonne avec maestria le tian de cabillaud aux tomates confites, le cannelloni de homard aux poivrons, le rouget rôti avec sa piperade au pistou de roquette, l'agneau au basilic et le ris de veau à l'ail confit en cocotte lutée. Les desserts empruntent le registre malicieux du retour aux saveurs d'enfance (comme cette exquise omelette norvégienne flambée au Grand Marnier) sans négliger l'adaptation aux traditions d'ici (crème brûlée au basilic, thym et romarin). Les chambres, avec leurs salles de bains en faïence de Salernes, leurs vieux meubles provençaux, leurs peintures murales jouent plaisamment les nids d'amour. A l'ombre des remparts, avec la vue sur la Provence en majesté, ce havre pour un week-end à deux fait une étape heureuse.

La Colombe d'Or 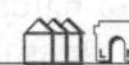

Tél. : 04 93 32 80 02. Fax : 04 93 32 77 78
Fermé 2 nov.-20 déc.
16 ch. 1 200-1 500 F. 1/2 pens. 910-1 035 F
10 appart.
Menus : 350-400 F

Prisée des artistes, cette pension de luxe, avec ses tableaux de Picasso, son oiseau de Braque en mosaïque en fond de piscine et ses souvenirs de Prévert, rassemble la foule de ses fans derrière sa grande porte de bois, comme un club privé ouvert.

Le Hameau 

Rte de La Colle-sur-Loup
Tél. : 04 93 32 80 24. Fax : 04 93 32 55 75
Fermé 6 janv.-15 févr., 16 nov.-22 déc.
17 ch. 570-790 F

Piscine, terrasse, jardin, jolies chambres pour une fermette devenue hôtel avec ses dépendances.

Hostellerie des Messugues 

Rte de la Fondation-Maeght
Tél. : 04 93 32 53 32. Fax : 04 93 32 94 15
Fermé oct.-mars
15 ch. 550-700 F

Cette villa provençale dans une pinède offre un bon rapport qualité-prix. Chambres personnalisées, calme, piscine, jardin.

Rendez-vous

Le Café de la Place

Pl. de Gaulle
Tél. : 04 93 32 80 03/04 93 32 80 19

Ce café-institution offre une situation idéale, entre comptoir et terrasse, juste au pied des remparts, pour ne pas louper les joueurs de boules.

Saint-Patrice : voir Langeais

Saint-Père-sous-Vézelaay : voir Vézelay

Saint-Pierre-d'Oléron : voir Oléron

Saint-Pourçain-sur-Sioule

03500 Allier. Paris 330 - Moulins 32 - Montluçon 64 - Riom 61 – Vichy 29.

Ce joyeux village vigneron du Bourbonnais présente un joli musée dédié à la vigne et au vin.

Hôtel-restaurant

Le Chêne Vert 

Bd Ledru-Rollin
Tél. : 04 70 45 40 65. Fax : 04 70 45 68 50
Fermé dim. soir (hs), res. lundi (sf soir été), 18 sept.-2 oct., janv.
31 ch. 220-300 F
Menus : 95 F (sem.)-200 F

Ce petit hôtel sympathique, tenu avec chaleur par la famille Siret, avec ses chambres plutôt grandes vaut pour son accueil charmant, sa cuisine aux couleurs du pays, ses vins gentils tout plein. Pâté de pommes de terre, œuf poché vigneronne, sandre au beurre blanc, pintade à la gentiane et gargouillot aux poires se mangent sans faim.

Saint-Quay-Portrieux

22410 Côtes-d'Armor. Paris 470 - St-Brieuc 23 - Guingamp 28 - Paimpol 26.

Cette station balnéaire face à Erquy fête annuellement la saint-jacques, reine de la baie de Saint-Brieuc. Et accueille toute l'année curistes en quête du bon air et amateurs de casino.

Hôtel-restaurant

Ker Moor 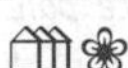

13, rue du Président-Le-Sénécal
Tél. : 02 96 70 52 22. Fax : 02 96 70 50 49
Fermé dim. soir (hs), 22 déc.-4 janv.
29 ch. 425-590 F. 1/2 pens. 538-570 F
Menus : 85 F (enf.), 135-345 F

De plain-pied face à la baie de Saint-Brieuc, ce bel hôtel de bord de mer offre, dans un style mauresque assez réussi, le repos et le confort. Sans omettre une fine cuisine suivant le marché et les produits d'ici. Le menu dédié à la coquille saint-jacques en est un bon exemple, à travers bouillon aux coquilles, huîtres et girolles, fondant de carottes et saint-jacques à la vinaigrette de tomate, saint-jacques poêlées aux cocos de Paimpol, ou rôties au chèvre frais et poire et au four, miel de vanille et citron.

Saint-Quirin

57560 Moselle. Paris 392 - Strasbourg 91 - Lunéville 56 - Sarrebourg 19.

Les «trois roses» de cet ancien bourg bûcheron dans une clairière sont de belles églises. Joli site et demeures soignées.

Restaurant

Hostellerie du Prieuré

Tél.: 03 87 08 66 52. Fax: 03 87 08 66 44
Fermé mercr., vac. févr., Toussaint
8 ch. 230-280 F. 1/2 pens. 185-200 F
Menus: 54 F (enf.), 65 F (déj.), 98-250 F
Carte: 200 F

Si le beau village de Saint-Quirin est propice aux promenades dominicales, il est devenu, sous la houlette du jeune Didier Soulier, un lieu de pèlerinage gourmand. Après des classes en Suisse, il est revenu au pays il y a trois ans. Aidé par la mairie, il a retapé une demeure ancienne, avec son bar flambant neuf et sa double salle claire. Relayé en salle par sa charmante épouse Valérie, qui paraît née avec le sourire, il pratique une cuisine équilibrée, qui sait évoluer au fil du marché et pousser d'assez jolies pointes créatives. Le jambon de marcassin, le velouté de petit pois au lard ou le civet de gibier voisinent avec les saint-jacques en minestrone, le foie chaud au jus de pruneaux, la moelleuse quenelle de brochet sauce Aurore sur son «cannelage» stylisé au vert de poireaux, la tendre poularde pochée à l'embeurrée de choucroute et la fricassée de girolles crémée, les quetsches sautées avec glace au pain d'épice ou le mille-feuille de glace aux fruits. L'ensemble fait figure de divine surprise. Les chambres modernes, fonctionnelles et sans charme, sont là pour l'appoint.

Saint-Rémy: voir Chalon-sur-Saône

Saint-Rémy-de Provence

13210 Bouches-du-Rhône. Paris 705 - Nîmes 43 - Marseille 90 - Avignon 20 - Arles 26.

Office du Tourisme: pl. Jean-Jaurès
Tél.: 04 90 92 05 22. Fax: 04 90 92 38 52

Cette vieille cité provençale, fameuse pour ses monuments romains, devient une sorte de Saint-Tropez des Alpilles. Belles boutiques, hôtels chics et cafés mode abondent. C'est que le public en vogue est là, aux premières loges.

indique un lieu de mémoire.

Hôtels-restaurants

Hostellerie du Vallon de Valrugues

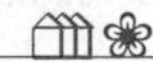

Chemin Canto Cigalo: 1 km par rte d'Avignon
Tél.: 04 90 92 04 40. Fax: 04 90 92 44 01
Fermé févr.
38 ch. 780-1 650 F. 15 suites. 1 800-2 200 F
1/2 pens. 880-1 315 F
Menus: 110 F (enf.), 195 F (déj.), 290-480 F

Chantourné, chic, avec ses chambres de couleurs vives, dotées de fresques, ce bel hôtel au calme joue le charme sur un mode appuyé. Cuisine provençale nouvelle vague par un jeune chef qui connaît les bons «trucs» de l'époque.

Les Ateliers de l'Image

5, av. Pasteur
Tél.: 04 90 92 51 50. Fax: 04 90 92 43 52
16 ch. 650-750 F

Des chambres modernes, sobres, fonctionnelles, un tantinet design dans un ancien cinéma, avec son hall spectaculaire, ses fauteuils de couleur: voilà ce qu'offre ce bel hôtel contemporain, très singulier, au cœur de la ville, avec en sus un atelier de photo pour «pros» ou amateurs passionnés.

La Maison

A 8 km par D30, rte de Noves
Domaine de Bournissac, montée d'Eyragues, Palud-de-Noves
Tél.: 04 90 90 25 25. Fax: 04 90 90 25 26
Fermé janv.-févr.
13 ch. 600-1 200 F
Menus: 160 F (déj.), 220-380 F. Carte: 300-400 F

Sur une colline avec vue sur le Ventoux et le Luberon, cette demeure ancienne, refaite très «déco», avec ses salons ouverts, ses chambres aux tons gais, pastels, ses salles de bains à l'orientale est la dernière halte de charme des Alpilles. Le sourire est à l'accueil. Côté cuisine, Hervé Gély, Cantalou, formé à la Pyramide à Vienne et à la Cité à Carcassonne mitonne fines langoustines aux asperges et morilles, rougets aux croûtons de pommes de terre, carré d'agneau avec quenelle de pommes écrasées au lard et oignons farcis, pain perdu aux cerises. Jolie cave, service enthousiaste.

L'Orangerie Chabert

16, bd Victor-Hugo
Tél.: 04 90 92 05 95. Fax: 04 90 92 66 28
Fermé 1er-25 mars, 15 nov.-20 déc., (rest.) sam. midi (été), dim. soir, lundi (hs), mardi midi (été)
Menus: 60 F (enf.), 114 F (déj.), 162-218 F.
Carte: 250 F

Dans l'aile droite d'une belle orangerie XVIIIe, une auberge d'aujourd'hui avec son mobilier moderne, ses menus sages, ses propositions au gré du jour. Quenelle de brandade au coulis de tomate, marbré de brousse à l'huile d'olive, goujonnettes de merlan au jus de pommes vertes, gigot de sept heures et sorbet au vieux marc font bel effet.

Produits

CHOCOLATIER

Joël Durand

3, bd Victor-Hugo
Tél. : 04 90 92 38 25

Rennais adopté par la Provence, le grand Joël mitonne d'exquises ganaches au thé, café, réglisse, caramel, orange où le goût du cacao est préservé. On peut observer sur place la fabrication dans un atelier d'une grande netteté.

PÂTISSIER

Bergèse

18, rue Lafayette
Tél. : 04 90 92 01 97

Jean-Marie Bergèse propose sacristain à la frangipane, nougat, amandes de Provence, croquants, tigrés (génoise cœur de chocolat, moelleux), navettes.

PRODUITS RÉGIONAUX

Le Jardin de Nostradamus

18, bd Victor-Hugo
Tél. : 04 90 92 24 23

L'olive et ses dérivés (huile, tapenades), condiments, épices, fruits secs ou confits, apéritifs, thés, cafés, digestifs se trouvent rassemblés dans cette belle échoppe comme une ode à la Provence des saveurs de toujours.

Rendez-vous

SALON DE THÉ

Le Roma

33, bd Marceau
Tél. : 04 90 92 14 33

Les glaces maison à l'italienne (lait, straciatella ou expresso) valent le détour. Les pâtisseries sont servies sur la terrasse ombragée ou, à l'intérieur, dans un décor néo-romain.

Saint-Sébastien-sur-Loire : voir Nantes

Saint-Servan : voir St-Malo

Saint-Sylvain d'Anjou : voir Angers

Saint-Thégonnec

29410 Finistère. Paris 550 – Brest 49 – Châteaulin 53 – Morlaix 13 – Quimper 70.

L'enclos paroissial est fameux, les monts d'Arrée tout proches... C'est là une Bretagne de l'intérieur à découvrir.

Hôtel-restaurant

Auberge St-Thégonnec

Tél. : 02 98 79 61 18. Fax : 02 98 62 71 10
Fermé 20 déc.-5 janv., (rest.) dim. soir, lundi (hs), lundi midi (été), 20 déc.-5 févr.
19 ch. 320-500 F. 1/2 pens. 380-450 F
Menus : 70 F (enf.), 110-230 F. Carte : 200 F

Le fiston Le Coz, dont la maman Mannick fut la grande dame de Saint-Anne-la-Palud et dont le frère Jean Millau tient toujours la plage, a fait de cette adresse de village une belle halte gourmande. Les menus sont adorables, les chambres spacieuses et nul ne se plaint du tartare de saumon, des huîtres gratinées au Noilly, des poissons du jour, cuisinés en marmite crémée, comme de la belle tarte aux pommes chaudes.

Saint-Tropez

83990 Var. Paris 874 – Fréjus 35 – Aix-en-Provence 120 – Cannes 73 – Toulon 71.
Office du Tourisme : quai J. Jaurès
Tél. : 04 94 97 45 21. Fax : 04 94 97 82 66

Le plus fameux port du monde cumule tous les défauts et tous les atouts. Des embouteillages monstres l'été, la frime sur les yachts amarrés à quai, certes, mais aussi le bonheur calme hors saison, les places provençales dignes d'un vieux village, une silhouette de carte postale idéale face à la grande bleue, une citadelle qui offre une vue imprenable sur un golfe de lumière et un marché adorable. Ajoutez-y des hôtels qui font le coup du charme, des restaurants de qualité, des cafés illustres, des terrasses délicieuses, des vignes en renaissance constituant le plus exquis des arrière-pays, des chefs qui jouent les saveurs provençales avec brio et des artisans qui travaillent avec sérénité, sans omettre, divine surprise, des tarifs qui sont, sans doute, parmi les plus bas de la côte. Il est temps de redécouvrir Saint-Trop'...

Hôtels

Le Byblos

Av. P.-Signac
Tél. : 04 94 56 68 00. Fax : 04 94 56 68 01
Fermé 17 oct.-31 mars
52 ch. 1 860-3 260 F

Repeint de couleurs gaies, comme un mini-village de Provence ou d'Italie, avec ses chambres décorées avec raffinement, son restaurant avec vue sur la piscine, sa brasserie, sa discothèque, le Byblos a retrouvé son allure de palace dans l'air du temps. Equipé d'un complexe de remise en forme, salon de coiffure et boutique. (Voir restaurants.)

Château de la Messardière

Rte de Tahiti
Tél. : 04 94 56 76 00. Fax : 04 94 56 76 01
Fermé déc.-mi-mars
82 ch. 1 800-3 400 F

Ce palace hollywoodien sis sur une butte, au cœur de la pinède, dominant la plage de Pampelonne, avec sa piscine panoramique sur le golf, son style de villa hispano-toscane impressionne dans le bon sens. Jolie déco de type provençal, avec tomates orangées, teintes pastels et douces, chambres très soignées, service souriant, féminin, charmeur.

La Bastide de Saint-Tropez

Rte de Carles
Tél. : 04 94 97 58 16. Fax : 04 94 97 21 71
18 ch. 2 200-2 700 F. 8 appart. 1/2 pens. 1 620-1 870 F

Cette bastide de grand charme, sise à la porte du centre dans une oasis de verdure, offre calme et fraîcheur à la fois. Les chambres dans des maisonnettes genre maison de poupée autour de la piscine cachées dans les pins forment un ensemble très réussi. (Voir restaurants.)

La Pinède

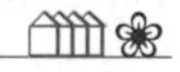

Plage de la Bouillabaisse
Tél. : 04 94 55 91 00. Fax : 04 94 97 73 64
Fermé mi-oct.-Pâques
38 ch. 2 700-3 600 F

La situation est idyllique sur une plage privée, avec la mer en face, plus une vue magnifique sur le golfe, le village et son clocher. Ajoutez-y des chambres de luxe, pas toujours grandes, mais aux tons jaunes et bleus pleins de gaieté, un accueil alerte et un service de grande classe et vous comprendrez que le Relais & Châteaux des Delion (qui possèdent également la Réserve à Beaulieu) ait le vent en poupe.

Villa Belrose

Bd des Crêtes, à Gassin
Tél. : 04 94 55 97 97. Fax : 04 94 55 97 98
Fermé 4 janv.-5 mars
38 ch. 1 200-3 600 F

Cette splendide résidence en sentinelle sur sa colline bénéficie de la vue la plus étendue sur le golfe. Les chambres sont cossues, très grand confort, avec marbre dans les salles de bains (pas toujours grandes) et moquette au sol, avec parfois de splendides terrasses. Service de classe, Relais & Châteaux.

La Bastide des Salins

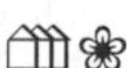

Rte des Salins
Tél. : 04 94 97 24 57. Fax : 04 94 54 89 03
Fermé oct.-mars
14 ch. 850-2 200 F

Cette bastide vieille de trois siècles s'est modernisée sans perdre de son charme. Les chambres sont vastes, de grand confort, avec de belles tomettes, des faïences de Salernes dans les salles de bains et de vieux meubles. Grand parc, piscine et accueil adorable.

Domaine de l'Astragale

Chemin de la Gassine
Tél. : 04 94 97 48 98. Fax : 04 94 97 16 01
Fermé oct.-avr.
34 ch. 1 920-2 240 F
Menus : 270 F. Carte : 250-350 F

A l'entrée du village, au milieu d'un parc luxuriant, cet ensemble moderne, autour d'une piscine, qui dispose de sa plage privée et d'un tennis, propose des chambres gaies, vastes et fort soignées, quoique sans caractère, avec leur mobilier moderne standardisé.

La Ferme d'Augustin

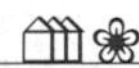

Pte de Tahiti
Tél. : 04 94 97 23 83. Fax : 04 94 97 40 30
Fermé 21 oct.-19 mars
46 ch. 760-1 600 F

Cette vraie-fausse ferme à l'ancienne, à 100 mètres de la plage de Tahiti, charme sans mal avec ses chambres et suites au grand calme, son accueil adorable, son ambiance familiale, son mobilier chiné, ses tissus gais, ses salons, sa piscine et son jardin.

La Ponche

Pl. Révelin
Tél. : 04 94 97 02 53. Fax : 04 94 97 78 61
Fermé mi-nov.-mars
18 ch. 750-1 900 F

Simone Duckstein veille en mère protectrice sur ce qui constitue une des meilleures adresses du centre de Saint-Tropez. Chambres et suites, dont beaucoup ont vue sur la mer, sont disséminées dans l'une des quatre maisons rassemblées au-dessus du port. Jolis murs sobres qui, s'ils pouvaient parler, évoqueraient les nuits de Romy Schneider, Françoise Sagan, Ava Gardner. Superbe collection de tableaux signés Jacques Cordier. (Voir restaurants.)

Le Yaca

1, bd d'Aumale
Tél. : 04 94 55 81 00. Fax : 04 94 97 58 50
Fermé janv.-févr.
27 ch. 1 350-2 500 F

Une épatante demeure avec son entrée de palais à l'italienne rassemblant trois maisons au cœur du vieux village. Chambres avec vue imprenable sur le golfe, vieux meubles, faïences dans les salles de bains, tomettes, balcons, piscine dans le patio provoquent le coup de charme. (Voir restaurants.)

 *indique une très bonne table.*

La Maison Blanche

Pl. des Lices
Tél.: 04 94 97 52 66. Fax: 04 94 97 89 23
Fermé nov.-Pâques
7 ch. et 3 suites. 790-1 700 F

Pour dormir en ville et au calme, cette petite demeure particulière, qui donne sur la place chère aux boulistes, offre des chambres et suites douillettes, en voie de rénovation totale. Atmosphère intimiste, chambres mansardées au dernier étage.

La Mistralée

1, av. du Gal-Leclerc
Tél.: 04 98 12 91 12. Fax: 04 98 12 91 13
7 ch. et suites 850-3 000 F

Cet hôtel particulier de 1850 qu'habita le coiffeur Alexandre, face à la mythique Gendarmerie nationale, a été transformé en hôtel de charme par un couple d'architectes. Des chambres à thème (chinoise, Chanel, Victor Hugo), un salon cosy, une grande verrière, un parc, sa piscine forment un ensemble au vrai cachet.

Le Saint-Vincent

Rte de Tahiti
Tél.: 04 94 97 36 90. Fax: 04 94 54 80 37
Fermé mi-oct.-20 mars, (rest.) mi-nov.-avr.
16 ch. 1 030-1 260 F. 1/2 pens. 500-790 F
Menus: 170-250 F

Ce petit ensemble dont le salon et les chambres ouvrent sur les vignes du domaine séduit par son calme et son environnement champêtre. Chambres modernes et claires avec tomettes, salles de bains en faïence. Calme garanti, sur la route de Tahiti.

Lou Troupelen

Chemin des Vendanges
Tél.: 04 94 97 44 88. Fax: 04 94 97 41 76
Fermé mi-oct.-20 avr.
44 ch. 360-550 F

Tout simple, avec ses chambres souvent petites et proprettes, décorées à l'ancienne sur le mode provençal (tissages, tomettes), cet hôtel offre un rapport qualité-prix imbattable à deux pas du centre. Jardin sur l'arrière.

Restaurants

La Pinède

Plage de la Bouillabaisse
Tél.: 04 94 55 91 00. Fax: 04 94 97 73 64
Fermé mi-oct.-Pâques
Menus: 300 F (déj.), 490-740 F. Carte: 600-800 F

Ce Relais & Châteaux de classe offre l'une des meilleures tables de la région. Le chef flamand Aloïs Vanlangenaecker, qui a travaillé en Italie, notamment six ans chez le trois étoiles de la Riviera amalfitaine, Alfonso Iaccarino, réussit fort bien sur un registre sudiste de grande classe. Risotto or et safran aussi bon que chez Marchesi, rouget au fenouil, loup à la poutargue et jus de bouillabaisse, agneau de lait en fonte au jus d'ail en chemise avec pancetta et panisse sont de la haute couture. La tasse de café fort avec sa glace au lait est une belle issue. Grande cave, service élégant.

Château de la Messardière

Rte de Tahiti
Tél.: 04 94 56 76 00. Fax: 04 94 56 76 01
Fermé déj. juil.-août, déc.-20 mars
Menus: 280-440 F. Carte: 500 F

Mais non, on ne vient pas à la Messardière seulement pour la vue sur le golfe de Saint-Tropez, les chambres et la piscine. Il y a aussi la cuisine fine de Franck-Louis Broc qui s'essaye à faire bien sur une partition provençale un peu décalée par les épices. Une jolie déclinaison sur le thème des aubergines ou de l'agneau peut faire oublier des assaisonnements mal ajustés (tartare de loup, sole en tandoori). Les desserts (soufflé chaud au Grand Marnier, «boîte» au citron et jus de sureau) font de jolies surprises.

Leï Mouscardins

Tour du Portalet
Tél.: 04 94 97 29 00. Fax: 04 94 97 76 39
Fermé dim. soir, lundi, oct.-Pâques,
15 nov.-15 déc., 5 janv.-10 févr.
Menus: 260-335 F. Carte: 400-600 F

Créateur tempétueux, Breton du Finistère, formé jadis chez les Le Coz à Sainte-Anne-la-Palud, Laurent Tarridec a quitté le Bistrot des Lices pour reprendre les Mouscardins, jadis fameux, en bout du port. La salle panoramique dans sa tour a son charme. Celle avec les boiseries joue le cachet à l'ancienne. Le service est aux aguets, la cave séductrice. Mais c'est pour le fond de l'assiette que l'on vient ici se faire fête, à coup de bouillabaisse d'œufs pochés, rouget à l'anchois et au foie gras, jus à la tapenade, mijotée de jarret de veau bourgeoise et étouffée d'épeautre aux carottes, grillade de thon rouge et légumes crus marinés à l'anchoïade, tarte de lisettes au basilic, «chocolat-feuilles» à la confiture de lait. Au simple énoncé de la carte, on comprend que l'on va passer un bon moment. Sachez que la grande assiette sur le thème de l'artichaut barigoule avec ses oignons cuits est un chef-d'œuvre du genre «légume traité en viande», que le bouillon de rouget demi-sel enfonce tous les «jus de bouillabaisse», que le chapon farci aux herbes de M. Lions, en hommage à l'ancien chef-patron, est splendide autant que plantureux, que le rouget dit «friandise», ouvert, avec sa farce fine au foie, comme les écrevisses aux châtaignes sont des morceaux de bravoure. Ajoutez-y des desserts de l'instant et d'instinct (soupe de cerises dédiée à

Colette avec sa glace vanille-cannelle) et vous comprendrez que ces Mouscardins sont un monument gourmand.

Villa Belrose

Bd des crêtes, à Gassin
Tél.: 04 94 55 97 97. Fax: 04 94 55 97 98
Fermé midi juil. août, nov.-mi-mars
Menus: 290-380 F. Carte: 500 F

Le premier atout de cette villa moderne: sa vue à 180 degrés sur le golfe et Saint-Tropez. Le second? La cuisine splendide, nette, précise, que l'on découvrira de préférence l'été, sur l'immense terrasse, de Thierry Thiercelin. Ce natif de Saint-Raphaël, ancien de Loiseau, Maximin et Ducasse, traite avec finesse tout ce qui vient de la Riviera et des garrigues. Faites-lui confiance pour un repas qui sera forcément frais et inventif, soupe froide de rouget, carpaccio de homard au fenouil, daurade fondante comme un stockfish, tournedos de lapin à la pancetta font très «Côte d'Azur» chic, mais aussi précis, nette, sans bavure. Le soufflé chaud à la verveine et au chocolat est de la haute couture. Et le jeune sommelier est très à son affaire sur une carte des vins qui comporte le meilleur de la Provence nouvelle vague. Service prompt et souriant, grande salle intérieure un peu froide.

Le Byblos

Av. P.-Signac
Tél.: 04 94 56 68 00. Fax: 04 94 56 68 01
Fermé mi-oct.-mi-avr.
Menus: 250 F (déj.), 290-430 F. Carte: 600 F

Dans un cadre vieux Saint-Tropez, style caverne chic avec crépi blanc, un service classieux s'agite avec aisance. Georges Pélissier, ex-lieutenant de l'Oasis à La Napoule, pratique une cuisine sans envolée, rustique chic, et même rustaude, qui suit la mode sans la devancer. Cela donne le mille-feuille de sardines en tempura, les gros calmars farcis de pommes de terre à l'orange, le poivron confit à la tomate aux anchois, l'agneau aux herbettes avec fleur de courgette, plus le blanc-manger sur une marmelade de citron en infusion de thym-citron, bien faits sans épate. Avec l'aide d'un sommelier au fait des nouveautés vineuses de la Provence nouvelle vague, on fait ici un repas qui tranche avec la grisaille et l'ennui auxquels nous avait habitués le palace du cœur de Saint Trop'.

Auberge de l'Oumède

Chemin de l'Oumède, à Ramatuelle
Tél.: 04 94 79 81 24
Fermé déj., oct.-mars
Menu: 280 F

Jean-Pierre et Carole Fresia ont fait de cette petite auberge au vert, non loin des plages, un repaire de la gourmandise sans façons d'ici. Leur menu à 280 F (mis à part un supplément pour le foie gras) évite les mauvaises surprises. Le registre est classique, sans anicroche, fort bien tenu au demeurant. Soupe de poissons de roche du golfe, cannelloni de rougets, loup aux artichauts, parmentier de queue de bœuf sont frais, nets et sans manières. Décor bien tenu, tables bien nappées: un havre à découvrir.

Bistrot des Lices

3, pl. des Lices
Tél.: 04 94 55 82 82. Fax: 04 94 55 82 83
Menus: 99 F (déj.), 180-250 F. Carte: 250-400 F

Le seul «gastro» de Saint-Tropez ouvert tous les jours de l'année, c'est ce bistrot légendaire qui connut tant de destinées face au spectacle des boulistes. Christophe Jourdren, qui a travaillé chez Duquesnoy et Ledoyen, relève le défi de la qualité, proposant beignets de courgettes sauce tartare, croustillant à la peau avec pommes à la ciboulette et oignon au vin rouge, agneau en pâte à brick, soupe de fraises et framboises à la menthe. La séance est impeccablement tenue hors saison. Même si nous ne pouvons jurer qu'elle se reproduit aussi parfaitement toute l'année.

Le Girelier

Quai Jean-Jaurès
Tél.: 04 94 97 03 87. Fax: 04 94 97 43 86
Fermé déj. (été), lundi (hs), nov.-15 déc., 10 janv.-févr.
Menus: 95 F (enf.), 195 F. Carte: 250-400 F

Le numéro un des restaurants de ce port, c'est cette grande demeure ouverte face aux bateaux. Yves Rouet y propose, simplement cuisinée, le meilleur de la pêche du jour. Petits rougets de roche, friture de jols, perche poêlée, sardines grillées, goujonnettes de lotte façon grenouilles sont superbes. Dommage que les desserts (glaces industrielles, tarte tropézienne sans génie venue d'ailleurs) soient en retrait.

Les Moulins

Rte de Ramatuelle
Tél.: 04 94 97 17 22. Fax: 04 94 97 72 70.
Fermé mercr. (midi été), jeudi midi, 10 janv.-févr.
5 ch. 1 250-1 450 F
Menus: 245 F (déj.), 290-480 F. Carte: 500 F

Christophe Leroy, Normand du Cotentin, coulé au moule de la Provence, qui fut le *wonderkid* de la Table du Marché, après avoir été l'élève de Maximin et Ducasse, a investi une demeure de charme avec cinq chambres, un jardin-patio pour des tablées heureuses. Sa cuisine du soleil, généreuse, est délivrée à travers trois menus malins qui permettent de découvrir sa manière vive et chantante. Ainsi les hors-d'œuvre «clins d'œil», sorte d'antipasti provençaux (gambas marinées à l'ail, melon-jambon au balsamico, salade de pommes de terre aux truffes d'été), la fameuse crème de pommes de terre glacées, le loup au citron confit et cébettes, le ris de veau aux girolles et amandes fraîches, le macaron pistaché aux framboises, la crème brûlée aux framboises. L'inspiration se renouvelle (soupe de lentilles au foie gras, penne rigate aux légumes de printemps), les desserts sont pleins d'esprit (glace aux cookies, ganache caraïbes en feuilleté praliné). Avec un cru local bien choisi, on fait là un repas d'exquise compagnie dans un cadre de chaumine provençale qui donne le sentiment d'être reçu chez des amis.

L'Olivier

La Bastide de Saint-Tropez
Rte de Carles
Tél. : 04 94 97 58 16. Fax : 04 94 97 21 71
Fermé lundi, mardi 4 oct.-27 avr.
Menus : 220 F (déj.), 290 F. Carte : 400-500 F

Christophe Landier, qui succède à Francis Cardaillac et Franck Putelat, dans cette table renommée, joue fraîcheur et finesse à travers des mets provençaux nouvelle manière. Ainsi, le croustillant de légumes de printemps avec sa crème d'huile d'olive, les ravioles de langoustines au consommé de crustacés, les pannequets de pétoncles avec huîtres et chantilly au curry, les rougets minute à l'artichaut barigoule, le carré de veau en cocotte aux pointes d'asperges et jus de cuisson. C'est bien fait, bien mis, à défaut de refléter une personnalité bien affirmée. Les desserts (biscuit coulant au chocolat, pyramide de citron et craquant chocolat), palet gianduja sont sur le même ton.

La Ponche

3, rue des Remparts
Tél. : 04 94 97 02 53. Fax : 04 94 97 78 61
Fermé mi-nov.-mars
Menus : 130 F (déj.), 190-250 F

L'hôtel est délicieux, mais la terrasse, qui ménage des vues sur le port des pêcheurs, comme la cuisine simple et exquise, valent le détour. Sardines crues marinées au citron, terrine de lapereau persillé, rouget en filets poêlés, tarte aux fraises et nougat glacé sont sans défaut. Epatant menu au déjeuner.

Le Yaca

1, bd d'Aumale
Tél. : 04 94 55 81 00. Fax : 04 94 97 58 50
Fermé oct.-mars
Carte : 250-300 F

L'italien de Saint-Tropez, c'est le restaurant dans le patio et le salon provençal de cet hôtel de charme. Carpaccio de qualité, légumes grillés, tourte d'aubergine, taglioni à la fourme de parmesan, linguini aux langoustines, panna cotta sont réalisés avec allant par un ancien de Fellini à Paris et servi par un ancien de la Romantica et d'Il Ristorantica, qui connaît sur les bouts des lèvres les vins de la Botte.

Club 55

Bd Patch, à Ramatuelle
Tél. : 04 94 79 80 14. Fax : 04 94 79 85 00
Fermé mi-nov.-mars, dîn.
Carte : 250 F

Le restaurant de plage le plus fameux à la ronde, c'est ce bel espace blanc tenu avec maestria par Patrice de Colmont et créé par ses parents en 1955. Tout le show-biz, mais aussi vous et moi, viennent grignoter pour le déjeuner matinal ou tardif, petite friture, espadon grillé, brochette de poissons au safran, tartare, escalope milanaise et tarte tropézienne en buvant un rosé local. Le service est rapide, sourit, et tout le monde est ravi du lieu.

L'Echalote

35, rue du Gal-Allard
Tél. : 04 94 54 83 26. Fax : 04 94 97 18 71
Fermé jeudi midi (dîn. hs), 15 nov.-15 déc.
Menu : 160 F. Carte : 200-250 F

Francis Calderon, Bordelais adopté par les fines gueules de la côte varoise, est une forte tête qui donne le ton à son restaurant-guinguette. Prix sages, produits nets, belles grillades : voilà ce qu'on trouve chez lui, en compagnie des jambon des Landes, andouillette, pièce de bœuf, mais aussi râble de lapin, salade de filets de rouget qui se mangent sans faim.

Chez Fuchs

7, rue des Commerçants
Tél. : 04 94 97 01 24
Fermé mardi (hs)
Carte : 180-300 F

Fameux pour sa cave à cigares (le plus gros chiffre de la côte !), ce simple café-comptoir est le rendez-vous des Tropéziens pur jus qui bavardent au bar ou en terrasse, en prenant le pastis. Mais le premier étage vaut le détour avec sa terrasse, sa salle bon enfant, ses plats simples (salade de mesclun, rouille de seiches, gambas grillées, côtes d'agneau haricots verts) qui se renouvellent selon le marché.

Gandhi

3, quai de l'Epi
Tél. : 04 94 97 71 71/04 94 97 83 03
Fermé lundi midi, mercr. (hs), mercr. midi (sais.)
Menu : 95 F (déj.), 150 F. Carte : 200 F

Propret et net, ce petit caboulot qui se distingue par son fumet d'épices près du port propose le meilleur de la cuisine indienne simplement accommodé. Mets au tandoor, agneau byriani, riz basmati et paneer nain, le délicat pain au fromage, sont délivrés avec le sourire.

Kaï Largo

Nioulargo plage
Tél.: 04 94 79 82 14. Fax: 04 94 79 90 42
Fermé mi-oct.-fin mars
Carte: 250-350 F

L'atmosphère, la gaieté, la gentillesse et la simplicité, on les trouvera dans le plus séducteur des restaurants de plage. C'est Kaï Largo qui sert une cuisine indochinoise rigoureuse (salade de crevettes à la mangue, calmars sautés au basilic et piment, brochettes de poulet à la citronnelle pimentée, exquis porc mijoté au caramel de coco) accompagné de vins crus à un public ravi de se dépayser à bon compte.

Le Petit Charron

6, rue des Charrons
Tél.: 04 94 97 73 78. Fax: 04 94 97 56 12
Fermé mercr. (hs), déj. (été), mi-nov.-mars
Menus: 165-195 F

Christian Benoit, fils de pub converti en bistrotier de charme par amour de la cuisine, propose, à travers deux malins, ses idées justes et fraîches au gré du marché. On se régale de «caviar» d'artichauts aux tomates confites, marinière de moules safranée, tarte fine de sardines façon pissaladière, poêlée de seiches, rattes et poivrons sauce rouille, daube de canard aux gnocchis, crème brûlée à la lavande qu'on arrrose d'une cuvée maison choisie par les vignerons de Gassin ou un rouge séveux de Rimauresq. Le cadre d'auberge rustique au cœur de Saint-Tropez est dépaysant à souhait, l'accueil d'Anne-Violaine Benoit adorable.

La Plage des Jumeaux

Rte de l'Epi, à Ramatuelle
Tél.: 04 94 79 84 21. Fax: 04 94 79 87 41
Fermé mardi, mercr. (hs), dîn. (sf juil.-août)
Carte: 200-250 F

Sur l'une des plus jolies plages de la presqu'île, cette belle terrasse comme à Saint-Barth est fort bien tenue par le patron des Galeries Tropéziennes. On sert là petits farcis, assiette de poissons crus, loup grillé, honnêtement cuisinés et prestement servis, à tarifs sages.

Relais des Caves du Roy

Au Byblos, av. Foch
Tél.: 04 94 56 68 20. Fax: 04 94 56 68 20
Fermé déj., lundi, mardi (nov.-mars), mi-oct.-mi-avr.
Carte: 200-350 F

Géré par Jean de Colmont, venu de la Renaissance, cette brasserie chic propose, dans le cadre de taverne néo-grecque de l'ancien Chabichou, des mets simples, bons, colorés, sans chichis: salades de roquette et artichauts poivrades, tortellini à la ricotta, pizza à la pâte extra-fine, aïoli, loup grillé au fenouil, panna cotta, sérieusement mitonnés par l'Italien Aristide de Vita. C'est le Byblos, avec son atmosphère, ses couleurs, moins les prix...

Le Soleil de Marrakech

20, quai de l'Epi
Tél.: 04 94 97 79 05
Fermé mercr. soir (hs)
Menus: 100 F (déj.), 130 F. Carte: 200 F

Bricks, pastilla, tagines d'agneau aux pruneaux et de poulet au citron sont proposés, simplement, comme sous la tente dans ce cabanon modeste non loin du port et du parking. Le couscous avec graine fine et bouillon dégraissé connaît un juste succès.

La Table du Marché

38, rue G.-Clemenceau
Tél.: 04 94 97 85 20. Fax: 04 94 97 85 60
Fermé mi-nov.-mi-déc.
Menus: 110 F. Carte: 250-300 F

Plats ménagers, cadre frais: voilà la nouvelle donne, en ville, de Christophe Leroy qui réussit à la fois à être au bistrot et aux moulins (de Ramatuelle), conseillant en outre la cuisine du Mas de Chastelas. Il propose ici les viennoiseries toute la journée, la tarte à la tomate et au basilic, le carpaccio de thon, les œufs brouillés aux oursins, les légumes grillés à l'anchoïade, le poulet rôti avec son gratin de macaroni. Amusant sushi-bar au premier étage.

Produits

BOUCHER

Ghigo

13, rue Allard
Tél.: 04 94 97 00 14

Jean-Pierre Ghigo incarne la quatrième génération de bouchers présents à Saint-Tropez depuis 1902. Veau de lait de Corrèze, bœuf du Charolais, agneau des Alpes, saucisse tropézienne, chipolatas sont ses fiertés.

BOULANGER

Aux Deux Frères

3, rue des Commerçants
Tél.: 04 94 97 00 86

André et Thierry Delpui proposent fougasses, michettes, bâtards de belle qualité artisane. Leur tarte tropézienne est épatante de finesse.

CAVISTE

Petit Village

Carrefour la Foux, à Gassin
Tél.: 04 94 56 32 04

Les Maîtres Vignerons de la presqu'île de Saint-Tropez, vignerons qui vinifient séparément et commercialisent ensemble, vendent ici, à tarif sage, leur production, à commencer par le château de Pampelonne, mais aussi des cuvées «prestige de la chasse», et «carte noire» qui, sur des assemblages, font des bouteilles de race. D'autres vignobles sont présents, en compagnie de confitures artisanales et divers produits régionaux.

CONFISEUR

Sénéquier

Pl. aux Herbes
Tél.: 04 94 97 00 90

Cette boutique légendaire propose, outre des fruits confits splendides, son nougat mou, fameux dans le monde entier, où amandes d'Espagne ou du Brésil, pistaches de Sicile et miel de Provence font simplement miracle.

FROMAGER

Epicerie du Marché

7, pl. aux Herbes
Tél.: 04 94 97 09 81

Les fromages fermiers (chèvres de Provence, tomme de montagne, vieux parmesan) sont choisis avec art et affinés comme il faut, vendus avec faconde, en compagnie de jolis vins, pâtes, huiles, belles charcuteries dans une échoppe italo-provençale parfumée.

GLACIER

Barbarac

2, rue Allard
Tél.: 04 94 97 67 83

L'enseigne signifie «glace» en arménien. De fait les Teneketzian, Harry le fils et Harout le père, fabriquent quelques-unes des meilleures glaces de France. Leurs parfums détonnent: superbe réglisse, impeccable pamplemousse rose, splendide melon pur fruit. Sans omettre les épatants «toblé» (façon Toblerone), carapino (caramel et pignons), roché (genre rocher chocolaté au kirsch), tarte citron meringuée ou encore meringue caramel qui contiennent les éléments des diverses friandises dont ils arborent le nom.

PÂTISSIER

La Tarte Tropézienne

36, rue G.-Clemenceau
Tél.: 04 94 97 71 42

Existe dans plusieurs villes, quinze boutiques proposent la délicieuse tarte tropézienne, dont on peut tout savoir... en la goûtant!

POISSONNIER

René Bruno

2, rue du Marché
Tél.: 04 94 97 19 49

Bien sûr, il y a les pêcheurs professionnels qui vendent leur propre «récolte» sur le marché. Mais René Bruno est un vrai pro qui s'approvisionne avec le plus frais de l'Atlantique et de la Méditerranée. Rougets, soles, bars de ligne à prix mesurés.

PRODUITS RÉGIONAUX

Autour des Oliviers

Pl. de l'Ormeau
Tél.: 04 94 97 64 31

«B.B.» alias Brigitte Bocheux est la star de l'huile provençale, des Alpilles, de Nyons ou du Gard. Elle fait goûter, s'emballe, s'exclame, vante condiments et tapenades avec allant.

O & Co

11, rue G.-Clemenceau
Tél.: 04 94 97 34 69

Cette échoppe proprette propose une dizaine d'huiles du monde entier, celles des Pénitents et des Mées, de la vallée des Baux et d'Israël, au franc goût d'artichaut, valent l'emplette.

Rendez-vous

BAR

Le Bar du Sube

15, quai de Suffren
Tél.: 04 94 97 30 04

Si l'on peine à conseiller les chambres, chères, panoramiques certes, mais au confort suranné, le bar d'allure années cinquante avec sa terrasse du premier étage sur le port qui offre une vue imprenable demeure l'un des rendez-vous à la fois secrets et illustres de la ville.

CAFÉS

Le Café

Pl. des Lices
Tél.: 04 94 97 44 69

Le vieux Café des Arts a raccourci sous nom sous la houlette de Raymond Costa. Le zinc a été rénové, sans qu'on s'en soit aperçu. Les casiers des habitués célèbres avec leurs noms, sont toujours là. Et la terrasse est pleine de Tropéziens, vieux, jeunes, illustres, anonymes, qui viennent pour le pastis, les poivrons à l'anchoïade ou les poissons du jour.

Le Café des Arts

Pl. des Lices
Tél.: 04 94 97 02 25

Il a changé de place, a été reconstitué plus vrai que nature, à l'angle de la place. Mais comme les boulistes sont juste en face et que la terrasse s'allonge l'été, nul n'est en droit de se plaindre.

indique un lieu de mémoire.

Café de Paris

Quai Suffren
Tél. : 04 94 97 00 56

Plus discret que le Gorille et Sénéquier (moins bien situé...), ce café prolongé d'une terrasse face au port vaut par son décor intérieur en stuc, genre « Mitteleuropa », et son annexe bistrot conseillé par Bruno de Lorgues.

Le Gorille

Quai Suffren
Tél. : 04 94 97 03 93

Une terrasse incontournable avec vue sur les yachts vis-à-vis et le mouvement du port... et le voisin Sénéquier. Petit comptoir où s'agglutinent les « vrais » tropéziens ?

Sénéquier

Quai Jean-Jaurès
Tél. : 04 94 97 00 90

La terrasse rouge comme la salle avec son mobilier basque constituent les meilleurs points d'observation des va-et-vient du port.

Saint-Vaast-la-Hougue

50550 Manche. Paris 344 – Cherbourg 32 – Carentan 41 – St-Lô 69 – Valognes 19.

Les belles huîtres, le grand vent du Cotentin, les maisons de granit et les bouquets d'hortensias, voilà ce qu'on vient guetter ici, en sus du port pittoresque.

Hôtel-restaurant

France et Fuchsias

Tél. : 02 33 54 42 26. Fax : 02 33 43 46 79
Fermé lundi, mardi (hs), 3 janv.-1er mars
34 ch. 215-455 F. 1/2 pens. 268-405 F
Menus : 58 F (enf.), 84 F (sem. déj.), 125-300 F

Ce vieil hôtel centenaire vaut la halte pour sa bonhomie, sa façade de granit fleurie, son jardin luxuriant, ses chambres à l'ancienne, rénovées dans son annexe. Sans omettre sa bonne cuisine de pension qui fait la part belle aux huîtres locales et aux poissons frais pêchés du jour.

Saint-Valéry-en-Caux

76460 Seine-Maritime. Paris 189 – Le Havre 79 – Bolbec 44 – Dieppe 35 – Rouen 59.

Ce port du pays de Caux n'a rien perdu de son charme ancien à la Maupassant. La falaise d'aval est la promenade classique du secteur.

Hôtels-restaurants

Les Terrasses

A la plage
Tél. : 02 35 97 11 22. Fax : 02 35 97 05 83
Fermé mardi soir, mercr. (sf été), 20 déc.-30 janv.
12 ch. 220-350 F. 1/2 pens. 235 F

Ce bon hôtel familial sis face à la mer vaut la halte pour sa simplicité et son cadre champêtre. La vue est splendide et la cuisine fait la part belle aux poissons de la pêche locale.

A Bourg-Ingouville, rte de Fécamp : 3 km par D925, D68

Les Hêtres 

Tél. : 02 35 57 09 30. Fax : 02 35 57 09 31
Fermé lundi, mardi (sf été), 8 janv.-12 févr.
5 ch. 580-730 F
Menus : 165-235 F. Carte : 300-530 F

Jadis, Bertrand Warin, que relaye en salle son associé Eric Liberge, faisait partie des wonder-boys de la capitale rouennaise. Exilé de la rue de la Pie, près de la place du Vieux-Marché, jusqu'à ce bout de pays de Caux venté, il a choisi de cuisinier aux champs mais n'a pas perdu la main légère. Témoins les raviolis de langoustines au jus corsé, turbot rôti aux petits légumes, dos de saint-pierre aux pommes de terre et aux oignons, le soufflé au calva ou la galette aux fraises qu'il réalise avec un soin louable pour les happy few qui ont trouvé le chemin de sa demeure du XVIIe avec jardin sis au charme. Quelques chambres soignées pour prolonger le plaisir.

Saint-Yrieix-la-Perche

87500 Haute-Vienne. Paris 433 – Limoges 41 – Brive 63 – Périgueux 62.

La Haute-Vienne verte et tranquille. N'oubliez pas de visiter la collégiale du Moûtier.

Hôtel-restaurant

A La Roche-l'Abeille : 12 km, N.-E. par D704, 17a

Moulin de la Gorce 

Tél. : 05 55 00 70 66. Fax : 05 55 00 76 57
Fermé dim. soir, mardi midi, vac. févr., 20 nov.-5 déc.
10 ch. 500-950 F. 1/2 pens. 775-850 F
Menus : 250 F (déj., vin c.), 275-390 F
Carte : 400-520 F

Des chambres alertes et pimpantes dans un beau moulin sur un plan d'eau, l'accueil d'un Relais & Châteaux digne de ce nom, les Bertranet qui témoignent de leur gentillesse et de leur savoir-faire : voilà ce qui vous attend ici. En sus d'une cuisine finement personnalisée, terroir mais en légèreté. Œufs brouillés aux truffes, asperges vertes de Provence et langoustines sauce vanille, grosse sole cuite sur l'arête déglacée au chardonnay, lièvre à la royale et biscuit kirsché aux deux chocolats font partie des bons tours de papa Jean. Grande et belle cave.

Sainte-Adresse : voir Le Havre

Sainte-Anne-la-Palud

29550 Finistère. Paris 586 – Quimper 24 – Brest 67 – Châteaulin 20 – Crozon 27.

Un bout de monde sur la pointe de la Cornouaille avec sa chapelle et son pardon qui rallie la Bretagne en pèlerinage, oriflammes au vent, chaque année, fin août.

Hôtel-restaurant

Hôtel de la Plage

A la plage
Tél. : 02 98 92 50 12. Fax : 02 98 92 56 54
26 ch. 900-1 500 F. 1/2 pens. 1 000-1 100 F
Menus : 250-440 F. Carte : 360-500 F

Cette grande maison au calme et au charme sur son bout de plage, au bout de l'océan, près de la chapelle célèbre pour son pardon est une halte de grand air et de grand charme. L'accueil d'Anne et Jean-Millau le Coz est digne des Relais & Châteaux dont la maison est un membre célèbre. La beauté du lieu au bord de la grande bleue, les chambres confortables, les salons cosy, la salle à manger avec verrière et la cuisine de Jean-Pierre Gloanec, présent ici depuis un quart de siècle, vont l'amble. Gâteau de chotten (joue de porc bigouden) et foie gras avec pain doux aux pruneaux, boulangère de tourteau, tarte sablée à la langouste, saint-pierre aux étrilles et artichauts, flanqués d'exquis haricots blancs, poêlée de bar aux langoustines, kig ha farz de homard, macarons de fraises à la rhubarbe et arlettes aux framboises donnent envie de prendre pension.

Sainte-Croix-en-Plaine : voir Colmar

Sainte-Marie-de-Ré : voir Ré (Île de)

Sainte-Marine : voir Bénodet

Sainte-Maure : voir Troyes

Sainte-Maure-de-Touraine

37800 Indre-et-Loire. Paris 274 – Tours 39 – Châtellerault 37 – Chinon 31 – Loches 32.

Ce bourg carrefour est fameux pour son exquis fromage de chèvre cendré.

Restaurant

A Noyant-de-Touraine. La Godinière : 2,5 km O., rte de Chinon

La Ciboulette

Tél. : 02 47 65 84 64. Fax : 02 47 65 89 29
Menus : 80 F (sem., déj.), 99-325 F. Carte : 200 F

Sis sur carrefour de route entre Sainte-Maure-de-Touraine et Chinon, Pascal Daguet, ex-*wonder-boy* parisien au temps du Galant Verre de la rue de Verneuil, s'est exilé il y a belle lurette au cœur de la Loire heureuse. Sa Ciboulette est la modestie même, le décor fait un peu préfabriqué et les menus jouent les astuces au fil du marché. Mais on peut se régaler chez lui pour moins de 200 F, boire un verre de layon doux ou une chopine de chinon sans nul besoin de crier au génie. Voilà qui n'est pas si usuel par les temps qui courent. Sa fraîche salade de rillons, son flan de foie gras aux mousserons, son sandre à l'écorce d'orange, son turban de homard, son rognon sauté à la moutarde sont l'honnêteté même. Et donnent une idée paisible du pays de Rabelais.

Sainte-Maxime

83120 Var. Paris 877 – Fréjus 21 – Cannes 59 – Draguignan 34 – Toulon 74.

Office du Tourisme : Prom. Simon-Lorière
Tél. : 04 94 96 19 24. Fax : 04 94 49 17 97

Barrée, hélas, par la route, cette station balnéaire qui rappelle la Côte-d'Azur d'autrefois, avec son port de plaisance et son château des Tourelles, offre une vue superbe sur le golfe de Saint-Tropez.

Hôtels-restaurants

Le Beauvallon

Rte de Saint-Tropez
Tél. : 04 94 55 78 88. Fax : 04 94 55 78 78
Fermé 15 oct.-15 avr., lundi soir (rest.)
70 ch. 2 000-13 000 F
Menus : 380-600 F
Tai Pan (04 94 55 78 22), fermé 15 sept.-15 avr., 75 F (enf.), 260-310 F

Un peu terne d'ambiance, mais superbe d'allure, cette grande et belle demeure début de siècle a été rénovée de fond en comble. Chambres claires et contemporaines, parc, golf à deux pas et cuisine provençale ou asiatique selon le goût.

Demandez au sommelier de vous conseiller le vin qui accompagne au mieux les plats que vous aurez choisis.

Golf Plaza 

Au Golf, 5,5 km
Tél. : 04 94 56 66 66. Fax : 04 94 56 66 00
Fermé févr.
106 ch. 1 300-1 420 F. 1/2 pens. 1 005 F
13 appart.
Relais Provence (dîn. slt), menu : 205 F
Saint-Andrew, menus : 65 F (enf.), 85-135 F
Costa Esmeralda (déj. slt), carte : 160-220 F

Golf, cures de remise en forme, baignade en mer ou dans les deux piscines : voilà ce qui vous attend dans ce beau complexe de luxe moderne.

Montfleuri

3, av. Montfleuri
Tél. : 04 94 55 75 10. Fax : 04 94 49 25 07
Fermé 1er nov.-28 févr.
32 ch. 600-850 F. 1/2 pens. 450-625 F
Menus : 120-195 F

Une pension de famille comme dans la Côte d'Azur d'avant. Chambres à l'ancienne, prix sages, bonne cuisine provençale, piscine, belle vue.

L'Amiral

Galerie marchande du port
Tél. : 04 94 43 99 36. Fax : 04 94 43 99 36
Fermé dim. soir, lundi, 15 nov.-15 déc.
Menus : 175-275 F. Carte : 300 F

La vue sur le port et la mer de ce restaurant sis sur le môle face aux bateaux sont les atouts premiers de la maison, mais l'aïoli de morue, la bourride et l'agneau en croûte d'olives sont également des atouts de choix.

L'Esquinade

Av. Charles-de-Gaulle
Tél. : 04 94 96 01 65. Fax : 04 94 96 05 83
Fermé mardi
Menus : 115-210 F. Carte : 250-300 F

Face au port et en bordure de route, cette table sérieuse avec terrasse fait la part belle aux poissons de la pêche locale traités sans chichis d'aucune sorte.

Sainte-Menehould

51800 Marne. Paris 222 - Bar-le-Duc 50 - Châlons 49 - Reims 79 - Verdun 48.

Office du Tourisme : 5, pl. du Gal-Leclerc
Tél. : 26 60 85 83. Fax : 03 26 60 27 22

Gourmande capitale de l'Argonne! Elle a donné naissance à Dom Pérignon – né et mort les mêmes années que Louis XIV : 1639-1715, tel que l'atteste la plaque dans la rue à lui dédiée – et à la fameuse recette du pied de porc fondant. N'oubliez pas sa belle place centrale.

Hôtels-restaurants

Le Cheval Rouge 

1, rue de Chanzy
Tél. : 03 26 60 81 04. Fax : 03 26 60 93 11
Fermé lundi (hs), 20 nov.-11 déc.
20 ch. 240-310 F. 1/2 pens. 250-300 F
Menus : 92-280 F. Carte : 200-250 F

La maison «sérieuse» de ce bourg-carrefour est cette adresse classique, avec son décor soigné de pierre grattée. Les chambres sont simples, mais bien tenues. Les menus sont bien pondus, le chef Jean-Robert Lafois a notamment travaillé chez Lenôtre et la patronne a le sourire. Au programme, disséqués à travers trois menus bien pondus : le pied de cochon local avec ses os fondants ou encore la subtile galette de pied de porc au jus de truffes, le petit salé de saumon aux lentilles, le pot-au-feu de veau façon banquette allégée (qui pourrait passer de ses légumes vapeur et de ses brocolis façon «ancienne nouvelle cuisine»), le canon d'agneau ou la cuisse de lapereau mijotée au cidre, la charlotte au miel ou le soufflé glacé à la vanille caramélisé au bouzy. Une valeur sûre.

Le Soleil d'Or

Pl. du Gal-Leclerc
Tél. : 03 26 60 82 49
Carte : 200-300 F

Dans sa demeure pleine d'histoires, avec façade naïve, tables en bois, cheminée, Yvan de Singly, ex-prof de gym ayant tenté, dans les années cinquante, la traversée de la Manche en pédalo, est le gardien orgueilleux du «véritable pied de porc de Sainte-Menehould», à manger os compris. Il propose le pied du laboureur (froid), pané au miel d'Argonne, pané à l'ancienne, à la moutarde, forestière, avec crème et échalotes ou encore crème et pommes de terre. Pour ceux qui n'aiment pas le pied, il y a la salade au lard, l'omelette à l'identique, le fromage blanc fermier, la tarte aux mûres à la crème et les profiteroles. Attention, la maison est «non fumeurs».

A Florent-en-Argonne. N.-E. 7,5 km par D 85

Le Jabloire 

Tél. : 03 26 60 82 03. Fax : 03 26 60 85 45
Fermé dim. nov.-mars, févr.
12 ch. 320-380 F

Tenue par Yves Oudet, ex-géomètre et ancien maire du village de Saint-Florent, cette demeure de pierres meulières au cœur du bourg propose un accueil «comme à la maison», de bonnes chambres modernes, la vue sur le clocher de l'église vis-à-vis et des prix sages. Pas de restaurant, mais la Ményère est à côté.

La Ményère

Tél. : 03 26 60 93 70. Fax : 03 26 60 13 92
Fermé dim. soir lundi, 22 févr.-8 mars
Menus : 60 F, 75 F (déj.)-160 F
Carte : 250-300 F

Cette chaumière du XVIe siècle, agrandie d'une terrasse avec tonnelle, est l'exquise auberge locale de ce village de tonnelier. Georges Podevin le bien nommé, natif de Varennes, propose une cuisine légère et classique, sans prétention, ni faiblesse : pied de porc à la Sainte-Menehould ou terrine de lapin maison, feuilleté de grenouilles désossées ou d'asperges béarnaise, boudin blanc aux mousserons ou boudin noir aux pommes-fruits, fricassée de champignons des bois ou matelote de brochet au vin rouge, « compote » de lièvre en civet, pigeonneau farci et désossé au genièvre ou perdreau aux cerises aigres, belle tarte aux pommes aux beignets aux mêmes fruits récoltés dans les vergers proches que l'on sert avec des attentions maternelles face au grand âtre où brûle un bon feu.

A Futeau 55120. E., 13 km par N3, D2

L'Orée du Bois

Tél. : 03 29 88 28 41. Fax : 03 29 88 24 52
Fermé lundi, mardi (sf soir hs), janv., vac. Toussaint
14 ch. 360-600 F. 1/2 pens. 440-460 F
Menus : 120 F (déj.)-380 F. Carte : 300-350 F

On vient, dans cette belle demeure de bord de forêt, pour la cuisine créative de Paul Aguesse, certes, mais aussi pour le confort de chambres modernes face aux grands bois. Roselyne, Vosgienne, pleine de caractère comme il se doit, accueille avec verve, conseille les vins avec brio, sans avoir peur de sortir des sentiers battus. Paul, le barbu studieux originaire de Nantes, formé chez Barrier à Tours, a raffermi ses goûts, joue avec légèreté la carte du terroir. Les pommes de terre et pommes-fruits aux truffes (« tuber incinatus ») de Meuse, la terrine de poireaux moelleuse aux cèpes, la perche à la peau craquante issue d'un étang et accordée aux écrevisses, le beau perdreau au jus, les poires poêlées avec leur glace au miel sont d'une simplicité rayonnante.

Produits

ARTS DE LA TABLE

Faïences d'Argonne

A Passavant-en-Argonne
Tél. : 03 26 60 37 01

Superbes poteries sur le modèle de Waly et des Islettes chez Dominique et Jean-Pierre Lange, deux autodidactes qui retrouvent l'art manuel des anciens.

CHARCUTIER

L'Argonnaise

37, rue de Chanzy
Tél. : 03 26 60 86 80

Yves Demaux, charcutier de tradition, ne craint pas d'innover et de proposer, à côté du traditionnel pied de porc, le boudin de canard aux mirabelles, le boudin de lapin ou encore l'andouillette de lapin (avec chaudins de porc et morceaux de lapin).

San-Martino-di-Lota : voir Bastia (Corse)

Les Saisies

73620 Savoie. Paris 600 – Albertville 31 – Beaufort 18 – Mégève 23.

Le pays du Beaufort et aussi celui des jolis villages du Beaufortin aux vieux chalets et aux clochers bulbés.

Hôtel-restaurant

Le Calgary

Tél. : 04 79 38 98 98. Fax : 04 79 38 98 00
Fermé 23 avr.-23 juin, 3 sept.-8 déc.
36 ch. 550-860 F. 1/2 pens. 630 F. 4 duplex
Menus : 65 F (enf.), 145 F

Face au col des Saisies, Frank Piccard, le médaillé olympique et enfant du pays, a créé ce bel établissement de style chalet qui joue à l'aise entre modernisme et tradition. L'intérieur est chaleureux, les chambres de très bon confort et la cuisine de pension fort honnête dans l'esprit de la Savoie de toujours.

Sallanches

74700 Haute-Savoie. Paris 588 – Chamonix-Mont-Blanc 28 – Annecy 70 – Bonneville 30 – Mégève 14.

Au pied de Megève, ce bourg-carrefour est fameux pour sa gare, sa sortie autoroutière et son marché hospitalier.

Hôtels-restaurants

Bernard Villemot

57, rue du Dr-Berthollet
Tél. : 04 50 93 74 82. Fax : 04 50 58 00 82
Fermé dim. soir, lundi, 6-29 janv., 14-20 nov.
Menus : 75 F (enf.), 115 F (sem., déj.)-300 F

La belle étape gourmande de la ville, c'est chez ce cuisinier discret qui travaille les poissons des lacs (truite, féra, omble) et les beaux gibiers en saison. Confort bourgeois et bon accueil.

A Cordon, S.-O. 4 km par D113

Le Chamois d'Or 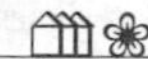

Tél.: 04 50 58 05 16. Fax: 04 50 93 72 96
Fermé 1er juin-mi-sept., 20 déc.-mi-avr.
28 ch. 450-780 F. 1/2 pens. 580-620 F
Menus: 100 F (sem. déj.), 140-280 F

L'autre belle étape de ce village de carte postale avec sa fameuse église au clocher bulbé, c'est ce chalet qui fait du bois un bel art. Les chambres ont le charme ancien, avec lattes de pin, non trafiqué. Les balcons ont vue sur le mont Blanc. La piscine est très usitée l'été, les balades commencent à la porte de l'hôtel et la cuisine de pension sage est l'honnêteté même. En sus, raclette, pela et fondue font largement recette. Accueil adorable.

Les Roches Fleuries 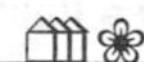

Tél.: 04 50 58 06 71. Fax: 04 50 47 82 30
Fermé 13 mai-23 sept., 16 déc.-15 avr.
25 ch. 950 F. 1/2 pens. 735 F
Menus: 150 F (déj.), 200-340 F
Boîte à Fromages: (dîn. slt), 160 F (vin c.)

Ce grand et beau chalet, refait, peaufiné, aux chambres boisées offre le confort de toujours, le charme de la Savoie, sans omettre une cuisine inventive qui n'oublie pas ses racines. Fricassée d'écrevisses aux cèpes, perchettes meunière et carré d'agneau avec sa barigoule d'artichaut sont légers et frais. La Boîte à Fromages offre en sus une exquise alternative régionale avec tartiflette, matafan et fondue.

Salles-Curan

12410 Aveyron. Paris 653 - Rodez 40 - Albi 78 - Millau 38 - St-Affrique 41.

Sur le chemin pédestre, balisé par le GR, qui rallie Millau et Conques via Rodez, cette bourgade au charme fait une belle halte. On peut se baigner au proche lac de Pareloup.

Hôtel-restaurant

Hostellerie du Lévézou 

Tél.: 05 65 46 34 16. Fax: 05 65 46 01 19
Fermé dim. soir, lundi (sf rest. hs), nov.-avr.
18 ch. 300-400 F. 1/2 pens. 350-450 F
Menus: 70 F (enf.), 89 F (déj., vin c.), 130-260 F

David Bouviala, présent ici depuis belle lurette et relayé par sa fille Christine, a fait de cette ancienne résidence des évêques de Rodez la bonne table des parages. On loge à l'aise dans les chambres rustiques, dans une sorte de castel du XIVe et l'on prend le temps de goûter foie gras, sandre au beurre citronné, magret aux figues, ris d'agneau aux morilles et autres joyeusetés mitonnées avec un sérieux imparable.

Salon-de-Provence

13300 Bouches-du-Rhône. Paris 723 - Marseille 54 - Aix 37 - Arles 45 - Avignon 49.

Office du Tourisme: 56 cours Gimon
Tél.: 04 90 56 27 60. Fax: 04 90 56 77 09

La ville de Michel de Notre-Dame dit Nostradamus est devenu un carrefour privilégié entre Luberon et Alpilles.

Hôtel-restaurant

L'Abbaye Sainte-Croix 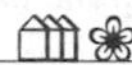

5 km N.-O. par D17
Tél.: 04 90 56 24 55. Fax: 04 90 56 31 12
Fermé 6 nov.-23 mars, lundi midi (rest.), jeudi midi (sf fériés)
20 ch. 910-1 560 F
1/2 pens. 965-1 290 F. 4 appart.
Menus: 345 F (déj.), 430-595 F. Carte: 400-530 F

Cette belle abbaye comme adossée entre Alpilles et plaine de la Crau est une oasis privilégiée. Les salles voûtées, les cellules de moines, le parc de 20 ha: tout cela a été transformé en Relais & Châteaux digne de ce nom. Le service a le chic de se faire voir juste ce qu'il fait, l'accueil est adorable, la demeure fait aisément le coup du charme et la cuisine joue la Provence sans faire de régionalisme à tous crins. Salpicon de homard aux asperges, loup à la compote de poivrons doux, turbot au miel de lavande, mignon d'agneau au jus de truffes, trilogie de crèmes brûlées font plaisir sans faire d'éclat.

Le Sambuc

13200 Bouches-du-Rhône. Paris 743 - Arles 24 - Marseille 117 - Stes-Maries-de-la-Mer 49.

La Camargue des chevaux, des marais, des beaux mas et de l'hospitalité heureuse.

Hôtel-restaurant

Mas de Peint 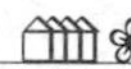

2,5 km par rte Salins
Tél.: 04 90 97 20 62. Fax: 04 90 97 22 20
Fermé 10 janv.-10 mars, (rest.) mercr.
11 ch. 1 195-2 180 F. 1/2 pens. 933-1 425 F
Menus: 190 F (déj.)-245 F

Est-ce un hôtel, une maison d'hôtes, un mas privé ouvert grand aux voyageurs? C'est une ode à la Camargue, avec chaleur et couleur, bonhomie et gourmandise. Les Bon, qui dirigent la demeure avec cœur, méritent bien leur nom. Les chambres sont des appartements d'amis, d'un chic très provençal, rustiques avec élégance. La cuisine joue, elle aussi, le terroir avec malice. A travers mille-feuille de légumes à l'anchoïade, rouget poêlé au caviar d'aubergine, taureau rôti aux pommes confites, ananas poêlé et sabayon au vieux rhum. Vraiment la maison du bonheur.

Samoëns

74340 Haute-Savoie. Paris 585 – Chamonix-Mont-Blanc 63 – Annecy 72 – Genève 54.

Le pays des cascades, celui de Sixt-Fer-à-Cheval, de son cirque en forme de bout du monde, c'est ici même. On respire là le grand air de la Savoie en majesté.

Hôtel–restaurant

Neige et Roc

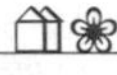

Tél. : 04 50 34 40 72. Fax : 04 50 34 14 48
Fermé 25 sept.-15 déc., 15 avr.-1er juin
32 ch. 500-600 F. 1/2 pens. 490 F. 18 studios
Menus : 120 F (déj.), 150-200 F

Simplicité et gentillesse, bon accueil et rapport qualité-prix : voilà la quadrature du cercle de ce beau chalet familial. La pension y est fort soignée, comme les chambres, certaines en studios dans une demeure plus récemment aménagée. Piscine, jardin, salle de remise en forme.

Sancerre

18300 Cher. Paris 205 – Bourges 46 – La Charité-sur-Loire 25 – Vierzon 68.

Niché sur sa butte, ce beau village vigneron avec son château et ses caves hospitalières vaut la visite autant pour son site, son fromage de Chavignol que ses crus aimables.

Hôtels–restaurants

Le Panoramic

Remparts des Augustins
Tél. : 02 48 54 22 44. Fax : 02 48 54 39 55
57 ch. 300-370 F. 1/2 pens. 310-380 F
Menus : 95 F (sem.)-280 F

Pas de charme, certes, mais le confort moderne de chambre au style déjà daté quoique très fonctionnel : voilà ce qu'offre ce « blockhaus » années quatre-vingt en prise de ligne sur le paysage des vignes. Piscine, restaurant la Tasse d'Argent.

La Tour

Nouvelle Place
Tél. : 02 48 54 00 81. Fax : 02 48 78 01 54
Menus : 85 F (enf.), 90 F (sem.)-260 F
Carte : 250-350 F

Daniel Fournier, qui ouvre tous les jours sa maison charmante sur la place du bourg, assure la pérennité gourmande de la région. Les vignerons joyeux, Alphonse Mellot en tête, mais aussi les Crochet, Bourgeois et Pinard bien nommé, ont leur rond de serviette ou presque dans ses belles salles cossues. Du premier étage, la vue sur les vignes enivre. Mais dans l'assiette, cet ancien de chez Guy Savoy ne trompe pas son monde. Marmite de pieds de porc et d'escargots, sandre au lard fumé et lentilles du Berry, tête et langue de veau sauce ravigote, croustillant de queue de bœuf avec sa purée truffée ou encore douceur de caramel au jus épicé jouent le terroir avec malice, joliesse et une rusticité très sophistiquée. Les bons crus locaux accompagnent à l'aise cette cuisine, vive, légère, très séductrice.

La Pomme d'Or

Pl. de la Mairie
Tél. : 02 48 54 13 30. Fax : 02 48 54 19 22
Fermé mardi, mercr. (sf midi été), 26 déc.-4 janv.
Menus : 38 F (enf.), 90-200 F. Carte : 200 F

Didier Tupin qui a fait de cette demeure ancienne une table de bon aloi joue ici le rapport qualité-prix sans hardiesse. On voudrait le prendre en défaut sur tel ou tel mets. Peine perdue. Tout ce que mitonne ce pro sage et modeste sur le mode du terroir recomposé est d'une justesse de ton sans faille. Prenez votre ticket d'entrée (attention, la maison est très courue en fin de semaine !) pour le croustillant de crottin de Chavignol en pâte à brick, le sandre rôti sur la peau aux champignons des bois, la tête de veau à l'huile de noix, la fondante tarte Tatin que l'on arrose d'un sancerre blanc de votre choix. C'est bien le diable si vous ne trouvez pas ici votre bonheur.

Sare

64310 Pyrénées-Atlantiques. Paris 799 – Biarritz 26 – Cambo-les-Bains 19 – St-Jean-de-Luz 14.

C'est le village de Ramuntcho. Pierre Loti imagina ici l'aventure de ce contrebandier basque jouant avec la ligne de la frontière proche. Superbe site perché, demeures anciennes, belle église, fronton et auberge accorte : voilà une carte postale basque.

Hôtel–restaurant

Arraya

Tél. : 05 59 54 20 46. Fax : 05 59 54 27 04
Fermé 6 nov.-31 mars
21 ch. 445-595 F. 1/2 pens. 440-498 F
Menus : 135-190 F. Carte : 250-300 F

Le signe que le Pays basque ne vieillit pas, c'est cette belle maison qui l'apporte. Les chambres sont des nids d'amour, la salle à manger est adorablement rustique, la boutique maison vend les nappes d'ici, les confit et foie gras maison, les eaux-de-vie du pays comme on chante une chanson ancienne. En cuisine, un chef formé chez Daguin à Auch mitonne le foie gras chaud aux poires, le méli-mélo de ris d'agneau aux gambas ou les petites truites au jambon et au vinaigre d'ail. Le gâteau basque est à la confiture de cerises noires. Et l'auberge demeure entre de bonnes mains familiales, veillée par le fiston Jean-Baptiste Fagoaga qui a le souci de magnifier la tradition.

Sarlat–la–Canéda

24200 Dordogne. Paris 530 – Brive 51 – Bergerac 73 – Cahors 62 – Périgueux 67.

Office du Tourisme : pl. de la Liberté
Tél. : 05 53 31 45 45. Fax : 05 53 59 19 44

Rénovée grâce à la loi Malraux, la capitale du Périgord noir fait admirer sa vieille ville renaissance au voyageur à travers une splendide promenade dans le passé. Le circuit pédestre et nocturne, l'été, est un bonheur.

Hôtels–restaurants

Hôtel de Selves

93, av. de Selves
Tél. : 05 53 31 50 00. Fax : 05 53 31 23 52
Fermé 6 janv.-6 févr.
40 ch. 340-570 F

Cette grande demeure moderne dans son jardin offre le confort de ses chambres douillettes, raisonnablement tarifées, sa piscine couverte, son jardin et son accueil soigné au petit point.

La Madeleine 

1, pl. Rigaudie
Tél. : 05 53 59 10 41. Fax : 05 53 31 03 62
Fermé 2 janv.-8 févr., lundi midi, mi-mars-mi-nov. (rest.)
39 ch. 330-450 F. 1/2 pens. 360-395 F
Menus : 65 F (enf.), 115-215 F

Ce vieil hôtel centenaire avec sa belle façade sur une place ancienne a gardé le charme du passé. Chambres souvent vastes, cuisine périgourdine de tradition (foie gras, fricassée de cèpes, confit et tourtière), accueil professionnel sans faiblesse.

Saint-Albert et Montaigne 

Pl. Pasteur
Tél. : 05 53 31 55 55. Fax : 05 53 59 19 99
Fermé dim. soir, lundi (janv.-pâques)
60 ch. 290-330 F. 1/2 pens. 290-330 F
Menus : 65 F (enf.), 115-215 F

Deux hôtels jumeaux sur la même place. Le Montaigne est particulièrement convivial, avec sa véranda lumineuse. Côté table, on fait ici dans le terroir bien compris, avec poêlée de foie chaud aux échalotes, ris de veau aux girolles, noisette d'agneau à la crème d'ail, sandre rôti aux girolles, gâteau aux noix.

Sarrebourg

57400 Moselle. Paris 439 – Strasbourg 73 – Metz 95 – Lunéville 55.

Office de Tourisme : chapelle des Cordeliers
Tél. : 03 87 03 11 82. Fax : 03 87 03 05 19

Le pays d'Erckmann-Chatrian, des cristalleries et des faïences sur terre rouges, c'est ici entre canal et forêt. N'oubliez de visiter la chapelle des Cordeliers ornée d'un vitrail de Chagall.

Hôtels–restaurants

Les Cèdres 

Chemin d'Imling
Tél. : 03 87 03 55 55. Fax : 03 87 03 66 33
Fermé 22 déc.-2 janv.
44 ch. 328-358 F. 1/2 pens. 238 F
Menus : 66 F (sem.)-179 F

Clair, fonctionnel, sans tapage, cet hôtel moderne sis dans une zone dite de loisirs est la seule halte « possible » de Sarrebourg, à quelques minutes du centre-ville.

Mathis 

7, rue Léon-Gambetta
Tél. : 03 87 03 21 67. Fax : 03 87 23 00 64
Fermé dim. soir, lundi, mardi soir, 2-9 janv., 1er-8 août
Menus : 180-330 F. Carte : 300-400 F

Briscard presque sexagénaire, vedette gourmande de sa ville, Ernest Mathis ne s'endort pas sur ses lauriers acquis sur le tard. La façade, face au temple protestant, ne paye pas de mine, mais le sourire règne à l'accueil. Le service est vif, les vins pleins de malice et les menus de grandissimes affaires. On peut se ranger à celui à 200 F, qui offre, c'est le mot à ce niveau de qualité, un éventail du talent du chef, de sa science du bon produit, de son traitement fin, frais, mesuré, de son imagination solidement maîtrisée sur des bases classiques sans faille aucune. Foie gras de canard mi-cuit parfumé à la badiane avec son amusante brunoise de pommes granny sur sa gelée, marmite de joue de lotte façon bouillabaisse avec son jus réduit, ses pommes charlottes safranées, ses coquillages, crépinette de tendre filet de veau rôti fourré de pieds braisés et émincés avec parmentière de carottes au lard, fin croustillant à la compote d'abricots et nougat glacé au miel d'acacia. Voilà bien de la grande cuisine à prix mesurés qui donne envie d'accomplir le voyage vers Sarrebourg, juste pour elle.

L'Ami Fritz

76, Grand-Rue
Tél. : 03 87 03 10 40
Menus : 78-125 F. Carte : 120-200 F

Cette ex-brasserie à l'enseigne de la République est devenue, sous la houlette de Tino Carapito, une taverne, en hommage à Erckmann-Chatrian. La cuisine est très «terroir» façon winstub, avec ça et là quelques touches légères. On goûte le foie gras cuit au torchon avec sa gelée au porto, le presskopf, la bouchée à la reine, les excellents poissons (saumon à l'oseille, mais aussi perche meunière issu d'un étang voisin), les grenouilles au beurre persillé, avec en sus le registre des standards du genre (cordon bleu, escalope à la crème ou panée, quiche lorraine, palette de pommes de terre). Les menus sont des affaires, le patron a le sourire et le choix de vins d'Alsace est riche de bonnes surprises.

Auberge du Zoo

24, rue Saint-Martin à Sarrebourg-Hof
Tél. : 03 87 03 10 16
Fermé lundi soir et mardi
Menus : 80-180 F. Carte : 100-200 F

Daniel Pierre est, sans nul doute, le recordman du monde de la tarte flambée. Le samedi soir, les salles sont vite combles. On sert dehors, lorsque le temps le permet et il n'est pas rare que la maison fasse ses deux cents couverts au même service. Son secret ? Une crème aigre, acidifiée, de l'huile d'arachide en lieu et place de l'huile de colza, et en sus des lardons, de la pâte à pain — fine et légère. Face à un ancien zoo, on vient déguster toutes sortes de tartes salées exquises : flambée nature, gratinée, forestière, façon pizza ou moitié-moitié, à la fondue de poireaux avec trompettes de la mort, jambon cru et poireaux, au saumon fumé — la raffinée du genre. Et, si vous avez encore faim, le registre des grillades au four à bois (faux-filet, brochettes de filet de bœuf, onglet, etc.) est là pour vous satisfaire sans vous ruiner. Amenez-y vos enfants, ils adoreront.

Produits

ARTS DE LA TABLE

Cristallerie de Hartzviller

57870 Hartzviller
Tél. : 03 87 25 10 55

La cristallerie fait main à travers deux cents modèles de verres différents, carafes et belles pièces chéries des plus grandes tables comme des particuliers gourmets. Magasin d'usine attenant à l'entreprise.

 *indique une grande table.*

Manufacture de Niderviller

2, rue de la Faïencerie à 57116 Niderviller
Tél. : 03 87 23 80 04

Belles faïences en «terre rouge», motifs blancs, fleuris ou bleus dessinés ici même et fabriqués dans les règles de l'art depuis 1735. Vente sur place à prix modérés.

CHARCUTIER

La Source

Ruelle de la Source
Tél. : 03 87 23 75 25 / 03 87 23 71 87

L'excellent Oscar Wetzel a acquis une juste renommée pour ses admirables pâté lorrain, jambon fumé, saucisse lorraine et ses beaux gibiers en saison.

DISTILLATEUR

Distillerie Artisanale du Castor

Rue de la vallée à 57870 Troisfontaines
Tél. : 03 87 25 15 06

Les eaux-de-vie de Patrick Bertin (mirabelle, poire, «bertinade» avec framboise et «guigne») comme ses confitures aux fruits de la forêt (superbe gelée de coings) valent le détour et la dégustation.

Sarreguemines

57200 Moselle. Paris 396 – Strasbourg 105 – Metz 69 – Sarrebrück 18.

Office du Tourisme : 2, rue du Maire-Massing Tél. : 03 87 98 80 81. Fax : 03 87 98 25 77

Le pays de la faïence et de la Smart, les rives de la Sarre, le cousinage avec le Land allemand, le plus actif font de cette ville carrefour une mini-capitale gourmande.

Hôtels–restaurants

Auberge Saint Walfrid

Rte de Grosbiederstroff
Tél. : 03 87 98 43 75. Fax : 03 87 95 76 75
Fermé sam. midi, dim. lundi midi, 1er-15 janv., 1er-15 août
11 ch. 600-1 000 F
Menus : 130-380 F. Carte : 350-500 F

Cette ancienne ferme du faubourg de Welferding a accompli son aggiornamento. Jean-Claude Schneider, qui fut jadis stagiaire chez Chapel, est aujourd'hui relayé par son fils Stéphane, formé au Capucin Gourmand de Nancy, au Crocodile de Strasbourg, chez Schillinger à Colmar, à la Palme d'Or à Cannes. Ce dernier a su prolonger le classicisme paternel d'un coup de patte créatif mesuré. Œuf mollet aux champignons de la Saint-Georges avec ses mouillettes de pain de campagne aux cébettes, foie chaud poêlé à la rhubarbe mi-acide et au vin de noix, turbot rôti en nage de légumes, pigeon moelleux au jus truffé, fraisier en pain perdu avec sa glace onctueuse : voilà de l'ouvrage soigné en diable, qui complète les mets plus traditionnels, conservés sur un mode rajeuni : asperges violettes aux trois sauces et jambon du fumoir, escalope de veau rôti aux morilles ou encore blanc de volaille du Ledrich au gingembre et vin de pomme. A cela s'ajoute une carte des vins pleine de ressources, un cadre qui a su garder le grand genre rustique, avec ses hautes poutres, enfin des chambres au classicisme intemporel, usant de matériaux nobles : chêne pour les portes et les parquets, marbre pour la salle de bains. Cela s'appelle une belle maison.

Auberge du Vieux Moulin

135, rue de France
Tél. : 03 87 98 22 59. Fax : 03 87 28 12 63
Fermé mardi, mercr., 15 janv.-2 févr.
11 juil.-2 août
Menus : 170-410F. Carte : 330-450 F

Thierry Breininger formé au Buerehiesel, avant d'« émigrer » à l'Arnsbourg de Baerenthal, puis aux Ambassadeurs du Crillon, chez Savoy à Paris, enfin à Copenhague, au Kong Hans, a repris les fourneaux de la maison familiale avec allant. Son Vieux Moulin a fait sa mue : décor boisé, avec luminaires modernes, poêle en faïence vert, tables espacées. Le service ? Un modèle du genre, avec papa Breininger et la sœurette, côté vins, pour une carte impressionnante dans tous les vignobles, et maman à l'accueil, faisant face au succès venant. La carte change au gré du marché dont le menu à 170 F est un joli reflet : sa salade maraîchère aux artichauts confits ou sa nage de haricots cocos frais persillés que flanque une tartine de coques à la tomate, puis une tourte de gibier ou encore une quenelle de poissons au basilic, avant la crème aux pommes avec crème glacée vanille et quetsches, ou encore glace caramel avec ses pommes granny smith. Tout ce qu'il sert est d'une qualité sans faille.

La Bonne Source

24, av. de la Gare
Tél. : 03 87 28 05 08
Fermé dim., lundi
Menus : 67- 125 F. Carte : 100-150 F

Guy Adam tient avec chaleur cette winstub comme en Alsace. La charcuterie, saucisses, jambon, est fumée à demeure. La qualité de ce qui est servi va de pair avec l'enthousiasme ici déployé. Terrines maison, jambon cru, fleischnacka ou « escargots de viande » — qui sont du bœuf de pot-au-feu en pâte à nouilles —, la salade cervelas-gruyère, la bouchée à la reine, le rôti de porc, la choucroute royale, le kougelhopf glacé aux griottes font simplement plaisir. La petite salle façon taverne a été prolongée d'un salon avec boiseries neuves, les fresques de Guy Untereiner au plafond, l'accueil est le sourire même, l'ambiance à l'unisson et les prix sages.

Le Bouchon

6, rue Pasteur
Tél. : 03 87 02 90 41.
Fermé lundi soir, mardi, 1er-19 janv., 1er-23 août
Menus : 59 F (déj.), 88-140 F. Carte : 200-250 F

Le cadre de bouchon chic n'est pas sans froideur. L'enthousiasme manque au service qui pourrait le réchauffer. Mais on ne trouve rien à redire à la gribiche de pied de porc aux pommes charlotte émincées, à l'épais presskopf de veau pané aux champignons comme au pied de porc en crépine au ris de veau, plats canailles, plutôt malins, même si la présentation pourrait en être affinée. Le choix de vin au verre est épatant.

Casino des Sommeliers

4, rue du Col.-Cazal
Tél. : 03 87 02 90 41. Fax : 03 87 02 90 28
Fermé dim. soir, lundi, 1er-15 janv.
Menu : 75 F. Carte : 160 F

Les frondaisons 1900 du pavillon modern-style en bordure de Sarre ont du chic, mais la bonhomie règne à l'intérieur. Gaieté, convivialité vont de pair avec la sagesse des prix. Daniel Olivieri, sommelier d'élite, raconte ses vins avec verve, passion, allant, comme s'il évoquait une belle histoire. La cuisine, faite avec sérieux par un jeune ancien de l'Arnsbourg, fait figure de gentil faire-valoir pour les crus des côtes de partout, du Sud et du Languedoc, que ce diable d'Olivieri fait découvrir comme on se joue. Ce qui ne veut pas dire qu'on ne se régale pas avec les ravioles de pieds de porc à la crème d'ail, le suprême de volaille sauce suprême au riz, les anchois aux poivrons, l'andouillette grillée de chez Humbert, la tête de veau, les fromages de chez Mons à Roanne (le fournisseur des Troisgros) et la crème brûlée. L'essentiel ? On s'instruit sur monseigneur le vin en passant une épatante soirée entre amis.

A Woelfling-les-Sarreguemines : 11 km sur N62

Pascal Dimofski

Rte de Bitche
Tél. : 03 87 02 38 21. Fax : 03 87 02 21 36
Fermé lundi soir, mardi, 1er-19 janv., 1er-23 août
Menus : 80 F (enf.), 130-420 F. Carte : 350-400 F

Le décor de cette maison en lisière de forêt est sobre, volontiers design, avec ses tables espacées et ses luminaires à la verticale. La cuisine suit le mouvement. Pascal Dimofski, qui a travaillé à Paris chez Jacques Cagna, mais a été voir un peu partout ce qui se tramait de plus fin dans l'air du temps, en a ramené une petite musique à lui. Outre son interprétation du répertoire lorrain, il joue la Provence en majesté. Ainsi, les escargots en pomme de terre grillée ou le pigeonneau fermier au jus de persil et pétales d'ail. Le carpaccio de thon au vinaigre balsamique, olive vierge, copeaux de mimolette, langoustines caramélisées à la poudre d'orange et risotto aux aromates, bar aux épices et pommes de terre écrasées à la civette, rognons et ris en ravioles au jus de truffes livrent, sur des thèmes usités, une jolie sonate personnelle aux accents du sud. Côté desserts, l'accent y est aussi : gratin de framboises dites joliment fraîchement cueillies, pêche jaune rôtie avec sauce caramel et amandes fraîches ou encore nage de pêches blanches et framboises à la verveine donnent le ton d'une cuisine fraîche, pleine de saveurs ensoleillées.

Sarre-Union

67260 Bas-Rhin. Paris 409 – Strasbourg 84 – Metz 82 – Sarreguemines 23.

La capitale de l'Alsace bossue est, hélas, pauvre en bonnes tables. Mais les abords révèlent de bonnes surprises.

Restaurant

A 67260 Burbach, 10 km S.-E., N 61

Le Windhof

Tél. : 03 88 01 72 35. Fax : 03 88 01 72 71
Fermé dim. soir, lundi, mardi soir, 2-15 janv., 1er-21 août
Menus : 65 F (déj.), 110-350 F. Carte : 250-400 F

Juste après la sortie Sarre-Union, sur l'A4, la façade de grange isolée intrigue. Dès l'entrée, c'est le choc : boiseries, tables espacées, grand genre façon Forêt-Noire. Ne manque ni l'accueil de souriantes hôtesses, ni la cave plantureuse. La cuisine joue de tous les registres avec habileté. Le classicisme de bon ton (terrine maison, gelée de lapereau, rognon de veau moutardé) flirte avec la sophistication (sandre aux herbes, brochette de saint-jacques au scampi). Les produits sont frais, les desserts pas mal pondus (nougatine glacée au croquant d'abricots, soufflé glacé aux griottines). Soirées dansantes dans une salle annexe.

Sars-Poteries

59216 Nord. Paris 257 – Avesnes-sur-Helpe 12 – Charleroi 46 – Lille 107.

Ce bout de l'Avesnois cousine avec la Thiérache bocagère, cette Normandie du Nord où se produisent bon cidre et vertueux maroilles.

Hôtel-restaurant

Auberge Fleurie

Tél. : 03 27 61 62 48. Fax : 03 27 61 56 66
Fermé (rest.) 3-20 janv., 18-25 août
8 ch. 320-590 F. 1/2 pens. 400-550 F
Menus : 150-340 F 240-440 F

Le bon goût du Nord en version légère : tel est le propos d'Alain Lequy qui mitonne ici avec subtilité et finesse tout une théorie de plats délicieux usant des produits de sa riche région, les mêlant aux viandes de montagne comme aux crustacés de Bretagne. Ainsi les noix de saint-jacques au lait et coulis de persil, le sandre à la fleur de bière, le ragoût de homard aux morilles, l'agneau de lait des Pyrénées rôti et parfumé au thym. La farandole des gibiers en saison, les figues au vin rouge et la glace au pain d'épice font ici des plats délicieux qui donnent envie de prendre pension. Quelques chambres pimpantes et fort soignées pour la halte d'un soir ou d'un week-end.

Saulieu

21210 Côte-d'Or. Paris 247 – Dijon 76 – Autun 40 – Avallon 38 – Beaune 64.

Office du Tourisme : 24, rue d'Argentine
Tél. : 03 80 64 00 21. Fax : 03 80 64 21 96

Le taureau de bronze de Pompon, la basilique Saint-Andoche, le parc naturel régional du Morvan, la ville ancienne avec ses toits de tuiles rousses : voilà toutes sortes de bonnes raisons de faire ici étape. Reste que la gourmandise est la reine du lieu et que le roi se nomme Bernard Loiseau, fils spirituel de Dumaine, qui a refait de la Côte d'Or une grande maison française.

Hôtels-restaurants

La Côte d'Or
Bernard Loiseau

2, rue d'Argentine
Tél. : 03 80 90 53 53. Fax : 03 80 64 08 92
23 ch. 1 250-1 950 F. 7 appart., 3 duplex
Menus : 490 F (déj.), 680-980 F
Carte : 800-1 200 F

Il fallait être un peu fou, il y a deux décennies, pour relever le défi de remplacer Dumaine. Bernard Loiseau l'a fait. Il semble ne pas s'en mordre les doigts. Parvient à être à la fois sur les plateaux de la télé et aux fourneaux, chez lui, avec son équipe précieuse et nombreuse, ses stagiaires japonais, Patrick Bertron, le fidèle second, Hubert Couilloux, le maître d'hôtel roué, et puis cette équipe de salle, souriante, fringante, triée sur le volet, qui sait ce qu'elle sert et semble l'aimer. C'est si rare une grande maison où l'on paraît s'entendre comme larrons en foire, où la moyenne d'âge est jeune, comme celle de la clientèle qui vient casser sa tirelire en fin de semaine. Loiseau n'est pas seulement la vedette médiatique que l'on sait, mais aussi le défenseur acharné des produits de sa région. Il préside la foire aux bœufs du Morvan, fait visiter l'élevage de truite de Michel Marrache, quête les meilleurs éléments, qui composeront les plus appétissants petits déjeuners rustiques du monde : les confitures naturelles de Jacky Sulem, au Potager Sucré à Saint-Léger-de-Fougeret (ah, son cassis, sa châtaigne, sa cerise !), le jambon cru, salé au sel sec, de Dussert à Arleuf, le gros pain de campagne — que l'on sert sert grillé comme du Poilâne — de chez Poulizac à Saulieu même. La Bourgogne des vins, seigneuriale et plantureuse s'y nomme Roumier ou Jayer, Chalopin-Parizot ou Méo-Camuzet. Autant dire le «top» du genre. La cuisine ? Elle bouge, change, sans perdre ses racines. S'amuse ces temps-ci à se réinventer elle-même. Les meilleures huîtres du monde ? C'est chez ce terrien amoureux de la mer que vous les mangerez, avec de grosses belons double zéro posées sur des pommes de terre écrasées à la fourchette, garnies de caviar, flanquées de jus d'huîtres — ah, le vertueux mariage iodé ! Comme pour ses - désormais classiques — jambonnettes de grenouilles à la purée d'ail et jus de persil, où chaque ingrédient de la recette classique se trouve séparé, réajusté, le turbot sauce hollandaise devient un turbot à la vinaigrette de jaune d'œuf, sans beurre, garni d'endives confites - mets plein de fraîcheur et d'acidité. Les œufs en meurette sont aux oignons façon purée Soubise et au jus de truffe. Le homard n'est pas Thermidor, surmonté d'une crème fastidieuse, mais poêlé à cru, relevé d'une purée de cresson un brin acide. Le lièvre n'est plus à la royale, mais en noisettes tendres et juteuses, posées sur un lit d'abats émincés. Ajoutez à cela les meilleurs desserts classiques du monde, recréés, allégés, sublimés : soufflé au citron vert ou au Grand Marnier, tarte fine chaude aux pommes, à peine sucrée et craquante, gâteau meringué au chocolat à fondre, avec son sorbet au cacao amer. Et vous comprendrez que ce n'est plus là seulement le lieu d'un grand repas de fête, mais, tout bonnement, une leçon de cuisine que l'on reçoit avec ravissement, dans la belle salle moderne à l'ancienne, avec tomettes récupérées, vieux tableaux, donnant sur un jardin d'Eden, au cœur du pays morvandiau.

Hôtel de la Poste

1, rue Grillot
Tél. : 03 80 64 05 67. Fax : 03 80 64 10 82
Fermé 1er déc.-30 avr.
45 ch. 260-685 F 1/2 pens. 300-450 F
Menus : 65 F (enf.), 108-188 F

Ce vieux relais centenaire fait une étape de remplacement si la Côte d'Or affiche complet. Bonne cuisine régionalisante et chambres d'allure provinciale fort soignée.

Produits

BOULANGER

Poulizac

4, rue des Fours
Tél. 03 80 64 18 92

Un formidable pain de campagne à la mie odorante, parfumée au bon levain d'autrefois et à la fumée de bois, dont Bernard Loiseau et ses clients font leur miel.

CHARCUTIER

Michel Rousseau

42, rue du Marché
Tél. : 03 80 64 14 18

Un jambon persillé de qualité et un jambon du Morvan à fondre.

Sault

84390 Vaucluse. Paris 722 – Digne 93 – Aix 81 – Avignon 68 – Carpentras 42.

Office du Tourisme : av. de la Promenade
Tél. : 04 90 64 01 21. Fax : 04 90 64 15 03

Sur les hauts du Ventoux, une halte au grand vent de Provence. On cultive l'épeautre et l'on fabrique le nougat au bon goût de miel.

Hôtel-restaurant

Hostellerie du Val de Sault

Rte Saint-Trinit, rte Secondaire
Tél. : 04 90 64 01 41. Fax : 04 90 64 12 74
Fermé début nov.-31 mars
11 ch. 790 F. 1/2 pens. 590 F. 5 appart.
Menus : 69 F (enf.), 129 F (déj.), 190-230 F

Grand calme sur le plateau de Sault, avec chambres à l'aise, tennis et piscine : c'est le domaine d'Ildiko et Yves Gattechaut. Au programme : accueil de charme et cuisine aux accents du pays. L'œuf brouillé en coquille à l'infusion de truffes et son pain à l'épeautre, la joue de lotte en nage de légumes épicés et galette au même épeautre, agneau au cassis et fleur de lavande, mousseux d'abricots et dessert au mascarpone sont très séducteurs.

Produits

CONFISEUR

André Boyer

Tél. : 04 90 64 00 23

La belle échoppe à l'ancienne est la vedette du village. Et le gars André, volubile comme un Provençal de carte postale, vante sa production autant qu'il raconte son pays comme personne, tout en vendant nougat noir et blanc, galette à l'épeautre, savoureux macarons.

Saulxures

67420 Bas-Rhin. Paris 408 – Strasbourg 62 – Saint-Dié 32.

La route file vers les cimes, dérive vers les Hautes-Vosges, laisse à main droite la vallée de la Bruche, cligne de l'œil vers les sapins. On découvre le village et son clocher bulbé, l'auberge dans un recoin du chemin.

Hôtel-restaurant

Le Bellevue

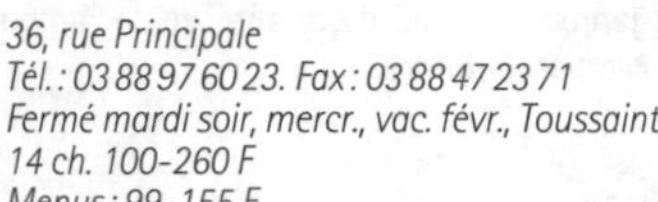

36, rue Principale
Tél.: 03 88 97 60 23. Fax: 03 88 47 23 71
Fermé mardi soir, mercr., vac. févr., Toussaint
14 ch. 100-260 F
Menus: 99-155 F

Denis Boulanger, qui a repris la maison de ses parents après des passages au Mercure Galant à Paris et chez Julien à Strasbourg, a choisi le registre d'une modestie très étudiée dans cette auberge rustique. Il a rénové la demeure, l'ouvrant sur l'extérieur. Les chambres se rénovent, la salle à manger a le chic clair. La cuisine, elle, se range dans l'école des montagnes et des chemins, dans le droit fil des Bras, Jeunet, Veyrat. Ainsi, la croustille de chèvre en pâte à brick avec marjolaine sauvage, artichauts confits en salade, la terrine de maquereaux à la graine de carvi, les copeaux de sanglier séchés avec rémoulade de céleri, l'andouillette d'agneau grillée aux épices. Régional sans ornière, le petit Denis pratique excellemment le dos de lapin fumé façon schiffala, l'escalope de foie de veau avec purée minute, le munster fumé, avant le mirliton tiède aux pêches et son sorbet, la poêlée d'abricots gratinée à la crème d'amande et glace vanille. Voilà de la cuisine en version haute couture à prix bistrot. La carte des vins, immense, est composée avec passion. Le service est jeune, et la gracieuse madame Boulanger semble être née avec le sourire.

Saumur

49400 Maine-et-Loire. Paris 322 – Angers 67 – Le Mans 123 – Poitiers 93 – Tours 66.

La ville du Cadre noir et des vins mousseux lorgne la Loire entre ses maisons au toit d'ardoise et son château. Chaque année, un festival gourmand unit littérature et amour de la vigne.

A 49350 Chênehutte-les-Tuffeaux. 8 km par D751

Hôtel-restaurant

Le Prieuré 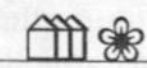

Tél.: 02 41 67 90 14. Fax: 02 41 67 92 24
Fermé 1er janv.-28 fév.
20 ch. 750-1 450 F. 1/2 pens. 900-1 200 F
Menus: 240-550 F (vin c.)

Cette belle halte – un ancien prieuré du XIIe revu au XVIe – fait mirer ses tourelles Renaissance au-dessus du fleuve. Et la maison haut perchée, toute de tuffeau blanc, a le charme ancien retouché. Il y a bien quelques bungalows dans une annexe sans charme, mais c'est au château qu'il faut résider. La cave ligérienne est splendide, la salle de restaurant panoramique, la cuisine fait la part belle aux produits locaux. Raviolis d'anguilles au vert, sandre aux langoustines et gingembre, noix de lottes aux huîtres sont d'une sophistication sans outrance et d'une légèreté sans faille. Accueil adorable et service empressé.

Sausheim : voir Mulhouse

La Saussaye

27370 Eure. Paris 120 – Rouen 24 – Evreux 40 – Louviers 19.

L'Eure douce, verte et paisible à découvrir au hasard d'une promenade buissonnière.

Hôtel-restaurant

Manoir des Saules 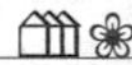

Tél.: 02 35 87 25 65. Fax: 02 35 87 49 39
Fermé dim. soir, lundi, vac. févr., 13-30 nov.
9 ch. 880 F
Menus: 110 F (enf.), 225-425 F

Ce beau manoir avec colombage, jardin, tourelles, offre le calme de son parc et de fort jolies chambres au mobilier ancien. Côté cuisine, on fait ici dans le classicisme mesuré et le régionalisme très tempéré. Gelée de lapin à la royale, barbue sauce mousseline, saint-pierre aux herbes, tournedos sauce foie gras, paris-brest issu du plantureux chariot de desserts sont sans épate.

Sauveterre de Comminges

31510 Haute-Garonne. Paris 799 – Bagnères-de-Luchon 35 – Tarbes 69 – Toulouse 105.

Saint-Bertrand, ses nobles édifices religieux, ses demeures anciennes, Luchon et la route de l'Hospice de France: voux découvrirez le doux Comminges, ce beau pays pyrénéen.

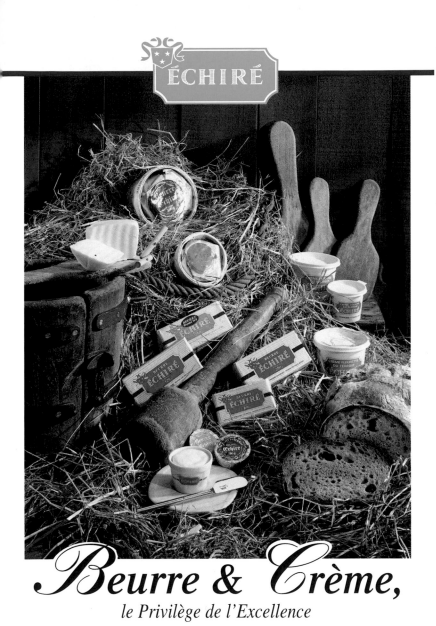

Hôtel-restaurant

L'Hostellerie des 7 Molles

Gesset, S., 3 km, D 9
Tél. : 05 61 88 30 87. Fax : 05 61 88 36 42
Fermé mardi, mercr. midi (hs), 15 févr.-15 mars
19 ch. 520-930 F. 1/2 pens. 625-755 F
Menus : 195-310 F

Les Ferran tiennent avec gentillesse cette belle auberge qui fut l'un des fleurons modestes des Relais & Châteaux. Certaines chambres ont l'allure seigneuriale, la salle à manger aussi. On sacrifie aux riches produits locaux, traités sans lourdeur. Cuisses de grenouilles à la crème d'ail, fricassée de cèpes aux herbes, civet de sanglier au madiran sont d'un sérieux imparable. Tennis, piscine, jardin.

Sauveterre de Rouergue

12800 Aveyron. Paris 640 – Rodez 35 – Albi 54 – Villefranche 44.

Une des fières bastides du Rouergue, avec sa belle place à arcades bordées de « couverts » (que l'on nomme ici « chistas ») aux voûtes ogivales des XIVe et XVe siècles.

Hôtel-restaurant

Le Sénéchal

Tél. : 05 65 71 29 00. Fax : 05 65 71 29 09
Fermé lundi (sf soir été), mardi midi, jeudi midi sf fériés, 1er janv.-mi-mars
8 ch. 600 F. 1/2 pens. 570 F. 3 appart.
Menus : 150-500 F. Carte : 400-550 F

Moderne et ancien à la fois, ce vaste hôtel au charme contemporain, malgré ses murs en crépi, est le territoire du discret Michel Truchon. Ce bel artisan pratique la cuisine locale avec goût et talent, « fait » le marché de Rodez avec Michel Bras, taquine la soupe de potiron au lard, le foie gras chaud aux truffes et bouillon de volaille, la queue de bœuf en gelée à l'orange, le cabillaud tout frais avec son caramel d'épices, le saumon à basse température, le sorbet aux herbes et le craquelin de fraises à la recuite de lait de brebis vanillé. Beaucoup de dextérité se cache là-dessous. Exquis petits menus, chambres de grand confort, piscine couverte et carte des vins à donner le tournis. Accueil exquis de l'adorable Mme Truchon.

Produits

CONSERVEUR

Charles Savy

A 12900 Naucelle (5 km S.)
Tél. : 05 65 69 20 20. Fax : 05 72 20 57

Tripous, pieds paquets, jambonneau, tête en gelée, estofinade, cou de canard farci, terrines de gibier, soupe au fromage, aligot à la naucelloise chez ce mainteneur de la tradition rouergate.

Saverne

67700 Bas-Rhin. Paris 447 – Strasbourg 39 – Haguenau 37 – Molsheim 28

C'est à Saverne, depuis son col, que Louis XIV lança le fameux : « Quel beau jardin ! » Et à Saverne, encore, l'ex-Tres Tabernae des Romains (autrement dit : « trois tavernes »), que s'affirme et débute la vocation ancestrale de l'Alsace hospitalière. Avec bonhomie et modestie.

Hôtels-restaurants

Hôtel de l'Europe 

7, rue de la Gare
Tél. : 03 88 71 12 07. Fax : 03 88 71 11 43
28 ch. 340-480 F. 1 suite : 700 F

Le grand confort près de la gare et en centre-ville : voilà ce qu'offre cet hôtel, avec façade de briques qui se rénove en beauté. Hall clair, bar cosy, chambres pimpantes dans les tons pastel.

Chez Jean « Rosestiebel » 

3, rue de la Gare
Tél. : 03 88 91 10 19. Fax : 03 88 91 27 45
Fermé (rest.) dim. soir, lundi (hs)
23 ch. 338-478 F. 1/2 pens. 398 F
Menus : 65 F (enf.), 79 F (déj. sem.)
Carte : 150-240 F

Jean-Pierre Harter a fort joliment rénové son hôtel, usant de bois peint et de couleurs gaies pour créer des chambres pimpantes dans ce qui fut jadis un couvent. Côté cuisine, on peut choisir entre le style « gastro » de la grande salle classique (soupe de moules, râble de lièvre, emblématique choucroute) et la winstub boisée à l'enseigne « S'Rosestiebel ». Salade de choucroute au foie gras ou de pot-au-feu, matelote et macaron aux fruits font bel effet. Accueil gentil tout plein.

Zuem Staeffele 

1, rue R.-Poincaré
Tél. : 03 88 91 63 94
Fermé mercr., jeudi midi, dim. soir, 15 jrs juil., 15 jrs déc.
Menus : 100 F, 150 F (déj.), 195-265 F. Carte : 250-300 F

La cuisine en mouvement de Michel Jaeckel provoque l'enthousiasme dans cette taverne réchauffée. Cet autodidacte doué, qui fut au Québec avant de revenir au pays, pratique des menus à bons prix (les deux premiers, au déjeuner, sont d'imparables affaires), des idées dans l'air du temps, des mariages terre-mer ne négligeant ni le terroir, ni les racines. Sa manière de conter la cuisine d'Alsace? Unir, pour le meilleur, mousse de lapin et gelée — corsée — d'écrevisses, gratin d'escargots au raifort et rillons de canard, lotte aux oignons doux et lardons, filet de loup aux dampfnudle, veau en baeckoffe ou encore canette avec sauce bière et miel. Pour un déjeuner tranquille en semaine, on peut se ranger sagement aux «idées du marché» qui proposent petits légumes farcis, omble chevalier au jus de volaille, côte de bœuf au sel avec béarnaise, clafoutis de pêche au coulis de mûres, «paris-florence», proche du tiramisu, aux fruits et amandes. Bref, de la vraie cuisine créative, sobre, maîtrisée et à petits prix.

Château du Haut-Barr

Tél.: 03 88 91 17 61. Fax: 03 88 91 86 26
Fermé lundi (sf fériés), févr.
Menus: 45 F (enf.), 56 F (déj.), 105-260 F.
Carte: 150-300 F

La forêt, le grès, le panorama de la Petite Suisse, les fresques Art nouveau sur les murs, c'est la «Kammerzell» de la campagne. Bernard Bodendiestel est un cuisinier baroque à l'aise dans le simple, comme dans le sophistiqué. Harengs marinés, presskopf, foie gras gras frais, que cet ancien de Feyel réussit bien, foie poêlé sur lit d'endives croquantes, lotte sauce bisque avec pommes à la peau, glace aux pruneaux. Tarte flambée dans le coin «stub».

Le Clos de la Garenne

88, rte du Haut-Barr
Tél.: 03 88 71 20 41
Fermé mercr., sam. midi
Carte: 150-250 F

Créée par Virginie et Sébastien Schmitt, qui tinrent jadis la Carpe en ville, cette taverne au vert dans le creux de la montagne et à l'ombre de la grande forêt vosgienne a le chic montagnard. On descend quelques escaliers et on découvre une stub à l'ancienne, avec ses lambris clairs, ses banquettes de bois, ses tables bien dressées. Tartes flambées superbes de finesse, nature ou encore montagnarde, avec crème, reblochon, pommes de terre et viandes des Grisons, salade cervelas-gruyère, saucisse paysanne aux herbes, jarret de porc, tendre entrecôte avec pommes sautées craquantes, mignon de veau aux morilles, pot-au-feu grand-mère sont servis avec le sourire dans une ambiance bon enfant.

Canton

22, rue des Clés
Tél.: 03 88 71 84 60
Fermé lundi
Menus: 39 F (déj.), 55-88 F. Carte: 120 F

Le cadre, près d'un garage, avec son crépi au mur, ses néons et la nudité du reste, ne paye pas de mine. Mais ce n'est pas pour lui qu'on vient. Relancée par Zhu Yi, un mathématicien gastronome, et Wang, son épouse originaire de Shanghai (elle est en cuisine, lui fait la salle), la maison offre à prix angéliques des mets chinois d'une rare finesse: soupe parfumée à la coriandre aux légumes du moment ou aux raviolis à la citronnelle, nems croustillants, dim sums délicats, beignets de crevettes, poulet au citron, porc moelleux au piment. L'ensemble est d'une authenticité sans faille.

Marjane

122, Grand-Rue
Tél.: 03 88 71 83 27
Fermé lundi, 20 août-5 sept., 30 déc.-15 janv.
Menus: 90-140 F. Carte: 160 F

Le décor est sobre, sans chiqué, ni ornementation, l'accueil féminin tout charme. Ce qui mérite l'attention? Une cuisine marocaine mitonnée dans la tradition par le modeste Noureddine El Houach. Bricks au thon ou crevettes, couscous avec graine fine, bouillon dégraissé, viandes grillées de qualité, tagines de poulet au citron, d'agneau et pruneaux, kefta aux œufs: voilà qui mérite le détour. Les prix sont la sagesse même. Le gris de Guerrouane ou le Ksar rosé, francs vins de soif, tiennent le choc sur les épices.

Taverne Katz

80, Grand-Rue
Tél.: 03 88 71 16 56
Menus: 85-185 F. Carte: 180 F

La maison est Renaissance, la façade classée, les boiseries chaleureuses. Mais il y a aussi l'accueil, le service, l'atmosphère insufflée par Suzy Schmitt, qui parvient à être en salle et aux fourneaux. Le chapitre des «spécialités» de la carte résume le style maison fait de tradition réinventée: pieds de porc croustillants, timbale de volaille (une soupière lutée contenant la farce traditionnelle du vol-au-vent), jambon braisé aux spätzle, joue de porc aux carottes, grumbeereknepfle aux cèpes. La période de l'avent transforme la demeure en maison de pain d'épice. L'ambiance monte vite et la chaleur est dans les cœurs. L'Alsace de toujours est là, sa gourmandise comme son esprit profond.

A Saint-Jean-Saverne: à 4 km N. par D115

Kleiber

37, Grand-Rue
Tél.: 03 88 91 11 82. Fax:: 03 88 71 09 64
Fermé sam. midi, dim. soir, 1er-20 janv.
20 ch: 250-320 F
Menus: 50 F (déj.), 80 F, 120 F, 180-250 F.
Carte: 250 F

Les Lorentz tiennent avec gentillesse ce petit hôtel aux chambres simples et proprettes dans un village classé au pied du mont Saint-Michel local. Plats du jour et cuisine bourgeoise (pavé de saumon sur choucroute, rognon à la moutarde ancienne, gibiers) sont servis dans la grande salle rustique ou la taverne boisée près du bar.

A Monswiller : 2 km N. par D 16

Kasbür

8, rue de Dettwiller
Tél. 03 88 02 14 20. Fax 03 88 02 14 21
Fermé lundi, fin juil.-début août
Menus : 75 (sem., déj.), 110(sem., déj.), 165, 235 F. Carte : 200-300 F

A la sortie de Saverne, côté brasserie, ce Kasbür détonne. Le nom («paysan fromager» en alsacien) évoque la profession du grand-père d'Yves Kieffer qui a travaillé chez Meneau à Vézelay et à la Tour d'Argent à Paris. Les prix sont sages, les tables espacées, la terrasse où l'on mange aux beaux jours lorgne vers les ruines du Haut-Barr, le cadre avec son parquet neuf, ses chaises vertes en néo-quelque chose ne fait pas la retape. Mais la maison met vite à l'aise et l'épouse du patron qui assure le service avec une jeune assistante a le sourire prompt. Côté cuisine, on fait ici dans la nouveauté bien comprise, le terroir recréé, l'humeur du jour et le mouvement des saisons. Le velouté d'asperges glacé avec sa quenelle de crabe aux épices, la tartifle de pommes rosevals, le sandre en écailles de pommes de terre, l'osso buco à la piémontaise illustrent sa manière de jouer le terroir d'ici et d'ailleurs avec malice. Côté desserts, le vacherin maison ou le dôme de chocolat Manjari, très dense, avec un sorbet orange et une glace aux poires sont des réussites fort séductrices.

A 67330 Ernolsheim-les-Saverne : à 6 km rte de Bouxwiller

Le Daubenschlag

87, rue Principale
Tél. : 03 88 70 30 16
Fermé mardi, mercr. midi, sam. midi, Noël-Nvel An
Carte : 100-150 F

Pierre Sansig a fait de cette grange en lisière de forêt un bistrot rustique avec haut plafond et comptoir d'entrée. On accueille pour le rituel des fines tartes flambées, la pierre chaude où l'on cuit le rumsteak flanqué de pommes de terre farcies, sans omettre de plaisantes brochettes (merguez, poulet, poisson) sous forme de «pendules». Escargots, salade mixte, escalope à la crème complètent le programme.

Rappelez-vous qu'une bonne table commence par de bons produits.

Produits

ARTS DE LA TABLE

Cristallerie Carabin

52, Grand-Rue
Tél. : 03 88 91 11 93

Les belles carafes sculptées, aiguières, verres taillés sont façonnées main dans l'atelier visible à quelques mètres, au bord du canal. Prix raisonnables.

BOUCHERS-CHARCUTIERS

Schneider

32, rue de la Côte. Tél. : 03 88 01 80 92
86, Grand-Rue. Tél. : 03 88 91 31 69

Cette maison double est de bonne compagnie pour les viandes, mais aussi pour cervelas, knacks, lard, jambon fumé, saucisse de bière.

Denis Wollbrett

6, Grand-Rue, à Saint-Jean-Saverne
Tél. : 03 88 91 19 05. Fax : 03 88 71 14 03

As de la charcuterie artisanale, relayé par son fils, l'excellent Denis fume à merveille son jambon et son lard, propose tourte au riesling, superbe boudin noir, délicieux presskopf, lard paysan, saucisse de pommes de terre, délicieux foie gras et pâté de foie à prix sage.

BOULANGER

Ehrhardt

11, Grand-Rue
Tél. : 03 88 91 13 59. Fax : 03 88 91 27 45

Jean-Pierre Harter, du restaurant Chez Jean a relancé cette boulangerie de tradition. Pains à la bière, au müesli, au cumin, au levain, aux noix, viennoiseries au beurre, kougelhopf et chinois, confitures artisanales et chocolat font bel effet.

PÂTISSIER-BOULANGER

Boistelle

92, Grand-Rue
Tél. : 03 88 91 10 55. Fax : 03 88 91 10 55

Christian Boistelle, chocolatier artiste, joue sur tous les beaux tableaux sucrés : bouton de rose en massepain, pavé de Saverne chocolaté, streussel, forêt-noire, kougelhopf sont de très bon ton.

Muller-Oberling

66-68, Grand-Rue
Tél. : 03 88 91 13 30. Fax : 03 88 71 87 96

Truffes au rhum, palets or, crottes de la Licorne, tarte aux noix, entremets ananas-rhum, langhopf aux amandes fraîches, glaces aux fruits exotiques et pains maison (belle couronne à l'ancienne) tiennent la forme dans cette pâtisserie-institution. Joli saloir.

Rendez-vous

SALON DE THÉ

Gérard Klein

29, Grand-Rue
Tél.: 03 88 91 15 58

Le salon au premier est cosy, l'accueil tout sourire, les chocolats d'un classicisme bien tenu (pavé séville à l'orange, chalet chocolat-caramel) et les pâtisseries (kougelhopf, strudel, viennoiseries) jouent la tradition en finesse.

Schiltigheim: voir Strasbourg

Schirmeck

67130. Paris 410 - Strasbourg 53 - Sélestat 45 - St Dié 39.

Ce bourg-carrefour de la vallée de la Bruche ouvre sur les Vosges secrètes, touffues et boisées. Avec elles, une kyrielle de hameaux bien au vert, d'auberges pimpantes, de haltes proprettes.

Hôtels-Restaurants

Le Sabayon

4, rue de la Gare à Labroque
Tél.: 03 88 97 04 35. fax: 03 88 48 44 85
Fermé dim. soir, lundi, 16 août-3 sept.
Menus: 65 F (enf.), 120-200 F (vin c.)
Carte: 250-300F.

Raymond Jaeger qui a fait le tour de France des popotes (via Ledoyen et le groupe Flo) est revenu au pays proposer une cuisine du marché, savante et fraîche. Brochette de champignons grillés au feu de bois, saumon à la suédoise façon gravad lax, foie frais poêlé en aigre-doux sont de jolies surprises.

A Barembach: à 1.5 km E.

Château de Barembach

5, rue du Maréchal-de-Lattre-de-Tassigny
Tél.: 03 88 97 97 50. Fax: 03 88 47 17 19
Fermé lundi, mardi midi (res.), 5 janv.-5 fév
15 ch: 475-895 F.
Menus: 120, 195, 250, 398 F. Carte: 350 F

Membre des Romantik Hôtels, ce manoir XIXe dans son parc fleuri offre accueil aimable, chambres de style, cuisine ouvragée: minute de rouget, tatin de saint-jacques, foie de canard poêlé, canette en deux services.

A Natzwiller: 6 km S-O par N420 et D130

Auberge Metzger

55 rue Principale
Tél. 03 88 97 02 42. Fax 03 88 97 93 59
Fermé dim. soir, lundi (sf été), 4-25 janv., 26 juin-2 juil., 18-25 déc.
13 ch. 280-360 F 1/2 pens. 305-380 F
Menus: 98- 185 F. Carte: 200-250 F

La maison du bonheur? Tout ce qui est ici proposé ici pourrait porter l'estampille «fait maison». Notamment le jambon, avec l'«assiette du fumoir». Ajoutez à cela escargots, foie gras délicatement cuit, palette fumée sur choucroute, tête de veau et langue pochée sauce vinaigrette, duo de pâtes avec crème et lardons, côte de veau chasseur, mousse glacée au kirsch, bref, toutes sortes de mets ni classiques, ni modernes, mais de tous les temps. Et vous comprendrez que la demeure, qui affiche souvent complet en fin de semaine, fasse recette. Il y a ici un culte de la simplicité rayonnante qui émeut, le sourire de la belle et blonde patronne, une salle claire, une terrasse ayant vue sur la forêt, dans le haut d'un vrai village vosgien et même des chambres qui ont subi une rénovation heureuse. Si bien qu'on se dit qu'il s'agit là d'une aubaine à saisir.

Aux Quelles: 7 km N-O par D261

Neuhauser

Tél.: 03 88 97 06 81. Fax: 03 99 97 06 81
14 ch. 290-360 F 1/2 pens. 340-550 F
Menus: 140- 280F. Carte: 200-300 F

On ne s'embête jamais chez les Neuhauser. Promenades au grand air, farniente dans le domaine, cours de distillation chez papa Pierre (sa prune est une merveille), piscine aux beaux jours, sans ometre une cuisine sérieuse et des chambres proprettes pour le repos: voilà qui occupe. Rien à redire aux terrine de gibier au foie gras, saumon à la crème de raifort, filet de lapin farci, que l'on sert avec le sourire.

La Schlucht (col de)

88400 Vosges. Paris 439 - Colmar 37 - Epinal 56 - Gerardmer 16 - St-Dié 36.

Le col frontière entre Vosges lorraines et parages d'Alsace. On longe la route des crêtes pour le plaisir et le vertige des hauteurs.

Hôtel-restaurant

Le Collet

Tél.: 03 29 60 09 57. Fax: 03 29 60 08 77
Fermé mercr. (sf vac. scol.), 20 mars-4 avr., 13 nov.-7 déc.
21 ch. 360-670 F. 1/2 pens. 360-400 F
Menus: 55 F (enf.), 95-165 F. Carte: 150-200 F

Le décor de chalet chaleureux et boisé, la situation dans les arbres au cœur des cimes, les chambres mignonnettes, l'accueil de Maïe Lapôtre, le doigté du fiston Olivier côté fourneaux: voilà qui plaît sans mal. On vient ici pour le ski, les vues de la route des crêtes, les lacs voisins de Longemer et de Retournemer, mais aussi la gourmandise bonne enfant. Ainsi, la toute fraîche tarte au jeune munster, la jolie queue de bœuf en gelée de pot-au-feu avec les myrtilles au vinaigre que l'on nomme ici bleuets, l'assiette dite «canaille», avec andouillette du proche Val d'Ajol, fumée au feu de bois, tête et langue de veau tiède, ravigote aux herbes, le boudin noir à l'ancienne, la vive truite au riesling et encore le jambonneau sur choucroute sans omettre un strudel aux quetsches à fondre. Voilà, au cœur des Vosges, un p'tit bonheur

Schnellenbuhl : voir Sélestat

Schweighouse-sur-Moder : voir Haguenau

Sedan

08200 Ardennes. Paris 257 – Charleville-Mézières 24 – Metz 146 – Reims 105.

L'équipe de foot tient la forme, la ville aussi, à fleur d'Ardenne belge et de forêt, avec son château fort, signe de son passé de bastion.

Restaurant

Au Bon Vieux Temps

3, pl. de la Halle
Tél. : 03 24 29 03 70. Fax : 03 24 29 20 27
Fermé dim. soir, lundi (sf fériés), vac. févr.
Menus : 55 F (enf.), 98 F (déj. sem.), 135-300 F

La bonne halte sedanaise, c'est la table sérieuse d'Alain Leterme qui cuisine pour le plaisir. Ses asperges en saison, pied de porc au jambon d'Ardennes, omelette norvégienne sont bons... comme au bon vieux temps. Le décor cossu avec ses fresques naïves a du charme.

A 08140 Bazeilles : 3 km E. par N58

Château de Bazeilles

Tél. : 03 24 27 09 68. Fax : 03 24 27 64 20
Fermé (rest.) sam. midi, dim. soir, lundi midi, 10 jrs févr.
Menus : 148 F (déj., sem.)-250 F. Carte : 350 F

Cette belle halte au vert, aménagée dans les dépendances d'un ancien château XVIIe, vaut pour son cadre à la fois seigneurial et champêtre, comme sa cuisine soignée. Chambres de très bon confort et bel accueil.

Séguret : voir Vaison-la-Romaine

Sélestat

67600 Bas-Rhin. Paris 429 – Colmar 22 – Strasbourg 48 – Mulhouse 63.

Au carrefour de la voie rapide Colmar-Strasbourg, Sélestat est fameuse pour sa bibliothèque humaniste, ses pieux clochers, ses belles demeures Renaissance. Et les routes du vin, des Vosges et du Rhin, juste à sa porte.

Hôtels-restaurants

Abbaye de la Pommeraie

8, av. du Mal-Foch
Tél. : 03 88 92 07 84. Fax : 03 88 92 08 71
Fermé (rest.) dim. soir, lundi
10 ch. 800-1 500 F. 1/2 pens. 800-1 050 F
Menus : 320-420F F

Pascal Funaro, qui fut l'adjoint des François, à la «Chenaudière» de Colroy, a racheté cette ancienne abbaye devenue l'étape de luxe de la ville sous le label Relais & Châteaux. Les chambres vastes, avec salles de bain «pompéiennes», d'autres plus rustiques au dernier étage, sont au calme, dans un quartier résidentiel. Côté cuisine, on joue le classicisme actualisé dans deux salles très distinguées, dont l'une, sur le thème de la pomme, a le charme rustique très cosy.

Auberge des Alliés

39, rue des Chevaliers
Tél. : 03 88 92 09 34. Fax : 03 88 92 12 88
Fermé (rest.) dim. soir, lundi, 21 déc.-5 janv., 29 juin-14 juil.)
17 ch. 300-360 F
Menus : 98-145 F. Carte : 150-280 F

Augmentée de chambres modernes et confortables, cette demeure de tradition a conservé sa belle salle ancienne, boisée et patinée, en sus de sa taverne genre winstub. Pâté en croûte, sole meunière, filet de bœuf au pinot noir, marquise au chocolat jouxtent choucroute et bibelaskäs.

Vaillant

Pl. de la République
Tél. : 03 88 92 09 46. Fax : 03 88 82 95 01
Fermé (rest.) sam. midi, dim. soir, 21 déc.-5 janv., vac févr.
47 ch. 270-390 F. 1/2 pens. 260-320 F
Menus : 48 F (enf.), 95-225 F. Carte : 150-250 F

Cet hôtel fonctionnel propose, en sus de chambres nettes, un restaurant de bon ton où, de galette de queue de bœuf à la moelle en choucroute de poissons, le marché et l'air du temps font bon ménage avec la tradition. Sauna, fitness.

Jean-Frédéric Edel

7, rue des Serruriers
Tél. : 03 88 92 86 55. Fax : 03 88 92 87 26
Fermé dim. soir, mardi soir, mercr., vac. févr., 18 juil.-12 août
Menus : 188-490 F. Carte : 400-550 F

Jean-Fred ? Le Bocuse de Sélestat : un prince gourmand qui ne s'en laisse pas conter sur le terrain de la communication et mitonne avec allant des menus qui lui ressemblent : légers et farceurs, agiles comme l'air du temps. Technicien rigoureux, formé chez Delaveyne à Bougival, il fait miroiter ses dînettes sur le thème des champignons, des viandes, des poissons ou des traditions d'Alsace comme on joue un bon tour. Ses poêlées de fleischnacka et feuilles de foie gras en salade, blanc de saint-pierre aux girolles, crapaudine de pigeon au miel de châtaignes, pêche pochée et glace pains d'épice sont du travail d'artiste. Sa carte des vins ne manque pas de ressources, les tables sont espacées, sa maison a du caractère.

Au Bon Pichet

10, pl. du Marché-aux-Choux
Tél.: 03 88 82 96 65
Fermé dim., lundi soir et Noël-Nvel An
Jusqu'à 23 h
Menu: 70 F (déj.). Carte: 150-250 F

Le cadre boisé rassure, avec comptoir, poêle vert, tables nappées « Hansi », ardoises « racontant » le marché. Roland Barthel, ex-boucher, est l'Obélix de la winstub. Il met de la vie dans la maison, pratique l'humour en demi-teinte, choisit les meilleurs morceaux aux abattoirs, comme un onglet gargantuesque, avec sauce marchand de vin, mûrie douze jours. Son rognon cuit entier dans sa graisse, « à la goutte de sang », est digne des grands. Son magret, proposé saignant, est superbe et les pommes sautées au lard qui l'accompagnent sont impeccables. On en oublierait de louanger le foie gras d'oie, les escargots au goût beurré et persillé, plus un vacherin glacé à fondre. La note varie selon vos choix. Mais chaque mets plantureux peut faire un repas. Et le menu « plat du jour », en semaine, permet de faire la fête sans se ruiner.

La Vieille Tour

8, rue de la Jauge
Tél.: 03 88 92 15 02. Fax: 03 88 92 19 42
Fermé lundi, 21 févr.-6 mars
Menus: 90-250 F. Carte: 250 F

Valerian Privat a racheté cette maison d'angle et fleurie qui offre un intérieur soigné, avec poutres, meubles cirés, fer forgé. Cet ancien d'Haeberlin, de la Tour d'Argent et de la Pommeraie n'a rien changé à la bonhomie maison. On sert là, avec le sourire, une cuisine éclectique, fort soignée: tarte à l'oignon, escargots, méli-mélo de la mer, choucroute garnie.

Au lieu-dit Schnellenbuhl, 8 km par D159 et D 424

Auberge de l'Illwald

Tél.: 03 88 85 35 40. Fax: 03 88 85 39 18
Fermé mardi soir, mercr., 27 juin-12 juil., 24 déc.-12 janv.
Menu: 45 F (enf.), 55 F (déj.). Carte: 160-220 F

La façade peinte par Edgar Malher et ses panneaux de bois sur le thème de la forêt légendaire confèrent un charme exotique au lieu. La frontière est à deux pas. Brigitte et Christian Schwartz s'activent entre salles et bar, servant le plat du jour des initiés, les propositions du marché sophistiquées (salade de langoustines au curry) ou canailles (joues de porc confites au vin rouge, épatante crépinette de queue de bœuf aux choux). La tarte à l'oignon est d'un moelleux exceptionnel. Les desserts (nougat glacé maison, tarte aux abricots du moment) sont jolis et bons. Les vins sont de divines surprises. Voilà autant de raisons de faire ici étape. Mieux: d'avoir son rond de serviette.

Produits

BOUCHER

Richard Jaegli

3, pl. de la Victoire
Tél.: 03 88 92 32 52

Les poussins du Ried, gibiers en saison, bœuf du Charolais, l'agneau du Limousin se trouvent choisis avec science dans cette demeure à colombages qui propose, en outre, estomac de porc farci, caille désossée au foie gras et raisins, jambon fumé et lard de qualité.

BOULANGER

Benrard Reibel

19, rue de la Grande-Boucherie
Tél.: 03 88 92 80 40

Pains au levain, tarte à l'oignon, leckerli, pains à l'anis, pâté en croûte et kougelhopf pur beurre sont mitonnés avec doigté et vendus avec le sourire dans cette échoppe alléchante.

CAVISTE

Caves des Franciscains

Galerie Marchande Intermarché
Rd-Pt Maison-Rouge
Tél.: 03 88 92 90 44. Fax: 03 88 92 90 44

Après des études au lycée hôtelier de Strasbourg et un bref passage en restauration, Isabelle Kraemer, jolie rousse au tempérament volontaire, a repris la boutique créée par Roger Bahl. Elle fait découvrir les vins qu'elle aime dans tous les vignobles, des plus prestigieux (Pétrus, Yquem), tout en proposant à bon prix de vraies trouvailles (domaine de Ravanel ou château Caseneuve) et réussit à faire d'un passage de grande surface un lieu convivial voué au vin vivant.

CHARCUTIER

Haubensack Frères

13, rue R.-Poincaré
Tél.: 03 88 92 11 84

Boudin, cervelas, presskopf, saucisse de foie, saumon fumé, foie gras, garniture de choix pour choucroute, pâté en croûte, tourte se retrouvent chez cet artisan de tradition.

DISTILLATEUR

Legoll

Rte de Villé, à Châtenois (4,5 km par N59)
Tél. : 03 88 85 66 90. Fax : 03 88 85 67 72

René Legoll, artiste des eaux-de-vie patientes et nobles réussit bien framboise, kirsch, mirabelle, poires williams, quetsche et prunelle. En prime, d'exquises confitures artisanales aux pommes et noix ou aux épices de Noël.

EPICIER

Robert Schneider

6, rue du Marteau
Tél. : 03 88 92 03 72

Ce petit traiteur de luxe propose fruits et légumes exotiques, rayon épicerie fine recensant les meilleures marques de l'Hexagone. En sus, des volailles de fière allure, un excellent foie gras et, en saison, des gibiers superbes.

PÂTISSIER-CHOCOLATIER

Gross

1, pl. de la Victoire
Tél. : 03 88 92 00 42. Fax : 03 88 95 23 23

Michel Gross, fameux pâtissier d'Obernai, a fait de la boutique de son oncle une belle vitrine pour ses pâtisseries classico-modernes : pain de Gênes, gâteau au chocolat et tourte valent l'emplette.

Kamm

15, rue des Clefs
Tél. : 03 88 92 11 04. Fax : 03 88 92 85 25

Comme à Dambach, Jean-Paul Kamm, dans cette échoppe du quartier piétonnier, propose frais entremets, chocolats comme l'Euro fourré praliné, d'une gourmande actualité. Mais feuilleté au jambon, kougelhopf sucré ou au lard restent rituels.

Sontag-Koffel

2-10, rue du 17-Novembre
Tél. : 03 88 92 02 53/82 85 00

Antoine et Philippe Koffel mitonnent avec amour génoise amandes et fruits de la passion (exotica), jolis gâteaux au chocolat (trois-rois, topaze, belle-hélène), mais aussi kougelhopf, chinois, bredele, assurant la tradition maintenue. Les chocolats (ganaches au caramel, palets or amers, pistache-amande, feuilleté praliné) valent le coup de cœur.

Sens

89100 Yonne. Paris 117 – Fontainebleau 55 – Auxerre 60 – Montargis 51.

La cathédrale Saint-Etienne, son trésor, le musée dans le palais synodal, voilà qui vaut la halte ici même.

Hôtels-restaurants

Paris et Poste 

97, rue de la République
Tél. : 03 86 65 17 43. Fax : 03 86 64 48 45
Fermé (rest.) dim. soir
21 ch. 400-750 F. 1/2 pens. 380 F. 4 appart.
Menus : 170-340 F. Postillon : 99-126 F

Charme ancien, confort d'aujourd'hui, cuisine de toujours et service soigné : voilà ce que l'on trouve dans cette belle halte genre vieux relais modernisé. On aime, chez les Godart, les préparations sur le thème du jambon persillé, des escargots ou des grenouilles, comme le confort de chambres fort soignées. Belle salle à manger à l'ancienne avec sa cheminée ornée.

La Madeleine

1, rue Alsace-Lorraine
Tél. : 03 86 65 09 31. Fax : 03 86 95 37 41
Fermé dim., lundi, 9-17 juil., 31 juil.-17 août, 23 déc.-2 janv.
Menus : 195 F (déj.), 210-360 F. Carte : 400-500 F
Au Crieur de Vin : (03 86 65 92 80), 70 F (enf.), 102-150 F

Le chic de Patrick Gauthier ? Raconter sa région avec l'air de n'en rien paraître. Manière de dire que la légèreté est son métier, sous une allure régionale fidèle. Fricassée d'escargots aux légumes et beurre d'ail, filet de sandre à l'irancy, turbot à la ventrèche et pommes charlottes, rognon sauce moutarde et moût de raisin sont des plats d'un sérieux imparable. Il y a, bien sûr, la table moins chère, plus régionalisante, à l'enseigne du Crieur de Vin. Reste que l'on n'oublie pas ici le terroir, que la cave est d'importance et les desserts (comme la mousseline de chocolat Guanaja) fort soignés.

Sessenheim

67770 Bas-Rhin. Paris 504 – Strasbourg 32 – Haguenau 17 – Wissembourg 44.

Le souvenir de Goethe, amoureux de Frédérique Brion, la fille du pasteur local, éclaire le souvenir du village. On vient ici de l'autre côté du Rhin en pèlerinage romantique...

Restaurants

A l'Agneau

A Dengolsheim : D468 rte de Strasbourg
Tél. : 03 88 86 95 55. Fax : 03 88 86 04 43
Fermé dim. soir, lundi, mercr. soir, 15 jrs févr.
Menus : 150 F (déj. sem.). Carte : 300-350 F

Gérard Wendling est le phénix gourmand de ces parages rhénans. L'accueil de sa gente épouse est adorable, la terrasse au vert une providence aux beaux jours et la cuisine au gré du marché recèle de belles pépites. Le velouté de cèpes au foie gras chaud, la salade d'herbes aux langoustines, la crépinette de pied de porc et queue de bœuf dans une sauce brune pointue de goût, les figues fraîches au coulis de framboises glacé sont de jolies choses, créatives et sans esbroufe.

Au Bœuf

1, rue de l'Eglise
Tél. : 03 88 86 97 14. Fax : 03 88 86 04 62
Fermé lundi, mardi, 14 juil.-7 août, 5-20 févr.
Menus : 120 F (déj.)-300 F. Carte : 300 F

Le joli musée Goethe, dans le restaurant même, attire nos voisins d'outre-Rhin qui viennent se recueillir dans ce cadre cossu, sans omettre de faire un sort aux classiques foie gras, sandre aux nouilles, filet de bœuf en brioche.

Sète

34200 Hérault. Paris 789 – Montpellier 33 – Lodève 63 – Béziers 56.

La vue du mont Saint-Clair et la chapelle Notre-Dame-de-Salette, le vieux port, le cimetière marin et celui où repose Georges Brassens pour l'éternité : voilà des raisons de faire halte dans cette pointe sud de la France.

Hôtels-restaurants

Grand Hôtel

17, quai Mal-de-Lattre-de-Tassigny
Tél. : 04 67 74 71 77. Fax : 04 67 74 71 77
45 ch. 340-640 F

Ce monument 1880 avec sa belle galerie intérieure, son patio, ses chambres à l'ancienne a été refait à neuf sans perdre son cachet suranné. Belles salles de bain en marbre. Le restaurant la Rotonde est la porte à côté.

La Rotonde

17, quai Mal-de-Lattre-de-Tassigny
Tél. : 04 67 74 86 14. Fax : 04 67 74 86 14
Fermé sam. midi, dim., 2-7 janv., 30 juil.-16 août
Menus : 125 F (sem.), 175-360 F
Carte : 350-450 F

Philippe Mouls, ancien de Trama à Puymirol, la Tour d'Argent à Paris, le Château de Divonne et du Tastevin à Maisons-Laffite, tente de relever le défi de la gastronomie dans ce qui fut la salle à manger du Grand Hôtel. Haut plafond et stucs impressionnent, la teinte bleue rassure. Le service, sous la houlette de Dominique Janssen, a de l'allant. Les vins du Sud-Ouest sont proposés avec science et tarifés avec tendresse. On goûte millefeuille de foie gras chaud à la pancetta séchée et lentilles, risotto de saint-jacques aux truffes et tuiles de parmesan, pissaladière de baudroie au jambon, noisettes d'agneau aux croustillants de pieds de porc. C'est généreusement, copieusement et sans doute même trop abondamment servis. Les desserts (jolie gaufre aux fruits au coulis de framboises et sorbet mascarpone) font une belle surprise.

La Palangrotte

1, rampe Paul-Valéry, quai de la Marine
Tél. : 04 67 74 80 35. Fax : 04 67 74 97 20
Fermé dim. soir, lundi (sf été)
Menus : 60 F (déj.), 130 F (déj., vin c.)- 235 F
Carte : 350 F

Au milieu des gargottes qui pullulent sur le port, la demeure d'Alain Gemignani est une perle. On vient ici pour la fraîcheur des poissons, la bourride, le clafoutis de moules à la fondue de tomate, le loup simplement grillé aux herbes. Accueil adorable et cadre soigné.

Sewen

68290 Haut-Rhin. Paris 442 – Epinal 79 – Mulhouse 39 – Belfort 32 – Colmar 66.

Ces parages sud des Vosges font se rejoindre Haut-Rhin et territoire de Belfort. C'est, dans le creux des vallées, le même massif au vert.

Hôtels-restaurants

Le Relais des Lacs

30, Grand-Rue
Tél. : 03 89 82 01 42. Fax : 03 89 82 09 29
Fermé mardi soir, mercr. (hs), 6 janv. -7 févr.
13 ch. 190-300 F. 1/2 pens. 240-310 F
Menus : 60 F (déj.), 125-220 F. Carte : 180-250 F

Benoît Fluhr, ancien de Ledoyen, Maxim's, la Tour d'Argent, n'a pas bouleversé le style de la demeure familiale dont le premier atout est la paix champêtre offerte au pied des Vosges. Le jardin, les chambres simplettes, la cuisine au gré du marché (la lotte au safran, la choucroute au confit, les œufs en neige) sont là pour égayer un séjour sans ombre.

Les Vosges

38, Grand-Rue
Tél. : 03 89 82 00 43. Fax : 03 89 82 08 38
Fermé dim. soir, mercr. (h.s.), 1 sem. févr., 1er-26 déc., 10-20 janv.
20 ch. 240-290 F
Menus : 55 F (enf.), 90-260 F. Carte : 250 F

Les chambres rénovées, le jardin, la terrasse justifient l'étape. Mais la cuisine de Jean-Michel Kieffer, élève de Bocuse et Jung, n'est pas mal non plus. Filets de truite et potée de chou frisé au foie gras, bar au fenouil rôti sur la peau, noisettes de ris de veau et langoustines au paprika sont quelques-uns des bons tours joués en la demeure.

Voir aussi : Masevaux

Sierck

57480 Moselle. Paris 355 - Metz 45 - Luxembourg 32 - Thionville 17 - Trier 51.

Proche du Luxembourg, non loin de la Sarre et de la vallée de la Moselle, ces parages rustiques font mirer fermes anciennes et ruines médiévales.

A Montenach, 3.5 km S.-E. par D956

Auberge de la Klauss

Tél.: 03 82 83 72 38. Fax: 03 82 83 73 00
Fermé lundi, 24 déc.-7 janv.
Menus: 160-280 F. Carte: 200-300 F

Cette ancienne ferme de 1869, devenue café de village, repeinte en blanc, avec salles de restaurant au cachet rustique, toilettes luxueuses et annexe où l'on vend produits maison est le domaine de Charles Keff. On y propose des menus bien dosés avec les charcuteries maison, mitonnées dans des ateliers modernes, vendues dans une boutique pomponnée. Vous goûterez les terrines de sanglier, le jambon fumé comme le saucisson au vrai goût de cochon, le foie gras délicat, les pommes de terre sautées à cru et longuement cuites en potée, la truite au bleu doucereuse et le crémeux soufflé glacé à la mirabelle que l'on arrose d'un frais blanc de Contz ou d'un bourgogne réserve maison. Le jeune service en veste bleue est souriant autant qu'alerte.

Sierentz

68510 Haut-Rhin. Paris 483 - Mulhouse 16 - Altkirch 19 - Bâle 17 - Colmar 52.

En lisière du Sundgau, ces parages sudistes de l'Alsace et proche de la Suisse et du Rhin, un bourg-carrefour aux contours aimables.

hôtel simple

hôtel simple, mais de bon confort

hôtel de grand confort

hôtel de luxe

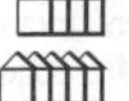

hôtels de grand luxe, service de classe

hôtel au calme

lieu de mémoire

Restaurant

Auberge Saint-Laurent

1, rue de la Fontaine
Tél.: 03 89 81 52 81. Fax: 03 89 81 67 08
Fermé lundi, mardi, 15 jrs févr., 15 jrs juil.
Menus: 120 F (déj.), 250-400 F. Carte: 350-400 F

L'accueil de charme de la blonde Mme Arbeit a évidemment son prix dans le succès de cette auberge XVIIe. L'intérieur chaleureux, les vieux meubles, la cour intérieure ont également du cachet. Mais c'est la cuisine de Marco, ancien de Begat au Kaegy, qui rallie ici les gourmets. Poêlée de saint-jacques aux endives, foie gras avec confit de choucroute, blanc de turbot à l'huile de Toscane, dos de sandre poêlé sur la peau et fondue de poireaux, pigeonneau désossé en sauce vineuse et carré d'agneau au romarin comme en Provence sont d'une séduction totale, avec une touche sudiste. Ajoutez-y des desserts épatants (soufflé glacé aux clémentines, aumônière aux fruits et sorbet fromage blanc) et vous comprendrez que cette demeure proche de la frontière suisse ne désemplisse pas.

Signy-l'Abbaye

08460 Ardennes. Paris 218 - Charleville-Mézières 29 - Hirson 40 - Sedan 51.

La route vers la haute Ardenne passe par ce village aimable entre vallons et forêts.

Hôtel-restaurant

Auberge de l'Abbaye

Tél.: 03 24 52 81 27. Fax: 03 24 53 71 72
Fermé 2 janv.-28 févr., (rest.) mardi, mercr.

10 ch. 240-350 F. 1/2 pens. 220-280 F
Menus: 80-160 F. Carte: 200 F

Cette belle auberge avec chambres simples, rustiques, mais soignées, propose un accueil digne de ce nom et une table aux couleurs d'Ardenne qui égrène truite, fumaison, belles charcuteries, champignons des bois et gibiers en saison.

Sisteron

04200 Alpes-de-Haute-Provence. Paris 710 – Digne-les-Bains 39 – Barcelonnette 101 – Gap 52.

Office du Tourisme: Hôtel de Ville
Tél.: 04 92 61 36 50. Fax: 04 92 61 19 57

Cette capitale gourmande du haut-pays provençal égrène agneau et nougat, sans omettre de faire mirer citadelle, donjon et rocher de la Baume dans les eaux bleues de la Durance.

Restaurant

Les Becs Fins

16, rue Saunerie
Tél. : 04 92 61 12 04. Fax : 04 92 61 28 33
Fermé dim. soir, mercr. (sf été), 16-23 juin, 1er-10 déc.
Menus : 68 F (enf.), 90 F (déj.)-288 F. Carte : 200-300 F

La belle auberge comme en Provence, se dirait-on, si, précisément, on ne se trouvait au cœur du pays de Giono. On magnifie ici les produits de pays dans une auberge rustique, avec boiseries et beaux tableaux. Agneau de Sisteron, bien sûr, mais aussi brouillade d'œufs aux truffes en saison et jolis poissons selon la marée du moment.

Sospel

06380 Alpes-Maritimes. Paris 972 - Menton 18 - Nice 41 - Vintimille 28.

Le vieux village perché, sur la route de col de Tende, offre un avant-goût du Piémont.

Hôtel-restaurant

Hôtel des Etrangers

Bd de Verdun
Tél. : 04 90 04 00 09. Fax : 04 93 04 12 31
Fermé mardi (hs), 26 nov.-14 févr.
35 ch. 320-400 F. 1/2 pens. 340-400 F
Menus : 110-240 F. Carte : 250 F

« C'est mon bébé », dit volontiers Maximin s'agissant de Gilles Domerego. De fait, ce bon élève du grand Jacques, passé en outre chez Robuchon, a repris ce vieil hôtel de tradition familiale sans perdre aucunement les bonnes leçons acquises. Les chambres ont le cachet suranné, la cuisine au diapason sait retrouver l'esprit de la tradition d'avant, mais avec légèreté et beaucoup de maîtrise. Qu'expriment courgettes fleurs farcies de seiches, ravioli de daube, truite des torrents d'ici, carré d'agneau laqué au miel, gratin de clémentines mitonnés au petit point, à la fois avec science et cœur. Belle cave, sur laquelle veille Jean-Pierre Domerego, papa du chef et amateur passionné de bons crus de son pays de soleil.

Soultz : voir Guebwiller

Soultz-sous-Forêts : voir Wissembourg

Demandez au sommelier de vous conseiller le vin qui accompagne au mieux les plats que vous aurez choisis.

Sousceyrac

46190 Lot. Paris 544 - Aurillac 47 - Cahors 94 - Figeac 41 - Mauriac 72.

Le Quercy des merveilles ! Entre Causse et châtaigneraie, un pays de futaies vallonnées, de halliers sombres et de chemins secrets.

Hôtel-restaurant

Au Déjeuner de Sousceyrac

Tél. : 05 65 33 0 56. Fax : 05 65 33 04 37
Fermé 20 avr.-30 oct., dim. soir, lundi (sf soir été)
8 ch. 230-250 F. 1/2 pens. 250 F
Menus : 125 F (déj.), 180-240 F

Riche et séveuse, la cuisine de Richard Piganiol évoque autant le Quercy auquel il se rattache que le Rouergue proche, l'Auvergne voisine, en ce coin nord-est du Lot. On vient chez lui autant pour la joliesse du site, la jovialité de l'accueil, la tendresse rude du lieu. On est là comme par mégarde sur la place d'un beau bourg français et l'on se trouve tout heureux d'y séjourner pour le bonheur de la découverte. Exquis et fort bien réalisés sont le mille-feuille de foie gras et pommes de terre, pigeon fermier et ravioles d'abats, la pièce de bœuf au foie gras ou la crème brûlée aux noix.

Souvigny-en-Sologne

41600 Loir-et-Cher. Paris 175 - Orléans 39 - Gien 43 - Montargis 63.

Un adorable village avec son église à caquetoire et ses demeures à colombages, le tout enclos dans la forêt.

Restaurant

La Perdrix Rouge

Tél. : 02 54 88 41 05. Fax : 02 54 88 05 56
Fermé lundi, mardi, 21 févr.-1er mars, 30 juin-6 juil., 29 août-5 sept.
Menus : 80 F (déj.)-300 F. Carte : 200-250 F

La bonne surprise d'une étape en Sologne, c'est la halte sans façons dans cette belle auberge. Le village est coquet, avec ses maisons à pans de bois fleuri, son église à caquetoir et cette pittoresque enseigne qui cache une table avenante. Jean-Noël Beurienne, Beauceron émigré ici même depuis 25 ans, pratique la cuisine du marché en finesse et légèreté. Foie gras au muscat dans sa gelée claire, homard au four et beurre blanc, boudin aux pommes, saint-jacques aux poireaux et vin rouge, splendide canard sauvage à la goutte de sang et tarte fine feuilletée aux pommes sont du travail de ciseleur. Menus adorables et vins choisis avec doigté (reuilly de Lafond, exquis chinon du clos de l'abbaye).

Steige : voir Villé

Stenay

55700 Meuse. Paris 243 - Charleville-Mézières 57 - Sedan 35 - Verdun 46.

Le musée européen de la bière attire ici la petite foule des amateurs dans une brasserie rénovée pour le plaisir de l'œil.

Hôtel-restaurant

Le Commerce

16, rue Aristide-Briand
Tél. : 03 29 80 30 62. Fax : 03 29 80 61 77
Fermé vend. soir, sam. midi, dim. soir (hs), 1er-6 janv., vac. Toussaint
17 ch. 220-450 F. 1/2 pens. 300 F
Menus : 85-250 F

Cette bonne halte rénovée offre des chambres pas très grandes, mais propres, nettes et soignées. Côté cuisine, on a su faire régional (escargots, quiche, gibier en saison), sans omettre l'hommage à la bière de tradition revivifiée. Accueil adorable.

Stiring-Wendel : voir Forbach

Strasbourg

67000 Bas-Rhin. Paris 490 – Bâle 147 – Karlsruhe 81 – Lyon 490 – Luxembourg 219.

Office du Tourisme : 17, pl. de la Gare
Tél. : 03 88 52 28 28. Fax : 03 88 52 28 29
Pl. de la Gare. Tél. : 03 88 31 51 49
Pont de l'Europe. Tél. : 03 88 61 39 23

La belle européenne ! Qui réaménage son Parlement, rebâtit ses hôtels, dorlote son palais universitaire – veillé par Goethe sur sa statue –, campe au bord du Rhin, sans cesser de soigner ses espaces verts, ses rues piétonnes, le cours de l'Ill, ses belles demeures. Française et germanique, jouant de sa double culture, sachant se faire cosmopolite avec joliesse, offrant ses vieux quartiers à la visite, de la cathédrale à la Petite France, mais aussi à la très « prussienne » place de la République : Strasbourg ne ressemble évidemment pas aux autres villes de l'Hexagone. Ce charme exotique se reflète dans ses restaurants différents, ses winstubs, ses tables-stars. Quelques pages dans un guide ne suffisent pas à épuiser ses secrets.

Strasbourg centre

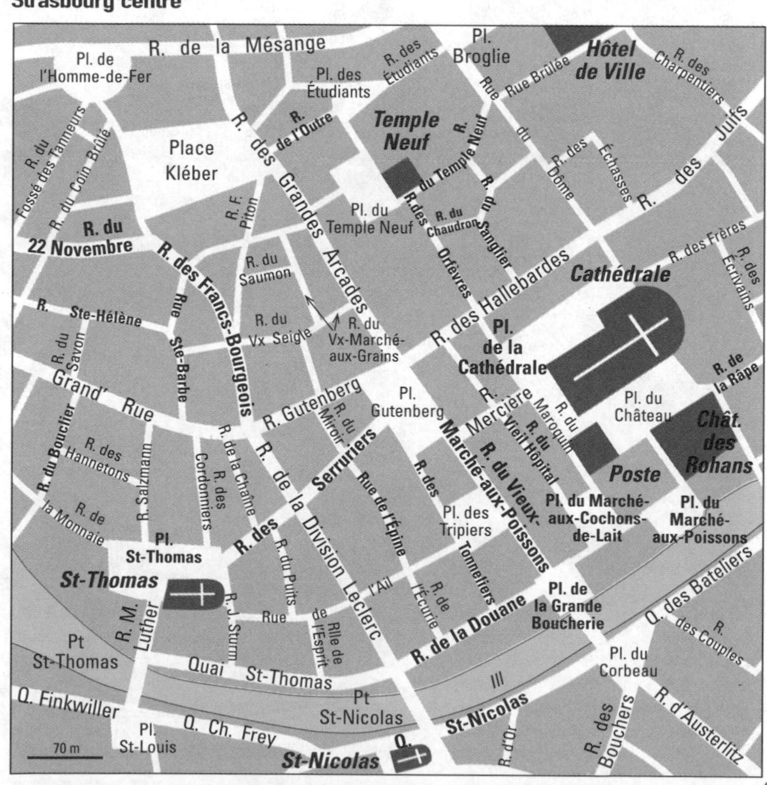

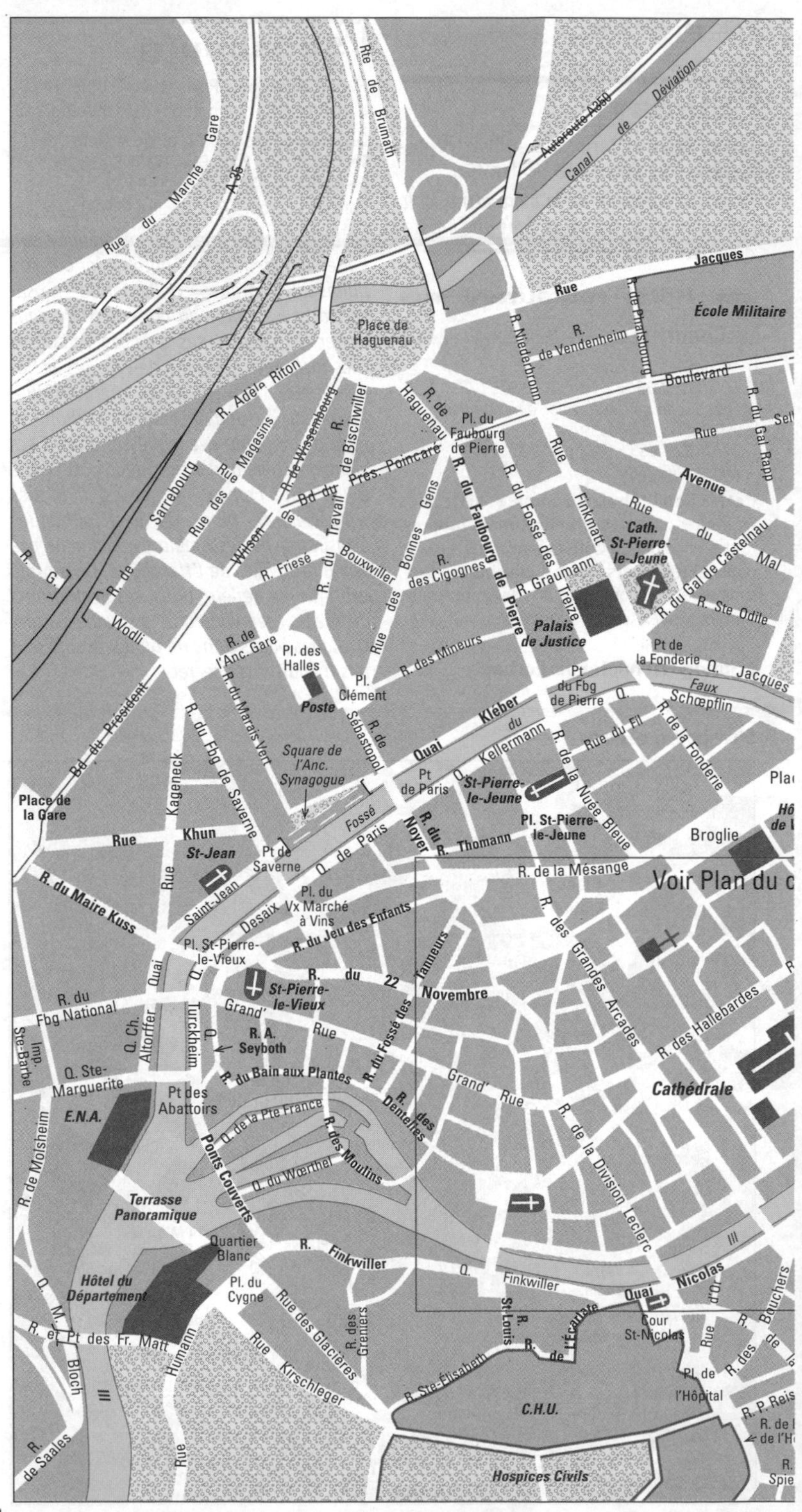

Rue du Marché Gare
A 35
Rte de Brumath
Autoroute A350
Canal de Déviation
Rue Jacques
École Militaire
Place de Haguenau
R. de Vendenheim
R. Niederbronn
R. de Phalsbourg
Boulevard
R. Adèle Riton
R. de Wissembourg
R. de Bischwiller
R. de Haguenau
Pl. du Faubourg de Pierre
Rue des Magasins
Bd du Prés. Poincaré
Sarrebourg
R. du Travail
Bonnes Gens
R. du Faubourg de Pierre
R. du Fossé des Treize
Rue Finkmatt
Avenue
Rue du Mal
R. du Gal Rapp
Cath. St-Pierre-le-Jeune
R. du Gal de Castelnau
R. Ste Odile
Wilson
R. Friese
Bouxwiller
R. des Cigognes
R. Graumann
Palais de Justice
Pt de la Fonderie
Q. Jacques
R. G.
R. de Wodli
R. de l'Anc. Gare
Pl. des Halles
R. des Mineurs
Pl. Clément
Poste
R. de Sébastopol
Pt du Fbg de Pierre
Faux
Schœpflin
R. du Marais Vert
Quai Kléber
Q. du Kellermann
Rue du Fil
R. de la Fonderie
Bd du Président
R. du Fbg de Saverne
Square de l'Anc. Synagogue
Pt de Paris
St-Pierre-le-Jeune
R. de la Nuée Bleue
Kageneck
Place de la Gare
Fossé
R. du Noyer
Pl. St-Pierre-le-Jeune
Rue Khun
St-Jean
Pt de Saverne
Q. de Paris
R. Thomann
Broglie
R. de la Mésange
Voir Plan du c
Rue Saint-Jean
R. du Maire Kuss
Desaix
Pl. du Vx Marché à Vins
R. du Jeu des Enfants
R. des Tanneurs
R. des Grandes Arcades
Pl. St-Pierre-le-Vieux
Q. Turckheim
R. du 22 Novembre
St-Pierre-le-Vieux
R. du Fbg National
Quai Altorffer
Q. Ch.
Grand' Rue
R. A. Seyboth
R. du Fossé des Tanneurs
R. des Hallebardes
Imp. Ste-Barbe
Q. Ste-Marguerite
R. du Bain aux Plantes
Cathédrale
E.N.A.
Pt des Abattoirs
Q. de la Pte France
R. des Dentelles
R. de la Division Leclerc
R. des Moulins
R. de Molsheim
Ponts Couverts
Q. du Wœrthel
Terrasse Panoramique
Quartier Blanc
R. Finkwiller
Q. Finkwiller
Ill
Quai Nicolas
Hôtel du Département
Pl. du Cygne
Rue des Glacières
R. des Greniers
R. St-Louis
R. de l'Écarlate
Cour St-Nicolas
R. des Bouchers
Q. M. Bloch
R. et Pt des Fr. Matt
Humann
Rue Kirschleger
R. Ste-Élisabeth
Pl. de l'Hôpital
R. P. Reis
C.H.U.
R. de Saales
Rue
Hospices Civils

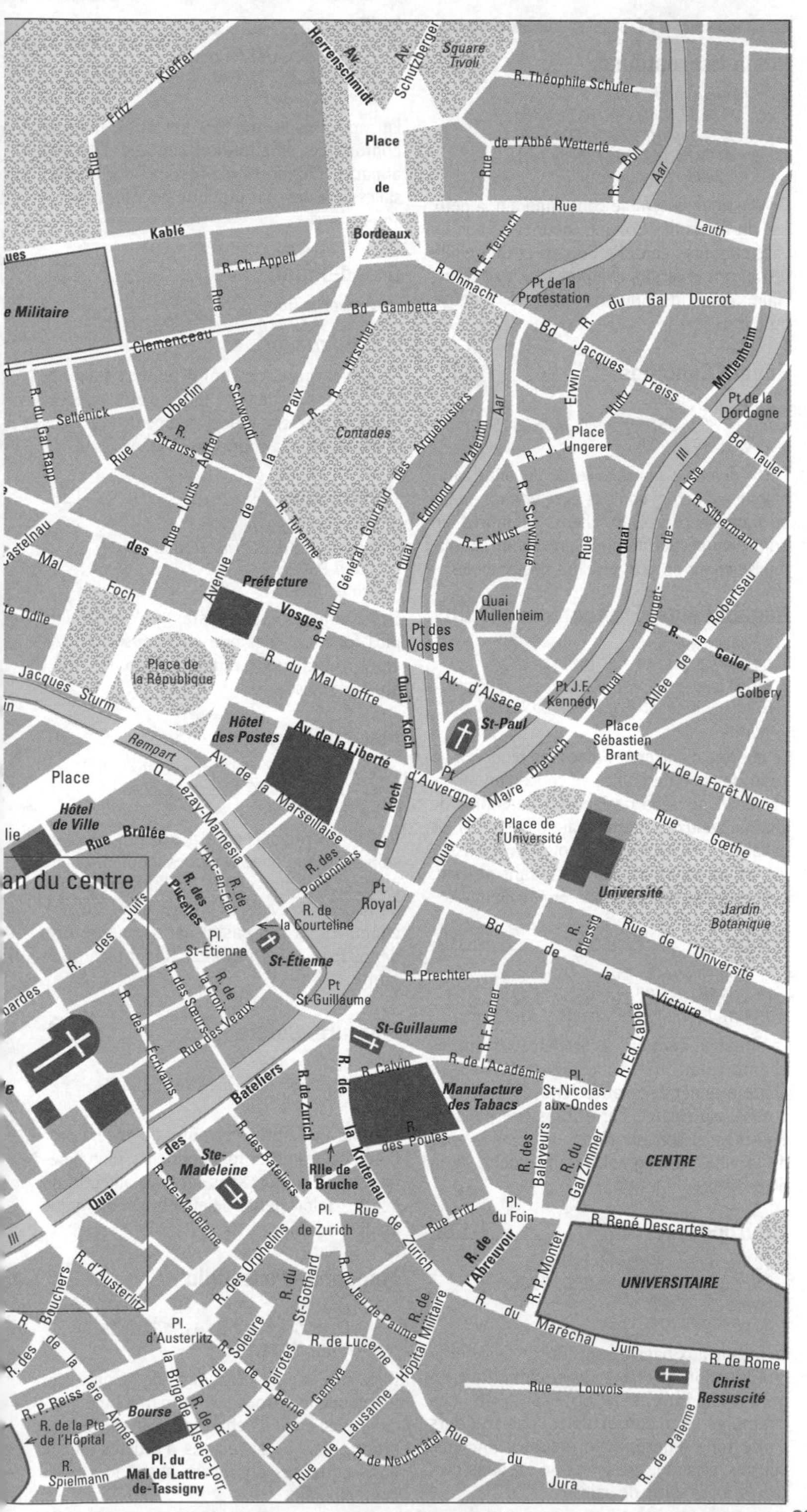
Place de Bordeaux
Av. Herrenschmidt
Av. Schutzberger
Square Tivoli
R. Théophile Schuler
de l'Abbé Wetterlé
R. L. Boll
Aar
Rue Lauth
Rue Kablé
Rue Fritz Kieffer
R. Ch. Appell
R. E. Teutsch
R. Ohmacht
Pt de la Protestation
R. du Gal Ducrot
Bd Gambetta
Clemenceau
Militaire
Bd Jacques Preiss
Mullenheim
Pt de la Dordogne
Bd Tauler
Erwin
Hiltz
Place Ungerer
R. J. Ungerer
R. R. Hirschler
Contades
Quai des Arquebusiers
Valentin
Quai Edmond
R. Schwilgué
R. E. Wust
Rue
Quai
R. de Lisle
R. Silbermann
R. du Gal Rapp
Sellénick
Rue Oberlin
R. Strauss
Apffel
Schwendi
Avenue de la Paix
Rue Louis
R. Turenne
Général Gouraud
Castelnau
Mal Foch
des Vosges
Préfecture
Ste Odile
Quai Mullenheim
Pt des Vosges
Rouget-de-
R. Geiler
Allée de la Robertsau
Pl. Golbery
Place de la République
R. du Mal Joffre
Av. d'Alsace
Pt J.F. Kennedy
Quai
Jacques Sturm
Quai Koch
St-Paul
Place Sébastien Brant
Hôtel des Postes
Av. de la Liberté
Rempart
Pt d'Auvergne
Quai du Maire Dietrich
Av. de la Forêt Noire
Place
Q. Lezay-Marnesia
Av. de la Marseillaise
Q. Koch
Place de l'Université
Rue Gœthe
Hôtel de Ville
Rue Brûlée
l'Arc-en-Ciel
R. de
R. des Pontonniers
Université
Jardin Botanique
Plan du centre
R. des Pucelles
R. de la Courteline
Pt Royal
Bd de la Victoire
R. Blessig
Rue de l'Université
R. des Juifs
Pl. St-Étienne
St-Étienne
R. Prechter
R. des Sœurs
R. de la Croix
Rue des Veaux
Pt St-Guillaume
R. F. Kiener
R. Ed. Labbé
St-Guillaume
R. des Écrivains
R. Calvin
R. de l'Académie
Pl. St-Nicolas-aux-Ondes
Bateliers
R. de Zurich
R. de la Krutenau
Manufacture des Tabacs
R. des Poules
Quai des Bateliers
R. des Bateliers
Ste-Madeleine
R. Ste-Madeleine
Rlle de la Bruche
R. des Balayeurs
R. du Gal Zimmer
CENTRE
Pl. de Zurich
Rue de Zurich
Rue Fritz
Pl. du Foin
R. René Descartes
Ill
R. d'Austerlitz
R. des Orphelins
R. du St-Gothard
R. du Jeu de Paume
R. de l'Abreuvoir
R. P. Montet
UNIVERSITAIRE
R. des Bouchers
Pl. d'Austerlitz
R. de Soleure
R. de l'Hôpital Militaire
R. du Maréchal Juin
R. de Rome
R. des de la 1ère Armée
la Brigade
R. de Lucerne
R. de Berne
R. J. Peirotes
R. de Genève
Rue Louvois
Christ Ressuscité
R. P. Reiss
R. de la Pte de l'Hôpital
Bourse
R. de Alsace-Lorr.
R. de Lausanne
R. de Neufchâtel
Rue du Jura
R. de Palerme
R. Spielmann
Pl. du Mal de Lattre-de-Tassigny

Hôtels

Hilton International

Av. Herrenschmidt
Tél. : 03 88 37 10 10. Fax : 03 88 36 83 27
241 ch. et appart. 1 200-1 600 F
Menus : 49 F (enf.), 165 F (déj.), 140 F, 190 F
Carte : 250 F

Ce classique ensemble contemporain, à deux pas du Palais des Congrès, permet l'étape en vase clos. Bars chics (le Bugatti et Churchill), restaurant le Jardin, chambres au luxe sobre, claires, avec lits king-size, passant l'épreuve du temps.

Régent Contades

8, av. de la Liberté
Tél. : 03 88 15 05 05. Fax : 03 88 15 05 15
45 ch. 890-1 590 F

Cette demeure bourgeoise de l'époque allemande a du chic : couloirs avec vitraux, suites au mobilier cérusé, excellents sanitaires. En prime, un accueil féminin prévenant. Sauna, remise en forme, bar prisé des noctambules.

Régent Petite-France

5, rue des Moulins
Tél. : 03 88 76 43 43. Fax : 03 88 76 43 76
Fermé lundi juin-sept., week-ends oct.-mai
63 ch. 1 190-1 550 F. 1/2 pens. 940-1 595 F. 5 appart.

Le charme d'anciennes glacières rénovées au cœur de la Petite France, le choix d'un mobilier et d'une déco design, des chambres de charme au luxe contemporain ouvrant sur les canaux et les demeures à colombages vis-à-vis, un bar adorable, un restaurant ad hoc : c'est l'adresse hôtelière numéro un de la ville.

Sofitel

Pl. Saint-Pierre-le-Jeune
Tél. : 03 88 15 49 00. Fax : 03 88 15 49 99
155 ch. 1 350-1 550 F. Menus : 120-150 F

La situation centrale, le service souriant, les chambres au luxe sobre, le vaste hall au charme années soixante rénové : tout cela possède du cachet. Bar et brasserie (l'Alsace Gourmande) sont de classiques rendez-vous de la ville. Parking souterrain proche de la place Kléber.

L'Europe

38, rue du Fossé-des-Tanneurs
Tél. : 03 88 32 17 88. Fax : 03 88 75 65 45
Fermé 23-28 déc.
60 ch. 410-940 F

La façade aux pans de bois du XVe siècle et la reproduction au 1/50e de la cathédrale en grès rose jouent le côté charme. Les chambres sont confortables, pas toujours d'une folle gaieté, avec meubles anciens, poutres, éclairage personnalisé et, dans certaines, jolies salles de bains.

Le France

20, rue du Jeu-des-Enfants
Tél. : 03 88 32 37 12. Fax : 03 88 22 48 08
66 ch. 500-735 F

Le modernisme du lieu est daté, mais le confort réel, la situation centrale, l'accueil aimable. Chambres claires, calmes, bonnes salles de bains, bar pratique pour les rendez-vous.

Grand-Hôtel

12, pl. de la Gare
Tél. : 03 88 52 84 84. Fax : 03 88 52 84 00
83 ch. 410-950 F

Face à la gare, cet hôtel années soixante avec ascenseur de verre digne d'être classé et mobilier daté est impeccablement tenu, sous la houlette de la charmante Valérie Blum.

Holiday Inn

20, pl. de Bordeaux
Tél. : 03 88 37 80 00. Fax : 03 88 37 07 04
170 ch. 980-1 250 F
Menus : 130-155 F

Des chambres assez vastes, à l'américaine, plus fonctionnelles que charmeuses. Piscine couverte, salles de réunion, restaurant-grill au cadre boisé.

Maison Rouge

4, rue des Francs-Bourgeois (plan centre)
Tél. : 03 88 32 08 60. Fax : 03 88 22 43 73
142 ch. 480-650 F. 2 suites : 950-1 200 F

Cet hôtel plein centre a été rénové avec soin : couloirs avec fresques, couleurs pimpantes, mobilier venus de l'ancien palace de la ville (la Maison Rouge, place Kléber), chambres au ton pastel dans le genre Arts déco. Prix raisonnables. Réception souriante.

Mercure-Centre

25, rue Thomann
Tél. : 03 88 75 77 88. Fax : 03 88 32 08 66
98 ch. 740-790 F

Contigu du Sofitel, cet hôtel de chaîne propose des chambres fonctionnelles, bien aménagées, au confort sans surprise, au cœur du centre. Salon petits déjeuners panoramique au dernier étage.

Monopole-Métropole

16, rue Kuhn
Tél. : 03 88 14 39 14. Fax : 03 88 32 82 55
90 ch. 465-800 F

Dans une rue discrète, près de la gare, cet hôtel joue la retrouvaille du patrimoine alsacien, avec couloirs chaleureux, décor de tradition, mais aussi œuvres d'artistes locaux dans certaines chambres ayant le « look » contemporain.

Novotel-Centre Halles

Quai Kléber
Tél. : 03 88 21 50 50. Fax : 03 88 21 50 51
98 ch. 690-790 F
Menus : 50 F (enf.), 89 F. Carte : 200 F

Situé en plein centre, au-dessus des halles modernes, cet hôtel fonctionnel propose des chambres de dimension fort convenables, bien agencées, avec vue sur l'Ill. Restauration sur place.

Cathédrale

12, pl. de la Cathédrale (plan centre)
Tél. : 03 88 22 12 12. Fax : 03 88 23 51 88
42 ch. et 3 appart. 450-800 F

L'établissement s'est agrandi, face à la cathédrale, s'augmentant de douze chambres modernes (plutôt petites, mais souvent « avec vue ») et d'une réception claire au premier étage. Bar, labyrinthe de couloirs, ambiance douce pour une nuit face au grès rose...

Le Dragon

2, rue de l'Ecarlate
Tél. : 03 88 35 79 80. Fax : 03 88 25 78 95
32 ch. 430-705 F

L'un de nos préférés, parmi les hôtels de charme de Strasbourg : chambres parfois petites, mais de bon confort, déco minimaliste dans les tons grisés, situation dans une demeure rénovée face à l'Ill et Saint-Thomas. Jean Zimmer, le patron, envoie ses clients dans les meilleures winstubs.

Le Gutenberg

31, rue des Serruriers (plan centre)
Tél. : 03 88 32 17 15. Fax : 03 88 75 76 67
Fermé 1er-15 janv.
42 ch. 330-540 F

L'un des meilleurs rapports qualité-prix du centre, c'est celui qu'offre cette demeure de 1745 rénovée, avec hall clair, belle salle de petit déjeuner, chambres au cachet d'époque.

Hannong

15, rue du 22-Novembre (plan centre)
Tél. : 03 88 32 16 22. Fax : 03 88 22 63 87
72 ch. 430-695 F

Bâti sur les lieux de la faïencerie Hannong, ce vieil hôtel a conservé le cachet alsacien. Escalier en bois, couloirs clairs, beaux parquets, chambres fonctionnelles, charmante suite avec oriel.

Hôtel des Rohan

19, rue du Maroquin (plan centre)
Tél. : 03 88 32 85 11. Fax : 03 88 75 65 37
36 ch. 410-795 F

Au cœur du quartier de la cathédrale, cet hôtel vaut pour sa situation imprenable. Chambres de style rustique, voire Louis XVI, pas très grandes, mais proprettes, accueil aimable.

Mercure-Pont de l'Europe

Parc du Rhin (hors plan)
Tél. : 03 88 61 03 23. Fax : 03 88 60 43 05
93 ch. 490-695 F

Pour les amoureux du Rhin, cet hôtel propose des chambres fonctionnelles, dans un parc en bordure du fleuve-frontière.

Les Princes

33, rue Geiler
Tél. : 03 88 61 55 19. Fax : 03 88 41 10 92
Fermé 1er-21 août
43 ch. 435-550 F

Dans une rue paisible d'un quartier bourgeois, cet hôtel se confond avec les maisons voisines. On a le sentiment d'être chez soi, avec le jardin intérieur. Chambres à l'ancienne, prisées des députés européens.

Régent Villa d'Est

12, rue Jacques-Kablé
Tél. : 03 88 15 06 06. Fax : 03 88 15 06 16
48 ch. 550-580 F

Un établissement discret et cosy, avec sa réception en bois peint de style alsacien, ses chambres fonctionnelles, calmes, malgré la rue passante.

Relais Mercure

3, rue du Maire-Kuss
Tél. : 03 88 32 80 80. Fax : 03 88 23 05 39
52 ch. 485-565 F

Devenu Mercure, ce petit hôtel proche de la gare n'en a pas moins gardé ses chambres de style alsacien rustique, son centre de remise en forme et son buffet de petits déjeuners copieux.

Couvent du Franciscain

18, rue du Faubourg-de-Pierre
Tél. : 03 88 32 93 93. Fax : 03 88 75 68 76
Fermé 24 déc.-7 janv.
43 ch. 325-400 F

Sans luxe, mais de prix sages, cet hôtel modeste possède un coin salon pour les petits déjeuners dans le genre winstub.

Suisse et Horloge Astronomique

2-4, rue de la Râpe
Tél. : 03 88 35 46 37. Fax : 03 88 25 74 23
25 ch. 295-430 F
Menus-120-150 F

Face à la cathédrale, de petites chambres bien rénovées, accueil sympathique et restaurant-winstub de tradition.

Les Trois Roses

7, rue de Zurich
Tél.: 03 88 36 56 95. Fax: 03 88 35 06 14
33 ch. 295-470 F

Madeleine et Eric Rinckel tiennent, face aux quais de l'Ill, cette maison 1900 rénovée. Chambres petites, mais confortables et d'une irréprochable propreté. Parking, piscine.

A 67960 Entzheim: à 11 km S.-O. par D392

Père Benoît

34, rte de Strasbourg
Tél.: 03 88 68 98 00. Fax: 03 88 68 64 56
Fermé (rest.) 1er-15 août, sam. midi, dim. lundi midi
60 ch. 285-450 F
Menus: 110-150 F

A cinq minutes de l'aéroport, des chambres rustiques, plutôt spacieuses, un accueil charmant, une cuisine régionale, avec tarte flambée servie le soir et des prix doux.

A 67540 Ostwald: 9 km S.-O. par N83

Château de l'île

4, quai Heydt
Tél.: 03 88 66 85 00. Fax: 03 88 66 85 49
Fermé (rest.) sam. midi, dim. soir, lundi
58 ch. 900-2 000 F. 1/2 pens. 910-1 460 F
4 appart.
Carte: 200-300 F

Un parc de 4 ha, un château néo-gothique aux plafonds moulurés, ses appendices avec pans de bois: la famille Traversac, qui possède les Grandes Étapes Françaises, a fait de ce maillon alsacien une boîte (de luxe) pour séminaires, autant qu'une étape au calme. Restaurant de luxe et winstub de charme.

Restaurants

Le Crocodile

10, rue de l'Outre (plan centre)
Tél.: 03 88 32 13 02. Fax: 03 88 75 72 01
Fermé dim., lundi, 16 juil.-7 août, 24 déc.-8 janv.
Menus: 120 F (enf.), 295 F (déj.), 450-700 F (vin c.). Carte: 600-800 F

Le sage, la force tranquille de la cuisine alsacienne, le conservateur éclairé, le conquistador paisible: c'est Emile Jung, qui a fêté son quart de siècle à Strasbourg. Quoi qu'on en pense, la gloire n'a guère changé l'homme, comme d'ailleurs la maison. Celle-ci demeure bourgeoise d'allure, cossue et de très bon ton, avec son service comme un ballet, son sommelier aux aguets, l'expert Gilbert Mestrallet, sa maîtresse de salle ayant l'œil à tout et sans qui les choses ne seraient pas ce qu'elles sont: la grande Monique... Emile, sudiste haut-rhinois, natif de Masevaux, garde ses airs de poète rêveur et ludique. Reste qu'il évolue sainement, sans nier les modes, en se faisant parfois sudiste côté Méditerranée, égyptologue de choc en souvenir du Crocodile ramené d'une campagne napoléonienne (ah, sa pastilla d'agneau aux épices!) ou encore en revenant aux sources de l'apprentissage lyonnais du temps de la Mère Guy. Pour un repas de retrouvailles au Crocodile, on pourra donc tâter de la croustille de thon confit au caviar d'aubergines comme du cannelloni d'asperges et morilles, du gratin de queues d'écrevisses, mais aussi du bar poêlé à la purée de petits pois, de la légère aile de poulette en pot-au-feu sauce grelette comme du «rustique chic» pied et oreille de porc truffés en crépinette avec chou nouveau et pommes Darphin. Les desserts, qui ont fait un joli bond en avant depuis le «style chariot», balancent eux aussi entre novation et tradition: nougat glacé mangue et bergamote, parfait glacé à l'alise et pistache croquante, chiboust citron vert et poire vanillée, sorbet au muscat et crème de noix. L'ensemble fait une maison qui respire très fort l'équilibre, le bon ton, le goût sûr, sans jamais se hausser du col, ni jouer l'épate d'aucune sorte.

Le Buerehiesel

4, parc de l'Orangerie (hors plan)
Tél.: 03 88 61 62 24. Fax: 03 88 61 32 00
Fermé mar., mercr., 1-23 août, 24 déc.-10 janv., 19 févr. - 1er mars
Menus: 120 F (enf.), 300 F (déj.), 540-780 F.
Carte: 600-800 F

Un qui a toujours joué la carte du Sud allié à l'Alsace, usé de l'huile d'olive sans renoncer aux plats de grand-mère, servi des poissons de Méditerranée au mieux de leur fraîcheur dans le cadre d'une ferme alsacienne remontée de Molsheim, c'est Antoine Westermann. Mais ce natif de Wissembourg n'a jamais abdiqué son identité. Antoine Westermann est, sans nul doute, en Alsace, avec Michel Husser du Cerf, celui qui a le mieux uni la tradition d'ici, les recettes à la mode de grand-mère, le goût des apprêts rustiques et terriens, avec les saveurs de la Riviera et des garrigues. Quelques exemples? Une longe et lard de cochon fermier avec ratatouille et galette de pommes de terre au thym: un pont étonnant, savoureux, emballant et piquant, entre grand Sud et grand Est. Mais aussi une poitrine de pintade farcie de tête de cochon avec choucroute et gnocchi. Ou encore une poulette cuite en baeckoffe avec artichauts, pommes de terre, romarin, citron confit... aux allures de tagines alsaciens. C'est superbe, frais, toujours délicat, avec cette patte qui transmue le mets le plus simple en plat d'un raffinement exceptionnel. Ses desserts jouent le retour nostalgique des saveurs d'enfance non pas oubliées, mais retrouvées: cerises poêlées avec strudel au chocolat et glace aux épices, riz au lait avec fraises macérées et sorbet (et non glace) à la vanille, vacherin «comme l'aimait ma grand-mère», brioche caramélisée à la bière et glace à la même mousse plus poire rôtie, enfin pêche pochée au citron vert et miel avec glace à la verveine et madeleine tiède. Et voilà comment l'Alsace des nouvelles saveurs prouve qu'elle sait renouveler sa palette de tradition.

Le Penjab

12, rue des Tonneliers (plan centre)
Tél. : 03 88 32 36 37. Fax : 03 88 32 18 55
Fermé dim., lundi midi
Menus : 60 (enf.), 130-275 F. Carte : 300 F

L'un des meilleurs indiens de France ? La table d'Eric Jenny. Celui-ci accueille avec malice, joue les mets au tandoor, l'équilibre des mille épices, des chutneys aromatisés autant qu'épicés et propose les classiques du genre autant que les interprétations au gré du marché. Goûtez les samosas ou beignets, les pains au fromage, les poissons grillés ou marinés, les agneaux de diverse façon (en biryani au fin riz basmati, en kebab tandoori rougi au four, façon mughlaï avec yaourt, amandes et noix de cajou). Ne faites pas l'impasse sur les desserts traités en finesse (glace au gingembre, mangue rôtie) et dites-vous que cette maison de caractère possède une classe vraie.

La Vieille Enseigne

9, rue des Tonneliers (plan centre)
Tél. : 03 88 32 58 50. Fax : 03 88 75 63 80
Fermé sam. midi, dim.
Menus : 195 F (déj.), 280 F (« tous poissons »)-430 F. Carte : 300-500 F

Le décor d'ancienne winstub chaleureuse fait dans le sérieux appliqué, avec préparations soignées, carte inventive et menus bien pondus. Le presskopf au chèvre, le pressé de légumes en daube avec rouget braisé joli et frais, les langoustines avec gaufrettes de pommes de terre et crème de cornichons du travail sans bavure, comme le carpaccio de thon rouge au parmesan ou le turbot en coûte d'herbes aux pignons grillés avec chips de lard paysan et crème de fèves. Les desserts ? Du même tabac, joliment faits et chantournés : fromage blanc en blanc-manger à la noix de coco et sorbet à la bière et tequila, ou crumble fraise-rhubarbe au caramel avec glace réglisse.

Zimmer-Sengel

8, rue du Temple-Neuf (plan centre)
Tél. : 03 88 32 35 01. Fax : 03 88 32 42 28
Fermé dim., lundi, 24 déc.-4 janv., 4-17 août
Menus : 180-380 F. Carte : 350 F

Cette maison élégante et discrète est le domaine de Georges Sengel qui pratique une cuisine légère et fraîche, un tantinet sudiste. On hésite sur deux menus-carte, entre les anchois marinés à l'huile d'olive, la lasagne de cabillaud à la tomate et basilic, les nems de ris de veau et salades mêlées, les filets de rouget juste saisis avec un gâteau d'aubergines et les côtes et charlotte d'agneau au jus de thym. Mais l'Alsace rajeunie est présente à travers les idées du moment puisées aux sources du terroir : papillote d'escargots sur crème de persil, presskopf de queue de bœuf sur galette de pommes de terre, foie gras d'oie relevée d'une… gelée de poivre de Séchouan, noisettes de chevreuil aux spätzle avec sauce aigre-douce genre « grand veneur » en version moderne. Petits babas au rhum avec son croustillant à la banane, kougelhopf glacé au pain d'épice avec sa poêlée de cerises fraîches, petite tasse de crème de chocolat au palet de fèves en dessert. Autant de saveurs subtiles pour une jolie demeure.

Maison Kammerzell

16, pl. de la Cathédrale (plan centre)
Tél. : 03 88 32 42 14. Fax : 03 88 23 03 92
Fermé 24 déc. soir
Menus : 177-295 F. Carte : 200-350 F

Guy-Pierre Baumann a fait de cette demeure historique un conservatoire de la tradition. Il a su retrouver les recettes de maman (exquise salade de poireaux Adeline, émincés, en mayonnaise moutardée), réinventer la choucroute de poissons. Les plats du terroir figurent en bonne place, de la salade de cervelas au jarret à la bière. Mais le filet de maquereau à la tombée de choux ou le sandre au beurre acidulé démontrent que le registre de la maison est varié. Et le sorbet aux quetsches fait une belle issue.

Maison des Tanneurs

42, rue du Bain-aux-Plantes
Tél. : 03 88 32 79 70. Fax : 03 88 22 17 26
Fermé dim., lundi, 31 déc.-23 janv., 28 juil.-11 août
Carte : 250-450 F

Le décor d'une maison du XVIe siècle, avec vue sur l'Ill par ses vitraux colorés, au cœur de la Petite France, vaut à lui seul l'étape. Mais un repas traditionnel, avec tarte à l'oignon, escargots au beurre aillé, choucroute au chou croquant, digeste, charcuterie superbe, cuite à point, tarte aux quetsches de grand-mère, est un bonheur. François Leenhardt, sérieux élève de l'école hôtelière de Strasbourg, tient sa demeure avec modestie et convivialité.

La Cambuse

1, rue des Dentelles
Tél. : 03 88 22 10 22. Fax : 03 88 23 24 99
Fermé dim., lundi, 24 déc.-8 janv., 16 avr.-1er mai, 30 juil.-16 août
Carte : 240-400 F

La meilleure table marine d'Alsace, c'est cet amusant décor en forme de bateau, chic et relaxe. La créative Babeth Lefebvre a soin de renouveler sa palette avec éclat au gré de la marée. Ce que vous mangerez, chez elle ? Les moules au pistou, la soupe de poissons de roche, l'aile de raie avec sa vinaigrette aux herbes, la fraîche salade de saint-jacques au vinaigre de lychee, rappelant à point ses origines vietnamiennes, comme le flan de tourteau au curry, servis avec malice par son mari Alain — incollable au chapitre des vins d'Alsace —, sont des mets précis, d'une légèreté et d'une fraîcheur qui enchantent.

Julien

22, quai des Bateliers
Tél. : 03 88 36 01 54. Fax : 03 88 35 40 14
Fermé dim., lundi, 1er-9 janv., 1er-10 avr., 6-28 août
Menu : 205 F (déj.), 435 F. Carte : 350-500 F

Françoise et Jean-Paul Schaller veillent avec componction sur cette demeure néo-1900. Les chefs changent, la qualité demeure. La cuisine sérieuse, fine et légère d'Eric Lestruzzi est d'une séduction totale. Si le péché mignon du lieu est la lenteur à sortir les plats en salle, tout se mitonne avec agilité sur le terrain du terroir rajeuni : foie gras en gelée épicée, raviolis ouverts d'huîtres aux endives et crème d'échalotes, saint-jacques au jus de volaille et crème truffée, côtes d'agneau à la fleur de sel et fritto misto de légumes, jolis desserts indiquant que le talent maison ne s'arrête pas au sucré : crêpes Suzette à la Mandarine Impériale, pain perdu brioché avec glace cannelle et quetsches poêlées. Ajoutez à cela un choix de vins malins et l'on sent frais et dispos pour une balade à fleur de quai.

La Tour de Jade

57, av. des Vosges
Tél. : 03 88 35 14 37
Fermé dim., lundi midi, 15 jrs août
Menus : 97 F, 153 F. Carte : 180-250 F

Les saveurs de l'ancien Tonkin, la cuisine impériale de Hanoï et de Hué, les parfums de coriandre, de citronnelle et de gingembre, les mélanges chauds-froids, les variations sur le tendre et le mou, c'est le domaine d'Harco Jenny. Celle-ci réalise un festival de saveurs justes : raviolis dits ban-cuon, exemplaires bo bun, où froid et chaud se répondent, avec viande de bœuf et nouilles en vinaigrette. Les nems craquants, la soupe phô au bœuf émincé, épicé, mais aussi les crevettes sauce piquante, le pâté de seiche à l'aneth, les manchons de poulet farcis, la daurade sauce cantonaise, le canard au gingembre, les vermicelles sautés au crabe disent l'étendue du registre qui vaut la dégustation appliquée.

Villa Casella

3/5, rue de l'Epine (plan centre)
Tél. : 03 88 32 50 50
Fermé sam. midi, dim., 12 août-8 sept.
Menus : 160-250 F. Carte : 180-350 F

La meilleure table italienne de Strasbourg ? Cette trattoria chic, mais bucolique, avec ses tomettes terre de Sienne, ses chaises paillées, son service affable et chantant, sa carte alléchante, ses prix tendres. Avec une jolie bruschetta, une salade de calmars à l'huile d'olive, des spaghetti cuits al dente, dans une sauce relevée à la napolitaine, des taglioni au vongole, une daurade entière avec oignons, tomates, vinaigrette, façon escabèche, enfin un assortiment de desserts maison, dont la panna cotta et un classique tiramisu, on fait un repas de fête. Ajoutez à cela des vins subtils, sauvignon du Trentino ou somptueux tignanello, et vous comprendrez que cette adresse fasse une étape de choix.

L'Alsace à Table

8, rue des Francs-Bourgeois (plan centre)
Tél. : 03 88 32 50 62. Fax : 03 88 22 44 11
Fermé dîn. 24 déc., 1er janv.
Menus : 50 F (enf.), 124 F, 154 F
Carte : 250-350 F

Table marine de l'empire Baumann, comme son nom ne l'indique pas, cette brasserie néo-1900 propose plateaux de fruits de mer, huîtres, choucroutes de poissons en compagnie de la salade de poireaux Adeline, de la morue à la tapenade, de la papillote de sandre et du bar flambé. Service souriant.

L'Arsenal

11, rue de l'Abreuvoir
Tél. : 03 88 35 03 69
Fermé sam., 29 juil.-28 août
Menus : 140 F, 190 F, 240 F. Carte : 300 F

Jean-Claude Bader, avec sourire et dynamisme, a redonné une âme à cette maison qui fut le Lipp strasbourgeois. Gourmands et régionalisants avec finesse, sont le duo de harengs matjes et saumon en tartare, les crêpes grand-mère, les aiguillettes de canard aux épices sur polenta, le mignon de porc gratinés à la bière, la tête de veau panée, le soufflé glacé au kirsch comme le nougat glacé aux pistaches, amandes et coulis de cassis, prouvant que le rapport qualité-prix est mené ici avec adresse et entrain. Le décor de taverne, avec poutres peintes, bancs et recoins est propice à la convivialité bon enfant.

Au Bœuf Mode

2, pl. Saint-Thomas (plan centre)
Tél. : 03 88 32 39 03. Fax : 03 88 21 90 80
Fermé dim., 3-11 janv.
Menus : 100 F, 200 F. Carte : 350 F

Johnny Letzter, qui voyagea aux USA jadis, propose toujours le T-Bone steak, le filet de bœuf façon Kobé, le train de côtes Angus. Mais aussi le carpaccio ou le tartare dans un cadre d'ex-winstub sophistiquée. Annexe contiguë, moins chère, sous l'enseigne du Bistrot du Bœuf.

Brasserie Kirn

6-8, rue de l'Outre (plan centre)
Tél. : 03 88 52 03 03. Fax : 03 88 52 01 00
Fermé dim. soir
Menus : 55 F (enf.), 95 F, 128 F (déj.), 155 F.
Carte : 200-250 F

Le décor néo-1900 fait un peu neuf, mais le service sourit et les belles idées de la carte font plaisir à tous : grillade de saucisson pistaché, émincé de joue de porc confite, escalope panée dorée au beurre, tiramisu sont des réussites.

L'Estaminet Schloegel

19, rue de la Krutenau
Tél. : 03 88 36 21 98. Fax : 03 88 36 21 98
Fermé sam. midi, dim., 31 juil.-20 août
Menus : 130 F, 160 F (déj.), 180-300 F. Carte 350 F

Le décor d'ancienne brasserie, avec doux éclairages et bois cérusé dans les tons bleutés, a du charme. L'accueil de Valentine Deprez est la grâce même. Quant à son cuisinier de mari, Gérard, il demeure très au fait de la cuisine du marché, jouant la fraîcheur et la finesse sans discontinuer : épatant mille-feuille de céleri et foie d'oie, terrine de saint-jacques au corail d'oursins, pigeonneau en croûte d'épices, gâteau à la noix et sorbet à l'églantine, sans omettre un amusant gratin de coing qui fait une issue fort digeste. Deux jolis salons ont été refaits à l'étage.

Le Festin de Lucullus

18, rue Sainte-Hélène (plan centre)
Tél. : 03 88 22 40 78. Fax : 03 88 22 40 78
Fermé dim., lundi sauf déc., 7-28 août
Menus : 60 F, 75 F (déj.), 165 F, 180 F. Carte : 200-250 F

Eric Thiercelin, ancien de Guérard à Eugénie, a fait de cette maison discrète une des bonnes affaires du centre. Son alsacienne d'épouse semble née avec le sourire. Prix sages, produits du marché et de saison : chausson feuilleté au fromage de chèvre mariné à l'huile d'olive, saumon, rouget, lotte avec semoule au jus de coquillages safrané, mitonnée de joue de bœuf aux épices, raviolo farci de duxelle de champignons. Les desserts sont du travail d'orfèvre avec Tatin de mangue et sorbet noix de coco au jus orangé, émiettée de pommes façon « crumble » à la gelée de coing avec sorbet fromage blanc. Les vins sont choisis avec art et la maison ne désemplit pas. On comprend pourquoi.

Le Mandarin

7, rue du Vieux-Marché-aux-Poissons
Tél. : 03 88 75 52 08 (plan centre)
Fermé lundi
Menus : 258-398 F (pour deux), 498 F (pour quatre). Carte : 180-250 F

Le meilleur chinois strasbourgeois ? Cette maison centrale au décor net, à l'accueil chaleureux, au choix de vins malins. Le registre est d'une qualité sans faille : fins dim-sum, potage aux raviolis de crevettes, toast Mme Butterfly, cuisses de grenouilles à la mode de Séchouan, porc sauce au saté, travers caramélisés, canard à la pékinoise, avec crêpes de riz, sauce haricots noirs niellée, ciboulette, chair tendre, peau craquante, qui fait un petit festin. L'ananas au caramel est une douce issue.

La Mauresse

7, rue du Vieux-Marché-aux-Poissons
Tél. : 03 88 75 55 27 (plan centre)
Fermé lundi
Menus : 85 F (déj.), 118-310 F. Carte : 250-300 F

Aux beaux jours, la terrasse est une bénédiction. L'Ill est à deux pas, la cathédrale aussi. Avec un peu d'imagination, et lorsque la rue roulante est désertée – le dimanche au déjeuner –, on pourrait se croire sur la côte, entre Cannes et Bandol. La carte des poissons et fruits de mer, les vins malins et frais tarifés à bon prix y aident. On se régale de sardines grillées, carpaccio de thon, tartare de saumon, rouget niçoise avec purée safranée. Les desserts ont moins de relief.

Le Pont des Vosges

15, quai Koch
Tél. : 03 88 36 47 75
Fermé sam. midi et dim.
Carte : 200-300 F

Annie Voegel a su reprendre une institution tombée en désuétude, en faisant à son tour un archétype de la brasserie mode. Pas trop de couverts, un style néo-1900 qui n'oublie pas d'avoir du cachet, une atmosphère décontractée qui n'exclut pas le bruit ambiant. Et côté cuisine, un habile mariage entre terroir et marché : harengs à la crème de ciboulette, quenelles de foie pommes sautées, fleischnacka, sole meunière, pintade forestière. Le tout présenté avec gentillesse, promptitude et générosité dans les portions.

Zuem Steckelburjer

8, rue des Tonneliers (plan centre)
Tél. : 03 88 32 76 33
Fermé dim. et mercr. soir
Menu : 110 F. Carte : 150-200 F

A quelques mètres de la place Gutenberg, et les adresses ne manquent pas, Pascal Risser a su faire son trou pariant sur la gentillesse, la sagesse, la régularité en toute chose. Cet ex-homme de salle d'Alain Reix s'est mis aux fourneaux, mitonnant plats de terroir classiques (galettes de pommes de terre, salade de munster et cervelas grillé, fromage blanc aux herbes), mais aussi foie gras au quatre-épices, écrevisses aux nouilles avec une jolie pointe d'ail, plus rustique mais délicat jambonneau avec fine sauce civet.

L'Ancienne Douane

6, rue de la Douane (plan centre)
Tél. : 03 88 15 78 78. Fax : 03 88 22 45 64
Menus : 47 F (enf.), 70 F (déj.), 85 F, 125 F.
Carte : 120-200 F

Le décor extérieur est historique, mais l'intérieur, hélas, a perdu tout caractère. La cuisine est gentillette et l'on peut se sustenter sans manières à coup de tarte flambée, salade mixte, choucroute, steak tartare.

La Bourse

1, pl. de Lattre-de-Tassigny
Tél. : 03 88 36 40 53. Fax : 03 88 36 35 46
Fermé lundi et mardi midi
Menus : 85-160 F. Carte : 150 F

Cette émouvante brasserie avec plafonds hauts, lampes gigantesques, immense comptoir, a du caractère. Le dimanche soir, les tables sont prises d'assaut par les amateurs de tarte flambée à pâte fine, tarte à l'oignon, choucroute, poussin forestière.

L'Ami Schutz

1, Ponts-Couverts
Tél. : 03 88 32 76 98
Fermé 1er mai, 24 et 31 déc.
Menus : 95 F, 165-225 F (vin c.). Carte : 200-250 F

Près des Ponts Couverts, cette taverne boisée donne le « la » d'une dégustation mets-bière. Paul Schloesser, qui fut pendant près de deux décennies le gérant de la Kammerzell, s'évertue à retrouver avec art les recettes de grand-mère. Ainsi la terrine de pommes de terre au hareng pressé, la dariole de choucroute nouvelle au schiffala, le jarret de porc braisé à la Jubilator, l'estomac de porcelet farci ou les côtis laqués avec chou au lard, grumbeerekiechle et knepfle qui se marient avec les Schutz variées comme avec des crus choisis. Le sorbet à la fleur de bière est une belle issue digestive. Service de charme, belle terrasse l'été.

La Cuiller à Pot

18 bis, rue Finkwiller
Tél. : 03 88 35 16 03. Fax : 03 88 35 16 03
Menu : 45 F (enf.), 54 F (déj.), 100 F, 118 F.
Carte : 150-250 F

Dominique Bich, ex-serveur au Ysehuet, et le chef Eddy Marchal ont fait de cette auberge de charme une des adresses sûres du Finkwiller. Eclairage vif, serviettes en tissu, fleurs partout, carte avenante : voilà ce qui vous attend, avec la terrine de harengs à la crème, le sandre à la choucroute, le bœuf gros sel, les fleischnacka ou les lewerknepfle généreusement servis. L'ensemble est d'une modestie louable.

indique un bon rapport qualité-prix.

Le Panier du Marché

15, rue Sainte-Barbe (plan centre)
Tél. : 03 88 32 04 07. Fax : 03 88 23 64 52
Fermé sam. midi, dim., 1er-7 mars, 31 juil.-14 août
Menus : 118 F (déj.), 164 F

Les vins sont vendus à tarif de raison et le marché, à travers un menu-carte malin, entre de plain-pied dans la maison, sur le mode sudiste. Ainsi les beignets de sardines au brebis corse, les anchois au pistou, le cou de canard à la pipérade, la raie à l'aligot, le mignon de lapin et gnocchi à la moutarde violette, les piments à la morue, le tournedos de thon Rossini, le soufflé chaud à la vanille d'anthologie ou le mille-feuille aux fraises et chocolat blanc. L'accueil est tout sourire, les apéritifs artisanaux malicieusement choisis.

Le Rocher du Sapin

6, rue du Noyer
Tél. : 03 88 32 39 65.
Fermé dim. (sf déc.)
Menus : 90 F, 125 F. Carte : 130-200 F

Cette institution populaire a changé de mains, sans perdre de vue son objectif : servir à toute heure une nourriture fraîche et bon marché. Le pâté de campagne, le presskopf, l'escalope de veau à la Holstein demeurent de bonnes affaires à saisir, entre deux courses, dans Strasbourg-centre.

Sakura-Tei

22, rue des Moulins
Tél. : 03 88 75 56 60. Fax : 03 88 75 56 45
Fermé lundi, mardi midi, 1 sem. été, 1 sem. hiver
Menus : 120-150 F. Carte : 150-250 F

Le décor boisé est discret avec ses boxes, l'accueil féminin charmant, la cuisine de Yasuaki Sato et les prix sont une divine surprise. La bonne idée est le menu Osushi Set avec sushi, sashimi (poissons crus), brochettes de viandes, tempuras (fritures de légumes) : le tout est servi dans un plateau compartimenté en laque. La qualité du saumon cru moelleux est superbe, relevé de wasibi, et les viandes fines, discrètement épicées. Voilà « la » table nippone de Strasbourg.

La Taverne du Sommelier

3, ruelle de la Bruche/angle rue de Zurich
Tél. : 03 88 24 24 10. Fax : 03 88 78 21 24
Fermé dim., lundi
Menu : 45 F (déj.). Carte : 150-200 F

Martin Schreiber, qui tenait jadis le Beau Site à Ottrott, a changé de registre, se muant en tavernier débonnaire. Reprenant une salle étroite, avec recoins et banquettes, il a créé un bouchon à vin, avec sa grande ardoise proposant des crus aimables. Mais le solide n'y est pas oublié. Brigitte, son épouse, mitonne des plats de grand-mère de vraie fraîcheur. Le hareng aux pommes chaudes, les fleischknäpfle, les lewerknepfle, le mignon de porc à la bière, la tarte aux pommes et le ravier de crème caramel sont des mets à retomber en enfance.

La Vieille Tour

1, rue Adolphe-Seyboth
Tél.: 03 88 32 54 30
Fermé dim., lundi soir, 2-17 juil.
Menu: 110 F (déj.), 190 F. Carte: 250-300 F

Anciens pro de la grande restauration (chez Westermann, elle en salle, lui en cuisine), Véronique et Emmanuel Lercher ont créé une boîte modeste et sympa. Les quenelles de chèvre frais à la vinaigrette d'oignons, le tartare de saumon, la poêlée de sot-l'y-laisse tomate et basilic, les poissons marinés à l'huile d'olive comme la soupe de fruits rouges avec glace vanille ont tous un air de revenez-y. Choix de vins varié.

Zuem Ysehuet

21, quai Mullenheim
Tél.: 88 35 68 62. Fax: 03 88 35 50 67
Fermé sam. midi, dim.
Carte: 200-300 F

On vient pour le patio sur l'arrière qui draine le meilleur monde de la ville dans une ambiance de guinguette dans le vent. Sacha Bender s'essaye à faire bien au gré du marché: salade d'écrevisses, saumon à l'unilatérale, tête de veau, filet mignon d'agneau, rognon entier à la moutarde donnent le ton, sur un mode bourgeois allégé.

A 67640 Fegersheim 13 km S. par N83

La Table Gourmande

43, rte de Lyon
Tél.: 03 88 68 53 54
Fermé dim. soir, lundi, 15 jrs août
Menus: 98 F, 135 F, 165 F (déj.), 245-345 F.
Carte: 300 F

Philippe Grasser joue avec les produits frais, pratiquant une cuisine esthétisante et légère. Le foie chaud escalopé et fort bien croûté aux lentilles, l'exquise crème de grenouilles façon grand-mère, dont on lèche la cuillère, l'assiette et le plat, le carpaccio de la mer, avec saumon finement émincé et mariné à point, son homard grillé en sus, le saint-pierre avec son étuvée de moules et sa raviole ouverte aux coques, l'exquis sauté de lapereau tendre à souhait avec ses spätzle, les superbes dampfnudle avec glace pain d'épice et le fin strudel à l'ananas, côté desserts: voilà de quoi se convaincre de faire ici étape.

Auberge du Bruchrhein

24, rue de Lyon
Tél.: 03 88 64 17 77
Fermé dim. soir, lundi, 21-28 févr., 22-31 juil.
Menus: 78 F, 108 F (déj.), 230 F. Carte: 120-200 F

L'accueil est la gentillesse même et les salades de poissons tièdes, agneau grillé à la crème d'ail et mousse de mûre nappée de sauce vanille demeurent de bons standards.

A 67370 Ittenheim: 12,5 km S.-O. par A35 puis N4

Au Bœuf

17, rte de Paris
Tél.: 03 88 69 01 42
Fermé lundi, mardi (sf fériés), 1re quinz. juil., 10 jrs déc.
Carte: 160 F

Cette grande maison de bord de route avec fresques est renommée pour sa tarte flambée paysanne. Mais le presskopf, la tarte à l'oignon, la choucroute et la tarte aux pommes, mitonnés par Jean-Jacques Colin, ne sont pas mal non plus. Excellent accueil familial.

A 67200 Mittelhausbergen: 6 km N.-O. par D41

Au Tilleul

5, rte de Strasbourg
Tél.: 03 88 56 18 31. Fax: 03 88 56 07 23
Fermé mar., mercr., vac. févr., 15-31 juil.
Menus: 45 F (déj.), 98-300 F. Carte: 180-250 F

Dans la même famille depuis un siècle, cette maison de tradition sert, dans les règles de l'art, caille farcie au foie gras, poêlée de ris de veau et sot-l'y-laisse, vol-au-vent de tête de veau qui sont le sérieux même. Tarte flambée le soir, grande carte des vins, accueil adorable de papa Lorentz.

A 67370 Pfulgriesheim: 10 km par D31

Bürestuebel

8, rue de Lampertheim
Tél.: 03 88 20 01 92
Fermé lundi, mardi, 8-21 janv., 31 juil.-14 août
Menus: 85 F, 140 F. Carte: 150 F

Edouard Meyer le père est à l'accueil. Le fils, Pierre, joue en cuisine des registres les plus variés. Le boudin noir, les quenelles de foie, les tartes flambées (la spéciale onctueuse, avec crème et fromage blanc avec une pâte extra-fine), le pied de porc pané avec pommes sautées, la choucroute avec son chou acide et léger, le biebelässkäse, les superbes grumbeerekiechle, les desserts maison, comme le vacherin glacé, le soufflé glacé aux noisettes ou la linzer torte, qu'on arrose d'un pinot noir de Rolly-Gassmann, d'une Kronenbourg bien tirée à la pression.

Les restaurants changent parfois de jour de fermeture sans prévenir. Réserver pour annoncer votre arrivée dans un établissement, c'est aussi la garantie de ne pas trouver porte close.

WINSTUBS

Ces « débits de vin » sont les garants de la tradition régionale. Atmosphère chaleureuse, décor cosy et boisé, petits plats du cru, patron (ou patronne) de caractère, vins en pichet, tablées conviviales. Découvrir une winstub, c'est entrevoir l'âme d'Alsace.

Zuem Sternstebele

17, rue des Tonneliers (plan centre)
Tél. : 03 88 21 01 01
Fermé dim., lundi midi, 15-30 févr., 15-30 sept.
Menus : 75-200 F. Carte : 120-200 F

Armand Roth, ancien chef du Kochersberg à Landersheim, tient avec fermeté cette « winstub de luxe », au cadre apprêté, avec boiseries neuves, tissus en kelsch, tableaux de Walch. Les produits sont de belle facture et les vins bien choisis dans tous les vignobles. Ainsi, le foie gras mi-cuit exceptionnel, le rognon de veau au pavot sauce moutarde, épinards à l'ail et käseknepfle ou l'exquis foie de veau à la crème d'ail, qu'on accompagne d'un château Pichelèbre, en font un repas digne d'une grande table. Tables en bois, beaux verres, service assez prompt, prix sages sachant évoluer au fil des aléas du marché méritent le coup de chapeau.

Au Coin des Pucelles

12, rue des Pucelles
Tél. : 03 88 35 35 14. Fax : 03 88 35 35 14
Fermé déj., dim., 15 juil.-15 août
Carte : 150 F

Roland Rohfritsch et sa sœur Myriam ont repris cette historique demeure, avec banquettes de bois, sans toucher au décor. Indice de changement : le menu rédigé comme une suite de clins d'œil. Ainsi les « spécialités alsaciennes revues par Roland », d'autres « où Roland passe un peu plus de temps ». Et l'on se régale de presskopf, quenelles de foie, fraîche tête de veau, jarret confit au four avec peau craquante, fines quenelles de fromage blanc, moelleux suprême de volaille au riesling, cerises épicées en chaud-froid.

Le Clou

3, rue du Chaudron (plan centre)
Tél. : 03 88 32 11 67. Fax : 03 88 75 72 83
Fermé mercr. midi, dim. et fériés
Carte : 200-350 F

Marie Sengel a redonné une âme à cette stub pomponnée, avec boiseries patinées, marqueteries, gravures et... photos de stars dans le couloir qui monte aux toilettes. La cuisine n'est pas mise entre parenthèses. Au contraire : tarte à l'oignon fondante, presskopf, harengs à la crème, boudin noir, baeckoffe, choucroute de qualité, kougelhopf glacé maison sont d'une régularité à toute épreuve. Service rapide, efficace et souriant.

D'Choucrouterie

20, rue Saint-Louis
Tél. : 03 88 36 52 87. Fax : 03 88 24 16 49
Fermé déj., dim. et 1er-10 janv.
Carte : 150 F

Au fond de la cour, il y a le théâtre. Mais la salle du restaurant vaut le spectacle. Non seulement pour le décor kitsch de stub de campagne, les lampes rétros et le service tournoyant et souriant de Théo. Il arrive aussi que la troupe de Roger Siffer (qui a fêté ses 15 ans de maison) fasse le bœuf après le show. Les rissoles de munster, les sept choucroutes différentes, la hure de foie gras aux lentilles, les fleischnecke, les harengs à la crème, le fromage blanc frais et fermier sont d'une surprenante qualité.

D'Munsterstuewel

8, place du Marché-au-Cochon-de-Lait
Tél. : 03 88 32 17 63 (plan centre)
Fermé dim., lundi, 15 jrs févr., 1er-21 août
Carte : 180-250 F

La taverne de Patrick Klipfel joue à deux vitesses avec un talent unique : le décor de stub de tradition est authentique tandis que la cuisine évolue avec le marché et la mode. Puisés dans les grimoires, allégés pour les estomacs délicats, ses mets font merveille. Ainsi les petites tartes flambées, la soupe à l'effilochée de choucroute aux escargots, la lotte chemisée de jambon avec chiffonnade de chou vert, le pied de porc désossé aux trois viandes en baeckoffe, la salade de mâche au melfor, l'estomac de porc farci de chez Arlen à Gries, le beignet aux pommes avec crème glacée à la cannelle. Une suite de régals...

Fink'stuebel

26, rue Finkwiller
Tél. : 03 88 25 07 57. Fax : 03 88 22 11 05
Fermé dim. soir, lundi, 1er – 10 janv., 7-21 août
Menus : 56 F (déj.), 118 F, 158 F. Carte : 150 F

Boiseries peintes et ambiance bon enfant : c'est l'antre de Sophie Schneider qui a su donner une âme à une demeure d'angle anodine. L'été, sous les parasols, l'hiver, dans la salle chaleureuse, on goûte la tourte briochée au foie gras, la soupe de lentilles au saucisson fumé, le bœuf gros sel au raifort, la joue de porc sur choucroute, le crumble aux pommes, tous plats mitonnés en fraîcheur qui ont le bon goût de se renouveler au fil des saisons.

La Petite Mairie

8, rue Brûlée
Tél. : 03 88 32 83 06. Fax : 03 88 32 83 06
Fermé sam. soir, dim., 15 jrs févr., 3 sem. août
Carte : 150 F

Dix minutes avant les douze coups de minuit, Patrick et Maryse Wenger ferment leurs fourneaux. Mais juste avant, l'accueil souriant et la cuisine sympa vont l'amble. Les tartes à la choucroute, escargots, foie gras, pâté en croûte, escalope à la Holstein, saucisse fumée dite mannerstoltz, tarte au fromage blanc rappellent que ces deux élèves d'Yvonne n'ont pas perdu les bonnes leçons.

Au Pont-Corbeau

2, quai Saint-Nicolas (plan centre)
Tél. : 03 88 35 60 68
Fermé sam., dim. midi, 1 sem. févr., 8 juil.-8 août
Carte : 180 F

Christophe Andt ouvre le dimanche soir, propose la cuisine du marché au gré de l'ardoise, peaufine son choix de crus gouleyants, sans omettre de mitonner, en finesse, tarte à l'oignon, salade lyonnaise, langue de porcelet, jambonneau grillé, hareng mariné à l'ancienne, mannerstoltz avec salade de pommes de terre, fameuse tête de veau, tarte aux fruits, myrtilles chaudes sur sorbet de fromage blanc. Tout ici respire la fraîcheur. Et les fresques d'Edgar Mahler sur des boiseries conçues par l'inénarrable Raymond Émile Waydelich créent une ambiance cosy.

Le Saint-Sépulcre

15, rue des Orfèvres (plan centre)
Tél. : 03 88 32 39 97
Fermé dim. soir, lundi, 1-14 juil.
Carte : 170 F

Si vous ne croyez plus à la notion de winstub, venez faire un saut dans cette taverne comme autrefois, avec tables de bois, banquettes, vieux poêle, nappes à carreaux, tableaux émouvants, lampes rétros. Robert Lauck râle un coup, découpe le jambon en croûte, que l'on sert (chaud) avec une salade de pommes de terre en vinaigrette au jus de jambon, glisse la chopine de vin blanc avec les verres à fond plat, devise sur l'air du temps. Il démontre, avec sa fille, son épouse, sa serveuse, pareillement pimpantes, que le genre winstub a un sens propre. La salade mixte assaisonnée à la perfection, la palette, le wädele, le presskopf du cousin Lauck de Bischheim, issus d'une carte minuscule, valent le détour.

S'Thomas Stuebel

5, rue du Bouclier (plan centre)
Tél. : 03 88 22 34 82
Fermé dim., lundi, Noël- Nouvel An, 1er-15 août
Menus : 46 F (déj.). Carte : 150 F

Avec son air de demeure de village en ville, ses murs de crépi, ses photos anciennes, son atmosphère bon enfant, cette stub a du charme. Thierry Deliot et sa mignonne épouse ont repris la demeure sans tapage. Et tout ce qu'ils servent est l'honnêteté même : salade de cervelas et gruyère, escargots, presskopf de pot-au-feu, sürbroten grand mère, fleischnacka, onglet à l'échalote, crème brûlée à la quetsch, suave tiramisu. Ajoutez-y un aimable côte-de-blaye en pichet à trois francs six sous, et vous comprendrez que l'adresse est à retenir au rayon des bonnes affaires.

Strissel

5, pl. de la Grande-Boucherie (plan centre)
Tél. : 03 88 32 14 73. Fax : 03 88 32 70 24
Fermé dim., lundi, 1 sem. févr. 1er juil.-1er août
Menus : 48 F (enf.), 64 F (déj.)-135 F. Carte : 150 F

Cette vieille demeure, avec vitraux colorés, salle des pressoirs, tonneaux sculptés, bancs de bois et vieux tableaux, a le cachet historique. Certains clients mériteraient d'être classés. Nul ne se plaint du hareng mariné à la crème, de la truite fumée au raifort, du boudin aux châtaignes, de la choucroute qui sont l'honnêteté même. Atmosphère conviviale, accueil débonnaire, carte des vins pleine de ressources.

Chez Yvonne

« S'Burjerstuewel »

10, rue du Sanglier (plan centre)
Tél. : 03 88 32 84 15. Fax : 03 88 23 00 18
Fermé dim., lundi midi, 17 juil.-13 août
Carte : 160-300 F

Yvonne Haller demeure là vedette de son registre, à deux pas de la cathédrale. Cadre patiné, recoins, banquettes où l'on prend un malin plaisir à se serrer : voilà le type de taverne qui vieillit bien, comme le bon vin. La cuisine a su se mettre au goût du jour conjuguant les classiques du genre (tarte à l'oignon, escargots, presskopf, choucroute, pot-au-feu) et les mets mode (marinade de thon, maquereaux au vin blanc, terrine de queue de bœuf), flirtant avec la grande cuisine (foie gras d'oie confit ou foie chaud aux navets). Les vins, les bières, l'ambiance, les desserts, comme la tarte à la rhubarbe : tout cela compte. On n'aura garde d'oublier l'essentiel : un service exceptionnel qui se passe de noter les commandes et se permet de ne jamais se tromper en servant les convives.

Zuer Zehnerglock

4, rue du Vieil-Hôpital (plan centre)
Tél. : 03 88 32 87 09
Fermé dim. et lundi
Menu : 48 F (déj.). Carte : 160 F

A l'ombre de la cathédrale, Roger Kautt a le chic de faire simple. Autant dans le décor, digne d'une auberge de campagne, que dans la cuisine, juste de ton, fraîche, cuisinée à partir de produits impeccables : tarte à l'oignon fondante, hareng mariné à la crème, bibeleskäs et pommes sautées au lard à fondre, entrecôte double, jambon en croûte, tripes au vin blanc. Ambiance comme à la maison.

Produits

ARTS DE LA TABLE

Faïencerie de la Petite-France

33, rue du Bain-aux-Plantes
Tél. : 03 88 32 33 69

Céramiques, assiettes en vieux Strasbourg et objets précieux (et chers) sont dignes d'un petit musée.

Lalique

25, rue du Dôme
Tél. : 03 88 75 55 52. Fax : 03 88 75 70 12

La célèbre maison de Wingen-sur-Moder vend ici les derniers-nés de la collection en pâtes de verre, assiettes décorées, vases, mais aussi bijoux de cristal. On trouve également porcelaine signée Coquet, parfums et objets de déco.

Vitrines d'Alsace

18, pl. de la Cathédrale
Tél. : 03 88 75 10 90. Fax : 03 88 75 09 88

Marqueteries de Spindler, porcelaines de Villeroy et Bosch avec le service Hansi, carafes et verres d'Hartzwiller sont présentés avec art dans cette boutique belle et gourmande, sise face à la cathédrale.

BOULANGER

Charles Woerlé

Au Vieux Strasbourg
10, rue de la Division-Leclerc
Tél. : 03 88 32 00 88

Les gentilles vendeuses proposent, chaque jour, pains au seigle, au pavot, aux graines de sésame, à l'avoine, à la bière, aux noix, aux raisins, au cumin, au lard et oignons, les bredele, les springerle, les biscuits à l'anis, les leckerli et les bretzels sucrés. Le kougelhopf maison, quant à lui, est à se damner.

CAVISTES

La Cave du Sommelier

28, rue du Mal-Foch. Tél. : 03 88 36 57 71

Roger Dahlen, « sommelier-conseil », propose initiations à la dégustation et conseils judicieux. Faites-lui confiance pour un banyuls, un quart de chaume ou un margaux dans le millésime qu'il faut. Un choix incomparable.

La Sommelière

7, pl. du Marché-Neuf. Tél. : 03 88 32 78 59

Adorable Freddy Kaus, qui vante les grands d'Alsace avec ardeur, fait goûter les raretés d'Humbrecht, Rolly-Gassmann ou Schlumberger, comme les bourgognes et bordeaux de classe, les alcools blancs, autant que des saumon et foie gras de qualité grande. En prime, une saucisse de foie à se pâmer.

Le Vinophile

10, rue d'Obernai
Tél. : 03 88 22 14 06

Michel Le Gris, ex-philosophe, s'emballe pour un gamay (le domaine de la Garrelière), vante un bourgueil (celui de Christophe Chasles) comme un grand bordeaux ou un bourgogne sagement tarifé avec une chaleur inaccoutumée. Ce passionné donne envie de mieux connaître les vignobles les plus secrets.

CHARCUTIERS

Frick-Lutz

16, rue des Orfèvres
Tél. : 03 88 32 60 60

Jean-Paul Kirn a racheté la maison, sans aucunement bouleverser son style. La qualité demeure : saucisse de bière, jambons crus ou cuits, tête de porc persillée à fondre, bacon paysan, impériale choucroute sous vide. Les viandes (bœuf persillé, veau de lait, agneau des Préalpes) sont à l'unisson.

Kirn

19, rue du 22-Novembre
Tél. : 03 88 32 16 10
52, rue du Vieux-Marché-aux-Poissons
Tél. : 03 88 32 16 10
23, bd de la Marne. Tél. : 03 88 61 17 16
113, rte du Polygone, au Neudorf
Tél. : 03 88 34 25 54
3, pl. des Romains, à Koenigshoffen
Tél. : 03 88 30 24 09
50, rue Boecklin, à la Robertsau
Tél. : 03 88 45 73 00

La boutique de la rue du 22-Novembre joue le Fauchon local. Mais tous les produits de cet industriel sont dignes d'artisan : knacks justement fameuses, tourte au vin blanc, mousse de canard au foie gras (dite « extra-wurcht »), lard fumé, choucroute sous vide sont les vedettes maison.

Klein

26-28, bd d'Anvers. Tél. : 03 88 61 16 10
Rue des Sept-Hommes. Tél. : 03 88 32 18 62

Saucisse de Francfort, kassler, palette, saucisse à tartiner, gendarme, galantine, saucisse « princesse » pistachée, magnifique saucisse paysanne à rôtir, choucroute à la graisse d'oie à emporter jouent la tradition dans ce qu'elle a de meilleur.

CHOCOLATIERS

Gillmann

20, quai des Bateliers
Tél. : 03 88 36 47 05

Face au palais des Rohan, truffes et chocolats (ganaches au miel, à la nougatine, au café) sont de petits bijoux.

FOIE GRAS

Edouard Artzner

7, rue de la Mésange
Tél.: 03 88 32 05 00. Fax: 03 88 32 91 59

Fondée en 1803, la maison, reprise avec dynamisme par Jean Schwebel, est la plus ancienne fabrique de foie gras de France: foie gras d'oie et de canard en verrines, faïences de Sarreguemines et moules façon kougelhopf, en sus de rillettes, magret fourré, presskopf d'oie, plats traiteurs et vins fins.

La Boutique du Foie Gras

6, rue Friesé. Tél.: 03 88 32 28 42

A la tranche, en terrine ou en bocaux: les foies gras d'oie et de canard signés Bruck sont la spécialité maison. Vente par correspondance.

La Boutique du Gourmet

11, rue Mercière. Tél.: 03 88 32 00 04

Idéale pour des cadeaux gourmands, cette échoppe centrale propose foies gras d'oie et de canard signés Bruck, vins Klipfel ou Trimbach, eaux-de-vie de Lehmann.

Jean Lutz

5, rue du Chaudron. Tél.: 03 88 32 00 64

Cette petite annexe de Frick-Lutz (aujourd'hui J.-P. Kirn) propose foies gras d'oie et de canard, au porto ou au quatre-épices.

FROMAGERS

Fromagerie des Tonneliers

32, rue des Tonneliers. Tél.: 03 88 52 04 03

Avec son restaurant vis-à-vis (la Cloche à Fromages), la boutique de la famille Tourette a bonne mine: pâtes au lait cru de diverses provenances et lait fermier en bouteille sont vendus avec le sourire.

Au Vieux Gourmet

3, rue des Orfèvres
Tél.: 03 88 32 71 20

Cyrille et Christelle Lorho ont repris cette boutique ancienne dont ils ont amélioré grandement le contenu: belles pâtes au lait cru notamment montagnardes (reblochon, cantal, laguiole, tomme de Savoie), munster fermier et chèvres affinés à cœur ont ici bonne mine.

PÂTISSIERS

Christian

12, rue de l'Outre. Tél.: 03 88 32 04 41
Fax: 03 88 23 09 74
18, rue Mercière. Tél.: 03 88 22 12 70
Fax: 03 88 23 57 44

L'accueil dans la boutique de la rue de l'Outre est parfois un peu pincé. Mais nul de trouve à redire aux jolis chocolats (truffes au bois de santal ou darjeeling, ganache à la bière, tablettes en pur Java), ou les sorbets (celui au fromage blanc est exemplaire). Egalement une excellente pâtisserie traditionnelle.

Thierry Mulhaupt

18, rue du Vieux-Marché-aux-Poissons
Tél.: 03 88 23 15 02. Fax: 03 88 22 60 17

Le meilleur pâtissier de Strasbourg? Dû moins le roi de la légèreté, c'est Thierry Mulhaupt. Ce surdoué du sucré n'utilise que le meilleur pour réaliser ses mille-feuilles, tarte guanaja, cannelés, chocolats, entremets glacés d'exception, kougelhopf et pain d'épice. Succès aidant, il a ouvert une seconde adresse à l'enseigne d'Epice et Chocolat, 5, rue du Temple-Neuf.

Naegel

9, rue des Orfèvres
Tél.: 03 88 32 82 86. Fax: 03 88 52 03 48

La tradition au mieux de sa forme: voilà ce qu'on aime chez les Naegel. Entremets au chocolat (carré d'or, trois-rivières, opéra), alliance à la framboise, forêt-noire, viennoiseries, classiques tourtes, pâté en croûte et kougelhopf, chocolats (tel l'épatant pavé de la cathédrale au marc de gewurz). La vitrine est diablement alléchante.

Obermeyer-Winter

55, bd G.-Clemenceau
Tél.: 03 88 35 03 29

Georges Winter, discret et excentré, est un as de la pâtisserie fine et sans lourdeur. Goûtez son trianon, son macaron antillais, son suprême au chocolat, son palet café, son vrai mille-feuille, sa glace cannelle-quetsche, et vous comprendrez que ce méconnu a tout d'un grand. Egalement des chocolats de premier ordre.

PRIMEURS

Ziegler

2, place du Marché-Neuf
Tél.: 03 88 32 55 38

La maison est réputée pour ses corbeilles de fruits (à commander). La boutique, impeccable, propose fruits et légumes de partout.

PRODUITS ÉTRANGERS

Spagna

29, rue des Tonneliers
Tél.: 03 88 32 16 09. Fax: 03 88 32 64 77

Jean-Louis Dallara tient avec efficacité cette boutique de charme qui propose le meilleur de l'Italie gourmande. Pâtes fraîches farcies, pâtes sèches artisanales de toutes formes et des meilleures provenances, jambons de

Parme et de San Daniele, salami, pancetta, mozzarella di bufala, parmesan, gorgonzola, belles huiles d'olive de Toscane et de Ligurie, jolis crus transalpins forment une anthologie de qualité.

TORRÉFACTEURS

Café Reck

8, rue de la Mésange
Tél. : 03 88 32 37 22
4, rue du Noyer. Tél. : 03 88 32 79 63

Cette maison sérieuse a imaginé une collection de tasses à café, illustrées par Tomi Ungerer ou Raymond Weydelich. Une preuve de bon goût, que représente la collection de Blue Mountain, Moka Yergacheffe, Maragogype Liquidambar, mélange italien qui demeurent au «top» du genre.

TRAITEURS

La Boutique d'Antoine Westermann

1, rue des Orfèvres
Tél. : 03 88 22 56 45

La récente boutique design du grand chef du Buerehiesel est à visiter pour ses épices variées, vins de tous les vignobles (notamment les côtes-du-rhône), belles huiles, condiments, sans omettre les plats sous-vide à emporter.

Kieffer

10, rue du Colvert
Zone artisanale de Vogelau à Schiltigheim
Tél. : 03 88 83 45 45

Le fils, Christian, a repris le flambeau de cette maison qui est un peu le Lenôtre strasbourgeois. Ses baeckoffe, jambons en croûte, cochon de lait sont du travail de pro.

Rendez-vous

BARS

Aux Aviateurs

12, rue des Sœurs
Tél. : 03 88 36 52 65

Les murs couverts d'affiches et photos, le long bar-couloir, l'ambiance chaude : c'est, depuis de longues années, le repaire de la belle jeunesse strasbourgeoise sous l'œil de la «divine» Michelle Noth. Têtes connues ou non refont le monde en buvant whisky de malt ou bière pression.

Opéra Café

Place Broglie (Théâtre municipal)
Tél. : 03 88 75 48 26

Michelle Noth, la belle des «Aviat'», a fait de ce bar d'opéra le dernier salon (d'opérette) où l'on cause. Cadre baroque et déco itou, plats selon l'humeur du jour (et du chef), verres choisis.

BAR À BIÈRES

Aux Douze Apôtres

7, rue Mercière
Tél. : 03 88 32 08 24. Fax : 03 88 32 08 24

Bernard Rotman, cofondateur d'Eurobière, a fait de son bar le numéro un du genre. Le caveau, le bar et la salle avec banquettes en bois accueillent avec bonhomie pour la dégustation de quatorze pressions et d'une quantité impressionnante de flacons.

BRASSERIE

Le Schutzenberger

29-31, rue des Grandes Arcades
place du Temple-Neuf
Tél. : 03 90 23 66 66

Ouvert tous les jours de 7h30 à 1h30, cet ancien «palais de la bière» revue design et signé Nouvel est l'un des événements strasbourgeois du moment.

CAFÉS

Café Brant

11, pl. de l'Université
Tél. : 03 88 36 89 05

Ce café années trente avec hauts plafonds, beaux luminaires, joue l'ambiance Mitteleuropa, à deux pas de la statue de Goethe et du palais universitaire.

Le Montmartre

6, rue du Vieux-Marché-aux-Poissons
Tél. : 03 88 32 10 58

Les bancs de bois, comme dans le métro de jadis, la bière pression, l'espresso savoureux et la terrasse sous les arcades non loin de la cathédrale assurent le succès maison.

SALONS DE THÉ

Riss

35, rue du 22-Novembre
Tél. : 03 88 32 29 33

L'ambiance est feutrée dans cette institution strasbourgeoise. Les tartes aux fruits sont délicieuses.

Winter

25, rue du 22-Novembre
Tél. : 03 88 32 85 40

On prend place pour profiter de l'ambiance cosy et refaire le monde autour d'un chocolat, d'une viennoiserie ou d'un sandwich en pâte à bretzel.

Sucé-sur-Erdre : voir Nantes

Suresnes : voir Environs de Paris

 *indique une très bonne table.*

T

Talloires

74290 Haute-Savoie. Paris 552 – Annecy 13 – Albertville 34 – Megève 50.

Office du Tourisme : pl. de la Mairie
Tél. : 04 50 60 70 64. Fax : 04 50 60 76 59

Cet admirable village comme accroché au lac vaut pour son site, sa beauté de sentinelle éternelle, ses demeures d'autrefois qui ont le charme intemporel.

Hôtels-restaurants

Auberge du Père Bise

Tél. : 04 50 60 72 01. Fax : 04 50 60 73 05
Fermé 5 nov.-11 févr., mardi, mercr. midi (rest.) (hs)
17 ch. 1 100-1 600 F. 7 suites
1/2 pens. 1 350-2 300 F
Menus : 490-880 F. Carte : 600-1 000 F

Ce n'est pas cette admirable vieille maison, riche d'histoire gourmande, qui change, ni le magnifique environnement, son décor de chalet de luxe, son grand service. C'est l'époque. Et, avec elle, nos exigences. Quoiqu'on puisse simplement être heureux des chambres à l'ancienne, certaines dans une belle demeure annexe avec parc sur l'arrière, et de la cuisine classique supervisée par Sophie Bise, orchestrée sans état d'âme par une brigade rodée aux services avec à-coups du week-end. Le gratin de queues d'écrevisses à la sauce Nantua, la Tatin de foie gras, truffes et pommes de terre sauce Périgueux, le pâté chaud mère Bise, la poularde de Bresse braisée à la crème d'estragon flanqué d'un riz sans défaut, le gâteau au chocolat sont la rigueur même, sans émotion d'aucune sorte. Grande cave, addition terrifiante, en rapport avec la réputation de la demeure.

L'Abbaye

Tél. 04 50 60 77 33. Fax 04 50 60 78 81
Fermé déc., janv., dim. soir, lundi (rest.) (hs)
30 ch. 920-1 670 F. 1/2 pens. 750-1 210 F
Menus : 195-540 F. Carte : 350-500 F

Les frères Chappaz, qui avaient fait de leur moderne « hermitage » sis au-dessus du lac et du village une des belles étapes gourmandes de la région, ont repris cette abbaye historique marquée par le passage de saint François de Sales et de la famille Tiffenat qui la convertit en Relais & Châteaux de qualité. La maison garde son charme, même si certaines chambres pourraient être rénovées, son cloître-jardin et sa vue sur le lac juste à ses pieds. Côté cuisine, on fait là dans le régionalisme sûr et sans ornière. Cuisses de grenouilles sautées, quenelle de brochet homardine ou encore volaille à la broche sont sans faille.

Le Cottage

Tél. : 04 50 60 71 10. Fax : 04 50 60 77 51
Fermé oct.-mi-avr.
35 ch. 600-1 200 F. 1/2 pens. 450-830 F
Menus : 95 F (enf.), 140 F (déj., vin c.), 180-270 F

L'autre Bise du village, c'est Fernand dont les siens continuent le travail avec ardeur. Belles chambres classiques, vue sur le lac, jardin et cuisine appliquée dont raviole de homard, omble chevalier meunière et filet de bœuf bordelaise flanqué d'un impeccable gratin savoyard donnent une juste idée.

Les Prés du Lac

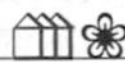

Tél. : 04 50 60 76 11. Fax : 04 50 60 73 42
Fermé mi-oct.-mars
16 ch. 790-1 300 F

Ce bel hôtel sans restaurant aux chambres claires, lumineuses et pimpantes fait une étape au calme et au charme avec le lac en ligne de mire. La plage privée avec son ponton et la pelouse en pente douce qui glisse vers les eaux moirées sont un « plus » indéniable.

Tamniès

24620 Dordogne. Paris 508 – Brive 51 – Périgueux 59 – Sarlat 16.

Le Périgord noir bucolique, ses collines douces, ses grottes et la proche vallée de la Dordogne.

Hôtels-restaurants

Laborderie

Tél. : 05 53 29 68 59. Fax : 05 53 29 65 31
Fermé 1er nov.-1er avr.
40 ch. 200-490 F. 1/2 pens. 270-390 F
Menus : 60 F (enf.), 90 F (déj.), 110-255 F
Carte : 200 F

Cette belle auberge familiale, dans son domaine verdoyant aux champs, a peaufiné son confort et sa manière au fil des annexes et des ans. On vient là pour le repos dans de bonnes chambres modernes et sans histoire, le plaisir de séjourner au vert, mais aussi la gourmandise soignée. La sainte trilogie locale (foie gras, magret, confit), la salade de gésiers et la tourtière se complètent d'un feuilleté d'asperges de qualité et d'un canard aux pêches sans faiblesse. Exquis soufflé glacé aux noix en délicate issue. Accueil adorable.

Tarare

69170 Rhône. Paris 463 – Roanne 42 – Lyon 46.

Au pays des pierres dorées, une gourmande sentinelle sur la route des beaujolais...

Restaurant

Jean Brouilly

3 ter, rue de Paris
Tél. : 04 74 63 24 56. Fax : 04 74 05 05 48
Fermé dim. (sf déj. fériés), lundi, vac. févr., 6-29 août
Menus : 160-380 F. Carte : 300-400 F

Le roi solitaire de la région des pierres dorées, c'est Jean Brouilly que l'on pourrait nommer «le modeste de Tarare». Ce technicien sûr, qui sait jouer de tous les tours de la cuisine moderne en possédant un bagage classique de haute précision, a mis du temps à gagner ses galons de vedette dans la région. Cela a permis à l'homme de codifier sa manière, offrant le fin du fin de la cuisine du marché dans une demeure bourgeoise de bord de route. Ses bons tours ? Le «diable» de lapin à la vinaigrette de tomate, les rillettes d'agneau au thym, le rouget aux herbes avec son jus lié au foie, la volaille de Bresse au serpolet, le joli tournedos «Milotier», le blanc-manger ou la divine compote de rhubarbe au jus de cassis qui s'accompagnent de vins choisis avec cœur.

Tarbes

65000 Hautes-Pyrénées. Paris 795 – Pau 43 – Bordeaux 218 – Lourdes 18 - Toulouse 156.

La cathédrale, le jardin Massey et son musée des Hussards, les rives de l'Adour et le marché vivant se visitent avec la ferveur qu'on met à découvrir la vraie province.

Restaurant

L'Ambroisie

48, rue de l'Abbé-Torné
Tél. : 05 62 93 09 34. Fax : 05 62 93 09 24
Fermé dim., fériés, 29 avr-10 mai, 13-20 août
Menus : 100 F (déj.), 170-300 F. Carte : 350-450 F

Daniel Labarrère, roi gourmand de sa ville, raconte avec cœur le beau marché local et les produits de toute la Gascogne qu'il revivifie avec cœur. On vient chez lui pour l'accueil chaleureux dans une demeure plaisamment rénovée, les menus bien pondus, mais aussi toute une série de plats malins qui sont une manière de défier les gourmets narquois qui oublient le chemin de Tarbes. Sa salade de cœur d'artichauts Lucullus, sa tarte croustillante feuilletée de truffes, son tronçon de turbot sur méli-mélo concassé de pied de porc, sa daube d'oie au vin rouge ou encore son biscuit mi-cuit au chocolat sont des mets fins, précis qui donnent exactement ce que l'on en attend. Belle cave à prix pas prohibitifs pour un sou.

Le Petit Gourmand

62, av. Barère
Tél. : 05 62 34 26 86. Fax : 05 62 34 26 86
Fermé sam. midi, dim. soir, lundi, 15 août-15 sept.
Menus : 110-175 F. Carte : 200 F

L'autre table de Tarbes, en version modeste, bien sûr, c'est celle, d'une gaieté sans faille, que dirige Guy Espagnacq avec cœur. La soupe au confit, la crème aux haricots tarbais et ventrèche, le gâteau de foies blonds et la morue aux pommes de terre caramélisées se mangent joyeusement dans une atmosphère mi-bistrot, mi-brasserie.

Produits

PÂTISSIER-CHOCOLATIER

Le Royalty

33, rue Maréchal-Foch
Tél. 05 62 93 42 43. Fax 05 62 51 29 99

Patrick Berger, MOF, soucieux de qualité sucrée bien équilibrée réussit autant les belles ganaches, les «châtaignes de Bigorre», que les glaces, les entremets délicats que les plats traiteur.

Tardets-Sorholus

64470 Pyrénées-Atlantiques. Paris 817 – Pau 62 – St-Jean-Pied-de-Port 49 – Oloron-Ste-Marie 28.

Office du Tourisme de Soule : pl. Centrale
Tél. : 05 59 28 51 28. Fax : 05 59 28 52 46

Une petite capitale du joli pays de Soule, la plus secrète partie du Pays basque.

Hôtels-restaurants

Uhaltia – le Pont d'Abense

A Abense-de-Haut
Tél. : 05 59 28 42 60. Fax : 05 59 28 75 91
Fermé mercr. soir, jeudi, 1er-15 déc., janv.
11 ch. 180-300 F. 1/2 pens. 200-260 F
Menus : 50 F (enf.), 95-180 F

Au calme, dans un jardin fleuri, cette petite auberge, avec ses chambres simples et peu chères (mais de grands projets s'annoncent), est aussi une bonne table valant le détour. La jeune Isabelle Iraola, formée chez Firmin Arrambide à Saint-Jean-Pied-de-Port et au Plaza-Athénée à Paris, n'a pas perdu les bonnes leçons en pratiquant une cuisine régionale allégée qui tutoie le terroir avec légèreté et même subtilité. Son exquise pipérade sur la mode classique comme sa tartelette croustillante avec la même piperade au jambon poêlé, ses truitelles poêlées à la concassée de tomate avec un tartare de saumon, sa belle assiette de dégustation d'agneau (côte, ris, noisette), sa tarte sablée aux fruits frais et crème pâtissière sont des mets d'apparence simple, mais d'une grande netteté. Les vins de la Navarre espagnole accompagnent le tout avec joliesse.

Les Pyrénées

Pl. du Marché
Tél. : 05 59 28 50 63
Menus : 85-120 F. Carte : 160 F
Fermé lundi (hs)

Sur la place à arcades du bourg central de la Soule, une auberge de tradition. Henri Abadie mitonne la galette de piperade, la truite en piperade, les piments farcis à la morue, le sablé basque glacé à l'Izarra au long du généreux premier menu.

Produits

FROMAGER

Erbinia

Tél. : 05 59 28 51 61

Daniel, Maïté et Françoise Pitrau produisent yaourt au lait de brebis et fromage d'Ossau-Iraty dans leur ferme panoramique.

Tautavel

66720 Pyrénées-Orientales. Paris 866 - Carcassonne 96 - Narbonne 74 - Perpignan 31.

Office du Tourisme. Tél. : 04 68 29 44 29
Fax : 04 68 29 40 48

Le petit musée de la Préhistoire vaut le détour dans ce village catalan célèbre pour la découverte, en 1971, du plus vieux crâne humain jamais identifié en Europe.

Restaurant

Le Petit-Gris

Rte d'Estagel
Tél. : 04 68 29 42 42. Fax : 04 68 29 40 49
Fermé lundi, le soir (oct.-Pâques), 3-17 janv.
Menus : 40 F (enf.), 70-170 F. Carte : 200 F

Cette formidable petite adresse, qui nous a été glissée dans le creux de l'oreille par notre bouillonnant confrère de *Marianne*, Périco Legasse, vaut plus qu'un détour. Ici bat le cœur gourmand du pays catalan. Petits-gris cuits sur la braise (cargolade), parrillade ou brochette de poissons, grillade de boudin, saucisses, côtes d'agneau et poitrine fraîche, lapin à l'aïoli, cailles à l'ail, miel et chèvre (*mel i mato*), crème catalane sont, dans leur simplicité bon enfant, d'une justesse de ton sans faille. L'accueil de l'adorable M. Grieu est la chaleur même.

Tence

43190 Haute-Loire. Paris 570 - Le-Puy-en-Velay 46 - Lamastre 39 - St-Etienne 54.

Le cœur du Velay, l'approche du mont Gerbier-de-Jonc, les hautes forêts et le grand air.

Hôtels-restaurants

Hostellerie Placide 

Av. de la Gare
Tél. : 04 71 59 82 76. Fax : 04 71 65 44 46
Fermé lundi, mardi, mi-nov.-mi-mars
17 ch. 320-450 F. 1/2 pens. 380-510 F
Menus : 80 F (enf.), 85 F (déj.), 160-300 F
Carte : 300 F

Cette belle hostellerie à l'ancienne, avec grandes chambres rustiques, salle à manger boisée et cuisine soignée, offre l'étape d'un soir ou la pension généreuse. Pierre-Marie Placide, qui a repris la demeure familiale en en modernisant l'esprit, mitonne avec sérieux des mets qui renouvellent la tradition locale. Escargots du Lignon à la pomme verte et crème de gaperon, sandre grillé aux morilles et pièce de bœuf farcie de daube de pied de porc sont séducteurs. Joli gâteau d'orange au pain d'épice avec sa raviole de poire aux marrons glacés.

Teteghem : voir Dunkerque

Thann

68800 Haut-Rhin. Paris 447 - Mulhouse 22 - Colmar 44 - Guebwiller 25.

La collégiale Saint-Thiébaut, le donjon couché dit « œil de la sorcière » et le glorieux Rangen vineux pourraient à eux seuls assurer la gloire de Thann. La vallée de Saint-Amarin déroule, depuis l'orée du bourg, son verdoyant ruban.

Hôtels-restaurants

La Cigogne 

Tél. : 03 89 37 47 33. Fax : 03 89 37 40 18
Fermé (rest.) dim. soir, lundi
27 ch. 260-300 F. 1/2 pens. 320 F
Menus : 80-170 F. Carte : 200 F

Cette construction récente avec jardin offre des chambres d'excellent confort, un accueil adorable et une cuisine bourgeoise de qualité franche.

Le Parc

23, rue Kléber
Tél. : 03 89 37 37 47. Fax : 03 89 37 56 23
Fermé 4-15 janv.
20 ch. 450-760 F. 1/2 pens. 450-780 F
Menus : 80 F (enf.), 155- 280 F

Parc et jardin donnent leur nom à l'hôtel qui propose de bonnes chambres au confort moderne. La cuisine bourgeoise de l'excellent M. Martin, qui a tourné aux USA, en Italie (au Due Torri à Verone) et au parisien Fouquet's ne manque pas de tonus : filets de rouget aux beignets de légumes, poulet à la bière, magret aux figues épicées sont de qualité.

Kléber

39, rue Kléber
Tél. : 03 89 37 13 66. Fax : 03 89 37 39 67
Fermé (rest.) sam. midi, dim., 1er-21 févr.
26 ch. 155-340 F. 1/2 pens. 300 F
Menus : 55 F (enf.), 85-160 F

La maison est chaleureuse, les chambres boisées, coquettes, avec jolis dessus-de-lit, beaux rideaux. Certaines ouvrent leurs fenêtres sur la verdure.

Moschenross

42, rue du Gal-de-Gaulle
Tél. : 03 89 37 00 86. Fax : 03 89 37 52 81
Fermé (rest.) lundi, 15 jrs févr., 15 jrs oct.
25 ch. 110-250 F
Menus : 40 F (enf.), 100-130 F. Carte : 180 F

Michel Thierry, formé jadis au Véfour du temps de Raymond Oliver, mitonne une cuisine généreuse à coup de meurette de truite, salade d'escargots aux lardons, choucroute garnie, poitrine de veau farcie. Rétro à souhait, l'hôtel offre des chambres simplettes, idéales pour les randonneurs du col du Hundsrueck.

Produits

BOUCHER-CHARCUTIER

Michel Meyer

82 rue de la 1re-Armée
Tél. : 03 89 37 01 65. Fax : 03 89 37 49 26

Les fumaisons au feu de bois, le pâté en croûte, la saucisse de bière, le lard paysan, le jambon cru, la choucroute et les fumaisons sont la gloire de Michel Meyer. Également un bon choix de viandes de provenance fermière.

PÂTISSIERS

Gérard

146, rue de la 1re-Armée
Tél. : 03 89 37 06 63

Exquis linzertorte, quatre-quarts au chocolat marbré, kougelhopf mais aussi tourtes et quiches de qualité font le bonheur des gourmets de Thann. Les chocolats sont dignes d'intérêt. Accueil tout sourire.

Kaelbel

19, rue de la 1re-Armée
Tél. : 03 89 37 11 62

Formé en Suisse, à la Coba de Bâle, Jean-Marc Kaelbel réalise palets amers et gâteaux fondants chocolatés splendides. Ses « flamboyant » amandes et noisettes, « Engelbourg » (mousse framboise, vanille, ganache) ou « crescendo » avec quetsches poêlées valent le détour.

Thannenkirch

68590 Haut-Rhin. Paris 431 – Colmar 24 – Bergheim 7 – Sélestat 16.

Admirable village forestier, au nom d'arbre et de cerise, sentinelle sur les chemins du Haut-Koenigsbourg et de la route des vins, perché au-dessus du Rhin, village doux, symbole simple et pastoral de l'Alsace heureuse.

Hôtels-restaurants

La Meunière

30, rue Sainte-Anne
Tél. : 03 89 73 10 47. Fax : 03 89 73 12 31
Fermé 20 déc.-25 mars
19 ch. 320-430 F. 1/2 pens. 255-350 F
Menus : 40 F (enf.), 95 F (déj.)-235 F. Carte : 220 F

Les chambres ouvertes sur le Haut-Koenigsbourg, le sauna, la terrasse ont modernisé cette belle demeure montagnarde sans lui enlever son âme. Francesca Dumoulin accueille avec cœur, tandis que Jean-Luc, son cuisinier de mari, qui a accompli quelques stages chez les grands, mitonne des mets régionaux de tradition et d'autres qui tentent de renouveler le répertoire. Les canapés au munster flambés à l'alcool de cumin, la salade folle au lard et à l'huile de noisette, l'agneau en carré à la graine de moutarde, le fondant jarret de porc en pot-au-feu, le parfait glacé aux griottes de Thannenkirch et le streussel aux pommes sont de bien bon ton.

Le Touring

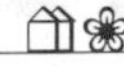

Rte du Haut-Koenigsbourg
Tél. : 03 89 73 10 01. Fax : 03 89 73 11 79
Fermé 3 janv.-15 mars
45 ch. 214-360 F. 1/2 pens. 255-330 F
Menus : 45 F (enf.), 74-172 F

Ce vaste hôtel de villégiature rénové sous la houlette d'Antoine Stoeckel propose l'étape sans heurt, les chambres d'excellent confort et la cuisine bourgeoise sans manières : marmite d'escargots, côtes de marcassin grillées, choucroute garnie, kougelhopf glacé.

 *indique un hôtel au calme.*

Thésée

41140 Loir-et-Cher. Paris 220 - Tours 53 - Blois 38 - Châteauroux 74 - Vierzon 63.

L'approche de la Sologne, les bords du Cher, les vins digestes récoltés sur sol sableux: voilà ce qu'on trouve dans ces modestes parages du Val ligérien.

Hôtel-restaurant

Hostellerie du Moulin de la Renne

Tél.: 02 54 71 41 56. Fax: 02 54 71 75 09
Fermé dim. soir, lundi, 15 janv.-15 mars
15 ch. 135-295 F. 1/2 pens. 193-260 F
Menus: 45 F (enf.), 85-220 F. Carte: 200 F

Cet ancien moulin bordé par la Renne offre le repos dans de bonnes chambres rustiques raisonnablement tarifées sans omettre de proposer les spécialités du pays qui accompagnent avec à-propos les vins d'ici. Asperges en saison, rillons maison, sandre au beurre blanc et andouillette au vouvray sont d'une franchise sans faille.

Thierenbach : voir Guebwiller

Thionville

57100 Moselle. Paris 340 - Metz 29 - Luxembourg 29 - Trêves 76.

A fleur de Moselle, ce carrefour vers le grand duché était jadis «la capitale du fer». Le pays est aujourd'hui verdoyant, entre la butte de Guentrange qui abritait des vignes et les forêts proches.

Hôtels-restaurants

Le Concorde

6, pl. du Luxembourg
Tél.: 03 82 53 83 18. Fax: 03 82 53 40 41
Fermé (rest.) sam. midi, dim. soir
25 ch. 320-390 F
Menus: 190-230 F. Carte: 300-450 F

La salle panoramique, au quatorzième étage au-dessus de la Moselle, est d'un confort parfait. Il y a les chambres spacieuses, l'accueil adorable, mais surtout la cuisine de Laurent Klepper, qui a travaillé chez Ducasse, à Paris, puis à Monaco, chez Jean-Marie Meulien, spécialiste du mariage du terroir et des épices lointaines au Clos Longchamp, enfin au Juana à Juan-les-Pins. D'où ces mets lorrains revus façon sudiste qui ont nom crème de châtaigne, foie de canard des Landes poêlé à la compote de pommes et de raisins au vieux porto, saint-jacques grillées avec pommes fondantes, courgettes, tomates confites, avec un soupçon d'huile d'olive des Pouilles et un doigt de vinaigre balsamique, saint-pierre flanqué de coquillages et blanc de seiche, moelleux canard mi-sauvage aux fruits d'automne mijotés, proposé entier, pigeon désossé, rôti aux pommes de terre et lard croustillant, tarte aux pommes au feuilletage extra-fin comme une feuille de papier au parfum de beignet et d'enfance, flanquée de glace vanille, enfin parfait glacé à la pistache avec son ananas en carpaccio «chiffonné». Bref, une belle maison à découvrir avant qu'elle ne devienne à la mode.

L'Horizon

Au lieu-dit Crève-Cœur
Tél.: 03 82 88 53 65. Fax: 03 82 34 55 84
Fermé dim. soir (hs), sam. midi, lundi midi, vac. févr.
25 ch. 320-390 F
Menus: 195 F (déj.) 235-325 F. Carte: 300-400 F

Sur les hauteurs de Guentrange, à deux pas d'un ancien fort militaire et d'un vieux pressoir, dominant Thionville et la Moselle sur sa terrasse, cet ex-Relais & Châteaux a gardé son chic et son souci de qualité. Jean-Pascal Speck, qui fit des stages jadis à la Marée à Paris, au Crocodile à Strasbourg, à la Chenaudière à Colroy-la-Roche, travaille avec ardeur le cochon de lait local dit «fierkiel», dont le pâté de tête ou le gigot à la peau croustillante donnent de délicieux exemples. Mais toute la carte est un modèle de sagesse, de fraîcheur et de malice: salade de volaille aux truffes de la Saint-Jean, consommé froid de langoustines au cerfeuil, rouget barbet en oliviade aux pâtes fraîches, turbot aux ravioles de légumes et basilic, filet d'agneau rôti à l'ail confit. Un vent de Provence souffle d'ici sur la Moselle. Et le chapitre des desserts n'échappe pas à l'enchantement: tarte au chocolat avec sa crème aux épices, tarte feuilletée aux cerises gratinées au kirsch, mirabellier ou encore fondant de pommes et pétales de caramel montrent que l'imagination et le goût de la légèreté ne se limitent pas ici au sucré. Jolies chambres personnalisées et accueil gracieux.

Thoiry

01710 Ain. Paris 527 - Bellegarde-sur-Valserine 27 - Bourg-en-Bresse 100 - Gex 14.

Restaurant

Les Cépages

Tél.: 04 50 20 83 85. Fax: 04 50 41 24 58
Fermé dim. soir, lundi
Menus: 120 F (déj.), 200-390 F. Carte: 360-560 F

Une demeure particulière dans son jardin face au spectacle des Alpes en majesté: c'est là que se propose la fine cuisine de Jean-Pierre Deslesderrier en une série de menus malicieux à prix étudiés. Le persillé de lapereau et de joue de bœuf en gelée au jus de betterave, la suprême de féra en nage de coquillages ou avec écrevisses en bisque crémeuse, la côtelette minute d'agneau en navarin avec son mille-feuille de pommes de terre rejouent plaisamment la tradition allégée en délicatesse, au gré des saisons. La truite saumonée légèrement fumée et le suprême de poularde aux morilles au vin jaune jouent l'hommage classique au terroir avec joliesse. Belle cave, accueil de classe.

Thoissey

01140 Ain. Paris 411 – Mâcon 18 – Bourg-en-Bresse 36 – Lyon 60.

Les parages de la Bresse et ceux du Beaujolais se rejoignent ici, tout près de la Saône.

Hôtels-restaurants

Le Chapon Fin

Paul Blanc

Tél.: 0474040474. Fax: 0474049451
Fermé mardi, mercr. midi, 21 nov.-6 déc.
20 ch. 250-700 F. 1/2 pens. 600-700 F
Menus: 95 F (enf.), 150 F (déj.), 200-520 F.
Carte: 350-450 F

Un peu écrasés par la gloire locale et internationale du cousin Georges, les Maringue n'oublient pas que la renommée de la famille Blanc passe aussi par chez eux. A Thoissey, tonton Paul fut aussi célèbre, jadis, que Paul Bocuse et Paul Lacombe, à qui fut dédiée une «cuvée des trois Paul» signée Dubœuf. Nous sommes ici en lisière du Beaujolais et de la Bresse. La terre est riche, la vigne prolixe, les produits beaux et frais. Quant au soleil, il brille pour tout le monde. Y compris pour le fiston Bruno, qui a fait ses classes chez les grands et pratique autant le gâteau de foies blonds et les traditionnelles les grenouilles sautées aux fines herbes, fricassée de volaille de Bresse aux morilles avec les crêpes Parmentier (ailleurs on dirait «vonassiennes») que le parmentier de rouget et le risotto de langoustines aux sot-l'y-laisse. Grandissime cave tenue par papa Maringue et belles chambres cossues grand genre.

Thonon-les-Bains

74200 Haute-Savoie. Paris 570 – Annecy 75 – Chamonix 100 – Genève 34.

Office du Tourisme: pl. du Marché
Tél.: 0450715555. Fax: 0450716833

Un port sur le Léman, un château médiéval, son vin en AOC, sa belle table et son grand fromager: n'est-ce pas assez pour une étape heureuse?

Hôtels-restaurants

Arc-en-Ciel

18, pl. de la Crète
Tél.: 0450719063. Fax: 0450262747
Fermé 23 déc.-2 janv.
40 ch. 390-490 F

Moderne et de bon confort, un hôtel avec piscine, jardin, chambres avec cuisinettes, pour le repos sans heurt.

Savoie et Léman

2, bd de la Corniche
Tél.: 0450711380. Fax: 0450711614
Fermé sam. soir, dim., vac. scol.
33 ch. 230-340 F
Carte: 75-135 F

Tenu par l'école hôtelière, avec le sérieux qui s'impose, cette grande maison moderne ménage des vues sur le Léman.

Le Prieuré

68, Grand-Rue
Tél.: 0450713189. Fax: 0450713109
Fermé dim. soir, lundi
Menus: 200 F (déj.), 220-380 F (dégust.)
Carte: 350-500 F

Charlie Plumex, qui travailla jadis au Royal-Evian avant de s'exiler en Angleterre, est revenu au pays il y a belle lurette pour faire de cet ancien prieuré au beau plafond voûté et ouvragé un havre gourmet. Le régionalisme fait, chez lui, bon ménage avec la recherche tous azimuts sans rechigner devant la complexité. Consommé de cabri au cumin et ravioli de sérac de chèvre, asperges vertes caramélisées au jus de veau et crème de cerfeuil avec persil-racine, langoustines dans une croûte de pommes de terre, chartreuse de veau et foie de canard poêlé avec embeurrée de chou représentent, à l'évidence, du travail d'artiste. Le croustillant à la rhubarbe, la pêche farcie à la vanille, la rijoule de poires au sirop avec glace cannelle – comme d'ailleurs tout le registre sucré – sont des délices.

Le Scampi

1, av. du Léman
Tél.: 0450711004. Fax: 0450713109
Fermé dim. soir, lundi, 4-16 avr, 14-26 nov.
Menu: 45 F (enf.), 100-150 F. Carte: 150 F

La brasserie «in» du lac, avec raviolis maison, poissons du lac et plats bourgeois, surveillée de loin par Charlie Plumex.

Si vous changez d'avis, même au dernier moment, n'oubliez pas d'annuler votre réservation. Le restaurateur vous en sera toujours reconnaissant.

A Anthy-sur-Léman : 6 km par D33

L'Auberge d'Anthy

Tél. : 04 50 70 35 00. Fax : 04 50 70 40 90
Fermé lundi soir, mar., 28 oct.-5 nov., 3-18 févr.
Menus : 70 F (enf.), 80 F (déj.), 165-230 F
Carte : 200-250 F

Cette grande auberge quasi-fermière offre le miracle d'une cuisine simple, fraîche, bonne, sincère et sans épate. On vient ici pour les mets d'un régionalisme allégé que sont le soufflé au fromage d'Abondance, les écrevisses du lac Léman, le filet de perche au vin rouge, les atriaux servis avec un épatant gratin dauphinois aux cèpes. L'ambiance est bon enfant et la cave pleine de bon sens.

Produits

FROMAGER DE L'ANNÉE

Daniel Boujon

7, rue Saint-Sébastien
Tél. : 04 50 71 07 68. Fax : 04 50 81 90 80

Encyclopédiste de la belle pâte, le père Daniel n'a pas son pareil pour expliquer la différence entre tomme des Bauges (lactique), du Faucigny (au léger goût de fumé) ou du Chablais (fruitée et noisetée). Sans parler de la tomme et du vacherin d'Abondance dont il est le bon apôtre. Sa cave est une caverne aux trésors, où les pâtes de montagne sont reines. Mais c'est pour la Savoie que l'on accourt chez lui. Ses reblochon crémeux, bleu de Termignon persillé, chevrotins du Beaufortin et des Aravis chantent avec force parfums la gloire de son gourmand pays.

Thury-Harcourt

14220 Calvados. Paris 254 - Caen 28 - Falaise 28 - Vire 41.

Le carrefour de la Suisse normande, gourmandise et promenades en vue.

Hôtels-restaurants

Le Relais de la Poste

Rte de Caen
Tél. : 02 31 79 72 12. Fax : 02 31 39 53 55
Fermé dim. soir, lundi (hs), Noël-15 janv.
12 ch. 300-420 F. 1/2 pens. 360-420 F
Menus : 95 F (déj., vin c.), 150-420 F
Carte : 300-400 F

Ramenée à plus de modestie que jadis, cet vieux relais que Jean Mouge rendit célèbre sert toujours avec sérieux les classiques du pays normand. Homard flambé, turbot aux palourdes et tarte aux pommes chaudes ont bonne mine. Chambres à l'ancienne fort soignées. Belle cave.

Tignes

73320 Savoie. Paris 696 - Albertville 85 - Chambéry 134 - Val-d'Isère 13.

Office du Tourisme : au lac
Tél. : 04 79 40 04 40. Fax : 04 79 40 03 15

Le site alpestre à plus de 1 600 mètres, le barrage, le lac et le panorama de la Grande Motte attire les amoureux de la montagne, comme les skieurs toute l'année.

Hôtels-restaurants

Les Campanules

Tél. : 04 79 06 34 36. Fax : 04 79 06 35 78
Fermé 28 août-1er nov., 1er mai-3 juil.
36 ch. 1 050 F. 1/2 pens. 750-800 F. 7 duplex
Menus : 150 F (déj.), 198-300 F

Ce grand et beau chalet boisé, avec son intérieur chaleureux, sa cuisine sérieuse et soignée de pension de luxe, sa vue superbe sur les crêtes enneigées et ses belles chambres est le numéro un du centre de la station. Centre de remise en forme à demeure.

Village Montana

Aux Almes
Tél. : 04 79 40 01 44. Fax : 04 79 40 04 03
Fermé 15 mai-15 juin, 15 sept.-1er déc.
82 ch. 1 100-1 700 F. 1/2 pens. 850-110 F
10 duplex
Menus : La Cave : 65 F (enf.), 250 F
Les Chanterelles : 65 F (enf.), 180 F
La Chaumière : 65 F (enf.), 95 F, 145 F (déj.), 180-220 F

A l'écart dans son domaine, ce bel ensemble fait de chalets disséminés comme un hameau de carte postale vaut pour son vrai confort, son caractère régionalisant, son centre de remise en forme avec piscine et son service de classe. Trois formules différentes de restauration dont les Chanterelles qui exaltent avec talent les traditions savoyardes.

Tinqueux : voir Reims

Tonneins

47400 Lot-et-Garonne. Paris 601 - Agen 42 - Nérac 38 - Villeneuve-sur-Lot 36.

Office du Tourisme : 3, bd Charles-de-Gaulle
Tél. : 05 53 79 22 79. Fax : 05 53 79 39 94

Les bords de la Garonne, les anciennes demeures de mariniers, la renommée du jambon local et la belle auberge : est-ce assez pour retenir le gourmet en ce pays de bouche ?

indique un bon rapport qualité-prix.

Hôtel-restaurant

Côté Garonne

36, cours de l'Yser
Tél.: 05 53 84 34 34. Fax: 05 53 84 31 31
Fermé dim. soir, lundi, 21-28 août., 1er-15 nov.
5 ch. 750-850 F
Menus: 95 F (enf.), 165-420 F. Carte: 400-500 F

Délicieuse maison que celle de Jean-Luc Rabanel ! Imaginez cinq chambres de teintes claires et pastel, du jaune d'or, des poutres peintes en blanc, des baies vitrées en balcon sur la Garonne : on se dirait sur un bateau. Côté cuisine, l'imagination est au pouvoir chez ce perfectionniste autodidacte que nous découvrîmes il y a une décennie à l'hôtel Alliance de Montpellier. Le terroir, chez lui, est sophistiqué à l'envi, quoique sans outrance. Les assiettes sont des tableaux. Foie gras en terrine au chutney de figues, croustillant de pied de porc aux éclats de noisettes, dos de bar à la plancha, poitrine de pigeonneau aux épices douces et risotto d'épeautre, petites bananes rôties au piment d'Espelette avec crémeux d'avocat au lait de coco et crème glacée à la vanille bourbon, soufflé renversé au Grand Marnier et beurre Suzette signent du travail d'artiste. Les petits déjeuners sont dignes d'un Relais & Châteaux.

Produits

CHARCUTIER

Sonnet

6, pl. Edouard-Herriot
Tél.: 05 53 79 11 34

Plats préparés, belles terrines et vrai jambon de Tonneins fabriqués par un artisan-traiteur de qualité.

Tonnerre

89700 Yonne. Paris 201 - Auxerre 40 - Montbard 47 - Troyes 62.

La ville ancienne, qui fut celle du chevalier d'Eon, la fosse Dionne, ancienne source vauclusienne et l'hôpital de Marguerite de Bourgogne, avec sa Mise au Tombeau, *attirent les amoureux d'art et d'histoire.*

Hôtel-restaurant

Abbaye Saint-Michel

Montée Saint-Michel
Tél.: 03 86 55 05 99. Fax: 03 86 55 00 10
Fermé dim. soir, lundi (mars-19 juin), 1er avr.-13 nov.
11 ch. 650-1 250 F. 1/2 pens. 520-820 F
Menus: 180-390 F

Une neuve équipe a remis à flot cette belle abbaye du Xe qui fut convertie par les Cussac grâce auquel elle connut la gloire gourmande. L'ambition est aujourd'hui plus modeste. Mais les produits y sont fort soignés, la cave plantureuse, notamment côté chablis, et les chambres, mi-contemporaines mi-modernes, sont très séductrices.

Tornac : voir Anduze

Toul

54200 Meurthe-et-Moselle. Paris 285 - Nancy 24 - Bar-le-Duc 61 - Metz 75 - Verdun 79.

Le vignoble local qui a fait de gros progrès exhibe ses jolis coteaux et la cathédrale Saint-Etienne et l'église Saint-Gengoult sont ses deux joyaux.

Restaurant

Le Dauphin

ZI Croix-de-Metz, rte de Villey-Saint-Etienne
Tél.: 03 83 43 13 46. Fax: 03 83 64 37 01
Fermé dim. soir, lundi, 5-12 févr., 24 juil.-14 août
Menus: 189-450 F. Carte: 350-500 F

Prenez donc le chemin des zones industrielles de Toul. Cherchez, au sortir de l'autoroute (direction Toul-Paris au-delà de Nancy : attention à ne pas vous tromper), la route de Villey-Saint-Etienne, armez-vous de courage et de patience : la gourmandise de haut niveau est au bout du chemin. Il en a fallu du courage et de l'abnégation à Véronique et Christophe Vohmann pour s'installer dans l'ancien mess d'officiers d'une base américaine reconvertie en zone industrielle. L'invention, la finesse, la légèreté, le doigté sans faille à partir de produits d'extrême fraîcheur, une certaine simplicité rayonnante : voilà ce que propose Christophe le solitaire, formé chez la Mère Brazier aux temps glorieux du col de la Luère. La tartelette d'escargots et son sabayon à la bière, les écrevisses et haricots cocos, la fricassée de cèpes du pays au jambon et pignons, la salade de haddock aux pommes rattes, l'aïoli de morue aux bigorneaux, les rouelles de rognon de veau au chutney de mirabelles, la selle d'agneau marinée aux épices douces, la belle poularde sauce Albufera, cuite à la vapeur avec foie gras chaud escalopé : n'en jetez plus, diraiton, tant l'imagination est ici au rendez-vous du terroir malignement remis au goût du jour. En prime, des desserts enlevés – clafoutis tiède aux mirabelles et sorbet mirabelle, galette fine de pommes aux noix, sablé aux fraises écrasées à la crème, soufflé à l'ananas et ananas confit – vous mettent la tête en fête et le palais en joie. Goûtez aussi les jolis vins que conseille la pimpante Véronique avec ferveur : ils sont à la hauteur du reste.

Toulon

83000 Var. Paris 839 – Aix-en-Provence 85 – Marseille 65.

Office du Tourisme : pl. J.-Raimu
Tél. : 04 94 18 53 00. Fax : 04 94 18 53 09

La rade fameuse, la corniche du Mont-Faron, le Musée naval et le port drainent, dans cette ville arsenal, les amoureux de la mer.

Hôtels-restaurants

Holiday Inn Garden Court

1, av. Rageot-de-la-Touche
Tél. : 04 94 92 00 21. Fax : 04 94 62 08 15
Fermé w.-e. (rest.) (hs)
80 ch. 550 F
Menus : 85 F (sem., déj.)-110 F

Moderne, sans charme, mais très pratique, cet hôtel fonctionnel proche de la gare propose des chambres claires, un accueil professionnel et une restauration honnête qui ne fait pas la retape.

New Hôtel Tour Blanche

Près gare téléphérique du Mont-Faron
Tél. : 04 94 24 41 57. Fax : 04 94 22 42 25
91 ch. 420-510 F
Menus : 125 F (vin c.)-180 F

La vue magnifique sur la ville et sa rade justifient la montée jusqu'à ce bel hôtel classique. Les chambres offrent le confort d'aujourd'hui dans un esprit de demeure particulière à l'ancienne. Restaurant dans l'esprit régional.

Les Bastidières

2371, av. de la Résistance au Cap-Brun
Tél. : 04 94 36 14 73. Fax : 04 94 42 49 75
Fermé sept.-Noël, Nvel An-avr.
5 ch. 750-800 F

Ce joli mas avec ses quelques chambres fait une adresse de charme avec piscine nichée au vert. Jolis meubles provençaux, belles tomettes, salles de bains soignée, terrasse.

La Corniche

17, littoral F.-Mistral au Mourillon
Tél. : 04 94 41 35 12. Fax : 04 94 41 24 58
Fermé (rest.) dim. soir (sf été), lundi
19 ch. 450-70 F. 1/2 pens. 730-850 F. 4 appart.
Menus : 160 F (sem. déj.)-210 F

A deux pas du fort Saint-Louis et des plages, cette bâtisse qui fut moderne il y a quarante ans abrite des chambres confortables sur mer ou jardin. Cuisine soignée aux couleurs de la Provence, avec brouillade aux oursins, rouget au vin rouge et loup aux artichauts de qualité.

La Chamade

25, rue de la Comédie
Tél. : 04 94 92 28 58.
Fermé sam. midi, dim., fériés, 28 juil.-28 août
Menu : 195F. Carte : 300 F

Dans sa ruelle proche de la place d'Armes, Francis Bonneau assure avec une bonhomie tranquille la situation de numéro un de sa ville. Ce bon pro qui cultive le classicisme allégé comme M. Jourdain la prose, choisit ses produits avec doigté et soigne ses présentations sans tomber dans l'afféterie. Témoins son foie gras de canard poêlé aux trois vinaigres flanqué d'une galette de maïs, son œuf poché aux escargots lentilles et bouillon de poule, ses maquereaux grillés servis avec une compotée de pieds de veau, son gâteau chaud au chocolat à l'orange sanguine, ses figues rôties au four ou encore ses ravioles de fruits au rhum qui indiquent que ce technicien éprouvé n'est guère pris au dépourvu s'agissant du registre sucré. Bel accueil, cave pleine de promesses et sage menu-carte qui permet de s'en tirer avec les honneurs.

Le Gros Ventre

279, littoral F.-Mistral
Tél. : 0494 421 542. Fax : 04 94 31 40 32
Fermé mercr., jeudi
Menus : 68 F (enf.), 125 F (sem.), 148 F (déj.), 154-245 F. Carte : 250-350 F

Alain Audibert tient l'autre bonne table de sa ville. On ne vient pas chez lui pour la création effrénée, encore que le rouget marié au foie gras et le loup en croûte aux crevettes donnent à sa cuisine un tour sophistiqué qui n'est pas sans charme. Salle agréable au rez-de-chaussée d'un immeuble moderne, face au fort Saint-Louis et à deux pas des plages du Mourillon.

Le Jardin du Sommelier

20, allée de l'Amiral-Courbet
Tél. : 04 94 62 03 27. Fax : 04 94 09 01 49
Fermé sam. midi, dim.
Menus : 120 F (déj.), 170-210 F. Carte : 200-300 F

Les mets et les vins, c'est le dada de Christian Scalisi qui raconte les crus de Provence avec une ferveur communicative tandis que le chef Gilles Oliviero mitonne des mets de soleil. On boit là les vins de la Sainte-Victoire ou ceux du littoral, conseillés par un expert, en goûtant petits farcis à l'anchoïade, pot de saumon fumé et tartare de poissons fins, loup en pissaladière, daurade aux épices et salade de fruits à l'huile de vanille avec citron confit. C'est frais, bon, sans esbroufe et l'accent du Sud-Est au rendez-vous.

Rappelez-vous qu'une bonne table commence par de bons produits.

Lido

Plage du Mourillon
Tél. : 04 94 03 38 18. Fax : 04 94 42 07 65
Fermé lundi (oct.-mai)
Menus : 58 F (enf.), 140-190 F. Carte : 250-350 F

Ce restaurant posé sur la plage, avec son décor façon coque de bateau, est tout charme. Prenez-y place pour la brandade de rouget, le pavé de cabillaud rôti et la farandole des poissons du jour simplement cuisinés et tarifés selon la marée du jour. Accueil adorable.

Sidi Bou Saïd

2, pl. d'Armes
Tél. : 04 94 91 21 23
Fermé dim., lundi midi, août
Carte : 160 F

Le meilleur couscous de Toulon, qui n'est pas avare du genre, c'est cette gente maison, simple, alerte, proprette et conviviale, qui le propose. En compagnie de bricks ou salade méchouia de qualité, d'un tagine de poulet au citron confit délectable. On goûte là une graine fine, un bouillon dégraissé et des merguez épicées à souhait et l'on dépense trois francs six sous, en disant merci à toute la compagnie.

Toulouse

31000 Haute-Garonne. Paris 699 – Barcelone 321 – Bordeaux 247 – Cahors 113 – Auch 78.

Office du Tourisme : donjon du Capitole
Tél. : 05 61 11 02 22. Fax : 05 61 22 03 63

Elle est rose, comme sa brique qui rougit au couchant. Se donne des airs de Florence haut-garonnaise près du fleuve, où une coupole évoque les quais de l'Arno. Elle garde son indépendance d'esprit, regarde vers le grand Sud-Ouest ou l'Espagne, davantage que vers Paris. Du XIe au XIIIe siècle, elle est la cité des Capitouls, ces douze consuls qui administraient la cité, lui assurant la prospérité. Elle connut un Parlement dès 1420, fut le siège de l'hérésie cathare. Elle demeure l'épicentre d'un Midi gourmand, avec Quercy, Périgord, Gascogne et Languedoc en ligne de mire, revendiquant ses racines. Elle cultive l'esprit de compagnonnage, le culte du bon vin, du confit et du rugby. On l'aime pour ses couleurs, sa chaleur, sa bonne humeur et son accent. On la voudrait sans doute plus riche en bonnes tables de toutes sortes.

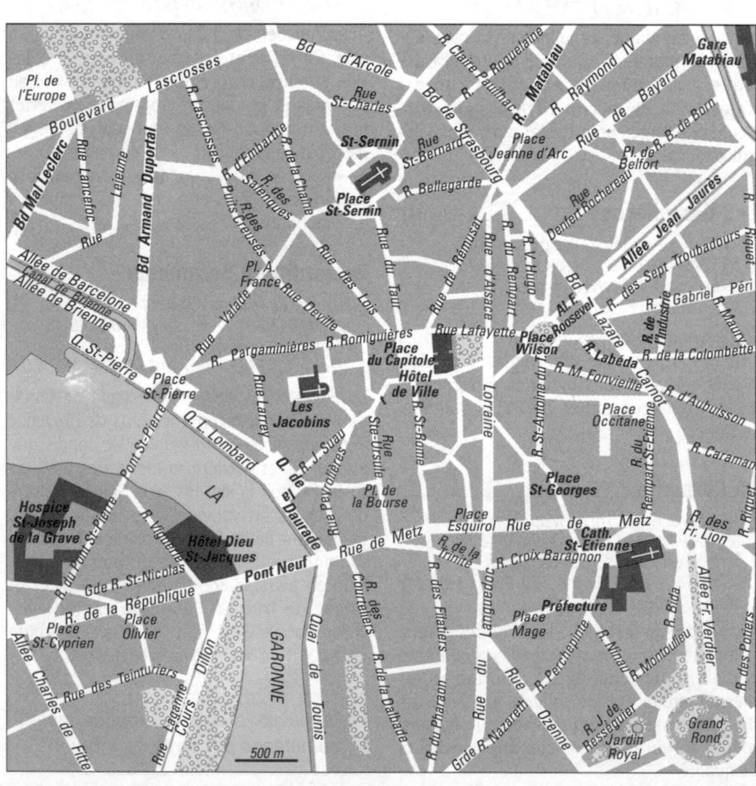

Mais, avec son esprit d'équipe, son sens du terroir partagé, ses artisans fiers et talentueux, elle nous donne bien du plaisir.

Hôtels

Grand Hôtel de l'Opéra

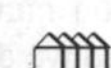

1, pl. du Capitole
Tél. : 05 61 21 82 66. Fax : 05 61 23 41 04
50 ch. 600-1 250 F. 5 appart.

Cet ancien couvent sis sur la place du Capitole avec belles chambres de taille inégale constitue l'étape de grand charme du cœur de la ville. Service et situation en or.

Sofitel-Centre

84, allée Jean-Jaurès
Tél. : 05 61 10 23 10. Fax : 05 61 10 23 20
119 ch. 1 000-1 800 F. 14 appart.
L'Armagnac : menu : 165 F

Ce grand hôtel de chaîne vaut par son allure centrale, ses salles pour séminaires, ses chambres vastes et fonctionnelles, son accueil très « pro ».

Grand Hôtel Capoul

12 pl. Wilson
Tél. : 05 61 10 70 70. Fax : 05 61 21 96 70
130 ch. 520-750 F
Brasserie le Capoul : carte : 200-250 F

Chambres en bois, teintes pastel, belle situation sur la place Wilson font de cet établissement moderne une institution du centre.

Mercure-Wilson

7, rue Labéda
Tél. : 05 34 45 40 60. Fax : 05 34 45 40 61
95 ch. 640-690 F

Central et fonctionnel, idéal pour les affaires comme pour le tourisme. Réception spacieuse où le marbre se marie harmonieusement à la brique.

Mermoz

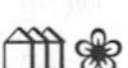

50, rue Matabiau
Tél. : 05 61 63 04 04. Fax : 05 61 63 15 64
52 ch. 515-600 F

Moderne, froid et provocant, cet hôtel récent présente belle cour intérieure, palmier, vasque florentine et curieuses faïences vertes aux balcons des chambres.

Athénée

13 bis, rue Matabiau
Tél. : 05 61 63 10 63. Fax : 05 61 63 87 80
35 ch. 450-490 F

Design, dans une rue calme à deux pas du Capitole, avec chambres sobres et claires.

 *indique un hôtel au calme.*

Brienne

20, bd du Mal-Leclerc
Tél. : 05 61 23 60 60
Fax : 05 61 23 18 94
68 ch. 400-480 F. 3 appart.

Moderne et charmeur, avec façade de verre et briques roses, entrée de marbre, chambres contemporaines, petites mais de bon confort.

Grand Hôtel Jean-Jaurès

29, allée Jean-Jaurès
Tél. : 05 61 62 63 33
Fax : 05 61 63 15 17
52 ch. 560-680 F

Ce bon hôtel moderne est accueillant avec son hall en briques locales. Chambres confortables, parfois exiguës, toutes fonctionnelles.

Hôtel des Beaux-Arts

1, pl. du Pont-Neuf
Tél. : 05 34 45 42 42
Fax : 05 34 45 42 43
19 ch. 490-980 F

Juste à côté de la Brasserie des Beaux-Arts, une maison de caractère restaurée au bord de la Garonne. Chambres jolies, parfois avec vue, souvent petites, joliment décorées. Va s'agrandir à l'automne d'un neuf hôtel quatre étoiles au confort accru.

Restaurants

Les Jardins de l'Opéra

Au Grand Hôtel de l'Opéra
1, pl. du Capitole
Tél. : 05 61 23 07 76. Fax : 05 61 23 63 00
Fermé dim., lundi, 6-29 août, 1er-8 janv.
Menus : 230 F (déj.), 300-560 F
Carte : 450-650 F

Dominique Toulousy fait feu de tout bois, place du Capitole, dans ses Jardins contigus du Grand Hôtel de l'Opéra. L'addition est sans tendresse. Mais la beauté du lieu, le grand service sous la houlette de l'exquise Maryse, la mise de table et la finesse des mets justifient quelques excès. Au reste, la manière du grand Dominique semble s'être affinée, tout en demeurant classique, sûre, au goût du jour. Composent ici le plus régulier des repas de fête la petite gelée d'huîtres à la crème d'asperges, la salade de palombe aux cèpes, le bar croustillant au tian de langoustines, les queue et joue de bœuf en parmentier à la truffe (un plat très « vanelien »), le culotté et délicieux pigeon pané aux épices, le vrai mille-feuille à la vanille ou l'indulgent au café et à la réglisse à l'anis étoilé. Autant de choses exquises qui donnent l'idée de la Ville rose, même si, çà et là, manque un brin d'émotion.

Michel Sarran

21, bd Armand-Duportal
Tél. : 05 61 12 32 32. Fax : 05 61 12 32 33
Fermé sam., dim., 29 juil.-29 août, 22-29 déc.
Menus : 240 F (vin et café c.),
500 F (vin et café c.). Carte : 350-500 F

Michel Sarran, jeune homme à la tête bien faite et bien pleine, s'est installé dans une demeure à l'italienne aux portes du centre. La façade rose a de l'allure, l'intérieur contemporain ne manque pas de gaieté. Quant à la cuisine pratiquée par cet ancien de (excusez du peu !) Ducasse à Monaco, Guérard à Eugénie, Lorain à Joigny, qui fut le chef du Mas du Langoustier à Porquerolles, elle est pimpante, fraîche comme l'air du temps, méditerranéenne, quoique enracinée : risotto glacé aux grains de caviar et cuisses de grenouilles, soupe tiède de foie gras à l'huître, loup cuit-cru au chorizo et crème moutardée au pistou, agneau de lait aux trois façons (dont un splendide cannelloni à la daube). Ajoutez-y de bien jolis desserts (croustade éclatée aux pommes rôties et crème chiboust avec glace pain d'épice) ainsi qu'un formidable éventail de crus à petits prix de Midi-Pyrénées, et vous comprendrez que voilà ici une maison d'avenir.

Le Pastel

237, rte de Saint-Simon (hors plan)
Tél. : 05 62 87 84 30. Fax : 05 61 44 29 22
Fermé dim., lundi
Menus : 155 F (déj.), 300-370 F. Carte : 300-500 F

Gérard Garrigues, ancien lieutenant d'Alain Dutournier au Carré des Feuillants, a créé avec le Pastel un événement qui dure. Les menus sont pondérés. Les vins jouent la carte du grand Midi à tarif sage. Le jeune service est aussi efficace qu'enthousiaste et le plus gourmand des publics toulousains n'hésite pas à quitter le centre pour découvrir une demeure de bord de route qui manque de charme même si un coin cheminée y donne des idées de campagne en ville. Garrigues, qui a le sens de la création mêlée aux racines, pratique les alliances sages et sûres au gré du marché, la Gascogne bon enfant, la Méditerranée bien disciplinée. Ses saint-jacques dites « jubilatoires » en coque, rôtis à la moelle et à l'ail frit, son risotto d'orge perlé flanquant des joues de raie au citron confit, le gigot d'agneau en croûte au jus de truffe, le sorbet potiron et vieux rhum comme le gaspacho de mandarine au nougat glacé ont de l'allure, voire du caractère.

Brasserie des Beaux-Arts

1, quai de la Daurade
Tél. : 05 61 21 12 12. Fax : 05 61 21 14 80
Menus : 48 F (enf.), 110-159 F (vin c.)
Carte : 200-250 F

Maillon du groupe Flo à fleur de Garonne. Coquillages, côte de bœuf, service impeccable.

Depeyre

17, rte de Revel
(Périphérique est, échangeur 18 Montaudran)
Tél. : 05 61 20 26 56. Fax : 05 61 34 83 96
Fermé dim., lundi, 1er-21 août
Menus : 100 F (déj.), 220-300 F

Ancien de chez Guérard, Manière, Meneau, Chapel, Jacques Depeyre eut son heure de gloire à Montpezat-de-Quercy, puis à Montauban. Le voilà face à l'hôpital Saint-Jean, en bordure de la ville, installé avec modestie et sagesse. Les diverses formules (avec supplément) permettent de goûter à un échantillon de son talent. La salle à manger avec son mur de briques est accueillante et l'on trouve du charme au pâté de poisson, terrine de pot-au-feu de lapin en gelée, suprême de sandre fourré au foie gras, gâteau de homard à la tomate et aux truffes, bombe glacée au Grand Marnier. L'accueil de Mme Depeyre est la grâce même.

Chez Emile

13, pl. Saint-Georges
Tél. : 05 61 21 05 56. Fax : 05 61 21 42 26
Fermé dim., lundi (sf soir été), vac. Noël
Menus : 118 F (déj.), 225-250 F. Carte : 300 F

Cette maison étroite sur une jolie place abrite une bonne table marine et un premier étage dédié au terroir Midi-Pyrénées. On ne s'y perd guère. Il suffit de suivre la moustache en guidon de vélo de Francis Ferrier qui frétille d'aise pour comprendre que gourmandise bat ici à tous les étages. Superbes plateaux de fruits de mer, poissons issus de la marée du jour, ou encore foie, confits, cèpes et cassoulet aux haricots tarbais : à vous de choisir ! Le plaisir est garanti.

Grand Café de l'Opéra

1, pl. du Capitole
Tél. : 05 61 21 37 03. Fax : 05 61 23 49 26
Fermé dim. (été), 5-21 août
Menu : 130 F (sem., déj.). Carte : 180-250 F

Le Lipp de Toulouse, avec fauteuils en cuir, photos de copains-stars au mur, décor cosy, mais aussi cuisine du marché. Huîtres, anchois aux poivrons, tartare, magret font gentiment l'affaire.

Laurent Orsi

« Le Bouchon Lyonnais »
13, rue de l'Industrie
Tél. : 05 61 62 97 43. Fax : 05 61 63 00 71
Fermé dim.
Menus : 65 F (enf.), 99-195 F. Carte : 250 F

Frère de Pierre Orsi, l'un des ténors de la cuisine lyonnaise classique, Laurent n'a pas abandonné ses origines, dans sa brasserie néo-années trente qui fait cohabiter plats de mâchons (joli gratin de boudin aux pommes), poissons au gré de la marée et mets du marché.

La Marmite en Folie

28, rue Paul-Painlevé (hors plan)
Tél. : 05 61 42 77 86
Fermé sam. midi et dim.
Menu : 150 F. Carte : 250-300 F

Marc Brandolin, autodidacte passionné, pratique de beaux produits et des alliances parfois osées. Le cadre est menu, l'adresse pas aisée à dénicher. Mais l'on se régale selon l'humeur du jour. De gâteau d'aubergines ou de mérou à l'oseille, avant la jolie souris d'agneau au jus d'ail. L'émoi gourmand est au rendez-vous.

Au Pois Gourmand

3, rue Emile-Heybrard (hors plan)
Tél. : 05 61 31 95 95. Fax : 05 61 49 52 13
Fermé sam. midi, dim., 8-24 août
Carte : 150-200 F (brasserie), 300-400 F

En bordure de rocade, cette insolite maison coloniale a le charme tranquille et les coups de folie de son patron, l'autodidacte sociologue, Jean-Claude Plazotta. Côté gastro ou brasserie, vous vous régalerez selon la saison. Gâteau de ris de veau aux champignons, foie de canard pressé aux topinambours, pigeon farci, rôti aux pois gourmands avec sa crème de cèpes séduisent sans mal.

7, place Saint-Sernin

7, pl. Saint-Sernin
Tél. : 05 62 30 05 30. Fax : 05 62 30 04 06
Fermé sam. midi, dim., lundi midi
Menus : 95 F (déj.), 140-190 F. Carte : 250 F

L'outsider toulousain ? Benoît Cantalloube, formé chez Michel Guérard, Daniel Boulud à New York et Guy Savoy, qui cuisine à sa manière légère, comme l'oiseau chante, en finesse et vivacité. Son registre est celui du marché proposé sans forfanterie. Sa maison de pays, sise au pied de la basilique du même nom, a du charme. Et tout ce qu'il mitonne (haricots tarbais aux cuisses de grenouilles et petits-gris façon cassoulet moderne, saucisson de canard, saint-pierre aux artichauts et pignons au Noilly, pigeon aux lentilles vertes, joli granité aux fruits et fromage blanc, croustillant de Jijon aux agrumes confits) est digne de grand intérêt. La salle à manger, avec son joli parquet, ses chaises recouvertes de tissus rouges, ses couleurs tendres, a du tonus. L'accueil, comme la maison, qui est la gaieté même, est d'une jeunesse qui enchante.

La Bascule

14, av. Maurice-Hauriou (hors plan)
Tél. : 05 61 52 09 51. Fax : 05 61 55 06 32.
Fermé dim., lundi soir
Menus : 98-130 F. Carte : 200 F

Brouhaha, service affairé, bonne cuisine régionale, confit et cassoulet de tradition : voilà ce qu'on trouve dans cette maison aimable qui offre l'un des bons rapports qualité-prix de la ville.

Le Bon Vivre

15 bis, pl. Wilson
Tél. : 05 61 23 07 17
Menus : 55 F (enf.), 77 F (déj.)-175 F. Carte : 150-200 F

Tous les jours, jusqu'à 0 h 30, ce bistrot de campagne du cœur de la ville sert, sur toiles cirées à carreaux rouges, le bon frichti du Sud-Ouest à une clientèle affairée qui aime se régaler sans prise de tête. Pied de cochon grillé au gros sel, gratin de macaroni au foie gras, poulet du Gers en crapaudine font, simplement, l'affaire.

Brasserie du Stade

Stade Toulousain (hors plan)
114, rue des Troènes
Tél. : 05 62 72 38 36
Fermé dim., lundi soir, mardi soir
Carte : 150-200 F

Pierre Roudgé, que l'on connut jadis à la Belle Epoque et chez Vanel, fait les bons repas de ce lieu contemporain, dédié au rugby, signé Walter Spanghero. On vient pour l'ambiance, les prix doux, les ravioles de foie gras, la brandade, la terrine chaude de morue aux cèpes à déguster dans la gaieté.

Le Pyrénéen

14, allée Franklin-Roosevelt
Tél. : 05 61 23 38 88
Carte : 200-250 F

Les fruits de mer, les anchois marinés, les harengs, le rognon sauce madère font les beaux repas de cette mini-brasserie néo-1900 qui sert, dans la joie, des huîtres toute l'année dans un cadre de bistrot un brin parisien. Les fresques pyrénéennes 1880 sont authentiques.

A 31300 Saint-Martin-du-Touch : 8 km par N124

Le Cantou

98, rue Velasquez
Tél. : 05 61 49 20 21. Fax : 05 61 31 01 17
Fermé sam., dim., 1er-7 janv., 10-17 août
Menus : 98 F (déj.), 160-200 F. Carte : 250-300 F

Cette auberge de campagne, sise près de l'aéroport, accueille avec le sourire une clientèle qui aime manger bon sans se ruiner. Philippe Puel mitonne fort sérieusement la fricassée de calmars à l'aumônière de crabe et jus d'anis, les filets de sole au foie chaud pommes purée, le pigeon aux cèpes sautés, le cristallin d'ananas avec sa mousse de chocolat noir à l'infusion de café. C'est parfois un peu riche, toujours généreux, accompagné de vins du pays sagement comptés.

A 31770 Colomiers : 10 km par D112 et D63

L'Amphitryon

Chemin de Gramont
Tél. : 05 61 15 55 55. Fax : 05 61 15 42 30
Menus : 145-240 F. Carte : 400 F

La table qui monte à Toulouse est en périphérie. Les prés sont en face. Les vaches aussi qui broutent l'herbe. La demeure a le chic champêtre sur le mode contemporain. Et la jolie Sandrine Batard accueille avec grâce. La révélation, c'est la cuisine vive, agile, fraîche du jeune Yannick Delpech qui n'a que 23 ans, mais dix ans déjà d'expérience, notamment chez l'expert chocolatier Belin à Albi, Oudill à Biarritz et Pélissou au Gindreau de Saint-Médard-Catus. Son foie gras mi-cuit au madiran avec son pain craquant, son tartare de canard, ses saint-jacques en coque au riz des Andes, son pageot à la fleur de sel et son admirable pied de porc en crépine avec couennes confites au vin rouge et purée de pommes de terre font figure de révélation. Ses jolis desserts chocolatés (moelleux à l'orange, chaud-froid à la vanille) sont dignes d'un maestro du genre.

Produits

BOULANGERS

Au Délice d'Isa

21, pl. Victor-Hugo
Tél. : 05 61 22 70 97

Jean-Pierre Montpellier, enseignant reconverti dans la boulangerie par passion, livre une vingtaine de pains spéciaux de qualité. « Tordu », fougasse, céréales, lard, noix, etc. sont épatants.

Joël Teisseire

9, rue des Filatiers
Tél. : 05 61 25 17 51

Pain bio, baguette de tradition, « Triple Alliance » aux trois céréales, fougasse aux anchois et fritons de canard témoignent du talent de ce jeune artisan.

CAVISTE

Philippe Busquets

21, pl. Victor-Hugo
Tél. : 05 61 21 46 22

Le meilleur de tous les vignobles, à prix sages : c'est le programme du troisième nom de la famille Busquets qui, non loin de la fameuse épicerie familiale, a bâti sa cave dans un splendide décor ancien.

 *indique une des meilleures tables de France.*

CHARCUTIER

Gérard Garcia

Charcuterie du Lauragais
Halles Victor-Hugo, pl. Victor-Hugo,
Tél. : 05 61 23 10 62

Pour la superbe saucisse de Toulouse, mitonnée avec jambon et épaule, et jamais trop de gras ! Goûtez aussi la saucisse de boudin, la poitrine roulée et le saucisson sec.

CHOCOLATIER

L'Atelier du Chocolat

1, rue du Rempart-Villeneuve
Tél. : 05 61 22 97 67

Confection maison du Bouquet de chocolat de Bayonne, mélange harmonieux de noir amer, chocolat à l'orange, au café, à la cannelle, ivoire noix pistaches, piment d'Espelette.

CONFISEUR

Olivier

27, rue Lafayette. Tél. : 05 61 23 21 87

C'est dans cette boutique-institution, proche de la place du Capitole, que nous achetons nos violettes confites de Toulouse. En sus des montmorency aux cerises, des fruits confits et des calissons.

EPICIER

Busquets

10, rue Rémusat. Tél. : 05 61 21 22 16

Fruits exotiques, vins rares et alcools chics voisinent dans une atmosphère élégante, mais pas compassée.

FROMAGERS

Betty

21, pl. Victor-Hugo. Tél. : 05 61 22 17 81

La minuscule échoppe face au marché propose d'épatantes pâtes fermières, mûries à point, et toute une série de beaux et grands vins pour les accompagner.

Xavier

6, pl. Victor-Hugo
Tél. : 05 34 45 59 45

Xavier Bourgon, Franc-Comtois jovial, est un des meilleurs affineurs de France. Brebis d'Ossau, blaquière de l'Aveyron, cabécou de Rocamadour ou pérail du Larzac sont ici chez eux.

GLACIER

Octave

11, allée Franklin-Roosevelt
Tél. : 05 62 27 05 21

Porté sur les fonts baptismaux par Lucien Vanel qui fut le grand maître de la gourmandise toulousaine, ce glacier d'exception vaut assurément la halte. Guanaja, vanille, fraise font de jolis parfums. Notez, en outre, les mélanges dédiés aux amis de la maison, comme Wolinski.

PÂTISSIERS

Chiche

3, rue Saint-Pantaléon. Tél. : 05 61 21 80 80

Pâtisseries, fines, fraîches, légères, point trop sucrées, font de cette maison, reprise par les frères Jouval, une des belles adresses sucrées de la ville. Coin salon de thé près de la place du Capitole. Accueil en dents de scie.

Pillon

2, rue d'Austerlitz. Tél. : 05 61 21 96 51
2, rue Ozenne. Tél. : 05 61 52 68 14
23, rue du Languedoc. Tél. : 05 61 55 03 08

Formé à l'école Lenôtre, René Pillon est le maestro des ganaches amères. Ses palets or à la vanille et au café sont du travail d'artiste. Mais tous ses gâteaux comme le délice d'Ozenne (crème vanille et biscuit léger) valent l'emplette.

TORRÉFACTEUR

Bacquié

5, pl. Victor-Hugo
Tél. : 05 61 23 39 87

Belle sélection (25 environ) de cafés – maragogype, mélange italien ou colombie – de grande qualité mais aussi thés choisis et sélection de purs malts. Mais tout le rayon épicerie, pâtes et condiments, vaut largement le détour.

VOLAILLER

Samaran

18, pl. Victor-Hugo. Tél. : 05 61 21 26 91.
Halles Victor-Hugo. Tél. : 05 61 21 04 74

Magret sous vide, poule au pot en conserve, foie gras entier, au torchon, sous vide ou en bocaux, pigeons du Lauragais, volailles de Chalosse et jambon d'aile de canard valent le déplacement dans ce bel étal tenu avec le sourire sous la halle. Magasin de demi-gros juste en face.

Rendez-vous

BAR À VINS

La Tantina de Burgos

27, rue de la Garonnette. Tél. : 05 61 55 59 29

La bodega qui met Toulouse à l'heure espagnole. Tapas, mets et vins nocturnes.

BRASSERIES

Le Florida

12, pl. du Capitole
Tél. : 05 61 21 87 59

Fresque fin de siècle, très modern'style, mais toujours jeune, cette brasserie a su garder au cœur l'air du temps.

Le Bibent

5, pl. du Capitole
Tél. : 05 61 23 89 03

Pas pour la chère, moyenne, ni le service, cette brasserie centrale mérite la visite pour sa situation en or, ses moulures et stuc.

SALON DE THÉ

L'Autre Salon de Thé

1, pl. Saintes-Scarbes. Tél. : 05 61 25 98 09
45, rue des Tourneurs. Tél. : 05 61 22 11 63

Deux adresses pour une même enseigne, avec une formule identique : ambiance cosy, pâtisseries de grand-mère, thés choisis.

 *indique une très bonne table.*

Le Touquet-Paris-Plage

62520 Pas-de-Calais. Paris 243 – Calais 67 – Abbeville 59 – Boulogne-sur-Mer 30.

Office du Tourisme : Palais de l'Europe
Tél. : 03 21 06 72 00. Fax : 03 21 06 72 01

Ce temple du char à voile, des courses d'« enduro » à moto, du golf à gogo est connu depuis belle lurette de nos voisins britanniques. La ville se nomme pourtant « Paris Plage », selon une trouvaille de M. de Villemessant, journaliste du Figaro *amoureux du site, qui eut l'idée d'y mener les citadins au grand air dans les années d'avant-guerre. On y avait créé une forêt de pins dès 1835. Puis bâti, à partir des années folles, un ensemble de demeures sur des thèmes maritimes, néo-gothiques ou simili Tudor qui constituent aujourd'hui la plus plaisante des promenades architecturales.*

Hôtels-restaurants

Le Westminster

Av. Verger
Tél. : 03 21 05 48 48. Fax : 03 21 05 45 45
Fermé févr.
115 ch. 650-1 325 F. 1/2 pens. 798-958 F
Pavillon : fermé mardi (sf été), 5 janv.-1er mars, 100 F (enf.), 250-380 F
Coffee Shop : 68 F (enf.), 135-175 F

Ce palace inauguré en 1924, agrandi en 1926, a vu passer Churchill, Marlene Dietrich et le roi Farouk. Exhumé du passé par les héritiers des derniers propriétaires, Hubert et Philippe Flament, en 1987, il paraît sortir d'un rêve de Pierre Le Tan. Le mobilier dans les tons grège date des années cinquante. Les escaliers aux parois transparentes, le bar américain aux boiseries sombres, le coffee-shop au mobilier signé Starck avec vue sur une piscine bleutée jouent l'union des styles, le rétro et le contemporain.

Le Manoir 

Av. du Golf
Tél. : 03 21 05 20 22. Fax : 03 21 06 28 29
42 ch. 635-1 210 F. 1/2 pens. 585-755 F
Menu : 150. Carte : 300 F

Ce beau manoir anglais de style néo-gothique sis sur le golf pourrait servir de décor à un roman d'Agatha Christie. Salon cosy, parc, piscine, tennis, restauration honnête à demeure.

Novotel

Sur le front de mer
Tél. : 03 21 09 85 00. Fax : 03 21 09 85 10
146 ch. 730-940 F
Menus : 65 F (enf.), 120 F (sem., déj.), 158 F

Cet hôtel moderne face à la mer, avec ses chambres fonctionnelles, sans charme, mais bien équipées, vaut pour l'accès direct au complexe de thalassothérapie contigu. Restaurant panoramique.

Flavio

Av. du Verger
Tél. : 03 21 05 10 22. Fax : 03 21 05 91 55
Fermé lundi (sf été), 10 janv.-10 févr.
Menus : 130 F (déj., sem.), 195-720 F
Carte : 400-550 F

Flavio Cucco pour vanter sa belle demeure ancienne, ses plats de homard flambé, à la nage ou en coque, mais son gendre Guy Delmotte, présent aux fourneaux depuis plus de trente ans, assure la continuité avec son épouse Dany. Grosses langoustines rôties aux truffes, croustade de morilles, croustillant de cabillaud au caramel de bière, homard de Roscoff, carbonade de lotte aux pommes rattes sont des mets fort honorables. Prix de haute mer que la grande cave tend à maintenir à son fort niveau.

Le Café des Arts 

80, rue de Paris
Tél. : 03 21 05 21 55. Fax : 03 21 84 64 20
Fermé mardi, mercr. (hs), vac. Noël, 3 sem., janv.-févr.
Menus : 100-310 F. Carte : 250-400 F

Jérôme Panni est, depuis belle lurette déjà, le jeune qui monte. Il est aussi le créatif local, n'hésitant pas, dans un cadre de restau-galerie assez charmeur, à oser des mariages artistes assez séducteurs. Langoustines à la coque à la purée de tomate, spaghetti de fruits de mer au jus d'orange sanguine et thon au caramel de gingembre font partie de ses bons tours.

Bistrot de Pierrot 

33, rue Jean-Monnet
Tél. : 03 21 05 30 30
Fermé lundi soir, mardi, (merc. h.s.), janv.-15 fév.
Carte : 180 F

Pierre Coucke, vedette du bistrot qui porte son prénom à Lille, rue de Béthune, et star culinaire de FR3 Nord, a ouvert au cœur du Touquet un bistrot comme on l'aime : simple, bon et vrai. Ce roi du museau, ce Paganini de la tête de veau, ce prince de l'andouillette joue des plats canailles comme d'autres du violoncelle. Bien sûr, maître Pierrot n'est pas toujours chez lui pour porter la bonne parole et entretenir l'atmosphère, mais, même sans lui, la demeure est gaie comme un pinson, les mets plus qu'honnêtes et les prix tout doux.

Les Sports 

22, rue Saint-Jean
Tél. 03 21 05 09 67. Fax 03 21 05 80 01

Ce qu'est Miocque à Deauville ou les Vapeurs à Trouville, les Sports le sont au Touquet : c'est-à-dire « la » brasserie de la station. Où l'on peut venir à toute heure goûter huîtres, sole meunière, welsh rarebit, tartare assaisonné à point, dans une ambiance toujours gaie.

Produits

CHOCOLATIER

Le Chat Bleu

47 bis, rue Saint-Jean
Tél. : 03 21 05 03 86

Depuis 1912, cette belle échoppe trône dans la passante rue Saint-Jean. On s'en va admirer la mer, non sans oublier de « se faire un Chat Bleu », c'est-à-dire d'aller goûter une ganache au feuilleté praliné chez le chocolatier de charme, Roland Trettel.

POISSONNIER

Pérard

67, rue de Metz
Tél. : 03 21 05 13 33

Cette poissonnerie-institution au centre de la station est fameuse depuis des lustres pour sa belle soupe de poissons mitonnée avec cœur et conservée en bocal. Ne pas rapporter de soupe Pérard du Touquet serait pire qu'une erreur : une faute de goût.

indique un établissement au bon rapport qualité-prix.

Rendez-vous

SALON DE THÉ

Le Lido

34, rue Saint-Jean
Tél. : 03 21 05 22 31

Ce pâtissier-salon de thé propose la pause thé à toute heure et la dégustation appliquée de «l'Enduro», épatant gâteau au chocolat avec feuilleté praliné et fonds d'amandes.

La Tour-de-Salvagny : voir Lyon

Tournus

71700 Saône-et-Loire. Paris 361 – Chalon-sur-Saône 28 – Mâcon 35.

Office du Tourisme : pl. Sadi-Carnot
Tél. : 03 85 51 13 10. Fax : 03 85 32 18 21

L'église Saint-Philibert, les maisons anciennes, les tuiles romaines, la douceur du paysage tracent le portrait d'une ville d'autrefois, celle de Greuze et du restaurant qui porte son nom. La gourmandise est sa seconde nature.

Hôtels-restaurants

Le Rempart

2, av. Léon-Gambetta
Tél. : 03 85 51 10 56. Fax : 03 85 51 77 22
31 ch. 400-800 F 1/2 pens. 450-610 F. 6 appart.
Menus : 175-430 F. Carte : 350-480 F
Bistrot : 58 F (enf.), 75 F (sem. déj.)-95 F

Dans une ancienne maison de garde du XVe, bâtie sur les remparts de la ville, Daniel Rogie cultive l'art de la tradition bourguignonne, comme celle du savoir-recevoir. On fait halte dans de bonnes chambres modernisées assez vastes et l'on cède aux plaisirs d'une cuisine jouant le classique modernisé. Salade de queues de langoustines, escargots frits à la coriandre, grenouilles panées à la graine de pavot, croustillant de pied de cochon à l'ortie frite, volaille de Bresse sautée aux morilles et tarte sablée aux framboises sont de l'ouvrage ciselé avec amour.

Hôtel de Greuze

5, pl. de L'Abbaye
Tél. : 03 85 51 77 77. Fax : 03 85 51 77 23
Fermé 22 nov.-10 déc.
21 ch. 685-1 460 F

C'est l'hôtel-annexe du restaurant ci-dessous, même si Jean Ducloux n'y est pas pour grand-chose. Belles chambres de styles différents dans une grande maison bressane et accueil pas toujours au beau fixe.

Aux Terrasses

18, av. du 23-Janvier
Tél. : 03 85 51 01 74. Fax : 03 85 51 09 99
Fermé dim. soir (sf hôtel, été), lundi, mardi midi, 4 janv.-4 févr.
18 ch. 295-310 F
Menus : 58 (enf.), 100 (déj.), 140-270 F
Carte : 220-300 F

Michel Carrette est le modeste de Tournus. Sa bonne halte, sur les bords de la N6, offre des chambres de bon confort, une cuisine de choix et un accueil ad hoc. Le classique, comme on l'aime à Tournus, va ici de pair avec la modestie des prix. Le jambon persillé en gelée à l'aligoté, le pâté chaud de colvert, le sandre rôti aux champignons, le rognon de veau à la moutarde de Dijon et les œufs en neige caramélisés sont ici des leçons de chose.

Restaurant Greuze

1, rue A.-Thibaudet
Tél. : 03 85 51 13 52. Fax : 03 85 51 75 42
Fermé 20 nov.-8 déc.
Menus : 285-560 F. Carte : 400-700 F

Jean Ducloux est un personnage. Doyen de la bande à Bocuse, amateur de limonaires, farceur impénitent et classique impénétrable, il a fait de sa belle demeure de bord de route un temple de la tradition du pays bourguignon. Il faut les voir, ses cadets célèbres, Bernard Loiseau, Georges Blanc et consorts, venir se régaler chez lui de ces plats de mémoire qu'ils n'osent pas faire chez eux mais qui sont le trésor d'une riche région de passage qui parfois oublie ses références. Un repas ici même sera immuablement ponctué en trois temps : pâté en croûte «Alexandre Dumaine» au foie gras avec sa croûte à grignoter comme du gâteau, quenelle de brochet «Henri Racouchot», la vraie, sublime de moelleux, entrecôte non parée, tendre et rassise à souhait, sans gras ou presque, ou encore poulet de Bresse sauté «Jean Ducloux», à la crème et aux morilles comme une pièce d'anthologie, puis la ronde des fromages du pays, dont les chèvres de maître Chévenet à Hurigny, les belles glaces turbinées, enfin les vins du Mâconnais et du Beaujolais proche. On sort forcément heureux d'une telle demeure en forme de conservatoire éclairé. Longue vie à Jean Ducloux !

Notre sélection d'adresses parisiennes est volontairement restreinte. Pour un aperçu gourmand plus complet sur la capitale, reportez vous au Pudlo Paris 2001 *(éd. Michel Laffon).*

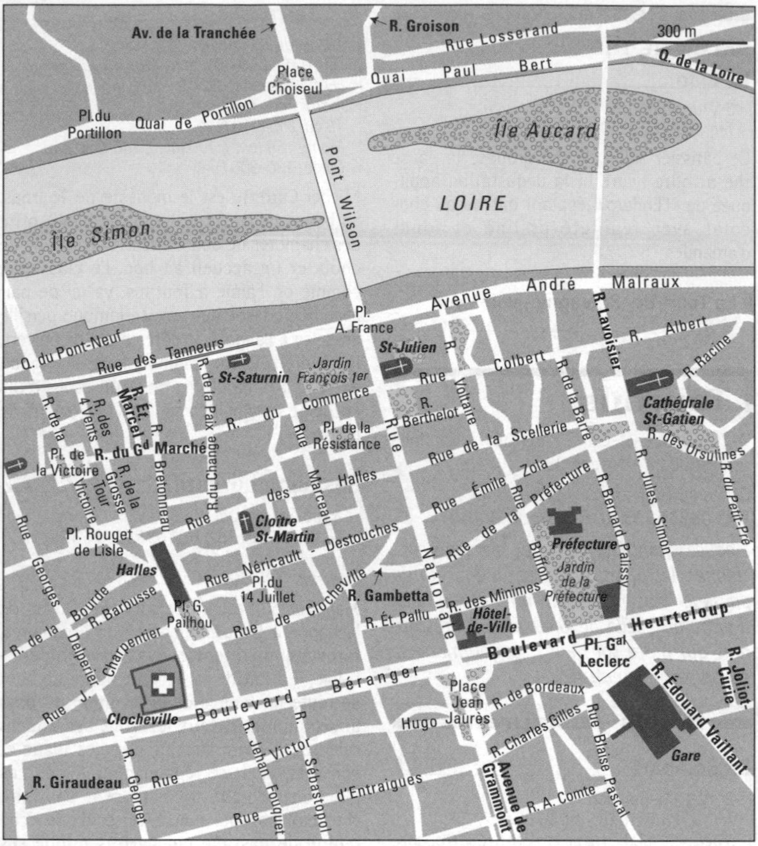

Tours

37000 Indre-et-Loire. Paris 237 – Angers 109 – Chartres 141 – Le Mans 83 – Orléans 116 – Rennes 234.
Office du Tourisme : 78, rue Bernard-Palissy
Tél. : 02 47 70 37 37. Fax : 02 47 51 68 72

On se vantait autrefois d'y parler le meilleur français qui soit, sans patois ni accent. On peut se targuer aujourd'hui d'y trouver ce qui fait la richesse d'une belle cité de province. A commencer par les produits qui font la gloire de la charcuterie française. Rillons, rillettes, andouilles et andouillettes, hures, terrines ou jambon braisé : rien que de français là-dessous. On imagine des chercheurs de Tokyo et des gourmets de Californie venant guetter ici ce qui fait la plantureuse singularité du « jardin de la France » et de sa capitale bonhomme. Non seulement le vin droit, les légumes francs, les fruits frais, mais aussi la viande bien rassise issue de bœufs ayant brouté de l'herbe grasse, des sucres d'orge comme au temps d'enfance et des pruneaux farcis, du chocolat taquinant l'amer, de la pâtisserie de belle tenue, du pain comme autrefois et des confiseries sans malice mauvaise. Est-il ville plus française que celle-là ?

Hôtels

Bardet

57, rue Groison
Tél. : 02 47 41 41 11. Fax : 02 47 51 68 72
16 ch. 750-1 400 F

Ce splendide château Second Empire avec jardin potager, vigne, parc aux arbres centenaires, abrite de beaux salons ouvrant sur un jardin boisé. Chambres luxueuses, somptueux petits déjeuners. Avec, en prime, la possibilité d'entendre le chant des oiseaux au cœur de la ville. (Voir restaurant.)

Univers

5, bd Heurteloup
Tél. : 02 47 05 37 12. Fax : 02 47 61 51 80
77 ch. 710-880 F
Menus : 140-220 F. Carte : 150-200 F

Ce bel immeuble haussmannien bâti en 1846 est devenu une halte confortable et même luxueuse. Décoration majestueuse avec fresques et salles de réception, chambres avec plafonds drapés et statues vont l'amble. Hemingway ou Churchill ont signé le livre d'or de cette institution aux chambres boisées et spacieuses avec vitraux.

Harmonie

15, rue F.-Joliot-Curie
Tél.: 02 47 66 01 48. Fax: 02 47 61 66 38
Fermé ven., sam., dim, de nov. à mars, 20 déc.-5 janv.
54 ch. 475-550 F

Cet hôtel de charme possède des chambres spacieuses et confortables, mais aussi des suites et studios modernes et aménagés, avec petites cuisines dans certains d'entre eux.

Holiday Inn

15, rue Edouard-Vaillant
Tél.: 02 47 31 12 12. Fax: 02 47 38 53 35
105 ch. 590-980 F
Menus: 45 F (enf.), 100 F (déj., vin c.)-150 F

Ce bon hôtel de chaîne très moderne offre, près de la gare, le confort sans surprise de chambres fonctionnelles, assez vastes, aménagées avec soin.

Châteaux de la Loire

12, rue Léon-Gambetta
Tél.: 02 47 05 10 05. Fax: 02 47 20 20 14
Fermé début déc.-fin févr.
30 ch. 230-293 F

Dans une rue calme du centre-ville, cet hôtel confortable offre des chambres rénovées, un accueil adorable et des prix sages.

Holiday Inn Express

247, rue Giraudeau
Tél.: 02 47 37 00 36. Fax: 02 47 38 50 91
48 ch. 390-450 F
Menus: 38 F (enf.), 75-99 F

Pas de charme, certes, mais le confort sans histoire d'un hôtel moderne, pratique, bien équipé pour les séminaires. Salles de conférence.

A 37210 Rochecorbon: 6 km E. par N152

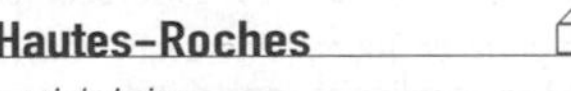

Les Hautes-Roches

86, quai de Loire
Tél.: 02 47 52 88 88. Fax: 02 47 52 81 30
Fermé 15 janv.-10 mars
15 ch.: 750-1450F. 1/2 p. 820-1170 F

A la porte de Tours, juste avant Vouvray, cet hôtel extraordinaire construit dans les roches de tuffeau et la falaise surplombant la Loire abrite des chambres troglodytes d'un luxe sobre. Relais & Châteaux. (Voir restaurant.)

Restaurants

Jean Bardet

57, rue Groison
Tél.: 02 47 41 41 11. Fax: 02 47 51 68 72
Fermé lundi midi, avr.-oct., dim. soir, nov.-mars
Menus: 220 F, 420 F, 590 F. Carte: 550 F

Ah, Bardet! Son installation a fait couler de l'encre et ses démêlés avec la justice, plus encore. L'homme a réveillé la ville qui s'endormait, suscité la curiosité et la gourmandise. Aujourd'hui, sa grande et splendide demeure sise dans un beau parc fait accourir les gourmets et les fêtards d'un peu partout. Sophie Bardet, tonique et pétulante, anime sa maison comme un show. Le service, jeune, enthousiaste et dynamique, s'amuse des alliances mets-vins prônées avec une rouerie de vieux «pro». La cuisine de Jean, malin comme un Charentais, se coule habilement dans le moule ligérien, joue des épices mais aussi des alliances aigres-douces, des herbes du potager maison, des légumes et des poissons du Val, des volailles et des gibiers d'entre Berry et Touraine avec un doigté et un ton de liberté qui enchantent. Aussi bien en des mets admirables d'apparence rustique – quiche au lard, beurre de goret, pain perdu à la purée d'ail – qu'en d'autres, d'une finesse et saveur inaccoutumées: aumônière de légumes oubliés, sandre rôti au vin de noix, ris de veau braisé au citron confit, vaporeux glacé au café. Tout cela, accordé aux plus délicieux vouvray, montlouis, bourgueil, chinon, parle le langage des saveurs justes.

Charles Barrier

101 av. de la Tranchée
Tél.: 02 47 54 20 39. Fax: 02 47 41 80 95
Fermé dim. soir
Menus: 150-490 F. Carte: 350-600 F

Le vieux lion n'est plus là. Il a vendu sa maison et son nom à un ingénieur tourangeau passionné de cuisine, Jack Magord, et à son filleul, Hervé Lussault, ancien du Fouquet's, du Château d'Artigny et de Lucas-Carton. Ce dernier, d'origine laotienne, travaille dans le droit fil de la méthode Barrier, la légèreté et la finesse en ligne de mire. Et rien ne change en apparence: une fumaison minimum pour le saumon, les miraculeuses pommes soufflées accompagnant le cœur de filet de bœuf, la sauce maltaise (une superbe mayonnaise à l'orange) pour accompagner les asperges, l'esterhazy (des tuiles arachnéennes façon crêpes dentelles à partir de crème anglaise cuite sur la plaque au four) flanquant la divine glace caramel. A côté de cela, de grandes assiettes «tout cochon», avec pied farci de ris d'agneau et truffes, plus un admirable boudin fait à demeure, pommes-fruits et pommes purée, le canard moelleux au suc d'ananas, miel et pommes reinettes, sommet de l'aigre-doux mesuré. Bref, la perfection, dans un registre classique, tenu de bout en bout par une équipe de salle et de cuisine jeune, certes, mais qui a fait ses classes chez maître Charles, auquel on pardonne des erreurs dans le service des vins, avec un décor années soixante-dix, ouvert sur un jardin lilliputien, que l'on promet de rafraîchir.

La Roche Le Roy

55, rte de Saint-Avertin (hors plan)
Tél. : 02 47 27 22 00. Fax : 02 47 28 08 39
Fermé sam. midi, dim., lundi, 1er-24 août, vac. févr.
Menus : 75 F (enf.), 175 F (déj.), 250-380 F. Carte : 350-500 F

Ce petit manoir à la sortie de Tours abrite bonne cuisine, service souriant, jolis vins, ambiance quiète et provinciale. Bref, cette solide maison tourangelle est tenue avec beaucoup de sérieux par Alain Couturier, ancien de Barrier et des frères Roux à Londres. Les langoustines «en habit vert», le saumon mi-fumé avec un amusant beurre blanc à l'orange, le joli râble de lapereau rustique avec ses lardons et ses pommes darphin, enfin la tarte aux pommes avec glace vanille indiquent un bon praticien, de surcroît excellent saucier. Accueil exquis de Marilyn Couturier, native de Newcastle.

La Chope

25 bis, av. Grammont
Tél. : 02 47 20 15 15. Fax : 02 47 05 70 51
Menus : 50 F (enf.), 78 F (sem. déj.), 98-125 F

Dans un décor début de siècle, on peut choisir la discrétion et l'intimité des box ou le confort des banquettes. A un prix plus que raisonnable, l'alose au chinon, le sauté de chevreau à l'ail vert ou l'aïoli de morue se mangent de bon cœur.

L'Odéon

10, pl. du Gal-Leclerc
Tél. : 02 47 20 12 65. Fax : 02 47 20 47 58
Fermé dim., 1er-15 août
Menus : 90 F (sem. déj.), 110-235 F

Cette sympathique brasserie Arts déco proche de la gare étonne par le raffinement de sa cuisine. Les œufs brouillés aux truffes, le homard grillé en bisquette safranée, le sandre au beurre nantais, le rouget barbet en écaille de pommes de terre se dégustent tout en admirant les grandes fresques qui décorent les murs.

Les Tuffeaux

19, rue Lavoisier
Tél. : 02 47 47 19 89.
Fermé dim., lundi midi
Menus : 110-200 F. Carte : 280 F

Face à l'Historial de Touraine, Gildas Marsollier, Breton passé à l'école des relais et châteaux, pratique une cuisine remettant les vieilles idées de la Loire gourmande en pratique, à commencer par les alliances de sucré-salé qui firent fureur ici dès le Moyen Age. Les rillettes de rougets avec les poissons crus, la fraîche ballottine de lapereau au coulis de tomate, la daurade rose aux cerises et raisins ou le rognon au chinon : voilà ce que l'on a envie de manger à Tours, capitale du jardin de la France. Desserts moins enlevés et atmosphère un peu réfrigérante.

L'Atelier Gourmand

37, rue Etienne-Marcel
Tél. : 02 47 38 59 87. Fax : 02 47 75 09 03
Fermé 11-24 déc.
Menu : 98 F

La cuisine tourangelle est très honnêtement représentée par les frères Bironneau, qui ont de surcroît décoré avec chaleur ce petit restaurant situé au cœur du vieux Tours. Le fromage de tête à l'ancienne, le parmentier de boudin noir, le jarret de veau au miel et au romarin, la fricassée d'anguilles au chinon, sont autant de valeurs sûres. Bonne carte de vins de Loire.

Zafferano

47, rue du Grand-Marché
Tél. : 02 47 38 90 77. Fax : 02 47 49 26 69
Fermé dim., lundi, 15-30 août
Menus : 98-140 F. Carte : 170 F

Eduardo Pilitteri tient assurément la meilleure table italienne de Tours. On y déguste la Toscane populaire avec les traditionnels haricots au bœuf et aux épinards, et la Ligurie décline savoureusement les produits de la mer dans des salades de calmars, moules et crevettes ou les spaghettis aux encornets. Tranches de cochon farci aux herbes, bœuf braisé au barolo sur polenta, tiramisu et panna cotta, sont en sus arrosés de bons crus transalpins.

A 37210 Rochecorbon : 6 km E. par N152

Les Hautes-Roches

86, quai de Loire
Tél. : 02 47 52 88 88. Fax : 02 47 52 81 30
Fermé fin-janv.-mi-mars, (rest.) dim. soir lundi (sf soir saison)
Menus : 160 F, 220-290 F. Carte : 320-450 F

A la porte de Tours, juste avant Vouvray, cet hôtel extraordinaire construit dans les roches de tuffeau et la falaise surplombant la Loire abrite des chambres troglodytes d'un luxe sobre. La cuisine, mitonnée avec doigté par jeune Didier Edon, vaut également l'étape. Le registre poissons et fruits de mer a été ici privilégié avec ardeur. Et les bonnes idées abondent sur une carte tentatrice. Le foie gras frais de canard en terrine au vin du coteau, la rosace de pommes de terre nouvelles au thon lardé, le blanc turbot gratiné de champignons, le dos de sandre grillé au beurre blanc nantais, le suprême de volaille au vouvray et les desserts pleins d'esprit (crumble à la poire, Tatin aux figues) sont la marque d'un joli talent.

Produits

BOUCHER

Philippe Roulière

Halles centrales
pl. des Halles
Tél.: 02 47 38 69 31

Philippe Roulière élève lui-même ses bêtes dans les pâturages environnants. Cette figure des halles bichonne ses croisées de Normandes et de Charolais dans des prairies sises aux confins de la Sarthe et de l'Indre-et-Loire. Le résultat: une entrecôte rouge et persillée dont on a envie comme d'un gâteau. Et le malin cache aussi dans ses prés quelques belles bêtes en provenance de Salers... Une adresse en or.

BOULANGER

Honoré

54, rue Nationale
Tél.: 02 47 05 73 94

Pain de campagne, pain aux noisettes et raisins, pains aux châtaignes.

Briocherie Lelong

13, pl. du Gal-Leclerc
Tél.: 02 47 05 57 77

Depuis 1955, Sophie Lelong fait courir le Tout-Tours et sa région en quête de brioche fraîche sortant du four. De la petite individuelle à la familiale dorée et tiède, les Tourangeaux font la queue pour obtenir celle de leurs rêves.

CAVISTES

Vinothèque de Tours

16, rue Michelet
Tél.: 02 47 64 75 27

André Vaillant a constitué, dans sa cave claire et moderne du quartier de la gare, une anthologie du vin ligérien, du cabernet franc... franc de goût au sauvignon vif ou chinon aux fragrances de terre humide et de tilleul.

CHARCUTIER

J. Blateau

Halles centrales
pl. des Halles
Tél.: 02 47 38 66 58

La hure de langue séveuse, épaisse qui fond en bouche comme de la soie: voilà ce que vous découvrirez aux halles, lors d'une promenade vagabonde dans les allées. Rillettes exquises, au bon goût de cochon, quoiqu'un peu grasses, jambon braisé, savoureux et tendre.

Hardouin

«Au virage gastronomique»
37210 Vouvray, 6 km par N 152
Tél.: 02 47 40 40 40. Fax: 02 47 52 66 54

Rillettes brunes, point trop grasses, abondamment parfumées, cuites à découvert dans une marmite en fonte, aromatisées avec une bouteille de vouvray. Rillons, dés de poitrine et épaule de porc sautés au chaudron, également parfumés au vouvray, puis confits. Andouillette, façon Troyes, embossée à la main, tirée à la ficelle, confectionnée avec des chaudins (intestins) de porc mâtinés d'épices.

CHOCOLATIER

La Chocolatière

2 et 4, rue de la Sellerie. Tél.: 02 47 05 66 75
32 bis rue de Bordeaux (près de la gare).
Tél.: 02 47 05 81 49

Ne vous leurrez pas. Jean-Claude Ménard n'est pas seulement un bon artisan d'ici, mais l'un des meilleurs chocolatiers de France. Ses «pavés de Tours» avec une exceptionnelle feuillantine pralinée, malgré le sucre évidemment présent, des ganaches au thé, au moka et à la cannelle valent la visite des deux boutiques.

PÂTISSIER

Poirault

31 rue Nationale
Tél.: 02 47 05 64 84

Le salon de dégustation en étage, les pâtisseries légères et fraîches (amusant gâteau à la mousse de marrons dit «châtaignier» ou «ivoirien» au chocolat blanc), les spécialités de confiserie pur sucre (pruneaux farcis, muscadines, sucres d'orge à l'ancienne) font la renommée de la maison.

PRIMEURS

Au Jardin de la France

Halles centrales
pl. des Halles
Tél.: 02 47 38 65 16.

Betteraves, tomates luisantes, épinards, mâche, fenouil, chou rouge, chou-fleur, chou dit de Bruxelles mais qu'on trouve entre Cher et Véron, scarole, frisée, céleri, poireau, poire, pommes, que l'on dénombre sur ce stand bien fourni, prouvent à l'envi que Tours et sa région sont d'une richesse sans pareil pour faire un marché de santé.

Rendez-vous

BAR À VINS

Le Corneille

49, rue Colbert
Tél. : 02 47 66 72 55

Sous la houlette du barbu Jean-Claude Maréchal, un bistrot à vins de fort bonne compagnie.

BRASSERIE-CAFÉ

Le Palais de la Bière

29, pl. Gaston-Pailhou
Tél. : 02 47 61 50 48

Face au marché, un temple de la dive mousse sous la houlette du rubicond Guy Blanchard, ancien serveur chez Barrier.

PUB

Les Trois Rois

Pl. Plumereau
Tél. : 02 47 20 61 20

Sur la plus jolie place de la ville, une maison du XVe refaite en pub à l'anglaise.

SALON DE THÉ

Sabat

76, rue Nationale
Tél. : 02 47 05 34 70

Beau salon de thé d'atmosphère avec choix de cafés sérieux et pâtisserie soignée.

Tourtour

83690 Var. Paris 832 – Aups 10 – Draguignan 21 – Salernes 11.

Ce beau village perché dans les pinèdes du Haut-Var a gardé sa nature d'avant, avec ses demeures resserrées, son moulin à huile du XVIe, sa vue sur garrigues et collines.

Hôtels-restaurants

La Bastide de Tourtour

Rte de Flayosc
Tél. : 04 98 10 54 20. Fax : 04 94 70 54 90
Fermé (rest.) lundi (hs), mardi midi, mercr. midi, jeudi midi
25 ch. 600-1 400 F. 1/2 pens. 770-1 000 F
Menus : 160-360 F. Carte : 300-400 F

Cette bastide années soixante, qui fut l'un des bastions des Relais & Châteaux dans le haut Var, a été revisité de fond en comble. Les chambres font aujourd'hui luxe et charme dans des tonalités provençales modernes très séductrices. La piscine dans la pinède, le jardin et le tennis sont là pour l'étape sans heurt. Côté cuisine, un jeune ancien de Troisgros, Yannick Lecoq, s'applique à faire simple sur un registre régional bien compris. Rouget en écailles de pommes de terre, papillote de loup au pistou, souris d'agneau à l'étouffée sonnent juste.

Les Chênes Verts

Rte de Villecroze, par D51
Tél. : 04 94 70 55 06. Fax : 04 94 70 59 35
Fermé mardi, mercr., 10-20 janv., 10-30 juin
3 ch. 600 F
Menus : 260-690 F. Carte : 380-550 F

Paul Bajade est un cuisinier comme on l'aime : accroché à son terroir comme l'oiseau sur la branche. Cet ogre amical du Haut-Var, qui est le pendant « non médiatique » de Bruno de Lorgues, mériterait, comme son glorieux voisin d'être sur le devant de la scène. On vient chez lui pour la halte d'un soir dans l'une des trois chambres où l'on est reçu comme à la maison, mais aussi pour la cuisine qui mise sur le bon produit provençal traité au mieux de sa fraîcheur et de sa qualité. Brouillade ou salade de truffes noires du pays de décembre à mars, risotto aux cèpes, écrevisses sautées aux herbes, brandade à l'huile d'olive, croustillant de couenne au foie gras et jus de daube, glace au miel de lavande et son étuvée de pommes golden jouent le jeu de la franchise et de la vérité.

Tourville-la-Rivière

76410 Seine-Maritime. Paris 118 – Rouen 15 – Les Andelys 38 – Louviers 20.

Le pays de Caux tranquille, vert, calme, entre val de Seine et parc de Brotonne, à visiter comme un retour au temps jadis.

Restaurant

Tourville

Tél. : 02 35 77 58 79. Fax : 02 35 81 32 66
Fermé dîn. (sf vendr., sam.), lundi, août, 25-29 déc.
Menus : 230-460 F. Carte : 300-450 F

Le plus ancien chef de France en activité ? Michel Florin, 80 ans aux prochaines pommes, qui est depuis belle lurette le parangon de la cuisine classique de sa région. On sait Rouen abondante en bonnes tables, mais c'est en lisière, dans sa belle maison bourgeoise sous ses hauts murs, qu'il faut découvrir ce passionné de produits frais, de préparations nettes, d'alliances choisies, de recettes anciennes respectées. On songe au père Augereau jadis aux Rosiers-sur-Loire, à papa Jeunet d'Arbois, à Ducloux de Tournus. Florin est leur frère d'armes, toujours vivant, toujours d'aplomb. Et chez lui, comme chez ses voisins des autres régions, la vérité de la cuisine a seule son mot à dire. Foie gras frais de canard, saumon fumé, bar sauce hollandaise, raie à la crème et moutarde, canard sauvageon avec son foie tartiné, lièvre à la royale en saison et vraie tarte Tatin sont ici des leçons de chose.

Traenheim

67310 Bas-Rhin. Paris 470 – Strasbourg 25 – Molsheim 8 – Saverne 22.

La route des vins côté Nord. La gloire locale est un grand cru Altenberg qui donne des rieslings et des muscats de toute beauté.

Restaurant

Zum Loejelgucker

17, rue Principale
Tél. : 03 88 50 38 19. Fax : 03 88 31 61 82
Fermé lundi, mardi, 17-26 janv.
Menus : 110-205 F. Carte : 200-300 F

Cette belle maison ancienne hésite entre cuisine classique de bon ton et terroir revisité. La salade du pêcheur, le foie gras frais, la salade de choucroute aux cervelas rôtis, l'onglet de veau aux pleurotes, le rognon de veau aux girolles sont simplement honnêtes. Le cadre justifie la visite à lui seul, pour ses fresques murales, sa façade à pans de bois et sa terrasse. Accueil charmant, carte des vins avec les noms locaux.

Trébeurden

22560 Côtes-d'Armor. Paris 524 – St-Brieuc 72 – Lannion 9 – Perros-Guirec 14.

La côte de granit rose, ses maisons enfouies sous les fleurs, la belle rade, même modernisée, avec sa plage et son petit port de plaisance : tout ici invite aux vacances.

Hôtels–restaurants

Le Manoir Lan-Kerellec

Tél. : 02 96 15 47 47. Fax : 02 96 23 66 88
Fermé 12 nov.-25 mars, (rest.) lundi midi, mardi midi (sf été)
19 ch. 1 250-2 250 F
Menus : 140 F (déj.), 190-370 F. Carte : 350-400 F

Luce et Gilles Daubé accueillent avec sourire et grâce dans ce manoir refait en Relais & Châteaux de bonne compagnie. Chambres douces, avec leurs jolis tissus et leurs vieux meubles, plaisamment rénovées, vue sur la mer et salle à manger avec son plafond en forme de coque de bateau : voilà qui séduit sans mal. Ajoutez-y une cuisine qui tire ses accents locaux des meilleurs produits marins (homard en croquant d'artichaut, fricassée de langoustines aux primeurs, tronçon de turbot à l'arête) et même des fermes environnantes (pastilla de pied de porc et d'andouille, souris d'agneau aux cocos de Paimpol), sous la houlette du sage et fidèle Marc Briand, et vous comprendrez les raisons d'être heureux ici même.

Ti al-Lannec

Tél. : 02 96 15 01 01. Fax : 02 96 23 62 14
Fermé 12 nov.-15 mars
29 ch. 495-1 175 F. 1/2 pens. 635-860 F
Menus : 95 F (enf.), 115 F, 135 F (déj.), 195-395 F

Cette belle demeure perchée dans son jardin, juste au-dessus de la plage, est l'autre belle halte de Trébeurden. On vient ici pour les chambres douillettes, le petit centre de balnéothérapie, la situation au vert et près de la mer, comme la cuisine finaude. Aumônière de langoustines et tourte feuilletée de caneton au foie gras sont joliment tournées.

Tréboul : voir Douarnenez

Trégunc

29910 Finistère. Paris 545 – Quimper 28 – Concarneau 7 – Pont-Aven 9.

La route des peintres en Cornouaille passe par ce vrai village breton et ses menhirs en lisière de forêt.

Hôtels–restaurants

Auberge des Grandes Roches

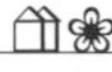

Tél. : 02 98 97 62 97. Fax : 02 98 50 29 19
Fermé mi-déc.-janv., vac. févr., (rest.) lundi, fin mars-mi-nov.
21 ch. 270-600 F. 1/2 pens. 300-500 F
Menus : 60 F (enf.), 98-260 F

Jolies fermes anciennes aménagées dans un grand parc à l'écart du bourg, avec dolmen et menhir. Restaurant, calme garanti.

Le Menhir

17, rue de Concarneau
Tél. : 02 98 97 62 35. Fax : 02 98 50 26 68
Fermé mercr. soir, fin oct.-début déc.
10 ch. 160-260 F
Menus : 65 F (déj.), 90-165 F

Chambres simples, accueil sympathique, cuisine soignée : c'est le programme de Patrice et Catherine Blomet. Les rillettes de maquereaux, saint-jacques à l'huile de basilic et crépinette de pied de porc à l'andouille sont dignes d'un ancien de Lucas Carton rallié au parti de la modestie.

Le Clos de Minaouët

Tél. : 02 98 50 29 30
Fermé lundi, nov.-févr.
Menus : 70 F (déj.), 99-190 F

Le décor plus ou moins moderne n'est pas très inspirant. La cuisine, elle, est d'une rigoureuse honnêteté, jouant la franchise de menus sans manières et de préparations poissonnières sans faille ni faute. Lotte en meurette, coques et pétoncles sautées, cabillaud au lard sont de bonne facture.

Trelly

50660 Manche. Paris 324 - St-Lô 37 - Avranches 37 - Coutances 11.

Le Cotentin de l'intérieur où bocage rime avec cottage dans les haies. N'oubliez pas d'aller visiter la proche cathédrale de Coutances dont le beau clocher fit rêver Proust.

Hôtel-restaurant

La Verte Campagne

Tél. : 02 33 47 65 33. Fax : 02 33 47 38 03
Fermé dim. soir, (sf été), lundi, 24 janv.-7 févr., 4-10 déc.
6 ch. 220-380 F. 1/2 pens. 290-365 F
Menus : 140-230 F. Carte : 300 F

La demeure, une authentique ferme du XVIIe, fut jadis tenue par une charmante Anglaise, Miss Meredith, qui a donné son côté «Agatha-christien» au lieu. Le charme perdure. Pascal et Véronique Brenou qui l'ont reprise lui ont conservé son aspect de *guest house* tranquille. En sus, la table qui était bonne et sage est devenue carrément fine et de haut niveau. Témoins les jolies variations sur les produits marins glanés sur la côte, entre Granville et Coutances : huîtres chaudes farcie à la crème de potiron, sauté d'ormeaux en coquilles, turbot rôti sur l'arête en cocotte, chaud-froid de rougets et langoustines, agneau de pré-salé avec jus à l'orge perlé, la déclinaison de chocolat, la teurgoule de tradition parfumée à la cannelle. Bref, toutes sortes de mets justes de ton, francs de goût qui inspirent la sympathie franche et donne envie de prendre ici pension, dans le vert du pays.

Trémolat

24510 Dordogne. Paris 536 - Périgueux 53 - Bergerac 34 - Brive 86.

Ici coule la Dordogne entre des tapis de verdure aux couleurs douces, comme issues de la boutique d'un tailleur anglais. On lorgne le «cingle», qui indique le moment où le fleuve se resserre, et le village lui-même, typique du Périgord noir, où Claude Chabrol tourna Le Boucher. *L'église, l'école n'ont pas bougé.*

 *indique une grande table.*

Hôtel-restaurant

Le Vieux Logis

Tél. : 05 53 22 80 06. Fax : 05 53 22 84 89
Fermé 3 janv.-12 févr. Res. : déj. (hs), mi-nov.-mi-mars
18 ch. 840-1 420 F. 1/2 pens. 725-1 235 F
6 appart.
Menus : 210-430 F. Carte : 400 F

S'il fallait choisir un Relais & Châteaux exemplaire pour indiquer une étape au cœur de la douceur française, nul doute que l'on choisirait la halte de charme de Bernard Giraudel. Cette demeure sise au cœur du beau village de Trémolat et de ses champs a conservé son allure de maison familiale, en se dotant d'un «bassin de nage», de fort belles chambres revues par Souleïado, d'un bar aux tissus écossais et d'un restaurant de qualité dans une belle salle à l'imposante charpente en bois. On goûte là la cuisine fine, finaude, terrienne, sans forfanterie de Pierre-Jean Duribreux qui compose avec les traditions de la région, mais sans ornière. Ainsi le pressé de morue au caviar d'aubergines, la tarte fine aux cèpes, la lotte aux haricots blancs et son jus d'ail, le confit de canard avec ses pommes sarladaises, le jarret de veau braisé et puis l'exquise tarte fine aux pommes chaudes qui s'accompagnent de jolis vins du Sud-Ouest choisis avec cœur.

Triel-sur-Seine : voir Environs de Paris

Trégueux : voir Saint-Brieuc

Trémont-sur-Saulx : voir Bar-le-Duc

Trigance

83840 Var. Paris 824 - Digne 74 - Draguignan 41 - Grasse 72

Le village à l'entrée des gorges du Verdon est comme une ode à la Provence sauvage, celle des hauteurs, où l'air se respire sans limite sous le ciel le plus bleu du monde.

Hôtel-restaurant

Château de Trigance

Tél. : 04 94 76 91 18. Fax : 04 94 85 68 99
Fermé nov.-fin mars
10 ch. 600-950 F. 1/2 pens. 600-800 F
Menus : 210-320 F. Carte : 350 F

Cette forteresse du XIe muée en Relais & Châteaux à l'ancienne a le charme historique : lits à baldaquins, mobilier ancien et salle à manger médiévale en cave voûtée. Côté cuisine, on fait ici dans la sagesse provençale d'antan : rouget farci à la tapenade, gigot d'agneau et pommes grenailles, pigeonneau au lard et petits pois, «Trigançois» au miel de thym et sorbet au romarin sont de très bon ton.

La Trinité-sur-Mer

56470 Morbihan. Paris 490 - Vannes 31 - Auray 13 - Lorient 40 - Quiberon 22.

Les rochers de Carnac sont la porte à côté. Ici c'est un bout du golfe du Morbihan dont les bateaux de plaisance sont les amis de passage.

Hôtels-restaurants

L'Azimut

1-3, rue du Men-Dû
Tél. : 02 97 55 71 88. Fax : 02 97 55 80 15
Fermé (rest.) mardi, mercr. (hs), vac. scol.
6 ch. 450-680 F
Menus : 60 F (enf.), 98 F (déj.), 128-238 F. Carte : 200-330 F

A la fois une aubaine et une maison de cœur : la demeure de Marie-Hélène et Hervé Le Calvez, dominant le port, est un peu ceci et cela, cultivant le bon accueil, le bien vivre et la bonne chère à prix menus. On voudrait louanger les six chambres mignonnettes, la salle à manger soignée sur le mode champêtre, sans omettre de noter les tarifs sages qui permettent de goûter sans casser sa tirelire aux produits du pays traités avec une légèreté sans faille. Œuf de ferme cassé à la queue de bœuf, homard breton grillé au feu de bois, saint-jacques servies avec un risotto d'épeautre ou plus richement farcies au foie gras, d'agneau en croûte d'herbes et son épigramme aux jeunes légumes et feuillets craquants d'hydromel sont tout simplement délectables.

Les Trois-Epis

68410 Haut-Rhin. Paris 439 - Colmar 11 - Munster 17 - Gérardmer 50

Les lieux d'un miracle : ici Thierry Schoeré, citoyen d'Orbey, vit apparaître trois épis dans la main de la Vierge. C'était en 1491. Depuis, les Trois Épis n'ont pas cessé d'accueillir les pèlerins venus, à 658 mètres, accomplir une cure d'air.

Hôtels-restaurants

Hôtel des Trois Epis 

10, rue Thierry-Schoeré
Tél. : 03 89 49 81 61. Fax : 03 89 78 90 48
Fermé 15 déc.-15 janv.
40 ch. 270-580 F. 1/2 pens. 325-440 F
Menus : 58 F (enf.), 92-360 F. Carte : 350 F

La famille Hautzinger a racheté l'ex-hôtel Marchal, l'a rebaptisé, conservant l'aspect de villégiature années soixante. La vue sur les Vosges est époustouflante, les chambres de grand confort, d'une propreté méticuleuse, l'accueil gentil tout plein. Et la cuisine joue le classicisme sans lourdeur. Foie gras d'oie et gelée de pinot noir, saumon fumé à la maison, truite farcie aux champignons, côte de veau de lait aux girolles et parfait glacé en capuccino sont la franchise même. Grande cave.

La Chêneraie 

4, chemin du Galz
Tél. : 03 89 49 82 34. Fax : 03 89 49 86 70
Fermé mercr., 1er janv.-15 févr.
19 ch. 210-280 F

Au calme d'un parc ombragé, cet hôtel au charme ancien est une halte recommandable. Chambres toutes différentes avec cuivres astiqués et meubles anciens.

La Croix d'Or 

Tél. : 03 89 49 83 55. Fax : 03 89 49 87 14
Fermé mardi, fin-nov.-début janv.
12 ch. 180-290 F. 1/2 pens. 220-270 F
Menus : 45 F (enf.), 80-195 F

Des chambres simplettes, un restaurant panoramique en rotonde, au-dessus des Vosges et de la forêt, un accueil familial et une cuisine qui joue le classicisme régional (tarte à l'oignon, poulet au riesling, choucroute) : voilà ce qui vous attend, sans luxe, ni fausse note.

Troisfontaines : voir Sarrebourg

Trouville-sur-Mer

14360 Calvados. Paris 199 - Caen 47 - Le Havre 40 - Lisieux 29 - Pont-L'Evêque 11.

Office du Tourisme : 32, bd F.-Moureaux
Tél. : 02 31 14 60 70. Fax : 02 31 14 60 71

Le pendant simple et rustique de Deauville : oui, il y a de ça à Trouville, plus les planches, la plage, le ponton, comme dans Un homme et une femme, *plus le souvenir de Marguerite Duras qui rédigea aux Roches Noires* Un été 80.

Hôtels-restaurants

Hostellerie du Vallon 

12, rue Sylvestre-Lasserre
Tél. : 02 31 98 35 00. Fax : 02 31 98 35 10
60 ch. 600-790 F

Un peu écart de la ville, sur les hauteurs, cette hostellerie moderne qui a choisi le style régional offre des chambres de grand confort, impeccablement tenues. Pas de restaurant, mais excellents petits déjeuners et un accueil professionnel. Piscine, centre de remise en forme, salle de billard.

Mercure

Pl. Foch
Tél.: 02 31 87 38 38. Fax: 02 31 87 35 41
80 ch. 605-645 F
Menus: 55 F (enf.), 90 F (déj.), 110-200 F

Des chambres modernes, fonctionnelles, sans histoire, plein centre, face au casino et aux quais: voilà ce qu'offre cet hôtel de chaîne rénové.

Les Quatre Chats

8, rue d'Orléans
Tél.: 02 31 88 94 94. Fax: 02 31 88 24 41
Fermé mercr., jeudi (hs), janv.
Carte: 200 F

Serge et Muriel Salmon ont fait de ce drôle de bar années cinquante prolongé d'une salle la bonne table pas chère de la ville. Lui était barman à La Closerie des Lilas, elle organisatrice de salons. Les branchés, les amateurs de bonne chère, les oiseaux de nuit, tout le monde court le lieu qui fonctionne au ralenti le midi, mais joue à bureaux fermés le soir. La déco un peu kitch, avec ses longues tables encadrées par des rangées de fauteuils de cinéma de quartier, strapontin en bout de rangée compris, ne manque pas de cachet. Crevettes grillées aux copeaux de parmesan, bar grillé avec un beurre fondu et un gratin de légumes frais émincés, onglet aux échalotes, gigot de 7 heures, carré d'agneau issu des Boucheries Nivernaises, jarret de veau braisé, tarte aux pommes, splendide dessert au chocolat emballent sans mal.

Les Vapeurs

106, bd Moureaux
Tél.: 02 31 88 15 24. Fax: 02 31 88 20 58
Tljrs. Carte: 200-300 F

Les Meslin ont repris la maison des Bazire (qui se prolonge juste à côté avec la salle néo-Arts déco des Voiles), sans toucher un iota à ce qui a fait le succès et le charme de la demeure. A savoir: un beau décor années quarante, un service agile ainsi qu'une carte brasserie simple, souple, solide, maligne. Crevettes chaudes, huîtres, sole meunière, raie beurre noisette, moules marinières, belle entrecôte, tartare assaisonné comme il se doit et tarte normande se mangent sans mal. La terrasse est courue aux beaux jours et les soirs de septembre, lors du Festival du cinéma américain de Deauville.

Produits

PÂTISSIER

A Charlotte Corday

Pl. du Casino,
Tél.: 02 31 88 11 76

Laurent Gibourdel fait traverser aux Deauvillais le pont de la Touques pour le plaisir de déguster sa tarte au chocolat à fondre comme sa superbe tarte soufflée aux pommes, vendues dans une belle boutique à l'ancienne.

POISSONNIERS

Pillet-Saiter

Quai Fernand-Moureaux
Tél.: 02 31 88 02 10. Fax: 02 31 88 19 24

A côté de la marée extra-fraîche et des huîtres de Saint-Vaast, la soupe de poissons en bocal fait la renommée de la maison.

F. Prentout

Quai Fernand-Moureaux
Tél.: 02 31 88 11 33

Quand la mer est mauvaise, il n'y a pas de sole chez Prentout qui ne choisit que le top du top de la pêche de ligne locale. Belle sole de sable ou petit bar sont au rendez-vous.

Troyes

10000 Aube. Paris 171 – Dijon 183 – Nancy 186 – Auxerre 86 – Châlons 83.

Office du Tourisme: 16 bd Sadi-Carnot
Tél.: 03 25 82 62 70. Fax: 03 25 73 06 81

Ce n'est pas une ville mais un miracle. Préservée des avanies du temps, Troyes l'ancienne est demeurée intacte, malgré les guerres, avec son chapelet de belles églises, ses édifices gothiques flamboyants, ses trésors, ses musées. Les demeures à pans de bois forment une collection précieuse que l'on découvre le nez en l'air, en se promenant dans le centre facile à visiter: il a la forme, eh oui, d'un bouchon de champagne. Evidemment, si l'on vient à Troyes, c'est souvent pour venir guetter la bonne affaire dans les magasins d'usine. Mais n'omettez pas cependant de rendre visite au musée d'Art moderne, avec ses Derain, ses Delaunay, ses Dufy et ses Balthus. Et faites un saut à la cathédrale toute proche avec ses vitraux admirables, la basilique Saint-Urbain et sa Vierge au Raisin ou l'église Sainte-Madeleine et son surprenant jubé qui sont la porte à côté. Miracle encore: on n'est jamais bousculé durant les visites et l'on a parfois le sentiment d'être encore des découvreurs.

Hôtels-restaurants

Le Champ des Oiseaux

20 rue Linard- Gonthier,
Tél.: 03 25 80 58 50. Fax: 03 25 80 98 34
12 ch. 490-900 F

Monique Boisseau, prof de français lassée de l'enseignement, a racheté petit à petit cinq maisons anciennes du vieux Troyes, les a rénovées avec un goût exquis. Le résultat? Des chambres nommées Papillons Bleus ou Vert Galant, Marinot ou Dame du Lac, avec tomettes retrouvées, charpente conservée, plafonds poutrés, claires salles de bains en faïence de Salernes, toilettes séparées, meubles qui sont soit des antiquités champenoises, soit des idées de tapissier. La situation dans une zone piétonne au calme, les petits déjeuners, avec confitures artisanales, jus de fruit frais et pain croustillant, viennoiseries exquises. Bref, voilà un petit clos médiéval qui vaut le voyage pour lui-même.

Hôtel de la Poste

35 rue Emile-Zola
Tél.: 03 25 73 05 05. Fax: 03 25 73 80 76
32 ch. 495-640 F
Les Gourmets: Menus: 140 F (sem., déj.), 185 F. Carte: 300 F
Carpaccio: Menus: 42 F (enf.), 66 F (sem., déj.). Carte: 150-200 F

Ce bel hôtel classique, aux chambres soignées, au salon reposant et à l'accueil très professionnel, abrite deux bonnes tables: le Carpaccio pour la cuisine italienne dispensée à prix doux et les Gourmets qui joue le régionalisme en douceur. Saumon à l'unilatérale avec pommes au lard et ragoût de cochon au hachis de truffe sont de bon ton.

Relais Saint-Jean

51, rue Paillot-de-Montabert
Tél.: 03 25 73 89 90. Fax: 03 25 73 88 60
25 ch. 450-690 F

Ce bel hôtel très central, sous façade à colombages, offre des chambres de bon confort assez vastes qui ne manquent pas de charme, certaines mansardées.

Royal Hôtel

22, bd Sadi-Carnot
Tél.: 03 25 73 19 99. Fax: 03 25 73 47 85
Fermé 15 déc.-7 janv. Res. sam. midi, dim. soir, lundi midi
37 ch. 355-550 F
Menus: 119-165 F. Carte: 300 F

Ce bon hôtel, proche de la gare, propose des chambres bien insonorisées, ainsi qu'une cuisine sérieuse et classique dans une belle salle à manger de style Louis-Philippe. Feuilleté d'escargots sauce poulette et sandre au beurre fumé sont des réussites.

Le Clos Juillet

22, bd du 14-Juillet
Tél.: 03 25 73 31 32. Fax: 03 25 73 98 59
Fermé dim., lundi, vac. févr., 13-28 août
Menus: 170-340 F. Carte: 350-460 F

Philippe Collin a créé un événement qui dure en transformant en restaurant de classe cette belle demeure 1900 dans le style de l'Ecole de Nancy. La salle à manger a été décorée avec sobriété et finesse par Dominique Honnet, l'architecte local à qui la Côte Saint-Jacques de Joigny, l'Hôtel d'Angleterre à Châlons, l'Abbaye de Tonnerre et le Lion d'Or de Romorantin doivent leur visage mi-ancien, mi-contemporain. Collin, sage élève de Girardet et de la Tour d'Argent, est revenu au pays sans avoir oublié les bonnes manières apprises et travaille les produits les plus frais à sa façon classique quoique avec une finesse qui cadre avec ce décor sobre et sans fausse note. Sa crème de chou-fleur aux huîtres, son émincé de saint-jacques mariné à l'huile de truffe, son carpaccio de foie gras ou son escalope du même foie poêlé au caramel de ratafia, son couscous de homard, son râble de lapereau à la crème de pommes de terre et jus de thym ou son suprême de pigeon farci, cuisses confites, jus à la sarriette sont d'une franchise de goût sans faille. Que ne dément pas le plus traditionnel mais léger pain perdu aux pommes et beurre de caramel. En prime, les méconnus rosés des Riceys et les chardonnays du vignoble d'à côté contribuent à donner de l'Aube le visage gourmand et frais d'une région qui s'éveille.

Le Bourgogne

40 rue du Gal-de-Gaulle
Tél.: 03 25 73 02 67. Fax: 03 25 71 06 40
Fermé lundi, mardi midi (printemps), dim. midi (été), août
Menus: 170-190 F. Carte: 250-350 F

Le grand classique de la ville c'est cette demeure au cadre «siménonien» années cinquante avec sa cheminée écussonnée et ses tables bien dressées. Les frères Dubois tiennent la demeure avec un sérieux imparable. Aimé, en salle, vante avec ferveur les mets que mitonne Serge, formé chez Taillevent et à la Bourgogne, à Paris, avec une rigueur sans faille. Ainsi les escargots de Bourgogne en coquillage, la salade gourmande au foie gras, la divine mousse de brochet sur le mode de la dariole à l'ancienne, panaché de ris de veau et lapin, fricassée de homard aux girolles, andouillette de Troyes au cidre du pays d'Othe, pavé de bœuf au bouzy, glace à la vanille et son craquelin, crêpes soufflées au Grand Marnier. Belle cave, prix raisonnables pour une qualité suivie.

Le Valentino

11, cours de la Rencontre
Tél.: 03 25 73 14 14. Fax: 03 25 73 14 14
Fermé sam. midi, dim. soir, lundi (hs), 2-22 janv. 21 août-4 sept.
Menus: 110-270 F. Carte: 300 F

Gilles André tient l'une des bonnes tables de sa ville dans ce restaurant-galerie qui porte bizarrement un nom italien. Le classicisme frotté au marché du jour : telle est la marque de ce bon pro aussi à l'aise dans le régionalisme bien compris que dans les marges de l'air du temps. Sandre à la moelle aux échalotes confites, filet de bœuf avec son parmentier de queue du même animal ou encore tarte au chocolat noir séduisent sans mal. Bon accueil de Claudine André qui sait sourire sans se forcer.

Le Bistroquet

Pl. Langevin
Tél. : 03 25 73 65 65. Fax : 03 25 73 07 25
Fermé dim. soir
Menus : 89 F (déj., sem.)-110-164 F. Carte : 200 F

Cette brasserie sage, sans prétention autre que de nourrir le chaland dans la gaieté, vaut à la fois pour sa situation centrale, sur une place pleine de vie, et pour son cadre alerte avec ses banquettes de cuir et son allure ancienne, sans omettre son banc de fruits de mer et ses plats de toujours. Huîtres, harengs Baltique, andouillette grillée, boudin pommes en l'air, belle côte de bœuf et crème caramel font simplement plaisir.

A 10150 Sainte-Maure : 7 km N. par D78

Auberge Sainte-Maure

Tél. : 03 25 76 90 41. Fax : 03 25 80 01 55
Fermé dim. soir, lundi, 14-28 févr.
Menus : 150 F (déj., sem.)-280 F. Carte : 250-500 F

Les Lemelle, rois de l'andouillette régionale, qui aiment manger bon à la campagne, raffolent de cette adresse champêtre et qui est, sous l'égide du sourcilleux Gérard Martin, l'une des très bonnes tables de la région. On vient ici pour la halte au vert dans une maisons à colombages retapée avec amour, la situation au bord de la rivière et la salle à manger avec son imposante charpente boisée. Côté cuisine, foie gras de canard aux senteurs de pêche, turbotin avec son émulsion au beurre de champagne, pigeon d'Onjon à la semoule de blé tendre, andouillette au beurre de Chaource, gâteau coulant au chocolat noir et pain perdu aux poires caramélisées sont impeccables.

Au golf de la Forêt d'Orient : 19 km N.-E. par D960

Holiday Inn Forêt d'Orient

Rte de Géraudot, Rouilley-Sacey, 10220 Piney
Tél. : 03 25 43 80 80. Fax : 03 25 41 57 58
60 ch. 590-640 F. 23 appart.
Menus : 45 F (enf.), 149 F (sem., déj.), 189 F

La situation au calme des grands bois et au cœur d'un golf de cette sage construction moderne qui reproduit à peu près le style local boisé, les chambres vastes, quasi luxueuses et fonctionnelles font oublier la presque absence d'accueil. Cuisine fort correcte à prix menus.

Produits

BOUCHER

Jean-Claude Pujol

82, rue de Preize
Tél. : 03 25 76 15 85

La belle viande de la campagne auboise (porcs de la ferme des Noyers, agneau de lait, veaux sous la mère) est choisie avec soin chez cet artisan de qualité.

CHARCUTIERS

Gilbert Lemelle

ZI des Ecrevolles, BP2031, 10011 Troyes Cedex
Tél. : 03 25 70 42 50. Fax : 03 25 81 41 66

Le prince de l'andouillette de Troyes tirée à la ficelle qui les vend par correspondance dans la France entière. Egalement un pied de porc farci à se pâmer.

Patrick Maury

28, rue du Gal-de-Gaulle
Tél. : 03 25 73 06 84. Fax : 03 25 73 90 65

Ce bel artisan du centre fabrique andouillette artisanale, jolis pâtés, belles terrines, mais aussi boudins noirs et blancs médaillés.

PÂTISSIER

Duparcq

5, av. Pierre-Brossolette. Tél. : 03 25 73 10 94

Brioche feuilletée, mille-feuille, mais aussi beaux entremets, tels que perles à la fine champagne, oxford ou manjari : voilà ce que mitonne Roland Duparcq avec sérieux et légèreté.

POISSONNIER

Au Petit Charlot

17-19 rue Urbain-IV
Tél. : 03 25 73 06 29

Le meilleur de la pêche de ligne de l'Atlantique a place sur le bel étal. Grand vivier avec homards, langoustes et anguilles.

Rendez-vous

SALON DE THÉ

Victoria

36, rue du Gal-Soussier
Tél. : 03 25 73 37 95.

Ce beau salon de thé à l'anglaise est le rendez-vous des gourmandes troyennes qui cèdent ici aux plaisirs des fines pâtisseries maison (crumble aux pommes, gâteau au chocolat) et des thés sélectionnés chez Mariage Frères.

indique un lieu de mémoire.

Tulle

19000 Corrèze. Paris 479 - Brive 29 - Aurillac 83 - Clermont-Ferrand 140.

C'est ici, dans cette préfecture d'un département limousin qui flirte déjà avec l'Auvergne, que Denis Tillinac, alors «localier», rédigea Spleen en Corrèze...

Restaurant

La Toque Blanche

Pl. Martial-Brigouleix
Tél.: 05 55 26 75 41. Fax: 05 55 20 93 95
Fermé dim. soir, lundi (sf été), 20 janv.-10 févr., 1er-10 juil.
Menus: 50 F (enf.), 125 F (déj., sem.)-170 F. Carte: 200-250 F

Salade à l'effilochée de queue de bœuf, pied de cochon farci au confit, omble de fontaine aux légumes, crapaudine de pigeon à la moutarde, tarte aux pommes chaudes à la crème d'amandes: voilà quelques-unes des joyeusetés que sert Bruno Estival dans cette belle demeure rustique à l'ancienne sise sur la place et qui justifie l'étape gourmande à Tulle. Les menus sont bien pondus, la cave avenante et le service d'un professionnalisme à toute épreuve.

La Turbie

06320 Alpes-Maritimes. Paris 947- Monaco 8 - Menton 16 - Nice 16.

Un village niché au sommet du mont célébré par les Romains et investi par Napoléon: de nombreuses plaques en portent témoignage.

Hôtel-restaurant

Hostellerie Jérôme

20, rue Comte-de-Cessole
Tél.: 04 92 41 51 51. Fax: 04 92 41 51 50
Fermé 15 oct.-15 nov., (rest.) lundi, mardi soir
5 ch. 420 F
Menus 160 F (déj.)-240 F. Carte 300-450 F

Formé jadis chez Vergé au Moulin de Mougins, puis chez Maximin au Négresco, retrouvé au Grand Hôtel de Saint-Jean-de-Luz, puis au château Eza d'Eze, et au Royal-Monceau à Paris, Bruno Cirino est enfin chez lui. Il a racheté une vieille auberge à laquelle il a donné des couleurs. Il y a les pierres anciennes, l'esprit méditerranéen, une cuisine légère, fine, fraîche, sublime de raffinement, que l'on peut déguster en terrasse près des géraniums ou dans une salle légèrement voûtée aux couleurs douces avec son plafond à fresque sur le thème des fruits. Les chambres sont sobres et adorables. La cuisine ne triche pas, jouant des meilleurs produits du marché de Nice ou de la proche Ligurie. On goûte là, selon le marché, cigale de mer avec tomate et pommes grenailles, roquette sauvage et rouget poêlé à la brandade de poivrons rouges, salade «comme une niçoise» à l'espadon moelleux et fin, délicats gamberoni grillés au citron de Menton, poulet fermier, rôti en cocotte, servi avec la peau craquante, la chair moelleuse, flanqué de morilles blondes des Pyrénées. Il y a encore le plateau de fromages affinés par maître Céneri à Cannes, puis, pour finir en légèreté, de jolies mûres blanches au fromage frais caramélisé ou une épatante tarte aux pêches avec son sorbet turbiné à la verveine. La carte des vins est courte, mais pas avare de jolies choses (tel le minervois de Piccinini). Le jeune service est au diapason, plein de délicatesse. Voilà une grande petite maison, dont on ne donnera l'adresse qu'à ses amis chers.

Turckheim

68230 Haut-Rhin. Paris 441 - Gérardmer 45 - Colmar 7 - Munster 12.

Le veilleur avec sa houppelande qui chante les heures, le souvenir de Turenne avant la bataille, les portes fortifiées, le coteau du Brand, fameux pour son riesling, ses vignerons actifs et ses haltes gourmandes: que voilà un bourg au service de la belle Alsace!

Hôtels-restaurants

Berceau du Vigneron

10, pl. Turenne
Tél.: 03 89 27 23 55. Fax: 03 89 27 47 21
Fermé 1er nov.-15 mars
16 ch. 200-400 F. 1/2 pens. 233-358 F

Pierre et Véronique Baur ont fait de cette demeure sise dans les murs d'enceinte un hôtel moderne. Chambres confortables, mais simplettes, caveau juste en dessous.

L'Homme Sauvage

19, Grand-Rue
Tél.: 03 89 27 56 15. Fax: 03 89 80 82 03
Fermé dim. soir (hs), mardi soir, mercr., 15 janv.-15 févr., 21-27 juin
Menus: 190-265 F. Carte: 200-270 F

Dans cette belle demeure Renaissance prolongée d'une cour sur l'arrière, on sert l'été une cuisine fraîche et enjouée. Jean-Marie Schamm mitonne non sans finesse foie gras de canard au naturel avec miel de fleurs de pissenlit, noix de joues de porcelet, nage de figues séchées: autant de préparations à la fois jolies à voir et bonnes à manger.

Auberge du Veilleur

12, pl. Turenne
Tél. : 03 89 27 32 22
Fax : 03 89 27 55 56
Fermé mercr., 22 déc.-4 janv.
Menus : 54 F (déj.), 98-180 F. Carte : 160 F

La taverne est sympathique, le décor surchargé, mais chaleureux, la boutique contiguë offre un condensé de l'Alsace gourmande. Christiane Kretz est la vivacité faite femme et la cuisine est à l'avenant : savoureuse, fraîche, régionalisante. Le presskopf, la salade de pot-au-feu, le pâté en croûte, les crudités, les navets confits avec ses côtis salés, mais aussi lard salé et fumé, boudin noir et saucisse au cumin, le granité au vin de gewurz : voilà le type de repas à la bonne franquette qui vous met d'humeur heureuse.

Caveau du Vigneron

5, Grand-Rue
Tél. : 03 89 27 06 85
Fermé lundi, 20 août-3 sept., Noël- Nvel An
Carte : 180 F

Dans une ambiance chaleureuse et historique, sous les beaux tableaux (dont l'un signé Pabst), boiseries anciennes, vis à pressoir, Coco et Malou Helschger reçoivent le meilleur monde du vignoble comme le chaland de passage qui y découvre une image de l'Alsace idéale. Au programme ? Grenouilles au jus de persil, tarte à l'oignon, presskopf au foie gras, pâté chaud, veau de lait au vinaigre et aux airelles, fondant gâteau au chocolat crème anglaise. Ajoutez un savoureux mélange de convivialité, de bonne humeur, de sérieux, de fantaisie et de savoir-faire, le coup de framboise, en sus, sélectionnée par le vigneron maison, François Baur.

Auberge du Brand

8, Grand-Rue
Tél. : 03 89 27 06 10Fax : 03 89 27 55 51
Fermé mardi soir, mercr., 1er-10 juil., 1er-25 déc.
Menus : 80-250 F. Carte : 150-200 F

Vieilles poutres, tablées accortes : cette taverne propose salade de langue de porc au gruyère, jambonneau à la bière, quenelles de foie et tarte aux fruits.

Produits

ARTS DE LA TABLE

Staub

2, rue St Gilles
Tél. 03 89 27 77 71.

Le n°1 de la fonte émaillée et de la céramique vend ici, à prix d'usine, les célèbres cocottes à système « auto-mijoteur » qui ont fait sa réputation.

BOUCHERS-CHARCUTIERS

Geismar « Chez Gasti »

21, Grand-Rue
Tél. : 03 89 27 14 12. Fax : 03 89 27 07 02

Depuis 1784, les Geismar exercent leurs talents dans la viande. Saucisse à l'ail, jambon braisé au miel, lard-jambon salé à sec quinze jours, puis fumé, lard paysan, pâté de campagne, pickelfleisch (poitrine de bœuf saumurée) fleurent la qualité artisanale. Egalement des produits « casher » sous contrôle rabbinique dont une saucisse lyonnaise au bœuf à se damner.

Rémond

1, pl. Turenne
Tél. : 03 89 27 14 26

Jambon fumé, presskopf, tourtes et pâtés, buffets campagnards, comme les viandes de qualité ont ici leurs supporters.

Turquestein-Blancrupt

57560 Moselle. Paris 395 - Strasbourg 96 - Baccarat 45 - Sarrebourg 24.

Le cœur de la forêt vosgienne, côté Lorraine, et le pays des contes d'Erckmann-Chatrian.

Hôtel-restaurant

Le Kiboki

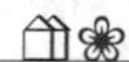

Rte du Donon
Tél. : 03 87 08 60 65. Fax : 03 87 08 65 26
Fermé mardi, 15 févr.-18 mars, (rest.) mardi, mercr. (hs)
16 ch. 440-460 F. 1/2 pens. 430-500 F
Menus : 60 F (enf.), 98-280 F. Carte : 250 F

Une maison dans les bois, avec son vaste domaine boisé, sa piscine, son sauna, ses chambres boisées et l'accueil bourru et bonhomme de Robert Schmitt qui est au four et au moulin. On goûte ici le grand repos sylvestre autant que les rillettes de saumon, les écrevisses en feuilleté, la choucroute au jambonneau, les cuisses de grenouilles fraîches au riesling, les terrines de marcassin et de divers gibiers chassés dans la région, le chaud-froid de mirabelles. Un « relais du silence » qui mérite bien son nom.

Les restaurants changent parfois de jour de fermeture sans prévenir. Réserver pour annoncer votre arrivée dans un établissement, c'est aussi la garantie de ne pas trouver porte close.

Uberach : voir Pfaffenhoffen

Ueberstrass : voir Altkirch

Uriage-les-Bains

38410 Isère. Paris 577 - Grenoble 11 - Vizille 11.

Le grand air des hauteurs, les eaux thermales donnent ici des envies d'évasion et de grosses fringales.

Hôtels-restaurants

Grand Hôtel et les Terrasses

Tél. : 04 76 89 10 80. Fax : 04 76 89 04 62
Hôtel : fermé janv., (rest.) dim., lundi (sf été), janv., 27 août-9 sept.
43 ch. 450-820 F
Menus : 110 F (enf.) 225 F (déj., vin c.), 280-390 F. Carte : 450 F

Ce bel hôtel de cure dans son parc, avec tennis et piscine couverte, cache une des meilleures tables de l'agglomération grenobloise. Philippe Bouissou y réalise des trésors de finesse en réadaptant les classiques de la région. Langoustines braisées au vin jaune, pressé de pigeon au foie gras, mille-feuille de rouget aux pommes de terre, râble de lapin aux rattes et chanterelles, pigeon poché au foie gras et feuille de sauge, tartelette noisettes chocolat ou mousse de thé aux pommes caramélisées s'accompagnent des meilleurs crus de la vallée du Rhône.

Les Mésanges

Rte de Saint-Martin-d'Uriage et rte du Bouloud : 1,5 km
Tél. : 04 76 89 70 69. Fax : 04 76 89 56 97
Fermé vac. févr., 1er mai-10 oct.
33 ch. 270-350 F. 1/2 pens. 330-360 F
Menus : 50 F (enf.), 110-250 F

Cette exquise pension de vacances, sise au vert, propose chambres d'honnête confort, piscine, parc, vue sur les montagnes environnantes et cuisine sage à demeure.

Urmatt

67280 Bas-Rhin. Paris 421 - Molsheim 17 - Saverne 36 - Wasselonne 22.

En sentinelle entre vallée de Bruche et forêt, sur le chemin des sentiers et des rochers, un vrai village vosgien.

Hôtels-restaurants

Le Clos du Hahnenberg

«Chez Jacques»
65, rue du Gal-de-Gaulle
Tél. : 03 88 97 41 35. Fax : 03 88 47 36 51
33 ch. 300-370 F. 1/2 pens. 310 F
Menus : 50 F (enf.), 60 F (sem. déj.), 100-150 F.
Carte : 220 F

Ce complexe avec centre de fitness, sauna, piscine couverte, tennis, chambres claires, a donné une dimension neuve à l'auberge familiale des Baur. Du père Jacques au fils Bruno la transmission des commandes se fait sans heurts. La cuisine, elle, joue entre classicisme et inspiration du jour : foie gras au gewurz, sandre au riesling, filet de canard grillé avec sa galette de pommes de terre aux lardons, kougelhopf glacé au kirsch.

A la Chasse

89, rue du Gal-de-Gaulle
Tél. : 03 88 97 42 64. Fax : 03 88 97 56 23
Fermé ven., 15 févr.-15 mars
9 ch. 150-220 F. 1/2 pens. 205-220 F
Menus : 42 F (sem. déj.), 55 F (déj.)-190 F
Carte : 200 F

Comme son nom l'indique, cette auberge fait la part belle au gibier sous toutes ses formes, accueillant les chasseurs avec fidélité. Ambiance amicale, chambres simplettes.

La Poste

74, rue du Gal-de-Gaulle
Tél. : 03 88 97 40 55. Fax : 03 88 47 38 32
Fermé lundi, 3-17 juil., 21-29 déc.
13 ch. 200-260 F. 1/2 pens. 240-270 F
Menus : 100-350 F

Sérieuse et bien tenue, cette maison des bords de route, en lisière de la vallée de la Bruche, accueille avec gentillesse, proposant terrine de caille, lotte à l'armoricaine, jambon fumé de sanglier, selle de chevreuil, nougat glacé. Chambres simples et sans histoire.

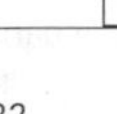

hôtel simple
hôtel simple, mais de bon confort
hôtel de grand confort
hôtel de luxe
hôtels de grand luxe, service de classe

hôtel au calme

A 67190 Grendelbruch: 6 km S.

Ferme-Auberge du Pâtre

27, rue de la Victoire
Tél.: 03 88 97 55 71
Fermé sem., soir (été)
Menus: 75-108 F. Carte: 150 F

Cette ferme-auberge aux airs de café de village est briquée comme un sou neuf, avec ses fresques années vingt. Céline et André Gross, spécialisés dans les fromages de chèvre, mitonnent des plats légers et fins: beignets de pommes de terre, bibeleskäs au fromage frais, eierkueche au miel, épaule d'agneau au grumbeerekiechle. C'est sympathique, pas cher, savoureux.

Urrugne : voir Saint-Jean-de-Luz

Urt

64240 Pyrénées-Atlantiques. Paris 758 - Pau 98 - Bayonne 16 - Biarritz 24 - Cambo-les-Bains 28.

Les bords de tranquilles de l'Adour et un ancien village de mariniers...

Restaurant

La Galupe

Port de l'Adour
Tél.: 05 59 56 21 84. Fax: 05 59 56 28 66
Fermé dim. soir (hs), lundi (sf soir été), 17 janv.-1er mars
Menu: 245 F (déj.), 360-550 F. Carte: 350-600 F

Attachant personnage que «Moussié» Parra. Cet aubergiste au grand cœur (il a racheté la maison dont il fut autrefois le propriétaire, après un aller-retour dans le vaste monde), a fait nid dans ce relais de marinier des bords de l'Adour avec ses balcons fleuris, son intérieur rustique et soigné, vantant, comme personne, les produits de sa région. Ils sont nombreux les jeunes chefs de partout venus chez lui apprendre l'art du boudin, de la ventrèche, du pimento farci de morue, des grosses ravioles de canard en pâte chinoise renfermant une viande douce et tendre, longuement cuite, avec sauce au madiran, olives, foie gras. Ses secrets? De bons produits, vantés avec chaleur, présentés avec justesse, sans chichis d'aucune sorte. Son bon tour? «La belle assiette du meilleur jambon du monde», autrement dit le Jabugo issu des jambons noirs d'Andalousie, labellisé «5J» et signé du maestro du genre, Sanchez Romero Carvajal. Son coup de virtuose? Des spéciales de Marennes, servies crues, grasses, iodées, sur une gelée de coquillages «remontée» au caviar. Ajoutez-y le meilleur ventre de thon du monde, servi rouge, avec ses pièces de jambon gras, son oignon, son piment vert d'Anglet, son foie gras chaud aux dés de pommes émincé, sa merveilleuse anguille avec son jus pointu, son grenadin de jarret de veau fondant avec un épatant risotto aux cèpes, le fromage de brebis de la vallée d'Ossau qu'il accompagne de confiture de pastèque, avant le sorbet au chocolat caraque, le parfait glacé au touron ou encore le «russe» pistaché comme à Oloron. Relayé en salle par son épouse Anne-Marie, Christian Parra n'a pas varié sa manière après l'entrée dans le cercle fermé des Relais & Châteaux, à l'enseigne des Relais Gourmands. Il s'est contenté de faire rimer enracinement et raffinement. S'il fallait choisir l'auberge idéale, perdue quelque part dans la campagne française, sans doute, irait-on voir du côté de l'Adour, chez Christian Parra.

Ussac : voir Brive-la-Gaillarde

Ustaritz

64480 Pyrénées-Atlantiques. Paris 782 - St-Jean-de-Luz 26 - Biarritz 14 - Cambo 6.

A une portée d'arbalète de la côte basque, ce village labourdin vaut le détour pour son pittoresque non trafiqué. Arrêtez-vous. Il y a l'auberge.

Hôtel-restaurant

La Patoula 

Rue Principale
Tél.: 05 59 93 00 56. Fax: 05 59 93 16 54
Fermé lundi (hs), 3 janv.-15 févr., (rest.), sam. midi, lundi, dim. soir (hs), jeudi midi (été)
9 ch. 410-550 F. 1/2 pens. 405-485 F
Menus: 120-220 F. Carte: 200-250 F

Pat et Toula, c'était les deux chiens de Pierre Guilhem. Le maestro de la demeure qui a la chaleur chevillée au cœur leur a dédié l'enseigne de sa maison de maître convertie en hostellerie, face à l'église du village, au bord de la Nive. Le jardin, la terrasse, la tonnelle, les chambres rustiques et toutes différentes: en voilà assez pour vous faire rester. D'autant que les produits du pays sont traités ici avec joliesse. Salade d'anchois aux tomates confites, piquillos farcis, tarte croustillante à la sardine et chipirons sautés, morue à la biscayenne, croustillant de pied de cochon aux oreilles confites, filet de bœuf sauce bordelaise, et dacquoise au chocolat avec croquant praliné sont des mets comme on les aime: ils ont de la franchise, de la sincérité et l'accent tonique.

✿ *indique un hôtel au calme.*

Uzès

30700 Gard. Paris 685 - Montpellier 86 - Arles 50 - Avignon 38 - Nîmes 25

La capitale (cévenole) de la réglisse est aussi une belle cité ancienne d'allure italienne...

Hôtels-restaurants

Hôtel d'Entraigues

8, rue de la Calade
Tél. : 04 66 22 32 68. Fax : 04 66 22 57 01
17 ch. 360-550 F. 1/2 pens. 420-515 F
Menus : 135-280 F

Cosy et tout charme, des chambres d'amoureux, dans une ancienne demeure historique datant du XVe au cœur du centre.

A Arpaillargues-et-Aureillac : 4,5 km par D982

Hôtel Marie d'Agoult

Tél. : 04 66 22 14 48. Fax : 04 66 22 56 10
Fermé fin oct.-fin mars
29 ch. 850 F. 1/2 pens. : 695 F
Menus : 100 F (enf.), 160 F (déj.)-230 F

Cette noble demeure, où vécut Marie de Flavigny, comtesse d'Agoult, qui aima Franz Liszt et donna naissance à Cosima Wagner, fut aussi la résidence de campagne de François Nourissier qui y rédigea *Le Maître de Maison.* Toutes ces références pour dire que la maison, au calme de la campagne, possède beaucoup de charme. Aimable cuisine régionale, piscine.

◎ *indique une très bonne table*

Vaison-la-Romaine

84110 Vaucluse. Paris 667 – Avignon 50 – Carpentras 27 – Montélimar 65.

Office du Tourisme : pl. Chanoine-Sautel
Tél. : 04 90 36 02 11. Fax : 04 90 28 76 04

Des ruines qui racontent une histoire et donnent son nom à la cité, les bords de l'Ouvèze, le site de la Haute Ville, la chapelle Saint-Quénin : est-ce assez pour dire la gloire d'une cité qui déborde de monde l'été ?

Hôtels-restaurants

Hostellerie le Beffroi

Haute Ville
Tél. : 04 90 36 04 71. Fax : 04 90 36 24 78
Fermé fin-janv.-fin-mars, (rest.) déj. sem., oct.-avr.
22 ch. 385-700 F. 1/2 pens. 405-495 F
Menus : 55 F (enf.), 98 F (déj.), 145-240 F
Carte : 300 F

Anciennes demeures des XVIe et XVIIe siècles transformées en auberge de grand confort. Cuisine aux accents du pays.

Le Moulin à Huile

Quai Mal-Foch
Tél. : 04 90 36 20 67. Fax : 04 90 36 20 20
Fermé dim. soir, lundi
Menus : 200 F (déj.), 300-400 F. Carte : 500 F

Robert Bardot, qui fut la super-star de Lille dans les années quatre-vingt, a redémarré de zéro dans une maison ancienne, sous le pont de Vaison. Sa carte est écrite avec joliesse par cet artiste qui n'a pas perdu la main après un demi-siècle aux fourneaux. Cet homme de l'Est, natif de Belfort, élevé dans le Nord, a tout pigé des rites, des saveurs, des produits, des mystères évidents de la cuisine provençale. D'où cette assiette où terrine de pieds paquets voisine avec artichaut et tartine à la tapenade, magnifique jus de pistou aux légumes avec rouget grillé, jambon Serrano, tomate confite, grosses crevettes cuites au feu de bois, avec royale de fenouil et jus aux épices « retour des Indes », agneau des Alpilles avec côtelette panée aux olives, canon rôti à la menthe, haut de côte confit, ratatouille en fin émincé plus une purée de pommes de terre au jus de viande et cannelle. Les desserts sont du même haut niveau (millefeuille crème vanillée, avec confiture de fraises et zestes de citron, tartine fine aux fruits sorbet au Campari et miel). La carte des vins fait la part belle aux meilleurs des vins des proches vignobles.

A 84110 Crestet : 5 km par D938 et D76

Mas de Magali

Tél. : 04 90 36 39 91. Fax : 04 90 28 73 40
Fermé mi-oct.-mars, déj. (rest.)
10 ch. 435-450 F. 1/2 pens. 350-375 F
Menu : 135 F

Ce minuscule hôtel de charme, au pied du Ventoux, offre une vue imprenable sur l'Olympe de la Provence, ses chambres exquises, son jardin, sa piscine et ses petits plats pour pensionnaires-amis.

A 84110 Séguret : 10 km par D977 et D88

Domaine de Cabasse

Rte de Sablet
Tél. : 04 90 46 91 12. Fax : 04 90 46 94 01
Fermé 7 nov.-31 mars, (rest.) déj. sem. (sf été)
12 ch. 450-650 F. 1/2 pens. 435-535 F
Menus : 60 F (déj.), 95-165 F

Dans un domaine viticole, cette étape au charme, avec piscine, sise au cœur des vignes, mérite la halte aussi bien pour ses chambres proprettes, que pour sa table typiquement provençale supervisée par Elisabeth Bourgeois du Mas de Tourteron à Gordes.

La Table du Comtat

Tél. : 04 90 46 91 49. Fax : 04 90 46 94 27
Fermé mardi soir, mercr. (hs), 3 févr.-9 mars
8 ch. 480-600 F. 1/2 pens. 620-700 F
Menus : 100 F (enf.), 165 F (déj.)-450 F
Carte : 500 F

Chic, chère, joliment décorée, en ligne de mire sur le mont Ventoux et les Dentelles de Montmirail, cette table fameuse vaut l'étape pour son site, mais aussi pour les mets fort soignés que surveille Franck Gomez avec doigté. Carte des vins faisant la part aux vignerons locaux. Chambres confortables, même si le style a un peu vieilli.

Valaurie

26230 Drôme. Paris 624 – Valence 65 – Montélimar 21 – Nyons 32.

Le Tricastin de la truffe, de l'agneau et des pierres, la proximité de Grignan et son château...

indique un lieu de mémoire.

Hôtels-restaurants

Valle Aurea

Rte de Grignan
Fermé dim. soir, lundi (sf été)
Tél. : 04 75 97 25 00. Fax : 04 75 98 59 59
5 ch. 475-615 F. 1/2 pens. 535-595 F
Menus. 165 F (déj.), 225-285 F. Carte : 350-500 F

Au pied de Grignan, Bart Simoëns, venu de Bruges, est tombé amoureux du pays, a troqué le plat pays des Flandres pour le paysage de lavande de Valaurie. Son Valle Aurea est une délicieuse demeure particulière avec ses six chambres confortables et modernes, son coin salon éclairé d'un feu de cheminée, ses meubles anciens, ses tables bien mises. Bart travaille « portes ouvertes », sort de la cuisine pour prendre les commandes, mitonne avec beaucoup de doigté les filets de rouget à l'huile de Nyons et à la tapenade, les œufs cocotte aux truffes, l'agneau des Préalpes à la crème d'ail, le brie truffé et l'exquis sabayon au Grand Marnier. Il s'est fait un point d'honneur, malgré la cherté de la truffe, à ne pas ruiner le chaland. Les prix de ses menus sont des cadeaux.

Valbonne

06560 Alpes-Maritimes. Paris 912 - Cannes 12 - Antibes 15 - Grasse 13 - Mougins 8.

Un vrai village provençal, prisé des Anglais, avec son plan en damiers inspiré des cités romaines. On visite la place aux Arcades, l'église romane, la vieille fontaine, le moulin des Artisans.

Hôtels-restaurants

Les Armoiries

Pl. des Arcades
Tél. : 04 93 12 90 90. Fax : 04 93 12 90 91
16 ch. 560-1 000 F

Cette belle demeure XVIIe sur la vieille place de la ville vaut par son site, son accueil alerte, ses chambres nettes et bien mises sur le mode provençal. Jolis meubles anciens et petits déjeuners soignés.

Auberge Fleurie

D3, rte de Cannes
Tél. : 04 93 12 02 80. Fax : 04 93 12 22 27
Fermé dim. soir, lundi (hs), déc.
Menus : 128-165 F. Carte : 250 F

Sympathique, pas chère, provençale avec le sourire, cette bonne auberge avec glycine, située à 1,5 km du centre du village, mérite la halte pour elle-même. Les menus ne font pas la retape et les mets se renouvellent selon le marché, gage de fraîcheur. Jean-Pierre Battaglia, le patron, présent ici depuis un quart de siècle, et Lionel Debon, le chef, formé à la Palme d'Or cannoise et à la Pyramide à Vienne, jouent en duo la qualité à tarif sage. Ravioles d'écrevisses, saint-pierre à la peau et polenta aux olives, lapin à la graine de moutarde et chaud-froid de mandarine sont quelques-uns des plats vedettes de cette demeure pleine d'esprit.

Lou Cigalon

4-6, bd Sadi-Carnot
Tél. : 04 93 12 27 07
Fermé lundi, mardi
Menus : 170 F (déj.), 250-350 F. Carte : 300 F

Le décor sur le mode provençal chic a du charme : celui de ses poutres, vieilles pierres, meubles anciens. La cuisine d'Alain Parodi, qui a été se voir chez les grands, notamment chez Maximin, avant de se mettre ici à son compte, a du charme, de la patte, du caractère et même du tonus. Elle a le bon goût de se renouveler au fil des saisons et l'on a bien du mal à trouver place chez lui sans avoir réservé au préalable. Goûtez ses poêlées de supions avec tomate et basilic, filet de rouget grondin cuit sur la peau, gambas sauvages et noix de saint-jacques dorées avec leur mijotée de girolles et coco au persil plat ou encore le filet d'agneau de Sisteron au poêlon à l'estouffade de légumes pour vous dire que quelque chose se passe sur les hauts de Valbonne. Le dôme au chocolat avec glace pistache fait une belle issue. L'ensemble révèle un doigté hors pair. Ajoutez-y un accueil aimable et les conseils éclairés d'une charmante sommelière très au fait des progrès récents de la Provence vineuse, et vous comprendrez les raisons de faire ici étape.

Val d'Ajol

88340 Vosges. Paris 383 - Epinal 45 - Luxeuil 18 - Plombières 10 - Remiremont 18.

Cette commune vosgienne, dans un fond de vallée, en lisière de Franche-Comté, avec sa soixantaine de hameaux dans la verdure, abonde, en son bourg central, de charcutiers qui préparent l'andouille locale aux chaudins de porc, hachés et fumés aux feuillus.

Hôtels-restaurants

La Résidence

Tél. : 03 29 30 68 52. Fax : 03 29 66 53 00
52 ch. 250-480 F. 1/2 pens. 300-370 F
Menus : 68 F (sem. déj.), 98 F (sem.)-315 F.
Carte : 200-300 F

Cette demeure bourgeoise est accueillante, avec son grand parc, sa piscine chauffée, ses chambres à l'ancienne. Maryvonne Bongeot accueille avec chaleur et vante avec ferveur cassolette d'escargots aux asperges, jambon de Luxeuil, tourte aux trois poissons, andouille du Val d'Ajol, servie avec d'exquises pommes chaudes en vinaigrette et des haricots rouges, larme aux griottines et gianduja noisettes. Feu de cheminée et court de tennis en prime.

Produits

CHARCUTIERS

Bernard Colle

Faymont
Tél. : 03 29 30 66 46.

L'un des meilleurs spécialistes de l'andouille du Val d'Ajol fumée, embossée main.

Dominique Didierlaurent

2 pl. des Ecoles
Tél. : 03 29 30 66 32.

Un des meilleurs artisans-charcutiers du Val d'Ajol, réputé pour son andouille fameuse, sa saucisse fumée, son épatant gandoyau.

Val-d'Isère

73150 Savoie. Paris 697 – Albertville – Briançon 137 – Chambéry 135.
Office du Tourisme : maison de Val-d'Isère
Tél. : 04 79 06 06 60. Fax : 04 79 06 04 56.

Relaxe et conviviale, cette belle savoyarde, revue années soixante, dans son écrin de la Tarentaise, a le charme cosy, feutré et villageois. Rendue célèbre par les sœurs Goitschel et J.-C. Killy, elle a su ne se pas se prendre pour une star. De fait, on y vit bien.

Hôtels-restaurants

Christiana

Tél. : 04 79 06 08 25. Fax : 04 79 41 11 10
Fermé mai-nov.
66 ch. 2 047-2 434 F. 1/2 pens. 1 017-1 807 F
Menus : 280 F. Carte : 450-550 F

Ce petit palace des neiges offre des chambres d'un luxe un peu standardisé. Agréable bar néo-années cinquante, qui est l'un des rendez-vous de la ville. Epatante cuisine maison au restaurant, supervisée par le dynamique patron, Lucien Bertoli.

Blizzard

Tél. : 04 79 06 02 07. Fax : 04 79 06 04 94
Fermé 8 mai-5 juil.- sept.-nov.
68 ch. 1 270-3 125 F. 1/2 pens. 760-1 600 F
Menus : 150 F (sem. déj.), 190 F (déj.)-210 F

Ce grand chalet rénové joue le charme savoyard avec des chambres joliment boisées et accueil de choix. Intéressante cuisine de pension et du marché.

Tsanteleina

Tél. : 04 79 06 12 13. Fax : 04 79 41 14 16
Fermé mai-juin, sept.-nov.
69 ch. 1 000-1 400 F. 1/2 pens. 570-1 120 F
Menus : 160 F (déj.), 230-300 F

Luxe sobre, charme cosy, façade de bois sombre font bon ménage dans ce bel ensemble. La cuisine et la cave maison sont dignes d'intérêt.

La Savoyarde

Tél. : 04 79 01 01 55. Fax : 04 79 41 11 29
Fermé mai-nov.
46 ch. 1/2 pens. 780-875 F
Menus : 195-330 F

Ce chalet très savoyard, avec ses petites chambres boisées, offre au centre de la station un excellent accueil. Restaurant tout particulièrement soigné proposant une cuisine légère de qualité.

Le Kandahar

Tél. : 04 79 06 02 39. Fax : 04 79 41 15 54
Fermé mai-juin., sept.-nov.
29 ch. 850-1 460 F. 1/2 pens. 740-890 F

Moderne, un peu neutre, de grand confort au centre de la station, cet hôtel accueillant est fameux pour son restaurant la Taverne d'Alsace (voir ci-après).

Les Sorbiers

Tél. : 04 79 06 23 77. Fax : 04 79 41 11 14
Fermé mai-juin., sept.-nov.
30 ch. 380-680 F (été), 780-1 150 F (hiver)

Ce chalet modeste et charmant offre ses bonnes chambres soignées. Pas de restaurant. Mais la patronne, Mme Terrini, vous donnera les bonnes adresses de la station.

Le Samovar

Tél. : 04 79 06 13 51. Fax : 04 79 41 11 08
Fermé mai-juin, sept.-nov.
12 ch. 850-950 F. 1/2 pens. 700-880 F
Menus : 95 F (déj.), 140-225 F. Carte : 200 F

Chaleureux et convivial, ce chalet au pied des pistes propose des chambres dans l'esprit savoyard ainsi qu'une taverne de très bon ton.

Le Kern

Tél. : 04 79 06 06 06. Fax : 04 79 06 26 31
Fermé mai-juin, sept.-nov.
20 ch. 250-500 F. 1/2 pens. 380-620 F

Cette pension à la fois cosy, confortable et discrète, a fait de sa modestie sa qualité majeure. Petits prix et accueil charmant vont de pair.

« Ecrivez-nous » vos impressions, vos commentaires, relatez-nous vos expériences à **lepudlo@aol.com.**

Becca 

Tél. : 04 79 06 09 48. Fax : 04 79 41 12 03
Fermé mai-juin., sept.-nov.,
(rest.) 30 avr.-17 déc.
11 ch. 650-900 F. 1/2 pens. 610 F

Sympathique, familial, calme, un peu loin du centre, ce petit chalet offre des chambres proprettes et sans histoire. Bonne cuisine de pension.

La Fruitière

La Daille
Tél. : 04 79 06 07 17. Fax : 04 79 06 22 81
Fermé dîn., mai-déc.
Carte : 200 F

C'est l'annexe chic de la Folie Douce ci-après à laquelle on accède à ski ou en télécabine. Luc Reversade soigne son monde, bichonne ses habitués, sert sans discontinuer d'épatants plats savoyards (diots, pela, diot et polenta), mais aussi plats du jour (blanquette, belle volaille pochée) et poissons accommodés en finesse selon le marché dans un adorable décor d'ancienne laiterie.

La Taverne d'Alsace

Tél. : 04 79 06 02 39
Fermé déj. hiver, mai-juin., sept.-nov.
Menus : 115 F (déj.)-160 F. Carte : 180 F

Au pied du Kandahar, les Deiss reçoivent comme entre Ribeauvillé et Kaysersberg, autour d'une tarte flambée qu'on sert en apéritif, d'une moelleuse tarte à l'oignon ou d'une impériale choucroute en buvant riesling ou tokay. La bonne manière, la plus savoureuse, de se souvenir des origines alsaciennes de la station (les Killy sont de Sélestat). Egalement plats du jour et poissons selon la marée.

La Grande Ourse

Tél. : 04 79 06 26 21
Fermé mai-juin., sept.-nov.
Carte : 200 F

On mange (exquis champignons crus, belles grillades), on boit, on discute et on se rencontre dans une atmosphère de chalet relaxe face aux pistes. C'est le Lipp local, incontournable de la station.

Lo Soli

Tél. : 04 79 06 24 41
Fermé déj., mai-juin., sept.-nov.
Menu : 175 F

Françoise Grospellier sert chez elle, dans une atmosphère de chalet convivial, une cuisine bourgeoise renouvelée chaque jour au gré de son menu-carte. Elle offre le kir, fait goûter la soupe au vin blanc, le civet de caïon, l'agneau dans la cheminée, les pommes ou poires caramélisées, offrant un moment de bonheur simple.

Casa Scara 

Tél. : 04 79 06 26 01
Fermé déj., mai-juin., sept.-nov.
Carte : 220 F

Plein centre, cette table italienne vertueuse et modeste propose, avec sourire et accent, les classiques du genre. Carpaccio, légumes grillés, risotto aux cèpes, pâtes cuites al dente, saltimbocca et tiramisu. Addition sage.

La Folie Douce

La Daille
Tél. : 04 79 06 29 80
Fermé dîn., mai-déc.
Carte : 160 F

Luc Reversade, Vendéen bon teint, enraciné ici depuis des lustres, a fait de ce restaurant des hauteurs la halte obligée de la station, genre «self» bon chic. Poularde au riz sauce suprême ou tartiflette revigorent après ou avant une belle descente.

Valence

26000 Drôme. Paris 562 – Avignon 126 – Grenoble 96 – St-Etienne 21 – Lyon 102.

Office du Tourisme : pl. de la Gare
Tél. : 04 75 85 26 26

Entre Provence et Lyonnais, à 2 h 15 de Paris seulement par le TGV, la capitale de la Drôme fait à la fois jonction et carrefour. On la prend pour une ville de passage à visiter vite fait. Puis, les rues de la vieille ville, le temple protestant dit Saint-Ruf, la place Saint-Jean et ses halles en fonte, la Maison des Têtes aux sculptures folâtres, le square cher à Peynet et à ses amoureux, face au Rhône et aux monts d'Ardèche, vous font le coup de charme. Capitale gourmande, elle est un bourg d'excellence. N'oubliez pas que les meilleurs crus d'hermitage, saint-joseph, crozes ou cornas sont à sa porte.

- *hôtel simple*
- *hôtel simple, mais de bon confort*
- *hôtel de grand confort*
- *hôtel de luxe*
- *hôtels de grand luxe, service de classe*
- *hôtel au calme*
- *lieu de mémoire*

Hôtels-restaurants

CUISINIER DE L'ANNÉE

Pic

285, av. Victor-Hugo
Tél.: 04 75 44 15 32. Fax: 04 75 40 96 03
Fermé (rest.) dim. soir, lundi (hs), mardi midi, 2-14 janv.
12 ch. 900-1 350 F. 3 suites: 1 600-1 800 F
Menus: 140 F (enf.), 290 F (vin c., déj.), 490-690 F. Carte: 500-700 F

Une histoire curieuse de retour aux sources? Celle de la famille Pic qui rajeunit en rénovant sa maison, embellissant son domaine, retrouvant ses racines. Aux commandes des fourneaux, Anne-Sophie, petit bout de femme d'apparence fragile, s'est mise bravement à la tâche, après le retrait de son frère Alain, à Montbonnot-Saint-Martin, près de Grenoble. La voilà dans le droit fil de son arrière-grand-mère Sophie, originaire de Saint-Sylvestre en Vivarais, qui tenait jadis l'auberge de la côte du Pin, de l'autre côté du Rhône, à Saint-Péray en Ardèche. Elle a élagué dans la carte, allégé le style maison, gardé les fameux loup au caviar, gratin de queues d'écrevisses, strate de bœuf et foie gras, construisant de «père en fille», suivant le titre d'un de ses beaux menus, une filiation neuve. Il y eut le grand-père André, l'homme des chaussons de truffe, papa Jacques, Rabelais bonhomme, ordonnant le mouvement des choses autour de la truffe et de l'aubergine, du foie gras et des poissons nobles. Il y a désormais Anne-Sophie, avec ses propositions fines, friandes, jouant l'aigre-doux, la légèreté, l'air du temps. La belle langoustine poêlée minute à la chair de tourteau avec sa vinaigrette joliment acidulée au kiwi, la daurade rôtie sur la peau, avec sa rondelle de cédrat, gage d'acidité pertinente, son jus aux coques, les fins céteaux aux deux coulis farcis de petites pâtes rondes dites «puntines» et de pistou, la côte épaisse d'agneau à la brousse et son cannelloni d'herbes, l'aile de pigeon en croûte de noix et sa fine tarte de navets, ses crème pistache, châtaigne et vanille, son palet pur caraïbes pour amateurs de chocolat fort et son jus concentré de fruit. Rien n'est trop dans ces assiettes nettes et pures. Ajoutez-y une cave richissime de tous les grands côtes-du-rhône septentrionaux conseillée avec soin par l'exceptionnel sommelier Denis Bertrand ainsi que des chambres de charme, de style provençal jeune, avec terrasse intérieure et salons cosy sous les voûtes blanches. Vous aurez l'idée, alors, d'une grande maison qui renaît.

Novotel

217, av. de Provence
Tél.: 04 75 82 09 09. Fax: 04 75 43 56 29
107 ch. 511-590 F
Menus 50 F (enf.), 95 F (déj., sem.), 125-200 F

Sans charme, fonctionnel, à la porte du centre, près de l'autoroute et du Rhône, ce grand établissement moderne fait une excellente étape d'une nuit.

Hôtel de France

16, bd du Gal-de-Gaulle
Tél.: 04 75 43 00 87. Fax: 04 75 55 90 51
34 ch. 270-380 F

Notre meilleur hôtel de centre-ville à Valence, c'est cet établissement au classicisme irréfutable. Les chambres, modernes années soixante-dix, sous leur façade néo-quelque chose, sont d'une netteté impeccable. L'ensemble est propret, souriant, fonctionnel. Salon cosy et salle de petit déjeuner assez gaie.

Yan's Hôtel 

Rte de Montéléger (hors plan)
Tél.: 04 75 55 52 52. Fax: 04 75 42 27 37
Fermé (rest.), sam., dim. (hs), 11 déc.-4 janv.
38 ch. 470-570 F
Menus: 55 F (enf.), 135 F

A deux pas de la D262, cet hôtel au sud de la ville, et près de l'hôpital, propose chambres confortables, jardin, piscine, cuisine sage.

Hôtel de l'Europe 

15, av. Félix-Faure
Tél.: 04 75 82 62 65. Fax: 04 75 82 62 66
26 ch. 180-315 F

Sous sa façade décrépie, ce petit hôtel vieillot offre, en centre-ville, un excellent rapport qualité-prix, des chambres petites mais correctement tenues

L'Epicerie

18, pl. Saint-Jean
Tél.: 04 75 42 74 46. Fax: 04 75 42 10 87
Fermé sam. midi, dim., 31 juil.-22 août, 22 déc.-3 janv.
Menus: 110-330 F. Carte: 250 F

Sympathique, rustique, centrale, la maison de Pierre Sève ne fait pas la retape. On cultive chez lui l'art du terroir avec sagesse. Crique ardéchoise, tripes d'agneau, caille aux pignons de pin, Tatin de lapereau sont de bien jolies choses, égrenées au long d'un menu «régional» à 110 F comme un cadeau. L'agneau au jus de tapenade ou le mignon de veau à la moutarde douce sont de jolies choses. Sympathique décor sous voûtes de pierre, face à la pierre ornée d'une halle façon Baltard, belle terrasse aux beaux jours, splendide choix de vins des côtes du Rhône.

Le Saint-Ruf

9, rue Sabaterie
Tél. : 04 75 43 48 64. Fax : 04 75 42 85 71
Fermé sam. midi, dim. (sf midi hs), lundi, 1er-23 août, 1er-15 janv.
Menus : 53 F (enf.), 155-285 F
Carte : 250-350 F

Hervé Margarit, ancien de chez Blanc, Lameloise, Chabran, connaît tous les bons tours de la cuisine moderne. Quoique ce modeste, installé au cœur du vieux Valence, sache aussi faire sage, discret et bon. Sur deux salles, l'une au rez-de-chaussée, l'autre en sous-sol, il régale les Valentinois venus se faire fête sans se ruiner. A coup de mesclun de rouget, sandre au jus de volaille, turbot au beurre d'olive, lapin farci au homard, mignon de veau aux pleurotes qui révèlent un vrai tour de main. Accueil adorable.

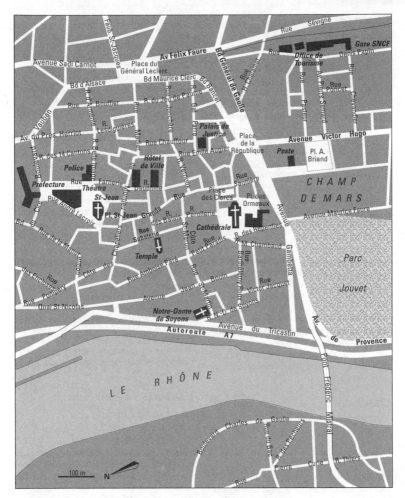 *indique une très bonne table.*

Auberge du Pin

285 bis, av. Victor-Hugo
Tél. : 04 75 44 53 86. Fax : 04 75 40 96 03
Menus : 65 F (enf.), 140 F (déj., sem.)-155 F

Pic en version pas chère ! C'est ce que propose, pour une clientèle affairée, souvent issue du proche vignoble de la vallée du Rhône, cette exquise annexe façon bistrot provençal avec intérieur guilleret, tables serrées, atmosphère bruyante, mais aussi terrasse sur patio aux beaux jours. Le croustillant de tartare de saumon, le feuilleté d'asperges au beurre d'orange, la brandade fine, le rouget grondin avec son gratin d'aubergines et de tomate, la caille désossée ou encore l'agneau grillé sont justes de ton, vifs d'esprit, simplement épatants. Quant aux desserts (superbe macaron aux fraises, épatant gâteau chocolat-café avec sa belle glace expresso), ils viennent des labos de la maison mère. C'est dire leur qualité grande. Jolies affaires vineuses dont un côtes-du-vivarais à fondre.

Bistrot des Clercs

48, Grand-Rue
Tél. : 04 75 55 55 15. Fax : 04 75 43 64 85
Fermé dim. soir, lundi (hs), 3-29 janv.
Menus : 70 F (enf.), 93 F (sem. déj.)-135 F.
Carte : 180 F

Signé Chabran de Pont-de-l'Isère, ce bistrot rigolo quoique usinaire face à l'emblématique Maison des Têtes vaut le détour pour sa gaieté. On sert ici, en salle et en terrasse, dans une ambiance relaxe, tartare de saumon, rouget et ratatouille, pintade au gratin de courgettes, tarte au citron et autres mets canailles et frais que renouvelle l'ardoise du jour.

Gaukari

32, Grand-Rue
Tél. : 04 75 56 08 40
Fermé dim., lundi
Menu : 70 F (déj.), 107-158 F. Carte : 200-300 F

Insolite et épatante, cette adresse basquaise au cœur du vieux Valence est tenue par un chef béarnais qui connaît ses classiques comme sa poche. On mange sous les voûtes de pierre, sur de belles nappes rayées, comme entre Sare et Ascain, ravioles de canard fumé, assiette landaise avec gésiers, foie gras et jambon cru, sole au four et asperges, merlu koskera, foie de canard aux figues et brebis des Pyrénées. La tourtière et le gâteau basque sont de fondation.

Chez Raffi

«le Bouchon Lyonnais»
5, pl. Saint-Jean
Tél. : 04 75 42 47 33
Fermé sam. midi, dim.
Carte : 150 F

Face aux anciennes Halles en fonte 1880 façon Baltard, ce bistrot d'angle joue le bouchon bon enfant, comme à Lyon, dans le vieux Saint-Jean. Salade de lentilles, tablier de sapeur, andouillette, saucisson chaud, tarte aux poires sont la probité même.

A 26600 Pont-de-l'Isère : 9 km N. par N7

Michel Chabran

Tél. : 04 75 84 60 69. Fax : 04 75 84 59 65
Fermé dim. soir, lundi (hs), 3-29 janv.
12 ch. 500-750 F
Menus : 120 F (enf.), 355-745 F. Carte : 600-800 F

Ce qu'on pourrait prendre de loin pour une façade de station-service est l'une des meilleures tables du département de la Drôme. Les chambres, fonctionnelles, genre Mercure modernisé, sont confortables. L'accueil de Rose-Marie Chabran est la grâce et le sourire même, le jardin sur l'arrière à son charme. La cuisine ? Vive, précise, enjouée, comme ce joli mille-feuille d'artichaut au foie gras, cette fraîche nage d'huîtres et langoustines au beurre blanc, cette classique mais chic fricassée de poularde de Bresse à la crème et aux morilles, cet impeccable soufflé chaud au Grand Marnier avec glace Plombières qui sonnent juste sur une partition bien apprise. L'ensemble est d'un classicisme revigorant. La salle à manger cosy fait oublier la nationale. Belle cave rhodanienne, menus alertes, prix sans tendresse. Mais la maison est estampillée «Relais Gourmands».

Produits

BOUCHER

J.-P. Demars

Pl. Saint-Jean. Tél. : 04 75 43 22 27

Sur une jolie place avec ses halles façon Baltard, Jean-Pierre Demars propose des viandes de qualité fermière, agneau d'ici, volaille des Landes, mais aussi une caillette aux herbes «cousue main».

BOULANGER

Maurin

17, av. de la Gare. Tél. : 04 75 44 03 37

Pour découvrir les pognes (pâte à brioche à la fleur d'oranger en forme de couronne) et le suisse (biscuit sablé à l'écorce d'orange en forme de personnage) : cette boutique emblématique est un monument d'art populaire.

CAVISTE

La Cave de Pic

2, pl. Aristide-Briand
Tél. : 04 75 44 16 67

Face au square cher à Peynet, cette jolie boutique moderne est l'œuvre de la maison Pic, avec le coup «de nez» des sommeliers maison. Les plus beaux côtes-du-rhône du Nord sont au rendez-vous, avec des bordeaux de classe et des eaux-de-vie choisies.

CHOCOLATIER-PÂTISSIER

Daniel Giraud

5, pl. de la République
Tél. : 04 75 43 05 28

Subtiles ganaches, chocolats amers, truffes, exquises tablettes sont quelques-unes des gloires de cette maison dirigée par un MOF de classe. Le fiston prend le relais des labos, mais papa Daniel veille d'un œil sur les pâtisseries, entremets, viennoiseries, cake à fondre qui valent le déplacement.

COUTELIER

Maison Berthier

33, av. Victor-Hugo
Tél. : 04 75 44 28 50

Depuis 1820, les Berthier proposent les plus beaux couteaux de France dans leurs jolies boutiques. De chasse, de pêche, de table, de Laguiole ou de Nontron, le fin du fin de la belle lame est au rendez-vous sous une façade d'époque.

POISSONNIER

Philippe Bouvier

21, av. Victor-Hugo. Tél. : 04 75 44 24 32
11, rue de l'Université. Tél. : 04 75 43 60 70

Sous deux enseignes, le « top » de la marée au gré du jour. Omble chevalier des lacs, truite saumonée, bar de ligne, maquereau luisant, mais aussi d'exquises quenelles de brochet faites à demeure.

PRODUITS RÉGIONAUX

Ravioles de la Mère Maury

76, rue Madier-de-Montjau
Tél. : 04 75 42 57 41.

Dans une rue commerçante à deux pas de la gare, cette belle échoppe propose la plus délicate des ravioles drômoises, avec sa pâte épaisse et sa farce fromagère. Un délice, présenté avec délicatesse.

TORRÉFACTEUR

Brûlerie du Rhône

7, rue de l'Université
Tél. : 04 75 43 12 36

Quelques-uns des meilleurs mélanges d'Amérique latine et d'Afrique, torréfiés avec lenteur par un artiste du genre.

Rendez-vous

CAFÉ-BRASSERIE

Le Victor Hugo

30, av. Victor-Hugo
Tél. : 04 75 40 18 11

Ce superbe grand café très néo-Arts déco, avec son enseigne, son bar, ses reproductions géantes de Tamara de Lempicka, son bel escalier, sa terrasse, est le signe du renouveau de Valence. Gérard Rousset, ex-rugbyman de charme, reçoit comme à Paris aux Halles, au temps jadis. Tous les apéritifs régionaux, belles assiettes le midi et limonade toute la journée garantissent l'ambiance.

SALON DE THÉ

One Two Tea

37, Grand-Rue
Tél. : 04 75 55 96 31

So british à la mode rhodanienne, ce salon de thé à l'anglaise propose d'aimables collations au déjeuner et au dîner, un choix de thés et des pâtisseries qui en font une bonne adresse d'après-midi. La maison ferme le dimanche.

Valmorel

73260 Savoie. Paris 650 – Albertville 40 Chambéry 88 – Moutiers 20.

Office du Tourisme : Maison de Valmorel
Tél. : 04 79 09 85 55. Fax : 04 79 09 85 29

A Valmorel, la vie est belle, dit-on souvent. De fait, cette station neuve, imaginée comme un vieux village médiéval à l'Autrichienne n'a pas vieilli. Mieux, elle s'affirme comme une réussite de l'architecture contemporaine qui plaît à petits et grands.

Hôtels-restaurants

Planchamp 

Tél. : 04 79 09 83 91. Fax : 04 79 09 83 93
Fermé sept.-mi-déc., mi-avr.-juin, (rest.) fin-avr.-début-déc.
37 ch. 410-580 F
Menus : 90 F (sem. déj.), 150-180 F

Cet hôtel adorable s'est agrandi, peaufiné depuis les débuts de cette station bâtie pour les piétons et les skieurs. Charme savoyard, accueil diligent et table modeste, mais de qualité vraie, qui constitue la bonne affaire d'ici.

Val-Thorens

73440 Savoie. Paris 669 – Albertville 59 – Chambéry 107 – Moûtiers 32.

Office du Tourisme : Estival
Tél. : 04 79 00 08 08. Fax : 04 79 00 00 04

La station de ski la plus haute d'Europe ? C'est elle, à 2 300 mètres d'altitude. Après le premier succès des années soixante-dix, voilà qu'elle se refait une jeunesse sur le mode savoyard.

Hôtels-restaurants

Le Fitz-Roy 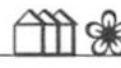

Tél. : 04 79 00 04 78. Fax : 04 79 00 06 11
Fermé 10 mai-nov.
30 ch. et appart. 1/2 pens. 1 250-1 850 F
Menus : 250-500 F

Les Loubet (la Bastide de Capelongue à Bonnieux, le Moulin de Lourmarin) ont rénové avec soin la maison-mère de la famille sur le mode savoyard. Chambres et duplex fort joliment aménagés, belle cuisine de pension bourgeoise avec quelques audaces selon le marché (omble chevalier cuit au pain de châtaigne, cuisses de grenouilles truffées au reblochon, « casse-museau » aux pommes). Relais & Châteaux.

❀ *indique un hôtel au calme.*

Le Val Thorens

Tél. : 04 79 00 04 33. Fax : 04 79 00 09 40
Fermé mai-nov.
80 ch. 1 065-1 700 F. 1/2 pens. 815-850 F
Menus : 95-180 F

Ce bel ensemble moderne est situé au cœur de la station. Les chambres jouent le confort soigné et l'équipement fonctionnel. Côté cuisine, on fait classique et fort soigné au Bellevillois, régional et savoyard à la Fondue.

Trois Vallées

Tél. : 04 79 00 01 86. Fax : 04 79 00 04 08
Fermé 10 mai-15 nov., (rest.) déj.
28 ch. 1/2 pens. 675 F
Menus : 135-160 F

Ce bon établissement familial offre des chambres pas très grandes, mais proprettes et soignées avec vue sur les montagnes. La cuisine est simple, mais sans reproche et la salle à manger panoramique ne manque pas de cachet contemporain.

Le Valtin

88230 Vosges. Paris 437 - Epinal 54 - Gérardmer 18 - Colmar 46.

Ce joli village des Vosges, à deux pas du col de la Schlucht, fait une belle étape au vert.

Hôtels-restaurants

Le Val Joli

Tél. : 03 29 60 91 37. Fax : 03 29 60 81 73
Fermé 8-16 janv., 13 nov.-1er déc., dim. soir, lundi
17 ch. 150-420 F. 1/2 pens. 150-330 F
Menus : 45 F (enf.), 70 F (sem.)-250 F. Carte : 150-300 F

Papa Laruelle, qui est le maire du village, est en cuisine. Le tonton est en salle, conseillant un vin, découpant une tarte, jamais avare d'un bon mot. Le fiston Philippe, doux géant de 1,97 m, l'a rejoint après des classes chez Ducasse à Monaco, Willer au Martinez à Cannes, Bruno à Lorgues, d'où cette touche provençale qui s'ajoute d'insolite façon aux spécialités vosgiennes. Le terroir, avec ses pâtés en croûte, tourte, fumé lorrain, sauteret (le nom local de la volaille à la crème d'ici), demeure bien présent au Val Joli. Et, comme on a désormais le choix entre une salle aux boiseries patinées, avec meubles des hautes chaumes, poêle en faïence, et une autre, plus claire, ouverte d'une grande baie vitrée sur le val et la montagne, on peut choisir la cuisine de son cœur. Le pâté en croûte selon Lucien Tendret, la pomme de terre Belle de Fontenay, évidée, farcie de truffes et foie gras, les gnocchis tendres de ricotta au coulis de poivrons, la magnifique poitrine de veau confite en cocotte, si juteuse, aux carottes et légumes du temps, le pied de porc en crépinette, le pain perdu aux arômes de pain d'épice avec sa glace miel-safran, la tarte aux pommes de grand-mère : tout cela fait ici bon ménage. Le nouveau et l'ancien, les saveurs d'hier et d'aujourd'hui, le goût du terroir mâtiné de fraîcheur, frotté d'huile d'olive, avec une bouteille bien choisie : que voilà une maison où l'on est bien dans le creux du paysage !

Vannes

56000 Morbihan. Paris 460 - Rennes 113 - St-Nazaire 77 - Quimper 119.

Office du Tourisme : 1, rue Thiers
Tél. : 02 97 47 24 34. Fax : 02 97 47 29 49

La vieille ville, si typiquement bretonne, avec ses maisons à colombage, ses remparts, sa promenade de la Garenne, vaut l'étape sans heurt au cœur de la « petite mer » morbihannaise. Ne loupez pas l'aquarium géant !

Hôtels-restaurants

Mercure

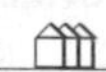

Le parc du Golfe : 2 km S. rte de Conleau
Tél. : 02 97 40 44 52. Fax : 02 97 63 03 20
Fermé (rest.) dim. soir 1er mars-15 avr., 15 oct.-28 févr.
48 ch. 465-560 F
Menus : 60 F (enf.), 120-250 F

Ce grand hôtel moderne d'architecture contemporaine offre une étape de grand confort près de l'aquarium. Cuisine marine de bon ton à l'enseigne du Dauphin.

Régis Mahé

Pl. de la Gare
Tél. : 04 97 42 61 41. Fax : 04 97 54 99 01
Fermé dim., lundi, vac. févr., 15-30 nov.
Menus : 165 F (déj., vin c.), 210-380 F. Carte : 300-500 F

Nous avons connu le petit Régis à Paris à la Cantine des Gourmets. Formé chez Maximin à Nice, ce Briéron des marais a su faire se rejoindre l'Ouest et le Sud à travers des mets qui tirent leur caractère du terroir d'ici. Huîtres de la petite mer morbihannaise, agneau de la presqu'île de Rhuys, poissons des ports proches sont cuisinés en délicatesse, servis avec prestance dans un cadre sobre et soigné qui a été rénové avec soin depuis l'époque purement néo-médiévale de l'ancien Richemont. La cuisine joue pareillement la légèreté et la fraîcheur. Biscuit de sardine et tapenade, galette de homard et pigeon laquée au miel, filet de rougets juste poêlés, grillade de bar et pommes de terre écrasées, tarte chaude au chocolat flanquée d'une glace caramel au beurre salé sont de très bon ton.

La Table des Gourmets

6, rue A.-Le-Pontois
Tél. : 02 97 47 52 44. Fax : 02 97 54 99 01
Fermé dim. soir (hs), lundi midi, mercr., 26 juin-5 juil.
Menus : 65 F (enf.), 120-320 F. Carte : 250-350 F

Le décor aux tons pastel et meubles cérusés est clair et net. Quant à la cuisine de Thierry Rouyé, elle sonne juste et sans faiblesse. Aumônière d'araignée au blé noir, pot-au-feu de la mer et kouign amann avec pommes fruits dorées au beurre et glace au chouchen sonnent très «breton nouvelle manière». Les menus sont bien équilibrés, l'accueil gracieux à souhait.

Morgate

21, rue de la Fontaine
Tél. : 02 97 42 42 39. Fax : 02 97 47 25 27
Fermé 15-31 mars, 26 juin-2 juil., 15-30 nov.
Menus : 68 F (enf.), 85 F (déj.), 127-194 F. Carte : 200-300 F

Cette belle maison à pans de bois sise à côté de la préfecture, dans le quartier piétonnier vaut le détour pour son charme breton. Mais la cuisine de Daniel Le Blay est également soignée, régionalisante, mais sans ornière. A travers poêlée de langoustine au croquant d'andouille, sole et rouget au gratin de gnocchi, gâteau breton aux fraises et à la rhubarbe, elle démontre qu'elle est l'une des plus sérieuses de la ville.

Roscanvec

17, rue des Halles
Tél. : 02 97 47 15 96. Fax : 02 97 47 86 39
Fermé dim. (sf midi hs), lundi (sf été), 2-22 janv.
Menus : 60 F (enf.), 88 F (déj., sem.), 109-275 F. Carte : 200-250 F

La joliesse de la demeure, dans le quartier le plus pittoresque de la ville, incite à s'attabler. Les menus généreux et la cuisine d'Arnaud Lorgeoux, concoctée au gré du marché, en font une des bonnes adresses d'ici. Tarte fine de saint-jacques aux cèpes, hochepot de bœuf à la moelle au sel de Guérande, sablé aux pommes et caramel breton sont du travail d'artiste. Accueil charmant de dame Clotilde, belle cave et jolie salle à l'étage.

A 56890 Saint-Avé : 6 km N. par D767

Le Pressoir

Rte de Plescop
Tél. : 02 97 60 87 63. Fax : 02 97 44 59 15
Fermé dim. soir, lundi, mardi (hs), 1er-21 mars, 26 juin-6 juil., 2-25 oct.
Menus : 100 F (enf.), 180 F (déj., sem.), 230-460 F. Carte : 350-550 F

Voilà une maison qui se gagne : il faut la chercher à l'écart de la ville, sur la route de Pontivy, près du centre hospitalier spécialisé. Mais la découverte est une promesse de bonheur. Il y a le décor qui mêle l'ancien et le nouveau, la tradition et le design avec charme. L'accueil chaleureux, la cave impressionnante et, bien sûr, les mets pleins de science et de maîtrise du rigoureux Bernard Rambaud. Ce grand barbu rieur cuisine la terre et la mer avec une égale constance, joue des saisons avec joliesse, travaille les huîtres creuses du Morbihan comme le foie du pays qu'il sert en escalope poêlée ou en ravioli. Faites-lui confiance pour une galette de rouget aux pommes de terre et romarin, un bar de ligne aux artichauts à la coriandre, un coucou de Rennes en cocotte aux morilles et aux asperges ou encore un splendide foie gras chaud aux cèpes et aux châtaignes. Son kouign amann à l'ananas servi avec une glace au chouchen est une splendeur.

Produits

BOUCHERS-CHARCUTIERS

Jean Lepeltier

22, rue Achille-Martine
Tél. : 02 97 47 30 09

Les plus belles viandes du Morbihan, tendre agneau, bœuf persillé : voilà le propos de ce bel artisan qui propose, en outre, saucisse sèche et une splendide terrine de campagne.

Pierre Le Dru

9, pl. du Poids-Public
Tél. : 02 97 47 21 34

Cette belle vitrine offre parmi les meilleures viandes fermières : veau de Corrèze, agneau charentais, bœuf du Limousin, volailles des Landes ou de Janzé.

FROMAGER

Fromagerie de Kérouzine

3, pl. du Poids-Public
Tél. : 02 97 42 64 69

Yann Auger sélectionne et affine quelques-unes des meilleures pâtes fermières. La trappe de Campénéac et le méconnu Ty Madeuc ont, chez lui, droit de cité à côté d'épatants chèvres frais.

PÂTISSIER

Cartron

28, rue de Méné
Tél. : 02 97 54 19 11

Entremets, belles glaces, chocolats exquis, tartes aux fruits, mais aussi far et kouign amann ont rendez-vous dans cette belle échoppe sucrée.

indique un bon rapport qualité-prix.

POISSONNIER

Michel Pierre

2, pl. du Poids-Public
Tél. : 02 97 42 67 27

Les plus beaux poissons de ligne (turbot, sole, maquereau, merlan, saint-pierre) ont droit de cité sur le bel étal de Michel Pierre.

Rendez-vous

CAFÉ

Café de la Poissonnerie

21, pl. de la Poissonnerie
Tél. : 02 97 47 15 58

Face aux halles, ce café ne désemplit guère à l'heure du marché. On vient ici trinquer à l'heure de l'apéro, croquer un sandwich sur le pouce et avaler quelques huîtres vite fait, arrosées d'un frais muscadet.

CRÊPERIE

Ty Mad

27, rue Joseph-le-Brix
Tél. : 02 97 47 31 34

Madeleine Jahier a fait de sa salle simple mais soignée le royaume de la belle galette. Complète, à l'andouille, aux pommes, toutes, ici, se mangent sans faim.

Varengeville-sur-Mer

76119 Seine-Maritime. Paris 196 - Fécamp 56 - Rouen 66 - Dieppe 10 - Fontaine-le-Dun 19.

Le cimetière marin, où sont enterrés Braque, Albert Roussel et Porto-Riche, vaut le voyage dans ce bout du pays de Caux, comme le manoir d'Ango et le parc des Moustiers aux si jolis parterres de fleurs.

Hôtel-restaurant

La Terrasse

A Vastérival : 3 km N-O par D75
Tél. : 02 35 85 12 54. Fax : 02 35 85 11 70
Fermé 15 oct.-10 mars
22 ch. 275-295 F. 1/2 pens. 275-310 F
Menus : 50 F (enf.), 98-180 F

Le paysage est superbe, la vue sur la mer et les falaises justifient le séjour. Ajoutez-y des chambres propres et nettes, des prix tout doux et une cuisine simple, mais bonne, avec les produits de la région (huîtres, poissons, volaille).

Varetz : voir Brive-la-Gaillarde

Vasouy : voir Honfleur

Vastérival : voir Varengeville-sur-Mer

Vence

06140 Alpes-Maritimes. Paris 928 - Antibes 20 - Grasse 26 - Cannes 30 - Nice 24.

Office du Tourisme : pl. du Grand-Jardin
Tél. : 04 93 58 06 38. Fax : 04 93 58 91 81

La vieille ville, sa place du Peyra, ses ruelles étroites, la chapelle du Rosaire signée Matisse, le château de Villeneuve et sa fondation Emile-Hugues, comme la galerie Beaubourg dans le château Notre-Dame des Fleurs : voilà qui justifie le voyage vers cette cité ancienne, adossée aux baous de Provence.

Hôtels-restaurants

SOMMELIER DE L'ANNÉE

Château du Domaine Saint-Martin

Rte de Coursegoules
Tél. : 04 93 58 02 02. Fax : 04 93 24 08 91
Fermé mi-oct.-mi-déc.
34 ch. 4 000-4 500 F. 1/2 pens. 2 500-2 750 F 6 appart.
Menus : 320 F (déj.), 400-550 F. Carte : 600 F

Ce magnifique hôtel-château bâti sur le site d'une ancienne commanderie de Templiers est tout simplement l'un des plus beaux hôtels de France, avec ses chambres vastes et claires, moquettées de blanc, ses grandes salles de bain en marbre beige, ses larges dressings, son parc planté d'oliviers, sa piscine, plus cette vue immense jusqu'à Marina Baie des Anges, l'Estérel et les baous de Provence. Le hall noble, les grands salons et la terrasse complètent l'ensemble. Qui fait aussi une très bonne table. L'exceptionnel maître d'hôtel-sommelier, René Le Roux, l'un des meilleurs de France à ce niveau, donne de la chaleur à la salle à manger imposante. En cuisine, les frères Thomas, Daniel et Philippe, natifs de Barr, en Alsace, ont parfaitement assimilé l'esprit de la Provence nouvelle vague, à travers la bouillabaisse de poissons en gelée safranée, la symphonie de salades mélangées avec œuf de caille, foie gras et vinaigre balsamique, le suprême de saint-pierre poêlé sur sa peau croustillante, et flanqué d'une fine ratatouille, le mignon de veau mariné au gingembre et miel, la magnifique tarte au citron soufflé, morceau de bravoure, servi en large portion pour deux, du chef-pâtissier Cyrille Colette. Voilà l'exemple d'un repas de classe, servi avec égards et flanqué d'un cru de Provence (Pibarnon ou Saint-Baillon), choisi dans son millésime du moment et tarifé sans excès, malgré le luxe du lieu.

Diana

Av. des Poilus
Tél. : 04 93 58 28 56. Fax : 04 93 24 64 06
28 ch. 420-470 F

Cet hôtel moderne façon années soixante-dix est méthodiquement tenu. Accueil professionnel, chambres datées, certes, mais d'une propreté méticuleuse et très fonctionnelles, salles de bains impeccables, cuisinette. Situation pratique à la porte de la vieille ville.

Auberge des Seigneurs

Pl. Frêne
Tél. : 04 93 58 04 24. Fax : 04 93 24 08 01
Fermé mi-nov.-mi-mars, (rest.) lundi, mardi midi, mercr. midi
6 ch. 280-394 F
Menus : 170-245 F

Dans les remparts de la vieille ville, cette auberge ancienne a su garder son cachet et ses souvenirs. La salle façon taverne avec cheminée a du caractère. Les chambres à l'étage rappellent la présence des peintres d'autrefois. Demandez celle qui fut l'atelier de Renoir, avec vue sur les baous et faites un sort à l'impeccable cuisine régionale : tarte au fromage, croustade au basilic, carré d'agneau à la broche.

Villa Roseraie

Av. Henri-Giraud
Tél. : 04 93 58 02 20. Fax : 04 93 58 99 31
14 ch. 490-750 F

Cette amusante demeure 1900 dans son domaine fleuri et boisé, à deux pas de la vieille ville, cache une piscine, des chambres petites, mais fort soignées, une réception aimable et des prix assez doux.

Jacques Maximin

689, chemin de la Gaude : 3 km S-O, rte de Cagnes
Tél. : 04 93 58 90 75. Fax : 04 93 58 22 86
Fermé dim. soir, lundi (sf fériés), mi-nov.-mi-déc.
Menus : 240 F (déj.), 350-650 F. Carte : 500-800 F

Lui qui, au Négresco, régna sur la cuisine de la Côte, imposant la mode niçoise, ses mini-pans bagnats, ses courgettes fleurs farcies aux truffes et ses desserts aux goûts acidulés, est devenu le sage tranquille. Installé, chez lui, dans sa propre maison de Vence, avec sa femme Josy aux commandes de la salle, son fils Olivier en guise de voiturier, un maître d'hôtel, fidèle de longue date, un pâtissier de talent, quelques apprentis, plus les extras pour le week-end, il joue l'équipée familiale. Le décor? De belles tomettes, de hautes fenêtres quadrillées ouvertes sur la terrasse, les appliques du maître-verrier Novaro à Biot, des tableaux, sculptures, mosaïques signés César, Arman, Kijno ou Sagasta, amis de longue date. La cuisine, comme le maître, est devenue sereine et assagie, sans coup d'éclat, à l'image d'une maison bourgeoise de l'arrière-pays. La carte est courte, les menus, malicieux, racontent la région, l'inspiration se fait bucolique. Il pourra y avoir, selon la saison, des morilles avec un gratin de cocos au parmesan ou une magnifique omelette au basilic et au persil, une jolie terrine de lapin fraîche, avec de la roquette, des asperges aux truffes, un délicieux caneton du Lauragais avec ses oignons grelots, ses pommes à la peau, et puis encore cette nougatine blanche au coulis de fruits rouges, une soupe de pêches, avec une glace vanille turbinée minute, ou encore une aubergine confite et sucrée flanquée de glace au gingembre. Avec un vin de la Provence nouvelle, celle qui a fait d'immenses progrès, on fait là un repas exquis qui fait oublier les coups de folie du Maximin d'avant, celui qui traversait la salle du Chantecler, comme Bonaparte franchissait le pont d'Arcole, en combattant tempétueux.

Auberge des Templiers

39, av. Joffre
Tél. : 04 93 58 06 05. Fax : 04 93 58 92 68
Fermé jeudi midi (été), lundi, 8-22 janv., 30 oct.-7 nov.
Menus : 205-295 F. Carte : 300-400 F

Le patio, les vieilles pierres : voilà qui attire, comme le sérieux, classique, mais bien tenu, de la cuisine que signe Stéphane Demichelis. Ce dernier, formé notamment à Cannes chez Chibois et Willer, ne fait pas de fioritures, proposant avec aisance paupiette d'aile de raie, terrine de foie gras avec sa compotée de fruits secs, son dos de loup à la mousseline d'artichaut, son carré d'agneau en croûte d'avocat, mets délicats et pertinents qui sont le sérieux même. Jolis menus à prix sages.

Le Vieux Couvent

37, av. Alphonse-Toreille/68, av. du Gal-Leclerc
Tél. : 04 93 58 78 58. Fax : 04 93 58 78 58
Fermé mercr., 10 janv.-15 mars
Menus : 155 F (déj., sem.)-195 F
Carte : 250-350 F

A l'orée de la cité ancienne, cette ancienne chapelle XVIIe transformée en restaurant soigné séduit sans mal. Jean-Jacques Bissières, qui fut jadis chez Vergé et Ducasse, y sert, à tarif sage, des mets inspirés par l'esprit du pays. Ravioles de haddock à la crème de ciboulette, filet de moruette à la vinaigrette d'herbes, râble de lapin avec sa galette au parfum d'olives, nougat glacé au miel sont des mets qui jouent finement l'esprit de Provence.

◎ *indique une très bonne table.*

La Farigoule

15, rue Henri-Isnard
Tél. : 04 93 58 01 27
Fermé mardi, mercr. midi., 2 sem. févr., Toussaint, Noël-Nvel An
Menus : 135-220 F. Carte : 250 F

Le bon rapport qualité-prix de Vence, dans un cadre de bistrot provençal agreste, sis au cœur du centre, c'est Patrick Bruot qui l'offre en salle, ou dans son précieux patio. Les prix de la carte filent doux, le menu provençal (à 135 F) est donné. Et le tour de main de cet ancien de Chibois, Ducasse et Roland Durand au Relais de Sèvres, se révèle à travers des plats nets et finement régionaux tels que tartelette fine au fenouil et tomate confite au thym, basilic et purée d'olives, crème mousseuse de champignons et petits lardons au cerfeuil, grand aïoli, lapin rôti à la moutarde et gratin de macaroni, côtelette de saumon panée en mignonnette, avant les jolis desserts de saison. Assurément une aubaine à saisir.

Produits

ARTS DE LA TABLE

La Poterie du Peyra

Pl. du Peyra
Tél. : 04 93 58 06 17

Sur la plus jolie place du vieux Vence, cette belle échoppe propose ce qui se fait de plus gai pour imaginer une table provençale : nappes, sets de table, poteries et faïences colorées.

BOULANGER

Lou Fournil

38, av. Marcellin-Maurel
Tél. : 04 93 24 27 68

Le pain au feu de bois, pétri à la main, les six céréales, le seigle et la fougasse aux olives révèle la maîtrise de bel artisan de Claude Sabbia.

FROMAGER

Le Poivre d'Ane

12, rue du Marché
Tél. : 04 93 58 04 25

Chèvres du pays, belles pâtes de montagne, fromages de brebis et vache affinés à cœur sont vendus avec le sourire, en compagnie de jolis vins de Provence.

PÂTISSIER

La Tourettoise

23, av. Marcellin-Maurel
Tél. : 04 93 58 05 02
108, av. Victor-Tuby. Tél. : 04 93 58 92 96

Deux adresses (la première à l'orée de la ville ancienne et une autre à Tourette, dans la vallée du Loup) pour une même qualité. Les gâteaux à base d'amandes (mirliton) et les tartes aux fruits sont à fondre.

Ventron

88310 Vosges. Paris 437 – Epinal 53 – Mulhouse 51 – Gérardmer 27.

Sur ce joli site vosgien, les sœurs Leduc, ex-championnes de ski, ont aménagé, avec leurs neuf frères et sœurs, un complexe de ski près d'un ermitage et d'un musée du textile rappelant la richesse de la région.

Hôtels-restaurants

Les Buttes

à l'Ermitage du Frère Joseph
Tél. : 03 29 24 18 09. Fax : 03 29 24 21 96
27 ch. 448-980 F. 1/2 pens. 460-665 F
Menus : 65 F (enf.), 95 F (déj.), 135-270 F
Carte : 250 F

Dans ce complexe au vert, les sœurs Leduc évoquent avec gentillesse et modestie leurs exploits de Squaw Valley. Le panorama alpestre, la chapelle dans un site splendide et l'hôtellerie moderne de grand confort. Diverses spécialités de truite, aux amandes, au bleu, à l'estragon, aux pousses de sapin sont là pour entretenir la forme.

Ermitage du Frère Joseph 

Tél. : 03 29 24 18 29. Fax : 03 29 24 16 57
19 ch. 160-510 F. 1/2 pens. 240-395 F
Menus : 60 F (enf.), 80-145 F

La version rustique de la demeure sise en face : c'est la première auberge de la famille Leduc. Site quasi alpestre, piscine couverte, tennis.

Verdun

55100 Meuse. Paris 263 – Bar-le-Duc 54 – Metz 79 – Nancy 95.

La ville martyre est devenue la cité de la paix. On visite la partie haute, avec ses vieux hôtels, sa cathédrale, son palais épiscopal, la citadelle souterraine et l'ossuaire de Douaumont à deux pas.

Hôtels-restaurants

Le Coq Hardi 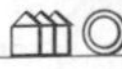

8, av. de la Victoire
Tél. : 03 29 86 36 36. Fax : 03 29 86 09 21
Fermé (rest.) vendr. (sf fériés)
34 ch. 215-795 F. 3 appart.
Menus : 98 F (enf.), 215-480 F. Carte 450-500 F
Bistrot, menus : 70 F (enf.), 98-150 F

Ce vieux relais avec sa façade à colombages, sa salle à l'enseigne, ses objets de collection sur le thème du coq, a le charme des belles demeures du passé. Patrick Leloup, dont l'enthousiasme fait l'étonnement de chacun, car, paralysé, il surveille la salle depuis sa chaise roulante, veille au bonheur de chacun. Un jeune Alsacien, Frédéric Engel, formé chez Loiseau, Lucas Carton, au Crocodile, au Bueheriesel, a renouvelé la palette maison. Ne reniant ni son Alsace natale, ni sa Meuse d'adoption, il lorgne du côté de la Provence. Les langoustines royales aux haricots cocos et tomates grappes, la crème de pois froide en capuccino mousseux, les légumes mijotés en cocotte de fonte rappellent que le jeune Fédéric a travaillé aussi chez Ducasse à Monaco. Si l'esprit de la Méditerranée et des garrigues est présent en majesté, les produits du terroir lorrain ne sont pas oubliés. On les retrouve modernisés, avec les grenouilles, en ravioli, avec un bouillon corsé d'écrevisses, le pied de cochon, farci de foie gras, présenté en crépinette, avec une purée de pommes de terre belles de Fontenay. Les desserts suivent le même bon pas nouveau : montgolfière de fraises et sorbet mascarpone, pyramide de chocolat noir avec crème mousseuse au rhum et sorbet au lait de coco, macaron à la pistache avec crème vanille et gelée de framboise. Le service, lui, n'a pas varié sur ses bonnes bases, pratiquant la découpe au guéridon comme une seconde nature, les civilités à l'ancienne. Belles chambres, classiquement meublées, avec certaines pourvues d'un mobilier gothique.

A 55320 Dieue-sur-Meuse : 13 km par N35 et D34

Château des Monthairons

Tél. : 03 29 87 78 55. Fax : 03 29 87 73 49
Fermé dim. soir, mardi midi, lundi (15 mai-14 nov.), 2 janv.-10 févr.
14 ch. 310-840 F. 1/2 pens. 485-650 F. 6 appart.
Menus : 130 F (sem., déj.), 185-430 F. Carte 350-400 F

Une campagne intacte, un château fin XIXe, avec clochetons et grâces néo-Renaissance, parc boisé de 14 ha où passe la Meuse sauvage et ses oiseaux : jadis, ce furent des hérons cendrés d'où est venu le nom de mont des Hérons, devenu les Monthairons. La famille Thouvenin, originaire de Nancy, accueille avec affabilité et modestie. Les chambres sont souvent vastes, même si la décoration fait dans le rétro désuet. Côté cuisine, Benoît, le fils de la maison qui a fait des stages chez les grands pratique avec aisance les foies de canard frais, rillettes de saumon aux deux pommes, soufflé de pigeonneau aux truffes de Meuse, tourte de lapin sur salade croquante. Le mouvement est bon, si les assaisonnements manquent parfois de précision. Les desserts font de divines surprises : épatants soufflé chaud à la confitures de groseilles de Bar-le-Duc et soufflé glacé au noix et nougatines avec quenelles de crème glacée à la vanille.

Produits

PRODUITS RÉGIONAUX

Maison Braquier

3, rue Pasteur
Tél. : 03 29 86 05 02

La façade années vingt, à deux pas du monument de la Victoire aux 73 marches, est émouvante. Outre la vraie dragée de Verdun, confectionnée à l'ancienne, avec l'amande Avola de Sicile, on trouve là un amusant « obus explosible » au chocolat, laissant échapper dragées, bonbons, rébus, charades et pétards.

Verneuil-sur-Avre

27130 Eure. Paris 117 - Chartres 57 - Dreux 38 - Alençon 77.

La grand-place, les demeures anciennes, la promenade des remparts, l'église Notre-Dame : est-ce assez dire la richesse de cette belle ville normande en sentinelle sur la N12.

Hôtel-restaurant

Le Clos

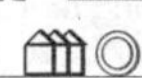

98, rue de la Ferté-Vidame
Tél. : 02 32 32 21 81. Fax : 02 32 32 21 36
Fermé 13 déc.-20 janv., (rest.) lundi midi (sf fériés)
4 ch. 750-850 F. 6 suites 1 250-1 450 F
1/2 pens. 850-1 150 F
Menus : 195-295 F. Carte : 400 F

Les chambres de ce castel vieux normand avec poutres et mobilier ancien, ont beaucoup de charme. Colette Simon, maîtresse-femme, dirige la demeure avec doigté tandis que Patrick, maître queux de tradition, veille à la bonne marche des fourneaux en mélangeant habilement ancien et moderne. A force de sérieux et de rigueur, tous deux ont fait de cette belle maison de province un Relais & Châteaux exemplaire. On pratique ici le service avec le sourire, sans omettre une version moderne et allégée de la cuisine régionale, avec le foie gras frais aux pommes, le saumon cressonnière, la barbue au cidre, le ris de veau normande et le soufflé glacé au calvados, le tout avec doigté et délicatesse. Belle cave.

❀ indique un hôtel au calme.

Vernon

27200 Eure. Paris 75 – Rouen 63 – Evreux 32 – Mantes-la-Jolie 23.

Le joli bourg normand le plus proche de Paris. Vieux pont et son moulin sur la Seine, église Notre-Dame, château de Bizy se visitent sans heurt.

Hôtels–restaurants

Hôtel d'Evreux

11, pl. d'Evreux
Tél. : 02 32 21 16 12. Fax : 02 32 21 32 73
Fermé (rest.) dim. (sf fériés)
14 ch. 210-350 F
Menus : 130 F (sem., déj.)-195 F

Ce vieux relais de poste qui est l'ancien hôtel particulier des comtes d'Evreux joue sur son charme de bel établissement centenaire. Chambres au cachet suranné et cuisine normande d'autrefois revue à la façon d'aujourd'hui vont l'amble.

Les Fleurs

71, rue Carnot
Tél. : 02 32 51 16 80. Fax : 02 32 21 30 51
Fermé dim. soir, lundi, 6-13 mars, 30 juil.-21 août
Menus : 130-220 F. Carte : 250 F

Cette demeure ancienne près de l'église Notre-Dame vaut la halte pour son accueil gracieux, son aspect champêtre, mais aussi le sérieux de sa cuisine, confectionnée au petit point avec des produits de qualité. Terrine de canard, huîtres en ballottine, volaille au cidre et tarte normande jouent la note régionale en finesse.

A 27120 Douains : 8 km par D181 et D75

Château de Brécourt

Tél. : 02 32 52 40 50. Fax : 02 32 52 69 65
25 ch. 495-1 200 F. 1/2 pens. 715-1 270 F
Menus : 125 F (déj.), 165 F (déj., sem.), 250-370 F

Cette belle demeure Louis XIII, à deux pas de l'A13 (sortie Douains) vaut pour son charme ancien marié à une amusante décoration moderne. Les chambres sont toutes différentes. Philippe Savry, qui possède de nombreuses demeures de tradition (comme le château d'Ermenonville) s'est fait ici plaisir. Cuisine soignée, service appliqué.

Vertus

51130 Marne. Paris 139 – Reims 48 – Châlons 31 – Epernay 21

C'est la partie du sud du vignoble champenois, là, à deux pas du Mont-Aimé qui domine la campagne locale. Les vignes de chardonnay et de pinot noir coexistent dans la bonne humeur.

Hôtels–restaurants

Hostellerie de la Reine Blanche

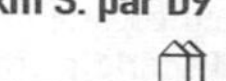

Av. Louis-Lenoir
Tél. : 03 26 52 20 76. Fax : 02 36 52 16 59
Fermé 1er-15 févr.
30 ch. 395-495 F. 1/2 pens. 450 F
Menus : 135-195 F

Cette grande demeure avec bois et verre joue les chalets modernes au cœur de la ville. Accueil aimable, chambres confortables, cuisine régionale.

A Bergères-les-Vertus : 3.5 km S. par D9

Le Mont Aimé

Tél. : 03 26 52 21 31. Fax : 03 26 52 21 39
Fermé dim. soir, vac. févr.
30 ch. 300-430 F. 1/2 pens. 415 F
Menus : 60 F (enf.), 120 F (déj.)-360 F
Carte : 300-400 F

Le plus discret des restaurateurs champenois de qualité ? Assurément Jean Sciancalepore. Carole Duval-Leroy, la grande dame de Vertus, a fait de ce Mont-Aimé sa table de prédilection. Les menus jouent la sagesse, la carte épouse l'air du temps. Les huîtres chaudes gratinées au champagne, le sandre braisé avec son croustillant de homard comme le canard miélé aux poires épicées accompagnent à merveille la Fleur de Champagne, basée sur le chardonnay. C'est là, au fil du repas, contrée douce, pleine de sagesse, province heureuse. Jolies chambres soignées et cadre plein de chaleur dans un ancien café de village.

Versailles : voir Environs de Paris

Vervins

02140 Aisne. Paris 176 – Reims 88 – Charleville-Mézières 68 – Laon 36.

La capitale de la Thiérache, cette Normandie du Nord, vaut le détour pour son circuit d'églises fortifiées, ses remparts, ses demeures anciennes.

Hôtel–restaurant

La Tour du Roy

45, rue du Gal-Leclerc
Tél. : 03 23 98 00 11. Fax : 03 23 98 00 72
Fermé (rest.) sam. midi
22 ch. 500-1 000 F. 1/2 pens. 500-760 F
Menus : 98 F (déj., sem.), 180-350 F
Carte : 300-400 F

La demeure a du charme, avec ses tours, ses duplex, son mobilier ancien, jouant le petit castel médiéval, dominant le paysage de la plus petite sous-préfecture de France. Annie Desvignes, mère gourmande de Thiérache, défend avec fierté les traditions et produits de sa région, avec cidre, lapin, gibier de qualité. Son fiston Fabrice l'a rejointe en cuisine et c'est une promesse de renouveau pour la demeure chaleureuse, sur laquelle veille Claude, franc-comtois adapté depuis belle lurette aux us et coutumes de la région. Poêlée d'escargots aux légumes d'hiver, saint-jacques aux cèpes, turbot à l'oseille, filet de biche Grand Veneur, faisan en cocotte, poires caramélisées en pain perdu sont de la belle ouvrage.

Vesancy : voir Divonne-les-bains

Veules-les-Roses

76980 Seine-Maritime. Paris 187 - Dieppe 27- Rouen 57 - St-Valéry-en-Caux 8.

La plage au bout des falaises crayeuses du pays de Caux se gagne comme un havre venté.

Restaurant

Les Galets

Tél. : 02 35 97 61 33. Fax : 02 35 57 06 23
Fermé mardi soir, mercr. (hs), 5 janv.-3 févr.
Menus : 87 F (enf.), 165-420 F. Carte : 350-450 F

Gilbert Plaisance, qui fut jadis le compagnon de route de Jacques Manière, et parle comme lui, avec en sus des airs de Jean Gabin du pays de Caux, est un cuisinier de caractère qui ne s'en laisse pas conter pour le choix des produits, les poissons de ligne, les accompagnements simples et savants, les sauces fluides et le goût juste. La mouclade d'Isigny au beurre de Sancerre, le gaspacho glacé de langoustines, la raie au jus de carotte, le pigeon laqué en crapaudine avec ses macaroni farcis, le camembert sauté caramel poivré, le joli mille-feuille sablé aux pommes confites sont quelques-uns de ses bons tours qui ont le bon goût de se renouveler au gré des saisons. Ne soyez pas surpris de voir ici ou là un hélicoptère se poser le temps d'un repas : ce sont nos voisins d'Albion qui ont, depuis belle lurette, repéré la maison.

Veyrier-du-Lac : voir Annecy

Vézelay

89450 Yonne. Paris 222 - Auxerre 53 - Clamecy - Avallon 16.

Office du Tourisme : rue Saint-Pierre
Tél. : 03 86 33 23 69. Fax : 03 86 33 34 00

Le site perché de cette colline au-dessus du Morvan, la basilique élevée à sainte Madeleine, le cimetière où reposent Jules Roy, Georges Bataille, Maurice Clavel, Max-Pol Fouchet, le vieux village médiéval : voilà un lieu où souffle l'esprit.

Hôtels-restaurants

Poste et Lion d'Or

Tél. : 03 86 33 21 23. Fax : 03 86 32 30 92
Fermé mi-nov.-mars (rest.) lundi, mardi midi, jeudi midi
39 ch. 330-700 F. 1/2 pens. 360-400 F
Menus : 60 F (enf.), 120-240 F

Ce qui fut jadis la grande halte du village est aujourd'hui un relais sage et cossu qui veille au pied de la rue montante. Chambres à l'ancienne, cuisine bourguignonne traditionnelle.

Le Pontot

Tél. : 03 86 33 24 40. Fax : 03 86 33 30 05
Fermé 15 oct.-20 avr.
10 ch. 620-920 F

Dans une demeure ancienne sise au cœur du village, près de la rue qui monte vers la basilique, des chambres de charme avec leurs meubles anciens et l'atmosphère intime où l'on est vite comme à la maison. Pas de restaurant, mais les Meneau sont à deux pas.

A Saint-Père : 3 km S.-E. par D957

A l'Espérance

Tél. : 03 86 33 20 45. Fax : 03 86 33 26 15
Fermé févr., (rest.) mardi (sf soir été), mercr. midi
30 ch. 750-1 500 F. 1/2 pens. 1 200-1 500 F
5 appart.
Menus : 390 F (déj.), 730-930 F. Carte : 700-1 200 F

La demeure avec ses appendices hôteliers, son moulin des Marguerites, ses chambres annexes dans une sorte de motel de luxe, sa piscine, ses bords de rivière, le bar de la maison-mère où l'on se repose au pied de la basilique : voilà pour l'étape chez les Meneau. Côté cuisine, la fête est ici permanente, car avec le grand Marc, l'imagination n'est jamais en sommeil, ni le cœur en repos. Ce passionné intense qui fut le disciple d'André Guillot, le maître en retraite du Vieux Marly, a lu Menon et ses recettes de grande cuisine ménagère et princière. Il demeure difficilement mesurable à ses contemporains, sinon au regretté Chapel de Mionnay, dont son goût pour les apprêts d'autrefois le rapproche. Difficilement comparables sont, en effet, le toast au lard, la formidable crème de truffes aux olives (où l'olive décuple le goût de la truffe sans le masquer), les toasts de saint-jacques à la moelle relevés d'oursins au goût iodé, la côtelette de chevreuil aux raisins à l'armagnac, ses noisettes en brochette ou son saucisson de chevreuil savamment reconstitué. Le tout est servi avec allant, grâce et une générosité pantagruélique, par un service aux aguets sous la houlette de dame Françoise née Plaisir. On ajoutera, pour faire bonne mesure, des desserts à se pâmer (crème démoulée à la compote de cerises, croustillant de lait caillé et pommes chaudes, tarte fondante au chocolat, bouleversante glace vanille) et quelques-uns des meilleurs bourgognes du moment pour comprendre qu'un repas dans son manoir à verrière face au jardin et au pied de la basilique a quelque chose d'exceptionnel.

Vichy

03200 Allier. Paris 358 - Clermont-Ferrand 55 - Roanne 68 - Moulins 56.

Office du Tourisme : 19, rue du Parc
Tél. : 04 70 98 71 94. Fax : 04 70 31 06 00

Ville verte, cité de cure, riche d'histoire (parfois douloureuse) et littéraire (Valery Larbaud était l'enfant d'ici et l'on y décerne un prix qui porte son nom), elle a su se rénover sans perdre son âme. Parc des Sources, demeures rococo, centre de congrès et casino font bon ménage. La gourmandise est même au rendez-vous.

Hôtels-restaurants

Aletti Palace Hôtel

3, pl. Joseph-Aletti
Tél. : 04 70 31 78 77. Fax : 04 70 98 13 82
126 ch. 660-910 F. 7 suites : 950-1 100 F
1/2 pens. 550-635 F
Menus : 60 F (enf.), 98 F (sem.), 130-200 F

Ce palace Belle Epoque a subi un aggiornamento nécessaire. Il a aujourd'hui fort belle mine, avec ses stucs et ses volutes face au casino. Belles chambre spacieuses à l'ancienne. Et cuisine de bon ton à la Véranda (Tél. : 04 70 31 70 29).

Les Célestins

111, bd des Etats-Unis
Tél. : 04 70 30 82 00. Fax : 04 70 82 01
120 ch. 930-1 490 F. 1/2 pens. 955-1 050 F
Jardins de l'Empereur, menus : 230-360 F
Bistrot des Célestins, menus : 135-160 F

Cette belle réalisation moderne tout entière vouée à la remise en forme et au bien-être dispense de belles chambres contemporaines sur le mode néo-Arts déco, un service de classe et deux formes de restauration de qualité : plus chic aux Jardins de l'Empereur, plus relaxe au Bistrot des Célestins.

Magenta

23, rue W.-Stucki
Tél. : 04 70 31 80 99. Fax : 04 70 31 83 40
Fermé mi-oct.-mi-avr.
62 ch. 450 F. 1/2 pens. 425 F
Menus : 50 F (enf.), 110-140 F

Cet édifice 1900, sis à deux pas du quai de l'Allier, a conservé son charme Belle Epoque en se rénovant. Les prix sont sages, l'accueil adorable et les chambres ont été radicalement modernisées. Belle salle à manger d'époque « Larbaud-Vichy ».

Novotel Thermalia

1, av. Thermale
Trél. 04 70 31 04 39. Fax : 04 70 31 08 67
128 ch. 590-715 F. Pens. 535-610 F
Menus : 50 F (enf.), 120 F (sem.)-160 F

Accolé aux thermes, cet ensemble moderne aux chambres fonctionnelles offre des prestations de qualité. Cuisine diététique.

Pavillon d'Enghien

32, rue Callou
Tél. : 04 70 98 33 30. Fax : 04 70 31 67 82
Fermé dim. soir, lundi (rest.), 20 déc.-1er févr.
22 ch. 355-480 F. 1/2 pens. 300-360 F
Menus : 39 F (déj.), 74 F (déj.), 100-135 F

Ce pavillon moderne face aux thermes Callou et à deux pas du Yacht Club comme du centre thermal des Domes offre l'un des bons rapports qualité-prix de la ville. Cuisine de pension fort soignée et chambres de bon ton.

Jacques Decoret

7, av. de Gramont
Tél. : 04 70 97 65 06. Fax : 04 70 97 65 06
Fermé mardi, mercr., vac. févr., 16 août-6 sept.
Menus : 155 F (déj., sem.)-350 F. Carte : 300-400 F

Ce MOF, natif de La Palisse, élève de l'école hôtelière de Cusset, ancien de Troisgros, de Régis Marcon à Saint-Bonnet-le-Froid, du Moulins de Brantôme et de Passard à Paris, a créé l'événement dans sa ville en proposant, dans ce cadre contemporain, proche de la gare, une cuisine gastro de haut niveau technique, sans concession aux modes du temps. Toutes ses réalisations (coque de tomates séchées aux escargots panés, langoustines en carapace servies avec un beurre de noisette et un velouté de pois gourmands, pressé de foie gras aux belles de Fontenay) sont d'une précision de goût totale. La pièce de bœuf charolais avec sa crème de boudin et sa lie de rouge joue la recréation classique intelligente. Quant à la crème d'anis vert au fenouil caramélisé ou le lait de coco aux fraises et à l'orange, ils font de fraîches issues. Voilà, à l'évidence, un chef à suivre.

L'Alambic

8, rue Nicolas-Larbaud
Tél. : 04 70 59 12 71
Fermé lundi, mardi midi, 21 févr.-11 mars, 20 août-13 sept.
Menus : 160-280 F. Carte : 250 F

Jean-Jacques Barbot travaille pour quelques tables et une quinzaine de couverts à offrir le petit bonheur du jour selon le marché de Vichy. Cela s'appelle huître aux endives confites et chou vert, pointes d'asperges et goujonnettes de sole, joue d'agneau à la moutarde de Charroux, mousse glacée aux fruits rouges ou encore soufflé à la liqueur de menthe que rehausse une crème anglaise à la réglisse. Tous plats, vifs de ton, malins tout pleins, qui enchantent sans ruiner. Le premier menu est une aubaine.

La Table d'Antoine

8, rue Burnol
Tél.: 04 70 98 99 71. Fax: 04 80 31 11 39
Fermé dim. soir, lundi, 1er-9 mars, 26 sept.-3 oct., 14-27 nov.
Menus: 65 F (enf.), 105 F (déj., sem.)-295 F.
Carte: 250 F

De bon ton, raisonnablement tarifée, suivant le marché, la cuisine d'Antoine Souillat emballe sans mal. Cet ancien de Georges Blanc, Bernard Loiseau et la Marée à Paris, joue de tous les tours, régionalisant ou moderne, avec allant. Ses tourte chaude de canard au saint-pourçain, saint-pierre à la boulangère, lapin à la bière et au genièvre, pommes rôties à l'anis étoilé sont des réussites. Amusant décor sous véranda dans un pavillon métallique 1900 façon Baltard.

Brasserie du Casino

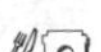

4, rue du Casino
Tél.: 04 70 98 23 06. Fax: 04 70 98 53 17
Fermé mercr., dim. soir, nov.
Menus: 89 F (déj., sem.)-149 F. Carte: 200 F

Cette vraie brasserie Arts déco restitue une partie de l'âme ancienne du vieux Vichy dans une ambiance gaie qui est, elle, d'aujourd'hui. Le service est assez vif et la cuisine joue, sans se prendre la tête, les classiques du genre. Escargots aux pommes chaudes, pâté de canard, raie pochée sauce moutarde, panaché de la Saint-Cochon et baba bouchon assument sans forcer. Les murs sont tapissés de photos d'artistes qui se sont produits à l'Opéra local.

Vienne

38200 Isère. Paris 490 – Lyon 32 – Valence 74 – St-Etienne 49

La cathédrale Saint-Maurice, le temple d'Auguste et de Livie, le théâtre romain drainent ici les amateurs de belle architecture et d'archéologie.

Hôtel-restaurant

La Pyramide

14, bd Fernand-Point
Tél.: 04 74 53 01 96. Fax: 04 74 85 69 73
Fermé févr., (rest.) mardi, mercr.
20 ch. 770-1 080 F. 4 apart.
Menus: 110 F (déj.), 290 F (déj., vin c.), 470-690 F. Carte: 600-850 F

Patrick Henriroux, Franc-Comtois formé chez Blanc à Vonnas, passé à la Ferme de Mougins, a donné un souffle neuf à l'ancienne demeure de Fernand Point. Les chambres modernes et fonctionnelles ont été rafraîchies sur le mode provençal avec des couleurs gaies. Le service est aux petits oignons, la cave alléchante et le sommelier plein de bons conseils. Quelques expériences inégales ici nous laissent interrogatifs sur notre cotation. Notre dernier repas exprimait, en tout cas, un trop-plein de richesse, de truffes, glissées dans un tronçon de sole, de sauce un peu abondante, bref un manque de sobriété évidente. La maison est cependant de qualité. Et chacun ici, pour peu qu'il aime l'abondance, peut trouver son bonheur à travers la crème soufflée de crabe dormeur au caviar, le cul de veau de lait aux légumes variés de la vallée du Rhône, le piano au chocolat en hommage au festival de jazz à Vienne.

Villars-les-Dombes

01330 Ain. Paris 434 – Lyon 36 – Villefranche-sur-Saône 27 – Bourg 30.

Le cœur de la Dombes, ses étangs, ses grands bois, son parc ornithologique qui est une splendeur à l'automne.

Hôtels-restaurants

Le Ribotel et la Villardière

Rte de Lyon
Tél.: 04 74 98 08 03/(rest.) 04 74 98 11 91
Fax: 04 74 98 29 55
Fermé (rest.) lundi midi, vendr. (hs), 2-21 janv.
47 ch. 250-300 F. 1/2 pens. 270 F
Menus: 50 F (enf.), 90 F (sem.)-200 F

Moderne, au bord de la route, mais bénéficiant d'un certain calme, cette étape moderne est bien pratique pour rayonner en Dombes, non loin du parc ornithologique. Sage et apprêtée, la cuisine ne triche pas avec les produits de la région. Grenouilles sautées, volaille des Dombes à la crème sont sans esbroufe.

A Bouligneux: 4 km N.-O. par D2

Auberge des Chasseurs

Tél.: 04 74 98 10 02. Fax: 04 74 98 28 87
Fermé mardi soir, mercr., 1er-8 sept., 20 déc.-20 janv.
Menus: 95 F (enf.), 150 F (déj., sem.)-320 F.
Carte: 350-400 F

L'auberge a du charme, le cadre est agreste et voilà le cœur du pays dombiste. Paul Dubreuil, ex-footballeur au physique d'acteur hollywoodien devenu cuisinier avec sérieux et passion, joue la tradition avec bonheur. Son art de pratiquer le classicisme peut paraître convenu. Reste que tout ce qu'il propose est le sérieux même : des grenouilles au beurre d'ail à la salade aux filets de carpes des étangs proches, du poulet de l'Ain à la crème au canard colvert rôti aux petits navets. Jolis desserts pâtissiers, bel accueil à l'ancienne.

Le Thou

Tél. : 04 74 98 15 25. Fax : 04 74 98 13 57
Fermé 1er-23 févr., 2-22 oct., lundi, mardi
Menus : 175-320 F. Carte : 300 F

Duettistes de charme de cette auberge pomponnée et fleurie, Gérard Piret et Gabriel Mathieu jouent la sophistication à la campagne, comme d'autres de la simplicité en ville. Leurs menus se nomment « la cérémonie dombiste », « septième péché capital », « la pêche miraculeuse ». La carpe des étangs proches se cuisine ici de toutes les façons, fraîche, fumée, en quiche, en salade. Les cuisses de grenouilles rôties sur le jonc et la volaille bressane font également partie de leurs bons tours.

Produits

PÂTISSIER

Koeberlé

165, rue du Commerce
Tél. : 04 74 98 03 76

La vraie vedette gourmande du village, c'est cette belle échoppe pâtissière respirant le frais du frais. On vient de loin pour la fine galette bressane, les chocolats et les entremets. Paul, d'origine alsacienne, avait mis le nom de la famille à l'honneur. Pierre et son épouse Annick continue bravement, témoignant de l'allant de la jeune génération.

Villard-Reculas : voir L'Alpe-d'Huez

Villé

67220 Moselle. Paris 418 - Sélestat 16 - Strasbourg 58 - St-Dié 39.

Ce pays champêtre et forestier où les baies sauvages se butinent la main baissée et les fruits se cueillent en levant le bras est le domaine des distilleries artisanales.

Hôtel-restaurant

La Bonne Franquette

6, pl. du Marché
Tél. : 03 88 57 14 25. Fax : 03 88 57 08 15
Fermé 1er-8 nov., 7-27 févr., (rest.) dim. soir (sf été), lundi
10 ch. 280-330 F. 1/2 pens. 250-300 F
Menus : 55 F (enf.), 115-350 F (vin c.). Carte : 200-250 F

Cette demeure fleurie face à la mairie propose chambres proprettes, l'accueil adorable et la cuisine de Pascal Schreiber qui égrène les spécialités du cru remises au goût du jour : croustillant de champignons à la crème de ciboulette, salade « Ganza Lisel » avec choucroute, gésiers, magret d'oie, lotte au pinot noir, canard au jus vinaigré de cerises, enfin kougelhopf glacé au kirsch de la vallée avec son jolis coulis de fruits.

Produits

CHARCUTIER

Munschina

3, pl. du Marché
Tél. : 03 88 57 17 07

Jambon en croûte, foie gras, lard fumé, knacks, terrines, saucisses épicées, ficelle villoise, grelots aux noix, tourte vigneronne sont mitonnés avec soin par cet artisan soigneux qui choisit ses viandes à la ferme.

DISTILLATEURS

M.-F. Hubrecht

Au Feu de Bois
6, rue Kuhnenbach, à 67220 Maisonsgoutte
Tél. : 03 88 57 17 79. Fax : 03 88 58 97 44

Marie-Françoise Hubrecht et son mari facteur produisent, dans leur cabanon rustique, quelques-unes des meilleures eaux-de-vie de la région. En vedette : la mirabelle d'un fruité admirable, le marc de gewurz omniprésent en bouche, la poire en carafe d'une longueur inoubliable et un coing dont on garde longtemps le souvenir.

Massenez

A 67220 Dieffenbach-au-Val
Tél. : 03 88 85 62 86. Fax : 03 88 85 69 00

Les Massenez distillent de père en fils et fille (la gracieuse Manou dirige aujourd'hui la maison avec charme) depuis 1870. Leurs installations sont un modèle du genre et tout ce qui en sort est frappé du sceau de la qualité. Williamine avec poire prisonnière en carafon, prune vieillie en fût de chêne, kirsch vieux, mirabelle ou framboise exquises sont présentes sur les grandes tables du monde entier.

Meyblum

Rue Erlenbach, BP 11, 67220 Albé
Tél. : 03 88 57 12 71. Fax : 03 88 56 68 67

Jean-Pierre et Gaby Conreaux tiennent la plus ancienne maison de distillation de la région. Ils font goûter kirsch superbe, baie de houx, coing, liqueur de framboise dite « mystère des Vosges » et une intéressante baie de houx.

Meyer

19, rue Principale, à 67220 Hohwarth
Tél. : 03 88 85 61 44. Fax : 03 88 85 63 95

La maison à pans de bois avec sa magnifique ancienne forge abrite les jolis flacons soufflés bouche de Jean-Claude Meyer. Odorante framboise sauvage, poire Williams grande réserve révélant le grain du fruit, quetsche pleine de caractère, marc de gewurz, baie de houx, églantine, mirabelle valent l'éloge.

Nussbaumer

23, Grand-Rue, à 67220 Steige
Tél.: 03 88 57 16 53. Fax: 03 88 57 05 79

Le père Jos est un ardent défenseur des eaux-de-vie régionales. Et l'on dégustera, dans sa belle maison à colombage, son délicieux kirsch ou sa poire longue en bouche. A visiter comme un musée.

POISSONNIER

Le Nautilus

5, pl. du Gal-de-Gaulle
Tél.: 03 88 57 26 36

Insolite: le seul poissonnier de ces parages vosgiens s'approvisionne de pêche de petits bateaux. Beaux plateaux d'huîtres et crustacés.

Rendez-vous

SALON DE THÉ

Pfister

Pl. du Marché
Tél.: 03 88 57 17 56

Cette halte adorable, qu'ornent moules et pots colorés, permet de goûter tartes aux fruits, bredele, pains d'épice, mille-feuilles mitonnés avec sérieux.

La Ville-aux-Clercs

41160 Loir-et-Cher. Paris 158 - Orléans 71 - Châteaudun 27 - Vendôme 18.

Ce bout du bout du Loir, entre bois et rivière, est un havre bucolique.

Hôtel-restaurant

Manoir de la Forêt 

A Fort-Girard: 1,5 km E.
Tél.: 02 54 80 62 83. Fax: 02 54 80 66 03
Fermé (rest.) dim. soir, lundi (oct.-mars)
19 ch. 310-400 F. 1/2 pens. 460-480 F
Menus: 160-295 F

Cette exquise demeure de maître du XIXe offre la quiétude des grands bois à l'entour, de son parc, mais aussi de ses chambres quiètes, meublées à l'ancienne. Salons agréables et sage cuisine aux couleurs ligériennes. Sandre au chinon ou carré d'agneau au thym sont bien honnêtes.

La Ville Blanche : voir Lannion

Villefranche-de-Rouergue

12200 Aveyron. Paris 608 - Rodez 58 - Albi 68 - Cahors 61.

Maison du Tourisme: promenade Guiraudet
Tél.: 05 65 45 13 18. Fax: 05 65 45 55 58

Cette riche bastide ancienne a maints trésors à faire valoir, avec ses vieux ponts, sa baroque chapelle des Pénitents, sa place à arcades, son ancienne cathédrale.

Hôtel-restaurant

Le Relais du Farrou 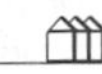

Rte de Figeac
Tél.: 05 65 45 18 11. Fax: 05 65 45 32 59
Fermé 19-28 févr., 27 oct.-7 nov., 22-28 déc., (rest.) dim. soir, lundi (hs)
26 ch. 260-470 F. 1/2 pens. 335-410 F
Menus: 72 F (enf.), 84 F (sem., déj.), 128-227 F

Cette adresse sérieuse, classique et «classieuse» - un relais de poste millésimé 1792- offre, à la porte de la ville, son accueil professionnel, ses chambres soignées et sa cuisine aux couleurs du pays servi dans une salle à manger de très bon ton. Terrine de foie gras et aiguillettes de canard au vieux banyuls, feuilleté d'escargots aux noix, ris de veau poêlé au thym, poulet fermier aux écrevisses et pastis tiède à la vieille prune séduisent sans mal.

Villefranche-sur-Mer

06230 Alpes-Maritimes. Paris 936 - Nice 6 - Beaulieu 4 - St-Jean-Cap-Ferrat 4.

Office du Tourisme: square F.-Binon
Tél.: 04 93 01 73 68. Fax: 04 93 76 63 65

La plus belle rade du monde, la citadelle, la chapelle et les souvenirs de Cocteau...

Hôtels-restaurants

Welcome 

Quai Courbet
Tél.: 04 93 76 27 62. Fax: 04 93 76 27 66
Fermé 15 nov.-21 déc., (rest.), déj. (été), mardi midi (hs), lundi
21 ch. 690-950 F. 1/2 pens. 540-670 F
Le Saint-Pierre (04 93 76 27 27): menus: 170-320 F

En retrait, sur le quai, avec vue sur la rade et la proche chapelle Saint-Pierre, cet hôtel que fréquenta Cocteau dans les années cinquante (la chambre 11 lui est dédiée) a le charme bon enfant. Confort, charme et vue donnent envie de séjourner ici sans fin. Restaurant indépendant au rez-de-chaussée avec poissons de la pêche locale et terrasse.

Versailles

Av. Princesse-Grace-de-Monaco
Tél. : 04 93 01 89 56. Fax : 04 93 01 97 48
Fermé nov., déc., (rest.) lundi (hs)
49 ch. 650-900 F. 1/2 pens. 525-575 F
Menus : 100 F (enf.)-160 F

Cet hôtel simple, moderne façon années soixante-dix et sans vrai charme offre des chambres confortables, ainsi qu'une magnifique vue sur la rade. Piscine, confort, simplicité, jardin.

Mère Germaine

Quai Courbet
Tél. : 04 93 01 71 39. Fax : 04 93 01 96 24
Fermé 20 nov.-24 déc.
Menus : 210-280 F. Carte : 250-350 F

Service et accueil à l'ancienne, salle élégante, terrasse aérée, poissons impeccables, vue superbe sur le port et la rade de Villefranche font le charme de cette maison comme autrefois qui fut jadis le repaire de Cocteau et ses amis.

Michel's

Pl. Amélie-Pontonnais
Tél. : 04 93 76 73 24. Fax : 04 93 76 73 42
Fermé mardi
Carte : 180-250 F

La salle voûtée en pierres, la grande terrasse, l'accueil empressé des Garnery, Michèle et Michel, les prix sages, les plats sûrs (terrine de poivrons, cannelloni à la ricotta, gigot d'agneau de lait) et les poissons frais expliquent le succès du lieu. Les soirs d'été, c'est la cohue.

Villefranche-sur-Saône

69400 Rhône. Paris 433 - Lyon 35 - Bourg 54 - Mâcon 45.

La capitale « non dite » du Beaujolais. La Saône fait la frontière avec la Dombes.

Hôtels-restaurants

La Ferme du Poulet

180, rue Mangin, ZI N.-E.
Tél. : 04 74 62 19 07. Fax : 04 74 09 01 89
Fermé dim. soir
9 ch. 380-480 F
Menus : 140 F (déj.), 198-320 F. Carte : 300-450 F

Cette belle demeure du XVIIe siècle, perdue dans une zone industrielle, avec ses meubles anciens, ses chambres de bon confort, son jardin, est aussi une très bonne table sous la houlette de Jacques Rongeat. Le pâté en croûte au foie gras et truffe, la soupe de grenouilles en cressonnière, la joue de bœuf confite au vin vieux et le pigeon en cocotte à l'ail confit sont quelques-unes des jolies choses que vante Martine Rongeat avec la foi du charbonnier et que l'on accompagne des meilleurs beaujolais produits aux environs.

Le Juliénas

236, rue d'Anse
Tél. : 04 74 09 16 55
Fermé sam. midi, dim., août, Noël-Nvel an
Menus : 85-160 F. Carte : 150-200 F

Le bistrot beaujolais tel qu'on l'imagine dans la capitale de son pays : accueil plein de saveur, vins itou et plats à l'unisson. On goûte le saucisson chaud, la salade de museau, l'andouillette échalotée, le carré de porc à l'estragon, le fromage blanc du pays et l'île flottante en dépensant trois francs six sous.

Villeneuve-la-Rivière : voir St-Gaudens

Villeneuve-les-Avignon

30400 Gard. Paris 682 - Avignon 5 - Nîmes 46 - Orange 22.

Tandis que les papes vivaient en Avignon, les évêques gîtaient à Villeneuve. La cité ancienne en a gardé moult richesses : tour Philippe-le-Bel, fort Saint-André, chartreuse du Val-de-Bénédiction.

Hôtel-restaurant

Le Prieuré 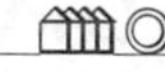

7, pl. du Chapitre
Tél. : 04 90 15 90 15. Fax : 04 90 25 45 39
Fermé nov.-mi-mars, (rest.) mercr. (hs)
26 ch. 10 suites 570-1 350 F
Menus : 120 F (enf.), 210-510 F
Carte : 400-650 F

Cette belle demeure ancienne - un prieuré authentique, avec son mobilier ancien, son parc, ses chambres très soignées, sa belle salle à manger, sa terrasse sous les frondaisons - charme le voyageur qui guette ici la quiétude qui manque parfois en Avignon. Ajoutez-y l'accueil prévenant de Marie-France Mille qui veille au bonheur de chacun et la cuisine fine, sérieuse, ouvragée de Serge Chenet et vous comprendrez qu'une telle institution bonhomme engendre des aficionados de longue durée. Soupe de pistou avec son pain aux herbes ou encore soupe mousseuse de homard à la réglisse d'Uzès, dos de cabillaud en aïgo-boulido de palourde au basilic, carré d'agneau à la fleur de thym, pain de Gênes et glace au miel de lavande sont des odes multiples et raffinées aux traditions de Provence.

Villeneuve-sur-Lot

47300 Lot-et-Garonne. Paris 598 - Agen 29 - Bergerac 61 - Cahors 74.

Les rives du Lot, les demeures anciennes et le pays de Paul Guth et du pruneau d'Agen.

Hôtels-restaurants

Aux Berges du Lot

3, rue de l'Ancien-Hôtel-de-Ville
Tél. : 05 53 70 84 41. Fax : 05 53 70 43 15
Fermé dim. soir, lundi, 15-30 nov.
Menus : 65 F (enf.), 85 F (déj., sem.)-210 F.
Carte : 250 F

Jean-Luc Delpeyroux tient avec sérieux cette auberge des bords du Lot sise au cœur de la ville. Le nougat de foie gras aux fruits secs, le croustillant de truite et sandre au vieux buzet, le délice vanillé sur son biscuit croquant au chocolat sont les mets vedettes de ce technicien habile qui sait se renouveler au gré des saisons, sans oublier les produits locaux.

A Pujols : 4 km par D118 et C207

Les Chênes

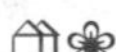

Tél. : 05 53 49 04 55. Fax : 05 53 49 22 74
21 ch. 350-420 F

Au grand calme d'un jardin avec piscine, une demeure imaginée dans le style du pays offrant chambres confortables, vue sur la vallée du Lot et farniente sans heurt.

La Toque Blanche

Tél. : 05 53 49 00 30. Fax : 05 53 70 49 79
Fermé dim. soir, lundi, 19 juin-3 juil.
Menus : 80 F (enf.), 145 F (sem., déj.)-450 F.
Carte : 400-600 F

Bernard Lebrun, vrai pro de la restauration du Sud-Ouest, raconte sa région, ses produits, son terroir avec clarté. Ses menus sont généreux, ses assiettes parlent d'elles-mêmes. Œufs pochés périgourdine avec une escalope de foie d'oie chaud, lotte à la bordelaise au vin de Buzet, goujonnettes de sole à la fricassée de cèpes ou pied de cochon à la farce fine sont des plats à la fois solides, savoureux qui racontent la région en finesse. Cave à l'avenant et accueil charmant dans un cadre chaleureux d'auberge avenante. Repas au jardin l'été.

Lou Calel

Tél. : 05 53 70 46 14. Fax : 05 53 70 49 79
Fermé mardi soir, mercr. (sf août),
5-20 janv., 2-7 juin
Menus : 70 F (enf.), 85 F (déj., sem.)-210 F.
Carte : 200 F

Au cœur d'une jolie bastide, cette vieille auberge fait figure d'ambassade du terroir. L'accueil est charmant et la cuisine à l'avenant. Tatin de foie de canard aux pommes fruits, soufflé de crustacés homardine, jambonnette de pintadeau à la crème de morilles sont d'une surprenante qualité, eu égard aux tarifs sages.

Produits

PÂTISSIER

Roland Godin

26, rue de Penne
Tél. : 05 53 70 36 80

Le mont Pujols, son biscuit aux amandes avec crème vanille et framboises, a fait la juste réputation de ce bel artisan, dont les chocolats jouant l'amer, les entremets mais aussi la brique de Villeneuve, un gâteau glacé avec sorbet griottes, valent le détour.

PRODUITS RÉGIONAUX

Table et Terroir

Ferme de Grange-Neuve, Saint-Germain
Tél. : 05 53 40 26 42

Benoît et Hélène Lefèvre mitonnent crème de pruneaux, pruneaux fourrés ou pruneaux demi-séchés digestes et délicieux.

Villers-le-Lac

25130 Doubs. Paris 474 - Besançon 69 - La Chaux-de-Fonds 16 - Morteau 6.

Le Saut du Doubs est en face, le lac de Chaillexon joue le voisin, les communes suisses du Locle ou de La Chaux-de-Fonds sont au bout du chemin.

Hôtel-restaurant

Hôtel de France

8, pl. Cupillard
Tél. : 03 81 68 00 06. Fax : 02 81 68 09 22
Fermé 3-28 janv., 2-10 oct., 24-28 déc., (rest.) dim. soir, lundi, mardi midi (hs)
14 ch. 300-340 F. 1/2 pens.340-360 F
Menus : 105 F (enf.), 120 F (déj., sem.), 160-390 F. Carte : 350 F

Le «coming man» de la bande des «jeunes» du Doubs se nomme Hugues Droz. Papa et maman veillent sur leur Logis de France dont ils ont rénové bellement la salle à manger, avec force bois et jolis luminaires (les chambres sont encore à mettre au goût du jour). Ils agrandissent la cave de grandissimes arbois et autre château-chalon (ah, le jaune de Berthet-Bondet !). Et le fiston Droz, qui a travaillé chez Billoux à Dijon, de concocter des menus savants faisant chanter le terroir avec adresse. Ses variations sur le thème des morilles (duxelle de morilles, surprise de foie gras à l'émietté de morilles, jambonnette de poularde farcie de morilles et vin jaune, tomme du Haut-Doubs aux morilles, culotté parfait glacé de morilles à l'hydromel) jouent le bel exercice de style. On sent que ce jeune homme à la tête bien faite et bien pleine garde quelques tours par-devers lui dans sa besace. Bernard Clavel, conteur comtois et universel, ex-apprenti-pâtissier, grand gourmet devant l'éternel, est déjà un habitué. Autant dire que la maison est promise à un bel avenir.

Vinay : voir Epernay

Vittel

88800 Vosges. Paris 342 - Epinal 43 - Nancy 71 - Langres 73.

Cette ville d'eau est moins fameuse que... l'eau elle-même. Elle vaut le détour et la halte pour les installations thermales dans un domaine que Nestlé a rénové en beauté, où les installations hôtelières du Club Med ne sont pas les moindres. Superbe parc.

Hôtels-restaurants

La Tuilerie

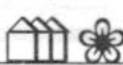

Av. de l'Hermitage
Tél. : 03 29 08 18 88. Fax : 03 29 08 18 38
3 ch. 400-660 F. 6 suites 750-1 200 F
Menu : 220 F. Carte : 300 F

Si les deux palaces-rois de la station, l'un 1900 - le Grand Hôtel -, l'autre années trente - l'Hermitage -, ont été « remis en forme », sous la houlette du Club Med, le domaine Nestlé cache cette épatante « maison d'hôtes », sise dans une ferme vosgienne rénovée dans l'île verte de la station. La demeure a du chic avec ses suites Louis XVI, Empire ou Arts déco, son service de classe, son charme d'aujourd'hui. Chacun peut ici faire halte, à condition d'avoir réservé, et céder aux plaisirs classiques mitonnés par le chef Jean-Paul Vigneron. Qui mitonne avec doigté le panaché de saumon, le saucisson de canard au foie gras, le dos de bar aux asperges et morilles, le pigeonneau en trois services, enfin le soufflé mandarine et crème passion qu'on accompagne d'exquis vins tirés d'une cave bien fournie.

Hôtel d'Angleterre

Rue Charmey
Tél. : 03 29 08 08 42. Fax : 03 29 08 07 48
Fermé 17 déc.-5 janv., (rest.) 17 déc.-20 janv.
57 ch. 370-600 F. 1/2 pens. 330-410 F
Menus : 55 F (enf.), 98-220 F

Ce bâtiment Belle Epoque a de beaux restes. L'intérieur a été rénové et les chambres offrent le confort d'aujourd'hui sans anicroche. Sage cuisine de pension et accueil plein de bonne volonté.

Vogelgrün : voir Neuf-Brisach

Vonnas

01540 Ain. Paris 409 - Mâcon 19 - Bourg 25 - Lyon 72.

Voici la Bresse, le pays où les belles volailles caquettent à l'air libre. Voici le village fleuri de Georges Blanc.

Hôtels-restaurants

Georges Blanc

Tél. : 04 75 50 90 90. Fax : 04 74 50 08 80
Fermé 4 janv.-12 févr., (rest.) lundi, mardi (sf soir été), mercr. midi (hs)
32 ch. 850-1 900 F. 6 suites : 1900-3 500 F
Menus : 160 F (enf.), 490-900 F. Carte : 600-800 F

Le mégalo tranquille de la Bresse, c'est lui, lutin sérieux comme un ordinateur. Technicien de la cuisine, manager à tête chercheuse, businessman qui multiplie les affaires comme d'autres les voitures de collection, pape de sa région : Georges Blanc est partout. Mais d'abord chez lui. Son grand restaurant, avec murs de briques et colombage, abrite des chambres au luxe sage. Meubles bressans, toiles de Mühl, salles de bains somptueuses : tout va l'amble. L'essentiel ? Ce qui se mijote en cuisine sous l'égide du maître qui a réglé la partition à la baguette. Le programme ? La Bresse, mais aussi toute la grande tradition française sublimée. Blanc excelle dans les amuse-gueules, les sot-l'y-laisse de volaille, l'aligot de canard sous habit vert, les écrevisses poêlées à cru ou en nage à l'ancienne. Mais la carte se renouvelle avec habileté : foie moelleux, poêlé, puis refroidi au bouillon de légumes et salade à la roquette, timbale de cuisses de grenouille à la poudre d'ail, homard éclaté avec raviole au basilic, gâteau de crabe aux sucs de champignons et truffes, aile de pigeon dans son bouillon corsé, poulet de Bresse avec foies blonds, gousses d'ail et crème au foie gras. Cette cuisine, qui appelle les grands vins plantureux de Bourgogne, que sert le maître d'hôtel-sommelier Marcel Périnet, trente ans de maison, ne méprise ni la richesse, ni la crème, même si elle en tempère l'usage. Les desserts d'enfance - comme cette « panouille bressane » qui n'est autre qu'un vacherin glacé au caramel - opèrent le retour à la tradition. On use ici des plats de mémoire. On joue des grandes orgues de la nostalgie. Et c'est là où Blanc le multiple vise juste.

Résidence des Saules

Tél. : 04 74 50 90 51. Fax : 04 74 50 08 80
Fermé 4 janv.-10 févr.
6 ch. 600-650 F. 4 appart.

Pas chère, sympa, pratique, débonnaire et rustique : c'est l'annexe hôtelière de Georges Blanc, juste au-dessus de sa boutique, sur la place du village et près de la Veyle. Les fleurs sont sur le balcon, le confort est présent, mais sans tapage. On peut résider ici à peu de frais pour visiter la Bresse, se ruiner en dînant juste en face ou encore déjeuner sans se hausser du col à l'Ancienne Auberge, juste à côté. Voilà le bon rapport qualité-prix d'un village-star.

L'Ancienne Auberge

Place du Marché
Tél. : 04 74 50 11 13
Fermé 4 janv.-10 févr.
Menus : 70 F (enf.), 98 F (déj., sem.), 110-240 F.
Carte : 200-250 F

La belle adresse, pas chère, sympa, champêtre, lieu de mémoire de ce village gourmand, c'est cette vraie-fausse «Ancienne Auberge». Face à son «grand» restaurant, Georges Blanc a reconstitué la maison de sa grand-mère, Elisa Blanc que Curnonsky considérait comme la «meilleure cuisinière du monde». La façade de «fabrique de limonade» est plus vraie que nature. Et l'intérieur bucolique ne lui cède en rien, à coups de vieux tableaux, affiches anciennes, comptoir, cour fleurie, nappes à carreaux. La carte joue le charme bressan, sans trop de manières. Aux divers menus, terrine campagnarde, grenouilles sautées, escargots au beurre d'ail, fricassée de poulet au vinaigre, fromage blanc à la crème, tarte aux pralines remplissent bien leur office, qui est de faire simplement plaisir. Voilà du Blanc à prix doux, que l'on accompagne de mâcon Azé, produit par Georges B. lui-même.

Vougeot

21640 Côte-d'Or. Paris 326 - Beaune 27 - Dijon 17.

L'un des crus les plus fameux du monde, son château, son village, ses vignes.

Hôtel-restaurant

A Gilly-lès-Cîteaux : 2 km E. par D251

Château de Gilly

Tél. : 03 80 62 89 98. Fax : 03 80 62 82 34
Fermé fin janv.-début mars
38 ch. 700-1 500 F. 9 suites. 1 360-2 650 F
Menus : 100 F (enf.), 210-415 F

Dans une ancienne résidence des frères abbés cisterciens du XIVe, cet hôtel d'aujourd'hui a gardé fresques, voûtes, cheminées, bref un peu de l'air du passé. Bien sûr, groupes, banquets et séminaires s'en donnent à cœur joie. Mais les amoureux du vignoble de Bourgogne comme les amoureux tout court y sont également fort bienvenus. Cuisine bourguignonne revisitée non sans malice, entre escargots en coquilles de pommes de terre, jarret de veau en croûte de pain à la moelle et madeleines chaudes au coing et au miel.

Vougy : voir Bonneville

Vouvray : voir Tours

Wangenbourg

67710 Bas-Rhin. Paris 469 – Strasbourg 42 – Saverne 20 – Molsheim 40.

Village double, de cure et de repos, de promenades sans heurts et de grand air, sis au cœur même de la Petite Suisse alsacienne : on sent s'y arrêter le temps.

Hôtels-restaurants

Parc Hôtel

39, rue du Gal-de-Gaulle
Tél. : 03 88 87 31 72. Fax : 03 88 87 38 00
Fermé 16 nov.-22 déc., 5 janv.-22 mars
32 ch. 250-439 F. 1/2 pens. 335-392 F
Menus : 60 F (enf.), 70 F (sem. déj.), 90-265 F

Depuis le jardin face aux Vosges, à la forêt, à la vallée, le site est superbe. C'était jadis le Grand Hôtel. L'époque n'est-elle plus favorable au genre ? Une partie de la maison, dans la même famille depuis six générations (soit 1848), a été transformé en résidence. Demeurent une trentaine de chambres, un parc avec jeux pour enfants, des parties communes boisées chaleureuses ainsi qu'un restaurant qui mérite le détour. Les menus jouent la carte du rapport qualité-prix. La «salade alsacienne», assiette avec foie gras, presskopf, jambon, le médaillon de porc à la choucroute et le petit gâteau et sa crème légère, genre savarin, avec sauce vanille sont de bonne composition. Comme le munster chaud sur canapé de pommes de terre ou les desserts malicieux (orange soufflée ou ravioles de chocolat) qui donnent envie d'avoir son rond de serviette. Carte des vins pleine d'à propos. Piscine couverte.

A Engenthal-le-Bas : 5, rue de Steigenbach

Les Vosges

Carrefour D218/D224
Tél. : 03 88 87 30 35
Fermé mardi soir, mercr. (hs)
11 ch. 100-270 F
Menus : 50 F (déj.), 120-175 F. Carte : 200 F

Cette demeure néo-gothique avec chambres de bon confort, salle à manger cosy, trophées de chasse, chaises de style, gentils menus, cuisine d'un classicisme immuable, situation dans une clairière en contrebas de la route, offre le repos près des chemins agrestes et balisés. L'accueil est adorable et l'on ne trouvera guère à médire des classiques quenelles de brochet Nantua, hure de sanglier façon presskopf, civet de gibier avec spätzle, côtelette de marcassin ou bouchée à la reine qui n'ont d'autre ambition que de nourrir le promeneur des sentes proches sans lourdeur.

A Freudeneck : 3 km E. par D 224

Freudeneck

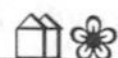

Rte de Wangenbourg
Tél. : 03 88 87 32 91. Fax : 03 88 87 36 78
9 ch. 250-335 F
Menus : 120-260 F

Cette vaste maison moderne, au cœur de la forêt, offre de très bonnes chambres, spacieuses et fonctionnelles, parfaites pour le séjour en famille. Cuisine gentillette (presskopf ou terrine de gibier, ris de veau aux morilles, crème brûlée). Promenades innombrables.

La Wantzenau

67610 Bas-Rhin. Paris 476 – Strasbourg 12 – Brumath 17.

Ce fut un bourg fameux pour son «poussin» réputé. Seul le nom du volatile est resté. Demeure une tradition : celle du repas le dimanche des Strasbourgeois aimant s'attarder à table en famille.

Hôtels-restaurants

La Poste

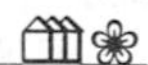

21, rue du Gal-de-Gaulle
Tél. : 03 88 96 20 64. Fax : 03 88 96 36 84
Fermé 2-21 janv., 24 juil.-6 août, (rest.) sam. midi, dim. soir, lundi
19 ch. 400-750 F. 1/2 pens. 750 F
Menus : 175 F (déj.), 235-445 F. Carte : 400-500 F

Sur la grand-rue, cette demeure à colombages avec chambres de charme rutile : l'ambition a évolué, le niveau général s'est élevé. Les prix également, mais la clientèle a suivi. Jérome Daull est aux commandes, passant de la salle – où le relaye sa fille – à la cuisine, et vice-versa. Un jeune et savant sommelier commente avec beaucoup de précision les raretés de la carte. La cuisine ? Pareillement surprenante et de qualité grande. Produits extrafrais, cuissons justes, sauces pour ainsi dire absentes, préparations légères, accords de saveurs au petit point. Quelques exemples ? Le foie d'oie chaud poêlé au miel de muscat, les gambas grillées, flanquées d'artichaut et de fenouil, le loup rôti sur sa peau, avec sa fine purée de céleri, plus un soupçon d'huile d'olive de Carapelli en Toscane, enfin, puisque nous sommes à la Wantzenau, un poussin désossé farci à la crème d'estragon d'allure plus rustique. Ajoutez à cela de jolis desserts, kougelhopf glacé au kirsch artisanal ou truffé moelleux au chocolat noir avec sa bouleversante glace cannelle. Voilà une maison en renaissance.

Hôtel du Moulin

2-3, impasse du Moulin
Tél. : 03 88 59 22 22. Fax : 03 88 59 22 00
Fermé 24 déc.-2 janv.
19 ch. 360-560 F

Cet ancien moulin aux chambres claires et spacieuses offre l'une des meilleures haltes, au calme et au charme, aux environs de Strasbourg. Béatrice Wolff et Andrée Dametti sont deux hôtesses pleines d'attention.

La Barrière

3, rte de Strasbourg
Tél. : 03 88 96 20 23. Fax : 03 88 96 25 59
Fermé 14-31 août, mardi soir, mercr., vac. févr.
Menus : 150 F (sem.)-260 F. Carte : 350-550 F

Elève de Jung, Guérard, Boyer, Claude Sutter est un créateur impétueux qui change sa carte au gré de l'humeur du temps, joue avec le marché et livre ses idées comme on administre une leçon de choses. Son décor, signé du peintre-musicien de jazz, Daniel Humair, est sobre, clair, contemporain. Sa cuisine joue de toutes les partitions sans lasser : classico-moderne, régionalisante avec une touche sudiste. Ainsi, la salade de crustacés avec céleri en rémoulade, pommes confites et herbes du jardin, le thon cru au gros sel avec spaghetti au poivron confit et chips de radis, la poêlée de grenouilles, merlan et champignons à la purée d'ail, le streussel d'escargots aux poireaux, le risotto de caille et homard au parmesan, le rognon à la bière avec macaroni de foie gras : c'est complexe, riche, excitant, rarement à côté de la plaque, même si l'on sent bien que le chef est une tête chercheuse qui prend sympathiquement le client gourmet comme cobaye d'élite. La carte des vins est une mine de bonnes choses.

Zimmer

23, rue des Héros
Tél. : 03 88 96 62 08. Fax : 03 88 96 37 40
Fermé 15 août-4 sept., dim. soir, lundi, vac. févr.
Menus : 95 F, 130 F (déj.), 190-350 F. Carte : 380 F

Nouvelle donne dans cette demeure boisée qui fut longtemps l'institution classique du village. Ancien du Valet de Cœur, du Radio à Chamalière et de Robuchon à Paris, Dominique Nadeau, qui a rafraîchi les tentures des jolies salles boisées, rajeunit le style culinaire maison, sans abandonner les foies gras (qu'il fait confire), la matelote et le poussin doré au four qui furent si longtemps les vedettes maison. Une maison à suivre de près.

Au Moulin

2, impasse du Moulin
Tél. : 03 88 96 20 01. Fax : 03 88 68 07 97
Fermé 27 déc-4 janv., vac. févr., 3-24 juil., dim. soir, jrs fériés le soir
Menus : 140-395 F. Carte : 350 F

Philippe Clauss, membre des jeunes restaurateurs de France, a pris la succession paternelle, après des passages au Beau Site à Ottrott et au Gavroche à Londres. La tradition demeure ici son maître mot, quoique placée au diapason du temps. Ainsi, les salades d'anguille poêlée à l'ail, assiette variée de foie gras, turbot au vin rouge et gratin de nouilles aux cèpes, poussin Mère Clauss, crème brûlée au gianduja qui sont le sérieux même. Belle carte des vins, cadre chaleureux avec jardin.

Les Semailles

10, rue du Petit-Magmod
Tél. : 03 88 96 38 38. Fax : 03 88 96 38 38
Fermé dim. soir, lundi, 12 août-1er sept.
Menus : 105-290 F. Carte : 300 F

Ce restaurant fleuri est caché dans une ruelle de ce village touristique. L'atmosphère est sympathique et Jean-Michel Loessel, qui a repris la maison, a travaillé chez Hubert Maetz à Rosheim, Julien à Strasbourg, Fernand Mischler à Lembach, mitonne avec sérieux des mets du marché à partir de produits bien sélectionnés. Témoins, ces marbré de sandre et saumon à la crème de ciboulette, risotto crémeux de champignons aux escargots, caille en croûte farcie de foie gras, terrine de quetsche et glace cannelle.

Le Pont de l'Ill

2, rue du Gal-Leclerc
Tél. : 03 88 96 29 44. Fax : 03 88 96 21 18
Fermé sam. midi, août
Menus : 58 F (enf.), 56 F (déj.), 138-238 F
Carte : 250 F

Cette brasserie néo-1900 au charme rétro propose foie gras, sandre à l'oseille, filet de bœuf, soufflé glacé au kirsch, mais aussi plateaux d'huîtres et coquillages à une clientèle venue se dépayser à bon compte.

Produits

FOIE GRAS

Paul Hirsch

1, rue de l'École
Tél. : 03 88 96 20 14. Fax : 03 88 96 60 70

Ce volailler-conserveur a remis à l'honneur les traditions artisanales du foie gras d'Alsace. Malaxé, selon la méthode ancienne, mais point trop, foie d'oie ou de canard, mais aussi rillettes, magrets fumés, confits se proposent ici à prix « fabricant ».

indique un lieu de mémoire.

Rendez-vous

SALON DE THÉ

La Cour de Honau

Allée de Honau (forêt de la Robertsau)
Tél. : 03 88 96 33 44

Christian, «le» pâtissier de Strasbourg, a retapé une ancienne ferme de maître et l'a transformée en salon de thé-centre de remise en forme. Pâtisseries (beignet, tarte aux pommes, framboisier, mille-feuille) ou glaces viennent de la rue de l'Outre, les petits plats du midi sont bien tournés. Sauna, hammam, solarium, piscine avec bassin sous rotonde, bar et espace-beauté sont la porte à côté.

Wasselonne

67310 Bas-Rhin. Paris 461 - Haguenau 39 - Saverne 14 - Strasbourg 25.

Un bourg-carrefour accueillant, avec de vieux vestiges, les ruines d'un château fort bombardé par Turenne, des maisons à pans de bois, la route des Vins à trois pas et la petite Suisse alsacienne la porte à côté.

Hôtels-restaurants

Hostellerie de l'Etoile

Pl. du Mal-Leclerc
Tél. : 03 88 87 03 02. Fax : 03 88 87 16 06
30 ch. 145-270 F. 1/2 pens. 190-230 F
Menus : 60 F (sem.)-155 F

Des chambres modernes, simples, mais de bon confort, un accueil aimable, une cuisine bourgeoise à dominante régionale : voilà ce qu'on trouve dans cette demeure sur la grand-place.

Au Saumon

69, rue du Gal-de-Gaulle
Tél. : 03 88 87 01 83. Fax : 03 88 87 46 69
Fermé 24 déc.-1er janv., 26 juin-3 juil., 2-9 oct., (rest.) dim. soir, lundi (hs)
8 ch. 210-250 F. 1/2 pens. 210-275 F
Menus : 46 F (enf.), 60 F (déj.), 115-230 F
Carte : 200-250 F

La maison est connue de longue main sur la route de Strasbourg vers la Petite Suisse : table sérieuse, offrant le bon rapport qualité-prix, avec le fils Welty qui a repris les commandes des fourneaux de papa Gilbert. Exquis presskopf, saumon de rigueur sous toutes ses formes (mariné aux herbes fraîches, fumé avec délicatesse, en salade au raifort, en noisette poêlée à l'eau de noix ou encore en mille-feuille avec lotte et crème de ciboulette), loup poêlé aux girolles avec ses nouilles, pièce d'agneau rôti aux légumes du jardin. Les desserts sont la partie forte de la maison : soupe de pêche aux agrumes à la verveine et sorbet citron, très fraîche, parfait glacé à la cannelle avec pruneaux à l'armagnac, crème brûlée et glace à l'amande. Chambres sans histoire, menus bien pondus à tarif sage.

La Petite Suisse

69, rte de Cosswiller
Tél. : 03 88 87 05 38
Fermé mardi soir, mercr., 15-30 juin, 20 déc.-3 janv.
Menus : 42 F (déj.), 85 F. Carte : 80-150 F

La fille Welty du Saumon et son cuisinier de mari se sont installés dans cette demeure modeste avec vue sur les champs et la forêt. Ils n'ont pas oublié les bonnes leçons apprises chez (beau) papa. Et la maison, avec sa façade peinte, comme son intérieur de taverne sans apprêt, émeut par sa sincérité. De fait, presskopf avec sa vinaigrette moutardée, escalope panée, spaghetti carbonara ou bolognaise et tartes flambées ne souffrent guère de défaut.

A Romanswiller : 3,5 km E. par D224

Les Douceurs Marines

6, rte de Wangenbourg
Tél. : 03 88 87 13 97. Fax : 03 88 87 28 21
Fermé lundi soir (sf été), mardi soir, mercr., vac. Toussaint, vac. févr.
Menus : 35 F (enf.), 60 F (déj.)-240 F
Carte : 250 F

Claude Schaeffer a créé une enseigne insolite sur la route de la Petite Suisse. Le décor a fait l'objet d'une rénovation drastique, avec d'amusantes chaises futuristes. Le chic de la maison ? Proposer le plus frais de la marée avec des poissons et crustacés traités en finesse. Le croustillant de saumon à la crème de ciboulette, la sole aux artichauts, les gambas à l'huile vierge avec crêpe à la farine de châtaignes, le saint-pierre pané aux deux sésames ne laissent pas de mauvais souvenirs. Non plus que les desserts joliment faits : mousse au kirsch avec croûte de macarons aux amandes ou feuilleté de fruits rouges avec quenelle glacée.

Produits

BOULANGER

René Neymann

4, rue du 23-Novembre
Tél. : 03 88 87 03 57. Fax : 03 88 87 22 25

Jean-Claude Neyman a repris avec dynamisme cette maison familiale qui fabrique les pains azymes, «sanita» au son, crackers, pains croustillants au seigle, dans une usine à l'ancienne. La qualité de ses produits semi-industriels est impeccable et toutes ses «matzot» indiquées pour les régimes minceur.

Wattignies : voir Lille

Westhalten

68250 Haut-Rhin. Paris 460 - Colmar 21 - Mulhouse 29 - Thann 26.

Un joli village, vraiment rural, pas vraiment couru, au sud de la route des Vins. La modestie y règne en maître, des crus malins jusqu'à la halte à l'auberge.

Hôtel–restaurant

Au Cheval Blanc

20, rue de Rouffach
Tél. : 03 89 47 01 16. Fax : 03 89 47 64 40
Fermé dim. soir, lundi, mardi midi, 5 févr.-16 mars, 3-14 juil.
12 ch. 450-520 F
Menus : 80 F (enf.), 200-450 F. Carte : 350 F

Le plus discret des très bons chefs d'Alsace, c'est Gilbert Koehler. Ce quadra souriant, formé jadis chez Ricordeau à Loué, qui fut la maison sarthoise de référence sur la route Paris-Bretagne, passé au Taillevent, découvert par nous dans ce qui fut l'auberge du village, semble épanoui, dans l'auberge familiale agrandie. Il a su marier avec aise les traditions sages avec la technique moderne éprouvée. D'où ces sauces présentes mais fines, ces classiques rajeunis au gré du marché, de l'inspiration, des saisons : crème de coquillages, fin foie gras d'oie, sandre rôti sur la peau au chou frisé, raviole ouverte de turbot et d'écrevisses, filet de colvert en sauce aigre-douce miel et châtaignes. Les desserts sont du même bon ton : saint-honoré aux griottines, strudel coings-pommes, mille-feuille tiède aux poires rafraîchi d'un sorbet. Maman et madame à l'accueil, le frère de Gilbert au service des vins (notamment ceux du domaine familial) : voilà l'exemple d'une auberge heureuse que complètent des chambres calmes, nettes et proprettes.

Wettolsheim

68920 Haut-Rhin. Paris 453 - Colmar 8 - Eguisheim 4 - Ribeauvillé 17

Ce village vigneron, un brin banlieusard, permet de contourner par l'ouest la grande cité de Colmar. C'est ici le lieu de départ des promenades vers l'Alsace du Sud, où se touchent montagnes et vignes.

indique un établissement au bon rapport qualité-prix.

Hôtels–restaurants

Auberge du Père Floranc

9, rue Herzog
Tél. : 03 89 80 79 14. Fax : 03 89 79 77 00
Fermé dim. soir (hs), lundi, mardi midi, 29 juin-14 juillet, 7 janv.-12 févr.
32 ch. 250-370 F. 1/2 pens. 405-465 F
Menus : 120 F (sem.)-390 F. Carte : 250-450 F

René, grande figure de la région, président des Relais du Silence, est parti pour un monde meilleur. Mais sa maison est en bonnes mains sous l'égide de ses deux fistons, l'un en salle, l'autre aux fourneaux. La maison semble même avoir pris une dimension supérieure, comme si la relève de génération profitait à la demeure. Les « plus » ? Davantage de gaieté, de décontraction, ici, dans une salle aux tables espacées et au plafond haut où l'on est à l'aise, davantage, aussi, de créativité, de légèreté et finesse, sur une carte pleine d'attraits. L'assiette des différents foies gras (notamment le foie gras aux truffes et cet autres aux pommes et noix), le sandre avec queue de bœuf, épeautre, orge perlé et sa sauce fine à la bière, les langoustines avec béarnaise, les cuisses de grenouilles en matelote aux escargots et pieds de veau, le chevreuil à la française avec sa sauce façon Grand Veneur : c'est précis et net, sans lourdeur d'aucune sorte. Les desserts jouent le bon ton classique, avec quelques astuces répétitives, mais aussi de bonnes idées au gré du jour (pêche pochée et glace au Grand Marnier). L'ensemble, avec des menus pondus, des vins bien choisis, ne manque pas de classe.

Weyersheim

67720 Bas-Rhin. Paris 474 - Brumath 8- Hoerdt 3 - Strasbourg 15.

Dans les parages bucoliques du nord de Strasbourg, à deux pas des champs d'asperges, les mélancolies de la Zorn qui dodeline dans la campagne...

Restaurant

Auberge du Pont de la Zorn

2, rue de la République. Tél. : 03 88 51 36 87
Fermé mercr., sam. midi, 15 jrs févr., 15 jrs sept.
Menus : 63 F (sem.), 140-165 F. Carte : 150 F

René Hanser tenait jadis la demeure. Sa fille et son gendre sont aux commandes. Myriam et Hervé Debeer, elle en salle, lui en cuisine, tandis que René est là pour la causette, servent dans la salle rustique ou le jardin face à l'eau, les tartes flambées délicieuses et les plats malins. Le presskopf, le gratin de pommes de terre au munster, le jambon à l'os grillé, carrément exquis, les côtis à la moutarde comme les quenelles de fromage blanc grand-mère sont le genre de mets sans complication mais qui parlent autant au cœur et à l'âme qu'au palais et à l'estomac. L'endroit est champêtre, le service débonnaire. Côté desserts, le mini-kougelhopf glacé crème anglaise et le crumble aux pommes assurent dans la gaieté. Et l'addition a su raison garder.

Wihr-au-Val : voir Munster

Wimereux

62930 Pas-de-Calais. Paris 269 – Calais 34 – Arras 120 – Boulogne-sur-Mer 6.

Avec ses maisons Arts déco couleur pastel, sa plage de sable fin, sa fréquentation familiale, sa gourmandise sereine, c'est un bastion de charme de la côte d'Opale.

Hôtel–restaurant

Atlantic Hôtel et la Liégeoise

Digue de mer
Tél. : 03 21 32 41 01. Fax : 03 21 87 46 17
Fermé févr., (rest.) dim. soir
10 ch. 450 F. 1/2 pens. 460 F
Menus : 130 F (sem., déj.)- 230 F. Carte : 350-400 F

Alain Delpierre, qui tenait la Liégoise à Boulogne-sur-Mer a investi dans cette demeure jadis fameuse. Il a rénové la façade années trente qui fait la nique aux voisines falaises de Douvres. Ses atouts : la salle à manger avec ses baies vitrées ouvertes sur l'Océan, les dix chambres mignonnettes aux allures de cabines de bateau nettoyées, sans perdre leur âme. Dans l'assiette ? La fraîcheur et la vivacité même, avec une soupe froide de homard, juste crémée avec le jus du crustacé, un rouget poêlé sur son émincé de poireaux parsemé de truffes d'été, un turbot rôti aux endives avec son épatante sauce au pain d'épices, enfin un parfait glacé au melon, pour la note rafraîchissante. Avec un vin bien choisi, on fait là un repas enlevé, iodé, qui donne envie de boire la grande bleue sise vis-à-vis.

Wimille : voir Boulogne-sur-Mer

Wingen-sur-Moder : voir Reipertswiller

Wissembourg

67160 Bas-Rhin. Paris 483 – Haguenau 33 – Strasbourg 66 - Karlsruhe 41.

Les bords de la Lauter, les belles demeures du quai Anselman et les souvenirs de l'ami Fritz : voici la plus alsacienne des villes d'Alsace. C'est là, en effet, que l'on tourna, dans les années trente, une adaptation du roman d'Erckmann-Chatrian. Le décor est resté intact.

Hôtels–restaurants

Le Cygne

3, rue du Sel
Tél. : 03 88 94 00 16. Fax : 03 88 54 38 28
Fermé mercr., 1er-16 juil., (rest.) mercr., jeudi midi, vac. févr., 15-25 nov.
16 ch. 300-400 F. 1/2 pens. 320-350 F
Menus : 70 F (enf.), 120-335 F. Carte : 250-350 F

Jeannot Kientz veille en père protecteur sur son relais à l'ancienne (la maison date du XVIe), aux chambres soignées, salles gaies et boisées. Le service sourit et l'atmosphère « vieille Alsace » baigne dans le bonheur. La cuisine est de qualité, sur des bases traditionnelles, avec de bons produits cuisinés en finesse. Biscuit de hareng avec crème fouettée au raifort, terrine de gibier avec vinaigrette aux poireaux, crêpes d'escargots (dites « célestines ») à la crème d'ail, cabillaud à la moutarde et poêlée de champignons, caille farcie avec blé tendre craquant, mousse chocolat-menthe au lait de coco sont du travail sérieux, ni chichi d'aucune sorte.

Au Moulin de la Walck

2, rue de la Walck
Tél. : 03 88 94 06 44. Fax : 03 88 54 38 03
Fermé vendr. midi, dim. soir, lundi, 22 juin-8 juil.
25 ch. 330-370 F. 1/2 pens. 340-360 F
Menus : 65 F (enf.), 180-210 F. Carte : 250 F

Sur les vestiges d'un ancien moulin, cet hôtel à l'écart du bourg offre des chambres confortables sises au calme. Restauration bourgeoise et régionalisante (foie gras, cuisses de grenouilles à l'ail, feuilleté de ris de veau florentine, strudel aux pommes et glace aux amandes).

Hôtel d'Alsace

16, rue Vauban
Tél. : 03 88 94 98 43. Fax : 03 88 94 19 60
Fermé 18 déc.-8 janv.
41 ch. 230-286 F

Ex-chef de réception puis attachée de direction au Sofitel-Strasbourg, Béatrice Bey anime avec chaleur cet hôtel moderne aux chambres nettes et fonctionnelles. Grand buffet de petit déjeuner.

L'Ange

2, rue de la République
Tél. : 03 88 94 12 11. Fax : 03 88 94 12 11
Fermé mardi, mercr., vac. févr., 1er-15 août
Menus : 65 F (enf.), 230-330 F. Carte : 350-400 F

Pierre Ludwig, ancien lieutenant de Westermann au Buerehiesel, a relancé cette vieille demeure – qui fut un relais de poste au XVIe siècle. Le décor intérieur n'est sans doute pas au niveau du reste. Mais la carte des vins est tentatrice, comme celle des mets qui joue l'Alsace rajeunie et la recette ancienne remise au goût de l'heure. Ainsi la soupe d'escargots avec pied de veau et navets, le bouillon mousseux de poissons et coquillages, les schniederspaetle de truite saumonée à la confiture d'oignons, la biche en fleischkiechle à la choucroute, les wunderfitzle – genre chausson feuilleté – aux fruits et glace vanille, les dampfnuedle aux pruneaux et abricots confits avec son amusante glace aux clous de girofle constituent un séduisant tableau gourmand.

A Cleebourg : 3 km par D77

Le Tilleul

94, rue Principale
Tél. : 03 88 94 52 15. Fax : 03 88 94 52 63
Fermé mardi, 1er-8 janv., 20 févr.-6 mars
13 ch. 220-300 F
Menus : 95-165 F. Carte : 180 F

Cette grande auberge, sise au cœur d'un village vigneron, a l'accueil sage et le sens de la cuisine sans manières : jarret de veau au pinot gris, tournedos à la crème de munster sont bien tournés. Chambres proprettes.

A 67250 Hohwiller : 10 km S. par D 263

La Grange Fleurie

38, rue Principale
Tél. : 03 88 80 55 71. Fax : 03 88 80 52 81
Fermé lundi soir, mardi soir, mercr.
Menus : 105-155 F. Carte : 180 F

Dans un bourg qu'on dirait croqué par Hansi, l'auberge de Claude Amann est la providence de la route des villages fleuris. Après avoir bourlingué en Nouvelle-Angleterre (Blantyre à Lenox) et en Suisse, il s'est remis bravement à la tradition régionale modernisée : treille d'escargots à l'estragon, fondant de daim aux morilles, nougat glacé au coulis de fruits rouges assurent sans faiblesse.

Produits

BOULANGER

Paul Heumann

42a, rue de Lobsann,
à 67250 Soultz-sous-Forêts : 13 km S par D 263
Tél. 03 88 80 40 61. Fax 03 88 80 69 29

Installée dans la même commune depuis 1907, la maison de Guy Heumann a su renouveler sa palette. A côté des pains azymes traditionnels, on propose ici galettes bio, crackers, aux oignons, au sésame, complet, croustia au froment et autres pains spéciaux biologiques de qualité.

CHARCUTIER

Schimpf

9, rue Nationale. Tél. : 03 88 94 00 34

Saucisse de foie, jambon fumé, cervelas et viandes sélectionnées se trouvent réunies chez ce bel artisan travaillant dans le droit fil de la tradition locale.

PÂTISSIERS

Rebert

7, pl. du Marché-aux-Choux
Tél. : 03 88 94 01 66. Fax : 03 88 54 38 78

Elève de Lenôtre et Peltier, ce chocolatier propose une pâtisserie classique de bon ton, sous une façade en trompe l'œil signée Edgar Mahler. Truffes à la cannelle et aux épices, linzertorte, tarte pommes-amandes sont à emporter ou à consommer sur place dans le paisible salon de thé à l'accueil féminin charmant.

Matern-Criqui

6, rue de la République
Tél. : 03 88 94 02 62. Fax : 03 88 94 02 62

Edith et Laurent Criqui (l'une ancien de Dalloyau, l'autre de la Coba à Bâle) ont relancé cette pâtisserie aux jolies boiseries rustiques, qui vaut autant pour son salon accueillant les gourmandes du cru, que par ce qu'il sert en finesse et fraîcheur : pâtes d'amandes, bonbons en chocolat, kougelhopf sucré et salé, bries blancs, japonais de qualité.

Wiwersheim

67370 Bas-Rhin. Paris 476 - Strasbourg 16 - Saverne 20.

Un village paisible sur la route du Kochersberg, comme une porte ouverte sur la campagne...

Restaurant

Le Landsbourg

1, rte de Saverne
Tél. : 03 88 69 61 67
Fermé déj., lundi, mardi, 24-25 déc.,
31 déc.-1er janv.
Carte : 80-150 F

La façade est bien éclairée, les voitures nombreuses, la carte ne paye pas de mine, l'intérieur non plus. Ce qui plaît ? Le sourire du service, un registre culinaire simple et bien tenu, faisant la part belle aux grillades comme aux tartes flambées. Ces dernières, nature ou gratinée, sont délicieuses et le pinot noir de chez Mosbach qui l'accompagne se marie bien avec le cervelas grillé et gratiné au fromage ou les tartes aux fruits du jour (ou encore celle flambée au rhum).

Woelfling-les-Sarreguemines : voir Sarreguemines

« Ecrivez-nous » vos impressions, vos commentaires, relatez-nous vos expériences à lepudlo@aol.com.

Z

Zellenberg

68340 Haut-Rhin. Paris 430 - Colmar 14 - St-Dié 45.

Sa silhouette est aisément décelable sur la route des Vins : un village qui s'allonge sur sa crête de coteaux, à deux pas des grands frères d'Hunawihr, Riquewihr and co.

Hôtels-restaurants

Au Riesling

5, rte des Vins
Tél. : 03 89 47 85 85. Fax : 03 89 47 92 08
Fermé dim. soir, lundi, janv.-févr.
36 ch. 290-450 F. 1/2 pens. 300-400 F
Menus : 45 F (enf.), 98-280 F

Au milieu des vignes, avec des chambres panoramiques, cet hôtel fait une étape d'honnête confort sur la route des Vins. Cuisine bourgeoise, avec tout le répertoire régional : pâté en croûte, escargots, choucroute, mousse au kirsch.

Caveau du Schlossberg

59a, rue de la Fontaine
Tél. : 03 89 47 93 85. Fax : 03 89 47 82 40
7 ch. 350-600 F
Menus : 135-350 F. Carte : 250-350 F

Charles Maierboerck ne ferme plus, alterne l'accueil avec sa fille, proposant ses petites chambres rustiques avec vue sur le vignoble ainsi que ses plats du cru en continu. Cuisses de grenouilles à la crème d'ail, sandre au resling, lapin au pinot noir ont bonne mine. Les prix, hélas, notamment ceux des vins, ont fait un joli bond en avant.

Maximilien

19a, rte d'Ostheim
Tél. : 03 89 47 99 69. Fax : 03 89 47 99 85
Fermé dim. soir, lundi, vac. févr.
Menus : 175 F (déj.)-415 F. Carte : 450 F

Jean-Michel Eblin, ancien du Taillevent, de l'Auberge de l'Ill, de Faugeron, du Valet de Cœur, demeure un technicien émérite, aimant la sobriété sans manières. Sa mignonne épouse a pris de l'assurance en salle. Le décor de la maison face aux vignes, avec sa belle vue panoramique, s'est réchauffé de boiseries de sapin clair. Et le service s'est complété en nombre, sans perdre sa jeunesse et son professionnalisme. La cuisine ? Nette, sans bavure, de qualité suivie, sans faute de goût d'aucune sorte. Ainsi l'exquis foie gras d'oie à la cuiller, fort savoureux sur son lit de poireaux tiède à la vinaigrette, le petit baeckoffe d'escargots à l'ail, le frais tartare de truite fumé avec ses craquantes cuisses de grenouilles à la crème d'ail, le croustillant de sandre avec les mêmes grenouilles, la cassolette de saint-jacques aux palourdes, la rosace d'agneau au gingembre et navets confits : voilà du beau travail d'artisan. Auquel s'ajoutent des desserts tentateurs : crème froide caramélisée à la cassonade et ses madeleines, ananas caramélisé et glace coco au beurre vanillé, chaud-froid de fruits rouges et glace pain d'épice, streussel poires-bananes et crème fouettés : encore de l'ouvrage soigné, auquel un service des vins adéquat, des tables vastes, espacées, des vues sur les vignes environnantes donnent une dimension supplémentaire.

Le Caveau du Vigneron

Rte des Vins
Tél. : 03 89 47 81 57
Fermé mardi soir (hs), mercr., 31 janv.-24 févr.
Carte : 140 F

Jean-Marc Hatterman, ancien d'Artzenheim et de la Verte Vallée, a repris ce grand caveau qui sert les plats crus locaux sans manières. Tarte à l'oignon, escargots, palette, choucroute se mangent sans faim.

Zoufftgen

57330 Moselle. Paris 342 - Luxembourg 19 - Metz 49 - Thionville 16.

Le Luxembourg est tout proche. Ici, se sont encore les collines verdoyantes de la Moselle, dans une sorte de campagne idéale qui fait oublier la proche centrale nucléaire de Cattenom.

Restaurant

La Lorraine

Tél. : 03 82 83 40 46. Fax : 03 82 83 48 26
Fermé lundi, mardi
Menus : 80 F (enf.), 130-380 F. Carte : 350-400 F

Bon cuisinier formé à l'école classique mais sachant se renouveler avec art, jouer avec le marché et les saisons, Marcel Keff réinterprète le terroir lorrain avec malice. Sa quiche aux truffes, ses grenouilles en fricassée aux champignons des bois, sa soupe d'escargots au chou vert et ail fumé, son cochon de lait du pays à la peau laquée et son baeckoffe de fruits au gewurz sont des mets plaisants et frais. Nos voisins luxembourgeois connaissent depuis belle lurette cette adresse qui est pour eux la première bonne étape française, passé la frontière. Service en terrasse l'été.

Index

Index des Villes

Index des établissements

*Les établissements sont classés par ordre alphabétique sans tenir compte des articles ni des prépositions (sauf pour les noms étrangers). Les noms propres sont classés au patronyme (sauf pour les noms historiques).

Index des établissements